혜택 2

독끝 NCS 전과목 무료 수강권 추가 제공!

강의를 더 듣고 싶다면 필독!
NCS 전영역 인기강의를 추가로 지원합니다.

혜택 ❷ 받으러 가기

공기업 NCS 시험을 준비하는 모든 분들에게
반드시 필요한 기초 + 심화 강좌 모두, 1위 독끝 NCS가 무료로 배포합니다.

혜택 3

독끝 NCS 온라인 무료스터디 제공!

독학이 힘든 분을 위해,
학습 동기부여 + 공부자극 스터디를 지원합니다.

NCS 기본(개념/유형) 익히기

STEP 1 NCS 통합 기본서

① NCS 영역별로 어떠한 유형의 문제들이 출제되는지 빠르게 1회독
② 필수 출제영역인 의사·수리·문제·자원관리 PSAT+모듈 위주로 선행학습
※ 틀린 문제도 이해가 안 가면 과감히 넘기기
※ 나머지 영역(정보/기술·조직이해·대인관계·자기개발·직업윤리 등)은 시험 1~2달 전 모듈형 학습

STEP 2 NCS 수리·기초수학

① 수포자를 위한 기초(중등) 수학 93개념
② 빠른 풀이를 위한 시간단축 팁+빈출 유형별 풀이팁
※ 실전에 강한 수리 전문가 〈박수웅〉 강사가 전달하는
수리 기초+실전팁!

스터디 종료 후 2~3주 기본서 회독 추가학습

NCS 실전 문제풀이 연습

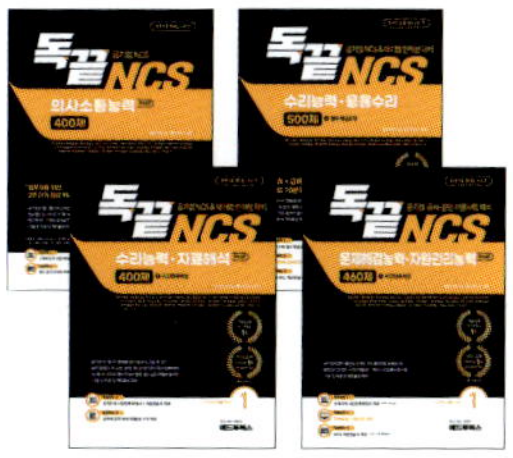

실전문제 풀이 일일 권장 학습량
- 의사소통 : 일 3~5문제
- 자료해석 : 일 5~10문제
- 응용수리 : 일 10~15문제
- 문제해결/자원관리: 일 5~7문제

스터디 종료 후 2~3개월 문풀+오답 회독 추가학습

학습습관 완성

혜택 ❸ 받으러 가기

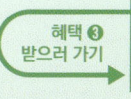

공기업 NCS 4주 완성, 지금 바로 참여하세요!

N 지금 바로 검색창에서 "독끝 NCS"를 검색하세요!

독끝

CONSTRUCTION & FEATURES

구성 및 활용

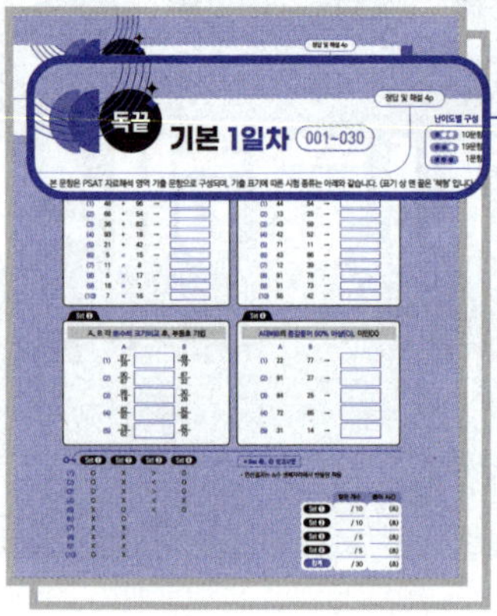

1 14일간! 매일푸는 명제 + 수리Quiz

- 사칙연산, 분수비교, 증감률 및 크기비교 등 초급 ~ 고급수준의 다양한 유형의 계산연습으로 실전에서의 풀이속도를 높여줍니다.
- 연습종료 후 정답 수 및 풀이시간을 체크하여 매일 문풀실력 향상을 목표로 하세요!

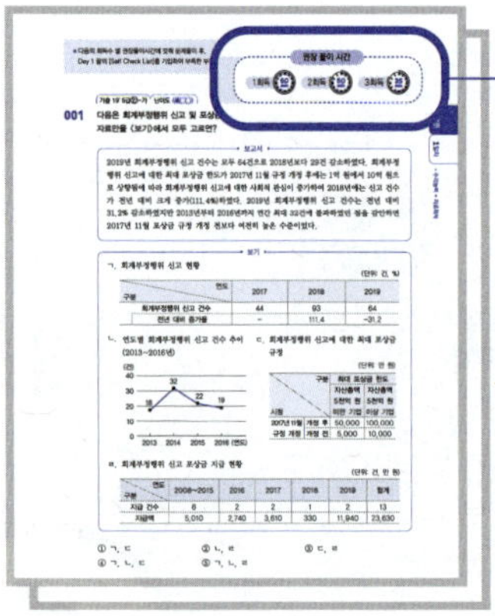

2 독끝 1일차 시작

- 각 회독수 별 권장 풀이시간에 맞추어서 일차 별로 문제풀이를 시작하세요!
- 기 학습자라면, 2회독 기준의 권장풀이시간으로 학습을 시작하시고, 최종적으로는 30문제를 약 35분 이내로 풀수있게 학습해주세요!

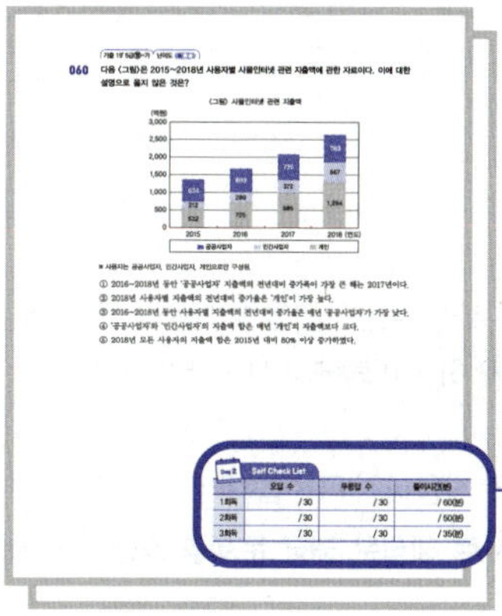

3 잊지말고 Self Check!

- 일차 별 문제풀이 종료 후, 말미의 체크리스트를 기입하여,
  내가 약한 부분이 무엇인지 꼭 확인하세요!
- "무응답 수"는 권장 풀이시간 내 풀지 못한 문항개수입니다.
  체크결과 오답수가 어느정도 줄었다면,
  다음 스텝으로 무응답수를 최소화 하여야 합니다.

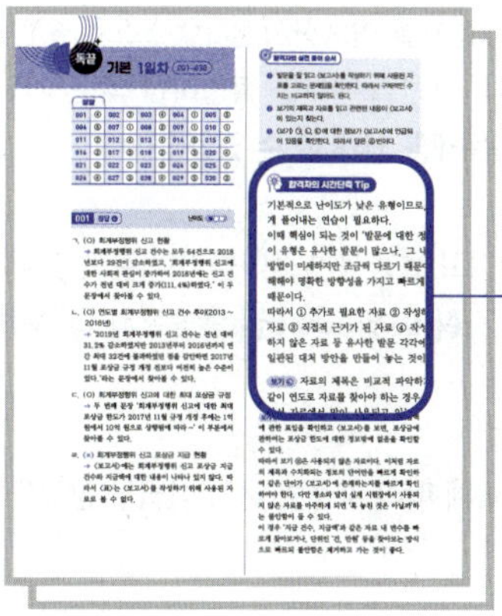

4 상세해설 & 합격자의 풀이순서 & 합격자의 Tip 확인하기

- 초보자도 무조건 이해할 수 있도록 모든 문항에 걸쳐서
  상세한 해설을 확인할 수 있어요!
- 맞춘 문제더라도 "합격자의 시간단축 Tip"을 통해
  더 빠르게 답을 찾는 연습을 할 수 있습니다.

독끝

GUIDE

공기업 길잡이의 이야기

들어가며

여러분들은 피셋(PSAT) 자료해석 파트가 공부하면 실력이 느는 과목이라고 생각하시나요?
저는 확실하게 **"그렇다"**라고 답변드릴 수 있습니다.
혹자는 이렇게 되물을 겁니다.

"처음에는 좀 늘긴 하는데 일정 기간 지나면 더는 안 늘던데요?"

네. 아마 대부분의 수험생분들이 이러한 생각을 하고 계실 겁니다. 저 역시 수험생 시절 같은 고민을 오랫동안 했었습니다. 그리고 제가 이 문제집을 제작한 계기 또한 이러한 고민을 한 번에 해결해 주고자 하는 바람에서 시작되었습니다.

여러분들의 자료해석 실력이 일정 기간 이후 늘지 않는 것은 **"잘못된 풀이방법"**을 사용하기 때문입니다. 한 문제에 대한 다양한 풀이 방법을 익히고 있을수록 더 효율적인 응용수리 문제와는 달리 **자료 해석은 해당 문제를 최단 시간에 풀 수 있는 풀이 방법이 정해져 있습니다**.

즉 "정답"이라고 할 수 있는 풀이 방법이 존재합니다.
하지만 여러분들이 구매하시는 대부분의 자료해석 문제집에는 공기업 필기시험장에서 어떤 순서로, 어떤 풀이방법을 사용해서 자료해석 문제를 풀어야 하는지에 관한 설명이 없습니다.
즉 시간을 들여서 어찌어찌 문제는 풀었지만 그 문제를 어떻게 풀어야 하는지는 전혀 배운 것이 없을 것입니다.

저 역시도 비슷한 시행착오를 겪었고, 실력향상을 위해 시중의 기본서나 기출 해설서를 활용하지 않고, 스스로 숱한 기출 분석, 여러 모의고사 문제의 풀이 끝에 어떤 형태로 푸는 것이 바람 직한지, 어떤 노하우를 활용하면 되는지에 대한 방향성을 알 수 있었고, **이후에는 공기업 필기시험에 나오는 모든 자료해석 문제를 쉽게 풀 수 있었습니다**.

이제는 제가 겪은 시행착오의 결과물을 담아, 수험생의 시점에서 적합한 현실적이고 효율적인 풀이를 여러분께 전달하고자 이 책을 만들었습니다. 즉 저와는 달리 수험생분들이 처음부터 지름길로 가실 수 있도록 5급 행정고시 합격자 및 공기업 합격자들과 함께 책을 구성하였습니다.

이를 위해 불필요한 어려운 방법은 과감하게 제거하였으며, 공기업 수험생의 실력에 따라 수준별 풀이 방법을 담았으며, 같은 문제도 여러 방법으로 풀 수 있음을 보여드리고자 노력했습니다.

부디 이 책이 자료해석이라는 '걱정' 한 부분을 덜어내는 계기가 되길 기원합니다.

실력을 늘릴 수 있는 "마음가짐" 갖추기

❶ 공부를 시작하기 전 자료해석 파트는 올바른 방법으로 공부하면 분명 실력이 늘 것이라는 확신과 함께, 스스로 자신감을 갖추시길 바랍니다. 자료해석 파트는 여러분들의 강점이 될 수 있습니다.
"역시나 실력이 안 오르겠지"와 같은 걱정은 스스로 최선을 다해서 이 문제집에 수록된 문제를 최소2회독 하고 나서 하시길 바랍니다. (그때는 저에게 개인 상담 주셔도 됩니다.)

❷ 이 교재에 수록되어 있는 문제를 무난히 풀 수 있다면 공기업 수준의 자료해석 문제는 전부 쉽게 풀어낼 수 있다고 자신 있게 단언할 수 있습니다.

❸ 단, 정말로 실력을 키우고 싶다면 평소 자신이 사용하던 풀이방법을 전부 버리고, 새롭게 배운다는 생각으로 공부하시길 바랍니다. 분명 오랫동안 습관처럼 사용해오던 풀이방법을 바꾸는 것은 쉽지 않으며 매우 귀찮은 일이기도 합니다. 하지만 그 잘못된 습관 때문에 그동안 실력이 늘지 않은 것임을 인지하고, 시간이 오래 걸리더라도,조금 힘들더라도 해설지에서 권장하는 풀이 방법을 익히시길 바랍니다. 이때 익힌다는 것은 그냥 외우는 것이 아닌 시험장에서 무의식적으로 바로 사용할 수 있을 정도로 연습하는 것입니다.

이야기를 맺으며

PSAT은 다른 공부와는 달리 투입(input)이 산출(output)을 보장하지 않습니다. 따라서 질적으로 유의미한 노력을 해야만 실력의 향상을 기대할 수 있습니다. 당연히 그만큼 지난한 과정을 겪을 수밖에 없겠지만, 부디 사고 과정을 바꾸기 위해 귀찮고 어려운 작업을 반복해주시기 바랍니다.

좋게 바꾸기 어렵다는 것은 반대로 **'좋게 바뀐 사고 과정은 쉽게 퇴행하지 않는다'**는 의미이기도 합니다.
따라서 저희가 준비한 14일의 일정 동안 치열하게 보내시고 나면, 다시 실력이 나빠지고 싶어도 나빠질 수 없는 상황이 되어 '자료해석'에서 좋은 성적을 거두실 수 있을 것입니다.

그리고 한가지 제가 단언할 수 있는 것은 이 교재가 지향하는 방법대로 차근차근 해내셨다면 분명 공기업 수준의 자료해석 문제는 손쉽게 풀 수 있습니다.
따라서 남들도 다 맞는데 나라고 못할 거 있나? 라는 자신감과 굳은 믿음을 갖고 공부를 하시길 바랍니다.

이 책을 읽으시는 모든 분이 14일 후에는 마음 한 켠에서 자료해석에 대한 걱정을 지우시기 바라며, 글을 마칩니다.

독끝

GUIDE

(공기업 길잡이) 교재 100% 활용하기

동일한 내용으로도 어떻게 활용하는지에 따라 그 효과는 천차만별일 것이므로, 가이드라인을 잡아 드리고자 합니다

1 [Part 1. 시간단축비법]을 1회 정독하셔야 합니다.

여러분이 지도를 보고 특정 장소를 찾아가기 전에 적어도 지도를 읽는 방법은 익혀야 하듯, 어떤 풀이 방법이 있는지 숙지하셔야 합니다. 이때 중요한 점은 '1회'라는 것입니다. 무작정 비법서만 다 회독하는 것은 매우 비효율적입니다. 왜냐하면 PSAT 시험은 공식 그 자체보다는, 그 공식을 '언제, 어디서, 어떻게' 활용할지가 중요한 시험이기 때문입니다. 따라서 1회독을 한 후에, 실제로 문제를 풀면서 어떤 형태로 적용되는지 확인할 필요가 있습니다.

이때 특히 집중해서 봐주셔야 하는 부분은 덧셈, 뺄셈, 곱셈, 나눗셈과 같은 '사칙 연산 파트'와 '분수 비교 파트'입니다. 모든 부분이 실제로 활용되지만, 우선 계산과 대소 비교가 빠르게 가능해야 실전 풀이가 가능합니다. 따라서 해당 파트는 더욱 주의를 다하여 읽어주시기 바랍니다.

2 풀이 방법의 적용 연습을 위해 "기본편"을 활용합니다.

기본편의 문항은 비교적 쉬운 난이도로 구성한 만큼 초기 연습에 탁월한 교재입니다. 문제를 풀 때 앞서 확인한 시간단축비법의 방법을 수험생 나름대로 최대한 적용하여 풀어본 후, 본인이 사용한 방법과 해설이 사용한 방법을 비교해 보는 것이 좋습니다. 이를 통해 시간단축비법의 방법들을 적재적소에 활용하는 노하우를 체화할 수 있습니다.

또한 본인의 방법과 해설의 방법이 달랐다면, 그 다음 회차를 풀 때는 의도적으로 해설의 방법을 이용해서 풀어야 합니다. 자료해석의 연습은 '지식'을 쌓는 것이 아니라, '사고 과정'을 변화시키는 과정입니다.따라서 본인이 하던 방법을 버리고, 억지로라도 다른 방법을 활용하는 연습을 해야 비로소 실력이 향상할 수 있습니다.

이 부분이 많은 수험생으로 하여금 "PSAT은 해도해도 안 늘어"라는 생각을 하도록 만든 이유라고 생각 합니다. 즉 많은 시간을 투자했지만, 사고 과정을 바꾸지 않고 풀던 대로 푸는 것만 반복한 결과 성적이 늘지 않는다고 착각한 것입니다.

물론 사고 과정을 바꾸는 것은 어려움은 물론, 매우 귀찮은 일입니다. 하지만 귀찮다고 피하면 절대 성적이 오를 수 없습니다. 본인의 실력이 합격권을 충분히 넘어서는 순간까지는 본인만의 방법을 고집하지 않고, 새로운 방법을 받아들여야 합니다. 이를 반복하다 보면 분명 어느 순간 사고 과정 자체가 바뀌었음을 몸소 느낄 수 있을 것입니다.

③ [Part 1. 시간단축비법]을 파트별로 나누어 다회독합니다.

비법 전체를 다회독하는 것도 좋지만, 선택과 집중하여 읽어주는 것이 단점 극복에 더 효율적입니다. 예를 들어 기본편을 풀면서 유난히 안 잡히는 유형이 있거나, 해설의 풀이 방법이 이해가 안 되는 경우가 있다면 해당 파트를 찾아 정독하면 됩니다. 이를 통해 수험생의 약점을 집중적으로 고칠 수 있습니다.또한 문제를 풀고 다시 이 비법을 읽는다면, 앞서 1회독에서는 미처 보지 못한 부분들이 많이 보일 것입니다. 회독 수가 더해질 때마다 "아 이래서 저런 문구가 있었구나"를 느낄 수 있을 것이며, 더욱 체화되어 응용력이 훨씬 좋아질 것입니다.

④ "심화편"을 풀기 전에 "기본편"의 풀이 방식을 재점검합니다.

기본편을 다 풀었다면, 곧장 심화편을 푸는 것보다는 기본편을 다시 보는 것이 효율적입니다. 이때 기본편을 다시 푸는 것은 지나치게 시간 소모가 길기 때문에 추천하지 않습니다. 이보다는 기본편의 문제와 해설지를 나란히 두고, 여기서는 어떤 방법을 활용했는지를 마치 '암기 카드' 확인하듯이 점검하는 것이 좋습니다.예를 들어 문 1의 ①번의 해설에서 '모순-대입 확인법'을 활용하였다면, 이를 본인이 기억하고 있는지 확인 하는 것입니다. 이와 같은 연습을 하는 이유는 자료해석 문제는 지속해서 반복되는 경향이 있으므로, 기계적으로 A 유형에는 B 방법이라는 것을 떠올릴 수 있다면 실제 시험장에서 당황하지 않고 빠른 풀이를 해낼 수 있기 때문입니다.

⑤ "심화편"을 실전과 같은 마음으로 풉니다.

기본편은 '정확하게 푼다'에 좀 더 초점이 맞춰져 있었다면, 심화편을 풀 때는 앞선 연습을 통해 풀이 방법은 어느 정도 체화가 되었을 것이므로 '정해진 시간 내에 푼다'에 초점이 있다고 생각하시면 됩니다. 마치 운동을 할 때 '구분 동작'으로 천천히 연습한 후, 익숙 해지면 빠르게 전체 동작을 연결해서 하는 것과 같은 원리입니다.이때 이전과 동일하게 부족한 부분이 있다면 시간단축비법의 해당 파트를 정독하고 다시 연습하는 것을 반복합니다.

⑥ 심화편을 다푼 후에 [Part 1. 시간단축비법]을 다시 정독합니다.

충분히 연습 되신 만큼, 비법서를 처음부터 끝까지 읽으면서 "이 방법은 ~~~문제에서 활용했던 방법이구나"라는 것을 쉽게 떠올릴 수 있는지 확인하면 좋습니다. 만약 쉽게 어떤 문제인지 떠오르지 않는다면, 해당 파트를 활용한 문제를 찾아 확인하면서 빈 부분을 채우면, 보다 완결성 있는 실력을 만드실 수 있습니다.마지막으로 기본편과 심화편을 전체적으로 재점검합니다. 앞서 한 것과 같이 이 문제에서는 어떤 방법을 사용하는지 빠르게 검토하면 됩니다. 이전과는 달리 사고 과정 자체가 많이 변해 있는 것을 느끼실 수 있으리라 생각합니다.

독끝

STUDY PLAN

학습 플랜 & NCS 학습 커리큘럼

→ 독학으로 끝내는 수리능력 · 자료해석 14일 완성 학습 플랜

	학습범위	난이도 구성 ●○○	난이도 구성 ●●○	난이도 구성 ●●●
1일차	001~030번	10문항	19문항	1문항
2일차	031~060번	7문항	18문항	5문항
3일차	061~90번	4문항	22문항	4문항
4일차	91~120번	4문항	19문항	7문항
5일차	121~150번	8문항	17문항	5문항
6일차	151~180번	10문항	17문항	3문항
7일차	181~200번	5문항	14문항	1문항
8일차	001~030번	8문항	18문항	4문항
9일차	031~060번	12문항	15문항	3문항
10일차	061~090번	6문항	22문항	2문항
11일차	091~120번	8문항	16문항	6문항
12일차	121~150번	3문항	17문항	10문항
13일차	151~180번	5문항	20문항	5문항
14일차	181~200번	3문항	13문항	4문항

※ 수리 초보자의 경우 정확한 학습이 중요하므로, 1일치를 2일에 걸쳐 학습하셔도 좋습니다.

※ 정량적인 학습으로 문제풀이 감각을 유지하고 싶은 학습자의 경우, 하루 10문항씩 40일에 걸쳐 학습하셔도 좋으며, 권장 풀이시간은 10문항 당 20분 입니다.(초보자 기준)

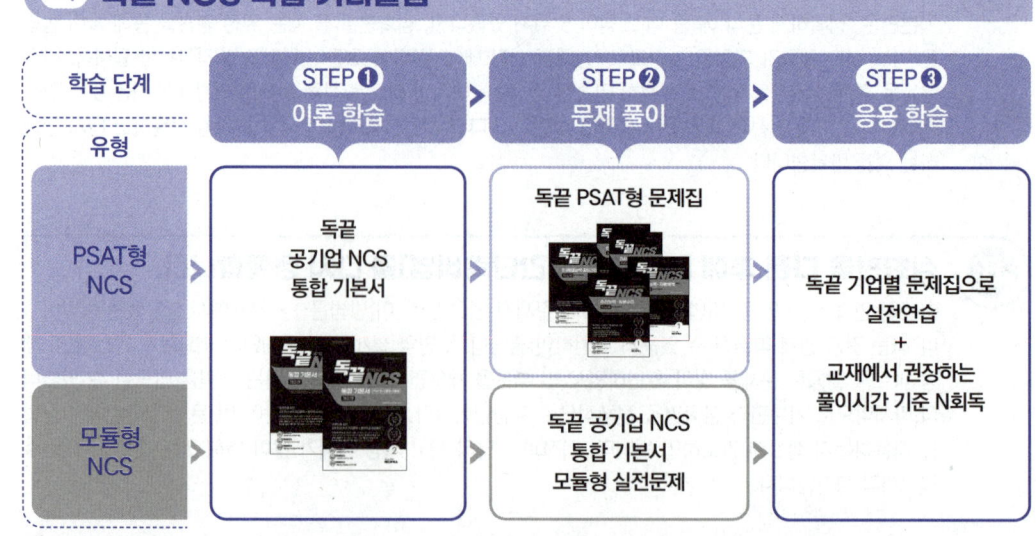

→ 독끝 NCS 학습 커리큘럼

학습 단계 / 유형	STEP ❶ 이론 학습	STEP ❷ 문제 풀이	STEP ❸ 응용 학습
PSAT형 NCS	독끝 공기업 NCS 통합 기본서	독끝 PSAT형 문제집	독끝 기업별 문제집으로 실전연습 + 교재에서 권장하는 풀이시간 기준 N회독
모듈형 NCS	독끝 공기업 NCS 통합 기본서	독끝 공기업 NCS 통합 기본서 모듈형 실전문제	독끝 기업별 문제집으로 실전연습 + 교재에서 권장하는 풀이시간 기준 N회독

독끝

CONTENTS

차례

독학으로 끝내는 PSAT 수리능력 • 자료해석

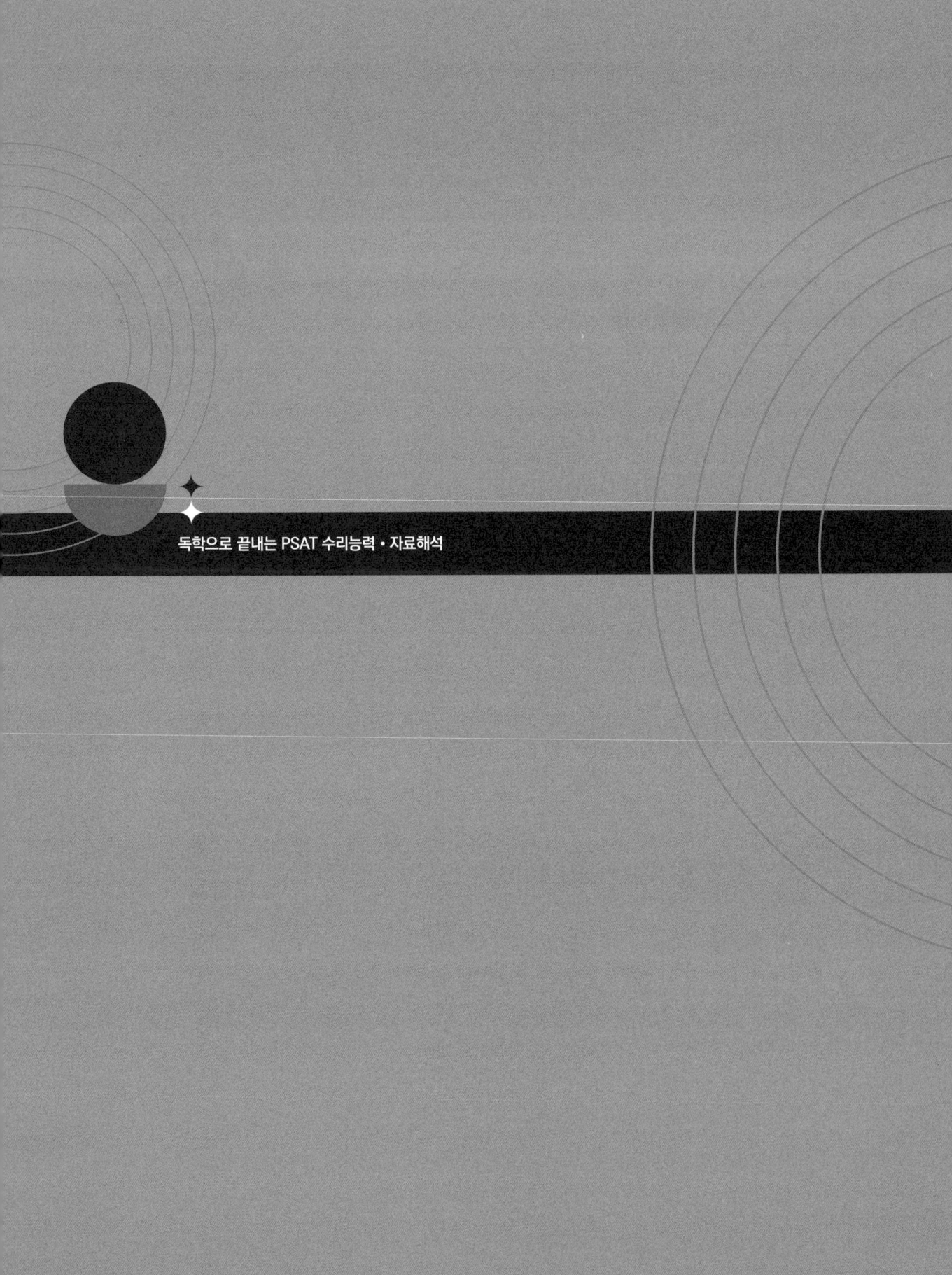

독끝

시간단축비법

PART 1

CHAPTER 01 지문의 키워드

용어가 어색하거나 대응 방안이 마련되어 있지 않아 낭비되는 시간을 최소화하기 위해서는 지문에서 빈출되는 용어들은 최대한 익숙해져야 한다.

1 연 / 월 / 일

기간이 명시되는 경우 실수할 여지도 많으므로 다른 표현에 비해 매우 주의를 기울여 확인해야 한다.

(1) 'A년 ~ B년 동안 전년 대비' vs 'A년 ~ B년 동안'

'전년 대비'가 있는 경우 A−1년부터 고려해야 하지만, 없는 경우 A년부터 확인하면 된다.

특히 '추가로 필요한 자료' 유형의 경우 '전년 대비'가 있는 경우 A−1년 자료가 추가로 필요하게 되는 경우가 잦으므로 문제를 풀 때 연도 주변에 이러한 표현이 있는지 반드시 확인해야 한다. 그 외에도 '전년 대비'는 함정으로 많이 사용된다.

가령, '2010년 이후 증가율은 전년대비 계속 증가한다.'라는 문장이 있으나 2009년 자료가 주어지지 않은 경우와 같은 함정이 자주 나오므로 반사적으로 확인하도록 한다.

(2) 1년 단위 vs 그 외 단위

일반적으로는 1년 단위로 주어져 있어 '매년'과 같은 표현을 그대로 받아들여도 되지만, 격년으로 주어지거나 5년 단위로 주어지는 경우엔 '매년'은 알 수 없는 정보가 되어 틀린 선지로 처리해야 한다. 따라서 연도가 1년 단위인지, 1년 외의 단위인지 반드시 확인해야 한다

(3) 정방향 vs 역방향

일반적으로 시간 순서라고 하면 왼쪽에서 오른쪽으로 생각할 것이다. 그러나 종종 오른쪽에서 왼쪽 순으로 주어지는 자료가 있다. 제대로 확인하지 않는 경우 함정에 빠지기 매우 쉬우므로 자료를 처음 읽을 때 <u>'시간 순'을 화살표로 표시해 두는 것이 좋다.</u> 예를 들면 다음과 같다.

2017	2016	2015	2014	2013	2012
868	798	743	712	699	567

예제

위 표에서 2012년 ~ 2017년 동안 신고 건수는 매년 감소하고 있는가?

해설

위와 같은 상황에서 연도가 역순인 것을 발견하지 못하면 '옳은 선지로' 오판하게 된다.
따라서 위와 같이 화살표를 표시하는 습관을 지니면 좋다.

(4) 전년 대비 시리즈

'전년 대비'가 가장 많이 출제되지만, 이와 유사한 다른 형태가 많이 있으므로 알아 두는 것이 좋다. '전년 동월 대비'는 n년 m월과 n-1년 m월의 관계를, '전년 동분기 대비'는 n년 m분기와 n-1년 m분기의 관계를 의미한다. 전년 동월이나 전년 동분기가 나오는 경우, 표에 명시적으로 주어진 값 외의 수치들을 묻는 경우가 많을 경우 난이도가 높아지므로 잘 확인해야 한다.

① 이를 겹쳐서 응용하면 다음과 같은 표가 출제될 수 있다.

(단위: 만 원, %)

2018년 9월		2019년 8월	
16,848	1.3%	17,118	3.0%

※ 백분율(%) 값은 전년 동월 대비 증가율이다.

② 당해년도 값에 전년대비, 전년 동월대비 변화율 등이 함께 주어지는 자료는 자주 출제된다. 다만 위의 〈표〉는 '월'이 다르다는 것이 핵심이다. 예를 들어 **"2018년 9월은 전월 대비 증가하였는가?"**라는 선지가 일반적인 형태였다면 2018년 8월 값을 몰라 도출할 수 없는 값이므로 틀린 선지로 처리해야 할 것이다. 그러나 표 내부에 '전년 동월 대비 증가율'이 주어져 있으므로 2019년 8월 값을 통해 2018년 8월 값을 도출할 수 있어, 확인 가능한 값이 된다.

2 증가 vs 감소 vs 변화 vs 증감

익숙해지면 실수할 일이 적으나, 익숙해지기 전에는 실수가 잦은 유형이다.
설명에 앞서 위의 개념은 크게 2가지 형태로 출제된다.

(1) '양': 증가량, 감소량, 변화량, 증감량을 묻는 형태이다. 동의어로는 '폭'과 '분'이 있다. 예를 들어 '증가량=증가폭=증가분'이다. 이는 말 그대로 얼마나 증가, 감소, 변화하였는지를 의미한다.

(2) '율': 증가율, 감소율, 변화율, 증감률을 묻는 형태이다.

이는 증가, 감소, 변화, 증감한 양이 기준값의 몇 %인지를 의미한다. 이때 중요한 것은 변화량, 증감량, 변화율, 증감률은 '절대값'이다.

예를 들어 100이 증가했다고 하자. 그러면 증가량 = 변화량 = 증감량 = 100이며, 반대로 100이 감소하면 감소량 = 변화량 = 증감량 = 100이다.

또한, 음의 증가율 = 감소율이라는 것 역시 주의해야 한다.

3 이상, 이하, 초과, 미만

(1) 일반적 형태

이상, 이하는 해당 값이 포함되고 초과, 미만은 해당 값이 포함되지 않는다. 예를 들어 100을 기준으로 하면 100 이상은 100 부터, 100 이하는 100 까지, 100 초과는 101 부터, 100 미만은 99 까지이다.

(2) 헷갈리기 쉬운 형태

핵심이 되는 단어는 '이(以)'이다. 쉽게 생각하면 이(以)가 들어간 단어는 모두 해당 값을 포함한다는 점만 기억하면 된다. 예를 들어 '2000년 이후'라 하면 2000년을 포함한 그 뒤를 의미하며, '2000년 이전'이라고 하면 2000년을 포함한 그 전을 의미한다. 유사하게 '이래'도 '이후와 같다.

또 다른 예로는 '이내'가 있다. 숫자에 사용하면 '이하'와 동일한 의미이며, 시간에 사용하면 '이전'과 같다.

4 절대적 표현

절대적 표현은 단 하나의 반례도 허용하지 않는다. 즉 반대로 해석하면 반례가 하나라도 나올 경우 틀린 선지가 되므로 처리하기 정말 좋은 유형이다.

1) '매년, 매월, 매분기'와 같은 시간 관련 표현,

2) '지속적, 연속적, 계속, 언제나, 항상, A일수록 B하다' 같은 경향성 관련 표현,

3) '가장 크다, 가장 작다, 최대값, 최솟값'과 같은 극단값에 대한 표현 등이 빈출된다.

반례가 허용되는 표현

'대체로', '~한 경향', '~한 추세'란 표현으로 출제된다. 이 경우 어느 정도의 반례가 있더라도 옳은 표현이 된다. 이때 수험생의 입장에서 "그래서 반례가 몇 개까지 있어도 괜찮은가?"하는 의문이 있을 것이라 생각한다. 기출을 분석해본 결과 반례가 허용되는 표현이 있는 경우,

〈그림〉의 형태라면 일정한 방향성이 보이도록 출제되며 〈표〉의 형태라면 1~2개를 제외하면 같은 방향성을 가지도록 출제된다.

또한 출제자의 입장에서도 정답 시비가 걸리지 않도록 '반례가 허용되는 표현'은 틀리게 내지 않는 경향이 있다. 정말 확실하게 아닌 것이 주어지지 않는 한, 웬만하면 옳은 선지일 것이니 이 표현으로 고민하지 말고 다른 선지를 먼저 확인하는 것이 우월 전략이다.

5 한정형 표현

'~만 ~하다', '~뿐이다', '오직', '유일하게', '~밖에' 등의 표현을 의미한다.

한정형 표현 역시 절대적 표현처럼 단 하나의 반례도 허용하지 않으므로, 반례가 하나라도 나올 경우 틀린 선지가 된다는 점에서 처리하기 좋은 유형이다.

이 유형은 2단계 구조로 처리하는 것이 효율적이다.

① 1단계에서는 '질문한 값'이 맞는지 확인한다. 예를 들어 '전년대비 증가하는 것은 1990년이 유일하다'라고 질문하였으면 1990년이 전년대비 증가하는지 확인한다. 만약 1990년에 감소한다면 바로 틀린 선지로 처리한다.

② 1단계가 맞았다면 2단계에서 그 외에 해당하는 값이 있는지 확인한다. 앞선 예를 들면 1990년 외에 전년대비 증가하는 연도가 있는지 찾는다.

6 단위

'단위'는 조심하려고 노력해도, 많은 수험생들이 놓치는 값 중 하나이다. 특히 2개 이상의 〈표〉나 〈그림〉이 주어지는 경우 반드시 단위부터 확인하는 습관을 지녀야 한다.

예를 들어, 〈표 1〉이 "전국 보건소의 수(천 개소)"라고 준 후, 〈표 2〉에서 "기초자치단체 보건소의 수(개소)"라고 준 경우 서로 단위가 다르다. 이러한 것을 이용해 함정을 설치하면 실수하기 쉽다.

7 기호를 표시해야 하는 표현

선지를 읽을 때 실수를 방지하기 위해 반드시 체크해야 하는 표현들이다.

(1) 대소 관계

선지에서 "A가 B보다 크다, 높다"등의 형태의 선지는 아래와 같이 부등호를 표시하면 된다.

> ① 모든 연령대에서 '업무 만족도'보다 '인적 만족도'가 높다.

이처럼 부등호로 표시해두면 대소를 잘못 비교하는 실수를 방지하고, 대소를 판단할 때 고민하는 시간을 줄일 수 있다.

마찬가지로 "A와 B는 동일하다"라고 주어진다면 A = B라고 표시하면 된다.

(2) 분수 형태

선지에서 "A 대비 B", "~의 비중" 등의 표현이 있는 경우 아래와 같이 표시하면 된다.

⑤ 2018년과 2019년 모두 ('1톤 미만' 어선 수) 대비 ('3톤 이상 4톤 미만' 어선 수)의 비가 가장 높은 지역은 인천이다.

이처럼 표시해두면 분모, 분자를 뒤집는 실수하는 일을 방지할 수 있다. 특히 위 예시처럼 한 단어가 아니라 '3톤 이상 4톤 미만 어선 수'처럼 변수 이름이 긴 경우 헷갈리기 쉽기 때문에 체크해두면 편하게 해결할 수 있다.

(3) '기타, 소계, 전체' 등의 표현

문제를 풀다 보면 소계, 전체 등의 값들을 마치 구성요소인 것처럼 포함해서 해결하는 실수가 잦게 일어난다. 예를 들어 '광역시도 중 보육원의 비율이 10%가 되지 않는 시도는 3개이다'라는 표현이 있을 때, 광역시도뿐만 아니라 합계의 비율도 함께 확인하는 등의 실수이다.

또한, 선지에 따라 '기타를 제외하고' 등의 표현이 자주 출제되므로 '기타' 역시 주의해야 하는 표현이다. 따라서 처음 문제를 읽을 때 습관적으로 아래와 같이 구분선을 표시하는 습관을 지니는 것이 좋다.

구분		생존			폐사	전체	폐사원인
			자연적응	학습장			
도입처	러시아	13	5	8	9	22	자연산: 8 올무: 3 농약: 1 기타: 3
	북한	3	2	1	4	7	
	중국	3	0	3	1	4	
	서울대공원	6	5	1	1	7	
	청주동물원	1	0	1	0	1	
	소계	26	12	14	15	41	
출산방식	자연출산	41	39	2	5	46	자연산: 4 올무: 2
	증식장출산	7	4	3	1	8	
	소계	48	43	5	6	54	
계		74	55	19	21	95	–

(4) A & B 형태

"A이면서 B인 것" 과 같은 표현이 있는 경우 두 가지 변수가 겹치는 값을 찾아야 한다. 더 심화하여 "A 중 B이면서 C인 것"과 같이 세 가지 이상의 변수가 겹치는 경우 변수를 누락하기 쉽다.

따라서 아래와 같이 + 표시를 하면 좋다.

ㄱ. 2018년 총급여액이 1,000만 원이고 자녀가 1명인 가구의 2019년 근로장녀금은 140만 원이다.

CHAPTER 02 단위의 변환

1 수치 단위

수치 단위 변환이란 "1,234(백만 원) = 1.234(십억 원)"과 같은 변환을 의미한다. 일반적으로 자료해석을 풀면서 가장 많이 활용하게 될 단위 변환으로 주어진 자료 간 단위가 다르거나, 자료와 선지 간 단위가 다른 경우에 활용한다.

수치 단위의 변환은 '국제 기준'에 따라 세 자리 단위로 쉼표(,)를 표시한 값을 외워 두면 편하다. 국제 기준에 따르면 '일 → 천 → 백만 → 십억 → 조' 단위로 쉼표가 표시된다. 실제로 시험에서 주어지는 대부분의 자료는 국제 기준에 따른 단위를 취하므로 위 기준을 외워 두면 쉽게 읽고, 쉽게 변환할 수 있다.

예를 들어, "1,234(백만 원)"의 경우 국제 기준의 '백만'에 해당하므로 1,000배한 1,000(백만 원)은 1(십억 원)이 되므로 "1.234(십억 원)"으로 변환하면 된다. 또한 문제에서 변환을 어렵게 하기 위해 1,000 단위로 끊어서 주지 않더라도 위 단위를 응용하여 처리하면 편하다.

"1,234(백만 원)" 을 (백 원) 단위로 바꿀 경우, 가장 가까운 '천'에서 10을 더 곱하면 된다고 생각하면 된다. 즉 10,000배한 12,340,000(백 원)이 된다.

2 표준 단위

자료해석에서 요구하는 단위는 상식선에서 알면 되는 수준으로 충분하다. 한국에서 활용되는 표준 단위가 아닌 값들은 '각주'로 주어지니 걱정하지 않아도 된다. 따라서 기존에 알던 정보들이 헷갈리지 않도록 확인하자.

무게	길이	면적	부피
1,000mg = 1g 1,000g = 1kg 1,000kg = 1ton	10mm = 1cm 100cm = 1m 1,000m = 1km	$1m^2 = 10,000cm^2$ $1km^2 = 1,000,000cm^2$	$1mL = 1cm^3 = 1cc$ $1L = 1,000cm^3$ $1kL = 1,000L = 1m^3$

CHAPTER | 03 비율과 지수

비율과 지수는 자료해석에서 가장 많이 접하는 숫자 구조이자, 계산 난이도를 높이는 주범이기도 하다. 따라서 최대한 친숙해지도록 해야 한다.

1 비율 자료

(1) 기본 형태

① 'A 대비 B' = $\frac{B}{A}$이다. 일반적으로 A를 '기준값', B를 '비교값'이라 부른다.
만약 A가 전체 값이라면, '비중, 구성비'와 같은 의미가 된다.
한 가지 주의해야 할 것은 알파벳으로 볼 때는 직관적으로 보일 수 있으나 문장으로 바뀌면 어떤 값이 '기준값'인지 헷갈리기 쉽다. 따라서 선지를 볼 때 아래와 같이 명확히 표시해두면 좋다.

> ⑤ 2018년과 2019년 모두 ('1톤 미만' 어선 수) 대비 ('3톤 이상 4톤 미만' 어선 수)의 비가 가장 높은 지역은 인천이다.

② 비율은 다양한 형태로 표현되므로, 자주 보면서 익숙해져야 한다. 친근할수록 실수가 적고 빠른 풀이가 가능하다. 빈출되는 표현은 다음과 같다.

> 'A 대비 B' = 'A 중 B' = 'A당 B' = 'B의 A에 대한 비' = 'A에 대한 B의 비' = $\frac{B}{A}$

(2) 백분율 vs 그 외

① 일반적으론 '백분율(%)'로 주어진다. 백분율은 100분의 1로, '기준값'을 100으로 가정한 것이다. 우리가 익숙한 개념은 모두 백분율이다.

② 기출 문제를 분석하면, '천분율 – 만분율 – 십만분율'이 골고루 출제되었다. 그러나 직접적으로 표현하기보다는 구체적인 단위로 주어지기 때문에 수험생의 입장에서 이를 인식 못했을 가능성이 높다. 각각의 기출 예시와 함께 살펴본다.

	천분율(‰)	만분율	십만분율
의미	1,000분의 1. 즉 기준값이 1,000이다.	10,000분의 1 즉 기준값이 10,000이다.	100,000분의 1 즉 기준값이 100,000이다.
기출 예시	조사망률, 조출생률, 조이혼율 ('인구 천명당'을 기준으로 함)	인구 만명당 의사수, 인구 만명당 연구개발비	암사망률, 교통사고사망률 ('인구 십만명당'을 기준으로 함)

③ 백분율이 아닌 값을 백분율 값으로 전환하는 방법: 인구를 예로 방법을 설명하면, "인구 n명당 A"는 '인구를 n으로 나눈 값'을 분모에 넣으면 된다.
즉 반대로 생각하면, 'n명당'을 무시하고 백분율 구하듯이 구한 후에 최종 값에 n을 곱하면 된다.

예제

'인구 십만명당 체육시설 수'는 109.7개이고 체육시설수는 56,854개 일 때 인구수는 몇 명인가?

해설

[정석 풀이]

인구 십만명당 체육시설 수 $= \dfrac{\text{체육시설 수}}{\dfrac{\text{인구}}{100{,}000}} = \dfrac{56{,}854}{\dfrac{\text{인구}}{100{,}000}} = 109.7$개이므로,

인구 $= \dfrac{56{,}854 \times 100{,}000}{109.7} \approx 5{,}180$(만명)이다.

[실전 풀이]

'십만명당'을 무시하고 백분율처럼 풀면, 인구 $= \dfrac{56{,}854}{109.7} \approx 518$이다. 이 값에 10만을 곱하면 바로 5,180(만명)이 도출 가능하다. 결과적으론 동일한 풀이이지만 어색함이 줄어 더 빠른 풀이에 도움될 것이다.

(3) 증가율(%) vs %p

%와 %p는 서로 다른 개념이다. 개념은 예시를 통해 확인하는 것이 직관적이다.

예시

2018년 감가상각비는 20%였으나, 2019년 30%가 되었다.

❶ 증가율 $= \dfrac{\text{비교값} - \text{기준값}}{\text{기준값}} \times 100\% = \dfrac{30\% - 20\%}{20\%} \times 100\% = 50\%$

❷ %p 증가분 = 비교값 − 기준값 = 30% − 20% = 10%p

이처럼 증가율은 '기준값 대비 증가분'을 의미한다면, %p는 '비율로 표시한 증가분'을 의미한다.

Tip 선지에서 'a% 증가했다' 라고 주어지는 경우 a%가 아니라 a%p 증가했는지 확인할 필요가 있다. 이외에도 증가율 간 비교에서 '~% 증가/감소했다' 는 틀린 선지일 가능성이 높으니 %p가 아닌지 반드시 확인하도록 한다.
이때, 몇 퍼센트가 실제로 증가/감소했는지 정확한 값을 도출하는 것이 아니라 주어진 값이 %p 증감으로 대입했을 때 맞는지를 확인하는 방식으로 시간을 단축할 수 있다.

(4) 구성비 처리 방식

구성비(= 비중)는 부분의 전체에 대한 상대적 크기로, 수식적으로는 $\frac{부분}{전체} \times 100$로 표현한다. 자료해석 문제의 특성 상, '전국 vs 시도', '세계 전체 vs 각 국가'와 같이 전체와 부분이 함께 있는 자료가 대부분이기 때문에, 구성비 처리 방법을 다양하게 가지고 있어야 한다.

질문	처리 방식
10% 이상인가?	부분 × 10 ≥ 전체
11.1% 이상인가?	부분 × 9 ≥ 전체
12.5% 이상인가?	부분 × 8 ≥ 전체
14.3% 이상인가?	부분 × 7 ≥ 전체
16.7% 이상인가?	부분 × 6 ≥ 전체
20% 이상인가?	부분 × 5 ≥ 전체
25% 이상인가?	부분 × 4 ≥ 전체
33% 이상인가?	부분 × 3 ≥ 전체
40% 이상인가?	부분 × 1.5 ≥ (전체 − 부분)
50% 이상인가?	부분 × 2 ≥ 전체 or 부분 ≥ (전체 − 부분)
60% 이상인가?	부분 ≥ (전체 − 부분) × 1.5
66% 이상인가?	부분 ≥ (전체 − 부분) × 2
75% 이상인가?	부분 ≥ (전체 − 부분) × 3
80% 이상인가?	부분 ≥ (전체 − 부분) × 4 or 부분 + 전체 × 0.2 ≥ 전체
90% 이상인가?	부분 ≥ (전체 − 부분) × 9 or 부분 + 전체 × 0.1 ≥ 전체

이때, 정확하게 10%, 20% 등으로 물었을 때만 활용하는 것이 아니라는 점을 주의하자. 예를 들어, "65% 이상인가?"라고 물었다면 66%로 가정하고 풀면 된다. 이를 위해 0 ~ 100%까지 다양한 처리 방식을 촘촘히 작성하였으니, 위 비율과 가까운 값을 찾아 대체하여 처리하는 방식을 자주 사용해 익숙해지는 것이 좋다.

2 지수 자료

(1) 지수는 특정 시점, 항목을 100으로 가정할 때, 비교 대상 값의 상대적 크기를 의미하는 것으로 수식 상 '$\text{지수} = \frac{\text{비교값}}{\text{기준값}} \times 100$'으로 표현한다.

지역	2018년						2019년						
	7월	8월	9월	10월	11월	12월	1월	2월	3월	4월	5월	6월	7월
전국	91.3	95.3	99.8	93.1	91.7	85.2	85.4	94.2	88.6	86.2	93.4	97.8	98.8
수도권	94.2	100.6	105.9	98.4	97.7	87.2	87.7	96.3	91.0	90.1	97.9	103.3	104.4
서울	105.4	114.4	114.8	102.3	104.5	87.8	86.0	93.2	89.6	93.1	105.0	111.9	115.5
인천	94.3	97.6	104.6	88.8	97.2	85.5	90.1	97.5	91.7	92.7	97.9	104.4	103.6
경기	87.8	95.2	101.1	97.1	93.4	87.1	88.2	97.8	91.7	87.8	93.9	98.1	98.2

(2) 지수가 시험에 출제되면 가장 주의할 것은 '분모', 즉 기준값이다. 지수는 시각적 특성상 '%' 등이 붙지 않기 때문에, '절대적 크기 값'처럼 착각하기 쉬워 비교할 수 없는 값끼리 비교할 수 있다고 생각하는 실수가 자주 나타난다. 따라서 지수를 보면, **'기준값이 동일한 지수 간 비교만 가능하다'**는 원칙을 반드시 기억해야 한다.

(3) 위의 〈표〉는 부동산 종합지수로, $\text{종합지수} = \frac{\text{당해연도 해당 월 지역 부동산 값}}{\text{2015년 해당 월 지역 부동산 값}} \times 100$이라고 가정하자. 이때 비교할 수 있는 값은 '기준 값'이 같은 값이어야 하므로, 동일한 지역과 동일한 월이어야 한다. 예를 들어 〈표〉에서 18, 19년에 같은 달이 주어진 경우는 7월만 존재하므로, '전국의 18년 7월과 19년 7월', '수도권의 18년 7월과 19년 7월' 등만 비교할 수 있는 값이다.

(4) 예외적으로, 지수의 기준값 간 비교가 가능하다면 지수 간 비교 역시 가능하다.
가령, 2018년 7월의 종합지수와 8월의 종합지수는 원칙적으로 비교할 수 없지만, 만일 2015년 7월과 2015년 8월 간의 부동산 값이 주어지거나 대소비교가 가능하다면(이때의 대소비교는 정확히 몇 배인지 아는 경우를 의미한다. 단순히 대소비교'만' 가능한 경우에는 비교가 불가능하다.) 종합지수 간의 비교 역시 가능하다.

(5) 지수 값의 의미

지수가 100이라는 것은 기준 값과 동일한 값을 갖는다는 의미이다. 마찬가지 방식으로, 지수가 100보다 크다는 것은 $\frac{\text{비교값}}{\text{기준값}} > 1$이라는 것이므로 비교값 > 기준값이 된다. 반대로 지수가 100보다 작으면 비교값 < 기준값임을 의미한다.

CHAPTER | 04 꺾은선 그래프

(1) 꺾은 선 그래프는 '경향'을 잘 보여주는 그래프이다. 따라서 선지 역시 '매년 증가한다' 등과 같이 추세를 묻는 형태로 구성된다. 이처럼 '시각적 특성'에 부합하는 선지는 매우 쉬운 선지이겠으나, 시각적 특성에 반하는 것이 하나 있다. 바로 '기울기'의 의미이다.

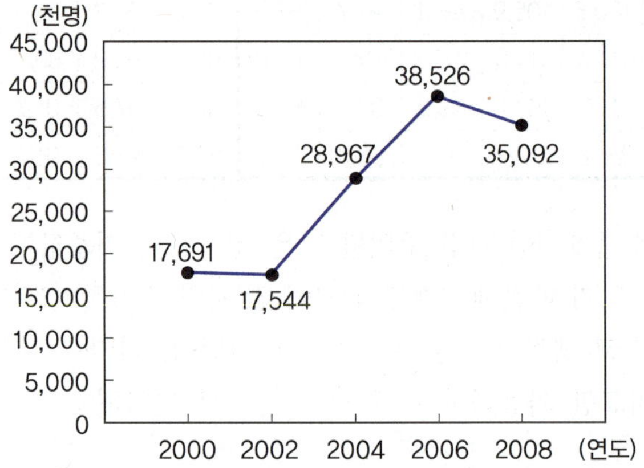

(2) 위의 〈그림〉을 예시로 보자. 2002년 → 2004년과 2004년 → 2006년의 기울기는 거의 비슷해 보이며, 증가율의 개념과 유사해 보인다. 따라서 수험생들이 '시각적 함정'에 속아 "기울기 = 증가율"이라 착각하는 경우가 많다. 그러나 기울기와 증가율은 큰 관련이 없다.

(3) 이해를 위해 수식을 살펴보면, 기울기 $= \dfrac{y\text{축의 변화분}}{x\text{축의 변화분}}$이다. 이때 x축은 '연도'로 2년 주기로 표시되어 있다. 즉 모든 해의 기울기 '분모'는 2년으로 동일하므로, 기울기는 사실상 y값의 변화분이 얼마나 큰지를 보여주는 것에 불과하다.

(4) 즉 기울기가 크다는 것은 y값이 더 큰 증가폭을 보인다는 의미이다. (앞서 언급했던 증가폭과 증가율 간의 차이를 명심해야 한다.
가령 2004년과 2006년의 기울기가 동일하다 하더라도, 증가율은 2004년이 훨씬 크다. 왜냐하면 기준값이 2006년은 28,967인 반면 2004년은 17,544이므로, 훨씬 분모가 작기 때문이다.

(5) 참고로 y축을 기준으로 증가율은 $\dfrac{\text{비교 } y\text{값} - \text{기준 } y\text{값}}{\text{기준 } y\text{값}}$이므로, 수식적으로도 기울기와는 거리가 먼 것을 쉽게 알 수 있다. 따라서 꺾은선 그래프를 풀 때, 기울기의 사용을 주의해야 한다.

CHAPTER | 05 $(x,\ y)$ 평면 차트

$(x,\ y)$ 평면 차트는 실제 값의 대소를 비교하기 보다는, 공식을 이용하면 편한 경우가 대부분이다. 시험에 자주 출제되는 만큼 중요한 유형이다. 이해를 돕기 위해 예제와 함께 살펴보자.

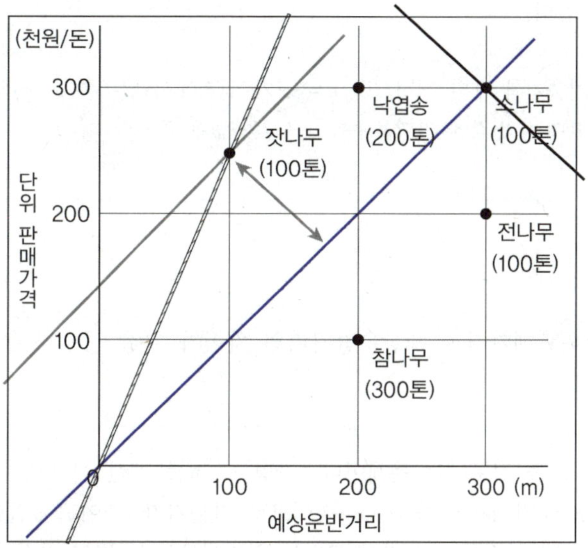

예제 1

위 자료에서 단위 판매가격이 예상운반거리보다 큰 나무는?

해설

y축 값이 x축 값보다 큰 값을 질문하는 문제이다. 다시 말해 $y>x$인 값을 찾아야 하는데, 이는 $x=y$ 선을 대각으로 긋고 이보다 위에 있는 값을 의미한다.

위 〈그림〉에서 **색 대각선**이 $x=y$선으로 잣나무, 낙엽송이가 $y>x$임을 쉽게 알 수 있다. 이를 공식으로 보면 아래와 같다.

공식 1

❶ $x>y$: $x=$y선보다 아래 영역에 있는 값을 의미한다.
❷ $x=y$: $x=y$선 상에 있는 값을 의미한다.
❸ $x<y$: $x=y$선보다 위 영역에 있는 값을 의미한다.

참고로, 표의 중간을 가로지르는 대각선은 문제에서 기준이 되는 경우가 많으므로 위와 같은 그래프가 주어질 경우 반사적으로 긋고 문제를 푸는 것이 좋다.

예제 2

위 자료에서 예상운반거리와 단위판매가격의 합이 가장 큰 나무는?

해설

$(x+y)$가 가장 큰 값을 질문하는 문제이다. 가령 $x+y$를 계산 시 k라는 숫자가 나온다 가정하면, 방정식으로는 $x+y=k$가 될 것이다. 즉 $y=-x+k$이므로 기울기가 -1이고 절편이 k인 직선이 된다. 따라서 합이 가장 크다는 것은 k가 가장 크다는 뜻이므로 '원점으로부터 가장 먼 직선'이 곧 $x+y$가 가장 큰 값이 된다. 그러므로 가장 먼 직선인 **검정색 선**에 해당하는 '소나무'가 가장 크다. 이를 공식으로 보면 다음과 같다.

공식 2 ❶ 기울기가 -1인 직선, 즉 $y=-x$가 원점에서 멀수록 $x+y$의 값이 크다.
❷ 반대로 원점에 가까울수록 $x+y$의 값은 작다.

예제 3

위 자료에서 단위판매가격과 예상운반거리의 차이가 가장 큰 나무는?

해설

$|y-x|$가 가장 큰 값을 질문하는 문제이다. 가령 $y-x$를 계산 시 k라는 숫자가 나온다 가정하면, 방정식으로는 $y-x=k$가 된다. 즉 $y=x+k$이므로 기울기가 +1이고 y절편이 k인 직선을 의미한다. 따라서 차이 값이 크다는 것은 k가 가장 크다는 의미이므로 '절편이 가장 큰 직선' 또는 '$y=x$로부터 가장 수직 거리가 먼 직선'을 찾으면 된다. 그러므로 $y=x$로부터 가장 수직거리가 먼 직선인 **회색 선**에 해당하는 '잣나무'가 가장 크다. 이를 공식으로 보면 다음과 같다.

공식 3 ❶ $y=x$로부터 수직거리가 멀수록 x와 y의 차이가 크다. 반대로 가까울수록 차이는 적다.
❷ 또 다른 설명 방법으로는, 기울기가 1인 직선의 절편 값이 클수록 차이가 크다.

예제 4

예상운반거리 대비 단위판매가격이 가장 높은 나무는?

해설

x 대비 y, 즉 $\frac{y}{x}$가 가장 높은 값을 질문하는 문제이다. $\frac{y}{x}$는 결국 '기울기'와 같으므로 기울기가 가장 큰 직선을 찾으면, **빗금 선**에 해당하는 '잣나무'가 가장 크다. 이를 공식으로 보면 다음과 같다.

공식 4 ❶ 기울기가 클수록 x 대비 y가 높다. 반대로 기울기가 낮을수록 x 대비 y가 낮다.
❷ 기울기가 작을수록 y 대비 x가 높다. 반대로 기울기가 높을수록 y 대비 x가 낮다.

이때, 주의해야 할 점은 그래프에 생략된 부분이 있는 경우 기울기가 왜곡될 수 있다는 점이다.

예를 들어 아래 그림처럼 생략된 값이 있을 경우, 실제 기울기는 '한참 밑에 있는 원점'에서 출발하는 직선이 되므로 '생략된 상태의 점에서 출발하는 직선의 기울기'와는 괴리가 생기게 된다. 보다 구체적인 내용은 이하에서 별도로 살펴본다.

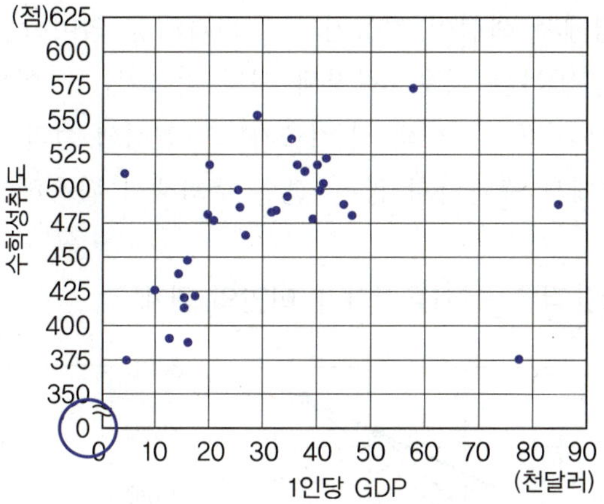

'생략된 부분'으로 인한 왜곡

생략된 부분으로 인한 왜곡이 언제 일어나는지 알아 두면 좋다. 기본적으로 이하의 설명에서 'x축 생략'이라는 것은 x축만 생략된 것을 의미하는 것이 아니라, 생략된 정도가 x축이 더 크다는 의미이다.

① x축이 생략된 경우 – '기울기 1 초과의 관계'

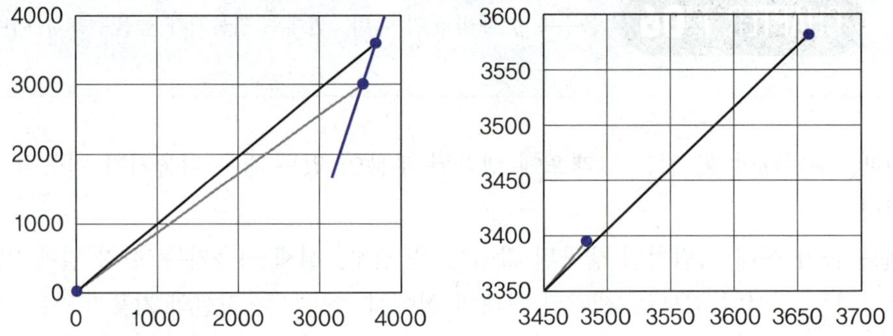

• 기울기 1 초과의 관계라는 것은 '두 점을 이은 선의 기울기가 1 초과'라는 것이다. 즉 위 그림에서 색선이 기울기가 1 초과임을 의미하는 직선이다.

• 원점에서 출발하는 경우 (검정색 선의 기울기) > (회색 선의 기울기)이다.

• 그러나 일부 생략 시 (회색 선 기울기) > (검정색 선의 기울기)임을 확인할 수 있다.

이처럼 원점에서 출발하지 않는 경우 주의해서 활용해야 한다.

② y축이 생략된 경우 – '기울기가 1 미만의 관계'

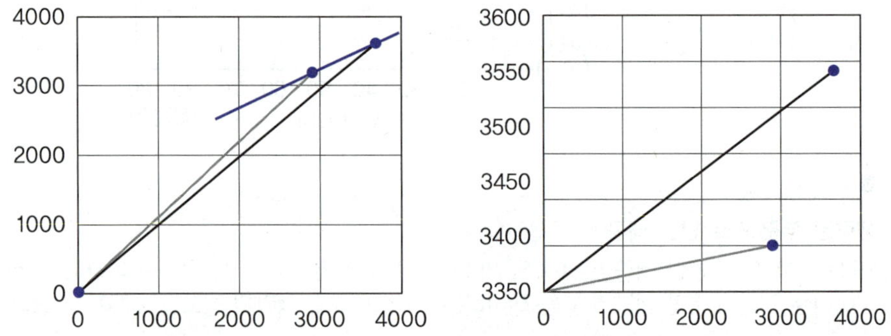

• 기울기 1미만의 관계라는 것은 '두 점을 이은 선의 기울기가 1 미만'이라는 것이다. 즉 위 그림에서 색선이 기울기가 1 미만임을 의미하는 직선이다.

• 원점에서 출발하는 경우 (검정색 선의 기울기) < (회색 선의 기울기)이다.

• 그러나 일부 생략시 (회색 선 기울기) < (검정색 선의 기울기)임을 확인할 수 있다.

이처럼 원점에서 출발하지 않는 경우 주의해서 활용해야 한다.

CHAPTER 06 유효 숫자

1 일반론

(1) 유효숫자는 어림산에 이용한 수치로, 쉽게 말해 '근삿값'이다.

(2) 일반적으로는 앞 2~3자리를 잡으면 된다. 이때 가장 중요한 것은 '유연성'이다. 즉 주어진 숫자 구조에 따라 유연성 있게 근삿값을 설정하면 된다. 이를 단계 구조로 만들어 사고 과정을 나열하면 다음과 같다.

[유효숫자 설정 방법]

- 1단계: 앞 2~3자리를 근삿값으로 잡는다. 이때 반올림을 고려하지 않고 뒷자리를 '버림'한다. 구체적인 값의 수정은 구체적 연산 방법에서 후술한다.
- 2단계: 1단계 값으로는 비교를 할 수 없는 경우, 반올림을 하거나 자릿수를 늘린다.

(3) 아래의 〈표〉를 이용해 근삿값을 잡으면 다음과 같다.

예를 들어 **'사업체 수 대비 매출액'이 가장 큰 지역**을 찾는다고 가정하자. 1단계를 적용하여 매출액의 앞 3자리를 근삿값으로 잡으면 오른쪽의 '네모 칸'과 같이 잡을 수 있다. 이때 A는 47 → 487로 10배가 조금 넘으므로, 10배를 기준으로 다른 값들을 확인하면 이를 넘는 지역이 없다. 따라서 A가 가장 큰 지역이다.

구분 지역	사업체 수 (개)	종사자 수 (명)	매출액 (백만 원)	건물 연면적 (㎡)
A	47	6,731	4,878,427	1.683.092
B	33	4,173	2,808,881	1.070.431
C	35	4,430	3,141,552	1.772.698
D	18	2,247	1,380,511	677.288
E	22	3,152	1,804,262	765,096
F	19	2,414	1,473,698	633,497
G	147	18,287	11,625,278	5,032,741
H	17	1,519	861,094	364,296
I	19	2,086	1,305,468	535,880
J	16	1,565	879,172	326,373
전체	373	46,604	30,158,343	12,861,392

→

구분 지역	사업체 수 (개)	종사자 수 (명)	매출액 (백만 원)	건물 연면적 (㎡)
A	47	6,731	4,878,427	1.683.092
B	33	4,173	2,808,881	1.070.431
C	35	4,430	3,141,552	1.772.698
D	18	2,247	1,380,511	677.288
E	22	3,152	1,804,262	765,096
F	19	2,414	1,473,698	633,497
G	147	18,287	11,625,278	5,032,741
H	17	1,519	861,094	364,296
I	19	2,086	1,305,468	535,880
J	16	1,565	879,172	326,373
전체	373	46,604	30,158,343	12,861,392

이처럼 보기에는 복잡해 보여도, 1단계만 해도 풀리는 문제가 대부분이다. 즉 2단계까지 요구하는 기출 문제는 매우 적으므로, 근삿값을 구체화하는 것에 시간을 소모할 필요가 없다. 비교가 어려울 때만 2단계로 가면 된다.

2 연산 방법에 따른 응용 방법

기본적으로 유효숫자 2~3자리만 확인하는 것은 동일하다. 연산 방법 별로 조금씩 차이나는 부분을 살펴보자.

(1) 덧셈

앞 3자리를 근삿값으로 잡는다. 이때 덧셈에서 계산을 귀찮게 하는 원인은 '자릿수가 올라가는 것'이다. 따라서 '자릿수를 편하게 계산하게 해줄 값'을 지정해 그 값만 올림 또는 내림하면 된다.

예시 1

378,245 + 519,467 [= 897,712]

(i) 먼저 378 + 519로 앞 3자리를 잡고, 자릿수를 신경 안 써도 되도록 519를 520으로 '올림'한다. 따라서 378 + 519 = 약 378 + 520 = 898이다. 이 값을 옳게 계산된 값과 비교하면 897,712 vs 898,000으로 큰 왜곡 없이 비슷한 것을 알 수 있다.

(ii) 참고로 519를 선택한 이유는 378을 380으로 보면 2만큼 왜곡이 있지만, 519를 520으로 올리는 것은 1만큼만 왜곡되므로 더 안전하기 때문이다.

예시 2

49,595 + 68,496 [= 118,091]

먼저 495 + 684로 앞 3자리를 잡고, 자릿수를 신경 안 써도 되도록 495를 500으로 '올림'한다. 따라서 495 + 684 = 약 500 + 684 = 1,184이다. 이 값을 옳게 계산된 값과 비교하면 118,091 vs 118,400으로 큰 왜곡 없이 비슷한 것을 알 수 있다.

(2) 뺄셈

① 앞 3자리를 근삿값으로 잡는다. 이때 덧셈과는 반대로, 계산을 귀찮게 하는 원인은 '자릿수가 내려가는 것'이다. 따라서 '자릿수를 편하게 계산하게 해줄 값'을 하나 지정해 그 값만 올림 또는 내림하면 된다.

② 이때 뺄셈에만 있는 추가적인 방법으로 '끝자리 맞추기'가 있다. 끝자리가 큰 차이가 나지 않는다면 1의 자리를 일치하게 바꿔 사실상 2자리 수 뺄셈으로 만들 수 있다. 이를 각각 방법 1, 2로 적용하면 다음과 같다.

예시 1

92,617 − 58,939 [= 33,678]

(ⅰ) 방법 1) 가까운 숫자로 처리하는 방법

먼저 926 − 589로 앞 3자리를 잡고, 자릿수를 신경 안 써도 되도록 589를 590으로 '올림'한다. 따라서 926 − 589 ≈ 926 − 590 = 336이다. 이 값을 옳게 계산된 값과 비교하면 33,678 vs 33,600으로 큰 왜곡 없이 비슷한 것을 알 수 있다.

(ⅱ) 방법 2) 1의 자리 소거하는 방법

먼저 926 − 589로 앞 3자리를 잡고, 1의 자리를 신경 쓰지 않도록 1의 자리를 모두 0으로 바꾼다. (또는 589를 586으로 수정하여 뺄셈 과정에서 소거되게 처리해도 된다.)

따라서 926 − 589 ≈ 920 − 580 = 340이다. 이 값을 옳게 계산된 값과 비교하면 33,678 vs 34,000으로 방법 1보다는 차이가 있지만, 그럼에도 큰 왜곡은 없는 것을 알 수 있다.

예시 2

83,336 − 25,613 [= 57,723]

(ⅰ) 예시 2는 앞선 방법 1과 2의 결과가 동일한 경우에 해당한다. 즉 1의 자리를 소거하는 숫자가 곧 가까운 숫자인 경우이다. 즉 256과 가까운 숫자는 260, 250, 253으로 총 3개인데, 260은 4, 250은 6, 253은 3만큼 차이나 253이 가장 가깝다. 이때 253은 833에서 값을 뺄 때 1의 자리가 소거되는 값이므로 두 방법의 결과가 같다.

(ⅱ) 먼저 833 − 256으로 앞 3자리를 유효숫자로 설정한다. 이때 끝자리를 소거하면 833 − 256 ≈ 833 − 253 = 580이 된다. 옳은 값과 비교하면 58,000 vs 57,723으로 큰 왜곡이 없는 것을 알 수 있다.

(3) 곱셈

① 앞 3자리를 근삿값으로 잡는다. 곱셈은 뺄셈이나 덧셈에 비해 계산이 더 복잡하므로, 두 값 모두를 끝자리 0으로 만든다.

② 이때 왜곡을 줄이기 위해, 총 두 가지 처리를 하면 좋다.

(a) 첫 번째로 어느 한 쪽을 올림하였다면 다른 한쪽은 내림한다.

(b) 두 번째로 곱셈을 할 때 분리해서 곱한다. 즉 큰 단위 값은 정확히 곱하되, 작은 단위는 2번째 자리까지 버림하고 처리한다. 예시와 함께 설명하면 다음과 같다.

예시 1

537,723 × 93.2% [= 501,157.8]

(i) 먼저 537 × 932로 앞 3자리를 잡고, 전항은 올림하고 후항은 내림하면 540 × 930이다.
이때 500과 40으로 분리하여 곱하면 540 × 930 = 930 ×(500 + 40) ≈ 930 × 500 + 900 × 40 = 465,000 + 36,000 = 501,000으로 501,157.8과 유사하다.

(ii) 이처럼 단위가 큰 500은 930을 그대로 곱하되, 단위가 작은 40은 900을 곱하면 매우 편하게 처리할 수 있다.

(iii) 만일 정확한 값이 필요하지 않은 경우 이러한 %는 조금 더 대략적으로, 빨리 계산이 가능하다. 93.2% ≈ 100% − 7%이므로 537,723 × 93.2% ≈ 537,723 × (100 − 7)%이다. 1%=0.01이므로 537,723의 0.01배를 구하기 위해 자릿수를 두 개 당기면 5,377이며 이를 5,000이라고 생각하면, 537,723 × (100 − 7)% ≈ 537,723 − 5,000 × 7 ≈ 502,000이다.
(만일 여기에서 5,377을 5,400으로 계산할 경우 오차가 더 작을 수는 있으나 계산이 복잡하다. 5,377을 5,000으로 내림하는 과정에서 더 작은 숫자를 빼게 되므로, 어림산의 결과 값인 502,723에서 723 역시 버려도 무방하다.)
실제 계산 값과 다소 차이가 있으나 이 정도의 차이는 답을 결정하는데 큰 문제가 없는 정도의 오차이다. 백분율 계산은 뒤에서 보다 자세히 다룰 예정이다.

예시 2

20,824 × 28.31 [= 589,527.44]

(i) 먼저 208 × 283으로 앞 3자리를 잡고, 전항은 올림하고 후항은 내림하면 210 × 280이다. 이때 210을 200과 10으로 분리하여 곱하면, 210 × 280 = 280 × (200 + 10) = 56,000 + 2,800 = 58,800이다. (또는 210 × (300 − 20)으로 계산해도 상관없다.)

(ii) 실제 값과 비교하면 588,000 vs 589,527.44로 큰 왜곡이 없음을 알 수 있다.

(4) 나눗셈

① 앞 3자리를 근삿값으로 잡는다. 이때 나눗셈은 접근 방식이 다른 연산 방식과는 크게 다르다.

② 나눗셈은 기본적으로 앞선 계산에 비해 복잡하므로, 계산할 값을 변형하여 계산하는 것보다는 '가까운 값'을 찾는 것이 편하다. 즉 직접 계산하여 구하지 않고 가까워 보이는 값을 확인하는 것으로 충분하다. 예시와 함께 설명하면 다음과 같다.

예시 1

45,815 ÷ 82,369 [= 0.5562]

(i) 먼저 458 ÷ 823으로 앞 3자리를 잡고, 나누는 값인 823을 800이라 생각하면 800 × 50% = 400이므로 먼저 50% 이상임을 알 수 있다.

(ii) 또한 5%는 40이므로 400 + 40 < 458으로 약 55%임을 알 수 있다. 값을 비교해보면 0.55 vs 0.5562이므로 큰 왜곡이 없는 것을 알 수 있다. 이처럼 나눗셈은 직접 계산하려 하기보다는 나누는 값을 편한 값으로 잡고, 가장 가까워 보이는 나눗셈 값을 찾는 것이 좋다.

예시 2

926 ÷ 7.2% [= 12,861]

(i) 우항이 %값이므로 단위를 맞춰준다. 7.2%는 0.072이므로 이를 7.2로 만들기 위해 전항에 100을 곱하면 92,600 ÷ 7.2가 된다.

(ii) 편의를 위해 7.2를 7로 간주하고 나누면, 92,600 ÷ 7 ≈ 13,200으로 실제 값인 12,861과 큰 왜곡이 없는 것을 알 수 있다.

3 가까운 대체 값 설정하기

앞 2 ~ 3자리를 유효 숫자로 두는 일반적인 방법과 함께 가장 자주 활용하는 방법이다. 다양한 계산 상황에서 수시로 활용할 수 있을수록 빠르고 효율적인 계산이 가능한 만큼 중요한 처리 방식이다.

(1) 개념

주어진 숫자와 가까운 숫자 중 계산이 편한 숫자를 선택하여 처리하는 방법이다. 이때 대체 값 설정 방법의 핵심은 크게 2가지이다.

① **가까운 정도의 결정 – '구체적 계산 요구 정도'**

'얼마나 가까운 숫자를 선택하는지'는 '차이가 얼마나 큰지'에 따른다. 즉 숫자 간의 차이가 적어 매우 디테일한 계산이 요구된다면 아주 가까운 숫자를 선택해야 하며, 숫자 간 차이가 커 대략적인 계산만 요구된다면 큰 차이가 나는 숫자를 선택해 처리해도 된다.

② **방향의 결정 – '대소비교 방향의 역방향'**

(a) 가까운 수라 하더라도 주어진 수보다 큰 수 중에 찾을 수도 있고, 작은 수 중에 찾을 수도 있으므로 어떤 방향으로 대체 값을 찾을지가 문제된다. 이때 핵심은 문제에서 요구하는 대소비교 방향의 반대로 처리하는 것이다.

(b) 가령 A의 대체 값을 설정할 때 'A × a > B인가?'라고 질문한다면 A를 기존보다 작은 값으로 설정하면 된다. 즉 주어진 대소를 비교할 때, '반례'가 되기 쉽게 값을 잡는다.

(2) 활용 예시

① **고속도로 이동인원(6,160명)은 전년(3,540명) 대비 70% 이상 증가하였다.**

(a) '이상' 증가했는지 묻고 있으므로 전년도보다 큰 값으로 어림산 했을 때 70% 넘게 증가하였는지 확인하면 된다. 왜냐하면 큰 값으로 대체하였음에도 6,160명보다 작다면 당연히 70% 이상 증가한 것이 되기 때문이다.

(b) 3,540명의 대체 값을 3,600명으로 잡으면, 70%는 3,600 × 70% = 2,520명이 된다.

(c) 이에 3,540명 + 2,520명은 < 6,160명이므로 옳은 선지임을 간단하게 알 수 있다.

(d) 참고로 3,540 + 2,520을 할 때에도 이를 적용하면 좋다. 가령 2,520을 2,600으로 대체하더라도 3,540 + 2,600 = 6,140 < 6,160임을 쉽게 알 수 있다.

② **2012년의 조리원 충원인원이 목표 충원인원의 88 %라고 할 때, 2012년의 조리원 목표 충원인원은 2,100명보다 많다. (단, 2012년 조리원 충원인원 = 1,924명)**

(a) 값을 역산하여 실제로 도출하지 않는다. 주어진 2,100명을 옳은 것으로 가정하고 모순이 발생하는지 확인하는 형태로 처리한다.

(b) 이때 "~보다 많다"이므로 88%보다 더 큰 값을 상정하더라도 조리원 충원인원이 1,924명을 넘지 못한다면 당연히 옳은 선지가 된다. 따라서 88% 대신 90%를 대체 값으로 잡는다.

(c) 즉 2,100 × 88% ≈ 2,100 × 90% = 1,890으로 1,924보다 작다. 따라서 옳은 선지이다.

③ **서산시의 밭 면적은 김제시 밭 면적보다 크다.**

경지 면적	김제시	28,501
	서산시	27,285
논 면적	김제시	23,415
	서산시	21,730

※ 밭 면적 = 경지 면적 – 논 면적

(a) 각주에 따라 선지의 비교는 '차이 값 비교'에 해당한다. 이때 가까운 대체 값을 설정하여 차이 값을 확인하면 더 적은 계산으로 효율적 계산이 가능하다.

(b) 서산시 밭 > 김제시 밭인지 질문하였으므로 반대로 서산시는 작게, 김제시는 크게 대체 값을 잡으면 된다.

(c) 먼저 '서산시'의 밭 면적 = 27,285 − 21,730이며, '대체 값을 작게' 잡아야 하므로 27,285는 27,000으로 낮춰 잡고 21,730은 21,800으로 높여 잡으면 27,000 − 21,800 = 5,200이 된다.

(d) 이 때 편의에 따라 27,285를 27,200으로 잡고 21,730을 22,000으로 잡아도 무방하다. 중요한 것은 계산이 편리하도록 하는 것이니 오차 범위 내에서 수를 어떻게 바꾸는지는 크게 중요하지 않다.

(e) '김제시'의 밭 면적 = 28,501 − 23,415이며, '대체 값을 크게' 잡아야 하므로, 28,501은 28,500으로 23,415는 23,400으로 낮춰 잡으면 28,500 − 23,400 = 5,100이다.

(f) 즉 5,200 > 5,100으로 서산시가 더 크다는 것을 쉽게 알 수 있다.

이 문제의 경우 차이 값을 활용해서 또 다른 방식으로 접근할 수도 있다.

(a) 밭 면적 = (경지 면적 − 논 면적)이며, 서산시 밭(=서산시 경지 면적 − 서산시 논 면적) > 김제시 밭(=김제시 경지 면적 − 김제시 논 면적)이 성립한다.

(b) 경지 면적과 논 면적을 각각 묶어서 이를 다시 표현하면 (김제시 논 면적 − 서산시 논 면적) > (김제시 경지 면적 − 서산시 경지 면적)이 성립해야 한다. 논 면적 간의 차이는 1,300~1,400 사이인 반면 경지 면적 차이는 1,200~1,300 사이이므로 이 식은 성립한다. 따라서 서산시 밭 면적 > 김제시 밭 면적이다.

(c) 이를 말로 간단히 표현해보면, 김제시의 경지 면적이 서산시의 경지 면적보다 큰 정도가 김제시의 논 면적이 서산시의 논 면적보다 큰 정도보다 작아서 결국 그 차이는 서산시가 더 큰 경우라고 할 수 있다.

(d) 이처럼 직접 차이 값을 구하지 않고 항목별 비교를 통해 유추하는 방법 역시 익혀 두면 표가 복잡할수록 덜 헷갈릴 수 있다.

④ 전체 수출액과 수입액 각각에서 일본이 차지하는 비중은 60% 이상이다.

수출액	일본	10,916
	전체	14,113
수입액	일본	23,982
	전체	41,025

(a) 60% 이상인지 질문하였으므로, 큰 값으로 대체 값을 잡은 후 그 60%보다 큰지 확인하면 확정적으로 처리할 수 있다. 반대로 적용하면, 작은 값을 대체 값으로 잡은 후 그 60%보다도 작은지 확인하면 바로 반례가 된다.

(b) 먼저 '수출액'을 보면, 전체 수출액의 대체 값을 '큰 값'으로 잡는 경우 14,113은 15,000으로 잡을 수 있다. 이때 15,000 × 60% = 9,000으로 일본의 수출액인 10,916보다 작으므로 당연히 60% 이상이다.

(c) 반면 '수입액'은 전체 수출액의 대체 값을 '작은 값'으로 잡을 때, 41,025는 40,000으로 대체할 수 있다. 이때 40,000 × 60% = 24,000으로 일본의 수출액인 23,982보다 크므로 당연히 60% 미만이다. 따라서 반례가 되어 틀린 선지가 된다.

⑤ 2008년 대비 2012년의 '가' 정당 지역구 여성 의원 비율은 감소하였다.

	'가' 정당 지역구 의원	
2008	전체 의원 수	230명
	여성 의원 수	16명
2012	전체 의원 수	222명
	여성 의원 비율	7.2%

(a) 2008년의 비율을 직접 도출하여 비교하지 않고, 2012년의 7.2%를 2008년에 대입하여 16명보다 작은지 확인하는 것이 편하다. (참고로 08년과 12년은 의원 '수' vs 의원 '비율'로 항목이 다르다는 것에 주의한다)

(b) 이때 230 × 7.2%를 비교할 때 보다 작은 대체 값을 곱했을 때도 16명보다 크다면 반례가 된다.

(c) 따라서 7.2%보다 작은 7%를 대체 값으로 잡으면, 230 × 7% = 16.1명으로 16명보다 크다. 따라서 반례가 되어 틀린 선지임을 쉽게 알 수 있다.

CHAPTER 07 보수

'보수'란 더하였을 때 특정 값을 만들어 주는 값을 의미한다. 사칙 연산을 통해 10, 100, 1,000과 같이 10의 n제곱 값들이 될 때 자릿수가 올라가며 또한 그 어떤 값을 더해도 편한 값이 된다. 따라서 '보수'는 10의 n제곱 값들을 만들도록 맨 끝 자릿수를 위한 '10에 대한 보수', 그 외의 값을 위한 '9에 대한 보수'로 총 두 가지만 확인한다.

1 10에 대한 보수

맨 끝 자릿수가 0이 되게 만들 때 활용하는 용도이다. 보수는 다음과 같다.

끝자리	1	2	3	4	5	6	7	8	9
보수	9	8	7	6	5	4	3	2	1

예시

534 + 59 = (534 + 6) + 50 + 3 = 593
위와 같이 계산을 불편하게 하는 1의 자리를 '보수'를 이용해 묶으면 쉽게 해결할 수 있다.

2 9에 대한 보수

끝 자리 외의 값이 '아랫자리 값'이 한 자릿수 올라 +1이 될 때 10이 되려면 기존의 합이 9인 상태여야 10의 n제곱 값이 될 수 있다.

끝자리	1	2	3	4	5	6	7	8	9
보수	8	7	6	5	4	3	2	1	0

예시

348 + 272 = (348 + 252) + 20 = 620
위와 같이 계산을 불편하게 하는 십의 자리를 '보수'를 이용해 묶으면 쉽게 해결할 수 있다.

3 응용 - 100에 대한 보수

(1) 개념

① 근삿값은 주로 '3자리'로 설정한다. 따라서 고려할 값의 최대 크기는 3자리 숫자이므로 십의 자리까지의 값의 합이 100이 되도록 만들어주면 매우 편하게 계산할 수 있다. 즉 10과 9의 보수를 응용한 100에 대한 보수를 모든 계산에 활용 가능하다. 십의 자리 이하의 값으로 100을 만들어 주면 **"백의 자리의 합 + 1"**이 바로 계산 결과가 된다.

② 이때 100에 대한 보수의 핵심은, **"십의 자리는 9의 보수, 일의 자리는 10의 보수"**이다. 예를 들어 768 + 456 = (768 + 432) + 24 = 1,200 + 24 = 1,224과 같이 계산하면 68 + 32 = 100으로 바로 처리되므로 계산이 매우 간단해진다. 따라서 평소 아래와 같은 연습을 하면 좋다.

(2) 활용 예시

① **18,249 + 44,905 = ?**

(a) 근삿값 3자리를 먼저 설정하면, 182 + 449가 된다.

(b) 이 값에 100의 보수를 활용하면 182 + 449 = (182 + 418) + 31 = 631이 된다.

② **629,846 + 88,340 = ?**

(a) 근삿값 3자리를 먼저 설정하면, 629 + 88이 된다.

(b) 이 값에 100의 보수를 활용하면 629 + 88 = (629 + 71) + 17 = 717이 된다.

③ **177,734 + 149,409 + 220,535 + 96,199 = ?**

(a) 근삿값 3자리를 먼저 설정하면, 177 + 149 + 220 + 96이 된다.

(b) 숫자가 4개이므로, 100의 보수를 활용하기 위해 2개씩 묶어 생각하면 좋다. 따라서 177 + 149 + 220 + 96 = (177 + 149) + (220 + 96) = (177 + 123) + (220 + 80) + 26 + 16 = 600 + 42 = 642가 된다.

④ **610,921 - 127,705 = ?**

(a) 근삿값 3자리를 먼저 설정하면, 610 − 127이 된다. 이때 100의 보수는 덧셈뿐만 아니라 뺄셈에서도 활용가능한 방법이다.

(b) (100 − n)은 n에 대한 100의 보수가 된다. 이 원리를 이용하면, 610 − 127 = (200 − 127) + 410 = 73 + 410 = 483이다.

[100 만들기 연습]

① 13 + 87 = 100
② 38 + 62 = 100
③ 46 + 54 = 100
④ 81 + 19 = 100

이처럼 다양한 숫자에 대해 기계적으로 100에 대한 보수를 구하는 연습을 하는게 좋다.

CHAPTER | 08 암기해야 하는 비율

1 빈출 비율

자료해석 시험의 특성 상 '비율 자료'가 많이 주어진다. 비율 자료를 쉽게 처리하기 위해서는 자주 활용되는 비율들을 외워 두는 것이 좋다.

분수	비율	처리 방식
$\frac{7}{8}$	87.5%	$100\% - \frac{1}{8}$
$\frac{3}{4}$	75%	부분 = (전체 − 부분) × 3
$\frac{2}{3}$	66%	부분 = (전체 − 부분) × 2
$\frac{5}{8}$	62.5%	$50\% + \frac{1}{8}$
$\frac{1}{2}$	50%	부분 × 2 = 전체
$\frac{3}{8}$	37.5%	$50\% - \frac{1}{8}$
$\frac{1}{3}$	33%	부분 × 3 = 전체
$\frac{1}{4}$	25%	부분 × 4 = 전체
$\frac{1}{5}$	20%	부분 × 5 = 전체
$\frac{1}{6}$	16.7%	부분 × 6 = 전체
$\frac{1}{7}$	14.3%	부분 × 7 = 전체
$\frac{1}{8}$	12.5%	부분 × 8 = 전체
$\frac{1}{9}$	11.1%	부분 × 9 = 전체
$\frac{1}{10}$	10%	부분 × 10 = 전체

2 응용 방법

(1) 직접적 활용 방법

① 1차적으로는 해당 %가 맞는지 확인하는 곳에 활용할 수 있음은 당연하다.

② 예를 들어 "**전체 철도 운행장애 중 지연운행이 차지하는 비중은 16% 이상이다**"라는 선지가 주어진다면 16.7%로 간주하고 지연운행 × 6이 전체와 비슷한지 확인하면 된다.

(2) 간접적 활용 방법

1차적 활용에 그치지 않고, 2차적으로는 암기한 비율 사이 값을 확인하는 곳에 활용할 수 있다. 예시와 함께 방법을 살펴보자.

예시

전국 체육시설 수 = 16,758일 때, 강원도의 체육시설 수 = 2,502로 전국 대비 약 15%를 차지한다.

→ 14.3% < 15% < 16.7%이므로 $\frac{1}{7}$과 $\frac{1}{6}$사이의 값이어야 한다.

따라서 전국 값이 2,500의 6배보다는 크되, 7배보다는 작아야 한다.

확인해보면, 2,500 × 6 = 15,000 < 16,758 < 2,500 × 7 = 17,500이므로 약 15%를 차지한다.

(3) 종합 예시

Q) 금융기관 A가 농협인지 확인하라.

〈표〉 금융기관별, 개인신용등급별 햇살론 보증잔액 현황

(단위: 백만 원)

금융기관 / 개인 신용등급	농협	수협	축협	신협	새마을금고	저축은행	합
1	2,425	119	51	4,932	7,783	3,785	19,095
2	6,609	372	77	14,816	22,511	16,477	60,862
3	8,226	492	176	18,249	24,333	27,133	78,609
4	20,199	971	319	44,905	53,858	72,692	192,944
5	41,137	2,506	859	85,086	100,591	220,535	450,714
6	77,749	5,441	1,909	147,907	177,734	629,846	1,040,586
7	58,340	5,528	2,578	130,777	127,705	610,921	935,849
8	11,587	1,995	738	37,906	42,630	149,409	244,265
9	1,216	212	75	1,854	3,066	1,637	8,060
10	291	97	2	279	539	161	1,369
계	227,779	17,733	6,784	486,711	560,750	1,732,596	3,032,353

〈그림〉 금융기관 A와 B의 개인신용등급별 햇살론 보증잔액 구성비

(단위: %)

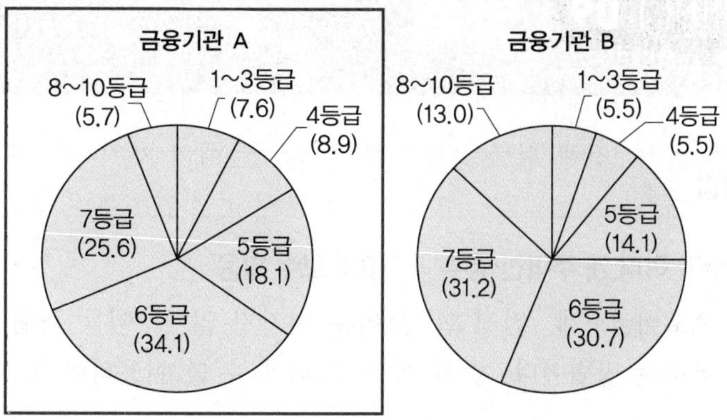

(ⅰ) 먼저 빈출 비율을 **직접적으로 활용**하기 좋은 6, 7 등급을 먼저 확인한다.
6등급의 34.1%는 33.3%와 유사하므로 '3배하여 전체와 유사한지' 보면, 77,749 × 3 ≈ 77,000 × 3 = 231,000으로 227,779보다 살짝 큰 값으로 비슷한 것을 확인할 수 있다. 마찬가지로 7등급의 25.6%는 25%와 유사하므로 '4배하여 전체와 유산하지 확인하면, 58,340 × 4 = 약 58,000 × 4 = 232,000으로 227,779와 비슷하다. 따라서 6, 7등급 값은 옳은 것을 알 수 있다.

(ⅱ) 5등급은 18.1%로 유사한 %가 없으므로 **간접적인 방법**을 통해 처리한다.
18.1%는 16.7% < 18.1% < 20%의 값이므로, 부분 × 5 < 전체 < 부분 × 6이면 옳은 값이 된다.
따라서 확인하면 41,137을 41,000으로 볼 때 41,000 × 5 = 205,000 < 227,779 < 246,000이므로 옳다는 것을 알 수 있다.

(ⅲ) 나머지 등급은 **기존 풀이를 조금만 응용**하면 동일하게 풀 수 있다. 즉 100%와 10%는 10을 나눈 것에 불과하므로 8 ~ 10등급의 5.7%는 사실상 5.5%로 보고 55% × $\frac{1}{10}$ 처리하면 되며, 1 ~ 3등급은 약 75%, 4등급은 약 90%로 보고 처리하면 된다.

CHAPTER 09 덧셈

1 연산 방법

(1) 한 자릿수가 여러 개 주어진 경우 - '10의 보수 활용'

문제의 자료에 '소계, 전체 합' 등이 주어지지 않아, 이를 직접 구해야 하는 유형에서 자주 활용하는 방법이다. 앞서 배운 '10의 보수'를 이용하여 '10이 되는 쌍'으로 만들어 처리하면 된다.

예시 1

6 + 7 + 1 + 3 + 4 + 6 + 5 + 5 + 3 + 8 + 1 + 2는 얼마인가?

(i) $(6+4)+(7+3)+(5+5)+(8+2)+(1+6+3)+1=10\times5+1=51$

(ii) 실제로 계산할 때는 이미 10으로 만들 값들끼리 빗금(/)을 쳐서 소거하면 된다. 실수를 줄이기 위해서는 앞에서부터 하나하나 소거해 나가는 것이 좋다.

(iii) 예를 들어 위의 값에 이를 표시해보면 다음과 같다.

$$\cancel{6}+\cancel{7}+\cancel{1}+\cancel{3}+\cancel{4}+\cancel{6}+\cancel{5}+\cancel{5}+\cancel{3}+\cancel{8}+1+\cancel{2}$$

예시 2

9 + 3 + 6 + 8 + 14 + 7 + 1 + 4 + 5 + 2 = ?

(i) $(9+1)+(3+7)+(6+4)+(8+2)+4+5=10\times4+19=59$

(ii) 위와 같이 두 자리 수가 **껴 있는** 경우에도 동일하게 활용하면 된다.

(2) 같은 수가 여러 개 주어진 경우 - '덧셈의 곱셈화'

자료해석의 자료는 실제 자료를 응용해서 만들어지는 경우가 많다. 이에 비슷한 특성을 가진 값들이 모여 있는 경향이 있으므로 동일한 값들을 여럿 합산해야 하는 일이 잦다. 따라서 같은 수가 반복되면, '해당 값의 개수를 곱하는 형태'로 처리하는 것이 좋다.

예시

8, 3, 8, 8, 5, 8, 5, 3, 1, 9, 9의 합은 얼마인가?

$8\times4+3\times2+5\times2+9\times2+1=32+(3+5+9)\times2+1=67$

실제로 계산할 때는 이미 묶은 값들은 빗금(/)을 쳐서 소거하면 된다.

(3) 각산법

① ‘각산법’이란 ‘자릿수 별로 나누어 합산’하는 방법이다. 자료해석의 경우 덧셈한 값 자체는 중요하지 않고 “어떤 값보다 크거나 작다”라는 사실이 중요하므로, 큰 자릿수 위주로 먼저 더해 ‘어떤 값과 대소를 비교하는 것’으로 충분하다. 따라서 ‘각산법’은 매우 유용한 방법이다.

② 각산법을 활용할 때 한 가지 기억하면 좋은 것은 큰 자릿수를 합쳤을 때 **‘a + 2 ≤ b라면 반드시 b > a’**이라는 점이다. 작은 자릿수를 다 합치더라도 절대 2를 넘을 수 없기 때문에, 이를 이용하면 계산 과정을 줄일 수 있다.
원리를 설명하면, 큰 자릿수의 차이가 2라는 것은 두 자리를 비교한다고 가정 시 총 20이 차이난다는 의미이므로, 1의 자리가 아무리 커도 그 합은 19.9999일 수밖에 없어 20을 넘을 수 없기 때문이다. 단, 이는 더하는 숫자가 두 개인 경우에만 한정되며, 숫자 세 개를 합하는 경우 최대 2, 네 개를 합하는 겨우 최대 3 … 등으로 생각할 수 있다. (끝자리에 올 수 있는 최대 정수가 9라는 것을 활용하면 더 쉽게 생각할 수 있다.)

③ **아래 〈표〉의 문제를 각산법을 통해 해결해보자.**

〈표〉 A무역회사 해외지사의 수출 상담실적

(단위: 건, %)

연도 / 해외지사	2008	2009	2010	2011년 1~11월	
					전년동기 대비증감률
칠레	352	284	472	644	60.4
싱가포르	136	196	319	742	154.1
독일	650	458	724	810	22.4
태국	3,630	1,995	1,526	2,520	80.0
미국	307	120	273	1,567	526.8
인도	0	2,333	3,530	1,636	−49.4
영국	8	237	786	12,308	1,794.1
합계	5,083	5,623	7,630	20,227	197.3

④ 2008년~2010년 동안 매년 싱가포르지사와 미국지사의 수출 상담실적 건수의 합은 독일지사의 수출 상담실적 건수보다 적다.

(a) 4번 선지는 ‘싱가포르 + 미국 < 독일’인지 묻고 있다. 이때 ‘각산법’을 이용하여 100의 자리부터 확인하면 2008년은 1 + 3 < 6, 2009년은 1 + 1 < 4, 2010년 3 + 2 < 7이므로 굳이 뒷자리를 고려하지 않더라도 ②에서 설명한 ‘a + 2 ≤ b’의 형태이므로 옳은 선지임을 쉽게 알 수 있다.

(b) 이처럼 각산법을 고려한 듯한 선지가 출제되는 경향이 있으므로 잘 활용하는 것이 좋다.

(4) 100의 보수 활용법

① 실제로 자료해석을 푸는 과정에서 가장 많이 활용하게 될 풀이 방식이다.

② 앞서 '3자리'로 근삿값을 설정하는 것을 배웠을 것이다. 따라서 3자리를 넘는 덧셈은 고려할 필요가 적다. 이에 100의 보수만 활용하더라도 충분하다.

③ 2번째 자리까지의 값이 100이 되도록 만들어주면 **"백의 자리의 합 + 1 = 계산 결과"**가 된다. 따라서 이를 활용하면 십의 자리 숫자만 계산하면 되게 된다.

④ 예를 들어 739 + 885 = (700 + 800) + (85 + 15) + 24 = 1,624처럼 처리하는 것이 정석적이나, '백의 자리의 합 + 1 = 계산 결과'를 이용하면, 739 + 885 = 1,600 + 24 = 1,624로 바로 계산할 수 있다.
왜냐하면 앞자리만 보더라도 700 + 800 = 1,500에서 100을 더한 1,600이 될 것임은 당연하기 때문이다. 따라서 십의 자리 숫자만 확인하면 된다.

⑤ 참고로 '100의 보수'는 보수 파트에서 그 구체적인 활용법을 확인하기 바란다. 100의 보수의 핵심은 '십의 자리는 9의 보수', '일의 자리는 10의 보수'이다. 잘 익혀두자.

(5) 2단계 덧셈법

① 덧셈의 어려움은 '자릿수 변화'에 기인한다. 따라서 자릿수 변화를 최대한 피해서 푸는 방법인 '2단계 덧셈법'은 매우 유용하다.

② 2단계 덧셈법은 다음과 같은 순서로 구성된다.

(a) **1단계**로 자릿수 변화 고려 없이 편하게 더하고 자릿수 변화가 있는 곳에 '체크 표시'를 한다.

(b) **2단계**로 체크해둔 자릿수에 '+1' 하면 된다. 이때 맨 앞자리의 자릿수가 변화하는 경우 그대로 작성한다. 가령 맨 앞자리의 합이 8 + 6이면 14를 그대로 적는다.

③ 설명의 편의를 위해 예시와 함께 살펴보자.

예시 1

395 + 538 = ?

✓	✓	
3	9	5
5	3	8
8	2	3

(i) 1단계로 자릿수 고려 없이 더하면 823이 된다. 이때 자릿수가 변할 값은 백의 자리와 십의 자리이므로 체크 표시해 둔다.

(ii) 2단계로 백의 자리와 십의 자리 숫자에 '+1'하면 823 → (8 + 1)(2 + 1)3 → 933이다.

예시 2

> 539,716 + 386,974 = ?
> (i) 연습을 위해 유효 숫자를 잡지 않고 확인한다.
> (ii) 1단계로 자릿수 고려 없이 더하면 539,716 + 386,974 = 815,680이다. 이때 자릿수를 n번째 자리라 표현할 때, 자릿수가 변할 값은 1, 2, 3, 5번째 자리이다.
> (iii) 2단계로 해당 자리 숫자에 '+1'하면 815,680 → (8 + 1)(1 + 1)(5 + 1)6(8 + 1)0 = 926,690이다.
> 이처럼 긴 숫자의 계산도 2단계 덧셈법을 활용하면 빠르게 처리할 수 있다.

예시 3

> 788,495 + 539,716 = ?
> (i) 마찬가지로 연습을 위해 유효 숫자 없이 처리한다.
> (ii) 1단계로 자릿수 고려 없이 더하면 788,495 + 539,716 = 1,217,101이다. 이때 자릿수는 1~5번째까지 변한다. (맨 앞자리의 합의 자리가 변하면 7 + 5 = 12처럼 미리 적으면 된다)
> (iii) 2단계로 해당 자리 숫자에 '1'하면 다음과 같이 구해진다.
> 1,217,101 → 1(2 + 1)(1 + 1)(7 + 1)(1 + 1)(0 + 1)1 → 1,328,211

(6) 덧셈 방식 종합

위의 덧셈 방식 4가지만 이용하면 공기업 필기시험에 나오는 모든 자료해석 문제를 해결할 수 있다. 따라서 각 방식을 어떤 유형에서 활용하면 되는지 종합하여 정리해본다.

① **일반적인 덧셈 상황 – '2단계 덧셈법, 100의 보수 활용법'**

5번의 '2단계 덧셈법'이나 4번의 '100의 보수 활용법'을 이용한다. 대부분의 계산은 이 두 계산법으로 처리한다.

② **여러 값에 대해 매우 구체적인 덧셈을 하도록 요구하는 상황 – '각산법'**

(a) 자료해석의 출제 의도상 여러 값에 대해 매우 구체적인 덧셈을 하도록 요구하는 문제는 거의 출제되지 않는다. 다만 이러한 계산을 요구하는 특이한 문제가 나온다면, 3번의 '각산법'이 가장 유용하다.

(b) 예를 들어 아래 예제를 살펴보자.
참고로 이 문제는 덧셈에 있어서 10년 간 기출 된 문제 중 계산을 가장 구체적으로 요구한 대표적 문제이다. 다르게 생각하면 이 이상의 덧셈을 요구하는 문제는 거의 없을 것이므로 너무 걱정하지 않아도 된다.

〈표〉 공항별 운항 및 수송현황

공항 \ 구분	운항편수(편)	여객수(천명)	화물량(톤)
인천	20,818	3,076	249,076
A	11,924	1,836	21,512
B	6,406	( )	10,279
C	11,204	1,820	21,137
D	( )	108	1,582
광주	944	129	1,290
E	771	121	1,413
전체	52,822	7,924	306,289

예제 1

위 자료에서 운항 편수가 가장 작은 곳은 D인가?

해설

(i) 28번 문제를 해결하기 위해서는 D와 E 중 무엇이 큰지 확인해야 하기 때문에 '운항편수' 중 D의 빈칸을 도출해야 한다. 그러나 실제로 D를 도출해보면 755로 E의 771과 큰 차이가 없어 매우 구체적인 계산을 해야 한다. 이때 활용하면 좋은 방법이 '각산법'이다.

(ii) 먼저 '만의 자리'를 더하면 2 + 1 + 1 = 4로 40,000이다. 다음으로 '천의 자리'를 더하면 0 + 1 + 6 + 1 = 8으로 8,000이다. '백의 자리'를 더하면 8 + 9 + 4 + 2 + 9 + 7 = 39로 3,900이다. 우선 이 값들을 합산하면 51,900이다. 따라서 922가 남는다.

(iii) 이때 우리가 궁금한 것은 빈칸이 771보다 큰지 작은지 이므로 922 − 771 = 151만큼을 나머지 값이 채우는지 여부만 확인하면 된다. 이에 '큰 값 위주'로 몇 개만 더하면, (44 + 71) + (24 + 18) = 115 + 42 > 151이다. 따라서 D는 E보다 작다는 것을 알 수 있다. 이처럼 각산법을 이용하면 무작정 모든 값을 더하는 것보다는 빠른 시간에 해결할 수 있다.

③ 한 자리 값들의 소계를 구하는 경우 – '10의 보수' 및 '곱셈화'

한 자리 값들의 소계를 구할 경우, 주어진 값이 '곱셈화'하기 좋게 유사한 값들로 구성되어 있다면 개수를 세어 처리하고, 그렇지 않다면 '10의 보수'로 정리한다. 이 과정이 숙련된다면 두 방법을 섞어 사용한다. 아래 예제를 살펴보자.

연도	전시건수		국외반출 허가 문화재 수량		
	국가별 전시건수 (국가: 건수)	계	지정문화재 (문화재 종류: 개수)	비지정 문화재	계
2006	일본: 6, 중국: 1, 영국: 1, 프랑스: 1, 호주: 1	10	국보: 3, 보물: 4, 시도지정문화재: 1	796	804
2007	일본: 10, 미국: 5. 그리스: 1, 체코: 1, 중국: 1	18	국보: 18, 보물: 3, 시도지정문화재: 1	902	924
2008	일본: 5, 미국: 3, 벨기에: 1, 영국: 1	10	국보: 5, 보물: 10	315	330
2009	일본: 9, 미국: 8, 중국: 3, 이탈리아: 3, 프랑스: 2, 영국: 2, 독일: 2, 포르투갈: 1, 네덜란드: 1, 체코: 1, 러시아: 1	33	국보: 2, 보물: 13	1,399	1,414
2010	일본: 9, 미국: 5, 영국: 2, 러시아: 2, 중국: 1, 벨기에: 1, 이탈리아: 1, 프랑스: 1, 스페인: 1, 브라질: 1	24	국보: 3, 보물: 11	1,311	1,325
2011	미국: 3, 일본: 2, 호주: 2, 중국: 1, 타이완: 1	9	국보: 4, 보물: 12	733	749
2012	미국: 6, 중국: 5, 일본: 5, 영국: 2, 브라질: 1, 독일: 1, 러시아: 1	21	국보: 4, 보물: 9	1,430	1,443

예제 2

'일본'의 '전시건수'의 합을 도출하면 얼마인가?

해설

(i) 일본의 전시건수를 2006년부터 순서대로 나열하면 6, 10, 5, 9, 9, 2, 5이다.

(ii) 이때 '10의 보수 방법'과 '곱셈화'를 혼용하여 그 합계를 구하면, $10 + (5 + 5) + 9 \times 2 + 6 + 2 = (10 + 9) \times 2 + 8 = 46$(건수)이다.

(iii) 또는, $9 + 1 = 10$이라는 점을 이용해서 2를 1 두 개로 나누면 $6 + 10 + 5 + 9 + 9 + 2 + 5 = 6 + 10 + 5 \times 2 + (9 + 1) + (9 + 1) = 46$처럼 조금 더 쉽게 볼 수도 있다.

(iv) 이처럼 도출 시 계산 속도도 빠르고 연산 실수도 줄어들 가능성이 높아지는 장점이 있다. 숫자의 활용이 자유로워질수록 계산 과정은 짧아진다.

2 덧셈 비교 – '차이 값 비교'

자료해석 문제의 대부분은 그 값이 얼마인지를 묻지 않고, "어떤 값이 더 큰가?"와 같이 '대소'를 확인할 것을 요구한다. 다행인 것은 덧셈 계산보다는 비교가 더 쉽다. 구체적 값을 도출하는 것과 달리, 1이라도 더 큰지 여부만 확인하면 되기 때문이다.

덧셈 비교의 핵심은 **'차이 값 비교'**이다. 즉 덧셈 비교는 매우 역설적이게도 '덧셈'을 하지 않는다. 덧셈의 구성요소들 간의 차이를 비교하여 더 큰 값을 찾는 것이다. 이에 구체적인 경우에 따라 각각의 방법을 살펴본다.

중요한 점은 아래 설명 순서는 실제 '사고 과정 순서'이다. 1단계에서 확인되면 거기서 판단을 마무리하되, 처리되지 않으면 2단계로 넘어가면 된다. 이와 같이 순서대로 풀어가면 가장 효율적인 덧셈비교를 할 수 있다.

(1) 1단계 – '각 값이 모두 크거나 작은 경우'

덧셈 값을 비교할 때, 각 구성요소가 모두 크다면, 합산을 구하지 않더라도 어느 한쪽이 클 수밖에 없다. 즉 가장 비교하기 편한 경우로, 덧셈 문제가 나온다면 먼저 '모두 크거나 작은 경우에 해당하는지' 확인해보는 것이 좋다. 또한, 확인할 때 숫자 구조가 비슷하도록 순서를 바꿔도 좋다. 예시와 함께 살펴보면 다음과 같다.

예시 1

816,257 + 67,088 vs 884,612 + 70,516
884,612 > 816,257이고 70,516 > 67,088이므로 우변의 값이 각각 모두 크므로, 우변이 당연히 더 크다는 것을 알 수 있다.

예시 2

159,533 + 83,767 vs 79,925 + 151,660
좌변을 먼저 보면, 159,533 + 83,767로 상대적으로 '큰 수 + 작은 수' 형태이다. 따라서 비교의 시각적 효과를 높이기 위해 우변도 동일하게 순서를 바꾸면, 151,660 + 79,925이 된다.
좌변의 값이 각각 모두 크므로, 좌변이 당연히 더 크다는 것을 알 수 있다.

(2) 2단계 – '각 값이 모두 크거나 작지 않은 경우'

직접 덧셈하지 않고 '차이 값'으로 비교한다. 이때 비교하는 방법은 '방향성'에 따라 2가지 방식이 있다. 첫 번째 방식은 **각각의 증가분을 비교하는 방식**이며, 두 번째 방식은 **어느 한 값을 기준 값으로 잡고 증감을 비교하는 방식**이다. 예시와 함께 살펴보면 다음과 같다.

예시 1

539,716 + 320,974 vs 548,639 + 315,205

문제 풀이에 앞서, 앞 3자리로 근삿값을 잡으면 539 + 321 vs 548 + 315이다.

(방법 1) '증가분'을 비교하는 방법이다. 539 → 548은 9만큼 증가하지만, 321 ← 315는 6만큼 증가한다. 따라서 우변으로의 증가분이 9 > 6으로 더 크므로 우변이 더 크다.

(방법 2) '기준 값에 대한 증감'을 비교하는 방법이다. 예를 들어 좌변을 기준으로 잡으면, 539 ← 548은 − 9이며 321 ← 315은 6이므로 −9 + 6 = −3 < 0이다.

따라서 우변이 더 크다.

* 참고로 실제로 계산해보면 860,690 vs 863,844로 우변이 더 크며 그 차이는 3,154이다. 방법 1과 2에서 두 값의 차이는 3이고, 이는 3,000을 의미하므로 근삿값으로 구했음에도 수 구조에 왜곡이 적은 것을 알 수 있다.

예시 2

726 + 196 vs 791 + 124

편의상 '증가분' 비교를 기준으로 한다. 726 → 791은 65만큼 증가하지만, 124 → 196은 72만큼 증가하였다. 따라서 좌변으로의 증가분이 더 크므로 좌변이 더 크다.

예시 3

984 + 633 vs 1,153 + 491

편의상 '증가분' 비교를 기준으로 한다. 984 → 1,153은 169만큼 증가하지만, 491 → 633은 142만큼 증가한다. 따라서 우변으로의 증가분이 더 크므로 우변이 더 크다.

Tip 만약 덧셈해야 하는 값들 중 동일한 값이 있다면, 이를 소거하고 위의 방식을 활용한다.
예를 들어 48 + 516 + 87 + 23 + 66 vs 488 + 51 + 39 + 66 + 90이라면, 동일한 값인 66을 소거하고 풀면 된다.

CHAPTER 10 뺄셈

1 연산 방법

일반적으로 뺄셈보다는 덧셈이 더 빠르고 실수가 적은 연산 방법인 만큼 최대한 덧셈으로 만드는 것이 뺄셈 처리 방법의 핵심이다. 따라서 뺄셈을 접근할 때는 최대한 뺄셈을 덧셈으로 만든다는 대전제를 기억해야 한다.

(1) 가장 큰 자릿수를 제외하고 모두 0으로 맞추는 방법 – '보수의 활용'

① 뺄셈을 처리할 때 가장 많이 쓰는 방법이자, 범용성이 매우 좋은 방식이다.
뺄셈이 어려운 이유는 자릿수가 변화할 때 실수가 잦기 때문이다. 따라서 빼는 값의 큰 자릿수를 제외한 나머지 자리를 모두 0으로 맞추면 매우 편해진다. 즉 x00에 해당하는 숫자를 뺀 후, 나머지 값들은 덧셈으로 처리한다. 통상 뺄셈보다는 덧셈이 쉬운 연산 방법이므로 더 빠른 풀이가 가능해진다.

② 이때 핵심은 0으로 맞출 때 '올림'해야 한다는 것이다. 그 이유는 '올림'할 경우 왜곡된 부분을 보정해줄 때 '덧셈'을 활용할 수 있기 때문이다. '올림'을 할 때는 앞에서 배운 '보수'를 활용하면 좋다. 예를 들면 다음과 같다.

1) 2자리 숫자인 경우

2자리 숫자에서 '올림'을 할 때는 '10의 보수'를 활용하면 좋다. 예를 들어 27을 30으로 올림하면 7의 보수인 3을 더하면 된다. 이를 통해 아래와 같이 계산하면 된다.

① 73 − 38 = (73 − 40) + 2 = 33 + 2 = 35

② 97 − 49 = (97 − 50) + 1 = 47 + 1 = 48

③ 51 − 14 = (51 − 20) + 6 = 31 + 6 = 37

④ 66 − 23 = 43 ← 자릿수가 변하지 않는 경우엔 그대로 뺄셈한다.
유동적으로 활용해야 효율적인 풀이가 된다.

2) 3자리 숫자인 경우

3자리 숫자에서 '올림'을 할 때는 '100의 보수'를 활용하면 좋다. 예를 들어 82를 올림하면 그 보수는 18이므로 보수인 18만큼 더하면 된다.

cf) 근삿값을 4자리 이상 잡을 일은 크게 없으므로, 3자리까지만 고려해도 충분하다.

① 813 − 567 = (813 − 600) + 33 = 213 + 33 = 246

② 422 − 189 = (422 − 200) + 11 = 222 + 11 = 233

③ 926 − 362 = (926 − 400) + 38 = 526 + 38 = 564

(2) 2단계 뺄셈법

① 뺄셈의 어려움은 '자릿수 변화'에 기인한다. 따라서 자릿수 변화를 최대한 피해서 푸는 방법인 '2단계 뺄셈법'은 매우 유용하다.

② 2단계 뺄셈법은 다음과 같은 순서로 구성된다. 1단계로 자릿수 변화 고려 없이 뺀 후, 2단계로 자릿수 변화가 있었던 곳에 '체크 표시'를 해두고 해당 자릿수에 '– 1' 하면 된다. 이를 통해 매우 빠르고 편하게 계산할 수 있다.

③ 설명의 편의를 위해 예시와 함께 살펴보자.

예시 1

815 – 567 =?

	∨	∨	
	8	1	5
–	5	6	7
	3	5	8

(ⅰ) 1단계로 자릿수 변화를 고려하지 않고 빼면 358이 된다. 이때 백의 자리와 십의 자리는 자릿수 변화가 있으므로 체크 표시를 한다.

(ⅱ) 2단계로 변화해야 하는 자릿수 값에서 1을 뺀다. 즉 100의 자릿수에서 1을 빼고 10의 자릿수에서 1을 빼면 된다. 즉 358 → (3 – 1)(5 – 1)8 → 248이 된다.

예시 2

75,242 – 47,863 = ?

(ⅰ) 연습을 위해 유효값 설정 없이 확인한다.

(ⅱ) 1단계로 자릿수 변화 고려 없이 빼면 75,242 – 47,863 = 38,489가 된다.

(ⅲ) 2단계로 변화할 자릿수를 보면 만의 자리, 천의 자리, 백의 자리, 십의 자리이다. 따라서 해당 자리 숫자를 1만큼 빼면 38,489 → 27,379가 된다.

예시 3

174,296 – 88,739 = ?

(ⅰ) 연습을 위해 유효 숫자 설정 없이 확인한다.

(ⅱ) 1단계로 자릿수 변화 고려 없이 빼면 다음과 같다.

174,296 – 88,739 = 196,567

(ⅲ) 2단계로 변화할 자릿수를 확인한다. 설명의 편의상 n번째 자리로 통칭할 때 1, 2, 3, 5번째 자리가 변화한다. 따라서 이를 빼면 196,567 → (1 – 1)(9 – 1)(5 – 1)5(6 – 1)7 → 85,557이다.

(ⅳ) 이처럼 매우 긴 자릿수 숫자도 '2단계 뺄셈법'을 활용하면 빠르게 풀 수 있다.

2 뺄셈 비교 – '모순 발견법의 활용'

뺄셈의 연산과 마찬가지로 가급적 최대한 덧셈으로 처리한다. 즉 역설적이게도 뺄셈이 나오면, 덧셈으로 푸는 것이 가장 효율적이다.

(1) '모순 발견법'이란 어떤 한 값만 뺄셈을 한 후, 그 값을 기준 값(또는 옳은 값)으로 두고 다른 뺄셈에 대입하여 모순이 발생하는지 확인하는 방법이다. 이러한 방법이 통용될 수 있는 이유는 '뺄셈 비교'는 구체적인 뺄셈 값이 얼마인지를 각각 알 필요가 없고, '값의 대소'만 알면 되기 때문이다.

(2) 아래 문제를 예시로 적용해보자.

창업단계	2009년		2010년		합계	
	인원	비중	인원	비중	인원	비중
예비창업단계	79	9.9	158	10.8	237	10.5
기술개발단계	291	36.3	668	45.8	959	42.4
시제품제작단계	140	17.5	209	14.3	349	15.4
시장진입단계	292	36.4	425	29.1	717	31.7
계	802	100.0	1,460	100.0	2,262	100.0

ㄴ. 기술개발단계에 있는 신청자수 비중의 연도별 차이는 시장진입단계에 있는 신청자수 비중의 연도별 차이보다 크다.

① 기술개발단계와 시장진입단계 중 '시장진입단계'를 기준점으로 잡는다고 가정하자. 뺄셈 연산방법 중 **'2단계 뺄셈법'**을 활용하면,
'시장진입단계'의 신청자수 비중의 연도별 차이는 36.4% − 29.1% ≈ 7%p이다.

② 이를 기준값으로 보고 '기술개발단계' 신청자수 비중을 비교해보면, 비중이 작은 2009년의 값은 36.3%으로 이에 7%p를 더하면 36.3 + 7 < 45.8(단위 생략)이므로 '기술개발단계'의 연도별 차이 > '시장진입단계'의 연도별 차이임을 알 수 있다.

③ 위와 같은 방식으로 처리 시 처음 기준값을 도출할 때를 제외하면, 뺄셈을 한 번도 하지 않는다. 즉 매우 효율적인 풀이 방식이다.

CHAPTER 11 곱셈

1 연산 방법

(1) '두승법' ✓ n 자릿수 × 1자릿수

① '두승법'이란 머리, 즉 앞자리 수 먼저 곱하는 방식이다. 큰 자리부터 곱하기 때문에 안정적으로 빠르게 어림산을 할 수 있다. 참고로 수험생이 익숙한 곱셈 방법, 즉 초등학생 때 배운 곱셈 방식은 '미승법'이다. 따라서 수험생의 입장에서 다소 어색할 수 있으나 적응되면 기존의 곱셈 연산보다 빠를 것이다. '두승법'은 주산에서 활용하는 방법이기도 하다.

② n자릿수 × 1자릿수의 경우 두승법을 적용 시 큰 자릿수의 곱셈은 3,500과 같이 뒤에 0을 달고 있다. 즉 앞서 '덧셈' 연산 방법에서 보듯 뒤에 0이 많아지면 덧셈은 간단해지므로, 이후 뒷자리 수를 더하기 매우 좋은 구조가 된다. 예시와 함께 살펴보면 다음과 같다.

예시 1 두 자릿수

(두 자릿수) × (한 자릿수)일 때 십의 자리를 먼저 곱하면 당연히 1의 자리는 '0'이다. 즉 이후에 1의 자리끼리 곱하게 된 값을 더하기 매우 편하다는 장점이 있다.

(i) $93 \times 6 = 90 \times 6 + 3 \times 6 = 540 + 18 = 558$

(ii) $78 \times 7 = 70 \times 7 + 8 \times 7 = 490 + 56 = 546$

(iii) $37 \times 9 = 30 \times 9 + 7 \times 9 = 270 + 63 = 333$

예시 2 세 자릿수

두 자릿수와 마찬가지로 간단한 덧셈으로 전환된다. 추가적으로 더 빠른 연산을 위해서, '0'은 생략할 수 있으면 더욱 좋다.

(i) $547 \times 8 = 500 \times 8 + 40 \times 8 + 7 \times 8 = 4,000 + 320 + 56 = 4,320 + 56 = 4,376$ 빠른 풀이를 위해 '0'은 생략할 경우 4,000을 적지 않고 아래와 같이 풀면 된다.

```
| 4
|  32
|   56
-------
 4376
```

cf) 이러한 계산의 경우, $547 \times 8 = (550 - 3) \times 8 = 4400 - 24 = 4376$ 처럼 가까운 숫자를 활용해서 계산을 단순화하는 것도 좋은 방법이다. 어떠한 방식이든 자신에게 맞는 방식을 찾아 유동성 있게 적용하는 게 좋다.

(ii) 893 × 7 = 800 × 7 + 90 × 7 + 3 × 7 = 5,600 + 630 + 21 = 6,251
(iii) 316 × 9 = 300 × 9 + 10 × 9 + 6 × 9 = 2,700 + 90 + 54 = 2,844

(2) '두승법' + '근삿값' – 두 자릿수 × 두 자릿수

① (두 자릿수) × (두 자릿수)인 경우 어느 하나를 기준 값으로 잡고 하는 것이 좋다. 이때 '두승법'과 '근삿값'을 섞어 활용하면 마치 (두 자릿수) × (한 자릿수)인 것처럼 계산할 수 있다. 이후 하나를 더 더하거나 빼는 형태로 처리하면 된다. 구체적인 방법은 예시와 함께 살펴본다.

예시 1

83 × 49 = ?
(i) 1단계: 83과 49 중 49를 기준값으로 잡고 그의 근삿값인 50을 활용한다.
(ii) 2단계: 83 × 49 → 83 × 50 = 4,150
(iii) 3단계: 50으로 보아 생긴 왜곡을 수정한다. 4,150 − 83 = 4,067이다.

예시 2

65 × 74 = ?
(i) 1단계: 65와 74 중 74를 기준값으로 잡고 그의 근삿값이 70을 활용한다.
(ii) 2단계: 65 × 74 → 65 × 70 = 4,550
(iii) 3단계: 70으로 보아 생긴 왜곡을 수정한다.
65 × 4 = 260이므로 4,550 + 260 = 4,810이다.

기준값을 정할 때는 1차적으로는 예시 1의 49와 같이 끝자리가 0인 값을 만들기 쉬운 값을 선택하되, 2차적으로 예시 2처럼 유사한 경우 왜곡을 수정할 때 곱하기 편한 값(예시 2의 65)이 아닌 다른 값(예시 2의 74)을 기준값으로 잡는다.

② 이 방법의 가장 큰 장점은 '자료해석의 출제 의도'에 부합한다는 점이다. 실제로 문제를 풀어보면, 정확한 곱셈 값을 도출할 일은 거의 없다. 즉 '근삿값'을 이용해 간단하게 처리하고 '두승법'을 이용해 가장 큰 값만 확인해도 곱셈 비교에 있어서는 충분한 경우가 많다. 즉 생긴 왜곡을 수정하지 않고, 근삿값 계산만으로 풀리는 경우가 많으므로 매우 효율적인 계산법이다.

③ 예를 들어, **"47 × 82가 3,720보다 큰가?"** 라는 질문을 받으면 먼저 82를 80으로 보고 곱할 때, 47 × 80 = 3,760으로 이미 3,720보다 크다. 따라서 더 이상 계산하지 않아도 옳다는 것을 알 수 있다. 실전에서는 이 정도 선에서 마무리되는 경우가 대부분이므로 활용성이 매우 높다.

(3) n자릿수 × n자릿수

① n자릿수 × n자릿수는 실제로 계산하지 않는다.

(a) 곱셈 값 간의 차이가 크면, n자릿수 × 한 자릿수처럼 '두승법'으로 처리하는 것으로 비교는 충분하며,

(b) 차이가 적더라도 두 자릿수 × 두 자릿수처럼 두승법과 근삿값을 이용하여 처리하면 된다.

② 예를 들어 56,298 × 3,019의 경우, (a)번과 같이 두승법을 이용해 56,298 × 3으로 처리하거나 (b)번과 같이 56 × 30으로 처리하면 된다. 구체적인 유효숫자 설정 방법은 해당 파트에서 살펴본다.

(4) 제곱수의 활용

11 × 11 = 121	12 × 12 = 144	13 × 13 = 169	14 × 14 = 196
15 × 15 = 225	16 × 16 = 256	17 × 17 = 289	18 × 18 = 324
19 × 19 = 361	25 × 25 = 625	35 × 35 = 1,225	45 × 45 = 2,025

① 제곱수 중 25 × 25, 35 × 35와 같이 뒷자리가 5인 숫자들의 곱셈은 다음과 같이 일반화가 가능하다.

(a) 제곱하는 수가 'ㅁ5'라고 할 때,

(b) ㅁ × (ㅁ + 1)을 한 수 뒤에 25를 쓰면 된다.

예 25 × 25에서 2 × (2 + 1) = 6이므로 6 뒤에 25를 쓰면 625, 125 × 125에서 12 × 13 = 156이므로 이 뒤에 25를 쓰면 15625 와 같다.

② 위의 제곱수는 활용되는 경우가 정말 많다. 크게 두 가지 측면에서 활용되므로, 각각을 예시와 함께 살펴보자.

〈표〉 10월 모바일 쇼핑 구매내역

(단위: 원, 포인트)

상품	주문금액	할인금액		결제금액	
요가용품세트	45,400	즉시할인 쿠폰할인	4,540 4,860	신용카드 +포인트	32,700 3,300 = 36,000
가을스웨터	57,200	즉시할인 쿠폰할인	600 7,970	신용카드 +포인트	48,370 260 = 48,630
샴푸	38,800	즉시할인 쿠폰할인	0 ( )	신용카드 +포인트	34,300 1,500 = 35,800
보온병	9,200	즉시할인 쿠폰할인	1,840 0	신용카드 +포인트	7,290 70 = 7,360
전체	150,600		22,810		127,790

※ 할인율(%) = $\frac{\text{할인금액}}{\text{주문금액}} \times 100$　① 전체 할인율은 15% 미만이다.

1번 선지의 경우, 주어진 15%를 옳은 것으로 가정하고 모순이 발생하는지 확인한다. 전체 주문금액의 15%는 $15 \times 15 = 225$임을 이용하면 $150{,}600 \times 15\% =$ 약 $22{,}500 < 22{,}810$임을 쉽게 알 수 있다. 따라서 15%를 초과한다.

(5) 십의 자리가 같은 두 자리 수의 곱셈

방법 1) 덧셈 형태로 변형하는 방법

예 $16 \times 14 = (14 + 2) \times 14 = 14 \times 14 + 14 \times 2 = 196 + 28 = 224$

cf) 예외적으로, 이와 같이 특정 수를 기준(이 경우 15)으로 대칭적인 숫자를 곱할 때는 합차 공식을 활용할 수도 있다. 합차 공식이란 $(a + b)(a - b) = a^2 - b^2$인 경우를 의미한다. 이를 계산에 적용해보면 $16 \times 14=(15 + 1)(15 - 1) = 225 - 1 = 224$이다.

첨언하자면, 이러한 합차 공식은 대소 비교에 더 자주 사용된다. 16×14와 17×13과 같이 합이 같은 두 수를 곱한 값을 비교해야 할 때, 합이 같다면 두 숫자의 차이가 작을수록 곱했을 때의 값은 더 크다. 이는 두 숫자의 차이가 작을수록 위의 합차 공식에서 b의 값이 더 작기 때문에 나타나는 현상이다.

방법 2) 곱셈 형태를 변형하는 방법

예 $75 \times 15 = (15 \times 5) \times 15 = 15 \times 15 \times 5 = 225 \times 5 = 1{,}125$

① n을 십의 자리 숫자, a와 b를 각각 일의 자리 숫자라고 가정할 때,
$(n + a) \times (n + b) = (n + a) \times n + (n + a) \times b = (n + a + b) \times n + a \times b$
가 된다.

② 예를 들어 $17 \times 15 = (10 + 7 + 5) \times 10 + 7 \times 5 = 255$가 된다.

③ 이를 조금 더 응용해보자. 10 ~ 40 단위 값은 그 값이 작아 위의 예시처럼 계산을 해서 처리하는 것이 좋지만, 70 ~ 90 단위 값은 그 값이 매우 커서 $a \times b$를 제외하더라도 값의 왜곡이 크지 않다. 가령 $98 \times 93 =$ 약 $(90 + 8 + 3) \times 90 = 9{,}090$으로 실제 계산 값인 $98 \times 93 = 9{,}114$와 큰 차이가 나지 않는다.
따라서 값이 크면 $(n + a) \times (n + b) \approx (n + a + b) \times n$으로 처리하면 된다.

(6) 근삿값 공식

① $(1 + a) \times (1 + b) \approx 1 + a + b$

② $(1 + a) \times (1 + b) \times (1 + c) \approx 1 + a + b + c$, (단 $0 < a, b, c < 1$)

위 공식은 '연도별 증가율' 등을 물을 때 정말 자주 활용하는 공식이다. 예시와 함께 알아보자.

연도	2013	2014	2015	2016
값	500	?	?	?
전년대비 증가율	-	10%	15%	20%

예제

상기 〈표〉와 같을 때, 2016년의 값은 얼마인가?

해설

2016년의 값은 2013년의 값에 증가율을 곱한 것으로 식으로 적으면 다음과 같다.
$500 \times (1 + 0.1) \times (1 + 0.15) \times (1 + 0.2)$이고, 상기의 근삿값 공식을 활용하면
$500 \times (1 + 0.1 + 0.15 + 0.2) = 500 \times 1.45 = 725$이다.
이처럼 근삿값 공식으로 매우 쉽게 처리할 수 있다.

③ 참고로 위 공식의 도출 방식은 다음과 같다. ①, ②번 공식이 모두 동일하므로 편의상 ①번 식을 예로 살펴보자.

(a) 해당 식을 그대로 전개하면 $(1 + a) \times (1 + b) = 1 + a + b + ab$이다.

(b) 이때 a와 b는 0과 1 사이의 작은 값이므로 $a \times b$는 더 작은 값이 된다. 따라서 이 값을 무시하더라도 큰 왜곡이 없기 때문에 'ab'를 생략하면 근삿값 공식이 도출된다.

(c) 따라서 도출 방법에서 보듯, a와 b는 반드시 소수 값이어야 한다. 1을 넘는 값이면 숫자 구조의 왜곡이 커져 근삿값 공식이 성립하지 않으므로 주의하자. 또한 가능하다면 소수 값이라 하더라도 가급적 작은 값에 한정하여 활용하는 것이 좋다.

2 곱셈 비교 방법

곱셈 값을 실제로 구하지 않고, 곱셈 구성 요소 간 비교를 통해 처리하는 것이 기본 전제이다. 상황은 총 두 가지 경우로, 구성 요소 각각이 모두 큰 경우와 교차로 큰 경우로 나뉜다. 이에 각각의 경우에 따라 살펴본다.

(1) 각각이 모두 큰 경우

① 곱셈의 각 값이 모두 크다면, 계산해보지 않더라도 어느 한쪽의 곱셈 결과가 크다는 것을 알 수 있다.

② 예를 들어 "765×312 vs 741×308"과 같이 좌변이 $765 > 741$, $312 > 308$로 각각 모두 큰 경우 좌변이 크다는 것을 곱하지 않고도 확인 가능하다.

③ 이 방법은 시간이 소모되지 않는 방법이므로 실전에서 문제를 풀 때는 항상 가장 먼저 체크해야 하는 방법이다. 즉 각각이 모두 큰지 먼저 확인 후, 아니라면 그 다음 풀이 방법으로 넘어가면 된다.

(2) 교차로 큰 경우 – '증가율 비교법'

서로 교차로 큰 값이 있는 경우, 각 구성 요소 별 증가율 비교를 통해 처리하는 것이 빠르다. 구체적인 방법은 예시와 함께 살펴본다. 이때 중요한 것은 정확한 각각의 비율을 도출하지 않고, **어느 한 비율을 도출 후 다른 곳에 대입하여 더 큰지, 작은지 비교하는 형태로 활용**한다.

예시 1

816 × 535 vs 905 × 451

❶ 좌변의 경우 535가 우변보다 크고, 우변의 경우 905가 좌변보다 크다. 따라서 816 → 905의 증가율과 451 → 535의 증가율을 비교하여 대소를 비교하면 된다.

❷ 이때 증가율의 비교는 매우 구체적인 값을 도출할 필요는 없고, 대략적으로 몇 % 이상인지만 확인하면 된다.
예를 들어 816 → 905의 경우 10%인 81보다 살짝 더 크므로 10% 이상 증가하였음을 알 수 있다. 반면 좌변으로의 증가율은 10%를 대입 시 부족하므로 이보다 크다는 것을 쉽게 알 수 있다.

┌**10% 이상 증가**┐
816 × 535　vs　905 × 451
　　　└**20% 미만 증가**┘

❸ 따라서 좌변으로의 증가율이 더 크므로 **816 × 535 $>$ 905 × 451**임을 간단하게 알 수 있다.

cf) 보통의 곱셈에서 숫자가 빠르게 파악되지 않는 경우에는 작은 수와 작은 수, 큰 수와 큰 수를 비교하는 게 일반적이다. 앞서 주어졌던 위의 곱셈 역시 마찬가지이다. 그러나 때에 따라서는 작은 수와 큰 수를 비교하는 것이 더 효율적일 수도 있다. 가령 우측의 숫자가 905가 아니라 1,200이었다면, 이는 535보다 두 배 큰 반면 좌측의 816은 451의 두 배 미만이므로 우측이 당연히 더 크다.

예시 2

729 × 17.8% vs 542 × 28.7%

❶ $729 > 542$, $17.8\% < 28.7\%$로 교차로 큰 경우에 해당한다.

❷ 542 → 729는 30% 조금 넘게 증가하였으나, 17.8% → 28.7%는 50% 넘게 증가하였다.

❸ 따라서 다음과 같이 처리된다.

　　　┌**50% 이상 증가**┐
729 × 17.8%　vs　542 × 28.7%
└ **30% 이상 증가** ┘

❹ 따라서 우변으로의 증가율이 $50\% > 30\%$로 더 크므로 **729 × 17.8% $<$ 542 × 28.7%**임을 간단하게 알 수 있다.

Tip 주어진 구조는 실수와 백분율의 곱이지만, 대소 비교만 하면 되기 때문에 백분율을 실수로 봐도 무관하다. 즉, 17.8%를 178로, 28.7%를 287로 봤을 때, 우측의 542는 좌측의 178의 3배 이상인 반면 좌측의 729는 우측의 287의 3배 미만이다.
이처럼 작은 수와 큰 수 간의 비교를 통해 보다 편리한 계산을 할 수 있는 것은 물론, 대소 비교 시에는 %를 제외하고 적절하게 자릿수를 조절하여 비교하는 것 역시 가능하다.

3 적용 연습

기본적으로 곱셈 비교는 '증가율 비교 형태'로 처리하면 된다.
그러나 무조건 증가율 비교 형태로 처리하는 것은 비효율적이다. 따라서,
1단계 모든 항목이 큰 곱셈 구조인지 확인하고,
2단계 앞자리(또는 유효 숫자)만 가볍게 곱했을 때 큰 값을 도출할 수 있는지 확인 후, 앞 두 단계에서 알 수 없는 경우에
3단계 '증가율 비교'를 활용한다.
다만 어떤 방식이 절대적으로 우월하거나 효율적인 것은 아니며 일반적으론 상기의 순서대로 편하다는 의미이다. <u>3가지 방법을 주어진 수의 형태에 따라 유동적으로 활용할 수 있어야 가장 효율적인 풀이가 가능하다.</u>

(1) 729 × 17.8% vs 542 × 28.7%: '2단계가 편한 경우'

① 어느 한쪽이 모두 큰 경우에 해당하지 않는다. 이때 앞 자리만 구했을 때 값 비교가 가능한지 여부는 숫자를 얼마나 볼 수 있는지에 따라 다르게 느껴질 수 있으므로, 먼저 '증가율 비교'를 보자.

┌ **50% 이상 증가** ┐
729 × 17.8% vs 542 × 28.7%
└ **30% 이상 증가** ┘

② 참고로 이 문제의 경우 2단계에서 처리할 수 있다. 예를 들어 계산을 귀찮게 하는 17.8%와 28.7%를 각각 20%와 30%로 대체한다고 가정하자.
이 경우 729 × 20% = 약 1,460이며 542 × 30% = 약 1,626이다.
이 값만 보면 1,626 > 1,460으로 우변이 크나, 대체 값을 설정한 만큼 왜곡이 적은지 확인해야 한다. 그러나 17.8%는 28.7%보다 작음에도 더 큰 폭으로 증가하여 20%가 되었으므로 도리어 왜곡을 줄이는 방향으로 대체 값이 설정되었다. 따라서 당연하게도 우변이 큼을 쉽게 확인할 수 있다.

③ 만약 본인이 숫자 구조를 쉽게 읽을 수 있다면 위의 과정을 매우 빠르게 처리할 수 있다. 즉 "대체 값을 왜곡을 줄이는 방향으로 설정하였으므로, 곱한 값의 대소만 찾아보면 되겠다"는 판단을 통해 효율적으로 해결할 수 있다.

(2) 8,411 × 78.8 vs 7,106 × 82.1: '1단계가 편한 경우'

① 1단계에 해당한다. 그냥 보기에는 교차로 큰 숫자 구조로 보이지만 형태를 조금만 바꾸면 1단계임을 확인할 수 있다. 즉 앞 두 자리를 유효숫자로 잡으면 변형하지 않더라도 바로 처리할 수 있다. 즉 84 × 78 vs 82 × 71로 보면 별도의 계산이나 변형 없이도 좌변이 크다는 것을 확인할 수 있다.

> ※ 참고로 정석적인 변형은 다음과 같다.
> 우변의 값의 형태를 교차시키면 7,106 → 71.06이고
> 82.1 → 8,210이 된다. 즉 8,210 × 71.06으로 8,411 × 78.8보다 모든 숫자가 작으므로 계산하지 않더라도 좌변이 더 크다는 것을 쉽게 알 수 있다.
> 이처럼 그냥 보기에는 1단계에 해당하지 않아 보여도, 변형 시 해당하는 경우가 많으므로 유사한 숫자 구조를 가진다면 생각해보는 것이 좋다.
> * 1단계에 해당하기에 2, 3단계는 보지 않아도 되지만 연습을 위해 각각을 살펴본다.

② 2단계에서 푸는 방법은 근삿값으로 구성한 유효 숫자로 곱하는 방법이다.
즉 좌변은 8,411 × 78.8로 대략 8,000 × 80과 유사하지만, 우변은 7,106 × 82.1로 7,000 × 80과 유사하다. 즉 좌변이 더 크다는 것을 쉽게 알 수 있다.

③ 3단계에서는 유효 숫자를 앞 두자리로 잡을 때 쉽게 확인할 수 있다. 먼저 큰 숫자끼리 비교하면 71 → 84로 13만큼 증가했으나, 작은 숫자끼리 비교 시 78 → 82로 4만큼 증가했다.
즉 더 작은 숫자에서 출발하여 더 큰 증가분을 가지므로 당연히 좌변으로의 증가율이 더 크다. 따라서 좌변이 크다.

(3) 2,974 × 4.3 vs 4,636 × 3.5: '1단계가 편한 경우'

① 1, 2, 3 단계 모두 적용 가능하다. 연습을 위해 모든 단계를 살펴본다.

② 1단계의 경우 2자리 근삿값을 잡을 경우, 29 × 43 vs 35 × 46으로 우변이 크다는 것을 바로 알 수 있다.

③ 2단계에서 푸는 방법은 근삿값으로 구성한 유효 숫자로 곱하는 방법이다.
좌변의 2,974 × 4.3은 약 3,000 × 4.3 = 약 13,000인 반면,
우변은 4,600 × 3.5로 그 일부인 '3'만 곱하더라도 4,600 × 3 = 13,800으로 더 크다.
따라서 우변이 더 크다.

④ 3단계의 경우 2,974 → 4,636은 3,000 + 1,500 = 4,500의 관계와 유사하므로 50% 이상 증가하였다. 반면 3.5 → 4.3은 50%보다 한참 모자르게 증가하였으므로 우변으로의 증가율이 더 크다는 것을 쉽게 알 수 있다.

(4) 9,903 × 18.3 vs 3,139 × 66.0: '3단계가 편한 경우'

① 1, 2단계로는 해결하기 어려운 유사한 값이다. 따라서 3단계로 해결한다.

② 어떤 숫자끼리 비교해도 결과는 같겠지만, 최대한 계산이 편리한 숫자들을 가지고 계산하는 것이 좋다. 가령 좌변의 9,903과 우측의 3,139를 각각 99, 31로 보면 99는 우변의 66보다 정확히 50% 크다.

③ 반면, 우변의 31은 18.3보다 두 배 정도 크기 때문에 당연히 우변이 더 크다. 이와 같이 숫자를 볼 때 66과 99처럼 직관적으로 파악이 가능한 배수 관계에 있는 숫자들을 빨리 잡아낼수록 계산 시간은 단축된다.

(5) 2,307 × 97.4 vs 8,763 × 31.0: '2단계가 편한 경우'

① 1단계로는 해결이 어려우나 2, 3단계로는 해결이 가능하다.

② 2단계의 경우, 좌변의 97.4를 100으로 볼 때 2,307 × 100 = 230,700이다. 반면 우변은 두 값을 모두 '내림'하여 8,000 × 30으로 보더라도 240,000이므로 우변이 한참 더 크다는 것을 쉽게 알 수 있다.

③ 3단계의 경우 2,307 → 8,763은 3배보다는 한참 크고, 4배보다는 조금 작으므로 4배에 가까운 값이다. 반면 31.0 → 97.4는 3배가 조금 넘는 값이다. 따라서 우변으로의 증가율이 더 크므로, 우변이 더 큰 값임을 알 수 있다.

(6) 2,553 × 392 vs 1,316 × 940: '3단계가 편한 경우'

① 1, 2, 3단계가 모두 적용 가능하다.

② 1단계로 풀기 위해서는 변형이 필요하다. 우변의 940을 930으로 보면, 930 = 3 × 310이다. 따라서 1,316 × 940 ≈ 1,310 × 3 × 310 = 3,930 × 310 = 393 × 3,100이다.
즉 2,553 × 392보다 3,100 × 393은 모든 값이 각각 크므로 계산하지 않더라도 우변이 더 큰 숫자임을 쉽게 알 수 있다.

③ 2단계의 경우 좌변은 392를 400으로 볼 때 2,553 × 400 = 약 1,200,000이다. 반면 우변의 경우 1,316 × 940 = 약 1,300 × 900 + 1,300 × 40 = 1,170,000 + 52,000 > 1,200,000이다.
따라서 우변이 더 크다.

> ※ 심화
> 후술하겠지만, 백분율 계산 시 5%는 10%의 0.5배라는 것을 활용해서 숫자를 0.1배한 후 반으로 나누어 계산하곤 한다. 이를 동일하게 정수 계산 시에도 활용할 수 있다. 가령 50을 곱해야 할 때, 50은 100의 0.5이므로 자릿수를 두 개 올린 후에 반으로 나누는 것처럼 생각할 수 있다는 뜻이다.
> 1,316 × 940 ≈ 1,316 × (1,000 − 50) = 1,316,000 − 131,600 × 0.5 ≈ 1,316,000 − 66,000 = 125,000이다.
> 더 정확히 계산하기 위해서는 940 = 1,000 − 50 − 10이므로 125,000에서 13,160을 더 빼 주어야 하지만, 이 때 계산의 기준은 1,200,000보다 크냐 아니냐이기 때문에 만의 자릿수가 0이 아니라는 것을 확인한 이후에는 계산을 더 할 필요가 없다.
> 이러한 방식의 곱셈은 익숙해지지 않은 상태에서는 활용하기 어려우나 익숙해진다면 매우 유용하게 활용할 수 있다.

④ 3단계의 경우 1,316 → 2,553은 2배가 살짝 안되는 값이다. 반면 392 → 940은 2배가 넘는 값이다. 따라서 우변으로의 증가율이 더 크므로 우변이 더 큰 값이다.

(7) 4,524 × 963 vs 8,491 × 642: '2단계가 편한 경우'

① 1단계는 적용하기 어려우나, 2, 3단계는 쉽게 적용 가능하다.

② 2단계의 경우 좌변의 963을 1,000으로 볼 때 4,524 × 1,000 = 4,524,000이지만, 우변은 8,491 × 642는 8,000 × 600으로 낮춰 보더라도 4,800,000으로 한참 큰 값이다.
따라서 우변이 더 크다.

③ 3단계의 경우 4,524 → 8,491은 2배보다 살짝 작은 값이지만, 642 → 963은 1.5배 정도 되는 값으로 2배에서 한참 모자르다. 따라서 우변으로의 증가율이 더 커 우변이 더 큰 값이다.

④ 3단계를 구체적으로 계산하면 다음과 같다.

┌ **85% 이상 증가** ┐
4,524 × 963 vs 8,491 × 642
└ **50% 이상 증가** ┘

(8) 6,443 × 441 vs 4,137 × 610: '1단계가 편한 경우'

① 1, 3단계가 적용하기 좋다.

② 1단계의 경우 앞 2자리를 근삿값으로 잡으면 64 × 44 vs 41 × 61 = 61 × 41이다. 따라서 좌변이 모든 값에서 각각 크므로 계산하지 않더라도 더 크다는 것을 알 수 있다.

③ 3단계의 경우 앞 2자리를 근삿값으로 잡을 때, 우변으로의 증가는 44 → 61이지만 좌변으로의 증가는 41 → 64로 더 작은 숫자에서 더 큰 숫자로 증가하였으므로, 좌변으로의 증가율이 더 커 좌변이 더 크다는 것을 쉽게 알 수 있다.

CHAPTER 12 나눗셈

통상 나눗셈보다는 곱셈이 더 편하고 빠른 연산 방법이므로, 앞서 뺄셈을 최대한 덧셈으로 전환하여 처리한 것처럼 나눗셈을 최대한 곱셈으로 전환하는 것이 좋다.

1 직접적인 곱셈 전환 방법

(1) 만약 y를 x로 나눈다면, $y \div x = y \times \frac{1}{x}$이 된다. 즉 x로 나누지 않고 $\frac{1}{x}$로 곱하면 된다.

예시 1

$$743 \div 5 = 743 \times \frac{1}{5} = 743 \times 0.2 = 74.3 \times 2 = 148.6$$

예시 2

$$1,398 \div 2.5 = 1,398 \times \frac{1}{2.5} = 1,398 \times 0.4 \approx 140 \times 4 = 560$$

예시 3

$$155 \div 12.5 = 155 \times \frac{1}{12.5} = 155 \times 0.08 = 1.55 \times 8 = 12.4$$

(2) 다만 이 방법이 유용한 경우는 '역수'가 일반적으로 자주 활용되는 분수 값에 해당하는 경우에 한정되므로 범용성은 다소 떨어지는 단점이 있다.

(3) 어떤 경우에 활용할 수 있는지는 '자주 활용되는 분수값' 부분을 참조한다.

2 간접적인 곱셈 전환 방법 - '근삿값 찾기'

실제로 자료해석을 풀다 보면, 정확한 나눗셈 값을 도출할 일이 적다. 그보다는 가까운 값을 곱셈을 통해 찾는 일이 더 많다. 즉 대략적인 값을 곱해 목표하는 값을 만드는 것이다. 따라서 나눗셈 연산 방법 중에는 '가장 많이 활용하는 방법'이다.

예시 1

597 ÷ 63 = ?
597은 63 × 9 = 560 < 597 < 63 × 10 = 630이다. 즉 9배와 10배는 597을 기준으로 비슷한 거리(약 30)로 떨어져 있으므로 그 절반에 가까움을 알 수 있다.
즉 약 9.5라는 것을 도출할 수 있다. 실제로 계산해보면 9.48이다.
이처럼 큰 왜곡 없이 도출 가능하다.

예시 2

913 ÷ 157 = ?
계산의 편의상 157을 160으로 보면, 160 × 5 = 800 < 913 < 160 × 6 = 960이다.
예시 1과는 달리 913은 800보다는 960에 한참 가까운 값이다.
따라서 5.5를 더 넘는, 약 5.7이 될 것임을 알 수 있다.
실제로 계산해보면 5.8이다. 마찬가지로 큰 왜곡 없이 도출할 수 있다.

예시 3

748 ÷ 188 = ?
편의상 188을 190으로 보면, **190 × 3 = 570 < 748 < 190 × 4 = 760**이다.
이때 748은 760과 매우 가까운 값이므로 3 극후반대 값임을 알 수 있다.
따라서 **748 ÷ 188 = 약 3.9**로 처리하면 된다. 실제로 계산 시 약 3.98로 큰 왜곡 없이 답을 도출할 수 있다.

실전에서는 나눗셈을 대부분 위와 같이 처리한다. 간략한 값의 도출만으로도 충분한 만큼 빠르게 가까운 배수 값을 찾는 연습을 많이 하는 것이 좋다.

3 나누어 떨어지는 값 찾기

나누는 수가 1자리 자연수와 같이 나누기 좋은 자연수라면, 나누어 떨어지는 값인지 확인 후 실제로 나누어도 크게 어렵지 않게 도출할 수 있다.

(1) 2의 배수: 끝 자리가 짝수이면 된다. 즉 끝 자리가 0, 2, 4, 6, 8이면 된다.

(2) 3의 배수: 각 자리 숫자를 더해 3의 배수이면 된다.

예시

6,852의 각 자릿수를 더하면 6 + 8 + 5 + 2 = 21이므로 3의 배수이다.

(3) 4의 배수: 끝 두 자리 수가 4의 배수이면 된다.

예시

153,764의 끝 두 자리는 64로 4의 배수이므로, 4의 배수에 해당한다.

(4) 5의 배수: 끝 자리 숫자가 0 이나 5이면 된다.

예시

819,775는 끝 자리가 5이므로 5의 배수이다.

(5) 6의 배수: 2의 배수 조건과 3의 배수 조건을 동시에 만족하면 된다.

예시

6,852는 끝 자리가 짝수이고, 자릿수를 더하면 $6 + 8 + 5 + 2 = 21$이므로 6의 배수이다.

(6) 7의 배수: 일의 자리를 두 배하고 나머지 수를 뺀 결과가 0 또는 7의 배수이면 된다.

예시

154는 일의 자리를 두 배 하면 $4 \times 2 = 8$로, $15 - 8 = 7$이므로 7의 배수이다.

(7) 8의 배수: 끝 세 자리의 수가 000이거나 8의 배수이면 된다.

예시

735,328은 끝 세 자리 수인 328이 8로 나누어 떨어지므로 8의 배수이다.

(8) 9의 배수: 3의 배수와 유사하게, 각 자리 숫자를 더해 9의 배수이면 된다.

예시

617,553의 각 자릿수를 더하면 $6 + 1 + 7 + 5 + 5 + 3 = 27$이므로 9의 배수이다.

4 인수분해 활용 방법

인수분해하여 본인이 계산하기 편한 형태로 전환할 수 있다. 설명의 편의상 두 경우로 나눴으나 실제로는 제수와 피제수를 함께 분해하면 편하다.

(1) 피제수(나뉘는 수, dividend)를 분해하는 경우

피제수를 분해하는 방법은 덧셈 및 뺄셈을 활용하는 방법과 곱셈 및 나눗셈을 이용하는 방법으로 나뉜다. 각각을 예시와 함께 확인하자.

[덧셈 및 뺄셈 분해] $5{,}220 \div 18 = (5{,}400 - 180) \div 18 = 300 - 10 = 290$

[곱셈 및 나눗셈 분해] $1{,}890 \div 35 = 7 \times 270 \div 35 = 7 \times 5 \times 54 \div 35 = 54$

(2) 제수(나누는 수, divisor)를 분해하는 경우

예시 1

$1{,}890 \div 35 = 1{,}890 \div 7 \div 5 = 270 \div 5 = 54$

예시 2

$3{,}024 \div 63 = 3{,}024 \div 7 \div 9 = 432 \div 9 = 48$

제수의 분해는 피제수 분해와 달리 곱셈 및 나눗셈 분해만 이용한다.

5 어림산 공식

(1) 곱셈과 마찬가지로, 나눗셈 역시 어림산을 활용 시 매우 빠르게 처리할 수 있다.

공식 $\dfrac{(1+x)}{(1+y)} \approx (1+x-y)$

(2) 이 공식은 두 값의 증가율만 주어졌을 때, 두 값의 특정 연도 값 비교 등에 자주 활용된다.

단, y의 값이 커질수록 해당 어림산의 결과값은 오차가 매우 커지기 때문에 10%, 즉 0.1 이하 정도의 숫자들이 나올 때만 사용하는 걸 권장한다.

이해를 돕기 위해 예시 문제에 적용해 보자. 참고로 아래 문제는 어림산 문제 중 난이도가 매우 높은 형태이므로, 이것을 잘 연습한다면 기출 문제에서는 당황하지 않고 풀 수 있을 것이다.

	수입액	수출액
2011	1,400	1,700
2012	( )	( )
2013	( )	( )
2014	A	B
연평균 증가율	-1.3%	2.7%

예제

위 자료에서 2014년의 '수출액 대비 수입액($\frac{A}{B}$)'은 2011년에 비해 10% 이상 감소하였는가?

해설

"$\frac{(1+x)}{(1+y)} \approx (1 + x - y)$"와 "$(1 + a) \times (1 + b) \approx 1 + a + b$"를 이용하여 풀면 된다.

(i) 먼저 A를 도출하면, $A = 1{,}400 \times (1-0.013)^3$이고 $B = 1{,}700 \times (1+0.0027)^3$이다.

(ii) 따라서 2014년의 수출액 대비 수입액 $= \frac{A}{B} = \frac{1{,}400(1-0.013)^3}{1{,}700(1+0.027)^3}$이며, 나눗셈 근삿값 공식을 활용하면 $\frac{A}{B} = \frac{1{,}400(1-0.013)^3}{1{,}700(1+0.027)^3} = \frac{1{,}400}{1{,}700} \times (1-0.013-0.027)^3 = \frac{1{,}400}{1{,}700} \times (1-0.04)^3$이다.

이때 $\frac{1{,}400}{1{,}700}$은 '2011년의 수출액 대비 수입액'이므로 이하에서는 생략한다.

---

(3) 또한 곱셈 근삿값 공식에 따라 $(1-0.04)^3 = (1-0.04 \times 3) = (1-0.12)$이다.
따라서 약 12%가량 감소했으므로 10% 이상 감소하였다.

Tip 실제로 계산해보면 $\frac{(1-0.13)^3}{(1+0.027)^3}$ = 약 0.887로 11.3% 감소하여 근삿값 공식의 왜곡이 매우 적음을 알 수 있다.

CHAPTER | 13 분수

자료해석에서 가장 많이 활용하게 될 값은 '분수 형태'이다. 대부분의 자료가 비율을 구하거나 증가율을 구할 것을 요구하며, 곱셈 비교도 결국은 증가율 비교로 처리하기 때문에 분수 자료의 처리 방법을 잘 알아 두는 것이 안정적인 점수 확보의 핵심이다.

1 분수 일반론

분수는 분자가 클수록, 분모는 작을수록 크다. 즉 분자에 비례하고 분모엔 반비례한다. 이 내용을 바탕으로 분수가 커지는 경우의 수를 생각해보면, 다음과 같다.

$A = \frac{C}{B}$일 때,

① **A가 증가**하는 경우는 $\frac{C\uparrow}{B}$, $\frac{C\uparrow\uparrow}{B\uparrow}$, $\frac{C}{B\downarrow}$, $\frac{C\downarrow}{B\downarrow\downarrow}$로 총 4가지이다.

즉 4가지 경우의 수를 한 문장으로 처리하면, **'분자의 증가율 > 분모의 증가율'**인 경우이다.

② 반대로 **A가 감소**하는 경우는 $\frac{C}{B\uparrow}$, $\frac{C\uparrow}{B\uparrow\uparrow}$, $\frac{C\downarrow}{B}$, $\frac{C\downarrow\downarrow}{B\downarrow}$로 총 4가지이다. 즉 4가지 경우의 수를 한 문장으로 처리하면, **'분자의 증가율 < 분모의 증가율'**인 경우이다.

③ 위 내용은 실제 시험에서 활용할 일이 정말 많다. 특히 자주 활용되는 경우는 '연도별 증가율 또는 감소율'이 주어진 〈표〉에서 "$\frac{C}{B}$가 전년대비 증가하였는가?" 등을 해결하기 좋다.

예를 들면 아래와 같다.

〈표〉 A기업의 부채 및 총자산

	부채	총자산
2017	5,716,184 €	31,062,757 €
2018	( )	( )
18년 전년대비 증가율	18.3%	11.7%

※ 부채 비율 = $\frac{\text{부채}}{\text{총자산}}$

예시

2018년의 부채 비율은 전년대비 감소하였는가?

① 전년대비 감소하였는지 묻고 있으므로, 실제로 부채 비율을 구할 필요는 없다. 즉 분자, 분모의 증가율만 확인하면 대소를 비교할 수 있다. 따라서 구체적으로 주어진 2017년 부채, 총자산 값은 전혀 신경 쓰지 않아도 된다.

② 이때 분자인 '부채'의 증가율은 18.3%로 분모인 '총자산'의 증가율인 11.7%보다 높아 $A=\frac{C\uparrow\uparrow}{B\uparrow}$와 같은 경우에 해당한다. 따라서 부채비율은 전년대비 증가하였으므로 틀린 선지이다.

2 비율 계산

'비율'이란 기준값 대비 비교값, 즉 비율 $=\frac{\text{비교값}}{\text{기준값}}$으로 만약 기준값이 전체 값이라면 '비중' 내지 '구성비'가 된다. 자료해석에서 비율 계산은 정확히 몇 %인지 구하기보다는 특정 %보다 크거나 작은지를 확인하는 수준에서 요구된다. 따라서 정확히 해당 값을 도출하지 않고, 선지에서 질문한 %인지 확인할 수 있는 계산법이 요구된다.

(1) 일반적인 계산 방법 – '10%, 1% 이용 방법'

선지에서 "n% 이상이다."라고 한다면, **옳다고 상정하고 모순이 발생하는지 확인**하는 것이 기본적 풀이 방식이다. 따라서 n%를 구하는 능력이 중요하다. 이때 10%와 1%의 개념이 명확해지면 단순 곱셈으로 n%를 도출할 수 있게 된다.

① **10%, 1%, 0.1%의 의미**

(a) 10%는 전체를 10으로 나눈다는 의미이고, 마찬가지로 1%는 100, 0.1%는 1,000으로 나눈다는 것을 의미한다.

(b) 그러나 10% 및 그 이하의 %들은 작은 값이므로, 소수점 이하의 값들을 '버림'하더라도 숫자 구조에 큰 왜곡이 없다. 따라서 10%는 일의 자리 버림, 1%는 십의 자리 버림, 0.1%는 백의 자리 버림으로 생각하면 된다.

(c) 예를 들어 전체 값이 579,338 일 때 10%는 57,933, 1%는 5,793, 0.1%는 579로 보면 충분하다.

② **50%, 10%, 5%, 1%의 활용**

(a) 백분율 곱셈의 계산을 보다 편리하게 하기 위해서는 비교적 계산이 용이한 50%, 10%, 5%, 1%와 같은 값을 적극적으로 활용해야 한다.

(b) 50%는 0.5배와 같으며, 10%는 0.1배, 1%는 0.01배와 같으므로 각각 $\frac{1}{2}$을 곱하거나 자릿수를 하나 혹은 두 개씩 당겨서 나타낼 수 있다. 5%는 10%의 $\frac{1}{2}$로 계산하거나 50%의 0.1배로 표시할 수 있다.

예시 1

전체가 579,338일 때, 구성요소 A가 169,725라면 A의 비중은 30% 이상이다.

[풀이] $579,338 \times 30\% = 579,338 \times 10\% \times 3 = 57,933 \times 3 \approx 58,000 \times 3$ $= 174,000 > 169,725$이다. 즉 30% 미만이다.

예시 2

전체가 8,705일 때, 구성요소 A가 1,430라면 A의 비중은 15% 이상이다.

[풀이] 8,705의 15%가 1,430보다 작은지 확인하면 된다.
$8,705 \times 15\% = 8,705 \times (10 + 5)\% = 870 + 870 \times 0.5 \approx 1,300$

(2) 100%에 가까운 값의 계산 – '여집합'

100%에 가까운 값, 즉 분모와 분자가 유사한 분수의 경우 반대 해석을 통해 '여집합'으로 처리하는 것이 효율적이다. 이때 풀이 순서는 다음과 같다.

1단계	'여사건(분자와 분모 차이)'을 도출한다.
2단계	반대 해석된 만큼 '선지의 해석'을 반대로 한다. 예를 들어 "85% 이상이다"는 "15% 미만이다"로 해석한다.
3단계	여사건이 몇 %인지 확인한다.

예시 1

전체가 1,015일 때, A가 971이라면 A의 비중은 95% 이상인가?

[해설] 100%와 가까운 값이므로 '여집합'으로 푼다.
1단계로 여사건을 도출하면, $1,015 - 971 = 44$이며,
2단계로 선지를 반대 해석하면 "44의 비중이 5% 미만인지" 확인하는 선지가 된다.
3단계로 해당 %를 도출한다. 1,015의 1%는 십의 자리까지 버림하면 되므로, 5%는 $10 \times 5 = 50$이다. $50 > 44$이므로 5% 미만이 맞으므로 95% 이상이다.

예시 2

학생수가 871명일 때, 조퇴 및 결석이 한 번이라도 있는 학생 수가 793명이라면 조퇴 및 결석이 한 번이라도 있는 학생의 비중은 90% 이상인가?

[해설] 100%와 가까운 값이므로 '여집합'으로 푼다.
1단계로 '여사건'을 도출하면 $871 - 793 = 78$이다.
2단계로 선지를 반대 해석하면 "조퇴 및 결석이 없는 학생의 비중은 10% 미만이다"가 된다.
3단계로 10% 미만인지 보면, $871 \times 10\% = 87$명이므로 이보다 작은 78은 10%보다 작다. 따라서 옳은 선지이다.

3 변화율 계산

(1) 개념의 구분

증가율, 감소율, 변화율, 증감률은 유사하지만 각각의 개념이 다르다.

① **증가율(%)** $= \frac{\text{증가분}}{\text{기준값}} \times 100$

② **감소율(%)** $= \frac{\text{감소분}}{\text{기준값}} \times 100$

③ **변화율(%)** = 증감률(%) $= \frac{\text{변화분}}{\text{기준값}} \times 100$

④ 이때 주의해야 할 것은 '양수인지 음수인지'이다.

(a) **증가**한 경우, 증가율 = 변화율 = 증감률 > 0이다.

(b) **감소**한 경우, 증가율 < 0, 감소율 = 변화율 = 증감률 > 0이다.

즉 변화율과 증감률은 절대값을 기준으로 한다는 점을 주의한다.

(2) 변화율의 비교 방법 – '변화율의 변형 방법'

① 증가율 $= \frac{\text{증가분}}{\text{기준값}} = \frac{\text{비교값} - \text{기준값}}{\text{기준값}} = \frac{\text{비교값}}{\text{기준값}} - 1$이다. 즉 증가율끼리 비교할 때, "–1"은 공통된 값이므로 $\mathbf{\frac{\text{비교값}}{\text{기준값}}}$만 비교하면 된다. 물론 '비교값 – 기준값'을 도출하기 쉽거나, $\frac{\text{증가분}}{\text{기준값}}$이 활용하기 편한 분수인 경우 개념대로 비교해도 된다.

② 반면 감소율 $= \frac{\text{감소분}}{\text{기준값}} = \frac{\text{기준값} - \text{비교값}}{\text{기준값}} = 1 - \frac{\text{비교값}}{\text{기준값}}$이다. 따라서 "1"은 공통된 값이므로 $\mathbf{\frac{\text{비교값}}{\text{기준값}}}$만 비교하면 된다. 단, 증가율과 달리 음수(–)값이므로 역으로 해석해야 한다.

즉 $\mathbf{\frac{\text{비교값}}{\text{기준값}}}$**이 작은 값이 감소율이 큰 것**임을 유의한다.

③ 또한 '분수 형태'보다는 **'배수 형태'**가 편하다. 왜냐하면 배수는 매우 직관적이나 분수 형태는 직관성이 떨어져 계산 시간이 오래 걸리기 때문이다. 증가할 때는 $\frac{\text{비교값}}{\text{기준값}} > 1$일 수밖에 없어 별다른 처리 없이 곧장 'n배'라고 처리할 수 있으나 감소하는 경우 1보다 작다.

감소하는 경우 '역수'로 만들면 다시 '배수 형태'로 전환될뿐더러, 해석의 방향 역시 정방향으로 전환되므로 매우 유용하다. 즉 감소율은 "$\frac{\text{비교값}}{\text{기준값}}$이 작은 값이 감소율이 크다"는 점에 유의하며 풀어야하나, 이를 역수로 다시 뒤집을 경우 그대로 해석해도 된다. 다시 말해 역수가 크면 감소율도 크다.

④ 아래 문제에 위 개념을 적용해보자.

직업	2009년		2010년		합계	
	인원	비율	인원	비율	인원	비율
교수	34	4.2	183	12.5	217	9.6
연구원	73	9.1	118	8.1	191	8.4
대학생	17	2.1	74	5.1	91	4.0
대학원생	31	3.9	93	6.4	124	5.5
회사원	297	37.0	567	38.8	864	38.2
기타	350	43.6	425	29.1	775	34.3
계	802	100.0	1,460	100.0	2,262	100.0

ㄱ. '기타'를 제외한 직업별 2010년 정부창업지원금 신청자 수의 전년대비 증가율이 두번째로 높은 직업은 대학생이다.

(a) 우선 '인원'이 아닌 '비율'로 비교하면 편하다. 왜냐하면 비율의 모수가 되는 '전체'값은 모든 직업이 동일하게 적용되므로, '비율의 증가율'을 보아도 문제가 없다.

(b) 먼저 보기 ㄱ의 '대학생'의 값을 구하기 위해 위와 같이 증가율을 변형하여 $\frac{\text{비교값}}{\text{기준값}}$으로 증가율을 확인하면 그 자체로 **배수 형태**이고 계산 시 $\frac{5.1}{2.1} \approx \frac{5}{2} =$ 2.5배이다.

이때 다른 직업의 증가율을 직접 구하지 않고, 2.5배가 옳은 것으로 가정 후 대입하여 2.5배보다 큰 직업이 '하나만' 있으면 옳은 선지가 된다.

(c) 따라서 2.5배를 대입해서 확인할 경우, '교수'를 제외하면 2배를 넘는 곳이 없다. 그러므로 옳은 선지이다.

(d) 이처럼 $\frac{\text{비교값}}{\text{기준값}}$을 활용하면 매우 간단하게 증가율을 비교할 수 있다.

Tip 이와 같이 선지에 기준값으로 삼을 것(이 경우 대학생)이 나와 있는 경우 그를 기준으로 하면 계산이 편리한 것처럼, 기준값이 주어지지 않은 경우에도 한 가지를 기준 삼아 크고 작음을 파악하면 편리하다.

⑤ 이번엔 감소한 경우를 적용해 보자.

	2009년 매출액	2010년 매출액
A기업	567	287
B기업	8,256	5,108

예시

전년대비 매출액 감소율은 B기업이 더 크다.

(i) $\frac{비교값}{기준값}$으로 볼 때, 감소하였으므로 $\frac{비교값}{기준값} < 1$이다. 따라서 배수 구조로 만들기 위해 '역수'를 취하고, 해석은 감소율이기에 그대로 **"B기업이 더 큰지"** 확인하면 된다.

(ii) $\frac{비교값}{기준값}$으로 보면 A기업은 $\frac{567}{287}$로 2배가 살짝 안되는 값이다.

이때 B기업을 구하지 않고 2배를 기준으로 확인하면 B기업은 2배가 한참 안되는 값이다.

즉 A의 값이 더 크므로 A의 감소율이 더 크다는 것을 알 수 있다. 따라서 틀린 선지이다.

⑥ 예제로 연습해보자. 참고로 각 숫자들은 모두 기출에서 출제된 값을 응용한 것이다.

예제 1

335,882 → 701,056 vs 72,324 → 196,472

해설

(i) 증가한 상황이기에 그 자체로 배수 형태가 된다. 따라서 그대로 비교한다.

(ii) 3자리의 유효숫자를 잡을 때 좌항의 경우 $\frac{701}{335}$는 2배가 조금 넘는 값이다.

(iii) 반면 우항의 경우 $\frac{196}{72}$은 3배에 가까운 값이다. 따라서 구체적으로 계산해보지 않더라도 우항이 더 크다는 것을 알 수 있다.

예제 2

466,685 → 243,191 vs 106,472 → 48,360

해설

(i) 감소한 상황이기에 역수 처리하여 배수 형태로 만드는 것이 좋다. 따라서 "역수가 더 큰 쪽이 더 큰 항"이 된다.

(ii) 먼저 좌항의 경우 $\frac{466}{243}$은 2배가 조금 안되는 값이다. 반면 우항의 경우 $\frac{106}{48}$은 2배가 넘는 값이다. 즉 우항이 더 크다.

(iii) 따라서 우항이 더 큰 감소율을 보인다.

예제 3 20년 행시 29번 변형

평균정산단가의 전년대비 증가율이 가장 높은 에너지원은 무엇인가?

〈2017, 2018년 에너지원별 평균정산단가〉

(단위: 원/kWh)

	2017	2018
원자력	60.68	62.10
유연탄	78.79	81.81
LNG	111.60	121.03
유류	165.45	179.43
양수	107.60	125.37

해설

(i) 증가한 상황이기에 그 자체로 배수의 형태가 된다. 따라서 18년 값을 17년 값으로 나눠 비교하면 된다.

(ii) 이때 가장 높은 값을 찾는 것이므로, 하나 하나를 구해서 찾기보다는 차이 값이 커 보이는 항목을 기준으로 잡고, 이보다 높은 항목이 있는지 확인하는 것이 좋은 접근 방법이다.

(iii) 가령 '양수'는 차이 값이 가장 커 증가율이 클 개연성이 높아 보이므로 양수를 기준 값으로 두고 확인해보자. 앞 3자리를 유효숫자로 볼 때 양수는 $\frac{125}{107}$ = 약 1.2이다. 따라서 다른 값에 1.2배 하여 이보다 큰 항목을 찾아본다.

(iv) 원자력, 유연탄, LNG, 유류 모두 1.2배에 한참 못 미치므로 양수의 증가율이 가장 크다.

예제 4

4,137 → 6,443 vs 441 → 610

해설

(i) 일반적인 경우와 달리 계산하지 않아도 알 수 있다. 앞 3자리를 유효 숫자로 볼 때 좌변은 413 → 644로 증가한 반면 우변은 441 → 610으로 증가했다. 즉 좌변이 더 작은 값에서 더 큰 값으로 변화하였기에 증가율이 더 클 수밖에 없다. 따라서 좌변 증가율이 더 크다.

(ii) 이처럼 증가율을 비교할 때 숫자 구조가 유사하다면 계산하지 않고 풀 수 있는 경우가 많으므로 확인하는 것이 좋다. 이하는 연습을 위해 정석적으로 비교할 경우 어떻게 비교하는 것이 좋은지 확인하자.

(iii) 좌변의 경우 4,000 → 6400으로 변한 것과 유사하므로 이를 통해 보면 4,000 × 1.6 = 6,400이므로 약 60% 조금 안되게 증가하였다.

(iv) 우변의 경우 441 × 610으로 대략 40%가량 증가하였다. 따라서 좌변의 증가율이 60% > 40%로 더 크다는 것을 알 수 있다.

예제 5

3,524 → 9,347 vs 22.8 → 75.3

해설

(i) 증가한 경우이므로 배수 형태로 처리한다.

(ii) 좌변은 $\frac{3,347}{3,524}$ 는 3배가 채 되지 않으나, 우변은 $\frac{75.3}{22.8}$ 으로 3배가 넘는 값이다.

(iii) 따라서 우변의 증가율이 더 크다는 것을 구체적 도출 없이 쉽게 확인할 수 있다.

예제 6

2,150 → 6,874 vs 3.5 → 13.2

해설

(i) 증가한 경우이므로 배수 형태로 처리한다.

(ii) 간단하게 배수로 확인할 때 좌변, 우변 모두 3배보다는 크고 4배보다는 작은 상황이다. 즉 확연한 차이가 나지 않으므로 조금 더 구체적인 확인이 요구된다.

(iii) 이때 실제로 값을 도출할 필요는 없다. 예를 들어 2,150의 3배는 6,450으로 6,874와 가깝다. 즉 3 ~ 4배의 스펙트럼 중 3배에 가까운 값이다. 반면 3.5의 4배는 14로 13.2와 가깝다. 즉 3~ 4배의 스펙트럼 중 4배에 가까운 값이다.

(iv) 따라서 구체적으로 계산하지 않더라도 우변의 증가율이 더 크다는 것을 확인할 수 있다. 이처럼 비슷한 값을 묻더라도 스펙트럼으로 보고 그 범위를 추정한다면 적은 계산으로 빠르게 확인할 수 있을 것이다.

이하의 문제들은 매우 미세한 차이가 나는 값들을 비교하는 방법이다.
실전에서도 자주는 아니더라도 종종 출제되는 형태이므로 연습해두는 것이 좋다.
앞서와 달리 계산은 필수적이나 어떻게 최대한 줄일 수 있는지를 연습하자.

예제 7

125 → 188 vs 168 → 247

해설

(i) 매우 구체적인 값을 묻는 유형이다. 이때 계산을 최소화하기 위해서는 어느 한 값을 기준점으로 두고, 다른 값에 그대로 대입하였을 때 큰지, 작은지 확인하는 방법이 유용하다.

(ii) 예를 들어 좌변을 기준점으로 잡아보자. 125 → 188은 1.5배보다 살짝 큰 값이다. 따라서 1.5배를 기준값으로 두고 우변에 대입하면 168 × 1.5 = 168 + 84 = 252 > 247이다. 즉 50%보다는 살짝 작은 증가율을 보인다는 것을 의미한다.

(iii) 따라서 좌변의 증가율이 더 크다. 참고로 실제 계산 시 좌변은 50.40%, 우변은 47.02%로 매우 작은 차이가 나지만 위와 같이 기준을 잡고 처리하면 명확한 차이를 확인할 수 있다.

예제 8

105 → 205 vs 71 → 141

해설

(i) 마찬가지로 구체적인 값을 묻는 유형이다.

(ii) 좌변, 우변 모두 2배보다 살짝 작은 값이다. 그러나 살짝 작다는 사실을 '역이용'하면 비교적 편하게 처리할 수 있다. 즉 2배보다 살짝 작다는 것은 **2배한 값과의 차이 값 비율이 작을수록 큰 값**이라는 의미이다. 쉽게 생각하면 100%와 가까운 비중을 처리할 때 **'여집합'으로 푸는 것과 유사한 원리**이다.

(iii) 좌변의 경우 105 × 2 − 205 = 5이며 우변의 경우 71 × 2 − 141 = 1이다. 따라서 $\frac{5}{105}$와 $\frac{1}{71}$을 비교하는 것이 되는데, 분자는 5배가 차이 나지만 분모는 2배가 채 안 되므로 $\frac{1}{71}$이 더 작다.

(iv) 따라서 차이 값 비율이 더 작은 우변이 더 큰 증가율을 가진다.

(v) 실제로 계산해보면 좌변은 95.24%, 우변은 98.59%로 매우 미세한 차이를 가지고 있으나 위와 같이 풀 경우 빠르게 처리할 수 있다.

예제 9

117 → 125 vs 311 → 336

해설

(i) 위와 같이 기준 값(117, 311)이 크게 차이 나면서, 구체적인 값의 비교를 요구하는 경우 상대비를 고려해 '보정'하여 해결하면 편하다.

(ii) 예를 들어 117과 311은 3배보다 조금 작게 차이 나므로 차이 값 역시 3배만큼의 보정을 해주어 비교하면 된다.

(iii) 좌변의 경우 125 − 117 = 8이고 우변의 경우 336 − 311 = 25이다. 8에 3배를 하더라도 25로 더 작은데, 기준값이 되는 311은 117의 3배보다 작으므로 우변의 증가율이 크다.
따라서 우변이 더 크다는 것을 알 수 있다.

(iv) 실제로 계산해보면 6.84% vs 8.04%로 매우 작은 차이이지만, 위 방식으로는 명확하게 처리할 수 있다.

예제 10

219 → 266 vs 273 → 336

해설

(i) 가장 디테일하게 요구한 경우이다. 이 정도로 자세하게 질문하는 경우 구체적으로 계산하지 않되, 한 자리씩 처리하는 것이 좋은 접근 방법이다.

(ii) 좌변의 경우 266 − 219 = 47, 우변의 경우 336 − 273 = 63만큼 증가하였다. 먼저 첫 번째 자리를 처리하기 위해 동일하게 20%만큼을 상쇄하면 좌변의 경우 47 − 219 × 20% = 약 47 − 44 = 3, 우변의 경우 63 − 273 × 20% = 약 63 − 55 = 8이다.

(iii) 이제 두 번째 자리를 처리할 때 좌변의 3은 1%를 조금 넘는 수준이지만 우변의 경우 적어도 2%를 한참 넘는 값이다. 따라서 우변의 증가율이 더 크다는 것을 알 수 있다.

(iv) 이처럼 한 자리씩 소거해가며 비교하면 구체적으로 값을 도출하지 않아도 문제를 해결할 수 있다.

(3) 관련 표현 정리

① **양적 변화 vs 비율 변화 표현 구분**: '양'을 구해야 하는 경우와 '율'을 구해야 하는 경우를 잘 구분하여야 한다.

양적 변화	증가량, 감소량	증가폭, 감소폭	증가분, 감소분
비율 변화	증가율, 감소율	증가속도, 감소속도	증가세, 감소세

② **대소 표현 구분**

	표현 문구	표현 대상	표현 부호
증가	증가, 상승, 성장,	(+), (✓) = "음의 증가"	(+), (−)
감소	감소, 하락, 축소	(−)	절대값
증감, 변화	증감, 변화, 변동, 등락	(+), (−)	절대값

4 분수 비교

자료해석에서 분수 비교는 덧셈 비교, 뺄셈 비교, 곱셈 비교 등을 통틀어 가장 중요한 비교이다. 이때 비교 방법이 매우 다양하게 있으므로, 언제 어떤 방법을 사용해야 하는지를 중점적으로 파악하는 것이 좋다.

(1) 1단계 – '분자는 크고 분모는 작은지 확인'

① 곱셈 비교에서 곱셈의 구성 요소 각각이 모두 큰지 가장 먼저 확인하는 것처럼, 분자는 크고 분모는 작은 분수 관계인지 확인한다.

② 즉 어떤 분수가 다른 분수보다 분자는 크고 분모가 작다면 계산하지 않더라도 반드시 클 수밖에 없으므로, 분수비교 시 이 경우에 해당하는지 여부를 우선적으로 확인한다.

③ 예를 들어 $\frac{108}{125}$ vs $\frac{106}{133}$ 인 경우, 좌변이 분자는 크고 분모가 작아 당연히 더 크다는 것을 알 수 있다. 다시 말해 더 큰 수를 더 작은 값으로 나눴기에 상대적으로 더 큰 값이 되는 것이다.

(2) 약분 및 통분

약분이나 통분을 하여 분자나 분모의 값을 유사하게 맞춰 비교할 수 있다. 가령 분자를 동일하게 하였을 때, 분모 값이 다르다면 분모가 더 작은 분수가 더 크다는 것을 알 수 있다.

[분자를 맞추는 경우] $\frac{94}{156}$ vs $\frac{375}{631}$

→ 좌변의 분자를 우변과 맞추면 94 × 4 = 376으로 맞출 수 있다.
분모를 비교하면 156 × 4 = 624로 631보다 작으므로, 1단계와 같이 "분자는 크고 분모는 작은 분수"가 되어 좌변이 더 크다는 것을 알 수 있다.

[분모를 맞추는 경우] $\frac{94}{156}$ vs $\frac{20}{31}$

→ 우변의 분모를 좌변과 맞추면 31 × 5 = 155로 맞출 수 있다.
분자를 비교하면 20 × 5 = 100으로 94보다 크므로,
1단계와 같이 "분자는 크고 분모는 작은 분수"가 되어 우변이 더 크다는 것을 알 수 있다.

예시) $\frac{108}{125}$ vs $\frac{201}{261}$

(3) 통분 응용 방식(크로스 곱셈 방식)

① '통분 응용 방식'은 통분 공식에서 공통되는 분모를 소거한 방식으로, 주로 곱하기 쉬운 1~2자리 숫자로 이루어진 분수 비교에서 활용한다.

② $\frac{a}{b}$ vs $\frac{c}{d}$의 분수 비교라 할 때, 이를 통분하면 $\frac{ad}{bd}$ vs $\frac{bc}{bd}$가 된다. 이때 분모는 bd로 동일하므로 삭제하면 'ad vs bc'가 된다.

③ 예를 들어 $\frac{7}{13}$ vs $\frac{5}{9}$는 1~2자리 숫자로 이루어진 분수이므로 통분 응용 방식을 활용하면 된다. 7 × 9 = 63 vs 13 × 5 = 65이므로 우변이 더 크다는 것을 매우 간단하게 알 수 있다.

(4) 분자·분모 차이법

① '분자·분모 차이법'은 분자, 분모가 어느 한쪽이 모두 클 때 분자와 분모의 차이 값으로 구성된 분수로 비교하는 방법이다. 이 비교법은 **'값이 유사해서 구체적인 분수 비교가 필요한 경우'**에 활용하는 방법이다. 왜냐하면 '차이법'을 적용하면 유사한 숫자 구조가 비교적 차이나는 숫자 구조로 전환되어 비교하기 편해지기 때문이다.

② 차이법 공식과 도출 방법은 다음과 같다.

공식 $\dfrac{b}{a}$ vs $\dfrac{b+d}{a+c}$는 $\dfrac{b}{a}$ vs $\dfrac{d}{c}$와 같다.

따라서 실전에서는 차이 값을 구하여 곧바로 $\dfrac{b}{a}$ vs $\dfrac{d}{c}$로 전환하면 된다.

[도출 방법] $\dfrac{b}{a}$ vs $\dfrac{b+d}{a+c}$에 위의 '통분 응용 방식'을 사용하면,

$b(a+c)=ab+bc$ vs $a(b+d)=ab+ad$가 된다.
공통된 ab를 삭제하고 양변을 ac로 나누면
$\dfrac{ab+bc}{ac}$ vs $\dfrac{ab+ad}{ac}$ → $\dfrac{b}{a}$ vs $\dfrac{d}{c}$가 됨을 알 수 있다.

③ 활용 예시는 다음과 같다.

예시

$\dfrac{29}{73}$ vs $\dfrac{31}{78}$

→ $\dfrac{29}{73}$ vs $\dfrac{31}{78}$ $=\dfrac{31-29}{78-73}=\dfrac{2}{5}$으로 곱하기 쉬운 구조임에 '통분 응용 방식'을 추가로 활용하면 $29 \times 5 = 145$ vs $2 \times 73 = 146$으로 우변이 더 크다는 것을 쉽게 알 수 있다.

※ 예시를 통해서 '분자·분모 차이법'의 장점을 살펴볼 수 있다.
위 분수를 실제로 계산해보면 0.39726 vs 0.39743로 극히 미미한 차이만 있다.
즉 만약 실제로 계산해 풀었다면 소수점 4자리까지 계산해야 비로소 비교할 수 있다.
그러나 '분자·분모 차이법'을 활용 시 매우 명확하고 빠르게 처리할 수 있는 장점이 있다.
따라서 '값이 유사해서 구체적인 비교가 필요한 경우' 반드시 '분자·분모 차이법'을 활용하도록 하자.

(5) 분자·분모 증가율 비교법

① '분자·분모 증가율 비교법'은 분자와 분모의 증가율을 비교하는 방식이다. 분수 비교 방법 중 범용성이 가장 좋은 방법으로, 기출을 풀다 보면 대부분의 선지를 '증가율 비교법'으로 처리하게 될 것이다. 당연히 그만큼 중요한 방법이다.

② 증가율 비교법의 핵심은 '분자 증가율' > '분모 증가율'인 함수가 크다는 것이다. 증가율은 양의 증가율뿐만 아니라, 음의 증가율까지 포함하므로 분자, 분모의 대소에 따른 4가지 경우의 수 (자대모소, 자대모대, 자소모대, 자소모소)를 모두 포괄한다.

공식 $\frac{b}{a}$ vs $\frac{b(1+d)}{a(1+c)}$ **일 때, d > c면 우변이 크고, d < c면 좌변이 크다.**

이를 우변이 더 큰 경우를 나눠 보면 총 3가지이다.

① 모두 양의 증가율일 때, **(분자 증가율 > 분모 증가율)**이면 우변이 크다.

② 분자는 양의 증가율, 분모는 음의 증가율이면 우변이 크다.

③ 모두 음의 증가율이라는 것은, ①번을 역방향으로 해결하는 것이므로 ①번과 같이 해결하면 된다.

③ 예를 들면 다음과 같다.

예시 1

$\frac{23}{59}$ vs $\frac{28}{77}$: 분모는 59 × 30% ≈ 60 × 30% = 18로 30% 가량 증가하였다. 반면 분자는 23 × 30% = 6.9로 30%보다 한참 작게 증가하였다.
따라서 '분모 증가율 > 분자 증가율'이므로 좌변이 더 크다.

Tip 앞서 사용했던 분모 분자 차이법을 활용하면, 좌변에서 우변으로 갈 때 $\frac{5}{18}$ 만큼 증가하며 이는 $\frac{1}{3}$ 보다 작다. 반면, $\frac{23}{59}$는 $\frac{1}{3}$ 보다 크므로 좌변이 더 크다.

예시 2

$\frac{79}{169}$ vs $\frac{152}{291}$: 먼저 분자를 보면, 79 × 2 = 158로 2배가 조금 안 되게 증가하였다. 반면 분모의 경우 169 × 2 = 338로 291보다 한참 커 2배에 한참 모자르다. 따라서 분자의 증가율이 더 크므로 우변이 더 크다.

(6) 배수 우선 처리 방법 – '가분수로 만들기'

분수는 위와 같이 다양한 풀이 방법을 고려해야 할 정도로 '익숙하지 않은 숫자 구조'이다. 따라서 분수를 '역수'로 취해 가분수로 만들어 '배수의 형태'로 전환하는 것이 더욱 직관적이라 할 수 있다. 즉 기존의 분수가 가분수라면 그대로 처리하되, 일반적인 분수 형태라면 역수화하여 가분수로 만들어 처리하면 된다. 또한 선지의 문구를 이에 맞게 반대 해석한다.

아래 문제에 적용해보면 다음과 같다.

구분	종목	접수	응시	합격
산업기사	치공구설계	28	22	14
	컴퓨터응용가공	48	42	14
	기계설계	86	76	31
	용접	24	11	2
	전체	186	151	61
기능사	기계가공조립	17	17	17
	컴퓨터응용선반	41	34	29
	웹디자인	9	8	6
	귀금속가공	22	22	16
	컴퓨터응용밀링	17	15	12
	전산응용기계제도	188	156	66
	전체	294	252	146

※ 합격률(%) = $\frac{\text{합격자수}}{\text{응시자수}} \times 100$

① 정석적인 풀이는 주어진 합격률을 그대로 구하는 것이다. 이 경우 $\frac{61}{151}$ vs $\frac{146}{252}$를 확인해야 한다. 이 경우 다양한 분수 비교 방법을 활용해야 하지만, '배수 형태'로 전환 시 매우 빠르게 해결할 수 있다.

② 먼저 선지를 역수에 맞게 반대 해석하면 "산업기사 전체 합격률 > 기능사 전체 합격률"이라는 것은 반대 해석하면 "기사의 합격 대비 응시 < 기능사의 합격 대비 응시"임을 의미한다.

③ 가분수로 만들기 위해 역수로 만들면, $\frac{151}{61}$ vs $\frac{252}{146}$가 된다. 산업기사의 경우 61 → 151은 2배 초과이나, 기능사의 경우 146 → 252로 2배 미만이므로 틀린 선지이다.

④ 이처럼 배수 형태로 전환하면 매우 직관적으로 해결할 수 있어 빠르게 처리 가능하다.

5 비중 대소 비교 방법

(1) 상대비 전환 방법

'비중'은 자료해석 시험의 특성상 매우 자주 묻는 유형이다. 특히 비중은 그 값이 몇 % 인지 도출하기를 요구하기보단 '비중의 대소 비교'를 더 많이 요구한다. 기본적으로 '비중'은 '전체 대비 부분'으로 '전체비'를 의미한다. 그러나 비중 공식을 살짝만 변형해보면 '상대비'를 통해 쉽게 대소 비교를 할 수 있게 된다.

공식과 그 도출 방법은 다음과 같다.

공식 1 $\frac{A}{A+B}$ vs $\frac{C}{C+D}$의 비교는 $\frac{A}{B}$ vs $\frac{C}{D}$와 같다. (단 $x = A + B$, $y = C + D$)

공식 2 $\frac{A}{A+B+C}$ vs $\frac{D}{D+E+F}$는 $\frac{A}{B+C}$ vs $\frac{D}{E+F}$와 같다. (단 $x = A + B + C$, $y = D + E + F$)

→ 위 공식들은 전체를 구성하는 값들의 개수가 많아져도 동일하게 활용할 수 있다.
→ 도출 방식은 동일하므로 공식 1)을 기준으로 도출 방식을 설명하겠다.

$\frac{A}{A+B} = \frac{A \times \frac{1}{A}}{(A+B)\frac{1}{A}} = \frac{1}{1+\frac{B}{A}}$이므로 분모의 '1'을 무시하고 생각하면, $\frac{A}{B}$를 기준으로 해서 대소비교 하는 것과 결과가 같다. 따라서 비중을 구하고자 하는 값을 다른 구성 요소들로 나누면 쉽게 도출할 수 있다.

이것을 아래 문제에 적용해보면 다음과 같다.

지원자 특성 \ 기업		A 기업	B 기업
성별	남성	53	57
	여성	21	24
최종학력	학사	16	18
	석사	19	21
	박사	39	42
연령대	30대	26	27
	40대	25	26
	50대 이상	23	28
관련업무경력	5년 미만	12	18
	5년 이상~10년 미만	9	12
	10년 이상~15년 미만	18	17
	15년 이상~20년 미만	16	9
	20년 이상	19	25

※ A 기업과 B 기업에 모두 지원한 인원은 없음.

ㄷ. 기업별 여성 지원자의 비율은 A 기업이 B 기업보다 높다.

① 정석적인 풀이는 $\frac{\text{여성}}{\text{남성}+\text{여성}}$으로 도출해야 한다. 그러나 이를 계산하는 것은 비효율적이다.

② 따라서 위 공식을 활용하면 $\frac{\text{여성}}{\text{남성}}$으로 처리하면 된다. 즉 $\frac{21}{53} > \frac{24}{57}$인지 확인하면 된다. 이때 분자·분모 증가율 비교법을 활용하면 분자는 10%를 초과하여 증가하였고, 분모는 10% 미만 증가하였으므로 우변이 더 크다. 따라서 틀린 선지가 된다.

③ 이처럼 '상대비'를 활용하면 전체 값 계산 없이 바로 처리할 수 있다는 점에서 더 효율적인 풀이 방식이다.

(2) 특정 비중 값 활용 방법

자주 출제되는 값으로 암기하고 있으면 좋은 비중 값이 있다. 이를 활용하면 쉽게 상대비를 통해 처리할 수 있다. 자유자재로 사용할 수 있도록 연습하자!

질문	처리 방식
2% 이상인가?	부분 × 50 ≥ 전체 or 부분 × 5 ≥ $\frac{전체}{10}$
5% 이상인가?	부분 × 20 ≥ 전체
10% 이상인가?	부분 × 10 ≥ 전체
12.5% 이상인가?	부분 × 8 ≥ 전체
20% 이상인가?	부분 × 5 ≥ 전체
25% 이상인가?	부분 × 4 ≥ 전체
33% 이상인가?	부분 × 3 ≥ 전체
40% 이상인가?	부분 × 1.5 ≥ (전체 − 부분) or 부분 ≥ (전체 × 0.5) − (전체 × 0.1)
50% 이상인가?	부분 × 2 ≥ 전체 or 부분 ≥ (전체 − 부분)
60% 이상인가?	부분 ≥ (전체 − 부분) × 1.5 or 부분 ≥ (전체 × 0.5) + (전체 × 0.1)
66% 이상인가?	부분 ≥ (전체 − 부분) × 2
75% 이상인가?	부분 ≥ (전체 − 부분) × 3
80% 이상인가?	부분 ≥ (전체 − 부분) × 4 or 부분 ≥ 전체 − 전체 × 0.1 × 2
87.5% 이상인가?	부분 ≥ (전체 − 부분) × 7
90% 이상인가?	부분 ≥ (전체 − 부분) × 9 or 부분 ≥ 전체 − (전체 × 0.1)

6 분수비교 연습

(1) $\frac{71}{115}$ vs $\frac{141}{215}$

① 여러 방법을 활용할 수 있으며, 그 방법을 섞어 활용하면 더욱 좋다. 연습을 위해 하나씩 적용해보자. 각 방법은 절대적으로 우월한 것은 아니며 주어진 숫자에 따라 본인에게 편한 방법을 유동적으로 적용할 수 있어야 가장 효율적인 풀이가 가능해진다.

② 먼저 **'분자 − 분모 차이법'**을 활용하면 $\frac{71}{115}$ vs $\frac{141-71}{215-115} = \frac{70}{100} = 70\%$이다.

이때 좌변은 근삿값으로 간단하게만 보더라도 115 × 70% = 약 110 × 70% = 77

로 70% 미만이므로 우변이 더 크다.

③ **'증가율 비교법'**을 활용하면 분자는 71 × 2 = 142 > 141로 2배보다 살짝 작게 증가하였으나 분모는 115 × 2 = 230 > 215로 2배에 많이 모자라게 증가하였으므로 분자 증가율 > 분모 증가율로 우변이 더 크다는 것을 알 수 있다.

④ **'통분법'과 '분자 - 분모 차이법'**을 함께 활용해보자. 좌변 값의 분자와 분모를 2배하여 통분하면 $\frac{71\times2}{115\times2} = \frac{142}{230}$ 이다.

이 값에 '차이법'을 적용하면 $\frac{141}{215}$ vs $\frac{142-141}{230-215} = \frac{1}{15} = \frac{1\times20}{15\times20} = \frac{20}{300}$ 으로 $\frac{141}{215}$ 이 분모는 작고 분자는 한참 커 더 크다는 것을 알 수 있다. 이처럼 함께 활용 시 매우 분명한 차이가 나타나 비교를 조금 더 자신감 있게 처리할 수 있다는 장점이 있다.

단순히 141에 15를 곱한 값과 215를 비교하는 것도 괜찮다. 특히 이 경우에는 141에 15를 곱하면 단번에 1,000 이상이 된다는 것을 파악할 수 있으므로 이 방법이 더 편리하다.

⑤ **'특정 비율 값 활용법'**을 이용해보자. 우변의 경우 분자는 70 × 2 = 140, 분모는 70 × 3 = 210과 유사하여 $\frac{2}{3}$ = 66% 가량 됨을 알 수 있다.

따라서 좌변과 $\frac{2}{3}$ 를 비교해보면, 분자를 2로 나누면 $\frac{71}{2}$ = 약 35이므로, 그 값에 3을 곱하면 35 × 3 = 105 < 115이므로 66%보다 작다는 것을 알 수 있다.

(2) $\frac{42}{116}$ vs $\frac{107}{331}$

① **'역수 확인법'**을 활용하면 매우 편한 유형이다. $\frac{116}{42}$ vs $\frac{331}{107}$ 으로 비교 시 좌변은 2배이상 3배 미만이지만 우변은 3배 이상이므로 역수 값은 우변이 더 크다.
이때 역수이므로 반대 해석하면 좌변의 값이 더 크다는 것을 쉽게 알 수 있다.

② **'증가율 비교법'**을 활용하면 분자의 경우 42 → 107은 약 2.5배 증가하였으나 분모의 경우 116 × 2.5 = 232 + 58 = 290 < 331로 2.5배보다 한참 크게 증가하였다. 따라서 분자 증가율 < 분모 증가율이므로 좌변이 더 크다는 것을 알 수 있다.

※ 심화: 2.5 = 10 × $\frac{1}{4}$이므로 116 × 2.5 = 1,160 × $\frac{1}{4}$과 같다.

③ **'통분법'과 '분자 - 분모 차이법'**을 함께 활용해보자. 좌변 값의 분자와 분모를 3배하여 통분하면 $\frac{42\times3}{116\times3} = \frac{126}{348}$ 이다. 이 값에 '차이법'을 적용하면 $\frac{107}{331}$ vs $\frac{126-107}{348-331} = \frac{19}{16}$ > 1이므로 당연히 $\frac{42}{116}$ 이 더 크다.

④ **'특정 비율 값 활용법'**을 이용해보자. 33%를 기준으로 좌변은 분자 × 3 > 분모이므로 33%보다 크고 우변은 분자 × 3 < 분모이므로 33%보다 작다.
따라서 좌변이 더 크다는 것을 간단하게 알 수 있다.

(3) $\frac{243}{287}$ vs $\frac{301}{332}$

① **'증가율 비교법'**을 활용하면 분자의 경우 20%(243 × 20% = 48.6) 이상 증가하였으나 분모의 경우 20%(287 × 20% = 59.4)보다 작게 증가하였다.
따라서 분자 증가율 > 분모 증가율이므로 우변이 더 크다.

② **'여집합 비교법'**을 활용하면 $\frac{243}{287} = 1 - \frac{44}{287}$ vs $\frac{301}{332} = 1 - \frac{31}{332}$이므로 $\frac{44}{287}$ vs $\frac{31}{332}$로 비교하되 선지 비교는 반대 해석에 따라 역방향으로 확인하면 된다.
이때 좌변이 분자는 더 크고 분모는 더 작으므로 당연히 더 크다. 따라서 반대 해석에 따라 우변이 더 크다는 것을 쉽게 알 수 있다.
이처럼 여집합을 통해 비교하면 확인하기 어려워 보이던 값들도 매우 단순한 형태로 바뀌므로 분자와 분모 값이 비슷한(1에 가까운) 숫자라면 여집합 비교법을 이용해보는 것이 좋다.

③ **'대체 값 비교법'**을 활용해보자. 대체 값 비교법이란 유사한 분수로 전환하여 비교하는 방법이다. $\frac{243}{287}$의 경우 $\frac{24}{28}$과 유사하므로 $\frac{6}{7}$으로 보면 되며, $\frac{301}{332}$의 경우 $\frac{30}{33}$과 유사하므로 $\frac{10}{11}$으로 보면 된다.
이때 $\frac{6}{7}$ vs $\frac{10}{11}$의 경우 **'분자, 분모 통분법'**을 활용 시 6 × 11 < 7 × 10으로 우변이 더 크다는 것을 바로 확인할 수 있다. 또는 **'여집합 비교법'**을 이용하여 $\frac{1}{7} > \frac{1}{11}$임에 우변이 더 크다고 처리해도 된다.

④ **'분자 − 분모 차이법'**을 활용하면 $\frac{243}{287}$ vs $\frac{301-243}{332-287} = \frac{58}{45} > 1$이므로 당연히 1보다 큰 우변이 더 큰 값이다. 이 숫자 구조에서는 가장 간단한 풀이 방법에 해당한다.

(4) $\frac{217}{59}$ vs $\frac{243}{73}$

① **'증가율 비교법'**을 활용하면 분자의 경우 10%(217 × 10% = 21.7) 가량 증가하였으나 분모의 경우 10%(59 × 10% = 5.9)보다 훨씬 크게 증가하였다.
따라서 분자 증가율 < 분모 증가율이므로 좌변이 더 크다.

② **공통되는 부분을 제외하고 확인하는 방법 역시 좋은 방법**이다. 두 값 모두 3배 이상 4배 미만의 값이므로, 공통되는 3배 부분을 제하고 남은 부분만 비교하면 편하다. 좌변의 경우 217 − 59 × 3 = 약 217 − 60 × 3 = 37이며

우변의 경우 243 − 73 × 3 = 243 − 219 = 24이다.

이때 좌변은 $\frac{37}{59}$이나 우변은 $\frac{24}{73}$이므로 좌변이 분자는 더 크고 분모는 작으므로, 계산하지 않더라도 좌변이 더 크다는 것을 알 수 있다.

③ **'분자 − 분모 차이법'**을 활용하면 $\frac{217}{59}$ vs $\frac{243-217}{73-59} = \frac{26}{14}$이다.

이때 **'분자 − 분모 배수 비교'**를 통해 처리하면 편하다.

좌변의 경우 $\frac{217}{59}$는 3배 이상이지만 우변은 2배가 채 되지 않는다. 따라서 좌변이 더 크다.

④ 또 다르게는 **'통분법'**을 이용해도 좋다. $\frac{217}{59}$ vs $\frac{26\times4}{14\times4} = \frac{104}{56}$로 분모는 유사하나 분자가 2배 넘게 차이 나므로 좌변이 더 크다는 것을 알 수 있다.

실제로는 위와 같이 구체적인 값을 도출할 필요가 없다. 왜냐하면 $\frac{26}{14}$은 구체적으로 계산하지 않더라도 좌변 값보다 한참 작은 값임을 그냥 알 수 있기 때문이다.

(5) $\frac{47}{61}$ vs $\frac{206}{246}$

① **'통분법'**을 활용하면 가장 편한 유형이다. 좌변의 분자, 분모에 4를 동시에 곱하면 $\frac{47\times4}{61\times4} = \frac{188}{244}$이다. 이 값과 우변을 비교하면 분모는 244와 246으로 유사하나 분자는 188 < 206이므로 우변이 당연히 더 크다.

② 통분법과 유사한 원리를 가진 **'증가율 비교법'** 역시 좋은 방법이다. 분자의 경우 4배 하고도 꽤 큰 값(206 > 47 × 4 = 188)이 추가적으로 요구되지만, 분모의 경우 61 × 4 = 244 < 246으로 사실상 거의 4배에 매우 근사한 값이다. 따라서 분자의 증가율이 더 커 우변이 더 크다.

③ **'대체 값 비교법'**을 활용해보자. 대체 값 비교법이란 유사한 분수로 전환하여 비교하는 방법이다. 우변의 경우 $\frac{206}{246}$는 $\frac{200}{240}$과 유사하므로 $\frac{5}{6}$로 대체할 수 있다. 반면 $\frac{47}{61}$은 굳이 형태를 바꾸지 않더라도 당연히 $\frac{5}{6}$ 보다는 작다는 것을 알 수 있다.

(6) $\frac{94}{232}$ vs $\frac{135}{323}$: '매우 비슷한 값을 비교하는 심화 유형'

① 매우 비슷한 값끼리 비교하는 유형이다. 즉 다소 구체적인 값의 도출이 요구된다. 자주 출제되지는 않지만, 난이도가 높은 문제에서 종종 대처할 필요가 있으므로 처리 방법을 알아 두는 것이 좋다.

② 구체적인 값의 도출을 요구하는 경우엔 **'분자 – 분모 차이법'**을 활용하면 계산을 줄일 수 있으므로 이를 먼저 활용해보자. $\frac{94}{232}$ vs $\frac{135-94}{323-232}=\frac{41}{91}$이다.
좌변의 경우 232 × 40% = 92.8로 약 40%에 해당하지만, 우변의 경우 91 × 40% = 36.4로 분자인 41에 한참 못 미친다. 즉 40%보다 훨씬 큰 값이므로 우변이 더 크다는 것을 알 수 있다. 또는, 41의 두 배는 82로 91에서 9가 모자라며, 이는 41의 0.5배보다 훨씬 작다.
반면 좌변에서 94의 두 배는 188로 분모의 232보다 약 50 정도가 모자라며 이는 분자인 94의 0.5배 이상이다. 따라서 우변이 더 크다는 것을 알 수 있다.
이는 **'분자 – 분모 차이법'**과 **'여집합 비교법'**을 유동적으로 함께 사용한 방법이다.

※ 참고로 실제 값을 도출 시 $\frac{94}{232}$ = 0.405, $\frac{135}{323}$ = 0.418로 매우 근소한 차이지만, $\frac{41}{91}$로 변경 시 $\frac{41}{91}$ = 0.45로 값의 차이가 커진다. 이처럼 **'분자 – 분모 차이법'**은 비슷한 값들 간의 비교 때 활용 시 **그 차이를 확장시키는 역할**을 하므로 적극 활용하는 것이 좋다.

③ **'증가율 비교법'**을 활용해보자. 분자 증가분은 135 − 94 = 41로 94의 40%가 조금 넘는 값에 해당한다. 반면 분모의 경우 323 − 232 = 91은 232의 40%인 232 × 40% = 92.8에 살짝 못 미치므로 40%보다 작은 값이다. 따라서 분자의 증가율 > 분모의 증가율이므로 우변이 더 크다는 것을 알 수 있다.

(7) $\frac{73}{182}$ vs $\frac{128}{315}$: '매우 비슷한 값을 비교하는 심화 유형'

① 매우 비슷한 값끼리 비교하는 유형이다. 따라서 **'분자 – 분모 차이법'**을 활용하는 것이 좋은 접근법이다. 이를 적용하면 $\frac{73}{182}$ vs $\frac{128-73}{315-182}=\frac{55}{133}$ 이다. 이때 좌변의 경우 182 × 40% = 72.8로 40%와 매우 가까운 값이지만, 우변의 경우 133 × 40% = 53.2 < 55이므로 40%보다 더 큰 값이다. 따라서 우변이 더 크다. 이때 실제 값을 계산하면 0.401 vs 0.406으로 매우 유사한 값들 간 비교이지만, $\frac{55}{133}$로 변형 시 0.401 vs 0.413으로 그 차이가 증폭된다.

② 그러나 이 정도 차이로는 다소 불안한 수험생이 있을 것이라 생각한다.
이럴 경우에는 **'분자 – 분모 차이법'**을 다시 한번 활용하면 된다. 이를 반복할수록 차이가 증폭되기 때문에 매우 미묘한 차이라면 중복 활용하기를 추천한다.

③ 예를 들어 한번 더 적용해보면, $\frac{73-55}{182-133} = \frac{18}{49}$ vs $\frac{55}{133}$로 0.367 vs 0.413으로 전환된다. 이 경우 40%를 기준으로 이상, 이하인지만 확인하면 되므로 매우 간단하다. 이처럼 차이가 애매하다면 반복 활용하자.

④ 추가적으로 **'증가율 비교법'**을 활용해보자. 유사한 값들끼리 비교 시 증가율도 비슷하기 때문에 '기준'을 잘 잡는 것이 좋다. 가령 분자의 경우 128 − 73 = 55로 $\frac{55}{73}$는 $\frac{54}{72}$와 유사하므로 $\frac{54}{72} = \frac{3}{4} = 0.75$로 대체할 수 있다. 따라서 이를 기준으로 우변을 확인하면, 182의 75%는 180 × 75%로 갈음할 때 135가 된다.
그러나 315 − 182 = 133으로 135보다 작으므로 75% 미만임을 알 수 있다.
그러므로 분자 증가율 > 분모 증가율로 우변이 더 크다는 것을 알 수 있다.

CHAPTER 14 반대해석

반대해석은 질문의 의도를 반대 방향에서 접근하는 방식이다. 이때 출제자가 구성한 문제는 '정방향'에서 만들어진 만큼 '역방향'으로 검토 시 허점이나 지름길을 찾아볼 수 있다는 장점이 있다. 이에 반대해석을 적용하는 방법들을 살펴보는 것은 매우 중요하다.

1 여사건(complementary event)

'여사건'이란 어떠한 특정 사건이 발생하지 않을 사건, 즉 A가 발생하지 않는 사건을 'A의 여사건'이라 한다. 이를 기호로는 'A^C' 또는 '~A'라 표시한다. 따라서 여사건의 의미 상 $A + A^C = U$(전체)가 된다.

실제로 문제에 여사건을 사용할 경우 선지를 반대해석 해줘야 한다. 예를 들어 'A는 20%보다 크다'라는 선지가 있다면, 반대해석 시 'A^C는 20%보다 작거나 같다'로 변형해야 한다.

(1) 개수를 세는 문제

① 개수를 세는 문제는 주로 다양한 국가, 도시를 내용으로 하는 자료가 주어진 경우 출제되는 유형으로 전형적인 '시간 소모를 유도하는 문제'이다. 따라서 여사건을 이용하면 시간 소모를 많이 줄일 수 있으므로, 개수를 세는 유형이 나온다면 고려해보는 것이 좋다.

〈표〉 경기도 10개 시의 유형별 문화유산 보유건수 현황

(단위: 건)

유형 시	국가 지정 문화재	지방 지정 문화재	문화재 자료	등록 문화재	합
용인시	64	36	16	4	120
여주시	24	32	11	3	70
고양시	16	35	11	7	69
안성시	13	42	13	0	68
남양주시	18	34	11	4	67
파주시	14	28	9	12	63
성남시	36	17	3	3	59
화성시	14	26	9	0	49
수원시	14	24	8	2	48
양주시	11	19	9	0	39
전체	224	293	100	35	( )

※ 문화유산은 국가 지정 문화재, 지방 지정 문화재, 문화재 자료, 등록 문화재로만 구성됨.

① '등록 문화재'를 보유한 시는 6개이다.

② 〈표〉의 제목을 보면 10개 시가 있음을 알 수 있다. 따라서 선지 ①번을 '여집합'으로 해석하면 "등록 문화재를 보유하지 않은 시는 4개이다"가 된다. 따라서 '등록 문화재 수가 0인 지역'의 개수만 세면 3개이므로 틀린 선지임을 알 수 있다.

③ 이처럼 단순 확인 유형인 개수 세기 문제를 풀 때 여집합을 활용하면 매우 효율적으로 문제를 해결할 수 있다.

(2) 100%에 가까운 비율이 주어진 문제

① 100%에 가까운 값이 주어지는 경우, (100% − n%)로 처리하면 더 간단하다. 예를 들어 "90% 이상인지" 묻는다면 "(전체 − 부분) = 10% 미만인지"로 전환해서 해석하는 것이 더 편하게 계산할 수 있다. 자주 활용하는 비율은 다음과 같다.

선지	반대해석	처리 방식
전체의 60% 이상이다.	전체의 40% 미만이다.	부분 × 1.5 < (전체 − 부분)
전체의 65% 이상이다.	전체의 35% 미만이다.	부분 × 3 < 전체
전체의 70% 이상이다.	전체의 30% 미만이다.	10% × 3 미만인지
전체의 75% 이상이다.	전체의 25% 미만이다.	부분 × 4 < 전체
전체의 80% 이상이다.	전체의 20% 미만이다.	부분 × 5 < 전체
전체의 85% 이상이다.	전체의 15% 미만이다.	10% + 5% 미만인지
전체의 90% 이상이다.	전체의 10% 미만이다.	일의 자리 버림 or 전체/10 미만인지
전체의 95% 이상이다.	전체의 5% 미만이다.	10%를 절반 or 1% × 5
전체의 99% 이상이다.	전체의 1% 미만이다.	십의 자리까지 버림 or 전체/100

② 이를 조금 더 응용하면 '분수 비교' 때 "분자와 분모가 얼마나 가까운지" 또는 "분수가 1에 얼마나 가까운지"를 확인하여 더 큰 분수를 찾을 수 있다. 이는 전체 = A + B일 때 A의 비중은 $\frac{A}{A+B}$로 만약 A가 매우 큰 수여서 전체와 가깝다면 $(1 - \frac{A}{A+B}) = \frac{B}{A+B}$가 작다는 것을 이용한 방법이다. 아래 문제를 예로 들면,

구분 국가	참전현황		피해인원				
	참전인원	참전군	전사·사망	부상	실종	포로	전체
미국	1,789,000	육군, 해군, 공군	36,940	92,134	3,737	4,439	137,250
영국	56,000	육군, 해군	1,078	2,674	179	977	4,908
캐나다	25,687	육군, 해군, 공군	312	1,212	1	32	1,557
터키	14,936	육군	741	2,068	163	244	3,216
호주	8,407	육군, 해군, 공군	339	1,216	3	26	1,584
필리핀	7,420	육군	112	229	16	41	398
태국	6,326	육군, 해군, 공군	129	1,139	5	0	1,273
네덜란드	5,322	육군, 해군	120	645	0	3	768
콜롬비아	5,100	육군, 해군	163	448	0	28	639

그리스	4,992	육군, 공군	192	543	0	3	738
뉴질랜드	3,794	육군, 해군	23	79	1	0	103
에티오피아	3,518	육군	121	536	0	0	657
벨기에	3,498	육군	99	336	4	1	440
프랑스	3,421	육군, 해군	262	1,008	7	12	1,289
남아공	826	공군	34	0	0	9	43
룩셈부르크	83	육군	2	13	0	0	15
계	1,938,330	–	40,667	104,280	4,116	5,815	154,878

③ 공군이 참전한 국가 중 해당 국가의 전체 피해인원 대비 '부상'인원의 비율이 가장 큰 국가는 태국이다.

(i) 공군이 참전한 국가는 네모 칸으로 표시하였다. 이때 선지의 '태국'은 $\frac{1,139}{1,273}$ 로 매우 1에 가까운 값이다. 따라서 비율이 가장 크다는 것은 곧 "1과 거리가 가장 가까운 값"이므로 '여집합'을 이용하여 "전체 – 부상"의 값이 작은 지역부터 찾아본다.

(ii) 이때 태국 이상으로 거리가 가까운 국가가 없으므로 태국이 가장 크다는 것을 계산 없이도 알 수 있다. 이처럼 반대해석은 계산과 시간 소모를 줄여주는 방법이다.

③ 숫자 비교 예시

예제 1

$\frac{243}{287}$ vs $\frac{301}{332}$ 중 더 큰 값은?

해설

'여집합 비교법'을 활용하면 $\frac{243}{287}=1-\frac{44}{287}$ vs $\frac{301}{332}=1-\frac{31}{332}$ 이므로 $\frac{44}{287}$ vs $\frac{31}{332}$ 으로 비교하되 선지 비교는 반대 해석에 따라 역방향으로 확인하면 된다. 이때 좌변이 분자는 더 크고 분모는 더 작으므로 당연히 더 크다. 따라서 반대 해석에 따라 우변이 더 크다는 것을 쉽게 알 수 있다.

예제 2

$\frac{503}{597}$ vs $\frac{611}{713}$ 중 더 큰 값은?

해설

'여집합 비교법'을 활용하면 $\frac{503}{591}=1-\frac{88}{591}$ vs $\frac{611}{713}=1-\frac{102}{713}$ 이므로 $\frac{88}{591}$ vs $\frac{102}{713}$ 을 비교하되 반대 해석에 따라 역방향으로 확인하면 편하게 처리할 수 있다.

이때 이 둘을 비교할 때 그 자체로 비교하는 것보다 '분자 대비 분모', 즉 역수로 처리하면 배수가 되고 해석 방향 역시 역방향 × 역방향 = 정방향이므로 그대로 해석하면 되는 장점이 있다.

$\frac{591}{88}$ vs $\frac{713}{102}$의 경우, 우변은 7배 시 102 × 7 = 714 > 713으로 7배가 조금 안되는 값이지만, 좌변은 7배 시 88 × 7 = 616으로 591보다 한참 커 7배에 훨씬 못 미치는 값이다. 따라서 우변이 더 크다는 것을 알 수 있다.

실제로 값을 도출해보면 0.851 vs 0.856으로 0.5% 밖에 차이 나지 않는 근소한 차이지만, 반대 해석을 통해 그 차이를 증폭시켜 확인할 수 있는 장점이 있다.

---

(3) 감소율이 주어지는 경우

① 감소율이 n%라는 것은 감소한 후 현재의 값이 '전체 × (100% − n%)'임을 의미한다. 따라서 선지를 해석할 때 "n% 이상 감소했다"를 "현재의 값이 전체의 (100 − n)% 이하이다"라고 보면 된다.

② 예를 들어 "2012년 매출액은 전년대비 80% 이상 감소했다"는 "2012년의 매출액이 2011년의 20% 미만이다"로 해석하면 된다. 따라서 "2012년 매출액 × 5 < 2011년 매출액"인지 확인하는 형태로 처리한다.

③ 이때 n%와 (100 − n)%는 앞서 확인한 '자주 사용하는 비율' 처리 방식을 활용하면 좋다. 가령 "25% 이상 감소"는 전체의 75%가 된 것이므로 감소분 × 3 > 75%인지 확인하는 형태로 처리하면 된다.

(4) 합이 100%인 공식인 경우

① 공식의 형태상 그 합이 100%이거나 전체 값이 지정된 경우, 여집합을 활용하기 매우 좋은 형태가 된다. 실제로 '출제 의도' 자체가 여집합을 활용할 것을 요구하는 문제 유형이므로 여집합을 이용해 푸는 것이 정석이며, 자주 출제되는 유형이므로 중요성도 크다.

② 출제된 예시는 다음과 같다.

> ① '처리 인원 = 기소 인원 + 불기소 인원'일 때
> '기소율(%) = $\frac{\text{기소 인원}}{\text{처리 인원}} \times 100$'이면, **'1 − 기소율 = 불기소율'**임을 알 수 있다.
>
> ② '경제활동인구 = 취업자 + 실업자'일 때, '취업률(%) = $\frac{\text{취업자}}{\text{경제활동인구}} \times 100$, 실업률(%) = 100'이면, **'취업률 = 100% − 실업률'**임을 알 수 있다.
>
> ③ '전체 = 합격자수 + 불합격자수'일 때
> '합격률(%) = $\frac{\text{합격자수}}{\text{합격자수} + \text{불합격자수}} \times 100$'이면, **'1 − 합격률 = 불합격률'**임을 알 수 있다.

2 역수

‘역수’는 분수의 분모와 분자를 뒤바꾸는 것으로 계산을 단순화하거나 주어진 자료를 편하게 활용하기 위해 활용되는 방법이다. 일반적으로 크게 3가지 유형에서 이용한다.

① **계산이 역수에서 더 간단한 경우**: 분수 part에서 다룬 **‘배수 비교법’**과 같은 경우로, ‘분수’보다는 ‘배수’가 확인하기 편하기 때문에, 역수를 통해 가분수로 만드는 방법이다. 예를 들어 $\frac{3,216}{14,936}$ 보다는 $\frac{14,936}{3,216}$ = 약 5배 라는 것이 더 직관적이다.

② **주어진 자료의 값의 역수를 질문한 경우**: 〈표〉에서 $\frac{A}{B}$가 주어졌을 때, 〈보기〉에서 $\frac{B}{A}$를 묻는다면 직접 계산하는 것이 아니라 〈표〉의 값의 ‘역수’로 확인하는 것이 가장 효율적이다.

예를 들어 〈표〉에서 $\frac{\text{대미 수입액}}{\text{대미 수출액}}$이 주어졌을 때, 〈보기〉에서 “한국의 미국에 대한 수입액 대비 수출액은 1을 넘어 흑자이다.”라고 묻는다면 〈표〉의 값이 $\frac{\text{대미 수입액}}{\text{대미 수출액}} < 1$인지 확인한다.

③ **자료의 구조상 역수가 편한 경우**: 〈보기〉에서 $\frac{B}{A}$를 물었으나, 자료 값의 순서가 A → B로 주어졌다면 $\frac{A}{B}$가 시각적으로 도출하기 더 편하므로 역수로 처리한다. 즉 ‘분수’라면 아래 값이 분모, 위의 값이 분자인 것이 더 확인하기 편하므로, 이러한 형태로 만들기 위해 역수를 활용하면 된다.

예를 들어 “행정고시 2019년 자료해석 13번”을 살펴보면 다음과 같다.

구분 \ 세수항목	예산액	징수결정액	수납액	불납결손액
총 세수	205,964	237,000	208,113	2,321
내국세	183,093	213,585	185,240	2,301
교통·에너지·환경세	13,920	14,110	14,054	10
교육세	5,184	4,922	4,819	3
농어촌특별세	2,486	2,674	2.600	1
종합부동산세	1,281	1,709	1,400	6

예제

위 자료에서 예산액의 총 세수 대비 내국세는 수납액의 총 세수 대비 내국세보다 큰가?

해설

〈표〉는 총세수 → 내국세로 구성되어 있으므로, $\frac{\text{내국세}}{\text{총세수}}$ 보다는 $\frac{\text{총세수}}{\text{내국세}}$ 가 시각적 특성 상 도출하기 더 편하다. 즉 $\frac{\text{총세수}}{\text{내국세}}$ 형태로 바꾸어야 시각적으로 위에 있는 총세수가 분자, 시각적으로 아래에 있는 내국세가 분모에 있게 되어 편하다.

따라서 선지를 "예산액의 $\frac{\text{총세수}}{\text{내국세}}$ 는 수납액의 $\frac{\text{총세수}}{\text{내국세}}$ 보다 작다"로 반대 해석하여 풀면 편하다.

④ **그림의 구조상 기울기의 역수인 경우**: 〈그림〉을 이용하여 푸는 문제의 경우 '기울기'를 통해 값을 도출, 비교하는 문제가 빈출된다.

이때 선지에서 질문하는 값이 기울기의 역수인 경우가 종종 있다. 이때는 기울기의 역수가 큰 경우를 찾거나, 기울기의 해석을 반대로 하는 등의 형태로 활용한다.

즉 역수가 큰지 질문했다면 말그대로 **기울기의 역수가 큰지** 보거나, 반대해석으로 통해 **기울기가 작은지** 확인하는 형태로 처리한다.

(a) 아래 문제를 예시로 들어보면,

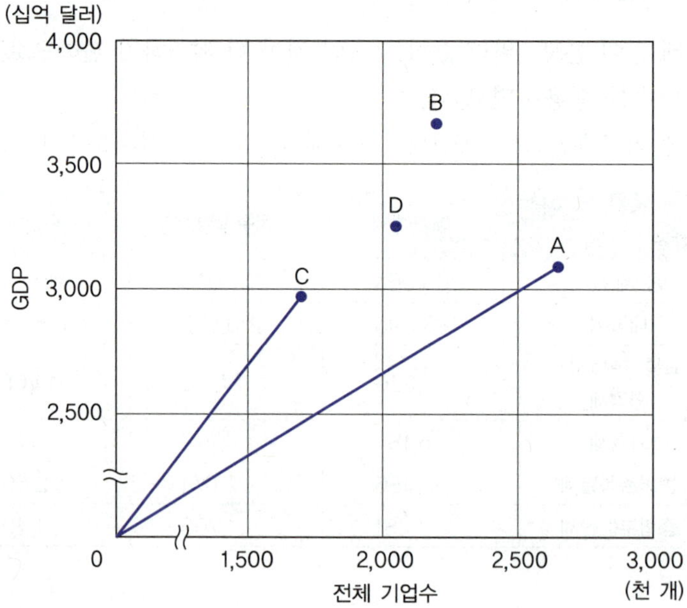

예제

위 자료에서 A ~ D국 중 GDP 대비 전체 기업수가 가장 큰 국가는 C국인가?

해설

GDP 대비 전체 기업수는 기울기(=)의 역수이다. 따라서 이는 2가지 방향성으로 처리할 수 있다. 첫번째는 **'기울기의 역수가 큰 국가는 C국인지'**를 찾는 방식이다.
이 경우 C국은 역 기울기가 가장 작은 국가이므로 틀린 선지이다.
두번째는 **'기울기가 가장 작은 국가는 C국인지'** 찾는 방식이다. 이는 시각적 특성을 좀 더 잘 활용하는 방식으로 기울기가 가장 작은 국가는 A국임에 틀린 선지이다.

(b) 아래는 '2020년 행정고시 자료해석 ③번 문제'를 변형한 예시 문제이다. 위의 예시보다는 간접적으로 물은 형이지만, 결과적으론 같은 질문이므로 확인해두자.

〈그림 2〉 연도별 건설업의 환산도수율과 환산강도율

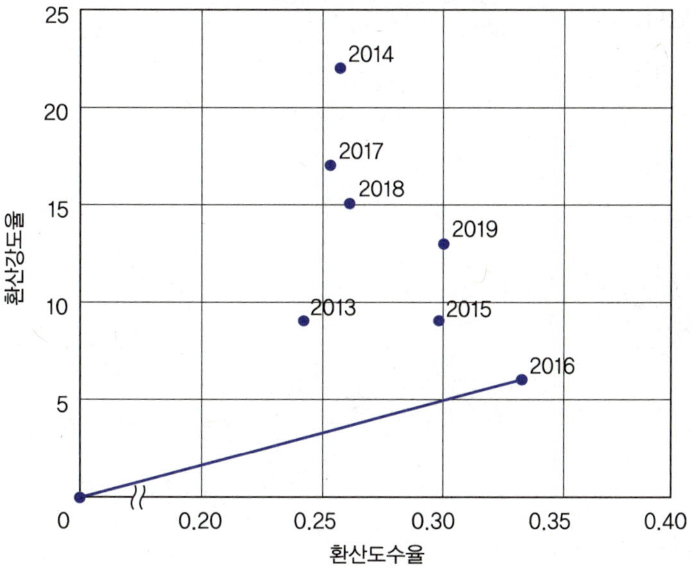

※ 1) 환산도수율 = $\frac{\text{재해건수}}{\text{총 근로시간}} \times 100{,}000$

2) 환산강도율 = $\frac{\text{재해손실일수}}{\text{총 근로시간}} \times 100{,}000$

예제

위 자료에서 재해손실일 당 재해건수가 가장 많은 해는 언제인가?

해설

재해손실일수와 재해건수는 직접 주어져 있지 않고, 각주의 환산도수율과 강도율을 통해서 상대비만 도출할 수 있다. 따라서 재해손실일 당 재해건수를 도출하면, 환산도수율을 환산강도율로 나눈 값, 즉 x축을 y축으로 나눈 '기울기의 역수 값'이다.

따라서 **기울기의 역수가 가장 큰 해**를 찾거나, **기울기가 가장 완만한 해**를 찾으면 된다.

〈그림 2〉의 형태상 기울기가 가장 낮은 해는 2016년으로 '재해손실일 당 재해건수'가 가장 많은 해임을 알 수 있다.

(c) 이렇게 표를 특정 값으로 변환하고, 그 과정에서 역수도 활용하게 되는 경우일수록 실수하기 쉽다. 따라서 헷갈리지 않기 위해 습관적으로 각 값들에 X, Y를 표시해 두도록 한다.

CHAPTER 15 비율과 실수, 전기(t - 1)값, 지수 등

1 비율과 실수

(1) 기본 형태

① 비율을 도출하는 문제도 있지만, 반대로 비율을 통해 실수를 도출하는 문제도 자주 출제된다. 아래 공식이 가장 기본적 형태이며, 구체적인 것은 문제의 각주 형태에 따라 응용하여 처리한다.

② '비율', '전체값', '부분값'을 상호 전환하는 공식은 다음과 같이 도출된다.

공식 $\text{전체값} = \dfrac{\text{부분값}}{\text{비율}(\%)} \times 100$, $\text{부분값} = \dfrac{\text{전체값} \times \text{비율}(\%)}{100}$

[도출 방식] $\text{비율}(\%) = \dfrac{\text{부분값}}{\text{전체값}} \times 100$일 때 분모 값을 양변에 곱하고, 양변을 비율로 나누면, $\text{비율}(\%) \times \dfrac{\text{전체값}}{\text{비율}} = \dfrac{\text{부분값}}{\text{전체값}} \times 100 \times \dfrac{\text{전체값}}{\text{비율}}$이므로

$\text{전체값} = \dfrac{\text{부분값}}{\text{비율}(\%)} \times 100$이 된다.

반대로 $\text{비율}(\%) = \dfrac{\text{부분값}}{\text{전체값}} \times 100$일 때 분모 값을 양변에 곱하고, 양변을 100으로 나누면, $\text{비율}(\%) \times \dfrac{\text{전체값}}{100} = \dfrac{\text{부분값}}{\text{전체값}} \times 100 \times \dfrac{\text{전체값}}{100}$이므로

$\text{부분값} = \dfrac{\text{전체값} \times \text{비율}(\%)}{100}$이 된다.

③ 이를 심화, 응용한 형태로 출제된 '2019년 행정고시 자료해석 34번' 문제를 살펴보자.

구분 국가	특허등록 건수(건)	영향력지수	기술력지수
미국	500	( )	600.0
일본	269	1.0	269.0
독일	( )	0.6	45.0
한국	59	0.3	17.7
네덜란드	( )	0.8	24.0
캐나다	22	( )	30.8

이스라엘	( )	0.6	10.2
태국	14	0.1	1.4
프랑스	( )	0.3	3.9
핀란드	9	0.7	6.3

※ 1) 해당국가의 기술력지수 = 해당국가의 특허등록건수 × 해당국가의 영향력지수

2) 해당국가의 영향력지수 = $\frac{\text{해당국가의 피인용비}}{\text{전세계 피인용비}}$

3) 해당국가의 피인용비 = $\frac{\text{해당국가의 특허피인용건수}}{\text{해당국가의 특허등록건수}}$

4) 3D기술 분야의 전세계 피인용비는 10임.

예제

위 자료에서 핀란드의 '특허피인용건수'는 얼마인가?

해설

상기 유형은 '각주'를 통해 해당 변수를 도출하는 식을 만드는 것이 우선이다.

(i) '특허피인용건수'는 각주 3에 있으므로 먼저 이 식을 정리하면 다음과 같다.

각주 3 변형) 특허피인용건수 = 피인용비 × 특허등록건수

(ii) 이때 '피인용비'를 모르므로, 〈각주 2〉와 〈각주 4〉를 통해 피인용비를 정리하면 다음과 같다.

각주 2 변형) 해당국가 피인용비 = 영향력지수 × 전세계 피인용비

→ 각주 4와 합친 공식) 해당국가 피인용비 = 10 × 영향력지수

(iii) 따라서 상기 두 식을 합치면, 특허피인용건수 = 10 × 영향력지수 × 특허등록건수이다.

(iv) 마지막으로 각주 1)과 합치면 '특허피인용건수 = 10 × 기술력지수'이다.

(v) 이에 핀란드의 '특허피인용건수' = 10 × 6.3 = 63이다.

Tip 각주 1, 2, 3, 4가 모두 활용되는 문제로 가장 심화된 형태이다. 응용된 문제가 나오더라도 '목표하는 값이 무엇인지', 그리고 '현재 모르는 값이 무엇인지'만 주의하여 풀어낸다면 빠르게 해결할 수 있을 것이다. 대부분의 문제에서는 각주에 주어진 개념 중 표에 나와 있지 않은 개념(혹은 빈칸을 뚫어 놓은 부분)을 선지로 제시한다.
이러한 부분들을 빠르게 파악하려면 각주에 나오는 개념들 중 표에 나와 있지 않은 것들을 구하려면 어떻게 해야 하는지 미리 생각해보고, 특히 같은 개념이 다른 각주에 각각 분자, 분모로 나오는 경우에는 해당 각주들을 곱해서 분자와 분모를 소거시킨 값이 무엇인지도 봐 두도록 한다.

(2) 자주 출제되는 형태

자주 출제되는 형태는 변수(내지 항목)의 이름을 외울 필요는 없다. 대신 특정 형태를 어떤 방식으로 처리하면 되는지 익히는 용도로 활용하면 된다.

① **형태 1: 합격률(%) = $\frac{\text{합격자}}{\text{응시자}}$ × 100 (즉, A = $\frac{C}{B}$ 형태)**

예제 1

〈표〉에 합격자와 합격률만 주어진 경우 응시자 수는?

해설

합격률 식을 응시자 위주로 변형하기 위해 양변에 $\frac{\text{응시자}}{\text{합격률}}$를 곱하면,

합격률 × $\frac{\text{응시자}}{\text{합격률}}$ = $\frac{\text{합격자}}{\text{응시자}}$ × 100 × $\frac{\text{응시자}}{\text{합격률}}$이므로 **응시자 = $\frac{\text{합격자}}{\text{합격률}}$** × 100임을 알 수 있다. 이를 통해 응시자를 도출한다.

예제 2

〈표〉에 응시자만 주어진 경우 합격자 수는?

해설

1번 예제와 달리 합격자에 대해 정리해야 한다. 따라서 양변에 $\frac{\text{응시자}}{100}$를 곱하면,

합격률 × $\frac{\text{응시자}}{100}$ = $\frac{\text{합격자}}{\text{응시자}}$ × 100 × $\frac{\text{응시자}}{100}$이므로 **합격자 = $\frac{\text{합격률} \times \text{응시자}}{100}$** 임을 알 수 있다. 이를 통해 합격자 수를 도출한다.

② **형태 2: 간접고용 비율(%) = $\frac{\text{간접비용 인원}}{\text{간접비용 인원} + \text{직접고용 인원}}$ × 100**

(즉, A = $\frac{B}{C}$ 형태)

예제 1

〈표〉에 간접고용 인원과 간접고용 비율만 주어진 경우 직접 고용인원은?

해설

형태 1보다는 변형 과정이 긴 유형이다. 이 상태로 처리하기엔 길지만 양변을 '역수화'하면 빠르게 처리할 수 있다. 역수로 만들면 $\frac{1}{\text{간접고용 비율}}$ = $\frac{\text{간접고용 인원} + \text{직접고용 인원}}{\text{간접고용 인원}}$ × $\frac{1}{100}$이다.

이때 직접고용 인원에 대해 정리해야 하므로, 직접고용 인원만 남기도록 처리한다.

즉 **직접고용 인원** = $\frac{\text{간접고용인원} \times 100}{\text{간접고용 비율}}$ − **간접고용인원** = ($\frac{100}{\text{간접고용 비율}}$ − 1) × **간접고용 인원**이다.

예제 2

〈표〉에 직접고용 인원과 간접고용 비율만 주어진 경우 간접 고용인원은?

해설

앞서와는 반대로 간접고용 인원에 대해 정리한다. 양변에 $\frac{\text{간접고용 인원} + \text{직접고용 인원}}{100}$을 곱하면,

간접고용인원 = 간접고용비율 × $\frac{\text{간접고용 인원} + \text{직접고용 인원}}{100}$이 된다.

우변의 간접고용 인원을 좌변으로 넘기면,

$(1 - \frac{\text{간접고용 비율}}{100}) \times \text{간접고용인원} = \frac{\text{간접고용 비율} \times \text{직접고용 인원}}{100}$이 된다.

따라서 **간접고용 인원** = $\frac{\text{간접고용 비율} \times \text{직접고용 인원}}{100 - \text{간접고용 비율}}$이다.

---

2 전기(t − 1) 값

전기 값은 이름 그대로 '시간적으로 일정 단위 이전의 값'으로 통상 1년 단위(=전년 대비), 월 단위(= 전월 대비) 등으로 값이 주어진다.

(1) 실수값으로 주어진 경우

① '전기 대비 변화분', 즉 실수 값으로 주어진 경우 공식은 다음과 같다.

> **공식** **전기값(t − 1) = 현재값(t) − 변화분(△t)**
>
> [도출] 현재값(t) = 전기값(t − 1) + 변화분(△t)이므로 변화분을 좌변으로 넘기면 공식이 도출된다.

② 예시는 다음과 같다.

	2011년	2012년	전년대비 변화
매출액(억원)	1,344	1,710	( )
점포수(개)	233	282	( )

예제

위 자료의 빈칸을 채우시오.

해설

• 2012년 매출액의 증가분은 1,710 − 1,344 ≈ 1,710 − 1,340 = 370
• 2012년 점포수 증가분은 282 − 233 ≈ 282 − 232 = 50

(2) 배율값으로 주어진 경우

① '전기 대비 변화율', 즉 배율 값으로 주어진 경우 공식은 다음과 같다.

공식 전기값(t − 1) = $\dfrac{\text{현재값}(t)}{(1+\text{변화율})}$

[도출] 현재값(t) = 전기값(t − 1) × (1 + 변화율)이므로 양변을 (1 + 변화율)로 나누면 공식이 도출된다.

② 이때 '나눗셈 어림산 공식'을 이용하면 위 공식을 아래와 같이 간단하게 만들 수 있다.

어림산 공식 $\dfrac{(1+x)}{(1+y)} \approx (1 + x - y)$을 응용하면,

[공식 변형] 전기값(t − 1) = $\dfrac{\text{현재값}(t)}{(1+\text{변화율})}$ = 현재값(t) × (1 − 변화율)

단, 어림산에 따른 숫자 왜곡이 적기 위해서 '변화율이 10% 미만'인 경우에만 적용하는 것이 좋다.

③ 활용 예시 1: 정석적인 풀이 방식

	2011년	2012년	전년대비 변화율
매출액(억원)	(　)	1,710	25.2%
점포수(개)	233	282	21%

예제

위 자료에서 2011년 매출액은 얼마인가?

해설

A) 25.2%를 계산의 편의상 25%라고 볼 때,

$1,710 \times \dfrac{1}{1.25} = 1,710 \times \dfrac{4}{5} = 1,710 \times 80\% = 1,368$

따라서 매출액은 약 1,368이다.

(80% = 100% − 10% − 10%임을 활용한다. 즉, 1710 − 171 − 171)
참고로 실제로 계산해보면 1365.8이다.

---

④ 활용 예시 2: 어림산 공식 적용

	2011년	2012년	2013년	2014년	2015년	평균 변화율
매출액(억원)	( )	( )	( )	( )	1,710	1.3%
점포수(개)	( )	( )	( )	( )	282	2.7%

예제

위 자료에서 2011년의 매출액과 점포수는 얼마인가?

해설

❶ 이를 정석적으로 구하려면 매우 계산이 복잡하다. 특히 평균 변화율이 매우 작은 숫자로 구성되어 있다는 점에서 '어림산 공식'을 활용해야 하는 문제이다.

❷ 먼저 매출액 도출식을 적어보면, 2011년 매출액 = $\frac{\text{2015년 매출액}}{(1+0.013)^4}$이다. 이 공식에 어림산 공식을 적용하면 2011년 매출액 = $\frac{\text{2015년 매출액}}{(1+0.013)^4}$ = 2015년 매출액 × $(1-0.013)^4$이다.

❸ 추가적으로 **'곱셈 어림산 공식'**에 따라 2015년 매출액 × $(1-0.013)^4$ = 2015년 매출액 × (1 − 0.013 × 4) = 2015년 매출액 × (1 − 0.052)가 된다.

- **'곱셈 어림산 공식'이란 $(1 + x)(1 + y)$ = 약 $1 + x + y$라는 것을 의미한다.**
  - 따라서 2011년 매출액 = 1,710 × 94.8% = 약 1,710 × 95% = 1,624이다. 실제로 계산해보면 2011년 값은 약 1,623으로 오차가 거의 없는 것을 알 수 있다.
  - 마찬가지 방식으로 점포수를 구하면, 2011년 점포수 = 2015년 점포수 × $(1-0.027)^4$ = 2015년 점포수 × (1 − 0.108) = 282 × 89.2% = 약 282 × 90% = 약 252.9 = 253개이다. 실제로 계산해보면 2011년 값 = 약 253.5로 오차가 거의 없는 것을 알 수 있다.
- 참고로 계산 시 **근삿값은 반드시 '올림'한 값으로 잡는다.** 즉 위 풀이에서 94.8%를 95%, 89.2%를 90%로 올림하여 대체한 것처럼 해야 한다. 왜냐하면 '곱셈의 어림산 공식'은 "xy"를 소거하고 간단하게 만든 공식으로 값이 실제보다 적게 상정되어 있기 때문이다.
  즉 끝자리를 내리지 않고 올려야 왜곡을 줄일 수 있다.
- 이에 더해, 실전에서 이렇게 여러 연도의 증가율이 일정하게 주어져 있는 경우, 정확한 값을 구하기보다 기준을 잡고 비교하는 문제가 나오는 경우가 더 많다.

가령, 만약 선지에서 '2015년의 매출액은 2011년의 매출액보다 5.2% 증가했다.'라고 주어진다면, 우리가 해야 할 것은 5.2%라는 숫자가 어디에서 나왔는가를 파악하는 것이다. 5.2 = 1.3 × 4인데, 이는 단리의 개념인 반면 평균 증가율의 개념은 복리, 즉$(1 + 0.013)^4$의 개념으로 5.2%보다 훨씬 큰 증가율을 보여준다.

---

3 변화율, 배율, 지수의 관계

변화율, 배율, 지수는 결과적으론 동일한 개념을 표현하는 값이지만, 엄연히 그 표현 방식이 전혀 다르므로 각각을 명확히 알고 있어야 한다.

(1) 개념

① 변화율 $= \dfrac{\text{비교값} - \text{기준값}}{\text{기준값}} \times 100$

② 배율 $= \dfrac{\text{비교값}}{\text{기준값}}$

③ 지수 $= \dfrac{\text{비교값}}{\text{기준값}} \times 100$ (기준값을 100으로 두었을 때를 기준으로 한다. 만일 문제에서 기준값을 100이 아닌 수로 주는 경우, 해당 값을 곱해 지수를 계산한다.)

(2) 관계

① 변화율과 배율의 관계

변화율 $= \dfrac{\text{비교값} - \text{기준값}}{\text{기준값}} \times 100 = (\dfrac{\text{비교값}}{\text{기준값}} - 1) \times 100$ **= (배율 − 1) × 100이고,**

배율 $= \dfrac{\textbf{변화율}}{\mathbf{100}} + 1$

② 변화율과 지수의 관계

변화율 $= \dfrac{\text{비교값} - \text{기준값}}{\text{기준값}} \times 100 = (\dfrac{\text{비교값}}{\text{기준값}} - 1) \times 100$ **= 지수 − 100**

지수 = 변화율 + 100 (단, 기준값이 동일하게 '전기'라는 가정 하의 값이다)

③ 배율과 지수의 관계

배율 $= \dfrac{\text{비교값}}{\text{기준값}} = \text{지수} \times \dfrac{1}{100}$

지수 = 배율 × 100 (단, 기준값이 동일하게 '전기'라는 가정 하의 값이다)

④ 관계에 따른 특성 – '순행성'

(a) 관계에서 보듯 변화율, 배율, 지수는 표시하는 방법의 차이일 뿐 사실상 동일한 내용을 보여주고 있다.

(b) 따라서 3가지 개념은 같은 방향으로 움직이기 때문에, 어느 하나를 질문한다면 이 중 가장 편한 값을 도출하는 것만으로도 문제를 해결할 수 있음을 알 수 있다.

(c) 즉 변화율, 배율, 지수 중 그 어떤 것을 묻더라도 계산이 가장 단순한 '배율'로 푼다고 생각하면 된다. 예를 들어 '증가율은 30% 이상이다'라고 선지에서 질문하더라도, 증가율을 위해 '증가분'을 구하는 것은 매우 비효율적이므로 바로 해당 값을 나눠 '배율이 1.3배 이상이다'로 해결하는 것이 좋은 풀이이다.

(3) 예시 및 주의사항

예를 들어, 다음의 자료를 변화율, 배율, 지수로 표현하면 다음과 같다.

	2015년	2019년	2020년
매출액(억원)	2,879	3,417	4,102

① 2020년의 전년대비 **변화율**

$= \frac{\text{비교값} - \text{기준값}}{\text{기준값}} \times 100 = \frac{4,102 - 3,417}{3,417} \times 100 = \text{약 } 20\%$

② 2020년의 전년대비 **배율** $= \frac{\text{비교값}}{\text{기준값}} = \frac{4,102}{3,417} = \text{약 } 1.2$

③ 2020년의 **지수**(단, 2019년 = 100)

$= \frac{\text{비교값}}{\text{기준값}} \times 100 = \frac{4,102}{3,417} \times 100 = \text{약 } 120$

④ 위 값에서 보듯, 변화율 – 배율 – 지수는 일정한 관계를 가지고 있음을 알 수 있다.

⑤ 이때 주의해야 할 점은 '지수'이다. 지수는 기준점이 언제인지가 가장 중요하다. 예를 들어 2015년이 기준점으로 2015년 값 = 100이 된다면, 2020년의 지수는 기존의 120과 달리 $\frac{4,102}{2,879} \times 100 \approx 142$가 된다. 따라서 '지수'가 나온 경우 언제를 기준으로 하는지 반드시 확인하고 처리해야 한다.

(4) 관련된 표현

① **N배이다 vs N배만큼 증가하다 vs N 100% 증가**

(a) 수험생들의 실수를 유발하는 매우 대표적인 표현들이다. 따라서 확실히 정리해 두어야 한다.

(b) 가장 직관적인 'N배이다' 는 'N-1배만큼 증가하였다' 및 '(N−1) × 100% 증가하였다'와 같은 표현이다.

(c) 예를 들어 편의상 기준점을 '2배 증가'로 하자.

"2배이다 = 2배로 증가하였다 = 2배 증가하였다 = 200%이다 = 1배만큼 증가하였다 = 100% 증가하였다"가 같은 표현이다. 만약 선지에서 동일한 상황에서 200% 증가하였다고 표현한다면 이는 3배가 된 것이므로 틀린 선지가 된다. 헷갈리기 쉬우니 반드시 외워 두자.

② **N배 이상이다 vs N배 이상 증가 vs N × 100% 이상 증가 vs N × 100% 이상이다**

(a) 위와 동일하지만, 표현이 헷갈리는 만큼 별도로 다룬다.

(b) 'N배 이상이다' = 'N배 이상 증가하였다' = 'N × 100% 이상이다' = '(N−1) × 100% 이상 증가하였다'는 모두 동일한 표현이다.

(c) 예를 들어 "A카페의 매출액이 83억원에서 177억원으로 증가하였다"라는 문장은 다음과 같이 해석된다. "2배 이상 증가하였다 = 2배 이상이다 = 100% 이상 증가하였다 = 200% 이상이다"

4 비교, 도출이 가능한 값과 불가능한 값 – '절대 수치 vs 상대 수치'

자료해석의 핵심은 수치 그 자체가 아니라 '비교'이다. 즉 어느 값이 더 크다든가, 어떤 기준 값 이상, 이하인지 확인하는 형태를 요구한다. 따라서 가장 근본적으로 비교가 가능한지 여부의 중요성이 크다. 만약 비교할 수 없는 값들 간의 비교 표현이 주어지는 경우 '알 수 없는 정보'가 되어 틀린 선지로 곧장 처리해야 한다.

(1) 절대적 수치

① 절대적 수치는 실수(real number)로 수치 자체가 특정한 값을 표현하는 것을 의미한다.
예를 들어 '금액'의 경우 100만 원이라면 그 자체가 100만 원이라는 값을 표현하는 것이지, 상황에 따라 그 양이 변화하는 개념이 아니므로 절대적 수치에 해당한다.

② 따라서 절대적 수치들은 비교, 사칙연산 등이 모두 가능하며, 평균 값 역시 산술 평균에 해당한다. 따라서 절대적 수치가 주어진 경우 편하게 계산 및 비교하면 된다.

(2) 상대적 수치

① 상대적 수치는 상대적인 양을 표현하는 것으로, '비율'이나 '배율'과 같은 값을 의미한다.

② 상대적 수치는 그 의미에서 보듯, '무엇을 기준으로 하는 지'에 따라 값이 달라지게 된다. 즉 비교, 도출의 가능성이 확정적이지 않다. 이에 시험에서 비율, 배율, 지수 등이 주어지면 비교 – 도출 가능성을 가장 먼저 확인해야 한다.

③ 핵심은 **'기준 값이 동일하면 연산, 비교가 가능하고, 다르면 못한다'**는 것이다.
예를 들면 다음과 같다.

지역	2018년						2019년						
	7월	8월	9월	10월	11월	12월	1월	2월	3월	4월	5월	6월	7월
전국	91.3	95.3	99.8	93.1	91.7	85.2	85.4	94.2	86.2	86.2	93.4	97.8	98.8
수도권	94.2	100.6	105.9	98.4	97.7	87.2	87.7	96.3	91.0	90.1	97.9	103.3	104.4
서울	105.4	114.4	114.8	102.3	104.5	87.8	86.0	93.2	89.6	93.1	105.0	111.9	115.5
인천	94.3	97.6	104.6	88.8	97.2	85.5	90.1	97.5	91.7	92.7	97.9	104.4	103.6
경기	87.8	95.2	95.2	97.1	93.4	87.1	88.2	97.8	91.7	87.8	93.9	98.1	98.2

위의 〈표〉는 부동산 종합지수로, $\text{종합지수} = \frac{\text{당해연도 해당 월 지역 부동산 값}}{\text{2015년 해당 월 지역 부동산 값}} \times 100$ 이라고 가정하자. 이때 비교할 수 있는 값은 '기준 값'이 같은 값이어야 하므로, 동일한 지역과 동일한 월이어야 한다. 예를 들어 〈표〉에서 18, 19년에 같은 달이 주어진 경우는 7월만 존재하므로, '전국의 18년 7월과 19년 7월', '수도권의 18년 7월과 19년 7월' 등만 비교할 수 있는 값이다.

CHAPTER | 16 대푯값 - 평균, 중앙값, 최빈값

'대푯값'은 자료의 '중심 분포의 경향(central tendency)'을 나타내는 측도로 평균(mean), 중앙값(median), 최빈값(mode) 등이 주로 출제되고 있다.

1 산술 평균(Arithmetic Mean)

(1) 개념

① 산술 평균이란 '전체 자료 값의 합을 자료의 개수로 나눈 값'으로, 흔히 '평균'이라고 인식하는 개념이 산술 평균이다.

② 평균은 다시 전체 자료를 대상으로 하는 '모평균(population mean)'과 그 일부를 추출한 값을 대상으로 하는 '표본 평균(sample mean)'으로 구분되지만, 자료해석에서는 모집단과 표본집단을 별도로 구별하지 않기 때문에 생략한다.

(2) 특성 - '편차의 합 = 0'

① 편차(deviation)는 특정 값과 평균 간 차이 내지 거리를 의미한다. 이때 가장 중요한 **산술평균의 특징은 '편차의 합 = 0'**이라는 점이다.

② 즉 평균은 평균을 기준으로 위 아래 값의 '무게 중심'과 같은 의미를 가진다.

③ 이러한 특징으로 인해 다양한 응용이 가능해진다.

예제

총 자료 개수가 10개이고, 평균이 50인 자료가 있다고 하자. 이때 어떤 값이 20만큼 증가했다면, 평균은 얼마가 되는가?

해설

이 질문에 대해 '편차의 합 = 0'임을 이용하면 평균을 새로 도출하지 않고도 알 수 있다.
즉 기존의 평균과 달리 편차의 합이 20만큼 증가한 상황이므로, 평균 역시 이에 맞춰 변화해야 편차의 합이 0이 될 수 있다.
따라서 편차 증가분인 20을 자료의 개수인 10으로 나눈 2만큼 평균이 증가함을 의미한다. 따라서 새로 평균을 도출하지 않더라도 새로운 평균이 50 + 2 = 52임을 알 수 있다.

Tip 이러한 특성은 이후 '가평균(Pseudo-mean)'에서 다시 활용될 것이므로 반드시 기억해 둔다.

(3) 산술 평균의 풀이 방법

산술평균의 도출은 실전의 경우 '가평균(Pseudo-mean)'으로 푸는 게 일반적이다. 따라서 이하에서는 편차와 관련된 특성에 한정하여 살펴보고, 산술평균의 도출은 가평균에서 살펴본다.

편차와 관련하여 산술 평균을 질문한, '행정고시 2018년 자료해석 1번' 문제를 살펴보자.

브랜드 \ 구분 \ 도시		갑	을	병	정	무	평균
해피카페	점포수	7	4	2	( )	4	4
	| 편차 |	3	0	2	1	0	( )
드림카페	점포수	( )	5	( )	5	2	4
	| 편차 |	2	1	2	1	2	1.6

※ | 편차 |는 해당 브랜드 점포수 평균에서 각 도시의 해당 브랜드 점포수를 뺀 값의 절댓값임.

예제 1

위 자료의 도시 '정'에서 '해피카페'의 점포 수는?

해설

(i) 평균을 총합으로 전환해서 푸는 방식은 비효율적이다.

(ii) 이는 '편차의 합 = 0'이라는 특성을 이용하면 간단하다. 주어진 편차는 절댓값임을 고려할 때 평균 4를 기준으로 편차 값이 음수인지 양수인지를 보면 간단하게 확인할 수 있다.

(iii) 편차가 0인 도시를 제외하면 갑의 편차는 3, 병은 -2이므로 '편차의 합 = 0'이기 위해서는 정이 -1이어야 한다. 따라서 4 - 1 = 3임을 쉽게 알 수 있다.

예제 2

위 자료에서 '드림카페'의 '갑'과 '병'의 점포수는 각각 6, 2인가?

해설

(i) 1번 예시 문제와 마찬가지로 편차 값이 음수인지 양수인지 확인한다.

(ii) 을 = +1, 정 = +1, 무 = -2로 현재까지의 편차 합 = 0이다.

(iii) 이때 남은 갑과 병은 동일하게 편차의 절대값이 2이므로 둘 중 어느 하나가 양수, 다른 하나가 음수라는 것을 알 수 있을 뿐, 무엇이 양수인지는 알 수 없다. 따라서 갑과 병이 될 수 있는 조합은 (6, 2)와 (2, 6)으로 각각이 6과 2인지는 확정할 수 없다. 따라서 틀린 질문이 된다.

2 가평균(Psuedo – mean)

(1) 개념

① 임의로 정한 평균을 의미한다. 가평균은 보통 중앙값이나 최빈값 등으로 간단하게 값을 지정하여 평균을 구하는 효과적인 방법으로 자료해석 풀이 간 활용성이 매우 높다.

② 가평균은 평균의 특성인 '편차의 합 = 0'을 이용한 것으로 공식은 다음과 같다.

공식 평균(μ) $= \bar{\mu} + \dfrac{\sum(x_i - \bar{\mu})}{n}$ = 가평균 + $\dfrac{\text{가평균 편차의 합}}{\text{자료의 수}}$

(단, μ: 평균, $\bar{\mu}$: 가평균, x_i: 자료값, n: 자료의 수)

→ 평균 = 가평균이 되기 위해서는 '가평균 편차의 합 = 0'이 되어야 한다. 즉, 평균의 특성인 '편차의 합 = 0'을 달성할 때 가평균 = 평균이 된다.

(2) 가평균의 활용 방법

행정고시 2019년 자료해석 25번 문제를 통해 활용 방법을 살펴본다.

환자 / 수면제	갑	을	병	정	무	평균
A	5.0	4.0	6.0	5.0	5.0	5.0
B	4.0	4.0	5.0	5.0	6.0	4.8
C	6.0	5.0	4.0	7.0	( )	5.6
D	6.0	4.0	5.0	5.0	6.0	( )

ㄱ. 평균 숙면시간이 긴 수면제부터 순서대로 나열하면 C, D, A, B 순이다.

① 주어진 순서가 맞다고 가정할 때, D의 평균 값은 5.0 이상 5.6 이하가 되어야 한다. 따라서 가평균을 '5'로 놓고 확인하면 된다.

② 편차의 합 = (6 − 5) + (4 − 5) + (5 − 5) + (5 − 5) + (6 − 5) = 1로, 이를 5로 나누면 0.2이므로, D의 평균은 5.2임을 바로 알 수 있다. 따라서 옳은 선지이다.

③ 이처럼 범위가 주어진 경우 계산이 편한 값으로 가평균을 잡고 확인하면 되며, 따로 없는 경우 중앙값, 최빈값 등을 활용하여 잡으면 된다.

이때 한 가지 유의할 것은, 실전에서는 가평균으로부터 반드시 평균을 도출해야 하는 것은 아닐 수 있다는 점이다. 가령 위의 문제에서 D와 A의 대소만을 비교하는 경우, A의 평균인 5를 가평균으로 두고 D의 편차합을 계산했을 때 양수가 나왔다는 것은 곧 D의 평균이 A의 평균보다 크다는 것을 의미하므로, 굳이 D의 평균을 구하지 않아도 된다.

(3) 가평균을 이용한 산술평균 도출 연습

다음 각 표의 산술 평균을 도출해보자.

〈표 1〉 A고등학교 반별 수학점수 평균

1반	2반	3반	4반	5반	평균
79	72	84	65	62	( )

① 가평균을 어떤 수로 잡을지는 크게 고민하지 않아도 된다. 대략적으로 가운데 있어 보이는 값으로 잡으면 된다.
예를 들어 72를 가평균으로 잡으면, 편차의 합은 $7 + 0 + 12 - 7 - 10 = +2$이다.

② 따라서 편차의 합을 개수인 5로 나눈 0.4를 가평균에 더한, $72 + 0.4 = 72.4$가 산술평균이 된다.

〈표 2〉 연령별 B프로그램에 대한 만족도

20 ~ 29세	30 ~ 39세	40 ~ 49세	50 ~ 59세	60세 이상	평균
51	67	94	91	73	( )

① 가평균을 73으로 잡아보자. 편차의 합은 $-22 - 6 + 21 + 18 + 0 = 11$로 이를 5로 나누면 2.2이다.

② 따라서 산술평균은 $73 + 2.2 = 75.2$이다.

3 중앙값(Median)

(1) 개념

중앙값 내지 중위수는 자료의 변량을 크기 순으로 나열할 때, 중앙에 위치하는 값을 의미한다.

총 자료의 개수가 '홀수'라면 정중앙의 값이 되며, '짝수'라면 중앙에 위치한 두 자료의 평균이 중앙값이 된다.

(2) 예시

[자료가 홀수인 경우] **87, 13, 66, 35, 71, 49, 54이면 중앙값은?**

→ 크기 순으로 재배열하면 13, 35, 49, 54, 66, 71, 87이므로 중앙값 = 54이다.

[자료가 짝수인 경우] **87, 13, 66, 35, 71, 49, 54, 92이면 중앙값은?**

→ 크기 순으로 재배열하면 13, 35, 49, 54, 66, 71, 87, 92이므로 중앙에 위치한 54와 66의 산술평균인 $\frac{54+66}{2} = 60$이 된다.

4 분포 형태에 따른 대푯값 위치

(1) 정규분포(좌우 대칭)

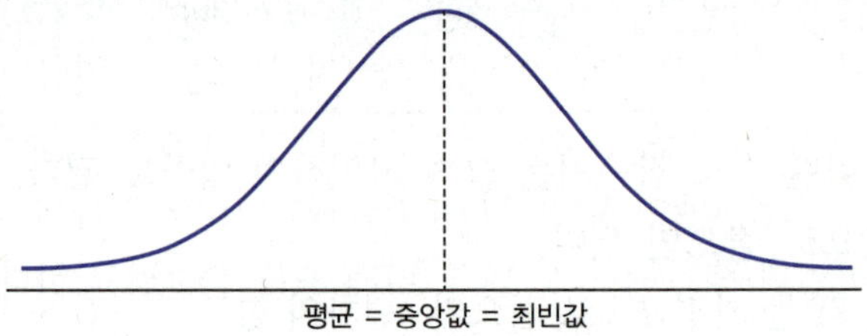

일반적으로 익숙한 분포로, 좌우 대칭인 만큼 평균 = 중앙값 = 최빈값이다.

(2) 왼쪽 꼬리 분포

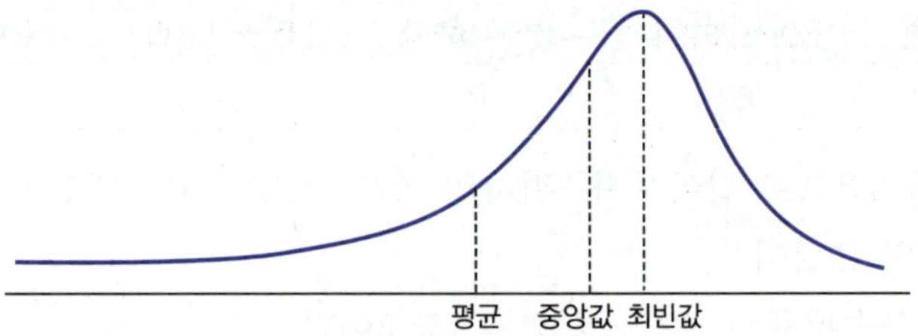

우측으로 치우치는 경우, 평균 < 중앙값 < 최빈값 순으로 나타난다.

(3) 오른쪽 꼬리 분포

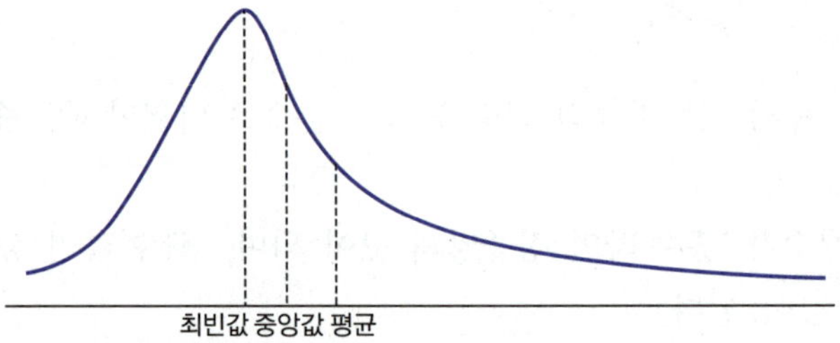

좌측으로 치우치는 경우, 최빈값 < 중앙값 < 평균 순으로 나타난다.

(4) 왼쪽, 오른쪽 꼬리 분포 암기법

① 최빈값은 개념 상 분포의 '봉우리' 부분에 있을 수밖에 없다.

② 따라서 '최빈값'을 기준으로 할 때, '최빈값'에서 '꼬리' 방향으로 최빈값 – 중앙값 – 평균 순으로 나타남을 암기하면 된다.

5 가중평균(Weighted Mean)

(1) 개념

① 가중평균은 자료 값의 중요도, 영향, 가치 등에 해당하는 '가중치'를 반영하여 구한 평균 값으로, 앞서 본 산술평균은 가중치가 모두 동일한 평균이라 생각하면 된다. 예를 들어 농도가 다른 두 소금물을 섞는다고 가정하자. 소금 10g이 담겨 있는 소금물 100L와 소금 4g이 담겨 있는 소금물 20L가 있을 때, 이 두 소금물을 섞으면 농도가 얼마인지 생각해보자. 만일 두 농도를 산술평균 한다면 그 값은 10%와 20%의 평균인 15%가 되겠지만, 실제 농도는 그렇게 나타나지 않는다.
섞은 후의 소금물 120L에는 14g의 소금이 있으며, 농도는 약 12%로 덩치가 더 큰 100L의 소금물 농도인 10%에 더 가깝게 된다. 즉, 가중치가 되는 것(소금물의 양)의 크기가 클수록 가중평균은 해당 값에 더 가까워진다.

② 가중평균의 공식은 다음과 같다.

공식 가중평균 = $\frac{\sum(x_i \omega_i)}{\sum \omega_i}$

(단, x_i: 자료값, ω_i: 가중치)

(2) 실전 활용법 – '가중치와 거리 간 교차 관계 활용법'

① 실전에서는 위의 공식처럼 모든 가중치를 더해 나누는 형태로 푸는 경우가 적다. 그보다는 '가중치와 거리 간 교차 관계'를 이용해 푸는 것이 일반적이다.

② 여기서 '거리'는 가중평균과 각 값 간의 차이 값을 의미한다. 이때 가중치의 상대비와 거리의 상대비는 교차 관계를 가지고 있다. 즉 가중치의 상대비가 A:B이면, 거리의 상대비는 B:A가 된다.

③ 예를 들어 가중치가 5:1이고 항목은 각각 10과 70인 경우, 거리의 상대비는 교차하여 1:5가 된다. 따라서 70 − 10 = 60의 거리를 1:5로 나눠 가지면 10:50이다. 즉 10 + 10 = 20(또는 70 − 50 = 20으로 봐도 된다)이 가중평균 값임을 알 수 있다.

(3) 활용 예시 1번 – '가중평균 도출 유형'

행정고시 2018년 자료해석 28번 문제를 통해 살펴보자.

인턴 경험	해외연수 경험	합격여부		합격률
		합격	불합격	
있음	있음	53	414	11.3
	없음	11	37	22.9

없음	있음	0	16	0.0
	없음	4	139	2.8

※ 1) 합격률(%) = $\frac{\text{합격자수}}{\text{합격자수 + 불합격자수}} \times 100$

ㄴ. 인턴 경험이 있는 지원자가 인턴 경험이 없는 지원자보다 합격률이 높다.

① 실제 시험에서는 '가중 평균을 구하라'고 직접적으로 묻지 않는다. 위의 보기 ㄴ처럼 가중치가 있는 특정 값을 주고, 간접적으로 가중 평균을 활용하도록 요구한다. 따라서 언제 가중평균을 활용하는 것인지를 잘 확인해야 한다.

② 보기 ㄴ 자체는 바로 옳은 선지이다. 왜냐하면 가중평균은 결국 해당 범위 안에서 형성되는 것이므로 인턴 경험이 있는 경우는 최솟값이 11.3인 반면, 인턴 경험이 없는 경우 최댓값이 2.8이므로 반드시 높을 수밖에 없기 때문이다.
그러나 이하에서는 연습을 위해 가중평균을 구해본다.

③ 각각의 합격률에서 인턴 경험의 유무에 따른 합격률을 도출하려면 우선 가중치를 파악해야 한다. 주어진 각주에 따라 합격률은 (합격자수 + 불합격자수)를 기준으로 계산되는 것을 알 수 있는데, 해당 수가 클수록 해외연수 경험 유무에 따른 합격률의 가중평균을 구할 때 더 큰 영향을 끼치게 된다.
합격 + 불합격으로 '가중치'의 상대비를 도출해보면, '인턴경험이 있는 경우' 467:48 ≈ 10:1이다. '인턴경험이 없는 경우'는 16:143 ≈ 1:9이다. 따라서 거리비는 역으로 1:10과 9:1이다.

④ 따라서 가중평균을 구하면, '인턴 경험이 있는 경우'는 두 합격률 간의 총 거리인 22.9 − 11.3 = 11.6을 11로 나누면 거리 1당 약 1이므로, 가중평균은 약 12.3이다. '인턴 경험이 없는 경우'는 2.8 − 0 = 2.8을 10으로 나누면 거리 1당 0.28이므로 2.8 − 0.28 = 2.52이다.
→ 실제로 가중평균을 계산해보면, '인턴 경험이 있는 경우'는 12.4이고 '인턴 경험이 없는 경우'는 2.51인만큼, 대략적으로 구했음에도 매우 정확함을 알 수 있다.

(4) 활용 예시 2번 – '가중평균을 이용한 모수 상대비 도출 유형'

앞선 문제와 달리 이미 가중평균이 주어져 있을 때, 역으로 모수의 상대비를 도출하도록 요구하는 문제도 자주 출제된다. 일반적으로 이 유형은 '설문조사 결과' 등의 형태로 출제된다. 설명의 편의를 위해 예제와 함께 살펴본다.

〈표〉 성별 설문 응답 비율

남성	여성	전체
85%	40%	65%

※ 응답비율 = 설문 대상자 중 응답자의 비율

예제 1

위 자료에서 설문 대상 남성 수는 여성 수보다 25% 많다.

해설

'거리비'를 살펴보면 남성의 경우 85 − 65 = 20이고 여성은 65 − 40 = 25이므로, 4:5이다. 즉 교차 관계에 있는 '모수 상대비'의 경우 5:4가 된다. 따라서 남성의 수는 여성에 비해 25% 많다. 따라서 옳은 선지이다.

예제 2

위 자료에서 설문에 응답한 남성 수는 여성 수보다 25% 많다.

해설

해당 질문은 설문에 응답한 남성 수와 여성 수가 전체 설문 응답 비율의 가중치인가를 묻고 있다. 즉, 앞서 구한 설문 대상 남성 수와 여성 수가 5:4일 때, 이에 곱하는 각 성별의 응답비율이 다르다면 당연히 설문에 응답한 남성 수가 여성 수보다 25% 많다는 문장은 성립이 불가능하다. 이는 해당 문제의 가중치는 '설문 대상'이며, 그에 응답한 남성 수와 여성 수는 해당 가중치에 응답 비율을 곱해 나온 값이기 때문이다. 가중치를 잘못 파악하면 틀리기 쉬운 문제 유형이다.

(5) 활용 예시 3번 – '가중 평균 도출 및 비교형'

가중평균이 높은 순서대로 나열할 것 등을 요구하는 유형으로, 실제로 가중 평균을 도출하여 순서를 구하지 않고 '차이 값'으로 확인하는 것이 좋다. 보다 구체적인 설명을 위해 '2013년 외교원 자료해석 29번 문제'를 살펴보자.

〈표〉 후보지별 고속도로 사업성 평가점수

(단위: 점)

평가항목 / 후보지	경제성	사업안정도	지역낙후도
A	85	60	75
B	95	60	80
C	75	70	85
D	75	80	85
E	95	80	75
평균	85	70	80
범위	20	20	10

※ 가중표준지수가 높을수록 고속도로 입지 후보지 우선순위가 높음.

〈후보지 사업성 가중표준지수 산정규칙〉

- 각 후보지의 개별 평가항목에 대한 표준지수 $= \frac{\text{평가점수} - \text{평균}}{\text{범위}}$
- 후보지별 가중표준지수 = (0.4 × 경제성 표준지수) + 0.4 × 사업안정도 표준지수) + (0.2 × 지역낙후도 표준지수)

① 먼저 '개별 평가항목에 대한 표준지수'를 살펴보면 범위가 순서대로 20, 20, 10이므로 공통되는 10으로 약분하여 2:2:1로 생각한다. 이때 이 값은 분모 값이므로 0.5:0.5:1이 된다.

② 다음으로 '가중표준지수'는 0.4:0.4:0.2이고, 이를 0.2로 나누어 정리하면 2:2:1 이된다.

③ 따라서 ①, ② 값을 곱하면 1:1:1이 된다. 즉 '평가점수 − 평균'만 고려하여 비교하면 됨을 알 수 있다. 이때 모두 더해 비교하지 않고 '경제성' 따로, '사업안정도' 따로, '지역낙후도' 따로 비교하는 것이 좋다.

④ 이처럼 가중 평균 비교형 문제의 경우 공통되는 가중치를 확인하기 편하게 정리하고, 이를 각 항목 별로 '차이 값' 비교를 통해 순위를 확인하는 것이 가장 효율적인 방법이다.

6 다중 가중평균

(1) 개념

일반적인 가중평균은 두 값을 기준으로 가중평균을 구하는 반면, 다중 가중평균은 3가지 이상의 값으로 구하는 가중 평균이다.

(2) 풀이 방법 – '다중 가중평균의 단순화'

① 다중 가중평균을 그대로 처리하는 것은 다소 비효율적일 수 있다. 왜냐하면 다중 가중평균은 생각보다 오랜 시간이 소요되는 작업으로 문제당 길어야 3분을 겨우 투자할 수 있는 자료해석 시험에서 사실상 활용 불가능한 방법이다.

② 따라서 최대한 2개만 변수가 남도록 조정하여 푸는 것이 효율적인 풀이 방식이다.

③ 이때 변수를 줄이는 방식은 크게 두 가지가 있다.
첫 번째는 연립 방정식을 푸는 것처럼 식을 겹쳐 변수를 소거시키는 방식이다.
두 번째는 동일한 값을 가진 변수끼리 한 덩어리로 묶어 처리하는 방식이다.
어느 하나가 우월한 것은 아니고, 이는 주어진 수 구조에 맞춰 적절히 취사선택하면 된다.

(3) 풀이 예시 – '행정고시 2016년 18번'

〈표〉 일일 통행 횟수의 통행목적에 따른 시간대별 비율

(단위: %)

통행목적 시간대	업무	여가	쇼핑	전체통행
00:00 ~ 03:00	3.00	1.00	1.50	2.25
03:00 ~ 06:00	4.50	1.50	1.50	3.15
06:00 ~ 09:00	40.50	1.50	6.00	24.30
09:00 ~ 12:00	7.00	12.00	30.50	14.80
12:00 ~ 15:00	8.00	9.00	31.50	15.20
15:00 ~ 18:00	24.50	7.50	10.00	17.60
18:00 ~ 21:00	8.00	50.00	14.00	16.10
21:00 ~ 24:00	4.50	17.50	5.00	6.60
계	100.00	100.00	100.00	100.00

예제

위 자료에서 업무, 여가, 쇼핑 통행자 수를 많은 순서대로 나열하면?

해설

(i) 총 3가지 항목으로 구성된 다중 가중 평균 문제이다. 위에서 말한 풀이 방법 중 두 번째 방법인 '동일한 값을 가지는 변수끼리 묶어 풀기'를 적용한다.
'03:00 ~ 06:00'의 여가와 쇼핑의 값이 1.5로 일치한 것을 알 수 있다.
따라서 업무를 x, 여가와 쇼핑을 묶어 합친 값을 y라고 보면, 3.15와의 거리 비는 1.35:1.65이다. 이때 거리비의 교차 값은 '모수의 상대비'이므로 $x:y = 1.65:1.35$이다.
즉 '업무'가 가장 크다는 것을 쉽게 알 수 있다. (왜냐하면 y는 여가 + 쇼핑 값이기 때문이다)

(ii) 여가와 쇼핑을 비교하기 위해서는 첫 번째 방법인 '연립 방정식처럼 소거하기 방법'을 활용한다.
업무는 A, 여가는 B, 쇼핑은 C라고 할 때, 업무가 동일하여 소거할 수 있는 12:00 ~ 15:00와 18:00 ~ 21:00를 이용하면 좋다.
차이 값처럼 비교할 때 여가는 $(50 - 9)B = 41B$만큼 차이 나며,
쇼핑은 $(31.5 - 14)C = 17.5\ C$만큼 차이 난다. 41과 17.5는 값의 차이가 큼에도 불구하고 전체 값은 거의 비슷하다. 따라서 쇼핑 > 여가 임을 알 수 있다.

(iii) 만일 또다시 가중평균을 적용하여 구해 본다면 숫자가 가장 단순한 00:00~03:00을 활용하면 좋다. 편의를 위해 x와 y의 가중치의 합인 3(=1.65+1.35)을 전체에도 곱해주면 $2.25 \times 3 = 6.75$이다. 다음으로 여가와 쇼핑의 가중치를 구해줘야 하는데, 계산의 편의를 위해 쇼핑의 가중치를 z, 여가의 가중치는 $1.35 - z$라고 한다. (여가가 1이기 때문에 곱셈이 편리하므로, 상대적으로 복잡한 $1.35 - z$를 여가의 가중치로 본다.) 이를 적용해서 합을 구해보면 $1.65 \times 3 + (1.35 - z) \times 1 + z \times 1.5 = 4.95 + 1.35 + 0.5z = 6.75$이다.
따라서 z는 0.9이고, 쇼핑의 가중치가 여가의 가중치보다 크다는 것을 알 수 있다.

(iv) 따라서 업무 > 쇼핑 > 여가 순이다.

7 일부를 제외한 가중평균

일부를 제외한 가중평균의 문제가 나오는 경우 '제외하는 일부'와 '나머지' 간의 가중평균으로 문제를 생각하면 좋다. 예제를 통해 설명하면 다음과 같다.

예제

다음 〈그림〉과 〈표〉는 A중학교 학생들의 성별 평균 도서 대출 권수에 대한 자료이다. 도서를 2개 이상 대출한 남학생, 여학생 간의 평균 도서 대출 권수의 차이는 얼마인가?

〈그림〉 A중학교 학생들의 성별 평균 도서 대출 권수

(단위: 권/명)

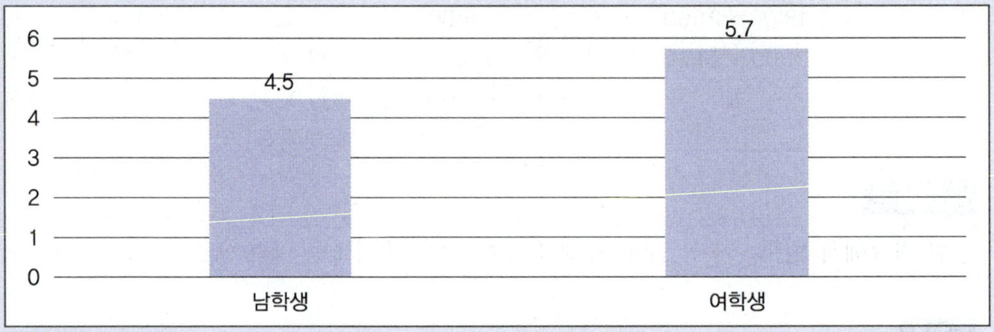

〈표〉 학생들의 성별 도서 대출 권수 분포

(단위: %)

	남학생	여학생
1권	20.0	25.0
2권	( )	14.3
3권	13.3	( )
4권	33.5	46.8
5권 이상	8.1	5.9
합계	100.0	100.0

※ 대출을 1권이라도 받은 학생만 대상으로 집계하였음.

해설

문제에 따라 현재 남학생과 여학생을 1권만 대출한 학생과 2권 이상 대출한 학생들로 나눌 수 있다. 그리고 1권만 대출한 학생과 2권 이상 대출한 학생들의 대출 권수에 대해 가중평균을 구하면 각 성별 평균 도서 대출 권수가 도출될 것이다.

(i) 편의상 1권만 대출한 학생을 A, 2권 이상 대출한 학생을 B라고 하자. 우선 남학생을 보면, 1권만 대출한 남학생은 20%로 A:B = 1:4이다.
B의 평균 대출 권수를 X라고 할 때 1권과 X권을 1:4의 비중으로 가중평균한 값은 4.5가 된다.
가중치의 역수인 거리 비 4:1을 적용하면, $4.5 - 1 = 3.5$이므로 $X - 4.5 = 3.5 \times \frac{1}{4}$이다.
따라서 $X = 4.5 + 3.5 \times \frac{1}{4}$이다.

(ii) 같은 방식으로 여학생에 대해 구해보면, A':B' = 25%:75% = 1:3이다.

B'의 평균 대출 권수를 X'라고 할 때 1권과 X'권을 1:3의 비율로 가중평균한 값은 5.7이 된다.

가중치의 역수인 거리 비 3:1을 적용하면, 5.7 − 1=4.7이므로 $X' - 5.7 = 4.7 \times \frac{1}{3}$이다.

따라서 $X' = 5.7 + 4.7 \times \frac{1}{3}$이다.

(iii) X와 X'의 차이는 다음과 같다.

$X' - X = (5.7 + 4.7 \times \frac{1}{3}) - (4.5 + 3.5 \times \frac{1}{4}) \approx 1.9$

(iv) 사실 정확한 차이를 구하는 것보다 여학생과 남학생 각각에서 2권 이상 빌린 학생들의 평균 대출 권수가 누가 더 큰지를 구하는 것이 더 중요하다. 그리고 만일 가중평균의 개념이 잘 정리되어 있다면 굳이 계산하지 않고도 이를 구할 수 있다.

현재 남학생과 여학생 중 1권씩만 빌린 학생은 각각 20%, 25%로 여학생이 더 크다. 즉, 2권 이상 빌린 학생들의 평균 대출 권수가 여학생과 남학생이 동일하다면, 1권을 빌린 학생의 가중치가 더 큰 여학생의 전체 평균 권수가 남학생보다 더 낮았을 것이다.

그러나 표에 주어진 남학생의 평균 대출 권수(4.5권)는 여학생(5.7권)보다 적으므로, 2권 이상 빌린 여학생의 평균 대출 권수 역시 남학생보다 월등히 높았을 것이라는 점을 알 수 있다.

8 가중평균 연습

(1) 가중평균의 단순 도출 유형

Q: 전체 가구의 빈곤율을 각각 도출하라. 단 도시와 농촌의 상대비는 4:1이다.

	절대적 빈곤율(%)	상대적 빈곤율(%)
전체 가구	( )	( )
도시 가구	7.5	10.0
농촌 가구	4.5	8.0

① 정석적인 가중평균 도출 방식은 가중치를 곱해 나누어 구하는 것이지만, 그보다는 '거리비'를 이용해 거리를 도출 후 기존 값에 더하는 것이 보다 빠른 풀이 방법이다.

② 먼저 '절대적 빈곤율'의 경우, 거리는 7.5 − 4.5 = 3으로 거리의 상대비를 도출하기 위해 상대비를 더한 4 + 1 = 5로 거리를 나누면 0.6이 된다.

③ 이때 거리비는 상대비와는 '교차 관계'이므로 도시:농촌의 거리비는 1:4이기에 도시의 절대적 빈곤율에 상대비 1인 0.6을 빼면 가중평균이 도출된다.

④ 즉 가중평균 = 7.5 − 0.6 = 6.9이다. (만약 농촌을 기준으로 구했다면 4.5 + 0.6 × 4 = 6.9가 된다)

⑤ '상대적 빈곤율'의 경우도 마찬가지 방식으로, 거리인 10.0 − 8.0 = 2를 5로 나눈 0.4가 거리비 1이 된다. 따라서 가중 평균은 10.0 − 0.4 = 9.6이다.

(2) 가중평균을 이용한 모수 도출 유형

Q: 농촌 가구의 빈곤율을 도출하라. 단 도시와 농촌의 상대비는 3:2이다.

	절대적 빈곤율(%)	상대적 빈곤율(%)
전체 가구	6.9	9.2
도시 가구	7.5	10.0
농촌 가구	( )	( )

① 상대비, 가중평균, 다른 모수가 주어져 있다면, 모수를 매우 간단하게 도출할 수 있다.

② 먼저 '절대적 빈곤율'을 살펴보자. 도시와 전체의 거리는 7.5 − 6.9 = 0.6이다. 이때 상대비의 교차 형태인 '거리비'는 2:3이므로 0.6은 거리 2에 해당하는 값이다. 따라서 거리비 1은 0.3이므로 농촌가구의 절대적 빈곤율은 가중평균에서 거리비 3인 0.9를 뺀 값이다.

③ 즉 농촌 가구의 절대적 빈곤율은 6.9 − 0.9 = 6이다.

(3) 모수 상대비 도출 유형

〈표〉 학생 성별 A수업 만족도

남학생	여학생	평균
5.81	7.16	6.56

① 모수의 상대비는 '거리비'와의 교차 관계를 이용해 구하는 것이 좋다.

② 먼저 각 거리를 도출하면, 남학생은 6.56 − 5.81 = 0.75이고 여학생은 7.16 − 6.56 = 0.6이다.

③ 즉 거리 상대비는 0.75:0.6 = 5:4이므로, 교차 관계를 고려할 때 모수의 상대비는 4:5이다.

④ 이때 우리가 알 수 있는 것은 A수업을 듣는 남학생과 여학생 수의 상대비일 뿐, 전체 남학생, 여학생의 상대비나, 남학생과 여학생의 실제 수 등은 도출할 수 없다는 점에 주의하자. 언제나 무엇을 도출 가능한지 고려하지 않으면 함정에 빠지기 쉬우므로 꼭 체크하자.

(4) 가중 평균 간 대소 비교

Q: 다음 중 기업 성과 평가에서 가장 높은 점수를 받는 기업은 무엇인가?

〈표〉 2020년 기업 성과 평가

	A기업	B기업	C기업	가중치
경영역량	10	8	8	0.3
관리역량	9	10	7	0.3
지속성	4	3	8	0.1
사회기여	5	7	6	0.2
혁신성	2	1	8	0.1

① 여러 지표와 여러 주체가 있는 경우의 가중 평균 대소 비교는 크게 3가지를 생각해 두고 접근하는 것이 좋다. 첫번째로 각 **항목 별로 '차이 값'을 비교**하는 것이 좋다. 이때 어느 하나를 기준으로 차이 값을 기록하는 것이 좋다. 두번째로 가중치는 소수점으로 보지 않고, **비율을 유지해서 편한 값으로 형태를 바꾼다.** 가령 모두 10을 곱해 3, 1, 2로 가중치를 바꿔 생각한다. 세번째로 **동일한 가중치끼리 묶어 비교**한다. 예를 들어 경영역량과 관리역량을 묶어 처리한다.

② 먼저 A와 B를 비교할 때 A기업을 기준으로 두고 가중치가 3인 경영, 관리역량을 묶어 비교하면 19 − 18 = 1만큼 높으므로 가중치를 고려하여 총 1 × 3 = 3점만큼 높다.

③ 마찬가지로 가중치가 1인 지속성과 혁신성을 묶으면 6 − 4 = 2이므로 총 2점만큼 높다.

④ 사회기여의 경우 2만큼 낮으므로 총 2 × 2= 4만큼 낮다. 따라서 앞선 값을 종합하면 3 + 2 − 4 = 1만큼 높아 A기업의 점수가 더 높다.

⑤ 마찬가지 방식으로 C기업과 비교하면 가중치 3에서 4 × 3 = 12, 가중치 1에서 −10, 가중치 2에서 −1 × 2 = −2로 총합 12 − 10 − 2 = 0이다. 따라서 A와 C기업의 점수는 동일하다.

⑥ 따라서 가장 높은 점수를 받은 기업은 A와 C이다.

Tip 정확한 가중평균 값을 도출하도록 요구하는 문제는 거의 없다. 따라서 실제 값을 도출하려 하지 않고 위와 같이 상대적 차이 값으로 비교하자.

CHAPTER | 17 확률과 집합

1 개념

(1) 모든 경우의 수 중 특정 사건이 발생하는 비율이다.

이를 수식으로 보면, 확률 = $\frac{\text{특정 사건이 발생하는 경우의 수}}{\text{모든 경우의 수}}$이다.

(2) 이때 '경우의 수'란 어떤 시행에서 특정 사건이 일어날 수 있는 가짓수를 의미한다. 예를 들어 '주사위'를 한 번 던져서 나올 수 있는 값은 1, 2, 3, 4, 5, 6으로 각각이 하나의 경우의 수이다. 즉 모든 경우의 수는 총 6가지이다.

2 확률의 덧셈 법칙

(1) 개념

① **'덧셈 법칙'**이란 각 사건이 '배반 사건'일 때, 해당 사건이 일어날 확률은 각 확률의 합과 같다는 법칙이다. 통상 'A 또는 B가 발생할 확률'이나 'A이거나 B일 확률'이라는 표현으로 주어진다. 쉽게 말해 'or'에 해당한다.

② 식으로 표현하면 $P(A \cup B) = P(A) + P(B)$이다.

③ 예를 들어 "1 ~ 10까지의 자연수가 적힌 카드 중 한 장의 카드를 뽑았을 때 3 또는 5의 배수가 나올 확률"을 구해보자. 먼저 3의 배수는 3, 6, 9로 3가지이므로 확률은 $\frac{3}{10}$이며, 5의 배수는 5, 10으로 2가지이므로 확률은 $\frac{2}{10}$이다. 따라서 '덧셈 법칙'에 따라 $\frac{3}{10} + \frac{2}{10} = \frac{5}{10}$이다.

④ 참고로 **'배반 사건(exclusive events)'**이란 각 사건이 동시에 일어날 수 없는 사건을 의미한다. 예를 들어 동전을 던졌을 때 앞면과 뒷면이 동시에 나올 수 없으므로, 두 사건은 배반 사건이 된다.

(2) 덧셈 법칙의 활용

① **'여사건의 확률'**: '여사건'은 어떤 사건이 발생하지 않을 사건으로, 그 개념 상 여사건과 사건은 '배반 사건'일 수밖에 없다. 따라서 덧셈 법칙을 활용하면 다음과 같이 표현할 수 있다.

공식 $P(S) = P(A \cup A^C) = P(A) + P(A^C) = 1$, 즉 $P(A^C) = 1 - P(A)$
(단, P( ): 특정 사건이 일어날 확률, S: 표본 공간, A^C: A의 여사건)

② **'차사건의 확률'**: '차사건'은 두 사건이 동시에 일어나는 경우를 제외한 특정 사건이다. 개념상 '동시에 일어나는 경우'와 '차사건'은 배반 사건이다. 따라서 덧셈 법칙을 활용하면 다음과 같이 표현할 수 있다.

공식 $P(B) = P(A \cap B) + P(B - A)$, 즉 $P(B - A) = P(B) - P(A \cap B)$
(단, P( ): 특정 사건이 일어날 확률, B − A = 차사건)

③ **'합사건의 확률'**: 합사건은 A 또는 B 중 적어도 하나의 사건이 일어나는 사건을 의미한다. 이해를 돕기 위해 그림으로 그리면 다음과 같다.

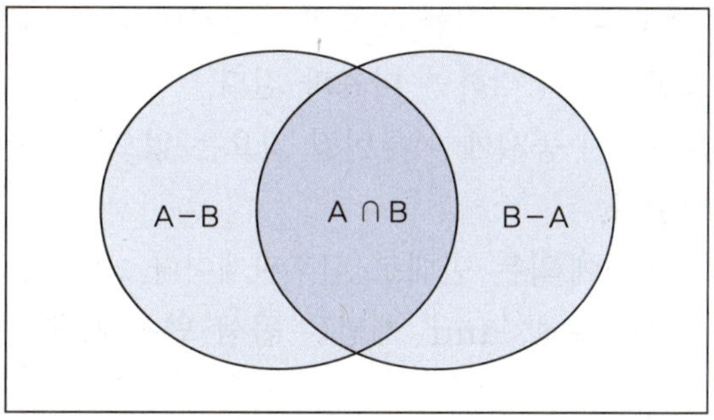

위 그림에서 보듯 (A − B)와 (A ∩ B)와 (B − A)는 각각 '배반사건'이다. 따라서 '덧셈 법칙'을 활용할 수 있다. 이를 통해 공식을 도출하면 다음과 같다.

공식 1 $P(A \cup B) = P(A) + P(B) - P(A \cap B)$
(단, P( ): 특정 사건이 일어날 확률)
[도출] $P(A \cup B) = P(A - B) + P(A \cap B) + P(B - A)$
[도출] $P(A \cup B) = P(A) - P(A \cap B) + P(A \cap B) + P(B) - P(A \cap B)$
[도출] $P(A \cup B) = P(A) + P(B) - P(A \cap B)$

마찬가지로 이를 응용하면

공식 2 $P(A \cup B \cup C) = P(A) + P(B) + P(C) - P(A \cap B) - P(A \cap C)$
$- P(B \cap C) + P(A \cap B \cap C)$

3 확률의 곱셈 법칙

(1) 개념

'곱셈 법칙'이란 '교사건'의 확률을 한 사건이 일어날 확률과 그 사건의 조건부확률의 곱으로 표현할 수 있다는 법칙이다. 이때 '교사건'이란 두 사건 A와 B에 대하여, A와 B에 동시에 속하는 모든 결과를 포함하는 사건을 의미한다.

식으로 표현하면 다음과 같다.

공식 $P(A \cap B) = P(A) \times P(B \mid A)$, (단 $P(B \mid A)$ = 조건부 확률)

※ 조건부 확률이란 어떤 사건이 발생했을 때, 다른 특정 사건이 발생할 확률을 의미한다.

(2) 표현 형태

흔히 중고등학교 때 풀던 확률 문제의 대부분이 곱셈 법칙을 접근한 문제이다. 그때 흔히 나왔던 표현들을 정리하면 다음과 같다.

① **'동시에'**: 반드시 동시에 이루어질 필요는 없으나, 동시인 경우 기본적으로 곱셈 법칙에 해당한다.

② **'이어서'**: '동시에'와는 반대로 선후관계이다. 이 경우에도 곱셈 법칙에 해당한다.

③ **'~이고'**: 쉽게 말해 'and' 개념은 곱셈 법칙에 해당하는 개념이다.

4 최소교집합과 최대교집합

(1) 개념

① '교집합(intersection)'은 2개 이상의 집합에 동시에 속하는 원소 전체로 된 집합을 의미한다. 쉽게 말해 2개 이상 집합에 '공통된 부분'이다.

② '최소교집합'은 교집합의 크기가 최소가 되는 경우, '최대교집합'은 교집합의 크기가 최대가 되는 경우를 의미한다.

③ 특히 '최소교집합'의 경우 정말 자주 출제되는 유형인만큼 잘 정리해야 한다.

(2) 풀이 방법

U를 표본공간, 집합은 A와 B로 총 두 가지만 있다고 가정하자. 또한 이해를 돕기 위해 '벤다이어그램'을 통해 살펴본다.

① **최대교집합**: 교집합이 최대가 되기 위해서는 어느 한 집합이 다른 집합에 최대한 모두 포함되어야 한다. 즉 벤다이어그램으로 보면 다음과 같다.

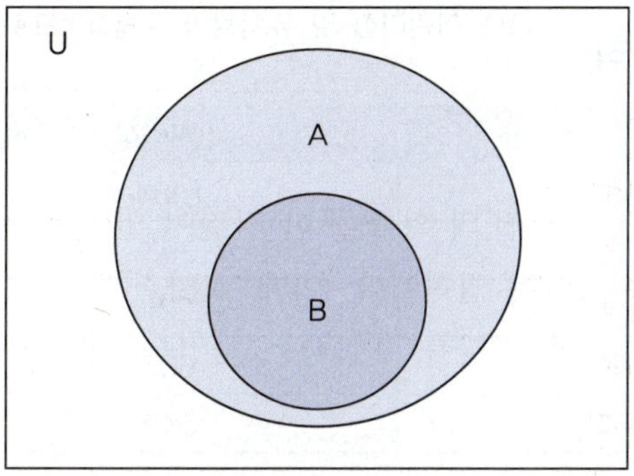

즉, $n(A \cap B) = n(B)$일 때 가장 교집합이 크다.

② **최소교집합**: 교집합이 최소가 되기 위해서는 합집합이 표본공간을 모두 채우는 상황이어야 한다. 즉 A와 B의 합집합이 U보다 클 때, '초과된 값'이 최소교집합이다.

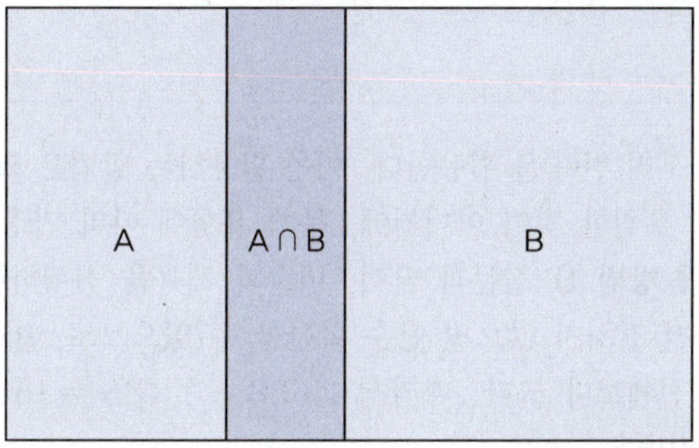

즉 $n(A \cap B) = n(A) + n(B) - n(A \cup B)$일 때 교집합이 가장 작다.

(3) 실전 풀이 방법

실전의 경우 위의 공식을 이용하지 않고 다음과 같이 원리로 접근하는 것이 좋다.

① **최대교집합 – '구겨 넣기 전략'**: 항목 중 큰 항목에 다른 작은 항목들을 최대한 집어넣는 '구겨 넣기 전략'을 활용하면 된다. 만약 최대한 집어넣어서, 큰 항목을 넘어선다면 큰 항목 값이 최댓값이 된다.

② **최소교집합 – '청개구리 전략'**: '최대한 시키는 것의 반대로 한다'는 '청개구리 전략'을 활용하면 된다. 즉 A 중 B에도 해당하는 것을 질문한다면, A이면서 B가 아닌 값이나 B이면서 A가 아닌 값들을 최대한 만드는 것이다. 이와 같은 방법으로 처리하면 공식보다 매우 빠르게 처리할 수 있다.

설명의 편의상 예시 문제와 함께 살펴본다.

〈표〉 어린이집 및 유치원의 특별활동프로그램 실시 현황

(단위: 개소)

	어린이집	유치원
전체	1,184	1,485
미술	393	952
음악	221	594
체육	607	686
컴퓨터	549	475

※ 각 기관은 특별활동프로그램을 복수로 진행할 수 있다.

예제 1

위 자료에서 미술 수업을 진행하는 유치원 중 체육 수업도 진행하는 유치원의 최솟값은?

해설

최솟값이므로 '청개구리 전략'을 활용한다. 이를 활용하는 방법은 크게 3가지이다. 각각의 방식은 어느 하나가 절대적으로 우월한 것이 아니기에, 문제 유형에 따라 가장 편한 방법을 취사 선택하면 된다.

(i) **청개구리 전략 방법 1)** 질문과 달리, 미술과 체육을 진행하는 유치원이 완전 겹치지 않는다고 가정하자. 완전 겹치지 않으면 단순 합산할 수 있으므로, 미술과 체육을 더해보면 952 + 686 = 1,638로 전체보다 크다. 따라서 1,638 − 1,485 = 153만큼은 겹칠 수밖에 없다. 따라서 최솟값은 153이다.

※ 참고로 이 방식이 '공식'의 원리이기도 하다.

(ii) **청개구리 전략 방법 2)** 질문과 달리, 미술은 하되 체육은 진행하지 않는 유치원을 최대한 만들어 본다. 이에 전체에서 미술을 제외하면 1,485 − 952 = 533이다. 이때 이 값은 '체육'보다 작으므로 필연적으로 체육과 겹치는 곳이 있게 된다. 따라서 그 값을 구하면 최솟값 = 686 − 533 = 153이다.

(iii) **청개구리 전략 방법 3)** 질문과 달리, 체육은 하되 미술은 진행하지 않는 유치원을 최대한 만들어 본다. 이에 전체에서 체육을 제외하면 1,485 − 686 = 799이다. 이때 799는 '미술'보다 작으므로 필연적으로 미술과 겹치는 곳이 있게 된다. 따라서 그 값을 구하면 최솟값 = 952 − 799 = 153이다.

예제 2

위 자료에서 미술 수업을 진행하는 유치원 중 음악과 컴퓨터 수업도 진행하는 유치원의 최댓값은? = (음악, 컴퓨터 둘 중 하나라도 진행하는 최댓값)

해설

(i) 최댓값이므로 '구겨 넣기 전략'을 활용한다. 미술, 음악, 컴퓨터 중 미술이 952로 가장 크므로 미술에 구겨 넣는다. 음악과 컴퓨터의 합 = 594 + 475 = 1,069로 미술의 952보다 크므로

최대한 우겨 넣으면 미술 값만큼 채워진다. 따라서 최댓값은 952이다.

(ii) 실전에서는 그 합이 1,069인지를 정확하게 도출하지 않고, 어림산으로 600 + 400 > 952라는 것만 확인하고 바로 처리한다.

예제 3

위 자료에서 체육이나 컴퓨터 중 하나 이상의 수업을 진행하는 어린이집 수의 가능 범위는?

해설

이 문제는 교집합 문제가 아니다. 정확히는 '합집합' 문제이지만, 합집합의 경우 교집합을 거꾸로 풀면 되므로 사실상 같은 문제라 보면 된다. 즉 합집합의 최댓값은 교집합의 최솟값과 같고, 합집합의 최솟값은 교집합의 최댓값과 같다

(i) '합집합'은 일반적으로 '또는', '하나 이상', '~이거나' 등으로 표현된다. 이 문제는 '하나 이상'이라 하였으므로 합집합에 해당한다.

(ii) 먼저 '최솟값'을 도출하면, 합집합이 가장 작기 위해서는 최대한 값이 겹쳐야 할 것이다. 즉 최대교집합과 같다. 이에 '구겨 넣기 전략'을 활용하면 체육이 컴퓨터보다 크므로 다 집어넣을 수 있다. 따라서 합집합의 최솟값은 컴퓨터, 즉 549이다.

(iii) 다음으로 '최댓값'을 도출하면, 합집합이 가장 크기 위해서는 최대한 값이 안 겹쳐야 할 것이다. 즉 최소교집합과 같다. 이에 '청개구리 전략'을 활용하면 둘이 서로 독립적이라 가정하고 두 값을 단순 합산하면 된다. 따라서 최댓값 = 607 + 549 = 1,156이다.

(iv) 따라서 범위는 549 ≤ 어린이집 수 ≤ 1,156이다.

5 개구간 자료에서의 최솟값

(1) 풀이 방법

① 개구간 자료, 즉 불확정 자료에서는 '최솟값' 도출이 심화 문제로 출제되는 경우가 많다. 일반적으로 이 유형은 '순위형 자료'가 주어진 후, 기타 처리가 되어 있는 항목의 가능한 개수를 묻는 경향이 있다.

② 이 유형의 핵심은 '최대한 큰 값으로 기타 처리가 되어 있는 항목 값을 나누는 것'이다. 즉 순위 자료를 가정할 때, 가장 후순위 값으로 기타 처리된 항목을 나눈 후, 도출된 값을 '올림' 처리하면 된다. 올림 처리하는 이유는 '개수'인 만큼 자연수가 되어야 하기 때문이다.

만약 '내림' 처리할 경우 틀린 선지가 되므로 주의해야 한다.

(2) 예제 1번: 일반적인 형태의 문제

행정고시 2016년 자료해석 29번 문제를 변형시킨 예제를 살펴보자.

〈표〉 '갑'국의 식품수입건수 상위 10개 수입 상대국 현황

수입건수			
순위	국가	건수	점유율
1	중국	104,487	32.06
2	미국	55,980	17.17
3	일본	15,884	4.87
4	프랑스	15,883	4.87
5	이탈리아	15,143	4.65
6	태국	12,075	3.70
7	독일	11,699	3.59
8	베트남	10,558	3.24
9	영국	7,595	2.33
10	필리핀	7,126	2.19
−	기타국가	69,517	21.33

예제 1

위 자료에서 '갑'국의 수입 상대국은 최소 21개국 이상인가?

해설

(i) 〈표〉는 상위 10개국을 보이고 있으므로, 기타국가가 최소 11개국 이상인지 확인하면 된다.

(ii) 이때 '건수'를 통해 확인하는 것이 정석적인 풀이이지만, 더 편한 계산을 위해 '점유율'을 이용해도 무관하다. 기타국가가 최소 11개국 이상이기 위해서는 가장 후순위의 필리핀 점유율이 10개는 들어가야 한다. 그런데 2.19에 10을 곱하면 21.9로 기타국가 점유율보다 높으며, 이는 기타국가에 10개 이하의 국가가 포함되어 있을 수 있다는 의미이다.

(iii) 따라서 기타국가는 11개국 미만일 수 있어 틀린 선지이다.

Tip 기타국가의 점유율은 최소 필리핀의 그것과 같거나 그보다 낮을 것이다. '최소 11개국 이상'인지를 확인해야 하므로, 만일 10위인 필리핀의 점유율이 10개가 들어가고도 남는다면 최소 11개국이 기타국가에 포함될 것이라는 걸 의미한다.

(만약 각 기타국가의 점유율이 필리핀보다 낮다면 11개국보다 더 많은 국가가 포함될 것이다.) 그렇기 때문에 10위인 필리핀의 점유율을 기준으로 계산하는 것이다.

(3) 예제 2번: 응용된 형태의 문제

일반적인 문제와 달리 카테고리가 2개 이상인 경우가 있다. 이 유형은 각 카테고리를 모두 계산 후, 더 큰 값을 최솟값으로 처리하면 된다. 어느 하나만 계산할 경우, 서로 값이 달라 틀린 판단을 내릴 수 있기에 모든 카테고리를 계산해야 한다. 아래 예시를 통해 구체적으로 살펴본다.

예제 2

다음 〈표〉는 A산업의 판매량 및 판매수익 상위 5개 기업 현황에 대한 자료이다. A산업 내 기업은 최소 8개 이상인가?

〈표〉 A산업의 판매량 및 판매수입 상위 5개 기업 현황

	판매량	판매수익
a기업	45,201	824,499
b기업	41,080	752,380
c기업	44,970	596,833
d기업	16,154	311,671
e기업	17,684	187,150
기타 기업	34,191	573,956

※ a ~ e기업은 판매량, 판매수입 각각에서 상위 5개 기업이다.

해설

(i) 카테고리가 판매수익, 판매량으로 총 2개이다. 따라서 각각의 최솟값을 도출해야 한다.
이 때 정확한 값을 도출하는 것이 아니라 최소 8개 이상인지 여부를 확인하는 방식으로 문제에 접근한다.

(ii) 계산의 편의상 앞 3자리를 근삿값으로 잡을 때, '판매량'을 기준으로 한 기업 수가 8개 이상인지 확인하기 위해서 기타 기업의 판매량에 가장 후순위 기업인 d기업의 판매량이 2개 이상 들어가는지 계산해본다.
$162 \times 2 < 342$이므로 기타 기업에는 최소 3개 이상의 기업이 포함된다. 따라서 최소 8개 이상이 옳다.

(iii) 마찬가지로 '판매수익'을 기준으로 확인해보면, 가장 후순위 기업인 e기업의 판매수익이 2개 이상 들어가는지 계산해본다. $187 \times 2 < 573$이므로 역시 8개 이상일 것이다.

(iv) 다만 '판매수익'을 기준으로 할 경우, 실제로 계산해보면 기타기업에 e기업의 판매수익이 3번 들어가고도 나머지수가 생겨 실제로는 최소 9개 이상의 기업이 있음을 알 수 있다.
이 때 9는 8보다 크니까 해당 보기를 옳다고 해야 할지, 최소 8개가 아니므로 틀리다고 해야 할지 애매해진다. 걱정하지 않아도 될 것은, 기출에서는 이런 문제가 생길 것을 방지하기 위해 'A산업 내 기업은 최소 9개 이상이다.' 와 같이 정확한 의미의 선지로 출제하기 때문에 실제로는 이런 고민을 하지 않게 될 것이다.

CHAPTER 18 변화율 응용 공식

곱셈 연산과 나눗셈 연산에서 다뤘던 '어림산 공식'을 이용하면 변화율을 매우 간단하게 처리할 수 있다. 이에 곱셈, 나눗셈으로 나누어 응용해 본다.

1 변화율의 곱셈

(1) '배율' $= \dfrac{\text{비교값}}{\text{기준값}}$ 이다. 즉 백분율 값이 아닌 '배수'의 형태를 의미한다.

(2) 이때 '배율에서 1을 제외한 값' = '변화율'이므로 변화율을 미지수로 둘 때, 다음과 같은 공식을 도출할 수 있다.

공식 1 $(1 + a)(1 + b) \approx (1 + a + b)$, (단 $-1 < a, b < 1$)

→ 도출 방법: $(1 + a)(1 + b) = 1 + a + b + ab$이다.

이때 a와 b는 배율 중 1을 제외한 부분으로, 소수값에 해당하는 작은 값이다. 따라서 ab는 그 값이 작아 소거하더라도 숫자의 왜곡을 크게 일으키지 않는다.

따라서 $(1 + a)(1 + b) \approx (1 + a + b)$로 처리할 수 있다. 마찬가지 원리로 곱셈하는 변화율의 개수가 증가해도 동일하게 적용하면 된다. 다만 오차가 너무 커지는 것을 방지하기 위해서는 a와 b가 각각 10~15% 이하인 경우에만 사용하도록 한다.

공식 2 $(1 + a)(1 + b)(1 + c) \approx (1 + a + b + c)$, (단 $-1 < a, b, c < 1$)

(3) 활용 예제

〈표〉 A기업의 연도별 매출액 및 전년대비 증가율

(단위: 억원, %)

	2017	2018	2019	2020
매출액	500	?	?	?
전년대비 증가율	-	8%	4%	6.4%

예제

위 자료에서 2020년의 값은 얼마인가?

해설

2020년의 값은 2017년의 값에 증가율을 곱한 것으로 식으로 적으면 다음과 같다.

2020년 값 $= 500 \times (10.08) \times (1 + 0.04) \times (1 + 0.064)$이고, 상기의 근삿값 공식을 활용하

면 2020년 값 = 500 × (1 + 0.08 + 0.04 + 0.064) = 500 × 1.184 = 592이다.
이처럼 근삿값 공식으로 매우 쉽게 처리할 수 있다.

* 참고로 실제로 계산 시 597.54로 592와 큰 차이가 나지 않는다. 즉 큰 왜곡이 일어나지 않음을 알 수 있다.

(4) 주의사항

① 도출 방법에서 보듯, 값이 매우 작을 때 성립하는 방법이다. 따라서 상황에 따라 유동적으로 적용해도 되지만, 일반적으로는 10% 이하의 변화율일 때 활용하는 것이 안전하다.

② "변화율이 음수이면 어떻게 하는가?"라는 의문이 들 수 있다. 그러나 상기 어림산 공식은 '변화율 값이 작아야 한다'는 것이 중요한 원칙일 뿐 양수인지 음수인지는 중요하지 않다.

예를 들어 다음과 같은 숫자가 있다면 $(1+0.08)(1-0.05) \approx (1+0.08-0.05) = (1+0.03)$이라고 처리하면 된다.

2 변화율의 나눗셈

(1) 곱셈과 마찬가지로 '변화율'을 미지수로 볼 때 다음과 같은 공식을 도출할 수 있다.

나눗셈 공식 $\dfrac{(1+a)}{(1+b)} \approx (1+a-b)$, (단 $-1 < a,\ b < 1$)

→ 도출 방법: $\dfrac{(1+a)}{(1+b)} = \dfrac{(1+a)+(1+b)-(1+b)}{(1+b)} = 1 + \dfrac{(1+a)-(1+b)}{(1+b)} = 1 + \dfrac{a-b}{(1+b)}$

이때 b는 작은 값이므로 (1 + b)와 1은 큰 차이가 없다. 따라서 우변의 분모를 1로 보아 소거하면, $\dfrac{(1+a)}{(1+b)} \approx 1 + a - b$가 된다.

(2) 활용 예제

〈표〉 A기업의 부채 및 자기자본의 규모와 전년대비 증감률

(단위: 억원, %)

	부채		자기자본	
		증감률		증감률
2015년	56.45	3.3	83.37	1.2

※ 부채비율(%) = $\dfrac{\text{부채}}{\text{자기자본}} \times 100$

예제

2015년 A기업의 부채비율은 전년대비 약 2% 증가한다.

해설

어림산 공식을 활용한다. 즉, $\frac{(1+0.033)}{(1+0.012)} \approx (1 + 0.033 - 0.012) = (1 + 0.021)$이다.
따라서 약 2% 증가했다는 선지는 옳은 선지이다.
참고로 실제로 계산해보면 약 2.07%로 2.1%와 큰 차이가 없다. 즉 숫자 왜곡이 적으므로 편하게 활용해도 좋다.

(3) 나눗셈 공식의 응용 – '역이용하여 구성 변화율 도출하기'

$\frac{(1+a)}{(1+b)} \approx (1 + a - b)$를 역이용하여 (1 + a)와 (1 + a − b)를 이용해 (1 + b)를 도출하거나, (1 + b)와 (1 + a − b)를 이용해 (1 + a)를 도출할 수 있다.
<u>'2013년 외교원 자료해석 문제 3번'을 기출 변형하여 이를 활용해보자.</u>

〈표〉 2011년 주요 국가별 의사 수 및 인구 만명당 의사 수

(단위: 명, %)

국가	의사 수	전년대비 증감률	인구 만명당 의사 수	전년대비 증감률
A	12,813	0.5	29	2.1
B	171,242	1.5	18	3.3
C	27,500	1.0	31	1.5
D	25,216	2.0	35	0.5
E	130,300	1.5	33	0.5
F	110,124	3.0	18	0.4
G	25,332	1.5	31	−0.5
H	345,718	3.3	60	5.5

예제

위 자료에서 A, D국가의 '인구 증가율'은 각각 얼마인가?

해설

(i) $\frac{(1+a)}{(1+b)} \approx (1 + a - b)$에서 'b'가 '인구 증가율'에 해당한다. 따라서 식을 역이용하면
'인구증가율(b)' = '의사수 증감률(1+a)' − '인구 만명당 의사수의 증감률(1+a−b)'가 된다.
(ii) 이를 이용해 먼저 A국가를 도출하면 인구증가율 = 0.5 − 2.1 = −1.6%이다.
(iii) D국가의 인구 증가율 = 2.0 − 0.5 = 1.5%이다.

※ 참고로 실제로 도출 시 A국가는 −1.56%, D국가는 1.49%로 앞서 구한 어림산 결과와 큰 차이가 없다는 것을 알 수 있다.

3 변화율 응용 공식의 심화 – '곱셈과 나눗셈의 종합'

곱셈 어림산 공식과 나눗셈 어림산 공식이 한 번에 활용될 수도 있다.
이해를 돕기 위해 아래 예제 문제를 보자. 참고로 아래 문제는 어림산 문제 중 난이도가 매우 높은 형태이므로, 이것을 잘 연습한다면 기출 문제에서는 당황하지 않고 풀 수 있을 것이다.

〈표〉 A국의 연도별 수입액, 수출액 및 연평균 증가율

	수입액	수출액
2011	1,400	1,700
2012	( )	( )
2013	( )	( )
2014	A	B
연평균 증가율	−1.3 %	2.7 %

예제

2014년의 '수출액 대비 수입액($\frac{A}{B}$)'는 2011년에 비해 10% 이상 감소하였는가?

해설

"$\frac{(1+x)}{(1+y)} \approx (1+x-y)$"와 "$(1+a) \approx (1+b) \approx 1+a+b$"를 이용하여 풀면 된다.

(i) 먼저 A를 도출하면, $A = 1{,}400 \times (1-0.013)^3$이고 $B = 1{,}700 \times (1+0.027)^3$이다.

(ii) 따라서 2014년의 수출액 대비 수입액 $= \frac{A}{B} = \frac{1{,}400(1-0.013)^3}{1{,}700(1+0.027)^3}$이며, 나눗셈 근삿값 공식을 활용하면 $\frac{A}{B} = \frac{1{,}400(1-0.013)^3}{1{,}700(1+0.027)^3} = \frac{1{,}400}{1{,}700} \times (1-0.013-0.027)^3 = \frac{1{,}400}{1{,}700} \times (1-0.04)^3$이다.

이때 $\frac{1{,}400}{1{,}700}$은 '2011년의 수출액 대비 수입액'이므로 이하에서는 생략한다.

(iii) 또한 곱셈 근삿값 공식에 따라 $(1-0.04)^3 = (1-0.04 \times 3) = (1-0.12)$이다.

(v) 따라서 약 12%가량 감소했으므로 10% 이상 감소하였다.

Tip 실제로 계산해보면 $\frac{(1-0.013)^3}{(1+0.027)^3}$ = 약 0.887로 11.3% 감소하여 근삿값 공식의 왜곡이 매우 적음을 알 수 있다.

CHAPTER 19 실수가 잦은 장치 및 풀이 팁 모음

수험생들이 자주 실수하는 부분과 풀이 팁들을 중요도나 특징과 무관하게 나열식으로 정리하였다. 이하의 내용 중 본인이 한 번이라도 실수로 틀린 장치가 있거나, 생각하지 못했던 풀이 팁이 있다면 이를 별도로 정리하여 문제를 풀기 전에 실수 모음집을 한번 읽고, 시험 치는 것을 추천한다.

1 단위 실수

(1) 다른 단위를 같은 단위로 착각하는 실수

① 자료의 단위를 제대로 확인하지 않아 생기는 실수이다. 특히 여러 자료가 주어졌을 때 자료 별로 단위가 상이한 경우 단위를 놓치기 매우 쉬우므로, 처음 문제와 자료를 읽을 때 단위는 별도의 표시를 하여 헷갈리지 않도록 해야 한다.

② 예시

〈표 1〉 전국 대학생의 학과별 취업 분야

(단위: 천명)

〈표 2〉 A시 대학생의 학과별 취업 분야

(단위: 명)

(2) 난이도 높은 단위 전환 간 실수

① 단위 전환 실수는 매우 큰 단위로 변화하거나, 단위가 분수 형태로 전환되는 경우 다룰 정보량이 많아져 종종 생기는 실수이다. 특히 이런 실수가 나타날 만한 문제들은 '출제 의도' 자체가 단위 실수를 유도하는 문제인 만큼, '까다롭다'는 생각이 들면 매우 주의해서 확인해야 한다.

② 예제 문제 – '단위가 분수 형태로 전환되는 경우'

예제

자동차 1만대당 사망자 = 1.5이고 인구 10만명당 사망자 = 4.7인 A국가가 있다. 이때 인구가 1,000만명이라면 자동차는 310만대 이상인가?

해설

(i) 단위가 분수 형태로 처리되는 유형으로, 단위 전환 문제 중 난이도가 매우 높은 편에 속한다. 이와 같은 문제를 풀 때는 단위 값을 밖으로 빼내서 처리하는 것이 실수를 줄이는 좋은 방법이다.

(ii) 예를 들어 인구 10만명당 사망자의 경우, $\frac{\text{사망자}}{\frac{\text{인구}}{10}} = \frac{\text{사망자}}{\text{인구}} \times 10\text{만}$으로 처리한다.

마찬가지로, 자동차 1만대당 사망자 = $\frac{\text{사망자}}{\text{자동차}} \times 1\text{만}$이다.

(iii) 이때 $\frac{\text{자동차}}{\text{인구}}$를 도출하기 위해서는 '인구 10만명당 사망자'를 '자동차 1만대당 사망자'로 나눠야 한다. 따라서 이를 나누면, 주어진 식은 $\frac{\text{자동차}}{\text{인구}} \times 10$임을 알 수 있다.

(iv) 이를 바탕으로 문제를 해결하면, 선지에서 주어진 인구 1,000만명당 자동차 310만대는 0.31인 반면, 앞서 도출한 $\frac{\text{자동차}}{\text{인구}} \times 10 = \frac{4.7}{1.5} = 3.13$ 이상으로 × 10 부분을 나눠 소거하면 0.313 이상이다. 따라서 0.313 > 0.31임에 옳은 선지가 된다.

---

2 대소 관련 실수

(1) 대소 방향 해석 실수

① 자료해석 문제를 풀다 보면, "A가 B보다 크다" 등의 선지 문구를 반대로 해석해 실수하는 일이 잦게 나타난다. 즉 "A보다 B가 크다"로 착각하는 실수이다.

② 따라서 처음 선지를 읽을 때 선지 위에 크게 부등호 표시를 해주는 것이 실수를 방지할 수 있는 .방법이다. 예를 들어 아래와 같이 표시하면 된다.

> ① 모든 연령대에서 '업무 만족도'보다 '인적 만족도'가 높다.

'주어'에 초점 맞추는 것 역시 좋은 방법이다. 아래의 문장에서 주어는 '인적 만족도'이고 서술어는 '높다'이므로 '인적 만족도'가 높은지만 보는 것이다.

③ 이처럼 ~이, ~가 등의 주격조사가 어디에 붙어있는지를 확인한 후 표시하면 실수를 줄일 수 있다.

④ 특히 문제를 효율적으로 풀기 위해 '반대 해석'을 하는 경우가 많은데, 이때 반대 해석을 하고나서, '선지'의 대소 방향은 기존과 그대로 읽는 실수가 많다. 이 경우엔 반대 해석을 할 때 부등호 자체를 반대 해석에 맞게 적어주면 실수를 방지할 수 있다.

(2) "n번째로 크다 / 작다"를 놓치는 실수

① 일반적으로 문제에서는 '가장 큰 것은, 가장 작은 것은'을 질문하는 경향이 있다. 때문에 수험생의 입장에서 관성적으로 '크다, 작다'만 확인하고 몇 번째 부분을 잘 읽지 않는 경향이 있다. 이에 다른 값을 구하는 실수가 잦다.

② 따라서 'n번째'라는 단어를 찾기 위해 설문 부분과 선지 부분을 잘 읽고 크게 동그라미 표시를 하는 것이 좋다. 특히 '설문' 부분을 놓치기 쉬우므로 꼭 확인한다.

(3) 분모 - 분자 차이법 간 대소 비교 대상 실수

① 분수 비교 방법 중 하나인 '분모 - 분자 차이법'은 다음과 같이 비교하는 방법이다. $\frac{B}{A} < \frac{D-B}{C-A} < \frac{D}{C}$로, $\frac{B}{A} < \frac{D-B}{C-A}$를 비교해야 한다.

② 그러나 종종 $\frac{D-B}{C-A} < \frac{D}{C}$를 비교하는 실수가 빠르게 푸는 과정에서 나타날 수 있으므로, 부등호를 숫자 크기가 작은 쪽($\frac{B}{A}$)에 붙여 쓰는 습관을 가지는 것이 좋다.

(4) 전문과 후문의 대소가 다른 경우 동일하게 보는 실수

① 'A비율이 **큰** 업종일수록 B비율은 **작다**'와 같이 전문과 후문의 대소가 다른 경우 실수를 할 개연성이 크다. 즉 빠르게 문장을 읽는 과정에서 위 문장을 'A비율이 **큰** 업종일수록 B비율은 **크다**'로 읽기 쉽다.

② 따라서 대소 표현이 나오는 부분은 빠르게 읽지 않고 천천히 확인하는, 즉 '경중'에 따라 '완급'을 조절하는 문제 접근 방식이 필요하다.

3 조건 누락 실수

(1) 조건 누락이라 하면, 퀴즈 형태에서 조건을 누락하는 경우를 생각할 것이다. 그러나 퀴즈의 경우 조건을 누락하지 않아야 한다는 인식이 수험생에게 강하게 자리 잡고 있어 생각보다 많은 실수가 나오지 않는다.

(2) 그보다는 '각주' 누락 실수가 많다. 일반적으로 많이 누락하는 각주는 다음과 같다.

① 설문 형태의 경우 "복수 응답이 허용된다", "응답 거부가 허용된다" 등

② 지역, 기업, 국가 등 다양한 주체가 존재할 수 있는 항목에서 "지역은 〈표〉의 지역만 있다", "지정문화재는 국보, 보물, 시도지정문화재로만 구성된다" 등

Tip 이 표현이 없는 경우 제 3의 지역 등이 있어 '알 수 없는 정보'가 되는 매우 중요한 표현이므로 꼭 확인하여야 한다.

(3) 또한 '설문'에 적힌 조건을 누락하는 경우가 많다. 일반적으로 '설문'은 자료 이름을 설명하고 끝에 "옳은 것은", "옳지 않은 것은" 등이 적힌 형태를 띄기에, 많은 수험생들이 끝부분의 옳고 그름만을 확인하는 경향이 있다. 그러나 종종 '설문'에 중요한 정보를 배치하는 경우(예 비율 자료에서 '실수'를 설문에 제시하는 경우)가 있어 이를 놓칠 경우 풀 수 없는 문제가 있다. 따라서 '설문'도 반드시 읽어야 한다.

4 항목, 카테고리 실수

(1) 유사한 명칭의 항목 혼동

① '공공기관 vs 공공부분', '음성예측도 vs 음성특이도', '대중교통환승이용자 vs 대중교통이용자' 등 비슷한 명칭의 항목들을 헷갈려 잘못된 값을 구하기 쉽다.

② 특히 선지 ① ~ ④번까지 A라는 변수를 묻다가, ⑤번에서 유사한 A'를 묻는 경우 이를 A로 착각하기 쉽다. 또한, 한 선지에서 "2010년 A는 30% 이상이지만, 2011년 A'는 30% 미만이다"와 같이 전문과 후문의 항목이 다른 경우에도 놓치기 쉽다.

③ 따라서 유사한 항목이나 카테고리가 있는 경우, 처음 문제를 읽을 때 '차이'에 해당하는 부분에만 별도로 표시해두고, 이를 확인하는 형태로 처리하는 것이 좋다. 예를 들어 '대중교통환승이용자 vs 대중교통이용자'라면 **'대중교통환승이용자 vs 대중교통이용자'**와 같이 필요 부분에만 동그라미 처리를 하면 실수를 줄일 수 있다.

(2) 연도 실수

① **연도 '단위' 실수**: 연도는 일반적으로 1년 단위로 주어진다. 그러나 종종 격년 단위, 5년 단위, 10년 단위처럼 다른 단위로 주어지는 경우가 있다. 이때 "전년대비", "매년" 등의 선지가 주어지면 '알 수 없는 정보'이기 때문에 틀린 선지가 된다.
따라서 연도가 주어진 자료는 연도 단위를 잘 확인해야 하며, 놓쳤다 하더라도 "매년" 등의 표현이 주어지면 혹시 함정이 있는지 확인하는 습관을 지니는 것이 좋다.

② **연도 '방향' 실수**: 연도는 일반적으로 왼쪽 → 오른쪽, 위 → 아래 순으로 전개되도록 주어진다. 그러나 종종 오른쪽 → 왼쪽, 아래 → 위 방향으로 시간이 흐르도록 주어지는 경우가 있다.
이를 놓치면 정방향으로 시간을 고려하여 틀린 답을 고르게 된다.
따라서 처음 〈표〉를 읽을 때는 아래와 같이 연도의 방향을 화살표로 그린 후 문제를 푸는 것이 실수를 줄이는 좋은 방법이다.

2017	2016	2015	2014	2013	2012
868	798	743	712	699	567

특히 **"매년 수출액은 증가한다"**와 같이 방향성을 묻는 선지에서 함정으로 자주 활용되므로, 이러한 선지가 보인다면 다시 한번 연도 방향성을 확인하는 것이 좋다.

③ **연도 '범위' 실수**

• 주로 전년 대비 증가율을 비교하는 문제에서 할 수 있는 실수이다. '전년 대비 증가율이 매년 증가한다' 등과 같이 나올 때는 반드시 몇 년도의 전년 대비 증가율부터 묻고 있는지 확인해야 한다. 가령 표에서 2012년부터 주어진다면, 물을 수 있는 전년 대비 증가율은 13년도의 전년 대비 증가율부터이다. 따라서 선지에서 '12년

부터 전년 대비 증가율이 매년 증가한다.'라고 하면 이는 틀린 선지이다.

- 이러한 실수를 방지하기 위해서는 전년 대비라는 말이 주어질 때 반사적으로 표에 몇 년도부터 주어졌는지, 묻고 있는 범위는 어디인지를 확인해야 한다.

(3) 순위 실수

① **순위 '대소 표현'에 대한 오해**: 순위는 일반적인 값들과는 달리 숫자 크기가 작을수록 높은 값이 된다. 이렇게 보면 당연한 사실이지만, 실전에서 종종 'A는 B보다 순위가 낮다' 등의 표현을 보면 생각보다 헷갈리는 경우가 많다. A의 순위가 낮다는 것은 순위 숫자 값이 크다는 의미이다. '순위'와 '순위 숫자 값'을 구분해야 한다는 사실을 확인하여 앞으로는 헷갈리지 않도록 하자.

② **'상위 n위가 동일' vs '상위 n위 종류가 동일'**: 두 표현은 비슷해 보이지만 의미가 다르다.
"상위 n위는 매년 동일하다"는 (a) 항목이 동일하고 (b) 그 순위까지 동일해야 하는 반면, '상위 n위 종류는 매년 동일하다"는 (a) 항목만 동일하면 된다. 즉 순위는 달라도 된다.

③ **순위와 실제 값의 혼동**: 순위와 실제 값은 전혀 관련이 없다. 즉 순위가 낮아졌다고 실제 값이 낮아진 것이 아니고, 순위가 높아졌다고 하여 실제 값이 높아진 것이 아니다. 이를 혼동하면 안 된다.
예를 들어 다음과 같다.

	2019년	2020년
매출액 순위	17위	13위

예제

위 자료에서 2020년 매출액은 전년대비 증가하였다.

해설

(ⅰ) 매출액 순위가 상승한 것은 맞으나, 매출액이 상승하였는지는 알 수 없다. 따라서 '알 수 없는 정보'로 틀린 선지가 된다.

(ⅱ) 이해를 돕기 위해 반례를 예로 들면, 2019년에는 300억으로 17위를 하였으나, 2020년에 불경기로 인해 120억으로도 13위를 하였을 수 있다.

5 특정 항목을 제외한 최고 점수 찾기 문제

아래와 같이 '특정 항목을 제외한 점수 도출 문제'에서 활용되는 팁이다. 설명의 편의를 위해 아래 문제를 예시로 확인한다.

〈표〉 선수 '갑'~'정'의 심사위원별 점수

(단위: 점)

선수	시기	심사위원				평균점수	최종점수
		A	B	C	D		
갑	1차	88	90	89	92	89.5	183.5
	2차	48	55	60	45	51.5	
	3차	95	96	92	( )	( )	
을	1차	84	87	87	88	( )	( )
	2차	28	40	41	39	39.5	
	3차	81	77	79	79	( )	
병	1차	74	73	85	89	79.5	167.5
	2차	89	88	88	87	88.0	
	3차	68	69	73	74	( )	
정	1차	79	82	80	85	81.0	( )
	2차	94	95	93	96	94.5	
	3차	37	45	39	41	40.0	

1) 각 시기의 평균점수는 심사위원 A~D의 점수 중 최고점과 최저점을 제외한 2개의 점수의 평균임
2) 각 선수의 최종점수는 각 선수의 1~3차 시기 평균점수 중 최저점을 제외한 2개 점수의 합임.

설문에서 모종의 이유(예 결격사유)로 **"갑을 제외할 때 최종 점수가 가장 높은 선수는?"**이라고 질문했다고 가정하자. 이때 '선지'에서 **"결격 사유로 제외된 선수가 '갑'이 아닌 '을'일 때 최고 득점자는 달라지는가?"**와 같은 질문을 하는 경우가 많다. 이와 같은 선지에서는 다음과 같은 전략을 가지고 가는 것이 좋다. 전략 없이 접근 시 실수로 누락할 수 있기 때문이다.

[대응 전략]

① 선지에 따라 **새로 제외될 항목이 최고점이었는지** 확인한다.
② **기존에 제외되어 있던 항목이 포함 시 최고점인지** 확인한다.
→ 위 번호 중 어느 하나만 해당해도 옳은 선지가 되지만, 하나를 확인했을 때 해당되지 않는다면 반드시 다른 하나도 확인해야 한다.

6 n순위를 모두 고르는 설문조사의 풀이

일반적인 설문조사와 달리, 여러 순위를 한 번에 고르도록 하는 경우가 있다. 익숙하지 않은 만큼 잘못 판단하기 쉽다. 이해의 편의를 위해 아래 예를 통해 풀이 방법을 살펴보자.

예제

A를 1, 2순위에서 선택한 설문 대상자는 총 몇명인가?

	1순위	2순위	합계
A	5%	15%	20%
B	20%	25%	45%
C	35%	20%	55%
D	17%	29%	46%
E	23%	11%	34%

※ 각주 1) 설문 대상자들은 1순위와 2순위를 선정하며, 각 순위는 중복되지 않는다.
각주 2) 설문 대상자는 총 1,000명이다.

해설

(ⅰ) 이 유형을 처음 보는 수험생들이 잘못 판단하는 대표적 케이스는 다음과 같다.
1순위와 2순위에 1,000명씩 두 번 투표하였으니, 총 2,000명이 투표한 것과 같다 생각하고 2,000명 × 20% = 400명이라 판단하는 것이다.

(ⅱ) 그러나 정확하게 생각하면, 1순위과 2순위가 별도로 선정되므로 각각에 1,000명씩 곱하는 것이 된다. 즉 1,000 × (5% + 15%) = 200명이 된다.
(오른쪽의 합계 비율을 모두 더해보면 200%가 나온다. 즉, 1순위와 2순위 각각을 다른 표로 보고 총 투표수를 2,000으로 보았다면 합계 비율의 합은 200%가 아니라 100%였을 것이다.)

7 %값 격차 vs 실제 값 격차

'%값의 격차(또는 지수 값 격차)'로 '실제 값의 격차'의 대소 비교를 갈음할 수 있을까? 생각보다 많은 수험생들이 이 부분이 헷갈릴 것이라 생각한다. 결론부터 말하자면, 정답은 **"모수를 아는 경우엔 가능하지만, 모수를 모르는 경우 알 수 없다"**이다. 왜 이 부분이 헷갈리는지, 그리고 왜 정답이 위와 같은지를 예시와 함께 확인하여, 앞으로 명확하게 풀어낼 수 있기 바란다.

예제

모수 X, Y는 주어지지 않은 상태를 가정한다. 즉 X, Y는 미지수이다. 2019년의 X, Y값 차이와 2020년 차이 중 무엇이 더 큰가? 단 $(a - c) > (b - d)$이다.

	2019년	2020년
X	a%	c%
Y	b%	d%

해설

(i) 실제 값의 격차를 구해보면, 2019년은 $(aX - bY)$이고 2020년은 $(cX - dY)$이다.

(ii) 이때 '2019년 값 – 2020년 값'이 양(+)이면 2019년이 더 크고, 음(–)이면 2020년이 더 크다는 것을 의미한다. 따라서 두 값을 빼면 $(aX - bY) - (cX - dY) = (a - c)X - (b - d)Y$이다.

(iii) 먼저 수험생들이 어떤 부분에서 헷갈리는지 보면, $(a - c) > (b - d)$인 상황이고, X와 Y가 그 값에 묶여 있기에 충분히 비교할 수 있다고 착각하게 되는 것이다.

(iv) 그러나 X가 매우 작고 Y가 매우 큰 경우 $(a - c) > (b - d)$이더라도 $(a - c)X - (b - d)Y < 0$이 될 수 있다. 예를 들어 $a = 8$, $b = 10$, $c = 3$, $d = 9$, $X = 10$, $Y = 100$이면, $(8 - 3) \times 10 - (10 - 9) \times 100 = 50 - 100 = -50 < 0$이 된다.

(v) 따라서 모수가 주어져 있지 않다면 비율 관계가 어떻게 되는 지와 무관하게 '알 수 없는 정보'로 틀린 선지이다.

8 '증감율'의 함정

증감율은 매우 상반된 특징을 동시에 가지고 있는 특이한 개념이다. 따라서 이를 반드시 정리해 두어야 한다.

(1) 증감율은 양수, 음수 모두를 부호로 가진다. 즉 10%만큼 증가 시 10%의 증감율을 가지고, 10%만큼 감소 시 –10%의 증감율을 가진다.

(2) 증감율의 대소는 절댓값으로 비교한다. 즉 부호는 양수와 음수 모두 되지만, 대소는 부호를 떼고 비교한다.

예를 들어 –10%, 27%, 5%를 큰 순서로 나열 시, 27% > –10% > 5%가 된다.

9 '이전'과 '이후'

(1) "2009년 이후 전년대비 증가율은 ~ "이라는 선지가 있다면, 2008년 대비 2009년의 증가율부터 확인해야 하는가 아니면 2009년 대비 2010년 증가율부터 확인해야 하는가?
정답은 2008년 대비 2009년이다.

(2) 즉 'n년 이전', 'n년 이후'라면 n년부터 포함된다. 따라서 'n년 이후 전년대비'는 'n-1년 대비 n년'부터 세면된다.

(3) 참고로 공식처럼 외워 두면 좋은 것은 '"이"라는 단어가 들어가면 해당 값을 포함한다'는 것이다. 즉 '이전, 이후'는 물론 '이상, 이하'와 같이 '이'가 들어가는 모든 단어는 해당 값을 포함한 값임을 기억하자.

10 설문조사의 불확정 변수들

(1) 불확정 변수의 정리

설문조사의 참여 주체의 형태에 따라 불확정 변수가 존재할 수 있으므로 아래의 설문 주체를 반드시 숙지하고 놓치는 부분이 없도록 해야 한다.

설문대상		
제출		미제출
응답	무응답(응답거부)	

① **설문 대상자 n명 중 m명만 제출한 경우**

(a) (n − m)만큼의 미제출자가 있고 미제출자들의 답변은 알 수가 없다. 즉 설문대상자에 대해 질문한다면, 반드시 미제출자들의 의사를 최대한 반례를 만들기 좋게 해석한 후, 그럼에도 선지에 부합하는지 여부를 확인해야 한다.

(b) 예를 들어 "설문대상자의 절반 이상은 정책에 동의한다"와 같은 선지가 주어져 있다면, '정책에 반대하는 사람 + (n − m)'을 했을 때도 절반 이하여야 함을 생각해야 한다.

② **제출자 x명 중 y명만 응답한 경우**: $(x-y)$만큼의 무응답자가 있고, 그 답변은 알 수 없다. 즉 설문 제출자에 대해 질문한다면 반드시 무응답자들의 의사를 최대한 반례를 만들기 좋게 해석한 후, 그럼에도 선지에 부합하는지 여부를 확인해야 한다.

(2) 예시 – '행정고시 2016년 자료해석 12번'

〈표〉 설문지 문항별 응답결과

(단위: 명)

문항	응답 결과		문항	응답 결과	
	응답속성	응답수		응답속성	응답수
성	남자	63	소속기관	고용센터	71
	여자	63		시청	3
연령	29세 이하	13		고용노동청	41
	30 ~ 39세	54	직급	5급 이상	4
	40 ~ 49세	43		6 ~ 7급	28
	50세 이상	15		8 ~ 9급	44
학력	고졸 이하	6	직무유형	취업지원	34
	대졸	100		고용지원	28
	대학원 재학 이상	18		기업지원	27
근무기간	2년 미만	19		실업급여 상담	14
	2년 이상 5년 미만	24		외국인 채용	8
	5년 이상 10년 미만	21		기획 총괄	5
	10년 이상	23		기타	8

조건

- 설문조사는 동일 시점에 조사 대상자별로 독립적으로 이루어졌다.
- 설문조사 대상자 1인당 1부의 동일한 설문지를 배포하였다.
- 설문조사 문항별로 응답 거부는 허용된 반면 복수 응답은 허용되지 않았다.
- 배포된 150부의 설문지 중 제출된 130부로 문항별 응답결과를 정리하였다.

보기

ㄱ. 배포된 설문지 중 제출된 설문지 비율은 85% 이상이다.
ㄴ. 전체 설문조사 대상자의 학력 분포에서 '고졸 이하'의 비율이 가장 낮다.

① 〈보기 ㄱ〉의 해설

(a) '배포된 설문지'는 위에서 살펴본 '설문 대상'에 해당하고, '제출된 설문지'는 '제출'에 해당한다.

(b) 이처럼 설문 '대상자'와 설문 '제출자' 등이 나눠지는 경우 이후의 문제 풀이에 있어 '주체'를 매우 중요하게 신경 써야 한다.

② 〈보기 ㄴ〉의 해설

(a) 우선 '주체'를 확인하면, '대상자'이므로 '미제출자'를 고려하여 풀어야 한다.

(b) 미제출자 = 150 − 130 = 20이므로 〈보기 ㄴ〉이 옳기 위해서는 '고졸 이하'의

값에 20을 더해도 가장 작아야 한다.

(c) 즉 고졸 이하 응답 수인 6에 20을 더하면 26으로 대학원 재학 이상인 18보다 크므로 가장 작지 않다. 따라서 틀린 선지이다.

11 불연속적인 값이 존재할 때 복수응답

(1) '불연속적인 값'이란 '사람 수'와 같이 소수점 단위까지 나눠서 존재할 수 없는 값을 의미한다. 이를 조금 더 좁게 해석하여 '자연수로만 구성되는 값'으로 가정한다.

(2) 이때 문제가 되는 것은 **'복수응답' 시 실제 '응답자 수'가 얼마**인지 묻는 것이다. 불연속적인 값인 경우 기존의 '최솟값' 풀이와 전혀 다른 형태로 해결해야 한다.

(3) 구체적인 풀이 방법은 아래 예시와 함께 살펴본다.

	동아리	세미나	학생회	소모임	봉사단	소계
가입자 수	27	41	22	41	25	156

※ 단, 1인당 최대 2개 가입 가능하다.

예제

위 자료에서 대학생은 몇 명 이상인가?

해설

잘못된 풀이 **'전체 값을 복수응답 수로 나누는 풀이'**

불연속적인 값이 아닐 때의 일반적인 풀이 방법을 적용하면, 최솟값은 **"모든 사람이 2개씩 가입한 상태"**일 것이다. 즉 소계를 2인으로 나눈 $\frac{156}{2}$ = 78이 된다. 그러나 이 풀이는 불연속적인 값이 되면 틀린 선지가 된다.

올바른 풀이 **'각 항목을 별도로 고려하여 합산'**

❶ 불연속적인 값인 경우 '소계'를 나누면 안 된다. 왜냐하면 각 항목 별로 나눈 값이 소수가 나오는 경우 해당 값을 '올림'하여 자연수로 만들어줘야 하기 때문이다.

예를 들어 '동아리'를 2인으로 나누면 $\frac{27}{2}$ = 13.5이므로, 최솟값은 올림한 14(명)이 된다.

❷ 따라서 이를 올바르게 처리하면 '동아리'는 14명, '세미나'는 21명, '학생회'는 11명, '소모임'은 21명, '봉사단'은 13명으로 대학생 수의 최솟값 = 14 + 21 + 11 + 21 + 13 = 80명 이상이다.

12 표 – 차트 전환형 문제의 오답 구성 방식

표 – 차트 전환형 문제는 접근 방향성을 얼마나 잘 잡는지에 따라서 시간 소모가 매우 큰 유형이 될 수도 있고, 도리어 매우 빠르게 처리하는 유형이 될 수도 있다. 따라서 그래프의 형태에 따라 주로 어떤 식의 **'오답 구성 방식'**이 나타나는지 기억해두고 접근하는 것이 좋다.

(1) 원그래프

원그래프는 가장 먼저 확인하면 좋은 유형이다. 왜냐하면 '비중' 그래프의 일종으로 그 합은 필연적으로 100%이기 때문이다.

즉 어느 한 값을 출제자가 임의로 수정할 경우, 다른 값들도 같이 왜곡될 수밖에 없어 반례를 발견하기 아주 쉬운 그래프이다. 따라서 먼저 확인하는 것이 좋다.

① **포함관계를 대등하게 작성하는 유형**

(a) '포함 관계'란 A라는 큰 카테고리 안에 a, b, c가 있을 때 A와 a, b, c의 관계를 의미한다.

(b) 즉 '포함관계를 대등하게 작성'한다는 것은 원그래프라면 a, b, c로 구성된 그래프여야 하는데, 다른 항목으로 A가 포함되게 작성한 경우를 의미한다.

(c) 생각보다 자주 활용되는 오답 구성 방식으로, 포함 관계임을 확인만 해도 계산 없이 오답임을 확인할 수 있기에 원그래프를 볼 때 가장 먼저 확인하는 것이 좋다.

② **빈출 비율만 옳고 나머지는 틀린 유형**: 앞서 설명하였듯 원그래프는 특성상 한 가지 숫자만 인위적으로 수정해도 숫자 왜곡이 쉽게 드러난다. 따라서 출제자는 이러한 점을 고려하여 수험생이 확인하기 편한 빈출 비율은 옳게 작성하고, 나머지 부분을 왜곡함으로써 티가 덜 나도록 숨기는 전략을 활용한다. 예를 들면 다음과 같다.

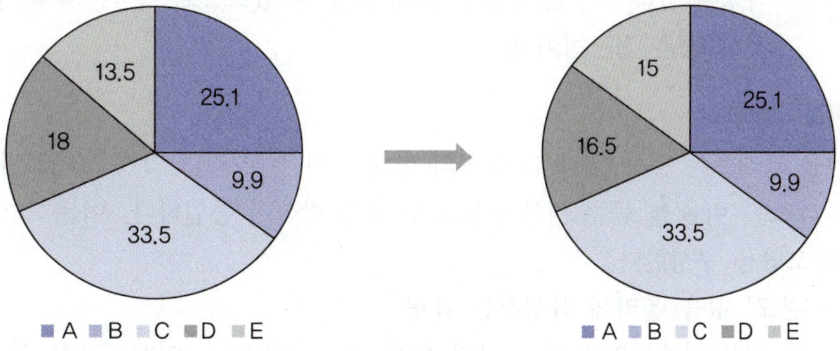

옳은 그래프 **왜곡된 그래프**

(a) 25.1%는 25%, 9.9%는 10%, 33.5%는 33.3%로 처리하기 좋다. 따라서 이 값들은 임의적으로 수정하지 않는다.

(b) 대신 비교적 값을 확인하기 번거로운 18%와 13.5%를 왜곡하는 형태로 오답을 구성한다.

(c) 이처럼 오답이 생각보다 처리하기 애매한 값에서 나오는 경향이 있으므로, 익숙한 %는 가볍고 빠르게 처리하되, 익숙하지 않은 비율은 조금 더 자세하게 보는 것이 좋다.

③ **대소관계 자체가 왜곡된 경우**: 가장 쉬운 유형 중 하나이다. ②번과 같은 경우는 왜곡하더라도 난이도를 위해 대소 관계는 맞추는 출제 경향이 있으나, 종종 대소 관계 자체를 바꿔 계산 없이도 틀렸는지 알기 쉬운 경우도 있다.

예를 들어 '33.5%와 25.1%'였던 값을 '28.3%와 30.3%'로 바꾸는 형태이다.

(2) 꺾은선 그래프

꺾은선 그래프의 경우 유형이 (거의) 2가지 유형으로만 출제된다. 이에 각각을 살펴보자.

① **1 ~ 2개만 틀리게 제시하는 유형**

(a) 여러 값이 있을 때 1 ~ 2개의 값만 틀리게 제시하는 유형이다. 따라서 확인할 값의 양이 많으므로, 구체적으로 확인하기보다는 '대략적으로 그 주변의 값인지' 정도만 확인하면 된다. 틀린 그래프라면 확실하게 값이 틀리므로 걱정하지 않아도 된다.

(b) 또한 일반적으로 '변곡점', '최고, 최소 값' 등 눈에 띄는 부분에 틀린 값이 배치되는 경향이 있으므로 이를 먼저 확인하는 것도 좋은 전략이다.

② **다른 값으로 작성한 유형**

(a) A항목과 B항목이 있을 때, 〈그림〉의 제목은 B항목이나 꺾은선 그래프는 A항목으로 작성된 유형이다. 이 경우 쉽게 수험생이 파악하지 못하게 하기 위해 A항목과 B항목은 유사한 경향성을 가진 값인 경우가 많다.

(b) 이 역시 ①번 유형과 마찬가지로 '눈에 띄는 부분' 위주로 확인 시, 다른 항목으로 작성된 만큼 이상한 부분을 쉽게 찾을 수 있으므로 이러한 부분 위주로 확인하는 것이 좋은 접근법이다.

(3) 비율 그래프

비율 그래프는 통상 '막대 그래프'의 형태를 띈다. 그러나 막대 그래프가 아니더라도 본질적으로 '비율'을 묻는 경우라면 모두 출제 방식이 동일하다. 이는 크게 3가지 유형으로 오답을 구성한다.

① **'분모' 값을 틀리게 작성하는 유형**

(a) 비율 그래프인 만큼 분모와 분자 값이 중요하다. 이때 〈그림〉의 이름의 경우 수험생의 입장에서 '분자'는 눈에 띄는 반면 '분모'는 비교적 놓치기 쉬운 값이다. 따라서 출제자는 '분모'를 다른 값으로 대체하여 실수를 유도하는 출제 방식을 활용한다.

(b) 예를 들어 "광역시 내 영재학급 비중"을 구해야 하는 경우, "전국 내 각 광역시 영재학급 비중' 등으로 수정하여 출제할 수 있다.

② **단위 실수를 유도하는 유형**

(a) 분수의 경우 분자와 분모의 단위가 나눠져 구성되는 만큼, 고려해야 하는 단위의 개수도 많은 편이다. 따라서 출제자는 단위 중 일부를 틀리게 작성하여 수험생이 이를 놓치도록 유도한다.

(b) 예를 들어, '필지당 면적(m^2/필지)'인 자료를 〈그림〉에서는 '필지당 면적(km^2/필지)'로 수정하여 출제할 수 있다.

③ **1 ~ 2개만 틀리게 제시하는 유형**

(a) 꺾은선 그래프의 경우와 마찬가지로 일부 값만 틀리게 구성하여 출제하는 경우가 많다.

(b) 따라서 확인할 때는 가볍게 어림산하는 것이 좋다.

(c) 추가적으로 분수를 구해야 하는 경우, 통상 나눗셈보다는 곱셈이 빠른 연산 방법인 만큼 주어진 〈그림〉의 값이 맞다고 가정하고 〈표〉의 값에 곱하여 왜곡이 있는지 확인하는 것이 더욱 빠른 풀이 방법이다.

(4) 증감폭 그래프

증감폭 그래프의 경우 크게 두 가지 방향으로 출제된다. 이때 어떤 유형인지와 무관하게 확인 방법은 동일하다. 통상 뺄셈보다는 덧셈이 더 빠른 풀이 방법이므로 〈자료〉 값을 직접 빼서 증감폭을 도출하지 않고, 〈그림〉의 증감폭이 맞다고 가정한 후 그 값을 〈자료〉 값에 더해 왜곡이 발생하는지 확인하는 형태로 확인한다.

① **다른 카테고리, 항목의 증감폭을 제시하는 유형**

(a) 증감폭의 경우 '숫자' 자체에 매몰되어 카테고리나 항목이 잘 눈에 안 들어오는 경향이 있다. 이에 출제자는 수험생이 숫자만 확인한 채 풀기를 기대하여, 다른 항목 값의 증감폭으로 구성한 그래프를 제시하거나 그래프의 '이름'을 바꿔 출제하는 경우가 많다.

(b) 예를 들어 '41 ~ 60세 교통 사망자수의 전월대비 증감폭'을 그래프화할 때 그 값은 〈자료〉의 값과 같으나, 그래프의 '이름'이 '41 ~ 50세 교통 사망자수'로 작성될 수 있다.

② **1 ~ 2개만 틀리게 제시하는 유형**

(a) 꺾은선 그래프의 경우와 마찬가지로 일부 값만 틀리게 구성하여 출제하는 경우가 많다.

(b) 따라서 확인할 때는 주어진 증감폭이 맞다고 가정 후 가볍게 어림산으로 확인한다.

13 '누적 값'의 함정

(1) 누적 값이 나오는 경우 수험생들이 주의를 기울이므로 값 비교 자체는 크게 실수가 나타나지 않는다.

(2) 그러나 증가폭, 증가율 등을 묻는 경우 실수가 잦게 나타날 수 있다. 이해를 돕기 위해 아래 〈표〉와 함께 살펴본다.

	2020년
1월	5
2월	22
3월	32
4월	44
5월	51

→

	2020년	실제 값
1월	5	5
2월	22	17
3월	32	10
4월	44	12
5월	51	7

① 좌측의 〈누적 도수 분포표〉의 월별 실제 값을 도출하면 우측의 〈표〉의 '실제 값'과 같이 된다. 실전에서 수험생들이 이 형태까지는 바로 만들 것이라 생각한다.

② 그러나 이미 '차이 값'을 한 번 도출한 상황이므로, 바쁜 시험 상황에서 '증가폭, 증가율'을 질문하면 자신이 도출한 값이 증가폭이라 착각하는 실수가 잦게 나타난다.

③ 제대로 도출하기 위해서는 위의 '실제 값'의 차이 값을 다시 한번 도출해야 하므로, 실전에서 이와 같은 실수를 하지 않기 위해서 자신이 작성한 값이 무엇인지를 위에 적어 두는 습관을 지니는 것이 좋다. 예를 들어 위와 같이 '실제 값'이라고 적는 것 역시 좋은 방법이다.

14 전출 - 전입표 읽는 법

(1) 전출 – 전입표는 빈출된 형태이다. 그러나 의외로 이를 헷갈려 하는 수험생이 많으므로 읽는 법을 살펴보고자 한다.

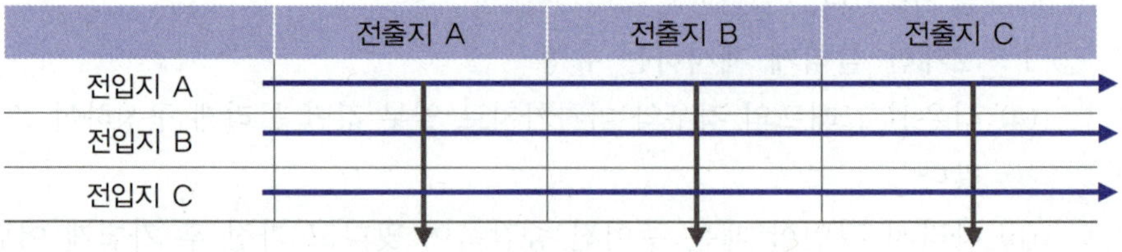

(2) **오른쪽으로 향하는 화살표**는 **'전출자 수'**를 볼 때 읽는 방법이며, **아래로 향하는 화살표**는 **'전입자 수'**를 볼 때 읽는 방법이다. 즉 화살표의 시작점이 아닌, 도착점을 기준으로 읽는 형태이므로 다소 익숙하지 않을 수 있으나, 자주 보아 이에 익숙해지는 것이 좋다.

15 초일 산입 – 불산입

초일 산입, 불산입은 곧바로 활용될 정도로 익숙하지 않아, 이를 정확하게 아는 수험생도 잠시 고민의 시간이 필요한 경우가 많다. 그러나 이러한 고민의 시간은 모두 다른 문제를 더 풀 시간이 없도록 만드는 원인이 되므로 '공식'을 외우듯이 잘 정리해 두자.

(1) 산입: 목표 날짜 – 현재 날짜 + 1 = n일

단, 'n일 전'은 산입, 불산입 무관하게 '날짜 – n일'이다. 왜냐하면 하루 전날을 산입이라는 이유로 당일로 처리하기엔 무리가 있기 때문이다.

(2) 불산입: 목표 날짜 – 현재 날짜 = n일

16 그림이 주어지는 경우

(1) 〈그림〉이 주어지면 모양을 바꿀 수 있는지 고려해보아야 한다. 왜냐하면 출제자는 수험생이 편한 풀이 방법을 깨닫지 못하도록 하기 위해 일부로 불편한 형태로 바꾸어서 보여주기 때문이다.

(2) 예를 들어 행정고시 2015년 자료해석 40번을 살펴보자.

〈그림〉 마을 A ~ E 간 가능 이동로

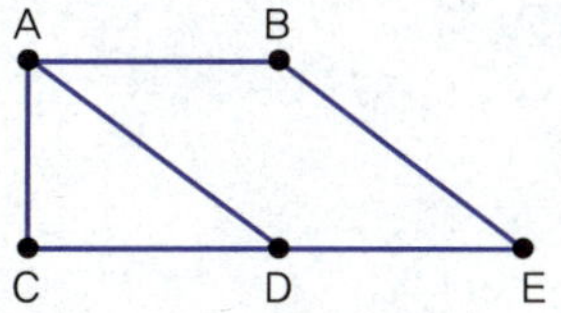

그냥 보았을 때 위 〈그림〉은 직관적이지 않다. 따라서 〈그림〉을 출제자의 출제 의도에 맞게 바꾸면 다음과 같다.

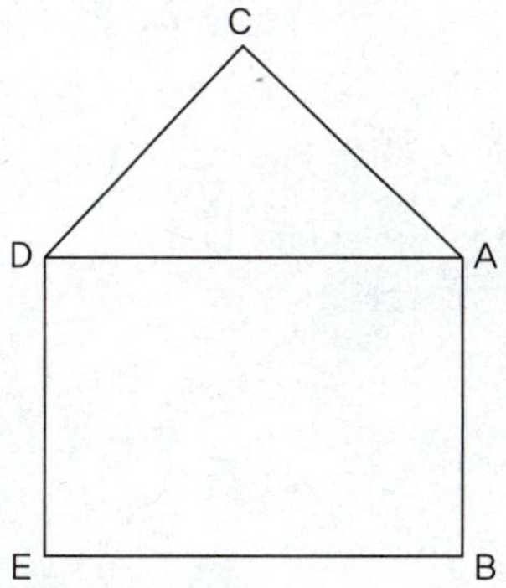

① 위와 같이 바꾸고 나면, 원래 〈그림〉과 달리 '대칭 구조'임이 쉽게 확인될 것이다. 즉 A와 D, B와 E는 값이 같을 수밖에 없다.

② 이처럼 그림의 형태를 바꾸면 문제가 매우 간단해질 수 있으므로 한 번쯤 모양을 변형시켜보는 것이 좋다.

독학으로 끝내는 PSAT 수리능력 · 자료해석

독끝

Daily 400제

기본편

PART 2

정답 및 해설 4p

독끝

기본 1일차 (001~030)

난이도별 구성

●○○	10문항
●●○	19문항
●●●	1문항

본 문항은 PSAT 자료해석 영역 기출 문항으로 구성되며, 기출 표기에 따른 시험 종류는 아래와 같습니다. (표기 상 맨 끝은 '책형' 입니다.)
㉆ – 민간경력자 일괄채용시험 / ㉇ – 공개경쟁채용시험(행정)

1일차 계산연습(초급)

Set ❶

각 연산 결과 100 이상(O), 미만(X)

(1)	46	+	96	→	
(2)	66	+	54	→	
(3)	36	+	82	→	
(4)	93	+	18	→	
(5)	21	+	42	→	
(6)	5	×	15	→	
(7)	11	×	8	→	
(8)	5	×	17	→	
(9)	18	×	2	→	
(10)	7	×	16	→	

Set ❷

A, B 차이값이 40 이상(O), 미만(X)

	A	B		
(1)	44	54	→	
(2)	13	25	→	
(3)	43	59	→	
(4)	42	52	→	
(5)	71	11	→	
(6)	43	86	→	
(7)	12	39	→	
(8)	91	78	→	
(9)	91	73	→	
(10)	55	42	→	

Set ❸

A, B 각 분수의 크기비교 후, 부등호 기입

	A		B
(1)	$\frac{87}{26}$		$\frac{49}{79}$
(2)	$\frac{90}{87}$		$\frac{87}{32}$
(3)	$\frac{98}{18}$		$\frac{30}{26}$
(4)	$\frac{82}{92}$		$\frac{92}{98}$
(5)	$\frac{78}{62}$		$\frac{92}{70}$

Set ❹

A대비B의 증감률이 50% 이상(O), 미만(X)

	A	B		
(1)	22	77	→	
(2)	91	27	→	
(3)	84	25	→	
(4)	72	85	→	
(5)	31	14	→	

	Set ❶	Set ❷	Set ❸	Set ❹
(1)	O	X	>	O
(2)	O	X	<	O
(3)	O	X	>	O
(4)	O	X	<	X
(5)	X	O	<	O
(6)	X	O		
(7)	X	X		
(8)	X	X		
(9)	X	X		
(10)	O	X		

*Set ❸, ❹ 참고사항

• 연산결과는 소수 셋째자리에서 반올림 적용

	맞은 개수	풀이 시간
Set ❶	/ 10	(초)
Set ❷	/ 10	(초)
Set ❸	/ 5	(초)
Set ❹	/ 5	(초)
합계	/ 30	(초)

* 다음의 회독수 별 권장풀이시간에 맞춰 문제풀이 후,
Day 1 끝의 [Self Check List]를 기입하여 부족한 부분을 파악하세요!

권장 풀이 시간
1회독 60 min　2회독 50 min　3회독 35 min

기출 19' 5급[민]-가　난이도 ●○○

001 **다음은 회계부정행위 신고 및 포상금 지급에 관한 〈보고서〉이다. 이를 작성하기 위해 사용된 자료만을 〈보기〉에서 모두 고르면?**

• 보고서 •

2019년 회계부정행위 신고 건수는 모두 64건으로 2018년보다 29건 감소하였다. 회계부정행위 신고에 대한 최대 포상금 한도가 2017년 11월 규정 개정 후에는 1억 원에서 10억 원으로 상향됨에 따라 회계부정행위 신고에 대한 사회적 관심이 증가하여 2018년에는 신고 건수가 전년 대비 크게 증가(111.4%)하였다. 2019년 회계부정행위 신고 건수는 전년 대비 31.2% 감소하였지만 2013년부터 2016년까지 연간 최대 32건에 불과하였던 점을 감안하면 2017년 11월 포상금 규정 개정 전보다 여전히 높은 수준이었다.

• 보기 •

ㄱ. 회계부정행위 신고 현황

(단위: 건, %)

구분 \ 연도	2017	2018	2019
회계부정행위 신고 건수	44	93	64
전년 대비 증가율	-	111.4	-31.2

ㄴ. 연도별 회계부정행위 신고 건수 추이 (2013~2016년)

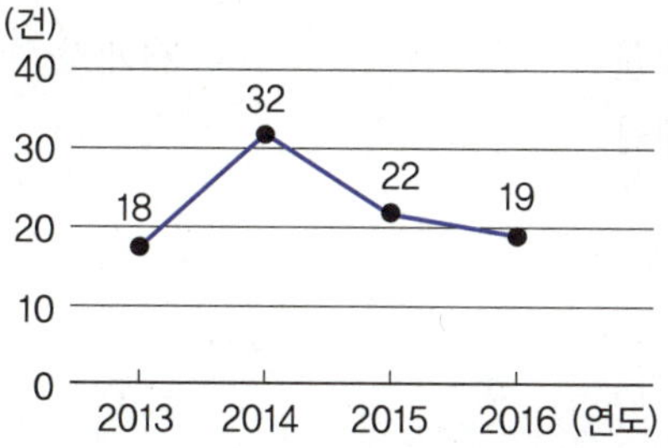

ㄷ. 회계부정행위 신고에 대한 최대 포상금 규정

(단위: 만 원)

시점 \ 구분		최대 포상금 한도	
		자산총액 5천억 원 미만 기업	자산총액 5천억 원 이상 기업
2017년 11월 규정 개정	개정 후	50,000	100,000
	개정 전	5,000	10,000

ㄹ. 회계부정행위 신고 포상금 지급 현황

(단위: 건, 만 원)

구분 \ 연도	2008~2015	2016	2017	2018	2019	합계
지급 건수	6	2	2	1	2	13
지급액	5,010	2,740	3,610	330	11,940	23,630

① ㄱ, ㄷ　② ㄴ, ㄹ　③ ㄷ, ㄹ
④ ㄱ, ㄴ, ㄷ　⑤ ㄱ, ㄴ, ㄹ

기출 19' 5급[민]-가 난이도 ●○○

002 다음 〈표〉는 '갑' 건축물을 건설하기 위한 공종의 공법별 공사기간 및 항목별 공사비에 관한 자료이다. 〈표〉와 〈조건〉에 근거하여 총공사비를 최소화하도록 공법을 적용할 때, 총공사기간은?

〈표〉 공종의 공법별 공사기간 및 항목별 공사비

(단위: 개월, 억 원)

공종	공법	공사기간	항목별 공사비		
			재료비	노무비	경비
토공사	A	4	4	6	4
	B	3	7	5	3
	C	3	5	5	3
골조공사	D	12	30	20	14
	E	14	24	20	15
	F	15	24	24	16
마감공사	G	6	50	30	10
	H	7	50	24	12

조건

- 공종, 공법, 항목별 공사비는 각각 제시된 3가지, 8종류, 3항목만 있음.
- 공사는 세 가지 공종을 모두 포함하고, 공종별로 한 종류의 공법만을 적용함.
- 항목별 공사비는 해당 공법의 공사기간 동안 소요되는 해당 항목의 총비용임.
- 총공사기간은 공종별로 적용한 공법의 공사기간의 합이고, 총공사비는 공종별로 적용한 공법의 항목별 공사비의 총합임.

① 22개월 ② 23개월 ③ 24개월
④ 25개월 ⑤ 26개월

기출 19' 5급㉥-가 | 난이도 ●○○

003 다음 〈표〉는 2017~2019년 '갑'대학의 장학금 유형(A~E)별 지급 현황에 관한 자료이다. 이에 대한 〈보기〉의 설명 중 옳은 것만을 고르면?

〈표〉 2017~2019년 '갑'대학의 장학금 유형별 지급 현황

(단위: 명, 백만 원)

학기		장학금 유형 / 구분	A	B	C	D	E
2017년	1학기	장학생 수	112	22	66	543	2,004
		장학금 총액	404	78	230	963	2,181
	2학기	장학생 수	106	26	70	542	1,963
		장학금 총액	379	91	230	969	2,118
2018년	1학기	장학생 수	108	21	79	555	1,888
		장학금 총액	391	74	273	989	2,025
	2학기	장학생 수	112	20	103	687	2,060
		장학금 총액	404	70	355	1,216	2,243
2019년	1학기	장학생 수	110	20	137	749	2,188
		장학금 총액	398	70	481	1,330	2,379
	2학기	장학생 수	104	20	122	584	1,767
		장학금 총액	372	70	419	1,039	1,904

※ '갑'대학의 학기는 매년 1학기와 2학기만 존재함.

보기

ㄱ. 2017~2019년 동안 매학기 장학생 수가 증가하는 장학금 유형은 1개이다.
ㄴ. 2018년 1학기에 비해 2018년 2학기에 장학생 수와 장학금 총액이 모두 증가한 장학금 유형은 4개이다.
ㄷ. 2019년 2학기 장학생 1인당 장학금이 가장 많은 장학금 유형은 B이다.
ㄹ. E 장학금 유형에서 장학생 수와 장학금 총액이 가장 많은 학기는 2019년 1학기이다.

① ㄱ, ㄴ　② ㄱ, ㄷ　③ ㄴ, ㄷ
④ ㄴ, ㄹ　⑤ ㄷ, ㄹ

기출 19' 5급[민]-가 난이도 ●●○

004 다음 〈표〉는 2019년 '갑'회사의 지점(A~E)별 매출 관련 현황에 관한 자료이다. 이에 대한 〈보기〉의 설명 중 옳은 것만을 모두 고르면?

〈표〉 '갑'회사의 지점별 매출 관련 현황

(단위: 억 원, 명)

구분 \ 지점	A	B	C	D	E	전체
매출액	10	21	18	10	12	71
목표매출액	15	26	20	13	16	90
직원수	5	10	8	3	6	32

※ 목표매출액 달성률(%) = $\frac{\text{매출액}}{\text{목표매출액}} \times 100$

보기

ㄱ. 직원 1인당 매출액이 가장 많은 지점은 D이다.
ㄴ. 목표매출액 달성률이 가장 높은 지점은 C이다.
ㄷ. 지점 매출액이 5개 지점 매출액의 평균을 초과하는 지점은 3곳이다.
ㄹ. 5개 지점의 매출액이 각각 20%씩 증가한다면, 전체 매출액은 전체 목표매출액을 초과한다.

① ㄱ, ㄴ ② ㄱ, ㄷ ③ ㄷ, ㄹ
④ ㄱ, ㄴ, ㄹ ⑤ ㄴ, ㄷ, ㄹ

기출 19' 5급[민]-가 난이도 ●●○

005 다음 〈표〉는 A~C가 참가한 사격게임 결과에 대한 자료이다. 〈표〉와 〈조건〉을 근거로 1~5라운드 후 A의 총적중 횟수의 최솟값과 C의 총적중 횟수의 최댓값의 차이를 구하면?

〈표〉 참가자의 라운드별 적중률 현황

(단위: %)

참가자 \ 라운드	1	2	3	4	5
A	20.0	( )	60.0	37.5	( )
B	40.0	62.5	100.0	12.5	12.5
C	( )	62.5	80.0	( )	62.5

※ 사격게임 결과는 적중과 미적중으로만 구분함.

조건

- 1, 3라운드에는 각각 5발을 발사하고, 2, 4, 5라운드에는 각각 8발을 발사함.
- 각 참가자의 라운드별 적중 횟수는 최소 1발부터 최대 5발까지임.
- 참가자별로 1발만 적중시킨 라운드 횟수는 2회 이하임.

① 10 ② 11 ③ 12
④ 13 ⑤ 14

기출 19' 5급[민]-가 | 난이도

006 다음 〈그림〉은 2015년 16개 지역의 초미세먼지 농도, 연령표준화사망률 및 초미세먼지로 인한 조기사망자수를 조사한 자료이다. 이에 대한 〈보기〉의 설명 중 옳은 것만을 고르면?

〈그림〉 지역별 초미세먼지 농도, 연령표준화사망률 및 초미세먼지로 인한 조기사망자수

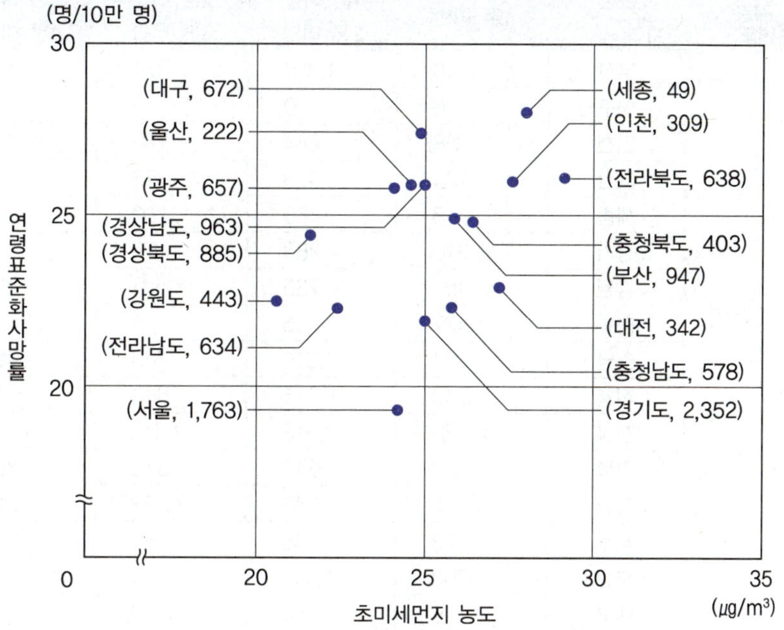

※ 1) (지역, N)은 해당 지역의 초미세먼지로 인한 조기사망자수가 N 명임을 의미함.
2) 연령표준화사망률은 인구구조가 다른 집단 간의 사망 수준을 비교하기 위하여 연령 구조가 사망률에 미치는 영향을 제거한 사망률을 의미함.

보기

ㄱ. 초미세먼지로 인한 조기사망자수가 가장 많은 지역은 서울이다.
ㄴ. 연령표준화사망률이 높은 지역일수록 초미세먼지로 인한 조기사망자수는 적다.
ㄷ. 초미세먼지 농도가 가장 낮은 지역의 초미세먼지로 인한 조기사망자수는 충청북도보다 많다.
ㄹ. 대구는 부산보다 연령표준화사망률은 높지만 초미세먼지로 인한 조기사망자수는 적다.

① ㄱ, ㄴ　② ㄱ, ㄷ　③ ㄴ, ㄷ
④ ㄴ, ㄹ　⑤ ㄷ, ㄹ

기출 19' 5급[민]-가 난이도 ●●○

007 다음 〈표〉는 2018년과 2019년 14개 지역에 등록된 5톤 미만 어선 수에 관한 자료이다. 이에 대한 설명으로 옳은 것은?

〈표〉 2018년과 2019년 14개 지역에 등록된 5톤 미만 어선 수

(단위: 척)

연도	톤급 / 지역	1톤 미만	1톤 이상 2톤 미만	2톤 이상 3톤 미만	3톤 이상 4톤 미만	4톤 이상 5톤 미만
2019	부산	746	1,401	374	134	117
	대구	6	0	0	0	0
	인천	98	244	170	174	168
	울산	134	378	83	51	32
	세종	8	0	0	0	0
	경기	910	283	158	114	118
	강원	467	735	541	296	179
	충북	427	5	1	0	0
	충남	901	1,316	743	758	438
	전북	348	1,055	544	168	184
	전남	6,861	10,318	2,413	1,106	2,278
	경북	608	640	370	303	366
	경남	2,612	4,548	2,253	1,327	1,631
	제주	123	145	156	349	246
2018	부산	793	1,412	351	136	117
	대구	6	0	0	0	0
	인천	147	355	184	191	177
	울산	138	389	83	52	33
	세종	7	0	0	0	0
	경기	946	330	175	135	117
	강원	473	724	536	292	181
	충북	434	5	1	0	0
	충남	1,036	1,429	777	743	468
	전북	434	1,203	550	151	188
	전남	7,023	10,246	2,332	1,102	2,297
	경북	634	652	372	300	368
	경남	2,789	4,637	2,326	1,313	1,601
	제주	142	163	153	335	250

① 2019년 경기의 5톤 미만 어선 수의 전년 대비 증감률은 10% 미만이다.

② 2019년 대구를 제외한 각 지역에서 '1톤 미만' 어선 수는 전년보다 감소한다.

③ 2018년 대구, 세종, 충북을 제외한 각 지역에서 '1톤 이상 2톤 미만'부터 '4톤 이상 5톤 미만'까지 톤급이 증가할수록 어선 수는 감소한다.

④ 2018년과 2019년 모두 '1톤 이상 2톤 미만' 어선 수는 충남이 세 번째로 크다.

⑤ 2018년과 2019년 모두 '1톤 미만' 어선 수 대비 '3톤 이상 4톤 미만' 어선 수의 비가 가장 높은 지역은 인천이다.

기출 19' 5급[민]-가 | 난이도

008 다음 〈표〉는 2008~2018년 '갑'국의 황산화물 배출권 거래 현황에 대한 자료이다. 〈표〉를 이용하여 작성한 그래프로 옳지 않은 것은?

〈표〉 2008~2018년 '갑'국의 황산화물 배출권 거래 현황 (단위: 건, kg, 원/kg)

연도	전체		무상거래		유상거래				
	거래건수	거래량	거래건수	거래량	거래건수	거래량	거래가격		
							최고	최저	평균
2008	10	115,894	3	42,500	7	73,394	1,000	30	319
2009	8	241,004	4	121,624	4	119,380	500	60	96
2010	32	1,712,694	9	192,639	23	1,520,055	500	50	58
2011	25	1,568,065	6	28,300	19	1,539,765	400	10	53
2012	32	1,401,374	7	30,910	25	1,370,464	400	30	92
2013	59	2,901,457	5	31,500	54	2,869,957	600	60	180
2014	22	547,500	1	2,000	21	545,500	500	65	269
2015	12	66,200	5	22,000	7	44,200	450	100	140
2016	10	89,500	3	12,000	7	77,500	500	150	197
2017	20	150,966	5	38,100	15	112,866	160	100	124
2018	28	143,324	3	5,524	25	137,800	250	74	140

① 2010~2013년 연도별 전체 거래의 건당 거래량

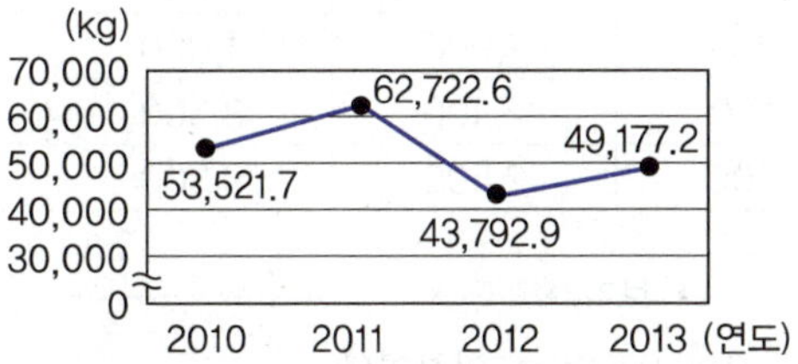

② 2009~2013년 유상거래 최고 가격과 최저 가격

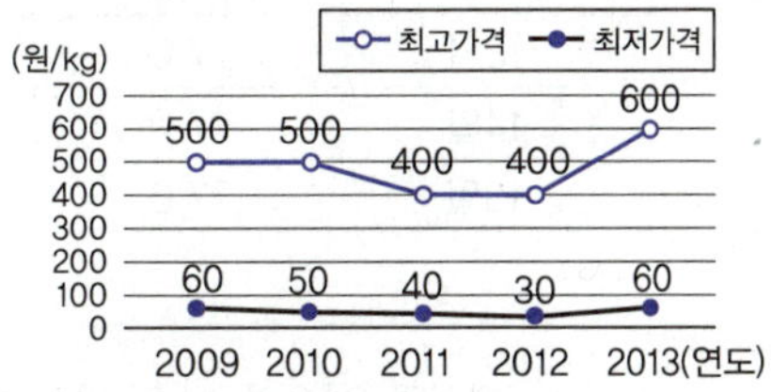

③ 2013~2017년 유상거래 평균 가격

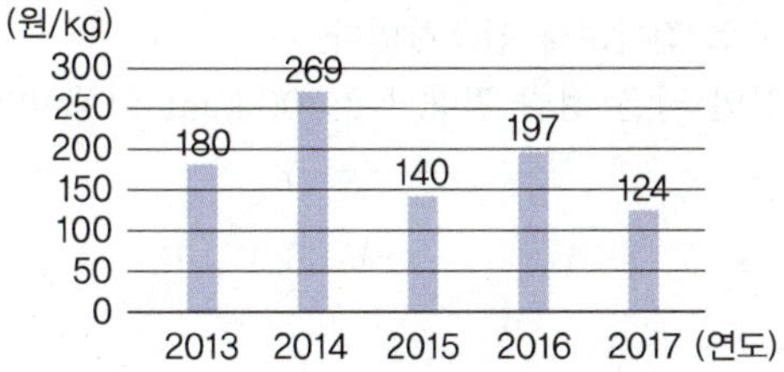

④ 2008년 전체 거래량 구성비

(단위: %)

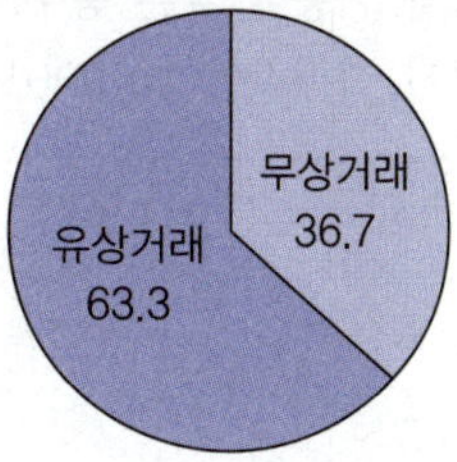

⑤ 2010~2013년 무상거래 건수와 유상거래 건수

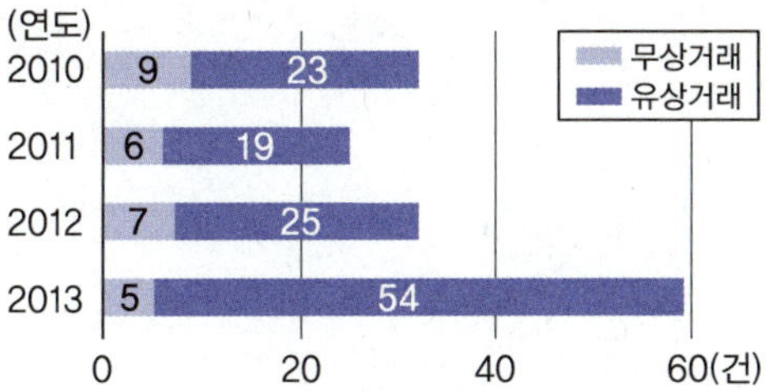

기출 20' 5급(행)-나 난이도 ●○○

009 다음 〈표〉는 2020년 3월 1~15일 '갑'의 몸무게, 섭취 및 소비 열량, 만보기 측정값, 교통수단에 관한 자료이다. 이에 대한 〈보기〉의 설명 중 옳은 것만을 모두 고르면?

〈표〉 몸무게, 섭취 및 소비 열량, 만보기 측정값, 교통수단

(단위: kg, kcal, 보)

날짜 \ 구분	몸무게	섭취 열량	소비 열량	만보기 측정값	교통수단
1일	80.0	2,700	2,800	9,500	택시
2일	79.5	2,600	2,900	11,500	버스
3일	79.0	2,400	2,700	14,000	버스
4일	78.0	2,350	2,700	12,000	버스
5일	77.5	2,700	2,800	11,500	버스
6일	77.3	2,800	2,800	12,000	버스
7일	77.3	2,700	2,700	12,000	버스
8일	79.0	3,200	2,700	11,000	버스
9일	78.5	2,300	2,400	8,500	택시
10일	79.6	3,000	2,700	11,000	버스
11일	78.6	2,200	2,400	7,700	택시
12일	77.9	2,200	2,400	8,200	택시
13일	77.6	2,800	2,900	11,000	버스
14일	77.0	2,100	2,400	8,500	택시
15일	77.0	2,500	2,500	8,500	택시

보기

ㄱ. 택시를 이용한 날은 만보기 측정값이 9,500보 이하이다.
ㄴ. 섭취 열량이 소비 열량보다 큰 날은 몸무게가 바로 전날보다 1 kg 이상 증가하였다.
ㄷ. 버스를 이용한 날은 몸무게가 바로 전날보다 감소하였다.
ㄹ. 만보기 측정값이 10,000보 이상인 날은 섭취 열량이 2,500 kcal 이상이다.

① ㄱ, ㄴ ② ㄱ, ㄷ ③ ㄴ, ㄹ
④ ㄱ, ㄷ, ㄹ ⑤ ㄴ, ㄷ, ㄹ

기출 18' 5급㉻-나 난이도 ●●○

010 다음 〈표〉는 임진왜란 전기·후기 전투 횟수에 관한 자료이다. 이에 대한 설명으로 옳지 않은 것은?

〈표〉 임진왜란 전기·후기 전투 횟수

(단위: 회)

구분 \ 시기		전기		후기		합계
		1592년	1593년	1597년	1598년	
전체 전투		70	17	10	8	105
공격 주체	조선측 공격	43	15	2	8	68
	일본측 공격	27	2	8	0	37
전투 결과	조선측 승리	40	14	5	6	65
	일본측 승리	30	3	5	2	40
조선의 전투인력 구성	관군 단독전	19	8	5	6	38
	의병 단독전	9	1	0	0	10
	관군·의병 연합전	42	8	5	2	57

① 전체 전투 대비 일본측 공격 비율은 임진왜란 전기에 비해 임진왜란 후기가 낮다.

② 조선측 공격이 일본측 공격보다 많았던 해에는 항상 조선측 승리가 일본측 승리보다 많았다.

③ 전체 전투 대비 관군 단독전 비율은 1598년이 1592년의 2배 이상이다.

④ 1592년 조선이 관군·의병 연합전으로 거둔 승리는 그 해 조선측 승리의 30% 이상이다.

⑤ 1598년에는 관군 단독전 중 조선측 승리인 경우가 있다.

기출 19' 5급[민]-가 난이도 ●●○

011 다음 〈표〉는 성인 남녀 1,500명을 대상으로 탈모 증상 경험 여부와 탈모 증상 경험자의 탈모 증상 완화 시도 방법에 관해 설문 조사한 결과이다. 이에 대한 설명으로 옳지 않은 것은?

〈표 1〉 탈모 증상 경험 여부

구분			응답자 수 (명)	탈모 증상 경험 여부(%)	
				있음	없음
성별		남성	743	28.8	71.2
		여성	757	15.2	84.8
연령대		20대	259	4.6	95.4
		30대	253	12.6	87.4
		40대	295	21.4	78.6
		50대	301	25.6	74.4
		60대	392	37.0	63.0
성별·연령대	남성	20대	136	5.1	94.9
		30대	130	16.2	83.8
		40대	150	30.0	70.0
		50대	151	35.8	64.2
		60대	176	49.4	50.6
	여성	20대	123	4.1	95.9
		30대	123	8.9	91.1
		40대	145	12.4	87.6
		50대	150	15.3	84.7
		60대	216	26.9	73.1

※ 1) 무응답과 복수응답은 없음.
2) 소수점 아래 둘째 자리에서 반올림한 값임.

〈표 2〉 탈모 증상 경험자의 탈모 증상 완화 시도 여부 및 방법

구분		응답자 수 (명)	탈모 증상 완화 시도 방법(%)					시도 하지 않음 (%)
			모발관리 제품사용	민간 요법	치료제 구입	병원 진료	미용실 탈모 관리	
성별	남성	214	38.8	14.0	9.8	8.9	4.2	49.1
	여성	115	45.2	7.0	2.6	4.3	11.3	44.3
연령대	20대	12	50.0	0.0	16.7	16.7	16.7	0.0
	30대	32	62.5	12.5	6.3	9.4	9.4	25.0
	40대	63	52.4	7.9	6.3	12.7	7.9	36.5
	50대	77	46.8	15.6	10.4	5.2	10.4	39.0
	60대	145	26.2	11.7	6.2	4.1	2.8	62.8
부모의 탈모경험 여부	있음	236	47.0	14.8	8.1	7.2	8.9	41.1
	없음	93	24.7	4.3	7.5	7.5	1.1	62.4
탈모 증상의 심각성	심각함	150	45.3	16.0	13.3	13.3	10.0	34.0
	심각하지 않음	179	36.9	7.8	2.8	2.2	2.8	58.1

※ 1) 무응답은 없으며, 탈모 증상 완화 시도 방법에 대한 복수응답을 허용함.
2) 소수점 아래 둘째 자리에서 반올림한 값임.

① 남녀 각각 연령대가 높을수록 탈모 증상 경험자의 비율도 높다.

② 탈모 증상 경험자 중 탈모 증상 완화 시도 방법으로 미용실 탈모 관리를 받았다고 한 응답자의 수는 남성이 여성보다 많다.

③ 탈모 증상 경험자의 연령대가 낮을수록 탈모 증상 완화를 시도한 응답자의 비율이 높다.

④ 탈모 증상 경험자 중 부모의 탈모 경험이 있다고 한 응답자의 비율은 70% 이상이다.

⑤ 탈모 증상이 심각하다고 한 응답자 중 부모의 탈모 경험이 있다고 한 응답자는 57명 이상이다.

기출 19' 5급(민)-가 난이도 ●●●

012 **다음 〈표〉는 도입과 출산을 통한 반달가슴곰 복원 현황에 관한 자료이다. 이에 대한 〈보기〉의 설명 중 옳은 것만을 모두 고르면?**

〈표〉 도입과 출산을 통한 반달가슴곰 복원 현황

(단위: 개체)

구분		생존			폐사	전체	폐사원인
			자연적응	학습장			
도입처	러시아	13	5	8	9	22	자연사: 8 올무: 3 농약: 1 기타: 3
	북한	3	2	1	4	7	
	중국	3	0	3	1	4	
	서울대공원	6	5	1	1	7	
	청주동물원	1	0	1	0	1	
	소계	26	12	14	15	41	
출산 방식	자연출산	41	39	2	5	46	자연사: 4 올무: 2
	증식장출산	7	4	3	1	8	
	소계	48	43	5	6	54	
계		74	55	19	21	95	−

※ 1) 도입처(출산방식)별 자연적응률(%) $= \dfrac{\text{도입처(출산방식)별 자연적응 반달가슴곰 수}}{\text{도입처(출산방식)별 전체 반달가슴곰 수}} \times 100$

2) 도입처(출산방식)별 생존율(%) $= \dfrac{\text{도입처(출산방식)별 생존 반달가슴곰 수}}{\text{도입처(출산방식)별 전체 반달가슴곰 수}} \times 100$

3) 도입처(출산방식)별 폐사율(%) $= \dfrac{\text{도입처(출산방식)별 폐사 반달가슴곰 수}}{\text{도입처(출산방식)별 전체 반달가슴곰 수}} \times 100$

보기

ㄱ. 도입처가 서울대공원인 반달가슴곰의 자연적응률은 자연출산 반달가슴곰의 자연적응률보다 낮다.

ㄴ. 자연출산 반달가슴곰의 생존율은 90%를 넘는다.

ㄷ. 반달가슴곰의 폐사율은 자연출산이 증식장출산보다 낮다.

ㄹ. 도입처가 러시아인 반달가슴곰 중 적어도 두 개체의 폐사원인은 '자연사'이다.

① ㄱ, ㄴ　② ㄱ, ㄷ　③ ㄴ, ㄹ

④ ㄱ, ㄷ, ㄹ　⑤ ㄴ, ㄷ, ㄹ

기출 19' 5급[민]-가 난이도 ●●●

013 다음 〈표〉는 A 대학 재학생 교육 만족도 조사 결과에 관한 자료이다. 이에 대한 〈보기〉의 설명 중 옳은 것만을 고르면?

〈표〉 A 대학 재학생 교육 만족도 조사 결과

(단위: 명, 점)

학년 \ 항목	응답인원	전공	교양	시설	기자재	행정
1	2,374	3.90	3.70	3.78	3.73	3.63
2	2,349	3.95	3.75	3.76	3.71	3.64
3	2,615	3.96	3.74	3.74	3.69	3.66
4	2,781	3.94	3.77	3.75	3.70	3.65

※ 점수는 5점 만점이며, 점수가 높을수록 만족도가 높음.

보기

ㄱ. '시설'과 '기자재' 항목은 응답인원이 많은 학년일수록 항목별 교육 만족도가 높다.
ㄴ. 항목별로 교육 만족도가 높은 순서대로 학년을 나열할 때, 순서가 일치하는 항목들이 있다.
ㄷ. 학년이 높아질수록 항목별 교육 만족도가 높아지는 항목은 1개이다.
ㄹ. 각 학년에서 교육 만족도가 가장 높은 항목은 모두 '전공'이다.

① ㄱ, ㄴ ② ㄱ, ㄷ ③ ㄴ, ㄷ
④ ㄴ, ㄹ ⑤ ㄷ, ㄹ

기출 19' 5급㉠-가 난이도 ●●○

014 다음 〈표〉는 2016~2019년 '갑'국의 방송통신 매체별 광고매출액에 관한 자료이다. 이에 대한 〈보기〉의 설명 중 옳은 것만을 고르면?

〈표〉 2016~2019년 방송통신 매체별 광고매출액

(단위: 억 원)

매체	세부 매체 \ 연도	2016	2017	2018	2019
방송	지상파TV	15,517	14,219	12,352	12,310
	라디오	2,530	2,073	1,943	1,816
	지상파DMB	53	44	36	35
	케이블PP	18,537	17,130	16,646	(　)
	케이블SO	1,391	1,408	1,275	1,369
	위성방송	480	511	504	503
	소계	38,508	35,385	32,756	31,041
온라인	인터넷(PC)	19,092	20,554	19,614	19,109
	모바일	28,659	36,618	45,678	54,781
	소계	47,751	57,172	65,292	73,890

보기

ㄱ. 2017~2019년 동안 모바일 광고매출액의 전년 대비 증가율은 매년 30% 이상이다.
ㄴ. 2017년의 경우, 방송 매체 중 지상파TV 광고매출액이 차지하는 비중은 온라인 매체 중 인터넷(PC) 광고매출액이 차지하는 비중보다 작다.
ㄷ. 케이블PP의 광고매출액은 매년 감소한다.
ㄹ. 2016년 대비 2019년 광고매출액 증감률이 가장 큰 세부 매체는 모바일이다.

① ㄱ, ㄴ　② ㄱ, ㄷ　③ ㄴ, ㄷ
④ ㄴ, ㄹ　⑤ ㄷ, ㄹ

기출 19' 5급㉤-가 난이도 ●●○

015 다음 〈그림〉은 '갑'국 6개 지방청 전체의 부동산과 자동차 압류건수의 지방청별 구성비에 관한 자료이다. 〈그림〉과 〈조건〉을 근거로 B와 D에 해당하는 지방청을 바르게 나열한 것은?

〈그림 1〉 부동산 압류건수의 지방청별 구성비

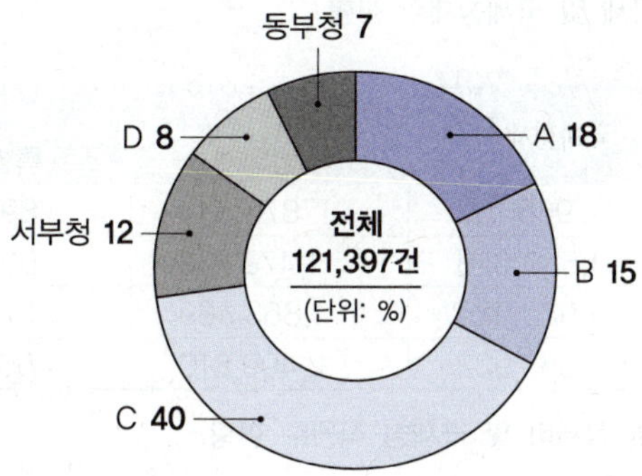

〈그림 2〉 자동차 압류건수의 지방청별 구성비

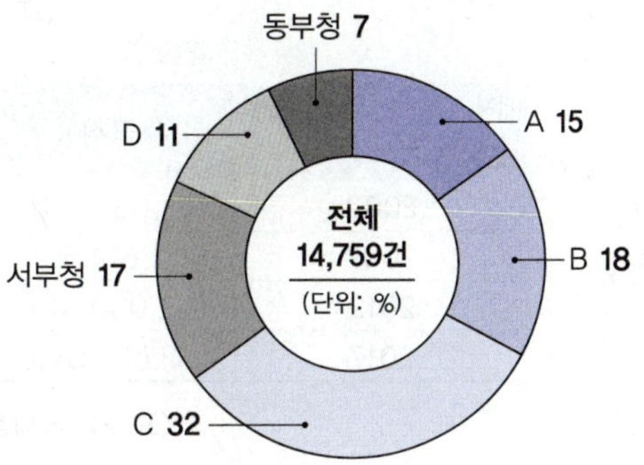

※ 지방청은 동부청, 서부청, 남부청, 북부청, 남동청, 중부청으로만 구성됨.

조건

- 자동차 압류건수는 중부청이 남동청의 2배 이상이다.
- 남부청과 북부청의 부동산 압류건수는 각각 2만 건 이하이다.
- 지방청을 부동산 압류건수와 자동차 압류건수가 큰 값부터 순서대로 각각 나열할 때, 순서가 동일한 지방청은 동부청, 남부청, 중부청이다.

	B	D
①	남동청	남부청
②	남동청	북부청
③	남부청	북부청
④	북부청	남부청
⑤	중부청	남부청

016 다음 〈표〉는 조사연도별 국세 및 국세청세수와 국세청세수 징세비 및 국세청 직원수 현황에 대한 자료이다. 〈보고서〉를 작성하기 위해 〈표〉 이외에 추가로 필요한 자료만을 〈보기〉에서 모두 고르면?

〈표 1〉 국세 및 국세청세수 현황

(단위: 억 원)

구분 / 조사연도	국세	국세청세수		
			일반회계	특별회계
2002	1,039,678	966,166	876,844	89,322
2007	1,614,591	1,530,628	1,479,753	50,875
2012	2,030,149	1,920,926	1,863,469	57,457
2017	2,653,849	2,555,932	2,499,810	56,122

〈표 2〉 국세청세수 징세비 및 국세청 직원수 현황

(단위: 백만 원, 명)

구분 / 조사연도	징세비	국세청 직원수
2002	817,385	15,158
2007	1,081,983	18,362
2012	1,339,749	18,797
2017	1,592,674	19,131

보고서

2017년 국세청세수는 255.6조 원으로, 전년도보다 22.3조 원 증가하였다. 세목별로는 소득세(76.8조 원), 부가가치세(67.1조 원), 법인세(59.2조 원) 순으로 높다. 세무서별로 살펴보면 세수 1위는 남대 세무서(11.6조 원), 2위는 수영세무서(10.9조 원)이다. 2017년 기준 국세청세수에서 특별회계가 차지하는 비중은 2.2%로서, 2002년 기준 9.2%와 비교해 감소하였다. 국세는 국세청세수에 관세청 소관분과 지방자치단체 소관분을 합한 금액으로, 2002년부터 2017년까지 국세 대비 국세청세수의 비율은 매년 증가 추세를 보인다. 2002년 기준 92.9%였던 국세 대비 국세청세수의 비율은 2017년에는 96.3%로 3.0%p 이상 증가하였다. 구체적으로 살펴보면, 국세청 직원 1인당 국세청세수는 2007년 8,336백만 원, 2017년 13,360백만 원으로 큰 폭의 상승세를 보인다. 국세청세수 100원당 징세비는 2017년 기준 0.62원으로 2002년 0.85원에 비해 20% 이상 감소하였다. 2017년 현재 19,131명의 국세청 직원들이 세수확보를 위해 노력 중이며, 국세청 직원수는 2002년 대비 25% 이상 증가하였다.

보기

ㄱ. 2003~2016년의 국세 및 국세청세수
ㄴ. 2003~2016년의 관세청 소관분
ㄷ. 2017년의 세무서별·세목별 세수 실적
ㄹ. 2002~2017년의 국세청 직원 1인당 국세청세수

① ㄱ, ㄴ ② ㄱ, ㄷ ③ ㄴ, ㄹ
④ ㄱ, ㄷ, ㄹ ⑤ ㄴ, ㄷ, ㄹ

기출 19' 5급㉯-가 난이도 ●●○

017 다음 〈표〉는 '가' 곤충도감에 기록된 분류군별 경제적 중요도와 '갑~병'국의 종의 수에 관한 자료이다. 이에 대한 〈보기〉의 설명 중 옳은 것만을 고르면?

〈표〉 분류군별 경제적 중요도와 '갑~병'국의 종의 수

(단위: 종)

분류군	경제적 중요도	국가			전체
		갑	을	병	
무시류	C	303	462	435	11,500
고시류	C	187	307	1,031	8,600
메뚜기목	A	297	372	1,161	34,300
강도래목	C	47	163	400	2,000
다듬이벌레목	B	12	83	280	4,400
털이목	C	4	150	320	2,800
이목	C	22	32	70	500
총채벌레목	A	87	176	600	5,000
노린재목	S	1,886	2,744	11,300	90,000
풀잠자리목	A	52	160	350	6,500
딱정벌레목	S	3,658	9,992	30,000	350,000
부채벌레목	C	7	22	60	300
벌목	S	2,791	4,870	17,400	125,000
밑들이목	C	11	44	85	600
벼룩목	C	40	72	250	2,500
파리목	S	1,594	4,692	18,000	120,000
날도래목	C	202	339	975	11,000
나비목	S	3,702	5,057	11,000	150,000

※ 해당 국가의 분류군별 종 다양성(%) = $\frac{\text{해당 국가의 분류군별 종의 수}}{\text{분류군별 전체 종의 수}} \times 100$

보기

ㄱ. 경제적 중요도가 S인 분류군 중, '갑'국에서 종의 수가 세 번째로 많은 분류군은 노린재목이다.

ㄴ. 경제적 중요도가 A인 분류군 중, '을'국에서 종의 수가 두 번째로 많은 분류군은 총채벌레목이다.

ㄷ. 경제적 중요도가 C인 분류군 중, '갑'국의 분류군별 종 다양성이 가장 낮은 분류군은 털이목이다.

ㄹ. 경제적 중요도가 S인 분류군 중, '병'국의 분류군별 종 다양성이 10% 이상인 분류군은 4개이다.

① ㄱ, ㄴ ② ㄱ, ㄷ ③ ㄴ, ㄷ
④ ㄴ, ㄹ ⑤ ㄷ, ㄹ

기출 19' 5급㉥-가 | 난이도 ●●○

018 다음 〈표〉는 '갑'공기업의 신규 사업 선정을 위한 2개 사업(A, B) 평가에 관한 자료이다. 〈표〉와 〈조건〉에 근거한 〈보기〉의 설명 중 옳은 것만을 고르면?

〈표 1〉 A와 B 사업의 평가 항목별 원점수

(단위: 점)

구분	평가 항목	A 사업	B 사업
사업적 가치	경영전략 달성 기여도	80	90
	수익창출 기여도	80	90
공적 가치	정부정책 지원 기여도	90	80
	사회적 편익 기여도	90	80
참여 여건	전 인력 확보 정도	70	70
	사내 공감대 형성 정도	70	70

※ 평가 항목별 원점수는 100점 만점임.

〈표 2〉 평가 항목별 가중치

구분	평가 항목	가중치
사업적 가치	경영전략 달성 기여도	0.2
	수익창출 기여도	0.1
공적 가치	정부정책 지원 기여도	0.3
	사회적 편익 기여도	0.2
참여 여건	전 인력 확보 정도	0.1
	사내 공감대 형성 정도	0.1
계		1.0

조건

- 신규 사업 선정을 위한 각 사업의 최종 점수는 평가 항목별 원점수에 해당 평가 항목의 가중치를 곱한 값을 모두 합하여 산정함.
- A와 B 사업 중 최종 점수가 더 높은 사업을 신규 사업으로 최종 선정함.

보기

ㄱ. 각 사업의 6개 평가 항목 원점수의 합은 A 사업과 B 사업이 같다.

ㄴ. '공적 가치'에 할당된 가중치의 합은 '참여 여건'에 할당된 가중치의 합보다 작고, '사업적 가치'에 할당된 가중치의 합보다 크다.

ㄷ. '갑'공기업은 A 사업을 신규 사업으로 최종 선정한다.

ㄹ. '정부정책 지원 기여도' 가중치와 '수익창출 기여도' 가중치를 서로 바꾸더라도 최종 선정되는 신규 사업은 동일하다.

① ㄱ, ㄴ　　② ㄱ, ㄷ　　③ ㄱ, ㄹ

④ ㄴ, ㄹ　　⑤ ㄷ, ㄹ

019 다음 〈그림〉과 〈정보〉는 A 해역의 해수면온도 변화에 따른 α 지수, 'E 현상' 및 'L 현상'에 관한 자료이다. 이에 대한 설명으로 옳은 것은?

〈그림〉 기준 해수면온도와 α 지수

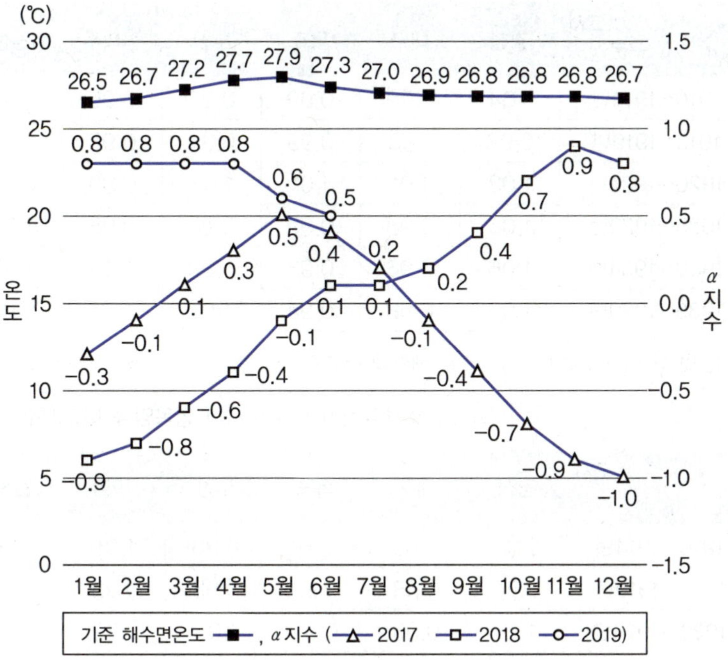

정보

- '기준 해수면온도'는 1985~2015년의 해당월 해수면온도의 평균임.
- '해수면온도 지표'는 해당월에 관측된 해수면온도에서 '기준 해수면온도'를 뺀 값임.
- α 지수는 전월, 해당월, 익월의 '해수면온도 지표'의 평균값임.
- 'E 현상'은 α 지수가 5개월 이상 계속 0.5 이상일 때, 0.5 이상인 첫 달부터 마지막 달까지 있었다고 판단함.
- 'L 현상'은 α 지수가 5개월 이상 계속 −0.5 이하일 때, −0.5 이하인 첫 달부터 마지막 달까지 있었다고 판단함.

① '기준 해수면온도'는 8월이 가장 높다.
② 해수면온도는 2019년 6월까지만 관측되었다.
③ 2018년에는 'E 현상'과 'L 현상'이 둘 다 있었다.
④ 'E 현상'은 8개월간 있었고, 'L 현상'은 7개월간 있었다.
⑤ 월별 '기준 해수면온도'가 1℃ 낮았더라도, 2017년에 'L 현상'이 있었다.

기출 19' 5급㉻-나 난이도 ●○○

020 **다음 〈표〉는 일제강점기 8개 도시의 기간별 물가와 명목임금 비교지수에 관한 자료이다. 이에 대한 〈보기〉의 설명 중 옳은 것만을 모두 고르면?**

〈표 1〉 일제강점기 8개 도시의 물가 비교지수

기간＼도시	경성	대구	목포	부산	신의주	원산	청진	평양
1910~1914년	1.04	0.99	0.99	0.95	0.95	1.05	1.06	0.97
1915~1919년	0.98	1.03	0.99	0.96	0.98	1.03	1.03	1.00
1920~1924년	1.03	1.01	1.01	1.03	0.96	0.99	1.05	0.92
1925~1929년	1.05	0.98	0.99	0.98	0.98	1.04	1.05	0.93
1930~1934년	1.06	0.96	0.93	0.98	1.06	1.00	1.04	0.97
1935~1939년	1.06	0.98	0.94	1.01	1.02	0.99	1.02	0.98

※ 기간별 각 도시의 물가 비교지수는 해당 기간 8개 도시 평균 물가 대비 각 도시 물가의 비율임.

〈표 2〉 일제강점기 8개 도시의 명목임금 비교지수

기간＼도시	경성	대구	목포	부산	신의주	원산	청진	평양
1910~1914년	0.92	0.83	0.89	0.96	1.01	1.13	1.20	1.06
1915~1919년	0.97	0.88	0.99	0.98	0.92	1.01	1.32	0.93
1920~1924년	1.13	0.93	0.97	1.05	0.79	0.96	1.32	0.85
1925~1929년	1.05	0.83	0.91	0.98	0.95	1.05	1.36	0.87
1930~1934년	1.06	0.86	0.84	0.96	0.96	1.01	1.30	1.01
1935~1939년	0.99	0.85	0.85	0.95	1.16	1.04	1.10	1.06

※ 기간별 각 도시의 명목임금 비교지수는 해당 기간 8개 도시 평균 명목임금 대비 각 도시 명목임금의 비율임.

보기

ㄱ. 경성보다 물가가 낮은 도시는 '1910~1914년' 기간에는 5곳이고 '1935~1939년' 기간에는 7곳이다.

ㄴ. 물가와 명목임금 모두가 기간별 8개 도시 평균보다 매 기간에 걸쳐 높은 도시는 한 곳뿐이다.

ㄷ. '1910~1914년' 기간보다 '1935~1939년' 기간의 명목임금이 경성은 증가하였으나 부산은 감소하였다.

ㄹ. '1920~1924년' 기간의 명목임금은 목포가 신의주의 1.2배 이상이다.

① ㄱ, ㄷ ② ㄱ, ㄹ ③ ㄴ, ㄷ
④ ㄱ, ㄴ, ㄹ ⑤ ㄴ, ㄷ, ㄹ

기출 19' 5급[민]-가 난이도 ●●○

021 다음 〈표〉는 2016~2019년 '갑'조사기관이 발표한 이미지 분야 및 실체 분야 국가브랜드 상위 10개국을 나타낸 자료이다. 이를 바탕으로 작성한 〈보고서〉의 A~C에 해당하는 내용을 바르게 나열한 것은?

〈표〉 2016~2019년 국가브랜드 상위 10개국

순위 \ 연도 / 분야	2016	2017	2018	2019	
	이미지	이미지	이미지	이미지	실체
1	프랑스	독일	일본	미국	미국
2	일본	캐나다	독일	독일	독일
3	스웨덴	일본	미국	영국	프랑스
4	영국	미국	캐나다	일본	영국
5	독일	영국	영국	스위스	일본
6	미국	스위스	프랑스	스웨덴	스위스
7	스위스	프랑스	스웨덴	캐나다	호주
8	캐나다	스웨덴	호주	프랑스	스웨덴
9	네덜란드	이탈리아	스위스	호주	네덜란드
10	이탈리아	호주	오스트리아	네덜란드	캐나다

※ 1) 국가브랜드는 이미지 분야와 실체 분야로 나누어 각각 순위가 결정되며 공동 순위는 없음.
2) 조사대상 국가는 매년 동일함.

보고서

최근 국가브랜드의 중요성이 커지면서 국가브랜드 순위에 대한 관심이 높아지고 있다. '갑' 조사기관이 발표한 2016~2019년 이미지 분야 및 실체 분야 국가브랜드 순위를 살펴보면, 미국의 이미지 분야 순위는 매년 [A]하고 있다. 또한, 이 기간에 연도별 이미지 분야 순위가 모두 상위 10위 이내에 든 국가는 총 8개국이다.
2019년 이미지 분야 순위가 상위 10위 이내에 든 국가는 모두 2019년 실체 분야 순위도 상위 10위 이내에 들었다. 2019년 이미지 분야 순위 상위 10개국 중 2019년 이미지 분야 순위와 실체 분야 순위의 차이가 가장 큰 국가는 [B]인 것으로 나타났다. 2017년 이미지 분야 순위 상위 10개국 중 2016년에 비해 2017년 이미지 분야 순위가 상승한 국가는 총 [C]개국이었고, 특히 캐나다의 높은 순위 상승이 눈에 띈다. 2019년에는 2018년과 비교하여 이미지 분야 순위가 하락한 국가가 많았으나, 네덜란드의 경우 이미지 분야 순위가 상승하여 주목받고 있다.

	A	B	C
①	상승	캐나다	6
②	상승	프랑스	5
③	상승	프랑스	6
④	하락	스웨덴	5
⑤	하락	캐나다	6

기출 19' 5급㉥-가 난이도 ●●○

022 다음 〈그림〉은 W 경제포럼이 발표한 25개 글로벌 리스크의 분류와 영향도 및 발생가능성 지수에 관한 자료이다. 이에 대한 설명으로 옳지 않은 것은?

〈그림〉 글로벌 리스크의 분류와 영향도 및 발생가능성 지수

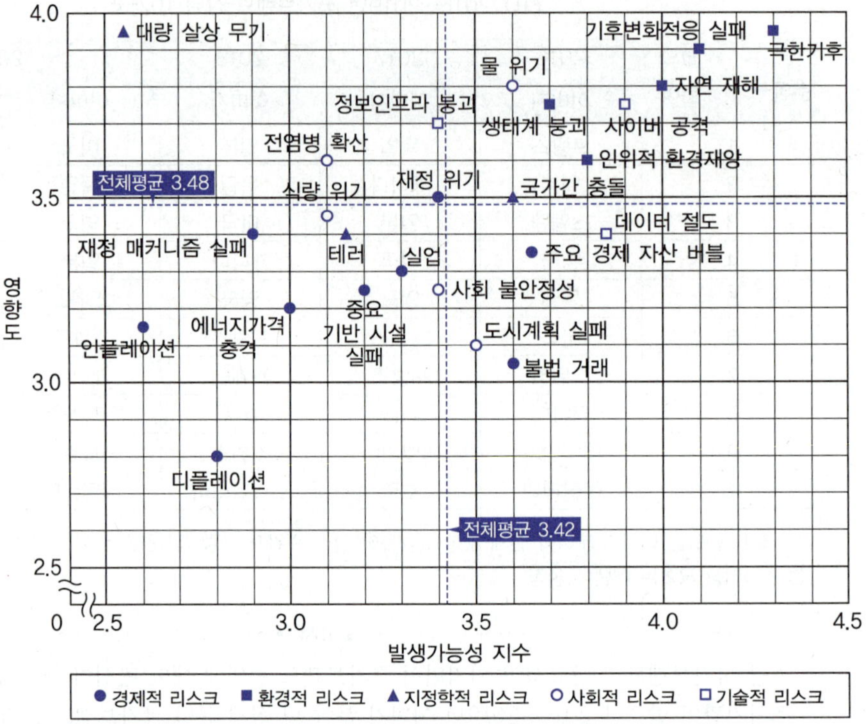

① 모든 환경적 리스크의 발생가능성 지수 대비 영향도의 비는 1 이상이다.

② 영향도와 발생가능성 지수의 차이가 가장 큰 글로벌 리스크는 '대량 살상 무기'이다.

③ '에너지가격 충격'의 영향도 대비 발생가능성 지수의 비는 1 이하이다.

④ 영향도와 발생가능성 지수가 각각의 '전체 평균' 이하인 경제적 리스크의 수는 영향도나 발생가능성 지수가 각각의 '전체 평균' 이상인 경제적 리스크의 수보다 많다.

⑤ 모든 환경적 리스크는 영향도와 발생가능성 지수가 각각의 '전체 평균' 이상이다.

기출 19' 5급ⓜ-가 난이도 ●●○

023 다음 〈표〉는 '갑'국의 멸종위기종 지정 현황에 관한 자료이다. 이에 대한 설명으로 옳지 않은 것은?

〈표〉 멸종위기종 지정 현황

(단위: 종)

분류 \ 지정	멸종위기종		
		멸종위기 I 급	멸종위기 II 급
포유류	20	12	8
조류	63	14	49
양서 · 파충류	8	2	6
어류	27	11	16
곤충류	26	6	20
무척추동물	32	4	28
식물	88	11	77
전체	264	60	204

※ 멸종위기종은 멸종위기 I 급과 멸종위기 II 급으로 구분함.

① 멸종위기종으로 '포유류'만 10종을 추가로 지정한다면, 전체 멸종위기종 중 '포유류'의 비율은 10% 이상이다.

② 각 분류에서 멸종위기종 중 멸종위기 I 급의 비율은 '무척추동물'과 '식물'이 동일하다.

③ 각 분류의 멸종위기종에서 5종씩 지정을 취소한다면, 전체 멸종위기종 중 '조류'의 비율은 감소한다.

④ 각 분류에서 멸종위기종 중 멸종위기 II 급의 비율은 '조류'가 '양서·파충류'보다 높다.

⑤ '포유류'를 제외한 모든 분류에서 각 분류의 멸종위기종 중 멸종위기 II 급의 비율은 각 분류의 멸종위기종 중 멸종위기 I 급의 비율보다 높다.

기출 19' 5급[민]-가 난이도 ●●○

024 다음 〈조사개요〉와 〈표〉는 A 기관 5개 지방청에 대한 외부고객 만족도 조사 결과이다. 이에 대한 설명으로 옳지 않은 것은?

조사개요

- 조사기간: 2019년 7월 28일~2019년 8월 8일
- 조사방법: 전화 조사
- 조사목적: A 기관 5개 지방청 외부고객의 주소지 관할 지방청에 대한 만족도 조사
- 응답자 수: 총 101명(조사항목별 무응답은 없음)
- 조사항목: 업무 만족도, 인적 만족도, 시설 만족도

〈표〉 A 기관 5개 지방청 외부고객 만족도 조사 결과

(단위: 점)

구분 \ 조사항목		업무 만족도	인적 만족도	시설 만족도
전체		4.12	4.29	4.20
성별	남자	4.07	4.33	4.19
	여자	4.15	4.27	4.20
연령대	30세 미만	3.82	3.83	3.70
	30세 이상 40세 미만	3.97	4.18	4.25
	40세 이상 50세 미만	4.17	4.39	4.19
	50세 이상	4.48	4.56	4.37
지방청	경인청	4.35	4.48	4.30
	동북청	4.20	4.39	4.28
	호남청	4.00	4.03	4.04
	동남청	4.19	4.39	4.30
	충청청	3.73	4.16	4.00

※ 1) 주어진 점수는 응답자의 조사항목별 만족도의 평균이며, 점수가 높을수록 만족도가 높음(5점 만점).
2) 점수는 소수점 아래 셋째 자리에서 반올림한 값임.

① 모든 연령대에서 '업무 만족도'보다 '인적 만족도'가 높다.
② '업무 만족도'가 높은 지방청일수록 '인적 만족도'도 높다.
③ 응답자의 연령대가 높을수록 '업무 만족도'와 '인적 만족도'가 모두 높다.
④ '업무 만족도', '인적 만족도', '시설 만족도'의 합이 가장 큰 지방청은 경인청이다.
⑤ 남자 응답자보다 여자 응답자가 많다.

기출 19' 5급㉷-가 | 난이도 ●●○

025 다음 〈그림〉은 2019년 '갑'국의 가구별 근로장려금 산정기준에 관한 자료이다. 이에 대한 〈보기〉의 설명 중 옳은 것만을 모두 고르면?

〈그림〉 2019년 가구별 근로장려금 산정기준

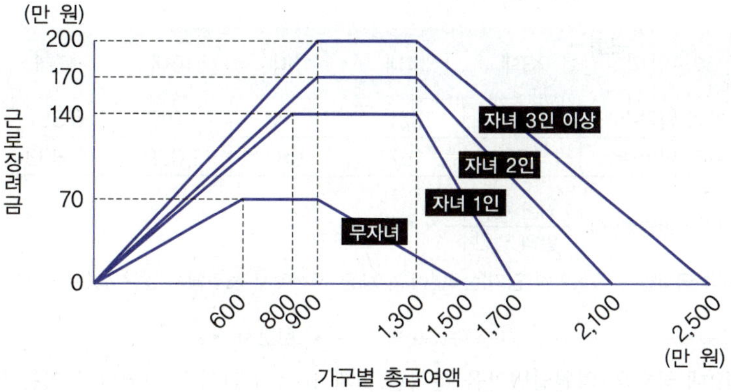

※ 2019년 가구별 근로장려금은 2018년 가구별 자녀수와 총급여액을 기준으로 산정함.

보기

ㄱ. 2018년 총급여액이 1,000만 원이고 자녀가 1명인 가구의 2019년 근로장려금은 140만 원이다.

ㄴ. 2018년 총급여액이 800만 원 이하인 무자녀 가구는 2018년 총급여액이 많을수록 2019년 근로장려금도 많다.

ㄷ. 2018년 총급여액이 2,200만 원이고 자녀가 3명 이상인 가구의 2019년 근로장려금은 2018년 총급여액이 600만 원이고 자녀가 1명인 가구의 2019년 근로장려금보다 적다.

ㄹ. 2018년 총급여액이 2,000만 원인 가구의 경우, 자녀가 많을수록 2019년 근로장려금도 많다.

① ㄱ, ㄷ ② ㄱ, ㄹ ③ ㄴ, ㄷ
④ ㄱ, ㄴ, ㄹ ⑤ ㄴ, ㄷ, ㄹ

기출 19' 5급[민]-나 | 난이도 ●○○

026 다음 〈표〉와 〈보고서〉는 '갑'국 13~19대 국회 의원입법안 발의 및 처리 현황에 대한 자료이다. 〈보고서〉를 작성하기 위해 〈표〉 이외에 추가로 필요한 자료만을 〈보기〉에서 모두 고르면?

〈표〉 국회 의원입법안 발의 및 처리 법안수 현황

(단위: 건)

구분 \ 국회	13대	14대	15대	16대	17대	18대	19대
발의 법안수	570	321	1,144	1,912	6,387	12,220	16,728
처리 법안수	352	167	687	1,028	2,893	4,890	6,626

※ 1) 법안 반영률(%) = $\frac{\text{처리 법안수}}{\text{발의 법안수}} \times 100$

2) 각 국회별로 국회의원 임기는 4년이고, 해당 국회에서 처리되지 않은 법안은 폐기됨.

보고서

19대 국회의 의원입법안을 분석한 결과 16,728건이 발의되었고 이는 19대 국회 동안 월평균 340건 이상, 국회의원 1인당 50건 이상의 법안이 제출된 셈이다.
국회 상임위원회 활동으로 보면 상임위원회당 처리 법안수가 13대 20.7건에서 19대 414.1건으로 20배 이상이 되었다. 하지만 국회 상임위원회 법안소위에도 오르지 않은 법안의 증가로 인해 13대 국회에서 61.8%에 달했던 법안 반영률은 19대에 39.6%까지 낮아졌다.
이처럼 국회 본연의 임무인 입법 기능이 저하되는 가운데 국회 국민청원건수는 16대 이후로 감소하고 있다. 구체적으로는 13대 503건에서 지속적으로 증가해 16대에 765건으로 정점을 찍은 후 급감하였고, 19대 들어 227건에 그쳐 13대 이후 최저 수준을 기록하였다.

보기

ㄱ. 국회 국민청원건수

국회	13대	14대	15대	16대	17대	18대	19대
건수(건)	503	534	595	765	432	272	227

ㄴ. 국회 국민청원 중 본회의 처리건수

국회	13대	14대	15대	16대	17대	18대	19대
건수(건)	13	11	3	4	4	3	2

ㄷ. 국회 상임위원회수

국회	13대	14대	15대	16대	17대	18대	19대
상임 위원회수(개)	17	16	16	17	17	16	16

ㄹ. 국회의원수

국회	13대	14대	15대	16대	17대	18대	19대
의원수(명)	299	299	299	273	299	299	300

① ㄱ, ㄴ　② ㄱ, ㄹ　③ ㄱ, ㄴ, ㄷ

④ ㄱ, ㄷ, ㄹ　⑤ ㄴ, ㄷ, ㄹ

기출 19' 5급(민)-나 난이도 ●●○

027 다음 〈그림〉과 〈표〉는 주요 10개국의 인간개발지수와 시민지식 평균점수 및 주요 지표에 관한 자료이다. 이에 대한 〈보기〉의 설명 중 옳은 것만을 모두 고르면?

〈그림〉 국가별 인간개발지수와 시민지식 평균점수의 산포도

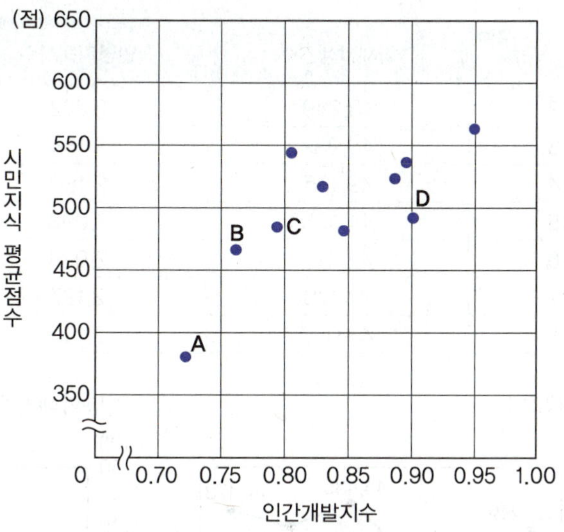

〈표〉 국가별 주요 지표

구분 국가	인간개발 지수	최근 국회의원 선거 투표율(%)	GDP 대비 공교육비 비율(%)	인터넷 사용률(%)	1인당 GDP (달러)
벨기에	0.896	92.5	6.4	85	41,138
불가리아	0.794	54.1	3.5	57	16,956
칠레	0.847	49.3	4.6	64	22,145
도미니카공화국	0.722	69.6	2.1	52	13,375
이탈리아	0.887	75.2	4.1	66	33,587
대한민국	0.901	58.0	4.6	90	34,387
라트비아	0.830	58.9	4.9	79	22,628
멕시코	0.762	47.7	5.2	57	16,502
노르웨이	0.949	78.2	7.4	97	64,451
러시아	0.804	60.1	4.2	73	23,895

보기

ㄱ. A국의 인터넷 사용률은 60% 미만이다.
ㄴ. B국은 C국보다 GDP 대비 공교육비 비율이 낮다.
ㄷ. D국은 최근 국회의원 선거 투표율 하위 3개국 중 하나이다.
ㄹ. 1인당 GDP가 가장 높은 국가는 시민지식 평균점수도 가장 높다.

① ㄱ, ㄴ　② ㄱ, ㄷ　③ ㄱ, ㄹ
④ ㄴ, ㄷ　⑤ ㄴ, ㄹ

기출 19' 5급㉿-나 난이도 ●●○

028

다음 〈표〉는 2012~2017년 '갑'국의 화재발생 현황에 대한 자료이다. 이를 이용하여 작성한 그래프로 옳지 않은 것은?

〈표〉 '갑'국의 화재발생 현황

(단위: 건, 명)

연도 \ 구분	화재발생건수	인명피해자수	구조활동건수
2012	43,249	2,222	427,735
2013	40,932	2,184	400,089
2014	42,135	2,180	451,050
2015	44,435	2,093	479,786
2016	43,413	2,024	609,211
2017	44,178	2,197	655,485
평균	43,057	2,150	503,893

① 화재발생건수

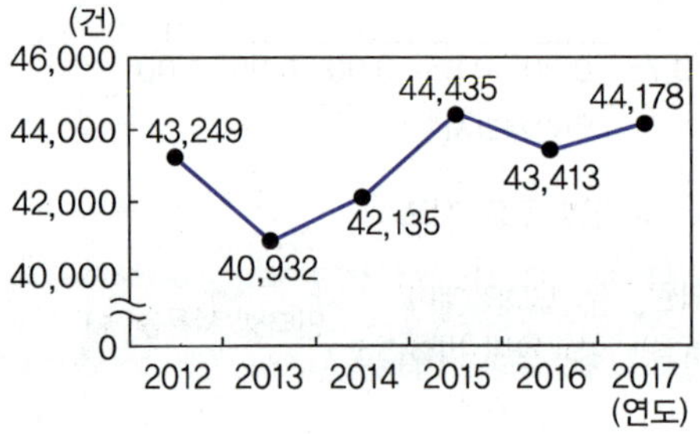

② 인명피해자수 편차의 절대값

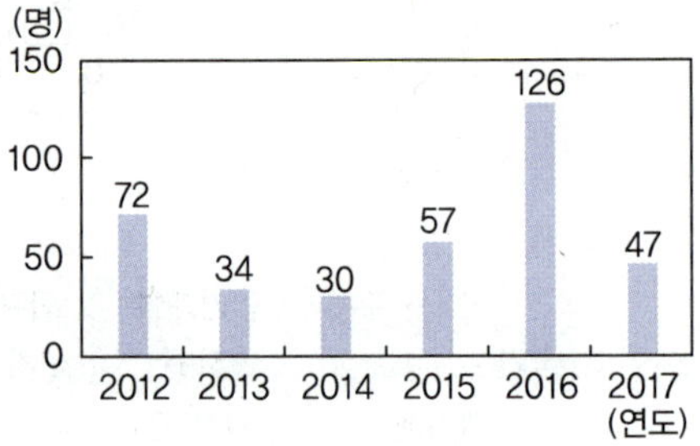

※ 인명피해자수 편차는 해당년도 인명피해자수에서 평균 인명피해자수를 뺀 값임.

③ 구조활동건수의 전년대비 증가량

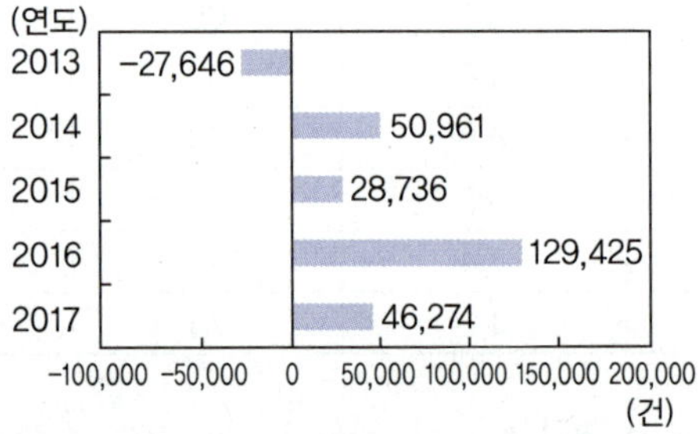

④ 화재발생건수 대비 인명피해자수 비율

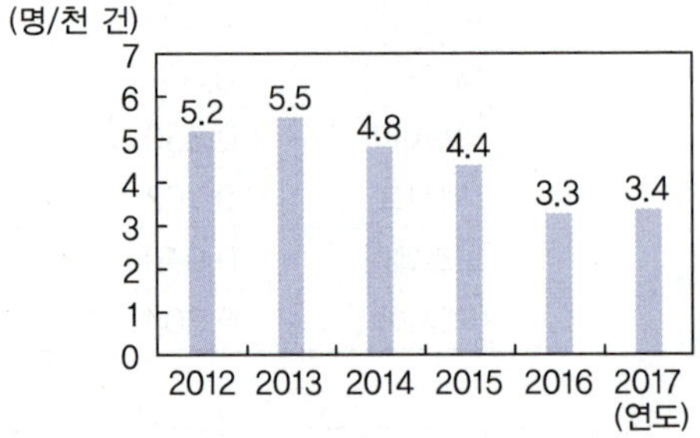

⑤ 화재발생건수의 전년대비 증가율

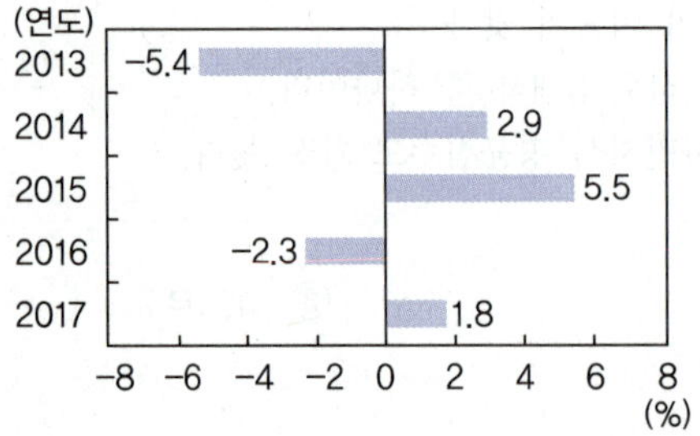

기출 20' 5급㉻-나 난이도 ●●●

029 다음 〈표〉는 2019년 12월 호텔 A~D의 운영실적에 대한 자료이다. 이에 대한 〈보기〉의 설명 중 옳은 것을 고르면?

〈표〉 2019년 12월 호텔 A~D의 운영실적

(단위: 개, 만 원)

호텔	판매가능 객실 수	판매 객실 수	평균 객실 요금
A	3,500	1,600	40
B	3,000	2,100	30
C	1,250	1,000	20
D	1,100	990	10

※ 1) 객실 수입 = 판매 객실 수 × 평균 객실 요금

2) 객실 판매율(%) = $\frac{\text{판매 객실 수}}{\text{판매가능 객실 수}} \times 100$

보기

ㄱ. 객실 수입이 가장 많은 호텔은 B이다.
ㄴ. 객실 판매율은 호텔 C가 호텔 D보다 낮다.
ㄷ. 판매가능 객실당 객실 수입이 가장 적은 호텔은 A이다.
ㄹ. 판매가능 객실 수가 많은 호텔일수록 객실 판매율이 낮다.

① ㄱ, ㄴ ② ㄱ, ㄷ ③ ㄱ, ㄹ
④ ㄴ, ㄷ ⑤ ㄴ, ㄹ

기출 20' 5급(행)-나 난이도 ●●●

030 다음 〈표〉는 산림경영인의 산림경영지원제도 인지도에 대한 설문조사 결과이다. 이에 대한 설명으로 옳지 않은 것은?

〈표〉 산림경영인의 산림경영지원제도 인지도

(단위: 명, %, 점)

구분	항목	응답자 수	인지도 점수별 응답자 비율					인지도 평균점수
			1점	2점	3점	4점	5점	
경영 주체	독림가	173	2.9	17.3	22.0	39.3	18.5	3.53
	임업후계자	292	4.5	27.1	20.9	33.9	13.7	3.25
	일반산주	353	11.0	60.9	10.5	16.4	1.1	2.36
거주지 권역	경기	57	12.3	40.4	3.5	36.8	7.0	2.86
	강원	112	6.3	20.5	11.6	43.8	17.9	3.46
	충청	193	7.8	35.2	20.2	25.9	10.9	2.97
	전라	232	6.9	44.0	20.7	20.3	8.2	2.79
	경상	224	5.4	48.2	15.2	25.9	5.4	2.78
소유 면적	2 ha 미만	157	8.9	63.7	11.5	14.0	1.9	2.36
	2 ha 이상 6 ha 미만	166	9.0	43.4	16.9	22.9	7.8	2.77
	6 ha 이상 11 ha 미만	156	7.7	35.3	16.7	32.7	7.7	2.97
	11 ha 이상 50 ha 미만	232	4.3	30.6	17.2	36.2	11.6	3.20
	50 ha 이상	107	5.6	24.3	22.4	28.0	19.6	3.32
소재지 거주 여부	소재산주	669	5.8	41.0	15.7	28.4	9.1	2.94
	부재산주	149	12.1	33.6	20.8	23.5	10.1	2.86

※ 인지도 점수별 응답자 비율(인지도 평균점수)은 소수점 아래 둘째(셋째)자리에서 반올림한 값임.

① 소유면적별 인지도 평균점수는 '50 ha 이상'이 '2 ha 미만'의 1.4배 이상이다.
② 거주지 권역별 인지도 평균점수는 '강원'이 '경기'보다 높다.
③ 인지도 점수를 2점 이하로 부여한 응답자 대비 4점 이상으로 부여한 응답자의 비율이 가장 높은 거주지 권역은 '충청'이다.
④ 인지도 점수를 1점으로 부여한 '소재산주'는 5점으로 부여한 '부재산주'의 2배 이상이다.
⑤ 인지도 점수를 3점 이상으로 부여한 응답자가 가장 많은 경영주체는 '임업후계자'이다.

Day 1 Self Check List

	오답 수	무응답 수	풀이시간(분)
1회독	/ 30	/ 30	/ 60(분)
2회독	/ 30	/ 30	/ 50(분)
3회독	/ 30	/ 30	/ 35(분)

정답 및 해설 35p

독끝 기본 2일차 (031~060)

난이도별 구성

●○○	7문항
●●○	18문항
●●●	5문항

본 문항은 PSAT 자료해석 영역 기출 문항으로 구성되며, 기출 표기에 따른 시험 종류는 아래와 같습니다. (표기 상 맨 끝은 '책형' 입니다.)
㉤ – 민간경력자 일괄채용시험 / ㉥ – 공개경쟁채용시험(행정)

2일차 계산연습(초급)

Set ❶

각 연산 결과 100 이상(O), 미만(X)

(1)	40	+	92	→	
(2)	47	+	51	→	
(3)	16	+	66	→	
(4)	73	+	65	→	
(5)	42	+	48	→	
(6)	4	×	19	→	
(7)	16	×	2	→	
(8)	3	×	13	→	
(9)	12	×	9	→	
(10)	4	×	16	→	

Set ❷

A, B 차이값이 40 이상(O), 미만(X)

	A	B		
(1)	78	29	→	
(2)	16	31	→	
(3)	94	40	→	
(4)	46	80	→	
(5)	90	62	→	
(6)	93	60	→	
(7)	22	58	→	
(8)	18	95	→	
(9)	66	24	→	
(10)	96	56	→	

Set ❸

A, B 각 분수의 크기비교 후, 부등호 기입

	A		B
(1)	$\frac{19}{88}$		$\frac{68}{90}$
(2)	$\frac{76}{65}$		$\frac{60}{18}$
(3)	$\frac{63}{59}$		$\frac{87}{21}$
(4)	$\frac{49}{86}$		$\frac{83}{31}$
(5)	$\frac{96}{68}$		$\frac{96}{82}$

Set ❹

A대비B의 증감률이 50% 이상(O), 미만(X)

	A	B		
(1)	89	61	→	
(2)	86	61	→	
(3)	80	12	→	
(4)	20	86	→	
(5)	98	82	→	

	Set ❶	Set ❷	Set ❸	Set ❹
(1)	O	O	<	X
(2)	X	X	<	X
(3)	X	O	<	O
(4)	O	X	<	O
(5)	X	X	>	X
(6)	X	X		
(7)	X	X		
(8)	X	O		
(9)	O	O		
(10)	X	O		

※Set ❸, ❹ 참고사항

- 연산결과는 소수 셋째자리에서 반올림 적용

	맞은 개수	풀이 시간
Set ❶	/ 10	(초)
Set ❷	/ 10	(초)
Set ❸	/ 5	(초)
Set ❹	/ 5	(초)
합계	/ 30	(초)

* 다음의 회독수 별 권장풀이시간에 맞춰 문제풀이 후,
Day 2 끝의 [Self Check List]를 기입하여 부족한 부분을 파악하세요!

권장 풀이 시간
1회독 60 min 2회독 50 min 3회독 35 min

기출 19' 5급ⓜ-나 난이도

031 다음 〈표〉는 2012~2018년 '갑'국의 지가변동률에 대한 자료이다. 이에 대한 〈보기〉의 설명 중 옳은 것만을 모두 고르면?

〈표〉 연도별 지가변동률

(단위: %)

지역 / 연도	수도권	비수도권
2012	0.37	1.47
2013	1.20	1.30
2014	2.68	2.06
2015	1.90	2.77
2016	2.99	2.97
2017	4.31	3.97
2018	6.11	3.64

보기

ㄱ. 비수도권의 지가변동률은 매년 상승하였다.
ㄴ. 비수도권의 지가변동률이 수도권의 지가변동률보다 높은 연도는 3개이다.
ㄷ. 전년대비 지가변동률 차이가 가장 큰 연도는 수도권과 비수도권이 동일하다.

① ㄱ ② ㄴ ③ ㄱ, ㄷ
④ ㄴ, ㄷ ⑤ ㄱ, ㄴ, ㄷ

기출 19' 5급[민]-나 | 난이도 ●●○

032 다음 〈그림〉과 〈표〉는 '갑'국을 포함한 주요 10개국의 학업성취도 평가 자료이다. 이에 대한 설명으로 옳은 것은?

〈그림〉 1998~2018년 '갑'국의 성별 학업성취도 평균점수

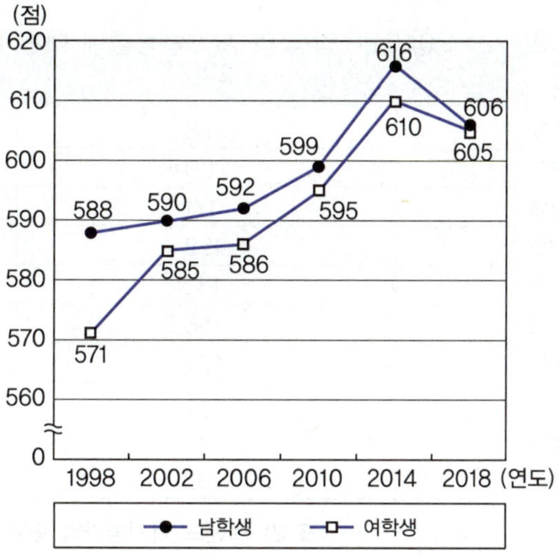

※ 학업성취도 평균점수는 소수점 아래 첫째 자리에서 반올림한 값임.

〈표〉 2018년 주요 10개국의 학업성취도 평균점수 및 점수대별 누적 학생비율

(단위: 점, %)

구분 국가	평균 점수	학업성취도 점수대별 누적 학생비율			
		625점 이상	550점 이상	475점 이상	400점 이상
A	621	54	81	94	99
갑	606	43	75	93	99
B	599	42	72	88	97
C	594	37	75	92	98
D	586	34	67	89	98
E	538	14	46	78	95
F	528	12	41	71	91
G	527	7	39	78	96
H	523	7	38	76	94
I	518	10	36	69	93

※ 학업성취수준은 수월수준(625점 이상), 우수수준(550점 이상 625점 미만), 보통수준(475점 이상 550점 미만), 기초수준(400점 이상 475점 미만), 기초수준 미달(400점 미만)로 구분됨.

① '갑'국 남학생과 여학생의 평균점수 차이는 2018년이 1998년보다 크다.

② '갑'국의 평균점수는 2018년이 2014년보다 크다.

③ 2018년 주요 10개 국가는 '수월수준'의 학생비율이 높을수록 평균점수가 높다.

④ 2018년 주요 10개 국가 중 '기초수준 미달'의 학생비율이 가장 높은 국가는 I국이다.

⑤ 2018년 '우수수준'의 학생비율은 D국이 B국보다 높다.

기출 19' 5급[민]-나 | 난이도 ●●○

033 다음 〈표〉는 2017년과 2018년 주요 10개 자동차 브랜드 가치평가에 관한 자료이다. 이에 대한 〈보기〉의 설명 중 옳은 것만을 모두 고르면?

〈표 1〉 브랜드 가치평가액

(단위: 억 달러)

브랜드 \ 연도	2017	2018
TO	248	279
BE	200	218
BM	171	196
HO	158	170
FO	132	110
WO	56	60
AU	37	42
HY	35	41
XO	38	39
NI	32	31

〈표 2〉 브랜드 가치평가액 순위

구분	전체 제조업계 내 순위		자동차업계 내 순위	
브랜드 \ 연도	2017	2018	2017	2018
TO	9	7	1	1
BE	11	10	2	2
BM	16	15	3	3
HO	19	19	4	4
FO	22	29	5	5
WO	56	56	6	6
AU	78	74	8	7
HY	84	75	9	8
XO	76	80	7	9
NI	85	90	10	10

보기

ㄱ. 2017년 대비 2018년 '전체 제조업계 내 순위'가 하락한 브랜드는 2017년 대비 2018년 브랜드 가치평가액도 감소하였다.

ㄴ. 2017년과 2018년의 브랜드 가치평가액 차이가 세 번째로 큰 브랜드는 BE이다.

ㄷ. 2017년 대비 2018년 '전체 제조업계 내 순위'와 '자동차업계 내 순위'가 모두 상승한 브랜드는 2개뿐이다.

ㄹ. 연도별 '자동차업계 내 순위' 기준 상위 7개 브랜드 가치평가액 평균은 2018년이 2017년보다 크다.

① ㄱ, ㄴ ② ㄱ, ㄹ ③ ㄴ, ㄷ
④ ㄴ, ㄹ ⑤ ㄷ, ㄹ

기출 19' 5급[민]-나 난이도 ●●○

034 **다음 〈표〉와 〈그림〉은 2018년 A 대학의 학생상담 현황에 대한 자료이다. 이에 대한 〈보기〉의 설명 중 옳은 것만을 모두 고르면?**

〈표〉 상담자별, 학년별 상담건수

(단위: 건)

상담자 \ 학년	1학년	2학년	3학년	4학년	합
교수	1,085	1,020	911	1,269	4,285
상담직원	154	97	107	56	414
진로컨설턴트	67	112	64	398	641
전체	1,306	1,229	1,082	1,723	5,340

〈그림 1〉 상담횟수별 학생 수

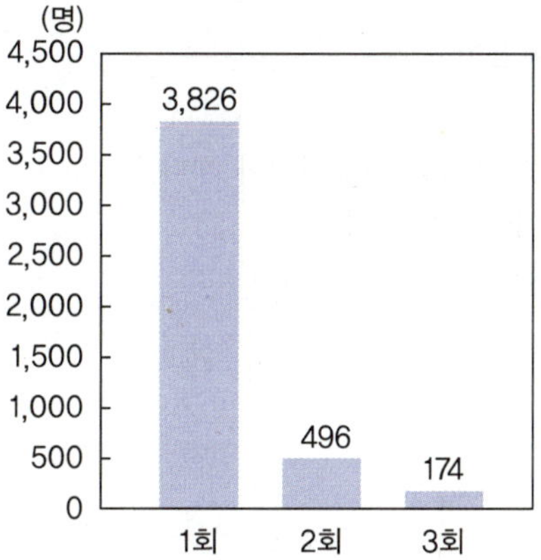

〈그림 2〉 전체 상담건수의 유형별 구성비

(단위: %)

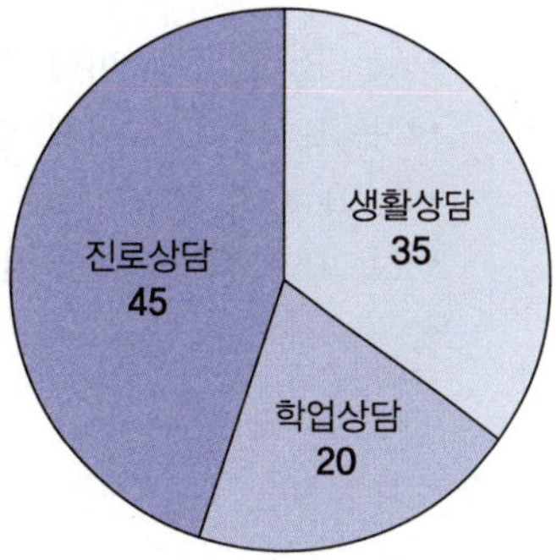

보기

ㄱ. 학년별 전체 상담건수 중 '상담직원'의 상담건수가 차지하는 비중이 큰 학년부터 순서대로 나열하면 1학년, 2학년, 3학년, 4학년 순이다.

ㄴ. '진로컨설턴트'가 상담한 유형이 모두 진로상담이고, '상담직원'이 상담한 유형이 모두 생활상담 또는 학업상담이라면, '교수'가 상담한 유형 중 진로상담이 차지하는 비중은 30% 이상이다.

ㄷ. 상담건수가 많은 학년부터 순서대로 나열하면 4학년, 1학년, 2학년, 3학년 순이다.

ㄹ. 최소 한 번이라도 상담을 받은 학생 수는 4,600명 이하이다.

① ㄱ, ㄷ　② ㄴ, ㄹ　③ ㄱ, ㄴ, ㄷ
④ ㄱ, ㄷ, ㄹ　⑤ ㄴ, ㄷ, ㄹ

문항편 2일차 • 수리능력 + 자료해석

기출 19' 5급[민]-나 | 난이도 ●●●

035 다음 〈표〉는 2018년 A~E 기업의 영업이익, 직원 1인당 영업이익, 평균연봉을 나타낸 자료이다. 〈보기〉의 설명을 근거로 '나', '라'에 해당하는 기업을 바르게 나열한 것은?

〈표〉 A~E 기업의 영업이익, 직원 1인당 영업이익, 평균연봉

(단위: 백만 원)

항목 기업	영업이익	직원 1인당 영업이익	평균연봉
가	83,600	34	66
나	33,900	34	34
다	21,600	18	58
라	24,600	7	66
마	50,100	30	75

보기

- A는 B, C, E에 비해 직원 수가 많다.
- C는 B, D, E에 비해 평균연봉 대비 직원 1인당 영업이익이 적다.
- A, B, C의 영업이익을 합쳐도 D의 영업이익보다 적다.
- E는 B에 비해 직원 1인당 영업이익이 적다.

	나	라
①	B	A
②	B	D
③	C	B
④	C	E
⑤	D	A

036 다음 〈보고서〉는 2017년 세종특별자치시의 자원봉사 현황을 요약한 자료이다. 〈보고서〉의 내용을 작성하는 데 직접적인 근거로 활용되지 않은 자료는?

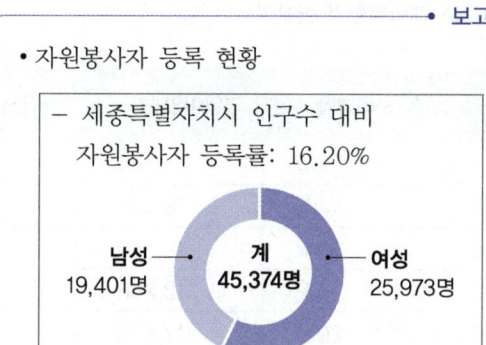

보고서

• 자원봉사자 등록 현황

– 세종특별자치시 인구수 대비 자원봉사자 등록률: 16.20%

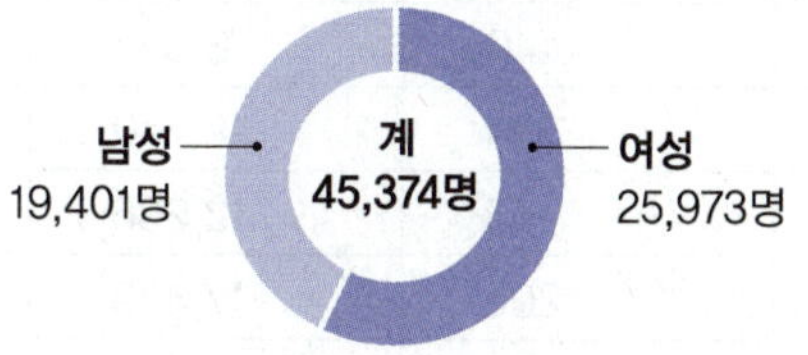

• 자원봉사단체 등록 현황

• 연령대별 자원봉사자 등록 현황

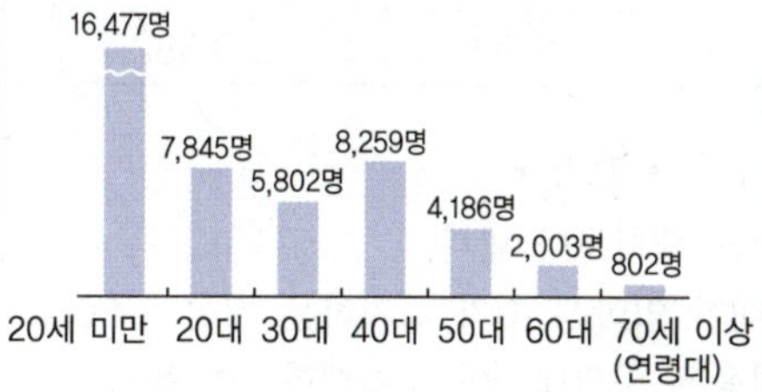

• 자원봉사자 활동 현황

• 자원봉사 누적시간대별 자원봉사 참여자수 현황

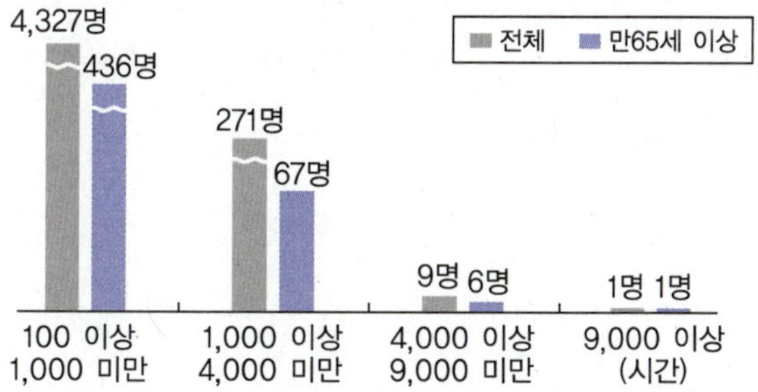

① 2017년 세종특별자치시에 등록된 자원봉사단체별 회원수 현황
② 2017년 세종특별자치시 인구 현황
③ 2017년 세종특별자치시에 등록된 성별, 연령별 자원봉사자수 현황
④ 2017년 세종특별자치시 연간 1회 이상 활동한 자원봉사자수 현황
⑤ 2017년 세종특별자치시 연령별, 1일 시간대별 자원봉사 참여자수 현황

기출 19' 5급(민)-나 난이도 ●●○

037 다음 〈표〉는 2018년 '갑'국의 대학유형별 현황에 관한 자료이다. 이에 대한 〈보기〉의 설명 중 옳은 것만을 모두 고르면?

〈표〉 대학유형별 현황

(단위: 개, 명)

구분 \ 유형	국립대학	공립대학	사립대학	전체
학교	34	1	154	189
학과	2,776	40	8,353	11,169
교원	15,299	354	49,770	65,423
여성	2,131	43	12,266	14,440
직원	8,987	205	17,459	26,651
여성	3,254	115	5,259	8,628
입학생	78,888	1,923	274,961	355,772
재적생	471,465	13,331	1,628,497	2,113,293
졸업생	66,890	1,941	253,582	322,413

보기

ㄱ. 학과당 교원 수는 공립대학이 사립대학보다 많다.
ㄴ. 전체 대학 입학생 수에서 국립대학 입학생 수가 차지하는 비율은 20% 이상이다.
ㄷ. 입학생 수 대비 졸업생 수의 비율은 공립대학이 국립대학보다 높다.
ㄹ. 각 대학유형에서 남성 직원 수가 여성 직원 수보다 많다.

① ㄱ, ㄷ　② ㄱ, ㄹ　③ ㄴ, ㄹ
④ ㄱ, ㄴ, ㄷ　⑤ ㄴ, ㄷ, ㄹ

기출 19' 5급(민)-나 난이도 ●●○

038 다음 〈표〉는 2014~2018년 '갑'국 체류외국인수 및 체류외국인 범죄건수에 대한 자료이다. 이에 대한 〈보기〉의 설명 중 옳은 것만을 모두 고르면?

〈표〉 체류외국인수 및 체류외국인 범죄건수

(단위: 명, 건)

구분 \ 연도	2014	2015	2016	2017	2018
체류외국인수	1,168,477	1,261,415	1,395,077	1,445,103	1,576,034
합법체류외국인수	990,522	1,092,900	1,227,297	1,267,249	1,392,928
불법체류외국인수	177,955	168,515	167,780	177,854	183,106
체류외국인 범죄건수	21,235	19,445	25,507	22,914	24,984
합법체류외국인 범죄건수	18,645	17,538	23,970	21,323	22,951
불법체류외국인 범죄건수	2,590	1,907	1,537	1,591	2,033

보기

ㄱ. 매년 불법체류외국인수는 체류외국인수의 10% 이상이다.
ㄴ. 불법체류외국인 범죄건수의 전년대비 증가율이 가장 높은 해에 합법체류외국인 범죄건수의 전년대비 증가율도 가장 높다.
ㄷ. 체류외국인 범죄건수가 전년에 비해 감소한 해에는 합법체류외국인 범죄건수와 불법체류외국인 범죄건수도 각각 전년에 비해 감소하였다.
ㄹ. 매년 합법체류외국인 범죄건수는 체류외국인 범죄건수의 80% 이상이다.

① ㄱ, ㄹ　② ㄴ, ㄷ　③ ㄴ, ㄹ
④ ㄱ, ㄴ, ㄷ　⑤ ㄱ, ㄷ, ㄹ

기출 19' 5급㉻-가 난이도 ●●○

039 다음 〈표〉는 2018년 '갑'국 도시 A~F의 폭염주의보 발령일수, 온열질환자 수, 무더위 쉼터 수 및 인구수에 관한 자료이다. 이에 대한 〈보기〉의 설명 중 옳은 것만을 모두 고르면?

〈표〉 도시별 폭염주의보 발령일수, 온열질환자 수, 무더위 쉼터 수 및 인구수

구분 도시	폭염주의보 발령일수 (일)	온열 질환자 수 (명)	무더위 쉼터 수 (개)	인구수 (만 명)
A	90	55	92	100
B	30	18	90	53
C	50	34	120	89
D	49	25	100	70
E	75	52	110	80
F	24	10	85	25
전체	( )	194	597	417

보기

ㄱ. 무더위 쉼터가 100개 이상인 도시 중 인구수가 가장 많은 도시는 C이다.

ㄴ. 인구수가 많은 도시일수록 온열질환자 수가 많다.

ㄷ. 온열질환자 수가 가장 적은 도시와 인구수 대비 무더위 쉼터 수가 가장 많은 도시는 동일하다.

ㄹ. 폭염주의보 발령일수가 전체 도시의 폭염주의보 발령일수 평균보다 많은 도시는 2개이다.

① ㄱ, ㄴ ② ㄱ, ㄷ ③ ㄴ, ㄹ
④ ㄱ, ㄷ, ㄹ ⑤ ㄴ, ㄷ, ㄹ

기출 19' 5급㉻-가 | 난이도 ●●●

040 다음 〈그림〉과 〈표〉는 '갑'국의 재생에너지 생산 현황에 관한 자료이다. 이에 대한 〈보기〉의 설명 중 옳은 것만을 모두 고르면?

〈그림〉 2011~2018년 재생에너지 생산량

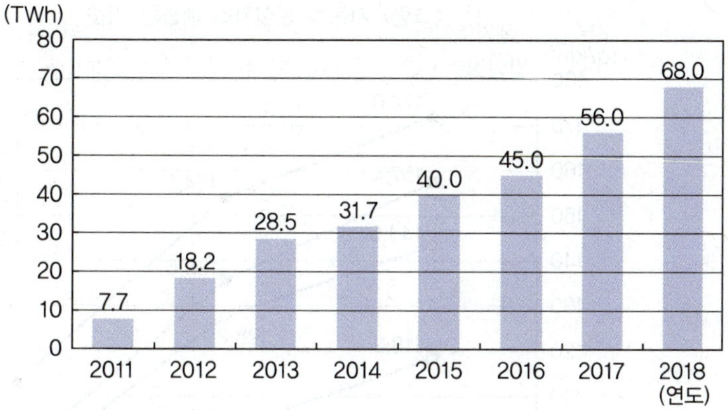

〈표〉 2016~2018년 에너지원별 재생에너지 생산량 비율

(단위: %)

에너지원 \ 연도	2016	2017	2018
폐기물	61.1	60.4	55.0
바이오	16.6	17.3	17.5
수력	10.3	11.3	15.1
태양광	10.9	9.8	8.8
풍력	1.1	1.2	3.6
계	100.0	100.0	100.0

보기

ㄱ. 2012~2018년 재생에너지 생산량은 매년 전년대비 10% 이상 증가하였다.
ㄴ. 2016~2018년 에너지원별 재생에너지 생산량 비율의 순위는 매년 동일하다.
ㄷ. 2016~2018년 태양광을 에너지원으로 하는 재생에너지 생산량은 매년 증가하였다.
ㄹ. 수력을 에너지원으로 하는 재생에너지 생산량은 2018년이 2016년의 3배 이상이다.

① ㄱ, ㄴ ② ㄱ, ㄷ ③ ㄱ, ㄹ
④ ㄴ, ㄷ ⑤ ㄴ, ㄹ

기출 19' 5급ⓜ-나 난이도

041 다음 〈그림〉은 한국, 일본, 미국, 벨기에의 2010년, 2015년, 2020년 자동차 온실가스 배출량 기준에 관한 자료이다. 〈그림〉과 〈조건〉에 근거하여 A~D에 해당하는 국가를 바르게 나열한 것은?

〈그림〉 자동차 온실가스 배출량 기준

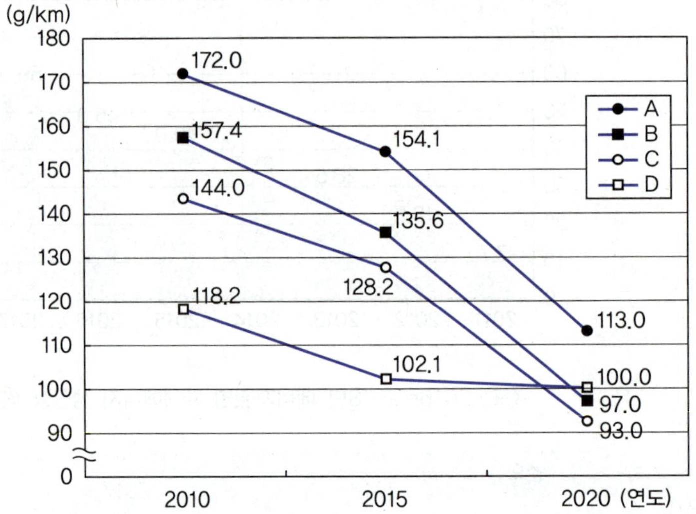

조건

- 2010년 대비 2020년 자동차 온실가스 배출량 기준 감소율은 한국이 일본, 미국, 벨기에보다 높다.
- 2015년 한국과 일본의 자동차 온실가스 배출량 기준 차이는 30 g/km 이상이다.
- 2020년 자동차 온실가스 배출량 기준은 미국이 한국과 벨기에보다 높다.

	A	B	C	D
①	미국	벨기에	한국	일본
②	미국	한국	벨기에	일본
③	벨기에	한국	미국	일본
④	일본	벨기에	한국	미국
⑤	한국	일본	벨기에	미국

기출 19' 5급(민)-나 난이도 ●●○

042 다음 〈그림〉은 '갑' 자치구의 예산내역에 관한 자료이다. 이에 대한 〈보기〉의 설명 중 옳은 것만 을 모두 고르면?

〈그림〉 '갑' 자치구 예산내역

(단위: %)

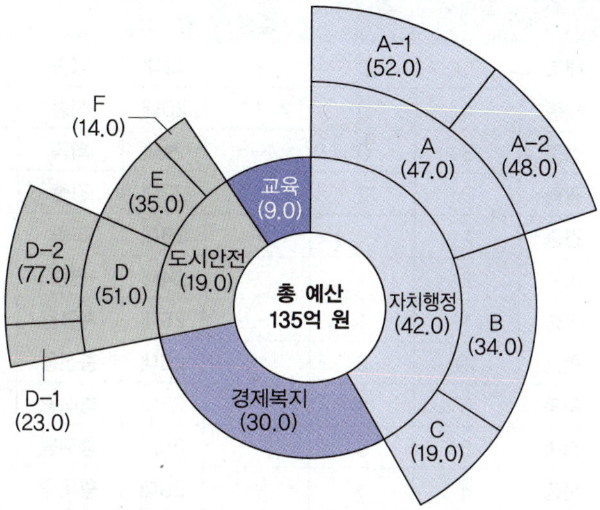

※ 1) 괄호 안의 값은 예산 비중을 의미함.

2) 예를 들어, A(47.0)은 A 사업의 예산이 '자치행정' 분야 예산의 47.0%임을 나타내고, D-1 사업의 예산은 3.0억 원임.

보기

ㄱ. '교육' 분야 예산은 13억 원 이상이다.
ㄴ. C 사업 예산은 D 사업 예산보다 적다.
ㄷ. '경제복지' 분야 예산은 B 사업과 C 사업 예산의 합보다 많다.
ㄹ. '도시안전' 분야 예산은 A-2 사업 예산의 3배 이상이다.

① ㄱ, ㄴ
② ㄱ, ㄷ
③ ㄴ, ㄷ
④ ㄴ, ㄹ
⑤ ㄷ, ㄹ

기출 19' 5급[민]-나 난이도 ●●○

043 다음 〈표〉는 고려시대 왕의 혼인종류별 후비(后妃) 수를 조사한 것이다. 이에 대한 설명으로 옳지 않은 것은?

〈표〉 고려시대 왕의 혼인종류별 후비 수

(단위: 명)

왕		족외혼	족내혼	몽골 출신	왕		족외혼	족내혼	몽골 출신
1대	태조	29	0	-	19대	명종	0	1	-
2대	혜종	4	0	-	20대	신종	0	1	-
3대	정종	3	0	-	21대	희종	0	1	-
4대	광종	0	2	-	22대	강종	1	1	-
5대	경종	1	( )	-	23대	고종	0	1	-
6대	성종	2	1	-	24대	원종	1	1	-
7대	목종	1	1	-	25대	충렬왕	1	1	1
8대	현종	10	3	-	26대	충선왕	3	1	2
9대	덕종	3	2	-	27대	충숙왕	2	0	( )
10대	정종	5	0	-	28대	충혜왕	3	1	1
11대	문종	4	1	-	29대	충목왕	0	0	0
12대	순종	2	1	-	30대	충정왕	0	0	0
13대	선종	3	0	-	31대	공민왕	3	1	1
14대	헌종	0	0	-	32대	우왕	2	0	0
15대	숙종	1	0	-	33대	창왕	0	0	0
16대	예종	2	2	-	34대	공양왕	1	0	0
17대	인종	4	0	-	전체		( )	28	8
18대	의종	1	1	-					

※ 혼인종류는 족외혼, 족내혼, 몽골출신만으로 구성되며, 몽골출신과의 혼인은 충렬왕부터임.

① 전체 족외혼 후비 수는 전체 족내혼 후비 수의 3배 이상이다.
② 몽골출신 후비 수가 가장 많은 왕은 충숙왕이다.
③ 태조부터 경종까지의 족내혼 후비 수의 합은 문종부터 희종까지의 족내혼 후비 수의 합과 같다.
④ 태조의 후비 수는 광종과 경종의 모든 후비 수의 합의 4배 이상이다.
⑤ 경종의 족내혼 후비 수가 충숙왕의 몽골출신 후비 수보다 많다.

044 다음 〈그림〉은 '갑'국 국회의원 선거의 지역별 정당지지율에 관한 자료이다. 〈그림〉과 〈조건〉에 근거하여 선거구를 획정할 때, 〈보기〉 중 B 정당의 국회의원이 가장 많이 선출되는 선거구 획정 방법을 고르면?

〈그림〉 국회의원 선거의 지역별 정당지지율

(단위: %)

가 (90:10:0)	나 (80:20:0)	다 (70:20:10)	라 (40:50:10)
마 (60:20:20)	바 (60:10:30)	사 (30:30:40)	아 (10:60:30)
자 (30:60:10)	차 (20:40:40)	카 (20:20:60)	타 (10:80:10)

※ 괄호 안의 수치는 해당 지역의 각 정당지지율(A정당 : B정당 : C정당)을 의미함.

조건

- 3개 지역을 묶어서 1개의 선거구로 획정한다.
  - 지역 경계는 점선(.....)으로 표시되며, 선거구 경계는 실선(▬)으로 표시된다.
  - 아래 그림은 '가', '나', '바' 지역이 1개의 선거구로 획정됨을 의미한다.

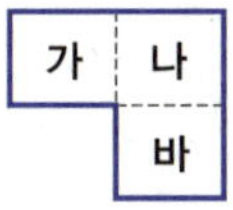

- 선거구당 1명의 국회의원을 선출한다.
- 선거구 내 지역별 각 정당지지율의 합이 가장 큰 정당의 후보가 국회의원으로 선출된다.

보기

ㄱ.

ㄴ.

ㄷ.

ㄹ.

ㅁ.

① ㄱ ② ㄴ ③ ㄷ
④ ㄹ ⑤ ㅁ

기출 19' 5급[민]-나 난이도 ●●○

045 다음 〈표〉는 '갑'국 A~E 대학의 재학생수 및 재직 교원수와 법정 필요 교원수 산정기준에 관한 자료이다. 이에 근거하여 법정 필요 교원수를 충족시키기 위해 충원해야 할 교원수가 많은 대학부터 순서대로 나열하면?

〈표 1〉 재학생수 및 재직 교원수

(단위: 명)

구분 \ 대학	A	B	C	D	E
재학생수	900	30,000	13,300	4,200	18,000
재직 교원수	44	1,260	450	130	860

〈표 2〉 법정 필요 교원수 산정기준

재학생수	법정 필요 교원수
1,000명 미만	재학생 22명당 교원 1명
1,000명 이상 10,000명 미만	재학생 21명당 교원 1명
10,000명 이상 20,000명 미만	재학생 20명당 교원 1명
20,000명 이상	재학생 19명당 교원 1명

※ 법정 필요 교원수 계산시 소수점 아래 첫째 자리에서 올림.

① B, C, D, A, E
② B, C, D, E, A
③ B, D, C, E, A
④ C, B, D, A, E
⑤ C, B, D, E, A

기출 19' 5급㉥-나 | 난이도 ●●○

046 **다음 〈표〉는 2018년 행정구역별 공동주택의 실내 라돈 농도에 대한 자료이다. 이에 대한 〈보고서〉의 설명 중 옳은 것만을 모두 고르면?**

〈표〉 행정구역별 공동주택 실내 라돈 농도

항목 / 행정구역	조사대상 공동주택수 (호)	평균값 (Bq/m^3)	중앙값 (Bq/m^3)	200 Bq/m^3 초과 공동주택수(호)
서울특별시	532	66.5	45.4	25
부산광역시	434	51.4	35.3	12
대구광역시	437	61.5	41.6	16
인천광역시	378	48.5	33.8	9
광주광역시	308	58.3	48.2	6
대전광역시	201	110.1	84.2	27
울산광역시	247	55.0	35.3	7
세종특별자치시	30	83.8	69.8	1
경기도	697	74.3	52.5	37
강원도	508	93.4	63.6	47
충청북도	472	86.3	57.8	32
충청남도	448	93.3	59.9	46
전라북도	576	85.7	56.7	40
전라남도	569	75.5	51.5	32
경상북도	610	72.4	48.3	34
경상남도	640	57.5	36.7	21
제주특별자치도	154	68.2	40.9	11
전국	7,241	–	–	403

보고서

우리나라에서는 2018년 처음으로 공동주택에 대한 '실내 라돈 권고 기준치'를 200 Bq/m^3 이하로 정하고 공동주택의 실내 라돈 농도를 조사하였다.

이번 공동주택 실내 라돈 농도 조사에서 ㉠ 조사대상 공동주택의 실내 라돈 농도 평균값은 경기도가 서울특별시의 1.1배 이상이다. 한편, ㉡ 행정구역별로 비교했을 때 실내 라돈 농도의 평균값이 클수록 중앙값도 컸으며 두 항목 모두 대전광역시가 가장 높았다. ㉢ 조사대상 공동주택 중 실내 라돈 농도가 실내 라돈 권고 기준치를 초과하는 공동주택의 비율이 5% 이상인 행정구역은 9곳이며, 10% 이상인 행정구역은 2곳으로 조사되었다.

① ㄱ　② ㄴ　③ ㄱ, ㄷ
④ ㄴ, ㄷ　⑤ ㄱ, ㄴ, ㄷ

기출 19' 5급[민]-나 | 난이도 ●●○

047 다음 〈표〉는 콘크리트 유형별 기준강도 및 시험체 강도판정결과에 관한 자료이다. 〈표〉와 〈판정기준〉에 근거하여 (가), (나), (다)에 해당하는 강도판정결과를 바르게 나열한 것은?

〈표〉 콘크리트 유형별 기준강도 및 시험체 강도판정결과

(단위: MPa)

구분 / 콘크리트 유형	기준 강도	시험체 강도				강도 판정결과
		시험체 1	시험체 2	시험체 3	평균	
A	24	22.8	29.0	20.8	( )	(가)
B	27	26.1	25.0	28.1	( )	불합격
C	35	36.9	36.8	31.6	( )	(나)
D	40	36.4	36.3	47.6	40.1	합격
E	45	40.3	49.4	46.8	( )	(다)

※ 강도판정결과는 '합격'과 '불합격'으로 구분됨.

판정기준

- 아래 조건을 모두 만족하는 경우에만 강도판정결과가 '합격'이다.
  - 시험체 강도의 평균은 기준강도 이상이어야 한다.
  - 기준강도가 35 MPa 초과인 경우에는 각 시험체 강도가 모두 기준강도의 90% 이상이어야 한다.
  - 기준강도가 35 MPa 이하인 경우에는 각 시험체 강도가 모두 기준강도에서 3.5 MPa을 뺀 값 이상이어야 한다.

	(가)	(나)	(다)
①	합격	합격	합격
②	합격	합격	불합격
③	합격	불합격	불합격
④	불합격	합격	합격
⑤	불합격	합격	불합격

기출 19' 5급㉤-나 | 난이도 ●●●

048 다음 〈표〉는 2017~2018년 '갑' 학교 학생식당의 메뉴별 제공횟수 및 만족도에 대한 자료이다. 〈표〉와 〈조건〉에 근거한 설명으로 옳지 않은 것은?

〈표〉 메뉴별 제공횟수 및 만족도

(단위: 회, 점)

구분	제공횟수	만족도	
메뉴 \ 연도	2017	2017	2018
A	40	87	75
B	34	71	72
C	45	53	35
D	31	79	79
E	40	62	77
F	60	74	68
G	–	–	73
전체	250	–	–

조건

- 전체 메뉴 제공횟수는 매년 250회로 일정하며, 2018년에는 메뉴 G만 추가되었고, 2019년에는 메뉴 H만 추가되었다.
- 각 메뉴의 다음 연도 제공횟수는 당해 연도 만족도에 따라 아래와 같이 결정된다.

만족도	다음 연도 제공횟수
0점 이상 50점 미만	당해 연도 제공횟수 대비 100% 감소
50점 이상 60점 미만	당해 연도 제공횟수 대비 20% 감소
60점 이상 70점 미만	당해 연도 제공횟수 대비 10% 감소
70점 이상 80점 미만	당해 연도 제공횟수와 동일
80점 이상 90점 미만	당해 연도 제공횟수 대비 10% 증가
90점 이상 100점 이하	당해 연도 제공횟수 대비 20% 증가

① 메뉴 A~F 중 2017년 대비 2019년 제공횟수가 증가한 메뉴는 1개이다.

② 2018년 메뉴 G의 제공횟수는 9회이다.

③ 2019년 메뉴 H의 제공횟수는 42회이다.

④ 2019년 메뉴 E의 제공횟수는 메뉴 A의 제공횟수보다 많다.

⑤ 메뉴 A~G 중 2018년과 2019년 제공횟수의 차이가 두 번째로 큰 메뉴는 F이다.

기출 19' 5급㉻-가 | 난이도 ●●●

049 다음 〈표〉는 가정용 정화조에서 수집한 샘플의 수중 질소 성분 농도를 측정한 자료이다. 이에 대한 〈보기〉의 설명 중 옳은 것만을 모두 고르면?

〈표〉 수집한 샘플의 수중 질소 성분 농도

(단위: mg/L)

항목 샘플	총질소	암모니아성 질소	질산성 질소	유기성 질소	TKN
A	46.24	14.25	2.88	29.11	43.36
B	37.38	6.46	( )	25.01	( )
C	40.63	15.29	5.01	20.33	35.62
D	54.38	( )	( )	36.91	49.39
E	41.42	13.92	4.04	23.46	37.38
F	( )	( )	5.82	( )	34.51
G	30.73	5.27	3.29	22.17	27.44
H	25.29	12.84	( )	7.88	20.72
I	( )	5.27	1.12	35.19	40.46
J	38.82	7.01	5.76	26.05	33.06
평균	39.68	( )	4.34	( )	35.34

※ 1) 총질소 농도 = 암모니아성 질소 농도 + 질산성 질소 농도 + 유기성 질소 농도
2) TKN 농도 = 암모니아성 질소 농도 + 유기성 질소 농도

보기

ㄱ. 샘플 A의 총질소 농도는 샘플 I의 총질소 농도보다 높다.
ㄴ. 샘플 B의 TKN 농도는 30 mg/L 이상이다.
ㄷ. 샘플 B의 질산성 질소 농도는 샘플 D의 질산성 질소 농도보다 낮다.
ㄹ. 샘플 F는 암모니아성 질소 농도가 유기성 질소 농도보다 높다.

① ㄱ, ㄴ ② ㄱ, ㄷ ③ ㄴ, ㄷ
④ ㄱ, ㄷ, ㄹ ⑤ ㄴ, ㄷ, ㄹ

기출 19' 5급㊧-가 | 난이도

050 다음 〈표〉는 '갑'국 A~J 지역의 대형종합소매업 현황에 대한 자료이다. 이에 대한 〈보기〉의 설명 중 옳은 것만을 모두 고르면?

〈표〉 지역별 대형종합소매업 현황

구분 / 지역	사업체 수 (개)	종사자 수 (명)	매출액 (백만 원)	건물 연면적 (m^2)
A	47	6,731	4,878,427	1,683,092
B	33	4,173	2,808,881	1,070,431
C	35	4,430	3,141,552	1,772,698
D	18	2,247	1,380,511	677,288
E	22	3,152	1,804,262	765,096
F	19	2,414	1,473,698	633,497
G	147	18,287	11,625,278	5,032,741
H	17	1,519	861,094	364,296
I	19	2,086	1,305,468	535,880
J	16	1,565	879,172	326,373
전체	373	46,604	30,158,343	12,861,392

보기

ㄱ. 사업체당 종사자 수가 100명 미만인 지역은 모두 2개이다.
ㄴ. 사업체당 매출액은 G 지역이 가장 크다.
ㄷ. I 지역의 종사자당 매출액은 E 지역의 종사자당 매출액보다 크다.
ㄹ. 건물 연면적이 가장 작은 지역이 매출액도 가장 작다.

① ㄱ, ㄷ　② ㄱ, ㄹ　③ ㄴ, ㄷ
④ ㄴ, ㄹ　⑤ ㄱ, ㄴ, ㄷ

기출 19' 5급ⓜ-나 난이도 ●●●

051 다음 〈그림〉과 〈표〉는 2017~2018년 A, B 기업이 '갑' 자동차회사에 납품한 엔진과 변속기에 관한 자료이다. 이에 대한 설명으로 옳은 것은?

〈그림 1〉 연도별 '갑' 자동차회사가 납품받은 엔진과 변속기 개수의 합

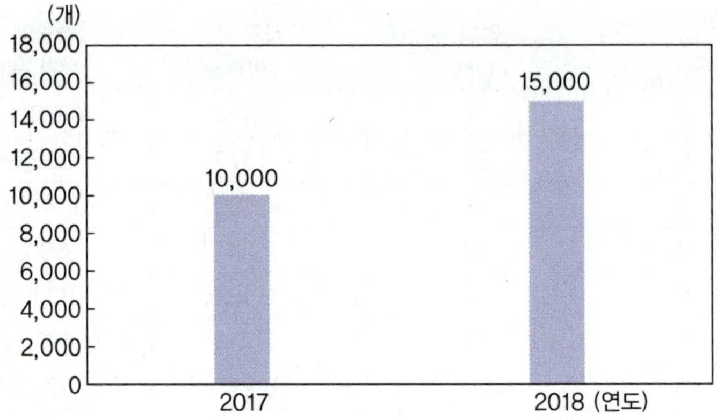

〈그림 2〉 2018년 기업별 엔진과 변속기 납품 개수의 합

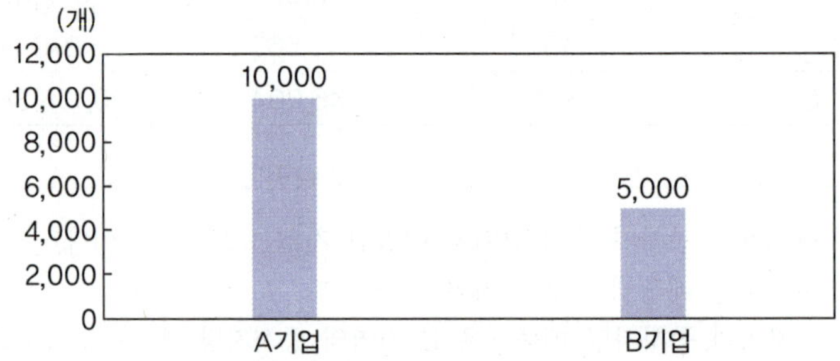

〈그림 3〉 A 기업의 연도별 엔진과 변속기 납품 개수 비율

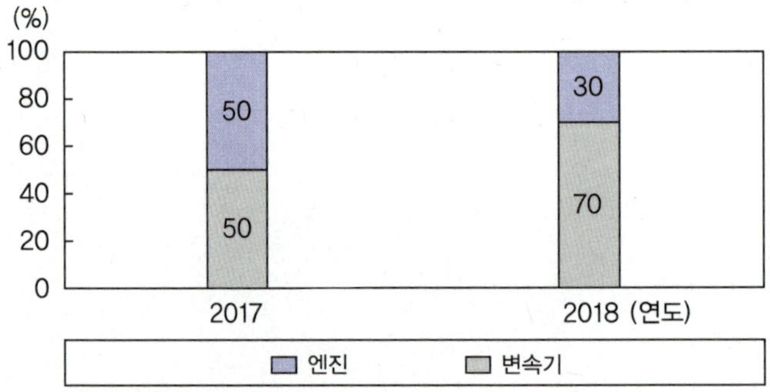

※ 1) '갑' 자동차회사는 엔진과 변속기를 2017년에는 A 기업으로부터만 납품받았으며, 2018년에는 A, B 두 기업에서만 납품받았음.

2) A, B 기업은 '갑' 자동차회사에만 납품함.

3) 매년 '갑' 자동차회사가 납품받는 엔진 개수는 변속기 개수와 같음.

〈표〉 A, B 기업의 연도별 엔진과 변속기의 납품 단가

(단위: 만 원/개)

구분 \ 연도	엔진	변속기
2017	100	80
2018	90	75

① A 기업의 엔진 납품 개수는 2018년이 2017년의 80%이다.
② 2018년 B 기업은 변속기 납품 개수가 엔진 납품 개수의 12.5%이다.
③ '갑' 자동차회사가 납품받은 엔진과 변속기 납품액 합은 2018년이 2017년에 비해 30% 이상 증가하였다.
④ '갑' 자동차회사가 납품받은 변속기 납품 개수는 2018년이 2017년의 2배 이상이다.
⑤ 2018년 A, B 기업의 엔진 납품액 합은 변속기 납품액 합보다 작다.

기출 18' 5급㉥-가 난이도 ●●●

052 **다음 〈표〉는 '갑' 연구소에서 제습기 A~E의 습도별 연간소비전력량을 측정한 자료이다. 이에 대한 〈보기〉의 설명 중 옳은 것만을 모두 고르면?**

〈표〉 제습기 A~E의 습도별 연간소비전력량

(단위: kWh)

습도 \ 제습기	40%	50%	60%	70%	80%
A	550	620	680	790	840
B	560	640	740	810	890
C	580	650	730	800	880
D	600	700	810	880	950
E	660	730	800	920	970

보기

ㄱ. 습도가 70%일 때 연간소비전력량이 가장 적은 제습기는 A이다.
ㄴ. 각 습도에서 연간소비전력량이 많은 제습기부터 순서대로 나열하면, 습도 60%일 때와 습도 70%일 때의 순서는 동일하다.
ㄷ. 습도가 40%일 때 제습기 E의 연간소비전력량은 습도가 50%일 때 제습기 B의 연간소비전력량보다 많다.
ㄹ. 제습기 각각에서 연간소비전력량은 습도가 80%일 때가 40%일 때의 1.5배 이상이다.

① ㄱ, ㄴ ② ㄱ, ㄷ ③ ㄴ, ㄹ
④ ㄱ, ㄷ, ㄹ ⑤ ㄴ, ㄷ, ㄹ

기출 18' 5급[민]-가 난이도 ●●●

053 다음 〈표〉는 통신사 '갑', '을', '병'의 스마트폰 소매가격 및 평가점수 자료이다. 이에 대한 〈보기〉의 설명 중 옳은 것만을 모두 고르면?

〈표〉 통신사별 스마트폰의 소매가격 및 평가점수

(단위: 달러, 점)

통신사	스마트폰	소매가격	평가항목					종합품질점수
			화질	내비게이션	멀티미디어	배터리수명	통화성능	
갑	A	150	3	3	3	3	1	13
	B	200	2	2	3	1	2	( )
	C	200	3	3	3	1	1	( )
을	D	180	3	3	3	2	1	( )
	E	100	2	3	3	2	1	11
	F	70	2	1	3	2	1	( )
병	G	200	3	3	3	2	2	( )
	H	50	3	2	3	2	1	( )
	I	150	3	2	2	3	2	12

※ 스마트폰의 '종합품질점수'는 해당 스마트폰의 평가항목별 평가점수의 합임.

보기

ㄱ. 소매가격이 200달러인 스마트폰 중 '종합품질점수'가 가장 높은 스마트폰은 C이다.

ㄴ. 소매가격이 가장 낮은 스마트폰은 '종합품질점수'도 가장 낮다.

ㄷ. 통신사 각각에 대해서 해당 통신사 스마트폰의 '통화성능' 평가점수의 평균을 계산하여 통신사별로 비교하면 '병'이 가장 높다.

ㄹ. 평가항목 각각에 대해서 스마트폰 A~I 평가점수의 합을 계산하여 평가항목별로 비교하면 '멀티미디어'가 가장 높다.

① ㄱ　② ㄷ　③ ㄱ, ㄴ　④ ㄴ, ㄹ　⑤ ㄷ, ㄹ

기출 18' 5급(민)-가 난이도 ●●○

054 다음 〈표〉는 1930~1934년 동안 A지역의 곡물 재배면적 및 생산량을 정리한 자료이다. 이에 대한 설명으로 옳은 것은?

〈표〉 A지역의 곡물 재배면적 및 생산량

(단위: 천 정보, 천 석)

곡물	구분 \ 연도	1930	1931	1932	1933	1934
미곡	재배면적	1,148	1,100	998	1,118	1,164
	생산량	15,276	14,145	13,057	15,553	18,585
맥류	재배면적	1,146	773	829	963	1,034
	생산량	7,347	4,407	4,407	6,339	7,795
두류	재배면적	450	283	301	317	339
	생산량	1,940	1,140	1,143	1,215	1,362
잡곡	재배면적	334	224	264	215	208
	생산량	1,136	600	750	633	772
서류	재배면적	59	88	87	101	138
	생산량	821	1,093	1,228	1,436	2,612
전체	재배면적	3,137	2,468	2,479	2,714	2,883
	생산량	26,520	21,385	20,585	25,176	31,126

① 1931~1934년 동안 재배면적의 전년대비 증감방향은 미곡과 두류가 동일하다.

② 생산량은 매년 두류가 서류보다 많다.

③ 재배면적은 매년 잡곡이 서류의 2배 이상이다.

④ 1934년 재배면적당 생산량이 가장 큰 곡물은 미곡이다.

⑤ 1933년 미곡과 맥류 재배면적의 합은 1933년 곡물 재배면적 전체의 70% 이상이다.

055 다음 〈그림〉은 A국의 2012~2017년 태양광 산업 분야 투자액 및 투자건수에 관한 자료이다. 이에 대한 설명으로 옳지 않은 것은?

〈그림〉 태양광 산업 분야 투자액 및 투자건수

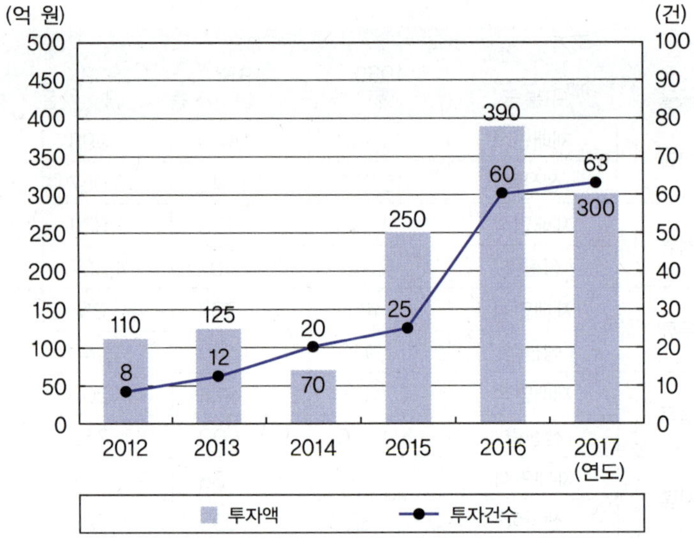

① 2013~2017년 동안 투자액의 전년대비 증가율은 2016년이 가장 높다.

② 2013~2017년 동안 투자건수의 전년대비 증가율은 2017년이 가장 낮다.

③ 2012년과 2015년 투자건수의 합은 2017년 투자건수보다 작다.

④ 투자액이 가장 큰 연도는 2016년이다.

⑤ 투자건수는 매년 증가하였다.

기출 18' 5급ⓜ-가 난이도 ●●○

056 다음 〈표〉는 15개 종목이 개최된 2018 평창 동계올림픽 참가국 A~D의 메달 획득 결과를 나타낸 자료이다. 이에 대한 설명으로 옳은 것은?

〈표〉 2018 평창 동계올림픽 참가국 A~D의 메달 획득 결과

(단위: 개)

국가 / 메달 / 종목	A국			B국			C국			D국		
	금	은	동	금	은	동	금	은	동	금	은	동
노르딕복합	3	1	1					1				
루지	3	1	2		1						1	1
바이애슬론	3	1	3				1	3	2			
봅슬레이	3	1			1					1		1
쇼트트랙					1					1	1	3
스노보드		1	1	4	2	1				1	2	1
스켈레톤		1										
스키점프	1	3					2	1	2			
스피드스케이팅						1	2	1	1	1	1	
아이스하키		1		1							1	1
알파인스키				1	1	1	1	4	2			
컬링				1					1	1		
크로스컨트리				1			7	4	3			
프리스타일스키				1	2	1	1			4	2	1
피겨스케이팅	1					2				2		2

※ 빈 칸은 0을 의미함.

① 동일 종목에서, A국이 획득한 모든 메달 수와 B국이 획득한 모든 메달 수를 합하여 종목별로 비교하면, 15개 종목 중 스노보드가 가장 많다.

② A국이 획득한 금메달 수와 C국이 획득한 동메달 수는 같다.

③ A국이 루지, 봅슬레이, 스켈레톤 종목에서 획득한 모든 메달 수의 합은 C국이 크로스컨트리 종목에서 획득한 모든 메달 수보다 많다.

④ A~D국 중 메달을 획득한 종목의 수가 가장 많은 국가는 D국이다.

⑤ 획득한 은메달 수가 많은 국가부터 순서대로 나열하면 C, B, A, D국 순이다.

기출 18' 5급(민)-가 난이도 ●●○

057 다음 〈표〉는 A국의 흥행순위별 2017년 영화개봉작 정보와 월별 개봉편수 및 관객수에 대한 자료이다. 이에 대한 설명으로 옳지 않은 것은?

〈표 1〉 A국의 흥행순위별 2017년 영화개봉작 정보

(단위: 천 명)

흥행순위	영화명	개봉시기	제작	관객수
1	버스운전사	8월	국내	12,100
2	님과 함께	12월	국내	8,540
3	동조	1월	국내	7,817
4	거미인간	7월	국외	7,258
5	착한도시	10월	국내	6,851
6	군함만	7월	국내	6,592
7	소년경찰	8월	국내	5,636
8	더 퀸	1월	국내	5,316
9	투수와 야수	3월	국외	5,138
10	퀸스맨	9월	국외	4,945
11	썬더맨	10월	국외	4,854
12	꾸러기	11월	국내	4,018
13	가랑비	12월	국내	4,013
14	동래산성	10월	국내	3,823
15	좀비	6월	국외	3,689
16	행복의 질주	4월	국외	3,653
17	나의 이름은	4월	국외	3,637
18	슈퍼카인드	7월	국외	3,325
19	아이 캔 토크	9월	국내	3,279
20	캐리비안	5월	국외	3,050

※ 관객수는 개봉일로부터 2017년 12월 31일까지 누적한 값임.

〈표 2〉 A국의 2017년 월별 개봉편수 및 관객수

(단위: 편, 천 명)

월 \ 제작·구분	국내		국외	
	개봉편수	관객수	개봉편수	관객수
1	35	12,682	105	10,570
2	39	8,900	96	6,282
3	31	4,369	116	9,486
4	29	4,285	80	6,929
5	31	6,470	131	12,210
6	49	4,910	124	10,194
7	50	6,863	96	14,495
8	49	21,382	110	8,504
9	48	5,987	123	6,733
10	35	12,964	91	8,622
11	56	6,427	104	6,729
12	43	18,666	95	5,215
전체	495	113,905	1,271	105,969

※ 관객수는 당월 상영영화에 대해 월말 집계한 값임.

① 흥행순위 1~20위 내의 영화 중 한 편의 영화도 개봉되지 않았던 달에는 국외제작영화 관객수가 국내제작영화 관객수보다 적다.

② 10월에 개봉된 영화 중 흥행순위 1~20위 내에 든 영화는 국내제작영화뿐이다.

③ 국외제작영화 개봉편수는 국내제작영화 개봉편수보다 매달 많다.

④ 국외제작영화 관객수가 가장 많았던 달에 개봉된 영화 중 흥행순위 1~ 20위 내에 든 국외제작영화 개봉작은 2편이다.

⑤ 흥행순위가 1위인 영화의 관객수는 국내제작영화 전체 관객수의 10% 이상이다.

기출 18' 5급[민]-가 난이도 ●●●

058 다음 〈표〉는 조선시대 A지역 인구 및 사노비 비율에 대한 자료이다. 이에 대한 〈보기〉의 설명 중 옳은 것만을 모두 고르면?

〈표〉 A지역 인구 및 사노비 비율

구분 / 조사년도	인구(명)	인구 중 사노비 비율(%)			
		솔거노비	외거노비	도망노비	전체
1720	2,228	18.5	10.0	11.5	40.0
1735	3,143	13.8	6.8	12.8	33.4
1762	3,380	11.5	8.5	11.7	31.7
1774	3,189	14.0	8.8	12.0	34.8
1783	3,056	14.9	6.7	9.3	30.9
1795	2,359	18.2	4.3	6.5	29.0

※ 1) 사노비는 솔거노비, 외거노비, 도망노비로만 구분됨.
2) 비율은 소수점 둘째 자리에서 반올림한 값임.

보기

ㄱ. A지역 인구 중 도망노비를 제외한 사노비가 차지하는 비율은 조사년도 중 1720년이 가장 높다.
ㄴ. A지역 사노비 수는 1774년이 1720년보다 많다.
ㄷ. A지역 사노비 중 외거노비가 차지하는 비율은 1720년이 1762년보다 높다.
ㄹ. A지역 인구 중 솔거노비가 차지하는 비율은 매 조사년도마다 낮아진다.

① ㄱ, ㄴ ② ㄱ, ㄷ ③ ㄷ, ㄹ
④ ㄱ, ㄴ, ㄹ ⑤ ㄴ, ㄷ, ㄹ

기출 19' 5급㉻-가 | 난이도 ●●○

059 다음 〈표〉는 '갑'국의 전기자동차 충전요금 산정기준과 계절별 부하 시간대에 대한 자료이다. 이에 대한 설명으로 옳은 것은?

〈표 1〉 전기자동차 충전요금 산정기준

월 기본요금 (원)	전력량 요율(원/kWh)			
	계절 / 시간대	여름 (6~8월)	봄(3~5월), 가을(9~10월)	겨울 (1~2월, 11~12월)
2,390	경부하	57.6	58.7	80.7
	중간부하	145.3	70.5	128.2
	최대부하	232.5	75.4	190.8

※ 1) 월 충전요금(원) = 월 기본요금 + (경부하 시간대 전력량 요율 × 경부하 시간대 충전 전력량) + (중간부하 시간대 전력량 요율 × 중간부하 시간대 충전 전력량) + (최대부하 시간대 전력량 요율 × 최대부하 시간대 충전 전력량)

2) 월 충전요금은 해당 월 1일에서 말일까지의 충전 전력량을 사용하여 산정함.

3) 1시간에 충전되는 전기자동차의 전력량은 5 kWh임.

〈표 2〉 계절별 부하 시간대

계절 / 시간대	여름 (6~8월)	봄 (3~5월), 가을 (9~10월)	겨울 (1~2월, 11~12월)
경부하	00:00 ~ 09:00 23:00 ~ 24:00	00:00 ~ 09:00 23:00 ~ 24:00	00:00 ~ 09:00 23:00 ~ 24:00
중간부하	09:00 ~ 10:00 12:00 ~ 13:00 17:00 ~ 23:00	09:00 ~ 10:00 12:00 ~ 13:00 17:00 ~ 23:00	09:00 ~ 10:00 12:00 ~ 17:00 20:00 ~ 22:00
최대부하	10:00 ~ 12:00 13:00 ~ 17:00	10:00 ~ 12:00 13:00 ~ 17:00	10:00 ~ 12:00 17:00 ~ 20:00 22:00 ~ 23:00

① 모든 시간대에서 봄, 가을의 전력량 요율이 가장 낮다.

② 월 100 kWh를 충전했을 때 월 충전요금의 최댓값과 최솟값 차이는 16,000원 이하이다.

③ 중간부하 시간대의 총 시간은 6월 1일과 12월 1일이 동일하다.

④ 22시 30분의 전력량 요율이 가장 높은 계절은 여름이다.

⑤ 12월 중간부하 시간대에만 100 kWh를 충전한 월 충전요금은 6월 경부하 시간대에만 100 kWh를 충전한 월 충전요금의 2배 이상이다.

기출 19' 5급㉻-가 | 난이도 ●●●

060 다음 〈그림〉은 2015~2018년 사용자별 사물인터넷 관련 지출액에 관한 자료이다. 이에 대한 설명으로 옳지 않은 것은?

〈그림〉 사물인터넷 관련 지출액

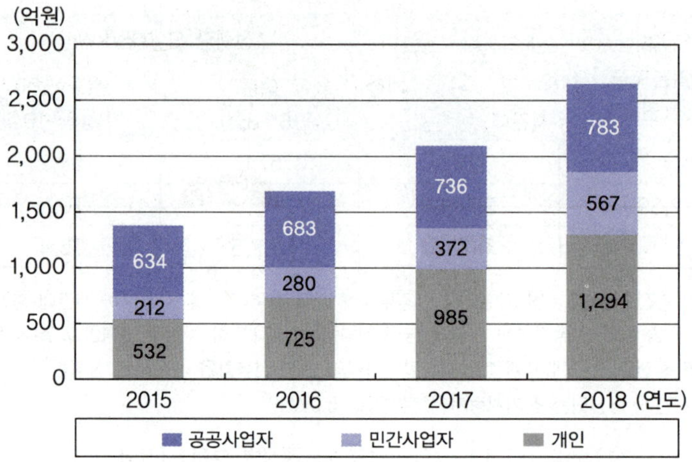

※ 사용자는 공공사업자, 민간사업자, 개인으로만 구성됨.

① 2016~2018년 동안 '공공사업자' 지출액의 전년대비 증가폭이 가장 큰 해는 2017년이다.
② 2018년 사용자별 지출액의 전년대비 증가율은 '개인'이 가장 높다.
③ 2016~2018년 동안 사용자별 지출액의 전년대비 증가율은 매년 '공공사업자'가 가장 낮다.
④ '공공사업자'와 '민간사업자'의 지출액 합은 매년 '개인'의 지출액보다 크다.
⑤ 2018년 모든 사용자의 지출액 합은 2015년 대비 80% 이상 증가하였다.

Day 2 Self Check List

	오답 수	무응답 수	풀이시간(분)
1회독	/ 30	/ 30	/ 60(분)
2회독	/ 30	/ 30	/ 50(분)
3회독	/ 30	/ 30	/ 35(분)

정답 및 해설 68p

독끝 기본 3일차 (061~090)

난이도별 구성

●○○	4문항
●●○	22문항
●●●	4문항

본 문항은 PSAT 자료해석 영역 기출 문항으로 구성되며, 기출 표기에 따른 시험 종류는 아래와 같습니다. (표기 상 맨 끝은 '책형' 입니다.)

[민] – 민간경력자 일괄채용시험 / [행] – 공개경쟁채용시험(행정)

3일차 계산연습(초급)

Set ❶

각 연산 결과 100 이상(O), 미만(X)

(1)	31	+	74	→	
(2)	66	+	45	→	
(3)	60	+	92	→	
(4)	73	+	47	→	
(5)	66	+	67	→	
(6)	7	×	19	→	
(7)	13	×	3	→	
(8)	7	×	11	→	
(9)	18	×	7	→	
(10)	6	×	16	→	

Set ❷

A, B 차이값이 40 이상(O), 미만(X)

	A	B		
(1)	51	61	→	
(2)	25	71	→	
(3)	57	15	→	
(4)	25	68	→	
(5)	75	98	→	
(6)	13	83	→	
(7)	98	62	→	
(8)	88	71	→	
(9)	37	75	→	
(10)	81	55	→	

Set ❸

A, B 각 분수의 크기비교 후, 부등호 기입

	A		B
(1)	$\frac{30}{60}$		$\frac{75}{56}$
(2)	$\frac{22}{97}$		$\frac{11}{90}$
(3)	$\frac{49}{61}$		$\frac{94}{57}$
(4)	$\frac{43}{80}$		$\frac{42}{61}$
(5)	$\frac{79}{78}$		$\frac{90}{77}$

Set ❹

A대비B의 증감률이 50% 이상(O), 미만(X)

	A	B		
(1)	86	23	→	
(2)	31	51	→	
(3)	47	64	→	
(4)	66	96	→	
(5)	43	56	→	

	Set ❶	Set ❷	Set ❸	Set ❹
(1)	O	X	<	O
(2)	O	O	>	O
(3)	O	O	<	X
(4)	O	O	<	X
(5)	O	X	<	X
(6)	O	O		
(7)	X	X		
(8)	X	X		
(9)	O	X		
(10)	X	X		

※Set ❸, ❹ 참고사항

• 연산결과는 소수 셋째자리에서 반올림 적용

	맞은 개수	풀이 시간
Set ❶	/ 10	(초)
Set ❷	/ 10	(초)
Set ❸	/ 5	(초)
Set ❹	/ 5	(초)
합계	/ 30	(초)

* 다음의 회독수 별 권장풀이시간에 맞춰 문제풀이 후,
Day 3 끝의 [Self Check List]를 기입하여 부족한 부분을 파악하세요!

권장 풀이 시간
1회독 60 min 2회독 50 min 3회독 35 min

기출 18' 5급[민]-가 난이도 ●●●

061 다음 〈표〉는 2013~2017년 '갑'국의 사회간접자본(SOC) 투자규모에 관한 자료이다. 이에 대한 설명으로 옳지 않은 것은?

〈표〉 '갑'국의 사회간접자본(SOC) 투자규모

(단위: 조 원, %)

구분 \ 연도	2013	2014	2015	2016	2017
SOC 투자규모	20.5	25.4	25.1	24.4	23.1
총지출 대비 SOC 투자규모 비중	7.8	8.4	8.6	7.9	6.9

① 2017년 총지출은 300조 원 이상이다.
② 2014년 'SOC 투자규모'의 전년대비 증가율은 30% 이하이다.
③ 2014~2017년 동안 'SOC 투자규모'가 전년에 비해 가장 큰 비율로 감소한 해는 2017년이다.
④ 2014~2017년 동안 'SOC 투자규모'와 '총지출 대비 SOC 투자규모 비중'의 전년대비 증감 방향은 동일하다.
⑤ 2018년 'SOC 투자규모'의 전년대비 감소율이 2017년과 동일하다면, 2018년 'SOC 투자규모'는 20조 원 이상이다.

기출 18' 5급[민]-가 | 난이도 ●●○

062 다음 〈표〉와 〈그림〉은 A국 초·중·고등학생 평균 키 및 평균 체중과 비만에 대한 자료이다. 이에 대한 〈보기〉의 설명 중 옳은 것만을 모두 고르면?

〈표 1〉 학교급별 평균 키 및 평균 체중 현황

(단위: cm, kg)

학교급	성별	2017년		2016년		2015년		2014년		2013년	
		키	체중	키	체중	키	체중	키	체중	키	체중
초	남	152.1	48.2	151.4	46.8	151.4	46.8	150.4	46.0	150.0	44.7
	여	152.3	45.5	151.9	45.2	151.8	45.1	151.1	44.4	151.0	43.7
중	남	170.0	63.7	169.7	62.3	169.2	61.9	168.9	61.6	168.7	60.5
	여	159.8	54.4	159.8	54.3	159.8	54.1	159.5	53.6	160.0	52.9
고	남	173.5	70.0	173.5	69.4	173.5	68.5	173.7	68.3	174.0	68.2
	여	160.9	57.2	160.9	57.1	160.9	56.8	161.1	56.2	161.1	55.4

〈표 2〉 2017년 학교급별 비만 학생 구성비

(단위: %)

구분 / 학교급	성별	비만 아닌 학생	비만학생			학생 비만율
			경도 비만	중등도 비만	고도 비만	
초	남	82.6	8.5	7.3	1.6	17.4
	여	88.3	6.5	4.4	0.8	11.7
중	남	81.5	9.0	7.5	2.0	18.5
	여	86.2	7.5	4.9	1.4	13.8
고	남	79.5	8.7	8.4	3.4	20.5
	여	81.2	8.6	7.5	2.7	18.8
전체		83.5	8.1	6.5	1.9	16.5

※ '학생비만율'은 학생 중 비만학생(경도 비만 + 중등도 비만 + 고도 비만)의 구성비임.

〈그림〉 연도별 초·중·고 전체의 비만학생 구성비

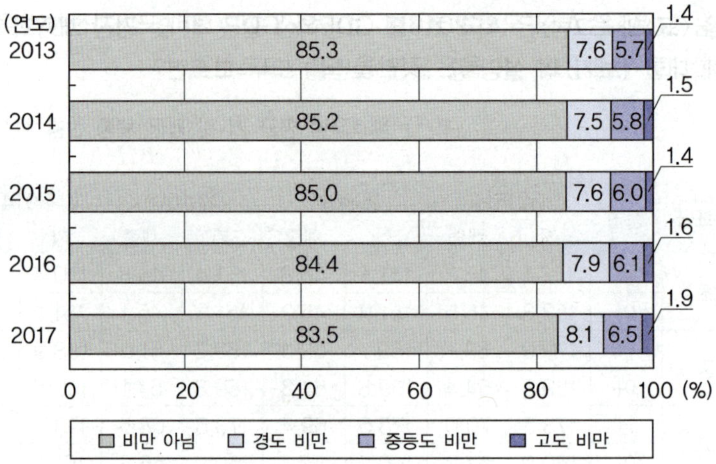

보기

ㄱ. 중학교 여학생의 평균 키는 매년 증가하였다.
ㄴ. 초·중·고 전체의 '학생비만율'은 매년 증가하였다.
ㄷ. 고등학교 남학생의 '학생비만율'은 2013년이 2017년보다 작다.
ㄹ. 2017년 '학생비만율'의 남녀 학생 간 차이는 중학생이 초등학생보다 작다.

① ㄱ, ㄴ　② ㄴ, ㄷ　③ ㄴ, ㄹ
④ ㄷ, ㄹ　⑤ ㄱ, ㄷ, ㄹ

기출 18' 5급[민]-가 난이도 ●●○

063 **다음 〈그림〉은 A~F국의 2016년 GDP와 'GDP 대비 국가자산총액'을 나타낸 자료이다. 이에 대한 〈보기〉의 설명 중 옳은 것만을 모두 고르면?**

〈그림〉 A~F국의 2016년 GDP와 'GDP 대비 국가자산총액'

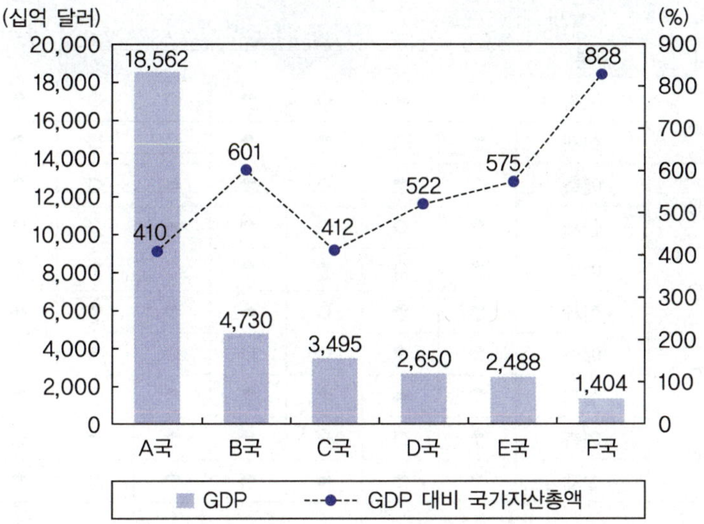

※ GDP 대비 국가자산총액(%) $= \frac{\text{국가자산총액}}{\text{GDP}} \times 100$

보기

ㄱ. GDP가 높은 국가일수록 'GDP 대비 국가자산총액'이 작다.
ㄴ. A국의 GDP는 나머지 5개국 GDP의 합보다 크다.
ㄷ. 국가자산총액은 F국이 D국보다 크다.

① ㄱ ② ㄴ ③ ㄷ
④ ㄱ, ㄴ ⑤ ㄴ, ㄷ

기출 18' 5급[민]-가 난이도 ●●○

064 **다음 〈표〉는 7월 1~10일 동안 도시 A~E에 대한 인공지능 시스템의 예측 날씨와 실제 날씨이다. 이에 대한 〈보기〉의 설명 중 옳은 것만을 모두 고르면?**

〈표〉 도시 A~E에 대한 예측 날씨와 실제 날씨

도시 \ 구분 \ 날짜		7.1.	7.2.	7.3.	7.4.	7.5.	7.6.	7.7.	7.8.	7.9.	7.10.
A	예측	☂	☁	☼	☂	☼	☼	☂	☂	☼	☁
	실제	☂	☼	☂	☂	☼	☼	☂	☼	☼	☂
B	예측	☼	☂	☼	☂	☁	☼	☂	☼	☼	☼
	실제	☂	☼	☼	☂	☁	☼	☂	☂	☼	☼
C	예측	☂	☼	☂	☂	☼	☂	☼	☂	☂	☂
	실제	☂	☂	☼	☁	☂	☂	☁	☂	☂	☂
D	예측	☂	☂	☼	☼	☼	☂	☂	☼	☼	☂
	실제	☂	☁	☂	☂	☂	☂	☂	☂	☼	☼
E	예측	☂	☼	☼	☂	☂	☂	☼	☁	☼	☂
	실제	☂	☂	☁	☂	☂	☼	☂	☼	☂	☼

※ ☼: 맑음, ☁: 흐림, ☂: 비

보기

ㄱ. 도시 A에서는 예측 날씨가 '비'인 날 실제 날씨도 모두 '비'였다.
ㄴ. 도시 A~E 중 예측 날씨와 실제 날씨가 일치한 일수가 가장 많은 도시는 B이다.
ㄷ. 7월 1~10일 중 예측 날씨와 실제 날씨가 일치한 도시 수가 가장 적은 날짜는 7월 2일이다.

① ㄱ ② ㄴ ③ ㄷ
④ ㄴ, ㄷ ⑤ ㄱ, ㄴ, ㄷ

065 다음 〈그림〉은 주요국(한국, 미국, 일본, 프랑스)이 화장품산업 경쟁력 4대 분야에서 획득한 점수에 대한 자료이다. 이에 대한 설명으로 옳은 것은?

〈그림〉 주요국의 화장품산업 경쟁력 4대 분야별 점수

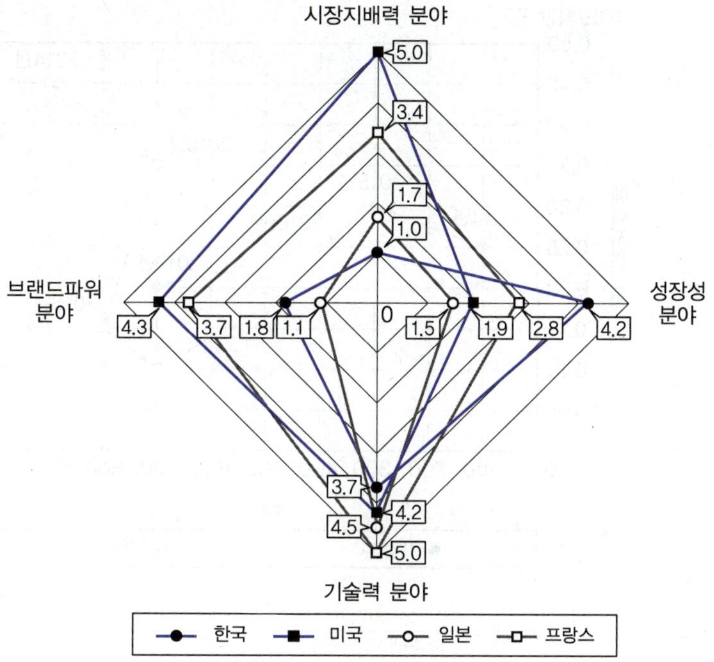

① 기술력 분야에서는 한국의 점수가 가장 높다.

② 성장성 분야에서 점수가 가장 높은 국가는 시장지배력 분야에서도 점수가 가장 높다.

③ 브랜드파워 분야에서 각국이 획득한 점수의 최댓값과 최솟값의 차이는 3 이하이다.

④ 미국이 4대 분야에서 획득한 점수의 합은 프랑스가 4대 분야에서 획득한 점수의 합보다 크다.

⑤ 시장지배력 분야의 점수는 일본이 프랑스보다 높지만 미국보다는 낮다.

기출 18' 5급[민]-가 난이도 ●●●

066 다음 〈그림〉은 기업 A, B의 2014~2017년 에너지원단위 및 매출액 자료이다. 이에 대한 〈보기〉의 설명 중 옳은 것만을 모두 고르면?

〈그림〉 기업 A, B의 2014~2017년 에너지원단위 및 매출액

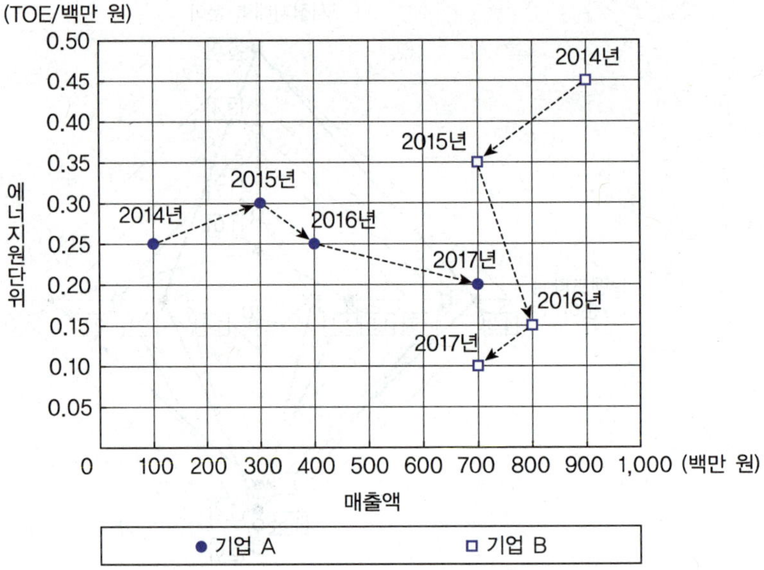

※ 에너지원단위(TOE/백만 원) $= \frac{\text{에너지소비량(TOE)}}{\text{매출액(백만 원)}}$

보기

ㄱ. 기업 A, B는 각각 에너지원단위가 매년 감소하였다.
ㄴ. 기업 A의 에너지소비량은 매년 증가하였다.
ㄷ. 2016년 에너지소비량은 기업 B가 기업 A보다 많다.

① ㄱ ② ㄴ ③ ㄷ
④ ㄱ, ㄴ ⑤ ㄴ, ㄷ

기출 18' 5급[민]-가 | 난이도 ●●○

067 다음 〈표〉와 〈그림〉은 A지역 2016년 주요 버섯의 도·소매가와 주요 버섯 소매가의 전년 동분기 대비 등락액을 나타낸 자료이다. 이에 대한 〈보기〉의 설명 중 옳은 것만을 모두 고르면?

〈표〉 2016년 주요 버섯의 도·소매가

(단위: 원/kg)

버섯종류	구분 \ 분기	1분기	2분기	3분기	4분기
느타리	도매	5,779	6,752	7,505	7,088
	소매	9,393	9,237	10,007	10,027
새송이	도매	4,235	4,201	4,231	4,423
	소매	5,233	5,267	5,357	5,363
팽이	도매	1,886	1,727	1,798	2,116
	소매	3,136	3,080	3,080	3,516

〈그림〉 2016년 주요 버섯 소매가의 전년 동분기 대비 등락액

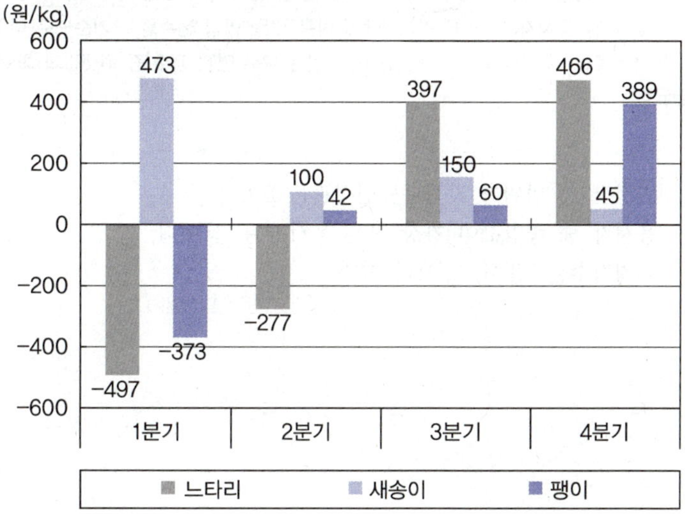

보기

ㄱ. 2016년 매분기 '느타리' 1 kg의 도매가는 '팽이' 3 kg의 도매가보다 높다.
ㄴ. 2015년 매분기 '팽이'의 소매가는 3,000원/kg 이상이다.
ㄷ. 2016년 1분기 '새송이'의 소매가는 2015년 4분기에 비해 상승했다.
ㄹ. 2016년 매분기 '느타리'의 소매가는 도매가의 1.5배 미만이다.

① ㄱ, ㄴ　② ㄱ, ㄷ　③ ㄴ, ㄷ
④ ㄴ, ㄹ　⑤ ㄷ, ㄹ

기출 18' 5급[민]-가 난이도 ●●●

068 다음 〈표〉는 A~E 면접관이 '갑'~'정' 응시자에게 부여한 면접 점수이다. 이에 대한 〈보기〉의 설명 중 옳은 것만을 모두 고르면?

〈표〉 '갑'~'정' 응시자의 면접 점수

(단위: 점)

응시자 / 면접관	갑	을	병	정	범위
A	7	8	8	6	2
B	4	6	8	10	( )
C	5	9	8	8	( )
D	6	10	9	7	4
E	9	7	6	5	4
중앙값	( )	( )	8	( )	–
교정점수	( )	8	( )	7	–

※ 1) 범위: 해당 면접관이 각 응시자에게 부여한 면접 점수 중 최댓값에서 최솟값을 뺀 값

2) 중앙값: 해당 응시자가 A~E 면접관에게 받은 모든 면접 점수를 크기순으로 나열할 때 한가운데 값

3) 교정점수: 해당 응시자가 A~E 면접관에게 받은 모든 면접 점수 중 최댓값과 최솟값을 제외한 면접 점수의 산술 평균값

보기

ㄱ. 면접관 중 범위가 가장 큰 면접관은 B이다.

ㄴ. 응시자 중 중앙값이 가장 작은 응시자는 '정'이다.

ㄷ. 교정점수는 '병'이 '갑'보다 크다.

① ㄱ ② ㄴ ③ ㄱ, ㄷ

④ ㄴ, ㄷ ⑤ ㄱ, ㄴ, ㄷ

기출 19' 5급㉻-가 난이도 ●○○

069 다음 〈표〉는 수면제 A~D를 사용한 불면증 환자 '갑'~'무'의 숙면시간을 측정한 결과이다. 이에 대한 〈보기〉의 설명 중 옳은 것만을 모두 고르면?

〈표〉 수면제별 숙면시간

(단위: 시간)

환자 / 수면제	갑	을	병	정	무	평균
A	5.0	4.0	6.0	5.0	5.0	5.0
B	4.0	4.0	5.0	5.0	6.0	4.8
C	6.0	5.0	4.0	7.0	(　)	5.6
D	6.0	4.0	5.0	5.0	6.0	(　)

보기

ㄱ. 평균 숙면시간이 긴 수면제부터 순서대로 나열하면 C, D, A, B 순이다.
ㄴ. 환자 '을'과 환자 '무'의 숙면시간 차이는 수면제 C가 수면제 B보다 크다.
ㄷ. 수면제 B와 수면제 D의 숙면시간 차이가 가장 큰 환자는 '갑'이다.
ㄹ. 수면제 C의 평균 숙면시간보다 수면제 C의 숙면시간이 긴 환자는 2명이다.

① ㄱ, ㄴ　② ㄱ, ㄷ　③ ㄴ, ㄹ
④ ㄱ, ㄴ, ㄷ　⑤ ㄴ, ㄷ, ㄹ

기출 19' 5급㉺-가 난이도 ●●○

070 다음 〈표〉는 2018년 A~C 지역의 0~11세 인구 자료이다. 이에 대한 〈보기〉의 설명 중 옳은 것만을 모두 고르면?

〈표 1〉 A~C 지역의 0~5세 인구(2018년)

(단위: 명)

지역 \ 나이	0	1	2	3	4	5	합
A	104,099	119,264	119,772	120,371	134,576	131,257	729,339
B	70,798	76,955	74,874	73,373	80,575	76,864	453,439
C	3,219	3,448	3,258	3,397	3,722	3,627	20,671
계	178,116	199,667	197,904	197,141	218,873	211,748	1,203,449

〈표 2〉 A~C 지역의 6~11세 인구(2018년)

(단위: 명)

지역 \ 나이	6	7	8	9	10	11	합
A	130,885	124,285	130,186	136,415	124,326	118,363	764,460
B	77,045	72,626	76,968	81,236	75,032	72,584	455,491
C	3,682	3,530	3,551	3,477	3,155	2,905	20,300
계	211,612	200,441	210,705	221,128	202,513	193,852	1,240,251

※ 1) 인구 이동 및 사망자는 없음.
2) 나이 = 당해연도 − 출생연도

보기

ㄱ. 2016년에 출생한 A, B 지역 인구의 합은 2015년에 출생한 A, B 지역 인구의 합보다 크다.
ㄴ. C 지역의 0~11세 인구 대비 6~11세 인구 비율은 2018년이 2017년보다 높다.
ㄷ. 2018년 A~C 지역 중, 5세 인구가 가장 많은 지역과 5세 인구 대비 0세 인구의 비율이 가장 높은 지역은 동일하다.
ㄹ. 2019년에 C 지역의 6~11세 인구의 합은 전년대비 증가한다.

① ㄱ, ㄴ　② ㄱ, ㄷ　③ ㄱ, ㄹ
④ ㄴ, ㄷ　⑤ ㄴ, ㄹ

기출 18' 5급[민]-가 난이도 ●●○

071 다음 〈표〉는 2000년과 2013년 한국, 중국, 일본의 재화 수출액 및 수입액 자료이고, 〈용어 정의〉는 무역수지와 무역특화지수에 대한 설명이다. 이에 대한 〈보기〉의 설명 중 옳은 것만을 모두 고르면?

〈표〉 한국, 중국, 일본의 재화 수출액 및 수입액

(단위: 억 달러)

국가 / 수출입액 / 연도 / 재화		한국		중국		일본	
		수출액	수입액	수출액	수입액	수출액	수입액
2000	원자재	578	832	741	1,122	905	1,707
	소비재	117	104	796	138	305	847
	자본재	1,028	668	955	991	3,583	1,243
2013	원자재	2,015	3,232	5,954	9,172	2,089	4,760
	소비재	138	375	4,083	2,119	521	1,362
	자본재	3,444	1,549	12,054	8,209	4,541	2,209

용어 정의

- 무역수지 = 수출액 − 수입액
  - 무역수지 값이 양(+)이면 흑자, 음(−)이면 적자이다.
- 무역특화지수 = $\frac{\text{수출액} - \text{수입액}}{\text{수출액} + \text{수입액}}$
  - 무역특화지수의 값이 클수록 수출경쟁력이 높다.

보기

ㄱ. 2013년 한국, 중국, 일본 각각에서 원자재 무역수지는 적자이다.
ㄴ. 2013년 한국의 원자재, 소비재, 자본재 수출액은 2000년에 비해 각각 50% 이상 증가하였다.
ㄷ. 2013년 자본재 수출경쟁력은 일본이 한국보다 높다.

① ㄱ ② ㄴ ③ ㄱ, ㄴ
④ ㄱ, ㄷ ⑤ ㄴ, ㄷ

기출 18' 5급[민]-가 난이도 ●●○

072 다음 〈표〉는 A~D국의 성별 평균소득과 대학진학률의 격차지수만으로 계산한 '간이 성평등지수'에 관한 자료이다. 이에 대한 〈보기〉의 설명 중 옳은 것만을 모두 고르면?

〈표〉 A~D국의 성별 평균소득, 대학진학률 및 '간이 성평등지수'

(단위: 달러, %)

국가 \ 항목	평균소득			대학진학률			간이 성평등 지수
	여성	남성	격차 지수	여성	남성	격차 지수	
A	8,000	16,000	0.50	68	48	1.00	0.75
B	36,000	60,000	0.60	(　)	80	(　)	(　)
C	20,000	25,000	0.80	70	84	0.83	0.82
D	3,500	5,000	0.70	11	15	0.73	0.72

※ 1) 격차지수는 남성 항목값 대비 여성 항목값의 비율로 계산하며, 그 값이 1을 넘으면 1로 함.
2) '간이 성평등지수'는 평균소득 격차지수와 대학진학률 격차지수의 산술 평균임.
3) 격차지수와 '간이 성평등지수'는 소수점 셋째자리에서 반올림한 값임.

보기

ㄱ. A국의 여성 평균소득과 남성 평균소득이 각각 1,000달러씩 증가하면 A국의 '간이 성평등지수'는 0.80 이상이 된다.
ㄴ. B국의 여성 대학진학률이 85%이면 '간이 성평등지수'는 B국이 C국보다 높다.
ㄷ. D국의 여성 대학진학률이 4%p 상승하면 D국의 '간이 성평등지수'는 0.80 이상이 된다.

① ㄱ　　② ㄴ　　③ ㄷ
④ ㄱ, ㄴ　　⑤ ㄱ, ㄷ

073 다음 〈표〉와 〈그림〉은 2018년 테니스 팀 A~E의 선수 인원수 및 총 연봉과 각각의 전년대비 증가율에 대한 자료이다. 이에 대한 설명으로 옳지 않은 것은?

〈표〉 2018년 테니스 팀 A~E의 선수 인원수 및 총 연봉

(단위: 명, 억 원)

테니스 팀	선수 인원수	총 연봉
A	5	15
B	10	25
C	8	24
D	6	30
E	6	24

※ 팀 선수 평균 연봉 $= \frac{\text{총 연봉}}{\text{선수 인원수}}$

〈그림〉 2018년 테니스 팀 A~E의 선수 인원수 및 총 연봉의 전년대비 증가율

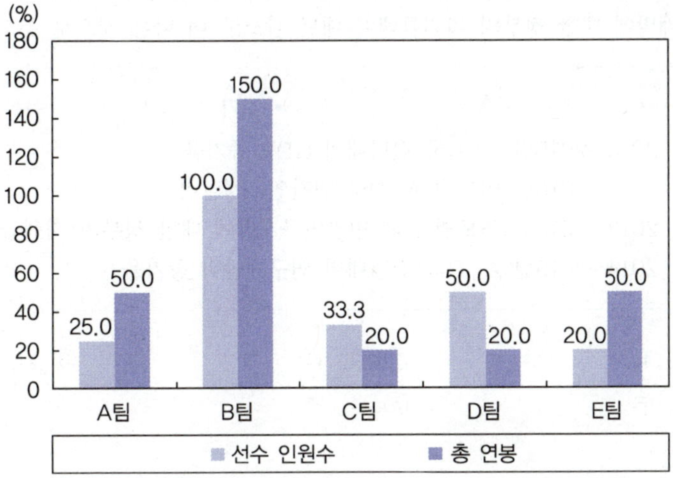

※ 전년대비 증가율은 소수점 둘째자리에서 반올림한 값임.

① 2018년 '팀 선수 평균 연봉'은 D팀이 가장 많다.
② 2018년 전년대비 증가한 선수 인원수는 C팀과 D팀이 동일하다.
③ 2018년 A팀의 '팀 선수 평균 연봉'은 전년대비 증가하였다.
④ 2018년 선수 인원수가 전년대비 가장 많이 증가한 팀은 총 연봉도 가장 많이 증가하였다.
⑤ 2017년 총 연봉은 A팀이 E팀보다 많다.

기출 18' 5급㉤-가 난이도 ●●○

074 다음 〈표〉는 A~D국의 연구개발비에 대한 자료이다. 다음 〈보고서〉를 작성하기 위해 〈표〉 이외에 추가로 필요한 자료만을 〈보기〉에서 모두 고르면?

〈표〉 A~D국의 연구개발비

연도	구분 \ 국가	A	B	C	D
2016	연구개발비(억 달러)	605	4,569	1,709	1,064
	GDP 대비(%)	4.29	2.73	3.47	2.85
2015	민간연구개발비 : 정부연구개발비	24 : 76	35 : 65	25 : 75	30 : 70

※ 연구개발비 = 정부연구개발비 + 민간연구개발비

보고서

A~D국 모두 2015년에 비하여 2016년 연구개발비가 증가하였지만, A국은 약 3% 증가에 불과하여 A~D국 평균 증가율인 6% 수준에도 미치지 못했다. 특히, 2016년에 A국은 정부연구개발비 대비 민간연구개발비 비율이 가장 작다. 이는 2014~2016년 동안, A국 민간연구개발에 대한 정부의 지원금액이 매년 감소한 데 따른 것으로 분석된다.

보기

ㄱ. 2013~2015년 A~D국 전년대비 GDP 증가율
ㄴ. 2015~2016년 연도별 A~D국 민간연구개발비
ㄷ. 2013~2016년 연도별 A국 민간연구개발에 대한 정부의 지원금액
ㄹ. 2014~2015년 A~D국 전년대비 연구개발비 증가율

① ㄱ, ㄴ ② ㄱ, ㄹ ③ ㄴ, ㄷ
④ ㄴ, ㄹ ⑤ ㄷ, ㄹ

기출 17' 5급㊞-나 난이도 ●○○

075 다음 〈표〉는 OECD 주요 국가별 삶의 만족도 및 관련 지표를 나타낸 것이다. 이에 대한 설명으로 옳지 않은 것은?

〈표〉 OECD 주요 국가별 삶의 만족도 및 관련 지표

(단위: 점, %, 시간)

구분 국가	삶의 만족도	장시간 근로자비율	여가·개인 돌봄시간
덴마크	7.6	2.1	16.1
아이슬란드	7.5	13.7	14.6
호주	7.4	14.2	14.4
멕시코	7.4	28.8	13.9
미국	7.0	11.4	14.3
영국	6.9	12.3	14.8
프랑스	6.7	8.7	15.3
이탈리아	6.0	5.4	15.0
일본	6.0	22.6	14.9
한국	6.0	28.1	14.6
에스토니아	5.4	3.6	15.1
포르투갈	5.2	9.3	15.0
헝가리	4.9	2.7	15.0

※ 장시간근로자비율은 전체 근로자 중 주 50시간 이상 근무한 근로자의 비율임.

① 삶의 만족도가 가장 높은 국가는 장시간근로자비율이 가장 낮다.

② 한국의 장시간근로자비율은 삶의 만족도가 가장 낮은 국가의 장시간근로자비율의 10배 이상이다.

③ 삶의 만족도가 한국보다 낮은 국가들의 장시간근로자비율의 산술평균은 이탈리아의 장시간근로자비율보다 높다.

④ 여가·개인돌봄시간이 가장 긴 국가와 가장 짧은 국가의 삶의 만족도 차이는 0.3점 이하이다.

⑤ 장시간근로자비율이 미국보다 낮은 국가의 여가·개인돌봄시간은 모두 미국의 여가·개인돌봄시간보다 길다.

기출 17' 5급㉣-나 | 난이도 ●●○

076 다음 〈보고서〉는 2016년 A시의 생활체육 참여실태에 관한 것이다. 〈보고서〉의 내용을 작성하는 데 직접적인 근거로 활용되지 않은 자료는?

• 보고서 •

2016년에 A시 시민을 대상으로 생활체육 참여실태에 대해 조사한 결과 생활체육을 '전혀 하지 않음'이라고 응답한 비율은 51.8%로 나타났다. 반면, 주 4회 이상 생활체육에 참여한다고 응답한 비율은 28.6%이었다.

생활체육에 참여하지 않는 이유에 대해서는 '시설부족'이라고 응답한 비율이 30.3%로 가장 높아 공공체육시설을 확충하는 정책이 필요할 것으로 보인다. 2016년 A시의 공공체육시설은 총 388개소로 B시, C시의 공공체육시설 수의 50%에도 미치지 못하는 수준이다. 그러나 A시는 초등학교 운동장을 개방하여 간이운동장으로 활용할 계획이므로 향후 체육시설에 대한 접근성이 더 높아질 것으로 기대된다.

한편, 2016년 A시 생활체육지도자를 자치구별로 살펴보면, 동구 16명, 서구 17명, 남구 16명, 북구 18명, 중구 18명으로 고르게 분포된 것처럼 보인다. 그러나 2016년 북구의 인구가 445,489명, 동구의 인구가 103,016명임을 고려할 때 생활체육지도자 일인당 인구수는 북구가 24,749명으로 동구 6,439명에 비해 현저히 많아 지역 편중 현상이 존재한다. 따라서 자치구 인구 분포를 고려한 생활체육지도자 양성 전략이 필요해 보인다.

① 연도별 A시 시민의 생활체육 미참여 이유 조사결과

(단위: %)

연도 \ 이유	시설 부족	정보 부재	지도자 부재	동반자 부재	흥미 부족	기타
2012	25.1	20.8	14.3	8.2	9.5	22.1
2013	30.7	18.6	16.4	12.8	9.2	12.3
2014	28.1	17.2	15.1	11.6	11.0	17.0
2015	31.5	18.0	17.2	10.9	12.1	10.3
2016	30.3	15.2	16.0	10.0	10.4	18.1

② 2016년 A시 시민의 생활체육 참여 빈도 조사결과

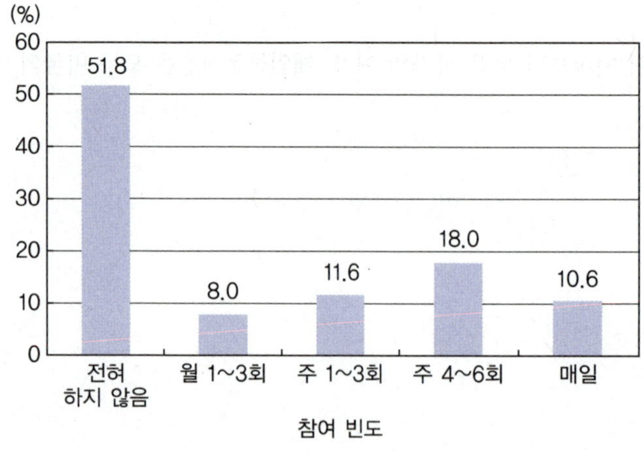

③ 2016년 A시의 자치구·성별 인구

(단위: 명)

성별 \ 자치구	동구	서구	남구	북구	중구	합
남자	51,584	155,104	104,891	221,433	197,204	730,216
여자	51,432	160,172	111,363	224,056	195,671	742,694
계	103,016	315,276	216,254	445,489	392,875	1,472,910

④ 2016년 도시별 공공체육시설 현황

(단위: 개소)

구분 \ 도시	A시	B시	C시	D시	E시
육상 경기장	2	3	3	19	2
간이운동장	313	2,354	751	382	685
체육관	16	112	24	15	16
수영장	9	86	15	4	11
빙상장	1	3	1	1	0
기타	47	193	95	50	59
계	388	2,751	889	471	773

⑤ 2016년 생활체육지도자의 도시별 분포

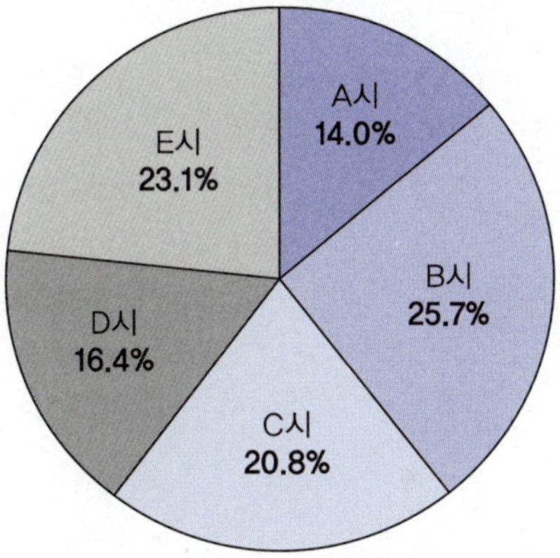

기출 17' 5급[민]-나 난이도 ●●●

077 다음 〈표〉는 세계 주요 터널화재 사고 A~F에 관한 자료이다. 이에 대한 설명으로 옳은 것은?

〈표〉 세계 주요 터널화재 사고 통계

구분 / 사고	터널길이 (km)	화재규모 (MW)	복구비용 (억원)	복구기간 (개월)	사망자 (명)
A	50.5	350	4,200	6	1
B	11.6	40	3,276	36	39
C	6.4	120	72	3	12
D	16.9	150	312	2	11
E	0.2	100	570	10	192
F	1.0	20	18	8	0

※ 사고비용(억원) = 복구비용(억원) + 사망자(명) × 5(억원/명)

① 터널길이가 길수록 사망자가 많다.

② 화재규모가 클수록 복구기간이 길다.

③ 사고 A를 제외하면 복구기간이 길수록 복구비용이 크다.

④ 사망자가 가장 많은 사고 E는 사고비용도 가장 크다.

⑤ 사망자가 30명 이상인 사고를 제외하면 화재규모가 클수록 복구비용이 크다.

기출 17' 5급㉢-나 난이도 ●●○

078 다음 〈표〉는 2015년 9개 국가의 실질세부담률에 관한 자료이다. 〈표〉와 〈조건〉에 근거하여 A~D에 해당하는 국가를 바르게 나열한 것은?

〈표〉 2015년 국가별 실질세부담률

구분 / 국가	독신 가구 실질세부담률(%)			다자녀 가구 실질세부담률(%)	독신 가구와 다자녀 가구의 실질세부담률 차이(%p)
		2005년 대비 증감(%p)	전년대비 증감(%p)		
A	55.3	-0.20	-0.28	40.5	14.8
일본	32.2	4.49	0.26	26.8	5.4
B	39.0	-2.00	-1.27	38.1	0.9
C	42.1	5.26	0.86	30.7	11.4
한국	21.9	4.59	0.19	19.6	2.3
D	31.6	-0.23	0.05	18.8	12.8
멕시코	19.7	4.98	0.20	19.7	0.0
E	39.6	0.59	-1.16	33.8	5.8
덴마크	36.4	-2.36	0.21	26.0	10.4

조건

- 2015년 독신 가구와 다자녀 가구의 실질세부담률 차이가 덴마크보다 큰 국가는 캐나다, 벨기에, 포르투갈이다.
- 2015년 독신 가구 실질세부담률이 전년대비 감소한 국가는 벨기에, 그리스, 스페인이다.
- 스페인의 2015년 독신 가구 실질세부담률은 그리스의 2015년 독신 가구 실질세부담률보다 높다.
- 2005년 대비 2015년 독신 가구 실질세부담률이 가장 큰 폭으로 증가한 국가는 포르투갈이다.

	A	B	C	D
①	벨기에	그리스	포르투갈	캐나다
②	벨기에	스페인	캐나다	포르투갈
③	벨기에	스페인	포르투갈	캐나다
④	캐나다	그리스	스페인	포르투갈
⑤	캐나다	스페인	포르투갈	벨기에

문항편 3일차 • 수리능력 + 자료해석

기출 19' 5급㉻-가 | 난이도 ●●○

079 다음 〈표〉는 2018년 5~6월 A군의 휴대폰 모바일 앱별 데이터 사용량에 관한 자료이다. 이에 대한 설명으로 옳은 것은?

〈표〉 2018년 5~6월 모바일 앱별 데이터 사용량

앱 이름 \ 월	5월	6월
G인터넷	5.3 GB	6.7 GB
HS쇼핑	1.8 GB	2.1 GB
톡톡	2.4 GB	1.5 GB
앱가게	2.0 GB	1.3 GB
뮤직플레이	94.6 MB	570.0 MB
위튜브	836.0 MB	427.0 MB
쉬운지도	321.0 MB	337.0 MB
JJ멤버십	45.2 MB	240.0 MB
영화예매	77.9 MB	53.1 MB
날씨정보	42.8 MB	45.3 MB
가계부	–	27.7 MB
17분운동	–	14.8 MB
NEC뱅크	254.0 MB	9.7 MB
알람	10.6 MB	9.1 MB
지상철	5.0 MB	7.8 MB
어제뉴스	2.7 MB	1.8 MB
S메일	29.7 MB	0.8 MB
JC카드	–	0.7 MB
카메라	0.5 MB	0.3 MB
일정관리	0.3 MB	0.2 MB

※ 1) '–'는 해당 월에 데이터 사용량이 없음을 의미함.
2) 제시된 20개의 앱 외 다른 앱의 데이터 사용량은 없음.
3) 1 GB(기가바이트)는 1,024 MB(메가바이트)에 해당함.

① 5월과 6월에 모두 데이터 사용량이 있는 앱 중 5월 대비 6월 데이터 사용량의 증가량이 가장 큰 앱은 '뮤직플레이'이다.

② 5월과 6월에 모두 데이터 사용량이 있는 앱 중 5월 대비 6월 데이터 사용량이 감소한 앱은 9개이고 증가한 앱은 8개이다.

③ 6월에만 데이터 사용량이 있는 모든 앱의 총 데이터 사용량은 '날씨정보'의 6월 데이터 사용량보다 많다.

④ 'G인터넷'과 'HS쇼핑'의 5월 데이터 사용량의 합은 나머지 앱의 5월 데이터 사용량의 합보다 많다.

⑤ 5월과 6월에 모두 데이터 사용량이 있는 앱 중 5월 대비 6월 데이터 사용량 변화율이 가장 큰 앱은 'S메일'이다.

080 다음 〈표〉는 2016~2018년 '갑'국 매체 A~D의 종사자 현황 자료이다. 이와 〈조건〉을 근거로 2018년 전체 종사자가 많은 것부터 순서대로 나열하면?

〈표〉 매체 A~D의 종사자 현황

(단위: 명)

연도	구분 매체	정규직			비정규직		
		여성	남성	소계	여성	남성	소계
2016	A	6,530	15,824	22,354	743	1,560	2,303
	B	3,944	12,811	16,755	1,483	1,472	2,955
	C	3,947	7,194	11,141	900	1,650	2,550
	D	407	1,226	1,633	31	57	88
2017	A	5,957	14,110	20,067	1,017	2,439	3,456
	B	2,726	11,280	14,006	1,532	1,307	2,839
	C	3,905	6,338	10,243	1,059	2,158	3,217
	D	370	1,103	1,473	41	165	206
2018	A	6,962	17,279	24,241	966	2,459	3,425
	B	4,334	13,002	17,336	1,500	1,176	2,676
	C	6,848	10,000	16,848	1,701	2,891	4,592
	D	548	1,585	2,133	32	593	625

조건

- 2017년과 2018년 '통신'의 비정규직 종사자는 전년대비 매년 증가하였다.
- 2017년 여성 종사자가 가장 많은 매체는 '종이신문'이다.
- 2018년 '방송'의 정규직 종사자 수 대비 비정규직 종사자 수의 비율은 20% 미만이다.
- 2016년에 비해 2017년에 남성 종사자가 감소했고 여성 종사자가 증가한 매체는 '인터넷신문'이다.

① 종이신문 – 방송 – 인터넷신문 – 통신
② 종이신문 – 인터넷신문 – 방송 – 통신
③ 통신 – 종이신문 – 인터넷신문 – 방송
④ 통신 – 인터넷신문 – 종이신문 – 방송
⑤ 인터넷신문 – 방송 – 종이신문 – 통신

081 다음 〈표〉는 조선전기(1392~1550년) 홍수재해 및 가뭄재해 발생건수에 대한 자료이다. 이에 대한 〈보기〉의 설명 중 옳은 것만을 모두 고르면?

〈표 1〉 조선전기 홍수재해 발생건수

(단위: 건)

분류기간 \ 월	1	2	3	4	5	6	7	8	9	10	11	12	합
1392~1450년	0	0	0	0	4	12	8	3	0	0	0	0	27
1451~1500년	0	0	0	0	1	3	4	0	0	0	0	0	( )
1501~1550년	0	0	0	0	5	7	9	15	1	0	0	0	37
계	0	0	0	0	( )	22	21	( )	1	0	0	0	( )

〈표 2〉 조선전기 가뭄재해 발생건수

(단위: 건)

분류기간 \ 월	1	2	3	4	5	6	7	8	9	10	11	12	합
1392~1450년	0	1	1	5	9	8	9	2	1	0	0	1	37
1451~1500년	0	0	0	5	2	5	4	1	0	0	0	0	17
1501~1550년	0	0	0	4	7	7	6	1	0	0	0	0	( )
계	0	1	1	( )	18	( )	19	4	1	0	0	1	( )

보기

ㄱ. 홍수재해 발생건수는 총 72건이며, 분류기간별로는 1501~1550년에 37건으로 가장 많이 발생했다.

ㄴ. 홍수재해는 모두 5~8월에만 발생했다.

ㄷ. 2~7월의 가뭄재해 발생건수는 전체 가뭄재해 발생건수의 90% 이상을 차지한다.

ㄹ. 매 분류기간마다 가뭄재해 발생건수는 홍수재해 발생건수보다 많다.

① ㄱ, ㄴ ② ㄱ, ㄷ ③ ㄴ, ㄹ

④ ㄱ, ㄷ, ㄹ ⑤ ㄴ, ㄷ, ㄹ

기출 17' 5급㉺-나 | 난이도 ●●○

082 다음 〈표〉와 〈그림〉은 2008~2016년 A국의 국세 및 지방세에 관한 자료이다. 이에 대한 설명으로 옳지 않은 것은?

〈표〉 국세 및 지방세 징수액과 감면액

(단위: 조원)

구분	연도	2008	2009	2010	2011	2012	2013	2014	2015	2016
국세	징수액	138	161	167	165	178	192	203	202	216
	감면액	21	23	29	31	30	30	33	34	33
지방세	징수액	41	44	45	45	49	52	54	54	62
	감면액	8	10	11	15	15	17	15	14	11

〈그림〉 국세 및 지방세 감면율 추이

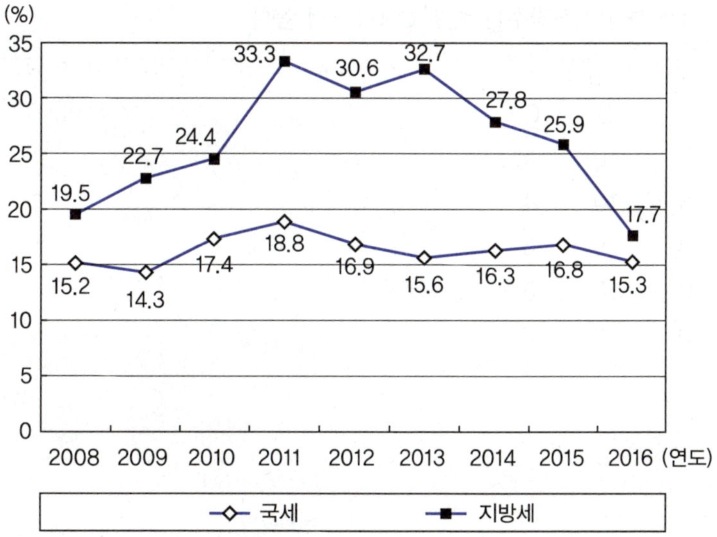

① 감면액은 국세가 지방세보다 매년 많다.

② 감면율은 지방세가 국세보다 매년 높다.

③ 2008년 대비 2016년 징수액 증가율은 국세가 지방세보다 높다.

④ 국세 징수액과 지방세 징수액의 차이가 가장 큰 해에는 국세 감면율과 지방세 감면율의 차이도 가장 크다.

⑤ 2014~2016년 동안 국세 감면액과 지방세 감면액의 차이는 매년 증가한다.

기출 17' 5급㉯-나 | 난이도 ●●●

083 다음 〈표〉는 학생 A~F의 시험점수에 관한 자료이다. 〈표〉와 〈조건〉을 이용하여 학생 A, B, C의 시험점수를 바르게 나열한 것은?

〈표〉 학생 A~F의 시험점수

(단위: 점)

학생	A	B	C	D	E	F
점수	( )	( )	( )	( )	9	9

조건

- 시험점수는 자연수이다.
- 시험점수가 같은 학생은 A, E, F뿐이다.
- 산술평균은 8.5점이다.
- 최댓값은 10점이다.
- 학생 D의 시험점수는 학생 C보다 4점 높다.

	A	B	C
①	8	9	5
②	8	10	4
③	9	8	6
④	9	10	5
⑤	9	10	6

기출 17' 5급㉯-나 난이도 ●●○

084 다음 〈그림〉과 〈표〉는 F 국제기구가 발표한 2014년 3월~2015년 3월 동안의 식량 가격지수와 품목별 가격지수에 대한 자료이다. 이에 대한 설명으로 옳지 않은 것은?

〈그림〉 식량 가격지수

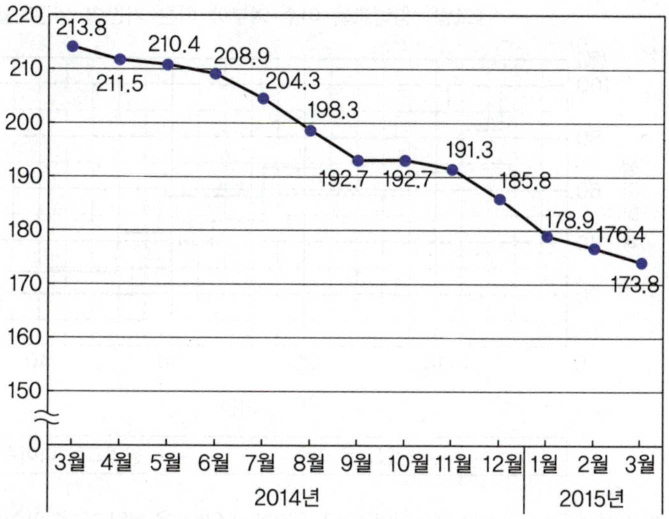

〈표〉 품목별 가격지수

시기		육류	낙농품	곡물	유지류	설탕
2014년	3월	185.5	268.5	208.9	204.8	254.0
	4월	190.4	251.5	209.2	199.0	249.9
	5월	194.6	238.9	207.0	195.3	259.3
	6월	202.8	236.5	196.1	188.8	258.0
	7월	205.9	226.1	185.2	181.1	259.1
	8월	212.0	200.8	182.5	166.6	244.3
	9월	211.0	187.8	178.2	162.0	228.1
	10월	210.2	184.3	178.3	163.7	237.6
	11월	206.4	178.1	183.2	164.9	229.7
	12월	196.4	174.0	183.9	160.7	217.5
2015년	1월	183.5	173.8	177.4	156.0	217.7
	2월	178.8	181.8	171.7	156.6	207.1
	3월	177.0	184.9	169.8	151.7	187.9

※ 기준년도인 2002년의 가격지수는 100임.

① 2015년 3월의 식량 가격지수는 2014년 3월에 비해 15% 이상 하락했다.
② 2014년 4월부터 2014년 9월까지 식량 가격지수는 매월 하락했다.
③ 2014년 3월에 비해 2015년 3월 가격지수가 가장 큰 폭으로 하락한 품목은 낙농품이다.
④ 육류 가격지수는 2014년 8월까지 매월 상승하다가 그 이후에는 매월 하락했다.
⑤ 2002년 가격지수 대비 2015년 3월 가격지수의 상승률이 가장 낮은 품목은 육류이다.

기출 17' 5급[민]-나 난이도 ●●○

085 A시는 2016년에 폐업 신고한 전체 자영업자를 대상으로 창업교육 이수 여부와 창업부터 폐업까지의 기간을 조사하였다. 다음 〈그림〉은 조사결과를 이용하여 창업교육 이수 여부에 따른 기간별 생존비율을 비교한 자료이다. 이에 대한 설명으로 옳은 것은?

〈그림〉 창업교육 이수 여부에 따른 기간별 생존비율

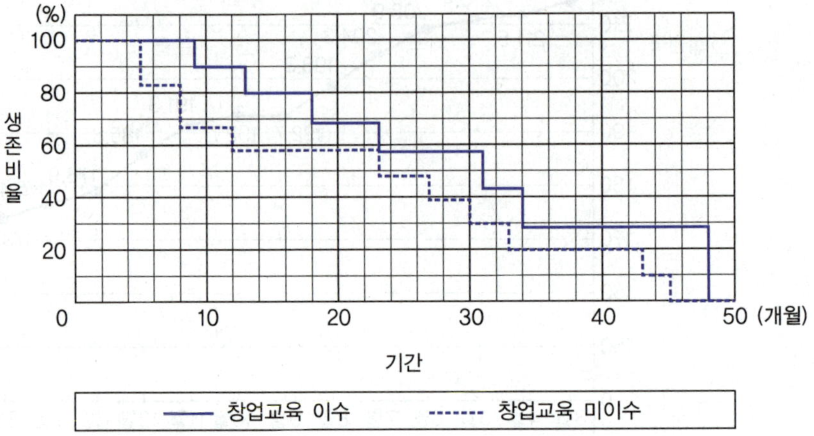

※ 1) 창업교육을 이수(미이수)한 폐업 자영업자의 기간별 생존비율은 창업교육을 이수(미이수)한 폐업 자영업자 중 생존기간이 해당 기간 이상인 자영업자의 비율임.
2) 생존기간은 창업부터 폐업까지의 기간을 의미함.

① 창업교육을 이수한 폐업 자영업자 수가 창업교육을 미이수한 폐업 자영업자 수보다 더 많다.

② 창업교육을 미이수한 폐업 자영업자의 평균 생존기간은 창업교육을 이수한 폐업 자영업자의 평균 생존기간보다 더 길다.

③ 창업교육을 이수한 폐업 자영업자의 생존비율과 창업교육을 미이수한 폐업 자영업자의 생존비율의 차이는 창업 후 20개월에 가장 크다.

④ 창업교육을 이수한 폐업 자영업자 중 생존기간이 32개월 이상인 자영업자의 비율은 50% 이상이다.

⑤ 창업교육을 미이수한 폐업 자영업자 중 생존기간이 10개월 미만인 자영업자의 비율은 20% 이상이다.

086 다음 〈표〉는 AIIB(Asian Infrastructure Investment Bank)의 지분율 상위 10개 회원국의 지분율과 투표권 비율에 대한 자료이다. 이에 대한 〈보기〉의 설명 중 옳은 것만을 모두 고르면?

〈표〉 지분율 상위 10개 회원국의 지분율과 투표권 비율

(단위: %)

회원국	지역	지분율	투표권 비율
중국	A	30.34	26.06
인도	A	8.52	7.51
러시아	B	6.66	5.93
독일	B	4.57	4.15
한국	A	3.81	3.50
호주	A	3.76	3.46
프랑스	B	3.44	3.19
인도네시아	A	3.42	3.17
브라질	B	3.24	3.02
영국	B	3.11	2.91

※ 1) 회원국의 지분율(%) = $\frac{\text{해당 회원국이 AIIB에 출자한 자본금}}{\text{AIIB의 자본금 총액}} \times 100$

2) 지분율이 높을수록 투표권 비율이 높아짐.

보기

ㄱ. 지분율 상위 4개 회원국의 투표권 비율을 합하면 40% 이상이다.

ㄴ. 중국을 제외한 지분율 상위 9개 회원국 중 지분율과 투표권 비율의 차이가 가장 큰 회원국은 인도이다.

ㄷ. 지분율 상위 10개 회원국 중에서, A지역 회원국의 지분율 합은 B지역 회원국의 지분율 합의 3배 이상이다.

ㄹ. AIIB의 자본금 총액이 2,000억 달러라면, 독일과 프랑스가 AIIB에 출자한 자본금의 합은 160억 달러 이상이다.

① ㄱ, ㄴ　② ㄴ, ㄷ　③ ㄷ, ㄹ
④ ㄱ, ㄴ, ㄹ　⑤ ㄱ, ㄷ, ㄹ

기출 17' 5급ⓜ-나 난이도 ●●○

087 다음 〈표〉는 2016년 '갑'시 5개 구 주민의 돼지고기 소비량에 관한 자료이다. 〈조건〉을 이용하여 변동계수가 3번째로 큰 구와 4번째로 큰 구를 바르게 나열한 것은?

〈표〉 5개 구 주민의 돼지고기 소비량 통계

(단위: kg)

구	평균 (1인당 소비량)	표준편차
A	( )	5.0
B	( )	4.0
C	30.0	6.0
D	12.0	4.0
E	( )	8.0

※ 변동계수(%) = $\frac{\text{표준편차}}{\text{평균}} \times 100$

조건

- A구의 1인당 소비량과 B구의 1인당 소비량을 합하면 C구의 1인당 소비량과 같다.
- A구의 1인당 소비량과 D구의 1인당 소비량을 합하면 E구 1인당 소비량의 2배와 같다.
- E구의 1인당 소비량은 B구의 1인당 소비량보다 6.0 kg 더 많다.

	3번째	4번째
①	B	A
②	B	C
③	B	E
④	D	A
⑤	D	C

기출 17' 5급(민)-나 난이도 ●●○

088 다음 〈표〉는 지역별 마약류 단속에 관한 자료이다. 이에 대한 설명으로 옳은 것은?

〈표〉 지역별 마약류 단속 건수

(단위: 건, %)

지역 \ 마약류	대마	마약	향정신성 의약품	합	
					비중
서울	49	18	323	390	22.1
인천·경기	55	24	552	631	35.8
부산	6	6	166	178	10.1
울산·경남	13	4	129	146	8.3
대구·경북	8	1	138	147	8.3
대전·충남	20	4	101	125	7.1
강원	13	0	35	48	2.7
전북	1	4	25	30	1.7
광주·전남	2	4	38	44	2.5
충북	0	0	21	21	1.2
제주	0	0	4	4	0.2
전체	167	65	1,532	1,764	100.0

※ 1) 수도권은 서울과 인천·경기를 합한 지역임.

2) 마약류는 대마, 마약, 향정신성의약품으로만 구성됨.

① 대마 단속 전체 건수는 마약 단속 전체 건수의 3배 이상이다.

② 수도권의 마약류 단속 건수는 마약류 단속 전체 건수의 50% 이상이다.

③ 마약 단속 건수가 없는 지역은 5곳이다.

④ 향정신성의약품 단속 건수는 대구·경북 지역이 광주·전남 지역의 4배 이상이다.

⑤ 강원 지역은 향정신성의약품 단속 건수가 대마 단속 건수의 3배 이상이다.

기출 18' 5급㊍-나 난이도 ●●○

089 다음 〈표〉는 조선시대 태조~선조 대 동안 과거 급제자 및 '출신신분이 낮은 급제자' 중 '본관이 없는 자', '3품 이상 오른 자'에 대한 자료이다. 이에 대한 〈보기〉의 설명 중 옳은 것만을 모두 고르면?

〈표〉 조선시대 과거 급제자

(단위: 명)

왕대	전체 급제자	출신신분이 낮은 급제자		
			본관이 없는 자	3품 이상 오른 자
태조·정종	101	40	28	13
태종	266	133	75	33
세종	463	155	99	40
종·단종	179	62	35	16
세조	309	94	53	23
예종·성종	478	106	71	33
연산군	251	43	21	13
중종	900	188	39	69
인종·명종	470	93	10	26
선조	1,112	186	11	40

※ 급제자는 1회만 급제한 것으로 가정함.

보기

ㄱ. 태조·정종 대에 '출신신분이 낮은 급제자' 중 '본관이 없는 자'의 비율은 70%이지만, 선조 대에는 그 비율이 10% 미만이다.

ㄴ. 태조·정종 대의 '출신신분이 낮은 급제자' 가운데 '본관이 없는 자'이면서 '3품 이상 오른 자'는 한 명 이상이다.

ㄷ. '전체 급제자'가 가장 많은 왕 대에 '출신신분이 낮은 급제자'도 가장 많다.

ㄹ. 중종 대의 '전체 급제자' 중에서 '출신신분이 낮은 급제자'가 차지하는 비율은 20% 미만이다.

① ㄱ, ㄴ ② ㄱ, ㄷ ③ ㄴ, ㄷ

④ ㄱ, ㄴ, ㄹ ⑤ ㄴ, ㄷ, ㄹ

기출 18' 5급㉻-나 난이도 ●●○

090 다음 〈표〉는 특별·광역·특별자치시의 도로현황이다. 이를 바탕으로 〈조건〉을 모두 만족하는 두 도시 A, B를 비교한 것으로 옳은 것은?

〈표〉 특별·광역·특별자치시의 도로현황

구분	면적 (km^2)	인구 (천 명)	도로 연장 (km)	포장 도로 (km)	도로 포장률 (%)	면적당 도로 연장 (km/km^2)	인구당 도로 연장 (km/천 명)	자동차 대수 (천 대)	자동차당 도로 연장 (km/천 대)	도로 보급률
서울	605	10,195	8,223	8,223	100.0	13.59	0.81	2,974	2.76	3.31
부산	770	3,538	3,101	3,022	97.5	4.03	0.88	1,184	2.62	1.88
대구	884	2,506	2,627	2,627	100.0	2.97	1.05	1,039	2.53	1.76
인천	1,041	2,844	2,743	2,605	95.0	2.63	0.96	1,142	2.40	1.59
광주	501	1,469	1,806	1,799	99.6	3.60	1.23	568	3.18	2.11
대전	540	1,525	2,077	2,077	100.0	3.85	1.36	606	3.43	2.29
울산	1,060	1,147	1,760	1,724	98.0	1.66	1.53	485	3.63	1.60
세종	465	113	412	334	81.1	0.89	3.65	53	7.77	1.80
전국	100,188	50,948	106,440	87,798	82.5	1.06	2.09	19,400	5.49	1.49

조건

- 자동차당 도로연장은 A시와 B시 모두 전국보다 짧다.
- A시 인구는 B시 인구의 2배 이상이다.
- A시는 B시에 비해 면적이 더 넓다.
- A시는 B시에 비해 도로포장률이 더 높다.

① 자동차 대수 : A < B
② 도로보급률 : A < B
③ 면적당 도로연장 : A > B
④ 인구당 도로연장 : A > B
⑤ 자동차당 도로연장 : A > B

Day 3 Self Check List

	오답 수	무응답 수	풀이시간(분)
1회독	/ 30	/ 30	/ 60(분)
2회독	/ 30	/ 30	/ 50(분)
3회독	/ 30	/ 30	/ 35(분)

독끝

기본 4일차 (091~120)

정답 및 해설 100p

난이도별 구성

●○○	4문항
●●○	19문항
●●●	7문항

본 문항은 PSAT 자료해석 영역 기출 문항으로 구성되며, 기출 표기에 따른 시험 종류는 아래와 같습니다. (표기 상 맨 끝은 '책형' 입니다.)

㉥ – 민간경력자 일괄채용시험 / ㉻ – 공개경쟁채용시험(행정)

4일차 계산연습(초급)

Set ❶

각 연산 결과 100 이상(O), 미만(X)

(1)	60	+	55	→	
(2)	44	+	35	→	
(3)	48	+	51	→	
(4)	60	+	41	→	
(5)	27	+	93	→	
(6)	9	×	19	→	
(7)	17	×	8	→	
(8)	4	×	15	→	
(9)	19	×	4	→	
(10)	6	×	19	→	

Set ❷

A, B 차이값이 40 이상(O), 미만(X)

	A	B		
(1)	71	19	→	
(2)	56	70	→	
(3)	38	97	→	
(4)	13	79	→	
(5)	21	59	→	
(6)	99	68	→	
(7)	44	85	→	
(8)	98	57	→	
(9)	84	46	→	
(10)	77	25	→	

Set ❸

A, B 각 분수의 크기비교 후, 부등호 기입

	A		B
(1)	$\frac{98}{28}$		$\frac{98}{43}$
(2)	$\frac{65}{49}$		$\frac{96}{89}$
(3)	$\frac{43}{49}$		$\frac{78}{46}$
(4)	$\frac{67}{94}$		$\frac{96}{54}$
(5)	$\frac{31}{25}$		$\frac{51}{25}$

Set ❹

A대비B의 증감률이 50% 이상(O), 미만(X)

	A	B		
(1)	27	48	→	
(2)	24	34	→	
(3)	70	98	→	
(4)	56	93	→	
(5)	83	40	→	

	Set ❶	Set ❷	Set ❸	Set ❹
(1)	O	O	>	O
(2)	X	X	>	X
(3)	X	O	<	X
(4)	O	O	<	O
(5)	O	X	<	O
(6)	O	X		
(7)	O	O		
(8)	X	O		
(9)	X	X		
(10)	O	O		

*Set ❸, ❹ 참고사항

• 연산결과는 소수 셋째자리에서 반올림 적용

	맞은 개수	풀이 시간
Set ❶	/ 10	(초)
Set ❷	/ 10	(초)
Set ❸	/ 5	(초)
Set ❹	/ 5	(초)
합계	/ 30	(초)

* 다음의 회독수 별 권장풀이시간에 맞춰 문제풀이 후, Day 4 끝의 [Self Check List]를 기입하여 부족한 부분을 파악하세요!

권장 풀이 시간: 1회독 60 min / 2회독 50 min / 3회독 35 min

기출 17' 5급㉶-나 | 난이도 ●●●

091 다음 〈표〉는 '갑' 기관의 10개 정책(가~차)에 대한 평가결과이다. '갑' 기관은 정책별로 심사위원 A~D의 점수를 합산하여 총점이 낮은 정책부터 순서대로 4개 정책을 폐기할 계획이다. 폐기할 정책만을 모두 고르면?

〈표〉 정책에 대한 평가결과

정책 \ 심사위원	A	B	C	D
가	●	●	◑	○
나	●	●	◑	●
다	◑	○	●	◑
라	( )	●	◑	( )
마	●	( )	●	◑
바	◑	◑	◑	●
사	◑	◑	◑	●
아	◑	◑	●	( )
자	◑	◑	( )	●
차	( )	●	◑	○
평균(점)	0.55	0.70	0.70	0.50

※ 정책은 ○(0점), ◑(0.5점), ●(1.0점)으로만 평가됨.

① 가, 다, 바, 사
② 나, 마, 아, 자
③ 다, 라, 바, 사
④ 다, 라, 아, 차
⑤ 라, 아, 자, 차

기출 17' 5급㉥-나 난이도 ●●●

092 다음 〈표〉는 5개 팀으로 구성된 '갑'국 프로야구 리그의 2016 시즌 팀별 상대전적을 시즌 종료 후 종합한 것이다. 이에 대한 설명으로 옳지 않은 것은?

〈표〉 2016 시즌 팀별 상대전적

팀 \ 상대팀	A	B	C	D	E
A	–	(가)	(　)	(　)	(　)
B	6–10–0	–	(　)	(　)	(　)
C	7–9–0	8–8–0	–	8–8–0	(　)
D	6–9–1	8–8–0	8–8–0	–	(　)
E	4–12–0	8–8–0	6–10–0	10–6–0	–

※ 1) 표 안의 수는 승리–패배–무승부의 순으로 표시됨. 예를 들어, B팀의 A팀에 대한 전적(6–10–0)은 6승 10패 0무임.

2) 팀의 시즌 승률(%) $= \frac{\text{해당 팀의 시즌 승리 경기수}}{\text{해당 팀의 시즌 경기수}} \times 100$

① (가)에 들어갈 내용은 10–6–0이다.

② B팀의 시즌 승률은 50% 이하이다.

③ 시즌 승률이 50% 이상인 팀은 1팀이다.

④ C팀은 E팀을 상대로 승리한 경기가 패배한 경기보다 많다.

⑤ 시즌 전체 경기 결과 중 무승부는 1경기이다.

기출 17' 5급[민]-나 난이도 ●●○

093 다음 〈표〉는 동일한 상품군을 판매하는 백화점과 TV홈쇼핑의 상품군별 2015년 판매수수료율에 대한 자료이다. 이에 대한 〈보고서〉의 설명 중 옳은 것만을 모두 고르면?

〈표 1〉 백화점 판매수수료율 순위

(단위: %)

판매수수료율 상위 5개			판매수수료율 하위 5개		
순위	상품군	판매 수수료율	순위	상품군	판매 수수료율
1	셔츠	33.9	1	디지털기기	11.0
2	레저용품	32.0	2	대형가전	14.4
3	잡화	31.8	3	소형가전	18.6
4	여성정장	31.7	4	문구	18.7
5	모피	31.1	5	신선식품	20.8

〈표 2〉 TV홈쇼핑 판매수수료율 순위

(단위: %)

판매수수료율 상위 5개			판매수수료율 하위 5개		
순위	상품군	판매 수수료율	순위	상품군	판매 수수료율
1	셔츠	42.0	1	여행패키지	8.4
2	여성캐주얼	39.7	2	디지털기기	21.9
3	진	37.8	3	유아용품	28.1
4	남성정장	37.4	4	건강용품	28.2
5	화장품	36.8	5	보석	28.7

보고서

백화점과 TV홈쇼핑의 전체 상품군별 판매수수료율을 조사한 결과, ㉠ 백화점, TV홈쇼핑 모두 셔츠 상품군의 판매수수료율이 전체 상품군 중 가장 높았다. 그리고 백화점, TV홈쇼핑 모두 상위 5개 상품군의 판매수수료율이 30%를 넘어섰다. ㉡ 여성정장 상품군과 모피 상품군의 판매수수료율은 TV홈쇼핑이 백화점보다 더 낮았으며, ㉢ 디지털기기 상품군의 판매수수료율은 TV홈쇼핑이 백화점보다 더 높았다. ㉣ 여행패키지 상품군의 판매수수료율은 백화점이 TV홈쇼핑의 2배 이상이었다.

① ㄱ, ㄴ ② ㄱ, ㄷ ③ ㄴ, ㄹ
④ ㄱ, ㄷ, ㄹ ⑤ ㄴ, ㄷ, ㄹ

기출 17' 5급[민]-나 난이도 ●●○

094 다음 〈표〉는 A국에서 2016년에 채용된 공무원 인원에 관한 자료이다. 이에 대한 〈보기〉의 설명 중 옳은 것만을 모두 고르면?

〈표〉 A국의 2016년 공무원 채용 인원

(단위: 명)

채용방식 / 공무원구분	공개경쟁채용	경력경쟁채용	합
고위공무원	–	73	73
3급	–	17	17
4급	–	99	99
5급	296	205	501
6급	–	193	193
7급	639	509	1,148
8급	–	481	481
9급	3,000	1,466	4,466
연구직	17	357	374
지도직	–	3	3
우정직	–	599	599
전 경력관	–	104	104
전 임기제	–	241	241
한시임기제	–	743	743
전체	3,952	5,090	9,042

※ 1) 채용방식은 공개경쟁채용과 경력경쟁채용으로만 이루어짐.
2) 공무원구분은 〈표〉에 제시된 것으로 한정됨.

보기

ㄱ. 2016년에 공개경쟁채용을 통해 채용이 이루어진 공무원구분은 총 4개이다.
ㄴ. 2016년 우정직 채용 인원은 7급 채용 인원의 절반보다 많다.
ㄷ. 2016년에 공개경쟁채용을 통해 채용이 이루어진 공무원구분 각각에서는 공개경쟁채용 인원이 경력경쟁채용 인원보다 많다.
ㄹ. 2017년부터 공무원 채용 인원 중 9급 공개경쟁채용 인원만을 해마다 전년대비 10%씩 늘리고 그 외 나머지 채용 인원을 2016년과 동일하게 유지하여 채용한다면, 2018년 전체 공무원 채용 인원 중 9급 공개경쟁채용 인원의 비중은 40% 이하이다.

① ㄱ, ㄴ　② ㄱ, ㄷ　③ ㄷ, ㄹ
④ ㄱ, ㄴ, ㄹ　⑤ ㄴ, ㄷ, ㄹ

기출 17' 5급[민]-나 난이도 ●●○

095 다음 〈표〉는 '갑'국 6개 수종의 기건비중 및 강도에 대한 자료이다. 〈조건〉을 이용하여 A와 C에 해당하는 수종을 바르게 나열한 것은?

〈표〉 6개 수종의 기건비중 및 강도

수종	기건비중 (ton/m^3)	강도(N/mm^2)			
		압축강도	인장강도	휨강도	전단강도
A	0.53	48	52	88	10
B	0.89	64	125	118	12
C	0.61	63	69	82	9
삼나무	0.37	41	45	72	7
D	0.31	24	21	39	6
E	0.43	51	59	80	7

조건

- 전단강도 대비 압축강도 비가 큰 상위 2개 수종은 낙엽송과 전나무이다.
- 휨강도와 압축강도 차가 큰 상위 2개 수종은 소나무와 참나무이다.
- 참나무의 기건비중은 오동나무 기건비중의 2.5배 이상이다.
- 인장강도와 압축강도의 차가 두 번째로 큰 수종은 전나무이다.

	A	C
①	소나무	낙엽송
②	소나무	전나무
③	오동나무	낙엽송
④	참나무	소나무
⑤	참나무	전나무

기출 17' 5급㉶-나 | 난이도 ●●●

096 다음 〈표〉와 〈그림〉은 2009~2012년 도시폐기물량 상위 10개국의 도시폐기물량지수와 한국의 도시폐기물량을 나타낸 것이다. 이에 대한 〈보기〉의 설명 중 옳은 것만을 모두 고르면?

〈표〉 도시폐기물량 상위 10개국의 도시폐기물량지수

순위	2009년		2010년		2011년		2012년	
	국가	지수	국가	지수	국가	지수	국가	지수
1	미국	12.05	미국	11.94	미국	12.72	미국	12.73
2	러시아	3.40	러시아	3.60	러시아	3.87	러시아	4.51
3	독일	2.54	브라질	2.85	브라질	2.97	브라질	3.24
4	일본	2.53	독일	2.61	독일	2.81	독일	2.78
5	멕시코	1.98	일본	2.49	일본	2.54	일본	2.53
6	프랑스	1.83	멕시코	2.06	멕시코	2.30	멕시코	2.35
7	영국	1.76	프랑스	1.86	프랑스	1.96	프랑스	1.91
8	이탈리아	1.71	영국	1.75	이탈리아	1.76	터키	1.72
9	터키	1.50	이탈리아	1.73	영국	1.74	영국	1.70
10	스페인	1.33	터키	1.63	터키	1.73	이탈리아	1.40

※ 도시폐기물량지수 $= \frac{\text{해당년도 해당 국가의 도시폐기물량}}{\text{해당년도 한국의 도시폐기물량}}$

〈그림〉 한국의 도시폐기물량

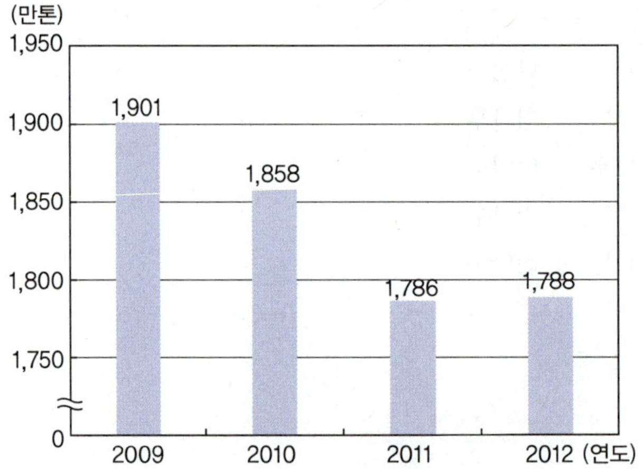

보기

ㄱ. 2012년 도시폐기물량은 미국이 일본의 4배 이상이다.
ㄴ. 2011년 러시아의 도시폐기물량은 8,000만톤 이상이다.
ㄷ. 2012년 스페인의 도시폐기물량은 2009년에 비해 감소하였다.
ㄹ. 영국의 도시폐기물량은 터키의 도시폐기물량보다 매년 많다.

① ㄱ, ㄷ　② ㄱ, ㄹ　③ ㄴ, ㄷ
④ ㄱ, ㄴ, ㄹ　⑤ ㄴ, ㄷ, ㄹ

097 다음 〈표〉는 2012~2016년 조세심판원의 연도별 사건처리 건수에 관한 자료이다. 이에 대한 〈보기〉의 설명 중 옳은 것만을 모두 고르면?

〈표〉 조세심판원의 연도별 사건처리 건수

(단위: 건)

구분	연도	2012	2013	2014	2015	2016
처리대상 건수	전년이월 건수	1,854	( )	2,403	2,127	2,223
	당년접수 건수	6,424	7,883	8,474	8,273	6,003
	소계	8,278	( )	10,877	10,400	8,226
처리 건수	취하 건수	90	136	163	222	163
	각하 건수	346	301	482	459	506
	기각 건수	4,214	5,074	6,200	5,579	4,322
	재조사 건수	27	0	465	611	299
	인용 건수	1,767	1,803	1,440	1,306	1,338
	소계	6,444	7,314	8,750	8,177	6,628

※ 1) 당해 연도 전년이월 건수 = 전년도 처리대상 건수 − 전년도 처리 건수

2) 처리율(%) $= \frac{\text{처리 건수}}{\text{처리대상 건수}} \times 100$

3) 인용률(%) $= \frac{\text{인용 건수}}{\text{각하 건수 + 기각 건수 + 인용 건수}} \times 100$

보기

ㄱ. 처리대상 건수가 가장 적은 연도의 처리율은 75% 이상이다.
ㄴ. 2013~2016년 동안 취하 건수와 기각 건수의 전년대비 증감방향은 동일하다.
ㄷ. 2013년 처리율은 80% 이상이다.
ㄹ. 인용률은 2012년이 2014년보다 높다.

① ㄱ, ㄴ ② ㄱ, ㄹ ③ ㄴ, ㄷ
④ ㄱ, ㄷ, ㄹ ⑤ ㄴ, ㄷ, ㄹ

기출 17' 5급[민]-나 난이도 ●●○

098 다음 〈표〉와 〈그림〉은 '갑'국 정당 A~D의 지방의회 의석수에 관한 자료이다. 이에 대한 〈보기〉의 설명 중 옳은 것만을 모두 고르면?

〈표〉 정당별 전국 지방의회 의석수

(단위: 석)

연도 \ 정당	A	B	C	D	합
2010	224	271	82	39	616
2014	252	318	38	61	669

〈그림〉 정당별 수도권 지방의회 의석수

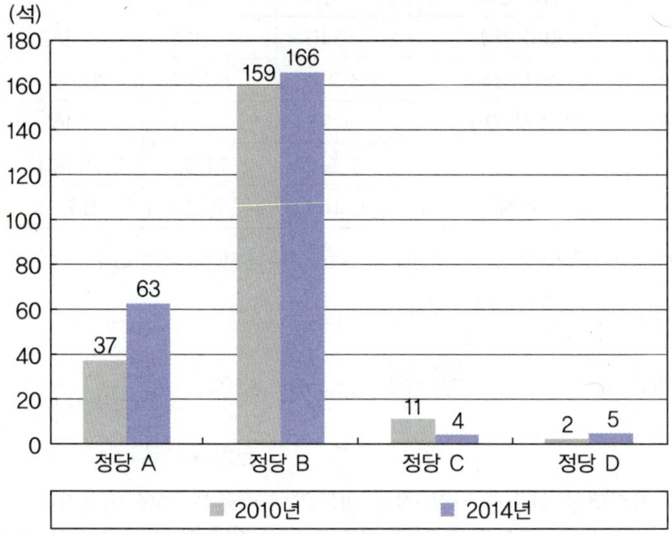

※ 1) '갑'국 지방의회 의원은 정당 A, B, C, D 소속만 있고, 무소속은 없음.

2) 전국 지방의회 의석수 = 수도권 지방의회 의석수 + 비수도권 지방의회 의석수

3) 정당별 지방의회 의석점유율(%) $= \frac{\text{정당별 지방의회 의석수}}{\text{지방의회 의석수}} \times 100$

보기

ㄱ. 정당 D의 전국 지방의회 의석점유율은 2014년이 2010년보다 높다.
ㄴ. 2010년에 비해 2014년 모든 정당의 전국 지방의회 의석수는 증가하였다.
ㄷ. 2014년 비수도권 지방의회 의석수는 정당 B가 정당 A보다 많다.
ㄹ. 정당 B의 수도권 지방의회 의석점유율은 2014년이 2010년보다 낮다.

① ㄱ, ㄴ　② ㄱ, ㄹ　③ ㄴ, ㄷ
④ ㄱ, ㄷ, ㄹ　⑤ ㄴ, ㄷ, ㄹ

기출 18' 5급㉻-나 | 난이도 ●●○

099 다음 〈그림〉은 우리나라의 지역별 한옥건설업체수 현황이다. 이에 대한 〈보기〉의 설명 중 옳은 것만을 모두 고르면?

〈그림〉 지역별 한옥건설업체수 현황

(단위: 개)

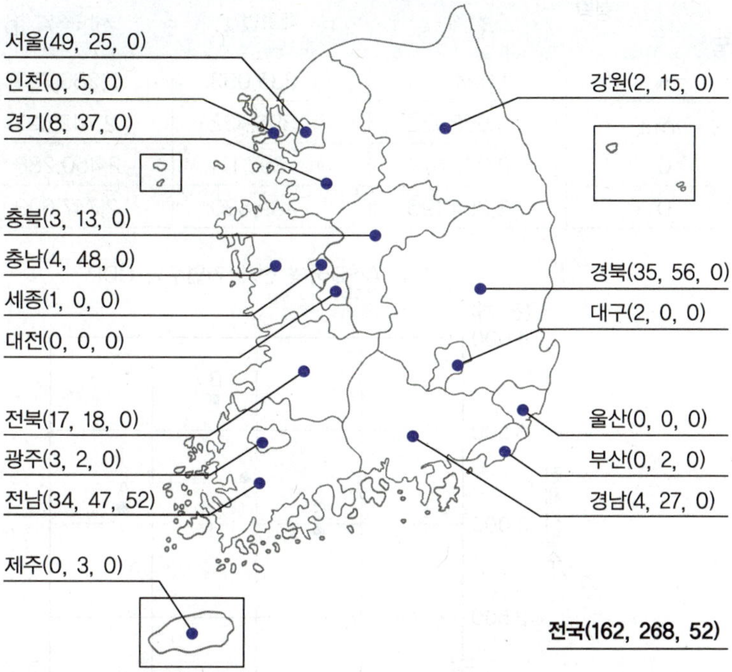

※ 1) 한옥건설업체는 설계업체, 시공업체, 자재업체로 구분됨.
2) 지역명(A, B, C)의 A, B, C는 해당 지역 한옥건설업체의 설계업체수, 시공업체수, 자재업체수를 각각 의미함.
3) 수도권은 서울, 인천, 경기로 구성됨.

보기

ㄱ. 설계업체수가 시공업체수보다 많은 지역의 수는 한옥건설업체가 없는 지역의 수보다 많다.
ㄴ. 전국의 설계업체수는 시공업체수보다 많다.
ㄷ. 수도권 시공업체 중 서울 시공업체가 차지하는 비중은 전국 설계업체 중 수도권 설계업체가 차지하는 비중보다 크다.
ㄹ. 설계업체수 기준, 상위 2개 지역의 설계업체수 합은 전국 설계업체수의 50% 미만이다.

① ㄱ, ㄴ　② ㄱ, ㄷ　③ ㄴ, ㄹ
④ ㄱ, ㄷ, ㄹ　⑤ ㄴ, ㄷ, ㄹ

문항편 | 4일차 | • 수리능력 + 자료해석

기출 18' 5급㉧-나 난이도 ●●○

100 다음 〈표〉와 〈그림〉은 2015년 A~D국의 산업별 기업수와 국내총생산(GDP)에 대한 자료이다. 이와 〈조건〉에 근거하여 A~D에 해당하는 국가를 바르게 나열한 것은?

〈표〉 A~D국의 산업별 기업수

(단위: 개)

산업 / 국가	전체	제조업	서비스업	기타
A	3,094,595	235,093	2,283,769	575,733
B	3,668,152	396,422	2,742,627	529,103
C	2,975,674	397,171	2,450,288	128,215
D	3,254,196	489,530	2,747,603	17,063

〈그림〉 A~D국의 전체 기업수와 GDP

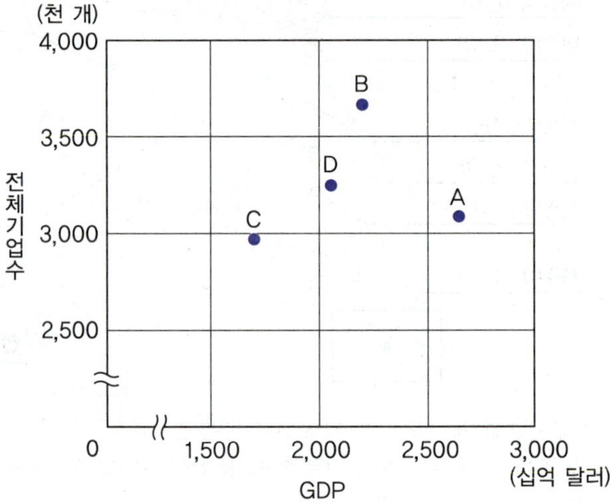

조건

- '갑'~'정'국 중 전체 기업수 대비 서비스업 기업수의 비중이 가장 큰 국가는 '갑'국이다.
- '정'국은 '을'국보다 제조업 기업수가 많다.
- '을'국은 '병'국보다 전체 기업수는 많지만 GDP는 낮다.

	A	B	C	D
①	갑	정	을	병
②	을	병	정	갑
③	병	을	갑	정
④	병	을	정	갑
⑤	정	을	병	갑

기출 17' 5급[민]-나 | 난이도 ●●●

101 다음 〈표〉는 2016년 '갑'국 10개 항공사의 항공기 지연 현황에 대한 자료이다. 이에 대한 〈보기〉의 설명 중 옳은 것만을 모두 고르면?

〈표〉 10개 항공사의 지연사유별 항공기 지연 대수

(단위: 대)

항공사	총 운항 대수	총 지연 대수	지연사유별 지연 대수			
			연결편 접속	항공기 정비	기상 악화	기타
EK	86,592	21,374	20,646	118	214	396
JL	71,264	12,487	11,531	121	147	688
EZ	26,644	4,037	3,628	41	156	212
WT	7,308	1,137	1,021	17	23	76
HO	6,563	761	695	7	21	38
8L	6,272	1,162	1,109	4	36	13
ZH	3,129	417	135	7	2	273
BK	2,818	110	101	3	1	5
9C	2,675	229	223	3	0	3
PR	1,062	126	112	3	5	6
계	214,327	41,840	39,201	324	605	1,710

※ 지연율(%) $= \frac{\text{총 지연 대수}}{\text{총 운항 대수}} \times 100$

보기

ㄱ. 지연율이 가장 낮은 항공사는 BK항공이다.

ㄴ. 항공사별 총 지연 대수 중 항공기 정비, 기상 악화, 기타로 인한 지연 대수의 합이 차지하는 비중은 ZH항공이 가장 높다.

ㄷ. 기상 악화로 인한 전체 지연 대수 중 EK항공과 JL항공의 기상 악화로 인한 지연 대수 합이 차지하는 비중은 50% 이하이다.

ㄹ. 항공기 정비로 인한 지연 대수 대비 기상악화로 인한 지연 대수 비율이 가장 높은 항공사는 EZ항공이다.

① ㄱ, ㄴ　　② ㄱ, ㄷ　　③ ㄴ, ㄹ
④ ㄱ, ㄷ, ㄹ　　⑤ ㄴ, ㄷ, ㄹ

기출 17' 5급[민]-나 | 난이도 ●●○

102 다음 〈표〉는 2015년과 2016년 '갑' 회사의 강사 A~E의 시급과 수강생 만족도에 관한 자료이다. 〈표〉와 〈조건〉에 근거한 설명으로 옳은 것은?

〈표〉 강사의 시급 및 수강생 만족도

(단위: 원, 점)

연도 / 구분 / 강사	2015		2016	
	시급	수강생 만족도	시급	수강생 만족도
A	50,000	4.6	55,000	4.1
B	45,000	3.5	45,000	4.2
C	52,000	( )	54,600	4.8
D	54,000	4.9	59,400	4.4
E	48,000	3.2	( )	3.5

조건

- 당해 연도 시급 대비 다음 연도 시급의 인상률은 당해 연도 수강생 만족도에 따라 아래와 같이 결정됨. 단, 강사가 받을 수 있는 시급은 최대 60,000원임.

수강생 만족도	인상률
4.5점 이상	10% 인상
4.0점 이상 4.5점 미만	5% 인상
3.0점 이상 4.0점 미만	동결
3.0점 미만	5% 인하

① 강사 E의 2016년 시급은 45,600원이다.
② 2017년 시급은 강사 D가 강사 C보다 높다.
③ 2016년과 2017년 시급 차이가 가장 큰 강사는 C이다.
④ 강사 C의 2015년 수강생 만족도 점수는 4.5점 이상이다.
⑤ 2017년 강사 A와 강사 B의 시급 차이는 10,000원이다.

기출 11' 5급㉺-경 난이도 ●○○

103 다음 〈그림〉은 A사와 B사가 조사한 주요 TV 프로그램의 2011년 7월 넷째주 주간 시청률을 나타낸 자료이다. 이에 대한 〈보기〉의 설명 중 옳은 것을 모두 고르면?

〈그림〉 주요 TV 프로그램의 주간 시청률(2011년 7월 넷째주)

(단위: %)

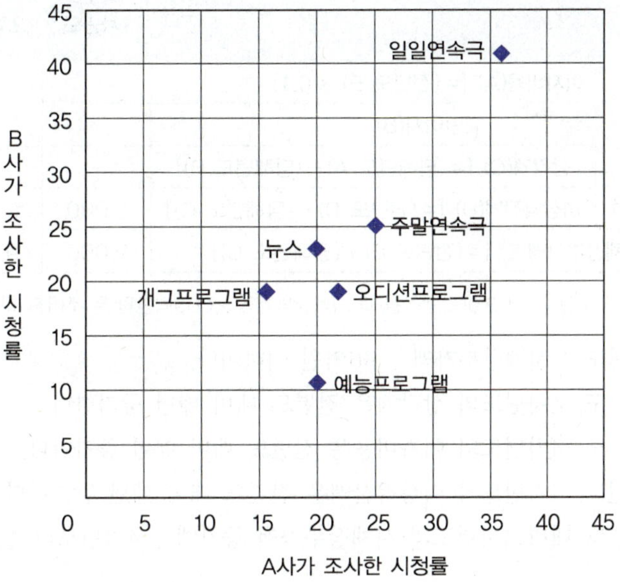

보기

ㄱ. B사가 조사한 일일연속극 시청률은 40% 미만이다.

ㄴ. A사가 조사한 시청률과 B사가 조사한 시청률 간의 차이가 가장 큰 것은 예능프로그램이다.

ㄷ. 오디션프로그램의 시청률은 B사의 조사결과가 A사의 조사결과보다 높다.

ㄹ. 주말연속극의 시청률은 A사의 조사결과가 B사의 조사결과보다 높다.

ㅁ. A사의 조사에서는 오디션프로그램이 뉴스보다 시청률이 높으나 B사의 조사에서는 뉴스가 오디션프로그램보다 시청률이 높다.

① ㄱ, ㄷ ② ㄱ, ㅁ ③ ㄴ, ㄹ

④ ㄴ, ㅁ ⑤ ㄷ, ㄹ

기출 11' 5급㉻-경 난이도 ●●●

104 **다음 〈표〉는 '갑'기업의 사채발행차금 상각 과정을 나타낸 것이다. 이에 대한 설명으로 옳지 않은 것은?**

〈표〉 사채발행차금 상각 과정

(단위: 백만원)

구분 \ 연도		1차년도	2차년도	3차년도	4차년도
이자비용(A) [=(전년도 E) × 0.1]		–	900	( )	( )
액면이자(B)		–	600	600	600
사채 발행차금	상각액(C) [=(당해년도 A) − (당해년도 B)]	–	300	( )	( )
	미상각잔액(D) [=(전년도 D) − (당해년도 C)]	3,000	2,700	( )	( )
사채장부가액(E) [=(전년도 E) + (당해년도 C)]		9,000	9,300	( )	9,993

※ 1차년도의 미상각잔액(3,000백만원)과 사채장부가액(9,000백만원)은 주어진 값임.

① 3차년도의 사채장부가액은 96억원 이하이다.
② 3차년도, 4차년도의 상각액은 전년도 대비 매년 증가한다.
③ 3차년도, 4차년도의 이자비용은 전년도 대비 매년 증가한다.
④ 3차년도, 4차년도의 미상각잔액은 전년도 대비 매년 감소한다.
⑤ 3차년도 대비 4차년도의 사채장부가액 증가액은 4차년도의 상각액과 일치한다.

기출 11' 5급㉦-경 난이도 ●●○

105 다음 〈표〉는 2006년부터 2010년까지 정부지원 직업훈련 현황에 대한 자료이다. 이에 대한 〈보기〉의 설명 중 옳은 것을 모두 고르면?

〈표〉 연도별 정부지원 직업훈련 현황

(단위: 천명, 억원)

구분	연도	2006	2007	2008	2009	2010
훈련인원	실업자	102	117	113	153	304
	재직자	2,914	3,576	4,007	4,949	4,243
	계	3,016	3,693	4,120	5,102	4,547
훈련지원금	실업자	3,236	3,638	3,402	4,659	4,362
	재직자	3,361	4,075	4,741	5,597	4,669
	계	6,597	7,713	8,143	10,256	9,031

• 보기 •

ㄱ. 실업자 훈련인원과 실업자 훈련지원금의 연도별 증감방향은 서로 일치한다.
ㄴ. 훈련지원금 총액은 2009년에 1조원을 넘어 최고치를 기록하였다.
ㄷ. 2006년 대비 2010년 실업자 훈련인원의 증가율은 실업자 훈련지원금 증가율의 7배 이상이다.
ㄹ. 훈련인원은 매년 실업자가 재직자보다 적었다.
ㅁ. 1인당 훈련지원금은 매년 실업자가 재직자보다 많았다.

① ㄱ, ㄴ, ㄷ ② ㄱ, ㄷ, ㄹ ③ ㄱ, ㄹ, ㅁ
④ ㄴ, ㄷ, ㅁ ⑤ ㄴ, ㄹ, ㅁ

기출 11' 5급㉥-경 | 난이도 ●●○

106 다음 〈표〉는 '갑' 공제회의 회원기금원금, 회원 수 및 1인당 평균 계좌 수, 자산 현황에 관한 자료이다. 이에 대한 〈보기〉의 설명 중 옳지 않은 것을 모두 고르면?

〈표 1〉 공제회 회원기금원금(연말 기준)

(단위: 억원)

원금구분 \ 년	2005	2006	2007	2008	2009	2010
회원급여 저축원금	19,361	21,622	21,932	22,030	23,933	26,081
목돈수탁원금	7,761	7,844	6,270	6,157	10,068	12,639
계	27,122	29,466	28,202	28,187	34,001	38,720

〈표 2〉 공제회 회원 수 및 1인당 평균 계좌 수(연말 기준)

(단위: 명, 개)

구분 \ 년	2005	2006	2007	2008	2009	2010
회원 수	166,346	169,745	162,425	159,398	162,727	164,751
1인당 평균 계좌 수	65.19	64.27	58.02	61.15	67.12	70.93

〈표 3〉 2010년 공제회 자산 현황(연말 기준)

(단위: 억원, %)

구분	금액(비중)
회원급여저축총액	37,952(46.8)
차입금	17,976(22.1)
보조금 등	7,295(9.0)
안정기금	5,281(6.5)
목돈수탁원금	12,639(15.6)
계	81,143(100.0)

※ 회원급여저축총액 = 회원급여저축원금 + 누적이자총액

보기

ㄱ. 회원기금원금은 매년 증가하였다.
ㄴ. 공제회의 회원 수가 가장 적은 해에 목돈수탁원금도 가장 적다.
ㄷ. 2010년에 회원급여저축총액에서 누적이자총액이 차지하는 비중은 50% 이상이다.
ㄹ. 1인당 평균 계좌 수가 가장 많은 해에 회원기금원금도 가장 많다.

① ㄱ, ㄴ　② ㄱ, ㄷ　③ ㄴ, ㄷ
④ ㄴ, ㄹ　⑤ ㄱ, ㄷ, ㄹ

기출 20' 5급㉻-나 | 난이도 ●○○

107 다음 〈표〉와 〈보고서〉는 2014~2017년 IT산업 3개(소프트웨어, 인터넷, 컴퓨터) 분야의 인수·합병에 대한 자료이다. 이를 근거로 판단할 때, A~E 국 중 '갑'국에 해당하는 국가의 2017년 IT산업 3개 분야 인수·합병 건수의 합은?

〈표 1〉 소프트웨어 분야 인수·합병 건수

(단위: 건)

연도 \ 국가	미국	A	B	C	D	E
2014	631	23	79	44	27	20
2015	615	47	82	45	30	19
2016	760	72	121	61	37	19
2017	934	127	118	80	49	20
계	2,940	269	400	230	143	78

〈표 2〉 인터넷 분야 인수·합병 건수

(단위: 건)

연도 \ 국가	미국	A	B	C	D	E
2014	498	17	63	68	20	16
2015	425	33	57	52	19	7
2016	528	44	64	61	31	14
2017	459	77	69	70	38	21
계	1,910	171	253	251	108	58

〈표 3〉 컴퓨터 분야 인수·합병 건수

(단위: 건)

연도 \ 국가	미국	A	B	C	D	E
2014	196	12	33	32	11	3
2015	177	17	38	33	12	8
2016	200	18	51	35	16	8
2017	240	24	51	58	18	9
계	813	71	173	158	57	28

• 보고서 •

'갑'국의 IT산업 3개(소프트웨어, 인터넷, 컴퓨터) 분야 인수·합병 현황은 다음과 같다. '갑'국의 IT산업 인수·합병 건수는 3개 분야 모두에서 매년 미국의 10% 이하에 불과했다. 또한, 연도별 인수·합병 건수 증가 추이를 살펴보면, 소프트웨어 분야와 컴퓨터 분야의 인수·합병 건수는 매년 증가하였고, 인터넷 분야 인수·합병 건수는 한 해를 제외하고 매년 증가하였다.

① 50 ② 105 ③ 208
④ 228 ⑤ 238

기출 20' 5급㉻-나 | 난이도 ●●○

108 다음 〈표〉와 〈정보〉는 5월 '갑'국의 관측날씨와 '가'~'라'팀의 예보날씨에 관한 자료이다. 〈표〉와 〈정보〉를 근거로 '정확도가 가장 높은 팀'과 '임계성공지수가 가장 낮은 팀'을 바르게 나열한 것은?

〈표〉 5월 '갑'국의 관측날씨와 팀별 예보날씨

구분 \ 날짜(일)		1	2	3	4	5	6	7	8	9	10	11	12
관측날씨		🌧	🌧	☀	☀	🌧	☀	☀	☀	☀	🌧	☀	☀
예보날씨	가	🌧	🌧	☀	☀	☀	☀	☀	☀	☀	🌧	🌧	☀
	나	🌧	🌧	🌧	☀	🌧	🌧	☀	☀	🌧	🌧	🌧	☀
	다	🌧	🌧	☀	☀	☀	☀	☀	☀	🌧	☀	☀	☀
	라	🌧	☀	☀	☀	☀	☀	☀	☀	☀	☀	☀	☀

정보

• 각 팀의 예보날씨와 실제 관측날씨 분류표

예보날씨 \ 관측날씨	🌧	☀
🌧	H	F
☀	M	C

※ H, F, M, C는 각각의 경우에 해당하는 빈도를 뜻하며, 예를 들어 '가'팀의 H는 3임.

• 정확도 = $\dfrac{H + C}{H + F + M + C}$

• 임계성공지수 = $\dfrac{H}{H + F + M}$

	정확도가 가장 높은 팀	임계성공지수가 가장 낮은 팀
①	가	나
②	가	라
③	다	나
④	다	라
⑤	라	다

기출 20' 5급㉻-나 난이도 ●●○

109 다음 〈보고서〉는 스마트폰을 이용한 동영상 및 방송프로그램 시청 현황에 관한 자료이다. 〈보고서〉의 내용과 부합하지 않는 자료는?

보고서

스마트폰 사용자 3,427만 명 중 월 1회 이상 동영상을 시청한 사용자는 3,246만 명이고, 동영상 시청자 중 월 1회 이상 방송프로그램을 시청한 사용자는 2,075만 명이었다. 월평균 동영상 시청시간은 월평균 스마트폰 이용시간의 10% 이상이었으나 월평균 방송프로그램 시청시간은 월평균 동영상 시청시간의 10% 미만이었다.
스마트폰 사용자 중 동영상 시청자가 차지하는 비중은 모든 연령대에서 90% 이상인 반면, 스마트폰 사용자 중 방송프로그램 시청자의 비중은 '20대'~'40대'는 60%를 상회하지만 '60대 이상'은 50%에 미치지 못해 연령대별 편차가 큰 것으로 나타났다.
월평균 동영상 시청시간은 남성이 여성보다 길고, 연령대별로는 '10대 이하'의 시청시간이 가장 길었다. 반면, 월평균 방송프로그램 시청시간은 여성이 남성보다 9분 이상 길고, 연령대별로는 '20대'의 시청시간이 가장 길었는데 이는 '60대 이상'의 월평균 방송프로그램 시청시간의 3배 이상이다.
월평균 방송프로그램 시청시간을 장르별로 살펴보면, '오락'이 전체의 45% 이상으로 가장 길고, 그 뒤를 이어 '드라마', '스포츠', '보도' 순이었다.

① 스마트폰 사용자 중 월 1회 이상 동영상 및 방송프로그램 시청자 비율

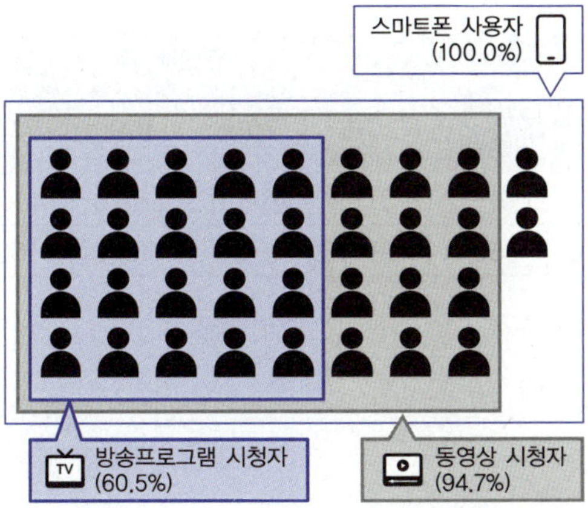

② 스마트폰 사용자의 월평균 스마트폰 이용시간, 동영상 및 방송프로그램 시청시간

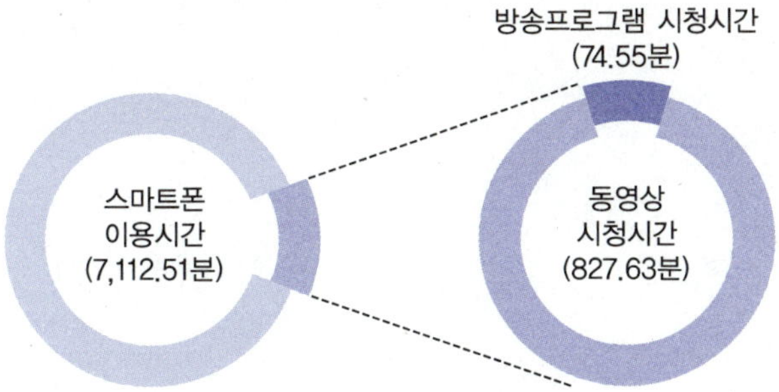

문항편 4일차 • 수리능력 + 자료해석

③ 성별, 연령대별 스마트폰 사용자 중 동영상 및 방송프로그램 시청자 비율

(단위: %)

구분	성별		연령대					
	남성	여성	10대 이하	20대	30대	40대	50대	60대 이상
동영상	94.7	94.7	97.0	95.3	95.6	95.4	93.1	92.0
방송프로그램	59.1	62.1	52.3	68.0	67.2	65.6	56.0	44.5

④ 방송프로그램 장르별 월평균 시청시간

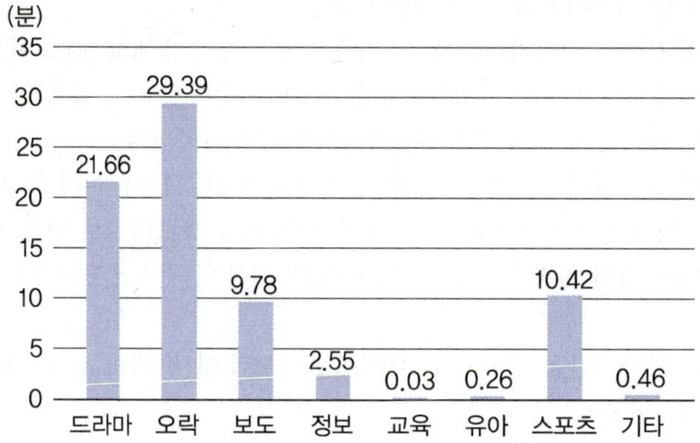

⑤ 성별, 연령대별 스마트폰 사용자의 동영상 및 방송프로그램 월평균 시청시간

(단위: 분)

구분	성별		연령대					
	남성	여성	10대 이하	20대	30대	40대	50대	60대 이상
동영상	901.0	746.4	1,917.5	1,371.2	671.0	589.0	496.4	438.0
방송프로그램	70.0	79.6	50.7	120.5	75.5	82.9	60.1	38.6

기출 20' 5급㉻-나 난이도 ●●○

110 다음 〈표〉는 2019년 3월 사회인 축구리그 경기일별 누적승점에 대한 자료이다. 〈표〉와 〈조건〉에 근거한 설명으로 옳지 않은 것은?

〈표〉 경기일별 경기 후 누적승점

(단위: 점)

경기일(요일) \ 팀	A	B	C	D	E	F
9일(토)	3	0	0	3	1	1
12일(화)	6	1	0	3	2	4
14일(목)	7	2	3	4	2	5
16일(토)	8	2	3	7	3	8
19일(화)	8	5	3	8	4	11
21일(목)	8	8	4	9	7	11
23일(토)	9	9	5	10	8	12
26일(화)	9	12	5	13	11	12
28일(목)	10	12	8	16	12	12
30일(토)	11	12	11	16	15	13

조건

- 팀별로 다른 팀과 2번씩 경기한다.
- 경기일별로 세 경기가 진행된다.
- 경기일별로 팀당 한 경기만 진행한다.
- 승리팀은 승점 3점을 얻고, 패배팀은 승점 0점을 얻는다.
- 무승부일 경우 두 팀 모두 각각 승점 1점을 얻는다.
- 3월 30일 경기 후 누적승점이 가장 높은 팀이 우승팀이 된다.

① A팀과 C팀은 승리한 횟수가 같다.
② B팀은 화요일에는 패배한 적이 없다.
③ 모든 팀이 같은 경기일에 무승부를 기록한 적이 있다.
④ C팀은 3월 14일에 E팀과 경기하여 승리하였다.
⑤ 3월 30일 경기결과가 달라져도 우승팀은 바뀌지 않는다.

기출 11' 5급㉿-경 난이도 ●●○

111 다음 〈표〉는 2004년부터 2010년까지 친환경 농산물 생산량에 대한 자료이다. 이에 대한 설명 중 옳은 것은?

〈표〉 친환경 농산물 생산량 추이

(단위: 백톤)

구분	2004년	2005년	2006년	2007년	2008년	2009년	2010년
유기 농산물	1,721	2,536	2,969	4,090	7,037	11,134	15,989
무농약 농산물	6,312	9,193	10,756	14,345	25,368	38,082	54,687
저농약 농산물	13,766	20,198	23,632	22,505	18,550	–	–
계	21,799	31,927	37,357	40,940	50,955	49,216	70,676

※ 1) 모든 친환경 농산물은 유기, 무농약, 저농약 중 한 가지 인증을 받아야 함.
2) 단, 2007년 1월 1일부터 저농약 신규 인증은 중단되며, 2009년 1월 1일부터 저농약 인증 자체가 폐지됨.

① 저농약 신규 인증 중단 이후 친환경 농산물 총생산량은 매년 감소하였다.

② 저농약 인증 폐지 전 저농약 농산물 생산량은 매년 친환경 농산물 총생산량의 절반 이상을 차지하였다.

③ 저농약 신규 인증 중단 이후 매년 무농약 농산물 생산량은 친환경 농산물 총생산량의 50% 이상을 차지하였다.

④ 2005년 이후 전년에 비해 친환경 농산물 총생산량이 처음으로 감소한 시기는 저농약 인증이 폐지된 해이다.

⑤ 2005년 이후 전년에 비해 무농약 농산물 생산량의 증가폭이 가장 큰 시기는 2008년이다.

기출 11' 5급[민]-경 난이도 ●●○

112 다음 〈표〉는 양성평등정책에 대한 의견을 성별 및 연령별로 정리한 자료이다. 이에 대한 〈보기〉의 설명 중 옳은 것을 모두 고르면?

〈표〉 양성평등정책에 대한 성별 및 연령별 의견

(단위: 명)

구분	30세 미만		30세 이상	
	여성	남성	여성	남성
찬성	90	78	60	48
반대	10	22	40	52
계	100	100	100	100

보기

ㄱ. 30세 미만 여성이 30세 이상 여성보다 양성평등정책에 찬성하는 비율이 높다.
ㄴ. 30세 이상 여성이 30세 이상 남성보다 양성평등정책에 찬성하는 비율이 높다.
ㄷ. 양성평등정책에 찬성하는 비율의 성별 차이는 연령별 차이보다 크다.
ㄹ. 남성의 절반 이상이 양성평등정책에 찬성하고 있다.

① ㄱ, ㄷ
② ㄴ, ㄹ
③ ㄱ, ㄴ, ㄷ
④ ㄱ, ㄴ, ㄹ
⑤ ㄴ, ㄷ, ㄹ

기출 11' 5급[민]-rud 난이도 ●●●

113 **다음 〈표〉와 〈그림〉은 어느 지역의 교통사고 발생건수에 대한 자료이다. 이에 대한 〈보기〉의 설명 중 옳은 것을 모두 고르면?**

〈표〉 연도별 교통사고 발생건수 현황

(단위: 천건)

구분 \ 연도	2006	2007	2008	2009	2010
전체교통사고	231	240	220	214	213
음주교통사고	25	31	25	26	30

〈그림〉 2010년 교통사고 발생건수의 월별 구성비

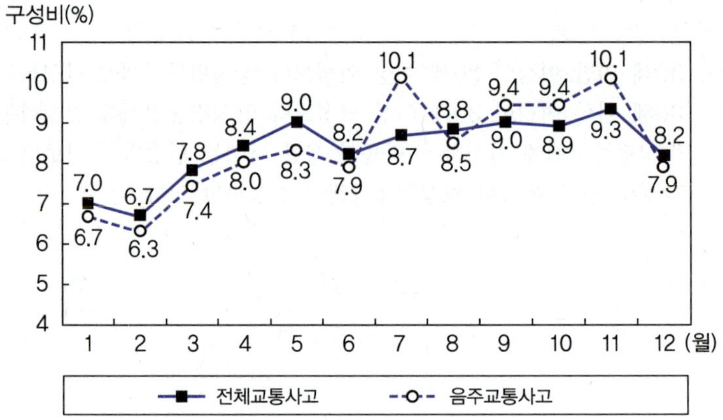

※ 전체(음주)교통사고 발생건수의 월별 구성비(%) = $\frac{\text{해당월 전체(음주)교통사고 발생건수}}{\text{해당연도 전체(음주)교통사고 발생건수}} \times 100$

보기

ㄱ. 2008년 이후 전체교통사고 발생건수는 매년 감소하였다.
ㄴ. 2010년 음주교통사고 발생건수는 2006년 대비 30% 이상 증가하였다.
ㄷ. 전체교통사고 발생건수 중 음주교통사고 발생건수의 비중은 2010년에 가장 높았다.
ㄹ. 2010년 음주교통사고의 분기별 발생건수는 3사분기(7, 8, 9월)에 가장 많았다.

① ㄱ, ㄹ　② ㄴ, ㄷ　③ ㄴ, ㄹ
④ ㄱ, ㄴ, ㄷ　⑤ ㄱ, ㄷ, ㄹ

기출 11' 5급㉥-경 | 난이도 ●●○

114 다음 〈표〉는 국내 입지별 지식산업센터 수에 대한 자료이다. 이에 대한 설명 중 옳지 않은 것은?

〈표〉 국내 입지별 지식산업센터 수

(단위: 개)

지역 \ 구분		개별입지	계획입지	합
서울		54	73	127
6대 광역시	부산	3	6	9
	대구	2	2	4
	인천	7	11	( )
	광주	0	2	2
	대전	( )	4	6
	울산	1	0	1
경기		100	( )	133
강원		1	0	1
충북		0	0	0
충남		0	1	1
전북		0	1	1
전남		1	1	2
경북		2	0	2
경남		2	15	( )
제주		0	0	0
전국 합계		175	149	324

※ 지식산업센터가 조성된 입지는 개별입지와 계획입지로 구분됨.

① 국내 지식산업센터는 60% 이상이 개별입지에 조성되어 있다.
② 수도권(서울, 인천, 경기)의 지식산업센터 수는 전국 합계의 80%가 넘는다.
③ 경기지역의 지식산업센터는 계획입지보다 개별입지에 많이 조성되어 있다.
④ 동남권(부산, 울산, 경남)의 지식산업센터 수는 대경권(대구, 경북)의 4배 이상이다.
⑤ 6대 광역시 중 계획입지에 조성된 지식산업센터 수가 개별입지에 조성된 지식산업센터 수보다 적은 지역은 울산광역시 뿐이다.

기출 11' 5급[민]-경 난이도 ●○○

115 다음 〈표〉는 약물 투여 후 특정기간이 지나 완치된 환자수에 관한 자료이다. 이에 대한 〈보기〉의 설명 중 옳은 것을 모두 고르면?

〈표〉 약물종류별, 성별, 질병별 완치 환자의 수

(단위: 명)

약물종류		약물 A		약물 B		약물 C		약물 D	
성별		남	여	남	여	남	여	남	여
질 병	가	2	3	2	4	1	2	4	2
	나	3	4	6	4	2	1	2	5
	다	6	3	4	6	5	3	4	6
계		11	10	12	14	8	6	10	13

※ 1) 세 가지 질병(가~다)중 한 가지 질병에만 걸린 환자를 각 질병별로 40명씩, 총 120명을 선정하여 실험함.
2) 각 질병별 환자 40명을 무작위로 10명씩 4개 집단으로 나눠, 각 집단에 네 가지 약물(A~D) 중 하나씩 투여함.

보기

ㄱ. 완치된 전체 남성 환자수가 완치된 전체 여성 환자수보다 많다.
ㄴ. 네 가지 약물 중 완치된 환자수가 많은 약물부터 나열하면 B, D, A, C 이다.
ㄷ. '다' 질병의 경우 완치된 환자수가 가장 많다.
ㄹ. 전체 환자수 대비 약물 D를 투여 받고 완치된 환자수의 비율은 25% 이상이다.

① ㄱ　② ㄱ, ㄷ　③ ㄴ, ㄷ
④ ㄴ, ㄹ　⑤ ㄷ, ㄹ

116 다음 〈표〉는 소비자 '갑'의 연도별 소득 및 X재화의 구매량에 대한 자료이다. 아래의 〈정보〉를 활용한 〈보기〉의 설명 중 옳은 것을 모두 고르면?

〈표〉 '갑'의 연도별 소득 및 X재화의 구매량

연도	소득 (천원)	X재화 구매량 (개)	전년대비 소득변화율 (%)	X재화의 전년대비 구매량 변화율 (%)
2000	8,000	5	-	-
2001	12,000	10	50.0	100.0
2002	16,000	15	33.3	50.0
2003	20,000	18	25.0	20.0
2004	24,000	20	20.0	11.1
2005	28,000	19	16.7	-5.0
2006	32,000	18	14.3	-5.3

정보

- X재화의 소득탄력성 $= \dfrac{\text{X재화의 전년대비 구매량 변화율}}{\text{전년대비 소득변화율}}$
- 정상재 : 소득이 증가할 때 구매량이 증가하는 재화로 소득탄력성이 0보다 크다. 특히 소득탄력성이 1보다 큰 정상재는 사치재라 한다.
- 열등재 : 소득이 증가할 때 구매량이 감소하는 재화로 소득탄력성이 0보다 작다.

보기

ㄱ. 2000~2004년 동안 '갑'의 소득과 X재화 구매량은 각각 매년 증가하였다.
ㄴ. 2001년 '갑'의 X재화의 전년대비 구매량 증가율은 전년대비 소득증가율보다 크다.
ㄷ. 2004년에 X재화는 '갑'에게 사치재이다.
ㄹ. 2006년에 X재화는 '갑'에게 열등재이다.

① ㄱ, ㄴ ② ㄱ, ㄷ ③ ㄷ, ㄹ
④ ㄱ, ㄴ, ㄹ ⑤ ㄴ, ㄷ, ㄹ

기출 20' 5급[행]-나 난이도 ●●○

117 다음 〈표〉는 A~E 국의 최종학력별 근로형태 비율에 관한 자료이다. '갑'국에 대한 〈보고서〉의 내용을 근거로 판단할 때, A~E 국 중 '갑'국에 해당하는 국가는?

〈표〉 A~E 국 최종학력별 근로형태 비율

(단위: %)

최종학력	근로형태 \ 국가	A	B	C	D	E
중졸	전일제 근로자	35	31	31	39	31
	시간제 근로자	29	27	14	19	42
	무직자	36	42	55	42	27
고졸	전일제 근로자	46	47	42	54	49
	시간제 근로자	31	29	15	20	40
	무직자	23	24	43	26	11
대졸	전일제 근로자	57	61	59	67	55
	시간제 근로자	25	28	13	19	39
	무직자	18	11	28	14	6

보고서

'갑'국의 최종학력별 전일제 근로자 비율은 대졸이 고졸과 중졸보다 각각 10%p, 20%p 이상 커서, 최종학력이 높을수록 전일제로 근무하는 근로자 비율이 높다고 볼 수 있다. 또한, 시간제 근로자 비율은 고졸의 경우 중졸과 대졸보다 크지만, 그 차이는 3%p 이하로 시간제 근로자의 비율은 최종학력에 따라 크게 다르지 않다. 한편 '갑'국의 무직자 비율은 대졸의 경우 20% 미만이며 고졸의 경우 25% 미만이지만, 중졸의 경우 30% 이상이다.

① A ② B ③ C
④ D ⑤ E

기출 20' 5급㉻-나 | 난이도 ●●●

118 다음 〈표〉는 2019년 화학제품 매출액 상위 9개 기업의 매출액에 대한 자료이다. 〈표〉와 〈조건〉에 근거하여 A~D에 해당하는 기업을 바르게 나열한 것은?

〈표〉 2019년 화학제품 매출액 상위 9개 기업의 매출액

(단위: 십억 달러, %)

구분 \ 기업	화학제품 매출액	전년 대비 증가율	총매출액	화학제품 매출액 비율
비스프	72.9	17.8	90.0	81.0
A	62.4	29.7	( )	100.0
B	54.2	28.7	( )	63.2
자빅	37.6	5.3	39.9	94.2
C	34.6	26.7	( )	67.0
포르오사	32.1	14.2	55.9	57.4
D	29.7	10.0	( )	54.9
리오넬바셀	28.3	15.0	34.5	82.0
이비오스	23.2	24.7	48.2	48.1

※ 화학제품 매출액 비율(%) = $\frac{\text{화학제품 매출액}}{\text{총매출액}} \times 100$

조건

- '드폰'과 'KR 화학'의 2018년 화학제품 매출액은 각각 해당 기업의 2019년 화학제품 매출액의 80% 미만이다.
- '벡슨모빌'과 '시노텍'의 2019년 화학제품 매출액은 각각 총매출액에서 화학제품을 제외한 매출액의 2배 미만이다.
- 2019년 총매출액은 '포르오사'가 'KR 화학'보다 작다.
- 2018년 화학제품 매출액은 '자빅'이 '시노텍'보다 크다.

	A	B	C	D
①	드폰	벡슨모빌	KR 화학	시노텍
②	드폰	시노텍	KR 화학	벡슨모빌
③	벡슨모빌	KR 화학	시노텍	드폰
④	KR 화학	시노텍	드폰	벡슨모빌
⑤	KR 화학	벡슨모빌	드폰	시노텍

기출 20' 5급㉻-나 | 난이도 ●●○

119 다음은 '갑'국의 일·가정 양립제도에 관한 〈보고서〉이다. 이를 작성하기 위해 사용하지 않은 자료는?

보고서

2018년 기준 가족친화 인증을 받은 기업 및 기관수는 1,828개로 2017년보다 30% 이상 증가하였고, 전년 대비 증가율은 중소기업 및 공공기관이 각각 대기업보다 높게 나타났다. 이와 함께 일·가정 양립제도 중 하나인 유연근로제도를 도입하고 있는 사업체의 비율은 2018년이 2017년보다 37.1%p 증가하였다.
2018년 유배우자 가구 중 맞벌이 가구의 비율은 2017년보다 1.0%p 증가하였으며, 6세 이하 자녀를 둔 맞벌이 가구 비율이 초·중학생 자녀를 둔 맞벌이 가구 비율보다 낮았다. 한편, 남녀간 고용률 차이는 여전히 존재하여 2018년 기혼남성과 기혼여성의 고용률 차이는 29.2%p로 격차가 큰 것으로 나타났다.
2018년 육아휴직자 수는 89,795명으로 2013년부터 매년 증가하였는데, 남성 육아휴직자 수는 2017년보다 증가한 반면, 여성 육아휴직자 수는 2017년에 비해 감소하였다. 또한, 2018년 육아기 근로시간 단축제도 이용자 수는 2017년보다 30% 이상 증가한 2,761명으로 남녀 모두 증가하였다.

① 육아지원제도 이용자 현황

(단위: 명)

구분 \ 연도		2013	2014	2015	2016	2017	2018
육아 휴직자 수	여성	56,735	62,279	67,323	73,412	82,467	82,179
	남성	1,402	1,790	2,293	3,421	4,872	7,616
육아기 근로시간 단축제도 이용자 수	여성	37	415	692	1,032	1,891	2,383
	남성	2	22	44	84	170	378

② 2018년 혼인상태별 고용률

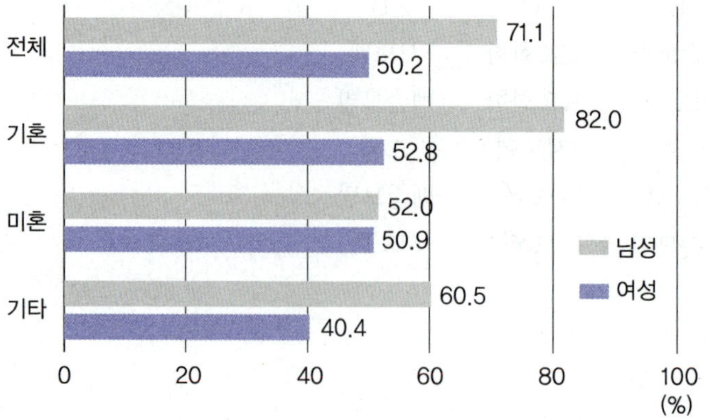

③ 가족친화 인증 기업 및 기관 현황

(단위: 개, %)

구분 \ 연도	2016	2017	2018		
				비율	전년 대비 증가율
대기업	223	258	285	15.6	10.5
중소기업	428	702	983	53.8	40.0
공공기관	305	403	560	30.6	39.0
전체	956	1,363	1,828	100.0	34.1

④ 기혼여성의 취업여부별 경력단절 경험 비율

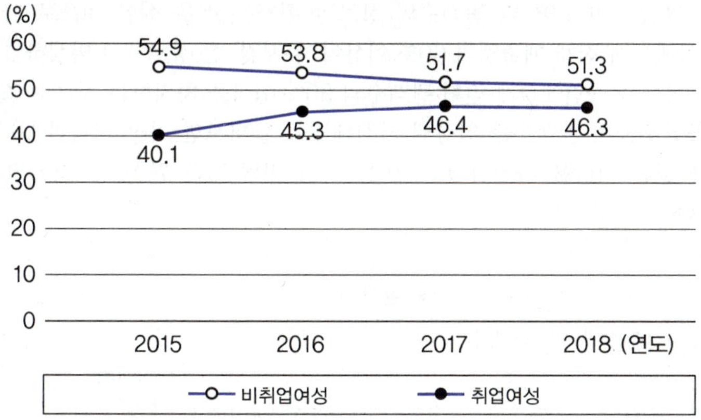

⑤ 유배우자 가구 중 맞벌이 가구 현황

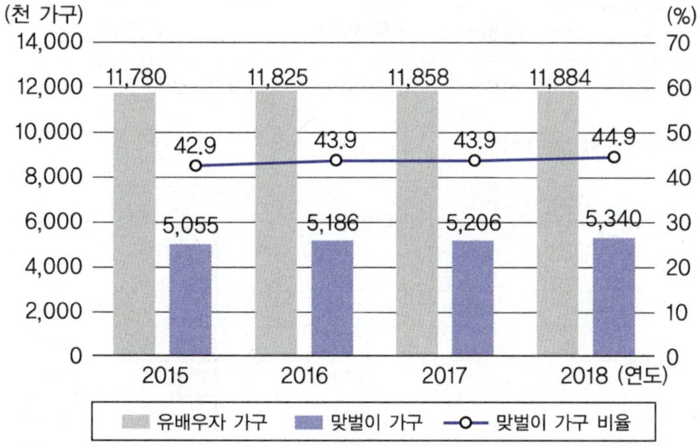

기출 20' 5급㉻-나 난이도 ●●○

120 다음 〈보고서〉는 2017년 '갑'국의 공연예술계 시장 현황에 관한 자료이다. 〈보고서〉의 내용과 부합하는 자료만을 〈보기〉에서 모두 고르면?

• 보고서 •

2017년 '갑'국의 공연예술계 관객수는 410만 5천 명, 전체 매출액은 871억 5천만 원으로 집계되었다. 이는 매출액 기준 전년 대비 100% 이상 성장한 것으로, 2014년 이후 공연예술계 매출액과 관객수 모두 매년 증가하는 추세이다.
2017년 '갑'국 공연예술계의 전체 개막편수 및 공연횟수를 월별로 분석한 결과, 월간 개막편수가 전체 개막편수의 10% 이상을 차지하는 달은 3월뿐이고 월간 공연횟수가 전체 공연횟수의 10% 이상을 차지하는 달은 8월뿐인 것으로 나타났다.
반면, '갑'국 공연예술계 매출액 및 관객수의 장르별 편차는 매우 심한 것으로 나타났는데, 2017년 기준 공연예술계 전체 매출액의 60% 이상이 '뮤지컬' 한 장르에서 발생하였으며 또한 관객수 상위 3개 장르가 공연예술계 전체 관객수의 90% 이상을 차지하는 것으로 조사되었다.
2017년 '갑'국 공연예술계 관객수를 입장권 가격대별로 살펴보면 가장 저렴한 '3만 원 미만' 입장권 관객수가 절반 이상을 차지하였고, 이는 가장 비싼 '7만 원 이상' 입장권 관객수의 3.5배 이상이었다.

• 보기 •

ㄱ. 2014~2017년 매출액 및 관객수

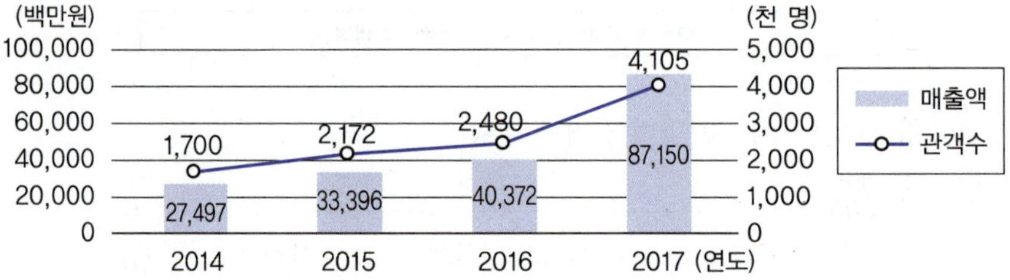

ㄴ. 2017년 개막편수 및 공연횟수

(단위: 편, 회)

월 \ 구분	개막편수	공연횟수
1	249	4,084
2	416	4,271
3	574	4,079
4	504	4,538
5	507	4,759
6	499	4,074
7	441	5,021
8	397	5,559
9	449	3,608
10	336	3,488
11	451	3,446
12	465	5,204
전체	5,288	52,131

ㄷ. 2017년 장르별 매출액 및 관객수

(단위: 백만 원, 천 명)

구분 장르	매출액	관객수
연극	10,432	808
뮤지컬	56,014	1,791
클래식	13,580	990
무용	5,513	310
국악	1,611	206
전체	87,150	4,105

ㄹ. 2017년 입장권 가격대별 관객수 구성비

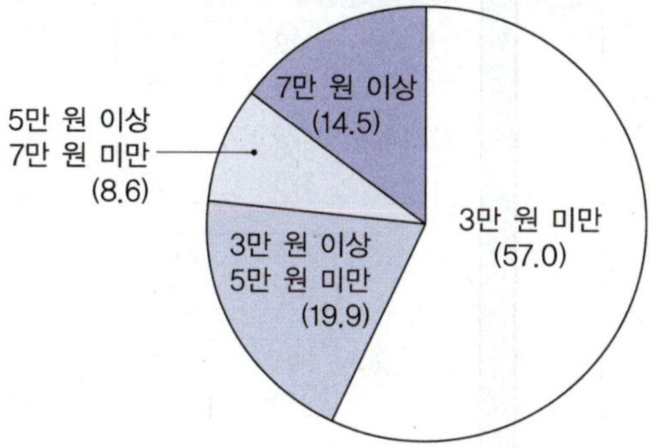

① ㄱ, ㄷ
② ㄴ, ㄷ
③ ㄴ, ㄹ
④ ㄱ, ㄴ, ㄹ
⑤ ㄱ, ㄷ, ㄹ

Day 4 Self Check List

	오답 수	무응답 수	풀이시간(분)
1회독	/ 30	/ 30	/ 60(분)
2회독	/ 30	/ 30	/ 50(분)
3회독	/ 30	/ 30	/ 35(분)

정답 및 해설 133p

독끝 기본 5일차 (121~150)

난이도별 구성

●○○	8문항
●●○	17문항
●●●	5문항

본 문항은 PSAT 자료해석 영역 기출 문항으로 구성되며, 기출 표기에 따른 시험 종류는 아래와 같습니다. (표기 상 맨 끝은 '책형' 입니다.)
㉿ – 민간경력자 일괄채용시험 / ⓗ – 공개경쟁채용시험(행정)

5일차 계산연습(중급)

Set ❶ 각 사각형 안 숫자의 합이 큰 순서 기입

(1)	64 420 / 28 870	→	
(2)	89 922 / 322 95	→	
(3)	740 35 / 302 32	→	
(4)	865 99 / 43 439	→	
(5)	539 871 / 35 30	→	

Set ❷ 사각형 안 숫자 중 [최대값 – 최소값] 기입

(1)	173 179 / 189 132	→	
(2)	356 373 / 315 358	→	
(3)	520 593 / 513 539	→	
(4)	394 347 / 334 303	→	
(5)	116 143 / 121 188	→	

Set ❸ A, B 각 분수의 크기비교 후, 부등호 기입

	A		B
(1)	$\frac{112}{687}$		$\frac{318}{728}$
(2)	$\frac{353}{689}$		$\frac{396}{630}$
(3)	$\frac{164}{833}$		$\frac{396}{876}$
(4)	$\frac{197}{799}$		$\frac{119}{711}$
(5)	$\frac{129}{822}$		$\frac{314}{823}$

Set ❹ A대비B의 증감률이 50% 이상(O), 미만(X)

	A	B		답
(1)	4412	1743	→	
(2)	4833	9449	→	
(3)	3237	2244	→	
(4)	4993	2093	→	
(5)	7026	4113	→	

	Set ❶	Set ❷	Set ❸	Set ❹
(1)	4위	57	<	O
(2)	3위	58	<	O
(3)	5위	80	<	X
(4)	2위	91	>	O
(5)	1위	72	<	X

＊Set ❸, ❹ 참고사항

• 연산결과는 소수 셋째자리에서 반올림 적용

	맞은 개수	풀이 시간
Set ❶	/ 5	(초)
Set ❷	/ 5	(초)
Set ❸	/ 5	(초)
Set ❹	/ 5	(초)
합계	/ 20	(초)

＊다음의 회독수 별 권장풀이시간에 맞춰 문제풀이 후,
Day 5 끝의 [Self Check List]를 기입하여 부족한 부분을 파악하세요!

권장 풀이 시간
1회독 60 min 2회독 50 min 3회독 35 min

기출 11' 5급㉣-경 난이도 ●●○

121 다음 〈표〉는 조업방법별 어업생산량과 어종별 양식어획량에 대한 자료이다. 이에 대한 설명 중 옳지 않은 것은?

〈표 1〉 조업방법별 어업생산량

(단위: 만톤)

조업방법 \ 연도	2005	2006	2007	2008	2009
해면어업	109.7	110.9	115.2	128.5	122.7
양식어업	104.1	125.9	138.6	138.1	131.3
원양어업	55.2	63.9	71.0	66.6	60.5
내수면어업	2.4	2.5	2.7	2.9	3.0
계	271.4	303.2	327.5	336.1	317.5

※ 조업방법은 해면어업, 양식어업, 원양어업, 내수면어업으로 이루어짐.

〈표 2〉 어종별 양식어획량

(단위: 백만마리)

어종 \ 연도	2005	2006	2007	2008	2009
조피볼락	367	377	316	280	254
넙치류	97	94	97	98	106
감성돔	44	50	48	46	35
참돔	53	32	26	45	37
숭어	33	35	30	26	29
농어	20	17	13	15	14
기타 어류	28	51	39	36	45
계	642	656	569	546	520

① 총어업생산량의 전년대비 증가율은 2007년이 2008년보다 크다.

② 2005년부터 2009년까지 어업생산량이 매년 증가한 조업방법은 내수면어업이다.

③ 2005년부터 2009년까지 연도별 총양식어획량에서 조피볼락이 차지하는 비율은 매년 50% 이상이다.

④ 기타 어류를 제외하고, 2009년 양식어획량이 전년대비 감소한 어종 중 감소율이 가장 작은 어종은 농어이다.

⑤ 기타 어류를 제외하고, 양식어획량이 많은 어종을 순서대로 나열하면, 2005년의 순서와 2009년의 순서는 동일하다.

기출 11' 5급[민]-경 난이도 ●●○

122 **다음 〈표〉와 〈그림〉은 복무기관별 공익근무요원 현황에 대한 자료이다. 이에 대한 〈보기〉의 설명 중 옳은 것을 모두 고르면?**

〈표〉 복무기관별 공익근무요원 수 추이

(단위: 명)

연도 / 복무기관	2004	2005	2006	2007	2008	2009
중앙정부기관	6,536	5,283	4,275	4,679	2,962	5,872
지방자치단체	19,514	14,861	10,935	12,335	11,404	12,837
정부산하단체	6,135	4,875	4,074	4,969	4,829	4,194
기타 기관	808	827	1,290	1,513	4,134	4,719
계	32,993	25,846	20,574	23,496	23,329	27,622

〈그림〉 공익근무요원의 복무기관별 비중

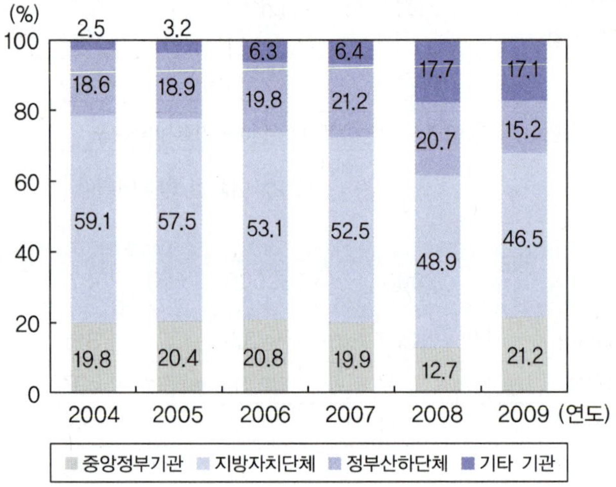

보기

ㄱ. 전체 공익근무요원 수 중 기타 기관에 복무하는 공익근무요원 수가 차지하는 비중은 매년 증가하였다.

ㄴ. 2005년부터 2009년까지 중앙정부기관에 복무하는 공익근무요원 수의 증감방향은 전체 공익근무요원 수의 증감방향과 일치한다.

ㄷ. 정부산하단체에 복무하는 공익근무요원 수는 2004년 대비 2009년에 30% 이상 감소하였다.

ㄹ. 기타 기관을 제외하고, 2005년 공익근무요원 수의 전년대비 감소율이 가장 큰 복무기관은 지방자치단체이다.

① ㄱ, ㄴ　② ㄱ, ㄹ　③ ㄴ, ㄷ
④ ㄷ, ㄹ　⑤ ㄴ, ㄷ, ㄹ

기출 11' 5급[민]-경 난이도 ●●○

123 다음 〈그림〉은 남미, 인도, 중국, 중동 지역의 2010년 대비 2030년 부문별 석유수요의 증감 규모를 예측한 자료이다. 〈보기〉의 설명을 참고하여 A~D에 해당하는 지역을 바르게 나열한 것은?

〈그림〉 2010년 대비 2030년 지역별, 부문별 석유수요의 증감규모

(단위: 백만TOE)

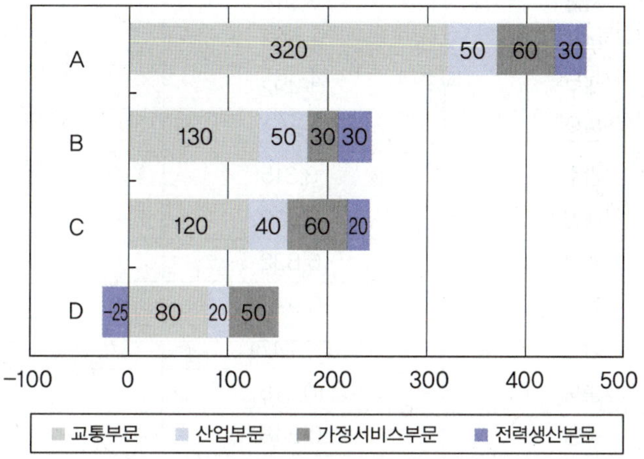

※ 주어진 네 부분 이외 석유수요의 증감은 없음.

보기

- 인도와 중동의 2010년 대비 2030년 전체 석유수요 증가규모는 동일하다.
- 2010년 대비 2030년에 전체 석유수요 증가규모가 가장 큰 지역은 중국이다.
- 2010년 대비 2030년에 전력생산부문의 석유수요 규모가 감소하는 지역은 남미이다.
- 2010년 대비 2030년에 교통부문의 석유수요 증가규모가 해당 지역 전체 석유수요 증가규모의 50%인 지역은 중동이다.

	A	B	C	D
①	중국	인도	중동	남미
②	중국	중동	인도	남미
③	중국	인도	남미	중동
④	인도	중국	중동	남미
⑤	인도	중국	남미	중동

문항편 5일차 • 수리능력 + 자료해석

기출 11' 5급[민]-경 | 난이도 ●●○

124 다음 〈표〉는 2010년 지역별 외국인 소유 토지면적에 대한 자료이다. 이에 대한 〈보기〉의 설명 중 옳은 것을 모두 고르면?

〈표〉 2010년 지역별 외국인 소유 토지면적

(단위: 천m^2)

지역	면적	전년대비 증감면적
서울	3,918	332
부산	4,894	−23
대구	1,492	−4
인천	5,462	−22
광주	3,315	4
대전	1,509	36
울산	6,832	37
경기	38,999	1,144
강원	21,747	623
충북	10,215	340
충남	20,848	1,142
전북	11,700	289
전남	38,044	128
경북	29,756	603
경남	13,173	530
제주	11,813	103
계	223,717	5,262

보기

ㄱ. 2009년 외국인 소유 토지면적이 가장 큰 지역은 경기이다.
ㄴ. 2010년 외국인 소유 토지면적의 전년대비 증가율이 가장 큰 지역은 서울이다.
ㄷ. 2010년에 외국인 소유 토지면적이 가장 작은 지역이 2009년에도 외국인 소유 토지면적이 가장 작다.
ㄹ. 2009년 외국인 소유 토지면적이 세 번째로 큰 지역은 경북이다.

① ㄱ, ㄷ　② ㄴ, ㄷ　③ ㄴ, ㄹ
④ ㄱ, ㄴ, ㄹ　⑤ ㄱ, ㄷ, ㄹ

기출 11' 5급[민]-경 | 난이도 ●●●

125 다음 〈표〉는 어느 국가의 지역별 영유아 인구수, 보육시설 정원 및 현원에 관한 자료이다. 이에 대한 〈보기〉의 설명 중 옳은 것을 모두 고르면?

〈표〉 지역별 영유아 인구수, 보육시설 정원 및 현원

(단위: 천명)

구분 / 지역	영유아 인구수	보육시설 정원	보육시설 현원
A	512	231	196
B	152	71	59
C	86	( )	35
D	66	28	24
E	726	375	283
F	77	49	38
G	118	67	52
H	96	66	51
I	188	109	84
J	35	28	25

※ 1) 보육시설 공급률(%) = $\frac{\text{보육시설 정원}}{\text{영유아 인구수}} \times 100$

2) 보육시설 이용률(%) = $\frac{\text{보육시설 현원}}{\text{영유아 인구수}} \times 100$

3) 보육시설 정원충족률(%) = $\frac{\text{보육시설 현원}}{\text{보육시설 정원}} \times 100$

보기

ㄱ. A지역의 보육시설 공급률과 보육시설 이용률의 차이는 10%p 미만이다.

ㄴ. 영유아 인구수가 10만명 이상인 지역 중 보육시설 공급률이 50% 미만인 지역은 2곳이다.

ㄷ. 영유아 인구수가 가장 많은 지역과 가장 적은 지역 간 보육시설 이용률의 차이는 40%p 이상이다.

ㄹ. C지역의 보육시설 공급률이 50%라고 가정하면 이 지역의 보육시설 정원충족률은 80% 이상이다.

① ㄱ, ㄴ ② ㄱ, ㄷ ③ ㄷ, ㄹ

④ ㄱ, ㄴ, ㄹ ⑤ ㄴ, ㄷ, ㄹ

기출 12' 5급㊞-인 | 난이도 ●●○

126 다음은 2007~2010년 우리나라 국민건강영양조사 결과에 관한 〈보고서〉이다. 〈보고서〉에 제시된 내용과 부합하지 않는 것은?

보고서

- 2010년 19세 이상 성인의 비만율은 남성 36.3%, 여성 24.8%였고, 30세 이상 성인 중 남성의 경우 30대의 비만율이 가장 높았으며, 여성의 경우 60대의 비만율이 가장 높았다.
- 2007~2010년 동안 19세 이상 성인 남성의 현재흡연율과 월평균음주율은 각각 매년 증가하였다. 같은 기간 동안 19세 이상 성인 남성과 여성의 간접흡연노출률도 각각 매년 증가하였다.

① 19세 이상 성인의 현재 흡연율

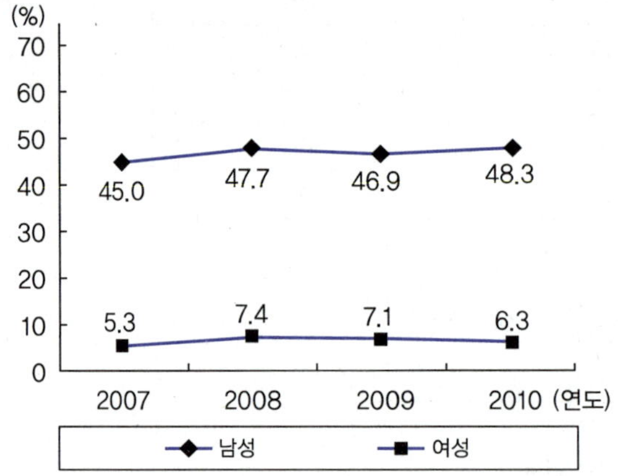

② 30세 이상 성인의 연령대별 비만율(2010년)

(단위: %)

30대		40대		50대		60대		70대 이상	
남성	여성	남성	여성	남성	여성	남성	여성	남성	여성
42.3	19.0	41.2	26.7	36.8	33.8	37.8	43.3	24.5	34.4

③ 19세 이상 성인의 월평균음주율

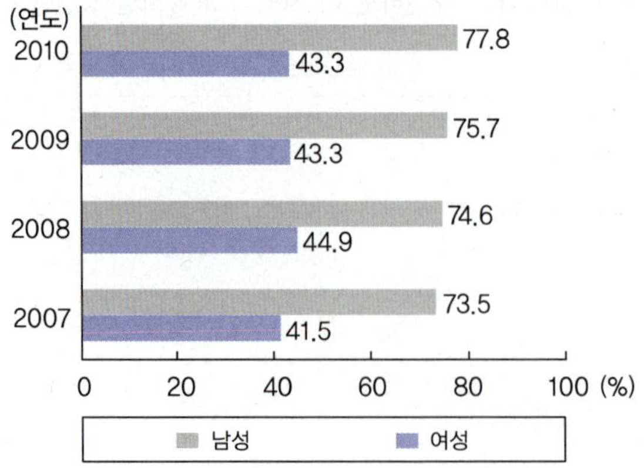

④ 19세 이상 성인의 비만율

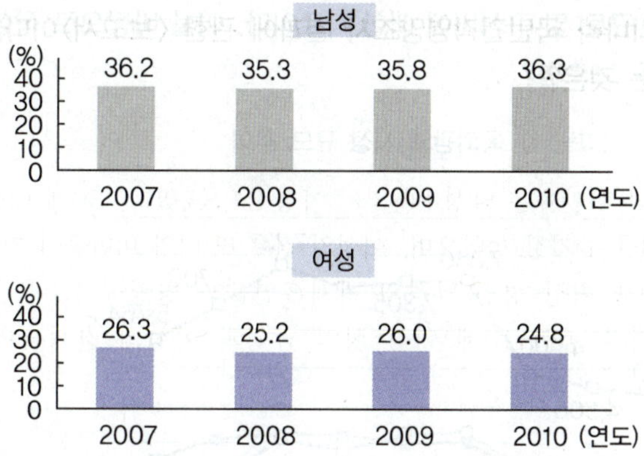

⑤ 19세 이상 성인의 간접 흡연 노출률

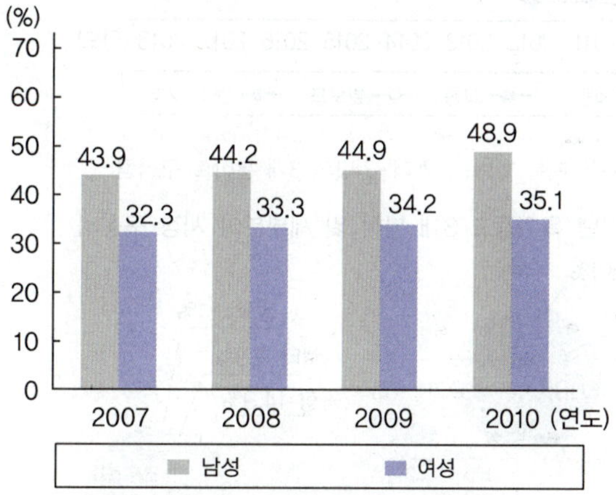

기출 20' 5급㉻-나 난이도 ●●●

127 다음 〈그림〉은 옥외광고 시장 규모 및 구성비에 대한 자료이다. 이를 바탕으로 작성한 〈보고서〉의 내용 중 옳은 것만을 모두 고르면?

〈그림 1〉 옥외광고 시장 규모 추이

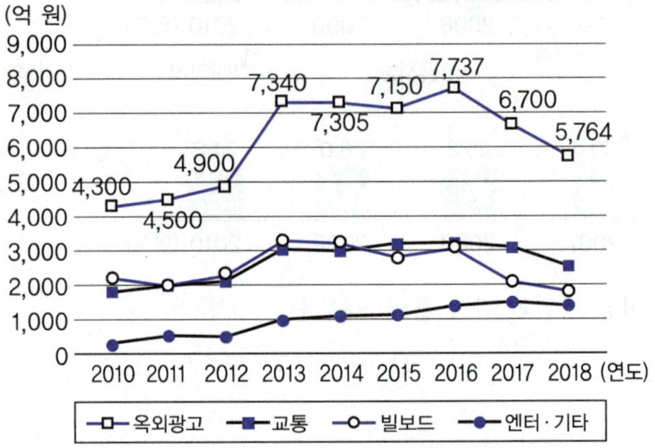

※ 옥외광고는 교통, 빌보드, 엔터 · 기타의 3개 분야로 구성됨.

〈그림 2〉 2018년 옥외광고 3개 분야 및 세부분야 시장 구성비

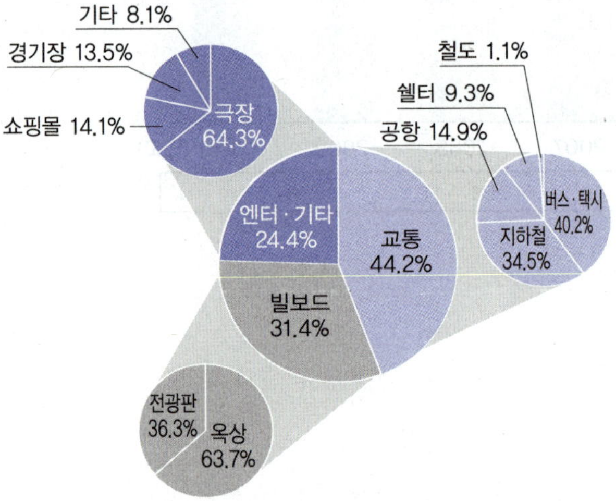

보고서

2010년부터 2018년까지의 옥외광고 시장 규모 추이를 살펴보면, 2010년 4,300억 원 규모였던 옥외광고 시장은 2016년 7,737억 원 규모까지 성장하였다. ㉠ 2018년 옥외광고 시장 규모는 2016년에 비해 30% 이상 감소하였다. 2018년 옥외광고 시장 규모를 분야별로 살펴보면, ㉡ 2018년 '교통' 분야 시장 규모는 2,500억 원 이상으로 옥외광고 시장에서 가장 큰 비중을 차지하고 있다. ㉢ 2018년 옥외광고 세부분야별 시장 규모는 '옥상'이 가장 크고, 그 다음으로 '버스 · 택시', '극장', '지하철' 순이다. ㉣ 2018년 '엔터 · 기타' 분야의 시장 규모를 살펴보면 '극장', '쇼핑몰', '경기장'을 제외한 시장 규모는 120억 원 이상이다.

① ㄱ, ㄷ　　② ㄴ, ㄷ　　③ ㄴ, ㄹ
④ ㄱ, ㄴ, ㄹ　　⑤ ㄱ, ㄷ, ㄹ

기출 20' 5급㉻-나 난이도 ●●○

128 다음 〈표〉는 '갑'대학교 정보공학과 학생 A~I의 3개 교과목 점수에 관한 자료이다. 이에 대한 〈보기〉의 설명 중 옳은 것만을 모두 고르면?

〈표〉 학생 A~I의 3개 교과목 점수

(단위: 점)

교과목 / 학생	인공지능	빅데이터	사물인터넷	평균
A	( )	85.0	77.0	74.3
B	( )	90.0	92.0	90.0
C	71.0	71.0	( )	71.0
D	28.0	( )	65.0	50.0
E	39.0	63.0	82.0	61.3
F	( )	73.0	74.0	( )
G	35.0	( )	50.0	45.0
H	40.0	( )	70.0	53.3
I	65.0	61.0	( )	70.3
평균	52.4	66.7	74.0	( )
중앙값	45.0	63.0	74.0	64.0

※ 중앙값은 학생 A~I의 성적을 크기순으로 나열했을 때 한가운데 위치한 값임.

보기

ㄱ. 각 교과목에서 평균 이하의 점수를 받은 학생은 각각 5명 이상이다.

ㄴ. 교과목별로 점수 상위 2명에게 1등급을 부여할 때, 1등급을 받은 교과목 수가 1개 이상인 학생은 4명이다.

ㄷ. 학생 D의 빅데이터 교과목과 사물인터넷 교과목의 점수가 서로 바뀐다면, 빅데이터 교과목 평균은 높아진다.

ㄹ. 최고점수와 최저점수의 차이가 가장 작은 교과목은 사물인터넷이다.

① ㄱ, ㄴ ② ㄴ, ㄷ ③ ㄴ, ㄹ

④ ㄱ, ㄴ, ㄷ ⑤ ㄱ, ㄷ, ㄹ

문항편 5일차 • 수리능력 + 자료해석

기출 20' 5급㉻-나 난이도 ●●○

129 다음 〈표〉는 감염자와 비감염자로 구성된 유증상자 1,000명을 대상으로 인공지능 시스템 A~E의 정확도를 측정한 결과이다. 〈표〉에 근거한 〈보기〉의 설명 중 옳은 것만을 모두 고르면?

〈표〉 인공지능 시스템 A~E의 정확도

(단위: 명, %)

시스템 판정 / 실제 감염 여부 / 시스템	양성		음성		음성 정답률	양성 검출률	정확도
	감염자	비감염자	감염자	비감염자			
A	0	1	8	991	( )	0.0	99.1
B	8	0	0	992	( )	100.0	100.0
C	6	4	2	988	99.8	75.0	99.4
D	8	2	0	990	100.0	( )	99.8
E	0	0	8	992	99.2	( )	99.2

※ 1) 정확도(%) $= \frac{\text{'양성' 판정된 감염자} + \text{'음성' 판정된 비감염자}}{\text{유증상자}} \times 100$

2) '양성(음성)'정답률(%) $= \frac{\text{'양성(음성)' 판정된 감염(비감염)자}}{\text{'양성(음성)' 판정된 유증상자}} \times 100$

3) '양성(음성)'검출률(%) $= \frac{\text{'양성(음성)' 판정된 감염(비감염)자}}{\text{감염(비감염)자}} \times 100$

보기

ㄱ. 모든 유증상자를 '음성'으로 판정한 시스템의 정확도는 A보다 높다.
ㄴ. B, D는 '음성' 정답률과 '양성' 검출률 모두 100%이다.
ㄷ. B의 '양성' 정답률과 '음성' 정답률은 같다.
ㄹ. '양성' 검출률이 0%인 시스템의 '음성' 정답률은 100%이다.

① ㄱ, ㄴ　② ㄱ, ㄷ　③ ㄱ, ㄹ
④ ㄴ, ㄹ　⑤ ㄱ, ㄴ, ㄷ

기출 20' 5급㉖-나 | 난이도 ●●●

130 다음 〈표〉는 A 시 초등학생과 중학생의 6개 식품 섭취율을 조사한 결과이다. 이에 대한 설명으로 옳은 것은?

〈표〉 A 시 초등학생과 중학생의 6개 식품 섭취율

(단위: %)

식품	섭취 주기	초등학교			중학교		
		남학생	여학생	전체	남학생	여학생	전체
라면	주 1회 이상	77.6	71.8	74.7	89.0	89.0	89.0
탄산음료	주 1회 이상	76.6	71.6	74.1	86.0	79.5	82.1
햄버거	주 1회 이상	64.4	58.2	61.3	73.5	70.5	71.7
우유	매일	56.7	50.9	53.8	36.0	27.5	30.9
과일	매일	36.1	38.9	37.5	28.0	30.0	29.2
채소	매일	30.4	33.2	31.8	28.5	29.0	28.8

※ 1) 섭취율(%) $= \frac{\text{섭취한다고 응답한 학생 수}}{\text{응답 학생 수}} \times 100$

2) 초등학생, 중학생 각각 2,000명을 대상으로 조사하였으며, 전체 조사 대상자는 6개 식품에 대해 모두 응답하였음.

① 라면을 주 1회 이상 섭취하는 중학교 남학생 수와 중학교 여학생의 수는 같다.

② 채소를 매일 섭취하는 중학교 남학생 수는 과일을 매일 섭취하는 중학교 남학생 수보다 적다.

③ 우유를 매일 섭취하는 중학교 여학생 수는 275명이다.

④ 과일을 매일 섭취하는 초등학교 남학생 중 햄버거를 주 1회 이상 섭취하는 학생 수는 4명 이하이다.

⑤ 채소를 매일 섭취하는 여학생 수는 중학생이 초등학생보다 많다.

기출 12' 5급(민)-인 난이도 ●●○

131 다음 〈표〉는 2004~2011년 우리나라 연령대별 여성취업자에 관한 자료 중 일부이다. 이에 대한 설명 중 옳지 않은 것은?

〈표〉 연령대별 여성취업자

(단위: 천명)

연도	전체 여성취업자	연령대		
		20대	50대	60대 이상
2004	9,364	2,233	1,283	993
2005	9,526	2,208	1,407	1,034
2006	9,706	2,128	1,510	1,073
2007	9,826	2,096	1,612	1,118
2008	9,874	2,051	1,714	1,123
2009	9,772	1,978	1,794	1,132
2010	9,914	1,946	1,921	1,135
2011	10,091	1,918	2,051	1,191

① 20대 여성취업자는 매년 감소하였다.

② 2011년 20대 여성취업자는 전년대비 3% 이상 감소하였다.

③ 50대 여성취업자가 20대 여성취업자보다 많은 연도는 2011년 한 해이다.

④ 2007~2010년 동안 전체 여성취업자의 전년대비 증감폭은 2010년이 가장 크다.

⑤ 전체 여성취업자 중 50대 여성취업자가 차지하는 비율은 2011년이 2005년보다 높다.

기출 12' 5급(민)-인 난이도

132 다음 〈그림〉과 〈표〉는 OECD국가와 한국인의 성별 기대수명에 관한 자료이다. 이에 대한 설명 중 옳은 것은?

〈그림〉 2009년 OECD국가의 성별 기대수명(상위 10개국)

(단위: 세)

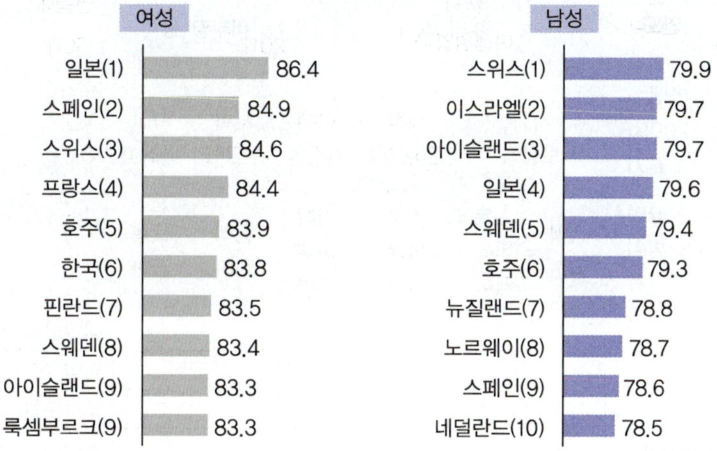

※ ( )안의 숫자는 OECD국가 중 해당 국가의 순위임.

〈표〉 한국인의 성별 기대수명(2003~2009년)

성별 / 구분 / 연도	여성		남성	
	순위	기대수명(세)	순위	기대수명(세)
2003	19	80.8	26	73.9
2006	13	82.4	23	75.7
2009	6	83.8	20	76.8

※ 순위는 OECD국가 중 한국의 순위임.

① 2003년 대비 2009년 한국 남성의 기대수명은 5% 이상 증가하였다.

② 2009년의 경우, 일본 남성의 기대수명은 일본 여성의 기대수명의 90% 이하이다.

③ 2009년 여성과 남성의 기대수명이 모두 상위 5위 이내인 OECD국가의 수는 2개이다.

④ 2006년과 2009년 한국 남성의 기대수명 차이는 2006년과 2009년 한국 여성의 기대수명 차이보다 크다.

⑤ 2009년 스위스 여성과 스웨덴 여성의 기대수명 차이는 두 나라 남성의 기대수명 차이보다 작다.

기출 12' 5급(민)-인 | 난이도

133 다음 〈표〉는 세계 38개 국가의 공적연금 체계를 비교한 자료이다. 이에 대한 설명 중 옳지 않은 것은?

〈표〉 세계 38개 국가의 공적연금 체계 비교

본인 부담 여부	부담 방식				비부담 방식		해당국가
사회 기여 방식	사회 보험식		퇴직 준비금식	강제 가입식	사회 수당식	사회 부조식	
급여 방식 / 체계	정액 급여	소득 비례 급여	기여 비례 급여	기여 비례 급여	정액 급여	보충 급여	
일원체계	○						네덜란드, 아이슬랜드
		○					독일, 오스트리아, 미국, 스페인, 포르투갈, 중국, 한국
					○		뉴질랜드, 브루나이
						○	호주, 남아프리카공화국
			○				싱가포르, 말레이시아, 인도, 인도네시아
이원체계	○	○					일본, 영국, 노르웨이, 핀란드
	○					○	아일랜드
		○				○	이탈리아, 스웨덴, 프랑스, 벨기에, 불가리아, 루마니아, 스위스
		○		○			칠레, 멕시코, 아르헨티나, 페루, 콜롬비아
삼원체계	○	○				○	이스라엘, 라트비아
	○				○	○	덴마크
		○			○	○	캐나다

※ 'O'은 해당 국가에서 해당 방식을 도입한 것을 의미함.

① 기여비례급여를 도입한 국가는 모두 9개이다.
② 삼원체계로 분류된 국가 중 비부담 방식을 도입한 국가는 4개이다.
③ 일원체계로 분류된 국가의 수와 이원체계로 분류된 국가의 수는 같다.
④ 보충급여를 도입한 국가의 수는 소득비례급여를 도입한 국가의 수보다 많다.
⑤ 정액급여를 도입한 국가의 경우, 일원체계로 분류된 국가의 수는 이원체계로 분류된 국가의 수보다 적다.

134 **다음 〈표〉는 2004~2011년 참여공동체 및 참여어업인 현황에 대한 자료이다. 이에 대한 설명 중 옳지 않은 것은?**

〈표 1〉 어업유형별 참여공동체 현황

(단위: 개소)

어업유형 \ 연도	2004	2005	2006	2007	2008	2009	2010	2011
마을어업	32	61	159	294	341	391	438	465
양식어업	11	15	46	72	78	80	85	89
어선어업	8	29	52	102	115	135	156	175
복합어업	12	17	43	94	102	124	143	153
내수면어업	0	0	8	17	23	28	41	50
전체	63	122	308	579	659	758	863	932

〈표 2〉 지역별 참여공동체 현황

(단위: 개소)

지역 \ 연도	2004	2005	2006	2007	2008	2009	2010	2011
부산	1	4	5	15	15	18	21	25
인천	6	7	13	25	29	36	40	43
울산	1	3	10	15	15	16	18	20
경기	2	5	12	23	24	24	29	32
강원	7	15	21	39	47	58	71	82
충북	0	0	5	7	8	12	16	17
충남	4	10	27	49	50	63	74	82
전북	5	9	25	38	41	41	41	44
전남	20	32	99	184	215	236	258	271
경북	7	15	37	69	73	78	87	91
경남	8	16	33	76	100	134	163	177
제주	2	6	21	39	42	42	45	48
전체	63	122	308	579	659	758	863	932

〈표 3〉 참여어업인 현황

(단위: 명)

구분 \ 연도	2004	2005	2006	2007	2008	2009	2010	2011
참여어업인	5,107	10,765	24,805	44,061	50,728	56,100	60,902	63,860

① 참여어업인은 매년 증가하였다.

② 2005년 전체 참여공동체 중 전남지역 참여공동체가 차지하는 비율은 30% 이상이다.

③ 충북지역을 제외하고, 2004년 대비 2011년 참여공동체 증가율이 가장 낮은 지역은 인천이다.

④ 2006년 이후 각 어업유형에서 참여공동체는 매년 증가하였다.

⑤ 참여공동체가 많은 지역부터 나열하면, 충남지역의 순위는 2009년과 2010년이 동일하다.

기출 12' 5급㉥-인 난이도 ●●○

135 다음 〈그림〉과 〈표〉는 어느 도시의 엥겔계수 및 슈바베계수 추이와 소비지출 현황을 나타낸 것이다. 빈 칸 A~E에 들어갈 값으로 잘못 짝지어진 것은?

〈그림〉 엥겔계수 및 슈바베계수 추이(2005~2011년)

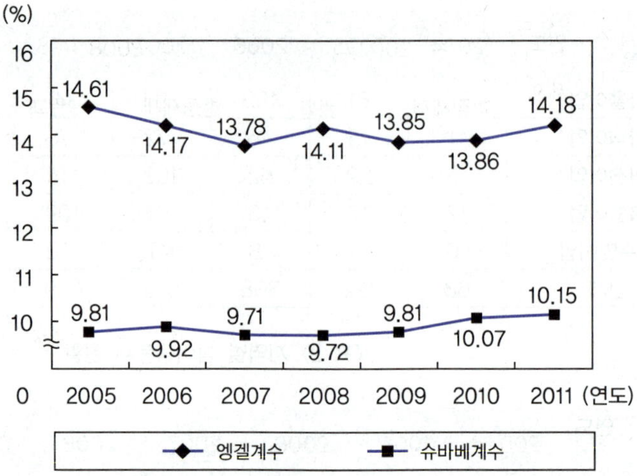

〈표〉 연도별 소비지출 현황(2008~2011년)

(단위: 억원, %p)

구분 / 연도	총소비지출	식료품·비주류음료 소비지출	주거·수도·광열 소비지출	계수 차이
2008	100,000	(A)	9,720	4.39
2009	120,000	16,620	(B)	4.04
2010	150,000	20,790	15,105	(C)
2011	(D)	(E)	20,300	4.03

※ 1) 엥겔계수(%) $= \dfrac{\text{식료품·비주류음료 소비지출}}{\text{총소비지출}} \times 100$

2) 슈바베계수(%) $= \dfrac{\text{주거·수도·광열 소비지출}}{\text{총소비지출}} \times 100$

3) 계수 차이 = | 엥겔계수 − 슈바베계수 |

① A : 14,110 ② B : 11,772 ③ C : 3.79

④ D : 200,000 ⑤ E : 27,720

기출 12' 5급[민]-인 | 난이도 ●○○

136 다음 〈표〉는 2007~2009년 방송사 A~D의 방송심의규정 위반에 따른 제재 현황을 나타낸 것이다. 이 〈표〉를 이용하여 작성한 그래프로 옳지 않은 것은?

〈표〉 방송사별 제재 건수

(단위: 건)

연도 / 제재 / 방송사	2007		2008		2009	
	법정제재	권고	법정제재	권고	법정제재	권고
A	21	1	12	36	5	15
B	25	3	13	29	20	20
C	12	1	8	25	14	20
D	32	1	14	30	24	34
전체	90	6	47	120	63	89

※ 제재는 법정제재와 권고로 구분됨.

① 방송사별 법정제재 건수 변화

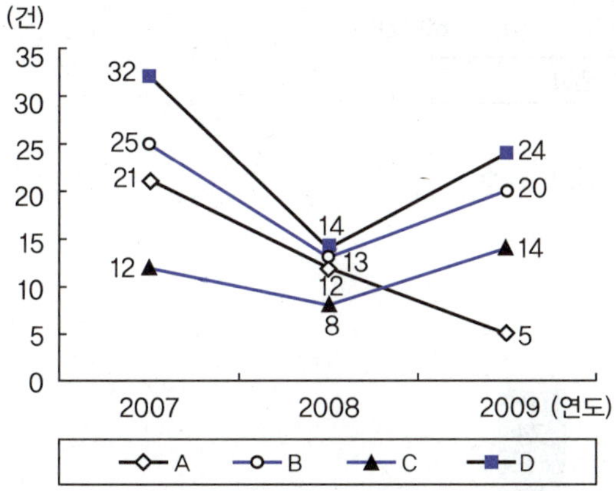

② 연도별 방송사 전체의 법정제재 및 권고 건수

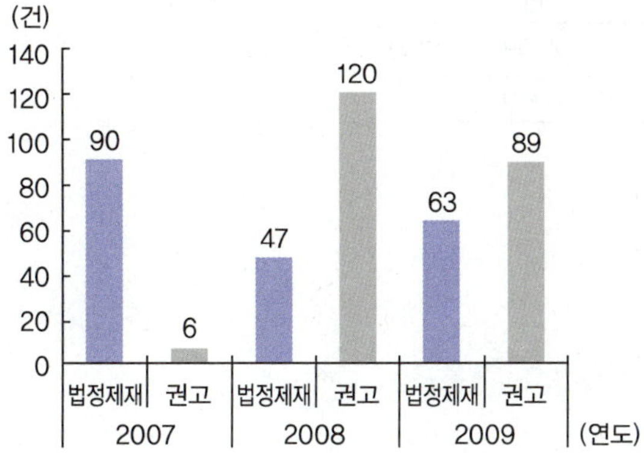

③ 2007년 법정제재 건수의 방송사별 구성비

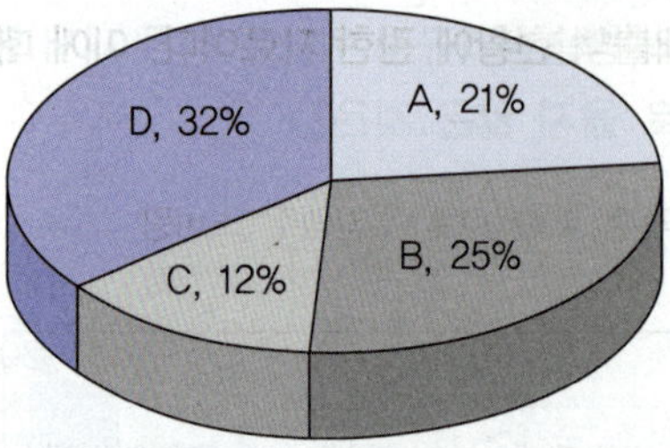

④ 2008년 방송사별 법정제재 및 권고 건수

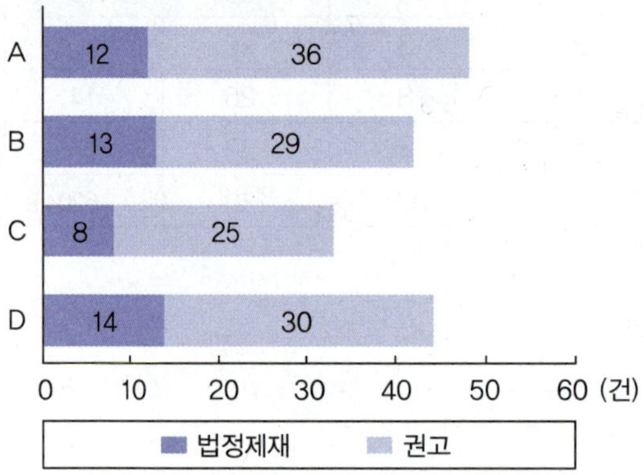

⑤ 2008년과 2009년 방송사별 권고 건수

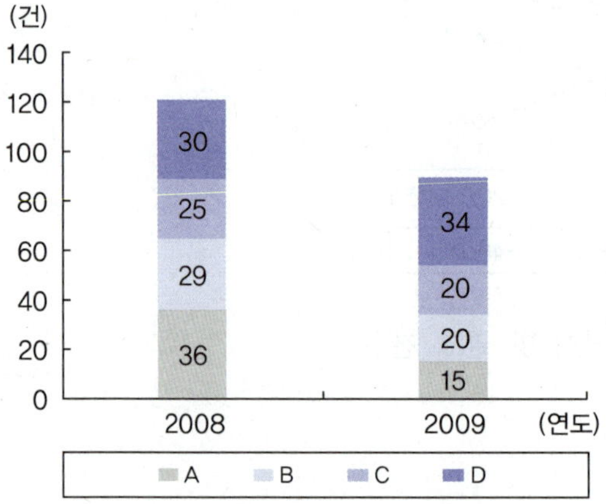

기출 19' 5급(행)-가 난이도 ●●○

137 다음 〈그림〉과 〈표〉는 '갑'국 맥주 소비량 및 매출액 현황에 관한 자료이다. 이에 대한 〈보고서〉의 설명 중 옳지 않은 것은?

〈그림〉 2010~2018년 국산맥주 소비량 및 수입맥주 소비량

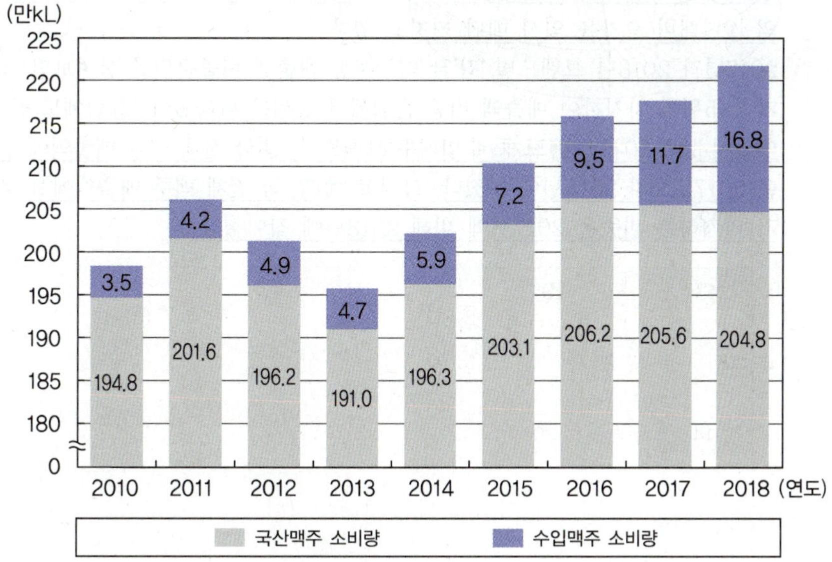

※ 맥주 소비량(만 kL) = 국산맥주 소비량 + 수입맥주 소비량

〈표〉 '갑'국 전체 맥주 매출액 대비 브랜드별 맥주 매출액 비중 순위

(단위: %)

순위	2017년			2018년		
	브랜드명	비중	비고	브랜드명	비중	비고
1	파아스	37.4	국산	파아스	32.3	국산
2	하이프	15.6	국산	하이프	15.4	국산
3	드로이C	7.1	국산	클라우스	8.0	국산
4	막스	6.6	국산	막스	4.7	국산
5	프라이	6.5	국산	프라이	4.3	국산
6	아사리	3.3	수입	드로이C	4.1	국산
7	하이네펜	3.2	수입	R맥주	4.0	수입
8	R맥주	3.0	수입	아사리	3.8	수입
9	호가튼	2.0	수입	하이네펜	3.4	수입
10	갓포로	1.3	수입	파울러나	1.9	수입

보고서

㉠ '갑'국 맥주 소비량은 2014년 이후 매년 꾸준하게 증가되어, 2013년 총 195만 7천 kL였던 맥주 소비량이 2018년에는 221만 6천 kL에 이르렀다. 이는 수입맥주 소비량의 증가가 주요 원인 중 한 가지로 파악된다. ㉡ 2010년 '갑'국 맥주 소비량 중 2% 미만이었던 수입맥주 소비량 비중이 2018년에는 7% 이상이 되었다. ㉢ 2014~2018년 '갑'국 수입맥주 소비량의 전년대비 증가율 역시 매년 커지고 있다.
2017년과 2018년 브랜드별 '갑'국 맥주시장 매출액 비중순위를 살펴보면 국산맥주 브랜드가 1~5위를 차지하여 매출액 비중 순위에서 강세를 나타냈다. 그럼에도 불구하고 ㉣ 맥주 매출액 상위 10개 브랜드 중 수입맥주 브랜드가 '갑'국 전체 맥주 매출액에서 차지하는 비중은 2017년보다 2018년에 커졌다. 그리고 ㉤ '갑'국 전체 맥주 매출액에서 상위 5개 브랜드가 차지하는 비중은 2017년에 비해 2018년에 작아졌다.

① ㄱ　② ㄴ　③ ㄷ
④ ㄹ　⑤ ㅁ

138 다음 〈표〉와 〈그림〉은 우리나라의 에너지 유형별 1차에너지 생산과 최종에너지 소비에 관한 자료이다. 이에 대한 〈보기〉의 설명으로 옳지 않은 것은?

〈표 1〉 2008~2012년 1차 에너지의 유형별 생산량

(단위: 천 TOE)

연도 \ 유형	석탄	수력	신재생	원자력	천연가스	합
2008	1,289	1,196	5,198	32,456	236	40,375
2009	1,171	1,213	5,480	31,771	498	40,133
2010	969	1,391	6,064	31,948	539	40,911
2011	969	1,684	6,618	33,265	451	42,987
2012	942	1,615	8,036	31,719	436	42,748

※ 국내에서 생산하는 1차에너지 유형은 제시된 5가지로만 구성됨.

〈그림〉 2012년 1차 에너지의 지역별 생산량 비중(TOE 기준)

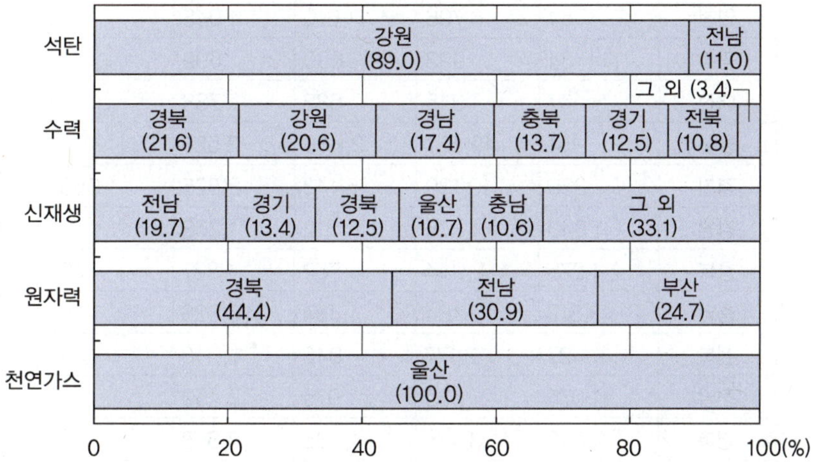

〈표 2〉 유형별 최종에너지 소비 추이(2008~2012년)와 지역별 최종에너지 소비(2012년)

(단위: 천 TOE)

유형 / 연도·지역	석탄	석유제품	천연 및 도시가스	전력	열	신재생	합
2008	26,219	97,217	19,765	33,116	1,512	4,747	182,576
2009	23,895	98,370	19,459	33,925	1,551	4,867	182,067
2010	29,164	100,381	21,640	37,338	1,718	5,346	195,587
2011	33,544	101,976	23,672	39,136	1,702	5,833	205,863
2012	31,964	101,710	25,445	40,127	1,751	7,124	208,121
서울	118	5,863	4,793	4,062	514	218	15,568
부산	62	3,141	1,385	1,777	–	104	6,469
대구	301	1,583	970	1,286	80	214	4,434
인천	54	6,798	1,610	1,948	–	288	10,698
광주	34	993	630	699	–	47	2,403
대전	47	945	682	788	–	51	2,513
울산	451	19,357	2,860	2,525	–	336	25,529
경기	335	10,139	5,143	8,625	1,058	847	26,147
강원	1,843	1,875	312	1,368	–	644	6,042
충북	1,275	2,044	752	1,837	59	471	6,438
충남	5,812	17,184	1,454	3,826	5	143	28,424
전북	27	2,177	846	1,846	–	337	5,233
전남	11,675	21,539	975	2,450	–	2,251	38,890
경북	9,646	3,476	1,505	3,853	–	879	19,359
경남	284	3,873	1,515	2,839	35	266	8,812
제주	–	721	13	332	–	28	1,094
기타	–	2	–	66	–	–	68

※ 국내에서 소비하는 최종에너지 유형은 제시된 6가지로만 구성됨.

① 2008년 대비 2012년의 생산량 증가율이 가장 큰 1차에너지 유형은 천연가스이다.

② 2012년 1차에너지를 가장 많이 생산한 지역에서는 같은 해 최종에너지 중 석유제품을 가장 많이 소비하였다.

③ 2012년 석탄 1차에너지 생산량은 2012년 경기 지역의 신재생 1차에너지 생산량보다 적다.

④ 2012년에 1차에너지 생산량이 최종에너지 소비량의 합보다 많은 지역이 존재한다.

⑤ 2008년 대비 2012년의 소비량 증가율이 가장 큰 최종에너지 유형은 신재생이다.

139 다음 〈표〉는 2015~2018년 A~D국 초흡수성 수지의 기술분야별 특허출원에 대한 자료이다. 〈표〉를 이용하여 작성한 그래프로 옳지 않은 것은?

〈표〉 2015~2018년 초흡수성 수지의 특허출원 건수

(단위: 건)

국가	기술분야 \ 연도	2015	2016	2017	2018	합
A	조성물	5	8	11	11	35
	공정	3	2	5	6	16
	친환경	1	3	10	13	27
B	조성물	4	4	2	1	11
	공정	0	2	5	8	15
	친환경	3	1	3	1	8
C	조성물	2	5	5	6	18
	공정	7	8	7	6	28
	친환경	3	5	3	3	14
D	조성물	1	2	1	2	6
	공정	1	3	3	2	9
	친환경	5	4	4	2	15
계		35	47	59	61	202

※ 기술분야는 조성물, 공정, 친환경으로만 구성됨.

① 2015~2018년 국가별 초흡수성 수지의 특허출원 건수 비율

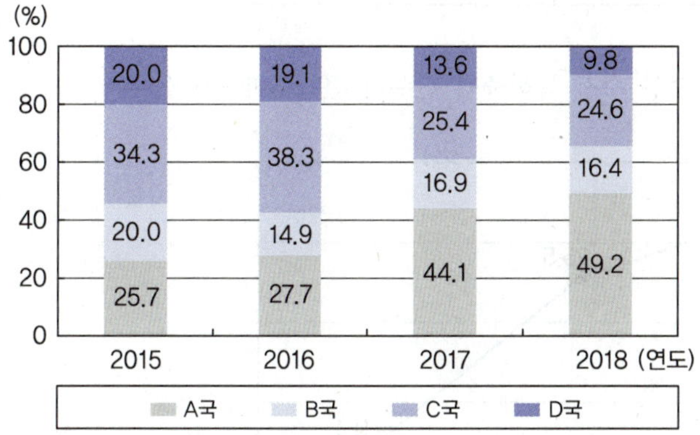

② 공정 기술분야의 국가별, 연도별 초흡수성 수지의 특허출원 건수

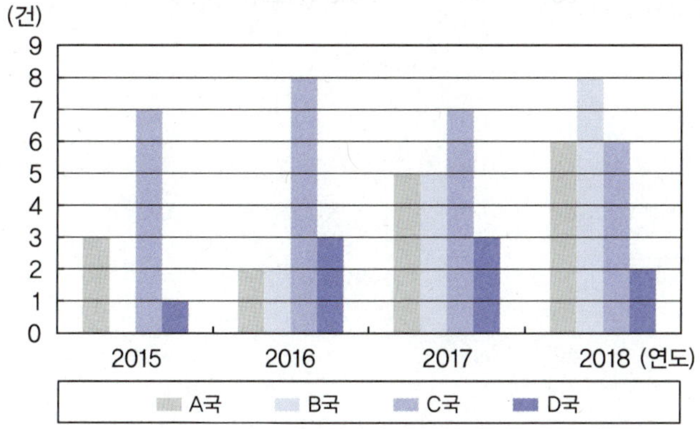

③ A~D국 전체의 초흡수성 수지 특허출원 건수의 연도별 구성비

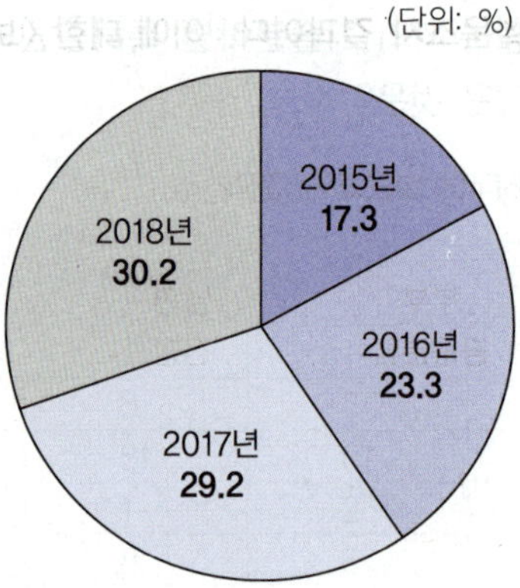

④ 2015~2018년 기술분야별 초흡수성 수지 특허출원 건수 합의 국가별 비중

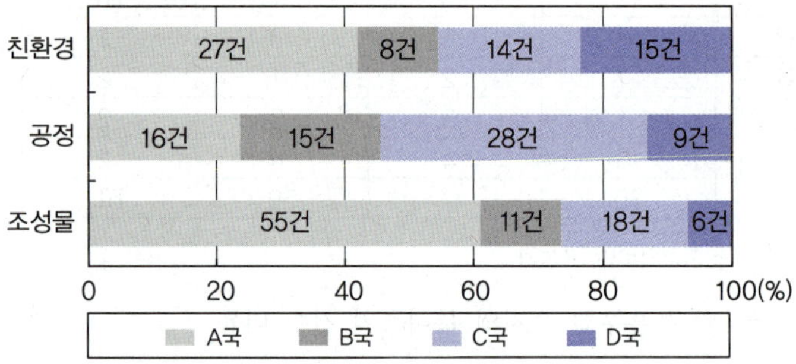

⑤ A~D국 전체의 초흡수성 수지 특허출원 건수의 전년대비 증가율

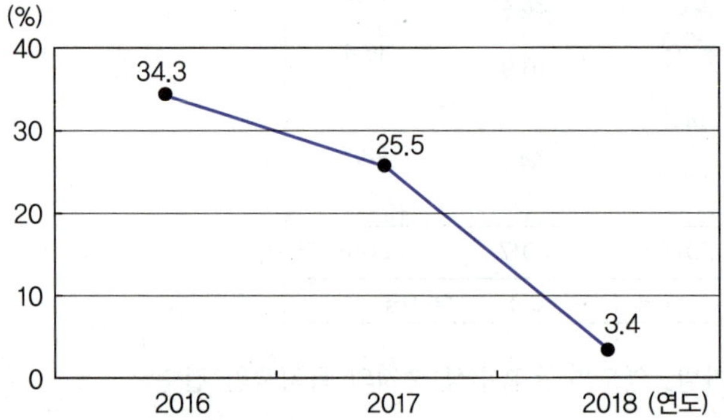

기출 19' 5급㉻-가 | 난이도 ●○○

140 다음 〈표〉는 '갑'국의 가사노동 부담형태에 대한 설문조사 결과이다. 이에 대한 〈보고서〉의 내용 중 옳은 것만을 모두 고르면?

〈표〉 가사노동 부담형태에 대한 설문조사 결과

(단위: %)

구분 \ 부담형태		부인 전담	부부 공동분담	남편 전담	가사 도우미 활용
성별	남성	87.9	8.0	3.2	0.9
	여성	89.9	7.0	2.1	1.0
연령대	20대	75.6	19.4	4.1	0.9
	30대	86.4	10.4	2.5	0.7
	40대	90.7	6.4	1.9	1.0
	50대	91.1	5.9	2.6	0.4
	60대 이상	88.4	6.7	3.5	1.4
경제활동 상태	취업자	90.1	6.7	2.3	0.9
	미취업자	87.4	8.6	3.0	1.0

※ '갑'국 20세 이상 기혼자 100,000명(남성 45,000명, 여성 55,000명)을 대상으로 동일시점에 조사하였으며 무응답과 중복응답은 없음.

보고서

• 성별

– 가사도우미를 활용한다고 응답한 남성의 비율은 0.9%로 가사도우미를 활용한다고 응답한 여성의 비율 1.0%와 비슷한 수준임.

– ㉠ 가사노동을 부인이 전담한다고 응답한 남성과 여성의 응답자 수 차이는 8,500명 이상임.

• 연령대

– 가사노동을 부부가 공동으로 분담한다고 응답한 비율은 20대가 다른 연령대에 비해 높음.

– ㉡ 연령대가 높을수록 가사노동을 부부가 공동으로 분담한다고 응답한 비율이 낮음.

• 경제활동상태

– ㉢ 가사노동 부담형태별로 살펴보면, 취업자와 미취업자가 응답한 비율의 차이는 '부인전담'에서 가장 크고, 다음으로 '부부 공동분담', '남편전담', '가사도우미 활용'의 순으로 나타남.

– ㉣ 가사노동을 '부인전담' 또는 '남편전담'으로 응답한 비율의 합은 취업자가 미취업자에 비해 낮음.

① ㄱ, ㄴ　② ㄱ, ㄷ　③ ㄱ, ㄹ
④ ㄴ, ㄷ　⑤ ㄷ, ㄹ

기출 12' 5급[민]-인 난이도 ●●○

141 다음 〈표〉는 어느 학급 전체 학생 55명의 체육점수 분포이다. 이에 대한 〈보기〉의 설명 중 옳은 것을 모두 고르면?

〈표〉 체육점수 분포

점수(점)	1	2	3	4	5	6	7	8	9	10
학생 수(명)	1	0	5	10	23	10	5	0	1	0

※ 점수는 1점 단위로 1~10점까지 주어짐.

보기

ㄱ. 전체 학생을 체육점수가 낮은 학생부터 나열하면 중앙에 위치한 학생의 점수는 5점이다.

ㄴ. 4~6점을 받은 학생 수는 전체 학생 수의 86% 이상이다.

ㄷ. 학급의 체육점수 산술평균은 전체 학생이 받은 체육점수 중 최고점과 최저점을 제외하고 구한 산술평균과 다르다.

ㄹ. 학급에서 가장 많은 학생이 받은 체육점수는 5점이다.

① ㄱ

② ㄴ

③ ㄱ, ㄹ

④ ㄴ, ㄷ

⑤ ㄱ, ㄷ, ㄹ

기출 12' 5급[민]-인 난이도 ●●○

142 다음 〈그림〉은 2011년 어느 회사에서 판매한 전체 10가지 제품유형(A~J)의 수요예측치와 실제수요의 관계를 나타낸 자료이다. 이에 대한 설명 중 옳은 것은?

〈그림〉 제품유형별 수요예측치와 실제수요

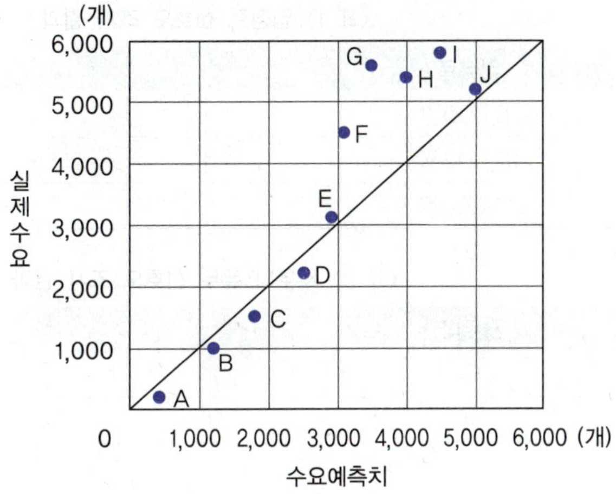

※ 수요예측 오차 = | 수요예측치 − 실제수요 |

① 수요예측 오차가 가장 작은 제품유형은 G이다.

② 실제수요가 큰 제품유형일수록 수요예측 오차가 작다.

③ 수요예측치가 가장 큰 제품유형은 실제수요도 가장 크다.

④ 실제수요가 3,000개를 초과한 제품유형 수는 전체 제품유형수의 50% 이하이다.

⑤ 실제수요가 3,000개 이하인 제품유형은 각각 수요예측치가 실제수요보다 크다.

기출 12' 5급[민]-인 | 난이도 ●○○

143 다음 〈표〉는 피트니스 클럽의 입장료 및 사우나 유무에 대한 선호도 조사 결과이다. 〈표〉와 〈산식〉을 이용하여 이용객 선호도를 구할 때, 입장료와 사우나 유무의 조합 중 이용객 선호도가 세 번째로 큰 조합은?

〈표 1〉 입장료 선호도 조사 결과

입장료	선호도
5,000원	4.0점
10,000원	3.0점
20,000원	0.5점

〈표 2〉 사우나 유무 선호도 조사 결과

사우나	선호도
유	3.3점
무	1.7점

산식

이용객 선호도 = 입장료 선호도 + 사우나 유무 선호도

	입장료	사우나 유무
①	5,000원	유
②	5,000원	무
③	10,000원	유
④	10,000원	무
⑤	20,000원	유

기출 12' 5급㊉-인 | 난이도 ●●○

144 다음 〈그림〉은 20개 국가(A~T)의 1인당 GDP와 자살률의 관계를 나타낸 것이다. 이에 대한 설명 중 옳은 것은?

〈그림〉 20개 국가의 1인당 GDP와 자살률

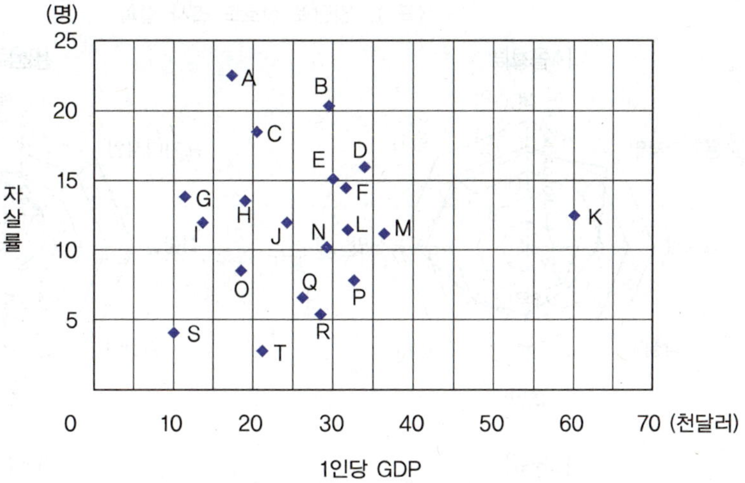

① 1인당 GDP가 가장 낮은 국가는 자살률도 가장 낮다.

② 1인당 GDP가 4만 달러 이상인 국가의 자살률은 10명 미만이다.

③ 자살률이 가장 높은 국가와 가장 낮은 국가의 자살률 차이는 15명 이하이다.

④ 자살률이 가장 높은 국가의 1인당 GDP는 자살률이 두 번째로 높은 국가의 1인당 GDP의 50% 이상이다.

⑤ C국보다 자살률과 1인당 GDP가 모두 낮은 국가의 수는 C국보다 자살률과 1인당 GDP가 모두 높은 국가의 수와 같다.

기출 12' 5급㉮-인 난이도 ●●○

145 다음 〈그림〉은 A~D음료의 8개 항목에 대한 소비자평가 결과를 나타낸 것이다. 이에 대한 설명 중 옳은 것은?

〈그림〉 A~D음료의 항목별 소비자평가 결과

(단위: 점)

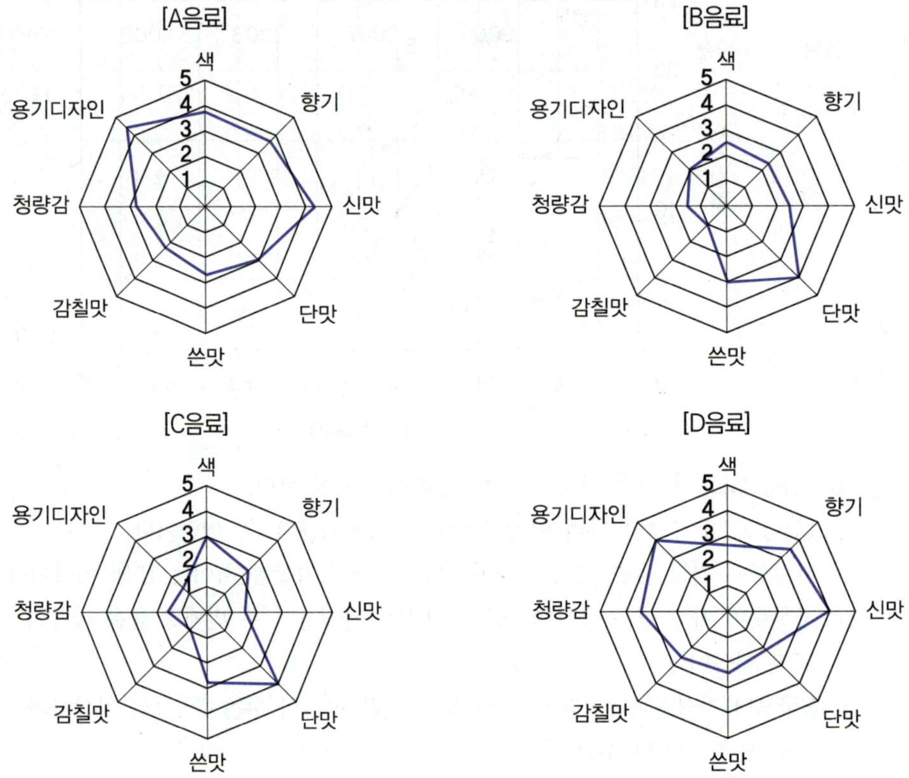

※ 1점이 가장 낮은 점수이고 5점이 가장 높은 점수임.

① C음료는 8개 항목 중 '쓴맛'의 점수가 가장 높다.

② '용기디자인'의 점수는 A음료가 가장 높고, C음료가 가장 낮다.

③ A음료는 B음료보다 7개 항목에서 각각 높은 점수를 받았다.

④ 소비자평가 결과의 항목별 점수의 합은 B음료가 D음료보다 크다.

⑤ A~D음료 간 '색'의 점수를 비교할 때 점수가 가장 높은 음료는 '단맛'의 점수를 비교할 때에도 점수가 가장 높다.

146 다음 〈표〉는 2006~2011년 어느 나라 5개 프로 스포츠 종목의 연간 경기장 수용규모 및 관중 수용률을 나타낸 것이다. 이에 대한 설명 중 옳은 것은?

〈표〉 프로 스포츠 종목의 연간 경기장 수용규모 및 관중수용률

(단위: 천명, %)

종목	구분 \ 연도	2006	2007	2008	2009	2010	2011
야구	수용규모	20,429	20,429	20,429	20,429	19,675	19,450
	관중수용률	30.6	41.7	53.3	56.6	58.0	65.7
축구	수용규모	40,255	40,574	40,574	37,865	36,952	33,314
	관중수용률	21.9	26.7	28.7	29.0	29.4	34.9
농구	수용규모	5,899	6,347	6,354	6,354	6,354	6,653
	관중수용률	65.0	62.8	66.2	65.2	60.9	59.5
핸드볼	수용규모	3,230	2,756	2,756	2,756	2,066	2,732
	관중수용률	26.9	23.5	48.2	43.8	34.1	52.9
배구	수용규모	5,129	5,129	5,089	4,843	4,409	4,598
	관중수용률	16.3	27.3	24.6	30.4	33.4	38.6

※ 관중수용률(%) = $\frac{\text{연간 관중 수}}{\text{연간 경기장 수용규모}} \times 100$

① 축구의 연간 관중 수는 매년 증가한다.

② 관중수용률은 농구가 야구보다 매년 높다.

③ 관중수용률이 매년 증가한 종목은 3개이다.

④ 2009년 연간 관중 수는 배구가 핸드볼보다 많다.

⑤ 2007~2011년 동안 연간 경기장 수용규모의 전년대비 증감 방향은 농구와 핸드볼이 동일하다.

기출 19' 5급㉺-가 | 난이도 ●●○

147 다음 〈표〉는 2013년과 2016년에 A~D 국가 전체 인구를 대상으로 통신 가입자 현황을 조사한 자료이다. 이에 대한 설명으로 옳은 것은?

〈표〉 국가별 2013년과 2016년 통신 가입자 현황

(단위: 만 명)

국가 \ 연도·구분	2013				2016			
	유선 통신 가입자	무선 통신 가입자	유·무선 통신 동시 가입자	미 가입자	유선 통신 가입자	무선 통신 가입자	유·무선 통신 동시 가입자	미 가입자
A	( )	4,100	700	200	1,600	5,700	400	100
B	1,900	3,000	300	400	1,400	( )	100	200
C	3,200	7,700	( )	700	3,000	5,500	1,100	400
D	1,100	1,300	500	100	1,100	2,500	800	( )

※ 유·무선 통신 동시 가입자는 유선 통신 가입자와 무선 통신 가입자에도 포함됨.

① A국의 2013년 인구 100명당 유선 통신 가입자가 40명이라면, 유선 통신 가입자는 2,200만 명이다.

② B국의 2013년 대비 2016년 무선 통신 가입자 수의 비율이 1.5라면, 2016년 무선 통신 가입자는 5,000만 명이다.

③ C국의 2013년 인구 100명당 무선 통신 가입자가 77명이라면, 유·무선 통신 동시 가입자는 1,600만 명이다.

④ D국의 2013년 대비 2016년 인구 비율이 1.5라면, 2016년 미가입자는 100만 명이다.

⑤ 2013년 유선 통신만 가입한 인구는 B국이 D국의 3배 이상이다.

148 다음 〈표〉는 2016~2018년 A국 10대 수출품목의 수출액에 관한 자료이다. 위 〈표〉에 대한 〈보기〉의 설명 중 옳은 것만을 모두 고르면?

〈표 1〉 A국 10대 수출품목의 수출액 비중과 품목별 세계수출시장 점유율(금액기준)

(단위: %)

구분 \ 품목 / 연도	A국의 전체 수출액에서 차지하는 비중			품목별 세계수출시장에서 A국의 점유율		
	2016	2017	2018	2016	2017	2018
백색가전	13.0	12.0	11.0	2.0	2.5	3.0
TV	14.0	14.0	13.0	10.0	20.0	25.0
반도체	10.0	10.0	15.0	30.0	33.0	34.0
휴대폰	16.0	15.0	13.0	17.0	16.0	13.0
2,000 cc 이하 승용차	8.0	7.0	8.0	2.0	2.0	2.3
2,000 cc 초과 승용차	6.0	6.0	5.0	0.8	0.7	0.8
자동차용 배터리	3.0	4.0	6.0	5.0	6.0	7.0
선박	5.0	4.0	3.0	1.0	1.0	1.0
항공기	1.0	2.0	3.0	0.1	0.1	0.1
전자부품	7.0	8.0	9.0	2.0	1.8	1.7
계	83.0	82.0	86.0	–	–	–

※ A국의 전체 수출액은 매년 변동 없음.

〈표 2〉 A국 백색가전의 세부 품목별 수출액 비중

(단위: %)

세부 품목 \ 연도	2016	2017	2018
일반세탁기	13.0	10.0	8.0
드럼세탁기	18.0	18.0	18.0
일반냉장고	17.0	12.0	11.0
양문형냉장고	22.0	26.0	28.0
에어컨	23.0	25.0	26.0
공기청정기	7.0	9.0	9.0
계	100.0	100.0	100.0

보기

ㄱ. 2016년과 2018년 선박의 세계수출시장 규모는 같다.

ㄴ. 2017년과 2018년 A국의 전체 수출액에서 드럼세탁기가 차지하는 비중은 전년대비 매년 감소한다.

ㄷ. 2017년과 2018년 A국의 10대 수출품목 모두 품목별 세계수출시장에서 A국의 점유율은 전년대비 매년 증가한다.

ㄹ. 2018년 항공기 세계수출시장 규모는 A국 전체 수출액의 15배 이상이다.

① ㄱ, ㄴ ② ㄱ, ㄷ ③ ㄴ, ㄷ
④ ㄴ, ㄹ ⑤ ㄴ, ㄷ, ㄹ

기출 20' 5급㉻-나 난이도 ●●●

149 다음 〈표〉는 4명의 응시자(민수, 영수, 철수, 현수)가 5명의 면접관으로부터 받은 점수에 관한 자료이다. 〈표〉와 〈조건〉을 근거로 '가'~'라'에 해당하는 응시자를 바르게 나열한 것은?

〈표〉 응시자의 면접관별 점수

(단위: 점)

응시자 \ 면접관	면접관 1	면접관 2	면접관 3	면접관 4	면접관 5
가	10	7	5	9	9
나	8	5	( )	9	7
다	9	( )	9	( )	7
라	( )	5	8	8	9

※ 1) 각 면접관은 5점부터 10점까지의 정숫값을 면접 점수로 부여함.
2) 중앙값은 주어진 값들을 크기순으로 나열했을 때 한가운데 위치한 값임. 예를 들면, 주어진 값들이 9, 6, 7, 5, 6인 경우 이를 크기순으로 나열하면 5, 6, 6, 7, 9이므로 중앙값은 6임.

조건

- 평균이 8인 응시자는 민수와 현수뿐이다.
- 현수의 최솟값이 철수의 최솟값보다 크다.
- 영수의 중앙값은 8이며 철수의 중앙값보다 크다.

	가	나	다	라
①	민수	영수	현수	철수
②	민수	철수	현수	영수
③	현수	민수	철수	영수
④	현수	영수	민수	철수
⑤	현수	철수	민수	영수

기출 13' 5급행-인 | 난이도 ●○○

150 다음 〈표〉는 2006~2008년 동안 국립공원 내 사찰의 문화재 관람료에 관한 자료이다. 이에 대한 설명 중 옳은 것은?

〈표〉 국립공원 내 사찰의 문화재 관람료

(단위: 원)

국립공원	사찰	2006년	2007년	2008년
지리산	쌍계사	1,800	1,800	1,800
	화엄사	2,200	3,000	3,000
	천은사	1,600	1,600	1,600
	연곡사	1,600	2,000	2,000
경주	불국사	0	0	4,000
	석굴암	0	0	4,000
	기림사	0	0	3,000
계룡산	동학사	1,600	2,000	2,000
	갑사	1,600	2,000	2,000
	신원사	1,600	2,000	2,000
한려해상	보리암	1,000	1,000	1,000
설악산	신흥사	1,800	2,500	2,500
	백담사	1,600	0	0
속리산	법주사	2,200	3,000	3,000
내장산	내장사	1,600	2,000	2,000
	백양사	1,800	2,500	2,500
가야산	해인사	1,900	2,000	2,000
덕유산	백련사	1,600	0	0
	안국사	1,600	0	0
오대산	월정사	1,800	2,500	2,500
주왕산	대전사	1,600	2,000	2,000
치악산	구룡사	1,600	2,000	2,000
소백산	희방사	1,600	2,000	2,000
월출산	도갑사	1,400	2,000	2,000
변산반도	내소사	1,600	2,000	2,000

※ 해당 연도 내에서는 관람료를 유지한다고 가정함.

① 문화재 관람료가 한 번도 변경되지 않은 사찰은 4곳이다.

② 2006년과 2008년에 문화재 관람료가 가장 높은 사찰은 동일하다.

③ 지리산국립공원 내 사찰에서 전년대비 2007년의 문화재 관람료 증가율이 가장 높은 사찰은 화엄사이다.

④ 설악산국립공원 내 사찰에서는 2007년부터 문화재 관람료를 받지 않고 있다.

⑤ 문화재 관람료가 매년 상승한 사찰은 1곳이다.

Day 5 **Self Check List**

	오답 수	무응답 수	풀이시간(분)
1회독	/ 30	/ 30	/ 60(분)
2회독	/ 30	/ 30	/ 50(분)
3회독	/ 30	/ 30	/ 35(분)

정답 및 해설 169p

독끝 기본 6일차 (151~180)

난이도별 구성
- ●○○ 10문항
- ●●○ 17문항
- ●●● 3문항

본 문항은 PSAT 자료해석 영역 기출 문항으로 구성되며, 기출 표기에 따른 시험 종류는 아래와 같습니다. (표기 상 맨 끝은 '책형' 입니다.)
[민] – 민간경력자 일괄채용시험 / [행] – 공개경쟁채용시험(행정)

6일차 계산연습(중급)

Set ❶

각 사각형 안 숫자의 합이 큰 순서 기입

(1)	43 434 / 29 581	→	
(2)	52 477 / 448 99	→	
(3)	824 62 / 577 52	→	
(4)	602 27 / 92 341	→	
(5)	822 611 / 69 78	→	

Set ❷

사각형 안 숫자 중 [최대값 – 최소값] 기입

(1)	134 111 / 181 194	→	
(2)	364 394 / 360 302	→	
(3)	523 585 / 509 511	→	
(4)	368 336 / 331 334	→	
(5)	188 137 / 135 136	→	

Set ❸

A, B 각 분수의 크기비교 후, 부등호 기입

	A		B
(1)	$\frac{586}{776}$		$\frac{478}{759}$
(2)	$\frac{396}{745}$		$\frac{281}{673}$
(3)	$\frac{502}{792}$		$\frac{527}{644}$
(4)	$\frac{424}{641}$		$\frac{359}{780}$
(5)	$\frac{281}{848}$		$\frac{208}{881}$

Set ❹

A대비B의 증감률이 50% 이상(O), 미만(X)

	A	B		
(1)	2108	3705	→	
(2)	9279	2119	→	
(3)	1769	3446	→	
(4)	4705	6245	→	
(5)	4995	3322	→	

	Set ❶	Set ❷	Set ❸	Set ❹
(1)	3위	83	>	O
(2)	4위	92	>	O
(3)	2위	76	<	O
(4)	5위	37	>	X
(5)	1위	53	>	X

＊Set ❸, ❹ 참고사항
- 연산결과는 소수 셋째자리에서 반올림 적용

	맞은 개수	풀이 시간
Set ❶	/ 5	(초)
Set ❷	/ 5	(초)
Set ❸	/ 5	(초)
Set ❹	/ 5	(초)
합계	/ 20	(초)

* 다음의 회독수 별 권장풀이시간에 맞춰 문제풀이 후,
Day 6 끝의 [Self Check List]를 기입하여 부족한 부분을 파악하세요!

권장 풀이 시간
1회독 60 min　2회독 50 min　3회독 35 min

기출 12' 5급㉢-인　난이도 ●●●

151 다음 〈그림〉은 2010~2011년 동안 변리사 A와 B의 특허출원 건수에 대한 자료이다. 2011년 변리사 B의 특허출원 건수는 2010년 변리사 B의 특허출원 건수의 몇 배인가? (단, 특허출원은 변리사 A 또는 B 단독으로만 이루어진다)

〈그림 1〉 2010~2011년 동안 변리사별 전체 특허출원 건수

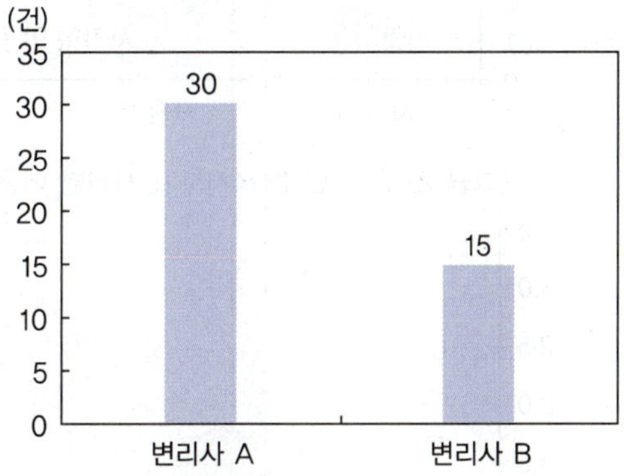

〈그림 2〉 변리사 A와 B의 전체 특허출원 건수 연도별 구성비

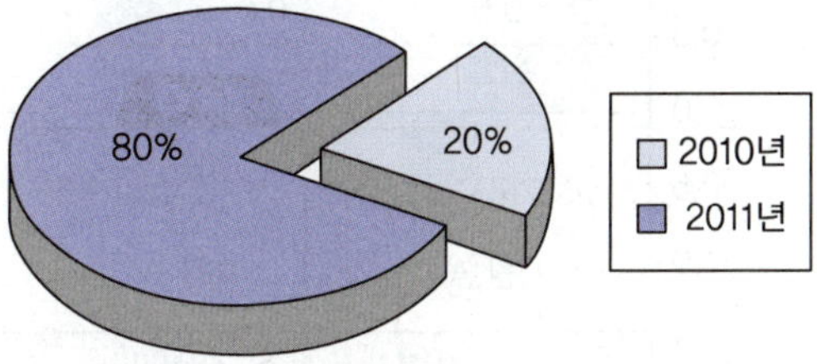

〈그림 3〉 변리사 A의 전체 특허출원 건수 연도별 구성비

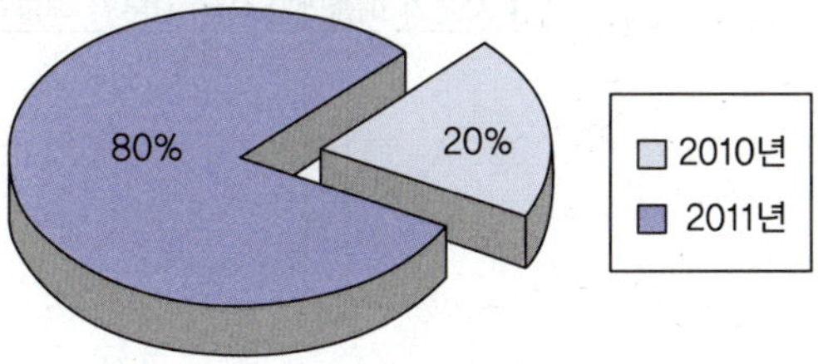

① 2배　② 3배　③ 4배
④ 5배　⑤ 6배

기출 12' 5급[민]-인 난이도 ●●○

152 다음 〈그림〉은 2011년 어느 회사 사원 A~C의 매출에 관한 자료이다. 2011년 4사분기의 매출액이 큰 사원부터 나열하면?

〈그림 1〉 2011년 1사분기의 사원별 매출액

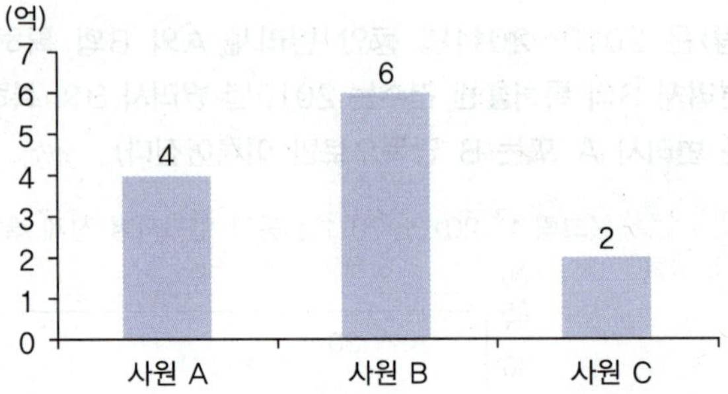

〈그림 2〉 2011년 2~4사분기 사원별 매출액 증감계수

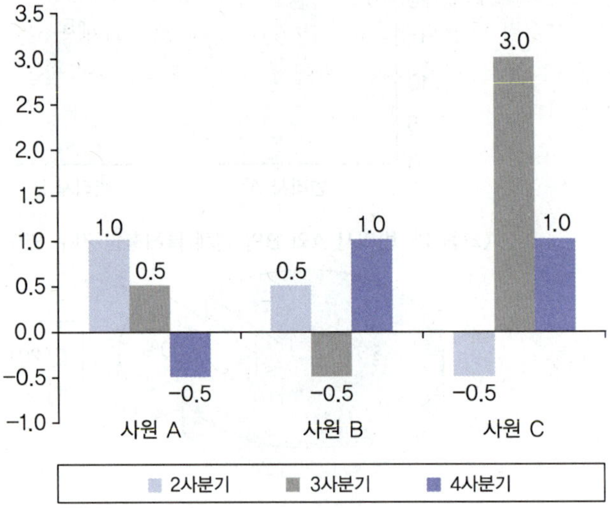

※ 해당 사분기 매출액 증감계수 = $\frac{\text{해당 사분기 매출액} - \text{직전 사분기 매출액}}{\text{직전 사분기 매출액}}$

① A, B, C ② A, C, B ③ B, A, C
④ B, C, A ⑤ C, A, B

기출 12' 5급[민]-인 난이도 ●●○

153 다음 〈표〉는 2010년과 2011년 주요 화재장소별 화재건수를 나타낸 것이다. 〈보기〉를 이용하여 A~F를 구할 때 A, C, F에 해당하는 화재장소를 바르게 짝지은 것은?

〈표〉 주요 화재장소별 화재건수

(단위: 건)

구분	계	A	B	C	D	E	F
2011년 8월	2,200	679	1,111	394	4	4	8
2010년 8월	2,535	785	1,265	471	1	7	6
2011년 1~8월	24,879	7,140	11,355	3,699	24	49	2,612
2010년 1~8월	23,447	6,664	10,864	4,206	21	75	1,617

보기

- 2011년 8월에 전년동월대비 화재건수가 증가한 화재장소는 위험물보관소와 임야이다.
- 2011년 1~8월 동안 화재건수가 많은 상위 두 곳은 사무실과 주택이다.
- 2011년 1~8월 동안 화재건수가 100건이 넘지 않는 화재장소는 위험물보관소와 선박이다.
- 2011년 1~8월 동안 주택과 차량에서 발생한 화재건수의 합은 사무실에서 발생한 화재건수보다 적다.

	A	C	F
①	사무실	선박	위험물보관소
②	사무실	차량	임야
③	주택	선박	임야
④	주택	선박	위험물보관소
⑤	주택	차량	임야

기출 12' 5급[민]-인 난이도 ●○○

154 다음 〈표〉는 2007~2011년 A국의 금융서비스 제공방식별 업무처리 건수 비중 현황이다. 이에 대한 〈보기〉의 설명 중 옳은 것을 모두 고르면?

〈표〉 금융서비스 제공방식별 업무처리 건수 비중 현황

(단위: %)

구분 / 연도	대면거래	비대면거래			합
		CD/ATM	텔레뱅킹	인터넷뱅킹	
2007	13.6	38.0	12.2	36.2	100.0
2008	13.8	39.5	13.1	33.6	100.0
2009	13.7	39.3	12.6	34.4	100.0
2010	13.6	39.8	12.4	34.2	100.0
2011	12.2	39.1	12.4	36.3	100.0

보기

ㄱ. 2011년의 비대면거래 건수 비중은 2009년 대비 1.5%p 증가하였다.
ㄴ. 2008~2011년 동안 대면거래 건수는 매년 감소하였다.
ㄷ. 2007~2011년 동안 매년 비대면거래 중 업무처리 건수가 가장 적은 제공방식은 텔레뱅킹이다.
ㄹ. 2007~2011년 중 대면거래 금액이 가장 많았던 연도는 2008년이다.

① ㄱ, ㄷ　② ㄱ, ㄹ　③ ㄴ, ㄷ
④ ㄴ, ㄹ　⑤ ㄷ, ㄹ

기출 12' 5급[민]-인 난이도 ●●○

155 다음 〈표〉는 2008~2010년 동안 도로화물운송업의 분야별 에너지 효율성에 관한 자료이다. 이에 대한 〈보기〉의 설명 중 옳은 것을 모두 고르면?

〈표〉 도로화물운송업의 분야별 에너지 효율성

(단위: 리터, 톤·km, 톤·km/리터)

분야	일반화물			개별화물			용달화물		
연도 \ 구분	A	B	C	A	B	C	A	B	C
2008	4,541	125,153	27.6	1,722	37,642	21.9	761	3,714	4.9
2009	4,285	110,269	25.7	1,863	30,232	16.2	875	4,576	5.2
2010	3,970	107,943	27.2	1,667	18,523	11.1	683	2,790	4.1

※ 1) 도로화물운송업의 분야는 일반화물, 개별화물, 용달화물로 구분됨.

2) A : 화물차 1대당 월평균 에너지 사용량(리터)

B : 화물차 1대당 월평균 화물운송실적(톤·km)

C : 화물차 1대당 월평균 에너지 효율성(톤·km/리터) $= \frac{B}{A}$

• 보기 •

ㄱ. 2008년 화물차 1대당 월평균 에너지 사용량이 가장 적은 분야는 용달화물이다.

ㄴ. 2009년 화물운송실적이 가장 큰 분야는 일반화물이다.

ㄷ. 2010년 화물차 1대당 월평균 에너지 효율성이 큰 분야부터 나열하면 일반화물, 개별화물, 용달화물이다.

ㄹ. 각 분야의 화물차 1대당 월평균 에너지 효율성은 매년 증가하였다.

① ㄱ, ㄴ　② ㄱ, ㄷ　③ ㄱ, ㄹ

④ ㄴ, ㄷ　⑤ ㄴ, ㄹ

기출 12' 5급㉣-인 난이도 ●●●

156 다음 〈표〉는 어느 해 주식 거래일 8일 동안 A사의 일별 주가와 〈산식〉을 활용한 5일이동평균을 나타낸 것이다. 이에 대한 〈보기〉의 설명 중 옳은 것을 모두 고르면?

〈표〉 주식 거래일 8일 동안 A사의 일별 주가 추이

(단위: 원)

거래일	일별 주가	5일이동평균
1	7,550	–
2	7,590	–
3	7,620	–
4	7,720	–
5	7,780	7,652
6	7,820	7,706
7	7,830	( )
8	( )	7,790

산식

$$5일이동평균 = \frac{해당거래일\ 포함\ 최근\ 거래일\ 5일\ 동안의\ 일별\ 주가의\ 합}{5}$$

[예] 6거래일의 5일이동평균 $= \frac{7,590 + 7,620 + 7,720 + 7,780 + 7,820}{5} = 7,706$

보기

ㄱ. 일별 주가는 거래일마다 상승하였다.
ㄴ. 5거래일 이후 5일이동평균은 거래일마다 상승하였다.
ㄷ. 2거래일 이후 일별 주가가 직전거래일 대비 가장 많이 상승한 날은 4거래일이다.
ㄹ. 5거래일 이후 해당거래일의 일별 주가와 5일이동평균 간의 차이는 거래일마다 감소하였다.

① ㄱ, ㄴ ② ㄴ, ㄷ ③ ㄷ, ㄹ
④ ㄱ, ㄴ, ㄷ ⑤ ㄴ, ㄷ, ㄹ

기출 13' 5급㉻-인 난이도 ●●○

157 다음 〈그림〉은 2010년 세계 인구의 국가별 구성비와 OECD 국가별 인구를 나타낸 자료이다. 2010년 OECD 국가의 총 인구 중 미국 인구가 차지하는 비율이 25%일 때, 이에 대한 〈보기〉의 설명 중 옳은 것을 모두 고르면?

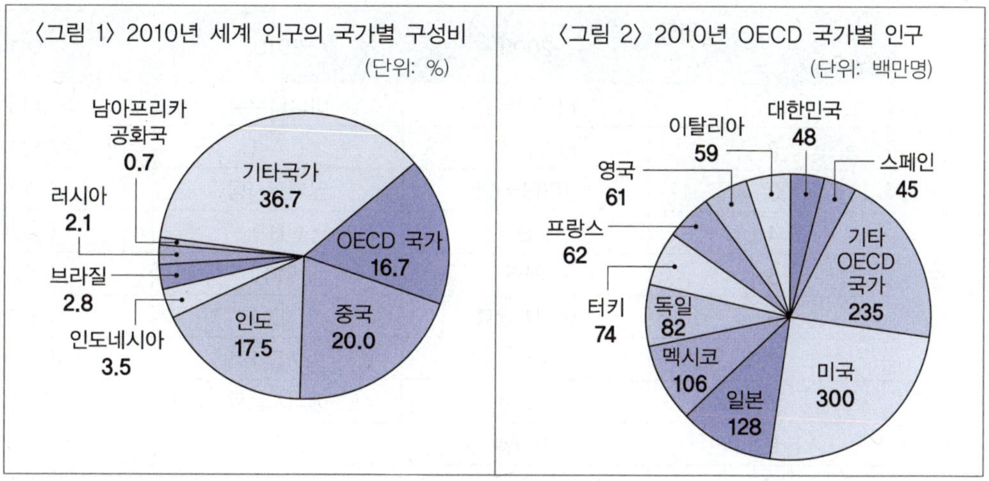

보기

ㄱ. 2010년 세계 인구는 70억명 이상이다.

ㄴ. 2010년 기준 독일 인구가 매년 전년대비 10% 증가한다면, 독일 인구가 최초로 1억명 이상이 되는 해는 2014년이다.

ㄷ. 2010년 OECD 국가의 총 인구 중 터키 인구가 차지하는 비율은 5% 이상이다.

ㄹ. 2010년 남아프리카공화국 인구는 스페인 인구보다 적다.

① ㄱ, ㄴ ② ㄱ, ㄷ ③ ㄱ, ㄹ

④ ㄴ, ㄷ ⑤ ㄷ, ㄹ

문항편 6일차 • 수리능력 + 자료해석

기출 13' 5급㉻-인 | 난이도 ●●○

158 다음 〈표〉는 2009~2011년 동안 ○○편의점의 판매량 상위 10개 상품에 대한 자료이다. 〈조건〉을 이용하여 〈표〉의 B, C, D 에 해당하는 상품을 바르게 나열한 것은?

〈표〉 2009~2011년 ○○편의점의 판매량 상위 10개 상품

순위 \ 연도	2009	2010	2011
1	바나나우유	바나나우유	바나나우유
2	(A)	(A)	딸기맛사탕
3	딸기맛사탕	딸기맛사탕	(A)
4	(B)	(B)	(D)
5	맥주	맥주	(B)
6	에너지음료	(D)	(E)
7	(C)	(E)	(C)
8	(D)	에너지음료	맥주
9	카라멜	(C)	에너지음료
10	(E)	초콜릿	딸기우유

※ 순위의 숫자가 클수록 순위가 낮음을 의미함.

조건

- 캔커피와 주먹밥은 각각 2009년과 2010년 사이에 순위 변동이 없다가 모두 2011년에 순위가 하락하였다.
- 오렌지주스와 참치맛밥은 매년 순위가 상승하였다.
- 2010년에는 주먹밥이 오렌지주스보다 판매량이 더 많았지만 2011년에는 오렌지주스가 주먹밥보다 판매량이 더 많았다.
- 생수는 캔커피보다 매년 순위가 낮았다.

	B	C	D
①	주먹밥	생수	오렌지주스
②	주먹밥	오렌지주스	생수
③	캔커피	생수	참치맛밥
④	생수	주먹밥	참치맛밥
⑤	캔커피	오렌지주스	생수

159 다음 〈그림〉은 2010년과 2011년의 갑 회사 5개 품목(A~E)별 매출액, 시장점유율 및 이익률을 나타내는 그래프이다. 이에 대한 〈보기〉의 설명 중 옳은 것을 모두 고르면?

〈그림 1〉 2010년 A~E의 매출액, 시장점유율, 이익률

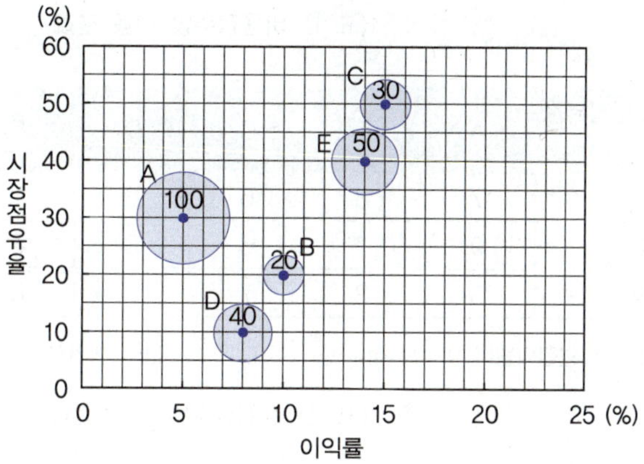

〈그림 2〉 2011년 A~E의 매출액, 시장점유율, 이익률

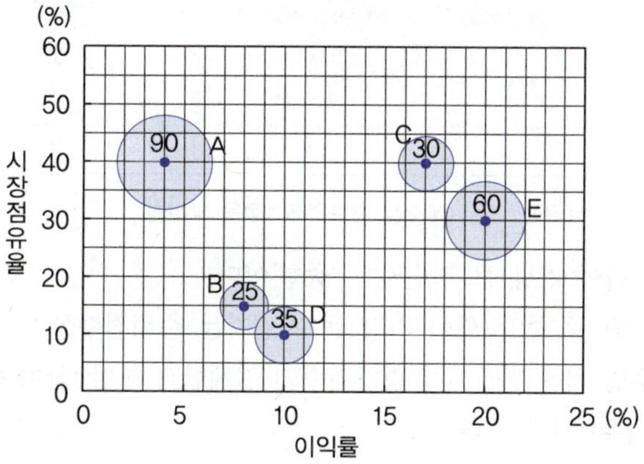

※ 1) 원의 중심좌표는 각각 이익률과 시장점유율을 나타내고, 원 내부값은 매출액(억원)을 의미하며, 원의 면적은 매출액에 비례함.

2) $\text{이익률(\%)} = \frac{\text{이익}}{\text{매출액}} \times 100$

3) $\text{시장점유율(\%)} = \frac{\text{매출액}}{\text{시장규모}} \times 100$

보기

ㄱ. 2010년보다 2011년 매출액, 이익률, 시장점유율 3개 항목이 모두 큰 품목은 없다.
ㄴ. 2010년보다 2011년 이익이 큰 품목은 3개이다.
ㄷ. 2011년 A품목의 시장규모는 2010년보다 크다.
ㄹ. 2011년 시장규모가 가장 큰 품목은 전년보다 이익이 작다.

① ㄱ, ㄴ ② ㄱ, ㄷ ③ ㄴ, ㄹ
④ ㄷ, ㄹ ⑤ ㄱ, ㄴ, ㄷ

기출 13' 5급㉻-인 | 난이도 ●●○

160 어느 기업에서 3명의 지원자(종현, 유호, 은진)에게 5명의 면접위원(A, B, C, D, E)이 평가점수와 순위를 부여하였다. 비율점수법과 순위점수법을 적용한 결과가 〈표〉와 같을 때, 이에 대한 설명으로 옳은 것은?

〈표 1〉 비율점수법 적용 결과

(단위: 점)

면접위원 / 지원자	A	B	C	D	E	전체합	중앙3합
종현	7	8	6	6	1	28	19
유호	9	7	6	3	8	( )	( )
은진	5	8	7	2	6	( )	( )

※ 중앙3합은 5명의 면접위원이 부여한 점수 중 최곳값과 최젓값을 제외한 3명의 점수를 합한 값임.

〈표 2〉 순위점수법 적용 결과

(단위: 순위, 점)

면접위원 / 지원자	A	B	C	D	E	순위점수합
종현	2	1	2	1	3	11
유호	1	3	3	2	1	( )
은진	3	2	1	3	2	( )

※ 순위점수는 1순위에 3점, 2순위에 2점, 3순위에 1점을 부여함.

① 순위점수합이 가장 큰 지원자는 '종현'이다.
② 비율점수법 중 중앙3합이 가장 큰 지원자는 순위점수합도 가장 크다.
③ 비율점수법 적용 결과에서 평가점수의 전체합과 중앙3합이 큰 값부터 등수를 정하면 지원자의 등수는 각각 같다.
④ 비율점수법 적용 결과에서 평가점수의 전체합이 가장 큰 지원자는 '은진'이다.
⑤ 비율점수법 적용 결과에서 중앙3합이 높은 값부터 등수를 정하면 2등은 '유호'이다.

기출 13' 5급[민]-인 난이도 ●○○

161 다음 〈표〉와 〈그림〉은 2001~2008년 동안 A 국의 비행단계별, 연도별 항공기사고 발생 건수에 대한 자료이다. 이에 대한 〈보기〉의 설명 중 옳은 것만을 모두 고르면?

〈표〉 비행단계별 항공기사고 발생 건수(2001~2008년)

(단위: 건, %)

단계	발생 건수	비율
지상이동	4	6.9
이륙	2	3.4
상승	7	12.1
순항	22	37.9
접근	6	10.3
착륙	17	29.4
계	58	100.0

〈그림〉 연도별 항공기사고 발생 건수

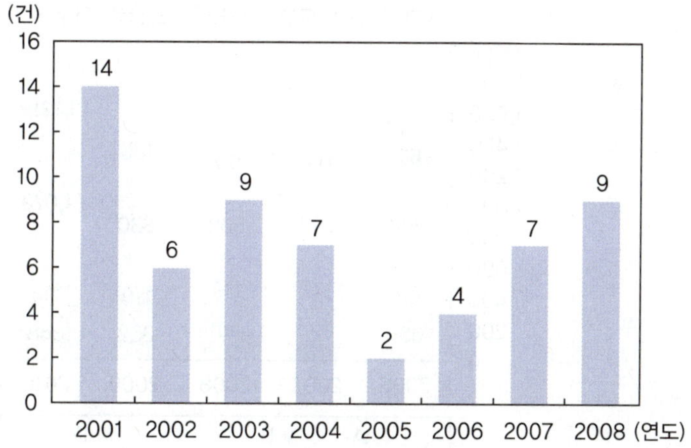

보기

ㄱ. 2005년 이후 항공기사고 발생 건수는 매년 증가하였다.

ㄴ. 비행단계별 항공기사고 발생 건수가 많은 것부터 순서대로 나열하면 순항, 착륙, 접근, 상승 순이다.

ㄷ. 순항단계와 착륙단계의 항공기사고 발생 건수의 합은 총 항공기사고 발생 건수의 60% 이상이다.

ㄹ. 2006~2008년 동안 항공기사고 발생 건수의 전년대비 증가율은 매년 100% 이상이다.

① ㄱ, ㄴ　② ㄱ, ㄷ　③ ㄴ, ㄹ
④ ㄱ, ㄷ, ㄹ　⑤ ㄴ, ㄷ, ㄹ

문항편 6일차 • 수리능력 + 자료해석

기출 13' 5급[민]-인 | 난이도 ●○○

162 다음 〈그림〉은 2006~2010년 A~D국의 특허 및 상표출원 건수에 대한 자료이다. 이에 대한 〈보기〉의 설명을 이용하여 A~D에 해당하는 국가를 바르게 나열한 것은?

〈그림 1〉 연도별·국가별 특허출원 건수

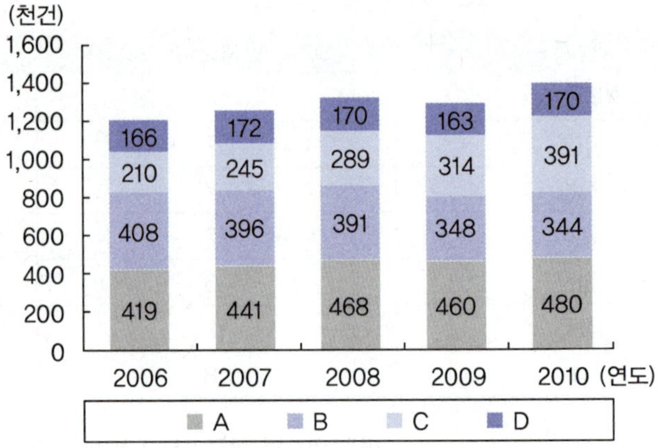

〈그림 2〉 연도별·국가별 상표출원 건수

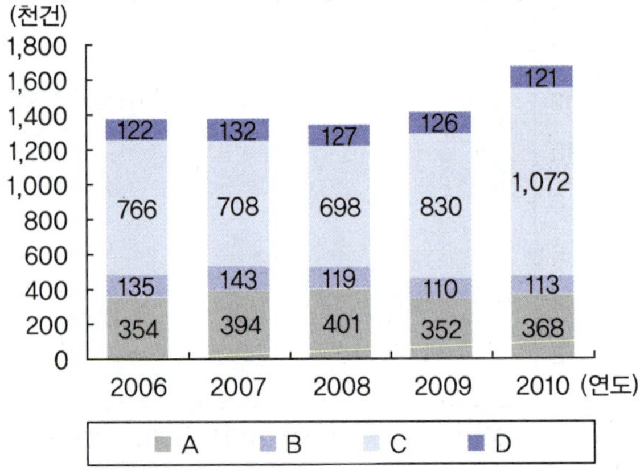

보기

- 2006년 대비 2010년 특허출원 건수 증가율이 가장 높은 국가는 중국이다.
- 2007년 대비 2010년 특허출원 건수가 가장 큰 폭으로 감소한 국가는 일본이다.
- 2007년 이후 한국의 상표출원 건수는 매년 감소하였다.
- 2010년 상표출원 건수는 미국이 일본보다 10만건 이상 많다.

	A	B	C	D
①	한국	일본	중국	미국
②	미국	일본	중국	한국
③	중국	한국	미국	일본
④	중국	미국	한국	일본
⑤	미국	중국	일본	한국

기출 13' 5급㉤-인 | 난이도 ●○○

163 다음 〈표〉와 〈그림〉은 2010년 대전광역시 행정구역별 교통 관련 현황 및 행정구역도이다. 이를 이용하여 작성한 그래프로 옳지 않은 것은?

〈표〉 2010년 대전광역시 행정구역별 교통 관련 현황

구분 \ 행정구역	전체	동구	중구	서구	유성구	대덕구
인구(천명)	1,506	249	265	500	285	207
가구수(천가구)	557	99	101	180	102	75
주차장 확보율(%)	81.5	78.6	68.0	87.2	90.5	75.3
승용차 보유대수(천대)	569	84	97	187	116	85
가구당 승용차 보유대수(대)	1.02	0.85	0.96	1.04	1.14	1.13
승용차 통행 발생량(만통행)	179	28	32	61	33	25
화물차 수송 도착량에 대한 화물차 수송 발생량 비율(%)	51.5	46.8	36.0	30.1	45.7	91.8

※ 승용차 1대당 통행발생량(통행) $= \frac{\text{승용차 통행발생량}}{\text{승용차 보유대수}}$

〈그림〉 대전광역시 행정구역도

① 행정구역별 인구

(단위: 천명)

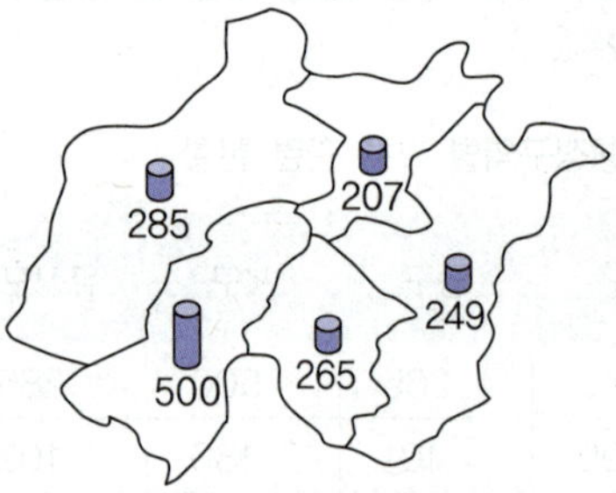

② 행정구역별 주차장 확보율

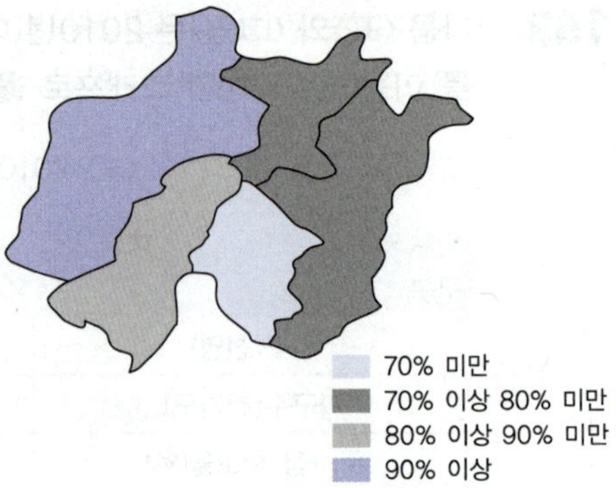

③ 행정구역별 가구당 승용차 보유대수

(단위: 대)

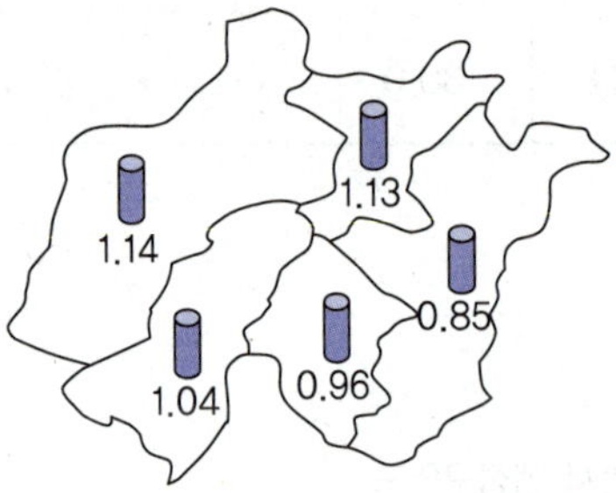

④ 행정구역별 화물차 수송도착량에 대한 화물차 수송발생량 비율

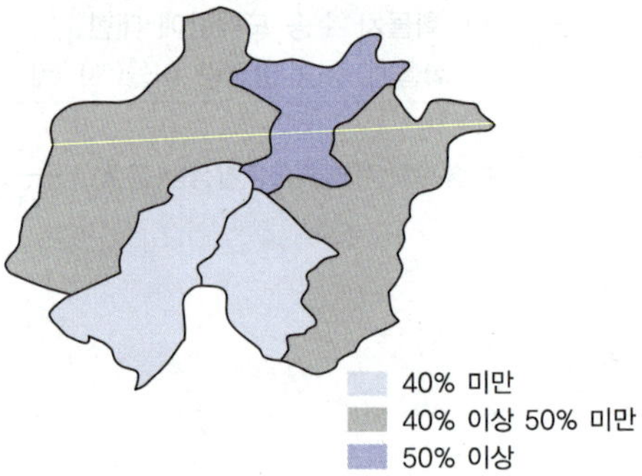

⑤ 행정구역별 승용차 1대당 통행발생량

(단위: 통행)

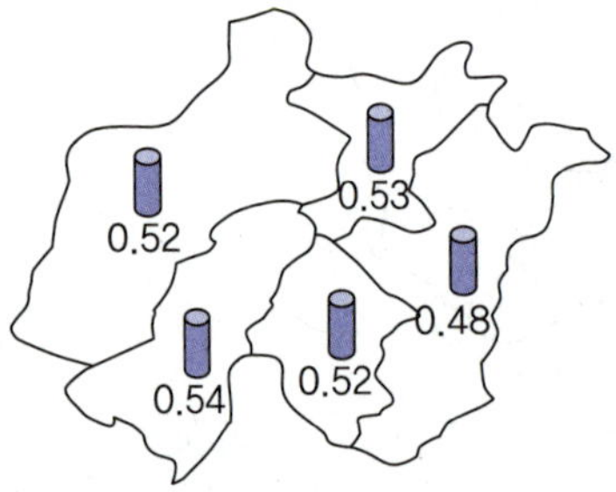

기출 13' 5급[민]-인 난이도 ●●●

164 다음 〈표〉는 어느 나라의 세목별 징수세액에 대한 자료이다. 이에 대한 〈보기〉의 설명을 이용하여 A~D에 해당하는 세목을 바르게 나열한 것은?

〈표〉 세목별 징수세액

(단위: 억원)

세목＼연도	1989	1999	2009
소득세	35,569	158,546	344,233
법인세	31,079	93,654	352,514
A	395	4,807	12,207
증여세	1,035	4,205	12,096
B	897	10,173	10,163
C	52,602	203,690	469,915
개별소비세	12,570	27,133	26,420
주세	8,930	20,780	20,641
전화세	2,374	11,914	11,910
D	4,155	13,537	35,339

보기

- 1989년 징수세액이 5,000억원보다 적은 세목은 상속세, 자산재평가세, 전화세, 증권거래세, 증여세이다.
- 1989년에 비해 1999년에 징수세액이 10배 이상 증가한 세목은 상속세와 자산재평가세이다.
- 1999년에 비해 2009년에 징수세액이 증가한 세목은 법인세, 부가가치세, 상속세, 소득세, 증권거래세, 증여세이다.

	A	B	C	D
①	상속세	자산재평가세	부가가치세	증권거래세
②	상속세	증권거래세	자산재평가세	부가가치세
③	자산재평가세	상속세	부가가치세	증권거래세
④	자산재평가세	부가가치세	상속세	증권거래세
⑤	증권거래세	상속세	부가가치세	자산재평가세

기출 13' 5급㉥-인 난이도 ●●○

165 다음 〈표〉는 어느 노래의 3월 24~27일 음원차트별 순위에 대한 자료 중 일부가 지워진 것이다. 이에 대한 설명으로 옳은 것은?

〈표〉 음원차트별 순위

날짜	음원차트					평균 순위
	A	B	C	D	E	
3월 24일	□(↑)	6(↑)	□(↑)	4(↑)	2(↑)	4.2
3월 25일	6(↑)	2(↑)	2(−)	2(↑)	1(↑)	2.6
3월 26일	7(↓)	6(↓)	5(↓)	6(↓)	5(↓)	5.8
3월 27일	□(−)	□(↑)	□(□)	7(↓)	□(−)	6.0

※ 1) □는 지워진 자료를 의미하며, ( )안의 ↑는 전일대비 순위 상승, ↓는 전일대비 순위 하락, −는 전일과 순위가 동일함을 의미함.

2) 순위의 숫자가 작을수록 순위가 높음을 의미함.

3) 평균 순위 $= \frac{\text{5개 음원차트별 순위의 합}}{5}$

① 평균 순위가 가장 높았던 날은 5개 음원차트별 순위가 전일대비 모두 상승하였다.

② 3월 24일 A 음원차트에서의 순위는 8위였다.

③ 5개 음원차트별 순위가 전일대비 모두 하락한 날은 평균 순위가 가장 낮았다.

④ 3월 27일 C 음원차트에서는 순위가 전일대비 하락하였다.

⑤ 평균 순위는 매일 하락하였다.

기출 13' 5급(민)-인 난이도 ●○○

166 다음 〈표〉는 2000~2007년 7개 도시 실질 성장률에 대한 자료이다. 이에 대한 설명으로 옳은 것은?

〈표〉 7개 도시 실질 성장률

(단위: %)

연도 도시	2000	2001	2002	2003	2004	2005	2006	2007
서울	9.0	3.4	8.0	1.3	1.0	2.2	4.3	4.4
부산	5.3	7.9	6.7	4.8	0.6	3.0	3.4	4.6
대구	7.4	1.0	4.4	2.6	3.2	0.6	3.9	4.5
인천	6.8	4.9	10.7	2.4	3.8	3.7	6.8	7.4
광주	10.1	3.4	9.5	1.6	1.5	6.5	6.5	3.7
대전	9.1	4.6	8.1	7.4	1.6	2.6	3.4	3.2
울산	8.5	0.5	15.8	2.6	4.3	4.6	1.9	4.6

① 2005년 서울, 부산, 광주의 실질 성장률은 각각 2004년의 2배 이상이다.
② 2004년과 2005년 실질 성장률이 가장 높은 도시는 동일하다.
③ 2001년 각 도시의 실질 성장률은 2000년에 비해 감소하였다.
④ 2002년 대비 2003년 실질 성장률이 5%p 이상 감소한 도시는 모두 3개이다.
⑤ 2000년 실질 성장률이 가장 높은 도시가 2007년에는 실질 성장률이 가장 낮았다.

기출 13' 5급(행)-인 | 난이도 ●●○

167 다음 〈표〉는 2006년과 2011년에 조사된 A국 전체 10개 원자로의 안전도 평가 결과를 나타낸 자료이다. 이에 대한 〈보기〉의 설명 중 옳은 것을 모두 고르면?

〈표 1〉 2006년 원자로 안전도 평가 결과

부문 / 분야 / 원자로	안전운영		안전설비 신뢰도			안전방벽			
	원자로 정지	출력 변동	안전 주입	비상 발전기	보조 급수	핵연료 건전성	냉각제	격납 건전성	비상 대책
1호기	●	●	●	●	▣	●	◕	◑	●
2호기	◕	●	●	◑	●	●	◕	●	◑
3호기	●	◕	◕	●	●	●	●	●	●
4호기	◑	●	●	◑	●	▣	●	●	●
5호기	●	◕	◑	●	●	●	▣	▣	◕
6호기	●	●	●	◑	◕	●	●	●	●
7호기	●	●	●	◕	●	▣	◑	●	▣
8호기	●	◕	●	●	▣	●	◑	●	◕
9호기	▣	●	◑	▣	●	◑	●	●	●
10호기	●	▣	●	●	◕	▣	●	●	●

〈표 2〉 2011년 원자로 안전도 평가 결과

부문 / 분야 / 원자로	안전운영		안전설비 신뢰도			안전방벽			
	원자로 정지	출력 변동	안전 주입	비상 발전기	보조 급수	핵연료 건전성	냉각제	격납 건전성	비상 대책
1호기	◕	●	◑	●	▣	●	◕	◑	◑
2호기	●	▣	●	◑	●	●	◕	●	◑
3호기	●	◕	◕	◕	●	◑	●	◑	●
4호기	◕	◑	◕	◑	●	▣	●	●	●
5호기	●	◕	◑	●	●	●	▣	◕	◕
6호기	◕	◕	●	◑	◕	●	◑	●	▣
7호기	◕	●	●	◕	●	▣	◑	◕	▣
8호기	●	◕	▣	●	●	●	◑	●	◕
9호기	▣	●	◑	◕	◕	◑	●	●	●
10호기	●	●	●	●	◕	▣	●	●	●

※ 1) ●(우수, 3점), ◕(양호, 2점), ◑(보통, 1점), ▣(주의, 0점)의 순으로 점수를 부여하여 안전도를 평가함.
2) 분야별 안전도 점수는 해당분야의 각 원자로 안전도 점수의 합임.

보기

ㄱ. 2006년과 2011년 모두 원자로 안전도 평가의 모든 분야에서 '보통' 이상의 평가점수를 받은 원자로는 3호기뿐이다.

ㄴ. 2006년과 2011년 각각 7호기는 원자로 안전도 평가 분야 중 2개 분야에서 '주의' 평가를 받았는데, 이는 2006년과 2011년 각각 전체 '주의' 평가 건수의 15% 이상이다.

ㄷ. 2006년과 2011년 각각 '안전설비 신뢰도' 부문 에서는 '비상발전기' 분야의 안전도 점수가 가장 높았다.

ㄹ. 2006년 대비 2011년 '양호' 평가 건수의 증가율은 '보통' 평가 건수의 증가율보다 낮다.

① ㄱ, ㄴ ② ㄴ, ㄹ ③ ㄷ, ㄹ
④ ㄱ, ㄴ, ㄷ ⑤ ㄱ, ㄷ, ㄹ

기출 13' 5급㉻-인 난이도 ●●○

168 다음 〈표〉는 A국 최종에너지 소비량에 대한 자료이다. 이에 대한 〈보기〉의 설명 중 옳은 것을 모두 고르면?

〈표 1〉 2008~2010년 유형별 최종에너지 소비량 비중

(단위: %)

연도 \ 유형	석탄		석유제품	도시가스	전력	기타
	무연탄	유연탄				
2008	2.7	11.6	53.3	10.8	18.2	3.4
2009	2.8	10.3	54.0	10.7	18.6	3.6
2010	2.9	11.5	51.9	10.9	19.1	3.7

〈표 2〉 2010년 부문별 유형별 최종에너지 소비량

(단위: 천TOE)

부문 \ 유형	석탄		석유제품	도시가스	전력	기타	합
	무연탄	유연탄					
산업	4,750	15,317	57,451	9,129	23,093	5,415	115,155
가정·상업	901	4,636	6,450	11,105	12,489	1,675	37,256
수송	0	0	35,438	188	1,312	0	36,938
기타	0	2,321	1,299	669	152	42	4,483
계	5,651	22,274	100,638	21,091	37,046	7,132	193,832

※ TOE는 석유 환산 톤수를 의미함.

보기

ㄱ. 2008~2010년 동안 전력 소비량은 매년 증가한다.

ㄴ. 2010년에는 산업부문의 최종에너지 소비량이 전체 최종에너지 소비량의 50% 이상을 차지한다.

ㄷ. 2008~2010년 동안 석유제품 소비량 대비 전력 소비량의 비율이 매년 증가한다.

ㄹ. 2010년에는 산업부문과 가정·상업부문에서 유연탄 소비량 대비 무연탄 소비량의 비율이 각각 25% 이하이다.

① ㄱ, ㄴ ② ㄱ, ㄹ ③ ㄴ, ㄷ

④ ㄴ, ㄹ ⑤ ㄷ, ㄹ

문항편 6일차 · 수리능력 + 자료해석

기출 13' 5급㉻-인 난이도 ●●●

169 **다음 〈그림〉은 서로 다른 4개 물질 A~D에 대하여 4개의 실험기관이 각각 농도를 측정한 결과이다. 이에 대한 설명으로 옳지 않은 것은?**

〈그림〉 4개 물질의 농도 실험 결과

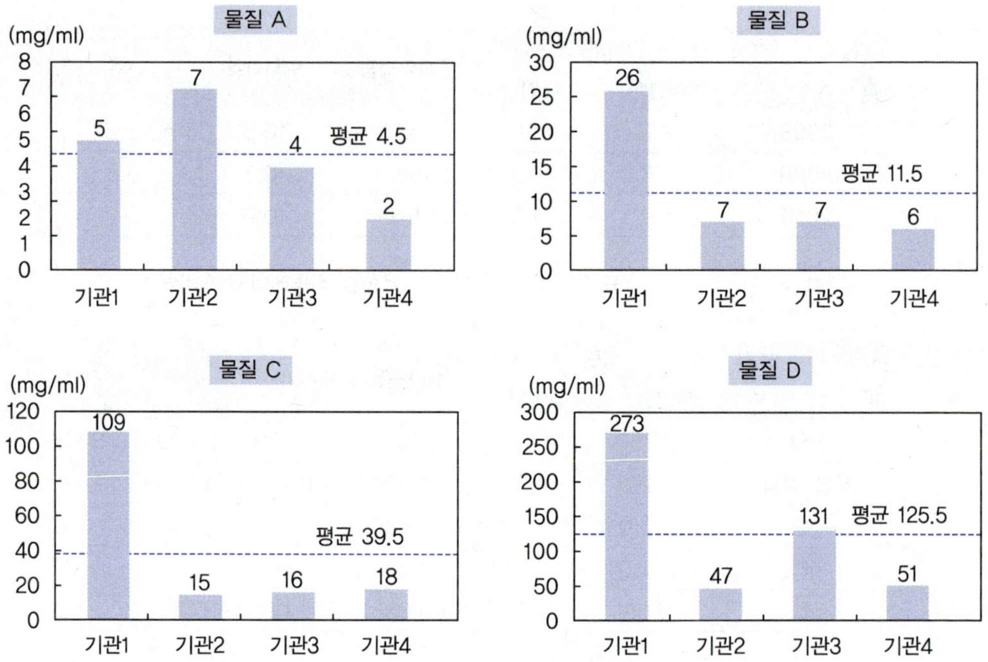

※ 1) 유효농도 : 각 실험기관에서 측정한 농도의 평균

2) 실험오차 = |실험결과 − 유효농도|

3) 실험오차율(%) = $\frac{\text{실험오차}}{\text{유효농도}} \times 100$

① 물질A에 대한 기관2와 기관4의 실험오차율은 동일하다.

② 물질C에 대한 실험오차율은 기관1이 가장 크다.

③ 물질A에 대한 기관2의 실험오차율은 물질B에 대한 기관1의 실험오차율보다 작다.

④ 물질B에 대한 기관1의 실험오차율은 물질B에 대한 기관2, 3, 4의 실험오차율 합보다 크다.

⑤ 기관1의 실험 결과를 제외하면, 4개 물질의 유효농도 값은 제외하기 이전보다 모두 작아진다.

기출 13' 5급㉻-인 | 난이도 ●●○

170 다음 〈표〉는 2012년 ○○방송 A개그프로그램의 코너별 시청률과 시청률 순위에 관한 자료이다. 이에 대한 설명으로 옳은 것은?

〈표 1〉 코너별 시청률 및 시청률 순위(7월 마지막 주)

코너명	시청률(%)		시청률 순위	
	금주	전주	금주	전주
체포왕자	27.6	–	1	–
세가지	27.5	22.2	2	13
멘붕학교	27.2	23.2	3	10
생활의 문제	26.9	30.7	4	1
비겁한 녀석들	26.5	26.3	5	4
아이들	26.4	30.4	6	2
편한 진실	25.8	25.5	7	6
비극배우들	25.7	24.5	8	7
엄마와 딸	25.6	23.9	9	8
김여사	24.7	23.6	10	9
예술성	19.2	27.8	11	3
어색한 친구	17.7	–	12	–
좋지 아니한가	16.7	22.7	13	11
합기도	14.6	18.8	14	14

〈표 2〉 코너별 시청률 및 시청률 순위(10월 첫째 주)

코너명	시청률(%)		시청률 순위	
	금주	전주	금주	전주
험담자	27.4	–	1	–
생활의 문제	27.0	19.6	2	7
김여사	24.9	21.9	3	3
엄마와 딸	24.5	20.4	4	5
돼지의 품격	23.4	23.2	5	1
비극배우들	22.7	22.5	6	2
편한 진실	21.6	21.1	7	4
체포왕자	21.4	16.5	8	12
멘붕학교	21.4	19.6	8	7
비겁한 녀석들	21.1	19.1	10	9
어색한 친구	20.7	19.0	11	10
세가지	19.8	19.9	12	6
아이들	18.2	17.8	13	11
합기도	15.1	12.6	14	14

※ 1) A개그프로그램은 매주 14개의 코너로 구성됨.
2) '–'가 있는 코너는 금주에 신설된 코너를 의미함.

① 7월 마지막 주~10월 첫째 주 동안 신설된 코너는 3개이다.
② 신설 코너를 제외하고, 10월 첫째 주에는 전주보다 시청률이 낮은 코너가 없다.
③ 7월 마지막 주와 10월 첫째 주 시청률이 모두 20% 미만인 코너는 '합기도'뿐이다.
④ 신설된 코너와 폐지된 코너를 제외하고, 7월 마지막 주와 10월 첫째 주의 전주 대비 시청률 상승폭이 가장 큰 코너는 동일하다.
⑤ 시청률 순위 상위 5개 코너의 시청률 산술평균은 10월 첫째 주가 7월 마지막 주보다 높다.

기출 13' 5급㉺-인 난이도 ●○○

171 다음 〈표〉는 '갑'사 공채 지원자에 대한 평가 자료이다. 이 〈표〉와 〈평가점수와 평가등급의 결정방식〉에 근거한 설명으로 옳지 않은 것은?

〈표〉 '갑'사 공채 지원자 평가 자료

(단위: 점)

구분 / 지원자	창의성 점수	성실성 점수	체력 점수	최종 학위	평가 점수
가	80	90	95	박사	( )
나	90	60	80	학사	310
다	70	60	75	석사	300
라	85	( )	50	학사	255
마	95	80	60	학사	295
바	55	95	65	학사	280
사	60	95	90	석사	355
아	80	( )	85	박사	375
자	75	90	95	석사	( )
차	60	70	( )	학사	290

평가점수와 평가등급의 결정방식

- 최종학위점수는 학사 0점, 석사 1점, 박사 2점임.
- 지원자 평가점수
  = 창의성점수 + 성실성점수 + 체력점수 × 2 + 최종학위점수 × 20
- 평가등급 및 평가점수

평가등급	평가점수
S	350점 이상
A	300점 이상 350점 미만
B	300점 미만

① '가'의 평가점수는 400점으로 지원자 중 가장 높다.
② '라'의 성실성점수는 '다'보다 높지만 '마'보다는 낮다.
③ '아'의 성실성점수는 '라'와 같다.
④ S등급인 지원자는 4명이다.
⑤ '차'는 체력점수를 원래 점수보다 5점 더 받으면 A등급이 된다.

기출 13' 5급㉥-인 | 난이도 ●●●

172 다음 〈표〉와 〈그림〉은 1991년과 2010년의 품목별 항만 수출 실적 및 A항만 처리 분담률에 대한 자료이다. 이에 대한 〈보기〉의 설명 중 옳은 것만을 모두 고르면?

〈표〉 품목별 항만 수출 실적

(단위: 백만달러)

품목	1991년		2010년	
	총 항만 수출액	A항만 수출액	총 항만 수출액	A항만 수출액
전기·전자	16,750	10,318	110,789	19,475
기계류	6,065	4,118	52,031	23,206
자동차	2,686	537	53,445	14,873
광학·정밀기기	766	335	37,829	11,415
플라스틱제품	1,863	1,747	23,953	11,878
철강	3,287	766	21,751	6,276
계	31,417	17,821	299,798	87,123

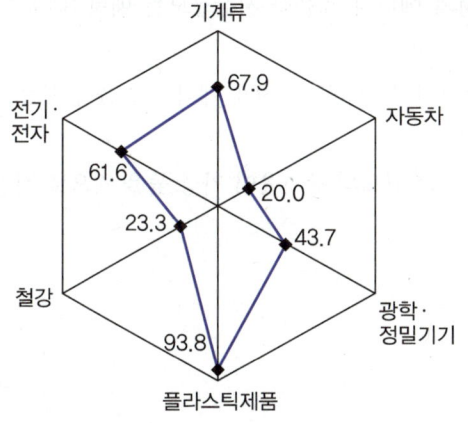

〈그림 1〉 1991년 품목별 A항만 처리 분담률

(단위: %)

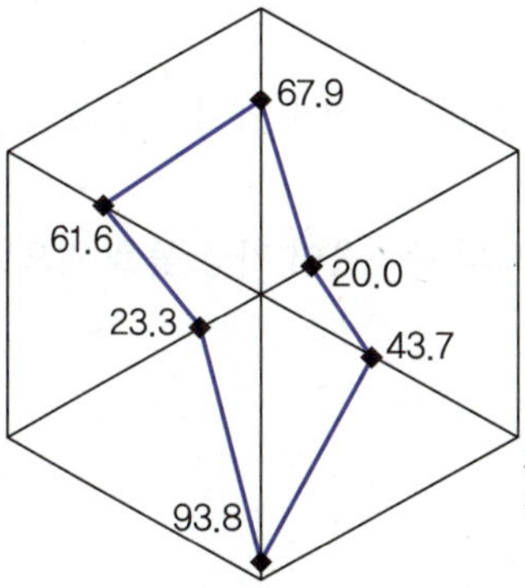

〈그림 2〉 2010년 품목별 A항만 처리 분담률

(단위: %)

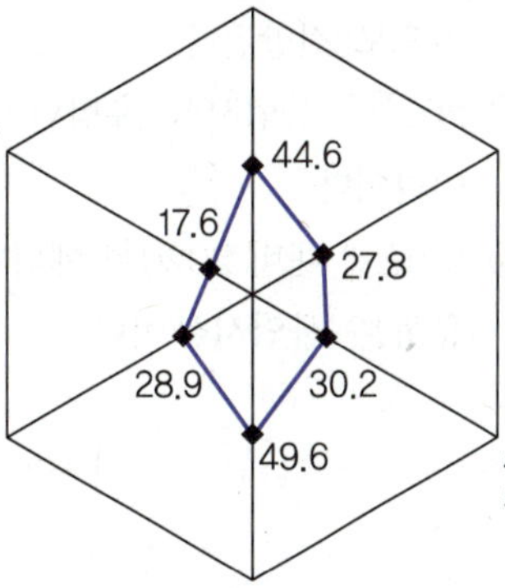

※ 해당 항만 처리 분담률(%) = $\frac{\text{해당 항만 수출액}}{\text{총 항만 수출액}} \times 100$

보기

ㄱ. 품목별 총 항만 수출액과 A항만 수출액은 1991년 대비 2010년에 각각 증가하였다.
ㄴ. A항만 처리 분담률이 1991년 대비 2010년에 감소한 품목은 모두 4개이다.
ㄷ. 1991년 대비 2010년의 A항만 수출액 증가율이 가장 큰 품목은 자동차이다.
ㄹ. 플라스틱제품의 A항만 처리 분담률은 1991년 대비 2010년에 70% 이상 감소하였다.

① ㄱ, ㄴ ② ㄱ, ㄹ ③ ㄷ, ㄹ
④ ㄱ, ㄴ, ㄷ ⑤ ㄴ, ㄷ, ㄹ

문항편 | 6일차 | • 수리능력 + 자료해석

기출 13' 5급[민]-인 | 난이도 ●●○

173 **다음 〈표〉는 시설유형별 에너지 효율화 시장규모의 현황 및 전망에 대한 자료이다. 이에 대한 설명으로 옳은 것은?**

〈표〉 시설유형별 에너지 효율화 시장규모의 현황 및 전망

(단위: 억달러)

연도 / 시설유형	2010	2011	2012	2015(예상)	2020(예상)
사무시설	11.3	12.8	14.6	21.7	41.0
산업시설	20.8	23.9	27.4	41.7	82.4
주거시설	5.7	6.4	7.2	10.1	18.0
공공시설	2.5	2.9	3.4	5.0	10.0
전체	40.3	46.0	52.6	78.5	151.4

① 2010~2012년 동안 '주거시설' 유형의 에너지 효율화 시장규모는 매년 15% 이상 증가하였다.

② 2015년 전체 에너지 효율화 시장규모에서 '사무시설' 유형이 차지하는 비중은 30% 이하일 것으로 전망된다.

③ 2015~2020년 동안 '공공시설' 유형의 에너지 효율화 시장규모는 매년 30% 이상 증가할 것으로 전망된다.

④ 2011년 '산업시설' 유형의 에너지 효율화 시장규모는 전체 에너지 효율화 시장규모의 50% 이하이다.

⑤ 2010년 대비 2020년 에너지 효율화 시장규모의 증가율이 가장 높을 것으로 전망되는 시설유형은 '산업시설'이다.

기출 13' 5급㉿-인 난이도 ●●●

174 다음 〈그림〉은 어느 도시의 미혼남과 미혼녀의 인원수 추이 및 미혼남녀의 직업별 분포를 나타낸 자료이다. 이에 대한 설명으로 옳지 않은 것은?

〈그림 1〉 2001~2007년 미혼남과 미혼녀의 인원수 추이

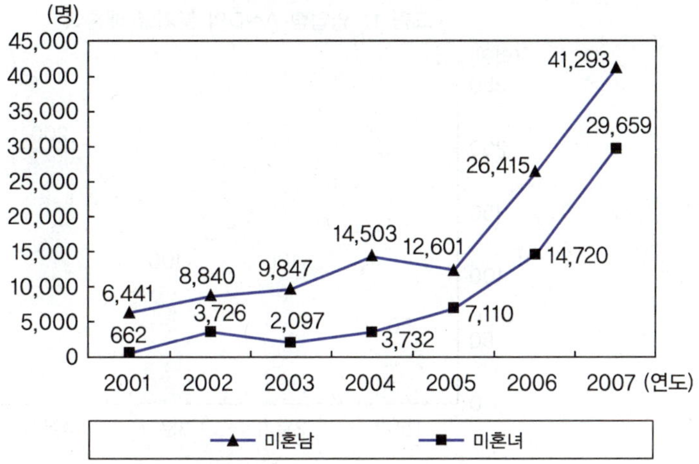

〈그림 2〉 2007년 미혼남녀의 직업별 분포

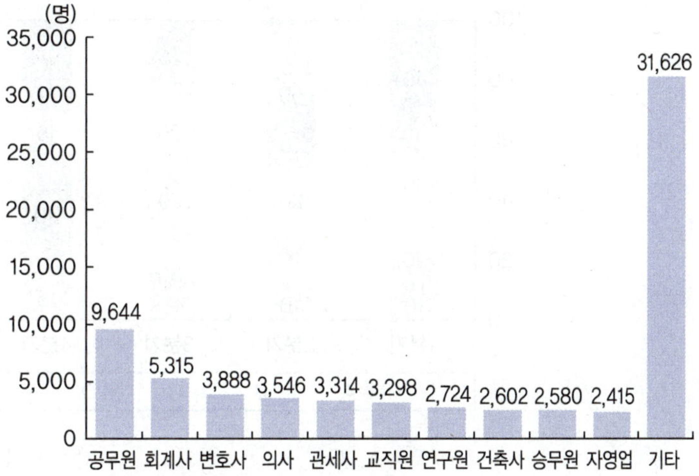

① 2004년 이후 미혼녀 인원수는 매년 증가하였다.

② 2007년 미혼녀 인원수는 2006년의 2배 이상이다.

③ 2007년 미혼녀와 미혼남의 인원수 차이는 2006년의 2배 이상이다.

④ 2007년 미혼남녀의 직업별 분포에서 공무원 수는 변호사 수의 2배 이상이다.

⑤ 2007년 미혼남녀의 직업별 분포에서 회계사 수는 승무원 수의 2배 이상이다.

기출 13' 5급Ⓜ-인 난이도 ●○○

175 다음 〈그림〉은 2011년 영업팀 A~D의 분기별 매출액과 분기별 매출액에서 영업팀 A~D의 매출액이 차지하는 비중에 대한 자료이다. 이를 근거로 A~D 중 2011년 연매출액이 가장 많은 영업팀과 가장 적은 영업팀을 순서에 상관없이 바르게 짝지은 것은?

〈그림 1〉 영업팀 A~D의 분기별 매출액

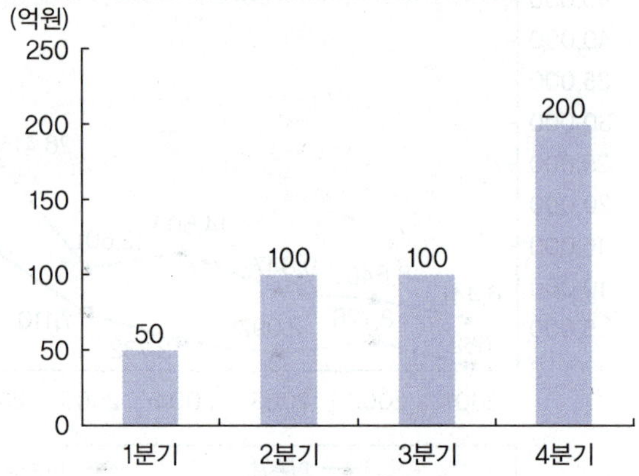

〈그림 2〉 분기별 매출액의 영업팀별 비중

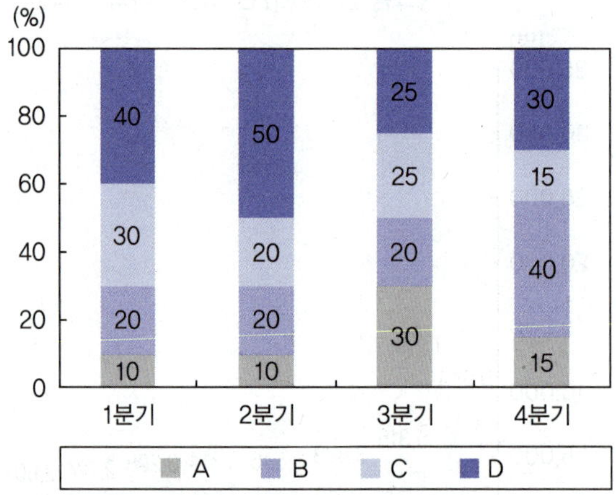

① A, B ② A, C ③ A, D
④ B, C ⑤ C, D

기출 13' 5급[민]-인 | 난이도 ●○○

176 다음 〈그림〉은 2012년 1~4월 동안 월별 학교폭력 신고에 대한 자료이다. 이에 대한 설명으로 옳은 것은?

〈그림 1〉 월별 학교폭력 신고 건수

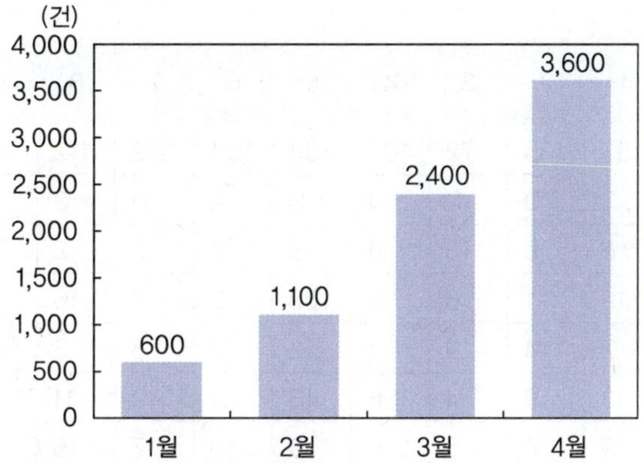

〈그림 2〉 월별 학교폭력 주요 신고자 유형별 비율

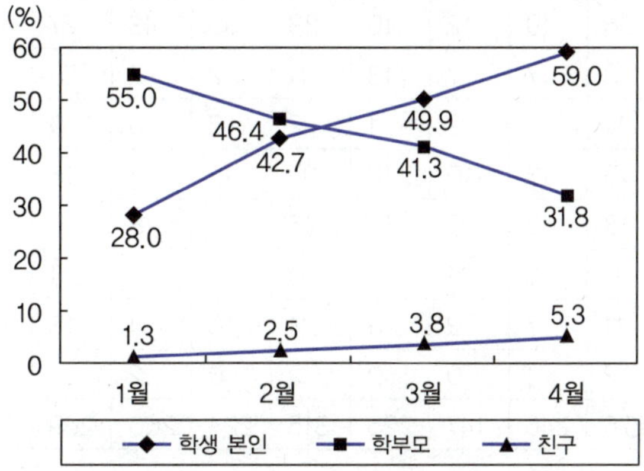

① 1월에 학부모의 학교폭력 신고 건수는 학생 본인의 학교폭력 신고 건수의 2배 이상이다.

② 학부모의 학교폭력 신고 건수는 매월 감소하였다.

③ 2~4월 중에서 전월대비 학교폭력 신고 건수 증가율이 가장 높은 달은 3월이다.

④ 학생 본인의 학교폭력 신고 건수는 1월이 4월의 10% 이상이다.

⑤ 학교폭력 발생 건수는 매월 증가하였다.

기출 13' 5급(행)-인 | 난이도 ●●○

177 다음 〈표〉는 2010년 지역별 등산사고 발생현황에 대한 자료이다. 이에 대한 〈보기〉의 설명 중 옳지 않은 것을 모두 고르면?

〈표 1〉 2010년 월별 등산사고 발생현황

(단위: 건)

지역＼월	1	2	3	4	5	6	7	8	9	10	11	12	합
서울	133	135	72	103	134	104	112	112	124	125	126	74	1,354
부산	3	0	0	4	0	2	0	3	3	0	6	5	26
대구	6	5	3	4	3	4	5	2	5	5	6	5	53
인천	19	11	6	11	22	5	8	16	12	20	11	6	147
광주	2	4	3	4	2	2	3	3	10	9	8	7	57
대전	13	9	4	8	13	9	9	11	6	13	9	4	108
울산	9	6	5	6	10	10	17	16	17	15	23	6	140
경기	7	14	9	20	20	15	14	26	23	30	13	7	198
강원	36	19	12	16	38	38	42	27	51	43	24	12	358
충북	3	7	7	13	11	2	2	5	15	24	13	4	106
충남	1	1	2	1	2	2	0	0	0	3	0	2	14
전북	18	13	10	12	32	12	17	15	9	22	22	6	188
전남	13	12	11	14	15	8	18	16	18	31	24	3	183
경북	0	2	1	0	0	1	0	1	1	1	0	0	7
경남	11	7	2	9	11	10	11	15	32	18	20	20	166
제주	2	1	0	0	2	0	2	1	0	0	0	1	9
전체	276	246	147	225	315	224	260	269	326	359	305	162	3,114

〈표 2〉 2010년 발생원인별 등산사고 발생현황

(단위: 건)

지역 \ 발생원인	조난	개인질환	실족·추락	안전수칙 불이행	기타	합
서울	232	124	497	0	501	1,354
부산	4	4	10	2	6	26
대구	18	7	6	15	7	53
인천	30	6	31	0	80	147
광주	0	7	50	0	0	57
대전	13	22	36	1	36	108
울산	0	18	43	0	79	140
경기	12	13	120	21	32	198
강원	91	36	109	18	104	358
충북	22	14	40	7	23	106
충남	0	4	4	0	6	14
전북	8	5	116	10	49	188
전남	28	11	33	65	46	183
경북	2	2	2	0	1	7
경남	25	19	15	21	86	166
제주	0	0	9	0	0	9
전체	485	292	1,121	160	1,056	3,114

※ 등산사고 1건당 발생원인은 1개로 한정함.

보기

ㄱ. 2010년 3월, 9월, 10월에 발생한 등산사고건수의 합은 전체 등산사고건수의 30% 이상이다.

ㄴ. 2010년 서울에서 발생한 등산사고건수는 2월에 가장 많으며, 12월에 가장 적다.

ㄷ. 2010년 등산사고 발생원인 중 조난이 해당지역 전체 등산사고건수의 25% 이상인 지역의 수는 3개이다.

ㄹ. 기타를 제외하고, 2010년 발생원인별 전체 등산사고건수는 실족·추락이 가장 많고 안전수칙불이행이 가장 적다.

ㅁ. 2010년 매월 등산사고가 발생한 지역의 수는 13개이다.

① ㄱ, ㄴ, ㄷ　　② ㄱ, ㄴ, ㅁ　　③ ㄱ, ㄹ, ㅁ

④ ㄴ, ㄷ, ㄹ　　⑤ ㄷ, ㄹ, ㅁ

기출 13' 5급㉻-인 | 난이도 ●●○

178 다음 〈표〉는 2003~2009년 주요 국가의 연도별 이산화탄소 배출량을 나타낸 자료이다. 이에 대한 〈보기〉의 설명 중 옳은 것을 모두 고르면?

〈표〉 주요 국가의 연도별 이산화탄소 배출량

(단위: 백만 TC)

국가 \ 연도	2003	2004	2005	2006	2007	2008	2009
중국	2,244.1	3,022.1	3,077.2	5,103.1	6,071.8	6,549.0	6,877.2
미국	4,868.7	5,138.7	5,698.1	5,771.7	5,762.7	5,586.8	5,195.0
인도	582.3	776.6	972.5	1,160.4	1,357.2	1,431.3	1,585.8
러시아	2,178.8	1,574.5	1,505.5	1,516.2	1,578.5	1,593.4	1,532.6
일본	1,064.4	1,147.9	1,184.0	1,220.7	1,242.3	1,152.6	1,092.9
독일	950.4	869.4	827.1	811.8	800.1	804.1	750.2
이란	179.6	252.3	316.7	426.8	500.8	522.7	533.2
캐나다	432.3	465.2	532.8	558.8	568.0	551.1	520.7
한국	229.3	358.6	437.7	467.9	490.3	501.7	515.5
영국	549.3	516.6	523.8	533.1	521.5	512.1	465.8
전세계	20,966.3	21,791.6	23,492.9	27,188.3	29,047.9	29,454.0	28,999.4

※ 1) 주요 국가는 2009년 이산화탄소 배출량 상위 10개국을 의미함.
2) TC(탄소톤)는 이산화탄소 배출량 측정단위임.

보기

ㄱ. 전세계 이산화탄소 배출량은 매년 증가하였다.
ㄴ. 2009년 이산화탄소 배출량이 가장 많은 국가는 중국이며, 2009년 중국의 이산화탄소 배출량은 전세계 이산화탄소 배출량의 20% 이상이다.
ㄷ. 러시아의 2003년과 2009년 이산화탄소 배출량 차이는 이란의 2003년과 2009년 이산화탄소 배출량 차이보다 크다.
ㄹ. 2003년 대비 2009년 한국 이산화탄소 배출량의 증가율은 100% 이상이다.

① ㄱ, ㄴ
② ㄴ, ㄷ
③ ㄷ, ㄹ
④ ㄱ, ㄴ, ㄹ
⑤ ㄴ, ㄷ, ㄹ

[179~180] 다음 〈표〉는 2005년과 2010년에 시행된 수도권 전체(서울, 인천, 경기) 주민들에 대한 통행특성 조사의 응답자 특성 및 조사 결과이다.

〈표 1〉 수도권 주민 통행특성 조사의 응답자 특성

연도	구분		지역			수도권 전체
			서울	인천	경기	
2005	응답자(명)		236,898	74,528	250,503	561,929
	운전면허 보유 여부	보유(명)	110,092	30,404	104,285	244,781
		비보유(명)	126,806	44,124	146,218	317,148
	응답자 중 취업자(명)		99,065	29,026	95,945	224,036
	가구당 평균 차량 대수(대)		0.72	0.74	0.83	0.77
2010	응답자(명)		317,148	73,503	318,681	709,332
	운전면허 보유 여부	보유(명)	157,005	33,303	155,245	345,553
		비보유(명)	160,143	40,200	163,436	363,779
	응답자 중 취업자(명)		141,881	28,970	135,893	306,744
	가구당 평균 차량 대수(대)		0.75	0.83	0.85	0.80

〈표 2〉 응답자 통행특성 조사 결과

구분 / 연도 / 지역	일일 평균 통행시간(분)		일일 평균 통행거리(km)		일일 평균 통행횟수(회)	
	2005	2010	2005	2010	2005	2010
서울	83.41	83.48	21.13	20.40	2.64	2.59
인천	75.79	75.65	19.41	19.16	2.62	2.60
경기	76.29	78.52	22.45	24.54	2.57	2.58
수도권 전체	79.23	80.44	21.49	22.13	2.61	2.59

기출 13' 5급㉻-인 난이도 ●●○

179 위 〈표〉의 자료를 정리한 것으로 옳지 않은 것은?

① 응답자의 지역별 구성비(2005년)

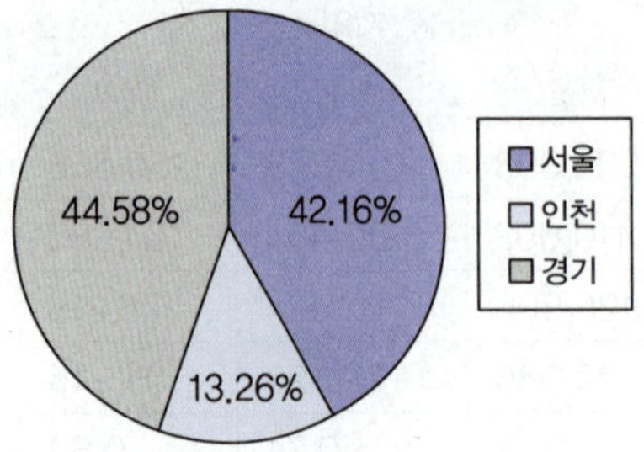

② 지역별 응답자의 운전면허 보유율

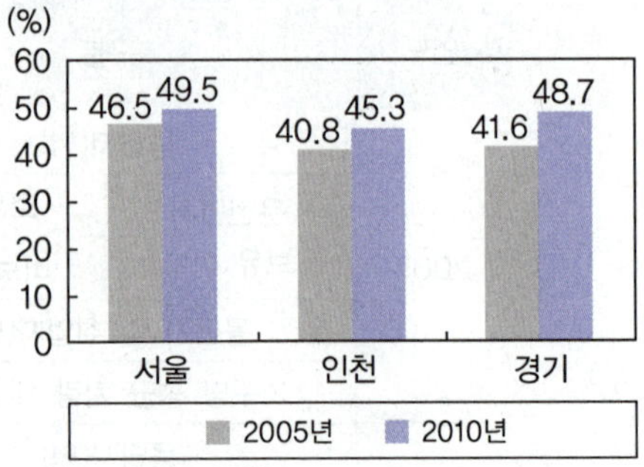

③ 응답자 중 취업자의 지역별 구성비

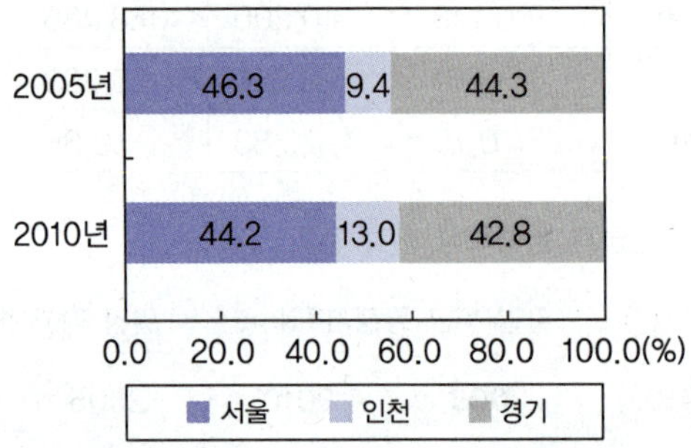

④ 지역별 응답자의 가구당 평균 차량 대수

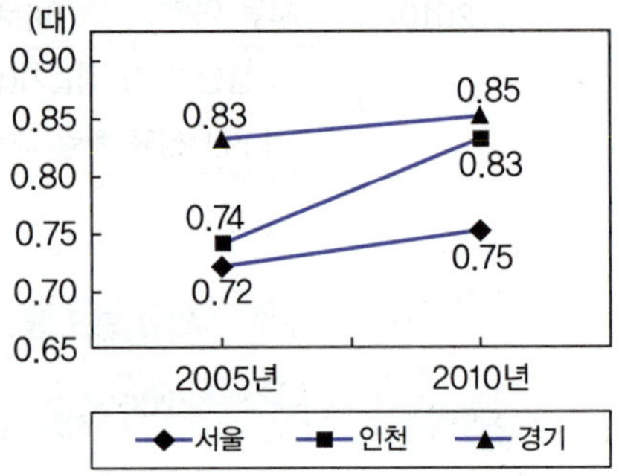

⑤ 지역별 응답자의 일일 평균 통행거리

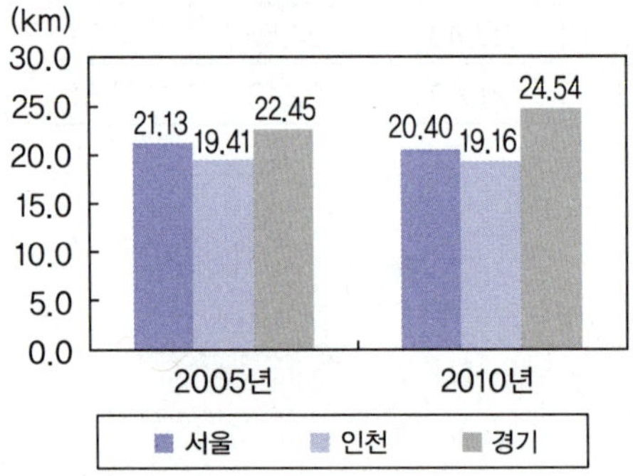

기출 13' 5급㉻-인 난이도 ●●○

180 위 〈표〉에 대한 〈보기〉의 설명 중 옳은 것을 모두 고르면?

보기

ㄱ. 2005년 기준, 응답자 수가 가장 적은 지역은 해당연도 응답자 일일 평균 통행거리가 수도권 전체 중 가장 짧다.
ㄴ. 2010년 기준, 응답자의 운전면허 보유율이 가장 높은 지역은 해당연도 응답자 일일 평균 통행시간이 수도권 전체 중 가장 길다.
ㄷ. 2010년 기준, 가구당 평균 차량 대수가 가장 적은 지역은 해당연도 응답자 일일 평균 통행횟수가 수도권 전체 중 가장 많다.
ㄹ. 2005년 기준, 응답자 중 취업자 비율이 가장 높은 지역은 해당연도 응답자 가구당 평균 차량 대수가 수도권 전체 중 가장 적다.

① ㄱ, ㄴ, ㄷ ② ㄱ, ㄴ, ㄹ ③ ㄱ, ㄷ, ㄹ
④ ㄴ, ㄷ, ㄹ ⑤ ㄱ, ㄴ, ㄷ, ㄹ

Day 6 Self Check List

	오답 수	무응답 수	풀이시간(분)
1회독	/ 30	/ 30	/ 60(분)
2회독	/ 30	/ 30	/ 50(분)
3회독	/ 30	/ 30	/ 35(분)

정답 및 해설 202p

독끝 기본 7일차 (181~200)

난이도별 구성
- ●○○ 5문항
- ●●○ 14문항
- ●●● 1문항

본 문항은 PSAT 자료해석 영역 기출 문항으로 구성되며, 기출 표기에 따른 시험 종류는 아래와 같습니다. (표기 상 맨 끝은 '책형' 입니다.)
민 – 민간경력자 일괄채용시험 / 행 – 공개경쟁채용시험(행정)

7일차 계산연습(중급)

Set ❶ 각 사각형 안 숫자의 합이 큰 순서 기입

(1)	95 380 / 89 766	→	
(2)	53 167 / 675 12	→	
(3)	413 13 / 747 45	→	
(4)	714 12 / 77 754	→	
(5)	321 380 / 30 19	→	

Set ❷ 사각형 안 숫자 중 [최대값 – 최소값] 기입

(1)	179 180 / 193 170	→	
(2)	334 312 / 327 305	→	
(3)	573 526 / 578 574	→	
(4)	313 353 / 324 317	→	
(5)	153 173 / 143 156	→	

Set ❸ A, B 각 분수의 크기비교 후, 부등호 기입

	A		B
(1)	$\frac{268}{946}$		$\frac{264}{602}$
(2)	$\frac{505}{669}$		$\frac{547}{643}$
(3)	$\frac{204}{651}$		$\frac{430}{783}$
(4)	$\frac{103}{898}$		$\frac{389}{602}$
(5)	$\frac{202}{947}$		$\frac{567}{739}$

Set ❹ A대비B의 증감률이 50% 이상(O), 미만(X)

	A	B		
(1)	5173	7943	→	
(2)	5449	9550	→	
(3)	8894	7458	→	
(4)	6545	9364	→	
(5)	8907	3046	→	

	Set ❶	Set ❷	Set ❸	Set ❹
(1)	2위	23	<	O
(2)	4위	29	<	O
(3)	3위	52	<	X
(4)	1위	40	<	X
(5)	5위	30	<	O

※Set ❸, ❹ 참고사항
- 연산결과는 소수 셋째자리에서 반올림 적용

	맞은 개수	풀이 시간
Set ❶	/ 5	(초)
Set ❷	/ 5	(초)
Set ❸	/ 5	(초)
Set ❹	/ 5	(초)
합계	/ 20	(초)

* 다음의 회독수 별 권장풀이시간에 맞춰 문제풀이 후,
Day 7 끝의 [Self Check List]를 기입하여 부족한 부분을 파악하세요!

권장 풀이 시간: 1회독 50 min / 2회독 40 min / 3회독 30 min

기출 13' 5급㉠-인 | 난이도 ●●●

181 다음 〈그림〉은 6가지 운동종목별 남자 및 여자 국가대표선수의 평균 연령과 평균 신장에 대한 자료이다. 이에 대한 〈보기〉의 설명 중 옳지 않은 것만을 모두 고르면?

〈그림 1〉 남자 국가대표선수의 평균 연령과 평균 신장

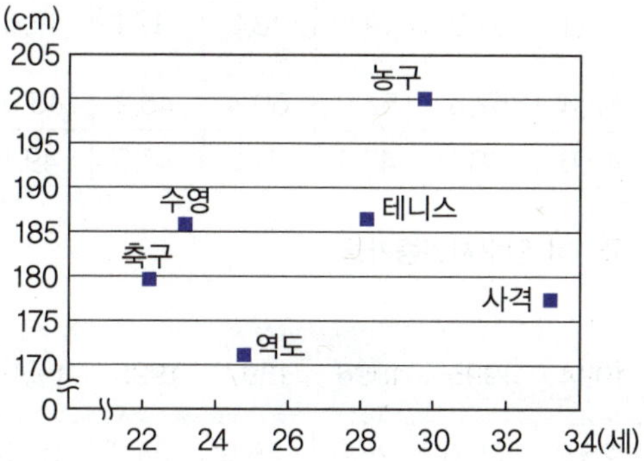

〈그림 2〉 여자 국가대표선수의 평균 연령과 평균 신장

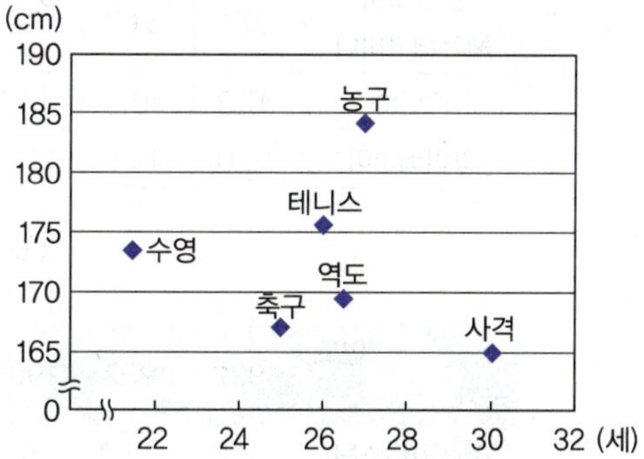

보기

ㄱ. 평균 연령이 높은 순서대로 나열하면, 남자 국가대표선수의 종목 순서와 여자 국가대표선수의 종목 순서는 동일하다.
ㄴ. 평균 신장이 큰 순서대로 나열하면, 남자 국가대표선수의 종목 순서와 여자 국가대표선수의 종목 순서는 동일하다.
ㄷ. 종목별로 볼 때, 남자 국가대표선수의 평균 연령은 해당 종목 여자 국가대표선수의 평균 연령보다 높다.
ㄹ. 종목별로 볼 때, 남자 국가대표선수의 평균 신장은 해당 종목 여자 국가대표선수의 평균 신장보다 크다.

① ㄱ, ㄴ ② ㄴ, ㄹ ③ ㄷ, ㄹ
④ ㄱ, ㄴ, ㄷ ⑤ ㄱ, ㄷ, ㄹ

기출 13' 5급㉫-인 난이도 ●●○

182 다음 〈표〉는 1991~2000년 5개국의 국가별 인구변동에 대한 자료이다. 이를 근거로 〈보기〉의 A~C에 해당하는 국가를 바르게 나열한 것은?

〈표 1〉 국가별 출생률

(단위: 명)

국가 \ 연도	1991	1992	1993	1994	1995	1996	1997	1998	1999	2000
아프가니스탄	48.3	50.7	52.6	53.2	51.6	50.8	48.9	47.1	49.7	41.8
아랍에미리트	49.8	47.5	43.6	38.6	33.0	30.5	29.5	27.9	21.0	18.7
보스니아 헤르체고비나	37.1	34.7	31.1	25.1	21.3	19.6	18.2	17.1	12.6	6.5
르완다	47.3	49.6	51.2	52.4	52.9	52.8	50.4	45.2	43.9	35.8
라이베리아	48.0	49.5	50.3	49.6	48.1	47.4	47.2	47.3	49.1	47.5

〈표 2〉 국가별 인구자연증가율

(단위: 명)

국가 \ 연도	1991	1992	1993	1994	1995	1996	1997	1998	1999	2000
아프가니스탄	16.6	20.3	22.7	25.2	25.6	26.8	25.9	24.4	28.0	23.8
아랍에미리트	27.0	26.8	26.3	26.3	23.1	23.1	25.5	25.1	18.3	16.1
보스니아 헤르체고비나	24.2	24.1	22.2	17.6	14.4	13.1	11.4	10.0	5.6	−9.0
르완다	24.0	27.3	29.8	31.6	32.4	32.6	31.7	27.8	−0.7	14.8
라이베리아	20.8	24.0	26.5	27.8	28.5	29.3	30.5	31.5	21.2	32.2

보기

1991년 이후 인구자연증가율이 매년 감소한 나라는 (A)이고, 1999년 출생률이 가장 높은 나라는 (B)이다. 1991년 이후 출생률이 매년 감소한 나라는 (C)와 보스니아 헤르체고비나이다.

	A	B	C
①	보스니아 헤르체고비나	라이베리아	아랍에미리트
②	보스니아 헤르체고비나	아프가니스탄	아랍에미리트
③	보스니아 헤르체고비나	아프가니스탄	르완다
④	아랍에미리트	라이베리아	아프가니스탄
⑤	아랍에미리트	라이베리아	르완다

기출 13' 5급㉥-인 | 난이도 ●○○

183 다음 〈표〉는 2013년 어느 금요일과 토요일 A 씨 부부의 전체 양육활동유형 9가지에 대한 참여시간을 조사한 자료이다. 이에 대한 설명으로 옳지 않은 것은?

〈표〉 금요일과 토요일의 양육활동유형별 참여시간

(단위: 분)

유형	금요일		토요일	
	아내	남편	아내	남편
위생	48	4	48	8
식사	199	4	234	14
가사	110	2	108	9
정서	128	25	161	73
취침	55	3	60	6
배설	18	1	21	2
외출	70	5	101	24
의료간호	11	1	10	1
교육	24	1	20	3

① 토요일에 남편의 참여시간이 가장 많았던 양육활동유형은 정서활동이다.
② 아내의 총 양육활동 참여시간은 금요일에 비해 토요일에 감소하였다.
③ 남편의 양육활동 참여시간은 금요일에는 총 46분이었고, 토요일에는 총 140분이었다.
④ 금요일에 아내는 식사, 정서, 가사, 외출활동의 순으로 양육활동 참여시간이 많았다.
⑤ 아내의 양육활동유형 중 금요일에 비해 토요일에 참여시간이 가장 많이 감소한 것은 교육활동이다.

기출 13' 5급[민]-인 난이도 ●●●

184 다음 〈표〉는 A시 주철 수도관의 파손원인별 파손 건수에 대한 자료이다. 이에 대한 설명으로 옳지 않은 것은?

〈표〉 A시 주철 수도관의 파손원인별 파손 건수

(단위: 건)

파손원인	주철 수도관 유형		합
	회주철	덕타일주철	
시설노후	105	71	176
부분 부식	1	10	11
수격압	51	98	149
외부충격	83	17	100
자연재해	1	1	2
재질불량	6	3	9
타공사	43	22	65
부실시공	1	4	5
보수과정 실수	43	6	49
계	334	232	566

※ 파손원인의 중복은 없음.

① 덕타일주철 수도관의 파손 건수가 50건 이상인 파손원인은 2가지이다.
② 회주철 수도관의 총 파손 건수가 덕타일주철 수도관의 총 파손 건수보다 많다.
③ 주철 수도관의 파손원인별 파손 건수에서 '자연재해' 파손 건수가 가장 적다.
④ 주철 수도관의 '시설노후' 파손 건수가 주철 수도관의 총 파손 건수에서 차지하는 비율은 30% 이상이다.
⑤ 회주철 수도관의 '보수과정 실수' 파손 건수가 회주철 수도관의 총 파손 건수에서 차지하는 비율은 10% 미만이다.

기출 13' 5급(민)-인 난이도

185 다음 〈그림〉은 우리나라의 직장어린이집 수에 대한 자료이다. 이에 대한 설명으로 옳은 것은?

〈그림 1〉 2000~2010년 전국 직장어린이집 수

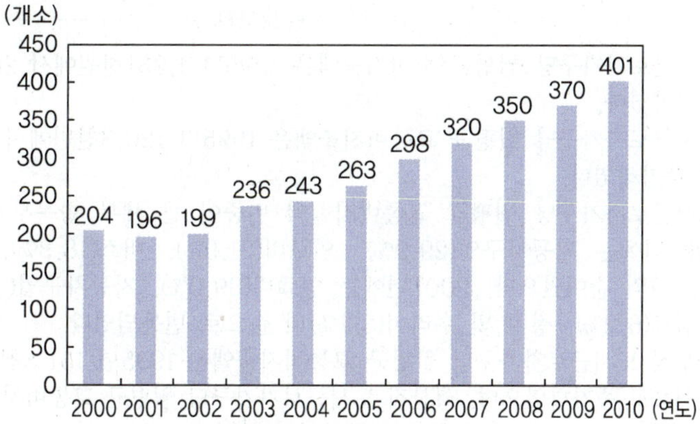

〈그림 2〉 2010년 지역별 직장어린이집 수

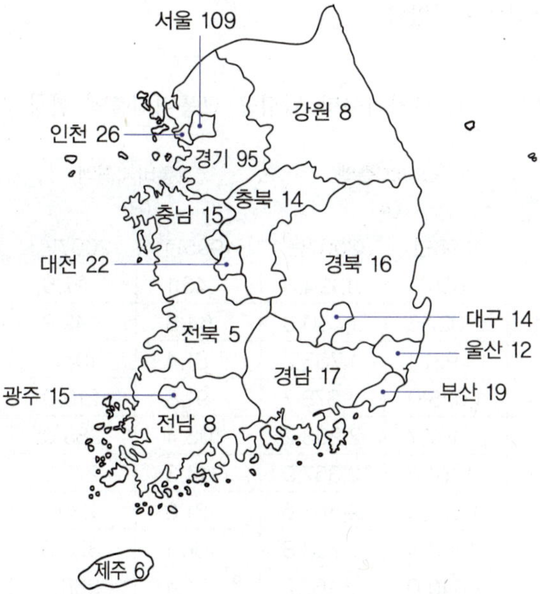

① 2000~2010년 동안 전국 직장어린이집 수는 매년 증가하였다.

② 2006년 대비 2008년 전국 직장어린이집 수는 20% 이상 증가하였다.

③ 2010년 인천 지역 직장어린이집 수는 2010년 전국 직장어린이집 수의 5% 이하이다.

④ 2000~2010년 동안 전국 직장어린이집 수의 전년대비 증가율이 10% 이상인 연도는 2003년뿐이다.

⑤ 2010년 서울과 경기 지역 직장어린이집 수의 합은 2010년 전국 직장어린이집 수의 절반 이상이다.

기출 13' 5급㉠-인 | 난이도 ●●○

186 **다음은 1995년과 2007년 도시근로자가구당 월평균 소비지출액 및 교통비지출액 현황에 대한 〈보고서〉이다. 〈보고서〉의 내용과 부합하지 않는 자료는?**

보고서

- 도시근로자가구당 월평균 소비지출액은 1995년 1,231천원에서 2007년 2,349천원으로 증가하였다.
- 도시근로자가구당 월평균 교통비지출액은 1995년 120.3천원에서 2007년 282.4천원으로 증가하였다.
- 도시근로자가구당 월평균 교통비지출액 비중이 큰 세부 항목부터 순서대로 나열하면, 1995년에는 자동차구입(29.9%), 연료비(21.9%), 버스(18.3%), 보험료(7.9%), 택시(7.1%)의 순이었으나, 2007년에는 연료비(39.0%), 자동차구입(23.3%), 버스(12.0%), 보험료(6.2%), 정비 및 수리비(3.7%)의 순으로 변동되었다.
- 사무직 도시근로자가구당 월평균 교통비지출액은 1995년 151.8천원에서 2007년 341.4천원으로 증가하였으며, 생산직 도시근로자가구당 월평균 교통비지출액은 1995년 96.3천원에서 2007년 233.1천원으로 증가하였다.
- 1995년과 2007년 도시근로자가구당 월평균 교통비지출액 비중의 차이는 소득 10분위가 소득 1분위보다 작았다.

① 소득분위별 도시근로자가구당 월평균 교통비지출액 현황

(단위: 천원, %)

소득 분위	소비지출액 (A)		교통비지출액 (B)		교통비지출액 비중 $\left(\frac{B}{A}\times 100\right)$	
	1995년	2007년	1995년	2007년	1995년	2007년
1분위	655.5	1,124.8	46.1	97.6	7.0	8.7
2분위	827.3	1,450.6	64.8	149.2	7.8	10.3
3분위	931.1	1,703.2	81.4	195.8	8.7	11.5
4분위	1,028.0	1,878.7	91.8	210.0	8.9	11.2
5분위	1,107.7	2,203.2	108.4	285.0	9.8	12.9
6분위	1,191.8	2,357.9	114.3	279.3	9.6	11.8
7분위	1,275.0	2,567.6	121.6	289.1	9.5	11.3
8분위	1,441.4	2,768.8	166.1	328.8	11.5	11.9
9분위	1,640.0	3,167.2	181.4	366.4	11.1	11.6
10분위	2,207.0	4,263.7	226.7	622.5	10.3	14.6

② 도시근로자가구당 월평균 교통비지출액 현황

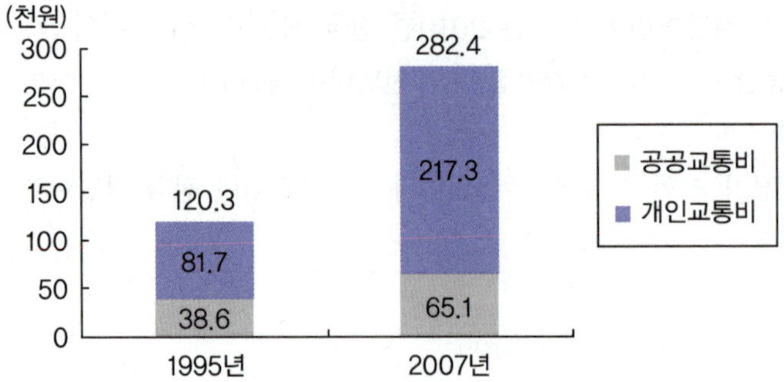

③ 세부항목별 도시근로자가구당 월평균 교통비지출액 현황

세부항목	1995년		2007년	
	지출액	비중	지출액	비중
버스	22,031	18.3	33,945	12.0
지하철 및 전철	3,101	2.6	9,859	3.5
택시	8,562	7.1	9,419	3.3
기차	2,195	1.8	2,989	1.1
자동차임차료	212	0.2	346	0.1
화물운송료	1,013	0.8	3,951	1.4
항공	1,410	1.2	4,212	1.5
기타공공교통	97	0.1	419	0.1
자동차구입	35,923	29.9	65,895	23.3
오토바이구입	581	0.5	569	0.2
자전거구입	431	0.4	697	0.3
부품 및 관련용품구입	1,033	0.9	4,417	1.6
연료비	26,338	21.9	110,150	39.0
정비 및 수리비	5,745	4.8	10,478	3.7
보험료	9,560	7.9	17,357	6.2
주차료	863	0.7	1,764	0.6
통행료	868	0.7	4,025	1.4
기타개인교통	310	0.2	1,902	0.7

④ 직업형태별 도시근로자가구당 월평균 교통비지출액 현황

(단위: 천원)

직업형태	교통비	1995년	2000년	2005년	2006년	2007년
사무직	공공	39.8	54.1	62.5	64.4	67.0
	개인	112.0	190.5	240.9	254.1	274.4
	소계	151.8	244.6	303.4	318.5	341.4
생산직	공공	37.7	52.3	61.5	61.7	63.6
	개인	58.6	98.6	124.1	147.2	169.5
	소계	96.3	150.9	185.6	208.9	233.1

⑤ 연도별 도시근로자가구당 월평균 소비지출액 현황

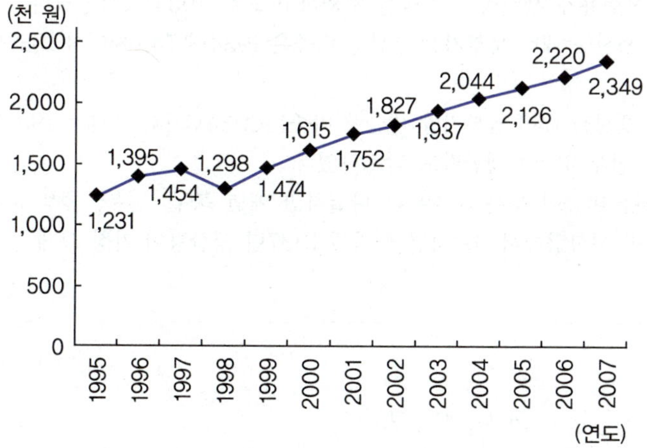

기출 13' 5급㉻-인 | 난이도 ●●○

187 다음 〈표〉는 일제강점기 1934~1937년의 지역별 산업용재 생산량 추이를 나타낸 것이다. 이에 대한 〈보기〉의 설명 중 옳지 않은 것을 모두 고르면?

〈표〉 일제강점기의 지역별 산업용재 생산량 추이

(단위: 톤, %)

지방	도 \ 년	1934	1935	1936	1937
남부	충북	13,995	22,203	18,212	33,902
	충남	86,652	72,710	36,751	38,334
	전북	76,293	91,780	79,143	67,732
	전남	86,571	113,406	147,874	206,631
	경북	87,708	115,219	107,791	97,714
	경남	93,412	130,518	123,008	94,154
	소계 (비중)	444,631 (14.6)	545,836 (16.0)	512,779 (12.0)	538,467 (12.9)
중부	경기	54,151	45,418	43,352	49,657
	강원	183,119	239,854	255,173	281,244
	황해	91,312	79,774	81,851	120,973
	소계 (비중)	328,582 (10.8)	365,046 (10.7)	380,376 (8.9)	451,874 (10.8)
북부	평남	126,249	140,336	127,819	153,281
	평북	914,750	927,381	1,039,252	1,024,969
	함남	807,425	752,338	1,206,096	975,422
	함북	428,403	687,582	1,013,869	1,030,237
	소계 (비중)	2,276,827 (74.6)	2,507,637 (73.4)	3,387,036 (79.1)	3,183,909 (76.3)
합계 (비중)		3,050,040 (100.0)	3,418,519 (100.0)	4,280,191 (100.0)	4,174,250 (100.0)

• 보기 •

ㄱ. 1937년 도별 산업용재 생산량은 충남을 제외하고 모두 1934년보다 크다.
ㄴ. 전체 산업용재 생산량 대비 북부지방 생산량 비중은 1934년 74.6%에서 1937년 76.3%로 증가하였다.
ㄷ. 전체 산업용재 생산량 대비 남부지방 생산량 비중은 1934년 14.6%에서 1937년 12.9%로 감소하였고 남부지방의 생산량도 감소하였다.
ㄹ. 산업용재 생산량 비중이 높은 지방부터 나열하면 매년 북부, 남부, 중부 순이다.
ㅁ. 산업용재의 도별 생산량에서, 1934년에 비해 1937년 생산량이 가장 크게 증가한 도는 함북이다.

① ㄱ, ㄷ　② ㄱ, ㄹ　③ ㄴ, ㄹ
④ ㄱ, ㄷ, ㅁ　⑤ ㄴ, ㄷ, ㅁ

기출 13' 5급㉻-인 | 난이도 ●●○

188 다음 〈표〉는 콩 교역 및 생산에 관한 통계자료이다. 이에 대한 〈보기〉의 설명 중 옳지 않은 것을 모두 고르면?

〈표 1〉 콩 수출량 및 수입량 상위 10개국

(단위: 만톤)

수출국	수출량	수입국	수입량
미국	3,102	중국	1,819
브라질	1,989	네덜란드	544
아르헨티나	871	일본	517
파라과이	173	독일	452
네덜란드	156	멕시코	418
캐나다	87	스페인	310
중국	27	대만	169
인도	24	벨기에	152
우루과이	18	한국	151
볼리비아	12	이탈리아	144

〈표 2〉 콩 생산량 상위 10개국의 생산현황

순위	국가별	재배면적 (만ha)	생산량 (만톤)	단위재배면적당 생산량 (톤/ha)
1	미국	2,994	8,562.8	2.86
2	브라질	(　)	4,916.6	2.29
3	아르헨티나	1,395	3,194.6	2.29
4	중국	1,058	(　)	1.68
5	인도	755	702.2	0.93
6	파라과이	167	380.8	2.28
7	캐나다	120	290.4	2.42
8	볼리비아	65	154.1	2.37
9	인도네시아	55	71.0	1.29
10	이탈리아	15	50.3	3.35
기타		390	512.3	1.31
세계전체		9,161	20,612.3	(　)

※ 단위재배면적당 생산량은 소수점 아래 셋째 자리에서 반올림한 값임.

보기

ㄱ. 중국은 세계에서 콩 수입량이 가장 많은 국가로서, 콩 수입량이 생산량보다 많다.
ㄴ. 브라질의 콩 재배면적은 아르헨티나와 중국의 콩 재배면적을 합친 것보다 넓다.
ㄷ. 미국, 브라질, 아르헨티나 3개국의 콩 생산량 합은 세계 전체 콩 생산량의 80% 이상이다.
ㄹ. 콩 생산량 상위 10개국 중 단위재배면적당 콩 생산량이 세계전체의 단위재배면적당 콩 생산량보다 적은 국가의 수는 4개이다.

① ㄱ, ㄴ　② ㄱ, ㄷ　③ ㄴ, ㄷ
④ ㄴ, ㄹ　⑤ ㄷ, ㄹ

기출 13' 5급㉻-인 | 난이도 ●●○

189 다음 〈표〉는 2008~2010년 동안 A지역의 용도별 물 사용량 현황을 나타낸 것이다. 이에 대한 〈보기〉의 설명 중 옳지 않은 것을 모두 고르면?

〈표〉 A지역의 용도별 물 사용량 현황

(단위: m^3, %, 명)

용도 \ 연도·구분	2008		2009		2010	
	사용량	비율	사용량	비율	사용량	비율
생활용수	136,762	56.2	162,790	56.2	182,490	56.1
가정용수	65,100	26.8	72,400	25.0	84,400	26.0
영업용수	11,000	4.5	19,930	6.9	23,100	7.1
업무용수	39,662	16.3	45,220	15.6	47,250	14.5
욕탕용수	21,000	8.6	25,240	8.7	27,740	8.5
농업용수	45,000	18.5	49,050	16.9	52,230	16.1
공업용수	61,500	25.3	77,900	26.9	90,300	27.8
총 사용량	243,262	100.0	289,740	100.0	325,020	100.0
사용인구	379,300		430,400		531,250	

※ 1명당 생활용수 사용량(m^3/명) $= \frac{\text{생활용수 총 사용량}}{\text{사용인구}}$

보기

ㄱ. 총 사용량은 2009년과 2010년 모두 전년대비 15% 이상 증가하였다.
ㄴ. 1명당 생활용수 사용량은 매년 증가하였다.
ㄷ. 농업용수 사용량은 매년 증가하였다.
ㄹ. 가정용수와 영업용수 사용량의 합은 업무용수와 욕탕용수 사용량의 합보다 매년 크다.

① ㄱ, ㄴ ② ㄴ, ㄷ ③ ㄴ, ㄹ
④ ㄱ, ㄴ, ㄹ ⑤ ㄱ, ㄷ, ㄹ

기출 13' 5급㉻-인 난이도 ●●○

190 다음 〈표〉는 일제강점기의 1910년대 전국 및 경인지역의 무역 현황에 대한 자료이다. 이에 대한 〈보기〉의 설명 중 옳은 것을 모두 고르면?

〈표 1〉 1910년대 전국의 무역 현황

(단위: 천원)

년	수출	이출	수출 및 이출	수입	이입	수입 및 이입
1910	4,535	15,379	19,914	14,438	25,345	39,783
1911	5,516	13,341	18,857	20,029	34,058	54,087
1912	5,617	15,369	20,986	26,359	40,756	67,115
1913	5,922	25,314	31,236	31,618	40,429	72,047
1914	6,448	28,587	35,035	24,648	39,047	63,695
1915	9,320	40,901	50,221	18,159	41,535	59,694
1916	14,855	42,964	57,819	22,675	52,459	75,134
1917	20,233	64,726	84,959	31,396	72,696	104,092
1918	18,698	137,205	155,903	43,152	117,273	160,425
1919	22,099	199,849	221,948	98,159	184,918	283,077

〈표 2〉 1910년대 경인지역의 무역 현황

(단위: 천원)

년	수출 및 이출		수입 및 이입		년	수출 및 이출		수입 및 이입	
	서울	인천	서울	인천		서울	인천	서울	인천
1910	201	4,055	6,338	12,667	1915	1,040	8,131	11,445	12,833
1911	182	3,908	8,515	16,526	1916	2,235	7,139	14,763	17,394
1912	170	3,788	11,640	18,489	1917	2,244	9,869	19,065	21,294
1913	336	5,818	11,050	17,589	1918	4,382	15,655	29,271	29,083
1914	631	5,256	11,137	14,217	1919	4,880	26,375	51,834	64,613

※ 1) 이출(입) : 일본에 대한 수출(입)
2) 수출(입) : 일본 이외 국가에 대한 수출(입)
3) 무역규모 = (수출 및 이출) + (수입 및 이입)

보기

ㄱ. 1910년대에 전국의 무역규모는 매년 증가했다.
ㄴ. 1919년에 전국의 수출 및 이출에서 이출이 차지하는 비중은 1910년보다 크다.
ㄷ. 1919년에 경인지역 수출 및 이출에서 서울이 차지하는 비중은 1910년보다 크다.
ㄹ. 1915년 경인지역을 제외한 전국의 수입 및 이입은 경인지역 수입 및 이입의 2배 이상이다.

① ㄱ ② ㄴ, ㄷ ③ ㄷ, ㄹ
④ ㄱ, ㄴ, ㄷ ⑤ ㄴ, ㄷ, ㄹ

기출 13' 5급[민]-인 난이도 ●●○

191 다음 〈표〉는 4개 국가의 여성과 남성의 흡연율과 기대수명에 대한 자료이다. 이를 이용하여 작성한 그래프로 옳지 않은 것은?

〈표 1〉 여성과 남성의 흡연율

(단위: %)

연도 / 성별 / 국가	1980		1990		2000		2010	
	여성	남성	여성	남성	여성	남성	여성	남성
덴마크	44.0	57.0	42.0	47.0	29.0	33.5	20.0	20.0
일본	14.4	54.3	9.7	53.1	11.5	47.4	8.4	32.2
영국	37.0	42.0	30.0	31.0	26.0	28.0	20.7	22.3
미국	29.3	37.4	22.8	28.4	17.3	21.2	13.6	16.7

〈표 2〉 여성과 남성의 기대수명

(단위: 세)

연도 / 성별 / 국가	1980		1990		2000		2010	
	여성	남성	여성	남성	여성	남성	여성	남성
덴마크	77.3	71.2	77.8	72.0	79.2	74.5	81.4	77.2
일본	78.8	73.3	81.9	75.9	84.6	77.7	86.4	79.6
영국	76.2	70.2	78.5	72.9	80.3	75.5	82.6	78.6
미국	77.4	70.0	78.8	71.8	79.3	74.1	81.1	76.2

① 국가별 여성의 흡연율

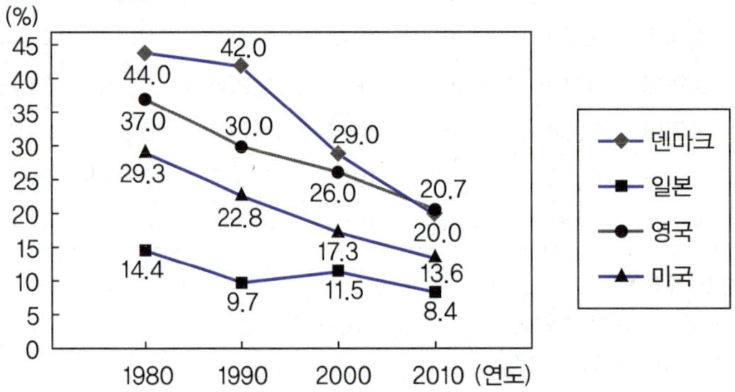

② 국가별 여성과 남성의 흡연율 차이

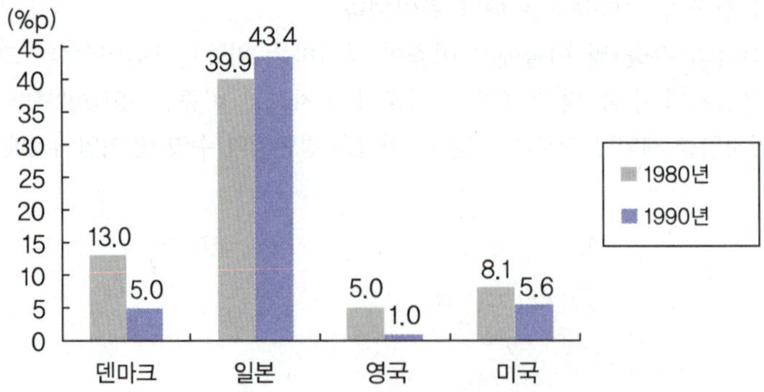

③ 국가별 흡연율

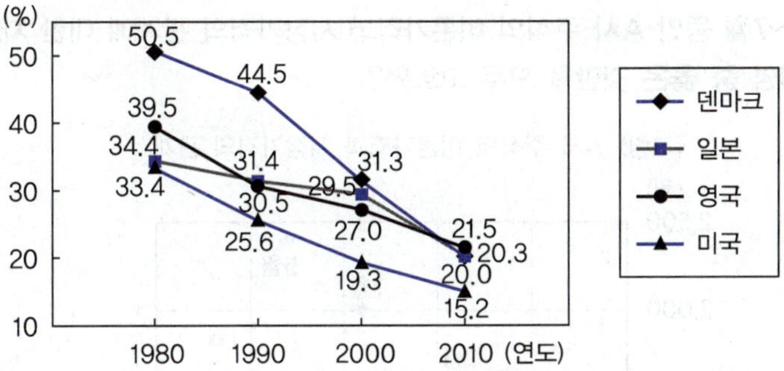

④ 국가별 여성과 남성의 기대수명 차이

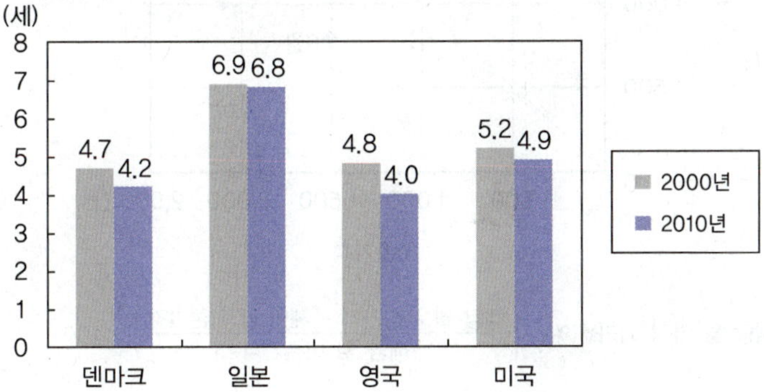

⑤ 일본 남성과 미국 남성의 흡연율과 기대수명

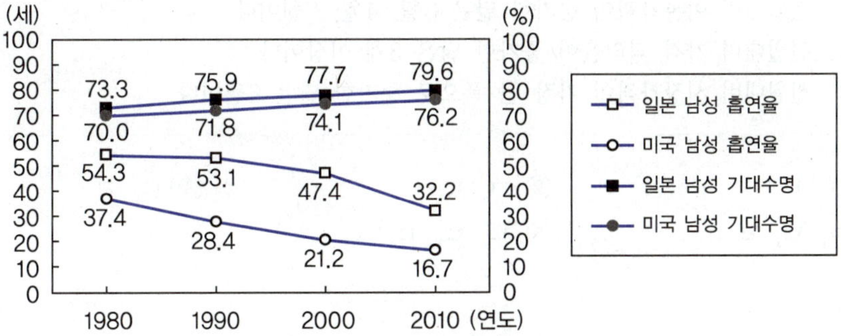

기출 13' 5급[민]-인 난이도 ●●●

192 다음 〈그림〉은 1~7월 동안 A사 주식의 이론가격과 시장가격의 관계에 대한 자료이다. 이에 대한 〈보기〉의 설명 중 옳은 것만을 모두 고르면?

〈그림〉 A사 주식의 이론가격과 시장가격의 관계

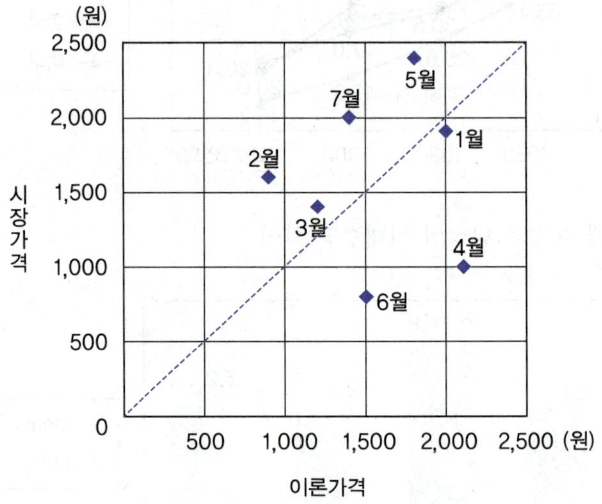

※ 해당 월 가격 괴리율(%) $= \left(\frac{\text{해당 월 시장가격} - \text{해당 월 이론가격}}{\text{해당 월 이론가격}}\right) \times 100$

보기

ㄱ. 가격 괴리율이 0% 이상인 달은 4개이다.
ㄴ. 전월대비 이론가격이 증가한 달은 3월, 4월, 7월이다.
ㄷ. 전월대비 가격 괴리율이 증가한 달은 3개 이상이다.
ㄹ. 전월대비 시장가격이 가장 큰 폭으로 증가한 달은 6월이다.

① ㄱ, ㄴ　② ㄱ, ㄷ　③ ㄷ, ㄹ
④ ㄱ, ㄴ, ㄹ　⑤ ㄴ, ㄷ, ㄹ

기출 14' 5급㉠-A | 난이도 ●●○

193 다음 〈표〉와 〈정보〉는 2014년 1월 전국 4개 도시에 각각 위치한 '갑' 회사의 공장(A~D)별 실제 가동시간과 가능 가동시간에 관한 자료이다. 이에 근거하여 공장 A와 D가 위치한 도시를 바르게 나열한 것은?

〈표〉 공장별 실제 가동시간 및 가능 가동시간

(단위: 시간)

구분 \ 공장	A	B	C	D
실제 가동시간	300	150	250	300
가능 가동시간	400	200	300	500

※ 실가동률(%) $= \frac{\text{실제 가동시간}}{\text{가능 가동시간}} \times 100$

정보

- 광주와 인천 공장의 가능 가동시간 합은 서울과 부산 공장의 가능 가동시간 합보다 크다.
- 부산과 광주 공장의 실제 가동시간 합은 서울과 인천 공장의 실제 가동시간 합보다 작다.
- 서울과 부산 공장의 실가동률은 같다.
- 인천 공장의 가능 가동시간이 가장 길다.

	A가 위치한 도시	D가 위치한 도시
①	서울	부산
②	서울	인천
③	부산	인천
④	부산	광주
⑤	광주	인천

기출 14' 5급㉥-A 난이도 ●●○

194 다음 〈표〉는 4개 안건(A~D)에 대한 심사위원(갑, 을, 병)의 선호를 나타낸 자료이다. 이 안건들 중 서로 다른 두 안건을 임의로 상정하고 위 3명의 심사위원이 한 표씩 투표하여 다수결 원칙에 따라 하나의 안건을 채택한다고 할 때, 〈보기〉의 설명 중 옳은 것만을 모두 고르면?

〈표〉 4개 안건에 대한 심사위원의 선호

심사위원 선호순위	갑	을	병
1순위	C	A	B
2순위	B	B	C
3순위	D	C	A
4순위	A	D	D

※ 각 심사위원은 상정된 두 안건 중 자신의 선호순위가 더 높은 안건에 반드시 투표함.

보기

ㄱ. A 안건과 C 안건이 상정되면 C 안건이 채택된다.
ㄴ. B 안건은 어떠한 다른 안건과 함께 상정되어도 항상 채택된다.
ㄷ. C 안건이 상정되어 채택되는 경우는 모두 3가지이다.
ㄹ. D 안건은 어떠한 다른 안건과 함께 상정되어도 항상 채택되지 못한다.

① ㄱ, ㄴ ② ㄱ, ㄷ ③ ㄴ, ㄹ
④ ㄱ, ㄴ, ㄹ ⑤ ㄴ, ㄷ, ㄹ

기출 14' 5급[민]-A 난이도 ●○○

195 다음 〈표〉는 A지역 유치원 유형별 교지면적과 교사면적에 대한 자료이다. 이에 대한 설명으로 옳지 않은 것은?

〈표〉 A지역 유치원 유형별 교지면적과 교사면적

(단위: m^2)

구분 \ 유치원 유형		국립	공립	사립
교지 면적	유치원당	255.0	170.8	1,478.4
	원아 1인당	3.4	6.1	13.2
교사 면적	유치원당	562.5	81.2	806.4
	원아 1인당	7.5	2.9	7.2

① 원아 1인당 교지면적은 사립이 공립의 2배 이상이다.

② 유치원당 교사면적이 가장 큰 유형부터 순서대로 나열하면 사립, 국립, 공립 순이다.

③ 유치원당 교지면적이 유치원당 교사면적보다 작은 유치원 유형은 국립뿐이다.

④ 유치원당 교지면적은 사립이 국립의 5.5배 이상이고 유치원당 교사면적은 사립이 국립의 1.4배 이상이다.

⑤ 유치원당 교지면적과 원아 1인당 교사면적은 국립이 사립보다 모두 작다.

기출 14' 5급민-A 난이도 ●●○

196 다음 〈표〉는 농산물 도매시장의 품목별 조사단위당 가격에 대한 자료이다. 이를 이용하여 작성한 그래프로 옳지 않은 것은?

〈표〉 품목별 조사단위당 가격

(단위: kg, 원)

구분	품목	조사 단위	조사단위당 가격		
			금일	전일	전년 평균
곡물	쌀	20	52,500	52,500	47,500
	찹쌀	60	180,000	180,000	250,000
	검정쌀	30	120,000	120,000	106,500
	콩	60	624,000	624,000	660,000
	참깨	30	129,000	129,000	127,500
채소	오이	10	23,600	24,400	20,800
	부추	10	68,100	65,500	41,900
	토마토	10	34,100	33,100	20,800
	배추	10	9,500	9,200	6,200
	무	15	8,500	8,500	6,500
	고추	10	43,300	44,800	31,300

① 쌀, 찹쌀, 검정쌀의 조사단위당 가격

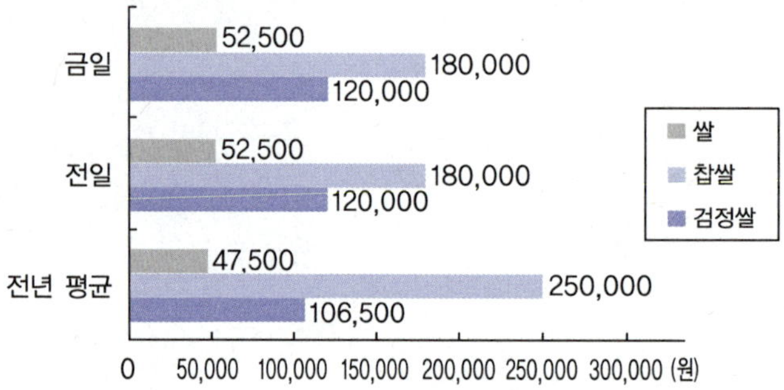

② 채소의 조사단위당 전일가격 대비 금일가격 등락액

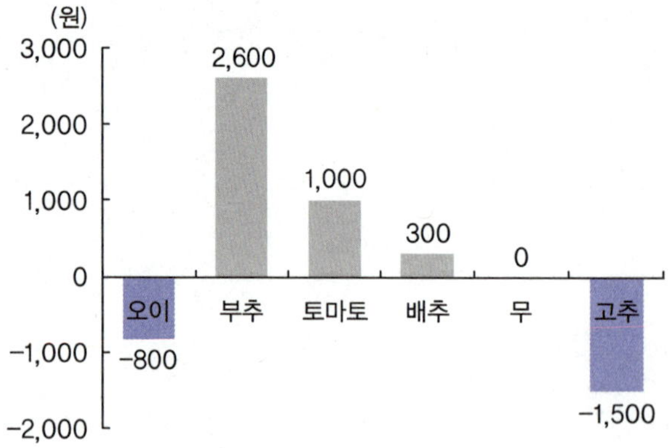

③ 채소 1kg당 금일가격

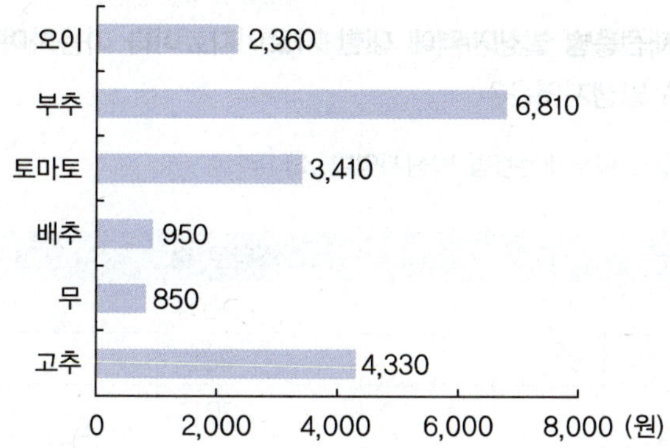

④ 곡물 1kg당 금일가격

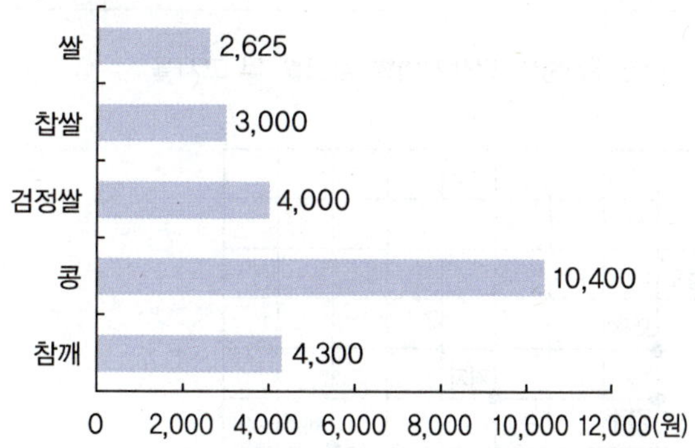

⑤ 채소의 조사단위당 전년 평균가격 대비 금일가격 비율

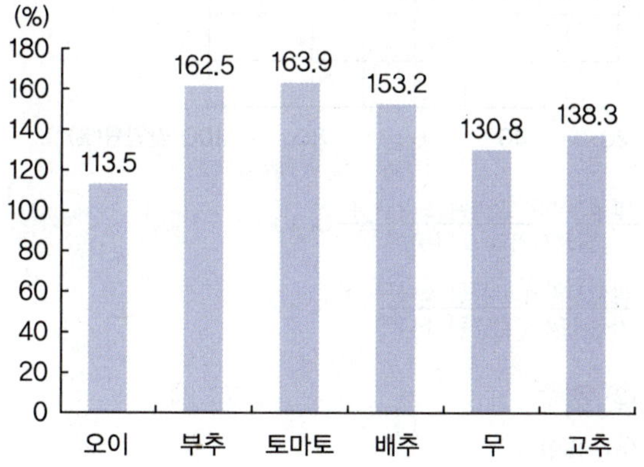

문항편 7일차 • 수리능력 + 자료해석

기출 14' 5급㉻-A 난이도 ●●○

197 다음 〈표〉와 〈그림〉은 소나무재선충병 발생지역에 대한 자료이다. 이를 이용하여 계산할 때, 고사한 소나무 수가 가장 많은 발생지역은?

〈표〉 소나무재선충병 발생지역별 소나무 수

(단위: 천그루)

발생지역	소나무 수
거제	1,590
경주	2,981
제주	1,201
청도	279
포항	2,312

〈그림〉 소나무재선충병 발생지역별 감염률 및 고사율

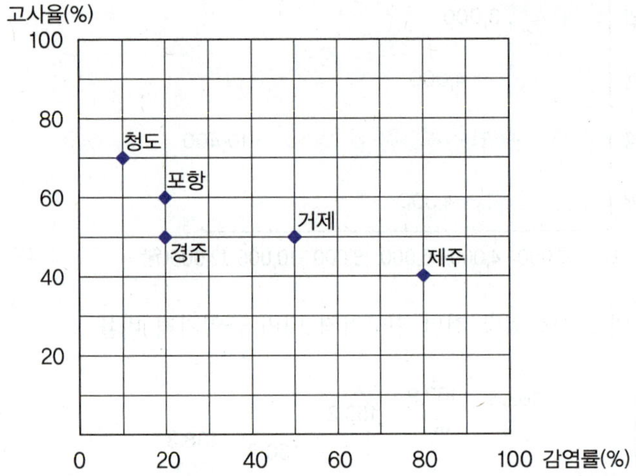

※ 1) 감염률(%) $= \frac{\text{발생지역의 감염된 소나무 수}}{\text{발생지역의 소나무 수}} \times 100$

2) 고사율(%) $= \frac{\text{발생지역의 고사한 소나무 수}}{\text{발생지역의 감염된 소나무 수}} \times 100$

① 거제 ② 경주 ③ 제주
④ 청도 ⑤ 포항

기출 14' 5급㉻-A 난이도 ●●○

198 다음 〈표〉는 2010~2012년 농림수산식품 수출액 순위 상위 10개 품목에 대한 자료이다. 다음 〈조건〉을 근거로 하여 A~E에 들어갈 5개 품목(궐련, 김, 라면, 면화, 사과)을 바르게 나열한 것은?

〈표〉 농림수산식품 수출액 순위 상위 10개 품목

(단위: 천톤, 백만불)

순위	2010년			2011년			2012년		
	품목	수출물량	수출액	품목	수출물량	수출액	품목	수출물량	수출액
1	배	10.5	24.3	인삼	0.7	37.8	인삼	0.5	22.3
2	인삼	0.4	23.6	배	7.7	19.2	배	6.5	20.5
3	(A)	7.3	15.2	유자차	5.7	12.6	(C)	1.6	18.4
4	김치	37.5	15.0	(C)	0.6	8.1	유자차	7.0	14.6
5	유자차	4.8	9.7	비스킷	1.8	7.9	비스킷	2.4	8.8
6	비스킷	1.8	7.2	(B)	3.5	7.4	(E)	0.5	8.7
7	(B)	5.4	6.9	(A)	2.1	6.2	고등어	4.7	7.0
8	(C)	0.4	5.7	(D)	2.0	6.0	(B)	4.9	6.7
9	(D)	1.8	5.2	(E)	0.4	5.9	(D)	1.8	5.3
10	(E)	0.4	4.8	펄프	8.4	5.4	(A)	1.0	3.7

조건

- 궐련과 김은 매년 수출액이 증가하였다.
- 2011년 면화의 수출물량은 전년보다 감소하였으나 수출액은 전년보다 증가하였다.
- 사과의 수출액은 매년 감소하였다.
- 2010년에는 김이 라면보다 수출액이 적었으나, 2012년에는 김이 라면보다 수출액이 많았다.

	A	B	C	D	E
①	라면	궐련	면화	사과	김
②	라면	사과	면화	김	궐련
③	사과	라면	궐련	면화	김
④	사과	면화	김	라면	궐련
⑤	사과	면화	궐련	라면	김

문항편 7일차 • 수리능력 + 자료해석

기출 14' 5급(행)-A 난이도

199 다음 〈표〉는 A지역에서 판매된 가정용 의료기기의 품목별 판매량에 관한 자료이다. 이에 대한 〈보기〉의 설명 중 옳은 것만을 모두 고르면?

〈표〉 가정용 의료기기 품목별 판매량 현황

(단위: 천개)

판매량 순위	품목	판매량	국내산	국외산
1	체온계	271	228	43
2	부항기	128	118	10
3	혈압계	100	( )	( )
4	혈당계	84	61	23
5	개인용 전기자극기	59	55	4
6위 이하		261	220	41
전체		( )	( )	144

보기

ㄱ. 전체 가정용 의료기기 판매량 중 국내산 혈압계가 차지하는 비중은 8% 미만이다.
ㄴ. 전체 가정용 의료기기 판매량 중 국내산이 차지하는 비중은 80% 이상이다.
ㄷ. 가정용 의료기기 판매량 상위 5개 품목 중 국외산 대비 국내산 비율이 가장 큰 품목은 개인용 전기자극기이다.
ㄹ. 국외산 가정용 의료기기 중 판매량이 네번째로 많은 의료기기는 부항기이다.

① ㄱ, ㄴ　② ㄱ, ㄷ　③ ㄴ, ㄷ
④ ㄴ, ㄹ　⑤ ㄷ, ㄹ

기출 14' 5급㉻-A | 난이도 ●●○

200 다음 <표>는 3개 부처(A~C)의 인재선발 기준, 전공적합점수, 지원자(갑~기)의 성적, 전공 및 지원 부처를 나타낸 것이다. <선발 방식>에 따라 B부처에 선발된 지원자는?

<표 1> 각 부처별 선발인원 및 인재선발 기준 가중치

부처	선발인원 (명)	가중치		
		연수원 성적	면접 성적	전공적합점수
A	2	0.5	0.4	0.1
B	2	0.4	0.6	0.0
C	2	0.5	0.5	0.0

<표 2> 전공적합점수

(단위: 점)

전공	경영	경제	행정	기타
점수	100	100	50	0

<표 3> 지원자 성적, 전공 및 지원 부처

(단위: 점)

지원자	연수원 성적	면접 성적	전공	지원 부처
갑	70	80	정치외교	A, B
을	90	60	경영	A, B
병	80	80	경제	B, C
정	70	50	행정	A, C
무	90	50	경영	A, C
기	70	50	경제	B, C

• 선발 방식 •

- 각 부처는 해당 부처에 지원한 지원자 중에서 선발함.
- A부처가 2명을 먼저 선발한 후 B부처가 남은 지원자 중 2명을 선발하며, 마지막으로 C부처가 남은 지원자 2명을 선발함.
- 각 부처는 지원자의 연수원 성적, 면접 성적, 전공적합점수에 가중치를 부여하여 계산한 점수의 합이 높은 지원자부터 순서대로 선발함.

  예) A부처 기준 '갑'의 점수의 합 = 70점×0.5 + 80점×0.4 + 0점×0.1 = 67점

① 갑, 을　　② 갑, 병　　③ 갑, 기
④ 을, 병　　⑤ 을, 기

독학으로 끝내는 PSAT 수리능력 • 자료해석

독끝

Daily 400제

심화편

PART 3

정답 및 해설 226p

독끝 심화 8일차 (001~030)

난이도별 구성

●○○ 8문항
●●○ 18문항
●●● 4문항

본 문항은 PSAT 자료해석 영역 기출 문항으로 구성되며, 기출 표기에 따른 시험 종류는 아래와 같습니다. (표기 상 맨 끝은 '책형' 입니다.)
[민] – 민간경력자 일괄채용시험 / [행] – 공개경쟁채용시험(행정)

8일차 계산연습(고급)

Set ❶

소금이 많은 순위를 적어보세요.

	소금물(g)	농도(%)	소금이 많은 순위
(1)	80	41	→
(2)	44	46	→
(3)	81	21	→
(4)	36	49	→
(5)	95	24	→

Set ❷

속력이 빠른 순위를 적어보세요.

	거리(km)	시간(min)	빠른 순위
(1)	64	44	→
(2)	48	53	→
(3)	53	42	→
(4)	53	32	→
(5)	76	41	→

Set ❸

각 사각형에 들어있는 숫자의 평균이 큰 순위

	숫자	평균 큰 순위
(1)	59, 46, 93, 64	
(2)	82, 87, 48	
(3)	76, 55, 62	
(4)	79, 63, 41, 69	
(5)	41, 41, 68	

Set ❹

다음 4개년 자료에 대한 각 질문에 응답하세요.

연도	A	B	C	D	합계
2021	138	397	993	771	2299
2020	298	114	546	274	1232
2019	375	621	326	638	
2018	478	747	417	806	

(1) 2019년도 A의 비중은?
(2) 2021년도 B의 비중은?
(3) A~D 합계가 가장 큰 연도는?
(4) C의 2019 대비 2021년 증감률은?
(5) D의 2019 대비 2021년 증감률은?

	Set ❶	Set ❷	Set ❸	Set ❹
(1)	1	3	2	19.1%
(2)	3	5	1	17.3%
(3)	5	4	3	2018년
(4)	4	2	4	204.6%
(5)	2	1	5	20.8%

※Set ❶ ~ ❹ 참고사항

- 농도(%) = 소금 / 소금물의 양 * 100
- 시간 = 거리 / 속력
- 연산결과는 소수 둘째자리에서 반올림 적용

	맞은 개수	풀이 시간
Set ❶	/ 5	(초)
Set ❷	/ 5	(초)
Set ❸	/ 5	(초)
Set ❹	/ 5	(초)
합계	/ 20	(초)

* 다음의 회독수 별 권장풀이시간에 맞춰 문제풀이 후, Day 8 끝의 [Self Check List]를 기입하여 부족한 부분을 파악하세요!

권장 풀이 시간: 1회독 60 min / 2회독 50 min / 3회독 35 min

기출 16' 5급[민]-5 | 난이도 ●●●

001 다음 〈표〉는 과목 등급 산정기준과 과목별 이수단위 및 민수의 과목별 석차에 대한 자료이다. 〈표〉와 〈평균등급 산출 공식〉에 따라 산정한 민수의 4개 과목 평균등급을 M이라 할 때, M의 범위로 옳은 것은?

〈표 1〉 과목 등급 산정기준

등급	과목석차 백분율
1	0% 초과 4% 이하
2	4% 초과 11% 이하
3	11% 초과 23% 이하
4	23% 초과 40% 이하
5	40% 초과 60% 이하
6	60% 초과 77% 이하
7	77% 초과 89% 이하
8	89% 초과 96% 이하
9	96% 초과 100% 이하

※ 과목석차 백분율(%) $= \frac{\text{과목석차}}{\text{과목이수인원}} \times 100$

〈표 2〉 과목별 이수단위 및 민수의 과목별 석차

구분 / 과목	이수단위(단위)	석차(등)	이수인원(명)
국어	3	270	300
영어	3	44	300
수학	2	27	300
과학	3	165	300

• 평균등급 산출 공식 •

$$\text{평균등급} = \frac{(\text{과목별 등급} \times \text{과목별 이수단위})\text{의 합}}{\text{과목별 이수단위의 합}}$$

① $3 \le M < 4$
② $4 \le M < 5$
③ $5 \le M < 6$
④ $6 \le M < 7$
⑤ $7 \le M < 8$

문항편 8일차 • 수리능력 + 자료해석

기출 16' 5급ⓜ-5 난이도

002 다음 〈그림〉은 국가 A~H의 GDP와 에너지사용량에 관한 자료이다. 이에 대한 설명으로 옳지 않은 것은?

〈그림〉 국가 A~H의 GDP와 에너지사용량

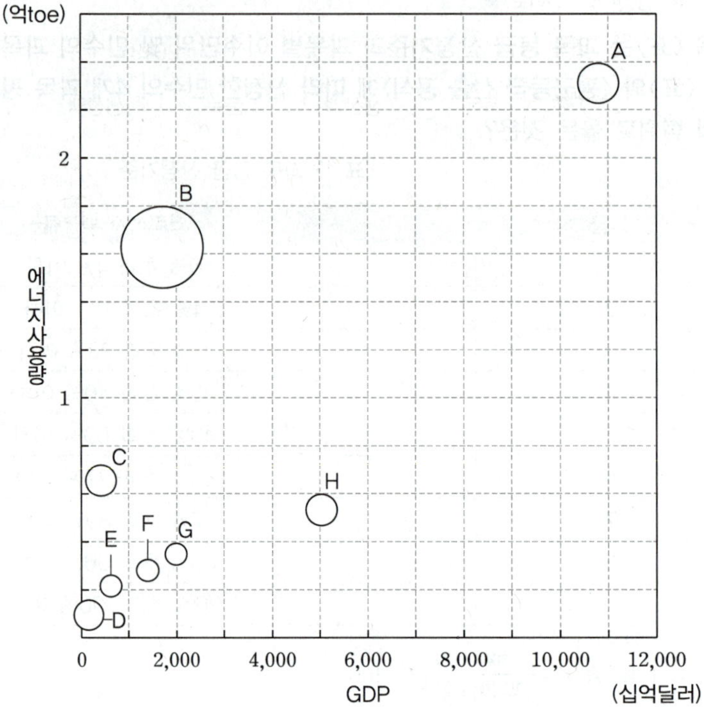

※ 1) 원의 면적은 각 국가 인구수에 정비례함.
2) 각 원의 중심좌표는 각 국가의 GDP와 에너지사용량을 나타냄.

① 에너지사용량이 가장 많은 국가는 A국이고 가장 적은 국가는 D국이다.
② 1인당 에너지사용량은 C국이 D국보다 많다.
③ GDP가 가장 낮은 국가는 D국이고 가장 높은 국가는 A국이다.
④ 1인당 GDP는 H국이 B국보다 높다.
⑤ 에너지사용량 대비 GDP는 A국이 B국보다 낮다.

기출 16' 5급[민]-5 난이도 ●●○

003 다음 〈표〉는 2012~2014년 A국 농축수산물 생산액 상위 10개 품목에 대한 자료이다. 이에 대한 〈보기〉의 설명 중 옳은 것만을 모두 고르면?

〈표〉 A국 농축수산물 생산액 상위 10개 품목

(단위: 억원)

연도 / 구분 / 순위	2012		2013		2014	
	품목	생산액	품목	생산액	품목	생산액
1	쌀	105,046	쌀	85,368	쌀	86,800
2	돼지	23,720	돼지	37,586	돼지	54,734
3	소	18,788	소	31,479	소	38,054
4	우유	13,517	우유	15,513	닭	20,229
5	고추	10,439	닭	11,132	우유	17,384
6	닭	8,208	달걀	10,853	달걀	13,590
7	달걀	6,512	수박	8,920	오리	12,323
8	감귤	6,336	고추	8,606	고추	9,913
9	수박	5,598	감귤	8,108	인삼	9,412
10	마늘	5,324	오리	6,490	감귤	9,065
농축수산물 전체		319,678		350,889		413,643

보기

ㄱ. 2013년에 비해 2014년에 감귤 생산액 순위는 떨어졌으나 감귤 생산액이 농축수산물 전체 생산액에서 차지하는 비중은 증가하였다.

ㄴ. 쌀 생산액이 농축수산물 전체 생산액에서 차지하는 비중은 매년 감소하였다.

ㄷ. 상위 10위 이내에 매년 포함된 품목은 7개이다.

ㄹ. 오리 생산액은 매년 증가하였다.

① ㄱ, ㄴ ② ㄱ, ㄹ ③ ㄴ, ㄷ
④ ㄴ, ㄹ ⑤ ㄷ, ㄹ

기출 16' 5급(민)-5 | 난이도 ●●●

004 다음 〈표〉는 2013~2016년 '갑' 기업 사원 A~D의 연봉 및 성과평가등급별 연봉인상률에 대한 자료이다. 이에 대한 〈보기〉의 설명으로 옳은 것만을 모두 고르면?

〈표 1〉 '갑' 기업 사원 A~D의 연봉

(단위: 천원)

연도 / 사원	2013	2014	2015	2016
A	24,000	28,800	34,560	38,016
B	25,000	25,000	26,250	28,875
C	24,000	25,200	27,720	33,264
D	25,000	27,500	27,500	30,250

〈표 2〉 '갑' 기업의 성과평가등급별 연봉인상률

(단위: %)

성과평가등급	Ⅰ	Ⅱ	Ⅲ	Ⅳ
연봉인상률	20	10	5	0

※ 1) 성과평가는 해당연도 연말에 1회만 실시하며, 각 사원은 Ⅰ, Ⅱ, Ⅲ, Ⅳ 중 하나의 성과평가등급을 받음.
2) 성과평가등급을 높은 것부터 순서대로 나열하면 Ⅰ, Ⅱ, Ⅲ, Ⅳ의 순임.
3) 당해년도 연봉 = 전년도 연봉 × (1 + 전년도 성과평가등급에 따른 연봉인상률)

보기

ㄱ. 2013년 성과평가등급이 높은 사원부터 순서대로 나열하면 D, A, C, B이다.
ㄴ. 2015년에 A와 B는 동일한 성과평가등급을 받았다.
ㄷ. 2013~2015년 동안 C는 성과평가에서 Ⅰ등급을 받은 적이 있다.
ㄹ. 2013~2015년 동안 D는 성과평가에서 Ⅲ등급을 받은 적이 있다.

① ㄱ, ㄴ ② ㄱ, ㄷ ③ ㄱ, ㄹ
④ ㄴ, ㄷ ⑤ ㄴ, ㄹ

기출 18' 5급㉻-나 | 난이도 ●●○

005 다음 〈표〉는 '갑'~'무'도시에 위치한 두 브랜드(해피카페, 드림카페)의 커피전문점 분포에 대한 자료이다. 이에 대한 〈보기〉의 설명으로 옳은 것만을 모두 고르면?

〈표〉 '갑'~'무'도시별 커피전문점 분포

(단위: 개)

브랜드	구분 \ 도시	갑	을	병	정	무	평균
해피카페	점포수	7	4	2	( )	4	4
	|편차|	3	0	2	1	0	( )
드림카페	점포수	( )	5	( )	5	2	4
	|편차|	2	1	2	1	2	1.6

※ |편차|는 해당 브랜드 점포수 평균에서 각 도시의 해당 브랜드 점포수를 뺀 값의 절댓값임.

보기

ㄱ. '해피카페' |편차|의 평균은 '드림카페' |편차|의 평균보다 크다.
ㄴ. '갑'도시의 '드림카페' 점포수와 '병'도시의 '드림카페' 점포수는 다르다.
ㄷ. '정'도시는 '해피카페' 점포수가 '드림카페' 점포수보다 적다.
ㄹ. '무'도시에 있는 '해피카페' 중 1개 점포가 '병'도시로 브랜드의 변경 없이 이전할 경우, '해피카페' |편차|의 평균은 변하지 않는다.

① ㄱ, ㄷ ② ㄴ, ㄷ ③ ㄷ, ㄹ
④ ㄱ, ㄴ, ㄹ ⑤ ㄴ, ㄷ, ㄹ

기출 18' 5급(행)-나 | 난이도 ●●○

006 다음 〈표〉는 2016년과 2017년 추석교통대책기간 중 고속도로 교통현황에 관한 자료이다. 이에 대한 〈보고서〉의 내용 중 옳은 것만을 모두 고르면?

〈표 1〉 일자별 고속도로 이동인원 및 교통량

(단위: 만 명, 만 대)

연도 / 구분 / 일자	2016		2017	
	이동인원	교통량	이동인원	교통량
D－5	－	－	525	470
D－4	－	－	520	439
D－3	－	－	465	367
D－2	590	459	531	425
D－1	618	422	608	447
추석 당일	775	535	809	588
D＋1	629	433	742	548
D＋2	483	346	560	433
D＋3	445	311	557	440
D＋4	－	－	442	388
D＋5	－	－	401	369
계	3,540	2,506	6,160	4,914

※ 2016년, 2017년 추석교통대책기간은 각각 6일(D－2~D＋3), 11일(D－5~D＋5)임.

〈표 2〉 고속도로 구간별 최대 소요시간 현황

연도	서울－대전		서울－부산		서울－광주		서서울－목포		서울－강릉	
	귀성	귀경	귀성	귀경	귀성	귀경	귀성	귀경	귀성	귀경
2016	4:15	3:30	7:15	7:20	7:30	5:30	8:50	6:10	5:00	3:40
2017	4:00	4:20	7:50	9:40	7:00	7:50	7:00	9:50	4:50	5:10

※ 'A : B'에서 A는 시간, B는 분을 의미함. 예를 들어, 4:15는 4시간 15분을 의미함.

보고서

㉠ 2017년 추석교통대책기간 중 총 고속도로 이동인원은 6,160만 명으로 전년대비 70% 이상 증가하였으나, ㉡ 1일 평균 이동인원은 560만 명으로 전년대비 10% 이상 감소하였다. 2017년 추석 당일 고속도로 이동인원은 사상 최대인 809만 명으로 전년대비 약 4.4% 증가하였다. 2017년 추석연휴기간의 증가로 나들이 차량 등이 늘어 추석교통대책기간 중 1일 평균 고속도로 교통량은 약 447만 대로 전년대비 6% 이상 증가하였다. 특히 ㉢ 추석 당일 고속도로 교통량은 588만 대로 전년대비 9% 이상 증가하였다. ㉣ 2017년 고속도로 최대 소요시간은 귀성의 경우, 제시된 구간에서 전년보다 모두 감소하였으며, 특히 서서울－목포 7시간, 서울－광주 7시간이 걸려 전년대비 각각 1시간 50분, 30분 감소하였다. 반면 귀경의 경우, 서서울－목포 9시간 50분, 서울－부산 9시간 40분으로 전년대비 각각 3시간 40분, 2시간 20분 증가하였다.

① ㄱ, ㄴ　　② ㄱ, ㄷ　　③ ㄴ, ㄷ
④ ㄴ, ㄹ　　⑤ ㄷ, ㄹ

기출 18' 5급㉧-나 난이도 ●●●

007 다음 〈표〉는 서울시 10개구의 대기 중 오염물질 농도 및 오염물질별 대기환경지수 계산식에 관한 것이다. 이에 대한 〈보기〉의 설명 중 옳은 것만을 모두 고르면?

〈표 1〉 대기 중 오염물질 농도

지역 \ 오염물질	미세먼지 ($\mu g/m^3$)	초미세먼지 ($\mu g/m^3$)	이산화질소 (ppm)
종로구	46	36	0.018
중구	44	31	0.019
용산구	49	35	0.034
성동구	67	23	0.029
광진구	46	10	0.051
동대문구	57	25	0.037
중랑구	48	22	0.041
성북구	56	21	0.037
강북구	44	23	0.042
도봉구	53	14	0.022
평균	51	24	0.033

〈표 2〉 오염물질별 대기환경지수 계산식

오염물질 \ 계산식	조건	계산식
미세먼지 ($\mu g/m^3$)	농도가 51 이하일 때	0.9 × 농도
	농도가 51 초과일 때	1.0 × 농도
초미세먼지 ($\mu g/m^3$)	농도가 25 이하일 때	2.0 × 농도
	농도가 25 초과일 때	1.5×(농도 − 25) + 51
이산화질소 (ppm)	농도가 0.04 이하일 때	1,200 × 농도
	농도가 0.04 초과일 때	800×(농도 − 0.04) + 51

※ 통합대기환경지수는 오염물질별 대기환경지수 중 최댓값임.

보기

ㄱ. 용산구의 통합대기환경지수는 성동구의 통합대기환경지수보다 작다.
ㄴ. 강북구의 미세먼지 농도와 초미세먼지 농도는 각각의 평균보다 낮고, 이산화질소 농도는 평균보다 높다.
ㄷ. 중랑구의 통합대기환경지수는 미세먼지의 대기환경지수와 같다.
ㄹ. 세 가지 오염물질 농도가 각각의 평균보다 모두 높은 구는 2개 이상이다.

① ㄱ, ㄴ ② ㄱ, ㄷ ③ ㄷ, ㄹ
④ ㄱ, ㄴ, ㄹ ⑤ ㄴ, ㄷ, ㄹ

기출 18' 5급㉻-나 난이도 ●○○

008 다음 〈표〉는 인공지능(AI)의 동물식별 능력을 조사한 결과이다. 이에 대한 〈보기〉의 설명으로 옳은 것만을 모두 고르면?

〈표〉 AI의 동물식별 능력 조사 결과

(단위: 마리)

실제 \ AI 식별 결과	개	여우	돼지	염소	양	고양이	합계
개	457	10	32	1	0	2	502
여우	12	600	17	3	1	2	635
돼지	22	22	350	2	0	3	399
염소	4	3	3	35	1	2	48
양	0	0	1	1	76	0	78
고양이	3	6	5	2	1	87	104
전체	498	641	408	44	79	96	1,766

보기

ㄱ. AI가 돼지로 식별한 동물 중 실제 돼지가 아닌 비율은 10% 이상이다.

ㄴ. 실제 여우 중 AI가 여우로 식별한 비율은 실제 돼지 중 AI가 돼지로 식별한 비율보다 낮다.

ㄷ. 전체 동물 중 AI가 실제와 동일하게 식별한 비율은 85% 이상이다.

ㄹ. 실제 염소를 AI가 고양이로 식별한 수보다 양으로 식별한 수가 많다.

① ㄱ, ㄴ　② ㄱ, ㄷ　③ ㄴ, ㄷ

④ ㄱ, ㄷ, ㄹ　⑤ ㄴ, ㄷ, ㄹ

기출 18' 5급㉻-나 난이도 ●●○

009 다음 〈표〉는 2015~2017년 A 대학 재학생의 교육에 관한 영역별 만족도와 중요도 점수이다. 이에 대한 〈보기〉의 설명 중 옳은 것만을 모두 고르면?

〈표 1〉 2015~2017년 영역별 만족도 점수

(단위: 점)

연도 / 영역	2015	2016	2017
교과	3.60	3.41	3.45
비교과	3.73	3.50	3.56
교수활동	3.72	3.52	3.57
학생복지	3.39	3.27	3.31
교육환경 및 시설	3.66	3.48	3.56
교육지원	3.57	3.39	3.41

〈표 2〉 2015~2017년 영역별 중요도 점수

(단위: 점)

연도 / 영역	2015	2016	2017
교과	3.74	3.54	3.57
비교과	3.77	3.61	3.64
교수활동	3.89	3.82	3.81
학생복지	3.88	3.73	3.77
교육환경 및 시설	3.84	3.69	3.73
교육지원	3.78	3.63	3.66

※ 해당영역별 요구충족도(%) = $\frac{\text{해당영역 만족도 점수}}{\text{해당영역 중요도 점수}} \times 100$

보기

ㄱ. 중요도 점수가 높은 영역부터 차례대로 나열하면 그 순서는 매년 동일하다.
ㄴ. 2017년 만족도 점수는 각 영역에서 전년보다 높다.
ㄷ. 만족도 점수가 가장 높은 영역과 가장 낮은 영역의 만족도 점수 차이는 2016년이 2015년보다 크다.
ㄹ. 2017년 요구충족도가 가장 높은 영역은 교과 영역이다.

① ㄱ, ㄴ　② ㄱ, ㄷ　③ ㄷ, ㄹ
④ ㄱ, ㄴ, ㄹ　⑤ ㄴ, ㄷ, ㄹ

기출 18' 5급㉻-나 | 난이도 ●○○

010 다음 〈그림〉과 〈표〉는 '갑'시에서 '을'시로의 이동에 대한 자료이다. 이와 다음 〈계산식〉을 적용하여 이동방법 A, B, C를 이동비용이 적은 것부터 순서대로 나열하면?

〈그림〉 '갑' → '을' 이동방법 A, B, C의 경로

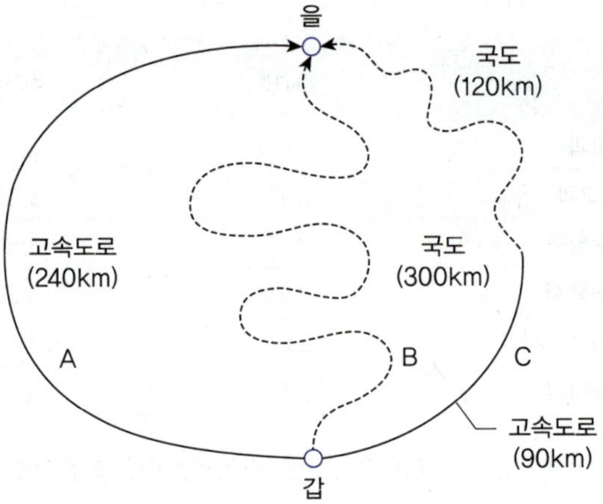

〈표〉 '갑' → '을' 이동방법별 주행관련 정보

구분 \ 이동방법	A	B	C	
이용도로	고속도로	국도	고속도로	국도
거리(km)	240	300	90	120
평균속력(km/시간)	120	60	90	60
주행시간(시간)	2.0	(　)	1.0	(　)
평균연비(km/L)	12	15	12	15
연료소비량(L)	(　)	20.0	7.5	(　)
휴식시간(시간)	1.0	1.5	0.5	0.5
통행료(원)	8,000	0	5,000	0

계산식

- 이동비용 = 시간가치 + 연료비 + 통행료
- 시간가치 = 소요시간(시간) × 1,500(원/시간)
- 소요시간 = 주행시간 + 휴식시간
- 연료비 = 연료소비량(L) × 1,500(원/L)

① A, B, C　　② B, A, C　　③ B, C, A

④ C, A, B　　⑤ C, B, A

기출 16' 5급[민]-5 | 난이도 ●●○

011 **다음 〈표〉와 〈그림〉은 2002년과 2012년 '갑'국의 국적별 외국인 방문객에 관한 자료이다. 이에 대한 설명으로 옳은 것은?**

〈표〉 외국인 방문객 현황

(단위: 명)

연도	2002	2012
외국인 방문객 수	5,347,468	9,794,796

〈그림 1〉 2002년 국적별 외국인 방문객 수 (상위 10개국)

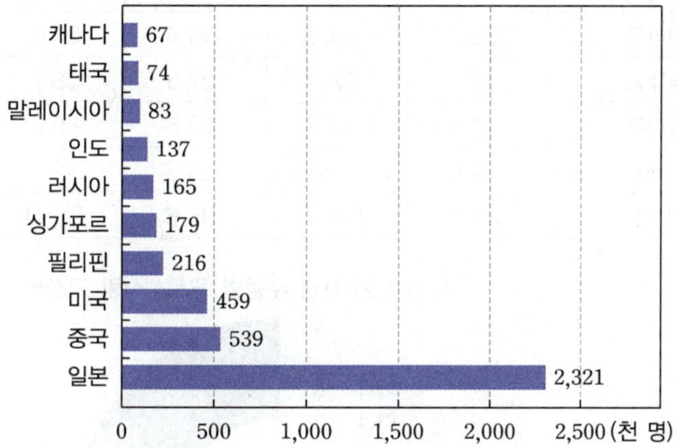

〈그림 2〉 2012년 국적별 외국인 방문객 수 (상위 10개국)

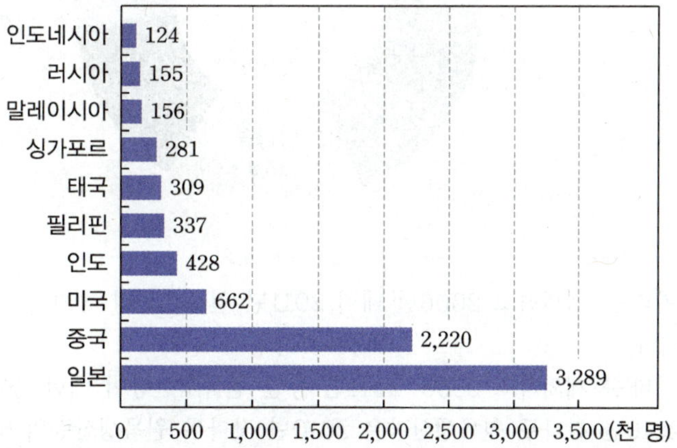

① 미국인, 중국인, 일본인 방문객 수의 합은 2012년이 2002년의 2배 이상이다.

② 2002년 대비 2012년 미국인 방문객 수의 증가율은 말레이시아인 방문객 수의 증가율보다 높다.

③ 전체 외국인 방문객 중 중국인 방문객 비중은 2012년이 2002년의 3배 이상이다.

④ 2002년 외국인 방문객 수 상위 10개국 중 2012년 외국인 방문객 수 상위 10개국에 포함되지 않은 국가는 2개이다.

⑤ 인도네시아인 방문객 수는 2002년에 비해 2012년에 55,000명 이상 증가하였다.

기출 16' 5급㉠-5 | 난이도 ●●●

012 다음 〈표〉와 〈그림〉은 수종별 원목생산량과 원목생산량 구성비에 관한 자료이다. 이에 대한 〈보기〉의 설명 중 옳은 것만을 모두 고르면?

〈표〉 2006~2011년 수종별 원목생산량

(단위: 만m^3)

수종 \ 연도	2006	2007	2008	2009	2010	2011
소나무	30.9	25.8	28.1	38.6	77.1	92.2
잣나무	7.2	6.8	5.6	8.3	12.8	(　)
전나무	50.4	54.3	50.4	54.0	58.2	56.2
낙엽송	22.7	23.8	37.3	38.7	50.5	63.3
참나무	41.4	47.7	52.5	69.4	76.0	87.7
기타	9.0	11.8	21.7	42.7	97.9	85.7
전체	161.6	170.2	195.6	(　)	372.5	(　)

〈그림〉 2011년 수종별 원목생산량 구성비

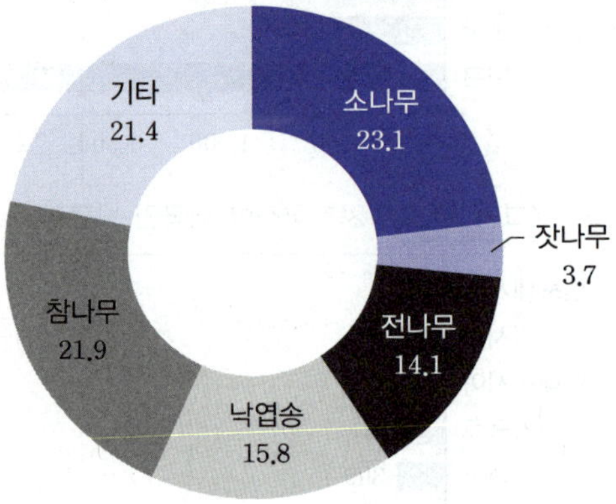

보기

ㄱ. '기타'를 제외하고 2006년 대비 2011년 원목생산량 증가율이 가장 큰 수종은 소나무이다.
ㄴ. '기타'를 제외하고 2006~2011년 동안 원목생산량이 매년 증가한 수종은 3개이다.
ㄷ. 2010년 참나무 원목생산량은 2010년 잣나무 원목생산량의 6배 이상이다.
ㄹ. 전체 원목생산량 중 소나무 원목생산량의 비중은 2011년이 2009년보다 크다.

① ㄱ, ㄴ　　② ㄱ, ㄷ　　③ ㄱ, ㄹ
④ ㄴ, ㄷ　　⑤ ㄷ, ㄹ

기출 16' 5급[민]-5 난이도 ●●○

013 다음 〈그림〉은 국가 A~D의 정부신뢰에 관한 자료이다. 〈그림〉과 〈조건〉에 근거하여 A~D에 해당하는 국가를 바르게 나열한 것은?

〈그림 1〉 국가별 전체국민 정부신뢰율

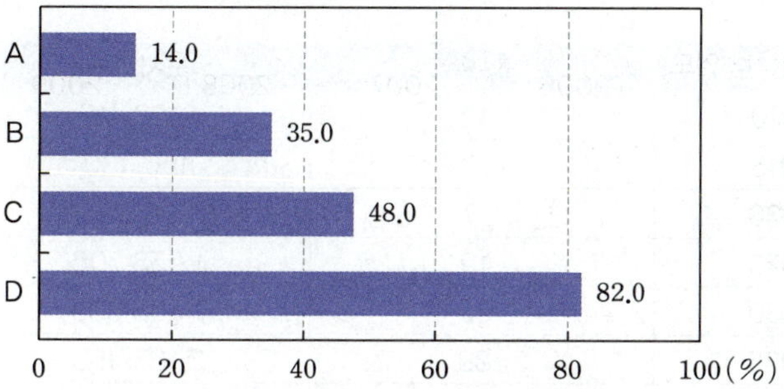

〈그림 2〉 국가별 청년층의 상대적 정부신뢰지수

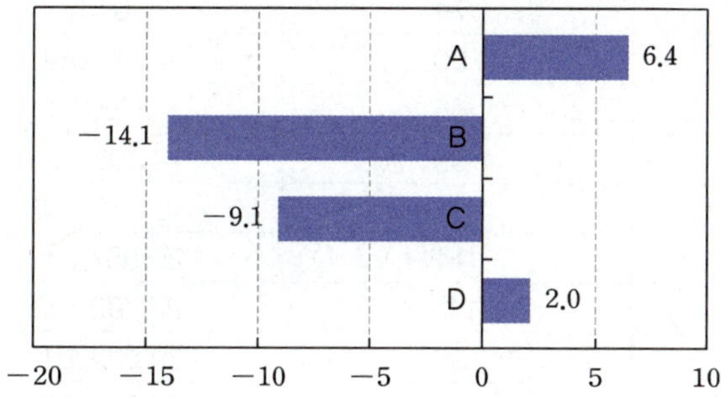

※ 1) 전체국민 정부신뢰율(%) = $\frac{\text{정부를 신뢰한다고 응답한 응답자 수}}{\text{전체응답자 수}} \times 100$

2) 청년층 정부신뢰율(%) = $\frac{\text{정부를 신뢰한다고 응답한 청년층 응답자 수}}{\text{청년층 응답자 수}} \times 100$

3) 청년층의 상대적 정부신뢰지수 = 전체국민 정부신뢰율(%) − 청년층 정부신뢰율(%)

조건

- 청년층 정부신뢰율은 스위스가 그리스의 10배 이상이다.
- 영국과 미국에서는 청년층 정부신뢰율이 전체국민 정부신뢰율보다 높다.
- 청년층 정부신뢰율은 미국이 스위스보다 30%p 이상 낮다.

	A	B	C	D
①	그리스	영국	미국	스위스
②	스위스	영국	미국	그리스
③	스위스	미국	영국	그리스
④	그리스	미국	영국	스위스
⑤	영국	그리스	미국	스위스

문항편 8일차 • 수리능력 + 자료해석

기출 16' 5급(민)-5 | 난이도 ●●●

014 다음 〈표〉는 조사년도별 우리나라의 도시수, 도시인구 및 도시화율에 대한 자료이다. 이에 대한 〈보기〉의 설명 중 옳은 것만을 모두 고르면?

〈표〉 조사년도별 우리나라의 도시수, 도시인구 및 도시화율

(단위: 개, 명, %)

조사년도	도시수	도시인구	도시화율
1910	12	1,122,412	8.4
1915	7	456,430	2.8
1920	7	508,396	2.9
1925	19	1,058,706	5.7
1930	30	1,605,669	7.9
1935	38	2,163,453	10.1
1940	58	3,998,079	16.9
1944	74	5,067,123	19.6
1949	60	4,595,061	23.9
1955	65	6,320,823	29.4
1960	89	12,303,103	35.4
1966	111	15,385,382	42.4
1970	114	20,857,782	49.8
1975	141	24,792,199	58.3
1980	136	29,634,297	66.2
1985	150	34,527,278	73.3
1990	149	39,710,959	79.5
1995	135	39,882,316	82.6
2000	138	38,784,556	84.0
2005	151	41,017,759	86.7
2010	156	42,564,502	87.6

※ 1) 도시화율(%) $= \frac{\text{도시인구}}{\text{전체인구}} \times 100$

2) 평균도시인구 $= \frac{\text{도시인구}}{\text{도시수}}$

보기

ㄱ. 1949~2010년 동안 직전 조사년도에 비해 도시수가 증가한 조사년도에는 직전 조사년도에 비해 도시화율도 모두 증가한다.

ㄴ. 1949~2010년 동안 직전 조사년도 대비 도시인구 증가폭이 가장 큰 조사년도에는 직전 조사년도 대비 도시화율 증가폭도 가장 크다.

ㄷ. 전체인구가 처음으로 4천만명을 초과한 조사년도는 1970년이다.

ㄹ. 조사년도 1955년의 평균도시인구는 10만명 이상이다.

① ㄱ, ㄴ　　② ㄱ, ㄷ　　③ ㄴ, ㄷ

④ ㄴ, ㄹ　　⑤ ㄱ, ㄷ, ㄹ

기출 18' 5급㉻-나 난이도 ●●○

015 다음 〈표〉와 〈그림〉은 기계 100대의 업그레이드 전·후 성능지수에 관한 자료이다. 이에 대한 설명으로 옳은 것은?

〈표〉 업그레이드 전·후 성능지수별 대수

(단위: 대)

구분 \ 성능지수	65	79	85	100
업그레이드 전	80	5	0	15
업그레이드 후	0	60	5	35

※ 성능지수는 네 가지 값(65, 79, 85, 100)만 존재하고, 그 값이 클수록 성능지수가 향상됨을 의미함.

〈그림〉 성능지수 향상폭 분포

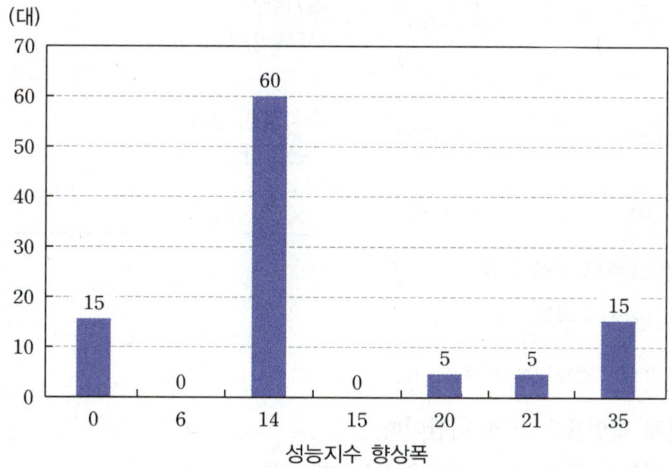

※ 1) 업그레이드를 통한 성능 감소는 없음.
2) 성능지수 향상폭 = 업그레이드 후 성능지수 − 업그레이드 전 성능지수

① 업그레이드 후 1대당 성능지수는 업그레이드 전 1대당 성능지수에 비해 20 이상 향상되었다.

② 업그레이드 전 성능지수가 65이었던 기계의 15%가 업그레이드 후 성능지수 100이 된다.

③ 업그레이드 전 성능지수가 79이었던 모든 기계가 업그레이드 후 성능지수 100이 된 것은 아니다.

④ 업그레이드 전 성능지수가 100이 아니었던 기계 중, 업그레이드를 통한 성능지수 향상폭이 0인 기계가 있다.

⑤ 업그레이드를 통한 성능지수 향상폭이 35인 기계 대수는 업그레이드 전 성능지수가 100이었던 기계 대수와 같다.

기출 18' 5급㉻-나 난이도 ●●○

016 다음 〈표〉는 하진이의 10월 모바일 쇼핑 구매내역이다. 이에 대한 설명으로 옳은 것은?

〈표〉 10월 모바일 쇼핑 구매내역

(단위: 원, 포인트)

상품	주문 금액	할인금액	결제금액
요가용품세트	45,400	즉시할인 4,540 쿠폰할인 4,860	신용카드 32,700 + 포인트 3,300 = 36,000
가을스웨터	57,200	즉시할인 600 쿠폰할인 7,970	신용카드 48,370 + 포인트 260 = 48,630
샴푸	38,800	즉시할인 0 쿠폰할인 (　)	신용카드 34,300 + 포인트 1,500 = 35,800
보온병	9,200	즉시할인 1,840 쿠폰할인 0	신용카드 7,290 + 포인트 70 = 7,360
전체	150,600	22,810	127,790

※ 1) 결제금액(원) = 주문금액 − 할인금액

2) 할인율(%) = $\frac{\text{할인금액}}{\text{주문금액}} \times 100$

3) 1포인트는 결제금액 1원에 해당함.

① 전체 할인율은 15% 미만이다.

② 할인율이 가장 높은 상품은 '보온병'이다.

③ 주문금액 대비 신용카드 결제금액 비율이 가장 낮은 상품은 '요가용품세트'이다.

④ 10월 전체 주문금액의 3%가 11월 포인트로 적립된다면, 10월 구매로 적립된 11월 포인트는 10월 동안 사용한 포인트보다 크다.

⑤ 결제금액 중 포인트로 결제한 금액이 차지하는 비율이 두 번째로 낮은 상품은 '가을스웨터'이다.

기출 18' 5급㉑-나 난이도 ●○○

017 **다음 〈표〉는 '갑'패스트푸드점의 메인·스낵·음료 메뉴의 영양성분에 관한 자료이다. 이에 대한 설명으로 옳은 것은?**

〈표 1〉 메인 메뉴 단위당 영양성분표

구분 / 메뉴	중량 (g)	열량 (kcal)	성분함량			
			당 (g)	단백질 (g)	포화지방 (g)	나트륨 (mg)
치즈버거	114	297	7	15	7	758
햄버거	100	248	6	13	5	548
새우버거	197	395	9	15	5	882
치킨버거	163	374	6	15	5	719
불고기버거	155	399	13	16	2	760
칠리버거	228	443	7	22	5	972
베이컨버거	242	513	15	26	13	1,197
스페셜버거	213	505	8	26	12	1,059

〈표 2〉 스낵 메뉴 단위당 영양성분표

구분 / 메뉴	중량 (g)	열량 (kcal)	성분함량			
			당 (g)	단백질 (g)	포화지방 (g)	나트륨 (mg)
감자튀김	114	352	0	4	4	181
조각치킨	68	165	0	10	3	313
치즈스틱	47	172	0	6	6	267

〈표 3〉 음료 메뉴 단위당 영양성분표

구분 / 메뉴	중량 (g)	열량 (kcal)	성분함량			
			당 (g)	단백질 (g)	포화지방 (g)	나트륨 (mg)
콜라	425	143	34	0	0	19
커피	400	10	0	0	0	0
우유	200	130	9	6	5	100
오렌지주스	175	84	18	0	0	5

① 중량 대비 열량의 비율이 가장 낮은 메인 메뉴는 새우버거이다.

② 모든 메인 메뉴는 나트륨 함량이 당 함량의 50배 이상이다.

③ 서로 다른 두 메인 메뉴를 한 단위씩 주문한다면, 총 단백질 함량은 항상 총 포화지방 함량의 두 배 이상이다.

④ 메인 메뉴 각각의 단위당 중량은 모든 스낵 메뉴의 단위당 중량 합보다 작다.

⑤ 메인 메뉴, 스낵 메뉴 및 음료 메뉴 각각 한 단위씩 주문하여 총 열량이 500 kcal 이하가 되도록 할 때 주문할 수 있는 음료 메뉴는 커피뿐이다.

기출 18' 5급㉻-나 난이도 ●●○

018 다음 〈표〉는 18세기 조선의 직업별 연봉 및 품목별 가격에 관한 자료이다. 이에 대한 설명으로 옳지 않은 것은?

〈표 1〉 18세기 조선의 직업별 연봉

구분		곡물(섬)		면포(필)	현재 원화가치(원)
		쌀	콩		
관료	정1품	25	3	–	5,854,400
	정5품	17	1	–	3,684,800
	종9품	7	1	–	1,684,800
궁녀	상궁	11	1	–	(　　)
	나인	5	1	–	1,284,800
군인	기병	7	2	9	(　　)
	보병	3	–	9	1,500,000

〈표 2〉 18세기 조선의 품목별 가격

품목	곡물(1섬)		면포 (1필)	소고기 (1근)	집(1칸)	
	쌀	콩			기와집	초가집
가격	5냥	7냥 1전 2푼	2냥 5전	7전	21냥 6전 5푼	9냥 5전 5푼

※ 1냥 = 10전 = 100푼

① 18세기 조선의 1푼의 가치는 현재 원화가치로 환산할 경우 400원과 같다.
② ‘기병’ 연봉은 ‘종9품’ 연봉보다 많고 ‘정5품’ 연봉보다 적다.
③ ‘정1품’ 관료의 12년치 연봉은 100칸의 기와집 가격보다 적다.
④ ‘상궁’ 연봉은 ‘보병’ 연봉의 2배 이상이다.
⑤ ‘나인’의 1년치 연봉으로 살 수 있는 소고기는 40근 이상이다.

기출 17' 5급㉻-가 난이도 ●●○

019 다음 〈표〉는 8개 기관의 장애인 고용 현황이다. 〈표〉와 〈조건〉에 근거하여 A~D에 해당하는 기관을 바르게 나열한 것은?

〈표〉 기관별 장애인 고용 현황

(단위: 명, %)

기관	전체 고용인원	장애인 고용의무인원	장애인 고용인원	장애인 고용률
남동청	4,013	121	58	1.45
A	2,818	85	30	1.06
B	22,323	670	301	1.35
북동청	92,385	2,772	1,422	1.54
C	22,509	676	361	1.60
D	19,927	598	332	1.67
남서청	53,401	1,603	947	1.77
북서청	19,989	600	357	1.79

※ 장애인 고용률(%) $= \frac{\text{장애인 고용인원}}{\text{전체 고용인원}} \times 100$

조건

- 동부청의 장애인 고용의무인원은 서부청보다 많고, 남부청보다 적다.
- 장애인 고용률은 서부청이 가장 낮다.
- 장애인 고용의무인원은 북부청이 남부청보다 적다.
- 동부청은 남동청보다 장애인 고용인원은 많으나, 장애인 고용률은 낮다.

	A	B	C	D
①	동부청	서부청	남부청	북부청
②	동부청	서부청	북부청	남부청
③	서부청	동부청	남부청	북부청
④	서부청	동부청	북부청	남부청
⑤	서부청	남부청	동부청	북부청

기출 17' 5급㉻-가 난이도 ●○○

020 다음 〈표〉는 미국이 환율조작국을 지정하기 위해 만든 요건별 판단기준과 '가'~'카'국의 2015년 자료이다. 이에 대한 〈보기〉의 설명 중 옳은 것만을 모두 고르면?

〈표 1〉 요건별 판단기준

	A	B	C
요건	현저한 대미무역수지 흑자	상당한 경상수지 흑자	지속적 환율시장 개입
판단 기준	대미무역수지 200억 달러 초과	GDP 대비 경상수지 비중 3% 초과	GDP 대비 외화자산 순매수액 비중 2% 초과

※ 1) 요건 중 세 가지를 모두 충족하면 환율조작국으로 지정됨.
2) 요건 중 두 가지만을 충족하면 관찰대상국으로 지정됨.

〈표 2〉 환율조작국 지정 관련 자료(2015년)

(단위: 10억 달러, %)

항목 \ 국가	대미무역수지	GDP 대비 경상수지 비중	GDP 대비 외화자산 순매수액 비중
가	365.7	3.1	−3.9
나	74.2	8.5	0.0
다	68.6	3.3	2.1
라	58.4	−2.8	−1.8
마	28.3	7.7	0.2
바	27.8	2.2	1.1
사	23.2	−1.1	1.8
아	17.6	−0.2	0.2
자	14.9	−3.3	0.0
차	14.9	14.6	2.4
카	−4.3	−3.3	0.1

보기

ㄱ. 환율조작국으로 지정되는 국가는 없다.
ㄴ. '나'국은 A요건과 B요건을 충족한다.
ㄷ. 관찰대상국으로 지정되는 국가는 모두 4개이다.
ㄹ. A요건의 판단기준을 '대미무역수지 200억 달러 초과'에서 '대미무역수지 150억 달러 초과'로 변경하여도 관찰대상국 및 환율조작국으로 지정되는 국가들은 동일하다.

① ㄱ, ㄴ　② ㄱ, ㄷ　③ ㄴ, ㄹ
④ ㄷ, ㄹ　⑤ ㄴ, ㄷ, ㄹ

기출 16' 5급㉥-5 난이도 ●●○

021 다음 〈표〉는 지역별, 등급별, 병원유형별 요양기관 수를 나타낸 자료이다. 이에 대한 〈보기〉의 설명 중 옳은 것만을 모두 고르면?

〈표 1〉 지역별, 등급별 요양기관 수

(단위: 개소)

지역 \ 등급	1등급	2등급	3등급	4등급	5등급
서울	22	2	1	0	4
경기	17	2	0	0	1
경상	16	0	0	1	0
충청	5	2	0	0	2
전라	4	2	0	0	1
강원	1	2	0	1	0
제주	2	0	0	0	0
계	67	10	1	2	8

〈표 2〉 병원유형별, 등급별 요양기관 수

(단위: 개소)

병원유형 \ 등급	1등급	2등급	3등급	4등급	5등급	합
상급종합병원	37	5	0	0	0	42
종합병원	30	5	1	2	8	46

보기

ㄱ. 경상지역 요양기관 중 1등급 요양기관의 비중은 서울지역 요양기관 중 1등급 요양기관의 비중보다 작다.

ㄴ. 5등급 요양기관 중 서울지역 요양기관의 비중은 2등급 요양기관 중 강원지역 요양기관의 비중보다 크다.

ㄷ. 1등급 '상급종합병원' 요양기관 수는 5등급을 제외한 '종합병원' 요양기관 수의 합보다 적다.

ㄹ. '상급종합병원' 요양기관 중 1등급 요양기관의 비중은 1등급 요양기관 중 '종합병원' 요양기관의 비중보다 크다.

① ㄱ, ㄴ ② ㄱ, ㄷ ③ ㄴ, ㄷ

④ ㄴ, ㄹ ⑤ ㄴ, ㄷ, ㄹ

기출 16' 5급㉥-5 난이도 ●●○

022 다음 〈표〉는 2000년 극한기후 유형별 발생일수와 발생지수에 관한 자료이다. 〈표〉와 〈산정식〉에 따라 2000년 극한기후 유형별 발생지수를 산출할 때, 이에 대한 설명으로 옳은 것은?

〈표〉 2000년 극한기후 유형별 발생일수와 발생지수

유형	폭염	한파	호우	대설	강풍
발생일수(일)	16	5	3	0	1
발생지수	5.00	( )	( )	1.00	( )

※ 극한기후 유형은 폭염, 한파, 호우, 대설, 강풍만 존재함.

산정식

$$\text{극한기후 발생지수} = 4 \times \left(\frac{A-B}{C-B}\right) + 1$$

A = 당해년도 해당 극한기후 유형 발생일수
B = 당해년도 폭염, 한파, 호우, 대설, 강풍의 발생일수 중 최솟값
C = 당해년도 폭염, 한파, 호우, 대설, 강풍의 발생일수 중 최댓값

① 발생지수가 가장 높은 유형은 한파이다.
② 호우의 발생지수는 2.00 이상이다.
③ 대설과 강풍의 발생지수의 합은 호우의 발생지수보다 크다.
④ 극한기후 유형별 발생지수의 평균은 3.00 이상이다.
⑤ 폭염의 발생지수는 강풍의 발생지수의 5배이다.

기출 16' 5급㉠-5 | 난이도 ●●●

023 다음 〈표〉는 '갑'국의 10대 미래산업 현황에 대한 자료이다. 〈표〉와 〈조건〉을 이용하여 B, C, E에 해당하는 산업을 바르게 나열한 것은?

〈표〉 '갑'국의 10대 미래산업 현황

(단위: 개, 명, 억원, %)

산업	업체수	종사자수	부가가치액	부가가치율
A	403	7,500	788	33.4
기계	345	3,600	2,487	48.3
B	302	22,500	8,949	41.4
조선	103	1,100	282	37.0
에너지	51	2,300	887	27.7
C	48	2,900	4,002	42.4
안전	15	2,100	1,801	35.2
D	4	2,800	4,268	40.5
E	2	300	113	36.3
F	2	100	61	39.1
전체	1,275	45,200	23,638	40.3

※ $\text{부가가치율(\%)} = \frac{\text{부가가치액}}{\text{매출액}} \times 100$

조건

- 의료 종사자수는 IT 종사자수의 3배이다.
- 의료와 석유화학의 부가가치액 합은 10대 미래산업 전체 부가가치액의 50% 이상이다.
- 매출액이 가장 낮은 산업은 항공우주이다.
- 철강 업체수는 지식서비스 업체수의 2배이다.

	B	C	E
①	의료	철강	지식서비스
②	의료	석유화학	지식서비스
③	의료	철강	항공우주
④	지식서비스	석유화학	의료
⑤	지식서비스	철강	의료

기출 16' 5급㉥-5 난이도 ●●○

024 다음 〈표〉는 성인 500명이 응답한 온라인 도박과 오프라인 도박 관련 조사결과이다. 이에 대한 〈보기〉의 설명 중 옳은 것만을 모두 고르면?

〈표〉 온라인 도박과 오프라인 도박 관련 조사결과

(단위: 명)

온라인 \ 오프라인	×	△	○	합
×	250	21	2	( )
△	113	25	6	144
○	59	16	8	( )
계	422	( )	( )	500

※ 1) × : 경험이 없고 충동을 느낀 적도 없음.
2) △ : 경험은 없으나 충동을 느낀 적이 있음.
3) ○ : 경험이 있음.

보기

ㄱ. 온라인 도박 경험이 있다고 응답한 사람은 83명이다.
ㄴ. 오프라인 도박에 대해, '경험은 없으나 충동을 느낀 적이 있음'으로 응답한 사람은 전체 응답자의 10% 미만이다.
ㄷ. 온라인 도박 경험이 있다고 응답한 사람 중 오프라인 도박 경험이 있다고 응답한 사람의 비중은 전체 응답자 중 오프라인 도박 경험이 있다고 응답한 사람의 비중보다 크다.
ㄹ. 온라인 도박에 대해, '경험이 없고 충동을 느낀 적도 없음'으로 응답한 사람은 전체 응답자의 50% 이하이다.

① ㄱ, ㄴ ② ㄱ, ㄷ ③ ㄷ, ㄹ
④ ㄱ, ㄴ, ㄷ ⑤ ㄱ, ㄷ, ㄹ

기출 17' 5급㉻-가 난이도 ●●●

025 다음 〈표〉는 6개 광종의 위험도와 경제성 점수에 관한 자료이다. 〈표〉와 〈분류기준〉을 이용하여 광종을 분류할 때, 〈보기〉의 설명 중 옳은 것만을 모두 고르면?

〈표〉 6개 광종의 위험도와 경제성 점수

(단위: 점)

항목 \ 광종	금광	은광	동광	연광	아연광	철광
위험도	2.5	4.0	2.5	2.7	3.0	3.5
경제성	3.0	3.5	2.5	2.7	3.5	4.0

분류기준

위험도와 경제성 점수가 모두 3.0점을 초과하는 경우에는 '비축필요광종'으로 분류하고, 위험도와 경제성 점수 중 하나는 3.0점 초과, 다른 하나는 2.5점 초과 3.0점 이하인 경우에는 '주시광종'으로 분류하며, 그 외는 '비축제외광종'으로 분류한다.

보기

ㄱ. '주시광종'으로 분류되는 광종은 1종류이다.

ㄴ. '비축필요광종'으로 분류되는 광종은 '은광', '아연광', '철광'이다.

ㄷ. 모든 광종의 위험도와 경제성 점수가 현재보다 각각 20% 증가하면, '비축필요광종'으로 분류되는 광종은 4종류가 된다.

ㄹ. '주시광종' 분류기준을 '위험도와 경제성 점수 중 하나는 3.0점 초과, 다른 하나는 2.5점 이상 3.0점 이하'로 변경한다면, '금광'과 '아연광'은 '주시광종'으로 분류된다.

① ㄱ, ㄷ　　② ㄱ, ㄹ　　③ ㄷ, ㄹ

④ ㄱ, ㄴ, ㄷ　　⑤ ㄴ, ㄷ, ㄹ

기출 17' 5급㉻-가 난이도 ●○○

026 다음 〈표〉는 중학생의 주당 운동시간 현황을 조사한 자료이다. 이에 대한 〈보기〉의 설명 중 옳은 것만을 모두 고르면?

〈표〉 중학생의 주당 운동시간 현황

(단위: %, 명)

구분		남학생 1학년	남학생 2학년	남학생 3학년	여학생 1학년	여학생 2학년	여학생 3학년
1시간 미만	비율	10.0	5.7	7.6	18.8	19.2	25.1
	인원수	118	66	87	221	217	281
1시간 이상 2시간 미만	비율	22.2	20.4	19.7	26.6	31.3	29.3
	인원수	261	235	224	312	353	328
2시간 이상 3시간 미만	비율	21.8	20.9	24.1	20.7	18.0	21.6
	인원수	256	241	274	243	203	242
3시간 이상 4시간 미만	비율	34.8	34.0	23.4	30.0	27.3	14.0
	인원수	409	392	266	353	308	157
4시간 이상	비율	11.2	19.0	25.2	3.9	4.2	10.0
	인원수	132	219	287	46	47	112
합계	비율	100.0	100.0	100.0	100.0	100.0	100.0
	인원수	1,176	1,153	1,138	1,175	1,128	1,120

보기

ㄱ. '1시간 미만' 운동하는 3학년 남학생 수는 '4시간 이상' 운동하는 1학년 여학생 수보다 많다.

ㄴ. 동일 학년의 남학생과 여학생을 비교하면, 남학생 중 '1시간 미만' 운동하는 남학생의 비율이 여학생 중 '1시간 미만' 운동하는 여학생의 비율보다 각 학년에서 모두 낮다.

ㄷ. 남학생과 여학생 각각, 학년이 높아질수록 3시간 이상 운동하는 학생의 비율이 낮아진다.

ㄹ. 모든 학년별 남학생과 여학생 각각에서, '3시간 이상 4시간 미만' 운동하는 학생의 비율이 '4시간 이상' 운동하는 학생의 비율보다 높다.

① ㄱ, ㄴ ② ㄱ, ㄹ ③ ㄴ, ㄷ
④ ㄷ, ㄹ ⑤ ㄱ, ㄴ, ㄷ

기출 17' 5급㉠-가 난이도 ●●○

027 다음 〈표〉는 둘씩 짝지은 A~F 대학 현황 자료이다. 〈조건〉을 근거로 A－B, C－D, E－F 대학을 순서대로 바르게 짝지어 나열한 것은?

〈표〉 둘씩 짝지은 대학 현황

(단위: %, 명, 달러)

짝지은 대학	A－B		C－D		E－F	
	A	B	C	D	E	F
입학허가율	7	12	7	7	9	7
졸업률	96	96	96	97	95	94
학생 수	7,000	24,600	12,300	28,800	9,270	27,600
교수 1인당 학생 수	7	6	6	8	9	6
연간 학비	43,500	49,500	47,600	45,300	49,300	53,000

조건

- 짝지어진 두 대학끼리만 비교한다.
- 졸업률은 야누스가 플로라보다 높다.
- 로키와 토르의 학생 수 차이는 18,000명 이상이다.
- 교수 수는 이시스가 오시리스보다 많다.
- 입학허가율은 토르가 로키보다 높다.

	A－B	C－D	E－F
①	오시리스 － 이시스	플로라 － 야누스	토르 － 로키
②	이시스 － 오시리스	플로라 － 야누스	로키 － 토르
③	로키 － 토르	이시스 － 오시리스	야누스 － 플로라
④	로키 － 토르	플로라 － 야누스	오시리스 － 이시스
⑤	야누스 － 플로라	이시스 － 오시리스	토르 － 로키

기출 17' 5급㉻-가 | 난이도 ●●○

028 다음 〈표〉는 2016년 1~6월 월말종가기준 A, B사의 주가와 주가지수에 대한 자료이다. 이에 대한 〈보기〉의 설명 중 옳은 것만을 모두 고르면?

〈표〉 A, B사의 주가와 주가지수(2016년 1~6월)

구분		1월	2월	3월	4월	5월	6월
주가(원)	A사	5,000	( )	5,700	4,500	3,900	( )
	B사	6,000	( )	6,300	5,900	6,200	5,400
주가지수		100.00	( )	109.09	( )	91.82	100.00

※ 1) $\text{주가지수} = \dfrac{\text{해당 월 A사의 주가} + \text{해당 월 B사의 주가}}{\text{1월 A사의 주가} + \text{1월 B사의 주가}} \times 100$

2) $\text{해당 월의 주가 수익률(\%)} = \dfrac{\text{해당 월의 주가} - \text{전월의 주가}}{\text{전월의 주가}} \times 100$

보기

ㄱ. 3~6월 중 주가지수가 가장 낮은 달에 A사와 B사의 주가는 모두 전월 대비 하락하였다.
ㄴ. A사의 주가는 6월이 1월보다 높다.
ㄷ. 2월 A사의 주가가 전월 대비 20% 하락하고 B사의 주가는 전월과 동일하면, 2월의 주가지수는 전월 대비 10% 이상 하락한다.
ㄹ. 4~6월 중 A사의 주가 수익률이 가장 낮은 달에 B사의 주가는 전월 대비 하락하였다.

① ㄱ, ㄴ　② ㄱ, ㄷ　③ ㄴ, ㄷ
④ ㄴ, ㄹ　⑤ ㄷ, ㄹ

기출 17' 5급㉻-가 | 난이도 ●●○

029 다음 〈표〉는 2012년 34개국의 국가별 1인당 GDP와 학생들의 수학성취도 자료이고, 〈그림〉은 〈표〉의 자료를 그래프로 나타낸 것이다. 이에 대한 〈보기〉의 설명 중 옳은 것만을 모두 고르면?

〈표〉 국가별 1인당 GDP와 수학성취도

(단위: 천달러, 점)

국가	1인당 GDP	수학성취도
룩셈부르크	85	490
카타르	77	(　)
싱가포르	58	573
미국	47	481
노르웨이	45	489
네덜란드	42	523
아일랜드	41	501
호주	41	504
덴마크	41	500
캐나다	40	518
스웨덴	39	478
독일	38	514
핀란드	36	519
일본	35	536
프랑스	34	495
이탈리아	32	485
스페인	32	484
한국	29	554
이스라엘	27	466
포르투갈	26	487
체코	25	499
헝가리	21	477
폴란드	20	518
러시아	20	482
칠레	17	423
아르헨티나	16	388
터키	16	448
멕시코	15	413
말레이시아	15	421
불가리아	14	439
브라질	13	391
태국	10	427
인도네시아	5	(　)
베트남	4	511

〈그림〉 국가별 1인당 GDP와 수학성취도

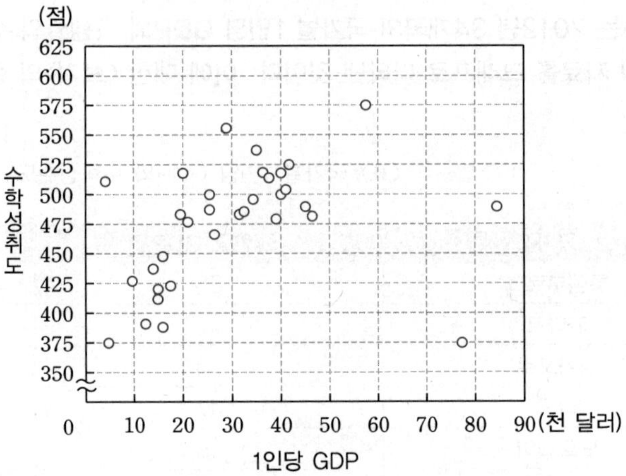

※ 국가별 학생 수는 동일하지 않고, 각 국가의 수학성취도는 해당국 학생 전체의 수학성취도 평균이며, 34개국 학생 전체의 수학성취도 평균은 500점임.

보기

ㄱ. 1인당 GDP가 체코보다 높은 국가 중에서 수학성취도가 체코보다 높은 국가의 수와 낮은 국가의 수는 같다.

ㄴ. 수학성취도 하위 7개 국가의 1인당 GDP는 모두 2만 달러 이하이다.

ㄷ. 1인당 GDP 상위 5개 국가 중에서 수학성취도가 34개국 학생 전체의 평균보다 높은 국가는 1개이다.

ㄹ. 수학성취도 상위 2개 국가의 1인당 GDP 차이는 수학성취도 하위 2개 국가의 1인당 GDP 차이보다 크다.

① ㄱ, ㄴ　② ㄱ, ㄷ　③ ㄴ, ㄷ
④ ㄴ, ㄹ　⑤ ㄱ, ㄷ, ㄹ

기출 17' 5급㉻-가 | 난이도 ●●○

030 다음 〈표〉는 2008~2013년 '갑'국 농·임업 생산액과 부가가치 현황에 대한 자료이다. 이에 대한 〈보기〉의 설명 중 옳은 것만을 모두 고르면?

〈표 1〉 농·임업 생산액 현황

(단위: 10억원, %)

구분 \ 연도		2008	2009	2010	2011	2012	2013
농·임업 생산액		39,663	42,995	43,523	43,214	46,357	46,648
분야별 비중	곡물	23.6	20.2	15.6	18.5	17.5	18.3
	화훼	28.0	27.7	29.4	30.1	31.7	32.1
	과수	34.3	38.3	40.2	34.7	34.6	34.8

※ 1) 분야별 비중은 농·임업 생산액 대비 해당 분야의 생산액 비중임.
2) 곡물, 화훼, 과수는 농·임업의 일부 분야임.

〈표 2〉 농·임업 부가가치 현황

(단위: 10억원, %)

구분 \ 연도		2008	2009	2010	2011	2012	2013
농·임업 부가가치		22,587	23,540	24,872	26,721	27,359	27,376
GDP 대비 비중	농업	2.1	2.1	2.0	2.1	2.0	2.0
	임업	0.1	0.1	0.2	0.1	0.2	0.2

※ 1) GDP 대비 비중은 GDP 대비 해당 분야의 부가가치 비중임.
2) 농·임업은 농업과 임업으로만 구성됨.

보기

ㄱ. 농·임업 생산액이 전년보다 작은 해에는 농·임업 부가가치도 전년보다 작다.
ㄴ. 화훼 생산액은 매년 증가한다.
ㄷ. 매년 곡물 생산액은 과수 생산액의 50% 이상이다.
ㄹ. 매년 농업 부가가치는 농·임업 부가가치의 85% 이상이다.

① ㄱ, ㄴ　② ㄱ, ㄷ　③ ㄴ, ㄷ
④ ㄴ, ㄹ　⑤ ㄷ, ㄹ

Day 8 Self Check List

	오답 수	무응답 수	풀이시간(분)
1회독	/ 30	/ 30	/ 60(분)
2회독	/ 30	/ 30	/ 50(분)
3회독	/ 30	/ 30	/ 35(분)

정답 및 해설 260p

독끝 심화 9일차 (031~060)

난이도별 구성
- ●○○ 12문항
- ●●○ 15문항
- ●●● 3문항

본 문항은 PSAT 자료해석 영역 기출 문항으로 구성되며, 기출 표기에 따른 시험 종류는 아래와 같습니다. (표기 상 맨 끝은 '책형' 입니다.)
[민] – 민간경력자 일괄채용시험 / [행] – 공개경쟁채용시험(행정)

9일차 계산연습(고급)

Set ❶

소금이 많은 순위를 적어보세요.

	소금물(g)	농도(%)	소금이 많은 순위
(1)	80	17	→
(2)	31	78	→
(3)	73	13	→
(4)	68	42	→
(5)	58	82	→

Set ❷

속력이 빠른 순위를 적어보세요.

	거리(km)	시간(min)	빠른 순위
(1)	79	44	→
(2)	43	52	→
(3)	38	69	→
(4)	21	77	→
(5)	69	78	→

Set ❸

각 사각형에 들어있는 숫자의 평균이 큰 순위

	숫자	평균 큰 순위
(1)	76, 59, 79	
(2)	61, 42, 81, 99	
(3)	49, 42, 56	
(4)	54, 75, 37, 87	
(5)	61, 28, 50	

Set ❹

다음 4개년 자료에 대한 각 질문에 응답하세요.

연도	A	B	C	D	합계
2021	474	775	175	752	2176
2020	237	361	797	134	
2019	438	729	167	319	
2018	154	525	531	965	2175

(1) 2019년도 A의 비중은?
(2) 2020년도 B의 비중은?
(3) A~D 합계가 가장 큰 연도는?
(4) C의 2018 대비 2021년 증감률은?
(5) D의 2018 대비 2020년 증감률은?

	Set ❶	Set ❷	Set ❸	Set ❹
(1)	4	1	2	26.5%
(2)	3	3	1	23.6%
(3)	5	4	4	2021년
(4)	2	5	3	-67.0%
(5)	1	2	5	-86.1%

*Set ❶ ~ ❹ 참고사항
- 농도(%) = 소금 / 소금물의 양 * 100
- 시간 = 거리 / 속력
- 연산결과는 소수 둘째자리에서 반올림 적용

	맞은 개수	풀이 시간
Set ❶	/ 5	(초)
Set ❷	/ 5	(초)
Set ❸	/ 5	(초)
Set ❹	/ 5	(초)
합계	/ 20	(초)

* 다음의 회독수 별 권장풀이시간에 맞춰 문제풀이 후,
Day 9 끝의 [Self Check List]를 기입하여 부족한 부분을 파악하세요!

권장 풀이 시간
1회독 60 min 2회독 50 min 3회독 35 min

기출 16' 5급ⓜ-5 난이도 ●●●

031 다음 〈표〉는 임차인 A~E의 전·월세 전환 현황에 대한 자료이다. 이에 대한 〈보기〉의 설명 중 옳은 것만을 모두 고르면?

〈표〉 임차인 A~E의 전·월세 전환 현황

(단위: 만원)

임차인	전세금	월세보증금	월세
A	( )	25,000	50
B	42,000	30,000	60
C	60,000	( )	70
D	38,000	30,000	80
E	58,000	53,000	( )

※ 전·월세 전환율(%) $= \frac{\text{월세} \times 12}{\text{전세금} - \text{월세보증금}} \times 100$

보기

ㄱ. A의 전·월세 전환율이 6%라면, 전세금은 3억 5천만원이다.
ㄴ. B의 전·월세 전환율은 10%이다.
ㄷ. C의 전·월세 전환율이 3%라면, 월세보증금은 3억 6천만원이다.
ㄹ. E의 전·월세 전환율이 12%라면, 월세는 50만원이다.

① ㄱ, ㄴ ② ㄱ, ㄷ ③ ㄱ, ㄹ
④ ㄴ, ㄹ ⑤ ㄷ, ㄹ

문항편 9일차 • 수리능력 + 자료해석

기출 16' 5급[민]-5 난이도 ●●○

032 다음 〈표〉는 2000~2013년 동안 세대문제 키워드별 검색 건수에 대한 자료이다. 이에 대한 〈보기〉의 설명 중 옳은 것만을 모두 고르면?

〈표〉 세대문제 키워드별 검색 건수

(단위: 건)

연도	부정적 키워드		긍정적 키워드		전체
	세대갈등	세대격차	세대소통	세대통합	
2000	575	260	164	638	1,637
2001	520	209	109	648	1,486
2002	912	469	218	1,448	3,047
2003	1,419	431	264	1,363	3,477
2004	1,539	505	262	1,105	3,411
2005	1,196	549	413	1,247	3,405
2006	940	494	423	990	2,847
2007	1,094	631	628	1,964	4,317
2008	1,726	803	1,637	2,542	6,708
2009	2,036	866	1,854	2,843	7,599
2010	2,668	1,150	3,573	4,140	11,531
2011	2,816	1,279	3,772	4,008	11,875
2012	3,603	1,903	4,263	8,468	18,237
2013	3,542	1,173	3,809	4,424	12,948

보기

ㄱ. 부정적 키워드 검색 건수에 비해 긍정적 키워드 검색 건수가 많았던 연도의 횟수는 8번 이상이다.
ㄴ. '세대소통' 키워드의 검색 건수는 2005년 이후 매년 증가하였다.
ㄷ. 2001~2013년 동안 전년대비 전체 검색 건수 증가율이 가장 높은 해는 2002년이다.
ㄹ. 2002년에 전년대비 검색 건수 증가율이 가장 낮은 키워드는 '세대소통'이다.

① ㄱ, ㄴ ② ㄱ, ㄷ ③ ㄴ, ㄹ
④ ㄱ, ㄷ, ㄹ ⑤ ㄴ, ㄷ, ㄹ

033 다음 〈그림〉은 약품 A~C 투입량에 따른 오염물질 제거량을 측정한 자료이다. 이에 대한 〈보기〉의 설명 중 옳은 것만을 모두 고르면?

〈그림〉 약품 A~C 투입량에 따른 오염물질 제거량

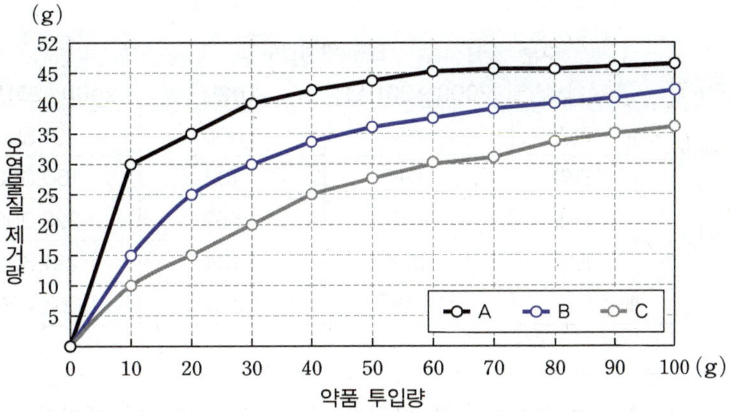

※ 약품은 혼합하여 투입하지 않으며, 측정은 모든 조건이 동일한 가운데 이루어짐.

보기

ㄱ. 각 약품의 투입량이 20 g일 때와 60 g일 때를 비교하면, A의 오염물질 제거량 차이가 가장 작다.
ㄴ. 각 약품의 투입량이 20 g일 때, 오염물질 제거량은 A가 C의 2배 이상이다.
ㄷ. 오염물질 30 g을 제거하기 위해 필요한 투입량이 가장 적은 약품은 B이다.
ㄹ. 약품 투입량이 같으면 B와 C의 오염물질 제거량 차이는 7 g 미만이다.

① ㄱ, ㄴ　② ㄴ, ㄹ　③ ㄷ, ㄹ
④ ㄱ, ㄴ, ㄷ　⑤ ㄴ, ㄷ, ㄹ

기출 16' 5급[민]-5 난이도 ●○○

034 다음 〈표〉는 2009~2012년 A 추모공원의 신규 안치건수 및 매출액 현황을 나타낸 자료이다. 이에 대한 〈보기〉의 설명 중 옳은 것만을 모두 고르면?

〈표〉 A 추모공원의 신규 안치건수 및 매출액 현황

(단위: 건, 만원)

안치유형 \ 구분		신규 안치건수		매출액	
		2009~2011년	2012년	2009~2011년	2012년
개인단	관내	719	606	291,500	289,000
	관외	176	132	160,000	128,500
부부단	관내	632	557	323,900	330,000
	관외	221	134	291,800	171,000
계		1,748	1,429	1,067,200	918,500

보기

ㄱ. 2012년 개인단의 신규 안치건수는 2009~2012년 개인단 신규 안치건수 합의 50% 이하이다.

ㄴ. 2009~2012년 신규 안치건수의 합은 관내가 관외보다 크다.

ㄷ. 2012년 부부단 관내와 부부단 관외의 매출액이 2011년에 비해 각각 50%가 증가한 것이라면, 2009~2010년 매출액의 합은 부부단 관내가 부부단 관외보다 작다.

ㄹ. 2009~2012년 4개 안치유형 중 신규 안치건수의 합이 가장 큰 안치유형은 부부단 관내이다.

① ㄱ, ㄴ　② ㄴ, ㄷ　③ ㄷ, ㄹ

④ ㄱ, ㄴ, ㄷ　⑤ ㄱ, ㄷ, ㄹ

기출 17' 5급㉹-가 | 난이도 ●○○

035 다음 〈표〉는 2013~2015년 A국의 13대 수출 주력 품목에 관한 자료이다. 이에 대한 〈보기〉의 설명 중 옳은 것만을 모두 고르면?

〈표 1〉 전체 수출액 대비 13대 수출 주력 품목의 수출액 비중

(단위: %)

품목 \ 연도	2013	2014	2015
가전	1.83	2.35	2.12
무선통신기기	6.49	6.42	7.28
반도체	8.31	10.04	11.01
석유제품	9.31	8.88	6.09
석유화학	8.15	8.35	7.11
선박류	10.29	7.09	7.75
섬유류	2.86	2.81	2.74
일반기계	8.31	8.49	8.89
자동차	8.16	8.54	8.69
자동차부품	4.09	4.50	4.68
철강제품	6.94	6.22	5.74
컴퓨터	2.25	2.12	2.28
평판디스플레이	5.22	4.59	4.24
계	82.21	80.40	78.62

〈표 2〉 13대 수출 주력 품목별 세계수출시장 점유율

(단위: %)

품목 \ 연도	2013	2014	2015
가전	2.95	3.63	2.94
무선통신기기	6.77	5.68	5.82
반도체	8.33	9.39	8.84
석유제품	5.60	5.20	5.18
석유화학	8.63	9.12	8.42
선박류	24.55	22.45	21.21
섬유류	2.12	1.96	1.89
일반기계	3.19	3.25	3.27
자동차	5.34	5.21	4.82
자동차부품	5.55	5.75	5.50
철강제품	5.47	5.44	5.33
컴퓨터	2.23	2.11	2.25
평판디스플레이	23.23	21.49	18.50

보기

ㄱ. 13대 수출 주력 품목 중 2014년 수출액이 큰 품목부터 차례대로 나열하면 반도체, 석유제품, 자동차, 일반기계, 석유화학, 선박류 등의 순이다.

ㄴ. 13대 수출 주력 품목 중 2013년에 비해 2015년에 전체 수출액 대비 수출액 비중이 상승한 품목은 총 7개이다.

ㄷ. 13대 수출 주력 품목 중 세계수출시장 점유율 상위 5개 품목의 순위는 2013년과 2014년이 동일하다.

① ㄱ　② ㄴ　③ ㄱ, ㄴ

④ ㄴ, ㄷ　⑤ ㄱ, ㄴ, ㄷ

기출 17' 5급㉻-가 | 난이도 ●●○

036 다음 〈표〉는 결함이 있는 베어링 610개의 추정 결함원인과 실제 결함원인에 관한 자료이다. 이에 대한 〈보기〉의 설명 중 옳은 것만을 모두 고르면?

〈표〉 베어링의 추정 결함원인과 실제 결함원인

(단위: 개)

추정 결함원인 / 실제 결함원인	불균형 결함	내륜결함	외륜결함	정렬불량 결함	볼결함	합
불균형결함	87	9	14	6	14	130
내륜결함	12	90	11	6	15	134
외륜결함	6	8	92	14	4	124
정렬불량결함	5	2	5	75	16	103
볼결함	5	7	11	18	78	119
계	115	116	133	119	127	610

※ 1) 전체인식률 = $\frac{\text{추정 결함원인과 실제 결함원인이 동일한 베어링의 개수}}{\text{결함이 있는 베어링의 개수}}$

2) 인식률 = $\frac{\text{추정 결함원인과 실제 결함원인이 동일한 베어링의 개수}}{\text{추정 결함원인에 해당되는 베어링의 개수}}$

3) 오류율 = 1 − 인식률

보기

ㄱ. 전체인식률은 0.8 이상이다.
ㄴ. '내륜결함' 오류율은 '외륜결함' 오류율보다 낮다.
ㄷ. '불균형결함' 인식률은 '외륜결함' 인식률보다 낮다.
ㄹ. 실제 결함원인이 '정렬불량결함'인 베어링 중에서, 추정 결함원인이 '불균형결함'인 베어링은 추정 결함원인이 '볼결함'인 베어링보다 적다.

① ㄱ, ㄴ ② ㄱ, ㄷ ③ ㄴ, ㄷ
④ ㄴ, ㄹ ⑤ ㄴ, ㄷ, ㄹ

기출 17' 5급㉻-가 난이도 ●●○

037 다음 〈그림〉은 '갑'국 4대 유통업태의 성별, 연령대별 구매액 비중에 대한 자료이다. 이에 대한 〈보기〉의 설명 중 옳은 것만을 모두 고르면?

〈그림〉 '갑'국 4대 유통업태의 성별, 연령대별 구매액 비중

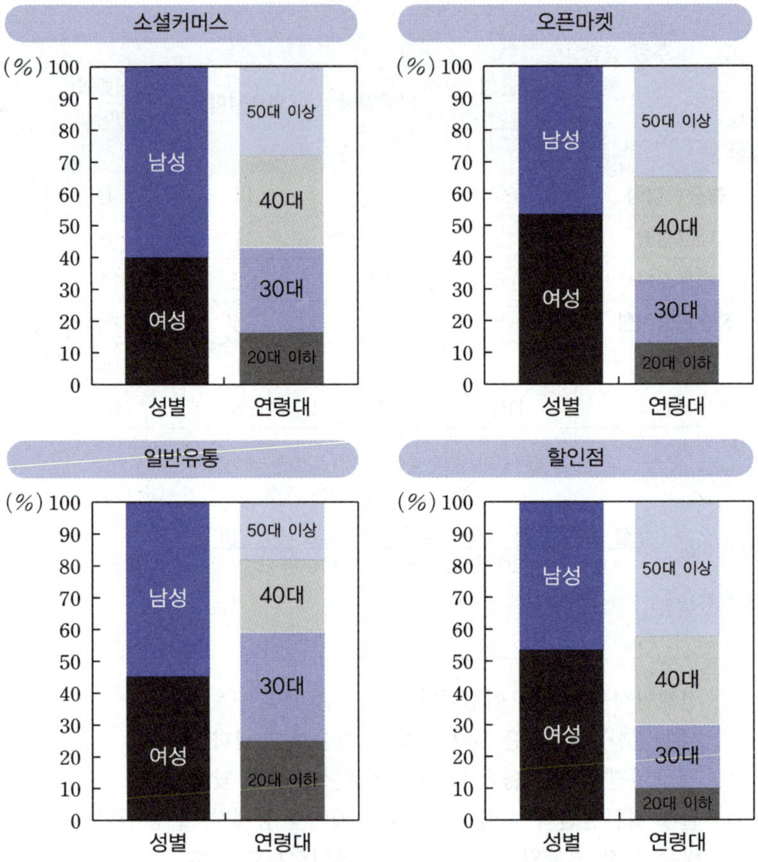

※ 유통업태는 소셜커머스, 오픈마켓, 일반유통, 할인점으로만 구성됨.

보기

ㄱ. 유통업태별 전체 구매액 중 50대 이상 연령대의 구매액 비중이 가장 큰 유통업태는 할인점이다.

ㄴ. 유통업태별 전체 구매액 중 여성의 구매액 비중이 남성보다 큰 유통업태 각각에서는 40세 이상의 구매액 비중이 60% 이상이다.

ㄷ. 4대 유통업태 각각에서 50대 이상 연령대의 구매액 비중은 20대 이하보다 크다.

ㄹ. 유통업태별 전체 구매액 중 40세 미만의 구매액 비중이 50% 미만인 유통업태에서는 여성의 구매액 비중이 남성보다 크다.

① ㄱ, ㄴ ② ㄱ, ㄷ ③ ㄴ, ㄷ
④ ㄱ, ㄴ, ㄹ ⑤ ㄴ, ㄷ, ㄹ

기출 17' 5급(행)-가 | 난이도 ●●●

038 **다음 〈표〉는 세조 재위기간 중 지역별 흉년 현황을 나타낸 것이다. 이에 대한 설명으로 옳지 않은 것은?**

〈표〉 세조 재위기간 중 지역별 흉년 현황

지역 / 재위년	경기	황해	평안	함경	강원	충청	경상	전라	흉년 지역 수
세조1	×	×	×	×	×	○	×	×	1
세조2	○	×	×	×	×	○	○	×	3
세조3	○	×	×	×	×	○	○	○	4
세조4	○	(　)	(　)	(　)	×	(　)	×	(　)	4
세조5	○	(　)	○	○	○	×	×	×	(　)
세조8	×	×	×	×	○	×	×	×	1
세조9	×	○	×	(　)	○	×	×	×	2
세조10	○	×	×	○	○	○	×	×	4
세조12	○	○	○	×	○	○	×	×	5
세조13	○	×	(　)	×	○	×	×	(　)	3
세조14	○	○	×	×	○	(　)	(　)	×	4
흉년 빈도	8	5	(　)	2	7	6	(　)	1	

※ 1) ○(×) : 해당 재위년 해당 지역이 흉년임(흉년이 아님)을 의미함.
2) 〈표〉에 제시되지 않은 재위년에는 흉년인 지역이 없음.

① 흉년 빈도가 네 번째로 높은 지역은 평안이다.
② 흉년 지역 수는 세조5년이 세조4년보다 많다.
③ 경기, 황해, 강원 3개 지역의 흉년 빈도 합은 흉년 빈도 총합의 55% 이상이다.
④ 충청의 흉년 빈도는 경상의 2배이다.
⑤ 흉년 지역 수가 5인 재위년의 횟수는 총 2번이다.

기출 17' 5급㉻-가 | 난이도 ●●○

039 다음 〈보고서〉와 〈표〉는 2014년 A국의 공적개발원조에 대한 자료이다. 이에 대한 〈보기〉의 설명 중 옳은 것만을 모두 고르면?

보고서

2014년 A국이 공여한 전체 공적개발원조액은 19억 1,430만 달러로 GDP 대비 0.13%를 기록하였다. 공적개발원조액의 지역별 배분을 살펴보면 북아프리카 5.4%, 사하라 이남 아프리카 20.0%, 오세아니아·기타 아시아 32.4%, 유럽 0.7%, 중남미 7.5%, 중앙아시아·남아시아 21.1%, 기타 지역 12.9%로 나타났다.

〈표〉 2014년 A국 공적개발원조 수원액 상위 10개국 현황

(단위: 백만달러)

순위	국가명	수원액
1	베트남	215
2	아프가니스탄	93
3	탄자니아	68
4	캄보디아	68
5	방글라데시	61
6	모잠비크	57
7	필리핀	55
8	스리랑카	52
9	에티오피아	35
10	인도네시아	34
계		738

보기

ㄱ. 수원액 상위 10개국의 수원액 합은 A국 GDP의 0.04% 이상이다.
ㄴ. '사하라 이남 아프리카'에 대한 공적개발원조액은 수원액 상위 10개국의 수원액 합보다 크다.
ㄷ. '오세아니아·기타 아시아'에 대한 공적개발원조액은 '사하라 이남 아프리카', '북아프리카', '중남미'에 대한공적개발원조액 합보다 크다.
ㄹ. 수원액 상위 10개국을 제외한 국가들의 수원액 합은 베트남 수원액의 5배 이상이다.

① ㄱ, ㄴ　② ㄱ, ㄹ　③ ㄴ, ㄷ
④ ㄷ, ㄹ　⑤ ㄱ, ㄷ, ㄹ

기출 17' 5급㉻-가 난이도 ●●○

040 다음 〈표〉와 〈그림〉은 2011~2015년 국가공무원 및 지방자치단체공무원 현황에 관한 자료이다. 이에 대한 설명으로 옳지 않은 것은?

〈표〉 국가공무원 및 지방자치단체공무원 현황

(단위: 명)

구분 \ 연도	2011	2012	2013	2014	2015
국가공무원	621,313	622,424	621,823	634,051	637,654
지방자치단체공무원	280,958	284,273	287,220	289,837	296,193

〈그림〉 국가공무원 및 지방자치단체공무원 중 여성 비율

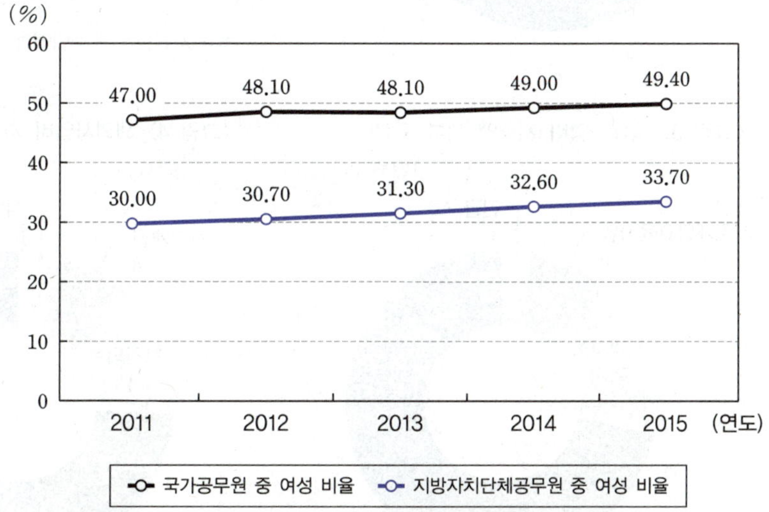

① 매년 국가공무원 중 여성 수는 지방자치단체공무원 중 여성 수의 3배 이상이다.
② 지방자치단체공무원 중 여성 수는 매년 증가하였다.
③ 매년 국가공무원 중 여성 수는 지방자치단체공무원 수보다 많다.
④ 국가공무원 중 남성 수는 2013년이 2012년보다 적다.
⑤ 국가공무원 중 여성 비율과 지방자치단체공무원 중 여성 비율의 차이는 매년 감소한다.

문항편 9일차 • 수리능력 + 자료해석

기출 16' 5급[민]-5 난이도 ●●○

041 다음 〈그림〉은 A 자선단체의 수입액과 지출액에 관한 자료이다. 이에 대한 설명 중 옳은 것은?

〈그림 1〉 수입액 구성비

(단위: %)

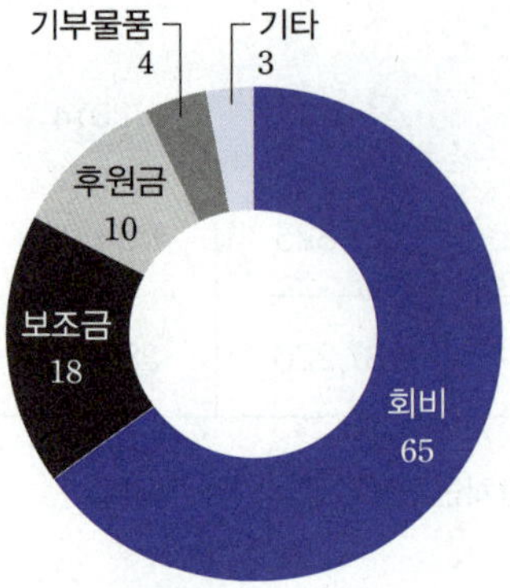

〈그림 2〉 지출액 구성비

(단위: %)

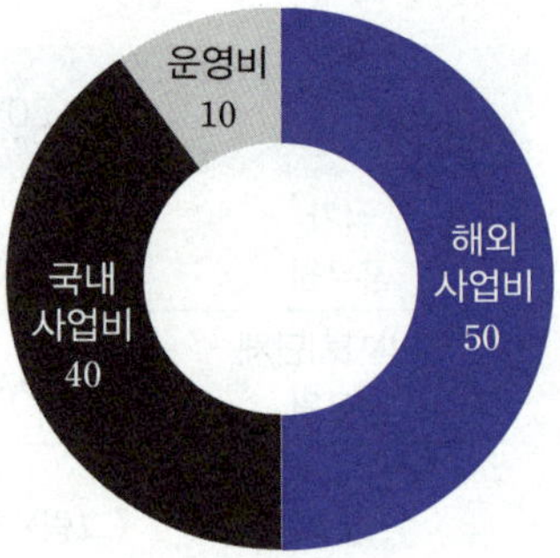

※ A 자선단체의 수입액과 지출액은 항상 같음.

〈그림 3〉 국내사업비 지출액 세부 구성비

(단위: %)

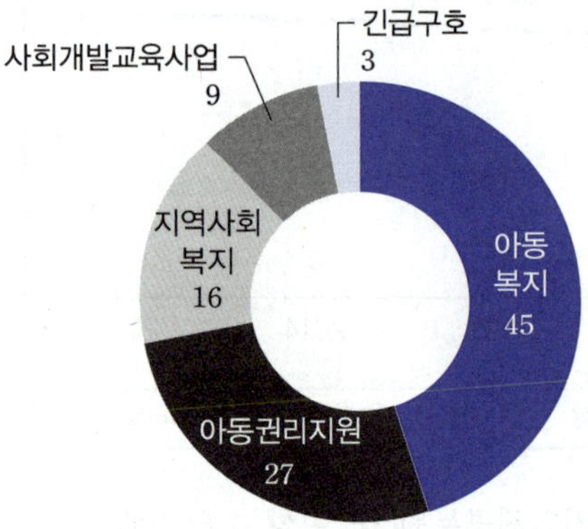

〈그림 4〉 해외사업비 지출액 세부 구성비

(단위: %)

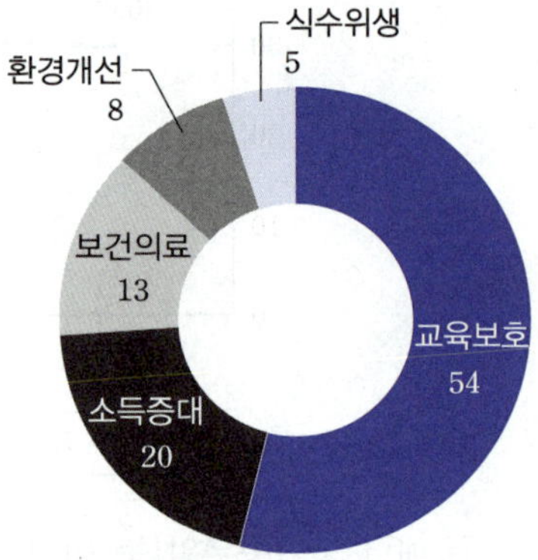

① 전체 수입액 중 후원금 수입액은 국내사업비 지출액 중 아동복지 지출액보다 많다.

② 국내사업비 지출액 중 아동권리지원 지출액은 해외사업비 지출액 중 소득증대 지출액보다 적다.

③ 국내사업비 지출액 중 아동복지 지출액과 해외사업비 지출액 중 교육보호 지출액의 합은 A 자선단체 전체 지출액의 45%이다.

④ 해외사업비 지출액 중 식수위생 지출액은 A 자선단체 전체 지출액의 2% 미만이다.

⑤ A 자선단체 전체 수입액이 6% 증가하고 지역사회복지 지출액을 제외한 다른 모든 지출액이 동일하게 유지된다면, 지역사회복지 지출액은 2배 이상이 된다.

042 다음 〈표〉는 A지역의 저수지 현황에 대한 자료이다. 이에 대한 〈보기〉의 설명 중 옳은 것만을 모두 고르면?

〈표 1〉 관리기관별 저수지 현황

(단위: 개소, 천m³, ha)

구분 / 관리기관	저수지 수	총 저수용량	총 수혜면적
농어촌공사	996	598,954	69,912
자치단체	2,230	108,658	29,371
전체	3,226	707,612	99,283

〈표 2〉 저수용량별 저수지 수

(단위: 개소)

저수용량 (m^3)	10만 미만	10만 이상 50만 미만	50만 이상 100만 미만	100만 이상 500만 미만	500만 이상 1,000만 미만	1,000만 이상	합
저수지 수	2,668	360	100	88	3	7	3,226

〈표 3〉 제방높이별 저수지 수

(단위: 개소)

제방높이 (m)	10 미만	10 이상 20 미만	20 이상 30 미만	30 이상 40 미만	40 이상	합
저수지 수	2,566	533	99	20	8	3,226

보고서

ㄱ. 관리기관이 자치단체이고 제방높이가 '10 미만'인 저수지 수는 1,600개소 이상이다.
ㄴ. 저수용량이 '10만 미만'인 저수지 수는 전체 저수지 수의 80% 이상이다.
ㄷ. 관리기관이 농어촌공사인 저수지의 개소당 수혜면적은 관리기관이 자치단체인 저수지의 개소당 수혜면적의 5배 이상이다.
ㄹ. 저수용량이 '50만 이상 100만 미만'인 저수지의 저수용량 합은 전체 저수지 총 저수용량의 5% 이상이다.

① ㄴ, ㄷ ② ㄷ, ㄹ ③ ㄱ, ㄴ, ㄷ
④ ㄱ, ㄴ, ㄹ ⑤ ㄴ, ㄷ, ㄹ

기출 16' 5급[민]-5 난이도 ●●●

043 다음 〈표〉는 2015년 '갑'국 공항의 운항 현황을 나타낸 자료이다. 이에 대한 설명 중 옳은 것은?

〈표 1〉 운항 횟수 상위 5개 공항

(단위: 회)

국내선			국제선		
순위	공항	운항 횟수	순위	공항	운항 횟수
1	AJ	65,838	1	IC	273,866
2	KP	56,309	2	KH	39,235
3	KH	20,062	3	KP	18,643
4	KJ	5,638	4	AJ	13,311
5	TG	5,321	5	CJ	3,567
'갑'국 전체		167,040	'갑'국 전체		353,272

※ 일부 공항은 국내선만 운항함.

〈표 2〉 전년대비 운항 횟수 증가율 상위 5개 공항

(단위: %)

국내선			국제선		
순위	공항	증가율	순위	공항	증가율
1	MA	229.0	1	TG	55.8
2	CJ	23.0	2	AJ	25.3
3	KP	17.3	3	KH	15.1
4	TG	16.1	4	KP	5.6
5	AJ	11.2	5	IC	5.5

① 2015년 국제선 운항 공항 수는 7개 이상이다.

② 2015년 KP공항의 운항 횟수는 국제선이 국내선의 $\frac{1}{3}$ 이상이다.

③ 전년대비 국내선 운항 횟수가 가장 많이 증가한 공항은 MA공항이다.

④ 국내선 운항 횟수 상위 5개 공항의 국내선 운항 횟수 합은 전체 국내선 운항 횟수의 90% 미만이다.

⑤ 국내선 운항 횟수와 전년대비 국내선 운항 횟수 증가율 모두 상위 5개 안에 포함된 공항은 AJ공항이 유일하다.

기출 16' 5급㉥-5 난이도 ●●○

044 다음 〈표〉는 A~D국 화폐 대비 원화 환율 및 음식가격에 대한 자료이다. 이에 대한 〈보기〉의 설명 중 옳은 것만을 모두 고르면?

〈표 1〉 A~D국 화폐 대비 원화 환율

국가	화폐단위	환율 (원/각 국의 화폐 1단위)
A	a	1,200
B	b	2,000
C	c	200
D	d	1,000

〈표 2〉 A~D국 판매단위별 음식가격

국가 \ 음식	햄버거	피자	치킨	삼겹살
판매단위	1개	1조각	1마리	1인분
A	5 a	2 a	15 a	8 a
B	6 b	1 b	9 b	3 b
C	40 c	30 c	120 c	30 c
D	10 d	3 d	20 d	9 d

보기

ㄱ. 원화 120,000원으로 가장 많은 개수의 햄버거를 구매할 수 있는 국가는 A국이다.
ㄴ. B국에서 치킨 1마리 가격은 삼겹살 3인분 가격과 동일하다.
ㄷ. C국의 삼겹살 4인분과 A국의 햄버거 5개는 동일한 액수의 원화로 구매할 수 있다.
ㄹ. D국 화폐 대비 원화 환율이 1,000원/d에서 1,200원/d로 상승하면, D국에서 원화 600,000원으로 구매할 수 있는 치킨의 마리 수는 20% 이상 감소한다.

① ㄱ, ㄴ ② ㄱ, ㄷ ③ ㄴ, ㄷ
④ ㄱ, ㄴ, ㄹ ⑤ ㄴ, ㄷ, ㄹ

기출 17' 5급㉾-가 난이도 ●●●

045 다음 〈표〉는 '갑'국 A공무원의 보수 지급 명세서이다. 이에 대한 설명으로 옳지 않은 것은?

〈표〉 보수 지급 명세서

(단위: 원)

실수령액 : ( )			
보수		공제	
보수항목	보수액	공제항목	공제액
봉급	2,530,000	소득세	160,000
중요직무급	150,000	지방소득세	16,000
시간외수당	510,000	일반기여금	284,000
정액급식비	130,000	건강보험료	103,000
직급보조비	250,000	장기요양보험료	7,000
보수총액	( )	공제총액	( )

※ 실수령액 = 보수총액 − 공제총액

① '봉급'이 '보수총액'에서 차지하는 비중은 70% 이상이다.
② '일반기여금'이 15% 증가하면 '공제총액'은 60만원 이상이 된다.
③ '실수령액'은 '봉급'의 1.3배 이상이다.
④ '건강보험료'는 '장기요양보험료'의 15배 이하이다.
⑤ '공제총액'에서 '일반기여금'이 차지하는 비중은 '보수총액'에서 '직급보조비'가 차지하는 비중의 6배 이상이다.

기출 16' 5급㉻-4 난이도 ●●○

046 다음 〈표〉와 〈그림〉은 조선시대 A군의 조사시기별 가구수 및 인구수와 가구 구성비에 대한 자료이다. 이에 대한 〈보기〉의 설명 중 옳은 것만을 모두 고르면?

〈표〉 A군의 조사시기별 가구수 및 인구수

(단위: 호, 명)

조사시기	가구수	인구수
1729년	1,480	11,790
1765년	7,210	57,330
1804년	8,670	68,930
1867년	27,360	144,140

〈그림〉 A군의 조사시기별 가구 구성비

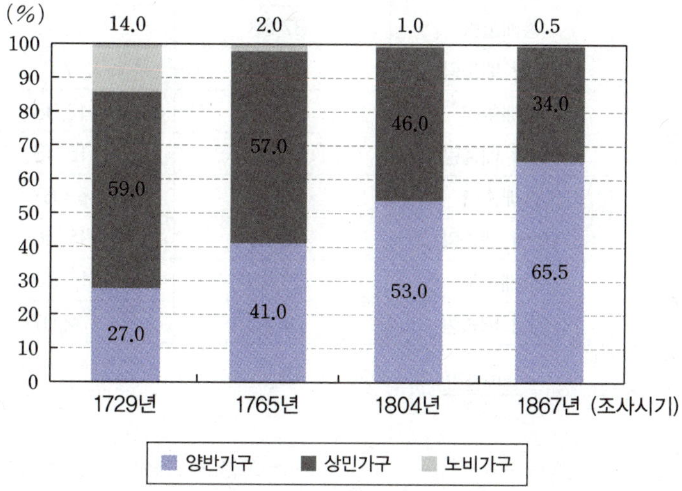

보기

ㄱ. 1804년 대비 1867년의 가구당 인구수는 증가하였다.
ㄴ. 1765년 상민가구 수는 1804년 양반가구 수보다 적다.
ㄷ. 노비가구 수는 1804년이 1765년보다는 적고 1867년보다는 많다.
ㄹ. 1729년 대비 1765년에 상민가구 구성비는 감소하였고 상민가구 수는 증가하였다.

① ㄱ, ㄴ ② ㄱ, ㄷ ③ ㄴ, ㄹ
④ ㄱ, ㄷ, ㄹ ⑤ ㄴ, ㄷ, ㄹ

문항편 9일차 • 수리능력 + 자료해석

기출 16' 5급㉻-4 난이도 ●○○

047 다음 〈표〉는 2010~2012년 남아공, 멕시코, 브라질, 사우디, 캐나다, 한국의 이산화탄소 배출량에 대한 자료이다. 다음 〈조건〉을 근거로 하여 A~D에 해당하는 국가를 바르게 나열한 것은?

〈표〉 2010~2012년 국가별 이산화탄소 배출량

(단위: 천만톤, 톤/인)

국가	구분 \ 연도	2010	2011	2012
한국	총배출량	56.45	58.99	59.29
	1인당 배출량	11.42	11.85	11.86
멕시코	총배출량	41.79	43.25	43.58
	1인당 배출량	3.66	3.74	3.75
A	총배출량	37.63	36.15	37.61
	1인당 배출량	7.39	7.01	7.20
B	총배출량	41.49	42.98	45.88
	1인당 배출량	15.22	15.48	16.22
C	총배출량	53.14	53.67	53.37
	1인당 배출량	15.57	15.56	15.30
D	총배출량	38.85	40.80	44.02
	1인당 배출량	1.99	2.07	2.22

※ 1인당 배출량(톤/인) $= \frac{\text{총배출량}}{\text{인구}}$

조건

- 1인당 이산화탄소 배출량이 2011년과 2012년 모두 전년대비 증가한 국가는 멕시코, 브라질, 사우디, 한국이다.
- 2010~2012년 동안 매년 인구가 1억명 이상인 국가는 멕시코와 브라질이다.
- 2012년 인구는 남아공이 한국보다 많다.

	A	B	C	D
①	남아공	사우디	캐나다	브라질
②	남아공	브라질	캐나다	사우디
③	캐나다	사우디	남아공	브라질
④	캐나다	브라질	남아공	사우디
⑤	캐나다	남아공	사우디	브라질

기출 16' 5급㉻-4 난이도 ●○○

048 다음 〈그림〉과 〈표〉를 이용하여 〈보고서〉를 작성하였다. 제시된 〈그림〉과 〈표〉 이외에 추가로 필요한 자료만을 〈보기〉에서 모두 고르면?

〈그림〉 박사학위 취득자의 성별, 전공계열별 고용률 현황

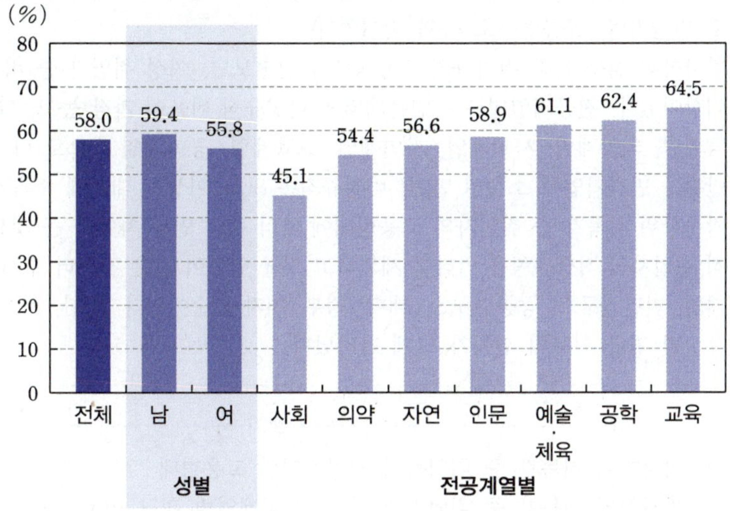

〈표〉 박사학위 취득자 중 취업자의 고용형태별 직장유형 구성비율

(단위: %)

고용형태 / 직장유형	전체	정규직	비정규직
대학	54.2	9.3	81.1
민간기업	24.9	64.3	1.2
공공연구소	10.3	8.5	11.3
민간연구소	3.3	6.4	1.5
정부·지자체	1.9	2.4	1.7
기타	5.4	9.1	3.2
계	100.0	100.0	100.0

문항편 9일차 • 수리능력 + 자료해석

보고서

박사학위 취득자의 전체 고용률은 58.0%이었다. 전공계열 중 교육계열의 고용률이 가장 높고 그 다음으로 공학계열, 예술·체육계열, 인문계열의 순으로 나타났으며, 사회계열, 의약계열과 자연계열의 고용률은 상대적으로 낮았다.
박사학위 취득자 중 취업자의 직장유형 구성비율을 살펴보면 대학이 가장 높았고, 그 다음으로 민간기업, 공공연구소 등의 순이었다.
박사학위 취득자 중 취업자의 고용형태를 살펴보면, 여성 취업자 중 비정규직 비율은 75% 이상이었다. 전공계열별로는 인문계열의 비정규직 비율이 가장 높고, 그 다음으로 예술·체육계열, 의약계열, 사회계열, 자연계열, 교육계열, 공학계열 순으로 나타났다. 정규직은 과반수가 민간기업에 소속된 반면, 비정규직은 80% 이상이 대학에 소속된 것으로 나타났다.
박사학위 취득자 중 취업자의 고용형태에 따라 평균 연봉 차이가 큰 것으로 나타났다. 정규직 취업자의 직장유형을 기타를 제외하고 평균 연봉이 높은 것부터 순서대로 나열하면 민간기업, 민간연구소, 공공연구소, 대학, 정부·지자체 순이었다. 또한, 비정규직 내에서도 직장유형별 평균 연봉의 편차가 크게 나타났다.

보기

ㄱ. 박사학위 취득자 중 취업자의 전공계열별 고용형태
ㄴ. 박사학위 취득자 중 취업자의 성별, 전공계열별 평균 연봉
ㄷ. 박사학위 취득자 중 취업자의 고용형태별, 직장유형별 평균 연봉
ㄹ. 박사학위 취득자 중 취업자의 성별 고용형태
ㅁ. 박사학위 취득자 중 비정규직 여성 취업자의 전공계열별 평균 근속기간

① ㄱ, ㄴ, ㄷ
② ㄱ, ㄷ, ㄹ
③ ㄱ, ㄷ, ㅁ
④ ㄴ, ㄷ, ㄹ
⑤ ㄴ, ㄹ, ㅁ

기출 16' 5급㉻-4 | 난이도 ●●●

049 다음 〈표〉는 금융기관별, 개인신용등급별 햇살론 보증잔액 현황에 관한 자료이다. 〈그림〉은 〈표〉를 이용하여 6개 금융기관 중 2개 금융기관의 개인신용등급별 햇살론 보증잔액 구성비를 나타낸 것이다. 〈그림〉의 금융기관 A와 B를 바르게 나열한 것은?

〈표〉 금융기관별, 개인신용등급별 햇살론 보증잔액 현황

(단위: 백만원)

개인신용등급 \ 금융기관	농협	수협	축협	신협	새마을금고	저축은행	합
1	2,425	119	51	4,932	7,783	3,785	19,095
2	6,609	372	77	14,816	22,511	16,477	60,862
3	8,226	492	176	18,249	24,333	27,133	78,609
4	20,199	971	319	44,905	53,858	72,692	192,944
5	41,137	2,506	859	85,086	100,591	220,535	450,714
6	77,749	5,441	1,909	147,907	177,734	629,846	1,040,586
7	58,340	5,528	2,578	130,777	127,705	610,921	935,849
8	11,587	1,995	738	37,906	42,630	149,409	244,265
9	1,216	212	75	1,854	3,066	1,637	8,060
10	291	97	2	279	539	161	1,369
계	227,779	17,733	6,784	486,711	560,750	1,732,596	3,032,353

〈그림〉 금융기관 A와 B의 개인신용등급별 햇살론 보증잔액 구성비

(단위: %)

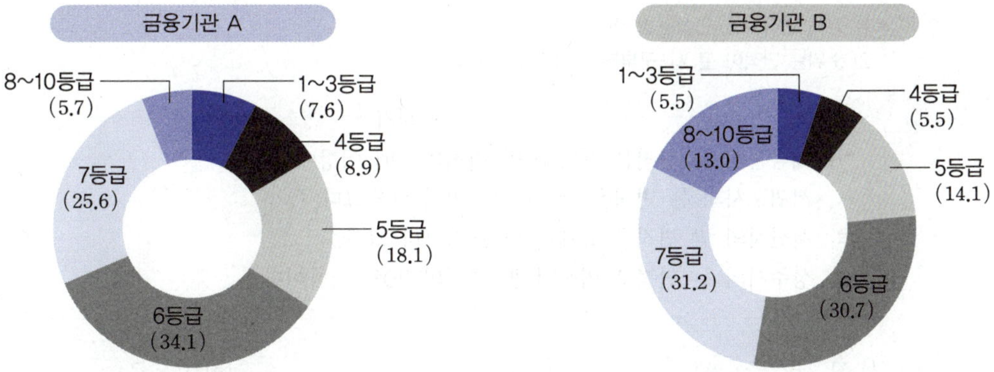

※ 1) '1~3등급'은 개인신용등급 1, 2, 3등급을 합한 것이고, '8~10등급'은 개인신용등급 8, 9, 10등급을 합한 것임.
2) 보증잔액 구성비는 소수점 둘째 자리에서 반올림한 값임.

	A	B
①	농협	수협
②	농협	축협
③	수협	신협
④	저축은행	수협
⑤	저축은행	축협

기출 16' 5급㉻-4 | 난이도 ●○○

050 다음 〈표〉는 우리나라의 시·군 중 2013년 경지 면적, 논 면적, 밭 면적 상위 5개 시·군에 대한 자료이다. 이에 대한 〈보기〉의 설명 중 옳은 것만을 모두 고르면?

〈표〉 경지 면적, 논 면적, 밭 면적 상위 5개 시·군

(단위: ha)

구분	순위	시·군	면적
경지 면적	1	해남군	35,369
	2	제주시	31,585
	3	서귀포시	31,271
	4	김제시	28,501
	5	서산시	27,285
논 면적	1	김제시	23,415
	2	해남군	23,042
	3	서산시	21,730
	4	당진시	21,726
	5	익산시	19,067
밭 면적	1	제주시	31,577
	2	서귀포시	31,246
	3	안동시	13,231
	4	해남군	12,327
	5	상주시	11,047

※ 1) 경지 면적 = 논 면적 + 밭 면적

2) 순위는 면적이 큰 시·군부터 순서대로 부여함.

보기

ㄱ. 해남군의 논 면적은 해남군 밭 면적의 2배 이상이다.

ㄴ. 서귀포시의 논 면적은 제주시 논 면적보다 크다.

ㄷ. 서산시의 밭 면적은 김제시 밭 면적보다 크다.

ㄹ. 상주시의 논 면적은 익산시 논 면적의 90% 이하이다.

① ㄱ, ㄴ　② ㄴ, ㄷ　③ ㄴ, ㄹ

④ ㄱ, ㄷ, ㄹ　⑤ ㄴ, ㄷ, ㄹ

기출 15' 5급㉡-인 | 난이도 ●○○

051 다음 〈그림〉은 보육 관련 6대 과제별 성과 점수 및 추진 필요성 점수를 나타낸 것이다. 이에 대한 〈보기〉의 설명 중 옳은 것만을 모두 고르면?

〈그림 1〉 보육 관련 6대 과제별 성과 점수

(단위: 점)

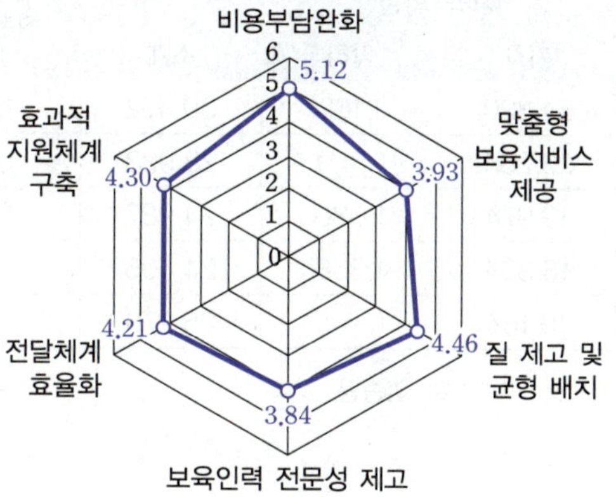

〈그림 2〉 보육 관련 6대 과제별 추진 필요성 점수

(단위: 점)

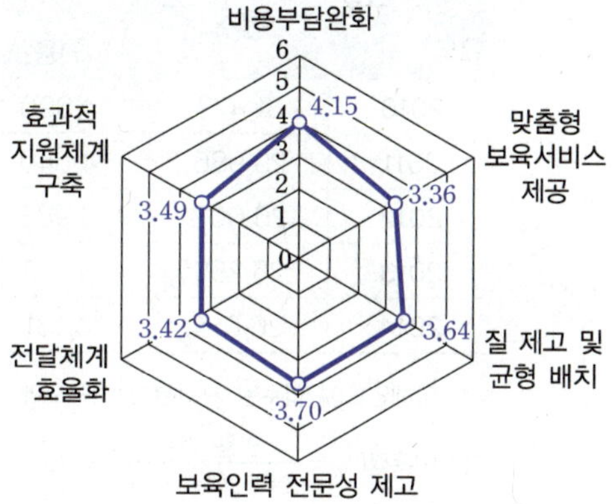

보기

ㄱ. 성과 점수가 가장 높은 과제와 가장 낮은 과제의 점수 차이는 1.00점보다 크다.

ㄴ. 성과 점수와 추진 필요성 점수의 차이가 가장 작은 과제는 '보육인력 전문성 제고' 과제이다.

ㄷ. 6대 과제의 추진 필요성 점수 평균은 3.70점 이상이다.

① ㄴ　② ㄱ, ㄴ　③ ㄱ, ㄷ
④ ㄴ, ㄷ　⑤ ㄱ, ㄴ, ㄷ

문항편 | 9일차 | • 수리능력 + 자료해석

기출 15' 5급[민]-인 난이도 ●●○

052 다음 〈표〉는 행정심판위원회 연도별 사건처리현황에 관한 자료이다. 이에 대한 〈보기〉의 설명 중 옳은 것만을 모두 고르면?

〈표〉 행정심판위원회 연도별 사건처리현황

(단위: 건)

구분 / 연도	접수	심리·의결				취하·이송
		인용	기각	각하	소계	
2010	31,473	4,990	24,320	1,162	30,472	1,001
2011	29,986	4,640	23,284	( )	28,923	1,063
2012	26,002	3,983	19,974	1,030	24,987	1,015
2013	26,255	4,713	18,334	1,358	24,405	1,850
2014	26,014	4,131	19,164	( )	25,270	744

※ 1) 당해연도에 접수된 사건은 당해연도에 심리·의결 또는 취하·이송됨.

2) 인용률(%) $= \frac{\text{인용 건수}}{\text{심리·의결 건수}} \times 100$

보기

ㄱ. 인용률이 가장 높은 해는 2013년이다.
ㄴ. 취하·이송 건수는 매년 감소하였다.
ㄷ. 각하 건수가 가장 적은 해는 2011년이다.
ㄹ. 접수 건수와 심리·의결 건수의 연도별 증감방향은 동일하다.

① ㄱ, ㄴ ② ㄱ, ㄷ ③ ㄷ, ㄹ
④ ㄱ, ㄷ, ㄹ ⑤ ㄴ, ㄷ, ㄹ

기출 15' 5급㉤-인 난이도 ●●●

053 다음 〈표〉와 〈그림〉은 2000~2010년 3개국(한국, 일본, 미국)의 3D 입체영상 및 CG 분야 특허출원에 관한 자료이다. 이를 바탕으로 작성된 〈보고서〉의 내용 중 옳은 것만을 모두 고르면?

〈표〉 2000~2010년 3개국 3D 입체영상 및 CG 분야 특허출원 현황

(단위: 건)

분야 / 국가	3D 입체영상	CG
한국	1,155	785
일본	3,620	2,380
미국	880	820
3개국 전체	5,655	3,985

〈그림 1〉 연도별 3D 입체영상 분야 3개국 특허출원 추이

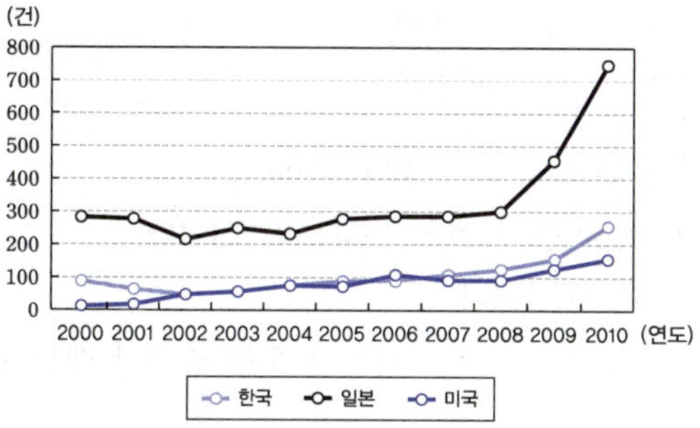

〈그림 2〉 연도별 CG 분야 3개국 특허출원 추이

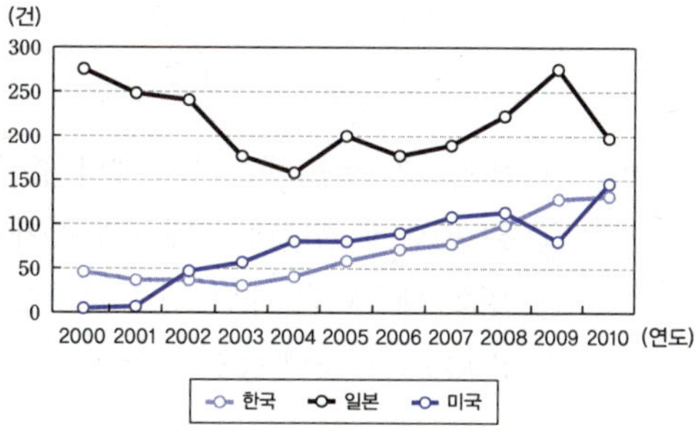

보고서

3D 입체영상 및 CG 분야에 대한 특허출원 경쟁은 한국, 일본, 미국을 중심으로 전개되고 있다. 일본이 기술개발을 선도하고 있는 ㉠ 3D 입체영상 분야의 경우 2000~2010년 일본 특허출원 건수는 3개국 전체 특허출원 건수의 60% 이상을 차지하였다. 하지만 2006년 이후부터 한국에서 관련 기술에 대한 연구가 활발히 진행되어 특허출원 건수가 증가하고 있다. 그 결과 ㉡ 3D 입체영상 분야에서 2007~2010년 동안 한국 특허출원 건수는 매년 미국 특허출원 건수를 초과하였다.

CG 분야에서도, 2000~2010년 3개국 전체 특허출원 건수대비 일본 특허출원 건수가 차지하는 비중이 가장 높았으며, 그 다음으로 미국, 한국 순으로 나타났다. 이를 연도별로 살펴보면 ㉢ 2003년 이후 CG 분야에서 한국 특허출원 건수는 매년 미국 특허출원 건수보다 적지만, 관련 기술의 특허출원이 매년 증가하는 추세를 보이고 있다. 한편, ㉣ 2000~2010년 동안 한국과 일본의 CG 분야 특허출원 건수의 차이는 2010년에 가장 작았다.

① ㄱ, ㄴ ② ㄱ, ㄷ ③ ㄷ, ㄹ
④ ㄱ, ㄴ, ㄹ ⑤ ㄴ, ㄷ, ㄹ

기출 15' 5급㉠-인 난이도 ●●●

054 다음 〈표〉는 2005~2012년 A기업의 콘텐츠 유형별 매출액에 관한 자료이다. 이에 대한 설명으로 옳지 않은 것은?

〈표〉 2005~2012년 A기업의 콘텐츠 유형별 매출액

(단위: 백만원)

콘텐츠 유형 / 연도	게임	음원	영화	SNS	전체
2005	235	108	371	30	744
2006	144	175	355	45	719
2007	178	186	391	42	797
2008	269	184	508	59	1,020
2009	485	199	758	58	1,500
2010	470	302	1,031	308	2,111
2011	603	411	1,148	104	2,266
2012	689	419	1,510	341	2,959

① 2007년 이후 매출액이 매년 증가한 콘텐츠 유형은 영화뿐이다.

② 2012년에 전년대비 매출액 증가율이 가장 큰 콘텐츠 유형은 SNS이다.

③ 영화 매출액은 매년 전체 매출액의 40% 이상이다.

④ 2006~2012년 동안 콘텐츠 유형별 매출액이 각각 전년보다 모두 증가한 해는 2012년뿐이다.

⑤ 2009~2012년 동안 매년 게임 매출액은 음원 매출액의 2배 이상이다.

기출 16' 5급㉻-4 | 난이도 ●○○

055 다음 〈표〉는 2012년 어린이집 및 유치원의 11개 특별활동프로그램 실시 현황에 관한 자료이다. 이에 대한 〈보기〉의 설명 중 옳은 것만을 모두 고르면?

〈표〉 어린이집 및 유치원의 11개 특별활동프로그램 실시 현황

(단위: %, 개, 명)

특별활동프로그램 \ 구분	어린이집			유치원		
	실시율	실시 기관 수	파견 강사 수	실시율	실시 기관 수	파견 강사 수
미술	15.7	6,677	834	38.5	3,250	671
음악	47.0	19,988	2,498	62.7	5,294	1,059
체육	53.6	22,794	2,849	78.2	6,600	1,320
과학	6.0	( )	319	27.9	( )	471
수학	2.9	1,233	206	16.2	1,366	273
한글	5.8	2,467	411	15.5	1,306	291
컴퓨터	0.7	298	37	0.0	0	0
교구	15.2	6,464	808	15.5	1,306	261
한자	0.5	213	26	3.7	316	63
영어	62.9	26,749	6,687	70.7	5,968	1,492
서예	1.0	425	53	0.6	51	10

※ 1) 해당 특별활동프로그램 실시율(%) = $\frac{\text{해당 특별활동프로그램 실시 어린이집(유치원) 수}}{\text{특별활동프로그램 실시 전체 어린이집(유치원) 수}} \times 100$

2) 어린이집과 유치원은 각각 1개 이상의 특별활동프로그램을 실시하며, 2012년 특별활동프로그램 실시 전체 어린이집 수는 42,527개이고, 특별활동프로그램 실시 전체 유치원 수는 8,443개임.

• 보기 •

ㄱ. 특별활동프로그램 실시율이 40% 이상인 특별활동프로그램 수는 어린이집과 유치원이 동일하다.

ㄴ. 어린이집의 특별활동프로그램 중 실시기관 수 대비 파견강사 수의 비율은 '영어'가 '음악'보다 높다.

ㄷ. 파견강사 수가 많은 특별활동프로그램부터 순서대로 나열하면, 어린이집과 유치원의 특별활동프로그램 순위는 동일하다.

ㄹ. 특별활동프로그램 중 '과학' 실시기관 수는 유치원이 어린이집보다 많다.

① ㄱ, ㄴ　② ㄱ, ㄷ　③ ㄷ, ㄹ

④ ㄱ, ㄴ, ㄹ　⑤ ㄴ, ㄷ, ㄹ

기출 16' 5급㉻-4 | 난이도 ●●○

056 다음 〈표〉는 A카페의 커피 판매정보에 대한 자료이다. 한 잔만을 더 판매하고 영업을 종료한다고 할 때, 총이익이 정확히 64,000원이 되기 위해서 판매해야 하는 메뉴는?

〈표〉 A카페의 커피 판매정보

(단위: 원, 잔)

구분 \ 메뉴	한 잔 판매 가격	현재까지의 판매량	한 잔당 재료(재료비)				
			원두 (200)	우유 (300)	바닐라시럽 (100)	초코시럽 (150)	카라멜시럽 (250)
아메리카노	3,000	5	○	×	×	×	×
카페라떼	3,500	3	○	○	×	×	×
바닐라라떼	4,000	3	○	○	○	×	×
카페모카	4,000	2	○	○	×	○	×
카라멜 마끼아또	4,300	6	○	○	○	×	○

※ 1) 메뉴별 이익 = (메뉴별 판매가격 − 메뉴별 재료비) × 메뉴별 판매량

2) 총이익은 메뉴별 이익의 합이며, 다른 비용은 고려하지 않음.

3) A카페는 5가지 메뉴만을 판매하며, 메뉴별 한 잔 판매가격과 재료비는 변동 없음.

4) ○ : 해당 재료 한 번 사용. ×: 해당 재료 사용하지 않음.

① 아메리카노

② 카페라떼

③ 바닐라라떼

④ 카페모카

⑤ 카라멜마끼아또

기출 19' 5급㉸-가 | 난이도 ●●○

057 다음 〈표〉는 2014년 우리나라의 전자상거래물품 수입통관 현황에 대한 자료이다. 이에 대한 〈보고서〉의 설명 중 옳지 않은 것은?

〈표 1〉 1회당 구매금액별 전자상거래물품 수입통관 현황

(단위: 천 건)

1회당 구매금액	수입통관 건수
50달러 이하	3,885
50달러 초과 100달러 이하	5,764
100달러 초과 150달러 이하	4,155
150달러 초과 200달러 이하	1,274
200달러 초과 1,000달러 이하	400
1,000달러 초과	52
합계	15,530

〈표 2〉 품목별 전자상거래물품 수입통관 현황

(단위: 천 건)

구분 / 품목	일반·간이 신고	목록통관	합
의류	524	2,438	2,962
건강식품	2,113	0	2,113
신발	656	1,384	2,040
기타식품	1,692	0	1,692
화장품	883	791	1,674
핸드백	869	395	1,264
완구인형	249	329	578
가전제품	89	264	353
시계	195	132	327
서적류	25	132	157
기타	1,647	723	2,370
전체	8,942	6,588	15,530

• 보고서 •

2014년 우리나라의 전자상거래물품 수입통관 현황을 ㉠ 1회당 구매금액별로 보았을 때, '50달러 초과 100달러 이하'인 수입통관 건수의 비중이 전체의 35% 이상으로 가장 크고, '50달러 이하'가 25%, '100달러 초과 150달러 이하'가 27%, '150달러 초과 200달러 이하'가 8%였다. 그리고 ㉡ 1회당 구매금액이 200달러 이하인 전자상거래물품의 수입통관 총 건수가 200달러 초과인 수입통관 총 건수의 30배 이상으로, 국내 소비자들은 대부분 200달러 이하의 소액물품 위주로 구입하고 있는 것으로 나타났다. '1,000달러 초과' 고가물품의 경우, 전체의 0.3% 정도로 비중은 작았으나 총 5만 2천 건 규모로 2009년 대비 767% 증가하며 전체 해외 직접 구매 증가 수준(330%)에 비해 상대적으로 2009년에 비해 크게 증가한 것으로 나타났다. 이는 최근 세금을 내더라도 가격차이 및 제품 다양성 등으로 인해 고가의 물품을 구매하는 경우가 증가하고 있기 때문으로 분석된다.
㉢ 품목별 수입통관 건수의 비중은 '의류'가 전체 수입통관 건수의 15% 이상으로 가장 크고, 그 다음으로 기타를 제외하고 '건강식품', '신발' 순이었다. ㉣ '핸드백', '가전제품', '시계'의 3가지 품목의 수입통관 건수의 합은 전체의 12% 이상을 차지하였다. ㉤ 수입통관을 일반·간이 신고로 한 물품 중에서 식품류('건강식품'과 '기타식품') 건수는 절반 이상을 차지하였다.

① ㄱ ② ㄴ ③ ㄷ
④ ㄹ ⑤ ㅁ

기출 19' 5급㉻-가 | 난이도 ●○○

058 다음 〈표〉와 〈그림〉은 '갑'요리대회 참가자의 종합점수 및 항목별 득점기여도 산정 방법과 항목별 득점 결과이다. 이에 대한 〈보기〉의 설명 중 옳은 것만을 모두 고르면?

〈표〉 참가자의 종합점수 및 항목별 득점기여도 산정 방법

- 종합점수 = (항목별 득점 × 항목별 가중치)의 합계
- 항목별 득점기여도 = $\dfrac{\text{항목별 득점} \times \text{항목별 가중치}}{\text{종합점수}}$

항목	가중치
맛	6
향	4
색상	4
식감	3
장식	3

〈그림〉 전체 참가자의 항목별 득점 결과

(단위: 점)

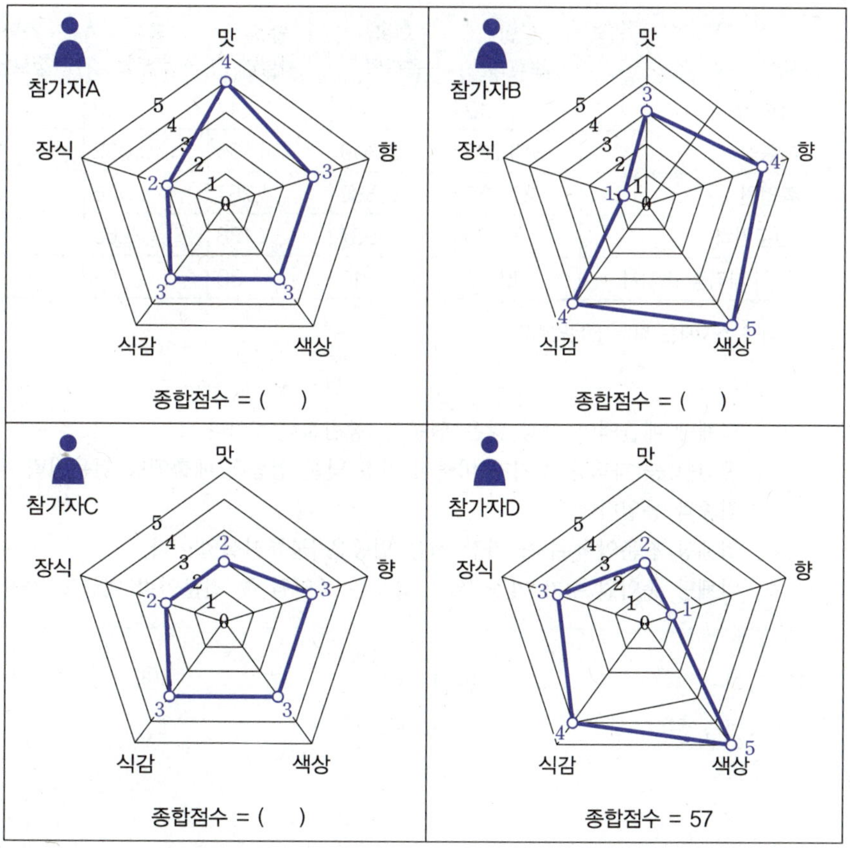

※ 종합점수가 클수록 순위가 높음.

보기

ㄱ. 참가자 A의 '색상' 점수와 참가자 D의 '장식' 점수가 각각 1점씩 상승하여도 전체 순위에는 변화가 없다.
ㄴ. 참가자 B의 '향' 항목 득점기여도는 참가자 A의 '색상' 항목 득점기여도보다 높다.
ㄷ. 참가자 C는 모든 항목에서 1점씩 더 득점하더라도 가장 높은 순위가 될 수 없다.
ㄹ. 순위가 높은 참가자일수록 '맛' 항목 득점기여도가 높다.

① ㄱ, ㄴ ② ㄱ, ㄷ ③ ㄱ, ㄹ
④ ㄴ, ㄷ ⑤ ㄴ, ㄹ

기출 20' 5급㉻-나 난이도 ●●○

059 다음 〈표〉는 A 지역 물류산업 업종별 현황에 관한 자료이다. 이에 대한 〈보기〉의 설명 중 옳은 것만을 모두 고르면?

〈표〉 A 지역 물류산업 업종별 현황

(단위: 개, 억 원, 명)

구분 \ 업종	종합물류업	화물운송업	물류시설업	물류주선업	화물정보업	합
업체 수	19	46	17	23	2	107
매출액	319,763	32,309	34,155	10,032	189	396,448
종업원	22,436	5,382	1,787	1,586	100	31,291
전문인력	3,239	537	138	265	8	4,187
자격증 소지자	1,830	316	80	62	1	2,289

※ 자격증 소지자는 모두 전문인력임.

보기

ㄱ. 업체당 매출액이 가장 많은 업종은 '종합물류업'이다.
ㄴ. 종업원 중 자격증 소지자 비중이 가장 낮은 업종은 매출액당 전문인력 수가 가장 많은 업종과 동일하다.
ㄷ. 업체당 전문인력 수가 가장 적은 업종은 '물류시설업'이다.
ㄹ. 업체당 종업원 수가 가장 적은 업종은 종업원 중 전문인력 비중도 가장 낮다.

① ㄱ, ㄴ ② ㄱ, ㄹ ③ ㄴ, ㄷ
④ ㄱ, ㄷ, ㄹ ⑤ ㄴ, ㄷ, ㄹ

기출 16' 5급(행)-4 난이도 ●●○

060 다음 〈표〉는 2007~2013년 동안 '갑'국의 흡연율 및 금연계획률에 관한 자료이다. 이에 대한 설명으로 옳은 것은?

〈표 1〉 성별 흡연율

(단위: %)

성별＼연도	2007	2008	2009	2010	2011	2012	2013
남성	45.0	47.7	46.9	48.3	47.3	43.7	42.1
여성	5.3	7.4	7.1	6.3	6.8	7.9	6.1
전체	20.6	23.5	23.7	24.6	25.2	24.9	24.1

〈표 2〉 소득수준별 남성 흡연율

(단위: %)

소득수준＼연도	2007	2008	2009	2010	2011	2012	2013
최상	38.9	39.9	38.7	43.5	44.1	40.8	36.6
상	44.9	46.4	46.4	45.8	44.9	38.6	41.3
중	45.2	49.6	50.9	48.3	46.6	45.4	43.1
하	50.9	55.3	51.2	54.2	53.9	48.2	47.5

〈표 3〉 금연계획률

(단위: %)

구분＼연도	2007	2008	2009	2010	2011	2012	2013
금연계획률	59.8	56.9	( )	( )	56.3	55.2	56.5
단기 금연계획률	19.4	( )	18.2	20.8	20.2	19.6	19.3
장기 금연계획률	40.4	39.2	39.2	32.7	( )	35.6	37.2

※ 1) 흡연율(%) $= \frac{\text{흡연자 수}}{\text{인구 수}} \times 100$

2) 금연계획률(%) $= \frac{\text{금연계획자 수}}{\text{흡연자 수}} \times 100 =$ 단기 금연계획률 + 장기 금연계획률

① 매년 남성 흡연율은 여성 흡연율의 6배 이상이다.
② 매년 소득수준이 높을수록 남성 흡연율은 낮다.
③ 2007~2010년 동안 매년 소득수준이 높을수록 여성 흡연자 수는 적다.
④ 2008~2010년 동안 매년 금연계획률은 전년대비 감소한다.
⑤ 2011년의 장기 금연계획률은 2008년의 단기 금연계획률의 두 배 이상이다.

Day 9 Self Check List

	오답 수	무응답 수	풀이시간(분)
1회독	/ 30	/ 30	/ 60(분)
2회독	/ 30	/ 30	/ 50(분)
3회독	/ 30	/ 30	/ 35(분)

정답 및 해설 294p

독끝 심화 10일차 (061~090)

난이도별 구성

●○○	6문항
●●○	22문항
●●●	2문항

본 문항은 PSAT 자료해석 영역 기출 문항으로 구성되며, 기출 표기에 따른 시험 종류는 아래와 같습니다. (표기 상 맨 끝은 '책형' 입니다.)
㉥ - 민간경력자 일괄채용시험 / ㉻ - 공개경쟁채용시험(행정)

10일차 계산연습(고급)

Set ❶

소금이 많은 순위를 적어보세요.

	소금물(g)	농도(%)	소금이 많은 순위
(1)	52	12	
(2)	40	50	
(3)	68	31	
(4)	38	45	
(5)	44	28	

Set ❷

속력이 빠른 순위를 적어보세요.

	거리(km)	시간(min)	빠른 순위
(1)	44	41	
(2)	20	72	
(3)	38	64	
(4)	32	72	
(5)	49	70	

Set ❸

각 사각형에 들어있는 숫자의 평균이 큰 순위

	숫자	평균 큰 순위
(1)	77, 92, 54	
(2)	54, 67, 12, 42	
(3)	66, 26, 97	
(4)	71, 40, 64, 68	
(5)	40, 51, 52	

Set ❹

다음 4개년 자료에 대한 각 질문에 응답하세요.

연도	A	B	C	D	합계
2021	380	707	910	433	2430
2020	226	290	938	406	
2019	763	500	130	840	2233
2018	234	457	315	570	

(1) 2018년도 A의 비중은?
(2) 2020년도 B의 비중은?
(3) A~D 합계가 가장 큰 연도는?
(4) C의 2019 대비 2020년 증감률은?
(5) D의 2018 대비 2020년 증감률은?

	Set ❶	Set ❷	Set ❸	Set ❹
(1)	5	1	1	14.8%
(2)	2	5	5	15.6%
(3)	1	3	2	2021년
(4)	3	4	3	621.5%
(5)	4	2	4	-28.8%

*Set ❶ ~ ❹ 참고사항

• 농도(%) = 소금 / 소금물의 양 * 100
• 시간 = 거리 / 속력
• 연산결과는 소수 둘째자리에서 반올림 적용

	맞은 개수	풀이 시간
Set ❶	/ 5	(초)
Set ❷	/ 5	(초)
Set ❸	/ 5	(초)
Set ❹	/ 5	(초)
합계	/ 20	(초)

기출 15' 5급[민]-인 난이도 ●●○

061 다음 〈표〉는 탄소포인트제 가입자 A~D의 에너지 사용량 감축률 현황을 나타낸 자료이다. 아래의 〈지급 방식〉에 따라 가입자 A~D가 탄소포인트를 지급받을 때, 탄소포인트를 가장 많이 지급받는 가입자와 가장 적게 지급받는 가입자를 바르게 나열한 것은?

〈표〉 가입자 A~D의 에너지 사용량 감축률 현황

(단위: %)

에너지 사용유형 \ 가입자	A	B	C	D
전기	2.9	15.0	14.3	6.3
수도	16.0	15.0	5.7	21.1
가스	28.6	26.1	11.1	5.9

지급 방식

• 탄소포인트 지급 기준

(단위: 포인트)

에너지 사용유형 \ 에너지 사용량 감축률	5% 미만	5% 이상 10% 미만	10% 이상
전기	0	5,000	10,000
수도	0	1,250	2,500
가스	0	2,500	5,000

• 가입자가 지급받는 탄소포인트
= 전기 탄소포인트+수도 탄소포인트+가스 탄소포인트
예) 가입자 D가 지급받는 탄소포인트
= 5,000+2,500+2,500=10,000

	가장 많이 지급받는 가입자	가장 적게 지급받는 가입자
①	B	A
②	B	C
③	B	D
④	C	A
⑤	C	D

기출 15' 5급[민]-인 난이도 ●●●

062 다음 〈표〉는 A, B, C 세 구역으로 구성된 '갑'시 거주구역별, 성별 인구분포에 관한 자료이다. '갑'시의 남성 인구는 200명, 여성 인구는 300명일 때 이에 대한 〈보기〉의 설명 중 옳은 것만을 모두 고르면?

〈표〉 '갑'시 거주구역별, 성별 인구분포

(단위: %)

거주구역 / 성별	A	B	C	합
남성	15	55	30	100
여성	42	30	28	100

보기

ㄱ. A구역 남성 인구는 B구역 여성 인구의 절반이다.
ㄴ. C구역 인구보다 A구역 인구가 더 많다.
ㄷ. C구역은 여성 인구보다 남성 인구가 더 많다.
ㄹ. B구역 남성 인구의 절반이 C구역으로 이주하더라도, C구역 인구는 '갑'시 전체 인구의 40% 이하이다.

① ㄱ, ㄴ　② ㄱ, ㄷ　③ ㄴ, ㄷ
④ ㄴ, ㄹ　⑤ ㄷ, ㄹ

기출 15' 5급㉤-인 | 난이도 ●●○

063 다음 〈표〉는 '갑'국의 2013년 복지종합지원센터, 노인복지관, 자원봉사자, 등록노인 현황에 관한 자료이다. 이에 대한 〈보기〉의 설명 중 옳은 것만을 모두 고르면?

〈표〉 복지종합지원센터, 노인복지관, 자원봉사자, 등록노인 현황

(단위: 개소, 명)

구분 지역	복지종합 지원센터	노인복지관	자원봉사자	등록노인
A	20	1,336	8,252	397,656
B	2	126	878	45,113
C	1	121	970	51,476
D	2	208	1,388	69,395
E	1	164	1,188	59,050
F	1	122	1,032	56,334
G	2	227	1,501	73,825
H	3	362	2,185	106,745
I	1	60	529	27,256
전국	69	4,377	30,171	1,486,980

보기

ㄱ. 전국의 노인복지관, 자원봉사자 중 A지역의 노인복지관, 자원봉사자의 비중은 각각 25% 이상이다.

ㄴ. A~I지역 중 복지종합지원센터 1개소당 노인복지관 수가 100개소 이하인 지역은 A, B, D, I이다.

ㄷ. A~I지역 중 복지종합지원센터 1개소당 자원봉사자 수가 가장 많은 지역과 복지종합지원센터 1개소당 등록노인 수가 가장 많은 지역은 동일하다.

ㄹ. 노인복지관 1개소당 자원봉사자 수는 H지역이 C지역보다 많다.

① ㄱ, ㄴ　② ㄱ, ㄷ　③ ㄱ, ㄹ
④ ㄴ, ㄷ　⑤ ㄴ, ㄹ

기출 15' 5급㉤-인 난이도 ●●○

064 다음 〈표〉는 '갑'국의 8개국 대상 해외직구 반입동향을 나타낸 자료이다. 다음 〈조건〉의 설명에 근거하여 〈표〉의 A~D에 해당하는 국가를 바르게 나열한 것은?

〈표〉 '갑'국의 8개국 대상 해외직구 반입동향

(단위: 건, 천달러)

연도	반입방법 / 국가	목록통관		EDI 수입		전체	
		건수	금액	건수	금액	건수	금액
2013	미국	3,254,813	305,070	5,149,901	474,807	8,404,714	779,877
	중국	119,930	6,162	1,179,373	102,315	1,299,303	108,477
	독일	71,687	3,104	418,403	37,780	490,090	40,884
	영국	82,584	4,893	123,001	24,806	205,585	29,699
	프랑스	172,448	6,385	118,721	20,646	291,169	27,031
	일본	53,055	2,755	138,034	21,028	191,089	23,783
	뉴질랜드	161	4	90,330	4,082	90,491	4,086
	호주	215	14	28,176	2,521	28,391	2,535
2014	미국	5,659,107	526,546	5,753,634	595,206	11,412,741	1,121,752
	(A)	170,683	7,798	1,526,315	156,352	1,696,998	164,150
	독일	170,475	7,662	668,993	72,509	839,468	80,171
	프랑스	231,857	8,483	336,371	47,456	568,228	55,939
	(B)	149,473	7,874	215,602	35,326	365,075	43,200
	(C)	87,396	5,429	131,993	36,963	219,389	42,392
	뉴질랜드	504	16	108,282	5,283	108,786	5,299
	(D)	2,089	92	46,330	3,772	48,419	3,864

조건

- 2014년 중국 대상 해외직구 반입 전체 금액은 같은 해 독일 대상 해외직구 반입 전체 금액의 2배 이상이다.
- 2014년 영국과 호주 대상 EDI 수입 건수 합은 같은 해 뉴질랜드 대상 EDI 수입 건수의 2배보다 작다.
- 2014년 호주 대상 해외직구 반입 전체 금액은 2013년 호주 대상 해외직구 반입 전체 금액의 10배 미만이다.
- 2014년 일본 대상 목록통관 금액은 2013년 일본 대상 목록통관 금액의 2배 이상이다.

	A	B	C	D
①	중국	일본	영국	호주
②	중국	일본	호주	영국
③	중국	영국	일본	호주
④	일본	영국	중국	호주
⑤	일본	중국	호주	영국

기출 20' 5급㉻-나 | 난이도 ●●●

065 다음 〈표〉는 2016~2018년 '갑'국의 공무원 집합교육 실적에 관한 자료이다. 이를 바탕으로 작성한 〈보고서〉의 B, C, D에 해당하는 내용을 바르게 나열한 것은?

〈표〉 공무원 집합교육 실적

(단위: 회, 명)

분류	과정	2016 차수	2016 교육인원	2016 연인원	2017 차수	2017 교육인원	2017 연인원	2018 차수	2018 교육인원	2018 연인원
기본교육	고위	2	146	13,704	2	102	14,037	3	172	14,700
	과장	1	500	2,500	1	476	1,428	2	580	2,260
	5급	3	2,064	81,478	3	2,127	86,487	3	2,151	89,840
	6급 이하	6	863	18,722	6	927	19,775	5	1,030	22,500
	소계	12	3,573	116,404	12	3,632	121,727	13	3,933	129,300
가치교육	공직가치	5	323	1,021	3	223	730	2	240	800
	국정과제	8	1,535	2,127	8	467	1,349	6	610	1,730
	소계	13	1,858	3,148	11	690	2,079	8	850	2,530
전문교육	직무	6	395	1,209	9	590	1,883	9	660	2,100
	정보화	30	2,629	8,642	29	1,486	4,281	31	1,812	5,096
	소계	36	3,024	9,851	38	2,076	6,164	40	2,472	7,196
전체		61	8,455	129,403	61	6,398	129,970	61	7,255	139,026

※ 차수는 해당 교육과정이 해당 연도 내에 진행되는 횟수를 의미하며, 교육은 시작한 연도에 종료됨.

보고서

2017년 공무원 집합교육 실적을 보면, 연인원은 전년보다 500명 이상 증가하였으나, 교육인원은 전년 대비 20% 이상 감소하였다. 2017년 공무원 집합교육 과정별 실적을 보면, 교육인원과 연인원은 각각 [A] 과정이 가장 많았으며, 차수당 교육인원은 [B] 과정이 가장 많았다.

2018년 공무원 집합교육 실적을 보면, 전체 차수는 2017년과 같은 61회였으나, 교육인원과 연인원은 각각 전년보다 [C]. 한편, 기본교육 중 '과장'과정의 교육인원 대비 연인원 비율을 보면, 2018년은 2017년에 비해서는 [D] 하였으나, 2016년에 비해서는 [E] 하였다.

	B	C	D
①	5급	적었다	감소
②	5급	많았다	증가
③	5급	많았다	감소
④	과장	적었다	증가
⑤	과장	많았다	감소

기출 20' 5급㉻-나 | 난이도 ●○○

066 다음 〈표〉는 2014~2018년 A기업의 직군별 사원수 현황에 대한 자료이다. 이에 대한 〈보기〉의 설명 중 옳은 것을 고르면?

〈표〉 2014~2018년 A기업의 직군별 사원수 현황

(단위: 명)

연도 \ 직군	영업직	생산직	사무직
2018	169	105	66
2017	174	121	68
2016	137	107	77
2015	136	93	84
2014	134	107	85

※ 사원은 영업직, 생산직, 사무직으로만 구분됨.

보기

ㄱ. 전체 사원수는 매년 증가한다.
ㄴ. 영업직 사원수는 생산직과 사무직 사원수의 합보다 매년 적다.
ㄷ. 생산직 사원의 비중이 30% 미만인 해는 전체 사원수가 가장 적은 해와 같다.
ㄹ. 영업직 사원의 비중은 매년 증가한다.

① ㄱ, ㄴ　② ㄱ, ㄷ　③ ㄴ, ㄷ
④ ㄴ, ㄹ　⑤ ㄷ, ㄹ

기출 16' 5급㉻-4 난이도 ●●●

067 다음 〈그림〉은 2000~2014년 A국의 50~64세 장년층의 고용 실태를 조사한 자료이다. 이에 대한 〈보고서〉의 설명 중 옳은 것만을 모두 고르면?

〈그림 1〉 전체 고용률과 장년층 고용률 추이(2000~2014년)

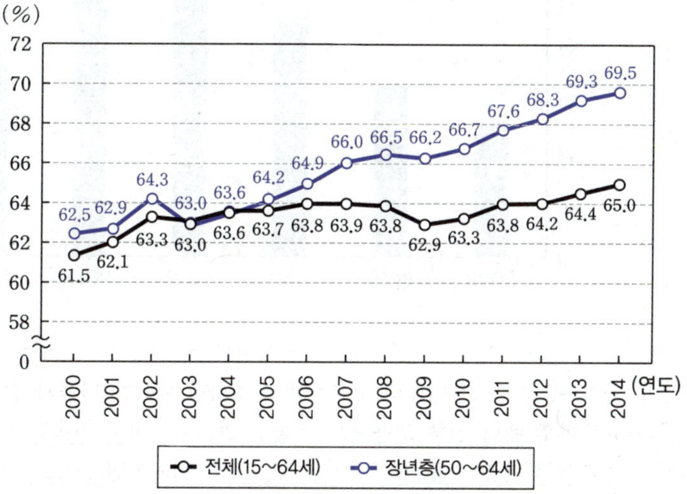

〈그림 2〉 장년층 재취업자 고용 형태(2013년)

(단위: 천명, %)

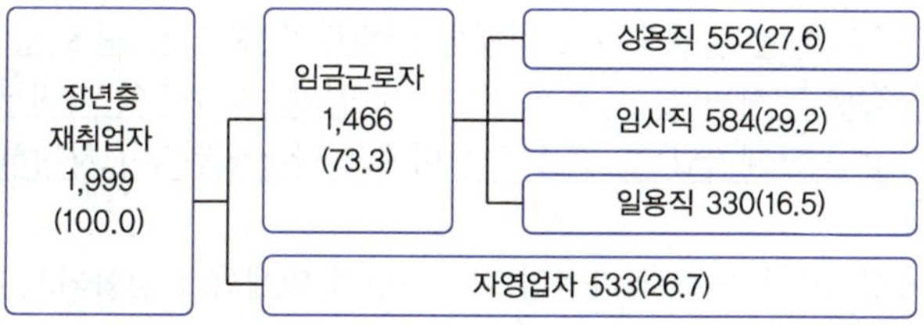

〈그림 3〉 장년층 재취업 전후 직종 구성비(2013년)

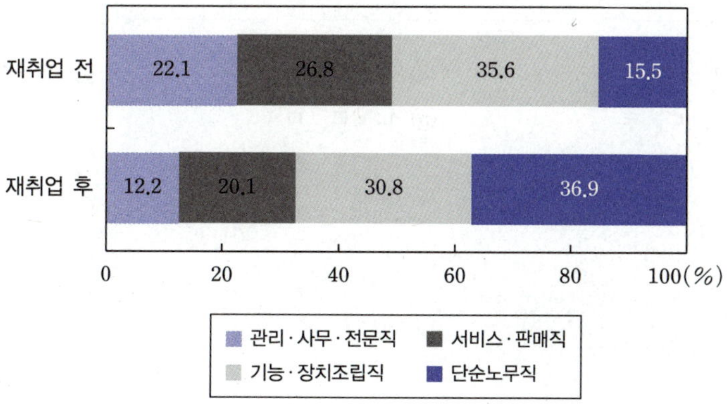

〈그림 4〉 자영업자 중 50대의 비중 추이(2009~2014년)

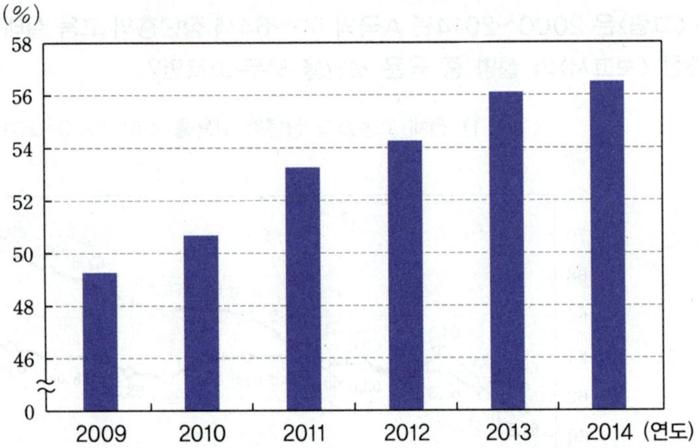

보고서

A국의 2000~2014년 장년층의 고용실태를 조사한 내용은 다음과 같다. ㉠ 장년층 고용률은 2005년 이후 매년 전체 고용률보다 높고 2009년 이후 지속적으로 상승하고 있다. ㉡ 전체 고용률과 장년층 고용률의 차이를 연도별로 비교하면 2013년 전체 고용률과 장년층 고용률의 차이가 조사기간 중 두 번째로 크다.

장년층 고용이 양적으로는 확대되고 있는 반면, 장년층이 조기퇴직한 후 재취업 및 창업 과정을 거치며 고용의 질은 악화되고 있다. ㉢ 2013년 장년층 재취업자 중 임금근로자의 고용형태를 비중이 높은 것부터 순서대로 나열하면 임시직, 상용직, 일용직 순이다. 또한, ㉣ 2013년 장년층 재취업 전 직종 구성비에서 단순노무직이 차지하는 비중은 15.5%로 가장 낮으나, 장년층 재취업 후 직종 구성비에서 단순노무직이 차지하는 비중은 36.9%로 가장 높다.

한편, 자영업종에 대한 과다진입으로 자영업 영세화가 심화되고 베이비붐 세대의 퇴직까지 본격화되고 있다. ㉤ 2009년 이후 자영업자 중 50대의 비중이 50.0% 이상이고 이 비중은 매년 증가하고 있다.

① ㄱ, ㄴ, ㄷ　② ㄱ, ㄷ, ㄹ　③ ㄱ, ㄷ, ㅁ
④ ㄴ, ㄷ, ㄹ　⑤ ㄴ, ㄹ, ㅁ

[068~069] 다음 〈표〉는 '갑'국 5개 국립대학의 세계대학평가에 관한 자료이다. 〈표〉를 보고 물음에 답하시오.

〈표 1〉 2018년 '갑'국 국립대학의 세계대학평가 결과

대학	국내 순위	세계 순위	총점	부문별 점수				
				교육	연구	산학 협력	국제화	논문 인용도
A	14	182	29.5	27.8	28.2	63.2	35.3	28.4
B	21	240	25.4	23.9	25.6	42.2	26.7	25.1
C	23	253	24.3	21.2	19.9	38.7	25.3	30.2
D	24	287	22.5	21.0	20.1	38.4	28.8	23.6
E	25	300	18.7	21.7	19.9	40.5	22.7	11.6

〈표 2〉 2017~2018년 '갑'국 ○○대학의 세계대학평가 세부지표별 점수

부문(가중치)	세부지표(가중치)	세부지표별 점수	
		2018년	2017년
교육(30)	평판도 조사(15)	2.9	1.4
	교원당 학생 수(4.5)	34.5	36.9
	학부학위 수여자 대비 박사학위 수여자 비율(2.25)	36.6	46.9
	교원당 박사학위자 비율(6)	45.3	52.3
	재정 규모(2.25)	43.3	40.5
연구(30)	평판도 조사(18)	1.6	0.8
	교원당 연구비(6)	53.3	49.4
	교원당 학술논문 수(6)	41.3	39.5
산학협력(2.5)	산업계 연구비 수입(2.5)	(가)	43.9
국제화(7.5)	외국인 학생 비율(2.5)	24.7	22.5
	외국인 교수 비율(2.5)	26.9	26.8
	학술논문 중 외국 연구자와 쓴 논문 비중(2.5)	16.6	16.4
논문인용도(30)	논문인용도(30)	(나)	13.1

※ 1) ○○대학은 A~E 대학 중 한 대학임.

2) 부문별 점수는 각 부문에 속한 세부지표별 $\frac{\text{세부지표별 점수} \times \text{세부지표별 가중치}}{\text{부문별 가중치}}$ 값의 합임.

3) 총점은 5개 부문별 $\frac{\text{부문별 점수} \times \text{부문별 가중치}}{100}$ 값의 합임.

4) 점수는 소수점 아래 둘째 자리에서 반올림한 값임.

기출 20' 5급㉻-나 난이도 ●●○

068 위 〈표〉에 근거하여 '가'와 '나'에 들어갈 값을 바르게 나열한 것은?

	가	나
①	38.4	23.6
②	38.7	30.2
③	40.5	11.6
④	42.2	25.1
⑤	63.2	28.4

기출 20' 5급㉻-나 난이도 ●○○

069 위 〈표〉를 이용하여 세계대학평가 결과에 대한 〈보고서〉를 작성하였다. 제시된 〈표〉 이외에 〈보고서〉 작성을 위하여 추가로 필요한 자료를 〈보기〉에서 고르면?

보고서

최근 글로벌 대학평가기관이 2018년 세계대학평가 결과를 발표했다. 이 평가는 전 세계 1,250개 이상의 대학을 대상으로 교육, 연구, 산학협력, 국제화, 논문인용도 등 총 5개 부문, 13개 세부지표를 활용하여 수행된다.

2018년 세계대학평가 결과, 1~3위는 각각 F 대학('을'국), G 대학('을'국), H 대학('병'국)으로 전년과 동일하였으나, 4위는 I 대학('병'국)으로 전년도 5위에서 한 단계 상승했고 5위는 2017년 공동 3위였던 J 대학('병'국)으로 나타났다. 아시아 대학 중 최고 순위는 K 대학('정'국)으로 전년보다 8단계 상승한 세계 22위였으며, 같은 아시아 국가인 '갑'국에서는 L 대학이 세계 63위로 '갑'국 대학 중 가장 높은 순위를 차지하였다.

2018년 '갑'국의 5개 국립대학 중에서는 A 대학이 세계 182위, 국내 14위로 가장 순위가 높았는데, 논문인용도를 제외한 나머지 4개 부문별 점수에서 5개 국립대학 중 가장 높은 점수를 받았다. 한편, C 대학은 연구와 산학협력 부문에서 2017년 대비 점수가 대폭 하락하여 순위 또한 낮아졌다.

보기

ㄱ. 2017~2018년 세계대학평가 순위
ㄴ. 2017~2018년 세계대학평가 C 대학 세부지표별 점수
ㄷ. 2017~2018년 세계대학평가 세부지표 리스트
ㄹ. 2017~2018년 세계대학평가 A 대학 총점

① ㄱ, ㄴ ② ㄱ, ㄷ ③ ㄴ, ㄷ
④ ㄴ, ㄹ ⑤ ㄷ, ㄹ

기출 20' 5급㉻-나 난이도 ●●●

070 다음 〈표〉는 6개 지목으로 구성된 A 지구의 토지수용 보상비 산출을 위한 자료이다. 이에 대한 〈보기〉의 설명 중 옳은 것만을 모두 고르면?

〈표〉 지목별 토지수용 면적, 면적당 지가 및 보상 배율

(단위: m^2, 만 원/m^2)

지목	면적	면적당 지가	보상 배율	
			감정가 기준	실거래가 기준
전	50	150	1.8	3.2
답	50	100	1.8	3.0
대지	100	200	1.6	4.8
임야	100	50	2.5	6.1
공장	100	150	1.6	4.8
창고	50	100	1.6	4.8

※ 1) 총보상비는 모든 지목별 보상비의 합임.
2) 보상비 = 용지 구입비 + 지장물 보상비
3) 용지 구입비 = 면적 × 면적당 지가 × 보상 배율
4) 지장물 보상비는 해당 지목 용지 구입비의 20%임.

보기

ㄱ. 모든 지목의 보상 배율을 감정가 기준에서 실거래가 기준으로 변경하는 경우, 총보상비는 변경 전의 2배 이상이다.
ㄴ. 보상 배율을 감정가 기준에서 실거래가 기준으로 변경하는 경우, 보상비가 가장 많이 증가하는 지목은 '대지'이다.
ㄷ. 보상 배율이 실거래가 기준인 경우, 지목별 보상비에서 용지 구입비가 차지하는 비율은 '임야'가 '창고'보다 크다.
ㄹ. '공장'의 감정가 기준 보상비와 '전'의 실거래가 기준 보상비는 같다.

① ㄱ, ㄷ ② ㄱ, ㄹ ③ ㄴ, ㄷ
④ ㄴ, ㄹ ⑤ ㄱ, ㄴ, ㄹ

기출 15' 5급㉑-인 난이도 ●●○

071 다음 〈표〉는 로봇 시장현황과 R&D 예산의 분야별 구성비에 대한 자료이다. 이에 대한 〈보기〉의 설명 중 옳은 것만을 모두 고르면?

〈표 1〉 용도별 로봇 시장현황(2013년)

구분 / 용도	시장규모 (백만달러)	수량 (천개)	평균단가 (천달러/개)
제조용	9,719	178	54.6
전문 서비스용	3,340	21	159.0
개인 서비스용	1,941	4,000	0.5
전체	15,000	4,199	3.6

〈표 2〉 분야별 로봇 시장규모(2011~2013년)

(단위: 백만달러)

용도	분야 \ 연도	2011	2012	2013
제조용	제조	8,926	9,453	9,719
전문 서비스용	건설	879	847	883
	물류	166	196	216
	의료	1,356	1,499	1,449
	국방	748	818	792
개인 서비스용	가사	454	697	799
	여가	166	524	911
	교육	436	279	231

※ 로봇의 용도 및 분야는 중복되지 않음.

〈표 3〉 로봇 R&D 예산의 분야별 구성비(2013년)

(단위: %)

분야	제조	건설	물류	의료	국방	가사	여가	교육	합계
구성비	21	13	3	22	12	12	14	3	100

• 보기 •

ㄱ. 2013년 전체 로봇 시장규모 대비 제조용 로봇 시장규모의 비중은 70% 이상이다.
ㄴ. 2013년 전문 서비스용 로봇 평균단가는 제조용 로봇 평균단가의 3배 이하이다.
ㄷ. 2013년 전체 로봇 R&D 예산 대비 전문 서비스용 로봇 R&D 예산의 비중은 50%이다.
ㄹ. 개인 서비스용 로봇 시장규모는 각 분야에서 매년 증가했다.

① ㄱ, ㄴ　　② ㄱ, ㄹ　　③ ㄴ, ㄷ
④ ㄴ, ㄹ　　⑤ ㄷ, ㄹ

기출 15' 5급㉤-인 | 난이도 ●●○

072 다음 〈표〉는 2012년 지역별 PC 보유율과 인터넷 이용률에 관한 자료이다. 이에 대한 〈보기〉의 설명 중 옳은 것만을 모두 고르면?

〈표〉 2012년 지역별 PC 보유율과 인터넷 이용률

(단위: %)

구분 지역	PC 보유율	인터넷 이용률
서울	88.4	80.9
부산	84.6	75.8
대구	81.8	75.9
인천	87.0	81.7
광주	84.8	81.0
대전	85.3	80.4
울산	88.1	85.0
세종	86.0	80.7
경기	86.3	82.9
강원	77.3	71.2
충북	76.5	72.1
충남	69.9	69.7
전북	71.8	72.2
전남	66.7	67.8
경북	68.8	68.4
경남	72.0	72.5
제주	77.3	73.6

• 보기 •

ㄱ. PC 보유율이 네 번째로 높은 지역은 인터넷 이용률도 네 번째로 높다.
ㄴ. 경남보다 PC 보유율이 낮은 지역의 인터넷 이용률은 모두 경남의 인터넷 이용률보다 낮다.
ㄷ. 울산의 인터넷 이용률은 인터넷 이용률이 가장 낮은 지역의 1.3배 이상이다.
ㄹ. PC 보유율보다 인터넷 이용률이 높은 지역은 전북, 전남, 경남이다.

① ㄱ, ㄴ ② ㄱ, ㄷ ③ ㄱ, ㄹ
④ ㄴ, ㄷ ⑤ ㄴ, ㄹ

기출 15' 5급[민]-인 | 난이도 ●●○

073 **사무관 A는 다음 〈표〉와 추가적인 자료를 이용하여 과학기술 논문 발표현황에 관한 〈보고서〉를 작성하였다. 추가로 필요한 자료만을 〈보기〉에서 모두 고르면?**

〈표〉 우리나라 SCI 과학기술 논문 발표현황

(단위: 편, %)

연도	2007	2008	2009	2010	2011	2012	2013
발표수	29,565	34,353	37,742	41,481	45,588	49,374	51,051
세계 점유율	2.23	2.40	2.50	2.62	2.68	2.75	2.77

보고서

최근 우리나라는 과학기술 분야의 연구에 많은 투자를 하고 있다. 2013년도 우리나라 SCI 과학기술 논문 발표수는 51,051편으로 전년대비 약 3.40% 증가했다. 우리나라 SCI 과학기술 논문 발표수의 세계 점유율은 2007년 2.23%에서 매년 증가하여 2013년 2.77%가 되었다. 이는 2007년 이후 기초·원천기술연구에 대한 투자규모의 지속적인 확대로 SCI 과학기술 논문 발표수가 꾸준히 증가하고 있는 것으로 분석된다. 2013년의 논문 1편당 평균 피인용횟수는 4.55회로 SCI 과학기술 논문 발표수 상위 50개 국가 중 32위를 기록했다.

보기

ㄱ. 2007년 이후 우리나라 기초·원천기술연구 투자규모 현황
ㄴ. 2009~2013년 연도별 SCI 과학기술 논문 발표수 상위 50개 국가의 논문 1편당 평균 피인용횟수
ㄷ. 2007년 이후 세계 총 SCI 과학기술 학술지 수
ㄹ. 2009~2013년 우리나라 SCI 과학기술 논문 발표수의 전년대비 증가율

① ㄱ, ㄴ　② ㄱ, ㄷ　③ ㄴ, ㄷ
④ ㄴ, ㄹ　⑤ ㄷ, ㄹ

기출 15' 5급[민]-인 난이도 ●●○

074 다음 〈표〉와 〈그림〉은 A~E국의 국민부담률, 재정적자 비율 및 잠재적부담률과 공채의존도를 나타낸 자료이다. 이에 대한 〈보기〉의 설명 중 옳은 것만을 모두 고르면?

〈표〉 국민부담률, 재정적자 비율 및 잠재적부담률

(단위: %)

구분 \ 국가	A	B	C	D	E
국민부담률	38.9	34.7	49.3	( )	62.4
사회보장부담률	( )	8.6	10.8	22.9	24.6
조세부담률	23.0	26.1	( )	29.1	37.8
재정적자 비율	8.8	9.9	6.7	1.1	5.1
잠재적부담률	47.7	( )	56.0	53.1	( )

※ 1) 국민부담률(%) = 사회보장부담률 + 조세부담률
 2) 잠재적부담률(%) = 국민부담률 + 재정적자 비율

〈그림〉 공채의존도

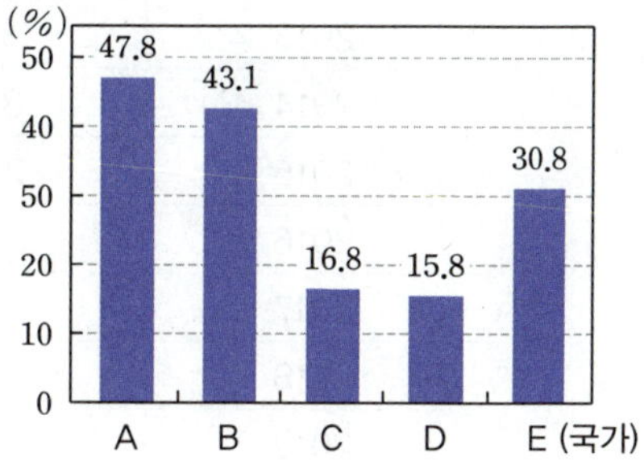

보기

ㄱ. 잠재적부담률이 가장 높은 국가의 조세부담률이 가장 높다.
ㄴ. 공채의존도가 가장 낮은 국가의 국민부담률이 두 번째로 높다.
ㄷ. 사회보장부담률이 가장 높은 국가의 공채의존도가 가장 높다.
ㄹ. 잠재적부담률이 가장 낮은 국가는 B이다.

① ㄱ, ㄴ ② ㄱ, ㄷ ③ ㄴ, ㄷ
④ ㄴ, ㄹ ⑤ ㄷ, ㄹ

[075~076] 다음 〈표〉와 〈그림〉은 2013~2019년 '갑'국의 건설업 재해에 관한 자료이다. 〈표〉와 〈그림〉을 보고 물음에 답하시오.

〈표〉 연도별 건설업 재해 현황

(단위: 명)

연도	근로자 수	재해자 수	
			사망자 수
2013	3,200,645	22,405	611
2014	3,087,131	22,845	621
2015	2,776,587	23,323	496
2016	2,586,832	(　　)	667
2017	3,249,687	23,723	486
2018	3,358,813	(　　)	493
2019	3,152,859	26,484	554

〈그림 1〉 연도별 전체 산업 및 건설업 재해율 추이

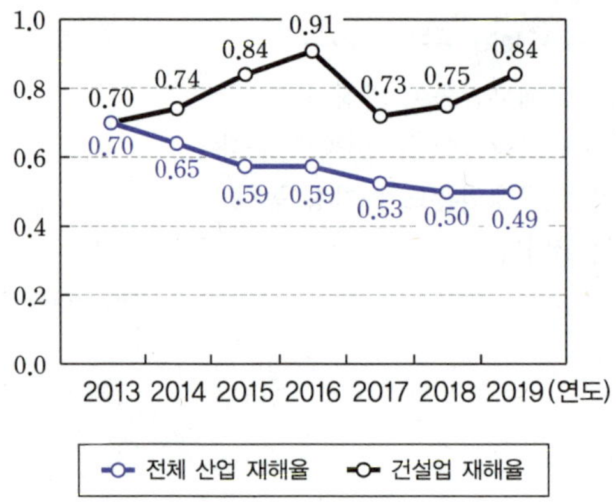

※ 재해율(%) $= \frac{\text{재해자 수}}{\text{근로자 수}} \times 100$

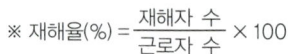

〈그림 2〉 연도별 건설업의 환산도수율과 환산강도율

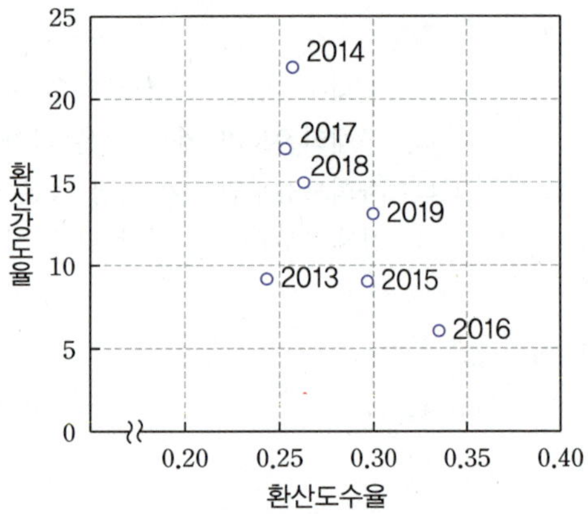

※ 1) 환산도수율 $= \frac{\text{재해건수}}{\text{총 근로시간}} \times 100{,}000$

2) 환산강도율 $= \frac{\text{재해손실일수}}{\text{총 근로시간}} \times 100{,}000$

기출 20' 5급㉻-나 난이도 ●●○

075 위 〈표〉와 〈그림〉에 근거한 설명으로 옳은 것은?

① 건설업 재해자 수는 매년 증가한다.

② 전체 산업 재해율과 건설업 재해율의 차이가 가장 큰 해는 2016년이다.

③ 2020년 건설업 재해자 수가 전년 대비 10% 증가한다면, 건설업 재해율은 전년 대비 0.1%p 증가할 것이다.

④ 2013년 건설업 근로자 수가 전체 산업 근로자 수의 20%라면, 전체 산업 재해자 수는 건설업 재해자 수의 4배이다.

⑤ 건설업 사망자 수가 가장 많은 해는 건설업 환산강도율도 가장 높다.

기출 20' 5급㉻-나 난이도 ●●○

076 위 〈표〉와 〈그림〉을 바탕으로 건설업의 재해건당 재해손실일수가 가장 큰 연도와 가장 작은 연도를 바르게 나열한 것은?

	가장 큰 연도	가장 작은 연도
①	2013년	2014년
②	2013년	2016년
③	2014년	2013년
④	2014년	2016년
⑤	2016년	2014년

기출 16' 5급(행)-4 | 난이도 ●●○

077 다음 〈표〉는 1908년 대한제국의 내각 직원 수에 관한 자료이다. 〈조건〉의 설명에 근거하여 〈보기〉의 내용 중 옳은 것만을 모두 고르면?

〈표〉 1908년 대한제국의 내각 직원 수

(단위: 명)

구분			직원 수
본청	경비국		(A)
	대신관방	문서과	7
		비서과	3
		회계과	4
		소계	14
	법제국	총무과	1
		관보과	3
		기록과	(B)
		법제과	5
		소계	(　)
	외사국	총무과	(C)
		번역과	3
		외사과	3
		소계	7
법전조사국	경비과		(D)
	서무과		(E)
	회계과		5
	조사과		12
	소계		(　)
표훈원	경비과		1
	제장과		6
	서무과		4
	소계		(　)
문관전고소			9
전체			99

※ 내각은 본청, 법전조사국, 표훈원, 문관전고소만으로 구성되어 있음.

조건

- 본청 경비국 직원 수(A)는 법전조사국 서무과 직원 수(E)의 1.5배이다.
- 법전조사국 경비과 직원 수(D)는 본청 경비국 직원 수(A)에 본청 법제국 기록과 직원 수(B)를 합한 것과 같다.
- 법전조사국 경비과 직원 수(D)는 본청 법제국 기록과 직원 수(B)의 3배와 본청 외사국 총무과 직원 수(C)를 합한 것과 같다.
- 법전조사국 서무과 직원 수(E)는 본청 외사국 총무과 직원 수(C)의 2배와 본청 법제국 기록과 직원 수(B)를 합한 것과 같다.

보기

ㄱ. 표훈원 직원 수는 내각 전체 직원 수의 $\frac{1}{9}$이다.

ㄴ. 법전조사국 서무과 직원 수와 표훈원 서무과 직원 수의 합은 법전조사국 조사과 직원 수보다 크다.

ㄷ. 법전조사국 직원 수는 내각 전체 직원 수의 30% 미만이다.

ㄹ. A + B + C + D의 값은 27이다.

① ㄱ, ㄴ　② ㄱ, ㄷ　③ ㄱ, ㄹ
④ ㄴ, ㄷ　⑤ ㄴ, ㄹ

기출 15' 5급㉻-인 | 난이도 ●●○

078 다음 〈표〉는 2009년과 2010년 정부창업지원금 신청자를 대상으로 직업과 창업단계를 조사한 자료이다. 이에 대한 〈보기〉의 설명 중 옳은 것만을 모두 고르면?

〈표 1〉 정부창업지원금 신청자의 직업 구성

(단위: 명, %)

직업	2009년		2010년		합계	
	인원	비율	인원	비율	인원	비율
교수	34	4.2	183	12.5	217	9.6
연구원	73	9.1	118	8.1	191	8.4
대학생	17	2.1	74	5.1	91	4.0
대학원생	31	3.9	93	6.4	124	5.5
회사원	297	37.0	567	38.8	864	38.2
기타	350	43.6	425	29.1	775	34.3
계	802	100.0	1,460	100.0	2,262	100.0

〈표 2〉 정부창업지원금 신청자의 창업단계

(단위: 명, %)

창업단계	2009년		2010년		합계	
	인원	비중	인원	비중	인원	비중
예비창업단계	79	9.9	158	10.8	237	10.5
기술개발단계	291	36.3	668	45.8	959	42.4
시제품 제작단계	140	17.5	209	14.3	349	15.4
시장진입단계	292	36.4	425	29.1	717	31.7
계	802	100.0	1,460	100.0	2,262	100.0

※ 복수응답 및 무응답은 없음.

• 보기 •

ㄱ. '기타'를 제외한 직업별 2010년 정부창업지원금 신청자수의 전년대비 증가율이 두번째로 높은 직업은 대학생이다.

ㄴ. 기술개발단계에 있는 신청자수 비중의 연도별 차이는 시장진입단계에 있는 신청자수 비중의 연도별 차이보다 크다.

ㄷ. 2010년 조사에서 전년보다 신청자수는 증가하고 신청자수 비중은 감소한 창업단계는 시장진입단계뿐이다.

① ㄱ　② ㄴ　③ ㄱ, ㄴ

④ ㄴ, ㄷ　⑤ ㄱ, ㄴ, ㄷ

기출 15' 5급㉻-인 난이도 ●●●

079 다음 〈표〉는 18세기 부여 지역의 토지 소유 및 벼 추수 기록을 나타낸 자료이다. 이에 대한 〈보기〉의 설명 중 옳은 것만을 모두 고르면?

〈표〉 18세기 부여 지역의 토지 소유 및 벼 추수 기록

위치	소유주	작인	면적(두락)	계약량	수취량
도장동	송득매	주서방	8	4석	4석
도장동	자근노음	검금	7	4석	4석
불근보	이풍덕	막산	5	2석 5두	1석 3두
소삼	이풍덕	동이	12	7석 10두	6석
율포	송치선	주적	7	4석	1석 10두
부야	홍서방	주적	6	3석 5두	2석 10두
잠방평	쾌득	명이	7	4석	2석 1두
석을고지	양서방	수양	10	7석	4석 10두
계			62	36석 5두	26석 4두

※ 작인 : 실제로 토지를 경작한 사람

보기

ㄱ. '석'을 '두'로 환산하면 1석은 15두이다.

ㄴ. 계약량 대비 수취량의 비율이 가장 높은 토지의 위치는 '도장동', 가장 낮은 토지의 위치는 '불근보'이다.

ㄷ. 작인이 '동이', '명이', '수양'인 토지 중 두락당 계약량이 가장 큰 토지의 작인은 '수양'이고, 가장 작은 토지의 작인은 '동이'이다.

① ㄱ
② ㄴ
③ ㄱ, ㄷ
④ ㄴ, ㄷ
⑤ ㄱ, ㄴ, ㄷ

기출 15' 5급㉻-인 난이도 ●●●

080 다음 〈표〉를 이용하여 〈보고서〉를 작성하였다. 제시된 〈표〉 이외에 추가로 필요한 자료만을 〈보기〉에서 모두 고르면?

〈표 1〉 2011년 우리나라의 지역별 도서 현황

구분 \ 지역	도서 수(개)			도서 인구밀도 (명/km²)	도서 면적 (km²)
	합	유인도서	무인도서		
부산	45	3	42	3,613.8	41.90
인천	150	39	111	215.2	119.95
울산	3	0	3	0.0	0.03
경기	46	5	41	168.5	4.65
강원	32	0	32	0.0	0.24
충남	255	34	221	102.5	164.26
전북	103	25	78	159.1	37.00
전남	2,219	296	1,923	104.2	867.10
경북	49	4	45	146.6	73.00
경남	537	76	461	110.4	125.91
제주	63	8	55	300.5	15.56
전국	3,502	490	3,012	–	1,449.60

※ 도서 인구밀도는 해당 지역 유·무인도서 전체를 기준으로 계산한 값임.

〈표 2〉 연도별 도서 지역 여객선 수송 현황

(단위: 천명, %)

연도	2005	2006	2007	2008	2009	2010	2011
수송인원	11,100	11,574	12,634	14,162	14,868	14,308	14,264
전년대비 증가율	4.2	4.3	9.2	12.1	5.0	−3.8	−0.3

보고서

2011년 기준 전국 도서 수는 총 3,502개로, 이 중 유인도서는 14.0%인 490개, 무인도서는 86.0%인 3,012개이다. 반면 도서 면적을 기준으로 보면 유인도서가 전국 총 도서 면적의 96.9%로 대부분을 차지하고 있다.

지역별 분포를 보면 전남에 속한 도서는 2,219개로 전국 도서의 63.4%를 차지하고 있으며, 전북은 전남, 경남, 충남, 인천에 이어 다섯번째로 많은 도서를 보유하고 있으나, 도서 면적은 경북, 부산보다 작다.

전국 도서인구는 2011년 기준 약 32만명으로, 부산의 도서인구가 가장 많고 지역별 인구대비 도서인구 비율은 전남이 10.2%로 가장 많다.

2011년 여객선을 이용한 도서 지역 총 수송인원은 약 1,426만명으로, 2009년 이후 매년 수송인원이 감소하고 있는 반면, 관광객, 귀성객 등 도서 지역 거주민이 아닌 수송인원은 같은 기간 연평균 15% 증가한 것으로 나타났다.

보기

ㄱ. 2011년 전국 무인도서 면적
ㄴ. 2011년 전국 도서인구 수
ㄷ. 2011년 지역별 인구 수
ㄹ. 2009~2011년 도서 지역 여객선 수송인원 중 도서 지역 거주민 비율
ㅁ. 2009~2011년 도서 지역 관광객 수

① ㄱ, ㄴ, ㄷ ② ㄱ, ㄴ, ㄹ ③ ㄱ, ㄷ, ㄹ
④ ㄱ, ㄷ, ㅁ ⑤ ㄴ, ㄷ, ㅁ

기출 15' 5급[민]-인 난이도 ●●○

081 다음 〈표〉는 2013년 A시 '가'~'다' 지역의 아파트실거래가격지수를 나타낸 자료이다. 이에 대한 설명으로 옳은 것은?

〈표〉 2013년 A시 '가'~'다' 지역의 아파트실거래가격지수

월 \ 지역	가	나	다
1	100.0	100.0	100.0
2	101.1	101.6	99.9
3	101.9	103.2	100.0
4	102.6	104.5	99.8
5	103.0	105.5	99.6
6	103.8	106.1	100.6
7	104.0	106.6	100.4
8	105.1	108.3	101.3
9	106.3	110.7	101.9
10	110.0	116.9	102.4
11	113.7	123.2	103.0
12	114.8	126.3	102.6

※ N월 아파트실거래가격지수 $= \frac{\text{해당 지역의 N월 아파트 실거래 가격}}{\text{해당 지역의 1월 아파트 실거래 가격}} \times 100$

① '가' 지역의 12월 아파트 실거래 가격은 '다' 지역의 12월 아파트 실거래 가격보다 높다.
② '나' 지역의 아파트 실거래 가격은 다른 두 지역의 아파트 실거래 가격보다 매월 높다.
③ '다' 지역의 1월 아파트 실거래 가격과 3월 아파트 실거래 가격은 같다.
④ '가' 지역의 1월 아파트 실거래 가격이 1억원이면 '가' 지역의 7월 아파트 실거래 가격은 1억 4천만원이다.
⑤ 2013년 7~12월 동안 아파트 실거래 가격이 각 지역에서 매월 상승하였다.

기출 15' 5급[민]-인 난이도 ●●○

082 다음 〈표〉는 쥐 A~E의 에탄올 주입량별 렘(REM)수면시간을 측정한 결과이다. 이에 대한 〈보기〉의 설명 중 옳은 것만을 모두 고르면?

〈표〉 에탄올 주입량별 쥐의 렘수면시간

(단위: 분)

에탄올 주입량(g) \ 쥐	A	B	C	D	E
0.0	88	73	91	68	75
1.0	64	54	70	50	72
2.0	45	60	40	56	39
4.0	31	40	46	24	24

보기

ㄱ. 에탄올 주입량이 0.0 g일 때 쥐 A~ E 렘수면시간 평균은 에탄올 주입량이 4.0 g일 때 쥐 A~E 렘수면시간 평균의 2배 이상이다.

ㄴ. 에탄올 주입량이 2.0 g일 때 쥐 B와 쥐 E의 렘수면시간 차이는 20분 이하이다.

ㄷ. 에탄올 주입량이 0.0 g일 때와 에탄올 주입량이 1.0 g일 때의 렘수면시간 차이가 가장 큰 쥐는 A이다.

ㄹ. 쥐 A~E는 각각 에탄올 주입량이 많을수록 렘수면시간이 감소한다.

① ㄱ, ㄴ　② ㄱ, ㄷ　③ ㄴ, ㄷ
④ ㄴ, ㄹ　⑤ ㄷ, ㄹ

기출 15' 5급[민]-인 난이도 ●●○

083 다음 〈표〉는 2004~2013년 5개 자연재해 유형별 피해금액에 관한 자료이다. 이에 대한 〈보기〉의 설명 중 옳은 것만을 모두 고르면?

〈표〉 5개 자연재해 유형별 피해금액

(단위: 억원)

유형 \ 연도	2004	2005	2006	2007	2008	2009	2010	2011	2012	2013
태풍	3,416	1,385	118	1,609	9	0	1,725	2,183	8,765	17
호우	2,150	3,520	19,063	435	581	2,549	1,808	5,276	384	1,581
대설	6,739	5,500	52	74	36	128	663	480	204	113
강풍	0	93	140	69	11	70	2	0	267	9
풍랑	0	0	57	331	0	241	70	3	0	0
전체	12,305	10,498	19,430	2,518	637	2,988	4,268	7,942	9,620	1,720

보기

ㄱ. 2004~2013년 강풍 피해금액 합계는 풍랑 피해금액 합계보다 작다.

ㄴ. 2012년 태풍 피해금액은 2012년 5개 자연재해 유형 전체 피해금액의 90% 이상이다.

ㄷ. 피해금액이 매년 10억원보다 큰 자연재해 유형은 호우뿐이다.

ㄹ. 피해금액이 큰 자연재해 유형부터 순서대로 나열하면 2010년과 2011년의 순서는 동일하다.

① ㄱ, ㄴ ② ㄱ, ㄷ ③ ㄷ, ㄹ
④ ㄱ, ㄴ, ㄹ ⑤ ㄴ, ㄷ, ㄹ

기출 15' 5급[민]-인 난이도 ●●○

084 다음 〈표〉는 2009~2014년 건설공사 공종별 수주액 현황을 나타낸 것이다. 이를 이용하여 작성한 그래프로 옳지 않은 것은?

〈표〉 건설공사 공종별 수주액 현황

(단위: 조원, %)

연도 \ 구분	전체	전년대비 증감률	토목	전년대비 증감률	건축	전년대비 증감률	주거용	비주거용
2009	118.7	-1.1	54.1	31.2	64.6	-18.1	39.1	25.5
2010	103.2	-13.1	41.4	-23.5	61.8	-4.3	31.6	30.2
2011	110.7	7.3	38.8	-6.3	71.9	16.3	38.7	33.2
2012	99.8	-9.8	34.0	-12.4	65.8	-8.5	34.3	31.5
2013	90.4	-9.4	29.9	-12.1	60.5	-8.1	29.3	31.2
2014	107.4	18.8	32.7	9.4	74.7	23.5	41.1	33.6

① 건축 공종의 수주액

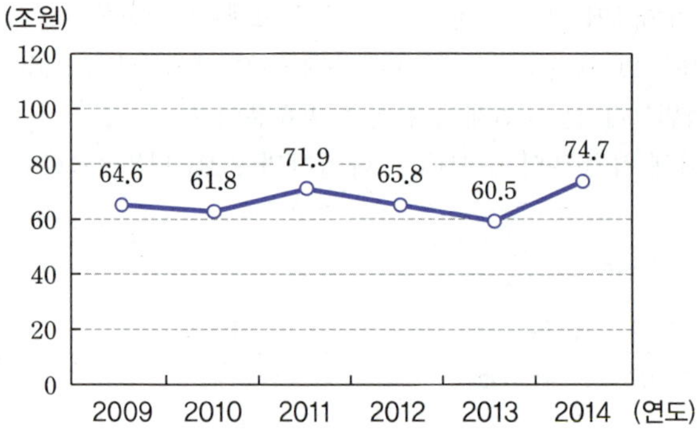

② 토목 공종의 수주액 및 전년대비 증감률

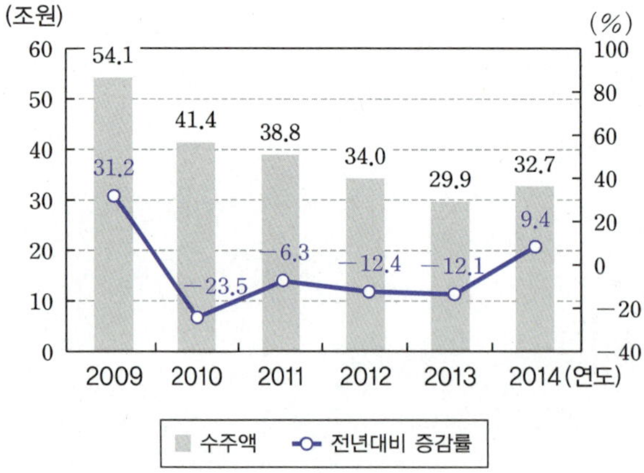

③ 건설공사 전체 수주액의 공종별 구성비

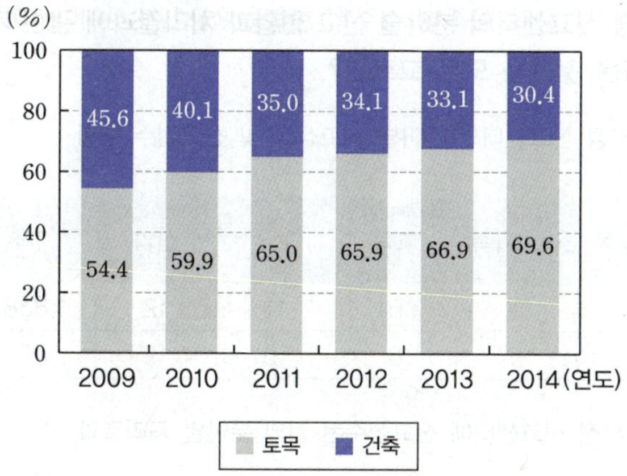

④ 건축 공종 중 주거용 및 비주거용 수주액

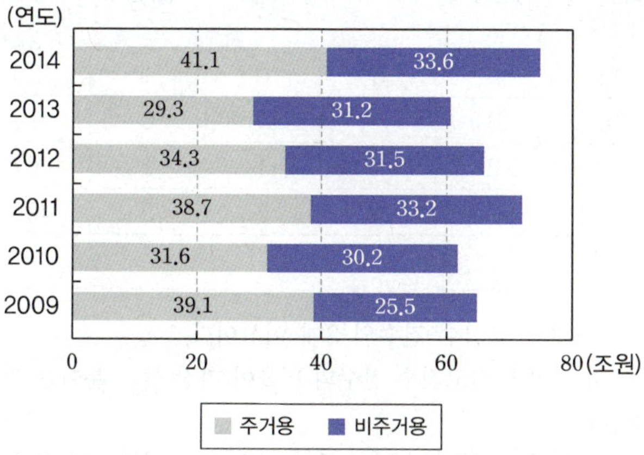

⑤ 건설공사 전체 및 건축 공종 수주액의 전년대비 증감률

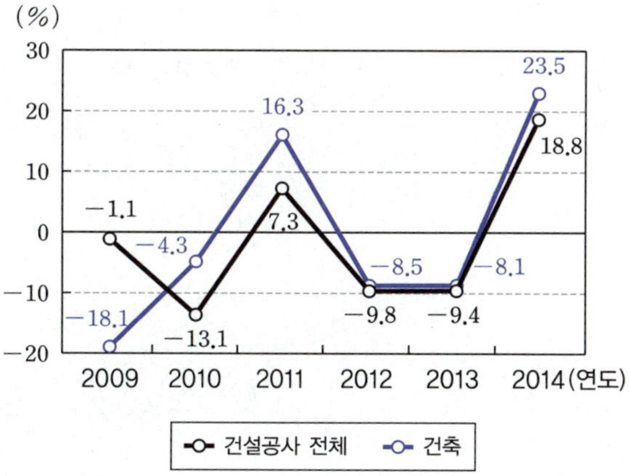

085 다음 〈표〉는 2013년 복지부정 신고센터의 분야별 신고 현황과 처리결과에 관한 자료이다. 이에 대한 〈보기〉의 설명 중 옳은 것만을 모두 고르면?

〈표 1〉 복지부정 신고센터의 분야별 신고상담 및 신고접수 현황

(단위: 건)

구분 \ 분야	보건복지	고용노동	여성가족	교육	보훈	산업	기타	합
신고상담	605	81	5	6	11	12	1,838	2,558
신고접수	239	61	7	6	5	2	409	729

〈표 2〉 복지부정 신고센터에 신고접수된 건의 분야별 처리결과

(단위: 건)

처리결과 \ 분야	보건복지	고용노동	여성가족	교육	보훈	산업	기타	합
이첩	58	18	2	3	0	1	123	205
송부	64	16	3	1	4	0	79	167
내부처리	117	27	2	2	1	1	207	357
전체	239	61	7	6	5	2	409	729

• 보기 •

ㄱ. 전체 신고상담 건수는 전체 신고접수 건수의 3배 이상이다.

ㄴ. 전체 신고접수 건수 대비 분야별 신고접수 건수의 비율이 가장 높은 분야는 기타를 제외하면 보건복지 분야이다.

ㄷ. 분야별 전체 신고접수 건수 중 '이첩' 건수의 비중이 가장 큰 분야는 여성가족 분야이다.

ㄹ. '내부처리' 건수는 전체 신고상담 건수의 15% 이상이다.

① ㄱ, ㄴ　　② ㄱ, ㄷ　　③ ㄴ, ㄷ

④ ㄱ, ㄴ, ㄹ　　⑤ ㄴ, ㄷ, ㄹ

기출 15' 5급㉻-인 | 난이도 ●●○

086 다음 〈표〉는 직육면체 형태를 가진 제빙기 A~H에 관한 자료이다. 이에 대한 〈보기〉의 설명 중 옳은 것만을 모두 고르면?

〈표〉 제빙기별 세부제원

제빙기	1일 생산량 (kg)	저장량 (kg)	길이(mm)			냉각방식	생산가능 얼음형태
			가로	세로	높이		
A	46	15	633	506	690	공냉식	사각
B	375	225	560	830	1,785	수냉식	가루
C	100	55	704	520	1,200	수냉식	사각
D	620	405	1,320	830	2,223	수냉식	반달
E	240	135	560	830	2,040	수냉식	사각
F	120	26	640	600	800	공냉식	가루
G	225	130	560	830	1,936	수냉식	반달
H	61	26	633	506	850	수냉식	사각

※ 바닥면적 = 가로 × 세로

보기

ㄱ. 수냉식 제빙기 중 저장량 대비 1일 생산량이 가장 큰 것은 H이다.
ㄴ. 모든 제빙기는 1일 생산량이 클수록 저장량도 크다.
ㄷ. 높이가 1.7 m 이하인 제빙기 중 반달형태의 얼음을 생산할 수 있는 제빙기는 없다.
ㄹ. 부피가 가장 작은 제빙기의 바닥면적보다 더 작은 바닥면적을 가진 제빙기는 없다.

① ㄱ, ㄴ　② ㄱ, ㄷ　③ ㄴ, ㄹ
④ ㄱ, ㄷ, ㄹ　⑤ ㄴ, ㄷ, ㄹ

기출 15' 5급㉻-인 난이도 ●●○

087 다음 〈표〉는 A국 기업의 회계기준 적용에 관한 자료이다. 이에 대한 설명으로 옳지 않은 것은?

〈표 1〉 A국 기업의 회계기준 적용 현황

(단위: 개, %)

회계기준 \ 연도·구분		2011 기업수	2011 비율	2012 기업수	2012 비율
국제회계기준		2,851	15.1	3,097	15.9
	의무기업(상장기업)	1,709	9.1	1,694	8.7
	선택기업(비상장기업)	1,142	6.0	1,403	7.2
일반회계기준(비상장기업)		16,027	84.9	16,366	84.1
전체		18,878	100.0	19,463	100.0

※ 상장기업은 국제회계기준을 의무적용해야 하며, 비상장기업은 국제회계기준과 일반회계기준 중 하나를 적용해야 함.

〈표 2〉 2011년 A국 비상장기업의 자산규모별 회계기준 적용 현황

(단위: 개, %)

자산규모 \ 회계기준·구분	국제회계기준 기업수	국제회계기준 비율	일반회계기준 기업수	일반회계기준 비율	합 기업수	합 비율
2조원 이상	38	73.1	14	26.9	52	100.0
5천억원 이상 2조원 미만	80	36.9	137	63.1	217	100.0
1천억원 이상 5천억원 미만	285	18.8	1,231	81.2	1,516	100.0
1천억원 미만	739	4.8	14,645	95.2	15,384	100.0
계	1,142	–	16,027	–	17,169	–

① 2011년 국제회계기준을 적용한 비상장기업의 80% 이상이 자산규모 5천억원 미만이다.

② 2011년 자산규모가 2조원 이상인 비상장기업 중, 일반회계기준을 적용한 기업 수보다 국제회계기준을 적용한 기업 수가 더 많다.

③ 2012년 전체 기업 대비 국제회계기준을 적용한 기업의 비율은 2011년에 비해 증가하였다.

④ 2012년 비상장기업의 수는 2011년에 비해 증가하였다.

⑤ 2012년 비상장기업 중 국제회계기준을 적용한 비상장기업이 차지하는 비율은 전년에 비해 2%p 이상 증가하였다.

기출 15' 5급㉺-인 | 난이도 ●●○

088 다음 〈표〉는 2009년 8개 지역의 상·하수도 보급 및 하수도요금 현황에 대한 자료이다. 〈표〉의 8개 지역에 대한 〈보기〉의 설명 중 옳은 것만을 모두 고르면?

〈표 1〉 지역별 상·하수도 보급 현황

구분 지역	인구 (천명)	상수도			하수도	
		급수인구(천명)	보급률(%)	1일급수량(천 m^3)	처리인구(천명)	보급률(%)
전국	50,642	47,338	93.5	15,697	45,264	89.4
강원	1,526	1,313	86.0	579	1,175	(　)
충북	1,550	1,319	85.1	477	1,208	77.9
충남	2,075	1,483	71.5	526	1,319	(　)
전북	1,874	1,677	89.5	722	1,486	79.3
전남	1,934	1,426	73.7	497	1,320	(　)
경북	2,705	2,260	83.5	966	1,946	71.9
경남	3,303	2,879	87.2	1,010	2,732	82.7
제주	568	568	100.0	196	481	84.7

※ 1) 상수도 보급률(%) $= \frac{\text{상수도 급수인구}}{\text{인구}} \times 100$　　2) 하수도 보급률(%) $= \frac{\text{하수도 처리인구}}{\text{인구}} \times 100$

〈표 2〉 지역별 하수도요금 현황

구분 지역	연간 부과량 (천 m^3)	연간 부과액 (백만원)	부과량당 평균요금(원/m^3)	부과량당 처리총괄원가(원/m^3)	하수도요금 현실화율(%)
전국	4,948,576	1,356,072	274.0	715.6	38.3
강원	110,364	21,625	195.9	658.5	(　)
충북	124,007	40,236	324.5	762.6	42.6
충남	127,234	34,455	270.8	1,166.3	(　)
전북	163,574	30,371	185.7	688.0	27.0
전남	155,169	22,464	144.8	650.6	(　)
경북	261,658	61,207	233.9	850.9	27.5
경남	283,188	65,241	230.4	808.9	28.5
제주	50,029	13,113	262.1	907.4	28.9

※ 하수도요금 현실화율(%) $= \frac{\text{부과량당 평균요금}}{\text{부과량당 처리총괄원가}} \times 100$

보기

ㄱ. 상수도 보급률이 가장 낮은 지역이 하수도 보급률도 가장 낮다.
ㄴ. 하수도 보급률이 가장 높은 지역이 하수도요금 현실화율은 가장 낮다.
ㄷ. 하수도요금 부과량당 평균요금이 가장 높은 지역이 하수도요금 현실화율도 가장 높다.
ㄹ. 상수도 급수인구당 1일급수량이 가장 많은 지역이 상수도 급수인구는 가장 적다.

① ㄱ, ㄴ　② ㄱ, ㄷ　③ ㄴ, ㄹ
④ ㄱ, ㄷ, ㄹ　⑤ ㄴ, ㄷ, ㄹ

기출 15' 5급㉻-인 | 난이도 ●●○

089 다음 〈표〉는 민속마을 현황에 관한 자료이다. 〈표〉와 〈보기〉에 근거하여 B, D, E에 해당하는 민속마을을 바르게 나열한 것은?

〈표 1〉 민속마을별 지정면적

(단위: 천 m^2)

구분	A	B	C	고성왕곡	D	E	영주무섬
지정 면적	7,200	794	969	180	197	201	669

〈표 2〉 민속마을별 건물 현황

(단위: 개)

구분	A	B	C	고성왕곡	D	E	영주무섬
와가	162	18	180	39	57	117	37
초가	211	370	220	99	151	11	57
기타	85	287	78	9	28	98	22
계	458	675	478	147	236	226	116

〈표 3〉 민속마을별 입장료 현황

(단위: 원)

구분	A	B	C	고성왕곡	D	E	영주무섬
성인	3,000		4,000		2,000		
청소년	1,500	무료	2,000	무료	1,000	무료	무료
아동	1,000		1,500		1,000		

보기

- 초가 수가 와가 수의 2배 이상인 곳은 '아산외암', '성읍민속', '고성왕곡'이다.
- 성인 15명, 청소년 2명, 아동 8명의 입장료 총합이 56,000원인 곳은 '안동하회'이다.
- 지정면적 천 m^2당 총 건물수가 가장 많은 곳은 '아산외암'이다.
- '경주양동'의 지정면적은 '성주한개'와 '영주무섬'의 지정면적을 합한 것보다 크다.

	B	D	E
①	성읍민속	아산외암	성주한개
②	성읍민속	아산외암	경주양동
③	성읍민속	안동하회	경주양동
④	아산외암	성읍민속	성주한개
⑤	아산외암	성읍민속	안동하회

기출 15' 5급(행)-인 | 난이도 ●●○

090 다음 〈표〉는 2006~2010년 국내 버스운송업의 업체 현황에 관한 자료이다. 〈표〉와 〈보기〉를 근거로 A, B, D에 해당하는 유형을 바르게 나열한 것은?

〈표〉 국내 버스운송업의 유형별 업체수, 보유대수, 종사자수

(단위: 개, 대, 명)

유형	구분 \ 연도	2006	2007	2008	2009	2010
A	업체수	10	10	8	8	8
	보유대수	2,282	2,159	2,042	2,014	1,947
	종사자수	5,944	5,382	4,558	4,381	4,191
B	업체수	99	98	96	92	90
	보유대수	2,041	1,910	1,830	1,730	1,650
	종사자수	3,327	3,338	3,341	3,353	3,400
C	업체수	105	95	91	87	84
	보유대수	7,907	7,529	7,897	7,837	7,901
	종사자수	15,570	14,270	14,191	14,184	14,171
D	업체수	325	339	334	336	347
	보유대수	29,239	30,036	30,538	30,732	32,457
	종사자수	66,191	70,253	70,404	71,126	74,427

보기

- 시내버스와 농어촌버스의 종사자수는 각각 매년 증가한 반면, 시외일반버스와 시외고속버스 종사자수는 각각 매년 감소하였다.
- 2010년 업체당 종사자수가 2006년에 비해 감소한 유형은 시외고속버스이다.
- 농어촌버스의 업체당 보유대수는 매년 감소하였다.

	A	B	D
①	농어촌버스	시외고속버스	시내버스
②	농어촌버스	시내버스	시외고속버스
③	시외일반버스	농어촌버스	시내버스
④	시외고속버스	시내버스	농어촌버스
⑤	시외고속버스	농어촌버스	시내버스

Day 10 Self Check List

	오답 수	무응답 수	풀이시간(분)
1회독	/ 30	/ 30	/ 60(분)
2회독	/ 30	/ 30	/ 50(분)
3회독	/ 30	/ 30	/ 35(분)

정답 및 해설 326p

독끝 심화 11일차 (091~120)

난이도별 구성

●○○	8문항
●●○	16문항
●●●	6문항

본 문항은 PSAT 자료해석 영역 기출 문항으로 구성되며, 기출 표기에 따른 시험 종류는 아래와 같습니다. (표기 상 맨 끝은 '책형' 입니다.)
㉠ – 민간경력자 일괄채용시험 / ㉻ – 공개경쟁채용시험(행정)

11일차 계산연습(고급)

Set ❶

소금이 많은 순위를 적어보세요.

	소금물(g)	농도(%)	소금이 많은 순위
(1)	73	17	
(2)	35	77	
(3)	76	20	
(4)	49	67	
(5)	48	74	

Set ❷

속력이 빠른 순위를 적어보세요.

	거리(km)	시간(min)	빠른 순위
(1)	40	37	
(2)	28	45	
(3)	57	65	
(4)	68	43	
(5)	97	49	

Set ❸

각 사각형에 들어있는 숫자의 평균이 큰 순위

	숫자	평균 큰 순위
(1)	25, 57, 70, 81	
(2)	43, 18, 97, 67	
(3)	49, 52, 66	
(4)	58, 71, 74	
(5)	79, 66, 44, 59	

Set ❹

다음 4개년 자료에 대한 각 질문에 응답하세요.

연도	A	B	C	D	합계
2021	240	334	634	521	1729
2020	334	382	221	460	
2019	487	332	483	939	2241
2018	415	461	324	499	

(1) 2019년도 A의 비중은?
(2) 2020년도 B의 비중은?
(3) A~D 합계가 가장 큰 연도는?
(4) C의 2018 대비 2021년 증감률은?
(5) D의 2018 대비 2021년 증감률은?

	Set ❶	Set ❷	Set ❸	Set ❹
(1)	5	3	3	21.7%
(2)	3	5	4	27.3%
(3)	4	4	5	2019년
(4)	2	2	1	95.7%
(5)	1	1	2	4.4%

*Set ❶ ~ ❹ 참고사항

- 농도(%) = 소금 / 소금물의 양 * 100
- 시간 = 거리 / 속력
- 연산결과는 소수 둘째자리에서 반올림 적용

	맞은 개수	풀이 시간
Set ❶	/ 5	(초)
Set ❷	/ 5	(초)
Set ❸	/ 5	(초)
Set ❹	/ 5	(초)
합계	/ 20	(초)

* 다음의 회독수 별 권장풀이시간에 맞춰 문제풀이 후,
Day 11 끝의 [Self Check List]를 기입하여 부족한 부분을 파악하세요!

권장 풀이 시간
1회독 60 min 2회독 50 min 3회독 35 min

기출 15' 5급(민)-인 난이도 ●○○

091 다음 〈표〉는 2010~2014년 A시의회의 발의 주체별 조례발의 현황에 관한 자료이다. 이에 대한 설명으로 옳지 않은 것은?

〈표〉 A시의회 발의 주체별 조례발의 현황

(단위: 건)

연도 \ 발의 주체	단체장	의원	주민	합
2010	527	( )	23	924
2011	( )	486	35	1,149
2012	751	626	39	( )
2013	828	804	51	1,683
2014	905	865	( )	1,824
전체	3,639	3,155	202	( )

※ 조례발의 주체는 단체장, 의원, 주민으로만 구성됨.

① 2012년 조례발의 건수 중 단체장발의 건수가 50% 이상이다.
② 2011년 단체장발의 건수는 2013년 의원발의 건수보다 적다.
③ 주민발의 건수는 매년 증가하였다.
④ 2014년 의원발의 건수는 2010년과 2011년 의원발의 건수의 합보다 많다.
⑤ 2014년 조례발의 건수는 2012년 조례발의 건수의 1.5배 이상이다.

기출 15' 5급㊞-인 | 난이도 ●●○

092 **다음 〈표〉는 섬유수출액 상위 10개국과 한국의 섬유수출액 현황에 대한 자료이다. 이에 대한 〈보기〉의 설명 중 옳은 것만을 모두 고르면?**

〈표 1〉 상위 10개국의 섬유수출액 현황(2010년)

(단위: 억달러, %)

순위 \ 구분	국가	섬유	원단	의류	전년대비 증가율
1	중국	2,424	882	1,542	21.1
2	이탈리아	1,660	671	989	3.1
3	인도	241	129	112	14.2
4	터키	218	90	128	12.7
5	방글라데시	170	13	157	26.2
6	미국	169	122	47	19.4
7	베트남	135	27	108	28.0
8	한국	126	110	16	21.2
9	파키스탄	117	78	39	19.4
10	인도네시아	110	42	68	20.2
세계 전체		6,085	2,570	3,515	14.6

〈표 2〉 한국의 섬유수출액 현황(2006~2010년)

(단위: 억달러, %)

구분 \ 연도		2006	2007	2008	2009	2010
섬유		177 (5.0)	123 (2.1)	121 (2.0)	104 (2.0)	126 (2.1)
	원단	127 (8.2)	104 (4.4)	104 (4.2)	90 (4.4)	110 (4.3)
	의류	50 (2.5)	19 (0.6)	17 (0.5)	14 (0.4)	16 (0.5)

※ 괄호 안의 숫자는 세계 전체의 해당분야 수출액에서 한국의 해당분야 수출액이 차지하는 비중으로, 소수점 아래 둘째 자리에서 반올림한 값임.

보기

ㄱ. 2010년 한국과 인도의 섬유수출액 차이는 100억달러 이상이다.

ㄴ. 2010년 세계 전체의 섬유수출액은 2006년의 2배 이하이다.

ㄷ. 2010년 한국 원단수출액의 전년대비 증가율과 의류수출액의 전년대비 증가율의 차이는 10%p 이상이다.

ㄹ. 2010년 중국의 의류수출액은 세계 전체 의류수출액의 50% 이하이다.

① ㄱ, ㄴ　② ㄱ, ㄷ　③ ㄷ, ㄹ

④ ㄱ, ㄴ, ㄹ　⑤ ㄴ, ㄷ, ㄹ

기출 15' 5급[민]-인 난이도 ●●○

093 다음 〈표〉는 2014년 '갑'국 지방법원(A~E)의 배심원 출석 현황에 관한 자료이다. 이에 대한 〈보기〉의 설명 중 옳은 것만을 모두 고르면?

〈표〉 2014년 '갑'국 지방법원(A~E)의 배심원 출석 현황

(단위: 명)

구분 / 지방법원	소환인원	송달불능자	출석취소통지자	출석의무자	
					출석자
A	1,880	533	573	(　)	411
B	1,740	495	508	(　)	453
C	716	160	213	343	189
D	191	38	65	88	57
E	420	126	120	174	115

※ 1) 출석의무자 수 = 소환인원 − 송달불능자 수 − 출석취소통지자 수

2) 출석률(%) $= \frac{\text{출석자 수}}{\text{소환인원}} \times 100$

3) 실질출석률(%) $= \frac{\text{출석자 수}}{\text{출석의무자 수}} \times 100$

보기

ㄱ. 출석의무자 수는 B지방법원이 A지방법원보다 많다.
ㄴ. 실질출석률은 E지방법원이 C지방법원보다 낮다.
ㄷ. D지방법원의 출석률은 25% 이상이다.
ㄹ. A~E지방법원 전체 소환인원에서 A지방법원의 소환인원이 차지하는 비율은 35% 이상이다.

① ㄱ, ㄴ　② ㄱ, ㄷ　③ ㄴ, ㄷ
④ ㄴ, ㄹ　⑤ ㄷ, ㄹ

기출 15' 5급[민]-인 난이도 ●●●

094 다음 〈표〉는 '갑'국의 주택보급률 및 주거공간 현황에 대한 자료이다. 이에 대한 〈보기〉의 설명 중 옳은 것만을 모두 고르면?

〈표〉 '갑'국의 주택보급률 및 주거공간 현황

연도	가구수 (천가구)	주택보급률 (%)	주거공간	
			가구당(m^2/가구)	1인당(m^2/인)
2000	10,167	72.4	58.5	13.8
2001	11,133	86.0	69.4	17.2
2002	11,928	96.2	78.6	20.2
2003	12,491	105.9	88.2	22.9
2004	12,995	112.9	94.2	24.9

※ 1) 주택보급률(%) $= \frac{\text{주택수}}{\text{가구수}} \times 100$

2) 가구당 주거공간(m^2/가구) $= \frac{\text{주거공간 총면적}}{\text{가구수}}$

3) 1인당 주거공간(m^2/인) $= \frac{\text{주거공간 총면적}}{\text{인구수}}$

보기

ㄱ. 주택수는 매년 증가하였다.
ㄴ. 2003년 주택을 두 채 이상 소유한 가구수는 2002년보다 증가하였다.
ㄷ. 2001~2004년 동안 1인당 주거공간의 전년대비 증가율이 가장 큰 해는 2001년이다.
ㄹ. 2004년 주거공간 총면적은 2000년 주거공간 총면적의 2배 이상이다.

① ㄱ, ㄴ　② ㄱ, ㄷ　③ ㄴ, ㄹ
④ ㄱ, ㄷ, ㄹ　⑤ ㄴ, ㄷ, ㄹ

기출 15' 5급㉻-나 | 난이도 ●●○

095 다음 〈표〉는 군별, 연도별 A소총의 신규 배치량에 관한 자료이다. 이에 대한 〈보기〉의 설명 중 옳은 것만을 모두 고르면?

〈표〉 군별, 연도별 A소총의 신규 배치량

(단위: 정)

군 \ 연도	2011	2012	2013	2014
육군	3,000	2,450	2,000	0
해군	600	520	450	450
공군	0	30	350	150
전체	3,600	3,000	2,800	600

보기

ㄱ. 2011~2014년 육군의 A소총 신규 배치량이 매년 600정 더 많다면, 해당기간 육·해·공군 전체의 A소총 연평균 신규 배치량은 3,100정이다.

ㄴ. 연도별 육·해·공군 전체의 A소총 신규 배치량 중 해군의 A소총 신규 배치량이 차지하는 비중이 가장 작은 해는 2011년이다.

ㄷ. A소총 1정당 육군은 590만원, 해군은 560만원, 공군은 640만원으로 매입하여 배치했다면, 육·해·공군 전체의 A소총 1정당 매입가격은 2011년이 2014년보다 낮다.

① ㄱ　② ㄴ　③ ㄱ, ㄴ
④ ㄱ, ㄷ　⑤ ㄴ, ㄷ

기출 15' 5급㉻-인 난이도 ●○○

096 다음 〈표〉는 조선시대 화포인 총통의 종류별 제원에 관한 자료이다. 이에 대한 설명으로 옳지 않은 것은?

〈표〉 조선시대 총통의 종류별 제원

제원 \ 종류		천자총통	지자총통	현자총통	황자총통
전체길이(cm)		129.0	89.5	79.0	50.4
약통길이(cm)		35.0	25.1	20.3	13.5
구경	내경(cm)	17.6	10.5	7.5	4.0
	외경(cm)	22.5	15.5	13.2	9.4
사정거리		900보 (　　)	800보 (1.01 km)	800보 (1.01 km)	1,100보 (1.39 km)
사용되는 화약무게		30냥 (1,125 g)	22냥 (825 g)	16냥 (600 g)	12냥 (450 g)
총통무게		452근 8냥 (271.5 kg)	155근 (93.0 kg)	89근 (53.4 kg)	36근 (　　)
제조년도		1555	1557	1596	1587

① 전체길이가 짧은 총통일수록 사용되는 화약무게가 가볍다.
② 황자총통의 총통무게는 21.0 kg 이하이다.
③ 제조년도가 가장 늦은 총통이 내경과 외경의 차이가 가장 크다.
④ 전체길이 대비 약통길이의 비율이 가장 큰 총통은 지자총통이다.
⑤ 천자총통의 사정거리는 1.10 km 이상이다.

[097~098] 다음 〈표〉는 A국의 전체 산업과 보건복지산업 취업자 현황에 관한 자료이다.

〈표 1〉 2009~2010년 전체 산업과 보건복지산업 취업자 수

(단위: 천명)

연도 산업	2009	2010
전체 산업	23,684	24,752
보건복지산업	1,971	2,127
보건업 및 사회복지서비스업	1,153	1,286
기타 보건복지산업	818	841

〈표 2〉 2010년 전체 산업과 보건복지산업 종사형태별 취업자 수

(단위: 천명)

종사형태 산업	상용 근로자	임시 및 일용 근로자	무급가족 종사자	기타 근로자 및 종사자	합
전체 산업	10,716	7,004	1,364	5,668	24,752
보건복지산업	1,393	184	76	474	2,127
보건업 및 사회복지서비스업	1,046	90	2	148	1,286
보건업	632	36	1	90	759
사회복지서비스업	414	54	1	58	527
기타 보건복지산업	347	94	74	326	841

〈표 3〉 2007~2010년 보건복지산업 종사형태별 취업자 수

(단위: 천명)

연도 종사형태	2007	2008	2009	2010
상용근로자	1,133	1,207	1,231	1,393
임시 및 일용근로자	129	160	169	184
무급가족종사자	68	78	85	76
기타 근로자 및 종사자	415	466	486	474

기출 14' 5급㉻-A 난이도 ●●●

097 위 〈표〉에 대한 〈보기〉의 설명 중 옳은 것만을 모두 고르면?

보기

ㄱ. 2010년 보건업 취업자 중 상용근로자의 비율은 2010년 보건복지산업 취업자 중 상용근로자의 비율보다 높다.
ㄴ. 보건복지산업의 상용근로자 수 대비 임시 및 일용근로자 수의 비율은 2008~2010년 동안 매년 상승하였다.
ㄷ. 2009년 대비 2010년 취업자 수의 증가율은 전체 산업이 보건복지산업보다 낮다.
ㄹ. 보건업 및 사회복지서비스업 취업자 중 상용근로자의 비율이 2009년과 2010년에 동일하다고 가정하면 2009년 보건업 및 사회복지서비스업에 종사하는 상용근로자는 100만명 이상이다.

① ㄱ, ㄷ ② ㄱ, ㄹ ③ ㄴ, ㄷ
④ ㄱ, ㄴ, ㄹ ⑤ ㄴ, ㄷ, ㄹ

기출 14' 5급㉻-A 난이도 ●●●

098 위 〈표〉를 이용하여 〈보고서〉를 작성하였다. 제시된 〈표〉 이외에 〈보고서〉를 작성하기 위해 추가로 필요한 자료만을 〈보기〉에서 모두 고르면?

보고서

2010년 보건복지산업 취업자는 212만 7천명으로 2009년에 비해 15만 6천명 증가하였다. 특히 보건업 및 사회복지서비스업 취업자가 2009년보다 13만 3천명 증가하여 보건복지산업 취업자 수 증가의 85% 이상을 차지하였다. 세부 업종별로는 2009년에 비해 2010년 보육시설업 취업자가 가장 많이 증가하였고, 병·의원, 기타 비거주 복지서비스업, 미용업 순으로 취업자가 증가하였다. 2010년 보건복지산업의 여성 취업자는 151만 1천명, 남성 취업자는 61만 6천명으로 여성 취업자가 남성 취업자보다 2배 이상 많았다. 2010년 보건복지산업 취업자의 종사형태를 전체 산업과 비교할 때, 상용근로자 비율은 더 높고 임시 및 일용근로자 비율은 더 낮았다. 보건복지산업 취업자 중 무급가족종사자의 비율은 2007년 이후 매년 증가하다가 2010년에는 전년대비 10% 이상 감소하였다.

보기

ㄱ. 2010년 보건복지산업 남성 취업자 수
ㄴ. 2009년 기타 보건복지산업 종사형태별 취업자 수
ㄷ. 2009년 보건업 및 사회복지서비스업 취업자 수
ㄹ. 2009~2010년 보건복지산업 세부 업종별 취업자 수
ㅁ. 2010년 보건업 및 사회복지서비스업 종사형태별 취업자 수

① ㄱ, ㄹ ② ㄴ, ㄷ ③ ㄱ, ㄷ, ㄹ
④ ㄱ, ㄹ, ㅁ ⑤ ㄴ, ㄷ, ㅁ

기출 20' 5급㉻-나 | 난이도 ●●○

099 다음 〈표〉는 2015~2019년 '갑'국 음식점 현황에 관한 자료이다. 〈표〉를 이용하여 작성한 그래프로 옳지 않은 것은?

〈표〉 '갑'국 음식점 현황

(단위: 개, 명, 억 원)

구분	업종 \ 연도	2015	2016	2017	2018	2019
사업체	한식	157,295	156,707	155,555	158,398	159,852
	서양식	1,182	1,356	1,306	4,604	1,247
	중식	13,102	9,940	9,885	10,443	10,099
	계	171,579	168,003	166,746	173,445	171,198
종사자	한식	468,351	473,878	466,685	335,882	501,056
	서양식	17,748	13,433	13,452	46,494	14,174
	중식	80,193	68,968	72,324	106,472	68,360
	계	566,292	556,279	552,461	488,848	583,590
매출액		67,704	90,600	75,071	137,451	105,603
부가가치액		28,041	31,317	23,529	23,529	31,410

① 업종별 종사자

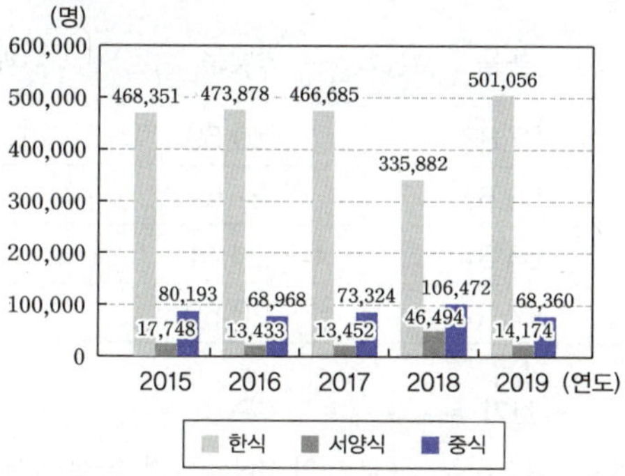

② 업종별 사업체 구성비

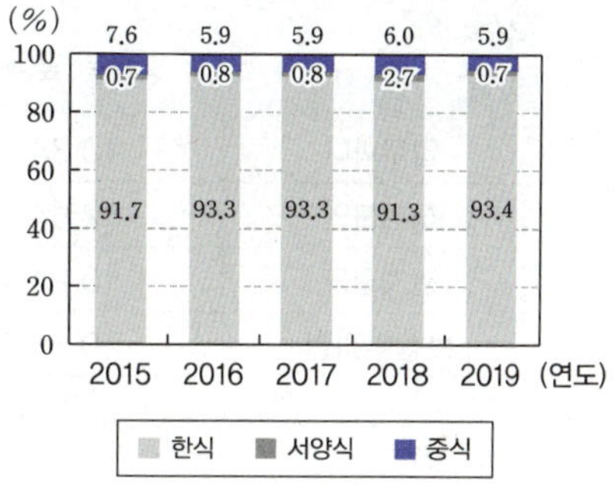

③ 업종별 사업체당 종사자

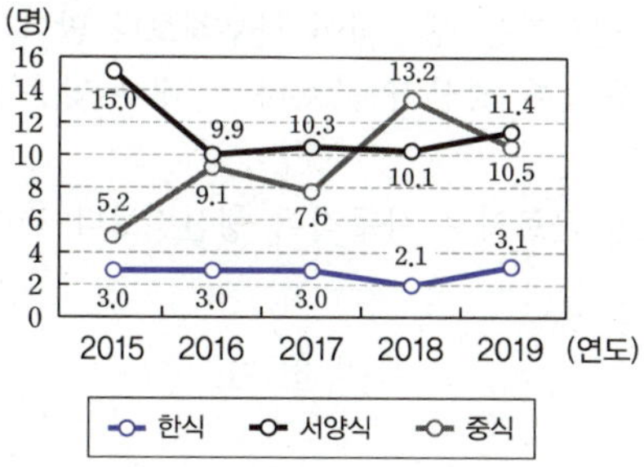

④ 한식, 중식 종사자의 전년 대비 증가율

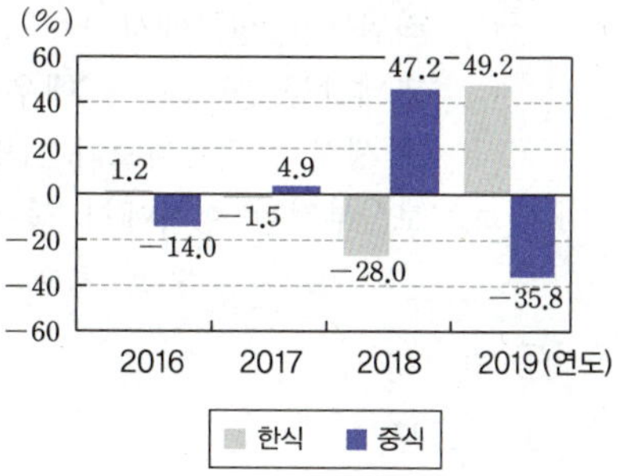

⑤ 매출액 대비 부가가치액 비율

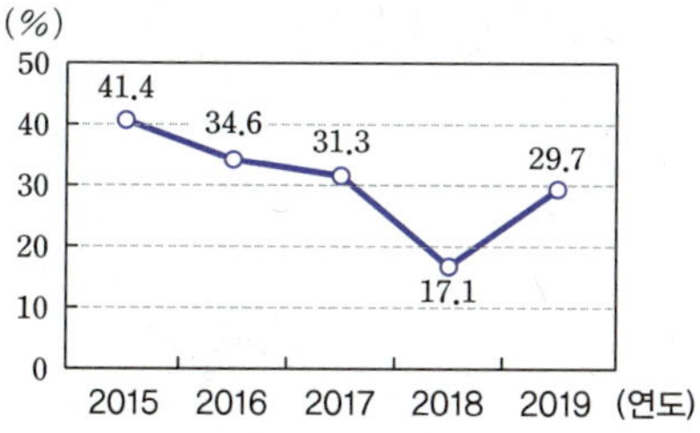

기출 20' 5급㉑-나 | 난이도 ●●○

100 다음 〈표〉는 '갑'회사의 생산직 근로자 133명과 사무직 근로자 87명이 직무스트레스 조사에 응답한 결과이다. 이에 대한 〈보기〉의 설명 중 옳은 것만을 모두 고르면?

〈표 1〉 생산직 근로자의 직무스트레스 수준 응답 구성비

(단위: %)

스트레스 수준 / 항목	상위		하위	
	매우 높음	높음	낮음	매우 낮음
업무과다	9.77	67.67	22.56	0.00
직위불안	10.53	64.66	24.06	0.75
관계갈등	10.53	67.67	20.30	1.50
보상부적절	10.53	60.15	27.82	1.50

〈표 2〉 사무직 근로자의 직무스트레스 수준 응답 구성비

(단위: %)

스트레스 수준 / 항목	상위		하위	
	매우 높음	높음	낮음	매우 낮음
업무과다	10.34	67.82	20.69	1.15
직위불안	12.64	58.62	27.59	1.15
관계갈등	10.34	64.37	24.14	1.15
보상부적절	10.34	64.37	20.69	4.60

보기

ㄱ. 항목별 직무스트레스 수준이 '상위'에 해당하는 근로자의 비율은 각 항목에서 사무직이 생산직보다 높다.

ㄴ. '직위불안' 항목에서 '낮음'으로 응답한 근로자는 생산직이 사무직보다 많다.

ㄷ. '관계갈등' 항목에서 '매우 높음'으로 응답한 생산직 근로자는 '매우 낮음'으로 응답한 생산직 근로자보다 11명 많다.

ㄹ. '보상부적절' 항목에서 '높음'으로 응답한 근로자는 사무직이 생산직보다 적다.

① ㄱ ② ㄹ ③ ㄱ, ㄷ ④ ㄴ, ㄷ ⑤ ㄴ, ㄹ

기출 15' 5급[민]-인 난이도 ●●●

101 다음 〈정보〉와 〈표〉는 2014년 A~E기업의 기본생산능력과 초과생산량 및 1~3월 생산이력에 관한 자료이다. 이에 근거하여 기본생산능력이 가장 큰 기업과 세 번째로 큰 기업을 바르게 나열한 것은?

정보

- 각 기업의 기본생산능력(개/월)은 변하지 않는다.
- A기업의 기본생산능력은 15,000개/월이고 C기업과 E기업의 기본생산능력은 동일하다.
- B, C, D기업의 경우 2014년 1~3월 동안 초과생산량이 발생하지 않았다.
- E기업의 경우 2014년 3월에 기본생산능력에 해당하는 생산량 이외에 기본생산능력의 20%에 해당하는 초과생산량이 발생하였다.
- 생산 참여기업의 월 생산량 = 기본생산능력에 해당하는 월 생산량 + 월 초과생산량

〈표〉 2014년 1~3월 생산이력

구분	1월	2월	3월
생산 참여기업	B, C	B, D	C, E
손실비	0.0	0.5	0.0
총생산량(개)	23,000	17,000	22,000

※ 해당월 총생산량 = 해당월 '생산 참여기업의 월 생산량'의 합 × (1 − 손실비)

	가장 큰 기업	세 번째로 큰 기업
①	A	B
②	A	D
③	B	D
④	D	A
⑤	D	B

기출 19' 5급㉻-가 | 난이도 ●○○

102 다음 〈표〉는 2010~2016년 '갑'국의 신설법인 현황에 대한 자료이다. 〈표〉를 이용하여 작성한 그래프로 옳지 않은 것은?

〈표〉 2010~2016년 '갑'국의 신설법인 현황

(단위: 개)

업종 / 연도	농림수산업	제조업	에너지공급업	건설업	서비스업	전체
2010	1,077	14,818	234	6,790	37,393	60,312
2011	1,768	15,557	299	6,593	40,893	65,110
2012	2,067	17,733	391	6,996	46,975	74,162
2013	1,637	18,721	711	7,069	47,436	75,574
2014	2,593	19,509	1,363	8,145	53,087	84,697
2015	3,161	20,155	967	9,742	59,743	93,768
2016	2,391	19,037	1,488	9,825	63,414	96,155

① 2016년 신설법인의 업종별 구성비

(단위: %)

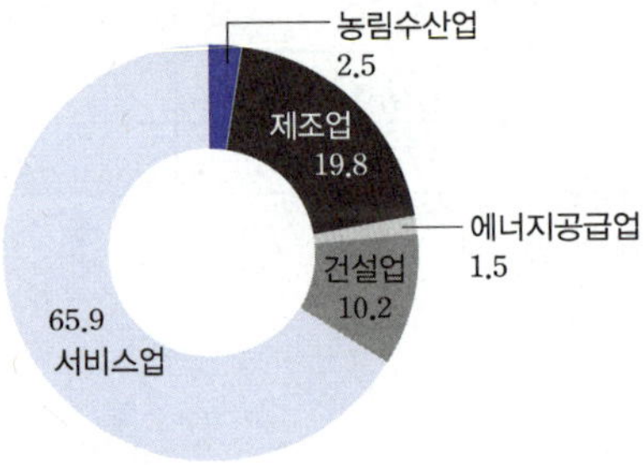

② 2011~2016년 제조업 및 서비스업 신설법인 수 추이

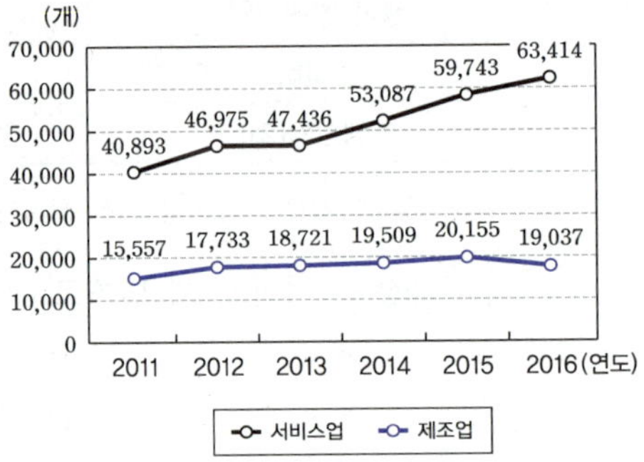

③ 2011~2016년 건설업 신설법인 수의 전년대비 증가율 추이

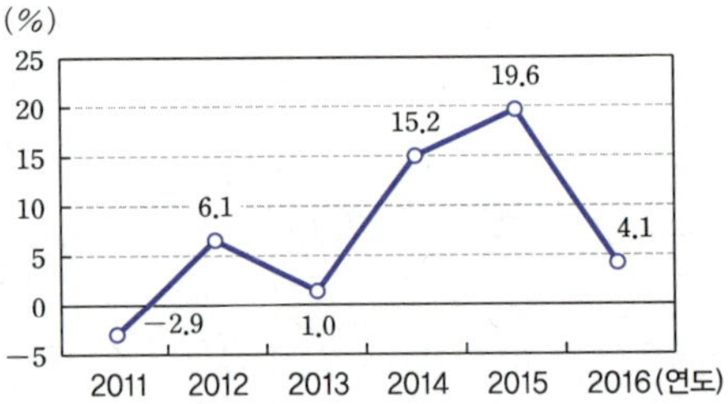

④ 2011~2016년 신설법인 중 서비스업 신설법인 비율

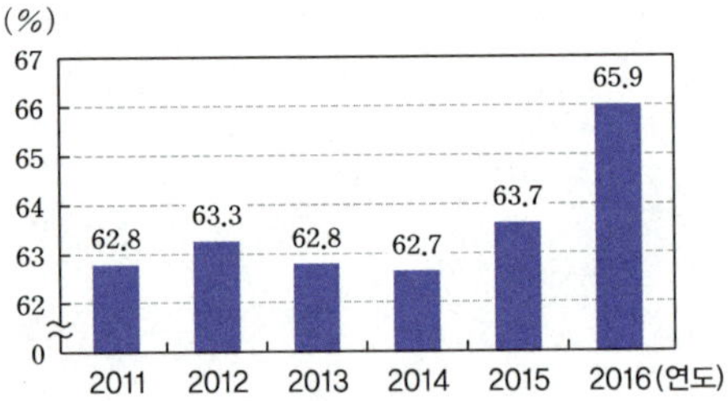

⑤ 2011~2016년 전체 신설법인 수의 전년대비 증가율 추이

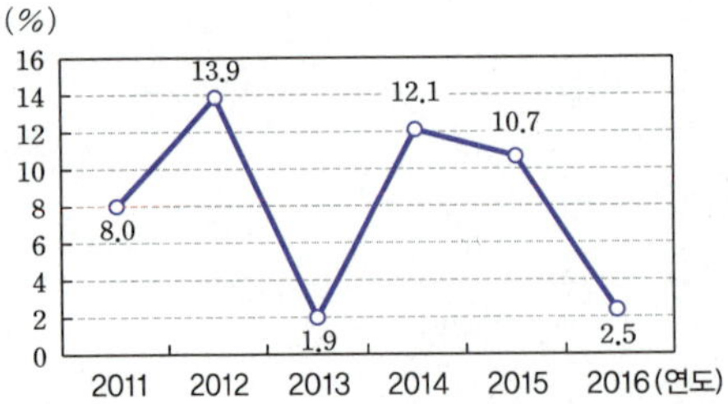

기출 14' 5급[민]-A 난이도 ●●○

103 다음 〈표〉는 어느 해 전국 농경지(논과 밭)의 가뭄 피해 현황에 대한 자료이다. 이에 대한 〈보기〉의 설명 중 옳은 것만을 모두 고르면?

〈표 1〉 지역별 논 가뭄 피해 현황

(단위: ha)

지역	재배면적	피해면적	피해 발생기간
충북	65,812	1,794	7.26.~7.31.
충남	171,409	106	7.15.~7.31.
전북	163,914	52,399	7.15.~8.9.
전남	221,202	59,953	7.11.~8.9.
경북	157,213	5,071	7.13.~7.31.
경남	130,007	25,235	7.12.~8.9.
대구	1,901	106	7.25.~7.26.
광주	10,016	3,226	7.18.~7.31.
기타	223,621	0	-
전체	1,145,095	147,890	7.11.~8.9.

〈표 2〉 지역별 밭 가뭄 피해 현황

(단위: ha)

지역	재배면적	피해면적	피해 발생기간
전북	65,065	6,212	7.19.~7.31.
전남	162,924	33,787	7.19.~7.31.
경북	152,137	16,702	7.19.~7.31.
경남	72,686	6,756	7.12.~7.31.
제주	65,294	8,723	7.20.~7.31.
대구	4,198	42	7.25.~7.26.
광주	5,315	5	7.24.~7.31.
기타	347,316	0	-
전체	874,935	72,227	7.12.~7.31.

보기

ㄱ. 논 가뭄 피해면적이 가장 큰 지역은 밭 가뭄 피해면적도 가장 크다.
ㄴ. 논 가뭄 피해 발생기간이 가장 긴 지역과 밭 가뭄 피해 발생기간이 가장 긴 지역은 같다.
ㄷ. 전체 논 재배면적 대비 전체 논 가뭄 피해면적 비율은 15% 이하이다.
ㄹ. 밭 재배면적 대비 밭 가뭄 피해면적 비율은 경북이 경남보다 크다.

① ㄱ, ㄴ　② ㄱ, ㄷ　③ ㄴ, ㄹ
④ ㄱ, ㄷ, ㄹ　⑤ ㄴ, ㄷ, ㄹ

기출 14' 5급(민)-A 난이도 ●●●

104 다음 〈그림〉과 같이 3개의 항아리가 있다. 이를 이용하여 아래 〈조건〉을 만족시키면서 〈수행순서〉의 모든 단계를 완료한 후, '10 L 항아리'에 남아 있는 물의 양을 구하면?

그림

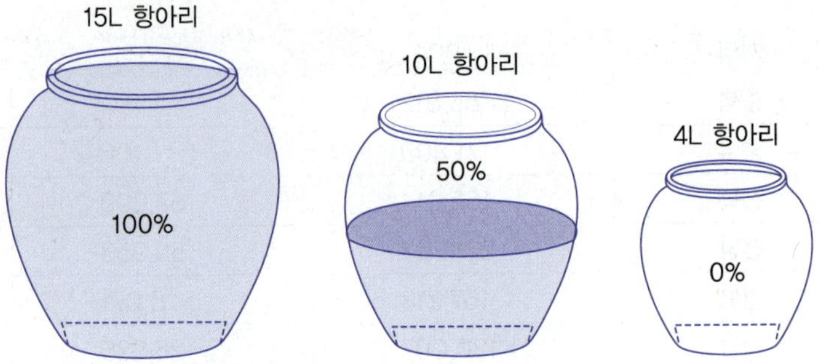

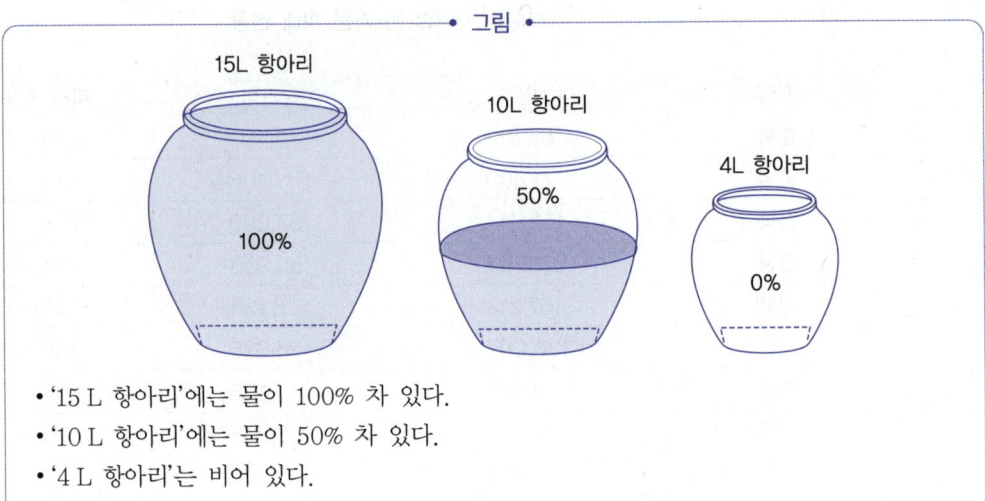

- '15 L 항아리'에는 물이 100% 차 있다.
- '10 L 항아리'에는 물이 50% 차 있다.
- '4 L 항아리'는 비어 있다.

조건

- 한 항아리에서 다른 항아리로 물을 부을 때, 주는 항아리가 완전히 비거나 받는 항아리가 가득 찰 때까지 물을 붓는다.
- 〈수행순서〉 각 단계에서 물의 손실은 없다.

수행순서

1단계 : '15 L 항아리'의 물을 '4 L 항아리'에 붓는다.
2단계 : '15 L 항아리'의 물을 '10 L 항아리'에 붓는다.
3단계 : '4 L 항아리'의 물을 '15 L 항아리'에 붓는다.
4단계 : '10 L 항아리'의 물을 '4 L 항아리'에 붓는다.
5단계 : '4 L 항아리'의 물을 '15 L 항아리'에 붓는다.
6단계 : '10 L 항아리'의 물을 '15 L 항아리'에 붓는다.

① 4 L ② 5 L ③ 6 L
④ 7 L ⑤ 8 L

105 다음 〈그림〉은 A산림경영구의 벌채 예정 수종 현황에 대한 자료이다. 이에 대한 〈보기〉의 설명 중 옳은 것만을 모두 고르면?

〈그림〉 A산림경영구의 벌채 예정 수종 현황

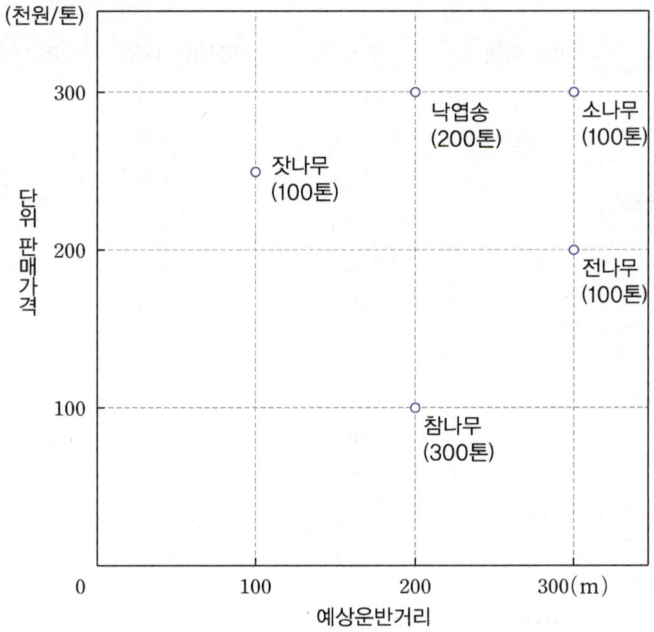

※(　　)안의 숫자는 벌채예정량을 나타냄.

수종별 벌채 가능 판단기준

- 예상이익금이 0원을 초과하면 벌채 가능하다.
- 예상이익금(천원) = 벌채예정량(톤) × 단위 판매가격(천원/톤) − 예상운반비(천원)
- 예상운반비(천원) = 벌채예정량(톤) × 예상운반거리(m) × 운반비 단가(천원/(톤·m))
- 운반비 단가는 1천원/(톤·m) 이다.

보기

ㄱ. 벌채 가능한 수종은 잣나무, 낙엽송뿐이다.
ㄴ. 소나무의 경우 벌채예정량이 2배가 되면 벌채 가능하다.
ㄷ. 운반비 단가가 2천원/(톤·m)이라면 벌채 가능한 수종은 잣나무뿐이다.
ㄹ. 전나무의 경우 단위 판매가격이 30만원/톤을 초과하면 벌채 가능하다.

① ㄱ, ㄴ　② ㄱ, ㄷ　③ ㄴ, ㄹ
④ ㄷ, ㄹ　⑤ ㄱ, ㄷ, ㄹ

기출 14' 5급㉿-A 난이도 ●●○

106 **다음 〈표〉는 한국, 중국, 일본 3개국의 배타적경제수역(EEZ) 내 조업현황을 나타낸 것이다. 이에 대한 설명으로 옳은 것은?**

〈표〉 한국, 중국, 일본의 배타적경제수역(EEZ) 내 조업현황

(단위: 척, 일, 톤)

해역	어선 국적	구분	2010년 12월	2011년 11월	2011년 12월
한국 EEZ	일본	입어척수	30	70	57
		조업일수	166	1,061	277
		어획량	338	2,176	1,177
	중국	입어척수	1,556	1,468	1,536
		조업일수	27,070	28,454	27,946
		어획량	18,911	9,445	21,230
중국 EEZ	한국	입어척수	68	58	62
		조업일수	1,211	789	1,122
		어획량	463	64	401
일본 EEZ	한국	입어척수	335	242	368
		조업일수	3,992	1,340	3,236
		어획량	5,949	500	8,233

① 2011년 12월 중국 EEZ 내 한국어선 조업일수는 전월대비 감소하였다.

② 2011년 11월 한국어선의 일본 EEZ 입어척수는 전년 동월 대비 감소하였다.

③ 2011년 12월 일본 EEZ 내 한국어선의 조업일수는 같은 기간 중국 EEZ 내 한국어선 조업일수의 3배 이상이다.

④ 2011년 12월 일본어선의 한국 EEZ 내 입어척수당 조업일수는 전년 동월 대비 증가하였다.

⑤ 2011년 11월 일본어선과 중국어선의 한국 EEZ 내 어획량 합은 같은 기간 중국 EEZ와 일본 EEZ 내 한국어선 어획량 합의 20배 이상이다.

107 다음 〈표〉는 일제강점기 중 1930~1936년 소작쟁의 현황에 관한 자료이다. 이에 대한 〈보기〉의 설명 중 옳지 않은 것만을 모두 고르면?

〈표 1〉 소작쟁의 참여인원

(단위: 명)

구분 \ 연도	1930	1931	1932	1933	1934	1935	1936
지주	860	1,045	359	1,693	6,090	22,842	29,673
마름	0	0	0	586	1,767	3,958	3,262
소작인	12,151	9,237	4,327	8,058	14,597	32,219	39,518
전체	13,011	10,282	4,686	10,337	22,454	59,019	72,453

〈표 2〉 지역별 소작쟁의 발생건수

(단위: 건)

지역 \ 연도	1930	1931	1932	1933	1934	1935	1936
강원도	4	1	6	4	92	734	2,677
경기도	95	54	24	119	321	1,873	1,299
경상도	230	92	59	300	1,182	5,633	7,040
전라도	240	224	110	1,263	5,022	11,065	7,712
충청도	139	315	92	232	678	3,714	8,136
평안도	5	1	0	16	68	1,311	1,733
함경도	0	0	0	2	3	263	404
황해도	13	10	14	41	178	1,241	947
전국	726	697	305	1,977	7,544	25,834	29,948

보기

ㄱ. 소작쟁의 발생 건당 참여인원이 가장 적은 해는 1936년이다.
ㄴ. 1932년 이후 소작쟁의 발생건수가 매년 증가한 지역은 5곳이다.
ㄷ. 전체 소작쟁의 참여인원 중 지주가 차지하는 비중은 매년 증가하였다.
ㄹ. 1930년에 비해 1936년에 전국 소작쟁의 발생건수에서 지역별 소작쟁의 발생건수가 차지하는 비중이 증가한 지역은 5곳이다.

① ㄱ, ㄴ ② ㄱ, ㄹ ③ ㄷ, ㄹ
④ ㄱ, ㄴ, ㄷ ⑤ ㄴ, ㄷ, ㄹ

기출 14' 5급㉻-A 난이도 ●○○

108 다음 〈표〉는 2008~2012년 서울시 주요 문화유적지 A~D의 관람객 수에 대한 자료이다. 〈보고서〉의 내용을 근거로 A~D에 해당하는 문화유적지를 바르게 나열한 것은?

〈표 1〉 관람료별 문화유적지 관람객 수 추이

(단위: 천명)

문화유적지 \ 연도	관람료	2008	2009	2010	2011	2012
A	유료	673	739	1,001	1,120	1,287
	무료	161	139	171	293	358
B	유료	779	851	716	749	615
	무료	688	459	381	434	368
C	유료	370	442	322	275	305
	무료	618	344	168	148	111
D	유료	1,704	2,029	2,657	2,837	3,309
	무료	848	988	1,161	992	1,212

※ 유료(무료) 관람객 수 = 외국인 유료(무료) 관람객 수 + 내국인 유료(무료) 관람객 수

〈표 2〉 외국인 유료 관람객 수 추이

(단위: 천명)

문화유적지 \ 연도	2008	2009	2010	2011	2012
A	299	352	327	443	587
B	80	99	105	147	167
C	209	291	220	203	216
D	773	1,191	1,103	1,284	1,423

보고서

최근 문화유적지를 찾는 관람객이 늘어나면서 문화재청에서는 서울시 4개 주요 문화유적지(경복궁, 덕수궁, 종묘, 창덕궁)를 찾는 관람객 수를 매년 집계하고 있다. 그 결과, 2008년 대비 2012년 4개 주요 문화유적지의 전체 관람객 수는 약 30% 증가하였다.

이 중 경복궁과 창덕궁의 유료 관람객 수는 매년 무료 관람객 수의 2배 이상이었다. 유료 관람객을 내국인과 외국인으로 나누어 분석해 보면, 창덕궁의 내국인 유료 관람객 수는 매년 증가하였다.

이런 추세와 달리, 덕수궁과 종묘의 유료 관람객 수와 무료 관람객 수는 각각 2008년보다 2012년에 감소한 것으로 나타났다. 특히 종묘는 전체 관람객 수가 매년 감소하여 국내외 홍보가 필요한 것으로 분석되었다.

	A	B	C	D
①	창덕궁	덕수궁	종묘	경복궁
②	창덕궁	종묘	덕수궁	경복궁
③	경복궁	덕수궁	종묘	창덕궁
④	경복궁	종묘	덕수궁	창덕궁
⑤	경복궁	창덕궁	종묘	덕수궁

기출 14' 5급㉖-A 난이도 ●●○

109 다음 〈표〉는 2006~2007년 제조업의 1992년 각 동일 분기 대비 노동시간, 산출, 인건비의 비율에 대한 자료이다. 이에 대한 〈보기〉의 설명 중 옳은 것만을 모두 고르면?

〈표〉 1992년 각 동일 분기 대비 제조업의 노동시간, 산출, 인건비의 비율

(단위: %)

연도	분기	노동시간 비율	노동시간당 산출 비율	노동시간당 인건비 비율	1인당 인건비 비율
2006	1	85.3	172.4	170.7	99.0
	2	85.4	172.6	169.5	98.2
	3	84.8	174.5	170.3	97.6
	4	84.0	175.4	174.6	98.3
2007	1	83.5	177.0	176.9	100.0
	2	83.7	178.7	176.4	98.7
	3	83.7	180.6	176.4	97.6
	4	82.8	182.5	179.7	98.5

보기

ㄱ. 1992년 노동시간당 산출은 매 분기 증가하였다.
ㄴ. 2007년 2분기의 1인당 인건비는 2007년 1분기에 비해 감소하였다.
ㄷ. 2007년 각 분기별 노동시간당 산출은 2006년 동기에 비해 모두 증가하였다.
ㄹ. 2007년 3분기의 노동시간당 인건비는 2006년 동기에 비해 6.1% 증가하였다.

① ㄱ ② ㄷ ③ ㄱ, ㄴ
④ ㄴ, ㄹ ⑤ ㄷ, ㄹ

기출 14' 5급㉻-A 난이도 ●●○

110 다음 〈표〉는 2008~2012년 커피 수입 현황에 대한 자료이다. 〈보고서〉 내용 중 〈표〉와 일치하는 것만을 모두 고르면?

〈표〉 2008~2012년 커피 수입 현황

(단위: 톤, 천달러)

구분 \ 연도		2008	2009	2010	2011	2012
생두	중량	97.8	96.9	107.2	116.4	100.2
	금액	252.1	234.0	316.1	528.1	365.4
원두	중량	3.1	3.5	4.5	5.4	5.4
	금액	37.1	42.2	55.5	90.5	109.8
커피 조제품	중량	6.3	5.0	5.5	8.5	8.9
	금액	42.1	34.6	44.4	98.8	122.4

※ 1) 커피는 생두, 원두, 커피 조제품으로만 구분됨.

2) 수입단가 $= \frac{\text{금액}}{\text{중량}}$

보고서

• 커피 전체
- ㉠ 커피 수입금액은 2008년부터 2011년까지 매년 증가하다가 2012년에 감소
- 커피 수입중량은 2012년에 전년대비 12.1% 감소

• 생두
- 2011년 생두 수입금액은 전년대비 증가했으나 2012년에는 전년대비 30.8% 감소, ㉡ 2012년 원두 수입중량 대비 생두 수입중량 비율은 2008년에 비해 감소
- ㉢ 생두 수입단가는 2011년에 전년대비 50% 이상 상승한 후 2012년에 전년대비 하락

• 원두
- ㉣ 2009~2012년 동안 원두 수입금액의 전년대비 증가율은 2011년에 최대
- 원두 수입단가는 원두 고급화로 인해 매년 상승

• 커피 조제품
- 전년대비 커피 조제품 수입금액은 2009년 감소했다가 2010년 증가 후, 2011년 전년대비 222.5%가 되었음
- ㉤ 2012년 커피 조제품 수입단가는 2008년 대비 200% 이상의 증가율을 보임

① ㄱ, ㄴ ② ㄱ, ㄹ ③ ㄷ, ㅁ
④ ㄴ, ㄷ, ㄹ ⑤ ㄴ, ㄹ, ㅁ

기출 14' 5급(민)-A 난이도 ●●○

111 다음 〈표〉는 2013년 '갑'국의 수도권 집중 현황에 관한 자료이다. 〈보고서〉의 내용 중 〈표〉의 자료에서 도출할 수 있는 것은?

〈표〉 수도권 집중 현황

구분		전국(A)	수도권(B)	$\frac{B}{A} \times 100(\%)$
인구 및 주택	인구(천 명)	50,034	24,472	48.9
	주택 수(천 호)	17,672	8,173	46.2
산업	지역 총 생산액(십억 원)	856,192	408,592	47.7
	제조업체 수(개)	119,181	67,799	56.9
	서비스업체 수(개)	765,817	370,015	48.3
금융	금융예금액(십억 원)	592,721	407,361	68.7
	금융대출액(십억 원)	699,430	469,374	67.1
기능	4년제 대학 수(개)	175	68	38.9
	공공기관 수(개)	409	345	84.4
	의료기관 수(개)	54,728	26,999	49.3

보고서

- 전국 대비 수도권 인구 비중은 48.9%이다. ㉠ 수도권 인구밀도는 전국 인구밀도의 2배 이상이고, ㉡ 수도권 1인당 주택면적은 전국 1인당 주택면적보다 작다.
- 산업측면에서 ㉢ 수도권 제조업과 서비스업 생산액이 전국 제조업과 서비스업 생산액에서 차지하는 비중은 각각 50% 이상이다.
- 수도권 금융예금액은 전국 금융예금액의 65% 이상을 차지하고, ㉣ 수도권 1인당 금융대출액은 전국 1인당 금융대출액보다 많다.
- 전국 대비 수도권의 의료기관 수 비중은 49.3%이고 공공기관 수 비중은 84.4%이다. ㉤ 4년제 대학 재학생 수는 수도권이 비수도권보다 적다.

① ㄱ ② ㄴ ③ ㄷ
④ ㄹ ⑤ ㅁ

기출 14' 5급[민]-A 난이도 ●●○

112 다음 〈표〉는 2013년 11월 7개 도시의 아파트 전세가격 지수 및 전세수급 동향 지수에 대한 자료이다. 이에 관한 〈보기〉의 설명 중 옳은 것만을 모두 고르면?

〈표〉 아파트 전세가격 지수 및 전세수급 동향 지수

지수 / 도시	면적별 전세가격 지수			전세수급 동향 지수
	소형	중형	대형	
서울	115.9	112.5	113.5	114.6
부산	103.9	105.6	102.2	115.4
대구	123.0	126.7	118.2	124.0
인천	117.1	119.8	117.4	127.4
광주	104.0	104.2	101.5	101.3
대전	111.5	107.8	108.1	112.3
울산	104.3	102.7	104.1	101.0

※ 1) 2013년 11월 전세가격 지수 = $\frac{\text{2013년 11월 평균 전세가격}}{\text{2012년 11월 평균 전세가격}} \times 100$

2) 전세수급 동향 지수는 각 지역 공인중개사에게 해당 도시의 아파트 전세공급 상황에 대해 부족·적당·충분 중 하나를 선택하여 응답하게 한 후, '부족'이라고 응답한 비율에서 '충분'이라고 응답한 비율을 빼고 100을 더한 값임.
예: '부족' 응답비율 30%, '충분' 응답비율 50%인 경우 전세수급 동향 지수는 (30 − 50) + 100 = 80

3) 아파트는 소형, 중형, 대형으로만 구분됨.

보기

ㄱ. 2012년 11월에 비해 2013년 11월 7개 도시 모두에서 아파트 평균 전세가격이 상승하였다.

ㄴ. 중형 아파트의 2012년 11월 대비 2013년 11월 평균 전세가격 상승액이 가장 큰 도시는 대구이다.

ㄷ. 각 도시에서 아파트 전세공급 상황에 대해 '부족'이라고 응답한 공인중개사는 '충분'이라고 응답한 공인중개사보다 많다.

ㄹ. 광주의 공인중개사 중 60% 이상이 광주의 아파트 전세공급 상황에 대해 '부족'이라고 응답하였다.

① ㄱ, ㄴ ② ㄱ, ㄷ ③ ㄴ, ㄷ
④ ㄴ, ㄹ ⑤ ㄷ, ㄹ

기출 14' 5급[민]-A 난이도 ●●●

113 다음 〈표〉와 〈정보〉는 어느 상담센터에서 2013년에 실시한 상담가 유형별 가족상담건수에 관한 자료이다. 이에 근거할 때, 2013년 하반기 전문상담가에 의한 가족상담건수는?

〈표〉 2013년 상담가 유형별 가족상담건수

(단위: 건)

상담가 유형	가족상담건수
일반상담가	120
전문상담가	60

※ 가족상담은 일반상담가에 의한 가족상담과 전문상담가에 의한 가족상담으로만 구분됨.

정보

- 2013년 가족상담의 30%는 상반기에, 70%는 하반기에 실시되었다.
- 2013년 일반상담가에 의한 가족상담의 40%는 상반기에, 60%는 하반기에 실시되었다.

① 38 ② 40 ③ 48
④ 54 ⑤ 56

기출 14' 5급[민]-A 난이도 ●●○

114 다음 〈표〉는 지난 1개월간 패밀리레스토랑 방문경험이 있는 20~35세 여성 113명을 대상으로 연령대별 방문횟수와 직업을 조사한 자료이다. 이에 대한 설명으로 옳은 것은?

〈표 1〉 응답자의 연령대별 방문횟수 조사결과

(단위: 명)

방문횟수 \ 연령대	20~25세	26~30세	31~35세	합
1회	19	12	3	34
2~3회	27	32	4	63
4~5회	6	5	2	13
6회 이상	1	2	0	3
계	53	51	9	113

〈표 2〉 응답자의 직업 조사결과

(단위: 명)

직업	응답자
학생	49
회사원	43
공무원	2
전문직	7
자영업	9
가정주부	3
계	113

※ 복수응답과 무응답은 없음.

① 전체 응답자 중 20~25세 응답자가 차지하는 비율은 50% 이상이다.
② 26~30세 응답자 중 4회 이상 방문한 응답자 비율은 15% 미만이다.
③ 31~35세 응답자의 1인당 평균 방문횟수는 2회 미만이다.
④ 전체 응답자 중 직업이 학생 또는 공무원인 응답자 비율은 50% 이상이다.
⑤ 전체 응답자 중 20~25세인 전문직 응답자 비율은 5% 미만이다.

기출 14' 5급⑨-A 난이도 ●○○

115 다음 〈그림〉은 어느 대학의 A~G 전공분야별 과목 수와 영어강의 과목 비율을 나타낸 것이다. 이에 대한 〈보기〉의 설명 중 옳은 것만을 모두 고르면?

〈그림 1〉 전공분야별 과목 수

(단위: 개)

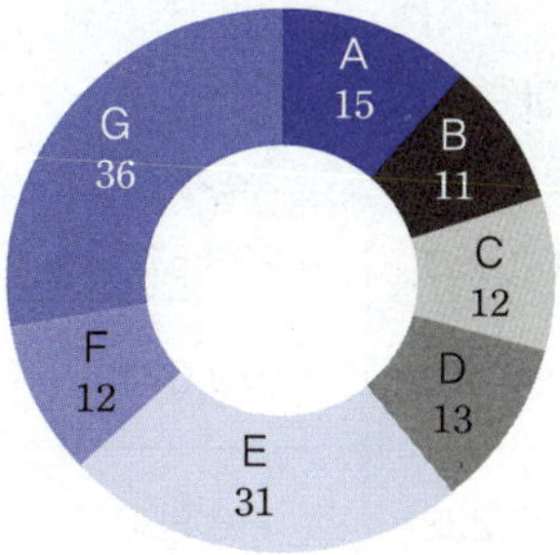

〈그림 2〉 전공분야별 영어강의 과목 비율

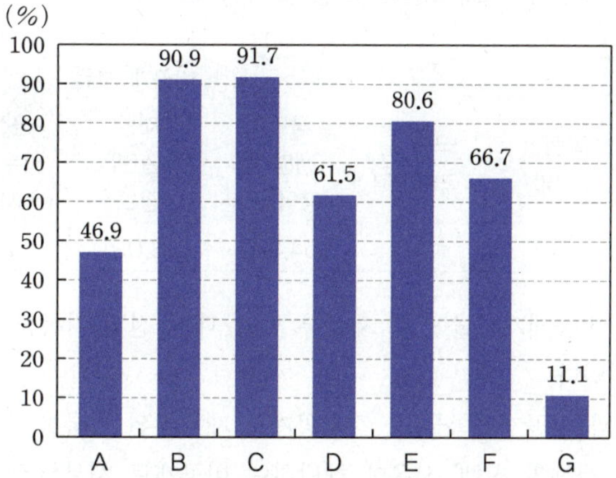

※ 1) 영어강의 과목은 전공분야 과목 중 영어로 진행되는 과목임.

2) 영어강의 과목 비율(%) = $\frac{\text{전공분야별 영어강의 과목 수}}{\text{전공분야별 과목 수}} \times 100$

3) 영어강의 과목 비율은 소수점 아래 둘째 자리에서 반올림 함.

4) 이 대학에 A~G 전공분야 과목 이외의 과목은 없음.

보기

ㄱ. E 전공분야의 과목 수는 이 대학 전체 과목 수의 25% 이상이다.

ㄴ. 영어강의 과목 수가 두번째로 적은 전공분야는 A이다.

ㄷ. D 전공분야의 영어강의 과목 수는 G 전공분야 영어강의 과목 수의 2배 이상이다.

ㄹ. 영어강의 과목 수는 이 대학 전체 과목 수의 50% 이상이다.

① ㄱ, ㄴ ② ㄴ, ㄷ ③ ㄷ, ㄹ

④ ㄱ, ㄴ, ㄹ ⑤ ㄴ, ㄷ, ㄹ

기출 14' 5급㉻-A 난이도 ●●○

116 **다음 〈표〉는 2010년 국가기록원의 '비공개기록물 공개 재분류 사업' 결과 및 현황이다. 이에 대한 설명으로 옳지 않은 것은?**

〈표 1〉 비공개기록물 공개 재분류 사업 결과

(단위: 건)

구분	합	재분류 결과			
		공개			비공개
		소계	전부공개	부분공개	
계	2,702,653	1,298,570	169,646	1,128,924	1,404,083
30년 경과 비공개기록물	1,199,421	1,079,690	33,012	1,046,678	119,731
30년 미경과 비공개기록물	1,503,232	218,880	136,634	82,246	1,284,352

〈표 2〉 30년 경과 비공개기록물 중 비공개로 재분류된 기록물의 비공개 사유별 현황

(단위: 건)

합	비공개 사유						
	법령상 비밀	국방 등 국익침해	국민의 생명 등 공익침해	재판 관련 정보	공정한 업무수행 지장	개인 사생활 침해	특정인의 이익침해
119,731	619	313	54,329	18,091	24	46,298	57

① 2010년 '비공개기록물 공개 재분류 사업' 대상 전체 기록물 중 절반 이상이 다시 비공개로 재분류되었다.

② 30년 경과 비공개기록물 중 전부공개로 재분류된 기록물 건수가 30년 경과 비공개기록물 중 '개인 사생활 침해' 사유에 해당하여 비공개로 재분류된 기록물 건수보다 적다.

③ 30년 경과 비공개기록물 중 공개로 재분류된 기록물의 비율이 30년 미경과 비공개기록물 중 비공개로 재분류된 기록물의 비율보다 낮다.

④ 재분류 건수가 많은 것부터 순서대로 나열하면, 30년 경과 비공개기록물은 부분공개, 비공개, 전부공개 순이고 30년 미경과 비공개기록물은 비공개, 전부공개, 부분공개 순이다.

⑤ 30년 경과 비공개기록물 중 '국민의 생명 등 공익침해'와 '개인 사생활 침해' 사유에 해당하여 비공개로 재분류된 기록물 건수의 합은 2010년 '비공개기록물 공개 재분류 사업' 대상 전체 기록물의 5% 이하이다.

기출 14' 5급㉻-A 난이도 ●●○

117 다음 〈표〉는 2005~2010년 IT산업 부문별 생산규모 추이에 관한 자료이다. 이에 대한 〈보고서〉의 설명 중 옳은 것만을 모두 고르면?

〈표〉 2005~2010년 IT산업 부문별 생산규모 추이

(단위: 조원)

구분		2005	2006	2007	2008	2009	2010
정보통신서비스	통신서비스	37.4	38.7	40.4	42.7	43.7	44.3
	방송서비스	8.2	9.0	9.7	9.3	9.5	10.3
	융합서비스	3.5	4.2	4.9	6.0	7.4	8.8
	소계	49.1	51.9	55.0	58.0	60.6	63.4
정보통신기기	통신기기	43.4	43.3	47.4	61.2	59.7	58.2
	정보기기	14.5	13.1	10.1	9.8	8.6	9.9
	음향기기	14.2	15.3	13.6	14.3	13.7	15.4
	전자부품	85.1	95.0	103.6	109.0	122.4	174.4
	응용기기	27.7	29.2	29.9	32.2	31.0	37.8
	소계	184.9	195.9	204.6	226.5	235.4	295.7
소프트웨어		19.2	21.1	22.1	26.2	26.0	26.3
합계		253.2	268.9	281.7	310.7	322.0	385.4

보고서

국가경제 성장의 핵심 역할을 하는 IT산업은 정보통신서비스, 정보통신기기, 소프트웨어 부문으로 구분된다. ㉠ 2010년 IT산업의 생산규모는 전년대비 15% 이상 증가한 385.4조원을 기록하였다. 한편, 소프트웨어 산업은 경기위축에 선행하고 경기회복에 후행하는 산업적 특성 때문에 전년대비 2% 이하의 성장에 머물렀다.
2010년 정보통신서비스 생산규모는 IPTV 등 신규 정보통신서비스 확대로 전년대비 4.6% 증가한 63.4조원을 기록하였다. ㉡ 2010년 융합서비스는 전년대비 생산규모 증가율이 정보통신서비스 중 가장 높았고, 정보통신서비스에서 차지하는 생산규모 비중도 가장 컸다.
IT산업 전체의 생산을 견인하고 있는 정보통신기기 생산규모는 통신기기를 제외한 다른 품목의 생산 호조에 따라 2010년 전년대비 25.6% 증가하였다. 한편, ㉢ 2006~2010년 동안 정보통신기기 생산규모에서 통신기기, 정보기기, 음향기기, 전자부품, 응용기기가 차지하는 비중의 순위는 매년 변화가 없었다. 2010년 전자부품 생산규모는 174.4조원으로 정보통신기기 전체 생산규모의 59.0%를 차지한다. 전자부품 중 반도체와 디스플레이 패널의 생산규모는 전년대비 각각 48.6%, 47.4% 증가하여 전자부품 생산을 주도하였다. ㉣ 2005~2010년 동안 정보통신기기 부문에서 전자부품과 응용기기 각각의 생산규모는 매년 증가하였다.

① ㄱ, ㄴ　② ㄱ, ㄷ　③ ㄱ, ㄹ
④ ㄴ, ㄹ　⑤ ㄷ, ㄹ

기출 14' 5급㉻-A 난이도 ●●○

118 다음 〈표〉는 화학경시대회 응시생 A~J의 성적 관련 자료이다. 이에 대한 설명 중 옳은 것만을 모두 고르면?

〈표〉 화학경시대회 성적 자료

구분 / 응시생	정답 문항수	오답 문항수	풀지않은 문항수	점수(점)
A	19	1	0	93
B	18	2	0	86
C	17	1	2	83
D	( )	2	1	( )
E	( )	3	0	( )
F	16	1	3	78
G	16	( )	( )	76
H	( )	( )	( )	75
I	15	( )	( )	71
J	( )	( )	( )	64

※ 1) 총 20 문항으로 100점 만점임.
2) 정답인 문항에 대해서는 각 5점의 득점, 오답인 문항에 대해서는 각 2점의 감점이 있고, 풀지 않은 문항에 대해서는 득점과 감점이 없음.

보기

ㄱ. 응시생 I의 '풀지않은 문항수'는 3이다.
ㄴ. '풀지않은 문항수'의 합은 20이다.
ㄷ. 80점 이상인 응시생은 5명이다.
ㄹ. 응시생 J의 '오답 문항수'와 '풀지않은 문항수'는 동일하다.

① ㄱ, ㄴ ② ㄱ, ㄷ ③ ㄱ, ㄹ
④ ㄴ, ㄷ ⑤ ㄴ, ㄹ

기출 14' 5급㉻-A 난이도

119 다음 〈표〉는 '갑' 국 국회의원의 SNS(소셜네트워크서비스) 이용자 수 현황에 대한 자료이다. 이를 이용하여 작성한 그래프로 옳지 않은 것은?

〈표〉 '갑' 국 국회의원의 SNS 이용자 수 현황

(단위: 명)

구분	정당	당선 횟수별				당선 유형별		성별	
		초선	2선	3선	4선 이상	지역구	비례대표	남자	여자
여당	A	82	29	22	12	126	19	123	22
야당	B	29	25	13	6	59	14	59	14
	C	7	3	1	1	7	5	10	2
합계		118	57	36	19	192	38	192	38

① 국회의원의 여야별 SNS 이용자 수

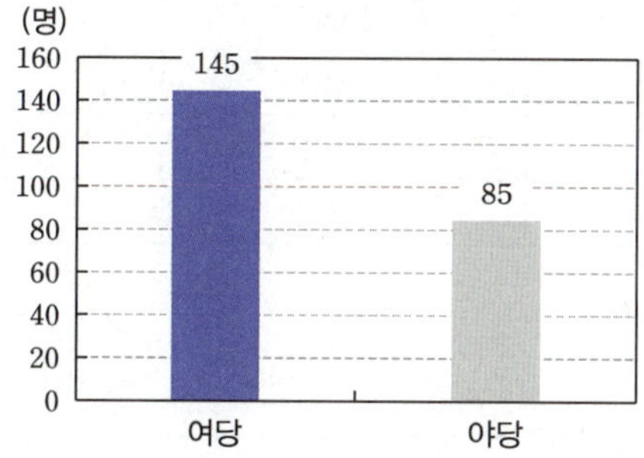

② 남녀 국회의원의 여야별 SNS 이용자 구성비

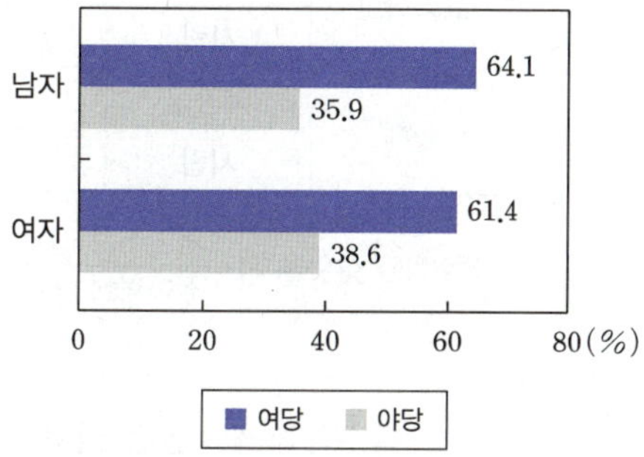

※ 소수점 아래 둘째 자리에서 반올림함.

③ 여당 국회의원의 당선 유형별 SNS 이용자 구성비

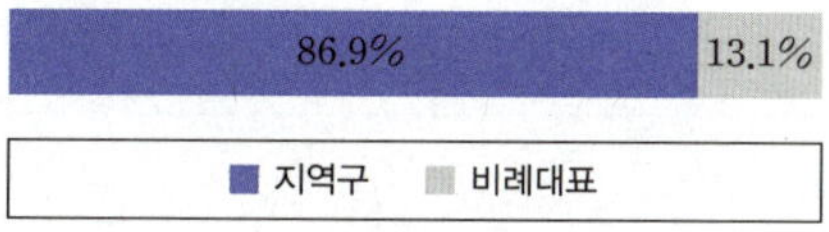

※ 소수점 아래 둘째 자리에서 반올림함.

④ 야당 국회의원의 당선 횟수별 SNS 이용자 구성비

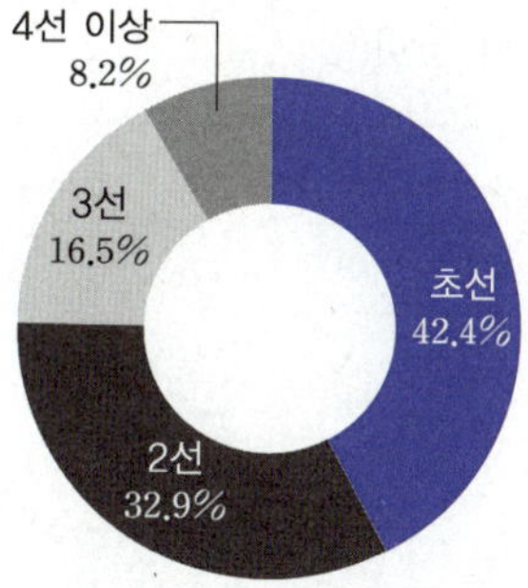

※ 소수점 아래 둘째 자리에서 반올림함.

⑤ 2선 이상 국회의원의 정당별 SNS 이용자 수

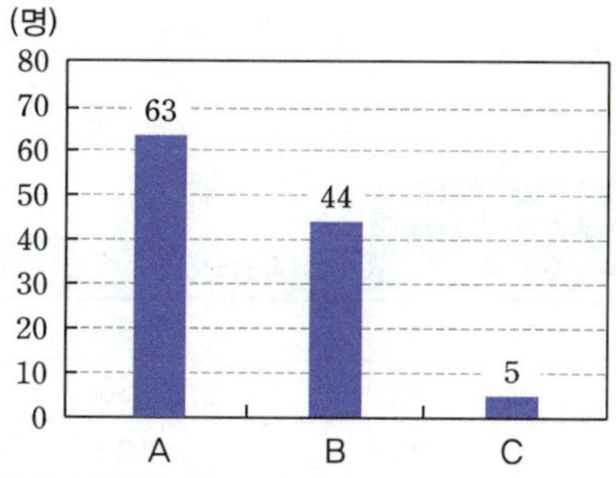

문항편
11일차
• 수리능력 + 자료해석

기출 14' 5급㉻-A | 난이도 ●●○

120 다음 〈표〉는 2011년 A국의 학교급별 특수학급 현황을 나타낸 것이다. 이에 대한 〈보기〉의 설명 중 옳은 것만을 모두 고르면?

〈표〉 2011년 A국의 학교급별 특수학급 현황

(단위: 개교)

학교급	구분	학교 수	장애학생 배치학교 수	특수학급 설치학교 수
초등학교	국공립	5,868	4,596	3,668
	사립	76	16	4
중학교	국공립	2,581	1,903	1,360
	사립	571	309	52
고등학교	국공립	1,335	1,013	691
	사립	948	494	56
전체	국공립	9,784	7,512	5,719
	사립	1,595	819	112

※ 특수학급 설치율(%) $= \frac{\text{특수학급 설치학교 수}}{\text{장애학생 배치학교 수}} \times 100$

보기

ㄱ. 특수학급 설치율은 국공립초등학교가 사립초등학교보다 4배 이상 높다.
ㄴ. 모든 학교급에서 국공립학교의 특수학급 설치율은 50% 이상이다.
ㄷ. 전체 사립학교와 전체 국공립학교의 특수학급 설치율 차이는 50%p 이상이다.
ㄹ. 학교 수에서 장애학생 배치학교 수가 차지하는 비율은 사립초등학교가 사립고등학교보다 낮다.

① ㄴ, ㄷ　② ㄷ, ㄹ　③ ㄱ, ㄴ, ㄷ
④ ㄱ, ㄴ, ㄹ　⑤ ㄴ, ㄷ, ㄹ

Day 11 Self Check List

	오답 수	무응답 수	풀이시간(분)
1회독	/ 30	/ 30	/ 60(분)
2회독	/ 30	/ 30	/ 50(분)
3회독	/ 30	/ 30	/ 35(분)

정답 및 해설 362p

독끝 심화 12일차 (121~150)

난이도별 구성
- ●○○ 3문항
- ●●○ 17문항
- ●●● 10문항

본 문항은 PSAT 자료해석 영역 기출 문항으로 구성되며, 기출 표기에 따른 시험 종류는 아래와 같습니다. (표기 상 맨 끝은 '책형' 입니다.)
민 - 민간경력자 일괄채용시험 / 행 - 공개경쟁채용시험(행정)

12일차 계산연습(고급)

Set ❶

소금이 많은 순위를 적어보세요.

	소금물(g)	농도(%)	소금이 많은 순위
(1)	50	26	→
(2)	62	32	→
(3)	82	38	→
(4)	37	78	→
(5)	67	49	→

Set ❷

속력이 빠른 순위를 적어보세요.

	거리(km)	시간(min)	빠른 순위
(1)	64	32	→
(2)	66	64	→
(3)	27	60	→
(4)	63	58	→
(5)	35	52	→

Set ❸

각 사각형에 들어있는 숫자의 평균이 큰 순위

	숫자	평균 큰 순위
(1)	43 68 / 95 68	
(2)	73 30 / 70 63	
(3)	76 71 / 82	
(4)	75 42 / 27 95	
(5)	78 43 / 64	

Set ❹

다음 4개년 자료에 대한 각 질문에 응답하세요.

연도	A	B	C	D	합계
2021	275	394	309	599	
2020	754	147	637	491	
2019	422	930	481	468	2301
2018	268	968	743	288	2267

(1) 2019년도 A의 비중은?
(2) 2020년도 B의 비중은?
(3) A~D 합계가 가장 큰 연도는?
(4) C의 2018 대비 2021년 증감률은?
(5) D의 2019 대비 2020년 증감률은?

	Set ❶	Set ❷	Set ❸	Set ❹
(1)	5	1	2	18.3%
(2)	4	3	5	7.2%
(3)	2	5	1	2019년
(4)	3	2	4	-58.4%
(5)	1	4	3	4.9%

*Set ❶ ~ ❹ 참고사항
- 농도(%) = 소금 / 소금물의 양 * 100
- 시간 = 거리 / 속력
- 연산결과는 소수 둘째자리에서 반올림 적용

	맞은 개수	풀이 시간
Set ❶	/ 5	(초)
Set ❷	/ 5	(초)
Set ❸	/ 5	(초)
Set ❹	/ 5	(초)
합계	/ 20	(초)

* 다음의 회독수 별 권장풀이시간에 맞춰 문제풀이 후,
Day 12 끝의 [Self Check List]를 기입하여 부족한 부분을 파악하세요!

권장 풀이 시간
1회독 60 min　2회독 50 min　3회독 35 min

기출 14' 5급[민]-A　난이도 ●●○

121 다음 〈그림〉은 2013년 전국 지역별, 월별 영상회의 개최실적에 관한 자료이다. 이에 대한 설명으로 옳지 않은 것은?

〈그림 1〉 전국 지역별 영상회의 개최건수

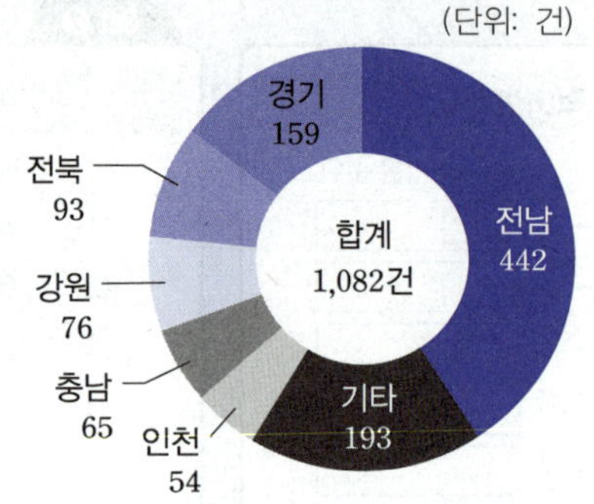

〈그림 2〉 전국 월별 영상회의 개최건수

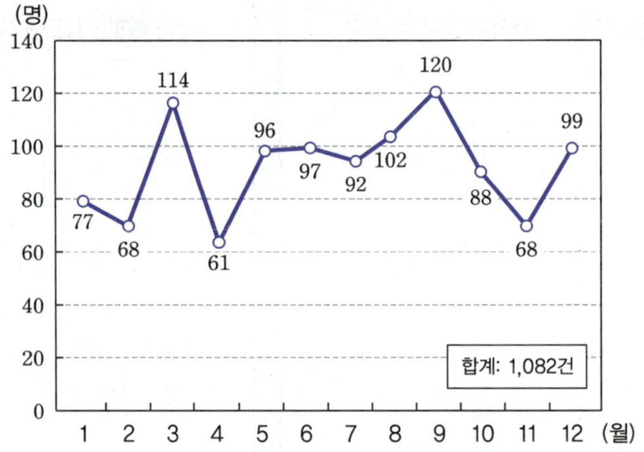

① 전국 월별 영상회의 개최건수의 전월대비 증가율은 5월이 가장 높다.
② 전국 월별 영상회의 개최건수를 분기별로 비교하면 3/4분기에 가장 많다.
③ 영상회의 개최건수가 가장 많은 지역은 전남이다.
④ 인천과 충남이 모든 영상회의를 9월에 개최했다면 9월에 영상회의를 개최한 지역은 모두 3개이다.
⑤ 강원, 전북, 전남의 영상회의 개최건수의 합은 전국 영상회의 개최건수의 50% 이상이다.

122 다음 〈그림〉과 〈표〉는 전산장비(A~F) 연간유지비와 전산장비 가격 대비 연간유지비 비율을 나타낸 자료이다. 이에 대한 설명으로 옳은 것은?

〈그림〉 전산장비 연간유지비

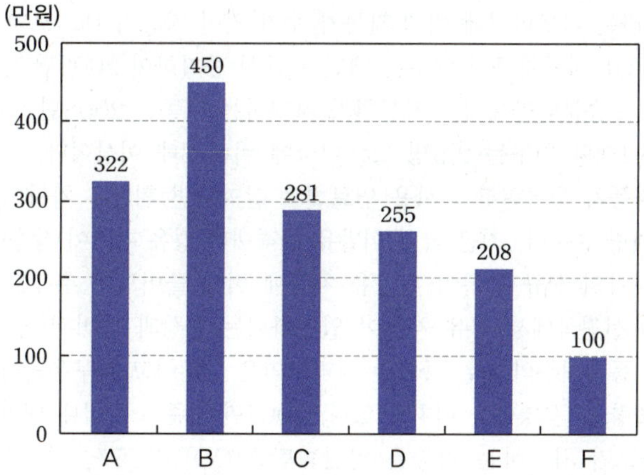

〈표〉 전산장비 가격 대비 연간유지비 비율

(단위: %)

전산장비	A	B	C	D	E	F
비율	8.0	7.5	7.0	5.0	4.0	3.0

① B의 연간유지비가 D의 연간유지비의 2배 이상이다.
② 가격이 가장 높은 전산장비는 A이다.
③ 가격이 가장 낮은 전산장비는 F이다.
④ C의 가격은 E의 가격보다 높다.
⑤ A를 제외한 전산장비는 가격이 높을수록 연간유지비도 더 높다.

기출 14' 5급㉡-A 난이도 ●●○

123 다음 〈보고서〉는 자동차 오염물질 및 배출가스 관리여건에 관한 것이다. 〈보고서〉를 작성하는 데 활용되지 않은 자료는?

보고서

우리나라는 국토면적에 비해 자동차 수가 많아 자동차 배기오염물질 관리에 많은 어려움이 있다. 국내 자동차 등록대수는 매년 꾸준히 증가하여 2008년 1,732만대를 넘어섰다. 운송수단별 수송분담률에서도 자동차가 차지하는 비중은 2008년 75% 이상이다. 한편 2008년 자동차 1대당 인구는 2.9명으로 미국에 비해 2배 이상이다.
국내 자동차 등록현황을 사용 연료별로 살펴보면 휘발유 차량이 가장 많고 다음으로 경유, LPG 차량 순이다. 최근 국내 휘발유 가격대비 경유 가격이 상승하였다. 그 여파로 국내에서 경유 차량의 신규 등록이 휘발유 차량에 비해 줄어드는 추세를 보이고 있다. 이런 추세는 OECD 선진국에서 경유 차량이 일반화되는 현상과 대비된다.
자동차 등록대수의 빠른 증가는 대기오염은 물론이고 지구온난화를 야기하는 자동차 배기가스 배출량에 큰 영향을 미치고 있다. 2007년 기준으로 국내 대기오염물질 배출량 중 자동차 배기가스가 차지하는 비중은 일산화탄소(CO) 67.5%, 질소산화물(NOx) 41.7%, 미세먼지(PM_{10}) 23.5%이다. 특히 질소산화물은 태양광선에 의해 광화학반응을 일으켜 오존을 발생시키고 호흡기질환 등을 유발하므로 이에 대한 저감 대책이 필요하다.

① 연도별 국내 자동차 등록현황

(단위: 천대)

연도	2002	2003	2004	2005	2006	2007	2008
등록대수	14,586	14,934	15,397	15,895	16,428	16,794	17,325

② 2007년 국내 주요 대기오염물질 배출량

(단위: 천톤/년)

구분	배출량	자동차 배기가스(비중)
일산화탄소(CO)	809	546 (67.5%)
질소산화물(NOx)	1,188	495 (41.7%)
이산화황(SO_2)	403	1 (0.2%)
미세먼지(PM_{10})	98	23 (23.5%)
휘발성유기화합물(VOCs)	875	95 (10.9%)
암모니아(NH_3)	309	10 (3.2%)
계	3,682	1,170 (31.8%)

③ 2008년 국내 운송수단별 수송분담률

(단위: 백만명, %)

구분	자동차	지하철	철도	항공	해운	합
수송인구	9,798	2,142	1,020	16	14	12,990
수송분담률	75.4	16.5	7.9	0.1	0.1	100.0

④ 2008년 OECD 국가의 자동차 연료별 상대가격

(휘발유 기준)

구분	휘발유	경유	LPG
OECD 회원국 전체	100	86	45
OECD 선진국	100	85	42
OECD 비선진국	100	87	54
OECD 산유국	100	86	50
OECD 비산유국	100	85	31

⑤ 2008년 국가별 자동차 1대당 인구

(단위: 명)

국가	한국	일본	미국	독일	프랑스
자동차 1대당 인구	2.9	1.7	1.2	1.9	1.7

기출 14' 5급㉢-A 난이도

124 다음 〈표〉는 2013년 수도권 3개 지역의 지역 간 화물 유동량에 대한 자료이다. 이를 이용하여 작성한 그림으로 옳지 않은 것은?

〈표〉 2013년 수도권 3개 지역 간 화물 유동량 (단위: 백만톤)

출발 지역 \ 도착 지역	서울	인천	경기	합
서울	59.6	8.5	0.6	68.7
인천	30.3	55.3	0.7	86.3
경기	78.4	23.0	3.2	104.6
계	168.3	86.8	4.5	-

※ 수도권 외부와의 화물 이동은 고려하지 않음.

① 수도권 출발 지역별 경기 도착 화물 유동량 (단위: 백만톤)

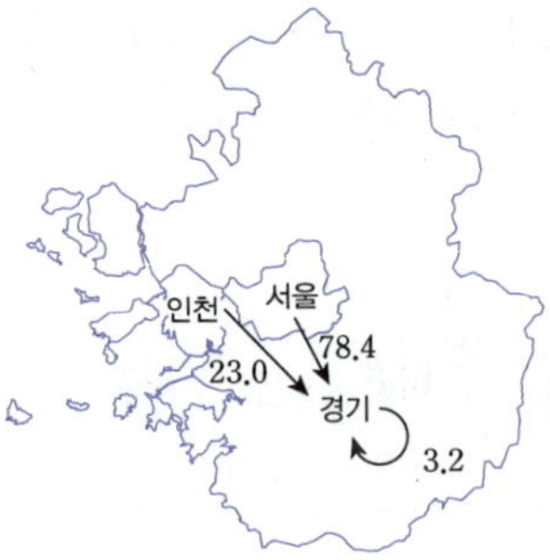

② 수도권 3개 지역별 도착 화물 유동량 (단위: 백만톤)

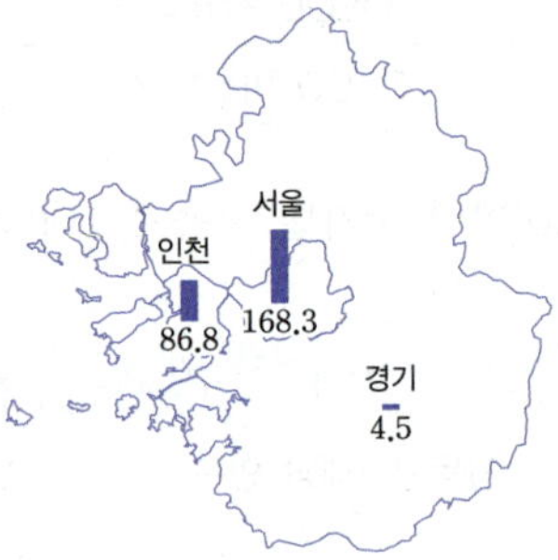

③ 수도권 3개 지역의 상호 간 화물 유동량 (단위: 백만톤)

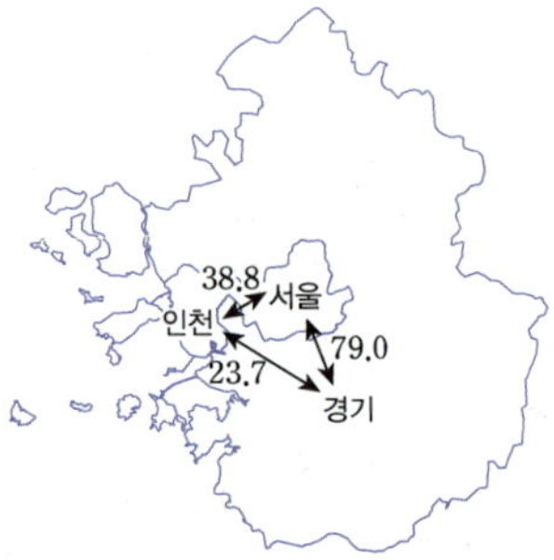

※ '상호 간 화물 유동량'은 두 지역 간 출발 화물 유동량과 도착 화물 유동량의 합임.

④ 수도권 3개 지역별 출발 화물 유동량 (단위: 백만톤)

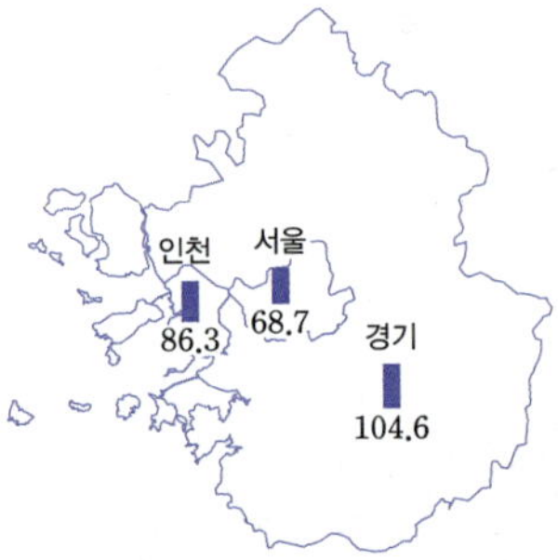

⑤ 인천 도착 화물 유동량의 수도권 출발 지역별 비중 (단위: %)

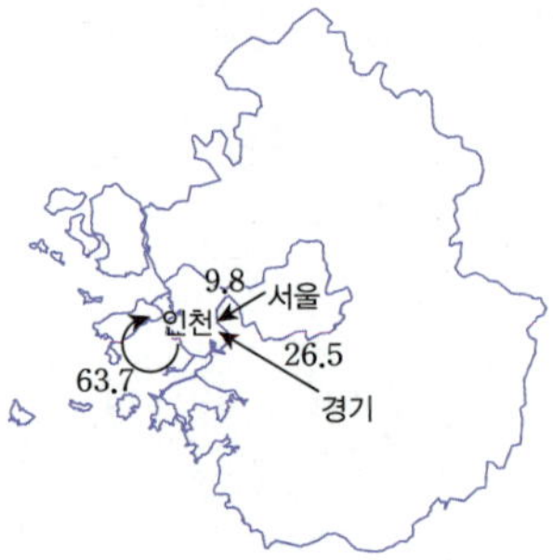

기출 13' 5급㉻-인 난이도 ●●○

125 다음 〈표〉와 〈그림〉은 2010년 성별·장애등급별 등록 장애인 현황을 나타낸 것이다. 이에 대한 〈보기〉의 설명 중 옳은 것을 모두 고르면?

〈표〉 2010년 성별 등록 장애인 수

(단위: 명, %)

구분 \ 성별	여성	남성	전체
등록 장애인 수	1,048,979	1,468,333	2,517,312
전년대비 증가율	0.50	5.50	(　)

〈그림〉 2010년 성별·장애등급별 등록 장애인 수

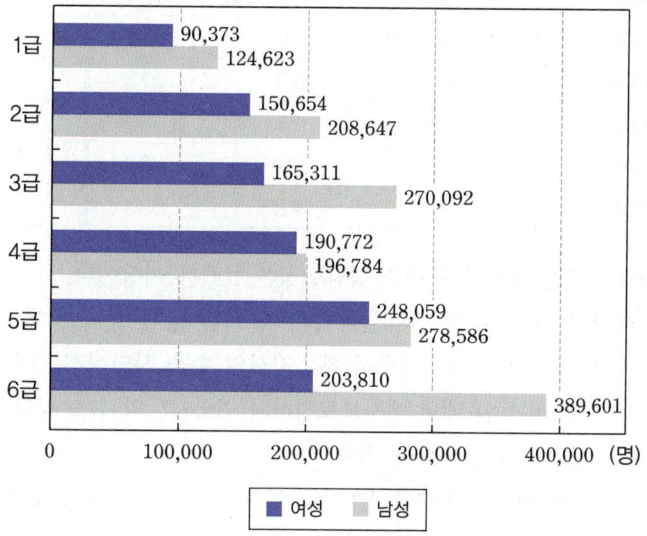

※ 장애등급은 1~6급으로만 구분되며, 미등록 장애인은 없음.

보기

ㄱ. 2010년 전체 등록 장애인 수의 전년대비 증가율은 4% 미만이다.
ㄴ. 전년대비 2010년 등록 장애인 수가 가장 많이 증가한 장애등급은 6급이다.
ㄷ. 장애등급 5급과 6급의 등록 장애인 수의 합은 전체 등록 장애인 수의 50% 이상이다.
ㄹ. 등록 장애인 수가 가장 많은 장애등급의 남성 장애인 수는 등록 장애인 수가 가장 적은 장애등급의 남성 장애인 수의 3배 이상이다.
ㅁ. 성별 등록 장애인 수 차이가 가장 작은 장애등급과 가장 큰 장애등급의 여성 장애인 수의 합은 여성 전체 등록 장애인 수의 40% 미만이다.

① ㄱ, ㄴ　② ㄱ, ㄹ　③ ㄱ, ㄹ, ㅁ
④ ㄴ, ㄷ, ㅁ　⑤ ㄷ, ㄹ, ㅁ

기출 13' 5급㉻-인 | 난이도 ●●○

126 다음 〈표〉는 A무역회사 해외지사의 수출 상담실적에 관한 자료이다. 이에 대한 설명으로 옳지 않은 것은?

〈표〉 A무역회사 해외지사의 수출 상담실적

(단위: 건, %)

해외지사 \ 연도	2008	2009	2010	2011년 1~11월	
					전년동기 대비증감률
칠레	352	284	472	644	60.4
싱가포르	136	196	319	742	154.1
독일	650	458	724	810	22.4
태국	3,630	1,995	1,526	2,520	80.0
미국	307	120	273	1,567	526.8
인도	0	2,333	3,530	1,636	−49.4
영국	8	237	786	12,308	1,794.1
합계	5,083	5,623	7,630	20,227	197.3

① 2010년 12월 태국지사 수출 상담실적은 100건 이상이다.

② 전년대비 2010년 수출 상담실적 건수가 가장 많이 늘어난 해외지사는 인도지사이다.

③ 2009~2011년 동안 A무역회사 해외지사의 수출 상담실적 건수 합계는 매년 증가하였다.

④ 2008~2010년 동안 매년 싱가포르지사와 미국지사의 수출 상담실적 건수의 합은 독일지사의 수출 상담실적 건수보다 적다.

⑤ 2011년 12월 칠레지사 수출 상담실적이 256건이라면, 2011년 연간 칠레지사 수출 상담실적 건수는 전년대비 100% 이상 증가한다.

기출 13' 5급㉻-인 | 난이도 ●●●

127 다음 〈표〉는 A~E 마을 주민의 재산상황을 나타낸 자료이다. 이에 대한 〈보기〉의 설명 중 옳은 것을 모두 고르면?

〈표〉 A~E 마을 주민의 재산상황

(단위: 가구, 명, ha, 마리)

마을	가구 수	주민 수	재산유형					
			경지		젖소		돼지	
			면적	가구당 면적	개체 수	가구당 개체 수	개체 수	가구당 개체 수
A	244	1,243	( )	6.61	90	0.37	410	1.68
B	130	572	1,183	9.10	20	0.15	185	1.42
C	58	248	( )	1.95	20	0.34	108	1.86
D	23	111	( )	2.61	12	0.52	46	2.00
E	16	60	( )	2.75	8	0.50	20	1.25
전체	471	2,234	( )	6.40	150	0.32	769	1.63

※ 소수점 아래 셋째 자리에서 반올림한 값임.

보기

ㄱ. C 마을의 경지면적은 D 마을과 E 마을 경지면적의 합보다 크다.

ㄴ. 가구당 주민 수가 가장 많은 마을은 가구당 돼지 수도 가장 많다.

ㄷ. A 마을의 젖소 수가 80% 감소한다면, A~E 마을 전체 젖소 수는 A~E 마을 전체 돼지 수의 10% 이하가 된다.

ㄹ. 젖소 1마리당 경지면적과 돼지 1마리당 경지면적은 모두 D 마을이 E 마을보다 좁다.

① ㄱ, ㄴ　② ㄱ, ㄷ　③ ㄱ, ㄹ

④ ㄴ, ㄷ　⑤ ㄷ, ㄹ

기출 13' 5급㉻-인 난이도 ●●●

128 다음 〈표〉는 블로그 이용자와 트위터 이용자를 대상으로 설문조사한 결과이다. 이를 정리한 〈보기〉의 그림 중 옳은 것을 모두 고르면?

〈표〉 블로그 이용자와 트위터 이용자 대상 설문조사 결과

(단위: %)

구분		블로그 이용자	트위터 이용자
성	남자	53.4	53.2
	여자	46.6	46.8
연령	15~19세	11.6	13.1
	20~29세	23.3	47.9
	30~39세	27.4	29.5
	40~49세	25.0	8.4
	50~59세	12.7	1.1
교육수준	중졸 이하	2.0	1.6
	고졸	23.4	14.7
	대졸	66.1	74.4
	대학원 이상	8.5	9.3
소득수준	상	5.5	3.6
	중	74.2	75.0
	하	20.3	21.4

※ 15세 이상 60세 미만의 1,000명의 블로그 이용자와 2,000명의 트위터 이용자를 대상으로 하여 동일시점에 각각 독립적으로 조사하였으며 무응답과 응답자의 중복은 없음.

보기

ㄱ. 트위터와 블로그의 성별 이용자 수

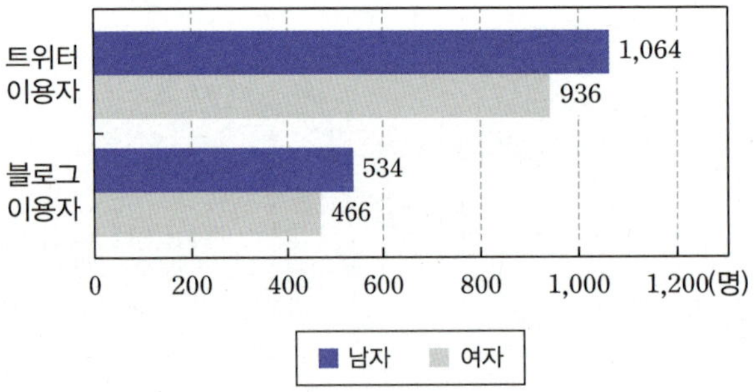

ㄴ. 교육수준별 트위터 이용자 수 대비 블로그 이용자 수

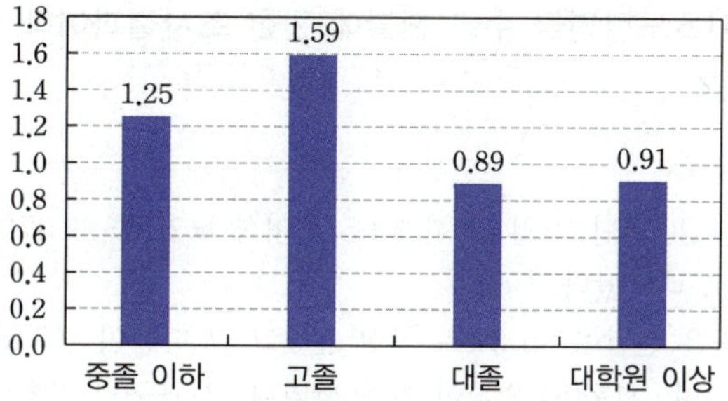

ㄷ. 블로그 이용자와 트위터 이용자의 소득수준별 구성비

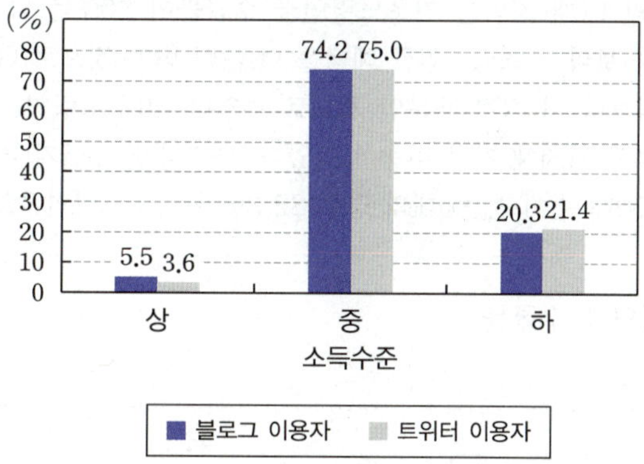

ㄹ. 연령별 블로그 이용자와 트위터 이용자의 구성비

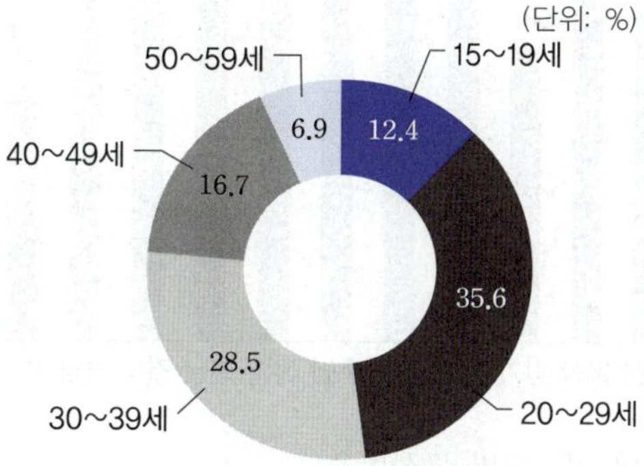

① ㄱ, ㄴ　　② ㄱ, ㄷ　　③ ㄴ, ㄷ

④ ㄴ, ㄹ　　⑤ ㄷ, ㄹ

기출 13' 5급㉻-인 난이도 ●●○

129 다음 〈보고서〉는 2010년 기초노령연금 수급 현황에 관한 조사결과이다. 〈보고서〉의 내용과 부합하지 않는 자료는?

보고서

보건복지부의 자료에 의하면 2010년 12월 말 현재 65세 이상 노인 중 약 373만 명에게 기초노령연금이 지급된 것으로 나타났다.
시도별 기초노령연금 수급률은 전남이 85.5%로 가장 높았고 그 다음이 경북(80.4%), 전북(79.3%), 경남(77.8%) 순이며, 서울(51.3%)이 가장 낮았다. 시군구별 기초노령연금 수급률은 전남 완도군이 94.1%로 가장 높았고 서울 서초구는 26.5%로 가장 낮았다. 특히 농어촌의 57개 지역과 대도시의 14개 지역은 기초노령연금 수급률이 80%를 넘었다.
여성(65.1%)이 남성(34.9%)보다 기초노령연금 혜택을 더 많이 받는 것으로 나타났는데, 이는 여성의 평균수명이 남성보다 더 길기 때문인 것으로 보인다. 기초노령연금을 받는 노인 중 70대가 수급자의 49.7%를 차지해 가장 비중이 높았다. 연령대별 수급자 비율을 큰 것부터 나열하면 80대, 90대, 70대 순이고, 80대의 경우 82.3%가 기초노령연금을 수령하였다.

① 2010년 시도별 기초노령연금 수급률

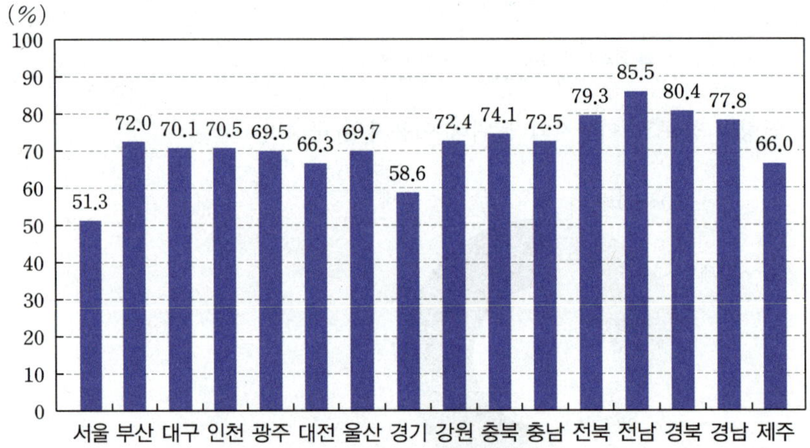

② 2010년 기초노령연금 수급자의 연령대별 구성비율

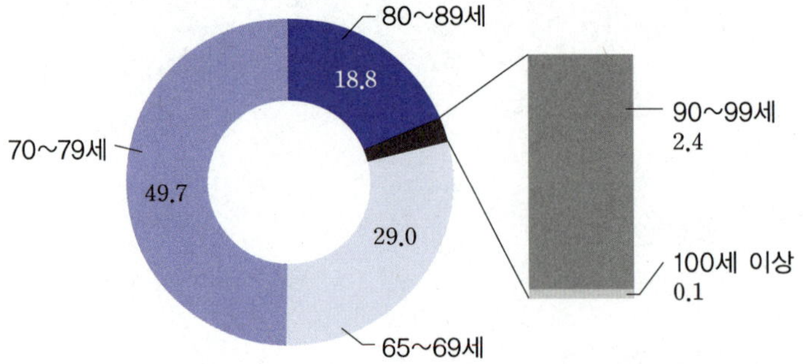

③ 2010년 시군구별 기초노령연금 수급률(상위 5개 및 하위 5개)

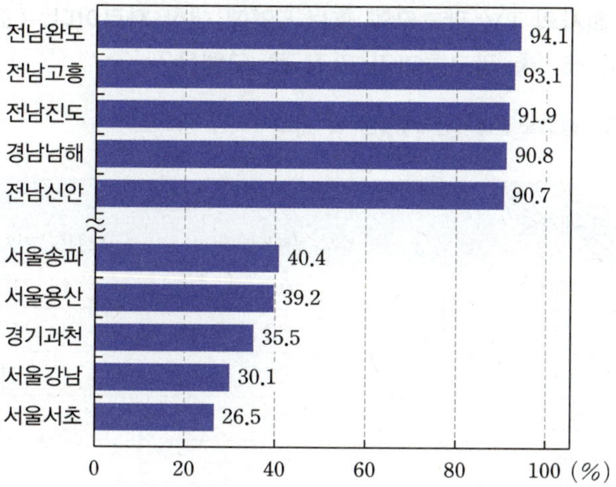

④ 2010년 연령대별 기초노령연금 수급자 비율

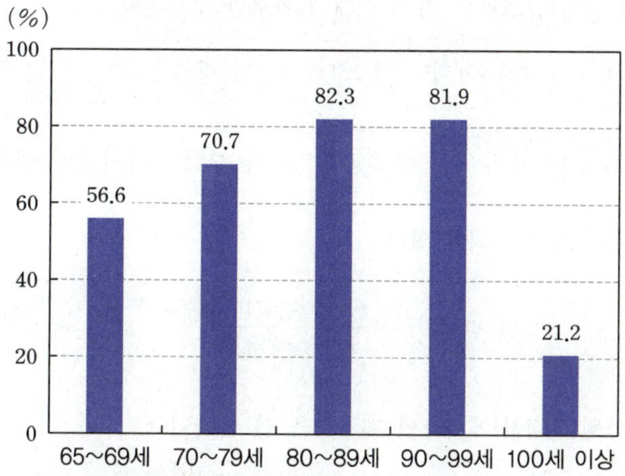

⑤ 2010년 기초노령연금 수급률별·도시규모별 지역 수

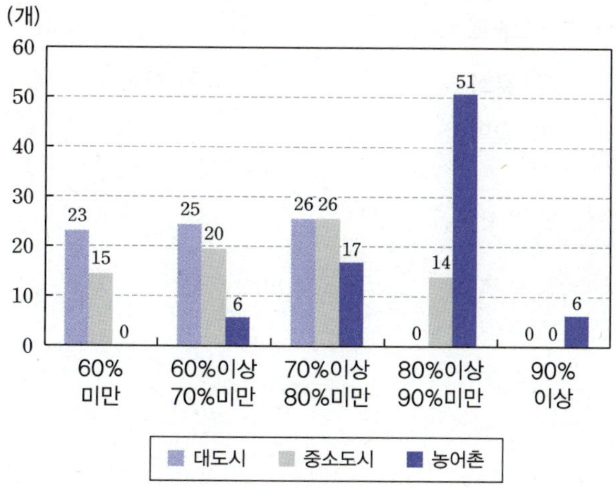

기출 13' 5급㉻-인 | 난이도 ●●●

130 다음 〈표〉는 갑 자동차 회사의 TV 광고모델 후보 5명에 대한 자료이다. 〈조건〉을 적용하여 광고모델을 선정할 때, 총 광고효과가 가장 큰 모델은?

〈표〉 광고모델별 1년 계약금 및 광고 1회당 광고효과

(단위: 만원)

광고모델	1년 계약금	1회당 광고효과	
		수익 증대 효과	브랜드 가치 증대 효과
지후	1,000	100	100
문희	600	60	100
석이	700	60	110
서현	800	50	140
슬이	1,200	110	110

조건

- 광고효과는 수익 증대 효과와 브랜드 가치 증대 효과로만 구성된다.

총 광고효과 = 1회당 광고효과 × 1년 광고횟수

1회당 광고효과 = 1회당 수익 증대 효과 + 1회당 브랜드 가치 증대 효과

- 1회당 광고비는 20만원으로 고정되어 있다.

$$1년\ 광고횟수 = \frac{1년\ 광고비}{1회당\ 광고비}$$

- 1년 광고비는 3,000만원(고정값)에서 1년 계약금을 뺀 금액이다.

1년 광고비 = 3,000만원 − 1년 계약금

※ 광고는 TV를 통해서만 1년 내에 모두 방송됨.

① 지후　② 문희　③ 석이

④ 서현　⑤ 슬이

기출 14' 5급㉯-A 난이도 ●●○

131 다음 〈표〉는 11개 전통 건축물에 대해 조사한 자료이다. 이에 대한 〈보고서〉의 설명 중 옳은 것만을 모두 고르면?

〈표〉 11개 전통 건축물의 공포양식과 주요 구조물 치수

(단위: 척)

명칭	현 소재지	공포 양식	기둥 지름	처마 서까래 지름	부연	
					폭	높이
숭례문	서울	다포	1.80	0.60	0.40	0.50
관덕정	제주	익공	1.50	0.50	0.25	0.30
봉정사 화엄강당	경북	주심포	1.50	0.55	0.40	0.50
문묘 대성전	서울	다포	1.75	0.55	0.35	0.45
창덕궁 인정전	서울	다포	2.00	0.70	0.40	0.60
남원 광한루	전북	익공	1.40	0.60	0.55	0.55
화엄사 각황전	전남	다포	1.82	0.70	0.50	0.60
창의문	서울	익공	1.40	0.50	0.30	0.40
장곡사 상대웅전	충남	주심포	1.60	0.60	0.40	0.60
무량사 극락전	충남	다포	2.20	0.80	0.35	0.50
덕수궁 중화전	서울	다포	1.70	0.70	0.40	0.50

보고서

문화재연구소는 11개 전통 건축물의 공포양식과 기둥 지름, 처마서까래 지름, 그리고 부연의 치수를 조사하였다. 건축물 유형은 궁궐, 사찰, 성문, 누각 등으로 구분된다.

ㄱ 11개 전통 건축물을 공포양식별로 구분하면 다포양식 6개, 주심포양식 2개, 익공양식 3개이다. 건축물의 현 소재지는 서울이 5곳으로 가장 많다.

ㄴ 11개 전통 건축물의 기둥 지름은 최소 1.40척, 최대 2.00척이고, 처마서까래 지름은 최소 0.50척, 최대 0.80척이다. 각 건축물의 기둥 지름 대비 처마서까래 지름 비율은 0.30보다 크고 0.50보다 작다.

ㄷ 11개 전통 건축물의 부연은 폭이 최소 0.25척, 최대 0.55척이고 높이는 최소 0.30척, 최대 0.60척으로, 모든 건축물의 부연은 높이가 폭보다 크다.

ㄹ 기둥 지름 대비 부연 폭의 비율은 0.15보다 크고 0.40보다 작다.

① ㄱ, ㄴ ② ㄱ, ㄹ ③ ㄴ, ㄷ
④ ㄱ, ㄷ, ㄹ ⑤ ㄴ, ㄷ, ㄹ

기출 14' 5급[민]-A 난이도 ●●●

132 다음 〈표〉는 농산물을 유전자 변형한 GMO 품목 가운데 전세계에서 승인받은 200개 품목의 현황에 관한 자료이다. 이에 대한 설명으로 옳은 것은?

〈표〉 승인받은 GMO 품목 현황

(단위: 개)

구분	승인 국가 수	전세계 승인 품목			국내 승인 품목		
		합	A유형	B유형	합	A유형	B유형
콩	21	20	18	2	11	9	2
옥수수	22	72	32	40	51	19	32
면화	14	35	25	10	18	9	9
유채	11	22	19	3	6	6	0
사탕무	13	3	3	0	1	1	0
감자	8	21	21	0	4	4	0
알팔파	8	3	3	0	1	1	0
쌀	10	4	4	0	0	0	0
아마	2	1	1	0	0	0	0
자두	1	1	1	0	0	0	0
치커리	1	3	3	0	0	0	0
토마토	4	11	11	0	0	0	0
파파야	3	2	2	0	0	0	0
호박	2	2	2	0	0	0	0

※ 전세계 승인 품목은 국내 승인 품목을 포함함.

① 승인 품목이 하나 이상인 국가는 모두 120개이다.

② 국내에서 92개, 국외에서 108개 품목이 각각 승인되었다.

③ 전세계 승인 품목 중 국내에서 승인되지 않은 품목의 비율은 50% 이상이다.

④ 옥수수, 면화의 국내 승인 품목은 각각 B유형이 A유형보다 많다.

⑤ 옥수수, 면화, 감자의 전세계 승인 품목은 각각 B유형이 20개 이상이다.

133 다음 〈그림〉은 2012~2013년 16개 기업(A~P)의 평균연봉 순위와 평균연봉비에 관한 자료이다. 이에 대한 〈보기〉의 설명 중 옳은 것만을 모두 고르면?

〈그림〉 16개 기업 평균연봉 순위와 평균연봉비

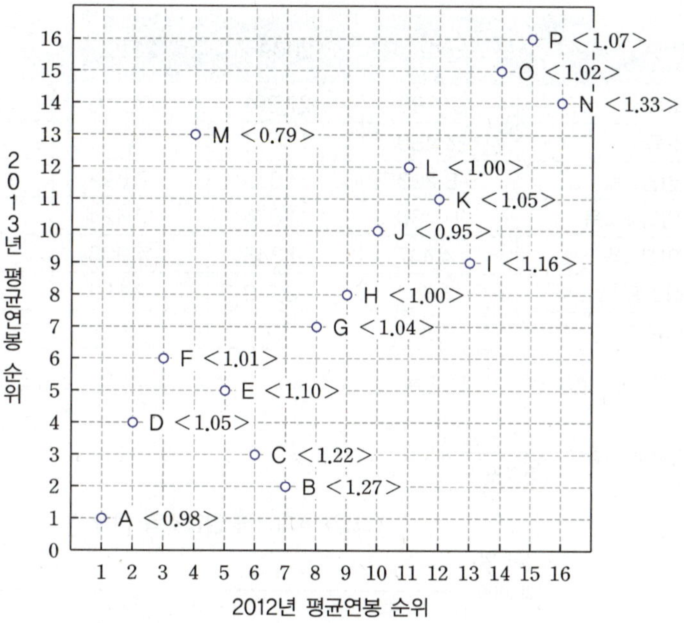

※ 1) 〈 〉 안의 수치는 해당기업의 평균연봉비를 나타냄.

$$\text{평균연봉비} = \frac{\text{2013년 평균연봉}}{\text{2012년 평균연봉}}$$

2) 점의 좌표는 해당기업의 2012년과 2013년 평균연봉 순위를 의미함.

보기

ㄱ. 2012년에 비해 2013년 평균연봉 순위가 상승한 기업은 7개이다.

ㄴ. 2012년 대비 2013년 평균연봉 순위 하락폭이 가장 큰 기업은 평균연봉 감소율도 가장 크다.

ㄷ. 2012년 대비 2013년 평균연봉 순위 상승폭이 가장 큰 기업은 평균연봉 증가율도 가장 크다.

ㄹ. 2012년에 비해 2013년 평균연봉이 감소한 기업은 모두 평균연봉 순위도 하락하였다.

ㅁ. 2012년 평균연봉 순위 10위 이내 기업은 모두 2013년에도 10위 이내에 있다.

① ㄱ, ㄴ ② ㄱ, ㄷ ③ ㄱ, ㄴ, ㅁ
④ ㄴ, ㄷ, ㄹ ⑤ ㄷ, ㄹ, ㅁ

기출 14' 5급㉻-A 난이도 ●●●

134 다음 〈표〉와 〈그림〉은 2008~2012년 A지역의 임가소득 현황을 나타낸 자료이다. 이에 대한 〈보기〉의 설명 중 옳은 것만을 모두 고르면?

〈표〉 A지역의 임가소득 현황

(단위: 천원, %)

구분 \ 연도		2008	2009	2010	2011	2012
임가소득		27,288	27,391	27,678	28,471	29,609
경상소득		24,436	( )	( )	25,803	26,898
	임업소득	8,203	7,655	7,699	8,055	8,487
	임업외소득	11,786	11,876	12,424	12,317	13,185
	이전소득	4,447	4,348	4,903	5,431	5,226
비경상소득		2,852	3,512	2,652	2,668	2,711
임업의존도		30.1	27.9	27.8	( )	( )

※ 1) 임가소득 = 경상소득 + 비경상소득　　2) 경상소득 = 임업소득 + 임업외소득 + 이전소득

3) 임업의존도(%) = $\frac{\text{임업소득}}{\text{임가소득}} \times 100$

〈그림〉 A지역의 임업소득 현황

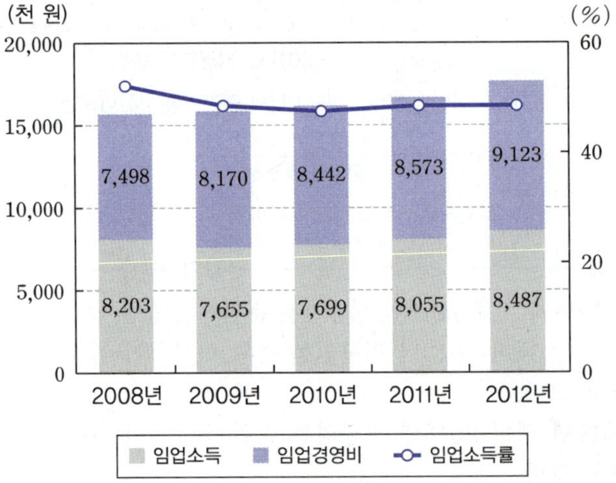

※ 1) 임업소득 = 임업총수입 − 임업경영비　　2) 임업소득률(%) = $\frac{\text{임업소득}}{\text{임업총수입}} \times 100$

보기

ㄱ. 임업소득률이 50% 이상인 연도는 2008년뿐이다.
ㄴ. 임업의존도는 2008년부터 2010년까지 매년 감소하다가 이후 매년 증가한다.
ㄷ. 2012년 임업총수입의 전년대비 증가율은 5% 이하이다.
ㄹ. 경상소득은 2008년부터 2012년까지 매년 증가한다.

① ㄱ, ㄴ　　② ㄱ, ㄹ　　③ ㄴ, ㄷ
④ ㄱ, ㄴ, ㄹ　　⑤ ㄴ, ㄷ, ㄹ

기출 14' 5급㉧-A 난이도 ●●●

135 다음 〈표〉는 조선시대 지역별·시기별 시장 수에 관한 자료이다. 이에 대한 〈보기〉의 설명 중 옳은 것만을 모두 고르면?

〈표〉 조선시대 지역별·시기별 시장 수

(단위: 개)

지역 \ 시기	읍수	1770년	1809년	1830년	1908년
경기도	34	101	102	93	102
충청도	53	157	157	158	162
전라도	53	216	214	188	216
경상도	71	276	276	268	283
황해도	23	82	82	109	82
평안도	42	134	134	143	134
강원도	26	68	68	51	68
함경도	14	28	28	42	28
전국	316	1,062	1,061	1,052	1,075

※ 읍 수는 시기에 따라 변동이 없고, 시장은 읍에만 있다고 가정함.

보기

ㄱ. 1770년 대비 1908년의 시장 수 증가율이 가장 큰 지역은 경상도이다.
ㄴ. 각 지역별로 시장 수를 살펴보면 3개 이상의 시기에서 시장 수가 같은 지역은 4곳이다.
ㄷ. 시기별 시장 수 하위 5개 지역의 시장 수 합은 해당 시기 전체 시장 수의 50% 미만이다.
ㄹ. 1830년 각 지역의 읍당 시장 수를 살펴보면 함경도의 읍당 시장 수는 다섯번째로 많다.

① ㄱ, ㄹ　② ㄴ, ㄷ　③ ㄴ, ㄹ
④ ㄱ, ㄴ, ㄷ　⑤ ㄴ, ㄷ, ㄹ

기출 15' 5급㉻-인 | 난이도 ●●○

136 다음 〈표〉는 '가' 대학 2013학년도 2학기 경영정보학과의 강좌별 성적분포를 나타낸 것이다. 이에 대한 〈보기〉의 설명 중 옳은 것만을 모두 고르면?

〈표〉 2013학년도 2학기 경영정보학과의 강좌별 성적분포

(단위: 명)

분야	강좌	담당 교수	교과목명	A+	A0	B+	B0	C+	C0	D+	D0	F	수강 인원
전공기초	DBA-01	이성재	경영정보론	3	6	7	6	3	2	0	0	0	27
	DBA-02	이민부	경영정보론	16	2	29	0	15	0	0	0	0	62
	DBA-03	정상훈	경영정보론	9	9	17	13	8	10	0	0	0	66
	DEA-01	황욱태	회계학원론	8	6	16	4	9	6	0	0	0	49
전공심화	MIC-01	이향옥	JAVA 프로그래밍	4	2	6	5	2	0	2	0	4	25
	MIG-01	김신재	e-비즈니스 경영	13	0	21	1	7	3	0	0	1	46
	MIH-01	황욱태	IT거버넌스	4	4	7	7	6	0	1	0	0	29
	MIO-01	김호재	CRM	14	0	23	8	2	0	2	0	0	49
	MIP-01	이민부	유비쿼터스 컴퓨팅	14	5	15	2	6	0	0	0	0	42
	MIZ-01	정상훈	정보보안관리	8	8	15	9	2	0	0	0	0	42
	MSB-01	이성재	의사결정 시스템	2	1	4	1	3	2	0	0	1	14
	MSD-01	김신재	프로젝트관리	3	3	6	4	1	1	0	1	0	19
	MSX-01	우희준	소셜네트워크 서비스	9	7	32	7	0	0	0	0	0	55

보기

ㄱ. A(A+, A0)를 받은 학생 수가 가장 많은 강좌는 전공심화 분야에 속한다.
ㄴ. 전공기초 분야의 강좌당 수강인원은 전공심화 분야의 강좌당 수강인원보다 많다.
ㄷ. 각 강좌별 수강인원 중 A+를 받은 학생의 비율이 가장 낮은 강좌는 황욱태 교수의 강좌이다.
ㄹ. 전공기초 분야에 속하는 각 강좌에서는 A(A+, A0)를 받은 학생 수가 C(C+, C0)를 받은 학생 수보다 많다.

① ㄱ, ㄴ　② ㄱ, ㄷ　③ ㄱ, ㄹ
④ ㄴ, ㄹ　⑤ ㄷ, ㄹ

137 다음 〈표〉와 〈그림〉은 2008~2011년 연도별 노인돌봄종합서비스 이용 및 매출 현황을 나타낸 자료이다. 이에 대한 설명으로 옳지 않은 것은?

〈표 1〉 연도별 전국 노인돌봄종합서비스 이용 현황

구분 \ 연도	2008	2009	2010	2011
이용횟수(건)	104,712	88,794	229,100	253,211
이용자수(명)	11,159	8,421	25,482	28,108
이용시간(시간)	313,989	272,423	775,986	777,718

〈그림〉 연도별 전국 노인돌봄종합서비스 매출 현황

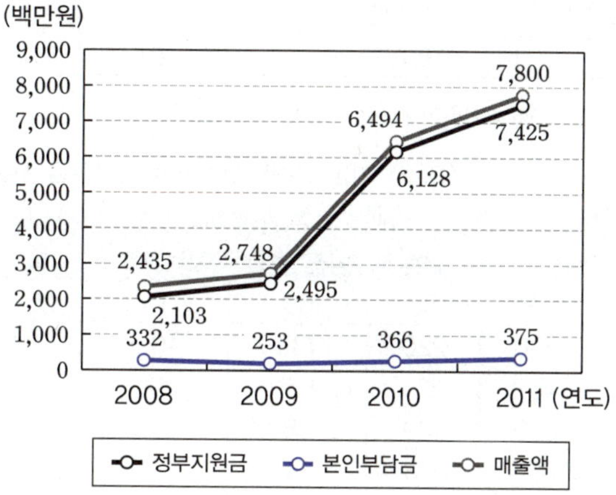

※ 매출액 = 정부지원금 + 본인부담금

〈표 2〉 연도별 7대 도시 노인돌봄종합서비스 이용자수

(단위: 명)

도시 \ 연도	2008	2009	2010	2011
서울	1,570	2,071	2,626	2,488
부산	1,010	1,295	2,312	2,305
대구	513	960	1,191	1,276
인천	269	624	873	1,017
대전	290	389	777	813
광주	577	530	796	785
울산	150	162	327	415
계	4,379	6,031	8,902	9,099

① 전국 노인돌봄종합서비스의 이용자수 대비 이용횟수가 가장 높은 연도는 2009년이다.
② 전국 노인돌봄종합서비스 매출액에서 본인부담금이 차지하는 비중은 매년 감소하였다.
③ 2008년 서울과 부산의 노인돌봄종합서비스 이용자수 합은 2008년 7대 도시 노인돌봄종합서비스 이용자수 합의 절반 이상이다.
④ 전국 노인돌봄종합서비스의 이용시간 당 매출액은 매년 증가하였다.
⑤ 2010년 7대 도시 중 노인돌봄종합서비스 이용자수의 전년대비 증가율이 가장 큰 도시는 울산이다.

기출 15' 5급[행]-인 난이도 ●●○

138 다음 〈표〉는 25~54세 기혼 비취업여성 현황과 기혼여성의 경력단절 사유에 관한 자료이다. 이를 이용하여 작성한 그래프로 옳지 않은 것은?

〈표 1〉 연령대별 기혼 비취업여성 현황

(단위: 천명)

연령대	기혼 여성	기혼 비취업여성	실업자	비경제활동 인구
25~29세	570	306	11	295
30~34세	1,403	763	20	743
35~39세	1,818	862	23	839
40~44세	1,989	687	28	659
45~49세	2,010	673	25	648
50~54세	1,983	727	20	707
계	9,773	4,018	127	3,891

※ 기혼여성은 취업여성과 비취업여성으로 분류됨.

〈표 2〉 기혼 경력단절여성의 경력단절 사유 분포

(단위: 천명)

연령대	개인·가족 관련 이유					육아	가사	합
		결혼	임신·출산	자녀교육	기타			
25~29세	179	85	68	1	25	58	9	246
30~34세	430	220	137	10	63	189	21	640
35~39세	457	224	107	29	97	168	55	680
40~44세	339	149	38	24	128	71	74	484
45~49세	322	113	14	12	183	32	80	434
50~54세	323	88	10	7	218	20	78	421
계	2,050	879	374	83	714	538	317	2,905

※ 1) 기혼 경력단절여성은 기혼 비취업여성 중에서 개인·가족 관련 이유, 육아, 가사 등의 이유로 인해 직장을 그만둔 상태에 있는 여성임.
2) 경력단절 사유에 복수로 응답한 경우는 없음.

① 연령대별 기혼여성 중 경제활동인구

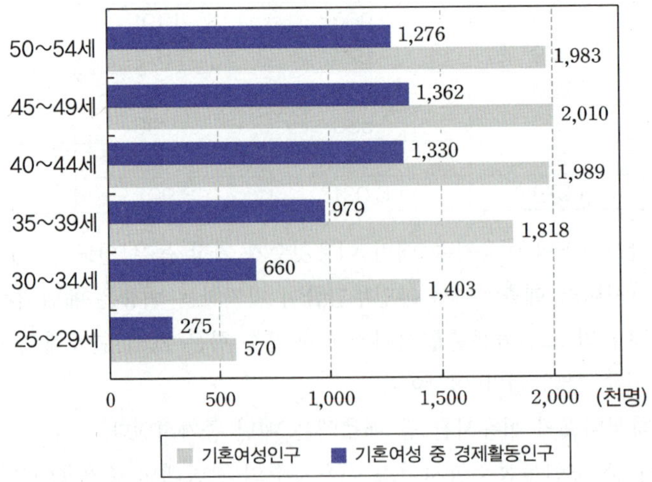

※ 경제활동인구 = 취업자 + 실업자

② 연령대별 기혼여성 중 비취업여성과 경력단절여성

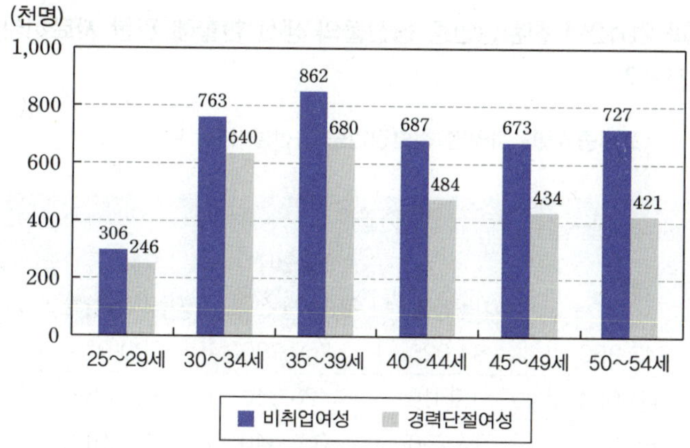

③ 25~54세 기혼 취업여성의 연령대 구성비

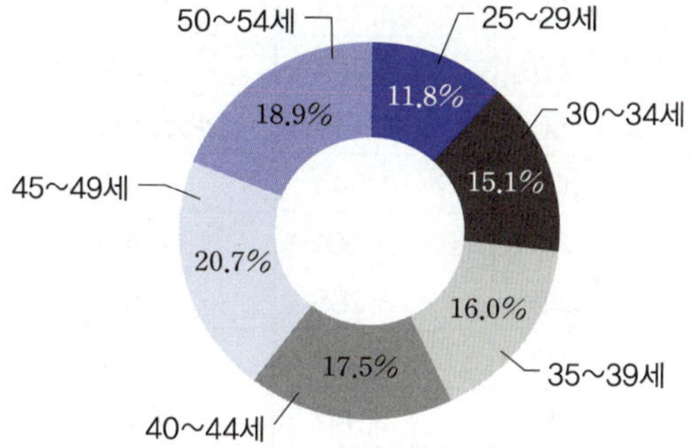

④ 30~39세 기혼 경력단절여성의 경력단절 사유 분포

(단위: 천명)

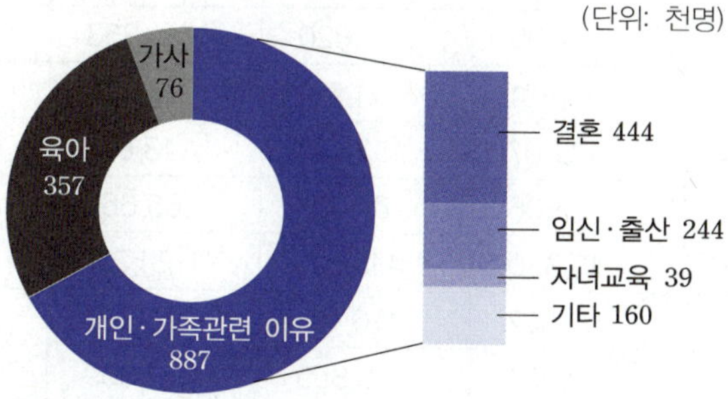

⑤ 25~54세 기혼 경력단절여성의 연령대 구성비

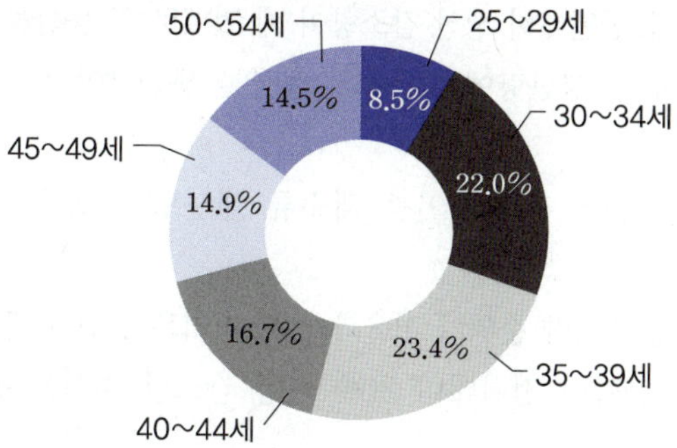

기출 15' 5급㉻-인 난이도 ●●●

139 다음 <표>는 2011년과 2012년 친환경인증 농산물의 생산 현황에 관한 자료이다. 이에 대한 설명으로 옳지 않은 것은?

<표> 종류별, 지역별 친환경인증 농산물 생산 현황

(단위: 톤)

구분		2012년				2011년
		합	인증형태			
			유기농산물	무농약농산물	저농약농산물	
종류	곡류	343,380	54,025	269,280	20,075	371,055
	과실류	341,054	9,116	26,850	305,088	457,794
	채소류	585,004	74,750	351,340	158,914	753,524
	서류	41,782	9,023	30,157	2,602	59,407
	특용작물	163,762	6,782	155,434	1,546	190,069
	기타	23,253	14,560	8,452	241	20,392
	계	1,498,235	168,256	841,513	488,466	1,852,241
지역	서울	1,746	106	1,544	96	1,938
	부산	4,040	48	1,501	2,491	6,913
	대구	13,835	749	3,285	9,801	13,852
	인천	7,663	1,093	6,488	82	7,282
	광주	5,946	144	3,947	1,855	7,474
	대전	1,521	195	855	471	1,550
	울산	10,859	408	5,142	5,309	13,792
	세종	1,377	198	826	353	0
	경기도	109,294	13,891	71,521	23,882	126,209
	강원도	83,584	17,097	52,810	13,677	68,300
	충청도	159,495	29,506	64,327	65,662	207,753
	전라도	611,468	43,330	443,921	124,217	922,641
	경상도	467,259	52,567	176,491	238,201	457,598
	제주도	20,148	8,924	8,855	2,369	16,939
	계	1,498,235	168,256	841,513	488,466	1,852,241

① 2012년 친환경인증 농산물 종류 중 전년대비 생산 감소량이 세 번째로 큰 농산물은 곡류이다.

② 2012년 친환경인증 농산물의 종류별 생산량에서 무농약 농산물 생산량이 차지하는 비중은 서류가 곡류보다 크다.

③ 2012년 전라도와 경상도에서 생산된 친환경인증 채소류 생산량의 합은 적어도 16만 톤 이상이다.

④ 2012년 각 지역내에서 인증형태별 생산량 순위가 서울과 같은 지역은 인천과 강원도 뿐이다.

⑤ 2012년 친환경인증 농산물의 생산량이 전년대비 30% 이상 감소한 지역은 총 2곳이다.

기출 15' 5급㉻-인 난이도 ●●○

140 다음 〈표〉는 2011~2013년 개인정보분쟁조정위원회에 접수된 개인정보에 대한 분쟁사건 접수유형 및 조정결정 현황에 관한 자료이다. 이에 대한 설명으로 옳지 않은 것은?

〈표 1〉 개인정보에 대한 분쟁사건의 접수유형 구성비

(단위: %)

접수유형 \ 연도	2011	2012	2013
이용자 동의 없는 개인정보수집	9.52	11.89	12.14
과도한 개인정보수집	0.79	0.70	2.89
목적 외 이용 및 제3자 제공	15.08	49.65	24.86
개인정보취급자에 의한 훼손·침해·누설	3.17	1.40	2.31
개인정보보호 기술적·관리적 조치 미비	57.14	13.29	15.03
수집 또는 제공받은 목적 달성 후 개인정보 미파기	3.97	6.99	7.51
열람·정정·삭제 또는 처리정지요구 불응	1.59	0.70	7.51
동의철회·열람·정정을 수집보다 쉽게 해야 할 조치 미이행	0.00	0.70	0.58
개인정보·사생활침해 일반	3.17	3.50	1.73
기타	5.57	11.18	25.44

※ 주어진 값은 소수점 아래 셋째 자리에서 반올림한 값임.

〈표 2〉 개인정보에 대한 분쟁사건 조정결정 현황

(단위: 건)

조정결정 \ 연도			2011	2012	2013
조정 전 합의			21	32	40
위원회 분쟁조정	인용결정	조정성립	30	29	14
		조정불성립	19	15	10
	기각결정		55	20	8
	각하결정		1	47	101
계			126	143	173

※ 조정결정은 접수된 분쟁사건만을 대상으로 하며, 접수된 모든 분쟁사건은 당해년도에 조정결정이 이루어짐.

① '목적 외 이용 및 제3자 제공' 건수는 2012년이 2013년의 2배 이하이다.
② '기타'를 제외한 접수유형 중 '이용자 동의 없는 개인정보수집' 건수는 매년 세 번째로 많다.
③ '위원회 분쟁조정' 대비 '인용결정' 건수의 비율은 매년 하락하였다.
④ 2011년 '인용결정' 대비 '조정불성립' 건수의 비율은 2012년 '위원회 분쟁조정' 대비 '각하결정' 건수의 비율보다 낮다.
⑤ '조정 전 합의' 건수가 분쟁사건 조정결정에서 차지하는 비율은 '목적 외 이용 및 제3자 제공'이 접수유형에서 차지하는 비율보다 매년 낮다.

기출 12' 5급[민]-인 난이도 ●●●

141 다음 〈그림〉은 2008~2011년 외국기업의 국내 투자 현황에 대한 자료이다. 이에 대한 설명 중 옳은 것은?

〈그림 1〉 외국기업 국내 투자건수의 산업별 비율

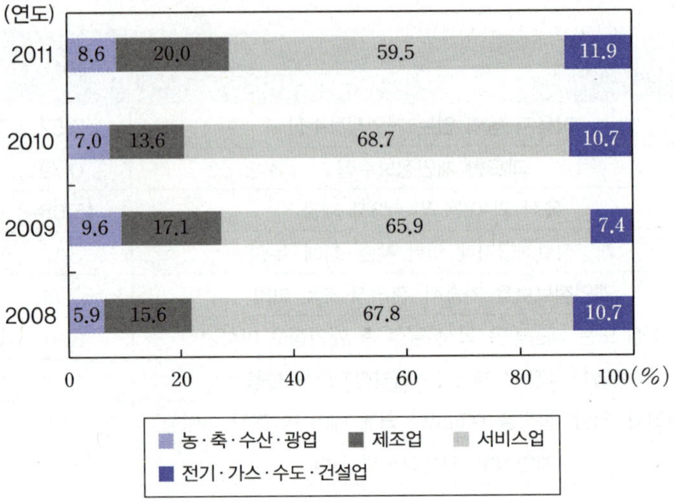

※ 비율은 소수점 아래 둘째자리에서 반올림한 값임.

〈그림 2〉 외국기업의 국내 서비스업 투자건수 및 총투자금액

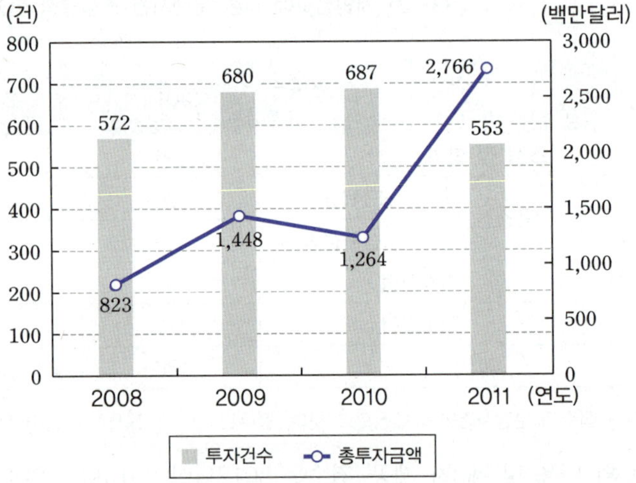

① 외국기업 국내 투자건수는 2010년이 2009년보다 적다.
② 2008년 외국기업의 국내 농·축·수산·광업에 대한 투자건수는 60건 이상이다.
③ 외국기업 국내 투자건수 중 제조업이 차지하는 비율은 매년 증가하였다.
④ 외국기업 국내 투자건수 중 각 산업이 차지하는 비율의 순위는 매년 동일하다.
⑤ 외국기업의 국내 서비스업 투자건당 투자금액은 매년 증가하였다.

기출 12' 5급[민]-인 난이도 ●●●

142 다음 〈그림〉은 A강의 지점별 폭－수심비의 변화를 나타낸 것이다. 이에 대한 〈보기〉의 설명 중 옳은 것을 모두 고르면?

〈그림〉 A강의 지점별 폭－수심비의 변화

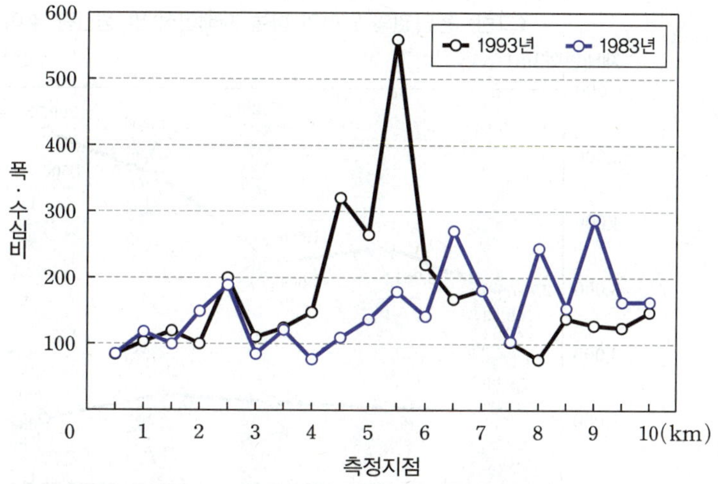

※ 폭－수심비는 전체 10 km 측정구간 중 하류지점부터 매 500m마다의 측정지점에서 폭과 수심을 측정하여 계산한 결과임.

보기

ㄱ. 1993년 폭－수심비 최댓값은 500보다 크다.
ㄴ. 1983년과 1993년의 폭－수심비 차이가 가장 큰 측정지점은 6.5km 지점이다.
ㄷ. 1983년 폭－수심비 최댓값과 최솟값의 차이는 300보다 크다.

① ㄱ　② ㄴ　③ ㄱ, ㄷ
④ ㄴ, ㄷ　⑤ ㄱ, ㄴ, ㄷ

기출 13' 5급[민]-인 | 난이도 ●●○

143 다음 〈그림〉은 2006~2010년 동남권의 양파와 마늘 재배면적 및 생산량 추이를 나타낸 것이고, 〈표〉는 2010년, 2011년 동남권의 양파와 마늘 재배면적의 지역별 분포를 나타낸 것이다. 이에 대한 설명으로 옳은 것은?

〈그림〉 동남권의 양파와 마늘 재배면적 및 생산량 추이

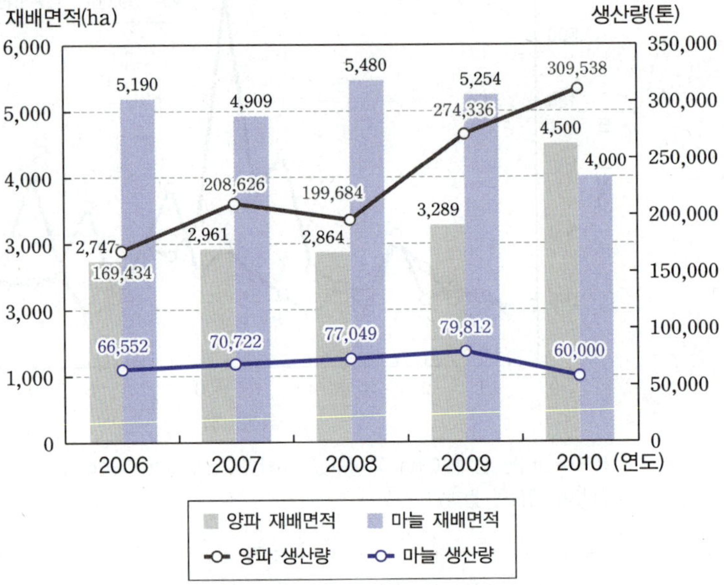

〈표〉 동남권의 양파와 마늘 재배면적의 지역별 분포

(단위: ha)

재배작물	지역	연도	
		2010	2011
양파	부산	56	40
	울산	( )	( )
	경남	4,100	4,900
	소계	( )	5,100
마늘	부산	24	29
	울산	42	66
	경남	3,934	4,905
	소계	4,000	5,000

※ 동남권은 부산, 울산, 경남으로만 구성됨.

① 2006~2010년 동안 동남권의 마늘 생산량은 매년 증가하였다.

② 2006~2010년 동안 동남권의 단위 재배면적당 양파 생산량은 매년 증가하였다.

③ 2011년 울산의 양파 재배면적은 전년에 비해 증가하였다.

④ 2006~2011년 동안 동남권의 마늘 재배면적은 양파 재배면적보다 매년 크다.

⑤ 2011년 동남권의 단위 재배면적당 마늘 생산량이 2010년과 동일하다면 2011년 동남권의 마늘 생산량은 75,000톤이다.

144 다음은 우리나라의 2011년 2월 출입국 현황에 대한 〈보고서〉이다. 다음 중 〈보고서〉의 작성에 사용되지 않은 자료는?

보고서

연평도 포격 사건 이후 안전에 대한 불안감, 구제역 등 악재의 영향이 계속되어 2011년 2월 외국인 입국자 수는 전년 동월 대비 약 4.4%의 낮은 증가에 그쳐 667,089명을 기록하였다. 한편 2011년 2월 국내 거주 외국인의 해외 출국자 수는 전년 동월에 비해 큰 변화가 없었다. 외국인의 입국 현황을 국가별로 살펴보면 태국, 말레이시아, 베트남 등으로부터의 입국자 수는 전년 동월 대비 증가하였으나, 대만으로부터의 입국자 수는 감소했다. 목적별로 살펴보면 승무원, 유학·연수, 기타 목적이 전년 동월 대비 각각 13.5%, 19.6%, 38.3% 증가하였으나, 업무와 관광 목적은 각각 2.3%, 3.5% 감소하였다. 또한 성별로는 남성이 335,215명, 여성은 331,874명이 입국하여 남녀 입국자 수는 비슷한 수준이었다.

① 연도별 2월 외국인 입국자 수

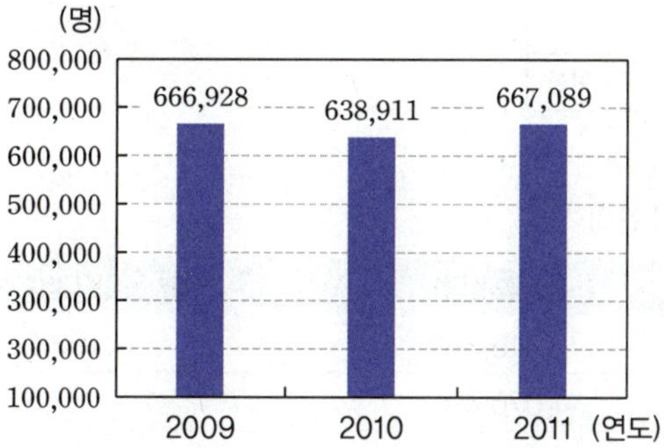

② 2011년 2월의 전년 동월 대비 국가별 외국인 입국자 수 증감률

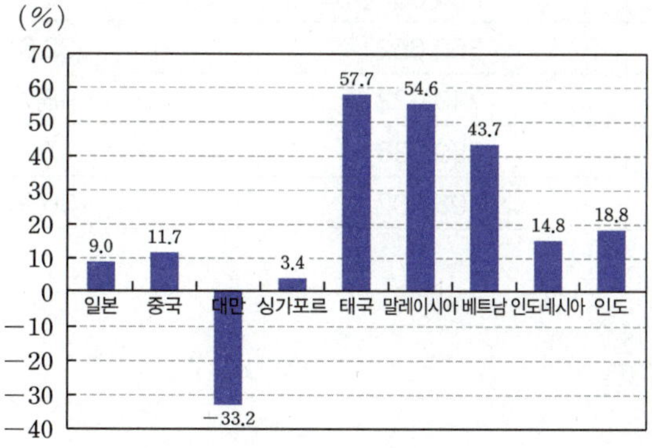

③ 2011년 2월 목적별 외국인 입국현황

입국목적	입국자(명)	전년 동월 대비 증감률(%)
관광	430,922	-3.5
업무	18,921	-2.3
유학·연수	42,644	19.6
승무원	70,118	13.5
기타	104,484	38.3

④ 2011년 2월 성별 외국인 입국자 수

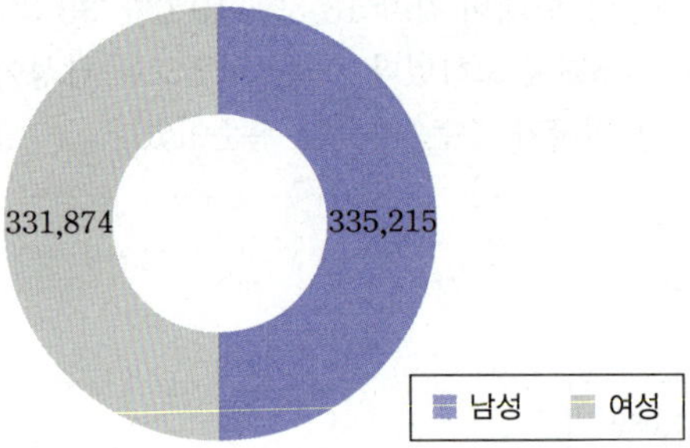

⑤ 2011년 2월 내국인의 해외 출국현황

방문국가	출국자(명)	전년 동월 대비 증감률(%)
일본	2,415,362	52.2
중국	4,076,400	27.5
대만	216,901	29.4
태국	815,970	32.0
말레이시아	264,052	16.2
싱가포르	360,652	32.6
필리핀	740,622	48.7
인도네시아	299,336	17.1
베트남	495,902	36.9

기출 15' 5급㉻-인 난이도 ●●●

145 다음 〈그림〉은 2003년과 2013년 대학 전체 학과수 대비 계열별 학과수 비율과 대학 전체 입학정원 대비 계열별 입학정원 비율을 나타낸 자료이다. 이에 대한 설명으로 옳은 것은?

〈그림 1〉 대학 전체 학과수 대비 계열별 학과수 비율

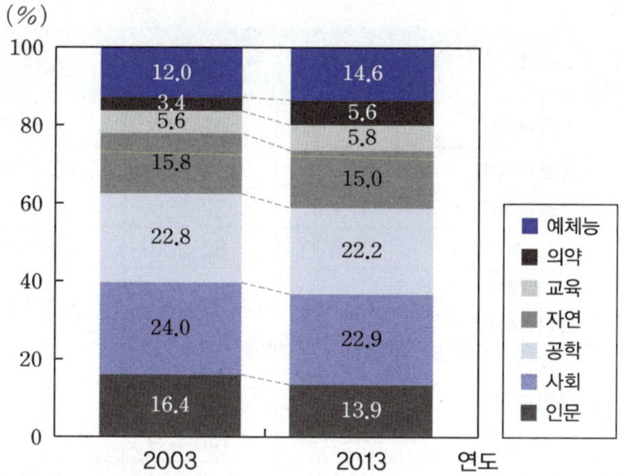

※ 대학 전체 학과수는 2003년 9,500개, 2013년 11,000개임.

〈그림 2〉 대학 전체 입학정원 대비 계열별 입학정원 비율

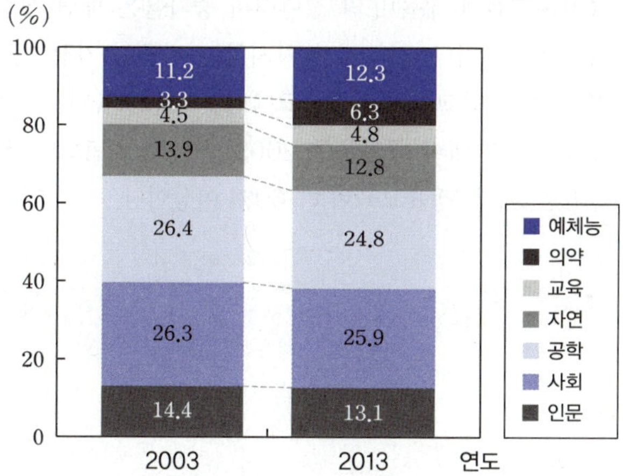

※ 대학 전체 입학정원은 2003년 327,000명, 2013년 341,000명임.

① 2013년 인문계열의 입학정원은 2003년 대비 5% 이상 감소하였다.

② 계열별 입학정원 순위는 2003년과 2013년에 동일하다.

③ 2003년 대비 2013년 학과수의 증가율이 가장 높은 계열은 예체능이다.

④ 2013년 예체능, 의약, 교육 계열 학과수는 2003년에 비해 각각 증가하였으나 나머지 계열의 학과수의 합계는 감소하였다.

⑤ 2003년과 2013년을 비교할 때, 계열별 학과수 비율의 증감방향과 계열별 입학정원 비율의 증감방향은 일치하지 않는다.

기출 15' 5급㉻-인 난이도 ●●○

146 다음 〈표〉는 2006~2010년 A국의 가구당 월평균 교육비 지출액에 대한 자료이다. 이에 대한 설명으로 옳은 것은?

〈표〉 연도별 가구당 월평균 교육비 지출액

(단위: 원)

유형 \ 연도		2006	2007	2008	2009	2010
정규 교육비	초등교육비	14,730	13,255	16,256	17,483	17,592
	중등교육비	16,399	20,187	22,809	22,880	22,627
	고등교육비	47,841	52,060	52,003	61,430	66,519
	소계	78,970	85,502	91,068	101,793	106,738
학원 교육비	학생 학원교육비	128,371	137,043	160,344	167,517	166,959
	성인 학원교육비	7,798	9,086	9,750	9,669	9,531
	소계	136,169	146,129	170,094	177,186	176,490
기타 교육비		7,203	9,031	9,960	10,839	13,574
전체 교육비		222,342	240,662	271,122	289,818	296,802

① 2007~2010년 '전체 교육비'의 전년대비 증가율은 매년 상승하였다.

② '전체 교육비'에서 '기타 교육비'가 차지하는 비중이 가장 큰 해는 2009년이다.

③ 2008~2010년 '초등교육비', '중등교육비', '고등교육비'는 각각 매년 증가하였다.

④ '학원교육비'의 전년대비 증가율은 2009년이 2008년보다 작다.

⑤ '고등교육비'는 매년 '정규교육비'의 60% 이상이다.

기출 16' 5급㉻-4 난이도 ●●○

147 다음 <그림>은 국내 7개 권역별 전국 대비 면적, 인구, 산업 생산액 비중 현황을 나타낸 것이다. 이를 토대로 <보기>에 제시된 각 항목의 값이 두 번째로 큰 권역을 바르게 나열한 것은?

<그림> 권역별 전국 대비 면적, 인구, 산업 생산액 비중 현황

(단위: %)

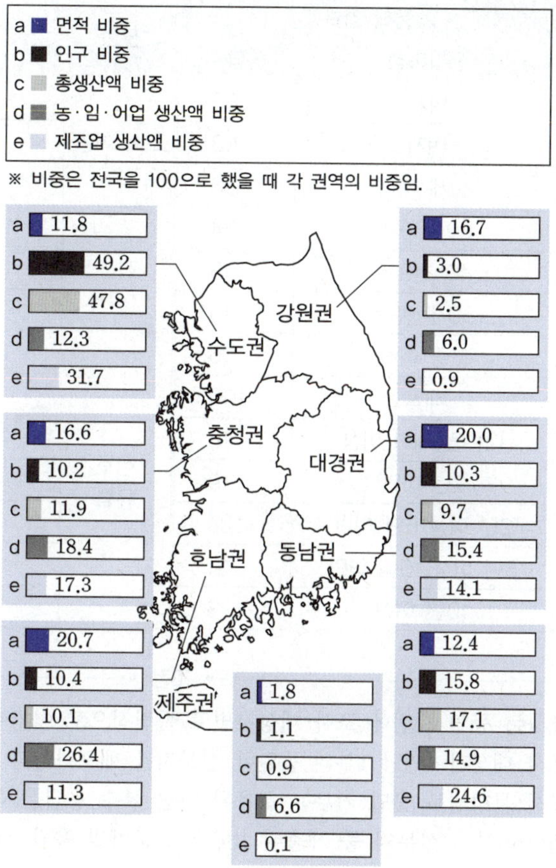

보기

ㄱ. 면적 대비 총생산액

ㄴ. 면적 대비 농·임·어업 생산액

ㄷ. 인구 대비 제조업 생산액

	ㄱ	ㄴ	ㄷ
①	충청권	동남권	동남권
②	충청권	호남권	대경권
③	동남권	동남권	대경권
④	동남권	호남권	대경권
⑤	동남권	호남권	동남권

기출 16' 5급㉻-4 | 난이도 ●●●

148 다음 〈표〉는 A지역 공무원 150명을 대상으로 설문조사를 실시한 뒤, 제출된 설문지의 문항별 응답 결과를 정리한 것이다. 〈표〉와 〈조건〉을 적용한 〈보기〉의 설명 중 옳은 것만을 모두 고르면?

〈표〉 설문지 문항별 응답 결과

(단위: 명)

문항	응답 결과		문항	응답 결과	
	응답속성	응답수		응답속성	응답수
성	남자	63	소속 기관	고용센터	71
	여자	63		시청	3
연령	29세 이하	13		고용노동청	41
	30~39세	54	직급	5급 이상	4
	40~49세	43		6~7급	28
	50세 이상	15		8~9급	44
학력	고졸 이하	6	직무 유형	취업지원	34
	대졸	100		고용지원	28
	대학원 재학 이상	18		기업지원	27
근무 기간	2년 미만	19		실업급여 상담	14
	2년 이상 5년 미만	24		외국인 채용	8
	5년 이상 10년 미만	21		기획 총괄	5
	10년 이상	23		기타	8

조건

- 설문조사는 동일 시점에 조사 대상자별로 독립적으로 이루어졌다.
- 설문조사 대상자 1인당 1부의 동일한 설문지를 배포하였다.
- 설문조사 문항별로 응답 거부는 허용된 반면 복수 응답은 허용되지 않았다.
- 배포된 150부의 설문지 중 제출된 130부로 문항별 응답 결과를 정리하였다.

보기

ㄱ. 배포된 설문지 중 제출된 설문지 비율은 85% 이상이다.

ㄴ. 전체 설문조사 대상자의 학력 분포에서 '고졸 이하'의 비율이 가장 낮다.

ㄷ. 제출된 설문지의 문항별 응답률은 '직무유형'이 '소속기관'보다 높다.

ㄹ. '직급' 문항 응답자 중 '8~9급' 비율은 '근무기간' 문항 응답자 중 5년 이상이라고 응답한 비율보다 높다.

① ㄱ, ㄴ　② ㄱ, ㄹ　③ ㄴ, ㄷ

④ ㄱ, ㄷ, ㄹ　⑤ ㄴ, ㄷ, ㄹ

149 다음 〈표〉는 품목별 한우의 2015년 10월 평균가격, 전월, 전년 동월, 직전 3개년 동월 평균가격을 제시한 자료이다. 이에 대한 설명으로 옳은 것은?

〈표〉 품목별 한우 평균가격(2015년 10월 기준)

(단위: 원/kg)

품목		2015년 10월 평균가격	전월 평균가격	전년 동월 평균가격	직전 3개년 동월 평균가격
구분	등급				
거세우	1등급	17,895	18,922	14,683	14,199
	2등급	16,534	17,369	13,612	12,647
	3등급	14,166	14,205	12,034	10,350
비거세우	1등급	18,022	18,917	15,059	15,022
	2등급	16,957	16,990	13,222	12,879
	3등급	14,560	14,344	11,693	10,528

※ 1) 거세우, 비거세우의 등급은 1등급, 2등급, 3등급만 있음.
2) 품목은 구분과 등급의 조합임. 예를 들어, 구분이 거세우이고 등급이 1등급이면 품목은 거세우 1등급임.

① 거세우 각 등급에서의 2015년 10월 평균가격이 비거세우 같은 등급의 2015년 10월 평균가격보다 모두 높다.

② 모든 품목에서 전월 평균가격은 2015년 10월 평균가격보다 높다.

③ 2015년 10월 평균가격, 전월 평균가격, 전년 동월 평균가격, 직전 3개년 동월 평균가격은 비거세우 1등급이 다른 모든 품목에 비해 높다.

④ 직전 3개년 동월 평균가격 대비 전년 동월 평균가격의 증가폭이 가장 큰 품목은 거세우 2등급이다.

⑤ 전년 동월 평균가격 대비 2015년 10월 평균가격 증감률이 가장 큰 품목은 비거세우 2등급이다.

150 다음 〈그림〉은 2013년과 2014년 침해유형별 개인정보 침해경험을 설문조사한 결과이다. 이에 대한 설명으로 옳은 것은?

〈그림〉 침해유형별 개인정보 침해경험 설문조사 결과

(단위: %)

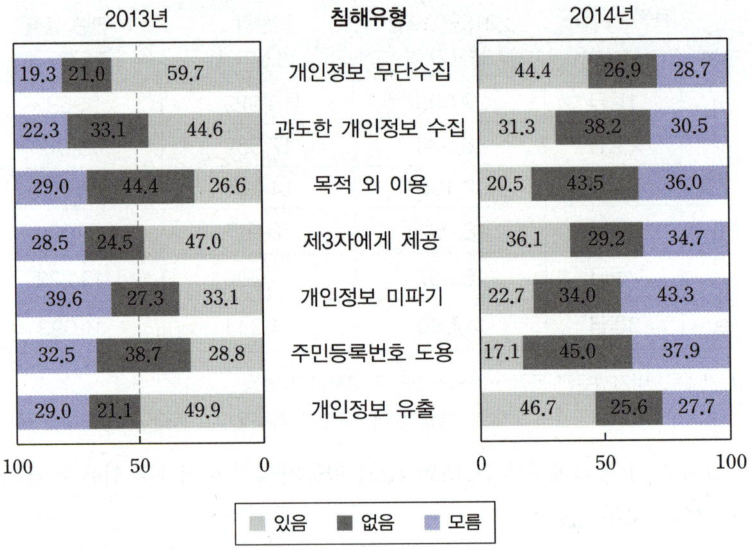

① '있음'으로 응답한 비율이 큰 침해유형부터 순서대로 나열하면 2013년과 2014년의 순서는 동일하다.

② 2014년 '개인정보 무단수집'을 '있음'으로 응답한 비율은 '개인정보 미파기'를 '있음'으로 응답한 비율의 2배 이상이다.

③ 2014년 '있음'으로 응답한 비율의 전년대비 감소폭이 가장 큰 침해유형은 '과도한 개인정보 수집'이다.

④ 2014년 '모름'으로 응답한 비율은 모든 침해유형에서 전년대비 증가하였다.

⑤ 2014년 '있음'으로 응답한 비율의 전년대비 감소율이 가장 큰 침해유형은 '주민등록번호 도용'이다.

Day 12 Self Check List

	오답 수	무응답 수	풀이시간(분)
1회독	/ 30	/ 30	/ 60(분)
2회독	/ 30	/ 30	/ 50(분)
3회독	/ 30	/ 30	/ 35(분)

독끝 심화 13일차 (151~180)

정답 및 해설 403p

난이도별 구성

- ●○○ 5문항
- ●●○ 20문항
- ●●● 5문항

본 문항은 PSAT 자료해석 영역 기출 문항으로 구성되며, 기출 표기에 따른 시험 종류는 아래와 같습니다. (표기 상 맨 끝은 '책형' 입니다.)
[민] - 민간경력자 일괄채용시험 / [행] - 공개경쟁채용시험(행정)

13일차 계산연습(고급)

Set ❶

소금이 많은 순위를 적어보세요.

	소금물(g)	농도(%)	소금이 많은 순위
(1)	91	44	→
(2)	63	78	→
(3)	58	40	→
(4)	47	78	→
(5)	56	67	→

Set ❷

속력이 빠른 순위를 적어보세요.

	거리(km)	시간(min)	빠른 순위
(1)	67	24	→
(2)	36	76	→
(3)	49	58	→
(4)	34	53	→
(5)	95	50	→

Set ❸

각 사각형에 들어있는 숫자의 평균이 큰 순위

	사각형	평균 큰 순위
(1)	46, 44, 84	
(2)	84, 14, 68, 89	
(3)	40, 38, 67, 12	
(4)	66, 28, 53	
(5)	69, 73, 81, 57	

Set ❹

다음 4개년 자료에 대한 각 질문에 응답하세요.

연도	A	B	C	D	합계
2021	299	750	102	601	1752
2020	379	205	674	443	
2019	423	435	121	221	
2018	491	348	436	152	1427

(1) 2019년도 A의 비중은?
(2) 2020년도 B의 비중은?
(3) A~D 합계가 가장 큰 연도는?
(4) C의 2018 대비 2020년 증감률은?
(5) D의 2019 대비 2021년 증감률은?

	Set ❶	Set ❷	Set ❸	Set ❹
(1)	2	1	3	35.3%
(2)	1	5	2	12.1%
(3)	5	3	5	2021년
(4)	4	4	4	54.6%
(5)	3	2	1	171.9%

＊Set ❶ ~ ❹ 참고사항

- 농도(%) = 소금 / 소금물의 양 * 100
- 시간 = 거리 / 속력
- 연산결과는 소수 둘째자리에서 반올림 적용

	맞은 개수	풀이 시간
Set ❶	/ 5	(초)
Set ❷	/ 5	(초)
Set ❸	/ 5	(초)
Set ❹	/ 5	(초)
합계	/ 20	(초)

* 다음의 회독수 별 권장풀이시간에 맞춰 문제풀이 후, Day 13 끝의 [Self Check List]를 기입하여 부족한 부분을 파악하세요!

권장 풀이 시간

1회독 60 min　2회독 50 min　3회독 35 min

기출 13' 5급[민]-인 | 난이도 ●●○

151 다음 〈그림〉은 2011년 국내 원목 벌채와 이용의 흐름에 대한 자료이다. 이에 대한 설명으로 옳은 것은?

〈그림〉 2011년 국내 원목 벌채와 이용의 흐름

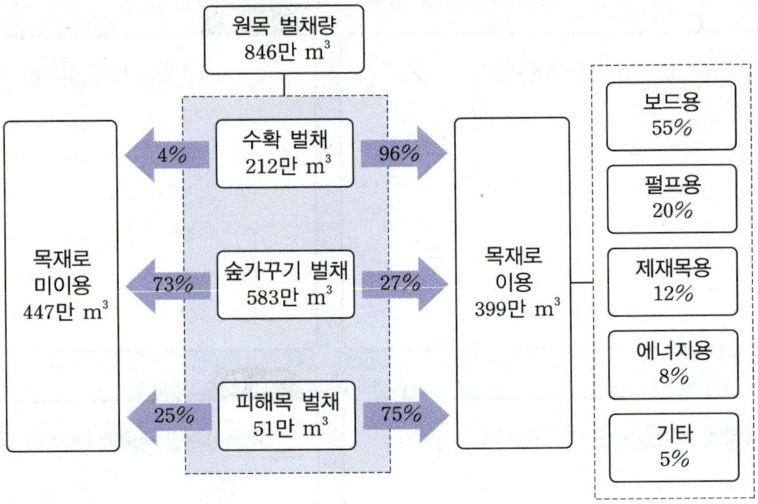

① 원목 벌채량 중 목재로 이용된 양이 목재로 미이용된 양보다 많았다.

② '숲가꾸기 벌채'로 얻은 원목이 목재로 이용된 원목에서 차지하는 비율이 가장 높았다.

③ 보드용으로 이용된 원목의 양은 200만m^3보다 적었다.

④ '수확 벌채'로 얻은 원목 중 적어도 일부는 보드용으로 이용되었다.

⑤ '피해목 벌채'로 얻은 원목 중 목재로 미이용된 양은 10만m^3보다 적었다.

기출 14' 5급(민)-A 난이도 ●○○

152 다음 〈그림〉은 2011년과 2012년 A대학 학생들의 10개 소셜미디어 이용률에 관한 설문조사 자료이다. 이에 대한 〈보기〉의 설명 중 옳은 것만을 모두 고르면?

〈그림〉 소셜미디어 이용률

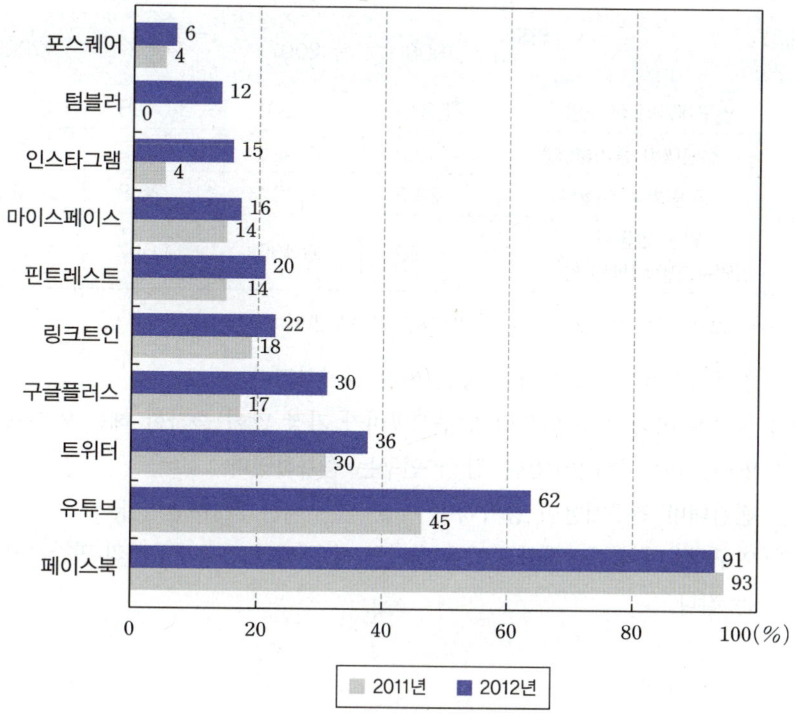

※ 1) 제시된 소셜미디어 외 다른 소셜미디어는 없는 것으로 가정함.
2) 각 소셜미디어 이용률은 전체 응답자 중 해당 소셜미디어를 이용한다고 응답한 학생의 비율임.

보기

ㄱ. 2011년과 2012년 모두 이용률이 가장 높은 소셜미디어는 페이스북이다.
ㄴ. 2012년 소셜미디어 이용률 상위 5개 순위는 2011년과 다르다.
ㄷ. 2011년에 비해 2012년 이용률이 가장 큰 폭으로 증가한 소셜미디어는 구글플러스이다.
ㄹ. 2011년에 비해 2012년 이용률이 감소한 소셜미디어는 1개이다.
ㅁ. 2011년 이용률이 50% 이상인 소셜미디어는 유튜브와 페이스북이다.

① ㄱ, ㄴ, ㄹ ② ㄱ, ㄴ, ㅁ ③ ㄱ, ㄷ, ㄹ
④ ㄴ, ㄷ, ㅁ ⑤ ㄷ, ㄹ, ㅁ

기출 14' 5급[민]-A 난이도 ●○○

153 다음 〈표〉는 2006~2010년 '갑'국 연구개발비에 관한 자료이다. 이에 대한 설명으로 옳은 것은?

〈표〉 연도별 연구개발비

구분 \ 연도		2006	2007	2008	2009	2010
연구개발비(십억원)		27,346	31,301	34,498	37,929	43,855
	전년대비 증가율(%)	13.2	14.5	10.2	9.9	15.6
	공공부담 비중(%)	24.3	26.1	26.8	28.7	28.0
인구 만명당 연구개발비(백만원)		5,662	6,460	7,097	7,781	8,452

※ 연구개발비 = 공공부담 연구개발비 + 민간부담 연구개발비

① 연구개발비의 공공부담 비중은 매년 증가하였다.

② 전년에 비해 인구 만명당 연구개발비가 가장 많이 증가한 해는 2010년이다.

③ 2009년에 비해 2010년 '갑'국 인구는 증가하였다.

④ 전년대비 연구개발비 증가액이 가장 작은 해는 2009년이다.

⑤ 연구개발비의 전년대비 증가율이 가장 작은 해와 연구개발비의 민간부담 비중이 가장 큰 해는 같다.

기출 18' 5급[민]-가 난이도 ●●●

154 다음 〈표〉는 물품 A~E의 가격에 대한 자료이다. 〈조건〉에 부합하는 (가), (나), (다)로 가능한 것은?

〈표〉 물품 A~E의 가격

(단위: 원/개)

물품	가격
A	24,000
B	(가)
C	(나)
D	(다)
E	16,000

조건

- '갑', '을', '병'의 배낭에 담긴 물품은 각각 다음과 같다.
  - 갑: B, C, D
  - 을: A, C
  - 병: B, D, E
- 배낭에는 해당 물품이 한 개씩만 담겨있다.
- 배낭에 담긴 물품 가격의 합이 높은 사람부터 순서대로 나열하면 '갑', '을', '병' 순이다.
- '병'의 배낭에 담긴 물품 가격의 합은 44,000원이다.

	(가)	(나)	(다)
①	11,000	23,000	14,000
②	12,000	14,000	16,000
③	12,000	19,000	16,000
④	13,000	19,000	15,000
⑤	13,000	23,000	15,000

기출 16' 5급㉻-4 난이도 ●●●

155 다음 〈표〉는 A국의 2008년과 2012년 의원 유형별, 정당별 전체 의원 및 여성 의원에 관한 자료이다. 이에 대한 〈보기〉의 설명 중 옳은 것만을 모두 고르면?

〈표 1〉 2008년 의원 유형별, 정당별 전체 의원 및 여성 의원

(단위: 명)

의원 유형	구분 \ 정당	가	나	다	라	기타	전체
비례대표 의원	전체 의원 수	44	38	16	20	70	188
	여성 의원 수	21	18	6	10	25	80
지역구 의원	전체 의원 수	230	209	50	51	362	902
	여성 의원 수	16	21	2	7	17	63

〈표 2〉 2012년 의원 유형별, 정당별 전체 의원 및 여성 의원

(단위: 명, %)

의원 유형	구분 \ 정당	가	나	다	라	기타	전체
비례대표 의원	전체 의원 수	34	42	18	17	74	185
	여성 의원 비율	41.2	54.8	27.8	35.3	40.5	42.2
지역구 의원	전체 의원 수	222	242	60	58	344	926
	여성 의원 비율	7.2	12.4	10.0	13.8	4.1	8.0

※ 1) 의원 유형은 비례대표의원과 지역구의원으로만 구성됨.
2) 비율은 소수점 둘째 자리에서 반올림한 값임.

보기

ㄱ. 2012년 A국 전체 의원 중 여성 의원의 비율은 15% 이하이다.
ㄴ. 2008년 정당별 지역구의원 중 여성 의원 비율은 '기타'를 제외하고 '라' 정당이 가장 높다.
ㄷ. 2008년 대비 2012년의 '가' 정당 여성 의원 비율은 비례대표의원 유형과 지역구의원 유형에서 모두 감소하였다.
ㄹ. 2008년 대비 2012년에 여성 지역구의원 수는 '가'~'라' 정당에서 모두 증가하였다.

① ㄱ, ㄴ ② ㄱ, ㄷ ③ ㄴ, ㄷ
④ ㄴ, ㄹ ⑤ ㄱ, ㄴ, ㄹ

기출 17' 5급㉻-가 | 난이도 ●●●

156 다음 <표>는 '갑'국 맥주 수출 현황에 관한 자료이다. <보고서>를 작성하기 위해 <표> 이외에 추가로 필요한 자료만을 <보기>에서 모두 고르면?

<표> 주요 국가에 대한 '갑'국 맥주 수출액 및 증가율

(단위: 천달러, %)

구분	2013년	전년 대비 증가율	2014년	전년 대비 증가율	2015년	전년 대비 증가율	2016년 상반기	전년 동기간 대비 증가율
맥주 수출 총액	72,251	6.5	73,191	1.3	84,462	15.4	48,011	3.7
일본	33,007	12.4	32,480	−1.6	35,134	8.2	19,017	0.8
중국	8,482	35.9	14,121	66.5	19,364	37.1	11,516	21.8
이라크	2,881	35.3	4,485	55.7	7,257	61.8	4,264	−15.9
싱가포르	8,641	21.0	3,966	−54.1	6,790	71.2	2,626	−31.3
미국	3,070	3.6	3,721	21.2	3,758	1.0	2,247	26.8
호주	3,044	4.2	3,290	8.1	2,676	−18.7	1,240	−25.1
타이	2,119	9.9	2,496	17.8	2,548	2.1	1,139	−12.5
몽골	5,465	−16.4	2,604	−52.4	1,682	−35.4	1,005	−27.5
필리핀	3,350	−49.9	2,606	−22.2	1,558	−40.2	2,257	124.5
러시아	740	2.4	886	19.7	771	−13.0	417	−10.6
말레이시아	174	144.0	710	308.0	663	−6.6	1,438	442.2
베트남	11	−	60	445.5	427	611.7	101	−57.5

보고서

중국으로의 수출 증가에 힘입어 2015년 '갑'국의 맥주 수출액이 맥주 수출을 시작한 1992년 이래 역대 최고치를 기록하였다. 또한 2016년 상반기도 역대 동기간 대비 최고치를 기록하고 있다. 2015년 맥주 수출 총액은 약 8천 4백만달러로 전년 대비 15.4% 증가하였다. 2013년 대비 2015년 맥주 수출 총액은 16.9% 증가하여, 같은 기간 '갑'국 전체 수출액이 5.9% 감소한 것에 비하면 주목할 만한 성과이다. 2016년 상반기 맥주 수출 총액은 약 4천 8백만달러로 전년 동기간 대비 3.7% 증가하였다.
2015년 '갑'국의 주요 맥주 수출국은 일본(41.6%), 중국(22.9%), 이라크(8.6%), 싱가포르(8.0%), 미국(4.4%) 순으로, 2012년부터 '갑'국의 맥주 수출액이 가장 큰 상대 국가는 일본이다. 2015년 일본으로의 맥주 수출액은 약 3천 5백만달러로 전년대비 8.2% 증가하였다. 특히 중국으로의 맥주 수출액은 2013년부터 2015년까지 매년 두 자릿수 증가율을 기록하여, 2014년부터 중국이 싱가포르를 제치고 '갑'국 맥주 수출 대상국 중 2위로 자리매김하였다. 또한, 베트남으로의 맥주 수출액은 2013년 대비 2015년에 약 39배로 증가하여 베트남이 새로운 맥주 수출 시장으로 부상하고 있다.

보기

ㄱ. 1992~2012년 연도별 '갑'국의 연간 맥주 수출 총액
ㄴ. 1992~2015년 연도별 '갑'국의 상반기 맥주 수출액
ㄷ. 2015년 상반기 '갑'국의 국가별 맥주 수출액
ㄹ. 2013~2015년 연도별 '갑'국의 전체 수출액

① ㄱ, ㄴ ② ㄱ, ㄷ ③ ㄴ, ㄹ
④ ㄱ, ㄴ, ㄹ ⑤ ㄴ, ㄷ, ㄹ

기출 17' 5급㉻-가 난이도 ●○○

157 다음 〈표〉는 A국의 2000~2013년 알코올 관련 질환 사망자 수에 대한 자료이다. 이에 대한 설명으로 옳은 것은?

〈표〉 알코올 관련 질환 사망자 수

(단위: 명)

구분 / 연도	남성		여성		전체	
	사망자 수	인구 10만명당 사망자 수	사망자 수	인구 10만명당 사망자 수	사망자 수	인구 10만명당 사망자 수
2000	2,542	10.7	156	0.7	2,698	5.9
2001	2,870	11.9	199	0.8	3,069	6.3
2002	3,807	15.8	299	1.2	4,106	8.4
2003	4,400	18.2	340	1.4	4,740	9.8
2004	4,674	19.2	374	1.5	5,048	10.2
2005	4,289	17.6	387	1.6	4,676	9.6
2006	4,107	16.8	383	1.6	4,490	9.3
2007	4,305	17.5	396	1.6	4,701	9.5
2008	4,243	17.1	400	1.6	4,643	9.3
2009	4,010	16.1	420	1.7	4,430	8.9
2010	4,111	16.5	424	1.7	( )	9.1
2011	3,996	15.9	497	2.0	4,493	9.0
2012	4,075	16.2	474	1.9	( )	9.1
2013	3,955	15.6	521	2.1	4,476	8.9

※ 인구 10만명당 사망자 수는 소수점 아래 둘째 자리에서 반올림한 값임.

① 2010년과 2012년의 전체 사망자 수는 같다.

② 여성 사망자 수는 매년 증가한다.

③ 매년 남성 인구 10만명당 사망자 수는 여성 인구 10만명당 사망자 수의 8배 이상이다.

④ 남성 인구 10만명당 사망자 수가 가장 많은 해의 전년대비 남성 사망자 수 증가율은 5% 이상이다.

⑤ 전체 사망자 수의 전년대비 증가율은 2001년이 2003년보다 높다.

기출 20' 5급㉻-나 난이도 ●●○

158 다음 〈표〉는 2014~2018년 '갑'국의 전력단가와 에너지원별 평균정산단가에 관한 자료이다. 이에 대한 〈보기〉의 설명 중 옳은 것만을 모두 고르면?

〈표 1〉 2014~2018년 전력단가

(단위: 원/kWh)

월 \ 연도	2014	2015	2016	2017	2018
1	143.16	140.76	90.77	86.31	92.23
2	153.63	121.33	87.62	91.07	90.75
3	163.40	118.35	87.31	92.06	101.47
4	151.09	103.72	75.38	75.35	90.91
5	144.61	96.62	68.78	79.14	87.64
6	136.35	84.54	65.31	82.71	89.79
7	142.72	81.99	67.06	76.79	87.27
8	128.60	88.59	71.73	76.40	91.02
9	131.44	90.98	71.55	73.21	92.87
10	132.22	98.34	73.48	72.84	102.36
11	133.78	94.93	75.04	81.48	105.11
12	144.10	95.46	86.93	90.77	109.95
평균	142.09	101.30	76.75	81.51	95.11

※ 1년을 봄(3, 4, 5월), 여름(6, 7, 8월), 가을(9, 10, 11월), 겨울(12, 1, 2월)의 4계절로 구분함.

〈표 2〉 2014~2018년 에너지원별 평균정산단가

(단위: 원/kWh)

에너지원 \ 연도	2014	2015	2016	2017	2018
원자력	54.70	62.69	67.91	60.68	62.10
유연탄	63.27	68.26	73.93	78.79	81.81
LNG	160.73	126.19	99.39	111.60	121.03
유류	220.78	149.85	109.15	165.45	179.43
양수	171.50	132.75	106.21	107.60	125.37

보기

ㄱ. 계절별 전력단가의 평균은 여름이 가을보다 매년 높다.
ㄴ. 2017년 대비 2018년 평균정산단가 증가율이 가장 높은 에너지원은 '양수'이다.
ㄷ. 전력단가 평균과 '유류' 평균정산단가의 연도별 증감방향은 같다.
ㄹ. 에너지원별 평균정산단가 순위는 매년 동일하다.

① ㄱ, ㄴ　② ㄴ, ㄷ　③ ㄷ, ㄹ
④ ㄱ, ㄴ, ㄹ　⑤ ㄱ, ㄷ, ㄹ

기출 17' 5급㉻-가 난이도 ●●○

159 다음 〈표〉는 2006~2012년 '갑'국의 문화재 국외반출 허가 및 전시 현황에 관한 자료이다. 이에 대한 설명으로 옳은 것은?

〈표〉 문화재 국외반출 허가 및 전시 현황

(단위: 건, 개)

연도	전시건수		국외반출 허가 문화재 수량		
	국가별 전시건수 (국가 : 건수)	계	지정문화재 (문화재 종류 : 개수)	비지정 문화재	계
2006	일본 : 6, 중국 : 1, 영국 : 1, 프랑스 : 1, 호주 : 1	10	국보 : 3, 보물 : 4, 시도지정문화재 : 1	796	804
2007	일본 : 10, 미국 : 5, 그리스 : 1, 체코 : 1, 중국 : 1	18	국보 : 18, 보물 : 3, 시도지정문화재 : 1	902	924
2008	일본 : 5, 미국 : 3, 벨기에 : 1, 영국 : 1	10	국보 : 5, 보물 : 10	315	330
2009	일본 : 9, 미국 : 8, 중국 : 3, 이탈리아 : 3, 프랑스 : 2, 영국 : 2, 독일 : 2, 포르투갈 : 1, 네덜란드 : 1, 체코 : 1, 러시아 : 1	33	국보 : 2, 보물 : 13	1,399	1,414
2010	일본 : 9, 미국 : 5, 영국 : 2, 러시아 : 2, 중국 : 1, 벨기에 : 1, 이탈리아 : 1, 프랑스 : 1, 스페인 : 1, 브라질 : 1	24	국보 : 3, 보물 : 11	1,311	1,325
2011	미국 : 3, 일본 : 2, 호주 : 2, 중국 : 1, 타이완 : 1	9	국보 : 4, 보물 : 12	733	749
2012	미국 : 6, 중국 : 5, 일본 : 5, 영국 : 2, 브라질 : 1, 독일 : 1, 러시아 : 1	21	국보 : 4, 보물 : 9	1,430	1,443

※ 1) 지정문화재는 국보, 보물, 시도지정문화재만으로 구성됨.
2) 동일년도에 두 번 이상 전시된 국외반출 허가 문화재는 없음.

① 연도별 국외반출 허가 문화재 수량 중 지정문화재 수량의 비중이 가장 큰 해는 2011년이다.
② 2007년 이후, 연도별 전시건수 중 미국 전시건수 비중이 가장 작은 해에는 프랑스에서도 전시가 있었다.
③ 국가별 전시건수의 합이 10건 이상인 국가는 일본, 미국, 영국이다.
④ 보물인 국외반출 허가 지정문화재의 수량이 가장 많은 해는 전시건 당 국외반출 허가 문화재 수량이 가장 많은 해와 동일하다.
⑤ 2009년 이후, 연도별 전시건수가 많을수록 국외반출 허가 문화재 수량도 많다.

기출 17' 5급㉻-가 | 난이도 ●●●

160 다음 <표>는 '갑'국의 4대 범죄 발생건수 및 검거건수에 대한 자료이다. 이에 대한 설명으로 옳지 않은 것은?

〈표 1〉 2009~2013년 4대 범죄 발생건수 및 검거건수

(단위: 건, 천명)

연도 \ 구분	발생건수	검거건수	총인구	인구 10만명당 발생건수
2009	15,693	14,492	49,194	31.9
2010	18,258	16,125	49,346	( )
2011	19,498	16,404	49,740	39.2
2012	19,670	16,630	50,051	39.3
2013	22,310	19,774	50,248	44.4

〈표 2〉 2013년 4대 범죄 유형별 발생건수 및 검거건수

(단위: 건)

범죄 유형 \ 구분	발생건수	검거건수
강도	5,753	5,481
살인	132	122
절도	14,778	12,525
방화	1,647	1,646
계	22,310	19,774

① 인구 10만명당 4대 범죄 발생건수는 매년 증가한다.

② 2010년 이후, 전년대비 4대 범죄 발생건수 증가율이 가장 낮은 연도와 전년대비 4대 범죄 검거건수 증가율이 가장 낮은 연도는 동일하다.

③ 2013년 발생건수 대비 검거건수 비율이 가장 낮은 범죄 유형의 발생건수는 해당 연도 4대 범죄 발생건수의 60% 이상이다.

④ 4대 범죄 발생건수 대비 검거건수 비율은 매년 80% 이상이다.

⑤ 2013년 강도와 살인 발생건수의 합이 4대 범죄 발생건수에서 차지하는 비율은 2013년 강도와 살인 검거건수의 합이 4대 범죄 검거건수에서 차지하는 비율보다 높다.

기출 14' 5급[민]-A 난이도 ●●○

161 다음 〈표〉는 2001~2012년 '갑'국 식품산업 매출액 및 생산액 추이에 대한 자료이다. 이에 대한 〈보기〉의 설명 중 옳은 것만을 모두 고르면?

〈표〉 '갑'국 식품산업 매출액 및 생산액 추이

(단위: 십억원, %)

구분 / 연도	식품산업 매출액	식품산업 생산액	제조업 생산액 대비 식품산업 생산액 비중	GDP 대비 식품산업 생산액 비중
2001	30,781	27,685	17.98	4.25
2002	36,388	35,388	21.17	4.91
2003	23,909	21,046	11.96	2.74
2004	33,181	30,045	14.60	3.63
2005	33,335	29,579	13.84	3.42
2006	35,699	32,695	14.80	3.60
2007	37,366	33,148	13.89	3.40
2008	39,299	36,650	14.30	3.57
2009	44,441	40,408	15.16	3.79
2010	38,791	34,548	10.82	2.94
2011	44,448	40,318	11.58	3.26
2012	47,328	43,478	12.22	3.42

보기

ㄱ. 2012년 제조업 생산액은 2001년 제조업 생산액의 4배 이상이다.
ㄴ. 2005년 이후 식품산업 매출액의 전년대비 증가율이 가장 큰 해는 2009년이다.
ㄷ. GDP 대비 제조업 생산액 비중은 2012년이 2007년보다 크다.
ㄹ. 2008년 '갑'국 GDP는 1,000조원 이상이다.

① ㄱ, ㄴ ② ㄱ, ㄷ ③ ㄱ, ㄹ
④ ㄴ, ㄹ ⑤ ㄷ, ㄹ

기출 18' 5급㉥-가 난이도 ●●●

162 다음 〈그림〉은 아래 〈규칙〉에 따라 2에서 10까지의 서로 다른 자연수의 관계를 나타낸 것이다. 이 때 '가', '나', '다'에 해당하는 수의 합은?

그림

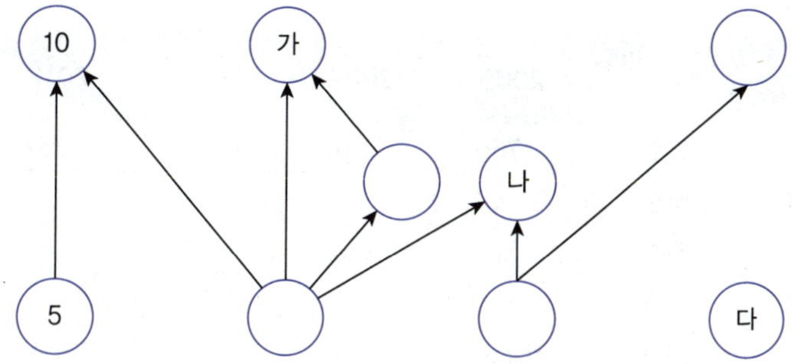

규칙

- 〈그림〉에서 2에서 10까지의 자연수는 ◯ 안에 한 개씩만 사용되고, 사용되지 않는 자연수는 없다.
- 2에서 10까지의 서로 다른 임의의 자연수 3개를 x, y, z라고 할 때,
  - (x) ⟶ (y)는 y가 x의 배수임을 나타낸다.
  - 화살표로 연결되지 않은 (z)는 z가 x, y와 약수나 배수 관계가 없음을 나타낸다.

① 20　　② 21　　③ 22

④ 23　　⑤ 24

기출 14' 5급[민]-A 난이도 ●●●

163 다음 〈표〉는 '갑'국의 2008~2013년 연도별 산업 신기술검증 현황에 대한 자료이다. 이에 대한 설명으로 옳은 것은?

〈표〉 산업 신기술검증 연간건수 및 연간비용

(단위: 건, 천만원)

구분	연도	2008	2009	2010	2011	2012	2013
서류검증	건수	755	691	( )	767	725	812
	비용	54	( )	57	41	102	68
현장검증	건수	576	650	630	691	( )	760
	비용	824	1,074	1,091	( )	2,546	1,609
전체	건수	1,331	1,341	1,395	1,458	1,577	1,572
	비용	878	1,134	1,148	1,745	2,648	( )

※ 신기술검증은 서류검증과 현장검증으로만 구분됨.

① 산업 신기술검증 전체비용은 매년 증가하였다.
② 서류검증 건수는 매년 현장검증 건수보다 많다.
③ 서류검증 건당 비용은 2008년에 가장 크다.
④ 전년에 비해 현장검증 비용이 감소한 연도는 2개이다.
⑤ 전년에 비해 현장검증 건수가 감소한 해에는 전년에 비해 서류검증 건수가 증가하였다.

기출 19' 5급[민]-가 | 난이도 ●●○

164 다음은 세계 및 국내 드론 산업 현황에 관한 〈보고서〉이다. 이를 작성하기 위해 사용하지 않은 자료는?

보고서

세계의 드론 산업 시장은 주로 미국과 유럽을 중심으로 형성되어 왔으나, 2013년과 비교하여 2018년에는 유럽 시장보다 오히려 아시아·태평양 시장의 점유율이 더 높아졌다.

2017년 국내 드론 활용 분야별 사업체수를 살펴보면, 농업과 콘텐츠 제작 분야의 사업체수가 전체의 80% 이상을 차지하였고, 사업체수의 전년 대비 증가율에 있어서는 교육 분야가 농업과 콘텐츠 제작 분야보다 각각 높았다. 2017년 국내 드론 활용 산업의 주요 관리 항목을 2013년 대비 증가율이 높은 항목부터 순서대로 나열하면, 조종자격 취득자수, 장치신고 대수, 드론 활용 사업체수 순이다.

우리나라는 성장 잠재력이 큰 드론 산업 육성을 위해 다양한 정책을 추진하고 있다. 특히 세계 최고 수준과의 기술 격차를 줄이기 위해 정부 R&D 예산 비중을 꾸준히 확대하고 있다. 2015~2017년 기술 분야별로 정부 R&D 예산 비중을 살펴보면, 기반기술과 응용서비스기술의 예산 비중의 합은 매년 65% 이상이다.

① 2016~2017년 국내 드론 활용 분야별 사업체수 현황

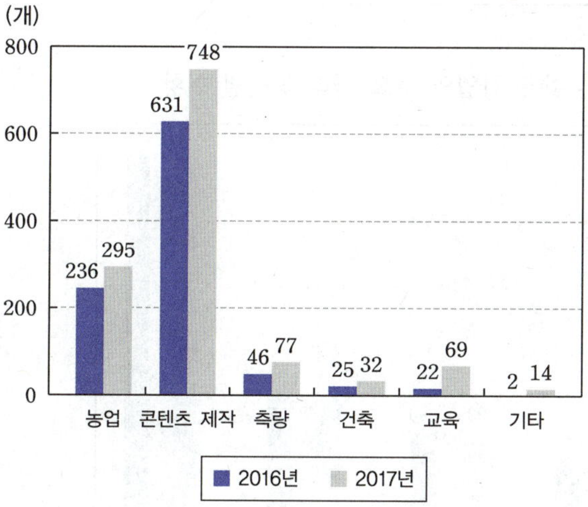

② 2013년과 2018년 세계 드론 시장 점유율 현황

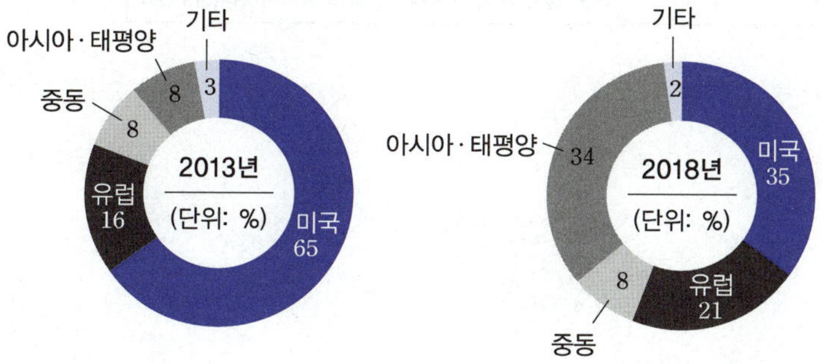

③ 2015~2017년 국내 드론 산업 관련 민간 R&D 기업규모별 투자 현황

(단위: 백만 원)

구분 \ 연도	2015	2016	2017
대기업	2,138	10,583	11,060
중견기업	4,122	3,769	1,280
중소기업	11,500	29,477	43,312

④ 2015~2017년 국내 드론 산업 관련 기술 분야별 정부 R&D 예산 비중 현황

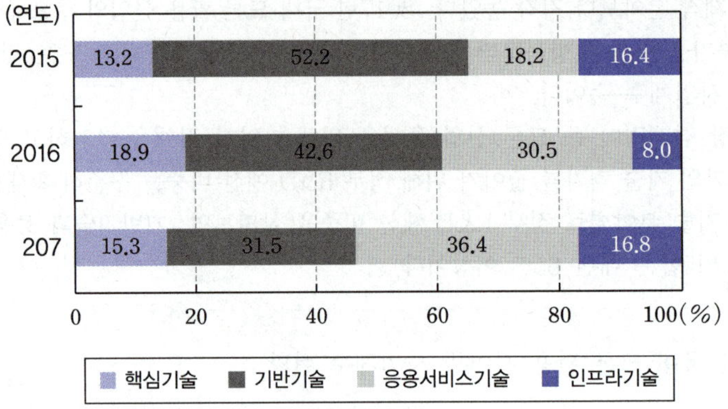

⑤ 2013~2017년 국내 드론 활용 산업의 주요 관리 항목별 현황

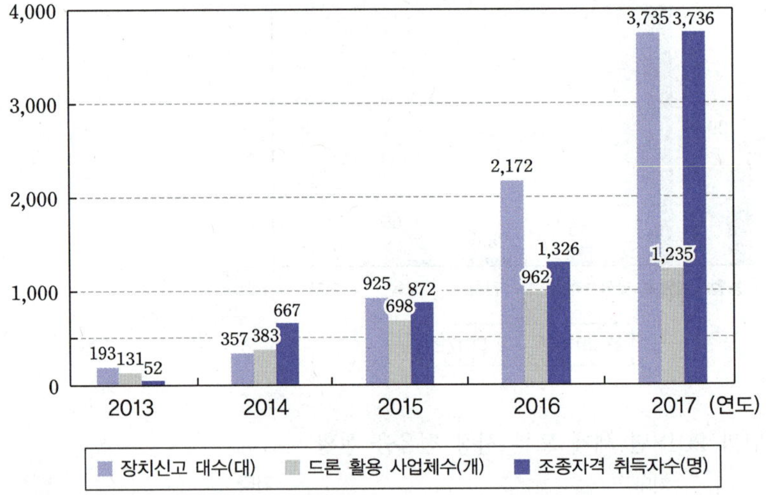

기출 17' 5급㉻-가 난이도 ●●○

165 다음 〈표〉와 〈그림〉은 2013년 '갑'국의 자동차 매출에 관한 자료이다. 이에 대한 설명으로 옳은 것은?

〈표〉 2013년 10월 월매출액 상위 10개 자동차의 매출 현황

(단위: 억원, %)

순위	자동차	월매출액		
			시장점유율	전월대비 증가율
1	A	1,139	34.3	60
2	B	1,097	33.0	40
3	C	285	8.6	50
4	D	196	5.9	50
5	E	154	4.6	40
6	F	149	4.5	20
7	G	138	4.2	50
8	H	40	1.2	30
9	I	30	0.9	150
10	J	27	0.8	40

※ 시장점유율(%) $= \frac{\text{해당 자동차 월매출액}}{\text{전체 자동차 월매출 총액}} \times 100$

〈그림〉 2013년 I 자동차 누적매출액

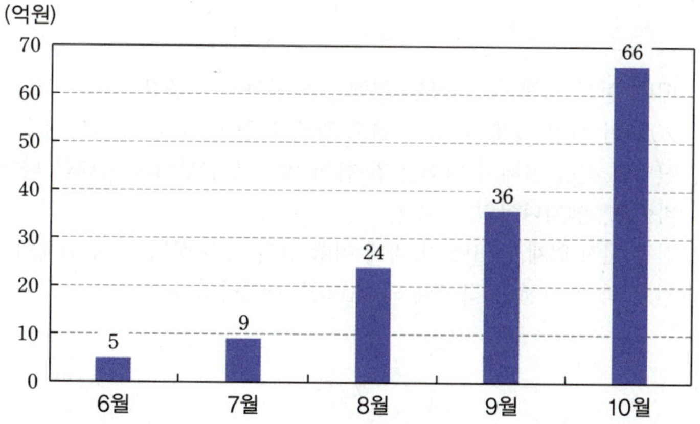

※ 월매출액은 해당 월 말에 집계됨.

① 2013년 9월 C 자동차의 월매출액은 200억원 이상이다.
② 2013년 10월 월매출액 상위 5개 자동차의 순위는 전월과 동일하다.
③ 2013년 6월부터 2013년 9월 중 I 자동차의 월매출액이 가장 큰 달은 9월이다.
④ 2013년 10월 월매출액 상위 5개 자동차의 10월 월매출액 기준 시장점유율은 80% 이하이다.
⑤ 2013년 10월 '갑'국의 전체 자동차 매출액 총액은 4,000억원 이하이다.

기출 17' 5급㉺-가 난이도 ●●○

166 **다음 〈표〉는 2013~2015년 기업역량개선사업에 선정된 업체와 선정 업체의 과제 이행 실적에 대한 자료이다. 이에 대한 〈보기〉의 설명 중 옳은 것만을 모두 고르면?**

〈표 1〉 산업별 선정 업체 수

(단위: 개)

연도 \ 산업	엔지니어링	바이오	디자인	미디어
2013	3	2	3	6
2014	2	2	2	6
2015	2	5	5	3

※ 기업역량개선사업은 2013년 시작되었고, 전 기간 동안 중복 선정된 업체는 없음.

〈표 2〉 선정 업체의 연도별 과제 이행 실적 건수

(단위: 건)

연도	2013	2014	2015	전체
과제 이행 실적	12	24	19	55

※ 선정 업체가 이행하는 과제 수에는 제한이 없음.

〈표 3〉 선정 업체의 3년 간(2013~2015년) 과제 이행 실적별 분포

(단위: 개)

과제 이행 실적	없음	1건	2건	3건	4건	5건	전체
업체 수	15	11	4	9	1	1	41

보기

ㄱ. 매년 선정 업체 중 디자인 업체가 차지하는 비중은 증가하였다.
ㄴ. 2013년 선정 업체 중 당해 연도 과제 이행 실적이 한 건도 없는 업체는 3개 이상이다.
ㄷ. 산업별 선정 업체 수의 3년 간 합이 많은 산업부터 순서대로 나열하면 미디어, 디자인, 바이오, 엔지니어링 순이다.
ㄹ. 전체 선정 업체 중 3년 간 과제 이행 실적 건수 상위 15개 업체의 과제 이행 실적 건수는 전체 과제 이행 실적 건수의 80%를 차지하였다.

① ㄱ, ㄴ ② ㄱ, ㄷ ③ ㄴ, ㄷ
④ ㄷ, ㄹ ⑤ ㄴ, ㄷ, ㄹ

기출 17' 5급㉻-가 | 난이도 ●●○

167 다음 〈그림〉은 2012~2015년 '갑'국 기업의 남성육아휴직제 시행 현황에 관한 자료이다. 이에 대한 설명으로 옳은 것은?

〈그림〉 남성육아휴직제 시행기업수 및 참여직원수

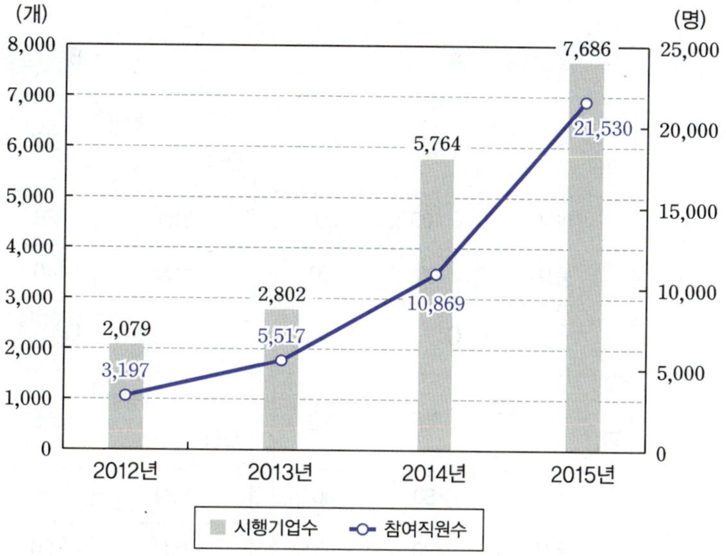

① 2013년 이후 전년보다 참여직원수가 가장 많이 증가한 해와 시행기업수가 가장 많이 증가한 해는 동일하다.

② 2015년 남성육아휴직제 참여직원수는 2012년의 7배 이상이다.

③ 시행기업당 참여직원수가 가장 많은 해는 2015년이다.

④ 2013년 대비 2015년 시행기업수의 증가율은 참여직원수의 증가율보다 높다.

⑤ 2012~2015년 참여직원수 연간 증가인원의 평균은 6,000명 이하이다.

기출 17' 5급㉧-가 난이도 ●●○

168 다음 〈표〉는 질병진단키트 A~D의 임상실험 결과 자료이다. 〈표〉와 〈정의〉에 근거하여 〈보기〉의 설명 중 옳은 것만을 모두 고르면?

〈표〉 질병진단키트 A~D의 임상실험 결과

(단위: 명)

A

판정 \ 질병	있음	없음
양성	100	20
음성	20	100

B

판정 \ 질병	있음	없음
양성	80	40
음성	40	80

C

판정 \ 질병	있음	없음
양성	80	30
음성	30	100

D

판정 \ 질병	있음	없음
양성	80	20
음성	20	120

※ 질병진단키트 당 피실험자 240명을 대상으로 임상실험한 결과임.

정의

- 민감도: 질병이 있는 피실험자 중 임상실험 결과에서 양성 판정된 피실험자의 비율
- 특이도: 질병이 없는 피실험자 중 임상실험 결과에서 음성 판정된 피실험자의 비율
- 양성 예측도: 임상실험 결과 양성 판정된 피실험자 중 질병이 있는 피실험자의 비율
- 음성 예측도: 임상실험 결과 음성 판정된 피실험자 중 질병이 없는 피실험자의 비율

보기

ㄱ. 민감도가 가장 높은 질병진단키트는 A이다.
ㄴ. 특이도가 가장 높은 질병진단키트는 B이다.
ㄷ. 질병진단키트 C의 민감도와 양성 예측도는 동일하다.
ㄹ. 질병진단키트 D의 양성 예측도와 음성 예측도는 동일하다.

① ㄱ, ㄴ　　② ㄱ, ㄷ　　③ ㄴ, ㄷ
④ ㄱ, ㄷ, ㄹ　　⑤ ㄴ, ㄷ, ㄹ

기출 17' 5급㉻-가 난이도 ●●○

169 다음 〈그림〉은 2013년 A~D국의 항목별 웰빙지수에 관한 자료이다. 이에 대한 설명으로 옳지 않은 것은?

〈그림〉 2013년 A~D국의 항목별 웰빙지수

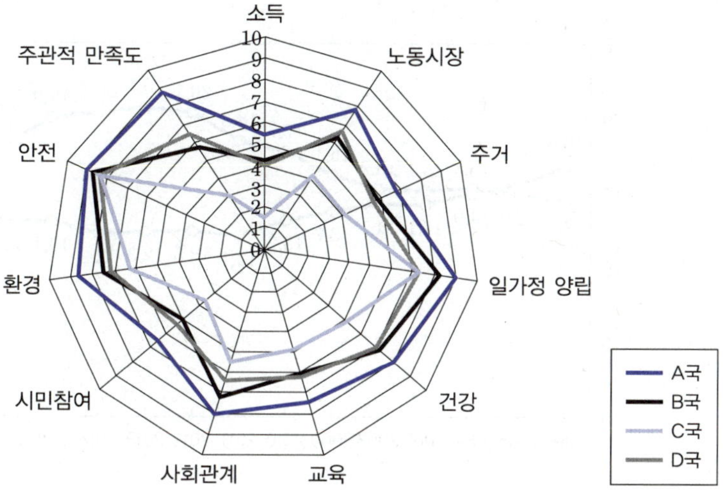

※ 1) 웰빙지수는 항목별로 0~10으로 표시되고, 숫자가 클수록 지수가 높으며, 그래프의 0~10 사이 간격은 균등함.

2) $\text{종합웰빙지수} = \frac{\text{각 항목 웰빙지수의 합}}{\text{전체 항목 수}}$

① A국의 종합웰빙지수는 7 이상이다.

② B국과 D국의 종합웰빙지수 차이는 1 미만이다.

③ D국의 웰빙지수가 B국보다 높은 항목의 수는 전체 항목 수의 50% 미만이다.

④ A국과 C국에서 웰빙지수가 가장 낮은 항목은 동일하다.

⑤ A국과 C국의 웰빙지수 차이가 가장 작은 항목과 B국과 D국의 웰빙지수 차이가 가장 작은 항목은 동일하다.

기출 18' 5급㉿-나 | 난이도 ●●○

170 다음 〈그림〉은 2004~2017년 '갑'국의 엥겔계수와 엔젤계수를 나타낸 자료이다. 이에 대한 설명으로 옳은 것은?

〈그림〉 2004~2017년 엥겔계수와 엔젤계수

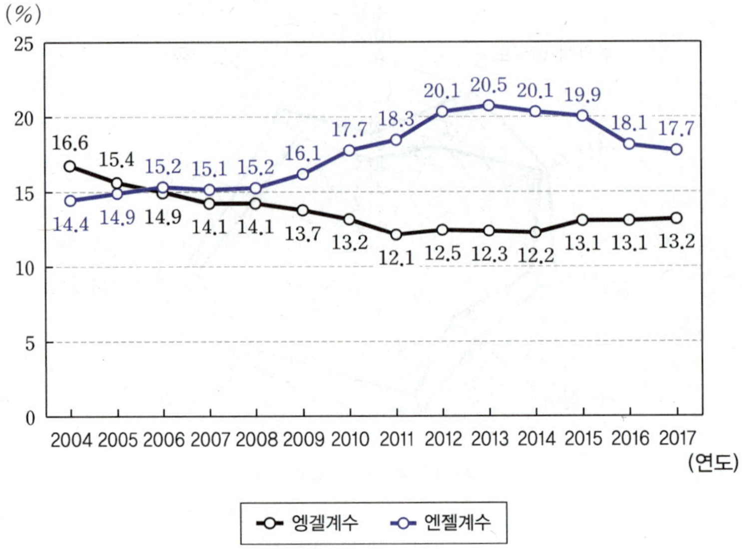

※ 1) 엥겔계수(%) $= \frac{\text{식료품비}}{\text{가계지출액}} \times 100$

2) 엔젤계수(%) $= \frac{\text{18세 미만 자녀에 대한 보육·교육비}}{\text{가계지출액}} \times 100$

3) 보육·교육비에는 식료품비가 포함되지 않음.

① 2008~2013년 동안 엔젤계수의 연간 상승폭은 매년 증가한다.

② 2004년 대비 2014년, 엥겔계수 하락폭은 엔젤계수 상승폭보다 크다.

③ 2006년 이후 매년 18세 미만 자녀에 대한 보육·교육비는 식료품비를 초과한다.

④ 2008~2012년 동안 매년 18세 미만 자녀에 대한 보육·교육비 대비 식료품비의 비율은 증가한다.

⑤ 엔젤계수는 가장 높은 해가 가장 낮은 해에 비해 7.0%p 이상 크다.

기출 14' 5급㉺-A | 난이도 ●●○

171 다음 〈표〉는 대학 졸업생과 산업체 고용주를 대상으로 12개 학습성과 항목별 보유도와 중요도를 설문조사한 자료이다. 이에 대한 설명으로 옳지 않은 것은?

〈표〉 학습성과 항목별 보유도 및 중요도 설문결과

학습성과 항목	대학 졸업생		산업체 고용주	
	보유도	중요도	보유도	중요도
기본지식	3.7	3.7	4.1	4.2
실험능력	3.7	4.1	3.7	4.0
설계능력	3.2	3.9	3.5	4.0
문제해결능력	3.3	3.0	3.3	3.8
실무능력	3.6	3.9	4.1	4.0
협업능력	3.3	3.9	3.7	4.0
의사전달능력	3.3	3.9	3.8	3.8
평생교육능력	3.5	3.4	3.3	3.3
사회적 영향	3.1	3.6	3.2	3.3
시사지식	2.6	3.1	3.0	2.5
직업윤리	3.1	3.3	4.0	4.1
국제적 감각	2.8	3.7	2.8	4.0

※ 1) 보유도는 대학 졸업생과 산업체 고용주가 각 학습성과 항목에 대해 대학 졸업생이 보유하고 있다고 생각하는 정도를 조사하여 평균한 값임.
2) 중요도는 대학 졸업생과 산업체 고용주가 각 학습성과 항목에 대해 중요하다고 생각하는 정도를 조사하여 평균한 값임.
3) 값이 클수록 보유도와 중요도가 높음.

① 대학 졸업생의 보유도와 중요도 간의 차이가 가장 큰 학습성과 항목과 산업체 고용주의 보유도와 중요도 간의 차이가 가장 큰 학습성과 항목은 모두 '국제적 감각'이다.
② 대학 졸업생 설문결과에서 중요도가 가장 높은 학습성과 항목은 '실험능력'이다.
③ 산업체 고용주 설문결과에서 중요도가 가장 높은 학습성과 항목은 '기본지식'이다.
④ 대학 졸업생 설문결과에서 보유도가 가장 낮은 학습성과 항목은 '시사지식'이다.
⑤ 학습성과 항목 각각에 대해 대학 졸업생 보유도와 산업체 고용주 보유도 차이를 구하면, 그 값이 가장 큰 학습성과 항목은 '실무능력'이다.

기출 13' 5급(민)-A 난이도 ●●○

172 **다음 〈표〉는 '갑'국의 2013년 11월 군인 소속별 1인당 월지급액에 대한 자료이다. 이에 대한 설명으로 옳지 않은 것은?**

〈표〉 2013년 11월 군인 소속별 1인당 월지급액

(단위: 원, %)

구분 \ 소속	육군	해군	공군	해병대
1인당 월지급액	105,000	120,000	125,000	100,000
군인수 비중	30	20	30	20

※ 1) '갑'국 군인의 소속은 육군, 해군, 공군, 해병대로만 구분됨.
2) 2013년 11월, 12월 '갑'국의 소속별 군인수는 변동 없음.

① 2013년 12월에 1인당 월지급액이 모두 동일한 액수만큼 증가한다면, 전월대비 1인당 월지급액 증가율은 해병대가 가장 높다.

② 2013년 12월에 1인당 월지급액이 해군 10%, 해병대 12% 증가한다면, 해군의 전월대비 월지급액 증가분은 해병대의 전월대비 월지급액 증가분과 같다.

③ 2013년 11월 '갑'국 전체 군인의 1인당 월지급액은 115,000원이다.

④ 2013년 11월 육군, 해군, 공군의 월지급액을 모두 합하면 해병대 월지급액의 4배 이상이다.

⑤ 2013년 11월 공군과 해병대의 월지급액 차이는 육군과 해군의 월지급액 차이의 2배 이상이다.

기출 15' 5급[민]-인 | 난이도 ●●○

173 다음 〈표〉는 A발전회사의 연도별 발전량 및 신재생에너지 공급 현황에 관한 자료이다. 이에 대한 〈보기〉의 설명 중 옳은 것만을 모두 고르면?

〈표〉 A발전회사의 연도별 발전량 및 신재생에너지 공급 현황

구분 \ 연도		2012	2013	2014
발전량(GWh)		55,000	51,000	52,000
신재생 에너지	공급의무율(%)	1.4	2.0	3.0
	자체공급량(GWh)	75	380	690
	인증서구입량(GWh)	15	70	160

※ 1) 공급의무율(%) = $\frac{\text{공급의무량}}{\text{발전량}} \times 100$

2) 이행량(GWh) = 자체공급량 + 인증서구입량

보기

ㄱ. 공급의무량은 매년 증가한다.
ㄴ. 2012년 대비 2014년 자체공급량의 증가율은 2012년 대비 2014년 인증서구입량의 증가율보다 작다.
ㄷ. 공급의무량과 이행량의 차이는 매년 증가한다.
ㄹ. 이행량에서 자체공급량이 차지하는 비중은 매년 감소한다.

① ㄱ, ㄴ　② ㄱ, ㄷ　③ ㄷ, ㄹ
④ ㄱ, ㄴ, ㄹ　⑤ ㄴ, ㄷ, ㄹ

기출 15' 5급[민]-인 난이도 ●●○

174 다음 〈표〉는 '가'국의 PC와 스마트폰 기반 웹 브라우저 이용에 대한 설문조사를 바탕으로, 2013년 10월~2014년 1월 동안 매월 이용률 상위 5종 웹 브라우저의 이용률 현황을 정리한 자료이다. 이에 대한 설명으로 옳은 것은?

〈표 1〉 PC 기반 웹 브라우저

(단위: %)

조사시기 / 웹 브라우저 종류	2013년			2014년
	10월	11월	12월	1월
인터넷 익스플로러	58.22	58.36	57.91	58.21
파이어폭스	17.70	17.54	17.22	17.35
크롬	16.42	16.44	17.35	17.02
사파리	5.84	5.90	5.82	5.78
오페라	1.42	1.39	1.33	1.28
상위 5종 전체	99.60	99.63	99.63	99.64

※ 무응답자는 없으며, 응답자는 1종의 웹 브라우저만을 이용한 것으로 응답함.

〈표 2〉 스마트폰 기반 웹 브라우저

(단위: %)

조사시기 / 웹 브라우저 종류	2013년			2014년
	10월	11월	12월	1월
사파리	55.88	55.61	54.82	54.97
안드로이드 기본 브라우저	23.45	25.22	25.43	23.49
크롬	6.85	8.33	9.70	10.87
오페라	6.91	4.81	4.15	4.51
인터넷 익스플로러	1.30	1.56	1.58	1.63
상위 5종 전체	94.39	95.53	95.68	95.47

※ 무응답자는 없으며, 응답자는 1종의 웹 브라우저만을 이용한 것으로 응답함.

① 2013년 10월 전체 설문조사 대상 스마트폰 기반 웹 브라우저는 10종 이상이다.
② 2014년 1월 이용률 상위 5종 웹 브라우저 중 PC 기반 이용률 순위와 스마트폰 기반 이용률 순위가 일치하는 웹 브라우저는 없다.
③ PC 기반 이용률 상위 5종 웹 브라우저의 이용률 순위는 매월 동일하다.
④ 스마트폰 기반 이용률 상위 5종 웹 브라우저 중 2013년 10월과 2014년 1월 이용률의 차이가 2%p 이상인 것은 크롬뿐이다.
⑤ 스마트폰 기반 이용률 상위 3종 웹 브라우저 이용률의 합은 매월 90% 이상이다.

기출 18' 5급㉻-나 난이도 ●●●

175 다음 〈표〉는 2017년 스노보드 빅에어 월드컵 결승전에 출전한 선수 '갑'~'정'의 심사위원별 점수에 관한 자료이다. 이에 대한 〈보기〉의 설명 중 옳은 것만을 모두 고르면?

〈표〉 선수 '갑'~'정'의 심사위원별 점수

(단위: 점)

선수	시기	심사위원				평균 점수	최종 점수
		A	B	C	D		
갑	1차	88	90	89	92	89.5	183.5
	2차	48	55	60	45	51.5	
	3차	95	96	92	( )	( )	
을	1차	84	87	87	88	( )	( )
	2차	28	40	41	39	39.5	
	3차	81	77	79	79	( )	
병	1차	74	73	85	89	79.5	167.5
	2차	89	88	88	87	88.0	
	3차	68	69	73	74	( )	
정	1차	79	82	80	85	81.0	( )
	2차	94	95	93	96	94.5	
	3차	37	45	39	41	40.0	

※ 1) 각 시기의 평균점수는 심사위원 A~D의 점수 중 최고점과 최저점을 제외한 2개 점수의 평균임.
2) 각 선수의 최종점수는 각 선수의 1~3차 시기 평균점수 중 최저점을 제외한 2개 점수의 합임.

보기

ㄱ. 최종점수는 '정'이 '을'보다 낮다.
ㄴ. 3차 시기의 평균점수는 '갑'이 '병'보다 낮다.
ㄷ. '정'이 1차 시기에서 심사위원 A~D에게 10점씩 더 높은 점수를 받는다면, 최종점수가 가장 높다.
ㄹ. 1차 시기에서 심사위원 C는 4명의 선수 모두에게 심사위원 A보다 높은 점수를 부여했다.

① ㄱ　② ㄷ　③ ㄹ
④ ㄱ, ㄴ　⑤ ㄷ, ㄹ

기출 18' 5급㉻-나 | 난이도 ●○○

176 다음 〈표〉는 방한 중국인 관광객에 관한 자료이다. 〈보고서〉를 작성하기 위해 〈표〉 이외에 추가로 필요한 자료만을 〈보기〉에서 모두 고르면?

〈표 1〉 2016~2017년 월별 방한 중국인 관광객수

(단위: 만 명)

년 \ 월	1	2	3	4	5	6	7	8	9	10	11	12	계
2016	60	47	80	80	78	95	87	102	107	106	55	54	951
2017	15	15	18	17	17	20	15	21	13	19	12	13	195

※ 2017년 자료는 추정값임.

〈표 2〉 2016년 방한 중국인 관광객 1인당 관광 지출액

(단위: 달러)

구분	쇼핑	숙박·교통	식음료	기타	총지출
개별	1,430	422	322	61	2,235
단체	1,296	168	196	17	1,677
전체	1,363	295	259	39	1,956

※ 전체는 방한 중국인 관광객 1인당 관광 지출액임.

보고서

2017년 3월부터 7월까지 5개월간 전년 동기간 대비 방한 중국인 관광객수는 300만 명 이상 감소한 것으로 추정된다. 해당 규모에 2016년 기준 전체 방한 중국인 관광객 1인당 관광 지출액인 1,956달러를 적용하면 중국인의 한국 관광 포기로 인한 지출 감소액은 약 65.1억 달러로 추정된다.

2017년 전년대비 연간 추정 방한 중국인 관광객 감소 규모는 약 756만 명이며, 추정 지출 감소액은 약 147.9억 달러로 나타난다. 이는 각각 2016년 중국인 관광객을 제외한 연간 전체 방한 외국인 관광객수의 46.3%, 중국인 관광객 지출액을 제외한 전체 방한 외국인 관광객 총 지출액의 55.8% 수준이다.

2017년 산업부문별 추정 매출 감소액을 살펴보면, 도소매업의 매출액 감소가 전년대비 108.9억 달러로 가장 크고, 다음으로 식음료업, 숙박업 순으로 나타났다.

보기

ㄱ. 2016년 방한 외국인 관광객의 국적별 1인당 관광 지출액
ㄴ. 2016년 전체 방한 외국인 관광객수 및 지출액 현황
ㄷ. 2016년 산업부문별 매출액 규모 및 구성비
ㄹ. 2017년 산업부문별 추정 매출액 규모 및 구성비

① ㄱ, ㄷ ② ㄴ, ㄷ ③ ㄴ, ㄹ
④ ㄱ, ㄴ, ㄹ ⑤ ㄴ, ㄷ, ㄹ

기출 18' 5급㉻-나 난이도 ●●○

177 다음 〈그림〉과 〈표〉는 2010~2014년 '갑'국 상업용 무인기의 국내 시장 판매량 및 수출입량과 '갑'국 A사의 상업용 무인기 매출액에 대한 자료이다. 이에 대한 〈보기〉의 설명 중 옳은 것만을 모두 고르면?

〈그림〉 '갑'국 상업용 무인기의 국내 시장 판매량

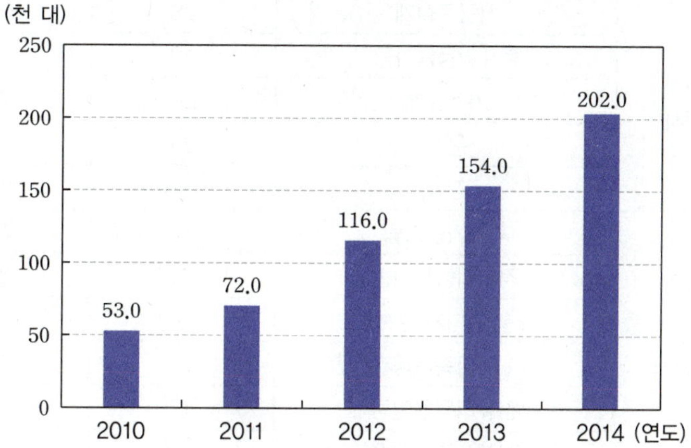

〈표 1〉 '갑'국 상업용 무인기 수출입량

(단위: 천 대)

구분 \ 연도	2010	2011	2012	2013	2014
수출량	1.2	2.5	18.0	67.0	240.0
수입량	1.1	2.0	3.5	4.2	5.0

※ 1) 수출량은 국내 시장 판매량에 포함되지 않음.
2) 수입량은 당해 연도 국내 시장에서 모두 판매됨.

〈표 2〉 '갑'국 A사의 상업용 무인기 매출액

(단위: 백만 달러)

연도	2010	2011	2012	2013	2014
매출액	4.3	43.0	304.4	1,203.1	4,348.4

보기

ㄱ. 2014년 상업용 무인기의 국내 시장 판매량 대비 수입량의 비율은 3.0% 이하이다.
ㄴ. 2011~2014년 동안 상업용 무인기 국내 시장 판매량의 전년대비 증가율이 가장 큰 해는 2012년이다.
ㄷ. 2011~2014년 동안 상업용 무인기 수입량의 전년대비 증가율이 가장 작은 해에는 상업용 무인기 수출량의 전년대비 증가율이 가장 크다.
ㄹ. 2012년 '갑'국 상업용 무인기 수출량의 전년대비 증가율과 2012년 '갑'국 A사의 상업용 무인기 매출액의 전년대비 증가율의 차이는 30%p 이하이다.

① ㄱ, ㄴ　② ㄷ, ㄹ　③ ㄱ, ㄴ, ㄷ
④ ㄱ, ㄴ, ㄹ　⑤ ㄴ, ㄷ, ㄹ

기출 18' 5급㉻-나 난이도 ●●○

178 다음 〈표〉는 '갑'시 자격시험 접수, 응시 및 합격자 현황이다. 이에 대한 설명으로 옳은 것은?

〈표〉 '갑'시 자격시험 접수, 응시 및 합격자 현황

(단위: 명)

구분	종목	접수	응시	합격
산업기사	치공구설계	28	22	14
	컴퓨터응용가공	48	42	14
	기계설계	86	76	31
	용접	24	11	2
	전체	186	151	61
기능사	기계가공조립	17	17	17
	컴퓨터응용선반	41	34	29
	웹디자인	9	8	6
	귀금속가공	22	22	16
	컴퓨터응용밀링	17	15	12
	전산응용기계제도	188	156	66
	전체	294	252	146

※ 1) 응시율(%) $= \frac{\text{응시자수}}{\text{접수자수}} \times 100$

2) 합격률(%) $= \frac{\text{합격자수}}{\text{응시자수}} \times 100$

① 산업기사 전체 합격률은 기능사 전체 합격률보다 높다.

② 산업기사 종목을 합격률이 높은 것부터 순서대로 나열하면 치공구설계, 컴퓨터응용가공, 기계설계, 용접 순이다.

③ 산업기사 전체 응시율은 기능사 전체 응시율보다 낮다.

④ 산업기사 종목 중 응시율이 가장 낮은 것은 컴퓨터응용가공이다.

⑤ 기능사 종목 중 응시율이 높은 종목일수록 합격률도 높다.

기출 18' 5급㉻-나 난이도 ●●○

179 **다음 〈표〉는 2011~2015년 군 장병 1인당 1일 급식비와 조리원 충원인원에 관한 자료이다. 이에 대한 설명으로 옳지 않은 것은?**

〈표〉 군 장병 1인당 1일 급식비와 조리원 충원인원

구분 \ 연도	2011	2012	2013	2014	2015
1인당 1일 급식비(원)	5,820	6,155	6,432	6,848	6,984
조리원 충원인원(명)	1,767	1,924	2,024	2,123	2,195
전년대비 물가상승률(%)	5	5	5	5	5

※ 2011~2015년 동안 군 장병 수는 동일함.

① 2012년 이후 군 장병 1인당 1일 급식비의 전년대비 증가율이 가장 큰 해는 2014년이다.

② 2012년의 조리원 충원인원이 목표 충원인원의 88%라고 할 때, 2012년의 조리원 목표 충원인원은 2,100명보다 많다.

③ 2012년 이후 조리원 충원인원의 전년대비 증가율은 매년 감소한다.

④ 2011년 대비 2015년의 군 장병 1인당 1일 급식비의 증가율은 2011년 대비 2015년의 물가상승률보다 낮다.

⑤ 군 장병 1인당 1일 급식비의 5년(2011~2015년) 평균은 2013년 군 장병 1인당 1일 급식비보다 작다.

기출 18' 5급㉻-나 | 난이도 ●●○

180 다음 〈표〉는 A~E 리조트의 1박 기준 일반요금 및 회원할인율에 관한 자료이다. 이에 대한 〈보기〉의 설명 중 옳은 것만을 모두 고르면?

〈표 1〉 비수기 및 성수기 일반요금(1박 기준)

(단위: 천 원)

리조트 / 구분	A	B	C	D	E
비수기 일반요금	300	250	200	150	100
성수기 일반요금	500	350	300	250	200

〈표 2〉 비수기 및 성수기 회원할인율(1박 기준)

(단위: %)

구분	회원유형 \ 리조트	A	B	C	D	E
비수기 회원할인율	기명	50	45	40	30	20
	무기명	35	40	25	20	15
성수기 회원할인율	기명	35	30	30	25	15
	무기명	30	25	20	15	10

※ 회원할인율(%) $= \frac{\text{일반요금} - \text{회원요금}}{\text{일반요금}} \times 100$

보기

ㄱ. 리조트 1박 기준, 성수기 일반요금이 낮은 리조트일수록 성수기 무기명 회원요금이 낮다.

ㄴ. 리조트 1박 기준, B 리조트의 회원요금 중 가장 높은 값과 가장 낮은 값의 차이는 125,000원이다.

ㄷ. 리조트 1박 기준, 각 리조트의 기명 회원요금은 성수기가 비수기의 2배를 넘지 않는다.

ㄹ. 리조트 1박 기준, 비수기 기명 회원요금과 비수기 무기명 회원요금 차이가 가장 작은 리조트는 성수기 기명 회원요금과 성수기 무기명 회원요금 차이도 가장 작다.

① ㄱ, ㄴ
② ㄱ, ㄷ
③ ㄷ, ㄹ
④ ㄱ, ㄴ, ㄹ
⑤ ㄴ, ㄷ, ㄹ

Day 13 **Self Check List**

	오답 수	무응답 수	풀이시간(분)
1회독	/ 30	/ 30	/ 60(분)
2회독	/ 30	/ 30	/ 50(분)
3회독	/ 30	/ 30	/ 35(분)

정답 및 해설 447p

독끝 심화 14일차 (181~200)

난이도별 구성

●○○	3문항
●●○	13문항
●●●	4문항

본 문항은 PSAT 자료해석 영역 기출 문항으로 구성되며, 기출 표기에 따른 시험 종류는 아래와 같습니다. (표기 상 맨 끝은 '책형' 입니다.)
㉾ - 민간경력자 일괄채용시험 / ㉻ - 공개경쟁채용시험(행정)

14일차 계산연습(고급)

Set ❶

소금이 많은 순위를 적어보세요.

	소금물(g)	농도(%)	소금이 많은 순위
(1)	49	11	→
(2)	64	72	→
(3)	84	39	→
(4)	66	44	→
(5)	79	88	→

Set ❷

속력이 빠른 순위를 적어보세요.

	거리(km)	시간(min)	빠른 순위
(1)	85	55	→
(2)	24	31	→
(3)	50	42	→
(4)	47	75	→
(5)	98	48	→

Set ❸

각 사각형에 들어있는 숫자의 평균이 큰 순위

	숫자	평균 큰 순위
(1)	25, 43, 70	
(2)	75, 88, 34, 93	
(3)	52, 25, 29	
(4)	87, 31, 32, 88	
(5)	42, 59, 63	

Set ❹

다음 4개년 자료에 대한 각 질문에 응답하세요.

연도	A	B	C	D	합계
2021	491	522	506	720	2239
2020	306	425	919	426	
2019	422	960	223	149	1754
2018	494	742	612	442	

(1) 2019년도 A의 비중은?
(2) 2021년도 B의 비중은?
(3) A~D 합계가 가장 큰 연도는?
(4) C의 2018 대비 2021년 증감률은?
(5) D의 2018 대비 2020년 증감률은?

	Set ❶	Set ❷	Set ❸	Set ❹
(1)	5	2	4	24.1%
(2)	2	4	1	23.3%
(3)	3	3	5	2018년
(4)	4	5	2	-17.3%
(5)	1	1	3	-3.6%

＊Set ❶ ~ ❹ 참고사항

• 농도(%) = 소금 / 소금물의 양 * 100
• 시간 = 거리 / 속력
• 연산결과는 소수 둘째자리에서 반올림 적용

	맞은 개수	풀이 시간
Set ❶	/ 5	(초)
Set ❷	/ 5	(초)
Set ❸	/ 5	(초)
Set ❹	/ 5	(초)
합계	/ 20	(초)

* 다음의 회독수 별 권장풀이시간에 맞춰 문제풀이 후,
Day 14 끝의 [Self Check List]를 기입하여 부족한 부분을 파악하세요!

권장 풀이 시간

1회독 40 min　2회독 30 min　3회독 25 min

기출 16' 5급㉤-5　난이도 ●●○

181 다음 〈그림〉은 국가 A~J의 1인당 GDP와 1인당 의료비지출액을 나타낸 것이다. 이에 대한 〈보기〉의 설명 중 옳은 것만을 모두 고르면?

〈그림〉 1인당 GDP와 1인당 의료비지출액

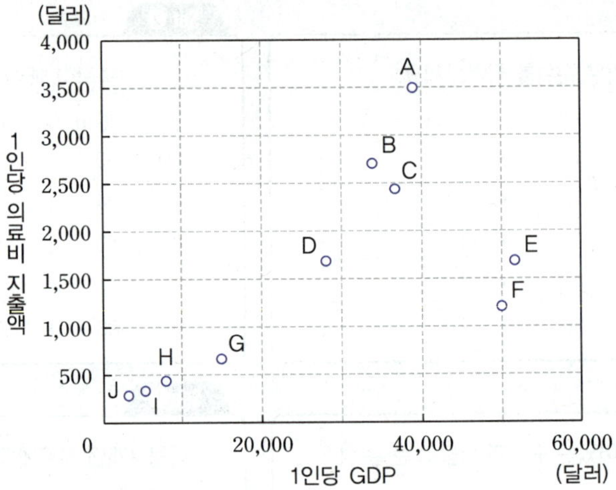

보기

ㄱ. 1인당 GDP가 2만달러 이상인 국가의 1인당 의료비지출액은 1천달러 이상이다.

ㄴ. 1인당 의료비지출액이 가장 많은 국가와 가장 적은 국가의 1인당 의료비지출액 차이는 3천달러 이상이다.

ㄷ. 1인당 GDP가 가장 높은 국가와 가장 낮은 국가의 1인당 의료비지출액 차이는 2천달러 이상이다.

ㄹ. 1인당 GDP 상위 5개 국가의 1인당 의료비지출액 합은 1인당 GDP 하위 5개 국가의 1인당 의료비지출액 합의 5배 이상이다.

① ㄱ, ㄴ　② ㄱ, ㄷ　③ ㄷ, ㄹ
④ ㄱ, ㄴ, ㄹ　⑤ ㄴ, ㄷ, ㄹ

기출 17' 5급[민]-나 난이도 ●●○

182 다음 〈표〉는 A 성씨의 가구 및 인구 분포에 대한 자료이다. 이에 대한 설명으로 옳은 것은?

〈표 1〉 A 성씨의 광역자치단체별 가구 및 인구 분포

(단위: 가구, 명)

광역자치단체 \ 연도		1980		2010	
구분		가구	인구	가구	인구
특별시	서울	28	122	73	183
광역시	부산	5	12	11	34
	대구	1	2	2	7
	인천	11	40	18	51
	광주	0	0	9	23
	대전	0	0	8	23
	울산	0	0	2	7
	소계	17	54	50	145
도	경기	( )	124	( )	216
	강원	0	0	7	16
	충북	0	0	2	10
	충남	1	5	6	8
	전북	0	( )	4	13
	전남	0	0	4	10
	경북	1	( )	6	17
	경남	1	( )	8	25
	제주	1	( )	4	12
	소계	35	140	105	327
전체		80	316	228	655

※ 광역자치단체 구분과 명칭은 2010년을 기준으로 함.

〈표 2〉 A 성씨의 읍·면·동 지역별 가구 및 인구 분포

(단위: 가구, 명)

지역 \ 연도	1980		2010	
구분	가구	인구	가구	인구
읍	10	30	19	46
면	10	56	19	53
동	60	230	190	556
전체	80	316	228	655

※ 읍·면·동 지역 구분은 2010년을 기준으로 함.

① 2010년 A 성씨의 전체 가구는 1980년의 3배 이상이다.
② 2010년 경기의 A 성씨 가구는 1980년의 3배 이상이다.
③ 2010년 A 성씨의 동 지역 인구는 2010년 A 성씨의 면 지역 인구의 10배 이상이다.
④ 1980년 A 성씨의 인구가 부산보다 많은 광역자치단체는 4곳 이상이다.
⑤ 1980년 대비 2010년의 A 성씨 인구 증가폭이 서울보다 큰 광역자치단체는 없다.

기출 17' 5급[민]-나 | 난이도 ●●○

183 다음 〈표〉는 2013 ~ 2016년 기관별 R&D 과제 건수와 비율에 관한 자료이다. 〈표〉를 이용하여 작성한 그래프로 옳지 않은 것은?

〈표〉 2013~2016년 기관별 R&D 과제 건수와 비율

(단위: 건, %)

기관 \ 연도·구분	2013 과제건수	2013 비율	2014 과제건수	2014 비율	2015 과제건수	2015 비율	2016 과제건수	2016 비율
기업	31	13.5	80	9.4	93	7.6	91	8.5
대학	47	20.4	423	49.7	626	51.4	526	49.3
정부	141	61.3	330	38.8	486	39.9	419	39.2
기타	11	4.8	18	2.1	13	1.1	32	3.0
전체	230	100.0	851	100.0	1,218	100.0	1,068	100.0

① 연도별 기업 및 대학 R&D 과제 건수

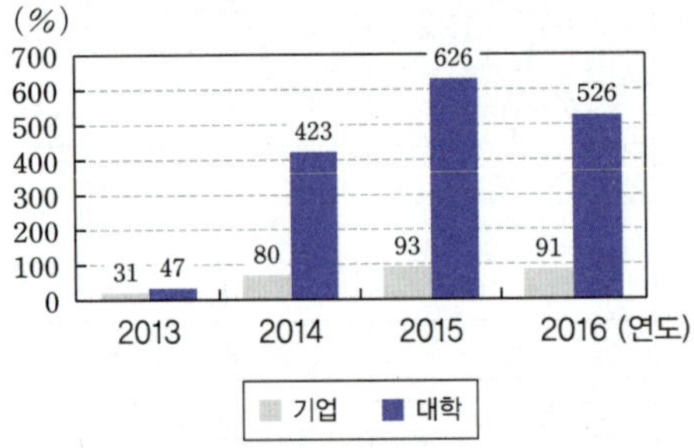

② 연도별 정부 및 전체 R&D 과제 건수

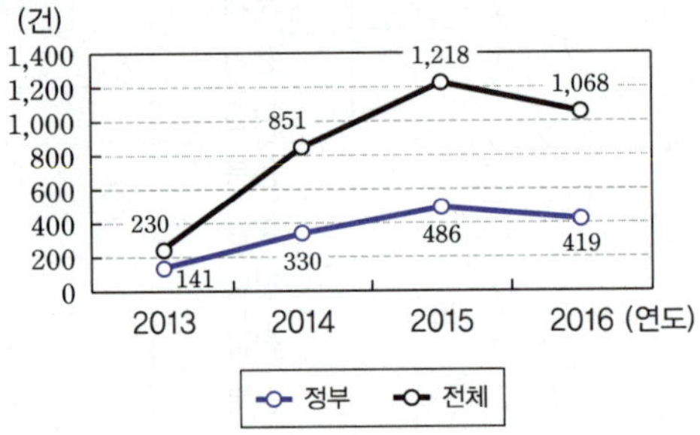

③ 2016년 기관별 R&D 과제 건수 구성비

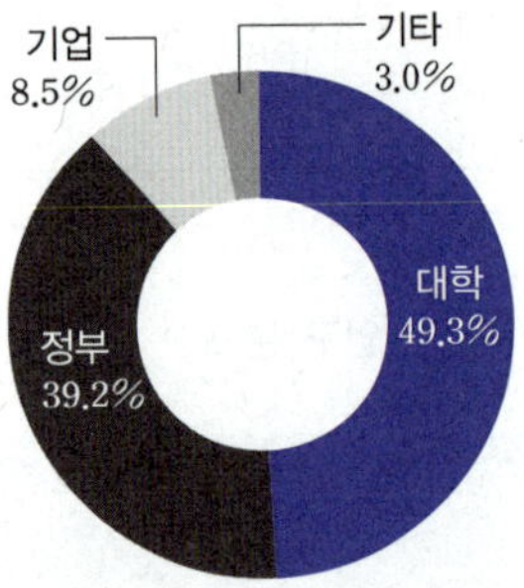

④ 전체 R&D 과제 건수의 전년대비 증가율(2014~2016년)

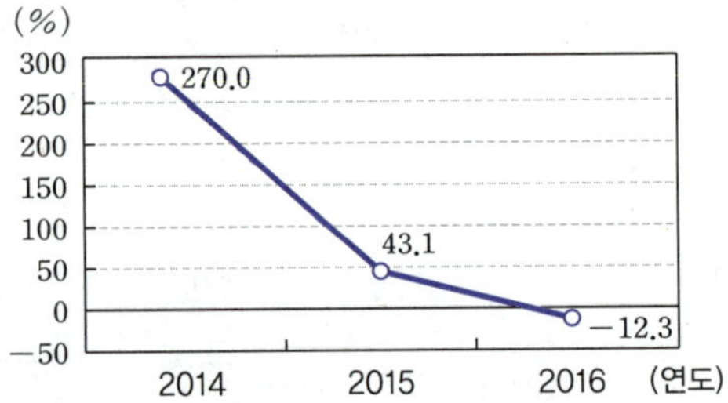

⑤ 연도별 기업 및 정부 R&D 과제 건수의 전년대비 증가율(2014~2016년)

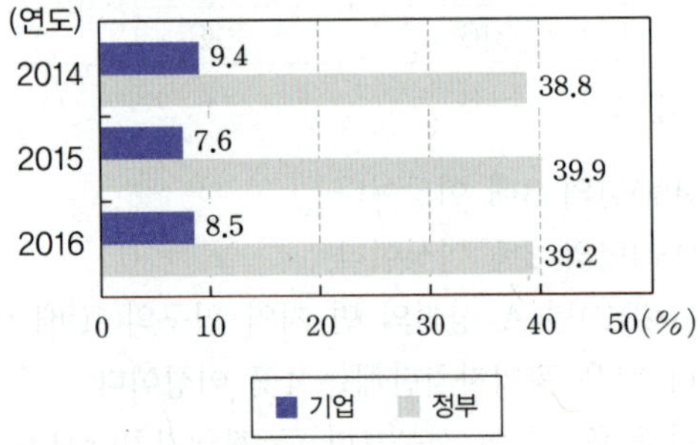

기출 18' 5급[민]-가 난이도 ●○○

184 다음 〈표〉는 2016년과 2017년 A~F 항공사의 공급석 및 탑승객 수를 나타낸 자료이다. 〈표〉를 이용하여 작성한 그래프로 옳지 않은 것은?

〈표〉 항공사별 공급석 및 탑승객 수 (단위: 만 개, 만 명)

구분 / 항공사 \ 연도	공급석 수		탑승객 수	
	2016	2017	2016	2017
A	260	360	220	300
B	20	110	10	70
C	240	300	210	250
D	490	660	410	580
E	450	570	380	480
F	250	390	200	320
전체	1,710	2,390	1,430	2,000

① 연도별 A~F 항공사 전체의 공급석 및 탑승객 수

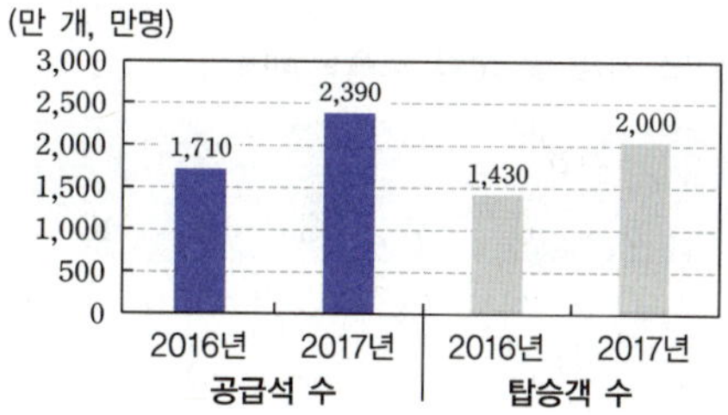

② 항공사별 탑승객 수

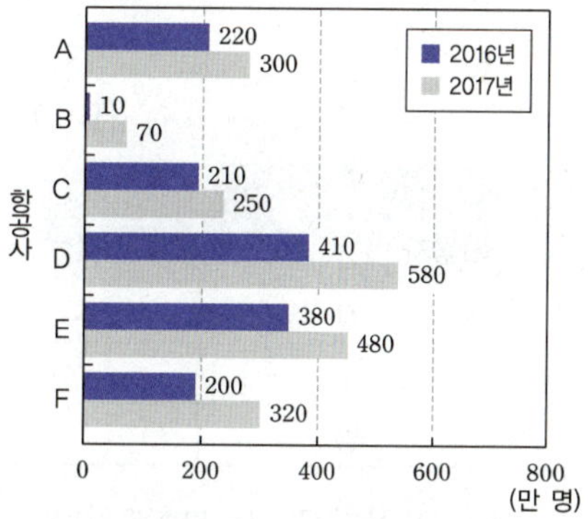

③ 2017년 탑승객 수의 항공사별 구성비

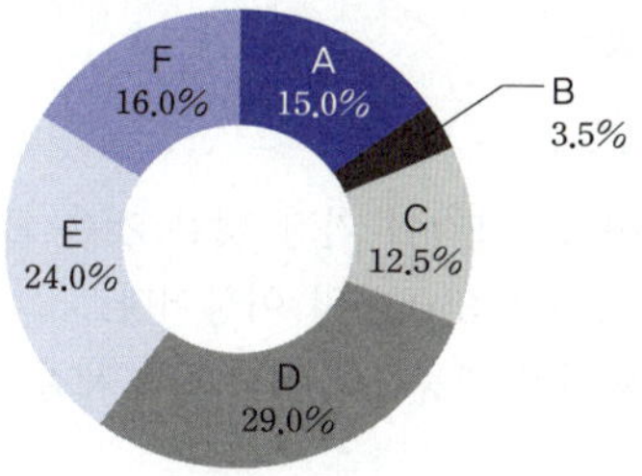

④ 2016년 대비 2017년 항공사별 공급석 수 증가량

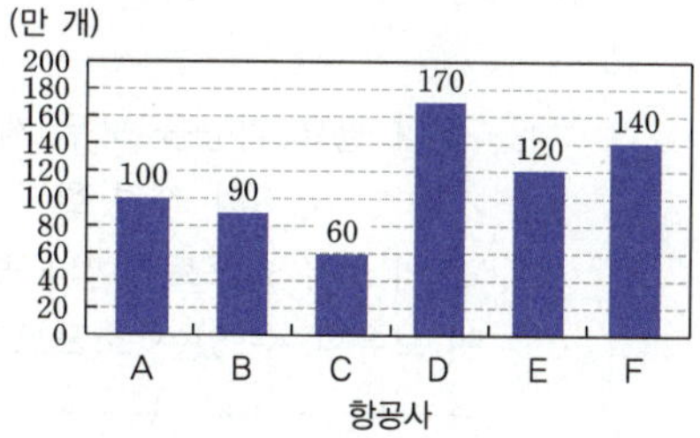

⑤ 2017년 항공사별 잔여석 수

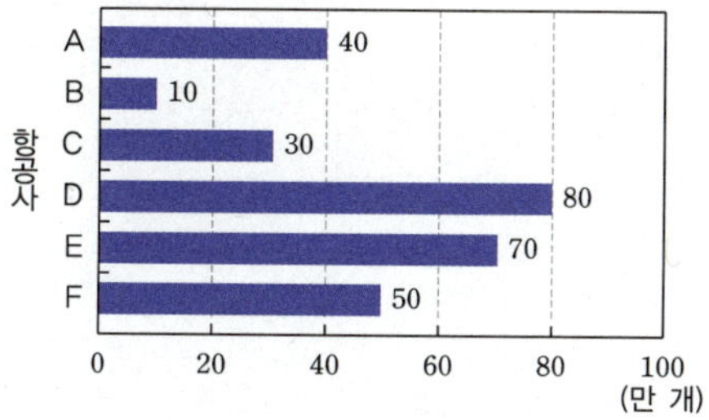

※ 잔여석 수 = 공급석 수 − 탑승객 수

기출 18' 5급(행)-나 난이도 ●●○

185 다음 〈표〉는 소프트웨어 A~E의 제공 기능 및 가격과 사용자별 필요 기능 및 보유 소프트웨어에 관한 자료이다. 이에 대한 〈보기〉의 설명 중 옳은 것만을 모두 고르면?

〈표 1〉 소프트웨어별 제공 기능 및 가격

(단위: 원)

구분 / 소프트웨어	기능										가격
	1	2	3	4	5	6	7	8	9	10	
A	○		○		○		○	○		○	79,000
B		○	○	○		○			○	○	62,000
C	○	○	○	○	○	○		○	○		58,000
D		○				○	○		○		54,000
E	○		○	○	○	○	○	○			68,000

※ 1) ○ : 소프트웨어가 해당 번호의 기능을 제공함을 뜻함.
  2) 각 기능의 가격은 해당 기능을 제공하는 모든 소프트웨어에서 동일하며, 소프트웨어의 가격은 제공 기능 가격의 합임.

〈표 2〉 사용자별 필요 기능 및 보유 소프트웨어

구분 / 사용자	기능										보유 소프트웨어
	1	2	3	4	5	6	7	8	9	10	
갑			○		○		○	○			A
을		○	○	○		○			○	○	B
병	○		○					○			( )

※ 1) ○: 사용자가 해당 번호의 기능이 필요함을 뜻함.
  2) 각 사용자는 소프트웨어 A~E 중 필요 기능을 모두 제공하는 1개의 소프트웨어를 보유함.
  3) 각 소프트웨어는 여러 명의 사용자가 동시에 보유할 수 있음.

보기

ㄱ. '갑'의 필요 기능을 모두 제공하는 소프트웨어 중 가격이 가장 낮은 것은 E이다.
ㄴ. 기능 1, 5, 8의 가격 합과 기능 10의 가격 차이는 3,000원 이상이다.
ㄷ. '을'의 보유 소프트웨어와 '병'의 보유 소프트웨어로 기능 1~10을 모두 제공하려면, '병'이 보유할 수 있는 소프트웨어는 E뿐이다.

① ㄱ ② ㄱ, ㄴ ③ ㄱ, ㄷ
④ ㄴ, ㄷ ⑤ ㄱ, ㄴ, ㄷ

기출 18' 5급㉻-나 | 난이도 ●●○

186 다음 〈표〉는 2016년 10월, 2017년 10월 순위 기준 상위 11개국의 축구 국가대표팀 순위 변동에 관한 자료이다. 이에 대한 설명으로 옳은 것은?

〈표〉 축구 국가대표팀 순위 변동

순위 \ 구분	2016년 10월			2017년 10월		
	국가	점수	등락	국가	점수	등락
1	아르헨티나	1,621	–	독일	1,606	↑1
2	독일	1,465	↑1	브라질	1,590	↓1
3	브라질	1,410	↑1	포르투갈	1,386	↑3
4	벨기에	1,382	↓2	아르헨티나	1,325	↓1
5	콜롬비아	1,361	–	벨기에	1,265	↑4
6	칠레	1,273	–	폴란드	1,250	↓1
7	프랑스	1,271	↑1	스위스	1,210	↓3
8	포르투갈	1,231	↓1	프랑스	1,208	↑2
9	우루과이	1,175	–	칠레	1,195	↓2
10	스페인	1,168	↑1	콜롬비아	1,191	↓2
11	웨일스	1,113	↑1	스페인	1,184	–

※ 1) 축구 국가대표팀 순위는 매월 발표됨.
2) 등락에서 ↑, ↓, – 는 전월 순위보다 각각 상승, 하락, 변동없음을 의미하고, 옆의 숫자는 전월대비 순위의 상승폭 혹은 하락폭을 의미함.

① 2016년 10월과 2017년 10월에 순위가 모두 상위 10위 이내인 국가 수는 9개이다.

② 2017년 10월 상위 10개 국가 중, 2017년 9월 순위가 2016년 10월 순위보다 낮은 국가는 높은 국가보다 많다.

③ 2017년 10월 상위 5개 국가의 점수 평균이 2016년 10월 상위 5개 국가의 점수 평균보다 높다.

④ 2017년 10월 상위 11개 국가 중 전년 동월 대비 점수가 상승한 국가는 전년 동월 대비 순위도 상승하였다.

⑤ 2017년 10월 상위 11개 국가 중 2017년 10월 순위가 전월 대비 상승한 국가는 전년 동월 대비 상승한 국가보다 많다.

기출 18' 5급㉻-나 | 난이도 ●●○

187 다음 <자료>와 <표>는 2017년 11월말 기준 A지역 청년통장 사업 참여인원에 관한 자료이다. 이에 대한 <보기>의 설명 중 옳은 것만을 모두 고르면?

자료

• 청년통장 사업에 참여한 근로자의 고용형태별, 직종별, 근무연수별 인원

1) 고용형태

(단위: 명)

전체	정규직	비정규직
6,500	4,591	1,909

2) 직종

(단위: 명)

전체	제조업	서비스업	숙박 및 음식점업	운수업	도·소매업	건설업	기타
6,500	1,280	2,847	247	58	390	240	1,438

3) 근무연수

(단위: 명)

전체	6개월 미만	6개월 이상 1년 미만	1년 이상 2년 미만	2년 이상
6,500	1,669	1,204	1,583	2,044

<표> 청년통장 사업별 참여인원 중 유지인원 현황

(단위: 명)

사업명	참여인원	유지인원	중도해지인원
청년통장 I	500	476	24
청년통장 II	1,000	984	16
청년통장 III	5,000	4,984	16
전체	6,500	6,444	56

보기

ㄱ. 청년통장 사업에 참여한 근로자의 70% 이상이 정규직 근로자이다.

ㄴ. 청년통장 사업에 참여한 정규직 근로자 중 근무연수가 2년 이상인 근로자의 비율은 2% 이상이다.

ㄷ. 청년통장 사업에 참여한 정규직 근로자 중 제조업과 서비스업을 제외한 직종의 근로자는 450명보다 적다.

ㄹ. 참여인원 대비 유지인원 비율은 청년통장 I 이 가장 높고 다음으로 청년통장 II, 청년통장 III 순이다.

① ㄱ, ㄴ　② ㄱ, ㄷ　③ ㄱ, ㄹ
④ ㄴ, ㄹ　⑤ ㄷ, ㄹ

기출 18' 5급㉻-나 난이도 ●●○

188 다음 〈표〉는 A 기업 지원자의 인턴 및 해외연수 경험과 합격여부에 관한 자료이다. 이에 대한 〈보기〉의 설명 중 옳은 것만을 모두 고르면?

〈표〉 A 기업 지원자의 인턴 및 해외연수 경험과 합격여부

(단위: 명, %)

인턴 경험	해외연수 경험	합격여부		합격률
		합격	불합격	
있음	있음	53	414	11.3
	없음	11	37	22.9
없음	있음	0	16	0.0
	없음	4	139	2.8

※ 1) 합격률(%) $= \frac{\text{합격자수}}{\text{합격자수} + \text{불합격자수}} \times 100$

2) 합격률은 소수점 아래 둘째 자리에서 반올림한 값임.

보기

ㄱ. 해외연수 경험이 있는 지원자가 해외연수 경험이 없는 지원자보다 합격률이 높다.

ㄴ. 인턴 경험이 있는 지원자가 인턴 경험이 없는 지원자보다 합격률이 높다.

ㄷ. 인턴 경험과 해외연수 경험이 모두 있는 지원자 합격률은 인턴 경험만 있는 지원자 합격률의 2배 이상이다.

ㄹ. 인턴 경험과 해외연수 경험이 모두 없는 지원자와 인턴경험만 있는 지원자 간 합격률 차이는 30%p보다 크다.

① ㄱ, ㄴ　　② ㄱ, ㄷ　　③ ㄴ, ㄷ

④ ㄱ, ㄴ, ㄹ　　⑤ ㄴ, ㄷ, ㄹ

기출 18' 5급(행)-나 난이도 ●●○

189 다음 〈표〉와 〈선정절차〉는 '갑'사업에 지원한 A~E 유치원 현황과 사업 선정절차에 대한 자료이다. 이에 대한 〈보기〉의 설명 중 옳은 것만을 모두 고르면?

〈표〉 A~E 유치원 현황

유치원	원아수(명)	교직원수(명)			교사 평균 경력(년)	시설현황				통학 차량 대수(대)
		교사		사무 직원		교실		놀이터 면적(m²)	유치원 총면적(m²)	
		정교사	준교사			수(개)	총면적(m²)			
A	132	10	2	1	2.1	5	450	2,400	3,800	3
B	160	5	0	1	4.5	7	420	200	1,300	2
C	120	4	3	0	3.1	5	420	440	1,000	1
D	170	2	10	2	4.0	7	550	300	1,500	2
E	135	4	5	1	2.9	6	550	1,000	2,500	2

※ 여유면적 = 유치원 총면적 − 교실 총면적 − 놀이터 면적

선정절차

- 1단계 : 아래 4개 조건을 모두 충족하는 유치원을 예비 선정한다.
  - 교실조건 : 교실 1개당 원아수가 25명 이하여야 한다.
  - 교사조건 : 교사 1인당 원아수가 15명 이하여야 한다.
  - 차량조건 : 통학 차량 1대당 원아수가 100명 이하여야 한다.
  - 여유면적조건 : 여유면적이 650m² 이상이어야 한다.
- 2단계 : 예비 선정된 유치원 중 교사평균경력이 가장 긴 유치원을 최종 선정한다.

보기

ㄱ. A 유치원은 교사조건, 차량조건, 여유면적조건을 충족한다.
ㄴ. '갑'사업에 최종 선정되는 유치원은 D이다.
ㄷ. C 유치원은 원아수를 15% 줄이면 차량조건을 충족하게 된다.
ㄹ. B 유치원이 교사경력 4.0년 이상인 준교사 6명을 증원한다면 B 유치원이 '갑'사업에 최종 선정된다.

① ㄱ, ㄴ ② ㄱ, ㄷ ③ ㄷ, ㄹ
④ ㄱ, ㄴ, ㄹ ⑤ ㄴ, ㄷ, ㄹ

기출 19' 5급㉻-가 | 난이도 ●○○

190 다음 〈표〉는 2016년 경기도 10개 시의 문화유산 보유건수 현황에 대한 자료이다. 이에 대한 설명으로 옳은 것은?

〈표〉 경기도 10개 시의 유형별 문화유산 보유건수 현황

(단위: 건)

유형 / 시	국가 지정 문화재	지방 지정 문화재	문화재 자료	등록 문화재	합
용인시	64	36	16	4	120
여주시	24	32	11	3	70
고양시	16	35	11	7	69
안성시	13	42	13	0	68
남양주시	18	34	11	4	67
파주시	14	28	9	12	63
성남시	36	17	3	3	59
화성시	14	26	9	0	49
수원시	14	24	8	2	48
양주시	11	19	9	0	39
전체	224	293	100	35	( )

※ 문화유산은 국가 지정 문화재, 지방 지정 문화재, 문화재 자료, 등록 문화재로만 구성됨.

① '등록 문화재'를 보유한 시는 6개이다.
② 유형별 전체 보유건수가 가장 많은 문화유산은 '국가 지정 문화재'이다.
③ 파주시 문화유산 보유건수 합은 전체 문화유산 보유건수 합의 10% 이하이다.
④ '문화재 자료' 보유건수가 가장 많은 시는 안성시다.
⑤ '국가 지정 문화재'의 시별 보유건수 순위는 '문화재 자료'와 동일하다.

기출 19' 5급[민]-나 난이도 ●●○

191 다음 〈표〉는 2019년 5월 10일 A 프랜차이즈의 지역별 가맹점수와 결제 실적에 관한 자료이다. 이에 대한 설명으로 옳지 않은 것은?

〈표 1〉 A 프랜차이즈의 지역별 가맹점수, 결제건수 및 결제금액

(단위: 개, 건, 만 원)

지역 \ 구분		가맹점수	결제건수	결제금액
서울		1,269	142,248	241,442
6대광역시	부산	34	3,082	7,639
	대구	8	291	2,431
	인천	20	1,317	2,548
	광주	8	306	793
	대전	13	874	1,811
	울산	11	205	635
전체		1,363	148,323	257,299

〈표 2〉 A 프랜차이즈의 가맹점 규모별 결제건수 및 결제금액

(단위: 건, 만 원)

가맹점 규모 \ 구분	결제건수	결제금액
소규모	143,565	250,390
중규모	3,476	4,426
대규모	1,282	2,483
전체	148,323	257,299

① '서울' 지역 소규모 가맹점의 결제건수는 137,000건 이하이다.

② 6대 광역시 가맹점의 결제건수 합은 6,000건 이상이다.

③ 결제건수 대비 결제금액을 가맹점 규모별로 비교할 때 가장 작은 가맹점 규모는 중규모이다.

④ 가맹점수 대비 결제금액이 가장 큰 지역은 '대구'이다.

⑤ 전체 가맹점수에서 '서울' 지역 가맹점수 비중은 90% 이상이다.

기출 19' 5급㉥-나 난이도 ●●●

192 다음 〈표〉와 〈그림〉은 '갑'국의 방송사별 만족도지수, 질평가지수, 시청자평가지수를 나타낸 자료이다. 이에 대한 〈보기〉의 설명 중 옳은 것만을 모두 고르면?

〈표〉 방송사별 전체 및 주시청 시간대의 만족도지수와 질평가지수

유형	구분 / 방송사	전체 시간대		주시청 시간대	
		만족도지수	질평가지수	만족도지수	질평가지수
지상파	A	7.37	7.33	( )	7.20
	B	7.22	7.05	7.23	( )
	C	7.14	6.97	7.11	6.93
	D	7.32	7.16	( )	7.23
종합 편성	E	6.94	6.90	7.10	7.02
	F	7.75	7.67	( )	7.88
	G	7.14	7.04	7.20	( )
	H	7.03	6.95	7.08	7.00

〈그림〉 방송사별 주시청시간대의 시청자평가지수

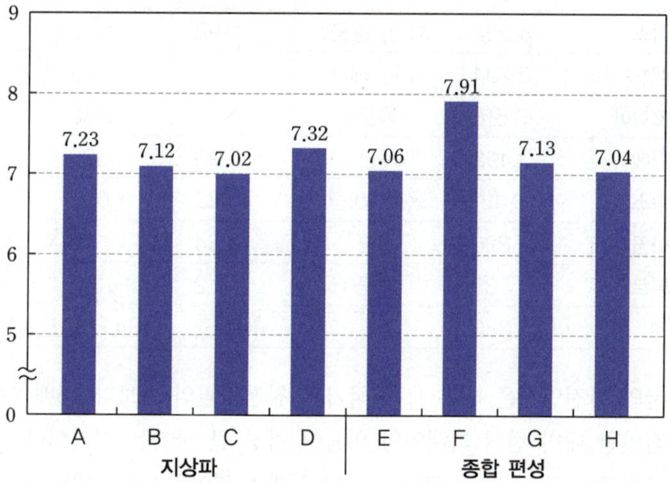

※ 전체(주시청)시간대 시청자평가지수 $= \left(\frac{\text{전체(주시청)시간대 만족도지수} + \text{전체(주시청)시간대 질평가지수}}{2}\right)$

• 보기 •

ㄱ. 각 지상파 방송사는 전체 시간대와 주시청 시간대 모두 만족도지수가 질평가지수보다 높다.
ㄴ. 각 종합편성 방송사의 질평가지수는 주시청 시간대가 전체 시간대보다 높다.
ㄷ. 각 지상파 방송사의 시청자평가지수는 전체 시간대가 주시청 시간대보다 높다.
ㄹ. 만족도지수는 주시청 시간대가 전체 시간대보다 높으면서 시청자평가지수는 주시청 시간대가 전체 시간대보다 낮은 방송사는 2개이다.

① ㄱ, ㄴ ② ㄱ, ㄷ ③ ㄴ, ㄹ
④ ㄱ, ㄷ, ㄹ ⑤ ㄴ, ㄷ, ㄹ

기출 19' 5급㉻-가 난이도 ●●○

193 다음 〈표〉는 한국전쟁 당시 참전한 유엔군의 참전현황 및 피해인원에 관한 자료이다. 이에 대한 설명으로 옳은 것은?

〈표〉 한국전쟁 당시 참전한 유엔군의 참전현황 및 피해인원

(단위: 명)

구분 국가	참전현황		피해인원				
	참전 인원	참전군	전사·사망	부상	실종	포로	전체
미국	1,789,000	육군, 해군, 공군	36,940	92,134	3,737	4,439	137,250
영국	56,000	육군, 해군	1,078	2,674	179	977	4,908
캐나다	25,687	육군, 해군, 공군	312	1,212	1	32	1,557
터키	14,936	육군	741	2,068	163	244	3,216
호주	8,407	육군, 해군, 공군	339	1,216	3	26	1,584
필리핀	7,420	육군	112	229	16	41	398
태국	6,326	육군, 해군, 공군	129	1,139	5	0	1,273
네덜란드	5,322	육군, 해군	120	645	0	3	768
콜롬비아	5,100	육군, 해군	163	448	0	28	639
그리스	4,992	육군, 공군	192	543	0	3	738
뉴질랜드	3,794	육군, 해군	23	79	1	0	103
에티오피아	3,518	육군	121	536	0	0	657
벨기에	3,498	육군	99	336	4	1	440
프랑스	3,421	육군, 해군	262	1,008	7	12	1,289
남아공	826	공군	34	0	0	9	43
룩셈부르크	83	육군	2	13	0	0	15
계	1,938,330	-	40,667	104,280	4,116	5,815	154,878

① 미국의 참전인원은 다른 모든 국가의 참전인원의 합보다 15배 이상 많다.

② 참전인원 대비 전체 피해인원 비율이 가장 큰 국가는 터키이다.

③ 공군이 참전한 국가 중 해당 국가의 전체 피해인원 대비 '부상' 인원의 비율이 가장 큰 국가는 태국이다.

④ '전사·사망' 인원은 육군만 참전한 모든 국가의 합이 공군만 참전한 모든 국가의 합의 30배 이하이다.

⑤ '실종' 인원이 '포로' 인원보다 많은 국가는 4개국이다.

기출 19' 5급[민]-가 난이도 ●●●

194 다음 〈표〉는 2017~2019년 '갑'국 A~D 지역의 1인 1일당 단백질 섭취량과 지역별 전체 인구에 대한 자료이다. 〈표〉를 이용하여 작성한 그래프로 옳지 않은 것은?

〈표 1〉 지역별 1인 1일당 단백질 섭취량

(단위: g)

연도 / 지역	2017	2018	2019
A	50	60	75
B	100	100	110
C	100	90	80
D	50	50	50

※ 단백질은 동물성 단백질과 식물성 단백질로만 구성됨.

〈표 2〉 지역별 1인 1일당 식물성 단백질 섭취량

(단위: g)

연도 / 지역	2017	2018	2019
A	25	25	25
B	10	30	50
C	20	20	20
D	10	5	5

〈표 3〉 지역별 전체 인구

(단위: 명)

연도 / 지역	2017	2018	2019
A	1,000	1,000	1,100
B	1,000	1,000	1,000
C	800	700	600
D	100	100	100

① 2017~2019년 B와 D 지역의 1인 1일당 동물성 단백질 섭취량

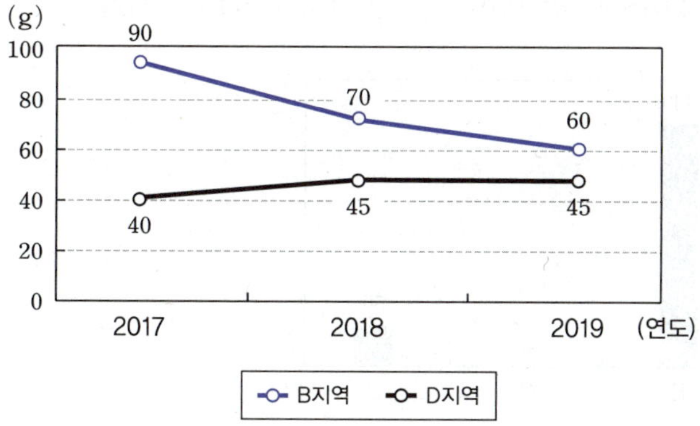

② 2019년 지역별 1일 단백질 총섭취량

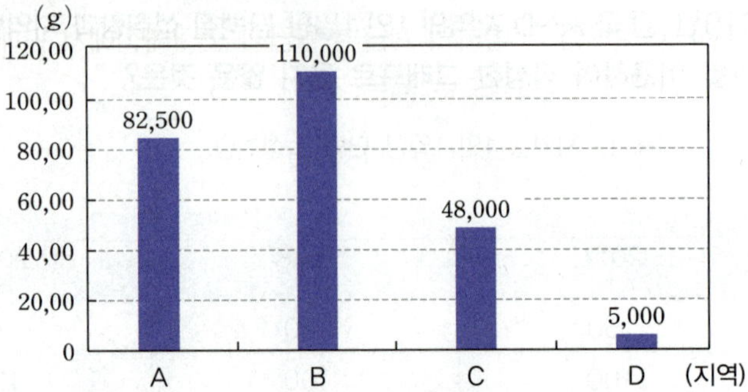

③ 2017년 지역별 1인 1일당 단백질 섭취량 구성비

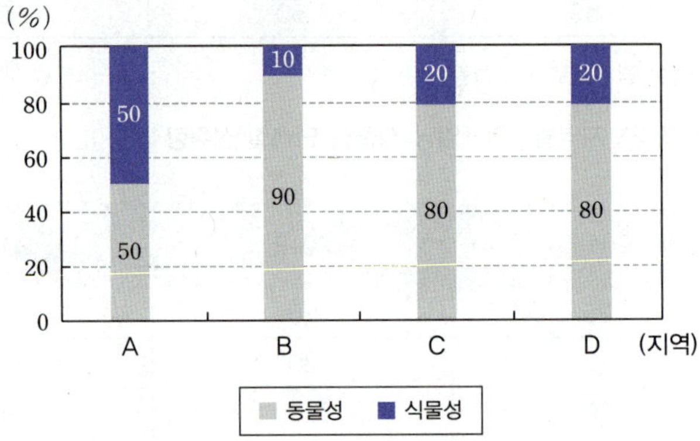

④ 2017~2019년 A와 C 지역의 1인 1일당 동물성 단백질 섭취량과 1인 1일당 식물성 단백질 섭취량의 차이

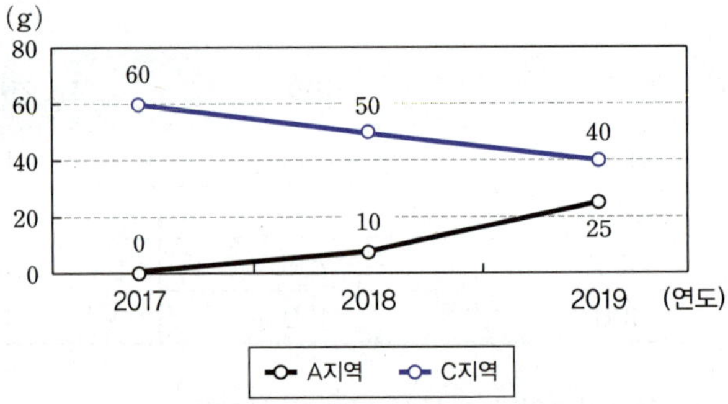

⑤ 지역별 2017년 대비 2018년 1인 1일당 식물성 단백질 섭취량 증감률

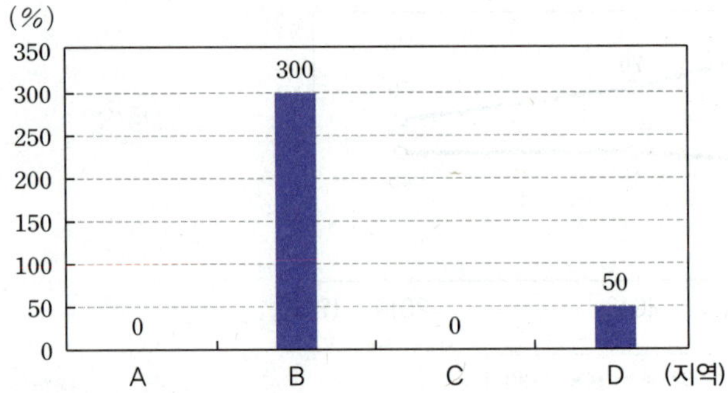

기출 19' 5급[민]-가 | 난이도 ●●●

195 다음 〈그림〉과 〈표〉는 조사연도별 '갑'국 병사의 계급별 월급과 군내매점에서 판매하는 주요품목 가격에 관한 자료이다. 이에 대한 설명으로 옳은 것은?

〈그림〉 조사연도별 병사의 계급별 월급

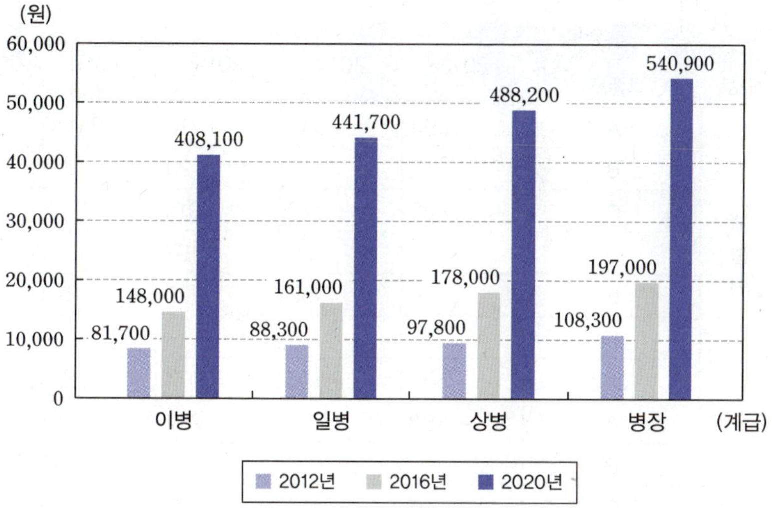

〈표〉 조사연도별 군내매점 주요품목 가격

(단위: 원/개)

품목 조사연도	캔커피	단팥빵	햄버거
2012	250	600	2,400
2016	300	1,000	2,800
2020	500	1,400	3,500

① 이병 월급은 2020년이 2012년보다 500% 이상 증액되었다.

② 2012년 대비 2016년 상병 월급 증가율은 2016년 대비 2020년 상병 월급 증가율보다 더 높다.

③ 군내매점 주요품목 각각의 2012년 대비 2016년 가격인상률은 2016년 대비 2020년 가격인상률보다 낮다.

④ 일병이 한 달 월급만을 사용하여 군내매점에서 해당 연도 가격으로 140개의 단팥빵을 구매하고 남은 금액은 2016년이 2012년보다 15,000원 이상 더 많다.

⑤ 병장이 한 달 월급만을 사용하여 군내매점에서 해당 연도 가격으로 구매할 수 있는 햄버거의 최대 개수는 2020년이 2012년의 3배 이하이다.

기출 19' 5급㉻-가 | 난이도

196 다음 〈표〉는 2013~2018년 커피전문점 A~F 브랜드의 매출액과 점포수에 관한 자료이다. 이를 이용하여 작성한 그래프로 옳지 않은 것은?

〈표〉 2013~2018년 커피전문점 브랜드별 매출액과 점포수

(단위: 억 원, 개)

구분	브랜드 \ 연도	2013	2014	2015	2016	2017	2018
매출액	A	1,094	1,344	1,710	2,040	2,400	2,982
	B	–	–	24	223	1,010	1,675
	C	492	679	918	1,112	1,267	1,338
	D	–	129	197	335	540	625
	E	–	155	225	873	1,082	577
	F	–	–	–	–	184	231
	전체	1,586	2,307	3,074	4,583	6,483	7,428
점포수	A	188	233	282	316	322	395
	B	–	–	17	105	450	735
	C	81	110	150	190	208	252
	D	–	71	111	154	208	314
	E	–	130	183	218	248	366
	F	–	–	–	–	71	106
	전체	269	544	743	983	1,507	2,168

① 전체 커피전문점의 전년대비 매출액과 점포수 증가폭 추이

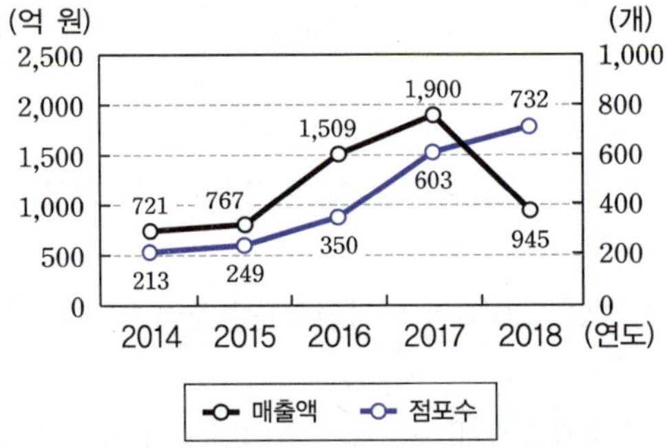

② 2018년 커피전문점 브랜드별 점포당 매출액

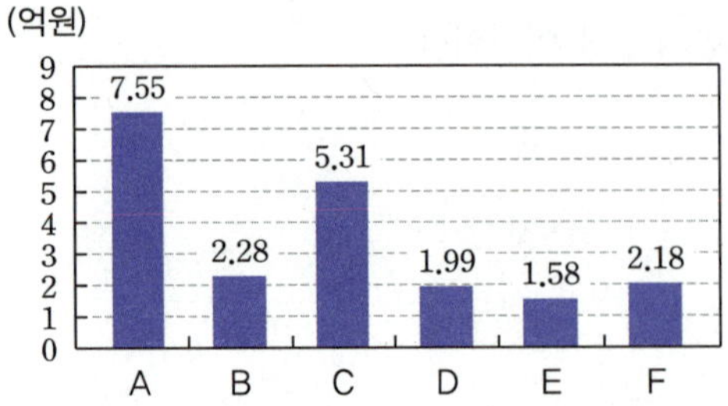

③ 2017년 매출액 기준 커피전문점 브랜드별 점유율

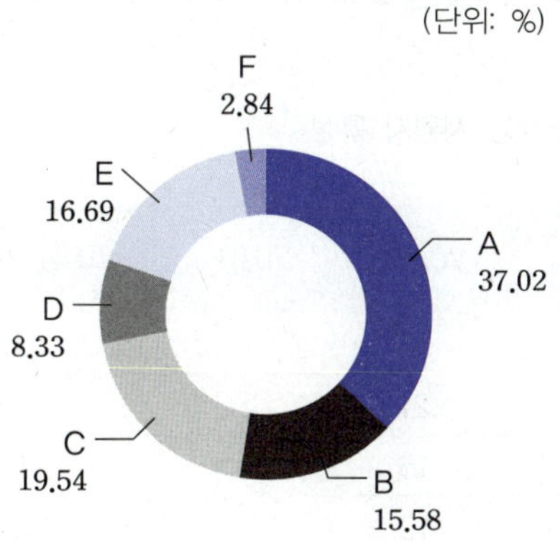

④ 2017년 대비 2018년 커피전문점 브랜드별 매출액의 증가량

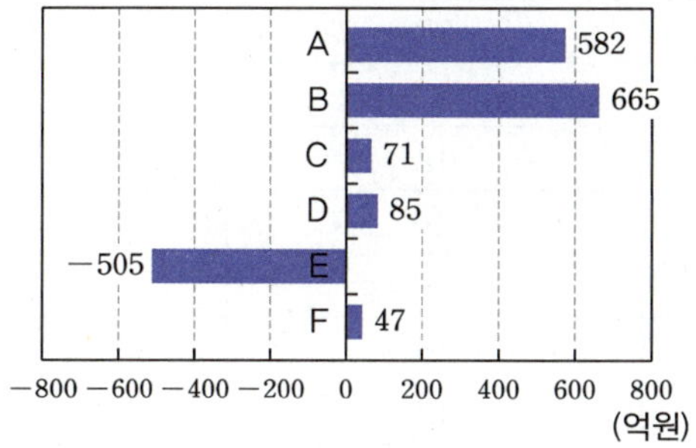

⑤ 전체 커피전문점의 연도별 점포당 매출액

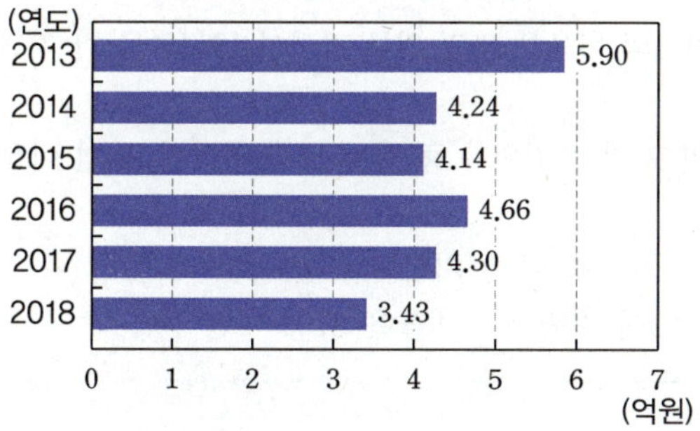

기출 19' 5급(행)-가 | 난이도 ●●○

197 다음 〈표〉는 A, B 기업의 경력사원채용 지원자 특성에 관한 자료이다. 이에 대한 〈보기〉의 설명 중 옳은 것만을 모두 고르면?

〈표〉 경력사원채용 지원자 특성

(단위: 명)

지원자 특성 \ 기업		A 기업	B 기업
성별	남성	53	57
	여성	21	24
최종 학력	학사	16	18
	석사	19	21
	박사	39	42
연령대	30대	26	27
	40대	25	26
	50대 이상	23	28
관련 업무 경력	5년 미만	12	18
	5년 이상~10년 미만	9	12
	10년 이상~15년 미만	18	17
	15년 이상~20년 미만	16	9
	20년 이상	19	25

※ A 기업과 B 기업에 모두 지원한 인원은 없음.

보기

ㄱ. A 기업 지원자 중, 남성 지원자의 비율은 관련 업무 경력이 10년 이상인 지원자의 비율보다 높다.

ㄴ. 최종학력이 석사 또는 박사인 B 기업 지원자 중 관련 업무 경력이 20년 이상인 지원자는 7명 이상이다.

ㄷ. 기업별 여성 지원자의 비율은 A 기업이 B 기업보다 높다.

ㄹ. A, B 기업 전체 지원자 중 40대 지원자의 비율은 35% 미만이다.

① ㄱ, ㄴ　② ㄱ, ㄷ　③ ㄴ, ㄷ
④ ㄴ, ㄹ　⑤ ㄷ, ㄹ

기출 19' 5급㉻-가 | 난이도 ●●○

198 다음 〈표〉는 1996~2015년 생명공학기술의 기술분야별 특허건수와 점유율에 관한 자료이다. 〈표〉와 〈조건〉에 근거하여 A~D에 해당하는 기술분야를 바르게 나열한 것은?

〈표〉 1996~2015년 생명공학기술의 기술분야별 특허건수와 점유율

(단위: 건, %)

구분 / 기술분야	전세계 특허건수	미국 점유율	한국 특허건수	한국 점유율
생물공정기술	75,823	36.8	4,701	6.2
A	27,252	47.6	1,880	( )
생물자원탐색기술	39,215	26.1	6,274	16.0
B	170,855	45.6	7,518	( )
생물농약개발기술	8,122	42.8	560	6.9
C	20,849	8.1	4,295	( )
단백질체기술	68,342	35.1	3,622	5.3
D	26,495	16.8	7,127	( )

※ 해당국의 점유율(%) = $\frac{\text{해당국의 특허건수}}{\text{전세계 특허건수}} \times 100$

조건

- '발효식품개발기술'과 '환경생물공학기술'은 미국보다 한국의 점유율이 높다.
- '동식물세포배양기술'에 대한 미국 점유율은 '생물농약개발기술'에 대한 미국 점유율보다 높다.
- '유전체기술'에 대한 한국 점유율과 미국 점유율의 차이는 41%p 이상이다.
- '환경생물공학기술'에 대한 한국의 점유율은 25% 이상이다.

	A	B	C	D
①	동식물세포배양기술	유전체기술	발효식품개발기술	환경생물공학기술
②	동식물세포배양기술	유전체기술	환경생물공학기술	발효식품개발기술
③	발효식품개발기술	유전체기술	동식물세포배양기술	환경생물공학기술
④	유전체기술	동식물세포배양기술	발효식품개발기술	환경생물공학기술
⑤	유전체기술	동식물세포배양기술	환경생물공학기술	발효식품개발기술

문항편 14일차 • 수리능력 + 자료해석

기출 19' 5급㉻-가 난이도 ●●●

199 다음 〈표〉와 〈그림〉은 2017년 지역별 정보탐색에 관한 자료이다. 이에 대한 설명으로 옳은 것은?

〈표〉 지역별 인구수 및 정보탐색 시도율과 정보탐색 성공률

(단위: 명, %)

구분 / 지역 \ 성별	인구수		정보탐색 시도율		정보탐색 성공률	
	남	여	남	여	남	여
A	5,800	4,200	35.0	39.0	90.1	91.6
B	1,000	800	28.0	30.0	92.9	95.8
C	2,500	3,000	15.0	25.0	88.0	92.0
D	4,000	3,500	37.0	40.0	91.2	92.9
E	4,800	3,200	42.0	45.0	87.3	84.7
F	6,000	6,500	20.0	33.0	81.7	93.2
G	1,200	900	35.0	28.0	95.2	95.2
H	1,400	1,600	16.0	13.0	89.3	91.3

※ 1) 정보탐색 시도율(%) $= \frac{\text{정보탐색 시도자수}}{\text{인구수}} \times 100$

2) 정보탐색 성공률(%) $= \frac{\text{정보탐색 성공자수}}{\text{정보탐색 시도자수}} \times 100$

〈그림〉 지역별 정보탐색 시도율과 정보탐색 성공률 분포

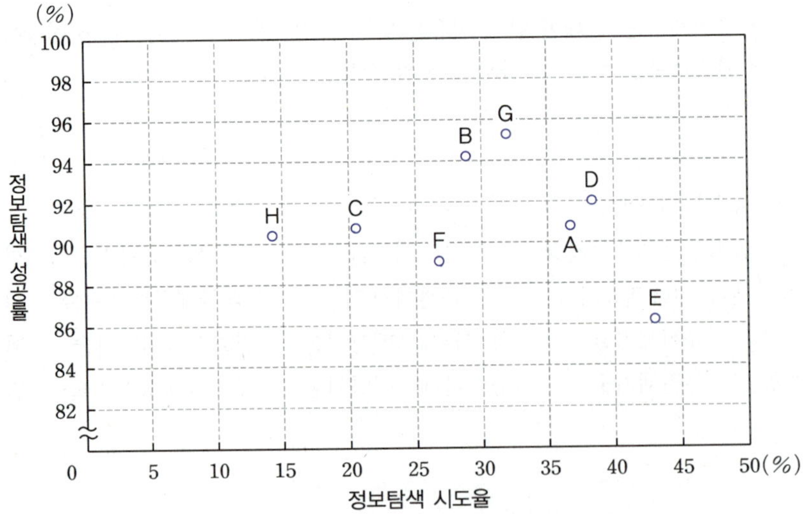

① 인구수 대비 정보탐색 성공자수의 비율은 B 지역이 D 지역보다 높다.

② 인구수 대비 정보탐색 성공자수의 비율이 가장 낮은 지역은 H 지역이다.

③ 정보탐색 시도율이 높은 지역일수록 정보탐색 성공률도 높다.

④ 인구수가 가장 작은 지역과 남성 정보탐색 성공자수가 가장 작은 지역은 동일하다.

⑤ D 지역의 여성 정보탐색 성공자수는 C 지역의 여성 정보탐색 성공자수의 2배 이상이다.

기출 19' 5급㉻-가 | 난이도 ●●○

200 다음 〈표〉는 2014~2018년 '갑'국의 범죄 피의자 처리 현황에 대한 자료이다. 이에 대한 설명으로 옳은 것은?

〈표〉 범죄 피의자 처리 현황

(단위: 명)

구분 / 연도	처리	처리 결과		기소 유형	
		기소	불기소	정식재판기소	약식재판기소
2014	33,654	14,205	( )	( )	12,239
2015	26,397	10,962	15,435	1,972	( )
2016	28,593	12,287	( )	( )	10,050
2017	31,096	12,057	19,039	2,619	( )
2018	38,152	( )	( )	3,513	10,750

※ 1) 모든 범죄 피의자는 당해년도에 처리됨.

2) 범죄 피의자에 대한 처리 결과는 기소와 불기소로만 구분되며, 기소 유형은 정식재판기소와 약식재판기소로만 구분됨.

3) 기소율(%) $= \frac{\text{기소 인원}}{\text{처리 인원}} \times 100$

① 2015년 이후 처리 인원이 전년대비 증가한 연도에는 기소 인원도 전년대비 증가한다.

② 2018년 기소 인원과 기소율은 2014년보다 모두 증가하였다.

③ 2017년 불기소 인원은 2018년보다 많다.

④ 2014년 불기소 인원은 정식재판기소 인원의 10배 이상이다.

⑤ 처리 인원 중 정식재판기소 인원과 약식재판기소 인원의 합이 차지하는 비율은 매년 50% 미만이다.

Day 14 Self Check List

	오답 수	무응답 수	풀이시간(분)
1회독	/ 20	/ 20	/ 40(분)
2회독	/ 20	/ 20	/ 30(분)
3회독	/ 20	/ 20	/ 25(분)

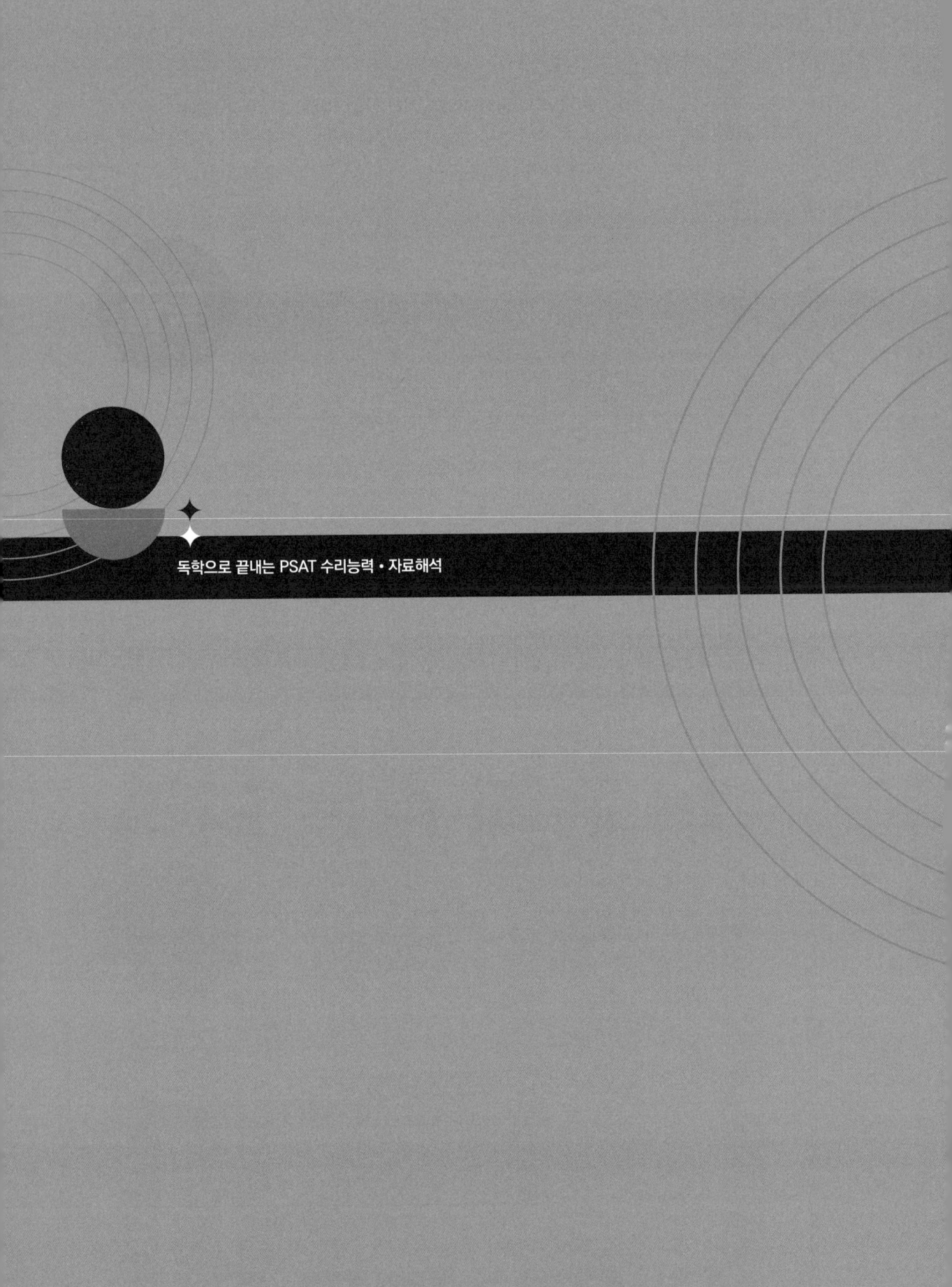

독끝

한 눈에 보는 정답

독끝 한 눈에 보는 Daily 400제 정답

[기본편]

1일차 001~030

001	④	002	③	003	④	004	①	005	⑤
006	⑤	007	①	008	②	009	①	010	①
011	②	012	④	013	④	014	⑤	015	④
016	②	017	③	018	②	019	③	020	④
021	③	022	①	023	③	024	②	025	①
026	④	027	③	028	④	029	⑤	030	③

2일차 031~060

031	②	032	⑤	033	⑤	034	⑤	035	①
036	⑤	037	④	038	①	039	④	040	②
041	②	042	③	043	③	044	①	045	②
046	③	047	②	048	④	049	①	050	①
051	③	052	②	053	⑤	054	⑤	055	①
056	①	057	②	058	①	059	③	060	②

3일차 061~090

061	④	062	③	063	②	064	④	065	④
066	⑤	067	①	068	③	069	②	070	③
071	①	072	③	073	⑤	074	③	075	③
076	⑤	077	⑤	078	①	079	④	080	②
081	②	082	④	083	③	084	⑤	085	⑤
086	④	087	④	088	②	089	①	090	③

4일차 091~120

091	④	092	③	093	④	094	④	095	①
096	①	097	②	098	②	099	②	100	④
101	①	102	③	103	④	104	①	105	⑤
106	②	107	②	108	②	109	④	110	①
111	④	112	④	113	⑤	114	①	115	③
116	④	117	②	118	⑤	119	④	120	④

5일차 121~150

121	③	122	⑤	123	①	124	③	125	④
126	①	127	②	128	④	129	⑤	130	⑤
131	②	132	③	133	④	134	②	135	⑤
136	③	137	③	138	②	139	④	140	②
141	③	142	⑤	143	②	144	④	145	②
146	④	147	③	148	④	149	②	150	③

6일차 151~180

151	③	152	④	153	⑤	154	①	155	②
156	⑤	157	②	158	①	159	①	160	①
161	②	162	②	163	⑤	164	①	165	④
166	①	167	①	168	③	169	④	170	③
171	③	172	①	173	②	174	③	175	③
176	③	177	②	178	⑤	179	③	180	②

7일차 181~200

181	④	182	②	183	②	184	⑤	185	⑤
186	①	187	①	188	④	189	①	190	②
191	③	192	②	193	②	194	④	195	⑤
196	③	197	①	198	⑤	199	③	200	②

[심화편]

8일차 001~030

001	②	002	⑤	003	④	004	④	005	⑤
006	②	007	①	008	②	009	①	010	⑤
011	⑤	012	③	013	④	014	②	015	⑤
016	③	017	③	018	④	019	③	020	⑤
021	⑤	022	③	023	②	024	②	025	①
026	①	027	①	028	④	029	②	030	④

9일차 031~060

031	③	032	②	033	①	034	④	035	③
036	④	037	①	038	①	039	②	040	⑤
041	③	042	⑤	043	①	044	①	045	③
046	③	047	①	048	②	049	①	050	⑤
051	②	052	②	053	④	054	⑤	055	①
056	③	057	⑤	058	①	059	①	060	⑤

10일차 061~090

061	①	062	④	063	②	064	①	065	②
066	③	067	②	068	③	069	①	070	⑤
071	③	072	⑤	073	①	074	④	075	①
076	④	077	③	078	③	079	①	080	③
081	③	082	②	083	④	084	③	085	①
086	④	087	⑤	088	②	089	①	090	⑤

11일차 091~120

091	⑤	092	④	093	⑤	094	④	095	①
096	②	097	①	098	①	099	③	100	⑤
101	⑤	102	③	103	④	104	②	105	⑤
106	⑤	107	④	108	①	109	②	110	④
111	④	112	②	113	④	114	②	115	⑤
116	③	117	②	118	③	119	②	120	⑤

12일차 121~150

121	①	122	③	123	④	124	①	125	③
126	⑤	127	③	128	②	129	⑤	130	④
131	②	132	③	133	①	134	①	135	⑤
136	①	137	④	138	③	139	②	140	⑤
141	①	142	①	143	⑤	144	⑤	145	①
146	④	147	⑤	148	④	149	⑤	150	⑤

13일차 151~180

151	④	152	①	153	③	154	⑤	155	①
156	④	157	④	158	②	159	②	160	⑤
161	⑤	162	②	163	⑤	164	③	165	⑤
166	⑤	167	③	168	②	169	⑤	170	③
171	⑤	172	③	173	①	174	①	175	⑤
176	⑤	177	④	178	③	179	⑤	180	④

14일차 181~200

181	①	182	③	183	⑤	184	⑤	185	②
186	②	187	①	188	①	189	④	190	③
191	①	192	①	193	③	194	⑤	195	④
196	①	197	④	198	①	199	②	200	⑤

공기업 NCS & 대기업 인적성 대비

독끝 NCS

수리능력·자료해석 PSAT

400제 + 시간단축비법

*정오표 확인은 애드투(www.addto.co.kr) 사이트 내 [교재정보]메뉴에서 확인 가능합니다.

초판 발행 : 2024년 3월 4일
2판 2쇄 발행 : 2025년 10월 1일
발행인 : 박경식
저자 : 길잡이연구소, 애드투북스 공저
편집자 : 조재필, 심재훈, 한단비
발행처 : (주)애드투
등록번호 : 제 2022-000008호
이메일 : books@addto.co.kr
교재정오표 : addto.co.kr

저자와
협의하에
인지를 생략함

ISBN 979-11-93369-08-1
정가 33,000원

독학으로 끝내는 시리즈

독끝 NCS

공기업 NCS & 대기업 인적성 대비

수리능력 · 자료해석 PSAT

400제 + 시간단축비법

해설편 2

독학으로 끝내는 PSAT 수리능력 · 자료해석

독끝

Daily 400제

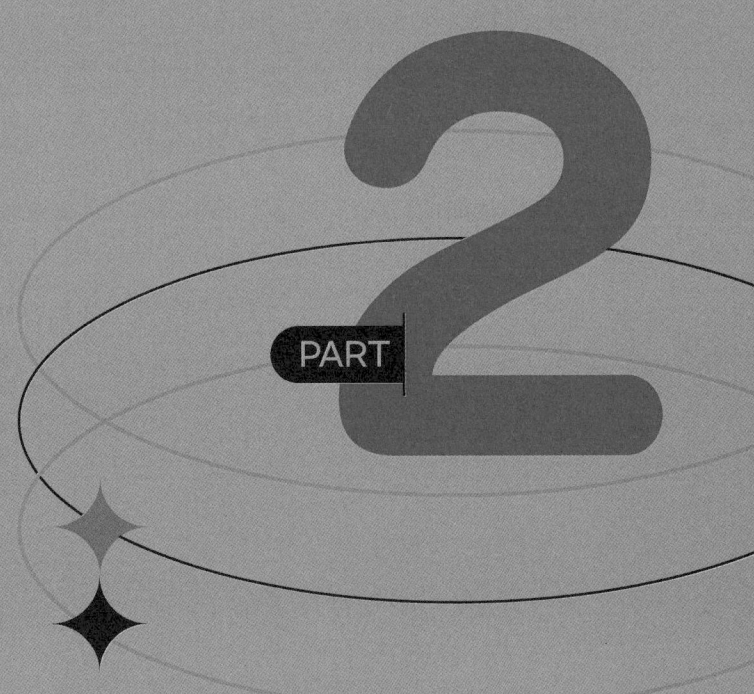

기본편 · 정답 및 해설

PART 2

독끝 기본 1일차 (001~030)

정답

001	④	002	③	003	④	004	①	005	⑤
006	⑤	007	①	008	②	009	①	010	①
011	②	012	④	013	④	014	⑤	015	④
016	②	017	③	018	②	019	③	020	④
021	③	022	①	023	③	024	②	025	①
026	④	027	③	028	④	029	⑤	030	③

001 정답 ④

난이도 ●●●

ㄱ. (O) 회계부정행위 신고 현황

➜ 회계부정행위 신고 건수는 모두 64건으로 2018년보다 29건이 감소하였고, '회계부정행위 신고에 대한 사회적 관심이 증가하여 2018년에는 신고 건수가 전년 대비 크게 증가(111.4%)하였다.' 이 두 문장에서 찾아볼 수 있다.

ㄴ. (O) 연도별 회계부정행위 신고 건수 추이(2013 ~ 2016년)

➜ '2019년 회계부정행위 신고 건수는 전년 대비 31.2% 감소하였지만 2013년부터 2016년까지 연간 최대 32건에 불과하였던 점을 감안하면 2017년 11월 포상금 규정 개정 전보다 여전히 높은 수준이었다.'라는 문장에서 찾아볼 수 있다.

ㄷ. (O) 회계부정행위 신고에 대한 최대 포상금 규정

➜ 두 번째 문장 '회계부정행위 신고에 대한 최대 포상금 한도가 2017년 11월 규정 개정 후에는 1억 원에서 10억 원으로 상향됨에 따라 ~' 이 부분에서 찾아볼 수 있다.

ㄹ. (×) 회계부정행위 신고 포상금 지급 현황

➜ 〈보고서〉에는 회계부정행위 신고 포상금 지급 건수와 지급액에 대한 내용이 나타나 있지 않다. 따라서 〈표〉는 〈보고서〉를 작성하기 위해 사용된 자료로 볼 수 없다.

합격자의 실전 풀이 순서

❶ 발문을 잘 읽고 〈보고서〉를 작성하기 위해 사용된 자료를 고르는 문제임을 확인한다. 따라서 구체적인 수치는 비교하지 않아도 된다.

❷ 보기의 제목과 자료를 읽고 관련된 내용이 〈보고서〉에 있는지 찾는다.

❸ 보기 ㉠, ㉡, ㉢에 대한 정보가 〈보고서〉에 언급되어 있음을 확인한다. 따라서 답은 ④번이다.

합격자의 시간단축 Tip

기본적으로 난이도가 낮은 유형이므로, 빠르고 정확하게 풀어내는 연습이 필요하다.

이때 핵심이 되는 것이 '발문에 대한 정확한 이해'이다. 이 유형은 유사한 발문이 많으나, 그 내용에 따라 접근방법이 미세하지만 조금씩 다르기 때문에, 발문을 잘 이해해야 명확한 방향성을 가지고 빠르게 대처할 수 있기 때문이다.

따라서 ① 추가로 필요한 자료 ② 작성하기 위해 사용된 자료 ③ 직접적 근거가 된 자료 ④ 작성하기 위해 사용하지 않은 자료 등 유사한 발문 각각에 대해 본인만의 일관된 대처 방안을 만들어 놓는 것이 필요하다.

보기 ㉡ 자료의 제목은 비교적 파악하기 쉬우나 ㉡과 같이 연도로 자료를 찾아야 하는 경우 놓치기 쉽다. 따라서 자료에서 많이 사용되고 있는 연도(문제의 경우 2017 ~ 2019년)를 눈에 익힌 후 어색하거나 처음 보는 연도가 있는지를 빠르게 확인하여야 한다.

이를 보다 응용하면 "전년 대비"나 "동분기 대비" 등과 같이 단어로 표현되는 경우도 잦다. 이러한 표현이 출제되었을 때 '숫자' 위주로 확인하면 놓치기 쉬우므로, 연도 주변은 잘 읽어보는 것이 좋다.

보기 ㉣ 회계 부정행위 신고 포상금 지급 건수와 지급액에 관한 표임을 확인하고 〈보고서〉를 보면, 포상금에 관하여는 포상금 한도에 대한 정보밖에 없음을 확인할 수 있다.

따라서 보기 ㉣은 사용되지 않은 자료이다. 이처럼 자료의 제목과 수치화되는 정보의 단어만을 빠르게 확인하여 같은 단어가 〈보고서〉에 존재하는지를 빠르게 확인하여야 한다. 다만 평소와 달리 실제 시험장에서 사용되지 않은 자료를 마주하게 되면 '혹 놓친 것은 아닐까'하는 불안함이 들 수 있다.

이 경우 '지급 건수, 지급액'과 같은 자료 내 변수를 빠르게 찾아보거나, 단위인 '건, 만원' 등을 찾아보는 방식으로 빠르되 불안함은 제거하고 가는 것이 좋다.

002 정답 ③ 난이도 ●●●

〈표〉를 통해 각 공종의 공법별 공사기간과 총공사비를 나타내면 다음과 같다.

공종	공법	공사기간	항목별 공사비 총합
토공사	A	4	4+6+4=14
	B	3	7+5+3=15
	C	3	5+5+3=13
골조공사	D	12	30+20+14=64
	E	14	24+20+15=59
	F	15	24+24+16=64
마감공사	G	6	50+30+10=90
	H	7	50+24+12=86

토공사의 경우 총공사비를 최소화할 수 있는 공법은 C 공법이고, 이때의 공사기간은 3개월이다.
골조공사의 경우 총공사비를 최소화할 수 있는 공법은 E 공법이고, 이때의 공사기간은 14개월이다.
마감공사의 경우 총공사비를 최소화할 수 있는 공법은 H 공법이고, 이때의 공사기간은 7개월이다.
따라서 총공사비를 최소화하도록 공법을 적용할 때 총공사 기간은 3+14+7=24(개월)이다.

합격자의 실전 풀이 순서

❶ 총공사비가 최소화되려면 항목별 공사비의 합이 최소화되는 값을 찾아야 한다.

❷ 각각 더하는 방법도 좋지만 최솟값을 정한 후 최솟값과의 차이로 각 공종에서의 최소비용이 드는 공법을 골라내보자.

❸ 토공사의 경우 재료비, 노무비, 경비의 최솟값을 각각 4, 5, 3으로 잡아본다.
최솟값과의 차이가 재료비, 노무비, 경비 순으로
A=0+1+1=2
B=3+0+0=3
C=1+0+0=1
이므로 최솟값과 차이가 없는 C가 최소가 된다.
따라서 C가 가장 작은 값이다.

❹ 골조공사의 경우 재료비, 노무비, 경비의 최솟값을 각각 24, 20, 14로 잡아본다.
최솟값과의 차이가 재료비, 노무비, 경비 순으로
D=6+0+0=6
E=0+0+1=1
F=0+4+2=6
이므로 최솟값과 차이가 가장 작은 E가 최소가 된다.
따라서 E가 가장 작은 값이다.

❺ 마감공사의 경우 재료비는 어차피 값이 같으므로 비교에서 제외 가능하다. 따라서 노무비, 경비만 비교해보자.
최솟값은 각각 24, 10이다.
최솟값과의 차이가 노무비, 경비 순으로
G=6+0=6
H=0+2=2
이므로 최솟값과 가장 차이가 작은 H가 최소가 된다.
따라서 H가 가장 작은 값이다.
각 C, E, H에 해당하는 공사기간을 더해보면 3, 14, 7이므로 24가 된다.

합격자의 시간단축 Tip

공법별 총공사비를 계산할 때 모든 공법의 총공사비를 항목별 공사비의 합으로 구하지 않고, 차잇값을 활용하여 비교하면 보다 효율적인 풀이가 될 수 있다.
예를 들어, D, E, F를 비교할 때 D와 E는 노무비는 값이 같지만, 재료비는 D가 6만큼 더 크고 경비는 E가 1만큼 커서 E의 총공사비가 더 작을 것이다.
그리고 E와 F를 비교하면 재료비는 같지만, 노무비와 경비 모두 F가 크므로 결국 E가 가장 작다. 이와 같은 차이 값을 이용한 비교는 수치가 큰 경우에 더 유용하므로 연습해두는 것이 좋다.

003 정답 ④ 난이도 ●●●

ㄱ. (×) 2017 ~ 2019년 동안 매학기 장학생 수가 증가하는 장학금 유형은 ~~1개이다~~.
→ 매학기 장학생 수가 증가하는 여부를 판단하면 된다.
A는 2017년 1학기에서 2학기로 되면서 장학생 수는 112명에서 106명으로 감소했다.
B는 2018년 1학기에서 2학기로 되면서 장학생 수는 21명에서 20명으로 감소했다.
C는 2019년 1학기에서 2학기로 되면서 장학생 수는 137명에서 122명으로 감소했다.
D는 2017년 1학기에서 2학기로 되면서 장학생 수는 543명에서 542명으로 감소했다.
E는 2017년 1학기에서 2학기로 되면서 장학생 수는 2,004명에서 1,963명으로 감소했다.
따라서 2017 ~ 2019년 동안 매학기 장학생 수가 증가하는 장학금 유형은 0개이다.

ㄴ. (O) 2018년 1학기에 비해 2018년 2학기에 장학생 수와 장학금 총액이 모두 증가한 장학금 유형은 4개이다.

➜ 〈표〉에서 2018년도 내용을 확인하면, B를 제외하고는 A, C, D, E 모두 장학생 수와 장학금 총액이 증가하였으므로, 보기 ㉡ 내용에 해당하는 장학금 유형은 4개이다.

ㄷ. (×) 2019년 2학기 장학생 1인당 장학금이 가장 많은 장학금 유형은 ~~B이다~~.

➜ 장학생 1인당 장학금$=\frac{\text{장학금 총액}}{\text{장학생 수}}$이므로, 이 수식을 이용하여 2019년 2학기 장학금을 계산한다.

A: 1인당 장학금$=\frac{372}{104}=3.58$(백만 원)

B: 1인당 장학금$=\frac{70}{20}=3.5$(백만 원)

C: 1인당 장학금$=\frac{419}{122}=3.43$(백만 원)

D: 1인당 장학금$=\frac{1,039}{584}=1.78$(백만 원)

E: 1인당 장학금$=\frac{1,904}{1,767}=1.07$(백만 원)이다.

따라서 2019년 2학기 장학생 1인당 장학금이 가장 많은 장학금 유형은 A이다.

ㄹ. (O) E장학금 유형에서 장학생 수와 장학금 총액이 가장 많은 학기는 2019년 1학기이다.

➜ 〈표〉에서 2019년 1학기 E의 장학생 수와 장학금 총액은 각각 2,188과 2,379로 두 항목 모두 나머지 학기랑 비교했을 때 가장 많다. 따라서 E 장학금 유형에서 장학생 수와 장학금 총액이 가장 많은 학기는 2019년 1학기이다.

합격자의 실전 풀이 순서

❶ 〈표〉를 읽고 장학금 유형별 장학생 수와 장학금 총액에 대한 표임을 파악한다. 또한 수(개수)와 금액이 나왔으므로, 장학생 1인당 장학금액 같은 개념을 물어볼 수 있음을 인지한다.

❷ 〈보기〉 중 장학금 유형 하나를 단순 확인하는 보기 ㉣을 먼저 푼다. 옳은 보기이므로 답은 ④, ⑤번 중 하나이다. 이하의 **Tip**을 체화한다면 보기 ㉠이 더욱 쉽고 빠를 수 있다.
본인이 예외를 찾는 것에 특화되었다면 ㉠부터 푸는 것을 추천한다.

❸ 보기 ㉡과 ㉢ 중에 단순 확인이 가능한 보기 ㉡을 푼다. 보기 ㉡은 옳은 보기이므로 답은 ④번이다.

합격자의 시간단축 Tip

보기 ㉠ '매 학기, 매년, 항상'과 같은 단어가 주어진 선지의 경우, 예외 하나만 발견하는 것으로 충분하다. 이때 수험생의 시간을 뺏기 위해서 출제 위원분들은 예외를 뒷부분에 숨겨두는 경우가 많으므로, 항상 뒤에서부터 예외를 찾는 습관을 지니는 것이 좋다.
예를 들어 A, B, C, D, E 모두 마지막 부분인 2019년 1학기 → 2학기에 장학생 수가 감소하거나 같은 것을 볼 수 있다.

보기 ㉢ 분수 비교를 할 때는 비슷한 수치로 변환하여 더 쉽게 비교할 수 있다.

A: $\frac{372}{104}=\frac{744}{208}≒\frac{74}{21}$ vs B: $\frac{70}{20}$을 비교하면 A가 더 크다는 것을 쉽게 알 수 있다.

보기 ㉣ 가장 많은 학기가 2019년 1학기인지 확인하는 것이므로 2019년 1학기의 E 장학금 유형의 장학생 수와 장학금 총액의 수치를 기준으로 하여 빠르게 다른 학기들을 눈으로 확인한다.
이러한 단정적 보기("가장 ~한 것은 A이다")는 〈표〉에서 장학생 수와 장학금 총액이 가장 많은 학기를 구하고, 해당 학기가 2019년 1학기인지를 확인하는 절차가 아니라 2019년 1학기의 수치를 기준으로 삼고 반례가 있으면 틀린 선지, 없으면 옳은 선지로 파악하는 것이 시간 절약에 도움이 된다.
추가로 이 문제에서는 틀린 선지가 아니었으나, 반례는 주로 질문한 값의 주변에 있다. 특히 표의 내용이 많을수록 그런 경향이 강하기에, 주변부부터 확인하는 것이 좋다.

004 정답 ❶ 난이도 ●●○

ㄱ. (O) 직원 1인당 매출액이 가장 많은 지점은 D이다.

➜ 지점별 직원 1인당 매출액$=\frac{\text{매출액}}{\text{직원 수}}$이므로 지점별 직원 1인당 매출액을 구해보면

A지점 1인당 매출액: $\frac{10\text{ (억 원)}}{5\text{ (명)}}=2$ (억 원)

B지점 1인당 매출액: $\frac{21\text{ (억 원)}}{10\text{ (명)}}=2.1$ (억 원)

C지점 1인당 매출액: $\frac{18\text{ (억 원)}}{8\text{ (명)}}=2.25$ (억 원)

D지점 1인당 매출액: $\frac{10\text{ (억 원)}}{3\text{ (명)}}\approx 3.33$ (억 원)

E지점 1인당 매출액: $\frac{12\text{ (억 원)}}{6\text{ (명)}}=2$ (억 원) 이다.

따라서 직원 1인당 매출액이 가장 많은 지점은 D이다.

ㄴ. (○) 목표매출액 달성률이 가장 높은 지점은 C이다.

➜ 목표매출액 달성률(%) = $\frac{\text{매출액}}{\text{목표매출액}} \times 100$ 이므로 〈표〉에 주어진 자료를 이용해서 구해보면

A지점 목표매출액 달성률: $\frac{10}{15} \times 100 \approx 66.67$ (%)

B지점 목표매출액 달성률: $\frac{21}{26} \times 100 \approx 80.77$ (%)

C지점 목표매출액 달성률: $\frac{18}{20} \times 100 = 90$ (%)

D지점 목표매출액 달성률: $\frac{10}{13} \times 100 \approx 76.92$ (%)

E지점 목표매출액 달성률: $\frac{12}{16} \times 100 = 75$ (%)

이다.

따라서 목표매출액 달성률이 가장 높은 지점은 C이다.

ㄷ. (×) 지점 매출액이 5개 지점 매출액의 평균을 초과하는 지점은 ~~3곳이다~~.

➜ 5개 지점 매출액의 평균은

$\frac{10+21+18+10+12}{5} = \frac{71}{5} = 14.2$ (억 원)

이므로, 5개 지점 매출액의 평균을 초과하는 지점은 B, C 2곳이다.

ㄹ. (×) 5개 지점의 매출액이 각각 20%씩 증가한다면, 전체 매출액은 전체 목표매출액을 ~~초과한다~~.

➜ 5개 지점의 매출액이 각각 20%씩 증가하면 전체 매출액도 20% 증가하므로 전체 매출액은 $71 \times (1+0.2) = 85.2$(억 원)이 된다. 따라서 전체 매출액인 85.2억 원은 전체 목표매출액인 90억 원을 초과하지 않는다.

합격자의 실전 풀이 순서

❶ 〈표〉의 정보를 확인하며 '전체'가 주어져 있다는 것을 확인한다. 또한, 각주를 〈표〉에서 어떻게 구하는지 파악한다. 일반적으로 각주가 분수일 때, 〈표〉의 배열 순서와 반대인 경우가 많다.

❷ 간단한 보기 ㉢ 먼저 해결한다. 보기 ㉢은 전체가 주어져 있으므로 평균을 쉽게 구할 수 있고 단순확인으로 풀 수 있는 보기이다. 5개 지점 전체 매출액이 71이므로 평균은 약 14라고 생각하고 이를 초과하는 지점은 2개이므로 틀린 보기이다. 따라서 답은 ①, ④번 중 하나이다.

❸ 보기 ㉣을 확인하면 틀린 보기이므로 답은 ①번이다.

합격자의 시간단축 Tip

보기 ㉠ D의 직원 1인당 매출액이 3 초과이므로 3을 기준으로 이보다 큰 지점이 존재하는지 확인한다.

항상 구체적인 값을 계산하기보다는 기준을 잡고 비교하는 습관을 들여야 한다.

보기 ㉡ 분수 비교 문제이지만, 가장 적절한 두 가지 방법은 다음과 같다.

[방법 1] '대입-모순 확인법'

주어진 C지점의 목표매출액 달성률을 기준점으로 도출하면 $\frac{18}{20} \times 100 = 90\%$이다.

이 값을 다른 지점에 대입하여 모순이 발생하는지 확인하면 된다. 이때 90%를 직접 계산하는 것은 비효율적이므로,

"목표매출액 × 10% + 매출액 < 목표매출액"로 처리한다.

예를 들어 A의 경우 $15 \times 10\% + 10 = 11.5 < 15$이다.

[방법 2] '여집합 분수비교'

주어진 C의 목표매출액 달성률은 1에 가까운 숫자이므로, 여집합으로 확인하면 편하다. 반대해석의 일종인 만큼 문장을 바꿔보면, "(1 − 목표매출액 달성률)이 가장 낮은 지점은 C이다"가 된다.

이때 C의 (1 − 목표매출액 달성률) = 100% − 90% = 10%이다. 이 값을 첫번째 방법과 마찬가지로 다른 값에 대입하여 모순이 발생하는지 확인하면, C의 (1 − 목표매출액 달성률)이 가장 낮다는 것을 쉽게 확인할 수 있다.

보기 ㉣

[방법 1]

5개 지점의 매출액이 각각 20% 증가한다면, 전체 지점의 매출액도 20% 증가할 것이다.

전체 매출액인 71이 20% 증가하면, 약 14가 증가하므로 약 85이다.

따라서 전체 목표매출액인 90을 초과하지 않는다.

[방법 2]

문제의 경우 주어진 71이라는 값이 20%를 도출하기 쉬운 경우였으나, 만약 71보다 어려운 값을 주면 반대로 접근할 수 있다. 71이 90이 되려면 19가 필요하다. 그러나 20%가 19가 되려면 모수가 100에 가까워야 하므로, 모수가 71인 경우 당연히 90을 초과할 수 없다. 따라서 더 도출하기 쉬운 값을 기준으로 근사치를 구하는 유연한 풀이가 필요하다.

005 정답 ⑤ 난이도 ●●○

A의 총적중 횟수의 최솟값과 C의 총적중 횟수의 최댓값의 차이를 구하기 위해 A의 총 적중 횟수를 최소로 만든다.

	1라운드 5발 발사		2라운드 8발 발사		3라운드 5발 발사		4라운드 8발 발사		5라운드 8발 발사	
A	20%	ⓐ		ⓑ	60%	ⓒ	37.5%	ⓓ		ⓔ
B	40%		62.5%		100%		12.5%		12.5%	
C			62.5%		80%				62.5%	

ⓐ는 1라운드 5발 중 20%이므로 적중 횟수는 1발, ⓒ는 3라운드 5발 중 60%이므로 적중 횟수는 3발, ⓓ는 4라운드 8발 중 37.5%이므로 3발이다.
참가자 A의 총적중 횟수의 최솟값을 구하려면 ⓑ와 ⓔ 값이 최소여야 한다. 그런데 두 번째 〈조건〉에서 각 참가자의 라운드별 적중 횟수는 최소 1발부터이므로 ⓑ와 ⓔ의 최솟값은 각각 1발이어야 하지만, 세 번째 〈조건〉에서 참가자 별로 1발만 적중시킨 라운드 횟수는 2회 이하여야 한다는 조건에 위배된다.
참가자 A는 이미 1라운드에 1발을 적중했으므로, 2라운드와 5라운드 중, 한 라운드에서는 1발, 다른 한 라운드에서는 2발을 적중할 때가 최소일 때가 된다.
따라서

	1라운드 5발 발사		2라운드 8발 발사		3라운드 5발 발사		4라운드 8발 발사		5라운드 8발 발사	
A	20%	1발		1발	60%	3발	37.5%	3발		2발
B	40%		62.5%		100%		12.5%		12.5%	
C			62.5%		80%				62.5%	

또는

	1라운드 5발 발사		2라운드 8발 발사		3라운드 5발 발사		4라운드 8발 발사		5라운드 8발 발사	
A	20%	1발		2발	60%	3발	37.5%	3발		1발
B	40%		62.5%		100%		12.5%		12.5%	
C			62.5%		80%				62.5%	

이며, 참가자 A의 총 적중 횟수 최솟값은 1+1+3+3+2=10발이다.
이제, A의 총적중 횟수의 최솟값과 C의 총적중 횟수의 최댓값의 차이를 구하기 위해 C의 총적중 횟수를 최대로 만든다.

	1라운드 5발 발사		2라운드 8발 발사		3라운드 5발 발사		4라운드 8발 발사		5라운드 8발 발사	
A	20%	ⓐ		ⓑ	60%	ⓒ	37.5%	ⓓ		ⓔ
B	40%		62.5%		100%		12.5%		12.5%	
C		ⓕ	62.5%	ⓖ	80%	ⓗ		ⓘ	62.5%	ⓙ

ⓖ는 2라운드 8발 중 62.5% 이므로 적중 횟수는 5발, ⓗ는 3라운드 5발 중 80%이므로 적중 횟수는 4발, ⓙ는 5라운드 8발 중 62.5%이므로 5발이다.
참가자 C의 총적중 횟수의 최댓값을 구하려면 ⓑ와 ⓔ 값이 최소여야 한다.
그런데 두 번째 〈조건〉에서 각 참가자의 라운드별 적중 횟수는 최소 1발부터이므로 ⓕ와 ⓘ의 최댓값은 두 번째 〈조건〉에 의해 각각 5발씩이다.

	1라운드 5발 발사		2라운드 8발 발사		3라운드 5발 발사		4라운드 8발 발사		5라운드 8발 발사	
A	20%	ⓐ		ⓑ	60%	ⓒ	37.5%	ⓓ		ⓔ
B	40%		62.5%		100%		12.5%		12.5%	
C		5발	62.5%	5발	80%	4발		5발	62.5%	5발

따라서 참가자 C의 총적중 횟수 최댓값은 5+5+4+5+5=24발이다.
그러므로 참가자 A의 총적중 횟수의 최솟값과 참가자 C의 총 적중 횟수의 최댓값의 차이는 14이다.

합격자의 실전 풀이 순서

❶ 발문을 읽고 구해야 하는 것을 파악한다. 또한, 〈조건〉을 읽으며 1, 3라운드는 1발 적중 시 20%씩 증가하고, 2, 4, 5라운드는 1발 적중 시 12.5%씩 증가하며 최댓값이 62.5%(5발 적중)이라는 것을 파악한다. 또한 주어진 정보가 적고 도출이 용이한 만큼, A와 C의 적중 횟수 값을 적어두면 이후 빠른 풀이가 가능하다.

❷ A의 총적중 횟수를 최소로 만들기 위해서는 이미 1발만 적중시킨 라운드가 1회 존재하므로 2, 5라운드의 적중 횟수가 (1, 2), (2, 1)의 조합이어야 한다. 한편, C의 총적중 횟수를 최대로 만들기 위해서는 1, 4라운드 모두 5발을 적중한 경우이다.

❸ A의 총적중 횟수의 최솟값(1+1+3+3+2=10)과 C의 총적중 횟수의 최댓값(5+5+4+5+5=24)의 차이는 14이므로 답은 ⑤번이다.

합격자의 시간단축 Tip

Tip ❶ 분수를 소수로 바꾸고, 소수를 분수로 바꾸는 것이 자유롭도록 기본적인 분수의 소수값들을 외워두면 좋다. 이 문제의 경우 $\frac{1}{8}$=0.125라는 것이 활용된다.

Tip ❷ 문제에서 묻는 것은 A와 C로, B는 무의미한 정보에 해당한다.

따라서 문제를 쉽게 풀기 위해 %값을 '적중 횟수'로 전환하여 작성할 때, 기계적으로 무용한 B의 값을 도출하여 시간을 낭비하는 일이 없도록 필요 없는 정보 위에 빗금을 쳐서 고려 대상에서 제외하는 습관을 지닌다면, 시험 도중 사고가 꼬이거나 불필요한 행동을 하는 일이 적어질 것이다.

006 정답 ⑤ 난이도 ●●●

ㄱ. (×) 초미세먼지로 인한 조기사망자수가 가장 많은 지역은 ~~서울이다~~.

➜ 〈그림〉에서 (지역, N)의 컴마 뒤 숫자가 해당 지역의 **초미세먼지로 인한 조기사망자수**이다.

예를 들어 (울산, 222)는 울산 지역의 초미세먼지로 인한 조기사망자수가 222명을 뜻한다.

따라서 〈그림〉에서 **괄호 안 컴마(,) 뒤 숫자**가 가장 큰 것을 찾으면 서울은 1,763명인 것에 비해, 경기도 2,352명으로 가장 많다.

ㄴ. (×) 연령표준화사망률이 높은 지역일수록 초미세먼지로 인한 ~~조기사망자수는 적다~~.

➜ 〈그림〉에서 세로축이 연령표준화사망률이므로 그림의 제일 위 칸에 분포된 점일수록 연령표준화사망률이 높은 지역이다.

예를 들어 연령표준화사망률이 가장 높은 지역은 가장 높은 위치의 점에 해당되는 세종이고, 그다음은 대구 순이라 할 수 있다.

ⓛ에서 연령표준화사망률이 높은 지역일수록 초미세먼지로 인한 조기사망자수(괄호 안 컴마 뒤 숫자)가 적다고 했다.

하지만 연령표준화사망률이 높은 순으로 두 번째인 대구는 초미세먼지로 인한 조기사망자수가 672명이나 되는 것에 비해, 연령표준화사망률이 중간보다 낮은 쪽에 속하는 대전은 초미세먼지로 인한 조기사망자수가 342명밖에 되지 않아 〈그림〉에서 위쪽에 분포될수록(연령표준화사망률이 높을수록) 초미세먼지로 인한 조기사망자수(괄호 안 컴마 다음 숫자)가 적다고 해석하는 것은 적당하지 않다.

ㄷ. (○) 초미세먼지 농도가 가장 낮은 지역의 초미세먼지로 인한 조기사망자수는 충청북도보다 많다.

➜ 초미세먼지 농도가 가장 낮은 지역은 〈그림〉에서 가장 왼쪽 칸에 위치해 있는 지역으로 강원도라 볼 수 있다.

강원도의 초미세먼지로 인한 조기사망자수는 443명이므로 충청북도의 초미세먼지로 인한 조기사망자수 403명보다 많다.

ㄹ. (○) 대구는 부산보다 연령표준화사망률은 높지만 초미세먼지로 인한 조기사망자수는 적다.

➜ 대구를 나타내는 점은 부산을 나타내는 점보다 위쪽에 위치하고 있어 연령표준화사망률이 높은 것은 참이다. 또한 대구의 초미세먼지로 인한 조기사망자수는 672명이고 부산의 초미세먼지로 인한 조기사망자수는 947명이므로 대구의 초미세먼지로 인한 조기사망자수가 부산보다 적다.

합격자의 실전 풀이 순서

❶ 〈그림〉에서 초미세먼지 농도, 연령표준화사망률, 초미세먼지로 인한 조기사망자수를 보는 방법을 파악한다.

❷ 간단한 보기 ㉠ 먼저 해결한다. 보기 ㉠은 괄호 속 숫자가 서울보다 큰 곳이 있는지 확인한다. 경기도가 더 크므로 틀린 보기이다. 답은 ③, ④, ⑤번 중 하나이다.

❸ 보기 ㉡보다 간단한 ㉢을 확인한다. 초미세먼지 농도가 가장 낮은 지역은 〈그림〉 상 가장 좌측에 있는 강원도로 충청북도의 403보다 큰 443이다. 따라서 옳은 선지이다.

❹ 두 값을 비교하기만 하면 되는 보기인 ㉣을 확인한다. 대구는 부산보다 y축 값이 크고, 672로 947보다 작으므로 옳은 선지이다.

합격자의 시간단축 Tip

보기 ㉠ "가장 많은, 가장 적은" 등의 발문이 있는 경우 예외를 하나라도 찾으면 틀린 선지가 된다. 이때 통상 예외는 선지에서 주어진 변수의 주변 값이나 가장 마지막 부분에 존재한다.

예를 들어 보기 ㉠은 서울을 질문하였는데, 그 예외는 바로 옆의 경기도에서 찾아볼 수 있다.

007 정답 ① 난이도 ●●●

① (○) 2019년 경기의 5톤 미만 어선 수의 전년 대비 증감율은 10% 미만이다.

➜ 2018년도 경기의 5톤 미만 어선 수는 1,703(척), 2019년도 경기의 5톤 미만 어선 수는 1,583(척) 이므로, 전년대비 120척이 감소했다.

– 증감률 계산방법: $\left(\frac{\text{비교대상}-\text{기준}}{\text{기준}}\right)\times 100$,

작년대비라고 했으니까, 기준은 작년이다.

$\left(\frac{1,583-1,703}{1,703}\right)\times 100=-7\%$

(즉, 작년대비 7% 감소율을 보인다)이므로 10% 미만에 속한다.

② (×) 2019년 대구를 제외한 각 지역에서 '1톤 미만' 어선 수는 전년보다 ~~감소한다~~.

➜ 2018년 세종시의 '1톤 미만' 어선 수는 7척, 2019년 세종시의 '1톤 미만' 어선 수는 8척이므로 전년보다 증가했다.

③ (×) 2018년 대구, 세종, 충북을 제외한 각 지역에서 '1톤 이상 2톤 미만' 부터 '4톤 이상 5톤 미만'까지 톤급이 증가할수록 어선 수는 ~~감소한다~~.

➜ 2018년 부산, 울산, 경기, 강원의 경우 '1톤 이상 2톤 미만'부터 '4톤 이상 5톤 미만'까지 톤급이 증가할수록 어선 수가 감소하지만, 인천, 전북, 전남, 경북, 경남, 제주의 경우는 '1톤 이상 2톤 미만' 부터 '4톤 이상 5톤 미만'까지 톤급이 증가할수록 어선 수가 감소한다고 볼 수 없다.

④ (×) 2018년과 2019년 모두 '1톤 이상 2톤 미만' 어선 수는 충남이 ~~세 번째로 크다~~.

➜ '1톤 이상 2톤 미만' 어선 수는 2018년의 경우 전남 > 경남 > 충남 > 부산 > 전북 > 강원 > 경북 > 울산 > 인천 > 경기 > 제주 > 충북 > 대구 =세종 순이고

2019년의 경우

전남 > 경남 > 부산 > 충남 > 전북 > 강원 > 경북 > 울산 > 경기 > 인천 > 제주 > 충북 > 대구= 세종 순이다.

따라서 '1톤 이상 2톤 미만' 어선 수는 2018년의 경우 충남이 세 번째로 크고, 2019년의 경우 부산이 세 번째로 크다.

⑤ (×) 2018년과 2019년 모두 '1톤 미만' 어선 수 대비 '3톤 이상 4톤 미만' 어선 수의 비가 가장 높은 지역은 ~~인천이다~~.

➜ '1톤 미만' 어선 수 대비 '3톤 이상 4톤 미만' 어선 수의 비가 높은 경우는 '1톤 미만' 어선 수보다 '3톤 이상 4톤 미만' 어선 수가 많은 경우이다.

'1톤 미만' 어선 수보다 '3톤 이상 4톤 미만' 어선 수가 많은 지역은 2018년과 2019년의 경우 모두 인천과 제주이다.

2018년 '1톤 미만' 어선 수 대비 '3톤 이상 4톤 미만' 어선 수의 비는

• 인천의 경우: $\frac{191}{147} \fallingdotseq 1.3$

• 제주의 경우: $\frac{335}{142} \fallingdotseq 2.4$로 제주가 인천보다 높다.

2019년 '1톤 미만' 어선 수 대비 '3톤 이상 4톤 미만' 어선 수의 비는

• 인천의 경우: $\frac{174}{98} \fallingdotseq 1.8$

• 제주의 경우: $\frac{349}{123} \fallingdotseq 2.8$로 제주가 인천보다 높다.

따라서 2018년과 2019년 모두 '1톤 미만' 어선 수 대비 '3톤 이상 4톤 미만' 어선 수의 비가 가장 높은 지역은 제주이다.

합격자의 실전 풀이 순서

❶ 선지 ②, ③, ④번은 확인할 것이 많지만 단순확인용 선지이고, 선지 ①, ⑤번은 계산이 요구되는 선지임을 파악한다. [각자 강한 유형(단순확인용 vs 계산)을 미리 정하고 유형별로 먼저 풀 순서를 정해 놓고 일관되게 풀 것을 추천한다]

❷ 차이 값을 활용하면 ①번도 시간이 오래 걸리는 선지는 아니므로 순서대로 확인한다. ①번이 답이므로 답을 표시하고 넘어간다.

합격자의 시간단축 Tip

이 문제에서는 크게 다뤄지지 않았으나 **〈표〉의 연도가 역순(2019 → 2018)**이다. 이를 놓치면 주어진 정보의 연도를 정반대로 이해하여 실수할 수 있으며, 출제위원 역시 이를 의도한 선지를 구성하여 오답률을 높일 개연성이 크다.

따라서 언제나 주어진 〈표〉를 읽을 때 연도를 확인하는 습관을 지니는 것이 좋다. 필자의 경우 연도의 방향성을 표 위에 화살표로 그리고 문제를 풀기 시작하는 방법을 사용하고 있다.

선지 ① 경기의 2018년, 2019년 5톤 미만 어선 수를 모두 합하여 증감률을 계산하지 말고 차이 값을 활용하여 시간을 줄일 수 있다. 2018년과 2019년 톤 급별 차이 값을 합하면 120(36+47+17+21−1=120)인데, 2018년의 '1톤 미만'과 '1톤 이상 2톤 미만' 어선 수만 합쳐도 1,276이므로 2018년의 5톤 미만 어선 수의 감소율은 10% 미만이다.

선지 ③ "~할수록 ~한다"와 같이 완전한 경향성을 요구하는 선지는 예외를 하나라도 찾으면 틀린 선지이다. 이때 출제 위원들은 수험생의 시간을 뺏기 위해 예외를 주로 마지막에 제공한다.

예를 들어, 문제의 경우 마지막 지역인 2018년 제주를

보면 2톤 이상 3톤 미만→3톤 이상 4톤 미만이 될 때 153→335가 되는 것을 볼 수 있다.

선지 ⑤ 인천의 '1톤 미만' 어선 수 대비 '3톤 이상 4톤 미만' 어선 수의 비가 1을 초과하므로 1을 기준으로 다른 지역을 확인한다. 제주가 2를 초과하므로 반례에 해당한다. 따라서 틀린 선지이다.

008 정답 ② 난이도 ●○○

① (O) 2010 ~ 2013년 연도별 전체 거래의 건당 거래량
→ 2010년도 전체 거래량:
1,712,694÷총거래 건수 32 ≒ 53,521(kg)
2011년도 전체 거래량:
1,568,065÷총거래 건수 25 ≒ 62,722(kg)
2012년도 전체 거래량:
1,401,374÷총거래 건수 32 ≒ 43,792(kg)
2013년도 전체 거래량:
2,901,457÷총거래 건수 59 ≒ 49,177(kg)
따라서 〈그림〉과 일치한다.

② (×) 2009 ~ 2013년 유상거래 최고 가격과 최저 가격
→ 2009년 유상거래 최고 가격: 500, 최저가격 60
2010년 유상거래 최고 가격: 500, 최저가격 50
2011년 유상거래 최고 가격: 400, 최저가격 10
2012년 유상거래 최고 가격: 400, 최저가격 30
2013년 유상거래 최고 가격: 600, 최저가격 60이다.
유상거래 최고 가격은 2009~2013년 모두 〈그림〉과 일치하지만 유상거래 최저 가격은 2011년이 〈그림〉과 일치하지 않는다.

③ (O) 2013 ~ 2017년 유상거래 평균 가격
→ 2013년 유상거래 평균 가격: 180/kg
2014년 유상거래 평균 가격: 269/kg
2015년 유상거래 평균 가격: 140/kg
2016년 유상거래 평균 가격: 197/kg
2017년 유상거래 평균 가격: 124/kg
따라서 〈그림〉과 일치한다.

④ (O) 2008년 전체 거래량 구성비
→ 2008년도 전체 거래량:
115,894로 무상거래량 42,500을 나누면 ≒ 36.7
2008년도 전체 거래량:
115,894로 유상거래량 73,394을 나누면 ≒ 63.3
따라서 〈그림〉과 일치한다.

⑤ (O) 2010~2013년 무상거래 건수와 유상거래 건수
→ 2010년 무상 거래 건수: 9건, 유상 거래 건수: 23건
2011년 무상 거래 건수: 6건, 유상 거래 건수: 19건
2012년 무상 거래 건수: 7건, 유상 거래 건수: 25건
2013년 무상 거래 건수: 5건, 유상 거래 건수: 54건

합격자의 실전 풀이 순서

❶ 선지 ②, ③, ⑤번은 단순확인용 선지이고 선지 ①, ④는 계산이 필요한 선지임을 파악한다.

❷ 선지 ②, ③, ⑤번을 먼저 눈으로 확인한다. ②번이 틀린 선지이므로 답을 표시하고 넘어간다.

합격자의 시간단축 Tip

선지 ① 실전에서 ① 번 선지가 가장 복잡한 계산이 필요하므로 확인하지 않고 나머지 4개의 선지를 확인하는 것이 좋다. 하지만, 다른 문제에서 이러한 선지의 확인이 꼭 필요한 경우에는 건당 거래량을 직접 계산하지 말고 선지에 주어진 건당 거래량 값을 〈표〉의 거래건수에 곱하여 〈표〉의 거래량이 대략 나오는지 '확인'하면 시간을 단축할 수 있을 것이다.

$\frac{\text{거래량}}{\text{거래 건수}}$ = 건당 거래량

→ 거래 건수 × 건당 거래량 = 거래량을 활용

예를 들어, 2013년도의 49,177.2를 편의상 마지막 3자리를 버리고 50으로 보고 거래 건수인 59에 곱하면 50 × 59 = 2,950으로 2,901,457과 가까운 값임을 확인할 수 있다. 다만, 이보다 구체적으로 확인하고 싶다면 숫자를 분해하여 쉽게 도출할 수 있다. 가령 값을 49로 보되 49를 50−1으로 분해하면, (50−1) × 59 = 2,950 − 59으로 2,901에 가까운 값임을 알 수 있다.

선지 ④ 선지 자체는 '표−그래프 전환 유형'의 특성상 매우 구체적인 계산을 요구하지 않기 때문에 33.3%처럼 처리하거나, 가볍게 30%와 6%를 곱하여 더하는 형태로 처리하면 충분하다.
이때 36.7%는 종종 출제되는 %값으로, 이하에서는 **36.7%를 처리하는 방법**에 대해 살펴보고자 한다.
36.7%가 종종 출제되는 이유는 우리가 직관적으로 안 보여서 그렇지, 우리가 외운 %값들로 구성되어 있기 때문이다. 즉 36.7%=20%+16.7%로 구성되어 있기 때문에, 이 %들을 이용하면 비교적 편하게 처리할 수 있다. 20%와 16.7%를 이용해 36.7%를 처리하는 방법은 크게 두 가지이다.

① 첫번째 방법은 20%, 16.7%를 각각 확인하는 방법이다.
115,894를 116,000으로 대체할 때, 20%는 116,000 × 20%= 23,200이고 16.7%는 116,000을 6으로 나눈 것으로 약 19,000이다.

따라서 23,200+19,000=42,200으로 무상거래의 42,500과 매우 근사하므로 옳다는 것을 알 수 있다.

② 두번째 방법은 통분하는 방법이다.

$20\%=\frac{1}{5}$과 같고, $16.7\%=\frac{1}{6}$과 같으므로 그 합을 통분하면 $\frac{1}{5}+\frac{1}{6}=\frac{11}{30}$이 된다.

이 결과값을 공식처럼 암기해둔 다음, 전체값과 구성값 중 적용하기 편한 값에 곱하여 활용하면 된다. 예를 들어 구성값인 '무상거래' 값이 깔끔하게 주어져 있으므로, $\frac{11}{30}$의 역수를 곱해 활용해보자.

$42,500 \times \frac{30}{11}=\frac{42,500}{11} \times 30$

=약 $3,800 \times 30=114,000$으로

전체값인 115,894와 유사하다는 것을 알 수 있다.

009 정답 ❶ 난이도 ●○○

ㄱ. (O) 택시를 이용한 날은 만보기 측정값이 9,500보 이하이다.

➜ 교통수단이 택시인 날은 1일, 9일, 11일, 12일, 14일, 15일 이다.

이때 각각의 만보기 측정값은 1일(9,500), 9일(8,500), 11일(7,700), 12일(8,200), 14일(8,500), 15일(8,500)이므로, 각각의 만보기 측정값은 모두 9,500보 이하이다.

(9,500보 이하는 9,500과 같거나 작은 수, 이상은 같거나 큰 수, 미만은 같지 않으면서 작은 수, 초과는 같지 않으면서 큰 수를 의미한다.)

ㄴ. (O) 섭취 열량이 소비 열량보다 큰 날은 몸무게가 바로 전날보다 1kg 이상 증가하였다.

➜ 섭취 열량보다 소비 열량이 큰 날은 8일, 10일이다. (6일, 7일, 15일은 섭취 열량과 소비 열량이 같은 날이므로 포함되지 않는다.)

7일의 몸무게는 77.3kg이고 8일의 몸무게는 79.0kg이므로, (79.0kg−77.3kg)=1.7kg으로 1kg 이상 증가하였고,

9일의 몸무게는 78.5kg이고 10일의 몸무게는 79.6kg이므로, (79.6kg−78.5kg)=1.1kg으로 1kg 이상 증가하였다.

ㄷ. (×) 버스를 이용한 날은 몸무게가 바로 전날보다 감~~소하였다~~.

➜ 버스를 이용한 날의 몸무게를 바로 전날의 몸무게와 비교하여 나열하면 다음과 같다.

- [성립] 2일 79.5kg < 1일 80.0kg 이므로 몸무게가 감소하였다.
- [성립] 3일 79.0kg < 2일 79.5kg 이므로 몸무게가 감소하였다.
- [성립] 4일 78.0kg < 3일 79.0kg 이므로 몸무게가 감소하였다.
- [성립] 5일 77.5kg < 4일 78.0kg 이므로 몸무게가 감소하였다.
- [성립] 6일 77.3kg < 5일 77.5kg 이므로 몸무게가 감소하였다.
- [미성립] 7일 77.3kg=6일 77.3kg 이므로 몸무게가 유지되었다.
- [미성립] 8일 79.0kg > 7일 77.3kg 이므로 몸무게가 증가하였다.
- [미성립] 10일 79.6kg > 9일 78.5kg 이므로 몸무게가 증가하였다.
- [성립] 13일 77.6kg < 12일 77.9kg 이므로 몸무게가 감소하였다.

<u>따라서 7일, 8일, 10일에는 버스를 이용했음에도 전날에 비해 몸무게가 증가하였다</u>.

ㄹ. (×) 만보기 측정값이 10,000보 이상인 날은 섭취 열량이 ~~2,500 kcal 이상이다~~.

➜ 만보기 측정값이 10,000보 이상인 날은 2일~8일, 10일, 13일이다. 이때 각각의 섭취 열량은 2일(2,600), 3일(2,400), 4일(2,350), 5일(2,700), 6일(2,800), 7일(2,700), 8일(3,200), 10일(3,000), 13일(2,800)이다.

<u>따라서 3일(2,400), 4일(2,350)은 섭취량이 2,500 이하이다</u>.

합격자의 실전 풀이 순서

[방법 1]

❶ 해당 <표>의 교통수단과 같이 두 가지가 나오는 경우보다 작은 빈도로 나오는 것을 파악하는 것이 시간단축에 도움이 된다. 따라서 택시를 동그라미 쳐놓고 시작해도 좋다.
보기 ㉠에서는 동그라미 친 날짜를 기준으로 확인하면 옳은 것이 쉽게 확인된다.

❷ 보기 ㉠이 맞는 경우 선지 ①, ②, ④번이 남고 이때 보기 ㉡과 보기 ㉢중 아무거나 확인하면 된다.
보기 ㉡은 그다지 어려운 선지가 아니므로 바로 확인해보면 7일과 8일, 9일과 10일에 증가했는지를 확인하면 된다. 만일 보기 ㉡을 확인하는 과정에서 너무 많은 경우의 수가 나오는 경우 다른 선지부터 우선 검토하는 것이 효율적이다.

[방법 2]

❶ 해당 〈표〉의 교통수단과 같이 두 가지가 나오는 경우 보다 작은 빈도로 나오는 것을 파악하는 것이 시간단축에 도움이 된다. 따라서 택시를 동그라미 쳐놓고 시작해도 좋다.
보기 ㉠에서는 동그라미 친 날짜를 기준으로 확인하면 옳은 것이 쉽게 확인된다.

❷ 보기 ㉠이 맞는 경우 선지 ①, ②, ④번이 남고 이때 보기 ㉡은 첫째, 섭취＞소비인지(대소비교)와 둘째, 1kg만큼 증가하였는지(덧셈)를 모두 요구하여, 전날＞다음날인지(대소비교)만 요구하는 보기 ㉢보다 시간이 더 걸릴 것으로 예상되는 선지이므로 보기 ㉢부터 확인한다.
10일이 반례이므로 보기 ㉢은 틀린 보기이다.
따라서 답은 ①번이다.

합격자의 시간단축 Tip

보기 ㉠ 만일 보기 ㉠부터 보기 시작했다면, 택시를 이용한 날을 먼저 동그라미 친 후에 파악한다. 이 때 택시를 탄 날이 압도적으로 많으면 해당 보기를 검토하는 것이 시간단축에 도움되지 않으나, 해당 문제의 경우 택시를 탄 날이 더 적기 때문에 첫 보기부터 시작해도 무방하다.

⚠주의 택시 탄 날의 개수가 많았다면 먼저 확인할 선지가 아니다.

보기 ㉡ ~이 ~보다 ~한 경우와 같은 비교급이 나온다면 〈표〉에 표시를 해두는 것이 좋다. 섭취 열량이 소비 열량보다 큰 날을 살펴야 하므로 〈표〉의 구분 기준에 적혀 있는 섭취 열량과 소비 열량 사이에 ＞라고 부등호를 표시한 후에 표를 빠르게 훑는다. 실제로 확인해야 하는 날은 8일, 10일 밖에 없다. 이때 뺄셈보다는 덧셈이 통상 더 쉽고 빠른 연산 방법이다. 따라서 오늘 몸무게에서 1kg를 빼지 않고, 반대로 전날에서 1kg를 더하여 일의 자리를 먼저 확인하고 그 다음에 소수점 이하를 확인한다. 해당 문제는 뺄셈이 쉬우므로 어떠한 방법을 사용해도 시간이 많이 차이나지 않으나 뺄셈이 어려운 경우 이와 같이 큰 자릿수부터 더하여 확인하는 것이 좋다.

보기 ㉢ 반례를 찾으면 되는 유형이다. 이때 출제 의도상 수험생이 시간을 소모하도록 유도하기 위해 반례를 뒷부분에 배치하는 경향이 있으므로 뒤에서부터 확인하면, 뒤에서 2번째인 10일에서 반례를 쉽게 찾을 수 있다.

보기 ㉣ 반례를 찾는 문제의 경우, 〈표〉에서 어떤 부분인지와 구체적 수치를 생각해 놓고 빠르게 눈으로 스캔하며 반례를 찾아야 한다. 예를 들어 보기 ㉣의 경우, 만보기 측정값 10,000 이상이며 섭취 열량은 2,500보다 작은 반례 찾기라는 것을 생각한 후 〈표〉에서 빠르게 찾는 연습이 필요할 것이다.

010 정답 ❶ 난이도 ●●○

① (×) 전체 전투 대비 일본측 공격 비율은 임진왜란 전기에 비해 임진왜란 후기가 ~~낮다~~.
➜ 전기의 값은 1592년과 1593년의 값을 합한 것이고 후기의 값은 1597년과 1598년의 값을 합한 것이므로 임진왜란 전기의 전체 전투는 70회+17회=87회이고, 일본 측 공격 횟수는 27회+2회=29회이다.
이 값을 활용하여 비율을 구해보면,

• 전기: $\frac{27+2}{70+17}=\frac{29}{87}\approx 0.333$

• 후기: $\frac{8+0}{10+8}=\frac{8}{18}\approx 0.444$

이므로 전체 전투 대비 일본 측 공격 비율은 임진왜란 전기에 비해 임진왜란 후기가 더 높다.

② (○) 조선측 공격이 일본측 공격보다 많았던 해에는 항상 조선측 승리가 일본측 승리보다 많았다.
➜ 조선 측 공격이 일본 측 공격보다 많았던 해는 1592년, 1593년, 1598년이고 이 시기에 항상 조선 측 승리가 1592년엔 40회, 1593년엔 14회, 1598년엔 6회로 일본 측 승리보다 많았다.
따라서 조선 측 공격이 일본 측 공격보다 많았던 해에는 항상 조선 측 승리가 일본 측 승리보다 많았다.

③ (○) 전체 전투 대비 관군 단독전 비율은 1598년이 1592년의 2배 이상이다.
➜ 1598년과 1592년의 전체 전투 대비 관군 단독전 비율을 계산해보면

• 1592년: $\frac{19}{70}\approx 0.2714$

• 1598년: $\frac{6}{8}\approx 0.75$

이다. 1592년 비율의 2배는→0.2714 × 2=0.5428 이므로 전체 전투 대비 관군 단독전 비율은 1598년이 1592년의 2배 이상이다.

④ (○) 1592년 조선이 관군·의병 연합전으로 거둔 승리는 그 해 조선측 승리의 30% 이상이다.
➜ 1592년 조선이 관군 연합전 횟수는 42회, 조선 측 승리는 40회, 일본 측의 승리는 30회이다. 1592년 조선이 관군·의병 연합전으로 거둔 승리는 조선 관군 단독전과 의병 단독전을 모두 패배했다고 가정

했을 때이다. 따라서 최솟값은 40회－28회로 구할 수 있다.
즉 1592년 조선이 거둔 승리 대비 관군·의병 연합전으로 거둔 승리의 비율은 $\frac{12회}{40회}$=0.3이므로 30% 이상이다.

⑤ (O) 1598년에는 관군 단독 전 중 조선측 승리인 경우가 있다.
➜ 1598년에는 관군 단독전이 총 6회이다. 일본 측 승리를 할 때, 항상 관군 단독 전으로 참여했다고 가정하여도 나머지 4회의 전투는 조선 측의 승리이다. 그렇기에 관군 단독 전 중 조선 측 승리인 경우가 무조건 존재한다.

합격자의 실전 풀이 순서

❶ 〈표〉에는 '전체 전투' 및 '합계'가 주어져 있음을 표시하고 선지로 내려간다.

❷ 선지를 훑어보면 비율을 계산하는 것처럼 보이는 ①, ③, ④가 보이고, 단순 확인인 ②는 '항상' 이라는 표현 때문에 모든 연도를 확인해야 하므로, 1개 연도에 대한 최소한의 교집합을 구하는('적어도' 문제) 선지 ⑤번 먼저 해결한다.

합격자의 시간단축 Tip

선지 ① '반대 해석'으로 역수 비교 시 편하게 해결할 수 있다. 반대 해석 시 "일본측 공격 대 전체 전투는 후기가 더 높다"가 된다. 전기의 경우 29→87은 3배이며, 후기의 경우 8→18은 2배가 조금 넘는다. 즉 전기>후기이므로 틀린 선지가 된다.

선지 ② 반례를 찾으면 되는 문제이므로, 출제 의도상 수험생이 시간을 소모하도록 유도하기 위해 뒷부분에 반례를 배치할 가능성이 크므로 뒤에서부터 확인한다.

선지 ③ 전체 전투 대비 관군 단독 전 비율은 1598년에 $\frac{6}{8}$=75%이고, 1592년에 $\frac{19}{70}$ < $\frac{21}{70}$=30%이다.
따라서 전자는 후자의 2배 이상이다.

선지 ④ 조선측 승리와 일본측 승리는 배타적이다. 따라서 만일 30회의 일본측 승리가 모두 관군·의병 연합전에 해당한다면 단 12번만이 조선측 승리에 해당할 것이고, 이 때 $\frac{12}{40}$=30%이다.
반대로 주어진 30%가 맞다고 보고 계산하며 40 × 30%=12이다. 일본측 승리에 12를 더하면 30+12=42로 (관군－의병 연합 전 횟수)인 42와 일치한다. 따라서 옳은 보기이다.

선지 ⑤ '적어도' 유형은 쉽게 말해 '시키는 것의 반대(청개구리 원리)'만 하면 되는 유형이다.
관군 단독 전 중 조선측 승리인 경우를 물었으므로, 일본측 승리 모두가 관군 단독전인 경우를 고려하면 관군(6)－일본승리(2)=4를 바로 도출할 수 있다.
이처럼 공식에 매몰되지 않고, 원리에 따라 접근하면 더 짧은 계산으로 도출할 수 있을 것이다.

011 정답 ②

난이도 ●●○

① (O) 남녀 각각 연령대가 높을수록 탈모 증상 경험자의 비율도 높다.
➜ 남자가 20대 5.1%, 30대 16.2%, 40대 30%, 50대 35.8%, 60대 37%로 연령대가 높을수록 탈모 증상 경험자의 비율이 높음을 알 수 있다.
여자가 20대 4.1%, 30대 8.9%, 40대 12.4%, 50대 15.3%, 60대 26.9% 로 연령대가 높을수록 탈모 증상 경험자의 비율이 높음을 알 수 있다.

② (×) 탈모 증상 경험자 중 탈모 증상 완화 시도 방법으로 미용실 탈모 관리를 받았다고 한 응답자의 수는 남성이 여성보다 ~~많다~~.
➜ 탈모 증상 경험자 중 남자는 총 214명인데, 이중 미용실 탈모 관리를 받았다고 응답한 수는 4.2% 로서 약 9명이다. (계산: 214×4.2÷100≒9명)
탈모 증상 경험자 중 여자는 총 115명인데, 이중 미용실 탈모 관리를 받았다고 응답한 수는 11.3% 로서 약 13명이다. (계산: 115×11.3÷100≒13명)

③ (O) 탈모 증상 경험자의 연령대가 낮을수록 탈모 증상 완화를 시도한 응답자의 비율이 높다.
➜ 〈표 2〉를 보면, 탈모 증상 경험자의 연령대가 낮을수록 탈모 증상 완화를 시도하지 않은 응답자의 비율이 낮다. 이를 통해 탈모 증상 경험자의 연령대가 낮을수록 탈모 증상 완화를 시도한 응답자의 비율이 높음을 알 수 있다.

④ (O) 탈모 증상 경험자 중 부모의 탈모 경험이 있다고 한 응답자의 비율은 70% 이상이다.
➜ 탈모 증상 경험자 수는 329명, 부모의 탈모 경험이 있다고 한 응답자 수는 236명이므로 탈모 증상 경험자 중 부모의 탈모 경험이 있다고 한 응답자의 비율은 $\frac{236}{329}$×100(%)≒71.7%이다.

⑤ (O) 탈모 증상이 심각하다고 한 응답자 중 부모의 탈모 경험이 있다고 한 응답자는 57명 이상이다.
➜ 전체 응답자는 329명인데 이중 탈모가 심각한

사람은 150명이다. 한편 전체 응답자 329명 중 부모의 탈모 경험이 없는 사람은 93명이다. 탈모가 심각한 150명에서 부모의 탈모 경험이 없다고 응답한 93명을 모두 제외하더라도 (236−179)=57명이 나온다. 즉 57명 이상이 탈모 증상이 심각하며 부모의 탈모 경험이 있는 사람이라는 것이라는 것을 알 수 있다.

합격자의 실전 풀이 순서

❶ 발문에 수치가 주어지면 문제 해결에 필요하므로 확인한다. 또한, 〈표 1〉과 〈표 2〉의 구조를 파악한다. 즉, 〈표 1〉에서는 응답자 수와 탈모 증상 경험 여부(%)를 곱하여 탈모 증상 경험자 수를 구할 수 있다는 것을 파악한다.

❷ 단순하게 확인할 수 있는 ①, ③번을 먼저 확인하고 ②, ④, ⑤번을 확인한다. [빠르게 선지가 요구하는 것이 단순 확인인지 계산인지 파악하는 연습이 필요하다]

❸ ①, ③번은 옳은 선지이고 ②번은 곱셈 비교를 하면 틀린 선지이므로 답은 ②번이다.

합격자의 시간단축 Tip

설문조사가 주어진 경우, 가장 우선으로 '모수'를 파악하는 것이 중요하다. 특히 놓치기 쉬운 것이 '무응답, 복수 응답 여부'로 문제와 같이 무응답이나 복수 응답이 없는 경우엔 편하게 문제를 풀어내면 되지만, 혹 무응답이나 복수 응답이 있는 경우 총합이 100%가 아니어서 주의할 필요성이 있다. 따라서 항상 설문조사의 경우 〈표〉 아래에 무응답, 복수 응답 여부를 확인하는 습관을 지니는 것이 좋다.

선지 ② 214명 4.2% (남성) vs 115명 11.3%(여성)에서 115명→214명은 2배 미만 증가했지만, 4.2%→11.3%는 2배 이상 증가했으므로 여성이 남성보다 많다.

선지 ③ 탈모 증상 완화를 시도한 응답자의 비율이 높은 것과 탈모 증상 완화를 시도하지 않은 응답자의 비율이 낮다는 것은 같은 의미이므로 이를 활용한다.
〈표 2〉에서 연령대가 낮을수록 탈모 증상 완화를 시도하지 않은 응답자의 비율이 낮아지므로 옳은 선지이다. 이처럼 총합이 100%인 경우 반대 해석이 더욱 편한 경우가 많으므로, 질문을 쉽게 치환할 수 있도록 표 내부의 관계성을 파악하여 활용하는 연습을 하는 것이 좋다.

선지 ④ 탈모 증상 경험자 중 부모의 탈모 경험이 있다고 한 응답자의 비율이 70% 이상이면 탈모 증상 경험자 중 부모의 탈모 경험이 없다고 한 응답자의 비율이 30% 이하일 것이다.
70%를 계산하는 것보다 30%를 계산하기가 쉽다. 〈표 2〉에서 탈모 증상 경험자는 329명이고 이것의 30%는 약 99명이다. 탈모 증상 경험자 중 부모의 탈모 경험이 없다고 한 응답자는 93명이므로 30% 이하이다. 따라서 옳은 선지이다.

012 정답 ④ 　난이도 ●●○

ㄱ. (○) 도입처가 서울대공원인 반달가슴곰의 자연적응률은 자연출산 반달가슴곰의 자연적응률보다 낮다.
➜ 〈표〉를 보고 도입처가 서울대공원인 반달가슴곰의 자연적응률을 구해보면

$$\frac{\text{도입처가 서울대공원인 자연적응 반달가슴곰 수}}{\text{도입처가 서울대공원인 전체 반달가슴곰 수}}\times 100$$

$=\frac{5(\text{개체})}{7(\text{개체})}\times 100=71.4\%$이고,

출산방식이 자연출산인 반달가슴곰의 자연적응률을 구해보면,

$$\frac{\text{출산방식이 자연출산인 자연적응 반달가슴곰 수}}{\text{출산방식이 자연출산인 전체 반달가슴곰 수}}\times 100$$

$=\frac{39(\text{개체})}{46(\text{개체})}\times 100=84.7\%$이므로 도입처가 서울대공원인 반달가슴곰의 자연적응률은 자연출산 반달가슴곰의 자연적응률보다 낮다.

ㄴ. (×) 자연출산 반달가슴곰의 생존율은 ~~90%를 넘는다.~~
➜ 〈표〉를 보고 자연출산 반달가슴곰의 생존율을 구해보면,

$$\frac{\text{출산방식이 자연출산인 생존 반달가슴곰 수}}{\text{출산방식이 자연출산인 전체 반달가슴곰 수}}\times 100$$

$=\frac{41(\text{개체})}{46(\text{개체})}\times 100=89.1\%$ 이므로 90%를 넘지 않는다.

ㄷ. (○) 반달가슴곰의 폐사율은 자연출산이 증식장출산보다 낮다.
➜ 〈표〉를 보고 자연출산 반달가슴곰의 폐사율을 구해보면,

$$\frac{\text{출산방식이 자연출산인 폐사 반달가슴곰 수}}{\text{출산방식이 자연출산인 전체 반달가슴곰 수}}\times 100$$

$=\frac{5(\text{개체})}{46(\text{개체})}\times 100=10.8\%$ 이고,

증식장출산 반달가슴곰의 폐사율을 구해보면,

$$\frac{\text{출산방식이 증식장출산인 폐사 반달가슴곰 수}}{\text{출산방식이 증식장출산인 전체 반달가슴곰 수}}\times 100$$

$=\frac{1(\text{개체})}{8(\text{개체})}\times 100=12.5\%$ 이므로 반달가슴곰의 폐사율은 자연출산이 증식장출산보다 낮다.

ㄹ. (O) 도입처가 러시아인 반달가슴곰 중 적어도 두 개체의 폐사원인은 '자연사'이다.

➜ 도입처가 러시아인 폐사 반달가슴곰 수는 9개체이고, 도입처가 러시아가 아닌 폐사 반달가슴곰 수는 6개체이다.

이때, 폐사원인이 '자연사'인 경우에 해당하는 반달가슴곰 수는 8개체이므로 도입처가 러시아인 반달가슴곰 중 적어도 2개체의 폐사원인은 '자연사'에 해당한다.

합격자의 실전 풀이 순서

❶ 〈표〉와 각주를 읽고 각주를 〈표〉에서 구하는 방법을 파악한다.

❷ 간단한 보기 ㉡ 먼저 해결한다. 보기 ㉡은 틀린 선지이므로 답은 ②, ④번 중 하나이다.

❸ 보기 ㉣을 확인한다. 보기 ㉣이 옳은 보기이므로 답은 ④번이다.

합격자의 시간단축 Tip

보기 ㉠ 분수 비교를 쉽게 하기 위한 비교 방법 중 하나는 분자나 분모 값을 근삿값으로 맞춰주는 방법이 있다.

서울대공원의 자연적응률은 $\frac{5}{7}$, 자연출산의 자연적응률은 $\frac{39}{46}$로, 전자의 분자 분모에 8을 곱해 분자끼리 근삿값을 맞춰주면 $\frac{5}{7}=\frac{40}{56}<\frac{39}{46}$임을 쉽게 확인할 수 있다.

보기 ㉡ $\frac{41}{46}$이 90% 넘는다는 것을 반대 해석하면 $\frac{5}{46}$가 10% 미만이어야 한다.

그러나 46×10%=4.6<5이므로 틀린 선지이다.

보기 ㉢ 자연출산과 증식장출산의 폐사율을 분수 비교할 때, 분자나 분모 값을 근삿값으로 맞추면 쉽게 비교할 수 있다.

$\frac{5}{46}$ vs $\frac{1}{8}=\frac{5}{40}$을 비교하면 증식장출산이 분자는 같고 분모가 더 작으므로 더 크다는 것을 쉽게 알 수 있다.

보기 ㉣ '적어도, 최소, ~이상' 유형은 자주 출제되는 유형이다. 수험생들이 매우 다양한 방식으로 풀어내고 있으나, 어떤 방식이든 '선지에서 물어본 것과 정반대되는 행위'를 한다는 청개구리 원칙만 가지고 있으면 쉽게 도출할 수 있다.

보기 ㉣의 경우 러시아 반달가슴곰의 폐사 원인이 자연사인 경우를 묻고 있으므로, 반대 해석을 이용하여 '자연사가 아닌 러시아 반달가슴곰'을 찾으면 된다.

이 경우 올무 3+농약 1+기타 3=7개체이므로, 폐사 개체 수인 9에서 7을 빼면 적어도 2개체의 폐사 원인은 자연사임을 알 수 있다.

013 정답 ④ 난이도 ●●●

ㄱ. (×) '시설'과 '기자재' 항목은 응답인원이 많은 학년일수록 항목별 교육 ~~만족도가 높다~~.

➜ 응답인원이 많은 순으로 학년을 나열하면 4학년 > 3학년 > 1학년 > 2학년 순이다.

'시설' 항목의 교육 만족도가 높은 순으로 학년을 나열하면 1학년(3.78) > 2학년(3.76) > 4학년(3.75) > 3학년(3.74)이고, '기자재' 항목의 교육 만족도가 높은 순으로 학년을 나열하면 1학년(3.73) > 2학년(3.71) > 4학년(3.70) > 3학년(3.69)이므로 응답인원이 많은 학년일수록 항목별 교육 만족도가 높지 않다.

ㄴ. (O) 항목별로 교육 만족도가 높은 순서대로 학년을 나열할 때, 순서가 일치하는 항목들이 있다.

➜ '전공' 항목의 교육 만족도가 높은 순으로 학년을 나열하면 3학년(3.96) > 2학년(3.95) > 4학년(3.94) > 1학년(3.90)이다.

'교양' 항목의 교육 만족도가 높은 순으로 학년을 나열하면 4학년(3.77) > 2학년(3.75) > 3학년(3.74) > 1학년(3.70)이다.

'시설' 항목의 교육 만족도가 높은 순으로 학년을 나열하면 1학년(3.78) > 2학년(3.76) > 4학년(3.75) > 3학년(3.74)이다.

'기자재' 항목의 교육 만족도가 높은 순으로 학년을 나열하면 1학년(3.73) > 2학년(3.71) > 4학년(3.70) > 3학년(3.69)이다.

'행정' 항목의 교육 만족도가 높은 순으로 학년을 나열하면 3학년(3.66) > 4학년(3.65) > 2학년(3.64) > 1학년(3.63)이다.

따라서 '시설'과 '기자재' 항목의 순서가 일치한다.

ㄷ. (×) 학년이 높아질수록 항목별 교육 만족도가 높아지는 항목은 ~~1개이다~~.

➜ '전공' 항목은 학년이 높아질수록 교육 만족도가 높아지지 않는다. (3.90→3.95→3.96→3.94)

'교양' 항목은 학년이 높아질수록 교육 만족도가 높아지지 않는다. (3.70→3.75→3.74→3.77)

'시설' 항목은 학년이 높아질수록 교육 만족도가 높아지지 않는다. (3.78 → 3.76 → 3.74 → 3.75)
'기자재' 항목은 학년이 높아질수록 교육 만족도가 높아지지 않는다. (3.73 → 3.71 → 3.69 → 3.70)
'행정' 항목은 학년이 높아질수록 교육 만족도가 높아지지 않는다. (3.63 → 3.64 → 3.66 → 3.65)
따라서 학년이 높아질수록 항목별 교육 만족도가 높아지는 항목은 없다.

ㄹ. (○) 각 학년에서 교육 만족도가 가장 높은 항목은 모두 '전공'이다.
→ 1학년에서 교육 만족도가 가장 높은 항목은 전공(3.90)이다.
2학년에서 교육 만족도가 가장 높은 항목은 전공(3.95)이다.
3학년에서 교육 만족도가 가장 높은 항목은 전공(3.96)이다.
4학년에서 교육 만족도가 가장 높은 항목은 전공(3.94)이다.
따라서 각 학년에서 교육 만족도가 가장 높은 항목은 모두 '전공'이다.

합격자의 실전 풀이 순서

❶ 〈표〉의 구조를 파악하고 각주를 읽는다.
❷ 눈으로 쉽게 확인할 수 있는 보기 ㉢, ㉣을 확인한다. 보기 ㉣은 옳은 선지이므로 답은 ④, ⑤번 중 하나이다.
❸ 보기 ㉢을 확인하면, 학년이 높아질수록 항목별 교육 만족도가 높아지는 항목(〈표〉에서 위에서 아래로 갈수록 점점 점수가 높아지는 항목)은 0개이므로 틀린 보기이다.
따라서 답은 ④번이다.

합격자의 시간단축 Tip

이 문제처럼 "~수록 ~하다" 형태의 문제는 통상 난이도는 낮으나 시간을 많이 할애하도록 유도하거나, 실수를 유발하고자 하는 의도가 있다. 따라서 시키는 대로 다 따라간 후 비교하지 말고 계속 비교하면서 '예외'가 나온 순간 그만두는 것이 요구된다.
예를 들어 보기 ㉠의 경우 응답 인원이 많은 학년은 4 → 3 → 1 → 2 순인데, '시설'을 같은 순서로 확인하면 4학년이 3학년보단 높지만 3학년이 1학년보다 낮아 틀린 선지이다.
이때 곧장 멈추고 ㉠을 틀린 선지로 봐야 한다. 많은 수험생이 학년 순위, 시설 순위, 기자재 순위를 모두 작성 후 비교하는 비효율적 풀이를 하는 만큼, 앞선 방법을 통해 시간을 확보하여 그들보다 우위를 가질 수 있다.

014 정답 ⑤ 난이도 ●●●

ㄱ. (×) 2017~2019년 동안 모바일 광고매출액의 전년 대비 증가율은 매년 ~~30% 이상이다~~.
→ 모바일 광고매출액의 전년 대비 증가율은 $\frac{\text{이번 연도 매출액}-\text{전년도 매출액}}{\text{전년도 매출액}}\times 100$을 통해 구할 수 있다.
예 2017년 대비 2018년 모바일 광고매출액의 전년 대비 증가율은 $\frac{45,678-36,618}{36,618}\times 100=$ 약 24.74%이다.
이와 같은 방법으로 2018년 대비 2019년 모바일 광고매출액의 증가율을 구해보면, $\frac{54,781-45,678}{45,678}\times 100=$약 19.92%이다.
따라서 2017~2019년 동안 모바일 광고매출액의 전년 대비 증가율은 매년 30%를 넘지 않는다.

ㄴ. (×) 2017년의 경우, 방송 매체 중 지상파TV 광고매출액이 차지하는 비중은 온라인 매체 중 인터넷(PC) 광고매출액이 차지하는 비중보다 작다.
→ 매체 중 세부 매체가 차지하는 비중은 $\frac{\text{세부 매체 차지 값}}{\text{매체 소계 값}}\times 100$을 통해 구할 수 있다.
예 2017년 방송 매체 중 지상파TV 광고매출액이 차지하는 비중은 $\frac{14,219}{35,385}\times 100=$약 40.18%를 차지한다.
이와 같은 방법으로 온라인 매체 중 인터넷(PC) 광고매출액이 차지하는 비중을 계산해 보면 $\frac{20,554}{57,172}\times 100=$약 35.95%를 차지하는 것을 알 수 있다.
40.18% > 35.95%이므로, 방송 매체 중 지상파TV 광고매출액이 차지하는 비중이 크다.

ㄷ. (○) 케이블PP의 광고매출액은 매년 감소한다.
→ 케이블PP의 2019년 광고매출액은 2019년 방송 매체 소계에서 케이블PP의 광고매출액을 제외한 나머지 전체 값을 빼면 구할 수 있다.
방송 매체 소계(31,041) − (12,310 + 1,816 + 35 + 1,369 + 503) = 15,008(억 원)
케이블PP의 광고매출액은 2016년 18,537(억 원), 2017년 17,130(억 원), 2018년 16,646(억 원), 2019년 15,008(억 원)으로 매년 감소하였으므로 옳은 보기이다.

ㄹ. (○) 2016년 대비 2019년 광고매출액 증감률이 가장 큰 세부 매체는 모바일이다.

→ 2016년 대비 2019년 광고매출액 증감률은 $\frac{\text{2019년 광고매출액}-\text{2016년 광고매출액}}{\text{2016년 광고매출액}}\times 100$을 통해 구할 수 있다.

- 라디오: $\frac{1,816-2,530}{2,530}\times 100=$약 -28.22%
- 지상파DMB: $\frac{35-53}{53}\times 100=$약 -33.96%
- 케이블PP: $\frac{15,008-18,537}{18,537}\times 100$ =약 -19.04%
- 케이블SO: $\frac{1,369-1,391}{1,391}\times 100$ =약 -1.58%
- 위성방송: $\frac{503-480}{480}\times 100=$약 4.79%
- 인터넷(PC): $\frac{19,109-19,092}{19,092}\times 100$ =약 0.09%
- 모바일: $\frac{54,781-28,659}{28,659}\times 100$ =약 91.15%이다.

증감률이 가장 큰 세부 매체는 모바일이므로 옳은 보기이다.

합격자의 실전 풀이 순서

❶ 〈표〉의 구조를 파악한다. 매체의 하위분류로 세부 매체가 있고, 방송과 온라인의 '소계'값이 주어져 있음을 확인한다.

❷ ㉠과 ㉡은 곱셈 및 분수 비교가 필요하다는 점에서 가벼운 뺄셈만 요구되는 단순한 ㉢을 먼저 확인한다. 이하의 **Tip**을 통해 확인하면 빠르게 ㉢이 옳은 선지임을 알 수 있다.

❸ 모바일을 제외한 세부 매체의 증감률이 매우 낮아 쉽게 모바일이 가장 큰 것을 알 수 있다. 따라서 답은 ⑤번이다.

합격자의 시간단축 Tip

보기 ㉠ 어림산을 통해 빨리 계산할 수 있다. 2018~2019년 모바일 광고매출액의 증가율을 45,678→54,781 이 아닌 45→54로 어림산하면, 증가율은 약 20%이다.

따라서 틀린 선지이다.

참고로, 이와는 반대로 선지에서 주어진 값을 그대로 이용하여 어림산 하는 방법도 있다. 앞서와 마찬가지로 아래 3자리를 버리고 45, 54로 볼 때, 주어진 30%를 곱하면 13.5로 더하면 58.5로 큰 것을 알 수 있다. 따라서 틀린 선지이다.

보기 ㉡ $\frac{14,219}{35,385}=\frac{14}{35}$ vs $\frac{20,554}{57,172}=\frac{20}{57}$을 비교하면 전자는 약 40%이지만 후자는 확실히 40% 미만이므로 전자가 더 크다.

참고로 어림산을 할 때, 유효숫자를 항상 3자리로 잡는 습관은 없어야 한다. 문제에 따라 충분한 차이가 있어 2자리로 비교하기만 해도 충분한 경우가 많으므로, 유효숫자를 2자리로 비교를 한 후 애매한 경우에만 유효숫자 3자리로 비교를 다시 하는 것이 좋다.

※ 보다 구체적인 유효숫자 잡는 방법은 'Part 1. 시간단축비법'을 참조하자.

보기 ㉢ 빈칸의 숫자를 정확히 구할 필요가 없다. 방송의 소계는 2019년에 전년보다 약 1,700 감소했다. 케이블PP를 제외한 다른 세부 매체들을 보면 지상파TV와 라디오는 광고매출액이 감소했지만 감소 값이 200 미만이며, 케이블SO는 증가하였다. 즉, 다른 세부 매체가 2019년 전년보다 100 이상 감소하지 않았으므로 케이블PP의 광고매출액은 무조건 감소했다는 것을 알 수 있다.

보기 ㉣ 모바일의 경우 아래 3자리를 버림할 때 28×2=56으로 2배 약간 안 되는 정도로 증가한 것을 알 수 있다. 그러나 모바일을 제외한 모든 세부 매체가 50% 조차 안 되는 증감률을 보이므로 쉽게 모바일의 증감률이 가장 크다는 것을 알 수 있다.

015 정답 ④ 난이도 ●●○

〈조건 1〉 자동차 압류건수는 중부청이 남동청의 2배 이상이다.

→ 〈그림 2〉에서 자동차 압류건수가 2배 이상 차이가 나는 조합은 A와 C, C와 D이다.

따라서 B는 중부청과 남동청 모두에 해당하지 않는다.

〈조건 2〉 남부청과 북부청의 부동산 압류건수는 각각 2만 건 이하이다.

→ 주어진 그림을 참고하여 각 지방청별 부동산 압류건수를 각각 구해보면

- A 지방청: $121,397\times\frac{18}{100}=$약 21,851건,
- B 지방청: $121,397\times\frac{15}{100}=$약 18,209건,

• C 지방청: $121,397\times\frac{40}{100}$=약 48,558건,

• D 지방청: $121,397\times\frac{8}{100}$=약 9,711건이 된다.

이 중 2만 건 이하인 지방청은 B 지방청과 D 지방청이므로

B 지방청=남부청, D 지방청=북부청

OR

B 지방청=북부청, D 지방청=남부청이 된다.

〈조건 3〉 지방청을 부동산 압류건수와 자동차 압류건수가 큰 값부터 순서대로 각각 나열할 때, 순서가 동일한 지방청은 동부청, 남부청, 중부청이다.

➜ 주어진 그림을 참고하여 부동산 압류건수와 자동차 압류건수가 큰 값부터 순서대로 각각 나열하면,

• 부동산 압류건수: C 지방청 > A 지방청 > B 지방청 > 서부청 > D 지방청 > 동부청 순이고,
• 자동차 압류건수: C 지방청 > B 지방청 > 서부청 > A지방청 > D 지방청 > 동부청 순이다.

이 중 순서가 동일한 지방청은 C 지방청, D 지방청, 동부청이므로 C=중부청, D=남부청이다.

따라서 B는 북부청이다.

합격자의 실전 풀이 순서

❶ 〈그림 1〉과 〈그림 2〉의 제목을 읽고 부동산과 자동차를 구별해야 함을 파악한다. 또한, 발문을 통해 B와 D에만 집중하면 된다는 것을 인식한다.

❷ 1번째 〈조건〉에 따르면 중부청이 남동청의 두 배 이상이 되어야 한다. 이를 위해 중부청을 알파벳 기준으로 제일 작은 D청으로 가정하더라도 22% 이상이 되어야 하므로, 중부청은 C청일 수밖에 없다. 반대로 남동청의 경우 두 배가 32%보다 작은 A 내지 D청 중 하나가 된다.

❸ 3번째 〈조건〉에 따르면 이미 알고 있는 동부청과 중부청을 제외하면 순서가 같은 지방청은 D청 밖에 없어 남부청은 D청, 그리고 1번째 〈조건〉에 따라 남동청은 A청이 되며 남은 B청은 자연스럽게 북부청임을 알 수 있다.
따라서 답은 ④번이다.

합격자의 시간단축 Tip

Tip ❶ 〈조건〉을 반드시 순서대로 해결할 필요는 없다는 것을 알아 두자. 또한, 시간 단축을 위해 선지 구성을 적재적소에 활용하여 답을 쉽게 찾을 수 있어야 한다.

Tip ❷ 1번째 〈조건〉에서 보듯, 외적으로는 확정 정보가 아닌 것처럼 보이지만, 실제로는 확정적 정보를 제공해주는 조건이 존재하는 경우가 많다. 따라서 주어진 정보와 자료 하에 확정 정보를 발견할 수 있도록 '경우의 수'를 체계적으로 나누는 연습을 하는 것이 좋다.

016 정답 ❷ 난이도 ●●○

ㄱ. (○) 2003~2016년의 국세 및 국세청세수

➜ 〈보고서〉에는 2017년 국세청세수가 전년도보다 22.3조 원이 증가하였고, 2002년부터 2017년까지 국세 대비 국세청세수의 비율이 매년 증가 추세를 보이고 있다고 작성되어 있다.
〈표 1〉에서는 2002년, 2007년, 2012년, 2017년의 국세 및 국세청세수만 제시되어 있으므로 2003 ~ 2016년의 국세 및 국세청세수 자료는 추가로 필요하다.

ㄴ. (×) 2003~2016년의 관세청 소관분

➜ 〈보고서〉에는 '국세는 국세청세수에 관세청 소관분과 지방자치단체 소관분을 합한 금액이다'라는 정의가 나와 있을 뿐 관세청 소관분과 지방자치단체 소관분을 표시하는 구체적인 자료를 필요로 하지는 않는다. 따라서 2003~2016년의 관세청 소관분 자료는 추가로 필요하지 않다.

ㄷ. (○) 2017년의 세무서별·세목별 세수 실적

➜ 〈보고서〉에서는 2017년 세목별 세수 실적을 금액이 큰 순서대로 나열하였고, 세수 1위 남대문세무서 등을 나열하며 2017년 세무서별 세수 실적 순위 또한 표시하였다. 실적 순위를 파악하려면 2017년 세목별 세수 실적, 세무서별 세수 실적의 구체적인 자료가 필요하다.
따라서 2017년의 세무서별, 세목별 세수 실적은 추가로 필요한 자료이다.

ㄹ. (×) 2002~2017년의 국세청 직원 1인당 국세청세수

➜ 보기 ㉣은 2002 ~ 2017년까지 매년 국세청 직원 1인당 국세청세수를 말하고 있다. 〈보고서〉에 서술된 것은 '국세청 직원 1인당 국세청세수는 2007년 8,336백만 원, 2017년 13,360백만 원으로 큰 폭의 상승세를 보인다. 국세청세수 100원당 징세비는 2017년 기준 0.62원으로 2002년 0.85원에 비해 20% 이상 감소하였다.'이다.
이때, 2002, 2007, 2017년의 자료는 본문의 〈표〉에 표기되어 있다.
따라서 2002 ~ 2017년의 국세청 직원 1인당 국세청세수 자료는 필요하지 않다.

합격자의 실전 풀이 순서

❶ 추가로 필요한 자료를 구하는 문제임을 확인한 후, 〈표 1〉과 〈표 2〉의 구조와 내용(구분, 조사연도)을 파악한다.

❷ 〈보고서〉를 읽으면서 수치가 나온 정보가 〈표 1〉과 〈표 2〉를 통해 '알 수 없는 정보'라면 해당 부분을 표시해 놓는다. 즉, 1문단을 읽으며 세목별, 세무서별 세수 실적과 2002년부터 2017년까지의 매년 중 빠진 부분이 있다는 것을 파악한다.

❸ 2문단은 〈표 2〉의 자료를 이용하여 구할 수 있는 내용이다. 따라서 답은 〈보기〉 ㉠, ㉢으로 구성된 ②번이다.

합격자의 시간단축 Tip

연도가 주어진 경우, 문제와 같이 5년 단위의 자료를 주면서 '매년'이라고 질문을 하거나 연도를 역순으로 제공하는 등의 방식으로 함정을 설치하는 경우가 많다. 따라서 항상 연도가 있으면 표나 자료별로 연도가 어떻게 주어졌는지를 확실히 확인하는 습관을 지녀야 한다.

보기 ㉣ 추가로 필요한 자료를 묻는 문제에서 가장 어려운 형태로, 〈보고서〉 상에 존재하나 이를 기존의 자료를 '조합'하여 구할 수 있는 경우에 해당한다. 만약 단순히 자료 이름만 확인하고 문제에 접근할 경우 보기 ㉣도 옳다고 보아 ④번을 선택할 수 있다.
따라서 〈표〉를 확인할 때 어떠한 내용을 포함하고 있는지를 암기하여 ㉣과 같은 선지를 보았을 때 기존의 표를 조합하여 구할 수 있음을 인지할 수 있어야 한다.

017 정답 ❸ 난이도 ●●○

ㄱ. (×) 경제적 중요도가 S인 분류군 중, '갑'국에서 종의 수가 세 번째로 많은 분류군은 ~~노린재목이다~~.
➜ 경제적 중요도가 S인 분류군은 노린재목, 딱정벌레목, 벌목, 파리목, 나비목이다.
이들을 '갑'국에서 종의 수가 많은 순서대로 나열하면, 나비목(3,702), 딱정벌레목(3,658), 벌목(2,791), 노린재목(1,886), 파리목(1,594)이다.
따라서 '갑'국에서 노린재목은 나비목, 딱정벌레목, 벌목 다음으로 네 번째로 많은 분류군이다.

ㄴ. (○) 경제적 중요도가 A인 분류군 중, '을'국에서 종의 수가 두 번째로 많은 분류군은 총채벌레목이다.
➜ 경제적 중요도가 A인 분류군은 메뚜기목, 총채벌레목, 풀잠자리목이다.
'을'국에서 종의 수가 많은 순서대로 나열하면 메뚜기목(372), 총채벌레목(176), 풀잠자리목(160)이다. '을'국에서 총채벌레목은 메뚜기목 다음으로, 즉 두 번째로 많은 분류군이다. 따라서 맞는 보기이다.

ㄷ. (○) 경제적 중요도가 C인 분류군 중, '갑'국의 분류군별 종 다양성이 가장 낮은 분류군은 털이목이다.
➜ 경제적 중요도가 C인 분류군은 무시류, 고시류, 강도래목, 털이목, 이목, 부채벌레목, 밑들이목, 벼룩목, 날도래목이다. '갑'국의 분류군별 종 다양성(%)은 $\frac{\text{'갑' 국의 분류군별 종의 수}}{\text{분류군별 전체 종의 수}} \times 100$ 이다.
'갑'국의 분류군별 종 다양성이 높은 순서대로 나열하면,

- 이목: $\frac{22}{500} \times 100 = 4.4$
- 무시류: $\frac{303}{11,500} \times 100 = 2.6$
- 강도래목: $\frac{47}{2,000} \times 100 = 2.35$
- 부채벌레목: $\frac{7}{300} \times 100 = 2.33$
- 고시류: $\frac{187}{8,600} \times 100 = 2.2$
- 날도래목: $\frac{202}{11,000} \times 100 = 1.84$
- 밑들이목: $\frac{11}{600} \times 100 = 1.83$
- 벼룩목: $\frac{40}{2,500} \times 100 = 1.6$
- 털이목: $\frac{4}{2,800} \times 100 = 0.1$

이다. '갑'국의 분류군별 종 다양성이 가장 낮은 분류군은 털이목이다. 따라서 맞는 보기이다.

ㄹ. (×) 경제적 중요도가 S인 분류군 중, '병'국의 분류군별 종 다양성이 10% 이상인 분류군은 ~~4개이다~~.
➜ 경제적 중요도가 S인 분류군은 노린재목, 딱정벌레목, 벌목, 파리목, 나비목이다.
'병'국가의 분류군별 종 다양성(%)은
$\frac{\text{'병' 국의 분류군별 종의 수}}{\text{분류군별 전체 종의 수}} \times 100$이다.
'병'국의 분류군별 종 다양성이 높은 순서대로 나열하면,

- 파리목: $\frac{18,000}{120,000} \times 100 = 15$
- 벌목: $\frac{17,400}{125,000} \times 100 = 13.9$

• 노린재목: $\frac{11,300}{90,000} \times 100 = 12.6$

• 딱정벌레목: $\frac{30,000}{350,000} \times 100 = 8.6$

• 나비목: $\frac{11,000}{150,000} \times 100 = 7.3$이다.

분류군별 종 다양성이 10% 이상인 분류군은 파리목(15%), 벌목(13.9%), 노린재목(12.6%)으로 세 개이다. 따라서 틀린 보기이다.

합격자의 실전 풀이 순서

❶ 〈표〉와 각주를 읽고, 각주를 〈표〉에서 어떻게 구할 수 있는지 파악한다.

❷ 보기 ㉠, ㉡이 보기 ㉢, ㉣과 달리 단순 확인 유형이므로 먼저 확인한다.
보기 ㉠을 확인하면 틀린 보기이므로 ①, ②번을 소거한다.

❸ 보기 ㉠에서 경제적 중요도가 S인 분류군을 이미 확인하였으므로, 이를 이용해서 바로 풀 수 있는 보기 ㉣을 확인한다. 이때 보기 ㉣은 틀린 보기이므로 답은 ③번이다.

합격자의 시간단축 Tip

보기 ㉠ 경제적 중요도가 S인 분류군이 5개이므로 '갑'국에서 종의 수가 노린재목보다 많은 분류군이 2개인지 확인한다.

보기 ㉢ 두 값의 분수 비교가 아닌, 〈표〉에 존재하는 다양한 분수 값을 한 번에 검토하도록 요구하는 경우 디테일하게 검토하기 보다는 방향성을 잡고 검토하는 것이 좋다. 방향성은 크게 두 가지이다.

① 분자가 매우 작거나, 분모가 매우 큰 값 위주로 찾는 방법

② 선지에 주어진 값이 있는 경우 이를 기준으로 검토하는 방법이 있다.

예를 들어 ②번 방법을 적용하여 '털이목'을 기준으로 확인해보자. 이때 반대 해석으로 '역수 처리'를 하면 매우 편하다. 이 경우 질문은 '다양성의 역수가 가장 높은 분류군'을 찾는 것으로 바뀌는데, 털이목의 경우 2,800을 4로 나눈 700임을 쉽게 알 수 있다. 따라서 이 값을 기준으로 다른 분류군에 700을 곱하여 더 높은 분류군이 있는지 가볍게 확인하면 된다.
반대로 ①번 방법을 적용해보면, '털이목'은 C의 중요도를 가진 분류군 중 분자가 가장 작아 1순위로 의심해 볼만한 선지에 해당한다.

보기 ㉣ 10%는 분모가 되는 값을 10으로 나누거나 일의 자릿수를 제외하는 방식으로 처리해도 되지만 문제를 푸는 과정에서 자릿수가 헷갈려서 실수하는 경우가 종종 있다. 따라서 반대로 분자에 10을 곱해서 일의 자리에 0을 추가해서 비교한다면 그러한 실수를 줄일 수 있다.

018 정답 ❷ 난이도 ●●○

ㄱ. (○) 각 사업의 6개 평가 항목 원점수의 합은 A사업과 B사업이 같다.

➔ 〈표 1〉에서 A사업과 B사업의 평가 항목별 원점수를 찾을 수 있다.

• A사업: 80+80+90+90+70+70=480

• B사업: 90+90+80+80+70+70=480이므로 A사업과 B사업 둘 다 합계는 480으로 같다.

ㄴ. (×) '공적 가치'에 할당된 가중치의 합은 ~~'참여 여건'에 할당된 가중치의 합보다 작고~~, '사업적 가치'에 할당된 가중치의 합보다 크다.

➔ '공적 가치'에 할당된 가중치의 합은 0.3+0.2=0.5이다.
'참여 여건'에 할당된 가중치의 합은 0.1+0.1=0.2 이다.
'사업적 가치'에 할당된 가중치의 합은 0.2+0.1=0.3 이다.
따라서 할당된 가중치의 합이 큰 순서대로 나열하면 ('공적 가치' > '사업적 가치' > '참여 여건') 이므로 틀린 보기이다.

ㄷ. (○) '갑'공기업은 A사업을 신규 사업으로 최종 선정한다.

➔ 〈조건〉에 따라 A 사업과 B 사업의 최종 점수를 구하면

• A 사업 최종 점수: 80×0.2+80×0.1+90×0.3+90×0.2+70×0.1+70×0.1=16+8+27+18+7+7=83(점)

• B 사업 최종 점수: 90×0.2+90×0.1+80×0.3+80×0.2+70×0.1+70×0.1=18+9+24+16+7+7=81(점)이므로 A 사업을 최종 선정한다.

ㄹ. (×) '정부정책 지원 기여도' 가중치와 '수익창출 기여도' 가중치를 서로 바꾸더라도 최종 선정되는 신규 사업은 ~~동일하다~~.

➔ '정부정책 지원 기여도' 가중치와 '수익창출 기여도' 가중치를 서로 바꾸어서 각 사업의 최종 점수를 계산하면

• A 사업 최종 점수: 80×0.2+80×0.3+90×0.1+90×0.2+70×0.1+70×0.1=16+24+9+18+7+7=81(점)

• B 사업 최종 점수: 90×0.2+90×0.3+80×0.1+80×0.2+70×0.1+70×0.1=18+27+8+16+7+7=83(점)

이므로 B 사업이 최종 선정되어 신규 사업은 바뀌게 된다.

합격자의 실전 풀이 순서

❶ 〈표 1〉, 〈표 2〉, 〈조건〉을 읽는다. 〈표 1〉의 원점수에 〈표 2〉의 항목별 가중치를 곱하여 최종 점수를 구하는 구조임을 파악한다.

❷ 단순확인용 보기인 ㉠, ㉡을 먼저 확인한다. 보기 ㉠은 옳은 보기이고 보기 ㉡은 틀린 보기이므로 답은 ②, ③번 중 하나이다.

❸ 보기 ㉢을 확인하면 옳은 보기이므로 답은 ②번이다.

합격자의 시간단축 Tip

보기 ㉠ 실제로 더하지 않고 숫자를 매칭하면서 비교하면 편하다. 편의상 평가항목을 위에서부터 순서대로 1~6번째라고 명명할 때, A 사업의 1, 2번과 B 사업의 3, 4번이 80으로 동일하고, A 사업의 3, 4번과 B사업의 1, 2번이 90으로 같다. 5, 6번의 경우 양 사업 모두 70으로 동일하다.
이처럼 숫자가 대칭적으로 존재하거나, 기호가 동일하게 부여된 문제의 경우 매칭 방식으로 처리하면 좋다.

보기 ㉡ '공적 가치'에 할당된 가중치의 합은 0.5로 절반 이상이므로 무조건 1등이다. 왜냐하면 '비중' 값의 경우 그 합은 무조건 1(=100%)이므로 어느 하나가 50%를 넘으면 확정적으로 가장 큰 값일 수밖에 없으며, 50%여도 다른 값이 2개 이상 존재한다면 다른 값이 50%가 될 수 없기 때문에 확정적으로 가장 큰 값이 된다. 따라서 틀린 보기이다.
참고로 위 문제를 풀 때 활용된 원리는 정말 많은 문제에서 활용되는 원리이므로 반드시 기억하자.

보기 ㉢ 차잇값을 활용하여 간단하게 계산할 수 있다. B 사업이 A 사업보다 경영전략 달성 기여도와 수익창출 기여도가 10씩 크고, A 사업이 B 사업보다 정부정책 지원 기여도와 사회적 편익 기여도가 10씩 크다. 그러나 정부정책 지원 기여도와 사회적 편익 기여도의 가중치의 합이 0.5로 경영전략 달성기여도와 수익창출 기여도의 가중치 합인 0.3보다 크므로 A 사업의 최종 점수가 더 높을 것이고 신규 사업으로 선정될 것이다.

보기 ㉣ "바꾸더라도 최종 선정되는 신규 사업은 동일하다"라는 것은 바꾸지 않았을 때의 결과를 미리 도출해야 풀 수 있는 선지임을 의미한다. 즉 보기 ㉢을 풀었을 때 보기 ㉣을 비로소 풀 수 있다는 의미이므로 문제를 푸는 과정에서 가급적 시도하면 안 되는 선지이다.

019 정답 ③ 난이도 ●●●

① (×) '기준 해수면온도'는 ~~8월에~~ 가장 높다.
➜ 8월의 '기준 해수면온도'는 26.9이며 반면 5월의 '기준 해수면온도'는 27.9이다.
따라서 '기준 해수면온도'는 8월에 가장 높지 않다. '기준 해수면온도'가 가장 높은 달은 5월이다.

② (×) 해수면온도는 2019년 ~~6월까지만~~ 관측되었다.
➜ 이를 파악하기 위해선 α 지수의 개념을 정확히 파악해야 하는데, 설명에 보면 α 지수는 전월, 해당월, 익월의 '해수면온도 지표'의 평균값이라 설명되어 있다.
즉 그래프에서 α 지수가 2019년 6월까지 표기되었다는 것은 2019년 5월, 2019년 6월, 2019년 7월의 '해수면온도 지표'의 평균값까지 표기되었다는 것이다.
즉 해수면온도는 2019년 7월까지 관측되었다는 사실을 알 수 있다.

③ (O) 2018년에는 'E 현상'과 'L 현상'이 둘 다 있었다.
➜ 'E 현상'이 발생하려면 α 지수가 0.5 이상인 달이 5개월 이상 있어야 한다. 이를 충족하는 구간은 2018년 10월부터 2019년 6월 구간뿐이다. 따라서 2018년에는 'E 현상'은 있었다고 할 수 있다. 반면 'L 현상'이 발생하려면 α 지수가 −0.5 이하인 달이 5개월 이상 있어야 한다. 이를 충족하는 구간은 2017년 10월부터 2018년 3월 구간뿐이다. 따라서 2018년에는 'L 현상' 또한 있었다고 할 수 있다.

④ (×) 'E 현상'은 8개월간 있었고, 'L 현상'은 ~~7개월간~~ 있었다.
➜ 'E 현상'이 발생하려면 α 지수가 0.5 이상인 달이 5개월 이상 있어야 한다. 이를 충족하는 구간은 2018년 10월부터 2019년 6월 구간뿐이다.
따라서 'E 현상'은 총 9개월간 있었다. 반면 'L 현상'이 발생하려면 α 지수가 −0.5 이하인 달이 5개월 이상 있어야 한다. 이를 충족하는 구간은 2017년 10월부터 2018년 3월 구간뿐이다.
따라서 'L 현상'은 총 6개월간 있었다.

⑤ (×) 월별 '기준 해수면온도'가 1°C 낮았더라도, 2017년에는 ~~'L 현상'이 있었다~~.
➜ 만약 월별 '기준 해수면온도'가 1 낮아졌다면 월별 '해수면온도 지표'는 전보다 수치가 1커질 것이다. 왜냐하면 '해수면온도 지표'는 해당월에 관측된 해수면온도에서 '기준 해수면온도'를 뺀 값이기 때문이다.

따라서 '해수면온도 지표'에 영향을 받는 α 지수 또한 월마다 1커질 것이다. 그렇게 된다면 2017년 α 지수가 모두 −0.5 이상이 되기 때문에 'L 현상'은 오히려 사라지게 된다.

합격자의 실전 풀이 순서

❶ 〈그림〉에서 어떤 기호가 '어떤 온도'와 '어떤 지수'에 해당하는지 빠르게 파악한다. 또한, 〈정보〉에서 α 지수와 기준 해수면 온도의 의미를 이해해본다. 특히, 'E 현상'과 'L 현상'의 정보를 읽으며 2017~2019년이 연속적으로 이어진다는 것이 문제의 핵심이 될 수 있음을 인식한다.

❷ 선지 ①번과 ②번은 눈으로 확인할 수 있는 선지이므로 빠르게 처리한다. α 지수의 경우 계산되기 위해서는 익월의 값까지 알아야한다. 따라서 19년 6월의 α 지수까지 계산되기 위해서는 19년 7월의 해수면온도까지 관측되어야 한다. 보기 ②는 틀린 선지이다.

❸ 선지 ③번은 'E 현상'과 'L 현상'을 이해한 후, 'E 현상'은 0.5를 기준으로 파악하며 2018년 10월~12월에 0.5 이상이므로 2019년 1월, 2월을 확인한다. 마찬가지로 'L 현상'은 −0.5를 기준으로 2018년 1월~3월이므로 2017년 12월 이전을 확인해본다. 옳은 선지이므로 답을 표시하고 넘어간다.

합격자의 시간단축 Tip

새로운 개념이 나오는 문제를 풀 때는 우선 그 개념을 정확히 파악해야 한다.

다만 〈정보〉의 내용만을 읽고 해당 정보들의 핵심을 파악하는 것이 복잡한 경우에는 선지 구성이 ① 번, ② 번과 같은 초반에는 문제 이해를 돕기 위해 단순확인용이 많으므로 이를 확인하면서 〈정보〉의 내용을 이해하려고 하는 것이 빠를 수 있다.

즉, 이 문제처럼 〈정보〉가 복잡한 경우에는 〈정보〉를 한번 읽어보는 것만으로는 의미를 정확히 파악하지 못할 수 있고 이때는 선지를 풀면서 이해해 가는 것이 빠를 수 있다.

020 정답 ❹ 　 난이도 ●○○

ㄱ. (O) 경성보다 물가 낮은 도시는 '1910~1914년' 기간에는 5곳이고 '1935~1939년' 기간에는 7곳이다.

→ 경성보다 물가가 낮은 도시를 확인하기 위해 '1910~1914년' 기간의 경성 물가를 우선 확인하면, 1.04 임을 확인할 수 있다. 1.04보다 낮은 지수를 찾으면 대구(0.99), 목포(0.99), 부산(0.95), 신의주(0.95), 평양(0.97) 총 5곳이다.

다음으로 '1935~1939년' 기간의 경성 물가를 확인하면, 1.06이다. 이보다 작은 도시를 고르면 대구(0.98), 목포(0.94), 부산(1.01), 신의주(1.02), 원산(0.99), 청진(1.02), 평양(0.98) 총 7곳이다.

ㄴ. (O) 물가와 명목임금 모두가 기간별 8개 도시 평균보다 매 기간에 걸쳐 높은 도시는 한 곳뿐이다.

→ 제시된 비교지수는 8개 도시의 평균 대비 높고 낮음을 나타낸 것이다. 따라서 평균 수치인 1.0보다 매기간 높은 도시를 찾으면(1.0 보다 작은 비교지수가 하나도 없는 도시), 물가 비교지수에서는 청진이 유일하고 명목임금 비교지수에서도 역시 청진이 유일하게 모든 해에 1.0 이상의 비교지수를 갖는다. 따라서 옳은 보기이다.

ㄷ. (×) '1910~1914년' 기간보다 '1935 ~ 1939년' 기간의 명목임금이 경성은 증가하였으나 부산은 감~~소하였다~~.

→ 제시된 명목임금의 비교지수는 주어진 해의 8개 도시의 평균 대비 높고 낮음을 나타내는 지수이다. 예를 들어 평양 도시의 1910~1914년 명목임금 비교지수가 1.06이라면 같은 해의 8개 도시 평균인 1.00보다 0.06%P 높음을 의미한다.

보기 ㉢에 제시된 1910~1914년 기간과 1935~1939년의 명목임금의 증가 여부를 비교하려면 실제 명목임금이 얼마인지를 확인하여야 하는데, 비교지수는 평균 대비 도시의 높고 낮음을 나타낸 것이지 실제 명목임금이 얼마인지 알 수 없다. 따라서 각기 다른 해의 명목임금이 증가 혹은 감소하였는지는 직접 비교할 수 없으므로 옳지 않다.

ㄹ. (O) '1920~1924년' 기간의 명목임금은 목포가 신의주의 1.2배 이상이다.

→ $\dfrac{\text{목포의 명목임금}}{\text{신의주의 명목임금}} = \dfrac{\dfrac{\text{목포의 명목임금}}{\text{8개도시 평균명목임금}}}{\dfrac{\text{신의주의 명목임금}}{\text{8개도시 평균명목임금}}}$

$= \dfrac{\text{목포의 명목임금 비교지수}}{\text{신의주의 명목임금 비교지수}}$이다.

이 값을 계산하면 $\dfrac{\text{목포의 명목임금 비교지수}}{\text{신의주의 명목임금 비교지수}} = \dfrac{0.97}{0.79} > 1.2$이므로 1.2배 이상이다.

합격자의 실전 풀이 순서

❶ 〈표〉가 둘 이상 제시된 경우 제목으로 어떻게 다른지(〈표 1〉은 물가, 〈표 2〉는 명목임금)를 확인한 후, 각주가 있는 경우 이를 읽으며 개념의 의미를 파악한다.

특히 비교지수가 주어지는 경우 기준점을 명확히 할 필요가 있다. 두 표 모두 8개 도시의 평균 물가를 기준으로 삼고 있으며, 이는 동 기간 내에서 도시 간 비교가 가능하다는 것을 의미한다.

❷ 〈보기〉를 보면서 단순히 사실 확인만 하는 보기인지, 산술 계산이 필요한 보기인지를 빠르게 파악한다. 이 문제에서는 보기 ㉠, 보기 ㉡ 두 보기는 단순히 확인만 하면 되는 간단한 보기다. 보기 ㉡은 〈표 2〉의 명목임금 비교지수가 매 기간 1 이상인 것을 확인하는 것이므로 확인해 보면 옳은 선지이다. 따라서 ①, ② 번을 소거한다.

❸ 보기 ㉢은 지수 개념의 특징을 활용하여 다른 기간 간의 명목임금 증감을 확인할 수 없으므로 틀린 선지이다. 따라서 답은 ④번이다.

합격자의 시간단축 Tip

'지수'가 나오는 경우 기준 값이 무엇인지 확인하는 것이 최우선이다. 이는 분수 비교를 할 때 '분모'가 무엇인지 확인하는 것과 같은 것으로, 동일한 기준 값(분모) 하에서만 비교가 가능하다. 항상 이것만 주의한다면 '지수' 문제를 실수 없이 쉽게 해결할 수 있을 것이다.

보기 ㉠ 문제에서 질문한 그대로 5곳, 7곳을 찾으면 시간이 낭비된다. 〈표 1〉의 제목이 '8개 도시의 물가 비교지수'인 만큼 〈보기〉 ㉠을 반대 해석하여 "경성보다 물가가 높은 도시는 2곳, 0곳인가?"로 보고 풀어내야 더 빠르게 풀 수 있다.

* 여러 항목이 나열된 경우, 그 개수를 표의 제목이나 발문에서 주는 경향이 있다. 이 문제의 경우에도 발문과 〈표 1〉에서 8개 도시임을 명시한다. 따라서 개수를 무작정 직접 세지 않고, 이미 주어져 있는지 확인하는 습관을 지니는 것이 좋다.

보기 ㉡ 보기의 문구를 빠르게 '문제 해결용 문장'으로 전환해야 한다. 즉 평균보다 매기간 걸쳐 더 높다는 것은 '매기간 물가 비교지수 > 1'로 빠르게 전환하여 풀면 된다.

보기 ㉢ 〈표 2〉의 각주인 각 도시의 명목임금 비교지수의 의미를 해석하면, 비교지수는 기간별 8개 도시의 평균 명목임금 대비 각 도시의 명목임금의 비율이므로 다른 기간과는 절대적 수치로 비교할 수 없는 선지이다. 즉 기준 값이 달라 비교가 불가하다. 이처럼 '지수'가 주어질 때에는 기준점을 파악하여 절대적으로 비교가 가능한 정보인지 구별하는 것이 문제의 핵심이다.

보기 ㉣ 명목임금의 구체적 수치는 구할 수 없지만, 명목임금 비교지수를 활용하여 같은 기간의 도시별 명목임금의 크기 비교는 가능하다. 목포의 '1920 ~ 1924년' 기간의 명목임금 비교지수는 0.97로 같은 기간 신의주의 명목임금 비교지수는 0.79이므로 약 0.8로 놓고 1.2배를 하면 0.96이므로 목포가 신의주의 1.2배 이상이라는 것은 옳다.

021 정답 ❸ 난이도 ●●○

A. 미국의 이미지 분야 순위는 매년 (A)하고 있다.

➜ 연도별 미국의 이미지 분야 순위를 각각 구해보면
2016년에는 6위
2017년에는 4위
2018년에는 3위
2019년에는 1위이다.
따라서 미국의 이미지 분야 순위는 매년 상승하고 있다.

B. 2019년 이미지 분야 순위 상위 10개국 중 2019년 이미지 분야 순위와 실체 분야 순위의 차이가 가장 큰 국가는 (B)인 것으로 나타났다.

➜ 각 국가의 2019년 이미지 분야 순위와 실체 분야 순위의 차이를 구해보면 다음과 같다.
- 미국: $|1-1|=0$,
- 독일: $|2-2|=0$,
- 영국: $|3-4|=|-1|=1$,
- 일본: $|4-5|=|-1|=1$,
- 스위스: $|5-6|=|-1|=1$,
- 스웨덴: $|6-8|=|-2|=2$,
- 캐나다: $|7-10|=|-3|=3$,
- 프랑스: $|8-3|=5$,
- 호주: $|9-7|=2$,
- 네덜란드: $|10-9|=1$이다.

따라서 이미지 분야 순위와 실제 분야 순위의 차이가 가장 큰 국가는 프랑스이다.

C. 2017년도 이미지 분야 순위 상위 10개국 중 2016년에 비해 2017년 이미지 분야 순위가 상승한 국가는 총 (C)개국이었고, 특히 캐나다의 높은 순위 상승이 눈에 띈다.

➜ 2016년과 2017년 이미지 분야 순위를 살펴보면 다음과 같다.
- 프랑스: 1위 → 7위,
- 일본: 2위 → 3위,
- 스웨덴: 3위 → 8위,
- 영국: 4위 → 5위,

- 독일: 5위→1위,
- 미국: 6위→4위,
- 스위스: 7위→6위,
- 캐나다: 8위→2위,
- 네덜란드: 10위→순위 밖,
- 이탈리아: 10위→9위,
- 호주: 순위 밖→10위

따라서 2016년에 비해 2017년 이미지 분야 순위가 상승한 국가는 독일, 미국, 스위스, 캐나다, 이탈리아, 호주로 총 6개국이다.

합격자의 실전 풀이 순서

❶ 〈표〉와 각주를 읽고, 순위에 관한 〈표〉이므로 숫자가 작을수록 순위가 높다는 것을 인식한다.

❷ 미국은 매년 순위가 상승하고 있으므로 A는 상승이다. ④, ⑤번을 소거한다.

❸ B는 프랑스이므로 ①번을 소거한다.

❹ C는 6개국이므로 답은 ③번이다.

합격자의 시간단축 Tip

보기 A '매년'이라고 명시하고 있으므로 2016년에서 2019년까지 확인할 필요 없이 16년에서 17년 한 해 동안 순위가 상승하였는지 하락하였는지만 확인하면 불필요한 시간 낭비를 줄일 수 있다.

보기 B 프랑스와 캐나다가 선지에서 주어져 있으므로 두 개만 비교한다.

보기 C 2017년의 순위를 기준으로 2016년보다 순위가 높아졌는지 확인한다.

022 정답 ❶ 난이도 ●●○

① (×) 모든 환경적 리스크의 발생가능성 지수 대비 영향도의 비는 ~~1 이상이다~~.
➜ 환경적 리스크의 발생가능성 지수 대비 영향도의 비는

$\frac{\text{영향도}}{\text{발생가능성 지수}}$로 구할 수 있다.

〈그림〉에 따르면,

- 생태계붕괴: $\frac{3.75}{3.7}$
- 인위적 환경재앙: $\frac{3.6}{3.8}$
- 자연재해: $\frac{3.8}{4.0}$
- 기후변화작용 실패: $\frac{3.9}{4.1}$
- 극한기후: 약 $\frac{3.95}{4.3}$

이므로 모든 환경적 리스크의 발생가능성 지수 대비 영향도의 비는 생태계 붕괴만 1 이상이고 나머지는 1 이하임을 알 수 있다.

② (○) 영향도와 발생가능성 지수의 차이가 가장 큰 글로벌 리스크는 '대량 살상 무기'이다.
➜ 환경적 리스크의 발생가능성 지수와 영향도가 같은 지점을 이은 선에서 멀리 있을수록 영향도와 발생가능성 지수의 차이가 크다. 따라서 영향도와 발생가능성 지수의 차이가 가장 큰 글로벌 리스크는 '대량 살상 무기'이다.

③ (○) '에너지가격 충격'의 영향도 대비 발생가능성 지수의 비는 1 이하이다.
➜ '에너지가격 충격'의 영향도는 3.2이고 발생가능성 지수는 3.0이므로 '에너지가격 충격'의 '에너지가격 충격'의 영향도 대비 발생가능성 지수의 비는 $\frac{3}{3.2}$이므로 1 이하이다.

④ (○) 영향도와 발생가능성 지수가 각각의 '전체 평균' 이하인 경제적 리스크의 수는 영향도나 발생가능성 지수가 각각의 '전체 평균' 이상인 경제적 리스크의 수보다 많다.
➜ 영향도와 발생가능성 지수가 각각의 '전체 평균' 이하인 경제적 리스크는 '재정 메커니즘 실패', '인플레이션', '에너지 가격 충격', '중요 기반시설 실패', '실업', '디플레이션'으로 총 6개이다.
또한 영향도나 발생가능성 지수가 각각의 '전체 평균' 이상인 경제적 리스크는 없다.

⑤ (○) 모든 환경적 리스크는 영향도와 발생가능성 지수가 각각의 '전체 평균' 이상이다.
➜ '생태계 붕괴', '인위적 환경재앙', '자연재해', '기후변화 적용실패', '극한기후' 등은 모두 영향도와 발생가능성 지수가 각각의 '전체 평균' 이상이다.
따라서 옳은 보기이다.

합격자의 실전 풀이 순서

❶ 〈그림〉의 x축과 y축을 확인하고 전체 평균이 주어져 있다는 것을 파악한다. 또한, 글로벌 리스크의 종류가 도형별로 5개 있음을 확인한다.

❷ ① 번 선지는 x 축 값 대비 y축 값을 묻는 질문으로 이하의 **Tip**에서 보듯 직선만 그어도 해결되는 문제이므로 가장 먼저 확인한다. ①번이 틀린 선지이므로 답이다.

합격자의 시간단축 Tip

문제 전반에 걸쳐 '산포도'의 특성을 이용하는 선지들이 주어져 있다. 산포도 연습에 좋은 문제이므로 잘 정리하는 것이 좋으며, 이하의 **Tip**을 읽는 과정에서 곧바로 이해되지 않는 풀이가 있다면 'Part 1. 시간단축 비법'의 해당 파트를 꼭 확인하여 익혀두자.

선지 ① 발생가능성 지수 대비 영향도의 비는 $\frac{\text{y축 값}}{\text{x축 값}}$이다. x축과 y축 값이 일치하는 점들을 따라 선(y=x선)을 긋고 그 선의 좌상향 부분에 존재하면 발생가능성 지수 대비 영향도의 비가 1 이상인 것이다. 따라서 생태계 붕괴만 1 이상이라는 것을 확인할 수 있다.

선지 ② 영향도와 발생가능성 지수의 차이는 y축 값 − x축 값을 의미한다.
즉 y−x=k 라고 할 때 k가 클수록 차이가 큰 값이 된다. y=x+k의 직선을 긋는 것과 같으므로 가장 차이가 큰 글로벌 리스크는 "y절편(=k) 값이 클수록" 또는 "y=x로부터의 거리(기준점에서 y=x선으로 수직으로 그은 길이)가 멀수록" 차잇값이 크다는 것을 활용한다.

선지 ③ ①번과 반대로 영향도 대비 발생가능성 지수이므로 $\frac{\text{x축 값}}{\text{y축 값}}$을 묻고 있다.
따라서 그 값이 1 이하라는 것은 반대 해석하면 ①번과 동일하게 발생가능성 지수 대비 영향도의 비가 1 이상인지 묻는 것과 같다.
즉 에너지 가격 충격이 y=x선 좌상향 부분에 존재하기에 맞는 선지임을 알 수 있다.

선지 ④ **선지 ⑤** '각각의 전체 평균 이상'이라는 것은 수직, 수평으로 존재하는 전체 평균 점선을 x축, y축처럼 보았을 때 1사분면에 있는 값이라는 것을 의미한다. 반대로 '각각의 전체 평균 이하'라는 것은 3사분면에 있는 값이어야 함을 의미한다. 위 원리를 이용한다면 문제를 매우 빠르게 처리할 수 있다.

* 참고로 ⑤번과 같이 '모든 A는 B이다' 구조인 경우 A가 B인지를 확인하는 것은 매우 비효율적이다. 그냥 보기에는 모순적인 말이지만, A가 B인 경우를 발견하는 것은 답을 전혀 보장해주지 않으며 A가 B 외에 것인 경우, 즉 반례가 없는 경우에만 답이 도출될 수 있다는 점을 고려하면 당연한 말이다.
예를 들어 ⑤번을 풀 때는 모든 환경적 리스크가 각각의 전체 평균 이상인지(=1사분면에 있는지) 확인하는 것이 아니라, 모든 환경적 리스크가 2, 3, 4분면에 있는지 확인하는 형태로 처리한다.

023 정답 ③ 난이도 ●●○

① (O) 멸종위기종으로 '포유류'만 10종을 추가로 지정한다면, 전체 멸종위기종 중 '포유류'의 비율은 10% 이상이다.
→ 멸종위기종으로 '포유류'만 10종을 추가로 지정하면 전체 멸종위기종의 수는 274이고, 포유류의 멸종위기종의 수는 30이다. 따라서 멸종위기종 중 '포유류'의 비율은 $\frac{30}{274} \times 100 \approx 10.94$이므로 10% 이상이다.

② (O) 각 분류에서 멸종위기종 중 멸종위기 I 급의 비율은 '무척추동물'과 '식물'이 동일하다.
→ '무척추동물'의 멸종위기종 중 멸종위기 Ⅰ급의 비율은 $\frac{4}{32}\times100(\%) \fallingdotseq 12.5\%$이고, '식물'의 멸종위기종 중 멸종위기 Ⅰ급의 비율은 $\frac{11}{88}\times100(\%) \fallingdotseq 12.5\%$이다.
따라서 두 비율 모두 12.5%로 같다.

③ (×) 각 분류의 멸종위기종에서 5종씩 지정을 취소한다면, 전체 멸종위기종 중 '조류'의 비율은 ~~감소한다~~.
→ 현재 전체 멸종위기종 중 '조류'의 비율은 $\frac{63}{264} \times 100 \fallingdotseq 23.86$이다.
각 분류의 멸종위기종에서 5종씩 지정을 취소한다면 전체 멸종위기종은 264 − (5 × 7)=229(종)이 되어 전체 멸종위기종 중 '조류'의 비율은 $\frac{58}{229} \times 100 \fallingdotseq 25.32$로 그 비율은 증가한다.

④ (O) 각 분류에서 멸종위기종 중 멸종위기 II 급의 비율은 '조류'가 '양서, 파충류'보다 높다.
→ '조류'의 멸종위기종 중 멸종위기 Ⅱ급의 비율은 $\frac{49}{63}\times100 \fallingdotseq 77.77$ 이고, '양서, 파충류'의 멸종위기종 중 멸종위기 Ⅱ급의 비율은 $\frac{6}{8}\times100=0.75$로 '조류'가 더 높다.

⑤ (O) '포유류'를 제외한 모든 분류에서 각 분류의 멸종위기종 중 멸종위기 II 급의 비율은 각 분류의 멸종위기종 중 멸종위기 I 급의 비율보다 높다.
→ '포유류'를 제외한 모든 분류에서 멸종위기 Ⅱ급의 종수가 멸종위기 멸종위기 Ⅰ급의 종수보다 많다. 따라서 '포유류'를 제외한 모든 분류에서 각 분류의 멸종위기종 중 멸종위기 Ⅱ급의 비율은 각 분류의 멸종위기종 중 멸종위기 Ⅰ급의 비율보다 높다.

합격자의 실전 풀이 순서

❶ 〈표〉의 구조를 파악한다. 〈표〉에 전체 값이 주어져 있음을 확인한다.

❷ 모든 선지가 계산을 요구하고 난이도가 비슷하므로 ①번부터 차례대로 푼다.

❸ ①, ②번은 옳고 ③번은 틀렸으므로 답은 ③번이다.

합격자의 시간단축 Tip

선지 ① 본 선지에서는 이를 통해 오답을 유도하지 않았으나, 분자가 되는 값에 숫자를 추가할 경우 분모가 되는 전체 값 역시 숫자가 증가한다는 점을 놓치면 안 된다. 종종 분자만 추가하고 분모는 추가하지 않아 답이 달라지는 경우가 존재하기에 실수하지 않도록 주의해야 한다.

선지 ③ 각 분류의 멸종위기종에서 5종씩 지정을 취소하면, 전체 멸종위기종은 $5\times7=35$ 감소하여 229종이고 조류는 63에서 58로 감소할 것이다.

[방법 1]

$\frac{63}{264}$ vs $\frac{58}{229}$을 비교하면 분자는 10% 미만 감소했지만, 분모는 10% 초과 감소하였으므로(분모의 감소율이 더 높으므로) '조류'의 비율은 증가했다.

[방법 2]

63 → 264는 4배 조금 넘는 값이지만 5 → 35는 7배가 되는 값이다. 즉 분자와 분모의 감소율을 비교했을 때 분모의 감소율이 더 높아서 '조류'의 비율은 증가하게 된다.

* 위와 같이 계산할 수 있는 이유는 다음과 같다. 조류의 감소율은 $\frac{5}{63}$이며 전체의 감소율은 $\frac{35}{264}$이다.

이에 $\frac{5}{63}$ vs $\frac{35}{264}$ 비교할 때 조류의 감소율의 분자에 7배를 해야 전체의 감소율의 분자 값이 되는 반면, 조류의 감소율의 분모에 4배가량 곱하면 전체 감소율의 분모 값이 된다. 따라서 전체의 감소율이 더 높음을 알 수 있다.
이와 같은 과정을 결과론적으로 단순화하면 처음에 설명한 것처럼 63 → 264는 4배 조금 넘는 값이지만 5 → 35는 7배가 되는 값이므로 전체의 감소율이 커 조류 비율이 증가한다는 답을 바로 낼 수 있다. 처음엔 어색할 수 있으나 적응되고 나면 방법 1)과 달리 264 − 35 = 229와 같은 뺄셈 과정도 없이 매우 빠르게 처리할 수 있다.

선지 ④ 멸종위기종 중 멸종위기Ⅱ급의 비율이 '조류'가 '양서·파충류'보다 높다면 멸종위기종 중 멸종위기Ⅰ급의 비율은 반대로 낮을 것이다.
멸종위기Ⅰ의 숫자가 작고 간단하므로 이를 비교하는 것이 빠를 수 있다.

선지 ⑤ 양자의 합이 전체가 되는 경우, 즉 구성비의 합이 100%인 자료는 한쪽 값이 다른 한쪽 값보다 크면 당연하게도 50%를 초과하여 과반을 차지하게 된다. 설문의 경우 단순히 비율이 더 큰지를 질문하였기에 그 값이 크면 당연히 비율도 더 높게 되지만, 더 나아가 멸종위기 II급이 50% 이상의 비중을 가지고 있다는 점도 알고 있어야 한다.

024 정답 ②

난이도 ●●○

① (O) 모든 연령대에서 '업무 만족도'보다 '인적 만족도'가 높다.
→ 만족도 순위를 계산하면,
- 30세 미만의 경우:
  인적 만족도 > 업무 만족도 > 시설 만족도
- 30세 이상 40세 미만의 경우:
  시설 만족도 > 인적 만족도 > 업무 만족도
- 40세 이상 50세 미만의 경우:
  인적 만족도 > 시설 만족도 > 업무 만족도
- 50세 이상의 경우:
  인적 만족도 > 업무 만족도 > 시설 만족도 순이다.

따라서 모든 연령대에서 '인적 만족도'가 '업무 만족도'보다 높다.

② (×) '업무 만족도'가 높은 지방청일수록 '인적 만족도'도 높다.
→ '업무 만족도'는 경인청 > 동북청 > 동남청 > 호남청 > 충청청 순으로 높다.
'인적 만족도'는 경인청 > 동북청 = 동남청 > 충청청 > 호남청 순으로 높다.
따라서 '업무 만족도'가 높은 지방청일수록 '인적 만족도'가 높다고 볼 수 없다.

③ (O) 응답자의 연령대가 높을수록 '업무 만족도'와 '인적 만족도'가 모두 높다.
→ 연령대가 높아질수록 '업무 만족도'는 3.82 → 3.97 → 4.17 → 4.48로 상승하고 있다.
'인적 만족도' 또한 3.83 → 4.18 → 4.39 → 4.56으로 상승하고 있다.
따라서 응답자의 연령대가 높을수록 '업무 만족도'와 '인적 만족도'가 모두 높다.

④ (O) '업무 만족도', '인적 만족도', '시설 만족도'의 합이 가장 큰 지방청은 경인청이다.
➜ '업무 만족도', '인적 만족도', '시설 만족도'는 〈표〉에 주어져 있다.
지방청별로 값을 구해 이 값들을 모두 더하면,
- 경인청:
  4.35(점)+4.48(점)+4.30(점)=13.13(점)
- 동북청:
  4.20(점)+4.39(점)+4.28(점)=12.87(점)
- 호남청:
  4.00(점)+4.03(점)+4.04(점)=12.07(점)
- 동남청:
  4.19(점)+4.39(점)+4.30(점)=12.88(점)
- 충청청:
  3.73(점)+4.16(점)+4.00(점)=11.89(점) 이다.

따라서 '업무 만족도', '인적 만족도', '시설 만족도'의 합이 가장 큰 지방청은 경인청이다.

⑤ (O) 남자 응답자보다 여자 응답자가 많다.
➜ 남자 응답자와 여자 응답자의 만족도 점수는 〈표〉에서 알 수 있다. 또한 '업무 만족도', '인적 만족도', '시설 만족도'의 전체 평균 점수도 〈표〉에서 확인할 수 있다.
전체 평균 점수와 남자 응답자의 점수, 여자 응답자의 점수를 각각 비교하면 남자 응답자의 점수보다 여자 응답자의 점수에 평균 점수가 더 가까운 값이라는 것을 알 수 있다.
예를 들어, '업무 만족도'의 전체 평균은 4.12(점)이다. 이때, 남자 응답자의 평균은 4.07(점)로 전체 평균과 0.5(점) 차이가 나지만 여자 응답자의 평균은 4.15(점)로 0.3(점)이 차이 나는 것을 알 수 있다. 이것은 곧 여자 응답자의 점수가 전체 평균의 점수에 더 많은 영향을 미쳤다고 판단할 수 있으며, 평균에 영향을 미치는 것은 응답자의 수이다.
따라서 남자 응답자보다 여자 응답자의 수가 많아 전체 평균에 더 많은 영향을 미친 것이다.

합격자의 실전 풀이 순서

❶ 〈조사개요〉와 〈표〉를 읽고, 총응답자 수가 101명이라는 것과 〈표〉에 전체값이 주어져 있다는 것을 확인한다.

❷ 모든 선지가 계산을 요구하고 난이도가 비슷하므로 ①번부터 차례대로 푼다.

❸ ①번은 눈으로 확인하면 옳은 선지이고, ②번은 틀린 선지이므로 답은 ②번이다.

합격자의 시간단축 Tip

선지 ② '업무 만족도'와 달리 '인적 만족도'는 동점이 존재하므로 틀린 선지임을 빠르게 확인할 수 있다.

선지 ④ A, B, C에서 합이 가장 크다는 것은 그 합을 확인하거나 차이를 보는 방법도 있지만, A, B, C값 각각이 제일 큰 경우에도 당연히 그 합이 제일 클 것이다. 따라서 업무만족도, 인적 만족도, 시설만족도 각각에서 가장 값이 큰 경인청은 그 합이 가장 큰 지방청에 해당한다.

선지 ⑤ 남자의 업무만족도 점수는 전체 업무만족도와 0.05 차이이고, 여자는 0.03 차이이므로 여자의 응답자 수가 남자 응답자 수보다 많다.

025 정답 ①

난이도 ●●○

ㄱ. (O) 2018년 총급여액이 1,000만 원이고 자녀가 1명인 가구의 2019년 근로장려금은 140만 원이다.
➜ 자녀가 1명인 가구일 때, 2018년 총급여액이 800만 원 이상 1,300만 원 이하인 경우 2019년 근로장려금은 140만 원이다.
따라서 2018년 총급여액이 1,000만 원이고 자녀가 1명인 가구의 2019년 근로장려금은 140만 원이다.

ㄴ. (×) 2018년 총급여액이 800만 원 이하인 무자녀 가구는 2018년 총급여액이 많을수록 2019년 ~~근로장려금도 많다~~.
➜ 〈그림〉에서 2018년 총급여액이 800만 원 이하인 경우일 때의 무자녀 가구 그래프를 볼 때, 2018년 총급여액이 600만 원 이하인 경우에는 2018년 총급여액이 많을수록 2019년 근로장려금도 많아진다.
하지만 2018년 총급여액이 600만 원 이상 800만 원 이하인 경우에는 무자녀 가구의 그래프가 수평 상태가 되며, 2019년 근로장려금은 70만 원으로 동일하다는 것을 알 수 있다.
따라서 2018년 총급여액이 800만 원 이하인 무자녀 가구가 2018년 총급여액이 많을수록 2019년 근로장려금도 많다는 것은 옳지 않다.

ㄷ. (O) 2018년 총급여액이 2,200만 원이고 자녀가 3명 이상인 가구의 2019년 근로장려금은 2018년 총급여액이 600만 원이고 자녀가 1명인 가구의 2019년 근로장려금보다 적다.
➜ 자녀가 3명 이상인 가구의 경우 2018년 총급여

액이 2,200만 원이면 2019년 근로장려금은 50만 원이다. 자녀가 1명인 가구의 경우 2018년 총급여액이 600만 원이면 2019년 근로장려금은 105만 원이다. 따라서 옳은 보기이다.

ㄹ. (×) 2018년 총급여액이 2,000만 원인 가구의 경우, 자녀가 많을수록 2019년 ~~근로장려금도 많다~~.
➜ 2018년 총급여액이 2,000만 원인 가구의 경우는 〈그림〉에서 가구별 총급여액 1,700만 원과 2,100만 원 사이에 한 점으로 찾아볼 수 있다. 이때 가구별 총급여액이 1,700만 원 이상일 때의 무자녀 가구와 자녀가 1명인 가구의 그래프를 보면, 근로장려금이 0원인 것을 알 수 있다.
따라서 2018년 총급여액이 2,000만 원인 가구의 경우, 자녀가 많을수록 2019년 근로장려금도 많은 것은 아니다.

합격자의 실전 풀이 순서

❶ 〈그림〉과 각주를 읽고 〈그림〉의 의미를 파악한다. 즉, 가구별 총급여액에 따른 근로장려금 액수를 나타낸 그림임을 파악한다.

❷ 보기 ㉠을 확인하면 옳은 보기이므로 ③, ⑤번을 소거한다.

❸ 보기 ㉣을 확인하면 2018년 총급여액이 2,000만 원인 무자녀 가구와 자녀 1인 가구는 0원의 근로장려금을 받으므로 틀린 선지이다. 따라서 답은 ①번이다.

합격자의 시간단축 Tip

〈그림〉과 같이 특이하게 생긴 그래프가 주어지거나, 일반적이지 않은 자료가 주어질 경우 처음으로 주는 선지 내지 보기(문제의 경우 〈보기〉 ㉠)는 대부분 특이한 그래프나 자료의 이해를 돕기 위한 친절한 선지이다. 따라서 처음 그래프나 자료를 보았는데 이해가 바로 되지 않는 경우라면 반복해서 여러 번 읽으면서 시간을 소비하기보다는, 처음으로 주는 선지를 읽는 것이 더 효율적일 수 있다.

026 정답 ④ 난이도 ●○○

ㄱ. (○) 국회 국민청원건수
➜ 〈보고서〉에서 "구체적으로는 13대 503건에서 지속적으로 증가해 16대에 765건으로 정점을 찍은 후 급감하였고, 19대 들어 227건에 그쳐 13대 이후 최저 수준을 기록하였다."라는 서술을 하기 위해서는 〈국회 국민청원 건수〉 자료가 추가로 필요하다.

ㄴ. (×) 국회 국민청원 중 본회의 처리건수
➜ 〈보고서〉에서 국회 국민청원 중 본회의 처리건수는 언급하고 있지 않으므로 필요한 자료가 아니다.

ㄷ. (○) 국회 상임위원회수
➜ 〈보고서〉에서 "국회 상임위원회 활동으로 보면 상임위원회당 처리 법안 수가 13대 20.7건에서 19대 414.1건으로 20배 이상이 되었다."라는 서술을 위해서는 〈국회 상임위원회수〉에 대한 자료가 추가로 필요하다.

ㄹ. (○) 국회의원수
➜ 〈보고서〉의 1문단에서 "19대 국회 국회의원 1인당 50건 이상의 법안이 제출되었다"라고 설명하고 있다. 국회의원 1인당 제출한 법안 수는

$\frac{\text{총 발의 법안 수}}{\text{국회의원 수}}$를 통해 구할 수 있다.

〈표〉에서 총 발의 법안 수를 알 수 있으나 국회의원 수는 나타나 있지 않다. 따라서 국회의원 수에 대한 자료가 필요하다.

합격자의 실전 풀이 순서

❶ 발문을 읽으면서 추가 자료 유형임을 파악한다. 그리고 〈표〉 밑에 각주 1)을 읽으면서 법안 반영률 관련 내용이 있으리라 예상해 볼 수 있다.
풀이를 위해 〈보고서〉를 읽다 보면 두 번째 문단 뒷부분에 법안 반영률을 활용한 점을 알 수 있다.

❷ 〈보고서〉를 한 문장씩 꼼꼼히 읽으면서 표만으로는 알 수 없는 내용을 찾는다. 두 번째 문장에서 "국회의원 1인당" 표현을 보고 〈보기〉 ㉣이 있어야 함을 알 수 있다.
따라서 ①, ③번이 소거된다.
그리고 세 번째 문장의 "상임위원회당 처리 법안 수" 표현을 보고 〈보기〉 ㉢ 역시 필요하다.
따라서 ②번 역시 소거할 수 있다. 그리고 마지막 문단 첫 문장을 읽으면서 "국회 국민청원 건수"가 필요함을 알 수 있어 〈보기〉 ㉠이 필요하다. 따라서 ④, ⑤번 중 정답은 ④이다.

합격자의 시간단축 Tip

'추가 자료 유형'은 매우 낮은 난이도와 적은 시간 투자만으로 풀 수 있는 유형이라는 점에서 남들보다 낭비하는 시간이 없도록 제대로 정리해 두어야 한다.
다만 종종 동일한 이름의 자료는 존재하나 '해당 연도'가 없어 추가적으로 그 연도 자료가 필요한 경우, 기존 자료들을 조합하여 도출할 수 있어 추가 자료가 불필요한 경우 등 응용 선지가 나올 수 있으므로 급하게 확인하느라 이를 놓치는 실수하여 틀리지 않도록 주의해야 한다.

027 정답 ③ 난이도 ●●○

ㄱ. (O) A국의 인터넷 사용률은 60% 미만이다.

➜ 〈그림〉에서 A국의 인간개발지수를 보면 0.70에서 0.75 사이인 것을 확인할 수 있다.

이를 〈표〉에서 찾아보면 도미니카공화국이 A국인 것을 확인할 수 있으며, 도미니카공화국의 인터넷 사용률이 52%이므로 옳은 설명이다.

ㄴ. (×) B국은 C국보다 GDP 대비 공교육비 비율이 낮다.

➜ 〈그림〉에서 B국과 C국의 인간개발지수가 0.75와 0.80 사이에 있고 C국의 인간개발지수가 더 높으므로, 이를 〈표〉에서 찾아보면 멕시코와 불가리아라는 것을 알 수 있다.

이때 불가리아가 멕시코보다 인간개발지수가 높으므로 C국은 불가리아, B국은 멕시코이다.

〈표〉에서 각각의 GDP 대비 공교육비 비율을 확인해보면 멕시코가 5.2%, 불가리아가 3.5% 이므로, B국이 C국보다 GDP 대비 공교육비 비율이 높다.

ㄷ. (×) D국은 최근 국회의원 선거 투표율 하위 3개국 중 하나이다.

➜ 〈그림〉에서 D국은 인간개발지수가 0.90~0.95이며 이 범위에 포함되는 두 국가 중 인간개발지수가 낮은 국가임을 확인할 수 있고, 이를 〈표〉에서 찾아보면 대한민국이라는 것을 알 수 있다.

〈표〉에서 최근 국회의원 선거 투표율을 살펴보면, 하위 3개국은 투표율이 가장 낮은 세 국가이기 때문에 칠레, 멕시코, 불가리아이다. 따라서 D국은 최근 국회의원 선거 투표율 하위 3개국에 포함되지 않는다.

ㄹ. (O) 1인당 GDP가 가장 높은 국가는 시민지식 평균점수도 가장 높다.

➜ 〈표〉에서 1인당 GDP가 가장 높은 국가는 노르웨이이다. 시민지식 평균점수가 가장 높은 국가는 〈그림〉에서 찾아볼 수 있고, 시민지식 평균점수가 가장 높은 국가가 인간개발지수도 가장 높은 것을 확인할 수 있다.

〈표〉에서 인간개발지수가 가장 높은 국가를 찾아보면 노르웨이이므로 옳은 설명이다.

합격자의 실전 풀이 순서

❶ 발문을 읽으면서 10개 국가라는 것을 체크한다. 그리고 〈그림〉과 〈표〉를 보면서 〈표〉의 국가들이 〈그림〉의 A, B, C, D 형태로 표현되어 있으므로 매칭을 요구할 것임을 예상할 수 있다.

❷ A국은 인간개발지수가 0.7과 0.75 사이의 값으로 가장 작아 0.722인 도미니카공화국임을 알 수 있다. 그리고 인터넷 사용률이 52%이므로 〈보기〉 ㉠은 옳다. 따라서 ④, ⑤번을 소거한다. 그리고 선지 구성상 〈보기〉 ㉡은 〈보기〉 ㉢, ㉣과 달리 한 구간(인간개발지수 0.75 ~ 0.8) 안에서 빠르게 비교할 수 있는 선지이므로 ㉢, ㉣보다 먼저 처리한다.

❸ 〈보기〉 ㉢: D국은 인간개발지수가 0.9와 아주 가까워 대한민국임을 알 수 있다. 그리고 대한민국의 최근 국회의원 선거 투표율은 58%인데, 이보다 멕시코(47.7%), 칠레(49.3%), 불가리아(54.3%)가 낮다. 따라서 이미 대한민국보다 투표율 낮은 국가가 세 개 있어 옳지 않다.

중요한 점은 대한민국보다 하위 국가를 모두 찾는 것이 아니라 세 개를 찾아서 옳지 않음을 확인하고 다음 보기 판단으로 빠르게 넘어갈 수 있어야 한다.

❹ 〈보기〉 ㉣: 〈표〉를 통해 1인당 GDP가 가장 높은 국가는 64,451인 노르웨이다. 노르웨이의 인간개발지수가 0.949이므로 〈그림〉에서 가장 우측 상단에 있는 점인 것을 알 수 있다. 따라서 10개 국가 중 유일하게 시민지식 평균점수가 550을 넘어 가장 큰 것을 알 수 있다. 그러므로 정답은 ③이다.

합격자의 시간단축 Tip

보기 ㉡

[방법 1]

인간개발지수가 0.75와 0.8 사이에 있는 국가로 멕시코와 불가리아가 있다.

그중 불가리아가 0.794로 더 커 C국이 되며, 0.762인 멕시코가 B국이다.

멕시코의 GDP 대비 공교육비 비율이 5.2로 불가리아의 GDP 대비 공교육비인 3.5보다 커 옳지 않다.

[방식 2]

B, C는 인간개발지수가 0.75~0.8 사이에 있는 것으로, 이를 찾기 위해 위에서부터 〈표〉를 보면 불가리아가 0.794로 0.8에 매우 가까운 값을 가짐에 C라는 것을 바로 알 수 있다.

따라서 C의 GDP 대비 공교육비 비율인 3.5를 기억한 후, 두 가지 방향성 중 하나를 선택하여 〈표〉를 마저 훑는다.

첫 번째 방향성(=방법 1)은 인간개발지수가 0.75~0.8인 국가를 찾고 GDP 대비 공교육비 비율이 3.5보다 낮은지 보는 것,

두 번째 방향성은 GDP 대비 공교육비 비율이 3.5보다 작은 국가가 인간개발지수가 0.75~0.8인 국가인지 보는 것이다.

필자의 경우 0.75~0.8의 구간 값을 찾는 것보다 3.5보다 작은 숫자를 찾는 것이 빠르고 직관적이라 생각하

기에 두 번째 방향성을 이용하여 확인하였다. 유일하게 3.5보다 작은 도미니카 공화국은 해당 구간에 있지 않은 국가이므로 곧바로 틀린 선지임을 빠르게 확인할 수 있다.

보기 ㉣ 'A이고 B이다' 유형으로 B는 〈그림〉의 시각적 특성을 이용하여 즉각 도출할 수 있으므로 역순으로 확인한다. 즉 시민지식 평균점수가 가장 높은 곳이 노르웨이임을 확인 후 1인당 GDP가 가장 높은지 검토한다.

028 정답 ④ 난이도 ●●○

① (○) 화재발생건수

➜ 〈표〉에서 제시된 화재발생 건수 수치와 〈그림〉의 수치가 일치한다.

② (○) 인명피해자수 편차의 절댓값

➜ 인명피해자수 편차는 해당년도 인명피해자수에서 평균 인명 피해자수를 뺀 값이라고 설명하였으므로 각각을 계산해서 절댓값을 씌워주면 된다.

- 2012년도: $|2{,}222-2{,}150|=72$명
- 2013년도: $|2{,}184-2{,}150|=34$명
- 2014년도: $|2{,}180-2{,}150|=30$명
- 2015년도: $|2{,}093-2{,}150|=|-57|=57$명
- 2016년도: $|2{,}024-2{,}150|=|-126|=126$명
- 2017년도: $|2{,}197-2{,}150|=47$명

계산 값이 모두 동일하므로 옳은 설명이다.

③ (○) 구조활동건수의 전년대비 증가량

➜ 전년대비 증가량이므로 전년도 데이터가 존재하지 않는 2012년도는 그래프에서 나타날 수 없다. 전년을 기준으로 나타내야 하기 때문에 〈표〉를 이용하여 그래프상에 나타낼 연도의 데이터에서 그래프상에 나타내는 연도보다 하나 작은 연도의 데이터를 빼주어야 한다. 예를 들어, 2013년도의 전년대비 증가량을 표시하기 위해서는 2013년도 구조활동건수에서 2012년도 구조활동건수를 빼주어야 한다.

- 2013년도: $400{,}089-427{,}735=-27{,}646$(건)
- 2014년도: $451{,}050-400{,}089=50{,}961$(건)
- 2015년도: $479{,}786-451{,}050=28{,}736$(건)
- 2016년도: $609{,}211-479{,}786=129{,}425$(건)
- 2017년도: $655{,}485-609{,}211=46{,}274$(건)

계산값이 모두 동일하므로 옳은 설명이다.

④ (×) 화재발생건수 대비 인명피해자수 비율

➜ 단위가 명/천 건이므로 화재발생 천 건 대비 인명피해자 수 비율은 $\frac{\text{인명피해자 수}}{\text{화재발생 건수}}\times 1{,}000$이다.

- 2012년도: $\frac{2{,}222}{43{,}249}\times 1{,}000=51.3$
- 2013년도: $\frac{2{,}184}{40{,}329}\times 1{,}000=54.1$
- 2014년도: $\frac{2{,}180}{42{,}135}\times 1{,}000=51.7$
- 2015년도: $\frac{2{,}093}{44{,}435}\times 1{,}000=47.1$
- 2016년도: $\frac{2{,}024}{43{,}413}\times 1{,}000=46.6$
- 2017년도: $\frac{2{,}197}{44{,}178}\times 1{,}000=49.7$

2012년만 보더라도 〈그림〉에 제시된 수치와 값이 다르므로 틀린 보기이다.

⑤ (○) 화재발생건수의 전년대비 증가율

➜ 화재발생 건수의 전년 대비 증가율은 $\frac{\text{(해당 연도 화재발생 건수)}-\text{(전년도 화재발생 건수)}}{\text{전년도 화재발생 건수}}\times 100$으로 구할 수 있다. 각 연도별로 값을 구해보면,

- 2013년도: $\frac{40{,}932-43{,}249}{43{,}249}\times 100(\%)=-5.4\%$
- 2014년도: $\frac{42{,}135-40{,}932}{40{,}932}\times 100(\%)=2.9\%$
- 2015년도: $\frac{44{,}435-42{,}135}{42{,}135}\times 100(\%)=5.5\%$
- 2016년도: $\frac{43{,}413-44{,}435}{44{,}435}\times 100(\%)=-2.3\%$
- 2017년도: $\frac{44{,}178-43{,}413}{43{,}413}\times 100(\%)=1.8\%$

이는 〈그림〉과 일치하므로 옳은 보기이다.

합격자의 실전 풀이 순서

❶ 발문을 보면서 '옳지 않은 것'임을 유의한다. 또한, 〈표〉를 이용한 그래프 작성 문제의 경우 보기를 순서대로 판별하기보다 정답이 유력해 보이는 그림 위주로 먼저 살펴본다.

- 의견 1
  ① 번 같이 〈표〉를 단순히 재배치하는 그래프는 정답인 경우가 많지 않아 제목만 읽고 넘어간다.
- 의견 2
  민경채, 7급 PSAT은 단순 재배치인 경우에도 1, 2개 연도의 숫자를 바꿔 답이 되도록 만들 가능성이 크다. 또한 답이 되지 않더라도 '표 – 그래프 전환형 문제'는 쉬운 선지들을 빠르게 처리하는 '소거법'이 잘 활용되는 유형이고 풀 때 시간이 많이 소모되지도 않으므로, 넘어가지 않고 빠르게 확인하는 것이 좋다. (←추천 방법)

❷ ②번: 각주까지 추가로 주어졌으므로 구체적으로 계산을 해 볼 가치가 있다.
통상 뺄셈보다는 덧셈이 더 빠르고 실수가 적은 연산 방법이다. 따라서 편차를 뺄셈을 통해 구하지 않고, 선지에서 주어진 편차의 절댓값을 평균이나 연도값에 더해 확인한다.
가령 2012년은 평균 2,150에 72를 더해 2,222임을 바로 알 수 있으며, 2015년은 평균보다 작으므로 2015년의 값인 2,093에 57을 더해 평균인 2,150이 나옴을 확인할 수 있다.

❸ ③번: 기본적으로 답이 되기 좋은 음수→양수 전환 부분(2013, 14년), 제일 큰 값(2016년) 등을 먼저 확인한다. 이후 나머지 값들을 간단히 검토한다. 이때 모든 계산은 구체적 계산이 아니라 앞자리 3자리 정도(예를 들어 2014년의 경우 400+50=450)만 이용하여 가볍게 처리하는 것으로 충분하다.

❹ ④번: 먼저 〈표〉와 단위가 다른 것을 확인한다. 단위는 놓치기 쉬우나 함정으로 사용되기 매우 좋은 장치이므로 항상 확인하는 습관을 지녀야 한다.
그림의 경우 값이 모두 1 이상이므로 단위는 제대로 적용되었음을 알 수 있다. 다음으로는 값을 비교한다. 이때 가볍게 보아도 2012년의 화재발생건수는 약 43(천 건)으로 5배를 해도 200대에 불과하다. 따라서 틀린 선지임을 알 수 있다.

합격자의 시간단축 Tip

선지 ⑤ '표-그래프 전환형 문제'는 구체적 계산 없이 어림산만 하더라도 충분하다. 즉 디테일한 계산은 요구하지 않으며, 틀린 부분이라면 확실하게 틀린 값으로 출제된다. 따라서 수험생의 입장에서 불안한 마음이 들 수도 있으나, 마음 편히 어림산으로 처리해도 괜찮다는 것을 기억해두자.
주어진 화재발생건수는 모두 4만 대 숫자이다. 따라서 증가율 기준값을 40,000으로 보고 계산하여 더하고 빼는 식으로 처리하면 쉽게 처리 가능하다.
예를 들어 2013년 증가율은 약 −5%이며 40,000의 −5%는 대략 2,000이므로, 2013년의 40,932에 2,000을 더하면 2012년의 43,249와 가까워 옳다고 판단하면 된다.

029 정답 ⑤ 난이도 ●●○

ㄱ. (×) 객실 수입이 가장 많은 호텔은 B이다.
→ 〈각주 1〉에서 '객실수입'='판매 객실 수'×'평균 객실 요금' 이다.
각 호텔의 객실 수입을 구해보면,
- 호텔 A: 1,600×40=64,000(만 원)
- 호텔 B: 2,100×30=63,000(만 원)
- 호텔 C: 1,000×20=20,000(만 원)
- 호텔 D: 990×10=9,900(만 원)

이므로 객실 수입이 가장 많은 호텔은 A이다.

ㄴ. (○) 객실 판매율은 호텔 C가 호텔 D보다 낮다.
→ 〈각주 2〉에서 '객실판매율' $=\frac{\text{판매 객실 수}}{\text{판매 가능 객실 수}}$ 이다.
호텔 C, 호텔 D의 객실 판매율을 구해보면
호텔 C: $\frac{1,000}{1,250}\times 100=80(\%)$
호텔 D: $\frac{990}{1,100}\times 100=90(\%)$이므로 호텔 C의 판매율은 호텔 D의 판매율보다 낮다.

ㄷ. (×) 판매가능 객실당 객실 수입이 가장 적은 호텔은 A이다.
→ '판매 가능 객실 당 객실 수입' $=\frac{\text{객실 수입}}{\text{판매 가능 객실 수}}$
$=\frac{\text{판매 객실수}\times\text{평균 객실 요금}}{\text{판매 가능 객실 수}}$이므로 각 호텔의 판매 가능 객실 당 객실 수입을 구해보면 (각 호텔의 객실 수입은 ㉠에서 구한 값)
- 호텔 A: $\frac{64,000}{3,500}\approx 18.28$(만 원)
- 호텔 B: $\frac{63,000}{3,000}=21$(만 원)
- 호텔 C: $\frac{20,000}{1,250}=16$(만 원)
- 호텔 D: $\frac{9,900}{1,100}=9$(만 원)

이므로 판매 가능 객실 당 객실 수입이 가장 적은 호텔은 D이다.

ㄹ. (○) 판매가능 객실 수가 많은 호텔일수록 객실 판매율이 낮다.
→ 호텔 A: $\frac{1,600}{3,500}\times 100\approx 45.71(\%)$
호텔 B: $\frac{2,100}{3,000}\times 100=70(\%)$
호텔 C: $\frac{1,000}{1,250}\times 100=80(\%)$
호텔 D: $\frac{990}{1,100}\times 100=90(\%)$이다.
판매 가능 객실 수가 많은 호텔은 차례대로 A > B > C > D이고 객실 판매율이 낮은 순서 또한 A, B, C, D이므로 판매 가능 객실 수가 많은 호텔일수록 객실 판매율이 낮다.

따라서 각각의 순위가 동일하기 때문에 보기 ㉣의 내용은 참이다.

합격자의 실전 풀이 순서

❶ 〈보기〉의 난이도는 전반적으로 비슷하다. 이때 보기 ㉡이 틀린 경우, 보기 ㉣은 같이 틀리게 되고, 보기 ㉡이 옳은 경우, 보기 ㉣에 활용할 수 있는 '연결성'이 있으므로 ㉡을 먼저 확인하면 옳은 선지이다. 따라서 ②번과 ③번을 소거한다.

❷ 서로 연결되는 보기 ㉣을 확인한다. 반례가 없으므로 ㉣은 옳은 선지이다. 따라서 정답은 ⑤번이다.

합격자의 시간단축 Tip

보기 ㉡과 ㉣ 같이 연결성이 있는 선지들은 처음 선지 풀이 순서를 정할 때 잘만 활용하면 매우 빠른 풀이가 가능하다. 즉 어느 하나가 맞거나 틀리면 다른 하나도 맞거나 틀린 선지들은 먼저 확인해주는 것이 좋다. 왜냐하면 한 선지만 풀어도 두 선지를 푼 것과 같아지기 때문이다.

예를 들어 '실전 풀이 순서'에서도 언급하였지만,

① 보기 ㉡이 틀린 경우, 보기 ㉣의 반례가 보기 ㉡이 되어 바로 틀린 선지임을 알 수 있으며

② 보기 ㉡이 옳은 경우, 보기 ㉣은 A와 B, B와 C만 확인하면 되는 간단한 문제로 바뀌게 된다.

특히 이러한 '짧은 문제'에서는 질문할 내용이 겹치는 경우가 많아 위와 같은 '연결성'있는 선지 구조가 자주 출제되므로, 선지를 전략적으로 풀어내는 연습을 하는 것이 좋다.

보기 ㉡ 분수 비교보다는 '차잇값' 비교가 더 편하다. '객실 판매율'의 분모에 해당하는 '판매가능 객실 수'는 C가 D보다 1,250−1,100=150만큼 크다. 반면 분자에 해당하는 '판매 객실 수'는 C가 D보다 1,000−990=10이다. 기준 값이 되는 1,100과 990은 유사하나 차잇값은 150 > 10으로 그 차이가 매우 크다. 따라서 차잇값만 보더라도 분모의 증가율이 높음에 C가 더 작다는 것을 쉽게 알 수 있다. 이 방법은 분수비교를 단순 덧셈, 뺄셈으로만 할 수 있다는 장점이 있다.

만약 차잇값 풀이가 본인에게 와 닿지 않는다면, 이는 기준 값의 가중치 조정(1,100과 990이 유사하다는 판단)이 잘 되지 않는 경우라고 생각한다.

이 경우 분수 비교를 해도 괜찮다.

예를 들어 C의 경우 $\frac{1,000}{1,250}=\frac{4}{5}=0.8$이며,

D의 경우 $\frac{990}{1,100}=\frac{9}{11}=$약 0.81이다.

따라서 D가 더 크다는 것을 쉽게 알 수 있다.

보기 ㉢ '가장 ~ 한' 유형은 반례를 찾으면 된다. 이때 실제로 가장 적은 호텔을 찾거나 계산을 해서 반례를 찾을 필요가 없으며, 보기에 준 값인 A를 기준으로 다른 호텔과 비교하여 반례가 있는 지만 확인하는 것이 빠르다. 먼저 A의 값을 보면 $\frac{1,600\times 40}{3,500}$=대략 20이 조금 안되는 값이다. 따라서 20을 B, C, D에 곱해 간단히 확인하면, D의 경우 1,100×20=22,000 > 990×10=9,900이다. 따라서 D가 더 작은 호텔이므로 틀린 선지임을 쉽게 알 수 있다.

보기 ㉣ 판매가능 객실 수가 많은 순서를 우선 확인한 후, 보다 계산이 쉬워 보이는 D부터 거꾸로 확인한다. 직접 객실 판매율을 도출하여 비교하는 방법도 존재한다. D 호텔은 눈으로도 90%임을 확인할 수 있고, C 호텔과 B 호텔 각각 80%와 70%로 숫자가 간단히 계산할 수 있다.

$\left(\frac{1,000}{1,250}=\frac{4}{5}=0.8\right)$을 빠르게 계산할 수 있도록 주요 분수의 소수 값을 외워 두는 것도 빠른 계산을 위해 필요하다. 또한, A 호텔은 객실 판매율이 50% 미만이라는 것을 빠르게 알 수 있다. (3,500의 50%는 1,750이므로)

030 정답 ③ 난이도 ●●●

① (○) 소유면적별 인지도 평균점수는 '50ha 이상'이 '2ha 미만'의 1.4배 이상이다.

→ 〈표〉에서 인지도 평균점수가 주어져 있으므로 쉽게 판단이 가능하다.

소유면적별 인지도 평균점수는 '2ha 미만'인 경우 2.36, '50ha 이상'인 경우 3.32이다.

이때, 2.36×1.4=3.304 < 3.32이므로 '50ha 이상'이 '2ha 미만'의 1.4배 이상이다.

② (○) 거주지 권역별 인지도 평균점수는 '강원'이 '경기'보다 높다.

→ 거주지 권역이 '강원'인 경우 인지도 평균점수는 3.46, '경기'인 경우 인지도 평균점수는 2.86이다. 따라서 거주지 권역별 인지도 평균점수는 '강원'이 '경기'보다 높다.

③ (×) 인지도 점수를 2점 이하로 부여한 응답자 대비 4점 이상으로 부여한 응답자의 비율이 가장 높은 거주지 권역은 ~~'충청'이다~~.

→ 이 문항은 복잡해 보이지만 아래와 같이 자료의 비율 값만으로도 계산이 가능하다.

$\frac{\text{해당거주지 4점 이상 응답자}}{\text{해당거주지 2점 이하 응답자}}$ =

$\frac{\text{해당거주지응답자수}\times\text{해당거주지 4점 이상 응답자비율}}{\text{해당거주지응답자수}\times\text{해당거주지 2점 이하 응답자비율}}$

→ $\frac{\text{해당거주지 4점 이상 응답자비율}}{\text{해당거주지 2점 이하 응답자비율}}$

→ $\frac{\text{해당지역(4점+5점) 응답자비율}}{\text{해당거주지(1점+2점) 응답자비율}}$

위 식을 적용하여 '충청'의 경우를 계산하면

$\frac{25.9\%+10.9\%}{7.8\%+35.2\%}=\frac{36.8}{43}=1$ 미만이다.

'강원'의 경우 $\frac{43.8\%+17.9\%}{6.3\%+20.5\%}=\frac{61.7}{26.8}=1$이상

이므로 '충청'보다 높다.

따라서 '충청'보다 높은 거주지가 존재하므로 옳지 않다.

④ (O) 인지도 점수를 1점으로 부여한 '소재산주'는 5점으로 부여한 '부재산주'의 2배 이상이다.

→ 인지도 점수를 1점으로 부여한 '소재산주'는 '소재산주'에 해당하는 전체 응답자 수 669명 중 5.8%이다.

즉, 669(명)×0.058=38.8(명)

인지도 점수를 5점으로 부여한 '부재산주'는 '부재산주'에 해당하는 전체 응답자 수 149명 중 10.1%이다.

즉, 149(명)×0.10=14.9(명)

따라서 인지도 점수를 1점으로 부여한 '소재산주'는 5점으로 부여한 '부재산주'의 2배 이상이다.

⑤ (O) 인지도 점수를 3점 이상으로 부여한 응답자가 가장 많은 경영주체는 '임업후계자'이다.

→ 다른 경영주체는 응답자수가 다르기 때문에 응답자 비율만으로는 실숫값을 비교할 수 없다. 따라서 해당 응답자수를 계산하여 비교해야 한다.

이때, '경영주체'가 가장 많은 지 묻고 있으므로 '임업 후계자'를 먼저 계산한 후 나머지 중에 더 많은 경우가 있는지를 살펴본다.

- '임업 후계자':
  292(명)×(0.209+0.339+0.137) →
  292(명)×0.72=200명 이상
- '일반산주':
  353(명)×(0.105+0.164+0.011) →
  353(명)×0.37=약 130명 미만
- '독립자':
  173(명)×(0.22+0.393+0.185) →
  173(명)×0.8=약 140명

따라서 '임업 후계자'가 가장 많다.

합격자의 실전 풀이 순서

❶ 〈표〉의 구조를 파악한다. 인지도 점수 별 응답자 비율과 응답자 수를 곱하여 인지도 점수 별 응답자 수를 계산할 수 있음을 파악한다.

❷ 선지 별 우선순위를 미리 정하는 것이 좋다. 계산이 빠른 경우 계산 위주의 선지(①, ④)를 우선 해결하거나 반례의 가능성이 큰 것을 찾는 것에 능숙한 경우 반례를 찾는 선지(③, ⑤)를 우선 해결한다.

❸ 반례 찾는 연습을 많이 하면 시간을 적게 쓰면서 빠르게 문제 해결을 할 수 있으므로 반례의 가능성이 큰 경우를 찾는 연습을 많이 할 것을 추천한다. 따라서 ③, ⑤번을 우선적으로 확인하고 답이 나온다면 표시하고 넘어간다.

합격자의 시간단축 Tip

선지 ① 1.4배를 계산하기 위해서는 1.5배를 계산한 후 0.1배를 감해준다.

따라서 (2ha 미만)1.4=2.36+2.360.5−0.236=약 3.31이므로 옳은 선지이다.

선지 ③ 직접 '가장 높은 곳'을 찾지 않고, 선지에서 준 값을 기준으로 확인한다.

③번에서 제시한 '충청'을 먼저 확인하면 "1점과 2점의 합 > 4점과 5점의 합"이므로 '2점 이하 응답자 대비 4점 이상 응답자'는 1보다 작다.

따라서 1보다 큰 곳, 즉 "1점과 2점의 합 < 4점과 5점의 합"이 있는지 확인하면 된다.

대충 보더라도 강원은 2점 이하 점수가 매우 작아 "1점과 2점의 합 < 4점과 5점의 합"이므로 반례가 된다. 이처럼 확인할 경우 '비율' 계산이 그냥 숫자의 대소 비교로 전환되어 매우 간단해진다.

선지 ④ '소재산주' 응답자 수는 669명으로 '부재산주' 응답자 수보다 두 배 이상 많으며, 인지도 점수를 1점으로 부여한 소재산주 비율은 5점으로 부여한 부재산주 비율의 $\frac{1}{2}$보다 많기 때문에 계산할 필요 없이 해당 선지는 옳다.

선지 ⑤ 인지도 점수를 3점 이상으로 부여한 응답자 수는 [인지도 점수 별 응답자 비율×응답자 수]이다.

임업 후계자는 일반 산주보다 응답자 수는 2배 미만 작지만 3점 이상 응답자 비율이 일반 산주보다 2배를 초과하므로 임업 후계자가 더 크다.

(3점 이상 응답자 비율을 모두 더해서 2배 초과인지 확인하지 않고 3점, 4점, 5점 모두 2배 이상이므로 더한 값 역시 2배 초과라고 간단히 확인할 수 있다)

독끝 기본 2일차 (031~060)

정답

031	②	032	⑤	033	⑤	034	⑤	035	①
036	⑤	037	④	038	①	039	④	040	②
041	②	042	③	043	③	044	①	045	②
046	③	047	②	048	④	049	①	050	①
051	③	052	②	053	⑤	054	⑤	055	①
056	①	057	②	058	①	059	③	060	②

031 정답 ❷ 난이도 ●○○

ㄱ. (×) 비수도권의 지가변동률은 ~~매년 상승하였다~~.

➜ 연도별 지가변동률은 〈표〉에 주어져 있고, 연도별로 비수도권의 값을 살펴보면 2012년의 경우는 1.47%, 2013년의 경우는 1.30%로 감소하였다. 2017년의 경우는 3.97%이고 2018년의 경우는 3.64%로 감소하였기 때문에 지가변동률이 매년 상승했다고 할 수 없다.

ㄴ. (○) 비수도권의 지가변동률이 수도권의 지가변동률보다 높은 연도는 3개이다.

➜ 비수도권과 수도권의 지가변동률 수치를 단순 비교하여 판단할 수 있다.

- 2012년: 수도권 0.37% < 비수도권 1.47%
- 2013년: 수도권 1.20% < 비수도권 1.30%
- 2015년: 수도권 1.90% < 비수도권 2.77% 이다.

이때, 2012년, 2013년, 2015년 3개만 비수도권의 지가변동률이 더 크므로 옳은 보기이다.

ㄷ. (×) 전년대비 지가변동률 차이가 가장 큰 연도는 ~~수도권과 비수도권이 동일하다~~.

➜ 주어진 〈표〉에 따르면 수도권에서 전년대비 지가변동률의 차이가 가장 큰 연도는 2017년의 경우 4.31%, 2018년의 경우 6.11%로 6.11%−4.31%=1.8%의 차이가 난다.

비수도권에서 전년대비 지가변동률의 차이가 가장 큰 년 도는 2016년의 경우 2.97%, 2017년의 경우 3.97%로 3.97%−2.97%=1.0%의 차이가 난다.

따라서 전년대비 지가변동률의 차이가 가장 큰 연도는 수도권과 비수도권이 다르므로 틀린 보기이다.

합격자의 실전 풀이 순서

❶ 〈보기〉 ㉠과 같은 '완전한 경향성을 요구하는 문제'는 반례를 하나 발견하는 것으로 충분하다.
〈표〉를 볼 때 뒤에서부터 보면 2018년에 감소한 것을 바로 확인할 수 있으므로 더 이상 반례를 찾지 않고 보기 ㉠이 틀린 선지라 판단한다.

❷ 〈보기〉 ㉢은 틀린 선지이므로 바로 정답을 구한다.

합격자의 시간단축 Tip

보기 ㉠ "매년, 항상"과 같은 표현이 등장한다면 빠르게 예외를 찾아보려는 습관이 중요하다.
그리고 출제자들은 우리의 시선이 항상 왼쪽 위에서 출발하여 대각선 아래로 향하는 것을 알고 있기 때문에 문제 푸는 시간을 지연시키기 위해서 반례를 우측 하단에 배치하는 경향이 있다.
그래서 이러한 보기를 만나면 2017년과 2018년이 먼저 눈이 가도록 연습하면 좋다. 다만, 이 문제는 2012년과 2013년을 보아도 답이 나오므로 친절한 문제라 할 수 있다.

보기 ㉡ 비수도권의 지가변동률이 수도권의 지가변동률보다 높은 연도는 2012년, 2013년, 2016년으로 세 개이다. 따라서 옳다.

보기 ㉢ 수도권이나 비수도권 중 하나를 선택하여 전년 대비 차이가 가장 큰 연도를 찾는다. 이때 각각 차잇값을 비교하여 더 큰 연도를 새로 찾지 않고, 앞서 도출된 연도보다 큰 곳이 있는지만 확인하면 된다.
예를 들어, 수도권을 먼저 찾을 경우 2018년이 가장 큰 연도이며 2018년 비수도권은 0.33 차이가 난다. 따라서 0.33보다 큰 연도가 있다는 것을 확인한 후 틀린 선지라 판단하면 된다. 다시 한번 강조하지만 실제로 가장 큰 연도를 찾을 필요가 없다.

＊한 가지 주의할 점은 '차잇값'이지 '증가분'이 아니라는 것이다. 즉 차잇값은 양수, 음수를 따지지 않는 '절댓값'이기 때문에, 감소했다고하여 고려 대상에서 제외하는 실수를 하면 안된다.

032 정답 ❺ 난이도 ●●○

① (×) '갑'국 남학생과 여학생의 평균점수 차이는 ~~2018년이 1998년보다 크다~~.

➜ 〈그림〉에 따르면 '갑'국 남학생과 여학생의 평균 점수 차이는

- 2018년: 606명 − 605명 = 1점이고
- 1998년: 588명 − 571명 = 17점으로 1998년이 2018년보다 크다.

② (×) '갑'국의 평균점수는 2018년이 ~~2014년보다 크다~~.
➜ '갑'국의 2014년 평균점수는 남학생과 여학생의 평균점수를 가중평균 할 때 610 ~ 616점 사이에서 형성된다. 한편, 〈표〉에서 2018년의 평균 점수는 606점으로 주어져 있으므로 2018년이 2014년에 비해 작다.

③ (×) 2018년 주요 10개 국가는 '수월수준'의 ~~학생비율이 높을수록 평균점수가 높다~~.
➜ 〈표〉에 따르면 '수월수준'의 학생비율은 625점 이상의 누적 학생비율이다.
625점 이상인 학생비율이 G국은 7%와 H국은 7%로 같지만, 평균점수는 G국은 527점이고 H국은 523점으로 G국이 더 높다. 따라서 '수월수준'의 학생비율이 높을수록 평균점수가 높지 않다.

④ (×) 2018년 주요 10개 국가 중 '기초수준 미달'의 학생비율이 가장 높은 국가는 ~~I국이다~~.
➜ '기초수준 미달'은 학업성취도 점수가 400점 미만인 것을 의미한다.
이는 '기초수준 미달'인 학생 비율은 100 ~ 400점 이상 누적 학생비율로 구할 수 있다.
이때, '기초수준 미달'의 학생비율이 가장 높은 국가는 400점 이상의 누적학생비율이 가장 낮은 국가로, 400점 이상의 누적 학생비율이 91%인 F국이다.

⑤ (○) 2018년 '우수수준'의 학생비율은 D국이 B국보다 높다.
➜ 〈표〉에 따르면 '우수수준'의 학생비율은 550점 이상 625점 미만의 누적 학생비율로 (550점 이상의 학생비율) − (625점 이상의 학생비율)이다.
'우수수준'의 학생비율은 D국의 경우는 (67 − 34) = 33%이고 B국의 경우는 (72 − 42) = 30%으로 D국이 B국보다 높다.

합격자의 실전 풀이 순서

❶ 〈그림〉를 빠르게 보면서 2014년이 최고점인 점, 연도 단위가 매년이 아니라 4년인 점 등을 체크한다. 〈표〉역시 빠르게 보면서 누적 비율인 것을 확인한다. 선지를 빠르게 훑으면서 ①, ②번은 갑국과 관련한 글자가 눈에 보이므로 〈그림〉과 연결된 것임을 예상할 수 있다. 반면 ③, ④, ⑤번은 성취 수준과 관련된 내용이 보이므로 〈표〉와 연결된 내용임을 알 수 있다. 그리고 관계를 확인 후 ①번부터 차례대로 푼다.

❷ ①, ②, ③, ④번이 모두 틀린 선지이므로 정답은 ⑤번이다.

합격자의 시간단축 Tip

선지 ① 〈그림〉은 꺾은 선 그래프이다. 따라서 구체적인 수를 구하지 않고 '그래프의 시각적 특성'을 적극 이용하여 해결한다. 꺾은 선 그래프의 경우 '꺾은 선 간 거리 = 차잇값'이므로 2018년이 1998년보다 거리가 먼지 확인하면 된다.

선지 ② 틀린 선지로 주어져 있어 함정으로 인해 틀린 사람은 없겠으나, 단순히 계산할 수 없다는 이유로 보기 ②를 틀린 선지로 처리하였다면 잘못된 해결 방식이다. 가중 평균은 '범위' 안에 존재하므로 범위 간 비교는 가능하다는 것을 놓치면 안 된다. 보기 ②의 경우 2018년 '갑'국의 평균점수는 605점과 606점 사이에 위치할 것이며, 2014년의 경우 610점과 616점 사이에 위치할 것이다.
따라서 2014년이 더 클 것이므로 옳지 않다. 남학생과 여학생의 비율을 알 수 없어 구체적인 평균점수를 구할 수 없다. 그러므로 범위로 비교하여야 한다.

선지 ③ 4번 문제의 〈보기〉 ㉠과 동일한 방식으로 접근할 수 있다. 반례를 찾을 때 A국, 갑국 순서대로 내려가기보다는, 반대로 밑에서 위로 올라오는 형태로 처리하는 것이 좋다.
즉, H국과 I국을 먼저 살펴보는 전략이 시간 단축에 도움이 되는 경우가 많다.

선지 ④ 반대 해석을 이용한다. '기초수준 미달' 비율이 가장 높다는 것은 '기초수준 이상' 비율이 가장 낮다는 것과 같다. 따라서 400점 이상의 비율이 I국보다 작은 국가가 있는지 확인한다. 이때 실제로 가장 낮은 국가가 어딘지 찾으면 안 된다. 반례 하나를 찾는 것으로 충분하다.

선지 ⑤ '우수수준'의 학생비율은 〈표〉 값이 누적 값인 만큼 '550점 이상 누적비 − 625점 이상 누적비'로 도출한다. 이때 값을 직접 도출해서 확인해도 되지만, '차잇값'으로 비교하면 더욱 빠르다.
D국과 B국의 누적 학생비를 각각 비교할 때 625점 이상은 42 − 34 = 8만큼, 550점 이상은 72 − 67 = 5만큼 차이난다. 즉 '550점 이상 누적비 − 625점 이상 누적비'에서 후항의 차잇값이 더 크므로 D국이 더 크다는 것을 알 수 있다.

033 정답 ⑤ 난이도 ●●○

ㄱ. (×) 2017년 대비 2018년 '전체 제조업계 내 순위'가 하락한 브랜드는 2017년 대비 2018년 브랜드 가치평가액도 ~~감소하였다~~.

➜ 〈표 2〉에서 XO의 경우 2017년 대비 2018년 전체 제조업계 내 순위가 76위에서 80위로 하락하였다. 하지만 〈표 1〉에서 2017년 대비 2018년 브랜드 가치평가액은 38억 달러에서 39억 달러로 증가하였으므로 가치 평가액은 상승하였다.

ㄴ. (×) 2017년과 2018년의 브랜드 가치평가액 차이가 ~~세 번째로~~ 큰 브랜드는 BE이다.

➜ 〈표 1〉에서 2017년과 2018년의 브랜드 가치평가액 차이를 계산해보면, 가장 큰 브랜드는 279억 −248억=31억 달러로 TO이고, 두 번째로 큰 브랜드는 196억− 171억=25억 달러로 BM이고, 세 번째로 큰 브랜드는 132억− 110억=22억 달러로 FO이다.

BE는 18억 달러로 TO, BM, FO에 이어 네 번째로 크다.

ㄷ. (○) 2017년 대비 2018년 '전체 제조업계 내 순위'와 '자동차업계 내 순위'가 모두 상승한 브랜드는 2개뿐이다.

➜ 자동차업계 내 순위가 상승한 브랜드는 순위가 1위씩 상승한 AU와 HY이다.

AU와 HY는 모두 '전체 제조업계 내 순위'가 각각 4위, 9위만큼 상승하였으므로 옳은 보기이다.

ㄹ. (○) 연도별 '자동차업계 내 순위' 기준 상위 7개 브랜드 가치평가액 평균은 2018년이 2017년보다 크다.

➜ 상위 7개 브랜드 가치평가액 평균은 〈표 1〉에서 (각 브랜드의 가치평가액의 합)÷7이다.

〈표 2〉에 따라 2017년의 상위 7개 브랜드는 TO, BE, BM, HO, FO, WO, XO이고 2018년의 상위 7개 브랜드는 TO, BE, BM, HO, FO, WO, AU이다. 상위 7개 브랜드 가치평가액 평균은

- 2017년의 경우:
  (248+200+171+158+132+56+38) ÷ 7 =143.3명이고
- 2018년의 경우:
  (279+218+196+170+110+60+42) ÷ 7 =153.6명이다.

따라서 2018년이 2017년보다 크므로 평균이 상승하였다.

합격자의 실전 풀이 순서

❶ 발문을 읽으면서 10개 브랜드라는 점을 체크한다. 〈표〉를 빠르게 보면서 억 달러의 단위인 점을 확인한다. 〈표 2〉의 순위를 보면서 숫자가 작을수록 높은 순위인 점을 체크하며 바로 〈보기〉를 본다.

❷ 〈보기〉 ㉠: 전체 제조업계 내 순위가 하락한 브랜드는 〈표 2〉를 통해 FO, XO, NI임을 알 수 있다. 그리고 〈표 1〉을 통해 XO는 브랜드 가치평가액이 38에서 39로 증가하였으므로 반례가 존재하여 옳지 않음을 알 수 있다. 따라서 ①, ②번이 소거된다.

❸ 〈보기〉 ㉡: 옳지 않은 선지이므로 ③, ④번이 소거되어 정답은 ⑤번이다. 결론적으로 BE는 세 번째가 아닌 네 번째로 큰 브랜드이다. 그러나 이러한 불필요한 계산을 줄이고 BE보다 차이가 큰 세 개를 빠르게 찾는 사고가 필요하다.

합격자의 시간단축 Tip

보기 ㉠ 완전한 경향성을 묻는 질문이므로 반례를 하나라도 찾으면 틀린 선지로 판단할 수 있다.

이때 반례는 수험생이 시간을 소모하도록 유도하기 위해 주로 뒷부분에 배치되므로, 뒤에서부터 확인한다. 이에 〈표 1, 2〉의 마지막부터 확인하면 XO가 반례임을 알 수 있다.

보기 ㉡ 통상 뺄셈보다는 덧셈이 더 빠르고 실수가 적은 연산 방법이다. 따라서 차잇값을 계산하지 않고, 보기 ㉡에서 주어진 BE의 차잇값을 계산 후 빠르게 다른 브랜드 값에 더하여 모순이 생기는지 확인한다. 예를 들어 BE의 차잇값은 18로, TO를 확인할 때 248+18 < 279임을 쉽게 알 수 있다.

보기 ㉢ 〈표 2〉에서 2017년 대비 2018년에 모두 순위가 상승하려면 숫자가 작아져야 한다. 따라서 이를 충족하는 브랜드는 AU, HY 2개뿐이므로 옳은 보기이다. 이 역시 시간 소모를 줄이기 위해 뒤에서부터 확인하는 것이 좋다.

즉 "전체 제조업계 내 순위"보다 "자동차 업계 내 순위"를 먼저 본다면 숫자가 바뀐 것이 2개 브랜드밖에 없는 것을 쉽게 찾을 수 있어 시간 단축이 가능할 것이다.

보기 ㉣ '자동차 업계 내 순위' 기준 상위 7개 브랜드 가치평가액 평균을 직접 계산할 필요는 없다.

2017년과 2018년의 평균이 아니라 모두 7을 곱해도 동일하게 비교가 가능하다.

즉 상위 7개 브랜드 가치평가액의 합이 증가하였는지와 동일한 의미가 된다. 또한, 시간 단축을 위해 7개 브랜드의 숫자들을 모두 더하기보다 '차잇값'을 활용하는 사

고가 중요하다.

2017년과 2018년 모두 1위부터 6위까지의 브랜드 순위는 동일하며 7위만 XO에서 AU로 변화하였다. 그리고 FO가 132에서 110으로 감소한 것 외에 나머지 1~5위까지 브랜드는 전부 증가하였다.

그리고 2017년의 XO는 38이고 2018년의 AU가 42로 더 크다. 따라서 2018년이 더 클 것이라 확신할 수 있어 구체적 계산 없이 옳다고 판별하는 사고가 중요하다고 생각한다.

034 정답 ⑤ 난이도 ●●○

ㄱ. (×) 학년별 전체 상담건수 중 '상담직원'의 상담건수가 차지하는 비중이 큰 학년부터 순서대로 나열하면 1학년, 2학년, 3학년, 4학년 순이다.

➜ 학년별 전체 상담건수 대비 '상담직원' 상담건수 비중은

$\frac{\text{상담직원}}{\text{학년별 전체 상담건수}} \times 100(\%)$이다.

- 1학년: $\frac{154}{1,306} \times 100 \approx 12\%$
- 2학년: $\frac{97}{1,229} \times 100 \approx 8\%$
- 3학년: $\frac{107}{1,082} \times 100 \approx 10\%$
- 4학년: $\frac{56}{1,723} \times 100 \approx 3\%$

이므로 비중이 큰 학년은 1학년, 3학년, 2학년, 4학년 순이다.

ㄴ. (○) '진로컨설턴트'가 상담한 유형이 모두 '진로상담'이고, '상담직원'이 상담한 유형이 모두 생활상담 또는 학업상담이라면, '교수'가 상담한 유형 중 진로상담이 차지하는 비중은 30% 이상이다.

➜ 〈표〉에서 전체 상담건수 5,340건 중에서 〈그림 2〉의 진로상담 구성비가 45%를 차지하므로 진로상담 건수는 5,340× 0.45=2,403건이다.

이 중에서 '진로컨설턴트'의 상담건수가 641건이고, '상담직원'은 진로상담을 하지 않았으므로 '교수'의 진로상담건수는 2,403−641=1,762건이 된다.

따라서 '교수'가 상담한 유형 중 진로상담이 차지하는 비중은 $\frac{1,762}{4,285} \times 100 \approx 41\%$이므로 30% 이상이다.

ㄷ. (○) 상담건수가 많은 학년부터 순서대로 나열하면 4학년, 1학년, 2학년, 3학년 순이다.

➜ 〈표〉 상담자별, 학년별 상담건수를 보면
- 4학년: 1,723명,
- 1학년: 1,306명,
- 2학년: 1,229명,
- 3학년: 1,082명 이므로, 옳은 보기이다.

ㄹ. (○) 최소 한 번이라도 상담을 받은 학생 수는 4,600명 이하이다.

➜ 〈그림 1〉의 상담 횟수별 학생 수를 보면 1회 상담 3,826명, 2회 상담 496명, 3회 상담 174명으로 최소 한 번이라도 상담을 받은 학생 수는 3,826+496+174=4,496명으로 4,600명 이하이다.

합격자의 실전 풀이 순서

❶ 〈표〉와 〈그림 1〉을 빠르게 훑으면서 상담건수 전체의 합인 5,340건이 횟수 별로 나타내었음을 체크한다. 즉, 3,826 +496×2+174×3=5,340이 성립한다. 바로 〈보기〉를 본다.

❷ 〈보기〉 ㉠을 먼저 확인하면 옳지 않은 선지이다. 따라서 ①, ③, ④번이 소거되므로 〈보기〉 ㉢만 판별하면 된다.

❸ 〈보기〉 ㉢: 상담건수가 많은 학년순은 4학년(1,723건) > 1학년(1,306건) > 2학년(1,229건) > 3학년(1,082건)으로 옳다. 따라서 정답은 ⑤번이다.

합격자의 시간단축 Tip

보기 ㉠ 순서를 명확히 지정해주었으므로 반례가 하나라도 있다면 바로 틀린 선지가 된다. 따라서 크게 2단계로 접근하면 좋다. 1단계로 '대소비교가 곧장 가능한 반례가 있는지' 확인한다.

예를 들어 분수일 경우 분자는 더 크고, 분모는 더 작은 값이 있어 바로 비교할 수 있는 분수이거나, 곱셈일 경우 각 구성 값이 모두 큰 곱셈이 있는지 확인하는 것이다.

2단계로 곧장 가능한 값이 없을 경우, 의심스러운 값들 위주로 반례를 확인한다.

보기 ㉠의 경우 1단계에서 마무리되는 유형이다. 2학년과 3학년을 비교하면 $\frac{97}{1,229}$ vs $\frac{107}{1,082}$로 3학년이 분자는 크고 분모는 작아 당연히 더 크다는 것을 알 수 있다. 따라서 곧장 반례를 도출할 수 있으므로, 보기 ㉠은 틀린 선지라는 것을 알 수 있다.

보기 ㉡ '상담직원'이 상담한 유형이 모두 생활상담 또는 학업상담이므로 진로상담은 '교수' 또는 '진로컨설턴트'로만 구성될 것이다. 그리고 '진로컨설턴트'가 전체 상담건수에서 차지하는 비중은 15% 이하이다.

따라서 45%의 진로상담에서 교수는 30% 이상을 담당한다. 또한, '교수'는 전체 상담건수의 약 80%를 담당

한다. 결국, '교수'의 상담 유형 중 진로상담의 비중은 약 $\frac{30}{80}$ 으로 30% 이상이라 옳다.

이때 전체의 45%를 차지하는 진로상담에서 교수가 30% 이상을 담당한다는 것은 곧 전체에서 30% 이상을 차지한다는 것이므로, 전체의 구성요소 중 하나인 교수 내부의 비율은 당연히 30%보다는 클 것이다. 따라서 별도 계산 없이 교수의 진로상담이 전체의 30% 이상임이 확인된 순간 바로 옳은 선지로 본다. (즉 $\frac{30}{80}$ > 30%인지 볼 필요가 없다)

보기 ㉣

[방법 1]

최소 한 번이라도 상담을 받은 학생 수는 〈그림 1〉을 통해 3,826+496+174=4,496임을 알 수 있다. 따라서 4,600명 이하이므로 옳다.

[방법 2]

〈그림 1〉의 구조가 이해되면 '반대 해석'을 이용하여 매우 간단하게 풀 수 있다. 〈표〉의 5,340의 상담 건수는 〈그림 1〉에서 각 학생 수×받은 횟수를 더한 값이다. 즉 반대로 생각하면, 전체 상담 건수에서 보기 ㉣의 4,600을 뺀 5,340−4,600=740은 모든 학생이 1회만 상담받은 경우를 제외한 값이므로 740이 2, 3회의 상담 받은 학생들의 '상담 건수−1'을 합한 값보다 작으면 옳은 선지가 되는 것이다. 따라서 2, 3회 학생들의 496+174×2를 어림산하여 500+170×2=840으로 보면 740보다 크므로 ㉣은 옳은 선지가 된다. 설명은 길었으나 이는 구조의 이해를 위해 설명한 것으로, 실제 풀이는 별다른 계산 없이 한 줄로 처리된다. '여러 횟수'가 나오는 문제에서는 많이 활용되는 방법이므로 익혀 두는 것을 추천한다.

035 정답 ①   난이도 ●●●

• A는 B, C, E에 비해 직원 수가 많다.

→ 〈표〉의 정보를 통해 직원 수는 (영업이익) ÷ (직원 1인당 영업이익)으로 구할 수 있다. 한편 A가 B, C, E에 비해 직원 수가 많기 위해서는 〈표〉의 가～마에서 (영업이익) ÷ (직원 1인당 영업이익)의 값이 가장 큰 두 기업 중 하나가 A가 되어야 한다는 것을 알 수 있다.
이 값을 어림하여 구해보면,
가의 경우: 83,600 ÷ 34 ≈ 2,458
나의 경우: 33,900 ÷ 34 ≈ 997
다의 경우: 21,600 ÷ 18 ≈ 1,200
라의 경우: 24,600 ÷ 7 ≈ 3,154
마의 경우: 50,100 ÷ 30 ≈ 1,670이다.
따라서 이 설명을 통해 직원 수가 가장 많은 두 기업은 가와 라이며 선택지 ②, ③, ④는 제외된다.

• C는 B, D, E에 비해 평균연봉 대비 직원 1인당 영업이익이 적다.

→ C가 B, D, E에 비해 평균연봉 대비 직원 1인당 영업이익이 적기 위해서는 〈표〉의 '가'～'마'에서 $\frac{(\text{직원 1인당 영업이익})}{\text{평균연봉}}$의 값이 가장 작은 두 기업 중 하나가 C가 되어야 한다는 것을 알 수 있다.
이 값을 어림하여 구해보면,

가의 경우: $\frac{34}{66} \approx 0.52$

나의 경우: $\frac{34}{34} = 1$

다의 경우: $\frac{18}{58} \approx 0.31$

라의 경우: $\frac{7}{66} \approx 0.11$

마의 경우: $\frac{30}{75} = 0.4$이다.

따라서 이 설명을 통해 평균연봉 대비 직원 1인당 영업이익이 가장 적은 두 기업은 '다'와 '라'이다.

• A, B, C의 영업이익을 합쳐도 D의 영업이익보다 적다.

→ 세 기업의 영업이익을 합친 것보다 D의 영업이익이 더 크기 위해서는 영업이익이 가장 큰 기업 '가' 밖에 될 수 없다.
따라서 이 설명을 통해 D가 기업 '가'에 해당한다. 또한 '마' 기업이 A, B, C중 하나에 포함되면 조건이 성립되지 않음으로 A, B, C는 '나', '다', '라' 중에서 1 : 1로 매칭된다.
따라서 E는 '마' 기업이다.

• E는 B에 비해 직원 1인당 영업이익이 적다.

→ E는 '마' 기업이므로 B는 '가' 혹은 '나' 기업이다. 그러나 D가 '가' 기업이므로 B는 '나' 기업이다. 따라서 정답은 ①이다.

합격자의 실전 풀이 순서

❶ 〈표〉와 〈보기〉를 빠르게 읽으면서 '가'～'마'와 A～E를 매칭하는 유형임을 파악한다. 이러한 유형은 불가능한 선지를 소거해나가는 전략이 좋다고 생각한다. 바로 〈보기〉를 본다.

❷ 첫 번째, 두 번째 보기를 보더라도 확정하기 어려운 경우가 많아 세 번째 보기를 먼저 본다. 세 번째 보기가 성립하려면 D가 '가' 기업이 될 것이며, '나'～'라'는 A~C가 될 것이다.

따라서 '마' 기업은 'E'가 된다. 그러므로 D는 '나', '라' 기업이 아니므로 ②, ⑤번이 소거되며, E는 '라' 기업이 아니므로 ④번이 소거된다.

❸ 마지막 동그라미를 통해 E의 직원 1인당 영업이익은 30으로 B에 비해 작아야 하므로 B는 '나'의 34가 될 것이다. 따라서 정답은 ①번이다.

합격자의 시간단축 Tip

Tip ❶ 〈보기〉의 첫 번째 조건과 두 번째 조건을 해결하려면, 직원 수를 구하기 위해 영업이익을 직원 1인당 영업이익으로 나누어야 하고, 평균연봉 대비 직원 1인당 영업이익도 계산이 필요하여 시간이 소모된다.
즉 주어진 〈표〉를 가공해야 하므로 확인하지 않고 넘기는 것이 시간 절약을 위해 좋은 전략이다.

※ 조건을 순서대로 확인하지 않는다. 어떤 조건이 유용한지, 난이도가 낮은지 등을 고려하여 유동적으로 활용하자.

Tip ❷ '매칭형 문제'는 확정 정보를 찾는 것이 중요하다. 기출을 정리하다 보면 일정한 패턴이 보이는데, 확정 정보는 주로 뒷부분에 제공되는 경향이 있으며, 확정 정보를 제공할 때 정형화된 형태로 주어지는 경우가 대부분이다. 따라서 기출을 분석할 때 확정 정보의 형태나 위치를 잘 확인해 정리하는 것을 추천한다.

036 정답 ⑤

난이도 ●●●

① (O) 2017년 세종특별자치시에 등록된 자원봉사단체별 회원수 현황
→ 〈보고서〉의 두 번째 자료 '자원봉사단체 등록 현황'에서 '단체의 총 회원수'는 자원봉사단체별 회원수 현황에 따른 합계를 구한 값이므로 필요한 자료이다.

② (O) 2017년 세종특별자치시 인구 현황
→ 〈보고서〉의 '자원봉사자 등록 현황'에서 세종특별자치시 전체 인구수 대비 자원봉사자 등록률을 비교하기 위해 세종특별자치시 인구 현황이 필요하다.

③ (O) 2017년 세종특별자치시에 등록된 성별, 연령별 자원봉사자수 현황
→ 〈보고서〉의 첫 번째 자료인 '자원봉사자 등록 현황'에 성별 자원봉사자수 현황이, 세 번째 자료인 '연령대별 자원봉사자 등록 현황'에 연령별 자원봉사자수 현황이 필요하다.

④ (O) 2017년 세종특별자치시 연간 1회 이상 활동한 자원봉사자수 현황
→ 〈보고서〉의 네 번째 자료인 '자원봉사자 활동 현황'에서 2017년 자원봉사 활동 현황 중 1회 이상 활동한 자원봉사자수 현황에 대한 근거자료로 활용되었다.

⑤ (×) 2017년 세종특별자치시 연령별, 1일 시간대별 자원봉사 참여자수 현황
→ 1일 시간대별 자원봉사 참여자수 현황 자료만 가지고는 누적 시간대별 자원봉사 참여자수를 알 수 없다. 또한 연령별 자원봉사 참여자수를 통해 전체 참여자수와 만 65세 참여자수를 구할 수는 있지만 마찬가지로 누적 시간대별 자원봉사 참여자수는 알 수 없으므로 마지막 자료의 막대그래프에서 가로축 각각의 항목에 대한 자료로 활용되기에 적합하지 않다.

합격자의 실전 풀이 순서

❶ 발문을 읽으면서 보기를 통해 〈보고서〉작성이 가능한 지 묻는 것임을 확인한다. 바로 〈보고서〉의 첫째 그림을 본다.

❷ 자원봉사자 등록 현황 중 구체적 등록률을 알기 위해 세종특별자치시 인구수가 필요하므로 ②번이 근거로 활용되었다고 할 수 있다. 또한, ③번도 활용되었다.

❸ 자원봉사단체 등록 현황을 알기 위해 세종특별자치시에 등록된 자원봉사단체별 회원 수 현황이 필요하므로 ①번이 활용되었다.

❹ 연령대별 자원봉사자 등록현황을 알기 위해 ③번이 필요하다. 자원봉사자 활동 현황 중 1회 이상 활동한 자원봉사자수인 22,251명을 알기 위해 ④번이 필요하다.
따라서 정답은 ⑤번이다.

* 참고로 자원봉사 누적시간대별 자원봉사 참여자수 현황은 ⑤번을 근거로 사용하였다고 볼 수 없다.
왜냐하면 1일 시간대별 현황으로 누적시간대별 현황을 알 수 없기 때문이다.

합격자의 시간단축 Tip

직접 근거 활용 여부를 묻는 문제는 다른 유사 유형(추가로 필요한 자료)과 달리 그림의 이름에 더하여 '범례'를 적극적으로 활용할 필요가 크다.
왜냐하면 선지로 주어지는 자료에 어떤 값들이 들어 있는지 매우 구체적으로 주어지기 때문에, '그림 제목'이 어떻게 통계 자료로 구성되는지는 범례로 확인할 수 있기 때문이다.
예를 들어 네 번째 그림을 보면 단순히 "자원봉사자 활동 현황"이라고 주어져 있는데 이것만 보아서는 활동을

어떻게 측정할지 알 수 없다. 따라서 그림을 보면 직접적으로 범례를 주진 않았으나 '1회 이상 활동한'이라는 단어를 통해 이 단어가 선지에 들어가야 답이라는 것을 생각해낼 수 있다.

* 추가적으로 범례를 확인할 때는 매우 구체적으로 나누어 보아야 한다. 예를 들어 첫 번째 그림을 보면 '등록 현황'은 다시 '인구수 대비 자원봉사자 등록률'로 주어져 있다. 따라서 제목에 적시된 '등록'만 확인할 것이 아니라 '인구수'도 필요하다는 것을 구체적으로 확인해야 한다.

037 정답 ④ 난이도 ●●○

ㄱ. (○) 학과당 교원 수는 공립대학이 사립대학보다 많다.

→ 학과당 교원 수는 〈표〉의 학과와 교원 정보를 통해 $\frac{(\text{교원 수})}{(\text{학과})}$로 나타낼 수 있다.

이 식을 활용하여 대학유형별 값을 구하면,

- 공립대학: $\frac{354}{40} \approx 8.85$
- 사립대학: $\frac{49,770}{8,353} \approx 5.958$ 이다.

따라서 학과당 교원 수는 공립대학이 사립대학보다 많다.

ㄴ. (○) 전체 대학 입학생 수에서 국립대학 입학생 수가 차지하는 비율은 20% 이상이다.

→ 전체 대학 입학생 수에서 국립대학 입학생 수가 차지하는 비율은

$\frac{(\text{국립대학 입학생 수})}{(\text{입학생 수 전체})} = \frac{78,888}{355,772}$로 나타낼 수 있다. 이를 대략 어림하여 계산해보면 20% 이상이 되므로 ㉡은 옳은 보기이다.

ㄷ. (○) 입학생 수 대비 졸업생 수의 비율은 공립대학이 국립대학보다 높다.

→ 입학생 수 대비 졸업생 수의 비율은 $\frac{(\text{졸업생 수})}{(\text{입학생 수})}$로 나타낼 수 있다. 이 값을 계산하면,

- 공립대학: $\frac{1,941}{1,923} \approx 1.009$
- 국립대학: $\frac{66,890}{78,888} \approx 0.848$로 나타낼 수 있다.

따라서 공립대학의 입학생 수 대비 졸업생 수의 비율이 국립대학보다 높다.

ㄹ. (×) 각 대학유형에서 남성 직원 수가 여성 직원 수보다 많다.

→ 남성 직원 수는 (전체 직원 수)−(여성 직원 수)로 구할 수 있다. 이를 각각 구해보면,

- 국립대학: 8,987−3,254=5,733
- 공립대학: 205−115=90
- 사립대학: 17,459−5,259=12,200이다.

따라서 국립대학과 사립대학은 남성 직원 수가 여성 직원 수보다 많지만, 공립대학은 여성 직원 수가 남성 직원 수보다 많으므로 모든 대학 유형에서 남성 직원 수가 여성 직원 수보다 많다고 할 수 없다.

합격자의 실전 풀이 순서

❶ 〈표〉를 읽으면서 전체가 대학 유형별로 나누어져 있어 분수 간 비교 또는 교원이나 직원의 경우 남성 또는 여성의 비율과 관련된 물음을 예상할 수 있다. 바로 보기 ㉠을 본다.

❷ 보기 ㉠은 공립대학의 학과당 교원 수는 $\frac{354}{40} > 8$인 반면, 사립대학의 학과당 교원수는 $\frac{49,770}{8,353} < 6$이다.
따라서 전자가 더 크므로 선지 ③, ⑤번이 소거된다.

❸ 보기 ㉡을 확인하면 옳은 선지이다. 따라서 정답은 ④번이다.

합격자의 시간단축 Tip

보기 ㉠ 직접 계산하지 않고, '대입−모순 확인법'을 활용하면 좋다.
공립대학의 학과당 교원 수는 40×9=360 > 354로 9보다 살짝 작다. 이때 사립대학의 학과당 교원 수를 구하지 않고, 공립 대학의 학과당 교원 수인 9를 기준값으로 보아 대입한다. 즉 사립대학 학과에 9를 곱하여 교원 수보다 큰지 작은지 확인하면 된다. 어림산으로 8,353을 8,000이라 내림하더라도 8,000×9=72,000으로 49,770보다 커 옳은 선지라는 것을 구체적 계산 없이 쉽게 알 수 있다.
참고로 사립대학 값이 편하다면 사립대학의 학과당 교원수를 기준으로 봐도 무방하다. 사립대학의 학과당 교원수는 6보다 조금 작은 값이므로, 이를 공립대학에 대입하면 40×6=240 < 354로 한참 부족하므로 공립대학 > 사립대학임을 간단히 알 수 있다.

보기 ㉡ 20%는 크게 3가지 방법으로 처리한다. 어느 한 방법이 우월하지 않으며, 본인이 숫자 구조에 따라 편한 방법을 취하면 된다. 이하에서는 연습을 위해 각각을 적용해본다.

[방법 1] 20%×5=100%를 이용한 방법
국립대 입학생 수에 5배를 하여 전체보다 큰지 확인한다.

78,888×5 > 355,722이므로 20% 이상이다.

[방법 2] 20%×4=80%를 이용한 방법

공립대학+사립대학은 1,923+274,961=약 295,000으로, 국립대학에 4를 곱한 78,888 × 4=약 78,000 × 4보다 작으므로 20% 이상이다.

(참고로 앞서 방법 2)는 보기 ㉡의 풀이에서는 활용하지 않는 것이 좋다. 다른 값과 달리 추가 덧셈이 필요하기 때문이다)

[방법 3] 근삿값에 20%를 직접 곱하는 방법

근삿값을 잘 활용하면, 직접적 계산임에도 방법 1, 2만큼이나 빠르게 처리할 수 있는 방법이다.

355,772를 편의상 360,000으로 대체하면 360,000 ×20%=72,000으로 78,888은 당연히 20% 이상이다.

보기㉢ 입학생 수 대비 졸업생 수의 비율은 공립대학의 경우 $\frac{1,941}{1,923}$로 1보다 크며, 국립대학의 경우 $\frac{66,890}{78,888}$으로 1보다 작다. 따라서 전자가 더 크므로 옳다. 분수의 값을 직접 구체적으로 도출하기보다 1과 같은 기준을 활용하여 비교하는 방식이 자료해석 과목의 취지에 더 부합하다고 생각한다.

보기㉣ 공립대학 유형의 경우 남성 직원 수는 205−115=90명으로 여성 직원 수인 115명 보다 적어 〈보기〉 ㉣의 반례가 된다. 그러나 뺄셈보다는 곱셈을 활용하는 것이 좋다고 생각한다.

전체를 구성하는 것이 남성과 여성처럼 두 가지만 존재하는 경우, A가 B보다 크다는 것은 A가 전체의 50%를 넘게 차지한다는 것을 의미한다.

따라서 여성 직원 수×2가 전체 직원 수보다 작다면 남성 직원 수가 여성 직원 수보다 많다는 의미와 동일하다. 따라서 115×2=230 > 205와 같은 방식으로 반례를 찾는 것도 좋다.

038 정답 ①

난이도 ●●○

ㄱ. (○) 매년 불법체류외국인수는 체류외국인수의 10% 이상이다.

→ 2014년도 체류외국인수의 10%는 약 116,848명으로 불법체류외국인수인 177,955명보다 적다.
2015년도 체류외국인수의 10%는 약 126,142명으로 불법체류외국인수인 168,515명보다 적다.
2016년도 체류외국인수의 10%는 약 139,508명으로 불법체류외국인수인 167,780명보다 적다.
2017년도 체류외국인수의 10%는 약 144,510명으로 불법체류외국인수인 177,854명보다 적다.
2018년도 체류외국인수의 10%는 약 157,603명으로 불법체류외국인수인 183,106명보다 적다.
따라서 매년 불법체류외국인수가 체류외국인수의 10%보다 많으므로 보기 ㉠은 참이다.

ㄴ. (×) 불법체류외국인 범죄건수의 전년대비 증가율이 가장 높은 해에 합법체류외국인 범죄건수의 전년대비 ~~증가율도 가장 높다~~.

→ 불법체류외국인 범죄건수의 전년대비 증가율이 가장 높은 해는 2018년으로

$\frac{2,033-1,591}{1,591}$ ≒ 27.8%이다.

반면, 합법체류외국인 범죄건수의 전년대비 증가율이 가장 높은 해는 2016년으로

$\frac{23,970-17,538}{17,538}$ ≒ 36.7%이다.

따라서 틀린 보기이다.

ㄷ. (×) 체류외국인 범죄건수가 전년에 비해 감소한 해에는 합법체류외국인 범죄건수와 불법체류외국인 범죄건수도 ~~각각 전년에 비해 감소하였다~~.

→ 〈표〉에서 제시한 (체류외국인 범죄건수)가 전년에 비해 감소한 해는 2015년과 2017년이다.
2015년, 2017년 각각 (불법체류외국인 범죄건수)는 전년에 비해 각각 감소했고, 증가했다.
따라서 체류외국인 범죄건수가 전년에 비해 감소한 해에는 합법체류외국인 범죄건수와 불법체류외국인 범죄건수는 2015년에는 감소 2017년에는 증가했다.

ㄹ. (○) 매년 합법체류외국인 범죄건수는 체류외국인 범죄건수의 80% 이상이다.

→ 〈표〉에서 제시한 해당연도의 체류외국인 범죄건수에 0.8 (80%의 비율)을 곱하면 체류외국인 범죄건수의 80% 이상을 구할 수 있으므로, 해당연도의 합법체류외국인 범죄건수와 비교하면 된다.

- 2014년:
  21,235(건)×0.8=16,988(건) < 18,645(건)
- 2015년:
  19445(건)×0.8=13,156(건) < 17,538(건)
- 2016년:
  25,507(건)×0.8=20,405.6(건) < 23,970(건)
- 2017년:
  22,914(건)×0.8=18,331.2(건) < 21,323(건)
- 2018년:
  24,984(건)×0.8=19,987.2(건) < 22,951(건)

따라서 매년 합법체류외국인 범죄건수는 체류외국인 범죄건수의 80% 이상이다.

합격자의 실전 풀이 순서

❶ 보기 ㉠: 매년 불법체류외국인수가 체류외국인수의 10% 이상이 되려면 불법체류외국인수×10 > 체류외국인수가 성립하여야 한다.
그리고 2014~2018년 동안 체류외국인수가 불법체류외국인수의 10배보다 큰 관계가 예외 없이 성립하므로 참이다. 따라서 ②, ③번이 소거되며, 〈보기〉㉡을 본다.

❷ 보기 ㉡: 'A이고 B이다'와 같은 유형은 뒷부분인 B부터 보는 것이 좋은 접근 방법이다. 왜냐하면 출제 위원의 입장에서 선지는 A → B순으로 구성하는 만큼, 역순으로 확인할 경우 문제의 빈틈을 발견하기 더 용이하여 쉽게 반례를 확인할 개연성이 크기 때문이다. 즉, 합법체류외국인 범죄건수를 먼저 확인하면, 굳이 증가율로 접근하지 않아도 2016년이 '증가분'이 가장 커 증가율이 가장 크다는 것을 알 수 있다.
이때 2016년 불법체류외국인 범죄건수는 감소하였으므로 증가율은 음수이므로 바로 틀린 선지라 판단할 수 있다.

❸ 보기 ㉢: 체류외국인 범죄건수가 전년에 비해 감소한 해는 2015년과 2017년이다.
그러나 2017년의 불법체류외국인 범죄건수는 2016년 대비 증가하여 옳지 않다. 따라서 정답은 ①번이다. 이러한 유형이 나온다면 통상 반례는 뒷부분에 배치되는 경향이 있으므로, 2015년보다 2017년이 모순 없이 성립하는지 먼저 살펴보는 것이 시간 단축에 좋을 수 있다.

합격자의 시간단축 Tip

보기 ㉣ 매년 합법체류외국인 범죄건수가 체류외국인 범죄건수의 80% 이상이라는 내용이 참이려면 각 연도별로 체류외국인 범죄건수×0.8 < 합법체류외국인 범죄건수가 성립하여야 한다.
그러나 값이 크고 복잡한 전체 값에 0.8을 곱하는 것은 다소 복잡할 수 있다.
따라서 이러한 접근보다 합법체류외국인 범죄건수와 불법체류외국인 범죄건수의 합이 100%인 것을 활용할 수 있다. 전자가 80% 이상이면 후자는 20% 이하이므로 후자의 4배가 전자보다 작다는 의미와 동일하게 볼 수 있다.
따라서 2014~2018년 동안 매년 불법체류외국인 범죄건수×4 < 합법체류외국인 범죄 건수 관계가 성립하는지 확인하는 방법이 좋다.

039 정답 ④ 난이도 ●●○

ㄱ. (○) 무더위 쉼터가 100개 이상인 도시 중 인구수가 가장 많은 도시는 C이다.
➜ 무더위 쉼터 수를 보면 도시 A는 92개, 도시 B는 90개, 도시 C는 120개, 도시 D는 100개, 도시 E는 110개, 도시 F는 85개이다. 100개 이상의 무더위 쉼터를 보유하고 있는 도시는 C(120개), D(100개), E(110개)이다. 각 도시의 인구수를 파악하면 도시 C는 89명, 도시 D는 70명, 도시 E는 80명이고, 인구수가 많은 순서대로 도시를 나열해보면 C(89명) > E(80명) > D(70명) 순이다. 따라서 무더위 쉼터가 100개 이상인 도시 중 인구수가 가장 많은 도시는 C이다.

ㄴ. (×) 인구수가 ~~많은 도시일수록~~ 온열질환자 수가 많다.
➜ 인구수가 많은 순서대로 도시를 나열해보면 → A(100명) > C(89명) > E(80명) > D(70명) > B(53명) > F(25명)순이다.
온열질환자 수가 많은 순서대로 도시를 나열해보면 → A(55명) > E(52명) > C(34명) > D(25명) > B(18명) > F(10명)순이다.
인구수와 온열질환자 순위가 다르므로 인구수가 많은 도시라고 해서 온열질환자 수가 많은 것은 아니다.

ㄷ. (○) 온열질환자 수가 가장 적은 도시와 인구수 대비 무더위 쉼터 수가 가장 많은 도시는 동일하다.
➜ 온열질환자 수가 많은 순서대로 도시를 나열해보면 → A(55명) > E(52명) > C(34명) > D(25명) > B(18명) > F(10명)순이다.
따라서 온열질환자 수가 가장 적은 도시는 F이다.
인구수 대비 무더위 쉼터 수를 비교하기 위해서는 $\frac{\text{(도시의 무더위 쉼터 수)}}{\text{(도시의 인구수)}}$ 식을 이용한다.

- 도시 A: $\frac{92}{100} \approx 0.9$
- 도시 B: $\frac{90}{53} \approx 1.6$
- 도시 C: $\frac{120}{89} \approx 1.3$
- 도시 D: $\frac{100}{70} \approx 1.4$
- 도시 E: $\frac{110}{80} \approx 1.3$
- 도시 F: $\frac{85}{25} \approx 3.4$

인구수 대비 무더위 쉼터 수가 가장 많은 도시는 F이다.

따라서 온열질환자 수가 가장 적은 도시와 인구수 대비 무더위 쉼터 수가 가장 많은 도시는 F로 같다.

ㄹ. (O) 폭염주의보 발령일수가 전체 도시의 폭염주의보 발령일수 평균보다 많은 도시는 2개이다.

→ 폭염주의보 발령일수를 파악해보면 도시 A는 90일, 도시 B는 30일, 도시 C는 50일, 도시 D는 49일, 도시 E는 75일, 도시 F는 24일이다.

따라서 폭염주의보 발령일수의 총합은 (90+30+50+49+75+24)=318(일)이다.

따라서 (폭염주의보 발령일수의 평균)=(도시의 폭염주의보 발령일수의 총합)÷(도시의 개수) 식을 통해 폭염주의보 발령일수의 평균은 318÷6=53(일)이다. 폭염주의보 발령일수가 전체 도시의 폭염주의보 발령일수 평균보다 많은 도시는 도시 A(90일)와 도시 E(75일)로 2개이다.

합격자의 실전 풀이 순서

❶ 〈표〉에서 가로축이 구분을 의미한다는 것과 세로축이 도시를 의미한다는 것을 파악한다.

❷ 〈보기〉의 항목 중 눈으로 확인 가능한 ㉠을 가장 먼저 파악한다. ㉠이 맞으므로 선지 ①, ②, ④중에 답을 찾는다.

❸ 선지 ②, ④에 모두 보기 ㉢이 존재하므로 ㉢을 먼저 확인하는 것이 일반적인 순서이지만, 이 문제에서는 ㉢의 계산과정이 더 많으므로 비교적 계산 과정이 쉬운 ㉣을 먼저 푼다.

❹ 만약 ㉣이 맞다면 ㉠, ㉣이 모두 포함된 선지 ④가 바로 정답이다.

❺ 만약 ㉣이 틀린다면 계산과정이 없는 ㉡을 확인한다. ㉡이 맞는다면 정답은 선지 ①이 되고 ㉡이 틀린다면 정답은 선지 ②가 된다.

합격자의 시간단축 Tip

보기 ㉠ 쉼터가 100개 이상인 도시를 확인 후 C보다 큰 곳이 있는지, 즉 반례가 있는지만 확인하면 된다.

보기 ㉡ 'A일수록 B이다' 유형은 크게 3가지 원칙을 가지면 좋다.

① 첫째, 역순으로 B일수록 A인지 비교하는 것이 빠르다. 출제위원은 A−B순으로 선지를 구성하기 때문에, 역순으로 확인 시 고려하지 못한 빈틈이 쉽게 보일 수 있다.

② 둘째, 1 : 1로 비교하지 않고 3~5개 가량을 묶어서 비교하는 것이 좋다. 왜냐하면 하나하나씩 비교할 경우 〈표〉를 여러 번 상하좌우로 번갈아 확인해야 하므로 불필요한 시간이 낭비될 수 있기 때문이다.

③ 셋째, A와 B의 순위를 둘 다 확인하지 않고 하나의 순위만 확인 후, 그대로 다른 값에 대입하여 모순이 있는지 확인한다. 만약 각 순위를 도출해 비교 시 순위를 두 번 도출해야 하므로 시간이 낭비된다. 따라서 순서는 한 번만 구하고 모순이 있는지 확인하는 것이 좋다.

위 원칙을 적용해보자. 뒷부분인 온열질환자를 먼저 보면 A, E, C 순이며, 이를 다시 인구수에 적용하면 A, E, C는 각각 100, 80, 89로 순서가 바뀌어 모순됨을 알 수 있다. 따라서 틀린 선지이다.

보기 ㉢ A와 B에 대해 묻는 경우 B부터 해결하는 것을 원칙으로 하되, ㉢과 같이 A는 단순하고, B는 복잡한 경우에는 예외적으로 A 먼저 해결하는 것이 합리적이다. 온열질환자 수가 가장 적은 도시는 F로 쉽게 확인할 수 있는 반면, 인구수 대비 무더위쉼터 수는 계산을 필요로 한다.

F의 인구수 대비 무더위쉼터 수는 $\frac{85}{25}>3$이다.

따라서 F의 3배를 기준값으로 보고 판단하면 된다. 따라서 인구수 대비 무더위쉼터 수가 A는 1 미만이고, 나머지 도시에서 '인구수×3< 무더위쉼터 수'인 경우가 있는지 확인한다.

보기 ㉣ 폭염주의보 발령일수가 전체 도시 평균보다 많은 도시가 2개라면, 폭염주의보 발령일수가 1, 2순위로 많은 A, E만이 평균을 초과하고, 3순위인 C는 평균 이하이어야 하므로, 평균이 50 이상 75 미만일 것이다. 만약 평균이 50이라면, 각 도시와 평균 간 편차는 A가 +40, B가 −20, C가 +0, D가 −1, E가 +25, F가 −26이고, 편차의 합은 +18이다. 따라서 가평균 50에 비해 전체 평균은 $\frac{18}{6}=3$만큼 크다.

즉, 전체 도시 폭염주의보 발령일수 평균은 53이다. 이는 50 이상 75 미만의 범위에 속한다.

040 정답 ② 난이도 ●●○

ㄱ. (O) 2012~2018년 재생에너지 생산량은 매년 전년대비 10% 이상 증가하였다.

→ 재생에너지 생산량의 전년 대비 증가율은 $\frac{\text{(재생에너지 생산량의 증가량)}}{\text{(전년도 재생에너지 생산량)}}\times100$이다.

전년도 대비 막대기의 증가 폭이 가장 낮은 2014년도의 전년 대비 증가율을 구해보면

$\frac{\text{(2014년도 재생에너지 생산량)}-\text{(2013년도 재생에너지 생산량)}}{\text{(2013년도 재생에너지 생산량)}}$

$$\times 100=\frac{31.7(TWh)-28.5(TWh)}{28.5(TWh)}\times 100$$

$$=\frac{3.2(TWh)}{28.5(TWh)}\times 100=11.2\cdots(\%)$$

이므로 증가율은 10%이상이다. 다른 연도의 재생에너지 생산량의 전년대비 증가율은 모두 2014년보다 크므로, 2012~2018년 재생에너지 생산량은 매년 전년대비 10% 이상 증가하였다.

ㄴ. (×) 2016~2018년 에너지원별 재생에너지 생산량 비율의 순위는 ~~매년 동일하다~~.

➜ 〈표〉에서 가로축이 의미하는 연도 중에서 해당하는 연도의 세로줄을 보면 에너지원마다 재생에너지 생산량 비율이 기재되어 있다. 각 년도 마다 생산량 비율이 높은 순으로 나열해보면

- 2016년: 폐기물(61.1%) > 바이오(16.6%) > 태양광(10.9%) > 수력(10.3%) > 풍력(1.1%)
- 2017년: 폐기물(60.4%) > 바이오(17.3%) > 수력(11.3%) > 태양광(9.8%) > 풍력(1.2%)
- 2018년: 폐기물(55.0%) > 바이오(17.5%) > 수력(15.1%) > 태양광(8.8%) > 풍력(3.6%)

으로 2017년과 2018년은 그 값이 동일하지만, 2016년의 경우는 그렇지 않다.

따라서 각 연도의 에너지원별 재생에너지 생산량 비율 순위는 다르다.

ㄷ. (O) 2016~2018년 태양광을 에너지원으로 하는 재생에너지 생산량은 매년 증가하였다.

➜ 연도별 에너지원을 다 합하면 100%가 되기 때문에 (태양광을 에너지원으로 하는 재생에너지 생산량)=(해당 연도의 재생에너지 생산량)×(태양광 에너지 생산량 비율)

위 식을 이용하여 2016 ~ 2018년 태양광을 에너지원으로 하는 재생에너지 생산량을 구할 수 있다.

- 2016년: $45(TWh)\times 0.109\approx 45(TWh)\times 0.11=4.95(TWh)$
- 2017년: $56(TWh)\times 0.098\approx 56(TWh)\times 0.1=5.6(TWh)$
- 2018년: $68(TWh)\times 0.088\approx 68(TWh)\times 0.09=6.12(TWh)$

이다.

따라서 2016 ~ 2018년 태양광을 에너지원으로 하는 재생에너지 생산량은 매년 증가하였다.

ㄹ. (×) 수력을 에너지원으로 하는 재생에너지 생산량은 2018년이 2016년의 3배 ~~이상이다~~.

➜ 연도별 에너지원을 다 합하면 100%가 되기 때문에 (수력을 에너지원으로 하는 재생에너지 생산량)=(해당 연도의 재생에너지 생산량) × (수력에너지 생산량 비율)이다.

식을 이용하여 2016년, 2018년 태양광을 에너지원으로 하는 재생에너지 생산량을 구할 수 있다.

- 2016년: $45(TWh)\times 0.103\approx 45(TWh)\times 0.1=4.5(TWh)$
- 2018년: $68(TWh)\times 0.151\approx 68(TWh)\times 0.15=10.2(TWh)$이다.

2016년의 3배는 $45(TWh)\times 3=13.5(TWh)$이므로 수력을 에너지원으로 하는 재생에너지 생산량은 2018년이 2016년의 3배 미만이다.

합격자의 실전 풀이 순서

❶ 〈그림〉의 각 축을 확인한다. 〈표〉의 연도 범위를 확인하고 〈그림〉의 2016~2018년과 선으로 연결한다. 그리고 〈표〉가 비율 자료임을 확인하고, 〈표〉 하단의 '계' 자료를 다른 에너지원 자료와 구별하기 쉽게 가로로 구분선을 긋는다.

❷ 〈보기〉의 난이도가 비슷하므로 순서대로 ㉠을 먼저 확인하면, ㉠은 옳은 선지이므로 ④, ⑤번을 소거한다.

❸ ㉡, ㉢, ㉣ 중 보기 ㉠에서 검토한 값을 활용할 수 있는 ㉢을 확인한다. ㉢은 옳은 보기이므로 답은 ② 번이다.

합격자의 시간단축 Tip

보기 ㉠ 〈그림〉은 막대 그래프로 수치보다는 '시각적 효과'를 이용하는 것이 좋다.

주어진 값 중 100 이상의 값이 없기 때문에 10%는 항상 10보다는 작다. 즉 〈그림〉에서 한 줄(한 칸)은 10 단위로 이루어져 있으므로, 한 줄 이상 증가하였으면 굳이 확인하지 않아도 당연히 10% 이상 증가한 것이다. 따라서 한 칸 이상 증가하지 않은 2014년, 2016년 둘만 확인하면 된다.

보기 ㉡ 'A일수록 B이다' 유형은 크게 3가지 원칙을 가지면 좋다.

① 첫째, 역순으로 B일수록 A인지 비교하는 것이 빠르다. 출제위원은 A－B순으로 선지를 구성하기 때문에, 역순으로 확인 시 빈틈이 쉽게 보일 수 있다.

② 둘째, 1 : 1로 비교하지 않고 3~5개 가량을 묶어서 비교하는 것이 좋다. 왜냐하면 하나 하나씩 비교할 경우 〈표〉를 여러 번 상하좌우로 번갈아 확인해야 하므로 불필요한 시간이 낭비될 수 있기 때문이다.

③ 셋째, A와 B의 순위를 둘 다 확인하지 않고 하나의 순위만 확인 후, 그대로 다른 값에 대입하여 모순이 있는지 확인한다. 만약 각 순위를 도출해 비교 시 순위를 두 번 도출해야 하여 시간이 낭비된다. 따라서 순서는 한 번만 구하고 모순이 있는지 확인하는 것이 좋다.

상기의 3가지 원칙을 보기 ㉡에 적용해보자.
뒤에서부터 3개 단위로 확인할 때, 18년은 풍력–태양광–수력 순이며, 이를 16, 17년에 적용하면 16년은 1.1–10.9 –10.3 순이므로 '모순'이 발생한다. 따라서 틀린 선지이다.

보기 ㉢ 〈그림〉의 시각적 특성을 이용하면 더 쉽게 풀 수 있다. 한 줄은 10단위이므로, 재생에너지 생산량 50을 기준으로 한 줄 증가는 20% 증가이다. 따라서 16~18년의 재생에너지 생산량은 한 줄 이상 증가하여 최소 20% 이상 증가하고 있는 반면, 태양광의 비율은 10% 수준의 감소율을 보이고 있으므로 태양광 생산량은 매년 증가하고 있다. 따라서 옳은 선지이다.

보기 ㉣ 3배를 1.5×2배로 나누어 확인하면, 직관적으로 해결할 수 있다.
즉 0.151은 0.103의 약 1.5배이다. 68(TWh)가 45(TWh)의 약 2배가 된다면 전체적으로 3배가 될 수 있지만 68은 45의 2배가 되지 않는다. 따라서 틀린 선지이다.

041 정답 ②

난이도 ●○○

• 2010년 대비 2020년 자동차 온실가스 배출량 기준 감소율은 한국이 일본, 미국, 벨기에보다 높다.
→ 각국의 감소율을 구하면 다음과 같다.

A국: $\frac{113.0-172.0}{172.0} \fallingdotseq -34.3\%$

B국: $\frac{97.0-157.4}{157.4} \fallingdotseq -38.4\%$

C국: $\frac{93.0-144.0}{144.0} \fallingdotseq -35.4\%$

D국: $\frac{100.0-118.2}{118.2} \fallingdotseq -15.4\%$이다.

따라서 B는 한국이며 〈선택지〉 ①, ④, ⑤는 제외된다.

• 2015년 한국과 일본의 자동차 온실가스 배출량 기준 차이는 30g/km 이상이다.
→ B국은 한국으로 2015년 자동차 온실가스 배출량 기준(g/km)이 135.6(g/km)이다.
2015년 (B국의 자동차 온실가스 배출량(g/km))–(D국의 자동차 온실가스 배출량(g/km))=135.6(g/km)–102.1(g/km)=33.5(g/km)
따라서 일본은 한국과 자동차 온실가스 배출량 기준차이가 30(g/km) 이상인 D국이다.

• 2020년 자동차 온실가스 배출량 기준은 미국이 한국과 벨기에보다 높다.
→ 미국이 벨기에보다 자동차 온실가스 배출량 기준이 높음을 알 수 있기 때문에 미국은 A이고 C는 벨기에가 된다.
따라서 정답은 ②이다.

합격자의 실전 풀이 순서

❶ 발문을 읽으면서 A~D의 국가가 무엇인지 매칭하는 유형임을 파악한다. 이러한 유형은 〈조건〉을 읽으면서 소거하는 전략을 취한다. 그리고 〈그림〉을 통해 2020년에 D의 순위가 바뀜을 유의한다.

❷ 첫 번째 조건을 읽으면서 2010년 대비 2020년 자동차 온실가스 배출량 기준 감소율은 한국이 가장 크다. 따라서 대략적인 기울기를 비교하면 D는 후보에서 제외되며, 2020년의 B와 C의 값이 가까워질 정도로 확 감소하여 C도 후보에서 제외된다.
구체적으로 수치 비교를 통해 A와 B의 경우 약 $\frac{59}{172} < \frac{60}{157}$가 성립하여 B가 한국이 됨을 알 수 있다.
따라서 ①, ④, ⑤번이 소거되어 미국과 벨기에만 확정하면 된다. 그런데 두 번째 조건에서 한국과 일본과 관련된 내용이 나와 있는 점을 고려하면 바로 세 번째 조건을 보아야 할 것이다.

❸ 세 번째 조건을 통해 미국이 C라면 2020년 자동차 온실가스 배출량 기준이 가장 작아 어떠한 국가보다 높을 수 없다. 따라서 조건에 위배되어 미국은 A가 된다. 그러므로 정답은 ②번이다.

합격자의 시간단축 Tip

'매칭형 문제'는 '확정 정보를 주는 조건의 구조'를 먼저 파악하는 것이 좋다.
이 문제의 경우 '첫 번째 조건'은 총 4가지 미지수가 있을 때, 한국이 나머지 셋보다 크다는 정보를 주었으므로 확정 정보라는 것을 쉽게 알 수 있다.
또한 '두 번째 조건'이 한국과 일본만을 언급하는 만큼 첫 번째 조건에서 한국을 확정할 경우 두 번째 조건 역시 확정 정보를 주는 조건으로 전환될 것임을 알 수 있다.
위와 같은 판단을 처음 문제를 접해 〈조건〉을 읽을 때 생각해낼 수 있으면 조건을 읽는 것만으로도 문제를 어떻게 풀지에 대한 계획을 세울 수 있다는 점에서, 〈조건〉을 체계적으로 읽어내는 연습을 할 것을 추천한다.

042 정답 ③ 난이도 ●●○

ㄱ. (×) '교육' 분야 예산은 13억 원 ~~이상이다~~.

→ '교육' 분야의 경우 (9.0)으로 총예산 135억 원의 9%이다.

이때 135억원×9.0%=12.15(억 원)이므로 '교육' 분야 예산은 13억 원 이하이다.

따라서 틀린 보기이다.

ㄴ. (○) C 사업 예산은 D 사업 예산보다 적다.

→ C사업의 경우 (42.0, 19.0)으로 총예산의 42%의 19%이므로 $\frac{42}{100}\times\frac{19}{100}=0.0798$

즉, 총예산의 7.98%이고, D사업의 경우 (19.0, 51.0)으로 총예산의 19%의 51%이므로 $\frac{19}{100}\times\frac{51}{100}=0.0969$

즉, 총예산의 9.69%이다.

이때 비율수치로 C사업 예산과 D사업 예산의 19%는 같으므로 42%와 51%만 비교해도 된다.

그러므로 C사업의 예산은 D사업의 예산보다 적다.

ㄷ. (○) '경제복지' 분야 예산은 B 사업과 C 사업 예산의 합보다 많다.

→ '경제복지' 분야의 경우 (30.0)으로 총예산의 30%이고, B사업(42.0, 34.0)과 C사업(42.0, 19.0)예산의 합은 총예산의 42%의 53%이므로 $\frac{42}{100}\times\frac{53}{100}=0.2226$

즉, 총예산의 22.26%이므로 '경제복지' 분야의 예산이 B사업과 C사업의 예산의 합보다 많다.

ㄹ. (×) '도시안전' 분야 예산은 A−2 사업 예산의 ~~3배 이상이다~~.

→ '도시안전' 분야의 경우 (19.0)으로 총예산의 19%이며, A−2사업의 경우 (42.0, 47.0, 48.0)으로 총예산의 42%의 47%의 48%이다. 따라서 계산을 해보면,

- 도시안전: 135억 원×19.0%=25.65(억 원)
- A−2 사업: 135억 원×42.0%×47.0%×48.0% ≒12.79(억 원)이므로, '도시안전' 분야 예산은 A−2 사업 예산의 3배 미만이다. 따라서 틀린 보기이다.

합격자의 실전 풀이 순서

❶ <그림>을 보면서 '갑' 자치구 예산내역을 다양한 하위 분야로 표현하였으며, 각주 2)의 예시를 통해 구조를 옳게 파악하였는지 확인해 볼 수 있다. 바로 <보기>를 본다.

❷ 보기 ㉠:

[방법 1]

135억 원의 9%가 13억 원 이상인지를 묻고 있다. 그러나 135×0.09 < 13이므로 옳지 않아 ①, ② 번이 소거된다. 9% 계산을 위해 10%−1%와 같다는 점을 활용하여 13.5−1.35로 나타내면 13보다 작다는 것을 쉽게 알 수 있다.

[방법 2]

정확한 계산 없이 어림산을 해도 된다. 계산의 편의상 총예산을 140억 원으로 보면 9%는 140×0.09 =12.6 < 13이므로 교육이 13보다 작다는 것을 알 수 있다.

[방법 3]

앞선 방법과는 반대로 '교육' 분야를 기준으로 확인할 수도 있다. 9%는 11을 곱했을 때 100%에 가까워진다. 이를 이용하여 보기 ㉠의 주어진 13억에 11을 곱하면 13×11=143으로 총예산 135보다 크므로 틀린 선지임을 쉽게 알 수 있다.

❸ 보기 ㉡: C는 총예산의 42%×19%이며, D는 총예산의 19%×51% 이다. 따라서 C가 D보다 적어 옳다. 보기 ㉢과 ㉣ 중 판별하기 쉬워 보이는 ㉢을 본다.

❹ 보기 ㉢: '경제복지' 분야 예산은 총예산의 30%이며, B 사업과 C 사업 예산의 합은 총예산의 42%×(34%+19%) 이다. 따라서 후자는 50%×60%보다 각각 작아 30%보다 작다.

따라서 정답은 ③번이다.

합격자의 시간단축 Tip

이 그래프는 시각적 함정을 주의해야 한다. 일반적인 '원그래프'는 칸의 크기만 보고 시각적 효과를 이용해 크기를 비교할 수 있지만, 이 그래프는 원의 넓이가 점차 넓어지기 때문에 시각적으로 비교하는 것은 제한적으로만 가능하다. 즉, 같은 층위끼리(ex 첫 번째 원끼리)는 원의 크기로 비교가 가능하지만 다른 층위끼리는 불가능하다는 점을 주의해야 한다.

보기 ㉣

[방법 1]

'도시안전' 분야 예산은 전체의 19%이며, A−2의 경우 전체의 42%×47%×48% 이므로 6.4%(=40%×40%×40%) 보다 크다. 따라서 6.4%×3=19.2%보다 크므로 3배 이상이라 할 수 없다.

[방법 2]

먼저 A까지만 도출을 해보면, 자치행정의 50%는 21%이므로 대략 A가 도시안전의 19%와 동일하다는 것을 알 수 있다. 따라서 보기 ㉣의 '도시안전과 A−2 간의 관계'→'A와 A−2 간의 관계'로 치환할 수 있다. 이때

A－2는 48%이므로 A는 A－2의 두 배가 살짝 넘는 정도에 불과하여 3배 이상이 아님을 쉽게 확인할 수 있다.

043 정답 ❸ 난이도 ●●○

① (O) 전체 족외혼 후비 수는 전체 족내혼 후비 수의 3배 이상이다.

→ 전체 족내혼 후비 수는 28명이다. 3배 이상이라면 전체 족외혼 후비 수가 84명 이상이면 된다. 전체 족외혼 후비의 수를 구하면, 1대부터 34대까지 족내혼 후비 수를 전부 더해보면 된다. 이때, 총 92명이므로 3배 이상이다.

② (O) 몽골출신 후비 수가 가장 많은 왕은 충숙왕이다.

→ 다른 왕의 몽골 출신 후비는 (1+2+1+1)=5명이고, 전체 몽골 출신 후비는 8명이므로, 충숙왕의 몽골 출신 후비 수가 3명으로 가장 많다.

③ (×) 태조부터 경종까지의 족내혼 후비 수의 합은 문종부터 희종까지의 족내혼 후비 수의 합과 ~~같다~~.

→ 11대 문종부터 21대 희종까지의 족내혼 후비 수의 합은 8명이다.
1대 태조부터 5대 경종까지의 족내혼 후비 수의 합을 구하기 위해서 먼저 5대 경종의 족내혼 후비 수를 구해야 한다.
5대 경종의 족내혼 후비 수는 전체 족내혼 후비 수 28명에서 나머지 왕들의 족내혼 후비 수를 제외하면 된다. (나머지 왕들의 족내혼 후비 수)=4 이다.
5대 경종의 족내혼 후비 수가 4명이므로 1대 태조부터 5대 경종까지의 족내혼 후비 수의 합은 6명이다.
그러므로 6 ≠ 8이므로 같지 않다.

④ (O) 태조의 후비 수는 광종과 경종의 모든 후비 수의 합의 4배 이상이다.

→ 태조의 후비 수는 29명이다. 광종과 경종의 모든 후비 수의 합은 7명이므로 4배 이상이면 28명 이상이다. 따라서 29 ＞28이므로 태조의 후비 수는 광종과 경종의 모든 후비 수의 합의 4배 이상이다.

⑤ (O) 경종의 족내혼 후비 수가 충숙왕의 몽골출신 후비 수보다 많다.

→ 경종의 족내혼 후비 수는 (28－24)=4(명)이고, 충숙왕의 몽골 출신 후비 수는 (8－5)=3명이다. 따라서 옳은 보기이다.

합격자의 실전 풀이 순서

❶ 발문을 읽으면서 옳지 않은 것을 고르는 것임을 주의한다. 〈표〉을 보면서 빈칸과 관련된 보기를 예상하며 〈보기〉를 확인한다.

❷ 전체를 묻는 ①번을 제외하면 ③, ④, ⑤번은 동일하게 빈칸이 있는 '경종'을 묻고 있다. 즉 경종의 빈 칸을 한번 도출해두면 ③, ④, ⑤번은 쉽게 해결 가능하므로 ③, ④, ⑤번 순으로 먼저 해결한다.

❸ ③번을 살펴보면 옳지 않은 선지이다. 따라서 답은 ③번이다.

합격자의 시간단축 Tip

왕 중에 빈칸은 총 두 개(경종, 충숙왕)만 있고, 동일한 빈칸을 여러 선지에서 활용하고 있다.
따라서 <u>어느 한 왕을 선택하여 관계된 선지를 한 번에 같이 해결하는 것도 좋은 방법이다.</u>
예를 들어 경종의 경우 전체를 묻는 1번을 제외하면 3, 4, 5번이 경종을 묻고 있으므로 경종을 먼저 도출 후 한 번에 풀어내는 것이 효율적이다.
이처럼 '빈칸 뚫기형 문제'는 선지에서 얼마나 활용되는 빈칸인지에 따라 중요도가 달라지므로 이를 고려하여 문제 푸는 순서를 정하는 것이 좋다.

선지 ① 전체 족외혼 후비 수는 빈칸으로 전체 족내혼 후비수인 28의 3배 이상이 되려면 84 이상이어야 한다. 따라서 1대 1부터 34대까지 족외혼을 모두 합하면 29＋4＋3＋1＋2＋1＋10＋3＋5＋4＋2＋3＋1＋2＋4＋1＋1＋1＋3＋2＋3＋3＋2＋1=92명으로 참이다.
이때 더하는 과정에서 84가 넘은 순간 계산을 종료해야 한다. 즉 92명인지를 확인할 필요 없이 그냥 84가 넘은 것만 확인하면 된다.

선지 ②

[방법 1]
몽골출신 후비 수가 충숙왕의 경우 8－1－2－1－1=3으로 가장 많아 참이다.

[방법 2]
현재 빈칸을 제외하고 가장 큰 충선왕의 2보다는 커야 선지 ② 번이 옳은 선지가 되므로, 충숙왕이 3이라 가정하고 더해서 8보다 작은지 또는 같거나 큰지 확인한다. 통상 뺄셈보다는 덧셈이 더 빠르고 실수가 적은 연산 방법인 만큼, 덧셈 형태로 바꿔어 더 빠르게 해결 가능할 것이라 생각한다.

선지 ③ 1대 태조부터 5대 경종까지의 족내혼 후비수의 합은 2＋(28－24)=6이며, 11대 문종부터 21대 희종까지의 족내혼 후비 수의 합은 1+1+2+1+1+1+1=8이다.

따라서 같지 않아 옳지 않으므로 정답이다.
참고로 빈칸인 5대 경종의 족내혼 후비수를 구하기 위해 28에서 나머지를 합한 값을 빼는 방법 이외에도 '빈칸에 6을 넣어 1대부터 34대까지 합한 값이 28과 동일한지 확인하는 방법'도 있다.

선지 ④ 태조의 후비 수는 29명이며, 4대 광종과 5대 경종의 후비 수의 합인 4+2+1=7이다.
따라서 29 > 28=7×4이므로 옳다.

선지 ⑤ 경종의 족내혼 후비 수는 4이며, 충숙왕의 몽골 출신 후비 수는 3으로 옳다.

044 정답 ①

난이도 ●●●

ㄱ. (○) 왼쪽 위의 선거구에서는 당선되지 않고, 왼쪽 아래 선거구에서는 득표율의 합이 120%로 당선된다. 오른쪽 위 선거구에서는 득표율의 합이 130%로 당선되고, 오른쪽 아래 선거구에서도 득표율의 합이 130%로 당선된다.
따라서 (다－라－아, 마－자－차, 사－카－타)에서 B정당의 국회의원이 선출된다.

ㄴ. (×) 가장 왼쪽 선거구와 왼쪽에서 두 번째 선거구 및 세 번째 선거구에서는 당선되지 않는다.
반면 가장 오른쪽 선거구에서는 득표율의 합이 190%로 당선된다.
따라서 1개 선거구 (라－아－타)에서 B 정당의 국회의원이 선출된다.

ㄷ. (×) 왼쪽 아래 선거구에서는 득표율의 합이 120%, 오른쪽 아래 선거구에서는 득표율의 합이 160%로 당선된다.
따라서 2개 선거구 (마－자－차, 아－카－타)에서 B정당의 국회의원이 선출된다.

ㄹ. (×) 가장 오른쪽 선거구에서만 득표율의 합이 190%로 당선된다.
따라서 1개 선거구 (라－아－타)에서 B정당의 국회의원이 선출된다.

ㅁ. (×) 가장 오른쪽 위 선거구와 오른쪽 아래 선거구에서 각각 득표율의 합이 140%로 당선된다.
따라서 2개 선거구 (라－사－아, 차－카－타)에서 B정당의 국회의원이 선출된다.

합격자의 실전 풀이 순서

❶ 발문을 보면서 B 정당이 주된 관심임을 체크한다. 그리고, 〈조건〉을 〈그림〉에 대입하여야 하는 상황이므로 〈그림〉보다 〈조건〉을 먼저 꼼꼼하게 읽는다. 이를 통해 총 4명이 선출되는 점을 체크한다. 또한, 당선이 힘든 선거구는 압도적으로 지더라도 선출되는 지역은 조금의 차이라도 승리를 하여 지지율에 순수하게 비례하지 않는 것이 효율적 전략임을 인지한다. 바로 〈보기〉 ㉠을 본다.

❷ 보기㉠: '다, 라, 아' 지역의 경우 B가 130으로 120인 A보다 커 B 정당이 선출된다.
또한, '마, 자, 차' 지역의 경우 B가 120으로 당선되며, '사, 카, 타' 지역도 B가 130으로 당선되어 총 4석 중 B가 3석을 가져간다. 따라서 다른 〈보기〉는 당선이 될 수 없는 지역을 2개만 찾는다면 ㉠ 보다 클 수 없어 ①번이 유력하다. 우선, 보기 ㉡을 본다.

❸ 보기 ㉡: '가, 마, 자' 지역, '나, 바, 차' 지역, '다, 사, 카' 지역 모두 B가 A보다 작아 당선이 어려우므로 최대 1석만 당선될 수 있어 정답이 될 수 없다.

❹ 보기 ㉢: '가, 나, 바' 와 '다, 라, 사' 2 지역에서 선출되지 못하여 최대 2석이라 역시 정답이 될 수 없다.
보기 ㉣ 역시 '가, 나, 다' 지역과 '마, 바, 자' 지역에서 선출되지 못하므로 최대 2명이다. 보기 ㉤ 역시 '가, 마, 자' 지역과 '나, 다, 바' 지역에서 선출되지 못하여 정답이 될 수 없다.

따라서 예측과 같이 정답은 ①번이다.

합격자의 시간단축 Tip

'상황 판단형 문제'는 주어진 〈조건〉을 통해 '기준'을 잡고 접근해야 빠르게 해결할 수 있다.
문제의 경우 가－나 지역은 A정당이 심히 우위인 상황에 있다.
따라서 4개 선거구 중 적어도 1개 선거구는 A정당에 내주어야 한다는 것을 예상할 수 있기에, 최대한 3개 선거구가 만들어질 수 있는 곳을 만들어내야 한다.
이때 A가 유리한 지역은 묶어서 A정당에게 주는 것이 좋으므로 가－나 지역을 묶는다는 기준 하에 〈보기〉를 검토하는 것이 좋다.
또한 3개 선거구가 되면 가장 많이 선출된다는 기준을 잡을 경우, 보기 ㉠에서 3개 선거구에서 선출됨을 확인한 순간, 다른 보기 검토 없이 바로 정답이라 판단할 수 있다.

045 정답 ②

난이도 ●●○

법정 필요 교원수를 구하면 아래와 같다.

A 대학	• 재학생 수: 100명 미만 • 법정 필요 교원수: $\frac{900}{22}$ ≒ 40.91명 → 법정 필요 교원수가 41명이므로 충원이 필요하지 않다.
B 대학	• 재학생 수: 20,000명 이상 • 법정 필요 교원수: $\frac{30,000}{19}$ ≒ 1,578.95명 → 법정 필요 교원수가 1,579명이므로 319명을 충원해야 한다.
C 대학	• 재학생 수: 10,000명 이상 20,000명 미만 • 법정 필요 교원수: $\frac{13,300}{20}$ ≒ 665명 → 법정 필요 교원수가 665명이므로 215명을 충원해야 한다.
D 대학	• 재학생 수: 1,000명 이상 10,000명 미만 • 법정 필요 교원수: $\frac{4,200}{21}$ ≒ 200명 → 법정 필요 교원수가 200명이므로 70명을 충원해야 한다.
E 대학	• 재학생 수: 10,000명 이상 20,000명 미만 • 법정 필요 교원수: $\frac{18,000}{20}$ ≒ 900명 → 법정 필요 교원수가 900명이므로 40명을 충원해야 한다.

→ 따라서 충원해야 할 교원 수가 많은 대학부터 나열하면 B−C−D−E−A 순이다.

합격자의 실전 풀이 순서

❶ 발문을 읽으면서 법정 필요 교원수와 현재 교원수와의 차이를 고려하여야 함을 체크한다.
〈표 1〉을 보면서 재학생수가 〈표 2〉의 법정 필요 교원수와 연결되며, 이렇게 산정된 법정 필요 교원수와 재직 교원수의 차이가 큰 순서대로 나타낸 것이 정답이 될 것이다.
그러나 이러한 대학별로 구체적인 충원해야 할 교원 수 값을 구하기보다 선지를 활용하여 B와 C부터 비교하는 게 유리할 수 있다.

❷ C의 경우 재학생 20명당 교원 1명으로 계산이 더 용이하므로, 이를 먼저 살펴보면 $\frac{13,300}{20}-450=215$이다. 반면 B는 재학생 19명당 교원 1명으로 계산이 복잡하므로 굳이 그 값을 구하지 않고, 편의상 C와 같이 20명으로 보면 $\frac{30,000}{20}-1,260=240$으로 C의 225보다 크다.
즉, 20명당 교원 1명으로 더 작게 보더라도 크므로 B > C이다. 따라서 ④, ⑤번이 소거된다.

❸ 이제 C와 D를 비교하기 위해 D를 구하면
$200\left(=\frac{4,200}{21}\right)-130=70$이므로 ③번이 소거된다.

❹ 마지막으로 A와 E를 비교하면 되는데,
A는 $\frac{900}{22}-44<0$ 이고, E는 $\frac{18,000}{20}-860>0$ 이므로 E가 더 커 ①번이 소거된다. 따라서 정답은 ②번이다.

합격자의 시간단축 Tip

이 유형은 난이도 자체는 낮으나 22, 21, 20, 19로 나누는 값들이 달라 시간 소모를 유도하는 문제 형태이다. 그러나 각 대학별로 재학생 수, 재직 교원 수 등이 크게 차이나 나누는 값이 22, 21 ,20, 19로 나뉘어 생기는 오차가 크지 않다.
즉 편의상 대학별로 계산함에 있어 **'재학생 20명당 교원 1명'으로 고정하고 비교**하는 것이 좋다.

046 정답 ③

난이도 ●●○

ㄱ. (○) 조사대상 공동주택의 실내 라돈 농도 평균값은 경기도가 서울특별시의 1.1배 이상이다.
→ 조사대상 공동주택의 실내 라돈 농도 평균값은 〈표〉에 나와 있는 항목 중 평균값에 해당하는 칸을 보면 된다. 그리고 서울특별시의 실내 라돈 농도 평균값에 1.1을 곱한 값과 경기도의 실내 라돈 농도 평균값을 비교하면 ㉠ 선지가 옳은지 알 수 있다. 경기도 평균값은 74.3(Bq/m^3)이고, 서울특별시 평균값의 1.1배는 66.5(Bq/m^3)×1.1=73.15(Bq/m^3)이다. 따라서 실내 라돈 농도의 평균값은 경기도가 서울특별시의 1.1배 이상이다.

ㄴ. (×) 행정구역별로 비교했을 때 실내 라돈 농도의 평~~균값이 클수록 중앙값도 컸으며~~
→ 광주광역시의 실내 라돈 농도 평균값은 58.3(Bp/m^3)으로 서울특별시의 실내 라돈 농도 평균값인 66.5(Bp/m^3) 보다 작지만 중앙값은 48.2(Bp/m^3)로 서울특별시의 중앙값인 45.4(Bp/m^3)보다 크다.
이외에도 몇몇 예외 사례가 존재하기에 실내 라돈 농도의 평균값이 클수록 중앙값이 크다고 할 수 없다.

ㄷ. (○) 조사대상 공동주택 중 실내 라돈 농도가 실내 라돈 권고 기준치를 초과하는 공동주택의 비율이 5% 이상인 행정구역은 9곳이며

→ 〈표〉에 나와 있는 행정구역별 조사대상 공동주택 수의 5%와 200(Bp/m^3) 초과 공동주택 수를 비교해 보면

- 서울특별시: 532(호)×0.05=26.15(호)
- 부상광역시: 434(호)×0.05=21.7(호)
- 대구광역시: 437(호)×0.05=21.85(호)
- 인천광역시: 378(호)×0.05=18.9(호)
- 광주광역시: 308(호)×0.05=15.4(호)
- **대전광역시**: 201(호)×0.05=10.05(호)
- 울산광역시: 247(호)×0.05=12.35(호)
- 세종특별자치시: 30(호)×0.05=1.5(호)
- **경기도**: 697(호)×0.05=34.85(호)
- **강원도**: 508(호)×0.05=25.4(호)
- **충청북도**: 472(호)×0.05=23.6(호)
- **충청남도**: 448(호)×0.05=22.4(호)
- **전라북도**: 576(호)×0.05=28.8(호)
- **전라남도**: 569(호)×0.05=28.45(호)
- **경상북도**: 610(호)×0.05=30.5(호)
- 경상남도: 640(호)×0.05=32(호)
- **제주특별자치도**: 154(호)×0.05=7.7(호)

따라서 대전광역시, 경기도, 강원도, 충청북도, 충청남도, 전라북도, 전라남도, 경상북도, 제주특별자치도 총 9곳에서 조사대상 공동주택 중 실내 라돈 농도가 실내 라돈 권고 기준치를 초과하는 공동주택 비율이 5% 이상이었다.

합격자의 실전 풀이 순서

❶ 〈표〉를 빠르게 훑으면서 평균값과 중앙값의 차이점을 체크한다. 바로 〈보고서〉의 ㉠부터 본다.

❷ 보기 ㉠: 경기도는 74.3으로 서울인 66.5의 1.1배 이상인지 묻고 있다.
이는 66.5×1.1=66.5+6.65라 할 수 있으며, 이보다 74.3이 더 커 옳다.
따라서 ②, ④가 소거되며 ㉡을 본다.

❸ 보기 ㉡: 반례가 있는지 빨리 확인한다. 충청북도의 라돈 농도 평균값이 86.3으로 세종특별자치시의 라돈 농도 평균값인 83.8보다 크지만 충청북도의 중앙값은 57.8이고 세종특별자치시는 69.8로 더 작다. 따라서 옳지 않아 ⑤번이 소거된다.

❹ 보기 ㉢: 기준치를 초과하는 공동주택의 비율이 5% 이상이 되려면 200 BG/m^3초과 공동주택수×20 > 조사대상 공동주택수가 성립하여야 한다.

따라서 이를 충족하는 행정구역은 대전광역시, 경기도, 강원도, 충청북도, 충청남도, 전라북도, 전라남도, 경상북도, 제주특별자치도로 총 9개이다. 따라서 정답은 ③번이다.

합격자의 시간단축 Tip

㉢의 '실내 라돈 권고 기준치'는 설문이나 〈표〉에는 명확히 명시되어 있지 않다.
실내 라돈 권고 기준치는 〈보고서〉 상단 부분에 제시되어 있는데, 이처럼 흔히 수험생들이 보지 않는 〈보고서〉의 선지가 없는 부분 등에 중요 정보가 있는 경우도 존재한다.
따라서 본인이 〈표〉나 문제를 보면서 읽지 못한 정보를 요구하는 경우, 다시 해당 정보를 찾는 것에 시간을 낭비하지 않고 곧장 해당 파트를 볼 수 있도록 해야 한다.

047 정답 ② 난이도 ●●○

(가)

→ $\text{시험체 강도의 평균} = \frac{\text{시험체1} + \text{시험체2} + \text{시험체3}}{3}$ 이다.

콘크리트 유형 A의 평균을 구해보면

$\frac{22.8+29.0+20.8}{3} = 24.2$ (MPa)이고 기준 강도는 24MPa이므로, 시험체 강도의 평균이 기준 강도 초과이다. 그리고 A는 '기준강도가 35MPa 이하인 경우'에 해당하므로 각 시험체 강도가 모두 기준강도에서 3.5MPa를 뺀 값 즉, 24(MPa)−3.5(MPa)=20.5(MPa) 이상이어야 한다.

시험체 1은 22.8MPa, 시험체 2는 29.0MPa, 시험체 3은 20.8 MPa로 모두 20.5MPa 초과이다.
따라서 A는 〈판정기준〉의 조건을 모두 만족하므로 강도판정결과가 '**합격**'이다.

(나)

→ 콘크리트 유형 C의 평균을 구해보면

$\frac{36.9+36.8+31.6}{3} = 35.1$(MPa)이고 기준 강도는 35MPa이므로, 시험체 강도의 평균이 기준 강도 초과이다. 그리고 C는 '기준강도가 35MPa 이하인 경우'에 해당하므로, 각 시험체 강도가 모두 기준 강도에서 3.5MPa를 뺀 값 즉, 35(MPa) − 3.5(MPa)=31.5(MPa) 이상이어야 한다.

시험체 1은 36.9MPa, 시험체 2는 36.8MPa, 시험체 3은 31.6MPa으로 모두 31.5(MPa) 초과이다.

따라서 B는 〈판정기준〉의 조건을 모두 만족하므로 강도판정결과가 '**합격**'이다.

(다)

→ 콘크리트 유형 E의 평균을 구해보면

$\frac{40.3+49.4+46.8}{3}=45.5$(MPa)이고 기준 강도는 45이므로, 시험체 강도의 평균이 기준 강도 초과이다. 그리고 E는 '기준강도가 35MPa 초과인 경우'에 해당하므로 각 시험체 강도가 모두 기준강도의 90% 이상 즉 45(MPa)×0.9=40.5(MPa) 이상이어야 한다. 시험체 2와 시험체 3은 각각 49.4MPa, 46.8MPa로 기준강도의 90% 초과이지만, 시험체 1은 40.3MPa로 기준강도의 90% 미만이다.

따라서 E는 '시험체 강도의 평균은 기준강도 이상이어야 한다'는 조건에는 만족하지만, '기준강도가 35MPa 초과인 경우에는 각 시험체 강도가 모두 기준강도의 90% 이상이어야 한다'는 조건에는 만족하지 않으므로 강도판정결과가 '**불합격**'이다.

합격자의 실전 풀이 순서

❶ 〈표〉를 보면서 기준강도와 시험체 강도를 비교하여 판정결과가 나올 것임을 알 수 있다.
〈판정기준〉을 보면서 합격 기준을 확인한다. 그리고 (가)를 판정하려고 시도한다.

❷ (가): 시험체 강도의 평균은 24를 기준으로 가평균으로 접근하면 −1.2+5−3.2 > 0이므로 24보다 크다. 따라서 기준강도 이상이므로 첫 번째 합격조건을 충족한다. 그리고, 기준강도가 24MPa로 35MPa 이하인 경우에 해당하여 각 시험체 강도가 24−3.5=20.5MPa 이상이어야 한다. 가장 작은 시험체 3의 강도가 20.8로 20.5이상 이므로 '합격'이다. 따라서 ④, ⑤번이 소거된다.

❸ (나): C의 기준강도인 35를 가평균의 기준으로 설정하면 시험체 강도의 평균은 1.9+1.8−3.4 > 0이므로 35보다 커 첫 번째 합격조건은 충족한다. 그리고 기준강도가 35MPa 이하인 경우에 해당함을 유의하며, 각 시험체 강도 역시 31.5MPa 이상이어야 한다. A와 마찬가지로 가장 작은 시험체 3의 강도가 31.6으로 31.5 이상이므로 '합격'이다. 따라서 ③번이 소거된다.

❹ (다): E의 기준강도인 45를 가평균의 기준으로 설정하면 시험체 강도의 평균은 −4.7+4.4+1.8 > 0이므로 45보다 커 역시 첫 번째 합격조건은 충족한다. 그리고 기준강도가 35MPa 초과이므로 각 시험체 강도가 45 × 0.9=40.5 이상이어야 한다. 그러나 시험체 1의 경우 40.3이므로 '불합격'이다. 따라서 정답은 ②번이다.

여기서 첫 번째 합격조건을 먼저 판별하기보다 45와 40.3이 눈에 들어온다면 90% 미만인 관계를 파악하여 바로 '불합격'임을 판정할 수 있다면 더 신속하게 해결할 수 있다.

합격자의 시간단축 Tip

Tip ❶ 〈판정기준〉에 나와 있는 아래 조건을 '모두' 만족하는 경우에만 강도판정결과가 '합격'이라는 말을 반드시 명심한다. 계산을 하다 보면 '모두'라는 조건을 까먹을 수 있으므로 따로 체크를 해둔다.

Tip ❷ 〈판정기준〉에 따르면 기준강도가 35MPa 초과인지 이하인지에 따라 확인해야 하는 조건이 달라지므로 실수를 방지하기 위해, 〈표〉에 35MPa 이하인 A, B, C와 35MPa 초과인 D, E를 미리 선으로 구분해놓는 것이 좋다.

※ 초과와 이하도 잘 구분해서 경계에 걸리는 C가 어느 조건에 속하는지 유의해서 실수하지 말 것

Tip ❸ 〈판정기준〉의 조건 중 하나인 '시험체 강도의 평균은 기준강도 이상이어야 한다'
→ '시험체 강도의 평균 ≥ 기준 강도'로 미리 바꾸어 놓는 게 문제 풀 때 실수하지 않을 수 있고, 한눈에 들어오기 쉽다.

(다): 콘크리트 유형 E의 시험체 1 강도가 기준 강도의 90% 미만이므로 조건을 만족하지 않는다는 것을 확인했다면, '시험체 강도의 평균은 기준강도 이상이어야 한다'는 조건이 성립하는지 확인하기 위해 평균을 구할 필요가 없다.

048 정답 ④ 난이도 ●●●

① (O) 메뉴 A~F 중 2017년 대비 2019년 제공횟수가 증가한 메뉴는 1개이다.

→ 〈조건〉을 보면 만족도가 70점 이상 80점 미만일 때 다음 연도 제공횟수가 당해 연도 제공횟수와 동일하고, 80점 이상 100점 이하일 때 다음 연도 제공횟수가 증가하는 것을 알 수 있다. 2017년 대비 2019년 제공횟수가 증가하려면, 2017년의 제공횟수보다 2018년과 2019년의 제공횟수가 적어도 한 번 증가했어야 한다.

그런데 2018년의 만족도를 보면 메뉴 A~F 모두 80을 넘지 않으므로 2018년 대비 2019년의 제공횟수는 증가할 수 없다. 즉, 2017년 대비 2018년의 제공횟수가 증가한 메뉴에 주목해야 한다. 그리

고 2017년에 만족도가 80점 이상인 메뉴는 A 하나뿐이다.
따라서 메뉴 A의 2018년 제공횟수는 2017년 제공횟수 대비 10% 증가하였고, 2019년 제공횟수는 2017년 제공횟수 대비 10% 증가한 2018년과 동일하였다.
다시 말해, 메뉴 A는 2017년 제공횟수 대비 10% 증가한 채 유지되었기 때문에 2017년 대비 2019년에 제공횟수가 증가하였다.

② (O) 2018년 메뉴 G의 제공횟수는 9회이다.
→ 〈조건〉에 따르면 메뉴 G는 2018년에 새롭게 추가되었으므로 2017년의 만족도와 제공횟수를 활용하여 2018년의 메뉴 A~F의 제공횟수를 구한다.
그리고 전체 메뉴 제공횟수는 매년 250회로 일정하다고 했으므로, 2018년의 메뉴 G의 제공횟수는 (전체 메뉴 A~G 제공횟수 250회)−(A~F 제공횟수 합)으로 구할 수 있다.
따라서 메뉴 G의 제공횟수는 250−(44+34+36+31+36+60)=9(회)이다.

③ (O) 2019년 메뉴 H의 제공횟수는 42회이다.
→ 〈조건〉에 따르면 메뉴 H는 2019년에 새롭게 추가되었으므로 2018년의 만족도와 제공횟수를 활용하여 2019년의 메뉴 A~G의 제공횟수를 구한다.
그리고 전체 메뉴 제공횟수는 매년 250회로 일정하다고 했으므로, 2019년의 메뉴 H의 제공횟수는 (전체 메뉴 A~H 제공횟수 250회)−(A~G 제공횟수 합)으로 구할 수 있다.
따라서 메뉴 H의 제공횟수는 250−44+34+0+31+36+54+9)=42(회)이다.

④ (×) 2019년 메뉴 E의 제공횟수는 메뉴 A의 제공횟수보다 ~~많다~~.
→ 메뉴 A와 메뉴 E의 2017년 제공횟수는 40회로 동일하므로, 2019년 메뉴의 제공횟수는 2017년과 2018년의 만족도로 결정된다.
2017년에 메뉴 A는 만족도 87점을 받아 2018년 제공횟수는 40회 대비 10% 증가한 44회가 되었고, 2017년에 메뉴 E는 만족도 62점을 받아 2018년 제공횟수는 40회 대비 10% 감소한 36회가 되었다.
2018년에 메뉴 A와 메뉴 E 모두 만족도가 70점 이상 80점 미만으로 2019년 제공횟수는 2018년 제공횟수와 동일하므로, 2019년 제공횟수가 44회인 메뉴 A가 제공횟수 36회인 메뉴 E보다 많다.

⑤ (O) 메뉴 A~G 중 2018년과 2019년 제공횟수의 차이가 두 번째로 큰 메뉴는 F이다.
→ 2019년의 제공횟수는 2018년의 만족도에 따라 2018년 제공횟수 대비 감소하거나 동일하거나 증가하는 것으로 결정된다.
따라서 메뉴 A, B, D, E, G는 2018년 만족도가 70점 이상 80점 미만에 속하므로, 2019년의 제공횟수는 2018년의 제공횟수와 동일하여 차이가 없다.
메뉴 C는 2018년 만족도 0점 이상 50점 미만에 속하므로 2018년 제공횟수 대비 100% 감소하여, 2018년과 2019년 제공횟수 차이가 가장 크다.
그 다음으로 메뉴 F는 2018년 만족도 60점 이상 70점 미만에 속하므로 2018년 제공횟수 대비 10% 감소하여, 2018년과 2019년 제공횟수 차이가 두 번째로 크다.

합격자의 실전 풀이 순서

❶ 발문을 읽으면서 옳지 않은 것을 고르는 것임을 주의한다. 〈조건〉을 보면서 2019년에 H가 추가된 점에 비추어 2019년과 관련된 물음을 예상해 볼 수 있다. 그러므로 ②, ⑤번을 나중에 판별하며, ①번은 전체를 전부 도출해야 하므로 작업량이 많아 ③, ④번을 먼저 보고 ①번을 보는 전략을 선택하는 것이 좋다고 생각한다. 또한, 100% 감소가 절반으로 주는 것이 아닌 0이 됨을 유의한다.

❷ ③번을 읽으면서 만족도에 따른 다음 연도 제공횟수를 판단할 때 250을 가평균 기준으로 사용하는 것이 유리함을 알 수 있다. 즉, 2017년의 만족도와 2018년의 만족도를 각 표에 해당하는 부분에 대입하면 A는 2017년에 10% 증가하여 최종적으로 4가 증가하며, B는 두 번 모두 70점대로 34로 동일하며, C는 2017년에 53점으로 9회 감소하며, 2018년에 35점이 있어 100% 감소해 총 45회가 감소한다.
D 역시 두 번 모두 70점대로 제공횟수의 변화가 없으며, E는 2017년에만 4회만큼 감소하며, F는 2018년에만 6회 감소한다.
G는 2017년에 A부터 F 까지의 총 변화를 고려하면 +4−9−4가 되어 9회가 된다.
(이 과정에서 사실상 ②번을 판별한 셈이 되었다.)
그리고 2018년의 G의 만족도는 73으로 A, B, D, E와 동일하게 변화가 없고 C가 36회 감소, F가 6회 감소하여 이들의 합인 42회가 H가 된다.
따라서 참이다.

❸ ④번: 2019년 E의 제공횟수는 36회이며, A는 44회이므로 A가 더 많으므로 틀린 선지이다. 다만, E와 A의 구체적 값을 도출하기보다 2017년도의 제공횟수가 동일하게 40회인데 A의 87점과 75점을 보고 40회보다는 커졌음을 인지하고, E는 74점, 68점이므로 40회보다 작아졌음을 인지해서 A가 더 크다는 형태로 판단하는 것이 좋다고 생각한다.

합격자의 시간단축 Tip

선지 ① 80점 이상인 경우가 2017년 A 하나밖에 없으며, 2018년의 경우 동일하므로 제공횟수가 증가한 메뉴는 A 하나이므로 참이라 할 수 있다.

선지 ⑤ 2018년과 2019년의 차이가 가장 큰 메뉴는 100% 감소한 C 일 테고, 이외에 A ~ G 중 70점 대가 아니어서 변화가 있는 것이 F 밖에 없어 옳다.

049 정답 ❶ 난이도 ●●●

ㄱ. (○) 샘플 A의 총질소 농도는 샘플 I의 총질소 농도보다 높다.

➜ 샘플 A의 총질소 농도는 46.24(mg/L)이다. 표본의 총질소 농도는 (암모니아성 질소 농도)+(질산성 질소 농도)+(유기성 질소 농도)로 계산할 수 있다. 〈표〉에서 표본 A의 총질소 농도는 나타나 있지만 표본 I는 총질소 농도가 나타나 있지 않으므로 해당 식을 이용하여 총질소 농도를 계산한다.

식을 이용하여 총질소 농도를 구하면 5.27+1.12+35.19=41.58mg/L인 것을 확인할 수 있다.

따라서 표본 A의 총질소 농도가 표본 I의 총질소 농도보다 높다.

ㄴ. (○) 샘플 B의 TKN 농도는 30mg/L 이상이다.

➜ 〈표〉에서 표본 B의 TKN 농도는 주어지지 않았다. TKN 농도는 (암모니아성 질소 농도)+(유기성 질소 농도)이며, 표본 B의 암모니아성 질소 농도와 유기성 질소 농도는 주어졌으므로 식을 이용하여 TKN 농도를 구하면 6.46+25.01 = 31.47mg/L으로 30mg/L 이상이다.

ㄷ. (×) 샘플 B의 질산성 질소 농도는 샘플 D의 질산성 질소 농도보다 ~~낮다~~.

➜ 〈표〉에서 표본 B와 D의 질산성 농도는 주어지지 않았다. 하지만 총질소 농도 계산식과 TKN 질소 농도 계산식을 통해서 질산성 농도를 각각 구할 수 있다.

B는 질산성 농도는 모르지만 농도는 알고 있기에 총질소 농도에서 암모니아성 질소와 유기성 질소 농도를 빼는 것으로 질산성 농도를 구할 수 있다. B의 질산성 농도를 계산하면 37.38−6.46− 25.01=5.91mg/L이다.

D는 질산성 질소와 더불어 암모니아 질소 농도도 주어지지 않았으므로, 질산성 질소 농도=(총질소 농도−TKN 농도)인 관계를 이용하여 샘플 D의 질산성 질소 농도를 구하면

54.38(mg/L)−49.39(mg/L)=4.99(mg/L)이다.

따라서 표본 B의 질산성 질소 농도가 표본 D의 질산성 질소 농도보다 높으므로 옳지 않다.

ㄹ. (×) 샘플 F는 암모니아성 질소 농도가 ~~유기성 질소 농도보다 높다~~.

➜ 현재 표에서 주어진 정보만을 이용해서는 암모니아성 질소와 유기성 질소의 농도를 계산할 수가 없다. 따라서 옳지 않은 보기가 된다.

평균을 이용해서 구하려고 해도 암모니아성 질소 농도와 유기성 질소 농도의 평균이 주어져 있지 않기 때문에 결국 암모니아성 질소 농도와 유기성 질소 농도의 값을 구할 수 없다.

합격자의 실전 풀이 순서

❶ 〈표〉의 단위를 확인하고, '평균'을 다른 샘플 자료와 구별되게 표시한다. 그리고 각주를 확인한 후 '총질소'에 표시하고, '암모니아성 질소, 질산성 질소, 유기성 질소'를 하나로 묶어 '총질소'와 같다고 표시한다.

❷ 'TKN'에 표시하고, '암모니아성 질소, 유기성 질소'를 하나로 묶어 'TKN'과 같다고 표시한다.

이를 통해 '총질소 농도=TKN+질산성 질소 농도'임을 인지한다. 또는 암모니아, 질산, 유기 순서로 A, B, C라고 보고, 총질소=A+B+C, TKN=A+C라고 〈표〉에 표기해두면 편하다.

❸ 보기 ㉣부터 보기 ㉠까지 아래에서 위 순서로 풀이한다. 우선 ㉢ 으로 넘어간다. ㉢ 역시 샘플 B, D의 질산성 질소 농도 괄호를 해결해야 하므로, ㉡으로 넘어간다.

㉡이 옳으므로, 선지 ①, ③, ⑤가 남는다. 보기 ㉠은 괄호 하나만 구하면 되므로 해결한다.

합격자의 시간단축 Tip

보기 ㉠

[방법 1] 추천방법

'각산법'을 활용한다. 즉 46.24 > 5.27+1.12+35.19인지 확인할 때, 5+1+35+(0.27+0.12+0.19)=41+1 미만이므로 옳다는 것을 알 수 있다.

[방법 2]

표본 I의 총질소 농도를 계산할 때, 암모니아성 질산성 질소와 유기성 질소의 수치들의 소수점 자리를 탈락시키고 자연수로 계산을 할 수 있다. 이렇게 계산을 하게 되면 41의 수치가 나오게 되며 현재 총 세 개의 숫자들을 더하였기 때문에, 최대 오차 범위는 44가 된다.

A의 총질소 농도는 46이므로 최대 오차범위인 44보다 크므로 ㉠ 보기가 옳음을 빠르게 확인할 수 있다. 이때

'최대 오차 범위' 개념은 알아 두면 매우 유용하다. 소수점 부분은 아무리 커도 1보다 살짝 작으므로, 제외한 소수점 부분 갯수×1= 최대 오차가 된다. 따라서 소수점을 뺀 값들을 더할 때 '질문한 값과의 차이 > 소수점의 갯수'면 매우 안전하고 정확한 어림산이 된다.

보기 ㉡ 보기 ㉠과 같은 단순 계산 문제로, 어림짐작으로 30mg/L보다 높음을 확인할 수 있다. $6.46+25.01 > 6+25=31 \geq 30$이다.

보기 ㉢ 샘플 B의 질산성 농도는 대략 5보다 큰 수로 어림짐작된다.
반면 D의 질산성 농도는 TKN과 총질소의 차이로 5에 수렴하므로(4.99) B가 더 높음을 알 수 있다.
- 샘플 B: $37.38-(6.46+25.01)=37-(6+25)+0.38-0.47=6+(0.38-0.47)>5$
- 샘플 D: $54.38-49.39 \fallingdotseq 54-49=5$

보기 ㉣ 샘플 F는 현재 총질소, 암모니아성 질소, 유기성 질소가 모두 가려져 있고, 총질소를 도출할 수는 있지만, 암모니아성 질소와 유기성 질소 둘 다 어떤 값인지 확정을 할 수 없으므로 알 수 없는 보기이다.

050 정답 ①

난이도 ●○○

ㄱ. (○) 사업체당 종사자 수가 100명 미만인 지역은 모두 2개이다.

→ 사업체당 종사자 수는 $\frac{\text{종사자 수}}{\text{사업체 수}}$이다.

$\frac{\text{종사자 수}}{\text{사업체 수}}<100$이므로 종사자 수 < (100×사업체 수) 인지 확인한다.
H는 $1,519<100\times17=1,700$, J는 $1,565<100\times16=1,600$이므로, H, J 2개만 종사자 수 < (100×사업체 수)를 만족한다.

ㄴ. (×) 사업체당 매출액은 G 지역이 가장 크다.

→ G지역의 $\frac{\text{매출액}}{\text{사업체 수}}=\frac{11,625,278(\text{백만 원})}{147(\text{개})}$

이다.
어림산을 위해 분자에서 10만의 자리(즉, 뒤에서 두 번째 콤마 바로 뒤)를 기준으로 끊어 쓴다면 $\frac{116.2}{147}$이다.
마찬가지로 다른 지역을 처리하면
$A=\frac{48.8}{47}$ $B=\frac{28.1}{33}$ $C=\frac{31.4}{35}$이다.
그런데 G는 분자가 분모보다 작으므로 1보다 작다.
반면에 A는 분자가 분모보다 크므로 1보다 크다.
A가 G보다 크므로 ㉡ 선지는 옳지 않다.

ㄷ. (○) I 지역의 종사자당 매출액은 E 지역의 종사자당 매출액보다 크다.

→ 종사자당 매출액은=$\frac{\text{매출액}}{\text{종사자 수}}$이다.

어림산을 위해 천의 자리 앞부분만 취하면,
- I 지역: $\frac{1,305,468(\text{백만 원})}{2,086(\text{명})}\approx\frac{1,300}{2}=650$
- E 지역: $\frac{1,804,262(\text{백만 원})}{3,152(\text{명})}\approx\frac{1,800}{3}=600$

이다.
따라서 I 지역의 종사자당 매출액은 E 지역의 종사자당 매출액보다 크다.

ㄹ. (×) 건물 연면적이 가장 작은 지역이 매출액도 가장 작다.

→ 표에서 건물 연면적이 가장 작은 지역은 J이다. 매출액에서 J는 819.172이지만 H는 861,094으로 H의 매출액이 더 작다. 따라서 건물 연면적이 가장 작은 지역과 매출액이 가장 작은 지역은 서로 다르다.

합격자의 실전 풀이 순서

❶ 〈표〉의 '전체'를 다른 지역별 자료와 구별하기 쉽게 구분선을 표시한다. 보기 ㉣부터 ㉠까지 아래에서 위로 순서로 풀이한다.

❷ 보기 ㉣은 자료의 단순 확인만을 요하되 모든 지역의 자료를 살펴야 하는 반면, 보기 ㉢은 나눗셈 계산을 요하되 2개 지역만 확인하면 된다. ㉣이 더 간단하다고 판단하여 원칙대로 ㉣ 먼저 해결한다.

❸ 보기 ㉣이 옳지 않으므로 선지 ①, ③, ⑤가 남는다. 보기 ㉠, ㉡ 모두 전체 지역을 살펴야 하나, ㉠의 곱셈 계산이 ㉡의 나눗셈 계산보다 간단하므로 ㉠ 먼저 해결한다.

❹ 보기 ㉠이 옳으므로 선지 ①, ⑤가 남는다. 마지막으로 보기 ㉡을 해결한다.

합격자의 시간단축 Tip

보기 ㉠

[방법 1]
사업체당 종사자 수가 100명이므로 앞자리 숫자만 확인하여 판단할 수 있다.
H처럼 사업체수×100이 1,700으로 종사자 수 1,519보다 크므로 안 되는 것(사업체당 종사자 수가 100명 미만인 것)을 확인할 수 있다. 마찬가지로 J지역도 100명 미만으로 2개이다.

[방법 2]
반대로 종사자 수를 뒷 두 자리를 버림하여 비교해도 된다. 예를 들어 A의 경우 6,731을 67로 보고 47 vs 67로 비교하는 것이다.
둘 다 동일한 원리이므로 둘 중 본인에게 더 직관적인 것을 선택하면 된다.

보기 ㉡ G지역의 매출액은 약 11,625(십억 원)으로, 사업체 수 147개의 100배에 크게 못 미친다.
반면 마찬가지로 100배를 기준으로 할 때, A지역의 매출액 약 4,878(십억 원)은 사업체 수 47개의 100배를 초과한다. 따라서 A지역의 사업체당 매출액이 더 크다.

보기 ㉢ E지역의 매출액은 약 18,042(억 원)으로, 종사자 수 3,152의 6배에 못 미친다.
(3,152×6 > 3,000×6 ≒ 1,804이므로)
I지역의 매출액은 약 13,054(억 원)으로, 종사자 수 2,086의 6배를 초과한다.
(2,086×6=2,000×6+86×6 < 12,000+90×6=12,540 < 13,054이므로)
따라서 I지역이 더 크다.

보기 ㉣ 'A이고 B이다' 유형은 출제자가 A→B 순서로 구성한 만큼, 역으로 B→A 순으로 확인 시 더 쉽게 반례나 허점을 찾을 수 있다. 매출액이 가장 작은 지역이 H임을 확인한 후, 건물 연면적이 이보다 작은 지역이 하나라도 있는지 확인한다.

051 정답 ❸ 난이도 ●●●

① (×) A기업의 엔진 납품 개수는 2018년이 2017년의 ~~80%이다~~.
→ 〈각주 1〉을 보면, 2017년에는 A기업에만 납품을 하였는데, 〈그림 1〉에서 2017년 납품받은 엔진과 변속기 개수의 합은 10,000개이고, 〈그림 3〉에서 이 중 50%가 엔진이므로 엔진 납품 개수는 10,000×0.5=5,000개이다.
한편 〈그림 2〉에서 2018년에는 A기업이 10,000개를 납품했고, 〈그림 3〉에서 이 중 30%가 엔진이므로 엔진 납품 개수는 3,000이다.
따라서 A 기업의 엔진 납품 개수는 2018년이 2017년의 60% 이다.

② (×) 2018년 B 기업은 변속기 납품 개수가 엔진 납품 개수의 ~~12.5%이다~~.
→ 〈각주 3〉을 보면, '갑' 자동차회사가 납품받는 엔진과 변속기의 수는 같다.
반면 〈그림 1〉에서 2018년에 총 납품받은 엔진과 변속기 수의 합은 15,000개이므로 변속기는 7,500개이다.
2018년 A기업은 엔진을 3,000개 납품했으므로 〈그림 3〉에서 변속기는 7,000개 납품했다.
B기업은 변속기를 500개 납품했고, 엔진은 4,500개 납품했으므로 2018년 B기업의 변속기 납품 개수는 엔진 납품 개수의 11.1%이다.

③ (○) '갑' 자동차회사가 납품받은 엔진과 변속기 납품액 합은 2018년이 2017년에 비해 30% 이상 증가하였다.
→ 2017년 '갑' 자동차회사가 납품받은 엔진과 변속기 납품액의 합은 아래와 같다.
(100만 원×5,000 개)+(80만 원×5,000 개)=90억 원
한편, 2018년 '갑' 자동차회사가 납품받은 엔진과 변속기 납품액 합은 아래와 같다.
{90만 원×(3,000개+4,500개)}+{75만 원×(7,000개+ 500개)}=123억 7,500만원
따라서 2018년이 2017년에 비해 37.5% 증가하였다.

④ (×) '갑' 자동차회사가 납품받은 변속기 납품 개수는 ~~2018년이 2017년의 2배 이상이다~~.
→ 〈각주 3〉을 보면 '갑' 자동차회사가 납품받는 엔진과 변속기의 수는 같다.
〈그림 1〉에서 2017년과 2018년 총 납품받은 엔진과 변속기의 수의 합은 각각 10,000개와 15,000개이다. 이때, 변속기 납품 개수는 5,000개와 7,500개로 절반이다.
따라서 2018년이 2017년보다 50% 증가하였다.

⑤ (×) 2018년 A, B 기업의 엔진 납품액 합은 변속기 납품액 합보다 ~~작다~~.
→ 2018년 A기업과 B기업의 엔진 납품액 합은 아래와 같다
(90만 원×3,000개)+(90만 원×4,500개)
=67억 5,000만 원
한편, 2018년 A기업과 B기업의 변속기 납품액 합은 아래와 같다.
(75만 원×7,000개)+(75만 원×500개)
=56억 2,500만 원
따라서 엔진 납품액 합이 변속기 납품액 합보다 크다.

합격자의 실전 풀이 순서

❶ 〈그림 1, 2, 3〉과 〈표〉간 관계와 각주를 확인한다.

❷ ①, ②, ④번은 납품 개수를 묻고 있고 ③, ⑤번은 납품액을 묻고 있다. 이때 납품액=납품 개수 × 납품 단가이므로 더 간단한 ①, ②, ④를 먼저 검토하면 각각이 틀린 선지이므로 정답이 아니다.

❸ ③, ⑤번 중 ⑤번은 원리적인 이야기이므로 먼저 확인한다. ⑤번은 틀린 선지이므로 정답은 ③번이다.

합격자의 시간단축 Tip

선지 ① 2017년이 기준값이므로 먼저 구하면 10,000×50 %=5,000이다. 따라서 2018년의 엔진 납품 개수가 5,000×80%=4,000이어야 하지만, 〈그림〉 3의 30%를 곱했을 때 4,000이 되는 자연수는 존재하지 않는다. 따라서 2018년 값을 계산하지 않더라도 틀린 선지임을 알 수 있다.

선지 ②

[정석적인 방법]

12.5%이므로 2018년 B기업의 (변속기 납품 개수)×8=(엔진 납품 개수)인지 확인하면 된다. 이때 만약 각주를 제대로 보지 않았다면 '알 수 없는 정보'로 착각하는 오류를 범할 수 있다.

각주 3)에 따라 엔진=변속기여야 하므로, 비율이 주어진 A기업을 먼저 검토하면 엔진은 3,000개, 변속기는 7,000개이다. 따라서 B기업의 5,000개를 나눠 두 값이 같기 위해서는 두 값의 차이인 7,000-3,000=4,000만큼을 엔진에 주고, 남는 5,000-4,000=1,000을 각각 나눠주어야 한다.

즉, 엔진 4,500개, 변속기 500개이다. 따라서 9배이므로 틀린 선지이다.

[빠른 확인법]

끝 3자리를 먼저 확인하여 동일한지 확인하는 것이 좋다. $12.5\%=\frac{125}{1,000}=\frac{1}{8}$이므로, 우선 12.5%인지 확인하려면 전체 5,000을 1+8=9로 나누면 B기업의 변속기 납품개수는 약 555개여야 한다. 반대로 엔진의 끝 세자리는 445가 된다.(납품개수는 자연수이므로 정확한 값이 나오지 않는다는 사실로도 이 선지는 틀린 것임을 알 수 있다.)

반면, A기업의 전체 납품 개수 10,000을 30%와 70%로 나누면 엔진의 개수는 3,000, 변속기의 개수는 7000이므로 끝의 세 자리는 '000'이 된다. 즉 엔진과 변속기를 각각 더했을 때 끝 세자리는 '555'와 '445'가 되므로 그 둘은 같을 수 없다. 따라서 계산해보지 않더라도 틀린 선지임을 알 수 있다.

선지 ③ 납품액은 납품 개수×납품단가이다.

수를 간단하게 조합해 빠른 계산을 하는 방법도 있다. 따라서 15,000개, 7,500개 등 단위를 다 쓰지 않고 동일한 비율로 숫자를 줄여서, 보다 한 눈에 보기 쉽게 문제를 푸는 걸 추천한다.

구해야 하는 건 '갑' 자동차회사가 납품 받은 엔진과 변속기 납품액 합은 2018년이 2017년에 비해 30%이상 증가하였는지 여부이기 때문에 정확한 단위의 값은 크게 중요하지 않다. 다만 그 비율은 유지해야 하는 것에 유의하자.

1) 2017년
- 납품액: 100만원×5,000개+80만원×5,000개
- 간단하게 표현하면: 100×5+80×5

2) 2018년
- 납품액: 90만원×7,500개+75만원×7,500개
- 간단하게 표현하면: 90×7.5+75×7.5

납품 단가의 평균을 기준으로 구해도 되고, 합으로 구해도 된다. 본인이 풀기 편한 방법을 사용하도록 하자.

선지 ④ 2017년의 경우 50%가 변속기인데, 2018년이 그 2배라는 것은 50%×2=100%로 2017년 전체 값이라는 의미이다. 즉 2018년의 변속기가 10,000개여야 하나, 전체 값이 15,000이므로 66%임을 쉽게 알 수 있다. 따라서 틀린 선지이다.

선지 ⑤ 각주 3)에 따라 엔진과 변속기 개수는 같다. 따라서 당연히 납품 개수는 양자가 동일하므로, 납품 단가만 확인하면 된다. 엔진(90만 원) > 변속기(75만 원)이므로 틀린 선지이다.

052 정답 ❷

난이도 ●○○

ㄱ. (O) 습도가 70%일 때 연간소비전력량이 가장 적은 제습기는 A이다.

→ 제습기 A의 습도 70%일 때, 연간소비전력량은 790kWh

제습기 B의 습도 70%일 때, 연간소비전력량은 810kWh

제습기 C의 습도 70%일 때, 연간소비전력량은 800kWh

제습기 D의 습도 70%일 때, 연간소비전력량은 880kWh

제습기 E의 습도 70%일 때, 연간소비전력량은 920kWh 이므로 낮을수록 소비전력량이 적은 제습기로 A제습기가 가장 소비전력량이 낮다.

ㄴ. (×) 각 습도에서 연간소비전력량이 많은 제습기부터 순서대로 나열하면, 습도 60%일 때와 습도 70%일 때의 순서는 ~~동일하다~~.
→ 습도 60%로 설정해 놓았을 때 제습기의 연간소비전력량이 많은 순서대로 비교한다면,
D(810)－E(800)－B(740)－C(730)－A(680)
습도 70%로 설정해 놓았을 때 제습기의 연간소비전력량이 많은 순서대로 비교한다면,
E(920)－D(880)－B(810)－C(800)－A(790)
순으로, 습도 60%와 습도 70%의 제습기 순서는 같지 않다.

ㄷ. (○) 습도가 40%일 때 제습기 E의 연간소비전력량은 습도가 50%일 때 제습기 B의 연간소비전력량보다 많다.
→ 습도가 40%일 때 제습기 E의 연간소비전력량은 660kWh이고, 습도가 50%일 때 제습기 B의 연간소비전력량은 640kWh 이므로 습도가 40%일 때 제습기 E의 연간소비전력량이 더 많다.

ㄹ. (×) 제습기 각각에서 연간소비전력량은 습도가 80%일 때가 40%일 때의 ~~1.5배 이상이다~~.
→ 습도 80%일 때의 연간소비전력량이 습도 40%일 때의 연간소비전력량에 1.5배를 했을 때 나온 값보다 같거나 더 큰지 확인해야 한다.

제습기	습도 40%일 때 연간소비전력량×1.5	습도 80%일 때 연간소비전력량
A	550×1.5=825	840
B	560×1.5=840	890
C	580×1.5=870	880
D	600×1.5=900	950
E	660×1.5=990	970

E 제습기의 연간소비전력량은 습도가 80%일 때가 40%일 때의 1.5배 미만이므로 옳지 않다.

합격자의 실전 풀이 순서

❶ 〈표〉의 구조를 이해한다.
❷ 단순 확인용 보기인 ㉠, ㉡을 우선 확인한다.
❸ 보기 ㉠은 옳은 선지이고, 보기 ㉡은 틀린 선지이므로 답은 ②, ④번 중 하나이다.
❹ 보기 ㉣은 제습기 E가 반례이므로 틀린 선지이다. 답은 ②번이다.

합격자의 시간단축 Tip

보기 ㉡ '순서가 동일하다' 식의 문제는 아주 쉽지만 시간이 많이 소모되는 유형이다.
따라서 순서 전체를 쓰고 비교하기보다는 카테고리 간 비교 중 상이해지는 경우가 하나라도 나오면 곧장 풀이를 마무리하여 시간 낭비가 적도록 해야 한다.
예를 들어, 보기 ㉡의 경우 60%는 D가 가장 큰 제습기지만, 70%는 E가 가장 큰 제습기이므로 바로 틀린 선지로 처리하고 다음 선지로 넘어가면 된다.

보기 ㉣ 1.5배 이상인지를 처리하는 방법은 크게 두 가지가 있다.
첫 번째는 양자의 차이가 기준값의 절반 이상 인지 확인하는 방법이다.
두 번째는 기준값의 절반을 기준값에 더했을 때 대상 값보다 큰지를 확인하는 방법이다.
둘 중 어떤 방법을 써도 상관없으나, 차잇값이 주어진 자료가 아닌 한 통상 뺄셈은 덧셈과 비교하면 속도도 느리고 실수도 발생하기 쉬운 연산 방식이므로 덧셈 구조인 두 번째 방식을 활용하는 것이 더 좋을 것으로 생각된다.
이를 보기 ㉣에 적용하면, 제습기 E의 경우 40% 연간소비전력량의 절반인 330을 더하면
660+330=990으로 80% 연간소비전력량인 970보다 크므로 1.5배 이하이다. 따라서 틀린 선지이다.
또한, 출제위원은 수험생이 시간을 많이 소모하도록 가급적 뒷부분에 반례를 배치하는 경우가 많으므로 뒤에서부터 확인한다면 더 빠르게 반례를 찾을 수 있다.
보기 ㉣ 역시 반례는 가장 마지막인 E 제습기에서 확인할 수 있다.

053 정답 ⑤ 난이도 ●●●

ㄱ. (×) 소매가격이 200달러인 스마트폰 중 '종합품질점수'가 가장 높은 스마트폰은 ~~C이다~~.
→ 소매가격이 200달러인 스마트폰은 B, C, G이다. '종합품질점수'는 평가항목 각각의 점수를 모두 더한 값이므로 화질, 내비게이션, 멀티미디어, 배터리 수명, 통화 성능 점수를 모두 더해야 한다.
• 스마트폰 B의 종합품질점수:
2+2+3+1+2=10(점)
• 스마트폰 C의 종합품질점수:
3+3+3+1+1=11(점)
• 스마트폰 G의 종합품질점수:
3+3+3+2+2=13(점) 이다.
따라서 종합품질점수가 가장 높은 스마트폰은 'G'이다.

ㄴ. (×) 소매가격이 가장 낮은 스마트폰은 '종합품질점수'도 ~~가장 낮다~~.

➜ 소매가격이 가장 낮은 스마트폰은 'H'(50달러)이다.

종합품질점수는 괄호가 되어있는 부분이 있으므로 괄호에 들어갈 값을 모두 구해야 한다.

• 스마트폰 B의 종합품질점수:
$2+2+3+1+2=10$(점)
• 스마트폰 C의 종합품질점수:
$3+3+3+1+1=11$(점)
• 스마트폰 D의 종합품질점수:
$3+3+3+2+1=12$(점)
• 스마트폰 F의 종합품질점수:
$2+1+3+2+1=9$(점)
• 스마트폰 G의 종합품질점수:
$3+3+3+2+2=13$(점)
• 스마트폰 H의 종합품질점수:
$3+3+3+1+1=11$(점)

종합품질점수가 가장 낮은 스마트폰은 'F'인데, 보기 ㉡에서는 소매가격이 가장 낮은 스마트폰 'H'가 가장 종합품질점수가 낮다고 했으므로 틀린 설명이다.

ㄷ. (○) 통신사 각각에 대해서 해당 통신사 스마트폰의 '통화 성능' 평가 점수의 평균을 계산하여 통신사별로 비교하면 '병'이 가장 높다.

➜ 〈표〉에서 각 통신사 스마트폰의 '통화성능' 평가 점수를 살펴보고 평균을 계산하면

'갑' 통신사의 경우 스마트폰 A, B, C이므로

$$=\frac{\text{각 스마트폰의 통화성능의 합}}{\text{스마트폰의 수}}=\frac{1+2+1}{3}$$

$$=\frac{4}{3}=1.33$$

'을' 통신사의 경우 스마트폰D, E, F이므로

$$=\frac{\text{각 스마트폰의 통화성능의 합}}{\text{스마트폰의 수}}=\frac{1+1+1}{3}$$

$$=\frac{3}{3}=1$$

'병' 통신사의 경우 스마트폰 G, H, I이므로

$$=\frac{\text{각 스마트폰의 통화성능의 합}}{\text{스마트폰의 수}}=\frac{2+1+2}{3}$$

$=\frac{5}{3}=1.67$이다.

따라서 통신사 각각에 대해서 해당 통신사 스마트폰의 '통화성능' 평가점수의 평균을 계산하여 통신사별로 비교하면 '병'이 가장 높다.

ㄹ. (○) 평가항목 각각에 대해서 스마트폰 A~I 평가점수의 합을 계산하여 평가항목별로 비교하면 '멀티미디어'가 가장 높다.

➜ 평가항목 각각에 대해 스마트폰 'A'부터 'I'까지 평가 점수를 모두 더해 항목별로 비교하면 된다.

• 항목 '화질'의 평가점수 합
→ $3+2+3+3+2+2+3+3+3=24$(점)
• 항목 '내비게이션'의 평가점수 합
→ $3+2+3+3+3+1+3+2+2=22$(점)
• 항목 '멀티미디어'의 평가점수 합
→ $3+3+3+3+3+3+3+3+2=26$(점)
• 항목 '배터리 수명'의 평가점수 합
→ $3+1+1+2+2+2+2+2+3=18$(점)
• 항목 '통화 성능'의 평가점수 합
→ $1+2+1+1+1+1+2+1+2=12$(점)

따라서 항목 '멀티미디어'의 점수가 가장 높으므로 보기 ㉣은 옳은 설명이다.

합격자의 실전 풀이 순서

❶ 〈표〉와 각주를 이해한다. 선지의 구성이 적으므로 2개의 보기 해결로 답을 구할 수 있음을 인지한다.

❷ 보기 ㉣을 눈으로 빠르게 확인하면, '멀티미디어'가 스마트폰 'I'를 제외하고는 모두 3점이며 모두 3점인 평가항목이 없으므로 옳은 선지이다. 답은 ④, ⑤번 중 하나이다.

❸ 보기 ㉠, ㉡은 빈칸으로 주어진 종합품질점수를 묻고 있으므로 더욱더 간단한 보기인 ㉢을 확인하면 병의 값이 가장 크다. 따라서 답은 ⑤번이다.

합격자의 시간단축 Tip

보기 ㉠ 보기에서 C를 적시하고 있으므로 C를 기준으로 더 점수가 높은 스마트폰을 하나라도 찾으면 오답인 보기가 된다. 이때 2번 문제와 같이 부여될 숫자가 제한된 경우 '매칭 방식'으로 처리하는 것이 가장 빠르다. 예를 들어 C와 G를 비교할 때 화질, 내비게이션, 멀티미디어는 동일하게 3점이므로 제외하고 배터리수명, 통화성능만 비교 시 G가 더 큰 것을 쉽게 찾을 수 있다.

보기 ㉡ 스마트폰 H의 종합품질점수를 평가항목별 평가점수를 모두 더하여 구할 필요 없이, 스마트폰 F의 경우 화질의 평가점수가 H보다 낮고 다른 평가점수는 모두 같으므로 F의 종합품질점수가 더 낮음을 알 수 있다.

보기 ㉢ 각 통신사는 스마트폰이 동일하게 3개씩 존재하므로 평균을 구하지 않고 총점만 구해도 충분하다. 즉, 총점을 똑같이 3으로 나누게 될 것이므로 평균을 구할 필요가 없다. 따라서 '통화성능' 부문의 값을 보기 ㉠과 같이 매칭형으로 비교(실제로는 너무 수가 작아서 그냥 더해도 무관하다. 일반론적으로 매칭 방식을 적용하였다)하면 병이 가장 총점이 크다는 것을 빠르게 확인할 수 있다.

보기 ㉣ 보기 ㉠과 마찬가지로 매칭 방식에 가장 적합한 형태이다. 보기에서 질문한 '멀티미디어'의 경우 I를 제외하고 모두 3으로 점수가 배점 되었으므로 주변과 매치해보면 가장 높다는 것을 쉽게 알 수 있다.

054 정답 ⑤ 난이도 ●●○

① (×) 1931~1934년 동안 재배면적의 전년대비 증감 방향은 미곡과 두류가 ~~동일하다~~.

→ '두류'의 재배면적의 전년대비 증감은 1931년 감소, 1932년 증가, 1933년 증가, 1934년 증가하였고, '미곡'의 재배면적의 전년대비 증감은 1931년 감소, 1932년 감소, 1933년 증가, 1934년 증가하였다.

1932년 '두류'의 재배면적은 전년대비 증가하였으나, '미곡'의 재배면적은 전년대비 감소하였으므로 동일하지 않다.

② (×) 생산량은 매년 두류가 서류보다 ~~많다~~.

→ 1932년부터 '서류'가 '두류' 생산량보다 더 많다.

③ (×) 재배면적은 매년 잡곡이 서류의 2배 ~~이상이다~~.

→ ('잡곡' 재배면적) ≥ ('서류' 재배면적) × 2 인지 계산해보면

- 1930년: $334 > 59\times2 \rightarrow 334 > 118$
- 1931년: $224 > 88\times2 \rightarrow 224 > 176$
- 1932년: $264 > 87\times2 \rightarrow 264 > 174$
- 1933년: $215 > 101\times2 \rightarrow 215 > 202$
- 1934년: $208 < 138\times2 \rightarrow 208 < 276$ 이다.

따라서 1934년에는 '잡곡'의 재배면적이 '서류'의 재배면적보다 2배 이상이 아니다.

④ (×) 1934년 재배면적당 생산량이 가장 큰 곡물은 ~~미곡이다~~.

→ $(\text{재배면적당 생산량}) = \frac{\text{생산량}}{\text{재배면적}}$의 식으로 1934년 재배면적당 생산량 값을 구해보면,

- 미곡: $\frac{18,584}{1,164} \approx 15.97$
- 맥류: $\frac{7,795}{1,034} \approx 7.54$
- 두류: $\frac{1,362}{339} \approx 4.02$
- 잡곡: $\frac{772}{208} \approx 3.71$
- 서류: $\frac{2,612}{138} \approx 18.92$이다.

따라서 1934년 재배면적당 생산량이 가장 큰 곡물은 '서류'이다.

⑤ (○) 1933년 미곡과 맥류 재배면적의 합은 1933년 곡물 재배면적 전체의 70% 이상이다.

→ (1933년 미곡 재배면적)+(1933년 맥류 재배면적) ≥ (1933년 전체 재배면적)×70%를 계산해보면, $1,118+963 \geq 2,714\times0.7 \rightarrow 2,081 \geq 1,899.8$이므로, 1933년 '미곡'과 '맥류'의 재배면적의 합은 전체 재배면적의 70% 이상이다.

합격자의 실전 풀이 순서

❶ 〈표〉의 구조를 이해하고 재배면적당 생산량을 물을 수 있음을 파악한다. 또한, 전체 값이 주어져 있음을 인식한다.

❷ 단순확인용 선지인 ①, ②번을 먼저 확인한다. 틀린 선지이므로 소거한다.

❸ 간단한 계산으로 확인할 수 있는 ③, ⑤번을 확인한다. ⑤번을 〈표〉에 주어진 전체 재배면적 값을 활용하여 계산하면 옳은 선지이므로 답이다.

합격자의 시간단축 Tip

선지 ④ '가장 큰'과 같은 선지는 반례를 하나라도 찾으면 바로 틀린 선지가 된다.

다만, 시간 소모를 유도하고자 하는 출제 의도 상 주로 뒷부분에 반례를 배치하므로 뒤에서부터 확인하는 것이 좋다. 선지 ④번 역시 마지막 부분에 있는 서류에서 반례가 제시되고 있다.

이때 분수 비교를 쉽게 하는 방법은 다음과 같다.

[방법 1]

1934년의 재배면적당 생산량이 미곡과 서류를 제외하고는 10 미만이므로 두 개만 비교한다. 미곡은 재배면적당 생산량이 18 미만이고 서류는 18 이상이다. 18을 기준으로 계산할 때, 재배면적을 2배 한 값에 0을 붙이고 2배 한 값을 빼는 방식으로 구하면 빠르게 구할 수 있다.

예를 들어 미곡의 18배는 23,280−2,328이다. 이는 20,000보다 큰 값이므로 생산량이 18,585이므로 재배면적당 생산량은 18 미만이다.

[방법 2]

통상 근삿값은 가장 큰 수 기준으로 앞에서부터 세 자리 정도로 잡으면 크게 왜곡 없이 답을 도출할 수 있다. 문제의 경우 미곡의 재배면적을 11로, 생산량을 185로 잡으면, 대략 18배 조금 안 된다는 것을 알 수 있다. 마찬가지 방식으로 서류의 재배면적을 13으로, 생산량은 261로 잡으면 대략 20배 조금 안 된다. 따라서 구체적

계산 없이 바로 서류가 더 크다는 것을 확인할 수 있다. 많은 수험생이 방법 2)와 같은 근삿값 설정과 근삿값을 이용한 곱셈, 분수 비교에 불안함을 가지고 있다. 그러나 공기업, 민경채 등의 실제 시험 문제는 4~5자리 수준의 근삿값이나 소수점 단위의 차이로 대소를 묻는 등의 과도한 숫자 계산을 요구하지 않으며, 위에서 제시한 수준의 비교로도 모든 기출 문제를 풀 수 있다. 따라서 기출에 지속적으로 적용해 보면서 불안을 덜고 자신의 계산, 풀이에 자신감을 갖기 바란다.

선지 ⑤

[방법 1]

1933년 미곡과 맥류 재배면적의 합은 2,000 이상이다. 1933년 곡물 재배면적 전체의 70%는 전체 값(100%)에서 30%를 뺀 값이다. 전체 곡물 재배면적이 2,714이고 이것의 30%는 약 810이다. 따라서, 곡물 재배면적 전체의 70%는 2,000 미만이므로 미곡과 맥류 재배면적의 합은 전체 재배면적의 70% 이상인 것이다. 구체적인 값을 계산하여 비교하기보다는 계산을 간단히 하여 비교할 수 있는지 생각해보는 습관을 가지는 것이 좋다.

[방법 2]

10%, 12.5%, 14.3%, 16.7%, 20%, 25%와 같이 분수 활용이 가능한 특정 %를 제외하면, 근삿값을 간단히 잡은 후에 해당 %를 그냥 곱하는 것이 가장 간단할 수 있다.

예를 들어 5번 선지의 경우, 1933년의 전체 재배면적인 2,714를 27로 근삿값 처리를 한 후 27에 0.7을 곱하면 $27 \times 0.7 = 18.9$가 된다. 이에 미곡과 맥류의 재배면적 역시 앞에서 두 자리로 잘라 근삿값으로 만들면 $11+9=20$이 된다. 따라서 $20 > 18.9$이므로 미곡과 맥류의 재배면적 합이 전체의 70% 이상임을 알 수 있다. 이런 식으로 처리하면, 실제로는 27×7과 $11+9$라는 매우 간단한 계산만 이루어지기에 속도도 빠르고 실수도 적을 것이다.

055 정답 ❶ 난이도 ●●○

① (×) 2013 ~ 2017년 동안 투자액의 전년대비 증가율은 ~~2016년이 가장 높다~~.

➜ 전년대비 증가율 $= \frac{\text{증가량}}{\text{전년도 수치}}$ 이므로, 증가량이 많을수록, 그리고 전년도 수치가 작을수록 전년대비 증가율이 높다.

연도별 투자액의 전년 대비 증가율을 구해보면

- 2013년: $\frac{125-110}{110} \approx 0.136$ (13.6% 증가),
- 2014년: $\frac{70-125}{125} = -0.44$ (44% 감소),
- 2015년: $\frac{250-70}{70} \approx 2.57$ (257% 증가),
- 2016년: $\frac{390-250}{250} = 0.56$ (56% 증가),
- 2017년: $\frac{300-390}{390} \approx -0.23$ (23% 감소)이다.

따라서 증가율이 가장 높은 연도는 2015년이다.

② (○) 2013~2017년 동안 투자건수의 전년대비 증가율은 2017년이 가장 낮다.

➜ 연도별 투자 건수의 전년 대비 증가율을 구해보면

- 2013년: $\frac{12-8}{8} = 0.5$ (50% 증가),
- 2014년: $\frac{20-12}{12} \approx 0.667$ (66.7% 증가),
- 2015년: $\frac{25-20}{20} = 0.25$ (25% 증가),
- 2016년: $\frac{60-25}{25} = 1.4$ (140% 증가),
- 2017년: $\frac{63-60}{60} = 0.05$ (5% 증가)이다.

따라서 증가율이 가장 낮은 연도는 2017년이다.

③ (○) 2012년과 2015년 투자건수의 합은 2017년 투자건수보다 작다.

➜ 2012년 투자 건수 8건과 2015년 투자 건수 25건을 더하면 33건이 된다.

합한 건수를 2017년 투자 건수인 63건과 비교를 하면 $33 < 63$ 이므로 2012년과 2015년 투자 건수의 합이 2017년 투자 건수보다 작다.

④ (○) 투자액이 가장 큰 연도는 2016년이다.

➜ 연도별 투자액은 2012년 110억 원, 2013년 125억 원, 2014년 70억 원, 2015년 250억 원, 2016년 390억 원, 2017년 300억 원이다. 따라서 투자액이 가장 큰 연도는 390억 원인 2016년이다.

⑤ (○) 투자건수는 매년 증가하였다.

➜ 2012년부터 2017년까지 투자 건수를 비교해보면 $8 < 12 < 20 < 25 < 60 < 63$ 이므로 매년 증가하고 있다.

합격자의 실전 풀이 순서

❶ 〈그림〉의 투자액과 투자 건수의 수치를 읽는 법을 이해한다.

❷ 〈그림〉의 시각적 효과를 사용할 수 있는 선지가 있을 것을 파악한다.

❸ ①번부터 해결하면 2015년이 투자액의 전년 대비 증가율이 가장 높으므로 틀린 선지이다. 답은 ①번이다. 만약 증가율 비교가 부담된다면, 계산 없이 바로 확인 가능한 ③, ④, ⑤번을 빠르게 확인 후 ①번을 처리하는 것도 좋은 접근 방식이다. 만약 답이 ①번 외에서 나온다면 계산 부담 없이 해결할 수 있기 때문이다.

합격자의 시간단축 Tip

선지 ① 증가율은 기준이 되는 전년도의 값이 작고 증가량이 많을수록 값이 클 것을 활용한다. 즉, 막대그래프의 특성을 이용하여 막대 간 높이 차이가 크고, 기준점이 되는 값이 낮은 지점 위주로 찾아 비교한다.

선지 ② 꺾은 선 그래프의 '기울기'라는 시각적 효과를 활용한다. 이때 주의할 점은 기울기는 증가율이 아닌 증가분을 확인하는 용도라는 것이다.
왜냐하면 기울기의 분모가 되는 x축의 변화분은 1년으로 모두 동일하기 때문에, 사실상 기울기 차이에 영향을 주는 것은 y축의 변화분인 투자 건수 변화분이기 때문이다.
따라서 막대 그래프를 푸는 것과 마찬가지로 '기울기'는 작고, 기준점이 되는 값은 높은 지점 위주로 찾아 비교하면 된다.

056 정답 ①

난이도 ●●○

① (○) 동일 종목에서, A국이 획득한 모든 메달 수와 B국이 획득한 모든 메달 수를 합하여 종목별로 비교하면, 15개 종목 중 스노보드가 가장 많다.
→ 종목별로 A국과 B국의 획득한 메달을 합해서 비교해보면
- 노르딕복합: 3+1+1=5개
- 루지: 3+1+2+1=7개
- 바이애슬론: 3+1+3=7개
- 봅슬레이: 3+1+1=5개
- 쇼트트랙: 1개
- 스노보드: 1+1+4+2+1=9개
- 스켈레톤: 1개
- 스키점프: 1+3=4개
- 스피드스케이팅: 1개
- 아이스하키: 1+ 1=2개
- 알파인스키: 1+1+1=3개
- 컬링: 1개
- 크로스컨트리: 1개
- 프리스타일스키: 1+2+1=4개
- 피겨스케이팅: 1+2=3개

이므로 스노보드가 총 9개로 가장 많다.

② (×) A국이 획득한 금메달 수와 C국이 획득한 동메달 수는 ~~같다~~.
→ A국이 획득한 금메달 수: 3+3+3+3+1+1=14개, C국이 획득한 동메달 수: 2+2+1+2+1+3=11개로 A국이 획득한 금메달 수가 C국이 획득한 동메달 수보다 많다.

③ (×) A국이 루지, 봅슬레이, 스켈레톤 종목에서 획득한 모든 메달 수의 합은 C국이 크로스컨트리 종목에서 획득한 모든 메달 수보다 ~~많다~~.
→ A국이 획득한 메달은 루지에서 3+1+2=6개, 봅슬레이에서 3+1=4, 스켈레톤에서 1개로 총 6+4+1=11개이다. C국이 크로스컨트리에서 획득한 메달은 7+4+3=14개이다.
따라서 11<14 이므로 C국이 크로스컨트리 종목에서 획득한 메달 수가 더 많다.

④ (×) A~D국 중 메달을 획득한 종목의 수가 가장 많은 국가는 ~~D국이다~~.
→ 나라별 메달을 획득한 종목의 수를 비교해보면
- A국: 노르딕복합, 루지, 바이애슬론, 봅슬레이, 스노보드, 스켈레톤, 스키점프, 아이스하키, 피겨스케이팅 → 9개
- B국: 루지, 봅슬레이, 쇼트트랙, 스노보드, 스피드스케이팅, 아이스하키, 알파인스키, 컬링, 크로스컨트리, 프리스타일스키, 피겨스케이팅 → 11개
- C국: 노르딕복합, 바이애슬론, 스키점프, 스피드스케이팅, 알파인스키, 컬링, 크로스컨트리, 프리스타일스키 → 8개
- D국: 루지, 봅슬레이, 쇼트트랙, 스노보드, 스피드스케이팅, 아이스하키, 컬링, 프리스타일스키, 피겨스케이팅 → 9개이므로, 메달을 획득한 종목의 수가 가장 많은 국가는 'B'국이다.

⑤ (×) 획득한 은메달 수가 많은 국가부터 순서대로 나열하면 ~~C, B, A, D국 순이다~~.
→ 나라별 획득한 은메달 수를 합하면
- A국: 1+1+1+1+1+1+3+1=10개,
- B국: 1+1+1+2+1+2=8개,
- C국: 1+3+1+1+4+4=14개,
- D국: 1+1+2+1+1+2=8개

이므로 14개(C국) > 10개(A국) > 8개(B국, D국) 순이다.

합격자의 실전 풀이 순서

❶ 〈표〉를 읽고 종목별, 국가별 메달에 대한 〈표〉임을 이해한다.

❷ 선지가 모두 〈표〉를 읽고 메달의 수를 확인하거나 계산하는 문제이다. 난이도 차이가 크지 않으므로 ① 번부터 차례대로 푼다.

❸ ①번을 확인하면, 스노보드에서 A 국과 B 국이 획득한 메달 수의 합은 9개이고 9개를 기준으로 다른 종목들을 빠르게 확인하면 9개를 초과하는 경우는 없으므로 옳다. 따라서 답은 ①번이다.

합격자의 시간단축 Tip

이 유형은 난이도는 낮으나 시간이 길게 소모되고, 실수하기 좋은 대표적 문제 유형이다.
특히 '시험 당일'이라면 수험생의 입장에서 되도록 마지막에 풀기를 추천한다. 왜냐하면 이 문제를 제외한 나머지 문제를 모두 푸는 것이 더 효율적일 뿐만 아니라, 자료해석 유형에 감이 완전히 오르지 못한 상태인 초반 부분(문제가 5번에 배치됨)에서는 표가 빠르게 안 읽힐 개연성이 크다.
따라서 마지막에 푸는 것이 실수 없이 빠르게 문제를 해결할 수 있는 좋은 전략이라 생각된다.
참고로 PSAT는 짧은 시간 동안 얼마나 정확한 사고가 가능한지를 보기 위한 시험인 만큼, 한 문제 한 문제를 얼마나 빠르게 풀 수 있는지도 중요하지만, 그보다 더 중요한 것은 문제 유형을 기준으로 '지금 풀 문제, 나중에 풀 문제, 안 풀 문제' 등으로 분류할 수 있는 '시험 운영 능력'이 매우 중요하다. 따라서 본인의 강점과 약점에 맞게 전략을 잘 구상해보기 바란다.

선지 ④ '메달 획득 vs 획득하지 않음'으로 양분되기에 '반대 해석법'을 적용하기에 알맞은 형태이다. 즉, 메달을 획득한 종목의 수가 가장 많은 국가는 곧 메달을 획득하지 않은 종목의 수가 가장 적은 국가를 구하는 것과 같은 결과이다.
D 국의 메달을 획득하지 않은 종목의 수는 6개이고 B는 4개이므로 틀린 선지이다.
A, B, C 국의 메달을 획득하지 않은 종목의 수를 모두 구하지 않고 가장 빈칸이 적어 보이는 B국부터 확인한다. 이처럼 항상 가장 가능성이 커 보이는 경우를 찾는 안목을 기르기 위한 연습이 필요할 것이다.

057 정답 ②

난이도 ●●○

① (O) 흥행순위 1 ~ 20위 내의 영화 중 한 편의 영화도 개봉되지 않았던 달에는 국외제작영화 관객수가 국내제작영화 관객수 보다 적다.
→ 〈표 1〉을 통해 흥행순위 1~20위 내의 영화 중 한 편의 영화도 개봉되지 않았던 달은 2월임을 알 수 있다.
〈표 2〉를 통해 2월의 국외제작영화 관객수와 국내제작영화 관객수를 비교하면 6,282천 명(국외) < 8,900천 명(국내) 이므로 국외제작영화 관객수가 국내제작영화 관객수보다 적다.

② (×) 10월에 개봉된 영화 중 흥행순위 1~20위 내에 든 영화는 ~~국내제작영화뿐이다~~.
→ 〈표 1〉에서 찾아보면 10월에 개봉된 영화는 5위 '착한도시', 11위 '썬더맨', 14위 '동래산성' 이다. 이 중 '썬더맨' 은 국외제작영화이므로, 국내제작영화뿐이라는 선택지의 내용은 옳지 않다.

③ (O) 국외제작영화 개봉편수는 국내제작영화 개봉편수보다 매달 많다.
→ 〈표 2〉를 통해 월별 국외제작영화와 국내제작영화의 개봉편수를 비교해보면
- 1월: 35(국내) < 105(국외)
- 2월: 39(국내) < 96(국외)
- 3월: 31(국내) < 116(국외)
- 4월: 29(국내) < 80(국외)
- 5월: 31(국내) < 131(국외)
- 6월: 49(국내) < 124(국외)
- 7월: 50(국내) < 96(국외)
- 8월: 49(국내) < 110(국외)
- 9월: 48(국내) < 123(국외)
- 10월: 35(국내) < 91(국외)
- 11월: 56(국내) < 104(국외)
- 12월: 43(국내) < 95(국외)

이므로 국외제작영화 개봉편수는 국내제작영화 개봉편수보다 매달 많다.

④ (O) 국외제작영화 관객수가 가장 많았던 달에 개봉된 영화 중 흥행순위 1 ~ 20위 내에 든 국외제작 영화 개봉작은 2편이다.
→ 〈표 2〉를 통해 국외제작영화 관객수가 가장 많았던 달은 14,495천 명이 관람한 7월임을 알 수 있다. 〈표 1〉에서 7월에 개봉한 흥행순위 1~20위 내에 든 영화는 '거미인간', '군함만', '슈퍼카인드' 3편이고 이 중 국외제작영화는 '거미인간', '슈퍼카인드'로 총 2편이다.

⑤ (O) 흥행순위가 1위인 영화의 관객수는 국내제작영화 전체 관객수의 10% 이상이다.

➜ 〈표 1〉에서 흥행순위 1위인 '버스운전사'의 관객수는 12,100천 명이고 〈표 2〉에서 국내제작영화 전체 관객수는 113,905천 명임을 알 수 있다.

따라서 $\frac{12,100}{113,905}\times100 \fallingdotseq 10.62\%$ 이므로 흥행순위가 1위인 영화의 관객수는 국내제작영화 전체 관객수의 10% 이상이다.

합격자의 실전 풀이 순서

❶ 〈표 1〉, 〈표 2〉의 구조와 내용을 파악한다. 특히 〈표 2〉에 전체 값이 주어져 있음을 확인한다.

❷ 단순 확인용 선지인 ②, ③번을 먼저 판단한다. [표 1과 표 2를 모두 활용하여 판단하는 선지나 계산이 필요한 선지는 나중에 확인한다.]

❸ ②번을 우선 확인하면, 10월에 개봉된 영화 중 흥행순위 20위 내에 든 국외영화인 '썬더맨'이 존재하므로 옳지 않은 선지이다. 답은 ②번이다.

합격자의 시간단축 Tip

선지 ③ '매달'과 같은 표현이 있는 경우 단 하나의 반례만 확인되어도 틀린 선지가 된다.
이때 출제 의도상 시간 소모를 유도하기 위해 반례를 마지막에 배치하는 경우가 많으므로 뒷부분부터 확인하는 것이 좋다.

058 정답 ❶ 난이도 ●●●

ㄱ. (O) A지역 인구 중 도망노비를 제외한 사노비가 차지하는 비율은 조사년도 중 1720년이 가장 높다.

➜ A지역 인구 중 도망노비를 제외한 사노비가 차지하는 비율은 인구 중 전체 사노비 비율에서 도망노비 비율을 빼서 구할 수 있다.
도망노비를 제외한 사노비의 비율을 구해보면 1720년이 1위, 1774년이 2위, 1795년이 3위, 1783년이 4위, 1735년이 5위, 1762년이 6위이다. 따라서 1위인 1720년도의 비율이 가장 높다.

ㄴ. (O) A지역 사노비 수는 1774년이 1720년보다 많다.

➜ 사노비의 수는 전체 인구에서 사노비의 전체 비율을 곱해서 구할 수 있다.
단, 비율을 곱할 때 % 단위로 되어 있을 시 100을 나누어 곱한다. (예를들면, 40%는 40이 아닌 0.4로 곱한다.)
1720년도의 사노비는 2,228명 중 40%이므로 (2,228×40%)=약 891명이며,
1774년도의 사노비는 3,189명 중 34.8%이므로 (3,189×34.8%)=약 1,110명이다.
따라서 A지역의 사노비 수는 1774년이 1720년보다 많다.

ㄷ. (×) A지역 사노비 중 외거노비가 차지하는 비율은 1720년이 1762년보다 높다.

➜ A지역 사노비 중 외거노비가 차지하는 비율은 $\frac{\text{외거노비의 비율}}{\text{전체 사노비의 비율}}$이다.
이 식을 활용하여 각 연도별 A지역 사노비 중 외거노비가 차지하는 비율을 구하면,

- 1720년: $\frac{10}{40}\times100=25\%$
- 1762년: $\frac{8.5}{31.7}\times100 \fallingdotseq 26.8\%$ 이다.

따라서 1762년이 1720년보다 높다.

ㄹ. (×) A지역 인구 중 솔거노비가 차지하는 비율은 매 조사년도마다 낮아진다.

➜ 주어진 〈표〉를 살펴보면 A지역 인구 중 솔거노비가 차지하는 비율은

- 1720년: 18.5%, –
- 1735년: 13.8%, ↓
- 1762년: 11.5%, ↓
- 1774년: 14.0%, ↑
- 1783년: 14.9%, ↑
- 1795년: 18.2% ↑이다.

따라서 1720년부터 1762년까지는 매 조사년도마다 낮아졌지만 그 이후로는 증가한다.

합격자의 실전 풀이 순서

❶ 〈표〉를 읽고, 수치와 비율의 정보가 혼합되어 있음을 파악한다. 또한, 인구 중 사노비 비율의 전체 값이 주어져 있다는 것을 파악한다.

❷ 단순 확인용 보기 ㄹ을 먼저 확인한다. A지역 인구 중 솔거노비가 차지하는 비율은 1762년까지 감소하다가 1774년부터 증가하므로 틀린 선지이다. 따라서 답은 ①, ②번 중 하나이다.

❸ 보기 ㄴ, ㄷ 중 ㄷ이 더 간단한 계산을 요구하므로, ㄷ을 확인하면 ㄷ은 틀린 보기이다. 따라서 답은 ①번이다.

합격자의 시간단축 Tip

보기 ㄱ 조사년도별 솔거노비와 외거노비의 비율의 합을 구하는 것은 시간이 많이 걸리므로 직접 그 값을 구

하지 않고 문제를 푸는 것이 편리하다. 솔거노비의 비율과 외거노비의 비율이 가장 큰 조사년도는 모두 1720년이므로 값을 직접 더하지 않고도 도망노비를 제외한 사노비가 차지하는 비율은 1720년에 가장 큼을 알 수 있다.

보기 ㉡ 1720년과 1774년의 사노비 수를 비교하면 다음과 같다.

[방법 1]
2,228×40% vs 3,189×34.8%에서 2,228→3,189는 30% 이상 증가했지만 34.8→40%는 20% 미만 증가했으므로 3,189×34.8% 값이 더 크다.

[방법 2]
근삿값을 보는 방법이 있다. 2,228은 222, 3,189는 320으로 볼 때, 222×4=888이지만 320×3=960이다. 즉, 우측 항을 34.8%가 아니라 30%로 간주하고 처리하더라도 한참 크다는 점에서 쉽게 우측 항이 더 크다는 것을 알 수 있다.
→필자 개인적으로는 방법 2)가 실전에서 더 빠르고 실수 없이 해결 가능한 방법이라 생각한다.

보기 ㉢
[방법 1]
1720년의 A지역 사노비 중 외거노비가 차지하는 비율은 $\frac{1}{4}$로 25%이다. 1762의 외거노비의 비율(8.5)에 4를 곱한 값이 전체 사노비의 비율(31.7)보다 크므로 25% 이상이다.
따라서 보기 ㉢은 틀린 보기이다.

[방법 2]
반대 해석을 적용하면, "사노비 중 외거노비가 차지하는 비율은 1720년이 1762년보다 높다"라는 말은 곧 "외거노비 중 사노비가 차지하는 비율은 1762년이 1720년보다 높다"라는 말이 된다.
즉, 반대 해석을 이용할 경우 분수 비교가 아니라, 외거노비에 몇을 곱하면 사노비 수가 되는 지로 질문이 전환되어 더 쉽게 해결할 수 있다. 1720년의 경우 4를 곱하지만 1762년의 경우 4보다 작은 값을 곱한다는 점에서 1720년 값 > 1762년 값이 된다. 따라서 틀린 보기이다.

* '비중 형태, 비율 형태의 선지'는 반대 해석을 활용하면 더 쉽게 해결할 수 있는 경우가 많으니 연습하길 추천한다. 다만 도출 후 마지막 판단에 있어 어디가 더 큰지, 작은지를 문제에서 물은 것과 반대 방향으로 답해야 하므로 헷갈릴 수 있다. 따라서 문제에 "~보다 높다"라 적혀 있다면 반대 해석 시 "~보다 낮다"라고 지문 위에 적어주고 값을 도출하는 방법으로 실수를 방지할 수 있다.

059 정답 ③ 난이도 ●●○

① (×) 모든 시간대에서 ~~봄, 가을의 전력량 요율이 가장 낮다~~.
→ 〈표 1〉에서 시간대에 따른 전력량 요율을 살펴보면 경부하 시간대에 여름의 전력량 요율이 57.6(원/kWh), 봄, 가을의 전력량 요율은 58.7(원/kWh), 겨울의 전력량 요율은 80.7(원/kWh)이다.

② (×) 월 100kWh를 충전했을 때 월 충전요금의 최댓값과 최솟값 차이는 16,000원 ~~이하이다~~.
→ 100kWh를 충전했을 때 월 충전요금이 최댓값이 나오려면 전력량 요율이 가장 큰 여름철 최대부하 시간대에서 충전을 해야한다. 따라서 이에 부합하는 월 충전요금을 계산해보면,
→ 2,390(원)+232.5(원/kWh)×100(kWh)
=25,640원이다.
동일한 방법으로 100kWh를 충전했을 때 월 충전요금이 최솟값이 나오려면 전력량 요율이 가장 작은 여름철 경부하 시간대에서 충전을 해야 한다. 따라서 이에 부합하는 월 충전요금을 계산해보면
→ 2,390(원)+57.6(원/kWh)×100(kWh)
=8,150원이다.
최종적으로 충전요금의 최댓값과 최솟값의 차이는 25,654원－8,150원=17,490원으로 16,000원을 초과한다.

③ (○) 중간부하 시간대의 총 시간은 6월 1일과 12월 1일이 동일하다.
→ 6월 1일의 중간부하 시간대는
09:00 ~ 10:00=1시간,
12:00 ~ 13:00=1시간,
17:00 ~ 23:00=6시간으로
모두 더하면 총 8시간이다.
12월 1일의 중간부하 시간대는
09:00 ~ 10:00=1시간,
12:00 ~ 17:00=5시간,
20:00 ~ 22:00=2시간으로
모두 더하면 총 8시간이다.
따라서 6월 1일과 12월 1일에 중간부하 시간대의 총 시간은 동일하다.

④ (×) 22시 30분의 전력량 요율이 가장 높은 계절은 ~~여름이다~~.
→ 22시 30분에 가능한 부하 시간대는 여름철 중간부하, 봄, 가을 중간부하, 겨울철 최대부하이다.
여름철 중간부하의 전력량 요율은 145.3(원/kWh)
봄, 가을 중간부하의 전력량 요율은 70.5(원/kWh)
겨울철 최대부하의 전력량 요율은 190.8(원/kWh)

따라서 전력량 요율이 가장 높은 계절은 겨울이다.

⑤ (×) 12월 중간부하 시간대에만 100kWh를 충전한 월 충전요금은 6월 경부하 시간대에만 100kWh를 충전한 월 충전요금의 ~~2배 이상이다~~.

➜ 12월 중간부하 시간대에만 100kWh를 충전한 월 충전요금은 → 2,390(원) + 128.2(원/kWh) × 100(kWh) = 15,210원이다.

6월 경부하 시간대에만 100kWh를 충전한 월 충전요금은 → 2,390(원) + 57.6(원/kWh) × 100(kWh) = 8,150원이다.

6월 경부하 시간대에만 100kWh를 충전한 월 충전요금에서 2배를 한 금액은 → 8,150(원) × 2 = 16,300원이고, 15,210원 보다 크기 때문에 옳지 않은 설명이다.

합격자의 실전 풀이 순서

❶ 〈표 1〉, 각주, 〈표 2〉를 훑고 선지로 내려간다.

❷ 선지 ⑤부터 ①까지 아래에서 위 순서로 풀이한다. 단, 각주 1)에서 월 충전요금의 계산이 복잡함을 인지하고, 이를 요하는 선지 ⑤, ②를 후순위로 미루고, ④-③ 순서로 해결한다.

합격자의 시간단축 Tip

선지 ② 57.6 × 100 + 16,000 ≥ 232.5 × 100인지 확인한다. 새로 값을 구하는 것보단 주어진 값을 이용하는 것이 효율적이며, 통상 뺄셈보다는 덧셈이 더 편하기 때문이다.

5,760 + 16,000 < 6,000 + 16,000 = 22,000 < 23,250 이므로,

57.6 × 100 + 16,000 < 232.5 × 100이다.

선지 ③ 12월 1일의 중간부하 시간대의 총 시간은 1 + 5 + 2 = 8시간이다.

6월 1일의 중간부하 시간대의 총 시간은 1 + 1 + 6 = 8시간이다.

선지 ④ 실제로 가장 높은 곳을 찾지 않는다. 주어진 '여름'을 기준으로 잡고 더 높은 것이 있는지만 확인한다. 22시 30분은 여름에 중간부하 시간대로, 전력량 요율은 145.3이다. 이보다 전력량 요율이 높은 것은 겨울 최대부하 시간대뿐이다. 따라서 22시 30분이 겨울에 최대부하 시간대인지 확인한다.

선지 ⑤ 월 충전요금에 '기본요금'이 포함된다는 것을 유의하여야 한다. 시험장에서 긴장된 상태에서는 이러한 사소한 실수를 하는 수험생들이 많으니 평소 연습할 때에도 이점을 유의하고 공부한다.

6월 경부하 시간대 100kWh 충전한 월 충전요금(A) = 월 기본요금 + 57.6원/kWh × 100kWh

12월 중간부하 시간대 100kWh 충전한 월 충전요금(B) = 월 기본요금 + 128.2원/kWh × 100kWh

이때 B가 A의 2배 이상인지 확인해보면

2A = 2 × (2,390 + 5,760) = 2 × 2,390 + 11,520,

B = (2,390 + 12,820)으로

B − 2A = 2,390 − 2 × 2,390 + 12,820 − 11,520 = −2,390 + 1,300 < 0이므로 2배 미만임을 알 수 있다.

실전에서는 위와 같이 계산하지 않고 −2,390 vs 12,820 − 11,520만 가볍게 하면 된다.

060 정답 ②

난이도 ●○○

① (O) 2016년~2018년 동안 '공공사업자' 지출액의 전년대비 증가폭이 가장 큰 해는 2017년이다.

➜ 2015년 대비 2016년 '공공사업자' 지출액의 증가 폭은 (683억 − 634억) = 49억

2017년: (736억 − 683억) = 53억

2018년: (783억 − 736억) = 47억원이다.

따라서 2017년의 증가폭이 53억원으로 가장 큰 증가폭을 보인다.

② (×) 2018년 사용자별 지출액의 전년대비 증가율은 ~~'개인'이 가장 높다~~.

➜ 2018년도 사용자별 지출액의 전년대비 증가율의 식은

$$\frac{\text{2018년도 지출액} - \text{2017년도 지출액}}{\text{2017년도 지출액}} \times 100\%\text{을}$$

통해 구한다. 각각의 값을 구하면,

- 공공사업자: $\frac{783-736}{736} \times 100\% \approx 6.4\%$
- 민간사업자: $\frac{567-372}{372} \times 100\% \approx 52.2\%$
- 개인: $\frac{1,294-985}{985} \times 100\% \approx 31.4\%$이다.

따라서 민간사업자가 2018년도 전년대비 증가율이 가장 높다.

③ (O) 2016~2018년 동안 사용자별 지출액의 전년대비 증가율은 매년 '공공사업자'가 가장 낮다.

➜ 전년대비 증가율은

$$\frac{\text{당해년도 해당 값} - \text{전년도 해당 값}}{\text{전년도 해당 값}} \times 100\%\text{을 통해}$$

서 구할 수 있다.

2015년 대비 2016년 '공공사업자' 지출액의 전년대비 증가율을 구해보면,

$\frac{683(억\ 원)-634(억\ 원)}{634(억\ 원)}=\frac{49(억\ 원)}{634(억\ 원)}<0.1$이고, 2017년과 2018년 모두 값을 구해보면 0.1이다. 반면, 2016 ~ 2018년 동안 '개인'과 '민간사업자'의 지출액의 전년대비 증가율은 모두 매년 0.1 이상이다.
따라서 옳은 선지이다.

④ (O) '공공사업자'와 '민간사업자'의 지출액 합은 매년 '개인'의 지출액보다 크다.
➜ 매년 공공사업자 지출액+민간사업자 지출액 > 개인 지출액의 관계가 성립하면 옳은 내용이다.
- 2015년: 634+212=846억원 > 532억원
- 2016년: 683+280=963억원 > 725억원
- 2017년: 736+372=1,108억원 > 985억원
- 2018년: 783+567=1,350억원 > 1,294억원

따라서 모든 년도에서 '공공사업자'와 '민간사업자'의 지출액의 합은 매년 '개인'의 지출액보다 크다.

⑤ (O) 2018년 모든 사용자의 지출액 합은 2015년 대비 80% 이상 증가하였다.
➜ 2018년 모든 사용자의 지출액의 합은 (783+567+1,294)=2,644억원이며, 2015년의 경우 (634+212+532)=1,378 억원이다.
따라서 2015년 대비 2018년 모든 사용자의 지출액 합의 증가율은
$\frac{2,630(억\ 원)-1,370(억\ 원)}{1,370(억\ 원)}=\frac{1,260(억\ 원)}{1,370(억\ 원)}$
≒ 92%이므로 80% 이상이다.

합격자의 실전 풀이 순서

〈그림〉의 각 축과 단위를 확인하고 선지 ⑤부터 ①까지 아래에서 위 순서로 풀이한다.
단, 3년간 사용자별 지출액의 전년대비 증가율을 계산해야 하는 선지 ③은 후순위로 미루고 선지 ② 먼저 해결한다.

합격자의 시간단축 Tip

선지 ① 증가폭이 가장 큰 해를 직접 구하지 않고, 주어진 2017년 값을 기준으로 더 큰 곳이 있는지 확인한다. 2017년의 전년대비 증가 폭은 53이다. 2015년의 634+53 > 2016년의 683, 2017년의 736+53 > 2018년의 783이므로, 2017년의 증가폭이 가장 크다.

선지 ② '개인'은 전년의 985에서 약 300(33.3% 미만)증가한 반면, '민간사업자'는 372에서 약 200(50% 초과) 증가한다.

선지 ③ 실제로 증가율을 도출해서 각각을 비교하지 않는다. 문제에서 제시한 값을 기준점으로 잡고 다른 값에 대입하였을 때 모순이 발생하는지 확인하는 것이 좋은 전략이다.
예를 들어, 선지 ③번에서 준 '공공사업자'를 살펴보면, 매년 비슷한 수준으로 증가하고 있는 경향을 알 수 있다. 즉 10% 미만의 증가율이 나타나고 있다. 따라서 10%를 기준으로 다른 값들을 가볍게 비교하면, 다른 값들은 10%를 모두 한참 넘어 증가하고 있으므로 옳은 선지이다.

선지 ④ 아래와 같이 어림산을 통해 계산하는 것이 좋다.
- 2018년: 783+567=약 780+560=1,340 > 1,294
- 2017년: 736+372=약 700+300=1,000 > 985
- 2016년: 683+280=약 600+200=800 > 725
- 2015년: 634+212=약 600+200=800 > 532

선지 ⑤ 직접 값을 계산하지 않고 〈그림〉을 이용하는 방법도 있다.
막대 그래프의 높이를 보면 2015년이 약 1,400이고 2018년은 약 2,600 정도 된다.
즉 1,400×80%=1,120이므로 '2015년 값×1.8 < 2018 값'이다. 이와 같은 방법은 매우 대충 푸는 것 같지만, 자료해석 문제를 풀 때 높은 정확도를 보여준다. 적절히 활용하면 좋다.

독끝 기본 3일차 (061~090)

정답

061	④	062	③	063	②	064	④	065	④
066	⑤	067	①	068	③	069	②	070	③
071	①	072	③	073	⑤	074	③	075	③
076	⑤	077	⑤	078	①	079	④	080	②
081	②	082	④	083	③	084	⑤	085	⑤
086	④	087	④	088	②	089	①	090	③

061 정답 ④ 난이도 ●●●

① (○) 2017년 총 지출은 300조 원 이상이다.

→ 총지출$=\frac{\text{SOC 투자규모}}{\text{총지출 대비 SOC 투자규모 비중}}$이다.

총지출 대비 SOC투자규모 비중은 % 단위이므로 이를 100으로 나누어야 공식에 대입할 수 있다. 이때 소수점을 나눗셈하는 것은 어렵기에 분수로 바꾸어서 $\frac{6.9}{100}$을 역수로 바꿔서 $\frac{100}{6.9}$으로 곱해주는 것이 계산이 편하다.

2017년 총 지출이 100%임을 이용하여 값을 구하면 $23.1 \div \frac{6.9}{100} = 23.1 \times \frac{100}{6.9} \approx 335$ (조 원)이므로 2017년 총 지출은 300조 원 이상이다.

② (○) 2014년 'SOC 투자규모'의 전년대비 증가율은 30% 이하이다.

→ 'SOC 투자규모'의 전년대비 증가율은 전년대비 증가량을 전년 'SOC 투자규모'로 나누어주면 구할 수 있다. 이때, 2014년의 'SOC 투자규모'의 전년대비 증가량은 $25.4-20.5=4.9$(조 원)이다.

$4.9 \div 20.5 \approx 0.239$ 이므로 % 단위로 바꿔야하기에 100을 추가로 곱하면 23.9%가 나온다.

따라서 2014년 'SOC 투자규모'의 전년대비 증가율은 30% 이하이다.

③ (○) 2014~2017년 동안 'SOC 투자규모'가 전년에 비해 가장 큰 비율로 감소한 해는 2017년이다.

→ 'SOC 투자규모'의 전년대비 비율은 전년대비 변화량을 전년 'SOC 투자규모'로 나누어주면 구할 수 있다.

먼저 2014년은 전년보다 규모가 증가하였기에 제외한다.

- 2015년: $0.3 \div 25.4 \approx 0.011$ 이므로 1.1%이다.
- 2016년: $0.7 \div 25.1 \approx 0.027$ 이므로 2.7%이다.
- 2017년: $1.3 \div 24.4 \approx 0.053$ 이므로 5.3%이다.

따라서 2014 ~ 2017년 동안 'SOC 투자규모'가 전년에 비해 가장 큰 비율로 감소한 해는 2017년이다.

④ (×) 2014~2017년 동안 'SOC 투자규모'와 '총지출 대비 SOC 투자규모 비중'의 전년대비 증감방향은 동~~일하다~~.

→ SOC 투자규모'와 '총지출 대비 SOC 투자규모 비중'의 전년대비 증감방향은 각각의 전년대비 변화량의 부호를 구하면 알 수 있다.

- 2014년: 'SOC 투자규모'는+4.9이고, '총지출 대비 SOC 투자규모 비중'는 +0.6 이다.
- 2015년: 'SOC 투자규모'는 −0.3이고, '총지출 대비 SOC 투자규모 비중'는 +0.2 이다.
- 2016년: 'SOC 투자규모'는 −0.7이고, '총지출 대비 SOC 투자규모 비중'는 −0.7 이다.
- 2017년: 'SOC 투자규모'는 −1.3이고, '총지출 대비 SOC 투자규모 비중'는 −1.0 이다.

2015년만 전년대비 증감방향인 부호가 다르기에 2014~2017년 동안 'SOC 투자규모'와 '총지출 대비 SOC 투자규모 비중'의 전년대비 증감방향은 동일하지 않다. 따라서 해당 선택지는 옳지 않다.

⑤ (○) 2018년 'SOC 투자규모'의 전년대비 감소율이 2017년과 동일하다면, 2018년 'SOC 투자규모'는 20조 원 이상이다.

→ 2017년 'SOC 투자규모'의 전년 대비 감소율은 $\frac{(24.4-23.1)}{24.4} \times 100 ≒ 5.3(\%)$이다.

이와 동일하게 2018년 'SOC 투자규모'가 전년 대비 감소한다면 2018년 'SOC 투자규모'는 $23.1 \times (1-0.053) = 21.8757$ (조 원)으로 20조 원 이상이다.

합격자의 실전 풀이 순서

❶ <표>를 읽으면서 SOC 투자규모를 '총지출 대비 SOC 투자규모 비중'으로 나누면 총지출이 된다는 것을 파악한다.

❷ 간단히 눈으로 확인할 수 있는 ③, ④번 선지를 먼저 판단한다.

❸ ③번은 옳은 선지이고, ④번은 'SOC 투자규모'와 '총지출 대비 SOC 투자규모 비중'이 2015년의 전년 대비 증감 방향이 다르므로 틀린 선지이다. 답은 ④번이다.

합격자의 시간단축 Tip

선지 ① 'SOC 투자규모'를 '총지출 대비 SOC 투자규모 비중'으로 나누어 300조 이상이 되는지 확인하지 않고 선지를 활용하면 간단히 확인할 수 있다. 선지에서 주어진 300조를 맞는 값이라고 가정하고, 6.9% 비중을 7%로 근삿값으로 만들어 도출하면 300×0.07=21로 23.1보다 작다.

따라서 2017년 총지출은 300조 원보다 큰 값임을 알 수 있다.

이처럼 선지에서 주어진 값을 맞다고 가정하고 풀어내는 방식은 정말 많은 경우에 활용할 수 있는 방식이니 정리해 놓는 것이 좋다.

선지 ② 증가율이 30% 이하인지는 근삿값에 30%를 곱한 것을 기준값에 더해 비교하는 것이 효율적이다. 20.5를 20으로 간략화하여 계산하면, 20×30%=6으로 20.5+6=26.5이다.

이는 2014년 25.4보다 큰 값으로 근삿값을 실제보다 작게 잡았음에도 넘어서는 것임을 고려할 때 30% 이하임을 알 수 있다.

선지 ③ 가장 큰 비율로 감소한 해를 도출해야 하므로, 증가한 해를 제외한 연도의 감소분을 도출하면 15 ~ 17년 동안 각각 0.3, 0.7, 1.3이다.

이 값은 감소율의 '분자' 값으로 분자 값은 점점 커지고 있으나, 분모가 되는 전년도 SOC 투자규모는 14 ~ 16년 동안 25.4, 25.1, 24.4로 점점 작아지고 있다.

따라서 감소율은 점점 커지고 있으므로 2017년이 가장 큰 비율로 감소한 해이다.

특히 연도별 증가, 감소, 변화율 비교는 ③번 선지처럼 분자, 분모 각각이 일정한 경향성을 보이는 경우가 많기에 구체적 값을 도출하기 전에 경향성이 있는지 먼저 확인하는 것이 좋다.

선지 ⑤ 2017년 'SOC 투자규모'의 전년 대비 감소량이 1.3이다.

2018년의 'SOC 투자규모'의 전년 대비 감소율이 2017년과 같아지려면, (2018년의 'SOC 투자규모'가 2017년보다 작아졌을 것이므로) 감소량이 1.3보다 작아야 할 것이다.

즉, 23.1−1.3은 20보다 크므로 옳은 선지이다.

062 정답 ③ 난이도 ●●●

ㄱ. (×) 중학교 여학생의 평균 키는 ~~매년 증가하였다~~.

➜ 중학교 여학생의 평균 키는 〈표 1〉에 주어져 있고, 연도별로 값을 살펴보면 2013년도 중학교 여학생의 키는 160.0cm, 2014년도 중학교 여학생의 키는 159.5cm로 전년 대비 0.5cm 작아졌다. 2015년도 2016년도, 2017년도 역시 2013년도의 평균 키보다 작은 수치를 보이므로 중학교 여학생의 평균 키는 매년 증가하지 않았다.

ㄴ. (○) 초, 중, 고 전체의 '학생비만율'은 매년 증가하였다.

➜ 초, 중, 고 전체의 '학생비만율'은 〈그림〉에 주어져 있다. '학생비만율'은 학생 중 비만 학생(경도 비만+중등도 비만+고도비만)의 구성비이므로 각각 연도의 경도, 중등도, 고도 비만 학생율을 더한다.

2013년도의 경우 7.6+5.7+1.4=14.7(%)

2014년도의 경우 7.5+5.8+1.5=14.8(%)로 2013년 대비 2014년도의 '학생비만율'이 증가했음을 알 수 있다.

이와 같은 방법으로 다른 해의 '학생비만율'을 계산해보면

2015년도는 15%, 2016년도는 15.6%, 2017년도는 16.5%로 매년 증가하고 있다.

이를 계산하기 위하여 〈그림〉에 나와 있는 100%에서 '학생비만율'을 제외한 '비만 아닌 학생율'이 매년 감소하고 있음을 확인한다.

2013년도 '비만 아닌 학생의 비율은" 85.3%, 2014년도에는 85.2%로 '비만 아닌 학생율'이 0.1% 적어졌음을 알 수 있다. 같은 방법으로 다른 연도에 대해서 살펴보면, 모든 연도에서 '비만 아닌 학생율'이 감소하고 있음을 알 수 있다. 이는 '학생비만율'이 매년 증가하였음을 의미한다.

ㄷ. (×) 고등학교 남학생의 '학생비만율'은 2013년이 2017년보다 ~~작다~~.

➜ 2017년도 고등학교 남학생의 '학생비만율'은 〈표 2〉에 주어져 있다. 그러나 2013년도에 대한 고등학교 남학생의 '학생비만율'은 알 수 없다. 〈표 1〉에 나온 평균 키, 체중 현황을 확인해 보았을 때 2013년도보다 2017년도의 고등학교 남학생의 평균 키는 줄고 체중이 늘었으나 그렇다고 고등학교 남학생의 '학생비만율'이 증가했다고 볼 수 없다. 또한 〈그림〉에 나온 전체 학생의 비만 학생 구성비를 살펴봤을 때 2013년도보다 2017년도의 전체 학생의 비만율은 증가하였으나 이 또한 고등학교 남학생의 '학생비만율'이 증가했다고 볼 수 없다.

ㄹ. (○) 2017년 '학생비만율'의 남녀 학생 간 차이는 중학생이 초등학생보다 작다.

➜ 2017년 학교급별 비만 학생 구성비는 〈표 2〉에 주어져 있다. 초등학교 남자, 여자 '학생비만율'은 각각 17.4%, 11.7%로 남녀 학생 간 차이는 두 수치를 뺀 5.7%, 중학교 남자, 여자 학생비만율은 각각 18.5%, 13.8%로 남녀 학생 간 차이는 4.7%이다. 초등학교 '학생비만율'의 남녀 학생 간 차이는 5.7%, 중학교는 4.7%로 '학생비만율'의 남녀 학생 간 차이는 중학생이 초등학생보다 작다.

합격자의 실전 풀이 순서

❶ 〈표 1〉, 〈표 2〉, 〈그림〉의 구조와 내용을 파악한다. 또한, 〈표 2〉와 〈그림〉은 구성비에 관한 내용이며 〈표 1〉은 연도가 오른쪽부터 왼쪽으로 갈수록 최신 연도임을 확인한다.

❷ 단순확인용 보기인 ㉠ 먼저 해결한다. 2015～2017년 중학교 여학생의 평균 키는 같으므로 틀린 보기이다. ①, ⑤번을 소거한다.

❸ 단순확인용 보기인 ㉡을 확인한다. 옳은 보기이므로 ④번을 소거한다.

❹ 보기 ㉣을 확인하면, 옳은 보기이므로 답은 ③번이다.

합격자의 시간단축 Tip

전반적으로 무난한 문제이지만, '연도'가 큰 함정으로 심어진 형태이다.

〈표 1〉은 연도가 역방향으로, 〈그림〉은 연도가 정방향으로 구성되어 있어, 수험생이 연도를 착각하기 좋게 만들었으므로 함정에 빠지지 않도록 연도를 잘 확인해야 한다.

이를 방지하기 위해서는 처음 〈표〉나 〈그림〉을 읽을 때 연도가 있다면, 연도의 방향을 화살표로 표시하는 습관을 지니는 것이 좋다.

* '연도'와 관련된 다양한 함정들은 '자료해석 시간단축 비법서'의 연도 파트를 꼭 확인하여 익혀두자.

보기 ㉡ 〈표 2〉의 각주를 바탕으로 〈보기〉를 반대 해석하여, "비만 아님" 비율이 매년 감소하였는지를 파악한다.

보기 ㉢ 〈그림〉에는 전체의 '학생비만율'에 대한 정보만 주어져 있고, 〈표 2〉에는 2017년의 정보만 주어져 있으므로 2013년의 고등학교 남학생의 학생비만율은 구할 수 없는 정보임을 빠르게 알 수 있어야 한다.

보기 ㉣ 학생비만율의 남녀 학생 간 차이는 차이 값을 구해서 비교하기보다는 증가 폭을 활용하여 쉽게 확인할 수 있다. 상대적으로 큰 수치였던 남자는 약 1%p 증가했지만, 상대적으로 작은 수치였던 여자는 약 2%p 증가하여 남녀 학생 간 차이는 감소하였다는 것을 알 수 있다.

063 정답 ②

난이도 ●●○

ㄱ. (×) GDP가 높은 국가일수록 'GDP 대비 국가자산총액'이 ~~작다~~.

➜ 〈그림〉에서 B국과 C국을 비교해보면 B국의 GDP와 'GDP 대비 국가자산총액' 모두 C국보다 높다. 그러므로 GDP가 높은 국가일수록 'GDP 대비 국가자산총액'이 작은 것은 아니다.

ㄴ. (○) A국의 GDP는 나머지 5개국의 GDP의 합보다 크다.

➜ A국을 제외한 나머지 5개국의 GDP 합을 구하면 (4,730+3,495+2,650+2,488+1,404)=14,767(십 억) 달러이다.

이때 A국의 GDP는 18,562(십억)달러이므로 옳은 보기이다.

ㄷ. (×) 국가자산총액은 F국이 D국보다 ~~크다~~.

➜ GDP와 'GDP 대비 국가자산총액'과 〈그림〉 밑에 주어진 공식을 통하여 국가자산총액을 구할 수 있다.

$$\text{GDP대비 국가자산총액(\%)}=\frac{\text{국가자산총액}}{\text{GDP}}\times 100$$

식에서 국가자산총액을 알기 위해서 GDP를 양변에 곱한 후, 100을 양변에 나누어 주면 $\text{국가자산총액}=\frac{\text{GDP대비 국가자산총액}}{100}\times\text{GDP}$의 식이 된다.

〈그림〉에서 주어진 F국과 D국의 GDP와 'GDP대비 국가자산총액'을 대입하면

$\text{F국 국가자산총액}=\frac{1,404}{100}\times 828=11,625.12$(십억 달러)

$\text{D국의 국가자산총액}=\frac{522}{100}\times 2,650=13,833$(십억 달러)이다.

따라서 D국의 국가자산총액이 F국보다 크다.

합격자의 실전 풀이 순서

❶ 〈그림〉과 각주를 보고, 〈그림〉에 주어진 GDP와 GDP 대비 국가자산총액을 곱하여 국가자산총액을 구할 수 있음을 파악한다.

❷ 눈으로 확인할 수 있는 보기 ㉠을 판단하면 틀린 보기이므로 ①, ④번을 소거한다.

❸ 보기 ㉢을 곱셈 비교를 통해 확인하면 틀린 보기이므로 답은 ②번이다.

합격자의 시간단축 Tip

보기 ㉠ 'A일수록 B하다'는 완전한 경향성을 요구하는 선지이므로 단 하나의 반례만 있어도 틀린 선지가 된다. 이때 경향성을 눈으로 확인하기 좋은 '막대 그래프'와 '꺾은 선 그래프'가 혼합된 형태의 〈그림〉이 주어졌으므로, '시각적 특성'을 적극 이용하여 서로 정확한 반비례 관계가 있는지 가볍게 확인하면 된다.

보기 ㉡

[방법 1] 추천 방법–'전체를 분배하는 방식'

A국의 값을 18,000으로 보고 이를 B ~ F국의 수인 5로 나누면 3,600이 나온다. 즉 적어도 한 국가 당 3,600 정도의 GDP가 되어야 18,000이 될 수 있는데 B국을 제외하고는 한참 모자란 수준에 있다. 따라서 당연히 A국의 GDP는 나머지 국가의 합보다 클 수밖에 없다.

[방법 2] 정석적인 방법–'어림산 합계 도출'

나머지 5개국을 어림산하여 비교한다. B국과 C국을 합치면 약 8,000, D국과 E국을 합치면 약 5,100이므로 F국을 더하더라도 18,000보다 작을 것이다.

보기 ㉢ F국과 D국의 국가자산총액을 비교하면 다음과 같다.

[방법 1]

┌60% 미만 증가┐
522×2,650 vs 828×1,404
└약 90% 증가┘

[방법 2]

F국과 D국의 국가자산총액의 차이가 제법 크기 때문에 1,404의 2배 조금 안 되는 정도가 2,650인 반면, 522의 2배가 한참 안 되는 정도가 828이라는 점에서 구체적 증가율 도출 없이 처리해도 안전할 것으로 보인다. 그러나 더욱 명확히 보고 싶다면 다음 방법을 추천한다.

[방법 3]

방법 2와 유사하나, 같은 계열이 아니라 서로 크로스해서 곱셈 비교를 하는 방법이다.

즉 GDP끼리, GDP 대비 국가자산총액끼리 비교하는 것이 아니라 GDP와 GDP 대비 국가자산총액 간 비교하는 방식이다. 수험생 입장에서 관행적으로 주어진 계열끼리 비교하는 경향이 있는데, 이를 벗어나서 비교하면 더 쉬울 수 있다.

┌── 3배 미만 ──┐
522×2,650 vs 828×1,404
└3배 이상┘

064 정답 ④ 　　난이도 ●●●

ㄱ. (×) 도시 A에서는 예측 날씨가 '비'인 날 실제 날씨도 ~~모두 '비'였다~~.

→ 〈표〉에서 도시 A의 7월 8일 예측 날씨는 '비'이지만 실제 날씨는 '맑음'이다.

ㄴ. (○) 도시 A~E 중 예측 날씨와 실제 날씨가 일치한 일수가 가장 많은 도시는 B이다.

→ 각 도시의 예측 날씨와 실제 날씨가 일치한 일수는

- A도시: 1일, 4일, 5일, 6일, 7일, 9일로 총 6일,
- B도시: 3일, 4일, 5일, 6일, 7일, 9일, 10일로 총 7일,
- C도시: 1일, 6일, 8일, 9일, 10일로 총 5일,
- D도시: 1일, 6일, 7일, 9일로 총 4일,
- E도시: 1일, 4일, 5일로 총 3일이다.

B도시가 총 7일로 예측 날씨와 실제 날씨가 일치한 일수가 가장 많다.

ㄷ. (○) 7월 1~10일 중 예측 날씨와 실제 날씨가 일치한 도시 수가 가장 적은 날짜는 7월 2일이다.

→ 예측날씨와 실제 날씨가 일치한 도시의 수는 아래와 같다.

도시	7.1	7.2	7.3	7.4	7.5	7.6	7.7	7.8	7.9	7.10
A	○	×	×	○	○	○	○	×	○	×
B	×	×	○	○	○	○	○	×	○	○
C	○	×	×	×	×	○	×	○	○	○
D	○	×	×	×	×	○	○	×	○	×
E	○	×	×	○	○	×	×	×	×	×
합계	4	0	1	3	3	4	3	1	4	2

예측 날씨와 실제 날씨가 일치한 도시 수가 가장 적은 날짜는 0 도시를 기록한 7월 2일이다.

합격자의 실전 풀이 순서

❶ 〈표〉를 읽고 도시별, 날짜별로 묻는 보기가 만들어질 수 있음을 파악한다.

❷ 보기별로 난이도 차이가 크지 않으므로 차례대로 해결한다. 보기 ㉠은 틀린 선지이므로 ①, ⑤번을 소거한다.

❸ 보기 ㉡, 보기 ㉢은 모두 옳은 보기이므로 답은 ④번이다.
〈보기〉 ㉡, ㉢처럼 〈표〉 전체를 봐야 하는 물음에서는 예측 날씨와 실제 날씨가 일치하는 곳을 〈표〉에 표시하면 더 정확하고 빠르게 풀 수 있다.

〈표〉 도시 A～E에 대한 예측 날씨와 실제 날씨

도시	구분 \ 날짜	7.1	7.2	7.3	7.4	7.5	7.6	7.7	7.8	7.8	7.10
A	예측	☂	☁	☼	☂	☼	☼	☂	☂	☼	☁
	실제	☂	☼	☂	☂	☼	☼	☂	☼	☼	☂
B	예측	☼	☂	☼	☂	☁	☼	☂	☼	☼	☼
	실제	☂	☼	☼	☂	☁	☼	☂	☂	☼	☼
C	예측	☂	☼	☂	☂	☼	☂	☼	☂	☂	☂
	실제	☂	☂	☼	☁	☂	☂	☁	☂	☂	☂
D	예측	☂	☂	☼	☼	☼	☂	☂	☼	☼	☂
	실제	☂	☁	☂	☂	☂	☂	☂	☂	☼	☼
E	예측	☂	☼	☼	☂	☂	☂	☼	☁	☼	☂
	실제	☂	☂	☁	☂	☂	☼	☂	☼	☂	☼

※ ☼: 맑음, ☁: 흐림, ☂: 비

합격자의 시간단축 Tip

보기 ㉠ '모두'와 같이 완전한 경향성을 요구하는 문제는 하나의 반례만 찾아도 틀린 선지가 된다. 이때 출제위원들은 수험생이 시간을 많이 소모하도록 유도하기 위해 주로 마지막 부분에 반례를 배치하는 경우가 많으므로 뒷부분부터 확인하는 것이 좋다. 보기 ㉠의 경우에도 예측 날씨가 '비'인 경우만 확인하며 반례를 찾으면 뒷부분인 7월 8일이 반례이다.

보기 ㉡ 경우의 수가 두 가지로만 나뉘는 질문은 '반대 해석 방법'을 활용할 여지가 매우 크다.
반대 해석 시 시간을 단축하거나 실수를 줄일 수 있기에 항상 고려를 해보아야 한다.
보기 ㉡ 역시 반대 해석을 통해 보면, 예측 날씨와 실제 날씨가 일치한 일수가 가장 많은 도시는 예측 날씨와 실제 날씨가 일치하지 않은 일수도 가장 적을 것이다. 따라서 일치하지 않는 적은 개수를 기준으로 판단하는 것이 실수를 줄이고 시간을 줄일 수 있는 방법이다.

보기 ㉢ 7월 2일은 예측 날씨와 실제 날씨가 일치한 도시 수가 0개이므로 다른 날짜를 확인하지 않아도 옳은 보기이다.

065 정답 ④

난이도 ●●○

① (×) 기술력 분야에서는 ~~한국의 점수가 가장 높다.~~
➜ 〈그림〉에서 기술력 분야를 보면
• 프랑스: 5.0,
• 일본: 4.5,
• 미국: 4.2,
• 한국: 3.7로 프랑스의 점수가 가장 높다.

② (×) 성장성 분야에서 점수가 가장 높은 국가는 시장지배력 분야에서도 점수가 ~~가장 높다.~~
➜ 성장성 분야에서 점수가 가장 높은 국가는 한국 4.2점이다.
시장지배력 분야는 미국 5.0, 프랑스 3.4, 일본 1.7, 한국 1.0으로 시장지배력 분야에서는 점수가 가장 낮다.

③ (×) 브랜드파워 분야에서 각국이 획득한 점수의 최댓값과 최솟값의 차이는 ~~3 이하이다.~~
➜ 브랜드파워 분야에서 최댓값은 미국 4.3, 최솟값은 일본 1.1이다.
따라서 차이는 4.3−1.1=3.2로 3 이상이다.

④ (○) 미국이 4대 분야에서 획득한 점수의 합은 프랑스가 4대 분야에서 획득한 점수의 합보다 크다.
➜ 미국이 4대 분야에서 획득한 점수의 합은 15.4점(시장지배력 5.0, 브랜드파워 4.3, 기술력 4.2, 성장성 1.9)이고, 프랑스가 4대 분야에서 획득한 점수의 합은 14.9점(시장지배력 3.4, 브랜드파워 3.7, 기술력 5.0, 성장성 2.8)으로 미국이 획득한 점수의 합이 프랑스가 획득한 점수의 합보다 크다.

⑤ (×) 시장지배력 분야의 점수는 ~~일본이 프랑스보다 높지만~~ 미국보다는 낮다.
➜ 시장지배력 분야의 점수가 프랑스 < 일본 < 미국인지 〈그림〉에서 찾아보면,
• 프랑스: 3.4,
• 일본: 1.7,
• 미국: 5.0으로
시장지배력 분야의 점수는 일본이 프랑스와 미국보다 모두 낮다.

합격자의 실전 풀이 순서

❶ 〈그림〉을 보고 분야별, 국가별 점수를 알 수 있음을 파악한다.

❷ ④번을 제외하고 간단히 눈으로 확인할 수 있는 선지이므로 1번부터 확인한다.

❸ ④번을 제외하고 모두 틀린 선지이므로 답이 ④임을 표시하고 넘어간다.

합격자의 시간단축 Tip

'방사형 그래프'의 경우 시각적 요소를 이용해 쉽게 풀 수도 있지만, 시각적 특성으로 인해 도리어 낭비되는 시간이 존재한다.

대표적인 것이 '범례'를 여러 번 다시 읽느라 소모되는 시간이다. 만약 15번 문제를 본인이 풀면서 한국, 미국, 일본, 프랑스가 어떤 기호인지를 여러 번 확인하면서 풀었다면, 이는 불필요한 시간을 낭비한 것이다.

따라서 본인만의 방식으로 그래프 위에 범례를 표시하여 그래프만 곧바로 읽을 수 있도록 세팅하는 것이 좋다.

선지 ④

[방법 1]

미국과 프랑스의 4대 분야 점수의 합을 구하지 않고 미국이 점수가 더 높은 영역의 차이 값과 프랑스가 점수가 더 높은 영역의 차이 값을 비교하여 해결하는 것이 빠르다.

[방법 2]

미국과 프랑스의 4대 분야 점수의 합을 구하지 않고, 각 분야별 점수의 차이 값을 통해 해결하는 것이 더욱 빠르다. 이때 실수를 방지하기 위해서는 명확하게 기준점을 잡고 차이를 비교하는 것이 좋다.

단순히 미국 +3, 프랑스 +2 식으로 비교하면 마지막 취합 과정에서 미국 쪽 차이 값을 프랑스에 더하는 등의 실수가 나타날 수 있음은 물론, 실수를 하지 않기 위해 미국, 프랑스로 나눠 점수를 계산하여 시간을 많이 소모할 수도 있다. 따라서 하나를 기준점으로 잡고 비교하는 것이 좋다.

가령 미국을 기준으로 잡으면 시장지배력 +1.6, 브랜드파워 +0.6, 기술력 −0.8, 성장성 −0.9로 +0.5이므로 미국이 프랑스보다 크다는 것을 쉽게 알 수 있다.

066 정답 ⑤ 난이도 ●●●

ㄱ. (×) 기업 A, B는 각각 에너지원단위가 매년 ~~감소하였다.~~

➜ 〈그림〉에서 X축은 매출액의 증감을, Y축은 에너지원단위의 증감을 나타낸다.

연도별 Y축의 변화를 살펴보면 기업 B의 에너지원단위는 매년 감소하였으나 기업 A의 경우 에너지원단위가 2015년까지 상승하였다가 2016년부터 감소하는 것을 확인할 수 있다.

ㄴ. (○) 기업A의 에너지소비량은 매년 증가하였다.

➜ 에너지소비량은 주어진 식을 활용해 구할 수 있다.

$$\text{에너지원단위(TEO/백만 원)} = \frac{\text{에너지소비량(TOE)}}{\text{매출액(백만 원)}}$$

양변에 '매출액(백만 원)'을 곱해주면

에너지소비량(TOE) = 에너지원단위(TEO/백만원) × 매출액(백만 원)의 공식을 얻어낼 수 있다.

얻어낸 공식을 활용해 기업 A의 에너지소비량을 구해보면,

연도	2014	2015	2016	2017
에너지 원단위	0.25	0.30	0.25	0.20
매출액	100	300	400	700
에너지 원단위 ×매출액	0.25× 100=25	0.30× 300=90	0.25× 400=100	0.20× 700=140

따라서 기업A의 에너지소비량은 매년 증가하였다.

ㄷ. (○) 2016년 에너지소비량은 기업 B가 기업 A보다 많다.

2016년도	기업 A	기업 B
에너지원단위	0.25	0.15
매출액	400	800
에너지원단위 ×매출액 = 에너지 소비량	0.25×400 = 100	0.15×800 = 120

기업B의 2016년 에너지소비량은 0.15×800=120(TOE/백만 원) 이다.

보기 ㉡에서 구한 기업 A의 2016년 에너지소비량(0.25×400=100(TOE/백만원))과 비교해보면 2016년 에너지 소비량은 기업 B가 기업 A보다 많다.

합격자의 실전 풀이 순서

❶ 〈그림〉과 각주를 보고, 〈그림〉에 주어진 에너지원단위(y축)와 매출액(x축)을 곱하면 에너지소비량이 된다는 것을 파악한다.

❷ 눈으로 확인할 수 있는 보기 ㉠ 먼저 해결한다. 틀린 보기이므로 ①, ④번을 소거한다.

❸ 보기 ㉡과 보기 ㉢을 계산하여 확인하면 옳은 선지이므로 답은 ⑤번이다.

합격자의 시간단축 Tip

보기 ㉠ 에너지원단위는 y축 값이므로 y축 값이 화살표 따라 하방하는지만 확인하면 된다.

이 문제의 경우 매우 친절하게 화살표를 그려줬으나, 기출 문제를 분석해보면 거의 유일하게 화살표를 그려준

케이스이므로 화살표가 없더라도 실수 없이 확인하는 연습을 하면 좋다.

보기 ㉡ **보기 ㉢** 에너지소비량(TOE)＝에너지원단위(TOE/백만 원)×매출액(백만 원)
에너지소비량은 에너지원단위(Y축)와 매출액(X축)을 곱한 값인데 이는 그래프에서 '넓이'를 의미한다. 문제 해결을 위해서 필요한 것은 에너지소비량의 정확한 수치가 아닌 단순히 에너지소비량의 비교이다. 우리는 그래프에 표시된 사각형을 활용해 에너지소비량을 쉽게 비교할 수 있다. 참고로 사각형 하나의 넓이는 0.05×100＝5(TOE/백만 원)이다.

예 보기 ㉢ 풀이

<그림> 기업 A, B의 2014~2017년 에너지원단위 및 매출액

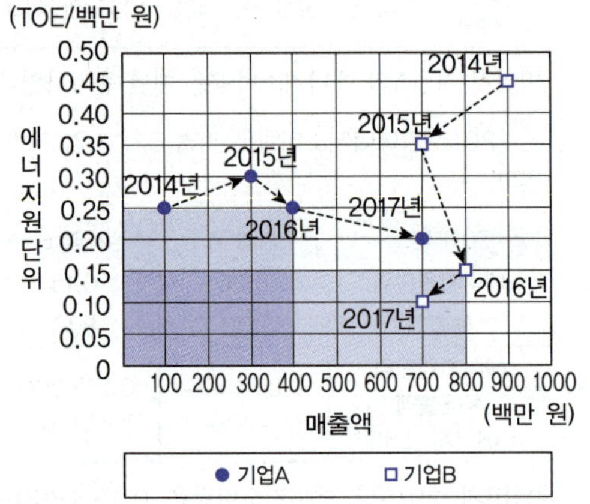

- 2016년 기업 A의 에너지소비량＝노란 상자 안 사각형의 개수＝20개
- 2016년 기업 B의 에너지소비량＝파란 상자 안 사각형의 개수＝24개

따라서 2016년 에너지소비량은 기업 B가 기업 A보다 많다고 할 수 있다.
→ 실전의 경우, 정확한 갯수를 세기보다는 시각적 효과를 이용해 더 큰 곳이 어딘지 가볍게 처리하면 된다.

067 정답 ① 난이도 ●●○

ㄱ. (○) 2016년 매분기 '느타리' 1kg의 도매가는 '팽이' 3kg의 도매가보다 높다.
→ 느타리 1kg의 1분기 도매가는 5,779원, 2분기는 6,752원, 3분기는 7,505원, 4분기는 7,088원이다.
2016년 분기별 '팽이' 3kg의 도매가는
- 1분기: 1,886×3＝5,658(원/3kg)
- 2분기: 1,727×3＝5,181(원/3kg)
- 3분기: 1,798×3＝5,394(원/3kg)
- 4분기: 2,116×3＝6,348(원/3kg) 이다.

따라서 2016년 매분기 '느타리' 1kg의 도매가는 '팽이' 3kg의 도매가보다 높다.

ㄴ. (○) 2015년 매분기 '팽이'의 소매가는 3,000원/kg 이상이다.
→ 2016년 주요 버섯 소매가의 전년 동분기 대비 등락액＝(2016년 주요 버섯의 소매가－2015년 주요 버섯 소매가) 이므로 이 식을 이용해 2015년 주요 버섯 소매가를 구하는 공식을 얻어낼 수 있다.
2015년 주요 버섯의 소매가＝(2016년 주요 버섯의 소매가－2016년 주요 버섯 소매가의 전년 동분기 대비 등락액)
따라서 2015년 '팽이'의 소매가는
- 1분기: 3,136－(－373)＝3,509(원/kg)
- 2분기: 3,080－42＝3,038(원/kg)
- 3분기: 3,080－60＝3,020(원/kg)
- 4분기: 3,516－389＝3,127(원/kg)로 매분기 2015년 '팽이'의 소매가는 3,000원/kg 이상이다.

ㄷ. (×) 2016년 1분기 '새송이'의 소매가는 2015년 4분기에 비해 상승했다.
→ 2016년 1분기 '새송이'의 소매가는 5,233원/kg이고, 2015년 4분기는 5,363－45＝5,318(원/kg)이다
따라서 2016년 1분기 '새송이'의 소매가는 2015년 4분기에 비해 '하락'하였다.

ㄹ. (×) 2016년 매분기 '느타리'의 소매가는 도매가의 1.5배 미만이다.
→ 2016년 매분기 '느타리'의 도매가의 1.5배는 다음과 같다.
- 1분기: 5,779×1.5＝8,668.5(원/kg)
- 2분기: 6,752×1.5＝10,128(원/kg)
- 3분기: 7,505×1.5＝11,257.5(원/kg)
- 4분기: 7,088×1.5＝10,632(원/kg)

이를 2016년 매분기 '느타리'의 소매가와 비교해보면 2016년 1분기 '느타리'의 소매가는 9,393(원/kg)으로 해당 분기 도매가의 1.5배 이상임을 알 수 있다.

합격자의 실전 풀이 순서

❶ <표>와 <그림>을 보고, 이를 활용하여 2015년의 주요 버섯 소매가를 구할 수 있음을 파악한다.
❷ 단순확인용 보기인 ㉠과 ㉣ 먼저 확인한다. 보기 ㉠은 옳은 보기이고, 보기 ㉣은 틀린 보기이므로 답은 ①, ②번 중 하나이다.
❸ 보기 ㉡을 확인하면 옳은 보기이므로 답은 ①번이다.

합격자의 시간단축 Tip

보기 ㉠ 'A는 B의 3배 이상이다'와 같은 선지는 크게 두 가지 접근 방법이 있다.

[방법 1]
근삿값으로 B의 3배를 구해 A와 비교하는 방법이다. 예를 들어 4분기를 기준으로 보면 앞 두 자리에서 잘라 근삿값을 설정할 때, 느타리 70 > 팽이 21×3=63이므로 3배 이상임을 알 수 있다.

[방법 2]
역으로 A의 $\frac{1}{3}$과 B를 비교하는 방법이다. 예를 들어 3분기를 기준으로 보면 앞 두 자리에서 잘라 근삿값을 설정할 때, 느타리 75가 되기 위해서는 적어도 팽이가 $75\times\frac{1}{3}=25$ 이상이 되어야 한다. 그러나 올림 하더라도 18밖에 되지 않으므로 3배 이상임을 알 수 있다.

＊ 위 두 가지 방법은 어느 하나가 우월한 것이 아니라, 주어진 A와 B의 숫자가 무엇을 하기에 더 편한 숫자인가를 기준으로 적용하면 된다.

보기 ㉡ [2016년 팽이의 소매가−2016년 팽이의 전년 동 분기 대비 등락액]의 값을 빠르게 확인한다. 정확한 값을 계산하려 하기보다는 3,000을 넘는지만 빠르게 판단한다. 이때 '전년 동분기 대비'이므로 음수라면 당연히 지금보다는 높았다는 의미이므로 아예 제외하고 확인할 경우 시간을 더 단축할 수 있을 것이다.

보기 ㉣ 1.5배를 확인하는 방법은 크게 3가지이다.
[방법 1]
절반(50%)를 더하는 방법이다.
예를 들어 1분기의 경우 도매가 5,779를 6,000으로 올림하여 대체하더라도 절반을 더하면, 6,000+3,000=9,000 < 9,393으로 1.5배 이상임을 알 수 있다.

[방법 2]
역수를 취하는 방법이다. 1.5배의 역수$=\frac{2}{3}$이므로 $\frac{2}{3}$를 소매가에 곱해서 비교한다.

예를 들어 1분기의 경우 소매가에 $\frac{2}{3}$를 곱하면 $9,393\times\frac{2}{3}$=약 $9,300\times\frac{2}{3}=3,100\times2=6,200>5,779$이다.
따라서 1.5배 이상임을 알 수 있다.

068 정답 ③ 난이도 ●●●

ㄱ. (○) 면접관 중 범위가 가장 큰 면접관은 B이다.
➜ 표의 하단에 범위=부여점수 중 최댓값−최솟값임을 제시해 주었다.
이를 통해 간단하게 면접관들이 부여한 점수를 나타내 보면 다음과 같다.

면접관 A	6	7	8	8	범위=8−6=2
면접관 B	4	6	8	10	범위=10−4=6
면접관 C	5	8	8	9	범위=9−5=4
면접관 D	6	7	9	10	범위=10−6=4
면접관 E	5	6	7	9	범위=9−5=4

따라서 범위가 가장 큰 면접관은 B이다.

ㄴ. (×) 응시자 중 중앙값이 가장 작은 응시자는 ~~'정'이다~~.
➜ 표의 하단에 중앙값은 모든 면접관에게 받은 면접 점수를 크기순으로 나열했을 때 한가운데의 값임을 제시해 주었다. 모든 응시자가 면접관들에게 받은 점수를 크기순으로 나열하면 다음과 같다.

갑	4	5	6	7	9
을	6	7	8	9	10
병	6	8	8	8	9
정	5	6	7	8	10

회색으로 강조한 부분이 응시자의 중앙값이다.
따라서 중앙값이 가장 작은 지원자는 갑이다.

ㄷ. (○) 교정점수는 '병'이 '갑'보다 크다.
➜ 표의 하단에 교정점수는 해당 응시자가 받은 모든 면접점수 중 최댓값과 최솟값을 제외한 면접 점수의 산술 평균값임을 제시해 주었다. 산술평균은 변수들의 총합을 변수의 개수로 나눈 것, 즉 간단히 생각하면 일반적인 평균이라고 할 수 있다. 설명에 의하면,

- '갑'의 교정점수: $\frac{5+6+7}{3}=6$점
- '병'의 교정점수: $\frac{8+8+8}{3}=8$점이다.

따라서 교정점수는 '병'이 '갑'보다 크다.

합격자의 실전 풀이 순서

❶ 〈표〉와 각주를 통해 범위, 중앙값, 교정점수를 구하는 방법을 이해한다.

❷ 보기들의 난이도 차이가 크지 않으므로 순서대로 확인한다. 보기 ㉠은 옳은 선지이므로 ②, ④번을 소거한다.

❸ 보기 ㉡은 틀린 선지이며, 보기 ㉢은 옳은 선지이므로 답은 ③번이다.

합격자의 시간단축 Tip

각주를 보면 중앙값, 교정점수 모두 최댓값과 최솟값은 문제 풀이에 불필요한 값임을 알 수 있다. 따라서 각주를 이해한 후, 응시자들의 점수 중 최댓값과 최솟값을 빠르게 제외시켜 둔다면 이후의 풀이에 있어 더욱 빠르고 실수 없는 풀이가 가능하다.

보기 ㉠ 면접관 B의 범위를 구하면 6이며, 이를 기준으로 면접관 C의 범위가 이보다 작은지만 확인한다. 다른 면접관은 범위가 주어져 있고 6보다 작으므로 따로 확인할 필요가 없다.

보기 ㉡ '정'의 중앙값을 7로 구하고 가장 점수대가 적어 보이는 '갑'과 비교한다. '갑'의 중앙값이 6임을 확인하면 바로 틀린 보기로 소거한다. 항상 반례를 찾을 때는 반례일 가능성이 큰 것을 찾은 후 비교하는 습관이 필요하다.

보기 ㉢ '병'은 '갑'보다 최댓값과 최솟값을 제외한 3개의 값이 모두 크므로 따로 총합을 계산할 필요도 없이 교정점수가 큼을 알 수 있다. 또한 교정점수는 자료해석과 상황판단에서 빈출되는 평균 도출 방식이므로 익숙해지는 것이 좋다.

069 정답 ❷ 난이도 ●○○

주어진 〈표〉의 빈칸을 먼저 채우면, 수면제 C의 평균 숙면 시간은 5.6시간이므로

$\frac{\text{숙면 시간 총합}}{\text{총 사람수}}$ = 숙면 시간 평균 임을 이용하여 값을 구하면

$$\frac{6(\text{갑})+5(\text{을})+4(\text{병})+7(\text{정})+x(\text{무})}{5\text{명}}=5.6(\text{시간})$$

→ $x=6$(시간)

수면제 D의 평균 숙면 시간은

$$\frac{6(\text{갑})+4(\text{을})+5(\text{병})+5(\text{정})+6(\text{무})}{5\text{명}}=\frac{26}{5}$$

= 5.2(시간) 이다.

ㄱ. (○) 평균 숙면시간이 긴 수면제부터 순서대로 나열하면 C, D, A, B 순이다.

→ 각 수면제의 평균 숙면 시간은 A=5.0, B=4.8, C=5.6, D=5.2이므로, 숙면 시간이 긴 순서대로 나열하면 C, D, A, B이므로 옳다.

ㄴ. (×) 환자 '을'과 환자 '무'의 숙면 시간차이는 수면제 C가 수면제 B보다 ~~크다~~.

→ 수면제별로 환자 '무'와 '을'의 숙면 시간 차이를 구하면

A=5.0(무)−4.0(을)=1.0시간

B=6.0(무)− 4.0(을)=2.0시간

C=6.0(무)−5.0(을)=1.0시간

D=6.0(무)−4.0(을)=2.0시간

숙면 시간 차이는 수면제 C가 수면제 B보다 작으므로 옳지 않다.

ㄷ. (○) 수면제 B와 수면제 D의 숙면시간 차이가 가장 큰 환자는 '갑'이다.

→ 수면제 B와 수면제 D의 숙면 시간 차이를 환자별로 분석해 보면

갑=6.0(D)−4.0(B)=2.0시간,

을=4.0(D)−4.0(B)=0시간

병=5.0(D)−5.0(B)=0시간,

정=5.0(D)−5.0(B)=0시간

무=6.0(D)−6.0(B)=0시간

숙면 시간 차이는 '갑'이 2시간으로 가장 크므로 옳다.

ㄹ. (×) 수면제 C의 평균 숙면시간보다, 수면제 C의 숙면시간이 긴 환자는 ~~2명이다~~.

→ 수면제 C의 평균 숙면 시간은 5.6시간이며, 환자별 숙면 시간은 갑=6.0시간, 을=5.0시간, 병=4.0시간, 정=7.0시간, 무=6.0시간이므로 평균 숙면 시간보다 긴 숙면 시간을 가진 환자는 '갑', '정, '무'로 총 3명이므로 옳지 않다.

합격자의 실전 풀이 순서

❶ 〈표〉의 '평균'에 표시하고, 보기 ㉣부터 ㉠까지 아래에서 위 순서로 풀이한다.

❷ 보기 ㉣이 옳지 않으므로, 선지 ①, ②, ④가 남는다. 다음으로 보기 ㉢을 해결한다. ㉢ 역시 옳기 때문에 선지 ②, ④가 남는다. 따라서 보기 ㉡을 해결한다.

합격자의 시간단축 Tip

위 문제 스타일의 경우, 전반적으로 큰 풀이 시간이 소요되지 않으므로, 지문의 [㉠]부터 [㉣]까지 모두 검증하는 것이 확실하지만, 다른 번거로운 문제를 두고 시간이 얼마 남지 않은 경우는 한 번 검증할 때 확실하게 한다는 생각으로 정답을 소거해 나가야 한다. 과정에서 정답이 나오는 경우 다른 보기를 확인하지 않고 넘어가는 것도 한 방법이다.

보기 ㉠ 빈칸이 없이 값이 나와 있는 A, B, C를 먼저 보기 순서대로 세워 맞는지 확인한다.
이후 D의 평균 숙면 시간이 5.0 초과 5.6 미만인지 확인한다. 이 경우 '가평균'을 이용하면 편하다.
D의 평균 숙면 시간이 5.0이라면, 병과 정은 평균과 숙면 시간이 같고, 갑과 을은 서로 상쇄되어, 무의 평균을 초과한 숙면 시간 1.0이 남는다. 따라서 D의 평균 숙면 시간은 $5.0+\frac{1.0}{5}=5.2$이다.

보기 ㉡ 수면제 B의 을과 무의 숙면 시간 차이는 2이다. 보기 ㉣을 해결하는 과정 중 갑~정의 편차의 합$=0.4-0.6-1.6+1.4=-0.4$이므로, 무의 편차는 $+0.4$이어서, 무의 수면제 C 숙면시간은 6임을 알 수 있다. 따라서 수면제 C의 을과 무의 숙면 시간 차이는 1로, 수면제 B보다 작다.

보기 ㉢ 보기에서 주어진 값을 기준으로 확인하는 것이 좋다. 즉 '갑'의 $6.0-4.0=2.0$을 기준으로 하여 다른 환자의 값에 2를 더하여 모순이 있는지 확인하면 된다.

보기 ㉣ ㉣이 옳다면, 무의 수면제 C 숙면 시간은 5.6 미만이다. 이때 '가평균'의 개념을 이용하면 편하다. 갑과 평균의 편차는 $+0.4$, 을과 평균의 편차는 -0.6, 병과 평균의 편차는 -1.6, 정과 평균의 편차는 $+1.4$이다. 편차의 합$=0.4-0.6-1.6+1.4<0$이므로, 무와 평균의 편차 >0이다.
즉, 무의 숙면 시간은 평균을 초과한다.

070 정답 ③ 난이도 ●●○

ㄱ. (○) 2016년에 출생한 A, B 지역 인구의 합은 2015년에 출생한 A, B 지역 인구의 합보다 크다.
→ 〈각주 2〉에 따르면 나이=(당해연도−출생연도)이다.
위의 〈표〉는 2018년을 기준으로 작성되어 있으므로, 2016년에 출생한 A, B지역 인구는 2018년에는 2세이므로 〈표 1〉의 데이터에 속한다.
2016년에 출생(2세)한 A, B지역 인구의 합은 $119,772+74,874=194,646$명
2015년에 출생(3세)한 A, B지역 인구의 합은 $120,371+73,373=193,744$명이므로
<u>2016년에 출생한 인구의 A, B지역 인구의 합이 더 크므로 옳다</u>.

ㄴ. (×) C 지역의 0~11세 인구 대비 6 ~ 11세 인구 비율은 2018년이 2017년보다 높다.
→ C지역의 0 ~ 11세 인구 대비 6~11세 인구 비율: $\frac{\text{C지역 6~11세 인구수}}{\text{C지역 0~11세 인구수}}\times 100(\%)$
2018년도를 기준으로 C 지역의 0 ~ 11세 인구 대비 6~11세 인구 비율은
$\frac{20,300(\text{6~11세 인구수})}{20,671(\text{0~5세 인구수})+20,300(\text{6~11세 인구수})}\times 100(\%)=49.5\%$이다.
반면, 2017년 인구는 2018년의 인구를 기반으로 확인해야 하는데, 2017년 출생자의 경우 2018년도엔 1세이기 때문에, 〈표 1〉에서 나이 0세를 제외하여야 한다.
같은 이유로 2017년에 11세인 인구는 2018년도에 12세이므로, 〈표 2〉에서 나이 12세를 제외해야 한다. 하지만 2018년도에 12세에 관한 데이터가 없기 때문에, 2017년에 11세인 인구를 파악할 수가 없다. 따라서 <u>해당 지문은 2017년 기준으로 C지역의 0 ~ 11세 대비 6 ~ 11세의 인구 비율을 구할 수 없다</u>.

ㄷ. (×) 2018년 A~C지역 중, 5세 인구가 가장 많은 지역과 5세 인구 대비 0세 인구의 비율이 가장 높은 지역은 ~~동일하다~~.
→ 2018년 A ~ C지역 중, 5세에 해당하는 인구수는 A=131,257명, B=76,864명, C=3,627명으로 A지역이 가장 많다. 5세 인구 대비 0세 인구의 비율은 아래의 식을 참고하여 구한다.
$\frac{\text{해당 지역 0세 인구수}}{\text{해당 지역 5세 인구수}}\times 100(\%)$식을 활용하여 각 지역별로 값을 구하면,
- A: $\frac{104,099(\text{0세})}{131,257(\text{5세})}\times 100=79.3\%$,
- B: $\frac{70,768(\text{0세})}{76,864(\text{5세})}\times 100=92.1\%$,
- C: $\frac{3,219(\text{0세})}{3,627(\text{5세})}\times 100=88.8\%$

이므로 5세 인구 대비 0세 인구의 비율은 B지역이 가장 크다.
그러므로 <u>두 지역이 같지 않으므로 옳지 않다</u>.

ㄹ. (○) 2019년에 C 지역의 6~11세 인구의 합은 전년 대비 증가한다.
→ 2019년에 C지역의 6~11세 인구의 합은 2018년의 C지역의 5~10세 인구의 합과 같으므로, 2018년의 5~10세의 합과 6~11세의 합을 비교하면 된다.
〈표 1〉에서 2018년 5세 인구는 3,627명이고, 〈표 2〉에서 2018년 11세 인구는 2,905명 이므로 5세 인구가 더 많다. 따라서 2019년의 6~11세 인구의

합은 전년대비 증가했다.

합격자의 실전 풀이 순서

❶ 〈표 1〉의 0~5세, 〈표 2〉의 6~11세에 표시하고, 두 표 모두 합, 계에 표시한다.
그리고 각주를 확인한 후 〈보기〉로 내려간다. 보기 ㉣부터 보기 ㉠까지 아래에서 위 순서로 풀이한다.

❷ 보기 ㉣이 옳으므로 선지 ③, ⑤가 남는다. 따라서 비율 계산을 요하는 보기 ㉢보다 간단하다고 판단되는 ㉠을 해결한다.

합격자의 시간단축 Tip

보기 ㉠

[방법 1]
2016년에 출생한 인구는 2018년에 2세(= 2018−2016)이고, 2015년에 출생한 인구는 2018년에 3세이다. A지역은 2세 인구보다 3세 인구가 120,371−119,772=120,371−120,000 + 120,000−119,772=371+228명 더 많다.
B지역은 2세 인구가 3세 인구보다 74,874−73,373 = 74,874−74,000+74,000−73,373=874+627명 더 많다.
따라서 A지역과 B지역의 합은 2세 인구가 3세 인구보다 (874+627)−(371+228)명 더 많다.
874 > 371, 627 > 228이므로, (874+627)−(371+228) > 0이다.
➜ 2세 인구의 합이 3세 인구의 합보다 정확히 몇 명 더 많은 지 계산할 필요 없다.

[방법 2]
합하여 비교하지 않고, 차잇값으로 비교해도 된다.
즉 A를 비교할 때 3세가 120,371−119,772=약 120,300− 119,700=600정도 큰 반면, B의 경우 2세가 74,874−73,373=약 74,800−73,300=1,500으로 한참 더 크다.
따라서 B가 더 크다.

[방법 3]
방법 2를 조금 더 빨리 푸는 방법으로, 3세가 A에서 600 더 크다는 것을 그대로 활용하여 73,373+600 < 74,874라는 것을 보고 B가 더 큼을 바로 알 수 있다. 이처럼 '대입−모순 확인법'을 통해 계산을 최소화할 수 있다.

보기 ㉡ '전체 대비 6 ~ 11세 인구 비율'은 '0 ~ 5세 대비 6~ 11세 인구'로 치환할 수 있다.
이렇게 비교하면 더 간단하다.

보기 ㉢ 5세 인구가 가장 많은 지역과 5세 인구 대비 0세 인구 비율이 가장 높은 지역 중 구하기 쉬운 것은 전자이다.
2018년 5세 인구가 가장 많은 지역은 A이다.
A지역의 5세 인구 대비 0세 인구 비율은 $\frac{104,099}{131,257}$이다. 104(천)에 비해 131(천)은 27(천)(30% 미만) 크다. B지역의 0세 인구 70(천)에 비해 76(천)은 6(천)(10% 미만) 크다. 따라서 B지역의 5세 인구 대비 0세 인구 비율은 A지역보다 높다.

보기 ㉣ 2019년에 6세가 되는 2018년의 5세는 3,627명이고, 12세가 되어 6~11세의 범위에서 제외되는 2018년의 11세는 2,905명이다. 2019년 6~11세 인구의 합의 증감 폭은 3,627−2,905 > 0이다.

071 정답 ①

난이도 ●●○

ㄱ. (○) 2013년 한국, 중국, 일본 각각에서 원자재 무역수지는 적자이다.
➜ 무역수지=수출액−수입액이고, 무역수지 값이 양(+)이면 흑자, 음(−)이면 적자이다.
2013년 각 나라의 원자재 무역수지를 구해보면,
- 한국: 2015억−3232억=−1,217억으로 적자.
- 중국: 5954억−9172억=−3,218억으로 적자.
- 일본: 2089억−4760억=−2,671억으로 적자이다.

따라서, 2013년 한국, 중국, 일본은 각각 원자재 무역수지 적자이다.

ㄴ. (×) 2013년 한국의 원자재, 소비재, 자본재 수출액은 2000년에 비해 각각 ~~50% 이상 증가하였다.~~
➜ 2013년 한국의 소비재 수출액은 138억 달러이다. 이는 2000년 한국의 소비재 수출액인 117억 달러의 150%인 175억 5천만 달러에 미치지 못한다. 따라서 틀린 보기이다.

ㄷ. (×) 2013년 자본재 수출경쟁력은 일본이 한국보다 ~~높다.~~
➜ 수출경쟁력을 알아보기 위해 무역특화지수를 구해보면

무역특화지수$=\frac{수출액-수입액}{수출액+수입액}$이므로,

한국 자본재 무역특화지수$=\frac{3,444-1,549}{3,444+1,549}$

$=\frac{1,893}{4,993}$으로$= 0.3791$이고

일본 자본재 무역특화지수$=\frac{4,541-2,209}{4,241+2,209}$

$=\frac{2,332}{6,750}$으로$=0.3454$이다.

따라서 2013년 자본재 무역특화지수는 일본이 한국보다 낮으므로, 자본재 수출경쟁력도 일본이 한국보다 낮다.

합격자의 실전 풀이 순서

❶ 〈표〉와 〈용어 정의〉를 읽고, 2000년과 2013년의 국가별 무역수지와 무역특화지수에 대한 보기가 만들어질 수 있음을 파악한다.

❷ 단순하게 확인 가능한 보기 ㉠과 보기 ㉡을 먼저 확인한다.
보기 ㉠은 '각국의 원자재 수출액－수입액 값'이 음(－)인 적자이므로 옳은 보기이다.

❸ 보기 ㉡은 소비재 수출액은 50% 미만 증가하였으므로 틀린 보기이다. 답은 ①, ④번 중 하나이다.

합격자의 시간단축 Tip

보기 ㉠ "무역수지가 적자"라는 것은 곧 수입액 크기가 수출액 크기보다 큰지를 묻는 것이다. 따라서 단순히 수입액 > 수출액인지만 빠르게 확인한다.

보기 ㉡ 우선 원자재와 자본재는 100% 넘게 증가하였으므로 계산 없이 곧장 배제하고 소비재만을 고려한다. 이때 '50% 증가'를 처리하는 방법은 크게 두 가지로, 주어진 값을 반으로 나누어 더해보는 방식과 50%가 증가하려면 최소한 얼마가 필요한지 검토하는 방법이 있다. 보기 ㉡의 경우 후자의 방식이 보다 적합하다. 소비재가 2000년보다 50%가 증가하려면 2000년 소비재 수출액이 100이었다고 하더라도 최소 50은 증가했어야 한다.
그러나 2013년 소비재 수출액은 그보다 작으므로 당연히 틀린 선지가 된다.
이러한 방법의 장점은 숫자 계산 없이 단순히 논리만 가지고 빠르게 처리할 수 있다는 데 있다.

보기 ㉢ 각 수출액과 수입액의 앞 두 자리를 이용하여 근삿값을 설정하면

$\frac{45-22}{45+22}=\frac{23}{67}$ vs $\frac{34-15}{34+15}=\frac{19}{49}$를 비교하는 것이 된다. 이때 가까운 % 값을 찾으면 편하다.

[방법 1] 좌변에 가까운 값을 찾기
좌변의 경우 $23\times3=69$로 67과 유사하므로 33.3%에 가깝다. 따라서 33.3%를 기준으로 할 때, $19\times3=57>49$로 한참 더 크므로 우변이 더 크다는 것을 쉽게 알 수 있다.

[방법 2] 우변에 가까운 값을 찾기
한국의 경우 무역특화지수가 $\frac{20}{50}$과 유사하므로 40%라고 보면, 일본의 경우 $67\times40\%=26.8$로 분자인 23은 이에 못 미치는 숫자이므로 일본의 무역특화지수가 한국보다 낮다.

* 설명의 편의를 위해 방법을 2개로 나누었으나, 좌변과 우변 모두 가까운 값으로 비교해도 된다. 즉 33.3% vs 40%로 처리하면 더욱 빠르게 처리할 수 있다.
** 위와 같이 근삿값을 설정하고 풀어내는 것이 심적으로 불안할 수도 있으나, 일본을 예로 들면 주어진 값을 제대로 계산하면 $\frac{2,332}{6,750}=0.345$이나, 근삿값인 $\frac{23}{67}=0.343$으로 사실상 큰 차이가 없으므로, 숫자상의 왜곡이 크지 않은 만큼 편히 설정해도 무방하다.

072 정답 ③ 　　난이도 ●●○

ㄱ. (×) A국의 여성 평균소득과 남성 평균소득이 각각 1,000달러씩 증가하면 A국의 '간이 성평등지수'는 ~~0.80 이상이 된다.~~
→ '간이 성평등지수'는 평균소득 격차지수와 대학 진학률 격차지수의 산술 평균이므로, 평균소득 격차지수를 다시 계산하여야 한다.
A국 여성은 8,000달러, 남성은 16,000달러이고 이에 각각 1,000달러씩 더하면, 9,000달러와 17,000달러가 된다.
평균소득 격차지수는 남성 항목 값 대비 여성 항목 값이므로 9,000 : 17,000=9 : 17, 즉 $\frac{9}{17}$가 된다.
$9\div17=0.529\cdots$이므로 소수점 셋째 자리에서 반올림하여 0.53이다.
간이 성평등 지수$=(0.53+1.00)\div2=1.53\div2=0.76$이다.
따라서 0.80 이상이 되지 않으므로 보기 ㉠은 틀리다는 것을 확인할 수 있다.

ㄴ. (×) B국의 여성 대학진학률이 85%이면 '간이 성평등지수'는 B국이 C국보다 ~~높다.~~
→ B국의 여성 대학 진학률이 85%가 되면, 대학진학률 격차지수는 85 : 80으로 $85\div80=1.0625$이다.
이때, 격차지수는 그 값이 1을 넘으면 1로 하기로 하였기에 대학진학률 격차지수는 1.00이 된다.
B국의 간이 성평등지수는 $(0.60+1.00)\div2=1.60\div$

2=0.80이다.
C국의 간이 성평등지수는 0.82이므로, C국이 B국보다 높은 것을 확인할 수 있다.
따라서 틀린 보기이다.

ㄷ. (○) D국의 여성 대학진학률이 4%p 상승하면 D국의 '간이 성평등지수'는 0.80 이상이 된다.
➜ D국의 여성 대학진학률이 4%p 상승하면 15%가 된다.
대학진학률 격차지수는 15 : 15=1.00이 된다.
간이 성평등지수는 (0.70+1.00)÷2=1.70÷2=0.85이므로 0.80 이상이 된다.

합격자의 실전 풀이 순서

❶ 〈표〉와 각주를 읽고 격차지수와 '간이 성평등지수'를 구하는 방법을 이해한다.

❷ 보기 모두 계산이 필요한 경우이며 난이도 차이가 크지 않으므로 순서대로 푼다.

❸ 보기 ㉠과 보기 ㉡이 틀린 보기이므로 답은 ③번이다.

합격자의 시간단축 Tip

보기 ㉠ A국의 '간이 성평등지수'가 0.80 이상이려면 평균소득 격차지수가 0.6 이상이어야 한다.

[방법 1]
A 국의 여성 평균소득과 남성 평균소득이 각각 1,000달러씩 증가한 $\frac{9,000}{17,000}$은 0.6보다 작으므로 '간이 성평등지수'가 0.8 이하일 것이다.

[방법 2]
1,000달러 증가 부분을 고려하지 않고 기존 남성의 60%를 도출하면 16,000×0.6=9,600이다. 즉, 남성은 증가하지 않고 여성만 1,000달러가 증가하더라도 9,000달러 밖에 되지 않아 평균소득 격차지수가 0.6이 될 수 없기 때문에 '간이 성평등지수'는 0.8 이하이다.

보기 ㉡ 각주를 얼마나 잘 읽었는지 평가하는 질문이다. 단순히 보기에서 주어진 대로 계산을 하면 B국의 '간이 성평등지수'가 C국보다 높게 나와 옳은 선지가 된다. 그러나 각주 1)에 따르면 B 국의 대학진학률 격차지수의 최댓값은 1이다.
1이더라도 '간이 성평등지수'는 0.8일 것이므로 C의 '간이 성평등지수'보다 높을 수 없다.

073 정답 ⑤ 난이도 ●●●

① (○) 2018년 '팀 선수 평균 연봉'은 D팀이 가장 많다.
➜ 팀 선수 평균 연봉=$\frac{\text{총연봉}}{\text{선수 인원수}}$이므로
2018년 각 팀의 선수 평균 연봉을 구해보면,
- A팀: $\frac{15억}{5명}$=3억
- B팀: $\frac{25억}{10명}$=2.5억
- C팀: $\frac{24억}{8명}$=3억
- D팀: $\frac{30억}{6명}$=5억
- E팀: $\frac{24억}{6명}$=4억이다.

따라서 2018년 '팀 선수 평균 연봉'은 D팀이 가장 많다.

② (○) 2018년 전년대비 증가한 선수 인원수는 C팀과 D팀이 동일하다.
➜ C팀의 전년 대비 증가 선수 인원수는
$\frac{8\times33.3}{(100+33.3)}$=2(명)이다. 이때, D팀도 2명이 증가하였으므로 옳은 보기이다.

③ (○) 2018년 A팀의 '팀 선수 평균 연봉'은 전년대비 증가하였다.
➜ 2018년 A팀의 팀 선수 평균 연봉은 $\frac{15}{5}$=3이다.
2017년 A팀의 선수를 a명이라고 했을 때
$a\times\frac{125}{100}=5$ 이므로 a=4이다.
2017년 A팀의 총연봉을 b라고 했을 때
$b\times\frac{150}{100}\%=15$이므로 b=10이다.
따라서 2017년 A팀의 팀 선수 평균 연봉은 $\frac{10}{4}$=2.5이므로 2018년 A팀의 팀 선수 평균 연봉은 전년대비 증가하였다.

④ (○) 2018년 선수 인원수가 전년대비 가장 많이 증가한 팀은 총 연봉도 가장 많이 증가하였다.
➜ 2018년 선수 인원수가 전년 대비 가장 많이 증가한 팀은 선수 인원수도 가장 많고 선수 인원수 증가율도 가장 높은 B팀이다.
B팀의 총연봉은 $\frac{25\times150}{(100+150)}$=15(억 원) 증가했는데 이는 A팀의 5억원, C팀의 4억원, D팀의 5억원, E팀의 8억 원보다 크다.

⑤ (×) 2017년 총 연봉은 ~~A팀이 E팀보다 많다~~.

➜ 2017년 A팀의 총 연봉: $15-\frac{15\times50}{100+50}=10$(억원) 이고,

2017년 E팀의 총 연봉: $24-\frac{24\times50}{100+50}=16$(억원)으로 E팀이 A팀보다 2017년 총 연봉이 많다.

합격자의 실전 풀이 순서

❶ <표>와 <그림>의 읽고, 2017년 테니스팀 A~E의 선수 인원수 및 총 연봉을 구할 수 있음을 파악한다.

❷ 단순하게 확인할 수 있는 ①번을 먼저 확인한다. 옳은 보기이므로 소거한다.

❸ 가장 계산이 여러 번 요구되는 ④번을 제외하고 나머지 선지들을 확인한다.
⑤번이 틀린 선지이므로 정답이다.

합격자의 시간단축 Tip

선지 ② 2017년의 선수 인원수나 총 연봉을 구할 때, $\frac{\text{2018년 값}}{(\text{전년 대비 증가율}+1)}=$2017년 값임을 활용한다.

즉, D팀의 2017년 선수 인원수는 $\frac{6}{1+0.5}=4$이다.

선지 ③ A팀의 선수 인원수의 증가율보다 총연봉의 증가율이 더 높으므로 2018년 A팀의 '팀 선수 평균 연봉'은 전년 대비 증가하였다. (분자의 증가율이 분모의 증가율보다 크면 분수 전체가 증가한 것이기 때문이다.)
2017년의 팀 선수 평균 연봉을 구하지 않더라도 증가율의 대소 비교만으로도 정오 판단을 할 수 있다.
이와 같은 풀이 방식은 자주 사용되는 방식으로, 매우 중요한 만큼 더 구체적으로 설명하면 다음과 같다. 먼저 원리를 살펴보면 분자, 분모 각각에 증가율이 더해지는 경우 $\frac{A\times(1+A\text{증가율})}{B\times(1+B\text{증가율})}$라 표현할 수 있다. 이때 이는 다시 $\frac{A\times(1+A\text{증가율})}{B\times(1+B\text{증가율})}=\frac{A}{B}\times\frac{(1+A\text{증가율})}{(1+B\text{증가율})}$이므로 **$\frac{(1+A\text{증가율})}{(1+B\text{증가율})}$이 1보다 크지 여부**에 따라 증가, 감소가 정해지는 것이다.
원리에 따라 응용해보자. 이에 따르면 B 대비 A가 증가하는 경우는 크게 네 가지이다.
첫 번째는 위와 마찬가지로 A증가율 > B증가율인 경우이다.
두 번째는 A는 증가하였으나 B는 불변인 경우이다.
세 번째는 A는 불변이나 B가 감소한 경우이며
네 번째는 A감소율 < B감소율인 경우이다.
사실 4가지 경우가 모두 같은 의미이나, 실제 문제에서 마주하였을 때는 별개의 개념처럼 착각되기에 나누어 서술하였다. 따라서 개념을 익숙하게 하여 그때그때 활용할 수 있도록 해야 한다.

선지 ⑤ <그림>에서 A팀과 E팀의 총 연봉 증가율은 같지만, 2018년의 총 연봉은 E팀이 A팀보다 많으므로 2017년 총 연봉 역시 E팀이 A팀보다 많다. 즉, 총 연봉 증가율이 같은 경우 올해의 총연봉만 단순 비교하면 된다. 따라서 틀린 선지이다.

074 정답 ③ 난이도 ●●○

ㄱ. (×) 2013~2015년 A~D국 전년대비 GDP증가율
➜ <보고서>에는 GDP에 대한 내용이 나와있지 않다. 따라서 추가로 필요한 자료가 아니다.

ㄴ. (○) 2015~2016년 연도별 A~D국 민간연구개발비
➜ 2015년에 비해 2016년 연구개발비의 증감을 판단하기 위해서는 2015년 연구개발비에 대한 자료가 필요하다.
이때, 2015년 '민간연구개발비'를 알 수 있으면 <표>의 비례식을 통해 2015년 연구개발비를 유추할 수 있다.

ㄷ. (○) 2013~2016년 연도별 A국 민간연구개발에 대한 정부의 지원금액
➜ <표>에서는 2016년 전체 연구개발비에 대한 자료만 주어져 있다.
따라서 '민간연구개발비(민간연구개발에 대한 정부의 지원금액)'를 알 수 있으면, 정부연구개발비 대비 민간연구개발비의 비율을 유추할 수 있다.

ㄹ. (×) 2014~2015년 A~D국 전년대비 연구개발비 증가율
➜ 2014 ~ 2015년의 전년 대비 연구개발비 증가율은 <보고서>에 언급되어 있지 않다.
따라서 추가로 필요한 자료가 아니다.

합격자의 실전 풀이 순서

❶ '추가로 필요한 자료' 유형이므로 구체적인 값을 확인하지 않고, 자료의 이름이나 변수, 연도 등만 가볍게 확인하면 된다.

❷ 보고서의 길이가 짧으므로, 앞에서부터 순서대로 확인한다.

❸ 첫번째 문장은 2015년의 연구개발비를 언급하였으나 <표>는 2015년의 상대비만 주었으므로 추가 자료가 필요하다. 따라서 보기 ㉡이 필요하다.

❹ 세번째 문장은 지원금액을 언급하였으나 <표>에 없는 정보이므로 추가 자료가 필요하다. 따라서 보기 ㉢이 필요하다.

합격자의 시간단축 Tip

보기 ㉠ <보고서>의 길이가 짧고, 선지 역시 2개씩 구성된 단순한 형태이므로 'GDP'와 같이 가시성이 좋은 단어가 <보고서>에 있는지 가볍게 훑은 후, 바로 소거하고 시작하는 것도 좋은 방법이다.

보기 ㉡ '추가로 필요한 자료' 유형의 '응용된 선지'이다. '연구개발비'가 필요하지만 이를 직접적으로 주지 않고, <표>의 민간: 정부 상대비를 이용해 도출할 수 있도록 주었다. 이처럼 간접적인 정보를 주는 경우도 많으므로, <표>와 <보기>를 연계해서 생각하여야 한다.

075 정답 ❸ 난이도 ●●●

① (○) 삶의 만족도가 가장 높은 국가는 장시간근로자비율이 가장 낮다.
→ 삶의 만족도가 가장 높은 국가는 7.6점인 덴마크이다. 그리고 덴마크의 장시간 근로자 비율은 2.1%로 가장 낮다.
따라서 옳은 선지이다.

② (○) 한국의 장시간근로자비율은 삶의 만족도가 가장 낮은 국가의 장시간근로자비율의 10배 이상이다.
→ 한국의 장시간 근로자 비율은 28.1 %이다.
삶의 만족도가 가장 낮은 국가인 헝가리의 장시간 근로자 비율은 2.7%이다.
따라서 한국의 장시간 근로자 비율 28.1%는 헝가리 장시간 근로자 비율의 10배인 27.1% 이상이다.

③ (×) 삶의 만족도가 한국보다 낮은 국가들의 장시간근로자비율의 산술평균은 이탈리아의 ~~장시간근로자비율보다 높다~~.
→ 한국의 삶의 만족도는 6.0점이다.
이보다 낮은 국가들의 장시간 근로자 비율은 에스토니아(3.6%), 포르투갈(9.3%), 헝가리(2.7%)이다.
이 세 국가의 산술평균을 구해보면

$$\frac{3.6\%+9.3\%+2.7\%}{3}=\frac{15.6\%}{3}=5.2\%\text{이다.}$$

이 값은 이탈리아의 장시간 근로자 비율인 5.4%보다 낮다.
따라서 삶의 만족도국보다 낮은 국가들의 장시간 근로자 비율의 산술평균은 이탈리아의 장시간 근로자 비율보다 높다.

④ (○) 여가·개인돌봄시간이 가장 긴 국가와 가장 짧은 국가의 삶의 만족도 차이는 0.3점 이하이다.
→ 여가·개인 돌봄 시간이 가장 긴 국가(덴마크 16.1시간)의 삶의 만족도는 7.6이고, 여가·개인 돌봄 시간이 가장 짧은 국가(멕시코 13.9시간)의 삶의 만족도는 7.4이다.
두 국가의 삶의 만족도 차이는 0.2점으로 0.3점 이하이므로 옳은 선지이다.

⑤ (○) 장시간근로자비율이 미국보다 낮은 국가의 여가·개인돌봄시간은 모두 미국의 여가·개인돌봄시간보다 길다.
→ 미국의 장시간 근로자 비율은 11.4% 이며 여가·개인 돌봄 시간은 14.3시간이다.
장시간 근로자 비율이 미국보다 낮은 국가는
→ 덴마크(2.1%), 프랑스(8.7%), 이탈리아(5.4%), 에스토니아(3.6%), 포르투갈(9.3%), 헝가리(2.7%)이다.
이들 국가의 여가·개인 돌봄 시간은 덴마크(16.1시간), 프랑스(15.3시간), 이탈리아(15.0시간), 에스토니아(15.1시간), 포르투갈(15.0시간), 헝가리(15.0시간)이다. 이는 미국보다 긴 수치이므로 옳은 선지이다.

합격자의 실전 풀이 순서

❶ <표>의 구조를 파악한다. 또한, 삶의 만족도는 순위별로 나열되어 있고 장시간 근로자 비율과 여가·개인 돌봄 시간은 순위가 섞여 있다는 것을 인식한다.

❷ 확인해야 하는 국가 수가 적고 계산이 복잡하지 않은 선지부터 판단한다.
②→①→③→④→⑤번의 순서대로 확인할 것이다.
[가장 복잡한 ⑤번은 확인하지 않고 답을 찾을 수 있다.] 다만 앞에서 <표> 구조가 잘 이해되었다면 순서대로 풀어도 무관하다.

❸ ③번이 답임을 확인하면, 다른 선지는 확인하지 않고 넘어간다.

합격자의 시간단축 Tip

이 유형은 난이도가 낮은 반면 여러 국가, 지역, 사람 등을 제공하고 빠르게 훑을 수 있는지를 묻는 경우가 많아 시간 소모가 필연적인 문제이다.
이때 시험 초반에 바로 풀 경우 수험생의 자료해석 감각이 완전히 올라오지 않았기에 빠르게 훑는 것이 더 어려울 수도 있다.

따라서 혹 이 유형의 문제를 푸는데 눈에 잘 안 들어올 경우 먼저 다른 계산문제를 푼 후에 다시 돌아와서 푸는 것도 좋은 전략이라고 생각한다.

선지 ① 〈표〉의 구조를 얼마나 잘 이해했는가에 따라 매우 빠르게 넘어가는 선지가 될 수도 있고 시간이 걸리는 선지가 될 수도 있다. 〈표〉의 구조상 삶의 만족도 순서대로 국가들이 나열되어 있기 때문에, 이를 이용하여 덴마크의 장시간 근로자 비율보다 낮은 국가가 있는지 빨리 확인한다.

선지 ② 선지 ①과 마찬가지로 삶의 만족도 순으로 구성된 〈표〉인 만큼 '가장 낮은 국가'는 당연히 헝가리가 된다. 따라서 헝가리의 2.7%×10 < 한국의 28.1%이므로 옳은 선지가 된다.

선지 ③ 삶의 만족도가 한국보다 낮은 국가들의 장시간 근로자 비율의 산술평균을 구하지 않고, 세 국가의 장시간 근로자 비율의 총합이 이탈리아의 장시간 근로자 비율의 3배보다 큰지 확인한다. 이탈리아의 장시간 근로자 비율의 3배는 16을 초과하지만 세 국가의 장시간 근로자 비율의 총합은 16 미만이므로 틀린 선지이다.

선지 ④ 10의 자리는 모두 동일하게 10이므로, 1의 자리 위주로 빠르게 훑는다. 1의 자리가 가장 높은 것은 홀로 1의 자리가 6인 덴마크이며, 마찬가지로 가장 낮은 것은 1의 자리가 홀로 3인 멕시코이다. 따라서 이 둘의 만족도 차이를 보면 0.3 이하이다.
이처럼 시간 소모를 최대한 줄이면서 찾는 방법을 적용하면서 연습해야 한다.

선지 ⑤ '반대 해석'을 적용한다. 먼저 뒷부분에 반대 해석을 적용하여 미국보다 여가-개인 돌봄시간이 짧은 국가를 찾아보면, 유일하게 '멕시코'만 더 짧다. 즉 다르게 말하면 멕시코의 장기근로자비율이 미국보다 낮지 않다면 반례가 있을 수 없어 당연히 옳은 선지가 될 수밖에 없다는 의미이다.
멕시코의 장시간근로자비율은 28.8%로 미국의 11.4%보다 높아 반례가 없다. 따라서 옳은 선지이다.

076 정답 ⑤

난이도 ●●○

① (O) 연도별 A시 시민의 생활체육 미참여 이유 조사 결과
→ 보고서의 두 번째 문단의 첫 번째 문단에서 생활체육에 참여하지 않는 이유에 대해서는 '시설 부족'이라고 응답한 비율이 30.3%로 가장 높아 공공체육시설을 확충하는 정책이 필요할 것으로 보인다'라고 했으므로, 이 내용은 '연도별 A시 시민의 생활체육 미참여 이유 조사 결과' 표를 근거로 활용한 것이다.

② (O) 2016년 A시 시민의 생활체육 참여 빈도 조사결과
→ 보고서의 첫 번째 문단에서 '2016년에 A시 시민을 대상으로 생활체육 참여실태를 조사한 결과 생활체육을 '전혀 하지 않음'이라고 응답한 비율은 51.8%로 나타났다. 반면, 주 4회 이상 생활체육에 참여한다고 응답한 비율은 28.6%이었다'라고 했으므로, 이 내용은 '2016년 A시 시민의 생활체육 참여 빈도 조사 결과' 표를 근거로 활용한 것이다.

③ (O) 2016년 A시의 자치구·성별 인구
→ 보고서의 세 번째 문단의 두 번째 문단에서 '2016년 북구의 인구가 445,489명, 동구의 인구가 103,016명임을 고려할 때 생활 체육 지도자 일인당 인구수는 북구가 24,749명으로 동구 6,439명에 비해 현저히 많아 지역 편중 현상이 존재한다'라고 했으므로, 이 내용은 '2016년 A시의 자치지구 성별 인구' 표를 근거로 활용한 것이다.

④ (O) 2016년 도시별 공공체육시설 현황
→ 보고서의 두 번째 문단의 두 번째 문단에서 '2016년 A 시의 공공체육시설은 총 388개소로 B시, C시의 공공체육시설 수의 50%에도 미치지 못하는 수준이다'라고 했으므로, 이 내용은 '2016년 도시별 공공체육시설 현황' 표를 근거로 활용한 것이다.

⑤ (×) 2016년 생활체육지도자의 도시별 분포
→ 보고서의 세 번째 문단의 첫 번째 문장에서 2016년 A시 자치구별 생활 체육 지도자의 수를 설명하고 있다.
그러나 ⑤번의 〈2016년 생활 체육 지도자의 도시별 분포〉는 'A시 내 자치구별 분포'가 아닌, '도시별 분포'이므로 해당 〈보고서〉의 근거가 되지 못한다.
이를 반대로 A ~ E시에 집중하여 해석하면 ⑤번의 범례는 A ~ E시의 생활체육지도자인 반면, 〈보고서〉에서는 A ~ E시의 공공체육시설 수에서만 두번째 단락에서 나타나므로 근거가 되지 못한다. 즉 어떤 방향으로 푸는지와 무관하게, 어떤 범례인지 빠르게 확인하는 것이 중요하다.
따라서 위 문장의 직접적인 근거로써 활용되었다고 할 수 없다.

합격자의 실전 풀이 순서

❶ 발문을 읽고, 선지의 그래프의 구체적인 수치를 확인하기보다는 그래프의 내용이 〈보고서〉에 포함되어 있는지를 확인하는 문제임을 파악한다.

❷ 선지별로 제목을 중심으로 〈보고서〉에 언급된 부분이 있는지 확인한다.

❸ ①번부터 순서대로 확인한다. ④번까지 모두 〈그래프〉에 언급되어 있다면, 답은 ⑤번이다.
[선지를 확인할 때 구체적인 수치가 아닌 도시별, 자치구별 같은 범주에 유의하며 확인한다.]

합격자의 시간단축 Tip

먼저 보기의 자료들이 무엇을 나타내는지 파악하고 각 보기의 키워드를 확인한 다음, '실전 풀이 순서'처럼 〈보고서〉 전체를 다 읽지 않고, 보기의 키워드가 나온 부분을 확인해 가면서 보기를 하나씩 소거해 가는 방식으로 푼다.

077 정답 ⑤ 난이도 ●●●

① (×) 터널길이가 길수록 ~~사망자가 많다~~.
➜ 〈표〉에서 터널길이는 A−D−B−C−F−E 순으로 길다.
반면 사망자 수는 E−B−C−D−A−F 순으로 많다. 따라서 터널길이가 길수록 사망자가 많다는 것은 틀린 선지이다.

② (×) 화재 규모가 클수록 ~~복구기간이 길다~~.
➜ 〈표〉에서 화재 규모는 A−D−C−E−B−F 순으로 크다.
반면 복구 기간은 B−E−F−A−C−D 순으로 길다. 따라서 화재 규모가 클수록 복구 기간이 길다는 것은 틀린 선지이다.

③ (×) 사고 A를 제외하면 복구기간이 길수록 ~~복구비용이 크다~~.
➜ 사고 A를 제외하고 복구 기간이 긴 순서대로 사고를 나열하면 B−E−F−C−D 순이다.
반면 사고 A를 제외하고 복구 비용이 큰 순서대로 사고를 나열하면 B−E−D−C−F 순이다.
따라서 사고 A를 제외하면 복구 기간이 길수록 복구 비용이 크다는 것은 틀린 선지이다.

④ (×) 사망자가 가장 많은 사고 E는 ~~사고비용도 가장 크다~~.
➜ 각 사고의 사고비용을 구하면 아래와 같다.

A	4,200+(1×5)=4,205억 원
B	3,276+(39×5)=3,471억 원
C	72+(12×5)=132억 원
D	312+(11×5)=367억 원
E	570+(192×5)=1,530억 원
F	18+(0×5)=18억 원

사고 E의 경우 사망자 수가 192명으로 가장 많지만, A의 사고 비용이 더 높으므로 틀린 선지이다.

⑤ (○) 사망자가 30명 이상인 사고를 제외하면 화재규모가 클수록 복구비용이 크다.
➜ 사망자가 30명 이상인 사고는 사고 B, 사고 E이다. 사고 B와 사고 E를 제외하고, 화재 규모가 큰 순서대로 사고를 나열하면 아래와 같다.

A−D−C−F

한편 B와 E를 제외하고 복구 비용이 큰 순서대로 사고를 나열하면 아래와 같다.

A−D−C−F

따라서 두 순서가 같으므로 옳은 보기이다.

합격자의 실전 풀이 순서

❶ 〈표〉의 구조를 파악한 후, 각주인 사고 비용을 〈표〉를 통해 구하는 방식을 이해한다.

❷ ④번을 제외하면 모두 반례를 찾는 선지이다. ④번은 간단히 확인할 수 있으므로 먼저 확인하면 옳지 않다.

❸ ①, ②, ③번을 순서대로 확인한다. 'A 할수록 B 하다'라는 구조이므로 A의 순위대로 B 한지를 순서대로 눈으로 확인(A의 1위가 B의 1위인지 확인)하고, 반례를 찾으면 바로 다른 선지로 넘어간다. 이와 같은 방식으로 확인하면 모두 틀린 선지이므로 답은 ⑤번이다.

합격자의 시간단축 Tip

선지 ① 선지 ② "A 할수록 B 하다" 방식의 문제는 접근 시 우선적으로 가장 A한 것을 찾은 후, 그것이 가장 B한지 찾는 것이다. 즉, 경향성을 묻는 경우 기본적으로 1등인 것이 다른 것도 1등이어야 논의가 진행될 수 있는 것이므로, 전제가 되는 부분을 먼저 확인하는 것이다.
이는 시간이 거의 소모되지 않는다는 점에서 답이 아니더라도 손해 볼 것이 없으니, 항상 먼저 체크하는 습관을 지니는 것이 좋다.
선지 ②번을 예시로 들면 화재 규모가 가장 큰 것은 A라는 것을 찾은 후, A가 제일 복구 기간이 긴지 보면 아닌 것을 알 수 있다.

* 왜 A 먼저 확인하는지 의아한 수험생이 있다면 이는 "A이고 B이다" 유형과 착각한 것이다.
얼핏 보기에는 위 유형과 일응 유사해보일 수 있으나 접근 방식은 정반대이다.

왜냐하면 "A이고 B이다"는 병렬 구조이기 때문에 각각이 맞는 것을 확인해야 하여 B에서 반례가 나올 것을 기대하고 B부터 보는 것인 반면, "A 할수록 B하다"는 A를 전제로 B가 성립하는 것이므로 B만 봐서는 아무런 의미가 없기 때문이다.

선지 ③ 각각 하나씩 비교하거나, 어느 하나의 순위를 모두 확인 후 비교하는 것은 비효율적이다.
보다 효율적인 풀이 방식은 3~4개로 덩어리를 묶어 비교하는 것이다. 예를 들어 복구비용을 기준으로 3개를 묶으면 B–E–D 순이지만, 복구기간의 경우 B–E–F이다. 따라서 반례가 있음을 알 수 있다.

선지 ④ E의 사망자를 200으로 더 크게 대체하여 계산하더라도 E의 사고 비용은 1,570이므로 사고 비용이 A, B에 비해 작다는 것을 알 수 있다.
이처럼 해결하는 방법은 시간도 빠르고 실수할 일도 적다는 점에서 매우 유용하다. 따라서 문제 상황에 더 부합하면서 계산이 용이한 숫자로 바꿔 살펴보는 습관을 지니는 것이 좋다.

선지 ⑤ 사망자가 30명 이상인 사고를 제외하고 화재 규모와 복구 비용을 비교해야 하는데, 헷갈릴 수 있으므로 확실히 〈표〉에 표시를 해 놓아야 실수를 줄일 수 있다.

078 정답 ①

난이도 ●●○

〈조건 1〉 2015년 독신 가구와 다자녀 가구의 실질세부담률 차이가 덴마크보다 큰 국가는 캐나다, 벨기에, 포르투갈이다.
→ 2015년 덴마크의 독신 가구와 다자녀 가구의 실질세 부담률 차이는 10.4(%p)이다.

독신 가구와 다자녀 가구의 실질세 부담률 차이가 10.4(%p)보다 큰 국가들은 A(14.8%), C(11.4%), D(12.8%)이다.
따라서 캐나다, 벨기에, 포르투갈이 A, C, D의 후보가 된다.
→ 〈선택지〉 ④ 제외

〈조건 2〉 2015년 독신 가구 실질세부담률이 전년대비 감소한 국가는 벨기에, 그리스, 스페인이다.
→ 2015년 독신 가구 실질세 부담률이 전년 대비 증가했는지, 감소했는지, 전년과 같은지는 〈표〉의 전년 대비 증감(%p)의 부호를 확인함으로써 파악할 수 있다. 부호가+이면 증가, – 이면 감소, 전년 대비 증감(%p)이 0이면 전년과 같다는 의미이다.

독신 가구 실질세 부담률이 전년 대비 감소한 국가는 전년 대비 증감(%p)의 부호가 –인 A, B, E이다. 따라서 벨기에, 그리스, 스페인이 A, B, E의 후보가 된다.

〈조건 ①〉과 〈조건 ②〉에 공통으로 포함된 나라는 벨기에뿐이고 알파벳 또한 A 단 하나만 겹치므로 A가 벨기에라는 것을 확정 지을 수 있다.
→ 〈선택지〉 ⑤ 제외

〈조건 3〉 스페인의 2015년 독신 가구 실질세부담률은 그리스의 2015년 독신 가구 실질세부담률보다 높다.
→ B와 E의 2015년 독신 가구 실질세 부담률 비교를 통해 스페인과 그리스를 확정 지을 수 있다.

2015년 독신 가구 실질세 부담률은 B가 39.0(%), E가 39.6(%)으로 E가 B보다 0.6(%) 높다.
따라서 B가 그리스, E가 스페인이다.
→ 〈선택지〉 ②, ③ 제외

〈조건 4〉 2005년 대비 2015년 독신 가구 실질세부담률이 가장 큰 폭으로 증가한 국가는 포르투갈이다.
→ 2005년 대비 2015년 독신 가구 실질세 부담률이 가장 큰 폭으로 증가한 국가는 2005년 대비 증감(%p)이 5.26(%p)으로 가장 큰 C이다. 따라서 포르투갈은 C이고, 캐나다는 D이다.

합격자의 실전 풀이 순서

1. 〈조건〉 중 1가지를 확정할 수 있는 정보부터 확인한다. 즉, 4번째 조건으로부터 C가 포르투갈이라는 것을 확정하고 ②, ④번을 소거한다.
2. 2번째 조건을 통해 A, B, E가 벨기에, 그리스, 스페인 중 하나에 해당하므로 ⑤번을 소거한다.
3. ①, ③번의 구성을 고려할 때 B, E가 그리스나 스페인 중 하나이며, 3번째 조건을 만족시키는(2015년 독신 가구 실질세 부담률이 더 큰 E가 스페인, 작은 B가 그리스) 선지는 ①번이므로 이것이 답이다.

합격자의 시간단축 Tip

Tip ① 이 문제 유형의 출발은 '확정 정보'를 먼저 확인하는 것에 있다.
네 번째 〈조건〉처럼 '가장 ~한'식의 명확한 표현으로 주는 경우도 있으나, 난이도를 조금 더 높이면 '조건 조합 시 확정 정보가 나오는 방식'도 있다.
예를 들어 첫 번째 조건과 두 번째 조건을 조합 시 벨기에가 겹치기에 반드시 벨기에를 도출할 수 있게 된다.
이 문제의 경우 이를 활용하지 않고 두 번째 조건만으로 선지 제거가 가능하였으나, 난이도가 높은 문제에서는 활용해야 할 수 있으므로 '조합 시 확정 방식'도 있음을 알아 두자.

Tip ❷ 이 유형에서 PSAT에 익숙해지지 않은 수험생이 행하는 가장 큰 실수는 빈칸을 정확하게 채우려고 하는 것이다. 이 유형은 기본적으로 '경우의 수' 유형으로, 선지를 통해 친절하게 경우의 수를 단 5가지로 줄여 주었다는 점에서 선지를 적극적으로 이용하는 것이 가장 효율적이다.

079 정답 ④ 난이도 ●●○

① (×) 5월과 6월에 모두 데이터 사용량이 있는 앱 중 5월 대비 6월 데이터 사용량의 증가량이 ~~가장 큰 앱은 '뮤직플레이'이다.~~

→ 물어보는 것이 데이터 사용량의 증가량이므로 6월에 사용한 데이터 사용량에서 5월에 사용한 데이터 사용량을 뺀 뒤 단위를 통일하여 가장 증가량이 큰 앱이 '뮤직플레이' 인지 확인해주면 된다. 먼저 'G인터넷'부터 계산해보면 6.7−5.3 = 1.4이므로 1.4GB만큼 증가했다고 볼 수 있다.
그런데 1GB는 1,024MB 이므로 뮤직플레이의 증가량인 570−94.6=475.4MB보다 더 많이 증가했음을 알 수 있다. 따라서 증가량이 가장 큰 앱은 '뮤직플레이' 앱이 아니다.

② (×) 5월과 6월에 모두 데이터 사용량이 있는 앱 중 5월 대비 6월 데이터 사용량이 ~~감소한 앱은 9개이고 증가한 앱은 8개이다.~~

→ 5월과 6월의 데이터 사용량을 비교해보면 데이터 사용량이 감소한 앱은 '톡톡', '앱가게', '위튜브', '영화예매', 'NEC뱅크', '알람', '어제뉴스', 'S메일', '카메라', '일정관리' 이렇게 10개이다.
증가한앱은 'G인터넷', 'HS쇼핑', '뮤직플레이', '쉬운지도', 'JJ멤버쉽', '날씨정보', '지상철', '총 7개다.

③ (×) 6월에만 데이터 사용량이 있는 모든 앱의 총 데이터 사용량은 '날씨정보'의 6월 데이터 사용량보다 ~~많다.~~

→ 날씨정보의 6월 데이터 사용량의 합은 45.3MB이다. 반면, 6월에만 데이터 사용량이 있는 앱은 '가계부', '17분 운동', 'JC카드' 이렇게 3개의 앱인데 총합이 (27.7+14.8+0.7)=43.2MB이다.

④ (○) 'G인터넷'과 'HS쇼핑'의 5월 데이터 사용량의 합은 나머지 앱의 5월 데이터 사용량의 합보다 많다.

→ 'G인터넷'과 'HS쇼핑'의 5월 데이터 사용량의 합은 5.3+1.8=7.1GB임을 알 수 있다.
그런데 나머지 앱의 5월 데이터 사용량의 합을 구해보면 단위가 GB인 것은 '톡톡'과 '앱가게'로서 합이 2.4+2.0=4.4GB가 된다. 따라서 '톡톡'과 '앱가게'의 앱을 제외한 나머지의 앱들의 합이 7.1− 4.4 =2.7GB를 넘지 않으면 참인 선택지라고 할 수 있다. 2.7GB를 MB로 바꿔보면 2.7×1,024이므로 2,764.8MB를 넘지 않아야 한다. 나머지 앱들의 데이터 사용량을 모두 합해보면 (94.6+836+321+45.2+77.9+42.8+254+10.6+5+2.7+29.7+0.5+0.3)=1,720.3MB이므로, 2,764.8MB를 넘지 않는다. 따라서 참인 선택지이다.

⑤ (×) 5월과 6월에 모두 데이터 사용량이 있는 앱 중 5월 대비 6월 데이터 사용량 변화율이 ~~가장 큰 앱은 'S메일'이다.~~

→ 변화율이란 절대값이란 것에 유의해야 한다. 5월 대비 6월 데이터 사용량의 변화율이라는 것은 5월을 기준으로 해서 5월과 6월에 사용한 데이터양의 차이이므로 $\frac{\text{5월과 6월의 데이터 차이}}{\text{5월 데이터 사용량}}$이다.

'S메일'부터 계산해보면 $\frac{29.7-0.8}{29.7} \approx 0.97$이다.

5월과 6월의 데이터 사용량의 차이가 5월의 데이터 사용량과 같기만 해도 1이 되므로 5월과 비교하여 6월에 월등히 많이 데이터를 사용한 '뮤직플레이' 앱의 사용량 변화율을 살펴보면

$\frac{570-94.6}{94.6} \approx 5.02$로 변화율이 더 크다.

합격자의 실전 풀이 순서

❶ 선지 ⑤부터 ①까지 아래에서 위 순서로 풀이한다. 단, ⑤는 변화율 계산을 요고, ④는 덧셈 계산을 요하므로 보다 복잡한 ⑤를 후순위로 미룬다.

❷ ④는 각주 3)을 통해 GB가 MB보다 훨씬 큰 단위임을 인지했다면 보다 쉽게 해결할 수 있다.

합격자의 시간단축 Tip

선지 ① '뮤직플레이'의 증가량=570− 94.6 > 570 −100 = 470MB이다. GB 단위인 'G인터넷'의 데이터 사용량 증가량은 1.4GB=1.4×1,024MB로 '뮤직플레이'보다 증가량이 더 크다.
참고로 단위는 늘 주의해야 한다. GB 개념의 경우 많은 수험생이 상식선에서 알고 있어 실수할 일이 적을 수 있으나, 익숙하지 않은 단위의 경우 1단위가 1,024라는 것을 놓치면 바로 함정에 빠지게 된다.

선지 ② 이러한 유형은 나름의 대처 순서를 가지고 있는 것이 좋다.
각주 2)에서 '총 20개의 앱이 있다' 하였으므로 감소한 앱 9개와 증가한 앱 8개를 빼면 3개의 예외 앱이 있어

야 한다. 따라서 첫 번째로는 이 부분을 확인한다. 확인 한 후에는 감소 또는 증가 중 하나를 선택해 찾는다. 이와 같이 체계적으로 확인하면, 증가와 감소를 모두 확인하지 않고 어느 하나만 확인하는 것으로 문제가 해결되어 효율적이다.

선지 ③ 45.3 vs (27.7+14.8+0.7)=27+14+0.7 + 0.8 + 0.7=41+2.2 < 45 → 전자가 더 크다.

선지 ④ 'G인터넷'과 'HS쇼핑'의 경우 5.3+1.8=7.1 GB이다. 이때 '각산법'을 이용하여 나머지 값들을 더해 보면 간단하게 보더라도 7.1 GB를 도저히 넘을 수가 없다. 따라서 옳은 선지이다.

※ 구체적으로 계산할 필요가 전혀 없다. 가볍게 확인만 하자.

선지 ⑤ 변화율이 가장 큰 앱을 구하는 것보다는 보기에서 준 값을 기준점으로 보고 더 큰 변화율을 가진 값이 있는지 확인하는 것이 좋다.
이때 기준점이 되는 'S메일'의 경우 감소되는 값인데, 감소율이나 음(−)의 변화율에는 중요한 특성이 있다. 즉 0이하의 값(음의 값)이 존재하는 경우가 아닌 한 감소율 등은 100%의 제한이 있다. 따라서 기준점이 감소된 값이라면, '100%를 넘는 증가율을 가진 값'만 찾으면 된다.
이를 생각하면서 접근하면 더 빠르게 해결할 수 있을 것이다.

080 정답 ②

난이도 ●●○

〈조건 2〉 2017년 여성 종사자가 가장 많은 매체는 '종이신문'이다.
→ 2017년 여성 종사자는 2017년 정규직 여성과 비정규직 여성의 수를 합해서 구할 수 있다.
매체 A는 (5,957명+1,017명)=6,974명이다.
매체 B는 (2,726명+1,532명)=4,258명이다.
매체 C는 (3,905명+1,059명)=4,964명이다.
매체 D는 (370명+41명)=411명이다.
2017년 여성 종사자가 가장 많은 매체는 A이다. 즉, A가 종이신문이다.
따라서 '종이신문'이 첫 번째 순위로 있는 보기 ① 또는 ②가 정답이다.

〈조건 3〉 2018년 '방송'의 정규직 종사자 수 대비 비정규직 종사자 수의 비율은 20% 미만이다.
→ 남은 선택지 ①, ②에서 '방송'이 2순위 또는 3순위인지만 파악하면 된다. 따라서 '방송'은 매체 C 또는 B이다. 2018년 정규직 종사자 수 대비 비정규직 종사자 수의 비율을 구하는 공식은 $\frac{\text{비정규직 종사자 수}}{\text{정규직 종사자 수}} \times 100$ 이다.

계산해보면, B의 2018년 정규직 종사자 수 대비 비정규직 종사자 수의 비율은 $\frac{2,676(\text{명})}{17,336(\text{명})} \times 100 \approx 15.4\%$ 이다.
이때 B를 방송 매체라고 단정을 지을 수 없으므로 C의 2018년 정규직 종사자 수 대비 비정규직 종사자 수의 비율을 구해봐야 한다.
C 매체에 대해서는 $\frac{4,592(\text{명})}{16,848(\text{명})} \times 100 \approx 27.25\%$이다.
따라서 B, C 중 2018년 정규직 종사자 수 대비 비정규직 종사자 수의 비율이 20% 미만인 매체는 B뿐이라는 것을 알 수 있다.
즉, B 매체가 방송이 되므로 정답은 ②이다.

〈조건 1〉 2017년과 2018년 '통신'의 비정규직 종사자는 전년대비 매년 증가하였다.
→ 〈표〉의 비정규직 종사자 소계를 살펴보면 2017년과 2018년 전년 대비 매년 증가한 매체는 C와 D임을 알 수 있다.
C는 2016년에 2,550명에서 2017년에는 3,217명으로 증가했고 2018년에는 4,592명으로 더욱 증가했음을 알 수 있다.
또한 매체 D는 2016년에 88명에서 2017년에는 206명, 2018년에는 625명으로 전년 대비 매년 증가했음을 알 수 있다.
따라서 통신이 될 수 있는 것은 C 또는 D임을 알 수 있다.

〈조건 4〉 2016년에 비해 2017년에 남성 종사자가 감소했고 여성 종사자가 증가한 매체는 '인터넷신문'이다.
→ 2016년과 2017년의 정규직과 비정규직 남성, 여성의 합을 구하여 비교하면 된다.

	남성		여성	
	2016	2017	2016	2017
A	17,384	16,549	7,273	6,974
B	14,283	12,587	5,427	4,258
C	8,844	8,496	4,847	4,964
D	1,283	1,268	438	411

위 표를 보면 남성의 수는 모든 매체에서 감소하고, 여성의 수는 C 매체에서만 증가했으므로 '인터넷신문'은 매체 C가 된다.

합격자의 실전 풀이 순서

❶ 〈표〉의 소계에 표시하고, 선지 구성에서 3 : 1 : 1을 찾는다. 단, 이 문제에서는 3 : 1 : 1의 선지 구성을 찾을 수 없다.
2018년 A~D의 전체 종사자 수를 비교한다.

❷ A: 24,241+3,425 > 27,000,
B: 17,336+2,676 ≈ 20,000,
C: 16,848+4,592 ≈ 20,000,
D: 2,133+625 < 3,000이다.
이때 B vs C : 17,336은 16,848보다 약 500 크고, 4,592는 2,676보다 약 1,900 크므로, B보다 C의 종사자 수가 더 많다.
즉, 전체 종사자 수는 A-C-B-D 순서로 많다. 이를 선지 ①과 〈조건〉 사이에 표시해둔다.

❸ 가장 아래 조건부터 풀이한다. 단, 〈조건 4〉는 남성과 여성의 정규직과 비정규직 합을 계산해야 하고, 〈조건 3〉은 소계를 통해 보다 간단히 계산할 수 있으므로 〈조건 3〉 먼저 해결한다.

합격자의 시간단축 Tip

조건 ②

[방법 1] 추천 방법
A는 5,957+1,017=약 6,900으로, 이를 기준 값으로 하여 나머지 값과 비교한다.
이때 편의상 6,900이 아닌 6,000을 기준으로 잡아보자. B의 경우 적어도 3,000+3,000은 되어야 6,000이 될 것이나, 각각 2,726과 1,532로 두 값 모두 이보다 작다. 마찬가지로 C의 경우 적어도 4,000+2,000이 되어야 6,000이 될 것이나 이 역시 각각 3,905와 1,059로 두 값 모두 작으므로 그 합 역시 작다.
이와 같은 방법은 설명은 길지만, 실제로 풀 때는 연산할 것이 전혀 없어 매우 편할 것이다.

[방법 2] 정석적인 방법
선지에 따르면, 종이신문은 A 또는 B 또는 C이다.
A: 5,957+1,017 > 6,900 vs B: 2,726+1,532 > 4,200 vs C: 3,905+1,059 > 4,900
따라서 종이신문은 A(첫 번째)이다.

조건 ③ 선지에 따르면, 방송은 B 또는 C 또는 D이다.
B의 정규직 종사자 수 17,336의 10%는 약 1,733, 20%는 약 3,466이고 비정규직 종사자 수는 이보다 적다.
C의 정규직 종사자 수 16,848의 10%는 약 1,684, 20%는 약 3,370이고 비정규직 종사자 수는 이보다 많으므로 C는 방송이 아니다.
D의 정규직 종사자 수 2,133의 10%는 약 213, 20%는 약 426이고 비정규직 종사자 수는 이보다 많으므로, D는 방송이 아니다. 즉, 방송은 B(세 번째)이다. 참고로 20% 미만을 처리할 때 구체적인 숫자를 도출하진 않아도 된다. 이 경우 앞 두 자리 정도만 2를 곱해 확인하는 것으로 충분하다.

조건 ④ 선지에 따르면, 인터넷신문은 A 또는 B 또는 C이다. 이때 '㉠이면서 ㉡이다'와 같은 유형은 ㉠→㉡ 순으로 출제자가 구성한 것이므로, 역으로 ㉡→㉠ 순으로 확인 시 빈틈을 발견하거나 반례를 쉽게 확인할 개연성이 높다.
여성 종사자의 증가 여부 먼저 확인한 후 남성 종사자 수 감소 여부를 확인한다.

- A: 6,530+743→5,957+1,017 : 6,530은 5,957보다 530+47 크고, 1,017은 743보다 257+17 크다. 따라서 전자가 후자보다 크다. 따라서 A는 인터넷신문이 아니다.
  실제로는 6,530−5,957=약 6,530−6,000=530으로 보는 정도면 충분하며, 1,017−743=약 1,017−800=217으로 보면 된다.
- B: 3,944+1,483→2,726+1,532 : 3,944는 2,726보다 약 1,200 크고, 1,532는 1,483과 거의 같다. 따라서 전자가 후자보다 크다. 따라서 B는 인터넷 신문이 아니므로 인터넷신문은 C(두 번째)이다.

081 정답 ②

난이도 ●●○

ㄱ. (○) 홍수재해 발생건수는 총 72건이며, 분류기간별로는 1501~1550년에 37건으로 가장 많이 발생했다.
→ 1451~1500년에 발생한 홍수재해 발생 건수는 5월에 1건, 6월에 3건, 7월에 4건으로 총 8건이다. 따라서 (1392~1450년의 총 발생 건수 27건)+(1451~1500년의 총 발생 건수 8건)+(1501~1550년의 총 발생 건수 37건)을 더하면 (8+27+37)=72건이다.
또한 분류 기간별로는, 1501~1550년에 37건으로 가장 많이 발생했다.
따라서 옳은 보기이다.

ㄴ. (×) 홍수재해는 모두 5~8월에만 발생했다.
→ 1501~1550년 9월에 1건의 홍수재해가 발생했으므로 모두 5~8월에만 발생했다는 선지는 옳지 않다.

ㄷ. (○) 2~7월의 가뭄재해 발생건수는 전체 가뭄재해 발생건수의 90% 이상을 차지한다.
→ 〈표 2〉에서 1501~1550년에 발생한 가뭄재해는 (4월 4건), (5월 7건), (6월 7건), (7월 6건), (8월 1건)을 모두 합하면 (4+7+7+6+1)=25건이다.
전체 가뭄재해 발생건수는
- 1392~1450년: 37건,
- 1451~1500년: 17건,

• 1501~1550년: 25건으로 총 가뭄재해 발생 건수는 (37+17+25)=79건이다.
이때 1월과 8~12월 가뭄재해 발생 건수는 0+4+1+0+0+1=6(건)으로 총 가뭄재해 발생 건수인 79건의 10% 미만이므로 2~7월 가뭄재해 발생 건수는 90% 이상이다.

ㄹ. (×) 매 분류기간마다 가뭄재해 발생건수는 홍수재해 발생건수보다 많다.
→ 〈보기〉 ㉠에서 구한 분류 기간별 홍수재해 발생 건수는
• 1392~1450년: 27건,
• 1451~1500년: 8건,
• 1501~1550년: 37건이다.
〈보기〉 ㉢에서 구한 분류 기간별 가뭄재해 발생 건수는
• 1392~1450년: 37건,
• 1451~1500년: 17건,
• 1501~1550년: 25건이다.
• 1501~1550년에 가뭄재해 발생 건수가 홍수재해 발생 건수보다 적기 때문에, 매 분류 기간마다 가뭄재해 발생 건수는 홍수재해 발생 건수보다 많다고 할 수 없다.

합격자의 실전 풀이 순서

❶ 〈표 1〉은 홍수 발생 건수에 관한, 〈표 2〉는 가뭄 발생 건수에 관한 표임을 파악한다.
❷ 보기 ㉡을 눈으로 빠르게 확인하면, 9월에도 홍수가 발생하였으므로 틀린 보기이다. 따라서 답은 ②, ④번 중 하나이다.
❸ 보기 ㉣을 확인하면, 틀린 보기이므로 답은 ②번이다.

합격자의 시간단축 Tip

보기 ㉡ 문제 출제 의도를 고려할 때 "5~8월에만"이라는 표현을 썼다는 것은 반례가 있더라도 거의 대부분의 값은 5~ 8월에만 있는 상황이어서 위와 같은 '단정적 표현'을 썼다고 유추할 수 있다.
즉 반례가 있다면 매우 작은 값일 것이므로 5~8월을 먼저 찾지 않고, '계'에서 숫자가 가장 작은 값을 찾은 후 그 값이 5~8월 안에 들어가는지 확인하는 방법이 효율적일 수 있다는 것을 의미한다.
예를 들어 계를 보면 '1'이 가장 작다. 1의 해당 월을 확인하면 9월로 반례가 되므로 바로 틀린 선지로 처리한다.

보기 ㉢ '여사건'을 활용한다. 즉 반대 해석을 이용하면 2~7월을 제외한 가뭄재해 발생 건수가 전체 가뭄 재해 발생 건수의 10% 이하인지를 묻는 것으로, 2~7월을 제외한 가뭄재해 발생 건수는 6건(8, 9, 12월)이다. 이때 전체 가뭄재해 발생 건수를 구하지 않고 답을 도출하기 위해 앞선 6건을 이용하면, 전체 가뭄재해 발생 건수가 60건 이상일 경우 8 ~ 1월 가뭄재해 발생건수가 10% 이하일 것임을 알 수 있다. 1392 ~ 1450년, 1451~1500년의 가뭄재해 발생 건수의 합은 54건이고, 1501~1550년의 발생 건수가 6건을 초과하므로 옳은 보기이다.

보기 ㉣ 〈표 1〉의 분류 기간별 합을 활용한다. 1501~1550년의 홍수재해 발생 건수는 37건이지만, 이를 기준으로 〈표 2〉의 같은 기간 가뭄재해 발생 건수는 대략적인 계산으로도 30 이하인 것을 확인할 수 있다. 항상 구체적인 숫자를 구해서 비교하기보다는 기준이 되는 수치(37건)와 대략적으로 비교하려는 습관을 지니는 것이 좋다.

082 정답 ④ 난이도 ●●○

① (O) 감면액은 국세가 지방세보다 매년 많다.
→ 〈표〉에서 국세의 감면액과 지방세의 감면액을 비교해보면 2008년부터 2016년까지 모두 국세의 감면액이 지방세의 감면액보다 많으므로 감면액은 국세가 지방세보다 매년 많다.

② (O) 감면율은 지방세가 국세보다 매년 높다.
→ 〈그림〉에서 국세의 감면율과 지방세의 감면율을 비교해보면 2008년부터 2016년까지 모두 지방세의 감면율이 국세의 감면율보다 높으므로 감면율은 지방세가 국세보다 매년 높다.

③ (O) 2008년 대비 2016년 징수액 증가율은 국세가 지방세보다 높다.
→ 2008년 대비 2016년 징수액 증가율은
$\frac{2016\text{년 징수액}-2008\text{년 징수액}}{2008\text{년 징수액}}$ 으로 구할 수 있다.
〈표〉에서 국세의 2008년과 2016년 징수액을 이용하여 국세의 징수액 증가율을 구하면
$\frac{216-138}{138}=\frac{78}{138}\approx 0.56$
〈표〉에서 지방세의 2008년과 2016년 징수액을 이용하여 지방세의 징수액 증가율을 구하면
$\frac{62-41}{41}=\frac{21}{41}\approx 0.51$이다.
따라서 2008년 대비 2016년의 징수액 증가율은 국세가 지방세보다 높다.

④ (×) 국세 징수액과 지방세 징수액의 차이가 가장 큰 해에는 ~~국세 감면율과 지방세 감면율의 차이도 가장 크다~~.

➔ 매년 국세 징수액과 지방세 징수액의 차이는

2008년: 97조 원 2009년: 117조 원
2010년: 122조 원 2011년: 120조 원
2012년: 129조 원 2013년: 140조 원
2014년: 149조 원 2015년: 148조 원
2016년: 154조 원

2016년이 국세 징수액과 지방세 징수액의 차이가 가장 크다.

국세 감면율과 지방세 감면율의 차이는

2008년: 4.3% 2009년: 8.4%
2010년: 8% 2011년: 14.5%
2012년: 13.7% 2013년: 17.1%,
2014년: 11.5% 2015년: 9.1%
2016년: 2.4%

2013년의 차이가 가장 크다. 따라서 두 연도가 일치하지 않으므로 선택지의 내용은 정확하지 않다.

⑤ (O) 2014~2016년 동안 국세 감면액과 지방세 감면액의 차이는 매년 증가한다.

➔ 〈표〉에서 세 연도의 국세 감면액과 지방세 감면액의 차이를 구해보면 2014년은 33−15=18조 원, 2015년은 34−14=20조 원, 2016년은 33−11=22조 원이다.

따라서 2014~2016년 동안 국세 감면액과 지방세 감면액의 차이는 매년 증가한다.

합격자의 실전 풀이 순서

❶ 〈표〉와 〈그림〉을 보고 〈표〉는 징수액과 감면액에 관한 것이고, 〈그림〉은 감면율(비율)에 관한 것임을 파악한다.

❷ 눈으로 빠르게 확인할 수 있는 ①, ②번을 우선 확인한다. 옳은 선지이므로 소거한다.

❸ 다음으로 분수 비교가 필요하지 않고 눈으로 확인할 수 있는 ④, ⑤번을 확인한다. ④번이 틀린 선지임을 확인하면, 답을 표시하고 넘어간다.

합격자의 시간단축 Tip

선지 ① 일일이 확인하기 보다는 '경향성'을 통해 처리하는 것이 좋다.

예를 들어 '지방세 감면액'을 보면 모두 20 미만의 값인 반면, '국세 감면액'의 경우 최솟값이 21이다. 따라서 굳이 연도 별로 각각 비교하지 않더라도 국세가 더 높다는 것을 쉽게 알 수 있다.

선지 ② 선지 ①과는 달리 〈그림〉을 활용하는 것으로, '꺾은 선 그래프'는 경향성을 잘 보여주는 그래프 형태이다. 따라서 지방세 꺾은 선이 모두 국세 꺾은 선 위에 있는지만 확인한다.

선지 ③ 근삿값으로 만든 후, 어느 한 값을 기준으로 두고 비교한다.

국세는 140→216, 지방세는 40→60으로 근삿값을 둘 때, 지방세를 기준으로 보면 50% 가량의 증가율을 보인다. 이에 국세에 50% 증가율을 적용하면 140+70=210으로 216보다 작다. 즉 국세의 징수액 증가율이 더 높다.

이때 더 안전한 풀이를 위해 알아 두어야 할 것은 '근삿값을 만드는 방법'이다.

근삿값은 가급적 질문한 바를 달성하기 어렵게 만드는 것이 좋다. 예를 들어 "국세가 지방세보다 높다"에 대해 국세는 작게, 지방세는 크게 근삿값을 설정하여, "이런 식으로 잡아도 국세가 더 크다"라는 결론이 나와야 근삿값에 의한 결과가 더 신뢰 있게 된다. 만약 이러한 대원칙 없이 단순히 편한 수로 근삿값을 잡으면 숫자 구조를 왜곡할 수 있으니, 이러한 점을 염두에 두고 생각해야 한다.

선지 ④ "A인 해에는 B도 가장 크다."와 같은 선지는 B를 먼저 확인하고 A도 그러한지 확인하는 것이 빠를 수 있다. 왜냐하면 이 문제는 〈그림〉의 시각적 효과를 활용하여 꺾은 선 간의 거리가 가장 먼 해를 찾으면, 국세 감면율과 지방세 감면율의 차이가 가장 큰 해는 2013년인 것을 쉽게 구할 수 있기 때문이다. 반면, 〈표〉에서 2013년보다 국세 징수액과 지방세 징수액의 차이가 더 큰 2014년이 있으므로 틀린 선지이다.
(국세 징수액의 증가 폭이 지방세 징수액의 증가 폭보다 크므로 2014년의 차이가 더 크다)

선지 ⑤ 국세 감면액과 지방세 감면액의 차이를 구하지 않고 국세 감면액의 증가/감소량과 지방세 감면액의 감소량을 비교한다. 2015년에는 국세 감면액은 증가하고 지방세 감면액은 감소했으므로 국세 감면액과 지방세 감면액의 차이는 당연히 증가한다. 또한, 2016년에는 국세 감면액은 1만큼 감소하고 지방세 감면액은 3만큼 감소했으므로 역시 국세 감면액과 지방세 감면액의 차이는 증가할 것이다. 실제로 연도별 추세 문제에서 어느 한 카테고리는 지속 증가하는 경향을 보이고, 다른 카테고리는 지속 감소하는 경향을 보이도록 출제하여 흐름을 읽을 수 있는지 자주 묻고 있다.

083 정답 ③ 난이도 ●●●

〈조건 1〉 시험점수는 자연수이다.
→ A, B, C, D 학생의 점수는 모두 자연수이다.

〈조건 2〉 시험점수가 같은 학생은 A, E, F뿐이다.
→ 빈칸인 A가 E와 F랑 점수가 같기 때문에 A의 점수는 9점이다.

〈조건 3〉 산술평균은 8.5점이다.
→ 산술평균은 주어진 수의 합을 수의 개수로 나눈 값이므로 $\frac{A+B+C+D+E+F}{6}=8.5$를 뜻한다.
→ 양변에 6을 곱해주면 $A+B+C+D+E+F=51$
$9+B+C+D+9+9=51 \rightarrow B+C+D=24$이다.

〈조건 4〉 최댓값은 10점이다.
→ 시험점수의 가장 큰 값은 10점임을 알 수 있다. 따라서 아직 구하지 못한 B, C, D의 시험점수는 10점이 적어도 하나 있어야 함을 알 수 있다.

〈조건 5〉 학생 D의 시험점수는 학생 C보다 4점 높다.
→ 위 조건을 간단한 기호로 나타내면 $C=D-4$
3번 조건에서 알아낸 $B+C+D=24$의 C를 $D-4$로 바꿔주면
$B+D-4+D=24$
$=B+2D-4=24$
$=B+2D=28$ 이다.

또한 C의 시험점수가 10점이면 D는 14점이기 때문에 4번 조건에 부합하지 않는다.
→ 따라서 최댓값 10점은 B 또는 D의 점수이다.

위를 통해 두 가지 경우로 나누어 B, C, D의 점수를 알 수 있다.
Ⅰ) B가 10점일 경우
Ⅱ) D가 10점일 경우

Ⅰ) $10+2D=28 \rightarrow D=9$
$\rightarrow B=10,\ C=5,\ D=9$
Ⅱ) $B+20=28 \rightarrow B=8$
$\rightarrow B=8,\ C=6,\ D=10$

두 가지 모두 답이 나오는 것으로 착각할 수 있으나 '**시험점수가 같은 학생은 A, E, F뿐이다.**'라는 조건 때문에 D의 값이 9가 나오면 조건에 부합하지 않는다. 따라서 학생 A, B, C, D의 시험점수는 A=9, B=8, C=6, D=10으로 ③이 옳은 보기이다.

합격자의 실전 풀이 순서

[풀이 순서 1] 최적의 방법
2번째 조건, 5번째 조건을 조합하여 소거해나가면 쉽게 풀 수 있다.
즉, 다른 조건은 사실상 불필요 하다.
C에 4를 더하면 D라는 5번째 조건을 하나씩 적용해보면
①번은 D가 9로 B와 동점,
②번은 D가 8로 A와 동점,
④번은 D가 9로 A와 동점,
⑤번은 D가 10으로 B와 동점이므로
모두 2번째 조건에 모두 위배되어, 곧바로 답은 ③번 밖에 없음을 알 수 있다.

[풀이 순서 2] 일반적인 방법
❶ 〈표〉와 조건을 활용하여 불가능한 선지를 소거해가는 식으로 접근한다.
❷ 2번째 조건을 활용하면 A의 점수는 9점이다. 따라서 ①, ②번을 소거한다.
❸ 2번째 조건과 5번째 조건을 활용하면 D의 점수는 9점일 수 없으므로 ④번을 소거한다.
❹ 3번째 조건을 활용하면 총점은 51이어야 한다. 따라서 이를 만족하는 답은 ③번이다.

합격자의 시간단축 Tip

이 유형에서 PSAT에 익숙해지지 않은 수험생이 행하는 가장 큰 실수는 빈칸을 정확하게 채우려고 하는 것이다. 먼저 확정 정보를 제공해주는 〈조건〉을 이용하여 선지를 소거하고, 남은 선지의 정보를 마치 추가 조건인 것처럼 다시 〈조건〉에 역 이용하면 더욱 빠른 풀이가 가능하다.

084 정답 ⑤ 난이도 ●●○

① (O) 2015년 3월의 식량 가격지수는 2014년 3월에 비해 15% 이상 하락했다.
→ 2014년 3월 식량 가격지수는 213.8이고 2015년 3월 식량 가격지수는 173.8이다.
〈그림〉에서 2015년 3월의 식량 가격지수와 2014년 3월의 식량 가격지수를 이용하여 감소율을 구해보면 다음과 같다.

$$\frac{\text{2014년 3월 가격지수}-\text{2015년 3월 가격지수}}{\text{2014년 3월의 식량 가격지수}}$$

$$=\frac{213.8-173.8}{213.8}=\frac{40}{213.8}\approx 0.18\text{이므로}$$

2015년 3월의 식량 가격지수는 2014년 3월에 비해 약 18%정도 하락했기 때문에 15% 이상 하락했다.

② (O) 2014년 4월부터 2014년 9월까지 식량 가격지수는 매월 하락했다.

➔ 〈그림〉을 통하여 2014년 4월부터 2014년 9월까지의 식량 가격지수를 확인하면

2014년 4월=211.5
2014년 5월=210.4
2014년 6월=208.9
2014년 7월=204.3
2014년 8월=198.3
2014년 9월=192.7

월별 순서대로 부등식을 이용하여 나열하면
→ 211.5 > 210.4 > 208.9 > 204.3 > 198.3 > 192.7이다.
전월보다 항상 식량 가격지수가 낮음을 알 수 있으므로 옳은 보기이다.

③ (O) 2014년 3월에 비해 2015년 3월 가격지수가 가장 큰 폭으로 하락한 품목은 낙농품이다.

➔ 2014년 3월 품목별 가격지수는
- 육류: 185.5
- 낙농품: 268.5
- 곡물: 208.9
- 유지류: 204.8
- 설탕: 254.0

➔ 2015년 3월 품목별 가격지수는
- 육류: 177.0
- 낙농품: 184.9
- 곡물: 169.8
- 유지류: 151.7
- 설탕: 187.9

➔ (2014년 3월 품목별 가격지수)−(2015년 3월 품목별 가격지수)의 값이 가장 큰 품목이 가격지수가 가장 큰 폭으로 하락한 품목이다.
- 육류: 185.5−177.0=8.5
- 낙농품: 268.5−184.9=83.6
- 곡물: 208.9−169.8=39.1
- 유지류: 204.8−151.7=53.1
- 설탕: 254.0−187.9=66.1

이므로 낙농품이 가장 값이 크다. 따라서 2014년 3월에 비해 2015년 3월 가격지수가 가장 큰 폭으로 하락한 품목은 낙농품이므로 옳은 보기이다.

④ (O) 육류 가격지수는 2014년 8월까지 매월 상승하다가 그 이후에는 매월 하락했다.

➔ 〈표〉에서 2014년 3월부터 2015년 3월까지의 육류 가격지수를 비교해보면 2014년 3월부터 2014년 8월까지는 매월 상승하다가 2014년 8월부터 2015년 3월까지는 매월 하락하는 것을 확인할 수 있다.

⑤ (×) 2002년 가격지수 대비 2015년 3월 가격지수의 상승률이 가장 낮은 품목은 ~~육류이다~~.

➔ 2002년 가격지수 대비 2015년 3월 가격지수의 상승률은
$\frac{\text{2015년 3월 가격지수}-\text{2002년 가격지수}}{\text{2002년 가격지수}}$로 구할 수 있다.
2002년 가격지수는 100이므로 〈표〉에서 다섯 개 품목의 2015년 3월 가격지수를 이용하여 상승률을 구하면
- 육류: $\frac{177.0-100}{100}=\frac{77}{100}$
- 낙농품: $\frac{184.9-100}{100}=\frac{84.9}{100}$
- 곡물: $\frac{169.8-100}{100}=\frac{69.8}{100}$
- 유지류: $\frac{151.7-100}{100}=\frac{51.7}{100}$
- 설탕: $\frac{187.9-100}{100}=\frac{87.9}{100}$

다섯 개 품목의 상승률을 비교해보면 유지류가 상승률이 가장 낮은 품목이다.

합격자의 실전 풀이 순서

❶ 〈그림〉과 〈표〉 모두 가격지수에 관한 내용임을 확인하고, 각주를 통해 기준연도가 2002년임을 파악한다.

❷ ①~⑤ 중 하나를 고르는 문제의 경우, 단순 확인용 선지보다는 자료의 핵심적인 부분을 묻는 선지가 답일 확률이 높다. 따라서 자료의 구조나 내용을 정확히 파악한 경우에는 답일 가능성이 큰 선지부터 확인하는 것도 시간을 줄이는 방법일 수 있다. 이 문제는 눈으로 확인할 수 있는 ②, ③, ④보다는 ①, ⑤번이 답일 확률이 높다. (다만, 자료가 파악하기 어렵고 계산이 복잡하다면 눈으로 확인할 수 있는 선지를 소거하는 방식으로 접근하는 것이 낫다)

❸ ①, ⑤번 중 ⑤번은 지수의 개념을 알고 있다면 눈으로 확인할 수 있는 선지이다. 따라서 먼저 확인하면 틀린 선지이므로 답은 ⑤번이다.

합격자의 시간단축 Tip

선지 ① 15%를 처리하는 방법은 크게 두 가지가 있다. **첫 번째**는 정석적인 방법으로 10%+5%로 처리하는 방식이다. $\frac{40}{213.8}$의 분모의 15%를 대략 구하면 10%는 약 21이고, 5%는 약 11이므로 10%+5%=32가 된다. 그러나 분자인 40은 이보다 크므로 감소율이 15%보다 크다는 것을 빠르게 알 수 있다.
두 번째는 분수 구조를 이용한 방법이다. 보다 구체적으로는 15%가 $\frac{1}{7}$=14.3%와 $\frac{1}{6}$=16.7% 사이의 값임

을 활용하여 분자에 6과 7을 곱해 확인하는 방법이다. 이를 문제에 적용하면 분자인 40에 7은 물론 6을 곱해도 240으로 213.8보다 한참 크다. 즉 16.7%보다 한참 큰 값임을 알 수 있어 옳은 선지라 판단할 수 있다.

선지 ③ 차잇값은 그 특성상 뺄셈을 이용할 수밖에 없다. 다만 뺄셈은 덧셈에 비해 오래 걸리고 실수도 잦게 나타날 수 있으므로 이를 덧셈 구조로 전환하는 것이 좋다. 이를 위해 질문한 낙농품의 차잇값을 268－184＝약 80이라 구하고, 80을 다른 품목의 2015년 3월 값에 더해 2014년 3월 값을 넘는지 확인하면 빠르게 도출할 수 있다.

선지 ⑤ 2002년 가격지수 대비 2015년 3월 가격지수의 상승률은 '〈표〉의 가격지수－100'의 크기를 비교하는 것이다. 즉 100은 공통된 것이므로 상승률 문제가 차잇값 문제로 바뀐 것이 되어 단순히 2015년 3월 가격지수의 크기를 비교하면 된다. 따라서, 2002년 가격지수 대비 2015년 3월 가격지수의 상승률이 가장 낮은 품목은 육류가 아닌 유지류다.

085 정답 ⑤ 난이도 ●●○

① (×) 창업교육을 이수한 폐업 자영업자 수가 창업교육을 미이수한 폐업 자영업자 수 보다 ~~더 많다~~.

➜ 생존비율의 식을 구하면

$$\frac{\text{생존 기간이 해당 기간 이상인 창업교육을 미이수한 폐업 자영업자}}{\text{창업교육을 미이수한 폐업 자영업자}}$$

이다.

위 식에서 알 수 있듯이 창업교육을 미이수한 폐업 자영업자의 기간별 생존 비율만 가지고는 이들의 실제 인원을 파악할 수 없다.

따라서 생존비율만을 제시하고 있는 〈그림〉의 자료만으로는 창업교육을 이수한 폐업 자영업자와 미이수한 폐업 자영업자의 실제 인원을 알 수 없으므로 어느 자영업자 수가 많은지 파악할 수 없다.

② (×) 창업교육을 미이수한 폐업 자영업자의 평균 생존기간은 창업교육을 이수한 폐업 자영업자의 평균 생존기간 보다 ~~더 길다~~.

➜ 〈그림〉의 세로축인 생존 '비율'이 곧 각 '기간'별 평균값과 같다고 볼 수 있다.

〈그림〉에서 창업교육을 '이수'한 자영업자의 생존비율의 그래프가 창업교육을 '미이수'한 자영업자의 생존비율 그래프보다 위에 있으므로 창업교육을 '이수'한 자영업자의 평균 생존기간이 더 길다.

③ (×) 창업교육을 이수한 폐업 자영업자의 생존비율과 창업교육을 미이수한 폐업 자영업자의 생존비율의 차이는 창업 후 ~~20개월에 가장 크다~~.

➜ 〈그림〉에서 창업 후 20개월에 창업교육을 이수한 폐업 자영업자의 생존비율은 70%이고, 창업교육을 미이수한 폐업 자영업자의 생존비율은 60%이다. 이때 두 그룹의 생존비율의 차이는 10%이다.

〈그림〉에서 46개월에 창업교육을 이수한 폐업 자영업자의 생존비율은 30%이고, 창업교육을 미이수한 폐업 자영업자의 생존비율은 0%이므로 두 그룹의 생존비율 차이는 30%이다.

따라서 생존비율의 차이가 가장 큰 기간은 20개월이 아니다.

④ (×) 창업교육을 이수한 폐업 자영업자 중 생존기간이 32개월 이상인 자영업자의 비율은 ~~50% 이상이다~~.

➜ 〈그림〉에서 실선인 창업교육을 이수한 폐업 자영업자의 그래프는 32개월에 50% 아래에 있다.

즉, 창업교육을 이수한 폐업 자영업자 중 생존기간이 32개월 이상인 자영업자의 비율은 50% '이하'이다.

⑤ (○) 창업교육을 미이수한 폐업 자영업자 중 생존기간이 10개월 미만인 자영업자의 비율은 20% 이상이다.

➜ 〈그림〉에서 10개월에 창업교육을 미이수한 폐업 자영업자의 생존비율은 약 70%이다.

즉, 10개월 이전에 창업교육을 미이수한 폐업자영업자 중 30% 이상이 폐업을 했다는 의미이다.

따라서 창업교육을 미이수한 폐업 자영업자 중 생존기간이 10개월 미만인 자영업자의 비율은 20% 이상이 맞다.

합격자의 실전 풀이 순서

❶ 〈그림〉의 x축과 y축을 이해하고, 각주를 읽고 기간별 생존 비율의 의미를 이해한다.

❷ 생존 기간이 특정하게 주어진 선지 ④, ⑤번을 우선 확인한다. ④번은 기간이 32개월일 때의 창업 교육을 이수한 폐업 자영업자의 생존 비율은 50% 미만이므로 틀린 선지이다.

❸ ⑤번은 창업 교육을 미이수한 폐업 자영업자 중 생존 기간이 10개월일 때의 자영업자의 비율은 80% 미만(70%에 가까움)이므로 10개월 미만인 자영업자의 비율은 20% 이상이다. 따라서 답은 ⑤번이다.

합격자의 시간단축 Tip

특이한 형태의 〈그림〉이다. 이처럼 익숙하지 않은 형태가 출제되는 경우 〈그림〉의 이해에 충분한 시간을 투자하는 것이 좋다. 왜냐하면 익숙하지 않은 만큼 간단한 함정에 빠질 우려가 있다는 것, 그리고 이를 잘 이해할 경우 다른 문제에 비해 원리만을 이용하여 매우 빠르게 처리할 기회이기도 하기 때문이다.

선지 ① 고난도 유형 중 하나로 '알 수 없는 정보' 유형이다. 〈그림〉의 경우 생존 비율에 대한 정보만 주어져 있으므로 창업 교육을 이수, 미이수한 폐업 자영업자 수에 대한 정보는 알 수 없는 정보이다. 비율과 수는 다른 차원임을 항상 인지하고, 비율만 주어진 경우라면, 구체적 수치를 물을 때 알 수 없는 정보인지 의심해봐야 한다.

선지 ③ 생존 비율이 〈그림〉으로 주어진 만큼, 시각적 효과를 활용하여 창업교육 이수와 미이수 그래프 간 거리가 가장 먼 기간을 찾는다.

086 정답 ④ 난이도 ●●○

ㄱ. (○) 지분율 상위 4개 회원국의 투표권 비율을 합하면 40% 이상이다.

➜ 지분율 상위 4개 회원국인 중국, 인도, 러시아, 독일의 투표권 비율의 합은 (26.06%+7.51%+5.93%+4.15%=43.65%) 이므로 40% 이상이 맞다.

ㄴ. (○) 중국을 제외한 지분율 상위 9개 회원국 중 지분율과 투표권 비율의 차이가 가장 큰 회원국은 인도이다.

➜ 중국을 제외한 9개 회원국의 지분율과 투표권 비율의 차이는,

- 인도: 8.52−7.51=1.01%
- 러시아: 6.66−5.93=0.73%
- 독일: 4.57−4.15=0.42%
- 한국: 3.81−3.50=0.31%
- 호주: 3.76−3.46=0.30%
- 프랑스: 3.44−3.19=0.25%
- 인도네시아: 3.42−3.17=0.25%
- 브라질: 3.24−3.02=0.22%
- 영국: 3.11−2.91=0.20%

이므로, 1.01%인 인도가 가장 차이가 크다.

ㄷ. (×) 지분율 상위 10개 회원국 중에서, A지역 회원국의 지분율 합은 B지역 회원국의 지분율 합의 ~~3배 이상이다.~~

➜ 지분율 상위 10개국 중에서 A지역 회원국인 중국, 인도, 한국, 호주, 인도네시아의 지분율 합은 (30.34+8.52+3.81 + 3.76+3.42)=49.85%이다.

한편, B지역 회원국인 러시아, 독일, 프랑스, 브라질, 영국의 지분율 합은 (6.66+4.57+3.44+3.24+3.11)=21.02%이다.

따라서 A지역 회원국의 지분율 합은 B지역 회원국의 지분율 합의 약 $\frac{49.85}{21.02}$=2.37배이므로 3배 이상이 아니다.

ㄹ. (○) AIIB의 자본금 총액이 2,000억 달러라면, 독일과 프랑스가 AIIB에 출자한 자본금의 합은 160억 달러 이상이다.

➜ 회원국의 지분율(%) = $\frac{\text{해당 회원국이 AIIB에 출자한 자본금}}{\text{AIIB의 자본금 총액}}$×100이므로,

해당 회원국이 AIIB에 출자한 자본금=

$\frac{\text{회원국의 지분율}}{100}$× AIIB의 자본금 총액이다.

이 식에 값을 대입해서 계산해보면,

독일의 AIIB에 출자한 자본금은

$\frac{4.57}{100}$×2,000=91.4억 달러,

프랑스의 AIIB에 출자한 자본금은

$\frac{3.44}{100}$×2,000=68.8억+달러이므로,

독일과 프랑스의 AIIB에 출자한 자본금의 합은 (91.4억달러+68.6억달러)=160.2억 달러이다.

따라서 두 국가의 출자 자본금 합은 160억 달러 이상이 맞다.

합격자의 실전 풀이 순서

❶ 〈표〉와 각주를 이해한다. 또한, 각주 1)에서 분모인 'AIIB의 자본금 총액'은 모든 회원국이 같은 상수일 것을 파악한다.

❷ 〈표〉에서 단순히 확인할 수 있는 보기 ㉠, ㉡을 먼저 확인한다. 둘 다 옳은 보기이므로 답은 ①, ④번 중 하나이다.

❸ 보기 ㉣을 확인하면, 옳은 보기이므로 답은 ④번이다.

합격자의 시간단축 Tip

순위 자료의 경우 항상 '무엇을 기준'으로 순위가 구성된 것인지 확인해야 한다. 어떤 것을 기준으로 순위가 부여된 것인지를 통해 빠르게 선지를 해결한다는 목적도 있으나, 자칫 오답을 유도하는 함정에 빠질 수도 있기에 이를 반드시 확인해야 한다.

예를 들어 본 문제에서는 각주 2)를 통해 문제 상황을 방지하였으나 각주 2)가 없다고 가정하면, "투표권 비율 상위 10개국 중 중국의 투표권 비율이 가장 높다"라는 말은 틀린 말이 된다.

왜냐하면 〈표〉는 지분율 상위 10개국을 기준으로 한 것으로 투표권 비율 상위 10개국이 무엇인지 알 수 없기

때문에, 제3의 더 큰 투표권 비율을 가진 국가가 존재할 수 있어 틀린 선지가 되는 것이다. 따라서 언제나 순위가 나오면 '어떤 순위인지' 주의해야 한다.

보기 ㉠ 단순히 합하면 되지만, 정확히 합하는 것이 아니라 근삿값으로 간단하게 확인한다.
가령 소수점을 버리고 먼저 더 해보면 26+7+5+4=42로 40%를 넘는다. 항상 간단한 방법을 먼저 활용하고, 그럼에도 안 나오는 경우에만 구체적인 계산이 이루어지도록 구조를 잡아야 한다.

보기 ㉡ 모든 회원국의 지분율과 투표권 비율의 차잇값을 확인하여 비교하는 것은 바람직하지 않다.
주어진 '인도'의 차잇값을 도출 후, 이를 다른 회원국에 대입하여 모순이 발생하는지 확인하는 '대입－모순 확인법'을 활용하는 것이 가장 효율적인 풀이 방식이다.
인도의 경우 8.52－7.51=1.01%이고, 이를 기준 값으로 다른 국가에 대입해보면 다른 8개 회원국은 모두 1만 더해도 한참 값을 넘어버려 1%의 차이 조차 나지 않는다는 것을 쉽게 알 수 있다.

보기 ㉢ B 지역 회원국의 지분율 합을 어림산하면 약 20%이다. 이를 기준으로 A 지역 회원국의 지분율 합이 20%를 3번 채울 수 있는 정도인지 확인한다. 즉, 중국과 인도를 합치면 약 40%로 2번을 채울 수 있을 것이다. 다만 한국, 호주, 인도네시아를 합친다면 10% 대이므로 3번을 채울 수는 없으므로 3배 미만이다.

보기 ㉣ AIIB의 자본금 총액이 2,000억 달러이며, 독일과 프랑스가 AIIB에 출자한 자본금의 합이 160억 달러 이상이라는 것은 독일과 프랑스의 지분율의 합이 8% 이상이라는 것과 같은 의미이다. 보기에 주어진 내용을 〈표〉에서 확인할 수 있는 지분율로 바꾸어 해석하면 〈표〉를 읽는 것만으로도 해결할 수 있다. 독일과 프랑스의 지분율의 합은 8% 이상이므로 옳은 선지이다.

087 정답 ④ 난이도 ●●○

A구의 1인당 소비량과 B구의 1인당 소비량을 합하면 C구의 1인당 소비량과 같다.
→ A+B=30 ………… ①

A구의 1인당 소비량과 D구의 1인당 소비량을 합하면 E구 1인당 소비량의 2배와 같다.
→ A+12=2E ………… ②

E구의 1인당 소비량은 B구의 1인당 소비량보다 6.0kg 더 많다.
→ E=B+6 ……………… ③

→ 주어진 조건을 정리한 세 개의 식을 연립하여 A, B, E구의 1인당 소비량 평균값을 구할 수 있다.
② 의 식에서 A를 E에 대하여 정리하면, A=2E－12
③ 의 식에서 B를 E에 대하여 정리하면, B=E－6
① 의 식을 ② 와 ③ 에서 구한 E에 대한 식으로 정리하면, A+B=30 ↔ (2E－12)+(E－6)=30 ↔ 3E－18=30, 3E=48 → E=16
따라서, ② 와 ③ 의 식에 구한 E의 값을 대입하면
A=2×16－12, A=20
B=16－6 → B=10
→ 문제에서 〈조건〉을 이용하여 '변동계수'가 3번째로 큰 구와 4번째로 큰 구를 구하라고 하였으므로, A, B, C, D, E구의 '변동계수'를 모두 구하면

- A의 변동계수: $\frac{5}{20}\times100=25(\%)$
- B의 변동계수: $\frac{4}{10}\times100=40(\%)$
- C의 변동계수: $\frac{6}{30}\times100=20(\%)$
- D의 변동계수: $\frac{4}{12}\times100=33.3(\%)$
- E의 변동계수: $\frac{8}{16}\times100=50(\%)$ 이다.

변동계수가 큰 순서대로 나열하면, E > B > D > A > C 순서가 된다.
여기서 3번째로 큰 구는 D, 4번째로 큰 구는 A 이다.

합격자의 실전 풀이 순서

❶ 발문을 읽고, 변동계수의 순위를 찾아야 하는 문제임을 인식한다. 이를 위해 〈조건〉을 통해 빈칸에 해당하는 A, B, E 구의 1인당 소비량을 구해야 함을 파악한다.

❷ 〈조건〉을 식으로 변형하여 정리한다. A+B=C(30), A+D(12)=2E, E=B+6이다.
이때 2번째 식에 3번째 식을 대입하면, A－2B=0이다. 따라서 이 식을 1번째 식과 연립하면, A=20, B=10, E=16이다.

❸ 1인당 소비량을 대입하여 변동계수를 구하면 다음과 같다.
$A=\frac{5}{20}$, $B=\frac{4}{10}$, $C=\frac{6}{30}$, $D=\frac{4}{12}$, $E=\frac{8}{16}$
이므로, E는 1위이고, C는 5위이므로 A가 4위이다.
B와 D를 비교하면 분모가 더 큰 D가 3위이다.
따라서 답은 ④번이다.

합격자의 시간단축 Tip

Tip ❶ '연립방정식 형 문제'는 시간을 많이 소모하는 대표적인 문제 유형이다. 따라서 가급적 첫 바퀴에는 풀지 않기를 추천한다.

> * PSAT 시험 운용 전략 중 가장 많이 활용하는 전략은 좋아하는 유형만 먼저 풀고, 다시 처음으로 돌아와서 하나씩 해결해 나가는 전략이다.
> 참고로 필자의 경우 각 바퀴 별로 다음과 같이 배치하였다.
> 첫번째 바퀴에는 가장 좋아하거나 강점인 유형(=1분 30초 내에 풀 수 있는 유형),
> 두번째 바퀴에는 좋아하진 않지만 적어도 2분 30초 내에 풀 수 있는 유형,
> 세번째 바퀴에는 풀 수는 있지만 시간 소모가 큰 유형,
> 네번째 바퀴에는 남은 문제 중 그나마 풀만한 문제를 푸는 전략을 활용하였다.
> 다양하게 시도 후 본인만의 전략을 짜기 바란다.
> 예를 들어 '연립방정식 유형'은 필자에게는 세번째 바퀴에 풀 문제가 된다.

Tip ❷ 연립방정식형 문제를 빨리 풀기 위해서는 〈조건〉식을 보면서 가장 많은 조건에 겹쳐 나오는 미지수가 무엇인지 확인하고, 그 미지수를 기준으로 모든 미지수를 설명하는 방정식을 만드는 것이 필요하다. 이러한 목표를 갖지 않고 하다 보면 나사가 헛돌 듯이 시간만 낭비될 여지가 크다.
예를 들어 문제 12번의 경우 A구가 1, 2번째 조건에서 겹친다. 따라서 A로 B, E를 모두 표현할 수 있게 만든다는 방향성으로 풀어나가면 빠르게 해결할 수 있을 것이다.

088 정답 ❷ 난이도 ●●○

① (×) 대마 단속 전체 건수는 마약 단속 전체 건수의 ~~3배 이상이다~~.
➔ 〈표〉에서 찾아보면 마약류 중 대마 단속 전체 건수는 167 이고, 마약류 중 마약 단속 전체 건수는 65 이다.
마약 단속 전체 건수의 3배는 65×3=195(건)이므로 대마 단속 전체 건수는 마약 단속 전체 건수의 3배 미만이다.

② (○) 수도권의 마약류 단속 건수는 마약류 단속 전체 건수의 50% 이상이다.
➔ 1)에 따르면 수도권은 (서울과 인천·경기)를 합한 지역이므로 수도권의 마약류 단속 건수를 알기 위해 〈표〉에서 이 두 지역의 마약류 단속 건수의 비중을 확인해보면 서울은 22.1%, 인천·경기는 35.8%이다. 마약류 단속 전체 건수 중 수도권의 마약류 단속 건수의 비중을 구해보면→22.1+35.8=57.9(%)이다.
따라서 수도권의 마약류 단속 건수는 마약류 단속 전체 건수의 50% 이상이다.

③ (×) 마약 단속 건수가 없는 지역은 ~~5곳이다~~.
➔ 마약 단속 건수가 없는 지역은 〈표〉를 참고하여 마약류 중 마약의 단속 건수가 0인 지역을 찾아서 구할 수 있다. 마약 단속 건수가 0인 지역을 찾아보면, (강원, 충북, 제주)로서 총 3곳이므로 잘못된 선지이다.

④ (×) 향정신성의약품 단속 건수는 대구·경북 지역이 광주·전남 지역의 ~~4배 이상이다~~.
➔ 향정신성의약품 단속 건수는 〈표〉에서 찾아보면, 대구·경북 지역은 138 이고, 광주·전남 지역은 38 이다. 광주·전남 지역의 4배는 38×4=152(건)이므로 향정신성의약품 단속 건수는 대구·경북 지역이 광주·전남 지역의 4배 미만이다.

⑤ (×) 강원 지역은 향정신성의약품 단속 건수가 대마 단속 건수의 ~~3배 이상이다~~.
➔ 강원 지역을 먼저 〈표〉에서 찾고, 향정신성의약품 단속 건수와 대마 단속 건수를 비교해보면 강원 지역의 향정신성의약품 단속 건수는 35건이고, 대마 단속 건수는 13건이다.
강원 지역의 대마 단속 건수의 3배는 13×3=39(건) 이므로, 강원 지역은 향정신성의약품 단속 건수가 대마 단속 건수의 3배 미만이다.

합격자의 실전 풀이 순서

❶ 〈표〉와 각주를 이해한다. 〈표〉에 마약류의 합이 주어져 있고, 지역 전체도 주어져 있음을 확인한다. 또한, 각주 2)를 통해 마약류와 마약이 다름을 유의해야 한다.

❷ 선지별 난이도 차이가 크지 않으므로 ①번부터 차례대로 해결한다. ①번은 틀린 선지이므로 소거한다.

❸ ②번은 각주 1)에 따르면, 서울과 인천·경기의 마약류 단속 건수를 합치면 약 1,000건이므로 마약류 단속 전체 건수의 50% 이상이다. 따라서 옳은 선지이므로 답은 ②번이다.

합격자의 시간단축 Tip

선지 ① 단순 곱셈 비교임에도 시간 소모를 더 줄일 수 있다.
마약단속건수(65)의 3배보다 대마단속건수(167)가 큰지 확인하려면 곱셈을 직접 해야하므로 시간이 소모된다. 따라서 마약단속건수를 가까운 대체 값인 60으로

보고 비교하는 것이 좋다.
즉 $60 \times 3 = 180$으로 당연히 대마단속건수보다 크므로, 시간 소모 없이 바로 문제를 해결할 수 있다.

> ＊ 참고로 대체 값은 더 큰 값, 더 작은 값 중 어떤 값으로 설정하는지가 중요하다.
> 예를 들어 ①번에서 더 큰 값으로 설정할 경우, 3배한 값보다 대마단속건수가 작더라도 "더 큰 값을 곱했으니 당연히 반례처럼 보일 수도 있는거 아니야?"라는 반박이 있을 수 있다. 반면 작은 값으로 대체하였을 때는, "작은 값에 3배 한 값에도 못 미치니 당연히 반례이다"라고 판단할 수 있게 된다. 이처럼 문제 상황에 맞게 적절한 대체 값을 설정해야 안정적으로 문제 풀이를 할 수 있다.

선지 ② 서울+인천+경기가 50%가 되는지를 직접 도출하거나, (서울+인천+경기)×2 > 전체인지 확인하면 〈표〉를 제대로 확인하지 않은 비효율적 풀이이다. 이 문제의 경우 〈표〉 우측에 '비중' 값을 주고 있으므로 비중의 합이 50%를 넘는지만 확인하면 된다.
언제나 〈표〉에서 친절히 준 값이 있는지는 파악이 되어 있는 상태로 풀어야 한다.

선지 ③ 각주나 〈표〉 분류를 이용한 함정이다. 각주를 제대로 읽지 않아 마약류와 마약을 구분하지 않았다면 이를 마약류로 착각하여 함정에 빠질 수 있다.
재밌는 점은 ③ 번 선지의 구성 방식이다. 1차적으론 마약류와 마약의 구분이 함정이지만, 2차적으론 '5곳'이 함정이 된다. 〈표〉에 0이 5개가 있지만 충북과 제주에 두 개씩 있어 사실 단속 건수가 없는 지역이 5곳조차 아니기 때문에, 만약 마약을 마약류로 착각했더라도 5곳이 아니라는 것을 확인하여 틀린 선지로 보았어야 한다. 따라서 혹시 이 선지가 헷갈렸다면 선지와 자료를 조금 더 치밀하게 읽는 연습을 해야 한다.

선지 ④ 광주·전남 지역의 향정신성의약품 단속 건수를 4배 할 때, 38을 (40−2)로 생각하여 4배를 계산하면 빠를 수 있다. 이에 따르면, 38의 4배는 $160-8=152$이다.
따라서, 대구·경북 지역의 향정신성의약품 단속 건수(138건)는 광주·전남 지역의 향정신성의약품 단속 건수를 4배 미만이므로 틀린 선지이다.

089 정답 ❶ 난이도 ●●○

ㄱ. (○) 태조·정종 대에 '출신신분이 낮은 급제자' 중 '본관이 없는 자'의 비율은 70%이지만, 선조 대에는 그 비율이 10% 미만이다.
➜ '출신 신분이 낮은 급제자' 대비 '본관이 없는 자'의 비율을 구하는 공식은 $\frac{\text{본관이 없는 자의 수}}{\text{출신 신분이 낮은 급제자의 수}} \times 100$이다.
이를 태조·정종 대에 적용하여 계산하면 다음과 같다.
$\rightarrow \frac{28}{40} \times 100 = 70(\%)$.
그리고 선조 대에서 동일한 계산을 하면 다음과 같다.
$\rightarrow \frac{11}{186} \times 100 \approx 5.91 < 10(\%)$.
따라서 옳은 보기이다.

ㄴ. (○) 태조·정종 대의 '출신신분이 낮은 급제자' 가운데 '본관이 없는 자'이면서 '3품 이상 오른 자'는 한 명 이상이다.
➜ 태종·정종 대의 '출신성분이 낮은 급제자'는 40명이다. 그중에서 본관이 없는 자와 3품 이상 오른 자의 인원을 모두 합하면 41명이다. 하지만 이들의 인원 수는 출신성분이 낮은 급제자의 전체 인원수와 같거나 그보다는 적어야 한다. 그럼에도 그보다 많게 집계되었다는 것은 표의 숫자가 중복집계의 결과임을 나타내는 것이다.
즉 '출신성분이 낮은 급제자' 중에서 '본관이 없는 자', '3품 이상 오른 자'의 조건을 동시에 충족하는 인원이 존재한다는 것을 의미한다. 그런데 동시에 충족하는 인원은 표에 나오지 않았으므로 이를 미지수인 X로 설정한다.(다른 기호로 설정해도 상관없다.) 이를 그림(벤 다이어그램)으로 그려보면 다음과 같게 된다.

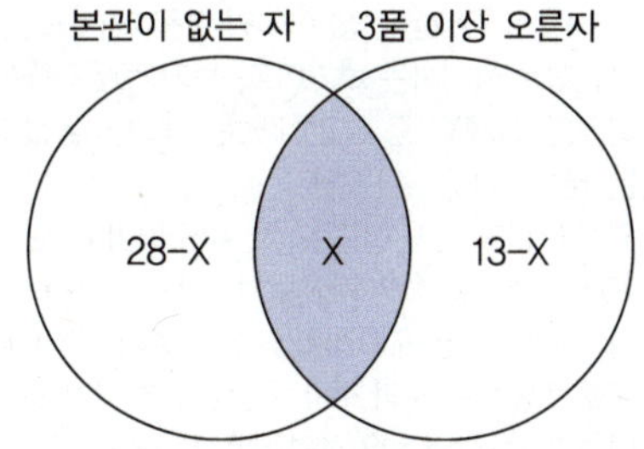

따라서 $(28-X)+X+(13-X)=41-X$가 되는데, 이 숫자가 '출신 신분이 낮은 급제자'의 수인 40을 넘으면 안 된다. (이보다 작거나 같아야 한다.)
따라서 이를 부등식으로 표현하면 $41=X \leq 40$이다. 식을 풀이하면 $1 \leq X$의 결과가 나오는데, X는 선지에서 말하는 '본관이 없는 자'이면서 '3품 이상 오른 자'를 의미한다.
따라서 이 인원수는 1명 이상이다.

ㄷ. (×) '전체 급제자'가 ~~가장 많은 왕 대에~~ '출신신분이 낮은 급제자'도 ~~가장 많다~~.
➜ 전체 급제자가 가장 많은 왕 대는 선조 대로,

1,112명이다. 그런데 그 해의 출신 신분이 낮은 급제자는 186명으로, 중종 대의 출신 신분이 낮은 급제자의 수인 188명보다는 적다.

ㄹ. (×) 중종 대의 '전체 급제자' 중에서 '출신신분이 낮은 급제자'가 차지하는 비율은 20% ~~미만이다~~.
➜ 〈표〉에 따르면 중종 대의 '전체 급제자'는 900명, '출신 신분이 낮은 급제자'는 188명이다.
따라서 중종 대의 '전체 급제자' 중에서 '출신 신분이 낮은 급제자'가 차지하는 비율은

$\rightarrow \frac{\text{중종 대의 출신 신분이 낮은 급제자}}{\text{중종 대의 전체급제자}} = \frac{188\text{명}}{900\text{명}}$

= 0.2~0.3이다. 즉 20% 이상이므로 틀린 보기이다.

합격자의 실전 풀이 순서

❶ 〈표〉의 구조를 파악한다. '전체 급제자'는 '출신신분이 낮은 급제자'를 포함하고, '본관이 없는 자' 및 '3품 이상 오른 자'는 '출신신분이 낮은 급제자'에 포함된다. 예컨대, 급제자 집합에 대한 벤다이어그램을 상상할 수 있다.

❷ 〈표〉 하단의 각주를 확인한다.

❸ 〈보기〉 ㉠은 선지에 3번, ㉡은 4번, ㉢은 3번, ㉣은 2번 포함돼 있다. 만약 ㉣이 옳다면 선지 1, 2, 3이 모두 소거되므로, ㉣ 먼저 확인한다.

❹ 보기 ㉣이 틀린 보기이므로, 보기 ㉠, ㉡, ㉢ 중 최소한 2개를 확인해야 한다.
보기 ㉢은 주어진 자료를 단순 확인하는 보기이고, 보기 ㉡은 '본관이 없는 자'와 '3품 이상 오른 자'의 교집합을 확인하는 보기이고, 보기 ㉠은 '출신 신분이 낮은 급제자' 중 '본관이 없는 자'의 비율을 계산하는 문제이다.
위 보기 모두 난이도는 하 수준이라고 판단되나, 70%의 수치를 확인하는 보기 ㉠보다는 단순 확인인 보기 ㉢, '한 명'의 교집합을 찾는 보기 ㉡의 정오 여부를 확인하는 것이 보다 시간을 단축시킬 것이라 판단한다. ㉢부터 확인하면 틀린 보기이므로 ①을 체크하고 넘어간다.

합격자의 시간단축 Tip

보기 ㉡ '적어도' 유형이란 둘 이상의 집합에 최소한 몇 개의 원소가 교집합으로 존재해야 하는지 파악하는 유형이다. n(A)란 A집합의 원소의 개수라고 정의할 때, 전체 집합 U에 속한 두 개의 집합 A, B 사이에 최소한의 교집합은 'n(A)+n(B)−n(U)'이다.
전체 집합 U에 속한 세 개의 집합 A, B, C 사이에 최소한의 교집합은 'n(A)+n(B)+n(C)−2×n(U)'이다. 이와 같은 공식 정도는 암기하는 것이 시간을 단축시킨다.
해당 보기의 경우 28+13−40=1이므로 보기 ㉡은 옳다.

※ [시간단축 비법서]와 같이 청개구리 원리로 푸는 방법도 있다.
'본관이 없으면서, 3품 이상인 사람이 한명 이상인지' 물었으므로 청개구리 원리에 따라 단 한명도 안 겹친다고 가정하면 "본관 없는 자+3품 이상=전체"가 되어야 모두가 겹치지 않게 된다.
그러나 28+13 > 40이므로 둘 다에 해당하는 자가 1명 이상임을 알 수 있다.

보기 ㉠ 보기 ㉣ % 계산이 나오는 경우 반사적으로 10%, 50% 공식을 사용해야 하나, 해당 보기들은 모수가 40과 900으로 곱셈이 아주 쉽기 때문에 곧바로 4×7=28, 90×2=180과 같이 직접 계산하는 것이 편하다.
참고로 10단위의 % 값은 항상 기계적으로 모수의 일의 자리를 버림하고 곱셈 구조로 보는 습관을 지니면 편하다. 예를 들어 1,308의 70%는 바로 130×7이라 보면 된다.

보기 ㉢ "A일 때 B이기도 하다" 유형은 A→B 순으로 출제자가 문제를 구성한 만큼, B→A 순으로 확인할 경우 더 쉽게 반례를 발견할 수 있거나 빈틈이 보이는 경향이 있다. 따라서 뒷부분을 먼저 확인하는 것이 좋은 전략이다. 실제로 '출신신분이 낮은 급제자'를 먼저 확인 시 중종임을 알 수 있으며, 전체 급제자는 선조가 더 높음을 쉽게 알 수 있다.

090 정답 ❸ 난이도 ●●○

〈조건 1〉 자동차당 도로연장은 A시와 B시 모두 전국보다 짧다.
➜ 전국의 자동차당 도로 연장은 5.49(km/천 대)이지만 세종시의 자동차당 도로연장은 7.77(km/천 대)이므로 세종시는 A or B 시가 될 수 없다.

〈조건 2〉 A시 인구는 B시 인구의 2배 이상이다.
➜ 〈조건 2〉를 만족하는 경우를 살펴보면
1. (A: 서울/B: 부산 ~ 울산)
2. (A: 부산/B: 광주 ~ 울산)
3. (A: 대구/B: 울산)
4. (A: 인천/B: 울산)
총 4가지 이다. 따라서 A는 서울, 부산, 대구, 인천 중 하나인 것을 알 수 있다.

〈조건 3〉 A시는 B시에 비해 면적이 더 넓다.
➜ 〈조건 1〉과 〈조건 2〉에 의해 A, B도시로 가능한 조합들 중 A시의 면적이 B시의 면적에 비해 넓은 경우는

1. A: 서울(605km²)/B: 광주(501km²) or 대전(540km²)
2. A: 부산(770km²)/B: 광주(501km²) or 대전(540km²)

인 경우이다.

〈조건 4〉 A시는 B시에 비해 도로포장률이 더 높다.
→ 〈조건 1〉, 〈조건 2〉, 〈조건 3〉에 의해 도로 A, B로 가능한 도시들의 도로포장율은

- 서울: 100%
- 광주: 99.6%
- 대전: 100%
- 부산: 97.5% 이다.

〈조건 4〉에 의해 A시는 B시에 비해 도로포장률이 더 높기 때문에 도시 A는 서울, 도시 B는 광주이다.

① (×) 자동차 대수: A < B
→ 서울의 자동차 대수는 2,974(천 대)로 광주의 568(천 대)보다 많다.

② (×) 도로보급률: A < B
→ 서울의 도로보급률은 3.31(%)이고 광주는 2.11(%)이므로 서울이 더 높다.

③ (○) 면적당 도로연장: A > B
→ 서울의 면적당 도로연장은 13.59(km/km²)이고 광주는 3.60(km/km²)이므로 서울이 더 길다.

④ (×) 인구당 도로연장: A > B
→ 서울의 인구당 도로연장은 0.81(km/천 명)이고 광주는 1.23(km/천 명)이므로 서울이 더 짧다.

⑤ (×) 자동차당 도로연장: A > B
→ 서울의 자동차당 도로연장은 2.76(km/천 대)이고 광주는 3.18(km/천 대)이므로 서울이 더 짧다.

합격자의 실전 풀이 순서

❶ 〈표〉 최하단에는 '전국'의 정보가 주어져 있음을 확인한다. 빠른 확인과 실수를 방지하기 위해 '전국'과 같은 정보는 별도로 줄을 그어 나누거나 직사각형으로 표시해 두는 것이 좋다.

❷ A시와 B시를 단순히 상대비교하는 〈조건 3, 4〉보다는 절대적 기준인 '전국'과 비교하는 〈조건 1〉과 '2배 이상'이라는 구체적 조건이 주어진 〈조건 2〉를 먼저 활용한다.
〈조건 1〉에 의해 세종이 지워진다.
〈조건 2〉에서 두 도시 간 인구차가 두 배 이상이기 위해서는 B시가 울산, 대전, 광주일 때 A시가 부산이나 서울일 수 있고, B시가 인천, 대구, 부산인 경우 A시는 반드시 서울일 수밖에 없다. 따라서 A시는 서울일 가능성이 크므로 서울이라고 가정하고 확인하는 방식으로 나머지 조건을 대입해 확인한다.

❸ A시가 서울이라면 조건 3에 의해 B시는 광주, 대전 중 하나이다. 그 중 〈조건 4〉를 만족하는 도시는 광주이다.

❹ A시 서울, B시 광주에 대한 정보를 각각 가로로 박스 처리하여 눈에 잘 띄게 표시한 후 선지로 내려간다. 답은 ③번이다.

합격자의 시간단축 Tip

〈조건 2, 3, 4〉는 상대적인 정보지만 방향성만 잘 잡으면 매우 명확한 정보이다.
만약 조금 더 수험생에게 혼란을 주고 싶었다면, 어느 하나는 A가 높고 다른 하나는 B가 높도록 줄 수 있었다. 그러나 모든 값들이 A가 높도록 하였으므로, 모든 값이 A가 높다는 것을 기준으로 소거해 나가보면 빠르게 처리할 수 있다.
이를 잘 이용한 해결 방법이 실전 풀이 순서의 '서울로 가정하기'이다.
자료해석의 경우 어떤 한 값을 가정하고 모순이 발생하는지 확인하는 방식이 매우 잘 쓰이는 만큼 적극 활용하는 것이 좋다.

독끝 기본 4일차 (091~120)

정답

091	④	092	③	093	④	094	④	095	①
096	①	097	②	098	②	099	②	100	④
101	①	102	③	103	④	104	①	105	⑤
106	②	107	②	108	②	109	④	110	①
111	④	112	④	113	⑤	114	①	115	③
116	④	117	②	118	⑤	119	④	120	④

091 정답 ❹ 난이도 ●●●

〈표〉 정책에 대한 평가결과

정책 \ 심사위원	A	B	C	D	총점	순위 (낮은 순)
가	1	1	0.5	0	2.5	5
나	1	1	0.5	1	3.5	9
다	0.5	0	1	0.5	2	3
라	(0)	1	0.5	(0)	1.5	1
마	1	(1)	1	0.5	3.5	9
바	0.5	0.5	0.5	1	2.5	5
사	0.5	0.5	0.5	1	2.5	5
아	0.5	0.5	1	(0)	2	3
자	0.5	0.5	(1)	1	3	8
차	(0)	1	0.5	0	1.5	1
평균(점)	0.55	0.70	0.70	0.50	–	–
합	0.55	0.7	0.7	0.5	–	–

다음 〈표〉를 참고하면 '갑' 기관의 10개의 정책(가~차)에 대한 심사위원 A와 D의 평가결과 중 각각 2개의 정책에 대한 평가결과를 명시해 두지 않았다. 심사위원 B와 C의 평가결과 중에서는 각각 1개의 정책에 대한 평가결과를 명시해 두지 않았다.

A~D 심사위원의 평가결과에 대한 평균이 제시되어 있기 때문에 명시되지 않은 평가결과를 알아낼 수 있다.

심사위원 A의 평가결과 중 '정책 라'에 대한 평가결과를 미지수 α, '정책 차'에 대한 평가결과를 미지수 β 로 지정하자.

(A 평가결과 평균) =

$$\frac{1+1+0.5+\alpha+1+0.5+0.5+0.5+0.5+\beta}{10}$$

$$=\frac{5.5+\alpha+\beta}{10}=0.55$$ 이므로 $\alpha+\beta=0$이다.

즉, '정책 라'와 '정책 차'에 대한 A의 평가결과는 두개 모두 ○(0점)이다.

심사위원 B의 평가결과 중 '정책 마'에 대한 평가결과를 미지수 r로 지정하자.

(B 평가결과 평균) =

$$\frac{1+1+0+1+r+0.5+0.5+0.5+0.5+1}{10}=\frac{6+r}{10}=$$

0.70이므로 '정책 마'에 대한 B의 평가결과는 ●(1.0점)이다.

심사위원 C의 평가결과 중 '정책 자'에 대한 평가결과를 미지수 t로 지정하자.

(C 평가결과 평균) =

$$\frac{0.5+0.5+1+0.5+1+0.5+0.5+1+t+0.5}{10}=\frac{(6+t)}{10}$$

=0.70이므로 '정책 자'에 대한 C의 평가결과는 ●(1.0점)이다.

심사위원 D의 평가결과 중 '정책 라'에 대한 평가결과를 미지수 ρ, '정책 아'에 대한 평가결과를 미지수 σ 로 지정하자.

(D 평가결과 평균) =

$$\frac{0+1+0.5+\rho+0.5+1+1+\sigma+1+0}{10}=\frac{(5+\rho+\sigma)}{10}$$

=0.55 이므로 $\rho+\sigma=0$이다.

즉, '정책 라'와 '정책 아'에 대한 D의 평가결과는 두 개 모두 ○(0점)이다.

표에서 명시해 두지 않은 평가결과 값을 모두 구했으므로 정책별로 총점을 구하는 단계로 넘어간다. 10개의 정책(가~차)의 총점을 구해보면 가(2.5점), 나(3.5점), 다(2점), 라(1.5점), 마(3.5점), 바(2.5점), 사(2.5점), 아(2점), 자(3점), 차(1.5점)으로 책정된다. 이 때, 문제에서 정책별로 심사위원 A~D의 점수를 합산하여 총점이 낮은 정책부터 순서대로 4개 정책을 폐기할 계획이라고 제시하였기 때문에 다음 10개의 정책을 총점이 낮은 정책 순으로 재배열해보자. 총점이 낮은 순으로 재배열하면 라=차 < 다=아 < 가=바=사 < 자 < =마 순으로 배열된다. 따라서 총점이 가장 낮아 폐기할 4개의 정책은 다, 라, 아, 차 이다.

합격자의 실전 풀이 순서

❶ 〈표〉의 빈칸을 평균을 통해 구할 수 있음을 파악한다.

❷ 발문을 읽으면, 정책별로 가장 총점이 낮은 정책 4개를 구하는 문제임을 이해한다.

❸ 심사위원 A의 정책의 빈칸을 구하면 2개의 빈칸 모두 0점이다. 이를 통해 '차' 정책의 점수는 1.5점으로 다른 정책들보다 점수가 가장 낮음을 알 수 있다. 따라서 답은 '차' 정책이 포함된 ④, ⑤번 중 하나이다.

❹ ④, ⑤번의 차이는 '다'와 '자' 정책이다. '다' 정책은 2점이고 '자' 정책은 빈칸을 제외하고 2점이다. '자' 정책의 빈칸을 구하지 않고도 답은 둘 중 하나이므로 '자' 정책의 빈칸은 0점이 아닐 것이다. 따라서, 답은 ④번이다.

합격자의 시간단축 Tip

Tip ❶ 항상 빈칸을 모두 구해야 답을 구할 수 있는 것은 아니다. 최대한 빈칸을 구하지 않고, 선지 구성을 최대한 활용할 줄 알아야 한다. ④, ⑤번 중 하나는 답이어야 하고 '다' 정책과 '자' 정책의 점수가 일치한다면 답이 2개이므로 모순이다. 따라서 '자' 정책의 빈칸은 0점이 아닐 것이므로 바로 ④번을 답으로 표시하고 넘어갈 수 있다면 시간을 줄일 수 있다.

Tip ❷ ◑, ⊙, ○, ●는 실제 평가 자료에서 많이 사용하는 만큼, 문제로도 자주 나온다. 기호가 나오면 상호 비교할 때, 같은 기호끼리 '매칭'하여 제외시키는 방식으로 푸는 것이 가장 좋다.
예를 들어 '가', '나' 정책을 비교할 경우 A, B, C 평가가 동일함에 아예 고려하지 않고 D만을 비교하는 방식이다.
또한 문제처럼 각 기호에 점수가 부여되어 있는 경우 이를 이용하여 묶음 형태로 보는 것도 좋다. 예를 들어 ◑=0.5, ●=1 이므로 ◑를 두 개씩 묶어 ● 하나와 매칭하는 방식이다.

092 정답 ❸ 난이도 ●●●

① (O) (가)에 들어갈 내용은 10－6－0이다.
➜ 〈표〉안의 수는 행(가로)에 쓰여진 팀이 열(세로)에 쓰여진 팀을 상대로 거둔 (승리－패배－무승부) 전적을 차례로 표시한 것이다.
이때, (가)는 A팀이 B팀을 상대로 경기한 전적이다. A팀의 기록을 알기 위해서는 B팀이 A팀을 상대한 전적을 살펴보면 된다. B팀은 A팀을 상대로 6－10－0을 기록하였고, 다시 말해 6승, 10패, 0 무승부를 한 것이다.
그러므로 A팀의 B팀에 대한 경기 전적은 10승－6패－0무가 되기 때문에 ①은 맞는 내용이다.

② (O) B팀의 시즌 승률은 50% 이하이다.
➜ B팀의 승률은 'B팀이 총 이긴 경기 수 ÷ B팀이 총 플레이한 경기 수'에 의해 구할 수 있다.
A팀과의 전적을 제외하면 B팀의 경기 전적을 알 수 없으므로, 다른 팀의 B팀에 대한 전적을 바탕으로 B의 나머지 전적을 유추할 수 있다.
B팀은 A팀을 상대로 6－10－0, C팀에 대하여 8－8－0, D팀에 대하여 8－8－0, E팀에 대하여 8－8－0의 전적을 보유한다. 그러므로 B팀이 A, C, D, E팀을 상대로 승리한 총 횟수는 6+8+8+8=30 회다.
B팀의 시즌 총 경기 횟수는 모든 팀을 상대로 승리한 게임 수, 패배한 게임 수, 무승부한 게임 수를 더하면 알 수 있다. B팀의 총 경기 횟수는 6+10+7+9+6+9+1+4+12=64회이다.
따라서 B팀의 승률은 $\frac{30}{64}\times100=46.875$ 이므로 해당 보기는 옳은 내용이다.

③ (×) 시즌 승률이 50% 이상인 팀은 ~~1팀이다~~.
➜ 각 팀이 치른 총 경기 횟수는 동일하게 64경기이다. 이를 바탕으로 각 팀의 승률을 계산하면
- A팀의 승률: $\frac{40}{64}\times100=62.5$,
- B팀의 승률: $\frac{30}{64}\times100=46.875$,
- C팀의 승률: $\frac{33}{64}\times100=51.5625\%$,
- D팀의 승률: $\frac{28}{64}\times100=43.75$,
- E팀의 승률: $\frac{28}{64}\times100=43.75\%$이다.

따라서 승률이 50% 이상인 팀은 A팀, C팀의 두 팀이므로 해당 보기는 틀렸다.

④ (O) C팀은 E팀을 상대로 승리한 경기가 패배한 경기보다 많다.
➜ 이를 확인하기 위해서는 E팀이 C팀을 상대로 경기한 적을 확인하면 된다.
E팀은 C팀을 상대로 6승 10패 0 무승부의 기록을 가졌다. C팀의 전적은 이를 뒤집으면 된다.
C팀은 E팀을 상대로 10승 6패 0 무승부를 한 것이기 때문에 승리한 횟수가 더 많다.

⑤ (O) 시즌 전체 경기 결과 중 무승부는 1경기이다.
➜ 〈표〉를 보면 무승부는 D팀과 A팀의 경기 결과밖에 없으므로, 시즌 전체 경기 결과 중 무승부는 1경기임을 알 수 있다.

합격자의 실전 풀이 순서

❶ 〈표〉와 각주를 이해한다. 특히, 〈표〉는 짝 표이므로 〈표〉의 대각선 아래의 정보를 승리－패배의 숫자를 바꾸어 대각선 위의 빈칸들을 채울 수 있음을 파악한다.

또한, 각주를 통해 팀의 시즌 승률을 계산하는 방식을 이해한다.

❷ ③번은 모든 팀의 시즌 승률을 구해야 하므로 가장 계산이 복잡한 선지이다.
따라서 이를 제외하고 나머지 4개의 선지를 확인하는 방식으로 접근한다.

❸ 나머지 4개의 선지를 확인하면 모두 옳은 선지이므로 답은 ③번이다.

합격자의 시간단축 Tip

스포츠 점수표는 빈출되는 표 형태이다. 그러나 평소 스포츠에 관심이 많은 사람과 달리 관심이 없던 사람들은 이를 어색해하여 풀지 않고 패스하는 경향이 있다. 그러나 한번 이해되면 풀기 쉽고, 자주 출제되는 형태인 만큼 반드시 정리하길 추천한다.

선지 ① 선지 ④ 〈표〉의 대칭성을 이용한 선지이다. 해당 표의 가장 기본적인 원리를 묻는 유형이므로 두 선지를 해결하면서 스포츠 점수표의 원리를 정리하면 좋다.

선지 ② 시즌 승률을 구하기 위해서는 B의 A, C, D, E와의 상대 전적을 알아야 한다. 빈칸을 채우지 않고 상대 팀이 B인 경우(세로 부분)를 활용하면, 표 안의 수인 승리－패배－무승부를 상대 팀은 반대로 해석해야 하므로 패배가 B 팀의 승리 경기일 것이다.
(가)에 들어갈 내용은 10－6－0이므로 B팀의 승리가 패배보다 적다.
또한, C, D, E와의 경기는 모두 승리와 패배 수가 같으므로 B팀의 시즌 승률은 50% 이하이다.

선지 ③ 짝 표의 성질이 익숙하다면 행과 열을 이용하여 빠르게 확인할 수 있다.
먼저 상대 팀이 A(세로)인 경우를 보면 4칸 모두 두 번째 숫자가 더 크므로 A는 승리가 더 많다.
다음으로 팀이 C(가로)인 경우 7－9－0으로 패수가 2개 더 많으나, 다시 상대팀이 C(세로)인 경우를 보면 6－10－0으로 승수가 4개 더 많으므로 C도 총승리 수가 2개 더 많아 50% 이상이다.

선지 ⑤ 짝 표의 성질하면, 대각선 아래의 부분만 확인하여 A와 D 사이에서만 무승부가 1회 발생한 것을 알 수 있다.

093 정답 ④ 난이도 ●●○

㉠ (O) 백화점, TV홈쇼핑 모두 셔츠 상품군의 판매수수료율이 전체 상품군 중 가장 높았다.
→ 〈표 1〉과 〈표 2〉를 살펴보면 백화점과 TV홈쇼핑에서 모두 '셔츠'는 33.9%, 42.0%로 1위를 차지하고 있으므로 전체 상품군에서 판매 수수료율이 각자 가장 높다.

㉡ (×) 여성정장 상품군과 모피 상품군의 판매수수료율은 TV홈쇼핑이 백화점보다 ~~더 낮았으며~~
→ 먼저 〈표 1〉을 살펴보면 백화점 판매 수수료율에서 여성 정장과 모피 상품군은 31.7%와 31.1%를 차지하고 있다.
그러나 TV홈쇼핑 판매수수료율을 나타내는 〈표 2〉에서는 여성 정장과 모피 상품의 순위가 표시되지 않아 정확히 몇 퍼센트에 해당하는지 알 수 없다. TV 홈쇼핑의 상위 제품에서 마지막 순위인 5위 제품이 36.8% 이며 하위 제품인 보석은 28.7% 부터 시작되기 때문에 모피와 여성정장은 (28.7%～36.8%) 사이에서 결정될 수 있다.
그러므로 무조건 백화점의 판매수수료율보다 TV홈쇼핑의 수수료율이 낮다고 가정할 수 없다.
따라서 해당 보기는 옳지 않다.

㉢ (O) 디지털기기 상품군의 판매수수료율은 TV홈쇼핑이 백화점보다 더 높았다.
→ 백화점의 디지털기기 판매수수료율은 11.0%, TV홈쇼핑의 디지털 기기 판매수수료율은 21.9%이므로 TV홈쇼핑의 판매수수료율이 더 높다.

㉣ (O) 여행패키지 상품군의 판매수수료율은 백화점이 TV홈쇼핑의 2배 이상이었다.
→ TV홈쇼핑의 여행 패키지 판매수수료율은 8.4%인 반면, 백화점의 여행 패키지 판매수수료율은 〈표 1〉에 나타나 있지 않다. 그러나 백화점의 하위 5위 제품인 신선식품의 수수료율이 20.8%이기 때문에 여행 패키지의 수수료율은 최소한 20.8%보다는 높은 수치일 것이다. 따라서 8.4%보다는 무조건 두 배 이상 높은 수치 이상일 것이므로, 해당 보기도 맞는 내용이다.

합격자의 실전 풀이 순서

❶ 〈표 1〉과 〈표 2〉는 각각 백화점, TV 홈쇼핑의 판매수수료율 순위를 나타내는 표임을 파악한다. 또한, 상위 5개와 하위 5개가 아닌 경우 상위 5위와 하위 5위 사이의 판매 수수료율임을 인식한다.

❷ 보기 ㉣을 확인하면, 여행패키지 상품군의 백화점 판매수수료율은 20.8%~31.1%이므로 TV홈쇼핑의 판매수수료율인 8.4%의 2배 이상이므로 옳은 보기이다. 답은 ③, ④, ⑤번 중 하나이다.

❸ 보기 ㉠을 눈으로 빠르게 확인하면, 옳은 선지이므로 답은 ④번이다.

합격자의 시간단축 Tip

'순위 자료'는 매우 자주 출제되는 유형이다. 순위 자료는 대부분 간단한 선지로 출제되고 있으나, 고난이도 선지로 구성되는 경우 '알 수 없는 정보'를 활용한 문제로 출제된다.

따라서 '알 수 없는 정보 유형'에 대한 대처 방안을 준비해야 한다. 이는 크게 2단계로 처리한다.

1단계로 〈표〉에 있는 정보인지 확인한다. 표에 명시적으로 나타나 있는 값을 질문한다면 당연히 비교가 가능하므로, 일반적인 문제와 동일하게 처리하면 된다.

2단계로 〈표〉에 없는 정보라면 유추할 수 있는지 확인한다.

예를 들어 '신선식품'의 TV 홈쇼핑 판매수수료율은 백화점 판매수수료율보다 높은지 알아보자.

〈표 1, 2〉에 따르면 백화점 판매수수료율은 주어져 있으나, TV 홈쇼핑 판매수수료율은 주어져 있지 않다. 따라서 2단계를 적용한다.

신선식품의 가능한 TV 홈쇼핑 판매수수료율 범위는 상위 5위보다는 작되 하위 5위보다는 큰 값 내에 형성될 것이다.

즉, 28.7% < 신선식품 < 36.8%일 것이며, 이는 백화점 판매수수료율 20.8%보다 훨씬 높은 범위에 형성되어 있으므로 TV홈쇼핑 판매수수료율이 더 크다는 것을 알 수 있다.

이처럼 표에 없는 정보라도, 유추 가능한지에 따라 알 수 있는 정보가 될 수도 있으므로 이러한 점에 주의하여 확인해야 한다.

보기 ㉡ '알 수 없는 정보' 유형이다. 여성정장 및 모피는 〈표 1〉 상에 존재하나 〈표 2〉에는 없다. 다만 그렇다고 곧장 알 수 없는 정보인 것은 아니다.

TV홈쇼핑 상에 여성정장과 모피는 상 하위 5개 품목에 들어가지 않았지만 그 범위를 구해보면, 화장품의 36.8과 보석의 28.7 사이에 존재(28.7~36.8)한다.

그러나 백화점의 여성정장과 모피는 각각 31.7과 31.1로 그 범위에는 들어가 있으나 31.7이나 31.1보다 큰 값을 가질 수 있다.

따라서 (31.7~36.8)는 점에서 알 수 없는 정보가 된다.

094 정답 ④ 난이도 ●●○

ㄱ. (○) 2016년에 공개경쟁채용을 통해 채용이 이루어진 공무원구분은 총 4개이다.

→ 〈표〉에 의하면 A국에서 2016년 공개경쟁채용을 통해 채용이 이루어진 공무원 구분은 5급, 7급, 9급, 연구직으로 총 4개이므로 옳은 보기이다.

ㄴ. (○) 2016년 우정직 채용 인원은 7급 채용 인원의 절반보다 많다.

→ 2016년 7급은 공개경쟁채용과 경력경쟁채용을 통하여 1,148명을 뽑았으며 우정직 채용인원은 599명이다. 1,148명의 절반은 574명이므로 우정직 채용인원이 그보다 많다.

ㄷ. (×) 2016년 공개경쟁채용을 통해 채용이 이루어진 공무원구분 각각에서는 공개경쟁채용 인원이 경력경쟁채용 ~~인원보다 많다~~.

→ 2016년에서 공개경쟁채용과 경력경쟁채용을 둘 다 실시한 것은 5급, 7급, 9급, 연구직이다.

5급은 공개경쟁채용 295명으로 경력경쟁채용 205명보다 많으며, 7급 공무원은 공개경쟁채용 639명, 경력경쟁채용 509명으로 역시 경력보다 많이 뽑았으며, 9급 공무원에서도 공개경쟁채용 3,000명으로 경력경쟁채용 1,466명보다 많다.

그러나 연구직 공무원은 공개경쟁채용이 17명으로 357명의 경력채용보다 적다.

ㄹ. (○) 2017년부터 공무원 채용 인원 중 9급 공개경쟁채용 인원만을 해마다 전년대비 10%씩 늘리고 그 외 나머지 채용 인원을 2016년과 동일하게 유지하며 채용한다면, 2018년 전체 공무원 채용 인원 중 9급 공개경쟁채용 인원의 비중은 40% 이하이다.

→ 2017년부터 공무원 채용 인원 중 9급 공개경쟁채용 인원을 해마다 전년대비 10% 늘린다면 2017년에는 3,300명, 2018년에는 3,630명이 된다.

2016년	3,000명
2017년	3,000명+(3,000명×0.1)=3,300명
2018년	3,300명+(3,300명×0.1)=3,630명

마찬가지로 2018년의 전체 공무원 채용 인원은 9급 공개경쟁채용 인원의 증가분인 630명만큼 증가하여 9,672명이 된다.

2016년	9,042명
2017년	9,042명+300명=9,342명
2018년	9,342명+330명=9,672명

합격자의 실전 풀이 순서

❶ 〈표〉와 각주를 이해한다. 또한, 〈표〉에서 공개경쟁채용과 경력경쟁채용의 용어가 헷갈릴 수 있으므로 유의하며 보기를 해결해야 함을 인지한다.

❷ 보기 ㉠을 눈으로 빠르게 확인하면, 옳은 선지이다. 답은 ①, ②, ④번 중 하나이다.

❸ 다음으로 간단히 확인할 수 있는 보기 ㉡을 확인하면, 역시 옳은 보기이다. 답은 ①, ④번 중 하나이다.

❹ 보기 ㉣을 확인하면, 2018년의 9급 공개경쟁채용 인원과 전체 공무원 채용인원은 2016년에 비해 300+330=630만큼 증가하므로 9급 공개경쟁채용 인원은 3,630명이고, 전체 공무원 채용인원은 9,672명이다. 따라서 2018년 전체 공무원 채용 인원 중 9급 공개경쟁채용 인원의 비중은 40% 이하이다. 따라서 답은 ④번이다.

합격자의 시간단축 Tip

보기 ㉡ 7급의 절반인지를 확인하기보다는 우정직을 2배 하여 비교하기가 쉽고 빠르다.
우정직의 2배는 (600−1)×2=(1200−2)=1,198이다.
따라서 2016년 우정직 채용 인원은 7급 채용 인원(1,148)의 절반보다 많다.

보기 ㉣ 10% 씩 두 해를 늘리는 경우, 11×11=121임을 이용하면 두 해를 각각 계산할 필요 없이 바로 계산할 수 있다.
즉 2016년 값(3,000)×1.1×1.1=2016년 값(3,000)×1.21=3,630이다.
이때 정석적으로는 9,042명에 증가한 630명을 더해 계산해야 하나, 이미 9,000명의 40%는 3,600명이므로 계산이 편하게 9,100명으로 보고 40%를 구해도 3,640명이다. 따라서 그보다 큰 값은 당연히 40% 이하임을 알 수 있다. 항상 구체적 계산 없이 처리할 방법을 생각해 보아야 한다.

* 추가적으로 '비중, 구성률' 등 분자와 분모가 함께 증감하는 경우, 어느 하나의 변화를 질문하였을 때 다른 하나도 같이 변화함을 놓치면 안 된다. 예를 들어 9급 인원수가 증가할 때를 물었을 때, 전체 공무원 수가 늘어난다는 것을 놓치면 틀린 선지로 잘못 판단하게 된다.

095 정답 ①

난이도 ●●○

〈조건 1〉 전단강도 대비 압축강도 비가 큰 상위 2개 수종은 낙엽송과 전나무이다.

→ 전단강도 대비 압축강도 비는 $\frac{\text{압축강도}}{\text{전단강도}}$로 볼 수 있다. 압축강도가 크거나 전단강도가 작은 수종 B, C, E의 비를
구해보면

- B: $\frac{64}{12}=5.3$
- C: $\frac{63}{7}=9$
- E: $\frac{51}{7}=7.2$ 이므로

C와 E가 낙엽송 또는 전나무이다.
〈선택지 ④ 제외〉

〈조건 2〉 휨강도와 압축강도 차가 큰 상위 2개 수종은 소나무와 참나무이다.

→ 〈표〉에서 각 수종의 휨강도와 압축강도 차인 휨강도−압축강도를 구해보면,

- A: 88−48=40
- B: 118−64=54
- C: 82−63=19
- D: 39−24=15
- E: 80−51=29이므로 차가 큰 상위 2개 수종은 A와 B이다. 따라서 A와 B가 소나무 또는 참나무이다.

〈선택지 ③ 제외〉

〈조건 3〉 참나무의 기건비중은 오동나무 기건비중의 2.5배 이상이다.

→ 기건비중 중 가장 작은 값을 먼저 봐야 한다. 다른 값들을 2.5배 해주면 너무 커져서 2.5배 이상인 수종을 찾기가 어렵다. 〈표〉를 보면 D가 0.31로 가장 작은 기건비중 값을 가지는데 2.5를 곱해주면 0.31×2.5=0.775이므로 2.5배 이상인 수종은 기건비중이 0.89인 B에 해당된다.
따라서 D는 오동나무이고, B는 참나무이다.
〈선택지 ⑤ 제외〉

〈조건 4〉 인장강도와 압축강도의 차가 두 번째로 큰 수종은 전나무이다.

→ 〈표〉에서 각 수종의 인장강도와 압축강도 차를 구해보면,

- A: 52−48=4
- B: 125−64=61
- C: 69−63=6
- D: 24−21=3

• E: 59－51＝8
이므로 인장강도와 압축강도의 차가 두 번째로 큰 수종은 E이다. 따라서 E는 전나무이다. 종합해보면, A＝소나무, B＝참나무, C＝낙엽송, D＝오동나무, E＝전나무이고
문제에서 A와 C에 해당하는 수종을 고르라고 했으므로 ① 번이 정답이다.

합격자의 실전 풀이 순서

❶ 〈조건〉 중 하나를 확정할 수 있는 네 번째 조건부터 해결한다.
네 번째 조건에 따르면, 전나무는 E이므로 C가 전나무라고 표시한 선지 ②, ⑤번을 소거한다.

❷ 첫 번째 조건을 확인하면 C는 낙엽송이므로 ④번을 소거한다.

❸ 다음으로 두 번째 조건을 확인하면 A, B는 소나무 또는 참나무이므로 답은 ①번이다.

합격자의 시간단축 Tip

(Tip ❶) 매칭형 문제의 경우 〈조건〉중 한 가지를 확정할 수 있는 조건이 있다면 이를 첫 번째로 확인하는 것이 시간을 단축하는 방법이다.
또한, 모든 조건이나 보기를 항상 순서대로 해결하려 하기보다는 뒤에서부터 확인하는 것도 좋은 방법일 수 있다는 것을 염두에 두는 것이 좋다.

(Tip ❷) 첫 번째 〈조건〉의 A 대비 B를 빠르게 비교하기 위해서는 기준점을 잡는 것이 좋다.
C 수종과 같이 딱 떨어져서 계산이 쉬우면서 그 값이 커 보이는 기준값을 잡으면 된다.
기준값인 C의 경우 전단강도 대비 압축강도가 7이다. 따라서 A, B, D, E의 전단강도에 7을 곱했을 때 압축강도가 이보다 큰지 비교하면 쉽게 C와 E가 상위 2개 수종임을 알 수 있다.

096 정답 ❶ 난이도 ●●●

ㄱ. (O) 2012년 도시폐기물량은 미국이 일본의 4배 이상이다.
→ 2012년 미국의 도시폐기물량지수는 12.73이고, 2012년 일본의 도시폐기물량지수는 2.53이다. 일본의 도시폐기물량지수의 4배는 2.53×4＝10.12 < 12.73이므로 미국이 일본의 4배 이상이다.

ㄴ. (×) 2011년 러시아의 도시폐기물량은 8,000만톤 ~~이상이다~~.
→ 2011년 러시아의 도시폐기물량지수는 3.87이고 2011년 한국의 도시폐기물량은 1,786만톤이므로 해당년도 러시아의 도시폐기 물량은 (1,786만 톤에 ×3.87)＝6,912만 톤으로 8,000톤 미만이다.

ㄷ. (O) 2012년 스페인의 도시폐기물량은 2009년에 비해 감소하였다.
→ 2009년 스페인의 도시폐기물량＝2009년 스페인의 도시폐기물량지수 × 2009년 한국의 도시폐기물량이므로 1.33 × 1,901(만 톤)＝2,528만 톤이다.
2012년 스페인은 아예 상위 10개국 순위에서 빠져 있다.
2012년 10순위인 이탈리아의 도시폐기물량을 구해보면 1.4×1,788(만 톤)＝2,503만 톤이고 스페인은 이탈리아보다 순위가 바깥인 것이 확실하므로 도시폐기물량이 2,503만 톤보다 낮은 것을 확신할 수 있다.
따라서 스페인의 2012년 도시폐기물량이 2009년 대비 감소했다는 것을 알 수 있다.

ㄹ. (×) 영국의 도시폐기물량은 터키의 도시폐기물량보다 ~~매년 많다~~.
→ 특정 연도 한국의 도시폐기물량은 정해져 있기 때문에 영국과 터키의 도시폐기물량 비교는 도시폐기물량 지수의 비교다. 2012년 도시폐기물량지수 순위는 터키 8위(1.72), 영국9위(1.70)로 터키가 영국보다 도시폐기물량이 많다.

합격자의 실전 풀이 순서

❶ 〈표〉와 〈그림〉과 각주의 관계를 이해한다. 즉, 각주의 도시폐기물량지수의 분모는 〈그림〉에 주어진 수치이고, 〈표〉는 도시폐기물량지수이므로 지수의 분자인 해당년도 해당 국가의 도시폐기물량의 수치도 구할 수 있는 정보임을 인식한다.

❷ 보기 ㉣을 확인하면, 틀린 보기이므로 답은 ①, ③번 중 하나이다.

❸ 보기 ㉠을 확인하면, 옳은 보기이므로 답은 ①번이다.

합격자의 시간단축 Tip

'지수'라는 이유로 순간 멈칫한 수험생분들이 많으실 것이라 생각한다. 지수 문제는 언제나 '분모에 들어가는 지수 기준값이 동일한지 여부'만 명확히 하면 실수할 일이 없다. 예를 들어 보기 ㉠의 경우 기준값은 한국의 값이므로 타 도시 간 비교는 '동일한 분모를 가진 분수 간의 비교'로 일반적인 숫자 비교와 같이 편하게 해도

상관없다.
따라서 연도별 비교가 필요한 보기 ㉡, 보기 ㉢을 최대한 나중에 확인하는 방식으로 해결하고자 한다.

보기 ㉡ 2011년의 러시아의 도시폐기물량지수는 3.87이고, 2011년 한국의 도시폐기물량은 1,786이므로 2011년 러시아의 도시폐기물량은 3.87을 4로 '올림'하더라도 4×2,000 = 8,000이다.
따라서, 러시아의 도시폐기물량은 8,000만 톤 미만이므로 틀린 보기이다.

보기 ㉢ 보기 ㉢은 가급적 안 푸는 것이 좋다. 다른 선지에 비해 난이도가 높기도 하며, 계산 역시 민경채 자료해석 기출문제 중에서는 가장 구체적인 값을 묻는 문제이기도 하다.
다만, 혹 풀게 되었다면 그나마 빠르게 풀 수 있는 방법 내지 대처법을 설명하겠다.
먼저 풀이 방법은 다음과 같다. 2012년의 경우 스페인이 순위권 밖에 있다. 이런 경우 가능한 최댓값을 설정하고 그럼에도 2009년이 큰지 확인하면 된다. 스페인이 2012년 10위인 이탈리아와 동일한 지수를 가질 때가 최댓값이므로 계산하면 1,788×1.40이 되고 2009년 값은 1,901×1.33으로 양자를 비교하면 된다.
풀이 방식은 위와 같으나 실제로 계산해보면 2,503.2 vs 2,528.33으로 약 1% 밖에 차이가 안 난다. 즉 기존에 하던 증가율 비교, 분수 비교 등은 활용하기 어렵다. <u>이처럼 정확한 계산을 요구하는 문제의 경우 근삿값으로 만들어, 빠르게 곱셈을 해버리는 것이 그나마 적절한 대처이다.</u> 평소 방식을 잘 못 사용할 경우 숫자 구조가 왜곡되어 오답으로 이어지기 쉽기 때문이다.
따라서 세 자리 단위로 근삿값을 설정하고, 179×140 vs 190×133을 각각 빠르게 곱하여 확인한다. 근삿값을 곱하는 것은 단순한 계산으로 생각보다 오랜 시간이 걸리지 않아 금방 풀어낼 수 있을 것이다.

보기 ㉣ 반례를 찾으면 되는 보기로, 출제 의도 상 시간을 소모하게 하려고 통상 뒷부분에 반례를 배치한다. 따라서 뒤에서부터 앞으로 반례를 찾는 것이 좋다. 보기 ㉣ 역시 마지막인 2012년에 반례가 존재한다.

097 정답 ❷ 난이도 ●●●

ㄱ. (○) 처리대상 건수가 가장 적은 연도의 처리율은 75% 이상이다.
→ 처리대상 건수가 가장 적은 연도를 구하기 위해서는 2013년의 전년 이월 건수와 처리대상 건수의 합계를 알아야 한다. 이를 계산하면,
- 2013년 전년 이월 건수: (8,278건−6,444건) =1,834건
- 2013년 처리대상 건수: (1,834건+7,883건)= 9,717건이다.

따라서 처리대상 건수가 가장 적은 연도는 2016년임을 알 수 있다.
2016년의 처리율은 $\frac{6,628}{8,226}\times100 ≒ 80.6(\%)$이므로 75% 이상이다.

ㄴ. (×) 2013~2016년 동안 취하 건수와 기각 건수의 전년대비 증감방향은 ~~동일하다~~.
→ 2013년~2016년 동안 취하 건수는 증가, 증가, 증가, 감소의 증감 방향을 보였다.
2013년 ~ 2016년 동안 기각 건수는 증가, 증가, 감소, 감소의 증감 방향을 보였다.
따라서 증감방향이 다르므로 틀린 보기이다.

ㄷ. (×) 2013년 처리율은 80% ~~이상이다~~.
→ 2013년 처리율은: $\frac{7,314}{9,717}\times100 ≒ 75.3(\%)$로, 80% 미만이다.
따라서 틀린 보기이다.

ㄹ. (○) 인용률은 2012년이 2014년보다 높다.
→ 2012년 인용률은: $\frac{1,767}{6,327}\times100 ≒ 27.92\%$
2014년 인용률은: $\frac{1,440}{8,122}\times100 ≒ 17.72\%$ 이다.
따라서 2012년의 인용률이 2014년 인용률보다 크다.

합격자의 실전 풀이 순서

❶ 실수를 방지하기 위해 '소계'에 구분 선을 긋고, 〈표〉와 각주를 확인한다.
❷ 보기 ㉠, ㉢은 빈칸 값을 도출해야 하므로, ㉡과 ㉣을 확인한다.
❸ 이때 단순 확인인 보기 ㉡을 먼저 확인하면 틀린 선지이므로 ①, ③, ⑤번을 소거한다.
❹ 보기 ㉢을 확인하면 틀린 선지이므로 정답은 ②번이다.

합격자의 시간단축 Tip

보기 ㉠ 2013년의 소계를 구하지 않더라도 8,278−6,444=약 8,200−6,400=1,800으로 2013년은 2016년보다 클 수밖에 없다. 따라서 2016년을 확인하면, 근삿값으로 75%를 볼 때 8,000 × 75%=6,000이다. 즉 당연히 75% 이상일 수밖에 없다.

보기 ㉡ 증감 방향 유형은 일반적으로 2가지 방법으로 푼다.

① 첫 번째 방법은 한 값을 통으로 암기하여 비교하는 방법이다.
예를 들어 취하 건수가 '+ + + − '임을 외운 후, 기각 건수에 대입하여 모순이 발생하는지 확인하는 방법이다.

② 두 번째 방법은 뒤에서부터 하나하나 비교하는 방법이다. 예를 들어 2016년의 경우 취하, 기각 모두 −이고, 15년은 취하는 +, 기각은 − 이므로 틀린 선지인지 확인할 수 있다.
개인적으로는 첫 번째 방법이 더 빠르다고 생각한다. 두 번째 방법은 여러 자료를 계속 번갈아 눈으로 확인해야 하므로 시간 낭비가 일정 부분 있을 수밖에 없기 때문이다.

보기 ㉢ 처리율 80%가 옳다고 가정 후, 모순이 발생하는지 확인한다.
80%가 7,314라는 것은 9,000×80%=7,200임을 고려할 때, 2013년의 처리대상 건수가 9,000보다 살짝 큰 값이라는 의미이다. 따라서 전년이월 건수는 9,000−7,883=약 9,000−7,800=1,200으로, 소계에 대입해보면 6,444+1,200=약 7,600 < 8,278(소계)이므로 틀린 선지임을 쉽게 알 수 있다.

보기 ㉣ 인용률의 '분모'는 5개 중 3개의 값을 더하도록 구성되어 있어 매우 번거롭다.
따라서 반대해석으로 '소계−(취하+재조사)'로 도출한다. 이때 구체적으로 분모 값을 구하지 않아도 된다. 출제자가 문제 난이도를 낮추기 위해 근삿값으로 처리하기 좋게 숫자를 주었다.
예를 들어 2012년의 경우 6,444−90−27=약 6,300이고 2013년의 경우 7,314−136=약 7,100으로 처리할 수 있다.

098 정답 ②

난이도 ●●○

ㄱ. (○) 정당 D의 전국 지방의회 의석점유율은 2014년이 2010년보다 높다.
➜ 2010년 정당 D의 전국 지방의회 의석점유율:
$\frac{39}{616}\times100 \fallingdotseq 6.33\%$
2014년 정당 D의 전국 지방의회 의석점유율:
$\frac{61}{669}\times100 \fallingdotseq 9.11\%$이다.
따라서 2014년의 의석점유율이 더 높다.

ㄴ. (×) 2010년에 비해 2014년 모든 정당의 전국 지방의회 의석 수는 ~~증가하였다~~.
➜ 2010년에 비해 2014년 C정당의 전국 지방의회 의석 수는 82석에서 38석으로 감소하였다. 따라서 모든 정당의 전국 지방의회 의석 수가 증가하였다는 것은 틀린 선지이다.

ㄷ. (×) 2014년 비수도권 지방의회 의석 수는 ~~정당 B가 정당 A보다 많다~~.
➜ 정당 A와 B의 2014년 비수도권 지방의회 의석수는 (2014년 전국지방의회 의석 수−2014년 수도권 지방의회 의석 수)를 통해 구할 수 있다.
이를 계산하면,
- A 정당: (252−63)=189(석)
- B 정당: (318−166)=152(석) 이다.

따라서 2014년 비수도권 지방의회 의석 수는 정당 B가 정당 A보다 적다.

ㄹ. (○) 정당 B의 수도권 지방의회 의석점유율은 2014년이 2010년보다 낮다.
➜ 2010년 정당 B의 수도권 지방의회 의석점유율:
$\frac{159}{209}\times100 \fallingdotseq 76.07\%$
2014년 정당 B의 수도권 지방의회 의석점유율:
$\frac{166}{238}\times100 \fallingdotseq 69.74\%$이다.
따라서 2010년 정당 B의 수도권 지방의회 의석점유율이 2014년 정당 B의 수도권 지방의회 의석점유율보다 크다.

합격자의 실전 풀이 순서

❶ 〈표〉와 〈그림〉의 관계를 파악하고, 각주를 확인한다.
❷ 단순 확인 선지인 보기 ㉡을 먼저 확인하면 틀린 선지이므로 ①, ③, ⑤번을 소거한다.
❸ 보기 ㉢을 보면 틀린 선지이므로 정답은 ②번이다.

합격자의 시간단축 Tip

보기 ㉠ 분자와 분모 증가율을 비교하는 것이 편하다.
분모의 경우 616→669로 1배에서 조금 큰 정도에 불과하지만, 분자의 경우 39→61로 2배보다 살짝 작은 값이다.
따라서 분자 증가율이 더 크므로 의석점유율이 증가했음을 쉽게 알 수 있다.

보기 ㉡ 단순 확인 문제인 만큼, 출제 의도상 뒷부분에 반례가 배치될 가능성이 높으므로 D→A 순으로 확인한다.

보기 ㉢ 비수도권 의석 수를 구해 비교하지 않고, 구성 요소들의 차잇값을 통해 처리한다.
전국 의석수의 경우 318−252=66이지만, 수도권 의석 수는 166−63=103이므로 A > B이다.

보기 ㉣ '정당별 의석 수의 증가율'로 비교하는 것이 좋다. 정당 A는 2배보다 살짝 작게, 정당 D는 2배가 넘는 증가율을 보이는 반면 정당 B는 거의 비슷한 값으로 증가율이 매우 낮다. 따라서 '분자'인 정당 B의 증가율 < '분모'인 전체 수도권 의석 수의 증가율이므로 '의석 점유율'은 감소했다.

099 정답 ②

난이도 ●●○

ㄱ. (○) 설계업체수가 시공업체수보다 많은 지역의 수는 한옥 건설업체가 없는 지역의 수보다 많다.
→ 〈각주 3〉의 각 지역의 괄호 안의 숫자는 차례대로 설계업체수, 시공업체수, 자재업체수를 의미한다. 설계업체수가 시공업체수보다 많은 지역은,
- 서울: (49개 > 25개),
- 세종: (1개 > 0개),
- 광주: (3개 > 2개),
- 대구: (2개 > 0개)로 총 4곳이고,

한옥 건설업체가 없는 지역은 괄호 안의 모든 값이 0인 지역이므로 대전, 울산으로 2곳이다. 따라서 설계업체수가 시공업체수보다 많은 지역의 수는 한옥 건설업체가 없는 지역의 수보다 많다.

ㄴ. (×) 전국의 설계업체수는 시공업체수보다 ~~많다~~.
→ 〈그림〉의 우측 하단을 보면 전국(162, 268, 52)에서 알 수 있듯이, 전국의 설계업체수는 162개, 시공업체수는 268개로 설계업체수는 시공업체수보다 적다.

ㄷ. (○) 수도권 시공업체 중 서울 시공업체가 차지하는 비중은 전국 설계업체 중 수도권 설계업체가 차지하는 비중보다 크다.
→ 〈각주 3〉에 의하면 수도권은 서울, 인천, 경기이고 이 세곳의 시공업체 수의 합은 25개+5개+37개=67개이다. 이 중 서울 시공업체는 총 25개 이므로 수도권 시공업체 중 서울 시공업체가 차지하는 비중은 $\frac{25}{25+5+37}=\frac{25\text{개}}{67\text{개}}$이다.
그리고 전국 설계업체는 162개, 수도권 설계업체는 49개+8개=57개이므로 전국 설계업체 중 수도권 설계업체가 차지하는 비중은 $\frac{49+8}{162}=\frac{57\text{개}}{162\text{개}}$이다.
$\frac{25}{67}$와 $\frac{57}{162}$의 대소 관계를 파악하기 위해서 통분해주면, $\frac{25}{67}=\frac{25\times162}{67\times162}=\frac{4050}{67\times162}$와 $\frac{57}{162}=\frac{57\times67}{162\times67}=\frac{3819}{162\times67}$ 이므로, $\frac{25}{67}$가 더 크다. 따라서 수도권 시공업체 중 서울 시공업체가 차지하는 비중이 전국 설계업체 중 수도권 설계업체가 차지하는 비중보다 크다.

ㄹ. (×) 설계업체수 기준, 상위 2개 지역의 설계업체수 합은 전국 설계업체수의 50% ~~미만이다~~.
→ 설계업체수 기준 상위 2개 지역은 서울(49개), 경북(35개)이므로 합은 84개이다.
전국 설계업체수의 50%는 162의 절반인 81이므로 상위 2개 지역의 설계업체수 합이 전국 설계업체수의 50%를 초과하므로 미만이라 할 수 없다.

합격자의 실전 풀이 순서

❶ 그림에서 각각 괄호 안의 숫자들이 순서대로 설계업체, 시공업체, 자재업체의 숫자라는 것, 각각의 합계가 주어져 있다는 것과 수도권은 서울, 인천, 경기로 구성된다는 것을 빠르게 파악한다.
❷ 각 업체의 합이 주어졌기 때문에 가장 빠르게 구할 수 있는 보기 ㉡을 푼다.
❸ ㉡이 오답이라는 것을 알 수 있으므로, ②, ④번 중에서 답을 고르면 된다.
❹ ②, ④번에 공통으로 ㉢이 포함되어 있으므로 ㉣을 푼다.

합격자의 시간단축 Tip

보기 ㉠ 확인하기 쉬운 정보부터 확인하면 좋다. 예를 들어 보기 ㉠의 경우 후자인 '건설업체가 없는 지역'을 찾기 더 쉬우므로 그 숫자를 확인한 후, '설계업체수 > 시공업체수'인 지역이 앞선 값을 넘는 순간까지만 찾은 후 판단을 멈추면 된다.
만약 이를 거꾸로 할 경우 확인하기 어려운 정보를 다 찾은 후, 쉬운 정보가 그보다 작은 지 확인하기 때문에 불필요한 시간을 더 낭비하게 된다.

보기 ㉡ 급하게 문제를 푼다면 직접 그림의 지도에 있는 업체의 수를 직접 더하는 과정을 거치게 될 수 있다. 그러나 문제 풀이 전에 전국 업체 수의 합이 주어져 있다는 것을 인지한다면 가장 빠르게 풀 수 있는 보기이다.

보기 ㉢ 크게 3가지 방법으로 해결할 수 있다. 어느 하나가 우월한 것은 아니므로, 본인에게 어떤 방법이 맞는 지 연습을 통해 찾아보자.

[방법 1] 분자-분모 증가율 비교법

$\frac{25}{25+5+37}$ vs $\frac{49+0+8}{162}=\frac{25}{67}$ vs $\frac{57}{162}$에서 분자는 2.3배 미만($57 < 25\times2+25\times0.2+25\times0.1$)이고, 분모는 2.4배를 초과($162 > 67\times2+67\times0.5-67\times0.1$)한다.

분자의 증가율이 분모의 증가율보다 작다. 따라서 후자가 전자보다 작다.

[방법 2] 분자-분모 차이법

전자의 분자를 후자의 분자와 유사하게 만든 후 비교하는 방법도 있다. $\frac{25}{67}$의 분자와 분모를 각각 2배 하면 $\frac{50}{134}$이고, $\frac{57}{162}$와 분자는 7, 분모는 27 차이 나며 $\frac{7}{27}$은 약 $\frac{1}{4}$이다.

$\frac{50}{134}$은 $\frac{1}{4}$보다 크기 때문에 $\frac{25}{67} > \frac{57}{162}$가 성립한다. $\frac{b}{a}$와 $\frac{b+d}{a+c}$를 분수 비교 하는 경우, $\frac{b}{a} > \frac{d}{c}$인 경우 $\frac{b}{a} > \frac{b+d}{a+c}$가 성립한다.

보다 구체적인 내용은 [시간단축 비법서]의 분수 비교 파트 중 '분자-분모 차이법'을 참조하자)

[방법 3] 통분 비교법

$\frac{25}{67}$와 $\frac{57}{162}$의 대소 관계를 비교할 때, 통분하지만, 분모를 계산할 필요는 없다. 분모는 어차피 같아지므로 실제 계산에서 분모는 사실상 쓰지 않아도 무방하다. 실제 시험장에서는 $\frac{25}{67}$와 $\frac{57}{162}$의 대소 관계를 파악할 때, 25×162와 57×67이 두 값을 비교하는 것만으로도 충분하다.

보기 ㉣

[방법 1]

전국 설계업체의 수의 합은 162개라고 주어져 있고 이것의 50%는 81이다. 따라서 상위 2개 지역의 설계업체수 합은 간단한 더하기 식으로 구할 수 있고 ($49+35=83$), $81 < 83$이라는 것을 구한다면 복잡한 나누기 식 없이 빠르게 답을 구할 수 있다.

[방법 2]

'50% 미만'은 2배 했을 때 전체보다 작은지 여부로 처리한다. 설계업체 상위 2개 지역은 서울, 경북으로 $49+35=84$이다. $84\times2=168 > 162$이므로 틀린 선지이다.

100 정답 ④ 난이도 ●●○

〈조건 2〉 '정'국은 '을'국보다 제조업 기업수가 많다.

→ 우선 〈표〉를 보면 제조업 기업수는 D, C, B, A 순으로 많다. 이때 〈조건 2〉를 보면 '정'국이 '을'국보다 제조업 기업수가 많으므로 '정'국은 제조업 기업수가 최소인 A가 될 수 없다.

또한 '을'국은 제조업 기업수가 최대인 D가 될 수 없다.

따라서 A에 '정'이 매치된 보기 ⑤번은 답이 아니다.

〈조건 3〉 '을'국은 '병'국보다 전체 기업수는 많지만 GDP는 낮다.

→ 전체 기업수는 〈그림〉의 세로축(y축)에 해당하므로 전체 기업수가 많은 순서대로 나열하면 B, D, A, C 이다.

이때 〈조건 3〉에 의해 '을'국은 '병'국보다 전체 기업수가 많으므로 '을'국은 전체 기업수가 가장 적은 C가 될 수 없고, '병'국은 전체 기업수가 가장 많은 B가 될 수 없다.

따라서 선택지 ①, ②는 정답이 아니다. 남은 선택지 ③, ④에서 '을'은 B이고, '병'은 A이므로 GDP를 따로 계산할 필요는 없다.

〈조건 1〉 '갑'~'정'국 중 전체 기업수 대비 서비스업 기업수의 비중이 가장 큰 국가는 '갑'국이다.

→ 〈표〉에서 기업수 대비 서비스업 기업수의 비중은 $\frac{\text{서비스업 기업수}}{\text{전체 기업수}}$로 구할 수 있다.

남은 선택지인 ③, ④에서, '갑' 국은 C or D 이므로 이 둘만 계산해서 비교해보면 된다.

- C국: $\frac{2,450,288\text{개}}{2,975,674\text{개}} \approx 0.8284$
- D국: $\frac{2,747,603\text{개}}{3,254,196\text{개}} \approx 0.8443$

이므로 D 국가의 전체 기업수 대비 서비스업 기업수의 비중이 크다.

D 국가가 '갑'국 이므로 정답은 ④이다.

합격자의 실전 풀이 순서

❶ 〈표〉의 구조(전체=제조업+서비스업+기타)를 파악하고, 〈그림〉의 각 축과 그 단위를 확인한다.

❷ 〈조건〉을 확인하여 각 국가를 찾기보다는 선지에 주어진 국가의 조합이 〈조건〉에 부합하는지를 확인하는 방식으로 접근한다. 선지에 따르면 B국은 '을'국 또는 '병'국 또는 '정'국으로 선지 3개가 '을'국이라고 하고 있다. 마찬가지로 D국은 '갑'국 또는 '병'국 또는

'정'국인데, 선지 3개가 '갑'국이라고 하고 있다. 따라서 B국이 '을'국이 아닌 선지 ①, ②를 지우고, D국이 '갑'국이 아닌 선지 ①, ③을 소거한다.

❸ B국이 '을'국, D국이 '갑'국이라는 가정 하에, 조건 2, 3에 부합하는 국가의 조합을 찾는다.

❹ 만약 다른 문제들을 다 풀고 난 후 시간이 남을 경우, 각 조건을 해결하여 정답을 고른 것인지 확인한다.

합격자의 시간단축 Tip

조건 1 '반대 해석'을 통해 여집합으로 보는 것이 빠르고 편하다. 즉 "(1−서비스업 비중)이 가장 작은 국가가 '갑'국인지" 확인하는 것이 된다. 근삿값으로 앞 두 자리를 잡아 차잇값을 비교할 때,
A는 30−22=8,
B는 36−27=9,
C는 29−24=5,
D는 32−27=5로 전체 값이 큰 차이 없음을 고려하면 A와 B는 비교 대상에서 제외된다.
따라서 C와 D만 비교하면, 차잇값은 동일하게 5이지만 분모인 전체 값이 32로 D가 더 크므로, (1−서비스업 비중)은 D가 제일 작아 갑국은 D가 된다. 이 방법은 분수 비교를 거의 활용하지 않고, 뺄셈으로 처리할 수 있어 잘 활용하면 빠른 처리가 가능할 것이다.

조건 2 B국이 '을'국이라는 가정하에 A국은 '정'국일 수 없다. 따라서 선지 ④의 국가 조합이 조건 3에 부합하는지 확인한다.

조건 3 〈그림〉상에서 B국이 A국보다 위쪽에 위치하고, 왼쪽에 위치하는지 확인한다. 원점과 해당 점을 이어 그래프의 기울기로 비교해도 좋다. 기업수가 많고 GDP가 적다는 것은 Y가 크고 X는 작다는 의미이므로 그래프가 더 가파르다는 의미이다.
다만, 기울기 비교 시 '생략된 부분'을 항상 주의해야 한다. 〈그림〉의 경우 A, B는 생략 부분의 영향을 받지 않으나, C와 D의 경우 생략 부분의 영향을 받는다. 예를 들어, y축만 늘린다고 생각하면 C가 더 기울기 높으나, x축만 늘린다고 생각하면 D의 기울기가 더 높게 된다. 이를 공식으로 정리하면 다음과 같다. x축이 더 많이 생략된 경우 기울기가 1 초과일 때 영향을 받으며, y축이 더많이 생략된 경우 기울기가 1 미만일 때 영향을 받는다.
단순히 공식만 보면 이해가 안될 것이므로, [시간단축 비법서]의 (x, y) 평면 차트 부분을 반드시 확인하여 정리하기 바란다.

101 정답 ①　　난이도 ●●●

ㄱ. (O) 지연율이 가장 낮은 항공사는 BK항공이다.

➜ 지연율은 $\frac{\text{총 지연 대수}}{\text{총 운항 대수}}\times 100$이다.

이 식을 활용하여 항공사별 지연율을 구하면,

- EK: $\frac{21,374}{86,592}\times 100 \fallingdotseq 24\%$
- JL: $\frac{12,487}{71,264}\times 100 \fallingdotseq 17\%$
- EZ: $\frac{4,037}{26,644}\times 100 \fallingdotseq 15\%$
- WT: $\frac{1,137}{7,308}\times 100 \fallingdotseq 15\%$
- HO: $\frac{761}{6,563}\times 100 \fallingdotseq 11\%$
- 8L: $\frac{1,162}{6,272}\times 100 \fallingdotseq 18\%$
- ZH: $\frac{417}{3,129}\times 100 \fallingdotseq 13\%$
- BK: $\frac{110}{2,818}\times 100 \fallingdotseq 3\%$
- 9C: $\frac{229}{2,675}\times 100 \fallingdotseq 8\%$
- PR: $\frac{126}{1,062}\times 100 \fallingdotseq 11\%$

지연율이 10% 미만인 항공사는 BK와 9C이다. 이 중에서 BK가 가장 지연율이 낮다.

ㄴ. (O) 항공사별 총 지연 대수 중 항공기 정비, 기상 악화, 기타로 인한 지연 대수의 합이 차지하는 비중은 ZH항공이 가장 높다.

➜ EK, JL, EZ이외에는 항공기 정비, 기상 악화, 기타로 인한 지연 대수 가운데 기타가 차지하는 비중이 크다. ZH가 EK, JL, EZ 이외에 기타 지연 대수가 많고, 운항 대수도 ZH가 적으므로 EK, JL, EZ 이외의 항공사들 중에서 ZH가 가장 항공기 정비, 기상악화, 기타로 인한 지연 대수의 합의 비중이 크다.
EZ는 운항 대수가 ZH보다 8배 이상 많지만 항공기 정비, 기상 악화, 기타로 인한 운항 대수 합이 (41+156+212)=409(대)이므로 ZH의 기타로 인한 지연 대수인 273대의 2배가 되지 않는다.
JL은 20배 이상 총 운항 대수가 많지만 항공기 정비, 기상 악화, 기타로 인한 지연 대수의 합이 ZH기타의 20배 이상이 되지 않으며, EK도 마찬가지다.
따라서 ZH가 총 지연 대수 중 항공기 정비, 기상 악화, 기타로 인한 지연 대수의 합이 차지하는 비중이 가장 높다.

ㄷ. (×) 기상 악화로 인한 전체 지연 대수 중 EK항공과 JL항공의 기상 악화로 인한 지연 대수 합이 차지하는 비중은 ~~50% 이하이다~~.

→ 기상 악화로 인한 전체 지연대수는 605대이고, EK항공사와 JL항공사의 기상 악화로 인한 지연 대수 합은 (214+147)=361대이다.

따라서 이들의 합의 비중은 50%보다 크다.

ㄹ. (×) 항공기 정비로 인한 지연 대수 대비 기상악화로 인한 지연 대수 비율이 가장 높은 항공사는 ~~EZ항공이다~~.

→ 항공기 정비로 인한 지연 대수 대비 기상악화로 인한 지연 대수 비율이 가장 높은 항공사는 $\frac{36}{4}$= 9배인 8L항공이다.

합격자의 실전 풀이 순서

❶ 〈표〉와 각주를 확인한다.

❷ 모두 '~가 가장 높다, 낮다' 유형으로 난이도가 비슷하므로 순서대로 푼다.

❸ 보기 ㉠은 옳은 선지이므로 ③, ⑤번을 소거한다.

❹ 보기 ㉡은 옳은 선지이므로 정답은 ①번이다.

합격자의 시간단축 Tip

보기 ㉠ 분수 비교보다는 배수 비교가 쉬우므로, 반대 해석을 이용해 '역수'로 비교한다. 즉, '총 지연 대수 대비 총 운항 대수가 가장 높은 항공사'를 찾으면 된다. BK항공은 약 28배로, 이를 기준값으로 보아 다른 항공사에 대입해보면 모두 28배보다 한참 작은 값이므로 옳은 선지이다.

보기 ㉡ 반대 해석을 이용해 '여집합'과 '역수'로 비교한다. 이때 두 번 뒤집는 것이므로 문제와 동일하게 '가장 높은 값'을 찾는 것이다.

즉, '연결편 접속 대비 총 지연 대수가 가장 높은 항공사'를 찾으면 된다. ZH항공은 135→417으로 약 3배이다. 따라서 3배를 기준으로 다른 항공사에 대입해 보면, 모두 3배보다 한참 작으므로 옳은 선지이다.

보기 ㉢ '(EK+JL)×2 < 소계'인지 확인한다.

EK+JL=214+147=약 210+140=350으로 350×2=700 > 605이므로 틀린 선지이다.

보기 ㉣ EZ항공의 '항공기 정비 대비 기상악화'는 41→156으로 4배가 살짝 안 되는 값이다.

따라서 4배를 기준 값으로 다른 항공사에 대입하면, 8L의 경우 4×4 < 36이므로 EZ는 가장 높은 항공사가 아니다. 따라서 틀린 선지이다.

102 정답 ③ 난이도 ●●○

① (×) 강사 E의 2016년 시급은 ~~45,600원이다~~.

→ 강사 E의 2015년 시급은 48,000원인데 수강생 만족도가 3.2점으로 3.0점 이상 4.0점 미만이므로 2016년 시급은 동결된다. 따라서 2016년 시급도 48,000원이다.

② (×) 2017년 시급은 강사 D가 강사 C보다 ~~높다~~.

→ 2017년 시급의 인상률은 2016년 수강생 만족도로 결정된다.

인상률이 10%인 강사 C의 2017년 시급은
54,600×1.1=60,060원

인상률이 5%인 강사 D의 2017년 시급은
59,400×1.05=62,370원

이지만, 강사가 받을 수 있는 최대 시급은 60,000원이라고 조건에서 미리 명시되었으므로 2017년에는 강사 D, C 모두 시급이 60,000원이다.

③ (○) 2016년과 2017년 시급 차이가 가장 큰 강사는 C이다.

→ 강사별로 2017년과 2016년 시급 차이는 2016년에 인상률을 곱한 값이다.

- 강사 A: 55,000×0.05=2,750
- 강사 B: 45,000×0.05=2,250
- 강사 C: 54,600×0.1=5,460 이지만 시급은 6만 원을 넘을 수 없으므로 시급 차는 5,400이다
- 강사 D: 59,400×0.05=2,970이지만 시급은 6만 원을 넘을 수 없으므로 시급 차는 600이다.
- 강사 E: 보기 ①에 의해 강사 E의 2016년 시급은 동결되어 48,000원이고 2016년 수강생 만족도가 3.5이므로 2017년에도 시급은 동결되어 2016년과 2017년의 시급 차이가 없다.

따라서 강사C의 시급이 가장 크게 상승되었다.

④ (×) 강사 C의 2015년 수강생 만족도 점수는 ~~4.5점 이상이다~~.

→ 강사 C의 2016년 시급을 2015년 시급으로 나누면 인상률을 알 수 있다.

54,600 ÷ 52,000=1.05로써 인상률이 5%임을 알 수 있다.

따라서 2015년 수강생 만족도는 4.0 이상 4.5 미만임을 알 수 있다.

⑤ (×) 2017년 강사 A와 강사 B의 시급 차이는 ~~10,000원이다~~.

→ 강사 A의 2017년 시급은 55,000×1.05=57,750원

강사 B의 2017년 시급은 45,000×1.05=47,250원
두 사람의 시급 차이는 10,500원이다

합격자의 실전 풀이 순서

❶ 〈조건〉에서 수강생 만족도에 따른 다음 연도 시급의 인상률과 〈표〉에서 어떻게 시급이 변화되는지 정도만 빠르게 파악한다.

❷ ①~⑤을 보면, 2017년의 시급을 구해야 하기 때문에 강사 A, B, C, D의 2017년 시급을 구한다. (강사 E의 2017년 시급에 대한 내용은 객관식에 없으므로 구하지 않아도 된다.)

❸ 2017년 시급을 구한 후 ②, ③, ⑤번을 먼저 푼다.

합격자의 시간단축 Tip

선지 ① 값을 도출하지 않고 확인만 하면 된다.
2015년의 시급은 48,000원으로 선지 ①번의 45,600원은 기존보다 감소한 상황임을 의미한다.
〈조건〉에 따르면 시급이 인하되는 경우는 만족도가 3.0점 미만인 경우 밖에 없고, 2015년 만족도는 3.2로 3.0 이상이므로 틀린 선지라는 것을 계산 없이 알 수 있다.

선지 ② 〈조건〉의 단서가 매우 중요한 선지이다. 흔히 '단서' 부분은 놓치기 쉬운데, 이를 놓칠 경우 함정에 빠져 오답을 고르게 된다. 따라서 단서는 매우 주의 깊게 다뤄야 한다.
필자 개인적으로는 처음 〈표〉를 볼 때 D의 값을 보고 '단서'가 적용됨을 인식하였다.
즉, D는 계산하지 않더라도 60,000원에 매우 가까운 값이라 인상률을 적용하면 당연히 60,000원을 넘게 되므로 "D의 2017년 시급을 묻는 선지는 단서 적용을 위해 먼저 확인해야겠다"고 생각하였다.

* 이처럼 '단서'가 적용될 선지를 먼저 확인하면, 문제를 푸는 과정에서 단서를 누락할 위험이 줄어드는 만큼 추천하는 풀이 전략이다.

선지 ③ 강사 C만이 2017년 시급의 인상률이 10%이며, 다음으로 큰 인상률은 5%이다. 반면, 기존 2016년 시급은 강사 간의 차이가 2배 이상인 경우가 없으므로 구체적인 계산 없이도 강사 C가 2016년과 2017년 시급 차이(기존 2016년 시급×시급의 인상률)가 가장 클 것이다.

선지 ⑤ 원리적으로 2016년 강사 시급 차이와 2017년 강사 시급차이는 같을 수가 없어, 계산 없이 바로 틀린 선지로 처리할 수 있다. 그 원리는 다음과 같다.

시급 차이=A강사 시급(55,000)−B강사 시급(45,000)으로 구한다.
둘 다 2017년에 5% 씩 인상될 것이므로 두 강사의 시급 차이를 다시 구해보면,
2017년 차이=(55,000×1.05−45,000×1.05)=(55,000−45,000)×1.05=기존 시급 차이×1.05
이다. 즉, 수식 구조상 당연히 시급 차이에도 인상률이 곱해지기에 동일할 수가 없으므로, 향후 동일한 유형이 나오면 원리적으로 틀렸음을 알고 있기에 바로 오답으로 처리할 수 있을 것이다.

103 정답 ④ 난이도 ●●●

ㄱ. (×) B사가 조사한 일일연속극 시청률은 ~~40% 미만이다~~.
→ 일일연속극의 시청률을 나타내는 기호(◆)는 B사 조사에서는 40% 초과 45% 미만인 위치에 있으므로 40% 미만이 아니다.

ㄴ. (○) A사가 조사한 시청률과 B사가 조사한 시청률 간의 차이가 가장 큰 것은 예능프로그램이다.
→ A사가 조사한 시청률과 B사가 조사한 시청률이 같은 지점을 이은 후 선으로 나타낸 y=x의 그래프에서 멀리 떨어져 있을수록 A사와 B사가 조사한 시청률의 차이가 큰 것이다.
이 선에서 가장 멀리 떨어져 있는 프로그램은 예능프로그램이므로 옳은 보기이다.

ㄷ. (×) 오디션프로그램의 시청률은 B사의 조사결과가 ~~A사의 조사결과보다 높다~~.
→ 오디션프로그램 시청률을 나타내는 기호(◆)는 A사 조사에서는 20% 초과 22.5% 미만인 위치에 있으며 B사 조사에서는 17.5% 초과 20% 미만인 위치에 있으므로 A사의 조사결과가 B사의 조사결과보다 높다.

ㄹ. (×) 주말연속극의 시청률은 A사의 조사결과가 ~~B사의 조사결과보다 높다~~.
→ 주말연속극 시청률을 나타내는 기호(◆)는 A사 조사에서는 25% 위치에 있으며 B사 조사에서도 25% 위치에 있으므로 A사의 조사결과와 B사의 조사결과가 같다.

ㅁ. (○) A사의 조사에서는 오디션프로그램이 뉴스보다 시청률이 높으나 B사의 조사에서는 뉴스가 오디션프로그램보다 시청률이 높다.
→ A사의 조사에서는 오디션프로그램 시청률을 나타내는 기호(◆)는 20% 초과 22.5% 미만인 위치

에 있으며 뉴스 시청률을 나타내는 기호(◆)는 20% 위치에 있으므로 오디션프로그램이 뉴스보다 시청률이 높다.

B사의 조사에서는 뉴스 시청률을 나타내는 기호(◆)는 22.5% 초과 25% 미만인 위치에 있으며 오디션프로그램 시청률을 나타내는 기호(◆)는 17.5% 초과 20% 미만인 위치에 있으므로 뉴스가 오디션프로그램보다 시청률이 높다.

합격자의 실전 풀이 순서

❶ 〈그림〉의 x축과 y축의 의미를 파악한다.

❷ 눈으로 확인할 수 있는 보기 ㉠ 먼저 확인한다. 보기 ㉠은 틀린 보기이므로 ①, ②번을 소거한다.

❸ 다음으로 눈으로 확인할 수 있고 ③, ④, ⑤번의 선지에서 두 번 있는 보기 ㉣을 확인하면, 주말연속극의 시청률은 A사와 B사의 조사 결과가 같으므로 틀린 보기이다.
따라서 답은 ④번이다.

합격자의 시간단축 Tip

보기 ㉡ A사와 조사한 시청률(x축 좌표)과 B사가 조사한 시청률(y축 좌표) 간의 차이가 가장 큰 것은 x=y의 보조선으로부터 수직거리가 가장 먼 것을 찾으면 예능프로그램이므로 옳은 보기이다.

보기 ㉢ 시청률이 B사의 조사 결과가 A사의 조사 결과보다 높다는 것은 x=y선의 위쪽 영역에 존재한다는 것이다. 오디션프로그램의 시청률은 x=y의 보조선의 아래 영역에 존재하므로 틀린 보기이다.

보기 ㉣ x > y 인지 묻고 있으므로 x=y선의 아래쪽 영역에 있는지 확인하면 된다. 그러나 주말연속극은 x=y선 상에 있으므로 틀린 선지이다.

보기 ㉤ 전문(A사 조사) 따로, 후문(B사 조사) 따로 확인하는 것은 매우 비효율적이다.
더욱 효율적인 풀이를 위해 전문, 후문을 한 문장으로 합치면 '뉴스가 오디션프로그램보다 좌측 위에 있는가?' 라고 묻는 것과 같다. (A 조사에서 오디션프로그램이 뉴스 시청률보다 높다는 것은 뉴스가 '좌측'이라는 것, B사 조사에선 더 높다 하였으므로 '위'에 있다는 의미가 된다)
이처럼 문장을 잘 분해하여 한 번에 해결하여 시간을 조금이라도 단축하는 것이 좋다.

104 정답 ① 난이도 ●●○

3차년도에서 공란으로 되어 있는 이자비용(A), 상각액(C), 미상각잔액(D), 사채장부가액(E)을 계산하면,

- 3차년도 이자비용(A): (전년도 E)×0.1 이므로 9,300×0.1=930(백만 원)
- 3차년도 상각액(C): (당해년도 A)−(당해년도 B) 이므로 930−600=330(백만 원)
- 3차년도 미상각잔액(D): (전년도 D)−(당해년도 C) 이므로 2,700−330=2,370(백만 원)
- 3차년도 사채장부가액(E): (전년도 E)+(당해년도 C) 이므로 → 9,300+330=9,630(백만 원) =9,630,000,000=96억 3천만원

4차년도에서 공란으로 되어 있는 이자비용(A), 상각액(C), 미상각잔액(D)을 계산하면 다음과 같다.

- 4차년도 이자비용(A): (전년도 E) × 0.1 이므로 9,630×0.1= 963(백만 원)
- 4차년도 상각액(C): (당해년도 A)−(당해년도 B) 이므로 963− 600=363(백만 원)
- 4차년도 미상각잔액(D): (전년도 D)−(당해년도 C) 이므로 2,370−363=2,007(백만 원)

① (×) 3차년도의 사채장부가액은 96억원 ~~이하이다~~.
➔ 3차년도 사채장부가액은 96억 3천만원이므로 96억원 이하가 아니다.

② (○) 3차년도, 4차년도의 상각액은 전년도 대비 매년 증가한다.
➔ 3차년도 상각액(330백만 원)은 2차년도 상각액(300백만 원) 대비 증가하였고, 4차년도 상각액(363백만 원)도 3차년도 상각액(330백만 원) 대비 증가하였다.

③ (○) 3차년도, 4차년도의 이자비용은 전년도 대비 매년 증가한다.
➔ 3차년도 이자비용(930백만 원)은 2차년도 이자비용(900백만 원) 대비 증가하였고, 4차년도 이자비용(963백만 원)도 3차년도 이자비용(930백만 원) 대비 증가하였다.

④ (○) 3차년도, 4차년도의 미상각잔액은 전년도 대비 매년 감소한다.
➔ 3차년도 미상각잔액(2,370백만 원)은 2차년도 미상각잔액(2,700백만 원) 대비 감소하였고 4차년도 미상각잔액(2,007백만 원)도 3차년도 미상각잔액(2,370백만 원) 대비 감소하였다.

⑤ (O) 3차년도 대비 4차년도의 사채장부가액 증가액은 4차년도의 상각액과 일치한다.

➜ 3차년도 사채장부가액(9,630백만 원) 대비 4차년도 사채장부가액(9,993백만 원) 증가액은 363백만 원이며 4차년도 상각액도 363백만 원이므로 서로 일치한다.

합격자의 실전 풀이 순서

❶ 〈표〉의 빈칸을 채우기 위해서는 A, B, C, D, E의 정의를 보고 이해한다. 이해가 어렵다면 2차년도가 어떻게 구해졌는지 정의(예 C=해당연도 A−해당연도 B)를 따라 해보면서 확인한다.

❷ A~E의 정의를 이해했다면 ②, ③, ④, ⑤번은 당연히 모두 옳은 선지이므로 제외한다.
(이유는 아래 **Tip**의 ②, ③, ④, ⑤번 해설에 있다)

❸ 따라서 ①번이 답이다.

합격자의 시간단축 Tip

① 번과 같이 단위를 다르게 주는 경우가 많으므로, 단위를 능수능란하게 전환할 수 있도록 연습해야 한다. 숫자를 적을 때 3자리 단위(1,000배) 기준으로 끊고 있으므로, 이를 기준으로 기억해두는 것이 편할 것으로 생각한다.
1의 자리부터 3자리 단위로 나열하면 '일→천→백만→ 십억→조'이다.
예를 들어 ① 번의 96억은 〈표〉의 '백만원' 단위에 맞출 때, 백만→십억이므로 9,600백만이 됨을 쉽게 알 수 있다.

선지 ① 선지 ③ 선지 ④ 하나로 연결된 선지로 빈칸 도출 없이 논리만 가지고 풀 수 있다.
구조를 자세히 보면, 액면이자(B)는 600으로 동일한 상태에서 이자비용(A)이 매년 증가(③ 번 선지)하면 당연히 상각액(C)은 A−B이므로 매년 증가(② 번 선지)할 수밖에 없다.
또한 미상각잔액(D)은 전년도 D−해당연도 C이므로 C가 매년 증가하면 당연히 매년 감소(④ 번 선지)하게 된다. 따라서 ②, ③, ④ 번은 하나가 맞으면 다 같이 맞고, 하나가 틀리면 다 같이 틀린 선지이므로 '옳지 않은 것'을 고르는 2번 문제의 형태상 당연히 맞을 수밖에 없다.
즉, 한 번에 선지 3개를 처리할 수 있다.

선지 ⑤ 3차년도 대비 4차년도의 사채장부가액 증가액(E)은 공식에 따라 당연히 4차년도의 상각액(C)과 일치한다. 왜냐하면 "해당연도E=전년도E+해당연도C"로, 여기서 전년도가 3차년도이고 해당연도가 4차년도이기 때문이다.
따라서 공식을 이해했다면 공식을 풀어 쓴 것에 불과하므로 바로 옳다고 보아야 한다.

※ 공식을 제대로 이해하면 문제를 검토할 필요 없이 풀리는 문제가 많다. 대충 보지 말고 깊게 이해하는 것이 필요하다

105 정답 ⑤ 난이도 ●●○

ㄱ. (×) 실업자 훈련인원과 실업자 훈련지원금의 연도별 증감 방향은 서로 ~~일치한다~~.

➜ 2009년 대비 2010년 증감 방향을 보면 실업자 훈련인원은 153천명에서 304천명으로 증가하고 있으나 실업자 훈련지원금은 4,659억원에서 4,362억원으로 감소하고 있으므로 증감 방향이 서로 일치하지 않는다. 단, 2009년까지의 증감 방향은 서로 일치하고 있다.

ㄴ. (O) 훈련지원금 총액은 2009년에 1조원을 넘어 최고치를 기록하였다.

➜ 훈련지원금 총액은 2009년에 10,256억 원을 기록하여 1조원을 넘었으며 최고치를 기록하였다.

ㄷ. (×) 2006년 대비 2010년 실업자 훈련인원의 증가율은 실업자 훈련지원금 증가율의 ~~7배 이상이다~~.

➜ 2006년 대비 2010년 실업자 훈련인원의 증가율은

$$\frac{(\text{2010년 실업자 훈련인원}-\text{2006년 실업자 훈련인원})}{\text{2006년 실업자 훈련인원}}\times 100\text{이며,}$$

2006년 대비 2010년 실업자 훈련지원금 증가율은

$$\frac{(\text{2010년 실업자 훈련지원금}-\text{2006년 실업자 훈련지원금})}{\text{2006년 실업자 훈련지원금}}\times 100\text{이다.}$$

2006년 대비 2010년 실업자 훈련인원의 증가율은

약 198%$\left(\frac{304-102}{102}\times 100=\frac{202}{102}\times 100\approx 198\right)$이고

2006년 대비 2010년 실업자 훈련지원금의 증가율은

약 35%$\left(\frac{4,362-3,236}{3,236}\times 100=\frac{1,126}{3,236}\times 100\approx 35\right)$

이므로 7배 이상이 아니라 약

5.65배$\left(\frac{198}{35}\approx 5.65\right)$이다.

ㄹ. (O) 훈련인원은 매년 실업자가 재직자보다 적었다.

➜ 2006년 훈련인원은 실업자(102명)가 재직자(2,914명) 보다 2,812명 더 적었다.

(2,914－102＝2,812명)
2007년 훈련인원은 실업자(117명)가 재직자(3,576명)보다 3,459명 더 적었다.
(3,576－117＝3,459명)
2008년 훈련인원은 실업자(113명)가 재직자(4,007명)보다 3,894명 더 적었다.
(4,007－113＝3,894명)
2009년 훈련인원은 실업자(153명)가 재직자(4,949명)보다 4,796명 더 적었다. (4,949－153＝4,796명)
2010년 훈련인원은 실업자(304명)가 재직자(4,243명)보다 3,939명 더 적었다.
(4,243－304＝3,939명)

ㅁ. (○) 1인당 훈련지원금은 매년 실업자가 재직자보다 많았다.
➜ 2006년 1인당 훈련지원금은 실업자의 경우 약 31.72억원$\left(\frac{3,236}{102}\approx 31.72\right)$이고, 재직자의 경우 약 1.15억원$\left(\frac{3,361}{2,914}\approx 1.15\right)$이므로 실업자가 더 많다.
2007년 1인당 훈련지원금은 실업자의 경우 약 31.09억원$\left(\frac{3,638}{117}\approx 31.09\right)$이고, 재직자의 경우 약 1.13억원$\left(\frac{4,075}{3,576}\approx 1.13\right)$이므로 실업자가 더 많다.
2008년 1인당 훈련지원금은 실업자의 경우 약 30.1억원$\left(\frac{3,402}{113}\approx 30.1\right)$이고, 재직자의 경우 약 1.18억원$\left(\frac{4,741}{4,007}\approx 1.18\right)$이므로 실업자가 더 많다.
2009년 1인당 훈련지원금은 실업자의 경우 약 30.45억원$\left(\frac{4,659}{153}\approx 30.45\right)$이고, 재직자의 경우 약 1.13억원$\left(\frac{5,597}{4,949}\approx 1.13\right)$이므로 실업자가 더 많다.
2010년 1인당 훈련지원금은 실업자의 경우 약 14.34억원$\left(\frac{4,362}{304}\approx 14.34\right)$이고, 재직자의 경우 약 1.1억원$\left(\frac{4,669}{4,243}\approx 1.1\right)$이므로 실업자가 더 많다.

합격자의 실전 풀이 순서

❶ 〈표〉의 구성을 파악한다. 훈련인원과 훈련지원금을 실업자와 재직자로 구분하여 나타내고 있음을 빠르게 확인한다.
❷ 가장 간단하고 눈으로 확인할 수 있는 보기 ㉣부터 확인한다. 옳은 보기이므로 ①, ④번을 소거한다.
❸ 다음으로 보기 ㉠을 확인하면, 틀린 보기이므로 ②, ③번을 소거하고 답은 ⑤번이다.

합격자의 시간단축 Tip

보기 ㉠ 출제 의도 상 수험생이 시간을 소모하도록 유도하기 위해 뒷부분에 반례를 배치하는 경우가 많다. 따라서 뒤의 연도부터 확인하면 시간을 줄일 수 있는 경우가 많다. 2010년 전년 대비 실업자 훈련인원은 증가했지만, 실업자 훈련지원금은 감소했기 때문에 틀린 보기이다.

보기 ㉡ 자릿수 문제이다. 숫자를 표기할 때 콤마(,)를 3자리(1,000배)에 한 번씩 표기하는 만큼, 자릿수 역시 3자리 단위로 기억하면 편하다. 이를 작은 순서부터 표시하면,
일 → 천 → 백만 → 십억 → 조이다.
이를 적용하여 문제를 해결하면, 10,256억원은 십억 → 조가 1,000배이므로 당연히 '억'을 기준으로는 10,000배가 조일 것이다. 따라서 10,256억원=1.0256조원이므로 옳은 선지이다.
자릿수 문제는 직접 자릿수를 묻지 않더라도 함정으로 구성되는 경우가 잦으므로 최대한 익숙해지는 것이 좋다.

보기 ㉢ 2006년 대비 2010년 실업자 훈련인원의 증가율은 약 200%(＝약 3배)이므로 실업자 훈련지원금 증가율이 30% 이상이면 실업자 훈련인원의 증가율의 7배 이하일 것이다.
실업자 훈련지원금 증가율은 30% 초과이므로 틀린 선지이다. 구체적인 증가율을 구하지 않고 30%를 기준으로 30%를 넘는지 여부만 빠르게 확인한다.
참고로 많은 수험생이 실수하는 것 중 하나는 '증가율과 배수'의 차이이다. 직접적으로 증가율과 배수를 물으면 함정에 빠지는 경우가 적으나, 직접 묻지 않고 보기 ㉢처럼 간접적으로 질문할 경우 순간 착각하기 쉽다. 예를 들어 "훈련인원 증가가 3배 정도니까 7배 이상 차이가 나려면 지원금은 0.4배 이하이면 되겠네"라고 생각하여 40% 이하인지 여부로 확인하는 실수가 있을 수 있다.

※ 언제나 배수와 증가율의 차이는 생각 한 켠에 두고 고려해야 한다.

보기 ⓜ 계산하지 않고 경향을 보고 판단한다. 실업자와 재직자의 훈련지원금은 비슷하지만 훈련인원은 매년 재직자가 실업자의 10배 이상이므로 1인당 훈련지원금 $\left(\frac{\text{훈련지원금}}{\text{훈련인원}}\right)$은 실업자가 재직자보다 클 것이다.

106 정답 ❷ 난이도 ●●○

ㄱ. (×) 회원기금원금은 ~~매년 증가하였다~~.

➜ 〈표 1〉 공제회 회원기금원금 표를 보면 회원기금원금은 회원급여 저축원금과 목돈수탁원금의 합계로 계산할 수 있다. 2005년부터 2010년의 회원기금원금 계를 보면 2005년부터 2006년까지 증가하였다가 2007년부터 2008년까지 감소하고 2009년과 2010년은 증가하는 것을 볼 수 있다. 그러므로 회원기금원금이 매년 증가하였다는 보기는 옳지 않다.

ㄴ. (○) 공제회의 회원 수가 가장 적은 해에 목돈수탁원금도 가장 적다.

➜ 공제회의 회원 수는 〈표 2〉를 보면 알 수 있는데, 2008년에 159,398명으로 회원 수가 가장 적은 것을 알 수 있다. 〈표 1〉을 보면 목돈 수탁원금을 알 수 있는데, 회원 수가 가장 적은 2008년에 목돈 수탁원금은 6,157억원으로 2005년부터 2010년까지의 목돈 수탁원금과 비교했을 때 가장 적은 것을 알 수 있다.

ㄷ. (×) 2010년에 회원급여저축총액에서 누적이자총액이 차지하는 비중은 ~~50% 이상이다~~.

➜ 2010년 회원 급여 저축총액이 제시된 〈표 3〉의 아래의 부분 참고 사항을 확인했을 때 '회원급여저축총액=회원급여저축원금+누적 이자 총액'이라 한다. 먼저 누적 이자 총액이 얼마인지 알기 위해서는 회원급여저축총액에서 회원급여 저축원금을 빼면 알 수 있다.

따라서, 누적 이자 총액은 '2010년 회원급여저축총액(37,952억 원)−2010년 회원급여 저축원금(26,081억 원)'으로 11,871억 원이 된다.

따라서 11,871억 원의 누적 이자 총액이 회원급여저축총액에 차지하는 비중을 구해보면,

$\frac{11,871(\text{억 원})}{37,952(\text{억 원})}\times 100=31.27\%$이므로 누적이자총액의 비중이 50%에 미치지 못한다.

ㄹ. (○) 1인당 평균 계좌 수가 가장 많은 해에 회원기금원금도 가장 많다.

➜ 1인당 평균 계좌 수는 〈표 2〉를 보면 알 수 있다. 1인당 평균 계좌 수를 비교해보면 2010년이 70.93개로 제일 많다. 2010년의 회원기금원금은 〈표 1〉을 보면 회원급여저축원금과 목돈수탁원금을 합한 38,720억원으로 2005년부터 2010년까지 공제회 회원기금원금 중에 제일 많다.

합격자의 실전 풀이 순서

❶ 〈표 1〉, 〈표 2〉, 〈표 3〉의 제목을 읽고 내용을 파악한다. 또한, 〈표 2〉 에서는 "회원 수×1인당 평균 계좌 수=총 계좌 수"임을 파악하고, 〈표 3〉의 각주와 〈표 1〉을 통해 누적이자총액을 구할 수 있음을 이해한다.

❷ 눈으로 확인할 수 있는 보기 ㉠ 먼저 확인한다. 틀린 보기이므로 ③, ④번을 소거한다.

❸ 다음으로 보기 ㉣을 확인하면, 옳은 보기이므로 ⑤번을 소거한다.

❹ 다음으로 보기 ㉡을 확인하면, 옳은 보기이므로 답은 ②번이다.

합격자의 시간단축 Tip

보기 ㉠ 회원기금원금이 〈표〉 안에 적혀 있지 않다고 당황하였다면, '표 제목'을 구체적으로 확인하는 습관을 지니도록 연습해야 한다. 〈표 1〉의 '계'가 회원기금원금임을 확인하였다면 빠르게 눈으로 확인한다.

보기 ㉡ 앞에서 뒤로 확인하는 것보다 뒷부분부터 역으로 확인 시 더 빠른 경우가 많다. 따라서
목돈 수탁원금이 가장 적은 2008년을 구하고, 2008년의 공제회의 회원 수가 가장 적은지 확인한다.

보기 ㉢ 회원급여저축총액=(회원급여저축원금+누적이자 총액)이므로 회원급여저축원금이 회원급여저축총액의 50% 이하인지 확인하면 된다.
이때 회원급여저축원금(26,081억원)의 2배는 회원급여저축총액(37,952억원)보다 크므로 50% 초과이다.
따라서 틀린 선지이다.

보기 ㉣ 보기 ㉡과 마찬가지로 뒷부분부터 역으로 검토하는 것이 좋다.
즉 회원기금원금이 가장 많은 해에 1인당 평균 계좌 수도 가장 많은지 확인한다.

107 정답 ②　　난이도 ●●●

'갑'국의 IT산업 인수·합병 건수는 3개 분야 모두에서 매년 미국의 10% 이하에 불과했다.
→ 〈표 1~표 3〉에 있는 미국의 인수·합병 건수에 모두 각각 0.1을 곱하여 미국의 10% 값을 구한다. 그리고 '갑'국의 건수는 미국의 10% 값보다 항상 작은 건수를 가져야 한다.
이 조건을 모두 충족하는 후보는 A~E중에 D와 E뿐이다. 예를 들어, B의 2014년도 소프트웨어 분야 인수·합병 건수는 79건으로 미국 631건의 10%보다 크므로, B는 '갑'국이 될 수 없다.

소프트웨어 분야와 컴퓨터 분야의 인수·합병 건수는 매년 증가하였고, 인터넷 분야 인수·합병 건수는 한 해를 제외하고 매년 증가하였다.
→ 〈표 1〉과 〈표 3〉의 건수는 매년 증가하며, 〈표 2〉의 건수는 한 해를 제외하고 매년 증가한 것이 '갑'국이다. D의 경우 〈표 1〉과 〈표 3〉에서는 매년 건수가 증가하였고, 〈표 2〉에서는 한번을 제외하고(2014년→2015년에만 감소) 모두 증가하였다. E의 경우 〈표 1〉에서 한번 감소했다 증가하는 추이를 보인다. 이는 조건을 충족시키지 못하므로 '갑'국이 될 수 없다. 따라서 '갑'국은 D라는 뜻이다.

이를 근거로 판단할 때, A~E국 중 '갑'국에 해당하는 국가의 2017년 IT산업 3개분야 인수·합병 건수의 합은?
→ 〈표 1~표 4〉까지의 2017년, D국의 건수를 모두 합하면 된다. 따라서 49+38+18=105이므로, 답은 ② 번이다.

합격자의 실전 풀이 순서

❶ 〈보고서〉의 '갑'국의 IT산업 인수·합병 건수는 3개 분야 모두에서 매년 미국의 10% 이하에 불과했다.
→〈표 1〉의 2017년도에서 미국의 10%를 초과하는 A, B를 제외하고 〈표 2〉에서 미국의 10%를 초과하는 C는 제외한다.
❷ 〈보고서〉의 소프트웨어 분야와 컴퓨터 분야의 인수·합병 건수는 매년 증가→〈표 3〉의 2015년과 2016년 컴퓨터 분야 인수·합병 건수는 같으므로 E를 제외하면 '갑'국은 D이다.
❸ D 국의 2017년 IT산업 3개 분야 인수·합병 건수의 합은 49+38+18=105이므로, 답은 ②번이다.

합격자의 시간단축 Tip

'갑'국의 IT산업 인수·합병 건수는 3개 분야 모두에서 매년 미국의 10% 이하에 불과했다.
→ 10%의 경우 일의 자리를 버리는 방식으로 빠르게 비교할 수 있다. 예를 들어 〈표 1〉의 미국의 2017년은 934의 10%는 93.4이고, 소수점 첫 번째 자리를 버리고 93보다 큰 국가가 있는지 확인한다.
여러 개의 보기 중에서 한 가지를 찾는 유형의 경우(A, B, C, D, E 중 D 찾기)
① 단계에서 제외한 A, B, C를 제외하고
② 단계에서 D, E 중에서만 제외할 것을 확인하는 것이 시간 단축에 중요하다.
③ 단계에서 다시 전체 국가에 대해 인수·합병 건수의 증감 여부를 판단하는 것은 시간 낭비이므로 확실히 A, B, C를 X표기 한 후 넘어갈 것을 추천한다.

[방법 1] 추천 방법
①~⑤번은 선지 구성상 각각이 A, B, C, D, E에 대응될 것(순서대로 A~E라는 의미가 아니다)이다. 이때 굳이 계산하지 않더라도 그 차이가 매우 커서, 눈으로만 확인해도 A, B, C는 값이 매우 크며 E는 매우 작다는 것을 알 수 있다. 따라서 D는 두 번째로 작을 것이므로 ② 번이라고 판단할 수 있다.

[방법 2] 정석적인 방법
49+38+18의 경우 십의 자리만 사용하여 어림산하면 50 초과이고 200 미만이므로 구체적으로 계산하지 않고, 2017년의 숫자에 동그라미 같이 표시한 후 선지와 숫자를 비교하여 범위를 통해 ② 번을 선택할 수 있으면 시간단축이 가능하다.

108 정답 ②　　난이도 ●●●

→ 가 ~ 라 팀의 각각의 값들을 구해본다. 관측 날씨와 예보 날씨를 비교해가며 H, F, M, C를 표에 기입해본다.

가	H	H	C	C	M	C	C	C	C	H	F	C
나	H	H	F	C	H	F	C	C	F	H	F	C
다	H	H	C	C	M	C	C	C	F	M	C	C
라	H	M	C	C	M	C	C	C	C	M	C	C

각각의 값들을 구해보면,

	H	F	M	C	정확도	임계성 성공지수
가	3	1	1	7	$\frac{10}{12}$	$\frac{3}{5}$
나	4	4	0	4	$\frac{8}{12}$	$\frac{4}{8}$
다	2	1	2	7	$\frac{9}{12}$	$\frac{2}{5}$
라	1	0	3	8	$\frac{9}{12}$	$\frac{1}{4}$

분모인 H+F+M+C의 값은 모두 12로 같으므로, 분자인 H+C의 값이 가장 큰 팀을 찾으면 된다.
'가' 팀이 H+C=10으로 정확도가 가장 높다.
임계성공지수를 각각 구해보면,

- '가'팀: $\frac{3}{3+1+1}=\frac{3}{5}$
- '나'팀: $\frac{4}{4+4+0}=\frac{4}{8}$
- '다'팀: $\frac{2}{2+1+2}=\frac{2}{5}$
- '라'팀: $\frac{1}{1+0+3}=\frac{1}{4}$이 된다.

따라서 '라' 팀이 임계성공지수가 가장 낮다.

합격자의 실전 풀이 순서

❶ 〈정보〉와 〈표〉를 이해하고, 정확도와 임계성공지수를 어떻게 구할 수 있는지 생각해야 한다. (실전에서 초반에 떨리는 경우 이러한 시간이 걸릴 것 같은 문제는 넘어갔다가 다시 돌아와서 푸는 것도 추천한다. 특히 자료해석의 경우 어느 정도 숫자 감각이 올라와야 빠른 풀이가 가능한 경향이 있고, 실전에선 점심 시간 직후에 치는 시험인 만큼 초반에는 다소 멍할 수도 있기에 가급적 뒤에 푸는 것이 좋다고 생각한다) 〈정보〉에서 파악할 수 있듯 크게 관측날씨와 예보날씨가 일치하는 경우와 일치하지 않는 경우로 나뉜다. 따라서 보다 빠른 파악을 위해 〈표〉에서 관측날씨와 각 팀의 예보날씨가 같은 부분을 색칠한다.

❷ 정확도의 분모는 12로 고정되어 있으므로 선지에서 정확도가 가장 높은 팀 후보인 가, 다, 라의 분자에 해당하는 예보와 관측이 일치한 경우('나'는 목록에 없으므로 이를 구하는 시간을 낭비하지 않아야 한다) 를 구해야 한다. 이때 '반대해석 방식'을 이용하면 더욱 빠르게 풀어 낼 수 있다. 예보와 관측이 일치한 경우가 크기 위해서는 일치하지 않은 경우가 작은 것과 동일하므로 가의 경우 일치하지 않는 경우가 2번, 다는 3번, 라는 3번이므로 가의 정확도가 가장 높다.

❸ 정확도가 가인 선지는 ①번, ②번이고 선지에 나, 라만 있으므로 이들만 비교한다. → 임계성공지수의 경우 관측과 예보가 둘 다 구름인 경우가 분자이고, 관측과 예보 둘 다 해인 경우를 12에서 뺀 숫자가 분모이다.

따라서 나의 경우 $\frac{4}{(12-4)=8}=\frac{1}{2}$이고, 라의 경우 $\frac{1}{(12-8)=4}$이므로 라가 가장 낮다.

따라서 답은 ②번이다.

합격자의 시간단축 Tip

Tip ❶ 표를 더욱 정확하게 해결하기 위해서는 시각화하는 것이 중요하다. 시각화를 해두지 않으면 문제를 푸는 과정에서 반복하여 같은 내용을 재확인해야 하여 시간을 낭비하게 된다.
이때 일치하지 않은 경우(M, F)는 정확도와 임계성공지수에서 따로 구분할 필요가 없는 반면, 일치하는 경우(H, C)에만 문제되므로, H, C를 표시해두면 더 빠른 처리가 가능하다.
만약 위와 같은 구조가 일정 시간동안 보이지 않을 경우에는 그냥 넘기는 것이 우월 전략이다.

Tip ❷ 정확도의 경우 분모가 예보, 관측의 모든 경우의 수를 더한 값이므로 12로 고정되어 있다는 것을 파악하는 것이 중요하다. 또한, 반대해석을 활용하여 H+C=12−(F+M) 이라는 것을 파악하고, 예보와 관측이 다른 날이 적은 것이 정확도가 높다는 것을 사용할 경우 보다 시간단축이 가능하다. (예보와 관측이 일치하는 10개, 9개를 세는 것보다 일치하지 않는 2개, 3개를 세는 것이 시간도 빠르고 실수할 확률이 적어진다.)

Tip ❸ 앞서 색을 칠해놓은 경우, 다소 복잡해 보이는 임계성공지수의 계산이 훨씬 용이해진다. 임계성공지수는 정확도의 분모에서 C, 즉 관측과 예보날씨가 모두 해인 경우이다.
따라서 처음 〈표〉를 파악할 때 H, C를 나누어 표시하였다면 추가적인 시간 소모 없이 C로 표시해둔 부분만 빠르게 확인하면 된다. 이처럼 처음 문제의 〈정보〉나 〈조건〉 등을 읽을 때 향후 문제에서 '어떠한 정보를 자주 활용할 것인가'를 분석하여, 가장 효율적으로 풀어내기 위한 전략을 구성할 수 있어야 한다.

109 정답 ④ 난이도 ●●○

① (O) 스마트폰 사용자 중 월 1회 이상 동영상 및 방송프로그램 시청자 비율
→ (1문단) 스마트폰 사용자 3,427만 명 중 월 1회 이상 동영상 및 방송프로그램 시청자 3,246만 명의 비율을 구해보면 $\frac{3,246\text{ (만 명)}}{3,427\text{ (만 명)}}\approx 0.947$이므로 스마트폰 사용자 중 월 1회 이상 동영상 시청자의 비율은 94.7%가 맞다.
또, 스마트폰 사용자 3,427만 명 중 월 1회 이상 방송프로그램 시청자 2,075만 명의 비율을 구해보

면 $\frac{2,075\text{ (만 명)}}{3,427\text{ (만 명)}} \approx 0.605$이므로 스마트폰 시청자 중 월 1회 이상 방송프로그램 시청자의 비율은 60.5%가 맞다.

② (O) 스마트폰 사용자의 월평균 스마트폰 이용시간, 동영상 및 방송프로그램 시청시간

→ (1문단) 스마트폰 이용시간에 대한 동영상 시청시간의 비율을 구해보면

$\frac{827.63\text{ (분)}}{7,112.51\text{ (분)}} \approx \frac{827\text{ (분)}}{7,112\text{ (분)}} \approx 0.11 > 0.1$이므로 평균 동영상 시청시간은 월평균 스마트폰 이용시간의 10% 이상이 맞다.

또, 동영상 시청시간에 대한 방송프로그램 시청시간의 비율을 구해보면 $\frac{74.55\text{ (분)}}{827.63\text{ (분)}} \approx \frac{74\text{ (분)}}{827\text{ (분)}} \approx 0.08 < 0.1$이므로 월평균 방송프로그램 시청시간은 월평균 동영상 시청시간의 10% 미만이 맞다.

③ (O) 성별, 연령대별 스마트폰 사용자 중 동영상 및 방송프로그램 시청자 비율

→ (2문단) 스마트폰 사용자 중 동영상 시청자가 차지하는 비중은 모든 연령대에서 90% 이상임을 쉽게 확인할 수 있다. 스마트폰 이용자 중 방송프로그램 시청자의 비중은 '20대' 68.0%, '30대' 67.2%, '40대' 65.6%로 모두 60%를 상회하지만 '60대 이상'은 44.5%로 50%에 미치지 못한다.

④ (×) 방송프로그램 장르별 월평균 시청시간

→ (4문단) 선지에서 장르별 월평균 방송프로그램 시청시간의 합계는 21.66(시간)+9.39(시간)+9.78(시간)+2.55(시간)+0.03(시간)+0.26(시간)+10.42(시간)+0.46(시간) =74.55 (시간)이다. 이 중 '오락'의 비율은 $\frac{29.39\text{ (시간)}}{74.55\text{ (시간)}} \approx 0.39 < 0.45$로 '오락'이 전체의 45% 이상이라는 〈보고서〉의 내용과 부합하지 않는다.

⑤ (O) 성별, 연령대별 스마트폰 사용자의 동영상 및 방송프로그램 월평균 시청시간

→ (3문단)의 실수수치와 〈선택지〉의 실수수치를 비교한다.

〈보고서〉의 내용들이 〈선택지〉 〈표〉의 수치와 일치함을 단순 비교와 단순 계산 방법을 사용하여 참임을 쉽게 파악할 수 있다.

합격자의 실전 풀이 순서

❶ 〈보고서〉와 선지의 〈표〉 제목을 통해 무엇에 관한 자료인지 파악한다. 이 문제의 경우 시청자 비율과 시청 시간에 대한 정보임을 확인한다.

❷ 〈보고서〉의 일치 부합 문제의 경우, 〈보고서〉의 한 문단이 선지 하나 또는 두 개와 연결되는 경우가 많고, 문단 간 정보의 내용이 배타적인 경우가 많다. 따라서 〈보고서〉의 순서대로 확인하지 않아도 되므로 마지막 문단부터 확인한다. 마지막 문단의 방송프로그램의 장르별 시청 시간의 경우 선지 ④번 내용에 해당한다.

❸ ④번의 경우 "오락", "드라마", "스포츠", "보도" 순서인지를(눈으로 확인할 수 있는 것부터) 확인한 후, 오락이 전체의 45% 이상인지 확인한다. 전체 시청 시간이 70~75이므로 이것의 45%는 30을 초과하므로 45% 이상이 아니다. 따라서 ④번이 틀린 선지이다.

합격자의 시간단축 Tip

선지 ① 스마트폰 사용자 3,427을 100%로 놓고, 월 1회 이상 동영상 시청한 사용자 3,246이 94.7% 해당하는지를 95%를 기준으로 어림산하여 확인한다.
95%는 (100%−5%)이므로, 3,427의 5%를 약 170으로 구하고 이를 3,246에 더하면 3,246+170=약 3,410이다. 3,410은 3,427보다 살짝 작은 숫자이므로 94.7%에 가까운 값이라 볼 수 있다. 또한, 방송프로그램 시청자 역시 60.5%를 60%로 어림산하여 확인한다.

선지 ② 월평균 동영상 시청시간이 월평균 스마트폰 이용시간의 10% 이상인지는 '일의 자리 숫자를 버리는 방법'으로 해결한다. 이용시간인 7,112.51분의 일의 자리를 버리면 711분으로 동영상 시청시간(827.63)이 더 크다.
마찬가지 방식으로 방송프로그램 시청시간도 비교하면, 82분 > 74.55분으로 옳은 선지이다.

선지 ④

[방법 1]
오락의 시청시간을 약 30이라 보았을 때, 30이 45% 이상이려면 전체 값은 70 이하여야 한다. 따라서 각 값을 더했을 때 70보다 큰지 작은지 확인하면 된다.
이때 가장 큰 29.39, 21.66, 9.78, 10.42의 앞 자리만 더해도 29+21+9+10=69로 당연히 70을 넘는다. 따라서 틀린 선지이다.

[방법 2]
앞선 방법이 정석적인 해결 방식이라면, 문제의 룰을 역이용하여 선지를 활용하는 방법도 있다. 선지가 하나만

틀리면 나머지 4개의 경우 맞는 선지이므로 이를 활용하는 방식이다. 이 문제의 경우 선지 ②번이 맞는 선지인지 〈보고서〉를 통해 확인한 후, 방송프로그램 시청시간을 74.55로 놓고 어림 산할 수 있다.

선지 ⑤ 만일 〈보고서〉를 순서대로 확인했다면 세번째 문단에서 선지 ⑤를 판별했을 것이다. 이때 연령대별로 '20대'의 시청시간이 '60대 이상'의 시청시간에 비해 3배 이상인지 확인해보아야 한다. 이는 38.6에 3을 곱해서 확인해도 되지만, 보다 쉽게 120을 3으로 나누어 38.6보다 큰지 확인하는 방법도 있다. 반대로 38.6과 가까운 편한 값인 40으로 근삿값을 잡고 3배를 하면 120이므로 3배 이상임을 확인하는 방법도 있다. 이와 같이 눈에 익은 숫자가 있는 경우 해당 숫자를 활용하는 것이 시간단축에 유리하다. 특히 두 방법은 어느 하나가 우월한 것이 아니라 시험을 보는 중 본인의 눈에 먼저 들어오는 정보를 이용하여 확인하면 되는 방법이니 가급적 다양한 접근법을 알아 두는 것이 좋다.

110 정답 ❶ 난이도 ●●○

① (×) A팀과 C팀은 승리한 횟수가 같다.
→ 전 경기일 대비 승점이 +3점이 된 팀이 그날의 승리 팀이다.
〈표〉를 분석해보면 각 팀별 승리한 횟수는 A팀이 2번(9일, 12일), C팀이 3번(14일, 28일, 30일)이다.
따라서 A팀과 C팀의 승리한 횟수는 다르다.

② (○) B팀은 화요일에는 패배한 적이 없다.
→ B팀은 12일의 화요일에는 승점이 전 경기일 대비 +1점으로 무승부, 19일의 화요일에는 승점이 전 경기일 대비 +3점으로 승리, 26일의 화요일에는 승점이 전 경기일 대비 +3점으로 승리하였다.
따라서 B팀은 화요일에는 패배한 적이 없다.

③ (○) 모든 팀이 같은 경기일에 무승부를 기록한 적이 있다.
→ 23일의 누적 승점을 보면 모든 팀이 전 경기일 대비 승점이 +1점이 되었다.
따라서 모든 팀은 23일에 무승부를 기록하였다.

④ (○) C팀은 3월 14일에 E팀과 경기하여 승리하였다.
→ 3월 14일에 C팀은 승점이 전 경기일 대비 +3점으로 승리하였다. C팀이 누구와 경기하여 승리했는지를 알아보기 위해서는 같은 날 패배한 팀, 즉 승점이 전 경기일 대비 +0점이 된 팀을 찾아보면 된다.
〈표〉에서 3월 14일 승점이 전 경기일 대비 +0점인 팀은 E뿐이다. 따라서 3월 14일에 C팀은 E팀과 경기하여 승리하였다.

⑤ (○) 3월 30일 경기결과가 달라져도 우승팀은 바뀌지 않는다.
→ 현재 상황에서 최종 우승팀은 승점이 16점으로 가장 높은 'D'팀이다.
만약 3월 30일(토) 경기 결과가 바뀐다고 가정하더라도, 'D'팀은 3월 30일에 패배하였으므로 승점은 16점보다 낮아질 수 없다.
다른 경우로 30일(토)에 무승부나 패배한 팀이 승리하여 최종 승점이 16점보다 높아질 수 있을지 검토해야 한다.
그러나 16점을 넘기 위해서는 28일(목)에 승점이 14점인 팀이 적어도 1개 이상 있어야 하지만 'D'팀 이외에 모두 14점 미만이다.
따라서 3월 30일 경기 결과가 달라져도 우승팀은 'D'이다.

합격자의 실전 풀이 순서

❶ 〈조건〉을 통해 게임 규칙을 이해한 후, 〈표〉가 누적 승점이라는 것에 주목하여 요일별 승점을 따로 계산해야 함을 인지하고, 요일별 승패, 승점을 모두 구하지 않고 구체적으로 선지에서 해결을 필요로 하는 경우에만 승패를 판단한다.

❸ ①번 선지의 경우, 승리한 횟수는 이전 경기일에 비해 +3점이 된 날짜의 횟수와 같으므로 이를 구하면 A팀은 2번(9일, 12일)이고 C팀은 3번(14일, 28일, 30일)이므로 A팀과 C팀의 승리한 횟수는 같지 않다. 따라서 답은 ①번이다.

합격자의 시간단축 Tip

선지 ② 매우 쉬운 선지이다. 그러나 쉬운 선지인 만큼 더 시간 낭비 없이 해결해야 고난도 문제를 위한 시간을 확보할 수 있기 때문에 중요하다. 이러한 선지는 질문을 가장 간단한 형태로 전환하여 빠르게 풀 수 있도록 만들어 줘야 한다. 예를 들어 ②번의 반례는 '화요일날 패배한 적이 있을 때'이므로 이를 간단하게 바꾸면 '화요일이 전날과 동일한 점수인 적이 있는지'가 된다.

선지 ③ 무승부의 경우 무조건 짝수로 생기기 때문에 만일 팀 다섯 개가 무승부라면 마지막 팀은 확인할 필요 없이 무승부이다. 해당 문제의 경우 무승부로 인해 생기는 변화(점수+1)가 파악이 용이하기 때문에 5팀을 확인하는 것과 6팀을 확인하는 것 간의 시간 차이가 적을 수 있으나, 무승부가 항상 짝수로 생긴다는 규칙성과 같은 특징을 파악하고 있을 시 확인해야 하는 가짓수를 줄일 수 있다.
또한, 이를 훑을 때 전반적으로 무승부가 되고 있는 지 한 번에 확인하려 하면 오히려 시간이 오래 걸릴 수도 있으므로 기준을 잡고 훑는게 좋다.
예를 들어 A를 기준으로 잡고 전날 +1이 되는 날을 찾은 후 B도 +1인지 확인하는 식으로 훑으면 된다. 이 경우 순서대로 14일은 C에서 반례가, 16일은 B에서 반례가, 23일은 정답에 해당한다. 이처럼 기준을 잡을 경우 낭비되는 시간 없이 매우 빠르게 해결할 수 있다.

선지 ④ 선지를 잘 해석하면 바로 해결할 수 있다. 〈표〉는 승패는 알 수 있지만 어떤 팀 간의 경기가 있었는지 대진표를 확인할 수는 없다. 따라서 어떤 팀과 경기하였는지 명확히 확정되기 위해서는 나머지 팀들이 모두 무승부여야 한다 즉 'C팀은 3월 14일에 E팀과 경기하여 승리하였다'는 곧 'C, E를 제외한 모든 팀이 1점 씩 증가했다'가 되므로 이것만 확인한다.

※ 선지를 언제나 문제 풀이에 적합하게 번역해야 한다

선지 ⑤ 해당 선지가 틀린 선지려면, 3월 30일 경기 결과가 달라지면 우승팀이 바뀔 수 있어야 한다. 따라서 현재 우승팀인 D가 아닌 경우가 발생할 수 있는지 역전 가능한 팀들을 선별한다. 28일(목)의 경우 D가 16점이고, 그 다음으로 높은 승점은 B, E, F인데 이들의 누적 승점은 12점이므로 이기더라도 15점에 불과하다. 또한, D의 경우 30일에 패배하였기 때문에 승점이 낮아질 여지가 없다. 따라서 반례가 존재할 수 없는 경우이므로 옳은 선지이다. 이처럼 반례는 가장 가능성이 큰 경우를 극단적으로(D는 승점 낮아지는 경우+다른 팀은 승점 높아지는 경우) 고려해서 도출하는 것이 좋다. 이러한 풀이에 적응이 되면, ⑤번 선지를 바로 '3월 28일에 누적 승점이 13점 이상인 팀이 있는가?'로 해석하여 28일만 빠르게 훑고 마무리할 수 있다. 즉 '극단값을 생각해내는 방법'은 자주 해보면 해볼 수록 사고 과정이 단순해지므로 문제에서 답이 되지 않은 경우라도, 반드시 오답정리 등을 할 때 함께 분석해보아야 한다.

111 정답 ④ 난이도 ●●○

① (×) 저농약 신규 인증 중단 이후 친환경 농산물 총생산량은 ~~매년 감소하였다~~.
➜ 저농약 신규 인증 중단이 된 2007년 이후 친환경 농산물 총생산량은 2009년 49,216에서 2010년 70,676으로 증가하고 있다. 따라서 매년 감소한 것은 아니다.

② (×) 저농약 인증 폐지 전 저농약 농산물 생산량은 매년 친환경 농산물 총생산량의 ~~절반 이상을 차지하였다~~.
➜ 저농약 인증 폐지는 2009년 1월 1일부터 폐지되었으므로 2004년부터 2008년까지의 표를 토대로 친환경 농산물 총생산량의 절반 값보다 저농약 농산물의 값이 커야 한다.
저농약 인증 폐지 전인 2004년에서 2007년까지의 저농약 농산물 생산량은 매년 친환경 농산물 총생산량의 절반 이상을 차지하고 있었으나 2008년 저농약 농산물 생산량이 18,550으로 친환경 농산물 총생산량인 50,955의 36.4%로 절반에 미치지 못하였다.

$$\left(\frac{18,550}{50,955}\times 100=36.4\%\right)$$

③ (×) 저농약 신규 인증 중단 이후 매년 무농약 농산물 생산량은 친환경 농산물 총생산량의 ~~50% 이상을 차지하였다~~.
➜ 저농약 신규 인증 중단이 된 2007년 무농약 농산물 생산량이 14,345으로 친환경 농산물 총생산량인 40,940의 절반에 미치지 못한 35.04%의 비중이었다.

$$\left(\frac{14,345(\text{백 톤})}{40,940(\text{백 톤})}\times 100=35.04\%\right)$$

④ (○) 2005년 이후 전년에 비해 친환경 농산물 총생산량이 처음으로 감소한 시기는 저농약 인증이 폐지된 해이다.
➜ 2005년 이후 전년에 비해 친환경 농산물 총생산량은 2008년까지 증가하다가 2009년에 전년에 비해 감소한 결과가 나타났다. 저농약 인증이 폐지는 2009년 1월 1일부터 되었으므로 처음으로 감소한 시기인 2009년과 같다.

⑤ (×) 2005년 이후 전년에 비해 무농약 농산물 생산량의 증가폭이 가장 큰 시기는 ~~2008년이다~~.
2005년 이후 무농약 농산물 생산량의 증가폭을 구하려면, (구하려는 해의 무농약 농산물 생산량−전년 무농약 농산물 생산량)을 계산해야 한다.
- 2006년의 증가폭:
  10,756−9,193=1,563(백 톤)
- 2007년의 증가폭:
  14,345−10,756=3,589(백 톤)
- 2008년의 증가폭:
  25,368−14,345=11,023(백 톤)
- 2009년의 증가폭:
  38,082−25,368=12,714(백 톤)
- 2010년의 증가폭:
  54,687−38,082=16,605(백 톤)이다.

위의 계산 결과를 보면 2010년의 증가폭이 제일 크다.

합격자의 실전 풀이 순서

❶ 〈표〉의 구조가 "유기+무농약+저농약=계"임을 파악하고 각주에서 저농약 신규 인증이 중단된 연도와 폐지된 연도가 다름을 인식한다. 또한, 옳은 것을 찾는 문제이므로 선지들 옆에 O 표시를 해 놓는다.

❷ 각주의 저농약 농산물에 관한 부분을 활용한 ③, ④번을 먼저 확인한다.
③번을 확인하면, 2007년은 무농약 농산물 생산량이 친환경 농산물 총생산량의 50% 미만이므로 틀린 선지이므로 소거한다.

❸ 다음으로 ④번을 확인하면, 옳은 보기이므로 답은 ④번이다.

합격자의 시간단축 Tip

선지 ① '매년'이 들어간 선지는 틀린 선지일 가능성이 크므로 반례를 찾는다는 마음으로 접근하는 것이 좋다. 특히 '매년'과 같이 완전한 경향성을 묻는 경우, 출제 의도 상 수험생이 시간을 소모하도록 유도하기 위해 뒷부분에 반례를 배치하는 경우가 많다. 따라서 반례는 뒤에서부터 앞으로 찾는 것이 좋다.
또한 문제 특성상 옳은 것을 고르는 문제의 경우 답일 가능성이 작으므로 선지 추리기를 할 때 뒷순위로 두는 것을 추천한다.

선지 ② **선지 ③** '매년'이므로 ① 번과 마찬가지로 뒤에서부터 확인한다. 이때 통상 나눗셈보다는 곱셈이 더 빠르고 쉬운 연산법이므로, ② 번의 경우 '절반 이상'은 총생산량의 50%인지를 확인하는 것이 아니라 저농약의 2배가 총생산량보다 큰지 확인하는 것이 좋다.
③ 번도 마찬가지로 무농약의 2배가 총생산량보다 큰지 확인한다.

선지 ④ "A는 B이다" 형태의 선지는 B를 먼저 찾고 B가 A인지 확인하는 방식을 통해 시간을 줄일 수 있다. 예를 들어, 저농약 인증이 폐지된 해가 2009년이므로 2009년이 2005년 이후 전년대비 친환경 농산물 총생산량이 처음으로 감소한 연도인지 확인하면 된다.

선지 ⑤ 통상 뺄셈보다는 덧셈이 더 빠르고 쉬운 연산 방법이다. 따라서 각각의 증가 폭을 도출하여 비교하는 것이 아니라, 주어진 2008년의 증가 폭을 기준으로 나머지 연도에 더해 이를 넘는 해가 있는지 확인하는 것이 더 빠르다.

112 정답 ④ 난이도 ●●○

ㄱ. (O) 30세 미만 여성이 30세 이상 여성보다 양성평등정책에 찬성하는 비율이 높다.
→ 양성평등정책에 찬성하는 사람은 30세 미만 여성인 경우 90명이고, 30세 이상 여성인 경우 60명이다. 이때 전체 인원 수가 100명으로 동일하므로 양성평등정책에 찬성하는 비율은 30세 미만 여성이 30세 이상 여성보다 높다.

ㄴ. (O) 30세 이상 여성이 30세 이상 남성보다 양성평등정책에 찬성하는 비율이 높다.
→ 양성평등정책에 찬성하는 사람은 30세 이상 여성의 경우 60명이고, 30세 이상 남성의 경우 48명이다. 전체 인원수가 100명으로 동일하므로 양성평등정책에 찬성하는 비율은 30세 이상 여성이 30세 이상 남성보다 높다.

ㄷ. (×) 양성평등정책에 찬성하는 비율의 성별 차이는 연령별 차이보다 ~~크다~~.
→ 양성평등정책에 찬성하는 여성의 경우 90+60=150(명)이고, 양성평등정책에 찬성하는 남성의 경우 78+48=126(명)이므로 양성평등정책에 찬성하는 성별 차이는 (150−126)=24(명)이다.
양성평등정책에 찬성하는 30세 미만의 경우 90+78=168(명)이고, 양성평등정책에 찬성하는 30세 이상인 경우 60+48=108(명)이므로 양성평등정책에 찬성하는 연령별 차이는 (168−108)=60(명)이다. 전체 인원수가 200명으로 동일하므로 양성평등정책에 찬성하는 비율의 성별 차이는 연령별 차이보다 적다.

ㄹ. (O) 남성의 절반 이상이 양성평등정책에 찬성하고 있다.
→ 전체 남성 인구는 100+100=200(명)이고, 양성평등정책에 찬성하는 남성은 78+48=126(명)이다.
따라서 $\frac{126}{200}\times 100(\%) \fallingdotseq 63\%$로, 남성의 절반 이상이 양성평등정책에 찬성하고 있다.

합격자의 실전 풀이 순서

❶ 〈표〉의 단위가 명이므로 절대적 비교가 가능한 구조임을 파악한다. 옳은 것을 찾는 문제이므로 〈보기〉 표 옆에 O 표시를 해 놓는다.

❷ 눈으로 빠르게 확인할 수 있는 보기 ㉣을 확인하면, 옳은 보기이므로 ①, ③번을 소거한다.

❸ 다음으로 보기 ㉠을 확인하면, 옳은 보기이므로 ②, ⑤번을 소거하고 답은 ④번이다.

합격자의 시간단축 Tip

합계가 100, 1,000과 같은 형태로 주어지는 경우 그 구성 값들은 자연스럽게 % 형태를 띠게 된다. 따라서 별도로 비율을 도출할 필요 없이 주어진 도수 그 자체로 값을 비교하면 된다.

보기 ㉠ 30세 미만 여성과 30세 이상 여성의 수(100)가 같으므로 비율을 구할 필요 없이 90과 60을 비교하면 된다.

보기 ㉡ 전체 값이 동일하게 100이므로 값 그대로 비교해도 된다.
여성이 60 > 48로 더 크게 찬성하였으므로 당연히 찬성하는 비율도 높다.

보기 ㉢ 굳이 30세 미만, 30세 이상의 동성끼리 더하여 그 차잇값을 비교하지 않고, 각각에 대한 차이를 구한 후 합쳐서 비교해도 된다.
즉, '성별 차이'는 30세 미만, 30세 이상 각각의 성별 차이인 90−78=12, 60−48=12를 합쳐서 12+12=24로 도출하고, 같은 방식으로 '연령별 차이'는 30세 미만, 30세 이상 여성끼리, 남성끼리 차잇값을 도출 후 합치면 편하다.
나아가 풀이를 좀 더 심화하면, '숫자 구조'를 이해할 경우 위 과정 없이도 해결할 수 있다.
즉, 동성 간 연령 값의 차이는 30으로, 이성간 차이는 12로 고정되어 있는 숫자 구조인 만큼 당연히 연령별 차이 > 성별 차이임을 알 수 있다.

보기 ㉣ 방법은 크게 세 가지가 있다.

① 전체 합이 100+100=200인 만큼, 찬성의 합이 100이 넘으면 옳은 선지이다.
굳이 더하지 않더라도 78+48 > 100이므로 옳다.

② 앞서와 반대로 100+100=200인 만큼, 반대의 합이 100보다 작으면 옳은 선지이다.
이 역시 더하지 않더라도 22+52 < 100이므로 옳다.

③ 각각이 50%를 넘으면 전체도 50%를 넘는다는 점을 이용한 방법이다. 30세 미만의 경우 78 > 22로 50%를 넘으며, 30세 이상의 경우 48 < 52로 찬성이 작으나, 30세 미만에서 5만 가지고 오면 48+5 > 52가 되므로 당연히 옳은 선지이다.

이 문제의 경우 숫자가 간단하여 ①, ②, ③의 방식에 큰 차이가 없었으나, 숫자가 복잡하게 주어지는 경우 세 가지 방식별로 난이도가 다르게 체감될 수 있으므로 상황에 알맞게 유동적으로 모두를 활용할 수 있어야 한다.

113 정답 ⑤ 난이도 ●●●

ㄱ. (○) 2008년 이후 전체교통사고 발생건수는 매년 감소하였다.
➜ 〈표〉 연도별 교통사고 발생건수 현황에서 2008년 이후 전체교통사고 발생건수를 보면, 2008년 22만 건, 2009년 21만 4천 건, 2010년 21만 3천 건으로 점점 감소하고 있다는 것을 알 수 있다. 따라서 2008년 이후 전체교통사고 발생건수가 매년 감소했다는 〈보기〉 ㉠은 옳다.

ㄴ. (×) 2010년 음주교통사고 발생건수는 2006년 대비 ~~30% 이상 증가하였다.~~
➜ 증가율 계산법은 $\frac{\text{비교 대상}-\text{기준}}{\text{기준}}\times100$이다.
즉
$$\frac{\text{2010년의 음주교통사고 발생건수}-\text{2006년의 음주교통사고 발생건수}}{\text{2006년의 음주교통사고 발생건수}}$$
로 표현할 수 있다.
이 문제에서 비교 대상은 2010년 음주교통사고 발생건수이고, 기준은 2006년 음주교통사고 발생건수이다. 〈표〉의 연도별 교통사고 발생건수 현황에서 2010년과 2006년 음주교통사고 발생건수를 보면, 2010년에 30건, 2006년에 25건 발생했다는 것을 알 수 있다.
앞서 설명한 식에 대입하면,
$\frac{30-25}{25}\times100=\frac{5}{25}\times100=20(\%)$이라는 결과를 얻을 수 있다.
따라서, 2010년 음주교통사고 발생건수는 2006년 대비 30% 이상 증가했다는 〈보기〉 ㉡은 옳지 않다.

ㄷ. (○) 전체교통사고 발생건수 중 음주교통사고 발생건수의 비중은 2010년에 가장 높았다.
➜ 전체교통사고 발생건수 중 음주교통사고 발생건수의 비중은 $\frac{\text{음주교통사고 발생건수}}{\text{전체교통사고 발생건수}}$로 구할 수 있다.
이 값을 구하면,

• 2006년: $\frac{25}{231}\approx0.108$

• 2007년: $\frac{31}{240}\approx0.129$

• 2008년: $\frac{25}{220}\approx0.113$

• 2009년: $\frac{26}{214}\approx0.121$

• 2010년: $\frac{30}{213}\approx0.140$이다.

따라서 전체교통사고 발생건수 중 음주교통사고 발생건수의 비중은 2010년에 가장 높았다.

ㄹ. (O) 2010년 음주교통사고의 분기별 발생건수는 3사분기(7, 8, 9월)에 가장 많았다.
→ 음주교통사고의 분기별 발생건수는 해당 분기에 포함되는 세 개 달 각각의 음주교통사고 발생건수의 월별 구성비를 더해서 비교할 수 있으며, 음주교통사고 발생건수의 월별 구성비가 높을수록 음주교통사고의 해당월 발생건수가 많다.
〈그림〉 2010년 교통사고 발생건수의 월별 구성비에서 각각의 분기별 음주교통사고 발생건수 구성비를 구해보면,
- 1사분기(1, 2, 3월): (6.7+6.3+7.4)=20.4(%),
- 2사분기(4, 5, 6월): (8.0+8.3+7.9)=24.2(%),
- 3사분기(7, 8, 9월): (10.1+8.5+9.4)=28.0(%),
- 4사분기(10, 11, 12월): (9.4+10.1+7.9)=27.4(%)이다.

따라서 음주교통사고의 분기별 발생건수가 가장 많은 분기는 분기별 음주교통사고 발생건수 구성비가 28(%)로 가장 높은 3사분기이다.

합격자의 실전 풀이 순서

❶ 〈표〉와 〈그림〉의 관계를 파악한다. 2010년의 월별 교통사고 발생건수를 구하기 위해서는 〈표〉의 2010년 발생건수에 〈그림〉의 월별 구성비를 곱해야 할 것이다.

❷ 빠르게 눈으로 확인할 수 있는 보기 ㉠부터 확인한다. 옳은 보기이므로 ②, ③번을 소거한다.

❸ 다음으로 보기 ㉣을 확인하면, 옳은 보기이므로 ④번을 소거한다.

❹ 보기 ㉢을 확인하면 옳은 보기이므로 ①번을 소거하고 답은 ⑤번이다.

합격자의 시간단축 Tip

보기 ㉠ 연도를 주의해야 한다. 제대로 보기를 읽지 않고 습관적으로 첫 비교 연도인 2007년부터 볼 경우 틀린 선지가 된다.

※ 언제나 선지나 보기의 연도는 주의 깊게 읽어야 한다

보기 ㉡ ① **첫 번째 방법은** 0.3을 곱해 더하는 정석적인 방법이다.
큰 계산을 요구하지 않는 만큼 빠르게 처리하는 것도 좋다. 즉, 2006년 25천건을 기준으로 30% 증가는 25+(25×0.3)=25+7.5 > 30이므로 틀린 선지이다.
② **두 번째 방법**은 주변 값에 30%를 곱해 비교하는 방식이다.
예를 들어 20의 30%는 20×0.3=6으로 이미 25+6 > 30이므로 당연히 틀린 선지가 된다.

보기 ㉢ 2010년의 전체교통사고 발생건수 중 음주교통사고 발생건수의 비중$\left(\frac{\text{음주교통사고 발생건수}}{\text{전체교통사고 발생건수}}\right)$은 $\frac{30}{213}$인데, 2010년이 분모인 전체교통사고 발생건수가 가장 작으므로 분모가 크고 분자가 작다면 비중은 당연히 작을 것이다.

[방법 1]
따라서 분자인 음주교통사고 발생건수가 큰 2007년$\left(\frac{31}{240}\right)$과 간단히 비교해보면 2007년이 2010년에 비해 분자는 10% 미만 크지만, 분모는 10% 이상 크므로 2010년의 비중이 더 높다.

[방법 2]
차잇값을 통해 비교하는 방법도 있다. 비교의 편의를 위해 근삿값을 앞 두 자리로 잡으면 2010년에 비해 2007년의 분모는 21→24로 3만큼 증가했으나 분자는 30→31로 1만큼 증가했으므로 기준 값이 더 작은 분모가 더 크게 증가하여 당연히 2010년 비중이 더 높다.

보기 ㉣ 2010년 음주교통사고의 분기별 발생건수를 구하기 위해서는 〈표〉의 2010년 전체 음주 교통사고 발생건수에 〈그림〉의 분기별 구성비(월별 구성비의 합)를 곱해야 한다. 그러나, 2010년 전체 음주 교통사고 발생건수가 모든 분기에 공통으로 곱해지므로 구성비의 대소비교만으로도 정오 판단을 할 수 있다. 3사분기를 제외하고 가장 구성비가 클 것 같이 보이는 4사분기와 3사분기의 구성비를 비교하면, 7월과 11월의 구성비는 같고, 9월과 10월의 구성비도 같으므로 서로 상쇄된다. 그러나, 8월의 구성비가 12월보다 크므로 3사분기가 더 크다는 것을 알 수 있다.
이처럼 '꺾은 선 그래프'와 같이 추세선 형태에서 '분기'와 같이 한 덩어리로 묶이게 되면 각각을 더해서 비교할 필요 없이 덩어리 값들이 전반적으로 다른 집합에 비해 높은지 확인하는 것을 통해 해결할 수 있다. 많이 빈출되는 형태인 만큼 위 방법을 익혀 두는 것이 좋다.

114 정답 ①   난이도 ●●○

① (×) 국내 지식산업센터는 ~~60% 이상이~~ 개별입지에 조성되어 있다.

→ $\frac{\text{개별입지에 조성된 국내 지식산업센터 개수의 전국 합계}}{\text{국내 지식산업센터 개수 합의 전국 합계}}$ ×100을 계산하면 개별입지에 조성되어 있는 국내 지식산업센터의 비율을 구할 수 있다. 국내 지식산업센터 개수 합의 전국 합계는 324개이고, 개별입지에 조성된 국내지식산업센터 개수의 전국 합계는 175이므로, 위의 식에 대입하여 계산해보면 $\frac{175}{324} \times 100 \approx 54(\%)$이다.

따라서 개별입지에 조성되어 있는 국내 지식산업센터의 비율은 60% 미만이며, 국내 지식산업센터는 60% 이상이 개별입지에 조성되어 있다는 선지 ① 번은 옳지 않다.

② (○) 수도권(서울, 인천, 경기)의 지식산업센터 수는 전국 합계의 80%가 넘는다.

→ $\frac{\text{수도권에 조성되어 있는 국내 지식산업센터 개수의 합계}}{\text{국내 지식산업센터 개수 합의 전국합계}}$ ×100을 계산하면 수도권에 위치한 지식산업센터 개수의 비율을 알 수 있다. 국내 지식산업센터 개수 합의 전국 합계는 324개이고, 수도권에 조성되어 있는 국내 지식산업센터 개수의 합계는 서울 127개, 인천 18(7+11)개, 경기 133개를 모두 더한 값인 278개이므로, 위의 식에 대입하여 계산해보면 $\frac{278}{324} \times 100 \approx 85(\%)$이다.

따라서 수도권의 지식산업센터 수는 전국 합계의 80%가 넘으며, 수도권(서울, 인천, 경기)의 지식산업센터 수는 전국 합계의 80%가 넘는다는 선지 ② 번은 옳다.

③ (○) 경기지역의 지식산업센터는 계획입지보다 개별입지에 많이 조성되어 있다.

→ 〈표〉에서 개별입지에 조성된 경기지역의 지식산업센터 개수는 100개이고, 경기지역에 조성된 지식산업센터 개수의 합은 133개이다. 따라서 계획입지에 조성된 경기지역이 지식산업센터 개수는 (경기지역에 조성된 지식산업센터 개수의 합)−(개별입지에 조성된 경기지역의 지식산업센터 개수)=133−100=33(개)이다.

경기도 지역에서 개별입지에 조성된 지식산업센터 개수 100개와 계획입지에 조성된 지식산업센터 개수 33개를 비교하면 개별입지에 조성된 지식산업센터 개수 100개가 더 많다.

따라서 경기지역의 지식산업센터는 계획입지보다 개별입지에 많이 조성되어 있으며, 경기지역의 지식산업센터는 계획입지보다 개별입지에 많이 조성되어 있다는 선지 ③ 번은 옳다.

④ (○) 동남권(부산, 울산, 경남)의 지식산업센터 수는 대경권(대구, 경북)의 4배 이상이다.

→ 부산의 지식산업센터 수: 3+6=9
울산의 지식산업센터 수: 1+0=1
경남의 지식산업센터 수: 2+15=17 이므로
동남권의 지식산업센터 수: 9+1+17=27이다.
대구의 지식산업센터 수: 2+2=4
경북의 지식산업센터 수: 2+0=2 이므로
대경권의 지식산업센터 수는 4+2=6이다.
따라서 동남권의 지식산업센터 수는 대경권의 4배 이상이다.

⑤ (○) 6대 광역시 중 계획입지에 조성된 지식산업센터 수가 개별입지에 조성된 지식산업센터 수보다 적은 지역은 울산광역시 뿐이다.

→ 〈표〉에서 6대 광역시인 부산, 대구, 인천, 광주, 대전, 울산의 경우를 살펴보면 울산을 제외한 지역은 전부 계획입지에 조성된 지식산업센터 수가 개별입지에 조성된 지식산업센터의 수보다 적지 않다.

합격자의 실전 풀이 순서

❶ 〈표〉의 구조를 확인한다.

❷ 선지 플레이를 통해 구체적 수치가 주어진 ①, ② 번을 먼저 확인한다.

❸ ① 번을 확인하면, 틀린 보기이므로 답은 ① 번이다.

합격자의 시간단축 Tip

선지 ①

[방법 1]
지식산업센터=개별입지+계획입지이므로 개별입지가 60% 이상이라면 계획입지는 40% 이하여야 한다. 그러나 324의 40%는 약 130인 반면, 계획입지(149)는 40% 이상이므로 틀린 선지이다.

[방법 2]
구체적인 계산 대신 근삿값으로 확인한다. 전체 합계인 324를 300으로 보고 60%를 도출하면 300×0.6=180 > 개별입지(175)이므로 틀린 선지이다. 이때 근삿값은 문제 조건에 불리하게 설정하여야 한다. 예를 들어 324를 더 큰 값인 350으로 대체할 경우 당연히 개별입지 값보다 커질 가능성이 높아질 것이므로, 더 크다는 결과를 얻더라도 옳은 판단임을 보장해주지 못하기

때문이다.

[방법 3]
개별입지가 60% 이상이면 계획입지가 40% 미만이므로 개별입지 > 계획입지×1.5이어야 한다. 그러나 계획입지의 50%는 50을 한참 넘는 값으로 굳이 계산하지 않아도 1.5배보다는 작다는 것을 알 수 있으므로 틀린 선지이다.

선지 ② 수도권의 지식산업센터 수를 모두 더한 후 전국 합계의 80%를 비교하지 않고, 전국 합계의 80%를 먼저 구한 후 비교한다. 예를 들어, 전국 합계의 80%는 약 260이지만 서울과 경기의 지식산업센터 수만 더해도 260이므로 인천을 더한 값은 계산해보지 않더라도 전국 합계의 80%를 넘을 것임을 쉽게 판단할 수 있다.

선지 ③ 전체가 두 가지 요소로 구성된 경우 어느 하나가 다른 하나보다 크다는 것은 전체의 50% 이상이라는 의미이다. 따라서 굳이 계획입지를 도출하지 않더라도, 합계인 133의 50%보다 개별입지 수인 100이 당연히 클 것(133×0.5 < 100) 이므로 옳은 선지이다.

선지 ④ 대경권의 지식산업센터 수를 먼저 구하고 그 값의 4배와 동남권의 지식산업센터 수를 비교한다. 즉 대경권을 먼저 구하게 될 경우, 그 4배 값까지만 동남권 수를 더하고 그 이후에는 더 합하지 않고 판단을 마무리할 수 있으므로 효율적인 방법이다.

선지 ⑤ 하나만 주의하면 된다. 대구는 개별입지=계획입지이지만, 질문은 '계획 < 개별'인 지역을 묻고 있으므로 대구는 반례가 아니다. 항상 대소관계를 따질 때는 '등호'가 들어가는지 여부를 잘 확인하여야 한다.

115 정답 ③ 난이도 ●○○

ㄱ. (×) 완치된 전체 남성 환자수가 완치된 전체 여성 환자수보다 ~~많다~~.

➜ 완치된 전체 남성 환자수는 각각의 약물로 완치된 환자수의 합과 같으므로 (11+12+8+10)=41명이다.
같은 방법으로 완치된 전체 여성 환자수를 구하면, (10+14+6+13)=43명이므로 완치된 전체 남성 환자수는 완치된 전체 여성 환자수보다 많지 않다.

ㄴ. (○) 네 가지 약물 중 완치된 환자수가 많은 약물부터 나열하면 B, D, A, C 이다.

➜ 〈표〉를 참고하여 특정 약물로 완치된 환자수를 구하기 위해, 특정 약물로 완치된 남성 환자수와 여성 환자수를 더해준다.
약물A로 완치된 환자수는 (11+10)=21명
약물B로 완치된 환자수는 (12+14)=26명
약물C로 완치된 환자수는 (8+6)=14명
약물D로 완치된 환자수는 (10+13)=23명
따라서 네 가지 약물 중 완치된 환자수는 B, D, A, C 순으로 많다.

ㄷ. (○) '다' 질병의 경우 완치된 환자수가 가장 많다.

➜ 〈표〉에서 각 질병 가, 나, 다의 완치된 환자수를 더하여 판단할 수 있다.
질병 가: 2+3+2+4+1+2+4+2=20
질병 나: 3+4+6+4+2+1+2+5=27
질병 다: 6+3+4+6+5+3+4+6=37이므로 '다' 질병의 경우 완치된 환자수가 가장 많다.

ㄹ. (×) 전체 환자수 대비 약물 D를 투여 받고 완치된 환자수의 비율은 ~~25% 이상이다~~.

➜ 전체 환자수 대비 약물 D를 투여 받고 완치된 환자수의 비율을 구하는 방법은

$$\frac{\text{약물 D를 투여 받고 완치된 환자수}}{\text{전체 환자수}}\times 100\text{이다.}$$

이때, 전체 환자수는 〈표〉에 나온 환자수의 계와는 다르다는 점을 주의해야 한다.
전체 환자수를 알기 위해서는 〈표〉 아래에 있는 주석을 참고해야 하며, 주석에 따르면 전체 환자수는 120명이다. '약물D'를 투여 받고 완치된 환자수는 10+13=23(명)이므로 앞서 설명한 공식에 대입해보면, $\frac{23}{120}\times 100 \approx 19(\%)$이다.
따라서 전체 환자수 대비 '약물D'를 투여 받고 완치된 환자수의 비율은 25% 미만이며, 전체 환자수 대비 약물D를 투여 받고 완치된 환자수의 비율은 25% 이상이라는 〈보기〉 ㉣은 옳지 않다.

합격자의 실전 풀이 순서

❶ 〈표〉의 제목을 보고 완치 환자 수에 대한 표임을 확인하고, 각주를 통해 실험방식을 이해한다.
❷ 눈으로 간단하게 확인할 수 있는 보기 ㉡부터 확인한다. 옳은 보기이므로 답은 ③, ④번 중 하나이다.
❸ 다음으로 보기 ㉢을 확인하면, 옳은 보기이므로 답은 ③번이다.

합격자의 시간단축 Tip

보기 ㉠ 약물별로 남녀의 차이 값을 통해 빠르게 구할 수 있다. 약물 B는 완치된 여성 환자수가 남자 환자수보다 2명 많고, 약물 C는 반대이므로 둘을 상쇄한다. 또한, 약물 D는 완치된 여성 환자수가 3명 많고, 약물 A는 완치된 남성 환자수가 1명 많으므로 전체 값은 완

치된 여성 환자수가 더 많다.
이를 조금 더 빨리 확인하려면, 약물 B, C는 서로 반대 방향으로 2명 많아 서로 상쇄되므로 둘을 소거하고 A와 D만 비교한다. 차잇값을 비교하는 경우 이처럼 '상쇄'되는 부분을 적극적으로 활용하는 것이 좋다.

보기 ㉡ 두가지 방법이 있다.

① 숫자가 간단한 만큼 제시된 B, D, A, C 순으로 빠르게 더하여 해결해도 상관없다.

② 다만 숫자가 이보다는 어렵게 제시된 경우엔 '숫자 구조를 비교'하는 방법이 있다.
B, D, A, C 순으로 확인할 때 숫자 구조를 기억하면, B는 12와 14로 D의 10, 13보다 크다.
마찬가지로 A와 비교하면 10, 13은 10, 11보다 커 D가 더 크다.
마지막으로 C는 8, 6으로 A의 11, 10보다 둘 다 작으므로 ㉡은 옳은 선지이다.
설명은 길었으나 실제로는 매우 빠르게 비교할 수 있을 것이다.

보기 ㉢

[방법 1]
'가'와 '나' 중 완치된 환자 수를 대략 보더라도 '나' 질병이 더 많으므로 '나'와 '다'를 비교한다. '나'와 '다'를 비교할 때 같은 숫자들을 서로 상쇄시키고 남은 숫자들을 비교하면 '다' 질병이 더 많으므로 옳은 보기이다.

[방법 2]
약물별로 각 질병당 10명 씩 실험에 참가했다. 즉 최댓값은 10인데, '다'의 경우 A=9, B=10, C=8, D=10으로 각 값이 최댓값이거나 매우 가까운 값으로 구성되어 있다. 따라서 다른 질병이 모두 10으로 구성된 것이 아니면 더 크기 어려우므로 옳은 선지임을 쉽게 알 수 있다.
즉, 구체적 비교 없이 전부 10인 질병이 있는지 눈으로 훑고 바로 옳다고 보면 된다.

보기 ㉣

[방법 1]
전체 환자수는 120명으로 전체의 25%는 30명이므로 약물 D를 투여 받고 완치된 환자수가 30명 이상인지 확인한다. 23명이므로 틀린 보기이다.

[방법 2]
약물이 총 4가지로 나뉘어 있으므로 각각이 전체의 25%이다. 즉, 약물별 완치 환자의 최댓값인 30이 되어야 하는 것으로 가, 나, 다 모두 완치된 것이 아니면 전체의 25%를 달성할 수 없다. 따라서 굳이 합계를 구하지 않아도 전부 완치된 약물이 없음에 틀렸음을 알 수 있다.

116 정답 ④ 난이도 ●○○

ㄱ. (O) 2000~2004년 동안 '갑'의 소득과 X재화 구매량은 각각 매년 증가하였다.
➜ 2000~2004년 동안 갑의 소득을 표에서 보면,
- 2000년: 8,000(천원)
- 2001년: 12,000(천원)
- 2002년: 16,000(천원)
- 2003년: 20,000(천원)
- 2004년: 24,000(천원)으로 4,000(천원)씩 매년 증가한 것을 확인할 수 있다.

2000~2004년 동안 X재화 구매량을 표에서 확인해보면, 2000년 5개, 2001년 10개, 2002년 15개, 2003년 18개, 2004년 20개로 매년 증가한 것을 확인할 수 있다

ㄴ. (O) 2001년 '갑'의 X재화의 전년대비 구매량 증가율은 전년대비 소득증가율보다 크다.
➜ 2001년 갑의 X재화의 전년 대비 구매량 증가율을 구하기 위해서는 표에서 'X 재화의 전년 대비 구매량 변화율(%)'을 확인한다.
2001년에는 2000년보다 100% 증가하였다. 2001년 전년 대비 소득 증가율을 구하기 위해서는 표에서 '전년 대비 소득 변화율'을 확인한다. 2001년에는 2000년보다 소득이 50% 증가하였다.
따라서 전년 대비 구매량 증가율은 100%, 전년 대비 소득 증가율은 50%로 전년 대비 구매량 증가율이 더 큰 것을 알 수 있다.

ㄷ. (×) 2004년에 X재화는 '갑'에게 ~~사치재이다~~.
➜ 〈정보〉에서 정상재의 설명에 따르면 정상재란 소득이 증가할 때 구매량이 증가하는 재화로 소득 탄력성이 0보다 크며 '특히 소득 탄력성이 1보다 큰 정상재는 사치재라 한다.'
갑에게 X재화가 사치재인지 알아보려면 소득 탄력성을 구해야 한다. 소득 탄력성을 구하는 공식은 〈정보〉에 나와 있다. 2004년의 전년대비 소득변화율은 20.0%, X재화의 전년대비 구매량 변화율은 11.1%이다.
따라서 2004년 X재화의 소득탄력성을 구하면

$$\frac{\text{2004년 X재화의 전년대비 구매량 변화율}}{\text{2004년의 전년대비 소득변화율}} = \frac{11}{20}$$

=0.55이다.
즉 1보다 작으므로 사치재가 아니다.

ㄹ. (O) 2006년에 X재화는 '갑'에게 열등재이다.
➜ 〈정보〉에 따르면 열등재는 소득탄력성이 0보다 작은 재화로, 2006년에 X재화의 소득탄력성을 구하면

$$\frac{\text{2006년 X재화의 전년대비 구매량 변화율}}{\text{2006년의 전년대비 소득변화율}}$$

$=\frac{-5.3}{14.3}\approx-0.371$이다.

따라서 0보다 작으므로 열등재이다.

합격자의 실전 풀이 순서

❶ 〈표〉와 〈정보〉를 읽고 X 재화의 소득탄력성을 구하는 방법을 이해한다. 또한 소득탄력성이 0과 1 사이이면 정상재, 1보다 크면 사치재, 0보다 작으면 열등재임을 이해한다.

❷ X 재화의 소득탄력성은 이 문제에서 물어보고 싶은 주요 포인트이므로 답을 구하기 위해 확인해야 하는 필수적인 보기일 가능성이 높다. 따라서 보기 ㉢, 보기 ㉣을 먼저 확인한다. 보기 ㉢은 틀린 선지이므로 답은 ①, ④번 중 하나이다.

❸ 다음으로 보기 ㉣을 확인하면, 옳은 보기이므로 답은 ④번이다.

합격자의 시간단축 Tip

보기 ㉠ 단순한 문제이나 '연도'가 함정으로 활용되었다. 일반적으로 '매년'이 들어가는 문제를 풀 때 당연히 '전체 기간'을 묻는 것으로 짐작하고 풀어내는 수험생이 많다. 그러나 보기 ㉠에서 그런 식으로 해결할 경우 2005, 2006년에 X재화 구매량이 감소하여 반례가 되므로 틀린 선지가 된다. 따라서 언제나 주어진 기간을 잘 확인하고 푸는 습관을 지녀야 한다.

보기 ㉡ 〈표〉를 이용하지 않고 직접 증가율 비교를 한 경우가 최악의 풀이이다. 〈표〉에서 친절히 소득변화율과 구매량 변화율을 준 만큼 이를 이용해 단순 비교하면 된다.

보기 ㉢ 사치재는 소득탄력성이 1 초과인 재화이다. 즉 'X재 구매량 변화율 > 소득변화율'이어야 하지만 2004년의 경우 그 반대(20.0 > 11.1)이므로 틀린 선지이다.

보기 ㉣ 열등재이기 위해서는

① 소득변화율 > 0이면서

② X재 구매량 변화율 < 0이어야 한다.

2006년은 정확히 이에 부합하므로 옳다. 이처럼 주어진 〈정보〉를 체계적으로 나누어 인식하여 놓치는 부분 없이 확인하도록 해야 한다.

117 정답 ❷ 난이도 ●●○

1. '갑'국의 최종학력별 전일제 근로자 비율은 대졸이 고졸과 중졸보다 각각 10%p, 20%p 이상 커서, 최종학력이 높을수록 전일제로 근무하는 근로자 비율이 높다고 볼 수 있다.

→ 각국의 전일제 근로자 비율 차이를 살펴보면 각각 다음과 같다.

- A국: (대졸－중졸) 22%p 차이, (대졸－고졸) 11%p 차이
- B국: (대졸－중졸) 30%p 차이, (대졸－고졸) 14%p 차이
- C국: (대졸－중졸) 28%p 차이, (대졸－고졸) 17%p 차이
- D국: (대졸－중졸) 28%p 차이, (대졸－고졸) 13%p 차이
- E국: (대졸－중졸) 24%p 차이, (대졸－고졸) 6%p 차이

즉, E국을 제외한 4개국은 전일제 근로자 비율에서 대졸이 고졸과 중졸보다 각각 10%, 20% 이상 크다.

2. 시간제 근로자 비율은 고졸의 경우 중졸과 대졸보다 크지만, 그 차이는 3%p 이하로 시간제 근로자의 비율은 최종학력에 따라 크게 다르지 않다.

→ 각국의 시간제 근로자 비율 차이를 살펴보면 각각 다음과 같다.

- A국: (고졸－중졸) 2%p 차이, (고졸－대졸) 6%p 차이
- B국: (고졸－중졸) 2%p 차이, (고졸－대졸) 1%p 차이
- C국: (고졸－중졸) 1%p 차이, (고졸－대졸) 2%p 차이
- D국: (고졸－중졸) 1%p 차이, (고졸－대졸) 1%p 차이
- E국: (고졸－중졸) 2%p 차이, (고졸－대졸) 1%p 차이

즉, A국을 제외한 4개국은 모두 시간제 근로자의 비율에서 최종학력 간의 격차가 3%p 미만이다.

3. 한편 '갑'국의 무직자 비율은 대졸의 경우 20% 미만이며 고졸의 경우 25% 미만이지만, 중졸의 경우 30% 이상이다.

→ 각국의 무직자 비율을 살펴보면 다음과 같다.

- A국: (대졸) 18%p, (고졸) 23%p, (중졸) 36%p
- B국: (대졸) 11%p, (고졸) 24%p, (중졸) 42%p
- C국: (대졸) 28%p, (고졸) 43%p, (중졸) 55%p
- D국: (대졸) 14%p, (고졸) 26%p, (중졸) 42%p
- E국: (대졸) 6%p, (고졸) 11%p, (중졸) 27%p

즉, 5개국 중 A국과 B국만이 해당 조건에 충족한다.

3가지 조건에 모두 부합하는 것은 B국이 유일하므로, '갑'국에 해당하는 국가는 B이다.

합격자의 실전 풀이 순서

❶ 먼저 〈표〉의 구조를 빠르게 파악한다.

❷ 〈보고서〉의 마지막 문장부터 확인하여 소거법으로 진행한다. '갑'국의 무직자 비율이 대졸의 경우 20% 미만이므로 C국 소거, 고졸의 경우 25% 미만이므로 D 국 소거, 중졸의 경우 30% 이상이므로 E 국 소거한다. 따라서 '갑'국은 A국과 B국 중 하나다.

❸ 시간제 근로자 비율은 고졸의 경우 중졸과 대졸보다 크고, 그 차이는 3%P 이하라고 주어졌지만, A국의 경우 고졸과 대졸 간 시간제 근로자 비율이 6%P이므로 소거한다.
따라서 답은 B국이다.

합격자의 시간단축 Tip

〈보고서〉의 앞부분보다 뒷부분이 확인하기 쉬우므로 뒷부분부터 확인하는 것도 빠른 해결법이 될 수 있다.
만일 앞부분부터 확인을 시작한 경우, 첫 문장에서 대졸이 고졸과 중졸보다 각각 10%p, 20%p 이상 큰지를 확인해야 한다. 이때 각 국가별로 고졸과 중졸을 대조하는 방식보다는, 각 국가의 고졸과 대졸을 우선 비교하여 소거하고 (E 소거) 그 후 중졸과 대졸을 비교하는 순차적인 접근이 실수를 줄일 수 있는 방법이다.
마찬가지로, 시간제 근로자 비율을 비교하는 경우에도 고졸과 중졸, 고졸과 대졸을 따로 나누어 고졸이 3%p 이하로 더 큰지 확인하는 것이 좋다. 이러한 방법은 모든 단순 비교에 적용이 되므로 전략을 가지고 체계적으로 비교하자.

118 정답 ⑤ 난이도 ●●●

〈조건 1〉 '드폰'과 'KR화학'의 2018년 화학제품 매출액은 각각 해당 기업의 2019년 화학제품 매출액의 80% 미만이다.

→ A, B, C, D의 2018년 화학제품 매출액을 구해보자.

- A: $\dfrac{62.4}{\left(1+\dfrac{29.7}{100}\right)}=48.1$
- B: $\dfrac{54.2}{\left(1+\dfrac{28.7}{100}\right)}=42.1$
- C: $\dfrac{34.6}{\left(1+\dfrac{26.7}{100}\right)}=27.3$
- D: $\dfrac{29.7}{\left(1+\dfrac{10}{100}\right)}=27$

각 기업 A, B, C, D의 2019년 화학제품 매출액 대비 2018년 화학제품 매출액의 비율을 구해보면,

- A: $\dfrac{48.1}{62.4}\times100=77.1(\%)$
- B: $\dfrac{42.1}{54.2}\times100=77.7(\%)$
- C: $\dfrac{27.3}{34.6}\times100=78.9(\%)$
- D: $\dfrac{27}{29.7}\times100=90.9(\%)$

따라서 '드폰'과 'KR화학'은 D가 아님을 알 수 있다.

〈조건 2〉 '벡슨모빌'과 '시노텍'의 2019년 화학제품 매출액은 각각 총매출액에서 화학제품을 제외한 매출액의 2배 미만이다.

→ A, B, C, D의 총매출액을 구해보자. 각주의 공식을 변형하여 다음의 공식을 얻을 수 있다.

총매출액$=\dfrac{\text{화학제품 매출액}}{\text{화학제품 매출액 비율}(\%)}\times100$,

이를 통해 각 기업의 총매출액을 구해보면,

- A: $\dfrac{62.4}{100}\times100=62.4$
- B: $\dfrac{54.2}{63.2}\times100=85.8$
- C: $\dfrac{34.6}{67.0}\times100=51.6$
- D: $\dfrac{29.7}{54.9}\times100=54.1$

총매출액에서 화학제품을 제외한 매출액을 구하면

- A: $62.4-62.4=0$
- B: $85.8-54.2=31.6$
- C: $51.6-34.6=17$
- D: $54.1-29.7=24.4$

2019년 화학제품 매출액이 총매출액에서 화학제품을 제외한 매출액의 2배 미만인 것은 B, D 두 가지이다.
따라서 '벡슨모빌'과 '시노텍'은 B 혹은 D이다.

〈조건 3〉 2019년 총매출액은 '포르오사'가 'KR화학'보다 작다.

→ '벡슨모빌'과 '시노텍'이 B 혹은 D이므로 '드폰'와 'KR화학'은 A 혹은 C이다.
따라서 조건 2에서 구한 각 기업의 총매출액 중 A, C의 것만 살펴보면 된다.

- A: $\dfrac{62.4}{100}\times100=62.4$
- C: $\dfrac{34.6}{67.0}\times100=51.6$

2019년 총매출액은 '포르오사'가 'KR화학' 보다 작으므로 'KR화학'은 A가 된다.
따라서 C가 '드폰' 이다.

〈조건 4〉 2018년 화학제품 매출액은 '자빅'이 '시노텍' 보다 크다.

→ '시노텍'이 B인지 D인지 찾아내기 위한 것이므로 조건 1에서 구한 각 기업의 2018년 화학제품 매출액 중 B, D의 것만 살펴보면 된다.

- B: $\dfrac{54.2}{\left(1+\dfrac{28.7}{100}\right)}=42.1$
- D: $\dfrac{29.7}{\left(1+\dfrac{10}{100}\right)}=27$

그리고 '자빅'과 비교하는 것이므로 '자빅'의 2018년 화학제품 매출액을 구해야 한다.
'자빅'의 2018년 화학제품 매출액

$=\dfrac{37.6}{\left(1+\dfrac{5.3}{100}\right)}=35.7$

2018년 화학제품 매출액은 '자빅'이 '시노텍'보다 크므로 '시노텍'은 D가 되어야 한다.
그러면 남은 B가 '벡슨모빌'이 됨을 알 수 있다.

합격자의 실전 풀이 순서

❶ 이와 같은 매칭형 문제는 소거법으로 접근한다. 두 번째 조건은 '총매출액에서 화학제품을 제외한 매출액의 2배 미만'이라는 문구만 잘 이해하면, '화학제품 매출액 비율이 66% 미만'이라는 것을 바로 알 수 있으므로 '벡슨모빌'과 '시노텍'은 B 또는 D이다. 따라서 ③번은 답이 아니다.

❷ 두 번째 조건에서 이미 '드폰'과 'KR화학'은 A 또는 C로 결정되므로 첫 번째 조건은 고려할 필요가 없다. 세 번째 조건에서 KR 화학은 첫 번째 순서에 의해 A와 C이므로 이 둘을 고려한다. A는 화학제품 매출액 비율이 100%이므로 총매출액은 62.4이며, C의 화학제품 매출액 비율은 67%이므로 총매출액은 약 52이다. 따라서 KR 화학은 A로 결정되며 선지 ①, ②를 소거한다.

❸ B와 D 중 '자빅'보다 화학제품 매출액이 작은 것은 D이다. 따라서 답은 ⑤이다.

합격자의 시간단축 Tip

조건 2 화학제품 매출액의 구체적 값이 아닌 화학제품 매출액 비율을 활용하여 쉽게 구할 수 있다. 화학제품과 화학제품 외 매출액 비율의 합은 100%라는 것을 이용하면 A와 B가 전체를 구성할 때 B의 두 배가 A라는 것은 B의 비중은 $\frac{1}{3}$이고 A의 비중은 $\frac{2}{3}$라는 것이다.
즉, 화학제품 매출액 비율이 66.6% 미만이면 2019년 화학제품 매출액은 화학제품을 제외한 매출액의 2배 미만이다. 자료 해석에 자주 나오는 분수는 외워 두는 것이 좋다.
대략적으로 $\frac{1}{3}$(33.3%), $\frac{1}{7}$(14.3%), $\frac{1}{6}$(16.7%), $\frac{1}{8}$(12.5%), $\frac{3}{8}$(37.5%), $\frac{5}{3}$(62.5%), $\frac{7}{8}$(87.5%), $\frac{1}{9}$(11.1%), $\frac{8}{9}$(88.9%) 등이 있다.
보다 다양한 값들은 [자료해석 시간단축 비법서]를 활용하자.

조건 4 [2019년 화학제품 매출액 ÷ (1+전년 대비 증가율) = 2018년 화학제품 매출액] 식을 활용하여 분수 비교를 할 수 있다.

'자빅' $\dfrac{37.6}{1.053}$ > '시노텍' $\dfrac{29.7}{1.1}$

다만, 실제로 문제를 풀 때는 굳이 도출할 필요는 없다. 왜냐하면 시노텍이 가능한 것은 B, D 중 하나로, B와 D 중 작은 것이 '시노텍'일 것이기 때문이다.
따라서 B와 D를 비교할 때, 2018년 값을 구체적으로 구하지 않아도 그 차이가 커서 쉽게 비교할 수 있다. 예를 들어 D의 2019년 값을 B의 2018년 값이라 가정하고 증가율을 대입하면, 약 30×1.3=39 < 54.2 로 한참 부족한 것을 알 수 있다.
즉, 전년대비 커진 2019년 D의 값으로도 B가 될 수 없으므로 당연히 2018년 B > D이다.
이처럼 최대한 〈표〉에 있는 값을 적극 이용하면, 구체적 값 도출이나 어려운 계산 없이 풀 수 있다.

119 정답 ④ 난이도 ●●○

① (O) 육아지원제도 이용자 현황

→ 〈3문단〉 "2018년 육아휴직자 수는 ~모두 증가하였다." 라는 부분을 작성하기 위해 필요한 자료이다.
연도별 남/여 육아휴직자 수와 육아기 근로시간 단축제도 이용자 수를 나타낸 표이다.
세 번째 문단에서 2018년 총 육아휴직자 수, 2013년부터 육아휴직자 수가 매년 증가한 것, 2017년 대비 남/여 육아휴직자 수의 증감, 2017년 대비 2018년 육아기 근로시간 단축제도 이용자 수 및 증가율 등 모든 내용이 육아 지원제도 이용자 현황을 사용했음을 확인할 수 있다.

② (O) 2018년 혼인상태별 고용률

→ 〈2문단〉 "남녀간 고용률 차이는 ~격차가 큰 것으로 나타났다."라는 내용을 작성하기 위해 필요하다. 2018년 기혼자, 미혼자, 기타의 고용률을 남성과 여성을 구분하여 나타낸 그래프이다.

두 번째 문단의 기혼남성과 기혼여성의 고용률 차이가 29.2%p임을 그래프의 2018년 기혼자 고용률 남자 82.0%, 여자 52.8%에서 알 수 있다. 82.0−52.8=29.2(%p)

③ (O) 가족친화 인증 기업 및 기관 현황

→ 〈1문단〉 "2018년 기준 가족 친화 인증을 받은 기업 ~높게 나타났다."라는 부분을 작성하기 위해 필요하다.

연도별 가족 친화 인증을 받은 대기업, 중소기업, 공공기관의 수 및 2018년의 대기업, 중소기업, 공공기관 간의 비율 및 전년 대비 증가율을 보여주는 표이다.

첫 번째 문단의 2018년 기준 가족 친화 인증을 받은 기업 및 기관 수가 1,828개로 2017년보다 30% 이상(34.1%) 증가한 것, 중소기업 및 공공기관의 전년대비 증가율이 각각 40.0%, 39.0%로 대기업의 전년대비 증가율인 10.5%보다 높은 것을 표에서 확인할 수 있다.

④ (×) 기혼여성의 취업여부별 경력단절 경험 비율

→ 비취업여성과 취업여성의 경력단절 경험 비율을 나타낸 그래프이다.

보고서의 내용 중 기혼여성의 취업여부별 경력단절 경험 비율에 대한 부분은 찾을 수 없다. 기혼여성에 대한 부분은 두 번째 문단의 기혼남성과 기혼여성의 고용률 차이에 대한 것이 전부이다.

⑤ (O) 유배우자 가구 중 맞벌이 가구 현황

→ 〈2문단〉 "2018년 유배우자 가구 중 맞벌이 가구의 비율은 ~가구 비율보다 낮았다."라는 부분을 작성하기 위해 필요한 자료이다.

연도별 유배우자 가구와 맞벌이 가구의 수와 유배우자 가구 중 맞벌이 가구의 비율을 나타낸 그래프이다. 두 번째 문단의 2018년 유배우자 가구 중 맞벌이 가구의 비율이 2017년보다 1.0%p 증가하였음을 그래프의 맞벌이 가구 비율 2018년 44.9%, 2017년 43.9%에서 알 수 있다.

합격자의 실전 풀이 순서

❶ 발문을 잘 읽고 표-차트 변환 문제(〈표〉와 〈보고서〉 간에 구체적 수치가 맞는지 확인하는 문제)가 아닌 〈보고서〉를 작성하기 위해 사용하지 않은 자료를 찾는 문제임을 파악한다.

즉, 선지의 〈표〉가 〈보고서〉의 내용에 포함되어 있는지를 확인하는 문제다.

❷ 선지 별로 〈표〉의 제목을 보고 〈보고서〉에 해당 내용이 있는지 확인한다. ①, ②, ③, ⑤의 내용은 존재하지만 ④의 기혼여성의 취업여부별 경력단절 비율은 〈보고서〉에 없다는 것을 확인하여 답을 표시한다.

합격자의 시간단축 Tip

이와 같이 〈보고서〉에 사용된/사용되지 않은 표를 찾는 문제에서 각 표에 제목이 주어진 경우, 이 제목을 미리 숙지하는 것이 중요하다. 이를 숙지하지 않을 경우, 선지에 없는 내용임에도 혹시 해당하는 그림이 있는지 찾는데 시간을 낭비하게 된다.

가령 〈보고서〉의 두 번째 문단에 나오는 6세 이하 자녀를 둔 맞벌이 가구의 비율 같은 경우 이를 내포하는 제목이 없으므로 진위 여부를 파악할 필요 없이 곧바로 넘어갈 수 있다.

120 정답 ④ 난이도 ●●○

ㄱ. (O) 〈1문단〉과 관계 있는 자료이다.

- 2017년 '갑'국의 공연예술계 관객 수는 410만 5천 명, 전체 매출액은 871억 5천만 원으로 집계되었다.
  → 주어진 그래프와 일치.
- 이는 매출액 기준 전년 대비 100% 이상 성장한 것이다.
  → 주어진 그래프에서 전년도(2016년)의 매출액은 403억 7,200만 원이고 2017년 매출액은 871억 5천만 원이므로 성장률을 계산해 보면
  $$\frac{871.5(\text{억 원})-403.7(\text{억 원})}{403.7(\text{억 원})}\times 100$$
  $$=\frac{467.8(\text{억 원})}{403.7(\text{억 원})}\times 100 \approx 115(\%)\text{이므로}$$
  매출액 기준 전년 대비 100% 이상 성장한 것이다.
- 2014년 이후 공연예술계의 매출액과 관객 수 모두 매년 증가하는 추세이다.
  → 주어진 그래프에서 매출액과 관객 수 모두 매년 증가하고 있다.

ㄴ. (O) 〈2문단〉과 관계 있는 자료이다.

- 월간 개막 편수가 전체 개막 편수의 10% 이상을 차지하는 달은 3월뿐이다.
  → 전체 개막 편수는 5,288편이므로 전체 개막 편수의 10%는 $5,288\times\frac{10}{100}=528.8$(편)이고

개막 편수가 528.8편 이상인 달은 3월뿐이다.

- 월간 공연 횟수가 전체 공연 횟수의 10% 이상을 차지하는 달은 8월뿐이다.

➜ 전체 공연 횟수는 52,131회 이므로 전체 공연 횟수의 10%는 $52,131\times\frac{10}{100}=5,213.1$(회)이고 월간 공연 횟수가 5,213.1회 이상인 달은 8월뿐이다.

ㄷ. (×) 〈3문단〉과 관계 있는 자료이다.

- 2017년 기준 공연 예술계 전체 매출액의 60% 이상이 '뮤지컬' 한 장르에서 발생하였다.

➜ 전체 매출액 대비 '뮤지컬' 장르의 매출액의 비율을 구해보면 $\frac{56,014(\text{백만 원})}{87,150(\text{백만 원})}\times100=64.2(\%)$ 이므로 전체 매출액의 60% 이상이 '뮤지컬' 한 장르에서 발생하였다.

- 관객 수 상위 3개 장르가 공연예술계 전체 관객 수의 90% 이상을 차지하는 것으로 조사되었다

➜ 관객 수 상위 3개 장르는 차례대로 '뮤지컬' 1,791(천 명), '클래식' 990(천 명), '연극' 808(천 명)이므로 3개 장르가 공연예술계 전체 관객 수 중 차지하는 비율을 구해보면

$\frac{1,791+990+808}{4,105}\times100=\frac{3,589}{4,105}\times100$
$=87.4(\%)$

이므로 전체 관객 수의 90% 이상을 차지하지 않는다.

ㄹ. (○) 〈4문단〉과 관계 있는 자료이다.

- 가장 저렴한 '3만 원 미만' 입장권 관객수가 절반 이상을 차지하였고, 이는 가장 비싼 '7만 원 이상' 입장권 관객수의 3.5배 이상이었다.

➜ '3만 원 미만' 입장권 관객 수는 57.0%로 절반 이상을 차지하였다.

또한 '7만 원 이상' 입장권 관객 수는 전체 관객 수의 14.5% 이므로 '7만 원 이상' 입장권 관객 수에 대한 '3만원 미만' 입장권 관객 수의 비율을 구해보면 $\frac{57}{14.5}\approx3.93$이므로 '7만 원 이상' 입장권 관객 수의 3.5배 이상이다.

합격자의 실전 풀이 순서

❶ 보고서의 한 문단씩 보기 한 개와 연결되므로 각각 대응되는 표나 그래프를 찾아서 확인한다. 순서대로 풀지 않아도 되므로 가장 쉬워 보이는 표나 그래프를 먼저 확인한다.

❷ 보기 ㉣은 보고서의 내용상 확인해야 하는 것이 짧으므로 먼저 확인하다. 관객 수 구성비를 통해 '3만 원 미만' 입장권 관객 수가 '7만 원 이상' 입장권 관객 수의3.5배 이상인지를 확인하면 옳은 보기이므로 ③, ④, ⑤ 중 하나가 답이다.

❸ 보기 ㉠은 눈으로 확인 가능하므로 빠르게 확인하면 옳은 보기이다.

❹ 보기 ㉡ 역시 보고서의 내용인 3월의 개막 편수와 8월의 공연 횟수 비율만 빠르게 확인하면 옳다. 따라서 답은 ④번이다.

합격자의 시간단축 Tip

보기 ㉢ 전체 매출액의 60% 이상이 '뮤지컬'인지는 근삿값을 통해 구하는 것이 빠르다.
전체 값인 87,150을 90,000으로 보고 60%를 구하면 $90,000\times0.6=54,000$이다.
더 큰 값을 근삿값으로 하였음에도 56,014가 더 크므로 당연히 60% 이상이다.
이처럼 구체적 값을 도출하지 않고 계산이 편한 가까운 값을 활용하여 푸는 것이 좋다.
상위 3개 장르가 전체 관객 수의 90%를 계산하지 않고 '반대 해석'을 하여 하위 2개 장르가 10% 이상인지 확인한다. 무용과 국악의 관객 수의 합은 500 이상이므로 4,105의 10%를 초과한다.
따라서 상위 3개 장르는 90% 미만이다.

보기 ㉣ 7만원 이상 입장권 관객수의 3.5배 이상인지를 처리하는 방법은 직접 계산 이외에 크게 2가지 방법이 있다.

① **첫 번째 방법**은 조금 구체적인 근삿값 계산 방법이다. 14.5를 편의상 15로 보고, 3.5를 다시 3과 0.5로 나누면 $(15\times3)+(15\times0.5)=45+$약 $8=53$이다. 따라서 3.5배 이상이다.

② **두 번째 방법**은 매우 간단한 근삿값 계산 방법이다. 편의상 14.5에 4배를 곱하면 $14.5\times4=58>57$이다. 이때 우리가 0.5배를 더 곱하였기에 적어도 $58-57=1$의 차이보다는 더 작을 것이므로 당연히 3.5배임을 알 수 있다.

* 근삿값을 잡을 때에는 '문제 해결에 불리하도록 설정'해야 한다. 가령 두 번째 방법에서 도리어 0.5배를 작게 곱하였다면 그 값이 57.0보다 작다 하더라도 그것이 실제로 작아서인지, 작게 곱해서 작게 나온 것인지 알 수 없기 때문이다.
개인적으로는 두 번째 방법을 선호한다. 시간도 빠를뿐더러 정확도에도 문제가 없다. 다만, 이는 숫자 구조에 어느 정도 자신이 있어야 하므로 본인의 상황에 따라 적절한 방법을 선택하자.

독끝 기본 5일차 (121~150)

정답

121	③	122	⑤	123	①	124	③	125	④
126	①	127	②	128	④	129	⑤	130	⑤
131	②	132	③	133	④	134	②	135	⑤
136	③	137	③	138	②	139	④	140	②
141	③	142	⑤	143	②	144	④	145	②
146	④	147	③	148	④	149	②	150	③

121 정답 ③ 난이도 ●●○

① (O) 총어업생산량의 전년대비 증가율은 2007년이 2008년보다 크다.

➜ 〈표 1〉에서 총어업생산량을 알 수 있으며 전년대비 증가율은

$\frac{\text{해당 연도 총어업생산량} - \text{전년도 총어업생산량}}{\text{전년도 총어업생산량}} \times 100$

으로 구할 수 있다.

2007년의 전년대비 증가율은

$\frac{327.5-303.2}{303.2} \times 100 \approx 8\%$,

2008년의 전년대비 증가율은 $\frac{336.1-327.5}{327.5} \times 100 \approx 2\%$이므로 2007년의 증가율이 더 크다.

② (O) 2005년부터 2009년까지 어업생산량이 매년 증가한 조업방법은 내수면어업이다.

➜ 〈표 1〉을 보면 해면어업은 2005~2008년까지 증가하다가 2009년 감소하였다.
양식 어업은 2008년부터 감소한 것을 확인할 수 있다. 원양어업 또한 2008년부터 감소한 반면, 내수면어업은 2005년 2.4(만 톤), 2006년 2.5(만 톤), 2007년 2.7(만 톤), 2008년 2.9(만 톤), 2009년 3.0(만톤)으로 매년 증가한 것을 확인할 수 있다.

③ (×) 2005년부터 2009년까지 연도별 총양식어획량에서 조피볼락이 차지하는 비율은 ~~매년 50% 이상이다~~.

➜ 〈표 2〉에서 조피볼락이 차지하는 비율은

$\frac{\text{조피볼락 어획량}}{\text{총 양식어획량(계)}} \times 100$으로 구할 수 있다.

각 연도별로 값을 구하면,

- 2005년: $\frac{367}{642} \times 100 \approx 57\%$
- 2006년: $\frac{377}{656} \times 100 \approx 57\%$
- 2007년: $\frac{316}{569} \times 100 \approx 56\%$
- 2008년: $\frac{280}{546} \times 100 \approx 51\%$,
- 2009년: $\frac{254}{520} \times 100 \approx 49\%$

이므로 매년 50% 이상이 아니다.

④ (O) 기타 어류를 제외하고, 2009년 양식어획량이 전년대비 감소한 어종 중 감소율이 가장 작은 어종은 농어이다.

➜ 〈표 2〉에서 기타 어류를 제외하고 2009년 양식어획량이 전년 대비 감소한 어종은 조피볼락, 감성돔, 참돔, 농어이다. 전년 대비 2009년 양식어획량 감소율은

$\frac{\text{2008년 양식어획량} - \text{2009년 양식어획량}}{\text{2008년 양식어획량}} \times 100$

으로 구할 수 있다.

전년 대비 2009년 양식어획량을 어종별로 구하면,

- 조피볼락: $\frac{280-254}{280} \times 100 \approx 9\%$,
- 감성돔: $\frac{46-35}{46} \times 100 \approx 24\%$,
- 참돔: $\frac{45-37}{45} \times 100 \approx 18\%$,
- 농어: $\frac{15-14}{15} \times 100 \approx 7\%$이므로 농어가 7%로 가장 감소율이 작다.

⑤ (O) 기타 어류를 제외하고, 양식어획량이 많은 어종을 순서대로 나열하면, 2005년의 순서와 2009년의 순서는 동일하다.

➜ 기타 어류를 제외하고 2005년과 2009년 양식어획량이 가장 많은 어종을 순서대로 나열하면

- 2005년: 조피볼락 > 넙치류 > 참돔 > 감성돔 > 숭어 > 농어
- 2009년: 조피볼락 > 넙치류 > 참돔 > 감성돔 > 숭어 > 농어

순이다.

따라서 기타 어류를 제외하고 양식어획량이 많은 어종 순서는 2005년의 순서와 2009년 순서가 동일하다.

합격자의 실전 풀이 순서

❶ 〈표 1〉은 어업생산량, 〈표 2〉는 양식어획량에 관한 표임을 확인한다. 또한, 옳지 않은 것을 찾는 문제이므로 선지들 왼쪽에 X 표시를 해 놓는다.

❷ 선지 추리기를 통해 비율(증가율, 감소율)에 관한 선지인 ①, ③, ④번을 먼저 확인한다. ①번을 확인하면, 옳은 선지이므로 소거한다.

❸ 다음으로 ③번을 확인하면, 2009년은 연도별 총 양식어획량에서 조피볼락이 차지하는 비율은 50% 미만이므로 틀린 선지이다. 답을 표시하고 넘어간다.

합격자의 시간단축 Tip

선지 ① 전년 대비 증가율은 $\frac{\text{총어업생산량 증가액}}{\text{전년도 총어업생산량}}$ 인데, 2007년이 분모인 전년도 총 어업생산량은 작고, 분자인 총 어업생산량 증가액은 크므로 전년 대비 증가율 역시 높다.

선지 ② 'A한 것은 B이다'는 먼저 실제로 B가 A했는지 확인한 후, 나머지 값에선 A한 것이 없는지 찾아보면 된다. 이때 나머지 값들을 확인할 때 반례는 수험생의 시간 소모를 유도하기 위해 뒷부분에 제시되는 경향이 있으므로, 뒤에서부터 확인하는 것이 좋다.
실제로 ② 번의 경우 뒷부분인 2008→2009년에 해면, 양식, 원양 모두 감소하여 반례가 된다.

선지 ③ 조피볼락의 2배가 총 양식어획량(계)보다 크면 조피볼락의 비율이 50% 이상인 것이다. 또한, 뒤의 연도부터 확인하면 빠르게 반례인 2009년을 구할 수 있다.

선지 ④ 모든 어종의 감소율을 직접 구하지 않고, 질문한 어종인 농어의 감소율을 기준으로 나머지를 비교하는 것이 좋다. 이 경우 농어의 감소율은 $\frac{1}{15}$ 이므로 매우 작아 굳이 비교하지 않더라도 옳은 선지임을 알 수 있다. 혹 이러한 처리가 불안하여 농어 감소율을 기준으로 나머지를 비교할 경우, '차잇값과 분수 구조를 맞춰주는 형태'로 확인 시 매우 직관적이다.

예를 들어 $\frac{1}{15}=\frac{30}{450}$ 이므로 조피볼락과 같이 30 가량 감소하려면 2008년 값이 450이나 되어야 함을 고려할 때 농어가 더 작다. 마찬가지로 참돔을 비교할 경우도 차잇값이 8이려면 2008년이 $15\times8>45$이므로 농어가 더 작다. 이와 같은 방식으로 비교 시 구체적 계산 없이도 쉽게 확인할 수 있다.

선지 ⑤ '기타'가 제외된다는 점만 주의하면 된다. 의외로 '기타'를 제외시키지 않아 함정에 빠지는 경우가 잦으므로, 필자의 경우 처음 〈표〉를 분석할 때 '기타'와 '소계' 등은 따로 굵은 선으로 표시해두는 방법으로 실수를 방지하고 있다.

122 정답 ⑤ 난이도 ●●○

ㄱ. (×) 전체 공익근무요원 수 중 기타 기관에 복무하는 공익근무요원 수가 차지하는 비중은 ~~매년 증가하였다~~.
→ 〈그림〉에서 전체 공익근무요원 중 기타 기관에 복무하는 공익근무요원 수가 차지하는 비중은 2.5%→3.2%→6.4%→17.7%→17.1%로, 증가하다가 감소하였다.
따라서 틀린 보기이다.

ㄴ. (○) 2005년부터 2009년까지 중앙정부기관에 복무하는 공익근무요원 수의 증감방향은 전체 공익근무요원 수의 증감방향과 일치한다.
→ 〈표〉에 따르면 2005 ~ 2009년 중앙정부기관에 복무하는 공익근무요원 수의 증감방향은 '감소→감소→증가→감소 →증가' 이고, 전체 공익근무요원 수의 증감방향은 '감소→감소→증가→감소→증가'이므로, 2005년부터 2009년까지 중앙정부기관에 복무하는 공익근무요원 수의 증감방향과 전체 공익근무요원 수의 증감방향은 일치한다.

ㄷ. (○) 정부산하단체에 복무하는 공익근무요원 수는 2004년 대비 2009년에 30% 이상 감소하였다.
→ 〈표〉에서 정부산하단체에 복무하는 공익근무요원 수는
• 2004년: 6,135명
• 2009년: 4,194명이다.
2004년 대비 2009년 정부산하단체에 복무하는 공익근무요원 감소율은
$\frac{(4,194-6,135)}{6,135}\times100(\%)\fallingdotseq-31.6\%$이다.
따라서 정부산하단체에 복무하는 공익근무요원 수는 2004년 대비 2009년에 31.6% 감소하였다.

ㄹ. (○) 기타 기관을 제외하고, 2005년 공익근무요원 수의 전년 대비 감소율이 가장 큰 복무기관은 지방자치단체이다.
→ 2005년 공익근무요원 수의 전년대비 감소율은
$\frac{(\text{2004년 공익근무요원 수}-\text{2005년 공익근무요원 수})}{\text{2004년 공익근무요원 수}}\times100$
으로 구할 수 있다.
기타 기관을 제외하고 2005년 공익근무요원 수의 전년 대비 감소율은

• 중앙정부기관:

$\frac{(6,536-5,283)}{6,536} \times 100(\%) \fallingdotseq 19.2\%$

• 지방자치단체:

$\frac{(19,514-14,861)}{19,514} \times 100(\%) \fallingdotseq 23.8\%$

• 정부산하단체:

$\frac{(6,135-4,875)}{6,135} \times 100(\%) \fallingdotseq 20.5\%$로,

지방자치단체가 가장 크다.

합격자의 실전 풀이 순서

❶ 계산이 불필요한 보기 ㉠을 먼저 확인한다. 틀린 선지이므로 ①, ②번을 소거한다.

❷ 마찬가지로 증감방향만 확인하면 되는 보기 ㉡을 확인한다. 옳은 선지이므로 ④번을 소거한다.

❸ 마지막으로 보기 ㉣을 확인하면 옳은 선지이므로 정답은 ⑤번이다.

합격자의 시간단축 Tip

보기 ㉠ 단순 확인형 선지이다. 이러한 유형의 출제 의도는 수험생이 시간을 소모하도록 유도하는 것에 있으므로, 반례를 뒷부분에 배치하는 경향이 있다. 따라서 뒤에서부터 확인하는 방법이 좋은 전략이다. 보기 ㉠의 경우에도 뒷부분부터 확인하면 2009년에 바로 반례가 나타난다.

보기 ㉡ '전년대비'의 사용 여부에 따라 확인해야 하는 시계열의 기준이 달라지므로 유의해야 한다.
해당 문제는 "전년대비"라는 문구가 없으므로, 2005년에서 2009년까지 판단하면 된다. 또한 인원수는 "정수"이므로 어림산을 통해 판단할 수 있다.

보기 ㉢

[방법 1]
"연속된 감소율"을 활용하면 쉽게 구할 수 있다.

[방법 2]
'대체 값'을 설정하여 풀이하는 방법도 유용하다. 예를 들어 2004년의 값인 6,135를 6,000으로 대체해보자. 이때 30% 감소했다는 것은 곧 2009년 값이 2004년의 70% 미만이라는 의미이므로 70%를 구해보면, 6,000×70%=4,200으로 4,194보다 큰 값이다.
따라서 70% 미만이므로 옳은 선지임을 쉽게 알 수 있다.
참고로 '대체 값'은 질문에 반할 가능성이 높은 값으로 잡아야 한다. 예를 들어 보기 ㉢의 경우 30% 이상 감소하였는지 질문한 만큼, 대체 값을 작게 잡을수록 틀릴 가능성이 높아진다. 이처럼 대체 값을 잡아야 "불리하게 변경했음에도 달성되어 옳다"라는 판단을 내릴 수 있다.

123 정답 ❶ 난이도 ●●○

인도와 중동의 2010년 대비 2030년 전체 석유수요 증가 규모는 동일하다.
➜ 주어진 4개 부문 이외 석유수요의 증감은 없으므로, 전체 석유수요의 증가규모는 〈그림〉의 막대그래프에서 4개 부문의 증가규모를 더한 값이다.
〈그림〉에 각 부문별 증가규모를 더하여 전체 증가규모를 계산해보면,
• A의 경우
320(백만TOE)+50(백만TOE)+60(백만TOE)+30(백만TOE)=460(백만TOE)
• B의 경우
130(백만TOE)+50(백만TOE+30(백만TOE)+30(백만TOE)=240(백만TOE)
• C의 경우
120(백만TOE)+40(백만TOE)+60(백만TOE)+20(백만TOE)=240(백만TOE)
• D의 경우
80(백만TOE)+20(백만TOE)+50(백만TOE)=150(백만TOE)

＊ D의 경우 전력생산부문은 규모가 감소하였기 때문에 전체 증가규모를 계산할 때 제외한다.
따라서, B와 C 지역의 전체 석유수요 증가규모가 240(백만TOE)로 같으므로, 인도와 중동은 B 또는 C라는 것을 알 수 있다.

2010년 대비 2030년에 전체 석유수요 증가규모가 가장 큰 지역은 중국이다.
➜ 〈그림〉에서 4개 지역의 전체 석유수요 증가규모를 계산해보면 A가 460(백만TOE), B와 C가 240(백만TOE), D가 150 (백만TOE)이다. 따라서 A의 전체 석유수요 증가규모가 460(백만TOE)로 가장 크며, 따라서 A가 중국이라는 것을 알 수 있다.

2010년 대비 2030년에 전력생산부문의 석유수요 규모가 감소하는 지역은 남미이다.
➜ 〈그림〉의 막대그래프에서 전력생산부문 증감을 확인해보면, A는 30(백만TOE), B는 30(백만TOE), C는 20(백만TOE), D는 −25(백만TOE)이다.
마이너스(−)부분은 석유수요 규모가 감소하는 것을 의미하므로 D가 남미라는 것을 알 수 있다.

2010년 대비 2030년에 교통부문의 석유수요 증가규모가 해당 지역 전체 석유수요 증가규모의 50%인 지역은 중동이다.
➜ 첫 번째 보기에 의하여 중동은 B, C 중의 하나이다. 두 지역을 살펴보면,

B 지역의 경우,

$$\frac{130(\text{백만TOE})}{(130+50+30+30)(\text{백만TOE})} \times 100 = 54.17\%$$

C 지역의 경우,

$$\frac{120(\text{백만TOE})}{(120+40+60+20)(\text{백만TOE})} \times 100 = 50\%$$ 이다.

따라서, 교통부문의 석유수요 증가규모가 해당 지역 전체 석유수요 증가규모의 50%인 지역인 C가 중동이며, 나머지 지역인 B가 인도가 된다.

합격자의 실전 풀이 순서

[방법 1]

❶ 선지 ①~⑤의 구조상 보기를 가장 많이 줄여주는 첫 번째 보기를 먼저 확인하면, 인도와 중동은 B 또는 C이므로 ①번이나 ②번 중 하나가 답이다.

❷ 다음으로 네 번째 보기에 따르면 C가 중동이므로 ①번이 답이다.

Tip ❶ 단정적 보기를 먼저 확인하는 것도 좋지만, 첫 번째 〈보기〉처럼 선지의 경우의 수를 가장 많이 줄여주는 보기를 먼저 확인하는 것도 좋은 전략이다. 이 경우 사용하는 조건을 최대한 줄일 수 있기 때문에 문제를 매우 빠르게 풀어낼 수 있다.

[방법 2]

❶ 매칭형 문제이므로 〈보기〉 중 단정적 보기(1에 대한 설명) 위주로 먼저 확인한다. 2번째 보기에 따르면 A는 중국이므로 ④, ⑤번을 소거한다.

❷ 다음으로 3번째 보기에 따르면 D가 남미이므로 ③번을 소거한다

❸ 다음으로 4번째 보기에 따르면 C가 중동이므로 답은 ①번이다.

Tip ❷ 매칭형 문제는 〈보기〉 중 단정적 보기를 먼저 확인하여 선지를 소거하는 방식으로 접근하는 것도 좋다. 또한, 어려운 매칭형 문제는 선지를 직접 대입하여 〈보기〉와 모순되는지 확인하는 방식도 활용할 수 있다.

124 정답 ③

난이도 ●●○

ㄱ. (×) 2009년 외국인 소유 토지면적이 가장 큰 지역은 ~~경기이다.~~

→ 〈표〉에는 2009년 외국인 소유 토지면적은 직접적으로 나와 있지 않기 때문에 2009년 외국인 소유 토지면적을 구하기 위해서는 〈표〉에 제시된 2010년 지역별 외국인 소유 토지면적에서 전년대비 증감면적을 감소(−) 또는 증가(+)하여 계산해야 한다.

(2010년 외국인 소유 토지면적) = (2009년 외국인 소유 토지면적) − (전년대비 증감면적)

예를 들어, 2009년 서울지역의 면적을 구해보면 〈표〉에서 2010년 서울지역의 면적이 3,918(천m^2)이며, 전년대비 증감면적이 332(천m^2)이므로 이는 2010년 서울지역의 면적이 2009년에 비해 332(천m^2)가 증가되었음을 의미한다.

따라서 2009년의 면적을 구하기 위해서는 2010년의 면적인 3,918(천m^2)에서 증가된 332(천m^2)을 빼야(−)하며, 3,918(천m^2) − 332(천m^2) = 3,586(천m^2)이 된다. 이와 반대로, 2010년 임의 지역의 면적이 2009년에 비해 감소(−)되었을 경우에는 2010년의 면적에서 감소된 값을 더하면 2009년의 면적을 구할 수 있다.

위와 같은 방법으로 〈표〉에서 주어진 지역의 2009년 면적을 구해보면,

지역	2010년 토지면적	전년대비 증감면적	2009년 토지면적
서울	3,918	332	3,586
부산	4,894	−23	4,917
대구	1,492	−4	1,496
인천	5,462	−22	5,484
광주	3,315	4	3,311
대전	1,509	36	1,473
울산	6,832	37	6,795
경기	38,999	1,144	37,855
강원	21,747	623	21,124
충북	10,215	340	9,875
충남	20,848	1,142	19,706
전북	11,700	289	11,411
전남	38,044	128	37,916
경북	29,756	603	29,153
경남	13,173	530	12,643
제주	11,813	103	11,710
계	223,717	5,262	218,455

이므로 2009년 외국인 소유 토지면적이 가장 큰 지역은 전남이다.

ㄴ. (○) 2010년 외국인 소유 토지면적의 전년대비 증가율이 가장 큰 지역은 서울이다.

→ 2010년 외국인 소유 토지면적의 전년대비 증가율(%)은

$$\frac{\text{당해년도 토지면적} - \text{전년도 토지면적}}{\text{전년도 토지면적}} \times 100$$으로

구할 수 있다.

보기 ㉠에서 구한 2009년 토지면적을 활용하여 위 식을 계산하여 지역별 토지면적 증가율을 구해 보면,

지역	2010년 토지면적	전년대비 증감면적	2009년 토지면적	증가율 (%)
서울	3,918	332	3,586	» 9.26
부산	4,894	−23	4,917	− (감소)
대구	1,492	−4	1,496	− (감소)
인천	5,462	−22	5,484	− (감소)
광주	3,315	4	3,311	» 0.12
대전	1,509	36	1,473	» 2.44
울산	6,832	37	6,795	» 0.54
경기	38,999	1,144	37,855	» 3.02
강원	21,747	623	21,124	» 2.95
충북	10,215	340	9,875	» 3.44
충남	20,848	1,142	19,706	» 5.80
전북	11,700	289	11,411	» 2.53
전남	38,044	128	37,916	» 0.34
경북	29,756	603	29,153	» 2.07
경남	13,173	530	12,643	» 4.19
제주	11,813	103	11,710	» 0.88
계	223,717	5,262	218,455	» 2.41

이며, 2010년 외국인 소유 토지면적의 전년대비 증가율(%)이 가장 큰 지역은 서울(9.26%)이다.

ㄷ. (×) 2010년에 외국인 소유 토지면적이 가장 작은 지역이 2009년에도 외국인 소유 토지면적이 가장 작다.

➜ 2010년 외국인 소유 토지면적은 대구가 1,492(천m^2)로 가장 작지만, 2009년 외국인 소유 토지면적이 가장 작은 지역은 대전이 1,473(천m^2)로 가장 작다. 대구의 2009년 외국인 소유 토지면적은 1,496(천m^2)로 두 번째로 작다.

ㄹ. (○) 2009년 외국인 소유 토지면적이 세 번째로 큰 지역은 경북이다.

➜ 보기 ㉠에서 구한 2009년 토지면적을 활용하여 2009년 외국인 소유 토지면적이 세 번째로 큰 지역을 구해보면 전남이 37,916(천m^2)이 가장 크며, 경기가 37,855(천m^2)로 두 번째로 크고, 경북이 29,153(천m^2)로 세 번째로 크다.

합격자의 실전 풀이 순서

❶ 〈표〉에 2010년 지역별 외국인 소유 토지면적과 전년 대비 증감면적이 주어져 있으므로 2009년 외국인 소유 토지면적에 관해 물어보는 보기가 있을 것을 예측한다.

❷ 보기 ㉠을 먼저 확인하면, 2009년 외국인 소유 토지면적이 가장 큰 지역은 전남이므로 틀린 보기이다. 따라서 답은 ②, ③번 중 하나이다.

❸ 다음으로 보기 ㉣을 확인하면, 옳은 보기이므로 답은 ③번이다.

합격자의 시간단축 Tip

보기 ㉠ '전년대비 증감'을 이용해 전년 값을 도출해야 하는 문제의 경우, 기본적으로 현재 값이 큰 카테고리 위주로 확인하는 것이 좋다. 즉 현재가 커야 증감분을 제외하고도 클 것이므로 현재가 큰 값을 몇 개 정도 선별하여 확인한다.

따라서 전년 대비 증감면적이 대체로 1,000 미만이므로 2010년 외국인 소유 토지면적이 가장 큰 '경기'와 '전남'을 비교한다.

2010년 외국인 소유 토지면적은 경기가 전남보다 1,000 미만 크지만, 전년 대비 증감면적은 1,000 이상 크므로 2009년 외국인 소유 토지면적은 경기가 전남보다 작을 것이다.

따라서 틀린 보기이다.

보기 ㉡ 전년대비 증가율이 가장 큰 곳을 묻는 경우,

① 현재 값이 작고(왜냐하면 현재 값이 작아야, 작은 변화에도 큰 변화율을 보이기 때문이다)

② 증감면적은 큰 곳 위주로 선별하여 비교하면 된다. 혹 눈으로만 대소비교가 어려운 경우, 증감량을 동일하게 맞추어 주고 비교하면 쉽게 해결할 수 있다. 예를 들어 서울과 충남을 비교한다고 가정 시, 충남의 1,142는 서울의 4배보다 조금 작으므로 서울을 4배 하면 3,918 ×4=약 4,000×4=16,000이므로 서울이 더 큰 것을 알 수 있다.

보기 ㉢ 보기 ㉡과 마찬가지로

① 현재 값이 가장 작고

② 증가면적은 큰 곳을 찾아 비교하면 된다. 대구와 대전은 면적이 유사한 수준으로 작으나, 증감 면적은 대전이 더 커 대전이 2009년에 가장 작았음을 쉽게 알 수 있다.

보기 ㉣ 가장 큰 곳을 찾는 경우와 달리 n번째를 찾는 경우 선지에서 주어진 값을 기준으로 이보다 큰 곳이 있는 지 여부를 확인하는 것이 좋다.

즉 n번째로 큰 곳인 경우, 주어진 값보다 큰 곳이 n−1개인지 확인하는 것이다.

따라서 보기 ㉠을 통해 2009년 외국인 소유 토지면적의 1위와 2위는 정해졌으므로 경북보다 큰 지역이 있는지 확인한다.

전년 대비 증감면적이 대체로 1,000 미만이므로 경북의 2010년 외국인 소유 토지면적인 29,756보다 1,000 미만으로 차이가 나는 지역이 없으므로 2009년 외국인 소유 토지면적은 경북이 세 번째로 클 것이다.

125 정답 ④ 난이도 ●●●

ㄱ. (○) A지역의 보육시설 공급률과 보육시설 이용률의 차이는 10%p 미만이다.

➜ A지역의 보육시설 공급률과 보육시설 이용률을 각각 계산해보면,

- 보육시설 공급률: $\frac{231(천명)}{512(천명)} \times 100 = 45.12\%$
- 보육시설 이용률: $\frac{196(천명)}{512(천명)} \times 100 = 38.28\%$

이다.

따라서 (45.12−38.28) < 10 이므로 보육시설 공급률과 보육시설 이용률의 차는 10%p 미만이다.

ㄴ. (○) 영유아 인구수가 10만명 이상인 지역 중 보육시설 공급률이 50% 미만인 지역은 2곳이다.

➜ 영유아 인구수 10만명 이상인 지역, 즉 100천명 이상인 지역은 A, B, E, G, I의 다섯 지역이다. 이 지역들의 보육시설 공급률을 각각 계산해보면

- A 지역: $\frac{231(천명)}{512(천명)} \times 100 = 45.1\%$,
- B 지역: $\frac{71(천명)}{152(천명)} \times 100 = 46.7\%$,
- E 지역: $\frac{375(천명)}{726(천명)} \times 100 = 51.7\%$,
- G 지역: $\frac{67(천명)}{118(천명)} \times 100 = 56.8\%$,
- I 지역: $\frac{109(천명)}{188(천명)} \times 100 = 58.0\%$이다.

따라서 보육시설 공급률이 50% 미만인 지역은 A, B 두 지역이다.

ㄷ. (×) 영유아 인구수가 가장 많은 지역과 가장 적은 지역 간 보육시설 이용률의 차이는 40%p ~~이상이다~~.

➜ 영유아 인구수가 가장 많은 지역은 726(천명)로 E지역이며, 가장 적은 지역은 35(천명)로 J지역이다. 이 두 지역의 보육시설 이용률을 각각 계산해보면,

- E 지역: $\frac{283(천명)}{726(천명)} \times 100 = 38.98\%$,
- J 지역: $\frac{25(천명)}{35(천명)} \times 100 = 71.43\%$ 이다.

따라서 (71.43−38.98) < 40 이므로 두 지역 간 보육시설 이용률의 차이는 40%p 미만이다.

ㄹ. (○) C지역의 보육시설 공급률이 50%라고 가정하면 이 지역의 보육시설 정원충족률은 80% 이상이다.

➜ C지역의 보육시설 정원은 $\frac{(보육시설\ 공급률 \times 영유아\ 인구수)}{100}$로 구할 수 있다.

C지역의 보육시설 공급률이 50%라면 C지역의 보육시설 정원은 $\frac{(50 \times 86)}{100} = 43$(천 명)이다.

따라서 C지역 보육시설 정원충족률은

$\frac{35}{43} \times 100(\%) ≒ 81.4\%$이상이다.

합격자의 실전 풀이 순서

❶ 〈표〉와 각주를 읽고, 보육시설 공급률, 보육시설 이용률, 보육시설 정원충족률을 구하는 방식을 이해한다.

❷ 가장 쉬워 보이는 보기 ㉠부터 확인한다. 옳은 보기이므로 ③, ⑤번을 소거한다.

❸ 다음으로 보기 ㉣을 확인하면, 옳은 보기이므로 ①, ②, ④번 중 보기 ㉣을 포함한 선지는 ④번뿐이므로 답은 ④번이다.

합격자의 시간단축 Tip

보기 ㉠ 보육시설 공급률과 보육시설 이용률은 분모가 영유아 인구수로 같으므로, A 지역의 보육시설 공급률과 보육시설 이용률의 차이가 10%p 미만이라는 것은 보육시설 정원과 보육시설 현원의 차이가 영유아 인구수의 10% 미만인지 묻는 것과 같다. 영유아 인구수의 10%는 51.2이고 보육시설 현원(196)에 50을 더하면 246으로 보육시설 정원(231)보다 크므로 보육시설 정원과 보육시설 현원의 차이가 영유아 인구수의 10% 미만이다. 따라서 옳은 보기이다.

보기 ㉡ 영유아 인구수가 10만 명 이상인 지역들 중에서 보육시설 정원의 2배가 영유아 인구수보다 작은 지역의 개수를 세면 2곳이므로 옳은 보기이다.

보기 ㉢ %p 차이를 묻는 문제는 구체적인 계산을 어느 정도 필요로 하는 유형으로 가급적 안 푸는 것이 좋다. 다만 만약 풀게 된다면,

① 근삿값을 이용하여 ② % 도출이 쉬운 값을 기준으로 비교하는 것이 그나마 빠르다.

보기 ㉢의 경우 J는 $\frac{1}{7}$=약 14.3%임을 이용하면 간단히 %를 도출할 수 있으므로 J를 기준으로 한다. J는 14.3%×5=약 70%이다.

따라서 E가 70%−40%p=30% 미만인지 살펴보면 된다.
E에 30%를 곱해보면 726을 800으로 넉넉히 보더라도 800×0.3=240으로 E 현원인 283보다는 작으므로 30% 미만이 아니다. 따라서 틀린 선지이다.

보기 ㉣

[방법 1]
C 지역의 보육시설 공급률이 50%라면 보육시설 정원은 43명일 것이다. 보육시설 정원충족률이 80% 이상인지를 여사건(100−보육시설 정원충족률)을 활용하여 빠르게 확인할 수 있다. 보육시설 정원과 보육시설 현원의 차이(43−35)는 8인데 보육시설 정원의 20%인 8.6보다 작으므로 "100−보육시설 정원충족률"이 20% 미만이라는 것이다. 따라서 보육시설 정원충족률은 80% 이상일 것이다.

[방법 2]
방법 1과 동일한 논리이나 80%를 달리 처리하는 방법이다. 정원충족률이 80% 이상이라는 것은 '반대 해석'하면 "(정원과 현원의 차이×4) < 현원"임을 의미한다. 왜냐하면 정원충족률이 80% 이상이면 (1−정원충족률)은 20% 미만이라는 것이므로, 20% 미만×4 < 80%이어야 하기 때문이다. 따라서 C 지역의 보육시설 공급률이 50%라면 보육시설 정원은 43명이므로 (43 − 35)×4=32 < 35이므로 옳은 선지이다. 이와 유사하게 "(정원과 현원의 차이×5) < 정원"으로도 처리할 수 있다. 왜냐하면 20% 미만×5 < 100%이어야 하기 때문이다.

126 정답 ①

난이도 ●●○

① (×) 19세 이상 성인의 현재흡연율
➜ 〈보고서〉 두 번째 지문에 따르면 2007~2010년 동안 19세 이상 성인 남성의 현재 흡연율은 매년 증가함을 알 수 있다. 그런데 〈보기〉 ①의 남성의 〈그래프〉를 보면 2008년 47.7%, 2009년 46.9%로 2009년은 2008년에 비해 현재 흡연율 0.8%가 감소함을 알 수 있다. 따라서 〈보기〉 ①은 〈보고서〉에 제시된 내용과 부합하지 않는다.

② (○) 30세 이상 성인의 연령대별 비만율(2010년)
➜ 〈보고서〉 첫 번째 지문에 30세 이상 성인 중 남성의 경우 30대의 비만율이 가장 높고 여성의 경우 60대의 비만율이 가장 높다고 나와 있다.
〈보기〉 ②의 〈표〉를 보면 남성의 비만율은 30대 42.3%, 40대 41.2%, 50대 36.8%, 60대 37.8%, 70대 이상 24.5%이므로 30대의 비만율이 가장 높음을 알 수 있다. 또한, 여성의 경우 30대 19%, 40대 26.7%, 50대 33.8%, 60대 43.3%, 70대 이상 34.4%로 〈보고서〉 지문 그대로 60대의 비만율이 가장 높음을 알 수 있다. 따라서 〈보기〉 ②는 〈보고서〉에 제시된 내용에 부합하다.

③ (○) 19세 이상 성인의 월평균음주율
➜ 〈보고서〉 두 번째 지문에 따르면 2007~2010년 동안 19세 이상 성인 남성의 월평균 음주율은 매년 증가함을 알 수 있다. 〈보기〉 ③의 〈그래프〉를 보면 19세 이상 성인 남성의 월평균 음주율이 2007년 73.5%, 2008년 74.6%, 2009년 75.7%, 2010년 77.8%로 매년 증가함을 확인할 수 있다.
따라서 〈보기〉 ③은 〈보고서〉에 제시된 내용에 부합하다.

④ (○) 19세 이상 성인의 비만율
➜ 〈보고서〉 첫 번째 지문에 2010년 19세 이상 성인의 비만율은 남성 36.3%, 여성 24.8%라고 나와 있다. 〈보기〉 ④의 〈그래프〉를 보면 2010년 19세 이상의 남성의 비만율이 36.3%이며 2010년 19세 이상의 여성의 비만율이 24.8%임을 알 수 있다. 따라서 〈보기〉 ④는 〈보고서〉에 제시된 내용에 부합하다.

⑤ (○) 19세 이상 성인의 간접흡연노출률
➜ 〈보고서〉 두 번째 지문에 2007~2010년 동안 19세 이상 성인 남성과 여성의 간접흡연 노출률이 매년 증가한다고 나와 있다. 〈보기〉 ⑤의 〈그래프〉를 보면 19세 이상 성인의 간접흡연 노출률이 남성의 경우 2007년 43.9%, 2008년 44.2%, 2009년 44.9%, 2010년 48.9%이므로 매년 증가함을 알 수 있다. 또한, 여성의 경우도 2007년 32.3%, 2008년 33.3%, 2009년 34.2%, 2010년 35.1%이므로 매년 증가함을 알 수 있다. 따라서 〈보기〉 ⑤는 〈보고서〉에 제시된 내용에 부합하다.

합격자의 실전 풀이 순서

❶ 발문을 읽고 선지별 그래프의 수치와 〈보고서〉의 수치가 일치하는지 확인하는 문제임을 파악한다. 따라서 〈보고서〉에서 해당 내용이 있는 선지를 찾아 〈보고서〉의 설명과 선지의 그래프의 수치와 비교한다.

❷ 〈보고서〉의 뒷부분(마지막 문장)부터 확인한다. 19세 이상 성인 간접흡연 노출률에 관한 선지인 ⑤번을 확인하면, 남성과 여성 모두 매년 증가하였으므로 옳은 선지이다.

❸ 다음으로 현재 흡연율에 관한 선지인 ①번을 확인하면, 성인 남성의 현재 흡연율은 매년 증가하지 않으므로 틀린 선지이다. 따라서 답을 표시하고 넘어간다.

합격자의 시간단축 Tip

Tip ❶ '〈보고서〉 일치 부합 유형'은 단순 확인 위주의 문제로 난이도가 낮은 편이다. 대신 출제 의도 상 수험생이 시간을 소모하도록 유도하므로 뒷부분에 틀린 내용이 배치된 경우가 많다.
따라서 〈보고서〉의 순서대로 선지를 찾아 확인하기보다는 반대로(마지막 문장부터) 접근하는 것이 시간을 줄이는 방법일 수 있다.

Tip ❷ '〈보고서〉 일치 부합 유형'은 최대한 효율적으로 풀어야 된다. 따라서 〈보고서〉에 없는 내용은 보기의 〈그림〉에서 읽지 않아야 하며, 불필요한 시간 낭비가 없도록 '목적 지향적'으로 〈보고서〉 상의 키워드, 수치만 확인해야 한다.
예를 들어 보기 ① 번에서 '19세 이상 성인 여성' 그래프는 〈보고서〉에 없는 내용이므로 읽지 않는다.

선지 ① 보고서에서 주어진 내용에 19세 이상 성인 여성의 현재 흡연율에 관한 내용은 없다. 19세 이상 성인 여성의 그래프는 볼 필요 없이 19세 이상 성인 남성의 그래프만 확인하고 넘어가자. 2007~2010년 동안 19세 이상 성인 남성의 현재 흡연율이 매년 증가한다고 했으므로 우상향하는 그래프인지만 확인하면 된다.

선지 ② 2010년 30세 이상 성인의 연령대별 비만율은 남성의 경우 30대가 가장 높았고, 여성의 경우 60대가 가장 높았다고 했다. 주어진 표에서 30대 남성의 비만율과 60대 여성의 비만율을 확인한 후 이보다 더 큰 수치가 있는지 확인한다.

선지 ③ 보고서의 내용에 19세 이상 성인 여성의 월평균 음주율에 관한 내용은 없다.
19세 이상 성인 남성의 월평균 음주율 그래프가 보고서의 내용과 부합하는지만 확인한다.

선지 ④ 보고서에 2010년 19세 이상 성인 남성과 여성의 비만율만이 적혀있다. 2007~2009년의 비만율은 확인할 필요가 없고, 그래프에 표시된 2010년 19세 이상 남성과 여성의 비만율이 보고서의 내용과 일치하는지만 확인한다.

127 정답 ❷ 난이도 ●●○

ㄱ. (×) 2018년 옥외광고 시장 규모는 2016년에 비해 30% ~~이상~~ 감소하였다.
→ 연도별 옥외광고 시장 규모는 〈그림 1〉을 통해 확인할 수 있다.
'옥외광고' 시장 규모의 값이 연도별로 주어져 있으므로 감소율을 계산하면 된다. 2018년의 옥외광고 시장 규모는 5,764억 원이고 2016년의 옥외광고 시장 규모는 7,737억 원이다.
2016년 대비 2018년 옥외광고 시장 규모의 감소율은

$$\frac{\text{2016년 옥외광고 시장규모} - \text{2018년 옥외광고 시장규모}}{\text{2016년 옥외광고 시장규모}}$$

$$= \frac{7{,}737\text{ (억 원)} - 5{,}764\text{ (억 원)}}{7{,}737\text{ (억 원)}} = 0.255$$이므로

2018년 옥외광고 시장 규모는 2016년에 비해 약 25% 감소하였다. 따라서 30% 이상 감소하였다는 말은 옳지 않다.

ㄴ. (○) 2018년 '교통' 분야 시장 규모는 2,500억 원 이상으로 옥외광고 시장에서 가장 큰 비중을 차지하고 있다.
→ 2018년 '교통' 분야 시장 규모는 〈그림 1〉과 〈그림 2〉를 통해 가장 큰 비중을 차지하고 있음을 확인할 수 있다. 그리고 〈그림 2〉에서 2018년 옥외광고 시장에서 '교통'분야 비중을 보면 44.2%로 옥외광고 시장에서 가장 큰 비중을 차지하고 있다.

ㄷ. (○) 2018년 옥외광고 세부분야별 시장 규모는 '옥상'이 가장 크고, 그다음으로 '버스, 택시', '극장', '지하철' 순이다.
→ 2018년 옥외광고 세부분야별 시장 규모 = 「(2018년 옥외광고 시장 규모) × 해당 분야비율(엔터기타, 교통, 빌보드) × 세부분야 비율」로 구할 수 있다. 이때, 모든 세부분야에서 5,764억 원은 공통이기 때문에 나머지 부분만 비교하면 빠르게 계산이 가능하다.

- '옥상' 분야 점유율: '빌보드'점유율×'옥상' 점유율= 0.314×0.637=0.2
- '버스, 택시' 분야 점유율: '교통' 점유율×'버스, 택시' 점유율=0.442×0.402=0.178
- '극장' 분야 점유율: '엔터, 기타' 점유율×'극장' 점유율= 0.244×0.643=0.157
- '지하철' 분야 점유율: '교통' 점유율×'지하철' 점유율= 0.442×0.345=0.152이며,

이외의 세부분야는 모두 1,000미만이다.
따라서 2018년 옥외광고 세부분야별 시장 규모는 '옥상' > '버스, 택시' > '극장' > '지하철'순이다.

ㄹ. (×) 2018년 '엔터 · 기타' 분야의 시장 규모를 살펴보면 '극장', '쇼핑몰', '경기장'을 제외한 시장 규모는 120억 원 이상이다.
→ 2018년 '엔터, 기타' 분야의 시장 규모는 〈그림 2〉를 통해 확인 가능하다.

'극장', '쇼핑몰', '경기장'을 제외한 것은 '기타' 분야만 해당하기 때문에 '기타' 분야에 대해서만 계산한다. '기타' 분야의 시장규모를 계산하면 「5,764억 원×0.244×0.081→5,764억 원×$\frac{1}{4}$×0.080→5,764억 원×0.02→약 115억 원」으로 120억 미만이다.

합격자의 실전 풀이 순서

❶ 〈그림 1〉과 〈그림 2〉의 구조와 관계를 이해한다. 〈그림 1〉의 각주를 통해 옥외광고가 3개 분야로 되어 있음을 확인하고, 〈그림 2〉의 3개 분야의 구성비에 옥외광고 시장 규모를 곱하여 3개 분야, 세부 분야의 구체적인 시장 규모를 도출할 수 있음을 인식한다.

❷ 보기 ㉢, ㉣은 복잡한 계산이므로 보기 ㉠, ㉡을 우선 해결한다. 보기 ㉠은 틀린 보기이므로 답은 ②, ③번 중 하나이다.

❸ 보기 ㉢에 비해 보기 ㉣이 세부 분야 한 개만 계산하면 되는 쉬운 보기이므로 이를 판단한다.
보기 ㉣의 5,764×24.4%×8.1%를 처리하는 방법은 두가지가 있다.
① 첫 번째 방법은 8.1%를 4로 나누어 2%로 보고 5,764 ×0.02를 하는 방법이다.
② 두 번째 방법은 5,764를 5,700으로 보고 4로 나누는 방법이다.
둘 중 본인이 편한 방식을 선택하여 확인하면 된다.
따라서 18년도 '엔터·기타' 분야 중 '기타' 분야의 시장 규모는 5,764×24.4%×8.1%로 120 미만이다.
답은 ②번이다.

합격자의 시간단축 Tip

보기 ㉠

[방법 1]
30%를 계산할 때 7,737과 5,764의 차이가 약 2,000인데 이는 7,737이 7,000이더라도 30%인 2,100보다 작으므로 30% 미만 감소한 것을 확인할 수 있다.

[방법 2]
계산하기 쉬운 10%를 활용할 수도 있다. 7,737의 10%는 770으로 30%는 이의 세 배다. 백의 자릿수만 세 배 하더라도 2100으로 7,737과 5,764의 차이보다 크기 때문에 30% 미만 감소하였다.

[방법 3]
뺄셈이 덧셈보다는 어렵다는 점을 이용하여 덧셈 구조로 바꾸는 방법이다. 7,737의 10%를 편의상 700으로 보고 3배 하면 2,100이다. 이를 앞서처럼 차잇값과 비교하지 않고, 반대로 2018년에 더하면 5,764+2,100=약 7,800 > 7,737이므로 30% 미만 감소함을 쉽게 알 수 있다.

보기 ㉡ 〈그림 1〉의 5,764에 〈그림 2〉의 44.2%를 곱해서 도출하는 것은 〈그림〉 구조를 제대로 인식하지 못한 풀이이다. 〈그림 1〉은 교통의 값을 이미 주고 있기 때문에 2,500억 이상이며 가장 큰 값이므로 당연히 가장 큰 비중을 차지한다는 사실을 바로 알 수 있다.

보기 ㉣ '엔터·기타' 분야 중 '극장', '쇼핑몰', '경기장'을 제외하면 '기타'인 8.1%에 해당한다.
옥외광고 전체 분야에서 '기타'의 구성비는 24.4%×8.1%이다.
약 25%의 8%라고 생각하면 옥외광고 전체의 약 2%에 해당한다. 따라서 2018년의 '엔터·기타' 분야 중 '극장', '쇼핑몰', '경기장'을 제외한 시장규모는 5,764의 2%는 120 미만이다.

128 정답 ④ 난이도 ●●○

ㄱ. (O) 각 교과목에서 평균 이하의 점수를 받은 학생은 각각 5명 이상이다.
→ 학생 수가 9명이므로 각 교과목의 성적을 낮은 점수부터 순서대로 나열하면 가운데 5번째 오는 학생의 점수가 중앙값이 된다. 또한, 중앙값을 기준으로 그 이하의 점수를 받은 학생이 4명이고 그 이상의 점수를 받은 학생이 4명이다.
이때 〈표〉를 보면 각 교과목의 중앙값은 모두 평균 이하의 점수이므로 중앙값 점수와 그 이하 4명의 점수는 모두 평균 이하의 점수라는 것을 알 수 있다.
따라서 최소한 5명이므로 각 교과목에서 평균 이하의 점수를 받은 학생은 각각 5명 이상이다.

ㄴ. (O) 교과목별로 점수 상위 2명에게 1등급을 부여할 때, 1등급을 받은 교과목 수가 1개 이상인 학생은 4명이다.
→ 각 교과목에서 중앙값을 기준으로 그 이상의 점수가 4개씩 있으므로 이것을 먼저 찾아보면, 빅데이터 과목은 85.0, 90.0, 71.0, 73.0이 이에 해당한다. 즉, 빅데이터 과목에서 상위 2명은 85.0, 90.0을 받은 A와 B이다.
나머지 두 과목은 각 학생의 평균을 이용하여 빈칸의 점수를 구한 후 상위 점수를 찾는다.
계산이 쉬운 것부터 구해보면, C의 사물인터넷 71.0, I의 사물인터넷 84.9이므로 사물인터넷 과목에서 상위 2명은 B와 I이다. 마찬가지로 B의 인공지능 88.0, A의 인공지능 60.9이고 F는 중앙값인 45.0이 되어야 하므로 인공지능 과목에서 상

해설편 | 5일차 | • 수리능력 · 자료해석

위 2명은 B와 C이다.
세 과목을 종합해 보면, 1등급을 받은 교과목 수가 1개 이상인 학생은 A, B, C, I 이므로 4명이다.

ㄷ. (○) 학생D의 빅데이터 교과목과 사물인터넷 교과목의 점수가 서로 바뀐다면, 빅데이터 교과목 평균은 높아진다.
➜ 빅데이터는 57점 사물인터넷은 65점이다. 이 둘의 점수가 바뀌면 빅데이터 점수가 65점으로 기존 점수보다 높아지고, 빅데이터 점수의 총합도 8점 높아진다. 따라서 빅데이터 교과목 평균도 높아진다.

ㄹ. (×) 최고점수와 최저점수의 차이가 가장 작은 교과목은 ~~사물인터넷~~이다.
➜ 각 교과목의 최고점수와 최저점수의 차이를 구하면 아래와 같다.
• 인공지능: 최고점(88.0) − 최저점(28.0) = 60.0
• 빅데이터: 최고점(90.0) − 최저점(49.9) = 40.1
• 사물인터넷: 최고점(92.0) − 최저점(50.0) = 42.0
따라서 최고점수와 최저점수의 차이가 가장 작은 교과목은 빅데이터이므로 〈보기〉 ㉣의 내용은 옳지 않다.

합격자의 실전 풀이 순서

❶ 〈표〉에서 아래에는 과목별 평균과 중앙값, 우측에 학생별 평균이 주어진 것을 파악한다.
이를 통해 빈칸의 수치를 계산할 수 있음을 인지한다.
❷ 〈표〉아래 제시된 중앙값의 의미를 읽고 전체 9명 중 가운데 5번째 점수라는 것과 그 이상의 점수가 4명 그 이하의 점수가 4명이라는 것을 빠르게 도출하고 학생 점수에서 중앙값을 표시해 놓는다.
❸ 보기 ㉢이 학생 D의 빅데이터 점수만 구하면 바로 풀 수 있으므로 먼저 푼다. 보기 ㉢은 옳은 선지이므로 답은 ②, ④, ⑤번 중 하나이다.
❹ 보기 ㉠은 중앙값과 평균 특성을 통해 쉽게 구할 수 있으므로 다음으로 푼다. 옳은 보기이므로 답은 ④, ⑤번 중 하나이다.
❺ 보기 ㉣은 많은 괄호를 채워야 하므로 보기 ㉡을 푼다. 인공 지능, 빅데이터, 사물인터넷 교과목의 1등급은 각각 B와 C, A와 B, B와 I이다. 따라서 옳은 보기이므로 답은 ④번이다.

합격자의 시간단축 Tip

보기 ㉠ 중앙값은 9명 중 5등의 점수이므로 평균이 중앙값보다 크다면 평균 이하의 점수를 받은 사람이 중앙값에 해당하는 학생을 포함하여 반드시 5명 이상일 것이다.
따라서 인공지능과 빅데이터의 경우 평균 이하의 점수를 받은 학생이 5명 이상이고,
사물인터넷도 평균과 중앙값이 똑같다. 따라서 평균 이하의 점수를 받은 학생이 5명이므로 5명 이상에 해당한다.
※ 이상, 초과 개념을 헷갈리지 않도록 주의한다

보기 ㉡ 1등과 2등을 알기 위해서는 대략적인 점수 분포를 파악해야 한다. 이를 위해
첫째, F학생의 평균을 도출해야 한다. 이 때 평균의 중앙값은 64점으로, 이는 반드시 학생의 평균 점수 중 하나일 것인데 현재 표에는 표시되어 있지 않으므로 F의 평균이 64점임을 알 수 있다. **둘째**, 가평균 개념을 활용할 경우 A의 평균보다 빅데이터와 사물인터넷 교과목 점수가 합쳐서 10 이상 크므로 A의 인공지능 점수는 64점 이하일 것이다.
F 역시 평균이 64점인데 비해 빅데이터와 사물인터넷 교과목 점수가 각각 10 이상씩 높으므로 인공지능 점수는 낮을 것이다. 이와 같은 방법으로 대략적인 점수 분포를 계산하면 보다 빠르게 1등과 2등을 간추려낼 수 있다.
셋째, 점수 분포만 파악하면 되기 때문에 정확하게 1등과 2등을 구분할 필요는 없다.
특히 B가 모든 과목 1등이기 때문에 2등이 모두 다르다는 점만 확인하면 된다.
예를 들어 사물인터넷 교과목의 경우 E학생이 82점이고, I학생은 84.9로 I학생이 2등이나, 실전에서는 이를 계산할 필요 없이 I학생이 대략적으로 80점 이상이며 따라서 2등은 E학생이나 I학생이므로 어떠한 경우에든 1등급을 받은 교과목 수가 1개 이상인 학생은 4명이다.

보기 ㉢ D의 빅데이터와 사물인터넷 점수가 바뀌면 빅데이터 평균이 높아진다는 것은 다시 말해 "빅데이터 점수 < 사물인터넷 점수"라는 것을 의미한다.
이에 차잇값으로 빅데이터 점수를 유추하면, 인공지능은 평균대비 −22, 사물인터넷은 +15로 빅데이터는 +7임을 알 수 있다.
즉 빅데이터 < 사물인터넷이므로 옳은 선지이다.

129 정답 ⑤

난이도 ●●○

ㄱ. (○) 모든 유증상자를 '음성'으로 판정한 시스템의 정확도는 A보다 높다.
➜ 모든 유증상자를 '음성'으로 판정한 시스템은 음성 감염자와 비감염자의 합이 1,000명인 'E'시스템이고 이 시스템의 정확도는 〈표〉를 보면 99.2%이다.

시스템 A의 정확도는 99.1%로 이보다 시스템 E의 정확도가 높다. 따라서 모든 유증상자를 '음성'으로 판정한 시스템 E의 정확도는 A보다 높다.

ㄴ. (○) B, D는 '음성' 정답률과 '양성' 검출률 모두 100%이다.

➜ B의 '음성' 정답률은 〈각주〉2의 식을 이용해서 계산하면 $\frac{992명}{0+992명} \times 100 = 100(\%)$이고, '양성' 검출률은 $\frac{8}{8+0} \times 100 = \frac{8}{8} \times 100 = 100(\%)$이다.

D의 '음성' 정답률은

$\frac{990}{0+990} \times 100 = \frac{990}{990} \times 100 = 100(\%)$이고,

'양성' 검출률은 $\frac{8}{8+0} \times 100 = \frac{8}{8} \times 100 = 100(\%)$이다.

따라서 B와 D의 '음성' 정답률과 '양성' 검출률 모두 100%이다.

ㄷ. (○) B의 '양성' 정답률과 '음성' 정답률은 같다.

➜ B의 '양성' 정답률은 $\frac{8}{8+0} \times 100 = 100\ (\%)$이고, '음성' 정답률은 $\frac{992}{0+992} \times 100 = 100\ (\%)$이다. 따라서 B의 '양성' 정답률과 '음성' 정답률은 각각 100%로 같다.

ㄹ. (×) '양성' 검출률이 0%인 시스템의 '음성' 정답률은 ~~100%이다~~.

➜ '양성' 판정된 감염자 수가 0명이라면 '양성' 검출률은 감염자 수에 상관없이 $\frac{0}{감염자} \times 100 = 0(\%)$이므로, 항상 0%이다. 따라서 '양성' 판정된 감염자 수가 0명인 시스템은 'A'와 'E'이다. 그런데 'E'의 '음성' 정답률은 99.2 (%) 이므로 100%가 아니다.

합격자의 실전 풀이 순서

❶ 〈표〉의 내용과 각주를 읽고 각주를 〈표〉에서 어떻게 구할 수 있을지 생각한다. 또한, 발문에 수치(=1,000명)가 주어지면 문제에 활용되므로 이를 반드시 확인한다.

❷ 용어가 비슷하고 헷갈리기 쉬우므로 주의를 기울여야 하는 문제임을 인지하고 푼다.

❸ 선지 구성상 보기 ㉠이 4개나 존재하고, 보기 ㉡은 4가지를 도출해야 하므로 보기 ㉢ 또는 보기 ㉣을 먼저 푼다. 보기 ㉢을 풀면 B의 양성 정답률은 $\frac{8}{8}=1$이고 음성 정답률은 $\frac{992}{992}=1$이므로 둘은 같다. 따라서 옳은 보기이므로 답은 ②, ⑤번 중 하나이다.

❹ 보기 ㉡을 풀어서 답을 도출한다. 음성 정답률이 100%이기 위해서는 음성 판정자 중 감염자가 없어야 하며, 양성 검출률이 100%이기 위해서는 감염자가 모두 양성 판정을 받아야 한다.
이는 즉 음성 감염자가 0명이라는 의미이다. 확인해보면 B와 D 모두 음성 감염자가 0명이므로 보기 ㉡은 옳다. 따라서 답은 ⑤번이다.

합격자의 시간단축 Tip

Tip ❶ 정확도, 양성(음성) 정답률, 양성(음성) 검출률은 유사한 개념으로 혼동하기 쉽지만, 반대로 내용을 잘 이해만 하면 겹치는 부분이 많아 응용하기 쉬운 구조이다.
따라서 각각을 파악할 때 '공통되는 부분'과 '차이나는 부분' 위주로 살펴본다면 실수는 줄이고, 푸는 속도는 더 빠르게 할 수 있을 것이다.

Tip ❷ 이 문제처럼 용어가 혼동하기 쉬운 경우 〈표〉에 양성 감염자, 양성 비감염자, 음성 감염자, 음성 비감염자를 각각 a, b, c, d 등으로 표시한 후 각주의 개념인 양성 정답률, 음성 정답률, 양성 검출률, 음성 검출률의 개념이 무엇인지 a, b, c, d로 표현해 놓으면 실수를 방지하고 시간도 단축할 수 있다.

보기 ㉣ 양성 검출률이 0%이려면 '양성' 판정된 감염자(양성 검출률의 분자)가 0이어야 한다.
이는 A와 E임을 확인한 후, 〈표〉에 주어진 시스템 E의 음성 정답률이 100%가 아니므로 보기 ㉣은 오답임을 알 수 있다.

130 정답 ⑤ 난이도 ●●●

① (×) 라면을 주 1회 이상 섭취하는 중학교 남학생 수와 중학교 여학생의 수는 같다.

➜ 남학생의 비율과 여학생의 비율이 각각 89%로 같지만 수는 다르다. 왜냐하면 다른 식품들의 남학생과 여학생 섭취율의 단순평균을 구해보면 전체 평균값과 불일치한다.
따라서 가중평균을 이용해야 한다. 햄버거의 섭취율을 이용하여 전체비율과 남학생과 여학생의 비율의 차를 각각 구하면 73.5−71.7=1.8, 71.7−70.5=1.2 이다.

따라서 남학생은 $\frac{1.2}{1.8+1.2}=\frac{1.2}{3}=0.4$,

여학생은 $\frac{1.8}{1.8+1.2}=\frac{1.8}{3}=0.6$이므로

남학생은 전체의 40%, 여학생은 전체의 60%이다.

즉 남학생은 $2,000\times\frac{40}{100}=800$명,

여학생은 $2,000\times\frac{60}{100}=1200$명이다.

보기 ①에서 라면을 주 1회 이상 섭취하는

중학교 남학생 수는 $800\times\frac{89}{100}=712$명,

여학생 수는 $1,200\times\frac{89}{100}=1068$명으로 같지 않다.

② (×) 채소를 매일 섭취하는 중학교 남학생 수는 과일을 매일 섭취하는 중학교 남학생 수보다 ~~적다~~.

→ ① 번에서 중학교 남학생 수는 800명이고,
(섭취한다고 응답한 학생 수) =
$\frac{(\text{응답 학생 수})\times(\text{섭취율})}{100}$이다. 위 식에 대입 하면
채소를 매일 섭취하는 중학교 남학생 수 =
$\frac{(800)\times(28.5)}{100}=228$(명)
과일을 매일 섭취하는 중학교 남학생 수 =
$\frac{(800)\times(28.0)}{100}=224$(명)이다.
따라서 채소를 매일 섭취하는 중학교 남학생 수는 과일을 매일 섭취하는 중학교 남학생 수보다 많다.

③ (×) 우유를 매일 섭취하는 중학교 여학생 수는 ~~275명이다~~.

→ 중학교 여학생 수는 1,200명이고,
(섭취한다고 응답한 학생 수) =
$\frac{(\text{응답 학생 수})\times(\text{섭취율})}{100}$이다.
따라서 우유를 매일 섭취하는 여학생 수는
$\frac{(1,200)\times(27.5)}{100}=330$(명)이다.

④ (×) 과일을 매일 섭취하는 초등학교 남학생 중 햄버거를 주 1회 이상 섭취하는 학생 수는 ~~4명 이하~~이다.

→ 초등학교의 남학생 수와 여학생 수를 구해보면, 남학생과 여학생의 모든 식품의 섭취율의 단순평균은 전체평균과 일치하므로 전체 남학생 수와 전체 여학생의 수는 같다.
따라서 각각 1,000명이다.
과일을 매일 섭취하는 초등학교 남학생은
$1,000\times\frac{36.1}{100}=361$명
햄버거를 주 1회 이상 섭취하는 남학생 수는
$1,000\times\frac{64.4}{100}=644$명이다.
따라서 두 경우의 합이 361+644=1,005명으로 전체인원보다 5명이 많으므로 최소 5명 이상이 해당된다.

⑤ (○) 채소를 매일 섭취하는 여학생 수는 중학생이 초등학생보다 많다.

→ 중학교 여학생 수는 1,200명이고 ④ 번에서 초등학교 여학생 수는 1,000명이다.
채소를 매일 섭취하는 중학교 여학생 수는 여학생 수가 1,200명이고 섭취율이 29.0%이므로,
→ 1,200명×0.290=약 3,500명
채소를 매일 섭취하는 초등학교 여학생 수는 여학생 수가 1,000명이고 섭취율이 33.2%이므로,
→ 1,000명×0.332=3,320명
따라서 채소를 매일 섭취하는 여학생 수는 중학생이 초등학생보다 많다.

합격자의 실전 풀이 순서

❶ 〈표〉의 구성과 각주 1), 2)를 확인한다. 각주 1)의 섭취율의 정의에 따르면, 초등학교와 중학생 각각 응답 학생 수가 주어져 있으므로 섭취한다고 응답한 학생 수를 구할 수 있음을 인지한다. 또한, 남학생과 여학생의 응답 학생 수는 알 수 없으므로 초등학교, 중학교의 남학생과 여학생의 섭취한다고 응답한 학생 수를 구하기 위해서는 남학생과 여학생의 비율이나 수치를 알아야 함을 생각한다. [선지를 보면 중학교 남학생, 중학교 여학생 등에 관한 내용을 물어보므로 가중평균 등을 활용해 숨겨진 정보를 반드시 구해야 하는 문제이다]

❷ 초등학교와 중학교의 남학생과 여학생의 비율, 전체 비율을 단순평균을 이용하여 비교하여 불일치할 경우 가중평균을 이용한다. 이 때 각각의 수치 중 하나를 이용하여 비율을 도출해야 한다. 가령 초등학교의 경우 라면을 주 1회 이상 먹는 학생 비율이 남학생의 77.6%, 여학생의 71.8%이고 전체 평균은 74.7%이다. 74.7%는 77.6%와 71.8%의 산술평균이며, 따라서 이 둘의 가중치가 동일함을 알 수 있다.
반면 중학교의 경우, 라면은 남학생과 여학생의 비율이 동일하므로 기준으로 삼을 수 없다.
따라서 탄산음료를 살펴보면, 86%와 79.5%의 산술평균은 82.1%가 아니라는 것을 알 수 있다.
평균인 82.1%와 각 성별 비율 간의 거리를 구하면 3.9와 2.6이 도출되며(거리비 3 : 2), 거리비의 역수를 취하면 남학생과 여학생 비율을 도출할 수 있다.
직관적으로 생각하면 '자신의 거리비를 서로 상대방한테 먹인다'는 느낌으로 풀면 된다.

따라서 초등학교의 남학생과 여학생의 비율은 5 : 5이고 중학교의 남학생과 여학생의 비율을 4 : 6이라는 것을 파악한다. 구체적 값을 구하거나 복잡한 계산이 필요한 ③, ④번보다는 단순 확인이나 곱셈 비교를 통해 확인할 수 있는 ①, ②, ⑤번을 먼저 푼다. 답이 나오면 넘어간다.

❸ ①과 ③은 동일하게 중학교 남학생 수와 여학생 수가 동일한지 묻는 문제이다. 앞서 살펴보았듯이 중학교의 남학생과 여학생 응답 학생 수는 다르므로, 라면 섭취율이 동일해도 실제 인원수는 다르게 나타난다. ③ 역시 해당 표에서 매일 우유를 먹는다고 답한 중학교 여학생 비율이 27.5%이므로, 이것이 275명이기 위해서는 여학생 수가 1000명이어야 한다. 이는 다시 말해 중학생 2000명이 각각 성별로 1000명씩 동일하다는 의미이나, 아닌 것을 도출했으므로 해당 선지는 틀린 선지이다.

❹ 선지 ②의 경우, 중학교 남학생 수는 고정이므로 채소 섭취율과 과일 섭취율을 비교하면 된다. 과일 섭취율은 28%, 채소 섭취율은 28.5%이므로 채소를 매일 섭취하는 남학생이 더 많아 틀린 선지이다.

❺ 선지 ④의 경우, 과일을 매일 섭취하는 초등학교 남학생의 비율은 36.1%이고 햄버거를 주 1회 이상 섭취하는 초등학교 남학생의 비율은 64.4%이므로 과일을 매일 섭취하는 초등학교 남학생 중 햄버거를 주 1회 이상 섭취하는 학생 비율은 36.1%+64.4%−100%=0.5% 이상이다.
또한, 초등학교 남학생의 응답 학생 수는 1,000명이므로 5명 이상이다. 따라서 틀린 선지이다. 이러한 계산 방식은 비둘기집 원리를 활용한 것이다. 비둘기집 원리란 비둘기집이 두 개 있고 비둘기가 세 마리 있는 경우 한 집에는 최소 두 마리 이상의 비둘기가 들어있다는 것을 뜻하는 원리로, 이를 적용하면 두 가지 이상의 항목의 합이 100%를 초과하는 경우 최소한 초과분만큼은 두 항목 모두에 해당하는 대상이 있음을 알 수 있다. 따라서 ⑤번만 남으며, 답을 체크하고 넘어간다.

합격자의 시간단축 Tip

Tip ❶ 이 문제처럼 '가중평균을 통해 모수 대소 비교' 하는 문제는 크게 두 가지를 기억해야 한다.
첫 번째는 '가장 비교하기 편한 숫자를 찾는 것'이다. 예를 들어 중학교 남, 여학생 수는 어떤 식품에서 계산하는지와 무관하게 동일하므로 편한 값을 찾을 때 가장 뒤에 있는 채소의 경우 28.5와 29.0으로 숫자 구조가 매우 쉽다.
두 번째는 '모수의 대소를 비교하는 방법'이다. 구체적인 값을 구하는 것이 아니라 대소만 비교한다면 매우 간단하다. '가중평균과 각 값의 차잇값'은 곧 모수의 비중을 의미하므로, 이를 응용하여 '가중평균과 거리가 가까운 곳이 크다'는 것만 생각하면 된다. 대소만 비교하면 되는 문제를 굳이 정확한 모수 값까지 구하는 일이 없어야 한다. 정확히 구분하여 풀도록 하자.

Tip ❷ '지수' 문제와 마찬가지로 어느 것을 비교할 수 있는지 확실히 하는 것이 중요하다.
가중평균 문제 역시 동일한 집단 내의 비교는 자유롭게 '일반적인 숫자 비교'와 동일하게 가능하며, 동집단이 아닌 경우 모수 판단이 선행되어야 한다.

선지 ① 이와 같은 가중평균 문제의 경우, 반드시 필요한 경우가 아니라면 정확한 가중치를 구할 필요가 없다.
선지 ①을 도출할 때, 중요한 것은 중학교 남학생과 여학생 수가 1 : 1인지 여부이다.

[방법 1]
이를 알기 위해서는 어림산을 통해 성별 섭취율의 산술평균이 전체 평균과 일치하는지만 살펴보면 되는데, 탄산음료의 성별 섭취율 소수점을 더해보면 0.5로 이를 2로 나눴을 때 전체 평균의 소수점인 0.1이 나올 수 없다. 따라서 중학생 성별 비율이 1 : 1이 아닌 것을 알 수 있으며, 동시에 선지 ①은 틀린 선지가 된다.

[방법 2]
숫자가 깔끔하게 주어진 채소를 본다. 굳이 계산을 하지 않아도, 여학생의 값(29)이 전체 가중평균 값(28.8)에 더 가깝다. 따라서 남학생과 여학생의 수는 다르다.

선지 ② 중학교 남학생 간 비교는 동집단 내 비교이므로 일반 숫자 비교와 동일하게 하면 된다.

선지 ③ 이 역시 선지 ①과 마찬가지이다. 우선 정확한 수치가 주어진 경우 해당 수치의 의도를 파악해야 한다.
표에서 우유를 매일 섭취하는 중학교 여학생 비율은 27.5%로, 275명인지를 묻는 것은 곧 중학교 여학생 수가 1,000명임을 묻는 것이며, 이는 결국 중학생 성별 비율이 1:1임을 묻는 것이 출제자의 의도이다.
앞서 1 : 1이 아님을 확인했으므로 읽음과 동시에 곧바로 틀린 선지임을 알 수 있다.

* 이처럼 출제자가 마치 다른 말인 것처럼 꾸민 포장지를 잘 해석하여 곧바로 알아챌 수 있도록 해야 한다. 정말 많이 출제되는 선지로 정형화된 패턴으로 반복 출제되므로 기출 문제나 모의고사 문제 분석 간 동일한 말을 달리한 것이 어떤 것들이 있는지 정리해보면 좋을 것이다.

선지 ⑤ 만일 해당 선지부터 읽어 올라갔다면 이를 풀기 위해서 초등학교와 중학교 각각의 성비를 반드시 구해야 한다.
초등학교의 성비는 5 : 5, 중학교 성비는 4 : 6이라는 것을 도출한 후에는 이를 다시 정확한 인원수로 환산하여 구하는 것이 아니라, 각각의 섭취율에 해당 성비만을 곱해서 비교해주면 된다.
이는 초등학교와 중학교 인원 수가 2,000명으로 동일하기 때문에 가능하다.

[방법 1]
이렇게 계산해보면, 채소를 매일 섭취하는 초등학교 여학생은 33.2×5이고, 중학교 여학생은 29×6이다. 33.2×5는 대략 33×5로, 29×6은 30×6−6으로 환산하여 계산하면 후자가 더 크다는 것을 쉽게 알 수 있다.

[방법 2]
이를 달리 생각하여, 여학생 수가 서로 동일한 상황으로 생각하면 굳이 5를 곱하지 않고 33.2와 29.0으로 비교해도 된다.
이때 중학교 여학생은 현재 인원이 5인 것처럼 남은 1만큼의 인원을 추가로 계산해야 한다.
만약 중학교 채소 섭취 여학생이 25.0이었어도 5로 나누면 5이므로 29.0+5=34 > 33.2이다.
따라서 채소 섭취 중학교 여학생이 더 많다.
(5로 나눈 이유는, 5를 곱하지 않고 비교한 것은 곧 전체 값을 5로 나눠 비교한 것과 같기 때문이다.)

131 정답 ❷ 난이도 ●●○

① (○) 20대 여성취업자는 매년 감소한다.
➜ 주어진 〈표〉를 보면 20대의 여성 취업자는 점차 감소함을 확인할 수 있다. 따라서 20대 여성 취업자는 매년 감소한다는 〈보기〉 ①은 맞는 보기이다.

② (×) 2011년 20대 여성취업자는 전년대비 ~~3% 이상 감소하였다.~~
➜ 전년 대비 2011년 20대 여성취업자 변화율은
$\frac{\text{2011년 20대 여성취업자 수} - \text{2010년 20대 여성취업자 수}}{\text{2010년 20대 여성취업자 수}}$ ×100이다.
20대 여성취업자는 2010년의 경우 1,946천 명, 2011년의 경우 1,918천 명이다.
따라서 2011년 20대 여성취업자는
$\frac{(1,918-1,946)}{1,946}\times 100(\%) ≒ -1.4\%$로, 전년 대비 1.4% 감소하였다.

③ (○) 50대 여성취업자가 20대 여성취업자보다 많은 연도는 2011년 한 해이다.
➜ 2004년부터 2010년까지는 50대의 여성 취업자가 20대 취업보다 적음을 확인할 수 있다. 그런데 2011년의 경우 50대 여성취업자는 2,051명 20대 여성 취업자는 1,918명이므로 50대 여성 취업자가 더 많다. 따라서 〈보기〉 ③은 맞는 보기이다.

④ (○) 2007~2010년 동안 전체 여성취업자의 전년 대비 증감폭은 2010년이 가장 크다.
➜ 증가폭, 변동폭, 변동량, 증감분 등은 모두 절대적으로 변화하는 양(= 변화분)을 말하는 것으로 비율이 아닌 차를 계산하면 된다. 증감폭을 비교할 때는 차이의 크기만을 비교하면 되므로, 현재값−전년도의 값을 구하지 않고, 큰 값에서 작은 값을 빼서 구하면 된다.

연도	전체 여성취업자의 전년 대비 증감폭 (단위: 천명)
2007	9,826−9,706=120
2008	9,874−9,826=48
2009	9,874−9,772=102
2010	9,914−9,772=142

따라서 2007~2010년 동안 전체 여성취업자의 전년 대비 증감폭은 2010년에 142명으로 가장 크다.

⑤ (○) 전체 여성취업자 중 50대 여성취업자가 차지하는 비율은 2011년이 2005년보다 높다.
➜ 2005년과 2011년의 전체 여성 취업자 중 50대 여성 취업자가 차지하는 비율을 구해보면

- 2005년: $\frac{1,407\ (명)}{9,526\ (명)}\times 100 \approx 14.77\%$
- 2011년: $\frac{2,051\ (명)}{10,091\ (명)}\times 100 \approx 20.32\%$이다.

따라서 전체 여성 취업자 중 50대 여성 취업자가 차지하는 비율은 2011년이 2005년보다 높다.

합격자의 실전 풀이 순서

❶ 〈표〉의 구조가 전체 여성취업자와 연령대별 여성취업자로 구분되어 있음을 파악한다.
또한, 옳지 않은 것을 찾는 문제이므로 선지들 왼쪽 부분에 크게 X 표시를 해 놓는다.

❷ 선지 플레이를 통해 단순 확인용 선지(①, ③번)보다는 구체적 수치를 묻는 선지(② 번)와 비율을 묻는 선지(⑤ 번)를 먼저 확인한다.

❸ ②번을 확인하면, 2011년 20대 여성취업자는 전년대비 3% 미만 감소하였으므로 틀린 선지이다. 답을 표시하고 넘어간다.

합격자의 시간단축 Tip

선지 ① '매년'과 같이 완전한 경향성을 요구하는 문제는 반례를 찾아야 하는 유형이다.

다만, 통상 반례는 뒷부분에 배치되는 경향이 있으므로, "20대 여성취업자는 매년 감소하였다"를 해결할 때 반대 해석을 이용하여 2011년→2004년 순으로 점점 여성 취업자가 증가하였는지 확인하는 형태로 처리하는 것이 더 좋다.

선지 ②

[방법 1]
2011년 20대 여성취업자의 전년 대비 감소율을 구하고 이를 3% 이상인지 비교하는 것이 아니라 3% 감소한다면 대략 얼마나 감소해야 하는지를 정해 놓고 표에서 확인하는 방식이 시간을 줄이는 방법이다. 2011년 20대 여성취업자가 전년 대비 3% 이상 감소하려면 1,946(2010년 20대 여성취업자)의 3%는 약 60 이상 감소해야 한다.
그러나 2011년 20대 여성취업자는 전년 대비 약 30 감소하였으므로 틀린 선지이다.

[방법 2]
방법 1과는 반대로 감소분이 대략 몇 %인지 확인하는 방법도 있다. 20대 여성취업자 수의 감소 정도는 약 30이다. 이때 한자리 % 문제이므로, 뒤 두 자리를 때서 1,918→19로 근삿값을 잡으면 30은 19×2=38보다 작아 2%가 채 되지 않음을 쉽게 알 수 있다.
(참고로 뒤 두 자리를 때서 근삿값을 잡은 이유는 1%는 곧 100으로 나누는 것이므로 뒤 두 자리를 버리면 1%의 근삿값이 되기 때문이다. 어차피 계산 편의상 근삿값을 잡을 것이라면 더욱 편한 문제 해결을 위해 문제 조건에 맞춰주는 식으로 잡는 것이 좋다)

선지 ④ 하나 하나를 계산해서 비교하지 않고, 선지에서 준 값을 기준값으로 두고 비교한다. 즉 2010년이 가장 크다 하였으므로 10년의 증감 폭을 근삿값으로 계산하면 9,914−9,772=약 910−770=140이다. 따라서 140을 기준으로 2006년부터 140을 더하고 빼서 이보다 증감폭이 큰 곳이 있는지 확인하면 된다.

선지 ⑤

[방법 1]
대소 비교를 할 때는 헷갈리지 않도록 선지에 부등호 표시를 해 놓는 것을 추천한다.
[예를 들어, 2011년이(>) 2005년보다 높다] 전체 여성취업자 중 50대 여성취업자가 차지하는 비율은 2005년 $\frac{1,407}{9,526}$ < 2011년 $\frac{2,051}{10,091}$이므로 옳은 선지이다.
분모의 증가율은 10% 미만이지만 분자의 증가율은 10% 초과이기 때문이다.

[방법 2]
만약 증가율 10% 처리가 본인에게 직관적이지 않다면, 분자 분모의 차잇값 비교도 괜찮은 방법이다. 이는 '분수 구조'를 '뺄셈 구조'로 전환해준다는 점에서 익숙해지면 빠른 비교가 가능하다.
분모인 전체 여성취업자는 앞 두 자리만 잘라 근삿값으로 볼 때 95→100으로 5만큼 커졌으나, 분자인 50대 여성취업자는 14→20으로 6만큼 커졌다. 기준 값은 14 < 95로 값이 크게 차이남에도 차잇값은 6 > 5로 분자가 더 크므로 당연히 2011년이 더 크다는 것을 쉽게 알 수 있다.

132 정답 ③ 난이도 ●●●

① (×) 2003년 대비 2009년 한국 남성의 기대수명은 ~~5% 이상 증가하였다~~.
➜ 2003년 대비 2009년 한국 남성의 기대수명 증가율은
$\frac{\text{2009년 한국 남성의 기대수명} - \text{2003년 한국 남성의 기대수명}}{\text{2003년 한국 남성 기대수명}}$
×100 이다.
따라서 2003년 대비 2009년 한국 남성의 기대수명은
$\frac{(76.8-73.9)}{73.9}\times100(\%) \fallingdotseq 3.9\%$ 증가하였다.

② (×) 2009년의 경우, 일본 남성의 기대수명은 일본 여성의 기대 수명의 ~~90% 이하이다~~.
➜ 위〈그림〉에 따르면, 일본 남성의 기대수명은 79.6세, 일본 여성의 기대수명은 86.4세이다.
따라서 일본 여성의 기대수명(86.4세)의 90%는 77.76세로 일본 남성의 기대수명(79.6세)은 그 이상이다.

③ (○) 2009년 여성과 남성의 기대수명이 모두 상위 5위 이내인 OECD국가의 수는 2개이다.
➜ 〈그림〉에 따르면, 2009년 여성 중 상위 5위 이내인 OECD국가는 (일본, 스페인, 스위스, 프랑스, 호주)이다.
또한, 2009년 남성 중 상위 5위 이내인 OECD 국가는 (스위스, 이스라엘, 아이슬랜드, 일본, 스웨덴)이다.
따라서 모두 상위 5위 이내인 국가는 스위스와 일본으로 2개이다.

④ (×) 2006년과 2009년 한국 남성의 기대수명 차이는 2006년과 2009년 한국 여성의 기대수명 차이보다 ~~크다~~.

➜ 〈표〉에 따르면 2006년과 2009년 한국 남성의 기대수명 차이는 (76.8−75.7)로 1.1세이고, 2006년과 2009년 한국 여성의 기대수명 차이는 (83.8−82.4)로 1.4세이다.

따라서 한국 남성의 기대수명 차이는 한국 여성의 기대수명 차이보다 작다.

⑤ (×) 2009년 스위스 여성과 스웨덴 여성의 기대수명 차이는 두 나라 남성의 기대수명 차이보다 ~~작다~~.

➜ 〈그림〉에 따르면, 2009년 스위스 여성(84.6세)과 스웨덴 여성(83.4)의 기대수명 차이는 1.2세이고, 두 나라 남성의 기대수명 차이는 (79.9−79.4)로 0.5세이다.

즉 2009년 스위스 여성과 스웨덴 여성의 기대수명 차이는 두 나라 남성의 기대수명 차이보다 크다.

합격자의 실전 풀이 순서

❶ 〈그림〉은 OEDC국가 중 성별 기대수명 순위를 보여주고, 〈표〉는 한국인의 성별 기대수명에 대한 정보임을 파악한다.

❷ 선지 중 구체적 수치를 묻고 있는(답일 가능성이 큰) ①번부터 확인하면, 틀린 선지이므로 소거한다.

❸ 다른 선지들은 간단한 계산이거나 비교하는 선지이므로 쉬운 선지부터 해결한다. 눈으로 확인할 수 있는 ③번을 확인하면, 옳은 선지이므로 답을 표시하고 넘어간다.

합격자의 시간단축 Tip

선지 ①

[방법 1]

2003년 한국 남성의 기대수명을 약 74로 놓고 5% 이상 증가하였다면 74+3.7=77.7이지만 2009년 한국 남성 기대수명은 76.8이므로 5% 미만 증가하였다고 볼 수 있다.

[방법 2]

차잇값을 기준으로 비교하는 방법도 있다.

2003년 대비 2009년에 76.8−73.9=약 3 증가했다. 계산의 편의상 남성 기대수명을 73.9→70으로 더 작게 유효 숫자를 설정하면, 3은 약 4% (70×4%=2.8≈3)라는 것을 알 수 있다. 즉 근삿값을 작게 두었음에도 5% 미만이므로 틀린 선지이다.

선지 ② 90%를 처리하는 방법은 직접 90%를 곱해 확인하는 방법도 있지만, 10%를 더해 확인하는 방법이 더 빠르다고 생각한다. 왜냐하면 10%는 10으로 나누거나, 단순히 끝자리를 버림하는 것만으로도 도출이 가능하기 때문이다. 일본 여성 기대수명의 10%는 8.64로 이를 일본 남성 기대수명에 더하면 79.6+8.64=약 79+8.64=87.64로 일본 여성 기대수명인 86.4보다 크다.

따라서 90% 이상임을 알 수 있다.

선지 ③ 여성이나 남성 중 하나를 기준으로 1위부터 보면서 다른 성별에도 5위 이내인지를 확인한다. 이때 다른 성별은 5위 이내가 아니라면 소거하는 방식으로 5위까지 확인하면, 일본과 스위스만이 남는다.

선지 ④ 통상 뺄셈보다는 덧셈이 쉽고 빠른 연산 방식이다. 따라서 각각의 차잇값을 구해 비교하는 것보다는 둘 중 한 값을 기준으로 다른 값에 대입하여 모순이 발생하는지 확인하는 것이 좋다.

2006년과 2009년 한국 여성의 기대수명 차이(1.4)를 기준으로 둘 때, 남성의 2006년 기대수명(75.7)에 더하면 77 이상인데 2009년 남성 기대수명은 76.8이므로, 2006년과 2009년 한국 남성의 기대수명 차이는 여성의 기대수명 차이보다 작다.

선지 ⑤ 통상 뺄셈보다는 덧셈이 쉽고 빠른 연산 방식이다. 따라서 뺄셈을 최대한 줄이는 게 좋다. 이에 여성, 남성 중 하나만 차잇값을 계산한 후 다른 성별에 더해주는 방식으로 해결한다.

예를 들어 남성을 기준으로 보면, 79.9−79.4=0.5로 여성에 더할 경우 한참 부족함을 알 수 있다.

따라서 틀린 선지이다.

133 정답 ④ 난이도 ●○○

① (○) 기여비례급여를 도입한 국가는 모두 9개이다.

➜ 기여비례급여는 부담 방식의 퇴직 준비금식과 강제가입식에 해당한다. 〈표〉에 따르면, 퇴직 준비 금식의 기여비례급여에는 '싱가포르, 말레이시아, 인도, 인도네시아' (4개)가 해당하고, 강제가입식에는 '칠레, 멕시코, 아르헨티나, 페루, 콜롬비아'(5개)가 해당한다.

따라서 총 9개의 국가가 기여비례급여를 도입하였다.

② (○) 삼원체계로 분류된 국가 중 비부담 방식을 도입한 국가는 4개이다.

➜ 〈표〉에 따르면, 삼원체계로 분류된 국가 중 비부담 방식을 도입한 국가는 '이스라엘, 라트비아, 덴마크, 캐나다'로 총 4개의 국가이다.

③ (○) 일원체계로 분류된 국가의 수와 이원체계로 분류된 국가의 수는 같다.

→ 일원체계로 분류된 국가는 ('네덜란드, 아이슬랜드, 독일, 오스트리아, 미국, 스페인, 포르투갈, 중국, 한국, 뉴질랜드, 브루나이, 호주, 남아프리카공화국, 싱가포르, 말레이시아, 인도, 인도네시아')로 총 17개이다.
또한, 이원체계로 분류된 국가는 ('일본, 영국, 노르웨이, 핀란드, 아일랜드, 이탈리아, 스웨덴, 프랑스, 벨기에. 불가리아, 루마니아, 스위스, 칠레, 멕시코, 아르헨티나, 페루, 콜롬비아')로 총 17개이다.
따라서 일원체계로 분류된 국가의 수와 이원체계로 분류된 국가의 수는 17개로 같다.

④ (×) 보충급여를 도입한 국가의 수는 소득비례급여를 도입한 국가의 수보다 ~~많다~~.

→ 〈표〉에 따르면 보충급여를 도입한 국가는 ('호주, 남아프리카공화국, 아일랜드, 이탈리아, 스웨덴, 프랑스, 벨기에, 불가리아, 루마니아, 스위스, 이스라엘, 라트비아, 덴마크, 캐나다')로 총 14개 국가가 해당한다.
또한, 소득비례급여를 도입한 국가는 ('독일, 오스트리아, 미국, 스페인, 포르투갈, 중국, 한국, 일본, 영국, 노르웨이, 핀란드, 이탈리아, 스웨덴, 프랑스, 벨기에, 불가리아, 루마니아, 스위스, 칠레, 멕시코, 아르헨티나, 페루, 콜롬비아, 이스라엘, 라트비아, 캐나다')로 총 26개가 해당한다.
따라서 소득비례급여를 도입한 국가의 수가 보충급여를 도입한 국가의 수보다 많다.

⑤ (○) 정액급여를 도입한 국가의 경우, 일원체계로 분류된 국가의 수는 이원체계로 분류된 국가의 수보다 적다.

→ 정액 급여를 도입한 국가 중 일원 체계로 분류된 국가는 총 4개이다.
한편, 정액 급여를 도입한 국가 중 이원 체계에 해당하는 국가는 ('일본, 영국, 노르웨이, 핀란드, 아일랜드')로 총 5개이다. 따라서 정액 급여를 도입한 국가 중 일원 체계로 분류된 국가보다 이원 체계로 분류된 국가의 수가 더 많다.

합격자의 실전 풀이 순서

❶ 〈표〉가 본인 부담 여부, 사회 기여방식, 급여방식, 체계로 구분되어 있으므로 선지에서 어떤 구분체계를 묻는지를 유의해야 할 것을 인지한다.

❷ 선지들이 모두 국가의 수를 비교하거나 세는 것이므로 선지 플레이가 적용되기 어려우므로 순서대로 확인한다. 다만, 많은 국가를 세는 선지(③번)는 피하고 쉬운 선지부터 확인한다. ①번을 확인하면, 옳은 선지이므로 소거한다.

❸ 다음으로 ②번을 확인하면, 삼원체계로 분류된 국가는 모두 비부담 방식을 도입하고 있고 4개국이므로 옳은 선지이다.

❹ 다음으로 ④번을 확인하면, 틀린 선지이므로 답을 표시하고 넘어간다.

합격자의 시간단축 Tip

각각을 세도록 만드는 문제 유형은 시간 소모를 줄이고 실수를 안 하는 것이 최선이다.
의외로 침착하게 푸는 것이 실수도 적고 시간도 빠르므로, 차근차근 찾아내는 것이 좋다.
추가적으로 '○'가 있는 문제 형태이므로 동일한 카테고리의 ○끼리 매칭하여 소거하는 방식으로 최대한 세는 과정을 단순화하는 것이 좋다.

선지 ④ 보충급여와 소득비례급여를 모두 도입한 국가는 제외하고 보충급여만 도입한 국가와 소득비례급여만 도입한 국가의 수를 비교하면, 구체적인 국가의 숫자를 세지 않아도 소득비례급여만을 도입한 국가의 수가 많은 것을 알 수 있다.

134 정답 ❷ 난이도 ●○○

① (○) 참여어업인은 매년 증가하였다.

→ 〈표 3〉에 따르면, 참여어업인이 매년 증가한 것을 볼 수 있다.

② (×) 2005년 전체 참여공동체 중 전남지역 참여공동체가 차지하는 비율은 30% ~~이상이다~~.

→ 〈표 2〉에 따르면, 2005년 전체 참여공동체는 122개이고, 전남 지역 참여공동체는 32개이다.
전체 참여공동체의 30%를 구해보면 $122\times\frac{30}{100}=36.6$이다.
따라서 전남 지역 참여공동체는 전체 참여공동체의 30% 이하이다.

③ (○) 충북지역을 제외하고, 2004년 대비 2011년 참여공동체 증가율이 가장 낮은 지역은 인천이다.

→ 2004년 대비 2011년 참여공동체 증가율은 $\frac{2011년-2004년}{2004년}$로 구할 수 있다.
이 식을 충북을 제외한 각 지역에 대입하면,

• 부산: $\frac{25-1}{1}=24$

• 인천: $\frac{43-6}{6}\approx6.2$

• 울산: $\frac{20-1}{1}=19$

• 경기: $\frac{32-2}{2}=15$

• 강원: $\frac{82-7}{7}\approx10.7$

• 충남: $\frac{82-4}{4}=19.5$

• 전북: $\frac{44-5}{5}=7.8$

• 전남: $\frac{271-20}{20}\approx12.55$

• 경북: $\frac{91-7}{7}=12$

• 경남: $\frac{177-8}{8}\approx21.125$

• 제주: $\frac{48-2}{2}=23$

따라서 인천의 증가율이 가장 낮은 것을 알 수 있다.

④ (O) 2006년 이후 각 어업유형에서 참여공동체는 매년 증가하였다.

➜ 〈표 1〉에 따르면, 2006년 이후 각 어업 유형에서 참여공동체는 매년 증가하였다.

⑤ (O) 참여공동체가 많은 지역부터 나열하면, 충남지역의 순위는 2009년과 2010년이 동일하다.

➜ 〈표 2〉에서 참여공동체가 많은 지역부터 나열하면 2009년과 2010년 모두 전남 > 경남 > 경북 > 충남 순으로 충남지역의 순위는 2009년과 2010년 모두 4위이다.

합격자의 실전 풀이 순서

❶ 〈표 1〉, 〈표 2〉는 참여공동체에 관한 표이며, 〈표 3〉은 참여 어업인에 관한 표임을 파악한다. 또한, 옳지 않은 것을 찾는 문제이므로 선지들 왼쪽에 X 표시를 크게 쳐 놓는다.

❷ 선지 플레이를 통해 답이 될 가능성이 큰 구체적 수치(30%)가 주어진 ②번, 증가율에 관한 선지인 ③번을 우선 확인한다.

❸ ②번을 확인하면, 틀린 선지이므로 답을 표시하고 넘어간다.

합격자의 시간단축 Tip

선지 ② 2005년 전체 참여공동체의 30%는 12.2(10%)×3이므로 약 36이다.
그러나 2005년 전남지역 참여공동체는 32개소이므로 30% 미만이다.

선지 ③ 인천의 2004년 대비 2011년 참여공동체 증가율을 기준으로 다른 지역을 파악한다.
이때 증가율과 몇 배 증가했는지는 비례하므로 인천은 약 7배 증가하였음을 기준으로 이보다 적게 증가한 지역이 있는지 확인한다.

선지 ⑤ 흔히 순위는 적어도 질문한 값의 순위는 계산해야 한다고 생각하지만, 굳이 그럴 필요가 없다. 즉 충남지역 순위가 2009년, 2010년이 동일하지 않으려면 2009년에 작았던 곳이 2010년에 커졌거나, 2009년에 컸던 곳이 2010년에 작아야 한다. 따라서 그러한 곳이 있는지 위주로 가볍게 확인하면 된다. 이를 통해 순위 계산 없이 해결할 수 있다.

135 정답 ⑤ 난이도 ●●○

① A: 14,110

➜ A는 2008년 식료품·비주류·음료 소비지출이므로 엥겔계수(%) 수식을 사용한다.
〈그림〉을 통해 2008년 엥겔계수(%)는 14.11%임을 알 수 있고 주어진 자료들을 엥겔계수 수식에 대입해보면 다음과 같다.

$$14.11\%=\frac{A}{100,000}\times100\rightarrow A=14,110\text{억 원}$$

② B: 11,772

➜ B는 2009년 주거·수도·광열 소비지출이므로 슈바베계수 수식을 사용한다. 〈그림〉을 통해 2009년 슈바베계수(%)는 9.81%임을 알 수 있고 주어진 자료들을 슈바베계수 수식에 대입해보면 다음과 같다.

$$9.81\%=\frac{B}{120,000}\times100\rightarrow B=11,772\text{억 원}$$

③ C: 3.79

➜ C는 2010년 계수 차이이므로 2010년도의 (엥겔계수−슈바베계수)의 절댓값을 구한다.
13.86%−10.07%=3.79(%p)

④ D: 200,000

➜ D는 2011년 총소비지출이고 2011년도 주거·수도·광열 소비지출이 주어져 있으므로 슈바베계수 수식에 대입해보면 다음과 같다.

$$10.15\% = \frac{20,300}{D} \times 100 \rightarrow D = 200,000억\ 원$$

⑤ E: 27,720

➜ E는 2011년 식료품·비주류·음료 소비지출이고 보기 ④번에서 2011년 총소비지출을 구했으므로 이를 사용하여 엥겔계수(%) 수식에 대입해보면 다음과 같다.

$$14.18\% = \frac{E}{200,000} \times 100 \rightarrow E = 28,360억\ 원$$

합격자의 실전 풀이 순서

❶ 〈그림〉, 〈표〉, 각주를 읽고 〈그림〉의 계수 수치를 통해 〈표〉의 빈칸을 채울 수 있는 관계임을 파악한다.

❷ 숫자 계산이 쉬운 ④번부터 확인하면 옳은 선지이므로 소거한다.

❸ 앞에서 구한 D를 활용하여 E를 확인하면, ⑤번의 수치를 E에 대입하면 엥겔지수가 14% 미만인데 〈표〉에서는 엥겔지수가 14.18%로 주어져 있으므로 틀린 선지이다.
따라서 답을 표시하고 넘어간다.

합격자의 시간단축 Tip

선지 ① 총소비지출이 100,000으로 %를 확인하기에 최적화된 형태이다.
따라서 엥겔계수 14.11%와 '숫자 구조가 동일한지'와 '자릿수가 맞는지'만 눈으로 확인한다.
예를 들어 숫자 구조가 '14,110과 14.11%'로 동일하며, 14,110과 100,000의 관계는 14.11과 100의 관계와 동일하므로 자릿수도 맞다. 따라서 옳은 선지이다.

선지 ② 120,000×0.0981은 계산이 복잡한 편이다. 그나마 간단하게 하는 방법은 9.81%에 0.2%를 더하면 약 10%라는 것을 이용하는 방법이다. 0.2%는 120×2=240으로, ② 번의 11,772에 240을 더하면 대략 12,000으로 10%에 해당하는 것을 알 수 있다. 따라서 옳다.

선지 ③ 통상 뺄셈보다는 덧셈이 더 빠르고 쉬운 연산 방법이다. 따라서 13.86−10.07=3.79 인지 확인하기보다는 선지에서 준 숫자를 이용하여 10.07+3.79=13.86인지 확인하는 것이 좋다.

선지 ④ D에 200,000을 대입하면 슈바베계수가 10.15가 되므로 옳은 선지이다. D를 도출하려고 하지 말고 D를 대입해서 슈바베계수가 〈그림〉의 수치가 되는지 확인하는 방식을 추천한다.

선지 ⑤

[방법 1]
E에 27,720을 대입하면, D가 200,000이므로 엥겔지수가 14% 미만이어야 한다.
(왜냐하면 200,000의 14%는 28,000인 반면 27,720은 이보다 작기 때문이다)
그러나 〈표〉의 엥겔지수는 14.18%이므로 틀린 선지이다. 복잡한 수치를 구하려 하지 말고 대입해서 모순이 발생하는지 확인하는 접근 방식을 숙련시켜야 시간을 줄일 수 있다.

[방법 2]
통상 나눗셈보다는 곱셈이 더 빠르고 쉬운 연산 방법이다. 이에 ⑤번에서 주어진 값을 D로 나누어 엥겔계수와 비교하는 것보다는, 주어진 엥겔계수에 D를 곱해서 ⑤번에서 주어진 값과 같은지 비교하는 것이 더 편하다고 생각한다.
D(200,000)×14.18%=약 28,000이므로 틀린 선지임을 쉽게 알 수 있다.

136 정답 ❸ 난이도 ●●●

① (○) 방송사별 법정제재 건수 변화

➜ 〈표〉를 통해 2007년, 2008년, 2009년의 A, B, C, D 각각의 법정제재 건수 변화를 확인한다. 2007년 A, B, C, D 각각의 법정제재 건수는 21, 25, 12, 32이고 2008년 A, B, C, D 각각의 법정제재 건수는 12, 13, 8, 14이며 2009년 A, B, C, D 각각의 법정제재 건수는 5, 20, 14, 24, 63이다. 따라서 〈그림〉의 그래프와 일치한다.

② (○) 연도별 방송사 전체의 법정제재 및 권고 건수

➜ 2007년, 2008년, 2009년의 법정제재 및 권고 건수 전체 총합을 나타내고 있다.
〈표〉를 통해 2007년, 2008년, 2009년 각각의 법정제재 건수의 총합은 90, 47, 63이고, 2007년, 2008년, 2009년 각각의 권고 건수의 총합은 6, 120, 89임을 알 수 있다.

③ (×) 2007년 법정제재 건수의 방송사별 구성비

➜ 2007년 법정제재 건수의 방송사별 구성비를 %로 나타내고 있다.
%는 백분율을 나타낼 때 사용되지만 2007년 법정제재 건수의 총합은 90이기 때문에 2007년 법정제재 건수를 그대로 %로 나타낼 수 없다.
(참고로 그대로 나타내려면, 총합이 100이어야 한다) 만약 2007년 법정제재 건수의 총합이 100이면 그대로 %로 표기 가능하지만 그렇지 않을 경우

$\frac{\text{2007년 방송사별 법정제재 건수}}{\text{법정제재 건수 총합}} \times 100$으로 A, B, C, D
각각의 구성비율을 계산하여 표기해야 한다.
따라서 틀린 선지이다.

④ (O) 2008년 방송사별 법정제재 및 권고 건수
→ 〈표〉를 통해 2008년 방송사별 법정제재 및 권고 건수를 확인한다. 2008년 A, B, C, D 각각의 법정제재 건수는 12, 13, 8, 14이고 2008년 A, B, C, D 각각의 권고 건수는 36, 29, 25, 30이다.

⑤ (O) 2008년과 2009년 방송사별 권고 건수
→ 〈표〉를 통해 2008년과 2009년 방송사별 권고 건수를 확인한다. 2008년 A, B, C, D 각각의 권고 건수는 36, 29, 25, 30이고 2009년 A, B, C, D 각각의 권고 건수는 15, 20, 20, 34이다.

합격자의 실전 풀이 순서

❶ 〈표〉가 방송사별 법정제재와 권고 건수에 대한 표임을 파악한다.
❷ ①, ②, ④, ⑤번은 단순 확인 선지이고 ③번은 구성비를 새로 계산해야 하는 선지이다. 계산이 복잡할 경우 단순 확인 선지 4개를 확인하고, 계산이 복잡하지 않은 경우라면 ③번을 먼저 확인한다.
❸ ③번을 먼저 확인하면, 틀린 선지이므로 답을 표시하고 넘어간다.

합격자의 시간단축 Tip

정답인 ③ 번은 원그래프이다. 이때 원그래프는 비율을 구체적으로 묻는 그래프 중에서 가장 쉽게 확인할 수 있는 유형으로 매우 중요한 만큼 더 자세하게 살펴보고자 한다.
원그래프의 가장 큰 특징은 비중 그래프로, '합이 100%'라는 점이다. 따라서 다른 그래프와 달리 한 값을 임의로 조정하면, 다른 값들 역시 100% 안에서 값을 가져야 하므로 같이 왜곡될 수밖에 없다.
따라서 문제를 풀 때 원그래프는 반례를 찾기 쉽고, 한 두 값만 맞아도 맞는 선지가 되므로 먼저 확인하는 것을 추천한다.

선지 ③ D 방송사의 2007년 법정제재 건수가 32건인데, 2007년 법정제재 건수의 구성비 역시 32%라면 2007년 법정제재 건수가 100건이어야 한다.
그러나 2007년 법정제재 건수는 90건이므로 구체적인 구성비를 구하지 않더라도 틀린 선지임을 알 수 있다.

137 정답 ③ 　　난이도 ●●●

ㄱ. (O) '갑'국 맥주 소비량은 2014년 이후 매년 꾸준하게 증가되어,
→ 〈각주〉에 따르면 맥주 소비량은 국산맥주 소비량과 수입맥주 소비량의 합이다. 이를 바탕으로 〈그림〉의 그래프를 살펴보면 2014년부터 2018년까지 각각 202.2만kL, 210.3만kL, 215.7만kL, 217.3만kL, 221.6만kL 이므로 맥주 소비량은 매년 꾸준하게 증가했다.

ㄴ. (O) 2010년 '갑'국 맥주 소비량 중 2% 미만이었던 수입맥주 소비량 비중이 2018년에는 7% 이상이 되었다.
→ 맥주 소비량 중 수입맥주 소비량 비중을 구하려면 $\frac{\text{수입 맥주 소비량}}{\text{맥주 소비량}} \times 100(\%)$으로 구할 수 있다.
• 2010년의 경우:
$\frac{3.5(\text{만kL})}{194.8(\text{만kL})+3.5(\text{만kL})} = \frac{3.5(\text{만kL})}{198.3(\text{만kL})}$
$\approx 0.01 \sim 0.02$이므로 2% 미만이다.
• 2018년의 경우:
$\frac{16.8(\text{만kL})}{204.8(\text{만kL})+16.8(\text{만kL})} = \frac{16.8}{221.6} \times 100$
$\approx 7.581\%$ 이다.
따라서 2010년 '갑'국 맥주 소비량 중 2% 미만이었던 수입맥주 소비량 비중이 2018년에는 7% 이상이 되었다.

ㄷ. (×) 2014 ~ 2018년 '갑'국 수입맥주 소비량의 전년대비 증가율 역시 매년 커지고 있다.
→ 전년대비 증가율은
$\frac{\text{당해년도 소비량}-\text{전년 소비량}}{\text{전년 수입맥주 소비량}} \times 100(\%)$으로 구할 수 있다. 이 값을 구해보면,
• 2014년: $\frac{5.9-4.7}{4.7} \times 100 \approx 26\%$
• 2015년: $\frac{7.2-5.9}{5.9} \times 100 \approx 22\%$
• 2016년: $\frac{9.5-7.2}{7.2} \times 100 \approx 32\%$
• 2017년: $\frac{11.7-9.5}{9.5} \times 100 \approx 23\%$
• 2018년: $\frac{16.8-11.7}{11.7} \times 100 \approx 44\%$이다
이때, 2015년이 2014년의 전년대비 증가율 보다 낮고 2017년이 2016년의 전년대비 증가율 보다 낮다. 따라서 증가율이 매년 커지는 것은 아니다.

ㄹ. (O) 맥주 매출액 상위 10개 브랜드 중 수입맥주 브랜드가 '갑'국 전체 맥주 매출액에서 차지하는 비중은 2017년보다 2018년에 커졌다.

➜ 수입맥주 브랜드가 '갑'국 전체 맥주 매출액에서 차지하는 비중은

- 2017년: 3.3+3.2+3.0+2.0+1.3=12.8%
- 2018년: 4.0+3.8+3.4+1.9=13.1%이므로 2018년에 더 커졌다.

ㅁ. (O) '갑'국 전체 맥주 매출액에서 상위5개 브랜드가 차지하는 비중은 2017년에 비해 2018년에 작아졌다.

➜ 상위5개 브랜드가 차지하는 비중은

- 2017년: 37.4+15.6+7.1+6.6+6.5=73.2%
- 2018년: 32.3+15.4+8.0+4.7+4.3=64.7% 이다.

따라서 2017년에 비해 2018년에 작아졌다.

합격자의 실전 풀이 순서

❶ 〈그림〉의 각 축, 및 그 아래 각주를 확인하고, 〈표〉가 순위 자료임을 확인한다.

❷ 〈보고서〉의 가장 아래에 위치한 ⓜ부터 가장 위에 위치한 ⓖ까지 아래에서 위 순서로 풀이한다.

❸ 보기 ⓜ을 확인 시 차지하는 비중이 전년대비 감소하여 옳은 보기이다.

❹ 보기 ⓡ을 확인 시 비중이 전년대비 증가하여 옳은 보기이다.

❺ 보기 ⓒ을 확인 시 뒷부분부터 볼 때 2017년이 반례가 되므로 옳지 않다.

따라서 정답은 ③번이다.

합격자의 시간단축 Tip

보기 ㉠ 〈그림〉을 보면 2013년~2018년 그래프가 우 상향 하므로 '갑'국 맥주 소비량은 2014년 이후 매년 꾸준하게 증가함을 알 수 있다.

보기 ㉡ 2018년 수입맥주 소비량 비중이 7% 이상인지 확인한 후, 2010년 2% 미만인지 확인한다.

1) 2018년: 204.8+16.8=221.6의 7%는 221.6×0.07 = 약 220×0.07=15.6 < 16.8이므로 7% 이상이 맞다.

2) 2010년: 194.8+3.5=198.3의 2%는 198.3×0.02 = 약 190×0.02=3.8 > 3.5이므로 2%미만이다.

보기 ㉢ 2014년~2018년 수입맥주 소비량은 계속 증가하므로 증가율이 계속 증가하는지 확인하려면 증가율을 모두 계산해서 확인하지만 먼저 전년 대비 소비량의 차이가 계속 증가하는지 확인해보는 것 만으로도 증가율이 계속 증가하는지 알 수 있다.

이 문제 같은 경우는 2017년의 증가한 소비량이 2016년의 증가한 소비량보다 적으므로 ㉢이 오답이라는 것을 좀 더 빠르게 알 수 있다. 만약 증가한 소비량이 계속 증가한다면 증가율을 빠르게 계산해서 문제를 풀어야한다. 수입맥주 소비량이 매년 증가하는 상황에서 전년대비 증가율이 지속적으로 커지기 위해서는 증가폭이 더 커져야 한다. 그러나 〈그림〉에서 2016, 2017년은 전년대비 증가폭이 감소하는 것으로 보인다. 따라서 전년대비 증가율이 매년 커지고 있는 것은 아니다.

정확한 계산보다는 그래프의 경향성을 파악하는 것이 중요하다. 실제로 여러 연도가 주어진 문제에서 증가율이나 감소율을 비교할 때 매우 자주 활용되는 방식이므로 반드시 익혀 두자.

보기 ㉣ 2018년 상위 10개 브랜드 중 수입맥주는 하위 4개이고, 2017년 상위 10개 브랜드 중 수입맥주는 하위 5개이다. '파울러너'는 '갓포로'보다 0.6%p 높고, '하이네펜'은 '호가튼'보다 1.4%p 높고, '아사리'는 'R맥주'보다 0.8%p 높고, R맥주는 '하이테펜'보다 0.8%p 높은 대신 2017년에는 '아사리'의 비중 3.3%p가 2018년보다 더 높다.

0.6+1.4+0.8+0.8=3.6 > 3.3이므로, 2018년 수입맥주의 비중이 더 높다. 또는 비슷한 숫자끼리 매치하여 소거하는 방식으로 처리해도 좋다.

예를 들어 17년 '호가튼'과 18년 '파울러너'는 2.0과 1.9로 0.1 차이이며, 마찬가지로 17년 '아사리'와 18년 '하이네펜'은 3.3과 3.4로 0.1 차이이므로 서로 상쇄된다.

보기 ㉤ 2018년 상위 5개 브랜드 중 2017년에 비해 비중이 증가한 것은 3위 뿐이다. 1위의 비중 감소폭은 5%p를 초과하는 반면, 3위의 비중 증가 폭은 0.9%p에 불과하여, 1, 2, 4, 5위의 비중 감소폭을 3위의 비중 증가폭이 상쇄시키지 못한다.

138 정답 ❷ 난이도 ●●●

① (O) 2008년 대비 2012년의 생산량 증가율이 가장 큰 1차에너지 유형은 천연가스이다.

➜ 〈표 1〉에서 2008년 대비 2012년의 생산량 증가율은

$$\frac{\text{2012년 생산량}-\text{2008년 생산량}}{\text{2008년의 생산량}}\times 100(\%)\text{이다.}$$

- 수력: $\frac{1,615-1,196}{1,196}\times 100(\%) \approx 35\%$,

• 신재생: $\frac{8,036-5,198}{5,198}\times100(\%)\approx55\%$

• 천연가스: $\frac{436-236}{236}\times100(\%)\approx85\%$이다.

따라서 천연가스가 증가율이 가장 크다.

② (×) 2012년 1차에너지를 ~~가장 많이 생산한 지역~~에서는 같은 해 최종에너지 중 ~~석유제품을 가장 많이 소비하였다.~~

→ 1차에너지 중 원자력이 다른 에너지보다 생산량이 월등히 많기 때문에 1차에너지를 가장 많이 생산한 지역은 원자력의 생산 비율이 가장 큰 경북이다. 반면 〈표 2〉에서 2012년 최종에너지 중 석유제품을 가장 많이 소비한 지역은 전남이므로 두 지역은 일치하지 않는다.

③ (○) 2012년 석탄 1차에너지 생산량은 2012년 경기 지역의 신재생 1차에너지 생산량보다 적다.

→ 〈표 1〉에 따르면 2012년 석탄 1차에너지 생산량은 942(천 TOE)이다.

2012년 경기 지역의 신재생 1차에너지 생산량은 $8,036\times\frac{13.4}{100}\approx1,093$ (천 TOE)이므로 2012년 석탄 1차에너지 생산량인 942 (천 TOE)보다 크다.

④ (○) 2012년에 1차에너지 생산량이 최종에너지 소비량의 합보다 많은 지역이 존재한다.

→ 먼저 원자력이 다른 에너지보다 생산량이 월등히 많기 때문에 원자력을 생산하는 지역부터 확인해보면, 경북의 경우에는 $31,719\times\frac{44.4}{100}\approx14,083$ (천 TOE)이고 이때 경북의 최종 에너지 소비량이 19,359(천 TOE) 이므로 경북의 다른 에너지 생산량을 더한다고 해도 턱없이 모자르다.

전남의 경우는 최종에너지 소비량이 38,590(천 TOE)이므로 생산량이 턱없이 모자라다.

부산의 경우에는 $31,719\times\frac{24.7}{100}\approx7,835$(천 TOE)이므로 최종에너지 소비량인 6,469(천 TOE) 보다 크다.

따라서 부산이 1차에너지 생산량이 최종에너지 소비량의 합보다 많은 지역에 해당 한다.

⑤ (○) 2008년 대비 2012년의 소비량 증가율이 가장 큰 최종에너지 유형은 신재생이다.

→ 2008년 대비 2012년의 소비량 증가율은 $\frac{\text{2012년 소비량}-\text{2008년 소비량}}{\text{2008년 소비량}}$이다.

• 석탄: $\frac{31,964-26,219}{26,219}\times100(\%)\approx22\%$,

• 석유제품: $\frac{101,710-97,217}{97,217}\times100(\%)\approx5\%$

• 천연 및 도시가스:
$\frac{25,445-19,765}{19,765}\times100(\%)\approx29\%$,

• 전력: $\frac{40,127-33,116}{33,116}\times100(\%)\approx21\%$

• 열: $\frac{1,751-1,512}{1,512}\times100(\%)\approx16\%$,

• 신재생: $\frac{7,124-4,747}{4,747}\times100(\%)\approx50$

따라서 2008년 대비 2012년의 소비량 증가율이 가장 큰 최종에너지 유형은 신재생이다.

합격자의 실전 풀이 순서

❶ 〈표 1〉의 단위를 확인하고, '합'에 표시하며, 〈표 1〉의 2012년과 〈그림〉을 연결시킨다.
〈표 2〉의 '소비'에 표시하고, 〈표 1〉, 〈그림〉의 '생산'에 표시한다. 그리고 〈표 2〉의 단위를 확인하고, '합'에 표시하며, 지역별 자료가 주어진 '2012년'에 표시한다.

❷ 선지 ⑤부터 ①까지 아래에서 위 순서로 풀이하되, 선지 ⑤가 모든 유형별 최종에너지의 소비량 증가율의 계산을 요하므로, 후순위로 미루고 선지 ④부터 해결한다.

❸ 지역별 1차 에너지 생산량을 비교해야 하는 선지 ② 역시 계산이 복잡하므로, 후순위로 미루고 선지 ①부터 해결한다. 다음으로, 미뤄뒀던 선지 ⑤를 해결한다.

합격자의 시간단축 Tip

선지 ① $\frac{\text{2012년 생산량}-\text{2008년 생산량}}{\text{2008년의 생산량}}$은

$\left(\frac{\text{2012년 생산량}}{\text{2008년의 생산량}}-1\right)$과 같으므로

$\frac{\text{2012년 생산량}}{\text{2008년의 생산량}}$의 값으로 연도별 생산량 증가율 비교가 가능하다.

이때 실제로 계산할 필요는 없으며, 문제에서 준 값을 기준으로 다른 값에 대입하여 '모순'이 발생하는지 확인하면 된다. 즉 선지 ①번에서 준 '천연가스'는 2008년 대비 2012년이 약 2배 정도 되므로, 2배를 기준으로 나머지를 비교해보면 2배가 한참 못되는 수준에 있다. 따라서 옳다.

선지 ② 〈표 1〉과 〈그림〉을 연결해서 확인해야 한다. 즉 비중을 보기 이전에 〈표 1〉에서 도수값 자체가 큰 것이 무엇인지 확인하고 이것들을 위주로 확인하는 것이 좋은 전략이다.
2012년 1차 에너지를 가장 많이 생산한 지역은 많이 생산된 원자력, 신재생 생산비중이 높은 지역일 것이다. 원자력의 경우, 경북 지역이 전남 지역보다 생산량 비중이 13.5%p 높고, 신재생의 경우 전남 지역이 경북 지역보다 생산량 비중이 7.2%p 높다.
원자력의 생산량이 신재생의 약 4배에 달하고, 원자력 생산 비중 차이도 더 크므로, 1차 에너지 생산량이 가장 많은 지역은 경북이다. 경북은 석유제품보다 석탄 소비량이 더 많다.

선지 ③ 2012년 경기 지역 신재생 1차 에너지 생산량은 8,036×13.4%이다.
2012년 석탄 1차 에너지 생산량은 942이다. 8,036×13.4%=약 8,000×13%=1,040 > 942이므로 옳은 선지이다.

선지 ④ 2012년에 최종에너지 소비량의 합이 적은 지역을 〈표 2〉의 아래에서부터 위 순서로 확인한다. '제주'는 〈그림〉에서 모든 1차 에너지에 대해 생산량 비중이 0%이므로, 생산이 소비보다 적다. 대전, 광주, 대구 역시 마찬가지이다. 부산의 소비량은 6,469이고, 부산은 원자력 생산량 중 24.7%를 담당한다. 부산의 원자력 생산량은 31,719×24.7%=약 30,000×25%=7,500이므로 소비량(6,469)보다 크다.

선지 ⑤ 2008년 대비 2012년 신재생 최종에너지의 소비량은 4,747에서 7,124로 약 2,400(약 50%) 증가했다. 그 외 최종에너지 유형 중 '2012년 소비량 ≈ 2008년 소비량×1.5'인 경우는 없으므로, 신재생의 소비량 증가율이 가장 크다.
더 간단하게 생각하면, 보기 ⑤ 번에서 준 '신재생'은 2배가 조금 안 되는 값이다. 이를 기준으로 다른 유형을 살펴보면 1배에서 매우 조금 증가된 수준에 불과하다. 따라서 옳은 선지이다.

139 정답 ④ 난이도 ●○○

① (O) 2015~2018년 국가별 초흡수성 수지의 특허출원 건수 비율
→ 국가별 초흡수성 수지의 특허출원 건수 비율은 $\frac{\text{당해연도 해당 국가의 특허출원 건수}}{\text{당해연도 전체 국가의 특허출원 건수}}$이다.
2015년 총 특허건수는 35건, 각 국가별 당해 특허출원 건수는 각각 A는 9건, B는 7건, C는 12건, D는 7건이다.
위 식에 대입하여 계산하면

$A=\frac{9}{35}\times100=25.7\%$,

$B=\frac{7}{35}\times100=20\%$

$C=\frac{12}{35}\times100=34.3\%$,

$D=\frac{7}{35}\times100=20\%$

2016년 총 특허출원 건수 47건 대비
A=13, B=7, C=18, D=9건으로

$A=\frac{13}{47}\times100=27.7\%$,

$B=\frac{7}{47}\times100=14.9\%$,

$C=\frac{18}{47}\times100=38.3\%$,

$D=\frac{9}{47}\times100=19.1\%$

2017년 총 특허출원 건수 59건 대비
A=26, B=10, C=15, D=8건으로

$A=\frac{26}{59}\times100=44.1\%$,

$B=\frac{10}{59}\times100=16.9\%$,

$C=\frac{15}{59}\times100=25.4\%$,

$D=\frac{8}{59}\times100=13.6\%$

2018년 총 특허출원 건수 61건 대비
A=30, B=10, C=15, D=6건으로

$A=\frac{30}{61}\times100=49.2\%$,

$B=\frac{10}{61}\times100=16.4\%$,

$C=\frac{15}{61}\times100=24.6\%$,

$D=\frac{6}{61}\times100=9.8\%$

위의 도표와 비교해 보면 2015~2018년도의 특허출원 건수 별 해당국가의 백분율은 일치한다.

② (O) 공정 기술분야의 국가별, 연도별 초흡수성 수지의 특허출원 건수
→ 2015년 공정기술 분야의 국가별 특허출원 건수는 A=3건, B=0건, C=7건, D=1건이다.
같은 방식으로 연도별 국가 특허출원 건수는
• 2016년의 경우 A=2건, B=2건, C=8건, D=3건이다

• 2017년의 경우 A=5건, B=5건, C=7건, D=3건이다

• 2018년의 경우 A=6건, B=8건, C=6건, D=2건이다

막대그래프와 비교해 보면 연도별 해당 국가의 공정기술 특허출원 건수는 일치한다.

③ (O) A~D국 전체의 초흡수성 수지 특허출원 건수의 연도별 구성비

➔ A~D국 총 출원 건수를 기준으로 각 연도별 특허출원 구성비를 구하는 문제로,

$\frac{\text{해당 연도별 특허출원건수}}{\text{전체 특허출원건수}}\times100[\%]$의

식을 이용한다.

국가 \ 기술분야 \ 연도	2015	2016	2017	2018	합
≈≈≈≈≈≈≈≈≈≈≈≈≈≈≈≈≈≈≈≈≈≈≈≈≈					
계	35	47	59	61	202

상기 표기된 부분을 참고하면, 전체 출원 건수는 202건이고, 각 연도별 출원 건수는 2015년 35건, 2016년 47건, 2017년 59건, 2018년 61건이다. 연도별 구성 비율을 구하면

2015년 $=\frac{35}{202}\times100=17.3\%$

2016년 $=\frac{47}{202}\times100=23.3\%$

2017년 $=\frac{59}{202}\times100=29.2\%$

2018년 $=\frac{61}{202}\times100=30.2\%$

따라서 옳은 보기이다.

④ (×) 2015~2018년 기술분야별 초흡수성 수지 특허출원 건수 합의 국가별 비중

➔ 연도별 각 분야의 특허출원 건수 총합 대비 국가별 출원 건수를 비교하는 문제로, 우측 표기된 부분을 참고하면, 친환경 분야의 각 국가별 출원 개수는 A=27건, B=8건, C=14건, D=15건이다

같은 방식으로, 다른 분야의 출원 개수를 보면 '공정분야'는 A=16건, B=15건, C=28건, D=9건 '조성물분야' A=35건, B=11건, C=18건, D=6건이다.

누적 막대그래프를 참고하면 조성물 분야에서 A국가가 55건으로 책정되어 있으므로 해당 보기는 옳지 않다.

⑤ (O) A~D국 전체의 초흡수성 수지 특허출원 건수의 전년대비 증가율

➔ A~D국 전체의 초흡수성 수지 특허출원 건수의 전년 대비 증가율을 물어보는 문제이므로,

$\frac{\text{기준년도 출원건수}-\text{전년도 출원건수}}{\text{전년도 출원건수}}\times100[\%]$

식을 이용하여 구한다.

2016년 기준으로 전년도(2015) 대비 출원 건수 증가율은 $\frac{47-35}{35}\times100=\frac{12}{35}\times100=34.3\%$이다.

동일한 방식으로 2017년도와 2018년도의 증가율을 구하면

• 2017년: $\frac{59-47}{47}\times100=\frac{12}{47}\times100=25.5\%$

• 2018년: $\frac{61-59}{59}\times100=\frac{2}{59}\times100=3.4\%$

제시된 증가율 그래프와 비교해 보면 연도별 증가율이 일치한다.

합격자의 실전 풀이 순서

❶ 〈표〉의 '합', '계'에 표시하고 선지 ①로 내려가 특징적인 값 몇 개를 계산한다.

❷ 선지 ②는 자료의 단순 확인으로 답이 될 가능성이 낮으므로 선지 ③으로 넘어간다.

❸ 선지 ③의 특징적 값 몇 개를 계산해본 후 선지 ④로 넘어간다.

합격자의 시간단축 Tip

선지 ① '비율' 그래프이므로 그 합은 무조건 100%일 수 밖에 없다. 즉 어느 한 값을 출제자가 인위적으로 조정하는 경우 다른 값들도 왜곡될 수밖에 없다. 따라서 반례를 발견하기 매우 쉬우며, 반대로 1 ~ 2개를 확인하였는데 반례가 없다면 옳은 것으로 처리해도 된다. 예를 들어 2018년의 경우, A국은 30건으로 전체 61건의 50%에 조금 못 미친다. C국은 15건으로 전체 61건의 25%에 조금 못 미친다. 따라서 B, D국은 굳이 확인하지 않아도 옳은 것임을 알 수 있다.

선지 ② 연도 별로 A, B, C, D국을 각각 비교하는 것은 〈표〉를 띄엄띄엄 확인하는 것을 반복해야 하는 만큼 매우 비효율적이다. 따라서 한 국가를 통째로 비교하는 것이 빠르다. 가령 A국을 보면, 3, 2, 5, 6이라는 것을 한눈에 알 수 있으므로 ② 번 그림에서 3, 2, 5, 6인지만 스캔한다.

선지 ③ '원그래프' 역시 '비율' 그래프이므로 그 합은 무조건 100%일 수밖에 없다. 따라서 반례를 발견하기 매우 쉬우며, 반대로 1~2개를 확인하였는데 반례가 없다면 옳은 것으로 처리해도 된다.
2018년의 계는 61건으로 전체 202건의 약 30%(=60.6건)이다. 반면 2017년의 59건은 30%미만이다.

선지 ④ 가장 아래에 위치한 '조성물'부터, 가장 뒤쪽에 있는 D국부터 확인한다. 또한 확인할 때, 비율을 보지 말고 '건수' 위주로 확인한다. 왜냐하면 건수랑 지나치게 괴리되는 비율을 부여하는 것은 어렵기 때문에 출제 의도 상 건수를 틀리게 적었을 가능성이 높기 때문이다. '조성물' A국의 합은 35건이나 그림 상에서는 55건으로 표시돼있다.

선지 ⑤ 2018년에는 전년의 59건에서 2건 증가했다. 59의 1%는 0.59(약 0.6)이므로, 3%는 약 1.8, 3.5%는 약 2.1이다.
2017년에는 전년의 47건에서 12건 증가했다.
$47 \times 25.5\% \approx 48 \times \frac{1}{4}$이므로 증가율은 약 25%이다.
2016년에는 전년의 35건에서 12건 증가했다.
$\frac{1}{3} \approx 33.3\%$이고, $36 \times \frac{1}{3} = 12$이므로, 증가율이 33.3%를 초과한다.

140 정답 ② 난이도 ●●●

㉠ (○) 가사노동을 부인이 전담한다고 응답한 남성과 여성의 응답자 수 차이는 8,500명 이상임.
➜ '가사노동을 부인이 전담한다고 응답한 응답자 수'는 (남성 응답자 수)×(남성 응답자 중 부인이 전담한다고 응답한 비율)이다.
- '가사노동을 부인이 전담한다고 응답한 남성'의 수는: 45,000×87.9÷100=39,555명
- '가사노동을 부인이 전담한다고 응답한 여성'의 수는: 55,000×89.9÷100=49,455명이다.

따라서 응답자 수 차이는 (49,455명−39,555명)=9,900명이므로 '8,500명 이상'은 맞는 보기이다.

㉡ (×) 연령대가 높을수록 가사노동을 부부가 공동으로 분담한다고 응답한 비율이 낮음
➜ 연령대에 따른 '가사노동을 부부가 공동으로 분담한다고 응답한 비율'은
- 20대: 19.4%,
- 30대: 10.4%,
- 40대: 6.4%,
- 50대: 5.9%,
- 60대 이상은 6.7%로 50대까지 줄어들다가 60대 이상에서 비율이 높아지는 것을 알 수 있다.

따라서 '비율이 낮음'이란 보기는 틀린 보기이다.

㉢ (○) 가사노동 부담형태별로 살펴보면, 취업자와 미취업자가 응답한 비율의 차이는 '부인전담'에서 가장 크고, 다음으로 '부부 공동분담', '남편전담', '가사도우미 활용'의 순으로 나타남.
➜ '취업자와 미취업자가 응답한 비율의 차이'는 큰 비율에서 작은 비율을 빼면 된다.
- '부인전담' 항목 → 취업자: 90.1%, 미취업자: 87.4%로 90.1−87.4=2.7(%)
- '부부 공동분담' 항목 → 취업자: 6.7%, 미취업자: 8.6%로 8.6−6.7=1.9(%)
- '남편전담' 항목 → 취업자: 2.3%, 미취업자: 3.0%로 3.0−2.3=0.7(%)
- '가사도우미 활용' 항목 → 취업자: 0.9%, 미취업자: 1.0%로 1.0−0.9=0.1(%)차이가 난다.

'응답한 비율의 차이'는 (부인전담) > (부부 공동분담) > (남편전담) > (가사도우미 활용)순으로 크다.
따라서 맞는 보기이다.

㉣ (×) 가사노동을 '부인전담' 또는 '남편전담'으로 응답한 비율의 합은 취업자가 미취업자에 비해 낮음
➜ '부인전담' 또는 '남편전담'으로 응답한 비율'은 '또는'을 합으로 해석하면 된다.
따라서 가사노동을 '부인전담' 또는 '남편전담'으로 응답한 비율의 합은 취업자가 90.1%+2.3%=92.4%로 미취업자의 87.4%+3.0%=90.4%보다 높다.
따라서 틀린 보기이다.

합격자의 실전 풀이 순서

❶ 〈표〉 아래의 각주를 확인하고, 〈보고서〉의 가장 아래에 있는 ㉣ 먼저 해결한다.
❷ ㉣이 옳지 않으므로, 선지 ①, ②, ④가 남는다. 선지 구성 상 ㉠은 3번, ㉡은 2번 포함되므로, ㉡이 옳지 않을 가능성이 높다고 판단하여 ㉡을 해결한다.

합격자의 시간단축 Tip

보기 ㉠

[방법 1] 추천 방법
부인이 전담한다고 응답한 비율은 남녀 각각 87.9%와 89.9%로 유사하다. 이에 % 값을 무시하고 생각하면 55,000−45,000=10,000이 된다. 이때 8,500명은 10,000의 85%이나 응답 비율은 각각 85%보다 큰 값이므로 계산하지 않더라도 당연히 8,500명 이상임을 알 수 있다.

[방법 2] 정석적인 계산
$55,000 \times 0.899 - 45,000 \times 0.879 \geq 8,500 \rightarrow$
약 $(550-450) \times 0.879 \geq 85 \rightarrow 87.9 \geq 85$

보기 ㉢ 출제 의도 상 수험생이 시간을 소모하도록 유도하고자 하므로 반례를 뒷부분에 배치하는 경향이 있다. 따라서 뒷부분인 60대 이상부터 확인하면 50대 < 60대 이상이므로 틀린 선지임을 바로 알 수 있다.

보기 ㉣ 가사도우미 활용−남편전담−부부 공동분담−부인전담 순서로 비율의 차이가 증가하는지 확인한다.

- 가사도우미 활용: 1.0−0.9=0.1
- 남편전담: 3.0−2.3=0.7
- 부부 공동분담: 8.6−6.7=1.9
- 부인전담: 90.1−87.4 > 2

참고로 계산은 가사도우미, 남편전담 정도의 차이가 나는 경우 대략적으로만 보되, 부부 공동분담과 부인전담과 같이 비슷한 값인 경우에만 자세하게 검토하는 '강약'을 조절하는 계산이 요구된다.

보기 ㉤ 취업자: 90.1+2.3 vs 미취업자: 87.4+3를 비교할 때, 미취업자는 더해도 87.4+3=90.4 밖에 되지 않아 작을 수밖에 없다.

141 정답 ③ 난이도 ●●○

ㄱ. (O) 전체 학생을 체육점수가 낮은 학생부터 나열하면 중앙에 위치한 학생의 점수는 5점이다.

➜ 전체 학생 수가 55명이므로 중앙값은 앞뒤로 27명이 있는 28번째 학생이다.

4점까지 받은 학생이 총 16명, 5점까지 받은 학생이 총 39명이므로 28번째 학생은 5점에 속할 것이다.

ㄴ. (×) 4~6점을 받은 학생 수는 전체 학생 수의 86% ~~이상이다~~.

➜ 4~6점을 받은 학생 수는 각각 10명, 23명, 10명이므로 총 43명이다.

$\frac{\text{4~6점 받은 학생 수}}{\text{전체 학생 수}} \times 100 = \frac{43}{55} \times 100$을 계산하면 약 78%이므로, 4 ~ 6점을 받은 학생 수는 전체 학생 수의 86% 이하이다.

ㄷ. (×) 학급의 체육점수 산술평균은 전체 학생이 받은 체육점수 중 최고점과 최저점을 제외하고 구한산술평균과 다르다.

➜ 산술평균은 평균을 m이라고 할 때 모든 원소의 총합을 개수로 나눈 값을 의미한다.

먼저 학급의 체육점수 산술평균을 구해보면

$$\frac{\text{모든 학생의 점수 총합}}{\text{전체 학생 수}} = \frac{(1\times1)+(2\times0)+(3\times5)+(4\times10)+(5\times23)+(6\times10)+(7\times5)+(8\times0)+(9\times1)+(10\times0)}{55}$$

$\frac{275}{55}$=5이고,

최고점 9점과 최저점 1점을 제외하여 산술평균을 구해보면

$$m = \frac{\text{모든 학생의 점수 총합}-(\text{최고점}+\text{최저점})}{\text{전체 학생 수}-2\text{명}}$$

$$= \frac{(2\times0)+(3\times5)+(4\times10)+(5\times23)+(6\times10)+(7\times5)+(8\times0)}{53}$$

$= \frac{275}{53}$=5이므로 학급의 체육 점수 산술평균과 최고점, 최저점을 제외하고 구한 산술평균의 값은 같다.

* 최고점과 최저점을 제외하고 산술평균을 구할 때는 전체 학생 수에서 최고점, 최저점을 받은 학생 2명을 빼고 계산한다.

ㄹ. (O) 학급에서 가장 많은 학생이 받은 체육점수는 5점이다.

➜ 〈표〉를 통해 가장 많은 학생이 받은 체육 점수는 5점이 23명으로 가장 많다는 것을 알 수 있다.

합격자의 실전 풀이 순서

❶ 〈표〉가 도수분포표임을 파악한다.

❷ 눈으로 확인할 수 있는 보기 ㉣ 먼저 확인하면, 옳은 보기이므로 답은 ③, ⑤번 중 하나이다.

❸ 다음으로 보기 ㉢을 확인하면 틀린 보기이므로 답은 ③번이다.

합격자의 시간단축 Tip

보기 ㉠ 중앙값을 묻는 문제이다. 이에 5점을 제외한 전후 수를 세어 전후가 같은지 확인한다.

이때 숫자가 간단한 만큼 더해서 비교해도 되지만, 매칭해서 소거하는 법이 더 빠를 것이라 생각한다. 1점과 9점, 3점과 7점, 4점과 6점이 동일하므로 각각 소거하면 계산 없이 쉽게 알 수 있다.

보기 ㉡

[방법 1]

'반대해석'을 이용한 방법이다. 즉 4~6점을 받은 학생 수가 전체 학생 수의 86% 이상이려면, 4~6점을 제외한 학생 수의 비중은 14% 이하여야 한다. 그러나 4~6점을 제외한 학생 수는 12명이고, $\frac{12}{55}$는 14% 초과이므로 틀린 보기이다.

[방법 2]
역으로 전체 값을 도출해 모순이 있는지 확인하는 방법이다. 4~6점을 더하면 10+23+10=43이다. 43이 86%가 되려면 당연히 전체 값이 50이어야 한다. 그러나 전체 값은 55이므로 틀린 보기이다.
(참고로 '43이 86%가 되려면 당연히 전체 값이 50'이라는 것이 한 번에 이해가 안 된다면, 50과 100의 관계를 정리하는 것이 좋다. 이는 전체 값이 100인 경우 구성하는 값은 원리상 그 자체가 비율(%)과 같으므로, 이를 반으로 나누면 비율은 동일하지만 값은 반이 된 형태가 나타나기 때문이다.)
수식으로 보면, 비율=

$\frac{A}{100}\times100=\frac{\frac{1}{2}A}{50}\times100=A\%$ 이다.

보기 ⓒ

[방법 1]
가평균을 활용한다. 가평균을 5라고 놓으면, 차이 값이 1인 4와 6은 학생 수가 각각 10명이므로 지워진다. 같은 방식으로 5와 차이 값이 2인 3과 7의 학생 수가 각각 5명이므로 지워지고, 차이 값이 4인 1과 9의 학생수도 1로 같으므로 지워진다. 따라서 학급의 체육 점수 산술평균은 5점이다. 최고점(9점)과 최저점(1점)을 제외하더라도 가평균을 활용할 때, 5를 기준으로 남는 숫자가 없으므로 역시 산술평균은 5점이다. 따라서 보기 ⓒ은 틀린 보기이다.

[방법 2]
역으로 언제 최고, 최저점을 제외한 산술평균이 이전과 동일할 수 있을지 생각해본다. 분모에서는 개수 2개가 빠지고, 분자에서는 최저, 최고점을 합한 10이 빠졌을 때, 산술평균의 값이 동일하다는 것은 기존의 산술평균이 $\frac{10}{2}$=5여야 한다. 따라서 기존의 산술 평균이 5인지만 확인하면 된다.
(상기의 방법이 어색하다면 결과라도 외우는 것이 좋다. 구체적인 원리는 긴 설명이 필요하므로 시간단축 비법 요약서를 참조하기 바란다. 결과만 간단하게 설명하면 어떤 분수가 다른 분수 값과 같다면 이를 분자, 분모에 빼거나 더했을 때 값이 변하지 않는다. 예를 들어 $\frac{100}{50}=\frac{40}{20}=\frac{200}{100}=\frac{100-40}{50-20}=\frac{100+200}{50+100}=2$이다. 이는 많은 곳에서 활용할 수 있으므로 결과만 기억해 활용해도 괜찮다)

142 정답 ⑤ 난이도 ●●○

① (×) 수요예측 오차가 가장 작은 제품유형은 ~~G이다~~.
➜ 수요 예측 오차를 구하는 방법은 (수요예측치−실제수요) = 절댓값이다.
수요예측 오차가 가장 작다는 것은 수요예측치와 실제수요가 거의 차이가 나지 않음을 의미한다.
〈그림〉을 보면, G의 수요예측치는 3,000에서 4,000 사이이고, 실제 수요는 5,000 ~ 6,000의 사이이다. 또한 선과 상당히 멀리 점이 찍혀져 있는 것을 확인할 수 있다.
선과 가장 근접하게 찍혀 있는 점인 E를 분석해보았을 때, 수요예측치와 실제 수요 둘 다 3,000과 매우 근접한 것을 확인할 수 있으므로, G는 수요예측 오차가 가장 작은 제품 유형이 아니다.

② (×) 실제수요가 큰 제품유형일수록 수요예측 오차가 작다.
➜ 〈그림〉을 보면, 실제수요가 가장 큰 제품유형인 I의 수요예측 오차는 수요예측치 (약 4,500)−실제수요(약 5,800)으로 약 절댓값 1,300의 수요예측 오차가 난다.
실제수요가 가장 작은 제품유형인 A는 수요예측치 약 400, 실제수요 약 200으로 약 200의 수요예측 오차가 난다. 따라서, 실제수요가 큰 제품유형일수록 수요예측 오차가 작은 것은 아니다.

③ (×) 수요예측치가 가장 큰 제품유형은 실제수요도 ~~가장 크다~~.
➜ 〈그림〉에서 확인할 수 있는 수요예측치가 가장 큰 제품유형은 J이다.
하지만 실제수요는 I가 제일 크므로 옳지 않다.

④ (×) 실제수요가 3,000개를 초과한 제품유형 수는 전체 제품유형수의 ~~50% 이하다~~.
➜ 〈그림〉에 나온 전체 제품유형 수는 A ~ J까지 10개이다.
〈그림〉을 보면 실제수요가 3,000개를 초과한(3,001개부터) 제품유형은 E, F, G, H, I, J 총 6개로 60%이므로 50%를 초과하므로 옳지 않다.

⑤ (O) 실제수요가 3,000개 이하인 제품유형은 각각 수요 예측치가 실제수요보다 크다.
➜ 〈그림〉에 따르면 실제수요 3,000개 이하의 제품유형들은 A, B, C, D 이다.
A는 수요예측치 약 400에 실제수요 약 200으로 수요예측치가 더 크다.
B는 수요예측치 약 1,200에 실제수요 약 1,000으로 수요예측치가 더 크다.

C는 수요예측치 약 1,800에 실제수요 약 1,500으로 수요예측치가 더 크다.
D는 수요예측치 약 2,500에 실제수요 약 2,200으로 수요예측치가 더 크다.
따라서 실제수요가 3,000개 이하인 제품유형이 각각 수요예측치가 실제수요보다 큰 것을 알 수 있다.

합격자의 실전 풀이 순서

❶ 〈그림〉의 x축과 y축을 파악한다. 또한, 각주의 수요예측 오차는 "x=y선으로부터의 수직거리"와 같음을 이해한다.
❷ 각주인 수요예측 오차를 활용한 선지(①, ②번)를 먼저 확인한다. ①번은 틀린 선지이므로 소거한다.
❸ 다음으로 ②번을 확인하는데, "~ 일수록 ~ 하다" 형태의 선지는 반례가 있을 확률이 높으므로 반례를 빠르게 찾는다. H는 J보다 실제수요와 수요예측 오차 모두 크므로 반례에 해당하여 틀린 선지이므로 ②번을 소거한다.
❹ ③, ④번을 눈으로 빠르게 파악하면 틀린 선지이므로 답은 ⑤번이다.

합격자의 시간단축 Tip

선지 ① 수요예측 오차는 "x=y선으로부터의 수직거리"이므로 G는 수직거리가 가장 크므로 틀린 선지이다.

선지 ② '수요예측 오차가 작다'는 것은 점(•)이 x=y선(추세선)과 가까운 위치에 있다는 의미이다.
즉 반대로 해석하면, 추세선에서 떨어져 분포되어 있는 점 중에 반례가 있기 쉽다는 것이다.
따라서 A ~ E, J의 경우 추세선과 나란히 분포되어 고려할 필요가 없지만 F, G, H, I와 같은 점은 추세에서 벗어난 것으로 이 점들만 확인하면 된다.

선지 ③ 이 문제의 경우 쉽게 확인할 수 있어서 앞에서부터 봐도 큰 상관은 없으나, 일반적으로는 뒤에서부터 확인하는 것이 반례 발견이 더 쉬워, 빠르게 해결할 수 있는 방법이다.
즉 수요예측치 → 실제수요 순이 아닌 실제수요 → 수요예측치 순으로 확인하는 것 좋다.

선지 ④ 실제수요 3,000에 수평줄을 긋고, 3,000개 초과가 50% 이하인지 확인하거나, 3,000개 이하가 50% 이상인지 중 편한 것을 확인한다. 만약 반대 해석으로 3000개 이하가 50% 이상인지 확인할 경우, 전체가 10가지이므로 5가지 이상인지 검토하면 된다.

선지 ⑤ 수요예측치가 실제수요보다 크다는 것은 x=y의 가상선 아래 영역에 존재한다는 것과 같은 의미이다.
따라서 실제수요가 3,000개 이하인 A, B, C, D는 모두 x=y선 아래 영역에 존재하므로 옳은 선지이다.

143 정답 ② 난이도 ●●●

① 입장료 5,000원+사우나 유
→ 입장료 5,000원의 선호도 4.0점+사우나 유의 선호도 3.3점=7.3점

② 입장료 5,000원+사우나 무
→ 입장료 5,000원의 선호도 4.0점+사우나 무의 선호도 1.7점=5.7점

③ 입장료 10,000원+사우나 유
→ 입장료 10,000원의 선호도 3.0점+사우나 유의 선호도 3.3점=6.3점

④ 입장료 10,000원+사우나 무
→ 입장료 10,000원의 선호도 3.0점+사우나 무의 선호도 1.7점=4.7점

⑤ 입장료 20,000원+사우나 유
→ 입장료 20,000원의 선호도 0.5점+사우나 유의 선호도 3.3점=3.8점

따라서, 입장료와 사우나 유무의 조합 중 이용객 선호도가 세 번째로 큰 조합은 ②번임을 알 수 있다.

합격자의 실전 풀이 순서

❶ 발문을 통해 이용객 선호도가 세 번째로 큰 조합을 주관식처럼 찾는 문제임을 파악한다.
❷ 이용객 선호도=입장료 선호도+사우나 유무 선호도이므로, 가장 이용객 선호도가 큰 조합은 입장료 선호도와 사우나 유무 선호도가 각각 가장 큰 입장료 5,000원과 사우나 유 조합이다.
❸ 다음으로 선호도의 차이 값을 통해 2번째로 이용객 선호도가 큰 조합을 구하면, 선호도가 1위보다 1점(입장료 선호도 4점→3점) 낮아지는 입장료 10,000원+사우나 유 조합이다.
❹ 세 번째로 큰 조합은 1위보다 1.6점(사우나 유무 선호도 3.3점→1.7점) 낮아지는 입장료 5,000원+사우나 무 조합이다. 따라서 답은 ②번이다.

합격자의 시간단축 Tip

단순히 최곳값, 최젓값이 아닌 n 번째 값을 물을 경우, 실제 값을 계산하지 않고 '차잇값'의 변화 양상을 확인하는 것이 좋다. 예를 들어 〈표 1〉은 5,000 → 10,000일 때 1점, 10,000 → 20,000일 때 2.5점 감소하며,

〈표 2〉는 유→무일 때 1.6점 감소한다.
즉 차잇값을 순서대로 나열 시 1점→1.6점→2.5점 순이므로 굳이 실제 선호도가 얼마인지 구하지 않고도 바로 순서를 알 수 있다.

144 정답 ④ 난이도 ●●○

① (×) 1인당 GDP가 가장 낮은 국가는 ~~자살률도 가장 낮다~~.
➜ 〈그림〉에서 GDP가 가장 낮은 국가는 S로 확인할 수 있다.
하지만 T가 S보다 자살률이 더 낮으므로 GDP가 가장 낮은 국가가 자살률도 가장 낮다는 것은 옳지 않다.

② (×) 1인당 GDP가 4만 달러 이상인 국가의 자살률은 ~~10명 미만이다~~.
➜ 〈그림〉의 1인당 GDP의 단위는 천 달러이므로 4만 달러인 40보다 우측에 찍힌 점은 K 하나뿐이다. K의 자살률은 10 이상 15 이하이므로 자살률이 10명 미만이라는 것은 옳지 않다.

③ (×) 자살률이 가장 높은 국가와 가장 낮은 국가의 자살률 차이는 ~~15명 이하이다~~.
➜ 〈그림〉을 보면, 자살률이 가장 높은 국가는 자살률이 20 이상 25명 이하인 A, 가장 낮은 국가의 자살률은 0 이상 5명 이하인 T이다. 두 국가 모두 중간 정도에 점이 찍혀있는 것을 고려하여 각 중간값으로 차이를 계산한다고 가정하였을 때 A의 중간값 22.5－T의 중간값 2.5 을 하면 20이므로 자살률 차이가 15명이하인 것은 옳지 않은 것을 확인할 수 있다.

④ (○) 자살률이 가장 높은 국가의 1인당 GDP는 자살률이 두 번째로 높은 국가의 1인당 GDP의 50%이상이다.
➜ 자살률이 가장 높은 국가는 A, 두 번째로 높은 국가는 B이다.
A국의 1인당 GDP는 약 17.5천 달러이고, B국의 1인당 GDP는 약 30천 달러이다.
30의 50%는 15이고, 17.5는 15이상이므로 옳은 보기이다.

⑤ (×) C국보다 자살률과 1인당 GDP가 모두 낮은 국가의 수는 C국보다 자살률과 1인당 GDP가 모두높은 국가의 수와 ~~같다~~.
➜ 〈그림〉을 보았을 때 C국보다 자살률과 1인당 GDP가 모두 낮은 국가는 G, H, I, O, S 총 5개이다.
하지만 C국보다 자살률이 높은 국가가 B국 밖에 없으므로 1개국이다.

합격자의 실전 풀이 순서

❶ 〈그림〉의 x 축은 1인당 GDP, y축은 자살률에 관한 그래프라는 것을 확인한다.

❷ 다른 4개의 선지는 단순 확인용 선지이고 ④번만 약간의 계산을 요구하는 선지이므로 ④번을 먼저 확인한다.
[선지들을 빠르게 스캔하여 단순 확인용 선지, 계산이 필요한 선지, 답이 될 가능성이 큰 선지 등을 골라낼 줄 아는 안목을 키우는 것이 시간을 줄이는 주요한 방법이다. 이러한 안목은 기출 문제 분석을 통해 기를 수 있다.]

❸ ④번을 확인하면, 옳은 선지이므로 답을 표시하고 넘어간다.

합격자의 시간단축 Tip

선지 ① 이 문제의 경우 쉽게 찾을 수 있어 앞에서부터 봐도 큰 상관은 없으나, 일반적으로는 뒤에서부터 확인하는 것이 반례 발견이 더 쉬워 빠르게 해결할 수 있는 방법이다.
즉 1인당 GDP→자살률 순이 아닌 자살률→1인당 GDP 순으로 확인하는 것 좋다.

선지 ② 1인당 GDP 4만(＝40천)에 세로줄, 자살률 10에 가로줄을 긋고 우하단(4사분면)에 값이 모여 있는지 확인한다. 그러나 그 공간에 아무것도 없으므로 틀린 선지임을 알 수 있다.
다만 앞부분이 '이상'을 묻고 있어 뒷부분도 '이상'으로 읽어 옳은 선지라 판단한 수험생도 있을 것으로 생각한다. 이처럼 시험 중에 '잔상'이 남아 실수하는 경우가 잦으므로 항상 주의해야 한다.

선지 ③ 〈그림〉의 시각적 특성을 활용한다. 자살률 차이가 15명 이하라는 것은 세로선 3개 이하의 차이를 의미(왜냐하면 한 칸 당 5씩 커진다) 한다. 그러나 자살률이 가장 낮은 T 국과 가장 높은 A 국의 자살률 차이는 세로선 3줄을 넘는 차이를 보이므로 15명 초과이다.

선지 ④
[방법 1]
자살률이 두 번째로 높은 B 국의 1인당 GDP의 50%는 약 15인데, 자살률이 가장 높은 국가의 1인당 GDP는 15 초과이므로 옳은 선지이다.

[방법 2]
자살률 1, 2위는 A와 B이다. 이때 1인당 GDP가 2배

차이려면 B가 차지한 칸(6칸)의 반 이하가 되는 위치에 A가 있어야 한다.
그러나 그림만 보더라도 절반 이하에 A가 배치되어 있지 않다. 따라서 틀린 선지이다.

※ 그래프의 특징을 적극 이용하여 숫자 확인 없이 시각적 차이로 문제를 해결하는 연습을 하자.

145 정답 ② 난이도 ●●○

① (×) C음료는 8개 항목 중 '쓴맛'의 점수가 ~~가장 높다~~.
→ C음료의 항목 중 '쓴맛'은 대략 3.8점 정도로 4점인 '단맛'보다 낮으므로 옳지 않은 설명이다.
C음료의 항목 중 가장 높은 점수는 '단맛'이다.
C음료의 항목별 점수는 '단맛' > '색' > '쓴맛' > '향기' > '청량감' > '신맛' > '용기 디자인' > '감칠맛'순이다.

② (○) '용기디자인'의 점수는 A음료가 가장 높고, C음료가 가장 낮다.
→ 음료별 '용기디자인'의 점수는 A > D > B > C 순으로 A음료가 가장 높고, C음료가 가장 낮으므로 옳은 보기이다

③ (×) A음료는 B음료보다 7개 항목에서 각각 ~~높은 점수를 받았다~~.
→ A음료는 '색', '용기디자인', '청량감', '감칠맛', '향기', '신맛' 의 6개 항목에서는 B음료보다 높은 점수를 받았다. 그러나 '쓴맛'과 '단맛' 항목에서 A음료는 '쓴맛'이 약 2.7점, '단맛'이 3점인 반면, B음료는 '쓴맛'이 3점, '단맛'이 4점으로 각각 비교했을 때 '쓴맛'과 '단맛' 모두 B음료가 A음료보다 높다.
따라서 A음료는 6개 항목에서만 B음료보다 점수가 높으므로 틀린 보기이다.

④ (×) 소비자평가 결과의 항목별 점수의 합은 B음료가 D음료보다 ~~크다~~.
→ 소비자평가 결과의 항목별 점수의 합은 B음료가 16점 이상이며, D음료가 25점 이상이므로 D음료가 더 크다.

⑤ (×) A~D음료 간 '색'의 점수를 비교할 때 점수가 가장 높은 음료는 '단맛'의 점수를 비교할 때에도 점수가 ~~가장 높다~~.
→ 음료별 '색'의 점수는 A 음료 > C 음료 > D 음료 > B음료 순이고, 음료별 '단맛'의 점수는 B 음료 =C 음료 > A 음료 > D음료 순이다.
즉 '색'의 점수가 가장 높은 음료는 A음료이고, '단맛'의 점수가 가장 높은 음료는 B음료와 C음료이다.
따라서 틀린 보기이다.

합격자의 실전 풀이 순서

❶ 〈그림〉은 음료별 소비자평가 결과를 나타내는 방사형 그래프임을 파악한다. 수치가 헷갈릴 수 있으므로 특히 주의를 기울여 확인하도록 한다.

❷ 선지들이 모두 단순 확인용 선지이므로 ①번부터 순서대로 확인한다.

❸ ①번을 확인하면, C 음료는 '단맛'의 점수가 가장 높으므로 틀린 선지이며 소거한다.

❹ ②번을 확인하면, 옳은 선지이므로 답을 표시하고 넘어간다.

합격자의 시간단축 Tip

방사형 그래프의 정확한 수치를 비교할 때에는 바깥(5점)에서부터 안(1점)으로 확인해야 실수를 줄일 수 있다.

선지 ① 방사형 그래프는 시각적 특성상 '어떤 값이 가장 높은지' 매우 쉽게 확인할 수 있다.
따라서 일반적인 그래프와 달리 질문한 '쓴맛'을 보는 것보다 '가장 높은 점수'가 무엇인지 확인하는 것이 더 빠르다고 생각한다. 이 경우 단맛이 가장 높기에 틀린 선지로 처리한다.

선지 ② 각각의 값을 보고 비교하기보다는, A와 C의 점수를 확인 후 C값~A값의 범위 안에 B, D 점수가 있는지 가볍게 확인한다.

선지 ③ 방사형 그래프의 특성을 이용하여, 반대로 B음료가 클 것 같은 부분을 먼저 보는 것이 좋다. 즉 B음료 중 단맛, 쓴맛이 높은 편이라는 것을 확인 후, A음료의 단맛, 쓴맛만 확인한다.
이처럼 주어진 자료 특성을 이용하여 의심스러운 부분을 먼저 찾아보는 것이 좋다.

선지 ④ 방사형 그래프에서 총합의 비교는 면적의 비교와 비례한다. 따라서 D 음료가 B 음료보다 면적이 더 크므로 소비자평가 결과의 항목별 점수의 합도 더 클 것이다.

선지 ⑤ 'A인 것이 B이다' 형태이므로 뒷부분인 B부터 확인하는 것이 좋다. 이에 단맛 점수가 가장 높은 곳을 확인 후 색도 높은지 빠르게 눈으로 검토한다.

146 정답 ④ 난이도 ●●○

① (×) 축구의 연간 관중 수는 ~~매년 증가한다~~.

→ 연간 관중 수는

$\frac{\text{관중수용률} \times \text{연간 경기장 수용규모}}{100}$로 구할 수 있다.

축구의 연간 관중수를 계산해보면,

- 2006년: $\frac{21.9\% \times 40,255}{100} = 8,815.845$,

  약 8,815,845명
- 2007년: $\frac{26.7\% \times 40,574}{100} = 10,833.258$,

  약 10,833,258명
- 2008년: $\frac{28.7\% \times 40,574}{100} = 11,644.738$,

  약 11,644,738명
- 2009년: $\frac{29.0\% \times 37,865}{100}100=10,980.85$,

  약 10,980,850명
- 2010년: $\frac{29.4\% \times 36,952}{100} = 10,863.888$,

  약 10,863,888명
- 2011년: $\frac{34.9\% \times 33,314}{100} = 11,626.586$,

  약 11,626,586명

으로 2008년까지는 연간 관중 수가 매년 증가했으나 2009년과 2010년에는 연간 관중 수가 감소하므로 틀린 보기이다.

② (×) 관중수용률은 농구가 야구보다 ~~매년 높다~~.

→ 농구의 관중수용률은 야구보다 2006년부터 2010년까지 매년 높았으나 2011년에는 농구의 관중수용률이 59.5%, 야구의 관중수용률이 65.7%로 야구의 관중수용률이 농구보다 높았으므로 틀린 보기이다.

③ (×) 관중수용률이 매년 증가한 종목은 ~~3개이다~~.

→ 관중수용률이 매년 증가한 종목은 야구와 축구로 2개이다.

④ (○) 2009년 연간 관중 수는 배구가 핸드볼보다 많다.

→ 주어진 식에서 연간 관중 수를 구하는 식을 도출하면 다음과 같다.

연간 관중 수=

$\frac{\text{관중수용률}(\%) \times \text{연간경기장 수용규모}}{100}$

2009년 배구의 연간 관중 수는:

$\frac{30.4\% \times 4,843}{100} = 1,472.272$이므로

약 1,472,272명,

2009년 핸드볼의 연간 관중 수는

$\frac{43.8\% \times 2,756}{100} = 1,207.128$이므로

약 1,207,128명으로

2009년 배구와 핸드볼의 연간 관중 수를 비교하면 배구가 핸드볼보다 연간 관중 수가 많으므로 옳은 설명이다.

⑤ (×) 2007 ~ 2011년 동안 연간 경기장 수용규모의 전년대비 증감방향은 농구와 핸드볼이 ~~동일하다~~.

→ 2007 ~ 2011년 동안 연간 경기장 수용규모의 전년 대비 증감 방향은

- 농구: 증가 → 증가 → 정체 → 정체 → 증가이고,
- 핸드볼: 감소 → 정체 → 정체 → 감소 → 증가이다.

합격자의 실전 풀이 순서

❶ 〈표〉에 연간 경기장 수용규모와 관중수용률이 제시되어 있으므로, 각주에 따르면 연간 관중 수를 연간 경기장 수용규모와 관중수용률을 곱하여 구할 수 있음을 파악한다.

❷ 계산을 통해 얻을 수 있는 연간 관중 수에 대한 선지인 ①, ④번을 우선 확인한다. 또한, ①번은 모든 연도를 확인해야 하므로 더 쉬운 계산이 요구되는 ④번을 먼저 확인한다.

❸ ④번을 확인하면, 2009년 배구와 핸드볼의 연간 관중 수를 비교하면 배구가 더 많으므로 옳은 선지이다. 따라서 답을 표시하고 넘어간다.

합격자의 시간단축 Tip

선지 ①

[방법 1]

'각주'에 따라 '연간 관중 수=관중수용률(%)×연간 경기장 수용규모'이다.

이때 각 구성 요소별로 증감률을 확인하면 2008년에서 2009년으로 갈 때 수용규모는 5% 이상 감소했지만, 관중수용률은 약 1% 증가했으므로 수용규모×관중수용률인 연간 관중 수는 감소했다.

[방법 2]

'차잇값'으로 확인하는 방법도 있다. 이 방법의 핵심은 직관적으로 근삿값을 잡은 후 차잇값을 볼 때 가중치를 보정하여 비교하는 것이다. 예를 들어 수용규모는 2008년을 40, 2009년을 37로 잡고, 마찬가지로 관중수용률을 각각 287, 290으로 잡으면 수용규모는 3이 감소하고

관중 수용률도 3이 증가했다.
그러나 가중치 상 40과 287의 차이가 지나치게 크기 때문에 당연히 수용규모의 감소율이 더 커 '연간 관중 수'는 감소했음을 알 수 있다.
이 방식은 가중치를 보는 연습만 잘 되어 있으면, 단순 덧셈, 뺄셈만으로 분수 비교가 가능해지는 장점이 있는 만큼 연습하기를 추천한다.

선지 ② '매년'과 같이 완전한 경향성을 요구하는 문제는 출제 의도 상 수험생이 시간을 소모하도록 반례를 뒷부분에 배치하는 경우가 많다. 따라서 뒷부분부터 확인하는 것이 좋다.
②번 역시 마지막 부분인 2011년부터 보면 농구가 더 낮은 반례를 확인할 수 있다.

선지 ④ 배구: 4,843×30.4 vs 핸드볼: 2,756×43.8을 곱셈 비교하면, 숫자들의 자릿수가 같으므로 비교가 쉽도록 다음과 같이 생각할 수 있다.
3,040×48.43 vs 2,756×43.8로 바꾸어 보면, 배구가 앞의 숫자와 뒤의 숫자 모두 핸드볼보다 크므로 구체적인 계산 없이도 연간 관중 수 역시 더 크다는 것을 알 수 있다.
이를 조금 더 응용하면, 자릿수 구조가 양 측이 동일(④번처럼 천 단위×십 단위)한 경우 편의상 소수점 등을 아예 없애고 똑같은 자릿수를 맞추는 것이 좋다. 예를 들어 ④번은 애초에 인식할 때 4,843×3,040 vs 2,756×4,380으로 보거나, 48.43×30.4 vs 27.56×43.8로 보면 편하다.

147 정답 ③ 난이도 ●●○

① (×) A국의 2013년 인구 100명당 유선 통신 가입자가 40명이라면, 유선 통신 가입자는 ~~2,200만 명이다~~.
➜ 유·무선 통신 동시 가입자 수에는 유선 통신 가입자 수와 무선 통신 가입자도 모두 포함되어 있으므로 연도별 각국의 전체 인구는 (유선통신가입자+무선통신가입자+미가입자−유·무선통신동시가입자)이다. 〈표〉에서 A국의 2013년 유선 통신 가입자를 a (만 명)이라고 하면 2013년 전체 인구는 a+4,100+200−700=a+3,600(만 명)이고
인구 100명당 유선 통신 가입자가 40명이라면
$\frac{a}{a+3,600만\ 명}=\frac{40명}{100명}$이 되므로
이 식을 정리해서 유선통신 가입자수(a)를 구하면,
→ (a+3,600)×0.4=a
→ (a+3,600)×4=10 a
→ 4 a+14,400=10 a
→ 6 a=14,400, a=2,400
따라서 A국의 2013년 유선 통신 가입자수는 2,400만 명이다.

② (×) B국의 2013년 대비 2016년 무선 통신 가입자 수의 비율이 1.5라면, 2016년 무선 통신 가입자는 ~~5,000만 명이다~~.
➜ 〈표〉를 보면 B국의 2013년 무선 통신 가입자수가 3,000만 명이다. 2013년 대비 2016년 무선 통신 가입자수의 비율이 1.5라면 2016년 무선 통신 가입자는 3,000만 명×1.5= 4,500(만 명), 이다.
따라서 B국의 2016년 무선 통신 가입자수는 4,500만 명이다.

③ (○) C국의 2013년 인구 100명당 무선 통신 가입자가 77명이라면, 유·무선 통신 동시 가입자는 1,600만 명이다.
➜ C국의 2013년 인구 100명당 무선 통신 가입자가 77명이라면 비율은 77%이고 〈표〉를 보면 2013년 무선 통신 가입자수는 7,700만 명이므로 다음과 같은 식을 세울 수 있다.
2013년 C국의 전체인구 × 0.77=7,700(만 명),
따라서 2013년 C국의 전체인구는
$\frac{7,700(만\ 명)}{0.77}$=10,000(만명), 즉 1억명이다.
(유·무선 통신 동시 가입자)는=(유선 통신 가입자+무선 통신 가입자−유·무선 통신 동시 가입자+미가입자)=전체인구 식을 활용하여 구할 수 있다.
유·무선 통신 동시 가입자수를 c(만 명)이라고 하면
3,200+7,700+700−c=10,000,
c=1,600(만 명),
즉 C국의 2013년 유·무선 통신 동시 가입자수는 1,600만 명이다.

④ (×) D국의 2013년 대비 2016년 인구 비율이 1.5라면, 2016년 미가입자는 ~~100만 명이다~~.
➜ D국의 2013년 전체 인구는 1,100+1,300+100−500 = 2,000(만 명)이다.
2013년 대비 2016년의 인구 비율이 1.5라면 2016년 전체 인구는 2,000×1.5=3,000(만 명)이다. 미가입자=(전체 인구−유선 통신 가입자−무선 통신 가입자 + 유·무선 통신 동시 가입자)이므로, 2016년 미가입자는 3,000만 명−1,100만 명−2,500만 명+800만 명=200만 명이다.
따라서 D국의 2016년 미가입자 수는 200만 명이다.

⑤ (×) 2013년 유선 통신만 가입한 인구는 B국이 D국의 3배 ~~이상이다~~.
➜ 유선 통신만 가입한 인구는 (유선 통신 가입자=유·무선 통신 가입자)이다.

2013년 유선 통신만 가입한 인구는
B국의 경우 1,900 − 300 = 1,600(만 명),
D국의 경우 1,100 − 500 = 600만명이다.

이때 둘의 배수는 $\frac{1600(\text{만 명})}{600(\text{만 명})} \approx 2.67 < 3$이다.

따라서 B국이 D국의 3배 미만이다.

합격자의 실전 풀이 순서

❶ 〈표〉 아래의 각주를 확인하고 선지로 내려간다. 선지 ⑤부터 ①까지 아래에서 위 순서로 풀이한다.

❷ 선지 ⑤를 해결한 후, 선지 ④가 추가적인 조건(~라면)을 더하는 것이므로 후순위로 미룬다. 하지만 다른 선지들을 보니 모두 조건이 추가되는 선지이므로 원칙대로 선지 ④−③ 순서로 해결한다.

합격자의 시간단축 Tip

선지 ①

[방법 1]
A국 2013년 유선 통신 가입자가 2,200(만 명)이라면, 2013년 인구는 2,200(만 명) + 4,100(만 명) − 700(만 명) + 200(만 명) = 5,800(만 명)이다.

이때 인구 100명당 유선 통신 가입자는 $\frac{2,200(\text{만})}{(58(\text{만})}$이다. 58 × 40 = 60 × 40 − 2 × 40 = 2,400 − 80 > 2,200이므로, $\frac{2,200(\text{만})}{58(\text{만})} < 40$이다.

[방법 2]
또 다른 방법으로는 100명당 유선 통신 가입자를 처리할 때, 1명당으로 바꾸는 방법도 있다. 즉, 보기의 경우 1명당 유선 통신 가입자수는 0.4명이 되며, 이를 5,800 × 0.4 = 2,320 > 2,200이므로 틀린 선지임을 알 수 있다.

선지 ② B국 무선 통신 가입자가 5,000(만 명)이라면, 2013년 대비 2016년 비율이 1.5가 되는지 확인한다. 보기에서 준 '1.5'가 맞다고 보면 3,000 × 1.5 = 4,500 < 5,000이므로 틀린 선지임을 알 수 있다.

선지 ③ C국 2013년 인구 100명 당 무선 통신 가입자가 77명이라면, 인구 10,000만 명 당 무선 통신 가입자는 7,700만 명이다.
3,200(만 명) + 7,700(만 명) − 1,600(만 명) + 700(만 명) = 10,000(만 명)인지 확인한다.

선지 ④ D국 2016년 미가입자가 100(만 명)이라면, 2016년 인구가 2013년 인구의 1.5배인지 확인한다.
2016년 인구 = 1,100 + 2,500 − 800 + 100 = 2,900,
2013년 인구 = 1,100 + 1,300 − 500 + 100 = 2,000
→ 2016년 인구 < 2013년 인구 × 1.5

148 정답 ④ 난이도 ●●●

ㄱ. (×) 2016년과 2018년 선박의 세계수출시장 규모는 ~~같다~~.
→ 〈표 1〉에서 A국 전체 수출액에서 선박이 차지하는 비중은: $\frac{\text{A국 선박 수출액}}{\text{A국 전체 수출액}}$이고(①)
세계수출시장에서 A국 선박의 점유율은:
$\frac{\text{A국 선박 수출액}}{\text{선박의 세계수출시장 규모}}$이다.(②)
$\frac{①}{②} = \frac{\text{선박의 세계수출시장 규모}}{\text{A국 전체 수출액}}$가 되므로,
결국 이 값으로 선박의 세계수출시장 규모를 비교 가능하다.
이때, 〈표 1〉에서 선박의 경우 (②) 값이 매년 일정하므로 (①)만 비교하면 값을 구할 수 있다.
〈표 1〉에 따르면 2016년은 5.0이고, 2018년은 3.0이므로 2018년 선박의 세계수출시장 규모는 2016년에 비해 감소했다.

ㄴ. (○) 2017년과 2018년 A국의 전체 수출액에서 드럼세탁기가 차지하는 비중은 전년대비 매년 감소한다.
→ A국의 전체 수출액에서 드럼세탁기가 차지하는 비중은 $\frac{\text{드럼세탁기 수출액}}{\text{전체 수출액}} =$
$\frac{\text{백색가전 수출액}}{\text{전체 수출액}} \times \frac{\text{드럼세탁기 수출액}}{\text{백색가전 수출액}}$의 식으로 구할 수 있다. 이를 구해보면 2016년 A국의 전체 수출액에서 드럼세탁기가 차지하는
비중은 → $13 \times \frac{18}{100} = 2.34$, 즉 2.34%이다
2017년 A국의 전체 수출액에서 드럼세탁기가 차지하는
비중은 → $12 \times \frac{18}{100} = 2.16$, 즉2.16%이다
2018년 A국의 전체 수출액에서 드럼세탁기가 차지하는
비중은 → $11 \times \frac{18}{100} = 1.98$, 즉 1.98%이다
위 결과를 살펴보면 2017년과 2018년 A국의 수출액에서 드럼세탁기가 차지하는 비중은 전년대비 매년 감소한다.

ㄷ. (×) 2017년과 2018년 A국의 10대 수출품목 모두 품목별 세계수출시장에서 A국의 점유율은 전년대비 ~~매년 증가한다~~.

→ 〈표 1〉을 살펴보면 백색가전, TV, 반도체, 자동차배터리는 전년대비 매년 증가하고 있지만, 휴대폰의 경우17.0%→16.0%→13.0%, 전자부품의 경우는 2.0%→1.8%→1.7%로 오히려 전년대비 매년 감소하고 있다. 따라서 보기 ㉢은 옳지 않다.

ㄹ. (○) 2018년 항공기 세계수출시장 규모는 A국 전체 수출액의 15배 이상이다.

→ $\frac{\text{항공기 세계 수출시장 규모}}{\text{A국 전체 수출액}} \geq 15$ 인지를 판단하면 된다.

$$\frac{\text{항공기 세계 수출시장 규모}}{\text{A국 전체 수출액}} = \frac{\text{A국의 전체 수출액에서 항공기가 차지하는 비중}}{\text{항공기의 세계수출시장에서 A국의 점유율}}$$

이므로 값을 계산해보면 $\frac{3.0}{0.1}=30$, 즉 15 이상이다. 따라서 보기 ㉣은 옳은 보기이다.

합격자의 실전 풀이 순서

❶ 〈표 1〉이 비율 자료임을 파악하고, 계에 표시한다. 〈표 2〉는 '백색가전'에 관한 것으로, 〈표 1〉의 백색가전과 〈표 2〉를 연결시킨다. 그리고 〈표 2〉의 계를 통해 세로 합이 전체(비중 100%)임을 확인한다.

❷ 보기 ㉣부터 ㉠까지 위에서 아래 순서로 풀이한다. ㉣이 옳으므로 선지 ④, ⑤가 남는다.

❸ 남은 보기 ㉢을 확인하면 틀린 선지이므로 정답은 ④번이다.

합격자의 시간단축 Tip

보기㉠ 각주를 잘 확인하였는지 묻는 질문이다. 만약 각주를 못 봤다면 '알 수 없는 선지'가 된다. 반면 각주에 따라 전체 수출액이 매년 변동이 없는 상황이므로 전체 수출액 중 선박이 차지하는 비중이 2016년 5.0%에서 2018년 3.0%로 감소했다면 선박의 수출 금액 또한 감소했다는 것을 알 수 있다. 이때, 세계수출시장에서 선박의 A국 점유율이 1.0%로 변동이 없다는 것은 선박의 세계수출시장의 규모가 감소하였다는 것을 의미한다.

보기㉡ A국 전체 수출액은 일정하므로, 드럼세탁기 수출액이 감소하는지 확인한다.
드럼세탁기 수출액=A국 전체 수출액×백색가전이 A국 전체 수출액에서 차지하는 비중×백색가전 중 드럼세탁기의 수출액 비중이다.
이때, 백색가전이 A국 전체 수출액에서 차지하는 비중만 매년 감소하므로, 드럼세탁기 수출액도 매년 감소한다.

보기㉢ 출제 의도 상 수험생이 시간을 소모하도록 유도하기 하기 위해 반례를 뒷부분에 배치하는 경향이 있다. 따라서 〈표 1〉의 아래(전자부품)부터 위(백색가전) 순서로 확인한다.
전자부품의 세계수출시장에서 A국 점유율은 2018년에 전년대비 감소한다.

보기㉣ 보기 ㉣의 15배를 활용하는 것이 좋다. 품목별 세계시장 점유율에 15배를 곱하면 $0.1\times15=1.5<3.0$이므로 15배 이상이라는 것을 쉽게 알 수 있다.

149 정답 ❷ 난이도 ●●●

〈조건 1〉 평균이 8인 응시자는 민수와 현수뿐이다.

→ 응시자 (가)의 평균은 $\frac{10+7+5+9+9}{5}=\frac{40}{5}=8$이다.
따라서 응시자 (가)는 민수 또는 현수이다.

〈조건 2〉 현수의 최솟값이 철수의 최솟값보다 크다.
→ 철수의 최솟값이 5이상이라고 하면 현수의 최솟값은 5초과이다. 따라서 현수의 최솟값은 6이상이다. 그러므로 첫 번째 조건에 의해 응시자 (가)는 최솟값이 5이므로 민수이다. 따라서 보기 ①, ②에 해당하며 응시자 (다)는 현수가 된다.

〈조건 3〉 영수의 중앙값은 8이며 철수의 중앙값보다 크다.
→ 영수의 중앙값이 8이므로 철수의 중앙값은 8미만 즉, 7이하이다.
응시자 (라)는 (5이하), 5, 8, 8, 9 이거나 5, (5이상 8이하), 8, 8, 9 이거나 5, 8, 8, (8이상 9이하), 9 이거나 5, 8, 8, 9, (9이상) 인 경우이므로 모든 경우의 중앙값은 8이다.
따라서 응시자 (라)는 '영수'이며 응시자 (나)는 '철수'다.

합격자의 실전 풀이 순서

❶ 확정 값을 주는 〈조건〉을 먼저 확인해야 한다. 두 번째 조건이 매우 쉬운 확정 조건이므로 먼저 확인하면 현수는 (다)이므로 답은 ①, ②번 중 하나이다.

❷ 세 번째 조건을 확인한다. (나)와 (라)만 볼 때, 라는 5, 8, 8, 9의 경우 빈 칸에 그 어떤 숫자가 들어가도 무조건 중앙값이 8일 수 밖에 없다. 따라서 영수는 (라)이다. 이에 답은 ②번이다.

합격자의 시간단축 Tip

Tip ❶ 이러한 유형의 문제는 경우의 수가 적으면 어려움이 없으나, 이 문제처럼 경우의 수가 많다고 생각될 때에는 선지를 직접 대입하는 방식으로도 풀 수 있다는 것을 알아 두면 좋다.

Tip ❷ 매칭형 문제는 반드시 '확정 조건' 위주로 확인해야 한다. 확정 조건은 찾기 쉬울 뿐만 아니라 경우의 수를 압도적으로 줄여주므로 필수적으로 보는 것이 좋다.
예를 들어 가장 눈에 띄는 확정 조건은 '두 번째 조건'이다. 왜냐하면 주어질 수 있는 가장 작은 최솟값은 각주 1)에 따라 5이지만 (가), (나), (라) 모두 5가 있으므로 현수의 최솟값 > 철수의 최솟값이 되기 위해서는 (다)가 현수일 수 밖에 없기 때문이다.
즉 '각주'만 제대로 이해했다면 확정 조건임을 매우 쉽게 알 수 있다.

150 정답 ③ 난이도 ●○○

① (×) 문화재 관람료가 한 번도 변경되지 않은 사찰은 ~~4곳이다~~.
➜ 〈표〉에 주어진 문화재 관람료를 살펴보면 2006년부터 2008년까지 관람료가 같은 곳은 쌍계사 1,800원, 천은사 1,600원, 보리암 1,000원으로 총 3곳이다.
따라서 이 3곳을 제외한 다른 사찰들은 같은 기간 동안 문화재 관람료가 모두 변경되었다.

② (×) 2006년과 2008년에 문화재 관람료가 가장 높은 사찰은 ~~동일하다~~.
➜ 연도별 문화재 관람료를 살펴보기 위해서는 각 열(세로줄)을 살펴보면 되는데, 2006년에는 화엄사와 법주사가 2,200원으로 가장 높았고, 2008년에는 불국사와 석굴암이 4,000원으로 가장 높다.
따라서 2006년과 2008년에 문화재 관람료가 가장 높은 사찰은 동일하지 않다.

③ (○) 지리산국립공원 내 사찰에서 전년대비 2007년의 문화재 관람료 증가율이 가장 높은 사찰은 화엄사이다.
➜ 전년 대비 2007년 문화재 관람료 증가율은

$$\frac{\text{2007년의 문화재 관람료} - \text{2006년의 문화재 관람료}}{\text{2006년의 문화재 관람료}}$$

이다.
이 식을 통해 지리산 국립공원 내 사찰의 전년 대비 2007년 문화재 관람료 증가율을 구하면,
천은사: 불변하였으므로 증가율=0%이다.

- 화엄사: $\frac{3,000(\text{원})-2,200(\text{원})}{2,200}=\frac{8}{22}=0.36$이므로 30% 이상 증가하였다.
- 연곡사: $\frac{2,000(\text{원})-1,600(\text{원})}{1,600(\text{원})}=\frac{1}{4}=0.25$이므로 25% 증가하였다.

따라서 지리산국립공원 내 사찰에서 전년 대비 2007년 문화재 관람료 증가율이 가장 높은 사찰은 화엄사이다.

④ (×) 설악산국립공원 내 사찰에서는 2007년부터 문화재 관람료를 ~~받지 않고 있다~~.
➜ 설악산국립공원의 백담사는 2007년부터 문화재 관람료를 받고 있지 않지만, 신흥사는 2007년 이후에도 여전히 관람료를 받고 있다.

⑤ (×) 문화재 관람료가 매년 상승한 사찰은 ~~1곳이다~~.
➜ 문화재 관람료가 매년, 즉 2006년에서 2007년, 2007년에서 2008년 두 번 모두 상승한 사찰은 존재하지 않는다.

합격자의 실전 풀이 순서

❶ 〈표〉의 단위 및 〈표〉 아래의 각주를 확인한다.
❷ 선지 ③을 제외하고는 계산이 필요하지 않은 대신 〈표〉의 전체 범위 파악을 요하므로, 특정 국립공원의 자료만 확인하면 되는 선지 ③, ④를 먼저 해결한다.

합격자의 시간단축 Tip

선지 ① 단순 확인 문제에서 종종 있는 실수는 '세는 도중 까먹는 실수'이다. 특히 선지에서 n개로 지정할 때 직접 센 값이 n−1개가 나오는 등 값이 매우 유사하지만 틀리게 나온 경우, 확실히 카운트하지 않으면 제대로 센 것이 맞는지 불안할 수 있다.
실전에서는 자주 있을 수 있는 상황인 만큼, 눈으로만 확인하지 않고 옆에 기호를 이용하여 체크 해두는 것이 좋다. 체크를 해두면 까먹더라도 체크 개수만 다시 세면 되므로 시간 낭비를 최소화할 수 있다.

선지 ② 출제자는 정방향(앞에서 뒤)으로 문제를 구성한다. 따라서 역순으로 확인 시 출제자의 의도에 반하여 확인하는 만큼 반례를 쉽게 찾을 수 있거나, 문제의 허점을 발견하기 쉽다.
예를 들어 뒤에서부터 확인하면 2008년 문화재 관람료가 가장 높은 사찰은 불국사, 석굴암이다.
이들의 2006년 관람료는 0원이므로, 관람료가 가장 높지 않다. 이때 설명을 위해 불국사, 석굴암 모두를 언급하였으나, 실제로는 불국사, 석굴암 중 본인 눈에 띈 하나만 확인하면 된다. 둘 다 확인할 필요는 없다.

선지 ③ '분자-분모 차이법'을 활용하면 편하다. 화엄사는 전년 대비 800원 증가했고 불변인 쌍계사, 천은사를 제외하면, 연곡사는 400원 증가하였다. 증가분은 400→800으로 2배이지만, 분모인 2006년 값은 2,200과 1,600으로 2배 차이가 나지 않으므로 화엄사가 가장 높은 사찰이다.

선지 ⑤ 보기 ② 번과 마찬가지로 뒤에서부터 확인하는 것이 좋다. 따라서 2007년에서 2008년 관람료가 상승했는지 확인한 후 2006년에서 2007년 관람료 상승 여부를 확인한다.

독끝 기본 6일차 (151~180)

정답

151	③	152	④	153	⑤	154	①	155	②
156	⑤	157	②	158	①	159	①	160	①
161	②	162	②	163	⑤	164	①	165	④
166	①	167	①	168	③	169	④	170	③
171	③	172	①	173	②	174	③	175	③
176	③	177	②	178	⑤	179	③	180	②

151 정답 ③ 난이도 ●●●

제시된 자료를 통해 변리사 B의 2010년, 2011년 특허출원 건수를 구하는 문제이다. 변리사 B의 연도별 특허출원 건수를 알기 위해서는 〈그림 1〉, 〈그림 2〉, 〈그림 3〉에서 제시되는 정보들을 토대로 계산하면 된다.

- 〈그림 1〉: 2010~2011년 간 변리사 A와 B의 전체 특허출원 건수는 각각 30건, 15건으로 둘의 건수를 합하면 45건이다.
- 〈그림 2〉: 변리사 A와 B의 전체 특허출원 건수를 연도별 구성비로 나누어 놓았다. A와 B의 2010~2011년 간 전체 특허출원 건수가 45건이므로 각 연도별 구성비를 곱하여 A와 B의 연도별 특허출원 건수를 계산하면,
  2010년: 45×20%=9(건)
  2011년: 45×80%=36(건)
- 〈그림 3〉: 변리사 A의 연도별 특허출원 건수를 계산하면
  2010년: 30×20%=6(건)
  2011년: 30×80%=24(건)이다.

따라서 변리사 B의 연도별 특허출원 건수는
<u>2010년 변리사 B의 특허출원 건수</u>
= 2010년 A와 B의 전체 특허출원 건수−2010년 A의 특허출원 건수=(9−6)=3(건)
<u>2011년 변리사 B의 특허출원 건수</u>
= 2011년 A와 B의 전체 특허출원 건수−2011년 A의 특허출원 건수=(36−24)=12(건)
으로 2010년 변리사 B의 특허출원 건수는 3건, 2011년은 12건으로 2011년 변리사 B의 특허출원 건수는 2010년 건수의 4배임을 알 수 있다.

합격자의 실전 풀이 순서

❶ 발문을 읽고, 변리사 B의 2011년 특허출원 건수가 2010년 특허출원 건수의 몇 배인지 구하는 문제임을 확인한다.

❷ 〈그림 1〉과 〈그림 2〉를 통해 A와 B의 총합은 2010~2011년 합쳐서 45건이고, 2010년에는 9건, 2011년에는 36건이라는 것을 파악한다.

❸ 〈그림 1〉과 〈그림 3〉을 통해 A의 특허출원 건수는 2010년에는 6건, 2011년에는 24건이다.

❹ 위의 총합에서 A를 빼면 B의 특허출원 건수를 구할 수 있다. 즉, B의 특허출원 건수는 2010년에는 3건, 2011년에는 12건이므로 답은 4배인 ③번이다.

합격자의 시간단축 Tip

'가중 평균'을 활용하면 변리사 B의 연도별 건수를 구하지 않고도 답을 구할 수 있다.
변리사 "A와 B"의 전체 특허출원 건수의 연도별 구성비가 4 : 1(2011년 : 2010년)이고, 변리사 A의 특허출원 건수의 연도별 구성비도 4 : 1이라는 것은 변리사 B의 특허출원 건수의 연도별 구성비도 4 : 1이라는 의미이다. 따라서 2011년 변리사 B의 특허출원 건수는 2010년 변리사 B의 특허출원 건수의 4배일 것이다.

152 정답 ④ 난이도 ●●○

해당 사분기 매출액을 계산하는 방법은
해당 사분기 매출액 증감계=직전 사분기 매출액+직전 사분기 매출액 × 해당 사분기 매출액 증감계수 이다.

<u>사원 A</u>의 2, 3, 4분기 매출액을 계산해보면
- 2분기: 4(억)+4(억)×1.0(증감계수)=8(억)
- 3분기: 8(억)+8(억)×0.5(증감계수)=12(억)
- 4분기: 12(억)−12(억)×0.5(증감계수)=6(억) 이다.

<u>사원 B</u>의 2, 3, 4분기 매출액을 계산해보면
- 2분기: 6(억)+6(억)×0.5(증감계수)=9(억)
- 3분기: 9(억)−9(억)×0.5(증감계수)=4.5(억)
- 4분기: 4.5(억)+4.5(억)×1.0(증감계수)=9(억) 이다.

<u>사원 C</u>의 2, 3, 4분기 매출액을 계산해보면
- 2분기: 2(억)−2(억)×0.5(증감계수)=1(억)
- 3분기: 1(억)+1(억)×3.0(증감계수)=4(억)
- 4분기: 4(억)+4(억)×1.0(증감계수)=8(억) 이다.

따라서 사원 A, B, C의 4분기 매출액은 각각 6억, 9억, 8억으로 매출액이 큰 사원부터 나열하면
B, C, A가 된다.

합격자의 실전 풀이 순서

❶ 발문을 통해 2011년 4분기 매출액의 순위를 구하는 문제임을 파악한다.

❷ 각주의 매출액 증감계수의 식을 통해 증감계수가 1이라는 것은 증가율이 100%라는 의미임을 이해한다. 즉, 증감계수가 0.5이면 증가율이 50%(1.5배), 3이면 증가율이 300%(4배)임을 의미한다.

❸ 증감계수가 증가율과 비례함을 파악한 후, 사원 A, B, C의 4분기 매출액을 구하면 각각 6억, 9억, 8억이므로 답은 ④번이다.

합격자의 시간단축 Tip

Tip ❶ 각주의 의미 파악이 한 번에 어려운 경우에는 실제로 값을 대입해본다. 사원 A의 1분기 매출액은 4이므로 매출액 증감계수가 1이 되기 위해서는 2분기 매출액이 8이어야 한다.
즉 증가율이 100%(2배)여야 한다. 이처럼 수치를 대입하여 보면, 증감계수에 100을 곱하면 증가율이 된다는 것을 더 쉽게 눈치챌 수 있다.

Tip ❷ 이 유형은 빈출 되는 유형이다. 따라서 응용하는 방법을 알아볼 필요가 있다. 이해를 위해 A를 예로 살펴보자. 4사분기 매출액을 곱할 때는 (1+증감계수)를 곱할 것이므로, 그 형태를 보면 증감계수 1.0은 (1+1)=2, 0.5는 (1+0.5)=1.5−0.5는 (1−0.5)=0.5이다.
즉 증감계수 1.0과−0.5는 서로 상쇄 관계에 있으므로, 계산하기 전에 미리 1.0과− 0.5는 서로 매칭해 소거해도 된다.
이를 정리하면 다음과 같다.

증감계수	배수	상쇄되는 증감계수	상쇄되는 배수
1.0	2배	−0.5	0.5배
2.0	3배	−0.66	$\frac{1}{3}$배
3.0	4배	−0.75	0.25배

따라서 위의 사실을 미리 알고 있었다면 계산할 필요가 전혀 없으며, 각각 하나씩만 남아 A는 1.5배, B도 1.5배, C는 4배만 하면 된다는 것을 바로 알 수 있다. 이는 자주 활용되는 방식이므로 반드시 익혀 둔다.

153 정답 ⑤ 난이도 ●●○

보기 1 2011년 8월에 전년동월대비 화재건수가 증가한 화재장소는 위험물보관소와 임야이다.
→ 주어진 표를 이용하여 2011년 8월의 화재건수를 2010년 8월과 비교하면 전년동월대비 증가한 화재장소는 D(1건→4건)와 F(6건→8건)이다.
따라서 D 또는 F가 위험물보관소 또는 임야인 것을 알 수 있다.

보기 2 2011년 1~8월 동안 화재건수가 많은 상위 두 곳은 사무실과 주택이다.
→ 2011년 1~8월 동안 화재건수가 많은 상위 두 곳은 7,140건인 A와 11,355건인 B이다.
따라서 A 또는 B가 사무실 또는 주택인 것을 알 수 있다.

보기 3 2011년 1~8월 동안 화재건수가 100건이 넘지 않는 화재장소는 위험물보관소와 선박이다.
→ 2011년 1~8월 동안 화재건수가 100건이 넘지 않는 화재 장소는 24건인 D와 49건인 E이다.
따라서 D 또는 E가 위험물보관소 또는 선박임을 알 수 있다.
〈보기 1〉의 풀이에서 D 또는 F가 위험물보관소 또는 임야인 것을 고려하면 두 보기가 겹치는 D가 위험물보관소이다. 그러므로 E는 선박, F는 임야이다.

보기 4 2011년 1~8월 동안 주택과 차량에서 발생한 화재건수의 합은 사무실에서 발생한 화재건수보다 적다.
→ 〈보기〉에서 A~F는 각각 사무실, 주택, 차량, 위험물보관소, 선박, 임야 중 하나이다.
A와 B는 각각 사무실과 주택 중 하나이고, D는 위험물보관소, E는 선박, F는 임야에 해당하므로 C는 차량에 해당한다.
2011년 1~8월 동안 A와 차량에서 발생한 화재건수의 합은 7,140+3,699=10,839(건)이고, B에서 발생한 화재건수는 11,355건으로 A와 차량에서 발생한 화재건수의 합이 B에서 발생한 화재건수보다 작다.
따라서 A는 주택, B는 사무실이다.

합격자의 실전 풀이 순서

❶ 〈표〉에 화재장소별 화재 건수에 대한 정보가 주어져 있으며 A, C, F에 해당하는 화재장소를 찾는 문제임을 파악한다.

❷ 〈보기〉 중 가장 쉬운 3번째 보기부터 확인하면 위험물보관소와 선박은 각각 D와 E 중 하나이다. 따라서 A, C, F에 해당하지 않으므로 선지에 위험물보관소와 선박이 포함된 ①, ③, ④번을 소거한다.

❸ ②, ⑤번의 차이는 A뿐이므로 사무실과 주택에 관한 2번째 보기와 4번째 보기를 확인한다. 2번째 보기를 통해 A와 B가 사무실과 주택 중 하나이고, 4번째 보기를 통해 B가 사무실, A가 주택이라는 것을 확정할 수 있다.
따라서 답은 ⑤번이다.

합격자의 시간단축 Tip

Tip ❶ ②, ⑤ 번이 남았을 때 A와 B를 구하려고 하기보다는 ② 번을 대입하는 방법도 생각해볼 수 있다. ② 번을 대입하여 〈보기〉에 모순이 발생하면 답은 ⑤ 번이고, 모순이 발생하지 않으면 답은 ② 번이라고 볼 수 있다. 예를 들어 A가 사무실이라고 하면, 4번째 보기에서 모순이 발생하므로 답은 ⑤ 번이다. ← **일반적으로는 맞으나 이 문제에서는 더 오래 걸리는 해결 방식이다. 만약 이 방식으로 풀었다면 아래 방식을 참고하자.**

Tip ❷ ②, ⑤ 번이 남았을 때 〈보기〉의 네 번째 동그라미는 매우 간단하다. 문언을 해석할 때 "주택과 차량의 합이 사무실보다 작다"는 것은 쉽게 생각하면 '사무실이 가장 크다'라는 정보이다.
따라서 굳이 대입해서 〈표〉를 확인할 필요 없이, 선지의 문언만 이용해 바로 B가 사무실이라 확정할 수 있다.

154 정답 ① 난이도 ●○○

ㄱ. (○) 2011년의 비대면거래 건수 비중은 2009년 대비 1.5%p 증가하였다.
→ 주어진 〈표〉를 이용하여 2009년의 비대면거래는 100%에서 대면거래인 13.7%를 뺀 총 86.3%이고, 2011년의 비대면거래는 (100−12.2)=87.8%이다.
2011년의 비대면거래 건수 비중은 2009년 대비 (87.8− 86.3)=1.5%p 증가한 것이므로 옳은 보기이다.

ㄴ. (×) 2008~2011년 동안 대면거래 건수는 ~~매년 감소하였다~~.
→ 〈표〉를 보면 2008 ~ 2011년 동안 대면거래 건수 비중은
- 2008년: 13.8%,
- 2009년: 13.7%,
- 2010년: 13.6%,
- 2011년: 12.2%으로 매년 감소하였으나 이것은 건수 비중으로 각각의 건수량을 알 수 없다.

따라서 2008 ~ 2011년 동안 대면거래 건수가 매년 감소하였는지 알 수 없다.

ㄷ. (○) 2007~2011년 동안 매년 비대면거래 중 업무처리 건수가 가장 적은 제공방식은 텔레뱅킹이다.
→ 〈표〉를 보면 비대면거래는 CD/ATM, 텔레뱅킹, 인터넷뱅킹이 있는데, 2007~2011년 동안 매년 CD/ATM과 인터넷뱅킹은 30% 이상이지만 텔레뱅킹은 10%대이다.
따라서 2007~2011년 동안 매년 비대면거래 중 업무처리 건수가 가장 적은 제공방식은 텔레뱅킹이다.

ㄹ. (×) 2007~2011년 중 대면거래 ~~금액이 가장 많았던 연도는~~ 2008년이다.
→ 주어진 〈표〉만으로는 대면거래 금액을 계산할 수 없다.
따라서 2007~2011년 중 대면거래 금액이 가장 많았던 연도는 알 수 없다.

합격자의 실전 풀이 순서

❶ 〈표〉의 대면거래와 비대면거래의 합이 100임을 파악한다. 그러나, 비중에 관한 표이므로 구체적 건수를 연도별로 비교할 수 없음을 파악한다.

❷ 눈으로 확인할 수 있는 보기 ㉠을 확인하면, 옳은 보기이므로 답은 ①, ②번 중 하나이다.

❸ 다음으로 좀 더 간단한 보기 ㉣을 먼저 확인하면 〈표〉만으로는 대면거래 금액을 계산할 수 없으므로 답은 ①번이다.

합격자의 시간단축 Tip

비중에 대한 표가 주어졌을 때는 한 연도 내에서는 비중과 구체적 건수의 대소가 비례하므로 비교가 가능하지만, 연도별로는 전체 건수의 값을 주지 않는 한 분모 값이 달라 비교가 불가능하다. 따라서 〈표〉를 통해 알 수 있는 정보와 알 수 없는 정보를 구분할 줄 알아야 한다. 대면거래 건수의 연도별 비교나 금액에 대한 정보가 〈표〉를 통해 알 수 없는 정보임을 안다면, 빠르게 보기 ㉡과 보기 ㉣을 소거하여 답을 구할 수 있을 것이다.

보기 ㉠ 반대 해석을 이용한다. 즉 비대면거래 건수 비중이 2009년 대비 2011년에 1.5%p 증가하였다면, 반대로 대면거래 건수 비중은 1.5%p 감소하였을 것이다. 따라서 대면거래 비중의 변화를 확인하면 1.5%p 감소한 것이 맞으므로 옳은 보기이다.

보기 ㉢ 비교할 수 있는지 여부는 '모수'가 동일한 지를 기준으로 한다. 즉 모수가 동일하면 비교 가능하고, 다르면 비교가 불가하다. 특히 '비율, 지수' 문제 유형에서는 자주 출제되는 형태인 만큼 확실히 알고 있어야 한다. 이 문제의 경우, 동일한 연도 내 비교는 분모가 같아 비교 가능하다. 따라서 동일 연도 내 '업무처리 건수'의 비교는 비중의 비교로 치환되므로, 단순히 숫자 크기만 확인하면 된다.

155 정답 ②　　난이도 ●●○

ㄱ. (O) 2008년 화물차 1대당 월평균 에너지 사용량이 가장 적은 분야는 용달화물이다.
→ 화물차 1대당 월평균 에너지 사용량은 A를 말한다.
따라서 2008년 분야별 A값을 비교해보면
- 일반화물: 4,541
- 개별화물: 1,722
- 용달화물: 761

이므로 가장 적은 분야는 용달화물이다.
따라서 옳은 보기이다.

ㄴ. (×) 2009년 화물운송실적이 가장 큰 분야는 ~~일반화물이다~~.
→ 주어진 자료는 '화물차 1대당'에 관한 자료이므로, 전체 화물차 수를 알 수 없다.
따라서 2009년 화물운송실적이 가장 큰 분야는 알 수 없다.

ㄷ. (O) 2010년 화물차 1대당 월평균 에너지 효율성이 큰 분야부터 나열하면 일반화물, 개별화물, 용달화물이다.
→ 화물차 1대당 월평균 에너지 효율성은 C를 말한다.
따라서 2010년 분야별 C값을 비교해보면
- 일반화물 : 27.2
- 개별화물: 11.1
- 용달화물: 4.1

이므로 큰 분야부터 나열하면 일반화물, 개별화물, 용달화물 순이다.
따라서 옳은 보기이다.

ㄹ. (×) 각 분야의 화물차 1대당 월평균 에너지 효율성은 ~~매년 증가하였다~~.
→ 화물차 1대당 월평균 에너지 효율성은 C를 말한다. 분야별로 C값이 매년 증가했는지 확인해본다.

	2008년	2009년	2010년
일반화물	27.6	25.7	27.2
개별화물	21.9	16.2	11.1
용달화물	4.9	5.2	4.1

- 일반화물: 2009년이 2008년에 비해 오히려 감소하였다.
- 개별화물: 2009년, 2020년 모두 감소하였다.
- 용달화물: 2010년이 2009년에 비교하여 감소하였다.

따라서 각 분야의 화물차 1대당 월평균 에너지 효율성이 매년 증가하였다고 볼 수 없다.

합격자의 실전 풀이 순서

❶ 〈표〉의 각주를 통해 A, B, C가 의미하는 것을 파악한다.
❷ 눈으로 확인할 수 있는 보기 ㄹ부터 확인하면 C의 크기는 매년 증가하지 않으므로 틀린 보기이다. 따라서 ③, ⑤번을 소거한다.
❸ 다음으로 보기 ㄱ을 확인하면 옳은 보기이므로 ④번을 소거한다.
❹ 다음으로 보기 ㄴ을 확인하면, 화물차의 개수가 주어지지 않았으므로 화물차 1대당 월평균 화물운송실적이 아닌 화물운송실적은 구할 수 없다. 즉, 보기 ㄴ은 알 수 없는 보기이다.
따라서 답은 ②번이다.

합격자의 시간단축 Tip

'1대당'이라는 단어가 제일 중요한 역할을 한다.
보기 ㄱ, ㄷ, ㄹ은 단순 확인선지에 불과하므로 출제의도는 보기 ㄴ의 함정에 있다고 생각한다.
흔히 모의고사나 기출을 풀다 보면 유사한 질문이 반복될 때 '잔상'처럼 그 내용이 머리에 남아 분명 다른 단어가 적혀 있음에도 동일한 질문이라 가정하고 풀게 되는 경우가 많다.
보기 ㄴ 역시 모두 '1대당 ~'을 묻는 중에 혼자 1대당이 아닌 변수를 질문함으로써 실수를 유도하는 만큼, 변수를 읽을 때는 항상 새로운 선지를 읽는다는 마음으로 섬세하게 봐야 한다.

156 정답 ⑤　　난이도 ●●●

ㄱ. (×) 일별 주가는 거래일마다 ~~상승하였다~~.
→ 〈표〉에서 1거래일~8거래일 일별 주가가 상승하는지 확인해본다.
8거래일의 일별 주가는 〈산식〉을 참고하여 5일이동평균을 이용해 구할 수 있다.

$$\frac{7,720+7,780+7,820+7,830+(\text{8거래일 일별 주가})}{5}$$

$=7,790$이므로
- 8거래일 주가$=(7,790\times5)-7,720-7,780-7,820-7,830$
- 8거래일 주가$=7,800$

따라서 8거래일이 7거래일에 비해 일별 주가가 감소하였다.

ㄴ. (O) 5거래일 이후 5일이동평균은 거래일마다 상승하였다.

→ 〈표〉에서 5거래일~8거래일 5일이동평균이 상승하는지 확인해본다.
7거래일의 5일이동평균을 구하면

$$\frac{7,620+7,720+7,780+7,820+7,830}{5}$$

=7,754이다.
따라서 거래일마다 5일이동평균은 상승하였다.

ㄷ. (○) 2거래일 이후 일별 주가가 직전거래일 대비 가장 많이 상승한 날은 4거래일이다.
→ 2거래일 ~ 8거래일 직전거래일 대비 일별 주가 증가한 값을 구하면
• 2거래일: 7,590−7,550=40
• 3거래일: 7,620−7,590=30
• 4거래일: 7,720−7,620=100
• 5거래일: 7,780−7,720=60
• 6거래일: 7,820−7,780=40
• 7거래일: 7,830−7,820=10
• 8거래일: 7,800−7,830=−30
따라서 가장 많이 상승한 날은 4거래일이다.

ㄹ. (○) 5거래일 이후 해당거래일의 일별 주가와 5일이동평균간의 차이는 거래일마다 감소하였다.
→ 5거래일 이후 해당거래일의 일별 주가와 5일이동평균간의 차이를 구하면
• 5거래일: 7,780− 7,652=128
• 6거래일: 7,820−7,706=114
• 7거래일: 7,830−7,754=76
• 8거래일: 7,800−7,790=10
따라서 거래일마다 감소하였으므로 옳은 보기이다.

합격자의 실전 풀이 순서

❶ 〈표〉와 〈산식〉을 읽고, 5일이동평균을 구하는 방식을 이해한다.
❷ 〈보기〉를 해결하기 위해 괄호를 채워야 하는 문제이다.
보기 ㉡을 먼저 확인하면, 6거래일의 5일이동평균에 2거래일과 7거래일의 차이 값을 5로 나눈 값을 더하여 7거래일의 5일이동평균을 구한다. 7거래일의 5일이동평균은 7,706+48=7,754이므로 보기 ㉡은 옳은 보기이므로 ③번을 소거한다.
❸ 다음으로 보기 ㉠ 을 확인하기 위해 8거래일의 일별 주가를 구한다.
7일 차와 8일 차의 5일이동평균의 차이는 36이므로 8거래일의 일별 주가는 3거래일의 일별 주가에 36×5=180을 더한 7,800이다.
따라서 보기 ㉠은 틀린 보기이므로 ①, ④번을 소거한다.
❹ 마지막으로 보기 ㉣을 확인하면, 옳은 보기이므로 답은 ⑤번이다.

합격자의 시간단축 Tip

보기 ㉡ 5일이동평균은 이전 거래일의 5일이동평균에 "들어오는 값−나가는 값"을 5로 나눈 값을 더하여 구할 수 있다.
단, 문제 형태가 조금 바뀌어 8일의 '일별 주가'가 빈칸이 아니었다면 5로 나누지 않고, 단순히 '들어오는 값 > 나가는 값' 인지 확인하여 증가하고 있음을 알 수 있다.
즉 질문을 보고 '내가 어디까지 봐줘야 하는지'를 알 수 있어야 문제에서 요구하는 바를 '최소한의 노력'으로 달성하여 시간을 아낄 수 있다.

보기 ㉢ 각 증가량을 구해 비교하지 않고, 보기에서 준 값을 기준으로 비교하는 것이 좋다.
즉 4거래일을 보기에서 주었으므로 4거래일 상승분인 7,720 − 7,620=100으로 100을 더했을 때의 값보다 큰 곳이 있는지 확인한다.

보기 ㉣ 일별 주가와 5일이동평균 간 차이는 그 자체를 구해 비교해도 되지만, 일별주가의 변화량과 5일이동평균의 변화량의 비교를 통해서도 가능하다.
즉 일별주가의 증가량 < 5일이동평균의 증가량이면 양자의 '차이'는 감소하게 된다.

157 정답 ② 난이도 ●●○

ㄱ. (○) 2010년 세계 인구는 70억명 이상이다.
→ 〈그림 1〉의 OECD 국가(16.7%)를 다시 국가별로 인구를 나타낸 것이 〈그림 2〉이다.
〈그림 2〉에 나타난 미국의 인구가 300(단위: 백만 명)인데 OECD국가의 총인구 중 미국 인구가 차지하는 비율이 25%이므로, OECD국가의 총인구는 1,200(단위: 백만 명)이 된다.
〈그림 1〉에서 세계 인구 중 OECD 국가가 차지하는 비율이 16.7%이므로, 다음 비례식을 통해 도출할 수 있다.
세계 인구수: 1,200(백만 명)=1 : 0.167
따라서, 세계 인구수는 약 71.8억 명이므로 옳은 보기이다.

ㄴ. (×) 2010년 기준 독일 인구가 매년 전년대비 10% 증가한다면, 독일 인구가 최초로 1억명 이상이 되는 해는 ~~2014년이다~~.
→ 2010년 독일 인구는 82(백만 명)이다.
이때 10%(0.1)씩 증가한다면, 매년 총인구는 (전년도 인구)×1.1가 된다. 따라서,
• 2011년 인구: 82백만 명×1.1= 90.2백만 명 <100백만 명

• 2012년 인구: 82백만명×$(1.1)^2$=82백만 명 ×1.21=99.22백만명 < 100백만 명

• 2013년 인구: 82백만명×$(1.1)^3$=82백만 명 ×1.331=109.14백만명 > 100백만 명이다.

따라서 2010년 기준 독일인구가 매년 전년 대비 10% 증가한다면, 독일 인구가 최초로 1억명 이상이 되는 해는 2013년이다.

ㄷ. (○) 2010년 OECD국가의 총 인구 중 터키 인구가 차지하는 비율은 5% 이상이다.

→ 〈그림 2〉에서, 미국의 인구는 300백만명이고 OECD국가의 총인구 중 미국 인구가 차지하는 비율이 25%이므로, 인구와 인구 비율의 비례식을 사용할 수 있다.

이때 OECD국가의 총인구 중 5%는 미국 인구의 $\frac{1}{5}$이다. 따라서 OECD국가의 총인구 중 터키 인구가 차지하는 비율이 5% 이상이다.

ㄹ. (×) 2010년 남아프리카공화국 인구는 스페인 인구보다 적다.

→ 보기 ㉠에서 구한 세계 인구가 71.8억 명이고, 〈그림 1〉에서 남아프리카 공화국 인구는 세계 인구 중 비율이 0.7% 이므로, 남아프리카 공화국 인구는 71.8(억 명)×0.007(0.7%)=0.5026(억 명), 약 5천만 명이 된다.

〈그림 2〉에서 스페인 인구는 45(백만 명)인 4,500만 명이므로, 남아프리카 공화국 인구는 스페인 인구보다 크다.

합격자의 실전 풀이 순서

❶ 발문에서 총인구 중 미국 인구의 비율이 25%라는 점을 표시하고, 〈그림 1〉의 OECD 국가에 표시하고, 이를 〈그림 2〉의 제목과 연결시킨다. 〈그림 1〉, 〈그림 2〉의 단위를 확인한다.

❷ '발문'에서 주어진 정보를 통해 OECD국가의 총인구가 1,200(백 만)임을 확인한다. 이 정보와 〈그림 1〉을 결합하여 보기 ㉠을 해결하고, 〈그림 2〉를 결합하여 보기 ㉢을 해결한다. ㉡은 가정이 추가되고, ㉣은 〈그림 1〉, 〈그림 2〉를 결합해야 해결 가능하므로 뒷순위로 미룬다.

합격자의 시간단축 Tip

Tip ❶ 발문에서 중요한 정보를 제공하는 형태이다. 흔히 발문은 자료의 이름을 적시하는 것에 불과하여 "옳은 것 or 옳지 않은 것"인지만 확인하는 수험생이 많다. 그러나 종종 이 문제와 같이 발문에서 문제 풀이에 도움이 되거나, 핵심이 되는 정보를 함께 제공하는 경우가 있으므로, 발문을 반드시 전체적으로 훑는 습관을 지니는 것이 좋다.

Tip ❷ 자료와 선지의 단위가 달리 주어지는 경우가 많다. 단위 전환이 별다른 사고과정 없이 자연스럽게 되는 수험생의 경우 신경쓰지 않아도 되지만, 대부분의 수험생은 단위 전환을 함에 있어 어려움을 겪을 것이라 생각한다. 따라서 자료와 선지의 단위가 다르다면, '자료의 단위'에 맞춰 선지의 단위를 전환해두고 푸는 것이 편하다. 왜냐하면 선지의 단위를 전환할 경우, 자료의 값을 단위 고려 없이 곧장 사용해도 되어 효율적이기 때문이다.

보기 ㉠ 발문의 '미국 인구 비율이 25%'를 이용하면 OECD 국가 인구는 세계 인구의 $\frac{1}{6}$이고, 미국 300(백만)이 25%이므로 4배 하면 OECD 인구는 1,200(백만)이다. 따라서 세계 인구는 7,200(백만), 즉 72억 명이다.

* **Tip**과 같이 선지의 "70억명 이상"을 〈그림 2〉에 맞춰 "7,000(백만) 이상"으로 전환한 후 풀어내면 더욱 편하다.
**'단위' 전환은 자유자재로 할 수 있는 것이 좋다. 통상 숫자를 표시할 때 컴마(,)를 쓰는 1,000배 기준으로 '일→천→백만→십억→조'를 외워두면 편하다.
예를 들어 7,200(백 만)은 백만→십억임을 고려할 때, 72억임을 매우 쉽게 알 수 있다.

보기 ㉡ 근삿값 공식에 따를 때, $(1+x)(1+y)(1+z)$=약 $1+x+y+z$이다. 이를 이용하면 독일 인구의 증가 추세는 13년까지만 고려할 때, 82×1.1×1.1×1.1=82×(1+0.3)=약 82+24=106 > 100이다. 따라서 14년 이전에 1억 명 이상이 된다.

참고로 근삿값 공식이 성립하는 이유는 다음과 같다. x, y가 1 미만의 값이라면, xy는 매우 작은 값일 것이다. 따라서 $(1+x)(1+y)=1+x+y+xy$에서 xy는 매우 작은 값으로 빼더라도 큰 숫자 왜곡이 나타나지 않을 것이므로 $(1+x)(1+y)=1+x+y$로 처리할 수 있다. x, y, z인 경우에도 동일하다.

보기 ㉢ 터키의 비율을 직접 구하지 않고, 주어진 5%를 옳은 것으로 보고 모순이 발생하는지 확인한다. OECD 국가의 총인구는 1,200(백만)이고, 그 5%는 60(백만)이다. 터키 인구는 74(백만)이므로 5% 이상이다.

보기 ㉣ 비율로 비교하는 것보다는 인구수로 비교하는 것이 더 편하다. 남아프리카공화국 인구수는 7,200 ×0.7 =7.2× 7=약 50이다. 이때 스페인 인구수는 45이므로, 스페인 인구가 더 적다.

158 정답 ①

난이도 ●●○

〈조건 1〉 캔커피와 주먹밥은 각각 2009년과 2010년 사이에 순위 변동이 없다가 모두 2011년에 순위가 하락하였다.

➜ 〈표〉에서 2009년과 2010년 사이엔 순위 변동이 없다가 모두 2011년에 순위가 하락한 제품은 A와 B이다. 따라서, 캔커피와 주먹밥은 A, B 중 하나이며, 나머지 C~E는 생수, 오렌지주스, 참치맛밥 중 하나임을 알 수 있다.

➜ 따라서 B는 생수가 아니므로 〈선택지〉 ④는 정답이 아니다. [남은 선택지 : ①, ②, ③, ⑤]

〈조건 2〉 오렌지주스와 참치맛밥은 매년 순위가 상승하였다.

➜ 조건 ①, ②는 동시에 일어날 수 없으므로, ① 에서 정해진 A, B를 제외하고 C ~ E만을 살펴보면 되는데, D, E의 순위가 매년 상승함을 알 수 있다.

➜ 따라서, D, E가 오렌지주스와 참치맛밥 중 하나이고, 나머지를 제외한 C는 생수임을 확정할 수 있다.

➜ 그러므로 〈선택지〉 ②, ⑤는 정답이 아니다. [남은 선택지 : ①, ③]

〈조건 3〉 2010년에는 주먹밥이 오렌지주스보다 판매량이 더 많았지만 2011년에는 오렌지주스가 주먹밥보다 판매량이 더 많았다.

➜ 주먹밥은 A, B 중 하나이고 오렌지주스는 D, E 중 하나이므로, 각각 짝을 지어 하나씩 비교하면 2010년과 2011년의 순위가 뒤바뀌는 것은 B와 D뿐이다.

➜ 이때 〈표〉를 보면 2010년에 B가 D보다 판매량 순위가 높고, 〈조건 3〉에선 2010년에는 주먹밥이 오렌지주스보다 판매량이 더 많다고 하므로 B가 주먹밥이 되고, D는 오렌지 주스가 된다.

➜ 따라서 〈선택지〉 ①이 정답이다.

〈조건 4〉 생수는 캔커피보다 매년 순위가 낮았다. [사용하지 않아도 되는 조건]

➜ 〈조건 2〉에서 C가 생수임이 확정되었으므로, C보다 매년 순위가 높은 것은 A, B가 해당한다. 〈조건 3〉에서 B가 주먹밥임이 밝혀져서 남은 A는 캔커피가 된다. 그리고 A~D가 정해졌으므로 E는 남은 참치맛밥이 된다.

합격자의 실전 풀이 순서

❶ 〈조건 2〉를 보면, 매년 순위가 상승하는 것은 D, E로 D는 오렌지주스나 참치맛밤 중 하나이므로, ②, ⑤번을 소거한다.

❷ 〈조건 1〉에 부합하는 것은 A, B로 B는 주먹밥이나 캔커피 중 하나이므로 ④번을 소거한다.

❸ 〈조건 3〉을 보면 서로 순위가 교차된 것은 B와 D로 B는 주먹밥, D는 오렌지주스임을 알 수 있다. 따라서 정답은 ①번이다.

합격자의 시간단축 Tip

'매칭형'은 통상 3가지 풀이 방식을 이용한다.

① 첫 번째는 '확정 정보 활용 방식'이다. 〈조건〉 중 '가장 큰 것'과 같이 확정 조건을 먼저 해결하여 경우의 수를 줄여나가면 된다.
참고로 '확정 정보'를 제공하는 선지는 대부분 특정 패턴으로 출제된다. 따라서 기출 문제, 모의고사 문제를 풀면서 확정 정보를 제공하는 선지는 따로 모아 정리해두면 좋다.

② 두 번째는 '모순 발견 방식'이다. 선지 중 하나를 뽑아 옳은 것으로 가정 후, 모순이 있는지 여부를 통해 답을 찾는 방식이다. 이때 아무 값이나 뽑아 처리하는 것보다는 비교적 답이 될 확률이 높아보이는 선지를 선택하는 것이 좋다.
예를 들어 3개의 매칭값이 존재할 때, 좌측부터 첫 번째 매칭값은 세 개의 선지에서, 두 번째 매칭값은 세 개의 선지에서, 세 번째 매칭값은 두 개의 선지에 있는 이른바 '3－3－2' 형태가 대표적인 확률이 높은 선지이다.

③ 세 번째는 '상대 정보 활용 방식'이다. ①과는 달리 상대 정보를 활용하되, 상대 정보를 선지에 대입하여 소거해 나가는 방식이다. 이는 잘 활용할 경우 어렵게 주어진 조건도 쉽게 이용할 수 있다.

위 3가지 풀이는 어느 하나만 사용하는 것이 아니라, 문제 형태에 맞게 유동적으로 활용하는 것이 좋다. 문제에 맞게 다양한 풀이를 적용하는 연습을 해야 한다.

159 정답 ①

난이도 ●●○

ㄱ. (○) 2010년보다 2011년 매출액, 이익률, 시장점유율 3개 항목이 모두 큰 품목은 없다.
➜ 〈그림〉의 매출액, 이익률, 시장점유율을 순서대로 2010년보다 2011년이 더 큰 품목들을 찾으면 된다. 우선 B, E 품목이 2010년보다 2011년의 매출액이 더 크다.
다음으로 가로축의 위치를 활용해서 이익률을 살펴보면, B, E 중 E 품목이 2010년보다 2011년에 이익률이 더 크다.

해설편 · 6일차 · 수리능력 · 자료해석

그리고 세로축의 위치를 활용해서 E 품목의 시장점유율을 살펴보면, 2010년 40%에서 2011년 30%로 감소했다.

따라서 2010년보다 2011년 매출액, 이익률, 시장점유율 3개 항목이 모두 큰 품목은 없다.

ㄴ. (○) 2010년보다 2011년 이익이 큰 품목은 3개이다.

➜ 〈각주 2〉를 통해 이익=(매출액×이익률)이다. 이 공식을 활용해서 A ~ E의 2010년 대비 2011년 이익의 증가를 판단하면 된다.

- C의 경우: 2010년과 2011년 매출액은 같으나 2011년 이익률이 2010년보다 크므로 이익은 증가,
- D의 경우: 2010년 이익은 (40억×0.8)=3.2억이지만, 2011년에는 (35억×0.1)=3.5억으로 이익이 증가했다.
- E의 경우: 2010년 이익은 (50억×0.14)=7억이지만, 2011년에는 (60억×0.2)=12억으로 이익이 증가했다.
- A의 경우: 2010년 대비 2011년 이익이 감소했고, B는 감소하거나 동일하다.

따라서 2010년보다 2011년 이익이 더 큰 품목은 C, D, E 3개 품목이다.

ㄷ. (×) 2011년 A품목의 시장규모는 2010년보다 ~~크다~~.

➜ 〈각주 3〉에 의해 시장규모: $\frac{\text{매출액}}{\text{시장점유율}}$이다.

〈그림 1〉에서 A의 2010년 시장규모는 $\frac{100\text{억 원}}{0.3}$으로 300억 원 이상이지만, 〈그림 2〉에서 A의 2011년 시장규모는 $\frac{90\text{억 원}}{0.4}$으로 300억 원 미만이므로 2011년이 2010년보다 작다.

ㄹ. (×) 2011년 시장규모가 가장 큰 품목은 전년보다 이익이 ~~작다~~.

➜ 〈그림 2〉에서 2011년에 시장규모가 가장 큰 품목은 $\frac{35\text{억}}{0.1}$인 D 품목이다.

반면 D의 이익은 2011년 3.5억 원으로 2010년 3.2억 원보다 크다.

따라서 틀린 보기이다.

합격자의 실전 풀이 순서

❶ 〈그림 1, 2〉의 x, y축과 각주를 확인한다. 매출액이 주어져 있으므로 이익과 시장규모를 각각 구할 수 있음을 확인한다.

❷ 단일 품목만 확인하는 보기 ㉢을 먼저 해결하면 ㉢은 틀린 선지이므로 ②, ④, ⑤번을 소거한다.

❸ 남은 ㉠과 ㉣ 중 비교적 간단한 ㉠을 먼저 확인하면 ㉠은 옳은 선지이므로 정답은 ①번이다.

합격자의 시간단축 Tip

문제의 '매출액'과 같이 정확한 수치 값을 구하기 어려운 형태(예 원의 면적)로 주어지는 경우,

① 매우 큰 차이가 나, 눈으로도 대소를 알 수 있는 값만 비교하도록 하거나,

② 매우 비슷하여 해당 값을 소거하고 다른 값 간의 비교 형태로 전환하는 유형으로만 출제된다.

즉, 출제자는 문제의 오류를 방지하기 위해 극히 소극적인 형태로만 출제하므로 정확한 수치 값을 구하기 어려운 형태가 주어진다면, 난이도가 현저히 낮을 수 밖에 없으므로 먼저 확인하는 것이 좋다.

보기 ㉠ 숫자를 직접 확인해야 하는 매출액보다는 시각적으로 쉽게 확인할 수 있는 이익률과 시장점유율을 먼저 처리한다. 이때 어느 한 값에서 감소한 품목에 X표시를 하는 등의 방식으로 확실히 소거시킨다. 이를 표시하지 않을 경우 이미 반례가 발견된 품목을 다른 값에서 다시 검토하는 등의 시간 낭비가 있을 수 있기 때문이다.

보기 ㉡ 계산을 최소화하기 위해 이익을 직접 계산하여 비교하지 않고, 구성 요소들의 대소를 통해 비교한다.

즉 이익 $= \frac{\text{이익률}(\%) \times \text{매출액}}{100}$이므로, 이익률과 매출액 각각의 대소를 확인한다.

예를 들어 A의 경우 이익률과 매출액 각각이 감소하였으므로 이익은 감소한다.

B의 경우 구성요소로 확인이 안되므로, 가볍게 곱해 확인하면 불변이다. C는 매출액은 그대로이나 이익률은 증가하였으므로 증가한다. 마지막으로 E는 매출액, 이익률 모두 증가하였으므로 당연히 증가한다. 따라서 이익이 큰 품목은 3개이다.

보기 ㉢ 보기 ㉡과 마찬가지로 직접 계산하지 않고 구성 요소의 대소를 통해 비교한다. 시장규모는 매출액을 시장점유율로 나눠 도출하므로, 매출액과 시장점유율 각각의 대소를 확인한다. 이때 A의 경우 매출액은 감소하고 시장점유율은 증가했으므로 계산하지 않더라도 감소했음을 쉽게 알 수 있다.

보기 ㉣ 이익의 확인은 보기 ㉡을 참고한다. '시장규모'의 경우 직접 도출하지 않고, 구성요소의 상대비를 이용해서 처리하면 된다. 매출액의 경우 배수가 큰 차이 나지 않지만, 시장점유율의 경우 최대 4배까지 크게 차이난다. 따라서 시장점유율이 가장 작은 D를 기준으로 비교하면 좋다. 예를 들어 A와 비교할 경우, 매출액은 3

배 미만이지만 시장점유율은 4배이므로 D > A임을 알 수 있다.

160 정답 ① 난이도 ●●○

① (○) 순위점수합이 가장 큰 지원자는 '종현'이다.

➜ 〈표 2〉의 하단을 살펴보면 순위점수합을 계산하는 방법을 확인할 수 있으며, 종현의 순위점수합은 11점으로 주어진다. 다음으로 유호의 경우에는 총 5명의 면접위원이 2개의 1순위(3점), 1개의 2순위(2점), 2개의 3순위(1점)를 부여하였다.

그러므로 유호의 순위점수합은 (2×3)+(1×2)+(2×1)=10점이 된다.

마지막으로 은진의 경우에는 총 5명의 면접위원이 1개의 1순위(3점), 2개의 2순위(2점), 2개의 3순위(1점)을 부여하여 은진의 순위점수합은 (1×3)+(2×2)+(2×1)=9점이 된다.

따라서 순위점수합을 정리하면 종현은 11점, 유호는 10점, 은진은 9점으로 순위점수합이 가장 큰 지원자는 '종현'이다.

② (×) 비율점수법 중 중앙3합이 ~~가장 큰 지원자는~~ 순위점수합도 ~~가장 크다~~.

➜ 〈표 1〉의 하단을 살펴보면 5명의 면접위원이 부여한 점수 중 최곳값과 최젓값을 제외한 3명의 점수를 합하여 중앙3합을 구할 수 있다.

종현의 중앙3합은 최고값 8점과 최젓값 1점을 제외한 7점, 6점, 6점을 더한 19점이다.

유호의 중앙3합은 최고값 9점과 최젓값 3점을 제외한 7점, 6점, 8점을 더한 21점이다.

은진의 중앙3합은 최고값 8점과 최젓값 2점을 제외한 5점, 7점, 6점을 더한 18점이다.

따라서 비율점수법 중 중앙3합이 가장 큰 지원자는 유호이다.

하지만 앞서 ① 번에서 계산한 순위점수합이 가장 큰 지원자는 종현이므로 비율점수법 중 중앙3합이 가장 큰 지원자는 순위점수합도 가장 크다는 설명은 옳지 않다.

③ (×) 비율점수법 적용 결과에서 평가점수의 전체합과 중앙3합이 큰 값부터 등수를 정하면 지원자의 등수는 각각 ~~같다~~.

➜ 〈표 1〉의 비율점수법 적용 결과에서 평가점수의 전체합은 총 5명의 면접위원이 부여한 점수를 모두 더한 것으로 종현, 유호, 은진의 평가점수의 전체합은 각각 28점, 33점, 28점이다.

즉, 큰 값부터 등수를 정하면 평가점수의 전체합의 1등은 유호이며 은진과 종현은 공동 2등이다.

그리고 중앙3합은 앞서 ② 번에서 계산한 것과 같이 종현, 유호, 은진의 중앙3합은 각각 19점, 21점, 18점으로 1등은 유호, 2등은 종현, 3등은 은진이다.

따라서 평가점수의 전체합의 등수와 중앙3합의 등수는 다르다.

④ (×) 비율점수법 적용 결과에서 평가점수의 전체합이 가장 큰 지원자는 ~~'은진'이다~~.

➜ 〈표 1〉에서 평가점수의 전체합은 총 5명의 면접위원이 부여한 점수를 모두 더한 것으로 종현의 전체합은 28로 주어져 있다. 유호의 평가점수의 전체합은 (9+7+6+3+8)=33점이며, 은진의 평가점수의 전체합은 (5+8+7+2+6)=28이 된다.

따라서 비율점수법 적용 결과에서 평가점수의 전체합이 가장 큰 지원자는 33점인 유호이다.

⑤ (×) 비율점수법 적용 결과에서 중앙3합이 높은 값부터 등수를 정하면 ~~2등은 '유호'이다~~.

➜ 〈표 1〉의 비율점수법 적용 결과에서 종현, 유호, 은진의 중앙3합은 각각 19점, 21점, 18점이다. 이는 앞서 ② 번에서 계산한 결과이다. 따라서 중앙3합이 높은 값부터 등수를 정하면 1등은 유호, 2등은 종현, 3등은 은진이 된다.

합격자의 실전 풀이 순서

❶ 〈표 1〉의 전체합, 중앙3합에 표시하고, 각주를 확인한다. 〈표 2〉의 순위점수합에 표시하고 단위 및 그 아래의 각주를 확인한다.

❷ 평가 방법은 전체합, 중앙3합, 순위점수로 총 3가지로, 여러 평가 방법을 겹쳐 묻는 선지는 시간이 오래 걸리므로 3가지 중 어느 하나만 물은 선지 위주로 확인한다.
따라서 두 가지 이상의 평가 방법을 질문한 ②, ③ 번을 제외하고 ①, ④, ⑤번을 먼저 해결한다.

❸ 〈표 2〉만 활용하는 선지 ①을 〈표 1, 2〉의 결합을 요하는 선지 ②보다 먼저 해결한다.

합격자의 시간단축 Tip

전체합, 중앙3합, 순위점수합 등은 자주 출제되는 합산 방법이다. 따라서 매번 합산 방법 각주를 읽고 이해하는데 시간을 소모하는 것은 시간 낭비에 해당하므로, 빈출되는 합산 방법을 암기하여 바로 해결할 수 있도록 하는 것이 좋다.

선지 ① 순위점수합을 실제로 구하지 않고, '차잇값'으로 확인하는 것이 좋다.

먼저 종현과 유호를 비교할 때 2, 1, 1, 3이 겹치므로 소거하면 종현은 2, 유호는 3이 남는다. 작을수록 점수가 크므로 종현 > 유호이다. 다음으로 종현과 은진을 비교할 때 2, 1, 2, 3이 겹치므로 소거하면 종현은 1, 은진은 3이 남는다. 따라서 종현 > 은진이므로 ① 번은 옳은 선지이다.

선지 ② '중앙3합'은 자주 출제되는 개념이다. 실수를 방지하기 위해, 가장 큰 값과 작은 값에 X표를 치는 등 시각적으로 소거하는 것이 좋다.

선지 ③ **선지 ⑤** 빈칸이 있는 지원자 수가 2명 밖에 없어 이를 직접 도출해 확인해도 무관하지만, 일반적으로 가장 효율적인 풀이 방식은 '차잇값 비교법'이다. 현재 값이 주어져 있는 '종현'을 기준으로 A ~ E 각각에 대해 유호와 은진을 비교한다.
예를 들어 유호의 경우 '전체합'은 A → E 순서대로 +2, −1, 0, −3, +7로 이를 합산하면 양수이므로 유호 > 종현임을 빠르게 알 수 있다.

선지 ④ 전체합을 직접 구하지 않고, 선지 ①과 같이 '차잇값'으로 확인하는 것이 좋다.
④ 번에서 '은진'이 가장 높다고 하였으므로, 이미 전체합이 주어진 '종현'과 비교하면 7. 8. 6이 겹치므로 소거한다. 남은 값만 보면 종현은 6+1=7, 은진은 5+2=7로 동일하므로, 은진이 가장 크지 않을 것이므로 틀린 선지가 된다.

161 정답 ②

난이도 ●●●

ㄱ. (O) 2005년 이후 항공기사고 발생 건수는 매년 증가하였다.
→ 〈그림〉의 연도별 항공기사고 발생 건수를 묻고 있으므로 〈그림〉을 통해 2005년 이후 항공기사고 발생 건수를 확인한다.
2005년(2건) → 2006년(4건) → 2007년(7건) → 2008년(9건)이므로, 매년 증가하는 것을 확인할 수 있다.

ㄴ. (×) 비행단계별 항공기사고 발생 건수가 많은 것부터 순서대로 나열하면 ~~순항, 착륙, 접근, 상승 순이다.~~
→ 〈표〉를 보고 비행단계별 항공기사고 발생 건수가 많은 것부터 순서대로 나열하면 순항(22건) > 착륙(17건) > 상승(7건) > 접근(6건) 순이다.
따라서 틀린 보기이다.

ㄷ. (O) 순항단계와 착륙단계의 항공기사고 발생 건수의 합은 총 항공기사고 발생 건수의 60% 이상이다.
→ 〈표〉를 보면 단계별 발생 건수에 대한 비율이 있으므로 순항단계와 착륙단계에서의 발생 건수의 비율을 더하면 37.9%+29.4%=67.3%이므로 60% 이상이다.

ㄹ. (×) 2006~2008년 동안 항공기사고 발생 건수의 전년대비 증가율은 매년 ~~100% 이상이다.~~
→ 〈그림〉을 보고 항공기사고 발생 건수의 전년대비 증가율을 비교한다.
증가율은

$$\frac{\text{(해당 연도의 항공기사고 발생 건수−이전 연도의 항공기사고 발생 건수)}}{\text{이전 연도의 항공기사고 발생 건수}}$$

×100(%)으로 구한다.
각 년도 별로 값을 구하면,

- 2006년 증가율: $\frac{4-2}{2}\times100=100(\%)$
- 2007년 증가율: $\frac{7-4}{4}\times100=75(\%)$
- 2008년 증가율: $\frac{9-7}{7}\times100=28.57(\%)$

이므로 매년 100% 이상이 아니다.

합격자의 실전 풀이 순서

❶ 〈표〉를 읽으면서 비율을 활용한 선지를 예상해 볼 수 있다. 그리고 총 58건이 비행단계 또는 연도에 따라 분류된 점을 체크한다.

❷ 보기 ㉠: 2005년의 항공기사고 발생 건수는 2건, 2006년의 경우 4건, 2007년의 경우 7건, 2008년의 경우 9건으로 매년 증가하였으므로 참이다. 따라서 ③, ⑤번이 소거되며 보기 ㉣을 본다.

❸ 보기 ㉣: 2008년의 항공기사고 발생 건수의 2007년 대비 증가율이 100% 이상이기 위해서는 2008년이 2007년의 2배 이상이 되어야 한다. 그러나, 7×2 > 9이므로 옳지 않다.
따라서 ④번도 소거되며, 보기 ㉡과 ㉢ 중 수월해 보이는 ㉢을 본다.

❹ 보기 ㉢: 순항단계와 착륙단계의 발생 건수의 합이 총 항공기사고 발생 건수의 60% 이상인지 알기 위해서는 비율을 활용하면 쉽게 확인할 수 있다. 37.9%+29.4% > 60%이므로 참이다. 따라서 정답은 ②번이다.

합격자의 시간단축 Tip

보기 ㉠ 막대그래프의 시각적 효과를 이용한다. 구체적인 값(2 → 4 → 7 → 9)을 검토하지 않고, 막대가 길어지는 추세에 있는지 여부만 확인하면 된다.

보기 ㉡ 비행단계별 항공기사고 발생 건수가 많은 것부터 순서대로 나열하면 순항, 착륙, 상승, 접근 순이므로 옳지 않다.

이 문제는 순서를 단순 확인하는 유형으로, 출제 의도상 수험생이 시간을 소모하도록 하기 위해 통상 뒷부분에 반례를 배치하는 경향이 있다. 따라서 뒤에서부터 순서가 맞는지 확인하는 것이 효율적이다. 보기 ㉡의 경우 후순위부터 상승→접근 순으로 확인 시 순위가 잘못되었음을 바로 알 수 있다.

보기 ㉢ 〈표〉를 잘 파악하여 주어진 비율을 이용한다. 즉 전체 값을 통해 직접 60%를 도출하지 않아야 한다. 이때 37.9+29.4를 실제로 더할 필요 없이, 각각 30%씩 분리한다고 생각하고 "30%+약 30% 하고도 남는 것이 있으니 60%는 넘겠다"라고 보고 옳은 선지라 처리하면 된다.

보기 ㉣ '증가율 N%$=\left(\frac{N}{100}+1\right)$배 증가'임을 항상 주의하자.
예를 들어 보기 ㉣의 "증가율 100%"는 곧 2배인지 묻는 것과 같다.

162 정답 ②

난이도 ●●●

- 2006년 대비 2010년 특허출원 건수 증가율이 가장 높은 국가는 중국이다.
  → 〈그림 1〉을 보고 A, B, C, D의 2006년 대비 2010년 특허출원 건수 증가율을 구한다.
  2006년 대비 2010년 특허출원 건수 증가율은
  $\frac{(2010년\ 특허출원\ 건수-2006년\ 특허출원\ 건수)}{2006년\ 특허출원\ 건수}$
  ×100으로 구할 수 있다.
  A의 증가율$=\frac{480-419}{419}\times100 ≒ 14.6(\%)$
  B의 증가율$=\frac{344-408}{408}\times100 ≒ -15.7(\%)$
  C의 증가율$=\frac{391-210}{210}\times100 ≒ 86.2(\%)$
  D의 증가율 $=\frac{170-166}{166}\times100 ≒ 2(\%)$
  따라서 2006년 대비 2010년 특허출원 건수 증가율이 가장 높은 국가는 C이므로 C는 중국이다.
- 2007년 대비 2010년 특허출원 건수가 가장 큰 폭으로 감소한 국가는 일본이다.
  → 앞에서 C는 중국임을 확인했으므로 C는 제외하고 〈그림 1〉을 보고 A, B, D의 감소량을 비교한다.
  A는 2007년 대비 2010년 특허출원 건수 증감 = (480천 건−441천 건)=39천 건
  B의 2007년 대비 2010년 특허출원 건수 증감=(344천 건−396천 건)=−52천 건이다.
  따라서 B의 감소량은 52천 건이다.
  D의 2007년 대비 2010년 특허출원 건수 증감=(170천 건−172천 건)=−2천 건이다.
  따라서 D의 감소량은 2천 건이다.
  2007년 대비 2010년 특허출원 건수가 가장 큰 폭으로 감소한 것은 B이므로 B는 일본이다.
- 2007년 이후 한국의 상표출원 건수는 매년 감소하였다.
  → 〈그림 2〉를 보면 상표출원 건수를 알 수 있다. A와 D의 2007년 이후 상표출원 건수를 비교한다.
  A의 2007년 이후 상표출원 건수는 2007년 상표출원 건수(394)→2008년 상표출원 건수(401) 이므로 증가했다.
  D의 상표출원 건수는 2007년 이후 132천 건→127천 건→126천 건→121천 건으로 매년 감소하였다.
  따라서 D국은 한국, A국은 미국에 해당한다.
- 2010년 상표출원 건수는 미국이 일본보다 10만 건 이상 많다.
  → 2010년 상표출원 건수는 B국인 일본의 경우 113천 건이고, A국인 미국의 경우 368천 건이다.
  따라서 2010년 상표출원 건수는 미국이 일본보다 (368−113)=255천 건만큼 많다.

합격자의 실전 풀이 순서

❶ 발문을 보면서 A~D 국가가 어디에 해당하는지 매칭하는 유형임을 파악한다. 이러한 유형은 효과적으로 정답을 구할 수 있을 것 같은 〈보기〉의 동그라미 먼저 보는 것이 좋다고 생각한다. 그리고 〈보기〉를 판별할 때마다 열심히 소거해 답을 도출한다. 그림들을 보면서 특허와 상표를 구별한다.

❷ 〈보기〉의 세 번째 동그라미: A~C국 모두 2010년도 상표출원 건수가 전년대비 증가하였으므로 매년 감소한 한국이 될 수 없다. 따라서 한국이 D국 이므로 ①, ③, ④번이 소거된다. 선지를 활용하면 미국은 A국으로 확정되었고 일본과 중국만 확정되면 되므로 관련 보기인 첫 번째나 두 번째 동그라미를 보면 될 것이다. 비율보다는 수가 비교하기 쉬우므로 두 번째 동그라미를 본다.

❸ 〈보기〉의 두 번째 동그라미: 2007년 대비 2010년 특허출원 건수가 감소한 국가는 B, D국으로 D국은 172에서 170으로 2밖에 감소하지 않은 반면, B국은 396−344=52만큼 감소하여 가장 크다.
따라서 B국이 일본이므로 정답은 ②번이다. 52라는 숫자를 구체적으로 계산하지 않고 B국이 가장 큰 폭으로 감소하였다는 것을 알 수 있다는 사고가 필요하다.

합격자의 시간단축 Tip

Tip ❶ '매칭형 문제'에서 가장 우선적인 것은 '확정 정보를 제공하는 조건'의 확인이다. 기출을 분석해보면 확정 정보를 주는 조건들은 정형화된 패턴을 가지고 있다.

① '가장 ~ 하다'와 같이 하나로 추려질 수밖에 없는 조건으로 〈보기〉의 첫 번째, 두 번째 조건도 이를 사용할 정도로 자주 활용되는 형태이다.

② n개의 매칭 대상이 있을 때 'n－1개가 적힌 조건' 역시 자주 활용된다. 이는 얼핏 보기에는 확정 정보가 아닌 것 같지만, n－1개에 해당하지 않는 매칭 대상을 확정적으로 알 수 있기에 잘 활용해야 한다.

③ 'A의 n배인 것은 B이다'도 빈출 된다. 이는 제일 작은 값에 n배를 했을 때 이보다 큰 값이 단 하나밖에 없는 경우에 활용된다. 즉 최솟값에 곱했음에도 더 큰 값이 없다는 것은 B가 확정 정보로 제공된다는 의미이다.

이처럼 몇 가지 패턴으로만 출제되니, 기출을 분석하면서 정리해두고 익숙해지는 것이 좋다.

Tip ❷

[방법 1]

〈보기〉의 첫 번째 동그라미를 통해 특허출원 건수의 증가율이 가장 높은 국가는 C국임을 계산 없이 알 수 있다면 시간 단축에 유리할 것이다.

즉, D국의 증가율은 $\frac{170-166}{166}\times100=$약 2.4%와 같은 식으로 구할 수 있다.

그러나 이러한 계산보다 어림산을 통해 A, D국은 조금 증가하고 B국은 감소한 반면, C국은 2배 가까이 증가하였으므로 C국이 가장 증가율이 높다고 판단할 수 있다면 더욱 효율적인 풀이가 될 것이다.

[방법 2]

분모에 해당하는 값(비교 기준값)의 보정을 통해 비교하는 방법도 있다. 먼저 감소한 B, 혹은 지나치게 적게 변한 D는 제외하고 고려한다. 따라서 A, C를 비교할 때 기준값인 2006년 값이 419, 210이므로 C를 2배하여 기준값을 비슷하게 맞춰주면 2010년은 약 400×2=800으로 A의 480보다 한참 크므로 쉽게 C의 증가율이 가장 높음을 알 수 있다.

* 반대로 A를 2로 나눠 2010년 값이 240 < 391임을 확인해도 된다.

Tip ❸ 〈보기〉의 마지막 동그라미의 경우 10만 건을 100천 건으로 단위 환산하여 사고할 필요가 있다. 추가적으로 단위를 맞출 때 세 자리(1,000배) 단위로 일→천→백만→십억→조임을 알아 두면 훨씬 쉽게 해결할 수 있다. 가령 100백만 건이 주어지면, 〈그림 2〉에 맞추기 위해 '천 건'으로 단위를 변환할 때 천→백만이므로 1,000을 곱하면 되어 100,000천 건임을 쉽게 알 수 있다.

163 정답 ⑤ 난이도 ●●●

① (O) 행정구역별 인구

→ 〈표〉와 〈그림〉을 보고 해결할 수 있다. 〈표〉에서 행정구역별 인구수를 알 수 있다.

①번 선택지와 〈표〉에서의 단위 차이가 있는지 확인한다.

단위 차이가 없으므로 숫자만 비교한다.

〈표〉의 행정구역별 인구수와 ①번 선택지의 행정구역별 인구수가 같으므로 〈표〉을 이용하여 ①번 선택지를 작성했다는 것을 알 수 있다.

동구: 249(천 명), 중구: 265(천 명), 서구: 500(천 명), 유성구: 285(천 명), 대덕구: 207(천 명)

② (O) 행정구역별 주차장 확보율

→ 〈표〉에서 행정구역별 주차장 확보율을 알 수 있다. 〈표〉의 행정구역별 주차장 확보율과 ②번 선택지의 행정구역별 주차장 확보율이 같으므로 〈표〉를 이용하여 ②번 선택지를 작성했다는 것을 알 수 있다.

동구: 78.6%, 중구: 68.0%, 서구: 87.2%, 유성구: 90.5%, 대덕구: 75.3%이다.

즉 중구는 70% 미만, 동구와 대덕구는 70% 이상 80% 미만, 서구는 80% 이상 90% 미만, 유성구는 90% 이상에 해당된다. 따라서 〈그림〉과 일치한다.

③ (O) 행정구역별 가구당 승용차 보유대수

→ 〈표〉에서 행정구역별 가구당 승용차 보유대수를 알 수 있다. 〈표〉의 행정구역별 가구당 승용차 보유대수와 ③번 선택지의 행정구역별 가구당 승용차 보유대수가 같으므로 〈표〉를 이용하여 ③번 선택지를 작성했다는 것을 알 수 있다.

동구: 0.85대, 중구: 0.96대, 서구: 1.04대, 유성구: 1.14대, 대덕구: 1.13대

④ (O) 행정구역별 화물차 수송도착량에 대한 화물차 수송발생량 비율

→ 〈표〉에서 행정구역별 화물차 수송 도착량에 대한 화물차 수송 발생량 비율을 알 수 있다. 〈표〉의 행정구역별 화물차 수송 도착량에 대한 화물차 수송 발생량 비율과 ④번 선택지의 행정구역별 화물차 수송 도착량에 대한 화물차 수송 발생량 비율이 같으므로 〈표〉를 이용하여 ④번 선택지를 작성했다는 것을 알 수 있다.

⑤ (×) 행정구역별 승용차 1대당 통행발생량

➜ 승용차 1대당 통행발생량(통행) = $\frac{\text{승용차 통행발생량}}{\text{승용차 보유대수}}$이므로 값을 구하면,

- 동구: $\frac{280,000}{84,000}=3.3$ 통행
- 중구: $\frac{320,000}{97,000}=3.29$ 통행
- 서구: $\frac{610,000}{187,000}=3.26$ 통행
- 유성구: $\frac{330,000}{116,000}=2.84$ 통행
- 대덕구: $\frac{250,000}{85,000}=2.94$ 통행이다.

따라서 〈그림〉과 일치하지 않는다.

합격자의 실전 풀이 순서

❶ [방법 1]

발문을 읽으면서 '옳지 않은 것'을 묻고 있음을 주의한다. 그리고 이러한 그래프 작성이 타당한지 ①번부터 판별하기보다는 정답이 유력해 보이는 보기를 우선적으로 보는 것이 좋다.

각주의 승용차 1대당 통행발생량이 표의 내용을 가공한 것으로 ⑤번과 관련되어 있으므로 가장 먼저 볼 필요가 있다.

[방법 2]

단, 분수 값 도출에 자신이 없다면 쉬운 선지부터 빠르게 '소거법'으로 접근하는 것이 좋다. 또한 자신이 있다 하더라도 지나치게 까다로운 계산을 요구하는 경우면 소거법이 더 바람직하다.

따라서 무조건 어느 하나를 정해서 연습하는 것은 지양하고, 상황과 자신의 실력에 따라 유동적으로 접근하는 것이 좋다.

❷ 선지 ⑤번은 '단위'로 함정이 배치된 매우 어려운 문제이다. 다만 단위를 틀리게 봐도 숫자 자체가 터무니없는 숫자가 주어져 잘못된 풀이인지 모르고 답을 맞힌 수험생이 많을 것이라 생각한다.

옳은 풀이는 아래와 같다.

분모가 되는 승용차 보유대수는 단위가 '천대'이고 분자가 되는 승용차 통행발생량은 단위가 '만통행'이다. 즉 단위가 달라 이를 분자에 맞추면, 승용차 보유대수는 기존 값에 10을 나누어 '만대'로 변환할 수 있다. 이를 표로 그리면 다음과 같다.

	승용차 통행 발생량 (만통행)	승용차 보유대수 (천대)	승용차 보유대수 (만대)	승용차 1대당 통행 발생량 (통행)
동구	28	84	8.4	약 3.3
중구	32	97	9.7	약 3.3
서구	61	187	18.7	약 3.3
유성구	33	116	11.6	약 2.8
대덕구	25	85	8.5	약 2.9

실제로는 단위를 맞추는 것이 핵심이므로, 위의 표처럼 전부 계산할 필요 없이 나눈 값이 '1보다 크다'라는 것만 확인 후 바로 틀린 선지로 처리하면 된다.

어려운 만큼 다시 한번 강조하지만, '단위'는 놓치기 정말 쉽다. 언제나 '단위'를 확인하자.

합격자의 시간단축 Tip

①, ②, ③, ④번과 같은 단순 확인선지는 어떻게 하면 시간 낭비 없이 더 빠르게 확인할 수 있을 지 고민해보는 것이 좋다.

예를 들어 문제 3번은 〈표〉를 〈그림〉처럼 구역도로 전환해야 되어 직관적이지 않아, 빠르게 안 읽힐 수도 있다. 이에 〈그림〉을 살펴보면 동구부터 '반 시계 방향'으로 회전하는 순서로 〈표〉가 구성되어 있음을 알 수 있다. 따라서 파악된 후에는 반 시계 순으로 수치만 확인한다.

164 정답 ① 난이도 ●●●

- 1989년 징수세액이 5,000억 보다 적은 세목은 상속세, 자산재평가세, 전화세, 증권거래세, 증여세이다.
  ➜ 5,000억 보다 적은 세목을 〈표〉에서 찾으면, A, 증여세, B, 전화세, D이다.
  따라서 A, B, D는 각각 상속세, 자산재평가세, 증권거래세 중 하나이고, C는 부가가치세이다.
- 1989년에 비해 1999년에 징수세액이 10배 이상 증가한 세액은 상속세와 재산재평가세이다.
  ➜ 1989년에 비해 1999년에 징수세액이 10배 이상 증가한 세목을 〈표〉에서 찾으면 A, B가 된다.
  그러므로 A, B는 상속세 또는 자산재평가세가 될 수 있고, D는 증권거래세이다.
- 1999년에 비해 2009년에 징수세액이 증가한 세목은 법인세, 부가가치세, 상속세, 소득세, 증권거래세, 증여세이다.
  ➜ 1999년에 비해 2009년 징수세액이 증가한 것을 〈표〉에서 찾으면, 소득세, 법인세, A, 증여세, C, D이다. 〈보기〉에서 법인세, 부가가치세, 상속세, 소득세, 증권거래세, 증여세라 하였으니 A, C 는 부가가치세, 상속세 중 하나가 되고 〈보기〉에서 알 수 있듯이 A, B는 상속세, 자산재평가세 둘 중 하나이므로 공통된 A가 상속세가 된다.

그러므로 B=자산재평가세, C=부가가치세, D=증권거래세가 된다. 따라서 정답은 ① 이다.

합격자의 실전 풀이 순서

[방법 1] 추천풀이

❶ A~D가 어디에 해당하는지 매칭하는 유형임을 파악한다.
매칭형이므로 '확정 정보'를 주는 조건인 〈보기〉의 세 번째 동그라미부터 확인한다.

❷ 〈보기〉의 세 번째 동그라미: '확정 정보'를 주는 조건이다. A~D까지 총 4가지 값 중 3가지(상속세, 부가가치세, 증권거래세)가 포함되어 있어, '반대 해석'을 통해 '자산재평가세'를 확정적으로 알 수 있다. 이를 확인하면 B만 1999년에 비해 2009년 징수세액이 감소하여 B가 자산재평가세임을 알 수 있다. 선지를 보면 B가 자산재평가세인 것은 ①번 밖에 없어, 정답은 ①번이다.
이 경우 한 조건만 보고 문제를 풀 수 있다.
[아래 **Tip**의 두 번째 패턴에 해당하므로 반드시 확인한다]

[방법 2]

❶ 발문을 보면서 A~D가 어디에 해당하는지 매칭하는 유형임을 파악한다.
효과적으로 정답을 구할 수 있을 것 같은 〈보기〉의 동그라미를 먼저 본다. 그리고 〈보기〉를 판별할 때마다 소거법을 활용한다.

❷ 〈보기〉의 첫 번째 동그라미: 1989년 징수세액이 5,000억 원보다 적은 세목은 A, B, D로 상속세, 자산재평가세, 증권거래세 중 하나씩 연결될 것이다. 따라서 선지를 활용하면 ②, ④번이 소거되며 부가가치세는 C로 확정될 것이다.

❸ 〈보기〉의 두 번째 동그라미: A, B, D 중 1989년에 비해 1999년에 10배 이상 증가한 것은 A와 B임을 알 수 있다. 따라서 증권거래세가 D가 되어 ⑤번이 소거된다.

❹ 〈보기〉의 세 번째 동그라미: 1999년에 비해 2009년에 징수세액이 증가한 세목은 A로 상속세가 포함되어 있다. 따라서 정답은 ①번이다.

합격자의 시간단축 Tip

'매칭형 문제'에서 가장 우선적인 것은 '확정 정보를 제공하는 조건'의 확인이다. 기출을 분석해보면 확정 정보를 주는 조건들은 정형화된 패턴을 가지고 있다.

① '가장 ~하다'와 같이 하나로 추려질 수밖에 없는 조건으로 자주 활용되는 형태이다.

② n개의 매칭 대상이 있을 때 'n－1개가 적힌 조건' 역시 자주 활용된다. 이는 얼핏 보기에는 확정 정보가 아닌 것 같지만, n－1개에 해당하지 않는 매칭 대상을 확정적으로 알 수 있기에 잘 활용해야 한다. 문제 4번 역시 이를 이용해 해결할 수 있다.

③ 'A의 n배인 것은 B이다'도 빈출 된다. 이는 제일 작은 값에 n배를 했을 때 이보다 큰 값이 단 하나밖에 없는 경우에 활용된다.

즉 최솟값에 곱했음에도 더 큰 값이 없다는 것은 B가 확정 정보로 제공된다는 의미이다.
이처럼 몇 가지 패턴으로만 출제되니, 기출을 분석하면서 정리해두고 익숙해지는 것이 좋다.

165 정답 ④ 난이도 ●●○

① (×) 평균 순위가 가장 높았던 날은 5개 음원차트별 순위가 전일 대비 ~~모두 상승하였다~~.
→ 〈표〉에서 평균 순위가 가장 높았던 날은 3월 25일이다.
3월 25일의 경우 A, B, D, E 음원차트는 전일 대비 순위가 상승하였으나, C 음원차트는 전일과 순위가 동일하였다. 따라서 틀린 보기이다.

② (×) 3월 24일 A 음원차트에서의 순위는 ~~8위였다~~.
→ 〈표〉에서 보게 되면 25일 C 음원 순위가 같기 때문에 24일에도 순위는 2위였을 것이다.
그렇다면 A, B, C, D, E의 순위는 □, 6, 2, 4, 2이고 평균 순위$=\frac{(\square+6+2+4+2)}{5}$이므로 4.2가 된다. 양변에 5를 곱하면 □+14=21이고, □=7이 된다.
즉 A의 순위는 7위이다.

③ (×) 5개 음원차트별 순위가 전일대비 모두 하락한 날은 평균 순위가 ~~가장 낮았다~~.
→ 음원 순위가 모두 하락한 날은 3월 26일인데 그날의 평균 순위는 5.8이고 27일의 평균 순위가 6.0이므로 가장 낮은 날은 27일이 된다.

④ (○) 3월 27일 C 음원 순위에서는 순위가 전일대비 하락하였다.
→ 3월 27일 A의 음원차트와 E의 음원차트는 전일과 동일하므로
A 음원차트의 순위는 7위,
E 음원차트의 순위는 5위이다.
3월 27일의 평균 순위:
$\frac{(7+\text{B 음원차트 순위}+\text{C 음원차트 순위}+7+5)}{5}$
=6.0이므로
(B 음원차트 순위+C 음원차트 순위)=11위이다.

이때, 3월 27일 B 음원차트 순위는 전일 대비 순위가 상승하였으므로 3월 26일 B 음원차트 순위인 6위보다 작아야 한다.
따라서 3월 27일 C 음원차트 순위는 6위 이상이므로 이는 전일 대비 순위가 하락한 것이다.

⑤ (×) 평균 순위는 ~~매일 하락하였다~~.
→ 평균 순위는 숫자가 작을수록 순위가 높다.
3월 25일 평균 순위는 3월 24일 평균 순위보다 숫자가 작으므로 순위가 상승한 것이다.

합격자의 실전 풀이 순서

❶ 〈표〉를 보면서 지워진 ㅁ칸과 관련된 보기를 예상해 볼 수 있으며, '순위 상승'이 숫자가 커지는 것이 아니라 '작아지는 것'을 의미함을 유의한다. 또한, 항상 순위표는 '순위 밖에 있어 알 수 없는 정보'가 함정으로 나올 수 있다.
그리고 각주 3)에서 평균 순위 공식이 주어져 있기에, 평균을 해결하는 과정에서 '가평균'을 활용하는 것이 시간 단축에 유리한 경우가 있을 수 있다.
단순하게 생긴 선지보다는 ①, ③번을 먼저 볼 것이며, ①번의 모두 상승이라는 표현을 보고 옳지 않을 확률이 높다고 생각하여 ③번을 먼저 볼 것이다.

❷ ③번: 5개 음원차트별 순위가 전일대비 모두 하락한 날은 화살표가 전부 아래 방향인 날로 3월 26일이다. 그러나 평균 순위가 가장 낮은 날은 6.0인 3월 27일로 옳지 않다.

❸ ①번: 평균 순위가 가장 높았던 날은 2.6인 3월 25일이다. 5개 음원차트 순위가 3월 24일에 모두 상승하여야 참이지만, C의 경우 2위로 동일하여 옳지 않다. 이제 ②번을 본다.

❹ ②번: 각주를 활용하면 3월 24일 5개 음원차트별 순위의 합은 21이다. 그리고 C가 2인 것을 ①번을 통해 알게 되었으므로 A는 21−6−2−4−2=7위이다. 그러므로, 옳지 않다.
이제 빈칸이 많은 ④번보다 ⑤번을 먼저 보면 평균 순위가 작아졌다 커지므로 매일 하락하였다는 선지는 옳지 않다는 것을 쉽게 알 수 있다. 따라서 정답은 ④번이다.
이렇게 예상과 달리 거의 모든 보기를 봐야 하는 상황도 발생한다. 그러나 5개 보기를 모두 판별하기보다 4개의 보기를 소거하고 나머지 하나는 옳다고 믿고 넘어가는 접근이 시간 절약을 위해 필요하다고 생각한다.

합격자의 시간단축 Tip

선지 ③ 'a이고 b이다' 식의 유형은 a→b 순으로 확인하는 것보다 b→a 순으로 확인하는 것이 더 쉬울 수 있다. ③번 역시 b인 '평균 순위'는 명시적으로 적힌 값으로 확인하기 쉬우므로 이를 먼저 보면 3월 27일이 가장 낮음을 알 수 있으며, 이를 바탕으로 a부분인 '순위가 전일대비 모두 하락'을 살펴보면 3월 27일에 B가 증가한 것을 볼 수 있어 바로 틀린 선지임을 알 수 있다.

선지 ④ 3월 27일 5개 음원차트별 순위의 합은 6×5=30이다.
그리고 3월 27일의 A와 E는 3월 26일과 동일하게 각각 7위, 5위에 해당한다. 그리고 D는 7위이며, B는 6위보다 순위가 상승하여 1~5위가 될 수 있다.
C 순위가 3월 26일 대비 하락하려면 6위 이하가 되어야 한다. 또한, B가 5위이어야 C가 제일 높은 순위가 될 것이며 이때 C는 30−7−5−7−5=6위가 되어 전일대비 하락한다. 따라서 옳은 선지임을 알 수 있다.

166 정답 ①

난이도 ●○○

① (○) 2005년 서울, 부산, 광주의 실질 성장률은 각각 2004년의 2배 이상이다.
→ 〈표〉에서 2004년 실질 성장률은: 서울(1.0%), 부산(0.6%), 광주(1.5%)이고, 2005년 실질 성장률은: 서울(2.2%), 부산(3.0%), 광주(6.5%)이다.
따라서 2005년 서울, 부산, 광주의 실질 성장률은 각각 2004년 실질 성장률의 2배 이상이다.

② (×) 2004년과 2005년 실질 성장률이 가장 높은 도시는 ~~동일하다~~.
→ 2004년에 실질 성장률이 가장 높은 도시는 울산이고, 2005년에 실질 성장률이 가장 높은 도시는 광주이므로 같지 않다.

③ (×) 2001년 각 도시의 실질 성장률은 2000년에 비해 ~~감소하였다~~.
→ 서울, 대구, 인천, 광주, 대전, 울산의 경우 2001년 실질 성장률이 2000년에 비해 감소하였으나, 부산의 경우 2001년 실질 성장률이 2000년에 비해 증가하였다.
따라서 틀린 보기이다.

④ (×) 2002년 대비 2003년 실질 성장률이 5%p 이상 감소한 도시는 모두 ~~3개이다~~.
→ 2002년 대비 2003년의 실질 성장률은,
• 서울: −6.7%p • 부산: −1.9%p
• 대구: −1.8%p • 인천: −8.3%p
• 광주: −7.9%p • 대전: −0.7%p
• 울산: −13.2%p이다.
2002년 대비 2003년 실질 성장률이 5%p 이상 감소한 도시는 서울, 인천, 광주, 울산으로 4개이다.

⑤ (×) 2000년 실질 성장률이 가장 높은 도시가 2007년에는 실질 성장률이 ~~가장 낮았다~~.

➜ 2000년 실질 성장률이 가장 높은 도시는 광주이고, 2007년에는 실질 성장률이 가장 낮은 도시는 대전이므로 틀린 보기이다.

합격자의 실전 풀이 순서

❶ 발문과 〈표〉를 보면서 특이한 점이 없는지 체크한다. 바로 ①번부터 본다.

❷ ①번: 서울의 2005년 실질 성장률은 2.2이며, 2004년은 1이므로 2배 이상임을 쉽게 확인할 수 있다. 부산 역시 3 > 0.6×2이 성립하며, 광주도 6.5 > 1.5×3이므로 옳다.
따라서 정답은 ①번이다.

합격자의 시간단축 Tip

선지 ②

[방법 1]
2004년 실질 성장률이 가장 높은 도시는 4.3인 울산이며, 2005년에도 울산이 가장 높은지 보면, 두 칸 위의 광주가 더 높은 값(4.6 < 6.5)을 가지고 있으므로 반례가 되어 틀린 선지가 된다.

* 참고로 가장 높은 곳을 찾지 않고 '더 높은 곳이 하나라도 있는지=반례가 있는지' 찾아야 효율적인 풀이이다. 비록 이 문제에서는 공교롭게도 광주가 가장 높은 값이지만, 만약 더 많은 자료가 주어진 상황이라면 실제로 가장 높은 곳을 찾지 않고 이보다 높은 값이 하나라도 있는지 찾는 것이 훨씬 효율적인 풀이가 된다. 따라서 반례를 찾는 형태로 접근해야 함을 기억하자.

[방법 2]
'A이고 B이다' 유형은 A→B로 확인하는 것보다 B→A 순으로 확인하는 것이 더 빠를 수 있다. 왜냐하면 순서를 뒤집은 경우 B를 기준으로 A가 터무니없는 수가 되는 경우가 많기 때문이다. 보기 ②의 경우 뒷부분인 2005년부터 보면 광주가 6.5로 가장 높다. 이에 광주를 기준으로 2004년을 보면 1.5로 당연히 가장 높을 수가 없는 값이다. 따라서 틀린 선지이다.

선지 ③ 7개 도시 모두 2001년의 실질 성장률이 2000년에 비해 감소하여야 한다. 그러나 부산이 5.3에서 7.9로 증가하여 반례가 있어 옳지 않다.

선지 ④ 통상 뺄셈보다는 덧셈이 더 빠르고 실수가 적은 연산 방법이다. 따라서 5%p 감소로 질문하였다 하더라도 이를 덧셈 형태로 바꾸어 보는 게 더 좋다.
즉 모두 2002년 대비 2003년 실질 성장률이 5%p 이상 감소하려면 '2002년 실질 성장률 > 2003년 실질 성장률+5%' 관계가 성립하여야 한다. 따라서 이를 만족하는 도시는 서울(8.0 > 1.3+5), 인천(10.7 > 2.4+5), 광주(9.5 > 1.6+5), 울산(15.8 > 2.6+5)으로 4개이다. 따라서 옳지 않다.

선지 ⑤ 모두 2000년 실질 성장률이 가장 높은 도시는 10.1인 광주로 2007년 실질성장률이 3.7로 가장 낮아야 한다. 그러나 반례로 3.2인 대전이 존재하여 옳지 않다.

167 정답 ①

난이도 ●●○

ㄱ. (O) 2006년과 2011년 모두 원자로 안전도 평가의 모든 분야에서 '보통' 이상의 평가점수를 받은 원자로는 3호기뿐이다.

➜ 〈표〉 아래의 설명을 보면 원자로 안전도 평가는 우수, 양호, 보통, 주의로 나뉜다. 즉, 원자로 안전도 평가의 모든 분야에서 '보통' 이상의 평가점수를 받은 원자로라는 것은 다른 말로 원자로 안전도 평가의 모든 분야에서 '주의'라는 평가점수를 받지 않은 원자로를 말한다.
〈표 1〉에서 2006년 원자로 안전도 평가에서 '주의'라는 평가를 받지 않은 원자로는 2, 3, 6호기이다. 그리고 〈표 2〉에서 2011년 원자로 안전도 평가에서 '주의'라는 평가를 받지 않은 원자로는 3호기이다. 따라서 2006년과 2011년 모두 원자로 안전도 평가의 모든 분야에서 '보통' 이상의 평가점수를 받은 원자로는 3호기뿐이다.

ㄴ. (O) 2006년과 2011년 각각 7호기는 원자로 안전도 평가 분야 중 2개 분야에서 '주의' 평가를 받았는데, 이는 2006년과 2011년 각각 전체 '주의' 평가 건수의 15% 이상이다.

➜ 〈표 1〉의 2006년 원자로 안전도 평가에서 모든 분야, 모든 원자로를 살펴보았을 때 '주의' 평가는 총 11건이다. 즉, 2006년의 원자로 평가에서 7호기가 받은 2건의 '주의' 평가는 전체 '주의' 평가 건수의 $\frac{2}{11}\times100=18\%$이다.
다음으로 〈표 2〉의 2011년 원자로 안전도 평가에서 모든 분야, 모든 원자로를 살펴보았을 때 '주의' 평가는 총 10번이다. 즉, 2006년의 원자로 평가에서 7호기가 받은 2건의 '주의' 평가는 전체 '주의' 평가 건수의 $\frac{2}{10}\times100=20\%$이다.

따라서 2006년과 2011년 각각 7호기의 '주의' 평가는 각각의 전체 '주의' 평가 건수의 15% 이상이다.

ㄷ. (×) 2006년과 2011년 각각 '안전설비 신뢰도' 부문에서는 '비상발전기' 분야의 안전도 점수가 ~~가장 높았다~~.

➜ 2006년 '안전설비 신뢰도' 부분 점수는 안전주입 25점, 비상발전기 20점, 보조급수 22점으로 '안전주입' 분야의 점수가 가장 높다.

2011년 '안전설비 신뢰도' 부분 점수는 안전주입 19점, 비상 발전기 21점, 보조급수 24점으로 '보조급수' 분야의 점수가 가장 높다.

따라서 '비상발전기' 분야의 안전도 점수가 가장 높은 것은 아니다.

ㄹ. (×) 2006년 대비 2011년 '양호' 평가 건수의 증가율은 '보통' 평가 건수의 증가율보다 ~~낮다~~.

➜ 〈표 1〉에서 2006년 '양호' 평가 건수는 12건이고, '보통' 평가 건수는 11건이다.

그리고 〈표 2〉에서 2011년 '양호' 평가 건수는 22건이고, '보통' 평가 건수는 16건이다.

이때 '양호' 평가 건수의 증가율은 $\frac{22-12}{12}=\frac{10}{12}$이고 '보통' 평가 건수의 증가율은 $\frac{16-11}{11}=\frac{5}{11}$이다.

따라서 2006년 대비 2011년 '양호' 평가 건수의 증가율이 '보통' 평가 건수의 증가율보다 높다.

합격자의 실전 풀이 순서

❶ 〈표 1〉의 2006년에, 〈표 2〉의 2011년에 표시하고, 각주를 확인한다.

❷ 모든 원자로의 모든 분야 평가 결과를 살펴야 하는 보기 ㉠, 전체 양호 및 보통 평가 건수를 살펴야 하는 보기 ㉣은 뒷순위로 미룬다. 특정 원자로, 특정 부문에 대해 살피는 보기 ㉡, ㉢ 먼저 해결한다.

❸ 보기 ㉡이 옳으므로 선지 ①, ②, ④가 남고, 보기 ㉢이 옳지 않으므로 선지 ①, ②가 남는다. 계산을 요하는 보기 ㉣보다는 자료의 단순 확인을 요하는 보기 ㉠을 해결한다.

합격자의 시간단축 Tip

●, ◑, ▣ 등의 기호는 실제로 평가 결과를 작성할 때 활용되는 기호인 만큼 당연히 자주 출제될 수 밖에 없다. 대부분 기호 별 대소 관계는 유지될 것이므로, 해당 기호에 익숙해지면 더 빠른 풀이가 될 수 있다. 따라서 기호의 대소 순서를 암기해두는 것이 좋다.

참고로 해당 기호가 출제되는 경우, 통상 '매칭해서 소거(상쇄)'시키는 방법이 가장 효율적이므로 어떻게 하면 편하게 매칭시킬 수 있을지 고민하자.

보기 ㉠ 'A이면서 B' 유형은 시간 소모를 줄이기 위해 역순으로 확인하는 것이 좋다.

2011년(〈표 2〉) 먼저 확인한 후, 2006년(〈표 1〉)을 확인한다. 모든 분야에서 ▣가 없는 원자로가 3호기뿐인지 확인한다. 2011년에 ▣가 없는 원자로는 3호기뿐이다. 3호기는 2006년에도 ▣가 없다.

* 참고로 '없는 것을 찾는 것' 보다는 '있는 것을 찾는 것'이 빠르다. 왜냐하면 특정 기호를 찾는 것이 없는 것을 찾는 것보다 빠르기 때문이다.
따라서 ▣가 있는 것 위주로 먼저 소거하고 남는 것이 무엇인지 보는 방법이 좋다.

보기 ㉡ '2개'가 '15%'라는 것은 전체 주의 개수가 13개 이하면 된다는 의미이다.

2011년(〈표 2〉) 먼저 확인한 후, 2006년(〈표 1〉)을 확인한다.

2011년 7호기 평가 결과에서 ▣는 2개이고, 2006년에도 마찬가지이다.

2011년 전체 ▣의 개수는 10개이므로, 2개는 15%(=1.5개) 이상이다.

2006년 전체 ▣의 개수 역시 10개이므로, 2개는 15% 이상이다.

보기 ㉢ 2011년(〈표 2〉) 먼저 확인한 후, 2006년(〈표 1〉)을 확인한다.

안전주입, 비상 발전기, 보조급수 평가 결과 서로 상쇄되는 평가 결과를 지운다.

예를 들어, 2011년 위의 세 분야에 공통적으로 ● 4개가 있으므로, 서로 상쇄된다.

● 1개와 ◑ 3개, ◕ 1개와 ◑ 2개 역시 서로 상쇄된다.

2011년에는 서로 상쇄시킨 후 안전주입은 0점, 비상발전기는 2점, 보조급수는 5점이 남으므로 보조급수의 안전도 점수가 더 높다.

보기 ㉣ '보통' 평가 건수는 11→16으로 5개 증가하였고, '양호' 평가 건수는 12→22로 10개 증가하였다. 이때 분모는 11, 12로 유사하나 증가분은 5→10으로 2배이므로 계산하지 않더라도 양호의 증가율이 더 높다는 것을 쉽게 알 수 있다.

168 정답 ③ 난이도 ●●○

ㄱ. (×) 2008 ~ 2010년 동안 ~~전력 소비량은 매년 증가한다.~~

➜ 〈표 1〉은 유형별 최종에너지 소비량 비중이 '%' 단위로 표시되고 〈표 2〉는 부문별 유형별 최종에너지 소비량이 '천TOE (석유 환산 톤 수)'로 표시되고 있다. 2008~2010년 동안 전력 소비량을 알아보기 위해서는 〈표 2〉의 '천TOE(석유 환산 톤 수)' 단위로 알아봐야 하나 〈표 2〉는 2010년의 소비량만을 알려주고 있으므로 제시된 자료만 가지고는 2008, 2009년 소비량을 알 수 없다. 따라서 보기 ㉠의 내용인 전력 소비량이 매년 증가하는지 아닌지 알 수 없다.

ㄴ. (○) 2010년에는 산업부문의 최종에너지 소비량이 전체 최종에너지 소비량의 50% 이상을 차지한다.

➜ 산업부문의 최종에너지 소비량이 전체 최종에너지 소비량에서 차지하는 비율(%)은 (산업부문의 최종에너지 소비량)÷(전체 최종에너지 소비량)×100으로 구할 수 있다.

〈표 2〉의 산업부문 최종에너지 소비량은 총 115,155 (천TOE)이고 전체 최종에너지 소비량은 193,832 (천TOE)이므로 비율(%)은 (115,155÷193,832)×100=59.4%이다.

따라서 전체 최종에너지 소비량에서 산업부문의 최종에너지 소비량은 50% 이상을 차지한다.

ㄷ. (○) 2008~2010년 동안 석유제품 소비량 대비 전력 소비량의 비율이 매년 증가한다.

➜ 석유제품 소비량 대비 전력 소비량의 비율은

$$\frac{\text{해당연도 전력 소비량}}{\text{해당연도 석유제품 소비량}} \rightarrow$$

$$\frac{\dfrac{\text{해당연도 전력 소비량}}{\text{해당연도 최종에너지 소비량}}}{\dfrac{\text{해당연도 석유제품 소비량}}{\text{해당연도 최종에너지 소비량}}}$$

$$\rightarrow \frac{\text{해당연도 전력 소비량 비중}}{\text{해당연도 석유제품 소비량 비중}}\text{이다.}$$

〈표 1〉에 나와 있는 자료를 사용하여 이 값을 구해보면,

- 2008년: 18.2 ÷ 53.3×100=34.1%
- 2009년: 18.6 ÷ 54.0×100=34.4%
- 2010년: 19.1 ÷ 51.9×100=36.8%이다.

따라서 2008~2010년 동안 석유제품 소비량 대비 전력 소비량의 비율이 매년 증가한다.

ㄹ. (×) 2010년에는 산업부문과 가정·상업부문에서 유연탄 소비량 대비 무연탄 소비량의 비율이 각각 ~~25% 이하이다.~~

➜ 유연탄 소비량 대비 무연탄 소비량의 비율은 $\frac{\text{무연탄 소비량}}{\text{유연탄 소비량}}$이다.

〈표 2〉에 나와 있는 산업부문의 무연탄과 유연탄의 소비량은 각각 4,750과 15,317 (천TOE)로 이 값을 구해보면, 4,750÷15,317×100=31.0%이고, 가정, 상업부문의 무연탄과 유연탄의 소비량은 각각 901과 4,636 (천TOE)로 이 값을 구해보면, 901÷4,636×100=19.4%이다. 산업부문과 가정.상업부문에서 유연탄 소비량 대비 무연탄 소비량의 비율이 각각 31.0%와 19.4%이므로 선택지의 내용은 정확하지 않다.

합격자의 실전 풀이 순서

❶ 〈표 1〉이 비율 자료임을 확인하고, 〈표 2〉의 합, 계에 구분선을 표시하며, 단위를 확인한다.
〈표 1〉의 2010년과 〈표 2〉의 제목을 연결한다.

❷ 비율 자료만으로 알 수 없는 보기 ㉠을 바로 제거한다. 따라서 선지 ③, ④, ⑤가 남는다. 비교적 계산이 간단한 50%, 25%의 계산을 요하는 보기 ㉡, ㉣을 먼저 해결한다.

❸ 보기 ㉡이 옳고, 보기 ㉣은 옳지 않으므로 답은 ③이다.

합격자의 시간단축 Tip

보기 ㉠ 2008~2010년 자료는 〈표 1〉에만 있는 값으로 〈표 1〉은 '비중' 자료이다.
그러나 보기 ㉠은 실숫값을 묻고 있으므로 '알 수 없는 자료'에 해당한다.
다만 비중 자료에서 실숫값을 묻는다고 하여 곧장 '알 수 없는 자료'가 되는 것은 아님을 주의하자.

* 이처럼 ① 비율의 분모나 분자에 해당하는 값의 실숫값을 직접적으로 제공하거나,
② "매년 분모 값이 증가하는 추세에 있다"와 같이 대소 관계를 추정할 수 있는 언급이 있는 경우 알 수 있는 정보에 해당함을 기억하자.

보기 ㉡ 산업부문 최종에너지 소비량×2 ≥ 전체 최종에너지 소비량인지 확인한다.
구체적으로 계산하지 않더라도 115,155는 100,000보다 크므로 당연히 절반 이상이다.

보기 ㉢ '분자-분모 차이법'을 활용하면 편하다. 2009년→ 2010년의 경우, '분모'인 석유제품은 감소하고 '분자'인 전력은 증가하므로 당연히 증가한다.

2008년→2009년의 경우 석유제품은 54.0－53.3＝0.7만큼 증가하였으나 전력은 18.6－18.2＝0.4만큼 증가하였다. 이때 분자와 분모는 대략 18→54의 관계로 3배 차이 나지만 차잇값은 0.7과 0.4로 2배가 채 되지 않으므로 2009년에 전년대비 증가하였음을 알 수 있다.

보기 ㉣ 가정·상업부문부터 무연탄 소비량×4 ≤ 유연탄 소비량인지 확인한다.
901×4＝약 900×4＝3,600 < 4,636이다.
산업 부문의 경우, 4,750 > 4,000이고, 4,000×4＝16,000 >15,317이므로 4,750×4 > 15,317이다.

169 정답 ④ 난이도 ●●●

① (O) 물질 A에 대한 기관2와 기관4의 실험오차율은 동일하다.

➜ 실험오차 값과 실험오차율(%)은
|실험결과－유효농도|＝|실험결과－평균|이고,

실험오차율(%)＝$\frac{\text{실험오차}}{\text{유효농도}}$＝$\frac{\text{실험오차}}{\text{평균}}$이므로

실험 오차율은 $\frac{|\text{실험결과}-\text{평균}|}{\text{평균}}$이다.

같은 물질에 대해서 평균은 같으므로 실험오차율은 |실험결과－평균|값만 구해서 비교해도 된다.
값을 구해보면,
물질 A에 대한 기관2의 경우,
- 실험오차: |7－4.5|＝2.5,
- 실험오차율(%): $\frac{2.5}{4.5}$×100＝55.6% 이고

물질 A에 대한 기관4의 경우,
- 실험오차: |2－4.5|＝2.5,
- 실험오차율(%): $\frac{2.5}{4.5}$×100＝55.6% 이다.

따라서 두 기관의 실험오차율은 동일하다.

② (O) 물질C에 대한 실험오차율은 기관1이 가장 크다.

➜ 실험오차율＝$\frac{|\text{실험결과}-\text{평균}|}{\text{평균}}$ 인데,

같은 물질에 대한 실험에서는 평균이 같으므로 실험오차＝|실험결과－평균|의 값만 비교해서 실험오차율을 비교할 수 있다.
각 기관별로 물질 C의 실험오차를 구하면,
기관1의 경우,
- 실험오차: |109－39.5|＝69.5,
- 실험오차율(%): $\frac{69.5}{39.5}$×100＝175.9%

기관2의 경우,
- 실험오차: |15－39.5|＝24.5,
- 실험오차율(%): $\frac{24.5}{39.5}$×100＝62.0%

기관3의 경우,
- 실험오차: |16－39.5|＝23.5,
- 실험오차율(%): $\frac{32.5}{39.5}$×100＝59.5%

기관4의 경우,
- 실험오차: |18－39.5|＝21.5,
- 실험오차율(%): $\frac{21.5}{39.5}$×100＝54.4%이다.

따라서 물질C의 실험오차율은 기관1 > 기관2 > 기관3 > 기관4로 기관1이 가장 크다.

③ (O) 물질A에 대한 기관2의 실험오차율은 물질B에 대한 기관1의 실험오차율보다 작다.

➜ 각각의 경우에 대하여 실험오차율을 구해보면,
물질A에 대한 기관2의 경우,
- 실험오차: |7－4.5|＝2.5,
- 실험오차율(%): $\frac{2.5}{4.5}$×100＝55.6%이고

물질B에 대한 기관1의 경우,
- 실험오차: |26－11.5|＝14.5,
- 실험오차율(%): $\frac{14.5}{11.5}$×100＝126.1% 이다.

따라서 물질A에 대한 기관2의 실험오차율은 물질B에 대한 기관1의 실험오차율보다 작다.

④ (×) 물질B에 대한 기관1의 실험오차율은 물질B에 대한 기관2, 3, 4의 실험오차율 합보다 ~~크다~~.

➜ 같은 물질에 대한 실험에서는 평균이 같으므로 실험오차＝|실험결과－평균|의 값만 비교해서 실험오차율을 비교할 수 있다.
- 기관1의 경우, 실험오차: |26－11.5|＝14.5
- 기관2의 경우, 실험오차: |7－11.5|＝4.5
- 기관3의 경우, 실험오차: |7－11.5|＝4.5
- 기관4의 경우, 실험오차: |6－11.5|＝5.5이다.
- 기관 1의 경우 실험오차가 14.5이고, 다른 세 기관의 실험오차의 합은 14.5이므로 서로 같다. 따라서 틀린 보기이다.

⑤ (O) 기관1의 실험 결과를 제외하면, 4개 물질의 유효농도 값은 제외하기 이전보다 모두 작아진다.

➜ 유효 농도는 각 기관에서 측정한 농도의 평균값을 뜻한다.
이때 4개 물질 모두에서 기관1은 평균보다 농도가 높다. 따라서 기관1의 결과를 제거하면 4개 물질 모두 평균이 낮아지므로 유효농도 역시 낮아진다. 따라서 옳은 보기이다.

합격자의 실전 풀이 순서

❶ 각주를 확인하고, 실험오차율의 계산은 가장 뒷순위로 미루겠다고 생각한 후 선지로 간다.
선지 ①~④ 모두 실험오차율의 계산을 요하므로, 선지 ⑤ 먼저 해결한다.

❷ 물질A에 대해서는 선지 ①, ③이, 물질 B에 대해서는 선지 ③, ④가 묻고 있으므로, 물질 C에 대해 묻는 선지 ②를 가장 뒷순위로 미룬다. 물질 A보다 아래에 위치한 물질 B에 대해 묻는 선지부터 해결한다. 선지 ③, ④ 중에는 물질 B에 대한 자료 확인만을 요하는 ④를, 물질 A, B 모두 확인해야 하는 ③보다 먼저 해결한다.

합격자의 시간단축 Tip

분수가 출제되는 경우 분모를 가장 먼저 확인하는 것이 좋다. 분모가 동일할 경우에만 분자 값으로 비교할 수 있기 때문에, 분모가 동일하다면 분수 비교, 분수 사칙연산이 아닌 단순 비교, 단순 연산 문제로 전환되므로 문제의 난이도가 급격히 낮아진다.
이 문제가 대표적인 케이스로, 겉보기에는 복잡해보이지만 각주의 식 구조 상 분모가 동일하여 매우 간단한 문제가 된다.

선지 ① '실험오차율' 식을 보면 유효농도로 실험오차를 나누는 것이므로, 동일한 물질을 전제로 기관을 비교하는 경우 유효농도가 동일하므로 '실험 오차'만 비교하면 된다. 즉 기관2와 실험결과의 평균의 차이가 기관4와 평균의 차이와 동일한지 확인한다.

선지 ② ① 번과 마찬가지로 '실험 오차'만 고려한다. 굳이 수치를 보지 않더라도, 그림의 형태만으로 '기관 1'이 평균에서 가장 멀다는 것을 쉽게 알 수 있다. 따라서 옳은 선지이다.

선지 ③ 물질 A의 기관 2, 물질 B의 기관 1 모두 유효농도(평균) 이상의 값으로, 절댓값을 고려하지 않아도 되므로 '유효농도 대비 실험결과'만 확인하면 된다. 왜냐하면 실험오차인 (실험결과−유효농도) 중 뒷부분은 '−1'로 빠지기 때문이다.
따라서 비교하면, 물질 A의 기관 2는 $4.5\times2>7$이지만, 물질 B의 기관 1은 $11.5\times2<26$이므로 옳은 선지이다.

선지 ④ 물질B에 대한 기관1의 실험결과−평균 > (평균−기관2의 실험결과)+(평균−기관3의 실험결과)+(평균−기관4의 실험결과)인지 확인한다.
유효농도(평균)는 모든 기관에 대해 동일하게 적용되므로 무시해도 된다.

선지 ⑤ '가평균 내지 평균의 차잇값' 개념을 묻는 문제이다. 기관1의 실험 결과는 모두 평균보다 높기 때문에, 기관1의 결과를 제외하면 평균값이 작아진다.

170 정답 ③ 난이도 ●●○

① (×) 7월 마지막 주~10월 첫째 주 동안 ~~신설된 코너는 3개이다.~~
→ 〈표 1〉을 통해, 7월 마지막 주에 신설된 코너가 2개, 〈표 2〉를 통해, 10월 첫째 주 신설된 코너가 1개인 것을 알 수 있다. 하지만 7월 마지막 주와 10월 첫째 주 사이에 해당하는 기간의 자료가 없으므로 그사이에 신설된 코너의 수는 알 수 없다.
따라서 마지막 주~10월 첫째 주 동안 신설된 코너가 3개인지 아닌지는 확실히 알 수 없다.

② (×) 신설 코너를 제외하고, 10월 첫째 주에는 전주보다 시청률이 ~~낮은 코너가 없다.~~
→ 10월 첫째 주 코너와 전주와의 시청률 비교는 10월 첫째 주를 나타낸 두 번째 표에서 금주와 전주란의 비교를 통해 볼 수 있다. 신설 코너인 '험담자'와 '돼지의 품격'을 제외하고 보았을 때, '세가지'의 시청률이 19.9%에서 19.8%로 낮아진 것을 볼 수 있다. 선지의 '전주보다 시청률이 낮은 코너가 없다' 라는 문장은 전주의 시청률보다 금주의 시청률이 모두 높다는 의미이므로, '세 가지' 코너의 반례로 인해 틀렸음을 알 수 있다.

③ (○) 7월 마지막 주와 10월 첫째 주 시청률이 모두 20% 미만인 코너는 '합기도' 뿐이다.
→ 우선 7월 마지막 주 표와 10월 첫째 주 표에서 모두 존재하는 코너여야 하므로, 신설 코너인 '험담자'와 '돼지의 품격', 그리고 폐지 코너인 '예술성'과 '좋지 아니한가'를 제외하고 살펴본다.
7월 마지막 주에는 '어색한 친구'와 '합기도' 코너, 10월 첫째 주에는 '세 가지', '아이들', '합기도' 코너이므로 선지의 조건에 해당되는 코너는 '합기도' 뿐이다. 따라서 옳은 보기이다.

④ (×) 신설된 코너와 폐지된 코너를 제외하고, 7월 마지막 주와 10월 첫째 주의 전주 대비 시청률 상승폭이 가장 큰 코너는 ~~동일하다.~~
→ 7월 마지막 주의 전주대비 시청률 상승폭이 가장 큰 코너는 5.3%p 상승한 '세 가지'이고, 〈표 2〉를 보면 10월 첫째 주의 전주 대비 시청률 상승폭이 가장 큰 코너는 7.4%p 상승한 '생활의 문제'이다. 따라서 틀린 보기이다.

⑤ (×) 시청률 순위 상위 5개 코너의 시청률 산술평균은 10월 첫째 주가 7월 마지막 주보다 높다.
➜ n개의 변수의 산술평균은 변수들의 총합을 변수의 개수 n으로 나눈 값이다.
똑같이 상위 5개 코너의 산술평균을 물어봤으므로, n에 해당되는 숫자가 5로 동일하다.
따라서 합이 더 큰 쪽이 산술평균이 더 높은 쪽이다. 7월 마지막 주 상위 5개 코너의 시청률 합을 구해보면 135.7%, 10월 첫째 주 상위 5개 코너는 127.2%이므로 10월 첫째 주가 더 낮다. 따라서 틀린 보기이다.

합격자의 실전 풀이 순서

❶ 〈표 1〉의 제목 중 7월 마지막 주, 〈표 2〉의 10월 첫째 주에 표시하고, 두 표 모두 금주와 전주 시청률 및 그 순위를 제시함을 확인한다. 〈표 2〉 아래의 각주를 확인한다.

❷ 〈표 1〉, 〈표 2〉만으로 알 수 없는 선지 ①번을 바로 제거한다. ②~④번 모두 〈표 1〉, 〈표 2〉를 결합해야 해결 가능하므로 ⑤번부터 ②번까지 아래에서 위로 풀이한다.
단, 전체 코너의 시청률 상승폭의 계산 및 코너별 시청률 상승폭 간 비교를 요하는 ④번은 뒷순위로 미룬다.

합격자의 시간단축 Tip

선지 ① 〈표 1〉에는 없으나 〈표 2〉에는 있는 코너를 찾으면 된다. 실수를 방지하기 위해 〈표 1〉을 코너 중 〈표 2〉에 동일하게 있는 것들을 표시하면서 소거해 나가는 것이 좋다.

선지 ② 〈표 2〉의 아래에서부터 위로 확인한다. 이때 시간 순서가 '금주'←'전주'로 역순임을 주의하자. 이러한 함정은 '연도'가 주어지는 경우에 자주 사용되는 함정으로 자칫 놓치기 쉬우므로 항상 주의 깊게 확인하여야 한다.

선지 ③ 10월 첫째 주 시청률이 20% 미만인 코너는 세 가지, 아이들, 합기도이다. 이 중 7월 마지막 주 시청률도 20% 미만인 코너는 합기도뿐이다.

선지 ④ 가장 큰 코너가 동일하다 하였으므로, 7월과 10월 모두에 있는 코너가 가장 크다는 것을 의미한다. 〈표 1〉, 〈표 2〉에 모두 있는 코너(예술성, 좋지 아니한가, 험담자, 돼지의 품격 제외) 중 10월 첫째 주의 전주 대비 시청률 상승폭이 가장 큰 코너는 '생활의 문제'이다.(전주 대비 시청률 상승폭은 7%p를 초과하며, 그 외 코너 중 전주 시청률+7 < 금주 시청률인 코너는 없다)
이때 '생활의 문제'가 실제로 가장 큰 코너인지를 확인하지 않고, 더 큰 코너(반례)가 있는지만 확인하면 된다.
7월 마지막 주 '생활의 문제'의 전주 대비 시청률은 하락한 반면, 바로 위에 있는 '멘붕학교'의 시청률은 상승했다. 따라서 7월 마지막 주의 전주 대비 시청률 상승폭이 가장 큰 코너는 '생활의 문제'가 아니다.

선지 ⑤ 시청률 순위 1위, 2위, 3위, 4위, 5위 각각 7월 마지막 주의 시청률이 10월 첫째 주보다 높다.

171 정답 ③ 난이도 ●●●

① (O) '가'의 평가점수는 400점으로 지원자 중 가장 높다.
➜ 평가점수 중에 값이 나타나지 않은 '가'와 '자'의 평가점수를 계산해보면
• '가'의 평가점수=80+90+(95×2)+(2×20)
=400(점)
• '자'의 평가점수=75+90+(95×2)+(1×20)
=375(점)
이므로 나머지와 비교하면 '가'의 평가점수가 가장 높다.

② (O) '라'의 성실성점수는 '다'보다 높지만 '마'보다는 낮다.
➜ '라'의 성실성점수를 계산해보면 85+(   )+50×2=255에서 (   )의 성실성점수는 70이고 '다'의 60보다 높으며 '마'의 80보다 낮다.

③ (×) '아'의 성실성점수는 '라'와 같다.
➜ '아'의 성실성점수를 계산해보면 80+(   )+85×2+2×20=375에서 (   )의 성실성점수는 85인데 '라'의 성실성 점수 70과 같지 않다.

④ (O) S등급인 지원자는 4명이다.
➜ 앞서 구한 '가'의 평가점수는 400점이므로, 아직 평가점수를 구하지 않은 '자'의 점수를 구하면 75+90+(95×2)+(1×20)=375점이다.
평가점수가 350점 이상인 경우 S등급이므로, S등급인 지원자는 '가', '사', '아', '자'로 총 4명이 맞다.

⑤ (O) '차'는 체력점수를 원래 점수보다 5점 더 받으면 A등급이 된다.
➜ '차'의 원래 체력점수는 (290−60−70) ÷ 2=80점이다.
A등급을 받기 위해서는 300점 이상이어야 하는데, 체력점수가 85점이 되었을 경우 '차'의 점수는 60+70+(85×2)=300으로 A등급이 된다.

합격자의 실전 풀이 순서

❶ 발문을 보면서 옳지 않은 것임에 유의한다. 〈표〉와 〈평가점수와 평가등급의 결정방식〉을 통해 평가점수에 따른 평가 등급과 빈칸과 관련된 보기를 예상해 볼 수 있다. 2, 3번은 풀어가는 과정에서 구할 수 있는 것이므로 ①, ④, ⑤번 순으로 먼저 볼 것이다.

❷ ①번:

[방법 1]

'가'의 평가점수는 80+90+95×2+2×20=400으로 빈칸인 '자'를 제외하고 가장 높다. 그리고 '자'를 구체적으로 계산하지 않아도 성실성점수와 체력점수가 동일한데, 창의성점수와 최종학위점수가 '가'보다 작아 지원자 중 가장 높다는 것은 참이다.

[방법 2]

'가'의 평가점수를 볼 때 주어진 400이 옳은 값이기 위해선 최종학위 점수인 2×20=40을 빼면 ①번에 따라 360점이어야 한다.

이 경우 굳이 안 더해도, 체력 점수가×2이므로 이를 별도의 항목으로 생각하면 총 4가지 항목에서 각각 90점이면 된다.

체력점수는 95가 2번이므로 남는 5점×2=10점을 창의성 점수에 주게 되면 각각이 모두 90점이므로 '가'의 평가 점수가 400점임을 쉽게 알 수 있다. 이를 표의 형태로 보여주면 다음과 같다.

	창의성	성실성	체력 1	체력 2
주어진 값	80	90	95	95
↓	+5 +5		−5	−5
조정한 값	90	90	90	90

상기의 풀이는 설명을 위해 길게 작성하였으나, 실제로 풀 때는 매우 빠른 속도로 적용할 수 있다.

또한 정말 자주 활용되는 방법이니 연습해보는 것도 좋다.

❸ ④번: 350점 이상으로 S등급인 지원자는 '가', '사', '아', '자' 총 4명이다.

[방법 1]

'사'가 355점인데 '자'가 성실성 점수에서 5점 작지만 체력점수에서 10점 크고 창의성 점수에서 15점 크기 때문에 355점보다 당연히 큰 점수임을 알 수 있다.

이렇게 구체적 계산보다 차이 값을 활용한 사고가 중요하다.

[방법 2]

①번을 앞에서 풀고 난 후 ④번을 푸는 상황이므로, '가'를 이용해 푸는 것이 더 간단하다.

'가'와 '자'를 비교하면 창의성은 5점 낮고 최종학위가 석사임에 20점 낮으므로, '가'가 400점임을 고려할 때 350점 이상임을 쉽게 알 수 있다.

❹ ⑤번: '차'의 체력점수가 5점 증가한다면 지원자 평가점수는 10점이 증가하여 300점이 되어 A등급이 되므로 옳은 선지이다. 이때 ②번보다 ③번이 비교가 적어 보이므로 ③번을 본다.

❺ ③번:

[방법 1]

'아'가 창의성에서 5점 작으며, 체력에서 70점 크고, 최종학위에서 40점 크다. 그리고 총평가점수가 120점 차이가 나려면 성실성점수가 같아질 수 없어 옳지 않다. 따라서 정답은 ③번이다.

역시 '아'와 '라'의 성실성 점수를 직접 계산하기보다 차이 값을 활용하는 것이 좋다고 생각한다.

[방법 2]

'아'와 '라'의 창의성 점수의 차이가 홀수 값이며, 체력과 최종학위의 차이는 짝수 값이다.

따라서 최종점수의 차이가 짝수 값이므로 성실성점수의 차이 값은 홀수일 수밖에 없어 같을 수 없다는 식의 접근도 생각해보면 좋다.

[방법 3]

방법 1과 유사하나 원리만 이용해 차잇값 계산 없이 확인하는 방법이다. '성실성 점수'가 같다는 것은 창의성, 체력, 최종학위 점수의 합이 같아야 함을 의미한다. 그러나 '라'가 더 큰 것은 '창의성 점수'가 적고, 나머지 값들은 다 적으므로 '아'와 동일할 수가 없다.

이처럼 원리만으로 해결할 수 있는 선지는 굳이 계산 없이 눈으로만 확인할 수 있다. 적극 활용하자.

* 참고로 위 풀이 방식은 다음과 같은 원리이다. 총 n개가 있을 때, n−1개가 옳으면 마지막 n번째도 옳다. 왜냐하면 전체 총량이 정해진 상황에서 n을 빼고 모두 옳다면, n은 곧 '총량−나머지의 합'에 해당하므로 당연히 n번째도 맞게 되기 때문이다.

이를 응용하면 n번째가 같다면 1~(n−1)번째의 합도 같아야 한다. 따라서 방법 3과 같이 풀 수 있다.

합격자의 시간단축 Tip

차잇값을 통해 비교할 때 흔히 도출한 차잇값이 어디 쪽 값인지 몰라 다시 확인하면서 시간을 낭비하거나, 잘못 더하여 계산이 틀리는 실수 등이 나타난다.

이를 방지하기 위해 "A항목에선 '가'가 5만큼 높고 B항목에선 '나'가 10만큼 높다" 식으로 정리하지 않고, 기준으로 삼을 대상을 하나 정해 확인하는 것이 좋다.

예를 들어 〈표〉의 '가'와 '나'를 비교할 때 '가'를 기준으로 잡을 경우 창의성 −10, 성실성+30, 체력+30, 학위+40과 같이 정리하면 실수할 일이 적다.

선지 ② '다'의 평가점수가 '라'보다 45점 높다. '다'는 창의성점수에서 15점 작지만 체력점수에서 50점 크고 최종학위점수에서 20점 크다. 따라서 성실성점수는

'다'가 10점 작아 '라'의 성실성 점수는 70점이 된다. 그리고 '마'의 성실성점수인 80점보다 작아 옳다.

172 정답 ① 난이도 ●●○

ㄱ. (○) 품목별 총 항만 수출액과 A항만 수출액은 1991년 대비 2010년에 각각 증가하였다.

➜ 〈표〉에서 1991년 대비 2010년 총 항만 수출액은 모든 품목에서 증가하였고, 1991년 대비 2010년 A항만 수출액은 모든 품목에서 증가하였다.

ㄴ. (○) A항만 처리 분담률이 1991년 대비 2010년에 감소한 품목은 모두 4개이다.

➜ 〈그림 1〉과 〈그림 2〉를 비교하면 A항만 처리분담률의 변화는 다음과 같다.

- 기계: 67.9 → 44.6 (감소)
- 전기·전자: 61.6 → 17.6 (감소)
- 철강: 23.3 → 28.9 (증가)
- 플라스틱: 93.8 → 49.6 (감소)
- 광학정밀기기: 43.7 → 30.2 (감소)
- 자동차: 20.0 → 27.8 (증가)

이므로 감소한 품목은 모두 4개이다.

ㄷ. (×) 1991년 대비 2010년의 A항만 수출액 증가율이 가장 큰 품목은 ~~자동차이다~~.

➜ 1991년 대비 2010년 수출액증가율을 구하는 식은 $\frac{\text{2010년 수출액} - \text{1991년 수출액}}{\text{1991년 수출액}} \times 100(\%)$이다.

- 전기·전자: $\frac{19,475-10,318}{10,318} \times 100 \approx 88.74\%$
- 기계류: $\frac{23,206-4,118}{4,118} \times 100 \approx 463.5\%$
- 자동차: $\frac{14,873-537}{537} \times 100 \approx 2,669.6\%$
- 광학 정밀기기: $\frac{11,415-335}{335} \times 100 \approx 3,307\%$
- 플라스틱: $\frac{11,878-1,747}{1,747} \times 100 \approx 579.9\%$
- 철강: $\frac{6,276-766}{766} \times 100 \approx 719.3\%$이다.

따라서 1991년 대비 2010년의 A항만 수출액 증가율이 가장 큰 품목은 광학정밀기기이다.

ㄹ. (×) 플라스틱제품의 A항만 처리분담률은 1991년 대비 2010년에 ~~70% 이상 감소하였다~~.

➜ 1991년 대비 2010년 플라스틱 제품의 A항만 처리 분담률은

$\left(\frac{\text{2010년 플라스틱 제품의 A항만 처리 분담률} - \text{1991년 플라스틱 제품의 A항만 처리 분담률}}{\text{1991년 플라스틱 제품의 A항만 처리 분담률}}\right) \times 100$이다.

플라스틱 제품의 A항만 처리 분담률은 1991년의 경우 93.8%, 2010년의 경우 49.6%이다. 따라서 1991년 대비 2010년 플라스틱 제품의 A항만 처리 분담률은 $\frac{(49.6-93.8)}{93.8} \times 100 \approx -47.1(\%)$으로, 약 47.1% 감소하였다.

합격자의 실전 풀이 순서

❶ 〈그림〉과 각주를 읽으면서 〈표〉로 인해 궁금하였을 연도별 처리 분담률을 친절하게 수치로 준 것을 확인하며 바로 보기 ㉠부터 본다.

❷ 보기 ㉠: 품목별 총 항만 수출액은 1991년의 31,417에서 2010년 299,798로 증가하였으며, A항만 수출액은 17,821에서 87,123으로 증가하여 옳다.
따라서 ③, ⑤번이 소거된다.

❸ 보기 ㉡: 〈그림〉들을 활용한다.
[방법 1]
A항만 처리 분담률이 1991년 대비 2010년에 감소한 품목은 기계류, 광학정밀기기, 플라스틱 제품, 전기전자 총 4개로 옳다. ②번이 소거된다.
[방법 2]
품목은 총 6가지이다. (품목 개수를 직접 세지 않기 바란다.)
〈그림 1〉은 '정육각형'이므로 당연히 6개이다. 그림의 시각적 특성을 최대한 이용하자.
따라서 보기 ㉡을 반대 해석하여 '증가한 것이 두 가지인지' 확인해도 된다.

❹ 보기 ㉢:
[방법 1]
A항만 수출액 증가율이 가장 큰 품목은 자동차가 아니라 광학정밀기기이다. 자동차는 537에서 14,873으로 30배보다 적게 증가하였지만, 광학정밀기기는 335에서 11,415로 30배보다 크게 증가하였다.
$\left(\frac{14,873}{537} < 30 < \frac{11,415}{335}\right)$이처럼 증가율의 공식을 활용하기보다 배율, 기준 수 활용, 어림 산으로 접근하기 등 연습이 필요하다고 생각한다. 따라서 옳지 않아 정답은 ①번이다.

[방법 2]
위의 '배수' 방식이 편하여 자주 사용되나, 본인에게 잘 맞지 않는 경우 분자 분모를 나눠 보는 것도 괜찮다. 먼저 분모인 1991년 값을 보면 증가율은 앞 두 자리로 근삿값화 할 때 $\frac{53-33}{33}=\frac{20}{33}$이다. 마찬가지로 분자인 2010년 값을 보면 $\frac{14-11}{11}=\frac{3}{11}=\frac{9}{33}$로 앞의 분모와 비교할 때 분자 증가율이 더 작아 자동차가 가장 큰 값이 아니다. 따라서 틀린 선지이다.
이 방법과 근삿값을 잘 활용할 경우, 단순 뺄셈만으로 비교가 가능하므로 곱셈 구조가 눈에 잘 안 들어오는 수험생들이 연습하기를 추천한다.

합격자의 시간단축 Tip

보기 ㉣

[방법 1]
플라스틱 제품의 A항만 처리 분담률은 1991년에 93.8에서 2010년 49.6으로 감소하였다.
이는 93.8의 절반보다 49.6이 커 (93.8 < 9.6×2) 감소율이 50%가 넘을 수 없다.
따라서 70% 이상 감소하였다는 부분이 옳지 않다.

[방법 2]
다른 값으로 대체하여 비교하는 방법도 있다. 70% 이상 감소했다는 것은 2010년 값이 1991년의 30% 이하라는 의미이다. 1991년의 '처리분담률'이 100%라고 가정하더라도, 2010년 값이 30%보다 같거나 작아야 1991년의 30% 이하가 된다. 그러나 2010년은 49.6%로 당연히 30% 이하가 될 수 없다.

173 정답 ②　　　　난이도 ●●○

① (×) 2010~2012년 동안 '주거시설' 유형의 에너지 효율화 시장규모는 매년 ~~15% 이상 증가하였다~~.
➜ 2010년 대비 2011년의 '주거시설' 유형의 에너지 효율화 시장규모 증가율은,
$\frac{(6.4-5.7)}{5.7}\times100=\frac{70}{5.7\%}=12.28\%$이므로
매년 15% 이상 증가하였다고 볼 수 없다.

② (○) 2015년 전체 에너지 효율화 시장규모에서 '사무시설' 유형이 차지하는 비중은 30% 이하일 것으로 전망된다.
➜ 2015년 전체 에너지 효율화 시장규모는 78.5억 달러로 전망된다. 이 중 '사무시설' 유형은 21.7(억 달러)로 전망된다. 2015년 전체 에너지 효율화 시장규모에서 '사무시설' 유형이 차지하는 비중은 $\frac{21.7}{78.5}\times100=27.6(\%) < 30$이므로 2015년 '사무시설' 유형이 차지하는 비중은 30% 이하일 것으로 전망된다.

③ (×) 2015~2020년 동안 '공공시설' 유형의 에너지 효율화 시장규모는 매년 ~~30% 이상 증가할 것으로 전망된다~~.
➜ 위의 자료에는 2015년도와 2020년의 에너지 효율화 시장규모의 전망을 예상하여 기록하였다. 그 중 '공공시설' 유형의 에너지는 5억 달러에서 10억 달러로 증가할 것을 전망하였다.
그러나 이는 5년간의 변화이지 이를 통해 매년 30% 이상씩 꾸준히 증가할 것을 전망할 수는 없다.

④ (×) 2011년 '산업시설' 유형의 에너지 효율화 시장규모는 전체 에너지 효율화 시장규모의 ~~50% 이하이다~~.
➜ 2011년 에너지 효율화 시설유형별 시장규모의 전체 현황은 46억 달러이다. 이 중 '산업시설' 유형의 에너지 효율화 시장규모는 23.9억 달러이다.
따라서 46(억 달러)$\times\frac{50}{100}$=23(억 달러) < 23.9(억 달러)이므로 '산업시설' 유형의 에너지 효율화 시장규모는 전체 에너지 효율화 시장규모의 50% 이상이다.

⑤ (×) 2010년 대비 2020년 에너지 효율화 시장규모의 증가율이 가장 높을 것으로 전망되는 시설 유형은 ~~'산업시설'이다~~.
➜ 2010년 대비 2020년 에너지 효율화 시장규모의 증가율은
$\frac{(\text{2020년 에너지 효율화 시장규모}-\text{2010년 에너지 효율화 시장규모})}{\text{2010년 에너지 효율화 시장규모}}\times100$으로 구할 수 있다.
각 시설유형별 값을 구하면,
- 사무시설: $\frac{41.0-11.3}{11.3}\times100=262.8\%$
- 산업시설: $\frac{82.4-20.8}{20.8}\times100=296\%$
- 공공시설: $\frac{10-2.5}{2.5}\times100=300\%$
- 주거시설: $\frac{18.0-5.7}{5.7}\times100=215.8\%$이다.

따라서 증가율이 가장 높을 것으로 전망되는 시설유형은 '공공시설'이다.

합격자의 실전 풀이 순서

❶ 〈표〉를 통해 예상 규모는 1년 단위가 아니라 5년 단위임을 알 수 있다. 보기의 내용과 숫자들을 훑으면서 증가율, 비중과 관련되어 있는 점을 확인한다. 2015년과 2020년과 관련된 선지인 ②, ③, ⑤번부터 본 뒤 ①, ④번을 판별한다.

❷ ②번: 2015년 전체 에너지 효율화 시장규모에서 '사무시설' 유형이 차지하는 비중은 $\frac{21.7}{78.5}\times100$으로 30% 이하이다. 분자가 약 21인데 30%가 되려면 분모는 70 정도여야 하지만 80에 가깝기 때문에 30%보다 작을 수밖에 없다.
따라서 정답은 ②번이다.

합격자의 시간단축 Tip

선지 ① '다'의 '주거시설' 유형의 에너지 효율화 시장규모는 2010년 5.7에서 2011년 6.4로 증가하였다.
따라서 증가율은 $\frac{0.7}{5.7}$로 15%보다 작아 옳지 않다.
$\left(\frac{0.7}{5.7}<0.15\right)$ 마찬가지로 2011년 6.4에서 2012년 7.2로 증가하여 증가율은 $\frac{0.8}{6.4}$인데 이 역시 15%보다 작아 옳지 않다.
$\left(\frac{0.8}{6.4}<0.15\right)$
이때 15%의 처리 방법은 아래와 같다.

[방법 1]
15%와 같은 계산을 신속히 처리하려면 10%+5%로 나누어 생각하여 소수점 자리를 하나 이동하고 절반을 더하는 접근이 좋다고 생각한다. 예컨대, 6.4의 15%를 0.64+0.32로 생각하는 것이다.

[방법 2]
15%는 근삿값을 한 자리로 잡으면, 그냥 15%를 곱해 비교하는 것이 가장 편하다.
가령 2010년→2011년의 경우 근삿값을 5로 보면 5×0.15=0.75이므로 당연히 15%보다 작으며, 2011년→2012년의 경우 근삿값을 6으로 보면 6×0.15=0.9로 2012년 역시 15%보다 작다.

[방법 3]
〈표〉는 분수가 매우 예쁘게 주어져 있다.
2011년은 $\frac{0.7}{5.7}$= 약 $\frac{1}{8}$=0.125,
2012년은 $\frac{0.8}{6.4}=\frac{1}{8}$=0.125이므로 두 해 모두 15%보다 작다.

선지 ③ 〈표〉는 2015년과 2020년의 '예상' 시장규모만 나와 있어 매년 30% 이상 증가할 것으로 전망되는지 알 수 없다. 따라서 옳지 않다. 이처럼 '실제' 값과 '예상' 값이 섞여 있는 유형은 함정에 빠지기 쉬워 문제를 풀기 전에 대전제로 고려할 필요가 있다.

선지 ④ 모두 2011년 '산업시설' 유형의 에너지 효율화 시장규모는 23.9로 2배를 곱하면 전체 에너지 효율화 지상 규모인 46.0보다 크다. 따라서 50% 이상이므로 옳지 않다. 이처럼 나눗셈보다 곱셈을 활용하는 습관이 중요하다고 생각한다.

선지 ⑤ 2010년 대비 2020년 에너지 효율화 시장규모의 증가율이 가장 높을 것으로 전망되는 시설유형은 '공공시설'일 것이다. 공공시설만 4배 증가한 관계에 있으며, 나머지 시설유형은 4배보다 적게 증가해 증가율이 300% 이하가 될 것이다. 역시 증가율의 구체적 계산보다 배율을 통한 어림 산이 시간 단축에 유리할 것이다.

174 정답 ❸ 　난이도 ●○○

① (○) 2004년 이후 미혼녀 인원수는 매년 증가하였다.
➜ 2004년 이후 미혼녀 인원수는 〈그림 1〉에서 확인할 수 있다.
(2004년 3,732명→2005년 7,110명→2006년 14,720명→2007년 29,659명)이다.
이를 통해 2004년 이후 미혼녀 인원수는 매년 증가했음을 확인할 수 있다.

② (○) 2007년 미혼녀 인원수는 2006년의 2배 이상이다.
➜ 2006년 미혼녀 인원수에 2를 곱해서 풀어 볼 수 있다.
2006년 미혼녀 인원수에 2배를 구하면 14,720(명)×2=29,440(명)이다.
2007년 미혼녀 인원수 29,659(명)이 2006년 미혼녀 인원수에 2배를 한 29,440(명)보다 많으므로 2배 이상이다.

③ (×) 2007년 미혼녀와 미혼남의 인원수 차이는 2006년의 ~~2배 이상이다.~~
➜ 각 해당 연도의 미혼남의 인원수에서 미혼녀의 인원수를 빼서 구한 값을 비교하여 구할 수 있다.
2006년의 경우 미혼남과 미혼녀의 인원수 차이는 26,415(명)−14,720(명)=11,695(명)이다.

2007년의 경우 미혼남과 미혼녀의 인원수 차이는 41,293(명)−29,659(명)=11,634(명)이다.
따라서 2007년 미혼녀와 미혼남의 인원수 차이는 2006년의 2배 이상이 되지 않는다.

④ (○) 2007년 미혼남녀의 직업별 분포에서 공무원 수는 변호사 수의 2배 이상이다.
→ 2007년 미혼남녀의 공무원 수는 9,644명이고 변호사의 수는 3,888명이다.
수식으로 나타내면 9,644(명) > 3,888(명)×2=7,776(명)이므로 공무원의 수가 변호사의 수의 2배 이상이다.

⑤ (○) 2007년 미혼남녀의 직업별 분포에서 회계사 수는 승무원 수의 2배 이상이다.
→ 2007년 미혼남녀의 회계사 수는 5,315명이고, 승무원의 수는 2,580명이다.
수식으로 나타내면 5,315(명) > 2,580(명)×2=5160(명)이므로, 회계사 수는 승무원 수의 2배 이상이다.

합격자의 실전 풀이 순서

❶ 발문을 보면서 옳지 않은 것임에 주의한다. 〈그림 1〉을 통해 인원수의 증가 경향을 알 수 있고, 차잇값의 변화와 관련된 보기를 예상해 볼 수 있다. 〈그림 2〉를 통해 기타가 매우 큰 점이 눈에 들어오며, 〈그림 2〉를 준 취지를 고려하여 ④, ⑤번을 먼저 보고, 차이 값인 ③번 그리고 ②, ①번 순으로 볼 것이다.

❷ ④번:
[방법 1]
2007년 공무원 수는 9,644로 변호사 수인 3,888의 2배 이상이다.
변호사 수는 4,000보다 작은 반면, 공무원 수는 4,000의 2배인 8,000보다 크다. 이처럼 4,000이라는 가상의 기준을 순간 떠올리는 방법도 출제자의 의도 파악 및 시간 단축에 좋다고 생각한다.
[방법 2]
반대로 공무원 수를 기준 잡고 확인할 수도 있다. 9,000을 반으로 나누면 4,500으로 변호사보다 크다. 상황에 따라 유동적으로 본인의 눈에 먼저 보인 기준값을 통해 해결하면 된다.

❸ ⑤번: 회계사 수는 5,315명으로 승무원 수인 2,580의 2배 이상이다.
이 역시 2,600을 기준으로 승무원 수는 2,600보다 작지만, 회계사 수는 2,600의 2배인 5,200보다 크다. 이러한 기준을 순간 떠올리다 보면 출제자가 의도한 숫자를 알아챌 수 있는 문제들이 생길 것이다.

❹ ③번:
[방법 1]
2006년 미혼남과 미혼녀의 인원수 차이는 10,000보다 크다. 따라서 보기가 옳기 위해서는 2007년의 인원수 차이는 20,000보다 커야 한다. 그러나, 인원수 차이가 2006년이랑 2007년이 비슷하다. 따라서 옳지 않아 정답은 ③번이다. 이 역시 41,293−29,659=11,634가 26,415−14,720=11,695의 2배 이상인지와 같이 직접 계산하는 접근보다 좋다고 생각한다.
[방법 2]
〈그림 1〉은 꺾은 선 그래프인 만큼 시각적 효과를 적극 활용하는 것이 좋다.
꺾은 선 간 거리가 차잇값을 의미하나, 2006~2007년 모두 그 거리가 비슷한 것을 볼 수 있다.
즉 둘 중 무엇이 더 큰지는 계산을 해봐야 알 수 있으나, 단순히 2배 이상인지 여부는 한눈에 아님을 알 수 있다.
[숫자에 지나치게 의존하지 말자. 그림이 있다면 이용하자]

합격자의 시간단축 Tip

선지 ① 〈그림 1〉은 꺾은 선 그래프로 '추세'를 확인하기 가장 좋은 형태이다. 따라서 시각적 효과를 이용하면 별다른 변곡점 없이 미혼녀 인원수는 2003년 2,097부터 2007년 29,659까지 매년 증가하여 옳다. 이때 미혼남과 달리 꺾인 부분이 없음에 주의할 필요가 있다.

선지 ② 2007년 미혼녀 인원수는 29,659로 2006년 14,720의 2배 이상이므로 참이다.

175 정답 ❸ 난이도 ●○○

각 영업팀의 2011년 분기별 매출액을 합하면 다음과 같다.

• A: $50\times\frac{10}{100}+100\times\frac{10}{100}+100\times\frac{30}{100}+200\times\frac{15}{100}=(5+10+30+30)=75$

• B: $50\times\frac{20}{100}+100\times\frac{20}{100}+100\times\frac{20}{100}+200\times\frac{40}{100}=(10+20+20+80)=130$

• C: $50\times\frac{30}{100}+100\times\frac{20}{100}+100\times\frac{25}{100}+200\times\frac{15}{100}=(15+20+25+30)=90$

• D: $50\times\frac{40}{100}+100\times\frac{50}{100}+100\times\frac{25}{100}+200\times\frac{30}{100}=(20+50+25+60)=155$

2011년 연매출액이 가장 큰 영업팀은 D팀이고, 가장 적은 영업팀은 A팀이다. 따라서 답은 ③ 번이다.

합격자의 실전 풀이 순서

❶ 발문을 순서에 상관없이 짝지은 것임에 유의한다. <그림 1>를 보면서 1분기보다 4분기의 영향력이 큰 것임을 유의한다. 또한, <그림 1>의 50, 100, 100, 200과 같은 숫자를 <그림 2>의 X축에 각각 써줄 것이다. 그러나, 이 문제 역시 직접 계산하기보다는 차이 값 위주로 접근할 것이다.

❷ 연매출액이 가장 큰 영업팀의 후보로 D가 유력하여 D를 기준으로 잡을 수 있다.
A와 비교하면 3분기에 살짝 작지만 나머지 분기가 압도적으로 크며, C의 경우 3분기가 동일한 점 외에는 모든 분기에서 더 크다.
따라서 B가 그나마 4분기에 더 200×10=20만큼 커 D의 1위 자리를 위협할 수 있지만,
2분기에 D가 B보다 30만큼 크다. 그리고 나머지 분기도 D가 더 커 1위가 확정된다.

❸ 마찬가지로, 가장 작은 영업팀은 A가 유력하여 역시 A가 비교 기준이 될 수 있다.
C보다 3분기에 5만큼 크지만 이미 2분기에 10만큼 작아 상쇄되며, 나머지 분기를 고려해도 C보다 작다. 또한 B와 비교하여도 3분기에 10만큼 크지만 4분기에 50만큼 작아 3분기에 큰 매출액이 이미 상쇄되었다. 그리고 1, 2분기도 작아 A는 B, C보다 작아 가장 작은 것이 확정된다. 따라서 정답은 ③번이다.

합격자의 시간단축 Tip

Tip ❶ 실전 풀이에서는 차이를 조금 더 명확히 보여주기 위해 그 값을 직접 구했지만, 주어진 그림의 매출액과 비중만으로 D와 A가 각각 1위와 4위가 된다는 점을 알면 좋다고 생각한다.
물론, 이러한 사고가 익숙하지 않다면 A의 경우 (50×10%)+(100×10%)+(100×30%)+(200×15%) = 750과 같이 직접 계산하려고 할 것이다. 그리고 실전에서 이렇게 계산을 열심히 하고 있는 자신의 모습을 발견할 수도 있을 것이다.
그러나 공부하는 과정에서 다양한 사고를 바탕으로 문제를 분석하는 연습을 해야 실전에 적용할 수 있으므로 위와 같은 사고도 연습해보길 추천한다.

Tip ❷ 유력한 후보가 누구인지는 '비중'만으로도 충분히 알 수 있다. D는 비중이 4분기에서 약간의 차이를 제외하면 모든 분기에서 가장 크고, A는 3분기에서 약간의 차이를 제외하면 모든 분기에서 가장 작다. 따라서 A와 D가 유력함을 쉽게 알 수 있다.
이처럼 문제를 볼 때 매출액과 비중을 같이 보아야 한다 하더라도, 모든 정보 확인 전에 가능한 것이 있는지 확인해두는 것이 좋다. 생각보다 단편적 정보만으로도 찾을 수 있는 정보가 많을 것이다.

176 정답 ③ 난이도 ●○○

① (×) 1월에 학부모의 학교폭력 신고 건수는 학생 본인의 학교폭력 신고 건수의 ~~2배 이상이다~~.
➜ 1월에 학부모의 학교폭력 신고 건수와 학생 본인의 학교 폭력 신고 건수는 <그림 1>에서 1월 학교폭력 신고 건수와 <그림 2>에서 각각에 해당하는 비율을 곱하여 구할 수 있다.
1월에 학부모의 학교폭력 신고 건수
→ $600\times55\%=600\times\frac{55}{100}=330$(건)
1월에 학생 본인의 학교폭력 신고 건수
→ $600\times28\%=600\times\frac{28}{100}=168$(건)
1월에 학생 본인의 학교폭력 신고 건수의 2배 → 168×2=336(건)
330 < 336이므로 1월에 학부모의 학교폭력 신고 건수는 학생 본인의 학교 폭력 신고 건수의 2배 미만이다.

② (×) 학부모의 학교폭력 신고 건수는 매월 ~~감소하였다~~.
➜ 월별 학부모의 학교폭력 신고 건수는 <그림 1>의 월별 학교폭력 신고 건수와 <그림 2>의 학부모의 비율을 곱하여 구할 수 있다.
• 1월의 경우: 600(건)×0.55=330(건)
• 2월의 경우: 1,100(건)×0.464=510.4(건)
• 3월의 경우: 2,400(건)×0.413=991.2(건)
• 4월의 경우: 3,600(건)×0.318=1,144.8(건)
따라서 학부모의 학교폭력 신고 건수는 매월 증가하였다.

③ (○) 2~4월 중에서 전월대비 학교폭력 신고 건수 증가율이 가장 높은 달은 3월이다.
➜ 2 ~ 4월 중에서 전월대비 학교폭력 신고 건수 증가율이 가장 높은 달은 <그림 1>에서 3월임을 바로 알 수 있다. 3월의 전월대비 학교폭력 신고 건수 증

가율을 구해보면

$\frac{2,400-1,100}{1,100}=\frac{1,300}{1,100}>1.18$이므로 증가율은 118% 이상이다.

2, 4월의 전월대비 학교폭력 신고 건수 증가율은 각각 $\frac{1,100-600}{600}=\frac{500}{600}<1$, $\frac{3,600-2,400}{2,400}=\frac{1,200}{2,400}<1$로 100% 미만이다.

④ (×) 학생 본인의 학교폭력 신고 건수는 1월이 4월의 10% ~~이상이다~~.

➜ 학생 본인의 학교폭력 신고 건수는 〈그림 1〉의 월별 학교폭력 신고 건수와 〈그림 2〉의 학생 본인의 비율을 곱하여 구할 수 있다.
1월의 경우 600(건)×0.28=168(건),
4월의 경우 3,600(건)×0.59=2,124(건)
4월의 10%는 212.4로 168보다 크다.
따라서 1월은 4월의 10% 미만이다.

⑤ (×) 학교폭력 발생 건수는 매월 ~~증가하였다~~.

➜ 〈그림1〉에서 학교폭력 신고 건수가 매월 증가하지만, 신고 건수가 증가한다고 해서 발생 건수가 반드시 증가하는 것은 아니다. 학교폭력이 일어나더라도 신고하지 않는 경우가 있을 수 있기 때문이다. 따라서 주어진 그림만으로는 학교폭력 발생 건수가 매월 증가하였는지는 알 수 없다.

합격자의 실전 풀이 순서

❶ 〈그림 1〉을 통해 월별 학교폭력 신고 건수가 급증함을 알 수 있다. 〈그림 2〉를 보면서 〈그림 1〉의 600, 1,100, 2,400, 3,600과 같은 숫자들을 〈그림 2〉의 X축에 옮겨 적을 것이다.
〈그림 1〉과 〈그림 2〉를 결합한 보기를 예상해 볼 수 있다. 따라서 ④, ②번을 먼저 보고, 〈그림 1〉과 관련된 ③, ⑤번, 〈그림 2〉와 관련된 ①번 순으로 판별할 것이다.

❷ ④번:
[방법 1]
학생 본인의 학교폭력 신고 건수는 1월은 600×28%이며, 4월은 3,600×59%이다.
그러나 4월의 10%를 하여도 360×59%=720×29.5%가 되어 600×28%보다 크다.
따라서 옳지 않다. 신고 건수를 구체적으로 계산하지 않고 선지를 판별하는 연습이 필요하다.

[방법 2]
반대로 1월에 10을 곱할 수도 있다. 1월의 600×28×10=60×2,800을 4월의 59×3,600과 비교하면, 당연히 4월이 훨씬 크다는 것을 알 수 있다.
이와 같은 숫자 조합은 정말 다양하게 만들어 낼 수 있으므로 본인이 더 편한 것을 선택하면 된다.

[방법 3]
각각을 비교 할 수도 있다. 먼저 〈그림 1〉의 경우 1월→4월은 6배인 반면, 〈그림 2〉에서 4월 값을 0.1배하여 5.9(= 약 6)로 비교하면 28은 6배보다 한참 작다.
따라서 4월이 크다는 것을 알 수 있다.

❸ ②번: 학부모의 학교폭력 신고 비율은 매월 감소하였지만, 월별 학교폭력 신고 건수가 급격하게 커져 옳지 않을 수 있다. 곱셈 비교를 통해 확인이 가능하며, 3월을 보면 2월 대비 비율이 적게 감소하여 비교할 가치가 있다. 1,100×46.4 < 2,400×41.3 임을 쉽게 알 수 있어 옳지 않다.
즉, 〈그림 1〉의 경우 2월→3월은 2배가 넘으나 〈그림 2〉에선 그 정도의 유의미한 차이를 찾아볼 수 없다. 따라서 눈으로 이를 확인 후 틀린 선지로 처리하면 된다.

❹ ③번: 3월은 2월 대비 2배 이상 증가한 반면, 4월과 2월은 2배 이상 증가하지 못하였다. 따라서 3월의 증가율만 100% 이상으로 가장 크다. 따라서 정답은 ③번이다. 역시 중요한 점은 2, 3, 4월의 증가율을 직접 계산하기보다 배율을 활용하여 2배를 기준으로 간단히 비교하는 것이 시간 단축에 좋다고 생각한다.

합격자의 시간단축 Tip

〈그림 2〉와 같이 도형의 형태로 구분이 되는 경우, 문제를 푸는 과정에서 도형이 어떤 것을 의미하는지 잊어버리기 쉽다. 이럴 경우 선지를 풀 때마다 범례를 찾아봐야 하는 수고로움으로 인해 시간 낭비가 많다. 따라서 처음 자료들을 확인하는 과정에서 범례 부분을 각 선 위에 적어 둔다면 불필요한 시간 소모를 방지할 수 있을 것이다.

선지 ① 1월에 학부모의 학교폭력 신고 건수는 600×55%이며, 학생 본인의 학교폭력 신고 건수는 600×28%이다. 따라서 55가 28의 2배보다 작아 옳지 않다. 비교에 있어 항상 공통된 부분을 생략하고 따지는 습관이 중요하다.
같은 1월 달 간의 비교이므로 〈그림 1〉 고려 없이 〈그림 2〉만 확인하면 된다. 28×2 > 55임은 간단히 확인 가능하므로 틀린 선지이다.
'지수' 문제에서 분모가 공통되는지 살펴보듯, 건수와 비중이 함께 주어지는 문제에서는 같은 건수인지 다른 건수인지 확인하여 시간을 아낄 수 있을 것이다.

선지 ⑤ '유사한 발음'을 가진 값을 통해 오답을 유도하는 유형이다. 학교폭력 발생 건수의 증감 여부는 알 수 없다. 그림들은 학교폭력 신고 건수와 이러한 건수의 신고자 유형별 비율만을 나타낸다.
이러한 유형의 함정을 기억해 두면 실전에서 문제 풀 때 도움이 될 것이다.
이러한 함정에 속지 않기 위해서는 언제나 '표 이름과 범례'를 처음에 확실히 암기해 두어야 한다.

177 정답 ❷ 난이도 ●●○

ㄱ. (×) 2010년 3월, 9월, 10월에 발생한 등산사고건수의 합은 전체 등산사고건수의 합은 30% ~~이상이다~~.

➜ 전체 3,114건의 30%는 $3,114 \times \frac{30}{100} =$ 934.2이다.
2010년 3월, 9월, 10월 발생건수의 합은 147+326+359=832건이므로, 전체 등산사고건수의 30%인 934.2 이하이다.
따라서 틀린 보기이다.

ㄴ. (×) 2010년 서울에서 발생한 등산사고건수는 2월에 가장 많으며, ~~12월에 가장 적다~~.

➜ 〈표 1〉을 보면, 2010년 서울에서 발생한 등산사고건수는 2월에 135건으로 가장 많다.
하지만 2010년 서울에서 발생한 등산사고건수가 가장 적은 월은 3월이며 72건이다.
따라서 2010년 서울에서 발생한 등산사고건수가 가장 적은 월은 12월이 아니라 3월이다.

ㄷ. (○) 2010년 등산사고 발생원인 중 조난이 해당지역 전체 등산사고건수의 25% 이상인 지역의 수는 3개이다.

➜ $\frac{\text{해당지역 등산사고 발생원인 중 조난건수}}{\text{해당지역 전체 등산사고건수}}$가 0.25 이상인 지역의 수가 3개인지를 묻는 보기이다.
조난이 해당지역 전체 등산사고 건수의 25% 이상인 지역은 아래와 같다.

- 대구: $\frac{18}{53} \times 100 \approx 33.9$
- 강원: $\frac{91}{358} \times 100 \approx 25.4$
- 경북: $\frac{2}{7} \times 100 \approx 28.6$으로 총 3개이다.

따라서 2010년 등산사고 발생원인 중 조난이 해당지역 전체 등산사고건수의 25% 이상인 지역은 '대구', '강원', '경북' 3곳이다.

ㄹ. (○) 기타를 제외하고, 2010년 발생인원별 전체 등산사고건수는 실족 추락이 가장 많고 안전수칙불이행이 가장 적다.

➜ '발생원인별' 등산사고 발생현황 표에서, 실족 추락으로 인한 사고의 건수 총합은 1,121건으로 가장 많고, 안전수칙 불이행으로 인한 사고의 건수 총합은 160건으로 가장 적다.

ㅁ. (×) 2010년 매월 등산사고가 발생한 지역의 수는 ~~13개이다~~.

➜ 건수가 0인 지역을 제외하면
- (1, 2, 8, 12)월: 15개,
- (3, 4, 5, 6, 9, 10)월: 14개,
- (7, 11)월: 13개

이다. 따라서 틀린 보기이다.

합격자의 실전 풀이 순서

❶ 〈표 1〉의 월별, 합, 전체에 표시하고, 〈표 2〉의 발생원인별, 기타, 합, 전체에 표시하고 각주를 확인한다.

❷ 보기 ㉤부터 ㉠까지 아래에서 위 순서로 풀이하되, 보기 ㉤이 매월의 자료를 살펴야 함을 확인하는 것에 비해, 보기 ㉣은 전체 자료를 통해 간단히 확인할 수 있으므로 보기 ㉣을 먼저 해결한다.

❸ 보기 ㉣이 옳으므로 선지 ①, ②가 남는다. 보기 ㉢ 또는 ㉤이 옳을 경우 바로 답이 도출되는데 보기 ㉢보다 보기 ㉤이 더 간단하므로 ㉤을 먼저 해결한다.

합격자의 시간단축 Tip

보기 ㉠ 3월, 9월, 10월의 합을 구해 전체 30%와 비교하는 것은 비효율적인 풀이이다.
3월, 9월, 10월 총 3가지 합이 30%라고 묻고 있다는 것을 이용하면, 각각이 10%보다 큰지 작은지를 통해서 확인할 수 있다.
10%인 311과 대비하여 3월은 약 150 정도 작으나, 9월은 10만큼, 10월은 40 가량 크므로 3월의 빈 공간을 완전히 채울 수 없다. 따라서 전체의 30%보다는 작을 수 밖에 없다.

보기 ㉡ 'A이고 B이다' 유형은 수험생이 시간을 소모하도록 유도하기 위해 A부분은 옳지만 B부분은 틀리도록 문제를 구성할 개연성이 크다. 따라서 B부분인 2010년 서울에서 발생한 등산사고건수가 12월에 가장 적은지 먼저 확인한 후, 2월에 가장 많은지 확인한다.
12월 등산사고건수는 74건이고, 3월은 72건으로, 12월의 사고건수가 가장 적지 않다.

보기 ⓒ 조난 발생건수×4 ≥ 합인 지역이 3개인지 확인한다.

- 대구 조난 건수: 18×4=72 > 53
- 강원 조난 건수: 91×4 > 90×4=360 > 358
- 경북 조난 건수: 2×4 > 7이다.

보기 ⓔ 안전수칙불이행의 전체 값 160이 가장 작은지 먼저 확인하고, 실족·추락의 전체 값 1,121이 가장 큰지 확인한다.

보기 ⓜ 등산사고 발생건수가 0건인 월이 있는 지역이 전체 16개 지역 중 3개뿐인지 확인한다.
이때 실수나 누락이 없도록 0건이 있는 지역 옆에 체크 표시를 해둔다.
0건인 월이 있는 지역은 부산, 충남, 경북, 제주 4개로 매월 등산사고가 발생한 지역은 12개이다.

178 정답 ⑤ 난이도 ●●○

ㄱ. (×) 전세계 이산화탄소 배출량은 ~~매년 증가하였다~~.
→ 〈표〉를 보면

- 미국: 2006년~2009년
- 러시아: 2003년~2004년, 2008년~2009년
- 일본: 2007년~2009년
- 독일: 2003년~2007년, 2008년~2009년
- 캐나다: 2004년~2005년, 2007년~2009년
- 영국: 2003년~2004년, 2006년~2009년에 감소하였다.

따라서 틀린 보기이다.

ㄴ. (○) 2009년 이산화탄소 배출량이 가장 많은 국가는 중국이며, 2009년 중국의 이산화탄소 배출량은 전세계 이산화탄소 배출량의 20% 이상이다.
→ 〈표〉를 보면 2009년 중국의 이산화탄소 배출량은 6,877.2(백만TC)로 가장 많은 배출량을 기록하고 있다.
한편 2009년 전세계 이산화탄소 배출량이 28,999.4(백만TC)이므로 2009년 전세계 대비 중국의 이산화탄소 배출량 비율은 $\frac{6,877.2}{28,999.4}$ = 0.237이다.
따라서 2009년 이산화탄소 배출량이 가장 많은 국가는 중국이고, 2009년 중국의 이산화탄소 배출량은 전세계 이산화탄소 배출량의 20% 이상이다.

ㄷ. (○) 러시아의 2003년과 2009년 이산화탄소 배출량 차이는 이란의 2003년과 2009년 이산화탄소 배출량 차이보다 크다.
→ 러시아의 2003년과 2009년 이산화탄소 배출량 차이는 |(2,178.8−1,532.6)|=646.2이고, 이란의 2003년과 2009년 이산화탄소 배출량 차이는 |(179.6−533.2)|=353.6이다.
따라서 러시아의 2003년과 2009년 이산화탄소 배출량의 차이는 이란의 2003년과 2009년 이산화탄소 배출량 차이보다 크다.

ㄹ. (○) 2003년 대비 2009년 한국 이산화탄소 배출량의 증가율은 100% 이상이다.
→ 2003년 대비 2009년 이산화탄소 배출량의 증가율은

$$\frac{\text{2009년 한국이산화탄소 배출량} - \text{2003년 한국 이산화탄소 배출량}}{\text{2003년 한국 이산화탄소 배출량}}$$

이고, 값을 계산하면

$$\frac{515.5-229.3}{229.3} \fallingdotseq \frac{286}{229}=1.24>1$$

이므로 증가율은 100% 이상이다.

합격자의 실전 풀이 순서

❶ 〈표〉의 단위를 확인하고, '전세계'와 다른 국가 자료를 구별하기 쉽게 구분선을 표시하며, 각주를 확인한다. 특히 각주 1)에 따라 2009년 기준이라는 것을 확인하고, 2009년 외 다른 연도의 경우 별도의 고려가 필요할 수 있음을 주의한다.

❷ 자료의 단순 확인을 요하는 보기 ㉠을 바로 해결한다. ㉠이 옳지 않으므로 선지 ②, ③, ⑤가 남는다. 보기 ㉡은 선지 4개에 포함돼있어 옳을 것이라 예측하고 보기 ㉣을 먼저 해결한다.

❸ 보기 ㉣이 옳으므로 선지 ③, ⑤가 남는다. 따라서 보기 ㉢을 해결한다.

합격자의 시간단축 Tip

보기 ㉠ 단순 확인용 문제이므로 시간 소모를 유도하기 위해 뒷부분에 반례가 배치될 가능성이 높다. 따라서 2009년부터 2003년까지 뒤에서 앞으로 배출량이 매년 감소하는지 확인한다.

보기 ㉡ 각주 1)에 따르면 주요 국가는 2009년 기준 배출량 상위 10개국이므로, 10개국 중 중국의 배출량이 가장 많다면 중국의 배출량이 전세계에서 가장 많은 국가가 된다.
2009년 전세계 배출량 28,999.4의 20%= 약 29,000×20%= 2,900×2=5,800인 반면, 2009년 중국의 배출량 6,877.2는 이보다 크다. 따라서 중국의 배출량이 가장 많다.

* 6,877.2 > 5,800이라 하여 곧장 옳다고 하였다면 틀린 풀이가 된다.
위 풀이처럼 〈표〉의 주요 국가가 상위 10개국임을 확인한 후에야 비로소 중국이 〈표〉에서 가장 클 때 전세계에서 가장 큰 국가가 된다.

보기 ㉢ '러시아'의 배출량 차이=2,178.8−1,532.6 =약 2,100−1,500=600이다.
이때 굳이 '이란'의 차이를 구하지 않더라도 큰 값이 533.2 밖에 되지 않기 때문에 차이가 더 클 수가 없다.
따라서 옳은 선지이다.

보기 ㉣ 증가율 100%는 곧 2배라는 의미이다.
2003년 한국 이산화탄소 배출량은 약 229이고, 그 2배는 약 450으로 500보다 작다.
2009년 배출량은 515.5로 500보다 크므로, 증가율은 100% 이상이다.

179 정답 ③ 난이도 ●●○

① (O) 응답자의 지역별 구성비(2005년)
→ 수도권 전체 응답자 중 각 지역별 구성비는 $\frac{\text{각 지역 응답자 수}}{\text{수도권 전체 응답자 수}} \times 100(\%)$ 이다.
값을 구해보면,

- 서울: $\frac{236,898\ (명)}{561,929\ (명)} \times 100\% \approx 42.16\%$
- 인천: $\frac{74,528\ (명)}{561,929\ (명)} \times 100\% \approx 13.25\%$
- 경기: $\frac{250,503\ (명)}{561,929\ (명)} \times 100\% \approx 44.58\%$

이므로 전부 〈표〉의 내용이 〈그림〉과 일치한다.

② (O) 지역별 응답자의 운전면허 보유율
→ 운전면허 보유율은 (운전면허 보유)÷(응답자) 를 하여 구할 수 있다. 서울, 경기, 인천 지역의 응답자에 대하여 2005년, 2010년에서 각각 구하여 보면
[2005년]

- 서울: $\frac{110,092\ (명)}{236,898\ (명)} \times 100\% \approx 46.5\%$
- 인천: $\frac{30,404\ (명)}{74,528\ (명)} \times 100\% \approx 40.8\%$
- 경기: $\frac{104,285\ (명)}{250,503\ (명)} \times 100\% \approx 41.6\%$

[2010년]

- 서울: $\frac{157,005\ (명)}{317,148\ (명)} \times 100\% \approx 49.5\%$
- 인천: $\frac{33,303\ (명)}{73,503\ (명)} \times 100\% \approx 45.3\%$
- 경기: $\frac{155,245\ (명)}{318,681\ (명)} \times 100\% \approx 48.7\%$

이므로 그래프 내용과 일치한다.

③ (×) 응답자 중 취업자의 지역별 구성비
→ 각 연도의 취업자의 지역별 구성비는 (응답자 중 취업자) ÷ (취업자 전체인구) 이다.
[2005년]

- 서울: $\frac{99,065\ (명)}{224,036\ (명)} \times 100\% \approx 44.2\%$
- 인천: $\frac{29,026\ (명)}{224,036\ (명)} \times 100\% \approx 13.0\%$
- 경기: $\frac{95,945\ (명)}{224,036\ (명)} \times 100\% \approx 42.8\%$

[2010년]

- 서울: $\frac{141,881\ (명)}{306,744\ (명)} \times 100\% \approx 46.3\%$
- 인천: $\frac{28,970\ (명)}{306,744\ (명)} \times 100\% \approx 9.4\%$
- 경기: $\frac{135,893\ (명)}{306,744\ (명)} \times 100\% \approx 44.3\%$

이므로, 〈표〉의 2005년 인천 지역의 응답자의 비율이 〈그림〉과 다르므로 틀린 보기이다.

④ (O) 지역별 응답자의 가구당 평균 차량 대수
→ 〈표 1〉에서 2005년과 2010년의 가구당 평균 차량 대수를 살펴보면 서울은 0.72→0.75, 인천은 0.74→0.83, 경기는 0.83→0.85 이다.
그러므로 그래프의 내용과 일치한다.

⑤ (O) 지역별 응답자의 일일 평균 통행거리
→ 〈표 2〉에서 2005년과 2010년의 일일 평균 통행거리를 살펴보면
2005년→서울=21.13, 인천=19.41, 경기=22.45
2010년→서울=20.40, 인천=19.16, 경기=24.54
그러므로 그래프의 내용과 일치한다.

합격자의 실전 풀이 순서

❶ 〈표 1〉, 〈표 2〉의 '수도권 전체'에 표시한다.
❷ 선지 ①번에서 2005년 응답자 수가 경기 > 서울 > 인천인지, 경기 ≒ 수도권 전체의 45%인지 확인한다.
❸ 선지 ②번에서 2005, 2010년 모든 지역의 응답자 운전면허 보유율을 계산해야 함을 확인하고, 우선 선지 ③번으로 넘어간다.

❹ 선지 ③번에서 2010년 수도권 전체 응답자 중 취업자 중 서울 지역의 비중, 인천 지역의 비중이 그래프에 부합하는지 확인한다.

합격자의 시간단축 Tip

선지 ① 원그래프는 순위가 맞는지, 서울과 경기는 40% 이상인지, 인천은 10% 이상인지 정도만 확인하면 된다. 왜냐하면 원그래프는 '비중' 그래프로 그 합이 100%일 수밖에 없으므로 출제자가 한 값을 인위적으로 수정할 경우 다른 값도 같이 왜곡될 수밖에 없고, 특히 ①번은 범례가 총 3가지 밖에 없어 왜곡이 더 드러날 수밖에 없기 때문에 틀리게 구성하면 매우 눈에 띌 수밖에 없기 때문이다.
이를 왜곡하면 어떻게 되는지는 보기 ③번에서 살펴보겠다.

선지 ② 비교적 계산이 쉬운 2010년 서울 지역 운전면허 보유율(약 50%), 2005년 인천(약 40%), 2010년 인천(약 45%)를 중심으로 확인한다.
2010년 서울 지역 운전면허 보유자는 약 157(천), 미보유자는 약 160(천)으로, 양자가 거의 같으므로 보유율이 50%에 조금 못 미친다.
2010년 인천 운전면허 보유자는 약 33(천), 미보유자는 약 40(천)으로 양자의 차이는 7(천)이며, 이는 전체 인천 응답자 약 73(천)의 약 10%이므로, 보유율이 45%, 미보유율이 55%, 미보유율−보유율=10%p일 것이라는 가정에 부합한다.
2005년 인천 운전면허 보유자는 약 30(천), 응답자는 약 74(천)으로, 74(천) × 40%=74(천) × (50−10)% =37(천)−7.4(천)≈ 30(천)으로, 보유율이 약 40%이다.

선지 ③ 보기 ①번과 마찬가지로 '비중' 그래프이다. 따라서 가볍게 확인할 때 앞서와 마찬가지로 순위가 맞는지, 서울과 경기는 40% 이상인지, 인천은 2005년엔 10% 이하, 2010년엔 이상인지 정도만 확인하면 된다. 이때 순위는 맞으나 2005년 인천의 경우 29,026 > 22,403으로 10%보다 크므로 틀린 선지가 된다. 이처럼 '비중' 그래프는 틀린 그래프라면 매우 큰 차이로 틀리게 출제되며, 작은 값의 차이로 틀리게 출제되지 않으므로 가볍게 처리하면 된다.

180 정답 ❷ 난이도 ●●○

ㄱ. (○) 2005년 기준, 응답자 수가 가장 적은 지역은 해당연도 응답자 일일 평균 통행거리가 수도권 전체 중 가장 짧다.
➜ 〈표 1〉을 보면, 2005년의 응답자 수는 서울: 236,898명, 인천: 74,528명, 경기: 250,503명이다. 그러므로 응답자 수가 가장 적은 지역은 인천이다.
〈표 2〉를 보면 인천의 2005년도 일일 평균 통행거리는 19.41km이고, 서울은 21.13km, 경기는 22.45km이므로 인천이 수도권 전체 중 가장 짧다. 따라서 옳은 보기이다.

ㄴ. (○) 2010년 기준, 응답자의 운전면허 보유율이 가장 높은 지역은 해당연도 응답자 일일 평균 통행시간이 수도권 전체 중 가장 길다.
➜ 2010년 응답자의 운전면허 보유율은 서울: 49.5%, 인천 : 45.3%, 경기 : 48.7%이다.
그러므로 응답자의 운전면허 보유율이 가장 높은 지역은 서울이다.
〈표 2〉를 보면 서울의 2010년 일일 평균 통행시간은 83.48분이고 인천은 75.65분, 경기는 78.52분이므로 수도권 전체 중 서울이 가장 길다.

ㄷ. (×) 2010년 기준, 가구당 평균 차량 대수가 가장 적은 지역은 해당연도 응답자 일일 평균 통행횟수가 수도권 전체 중 ~~가장 많다~~.
➜ 〈표 1〉을 보면 2010년 기준, 가구당 평균 차량 대수가 가장 적은 지역은 가구당 평균 차량 대수가 0.75대인 서울이다.
〈표 2〉를 보면, 2010년 기준, 일일 평균 통행횟수가 가장 많은 지역은 일일 평균 통행횟수가 2.60인 인천이다. 따라서 틀린 보기이다.

ㄹ. (○) 2005년 기준, 응답자 중 취업자 비율이 가장 높은 지역은 해당연도 응답자 가구당 평균 차량 대수가 수도권 전체 중 가장 적다.
➜ 2005년의 응답자 중 취업자 비율은 (응답자 중 취업자)÷(응답자) 계산하여 구할 수 있다.

- 서울: $\frac{99{,}065\ (\text{명})}{236{,}898\ (\text{명})} \times 100\% \approx 41.8\%$
- 인천: $\frac{29{,}026\ (\text{명})}{74{,}528\ (\text{명})} \times 100\% \approx 38.9\%$
- 경기: $\frac{95{,}945\ (\text{명})}{250{,}503\ (\text{명})} \times 100\% \approx 38.3\%$

그러므로 응답자 중 취업자 비율이 가장 높은 지역은 서울이다.
〈표 1〉에서 서울의 2005년도 응답자 가구당 평균 차량 대수는 0.72이고, 인천은 0.74, 경기는 0.83이므로 서울이 수도권 전체 중 가장 적다.

합격자의 실전 풀이 순서

❶ 보기 ㉠~㉣ 모두 각 선지에 4번씩 포함되어 선지 ⑤번이 답이 될 가능성이 높다고 판단하고, 보기 ㉣부터 ㉠까지 아래에서 위로 풀이한다.

❷ 보기 ㉣이 옳으므로 선지 ①이 제거되고, 보기 ㉢이 옳지 않으므로 선지 ②만 남는다.

합격자의 시간단축 Tip

동일 자료를 두 문제에 걸쳐 활용하는 경우, 문제 간 관계성을 적극 이용하면 좋다. 특히 '표→그림 전환형'이 출제되는 경우 반드시 이 유형을 먼저 풀어야 한다. 왜냐하면 전환형 문제를 먼저 풀어 놓으면, 〈그림〉을 그 다음 문제에서 활용 가능하기 때문이다. 예를 들어 앞선 문제의 보기 ㉡의 경우 연계 문제의 ② 번 선지를 활용하여 쉽게 해결할 수 있다.

따라서 두 문제가 세트로 출제되는 경우, 문제 간 관계를 확인하여 이후 활용하기 좋은 문제를 먼저 푸는 풀이 전략을 가지도록 하자.

보기 ㉠ 보기 ㉢ "A이고 B이다" 유형으로 출제자는 A→B 순서로 문제를 구성한 만큼, 역순으로 확인할 때 문제의 빈틈을 발견하기 더 쉬운 경향이 있다. 따라서 보기 ㉠의 경우 '응답자 일일 평균 통행거리', 보기 ㉢의 경우 '응답자 일일 평균 통행횟수'를 먼저 확인하면 된다.

보기 ㉡ 'A인 것은 B이기도 하다'유형은 확인하기 쉬운 값부터 확인하는 것이 좋다. 따라서 확인하기 쉬운 B의 '일일 평균 통행 시간'을 살펴보면, 2010년 응답자 일일 평균 통행시간이 가장 긴 지역은 서울이다. 같은 해 서울의 운전면허 보유율은 답이 ③이라는 확신 하에, 이전 문제의 선지 ②에 따르면 수도권 전체 중 가장 높다. 다른 문제를 풀고도 시간이 남는 경우, 2010년 운전면허 보유율이 이전문제의 선지 ②에 부합하는지 확인한다.

예 2010년 경기 지역 운전면허 보유율 $\approx \frac{155}{318} \times 100$

→ 318 의 50%는 159, 1%는 3.18, 49%는 159 $-3.18 \approx 159-3.2=156-0.2=155.8$ → 155는 318의 49%에 조금 못 미친다.

서울 지역 운전면허 보유율은 49% 초과이다. 따라서 서울 지역 운전면허 보유율이 가장 높다.

* 만약 이전문제를 활용하지 않고 푼다면, '서울'의 경우 운전면허 보유 157(천 명)×2는 응답자 317(천 명)과 유사하므로 50% 가량 된다.

이를 기준으로 다른 값들을 보면 '인천'은 50%가 한참 안 되므로 작고, '경기'의 경우 분모인 응답자는 더 많고, 분자인 보유자는 더 적으므로 서울보다 작다. 따라서 옳은 선지이다.

보기 ㉣ 2005년 응답자 가구당 평균 차량 대수가 수도권 전체 중 가장 적은 지역은 서울이다.

서울의 응답자 중 취업자 비율은 약 $\frac{99}{237}$이고,

인천은 $\frac{29}{74} \approx \frac{30}{74} = \frac{90}{222}$이고, 경기는 $\frac{95}{250}$이다.

인천에 비해 서울은 분자는 9(10%) 크고, 분모는 15(10% 미만) 크므로 취업자 비율이 더 높다.

경기에 비해 서울은 분자는 크고 분모는 작으므로 취업자 비율이 더 높다.

독끝 기본 7일차 (181~200)

정답

181	④	182	②	183	②	184	⑤	185	⑤
186	①	187	①	188	④	189	①	190	②
191	③	192	②	193	②	194	④	195	⑤
196	③	197	①	198	⑤	199	③	200	②

181 정답 ❹ 난이도 ●○○

ㄱ. (×) 평균 연령이 높은 순서대로 나열하면, 남자 국가대표 선수의 종목 순서와 여자 국가대표선수의 종목 순서는 ~~동일하다~~.

→ 남자 국가대표선수를 평균 연령이 높은 순으로 나열하면

사격－농구－테니스－역도－수영－축구 순이며

여자 국가대표선수를 평균 연령이 높은 순으로 나열하면

사격－농구－역도－테니스－축구－수영 순이다.

따라서 평균 연령이 높은 순서대로 나열했을 때, 남자 국가대표선수의 종목 순서와 여자 국가대표선수의 종목 순서는 동일하지 않다.

ㄴ. (×) 평균 신장이 큰 순서대로 나열하면, 남자 국가대표선수의 종목 순서와 여자 국가대표선수의 종목 순서는 ~~동일하다~~.

→ 남자 국가대표선수를 평균 신장이 높은 순으로 나열하면

농구－테니스－수영－축구－사격－역도 순이며

여자 국가대표선수를 평균 신장이 높은 순으로 나열하면

농구－테니스－수영－역도－축구－사격 순이다.

따라서 평균 신장이 큰 순서대로 나열했을 때, 남자 국가대표선수의 종목 순서와 여자 국가대표선수의 종목 순서는 동일하지 않다.

ㄷ. (×) 종목별로 볼 때, 남자 국가대표선수의 평균 연령은 해당 종목 여자 국가대표선수의 평균 연령보다 ~~높다~~.

→ 〈그림 1〉과 〈그림 2〉에서 종목별로 하나씩 비교한다.

이때, 평균 연령을 비교하므로 종목별로 가로축을 확인한다.

종목별로 국가대표선수의 평균 연령을 비교하면

- 사격: 남자 약 33(세), 여자 약 30(세)으로 남자의 평균 연령이 더 높다.
- 농구: 남자 약 30(세), 여자 약 27(세)로 남자의 평균 연령이 더 높다.
- 테니스: 남자 약 28(세), 여자 약 26(세)으로 남자의 평균 연령이 더 높다.
- 역도: 남자 약 25(세), 여자 약 26(세)으로 여자의 평균 연령이 더 높다.
- 수영: 남자 약 23(세), 여자 약 22(세)로 남자의 평균 연령이 더 높다.
- 축구: 남자 약 22(세), 여자 약 25(세)로 여자의 평균 연령이 더 높다.

따라서 종목별로 볼 때, 남자 국가대표선수의 평균 연령이 모두 해당 종목 여자 국가대표선수의 평균 연령보다 높지 않다.

ㄹ. (○) 종목별로 볼 때, 남자 국가대표선수의 평균 신장은 해당 종목 여자 국가대표선수의 평균 신장보다 크다.

→ 종목별로 국가대표선수의 평균 신장을 비교하면

- 농구: 남자는 약 200(cm), 여자는 약 185(cm)로 남자의 평균 신장이 더 크다.
- 테니스: 남자는 약 187(cm), 여자는 약 176(cm)으로 남자의 평균 신장이 더 크다.
- 수영: 남자는 약 186(cm), 여자는 약 174(cm)로 남자의 평균 신장이 더 크다.
- 역도: 남자는 약 172(cm), 여자는 약 170(cm)으로 남자의 평균 신장이 더 크다.
- 축구: 남자는 약 180(cm), 여자는 약 167(cm)로 남자의 평균 신장이 더 크다.
- 사격: 남자는 약 177(cm), 여자는 약 165(cm)로 남자의 평균 신장이 더 크다. 따라서 종목별로 볼 때, 남자 국가대표선수의 평균 신장은 해당 종목 여자 국가대표선수의 평균 신장보다 크다.

합격자의 실전 풀이 순서

❶ 발문을 읽으면서 6종목인 점, 옳지 않은 것인 점을 유의한다. 그림의 단위 등 특이사항이 없는지 확인하면서 바로 보기 ㉠부터 본다.

❷ 보기 ㉠: 남자와 여자 모두 평균연령이 높은 순서대로 나열하면, 남자는 테니스가 역도보다 많지만 여자는 역도가 테니스보다 많다. 따라서 순서가 동일할 수 없어 옳지 않다.
'순서'를 묻는 문제는 반례를 찾으면 틀린 선지로 처리할 수 있다. 이때 출제 의도상 수험생이 시간을 소모하도록 유도하기 위해 통상 뒷부분에 반례를 배치

한다. 이는 순서를 묻고 있는 나머지 선지에도 동일하게 적용된다. 이에 반대로 '평균 연령이 낮은 순'으로 확인하면 제일 낮은 종목은 남자는 축구인 반면 여자는 수영이다. 바로 틀린 선지임을 알 수 있다. 따라서 ②, ③번이 소거된다.

❸ 보기 ㉣: 종목별로 남자 국가대표선수의 평균 신장이 여자 국가대표선수의 평균 신장보다 큰지 직접 확인한다. 그나마 역도가 비슷하지만 170cm라는 눈금을 활용하면 어렵지 않게 남자가 약간 더 크다는 것을 알 수 있다. 나머지 종목 역시 예외가 없다. ⑤번이 소거된다.

❹ 보기 ㉢: 보기 ㉠과 마찬가지로 뒷부분인 '평균 연령이 낮은 순'으로 확인한다.
남자 국가대표선수의 평균 연령은 축구의 경우 약 22세이지만, 여자 축구 국가대표선수의 평균 연령은 24세보다 많다. 따라서 반례가 존재하여 옳지 않다.
이에 정답은 ④번이다.

합격자의 시간단축 Tip

보기 ㉣의 경우 남녀 간의 신장 비교를 요구한다. 이때 주의할 점은 둘의 y축 값의 범위가 서로 다르다는 점이다. 자칫 '시각적 효과'를 활용한다는 이유로 값을 보지 않고 그림 상 위치로만 확인 시 틀릴 수 있으므로 언제나 'x, y축 값'은 주의하도록 한다.
참고로 위의 경우는 단위는 같되 값의 범위가 다른 것이었다면, 애초에 범위가 다를 수도 있다. 가령 〈그림 1〉은 '전국'에 대한 자료로 y축이 인구 수(십만 명)인 반면, 〈그림 2〉는 'A시'에 대한 자료로 y축이 인구 수(천 명)로 주어져 있을 수 있다. 따라서 언제나 단위, 축 값의 범위 등은 주의하여야 한다.

보기 ㉡ 남자는 축구가 역도보다 평균 신장이 크지만, 여자는 역도가 축구보다 평균신장이 크다.
따라서 평균 신장이 큰 종목 순서가 동일할 수 없어 옳지 않다.
보기 ㉠과 마찬가지로 뒷부분인 '평균 신장이 낮은 순'으로 확인한다. 남자의 경우 역도가 가장 작은데 여자는 아니다. 따라서 바로 틀린 선지임을 알 수 있다.

182 정답 ❷ 난이도 ●●○

A. 1991년 이후 인구자연증가율이 매년 감소한 나라
→ 〈표 2〉에 1991년 이후 나라별 인구자연증가율을 보면
- 아프가니스탄: 1991년에서 1996년, 1998년에서 1999년 인구자연증가율이 증가하였으므로 인구자연증가율이 매년 감소하지 않았다.
- 아랍에미리트: 1996년에서 1997년 인구자연증가율이 증가하였으므로 인구자연증가율이 매년 감소하지 않았다.
- 보스니아 헤르체고비나: 매년 인구자연증가율이 감소하였다.
- 르완다: 1991년에서 1996년, 1999년에서 2000년 인구자연증가율이 증가하였으므로 인구자연증가율이 매년 감소하지 않았다.
- 라이베리아: 1991년에서 1998년, 1999년에서 2000년 인구자연증가율이 증가하였으므로 인구자연증가율이 매년 감소하지 않았다.

따라서 인구자연증가율이 매년 감소한 A는 보스니아 헤르체고비나이다.

B. 1999년 출생률이 가장 높은 나라
→ 〈표 1〉을 통해 1999년의 국가별 출생률이 비교하면 아프가니스탄이 49.7, 아랍에미리트가 21.0, 보스니아 헤르체고비나가 12.6, 르완다가 43.9, 라이베리아가 49.1이다.
이를 통해 출생률이 높은 순서로 정렬하면 (아프가니스탄 > 라이베리아 > 르완다 > 아랍에미리트 > 보스니아 헤르체고비나) 순이다.
따라서 출생률이 가장 높은 B는 아프가니스탄이다.

C. 1991년 이후 출생률이 매년 감소한 나라
→ 〈표 1〉을 통해 나라별 출생률의 변화를 보면
- 아프가니스탄: 1991년에서 1994년, 1998년에서 1999년에 출생률이 증가하였으므로 1991년 이후 출생률은 매년 감소하지 않았다.
- 아랍에미리트: 1991년 이후 출생률이 매년 감소하였다.
- 보스니아 헤르체고비나: 1991년 이후 출생률이 매년 감소하였다.
- 르완다: 1991년에서 1995년에 출생률이 증가하였으므로 1991년 이후 출생률은 매년 감소하지 않았다.
- 라이베리아: 1991년에서 1993년, 1997년에서 1999년에 출생률이 증가하였으므로 1991년 이후 출생률은 매년 감소하지 않았다.

1991년 이후 출생률이 매년 감소한 나라는 아랍에미리트와 보스니아 헤르체고비나이며 따라서 C는 아랍에미리트이다.

합격자의 실전 풀이 순서

❶ 발문을 보면서 A~C 국이 어디에 해당하는지 매칭하는 유형임을 파악한다. 그리고 〈보기〉를 판별할 때 마다 소거법을 활용한다. 이 문제에서 강조하고 싶은

것은 객관식 시험인 만큼 선지를 적극 활용해야 한다는 점이다.

❷ A국: 1991년 이후 자연증가율이 매년 감소한 나라는 보스니아 헤르체고비나이다. 주의할 것은 이 국가를 직접 찾기보다 선지를 활용하여 아랍에미리트 또는 보스니아 헤르체고비나 2개 국가만 확인하며, 아랍에미리트가 1996년 반례가 성립함을 빠르게 체크하고 소거하는 방법이 시간 단축에 필수적이라고 생각한다. 따라서 ④, ⑤번이 소거된다.

❸ B국: 1999년 출생률이 가장 높은 나라는 아프가니스탄으로 49.1이다. 이 역시 다른 국가들 전부 비교하는 것이 아니라 선지를 활용하여 라이베리아와 아프가니스탄만 비교한다. ①번이 소거된다.

합격자의 시간단축 Tip

'매칭형 문제'에서 선지를 활용하는 것은 다양한 문제 풀이 스타일과 무관하게 가장 기본적으로 필요한 방법이다. 왜냐하면 매칭형 문제는 사실상 '경우의 수' 유형과 유사한 것이므로 문제에서 친절하게 수많은 경의 수를 많게는 5가지, 적게는 2가지로 줄여준다는 점에서 반드시 이용해야 하는 정보에 해당한다. 따라서 이를 적극 활용하는 습관을 지니도록 연습하자.

183 정답 ❷ 난이도 ●●●

① (○) 토요일에 남편의 참여시간이 가장 많았던 양육활동유형은 정서활동이다.

→ 이 보기는 토요일에 남편이 참여한 양육활동 중 숫자가 가장 큰 활동을 구하면 된다.
토요일에 남편이 참여한 양육활동의 시간은
정서 > 외출 > 식사 > 가사 > 위생 > 취침 > 교육 > 배설 > 의료간호 순이다.

② (×) 아내의 총 양육활동 참여시간은 금요일에 비해 토요일에 ~~감소하였다~~.

→ 이 보기는 금요일과 토요일에 아내의 총 양육활동 참여시간을 각각 구하면 된다.
금요일에 아내의 양육활동 총 참여시간은
48+199+110+128+55+18+70+11+24=663(분)이다.
토요일에 아내의 양육활동 총 참여시간은
48+234+108+161+60+21+101+10+20=763(분)이다.
따라서 금요일의 663(분)과 토요일의 763(분)을 비교하면 금요일에 비해 토요일에 증가했으므로 옳지 않은 보기이다.

③ (○) 남편의 양육활동 참여시간은 금요일에는 총 46분이었고, 토요일에는 총 140분이었다.

→ 이 보기는 금요일과 토요일에 남편의 총 양육활동 참여시간을 각각 구하면 된다.
금요일 남편의 양육활동 총 참여시간은
4+4+2+25+3+1+5+1+1=46(분)
토요일 남편의 양육활동 총 참여시간은
8+14+9+73+6+2+24+1+3=140(분)이다.
따라서 금요일에는 총 46(분), 토요일에는 총 140(분)으로 옳은 보기이다.

④ (○) 금요일에 아내는 식사, 정서, 가사, 외출활동의 순으로 양육활동 참여시간이 많았다.

→ 이 보기는 금요일에 아내의 양육활동 참여시간을 서로 비교하면 된다. 아내가 참여한 양육활동을 긴 시간순으로 나열한다면, 식사, 정서, 가사, 외출, 취침, 위생, 교육, 배설, 의료간호이다.
따라서 식사, 정서, 가사, 외출활동 순으로 참여시간이 많았으므로 옳은 보기이다.

⑤ (○) 아내의 양육활동유형 중 금요일에 비해 토요일에 참여시간이 가장 많이 감소한 것은 교육활동이다.

→ 이 보기는 아내의 각각의 양육활동유형 참여시간을 금요일과 토요일을 서로 비교하면 구할 수 있다.
먼저, 위생활동은 금요일에 48분이고, 토요일에도 48분이므로 동일하다.

- 식사활동: 금요일에 199분이고, 토요일에는 234분이므로 금요일에 비해 토요일에 35분 증가했다.
- 가사활동: 금요일에 110분이고, 토요일에 108분이므로 금요일에 비해 토요일에 2분 감소했다.
- 정서활동: 금요일에 128분이고, 토요일에 161분이므로 금요일에 비해 토요일에 33분 증가했다.
- 취침활동: 금요일에 55분이고, 토요일에 60분이므로 금요일에 비해 토요일에 5분 증가했다.
- 배설활동: 금요일에 18분이고, 토요일에 21분이므로 금요일에 비해 토요일에 3분 증가했다.
- 외출활동: 금요일에 70분이고, 토요일에 101분이므로 금요일에 비해 토요일에 31분 증가했다.
- 의료간호활동: 금요일에 11분이고, 토요일에 10분이므로 금요일에 비해 토요일에 1분 감소했다.
- 교육활동: 금요일에 24분이고, 토요일에 20분이므로 금요일에 비해 토요일에 4분 감소했다.

그러므로 가장 많이 감소한 것은 4분 감소한 교육활동이므로 옳은 보기이다.

합격자의 실전 풀이 순서

❶ 발문을 보면서 9가지인 점과 옳지 않은 것임에 주의한다. 〈표〉를 통해 금요일과 토요일의 차이와 관련한 보기를 예상할 수 있다. 이러한 취지를 고려하여 ② 번부터 먼저 보고, ⑤, ③, ④, ①번 순으로 볼 것이다. ①번과 같은 단순 확인 유형이 정답이 될 확률이 낮다고 생각하기 때문이다.

❷ ②번: 아내의 금요일 총 양육활동 참여시간과 토요일 총 양육활동 참여시간을 직접 구하기보다 차이 값을 활용한다. 가사가 2분 감소, 의료간호가 1분 감소, 교육이 4분 감소하였으며, 이외에는 전부 같거나 증가하였다. 이미 식사가 35분 증가하여 감소분을 상쇄하였다. 따라서 금요일에 비해 토요일에 증가하였다. 따라서 옳지 않아 정답은 ②번이다. 금요일의 9유형과 토요일의 9유형을 다 더하여 크기를 비교하는 방식보다 위 풀이가 분명 빠를 것이라 생각한다.

합격자의 시간단축 Tip

선지 ① 토요일에 남편의 참여시간이 가장 많았던 양육활동유형은 73분인 정서활동으로 옳다.
가장 큰 숫자를 찾는 단순 확인 유형이라 할 수 있다.

선지 ③ 남편의 양육활동 참여시간은 금요일에 4+4+2+25+3+1+5+1+1=46분이었고, 토요일에는 8+14+9+73+6+2+24+1+3=140분으로 옳다.
자료해석이라는 과목 특성 상 두 자리 덧셈 정도는 과도한 연산으로 취급하지 않고 있다. 따라서 이와 같은 연산에 소모되는 시간을 최소화하기 위한 대응 방법이 필요하다. 일반적으로 위와 같은 덧셈은 큰 숫자부터 더해 나가는 '각산법' 방식이나 '보수를 이용한 묶음 덧셈' 방식이 좋다. 각각의 방법이 기억나지 않는다면 '자료해석 시간단축 비법서'를 확인해보자.
다만 만약 보기 ③번이 정답에 해당하는 틀린 선지였다면, 'A이고 B이다' 구조를 가지고 있으므로 수험생이 시간을 소모하도록 유도하기 위해 틀린 부분은 B에 배치될 것이다. 따라서 필연적으로 덧셈 시간을 할애할 수 밖에 없는 선지라면 B부분인 '토요일'을 먼저 확인하여 빠르게 틀린 선지를 찾아낼 수 있도록 해야 할 것이다.

선지 ④

[방법 1]
중간에 다른 큰 참여시간이 있는 유형이 있는지, 순서가 바뀌었는지 유의하며 순서를 확인한다. 금요일에 아내는 식사(199분), 정서(128분), 가사(110분), 외출(70분) 순으로 양육활동 참여시간이 많았다. 따라서 옳다.

[방법 2]
몇 가지로 지정해서 순서를 묻는 경우 '마지막 순서를 기준으로 윗부분을 솎아내는 방식'이 좋다고 생각한다. 순서가 맞는 직접 확인하는 경우 〈표〉를 위아래로 여러 번 훑어야 되기 때문에 불필요한 시간 낭비가 있을 수 있다.
그러나 애초에 지정해준 마지막 순서인 '외출'을 기준으로 70보다 높은 것만 먼저 체크를 해 두면,
① 그 개수가 지정해준 개수와 다를 경우 바로 틀린 선지이며, ② 개수가 맞다면 체크해 둔 값들만 순서를 비교하면 된다는 점에서 어떤 유형의 문제에서도 적용 가능한 안전하고 빠른 방법이라 생각한다.

선지 ⑤ 아내의 양육활동 유형 중 금요일에 비해 토요일에 참여시간이 가장 많이 감소한 것은 4분 감소한 교육활동이므로 참이다. 우선 ②번에서 구한 것을 활용하면, 감소한 유형이 가사, 의료간호밖에 없으며 각각 2분, 1분 감소하였으므로 옳다.

184 정답 ⑤ 난이도 ●○○

① (O) 덕타일주철 수도관의 파손 건수가 50건 이상인 파손원인은 2가지이다.
➜ 〈표〉에 따르면 덕타일주철 수도관의 파손 건수가 50건 이상인 파손 원인은 시설 노후 71건, 수격압 98건으로 2가지이며 나머지 파손 원인의 건수는 50건보다 미만이다.
따라서 덕타일주철 수도관의 파손 건수가 50건 이상인 파손 원인은 2가지이다.

② (O) 회주철 수도관의 총 파손 건수가 덕타일주철 수도관의 총 파손 건수보다 많다.
➜ 〈표〉에 따르면 회주철 수도관의 총 파손 건수가 334건, 덕타일주철 수도관의 총 파손 건수가 232건으로 회주철 수도관의 총 파손 건수가 덕타일주철 수도관의 총 파손 건수보다 많다.

③ (O) 주철 수도관의 파손원인별 파손 건수에서 '자연재해' 파손 건수가 가장 적다.
➜ 〈표〉에 따르면 주철 수도관의 파손원인별 파손 건수에서 '자연재해'의 파손 건수는 회주철 1건, 덕타일주철 1건으로 합 2건으로 나머지 파손원인별 파손 건수보다 가장 적다.

④ (O) 주철 수도관의 '시설노후' 파손 건수가 주철 수도관의 총 파손 건수에서 차지하는 비율은 30% 이상이다.
➜ 〈표〉에 따르면 주철 수도관의 '시설노후' 파손 건수가 176건으로, 주철 수도관의 총 파손건수 566

건에서 차지하는 비율은

$\frac{176}{566}\times100(\%)=31.10(\%)$이다.

따라서 주철 수도관의 '시설노후' 파손 건수가 주철 수도관의 총 파손 건수에서 차지하는 비율은 30% 이상이다.

⑤ (×) 회주철 수도관의 '보수과정 실수' 파손 건수가 회주철 수도관의 총 파손 건수에서 차지하는 비율은 ~~10% 미만이다~~.

➜ 〈표〉에 따르면 회주철 수도관의 '보수과정 실수' 파손 건수가 43건으로, 회주철 수도관의 총 파손 건수 334건에서 차지하는 비율은 $\frac{43}{334}\times100(\%)=$ 12.87(%)이다.

따라서 회주철 수도관의 '보수과정 실수' 파손 건수가 회주철 수도관의 총 파손 건수에서 차지하는 비율은 10% 이상으로 선택지의 내용은 옳지 않다.

합격자의 실전 풀이 순서

❶ 발문을 보면서 옳지 않은 것임에 주의한다. 단순한 숫자의 대소비교보다 비율과 관련된 ④, ⑤번을 먼저 볼 것이고, '가장 적다'는 것의 반례를 찾으면 정답이 될 수 있어 ③번 그리고 ①, ②번 순으로 볼 것이다.

❷ ④번: 566을 570으로 크게 잡아도 30%가 171이어서 176보다 작으므로 30%보다 클 수밖에 없다.

따라서 $\frac{176}{566}\times100>30\%$이므로 옳다.

❸ ⑤번: $\frac{43}{334}\times100>10\%$이므로 옳지 않다. 따라서 정답은 ⑤번이다. 10%를 빠르게 계산하려면 문제와 같은 경우 소수점을 붙여 33.4보다 43이 크니 10% 미만이 아님을 쉽게 알 수 있다.

합격자의 시간단축 Tip

모든 선지가 간단한 쉬운 문제이다. 다만 주철 수도관, 회주철 수도관, 덕타일주철 수도관 등 잘못 읽으면 헷갈리기 좋은 유사 단어로 구성되어 있는 만큼 실수하지 않도록 주의해야 한다.

185 정답 ⑤ 난이도 ●○○

① (×) 2000~2010년 동안 전국 직장어린이집 수는 매년 ~~증가하였다~~.

➜ 〈그림 1〉을 보면, 전국 직장어린이집 수는 2001년에 감소하였다가 2002년 이후 증가하였다. 따라서 매년 증가한 것은 아니므로 틀린 보기이다.

② (×) 2006년 대비 2008년 전국 직장어린이집 수는 ~~20% 이상 증가하였다~~.

➜ 전국 직장어린이집 수를 구하면 2006년의 경우 298개, 2008년의 경우 350개이다.

따라서 2006년 대비 2008년 전국 직장어린이집 수는 $\frac{(350-298)}{298}\times100(\%)\fallingdotseq17.4\%$ 증가하였다.

③ (×) 2010년 인천 지역 직장어린이집 수는 2010년 전국 직장어린이집 수의 ~~5% 이하이다~~.

➜ 〈그림 1〉을 보면, 2010년 전국 직장어린이집 수는 401개이다.

〈그림 2〉를 보면, 2010년 인천 지역 직장어린이집 수는 26개이다.

따라서 인천 지역 직장어린이집 수는 2010년 전국 직장어린이집 수의 $\frac{26}{401}\times100(\%)\fallingdotseq6.5\%$이다.

④ (×) 2000~2010년 동안 전국 직장어린이집 수의 전년대비 증가율이 10% 이상인 연도는 ~~2003년뿐이다~~.

➜ 전국 직장어린이집 수의 전년 대비 증가율은

$\frac{(\text{해당 연도 전국 직장어린이집 수}-\text{전년도 전국 직장어린이집 수})}{\text{전년도 전국 직장어린이집 수}}\times100$으로 구할 수 있다.

〈그림 1〉을 보면, 2001년에 전년 대비 전국 직장어린이집 수는 감소하였다.

전국 직장어린이집의 수와 전년 대비 증가율을 각 연도별로 구하면,

- 2002년: $\frac{(199-196)}{196}\times100(\%)\fallingdotseq1.5\%$
- 2003년: $\frac{(236-199)}{199}\times100(\%)\fallingdotseq18.6\%$
- 2004년: $\frac{(243-236)}{236}\times100(\%)\fallingdotseq3.0\%$
- 2005년: $\frac{(263-243)}{243}\times100(\%)\fallingdotseq8.2\%$
- 2006년: $\frac{(298-263)}{263}\times100(\%)\fallingdotseq13.3\%$
- 2007년: $\frac{(320-298)}{298}\times100(\%)\fallingdotseq7.4\%$
- 2008년: $\frac{(350-320)}{320}\times100(\%)\fallingdotseq9.4\%$
- 2009년: $\frac{(370-350)}{350}\times100(\%)\fallingdotseq5.7\%$
- 2010년: $\frac{(401-370)}{370}\times100(\%)\fallingdotseq8.4\%$이다.

따라서 2000 ~ 2010년 동안 전국 직장어린이집 수의 전년 대비 증가율이 10% 이상인 연도는 2003년과 2006년이다.

⑤ (○) 2010년 서울과 경기 지역 직장어린이집 수의 합은 2010년 전국 직장어린이집 수의 절반 이상이다.
➜ 〈그림 1〉을 보면, 2010년 전국 직장 어린이집 수는 401개이고, 〈그림 2〉를 보면, 2010년 서울과 경기 지역 직장어린이집 수의 합은 (109+95)=204(개)이다. 따라서 2010년 서울과 경기 지역 직장어린이집 수의 합은 2010년 전국 직장어린이집 수의 $\frac{204}{401} \times 100(\%) \fallingdotseq 50.9\%$이다.

합격자의 실전 풀이 순서

❶ 〈그림 1〉을 보면서 2001년이 최저점인 사실을 체크하고, 최고점인 2010년의 401개가 〈그림 2〉에서 지역별로 분류된 점을 확인한다. 〈그림 2〉를 활용한 보기부터 정답이 유력할 것이라 생각해 ③, ⑤번을 먼저 볼 것이고, ④, ②, ①번 순으로 볼 것이다.

❷ 선지 ③번: 인천 지역 직장어린이 수는 26으로 20을 곱하면 520이 되어 401보다 크다. 따라서 5% 이상이므로 옳지 않다. $\frac{26}{401} \times 100 > 5\%$인지 계산하기보다 5%의 20배가 100%인 점을 활용하는 접근이 계산을 단순화할 수 있다.

❸ 선지 ⑤번: 서울과 경기 지역 직장어린이집 수의 합은 204로 2010년 전국 직장어린이집 수인 401의 절반 이상이다. 이때 나눗셈보다는 곱셈이 더 빠르고 쉬운 연산 방법이므로, 401을 2로 나누기보다 204의 2배인 408이 401보다 커 절반 이상이 옳다고 확인하는 습관이 중요하다고 생각한다. 따라서 정답은 ⑤번이다.

합격자의 시간단축 Tip

선지 ① 2000년 대비 2001년 전국 직장어린이집 수는 204에서 196으로 감소하여 반례가 존재하여 옳지 않다.

선지 ② 2006년의 전국 직장어린이집 수는 298이며, 2008년의 경우 350이다. 2006년의 숫자를 300보다 작은 수로 간주하여도 무방하다. 따라서 20% 이상 증가하려면 거의 300의 1.2배인 360에 근접한 숫자여야 한다. 그러나 350은 이에 못 미쳐 20% 이상 증가하였다고 할 수 없다. 따라서 옳지 않다. 출제자도 300이라는 숫자를 염두에 두었다고 생각한다.

선지 ④ 전국 직장어린이집 수의 전년대비 증가율이 10% 이상인 년도는 2006년도 있다. 따라서 2003년뿐이라 할 수 없어 옳지 않다. 2003년과 같이 막대그래프가 상대적으로 많이 증가한 연도에 유의해서 반례를 찾아볼 필요가 있다. 그리고 증가율이 10% 이상인 연도를 계산할 때 263+26.3 < 298과 같은 형태로 처리하는 것이 효율적이다.

186 정답 ❶ 난이도 ●●○

① (×) 소득분위별 도시근로자가구당 월평균 교통비지출액 현황
➜ 제시된 자료에서 1995년과 2007년 도시근로자가구당 월평균 교통비지출액 비중의 차이를 계산하면,
- 소득 1분위: (8.7%−7.0%)=1.7%p
- 소득 10분위: (14.6%−10.3%)=4.3%p이다.

따라서 소득 10분위가 소득 1분위보다 크므로 이는 〈보고서〉의 다섯 번째 내용과 부합하지 않는다.

② (○) 도시근로자가구당 월평균 교통비지출액 현황
➜ 제시된 자료를 보면, 도시근로자가구당 월평균 교통비지출액은 1995년의 경우 120.3천 원, 2007년의 경우 282.4천 원이다. 이는 〈보고서〉의 두 번째 내용과 부합한다.

③ (○) 세부항목별 도시근로자가구당 월평균 교통비지출액 현황
➜ 제시된 자료를 보면, 도시근로자가구당 월평균 교통비지출액 비중은
- 1995년: 자동차구입(29.9%) > 연료비(21.9%) > 버스(18.3%) > 보험료(7.9%) > 택시(7.1%) 순이고,
- 2007년: 연료비(39.0%) > 자동차구입(23.3%) > 버스(12.0%) > 보험료(6.2%) > 정비 및 수리비(3.7%) 순이다.

따라서 〈보고서〉의 세 번째 내용과 부합한다.

④ (○) 직업형태별 도시근로자가구당 월평균 교통비지출액 현황
➜ 제시된 자료를 보면,
사무직 도시근로자가구당 월평균 교통비지출액은,
- 1995년: 151.8천 원
- 2007년: 341.4천 원이다.

생산직 도시근로자가구당 월평균 교통비지출액은,
- 1995년: 96.3천 원
- 2007년: 233.1천 원이다.

따라서 〈보고서〉의 네 번째 내용과 부합한다.

⑤ (O) 연도별 도시근로자가구당 월평균 소비지출액 현황
→ 제시된 자료를 보면, 도시근로자가구당 월평균 소비지출액은
• 1995년: 1,231천 원
• 2007년: 2,349천 원이다.
따라서 〈보고서〉의 첫 번째 내용과 부합한다.

합격자의 실전 풀이 순서

❶ 보고서-자료 부합형으로 출제 의도상 시간 소모를 유도하기 위해 반례가 뒤에 배치되는 경향이 있으므로 〈보고서〉 뒷부분부터 확인한다.

❷ 5번째 단락은 ①번과 관련된 내용으로 확인하면 부합하지 않는다. 따라서 정답은 ①번이다.

합격자의 시간단축 Tip

선지 ① 5번째 단락 내용이다. 이때 각각의 차이를 도출 후 대소를 비교하지 않고, 한 값만 도출 후 이를 기준으로 대입하여 큰지, 작은지를 확인하는 형태로 처리하는 것이 좋다. 즉 '교통비지출액 비중의 차이'는 소득 1분위가 8.7−7.0 = 1.7이지만, 1.7을 기준으로 소득 10분위는 1.7을 한참 넘는 차이가 나므로 자료와 보고서가 부합하지 않는다.

선지 ② 2번째 단락 내용이다. 교통비지출액, 즉 공공교통비와 개인교통비의 합산이 이미 자료에 주어져 있다. 숫자가 보고서와 일치하는지만 확인하면 된다.

선지 ③ 3번째 단락 내용이다. % 와 순위만 간단히 확인한다. 이때 순위는 〈보고서〉에 나열된 값들 사이에 들어올 수 있는 값, 즉 누락된 값이 있는지 보면 된다.

187 정답 ❶ 난이도 ●●○

ㄱ. (×) 1937년 도별 산업용재 생산량은 ~~충남을 제외하고 모두~~ 1934년보다 크다.
→ 충남을 제외하고 각 도의 1934년 VS 1937년 생산량을 비교하여 1937년이 더 큰지 확인한다.
• 전북: 1934년 VS 1937년 → 76,293 VS 67,732(톤)이므로 1937년 생산량이 더 적다.
• 경기: 1934년 VS 1937년 → 54,151 VS 49,657(톤)이므로 1937년에 더 적다.
따라서 1937년 도별 산업용재 생산량은 충남 이외에도 1937년의 생산량이 1934년보다 더 작은 지역이 있다.

ㄴ. (O) 전체 산업용재 생산량 대비 북부지방 생산량 비중은 1934년 74.6%에서 1937년 76.3%로 증가하였다.
→ 전체 산업용재 생산량 대비 북부지방 생산량 비중은 $\frac{\text{북부지방 생산량}}{\text{전체 산업용재 생산량}}$의 값이다.
하지만 이 수치는 〈표〉에 나와 있으므로 쉽게 구할 수 있다.
따라서 〈표〉를 보면, 1934년 VS 1937년 → 74.6% VS 76.3%이므로 74.6%에서 76.3%로 증가한 것이 맞다.

ㄷ. (×) 전체 산업용재 생산량 대비 남부지방 생산량 비중은 1934년 14.6%에서 1937년 12.9%로 감소하였고 남부지방의 ~~생산량도 감소하였다~~.
→ 전체 산업용재 생산량 대비 남부지방 생산량 비중은 〈표〉에서 '소계(비중)'로 찾을 수 있다.
1934년 남부지방 생산량 비중은 14.6%이고, 1937년에는 12.9%이다.
따라서 비중이 감소한 것은 맞는 설명이다.
그러나 남부지방의 생산량은 1934년에 444,631톤이고 1937년에 538,467톤이므로 증가하였다.
따라서 남부지방의 생산량도 감소하였다는 설명은 옳지 않다.

ㄹ. (O) 산업용재 생산량 비중이 높은 지방부터 나열하면 매년 북부, 남부, 중부 순이다.
→ 〈표〉의 '소계(비중)'부분을 비교하여 푼다. 매년의 비중을 봐야 하므로 연도별로 수치를 확인한다.
• 1934년: 북부(74.6) > 남부(14.6) > 중부(10.8)
• 1935년: 북부(73.4%) > 남부(16.0) >중부(10.7)
• 1936년: 북부(79.1) > 남부(12.0) > 중부(8.9)
• 1937년: 북부(76.3) > 남부(12.9) > 중부(10.8) 이다.
따라서 생산량 비중은 매년 북부, 남부, 중부(북부 > 남부 >중부) 순으로 높다.

ㅁ. (O) 산업용재의 도별 생산량에서, 1934년에 비해 1937년 생산량이 가장 크게 증가한 도는 함북이다.
→ 1934년과 1937년의 도별 생산량을 모두 비교하여 증가폭이 가장 큰 도를 구한다.
먼저 설명에 제시된 함북의 증가량을 계산한다.
증가량은 나중 값(1937년)에서 이전값(1934년)을 빼면 된다.
함북의 경우, 1934년 VS 1937년 → 428,403 VS 1,030,237 이다. 두 값의 차를 구하면 1,030,237−428,403 → 1,030,000−428,000=602,000이다.

나머지도 중에서 증가폭이 약 600,000 이상인 경우는 없으므로 함북이 가장 크게 증가한 도가 맞다.

합격자의 실전 풀이 순서

❶ 보기 ㉠을 풀 때, 표를 맨 위부터 순서대로 보면 충북을 확인하고, 전북을 확인할 것이다.
전북이 이미 ㉠을 충족하지 않기 때문에 더는 다른 도의 생산량을 볼 필요가 없다. 이 문제는 어느 수치를 먼저 봐야 하는지에 대한 힌트가 없는 경우이므로 몇 개의 도를 골라서 보기보다는 순서대로 훑는 것이 효율적이다. 실제로도 위에서 3번째에 있는 수치에서 결정이 난다.

❷ 보기 ㉠이 옳지 않은 설명인 것을 고른다면, 답은 ①, ②번 중 하나일 것이다. 따라서 ㉢과 ㉣중 빠르게 정확하게 풀기 쉬운 것을 택해서 푼다.
(비교할 수치의 개수는 ㉢이 적지만, 직관적으로 쉬운 것은 ㉣일 수 있다.)

합격자의 시간단축 Tip

소계, 합계 등은 빠르게 값을 찾는 과정에서 마치 구성값 중 하나인 것처럼 착각하기 쉽다.
특히 〈표〉의 소계(비중)은 도별로 비교할 때 '도'로 착각하는 함정에 빠지기 쉬운 형태이다.
따라서 처음 문제를 읽을 때 소계와 합계에는 별도로 굵은 구분선을 표시하는 등의 방식으로 실수를 방지하는 것이 좋다.

보기 ㉡ **보기 ㉢** 〈표〉의 비중 값을 눈으로 확인하기만 하면 되는 매우 간단한 선지이다.
다만 수험생의 입장에서 〈표〉에 '비중'이 주어지는 경우 다른 값의 비중을 가져다 쓰는 실수를 하기 쉬운만큼, '비중'의 분모 값(= 전체 값)이 무엇인지 잘 확인해야 한다.
예를 들어 이 문제의 경우 100%가 무엇인지 찾으면 분모 값을 알 수 있으므로 이를 확인 시 해당 연도의 전체 합계임을 쉽게 알 수 있다. 따라서 연도 내 비중은 그대로 활용하면 된다.

보기 ㉣ 북부의 산업용재 생산량 비중을 연도별로 훑었을 때, 모든 연도의 생산량 비중이 70%이상이므로 당연히 1순위로 높다. 따라서 남부와 중부의 생산량 비중만 비교하여 푼다.

보기 ㉤ 함북의 1934년 VS 1937년 생산량 차이를 천 단위 위로 어림잡아 비교하면 428 VS 1,030 이므로 약 600이 차이 난다.
이때, 나머지 도별 생산량 중에 함북보다 생산량이 크게 증가한 도가 있다면 600,000 이상 증가해야 한다. 따라서 1937년 값이 600,000보다 작은 도는 볼 필요가 없으므로 평북, 함남만 고려한다.
평북은 함북과 1937년도 생산량이 비슷한데 1934년 값은 함북이 훨씬 작으므로 따로 계산없이 비교가 가능하다. 함남은 1934년 VS 1937년 생산량 차이가 100,000밖에 나지 않는다.
※ 수치의 앞자리 위주로 빠르게 비교한다.

188 정답 ④ 난이도 ●●○

ㄱ. (O) 중국은 세계에서 콩 수입량이 가장 많은 국가로서, 콩 수입량이 생산량보다 많다.
→ 〈표 1〉에서 중국의 수입량을 확인하면 1,819톤으로 세계에서 가장 많은 국가이다.
(중국은 표 안에서 4자리 수이고 나머지는 3자리 수이다.)
그 다음 중국의 콩 생산량은 〈표 2〉에서 재배면적과 단위재배면적당 생산량을 이용하여 구할 수 있다. 즉 단위재배면적당 생산량(톤/ha)=(생산량) ÷ (재배면적) → 생산량=(재배면적) × (단위재배면적당 생산량)=1,058 × 1.68=1,777.44이므로 중국의 콩 생산량은 약 1,777이다. 따라서 중국의 콩 수입량 VS 생산량을 비교하면 1,819 VS 1,777 이므로 수입량이 생산량보다 많다.

ㄴ. (×) 브라질의 콩 재배면적은 아르헨티나와 중국의 콩 재배면적을 합친 것보다 ~~넓다~~.
→ 국가별 콩 재배면적은 〈표 2〉에서 알 수 있다.
아르헨티나와 중국의 콩 재배면적의 합은 1,395+1,058=2,453(만ha)이다.
다음은 브라질의 콩 재배면적을 구한다.
단위재배면적당 생산량(톤/ha)=(생산량) ÷ (재배면적) →(재배면적)=(생산량) ÷ (단위재배면적당 생산량)
위 식을 이용하여 브라질의 재배면적을 구하면 4,916.6 ÷ 2.29 ≈ 2,146(만ha)이다.
따라서 아르헨티나와 중국의 콩 재배면적의 합 VS 브라질의 콩 재배면적→2,146 VS 2,453이므로, 브라질의 콩 재배면적은 아르헨티나와 중국의 콩 재배면적을 합친 것보다 넓지 않다.

ㄷ. (O) 미국, 브라질, 아르헨티나 3개국의 콩 생산량 합은 세계 전체 콩 생산량의 80% 이상이다.
→ 〈표 2〉에서 미국, 브라질, 아르헨티나의 콩 생산량을 찾을 수 있다. 미국은 8,562.8, 브라질은 4,916.6, 아르헨티나는 3,194.6이고, 세 수의 합은 8,562.8+4,916.6+3,194.6=16,674(만

톤)이다.

세계 전체 콩 생산량은 20,612.3만톤이다.

세계전체 콩 생산량의 80%는 (세계전체 콩 생산량)× 80%로 구할 수 있다. → 20,612.3 × 0.8 = 16,489.84

따라서 미국, 브라질, 아르헨티나 3개국의 콩 생산량 합 VS 세계전체 콩 생산량의 80%를 비교하면 16,674 VS 16,489이므로 미국, 브라질, 아르헨티나의 콩 생산량은 세계전체 생산량의 80%이상이다.

ㄹ. (×) 콩 생산량 상위 10개국 중 단위재배면적당 콩 생산량이 세계전체의 단위재배면적당 콩 생산량보다 ~~적은 국가의 수는 4개이다.~~

→ 〈표 2〉에서 국가별 단위재배면적당 생산량을 본다. 우선 세계전체의 단위재배면적당 콩 생산량을 구한다. 세계전체의 단위재배면적당 생산량은 (생산량) ÷ (재배면적)으로 구할 수 있으므로, 20,612.3 ÷ 9,161 ≈ 2.25 이다.

단위재배면적당 콩 생산량이 2.25보다 작은 국가는 중국(1.68), 인도(0.93), 인도네시아(1.29)로 총 3개이다. 따라서 콩 생산량 상위 10개국 중 단위재배면적당 콩 생산량이 세계전체의 단위재배면적당 콩 생산량보다 적은 국가의 수는 4개가 아니라 3개이다.

합격자의 실전 풀이 순서

❶ 〈표 1〉의 좌측 '수출', 우측 '수입'에 표시하고, 단위를 확인한다. 〈표 2〉의 제목 '생산'에 표시하고, '기타', '세계전체'에 표시한다.

❷ 보기 ㉠~㉣ 모두 〈표 2〉에 대해 묻고 있으므로 〈표 2〉에 집중한다. 괄호를 채울 필요 없이 해결 가능한 보기 ㉢ 먼저 해결한다.

❸ 보기 ㉢이 옳으므로 선지 ②, ③, ⑤번이 남는다.

❹ 나눗셈 계산을 요하는 보기 ㉡, ㉣보다 곱셈 계산을 요하는 보기 ㉠을 먼저 해결한다.

합격자의 시간단축 Tip

보기㉠ 1,819(만 톤) vs 1,058(만ha) × 1.68(톤/ha) = 1,058 × 1.68(만 톤) → 1,819 vs 1,058 × $\frac{1}{6}$ × 10 ($\frac{1}{6}$ ≒ 0.167이므로) → 1,819 vs (1,058 × $\frac{1}{6}$ × 10) ≈ 1,819 vs (1,059 × $\frac{1}{6}$ × 10) → 1,819 vs (176.5 × 10) → 1,819 vs 1,765 → 수입량이 생산량보다 많다.

보기㉡ 비슷한 숫자로 근삿값을 잡아 풀면 편하다. 2.29를 2.4로 근삿값을 잡으면, 총 두 가지 방식으로 처리할 수 있다.

① 첫 번째 방법은 '곱셈'형이다.
12 × 12 = 144라는 것을 이용하면 쉽다.
4,916.6 vs (2,453 × 2.29) = 2,400 × 2.4 = 12 × 12 × 2 × 2 × 10 = 144 × 4 × 10 = 약 5,600이므로 후자가 더 크다는 것을 쉽게 알 수 있다.

② 두 번째 방법은 '나눗셈'형이다. 4,916을 2.4로 나누면 4,916이 4,800보다 살짝 크므로 2,000이 살짝 넘는 값임을 쉽게 알 수 있다. 즉 2,000 < 2,453으로 당연히 후자가 크다.

보기㉢ 8,562.8 + 4,916.6 + 3,194.6 = (8,000 + 4,000 + 3,000) + (500 + 900 + 100) + (62.8 + 16.6 + 94.6) > 15,000 + 1,500 + 160 = 16,660 vs 20,612.3 × 0.8 = 20,000 × 0.8 + 600 × 0.8 + 12.3 × 0.8 = 16,000 + 480 + 12.3 × 0.8 → 전자가 더 크다.

보기㉣ 세계전체의 단위재배면적당 생산량은 $\frac{20,612.3}{9,161}$이다. 이때 20,612는 9,161의 2배 이상이므로 2를 기준으로 보면, 이보다 단위재배면적당 생산량이 적은 국가는 중국, 인도, 인도네시아 3개이다. 보기 ㉣은 4개인지 묻고 있으므로 추가적으로 1개가 더 포함되는지 확인하면 된다.

따라서 상위 3개국 중 그 다음으로 단위재배면적당 생산량이 적은 국가는 파라과이이므로, 세계전체 단위재배면적당 생산량이 2.28보다 큰지 확인한다.

20,154.2 + 9,161 × 0.08 > 20,154.2 + 540 = 20,694.2 > 20,612.3이므로, 세계전체 단위재배면적당 생산량은 2.28보다 작다. 따라서 세계전체보다 단위재배면적당 콩 생산량이 적은 국가의 수는 3개이다.

189 정답 ❶ 난이도 ●●○

ㄱ. (×) 총 사용량은 2009년과 2010년 모두 전년대비 ~~15% 이상 증가하였다.~~

→ 총 사용량의 전년대비 증가율은

$\frac{\text{해당연도 물 총 사용량} - \text{전년 물 총 사용량}}{\text{전년 물 총 사용량}}$이다.

이 식을 활용하여 값을 구해보면,

2009년의 전년대비 증가율:

$\frac{289,740 - 243,262}{243,262} \rightarrow \frac{46}{243} = 0.15 \sim 0.20$

2010년의 전년대비 증가율:

$\frac{325,020-289,740}{289,740} \rightarrow \frac{35}{290}=0.10\sim015$ 이다.

따라서 총 사용량은 2010년의 경우 전년대비 15% 미만 증가하였으므로 틀린 보기이다.

ㄴ. (×) 1명당 생활용수 사용량은 매년 증가하였다.

➜ 1명당 생활용수 사용량은 $\frac{\text{생활용수 사용량}}{\text{사용인구}}$ 이다.

이 식을 활용하여 1명당 생활용수 값을 구해보면,

- 2008년의 1명당 생활용수 사용량:

$\frac{136,762}{379,300}=\frac{137}{379} \rightarrow 0.35\sim0.40$

- 2009년의 1명당 생활용수 사용량:

$\frac{162,790}{430,400}=\frac{163}{430} \rightarrow 0.35\sim0.4$

- 2010년의 1명당 생활용수 사용량:

$\frac{182,490}{531,250}=\frac{182}{531} \rightarrow 0.3\sim0.35$ 이다.

따라서 1명당 생활용수 사용량은 2010년에 2009년 대비 감소하였으므로, 매년 증가한 것은 아니다. 따라서 틀린 보기이다.

ㄷ. (○) 농업용수 사용량은 매년 증가하였다.

➜ 농업용수 사용량은 〈표〉에 주어져 있다. 이를 확인해 보면,

- 2008년의 농업용수 사용량: 45,000
- 2009년의 농업용수 사용량: 49,050
- 2010년의 농업용수 사용량: 52,230이므로, 농업용수 사용량은 매년 증가하였다.

ㄹ. (○) 가정용수와 영업용수 사용량의 합은 업무용수와 욕탕용수 사용량의 합보다 매년 크다.

➜ 가정용수와 영업용수 사용량의 합과 업무용수와 욕탕용수 사용량의 합은 〈표〉에 주어진 가정용수, 영업용수, 업무용수, 욕탕용수의 사용량을 이용하여 구할 수 있다.

이를 구해보면 2008년 가정용수와 영업용수 사용량의 합은(65,100+11,000)=76,100으로 생활용수 사용량의 절반보다 크다.

2009년 가정용수와 영업용수 사용량의 합은 92,330으로 생활용수 사용량의 절반보다 크다.

2010년 가정용수와 영업용수 사용량의 합은 107,500으로 생활용수 사용량의 절반보다 크다.

한편 업무용수와 욕탕용수 사용량의 합을 구해보면, 2008년: (39,662+21,000)=60,662 이고, 2009년: 약 70,000, 2010년: 약 74,000이다.

합격자의 실전 풀이 순서

❶ 발문의 '옳지 않은'에 표시한다. 〈표〉의 '총 사용량'을 용도별 자료와 구별되게 가로 구분선을 긋고, 그 아래 '사용인구' 역시 구별되게 표시한다. 연도별 세로 합이 총 사용량(비율 100%)가 됨을 확인한 후 각주를 본다.

❷ 자료의 단순 확인을 요하는 보기 ㉢을 해결한다.

❸ 보기 ㉢이 옳으므로 선지 ①, ③, ④가 남는다. 보기 ㉠ 역시 계산이 간단하나(15%) 보기 ㉣은 비율 자료를 활용하여 보다 쉽게 해결할 수 있으므로 ㉣ 먼저 해결한다.

❹ 보기 ㉣이 옳으므로 답 ①이 도출된다.

합격자의 시간단축 Tip

보기 ㉠ 유사한 패턴을 가지는 연도 값들은 기준값을 잡고 하는 것이 편하다. 예를 들어 총 사용량의 기준값을 계산의 편의상 300,000으로 볼 때, 15%는 45,000이다.

2009년의 전년대비 증가율의 경우, 증가율을 계산하지 않더라도 45,000보다 크게 증가하였으므로 당연히 15%를 초과한다.

2010년의 전년대비 증가율의 경우, 2010년은 전년대비 40,000보다 작게 증가했으므로 기준값의 15%인 45,000을 고려할 때 당연히 15% 미만이다. 따라서 틀린 선지가 된다.

참고로 대체 값을 통해 처리할 수 있는 이유는 다음과 같다. 2009년 총 사용량은 약 290,000이므로 기준값과의 차이는 300,000−290,000=10,000이다. 그러나 10,000의 15%는 1,500에 불과하므로 빼더라도 43,500이 되므로, 45,000으로 비교하더라도 큰 왜곡이 없어 바로 비교할 수 있다.

보기 ㉡ 2010년의 전년대비 1명당 생활용수 사용량의 증감 여부를 먼저 확인하고, 2009년의 증감 여부를 확인한다.

근삿값으로 앞 3자리로 잡을 때, 분모인 '사용인구'는 430→531로 101 증가하였고 분자인 '생활용수'는 162→182로 20 증가하였다. 이때 3가지 방법으로 비교할 수 있다.

① <u>첫 번째 방법</u>은 '분자, 분모의 차잇값 비교'이다. 증가분은 20→101로 5배를 초과하지만, 분자와 분모는 162→430은 3배 미만이다. 따라서 분모 증가율이 더 커 2010년은 전년대비 감소하였다.

② <u>두 번째 방법</u>은 '분자, 분모 증가율 비교'이다. 분모의 증가율은 430→101이므로 약 0.25이지만 분자의 증가율은 162→20으로 약 0.125이다. 따라서 분

해설편 | 7일차 | • 수리능력 · 자료해석

모 증가율이 더 커 2010년은 전년대비 감소하였다.

③ 세 번째 방법은 두 번째 방법의 역수, 즉 '증가분' 대비 '분자 또는 분모'로 보는 방법이다. 먼저 분모의 경우 101 → 430으로 4배를 초과하지만 분자의 경우 20 → 162로 8배를 초과한다. 따라서 분자의 증가율이 더 작아 2010년은 전년대비 감소한다.

보기 ㉣ 2010년부터 2008년까지 오른쪽에서 왼쪽 순서로 확인한다. 이때 사용량을 더하는 것은 숫자 크기상 번거로우므로, 비율을 더해 비교한다.

A+B=전체일 때, A > B라는 것은 A가 50% 이상임을 의미하므로 가정용수+용업용수의 합이 절반 이상인지 확인하면 된다. 이때 2008 ~ 2010년 모두 생활용수의 총 비율이 56%대에 머물고 있으므로, 그 절반은 약 28%가 될 것이다. 따라서 2008 ~ 2010년 동안 가정용수+영업용수가 28% 이상인지만 확인하면 된다. 그러면 실제로 계산하지 않더라도 28%를 한참 넘어서 옳은 선지임을 쉽게 알 수 있다.

190 정답 ②

난이도 ●●○

ㄱ. (×) 1910년대에 전국의 무역규모는 매년 증가했다.

→ 1910년대의 전국 무역규모는 〈각주 3〉과 〈표 1〉에 주어진 (수출 및 이출)과 (수입 및 이입)의 합으로 구할 수 있다. 이를 통해 각 값을 구해보면,

- 1913년 전국의 무역규모: (31,236+72,047) =103,283
- 1914년 전국의 무역규모: (35,035+63,695) =98,730이므로 1914년에 전국의 무역규모가 감소하였다. 따라서 틀린 보기이다.

ㄴ. (○) 1919년에 전국의 수출 및 이출에서 이출이 차지하는 비중은 1910년보다 크다.

→ 전국의 수출 및 이출에서 이출이 차지하는 비중은 $\frac{\text{이출}}{\text{수출 및 이출}}$이다.

이 식을 활용하여 값을 계산해보면

- 1910년: $\frac{15,379(\text{천 원})}{19,914(\text{천 원})} \rightarrow \frac{153}{200} = 0.76$
- 1919년: $\frac{199,849(\text{천 원})}{221,948(\text{천 원})} \rightarrow \frac{200}{222} = 0.90$ 이다.

따라서 1919년에 전국의 수출 및 이출에서 이출이 차지하는 비중은 1910년보다 크다.

ㄷ. (○) 1919년에 경인지역 수출 및 이출에서 서울이 차지하는 비중은 1910년보다 크다.

→ 경인지역 수출 및 이출에서 서울이 차지하는 비중은 $\frac{\text{서울의 수출 및 이출}}{\text{서울의 수출 및 이출}+\text{인천의 수출 및 이출}}$의 식이다.

이 식에 〈표 2〉의 값을 대입하여 구하면,

- 1910년: $\frac{201(\text{천 원})}{201(\text{천 원})+4,055(\text{천 원})} \rightarrow \frac{20}{426} = 0.046$
- 1919년: $\frac{4,880(\text{천 원})}{4,880(\text{천 원})+26,375(\text{천 원})} \rightarrow \frac{49}{313}$ =0.15 이다.

따라서 1919년에 경인지역 수출 및 이출에서 서울이 차지하는 비중은 1910년보다 크다.

ㄹ. (×) 1915년 경인지역을 제외한 전국의 수입 및 이입은 경인지역 수입 및 이입의 2배 ~~이상이다~~.

→ 1915년 경인지역을 제외한 전국의 수입 및 이입은 〈표 1〉의 전국의 수입 및 이입의 값에서 〈표 2〉의 경인지역(서울 +인천)의 수입 및 이입 값을 빼면 된다.

이를 계산하면,

59,694(천 원)−{11,445(천 원)+12,833(천 원)} =35,416(천 원) 이다.

1915년 경인 지역의 수입 및 이입은:

(11,445(천 원) +12,833(천 원))=24,278(천 원) 이다.

따라서 1915년 경인 지역의 수입 및 이입의 2배는 24,200(천 원) × 2=48,400(천 원) 이므로 1915년 경인지역을 제외한 전국의 수입 및 이입은 경인지역 수입 및 이입의 2배 미만이다.

합격자의 실전 풀이 순서

1. 〈표 1, 2〉의 내용, 연도, 단위, 각주 및 표 간의 관계를 확인한다. 수출, 수입, 이입, 이출 등 단어가 유사한 형태이므로 실수하지 않도록 주의한다.
2. 2가지만 비교하면 되는 보기 ㉡과 ㉢을 먼저 처리한다. 보기 ㉡을 확인하면 옳은 선지이므로 ①, ③번을 소거한다. ㉢은 모든 선지에 있으므로 확인하지 않는다.
3. 보기 ㉠을 확인하면 틀린 선지이므로 ④번을 소거한다.
4. 보기 ㉣을 확인하면 틀린 선지이므로 정답은 ②번이다.

합격자의 시간단축 Tip

보기 ㉠ 수출 및 이출+수입 및 이입으로 확인하지 않고, 각각의 대소를 통해 확인한다. 예를 들어 1914년의

경우 수출 및 이출은 4,000 가량 증가했으나 수입 및 이출은 8,000 가량 감소했으므로 전년보다 감소했음을 알 수 있다.

보기 ㉡ '수출 및 이출 대비 이출'은 분수 형태이다. 분수보다는 배수가 훨씬 직관적으로 확인할 수 있으므로 '수출 대비 이출'로 처리하는 것이 편하다. 예를 들어 1910년의 경우 4,535→15,379로 4배 미만이다. 따라서 이를 기준으로 대입하면 1919년의 경우 22,099×4 < 199,849로 한참 부족하므로 1919년이 더 크다.

보기 ㉢ 보기 ㉡과 마찬가지로 '경인지역 대비 서울'이 아닌 '인천 대비 서울'로 처리한다.
이때 인천 > 서울이므로 분수 구조이므로, 역수로 '서울 대비 인천이 더 작다'로 처리하면 배수 구조가 되어 편하다. 1910년의 경우 201→4,055로 약 20배이지만 1919년의 경우 4,880→26,375는 20배보다 한참 모자란 값이다. 따라서 1919년의 비중이 더 큰 것으로 옳은 선지이다.

보기 ㉣ '(전국−경인) > 경인×2'라는 것은 쉽게 말해 경인이 33%인지 묻는 것이다.
즉 경인×3 < 전국인지 확인하면 된다.
(11,445+12,833)×3=약 24,000×3=72,000 > 59,694로 33% 이상이다.
즉 2배 미만이므로 틀린 선지이다.

191 정답 ③ 난이도 ●●○

① (○) 국가별 여성의 흡연율
→ 〈표 1〉에서 1980 ~ 2010년 동안 여성의 흡연율을 나라별로 보면,
- 덴마크: 44.0%→42.0%→29.0%→20.0%
- 일본: 14.4%→9.7%→11.5%→8.4%
- 영국: 37.0%→30.0%→26.0%→20.7%
- 미국: 29.3%→22.8%→17.3%→13.6%

이다. 따라서 〈그림〉과 일치한다.

② (○) 국가별 여성과 남성의 흡연율 차이
→ 〈표 1〉에서 1980년의 여성과 남성의 흡연율 차이를 구하면,
- 덴마크: (57.0%−44.0%)=13.0%p
- 일본: (54.3%−14.4%)=39.9%p
- 영국: (42.0%−37.0%)=5.0%p
- 미국: (37.4%−29.3%)=8.1%p이다.

〈표 1〉에서 1990년의 여성과 남성의 흡연율 차이를 구하면,
- 덴마크: (47.0%−42.0%)=5.0%p
- 일본: (53.1%−9.7%)=43.4%p
- 영국: (31.0%−30.0%)=1.0%p
- 미국: (28.4%−22.8%)=5.6%p이다.

따라서 〈그림〉과 일치한다.

③ (×) 국가별 흡연율
→ 〈표 1〉을 보면, 국가별 전체 여성 및 전체 남성 인구, 전체 인구가 제시되어 있지 않으므로 국가별 전체 흡연율은 파악할 수 없다. 따라서 틀린 선지이다.

④ (○) 국가별 여성과 남성의 기대수명 차이
→ 〈표 2〉에서 2000년 여성과 남성의 기대수명 차이를 구하면,
- 덴마크: (79.2세−74.5세)=4.7세
- 일본: (84.6세−77.7세)=6.9세
- 영국: (80.3세−75.5세)=4.8세
- 미국: (79.3세−74.1세)=5.2세이다.

〈표 2〉에서 2010년 여성과 남성의 기대수명 차이를 구하면,
- 덴마크: (81.4세−77.2세)=4.2세
- 일본: (86.4세−79.6세)=6.8세
- 영국: (82.6세−78.6세)=4.0세
- 미국: (81.1세−76.2세)=4.9세이다.

⑤ (○) 일본 남성과 미국 남성의 흡연율과 기대수명
→ 〈표 1〉에서, 1980~2010년 동안 일본 남성의 흡연율은
54.3%→53.1%→47.4%→32.2%이고,
미국 남성의 흡연율은
37.4%→28.4%→21.2%→16.7%이다.
〈표 2〉에서, 1980~2010년 동안 일본 남성의 기대수명은
73.3세→75.9세→77.7세→79.6세이고,
미국 남성의 기대수명은
70.0세→71.8세→74.1세→76.2세이므로, 이는 〈그림〉과 일치한다.

합격자의 실전 풀이 순서

❶ '표-그래프 전환형'으로 〈표 1, 2〉의 제목과 변수, 연도 등을 확인한다.

❷ '가중 평균'의 원리상 구할 수 없는 정보를 먼저 처리한다.
따라서 ③번은 틀린 선지이므로 답은 ③ 번이다.

* 만약 본인이 '가중 평균'이라는 생각을 미처 하지 못하였다 하더라도 ③번을 의심할 수 있어야 한다. 왜냐하면 ③번을 제외한 모든 그림의 제목엔 '남성'이나 '여성'이 들어가 있고, ③번만 남성, 여성이 아닌 전체를 질문하였다는 점에서 충분히 의심스럽기 때문이다.

합격자의 시간단축 Tip

선지 ③ 국가의 전체 흡연율은 남성과 여성의 '가중 평균'이 요구된다. 그러나 남성과 여성의 인구 비중이 주어져 있지 않으므로 '알 수 없는 정보'에 해당한다. 선지의 경우 '산술 평균' 값이 주어져 있다.

선지 ② 선지 ④ 차이를 직접 구해서 비교하지 않고, 그림의 차잇값을 옳은 것으로 가정하고 〈표〉에 대입하여 모순이 발생하는지를 확인한다.

192 정답 ②

난이도 ●●●

ㄱ. (O) 가격 괴리율이 0% 이상인 달은 4개이다.

→ 가격 괴리율이 0% 이상이라는 것은

$\frac{\text{해당 월 시장가격} - \text{해당 월 이론가격}}{\text{해당 월 이론가격}} > 0$이므로,

'해당 월 시장가격 (Y 축) > 해당 월 이론가격 (X 축)인 경우를 말하는 것이다.

따라서 가격 괴리율이 0% 이상인 달은 2월, 3월, 5월, 7월로 4개이다.

ㄴ. (×) 전월대비 이론가격이 증가한 달은 3월, 4월, ~~7월이다~~.

→ 전월 대비 이론가격은

- 2월: 감소
- 3월: 증가
- 4월: 증가
- 5월: 감소
- 6월: 감소
- 7월: 감소

따라서 전월 대비 이론가격이 증가한 달은 3월, 4월이다.

ㄷ. (O) 전월대비 가격 괴리율이 증가한 달은 3개 이상이다.

→ $\frac{\text{해당 월 시장가격} - \text{해당 월 이론가격}}{\text{해당 월 이론가격}}$(가격 괴리율)은 $\frac{\text{해당 월 시장가격}}{\text{해당 월 이론가격}} - 1$로 표현할 수 있다.

따라서 해당 월 가격 괴리율의 대소는

$\frac{\text{해당 월 시장가격}}{\text{해당 월 이론가격}}$의 대소와 동일하다.

$\frac{\text{해당 월 시장가격}}{\text{해당 월 이론가격}}$은 산포도에서 '기울기'를 의미하므로 전월대비 가격 괴리율이 증가한 달은 2월, 5월, 7월로 3개이다.

ㄹ. (×) 전월대비 시장가격이 가장 큰 폭으로 증가한 달은 ~~6월이다~~.

→ 〈그림〉의 세로축의 시장가격의 변화폭을 통해 전월 대비 시장가격의 증감 폭을 파악할 수 있다.

전월 대비 시장가격은

- 2월: 감소
- 3월: 감소
- 4월: 감소
- 5월: 증가
- 6월: 감소
- 7월: 증가

따라서 6월의 경우 전월 대비 시장가격이 감소하였다.

합격자의 실전 풀이 순서

❶ 〈그림〉의 x, y축과 각주의 공식을 확인한다. 특히 x=y 직선이 이미 그려져 있다는 점에서 '기울기'를 이용한 풀이를 활용할 가능성이 높음을 인지한다.

❷ 〈그림〉의 시각적 특성을 그대로 이용할 수 있는 보기 ㉠을 먼저 확인하면, 옳은 선지이다.
따라서 ③, ⑤번을 소거한다.

❸ 보기 ㉡, ㉢은 흐름을 확인하는 것으로 비슷한 구조이나, 단순히 x축의 증감 추세만 확인하면 되는 보기 ㉡이 조금 더 간단하므로 먼저 확인한다. 보기 ㉡은 틀린 선지이므로 정답은 ②번이다.

합격자의 시간단축 Tip

보기 ㉡ 직접 1~7월까지 순서대로 확인하는 방법도 있지만, '전월대비 증가한 달'에 한정해 질문한 만큼 '증가'라는 부분에 초점을 맞춰 '2단계 접근법'을 통해 확인하면 더 빠르게 처리할 수 있다.

<u>첫번째 단계</u>로, 보기에서 제시한 3월, 4월, 7월을 먼저 확인한다. 확인하는 방법은 해당 달보다 좌측에 이전 달이 있는지 여부만 확인하는 방식을 이용한다. 만약 제시된 값들이 모두 옳다면,

<u>두번째 단계</u>로 '다른 달 중 증가한 달'이 있는지 확인한다.

예를 들어 먼저 1단계에서 3월의 경우 좌측에 2월이, 4월의 경우 좌측에 3월이 보이므로 옳은 달이 된다. 그러나 7월의 경우 좌측에 6월이 없으므로 곧장 틀린 선지가 된다.

이처럼 단계적으로 확인할 경우, 모든 값을 확인하지 않더라도 위와 같이 1단계 선에서 마무리되는 경우가 나타날 수 있어 훨씬 효율적인 풀이가 된다.

따라서 기계적으로 질문한 모든 것을 풀이하지 않고, 단계적으로 접근하는 것이 좋다.

보기 ⓒ '3개 이상'인지 물었으므로 증가한 달이 3개가 된 순간 판단을 마무리한다. 만약 3개가 도출되었음에도 추가적으로 더 확인한다면 불필요한 시간을 낭비하는 것이 되므로 최대한 효율적으로 해결할 수 있도록 주의해야 한다.

보기 ⓔ 보기 ⓛ 처럼 '2단계 접근법'을 활용한다. 예를 들어 먼저 1단계를 적용할 때 보기에서 준
5월→6월을 보면 오히려 감소하였으므로, 증가한 달을 질문한 보기와 상반되므로 곧바로 틀린 선지가 된다. 이처럼 2단계 접근법을 적용시 매우 효율적으로 풀이를 마무리할 수 있다.
다만 풀이 연습을 위해 가장 큰 폭으로 증가한 달을 찾아보자. 이때 숫자를 확인하기보다는 〈그림〉의 시각적 특성을 이용한다. 즉 수직으로 가장 '칸' 차이가 많이 나는 월을 찾으면 된다.
예를 들칸 수가 많이 차이나 보이는 7월과 5월을 비교할 때 7월은 2칸 조금 넘게 차이나는 반면, 5월은 3칸에 가깝게 차이나므로 5월이 가장 큰 폭으로 증가했음을 간단하게 알 수 있다.

193 정답 ②

난이도 ●●○

- 광주와 인천 공장의 가능 가동시간의 합은 서울과 부산 공장의 가능 가동시간의 합보다 크다.
  → 광주 가능 가동시간+인천 가능 가동시간 > 서울 가능 가동시간+부산 가능 가동시간
- 부산과 광주 공장의 실제 가동시간의 합은 서울과 인천 공장의 실제 가동시간 합보다 작다.
  → 부산 실제 가동시간+광주 실제 가동시간 < 서울 실제 가동시간+인천 실제 가동시간
- 서울과 부산 공장의 실가동률은 같다.
  → $\frac{\text{서울 실제 가동시간}}{\text{서울 가능 가동시간}}=\frac{\text{부산 실제 가동시간}}{\text{부산 가능 가동시간}}$이다.

  따라서 $\frac{\text{실제 가동시간}}{\text{가능 가동시간}}$이 같은 두 도시를 찾아야 한다.

  - A 도시: $\frac{\text{실제 가동시간}}{\text{가능 가동시간}}=\frac{300}{400}=\frac{3}{4}$
  - B 도시: $\frac{\text{실제 가동시간}}{\text{가능 가동시간}}=\frac{150}{200}=\frac{3}{4}$
  - C 도시: $\frac{\text{실제 가동시간}}{\text{가능 가동시간}}=\frac{250}{300}=\frac{5}{6}$
  - D 도시: $\frac{\text{실제 가동시간}}{\text{가능 가동시간}}=\frac{300}{500}=\frac{3}{5}$

  A 도시와 B 도시가 로 동일한 값을 가지므로 (A, B) 도시는 (서울, 부산) 또는 (부산, 서울)이라고 할 수 있다.

- 인천 공장의 가능 가동시간이 가장 길다.
  → 앞서 제시되어있는 〈표〉 공장별 실제 가동시간 및 가능 가동시간을 보면 가장 긴 가능 가동시간은 500시간으로 D 도시를 지칭하고 있다. 따라서 D 도시는 인천이다.
  세 번째(서울과 부산 공장의 실가동률은 같다), 네 번째 정보(인천 공장의 가능 가동시간이 가장 길다)로부터 얻는 결과를 살펴보면 (A, B) 도시는 (서울, 부산) 또는 (부산, 서울), D 도시는 인천이기 때문에 남은 C 도시는 광주라는 것을 알 수 있다.

A, B 도시를 각각 정확히 알아내기 위해 남은 정보들을 이용해야 한다.
→ 첫 번째 정보(광주와 인천 공장의 가능 가동시간의 합은 서울과 부산 공장의 가능 가동시간의 합보다 크다)로부터 도출된 간단한 수식어를 살펴보면
'(광주 가능 가동시간+인천 가능 가동시간) > (서울 가능 가동시간+부산 가능 가동시간)'에서는 서울과 부산의 가동시간 값을 따로 도출해낼 수 없다.
→ 두 번째 정보(부산과 광주 공장의 실제 가동시간의 합은 서울과 인천 공장의 실제 가동시간 합보다 작다.)에서 도출된 수식어
'(부산 실제 가동시간+광주 실제 가동시간) < (서울 실제 가동시간+인천 실제 가동시간)'에서는 부산과 서울의 값을 따로 도출해낼 수 있다. 수식어에 표에 제시된 숫자를 대입해 보면 부산 실제 가동시간+250 < 서울 실제 가동시간+300이다.

i) (A, B)=(부산, 서울)
  부산 실제 가동시간=300
  서울 실제 가동시간=150이므로
  300+250 > 150+300으로 올바르지 않은 수식이 된다.

ii) (A, B)=(서울, 부산)
  서울 실제 가동시간=300
  부산 실제 가동시간=150이므로
  300+250 < 150+300으로 올바른 수식이 된다.
  따라서 A=서울, B=부산, C=광주, D=인천이다.

합격자의 실전 풀이 순서

❶ 〈표〉에 주어진 내용과 각주를 이해한다.

❷ 〈정보〉 중 가장 확정적인 정보를 담고 있는 4번째 정보부터 확인한다.
4번째 정보에 의하면 인천은 D이므로 ①, ④번을 소거한다.

❸ 다음으로 3번째 정보를 통해 서울과 부산이 A, B 둘 중 하나에 해당함과 C가 광주임을 파악한다. 따라서 ⑤번을 소거한다.

❹ 2번째 정보를 통해 A가 서울에 해당함을 알 수 있으므로 답은 ②번이다.

합격자의 시간단축 Tip

Tip ❶ ②, ③ 번이 남았을 때 2번째 정보를 통해 A를 구하려고 하기보다는 선지를 대입하여 〈정보〉에 모순이 발생하면 다른 하나의 선지가 답이고, 모순이 발생하지 않으면 그 선지가 답임을 빠르게 확인할 수 있다. "도출보다는 확인하는 방식이 더 빠르다는 것"을 항상 인지하고, 확인을 먼저 하는 습관을 들이는 것이 좋다.
예를 들어 A가 '부산'이라 가정하면, 부산(A)과 광주의 실제 가동시간 합은 300+250=550이며 서울(B)과 인천의 실제 가동시간 합은 150+300=450으로 두 번째 조건과 모순된다.
따라서 A는 '서울'임을 확인할 수 있다.

Tip ❷ '매칭형 문제'는 확정 정보를 찾는 것이 가장 중요하다. 매칭형 정보는 기출을 정리해보면 어느 정도 정형화된 형태로 주어진다. 예를 들어 지금 문제의 세 번째 조건인 'A와 B가 같다'의 형태도 자주 출제되며, '가장 ~한 것은 A다'와 같이 하나로 특정해주는 형태도 빈출 된다.
즉 일정한 패턴이 있는 만큼, 기출을 분석하면서 확정 정보인 것들을 정리해 둔다면 향후 문제를 푸는 데 있어 큰 도움이 될 것이다.

194 정답 ④ 난이도 ●●○

ㄱ. (O) A 안건과 C 안건이 상정되면 C 안건이 채택된다.
→ 갑의 경우 A와 C 중 선호순위는 C 안건이다.
을의 경우 A와 C 중 선호순위는 A 안건이다.
병의 경우 A와 C 중 선호순위는 C 안건이다.
따라서 다수결의 원칙에 따라 C 안건이 채택되므로 옳은 보기이다.

ㄴ. (O) B 안건은 어떠한 다른 안건과 함께 상정되어도 항상 채택된다.
→ 〈표〉 4개 안건에 대한 심사위원의 선호를 보면 1순위에는 A, B, C 안건이 고루 포진되어 있지만 2순위의 경우 B 안건이 다른 안건들에 비해 많이 포진되어 있다.
i) A, B 안건이 상정될 경우
갑=B, 을=A, 병=B
ii) B, C 안건이 상정될 경우
갑=C, 을=B, 병=B
iii) B, D 안건이 상정될 경우
갑=B, 을=B, 병=B
따라서 B 안건은 어떠한 다른 안건(A, C, D)과 함께 상정되어도 항상 채택된다.

ㄷ. (×) C 안건이 상정되어 채택되는 경우는 모두 3가지이다.
→ C 안건이 상정되는 경우의 수는 총 3가지다: (A, C), (B, C), (D, C)
i) A, C 안건이 상정되는 경우
갑=C, 을=A, 병=C
ii) B, C 안건이 상정되는 경우
갑=C, 을=B, 병=B
iii) C, D 안건이 상정되는 경우
갑=C, 을=C, 병=C
따라서 C 안건이 상정되어 채택되는 경우는 모두 2가지이다.

ㄹ. (O) D 안건은 어떠한 다른 안건과 함께 상정되어도 항상 채택되지 못한다.
→ 〈표〉 4개 안건에 대한 심사위원의 선호를 보면 4순위에는 D 안건이 주로 포진되어 있고 D 안건의 가장 높은 순위는 3순위로 모두 낮은 순위이다.
i) A, D 안건이 상정될 경우
갑=D, 을=A, 병=A
ii) B, D 안건이 상정될 경우
갑=B, 을=B, 병=B
iii) C, D 안건이 상정될 경우
갑=C, 을=C, 병=C
따라서 D 안건은 어떠한 다른 안건(A, B, C)과 상정되어도 항상 채택되지 못한다.

합격자의 실전 풀이 순서

❶ 발문에 안건 채택 방식에 대한 설명을 이해한다. 이처럼 발문이 길거나 수치에 관한 정보를 담고 있을 때는 유의하며 읽는 습관을 들이면 좋다.

❷ 보기 ㉠은 안건 채택 방식을 이해하기 위해 주어진 가장 쉬운 선지이므로 먼저 확인한다. 옳은 보기이므로 ③, ⑤번을 소거한다.

❸ 다음으로 보기 ㉣을 확인한다. D 안건이 채택되기 위해서는 3명 중 2명 이상의 투표를 받아야 하는데, 을과 병의 4순위이므로 불가능하다. 따라서 옳은 보기이므로 답은 ④번이다.

합격자의 시간단축 Tip

생소한 문제나 응용문제가 나올 경우, 수험생의 이해를 돕기 위해 첫 번째 선지에서 '이해용 선지'를 주는 경우가 많다. 이는 본인이 이해한 바가 맞는지 확인할 수 있을 뿐만 아니라, 난이도 역시 매우 쉬운 선지이므로 가장 먼저 확인하는 것이 좋다.
또한 첫 번째 선지에서 활용한 원리나 풀이 방식을 응용하여 다른 선지를 구성하는 경향이 있으므로, 첫 번째 선지를 먼저 풀 때 어떤 원리대로 문제를 풀었는지 기억해두는 습관을 지니는 것이 좋다.
가령 이 문제 역시 보기 ㉠을 이해용 선지로 제공하고 있다.

보기 ㉡ 굳이 A와 B, B와 C를 상정한 경우 각각을 검토하지 않아도 된다.
1순위로 B를 선호하는 병을 제외하면, 갑과 을은 1순위로 C나 A를 선호하되 2순위로 B를 선호하는 구조를 가지고 있다. 따라서 당연히 B는 반드시 2표를 확보하므로 옳은 선지이다.

보기 ㉢ C 안건이 상정되어 채택되는 경우가 3가지이려면, A, B, D 중 어떤 안건과 함께 상정되어도 언제나 C안건은 채택된다는 의미이다. 그러나 보기 ㉡에서 B 안건이 다른 어떤 안건과 함께 상정되어도 항상 채택되므로 C는 B 안건과 함께 상정되면 채택되지 못하므로 틀린 보기이다.
이처럼 같은 의미의 선지를 다른 표현으로 바꾸어 병렬적으로 제공하는 문제가 종종 출제된다. 이러한 유형은 해석만 잘해도 여러 선지를 한 번에 처리할 수 있으므로, 해석하는 연습을 하는 것이 좋다.

보기 ㉣ 보기 ㉡, ㉢과 동일한 형태의 질문이다. 이때 D안건의 경우 을과 병에는 4순위이다.
즉 과반수가 최악의 안건으로 선호하고 있다는 의미이므로, 실제 경우의 수를 고려하지 않더라도 당연히 D는 채택될 수 없다는 것을 알 수 있다.
참고로 문제 2번의 투표 방식은 '선호 투표제' 방식으로 자주 출제되는 투표 방식이므로, 그 원리가 한 눈에 안 들어오는 수험생의 경우 선호 투표제를 검색하여 익혀두는 것을 추천한다.

195 정답 ⑤ 난이도 ●●●

① (○) 원아 1인당 교지면적은 사립이 공립의 2배 이상이다.
→ 공립유치원 원아 1인당 교지면적은 6.1m², 사립유치원 원아 1인당 교지면적은 13.2m²이다. 사립유치원 원아 1인당 교지면적은 공립유치원 원아 1인당 교지면적의 2.16393443배이다.
따라서 옳은 보기이다.

② (○) 유치원당 교사면적이 가장 큰 유형부터 순서대로 나열하면 사립, 국립, 공립 순이다.
→ 국립유치원 유치원당 교사면적은 562.5m², 공립유치원 유치원당 교사면적은 81.2m², 사립유치원 유치원당 교사면적은 806.4m²이다.
따라서 옳은 보기이다.

③ (○) 유치원당 교지면적이 유치원당 교사면적보다 작은 유치원 유형은 국립뿐이다.
→ 국립유치원 유치원당 교지면적은 255.0m² < 유치원당 교사면적은 562.5m²이다.
공립유치원 유치원당 교지면적은 170.8m² > 유치원당 교사면적은 81.2m²이다.
사립유치원 유치원당 교지면적은 1,478.4m² > 유치원당 교사면적은 806.4m²이다.
따라서 옳은 보기이다.

④ (○) 유치원당 교지면적은 사립이 국립의 5.5배 이상이고 유치원당 교사면적은 사립이 국립의 1.4배 이상이다.
→ 〈표〉 A 지역 유치원 유형별 교지면적과 교사면적을 참고하여 유치원당 교지면적과 유치원당 교사면적을 비교해보면
i) 유치원당 교지면적: 사립=1,478.4m², 국립=255.0m²
$\rightarrow$ 1,478.4m² > 255.0×5.5(=1,402.5)
ii) 유치원당 교사면적: 사립=806.4, 국립=562.5
$\rightarrow$ 806.4 > 562.5×1.4(=787.5)
따라서 유치원당 교지면적은 사립이 국립의 5.5배 이상이고 유치원당 교사면적은 사립이 국립의 1.4배 이상이다.

⑤ (×) 유치원당 교지면적과 원아 1인당 교사면적은 국립이 사립보다 모두 작다.
→ 국립유치원 유치원당 교지면적은 255.0m², 원아 1인당 교사면적은 7.5m²이다.
사립유치원 유치원당 교지면적은 1,478.4m², 원아 1인당 교사면적은 7.2m²이다.
국립이 사립보다 유치원당 교지면적은 작지만 원아 1인당 교사면적은 더 크다.
따라서 틀린 보기이다.

합격자의 실전 풀이 순서

❶ 〈표〉를 읽고, 교지 면적과 교사 면적이 용어가 유사하므로 헷갈리지 않도록 유의한다.
또한 이 문제는 국립, 공립, 사립 간 비교가 주로 물어볼 수 있는 포인트임을 인식한다.

❷ 계산이 자신 있는 경우에는 선지 플레이를 통해 ④→① → ⑤번의 순서대로 확인한다. 왜냐하면 구체적 수치가 주어진 선지(④, ①)와 헷갈리는 용어가 여러 개 사용된 선지(⑤)가 답이 될 가능성이 크다고 생각했기 때문이다.

❸ ④, ①번을 확인하면 옳은 선지이므로 소거한다.

❹ ⑤번을 확인하면, 틀린 선지이므로 답은 ⑤번이다.

합격자의 시간단축 Tip

선지 ④ 먼저 ④ 번처럼 'A이고 B이다' 형태는 A는 맞되 B는 틀리게 하여 시간을 소모하게 하는 경우가 많으므로 B부터 확인하는 습관을 가지면 좋다.

후자(B)를 먼저 보면 사립의 '유치원당 교사면적이 국립의 1.4배 이상인지 봐야 한다.
1.4배를 처리하는 방법은 크게 세 가지가 있다.

[방법 1]
'차잇값'이 0.4보다 큰지 보는 방법이다. 어림산을 이용하여 사립을 800, 국립을 560이라 보면 차잇값은 800−560=240으로 560×0.4=224보다 크므로 1.4배 이상임을 쉽게 알 수 있다.

[방법 2]
두 번째 방법은 1.4의 5배가 7임을 이용하는 방법이다.
문제가 묻는 바를 수식화하면, 562.5×1.4 < 806.4로 일의 자리 이하를 버림하고 양변에 5를 곱하면 560×7=3,920 < 800×5=4,000 이다.
따라서 1.4배 이상임을 간단히 확인할 수 있다.

[방법 3]
세 번째 방법은 14의 제곱을 이용하는 방법이다.
562.5는 출제자의 의도가 느껴지는 매우 인위적인 값으로, 숨기기 위한 장치인 2.5를 제거하여 560으로 대체하면 출제 의도를 명확히 확인할 수 있다.
즉 560을 소인수분해하면 560=14×10×4로, 560×1.4 = 14×14×4=196×4 vs 806.4이다.
이때 200×4=800이므로 당연히 196×4는 806.4에 한참 못 미치는 값이므로 계산하지 않더라도 우변이 더 크다는 것을 쉽게 알 수 있다.
이처럼 필수 암기 제곱수는 활용 가능성이 매우 높으므로 출제자가 숨겨둔 값을 찾아내는 연습을 하는 것이 좋다.

다음으로 **전자(A)**는 사립의 '유치원당 교지면적'이 국립의 5.5배 이상인지 봐야 한다.

5.5배의 경우 어떤 값이 편한지에 따라 세 가지로 나뉜다.
[방법 1]
첫 번째는 작은 값(5.5배를 곱할 값)이 깔끔한 경우에 쓰는 방법으로 양변에 2를 곱해 5.5 × 2=11=10+1임을 이용하는 방법이다.
선지 ④ 번의 경우 이 방법이 알맞은 유형으로 1,478.4보다 작은 값인 255가 더욱 편하므로 255×(10+1)=2,550+255=2,805로 처리하여 비교하면 편하다.

[방법 2]
두 번째는 선지 ④ 번과 달리 큰 값이 더 편한 경우로 양 변에 5를 나눠 비교하는 방법이다.
만약 사립이 1,500과 같이 편한 값이었다면 양변에 5를 나눠 255×1.1 < 300인지 여부를 확인하는 것이 좋다.
※ 주어진 수 구조에 따라 편한 방식을 적극 활용하자.

[방법 3]
세 번째는 대체 값을 활용하는 방법이다.
255를 250으로 보고 5.5배를 직접 곱하면, 25×5=125를 자릿수로 나눠 두 번 더하는 것과 같다.
즉 250×5.5=1,250+125=1,375이므로 임의로 소거한 '5'를 무시하더라도 1,478.4보다는 한참 작은 값임을 쉽게 알 수 있다.

196 정답 ❸ 난이도 ●●○

① (O) 쌀, 찹쌀, 검정쌀의 조사단위당 가격
→ 〈표〉와 〈그림〉에서 제시되는 쌀, 찹쌀, 검정 쌀의 조사단위당 가격의 수치가 일치한다.

② (O) 채소의 조사단위당 전일가격 대비 금일가격 등락액
→ 전일 가격 대비 금일가격 등락액을 알아보려면 '금일가격 − 전일가격'을 계산하면 된다.
이 공식을 각각의 채소에 대입해보면
- 오이: (23,600−24,400)=−800
- 부추: (68,100−65,500)=2,600
- 토마토: (34,100−33,100)=1,000
- 무: (8,500−8,500)=0
- 고추: (43,300−44,800)=−1,500이다.

따라서 위의 연산으로 구한 각 채소의 등락액 값이 보기의 그래프의 값들과 전부 일치한다.

③ (×) 채소 1kg당 금일가격
→ 채소 1kg당 금일가격을 구하려면 채소의 금일가격을 조사단위 값으로 나누면 된다.

• 오이: 23,600÷10=2,360
• 부추: 68,100÷10=6,810
• 토마토: 34,100÷10=3,410
• 배추: 9,500÷10=950
• 무: 8,500÷15=566.6
• 고추: 43,300÷10=4,330 이다.

이를 그래프의 값과 비교해보면 오이, 부추, 토마토, 배추, 고추는 일치하지만 무의 그래프값은 850으로 앞서 구한 1kg당 금일가격과 일치하지 않는다.

④ (O) 곡물 1kg당 금일가격

→ 곡물 1kg당 금일가격을 구하려면 곡물의 금일가격을 조사단위 값으로 나누면 된다. 그러므로

• 쌀: 52,500÷20=2,625
• 찹쌀: 180,000÷60=3,000
• 검정 쌀: 120,000÷30=4,000
• 콩: 624,000÷60=10,400
• 참깨: 129,000÷30=4,300이다.

이를 그래프의 값과 비교해보면 모두 일치하는 것을 알 수 있다.

⑤ (O) 채소의 조사단위당 전년 평균가격 대비 금일가격 비율

→ 채소의 조사단위당 전년 평균가격 대비 금일가격 비율을 구하려면 $\frac{\text{조사단위당 금일가격}}{\text{조사단위당 전년 평균가격}}\times 100$ 의 공식을 각각의 채소에 도입하면 된다.

• 오이: $\frac{23,600}{20,800}\times 100=113.5$
• 부추: $\frac{68,100}{41,900}\times 100=162.5$
• 토마토: $\frac{34,100}{20,800}\times 100=163$
• 배추: $\frac{9,500}{6,200}\times 100=153.2$
• 무: $\frac{8,500}{6,500}\times 100=130.8$
• 배추: $\frac{9,500}{6,200}\times 100=153.2$

따라서 그래프와 일치한다.

합격자의 실전 풀이 순서

❶ 〈표〉에 조사단위, 조사단위당 가격이 주어져 있으므로 조사단위당 가격을 조사단위로 나누면, kg당 가격을 구할 수 있음을 파악한다.

❷ 표의 정보를 조합하여 구할 수 있는 kg당 가격에 관한 선지인 ③, ④번을 우선 확인한다. ①~⑤번 중 고르는 문제는 〈표〉의 주요한 장치가 활용되는 선지일수록 답이 될 가능성이 크기 때문이다. 단 본인이 빠르게 분수 값을 확인할 자신이 없다면 다른 선지를 먼저 빠르게 확인하고 답을 도출하는 소거법으로 가도 무방하다.

❸ ③번을 눈으로 빠르게 확인하면, 무를 제외한 다른 채소들은 조사단위가 10이므로 조사단위당 가격의 0을 하나 지우는 숫자가 맞는지 확인하면 된다. 그러나 무는 조사단위가 15이므로 조사단위당 가격을 단순히 맨 뒤의 0을 지우는 것이 아니지만, 선지에서는 850으로 주어져 있으므로 틀린 선지이다. 따라서 답을 표시하고 넘어간다.

합격자의 시간단축 Tip

선지 ① 이 선지에서는 활용되지 않았으나 금일, 전일, 전년 평균과 같은 항목 순서가 바뀌거나 쌀, 찹쌀, 검정쌀의 순서가 바뀌는 등 〈표〉와 순서를 달리 작성하여 오답을 유도하는 함정이 종종 활용된다. 따라서 선지 ① 번과 같이 단순 확인 형태인 경우 항목 함정이 있는지 유의하며 확인할 필요가 있다.

선지 ② 통상 뺄셈보다 덧셈이 더 빠르고 실수가 적은 연산 방법이므로, 등락액을 물었다 하더라도 차잇값을 도출하는 것은 지양함이 바람직하다. 즉 주어진 '등락액' 값을 〈표〉의 전일에 더해 금일 값이 나오는지 여부를 확인하는 것이 더 효율적인 풀이라 생각한다.

선지 ③ 선지 ④ 통상 나눗셈보다 곱셈이 더 빠르고 실수가 적은 연산 방법이므로, 'A당 B'의 형태로 질문하더라도 실제로 그 값을 도출하지 않는 것이 좋다. 즉 분모에 해당하는 조사 단위를 선지의 〈그림〉 값에 곱해 금일가격이 도출되는지 확인하는 것이 더 빠른 풀이라 생각한다.

예를 들어 ④번의 경우 쌀은 2,625×2=5,250 (자릿수만 확실하다면 계산의 편의를 위해 10단위인 조사 단위를 한 자릿수로 만들어 수 구조가 똑같은지만 확인해도 된다)이므로 금일 가격과 같아 옳다고 판단하면 된다.

선지 ⑤ 실제로 113.5, 162.5 등을 확인할 필요는 없다. 이러한 선지를 처리하는 가장 쉬운 방법은 가까운 10의 배수 숫자를 설정하여 그보다 큰지 작은지 확인하는 방법이다.

예를 들어 오이는 113.5를 110으로 보고 10% 더한 것보다 큰지 확인하고, 부추와 토마토는 162.5, 163.9를 둘 다 160으로 보고 60% 더한 것보다 큰지 확인하는 방식이다.

이런 식으로 어림산 한다면 크게 어려움 없이 해결할 수 있을 것이다.

197 정답 ① 난이도 ●●○

→ 고사한 소나무 수를 구하기 위해서는 표의 1) 소나무 수 2) 감염률 3) 고사율을 활용해야 한다.

1) 소나무 수는 〈표〉를 통해 쉽게 파악할 수 있고
2) 감염률과 3) 고사율은 〈그림〉의 좌표를 통해 파악할 수 있다.

→ 그 다음 주어진 식을 활용하여 고사한 나무의 수를 계산할 수 있는데 식을 자세히 살펴보면 아래처럼 감염된 나무의 수가 공통으로 들어가 있는 것을 알 수 있다.

$\frac{\text{감염된 나무의 수}}{\text{소나무 수}}=\text{감염률},\ \frac{\text{고사한 나무의 수}}{\text{감염된 나무의 수}}=\text{고사율}$

따라서 공통으로 들어가 있는 감염된 나무의 수를 없애기 위하여 감염률과 고사율을 곱하면 아래와 같이 더욱 간단하게 표시할 수 있다.

$\text{감염률} \times \text{고사율}=\frac{\text{고사한 나무의 수}}{\text{소나무 수}}$

→ 마지막으로 위 수식의 양변에 소나무 수를 곱하면 고사한 나무의 수를 구하는 식을 아래처럼 도출할 수 있다.
→ 소나무 수×감염률×고사율=고사한 나무의 수

발생 지역	소나무 (천그루)	감염율	고사율	고사한 나무 (천그루)
거제	1,590	0.5	0.5	1,590×0.5×0.5 =397.5
경주	2,981	0.2	0.5	2,981×0.5×0.2 =298.1
제주	1,201	0.8	0.4	1,201×0.4×0.8 =384.32
청도	279	0.1	0.7	279×0.7×0.1=19.53
포항	2,312	0.2	0.6	2,312×0.2×0.6 =277.44

따라서 고사한 소나무의 수가 가장 많은 발생지역은 ① 번의 거제이다.

합격자의 실전 풀이 순서

❶ 〈표〉의 단위, 〈그림〉의 각 축을 확인하고, 각주의 식을 확인한다.

❷ 각주에 따르면, '고사한 소나무 수=발생지역의 소나무 수× 감염률 × 고사율'이다.
따라서 발생지역 소나무 수가 많고, 각 지역의 x 좌표, y 좌표를 변으로 하는 '직사각형의 넓이'가 넓을수록 '고사한 소나무 수'가 많음을 인지한다. 따라서 '청도'의 경우 소나무 수가 지나치게 작고, 넓이도 넓은 편이 아니므로 고려 대상에서 제외한다.

❸ 이때 계산의 편의를 위해서 감염률이나 고사율이 일치하는 지역, 즉 수평 또는 수직으로 같은 선상에 있는 값들을 비교하면 좋다. '경주'를 기준으로, 수평축이 일치하는 '거제'와 비교해보자.
경주(2,981×20) vs 거제(1,590×50)로 전항은 1,590 → 2,981로 2배 정도 되지만, 후항은 20 → 50으로 2.5배이다. 따라서 거제가 더 크다.

❹ '거제'를 기준으로 '포항'을 비교하면, 소나무 수는 1,590 →2,312로 2배가 채 되지 않으나, 〈그림〉의 감염률 × 고사율은 '거제'의 넓이가 '포항'의 넓이의 2배 이상이다.
(블록 놀이하듯이 포항이랑 동일한 2줄을 거제의 칸 안에 집어넣는다고 생각하면 된다)
따라서 포항 < 거제이다.

❺ 마지막으로 '거제'와 '제주'를 비교하면, 소나무수는 1,201→1,590=약 1,600이므로 33% 증가했다. 반면 감염률× 고사율은 25의 33%를 8로 '내림'하여 어림산 하더라도 25+8 > 32이므로 거제가 더 크다.
따라서 거제가 제일 크다.

합격자의 시간단축 Tip

이 문제와 같은 유형은 계산의 편의를 위해서 감염률이나 고사율이 일치하는 지역, 즉 수평 또는 수직으로 같은 선상에 있는 값들을 비교하면 좋다. 왜냐하면 어느 한 값이 같을 경우, 다른 값으로만 비교해도 되기 때문이다. 예를 들어 (소나무수×고사율×감염률)로 세 숫자의 곱셈 구조에서 고사율이 동일하다고 가정하면, (소나무수×감염률)로 두 숫자 곱셈 구조로 전환되어 난이도가 크게 낮아진다. 따라서 수직, 수평으로 겹치는 값이 가장 많은 '경주'와 같은 값을 가장 처음 고려할 기준점으로 잡는 것이 효율적이다.
위 풀이에서는 '경주 < 거제'였으므로 거제가 새로운 기준점이 되었지만, 만약 '경주 > 거제'였다면 경주로 포항을 다시 비교할 수 있어 일종의 '전략적 요충지'와 같은 역할을 담당할 수 있다.

198 정답 ⑤ 난이도 ●●○

〈조건 3〉 사과의 수출액은 매년 감소하였다.
→ 〈표〉를 통해 매년 수출액이 감소하는 품목은 A 사과임을 알 수 있다.

(A) 수출액: (15.2 → 6.2 → 3.7)
→ 따라서 〈선택지〉 ①, ②는 정답이 아니다.
[남은 선택지: ③, ④, ⑤]

〈조건 1〉 궐련과 김은 매년 수출액이 증가하였다.

➜ 〈조건 3〉을 통해 남은 선택지인 ③, ④, ⑤에서 궐련과 김은 C or E 이다.
〈표〉를 보면 C와 E는 매년 수출액이 증가함을 알 수 있다.
• (C): 5.7 → 8.1 → 18.4
• (E): 4.8 → 5.9 → 8.7
따라서 (C)와 (E)는 궐련과 김 또는 김과 궐련이며, 정답이 아닌 선택지는 찾을 수 없다.

〈조건 2〉 2011년 면화의 수출물량은 전년보다 감소하였으나 수출액은 전년보다 증가하였다.
➜ 〈조건 3〉에 의해 면화는 B or D 이다.
• (B) 수출물량: 5.4 → 3.5
• (D) 수출물량: 1.8 → 2.0
와 같으므로 수출물량이 전년보다 감소하는 항목은 (B)가 해당되며 D는 면화가 될 수 없다.
따라서 B가 면화이다.
➜ 그러므로 〈선택지〉 ③은 정답이 아니다.
[남은 선택지: ④, ⑤]

〈조건 4〉 2010년에는 김이 라면보다 수출액이 적었으나, 2012년에는 김이 라면보다 수출액이 많았다.
➜ 남은 〈선택지〉에 따라 김은 C 또는 E 이고 라면은 D이다.
〈조건 4〉에 의해 김은 라면인 D보다 2010년엔 수출액이 적고, 2012년에는 수출액이 많은 품목이 김이다.
또한 C의 경우 2010년에 D보다 수출액이 많으므로 C는 김이 아니다.
그러므로 김은 C or E인데, C는 김이 아니므로 E가 김이다.
➜ 따라서 정답은 ⑤이다.

합격자의 실전 풀이 순서

❶ 〈표〉가 순위 자료임을 파악하고 단위를 확인한다.
❷ 선지에서 3 : 1 : 1의 비율을 찾는다. 예를 들어, 선지 3개가 A='사과'라 하고, 다른 1개는 A='라면'이라 하고, 나머지 1개는 A='궐련'이라고 하는 경우, A=사과라 가정하고 〈조건〉을 해결한다. 단, 이 문제의 경우 해당 사항이 없다.
❸ 경우의 수를 줄이기 위해 확정 정보를 먼저 확인한다. 즉 하나의 품목에 대해 언급하는 〈조건 2, 3〉을 먼저 해결한다. 그중 2개 연도만 비교하는 〈조건 2〉를 먼저 해결한다.
❹ 〈조건 2〉에 따르면, B='면화'이므로, 선지 ④, ⑤가 남는다.
따라서 선지 ④, ⑤가 조건 4에 부합하는지 확인한다. 선지 ④, ⑤ 모두 C와 E는 '김' 또는 '궐련'이므로 〈조건 1〉을 해결하는 것은 무의미하고, A는 '사과'이므로 〈조건 3〉을 해결하는 것도 무의미하기 때문이다.

199 정답 ③ 난이도 ●●○

ㄱ. (×) 전체 가정용 의료기기 판매량 중 국내산 혈압계가 차지하는 비중은 8% ~~미만이다~~.
➜ 전체 가정용 의료기기 판매량 중 국내산 혈압계가 차지하는 비중은 $\frac{\text{국내산 혈압계 판매량}}{\text{전체 가정용 의료기기 판매량}}$이다.
이때, 전체 가정용 의료기기 판매량은 '판매량'을 모두 더한 값이므로 903(천 개)이다.
전체 수치 903(천 개)에서 국외산 판매량 144(천 개)를 빼면, 국내산 판매량 759(천 개)의 수치가 나온다. 국내산 혈압계의 값을 구하기 위해서는 759(천 개)에서 ( ) 괄호 속 수치를 제외한 나머지 값을 모두 빼면 되므로, 국내산 혈압계 수치는 77(천 개)가 되고, 국외산 혈압계 판매량 수치는 23(천 개)가 된다.
전체 판매량 중 국내산 혈압계가 차지하는 비중을 구해보면 $\frac{77}{903}\times100\approx8.5\%$이므로 전체 가정용 의료기기 판매량 중 국내산 혈압계가 차지하는 비중은 8% 이상이다.

ㄴ. (○) 전체 가정용 의료기기 판매량 중 국내산이 차지하는 비중은 80% 이상이다.
➜ 전체 가정용 의료기기 판매량 중 국내산이 차지하는 비중은 $\frac{\text{국내산 가정용 의료기기 판매량}}{\text{전체 가정용 의료기기 판매량}}$이다.
전체 가정용 의료기기 판매량 903(천 개) 중 국내산 판매량 759 (천 개)가 차지하는 비중은 $\frac{759}{903}\times100\approx84\%$이므로 전체 가정용 의료기기 판매량 중 국내산이 차지하는 비중은 80% 이상이다.

ㄷ. (○) 가정용 의료기기 판매량 상위 5개 품목 중 국외산 대비 국내산 비율이 가장 큰 품목은 개인용 전기자극기이다.
➜ 가정용 의료기기 판매량 상위 5개 품목의 품목별 국외산 대비 국내산 비율은
$\frac{\text{해당 품목의 국내산 판매량}}{\text{해당 품목의 국외산 판매량}}$이다.
위 식을 이용하여 품목별 국외산(분자) 대비 국내산(분모) 비율을 구해보면,
• 체온계: $\frac{228}{43}\approx5.30$
• 부항기: $\frac{118}{10}\approx11.8$
• 혈압계: $\frac{77}{23}\approx3.35$

해설편 · 7일차 · 수리능력 · 자료해석

• 혈당계: $\frac{61}{23} \approx 2.651$

• 개인용 전기자극기: $\frac{55}{4} \approx 13.75$

이므로 수치가 가장 큰 전기자극기가 국외산 대비 국내산 비율이 가장 크다.

ㄹ. (×) 국외산 가정용 의료기기 중 판매량이 ~~네번째로 많은 의료기기는 부항기이다~~.

➜ 판매량 5위까지 범위를 한정하여 국외산 판매량 순위를 검토한다면 부항기 판매량이 네 번째로 많지만, 판매량이 6위 이하인 의료기기에 대해서는 품목별 국외산 판매량 수치를 알 수 없다.

왜냐하면 6위 이하의 항목에 해당하는 국외산 가정용 의료기기의 판매량이 41(천 개)이므로, 6위 이하에 해당하는 품목이 5위 이내의 품목보다 국외산 가정용 의료기기에 한해서는 더 많은 판매량을 보일 수 있기 때문이다. 따라서 틀린 보기이다.

합격자의 실전 풀이 순서

❶ 〈표〉가 순위 자료임을 확인하고, '6위 이하', '전체'에 표시하며, '판매량=국내산+국외산'임을 확인하고, 단위를 확인한다.

❷ 순위 자료에서는 '알 수 없는 정보'의 구별이 중요하다. 보기 ㉣은 판매량 순위 자료만으로는 알 수 없는 정보이므로 바로 제거한다. 따라서 선지 ①, ②, ③이 남는다.

❸ 보기 ㉠, ㉡, ㉢ 모두 일부 괄호를 채워야 하는 것처럼 보인다. 먼저, ㉠을 해결하는 과정에서 국내외산 혈압계 판매량을 구한다. 그 후 전체 판매량까지 구해야 한다는 점을 인지하고 보기 ㉡으로 넘어간다.

❹ 보기 ㉡은 괄호를 채우지 않아도 해결할 수 있다. ㉡이 옳으므로, 선지 ①, ③이 남는다.
보기 ㉠을 해결하려던 과정에서 구한 국내외산 혈압계 판매량을 보기 ㉢을 해결하는 데 사용한다.

합격자의 시간단축 Tip

보기 ㉠ 국내산 혈압계 판매량은 77이다.
전체 가정용 의료기기 판매량은 보기 ㉡을 해결하는 과정에서 구한 국내산 혈압계 판매량을 제외한 (국내산 판매량 682)+(국내산 혈압계 판매량 77)+(국외산 판매량 144)=903이다.
903의 8%는 약 72(=900×0.08)이므로, 국내산 혈압계가 차지하는 비중은 8%를 초과한다.

보기 ㉡

[방법 1]
국내산 혈압계 판매량을 구하지 않더라도, 주어진 품목들의 국내산 판매량의 합은 (228+118+61+55+220)=682이다. 682는 전체 국외산 판매량 144의 4배를 초과하므로, 전체 판매량 중 국내산이 차지하는 비중은 80% 초과이다.

[방법 2]
반대로 전체를 통해 확인할 수도 있다. 국외산이 20%라면 그 5배가 전체이므로, 전체=144×5=720 이상이어야 한다.
따라서 전체를 구해보면, 큰 단위부터 합할 때 100의 자리는 (200+100+100+200)=600이고 10의 자리는 70+80만 해도 150이므로 이미 720을 넘는다.

보기 ㉢ 국외산 혈압계 판매량은 144−(43+10+23+4+41)=23이고, 국내산 혈압계 판매량은 77이다. 개인용 전기자극기 국내산 판매량 55는 국외산 4의 13배를 초과한다.
이때 다른 품목이 몇 배인지 일일이 구하지 않고, 13배를 대입하여 이를 넘는 값이 있는지만 확인하면 된다. 다른 품목은 모두 13배가 절대 될 수 없는 수 구조를 가지고 있으므로, 큰 계산 없이 옳은 선지임을 알 수 있다.

보기 ㉣ '순위' 자료는 항상 어떤 순위인지 확인해야 한다. '판매량 순위'의 경우 전체 판매량을 기준으로 하므로 국내산, 국외산의 순위는 알 수 없다. 따라서 부항기의 10(천 개)보다 큰 값이 6위 이하의 41(천 개)에 있을 수 있으므로 알 수 없는 정보이다. 여기서 주의해야 하는 것은 동일한 구조라도 알 수 있는 경우가 있다. 즉 무조건 알 수 없는 것이 아니다. 예를 들어 6위 이하의 판매량이 10보다 작아서, 6위 이하의 국외산이 10보다 클 수가 없는 경우라면 부항기가 4번째임을 확인할 수 있다.
따라서 기계적으로 알 수 없는 정보로 처리하지 않고, 정확하게 판단해야 한다.

200 정답 ② 난이도 ●●○

ㄱ. 각 부처는 해당 부처에 지원한 지원자 중에서 선발함
➜ 지원자별 부처를 매칭 해 봤을 때
• A부처: 갑, 을, 정, 무
• B부처: 갑, 을, 병, 기
• C부처: 병, 정, 무, 기

ㄴ. A부처가 2명을 먼저 선발한 후 B부처가 남은 지원자 2명을 선발함
➜ A부처에서 사람을 선발한 후 B부처가 지원자를 선발할 수 있고, 지원자 중 갑과 을은 부처 A, B 모두를 지원했으므로 A부처에서 선발할 지원자를

먼저 가려내야 B부처에서 선발할 지원자를 선택할 수 있다.

ㄷ. 각 부처는 지원자의 연수원 성적, 면접 성적, 전공적합점수에 가중치를 부여하여 계산한 점수의 합이 높은 지원자부터 순서대로 선발함

➜ ㄴ, ㄷ 을 고려하여 A부처에서 선발할 지원자를 계산하면

- 갑: (예시 참조) 67점
- 을: 90점×0.5+60점×0.4+100점×0.1 =79점
- 정: 70점×0.5+50점×0.4+50점×0.1 =60점
- 무: 90점×0.5+50점×0.4+100점×0.1=75점

이므로

➜ A부처에서는 '을'과 '무'를 선발한다. 이에 따라 B부처에서 선발할 수 있는 지원자는 갑, 병, 기이며 이들을 B부처의 선발 가중치로 다시 계산해보면

- 갑: 70점×0.4+80점×0.6=76점
- 병: 80점×0.4+80점×0.6=80점
- 기: 70점×0.4+50점×0.6=58점이므로

B부처에서는 '갑'과 '병'을 선발하게 된다.

따라서 〈선발 방식〉에 따라 B부처에 선발된 지원자는 '갑'과 '병'이다.

합격자의 실전 풀이 순서

❶ 발문에서 'B부처'에 표시하고, 각 표를 가볍게 훑은 후 〈선발 방식〉을 확인한다.

❷ 각 지원자의 전공적합점수를 지원자별 전공 옆에 표시하고, A부처에 지원한 지원자부터 A부처 선발 여부부터 확인한다.

합격자의 시간단축 Tip

〈A부처〉

1) 갑: 0.5×70+0.4×80+0.1×0
2) 을: 0.5×90+0.4×60+0.1×100
3) 정: 0.5×70+0.4×50+0.1×50
4) 무: 0.5×90+0.4×50+0.1×100

연수원 성적이 같은 갑과 정, 을과 무를 비교한다. 이때 값을 구체적으로 도출하지 않고, 차잇값으로 대소를 확인한다.

갑은 정에 비해 면접 성적은 12점{0.4×(80−50)} 높고, 전공적합점수는 5점{0.1×(50−0)} 낮으므로, 갑이 정보다 점수가 높다.

을은 무에 비해 면접 성적은 4점{0.4×(60−50)} 높고, 전공적합점수는 동일하므로, 을이 무보다 점수가 높다.

무는 정에 비해 모든 점수가 높다.

무는 갑에 비해 연수원 성적은 10점{0.5×(90−70)} 높고, 면접 성적은 12점{0.4× (80−50)} 낮으며, 전공적합점수는 10점{0.1×(100−0)} 높아, 무가 갑보다 점수가 높다.

그러므로 갑 부처에는 을과 무가 선발된다.

따라서 을이 B부처에 선발된다고 하는 선지 ①, ④, ⑤를 지운다.

〈표 3〉에서 을과 무의 자료에 취소선을 긋고, 병~기의 B부처 선발 여부를 확인한다.

〈B부처〉

B부처는 연수원 성적보다 면접 성적에 더 높은 가중치를 둔다.

비교에 앞서 선지를 확인하면, ②, ③번은 '갑, 병' 또는 '갑, '기'이므로 '갑'을 제외한 '병'과 '기'만 비교하면 된다. 이때 값을 구해 비교하지 않아도, 가중치를 곱하기 이전의 〈표 3〉의 값을 보면 병이 기보다 모든 값에서 각각 크다(80 > 70, 80 > 50).

따라서 병이 B부처에서 선발됨을 바로 알 수 있다.

독학으로 끝내는 PSAT 수리능력 • 자료해석

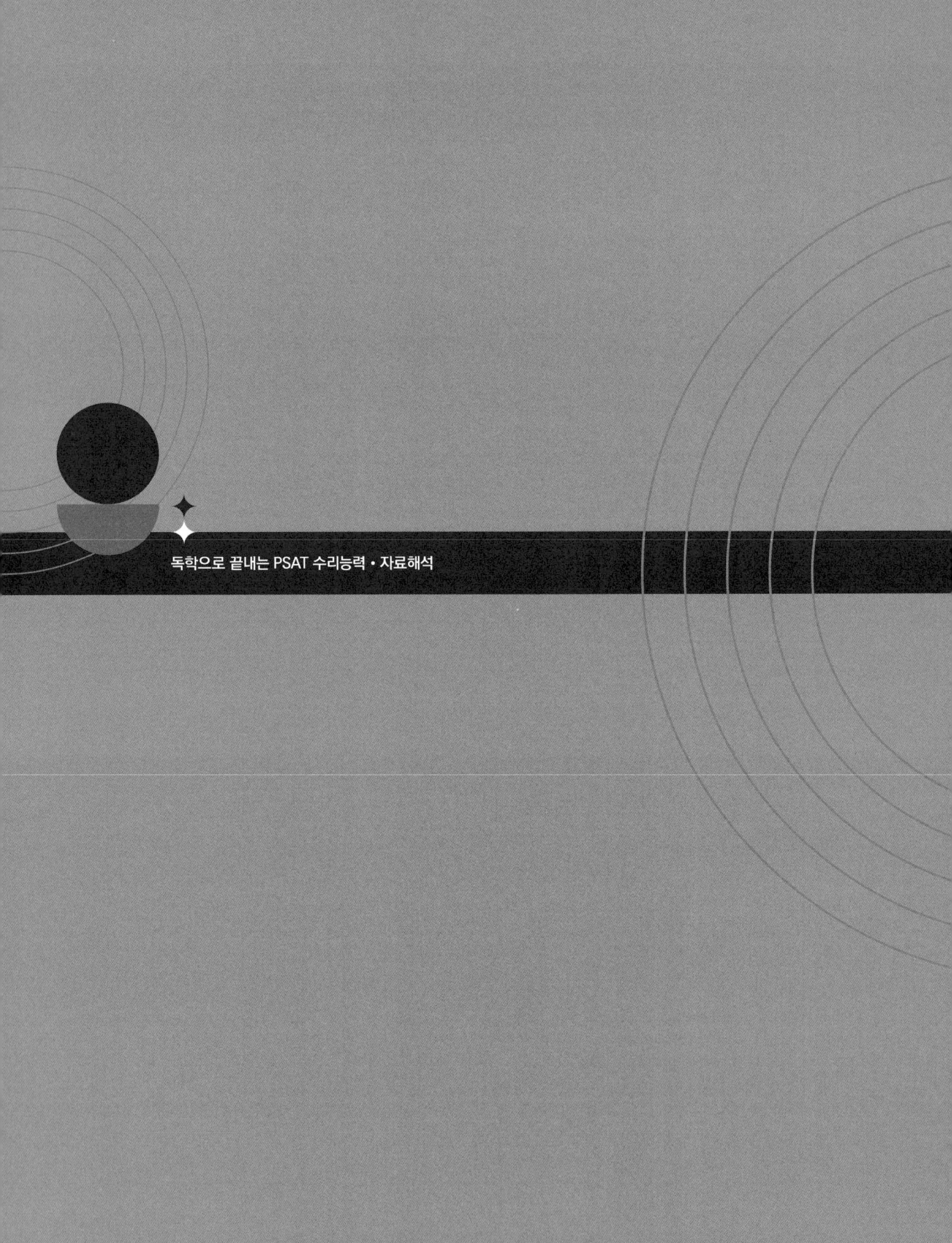

독끝

Daily 400제

심화편 • 정답 및 해설

PART 3

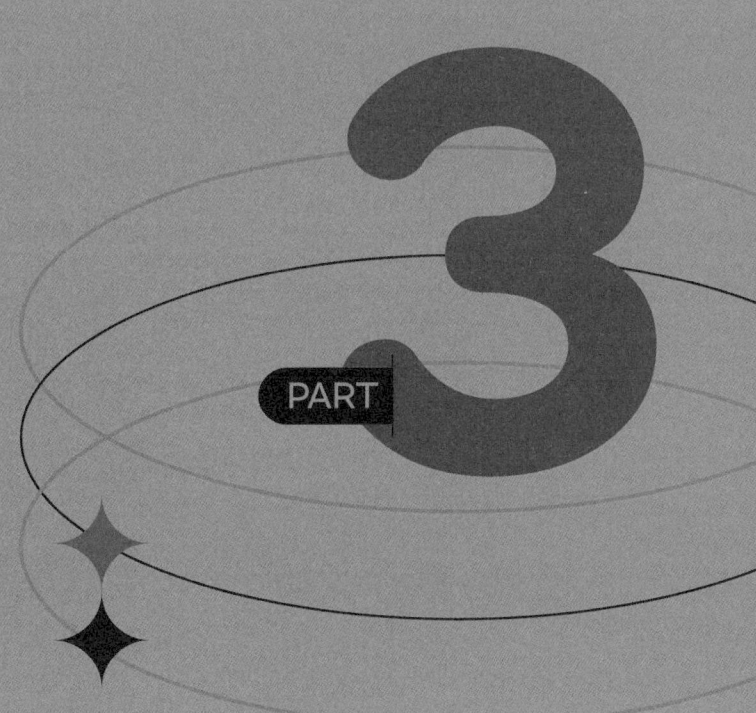

독끝 심화 8일차 (001~030)

정답

001	②	002	⑤	003	④	004	④	005	⑤
006	②	007	①	008	②	009	①	010	⑤
011	⑤	012	③	013	④	014	②	015	⑤
016	③	017	③	018	④	019	③	020	⑤
021	⑤	022	③	023	②	024	②	025	①
026	①	027	①	028	④	029	②	030	④

001 정답 ❷ 난이도 ●●●

과목별 평균등급은 〈평균등급 산출공식〉을 이용하여 풀이할 수 있다.
따라서 국어, 영어, 수학, 과학의 등급을 구하여 대입하면 M의 값을 구할 수 있다.

➜ [국어 등급 계산]
〈표 2〉에 의하면 민수의 국어 석차는 300명 중에 270등이다. 과목석차 백분율에 대입하여 계산하면,
국어의 과목석차 백분율(%):

$$\frac{270(\text{민수의 국어 석차})}{300(\text{국어 이수인원})}\times 100 = 90\%\text{이다.}$$

〈표 1〉에 의하면 민수의 국어 과목석차 백분율은 89% 초과 96% 이하 구간에 해당하므로 8등급이다.

➜ [영어 등급 계산]
〈표 2〉에 의하면 민수의 영어 석차는 300명 중에 44등이다. 과목 석차 백분율에 대입하여 계산하면,
영어의 과목석차 백분율(%):

$$\frac{44(\text{민수의 영어 석차})}{300(\text{영어 이수인원})}\times 100 = \frac{44}{3}\approx 15\%\text{이다.}$$

〈표 1〉에 의하면 민수의 영어 과목석차 백분율은 11% 초과 23% 이하 구간에 해당하므로 3등급이다.

➜ [수학 등 급 계산]
〈표2〉에 의하면 민수의 수학 석차는 300명 중에 27등이다. 과목 석차 백분율에 대입하여 계산하면
수학의 과목석차 백분율(%):

$$\frac{27(\text{민수의 수학 석차})}{300(\text{수학 이수인원})}\times 100=9\%\text{이다.}$$

〈표 1〉에 의하면 수학의 과목석차 백분율은 4% 초과 11% 이하 구간에 해당하므로 2등급이다.

➜ [과학 등급 계산]
〈표 2〉에 의하면 민수의 과학 과목석차는 300명 중에 165등이다.
과목 석차 백분율에 대입하여 계산하면
과학의 과목석차 백분율(%) =

$$\frac{165(\text{민수의 과학 석차})}{300(\text{과학 이수인원})}\times 100=55\%\text{이다.}$$

〈표 1〉에 의하면 민수의 과학 과목석차 백분율은 40% 초과 60% 이하 구간에 해당하므로 5등급이다.
각 과목의 등급을 위의 평균등급식에 대입하면

$$\text{평균등급(M)}=\frac{(\text{과목별 등급}\times\text{과목별 이수단위})\text{의 합}}{\text{과목별 이수단위의 합}}$$

$$=\frac{(\text{국어 8 등급}\times 3\text{단위})+(\text{영어 3등급}\times 3\text{단위})}{3+3+2+3}+\frac{(\text{수학 2등급}\times 2\text{단위})+(\text{과학 5등급}\times 3\text{단위})}{3+3+2+3}$$

$$=\frac{24+9+4+15}{11}=4.73$$

따라서 민수의 평균등급 M은 4보다 크거나 같고 5보다 작으므로 같으므로 ②번이 답이다.

합격자의 실전 풀이 순서

❶ 〈표 1〉, 〈표 2〉, 〈평균등급 산출 공식〉을 이해한다.
❷ 평균등급을 구하기 위해서는 과목별 등급이 필요하므로 〈표 2〉의 과목별 등급을 〈표 1〉을 활용하여 구한다. 이때 국어는 과목석차 백분율이 90%이므로 8등급이며, 같은 방식으로 구하면 영어는 3등급, 수학은 2등급, 과학은 5등급이다.
❸ 〈평균등급 산출 공식〉에 대입하여 구하면 평균등급은 약 4.7이므로 답은 ②번이다.

합격자의 시간단축 Tip

Tip ❶ 과목석차 백분율은 과목석차를 과목 이수인원으로 나눈 값에 100을 곱한 값이다.
이때 문제에서 친절하게 이수인원을 300명으로 준 만큼, 석차를 그냥 3으로만 나누면 분모 값이 100이 되어, '분자'에 들어가는 '과목석차 값'이 곧바로 백분율이 된다.
이러한 숫자 구조가 눈에 보이면 고민 없이 곧장 등급 도출이 가능하다.

Tip ❷
[방법 1]
〈평균등급 산출 공식〉을 보고 가중평균의 공식과 같다는 것을 인식할 수 있다.
가중평균의 방식으로 평균등급을 구하면 다음과 같다.
국어, 영어, 과학은 이수 단위가 동일하므로 단순 평균

을 구하면 5.33등급이다.
또한, 국어, 영어, 과학의 이수 단위의 합은 9이고, 수학의 이수 단위는 2이다.
따라서 수학(2등급)과 국어, 영어, 과학의 평균(5.33등급)을 이수 단위를 가중치로 하여 가중평균을 구하면, 평균등급은 4 이상 5 미만이다.

[방법 2]
〈평균등급 산출 공식〉을 보면 가중평균 계산식과 같음을 알 수 있다. 다만 여기서 수험생을 귀찮게 하는 것은 수학만 이수단위가 다르다는 점이다. 따라서 편의를 위해 모든 값의 이수단위가 똑같이 3이라고 가정하고 합산하면 $(8+3+2+5)\times 3 = 54$로 평균등급은 $\frac{54}{11}$는 5가 조금 안 되는 값으로 4 ~ 5 사이에 있다.
이때 수학 등급 값을 원래 가중치인 2로 계산할 때, 범위가 4~5가 아니라 3 ~ 4가 될 정도로 작아지기 위해서는 수학 등급 값이 10 가까이 되어야 하지만, 당연히 10에 가까운 값이 아니다. 따라서 4 이상 5 미만에 평균등급이 존재한다.
위 방법은 가중평균 문제에서는 항상 사용 가능한 방법이다. 이해를 위해 길게 설명하였으나 실제로 해보면 매우 빠르고 용이한 방법인 만큼 연습하는 것이 좋다.

002 정답 ⑤ 난이도 ●●○

① (O) 에너지사용량이 가장 많은 국가는 A국이고 가장 적은 국가는 D국이다.
→ 에너지 사용량에 대한 질문이므로 에너지사용량이 가장 많은 국가는 그래프의 세로축에서 가장 위쪽에, 에너지사용량이 가장 적은 국가는 세로축 가장 아래쪽에 위치한 국가이다.
따라서 에너지 사용량이 가장 많은 국가는 A국이고, 가장 적은 국가는 D국이다.

② (O) 1인당 에너지사용량은 C국이 D국보다 많다.
→ 국가의 1인당 에너지사용량은 $\frac{\text{에너지사용량}}{\text{인구수}}$로 계산된다.
〈표〉를 보면 C국의 전체 에너지 사용량과 인구수는 각각 약 0.6(toe), 10(명)이고, D국의 전체에너지 사용량과 인구수는 각각 약 0.1(toe), 10(명)이다.
이를 통하여 1인당 에너지 사용량을 계산해보면, C국의 1인당 에너지사용량은
0.6(toe)÷10(명)=약 0.06(toe/명)이고, D국의 1인당 에너지사용량은
0.1(toe) ÷ 10(명)=약 0.01(toe/명)이다.
따라서 1인당 에너지사용량은 C국이 D국보다 많다.

③ (O) GDP가 가장 낮은 국가는 D국이고 가장 높은 국가는 A국이다.
→ GDP는 그래프의 가로축 값이다. GDP가 가장 높은 국가는 A국이고, 가장 낮은 국가는 D국 이므로 옳은 보기이다.

④ (O) 1인당 GDP는 H국이 B국보다 높다.
→ 국가의 1인당 GDP는 $\frac{\text{GDP}}{\text{인구수}}$로 계산된다.
이때, B국이 H국보다 원 크기가 크므로 인구수가 더 많은 것을 알 수 있다.
또한 H국이 B국보다 GDP가 더 많으므로 H국의 $\frac{\text{GDP}}{\text{인구수}}$의 1인당 GDP가 더 높다.

⑤ (×) 에너지사용량 대비 GDP는 A국이 B국보다 ~~낮다.~~
→ $\frac{\text{GDP}}{\text{에너지사용량}}$의 '역수'는 원점으로부터 해당 국가 원의 중점까지의 '기울기'를 의미한다.
따라서 기울기가 작을수록 에너지사용량 대비 GDP가 높다.
〈표〉에서 A국의 기울기가 더 작으므로 A국이 B국보다 에너지 사용량 대비 GDP가 높다.

합격자의 실전 풀이 순서

❶ 〈그림〉과 각주를 읽고 각국의 인구수, 에너지사용량, GDP를 알 수 있음을 파악한다.
❷ 그래프가 주어지면 기울기를 활용하는 선지가 답일 가능성이 크므로 'GDP 당 에너지사용량' 등을 묻는 선지가 있는지 찾는다.
❸ 에너지사용량 대비 GDP를 묻는 선지 ⑤를 먼저 확인하면, 틀린 선지이므로 답이다.

합격자의 시간단축 Tip

선지 ① 선지 ③ 'A이고, B이다' 구조의 선지는 틀린 선지일 때, 수험생이 시간을 소모하도록 유도하기 위해 A는 옳으나 B가 틀린 경우가 많다. 따라서 B 부분부터 확인하면 시간을 줄일 수 있다.

선지 ② 선지 ④ '면적'은 그림만 보고 정확한 값을 도출하는 것이 불가능한 값이다. 따라서 출제 위원은 '시험 오류'를 피하기 위해 정확한 값의 비교가 어려운 '면적'과 같은 형태의 값은 매우 비슷한 면적을 가진 값 간의 비교를 질문하여 면적 값을 고려하지 않도록 만들거나, 차이가 지나치게 커 비교할 수 있는 경우에 한정하여 답을 요구하는 경우가 대부분이다.

혹 면적과 같은 형태의 값을 이용한 분수 비교 등을 요구할 경우 매우 쉬운 선지일 가능성이 높으므로 먼저 빠르게 확인하는 것도 좋은 방법이다.
먼저 선지 ②번의 경우 '비슷한 값의 비교'를 묻는 유형이다. 1인당 에너지사용량 중 분모 값인 인구수는 원의 면적으로 C와 D는 거의 비슷한 면적을 가졌기에, 분수 비교가 단순히 분자 값의 대소만 비교하는 선지로 전환되어 매우 간단한 문제가 된다.
선지 ④번의 경우 '말도 안 되는 비교'를 묻는 유형이다. H는 분자 값이 B국보다 크지만, 분모인 원의 면적은 눈으로 보일 정도로 훨씬 작게 주어져 있다. 따라서 당연히 H국이 더 크다는 것을 알 수 있다.

선지 ⑤ 에너지사용량 대비 GDP는 $\frac{x}{y}$이므로 그래프의 기울기인 $\frac{y}{x}$의 역수이다. 따라서 그래프의 기울기로 파악하기 위해서는 대소관계를 바꾸어 GDP 대비 에너지사용량이 A 국이 B 국보다 높은지를 확인해야 한다. B국의 기울기가 더 크므로 틀린 선지이다.
다만 이처럼 그래프의 기울기를 활용할 때, 그래프의 원점이 실제 원점인지 확인하고, 원점이 아닌 생략된 부분이 있는 경우에는 수치를 어림산 하여 확인할 필요가 있다.
이와 같이 경우를 나누는 이유나, 나누더라도 어떤 경우에 나눠야하는지 명확하지 않다면 **'Part 1. 시간단축비법'**을 활용하여 반드시 숙지하는 것이 좋다.
이 문제는 실제 원점이므로 그래프의 기울기만 확인하여 대소비교가 가능하다.

003 정답 ④ 난이도 ●●○

ㄱ. (×) 2013년에 비해 2014년에 감귤 생산액 순위는 떨어졌으나 감귤 생산액이 농축수산물 전체 생산액에서 차지하는 비중은 증가하였다.
→ 〈그림〉에서 해당 연도의 감귤 품목에 해당하는 순위를 보면 2013년에 감귤 생산액 순위는 9위고 2014년에 감귤 생산액 순위는 10위로 2013년에 비해 2014년에 감귤 생산액 순위는 1단계 떨어졌다. 감귤 생산액이 농축수산물 전체 생산액에서 차지하는 비중은 〈그림〉에서 해당 연도의 감귤 생산액을 해당 연도의 농축수산물 전체 생산액으로 나누어서 구할 수 있다. 이 값을 구해보면,
2013년: $\frac{8,180}{350,889}\times100(\%)\fallingdotseq2.31\%$
2014년: $\frac{9,065}{413,643}\times100(\%)\fallingdotseq2.19\%$이다.
따라서 감귤 생산액이 농축수산물 전체 생산액에서 차지하는 비중은 감소하였다.

ㄴ. (○) 쌀 생산액이 농축수산물 전체 생산액에서 차지하는 비중은 매년 감소하였다.
→ 쌀 생산액이 농축수산물 전체 생산액에서 차지하는 비중은 $\frac{\text{각 연도별 쌀 생산액}}{\text{농축수산물 전체 생산액}}$이다.
값을 구해보면,
2012년: $\frac{105,046}{319,678}\times100(\%)\fallingdotseq32.859\%$
2013년: $\frac{85,368}{350,889}\times100(\%)\fallingdotseq24.329\%$
2014년: $\frac{86,800}{413,643}\times100(\%)\fallingdotseq20.984\%$이다.
따라서 쌀 생산액이 농축수산물 전체 생산액에서 차지하는 비중은 매년 감소하였다.

ㄷ. (×) 상위 10위 이내에 매년 포함된 품목은 7개이다.
→ 2012년, 2013년, 2014년 매년 쌀이 1위, 돼지가 2위, 소가 3위를 했고,
우유가 4위, 4위, 5위, 닭이 6위, 5위, 4위,
고추가 5위, 8위, 8위, 달걀이 7위, 6위, 6위,
감귤이 8위, 9위, 10위를 하여 상위 10위 이내에 매년 포함되었고,
2012년에 인삼, 오리가 10위권 외,
2013년에 마늘, 인삼이 10위권 외,
2014년에 수박, 마늘이 10위권 외이다.
따라서 상위 10위 이내에 매년 포함된 품목은 쌀, 돼지, 소, 우유, 닭, 고추, 달걀, 감귤로 총 8개이다.

ㄹ. (○) 오리 생산액은 매년 증가하였다.
→ 2012년에 오리 생산액은 10위권 밖이므로 10위인 마늘의 생산액인 5,324억 원보다 작고, 2013년에 오리 생산액은 6,490억 원, 2014년에 오리 생산액은 1조 2,323억 원이다. 따라서 오리 생산액은 매년 증가하였다.

합격자의 실전 풀이 순서

❶ 〈표〉의 내용과 구조를 파악한다. 또한, 농축수산물 전체 생산액이 주어져 있음을 확인한다.
❷ 눈으로 확인할 수 있는 보기 ㉣ 먼저 확인하면, 옳은 보기이므로 답은 ②, ④, ⑤중 하나이다.
❸ 보기 ㉢은 확인해야 할 것이 많아 후순위로 미루는 것이 좋으며, 남은 보기 ㉠과 보기 ㉡ 중 더 쉬워 보이는 보기 ㉡을 먼저 확인한다. 보기 ㉡ 역시 옳은 보기이므로 답은 ④번이다.

합격자의 시간단축 Tip

보기 ㉠ 순위는 쉽게 확인되며, 문제 되는 것은 비중이다. 분수 비교 방식은 다양하지만, 여기서는 '분자 - 분모의 증가율 비교법'이 편하다.
먼저 분자를 보면 8,108 → 9,065로 10% 조금 넘게 증가하였다. 즉 분자보다 분모가 작게 증가했으면 옳은 선지가 되게 된다. 따라서 10% 증가율을 분모에 대입하면 10%의 증가로는 350,889 → 413,643이 될 수 없다. 따라서 ㉠은 틀린 선지이다.
이처럼 분수 비교는 상황에 따라 가장 편한 방법을 사용할 수 있도록 다양한 방법들을 알아 두어야 한다.

보기 ㉡ 2013년의 경우 '분자'인 쌀 생산액은 전년 대비 줄어들고, '분모'인 농축수산물 전체 생산액은 증가했으므로 농축수산물 전체 생산액에서 쌀 생산액이 차지하는 비중은 당연히 감소하였다.
또한 2014년의 경우 농축수산물 전체 생산액에서 쌀 생산액이 차지하는 비중$\left(\frac{\text{쌀 생산액}}{\text{농축수산물 전체}}\right)$의 분모인 농축수산물 전체 생산액은 10% 이상 증가하였으나, 분자인 쌀 생산액은 10% 미만 증가하였으므로 비중은 감소한다.

보기 ㉢ 기준연도를 설정하여(예: 2014년) 다른 연도(2012년, 2013년)에서는 존재하지 않는 품목은 X 표시 치면서 매년 포함된 품목을 확인한다.
(눈으로만 확인하지 않고, 시각적으로 명확하게 표시하여 실수를 줄여야 한다)

004 정답 ④ 난이도 ●○○

ㄱ. (×) 2013년 성과평가등급이 높은 사원부터 순서대로 나열하면 ~~D, A, C, B이다.~~
→ 2013년 성과평가등급은 2014년 연봉에서 2013년의 연봉을 뺀 값을 2013년 연봉으로 나눠서 구할 수 있다. 이 값을 구해보면,
- A: $\frac{28,800-24,000}{24,000}=\frac{4,400}{24,000}=0.2$이므로 Ⅰ등급,
- B: $\frac{25,000-25,000}{25,000}=0$이므로 Ⅳ등급,
- C: $\frac{25,200-24,000}{24,000}=\frac{1,200}{24,000}=0.05$이므로 Ⅲ등급,
- D: $\frac{27,500-25,000}{25,000}=\frac{2,500}{25,000}=0.1$이므로 Ⅱ등급이다.

따라서 2013년 성과평가등급이 높은 사원부터 순서대로 나열하면 A - D - C - B이다.

ㄴ. (○) 2015년에 A와 B는 동일한 성과평가등급을 받았다.
→ 2015년 성과평가등급은 2016년 연봉에서 2015년의 연봉을 뺀 값을 2015년 연봉으로 나눠서 구할 수 있다. 이 값을 구해보면,
- A: $\frac{38,016-34,560}{34,560}=\frac{3,456}{34,560}=0.1$이므로 Ⅱ등급
- B: $\frac{28,875-26,250}{26,250}=\frac{2,625}{26,250}=0.1$이므로 Ⅱ등급이다.

따라서 2015년에 A와 B는 동일한 성과평가등급을 받았다.

ㄷ. (○) 2013 ~ 2015년 동안 C는 성과평가에서 Ⅰ등급을 받은 적이 있다.
→ 성과평가등급은 다음 연도 연봉에서 해당 연도의 연봉을 뺀 값을 해당 연도 연봉으로 나눠서 구할 수 있다. 이 값을 구해보면,
- 2013년: $\frac{25,200-24,000}{24,000}=\frac{1,200}{24,000}=0.05$이므로 Ⅲ
- 2014년: $\frac{27,720-25,200}{25,200}=\frac{2,520}{25,200}=0.1$이므로 Ⅱ
- 2015년: $\frac{33,264-27,720}{27,720}=\frac{5,544}{27,720}=0.2$이므로 Ⅰ이다.

따라서 C는 2014년 성과평가등급에서 Ⅰ를 받은 적이 있다.

ㄹ. (×) 2013 ~ 2015년 동안 D는 성과평가에서 ~~Ⅲ등급을 받은 적이 있다.~~
→ 성과평가등급은 다음 연도 연봉에서 해당 연도의 연봉을 뺀 값을 해당 연도 연봉으로 나눠서 구할 수 있다. 이 값을 구해보면,
- 2013년: $\frac{27,500-25,000}{25,000}=\frac{2,500}{25,000}=0.1$이므로 Ⅱ
- 2014년: $\frac{27,500-27,500}{27,500}=0$이므로 Ⅳ
- 2015년: $\frac{30,250-27,500}{27,500}=\frac{2,750}{27,500}=0.1$이므로 Ⅱ이다.

따라서 2013~2015년 동안 D는 성과평가에서 Ⅲ등급을 받은 적이 없다.

합격자의 실전 풀이 순서

❶ 〈표 1〉, 〈표 2〉, 각주를 읽는다. 특히, 각주의 해당연도 연봉의 결정방식을 이해한다.
이때 전년도 성과평가등급에 따른 연봉인상률이 적용되므로 헷갈리지 않도록 표시해 놓는다.

❷ 보기 ㉠ 이 4개를 계산해야 하므로 이를 제외하고, 보기 ㉡ 먼저 확인한다. 보기 ㉡은 옳은 보기이므로 ②, ③번을 소거한다.

❸ 보기 ㉢을 확인하면, 역시 옳은 보기이므로 ①, ⑤번을 소거하고 답은 ④번이다.

합격자의 시간단축 Tip

보기 ㉠ 증가율을 계산할 것을 요구하는 것처럼 보이지만, 실제로 도출할 필요가 전혀 없다.
불변하는 IV는 바로 알 수 있으니 제외하면, 가운데 값인 II를 기준으로 대소 비교를 하면 된다.
즉 10%를 대충 계산해보았을 때 비슷해 보이면 II, 커 보이면 I, 작아 보이면 III으로 처리하면 된다.
이런 식으로 확인 시 매우 빠르게 성과평가등급을 도출할 수 있다.

보기 ㉡ 보기 ㉠과 마찬가지로 10%를 기준으로 빠르게 확인한다.

보기 ㉢ 2014, 2015, 2016년에 전년 대비 연봉이 20%만큼 상승한 적이 있는지 확인한다.
또한 반례는 출제 의도 상 수험생이 시간을 소모하도록 유도하기 위해 통상 뒷부분에 배치된다.
따라서 확인할 때에는 뒤의 연도부터 확인하면 시간을 줄일 수 있다.

005 정답 ⑤ 난이도 ●●○

I편차I를 이용하여 자료를 완성하면 다음과 같다.

		갑	을	병	정	무	평균
해피카페	점포 수	7	4	2	(3)	4	4
	I편차I	3	0	2	1	0	(1.2)
드림카페	점포 수	(x)	5	(y)	5	2	4
	I편차I	2	1	2	1	2	1.6

ㄱ. (×) '해피카페' I편차I의 평균은 '드림카페' I편차I의 평균보다 ~~크다.~~
→ '해피카페' I편차I의 평균은 '갑', '을', '병', '정', '무'의 I편차I를 더한 후 5로 나누어 주면 된다.
따라서 $\frac{3개+0개+2개+1개+0개}{5}=\frac{6}{5}=1.2$개 이므로 '드림카페' I편차I 1.6보다 크지 않다

ㄴ. (○) '갑'도시의 '드림카페' 점포수와 '병'도시의 '드림카페' 점포수는 다르다.
→ '갑'도시의 '드림카페' 점포수가 6개이면, '병'도시의 점포수는 2개이고, '갑'도시의 '드림카페' 점포수가 2개이면 '병'도시의 점포수는 6개이다.
따라서 '갑'도시의 '드림카페' 점포수와 '병'도시의 '드림카페'점포수는 다르다.

ㄷ. (○) '정'도시는 '해피카페' 점포수가 '드림카페' 점포수보다 적다.
→ '해피카페'의 점포 수 평균을 구하면
$\frac{7+4+2+(\ \ )+4}{5}=4$이므로 '정'도시의 '해피카페' 점포수는 3인 것을 알 수 있다. 따라서 '해피카페' 점포수가 '드림카페' 점포수보다 적다.

ㄹ. (○) '무'도시에 있는 '해피카페' 중 1개 점포가 '병'도시로 브랜드의 변경 없이 이전할 경우, '해피카페' I편차I의 평균은 변하지 않는다.

		갑	을	병	정	무	평균
해피카페	점포 수	7	4	2	(3)	4	4
	I편차I	3	0	2	1	0	(1.2)

→ '무'도시에 있는 '해피카페' 1개 점포가 '병'도시로 브랜드 변경 없이 이전할 경우, '무'도시의 '해피카페' 점포수는 3개가 되고 I편차I는 1이 된다. '병'도시의 '해피카페' 점포수는 3이 되고 I편차I는 1이 된다.
바뀐 I편차I로 평균을 구하면 $\frac{3+0+1+1+1}{5}=\frac{6}{5}=1.2$이므로 I편차I의 평균은 변하지 않는다.

합격자의 실전 풀이 순서

❶ 〈표〉의 구조를 살펴 도시별 점포 수와 평균을 알 수 있음을 확인하고, 각주를 확인하여 I편차I의 개념을 이해한다(각주가 있는 문제는 반드시 각주를 확인해야 한다).
그리고 '편차'와 I편차I의 차이를 이해한다.

❷ 〈표〉의 괄호를 모두 채우겠다는 생각은 지우고, 각 〈보기〉를 해결하기 위하여 필요한 괄호만 채우겠다는 생각으로 문제풀이에 임한다.

❸ 선지 ①~ ⑤ 중 보기 ㉠과 보기 ㉡의 개수를 비교하여, 개수가 더 많은 보기 ㉡을 해결한다.
보기 ㉡이 옳다면, 선지 ①과 ③이 소거되고, 보기 ㉣이 옳은지 여부를 확인한다.
보기 ㉣은 옳기 때문에, 선지 ②를 소거하고, 보기 ㉠과 보기 ㉢ 중 보다 빠르게 해결할 수 있는 선지인 보기 ㉠을 해결한다.
보기 ㉠은 |편차|의 합만 비교하면 되고(모든 정보가 주어진 상태), 보기 ㉢은 '정'도시 '해피카페'의 편차가 +1인지, −1인지를 확인해야 하므로, 전자가 더 해결하기 쉬운 보기이기 때문이다.

합격자의 시간단축 Tip

보기 ㉠ |편차|의 평균 간 대소비교는 |편차|의 합의 대소비교와 같다.
'해피카페' |편차|의 합(6)이 '드림카페' |편차|의 합(8)보다 작다. 이때 편차의 합을 직접 구하는 것도 방법이지만 <u>같은 숫자를 지워 나가는 방식</u>으로 덧셈 과정을 줄일 수 있다. 해당 표에서 2와 1을 각각 소거하면 '해피카페'의 |편차|에는 3이 남고, '드림카페'에는 2, 2, 1이 남으므로 눈으로 비교해도 드림카페가 더 크다는 것을 알 수 있다. 또는 <u>'가평균'을 활용하는 방법</u>도 있다.
이미 주어진 드림카페의 평균인 1.6을 해피카페에 대입하여 확인하면 빠르게 해결할 수 있다.
가평균을 통해 보면 '갑'을 제외하면 나머지 도시는 모두 1.6보다 마이너스(−)이다.
따라서 드림카페보다 낮다는 것을 쉽게 알 수 있다.

보기 ㉡ '을'도시와 '정'도시의 |편차| 1은 +1 or −1이고, '무'도시의 |편차| 2는 +2 or −2이다.
따라서 드림카페 점포수의 평균이 4가 되기 위해서는 '갑'도시와 '병'도시의 편차가 서로 상쇄되어야 한다. '갑'도시와 '병'도시 중 어느 것의 편차가 +2인지, −2인지는 전혀 구분할 필요가 없으며 단지 점포수가 '다르다'는 사실만을 확인하여 괄호 채우는 시간을 줄여야 한다.

보기 ㉢ 보기 ㉢이 옳으려면 |편차|가 동일하게 1이므로 '정'도시의 '해피카페' 편차가 −1이어야 한다. 실제로 확인해보면 '갑'도시의 '해피카페' 편차는 +3이고, '병'도시의 편차는 −2이므로, '정'도시의 편차는 −1이다. 따라서 보기 ㉢은 옳다.

보기 ㉣ '무'도시에 있는 '해피카페' 중 1개 점포가 '병'도시로 '브랜드 변경 없이' 이전할 경우, '무'도시의 |편차|는 1 증가하고, '병'도시의 |편차|는 1 감소한다. '갑~무'도시의 해피카페 |편차|의 합이 변하지 않으므로, |편차|의 평균도 변하지 않는다.

* 참고로 '평균'이 동일하므로 가평균 원리 상 편차도 당연히 동일할 것이라는 판단으로 이를 옳다고 생각했다면 틀린 풀이이다. 여기서 편차는 절댓값이므로 가평균의 원리가 적용되지 않는다.
즉 병이 기존에 음의 편차를 가졌기 때문에 새로 점포수가 추가된 결과 편차가 줄어 서로 상쇄되었으나, 만약 양의 편차였다면 도리어 편차가 증가하여 평균 편차는 증가해야 한다.
이를 응용하면, 다음과 같은 풀이가 가능하다. '무' 도시의 점포가 이동하면 편차가 +1된다. 이를 상쇄하려면 −1이 되어야 하므로 '병' 도시의 편차가 음수인지만 확인하면 된다.

006 정답 ❷ 난이도 ●●●

㉠ (○) 2017년 추석교통대책기간 중 총 고속도로 이동인원은 6,160만 명으로 전년대비 70% 이상 증가하였으나,
➜ 〈표 1〉을 보면, 이동인원은 2016년: 3,540(만 명) → 2017년: 6,160(만 명)으로 증가하였다.
증가율을 구하는 공식은

$$\frac{2017\text{년 이동인원} - 2016\text{년 이동인원}}{2016\text{년 이동인원}} \times 100\text{이}$$

므로 대입하여 계산해보면,

$$\frac{6{,}160\text{만 명} - 3{,}540\text{만 명}}{3{,}540\text{만 명}} \times 100 = \frac{2{,}620\text{만 명}}{3{,}540\text{만 명}}$$

$$\rightarrow \frac{26}{35} = 0.7 \sim 0.8\text{이다.}$$

따라서 전년대비 70% 이상 증가하였다.

㉡ (×) 1일 평균 이동인원은 560만 명으로 전년대비 ~~10% 이상 감소하였다.~~
➜ 1일 평균 이동인원은 고속도로 총 이동인원을 일수로 나누어주면 된다.
따라서 2016년 1일 평균 이동인원은 $\frac{3{,}540}{6}$ = 590만 명이고, 2017년 1일 평균 이동인원은 $\frac{6{,}160}{11}$ = 560만 명이다.
2016년보다 10% 감소한 인원을 구하면

$$\left\{590 - \left(590 \times \frac{10}{100}\right)\right\} = 531\text{만 명이다.}$$

2017년 1일 평균 이동인원은 560만 명으로 10% 감소한 인원인 531만 명보다 많으므로 10% 이하로 감소하였다는 것을 알 수 있다. 따라서 2017년 1일 평균 이동인원은 560만 명이 맞지만, 전년대비 10% 이상 감소하지 않았으므로 틀린 보기이다.

ⓒ (○) 추석 당일 고속도로 교통량은 588만 대로 전년 대비 9% 이상 증가하였다.

➜ 〈표 1〉에 따르면 2016년 추석 당일 고속도로 교통량이 535(만 대)이므로 9% 증가한 식을 세우면 $\left\{535+\left(535\times\frac{9}{100}\right)\right\}=583.15$만 대이다.

2017년 교통량은 588만 대이므로 전년대비 9% 이상 증가한 것을 알 수 있다.

ⓔ (×) 2017년 고속도로 최대 소요 시간은 귀성의 경우, 제시된 구간에서 전년보다 ~~모두 감소하였으며,~~ 특히 서서울 – 목포 7시간, 서울 – 광주 7시간이 걸려 전년대비 각각 1시간 50분, 30분 감소하였다.

➜ 〈표 2〉를 보면 2017년 고속도로 최대 소요 시간은 귀성의 경우, 대부분은 전년보다 감소하였다. 하지만 서울 – 부산 구간의 경우 2016년에는 7시간 15분 소요된 반면, 2017년에는 7시간 50분 소요되었으므로 전년보다 증가하였다.

따라서 2017년 고속도로 최대 소요 시간은 귀성의 경우 모두 감소한 것은 아니다.

합격자의 실전 풀이 순서

❶ 〈표 1〉의 우측 상단에 단위를 확인하고, 하단에 이동인원과 교통량의 합계가 주어져 있음을 확인한다. 그리고 〈표 1〉 아래에 제시된 각주를 확인한다.

❷ 〈표 2〉의 하단에 제시된 각주를 확인한다.

❸ 〈보고서〉를 처음부터 끝까지 읽는 생각은 버려야 한다.

㉠~ⓔ의 보기의 정오만을 판단하겠다는 생각을 해야 한다.

이러한 생각은 모든 〈보고서〉 유형의 문제에 적용된다.

❹ ㉠은 70% 증가 여부를 구해야 하고 ⓛ은 10% 감소 여부를 구해야 하지만 1일 평균 이동인원을 도출해야 한다. 취향에 따라 갈리겠으나, 10%가 더 계산이 용이하기 때문에 이를 우선 살펴보면, 17년 추석교통대책기간은 11일로 560×11 = 6160인지 확인한다. 16년도 평균은 590이므로 10% 미만 감소하여 틀린 보기이다.

따라서 선지 ①, ③, ④가 소거된다.

ⓒ은 확인할 필요가 없으며 ⓔ보다는 ㉠이 짧으므로 확인해보면 옳다. 따라서 답은 ②이다.

합격자의 시간단축 Tip

보기 ㉠ 70%는 의외로 나눠서 하는 것보다 근삿값으로 계산하는 것이 빠를 수 있다.

3,540×0.7 = 약 360×7 = 2,520으로 3,540+2,520 < 6,160이다.

따라서 옳은 선지이다.

보기 ⓛ 2017년의 1일 평균 이동인원이 560만 명인지를 확인하는 과정은, $\frac{6,160}{11}=560$인지 확인하는 과정이 아니라, 560×10+560(만 명)이 6,160(만 명)인지를 확인하는 과정이어야 한다(나눗셈보다는 곱셈, 뺄셈보다는 덧셈을 활용한다).

또한 '전년대비 10% 이상 감소하였는지'의 경우 역시 위의 값을 이용하면 쉽게 알 수 있다.

위에서 2017년의 11배가 6,160이므로 10% 증가(1.1배)는 616이 되며, 반대로 616에서 10% 감소하면 560보다 작게 된다. 따라서 2016년에는 최소 616보다 커야 하므로 2016년의 일 평균 이동인원이 616이라 가정하고 모순이 있는지 확인하면 된다. 즉 616×6 > 3,540이므로 틀린 선지가 된다.

이처럼 선지에서 묻는 값들을 그대로 이용해 풀 수 있는 경우가 많으므로 선지들을 유기적으로 활용하는 것이 좋다.

보기 ⓒ 추석 당일 고속도로 교통량은 535(만 대)에서 588(만 대)로 53(만 대) 증가했다. 535의 10%는 53.5이고, 1%는 5.35다. 이때 정확히 9%의 값을 구할 필요가 없다. 10% (53.5)에서 1%(5.35)를 뺀 값은 53보다 훨씬 작다로만 계산하고 넘어가는 것이 시간을 단축하는 방법이다.

특히 이 때 588은 535에 10%를 더한 588.5와 매우 유사한데, 이는 출제자가 10%를 활용해서 계산을 할 경우 훨씬 수월하게 옳고 그름을 확인할 수 있도록 한 의도라고 할 수 있다.

따라서 이러한 계산을 할 경우 소수점 이하의 수에 지나치게 집착하는 대신 대략적인 계산을 통해 빠르게 해결하는 것이 보다 유리하다.

보기 ⓔ 반대로 'A이며 B이다' 구조일 때 보기 ⓔ의 경우 특이하게도 A부분을 틀리게 출제하였으나, 일반적으로는 수험생이 시간을 소모하도록 유도하기 위해 A는 옳으나 B는 틀리게 내는 경향이 있다. 따라서 B부분인 서울 – 목포, 서울 – 광주부터 확인한 후, 옳으면 A부분인 귀성 시간을 확인하는 것이 좋은 전략이다.

007 정답 ❶ 난이도 ●●●

ㄱ. (○) 용산구의 통합대기환경지수는 성동구의 통합대기환경지수보다 작다.

➜ 용산구의 통합대기환경지수를 구하기 위해서는 〈표 1〉에서 용산구의 미세먼지, 초미세먼지, 이산화질소의 농도를 확인하여 〈표 2〉 계산식에 대입한 후, 가장 큰 값을 가진 지수를 파악해야 한다.

'용산구 미세먼지' = 0.9×49 = 44.1(μ g/m³)
'용산구 초미세먼지' = 1.5×(35−25)+51 = 66 (μ g/m³)
'용산구 이산화질소' = 1,200×0.034 = 40.8(ppm) 이다.
따라서 '용산구의 통합대기환경지수'는 66(μ g/m³) 이 된다.
마찬가지로 '성동구의 통합대기환경지수'를 구해보면,
'성동구 미세먼지'= 1.0×67 = 67.0(μ g/m³)
'성동구 초미세먼지' = 2.0×23 = 46.0(μ g/m³)
'성동구 이산화질소' = 1,200×0.029 = 34.8(ppm) 이다.
따라서 '성동구의 통합대기환경지수'는 67.0(μ g/m³)이다.
용산구의 통합대기환경지수와 비교해보면 성동구의 통합대기환경지수가 더 크다.

ㄴ. (○) 강북구의 미세먼지 농도와 초미세먼지 농도는 각각의 평균보다 낮고 이산화질소 농도는 평균보다 높다.

	미세먼지 (μ g/m³)	초미세먼지 (μ g/m³)	이산화질소 (ppm)
강북구	44	23	0.042
	∧	∧	∨
평균	51	24	0.033

➜ 표를 보면, 강북구의 미세먼지 농도와 초미세먼지 농도는 각각의 평균보다 낮고, 이산화질소 농도는 평균보다 높다.

ㄷ. (×) 중랑구의 통합대기환경지수는 미세먼지의 대기환경지수와 ~~같다.~~
➜ 〈표 1〉과 〈표 2〉 를 통해 중랑구의 통합대기환경지수를 구해보면,
'중랑구 미세먼지' = 0.9×48 = 43.2(μ g/m³)
'중랑구 초미세먼지' = 2.0×22 = 44.0(μ g/m³)
'중랑구 이산화질소'= 800×(0.041 − 0.04)+51 = 51.8(ppm)이다.
이 중 가장 큰 값인 51.8(ppm)이 통합대기환경지수가 되고, 미세먼지 대기환경지수인 43.2와 다르다.

ㄹ. (×) 세 가지 오염물질 농도가 각각의 평균보다 모두 높은 구는 ~~2개 이상이다.~~

	미세먼지 (μ g/m³)	초미세먼지 (μ g/m³)	이산화질소 (ppm)
강북구	57	25	0.037
	∨	∨	∨
평균	51	24	0.033

➜ 세 가지 오염물질 농도가 각각의 평균보다 모두 높은 구는 동대문구 단 하나이다.

합격자의 실전 풀이 순서

❶ 〈표 1〉 하단에는 지역별 오염물질 농도의 평균이 제시돼 있음을 확인하고, 〈표 2〉 아래의 각주를 확인한다.

❷ 보기 ㉡은 선지 3개에 포함돼 있으므로 먼저 해결하지 않는다. 보기 ㉠과 ㉢은 '통합대기환경지수'를 구해야 하는 반면, 보기 ㉣은 주어진 자료를 단순 확인하는 것으로 ㉣ 먼저 해결한다.
보기 ㉣이 옳지 않기 때문에 선지 ①, ②만이 남고, 역시 '통합대기환경지수'를 구하지 않아도 되는 보기 ㉡을 해결한다.

합격자의 시간단축 Tip

보기 ㉠ 용산구와 성동구의 통합대기환경지수를 비교하기 위해 각 오염물질별 농도를 살펴보면 미세먼지 농도는 성동구가 더 높고 나머지는 용산구가 더 높다. 상식적으로 오염물질 농도가 높을수록 대기환경지수가 높을 것이므로, 성동구에서 미세먼지 농도를 활용해 우선 대기환경지수를 구해보면 67이다.
나머지 초미세먼지와 이산화질소에서 만일 통합대기환경지수가 나온다 하더라도, 그 경우 용산구의 두 오염물질 농도가 더 높기 때문에 해당 카테고리에서 무조건 용산구의 대기환경지수가 더 높게 나올 수밖에 없다. 따라서 성동구의 통합대기환경지수가 67일 경우만 고려하면 된다.
두번째, 용산구의 통합대기환경지수의 경우 초미세먼지나 이산화질소에서 나올 가능성이 높다.
설사 통합대기환경지수가 미세먼지를 계산해서 나온다 하더라도 이는 성동구보다 낮을 수밖에 없기 때문에 별도로 고려하지 않아도 된다. 초미세먼지와 이산화질소를 각각 구해보면 초미세먼지의 대기환경지수인 66이다. 따라서 ㉠은 옳은 보기이다.

＊ 두 가지 기준에 따른 상이한 계산식이 주어지는 경우에 그 크기를 비교해보고 싶다면, 기준점이 되는 값을 대입해보면 된다. 가령 초미세먼지의 경우 25가 기준이므로, 농도가 25 이하일 때는 50, 농도가 25 초과일 때는 26을 대입해보면 52.5이다. 따라서 무조건 농도가 짙을수록 대기환경지수 역시 상승하게 된다.

보기 ㉢ 보기를 쉽게 해석하면 "미세먼지 지수가 가장 높다"가 된다. 먼저 보기에서 준 '미세먼지'를 확인하면 48로 〈표 2〉의 계산식 상 51보다는 작을 수밖에 없다. 반면 이산화질소의 경우 0.04를 대입하더라도 계산식 상 51 초과의 값을 가지게 되므로 구체적 값을 도출하지 않아도 틀린 선지임을 쉽게 알 수 있다.

보기 ㉣ 미세먼지, 초미세먼지, 이산화질소 각각에 대해 평균보다 높은 곳을 찾는 것은 매우 비효율적이다. 그보다는 어느 한 값, 특히 마지막 값(이산화질소)을 기준으로 평균을 0넘는 지역의 나머지 값을 한 번에 비교하는 것이 좋다. 예를 들어 용산구는 이산화질소가 평균을 넘는데, 미세먼지가 평균보다 낮으므로 제외한다.

이와 같이 비교할 경우 몇 개만 확인해도 바로 문제를 풀어낼 수 있다. 자주 활용되는 방식이므로 익혀 두면 좋다.

008 정답 ②

난이도 ●○○

ㄱ. (○) AI가 돼지로 식별한 동물 중 실제 돼지가 아닌 비율은 10% 이상이다.

→ AI가 돼지로 식별한 동물 수는 408마리이다. 이 중 실제 돼지를 AI가 돼지로 식별한 경우는 350마리이다. 따라서 AI가 돼지로 식별한 동물 중 실제 돼지가 아닌 비율은 전체에서 AI가 돼지로 식별한 동물 중 실제 돼지인 경우를 빼면 된다.

따라서 $1-\frac{350}{408}\approx 0.1422$ 이므로 약 14.22%이므로 10% 이상이다.

ㄴ. (×) 실제 여우 중 AI가 여우로 식별한 비율은 실제 돼지 중 AI가 돼지로 식별한 비율보다 ~~낮다.~~

→ 실제 여우 중 AI가 여우로 식별한 비율:

$\frac{600\text{마리}}{635\text{마리}}\approx 0.94$

실제 돼지 중 AI가 돼지로 식별한 비율:

$\frac{350\text{마리}}{399\text{마리}}\approx 0.87$이다.

따라서 실제 여우 중 AI가 여우로 식별한 비율은 실제 돼지 중 AI가 돼지로 식별한 비율보다 높다.

ㄷ. (○) 전체 동물 중 AI가 실제와 동일하게 식별한 비율은 85% 이상이다.

→ 전체 동물의 수는 1,766마리이다. AI가 실제와 동일하게 식별한 마릿수는 표에서 좌상에서 우하로 내려가는 대각선의 합이며 총 1,605마리이다.

따라서 전체 동물 중 AI가 실제와 동일하게 식별한 비율을 계산하면,

$\frac{457+600+350+35+76+87}{1,766}\approx 0.9088\rightarrow$

90.88%이므로 85% 이상이다.

ㄹ. (×) 실제 염소를 AI가 고양이로 식별한 수보다 양으로 식별한 수가 ~~많다.~~

→ 실제 염소를 AI가 고양이로 식별한 수는 2마리이고 양으로 식별한 수는 1마리이다. 따라서 양으로 식별한 수가 더 적다.

합격자의 실전 풀이 순서

❶ 〈표〉에 '전체'와 '고양이' 사이에 가로선을 표시하고(표의 우측 끝까지), 〈표〉에 '고양이'와 '합계' 사이에 세로선을 표시한다(표의 아래쪽 끝까지).

❷ '실제'와 'AI 식별 결과'가 동일한 우하향 대각선을 표시한다.

❸ '비율'을 구하는 〈보기〉 ㉠~㉢이 아닌 단순 확인을 요하는 ㉣ 먼저 해결한다.

❹ ㉣이 틀린 보기이므로 선지 ④, ⑤가 제거되고, 보기 ㉠은 10%의 비율을, 보기 ㉢은 85%의 비율을 구해야 하므로 보다 간단한 보기 ㉠ 먼저 해결한다.

❺ ㉠이 옳은 보기이므로 선지 ③이 제거된다. 보기 ㉢은 우하향의 대각선에 위치한 숫자들의 합을 구하거나 대각선을 제외한 모든 수들의 합을 구해야 하는 반면, 보기 ㉡은 '여우'와 '돼지' 관련 자료만 살피면 되므로 보기 ㉡을 해결한다.

합격자의 시간단축 Tip

보기 ㉠

[방법 1]

AI가 돼지로 식별한 동물 408마리 중 실제 돼지가 90% 미만인지 확인한다. 408마리의 90%는 400마리로 보더라도 360마리 이상인데 실제 돼지는 350마리이므로 90%미만이다.

[방법 2]

408마리의 10%인 40.8마리를 실제 돼지인 350마리에 더해 AI가 돼지로 식별한 408마리보다 적은지 확인해 보는 방법도 있다. $350+40.8=390.8<408$이므로 옳은 선지임을 알 수 있다.

[방법 3]

10%인 40.8을 기준으로 구체적인 값을 실제로 계산하지 않고, 큰 값 위주로 빠르게 더해 40.8보다 큰 지 여부만 확인해도 좋다. 예를 들어 개+여우 = $32+17>40.8$이므로 더 이상 계산하지 않고 마무리한다.

보기 ㉢ 1에 가까운 분수끼리 비교하는 경우 역으로 1과 해당 분수의 차이를 서로 비교하는 것이 쉬울 때가 있다. 즉 '반대 해석'을 이용하여 여집합으로 해결하면 편하다.

$1-\frac{600}{635}=\frac{35}{635}$, $1-\frac{350}{399}=\frac{49}{399}$인데,

$\frac{35}{635}$가 $\frac{49}{399}$보다 분모는 크고 분자는 작으므로 더 작다.

이는 $\frac{600}{635}$과 1의 차이가 더 작다는 것을 의미하므로

$\frac{600}{635}>\frac{350}{399}$가 성립한다.

이러한 풀이가 적응되어 익숙해지면 굳이 분수로 만들지 않고 차잇값이 35, 49라는 것만 보고 바로 대소관계를 파악할 수 있다. 숙련될수록 도움되는 방식이니 자주 연습하도록 하자.

보기 © 전체 동물 1,766 중 AI가 실제와 동일하게 식별하지 않은 비율은 15%이하여야 한다.

[방법 1]
10%+5%=15%를 이용하면 1,766의 15%는 176.6+88 ≈265이하여야 한다.

[방법 2]
15×15=225를 이용하면 1,766×15%=약 (1,500+200)×15%=225+30=255이다.
이때 대각선 외의 숫자 중 가장 큰 수는 32이고, 그 외의 두 자리 수는 22, 22, 17, 12가 있으며 나머지는 모두 한 자리 수이다.
대략적으로 이를 모두 더해도 200 이상의 수가 나오기는 어렵다는 것을 알 수 있으므로 반대로 대각선의 숫자를 더하면 85% 이상일 것이라는 것을 쉽게 짐작할 수 있다.

009 정답 ① 난이도 ●●○

ㄱ. (○) 중요도 점수가 높은 영역부터 차례대로 나열하면 그 순서는 매년 동일하다.
➜ 〈표 2〉에서 각 연도별로 중요도 점수가 높은 영역부터 차례대로 나열한다.
2015년의 경우 교수활동(3.89), 학생복지(3.88), 교육환경 및 시설(3.84), 교육지원(3.78), 비교과(3.77), 교과(3.74)
2016년의 경우 교수활동(3.82), 학생복지(3.73), 교육환경 및 시설(3.69), 교육지원(3.63), 비교과(3.61), 교과(3.54)
2017년의 경우 교수활동(3.81), 학생복지(3.77), 교육환경 및 시설(3.73), 교육지원(3.66), 비교과(3.64), 교과(3.57)의 순이므로 매년 중요도 점수가 높은 영역부터 차례대로 나열하면 순서는 매년 동일하다.

ㄴ. (○) 2017년 만족도 점수는 각 영역에서 전년보다 높다.
➜ 〈표 1〉에서 2017년의 만족도 점수를 각 영역별로 전년인 2016년의 만족도 점수와 비교한다. '교과 영역'은 3.45점으로 2016년의 3.41점보다, '비교과 영역'은 3.56점으로 2016년의 3.50점보다, '교수활동 영역'은 3.57점으로 2016년의 3.52점보다, '학생복지 영역'은 3.31점으로 2016년의 3.27점보다, '교육환경 및 시설 영역'은 3.56점으로 2016년의 3.48점보다, '교육지원' 영역은 3.41점으로 2016년의 3.39점보다 높다.
따라서 2017년의 만족도 점수는 각 영역에서 전년보다 높다.

ㄷ. (×) 만족도 점수가 가장 높은 영역과 가장 낮은 영역의 만족도 점수 차이는 2016년이 2015년보다 ~~크다.~~
➜ 〈표 1〉을 참고하여 만족도 점수가 가장 높은 영역과 가장 낮은 영역의 점수 차이는 다음과 같다.
2016년: 3.52(교수활동) − 3.27(학생복지) =0.25(점)
2015년: 3.73(비교과) − 3.39(학생복지) =0.34(점)
따라서 2015년이 2016년보다 만족도 점수가 가장 높은 영역과 가장 낮은 영역의 점수 차이가 크다.

ㄹ. (×) 2017년 요구충족도가 가장 높은 영역은 교과 영역이다.
➜ 〈표 2〉의 각주에 따르면 요구충족도는 $\frac{\text{해당영역 만족도 점수}}{\text{해당영역 중요도 점수}}$의 값이다. 〈표 1〉과 〈표 2〉의 수치를 대입하여 2017년의 해당영역별 요구충족도를 살펴보면,
- 교과: $\frac{3.45}{3.57}\times100=96.6$
- 비교과: $\frac{3.56}{3.64}\times100=97.8$
- 교수활동: $\frac{3.57}{3.81}\times100=93.7$
- 학생복지: $\frac{3.31}{3.77}\times100=87.8$
- 교육환경 및 시설: $\frac{3.56}{3.73}\times100=95.4$
- 교육지원: $\frac{3.41}{3.66}\times100=93.2$이다.

따라서 2017년 요구충족도가 가장 높은 영역은 비교과 영역으로 교과 영역이 아니다.

합격자의 실전 풀이 순서

❶ 〈표 1〉, 〈표 2〉의 연도 순서와 영역 순서가 동일한지 확인하고, 〈표 2〉아래의 각주를 확인한다.

❷ 요구충족도를 구하는 보기 ㉣은 가장 마지막에 해결한다. 보기 ㉠은 중요도 점수(〈표 2〉)를, 보기 ㉡과 ㉢은 만족도 점수(〈표 1〉)를 필요로 하므로, ㉡과 ㉢ 먼저 해결한다.

❸ 보기 ㉡이 옳으므로 선지 ②, ③이 소거되고, 보기 ㉢이 옳지 않으므로 선지 ⑤가 소거된다. 따라서 남은 보기 ㉣을 보면 요구충족도가 가장 높은 영역은 비교과 영역이므로 ㉣은 틀린 보기이다.

합격자의 시간단축 Tip

보기 ㉠ 여러 해의 순서가 동일한지 비교하는 문제는 자주 출제되는 형태로, 실수가 잦고 시간이 많이 소모되는 만큼 본인만의 전략을 가지고 있는 것이 좋다. 크게 두 가지 정도의 원칙은 기억해두자.

① **[제1의 원칙]** 뒷부분을 기준으로 다른 연도에 대입하여 모순 여부를 확인하는 형태로 해결한다.
각 연도의 순서를 실제로 도출 후 비교하는 것은 시간이 오래 걸리기에 반례를 만들기 좋은 뒷부분의 순서를 다른 연도에 대입하여 확인하는 것이 좋다.
예를 들어 2017년의 경우 교수활동 → 학생복지 → 교육환경 등의 순서이므로 15, 16년에 이를 대입하여 틀린 연도가 있는지 보면 된다.

② **[제2의 원칙]** 하나씩 비교하지 않고 덩어리로 비교한다. 예를 들어 각 연도의 1등이 무엇인지 확인하고, 다시 2등이 다른지 확인하는 방식은 같은 자료를 여러 번 다시 보는것은 비효율적이다.
따라서 가령 1 ~ 4등을 한 번에 외워 두고 다른 연도에 모순이 있는지 확인하는 것이 좋다.

보기 ㉡ 반례를 찾으면 되는 문제인 만큼, 반례가 존재하기 쉬운 뒷부분부터 확인한다.

보기 ㉢ 만족도 점수가 가장 높은 영역과 가장 낮은 영역의 차이는 2016년에 3.52 − 3.27이고, 2015년에 3.73 − 3.39이다.
가장 높은 영역의 점수는 2015년이 0.21점 높은 반면, 가장 낮은 영역의 점수는 2015년이 0.12점 높다. 따라서 최고점과 최저점의 차이는 2015년이 크다.
또는 어느 한 연도의 차잇값만 구한 후, 다른 연도의 최저 값에 더해 최고 값보다 큰 지 확인하는 방법도 있다. 예를 들어 2015년을 기준으로 할 경우 3.73 − 3.39 =0.34로, 2016년 최저 값에 더하면 3.27+0.34 > 3.52이므로 틀린 선지이다.

보기 ㉣ 보다 빠른 확인을 위해 요구 충족도가 가장 높은 영역이 무엇인지 확인하기보다는 반례를 찾는 것이 좋다. 어떤 것을 확인할 지 애매한 경우 가까이 있는 것부터 빠르게 확인하면 되는데, 이 때 비교과 영역과 비교해보면 교과 영역의 요구 충족도는 $\frac{3.45}{3.57}$이고 비교과 영역의 요구 충족도는 $\frac{3.56}{3.64}$이다. 1에서 각 수를 빼 비교해보면 전자의 분자는 0.12, 후자의 분자는 0.08이며 후자가 분모도 더 크기 때문에 1과의 차이는 더 작다는 것을 의미한다.

따라서 $\frac{3.45}{3.57} < \frac{3.56}{3.64}$로 교과영역보다 요구충족도가 더 높은 영역이 있으므로 해당 보기는 틀린 보기이다.

010 정답 ⑤ 난이도 ●●●

거리 = 속력 × 시간

속력 = $\frac{거리}{시간}$, 시간 = $\frac{거리}{속력}$이므로,

B의 주행 시간은 시간 = $\frac{거리}{속력} = \frac{300}{60} = 5$

C의 국도에서의 주행 시간은

→ 시간 = $\frac{거리}{속력} = \frac{120}{60} = 2$ 이다.

A의 연료소비량은 $\frac{거리}{평균연비} = \frac{240}{12} = 20$

C의 국도에서의 연료소비량은

→ $\frac{거리}{평균연비} = \frac{120}{15} = 8$ 이다.

1) A의 이동 비용
→ 시간가치 = 소요시간 × 1,500원
= (주행시간 + 휴식시간) × 150
= (2+1) × 1,500 = 4,500원 ······ ㉠
→ 연료비 = 연료 소비량 × 1,500원
= 20 × 1,500 = 30,000원 ······ ㉡
→ 통행료 = 8,000원 ······ ㉢
그러므로 A의 이동 비용
= ㉠+㉡+㉢
= 4,500+30,000+8,000 = 42,500원

2) B의 이동 비용
→ 시간가치 = 소요시간 × 1,500원
= (주행시간 + 휴식시간) × 150
= (5+1.5) × 1,500 = 9,750원 ······ ㉠
→ 연료비 = 연료 소비량 × 1,500원
= 20 × 1,500 = 30,000원 ······ ㉡
→ 통행료 = 0원 ······ ㉢

그러므로 B의 이동 비용
= ㉠+㉡+㉢
= 9,750+30,000+0=39,750원

3) C의 이동 비용
→ 시간가치=소요시간×1,500원
= (주행시간+휴식시간)×150
= (1+2+0.5+0.5)×1,500=6,000원 …… ㉠
→ 연료비=연료 소비량×1,500원
= (8+7.5)×1,500=23,250원 ………………… ㉡
→ 통행료=5,000원 ……………………………… ㉢
그러므로 C의 이동 비용
= ㉠+㉡+㉢
= 6,000+23,250+5,000=34,250원

그러므로 작은 순서를 비교하면
→ C(34,250원) < B(39,750원) < A(42,500원)
답은 ⑤번이다.

〈표로 나타내면 아래와 같다〉

	A	B	C
소요시간 (시간)	2+1=3	5+1.5=6.5	(1+0.5)+(2+0.5)=4
시간가치 (원)	3시간×1,500 = 4,500	6.5시간×1,500 =9,750	4시간×1,500 =6,000
연료비 (원)	20L×1,500 = 30,000	20L×1,500 = 30,000	15.5L×1,500 =23,250
통행료 (원)	8,000	0	5,000+0 =5,000
이동비용 (원)	42,500	39,750	34,250

합격자의 시간단축 Tip

주행시간은 거리를 평균 속력으로 나눈 것이므로 B의 주행시간은 총 5시간이며, C의 국도 주행시간은 2시간이다. 연료소비량은 거리를 평균연비로 나눈 것이므로 A의 연료소비량은 총 20L이며, C의 국도 연료소비량은 8L이다. 이를 대입하여 각각의 이동비용을 계산해보면 다음과 같다.

- 이동비용: (주행시간+휴식시간+연료소비량)×1,500원+통행료
- 방법 A: (2.0+1.0+20)×1,500+8,000=23×1,500+8,000
- 방법 B: (5+1.5+20.0)×1,500+0=26.5×1,500
- 방법 C: (1+2+0.5+0.5+7.5+8)×1,500+5,000=19.5×1,500+5,000
- 방법 A vs 방법 B: 8,000 vs 3.5×1,500 → 8,000 vs 4,500+750 → 방법 A > 방법 B
- 방법 B vs 방법 C: 7.5×1,500 vs 5,000 → 방법 B > 방법 C

〈계산식〉을 보면 시간가치, 연료비 모두 1,500원을 곱하도록 매우 예쁘게 주어져 있다.
따라서 이를 이용해 이동비용의 식을 단순화해보면, 이동비용=(주행시간+휴식시간+연료소비량)×1,500원+통행료라는 것을 알 수 있다.
따라서 각 방법의 주행시간+휴식시간+연료소비량을 구해서 비교해보면 되는데, 이 때 A, B, C 각각 23, 26.5, 19가 나온다. 다만 정확한 이동비용을 구할 필요가 없으므로 대소만 확인할 수 있으면 된다. 이때 계산을 최소화하기 위해 한 값을 기준으로 두고 나머지 요소들은 차잇값으로 대체하는 방법을 활용하면 좋다.
예를 들어 가장 작은 값인 19를 기준으로 차잇값을 구하면,
A=23−19=4, B=26.5−19=7.5, C=19−19=0이 된다.
이 값을 기준으로 각 방법의 이동비용을 도출하면 다음과 같다.

- 방법 A: 4×1,500+8,000
- 방법 B: 7.5×1,500
- 방법 C: 5,000

이와 반대로 통행료를 1,500원화 하여 비교하는 방법도 있다. A의 통행료인 8,000은 1,500원화하면 약 5가 되며, C의 통행료인 5,000은 약 3으로 대입하면 다음과 같다.

- 방법 A: 23+5=28
- 방법 B: 26.5
- 방법 C: 19+3=22

따라서 별도의 계산 없이도 방법 C가 가장 적은 비용이 든다는 것을 알 수 있고, 다시 방법 A와 방법 B를 비교할 때 4×1,500를 소거해 비교해보면 8,000 vs 3.5×1,500으로 역시 계산하지 않아도 전자가 더 크다는 것을 알 수 있다.
따라서 답은 ⑤번이다.

011 정답 ⑤ 난이도 ●●○

① (×) 미국인, 중국인, 일본인 방문객 수의 합은 2012년이 2002년의 ~~2배 이상이다.~~
→ 2002년 미국인, 중국인, 일본인 방문객 수의 합은 459+539+2,321=3,319(천명)
2012년 미국인, 중국인, 일본인 방문객 수의 합은 662+2,220+3,289=6,171(천명)이다.
따라서 미국인, 중국인. 일본인 방문객 수의 합은 2012년이 2002년의 2배 이상이 아니다.

② (×) 2002년 대비 2012년 미국인 방문객 수의 증가율은 말레이시아인 방문객 수의 증가율보다 ~~높다.~~

→ 2002년 대비 2012년 방문객 수의 증가율은 2012년 방문객 수에서 2002년 방문객 수를 뺀 값을 2002년 방문객 수로 나눠서 구할 수 있다. 이 값을 구해보면,

미국인 방문객의 경우

$\frac{662-459}{459}=\frac{203}{459}\times100(\%)\fallingdotseq44.226\%$

말레이시아인 방문객의 경우

$\frac{156-83}{83}=\frac{73}{83}\times100(\%)\fallingdotseq87.951\%$이다.

따라서 2002년 대비 2012년 미국인 방문객 수의 증가율은 말레이시아인 방문객 수의 증가율보다 작다.

③ (×) 전체 외국인 방문객 중 중국인 방문객 비중은 2012년이 2002년의 ~~3배 이상이다.~~

→ 전체 외국인 방문객 중 중국인 방문객 비중을 구해보면,

2002년의 경우 $\frac{539,000}{5,347,468}\times100(\%)\fallingdotseq10.079\%$

2012년의 경우 $\frac{2,220,000}{9,794,796}\times100(\%)\fallingdotseq22.665\%$

따라서 2012년의 비중은 2002년 비중의 3배 미만이다.

④ (×) 2002년 외국인 방문객 수 상위 10개국 중 2012년 외국인 방문객 수 상위 10개국에 포함되지 않은 국가는 ~~2개이다.~~

→ 2002년 외국인 방문객 수 상위 10개국 중 2012년 외국인 방문객 수 상위 10개국에 일본이 1위, 중국이 2위, 미국이 3위, 인도가 4위, 필리핀이 5위, 태국이 6위, 싱가포르가 7위, 말레이시아가 8위, 러시아가 9위로 포함되고 캐나다가 포함되지 못했다.

따라서 2002년 외국인 방문객 수 상위 10개국 중 2012년 외국인 방문객 수 상위 10개국에 포함되지 않은 국가는 캐나다 1개이다.

⑤ (○) 인도네시아인 방문객 수는 2002년에 비해 2012년에 55,000명 이상 증가하였다.

→ 인도네시아인 방문객 수는 2012년에 124,000명인데, 2002년에는 상위 10위 이내가 아니므로 10위 국가인 캐나다의 67,000명보다 작다.

따라서 인도네시아인 방문객 수는 57,000명 이상 증가하였다.

합격자의 실전 풀이 순서

❶ 〈표〉, 〈그림 1〉, 〈그림 2〉의 내용과 구조를 파악한다. 특히 〈표〉는 방문객 수의 단위가 (명)이고, 〈그림〉은 (천명)이라는 것을 유의한다.

❷ 답일 가능성이 큰 선지부터 확인한다. 증가율(비율)에 관한 내용인 ②번과 구체적인 숫자 55,000명이 주어진 ⑤번을 먼저 판단한다.

❸ ②번을 확인하면 옳지 않은 선지이고, ⑤번은 옳은 선지이므로 답을 표시하고 넘어간다.

합격자의 시간단축 Tip

①~⑤번 선지를 확인하는 문제는 선지 플레이를 통해 시간을 줄일 수 있다. 기출 문제 분석을 통해 옳은 선지나 옳지 않은 선지에 주로 사용되는 문장구조나 묻는 포인트들을 정리해두면 좋다.

주관적인 경험에 의하면, 변화율의 선지나 조건문을 사용한 선지, 구체적인 수치가 주어진 선지, 그래프가 주어진 문제에서는 형태를 활용하는 선지, 45%, 90%, 60%를 묻는 선지 등이 있다.

특히 이 문제의 경우 〈표〉와 〈그림〉의 단위가 다른 것이 함정으로 사용될 수 있어 이를 활용한 ⑤번이 답일 가능성이 크다. 따라서 처음에 문제의 〈표〉와 〈그림〉을 보고 함정으로 사용될 수 있는 부분이 있다면 이를 활용한 선지를 먼저 확인하는 것도 시간을 줄이는 방법이다.

선지 ① 나눗셈보다는 곱셈이 간단하므로, 곱셈을 이용하기 위해 2002년을 기준으로 살펴본다.

2002년 외국인 방문객 수를 반올림하여 근삿값으로 어림산하면 460+540+2,300=3,300으로 2배 시 6,600이다. 그러나 2012년의 경우 덧셈 편의상 아무리 높게 근삿값을 잡아도 700+2,300+3,300=6,300이다. 따라서 틀린 선지이다.

선지 ② 증가율 비교는 주로 2단계로 잡고 생각하는 것이 좋다.

1단계는 정말 간단한 비교로 처리되는지 확인 후, 만약 조금 더 디테일한 비교가 필요할 경우에 한해 2단계로 근삿값 비교나 가까운 % 찾기를 한다. ②번은 1단계 접근에서 해결되는 유형이다.

미국을 보면 459→662로 2배가 채 안 되지만, 말레이시아의 경우 82→156으로 2배 가까이 된다.

따라서 더 구체적으로 계산할 것 없이 말레이시아인 방문객 수 증가율이 더 높다는 것을 알 수 있다.

선지 ③ 비중, 분수 값의 증가 배수를 푸는 여러 방법 중 '분자-분모의 증가율 배수 비교'가 적용하기 좋은 선지이다. 2012년 값을 2002년을 통해 표시하면,

$$\frac{\text{2002년 중국인 방문객} \times (1+\text{중국인 증가율})}{\text{2002년 전체 외국인 방문객} \times (1+\text{전체 증가율})}$$

$$= \frac{\text{2002년 중국인 방문객}}{\text{2002년 전체 외국인 방문객}} \times \frac{(1+\text{중국인 증가율})}{(1+\text{전체 증가율})}$$

이다.

즉 2002년에 비해 2012년이 3배 이상인지는 곧 증가율 간 배수가 3배인지를 묻는 것과 같다.

이때 분자의 증가율은 539 → 2,220으로 4배가 살짝 안 되며, 분모의 증가율 5,347,468 → 9,794,796은 2배가 살짝 안 된다. 즉 증가율 간 배수는 약 2배이므로 3배를 넘지 못하여 틀린 선지이다.

이와 같은 방법은 실제로 많이 활용되는 방법이니 익혀 두는 것이 좋다.

선지 ⑤ 2002년 인도네시아는 외국인 방문객 수의 상위 10개국 중 포함되지 않으므로 10위인 캐나다보다 방문객 수가 적을 것이다. 따라서 캐나다의 67+55=122이고, 2012년 인도네시아 방문객 수인 124(천명)은 이보다 크므로 2002년에 비해 2012년에 55,000명 이상 증가하였다.

012 정답 ③ 난이도 ●●●

ㄱ. (○) '기타'를 제외하고 2006년 대비 2011년 원목생산량 증가율이 가장 큰 수종은 소나무이다.

→ 2006년 대비 2011년 원목생산량의 증가율은 다음 공식으로 구할 수 있다

$$\frac{\text{(2011년 원목생산량)} - \text{(2006년 원목생산량)}}{\text{(2006년 원목생산량)}} \times 100$$

각 원목별 2006년대비 2011년 원목생산량 증가율을 구해보면 소나무 198%, 잣나무 104%, 전나무, 낙엽송 178%, 참나무 111%이므로 소나무가 가장 증가율이 크다.

ㄴ. (×) '기타'를 제외하고 2006 ~ 2011년 동안 원목생산량이 매년 증가한 수종은 3개이다.

→ 소나무의 경우 2007년에 감소하였고 잣나무의 경우 2007년과 2008년에 감소하였으며 전나무의 경우 2008년과 2011년에 감소하였다.

따라서 매년 증가한 수종은 참나무와 낙엽송 2개이다

ㄷ. (×) 2010년 참나무 원목생산량은 2010년 잣나무 원목생산량의 6배 이상이다.

→ 2010년 참나무 원목생산량은 76.0(만m^3)이고, 2010년 잣나무 원목생산량은 12.8(만m^3)이다.

12.8×6=76.8이므로 2010년 참나무 원목생산량은 2010년 잣나무 원목생산량의 6배 미만이다.

ㄹ. (○) 전체 원목생산량 중 소나무 원목생산량의 비중은 2011년이 2009년보다 크다.

→ 전체 원목생산량 중 소나무 원목생산량의 비중은 $\frac{\text{(소나무 원목생산량)}}{\text{(전체 원목생산량)}}$의 식으로 구할 수 있다.

• 2009년 소나무 원목생산량의 비중: $\frac{38.6}{251.7} \times 100(\%) \fallingdotseq 15.33\%$

• 2011년 소나무 원목생산량의 비중: 23.1%

따라서 2011년의 비중이 2009년보다 크다.

합격자의 실전 풀이 순서

❶ 〈표〉, 〈그림〉을 보고 〈표〉는 연도별 원목생산량 수치를, 〈그림〉은 2011년의 원목생산량 구성비를 나타냄을 파악한다. 또한, 〈표〉에 기타가 주어져 있음을 확인하여 보기에서 '기타'를 제외하고 수종을 셀 때 이를 포함하지 않도록 유의한다.

❷ 눈으로 확인할 수 있는 보기 ⓒ 먼저 확인한다. 틀린 보기이므로 ①, ④번을 소거한다.

❸ 다음으로 〈표〉에 주어진 자료로 간단히 계산할 수 있는 보기 ⓒ을 확인한다.
틀린 보기이므로 ②, ⑤번을 소거하고 답은 ③번이다.

합격자의 시간단축 Tip

보기 ㉠ 소나무의 2006년 대비 2011년 원목생산량은 약 3배 증가하였고 3배를 기준으로 다른 수종들을 비교하면 3배를 초과하는 수종은 없으므로 옳은 보기이다. [기준을 잡고 이를 넘는 값이 있는지 확인해야 한다]

다만 다른 수종을 비교할 때, 잣나무 값이 주어져 있고 기준값인 2006년 값이 7.2에 불과함에 증가율이 클 가능성이 높다는 점을 이용하여 간단히 처리하는 방법을 살펴본다.

기본적으로 괄호는 〈그림〉을 통해 도출해야 하는데, 정석적 풀이는 구성비와 값이 주어진 나무를 통해 전체 값을 구한 후, 다시 전체 값에서 다시 잣나무가 차지하는 3.7%를 곱해 도출하는 것이다.

그러나 그럴 필요 없이 '주어진 구성비를 조합'하여 풀 수 있다. 3.7%와 유사하게 37%를 만들어 보면 참나무+낙엽송=21.9%+15.8%=약 37%이므로 참나무와 낙엽송을 더하고 0.1를 곱한 것이 잣나무 값이라 볼 수 있다. 이와 같은 방법을 통해 단순 덧셈만으로 값을 도출할 수 있다.

보기 ㉣ 2011년의 전체 원목생산량 중 소나무 원목생산량의 비중은 〈그림〉을 통해 확인하면 23.1%이다. 이를 약 25%로 볼 때, 2009년의 전체 원목생산량 중 소나무 원목생산량의 비중이 25%이려면,

소나무 원목생산량의 3배가 다른 수종의 원목생산량이어야 한다.
그러나, 2009년 소나무 원목생산량은 38.6이고 이를 초과하는 수종은 전나무, 낙엽송, 참나무, 기타가 있으므로 소나무 원목생산량의 비중은 20% 미만일 것이다.
따라서 옳은 보기이다.

013 정답 ④ 난이도 ●●○

1. 청년층 정부신뢰율은 스위스가 그리스의 10배 이상이다.
   → 수식 3)번을 활용하여 (전체국민 정부신뢰율−청년층의 상대적 정부신뢰지수=청년층의 정부신뢰율) 임을 알 수 있다. A ~ D까지 청년층의 정부신뢰율을 구하면
   - A: 14 − 6.4 = 7.6,
   - B: 35 − (−14.1) = 49.1,
   - C: 48 − (−9.1) = 57.1,
   - D: 82 − 2 = 80 이다.

   따라서 10배 이상 차이나는 A, D가 각각 그리스와 스위스임을 알 수 있다.
   → 〈선택지〉 ②, ③, ⑤번은 제외된다.
2. 영국과 미국에서는 청년층의 정부신뢰율이 전체국민 정부신뢰율보다 높다.
   → 청년층 정부신뢰율이 전체국민 정부신뢰율보다 높은 국가는 B와 C이다.
   따라서 영국과 미국이 될 수 있는 국가의 후보는 B와 C이다.
3. 청년층의 정부신뢰율은 미국이 스위스보다 30%p 이상 낮다.
   → 청년층 정부신뢰율은 미국이 스위스보다 30%p 이상 낮다는 조건을 만족하기 위해서는 B와 C중 B가 미국이 되어야 한다.
   따라서 B = 미국, C = 영국이 된다.

합격자의 실전 풀이 순서

❶ 각주 3)을 변형하면, 청년층 정부신뢰율 = 전체 국민 정부신뢰율 − 청년층의 상대적 정부신뢰지수임을 파악한다. 따라서 〈그림 1〉과 〈그림 2〉를 통해 청년층 정부신뢰율을 구할 수 있음을 인지한다.

❷ 2번째 〈조건〉을 통해 청년층의 상대적 정부신뢰지수가 음수(−)인 B와 C가 영국, 미국임을 알 수 있다. 이를 통해 ⑤번을 소거한다.

❸ 청년층 정부신뢰율을 각각 구한 후 3번째 〈조건〉을 만족하는 선지는 ④번뿐이므로 답은 ④번이다.

합격자의 시간단축 Tip

매칭형 문제는 '경우의 수' 문제에 해당한다.
따라서 A, B, C, D에 해당하는 국가를 각각 구하려 하기보다는, 출제자가 직접 선지를 통해 경우의 수를 5개로 추려준 만큼 이를 적극 이용하기 위해 선지의 구성을 대입하여 〈조건〉과 모순된다면 선지를 소거해 나가는 방식을 활용하는 것이 효율적이다.

014 정답 ② 난이도 ●●●

ㄱ. (O) 1949~2010년 동안 직전 조사년도에 비해 도시수가 증가한 조사년도에는 직전 조사년도에 비해 도시화율도 모두 증가한다.
→ 1949~2010년 동안 직전 조사연도에 비해 도시 수가 증가한 조사연도는, 1955년, 1960년, 1966년, 1970년, 1975년, 1985년, 2000년, 2005년, 2010년이다.
한편, 1949~2010년 동안 도시화율은 매년 증가했으므로 9개의 조사연도에는 직전 조사연도에 비해 도시화율도 모두 증가했다.

ㄴ. (×) 1949 ~ 2010년 동안 직전 조사년도 대비 도시인구 증가폭이 가장 큰 조사년도에는 직전 조사년도 대비 도시화율 증가폭도 가장 크다.
→ 1949 ~ 2010년 동안 직전 조사년도 대비 도시인구 증가폭이 가장 큰 해는 1960년이다.
그러나 1949 ~ 2010년 동안 직전 조사년도 대비 도시화율 증가폭이 가장 큰 해는 1975년이다.
따라서 옳지 않은 보기이다.

ㄷ. (O) 전체인구가 처음으로 4천만명을 초과한 조사년도는 1970년이다.
→ 1)번 각주인 도시화율을 구하는 공식을 변형하면 도시화율(%) × 전체인구 = 도시인구 × 100 이다.
1970년도까지는 도시화율이 50% 미만 도시인구 2천만명 미만이므로 천체인구가 4천만명이 안되어 왔음을 알 수 있다.
1970년도의 대략적인 천체인구를 구하면 49.8 × 전체인구 = 2,080 × 100, 전체인구 ≈ 4,176이다.
따라서 전체인구가 처음으로 4천만명을 초과한 조사년도는 1970년이다.

ㄹ. (×) 조사년도 1955년의 평균도시인구는 10만명 이상이다.
→ 조사연도 1955년의 평균도시인구가 10만 명이 되려면 도시인구가 65 × 100,000 = 6,500,000(명)이 되어야 하는데 도시인구는 이보다 작으므로

평균도시인구는 10만 명 미만이다.

합격자의 실전 풀이 순서

❶ 〈표〉와 각주를 읽고, 각주에서 〈표〉에 주어진 정보와 주어지지 않은 정보를 구별한다.
예를 들어, 각주 1)에서는 도시화율과 도시인구는 〈표〉에 주어져 있으므로 〈표〉에 주어지지 않은 전체인구를 구하기 위해서는 전체인구$=\frac{\text{도시인구}}{\text{도시화율}}$임을 파악한다.

❷ 간단하게 확인할 수 있는 보기 ㉣ 먼저 확인한다. 도시 수에 10만을 곱하면, 도시인구보다 크므로 틀린 보기이다.
따라서 ④, ⑤번을 소거한다.

❸ 다음으로 눈으로 확인할 수 있는 보기 ㉠을 확인한다. 옳은 보기이므로 ③번을 소거한다.

❹ 다음으로 보기 ㉢은 계산이 복잡하므로 보기 ㉡을 확인한다. 틀린 보기이므로 답은 ②번이다.

합격자의 시간단축 Tip

보기 ㉡ "A이고, B이다." 구조의 선지이므로 1단계로 A와 B를 확인하고, 2단계로 A와 B가 같은 조사연도인지 확인하는 것이 좋다. 이때 B를 먼저 확인하여 B를 정한 후 A가 B와 같은지를 확인하는 방식으로 시간을 추가적으로 줄일 수 있다.
문제의 경우, 직전 조사연도 대비 도시화율 증가 폭이 가장 큰 연도는 1975년이다. 그러나, 1975년보다 직전 조사연도 대비 도시인구 증가 폭이 큰 경우는 1980년 외에도 많으므로 틀린 선지이다.
이처럼 숫자 단위가 큰 A 부분을 먼저 찾지 않고 B부터 특정해야 문제를 빠르게 해결할 수 있다.

보기 ㉢ 기본적으로 근삿값으로 설정한 도시인구를 도시화율로 나눴을 때, 앞자리가 4를 넘어서는 값을 기준으로 생각하면 편하다. 다만 자릿수 실수가 나타날 수 있으므로 4를 넘어가는지 여부는 물론, 단위가 1000만 명인지를 반드시 확인해야 한다.

보기 ㉣ 자릿수 실수가 나타날 수 있는 경우, 이를 미리 처리해놓고 접근하는 것이 좋다. 예를 들어 보기 ㉣의 10만 명을 미리 도시인구를 나누어 〈표〉에 표시하면 '6,~~320,823~~'와 같이 표시할 수 있다. 결국 63을 65로 나눈 것으로 1이 넘지 않아, 10만 명 이상이 아님을 알 수 있다.

015 정답 ⑤ 난이도 ●●○

① (×) 업그레이드 후 1대당 성능지수는 업그레이드 전 1대당 성능지수에 비해 ~~20 이상 향상되었다.~~
➜ 지수 향상이 0이 15대, 14가 60대, 20이 5대, 21이 5대, 35가 15대 이므로, 총 100대의 지수 향상은 $=(0\times15+14\times60+20\times5+21\times5+35\times15=1{,}570)$이다.
그러므로 한 대당 오른 성능 지수는 $1{,}570\div100=15.7$이다. 따라서 선택지의 설명은 옳지 않다.

② (×) 업그레이드 전 성능지수가 65이었던 기계의 ~~15%가~~ 업그레이드 후 성능지수 100이 된다.
➜ 업그레이드 전 성능 지수가 65인 기계는 80대이다.
80대의 15%는 $80\times\frac{15}{100}=12$대이다.
성능 지수가 100이 되긴 위해서는 성능 지수 향상 폭이 35이므로, 12대가 아닌 15대이다.

③ (×) 업그레이드 전 성능지수가 79이었던 모든 기계가 업그레이드 후 성능지수 100이 ~~된 것은 아니다.~~
➜ 성능 지수가 79이었던 기계는 5대이고, 업그레이드 후 100이 되긴 위해서는 21만큼 향상이 되어야 한다. 〈그림〉에서 21이 오른 기계는 5대 이므로 모두 100이 되었다.

④ (×) 업그레이드 전 성능지수가 100이 아니었던 기계 중, 업그레이드를 통한 성능지수 ~~향상폭이 0인 기계가 있다.~~
➜ 업그레이드 전 성능 지수가 100인 기계는 15대인데, 업그레이드 후 향상 폭이 0인 기계는 15대 이므로, 모두 업그레이드 전 성능 지수가 100인 기계이다. 그러므로 나머지에 성능에서는 향상 폭이 0인 기계는 없다.

⑤ (○) 업그레이드를 통한 성능지수 향상폭이 35인 기계 대수는 업그레이드 전 성능지수가 100이었던 기계 대수와 같다.
➜ 성능 지수 향상 폭이 35인 기계는 15대이며, 업그레이드 전 성능 지수가 100인 기계 대수는 15대이므로 서로 같다.
위 내용을 표로 정리하면 아래와 같다.

업그레이드 전		업그레이드 후		향상 폭
65	80대	79	60대	14
		85	5대	20
		100	15대	35
79	5대	100	5대	21
100	15대	100	15대	0

합격자의 실전 풀이 순서

❶ 〈표〉의 단위와 〈그림〉 y축의 단위가 일치함을 확인하고, 〈표〉와 〈그림〉아래의 각주를 확인한다.

❷ 선지를 훑은 결과 선지들 간 난이도 차이가 크지 않다고 판단해 원래 푸는 순서(선지 ⑤→①)대로 접근한다.

❸ 선지 ⑤를 확인해보면 두 가지 모두 15대이므로 맞다는 것을 알 수 있다. 따라서 정답은 ⑤번이다.

합격자의 시간단축 Tip

선지 ① 근삿값으로 계산해도 충분하다. 1대당 성능지수가 20 이상 향상되기 위해서는 총 $20 \times 100 = 2{,}000$ 증가하면 된다. 〈그림〉으로 이를 확인할 때 '대당 성능지수 향상폭'인 14는 15, 21은 20, 35는 40으로 대체하여 계산하면,
$(15 \times 60) + (20 \times 5) + (20 \times 5) + (40 \times 15) = 900 + 200 + 600 = 1{,}700$이다.
충분히 크게 근삿값을 잡았음에도 2,000이 되지 않으므로 틀린 선지가 된다.

선지 ② 65에서 100으로 업그레이드되기 위해서는 35만큼 증가해야 하는데, 〈그림〉에서 볼 수 있듯이 35의 성능지수 향상폭을 보이는 기계는 총 15대이다. 성능지수가 65인 기계는 총 80대이므로 65에서 100으로 업그레이드된 기계는 15% 이상이다.

* 참고로 15%를 처리하는 방법은 다음과 같다.
모수가 100개일 때 15%가 15개이므로, 모수가 80대일 때 15대이면 당연히 15% 이상이라는 점을 쉽게 알 수 있다.

선지 ③ 해당 보기의 경우 〈그림〉에서 성능지수 향상폭에 대한 개념을 미리 숙지하고 문제를 풀었다면 보다 접근이 용이하다. 79에서 100이 되기 위해서는 21의 향상폭이 있어야 한다.
현재 〈그림〉에서 21의 향상폭이 나타나는 기계는 총 5대인데, 만일 21의 향상폭을 보일 수 있는 기계가 또 있다면 5대 모두가 79점이었다고 할 수 없을 것이다.
그러나 〈표〉의 각주에 따르면 성능지수가 65, 78, 85, 100으로 총 4가지만 존재하므로, 79와 100 이외에 다른 성능지수 간의 차이로부터 21이 나올 수 없다.
따라서 79점이었던 기계는 모두 100으로 업그레이드 되었다고 볼 수 있다.

선지 ④ 해당 선지 역시 ③과 마찬가지로, 만일 성능지수가 100이었던 기계 중 업그레이드 이후에 100이 아니게 된 경우가 있다면 성능지수 향상폭이 0인 기계 15대 중 업그레이드 전 성능지수가 100이 아닌 기계가 있을 것이다.
그러나 성능지수 향상폭의 최소값은 0이며, 성능지수가 100이었던 기계는 15대이므로 향상폭이 0인 기계 15대는 모두 성능지수 100이었던 기계일 수밖에 없다.

016 정답 ③ 　　난이도 ●●○

① (×) 전체 할인율은 15% ~~미만~~이다.

→ 〈각주 2〉에 따르면 전체 할인율은 $\frac{\text{전체 할인금액}}{\text{전체 주문금액}}$이고, 전체 주문금액은150,600, 할인금액은 22,810이므로

식에 대입하면 $\frac{22{,}810\text{원}}{150{,}600\text{원}} \times 100 \approx 15.1(\%)$이다.

15.1% > 15% 이므로 틀린 보기이다.

② (×) 할인율이 ~~가장 높은 상품은 '보온병'이다~~

→ 〈각주 2〉에 따라 할인율을 구해보면,

1) 요가용품세트 할인율: $\frac{4{,}540 + 4{,}860}{45{,}400} \times 100 \approx 20.7(\%)$

2) 가을 스웨터 할인율: $\frac{600 + 7{,}970}{57{,}200} \times 100 \approx 15.0(\%)$

3) 샴푸 할인율: $\frac{0 + 3{,}000}{38{,}800} \times 100 \approx 7.7\ (\%)$

4) 보온병 할인율: $\frac{1{,}840 + 0}{9{,}200} \times 100 = 20.0(\%)$ 이다.

보온병의 할인율은 20% 보다 요가용품세트 할인율인 20.7%가 더 높으므로 거짓이다.

③ (O) 주문금액 대비 신용카드 결제금액 비율이 가장 낮은 상품은 '요가용품세트'이다.

→ 주문금액 대비 신용카드 결제금액의 비율은 $\frac{\text{신용카드 결제 금액}}{\text{주문금액}}$으로 계산할 수 있다.

1) 요가용품세트: $\frac{32{,}700}{45{,}400} \approx 0.72$

2) 가을 스웨터: $\frac{48{,}370}{57{,}200} \approx 0.85$

3) 샴푸: $\frac{34{,}300}{38{,}800} \approx 0.88$

4) 보온병: $\frac{7{,}290}{9{,}200} \approx 0.79$

따라서 요가용품세트의 주문금액 대비 결제금액 비율이 약 0.72로 가장 낮다.

④ (×) 10월 전체 주문금액의 3%가 11월 포인트로 적립된다면, 10월 구매로 적립된 11월 포인트는 10월 동안 사용한 포인트보다 ~~크다.~~

➜ 10월에 사용한 포인트를 모두 더하면 3,300+260+1,500+70=5,130포인트이다.
10월 전체주문금액 150,600원의 3%를 계산하면 $150,600 \times \frac{3}{100}$ 이므로 4,518원이다.
5,130 > 4,518 이므로, 10월 구매로 적립된 11월 포인트는 10월 동안 사용한 포인트보다 적다.

⑤ (×) 결제금액 중 포인트로 결제한 금액이 차지하는 비율이 ~~두 번째로 낮은~~ 상품은 '가을스웨터'이다.

➜ 결제금액 중 포인트로 결제한 금액의 비율은 $\frac{\text{포인트 결제 금액}}{\text{결제금액}}$ 으로 계산할 수 있다.

1) 요가용품세트: $\frac{3,300}{36,000} \approx 0.0917$

2) 가을 스웨터: $\frac{260}{48,630} \approx 0.0053$

3) 샴푸: $\frac{1,500}{35,800} \approx 0.0419$

4) 보온병: $\frac{70}{7,360} \approx 0.0095$

결과값에 따라, 결제금액 중 포인트로 결제한 금액이 차지하는 비율이 가장 낮은 상품이 '가을스웨터'이고, 두 번째로 낮은 상품은 '보온병'이다.

합격자의 실전 풀이 순서

❶ 〈표〉 하단의 '전체' 자료 위에 가로로 구분선을 그어 표시하고, 각주를 확인한다.

❷ '전체' 자료만 활용하면 되는 선지 ①을 먼저 해결하고, 마찬가지로 '전체' 주문금액 자료를 활용할 수 있는 선지 ④를 해결한다. 상품별 할인율을 비교해야 하는 선지 ②, 상품들의 주문금액 대비 신용카드 결제금액 비율을 비교하는 선지 ③, 결제금액 중 포인트로 결제한 금액의 비율을 비교하는 선지 ⑤의 난이도는 비슷하다고 판단되므로, 원래 푸는 순서(선지 ⑤→②)대로 접근한다. 단, 선지 ③보다는 선지 ②의 계산이 편하므로(신용카드 결제금액보다는 할인금액의 숫자가 더 작다)
선지를 ①→④→⑤→② 순서로 해결한다.

합격자의 시간단축 Tip

선지 ① 15×15=225임을 이용하기 좋은 숫자 구조이다.
즉 150,600×15%=약 22,500 < 22,810임을 쉽게 알 수 있다. 따라서 15%를 초과한다.

선지 ② 각 값을 구하기 보다는, 보기에서 준 값을 기준으로 다른 값에 대입하여 모순이 생기는지 보는 것이 좋다.
할인율이 보온병은 $\frac{1,840}{9,200} \times 100 = 20\%$이다.
요가용품세트의 할인금액은 4,540(주문금액의 10%)+4,860(주문금액의 10%보다 큰 값)이므로, 요가용품세트의 할인율이 더 높다.

선지 ③ 반대 해석으로 여집합인 (1−비중)과 '차잇값'을 이용하면 빠르게 처리할 수 있다.
반대 해석 시 "(1−주문금액 대비 신용카드 결제금액)이 가장 높은 상품은 요가용품" 인지 확인하는 것이 된다.
앞 두 자리를 근삿값으로 가정 시, 차잇값은 '요가용품세트'는 45−32=13, '가을 스웨터'는 57−48=9, '샴푸'는 38−34=4, '보온병'은 92−72=20이다.
이후, 질문한 '요가용품세트'를 기준으로 차잇값이 더 작은 가을 스웨터와 샴푸는 제외하고 보온병하고만 비교하면 된다.
이때 '분모'인 주문금액은 보온병이 요가용품의 2배 이상이지만, '차잇값'은 2배가 채 되지 않으므로 (1−비중)이 가장 높아 옳은 선지이다.

선지 ④ 11월 포인트는 전체 주문금액의 1%(=1,506)×3인 4,518 적립된다. 10월 동안 사용한 포인트 중 숫자가 큰 요가용품세트(3,300포인트)와 샴푸(1,500포인트)만 더해도 4,800포인트이므로, 적립된 11월 포인트는 10월 사용 포인트보다 작다.

선지 ⑤ 결제금액 중 포인트로 결제한 금액이 차지하는 비율을 구하기 이전에 대략적인 포인트 결제금액을 확인해보면 가을 스웨터와 보온병이 현저히 적은 것을 알 수 있다. 따라서 둘 중 보다 작은 것의 포인트 결제 금액 비율이 가장 낮을 것이고, 보다 큰 것의 비율이 두 번째 낮을 것임을 알 수 있다.
이때 '보온병'의 경우 70은 7,360의 1%(끝 두 자리를 버림하면 된다)가 살짝 안되는 값이다. 따라서 1%를 기준으로 '가을 스웨터'를 보면, 1%는 486으로 260보다 한참 크다.
따라서 '가을 스웨터'가 가장 낮은 상품임을 쉽게 알 수 있다.

017 정답 ❸ 난이도 ●○○

① (×) 중량 대비 열량의 비율이 가장 낮은 메인 메뉴는 ~~새우버거이다.~~

➜ 메인 메뉴의 중량 대비 열량의 비율은 $\frac{\text{해당 메인 메뉴 열량}}{\text{해당 메인 메뉴 중량}}$ 이다.

〈표 1〉에 따라 이 값을 각각 구하면,
치즈버거: 297kcal÷114g≈2.6
햄버거: 248kcal÷100g≈2.5
새우버거: 395kcal÷197g≈2
치킨버거: 374kcal÷163g≈2.3
불고기버거: 399kcal÷155g≈2.6
칠리버거: 443kcal÷228g≈1.9
베이컨버거: 513kcal÷213g≈2.4
스페셜버거: 505kcal÷213g≈2.4이다.
따라서 중량 대비 열량의 비율이 가장 낮은 메인 메뉴는 칠리버거이다.

② (×) 모든 메인 메뉴는 나트륨 함량이 당 함량의 ~~50배 이상이다.~~
→ 〈표 1〉에서 당 함량은 단위가 (g)으로 제시되어 있고, 나트륨 함량은 (mg)으로 제시되어 있기 때문에 (당 함량)×1,000의 값을 나트륨 함량과 비교해야 한다.
치즈버거의 경우 7g×1,000=7,000mg이다.
다른 메인 메뉴들도 단위를 환산해서 비교해 보면 모두 당 함량이 나트륨 함량보다 많다. 따라서 틀린 보기이다.

③ (○) 서로 다른 두 메인 메뉴를 한 단위씩 주문한다면, 총 단백질 함량은 항상 총 포화지방 함량의 두 배 이상이다.
→ 각 메인 메뉴의 단백질 함량과 포화지방 함량을 살펴보면 항상 단백질 함량이 포화지방 함량의 두 배인 것을 알 수 있다. 따라서 서로 다른 두 메인 메뉴의 총 단백질 함량은 언제나 총 포화지방 함량의 두 배 이상이다.

④ (×) 메인 메뉴 각각의 단위당 중량은 모든 스낵 메뉴의 단위당 중량 합보다 ~~작다.~~
→ 〈표 2〉에 제시된 스낵 메뉴의 단위당 중량 합은 114(g)+68(g)+47(g)=229(g)이다.
〈표 1〉의 메인 메뉴인 베이컨버거의 단위당 중량은 242(g)로 229(g)보다 크다.
따라서 모든 스낵 메뉴의 단위당 중량 합보다 큰 메인 메뉴가 있다.

⑤ (×) 메인 메뉴, 스낵 메뉴 및 음료 메뉴 각각 한 단위씩 주문하여 ~~총 열량이~~ 500kcal 이하가 되도록 할 때 주문할 수 있는 음료 메뉴는 커피뿐이다.
→ 메인 메뉴 중 단위당 열량이 가장 낮은 햄버거(248kcal)와 스낵 메뉴 중 단위당 열량이 가장 낮은 조각치킨(165kcal)을 주문할 경우 두 메뉴의 총 열량은 413kcal이다. 총 열량이 500kcal 이하가 되도록 주문하려 할 때 총 열량인 500kcal에서 413(kcal)를 뺀 87(kcal)이하의 음료 메뉴를 주문할 수 있으므로 10kcal인 커피 또는 84kcal인 오렌지주스를 주문할 수 있다.

합격자의 실전 풀이 순서

❶ 〈표 1〉, 〈표 2〉, 〈표 3〉의 차이(메인, 스낵, 음료)에 표시하고 선지로 내려간다. 특히 나트륨의 성분함량만 나머지와 달리 세 자리인데, 이를 눈여겨보아 나트륨의 단위가 다른 성분함량의 단위와 다르다는 것을 인지한다.
❷ 메인, 스낵, 음료 메뉴를 모두 고려해야 하는 선지 ⑤는 가장 마지막으로 미루고, 중량 대비 열량의 비율을 계산해야 하는 선지 ①도 뒷순위로 미룬다. 스낵 메뉴의 단위당 중량의 합을 계산해야 하는 선지 ④도 뒷순위로 미루고, 선지 ②, ③을 먼저 해결한다.
❸ 나트륨의 단위만 mg인 것을 확인했다면 선지 ②를 쉽게 소거할 수 있다. ③을 확인해보면 옳다. 답을 체크하고 넘어간다.

합격자의 시간단축 Tip

선지 ① 실제로 가장 낮은 메뉴가 무엇인지 도출하지 않고, 더 낮은 메뉴가 있는지 확인하는 방식으로 처리한다. 이때 새우버거의 중량 대비 열량의 비율은 $\frac{395}{197}\approx\frac{400}{200}=2$이다.
따라서 2를 기준값으로 보고 다른 값에 대입하여 2배보다 낮은 메뉴가 있는지 보면 된다. 다른 메인 메뉴의 경우 중량 대비 열량이 2보다 현저히 크지만, 칠리버거는 $\frac{443}{228}$으로, $2\left(=\frac{456}{228}\right)$보다 작다.

선지 ② 단위를 잘 체크하였는지 확인하는 문제이다. (g, mg)을 보지 못하고 풀면 옳은 선지로 보게된다. 이때 1g=1,000mg이므로 〈표 1〉의 당은 모두 1,000mg 대부터 10,000mg 대의 값이 되므로 굳이 50배를 하지 않더라도 당 > 나트륨이 된다. 따라서 틀린 선지이다.

선지 ③ 모든 메인 메뉴의 단백질 함량은 포화지방 함량의 2배 이상이다. 따라서 어떤 메인 메뉴 2가지를 주문하는 조합이든 상관없이 총 단백질 함량은 항상 총 포화지방 함량의 2배 이상이다.
이와 같이 선지에서 두 가지 이상의 합이 다른 두 가지 이상의 합의 몇 배 이상인지 물을 경우, 우선 각각을 개별적으로 비교했을 시의 차이가 몇 배 이상인지부터 확인하는 것이 좋다.
쉽게 생각하면 다음과 같다. 흐름을 볼 때 '당 < 단백질'이므로 2가지 메뉴를 합칠 때, 포화지방이 작은 메뉴는

당보다 크고, 큰 메뉴는 단백질보다 커야 반례가 될 수 있다.
그러나 포화지방이 가장 커도 13에 불과하여 햄버거를 제외하면 더 크거나 같을 수 없고, 당 역시 이를 넘기 힘들다. 따라서 반례가 없음을 쉽게 알 수 있다.

선지 ④ 모든 스낵 메뉴의 단위당 중량 합은 (114+68+47)=229이다.
메인 메뉴 중 스페셜버거부터 치즈버거 순서로 단위당 중량이 229보다 큰 것이 있는지 확인한다.

선지 ⑤ 반례를 찾기 위해 가장 낮은 칼로리 값들을 더하면 된다. 메인 메뉴 중 단위당 열량이 가장 낮은 것은 햄버거(248kcal)이다. 스낵 메뉴 중 단위당 열량이 가장 낮은 것은 조각치킨(165kcal)이다. 양자의 열량 합은 413kcal이다. 따라서 음료 메뉴 중 커피가 아닌 오렌지주스를 주문하더라도 총 열량이 500kcal 이하이다.

018 정답 ④ 난이도 ●●○

① (O) 18세기 조선의 1푼의 가치는 현재 원화가치로 환산할 경우 400원과 같다.
➜ 〈표 2〉를 보면 쌀 1섬은 5냥이다.
1냥=10전이므로 1전=0.1냥으로 면포 1필은 2.5냥이다.
즉 면포 1필은 쌀 0.5섬 값과 같다.
'보병'의 연봉이 쌀 3섬+면포 9필일 때, 면포 9필은 쌀 4.5섬과 같으므로 연봉은 쌀 7.5섬이고 조선의 화폐로 계산했을 때 7.5(섬)×5(냥)=37.5냥이 된다. '보병'의 연봉을 현재 원화가치로 환산한 값이 1,500,000원이므로 조선의 1냥의 가치는
$\frac{1,500,000(원)}{37.5(냥)}$ = 40,000원과 같다.
1냥=100푼이므로 조선의 1푼의 가치는 400원이다.

② (O) '기병' 연봉은 '종9품' 연봉보다 많고 '정5품' 연봉보다 적다.
➜ '기병' 연봉=쌀 7섬+콩 2섬+면포 9필=쌀 11.5섬+콩 2섬
'종9품' 연봉=쌀 7섬+콩 1섬
'기병' 연봉이 '종9품' 연봉보다 쌀 4.5섬+콩 1섬보다 많은 것을 알 수 있다.
또한 '정5품' 연봉=쌀 17섬+콩 1섬으로 '정5품'이 '기병'보다 쌀 5.5섬을 더 많이 받고 콩 1섬을 적게 받는다.
콩 1섬은 7냥 1전 2푼으로 7.12냥이다.
쌀 5.5섬은 5.5×5(냥)=27.50냥으로 '기병' 연봉이 '정5품' 연봉보다 약 20냥 적게 받는다.
따라서 '기병' 연봉은 '종9품' 연봉보다 많고 '정5품' 연봉보다 적다.

③ (O) '정1품' 관료의 12년치 연봉은 100칸의 기와집 가격보다 적다.
➜ 기와집 1칸은 21냥 6전 5푼 즉 21.65냥이므로 기와집 100칸의 가격은 2,165냥이다.
'정1품' 관료의 1년치 연봉은 쌀 25섬, 콩 3섬으로 (25×5냥)+(3×7.12냥)≈25×5(냥)+3×7(냥)=146냥, 12년치 연봉은 146(냥)×12(년)=1,752냥이므로 100칸 기와집 가격(2,165 > 1,752)보다 적다.

④ (×) '상궁' 연봉은 '보병' 연봉의 ~~2배 이상이다.~~
➜ '보병'의 연봉은 쌀 3섬과 면포 9필로 (3섬×5냥)+(9필 ×2.5냥)=37.5냥이다.
'상궁' 연봉은 쌀 11섬과 콩 1섬으로 (11섬×5냥+7.12냥)=62.12냥이다.
'보병' 연봉의 2배는 75냥이므로 '상궁' 연봉은 '보병' 연봉의 2배인 75냥 미만이다.

⑤ (O) '나인'의 1년치 연봉으로 살 수 있는 소고기는 40근 이상이다.
➜ 〈표 1〉에서 '나인'의 1년치 연봉은 쌀 5섬과 콩 1섬으로 (5섬×5냥+7.12냥)=32.12냥.
소고기 1근은 7전으로 0.7냥이므로 소고기 40근은 (40근×0.7냥)=28냥이다.
'나인'의 1년치 연봉은 소고기 40근보다 많으므로 본 지문은 옳다.

합격자의 실전 풀이 순서

❶ 〈표 1〉, 〈표 2〉의 제목을 확인하고, 〈표 2〉 아래의 각주를 확인한다. 냥, 전, 푼의 단위 계산이 어려운 경우, 냥은 일의 자리, 전은 소수점 첫째 자리, 푼은 소수점 둘째 자리라고 생각하면 보다 편리하다.

❷ 선지 ①의 경우, 1푼의 가치가 400원이라면, 〈표 1〉에 주어진 현재 원화가치가 도출되는지 확인하는 선지로 가장 먼저 해결한다. 하나의 직업에 대해 묻는 선지 ③, ⑤를 먼저 해결한 후, 두 직업의 연봉을 비교하는 선지 ②, ④를 해결한다.

합격자의 시간단축 Tip

선지 ① 특이한 단위(ex 푼, 전, 냥)가 출제되는 경우 통상 이 문제처럼 ①번 선지에서 해당 단위 값을 질문하는게 일반적이나, 가끔 이를 직접적으로 묻지 않는 경우도 있다. 묻지 않은 경우에도 단위는 문제 풀이의 핵심

인 부분인 만큼 가장 먼저 단위부터 확정하는 문제 풀이 전략을 가지고 있는 것이 좋다. 이러한 유형은 어떤 값을 기준으로 하더라도 같은 결과가 나오므로, 기왕이면 계산이 가장 쉬울 값을 찾아서 계산하는 것이 좋다. 〈표 1〉에서 계산하기 쉬운 보병을 기준으로 살펴보면 쌀 3섬과 면포 9필의 합은 총 37.5냥이다. 이때 이 값으로 현재 원화가치를 나눠서 구하는 것은 계산이 많이 필요하므로, 보기에서 준 '400원'을 옳은 것으로 보고 모순이 있는지 보는 것이 좋다. 즉 1푼이 400원이라면 1냥은 40,000원이므로 37.5×40,000=1,500,000원인지를 확인한다.

선지 ② 기병의 연봉은 쌀 7섬, 콩 2섬, 면포 9필으로,

① 종9품의 연봉(쌀 7점, 콩 1섬)과 비교할 때, 쌀은 동일한 양을, 콩은 더 많은 양을 받으므로 굳이 면포를 고려하지 않더라도 연봉이 더 많다.

② 정5품의 연봉은 쌀 17섬, 콩 1섬으로, 정5품이 기병보다 쌀은 10섬 많이 받고, 콩은 1섬 적게 받으며 면포는 9필 적게 받는다. 따라서 쌀 10섬 vs 콩 1섬+면포 9필이 된다.
쌀 10섬의 가격은 50냥인 반면, 콩 1섬의 가격은 7냥 1전 2푼(= 7.12냥)이고 면포 9필은 2.5냥×9=약 2.5냥×10 = 25냥이므로 7.12+25=약 32냥으로 50냥보다 작기에 옳은 선지이다.

선지 ③ 기와집 100칸의 가격은 2,100냥 600전 500푼이다. 정1품 관료의 연봉은 쌀 25섬, 콩 3섬이다. 이를 화폐 가치화하면 5냥×25+(7냥 1전 2푼)×3=125냥+21냥 3전 6푼이다. 정1품 관료의 12년치 연봉은 146냥 3천 6푼×12
= 146.36냥×12 < 2,000냥이므로 기와집 100칸의 가격보다 냥, 전, 푼 모든 단위의 수가 작다.

선지 ④ 상궁 연봉과 보병 연봉의 두 배를 비교한다. 보병 연봉을 두 배 하면 쌀 6섬과 면포 18필인데, 그 중 쌀 6섬을 각각 상궁과 보병에서 제하며 상궁은 총 쌀 5섬과 콩 1섬이, 보병은 면포 18필이 남는다. 이를 기준으로 하여 쌀 5섬+콩 1섬 vs 면포 18필을 비교해보면 상궁=5×5+1×7.12이고 보병=18×2.5(냥 기준)이므로 후자가 더 크다는 것을 알 수 있다.
따라서 상궁 연봉은 보병 연봉의 2배 미만이다.

선지 ⑤ 나인의 연봉은 쌀 5섬, 콩 1섬이고, 소고기의 가격은 1근에 7전이다. 나인의 연봉 중 쌀5섬을 화폐가치화하면 25냥, 즉 250전이다. 따라서 소고기를 30근 이상 살 수 있다. 콩 1섬의 가격은 7냥 1전 2푼으로, 이 중 7냥은 70전이다. 따라서 콩 1섬으로 소고기를 10근 이상 살 수 있다.
반대로 소고기 값을 가격으로 환산해서 풀 수도 있다. 소고기 40근의 가격은 40×0.7냥=28냥이다. 나인의 연봉 중 쌀 5섬은 5×5=25냥이며, 콩 1섬은 7.12냥이므로 그 합이 28보다 크다.

019 정답 ③ 난이도 ●●○

조건 4가지를 순서대로 〈조건 1 ~ 4〉라 가정하면,

〈조건 2〉 장애인 고용률은 서부청이 가장 낮다.
→ 장애인 고용률은 〈표〉 기관별 장애인 고용 현황에서 가장 우측의 장애인 고용률을 확인하면 알 수 있다.
A=1.06%, B=1.35%, C=1.60%, D=1.67%이므로 가장 작은 것부터 나열하면 A < B < C < D이다.
따라서 장애인 고용률이 가장 낮은 A기관이 서부청이다.
→ 그러므로 〈선택지〉 ①, ②는 정답이 아니다.

〈조건 1〉 동부청의 장애인 고용의무인원은 서부청보다 많고, 남부청보다 적다.
→ 동부청, 서부청, 남부청을 장애인 고용의무인원이 큰 순서대로 나열하면 남부청 > 동부청 > 서부청이다.
→ 〈표〉의 A, B, C, D 기관을 장애인 고용의무인원이 큰 순서대로 나열하면, C > B > D > A이다.
→ 〈조건 1〉에 의해 남부청의 장애인 고용의무인원 순위는 1순위(C기관) or 2순위(B기관)이다.
따라서 남부청은 D 기관이 될 수 없으므로 〈선택지〉 ④는 정답이 아니고, 선택지 ③, ⑤ 중에 정답이 있다.
→ 〈조건 1〉에 의해 동부청은 장애인 고용의무인원이 가장 많은 기관이 아니다. 따라서 동부청은 장애인 고용의무인원이 가장 많은 C 기관이 될 수 없다.
→ 따라서 정답은 ③번 이다. (조건 3, 4는 필요없음)

〈조건 3〉 장애인 고용의무인원은 북부청이 남부청보다 적다.
→ 〈표〉의 A, B, C, D 기관을 장애인 고용의무인원이 큰 순서대로 나열하면, C > B > D > A이다.
〈조건 3〉에 의해, 장애인 고용의무인원 수는 남부청 > 북부청 이므로, 남부청은 A기관이 될 수 없고, 북부청은 C 기관이 될 수 없다.

〈조건 4〉 동부청은 남동청보다 장애인 고용인원은 많으나, 장애인 고용률은 낮다.
→ 남동청은 58명의 장애인 고용인원을 보유하고 있고 장애인 고용률은 1.45임을 알 수 있다.
〈조건 4〉에 의해 동부청의 장애인 고용인원은 남동청의 장애인 고용인원 58명보다 많으므로, A 기관은 동부청이 될 수 없다. 또한 동부청의 장애인 고용률은 남동청의 장애인 고용률인 1.45보다 낮으므로, C, D 기관은 동부청이 아니다.

따라서 B기관이 동부청임을 알 수 있다.

합격자의 실전 풀이 순서

❶ 〈표〉의 구조를 파악한다(예: 전체 고용인원에 장애인 고용인원이 포함된다.). 그리고 〈표〉 아래의 각주를 확인한다.

❷ 〈조건〉중에는 주어진 '남동청'의 정보를 활용하는 〈조건 4〉를 가장 먼저 활용한다.

❸ B가 '동부청'이므로 선지 ③, ④만 남는다. 따라서 '북부청'과 '남부청'의 관계에 관한 〈조건 3〉을 해결한다. C와 D를 비교해보면 장애인 고용의무인원이 더 많은 것은 C이므로 답은 ③이다.

합격자의 시간단축 Tip

'매칭형'의 경우 통상 두 가지 방향성을 가지고 접근하면 빠르게 해결할 수 있다.

① 첫 번째는 '확정 정보를 주는 조건 먼저 확인하기'이다. 예를 들어 〈조건 2〉와 같이 "가장 낮다" 등의 언급이 있는 조건이 확정 정보를 준다. 확정 정보를 찾으면 선지를 많이 줄일 수 있으므로 먼저 확인하는 것이 좋다.

② 두 번째는 '선지의 경우의 수를 이용하기'이다. 선지의 경우의 수를 잘 이용하면 '확정 정보가 아닌 조건'을 '확정 정보 조건'으로 바꿀 수 있다.
예를 들어 선지 구성상 A는 동부청이나 서부청일 수밖에 없고, D는 남부청이나 북부청일 수밖에 없다. 따라서 첫 번째 〈조건〉을 이용해 A가 동부청인지 서부청인지 처리하거나, 세 번째 〈조건〉을 이용해 D가 남부청인지 북부청인지 처리하는 형태로 처리할 수 있다.

* 수험생의 입장에서 본인이 초심자라면 활용하기 쉬운 첫 번째 방법을 먼저 연습하는 것이 좋다.
두 번째 방법의 경우 숙련도에 따라 얼마나 잘 활용하는지, 얼마나 빠르게 해결할 수 있는지가 천차만별이기 때문이다. 따라서 첫 번째 방법을 익힌 후에 두 번째 방법을 충분히 연습하는 것이 좋다.

020 정답 ⑤ 난이도 ●●●

ㄱ. (×) 환율조작국으로 지정되는 국가는 없다.
→ 〈각주〉에 의하면 〈표 1〉의 A, B, C 조건을 모두 충족하게 되면 환율조작국으로 지정된다.
A 조건은 표의 단위가 10억 달러이므로 20초과인 국가를, B, C조건은 각각 숫자 그대로 3%, 2% 초과인 국가를 찾으면 된다. 따라서 환율조작국에는 '다' 국가가 해당하기 때문에 ㉠ 조건은 틀리다.

ㄴ. (○) '나'국은 A요건과 B요건을 충족한다.
→ A요건은 대미무역수지 200억 달러 초과이고, B요건은 GDP 대비 경상수지 비중 3% 초과이다.
〈표 2〉에서 '나'국의 대미무역수지는 74.2(10억 달러)이고 단위가 10억 달러이다.
즉 74.2×10억=742억이므로 A요건을 충족한다.
'나'국의 GDP 대비 경상수지 비중은 8.5%이므로 B요건도 충족한다.
따라서 '나'국은 A요건과 B요건을 충족한다.

ㄷ. (○) 관찰대상국으로 지정되는 국가는 모두 4개이다.
→ 관찰대상국은 A ~ C요건 중 두 가지만을 충족하면 지정된다. 따라서 A와 B요건을 충족하는 '가', '나', '마' 국가와 B와 C요건을 충족하는 '차'국가까지 총 4개 국가가 된다.
따라서 ㉢ 조건은 맞다.

ㄹ. (○) A요건의 판단기준을 '대미무역수지 200억 달러 초과'에서 '대미무역수지 150억 달러 초과'로 변경하여도 관찰대상국 및 환율조작국으로 지정되는 국가들은 동일하다.'
→ A요건의 판단기준이 '대미무역수지 200억 달러 초과'에서 '대미무역수지 150억 달러 초과'로 변경되었을 때, 추가적으로 A요건을 만족하게 되는 국가는 '아'국뿐이다.
따라서 '아'국만 관찰대상국 또는 환율조작국으로 지정되는지 확인하면 된다.
'아'국은 GDP 대비 경상수지 비중은 −0.2%, GDP 대비 외화자산 순매수액 비중이 0.2%로 A요건만 만족하므로 '아'국은 관찰대상국 및 환율조작국으로 지정되지 않는다.
그러므로 A요건을 변경하여도 관찰대상국 및 환율조작국으로 지정되는 국가들은 동일하다.

합격자의 실전 풀이 순서

❶ 〈표 1〉아래의 각주를 통해 '환율조작국'과 '관찰대상국'으로 지정되는 요건의 차이를 확인하고, 〈표 2〉의 단위를 확인한다(특히 '10억 달러' 단위를 조심해야 함을 인지한다.).

❷ 세 가지 요건의 충족 여부를 모두 확인해야 하는 보기 ㉠, ㉢과 달리, '나'국의 A, B요건만 확인하면 되는 보기 ㉡을 먼저 해결한다. 보기 ㉣은 기존의 요건 충족 여부에 더해 요건 변화시의 상황까지 고려해야 하므로 가장 후순위로 미룬다.

❸ 보기 ㉡이 옳기 때문에 선지 ①, ③, ⑤번이 남는다. 따라서 가～카 국의 A～C 요건 충족 여부를 확인한다. '대미무역수지'는 요건 A, 'GDP 대비 경상수지 비중'은 요건 B, 'GDP 대비 외화자산 순매수액 비중'은 요건 C에 관한 것으로, 각국의 각 자료에 요건을 충족하는 경우 ○ 등으로 표시한다.

❹ 보기 ㉠에서 '다' 국가가 모든 요건을 충족하므로 틀린 보기이다. 따라서 선지 ③, ⑤번이 남게 되며 ㉣은 별도로 확인할 필요가 없다. 따라서 ㉢을 확인해 보면 두 가지 요건을 충족하는 국가는 가, 나, 마, 차로 총 네 개이므로 보기 ㉢은 옳은 선지이며 답은 ⑤번이다.

합격자의 시간단축 Tip

Tip ❶ 해당 유형은 각 요건을 지속적으로 확인해야 하는 유형으로, 통상 미세먼지 특보, 호우주의보, 가뭄주의보와 같은 '기상 문제'나 유치원, 초, 중, 고등학교의 '설비 기준' 등으로 자주 출제 된다.
이러한 유형은 주어진 〈표〉의 특성을 최대한 이용하여 푸는 것이 좋다.
예를 들어 A요건의 경우 '대미무역수지'가 〈표 2〉에서 '내림차순'으로 구성된 만큼, 200억 달러를 초과하는 부분에 굵은 선을 그어두면 나중에 활용할 때 시간 낭비 없이 찾을 수 있다.

Tip ❷ 의외로 이 유형은 먼저 각 요건을 충족하는 경우를 미리 찾아두는 것도 나쁘지 않은 풀이 방법이다. 생각보다 지속적으로 각 요건을 적용해야 하여, 차라리 한 번에 도출하는 것이 더 빠른 경우가 많기 때문이다. 따라서 B, C요건의 경우 경상수지 3%, GDP 대비 외화자산 순매수액 2%를 초과하는 값들에 ○ 표시해둔다면 이후 빠르게 활용할 수 있다.

보기 ㉣ 보기 ㉠, ㉢을 해결하는 과정에서 A～C 요건을 충족하는 국가들이 〈표 2〉에 표시돼 있다. 따라서 변경된 A 요건의 충족 여부만을 〈표 2〉에 △ 등으로 표시한다.

021 정답 ⑤ 난이도 ●●○

ㄱ. (×) 경상지역 요양기관 중 1등급 요양기관의 비중은 서울지역 요양기관 중 1등급 요양기관의 비중보다 ~~작다~~.
➜ 경상지역 요양기관과 서울지역 요양기관의 1등급 비중은
$\frac{\text{○○ 지역 1등급 요양기관 수}}{\text{○○ 지역 전체 요양기관 수}}$이다.
위 식을 활용하여 값을 구하면,
• 경상지역: $\frac{16}{16+1} \rightarrow \frac{16}{17} \times 100(\%) \fallingdotseq 94.11\%$
• 서울지역: $\frac{22}{22+2+1+4} \rightarrow \frac{22}{29} \times 100(\%)$
$\fallingdotseq 75.86\%$
이므로 경상지역의 비중이 더 높다.

ㄴ. (○) 5등급 요양기관 중 서울지역 요양기관의 비중은 2등급 요양기관 중 강원지역 요양기관의 비중보다 크다.
➜ 서울지역 요양기관의 5등급 비중과 강원지역 요양기관의 2등급 비중은 $\frac{\text{○○ 지역 n등급 요양기관 수}}{\text{전체 n등급 요양기관 수의 합}}$
이다.
위 식을 활용하여 값을 구하면,
• 5등급 요양기관 중 서울지역 요양기관의 비중:
$\frac{4}{4+1+2+1} \rightarrow \frac{4}{8} \times 100(\%) \fallingdotseq 50\%$
• 2등급 요양기관 중 강원지역 요양기관의 비중:
$\frac{2}{2+2+2+2+2} \rightarrow \frac{2}{10} \times 100(\%) \fallingdotseq 20\%$이므로
5등급 요양기관 중 서울지역 요양기관의 비중은 2등급 요양기관 중 강원지역 요양기관의 비중보다 크다

ㄷ. (○) 1등급 '상급종합병원' 요양기관 수는 5등급을 제외한 '종합병원' 요양기관 수의 합보다 적다.
➜ 1등급 '상급종합병원' 요양기관 수는 37개소, 5등급을 제외한 '종합병원' 요양기관 수는 30+5+1+2=38개소이므로, 1등급 '상급종합병원' 요양기관 수는 5등급을 제외한 '종합병원' 요양기관 수의 합보다 작다.

ㄹ. (○) '상급종합병원' 요양기관 중 1등급 요양기관의 비중은 1등급 요양기관 중 '종합병원' 요양기관의 비중보다 크다.
➜ '상급종합병원' 요양기관 중 1등급 요양기관의 비중은
$\frac{\text{n등급 요양기관의 수}}{\text{상급 종합병원 or 종합병원 요양기관 수의 전체 합}}$
이다.
• '상급종합병원' 요양기관 중 1등급 요양기관의 비중:
$\frac{37}{37+5} \rightarrow \frac{37}{42} \times 100(\%) \fallingdotseq 88.09\%$
• 1등급 요양기관 중 '종합병원' 요양기관의 비중:
$\frac{30}{37+30} \rightarrow \frac{30}{67} \times 100(\%) \fallingdotseq 44.77\%$이므로
'상급종합병원' 요양기관 중 1등급 요양기관의 비

중이 1등급 요양기관 중 '종합병원' 요양기관의 비중보다 크다.

합격자의 실전 풀이 순서

❶ 〈표 1〉은 지역별 정보를, 〈표 2〉는 병원 유형별 정보를 담고 있음을 파악한다.

❷ 보다 간단한 〈표 2〉에 대한 보기 먼저 확인한다. 따라서 보기 ㉣을 우선 확인하면, 옳은 보기이므로 답은 ④, ⑤번 중 하나이다.

❸ 다음으로 보기 ㉢을 확인하면, 틀린 보기이므로 답은 ⑤번이다.

합격자의 시간단축 Tip

보기 ㉠

[방법 1]

경상지역 요양기관 중 1등급 요양기관의 비중$\left(\frac{16}{17}\right)$은 90% 이상이지만, 서울지역 요양기관 중 1등급 요양기관의 비중$\left(\frac{22}{29}\right)$은 90% 미만이므로 틀린 보기이다.

[방법 2]

전체 값을 구해서 분수화 하지 않고 A : B 형태로 처리할 수도 있다.
우리가 관심 있는 것은 1등급 요양기관인 만큼, '1등급 요양 기관 : 그 외 기관'으로 설정하면, 경상 지역은 16 : 1이고 서울 지역은 22 : 7이다.
계산하지 않더라도 당연히 16 : 1이 더 크기에 바로 틀린 선지라는 것을 알 수 있다.

보기 ㉣ '상급종합병원' 요양기관 중 1등급 요양기관의 비중$\left(\frac{37}{42}\right)$과 1등급 요양기관 중 '종합병원' 요양기관의 비중 $\left(\frac{30}{67}\right)$을 비교하면 후자는 50% 미만이고 전자는 50% 초과이므로 옳은 보기이다.
분수 비교를 할 때 차이가 큰 경우에는 기준점이 되는 %(이 문제는 50%)를 기준으로 비교하는 것이 빠르다. 수치가 비슷한 경우에는 '분자-분모 증가율 비교법'을 추천한다.
보다 구체적인 비교 방법은 **'Part 1. 시간단축비법'**을 반드시 확인하자.

022 정답 ③ 난이도 ●●○

① (×) 발생지수가 가장 높은 유형은 ~~한파이다.~~
➜ 극한기후 지수별 발생지수를 구하면,

- 폭염: $4\times\left(\frac{16-0}{16-0}\right)+1=5$
- 한파: $4\times\left(\frac{5-0}{16-0}\right)+1=2.25$
- 호우: $4\times\left(\frac{3-0}{16-0}\right)+1=1.75$
- 대설: $4\times\left(\frac{0-0}{16-0}\right)+1=1$
- 강풍: $4\times\left(\frac{1-0}{16-0}\right)+1=1.25$

이므로 발생지수가 가장 높은 유형은 폭염이다.

② (×) 호우의 발생지수는 ~~2.00 이상이다.~~
➜ 호우의 발생지수는: $4\times\left(\frac{3-0}{16-0}\right)+1=1.75$ 이므로 2.00 미만이다.

③ (○) 대설과 강풍의 발생지수의 합은 호우의 발생지수보다 크다.
➜ 위 ①의 풀이 과정을 보았을 때 대설과 강풍의 발생지수 합은 1+1.25=2.25이다.
이때, 호우의 발생지수는 1.75이므로 대설과 강풍의 발생지수의 합은 호우의 발생지수보다 크다.

④ (×) 극한기후 유형별 발생지수의 평균은 3.00 ~~이상이다.~~
➜ 극한기후 유형별 발생지수의 평균은
$\frac{5+2.25+1.75+1+1.25}{5}=2.25$이므로 3.00 미만이다.

⑤ (×) 폭염의 발생지수는 강풍의 발생지수의 ~~5배이다.~~
➜ 위 ①의 풀이 과정을 보았을 때 폭염의 발생지수는 5이고 강풍의 발생지수는 1.25이므로 4배이다.

합격자의 실전 풀이 순서

❶ 〈표〉와 〈산정식〉을 읽고, 〈산정식〉의 B=0, C=16임을 파악하고 극한기후 발생지수의 범위는 1~5라는 것을 인지한다.

❷ 극한기후 발생지수를 구하는 것이 생소하므로 선지 플레이를 하지 않고 ①번부터 차례대로 확인한다. ①번을 확인하면, 발생지수가 가장 높은 유형은 폭염인 5이므로 틀린 선지이다.

❸ ②번을 확인하면, 호우의 발생지수는 1.75이므로 틀린 선지이다.

❹ ③번을 확인하면, 옳은 선지이므로 답을 표시하고 넘어간다.

합격자의 시간단축 Tip

〈산정식〉 등이 주어지는 경우, 이를 선지 전체에서 활용하게 되므로 그에 앞서 식을 단순화해놓는 것이 좋다. 이 문제의 경우, 〈산정식〉을 읽으면 C와 B가 각각 16, 0임을 쉽게 알 수 있다.
이를 발생지수 식에 대입하여 식을 다시 정리하면
$4 \times \frac{A-0}{16-0} + 1 = \frac{A}{4} + 1$이다.
정리된 식을 이용하면 각 선지를 해결하는 과정에서 불필요한 과정을 반복할 필요가 없어 시간을 많이 아낄 수 있다. 따라서 시각적으로 복잡하게 생긴 공식이 주어진다면, 단순화시키는 습관을 지니는 것이 좋다.

선지 ② 앞서 **Tip**에서 정리된 식으로 선지 ②번을 풀어보면, 호우 발생지수가 2.00 이상이 되기 위해서는 $\frac{A}{4}$ +1이 2보다 커야 하므로 당연히 A는 4보다 커야 한다. 그러나 호우의 경우 A가 3이다. 따라서 바로 답이 아님을 알 수 있다.

선지 ③ ②번에서 호우의 발생지수는 1.75로 2 미만이었는데, 발생지수의 범위는 1 ~ 5이므로 대설과 강풍의 발생지수의 합은 최소 2이다. 따라서 강풍의 발생지수를 따로 구하지 않더라도 발생지수의 범위를 인지하고 있다면 옳은 선지임을 빠르게 판단할 수 있을 것이다.

선지 ④ 앞서 **Tip**에서 정리한 식을 이용하여 풀면 보다 간단하다. 극한기후 유형별 발생지수의 평균이 3.00 이상이라는 것은 발생지수 총합이 3.00×5=15.00이라는 것이며, 이는 다시 $\frac{A}{4}$ +1라는 식 구조상 $\frac{A}{4}$ +1를 유형에 맞게 5개를 더한 것이므로, 각 유형의 A값의 합이 40 이상이라는 의미이다.
따라서 발생일수를 단순 합해보면 16+5+3+0+1 =25로 40보다 작으므로 틀린 선지가 된다.
이해를 위해 설명은 길었으나, 실제로는 사고과정에서는 A값의 합이 40 이상이라는 것만 생각나면 덧셈만으로 빠르게 풀 수 있다는 점에서 식을 미리 정리해두는 것이 중요함을 다시 한번 강조한다.

선지 ⑤ 폭염의 발생지수는 5이므로, 그 값이 강풍의 발생지수의 5배이려면 강풍의 발생지수가 1이어야 한다. 그러나 강풍의 발생일수는 1이므로 발생지수가 1을 초과할 것이다. 따라서 틀린 선지이다.
(발생일수－발생지수와 같이 비슷하게 생긴 단어를 주의하자. 헷갈리면 실수할 수 있다)

023 정답 ❷ 난이도 ●●●

〈조건 1〉 의료 종사자 수는 IT 종사자수의 3배이다
→ 해당 조건을 만족하는 관계는 (E와 F), (B와 A)이다.
따라서 (E=의료산업)일 경우 (F=IT)산업
(B=의료산업)일 경우, (A=IT산업)이 된다.
→ 〈선택지〉 ④, ⑤번 제외

〈조건 2〉 의료와 석유화학의 부가가치액 합은 10대 미래산업 전체 부가가치액의 50% 이상이다.
→ 10대 미래산업 전체 부가가치액의 50%는 23,638÷2=11,819이므로 두 항목의 합이 11,819 이상일 수 있는 항목은 B와 C, B와 D가 있다. ①과 ②에서 공통으로 의료산업이 기준이 되고 위 결과와 ①의 결과를 합하면 B가 의료산업임을 알 수 있다.
마찬가지로 (A=IT)산업이 된다.

〈조건 3〉 매출액이 가장 낮은 산업은 항공우주이다.
→ 부가가치율(%)$=\frac{\text{부가가치액}}{\text{매출액}}\times100$이므로

매출액$=\frac{\text{부가가치액}}{\text{부가가치율(\%)}}\times100$이다.
매출액이 가장 낮은 항목은

- A: $\frac{788}{33.4}\times100\approx2,359.281$
- B: $\frac{8,949}{41.4}\times100=21,615.942$
- C: $\frac{4,002}{42.4}\times100\approx9,438.679$
- D: $\frac{4,268}{40.5}\times100\approx10,538.272$
- E: $\frac{113}{36.3}\times100\approx311.295$
- F: $\frac{61}{39.1}\times100\approx156.01$

이므로 F가 가장 낮다.
그러므로 F가 항공우주이다.
→ 〈선택지〉 ③번 제외

〈조건 4〉 철강 업체수는 지식서비스 업체수의 2배이다.
→ 업체 수가 2배 관계인 항목을 찾으면 (D와 E), (D와 F)가 있다.

그런데 F는 항공우주이므로 E는 지식서비스 산업, D는 철강 산업임을 알 수 있다.
또한 ②의 결과와 합하면 D가 철강 산업이므로 C는 석유화학임을 알 수 있다.
결론적으로 A: 알 수 없음, B: 의료산업, C: 석유화학, D: 철강산업, E: 지식서비스산업, F: 항공우주산업이다.
→ 〈선택지〉 ②번 제외

합격자의 실전 풀이 순서

❶ 〈표〉와 각주를 읽고, 매출액 = $\frac{\text{부가가치액}}{\text{부가가치율}}$ 이라는 것을 파악한다.

❷ 〈조건〉의 확정 정보 중 4번째 조건을 활용하면 D가 철강일 수밖에 없다.
따라서 ①, ③, ⑤번을 소거한다.

❸ 남은 ②, ④번을 통해 C가 석유화학임을 알 수 있으므로 이를 이용할 수 있는 2번째 조건을 활용한다.

❹ 2번째 조건을 활용하면 B가 의료이므로 답은 ②번이다.

합격자의 시간단축 Tip

'매칭형 문제'는 두 가지를 적절히 사용할 때 빠르게 풀어낼 수 있다.
첫 번째는 선지를 잘 이용해야 가장 효율적으로 풀 수 있다. 수많은 경우의 수 중 단 5가지로 경우를 줄여주는 것이 선지인 만큼 활용을 잘하면 지름길로 가는 느낌을 받을 수 있다.
두 번째는 확정 정보를 찾아내는 것이다. 〈조건〉을 보면 이 문제의 세 번째 조건과 같이 명확히 보이는 확정 정보도 있고, 네 번째 조건처럼 생각을 해야 보이는 확정 정보도 있다.
일반적으로 후자와 같은 유형의 확정 정보가 눈에 띄지 않는 만큼 더 많은 선지를 소거할 수 있도록 해주는 장점이 있다.
참고로 확정 정보는 특정 형태로 출제되고 있으므로, 기출을 분석하거나 모의고사를 정리할 때 숨겨진 확정 정보 유형을 찾으면 그 유형을 정리하고 외워 두는 것이 좋다.

선지 ② 근사치를 활용하여 풀이한다. 23,638을 24,000으로 보고, 근삿값을÷2하여 12,000의 근사치를 갖는 항목들을 찾아본다. 숫자가 커야 하므로 값이 가장 큰 B는 무조건 포함되어야 하며, 더해서 12,000 정도 되려면 3,000 이상의 숫자를 더하면 되므로 B와 C 또는 B와 D임을 빠르게 찾을 수 있다.

선지 ③ 구하는 값과 공식에서의 분모를 바꾸면 빠르다.

$$\boxed{\text{부가가치율(\%)}} = \frac{\text{부가가치액}}{\boxed{\text{매출액}}} \times 100$$

또한 분자가 클(가분수) 때 숫자 사이의 거리가 멀수록 비중이 크다.
즉 36.3과 113 사이의 거리가 먼지, 39.1과 61 사이의 거리가 먼지 확인하면 굳이 숫자를 계산하지 않아도 빠르게 알 수 있다.

024 정답 ❷

난이도 ●●○

ㄱ. (○) 온라인 도박 경험이 있다고 응답한 사람은 83명이다.
→ 온라인 도박에 대해, '경험이 있음' 이라 응답한 사람 중 오프라인 도박 '경험이 없고 충동을 느낀 적도 없음' 이라 답한 사람은 59명, '경험은 없으나 충동을 느낀 적은 있음' 이라 답한 사람은 16명, '경험이 있음' 이라 답한 사람은 8명이다.
온라인 도박 경험이 있다고 응답한 사람의 수를 구해보면 (59+16+8)이므로 총 83명이다.
따라서 옳은 보기이다.

ㄴ. (×) 오프라인 도박에 대해, '경험은 없으나 충동을 느낀 적이 있음'으로 응답한 사람은 전체 응답자의 ~~10% 미만이다.~~
→ 오프라인 도박에 대해, '경험은 없으나 충동을 느낀 적이 있음' 이라 응답한 사람 중 온라인 도박 '경험이 없고 충동을 느낀 적도 없음' 이라 답한 사람은 21명, '경험은 없으나 충동을 느낀 적은 있음' 이라 답한 사람은 25명, '경험이 있음' 이라 답한 사람은 16명이다.
따라서 온라인 도박 경험이 있다고 응답한 사람의 수를 구해보면 21+25+16 이므로 총 62명이다.
전체 응답자의 10%는 전체 응답자 500명에 0.1을 곱해서 구할 수 있다.
이 값은 50명이므로 위에서 구한 62명보다 작으므로 틀린 보기이다.

ㄷ. (○) 온라인 도박 경험이 있다고 응답한 사람 중 오프라인 도박 경험이 있다고 응답한 사람의 비중은 전체 응답자 중 오프라인 도박 경험이 있다고 응답한 사람의 비중보다 크다.
→ 온라인 도박 경험이 있다고 응답한 사람은 총 83명, 그중 오프라인 도박 경험이 있다고 응답한 사람은 8명이다. 전체 응답자는 500명, 그중 오프라인 도박 경험이 있다고 응답한 사람은 2+6+8이므로

16명이다. 따라서, 온라인 도박 경험이 있다고 응답한 사람 중 오프라인 도박 경험이 있다고 응답한 사람의 비중: → $\frac{8}{83} \approx 10\%$이고

전체 응답자 중 오프라인 도박 경험이 있다고 응답한 사람의 비중: $\frac{16}{500} = 3.2\%$이므로 옳은 보기이다.

ㄹ. (×) 온라인 도박에 대해, '경험이 없고 충동을 느낀 적도 없음'으로 응답한 사람은 전체 응답자의 ~~50% 이하이다.~~

→ 온라인 도박에 대해, '경험이 없고 충동을 느낀 적도 없음'으로 응답한 사람은 273명이다.

값을 계산해보면, $\frac{273}{500} \times 100(\%) \fallingdotseq 54.6\%$이므로 전체 응답자의 50% 이상이다.

합격자의 실전 풀이 순서

❶ 〈표〉와 각주를 읽고, 발문과 〈표〉의 합을 통해 전체 응답자는 500명임을 파악한다.

❷ 선지 구성상 보기 ㉠은 4개가 포함되므로 선지 플레이 전략상 먼저 확인할 필요가 없다. 다음으로 쉬워 보이는 보기 ㉣ 먼저 확인하면, 틀린 보기이므로 ③, ⑤번을 소거한다.

❸ 다음으로 비슷한 구조의 보기 ㉡을 확인하면, 틀린 보기이므로 ①, ④번을 소거하고 답은 ②번이다.

합격자의 시간단축 Tip

보기 ㉡ 전체 응답자는 500명이므로 전체 응답자의 10% 미만이라는 것은 50명 미만이라는 것이다. 오프라인 도박에 대해 △인 응답자는 25+21+16 > 50이므로 50 초과이다.

구체적인 합을 구하기보다는 50은 25+25인데 이것보다 크므로 50 초과라는 것만 빠르게 눈으로 확인하면 시간을 줄일 수 있다.

보기 ㉢ 먼저 '비중'의 분자 부분을 살펴보면, 온라인 도박 경험 있다고 응답한 사람 중 오프라인 도박 경험이 있는 사람은 8명이고, 전체 응답자 중 오프라인 도박 경험이 있는 사람은 2+6+8=16명으로 앞선 값(= 8)의 두 배이다.

따라서 '비중'의 분모가 되는 온라인 도박 경험자가 전체 도박 경험자 수의 절반(50%) 이하여야 옳은 선지가 된다. 그러나 굳이 온라인 도박 경험자 전체 수의 빈칸을 도출하지 않더라도, 500의 절반인 250보다는 당연히 작으므로 옳은 보기가 된다.

025 정답 ① 난이도 ●●●

ㄱ. (○) '주시광종'으로 분류되는 광종은 1종류이다.

→ '주시광종'은 위험도와 경제성 점수 중 하나는 3.0점 초과, 다른 하나는 2.5점 초과 3.0점 이하인 경우이다.

따라서 위 조건을 모두 충족하는 광종은 '아연광' 한 종류이므로 ㉠ 조건은 맞다.

ㄴ. (×) '비축필요광종'으로 분류되는 광종은 '은광, ~~'아연광'~~, '철광'이다.'

→ '비축필요광종'은 위험도와 경제성 점수가 모두 3.0점을 초과하는 경우이다. 따라서 위 조건을 모두 충족하는 광종은 '은광', '철광' 두 종류뿐이다. '아연광'은 위험도가 3.0(점)이기 때문에 3.0(점)을 초과하지 못해 '주시 광종'에 해당한다. 따라서 틀린 보기이다.

ㄷ. (○) 모든 광종의 위험도와 경제성 점수가 현재보다 각각 20% 증가하면, '비축필요광종'으로 분류되는 광종은 4종류가 된다.

→ '비축 필요 광종'을 바꿔 말하면 '광종의 위험도와 경제성이 모두 3.0을 넘었는가'이다.

20%가 증가했다는 말은

(광종의 각 점수) × $\left(\frac{120}{100} = 1.2\right)$로 계산해주면 된다.

원래 크기 100%에서 20%가 추가되었기 때문이다.

- 금광: 위험도: 2.5(점) × 1.2 = 3.0
  경제성: 3.0(점) × 1.2 = 3.6
- 동광: 위험도: 2.5(점) × 1.2 = 3.0
  경제성: 2.5(점) × 1.2 = 3.0
- 연광: 위험도: 2.7(점) × 1.2 = 3.24
  경제성: 2.7(점) × 1.2 = 3.24
- 아연광: 위험도: 3.0(점) × 1.2 = 3.6
  경제성: 3.5(점) × 1.2 = 4.2

따라서 기존에 '비축 필요 광종'이었던 '은광', '철광'에 '연광', '아연광'이 추가되어 총 4종류가 된다.

ㄹ. (×) '주시광종' 분류기준을 '위험도와 경제성 점수 중 하나는 3.0점 초과, 다른 하나는 2.5점 이상 3.0점 이하'로 변경한다면, ~~'금광'~~과 '아연광'은 '주시광종'으로 분류된다.

→ 금광은 위험도와 경제성 둘 다 2.5점 이상 3.0점 이하에 해당하므로 변경된 분류기준에 충족하지 않는다.

아연광은 위험도는 2.5점 이상 3.0점 이하에 해당하고, 경제성은 3.0점 초과이므로 '주시광종' 으로 분류된다.

따라서 '주시광종' 분류기준을 '위험도와 경제성 점수 중 하나는 3.0점 초과, 다른 하나는 2.5점 이상 3.0점 이하'로 변경한다면, '아연광'만 '주시광종'으로 분류되며 '금광'은 '주시광종'으로 분류되지 않는다.

합격자의 실전 풀이 순서

❶ 〈표〉의 '위험도', '경제성' 항목을 확인하고, 〈분류기준〉에서 '비축필요광종'에는 ○, '주사광종'에는 △, '비축제외광종'에는 □ 표시한다.

❷ 현재 〈표〉와 〈분류조건〉을 유지하는 보기 ㉠, ㉡을 상황이 변화하는 보기 ㉢, ㉣보다 먼저 해결한다. 보기 ㉠, ㉡ 중에서는 보다 〈분류기준〉이 간단한 ㉡을 먼저 해결한다.

❸ 보기 ㉡이 옳지 않으므로, 선지 ①, ②, ③이 남는다. 따라서 보기 ㉠을 해결한다.

❹ 보기 ㉠이 옳으므로, 선지 ①, ②가 남는다. 모든 광종의 위험도와 경제성 점수를 변화시키는 보기 ㉢보다 주시광종 분류기준만을 변경시키는 ㉣을 해결한다. ㉣에서 주시광종 분류기준을 변경하여도 금광은 여전히 주시광종이 아닌 비축제외에 해당하므로 ㉣은 옳지 않다.

합격자의 시간단축 Tip

처음 분류할 시에 확인해야 하는 항목 개수를 줄이는 것이 가장 좋다. 뒤에서부터 검토하여 2.5점 이하인 것이 하나라도 있을 경우 다른 기준들은 고려할 필요가 없어 시간이 단축되므로 2.5점이 있는 금광과 동광부터 제외한 후에 시작한다. 그 후 3.0이 기준이므로 3.0을 초과하는 숫자에 ↑등을 표시한다. 은광 두 개, 아연광 하나, 철광 두 개이므로 화살표가 두 개인 철광과 은광은 비축필요광종, 하나인 아연광은 주시광종, 아무 표시 없는 연광은 비축제외광종이다

보기 ㉠ 아연광부터 주시광종의 분류기준 충족 여부를 살핀다. 주시광종으로 분류되는 아연광에 △ 표시한다.

보기 ㉡ 철광, 아연광, 은광의 순서로 비축필요광종의 분류기준 충족 여부를 살핀다.
이때 대응은 두 가지 경우로 나뉜다.
① 보기 ㉡의 '은광, 아연광, 철광' 중 일부가 비축필요광종이 아닌 경우 틀린 선지로 판단한다.
② 반면, 보기 ㉡의 '은광, 아연광, 철광' 모두가 '비축필요광종'인 경우 다른 광종 중 '비축필요광종'이 있을 수도 있으므로 추가 검토가 필요하다.
이처럼 경우의 수를 확실히 나눠 정확히 대응해야 한다. 아닐 경우 필요 없는 검토를 추가적으로 하여 시간을 낭비하거나, 해야 하는 검토를 놓쳐 틀릴 수 있기 때문이다. 문제의 경우 ①번 경우로서, 아연광은 해당하지 않으므로 틀린 선지이다.

보기 ㉢ '비축필요광종'으로 분류되기 위해서는 위험도와 경제성 점수가 모두 3.0점을 초과해야 한다. 20% 증가한 위험도와 경제성 점수가 3.0점을 초과하기 위해서는 원점수가 2.5점을 초과해야 한다.
이때 하나하나를 직접 계산하지 않고 '필요한 개수가 몇 개인지', '가능성이 없는 것들을 제외한 가능성 있는 값들은 무엇인지' 추려서 확인한다. 즉 '비축필요광종'이 4종류가 되기 위해서는 두 광종이 '비축필요광종'으로 변해야 하는데, 2.5가 있는 금광과 동광은 제외되며 연광과 아연광은 2.5를 모두 초과하므로 가능하다. 따라서 옳은 보기이다.

보기 ㉣ '조건'을 변화시키는 선지는 '변화된 부분'에 영향을 받는 값 위주로 확인한다. 변화된 부분은 "다른 하나는 2.5점 이상"으로 그 영향을 받는 것은 기존에 2.5점으로 고려 대상에서 제외되었던 금광, 동광이다. 따라서 해당 광종이 '주시광종'으로 분류되는지 확인하면 된다.

026 정답 ❶

난이도 ●●●

ㄱ. (○) '1시간 미만' 운동하는 3학년 남학생 수는 '4시간 이상' 운동하는 1학년 여학생 수보다 많다.
→ 〈표〉에 따르면 '1시간 미만' 운동하는 3학년 남학생 수는 87명이고 '4시간 이상' 운동하는 1학년 여학생 수는 46명이므로 '1시간 미만' 운동하는 3학년 남학생 수가 더 많다.

ㄴ. (○) 동일 학년의 남학생과 여학생을 비교하면, 남학생 중 '1시간 미만' 운동하는 남학생의 비율이 여학생 중 '1시간 미만' 운동하는 여학생의 비율보다 각 학년에서 모두 낮다.
→ 표에서 '1시간 미만' 운동하는 남학생과 여학생의 비율을 비교해보면
• 1학년: 남학생 10.0% < 여학생 18.8%
• 2학년: 남학생 5.7% < 여학생 19.2%
• 3학년: 남학생 7.6% < 여학생 25.1%로
모든 학년에서 남학생의 비율이 낮다.

ㄷ. (×) ~~남학생과~~ 여학생 각각, 학년이 높아질수록 3시간 이상 운동하는 학생의 비율이 ~~낮아진다.~~
→ 3시간 이상 운동하는 학생의 비율은 '3시간 이상 4시간 미만'의 비율과 '4시간 이상'의 비율을 합한 것이다. 그에 따라 남학생과 여학생 각각, 학년의 3시간 이상 운동하는 학생의 비율을 구해보면

해설편 8일차 • 수리능력 · 자료해석

- 남학생
  - 1학년 → 34.8%+11.2%=46.0%
  - 2학년 → 34.0%+19.0%=53.0%
  - 3학년 → 23.4%+25.2%=48.6%이다.
- 여학생
  - 1학년 → 30.0%+3.9%=33.9%
  - 2학년 → 27.3%+4.2%=31.5%
  - 3학년 → 14.0%+10.0%=24.0%이다.

따라서 학년이 높아질수록 3시간 이상 운동하는 여학생의 비율은 낮아지지만 남학생의 비율은 높아진다.

ㄹ. (×) ~~모든 학년별~~ 남학생과 여학생 각각에서, '3시간 이상 4시간 미만' 운동하는 학생의 비율이 '4시간 이상' 운동하는 학생의 비율보다 ~~높다.~~
→ 3학년 남학생의 경우 '3시간 이상 4시간 미만' 운동하는 학생의 비율은 23.4%이고, '4시간 이상' 운동하는 학생의 비율은 25.2%로 '3시간 이상 4시간 미만' 운동하는 학생의 비율이 더 낮다.

합격자의 실전 풀이 순서

❶ 〈표〉에 '비율'과 '인원수'가 주어져 있음을 확인하고, 〈표〉 하단에 '합계' 자료 윗부분에 가로로 구분선을 표시한다. 자료의 세로 합이 합계가 됨을 확인한다.

❷ 1개 학년의 특정 운동 시간만을 비교하는 보기 ㉠이 가장 간단하므로 먼저 해결한다.

❸ 보기 ㉠이 옳기 때문에 선지 ①, ②, ⑤가 남는다. 보기 ㉢ 또는 ㉣ 중 어느 하나가 옳다면 바로 답을 찾을 수 있다. 보기 ㉢은 '3시간 이상' 운동하는 학생의 비율을 계산(3시간 이상 4시간 미만과 4시간 이상의 합)해야 하는 반면, 보기 ㉣은 주어진 자료의 단순 확인이므로, 보기 ㉣을 해결한다.

❹ 보기 ㉣이 옳지 않으므로 선지 ①, ⑤가 남는다. 따라서 보기 ㉢을 해결한다. 3시간 이상 운동하는 학생의 비율을 확인하기 위해 3시간 이상 4시간 미만의 학생 비율과 4시간 이상의 학생 비율을 더해서 확인하면 남학생은 감소하지 않는다. 따라서 해당 보기는 틀렸으며 답은 ①번이다.

합격자의 시간단축 Tip

자료에 비율 또는 비중 값이 주어지는 경우 '어떤 전체 값을 가지는가'를 확인하는 것이 중요하다. 전체 값을 잘못 파악시 완전히 틀린 풀이가 되므로 주의해야 한다. 전체 값을 찾는 방법은 간단하다. 100%가 어디에 적혀있는지 찾으면 된다.
예를 들어 이 문제의 〈표〉를 보면 100%가 학년 별로 적혀있으므로 학년 값이 전체 값임을 알 수 있다.

이때 문제가 되는 것은 '전체 값이 없을 때'이다. 전체 값이 직접적으로 주어져 있지 않은 경우 표나 그림의 이름을 잘 확인해야 한다. 즉 직접적으로 전체 값이 드러나지 않는 경우, 의심할만한 항목이 여러 개 있지 않으므로 자료의 이름에서 강조된 부분이 전체 값인 경우가 대부분이다.

보기 ㉢ 3시간 이상 운동하는 학생의 비율을 구하기 위해서는 '3시간 이상 4시간 미만'인 학생 비율과 '4시간 이상'인 비율을 더해야 한다.
이 때 바로 더하지 않고 각 비율끼리의 등락을 비교하는 것이 훨씬 유리하다. 즉 덧셈 비교 시 구성 요소 간 차잇값 비교를 하는 것과 같다.
남학생 1학년과 2학년을 보면, 3시간 이상 4시간 미만의 비율은 0.8%p 감소한 반면, 4시간 이상의 비율은 많이 증가한 것을 볼 수 있다.
따라서 굳이 합산해보지 않아도 보기 ㉢은 틀렸다는 것을 알 수 있다.

027 정답 ① 난이도 ●●○

표에서 둘씩 짝지은 대학의 항목마다 크기를 비교해보면 아래와 같다.

입학 허가율	A < B, C = D, E > F
졸업률	A = B, C < D, E > F
학생 수 차이	(B − A) → 24,600 − 7,000 = 17,600 (D − C) → 28,800 − 12,300 = 16,500 (F − E) → 27,600 − 9,270 = 18,330
교수 1인당 학생 수	A > B, C < D, E > F
연간 학비	A < B, C > D, E < F

$\text{교수 수} = \dfrac{\text{학생 수}}{\text{교수 1인당 학생 수}}$이므로 각 대학의 교수 수를 구하면

- (A대학): $\dfrac{7,000}{7} = 1,000$
- (B대학): $\dfrac{24,600}{6} = 4,100$
- (C대학): $\dfrac{12,300}{6} = 2,050$
- (D대학): $\dfrac{28,800}{8} = 3,600$
- (E대학): $\dfrac{9,270}{9} = 1,030$
- (F대학): $\dfrac{27,600}{6} = 4,600$ 이므로

교수 수를 비교하면 A < B, C < D, E < F

〈조건 1〉 짝지어진 두 대학끼리만 비교한다.

〈조건 2〉 졸업률은 야누스가 플로라보다 높다.
→ 〈조건 2〉에 의해 야누스의 졸업률이 플로라보다 높으므로 A−B 대학은 야누스와 플로라의 조합이 될 수 없다.
→ 따라서 ⑤는 정답이 아니다.
→ C−D 대학 중에서 D가 졸업률이 더 높고, E−F대학 중에서는 E가 졸업률이 높으므로 〈조건 2〉에 따라D 또는 E가 야누스에 해당한다.
→ 그러므로 ③은 정답이 아니다.

〈조건 5〉 입학허가율은 토르가 로키보다 높다.
→ C−D 대학의 입학허가율은 같으므로 〈조건 5〉에 의해 토르와 로키의 조합이 될 수 없다.
→ A−B 대학 중 B 대학의 입학허가율이 더 높고, E−F 대학 중에선 E 대학의 입학 허가율이 더 높으므로 〈조건 5〉에 의해 B 또는 E 대학이 '토르' 이다.
→ 따라서 ②는 정답이 아니다.

〈조건 3〉 로키와 토르의 학생 수 차이는 18,000명 이상이다.
→ 맨위의 표를 보면 학생 수 차이가 18,000명 이상인 대학 짝은 E−F 뿐이다. 따라서 ①번이 정답이다.

합격자의 실전 풀이 순서

'매칭형'은 확정 정보 조건을 먼저 확인하거나, 선지를 이용하는 방법 중 하나를 선택해 처리하면 된다.

[풀이 순서 1] 확정 정보 조건 이용 시

❶ 세 번째 〈조건〉에서 18,000명 이상 차이 나는 대학의 짝은 E, F 밖에 없다. 따라서 (토르−로키)는 E−F 중 하나임을 확정적으로 알 수 있다.

❷ 로키, 토르에 관한 다섯 번째 〈조건〉을 보면, E−F는 각각 (토르−로키)이므로 ①번, ⑤번 중 하나이다.

❸ 두 번째 〈조건〉을 보면 야누스, 플로라는 졸업률이 서로 다르므로 A−B일 수 없다. 따라서 ①번이 정답이다.

[풀이 순서 2] 선지를 이용하는 방법

어떤 선지를 기준으로 할지는 '경우의 수를 얼마나 줄여 줄 수 있는지'를 기준으로 한다. 다만 문제 5번의 경우 전반적으로 비슷하므로, 이 해설에서는 '토르와 로키'를 기준으로 확인한다(다른 값을 기준으로 해도 전혀 무방하다)

❶ 토르와 로키에 관한 〈조건〉은 3번째 조건과 5번째 조건으로, 3번째 조건에 따를 때 A−B가 되지 않으므로 ③, ④번은 소거 된다.

❷ 5번째 조건에 따라 토르 > 로키이기 위해서는 E가 토르여야 한다. 따라서 ②번도 소거된다.

❸ 마지막으로 2번째 조건에 따라 졸업률은 야누스와 플로라가 다르나 A−B의 경우 졸업률이 동일하므로 될 수 없다. 따라서 정답은 ①번이다.

* 선지 상에 토르와 로키 조합은 A−B나 E−F에만 존재하므로 C−D는 전혀 고려하지 않아도 된다.

028 정답 ④ 난이도 ●●○

ㄱ. (×) 3 ~ 6월 중 주가지수가 가장 낮은 달에 A사와 B사의 주가는 모두 전월 대비 하락하였다.
→ 〈각주 1〉에 따라 주가지수의 분모는 (1월 A사의 주가+1월 B사의 주가) 이므로 값을 구해보면 5,000+6,000=11,000으로 일정한 값이다.
따라서 각 월의 주가지수는 분자만 구해서 비교하면 된다. (해당 월 A사의 주가+해당 월 B사의 주가)
5월의 A사와 B사의 주가의 합은 3,900+6,200=10,100으로 3 ~ 6월 중 가장 작은 값을 가지므로, 5월의 주가지수 역시 가장 낮게 된다.
5월 A사와 B사의 주가를 전월과 비교해보면
• A사: (4월) 4,500 > (5월) 3,900
• B사: (4월) 5,900 < (5월) 6,200
따라서 A사는 전월 대비 하락하였고, B사는 상승하였으므로 틀린 보기이다.

ㄴ. (○) A사의 주가는 6월이 1월보다 높다.
→ 〈표〉에 따라 1월과 6월의 주가지수는 100.00으로 같기 때문에 두 시기의 A사와 B사 주가의 합 역시 같다. 1월 두 회사의 주가의 합이 11,000이므로 6월 A사의 주가는 11,000−5,400=5,600이다.
따라서 6월의 주가가 1월의 주가보다 높다

ㄷ. (×) 2월 A사의 주가가 전월 대비 20% 하락하고 B사의 주가는 전월과 동일하면, 2월의 주가지수는 전월 대비 ~~10% 이상~~ 하락한다.
→ 2월 A사의 주가가 전월 대비 20% 하락하면 A사의 주가는 5,000×(1−0.2)=4,000이고 B사의 주가는 전월과 같으므로 6,000으로 볼 수 있다. 즉 2월 주가의 총합은 4,000+6,000=10,000이다.
이 수치를 〈각주 1〉에 대입하여 2월의 주가지수를 구하면,

$$\frac{4,000+6,000}{5,000+6,000}\times100=90.91\text{이다.}$$

한편, 전월 주가지수 100.00의 10%는 10으로 10% 이상 하락하려면 2월 주가지수는 100−10=

90 이하여야 한다.
따라서 2월의 주가지수는 전월 대비 10% 이상 하락하지 않는다.

ㄹ. (O) 4 ~ 6월 중 A사의 주가 수익률이 가장 낮은 달에 B사의 주가는 전월 대비 하락하였다.
→ 〈각주 2〉에 따라 주가수익률 = $\frac{\text{해당 월의 주가}-\text{전월의 주가}}{\text{전월의 주가}}\times100$이므로

• (4월의 주가수익률): $\frac{4,500-5,700}{5,700}\times100\approx-21.05\%$

• (5월의 주가수익률): $\frac{3,900-4,500}{4,500}\times100\approx-13.33\%$

• (6월의 주가수익률): $\frac{5,600-3,900}{3,900}\times100\approx43.59\%$

이므로 주가수익률이 가장 낮은 달은 4월이다. 4월 B사의 주가와 전 달 주가를 비교해보면 3월 6,300에서 4월 5,900으로 하락하였으므로 옳은 선택지이다.

합격자의 실전 풀이 순서

❶ 〈표〉의 제목과 각주를 확인한다. 각주에서 주가지수의 분모인 '1월 A사의 주가+1월 B사의 주가'가 1,100으로 고정이라는 것을 알 수 있다. 따라서 주가지수가 빈칸으로 있는 경우 분자인 A, B사 주가의 합으로 비교해도 되며, 반대로 주가가 빈칸인 경우 주가지수의 대소를 통해 주가의 합을 비교할 수 있다.

❷ 보기 ㉠은 3 ~ 6월, 보기 ㉣은 4 ~ 6월의 A사와 B사 자료를 살펴야 한다. 이와 달리 보기 ㉡은 2개월의 A사 자료만을 확인하면 되므로 가장 먼저 해결한다.

❸ 보기 ㉡이 옳기 때문에 선지 ①, ③, ④번이 남는다. 1월, 2월 자료만 확인하면 되는 보기 ㉢을 먼저 해결한다.

❹ 4 ~ 6월의 A사 주가 수익률을 계산해야 하는 보기 ㉣보다 주어진 주가지수를 활용하는 보기 ㉠을 해결한다.

합격자의 시간단축 Tip

보기 ㉠ 주가지수가 가장 낮은 달은 A사와 B사의 주가의 합이 가장 낮은 달이다. 3~6월 중 4월의 주가지수를 제외하고 주가지수가 가장 낮은 달은 5월이다. 5월에 비해 4월 A사 주가는 600원 높은 반면, B사 주가는 300원 낮다. 따라서 5월에 비해 4월 주가지수는 더 높다.

보기 ㉡ 6월의 주가지수가 100이라는 것은 6월 A사와 B사 주가의 합이 1월 A사와 B사 주가의 합과 동일함을 의미한다. 1월에 비해 6월 B사 주가는 하락하였으므로, 전체 합을 유지하기 위해 A사 주가는 상승해야 한다. 즉 합이 동일해야 하므로 1월 B > 2월 B일 경우, 반대로 2월 A > 1월 A일 수밖에 없다. (주가 하락/상승 폭을 구체적으로 계산할 필요 없다.)

보기 ㉢ '가중평균' 개념을 이용하면 매우 간단해진다. 주가지수를 구체적으로 확인할 필요 없이 전체에서 A사와 B사가 차지하는 비중을 고려해보면 시간을 단축할 수 있다. 만일 A사와 B사가 동일하게 주가가 6,000원이라면, A사의 주가가 20% 하락할 시에 전체 주가는 10%가 하락하는 것과 같다.
그러나 A사의 주가가 B사보다 낮기 때문에 A사의 주가가 20% 하락해도 A사와 B사의 주가가 동일할 때와 달리 전체 주가는 10% 미만으로 하락할 것이다. 즉 전체에서 A사가 B사보다 차지하는 비중이 작기 때문에, A사의 20%와 B사의 0% 하락 시 주가지수의 하락 폭은 10%가 아니라 10% 미만이 되는 것이다. 식을 통해 계산해보면 주가지수 분모는 1,100으로 고정되어 있으므로 주가지수$=\frac{1}{11}\times$(해당 월 A사의 주가+해당 월 B사의 주가)이다.
즉 주가지수는 해당 월의 A사와 B사 주가의 합에 상수를 곱한 값이 되며 주가지수가 10% 하락하기 위해서는 두 주가의 하락률의 평균이 10%가 되어야 한다는 것을 알 수 있다.
위의 내용을 간단히 생각하면 다음과 같다. 전체의 10% 감소는 식의 형태상 A 10%, B 10% 감소한 것을 의미한다.
그러나 위의 질문은 A가 20% 감소한 경우로, A 10% +A 10% 감소된 것이지만 A < B이므로 당연히 후항이 작아, 전체의 10% 감소보다 작을 수밖에 없다.

보기 ㉣ 6월의 A사 주가의 경우 보기 ㉡에서 이미 1월의 주가보다 높다고 했으므로 5월에 비해서도 당연히 상승했을 것이다. 따라서 주가가 감소한 4월과 5월 중 더 많이 감소한 달이 곧 A사의 주가 수익률이 가장 낮은 달이다. 3월에서 4월에는 주가가 1,200원 감소했고, 5월에는 600원 감소하여 4월의 감소폭이 5월의 감소폭의 두 배인 것에 비해 분모가 되는 전월 주가는 두 배보다 적게 차이 난다. 따라서 4월의 주가 수익률이 가장 낮으며 이 때 B사의 주가는 전월 대비 하락하였음을 알 수 있다.

029 정답 ②　　　　난이도 ●●○

ㄱ. (○) 1인당 GDP가 체코보다 높은 국가 중에서 수학성취도가 체코보다 높은 국가의 수와 낮은 국가의 수는 같다.

➜ 체코의 1인당 GDP는 2만 5천 달러이므로, GDP가 2만 5천 달러를 넘는 국가의 수학성취도를 확인하여야 한다. 확인하기 전 카타르의 수학성취도는 〈그림〉을 통해 확인했을 때 375점에 가깝다는 것을 알 수 있다. 〈표〉를 바탕으로 수학성취도가 499점보다 높은 국가는→[싱가포르, 네덜란드, 아일랜드, 호주, 덴마크, 캐나다, 독일, 핀란드, 일본, 한국] 10개국이다.

한편 체코와 수학성취도 점수가 같은 나라는 없으므로 체코보다 수학성취도가 낮은 나라는 20개국 −10개국=10개국이다. 따라서 옳은 보기이다.

ㄴ. (×) 수학성취도 하위 7개 국가의 1인당 GDP는 모~~두 2만 달러 이하이다.~~

➜ 〈표〉와 〈그림〉을 확인했을 때 인도네시아의 수학성취도 점수는 375점에 가깝다.

이를 바탕으로 수학성취도 하위 7개국은 인도네시아 (약 375점), 카타르 (약 375점), 아르헨티나 (388점), 브라질 (391점), 멕시코 (413점), 말레이시아 (421점), 칠레 (423점)이다.

하지만 이 국가의 1인당 GDP는 각각 5천 달러, 7만 7천달러, 1만 6천달러, 1만 3천달러, 1만 5천 달러, 1만 5천 달러, 1만 7천달러로 카타르를 제외한 6개국만이 2만 달러 이하임을 알 수 있다.

ㄷ. (○) 1인당 GDP 상위 5개 국가 중에서 수학성취도가 34개국 학생 전체의 평균보다 높은 국가는 1개이다.

➜ 1인당 GDP 상위 5개 국가는 룩셈부르크, 카타르, 싱가포르, 미국, 노르웨이이며 약 42(천 달러)이다. 〈그림〉에서 약 42(천 달러)의 기준선보다 오른쪽에 있는 나라 중 수학성취도의 전체 평균인 500점보다 수학성취도가 높은 나라는 싱가포르 1개 이다. 따라서 옳은 보기이다.

ㄹ. (×) 수학성취도 상위 2개 국가의 1인당 GDP 차이는 수학성취도 하위 2개 국가의 1인당 GDP 차이보다 ~~크다.~~

➜ 수학성취도 상위 2개 국가인 싱가포르와 한국의 1인당 GDP는 5만 8천 달러와 2만 9천 달러이다. 또한 수학성취도 하위 2개 국가인 카타르와 인도네시아의 1인당 GDP는 7만 7천 달러와 5천달러이다.

이를 계산해보면,

- 상위 2개국의 경우: 58,000−29,000=29,000(달러)
- 하위 2개국의 경우: 77,000−5,000=72,000(달러)이다.

따라서 수학성취도 상위 2개 국가의 1인당 GDP 차이는 수학성취도 하위 2개 국가의 1인당 GDP 차이보다 크지 않다.

합격자의 실전 풀이 순서

❶ 〈표〉의 단위를 확인하고, 〈그림〉의 각 축과 단위를 확인한다. 〈그림〉 아래의 각주를 확인한다.

❷ 보기 ㉠은 〈그림〉 상에서 어떤 점이 '체코'를 나타내는지 찾아야 하는 반면, 나머지 보기들은 〈그림〉만으로 정오 여부를 확인할 수 있다. 따라서 보기 ㉡~㉣ 먼저 해결한다.

이 때 숫자로 표기되어 있는 〈표〉보다는 직관적 파악이 쉬운 〈그림〉을 사용하는 것이 좋다.

❸ 보기 ㉡을 풀어보면, 〈그림〉에서 수학성취도 하위 7개의 점을 동그라미 쳐보았을 때 한 점이 1인당 GDP가 7만 달러 이상이므로 해당 보기는 틀린 보기이며 ①, ③, ④번이 소거된다.

❹ 답을 확인하기 위해서 보기 ㉣만 확인하면 된다. 수학성취도 상위 2개 국가와 하위 두 개 국가가 표시된 점에서 수직선을 내려 1인당 GDP 간의 차이를 비교해보면 하위 2개 국가의 1인당 GDP 차이가 더 크게 나타나므로 해당 보기는 틀린 보기이다. 따라서 답은 ②이다.

합격자의 시간단축 Tip

주어진 자료 내 값의 개수가 많다면, 자료의 특성을 잘 파악하는 것이 좋다.

예를 들어 이 문제의 경우 〈표〉의 국가들은 1인당 GDP가 큰 순서대로 나열되어 있다. 이는 각주 등에서 명백히 밝히진 않았으나 가볍게 훑었을 때 충분히 파악할 수 있는 내용이다.

이처럼 기출 문제의 경우 이와 같이 여러 항목들이 제시된 자료에서 일정한 패턴을 주는 경향이 있으므로, 무작정 선지로 넘어가기보다는, 흐름이 있는지 확인하고 넘어가는 것이 좋다.

보기 ㉠ 그림 내지 그래프가 주어진 경우 〈보기〉에 적힌 말을 최대한 '그림의 시각적 형태'로 해석하는 것이 좋다.

즉 〈그림〉 상에 '체코'를 표시하고, 체코보다 오른쪽(=1인당 GDP가 높은)에 위치한 국가 중 체코보다 아래쪽(=수학성취도가 낮은)에 위치한 국가 수와 위쪽(=수학성취도가 높은)에 위치한 국가 수를 비교한다.

(40, 500) 부근의 점의 위치가 헷갈린다면, 〈표〉의 국가들은 1인당 GDP가 높은 순서대로 정렬돼있으므로, 체코 위의 20개 국가(룩셈부르크~포르투갈) 중 수학 성취도가 체코보다 높은 국가 수가 10개인지 확인한다.

보기 ㉡ 〈그림〉 상에 1인당 GDP 20을 나타내는 세로선을 긋고, 〈그림〉의 가장 아래에 있는 점 7개 모두 세로선보다 왼쪽에 있거나 세로선 상에 위치하는지 확인한다. 이때 정확한 국가가 어디인지 묻지 않았으므로 〈표〉에서 찾지 않고 〈그림〉만 확인하는 것으로 충분하다.

보기 ㉢ 보기 ㉠과 마찬가지로 그림의 시각적 형태를 적극 이용한다. 〈그림〉 상에 34개국 학생 전체의 수학성취도 평균인 500에 가로로 〈그림〉 우측 끝까지 선을 긋는다. 〈그림〉 상에서 가장 우측에 있는 점 5개 중 가로 선 위에 위치하는 점이 1개인지 확인한다.

보기 ㉣ 〈그림〉 상에서 가장 위쪽에 있는 점 2개의 가로 거리가 가장 아래쪽에 있는 가로 거리보다 긴지 확인한다.

030 정답 ❹ 난이도 ●●○

ㄱ. (×) 농·임업 생산액이 전년보다 작은 해에는 농·임업 부가가치도 전년보다 ~~작다.~~

➜ 〈표 1〉에서, 농·임업 생산액이 전년보다 작은 해는 2011년이며, 2011년의 농·임업 부가가치를 확인해보면 2011년의 농·임업 부가가치는 26,721(10억원)으로 전년의 24,872(10억원)보다 크다.
따라서 틀린 보기이다.

ㄴ. (○) 화훼 생산액은 매년 증가한다.

➜ 〈각주 1〉에 따라 '분야별 비중' $= \frac{\text{해당 분야의 생산액}}{\text{농·임업 생산액}}$
이므로, 농·임업 생산액 중 화훼 생산액은 (농·임업 생산액)×(화훼 분야별 비중)으로 구할 수 있다.
이를 계산해보면,
- 2008년: 39,663×0.28 → 396,630(억원)×0.28≈111,056(억원)
- 2009년: 42,995×0.277 → 429,950(억원)×0.28≈120,386(억원)
- 2010년: 43,523×0.294 → 435,230(억원)×0.29≈126,216(억원)
- 2011년: 43,214×0.301 → 432,140(억원)×0.3≈129,642(억원)
- 2012년: 46,357×0.317 → 463,570(억원)×0.32≈148,342(억원)
- 2013년: 46,648×0.321 → 466,480(억원)×0.32 ≈149,273(억원)

따라서 화훼 생산액은 매년 증가하였다.

ㄷ. (×) 매년 곡물 생산액은 과수 생산액의 50% ~~이상~~이다.

➜ 매년 곡물 생산액이 과수 생산액의 50% 이상이기 위해서는 〈표1〉의 곡물 분야의 비중이 과수 분야 비중의 50% 이상이어야 한다. 즉 (과수 분야의 비중)×0.5 $<$ (곡물 분야의 비중)이라는 식이 성립하여야 한다는 것을 뜻한다.
이를 계산한다면,
- 2008년: $34.3 \times 0.5 = 17.15 < 23.6$
- 2009년: $38.3 \times 0.5 = 19.15 < 20.2$
- 2010년: $40.2 \times 0.5 = 20.1 > 15.6$
- 2011년: $34.7 \times 0.5 = 17.35 < 18.5$
- 2012년: $34.6 \times 0.5 = 17.3 < 17.5$
- 2013년: $34.8 \times 0.5 = 17.4 < 18.3$

이 중 2010년 곡물 생산액이 차지하는 비중은 15.6%이고, 과수 생산액이 차지하는 40.2%이므로 곡물 생산액은 과수 생산액의 50% 이하임을 알 수 있다.

ㄹ. (○) 매년 농업 부가가치는 농·임업 부가가치의 85% 이상이다.

➜ 농·임업 부가가치는 농업의 부가가치와 임업의 부가가치의 합이다. 즉, 농업 부가가치가 농·임업 부가가치의 85% 이상을 차지한다는 것은, (농업 부가가치)÷(농·임업 부가가치)×100 ≥85%이라는 것을 뜻한다. 이를 해결하기 위해서는〈표 2〉의 농업과 임업의 GDP 대비 부가가치 비중 값을 위의 식에 대입하여 매년 농업의 비중이 임업 비중의 85% 이상이 되는지 확인하면 된다.
- 2008년: $2.1 \div (2.1 + 0.1) \times 100 \approx 95.45$
- 2009년: $2.1 \div (2.1 + 0.1) \times 100 \approx 95.45$
- 2010년: $2.0 \div (2.0 + 0.2) \times 100 \approx 90.9$
- 2011년: $2.1 \div (2.1 + 0.1) \times 100 \approx 95.45$
- 2012년: $2.0 \div (2.0 + 0.2) \times 100 \approx 90.9$
- 2013년: $2.0 \div (2.0 + 0.2) \times 100 \approx 90.9$

합격자의 실전 풀이 순서

❶ 〈표 1〉은 '생산액', 〈표 2〉는 '부가가치'에 관한 것임을 파악하고, 각 표의 단위 및 각 표 아래의 각주를 확인한다.

❷ 생산액(표 1)과 부가가치(표 2)를 모두 확인해야 하는 보기 ㉠은 후순위로 미룬다. 생산액과 비중의 곱셈 비교를 요하는 보기 ㉡보다는 분야별 비중만 확인하면 되는 보기 ㉢을 먼저 해결한다.

❸ 보기 ㉢이 옳지 않기 때문에 선지 ①, ④번이 남는다. 〈표 2〉만 확인하면 되는 보기 ㉣을 해결한다. 농업과 임업의 GDP대비 비중을 활용하여 이를 확인해보면 해당 보기가 옳다는 것을 알 수 있다.

따라서 답은 ④번이다.

합격자의 시간단축 Tip

보기 ㉠ 'A일 때는 B하다'는 선후 관계가 확실한 만큼 순서를 지켜서 풀어야 한다. 왜냐하면 A가 전제 조건이므로 단순히 B가 안되었다고 해서 반례가 된다거나, B라 하여 옳은 값이 되는 것이 아니기 때문이다. 이때 각 연도별로 〈표 1〉, 〈표 2〉를 번갈아서 보며 비교하기보다는, 〈표 1〉에서 '전년보다 작은 해'가 언제인지 한 번에 체크한 후 〈표 2〉에서 이를 확인하는 형태로 처리하는 것이 보다 효율적이다.

보기 ㉡ 화훼 생산액이 매년 증가하기 위해서는 분야별 비중과 농·임업 생산액의 곱이 증가해야 한다. 이때 농·임업 생산액과 화훼 비중 모두가 증가한 경우엔 당연히 '화훼 생산액'이 증가하게 된다.
따라서 양자가 모두 증가한 2010, 2012, 2013년은 별도로 고려할 필요가 없다. 그러므로 농·임업 생산액이 감소하는 11년도와 분야별 비중이 감소하는 2009년을 기준으로 살펴볼 필요가 있다.

보기 ㉢ 분야별 생산액은 농·임업 생산액에 분야별 비중을 곱한 값이다. 다만, 동일 연도 하의 곡물과 과수 생산액은 곡물과 과수의 비중만 비교하면 된다. 과수의 비중이 곡물 비중의 2배 미만인지 확인한다. 이처럼 '비중', '지수' 등이 나오는 경우 기준값이 무엇인지를 명확히 해야 한다. 기준값이 동일할 경우, 그 자체로 비교가 가능해지므로 문제를 처음 접근할 때 기준값부터 확인하는 습관을 지니도록 연습하자.

보기 ㉣ 실전에서는 매우 간단하게 처리한다. 즉 15% 대비 85%는 5 ~ 6 사이의 값이므로 임업 대비 농업이 5 ~ 6의 범위를 넘어 있는지만 확인하면 된다. 보기 ㉣의 경우 모두 10배 이상이므로 별도로 고려할 필요 없이 옳은 선지로 판단하면 된다.

위 보기에서는 15%에 가까운 범위의 값이 주어지지 않아 큰 의미는 없었으나, 15%나 85%를 처리하는 또다른 방법으로 5 ~ 6배가 되는지 확인하는 방법이 있다는 점을 기억하자. 참고로 15%나 85%의 처리 방법을 정리해보면 총 4가지 정도 된다.

① 10%+5%=15%

② 85%=약 50%+33%

③ $\frac{85}{15}=5\sim6$

④ 15×15=225

위 4가지를 이용하면 빠르게 못 처리할 기출 문제는 없으므로 잘 적용해보기 바란다.

독끝 심화 9일차 (031~060)

정답

031	③	032	②	033	①	034	④	035	③
036	④	037	①	038	①	039	②	040	⑤
041	③	042	⑤	043	①	044	①	045	③
046	③	047	①	048	②	049	①	050	⑤
051	②	052	②	053	④	054	⑤	055	①
056	③	057	⑤	058	①	059	①	060	⑤

031 정답 ③ 난이도 ●●●

ㄱ. (○) A의 전·월세 전환율이 6%라면, 전세금은 3억 5천만원이다.

➜ 전세금$=\frac{\text{월세}\times12\times100}{\text{전·월세전환율}}+$월세 보증이므로,

A의 전세금은: $\frac{50\times12\times100}{6}+25{,}000=35{,}000$ 만원이 된다.

따라서 전세금은 3억 5천만원이다.

ㄴ. (×) B의 전·월세 전환율은 ~~10%이다.~~

➜ 전·월세 전환율은 $\frac{\text{월세}\times12}{\text{전세금}-\text{월세보증금}}\times100$ 이므로 이 식을 활용하여 값을 구하면,

B의 전월세 전환율: $\frac{60\times12}{42{,}000-30{,}000}\times100$

$\rightarrow\frac{72{,}000}{120{,}000}\times100=6\%$이다.

ㄷ. (×) C의 전·월세 전환율이 3%라면, 월세보증금은 ~~3억 6천만원이다.~~

➜ 월세보증금$=$전세금$-\frac{\text{월세}\times12\times100}{\text{전월세전환율}}$이므로 이 식을 활용하여 값을 구하면,

C의 전·월세 전환율: $60{,}000-\frac{70\times12\times100}{3}$ $=32{,}000$(만 원)이다.

따라서 월세보증금은 3억 2천만원이다.

ㄹ. (○) E의 전·월세 전환율이 12%라면, 월세는 50만원이다.

➜ 월세$=\frac{\text{전·월세전환율}\times(\text{전세금}-\text{월세보증금})}{12\times100}$ 이므로

이 식을 활용하여 값을 구하면,

E의 월세: $\frac{12\times(58{,}000-53{,}000)}{12\times100}=50$만원 이 된다.

따라서 옳은 보기이다.

합격자의 실전 풀이 순서

❶ 〈표〉와 각주를 읽고, 전·월세 전환율을 구하는 방식을 이해한다.

❷ 계산이 쉬운 보기 ㉢ 먼저 확인하면, 틀린 보기이므로 ①, ④번을 소거한다.

❸ 보기 구성이 비슷하므로 보기 ㉠을 확인한다. 보기 ㉠은 옳은 보기이므로 ⑤번을 소거한다.

❹ 다음으로 보기 ㉣을 확인하면, 역시 옳은 보기이므로 답은 ③번이다.

합격자의 시간단축 Tip

보기 ㉠ 전·월세 전환율이 6%일 때의 A의 전세금을 직접 구하지 않고, 보기에 주어진 전세금 3억 5천만원을 A에 대입하여 전·월세 전환율이 6%인지 확인한다.
즉, 3억 5천만 원의 전세금을 대입하였을 때 전·월세 전환율이 6%가 아니라면 보기 ㉠은 틀린 보기이고 6%라면 옳은 보기이다.
이와 같은 방식으로 보기 ㉢, 보기 ㉣도 접근한다면 시간을 줄일 수 있을 것이다.

※ 항상 도출보다는 대입하여 확인하는 방식을 추천한다.

032 정답 ② 난이도 ●●○

ㄱ. (○) 부정적 키워드 검색 건수에 비해 긍정적 키워드 검색 건수가 많았던 연도의 횟수는 8번 이상이다.

➜ 2000년부터 2013년의 부정적 키워드와 긍정적 키워드 검색 건수를 비교하면 2000년의 부정적 키워드 검색 건수는 575+260=835이고 긍정적 키워드 검색 건수는 802이다. 그러므로 2002년에는 부정적 키워드 검색 건수가 더 많다. 이러한 방식으로 계산한 것을 표로 만들면 아래와 같다.
따라서 부정적 키워드 검색 건수에 비해 긍정적 키워드 검색 건수가 많았던 연도는 2001년, 2002년, 2007년, 2008년, 2009년, 2010년, 2011년, 2012년, 2013년으로 총 9번 이므로 옳은 보기이다.

ㄴ. (×) '세대소통' 키워드의 검색 건수는 2005년 이후 매년 ~~증가하였다.~~

→ 2005년 이후 '세대소통' 키워드의 검색 건수는 2012년까지 매년 증가하다 2012년에서 2013년이 될 때 4,263건에서 3,809건으로 감소하였다. 그러므로 틀린 보기이다.

	부정적 키워드	긍정적 키워드
2000	835	802
2001	729	757
2002	1,381	1,666
2003	1,850	1,627
2004	2,044	1,367
2005	1,745	1,660
2006	1,434	1,413
2007	1,725	2,592
2008	2,529	4,179
2009	2,902	4,697
2010	3,818	7,713
2011	4,095	7,780
2012	5,506	12,731
2013	4,715	8,233

ㄷ. (○) 2001~2013년 동안 전년대비 전체 검색 건수 증가율이 가장 높은 해는 2002년이다.

→ 2001~2013년 동안 전년대비 전체 검색 건수가 증가한 해는 2002년, 2003년, 2007년, 2008년, 2010년, 2011년, 2012년이다. 이 중 2002년은 전년대비 2배 이상 증가하였지만 나머지는 2배가 되지 않는다. 따라서 옳은 보기이다.

ㄹ. (×) 2002년에 전년대비 검색 건수 증가율이 가장 낮은 키워드는 ~~'세대소통'이다.~~

→ 세대갈등: $\frac{392}{520}\times100=75.38\%$,

세대격차: $\frac{260}{209}\times100=124.40\%$

세대소통: $\frac{109}{109}\times100=100.00\%$

세대통합: $\frac{800}{648}\times100=123.45\%$

의 증가율을 보여주고 있으므로 '세대갈등'의 증가율이 가장 낮다.

합격자의 실전 풀이 순서

❶ 〈표〉의 구조를 파악한다.

❷ 확인해야 하는 개수가 가장 적은 보기 ㉣ 먼저 확인하면, 틀린 보기이므로 ③, ④, ⑤번을 소거할 수 있다.

❸ 눈으로 확인할 수 있는 보기 ㉡을 확인하면, 틀린 보기이므로 답은 ②번이다.

합격자의 시간단축 Tip

보기 ㉠ 양분되는 정보의 경우(=전체가 두 구성 요소로 구성되는 경우) 둘 중 하나가 더 크다는 것은 곧 그 값의 비중이 전체의 50%가 넘는다는 의미이다.
따라서 전체를 반으로 나누었을 때, 한 값이 절반보다 크면 그 값이 더 큰 것이고, 절반보다 작으면 그 값이 더 작은 것이다.
이 방식은 덧셈 결과가 비슷하여 결국 구체적 계산을 두 번 할 수밖에 없는 경우에 사용하면, 한 번의 계산으로 해결할 수 있는 장점이 있다. 예를 들어 다른 연도는 그 차이가 커서 굳이 이 방법을 사용하지 않아도 괜찮지만, 2000년의 경우 그 차이가 작아 위 방법을 활용하는 것이 더욱 효율적이다.

보기 ㉡ 완전한 경향성을 가지고 있는지 묻는 문제는 반례를 찾는 문제로, 출제 의도 상 수험생의 시간 소모를 유도하기 위해 뒷부분에 반례를 배치하는 경우가 일반적이다.
따라서 뒤에서부터 확인하면 2012~2013년에 '세대소통' 키워드의 검색 건수가 감소하였으므로 바로 틀린 보기임을 알 수 있다.

보기 ㉢ 2002년의 전년 대비 전체 검색 건수 증가율은 100% (=2배) 초과이다.
그러나 다른 연도들은 전년 대비 증가율이 모두 2배 미만이므로 옳은 선지이다.

보기 ㉣ '세대 소통'의 2002년의 전년 대비 검색 건수 증가율은 100%(=2배)이므로 이를 기준으로 두고 다른 키워드를 빠르게 비교한다. '세대갈등'의 2002년의 전년 대비 검색 건수 증가율은 100% 미만이므로 틀린 보기임을 알 수 있다.

033 정답 ① 난이도 ●●○

ㄱ. (O) 각 약품의 투입량이 20g일 때와 60g일 때를 비교하면, A의 오염물질 제거량 차이가 가장 작다.

→ A, B, C 각각의 약품 투입량이 20g일 때와 60g일 때 오염물질 제거량이 변화되는 크기를 비교한다.

- A 약품은: 45g−35g=10g
- B 약품은: 37.5g−25g=12.5g
- C 약품은: 30g−15g=15g이다.

따라서 A의 차이가 가장 작다.

ㄴ. (O) 각 약품의 투입량이 20g일 때, 오염물질 제거량은 A가 C의 2배 이상이다.

→ A 약품의 투입량이 20g일 때 오염물질 제거량은 35g이고,

C 약품의 투입량이 20g일 때 오염물질 제거량은 15g이다.

C의 2배는 15g×2=30g 이므로 오염물질 제거량은 A가 C의 2배 이상이다.

ㄷ. (×) 오염물질 30g을 제거하기 위해 필요한 투입량이 가장 적은 약품은 ~~B이다.~~

→ 오염물질 30g을 제거하기 위해 A는 10g, B는 30g, C는 60g이 필요하다.

따라서 필요한 투입량이 가장 적은 약품은 A이다.

ㄹ. (×) 약품 투입량이 같으면 B와 C의 오염물질 제거량 차이는 ~~7g 미만이다.~~

→ B와 C의 오염물질 제거량 차이가 가장 큰 투입량 수준은 20g 수준과 30g 수준이다.

이때, 오염물질 제거량의 차이는 10g으로 7g 이상이다.

합격자의 실전 풀이 순서

❶ 〈그림〉의 X축과 Y축의 내용을 파악한다. A, B, C가 각각 어떤 도형에 대응되는지 확인한다.

❷ 보기 ㉠을 먼저 확인하면, 약품의 투입량이 20g일 때와 60g일 때의 A의 오염물질 제거량 차이가 10g 이하(그래프의 2칸 이하)인데, B와 C는 10g 초과(그래프의 2칸 초과)이므로 옳은 보기이다. 특히 괄호에 적은 것처럼 〈그림〉으로 주어진 만큼 시각적 효과를 이용하여 해결하면 보다 빠를 것이다. 따라서 답은 ①, ④번 중 하나이다.

❸ 보기 ㉢을 확인하면 틀린 보기이다. 따라서 답은 ①번이다.

합격자의 시간단축 Tip

선의 구분을 도형을 통해서 구하는 경우, 문제를 풀다 보면 대응 관계를 잊는 경우가 많다.

따라서 다시 범례를 확인하고 그래프를 읽게 되면 시간을 불필요하게 낭비하게 되므로, 처음 그래프를 읽을 때 선 위에 범례를 작게 적어두는 방식으로 시간의 효율적 관리를 도모하는 것이 좋다.

보기 ㉢ 문장을 〈그림〉의 시각적 효과로 해석하면, y축의 오염물질 제거량 30부분에서 수평의 직선을 그었을 때 가장 먼저 닿는 선이 투입량이 가장 적은 약품이다.

보기 ㉣ 반례를 찾는 보기이므로 B와 C의 오염물질 제거량 차이가 최대인 부분을 찾아 7g과 비교하는 방식이 시간을 줄이는 방법이다.

034 정답 ④ 난이도 ●○○

ㄱ. (O) 2012년 개인단의 신규 안치건수는 2009 ~ 2012년 개인단 신규 안치건수 합의 50% 이하이다.

→ 문제에서 포괄적으로 개인단을 묻고 있으므로 개인단의 관내, 관외의 수를 더한다.

- 2012년 개인단 신규안치건수의 합: 606+132 =738건,
- 2009 ~ 2012년의 개인단 신규안치건수의 합: (719건+176건+606건+132건)=1,633건이다.

그런데 문제에서 2009 ~ 2012년 개인단 신규 안치건수 합의 50%를 묻고 있기 때문에 (개수×비율)인 1,633×0.5를 계산하면 816.5건 이다.

738건은 816.5건 이하이므로 2012년 개인단의 신규 안치건수는 2009 ~ 2012년 개인단 신규 안치건수 합의 50% 이하이다.

ㄴ. (O) 2009 ~ 2012년 신규 안치건수의 합은 관내가 관외보다 크다.

→ 2009~2012년의 (개인단 관내건수+부부단 관내건수)와 (개인단 관외건수+부부단 관외건수)를 구하여 비교해야 한다.

- 관내 2009년 ~ 2012년 신규 안치건수의 합은: (719건+606건+632건+557건)=2,514건
- 관외 2009 ~ 2012년 신규 안치건수의 합은: (176건+132건+221건+134건)=663건이므로

2009~2012년 신규 안치건수의 합은 관내가 관외보다 크다.

ㄷ. (O) 2012년 부부단 관내와 부부단 관외의 매출액이 2011년에 비해 각각 50%가 증가한 것이라면, 2009 ~ 2010년 매출액의 합은 부부단 관내가 부부단 관외보다 작다.

➜ 2009~2010년 매출액의 합을 구하기 위해서는 2011년의 매출액을 알아내야 한다. 2012년 부부단 관내와 관외의 매출액이 2011년에 비해 각각 50% 증가한 것이므로 2011년 매출액의 1.5배(150%)가 2012년 매출액이라는 것을 알 수 있다.

[2011년 부부단 관내 매출액×1.5=2012년 부부단 관내 매출액]

→ 2011년 부부단 관내 매출액:
330,000÷1.5=220,000만원

→ 2009 ~ 2010년 부부단 관내 매출액:
323,900−220,000=103,900만원

[2011년 부부단 관외 매출액×1.5=2012년 부부단 관외 매출액]

→ 2011년 부부단 관외 매출액:
171,000÷1.5=114,000만원

→ 2009 ~ 2010년 부부단 관외 매출액:
291,800−114,000=177,800만원

따라서 2009~2010년 매출액의 합은 부부단 관내가 부부단 관외보다 작다.

ㄹ. (×) 2009 ~ 2012년 4개 안치유형 중 신규 안치건수의 합이 가장 큰 안치유형은 ~~부부단 관내이다.~~

➜ 개인단 관내: (719건+606건)=1,325건
개인단 관외: (176건+132건)=308건
부부단 관내: (632건+557건)=1,189건
부부단 관외: (221건+134건)=355건 이다.
따라서 신규 안치건수의 합이 가장 큰 안치유형은 개인단 관내이다.

합격자의 실전 풀이 순서

❶ 〈표〉를 읽으면서, 안치유형과 주어진 연도를 파악한다.

❷ 눈으로 확인할 수 있는 보기 ㉣ 먼저 확인한다. 틀린 보기이므로 ③, ⑤번을 소거한다.

❸ ①, ②, ③번은 모두 ㉡을 포함하므로 보기 ㉠을 확인한다. 옳은 보기이므로 ②번을 소거한다.

❹ 보기 ㉢을 확인하면, 옳은 보기이므로 답은 ④번이다.

합격자의 시간단축 Tip

보기 ㉠ 〈표〉에는 2009~2011년, 2012년이 각각 구분되어 있지만, 보기 ㉠은 한 묶음의 형태(2009~2012)로 범위를 주고 있으므로 주의 깊게 보지 않는다면 2009~2011년으로 착각할 수 있다.

따라서 연도가 나올 때는 주의 깊게 보고 연도에 표시해 놓고 계산을 하는 것을 추천한다.

또한 2009~2011년이 2012년보다 개인단 관내, 관외 모두 신규 안치건수가 크므로 2012년의 개인단 신규 안치건수는 2009~2012년 개인단 신규 안치건수 합의 절반 미만이다.

보기 ㉡ 관내, 관외를 각각 더해 비교하지 않고, '차잇값 비교 방법'과 같이 개인단과 부부단 각각에서 관내와 관외를 비교하면 된다.

개인단, 부부단 모두 관내가 훨씬 크므로 계산 없이 옳은 선지로 판단한다.

보기 ㉢ 정석적인 풀이는 2012년의 값에 $\frac{2}{3}$를 곱하여 2011년 매출액을 구한 후 2009 ~ 2011년 매출액에서 2011년 매출액을 빼서 비교하는 것이지만, 이는 많은 계산 과정과 시간을 요구한다.

따라서 식을 재구조화하면, "2009~2011년 매출액−2012년 매출액×$\frac{2}{3}$"인만큼 관내와 관외의 연도 구간별 '차잇값'을 통해 계산 없이 답을 도출할 수 있다.

즉 2009~2011년 매출액은 관내와 관외가 약 30,000 정도밖에 차이가 나지 않는 반면, 2012년의 경우 160,000가량 차이가 나고 있다. 따라서 당연하게도 '2009~2011년 매출액−2012년 매출액×$\frac{2}{3}$'에서 앞의 값은 유사하지만 뺄 값은 지나치게 차이나므로, 계산하지 않더라도 관내가 관외보다 작다는 것을 알 수 있다.

035 정답 ③ 난이도 ●○○

ㄱ. (O) 13대 수출 주력 품목 중 2014년 수출액이 큰 품목부터 차례대로 나열하면 반도체, 석유제품, 자동차, 일반기계, 석유화학, 선박류 등의 순이다

➜ 해당 품목의 수출액은 전체 수출액×해당 품목의 수출액 비중이고, 2014년 전체 수출액은 해당 품목의 수출액 비중이 크면 해당 품목의 수출액도 크다.

따라서 〈표 1〉을 보고 13대 수출 주력 품목의 2014년의 수출액 비율을 큰 순서대로 나열하면 반도체(10.04%) > 석유제품(8.88%) > 자동차(8.54%) > 일반 기계(8.49%) > 석유화학(8.35%) > 선박류(7.09%) 순이다.

ㄴ. (O) 13대 수출 주력 품목 중 2013년에 비해 2015년에 전체 수출액 대비 수출액 비중이 상승한 품목은 총 7개이다.

→ <표 1>을 보면, 2013년에 비해 2015년에 수출액 비중이 상승한 품목은

- 가전: (1.83% → 2.12%),
- 무선통신기기: (6.49% → 7.28%),
- 반도체: (8.31% → 11.01%),
- 일반 기계: (8.31% → 8.89%),
- 자동차: (8.16% → 8.69%),
- 자동차부품: (4.09% → 4.68%),
- 컴퓨터: (2.25% → 2.28%)

로 총 7개 품목이 상승했음을 알 수 있다.

ㄷ. (×) 13대 수출 주력 품목 중 세계수출시장 점유율 상위 ~~5개 품목의 순위는 2013년과 2014년이 동일하다.~~

→ <표 2>를 보면 13대 수출 주력 품목 중 세계수출시장 점유율 상위 5개 품목을 알 수 있다.

2013년에는 선박류(24.55%) > 평판디스플레이(23.23%) > 석유화학(8.63%) > 반도체(8.33%) > 무선통신기기(6.77%) 순이고,

2014년에는 선박류(22.45%) > 평판디스플레이(21.49%) > 반도체(9.39%) > 석유화학(9.12%) > 자동차부품(5.75%) 순이다.

상위 5개 품목 중에서 무선통신기기가 자동차부품으로 바뀌었음을 알 수 있다.

합격자의 실전 풀이 순서

❶ <표 1>은 A국 전체 수출액 대비 비중 자료임을, <표 2>는 세계수출시장 점유율 자료임을 확인하고, '전체'나 '기타' 등은 문제를 풀 때 실수를 유발하게 하는 대표적인 값이므로, <표 1>의 '계' 자료를 위의 품목들과 구별되게 가로로 구분 선을 표시한다.

❷ 2014년 <표 1>의 비중이 큰 품목을 단순 확인하는 보기 ㉠, 2013년과 2014년의 상위 5개 품목의 자료를 확인하는 보기 ㉢을 먼저 해결하고, 2013년과 2015년 13개 품목의 자료를 확인하는 보기 ㉡을 해결한다.

❸ ㉠을 해결하기 위해 <표 1>의 2014년을 확인한다. <표 1>에는 수출액 비중만 주어져 있으나, 해당 비중들은 각 연도의 전체 수출액을 기준으로 한 비중이기 때문에 동일한 연도 내에선 크기 비교가 가능하다. 이때 하나 하나를 각각 비교하는 것보다는 3~4개를 덩어리로 묶어서 순위를 비교 후 모순이 있는지 보는 것이 효율적이다. ㉠에 주어진 순서대로 확인해 보면 옳다. 따라서 ②, ④가 소거된다.

❹ ㉢을 해결하기 위해 <표 2>를 확인한다. 13년도의 점유율 상위 5개 품목을 순서대로 나열하면 선박류, 평판디스플레이, 석유화학, 반도체, 무선통신기기이다. 이때 다시 14년도의 순위를 도출 후 13년과 비교하는 것은 비효율적이기 때문에, 13년의 순위를 14년에 대입하여 모순이 있는지 확인하는 것이 좋은 전략이다.

14년도에는 석유화학보다 반도체의 점유율이 더 높으므로 해당 보기는 옳지 않다. ⑤가 소거된다.

❺ 난이도는 낮으나 실수할 개연성이 매우 높은 유형이다. 따라서 빠르게 확인하려고 하기 보다는 실수 없이 한다는 마음으로 차근차근 찾는 것이 좋다. ㉡에서 수출액 대비 수출액 비중이 상승 또는 하강한 품목 중 하나의 개수를 세면 된다. 임의대로 상승한 품목 개수를 구해보면, 가전, 무선통신기기, 반도체, 일반 기계, 자동차, 자동차부품, 컴퓨터로 7개이다.

따라서 답은 ③이다.

036 정답 ④ 난이도 ●●○

ㄱ. (×) 전체인식률은 0.8 ~~이상이다.~~

→ 전체 인식률은 추정 결함 원인과 실제 결함 원인이 동일한 베어링의 개수의 총합이다.

불균형결함(87) + 내륜결함(90) + 외륜결함(92) + 정렬 불량결함 (75) + 볼결함(78) = 422를 결함이 있는 베어링의 개수 전체 총계 610으로 나누어 구할 수 있다.

422개 ÷ 610개 ≈ **0.692**이므로 0.8 이하이다.

ㄴ. (O) '내륜결함' 오류율은 '외륜결함' 오류율보다 낮다.

→ 우선 '내륜결함'과 '외륜결함' 추정 결함 원인의 세로 방향으로 내려가 총계를 파악한다.

각각 116, 133이다. 다음으로 추정과 실제 결함 원인이 겹치는 수치를 파악한다.

각각 90, 92이므로 이를 통해 인식률을 구할 수 있고 오류율은 1에서 인식률을 빼서 구할 수 있다.

각각의 오류율을 구해보면,

- '내륜결함' 오류율: $1-\frac{90}{116} \approx \mathbf{0.224}$
- '외륜결함' 오류율: $1-\frac{92}{133} \approx \mathbf{0.308}$,

따라서 '내륜결함' 오류율이 '외륜결함' 오류율보다 낮다.

$0.224 < 0.308$

ㄷ. (×) '불균형결함' 인식률은 '외륜결함' 인식률보다 ~~낮다.~~

→ 보기 ㉡에서 구한 수치를 이용하면 '외륜결함' 인식률은 0.692로 구해진다.

(1－인식률)＝오류율이므로 '불균형결함'의 인식률만 구하면 된다.
추정 '불균형결함'의 총계는 115, 추정과 실제가 동일한 개수는 87이므로 '불균형결함'의 인식률을 구해보면

$\frac{87}{115} \approx 0.757 > 0.692$

따라서 '불균형결함' 인식률은 '외륜결함' 인식률보다 높다.

ㄹ. (○) 실제 결함원인이 '정렬불량결함'인 베어링 중에서, 추정 결함원인이 '불균형결함'인 베어링은 추정 결함원인이 '볼결함'인 베어링보다 적다.
➜ 실제결함 원인이 '정렬 불량결함'인 총계는 가로 도표를 따라 103개이다.
이 중 추정 결함 원인이 '불균형결함'인 베어링은 두 경우의 수가 교차하는 5개이고, 추정 결함 원인이 '볼결함'인 베어링은 두 경우의 수가 교차하는 16개이다. 5 < 16이므로 보기 'ㄹ'은 옳다.

합격자의 실전 풀이 순서

❶ 〈표〉의 가로축은 '추정' 결함 원인이고, 세로축은 '실제' 결함 원인임을 파악한 후, '합'과 '계'을 구별하기 쉽게 세로와 가로로 구분선을 긋는다. 또한 추정 결함 원인과 실제 결함 원인이 일치하는 대각선을 표시한다.

❷ 〈표〉 아래의 각주를 확인한다. 오류율＋인식률＝1임을 파악한다.

❸ 계산 없이 단순 확인을 요구하는 보기 ㉣을 가장 먼저 해결한다. 전자는 5개, 후자는 16개이므로 해당 보기는 옳다.

❹ 보기 ㉣이 옳기 때문에 선지 ④, ⑤만이 남는다. 따라서 보기 ㉢을 해결한다. '불균형결함'의 인식률인 $\frac{87}{115}$과 '외륜결함'의 인식률인 $\frac{92}{133}$을 비교하면 '불균형결함'의 인식률이 더 높다. 따라서 보기 ㉢은 옳지 않다. 답은 ④번이다.

합격자의 시간단축 Tip

보기 ㉠

[방법 1] 추천 방법
해당 보기가 맞기 위해서는 '대각선의 총합(＝추정과 실제가 일치하는 경우의 합)'이 전체 합계(610)×80%＝약 480개를 초과해야 한다.
이때 전체인식률을 구하기 위해서 대각선에 있는 수를 직접 더할 필요가 없다. 결함원인의 구성요소는 총 5개로, 대각선 값 중 가장 큰 92(외륜견함)로 5개의 값을 통일한다 해도 92 ×5＝460 밖에 되지 않는다. 당연히 실제 값은 이보다 작을 것이므로 틀린 선지임을 쉽게 알 수 있다.

[방법 2]
해당 보기가 맞기 위해서는 대각선 수의 총합이 610×0.8 이상이어야 하며, 610을 600으로 보더라도 약 600×0.8＝ 480을 초과해야 함을 의미한다. 이때 전체 인식률을 구하기 위해서는 대각선에 있는 수를 모두 더해야 한다. '각산법'을 활용하여 십의 자리만 더하면 80＋90＋90＋70＋70＝400이다. 그러나 십의 자리를 더하고 남은 일의 자리들끼리 더해서 80을 초과할리 없으므로 해당 보기는 틀렸다는 것을 알 수 있다.

보기 ㉡ '반대 해석'을 활용하기 가장 좋은 형태이다. 즉 각주 3)에 따라 "내륜결함 오류율은 외륜결함 '오류율' 보다 낮다"는 "내륜결함 인식률은 외륜결함 '인식률' 보다 높다"로 반대 해석할 수 있다.

따라서 인식률을 도출하면 내륜결함 인식률은 $\frac{90}{116}$이고, 외륜결함 인식률은 $\frac{92}{133}$이다.

전자에 비해 후자는 분자가 2만큼(약 2%) 크고, 분모는 17만큼(10% 초과) 크다. 따라서 전자가 후자보다 높다. 따라서 오류율은 전자가 후자보다 낮다.

(내륜결함의 오류율은 $1-\frac{90}{116}$이고, 외륜결함의 오류율은

$1-\frac{92}{133}$이지만 값을 계산할 필요 없이, $\frac{90}{116} > \frac{92}{133}$이면, $-\frac{90}{116} < -\frac{92}{133}$라 판단한다.)

보기 ㉢ 불균형결함 인식률은 $\frac{87}{115}$이고, 외륜결함 인식률은 $\frac{92}{133}$이다. 전자에 비해 후자는 분자가 5만큼(10% 미만) 증가하고, 분모는 18만큼(10% 초과) 증가하여, 전자가 후자보다 높다.

보기 ㉣ 단순 확인 선지이나, 이처럼 단어가 복잡한 경우엔 '선지를 읽고 〈표〉를 보는 방법' 이 알맞지 않다. 즉 선지를 읽고 표를 볼 때 어려운 단어인 만큼, 단어를 까먹거나 헷갈리는 일이 많으므로 다시 선지를 읽는 시간 낭비가 발생하기 쉽다. 따라서 읽음과 동시에 펜으로 해당 부분을 〈표〉에 표시하면서 해결하는 것이 좋다. 이처럼 사소한 부분도 시간 낭비를 줄여야 나중에 어려운 문제에 시간을 투자할 수 있다.

037 정답 ①　　　난이도 ●●○

ㄱ. (○) 유통업태별 전체 구매액 중 50대 이상 연령대의 구매액 비중이 가장 큰 유통업태는 할인점이다.
→ 유통업태별 전체 구매액 중 50대 이상 연령대의 구매액의 대략적인 비중을 보면 소셜커머스는 약 30% 미만, 오픈마켓은 약 35%, 일반유통은 약 20% 미만, 할인점은 약 40%이다. 즉, 할인점이 가장 비중이 크다.

ㄴ. (○) 유통업태별 전체 구매액 중 여성의 구매액 비중이 남성보다 큰 유통업태 각각에서는 40세 이상의 구매액 비중이 60% 이상이다.
→ 유통업태별 전체 구매액 중 여성의 구매액 비중이 남성보다 큰 유통업태는 오픈마켓과 할인점이다. 오픈마켓에서 40세 이상의 구매액 비중은 약 65%이며, 할인점에서 40세 이상의 구매액 비중은 약 70%이다. 그러므로 각 유통업태의 40세 이상 구매액 비중은 60% 이상이다.

ㄷ. (×) 4대 유통업태 ~~각각에서~~ 50대 이상 연령대의 구매액 비중은 20대 이하보다 크다.
→ 일반유통에서 50대 이상 연령대의 구매액 비중은 약 15%로 약 25%인 20대 이하보다 작다.
소셜커머스에서 50대 이상 연령대의 구매액 비중은 약 25%로 약 15%인 20대 이하보다 크다.
오픈마켓에서 50대 이상 연령대의 구매액 비중은 약 35%로 약 10%를 차지하는 20대 이하보다 크다.
할인점에서 50대 이상 연령대의 구매액 비중은 약 40%로 약 10%를 차지하는 20대 이하보다 크다.
그러므로 소셜커머스와 오픈마켓, 할인점은 50대 이상 연령대의 구매액 비중이 20대 이하보다 크지만 일반유통은 그렇지 않으므로 선택지의 내용은 올바르지 않다.

ㄹ. (×) 유통업태별 전체 구매액 중 40세 미만의 구매액 비중이 50% 미만인 유통업태에서는 여성의 구매액 비중이 남성보다 ~~크다.~~
→ 40세 미만의 구매액 비중은 각 유통업태의 20대 이하와 30대의 범위를 파악하면 된다.
유통업태별 전체 구매액 중 40세 미만의 구매액 비중이 50% 미만인 유통업태는 소셜커머스(약 40%)와 오픈마켓(약 32%), 할인점(약 30%)이다.
이 중 소셜커머스의 경우 여성의 구매액 비중이 40% 정도로 남성보다 작다.
반면 오픈마켓 여성 구매액 비중은 남성보다 크다.
할인점 여성의 구매액 비중은 남성보다 크다.
그러므로 선택지의 내용은 올바르지 않다.

합격자의 실전 풀이 순서

❶ 〈그림〉의 자료들이 비율 자료임을 파악하고 각주를 확인한다.

❷ 4개 보기 모두 4대 유통업태를 모두 살펴야 하므로, 선지에 포함된 개수가 가장 적은 ㉣부터 해결한다. 40세 미만의 구매액 비중이 50% 미만인 유통업태는 소셜커머스, 오픈마켓, 할인점이며 이들의 성별 구매액 비중을 살펴보면 해당 보기는 틀렸음을 알 수 있다.

❸ ㉣이 옳지 않으므로 선지 ①~③이 남는다. 다음으로 선지에 포함된 개수가 적은 ㉠ 또는 ㉢을 해결한다. 보기 ㉠에서 50대 이상 연령대의 구매액 비중이 가장 큰 유통업태는 할인점이 맞으므로 ㉠은 옳다. 보기 ㉢에서는 각 유통업태의 50대 이상 연령대의 구매액 비중과 20대 이하의 그것을 비교해보면 일반유통에서는 20대 이하의 구매액 비중이 더 큰 것을 알 수 있으며, 따라서 ㉢은 옳지 않다. 답은 ①번이다.

합격자의 시간단축 Tip

보기㉠ 숫자를 구체적으로 확인할 필요가 없다. '비중' 그래프인 만큼, 그래프 별로 수치가 다르지 않으므로 시각적 특성을 이용하여 '50대 이상' 칸이 가장 큰 곳을 찾으면 된다.

* 참고로 비중과 같이 그 합이 무조건 100%일 수밖에 없는 경우를 제외하고는, 그래프 별로 단위가 다르거나, 간격이 다를 수 있으므로 그래프의 특성을 고려해서 적용해야 함을 주의하자.

보기㉡ 일반적으로 '크기가 큰 칸' 이 더 눈에 띄므로, 오히려 60% 이상인지를 확인하는 것이 더 효율적이다.

보기㉢ 보기 ㉠과 마찬가지로 시각적 특성을 활용하여, 모든 유통업태에서 50대 이상의 흰 칸이 20대 이하의 검은 칸보다 큰지 확인한다.

보기㉣ 20대 이하 및 30대의 구매액 비중이 50% 미만인 소셜커머스, 오픈마켓, 할인점에서 여성의 구매액 비중이 50%를 초과하는지 확인한다.

038 정답 ①　　　난이도 ●○○

① (×) 흉년 빈도가 네 번째로 높은 지역은 평안이다.
→ 흉년 빈도가 높은 순서대로 나열하면 경기(8), 강원(7), 충청(6), 황해(5), 평안, 경상, 함경, 전라이므로 네 번째로 높은 지역은 황해이다. 그러므로 선택지의 내용은 옳지 않다.

② (O) 흉년 지역 수는 세조5년이 세조4년보다 많다.
→ 세조5년의 흉년 지역 수는 경기, 황해, 평안, 함경, 강원으로 5개 지역이고, 세조4년의 흉년지역 수는 경기, 황해, 평안, 충청으로 4개 지역 이므로 세조5년이 세조4년보다 많다.

③ (O) 경기, 황해, 강원 3개 지역의 흉년 빈도 합은 흉년 빈도 총합의 55% 이상이다.
→ 경기, 황해, 강원 3개 지역의 흉년 빈도 합은 8+5+7=20이다.
흉년 빈도 총합은 8+5+4+2+7+6+3+1=36이다.
36의 55%는 36×0.55=19.8이다.
그러므로 3개 지역의 흉년 빈도 합(20)은 흉년 빈도 총합의 55%(19.8) 이상이다.

④ (O) 충청의 흉년 빈도는 경상의 2배이다.
→ 충청의 흉년 빈도는 6, 경상의 흉년 빈도는 3이므로 2배이다.

⑤ (O) 흉년 지역 수가 5인 재위년의 횟수는 총 2번이다.
→ 흉년 지역 수가 5인 재위년은 세조5년, 세조12년이므로 총 2번이다.

합격자의 실전 풀이 순서

괄호 부분이 없는 지역을 먼저 줄 세워보면, (8-7-6-5)로 1~4위를 줄 세울 수 있다.
따라서 평안이 네 번째로 높기 위해서는 흉년 빈도가 5가 되어 동순위자가 있는 4위가 되어야 한다. 그러나 괄호가 모두 흉년이라 보더라도 4가 최대이므로 틀린 선지이다.

Tip 시험장 경험
당시 실제 시험장에서의 경험을 되새기자면, 이미 '동순위자가 있다'는 것부터 틀린 선지일 것 같다는 확신이 들었다. 일반적으로 피셋 자료해석 문제는 동순위자가 있는 경우 순위가 다소 모호하게 느껴질 수 있어 이를 정확하게 몇 위인지 묻지 않는 경향이 있기 때문이다.

합격자의 시간단축 Tip

선지 ② 세조5년과 세조4년의 흉년 지역 수를 비교하기 위해서는 세조 5년 황해 지역의 흉년 여부를 파악해야 한다. 황해 지역의 흉년 빈도는 5로 세조4년과 세조5년의 괄호 모두 O임을 알 수 있다.
따라서 세조5년의 흉년 지역 수는 5이다.

선지 ③ 흉년 빈도 총합=흉년 지역 수 총합=36이다. 흉년 빈도 총합의 55%는 50%인 18와 5%인 1.8의 합인 19.8이다. 경기, 황해, 강원 지역의 흉년 빈도 합은 8+5+7=20으로, 흉년 빈도 총합의 55% 이상이다.

Tip 만약 선지 ②번을 풀지 않아 정확한 총합을 모른다 하더라도, 흉년 빈도 또는 흉년 지역수의 빈칸에 최대한 큰 수가 들어간다고 가정하고 합을 구하면 36이 나온다.
즉, 총 흉년 빈도의 총합은 무조건 36 이하라는 의미이며 우선 이의 55%를 계산하여 3개 지역의 흉년 빈도 합과 비교하는 것이 좋다. 만일 이렇게 했을 시에 3개 지역 흉년 빈도 합이 더 크다면, 흉년 빈도 총합이 36보다 작은 경우에는 당연히 55%보다 크다는 명제가 성립하므로 옳은 선지임을 알 수 있다.
다만 이러한 풀이는 최댓값 가정시 값이 성립하는 등 안 먹히는 경우가 있을 수 있으므로, 막상 해보니 안 먹혀 시간을 낭비하는 경우를 방지하기 위해 (총합을 다른 선지에서 자연스럽게 도출한 경우가 아니면) 안 푸는 것이 우월 전략이다.

039 정답 ②

난이도 ●●○

ㄱ. (O) 수원액 상위 10개국의 수원액 합은 A국 GDP의 0.04% 이상이다.
→ 〈표〉에 따르면 수원액 상위 10개국의 수원액 합계액은 738백만 달러이다.
이때, A국이 공여한 전체 공적개발원조액은 GDP 대비 0.13%인 1,914.3백만 달러이다.
이를 식으로 표현하면
$$\frac{\text{A국이 공여한 공적개발원조액}}{\text{GDP}}=\frac{\text{1,914.3백만 달러}}{\text{GDP}}$$
=0.0013이다.

따라서 $\text{GDP}=\frac{\text{1,914.3백만 달러}}{0.0013}$이고,

$\text{GDP의 }0.04\%=\frac{\text{1,914.3백만 달러}}{0.0013}\times0.0004$

$\rightarrow \text{1,900백만 달러}\times\frac{4}{13}<\text{700백만 달러}$이다.

즉 A국 GDP의 0.04%는 700백만 달러 미만이므로, 수원액 상위 10개국의 수원액 합은 A국 GDP의 0.04% 이상이다.

ㄴ. (×) '사하라 이남 아프리카'에 대한 공적개발원조액은 수원액 상위 10개국의 수원액 합보다 크다.
→ '사하라 이남 아프리카'의 공적개발원조액은 1,914백만 달러의 20%라고 문제에 제시되어 있으므로 계산식은 다음과 같다.
(전체 공적개발원조액)×(사하라 이남 아프리카 배분 비율)=19억1,430만 달러×$\frac{20}{100}$=3억8,286만 달러

따라서 '사하라 이남 아프리카'에 대한 공적개발원조액이 3억 8,286만 달러로 수원액 상위 10개국의 수원액 합인 7억 3,800만 달러보다 작다.

ㄷ. (×) '오세아니아.기타 아시아'에 대한 공적개발원조액은 '사하라 이남 아프리카', '북아프리카', '중남미'에 대한 공적개발원조액 합보다 크다.

→ '오세아니아·기타 아시아'의 공적개발원조액은 (전체 공적개발원조액)×('오세아니아·기타 아시아'의 배분 비율)=19억 1,430만 달러×32.4%이며, '사하라 이남 아프리카', '북아프리카', '중남미'의 공적 개발 원조액의 합은 (전체 공적개발원조액)×('사하라 이남 아프리카'+'북아프리카'+'중남미'의 배분 비율)=19억 1,430만 달러×32.9%이다.

즉 지역별 배분 값이 크면 지역별 공정개발원조액도 크다.

따라서 '오세아니아·기타 아시아'의 공적 개발 원조액의 배분 비율이 '사하라 이남 아프리카', '북아프리카', '중남미'의 공적개발원조액 배분 비율의 합보다 작으므로 공적개발원조액 합도 작다.

ㄹ. (○) 수원액 상위 10개국을 제외한 국가들의 수원액 합은 베트남 수원액의 5배 이상이다.

→ 베트남의 수원액은 2억1500만 달러며 5배를 하였을 때 10억 7,500만 달러가 된다.

수원액 상위 10개국을 제외한 국가들의 수원액 합은 (전체 공적개발원조액)−(수원액 상위 10개국의 공적개발원조 수원액 합)=19억 1,430만 달러−7억 3,800만 달러=11억 7,630만 달러

따라서 수원액 상위 10개국을 제외한 국가들의 수원액 합은 베트남 수원액의 5배 이상이다.

합격자의 실전 풀이 순서

❶ 〈표〉의 단위를 확인하고, '계' 자료에 표시한다.

❷ 수원액 상위 10개국 수원액의 GDP 대비 비율을 계산해야 하는 보기 ㉠은 후순위로 미룬다.
그리고 〈보고서〉에 주어진 비율을 확인하는 보기 ㉢을 먼저 해결한다.

❸ 보기 ㉢이 옳지 않으므로, 선지 ①, ②만 남는다. 보다 계산이 간단한(상위 10개국 수원액 합은 '계'로 주어져 있고, 이 값을 전체 원조액의 20%와 비교) 보기 ㉡을 해결한다.
'사하라 이남 아프리카'에 대한 공적개발원조액인 19억1430만×20%와 수원액 상위 10개국의 수원액 합인 738백만 달러를 비교하면 후자가 더 크므로 보기 ㉡은 옳지 않다. 따라서 답은 ②번이다.

합격자의 시간단축 Tip

단위를 전환하는 것은 익숙해져야 한다. 일반적으로 단위 전환 시 사용하는 숫자 구조는 1,000배 단위, 즉 숫자에 컴마(,)를 표시하는 것 기준으로 일→천→백만→십억→ 조이다.

예를 들어 〈보고서〉의 19억 1,430만 달러는 위의 개념을 이용하면 백만과 십억은 1,000배 차이므로 1,914.3(백만 달러)가 된다. 이처럼 잘 외워두면 전환이 매우 간단해지니 연습하는 것이 좋다.

보기 ㉠ 1,914.3(백만 달러)가 GDP의 0.13%라면, 738(백만 달러)가 GDP의 0.04% 이상인지 묻는 보기이다.

즉, 738×3이 0.12% 이상인지 묻는 보기이다. 738×3은 2,100을 초과하고, 1,914.3이 GDP의 0.13%이므로, 1,914.3보다 큰 738×3은 GDP의 0.13%를 초과한다.

보기 ㉡ 상위 10개국 수원액 합은 738백만 달러이다. 전체 공적개발원조액은 1,914.3백만 달러이고, 사하라 이남 아프리카에 대한 비율은 20.0%이다.

전체 공적개발원조액의 10%는 191.43백만 달러이고, 20%는 약 380백만 달러이다.

따라서 상위 10개국 수원액의 합이 더 크다. 또는, 20%를 다섯 배 하면 100%이므로 738백만을 5배한 것과 1,914백만 달러를 비교한다. 738백만의 5배는 3,500백만 이상이므로 전자가 훨씬 크다.

보기 ㉢ 오세아니아·기타 아시아에 대한 공적개발원조액의 GDP 대비 비율은 32.4%이다.

사하라 이남 아프리카는 20.0%, 북아프리카는 5.4%, 중남미는 7.5%로, 그 합은 32.9%로, 오세아니아·기타 아시아보다 크다.

보기 ㉣ 베트남 수원액은 215(백만 달러)로, 그 5배는 1,075 (백만 달러)이다. 수원액 상위 10개국을 제외한 국가들의 수원액 합은 1,914.3(백만 달러)−738(백만 달러)로, 1,914.3 ≥ 738+1,075인지 확인한다.

040 정답 ⑤ 난이도 ●●○

① (○) 매년 국가공무원 중 여성 수는 지방자치단체공무원 중 여성 수의 3배 이상이다.

→ 국가공무원 중 여성 수는 (국가공무원)×(국가공무원 중 여성 비율)이고, 지방자치단체 공무원 중 여성 수는 (지방자치단체공무원)×(지방자치단체공무원 중 여성 비율) 이다.

이때, 〈그림〉을 보면 국가공무원 여성 비율이 2015년을 제외하고 지방자치단체공무원 여성 비율에 비해 항상 1.5배 이상 증가한 것을 볼 수 있다. 따라서 〈표〉에서는 국가공무원이 지방자치단체공무원의 수보다 2배 이상 많으므로 국가공무원 여성 수는 1.5×2=3으로 지방자치단체공무원 여성 수의 3배 이상임을 알 수 있다.
또한, 여성 비율의 차이가 1.5배 증가하지 않았던 2015년을 비교해보면 다음과 같다.
(국가공무원 전체인원)×(여성 비율)=637,654명×0.494≈315,001명
(지방자치단체공무원 전체인원)×(여성 비율)=296,193×0.337≈99,817명
따라서 2015년 역시 국가공무원 여성 수가 지방자치단체공무원 여성 수의 3배 이상임을 알 수 있다.

② (○) 지방자치단체공무원 중 여성 수는 매년 증가하였다.
→ 지방자치단체공무원 중 여성 수는 (전체 지방자치단체공무원 인원수)×(지방자치단체공무원 중 여성 비율)로 계산할 수 있다.
이때, 〈표〉를 보면 전체 인원이 매년 증가하고 있고, 〈그림〉에서도 매년 여성의 비율이 증가하였기 때문에 실제 지방자치단체공무원 중 여성의 수는 매년 증가하였음을 알 수 있다.

③ (○) 매년 국가공무원 중 여성 수는 지방자치단체공무원 수보다 많다.
→ 국가공무원 중 여성 수는 (국가공무원)×(국가공무원 중 여성 비율)로 구할 수 있다.
공무원 수가 가장 적은 2011년을 먼저 보면
(전체 국가공무원 수)×(여성 비율)=621,313×$\frac{47}{100}$≈292,017명이다.
이러한 방법으로 다른 연도에 대해서도 2012년~2015년 모두 계산해 보면 국가공무원 여성 수가 지방자치단체공무원 수보다 많은 것을 알 수 있다.

④ (○) 국가공무원 중 남성 수는 2013년이 2012년보다 적다.
→ 〈그림〉을 보면 국가공무원 중 여성 비율은 2012년과 2013년 모두 48.1%로 같다.
따라서 남성의 비율 역시 51.9%로 같음을 알 수 있다. 그러나 〈표〉를 보면 2012년보다 2013년의 국가공무원 전체 수가 줄어들었지만, 남성의 비율은 2012년과 2013년 모두 똑같으므로 실제 남성의 수는 2013년이 2012년보다 적은 것을 알 수 있다.

⑤ (×) 국가공무원 중 여성 비율과 지방자치단체공무원 중 여성 비율의 차이는 ~~매년 감소한다.~~
→ 〈그림〉에서 국가공무원 중 여성 비율과 지방자치단체공무원 중 여성 비율의 차이는 다음과 같다.

2011	2012	2013	2014	2015
17%	17.4%	16.8%	16.4%	15.7%

따라서 여성 비율의 차이가 매년 감소한다는 것은 옳지 않다.

합격자의 실전 풀이 순서

❶ 〈표〉의 단위를 확인하고, 〈그림〉의 각 축을 확인한다. 그리고 〈표〉에서 '국가'에는 □, '지방'에는 ○ 표시한다.

❷ 〈그림〉만 보면 되는 선지 ⑤를 가장 먼저 해결한다. 나머지 선지는 모두 〈표〉와 〈그림〉의 자료를 결합해야 한다. 12년도에 국가공무원 중 여성 비율과 지방자치단체공무원 중 여성 비율의 차이는 증가한다. 따라서 답은 ⑤이며 답을 체크하고 넘어간다.

합격자의 시간단축 Tip

선지 ① 매년 국가공무원은 지방자치단체 공무원의 2배보다 많고, 국가공무원 중 여성 비율은 지방자치단체공무원 중 여성 비율의 1.5배보다 크다. 따라서 양자를 곱해야 도출되는 여성 수는 국가공무원이 지방자치단체공무원보다 3배 이상 많다. 기출의 경우, 나눠 처리할 때 정확하게 선지 값이 나도오록 값을 주는 경우가 많으므로 여러 〈표〉로 분할되어 있다면 적용할 수 있는지 확인해보는 것이 좋다.

선지 ② 여러 연도의 경향을 묻는 경우, 직접 계산하지 않더라도 흐름의 파악만으로도 해결 가능한 경우가 많다. 즉 지방자치단체 공무원 수는 매년 증가하고, 지방자치단체공무원 중 여성 비율도 매년 증가하므로, 양자의 곱인 지방자치단체 공무원 중 여성 수 역시 매년 증가한다.

선지 ③ 매년 국가공무원 중 여성 수는 국가공무원 수의 약 50%이다. 그러나 지방자치단체 공무원 수는 국가공무원 수의 50%에 크게 못 미친다. 예컨대, 2014년 국가공무원 중 여성 비율은 49%이다. 따라서 국가공무원의 50%(약 317,025명) ≥ 지방자치단체 공무원(289,837명)+국가공무원의 1%(6,340명) 인지 확인한다.
2011년 국가공무원 중 여성 비율은 47%로, 국가공무원의 50%(약 310,600명) ≥ 지방자치단체 공무원(208,958명)+국가공무원의 3%(3,106+3,106+3,106=약 9,300)인지 확인한다.
사실 계산을 하지 않는다 하더라도 이미 국가공무원 수와 지방자치단체 공무원 수가 약 5.5배 정도 차이 나기 때문에, 국가공무원의 약 50%인 여성이 지방자치단체

공무원 전체 수보다 여전히 클 거라는 것을 쉽게 예측할 수 있다.

선지 ④ 2012년과 2013년 국가공무원 중 여성 비율은 동일하므로 국가공무원 중 남성 비율 역시 동일하다. 단, 2012년에 비해 2013년 국가공무원 수가 감소하였으므로 국가공무원 중 남성 수 역시 감소한다.

선지 ⑤ 이런 유형의 경우 2단계로 나눠 푸는 전략이 좋다.

① **1단계**에서는 시작점과 최종점을 비교할 때 차이가 감소하였는지 확인한다. 만약 감소하지 않았다면 각각을 고려하지 않음에도 틀린 선지임을 알 수 있기 때문이다.

② 반면 1단계에서 시작점과 최종점 비교 시 차이가 감소한 경우 **2단계**에서 반례가 있는지 확인한다. 이처럼 나눌 경우 무의미한 계산을 줄이고 가장 효율적으로 해결할 수 있다.
선지 ⑤번의 경우 1단계에서 마무리되는 대표적 형태이다. 2011년에 비해 2012년에 국가공무원 중 여성 비율은 1.1%p 증가한 반면, 지방자치단체공무원 중 여성 비율(B)은 0.7%p 증가하여 양자의 차이는 증가한다. 이는 2011년~2015년 사이에 최소 한 번 이상은 양자의 차이가 증가했을 것임을 의미한다.

041 정답 ③ 난이도 ●●○

① (×) 전체 수입액 중 후원금 수입액은 국내사업비 지출액 중 아동복지 지출액보다 ~~많다.~~
→ 전체 수입액 중 후원금 수입액은 10% 수준이다. 이때, 전체 지출액에서 국내사업비 지출액 중 아동복지 지출액이 차지하는 비중은→0.4×0.45×100(%)=18% 수준이다.
따라서 전체 수입액 중 후원금 수입액은 국내사업비 지출액 중 아동복지 지출액보다 적다.

② (×) 국내사업비 지출액 중 아동권리지원 지출액은 해외사업비 지출액 중 소득증대 지출액보다 ~~적다.~~
→ 국내사업비 지출액 중 아동권리지원 지출액이 차지하는 비중: 0.4×0.27×100(%)=10.8%
해외사업비 지출액 중 소득증대 지출액이 차지하는 비중: 0.5×0.2×100(%)=10% 이다.
따라서 틀린 보기이다.

③ (○) 국내사업비 지출액 중 아동복지 지출액과 해외사업비 지출액 중 교육보호 지출액의 합은 A 자선단체 전체 지출액의 45%이다.
→ 국내사업비 지출액 중 아동복지 지출액이 차지하는 비중: 0.4×0.45×100(%)=18%
해외사업비 지출액 중 교육보호 지출액이 차지하는 비중: 0.5×0.54×100(%)=27%이다.
따라서 그 합은 45%이므로 옳은 보기이다.

④ (×) 해외사업비 지출액 중 식수위생 지출액은 A 자선단체 전체 지출액의 ~~2% 미만이다.~~
→ 전체 지출액에서 해외사업비 지출액 중 식수위생 지출액이 차지하는 비중은→0.5×0.05×100(%)=2.5(%)이다.
따라서 2% 이상이므로 틀린 보기이다.

⑤ (×) A 자선단체 전체 수입액이 6% 증가하고 지역사회복지 지출액을 제외한 다른 모든 지출액이 동일하게 유지된다면, 지역사회복지 지출액은 ~~2배 이상이 된다.~~
→ A 자선단체 전체 수입액이 6% 증가하고 지역사회복지 지출액을 제외한 다른 모든 지출액이 동일하게 유지된다면 증가한 전체 수입액이 모두 지역사회복지 지출액에 쓰이는 것과 같다.
따라서 지역사회복지 지출액이 2배 이상 증가하기 위해서는 기존 지출액이 전체 지출액에서 차지하는 비중이 6% 이하여야 한다.
그런데 지역사회복지 지출액이 전체 지출액에서 차지하는 비중은 6.4%이기 때문에 지역사회복지 지출액은 2배 미만으로 증가한다.

합격자의 실전 풀이 순서

❶ 〈그림 1〉, 〈그림 2〉의 수입액과 지출액은 같으므로 비중을 통해 수치의 비교도 가능하다는 것을 파악한다. 또한, 〈그림 3〉과 〈그림 4〉는 〈그림 2〉의 국내사업비와 해외사업비의 세부 구성비임을 파악한다.

❷ 선지 플레이를 통해 ①, ②번 보다는 ③, ④, ⑤번이 답이 될 가능성이 클 것이므로 먼저 확인한다. (이는 통상 선지 구성상 단순 확인 선지보다는 복잡한 선지를 답으로 구성할 개연성이 높기 때문이다. 그러나 지나치게 복잡한 선지가 많다면 반대로 쉬운 선지부터 빠르게 처리하여 소거하는 것이 좋다)

❸ ③번을 확인하면, 옳은 선지이므로 답을 표시하고 넘어간다.

합격자의 시간단축 Tip

선지 ① 수입액과 지출액이 같은 만큼, 비율 자료라는 이유로 걱정할 필요 없이 비율을 일반적인 값처럼 보고 계산하면 된다. 후원금 수입액은 10인 반면, 아동복지 지출액은 국내사업비(40)×아동복지 지출액 비율(45%)=18로 더 크다.
따라서 틀린 선지이다.

선지 ② 선지 ①과 마찬가지로 편하게 일반 값처럼 취급하여 비교하면 된다.
아동권리지원 지출액은 국내사업비 지출액×아동권리지원 비율=40×27%=10.8이며, 소득증대 지출액은 해외사업비 지출액×소득증대 비율=50×20%=10으로 아동권리지원 지출액이 더 크다.

선지 ③ 국내사업비 지출액 중 아동복지 지출액은 A 자선단체 전체 지출액의 40%×45%=18%이다. 또한, 해외사업비 지출액 중 교육보호 지출액은 A 자선단체 전체 지출액의 50%×54%=27%이므로 둘의 합은 A 자선단체 전체 지출액의 45%이다.

선지 ④ 식수위생 지출액이 전체에서 차지하는 비중은 비중이 2단계로 구성된 문제의 특성상 두 비중을 곱하면 된다. 다만, 해외 사업비가 전체의 50%인 만큼 식수위생 비율의 절반이 곧 전체의 구성비가 되므로 바로 2.5%임을 알 수 있다.

선지 ⑤ 지역사회복지 지출액은 A 자선단체 전체 지출액의 40%×16%=6.4%이다.
이때 A 자선단체 전체 수입액이 6% 증가하면 지출액(다른 모든 지출액이 동일하게 유지되므로 지역사회복지 지출액)도 6% 증가하지만, 지역사회복지 지출액이 12.4%가 되는 것이므로 지역사회복지 지출액은 2배 미만(6.4%→12.4%)이 된다.

042 정답 ⑤ 난이도 ●●●

ㄱ. (×) 관리기관이 자치단체이고 제방높이가 '10 미만'인 저수지 수는 ~~1,600개소 이상이다.~~
➜ 〈표 1〉에서 관리기관이 자치단체인 저수지 수는 2,230개인데, 〈표 3〉을 보면 제방높이가 '10 미만'인 것을 제외한 저수지 수의 합은 (533+99+20+8)=660(개)이다.
2,230개 중 660개가 모두 관리기관이 자치단체라고 가정하면 나머지 1,570개는 제방높이가 '10 미만'이므로 제방높이가 '10 미만'인 저수지 수가 1,600개소 미만일 수 있다.
따라서 틀린 보기이다.

ㄴ. (○) 저수용량이 '10만 미만'인 저수지 수는 전체 저수지 수의 80% 이상이다.
➜ 저수용량이 '10만 미만'인 저수지 수: 2,668개소
저수용량이 '10만 이상'인 저수지 수: 558개소이다.
이때, $\frac{2,668}{3,226}\times100(\%)=82.7(\%)$로, 저수용량이 '10만 미만'인 저수지 수는 전체 저수지 수의 80% 이상인 것을 알 수 있다.

ㄷ. (○) 관리기관이 농어촌공사인 저수지의 개소당 수혜면적은 관리기관이 자치단체인 저수지의 개소당 수혜면적의 5배 이상이다.
➜ 개소당 수혜면적은 $\frac{\text{총 수혜면적}}{\text{저수지 수}}$으로 구할 수 있다.
각각 값을 구하면,
- 관리기관이 농어촌공사인 저수지의 개소당 수혜면적: $\frac{69,912}{996}$ha≒70.192ha
- 관리기관이 자치단체인 저수지의 개소당 수혜면적: $\frac{29,371}{2,230}$ha≒13.170ha이다.

이때, 관리기관이 자치단체인 저수지의 개소당 수혜면적의 5배는 13.170×5=65.854ha이므로 70.192보다 작다.
따라서 옳은 보기이다.

ㄹ. (○) 저수용량이 '50만 이상 100만 미만'인 저수지의 저수용량 합은 전체 저수지 총 저수용량의 5% 이상이다.
➜ 저수용량이 '50만 이상 100만 미만'인 저수지의 저수용량의 합이 전체 저수지 총 저수용량의 5% 이상인지를 판단하기 위해서는 해당 저수지가 가질 수 있는 최소 저수용량인 50만으로 가정해야 한다.
이때, 해당 저수지들의 저수용량의 합은 50,000천m^3이고 총 저수용량은 707,612천m^3이므로 5% 이상이다. 따라서 옳은 선지이다.

합격자의 실전 풀이 순서

1. 〈표 1, 2, 3〉의 내용, 단위, 표 간의 관계성을 확인한다.
특히 〈표 1〉의 저수용량과 〈표 2〉의 저수용량 단위가 다르다는 것에 주의한다.
2. 모두 'A이고 B인 것'을 세거나 최솟값을 구하는 유형으로 난이도가 비슷하므로 순서대로 푼다.
3. 보기 ㉠은 틀린 선지이므로 ③, ④번을 소거한다.
4. 보기 ㉡은 옳은 선지이므로 ②번을 소거한다.
5. 보기 ㉣은 옳은 선지이므로 정답은 ⑤번이다.

합격자의 시간단축 Tip

보기 ㉠ '최솟값' 유형은 공식으로 풀 수도 있지만, 시킨 것의 반대로 푸는 '청개구리 전략'을 이용하면 더 편하다. 예를 들어, '자치단체'를 물었으므로, 반대로 '농어촌공사'가 전부 '10 미만'인 경우를 상정하면 된다.

즉 주어진 1,600개소가 맞다고 가정하고 농어촌공사가 모두 참여하면 1,600+996=약 2,600 > 2,566으로 공간이 남는다.
즉 1,600개소 이하이다.

보기 ㉡ 직접 비율을 구하는 것보다는 주어진 80%가 맞다고 가정하고 모순이 생기는지 확인하는 것이 좋다.
3,226× 80%=약 322×8=2,576 < 2,668이므로 80% 이상이다.

보기 ㉢ 농어촌 공사의 '저수지 수 대비 총 수혜면적'은 996을 1,000으로 볼 때 1,000→69,912는 약 70배이다.
따라서 주어진 '5배'가 맞다고 가정하면, 자치단체는 14배 미만이 되어야 한다.
계산해보면 2,230×14=약 2,000×14+200×14 =28,000+2,800 > 29,371이다.
즉 14배 미만이므로 옳은 선지이다.

보기 ㉣ '단위'를 주의해야 하는 보기이다. 5%가 옳다고 가정하고, 이를 도출해보면
707,612(천m)×5%=약 7,000,000(m)×5=3,500만(m)이다.
이때 최솟값은 '50만~100만' 구간에서 모든 저수지가 50만이라 가정할 때 도출되므로, 50만×100=5,000만이다.
따라서 5,000 > 3,500이므로 5% 이상이다.

043 정답 ① 난이도 ●●●

① (○) 2015년 국제선 운항 공항 수는 7개 이상이다.
→ 국제선 운항 횟수 상위 5개 운항 횟수의 합은 → (273,866+39,235+18,634+13,311+3,567) =348,622(회)이다.
이때, 총 운항 횟수는 353,272회로 이 둘의 차이는 353,272−348,622=4,650(회)이다.
5위가 3,567회로 6위는 3,567회 미만을 운행했을 것이므로 4,650회를 충족하기 위해서는 최소한 두 개 이상의 공항이 더 있어야 한다. 따라서 2015년 국제선 운항 공항 수는 7개 이상이다.

② (×) 2015년 KP공항의 운항 횟수는 국제선이 국내선의 $\frac{1}{3}$ ~~이상이다.~~
→ 2015년 KP공항의 국내선 운항 횟수: 56,309회이며, 국제선 운항 횟수는: 18,643회이다.
이때, KP공항의 국내선 운항 횟수의 $\frac{1}{3}$은 약 18,769회이므로 틀린 선지이다.

③ (×) 전년대비 국내선 운항 횟수가 가장 많이 증가한 공항은 ~~MA공항이다.~~
→ 이 문제에선 '중복순위'를 허용한다는 언급이 없으므로 운항 횟수 상위 5개 공항에 나타나 있지 않은 MA공항이 가질 수 있는 2015년 운항 횟수의 최대값은 5,321회 이하이다.
이 경우 전년도 MA공항이 가질 수 있는 국내선 운항 횟수는 약 1,617회이며 이 때 증가폭은 3,704회이다.
그런데 AJ공항 등의 증가폭이 이보다 클 것이라고 확인이 가능하므로 틀린 보기이다.

④ (×) 국내선 운항 횟수 상위 5개 공항의 국내선 운항 횟수 합은 전체 국내선 운항 횟수의 90% ~~미만이다.~~
→ 국내선 운항 횟수 상위 5개 공항의 운항 횟수 합은 → (65,838+56,309+20,062+5,638+5,321) =153,168(회)이므로 나머지 공항의 운항 횟수 합은 (167,040−153,168)=13,872(회)이다.
이는 전체 국내선 운항 횟수 합의 10% 미만이므로 국내선 운항 횟수 상위 5개 공항의 국내선 운항 횟수 합은 전체 국내선 운항 횟수의 90% 이상이다.

⑤ (×) 국내선 운항 횟수와 전년대비 국내선 운항 횟수 증가율 모두 상위 5개 안에 포함된 공항은 ~~AJ공항이 유일하다.~~
→ 국내선 운항 횟수 상위 5개 공항은 AJ, KP, KH, KJ, TG이고, 전년대비 국내선 운항 횟수 증가율이 상위 5개 공항은 MA, CJ, KP, TG, AJ이다.
따라서 전년대비 국내선 운항 횟수 증가율이 모두 상위 5개 안에 포함된 공항은 AJ, KP, TG이다.

합격자의 실전 풀이 순서

1. <표 1, 2>의 내용, 표 간의 관계성, 각주를 확인한다.
2. 모두 '순위'를 활용한 선지들로 난이도가 비슷하므로 순서대로 푼다. 다만 ①번은 비교적 계산이 필요한 선지이므로 후순위로 확인한다.
3. ②번부터 순서대로 검토할 때 ②~⑤번은 모두 틀린 선지이므로 정답은 ①번이다.

합격자의 시간단축 Tip

선지 ① 순위 자료에서 자주 출제되는 최솟값 유형이다.
이미 상위 5개는 주어져 있으므로 '갑국 전체 −상위 5개의 합'을 5위인 CJ 값으로 나눈 개수가 2개 이상인지 확인하면 된다.
다만 계산의 편의를 위해 '1,000의 자리 이상'과 같이

과도한 근삿값을 설정하면 숫자 구조의 왜곡을 가져올 수 있으므로, 적어도 100의 자리 이상 정도로 잡고 계산을 하는 것이 좋다.

선지 ② 18,643×3=약 18,600×3=55,800 < 56,309이므로 33% 미만이다.

선지 ④ 실제로 합을 구해 몇 %인지 확인하는 형태의 문제는 2단계 구조를 가지는 것이 좋다.
1단계로 매우 간단한 근삿값으로 처리해도 해당 %와 비교 가능한지 확인하고, 만약 안 될 경우 이보다는 구체적인 근삿값으로 확인하면 된다.
예를 들어 1단계로 '천 단위 이상'의 근삿값을 잡는다면, 상위 5개 공항의 합은 65+56+20+5+5=151이다.
이때 전체 국내선 운항 횟수의 90%는 167×90%=167−16.7=150.3이다.
따라서 151>150.3이므로 90% 이상이다.
참고로 151과 150.3이 큰 차이가 없음에도 쉽게 판단할 수 있는 이유는 국내선 전체 값은 천 단위 밑이 "040"으로 값이 작아 왜곡이 있을 여지가 적은 반면, 상위 5개 공항은 사실상 '백 단위까지 버림' 한 것과 같으므로 실제보다 작은 값으로도 더 큰 값이 나왔기 때문이다. 이처럼 근삿값을 잡을 때는 선지의 값을 달성하기에 불리한 방향으로 잡아야 안전한 답 도출이 가능하다.

선지 ⑤ 'A와 B인 것은 ~' 유형이므로 어느 하나를 기준으로 잡고 빠르게 비교하면 된다.
예를 들어 B인 '전년대비 증가율'을 기준으로 볼 경우, 위에서부터 볼 때 MA−CJ는 '횟수'에 없으나 KP는 있다. 따라서 더 검토하지 않더라도 틀린 선지임을 알 수 있다.

044 정답 ❶ 난이도 ●●○

ㄱ. (○) 원화 120,000원으로 가장 많은 개수의 햄버거를 구매할 수 있는 국가는 A국이다.
➜ 원화 120,000원은 환율에 따라 A국 화폐 100단위, B국 화폐 60단위, C국 화폐 600단위, D국 화폐 120단위로 교환할 수 있다.

- A국 화폐: $\frac{120,000}{1,200}=100$
- B국 화폐: $\frac{120,000}{2,000}=60$
- C국 화폐: $\frac{120,000}{200}=600$
- D국 화폐: $\frac{120,000}{1,000}=120$

국가	햄버거 가격	화폐개수	햄버거 개수
A	5a	100a	20
B	6b	60b	10
C	40c	600c	15
D	10d	120d	12

따라서 구입할 수 있는 햄버거의 개수는 A가 가장 많다.

ㄴ. (○) B국에서 치킨 1마리 가격은 삼겹살 3인분 가격과 동일하다.
➜ B국의 치킨 1마리 가격은 9b이고, 삼겹살 1인분 가격은 3b이므로 삼겹살 3인분 가격인 9b는 치킨 1마리 가격과 같다.

ㄷ. (×) C국의 삼겹살 4인분과 A국의 햄버거 5개는 동일한 액수의 원화로 ~~구매할 수 있다.~~
➜ C국의 삼겹살 4인분의 가격은 120c로 원화로 환산할 경우 200×120=24,000원이다.
A국의 햄버거 5개의 가격은 25a로 원화로 환산할 경우 25×1,200=30,000원이다.
따라서 틀린 보기이다.

ㄹ. (×) D국 화폐 대비 원화 환율이 1,000원/d에서 1,200원/d로 상승하면, D국에서 원화 600,000원으로 구매할 수 있는 치킨의 마리 수는 20% ~~이상 감소한다.~~
➜ D국 화폐 대비 원화 환율이 1,000원/d에서 1,200원/d로 상승하면, D국에서 원화 600,000원으로 구매할 수 있는 D국의 화폐의 개수는 600d에서 500d로 감소한다.
따라서 구매할 수 있는 치킨의 마릿수는 30마리에서 25마리로 감소하고 감소율은 20% 미만이다.
따라서 틀린 보기이다.

합격자의 실전 풀이 순서

❶ 〈표 1, 2〉의 내용, 표 간의 관계성을 확인한다. 특히 '환율'이 주어진 만큼, 화폐 환산에 집중하여 검토한다.

❷ 동일한 국가 내 비교로, 환율 고려가 불필요한 보기 ㉡부터 확인하면 옳은 선지이다.
따라서 ②번을 소거한다.

❸ 마찬가지로 동일 국가 내 비교인 보기 ㉣을 확인하면 틀린 선지이므로 ④, ⑤번을 소거한다.

❹ 모든 국가를 고려해야 하는 보기 ㉠ 대신 보기 ㉢을 확인하면 틀린 선지이므로 정답은 ①번이다.

합격자의 시간단축 Tip

보기 ㉠ '환율' 문제는 크게 2가지 접근 방법이 있다. 하나는 '원화'와 같이 특정 화폐로 통일하여 비교하는 것이고, 다른 하나는 각자의 화폐 단위로 만들어 비교하는 것이다.

이때 어느 하나가 우월하지 않으므로, 주어진 숫자 체계에 따라 더 편한 방법을 택하는 것이 좋다.

예를 들어 보기 ㉠의 경우 원화로 환산 후 개수를 도출하는 것보다는 주어진 120,000원을 각 국가에 맞춰 바꿔주는 것이 좋다. 왜냐하면 주어진 환율이 120,000원을 만들기 매우 편하게 주어져 있기 때문이다. 왜냐하면 A국을 볼 때, "5a = 1,200×5=6,000이므로 120,000을 6,000으로 나누면 20개이다"라고 도출하는 것보다는 "100a=120,000이므로 5a →100a는 20개이다"라고 보는 것이 편하기 때문이다.

보기 ㉡ 동일 국가 내 비교이므로 환율을 무시하고 확인하면 된다. 주어진 보기 ㉡의 값이 맞다고 가정하고 계산하면, 삼겹살(3b)×3=치킨(9b)이므로 모순이 없어 옳은 선지이다.

보기 ㉢ 보기 ㉠과 달리 '원화'로 통일하여 푸는 것이 편하다.

A국의 경우 햄버거 5개는 5a×5=25a=1,200×25(원)이다. C국의 경우 삼겹살 4인분은 30c×4=120c=120×200(원)=1,200×20(원)이다.

따라서 A국 > C국이므로 양자는 그 가격이 다르다.

보기 ㉣ 결론부터 이야기하자면, ① 600,000원이 몇 d인지 ② 치킨은 몇 마리인지 계산할 필요가 전혀 없다. 실전 풀이 형태는 "환율이 1.2배가 되었다는 것은 d화폐가 16.7%만큼 작아졌다는 것이므로 틀린 선지이다"라고 바로 처리하는 것이다.

만약 실제로 600,000원이 얼마인지, 치킨은 몇 마리인지 계산하였다면 비효율적인 풀이이다.

그 이유는 다음과 같다.

환율이 1.2배가 되면, 화폐를 환산할 때 환율은 분모에 들어가므로 $\frac{60만원}{1,000\times1.2}=\frac{60만원}{1,000}\times\frac{5}{6}$이다.

즉 $\frac{1}{6}$=약 16.7%만큼 작아지는 것이므로 틀린 선지가 된다.

즉 간단하게 생각하면 '1.2배의 역수'만 고려하여 풀면 된다. 위와 같이 60만 원과 치킨을 계산 안 해도 되는 이유는 단순히 위 식에 동일하게 60만 원이 적용되고, 치킨 역시 동일하게 20d를 나누는 것에 불과하여 소거해도 답에 아무런 영향이 없기 때문이다.

045 정답 ③ 난이도 ●●●

〈표〉의 보수총액은 3,570,000, 공제총액은 570,000, 실수령액은 3,000,000으로 계산할 수 있다.

〈각주〉에 의하여 실수령액=보수총액−공제총액=3,570,000원−570,000원=3,000,000원이다.

① (○) '봉급'이 '보수총액'에서 차지하는 비중은 70% 이상이다.

→ '봉급'이 '보수총액'에서 차지하는 비중은 $\frac{봉급}{보수총액}$이므로, '보수총액'의 70%는 다음과 같이 계산할 수 있다.

→ $3,570,000\times\frac{70}{100}=2,499,000$

이때, '봉급'이 2,530,000이기 때문에 '보수총액'에서 차지하는 비중은 70% 이상이다.

② (○) '일반기여금'이 15% 증가하면 '공제총액'은 60만원 이상이 된다.

→ '일반기여금'의 15%는 다음과 같이 계산할 수 있다.

$284,000원\times\frac{15}{100}=42,600원$

한편 '일반기여금'이 증가하면 '공제총액'역시 증가하므로 공제 총액이 570,000에서 42,600이 증가하기 때문에 612,600원으로 60만 원 이상이 된다.

③ (×) '실수령액'은 '봉급'의 1.3배 ~~이상이다.~~

→ '봉급'의 1.3배는 다음과 같이 계산할 수 있다. 2,530,000원×1.3=3,289,000원이고, 실수령액은 3,000,000원 이므로 '실수령액'은 '봉급'의 1.3배보다 적다.

④ (○) '건강보험료'는 '장기요양보험료'의 15배 이하이다.

→ '장기요양보험료'의 15배는 7,000원×15=105,000원이다.

따라서 '건강보험료'는 103,000으로 '장기요양보험료'의 15배 이하이다.

⑤ (○) '공제총액'에서 '일반기여금'이 차지하는 비중은 '보수총액'에서 '직급보조비'가 차지하는 비중의 6배 이상이다.

→ '공제총액'에서 '일반기여금'이 차지하는 비중은 다음과 같이 계산할 수 있다.

$\frac{일반기여금}{공제총액}\times100=\frac{284,000}{570,000}\times100\approx49.82\%$

'보수총액'에서 '직급보조비'가 차지하는 비중은 다음과 같이 계산할 수 있다.

$\frac{직급보조비}{보수총액}\times100=\frac{250,000}{3,570,000}\times100\approx7\%$

따라서 '공제총액'에서 '일반기여금'이 차지하는 비중은 '보수총액'에서 '직급보조비'가 차지하는 비중의 6배 이상이다.

합격자의 실전 풀이 순서

❶ 각주를 확인하고, 〈표〉의 보수'총액'과 공제'총액'에 표시한다.

❷ 이미 주어진 자료를 비교하는 선지 ④를 먼저 해결한다. 103,000과 7,000×15를 비교하면 후자가 크기 때문에 해당 선지는 옳다.

❸ 공제총액의 십만 자리 수가 6인지 확인하는 선지 ②를 해결한다. 해당 선지는 옳다.

❹ 보수총액을 필요로 하는 선지 ①, ③을 해결한다. ①에서 봉급을 제외한 보수총액과 봉급의 비중인 3 : 7을 적용하여 구해보면 해당 선지가 옳다는 것을 알 수 있다. (대략적으로나마 보수총액과 공제총액을 어림산 해야 하는 ⑤보다는 ③이 계산하기 훨씬 용이하다. 따라서 단순 확인인 ④를 제외하고는 ①부터 차례대로 계산하는 것이 가장 좋다고 생각한다.)

❺ ③에서 보수총액과 공제총액을 가지고 실수령액을 어림산해보면 대략 300만 원 정도가 나오는데, 이는 봉급의 1.3배보다 작기 때문에 해당 선지는 옳지 않다. 따라서 답은 ③이다.

합격자의 시간단축 Tip

선지 ① 모든 값을 10,000자리까지 버림하고 비교할 때, 봉급(253)이 70%가 맞다고 보고 7로 나누면, 약 36이다.
즉 10%가 36이므로 30%는 108이 되어야 한다.
그러나 봉급을 제외한 보수항목의 합은 15+51+13+25=104로 작으므로 옳은 선지이다.

선지 ② 일반기여금의 15%는 10%인 28,400원+5%인 14,200원이다. 현재 공제액 중 일반기여금, 소득세, 건강보험료를 만 단위까지 덧셈하면 54만 원이다. 추가된 일반기여금의 15%는 4만 원을 초과하고, 지방소득세와 장기요양보험료의 합은 2만 원을 초과한다. 따라서 공제총액은 60만 원 이상이다.

선지 ③ 실수령액을 구하기 위해서는 보수총액에서 공제총액을 빼야 하는데, 이 때 실제로 수를 빼는 대신 십의 자리 이상을 소거하는 방식을 사용한다.
중요직무급과 정액급식비를 합하면 28만 원인데, 이는 소득세와 지방소득세의 1만 원, 건강보험료와 장기요양보험료를 합한 것과 같다. (여기서 건강보험료와 장기요양보험료는 합하면 11만 원이라는 것이 쉽게 보이기 때문에 천 원 단위인 장기요양보험료도 고려했으나, 시간이 없을 때에는 바로 건강보험료의 10만 원만 고려해서 소거해주어도 충분하다)
그러면 일반기여금의 28만 원이 남는데 이를 직급보조비와 시간외수당에서 제하면 48만 원이 남으며 봉급과 이를 합하면 301만 원이며 천원 단위는 생각하지 않는다. 봉급 253만 원에 1.3배를 하려면 25만 원의 세 배인 75만 원 이상이 더해져야 하는데, 이는 300만 원을 훨씬 넘기 때문에 해당 선지가 틀렸음을 알 수 있다.

선지 ④ 장기요양보험료 7(천 원)의 15배는 105(천 원)이고, 건강보험료는 103(천 원)이다.

선지 ⑤ 보수총액에서 직급보조비가 차지하는 비중은 $\frac{25}{253+104}=\frac{25}{357}$이고, 이것의 6배는 $\frac{150}{357}<0.5$이다.
공제총액에서 일반기여금이 차지하는 비중은
$\frac{28.4}{54+1.6+0.4+0.3+0.7}=\frac{28.4}{57}\approx0.5$이다.

046 정답 ③ 　 난이도 ●●○

ㄱ. (×) 1804년 대비 1867년의 가구당 인구수는 ~~증가하였다.~~

→ 가구당 인구수$=\frac{\text{인구수}}{\text{가구수}}$이다. 따라서

1804년 가구당 인구수: $\frac{68,930(\text{명})}{8,670(\text{호})}=7.95$

1867년 가구당 인구수: $\frac{144,140(\text{명})}{27,360(\text{호})}=5.27$

7.95→5.27으로 감소하였으므로 1867년의 가구당 인구수는 1804년 대비 감소하였다.

ㄴ. (○) 1765년 상민가구 수는 1804년 양반가구 수보다 적다.

→ '상민가구 수'는 (가구수×상민 가구 비율)이고, '양반 가구 수'는 (가구수×양반 가구 비율)이다.

→1765년 상민 가구 수=1765년 가구 수×1765년 상민 가구 구성비=7,210×0.57= 4,109.7

→1804년 양반 가구 수=1804년 가구 수×1804년 양반 가구 구성비=8,670×0.53=4,595.1이다.

1765년 상민 가구 수=4,109.7
1804년 양반 가구 수=4,595.1이므로 1765년 상민 가구 수는 1804년 양반 가구 수보다 더 적다.

ㄷ. (×) 노비가구 수는 1804년이 1765년보다 적고 1867년보다는 ~~많다.~~

→ '노비가구 수'는 (가구수×노비 가구 비율)이다. 따라서,

→ 1804년 노비 가구 수=1804년 가구 수×1804년 노비 가구 구성비=8,670×0.01=86.7

→ 1765년 노비 가구 수=1765년 가구 수×1765년 노비 가구 구성비=7,210×0.02=144.2

→ 1867년 노비 가구 수=1867년 가구 수×1867년 노비 가구 구성비=27,360×0.005=136.8이다.

따라서 노비 가구 수는 1804년이 1867년보다 적다.

ㄹ. (○) 1729년 대비 1765년에 상민가구 구성비는 감소하였고, 상민가구 수는 증가하였다.

→ 상민 가구 구성비는 〈그림〉을 보면 1729년 59%에서 1765년 57%로 감소하였다.

그리고 상민 가구의 수를 계산해 보면,

→ 1729년 상민 가구 수: 1,480×0.59=873.2명

→ 1765년 상민 가구 수: 7,210×0.57 =4,109.7명이다.

따라서 1765년에 상민가구 수는 1729년 대비 증가하였다.

합격자의 실전 풀이 순서

❶ 〈표〉와 〈그림〉의 관계(조사시기별 가구 수와 가구 구성비)를 파악하고, 〈표〉 및 〈그림〉 y축의 단위를 파악한다.

❷ 〈표〉만 파악하면 되는 보기 ㉠을 〈표〉와 〈그림〉의 자료를 결합해야 하는 나머지 보기보다 먼저 해결한다. 가구 수와 인구수 각각의 증가율을 구해보면 ㉠은 옳지 않다는 것을 알 수 있다.

❸ 보기 ㉠이 옳지 않으므로, 선지 ③, ⑤번만 남는다. 따라서 보기 ㉢을 해결한다. 주어진 〈표〉의 가구 수와 〈그림〉의 노비 가구 비율을 통해 계산해보면 1765년과 1867년 모두 1804년의 노비 가구 수보다 많음을 알 수 있다.
따라서 ㉢은 옳지 않으며 답은 ③이다.

합격자의 시간단축 Tip

보기 ㉠

[방법 1]

1804년에 비해 1867년 가구 수는 3배 이상 증가한 반면(86×3=258＜276), 인구수는 3배 미만(68×3=204＞144) 증가하였다.

따라서 가구당 인구 수는 감소하였다.

[방법 2]

1804년의 가구당 인구수는 8,670을 근사하여 9,000으로 보면 7배 이상이다. 따라서 7배를 기준으로 할 때, 1867년은 27,360×7＞144,140이므로 7배 미만이다.

따라서 틀린 선지이다.

보기 ㉡ 1765년 상민 가구 수 vs 1804년 양반 가구 수: (7,210×57%) vs (8,670×53%)→(721×57) vs (867×53)→867은 721에 비해 146(약 20%) 크고, 57은 53에 비해 4(10% 미만) 크다.

따라서 후자가 전자보다 크다.

보기 ㉢

[방법 1] 실전 풀이

보기 ㉢을 정리하면 1765년＞1804년＞1867년이어야 한다. 이때 〈그림〉의 구성비는 매년 $\frac{1}{2}$배가 되므로, 보기 ㉢이 옳기 위해서는 〈표〉의 가구 수가 매년 전년대비 2배 이하여야 한다.

1765년→1804년은 가구 수가 비슷하지만,

1804년→1867년은 3배가량 증가하여 반례가 된다.

따라서 틀린 선지이다.

[방법 2] 풀어 쓴 풀이

〈그림〉에 주어진 노비 가구의 연도별 구성비를 살펴보면 1765년은 1804년의 두 배이고, 1867년은 1804년의 $\frac{1}{2}$배이다. 이러한 관계를 이용하면 노비 가구의 수를 직접 구하지 않고도, 구성비 값을 통일하여 가구수 값의 비교만으로도 문제를 해결할 수 있다. 구체적인 방법은 다음과 같다.

1765년～1867년이 동안 매기간 구성비가 $\frac{1}{2}$이 된다는 점을 이용하여 해의 구성비 값을 1%로 통일하면

(1765년 노비 가구 수)=(1765년 전체 가구 수)×2% = (1765년 전체 가구 수×2)×1%,

(1867년 노비 가구 수)=(1867년 전체 가구 수)×0.5%=(1867년 전체 가구 수×$\frac{1}{2}$)×1%이다.

즉 1765년 가구 수의 두 배와 1867년 가구 수의 $\frac{1}{2}$배를 비교하는 형태로 전환할 수 있다.

앞자리 수만 유효숫자로 설정하여 계산해보면 1765년 가구수인 7의 2배는 14로 8보다 크고, 1867년 가구수인 27의 0.5배 역시 8보다 크므로 두 연도의 노비 가구수가 모두 1804년보다 큰 것을 알 수 있다. 이와 같이 구성비와 전체를 곱한 값을 비교할 때 구성비가 일정 배수로 주어지면 구체적인 값을 도출하지 않고도 빠르게 비교가 가능하다.

보기 ㉣

[방법 1] 실전 풀이

'가구 구성비'는 1729년 59%, 1765년 57%로 유사하나, '가구 수'는 1,480→7,210으로 크게 차이 난다. 따라서 굳이 계산하지 않더라도 '가구 구성비×가구수'

는 1765년에 증가했음을 알 수 있다.

[방법 2] 정석적 풀이
1729년 상민 가구 수 vs 1765년 상민 가구 수:
1,480×59% vs 7,210×57%
→ 7,210은 1,480에 비해 약 5배 큰 반면, 59는 57에 비해 1% 미만 크다. 따라서 후자가 전자보다 크다.

047 정답 ①

난이도 ●●●

〈조건 1〉 1인당 이산화탄소 배출량이 2011년과 2012년 모두 전년대비 증가한 국가는 멕시코, 브라질, 사우디, 한국이다.

→ 한국과 멕시코를 제외하고 계산해보면 1인당 이산화탄소 배출량이 2011년과 2012년에 모두 전년대비 증가한 국가는 B국가, D 국가이다(아래 표 확인)

→ 따라서 B, D 국가는 브라질 or 사우디이다.

→ 〈조건 1〉에 의해 〈선택지〉 ⑤는 정답이 아니다.

국가	구분 \ 연도	2010	2011	2012
한국	총 배출량	56.45	58.99	59.29
	1인당 배출량	11.42	11.85	11.86
멕시코	총 배출량	41.79	43.25	43.58
	1인당 배출량	3.66	3.74	3.75
A	총 배출량	37.63	36.15	37.61
	1인당 배출량	7.39	7.01	7.20
B	총 배출량	41.49	42.98	45.88
	1인당 배출량	15.22	15.48	16.22
C	총 배출량	13.14	53.67	53.37
	1인당 배출량	15.57	15.56	15.30
D	총 배출량	38.85	40.80	44.02
	1인당 배출량	1.99	2.07	2.22

〈조건 2〉 2010~2012년 동안 매년 인구가 1억명 이상인 국가는 멕시코와 브라질이다.

→ 〈조건 1〉에 의해 B, D 국가 중 하나가 브라질이다.

→ 인구 $=\frac{\text{총 배출량}}{\text{1인당 배출량}}$의 식을 이용하여 구할 수 있으며, 2010 ~ 2012년 동안 브라질의 인구는 매년 1억 명 이상이다. 따라서 인구 식을 활용하여 B국가의 인구를 구하면 매년 2천만~3천만 사이이고, D국가의 인구는 매년 1억 명 이상이다.

→ 따라서 D국가가 브라질이며, 〈조건 2〉에 의해 〈선택지〉 ②와 ④는 정답이 될 수 없다.

〈조건 3〉 2012년 인구는 남아공이 한국보다 많다.

→ 현재 남은 선택지인 ①과 ③을 보면 B국가는 사우디이고, A, C 국가 중 하나가 남아공이다.

→ 2012년 한국 인구 $=\frac{59.29}{11.86}=4.99$

→ 2012년 각 나라의 인구를 구하면 아래와 같다.

- A: $\frac{37.61}{7.20}=5.22>5$
- C: $\frac{53.37}{15.30}=3.49<5$

→ 조건을 통해 C국가의 인구난 한국의 인구보다 작기 때문에 C국가는 남아공이 될 수 없다.

→ 따라서 A국가가 남아공이다.

합격자의 실전 풀이 순서

❶ 〈표〉의 구조(각국의 총 배출량과 1인당 배출량이 주어져 있음)를 파악하고, 단위를 확인한 후, 〈각주〉를 통해 인구수를 물을 수 있음을 예측한다.
(각주에 사용되는 항목 중 표에 주어지지 않은 항목이 있다면 그에 대한 선지나 보기가 나오는 것이 일반적이다.)

❷ 선지 구성을 보면 ①~④번에서 A와 C는 캐나다 또는 남아공이고, B, D는 브라질 또는 사우디이다. 따라서 〈조건 1〉은 선지 ⑤번을 제거하는 데 쓰일 것이라 예측하고, 〈조건 3〉부터 해결한다.
〈조건 2〉는 3개년의 인구수를 파악해야 하는 반면, 〈조건 3〉은 1개년의 인구수만 파악하면 되기 때문이다.
인구 $=\frac{\text{총 배출량}}{\text{1인당 배출량}}$이므로 한국의 인구는 대략 5 정도 된다 (단위는 생략하고 생각한다.)
따라서 A와 C 중 2012년에 한국보다 많은 인구를 가진 곳은 A이며 ③과 ④가 소거된다. 만일 ⑤를 소거하고 시작하는 것이 불안한 경우, 〈조건 2〉에서 함께 검토한 후 소거해도 무방하다.

❸ 선지 ①, ② 중 어느 것이 조건 2에 부합하는지 확인한다. 인구 $=\frac{\text{총 배출량}}{\text{1인당 배출량}}$을 통해 구해보면 브라질은 D이다.
따라서 이에 부합하는 선지 ①이 정답이다.

합격자의 시간단축 Tip

Tip '매칭형 문제'는 크게 두 가지로 방향성을 잡고 접근하는 것이 좋다.
첫 번째는 '확정 정보'를 활용하는 것이다.
예를 들어 〈조건 2〉와 〈조건 3〉이 확정 정보이다.
경우의 수를 확실히 줄여주는 조건인 만큼 활용하는 것이 좋다.

두 번째는 '선지'를 활용하는 것이다. 이 방식은 앞선 풀이에 적응된 수험생들이 하면 좋은 심화 풀이 방식으로, 선지 중 특정 값을 맞다고 가정 후 모순이 생기는지 확인하는 방법이다.
잘만 활용하면 매우 빠른 풀이가 가능해지는 만큼 연습해두면 좋다.

〈조건 2〉: B국과 D국의 $\frac{\text{총 배출량}}{\text{1인당 배출량}}>10$(천만 명)인지 확인한다. 참고로 '단위' 변환은 자유자재로 할 수 있도록 해야 한다. 이때 숫자를 컴마(,)로 나누는 1,000배를 기준으로
[일→천→백만→십억→조]임을 외워 두면 편하다.
예를 들어, $\frac{\text{총 배출량}}{\text{1인당 배출량}}$은 단위가 '천 만명'이고 〈조건 2〉는 '1억 명'이므로 백만→십억은 10배 차이임을 쉽게 알 수 있다.
따라서 1억 명=10천만 명이다.

〈조건 3〉: 한국의 2012년 인구는 $\frac{59.29}{11.86}$=약 5이므로, 다른 국가의 값을 별도로 계산하여 도출하지 않고 '5배'를 대입 후 모순이 발생하는지 확인하는 것이 좋다.
A의 경우 $7.20\times5<37.61$로 한국보다 인구가 많으나, B의 경우 $16.22\times5>45.88$이므로 한국보다 인구가 적다.
따라서 구체적인 분수 비교를 하지 않더라도 A가 남아공임을 쉽게 알 수 있다.

048 정답 ②　　난이도 ●○○

ㄱ. (○) 박사학위 취득자 중 취업자의 전공계열별 고용형태
→ 〈3문단〉에서, '전공계열별로는 인문계열의 비정규직 비율이 가장 높고, 그다음으로 예술·체육계열, 의학계열, 사회계열, 자연계열, 교육계열, 공학계열 순으로 나타났다'라고 하고 있으므로 이 내용을 알기 위해선 취득자 중 취업자의 '전공계열별' 고용형태 관련 자료가 필요하다.
하지만 〈표〉에는 박사학위 취득자 중 취업자의 '고용형태별'직장유형 구성비율만 주어져 있으므로 추가로 자료가 필요하다.

ㄴ. (×) 박사학위 취득자 중 취업자의 성별, 전공계열별 평균 연봉
→ 〈보고서〉에서는 고용형태, 직장유형에 따른 평균 연봉에 대해 언급만 하고 있지만 박사학위 취득자 중 취업자의 성별, 전공계열별 평균 연봉에 대한 내용은 없으므로 필요한 자료가 아니다.

ㄷ. (○) 박사학위 취득자 중 취업자의 고용형태별, 직장유형별 평균 연봉
→ 주어진 자료에서는 박사학위 취득자 중 취업자의 고용형태별, 직장유형별 평균 연봉에 대한 내용이 없다. 따라서 추가로 필요한 자료이다.

ㄹ. (○) 박사학위 취득자 중 취업자의 성별 고용형태
→ 〈3문단〉에서 '박사학위 취득자 중 취업자의 고용형태를 살펴보면, 여성 취업자 중 비정규직 비율은 75% 이상'이라 하고 있다. 그러나 박사학위 취득자 중 취업자의 성별 자료는 〈표〉에 없으므로 박사학위 취득자 중 취업자의 성별 고용형태에 대한 자료가 필요하다.

ㅁ. (×) 박사학위 취득자 중 비정규직 여성 취업자의 전공계열별 평균 근속기간
→ 〈보고서〉에서는 근속기간에 대한 내용은 다루지 않고 있으므로 필요한 자료가 아니다.

합격자의 실전 풀이 순서

❶ 〈그림〉의 구조('전체' 자료는 '성별' 고용률을 가중평균한 값, '전체' 자료는 '전공계열별' 고용률을 가중평균한 값)를 파악하고, 〈표〉의 구조('전체' 자료는 '정규직'과 '비정규직' 구성 비율을 가중평균한 값)를 파악하고, 〈표〉의 '계' 자료를 다른 직장 유형과 구별하는 가로 구분선을 표시한다.

❷ 〈보고서〉의 〈4문단〉부터 〈1문단〉 순서로 추가로 필요한 자료를 확인한다. 이때 〈그림〉이나 〈표〉에 주어지지 않은 단어들 혹은 개념들을 위주로 체크하면서 읽는 것이 좋고, 답은 모두 표시한 후에 고르는 것이 헷갈리지 않을 수 있는 방법이다.
* 이 문제의 경우 연도가 없어 문제되지 않으나, 연도가 있는 경우 연도 숫자뿐만 아니라 연도 전후의 단어들을 확인해야 한다. 왜냐하면 "전년대비, 이전"과 같은 단어가 연도 옆에 있을 경우 숫자만 확인 시 놓칠 수 있기 때문이다.

❸ 〈4문단〉의 '평균 연봉 차이', 그 중에서도 직장유형별 평균 연봉 차이는 알 수 없다.
따라서 ⓒ을 체크하고 ⑤는 소거된다.

❹ 〈3문단〉의 '여성 취업자 중 비정규직 비율'은 위에서 알 수 없는 보기이다.
따라서 ⓓ의 정보가 필요하며 ①, ③은 소거된다.
또한 '전공계열별로는 인문계열의 비정규직 비율이 가장 높고~' 라는 문장에서 '전공계열별 고용형태'를 알아야 하는데, 주어진 자료로는 '전공계열별 고용률'만 알 수 있을 뿐, 고용형태는 알 수 없으므로 〈보기〉에서 ⓐ의 자료가 필요하다. 따라서 답은 ②이다.

049 정답 ① 난이도 ●●○

[금융기관 A]

➜ 〈선택지〉를 통해 금융기관 A는 농협, 수협, 저축은행 중 하나인 것을 알 수 있다.

➜ 다음으로 〈그림〉을 보면 금융기관 A는 7등급이 25.6%로 약 $\frac{1}{4}$이다. 그런데 〈표〉의 수협과 저축은행은 모두 7등급 비율이 $\frac{1}{3}$보다 크므로 수협과 저축은행은 금융기관 A가 아니다.

➜ 따라서 금융기관 A는 **'농협'**이다.

[금융기관 B]

➜ 위의 결과에 따라 〈선택지〉 ③, ④, ⑤를 제외하면 금융기관 B는 축협이나 수협이다.

〈그림〉에서 금융기관 B는 7등급과 6등급의 비율 수치 차이가 (31.2%−30.7%)=0.5%p 정도로 작다. 반면 〈표〉에서 축협의 7등급과 6등급의 비율의 차이를 계산해보면

$$\frac{2{,}578(\text{백만 원})-1{,}909(\text{백만 원})}{6{,}784(\text{백만 원})} \rightarrow \frac{7}{68}=0.102\text{로}$$

대략 10% 정도이다.

따라서 B는 축협이 될 수 없으므로 금융기관 B는 **'수협'**이다.

합격자의 실전 풀이 순서

❶ 〈표〉의 단위를 확인하고, '합'과 '계' 자료를 구분하기 쉽게 가로세로 구분선을 표시한다.
〈그림〉에서는 비교적 계산하기 쉬운 금융기관 A의 7등급을 확인하고, 금융기관 B에서는 1～3등급과 4등급의 비교, 6, 7등급 간의 비교가 가능함을 확인하고 각주를 확인한다.

❷ 선지를 통해 A는 농협 또는 저축은행, B는 수협 또는 축협일 것이라 예측하고, A부터 해결한다.

❸ 신용등급 중 6등급과 5등급의 비중을 살펴보았을 때, A가 농협이므로, 수협과 축협 중 B가 무엇인지 확인한다. 다양한 방법이 있겠으나 1～3등급 또는 4등급의 보증금 잔액 현황을 활용하거나, 6등급과 7등급 간의 현황을 비교해보았을 때 B는 수협이므로 답은 ①이다.

합격자의 시간단축 Tip

Tip ❶ 이 문제의 유형은 선지를 적극 활용해야 하는 유형이다.

A는 농협, 수협, 저축은행, B는 수협, 축협, 신협으로 한정되어 있으므로 이것만 확인한다. 다른 값들을 확인하는 등의 시간 낭비를 하면 안 된다.

Tip ❷ 계산을 적게 하면서 효율적으로 풀기 위해 3단계 구조를 가지고 접근하는 것이 좋다.

① 1단계는 '순위 확인'이다. 예를 들어 A는 1단계만으로 풀 수 있다.
A의 순위를 보면 6등급→7등급→5등급→4등급 순이다. 이를 기준으로 농협, 수협, 저축은행을 살펴보면 농협만 이에 부합하고, 수협과 저축은행은 모순이 발생한다.
따라서 '비율 계산' 없이도 A는 농협임을 쉽게 알 수 있다.

② 2단계는 '확인이 용이한 비율 확인'이다. 순위가 동일하다면 비율 비교가 필요하다.
다만 '원그래프' 이므로 그 합이 100%일 수밖에 없으므로 어느 한 값이 상이할 경우, 다른 값들도 왜곡이 발생할 수밖에 없다. 따라서 본인에게 편한 비율 몇 가지를 골라 가볍게 확인하면 된다.
예를 들어 B는 2단계를 활용하는 방식이다. 먼저 1단계에서 신협은 반례가 있어 비교 대상에서 제외되므로 2단계에서는 수협과 축협만 확인한다.
이때 굳이 계산하지 않더라도 7등급과 6등급은 31.2와 30.7로 유사해야 하는데, 축협은 6등급과 7등급 사이의 차이가 커 될 수 없다. 따라서 계산 없이도 수협임을 알 수 있다.

③ 3단계는 '비율 계산'이다. 앞선 두 단계에서도 걸러지지 않는다면 구체적인 계산이 필요하다. 다만 자료해석의 특성상 대부분의 문제들은 2단계에서 해결된다. 몇몇 고난도 문제만 3단계를 요구하니 가급적 계산을 최소화하고 효율적으로 해결하자.

050 정답 ⑤ 난이도 ●○○

ㄱ. (×) 해남군의 논 면적은 해남군 밭 면적의 2배 ~~이상이다.~~
➜ 해남군의 논 면적은 23,042(ha), 밭 면적은 12,327(ha)로 〈표〉에 주어졌으므로 밭 면적의 2배는 12,327(ha)×2 = 24,654(ha)인 것을 알 수 있다. 따라서 논 면적은 밭 면적의 2배 이하이다.

ㄴ. (○) 서귀포시의 논 면적은 제주시 논 면적보다 크다.
➜ 두 지역의 논 면적 모두 〈표〉에 주어져 있지 않으므로 직접 값을 구해야 한다.
주어진 경지면적의 식을 이용하면 ('논 면적'='경지면적' −'밭 면적')인 것을 알 수 있고 이 식으로 두 시의 논 면적을 구하면

'서귀포시의 논 면적': 31,271(ha)−31,246(ha) =25(ha), 제주시의 논 면적: 31,585(ha)−31,577(ha)=8(ha)이므로 서귀포시의 논 면적이 제주시보다 더 크다.

ㄷ. (○) 서산시의 밭 면적은 김제시 밭 면적보다 크다.
➜ 서산시의 밭 면적과 김제시 밭 면적 둘 다 〈표〉에 주어져 있지 않다.
우선 서산시의 밭 면적을 구하면 경지면적의 식을 이용하여 (밭 면적=경지 면적−논 면적)인 것을 알 수 있고 이를 이용하여 서산시의 밭 면적은 27,285(ha)−21,730(ha)=5,555(ha)인 것을 알 수 있다.
마찬가지로 김제시의 밭 면적은 28,501(ha)−23,415(ha)=5,086(ha)이다.
따라서 서산시의 밭 면적이 김제시보다 더 크다.

ㄹ. (○) 상주시의 논 면적은 익산시 논 면적의 90% 이하이다.
➜ 익산시의 논 면적은 19,067(ha)로 〈표〉에 주어져 있지만, 상주시의 논 면적은 주어져 있지 않으므로 가능한 경지면적의 최댓값을 이용하여 논 면적을 구해야 한다.
경지면적의 5위 값이 27,285(ha)이므로 상주시의 경지면적을 5위보다 낮은 27,284(ha)로 가정한다.
이 값과 ㉡의 풀이에서 이용된 식으로 상주시의 최대 논 면적은 27,284(ha)−11,047(ha)=16,237(ha)이므로 익산시의 논 면적의 90%인 19,067(ha)×0.9=17,160.3(ha) 이하이다.

합격자의 실전 풀이 순서

❶ 〈표〉가 순위 자료임을 파악하고, 각주를 확인하여 '경지=논+밭'의 관계를 확인한다.
헷갈리지 않기 위해 경지 면적, 논 면적, 밭 면적 사이사이에 가로선을 그어 두는 것이 좋다.

❷ 계산이 필요 없는 보기 ㉠부터 해결한다. 해남군의 논 면적(23,042)은 해남군의 밭 면적(12,327)의 두 배 미만이므로 ㉠은 옳지 않으며 선지 ①, ④는 지워진다. 따라서 ㉡은 무조건 옳은 선지이고, ㉢과 ㉣을 순서대로 확인한다.

❸ 서산시와 김제시 모두 밭 면적이 주어져 있지 않으므로, 경지 면적과 논 면적을 활용해서 비교해보면 김제시의 밭 면적이 더 작은 것을 알 수 있다. 따라서 ㉢은 옳은 선지이다.

❹ 상주시의 논 면적이 익산시 논 면적의 90%를 초과한다고 가정하고 각 경지 면적을 비교해보면 주어진 〈표〉와 모순되는 결과가 나온다. 따라서 해당 보기는 옳으며, 답은 ⑤이다.

합격자의 시간단축 Tip

보기 ㉠ 해남군의 논 면적은 23,042ha이고, 밭 면적은 12,327이다. 밭 면적을 12,000으로 보더라도 밭 면적의 2배는 24,000ha보다 크므로, 논 면적은 밭 면적의 2배 미만이다.

보기 ㉡ 서귀포와 제주 모두를 구할 필요는 없다. 둘 중 하나를 구한 후, 다른 지역의 값에 더해 대소를 비교하는 것이 더 좋다. 제주시 경지 면적은 31,585ha이고, 밭 면적은 31,577 ha이므로, 논 면적은 31,585−31,577=8ha이다.
이 값을 서귀포시에 더하면 31,246+8 < 31,271이므로, 서귀포시 논 면적이 8ha(= 제주시 논 면적)보다 크다.

보기 ㉢ 근삿값을 이용하면 빠르게 확인할 수 있다.
'서산시'는 27,285−21,730=약 27,000−21,500 =5,500이며, '김제시'의 경우 28,501−23,415=약 28,000−23,000 = 5,000으로 서산시가 더 크다는 것을 쉽게 알 수 있다.

보기 ㉣ 직접 도출 후 비교하는 것보다 주어진 값을 옳은 것으로 보고 대입 후 모순이 발생하는지 확인하는 방식으로 문제를 접근하는 것이 더 좋다.
익산시 논 면적의 90%를 어림산 해보면 19,000−1,900 = 17,100이다.
이를 상주시의 밭 면적인 11,047에 더하면 상주시의 경지 면적이 28,000을 초과하게 되는데, 경지 면적의 5순위인 서산시의 경지 면적이 27,285로 이보다 작게 되어 모순이 발생한다.
따라서 상주시의 논 면적은 익산시의 논 면적의 90%보다 작다는 것을 알 수 있다.

051 정답 ❷

난이도 ●○○

ㄱ. (○) 성과 점수가 가장 높은 과제와 가장 낮은 과제의 점수 차이는 1.00점보다 크다.
➜ 성과 점수를 나타낸 〈그림 1〉에서 성과 점수가 높은 과제부터 차례대로 나열하면 비용부담완화(5.12점) > 질 제고 및 균형 배치(4.46점) > 효과적 지원체계 구축 (4.30점) > 전달체계 효율화(4.21) > 맞춤형 보육 서비스 제공 (3.93점) > 보육 인력 전문성 제고 (3.84점)이다.
따라서 가장 점수가 높은 과제는 5.12점인 비용부담완화, 가장 점수가 낮은 과제는 3.84점인 보육인력 전문성 제고이다.

이 두 과제의 차이는 (5.12−3.84)=1.28이므로 1.00보다 크다.

ㄴ. (○) 성과 점수와 추진 필요성 점수의 차이가 가장 작은 과제는 '보육인력 전문성 제고' 과제이다.

➜ 성과 점수와 추진 필요성 점수의 차이는 〈그림 1〉과 〈그림 2〉의 같은 항목끼리 뺄셈하여 구할 수 있다. 이때 두 점수를 비교하여 큰 값에서 작은 값을 뺀다. 따라서 이 값들을 구해보면,

- '비용부담완화': 5.12−4.15=0.97(점)
- '효과적 지원체계 구축': 4.30−3.49=0.81(점)
- '전달체계 효율화': 4.21−3.42=0.79(점)
- '보육 인력 전문성 제고': 3.84−3.70=0.14(점)
- '질 제고 및 균형 배치': 4.46−3.64=0.82(점)
- '맞춤형 보육 서비스 제공': 3.93−3.36=0.57(점)

이므로 점수의 차이가 가장 작은 점수는 '보육 인력 전문성 제고'의 0.14점이다.

따라서 점수의 차이가 가장 작은 과제는 '보육 인력 전문성 제고' 과제이다.

ㄷ. (×) 6대 과제의 추진 필요성 점수 평균은 ~~3.70점 이상이다.~~

➜ 평균 점수를 구하는 법은 $\frac{(\text{모든 점수의 합})}{(\text{과제의 개수})}$이다.

따라서 6대 과제의 추진 필요성 점수의 평균은 모든 과제의 점수를 더하여 6으로 나누면 된다.

그 값은 → $\frac{4.15+3.36+3.64+3.70+3.42+3.49}{6}$

=3.62⋯ 이므로 3.70 이하이다.

합격자의 실전 풀이 순서

❶ 〈그림 1〉과 〈그림 2〉를 보고, 각각 성과 점수와 추진 필요성 점수를 나타내는 그림임을 파악한다.

❷ 보기 ⓒ부터 확인하면, 틀린 보기이므로 답은 ①, ② 번 중 하나이다.

❸ 보기 ㉠을 확인하면, 옳은 보기이므로 답은 ②번이다.

합격자의 시간단축 Tip

보기 ㉠ 성과점수가 가장 높은 과제와 가장 낮은 과제를 직접 찾을 필요가 없다.

그 값이 가장 높은지 낮은지를 모르더라도, '숫자 간 차이가 1점 이상인 값'이 있다면, 당연히 가장 높은 점수와 낮은 점수 차이는 1점이 넘을 수밖에 없다.

따라서 〈그림 1〉을 보면 맨 위의 비용부담완화는 5.12점으로 바로 옆의 맞춤형 보육 서비스 제공보다 1점 이상 높으므로 굳이 더 탐색하지 않고 바로 옳은 선지로 처리하면 된다.

보기 ㉡ 과제별로 성과 점수와 추진 필요성 점수의 차이를 구하지 않고, '보육 인력 전문성 제고' 과제의 차이를 구한 후, 이를 기준으로 다른 과제들의 추진 필요성 점수에 '보육 인력 전문성 제고' 과제의 차이를 더한 값과 해당 과제의 성과 점수를 비교하는 방식을 활용한다. 이는 뺄셈보다는 덧셈이 더 빠르고 편한 연산 방법이므로 최대한 뺄셈 대신 덧셈을 이용해 풀기 위함이다.

보기 ㉢ 3.7점을 기준으로 차잇값을 활용한다. 차잇값의 합이 +이면 평균은 3.7 이상인 것이고, −(마이너스) 이면 평균은 3.7 미만인 것이다.

3.7보다 큰 과제는 '비용부담완화'뿐이므로 차잇값은 0.45이다.

한편 3.7보다 낮은 과제는 '보육 인력 전문성 제고'를 제외한 4개인데, 차잇값이 큰 순서대로 보면, '맞춤형 보육 서비스 제공'은 차잇값이 0.34이고, '전달체계 효율화'는 0.28이므로 이 둘만으로도 6대 과제의 추진 필요성 점수 평균은 3.70점 미만이라는 것을 알 수 있다.

'차잇값을 이용한 평균 도출 방법'은 정말 활용 빈도가 높은 방법인 만큼 반드시 정리해 놓아야 한다.

052 정답 ❷ 난이도 ●●○

ㄱ. (○) 인용률이 가장 높은 해는 2013년이다.

➜ 2)에서 인용률(%)$=\frac{\text{인용 건수}}{\text{심리·의결 건수}}\times100$이므로 각 연도의 인용률을 계산하면,

- 2010년: $\frac{4,990}{30,472}\times100=16.37$ ⋯
- 2011년: $\frac{4,640}{28,923}\times100=16.04$ ⋯
- 2012년: $\frac{3,983}{24,987}\times100=15.94$ ⋯
- 2013년: $\frac{4,713}{24,405}\times100=19.31$ ⋯
- 2014년: $\frac{4,131}{25,270}\times100=16.34$ ⋯

따라서 인용률이 가장 높은 해는 2013년이다.

ㄴ. (×) 취하·이송 건수는 ~~매년 감소하였다.~~

➜ 취하·이송 건수는,

(2010년 : 1,001건)−(2011년 : 1,063건)−(2012년 : 1,015건)−(2013년 : 1,850건)이다.

따라서 2011년엔 증가↑, 2012년엔 감소↓, 2013년엔 증가↑하였다.

따라서 감소한 해는 2012년뿐이므로 매년 감소하지 않았다.

ㄷ. (○) 각하 건수가 가장 적은 해는 2011년이다.

→ 각 해의 각하 건수를 비교하기 위해서는 2011년과 2014년의 각하 건수를 구해야 한다.

인용, 기각, 각하 건수를 모두 더하여 소계 값이 나온 것이므로 소계에서 인용, 기각 건수를 빼면 각하 건수를 도출할 수 있다. 따라서

- 2011년의 각하 건수:
  (28,923−4,640−23,284=999건)
- 2014년의 각하 건수:
  (25,270−4,131−19,164=1,975건)이다.

따라서 각하 건수가 가장 적은 해는 2011년이다.

ㄹ. (×) 접수 건수와 심리·의결 건수의 연도별 증감방향은 동일하다.

	2011	2012	2013	2014
접수	감소(−) 31,473 → 29,986	감소(−) 29,986 → 26,002	증가(+) 26,002 → 26,255	감소(−) 26,255 → 26,014
심리 의결	감소(−) 30,472 → 28,923	감소(−) 28,923 → 24,987	감소(−) 24,987 → 24,405	증가(+) 24,405 → 25,270

→ 접수 건수의 연도별 증감방향은: (감소−감소−증가−감소)이다.

심리·의결 연도별 증감방향은: (감소−감소−감소−증가)이다.

따라서 증감방향은 동일하지 않다.

합격자의 실전 풀이 순서

❶ 〈표〉의 구조를 파악한다. 심리·의결 내에 인용, 기각, 각하가 있고 소계 값이 주어져 있고, 접수=심리·의결+취하·이송의 구조임을 파악한다. 또한, 각주의 인용률을 구하는 방법을 이해한다.

❷ 눈으로 확인할 수 있는 보기 ㉣을 확인하면, 틀린 보기이므로 답은 ①, ②번 중 하나이다.

❸ 다음으로 빈칸을 채워야 하는 보기 ㉢ 대신 눈으로 확인할 수 있는 보기 ㉡을 확인하면, 틀린 보기이므로 답은 ②번이다.

합격자의 시간단축 Tip

보기 ㉠

[방법 1]

2013년의 인용률$\left(\frac{4,713}{24,405}\right)$을 기준으로 비교한다.

2011, 2012, 2014년은 분모는 크고 분자는 작으므로 인용률이 무조건 2013년보다 낮다.

2010년의 인용률$\left(\frac{4,990}{30,472}\right)$은 2013년의 인용률 $\left(\frac{4,713}{24,405}\right)$과 비교할 때 분자는 10% 미만 크지만, 분모는 20% 이상 크므로 더 낮다. 따라서 옳은 보기이다.

[방법 2]

일반적으로 나눗셈보다는 곱셈이 빠르고 편하다. 따라서 분수 구조를 곱셈 구조로 전환하여 비교하는 방식도 자주 활용되는 방법으로, 질문을 반대 해석하여 '제시된 분수의 역수'를 만들어 비교하는 방식이다.

이 방식을 보기 ㉠에 적용하면 "인용률의 역수가 가장 낮은 해는 2013년"이라고 반대 해석할 수 있으며, 2013년의 경우 4,713→24,405는 6배가 채 되지 않으나 그 외의 연도는 모두 6배를 넘어 2013년이 가장 작으므로 보기 ㉠은 옳은 선지가 된다.

이는 잘 활용할 경우 분수 비교보다 훨씬 직관적인 풀이가 가능해지므로 연습해두는 것이 좋다.

보기 ㉢

[방법 1]

2011년의 각하 건수를 구하면 999로 1,000미만이다. 이를 기준으로 다른 연도의 각하 건수를 비교하면 모두 더 큰 숫자이므로 옳은 보기이다.

[방법 2]

빈 칸을 직접 도출해 비교하는 것은 매우 비효율적이다. 즉 빈 칸을 도출하기보다는, 주어진 값을 빈 칸에 대입하여 모순이 발생하는지 여부를 통해 처리하는 것이 효율적이다.

빈칸처리가 되지 않은 각하 값 중 가장 작은 것은 2012년의 1,030이다.

따라서 1,030을 각 빈칸에 대입해보면, 2014년은 대략적인 값만 보더라도 1,030을 더해 25,270이 될 수는 없다는 것이 바로 확인된다. 2011년의 경우 1,030을 더하면 28,923이 넘으므로 2011년이 더 작다.

※ 문제를 풀 때 항상 새로운 값을 도출하기보다는 기존의 값을 최대한 이용하자

보기 ㉣ 실수를 방지하고 풀이의 속도를 빠르게 하기 위해 접수 건수의 연도별 증감 방향을 명확히 화살표로 표시해 놓고 심리·의결 건수의 증감 방향이 같은지 빠르게 눈으로 확인한다.

053 정답 ④ 난이도 ●○○

ㄱ. (○) 3D 입체영상 분야의 경우 2000 ~ 2010년 일본 특허출원 건수는 3개국 전체 특허출원 건수의 60% 이상을 차지하였다.

→ 〈표〉에서 일본의 3D 입체영상 분야 특허출원 건수는 3,620건이다. 이 건수가 전체 3D 입체영상 특허 출원 건수의 몇 %인지는

$$\frac{\text{일본의 3D 입체영상 특허 출원 건수}}{\text{3개국 전체 3D 입체영상 특허 출원 건수}} \times 100$$

으로 구할 수 있다.

따라서 $\frac{3,620}{5,655} \times 100 = 64.01\cdots$ 이므로 일본 특허출원 건수는 3개국 전체 특허출원 건수의 60% 이상이다.

ㄴ. (○) 3D 입체영상 분야에서 2007 ~ 2010년 동안 한국 특허출원 건수는 매년 미국 특허출원 건수를 초과하였다.

→ 〈그림 1〉에서 2007 ~ 2010년 한국과 미국 특허출원 건수를 비교한다. 2007년부터 한국이 미국의 특허출원 건수보다 항상 더 많으므로 3D 입체영상 분야에서 2007 ~ 2010년 동안 한국 특허출원 건수는 매년 미국 특허출원 건수를 초과하였다.

ㄷ. (×) 2003년 이후 CG 분야에서 한국 특허출원 건수는 ~~매년 미국 특허출원 건수보다 적지만,~~

→ 〈그림 2〉를 보면 2003년 이후 대부분의 한국 특허출원 건수 그래프가 미국 특허출원 건수 그래프보다 아래에 있음을 알 수 있다. 하지만 〈그림 2〉를 보면 2009년에는 한국 특허출원 건수 그래프가 미국 특허출원 건수 그래프보다 위쪽에 있다. 따라서 2009년에 한국의 CG 분야 특허출원 건수가 미국보다 더 많았으므로 2003년 이후 CG 분야에서 한국 특허출원 건수는 매년 미국 특허출원 건수보다 적은 것은 아니다.

ㄹ. (○) 2000 ~ 2010년 동안 한국과 일본의 CG 분야 특허출원 건수 차이는 2010년에 가장 작았다.

→ 한국과 일본의 CG 분야 특허출원 건수의 차이는 〈그림 2〉에서 두 국가의 그래프 눈금 간격으로 알 수 있다. 이때 2010년에 그래프 눈금 간격이 가장 작으므로(약 1.2칸)

두 국가의 CG 분야 특허출원 건수의 차이도 2010년에 가장 작다는 것을 알 수 있다.

합격자의 실전 풀이 순서

❶ 〈표〉와 〈그림 1〉, 〈그림 2〉의 관계를 파악한다. 〈표〉에는 2000 ~ 2010년 특허출원 개수가 나타나 있고, 〈그림〉에는 연도별 추이가 나타나 있음을 파악한다.

❷ 보기 간 난이도 차이가 크지 않고 보기를 해결하기 위해 어떤 〈표〉나 〈그림〉을 활용해야 하는지 명확한 경우에는 주로 뒤의 보기(ⓒ, ⓔ)부터 해결하는 습관이 있어 보기 ⓔ을 먼저 확인한다. 옳은 보기이므로 답은 ③, ④, ⑤번 중 하나이다.

❸ 다음으로 보기 ㉠을 확인하면 옳은 보기이므로 답은 ④번이다.

합격자의 시간단축 Tip

〈그림 1, 2〉와 같이 도형으로 곡선이 구분되는 경우, 문제에 집중하여 풀다 보면 도형이 어떤 국가였는지 까먹을 수 있다. 결국 문제를 푸는 중에 범례를 여러 번 다시 읽게 되기 때문에 시간 낭비가 발생한다. 따라서 처음 그래프를 읽을 때 선 위에 한국, 일본, 미국을 적는 방식으로 이후에 그래프만 바로 볼 수 있게 하면 시간을 더 효율적으로 사용할 수 있을 것이다.

보기 ㉠

[방법 1]

60%를 계산할 때에는 전체의 절반+10%를 더하는 방식으로 계산한다.

3개국 전체의 3D 입체영상 특허출원 수가 5,655이므로 절반은 약 2,828이고 10%는 소수점을 한 칸 앞으로 하면, 565.5 이다. 이를 합하면 약 3,400이고 일본의 특허출원 수는 60% 이상이다.

[방법 2]

60%를 근삿값에 곱하여 직접 처리하는 방법도 유용하며 개인적으로는 %를 처리할 때 가장 많이 사용하는 방법이다. 20%, 30%, 40%와 같이 1의 자리가 0인 10 단위의 %는 전체값을 10으로 나누거나 끝자리를 버림하여 10%를 구한 후, 십의 자릿수를 곱하면 되기에 계산이 간단하여 오히려 더 빠를 수 있다.

이를 적용하면 보기 ㉠의 경우 전체값인 5,655를 근삿값화하여 5,600으로 보고 0.6을 곱하면 $5,600 \times 0.6 = 3,360$으로 일본의 특허출원 수는 전체의 60% 이상이다.

보기 ㉣ 그래프가 주어지면 시각적 효과를 최대한 활용한다. 〈그림 2〉에서 2010년의 세모(일본)와 네모(한국) 사이의 거리가 가장 가깝다.

054 정답 ⑤ 난이도 ●●●

① (O) 2007년 이후 매출액이 매년 증가한 콘텐츠 유형은 영화뿐이다.

→ 게임은 2010년, 음원은 2008년, SNS는 2009년과 2011년에 전년 대비 매출액이 감소하였다.
따라서 옳은 보기이다.

② (O) 2012년에 전년대비 매출액 증가율이 가장 큰 콘텐츠 유형은 SNS이다.

→ 콘텐츠 유형별 전년 대비 매출액 증가율을 구하면,

- 게임: $\frac{86}{603} \times 100(\%) \fallingdotseq 14.26\%$
- 음원: $\frac{8}{411} \times 100(\%) \fallingdotseq 1.94\%$
- 영화: $\frac{362}{1,148} \times 100(\%) \fallingdotseq 31.53\%$
- SNS: $\frac{237}{104} \times 100(\%) \fallingdotseq 227.88\%$이다.

따라서 2012년 SNS의 전년 대비 매출액 증가율은 3배 이상이므로 다른 콘텐츠 유형의 증가율보다 훨씬 크다.
따라서 옳은 보기이다.

③ (O) 영화 매출액은 매년 전체 매출액의 40% 이상이다.

연도	영화 매출액의 비율
2005	약 49.8%
2006	약 49.3%
2007	약 49.1%
2008	약 49.8%
2009	약 50.5%
2010	약 48.8%
2011	약 50.7%
2012	약 51.0%

따라서 영화 매출액은 매년 전년 매출액의 40% 이상이다.

④ (O) 2006 ~ 2012년 동안 콘텐츠 유형별 매출액이 각각 전년보다 모두 증가한 해는 2012년뿐이다.

→ 2006년과 2010년에는 게임, 2008년에는 음원, 2006년에는 영화, 2007년과 2009년, 2011년에는 SNS가 전년보다 매출액이 감소하였다. 따라서 2012년에만 콘텐츠 유형별 매출액이 각각 전년보다 증가했다.

⑤ (×) 2009 ~ 2012년 동안 매년 게임 매출액은 음원 매출액의 ~~2배 이상이다.~~

→ 2010년 음원의 매출액×2=604(백만 원)으로 게임 470(백만 원)보다 매출액이 높다.
2011년과 2012년도 마찬가지이므로 2010~2012년의 게임 매출액은 음원 매출액의 2배 미만이므로 틀린 보기이다.

합격자의 실전 풀이 순서

❶ 〈표〉의 구조만 간단히 확인한다. 전체 값이 주어져 있음을 최대한 활용하고자 한다.

❷ 선지 플레이를 통해 ②→③→⑤번의 순서대로 확인한다. ②번을 확인하면 옳은 보기이므로 소거한다.

❸ ③번을 확인하면, 옳은 보기이므로 소거한다.

❹ ⑤번을 확인하면, 틀린 보기이므로 답을 표시하고 넘어간다.

합격자의 시간단축 Tip

선지 ② 선지에서 지정한 SNS를 확인하면 2012년에 전년 대비 매출액 증가율이 3배 이상인 반면, 다른 콘텐츠 유형은 2배조차 되지 않기에 옳은 선지이다.

선지 ③ 모든 연도의 전체 매출액의 40%를 구해서 비교하지 않고, 영화 매출액을 2배 했을 때 전체 매출액보다 작다면 영화 매출액은 전체 매출액의 50% 이하라는 것을 이용해 처리한다.
확인해보면 50% 이하인 연도가 2005, 2008, 2010년뿐인데 거의 50%에 가까운 수치일 경우 당연히 40% 이상일 것으로 판단하되, 40% 이상인지가 확실하지 않은 경우에만 전체 매출액의 40%를 구하여 영화 매출액과 비교하는 방식으로 처리한다.
또한 애매한 상태에서 비교하는 경우에도 각각의 40%를 계산할 필요 없이 적절한 구간 값을 잡아 두고 비교하면 된다. 예를 들어 2005 ~ 2007의 경우 구간 값을 800으로 잡으면 800의 40%는 320이나 2005 ~ 2007은 800보다 작음에도 320 이상이므로 40% 이상이다. 이러한 비교 방식은 유사한 경향을 가진 여러 자료를 한 번에 비교해야 하는 경우 빠르게 처리할 수 있다는 점에서 유용하다.

선지 ⑤ 2009 ~ 2012년을 확인해야 하는 선지인데, 2012년부터 확인한다. 2009년을 제외하고 모두 틀린 보기이다. 이런 반례는 주로 뒤에 존재하므로 뒤부터 확인하는 습관을 들이면 좋다.

055 정답 ① 난이도 ●●●

ㄱ. (○) 특별활동프로그램 실시율이 40% 이상인 특별활동프로그램 수는 어린이집과 유치원이 동일하다.

➜ 〈표〉의 실사율 수치를 확인하여 40%가 넘는 특별활동프로그램을 찾으면 된다.

어린이집의 특별활동 프로그램 실시율이 40%인 활동 프로그램 수를 구해보면 → 음악(47.0), 체육(53.6), 영어(62,9) 3개이다.

유치원의 특별활동 프로그램 실시율이 40%인 활동 프로그램 수를 구해보면 → 음악(62.7), 체육(78.2), 영어(70.7) 3개이다.

따라서 각 3개로 동일하다.

ㄴ. (○) 어린이집의 특별활동프로그램 중 실시기관 수 대비 파견강사 수의 비율은 '영어'가 '음악'보다 높다.

➜ 기본적으로 비율을 구할 때에는,

비율 $=\dfrac{\text{비교하는 양}}{\text{기준량}}$ 수식을 사용하여 구할 수 있다.

이 식을 〈표〉에 대입하여 구해보면,

실시기관 수 대비 파견강사 수의 비율은

$\dfrac{\text{파견강사 수}}{\text{실시기관 수}}$으로 구할 수 있다.

- 영어의 경우: $\dfrac{6,687}{26,749}\approx 0.25$이다.
- 음악의 경우: $\dfrac{2,498}{19,988}\approx 0.12$이다.

백분율로 구할 때는 비율에 100을 곱해주면 되므로 영어의 경우 25%, 음악의 경우 12% 이다.

따라서 어린이집의 특별활동프로그램 중 실시기관 수 대비 파견강사 수의 비율은 '영어(0.25)'가 '음악(0.12)'보다 높다.

ㄷ. (×) 파견강사 수가 많은 특별활동프로그램부터 순서대로 나열하면, 어린이집과 유치원의 특별활동프로그램 ~~순위는 동일하다.~~

➜ 파견 강사 수가 많은 특별활동프로그램부터 순서대로 나열하면,

- 어린이집의 경우: ① 영어(6,687), ② 체육(2,849), ③ 음악(2,498), ④ 미술(834), ⑤ 교구(808)
- 유치원의 경우: ① 영어(1,492), ② 체육(1,320), ③ 음악(1,059), ④ 미술(671), ⑤ 과학(471)

따라서 어린이집과 유치원의 특별활동프로그램 순위는 동일하지 않다.

ㄹ. (×) 특별활동프로그램 중 '과학' 실시기관 수는 유치원이 어린이집보다 ~~많다.~~

➜ 해당 특별활동 프로그램 실시율(%) =

$\dfrac{\text{해당 특별활동프로그램 실시 어린이집(유치원) 수}}{\text{특별활동프로그램 실시 전체 어린이집(유치원) 수}}\times 100$

이를 이용하여 '실시기관 수'를 구하는 식을 정리해보면,

$\dfrac{\text{해당 특별활동프로그램 실시율(\%)}}{100}\times$ 특별활동프로그램 실시

전체 어린이집 수 = 해당 특별활동 프로그램 실시 어린이집(유치원) 수이고,

전체 어린이집 수는 42,527개 전체 유치원 수는 8,443개이므로

- 어린이집의 '과학' 실시기관 수: $\dfrac{6.0}{100}\times 42,527$ $\approx 2,551$개
- 유치원의 '과학' 실시기관 수: $\dfrac{27.9}{100}\times 8,443\approx$ 2,355개

따라서 특별활동프로그램 중 '과학' 실시기관 수는 어린이집(2,551)이 유치원(2,355)보다 많다.

합격자의 실전 풀이 순서

❶ 〈표〉 아래의 각주를 확인한다.

❷ 〈표〉의 수치를 단순 확인하는 ㉠을 가장 먼저 해결한다. ㉢ 역시 단순 확인이지만 특별활동프로그램 간 상대 비교가 필요하므로 ㉠ 먼저 해결한다.
40% 이상의 실시율을 보이는 프로그램은 어린이집과 유치원 모두 각각 세 가지이므로, 보기 ㉠은 옳다.

❸ 보기 ㉠이 옳으므로, 선지 ①, ②, ④번이 남는다. 모든 특별활동프로그램의 자료를 확인해야 하는 ㉢보다 '과학'만 확인하는 ㉣을 먼저 해결한다. 과학 특별활동프로그램을 운영한 어린이집과 유치원의 실시율을 통해 실시한 기관 수를 비교해보면 유치원보다 어린이집이 더 많다는 것을 알 수 있다. 따라서 보기 ㉣은 옳지 않으며 선지 ①, ②번이 남는다.

❹ 계산이 불필요한 보기 ㉢을 해결한다. 교구 특별활동프로그램의 순서가 다르므로 해당 보기는 옳지 않다.
답은 ①번이다.

합격자의 시간단축 Tip

보기 ㉡ 실시기관 수 대비 파견강사 수의 비율은 영어가 $\dfrac{6,687}{26,749}$이고, 음악이 $\dfrac{2,498}{19,988}$이다.

[방법 1]

전자의 분자는 후자의 분자의 2배를 초과하는 반면, 전자의 분모는 후자의 분모의 2배에 훨씬 미치지 못하므로, 전자가 후자보다 크다.

[방법 2]
분자 대비 분모의 배율을 고려해도 된다. 영어의 경우 분모가 분자의 약 4배이나, 음악은 분모가 분자의 4배를 한참 초과한다. 따라서 영어가 더 크다.

보기 ⓒ 파견강사 수가 적은 특별활동프로그램부터 순서대로 나열한다. 어린이집 중 파견강사 수가 적은 순서는 ('한자 –컴퓨터–서예') 순이다. 유치원의 경우 컴퓨터 파견강사 수가 가장 적다.
이때 비교해야 하는 양이 많으므로 등수를 하나하나 비교하여 반례를 찾는 것보다는, 덩어리로 묶어서 처리하는 것이 좋다. 즉 둘 중 어느 하나를 기준으로 잡고, 그 순위를 다른 것에 대입하여 모순이 생기는지 확인하면 된다. 예를 들어 낮은 순위부터 확인할 때, '어린이집'을 기준으로 보면 '한자–컴퓨터–서예–수학'이며 이를 한 덩어리로 보고 '유치원'에 대입하면 '한자–컴퓨터' 순이 아니다. 따라서 틀린 선지임을 쉽게 알 수 있다.

보기 ⓔ 실시기관 수를 직접 도출하지 않고, 항목별로 '배수'를 비교하는 것이 좋다. 먼저 '전체 수'는 어린이집 42,527이 유치원 8,443의 약 5배 정도 되지만, '실시율'은 유치원이 27.9%로 어린이집 6.0%의 4배 정도 된다. 따라서 어린이집 > 유치원이다.

056 정답 ③

난이도 ●●○

구분 메뉴	메뉴별 판매가격 – 재료비	현재까지의 판매량(잔)	메뉴별 이익(원)
아메리카노	2,800	5	14,000
카페라떼	3,000	3	9,000
바닐라라떼	3,400	3	10,200
카페모카	3,350	2	6,700
카라멜 마끼아또	3,450	6	20,700
합			60,600

→ 총이익이 정확히 64,000원이 되기 위해 더 팔아야 할 음료 1잔을 구하는 것이 질문의 핵심이다.
첫 번째로 〈조건 1〉을 활용하여 메뉴별 1잔당 판매 이익을 구할 수 있다.
이 값을 구해보면,
① 아메리카노: 3,000–200=2,800원
② 카페라떼: 3,500–(200+300)=3,000원
③ 바닐라라떼: 4,000–(200+300+100)=3,400원
④ 카페모카: 4,000–(200+300+150)=3,350원
⑤ 카라멜 마끼아또: 4,300–(200+300+100+250) =3,450원이다.

두 번째로 현재까지의 총 판매 이익을 구해보면,
현재까지 총 판매 이익:
(2,800×5)+(3,000×3)+(3,400×3)+(3,350×2) +(3,450×6)=(14,000+9,000+10,200+6,700 +20,700)=60,600원이다.
총 판매 이익이 정확히 64,000원이 되기 위해서는 64,000–60,600=3,400원을 더 팔아야 한다. 즉, 바닐라 라떼를 한잔 더 팔아야 총 판매 이익이 64,000원이 된다.

합격자의 실전 풀이 순서

❶ 〈표〉의 단위 및 각주를 확인한다. 해당 문제의 경우 전체가 64,000에 맞춰지는지 여부를 확인하기보다 뒷자리가 000이 나오게 하는 경우를 확인하는 방식으로 접근하는 것이 더 빠른 방법이다.
즉 그 이상의 값을 무시하고, 100의 자리 이하의 값만 확인하면서 풀면 된다.

❷ (판매가격–재료비)를 메뉴별로 구하되 100의 자리만을 고려하면, 아메리카노는 800, 카페라떼는 0, 바닐라라떼는 400, 카페모카는 350, 카라멜 마끼아또는 450이다.

❸ 위의 값에 판매량을 곱하고, 마찬가지로 100의 자리만 남길 때, 아메리카노는 800×5=0, 카페라떼는 0×3=0, 바닐라라떼는 400×3=200, 카페모카는 350×2=700, 카라멜 마끼아또는 450×6=700이다.
따라서 이를 합하면 (0+0+200+700+700)=600이다.

❹ 즉 000이 되기 위해서는 1,000–600=400이 필요하다. 앞서 ②를 보면 바닐라라떼가 400이므로 바닐라라떼가 답이다.

057 정답 ⑤

난이도 ●●○

㉠ (O) 1회당 구매금액별로 보았을 때, '50달러 초과 100달러 이하'인 수입통관 건수의 비중이 전체의 35% 이상으로 가장 크고,
→ "50달러 초과 100달러 이하'인 수입통관 건수'는 5,764천 건으로 가장 많으며, 전체 수입통관 건수는 15,530천 건이다. 따라서 비중을 구하는 식인

$$\frac{\text{'50달러 초과 100달러 이하'인 수입 통관 건수}}{\text{전체 수입통관 건수}} \times 100$$

을 계산하면 구할 수 있다.

계산해보면, $\frac{5,764(\text{천 건})}{15,530(\text{천 건})} \times 100 \approx 37.12\%$ 이므로 '35% 이상이다.

ⓒ (○) 1회당 구매금액이 200달러 이하인 전자상거래 물품의 수입통관 총 건수가 200달러 초과인 수입통관 총 건수의 30배 이상

→ '200달러 이하인 수입통관 총 건수'는
- (50달러 이하): 3,885천 건
- (50달러 초과 100달러 이하): 5,764천 건
- (100달러 초과 150달러 이하): 4,155천 건
- (150달러 초과 200달러 이하): 1,274천 건으로 모두 더하면 (3,855+5,764+4,155+1,274) =15,078(천 건)이다.

'200달러 초과인 수입통관 총 건수'는
- (200달러 초과 1,000달러 이하): 400천 건,
- (1,000달러 초과): 52천 건으로 (400+52)= 452(천 건)이다.

452(천 건)의 30배를 하면 452×30=13,560 (천 건)으로 15,078(천 건)보다 작다.

따라서 1회당 구매금액이 200달러 이하인 전자상거래물품의 수입통관 총 건수가 200달러 초과인 수입통관 총 건수의 30배 이상이다.

ⓒ (○) 품목별 수입통관 건수의 비중은 '의류'가 전체 수입통관 건수의 15% 이상으로 가장 크고,

→ 〈표 2〉를 보면, '의류'의 수입통관 건수가 2,962 (천 건)으로 가장 많기 때문에 전체에서 차지하는 비중도 가장 크다. '전체 수입통관 건수'는 15,530천 건이고,

비중은 $\frac{\text{품목의 갯수}}{\text{전체 갯수}}\times100$을 계산하면 된다.

'의류'가 차지하는 비중을 계산해보면,

$\frac{2,962(\text{천 건})}{15,330(\text{천 건})}\approx0.19$이므로 옳은 보기이다.

ⓔ (○) '핸드백', '가전제품', '시계'의 3가지 품목의 수입통관 건수의 합은 전체의 12% 이상을 차지하였다.

→ '핸드백'의 수입통관 건수는 1,264천 건이고, '가전제품'의 수입통관 건수는 353천 건, '시계'의 수입통관 건수는 327천 건이다.

"핸드백', '가전제품', '시계'의 3가지 품목의 수입통관 건수의 합'은 (1,264+353+327)=1,944(천 건)이다.

전체 수입통관 건수는 15,530천 건으로 "핸드백', '가전제품', '시계'의 3가지 품목'의 비중을 구하면 $\frac{1,944(\text{천 건})}{15,530(\text{천 건})}\times100\approx12.52\%$로 '12% 이상을 차지하였다'라는 보기는 옳다.

ⓜ (×) 수입통관을 일반·간이 신고로 한 물품 중에서 식품류('건강식품'과 '기타식품') 건수는 절반 ~~이상~~을 차지하였다.

→ '수입통관을 일반, 간이 신고로 한 물품 중에서 식품류('건강식품'과 '기타식품') 건수'는 건강식품 2,113천 건, 기타식품 1,692천 건을 더하면 2,113천 건+1,692천 건=3,805(천 건)이다.

'수입통관을 일반, 간이 신고로 한 물품'의 전체 건수는 8,942천 건으로 절반은 4,471천 건이다.

이를 비교하면 3,805 < 4,471(천 건)으로 '절반 이상을 차지하였다.'라는 보기는 틀린 보기이다.

합격자의 실전 풀이 순서

❶ 〈표 1〉, 〈표 2〉의 단위를 확인하고, 〈표 1〉의 합계, 〈표 2〉의 전체, 합에 표시한다. 〈보고서〉의 가장 아래에 위치한 ⓜ부터 ㉠까지 아래에서 위 순서로 풀이한다.

❷ ⓜ은 50% 이상, ⓔ은 12% 이상의 계산을 요하므로 보다 간단한 ⓜ을 먼저 해결한다.

합격자의 시간단축 Tip

보기 ㉠:

[방법 1]

$\frac{5,764(\text{천 건})}{15,530(\text{천 건})}\rightarrow\frac{57}{155}$로 간단히 바꿀 수 있으며,

35% 이상인지 아닌지 판단할 때 35%를 $\frac{35}{100}$로 표현하면 다음과 같다.

$\frac{57}{155}$ vs $\frac{35}{100}\rightarrow\frac{35+22}{100+55}$ vs $\frac{35}{100}\rightarrow\frac{22}{55}$ vs $\frac{35}{100}$이므로 35% 이상이다.

[방법 2]

35%를 33.3%로 가정하는 것을 응용해 풀 수도 있다. 즉 33.3%보다 크기 위해서는 '분자×3 > 분모'여야 한다.

즉 5,764×3≈5,700×3=17,100 > 15,530이므로 옳은 선지이다.

보기 ⓒ

[방법 1]

15,530−(400+52) ≥ (400+52)×30 →
15,530 ≥ (400+52)×31
이때 400×31=12,000+400이고,
52×31= 50×30+50+2×31= 1,500+50+61
이므로
12,000+400+1,500+50+61 < 13,000 < 15,530

해설편 | 9일차 | • 수리능력 · 자료해석

[방법 2]
반대로 접근할수도 있다. 500×31=15,500이지만, 400+52에는 31을 곱해도 500×30=15,000임을 고려할 때 절대 15,500을 넘을 수 없다. 따라서 30배 이상이다.

보기 ㉢ 숫자가 매우 이쁘게 주어져 있다.
15×15=225는 빈출되는 제곱 값으로 이를 응용하면, 전체의 15%는 15,330×0.15≈15,000×0.15=2,250이다.
따라서 2,962 > 2,250이다.

보기 ㉣ 12%는 직접 계산해도 되지만, 유사한 값인 12.5%를 이용하는 것이 더 효율적이다.
즉 분모를 8로 나누어 비교하거나, 분자에 8을 곱해 비교하는 것이 좋다. 이 경우 분모가 나눗셈하기 좋은 형태로 주어져 있으므로 15,530을 8로 나누면 1,941.3 =약 1,940이므로 12% 이상임을 쉽게 알 수 있다.
이러한 계산방법은 평소 문제를 풀 때 다양한 방식으로 적용하는 연습을 통해 실전에서 자연스럽게 바로 나올 수 있을 만큼 꾸준한 반복이 중요하다.

보기 ㉤ 먼저 전체 값을 보면 8,942로 9,000에 가까운 값이다. 따라서 그 절반은 4,500에 가까우며, 적어도 4,000은 당연히 넘어야 한다. 그러나 식품류=건강식품+기타=2,113+1,647로 4,000도 넘지 못한다. 따라서 틀린 선지이다.

Tip 퍼센트(%)가 나오는 문제는 곱셈과 나눗셈을 해야 하므로 시간과 에너지를 많이 잡아먹는다.
하지만 퍼센트(%)가 계산되는 원리를 이해한다면 빠르게 이를 계산할 방법이 있다.
'㉢'의 지문을 보자. '의류' 품목이 전체 수입통관 건수의 15% 이상이라고 한다.
그럼 전체 수입통관 건수의 15%를 계산해서 비교해야 문제를 해결할 수 있을 것이다.
퍼센트(%)를 이용하여 품목의 수를 구하는 식은 (전체 수)×(퍼센트)÷100과 같은데, 뒤의÷100부분은 생각하지 않고 (전체 수)×(퍼센트)만 생각해서 나온 숫자의 앞 자릿수 몇 개만 비교해보면 된다.
전체의 건수가 15,530건인데, 15%라 하였으니 15,530의 앞 자릿수 15만 떼서 15×15를 해본다.
이 정돈 암산으로도 쉽게 나오는데, 225가 나온다.
2,962와 225의 앞 자릿수를 비교하면 29가 22보다 큼을 알 수 있는데 따라서 '의류' 품목이 건수의 15% 이상임을 '대략'적으로 알 수 있다.
다만 15×15 등은 사실 시간이 많이 소모되지 않는 풀이인 만큼, 먼저 근삿값 등을 빠르게 확인 후 '숫자가 애매한 경우'에만 구체적인 계산을 하는 것이 옳다. 어쩌다 한번 나오는 구체적 계산 요구 선지가 무서워서 계속 안 쓰는 것은 비효율적이다. 간단한 풀이인 만큼 먼저 적용해 본 후 값이 유사한 경우에만 디테일하게 확인하는 전략을 구사하는 것이 좋다.

058 정답 ① 난이도 ●○○

〈그림〉을 표로 정리하면 아래와 같다.

항목	가중치	참가자A		참가자B		참가자C		참가자D	
		득점	점수	득점	점수	득점	점수	득점	점수
맛	6	4	24	3	18	2	12	2	12
향	4	3	12	4	16	3	12	1	4
색상	4	3	12	5	20	3	12	5	20
식감	3	3	9	4	12	3	9	4	12
장식	3	2	6	1	3	2	6	3	9
총점		63점		69점		51점		57점	
순위		2위		1위		4위		3위	

ㄱ. (○) 참가자 A의 '색상' 점수와 참가자 D의 '장식' 점수가 각각 1점씩 상승하여도 전체 순위에는 변화가 없다.
→ 참가자 A의 색상 점수가 1점 상승한다면 색상 항목 득점기여도는 4×4=16점 상승하므로 총점은 67점이 되고, 참가자 D의 장식 점수가 1점 상승한다면 장식 항목 득점기여도는 4×3=12점 상승하므로 총점은 60점이 된다. 하지만 종합점수 순위는 B(69점), A(67점), D(60점), C(51점)로 전체 순위에는 변화가 없다.

ㄴ. (○) 참가자 B의 '향' 항목 득점기여도는 참가자 A의 '색상' 항목 득점기여도보다 높다.
→ 득점기여도는 $\frac{\text{항목별 득점×항목별 가중치}}{\text{종합점수}}$이다.
• 참가자 B의 '향' 항목 득점기여도: $\frac{16}{69}=0.23$
• 참가자 A의 '색상' 항목 득점기여도: $\frac{12}{63}=0.19$
이므로
참가자 B의 향 항목 득점기여도가 더 높다.

ㄷ. (×) 참가자 C는 모든 항목에서 1점씩 더 득점하더라도 가장 높은 순위가 ~~될 수 없다.~~
→ 참가자 C는 종합점수가 51점이었다. 그런데 모든 항목에서 1점씩 더 득점한다면 가중치에 따라 맛 6점, 향 4점, 색상 4점, 식감 3점, 장식 3점 이렇게 총 20점이 추가되어 가장 높은 순위가 될 수 있다.

ㄹ. (×) ~~순위가 높은 참가자일수록~~ '맛' 항목 득점기여도가 높다.

→ 현재 순위는 B → A → D → C 이고 각 참가자별 '맛' 항목 득점 기여도를 구해보면

- 참가자 B: $\frac{18}{69} \approx 0.26$
- 참가자 A: $\frac{24}{63} \approx 0.38$
- 참가자 C: $\frac{12}{51} \approx 0.23$
- 참가자 D: $\frac{12}{57} \approx 0.21$이다.

따라서 '맛' 항목 득점 기여도 순위는 A B C D 순이 되므로 옳지 않다.

합격자의 실전 풀이 순서

❶ 〈표〉의 산정 방법을 확인하고 〈보기〉로 내려간다. 보기 ㉣부터 ㉠까지 아래에서 위 순서로 풀이하나, 보기 ㉣은 모든 참가자의 순위와 맛 항목 득점도를 계산해야 하는 복잡한 보기 이므로 보기 ㉢을 확인한다.

❷ 보기 ㉢ 역시 참가자들의 순위를 확인해야 하므로 보기 ㉡을 확인한다. 보기 ㉡은 참가자들 간 순위를 몰라도 풀 수 있는 보기이므로 먼저 해결한다.

❸ ㉡이 옳으므로, 선지 ①, ④, ⑤가 남는다. 보기 ㉠ 역시 순위를 요하므로, 참가자들 간 순위를 먼저 구한다.

❹ 보기 ㉣은 모든 참가자의 맛 항목 득점기여도를 계산해야 하므로, 보기 ㉢을 먼저 해결한다. ㉢이 옳지 않으므로 선지 ①, ⑤가 남는다. 마지막으로 보기 ㉠을 해결한다.

합격자의 시간단축 Tip

순위 문제의 핵심은 '현재 순위'는 구해 놓고 시작한다는 마음가짐을 갖는 것이다.
〈보기〉를 훑어보면 현재 순위에서 변화를 구하거나, 그 값을 이용해 응용하는 선지만으로 구성되었음을 알 수 있다.
따라서 순위 문제를 풀게 될 경우, 현재 순위 도출 없이 풀 수 있는 선지가 있는지 확인하고, 있다면 그것을 먼저 해결한다. 그러나 대부분 그런 선지는 적을 것이므로, 바로 현재 순위를 구한 후 문제에 접근한다면 시간을 많이 아낄 수 있을 것이다.

보기 ㉠ 현 상태에서 참가자들의 순위:
A=(6×4)+(4×3)+(4×3)+(3×3)+(3×2)
B=(6×3)+(4×4)+(4×5)+(3×4)+(3×1)
C=(6×2)+(4×3)+(4×3)+(3×3)+(3×2)
D=(6×2)+(4×1)+(4×5)+(3×4)+(3×3)

항목별 득점이 유사한 A vs C: A가 C보다 6×2점 더 높다. (A=C+12)
C vs D: D가 C보다 3×2점 더 높다. (D=C+6)
B vs C: B가 C보다 6×1+4×1+4×2점 더 높다. (B=C+18) → B(=C+18) > A(=C+12) > D(=C+6) > C

참가자 A의 색상 점수가 1점 상승하면 A의 점수는 4점 높아져, C+16이 되므로 C+18인 B보다 낮다. D의 장식 점수가 1점 상승하면 D의 점수는 3점 높아져, C+9가 되므로, C+16이 된 A보다 낮다.
따라서 전체 순위는 변하지 않는다.
참고로 이러한 순위 변화 문제 유형의 경우, <u>현재의 순위만 도출한 후, 변화되는 부분은 차잇값을 처리하는 것처럼 더해주고 빼면서 확인</u>하는 것이 우월 전략이다. 이런 식으로 처리해야 반복 작업에서 오는 시간 낭비를 방지할 수 있다.

보기 ㉡ 참가자 A의 '색상' 항목 득점기여도는 아래와 같다.

$$\frac{4\times3}{6\times4+4\times3+4\times3+3\times3+3\times2}=\frac{4\times3}{24+12+12+9+6}$$
$$=\frac{4\times3}{63}$$

B의 '향' 항목 득점기여도는 아래와 같다.

$$\frac{4\times4}{6\times3+4\times4+4\times5+3\times4+3\times1}$$
$$=\frac{4\times4}{18+16+20+12+3}=\frac{4\times4}{69}$$

따라서 $\frac{12}{63} < \frac{16}{69}$ 후자가 더 크다.

분자와 분모의 증가율로 비교해보자.
분자) 12→16 4 증가로 약 33% 증가했다.
분모) 63→69 6 증가로 약 9.5% 증가했다.
꼭 퍼센트를 구하지 않아도 1.2×3 < 4, 6.3×1 > 6 이므로 둘의 증가율 차이를 계산할 수 있다.
3과 1은 각각 30퍼센트, 10퍼센트를 의미한다.
다른 방법으로는 '차잇값 비교'가 있다.
분자는 16-12=4만큼 차이 나며 분모는 69-63=6만큼 차이 난다. 분자 분모 차잇값은 1.5배 차이이다.
그러나 분자, 분모는 12와 63으로 5배 이상 그 차이가 크다.
따라서 차잇값만 보더라도 분자의 증가율이 커 후자가 더 큰 분수라는 것을 쉽게 알 수 있다.

보기 ㉢ C가 모든 항목에서 1점씩 더 득점하면 C의 종합점수는 가중치들의 합 6+4+4+3+3=20만큼 증가한다.

현재 1위는 C보다 18점 높은 B이므로, C의 점수가 20점 증가하면 1위가 된다.
이 선지 역시 보기 ㉠와 마찬가지로 앞서 계산한 현재 순위 값을 최대한 활용해야 한다.
이때, 차이나는 부분만 더하여 확인하면 빠르게 해결할 수 있다.

보기 ㉣ 순위가 낮은 참가자일수록 '맛' 항목 득점기여도가 낮은 지 확인한다.

- C: $\frac{6\times2}{6\times2+4\times3+4\times3+3\times3+3\times2}=\frac{6\times2}{51}$
- D: $\frac{6\times2}{51+6}=\frac{6\times2}{57}$
- A: $\frac{6\times4}{51+12}=\frac{6\times4}{63}$
- B: $\frac{6\times3}{51+18}=\frac{6\times3}{69}$

→ D는 C와 분자는 같고 분모는 더 크기 때문에 득점기여도가 더 낮다. A는 D보다 분자는 2배인데 분모는 6(약 10%) 더 크기 때문에 D의 득점기여도가 더 높다.

059 정답 ①

난이도 ●●○

ㄱ. (○) 업체당 매출액이 가장 많은 업종은 '종합물류업'이다.

→ 업체당 매출액$\left(=\frac{\text{매출액}}{\text{업체 수}}\right)$은 〈표〉를 통해 확인할 수 있다.

업종	종합 물류업	화물 운송업	물류 시설업	물류 주선업	화물 정보업
매출액 / 업체 수	$\frac{319,763}{19}$ ≈16,830	$\frac{32,309}{46}$ ≈702	$\frac{34,155}{17}$ ≈2,009	$\frac{10,032}{23}$ ≈436	$\frac{189}{2}$ ≈95

따라서 '종합물류업'의 업체당 매출액이 약 16,830으로 가장 크다.

ㄴ. (○) 종업원 중 자격증 소지자 비중이 가장 낮은 업종은 매출액당 전문인력 수가 가장 많은 업종과 동일하다.

→ 종업원 중 자격증 소지자 비중$\left(=\frac{\text{자격증 소지자}}{\text{종업원}}\right)$과 매출액당 전문인력 수$\left(=\frac{\text{전문인력}}{\text{매출액}}\right)$는 〈표〉를 통해 확인할 수 있다.

업종	종합 물류업	화물 운송업	물류 시설업	물류 주선업	화물 정보업
자격증 소지자 / 종업원	$\frac{1,830}{22,436}$ ≈8.2%	$\frac{316}{5,382}$ ≈5.9%	$\frac{80}{1,787}$ ≈4.5%	$\frac{62}{1,586}$ ≈3.9%	$\frac{1}{100}$ ≈1%
전문인력 / 매출액	$\frac{3,239}{319,763}$ ≈1%	$\frac{537}{32,309}$ ≈1.7%	$\frac{138}{34,155}$ ≈0.4%	$\frac{265}{10,032}$ ≈2.6%	$\frac{8}{189}$ ≈4.2%

종업원 중 자격증 소지자 비중이 가장 낮은 업종은 '화물정보업'이고, 매출액당 전문인력 수가 가장 많은 업종 또한 '화물정보업'이다. 따라서 종업원 중 자격증 소지자 비중이 가장 낮은 업종과 매출액당 전문인력 수가 가장 많은 업종은 모두 '화물정보업'으로 동일하다.

ㄷ. (×) 업체당 전문인력 수가 가장 적은 업종은 ~~'물류시설업'이다.~~

→ 업체 당 전문인력 수$\left(=\frac{\text{전문인력}}{\text{업체 수}}\right)$는 〈표〉를 통해 확인할 수 있다.

업종	종합 물류업	화물 운송업	물류 시설업	물류 주선업	화물 정보업
전문인력 / 업체수	$\frac{3,239}{19}$ ≈170	$\frac{537}{46}$ ≈12	$\frac{138}{17}$ ≈8	$\frac{265}{23}$ ≈12	$\frac{8}{2}$ ≈4

'화물정보업'의 업체 당 전문인력 수가 가장 적으므로, 해당 보기는 틀렸다.

ㄹ. (×) 업체당 종업원 수가 ~~가장 적은 업종~~은 종업원 중 전문인력 비중도 ~~가장 낮다.~~

→ 업체당 종업원 수$\left(=\frac{\text{종업원}}{\text{업체 수}}\right)$와 종업원 중 전문인력 비중$\left(=\frac{\text{전문인력}}{\text{종업원}}\right)$은 〈표〉를 통해 확인할 수 있다.

업종	종합 물류업	화물 운송업	물류 시설업	물류 주선업	화물 정보업
종업원 / 업체 수	$\frac{22,436}{19}$ ≈1,181	$\frac{5,382}{46}$ ≈117	$\frac{1,787}{17}$ ≈105	$\frac{1,586}{23}$ ≈69	$\frac{100}{2}$ ≈50
전문인력 / 종업원	$\frac{3,239}{22,436}$ ≈14.4%	$\frac{537}{5,382}$ ≈10%	$\frac{138}{1,787}$ ≈7.7%	$\frac{265}{1,586}$ ≈16.7%	$\frac{8}{100}$ ≈8%

업체당 종업원 수가 가장 적은 업종은 '화물정보업'이고, 종업원 중 전문인력 비중이 가장 낮은 업종은 '물류시설업' 이다. 따라서 해당 보기 지문은 틀렸다.

합격자의 실전 풀이 순서

❶ 〈표〉의 구조를 파악한다. 업체 수, 매출액, 종업원 수 등은 업체당 매출액, 업체당 종업원 수로 변형하여 분수 비교가 선지화 될 수 있음을 인지한다. (일반적으로 〈표〉에 적혀 있는 것과 뒤집은 형태의 분수가 된다)
또한, 화물정보업의 숫자 구조가 단순하므로 기준점으로 활용할 수 있음을 생각한다.

❷ 보기 ㉣에서 업체당 종업원 수가 가장 적은 업종을 구할 때는 화물정보업의 50을 기준으로 다른 업종을 보면 50 초과이므로 화물정보업이다.
또한, 종업원 중 전문인력 비중이 가장 낮은 경우는 화물정보업이 8%이며 물류시설업만 10% 미만이므로 두 개를 비교한다. 이 때 물류시설업은 8% 미만이므로 종업원 중 전문인력 비중이 가장 낮다. 따라서 보기 ㉣은 틀린 보기이다.

❸ 보기 ㉣을 제거하면 답은 ①, ③ 중 하나이고 보기 ㉠을 확인하면, 옳은 선지이므로 답은 ①번이다.

합격자의 시간단축 Tip

보기 ㉠ 업체당 매출액 비교 시 종합물류업의 매출액이 다른 업종의 매출액에 비해 10배 이상 큰 반면, 업체 수의 경우 10배 이상이 되지 않으므로 구체적 수치를 도출할 필요 없이 종합 물류업이 가장 크다.

보기 ㉡ 만일 보기를 순서대로 보고 있었다고 해도 보기 ㉡ 보다 보기 ㉢을 우선 확인하는 것이 좋다. 선지 구조가 복잡하며 두 가지를 동시에 해결해야 하기 때문이다. 또한, 동일하게 두 가지를 확인해야 하는 보기 ㉣은 분모가 되는 업체 수가 두 자리 수로 비교적 작은 반면 보기 ㉡은 분모가 되는 종업원과 매출액 모두 수가 크기 때문에 한눈에 파악이 어렵다.
그럼에도 이를 풀게 된다면, '반대 해석 방법'을 적용하는 것이 효율적이다.
우선 '종업원 중 자격증 소비자 비중이 가장 낮은 업종'은 반대 해석하면 '자격증 소비자 중 종업원 비중이 가장 높은 업종'으로 볼 수 있다. 이 경우 화물 정보업은 해당 비중이 $\frac{100}{1}$ =100로 매우 높다. 따라서 다른 업종들을 100으로 보고 100 배 했을 때 유사한 곳이 있는지 확인한다. 그러나 모두 이보다 낮으므로 '종업원 중 자격증 소지자 비중이 가장 낮은 업종'은 화물 정보업이다.
이처럼 '비중' 문제는 일반적인 분수 형태일 때는 계ㄱ산이 까다로워 보여도, 뒤집어서 가분수로 만들면 훨씬 쉬워지는 경우가 많으므로 익혀 두고 활용하는 것이 좋다.

보기 ㉢ 업체당 전문인력수가 가장 작은 업체를 도출하기보다는 보기에 주어진 물류시설업이 최소인지를 확인하는 것이 시간단축에 유리하다.
따라서 물류 시설업을 기준으로 비교해보면, 물류 시설업의 업체당 전문인력 수는 10 미만이므로 10 이상인 물류 주선업, 화물 운송업, 종합 물류업은 배제된다. 화물 정보업의 경우 업체당 전문인력수가 4인이므로 업체당 전문인력수가 훨씬 큰 것을 알 수 있다. 따라서 해당 보기는 틀렸다.

보기 ㉣
[방법 1]
종업원 중 전문인력 비중을 계산할 때 화물정보업의 8%를 기준으로 놓는다면, 물류시설업이 8%보다 작은 지 큰 지만을 계산한다. 1,787의 10%는 약 178이고 전문인력은 138인데, 178과 138의 차이인 40은 1,787의 2%인 34~36보다 크므로 $\frac{138}{1,787}$은 8% 미만이다.

[방법 2]
〈보기〉 ㉡과 마찬가지로 '반대 해석'을 통해 역수로 만들어 비교하는 것이 좋다.
예를 들어 '종업원 중 전문인력 비중이 가장 낮다'는 것은 '전문인력 중 종업원 비중이 가장 높다'와 같다. 따라서 화물운송업을 기준으로 볼 경우 $\frac{5,382}{537}$ = 약 10이다.
나머지 업종 전문인력에 10을 곱해 비교하면 '화물정보업'은 10을 넘으므로 더 크다.
따라서 종업원 중 전문인력 비중도가 가장 낮은 업종은 '화물정보업'임을 쉽게 알 수 있다.
이처럼 역수로 푸는 방법은 % 비교에 약한 수험생들에게 큰 도움이 될 것이라 생각한다.
※ 보다 구체적으로 역수 비교를 익히고 싶다면 [Part 1. 시간단축 비법]의 해당 파트를 숙지하자

060 정답 ❺ 난이도 ●●○

① (×) 매년 남성 흡연율은 여성 흡연율의 6배 ~~이상이다.~~
→ 〈표 1〉에서 남성 흡연율과 여성 흡연율을 연도별로 비교해본다.
2007년의 경우 남성 흡연율은 45.0%, 여성 흡연율은 5.3%로 남성 흡연율이 여성 흡연율보다 약 8.5배 더 높아 6배 이상임을 확인할 수 있다. 이와 같은 방법으로 비교해보면 2008년 ~ 2011년, 2013년은 남성 흡연율이 여성 흡연율의 6배 이상이다.
그러나 2012년에는 남성 흡연율이 43.7%, 여성 흡연율이 7.9 %로 남성 흡연율이 여성 흡연율보다

약 5.5배 더 높다. 따라서 틀린 선지이다.

② (×) 매년 소득수준이 ~~높을수록~~ 남성 흡연율은 ~~낮다.~~

➜ 〈표 2〉에서 소득수준과 남성 흡연율의 상관관계를 각 연도별로 파악해본다.

2007년의 소득수준별 남성 흡연율의 경우 소득수준 최상 (38.9%) < 소득수준 상 (44.9%) < 소득수준 중 (45.2%) < 소득수준 하 (50.9%) 순으로 나타나며 소득수준이 높을수록 흡연율이 낮다고 해석할 수 있다. 이와 같은 방법으로 비교해보면 2008년~2011년, 2013년은 소득수준이 높을수록 남성 흡연율이 낮다. 그러나 2012년에는 소득수준 상 (38.6%) < 소득수준 최상 (40.8%) < 소득수준 중 (45.4%) < 소득수준 하 (48.2%) 순으로 소득수준이 상 이므로도 가장 낮은 흡연율을 보인다. 따라서 매년 소득수준이 높을수록 남성 흡연율이 낮다는 선택지의 내용은 정확하지 않다.

③ (×) 2007 ~ 2010년 동안 매년 소득수준이 ~~높을수록 여성 흡연자 수는 적다.~~

➜ 〈표 1〉은 성별 흡연율을, 〈표 2〉는 소득수준별 남성 흡연율을 나타내고 있다. 여성의 소득수준과 흡연자 수의 상관관계는 주어진 자료에서 파악하기 어려우므로 선택지의 내용은 정확하지 않다.

④ (×) 2008 ~ 2010년 동안 매년 금연계획률은 전년대비 ~~감소한다.~~

➜ (금연계획률) = (단기 금연계획률) + (장기 금연계획률)로 구할 수 있으므로 〈표 3〉에서 빠져있는 2009년과 2010년의 금연계획률을 계산해보면,

- (2009년 금연계획률): 18.2% + 39.2% = 57.4%
- (2010년 금연계획률): 20.8% + 32.7% = 53.5%

이다.

2008 ~ 2010년 동안 금연계획률은 2009년(57.4%) > 2008년(56.9%) > 2010년(53.5%)순이므로 매년 전년대비 감소한다는 선택지의 내용은 잘못되었다.

⑤ (○) 2011년의 장기 금연계획률은 2008년의 단기 금연계획률의 두 배 이상이다.

➜ (금연계획률) = (단기 금연계획률) + (장기 금연계획률)이므로

(단기 금연계획률) = (금연계획률) − (장기 금연계획률)

(장기 금연계획률) = (금연계획률) − (단기 금연계획률)이다.

위 식을 활용하여 값을 구하면,

2008년의 단기 금연계획률은 56.9% − 39.2% = 17.7%이고, 2011년의 장기 금연계획률은 56.3% − 20.2% = 36.1%이다.

따라서 2011년의 장기 금연계획률은 36.1%로 2008년의 단기 금연계획률의 2배인 17.7% × 2 = 35.4%보다 크다.

17.7% × 2 = 35.4%보다 크다.

합격자의 실전 풀이 순서

❶ 〈표 1〉의 '성별', 〈표 2〉의 '소득수준별', '남성'에 표시하고, 〈표1〉의 '전체' 자료를 구별되게 가로 구분선을 표시한다.
표 아래의 각주를 확인한다.

❷ 선지 ①은 〈표 1〉, 선지 ②, ③은 〈표 2〉, 선지 ④, ⑤는 〈표 3〉에 관한 것이라 판단된다. 따라서 더 아래쪽에 있는 〈표 3〉에 관한 선지들부터 해결한다.

❸ 선지 ④에서 금연계획률 = (단기 금연계획률 + 장기 금연계획률)이라는 점을 활용하면 2008년에서 2009년으로 갈 때 금연계획률이 증가한 것을 알 수 있다. 해당 선지는 옳지 않다.

❹ 선지 ⑤에서 2008년과 2011년에 각각 주어진 수치를 활용해 확인해보면 2011년 장기 금연계획률은 36.1%, 2008년 단기 금연계획률은 17.7%이므로 해당 선지는 옳다.
따라서 답은 ⑤이다.

합격자의 시간단축 Tip

선지 ① 2013년부터 2007년 순서로 남성 흡연율이 여성 흡연율의 6배 이상인지 확인할 때에는 어림산을 사용한다. 가령 2012년도에 여성 흡연율은 7.9%이므로, 이를 반올림해서 8%라고 생각하면 8 × 6 = 48이므로 43.7%보다 훨씬 크다. 따라서 반올림하면서 생긴 오차 0.1을 고려하더라도 0.1 × 6 = 0.6 밖에 안되므로 오차값이 결과에 영향을 미치지 않는다는 것을 알 수 있다.

선지 ② 단순확인 문제로 반례를 찾으면 되는 유형이다. 출제자는 수험생이 시간을 소모하도록 유도하기 위해 반례를 뒷부분에 배치하는 경향이 있으므로 역순으로 확인하는 것이 좋은 전략이다.
따라서 소득수준이 낮을수록 남성 흡연율이 높은지 2013년부터 2007년 순서로 확인한다.

선지 ③ 자료가 여러 개 주어진 문제의 경우, 선지를 잘게 나눠 변수를 세분화할수록 빠른 풀이가 가능하다. 예를 들어 선지 ③번을 세분화하면 '2007 ~ 2010', '소득수준', '여성'이 된다.
이를 기준으로 살펴보면 '소득수준'은 〈표 2〉에서만 주어졌으나 '여성'은 이 표에서 주어지지 않았다.
즉 〈표 2〉는 선지 ③과 관련이 없다. 해당 선지는 알 수 없는 선지로 옳지 않다.

선지 ④ 2009년 금연계획률은 18.2+39.2=약 18+39=57 > 56.9%로 2008년보다 증가한다.
이때 소수점까지 합산하지 않고, 18과 39의 합이 57로 56.9보다 크다는 것만 확인하고 계산을 멈춘다.

선지 ⑤ 두 빈칸을 모두 도출하는 것보다는, 빈칸 중 하나를 기준으로 잡고 비교하는 것이 좋다.

[방법 1]
2008년을 기준으로 하는 경우
2008년의 단기 금연계획률은 56.9−39.2=(56−39)+(0.9−0.2)=17.7으로 17.7의 2배는 35.4이다.
이때 뺄셈보다는 덧셈이 더 빠르고 쉬운 연산 방법이므로 장기 금연계획률을 구하지 않고, 앞선 35.4를 대입하여 모순이 발생하는지 확인하는 것이 효율적이다.
따라서 20.2+35.4 ≤ 56.3인지 확인한다.

[방법 2]
2011년을 기준으로 하는 경우
2011년 장기를 기준으로 볼 경우, 56.3−20.2=약 36이다.
따라서 그 절반인 18을 2008년 장기 금연 계획률에 더하여 56.9보다 큰지 확인하면 39.2+18=약 39+18=57 > 56.9이다.
따라서 옳은 선지이다.

해설편 9일차 • 수리능력 · 자료해석

독끝 심화 10일차 (061~090)

정답

061	①	062	④	063	②	064	①	065	②
066	③	067	②	068	③	069	①	070	⑤
071	③	072	⑤	073	①	074	④	075	①
076	④	077	③	078	③	079	①	080	③
081	③	082	②	083	④	084	③	085	①
086	④	087	⑤	088	②	089	①	090	⑤

061 정답 ❶ 난이도 ●●○

A, B, C의 탄소포인트를 계산하면 다음과 같다.

	A	B	C
전기	0	10,000	10,000
수도	2,500	2,500	1,250
가스	5,000	5,000	5,000
합계	7,500	17,500	16,250

따라서 가장 많이 지급받는 가입자는 B이고, 가장 적게 지급받는 가입자는 A이다.

합격자의 실전 풀이 순서

❶ 〈표〉와 〈지급 방식〉을 읽고, 특히 예시인 가입자 D를 통해 탄소포인트 지급 방식을 이해한다.

❷ 가장 많이 받는 가입자는 선지 구성상 B 또는 C이므로 둘을 비교한다. 탄소포인트를 구하지 않고도 B는 전기, 수도, 가스 모두 10% 이상이지만, C는 수도가 5% 이상 10% 미만이므로 B가 탄소포인트가 가장 많을 것이다. 따라서 ④, ⑤번을 소거한다.

❸ 가장 적게 받는 가입자는 선지 구성상 A, C, D이지만 우선 A와 D를 비교한다. 이때 같은 에너지 사용량 감축률 구간인 수도는 제외하고 전기와 가스만 비교한다.
D가 전기유형 탄소포인트는 A보다 5,000이 크고, 가스유형 탄소포인트는 A가 D보다 2,500크므로 A가 D보다 적게 지급받는다. 또한, C는 전기유형 탄소포인트가 10,000이며 A는 전기유형이 0이고, 수도, 가스가 모두 10% 이상이더라도 최대 탄소포인트가 7,500이므로 C가 항상 더 크다.
따라서 A가 가장 적게 지급받는 가입자이다.
답은 ①번이다.

합격자의 시간단축 Tip

문제와 같이 구간별 값이 정해진 문제는 전기세, 탄소포인트, 재활용보조금 등의 형태로 많이 출제되는 유형이다. 이 유형 풀이의 핵심은 정확한 값을 구하지 않고 상호 간의 '차잇값'을 이용하거나, '매칭형'처럼 동일 구간은 고려하지 않고 값이 다른 구간만 확인하는 등의 방식으로 처리하는 것이다.

062 정답 ❹ 난이도 ●○○

ㄱ. (×) A구역 남성 인구는 B구역 여성 인구의 ~~절반이다.~~
➔ A구역 남성 인구: 15×2=30(명)
B구역 여성 인구: 30×3=90(명)이므로
A구역 남성 인구가 B구역 여성 인구의 절반이 되지 않는다.

ㄴ. (○) C구역 인구보다 A구역 인구가 더 많다.
➔ A구역 남성과 여성 인구의 합은 (15×2)+(42×3)=156(명)으로 C구역 남성과 여성 인구의 합인 (30×2)+(28×3) =144(명)보다 많다.
따라서 옳은 보기이다.

ㄷ. (×) C구역은 여성 인구보다 ~~남성 인구가 더 많다.~~
➔ C구역의 여성 인구: (28×3)=84(명)
C구역의 남성 인구: (30×2)=60(명)이다.
따라서 C구역은 남성인구보다 여성 인구가 더 많다.
따라서 틀린 보기이다.

ㄹ. (○) B구역 남성 인구의 절반이 C구역으로 이주하더라도, C구역 인구는 '갑'시 전체 인구의 40% 이하이다.
➔ '갑'시 전체 인구는 500명이므로 전체 인구의 40%는 200명이다.
B구역의 남성 인구는 (55×2)=110(명)인데, 그 중 반인 55명이 C구역으로 이주하면 C구역의 인구는144+55=199(명)으로, 200명 이하이다.
따라서 옳은 보기이다.

합격자의 실전 풀이 순서

❶ 〈표〉의 구조를 파악한다. 또한, 발문에 수치가 주어지면 문제에 활용될 가능성이 크므로 크게 표시해 놓거나 〈표〉의 남성, 여성 왼쪽에 인구수를 적어 놓는다.

❷ 비교가 쉬운 보기 ㉢ 먼저 확인하면, 틀린 보기이므로 ②, ③, ⑤번을 소거하고
답은 ①, ④번 중 하나이다.

❸ 보기 ㉣과 보기 ㉠ 중 쉬워 보이는 보기 ㉠을 확인하면, 틀린 보기이므로 답은 ④번이다.

합격자의 시간단축 Tip

보기 ㉠ 성별 인구의 객관적 비교가 가능해지려면 〈표〉의 거주 구역별 인구분포 × '갑'시의 성별 인구를 구해야 한다. 남성 인구 200명과 여성 인구 300명을 어림산 하기 위해 인구분포에 각각 ×2, ×3을 하는 방식으로 구한다.
즉, A 구역 남성 인구는 15×2=30, B 구역 여성 인구는 30×3=90이므로 절반이 아니다.
또한, 이는 남성과 여성의 성별 인구 비율이 2 : 3이며, 거주 구역별 인구분포 비율이 15 : 30으로 1 : 2라면, 당연히 이를 곱한 것은 1 : 2의 비율이 유지될 수 없을 것이므로 계산하지 않고도 틀린 보기임을 알 수 있다.
따라서 이 문제는 발문의 성별 인구수 비율을 함정으로 활용하는 보기들을 만들어 낸 문제이다.

보기 ㉡ 인구를 직접 구하지 않고 차잇값으로 구하는 것이 좋다. 직접 구하게 되면 A, C 구역의 남성, 여성에 대해 곱셈을 총 4번 해야 하나, '차잇값'으로 도출할 경우 남녀 각각으로 비교 후 마지막에만 곱셈하여 문제를 해결할 수 있다.
먼저 남성을 비교하면 C구역이 남성 +15이며, 여성을 비교하면 C구역이 여성 −14이다.
이에 인구 비율 2 : 3을 곱하여 더하면 C구역이 15×2−14×3=−12로 인구수가 더 적다.

보기 ㉣ '갑'시의 인구 구성상 남성 인구는 500명 중 200명으로 40%를 차지하고 있다.
즉 남성 인구 100%는 '갑'시 인구의 40%이다. 이를 다르게 생각하면 인구의 40%인지 여부는 곧 C구역의 여성을 남성으로 치환했을 때, C구역의 남성 수가 전체 남성수의 100%가 되는지와 같다.
따라서 C구역 인구가 전체 인구의 40%가 되기 위해서는 B구역 남성이 27.5%p만큼 C구역으로 이주하여 C구역에 남성이 57.5%가 있을 때 나머지 42.5%만큼의 빈공간을 여성 28%가 채울 수 있어야 한다.
남녀의 비율은 2 : 3이므로 여성 인구를 남성 인구 비율로 치환하려면 $\frac{3}{2}$을 곱하면 된다.

이를 구하면 $28\% \times \frac{3}{2} = 42\%$이므로 0.5%가 부족하여 100% 를 못 채운다.
따라서 전체 인구의 40%가 되지 않는다.

063 정답 ②

난이도 ●●○

ㄱ. (○) 전국의 노인복지관, 자원봉사자 중 A지역의 노인복지관, 자원봉사자의 비중은 각각 25% 이상이다.
→ 전국의 노인복지관 중 A지역의 노인복지관 비중은 $\frac{\text{(A지역의 노인복지관 수)}}{\text{(전국의 노인복지관 수)}} \times 100\%$이다.

따라서 노인복지관의 비중인: $\frac{1,336}{4,377} \times 100 =$약 31.20%이므로 25% 이상이다.
마찬가지로 전국의 자원봉사자 중 A지역의 자원봉사자 비중은 $\frac{\text{(A지역의 자원봉사자 수)}}{\text{(전국의 자원봉사자 수)}} \times 100\%$이다.

따라서 $\frac{8,252}{30,171} \times 100 =$약 27.35%이므로 25% 이상이다. 따라서 옳은 선지이다.

ㄴ. (×) A ~ I지역 중 복지종합지원센터 1개소당 노인복지관 수가 100개소 이하인 지역은 ~~A, B, D, I이다.~~
→ 복지종합지원센터 1개소당 노인복지관 수는 (노인복지관 수)÷(복지종합지원센터 수)이다.
값을 구해보면,
- A지역: 1,336÷20=66.8(개소)
- B지역: 126÷2=63(개소)
- D지역: 208÷2=104(개소)
- G지역: 227÷2=113.5(개소)
- H지역: 362÷3=120.7(개소)이다.

나머지 지역의 경우 복지종합지원센터가 1개소 있으므로 계산 과정이 필요하지 않다.
따라서 A ~ I지역 중 복지종합지원센터 1개소당 노인복지관 수가 100개소 이하인 지역은 A, B, I이다.

ㄷ. (○) A ~ I지역 중 복지종합지원센터 1개소당 자원봉사자 수가 가장 많은 지역과 복지종합지원센터 1개소당 등록노인 수가 가장 많은 지역은 동일하다.
→ 복지종합지원센터 1개소당 자원봉사자 수는 (자원봉사자 수)÷(복지종합지원센터 수)이다.
값을 구해보면, E지역의 경우 1,188명으로 가장 많다.
복지종합지원센터 1개소당 등록노인 수는 (등록 노인 수)÷(복지종합지원센터 수)이다.
값을 구해보면, E지역의 경우 59,050명으로 가장 많다.
따라서 A ~ I 지역 중 복지종합지원센터 1개소당 자원봉사자 수가 가장 많은 지역과 등록노인 수가 가장 많은 지역은 모두 E로 동일하다.

ㄹ. (×) 노인복지관 1개소당 자원봉사자 수는 ~~H지역이 C지역보다 많다.~~

→ 노인복지관 1개소당 자원봉사자 수는 (자원봉사자 수)÷(노인복지관 수)이다.
H지역의 경우 2,185÷362=약 6명이고,
C지역의 경우 970÷121=약 8명이다.
따라서 노인복지관 1개소당 자원봉사자 수는 H지역이 C지역보다 적다.

합격자의 실전 풀이 순서

❶ 〈표〉의 구조를 파악한다. 옳은 것을 고르는 발문이므로 〈보기〉상자 왼편에 동그라미 표시를 크게 해 놓는다. [옳은, 옳지 않은 문제를 헷갈리지 않기 위한 자신만의 실수 방지용 장치를 마련해두는 것이 좋다]

❷ 비교하는 개수가 적은 보기 ㉣ 먼저 확인하면, 틀린 보기이므로 ③, ⑤번을 소거한다.

❸ 다음으로 계산이 쉬운 보기 ㉡을 확인하면, 틀린 보기이므로 ①, ④번을 마저 소거하고 답은 ②번이다.

합격자의 시간단축 Tip

보기 ㉠ '25% 이상'의 처리 방법은 분자를 4배 하였을 때 분모 값보다 큰지 여부이다. 따라서 A 지역의 노인복지관, 자원봉사자의 4배가 전국의 노인복지관, 자원봉사자 수보다 큰지 확인한다.

보기 ㉡ A, B, D, I가 복지종합지원센터의 100배가 노인복지관 수보다 적은지를 빠르게 확인한다.

보기 ㉢ 복지종합지원센터 1개소당 자원봉사자 수가 가장 많은 지역과 복지종합지원센터 1개소당 등록 노인 수가 가장 많은 지역을 각각 구하기보다는 숫자가 간단한 전자를 먼저 구하고 그 지역의 복지종합지원센터 1개소당 등록 노인 수보다 많은 지역이 있는지 확인한다. 즉, 기준을 잡아 놓고 다른 지역들을 비교하는 것이다. 이때 〈표〉의 경우 특징적으로 복지종합지원센터가 1개소만 있는 지역이 많아 자원봉사자 수가 작아도 복지종합지원센터 1개소당 자원봉사자 수가 클 가능성이 높으므로 1개소인 곳 위주로 먼저 확인하는 것이 좋다.

보기 ㉣ C 지역의 노인복지관 1개소당 자원봉사자 수는 $\frac{970}{121}$으로 약 8이다. 그러나, H 지역의 노인복지관 1개소당 자원봉사자 수는 $\frac{2,185}{362}$는 7 미만이므로 H 지역이 더 적다.

064 정답 ①

난이도 ●●○

〈조건 1〉 2014년 중국 대상 해외직구 반입 전체 금액은 같은 해 독일 대상 해외직구 반입 전체 금액의 2배 이상이다.
→ 2014년 독일 대상 해외직구 반입 전체 금액은 80,171(천 달러)이다.
80,171×2=160,342(천 달러)이므로, 2014년 중국 대상 해외직구 반입 전체 금액은 160,342(천 달러) 이상이어야 한다. 이 조건을 만족하는 것은 A밖에 없으므로 A는 중국이다.
→ 〈선택지〉 ④, ⑤ 제외

〈조건 2〉 2014년 영국과 호주 대상 EDI 수입 건수 합은 같은 해 뉴질랜드 대상 EDI 수입 건수의 2배보다 작다.
→ 2014년 뉴질랜드 대상 EDI 수입 건수는 108,282(건)이다.
2014년 영국과 호주 대상 EDI 수입 건수의 합은 108,282×2=216,564(건)보다 작아야 한다.
A 국가 대상 EDI 수입 건수의 경우 다른 국가 대상 EDI 수입 건수와 합하지 않아도 216,564(건)보다 크므로 A는 영국과 호주가 될 수 없다.
B 국가 대상 EDI 수입 건수의 경우 다른 국가 대상 EDI 수입 건수와 합하면 216,564(건)보다 크므로 B 역시 영국과 호주가 될 수 없다.
따라서 영국과 호주는 C와 D 중 하나이다.
→ 〈선택지〉 ②, ③ 제외

〈조건 3〉 2014년 호주 대상 해외직구 반입 전체 금액은 2013년 호주 대상 해외직구 반입 전체 금액의 10배 미만이다.
→ 2013년 호주 대상 해외직구 반입 전체 금액은 2,535(천 달러)이다. 2,535×10=25,350(천 달러)임에, 2014년 호주 대상 해외직구 반입 전체 금액은 25,350(천 달러) 미만이어야 한다.
이 조건을 만족하는 것은 D밖에 없으므로 D는 호주이다.
따라서 C는 영국이 된다.

〈조건 4〉 2014년 일본 대상 목록통관 금액은 2013년 일본 대상 목록통관 금액의 2배 이상이다.
→ 2013년 일본 대상 목록통관 금액은 2,755(천 달러)이다.
2,755×2=5,510(천 달러)이므로, 2014년 일본 대상 목록통관 금액은 5,510(천 달러) 이상이어야 한다.
이 조건을 만족하는 것은 A와 B이므로 A와 B 중 하나는 일본이므로 B는 일본이 된다.
→ 위의 모든 조건에 따라, A는 중국, B는 일본, C는 영국, D는 호주이다.

합격자의 실전 풀이 순서

❶ 〈표〉의 구조를 파악한다. 즉, '목록통관+EDI 수입=전체'라는 것을 파악한다.

❷ 〈조건〉 중 가장 확정적인 정보를 담고 있는 3번째 조건부터 해결한다.
이에 따르면 D가 호주이므로 ②, ⑤번을 소거한다.

❸ 4번째 조건을 활용하면 C는 일본일 수 없으므로 ③번을 소거한다.

❹ 1번째 조건을 활용하면 A가 중국이므로 ④번을 소거하고 답은 ①번이다.

합격자의 시간단축 Tip

'매칭형 문제'의 경우 2가지 측면이 풀이를 위해 중요하다.

첫 번째는 선지를 적극 이용해야 한다. 매칭형 문제는 실제로 경우의 수를 확인하여 구하기엔 너무 긴 시간을 투자해야 한다. 따라서 선지를 마치 '추가 조건'처럼 활용하여 빠르게 풀어낼 수 있어야 한다.

두 번째는 확정 정보를 주는 〈조건〉을 먼저 확인한다. 확정 정보를 얻어내면 앞선 선지 소거법을 더 잘 활용할 수 있으며, 또한 확정된 정보랑 겹치는 조건을 이용 시 그 조건도 확정 정보화할 수 있다는 점에서 우선적으로 검토한다.

065 정답 ② 난이도 ●●●

B: 5급

→ 2017년 공무원 집합교육 차수당 교육인원 $\left(=\frac{\text{교육인원}}{\text{차수}}\right)$ 은 다음과 같다.

따라서 5급 과정의 차수당 교육인원이 가장 크다.

2017			
과정	차수	교육인원	차수당 교육인원
고위	2	102	51
과장	1	476	476
5급	3	2,127	709
6급 이하	6	927	155
공직가치	3	223	74
국정과제	8	467	58
직무	9	590	66
정보화	29	1,486	51

C: 많았다.

→ 공무원 집합교육 전체 교육인원과 연인원은 〈표〉의 맨 아래 '전체'행을 확인하여 알 수 있다.

교육인원: 6,398(2017년) < 7,255(2018년)

연인원: 129,970(2017년) < 139,026(2018년)이므로 2018년의 교육인원과 연인원은 각각 전년보다 많았다.

D: 증가

→ '과장'과정의 교육인원 대비 연인원 비율 $\left(=\frac{\text{연인원}}{\text{교육인원}}\right)$ 은 연도별 〈표〉의 '과장'행을 확인하여 파악할 수 있다.

	교육인원	교인원	교육인원 대비 연인원 비율
2017년	476	1,428	3
2018년	580	2,260	3.9

교육인원 대비 연인원 비율은 2018년에 3.9, 2017년에 3이다.

따라서 2018년 '과장'과정의 교육인원 대비 연인원 비율은 2017년에 비해 증가하였다.

합격자의 실전 풀이 순서

❶ 〈표〉에서 〈표〉의 제목, 단위, 분류를 확인하고 〈보고서〉 중에서 B, C, D를 구하기 위한 정보만을 발췌해서 읽는다. 혹여나 문제나 선지를 제대로 읽지 않아 A 빈칸을 고민하고 있지 않아야 한다.

❷ B의 경우 2017년 과정별 차수당 교육 인원을 비교하는 것인데, 선지가 과장과 5급만 존재하므로 두 가지 경우만 비교한다. B는 5급이라는 것을 확인한 후 선지 ④, ⑤를 소거한다.

❸ D의 경우 2018년의 '과장'과정의 교육 인원 대비 연인원 비율을 2017년과 비교해보면 증가했으므로 답은 ②번이다. 〈보고서〉의 내용이 연결되는 것이 아니므로 꼭 순서대로 풀 필요가 없다면 뒷부분부터 풀 수 있다는 것을 생각하는 것이 시간 단축에 좋다. 일반적으로 순서대로 풀 경우에 더 많이 확인하도록 선지 구성을 해 놓기 때문이다.

합격자의 시간단축 Tip

전체, 소계 등은 문제를 푸는 과정에서 구성 항목 중 하나로 착각하여 실수를 하는 경우가 많다. 예를 들어 "16년 대비 17년에 매출액이 증가한 기업은 3개이다"라는 선지가 있을 때 주어진 자료 상 실제로는 2개이나, 전체 값이 증가하도록 자료를 구성할 수 있다. 이 경우 전체 값을 포함하여 수험생이 세면 딱 3개가 되어 착각하기 좋은 형태가 된다.

따라서 필자 개인적으로는 처음 〈표〉를 읽을 때 '기타, 소계, 전체' 등이 있을 경우 '진한 테두리의 사각형'을 습관적으로 그려 둔다. 이는 의식적으로 해서는 까먹을 수 있으므로 본인만의 습관으로 만드는 것이 좋다고 생각한다.

문항 B: 선지에 5급과 과장만 존재하므로 두 개의 차수당 교육 인원을 분수 비교한다. 분수 비교 시 분모의 증가율보다 분자의 증가율이 큰 경우 분수값은 증가하며, 반대로 분모의 증가율이 더 큰 경우 분수값은 감소한다.

[방법 1]

과장의 차수당 교육인원인 $\frac{476}{1}$과 5급의 차수당 교육인원인 $\frac{2,127}{3}$을 비교할 때, 분모는 3배로 증가한 반면 분자는 3배 이상 증가하였으므로 5급의 차수당 교육인원 비율이 더 크다.

[방법 2]

반대로 곱셈비교로 생각해도 된다. 과장의 경우 차수당 교육인원이 476이므로, 이를 주어진 것으로 보고 5급 인원을 곱하면 476×3= 약 500×3=1,500으로 2,127보다 한참 작다. 따라서 5급의 차수당 교육인원 비율이 더 큼을 쉽게 알 수 있다.

문항 D:

[방법 1]

'과장'과정의 교육 인원 대비 연인원 비율$\left(=\frac{\text{연인원}}{\text{교육인원}}\right)$

2017년: $\frac{1,428}{476}$, 2018년: $\frac{2,260}{580}$을 비교하면, 2017년에서 2018년의 방향으로 분자의 경우 1,400으로 놓고 생각하면 1.5배가 2,100이므로 1.5배 이상 증가한 것이고, 분모는 1.5배 미만 증가(470의 1.5배는 700 이상)하였으므로 2018년이 더 크다.

분수 비교를 할 때는 50%, 10% 단위로 근사치를 기준으로 잡고 비교를 하면 간단히 구할 수 있다.

예를 들어, 50% 기준으로 분모와 분자가 둘 다 50% 미만 증가했으면 10%를 빼서 40% 기준으로 다시 비교하는 것이다.

[방법 2]

분모와 분자 중 하나의 증가율을 기준으로 삼아 비교하는 방법도 있다. 현재 분모가 대략적으로 110 증가하여 $\frac{1}{4}$ 정도 증가하였으나 분자의 증가율은 그보다 훨씬 큼을 알 수 있다.

위의 방식처럼 일률적인 기준을 가지고 비교해도 좋고, 주어진 분수에 따라 눈대중으로 계산이 쉬운 분자 또는 분모가 있다면 곧바로 이를 기준으로 삼아서 비교해도 좋다.

[방법 3]

하나를 기준으로 잡고 곱셈 비교를 이용하는 방법도 있다. 2017년, 2018년 중 본인이 더 눈에 잘 보이는 연도를 기준으로 잡으면 된다.

만약 2017년을 기준으로 잡을 경우 $\frac{1,428}{476}$=약 3이다.

따라서 2018년 교육인원에 3을 곱하면 580×3 < 2,260이므로 증가하였음을 쉽게 알 수 있다.

066 정답 ③ 난이도 ●○○

ㄱ. (×) 전체 사원수는 ~~매년~~ 증가한다.

➜ 연도별로 '영업직'+'생산직'+'사무직'의 값을 계산하여 비교하면 된다.

세 직군의 사원 수를 더해보면 2014년 326명, 2015년 313명, 2016년 321명, 2017년 363명, 2018년 340명으로 2014년 대비 2015년 사원수와 2017년 대비 2018년 사원수는 감소하였다.

ㄴ. (○) 영업직 사원수는 생산직과 사무직 사원수의 합보다 매년 적다.

➜ 연도별 영업직 사원수와 생산직과 사무직 사원수의 합을 비교해보면

- 2014년: 134 < 192 (명)
- 2015년: 136 < 177 (명)
- 2016년: 137 < 184 (명)
- 2017년: 174 < 189 (명)
- 2018년: 169 < 171 (명)이다.

따라서 영업직 사원수는 생산직과 사무직 사원수의 합보다 매년 적다.

ㄷ. (○) 생산직 사원의 비중이 30% 미만인 해는 전체 사원수가 가장 적은 해와 같다.

➜ 생산직 사원의 비중을 구해보면

- 2014년: $\frac{107}{326}$≈0.328으로 약 32.8%
- 2015년: $\frac{93}{313}$≈0.297으로 약 29.7%
- 2016년: $\frac{107}{321}$≈0.333으로 약 33.3%
- 2017년: $\frac{121}{363}$≈0.333으로 약 33.3%
- 2018년: $\frac{105}{340}$≈0.308으로 약 30.8%이다.

따라서 비중이 30% 미만인 해는 2015년이고 전체 사원수가 가장 적은 해도 2015년으로 같다.

ㄹ. (×) 영업직 사원의 비중은 ~~매년~~ 증가한다.

➜ 영업직 사원의 비중을 구해보면

- 2014년: $\frac{134}{326} \approx 0.411$
- 2015년: $\frac{136}{313} \approx 0.434$
- 2016년: $\frac{137}{321} \approx 0.426$
- 2017년: $\frac{174}{363} \approx 0.479$
- 2018년: $\frac{169}{340} \approx 0.497$으로

2015년 대비 2016년의 영업직 사원의 비중은 감소하였다.

합격자의 실전 풀이 순서

❶ 보기 ㉠, 보기 ㉡, 보기 ㉣은 모두 '매년'을 묻고 있으므로 반례를 찾는 문제에 해당한다.
또한, 〈표〉의 연도가 일반적인 위-아래 순서가 아닌 거꾸로 표시되어 있어 함정으로 작용할 수 있음을 파악한다.

❷ 보기 ㉠은 〈표〉의 아래에서 위로 갈 때, 2017년~2018년은 영업직, 생산직, 사무직 모두 감소하고 있으므로 틀린 보기이다. 따라서 ①, ②번을 소거한다.

❸ 보기 ㉡은 눈으로 확인할 수 있는 선지이다. 10의 자리 까지만 어림산하여 빠르게 확인하면 옳은 선지이므로 ③, ④번 중에 답이 있고, 보기 ㉢과 보기 ㉣ 중 하나를 확인한다.

❹ 보기 ㉣은 2015년~2016년 영업직 사원의 비중이 감소했으므로 틀린 선지이다. 따라서 답은 ③번이다.

합격자의 시간단축 Tip

〈표〉에 연도가 나오는 경우 문제를 풀기 이전에 매 연도가 표시된 것인지 여부, 어떠한 순서로 표시되어 있는지 여부부터 파악하는 것이 중요하다.
해당 표는 연도가 역순으로 표시되어 있으므로 아래서 위로 화살표를 그린 후 문제를 푸는 것이 좋다.

보기 ㉠ 비록 전체 사원수의 증감을 묻는 문제이나 직군별로 비교하는 것이 훨씬 효율적이다.
즉 차잇값으로 비교하는 것이 좋다.
이때 차잇값 풀이 간 실수를 방지하기 위해 어느 한 연도를 기준으로 잡고 차잇값을 확인한다.
예를 들어 2014년 vs 2015년의 경우, 2015년을 기준으로 할 때 영업직 +2, 생산직 −14, 사무직 −1이므로 2015년이 더 작다는 것을 쉽게 알 수 있다.

	영업직	생산직	사무직
2015년	136	93	84
2014년	134	107	85
2015년~2014년	2	−14	−1

보기 ㉢ 'A이고 B이다' 구조는 뒷부분인 B부터 확인하는 것이 좋다. 이에 전체 사원 수를 먼저 확인할 경우 보기 ㉠과 마찬가지로 차잇값으로 보는 것이 좋으며, 계산해보면 가장 적은 해는 2015년에 해당한다.
A 부분을 확인할 때 전체 값을 구하여 그 30%를 구해보는 방법 대신, 30%라는 숫자를 이용해도 된다. 생산직 사원 93명이 30%라고 가정하면, 10%는 31명이고 10을 곱하면 100%는 310명이어야 한다.
그 값의 70%를 구해보면 $310 \times 0.7 = 217$로 영업직과 사무직을 더한 값($136+84=220$) 보다 작으므로 30% 미만이라는 것을 쉽게 알 수 있다.

보기 ㉣ 해당 보기에서는 크게 두 가지 개념을 알 필요가 있다.

첫째, $\frac{b}{a}$와 $\frac{b+d}{a+c}$를 분수 비교 하는 경우, $\frac{b}{a} > \frac{d}{c}$인 경우 $\frac{b}{a} > \frac{b+d}{a+c}$가 성립한다.

이를 간단히 증명하면 다음과 같다. $\frac{b}{a} = \frac{b+d}{a+c}$로 두었을 때, 양 변의 분모를 이항하여 곱하면 $ab+bc=ab+ad$가 성립한다. ab를 소거하면 $bc=ad$ 이며, 이는 곧 $\frac{b}{a} = \frac{d}{c}$를 의미한다. 등호가 아닌 부등호를 사용할 경우에도 똑같이 증명 가능하다.

둘째, $\frac{(\text{영업직 사원 수})}{(\text{전체 사원 수})}$ 간 대소 비교를 하는 경우 이는 $\frac{(\text{영업직 사원 수})}{(\text{생산직 사원 수})+(\text{사무직 사원 수})}$ 간 대소 비교를 하는 것과 동일하다. 이는 $\frac{A}{A+B}$와 $\frac{A}{B}$는 대소 비교 시 동일한 결과를 가져온다고 일반화할 수 있다.

그 이유는 다음과 같다. $\frac{A}{A+B+C}$의 분자, 분모를 A로 나누면 $\frac{1}{1+\frac{B+C}{A}}$이다.

이때 대소 비교는 정확한 값이 필요는 없으므로, 비교를 위해 "1+"를 없애고 생각하면, $\frac{A}{B+C}$가 된다.

마찬가지 방식으로 $\frac{A}{A+B}$도 $\frac{A}{B}$가 된다. 분수 비교 간 정말 많이 활용하는 방법이므로 공식처럼 외워 두자.
위의 내용을 해당 문제에 적용하면 2016년에 영업직은

1명 증가하는 반면, 생산직과 사무직 사원수는 총 7명 증가한다.

15년도에는 $\frac{(\text{영업직 사원 수})}{(\text{생산직 사원 수})+(\text{사무직 사원 수})}=\frac{136}{177}$ 이고, 16년도 영업직과 생산직+사무직 간의 증가 비율인 $\frac{1}{7}$은 이보다 훨씬 작으므로 영업직 사원의 비중은 감소했음을 알 수 있다.

* 사실 해당 문제에서는 16년도의 증가 비율이 많이 차이 나는 반면, 15년도의 영업직 사원수와 생산직+사무직 사원 수 간의 비율은 그 정도의 차이가 나지 않음을 눈으로도 파악할 수 있으므로 $\frac{136}{177}$를 계산하지 않고도 해결할 수 있다.

067 정답 ②

난이도 ●●●

㉠ (○) 장년층 고용률은 2005년 이후 매년 전체 고용률보다 높고 2009년 이후 지속적으로 상승하고 있다.

→ 〈그림 1〉에서, 2005년 이후 장년층 고용률을 나타내는 그래프 선은 전체 고용률을 나타내는 그래프 선보다 위쪽에 위치하고 있으며 2009년 이후에는 계속 우상향으로 변화하고 있다. 따라서 장년층 고용률은 2005년 이후 매년 전체 고용률보다 높고 2009년 이후 지속적으로 상승하고 있다.

㉡ (×) 전체 고용률과 장년층 고용률의 차이를 연도별로 비교하면 2013년 전체 고용률과 장년층 고용률의 차이가 조사기간 중 ~~두 번째로 크다.~~

→ 전체 고용률과 장년층 고용률의 차이는 두 고용률 값 중 큰 값에서 작은 값을 빼서 구할 수 있다. 〈그림 1〉에서 전체 고용률이 장년층 고용률보다 높아지는 경우는 없으므로 이 문제에서는 (전체 고용률과 장년층 고용률의 차이)=(장년층 고용률)−(전체 고용률)로 정리할 수 있다.

2013년의 경우 전체 고용률과 장년층 고용률의 차이는 69.3%−64.4%=4.9% 이다.

다른 연도에 대해 살펴보면,

2013년 (4.9%) > 2014년 (4.5%) > 2012년 (4.1%) > … 순으로 나타난다.

따라서 2013년은 전체 고용률과 장년층 고용률의 차이가 가장 큰 해이며, 조사 기간 중 차이가 두 번째로 큰 해는 2014년이다.

㉢ (○) 2013년 장년층 재취업자 중 임금근로자의 고용형태를 비중이 높은 것부터 순서대로 나열하면 임시직, 상용직, 일용직 순이다.

→ 〈그림 2〉에서 장년층 재취업자 중 임금근로자의 고용형태 비중을 살펴보면 상용직은 552,000명으로 27.6%, 임시직은 584,000명으로 29.2%, 일용직은 330,000명으로 16.5%임을 확인할 수 있다. 따라서 비중이 높은 것부터 순서대로 나열하면, 임시직(29.2%) > 상용직(27.6%) > 일용직(16.5%)순이다.

㉣ (○) 2013년 장년층 재취업 전 직종 구성비에서 단순노무직이 차지하는 비중은 15.5%로 가장 낮으나, 장년층 재취업 후 직종 구성비에서 단순노무직이 차지하는 비중은 36.9%로 가장 높다.

→ 〈그림 3〉에서 장년층 재취업 전 직종 구성비를 살펴보면,

단순노무직 15.5% < 관리·사무·전문직 22.1% < 서비스·판매직 26.8% < 기능·장치조립직 35.6% 순으로 나타난다.

같은 그림에서 재취업 후 직종 구성비를 살펴보면 관리·사무·전문직 12.2% < 서비스·판매직 20.1% < 기능·장치조립직 30.8% < 단순노무직 36.9% 순으로 나타난다.

따라서 2013년 장년층 재취업 전 직종 구성비에서 단순노무직이 차지하는 비중은 15.5%로 가장 낮고, 재취업 후 직종 구성비에서 단순노무직이 차지하는 비중은 36.9%로 가장 높다.

㉤ (×) 2009년 이후 자영업자 중 50대의 비중이 ~~50.0% 이상~~이고 이 비중은 매년 증가하고 있다.

→ 선택지의 '2009년 이후'는 2009년을 포함하므로 2009년부터의 기간을 의미한다. 〈그림 4〉를 통해 2009년 이후 자영업자 중 50대 비중이 매년 증가하고 있는 모습은 확인할 수 있으나, 2009년의 막대그래프가 50.0%에 미치지 못하고 있으므로 틀린 보기이다.

합격자의 실전 풀이 순서

❶ 〈그림〉들의 제목을 확인한다. 〈그림 1〉의 꺾은선 그래프에 헷갈리지 않기 위해 각각의 꺾은선에 '전체'와 '장년층'을 미리 표시해둔다. 〈보고서〉의 가장 아래에 있는 보기 ㉤부터 해결한다.

❷ 〈그림 4〉에 따르면 2009년에 자영업자 중 50대의 비중이 50.0% 미만이므로 ㉤은 틀린 보기이다. 따라서 선지 ①, ②, ④번이 남는다. 다음으로 〈보고서〉 아래에 있는 ㉣을 확인한다.

❸ 〈그림 3〉에 따르면 ㉣은 옳은 보기이므로, 선지 ②, ④번이 남는다.

〈그림 1〉의 단순 확인만을 요하는 ㉠을 해결하면 옳은 보기이다. 따라서 답은 ②번이다.

합격자의 시간단축 Tip

보기 ㉠ '매년 상승' 등이 주어지는 경우 '전년 대비'가 있는지 없는지 확인한다. 의외로 놓쳐서 쉬운 선지를 틀리는 일이 잦은 만큼 주의하자.
참고로 '매년 상승'의 경우 첫 해의 전년도가 불포함된다는 차이가 있다. 예를 들어 '2005~2010년'을 기준으로 할 때 '매년 상승'은 2005년→2010년 동안 매년 값이 상승했음을 의미하나, '전년 대비 상승'의 경우 2004년→2010년 동안 매년 상승했음을 의미한다.

보기 ㉡ 2013년 전체 고용률과 장년층 고용률의 차이는 (69.3－64.4)=4.9이다. 양자의 차이가 크기 위해서는 전체와 장년층 그래프의 세로 직선거리가 길어야 한다. 〈그림 1〉에서 2009년 이후로 전체와 장년층의 차이가 커지고 있는 추세임을 확인하고, 가장 가능성이 큰 2013년 인근 연도를 확인해본다. 그리고 장년층과 전체 고용률의 차이를 구해 비교하는 것보다 장년층과 전체 각각의 증가 정도를 비교하여 차이 값의 증감만 판단하는 것이 좋다.
이때 차잇값 증감의 판단 방식은 '장년층 증가분 > 전체 증가분'이면 다음 해가 더 큰 것이며, 반대는 이전 해가 큰 것이다.
예를 들어 2012년→2013년은 1 > 0.2이므로 증가, 2013년→2014년은 0.2 < 0.6이므로 감소하였다.

보기 ㉣ 문장의 뒷부분(장년층 재취업 후~)부터 확인한 후, 앞부분(장년층 재취업 전~)을 확인한다.

068 정답 ③ 난이도 ●●○

〈표 2〉의 〈각주 2〉식을 활용하여 계산한 부문별 점수를 〈표 1〉의 부문별 점수와 비교하여 같은 점수가 있는 대학을 찾으면 된다.
이때 5가지 부문별 점수를 전부 계산할 필요는 없고 계산하기 쉬운 한 가지 분야만 계산하면 된다. 즉 '교육', '연구', '국제화' 중 '국제화' 부문의 점수를 구하는 것이 가장 효율적이다.
왜냐하면 '국제화' 부문 세부지표의 가중치는 모두 2.5로 같으므로 가중평균이 아니라 산술평균으로 계산이 가능하기 때문이다.
'국제화' 부문의 세부지표 지표의 값이 '24.7', '26.9', '16.6'이고 평균 점수는 약 23점이다.
〈표 1〉에서 '국제화'부문 점수가 약 23점에 해당하는 대학은 'E'대학이다.
따라서 OO대학은 'E'대학이며 (가)는 '산학협력'이므로 **40.5**점, (나)는 '논문인용도'이므로 **11.6**점이다.

합격자의 실전 풀이 순서

❶ 주어진 각주를 분석하면, 각주 2)의 부문별 점수 $= \frac{\text{세부지표별 점수} \times \text{세부지표별 가중치}}{\text{부문별 가중치}}$에서 부문별 점수는 세부지표별 점수의 가중평균을 의미한다. 〈표 2〉에서 주어진 세부지표별 가중치의 합은 부문별 가중치와 일치한다. 즉, 세부지표별 점수에 각각의 가중치를 곱해주고 이를 세부지표별 가중치의 합인 부문별 가중치로 나누어주면 부문별 점수가 나오는 것이다.

❷ 국제화 부문의 경우 세부지표별 가중치가 2.5로 동일하다. 세부지표별 가중치가 동일하므로 국제화 부문의 부문별 점수는 세부지표별 점수의 평량평균과 동일하다. 세 세부지표별 점수의 평균은 약 22.7이므로 〈표 2〉의 대학은 E대학이며, 따라서 답은 ③이다.

합격자의 시간단축 Tip

[방법 1]
국제화 부문을 계산할 때 구체적인 값을 구하지 않아도 된다.
국제화 부문은 세부지표별 가중치가 2.5로 같다. 따라서 외국인 학생 비율 점수가 24.7이고, 외국인 교수 비율 점수가 26.9로 평균값은 25.8이다. 이를 학술논문 중 외국 연구자와 쓴 논문 비중 점수인 16.6점과 2 : 1의 비율로 가중 평균값을 구하면 25보다 작을 것이다. 따라서 국제화 부문의 부문별 점수가 25보다 작은 것은 E뿐이므로 구체적인 계산 없이도 〈표 2〉의 경우 E 대학이라는 것을 알 수 있다.

[방법 2]
가평균의 개념을 활용할 수도 있다. 가평균이 25라고 가정한 후 각각의 차이값을 합하면 음수가 나온다. 즉, 세 가지 세부지표별 점수의 평균은 25보다 작을 것이므로 E 대학임을 알 수 있다. 가평균을 잡기 어려우면 보통 주어진 항목들의 중간값 혹은 자신이 계산하기 쉬운 임의의 값을 정하면 된다.

[방법 3]
'총합 비교'도 가능하다. 평균이 25가 되려면 총합은 25×3=75여야 하며,
당연히 각각이 25, 25, 25일 때 75가 된다. 그러나 〈표 2〉의 국제화 세부지표들은 24.7, 26.9, 16.6으로 25, 25, 25에 비해 각각이 작은 값(26.9만 겨우 넘는다)이므로 총합이 75가 절대 될 수 없다. 따라서 쉽게 E임을 알 수 있다.

069 정답 ①

난이도 ●●●

ㄱ. (O) 2017 ~ 2018년 세계대학평가 순위

➜ 〈보고서〉의 〈2문단〉에서 2017 ~ 2018년 세계 대학 순위의 증감에 대해 말하고 있다. 주어진 자료에는 세계 대학 순위에 관하여 〈표 1〉에서 일부 대학들에 대해서만 제시되어 있다.
〈보고서〉 내용과 같이 1 ~ 3위, 전년대비 증감 등은 주어진 자료를 통해서 알 수 없다.
따라서 필요한 자료이다.

ㄴ. (O) 2017 ~ 2018년 세계대학평가 C대학 세부지표별 점수

➜ 〈보고서〉의 〈3문단〉에서 C대학이 연구와 산학협력 부분에서 점수가 2017년 대비 하락했다는 내용을 확인할 수 있다. 〈표 2〉의 자료는 E 대학에 대한 2017 ~ 2018년 세부지표이므로, 이 내용을 작성하기 위해서는 C대학의 '2017 ~ 2018년 세계대학평가 C대학 세부지표별 점수'가 필요하다.

ㄷ. (×) 2017 ~ 2018년 세계대학평가 세부지표 리스트

➜ 〈보고서〉의 첫 번째 문단에 총 5개 부문, 13개 세부지표로 평가되었음이 언급되었다. 〈표 2〉의 세부지표 항목이 총 5개 부문, 13개 세부지표이므로 해당 리스트는 이미 주어진 자료이다.

ㄹ. (×) 2017 ~ 2018년 세계대학평가 A대학 총점

➜ 〈보고서〉의 〈3문단〉에 A대학의 2018년 세계대학 순위 및 국내대학 순위와 5개 국립대학과의 부문별 점수 순위를 분석하였다. 따라서 2017년 자료는 필요하지 않으며, 2018년 자료는 〈표 1〉에서 모두 확인할 수 있다. 또한 총점과 관련된 내용은 언급되지 않았다.

합격자의 실전 풀이 순서

❶ 〈표 1〉, 〈표 2〉에 주어진 정보가 무엇인지 확인한다. (년도, 주요 단어 확인)

❷ 〈보고서〉를 읽어가며 〈표〉에서 찾을 수 없었던 정보를 표시한다.

❸ 〈보고서〉의 2번째 문단의 경우 2018년 세계대학평가의 〈표〉에 주어진 '갑'국만이 아닌 다른 국가들을 포함한 순위가 있음을 확인한다. 또한, 3번째 문단의 경우 C 대학의 2017년 대비라고 표현되어 있으므로 2017년 자료가 필요함을 확인한다.

❹ 〈보고서〉를 읽으며 표시해놓은 것들을 〈보기〉에서 찾으면 ㉠, ㉡이다. 따라서 답은 ①번이다.

합격자의 시간단축 Tip

주어진 〈보고서〉처럼 단락이 나눠진 경우, 단락별로 주제가 있다.
따라서 단락 당 하나 정도의 자료는 반드시 찾는다는 생각으로 접근하면 누락분 없이 처리할 수 있다.

070 정답 ⑤

난이도 ●●●

ㄱ. (O) 모든 지목의 보상 배율을 감정가 기준에서 실거래가 기준으로 변경하는 경우, 총보상비는 변경 전의 2배 이상이다.

➜ 보상비 = 용지구입비 + 지장물 보상비
지장물 보상비 = 0.2 × 용지구입비
보상비 = 용지구입비 + (0.2 × 용지구입비) = 1.2 × 용지구입비
용지구입비 = 면적 × 면적당 지가 × 보상 배율
보상비 = 1.2 × (면적 × 면적당 지가 × 보상 배율)로 구할 수 있다.
이에 따라 감정가 기준, 실거래가 기준별로 모든 지목의 보상비를 구해보자.

지목	감정가 기준	실거래가 기준
전	1.2(50×150×1.8) =16,200(만원)	1.2(50×150×3.2) = 28,800(만원)
답	1.2(50×100×1.8) =10,800(만원)	1.2(50×100×3.0) = 18,000(만원)
대지	1.2(100×200×1.6) = 38,400(만원)	1.2(100×200×4.8) =115,200(만원)
임야	1.2(100×50×2.5) = 15,000(만원)	1.2(100×50×6.1) = 36,600(만원)
공장	1.2(100×150×1.6) = 28,800(만원)	1.2(100×150×4.8) = 86,400(만원)
창고	1.2(50×100×1.6) = 9,600(만원)	1.2(50×100×4.8) = 28,800(만원)

총보상비는 모든 지목별 보상비의 합이므로,

- 감정가 기준의 보상 배율을 적용했을 때: 118,800(만원)
- 실거래가 기준의 보상 배율을 적용했을 때: 313,800(만원)이므로 모든 지목의 보상 배율을 감정가 기준에서 실거래가 기준으로 변경하는 경우 총보상비는 변경 전의 2배 이상이다.

ㄴ. (O) 보상 배율을 감정가 기준에서 실거래가 기준으로 변경하는 경우, 보상비가 가장 많이 증가하는 지목은 '대지' 이다.

➜ 보기 ㉠에서 구한 값으로 보상비의 증가 폭을 구해보자.

전: 12,600(만원), 답: 7,200(만원), 대지: 76,800(만원), 임야: 21,600(만원), 공장: 57,600(만원), 창고: 19,200(만원)

∴ 보상비가 가장 많이 증가하는 지목은 '대지'이다.

ㄷ. (×) 보상 배율이 실거래가 기준인 경우, 지목별 보상비에서 용지 구입비가 차지하는 비율은 '임야'가 '창고'보다 ~~크다.~~

→ 지목별 보상비에서 용지구입비가 차지하는 비중은 $\frac{\text{용지구입비}}{\text{보상비}}$이다. 그리고 보상비의 식은 (보상비=1.2×지목별 용지 구입비)이므로,

이 식을 정리하면 $\frac{\text{용지구입비}}{\text{보상비}} = \frac{1}{1.2}$이다.

따라서 지목별 보상비에서 용지구입비가 차지하는 비중은 지목, 보상 배율과 관계없이 항상 일정하다.

ㄹ. (○) '공장'의 감정가 기준 보상비와 '전'의 실거래가 기준 보상비는 같다.

→ 보기 ㉠에서 구한 보상비를 참고하면

'공장'의 감정가 기준 보상비: 28,800(만원)

'전'의 실거래가 기준 보상비: 28,800(만원)이다.

따라서 두 기준 보상비는 동일하다.

합격자의 실전 풀이 순서

❶ 주어진 각주를 우선 대략적으로 분석한다. 각주 4)에서 지장물 보상비는 해당 지목 용지 구입비의 20%이므로, 각주 2)에서 용지 구입비를 5라고 할 때 지장물은 1이며, 총보상비는 6이다. 이후 풀이의 편의를 위해 각주 2)를 보상비=용지 구입비×1.2로 수정해두는 것도 좋다.

❷ 보기 ㉠에서 보상 배율을 감정가 기준에서 실거래가 기준으로 변경하는 경우 두 배가 넘지 않는 것은 '전'과 답이 있다.

면적×면적당 지가의 비중은 (전 : 답 : 대지 : 임야 : 공장 : 창고)=(3 : 2 : 8 : 2 : 6 : 2)이다.

이때 가장 큰 비중을 차지하는 '대지'는 실거래가 기준이 감정가 기준의 두 배인 3.2보다 1.6 크므로 용지 구입비의 증가분이 두 배보다 8×1.6=12.8만큼 많다.

'전'의 경우 실거래가 기준이 감정가 기준의 두 배보다 0.4 모자라며, 이를 '전'의 비중과 곱했을 때 3×0.4=1.8이 모자라며, 답은 2×0.6=1.2가 모자라 '대지'가 이를 만회하고도 남는다.

'대지'의 보상비는 각각의 용지 구입비에 일괄적으로 $\frac{6}{5}$배하여 계산하므로 크기 비교 시 고려할 필요가 없다.

따라서 보기 ㉠은 옳은 보기이며 ③, ④는 소거된다.

❸ 보기 ㉡에서 앞서 계산한 바와 같이 '대지'는 면적×면적당 지가가 가장 크며, 실거래가 기준이 감정가 기준의 3배로 가장 큰 축에 속한다. 이 때 위와 같은 이유로 보상비를 정확히 계산하지 않고 용지 구입비만으로 비교해도 무방하므로, 보상비가 가장 많이 증가하는 지목은 '대지'이며 보기 ㉡은 옳다. 따라서 답은 ⑤이다.

합격자의 시간단축 Tip

문제 해결에 앞서 면적과 면적당 지가가 모두 50의 배수로 되어 있음을 알 수 있다.

따라서 이를 50으로 나누어 간단히 표시한다. 가령 '전'의 면적×면적당 지가를 50×150으로 생각하는 것이 아니라 1×3으로 생각할 경우 계산이 훨씬 용이하다.

위에 근거하여 〈표〉를 다시 작성해보면 다음과 같다.

실전의 경우 〈표〉 위에 값들을 아래와 같이 간주하고 풀면 된다(실제로 그리라는 의미가 아니다. 편의를 위해 실제 값에 빗금을 치고 적어두는 것은 괜찮다)

지목	면적	면적당 지가	감정가 기준	실거래가 기준
전	1	3	1.8	3.2
답	1	2	1.8	3.0
대지	2	4	1.6	4.8
임야	2	1	2.5	6.1
공장	2	3	1.6	4.8
창고	1	2	1.6	4.8

* 마찬가지로 감정가 기준과 실거래가 기준을 비교한 경우 대지, 공장, 창고처럼 1.6→4.8인 경우 1 : 3으로 대체해서 풀어도 무관하다. 겹치는 부분은 최대한 없도록 하여 계산을 최소화하자.

또한, 총보상비가 용지 구입비의 $\frac{6}{5}$이며 이는 모든 계산에 일괄적으로 적용될 것이므로, 구하기 용이한 용지 구입비만으로도 대소 비교가 가능하다는 사실을 미리 파악하는 것이 시간 단축에 도움된다.

보기 ㉠ 위에서 표현한 바와 같이 단순화한 면적×면적당 지가를 활용하여 계산한 후 비교해도 좋지만, 직관적으로 가장 큰 면적×면적당 지가를 가진 '대지'의 증가분은 아주 큰 반면, '전'과 답은 두 배보다 약간 모자라는 것을 알 수 있으며, 두 지목을 제외한 나머지 지목의 보상 배율 변화 시 증가분 역시 상당히 큰 것을 알 수 있으므로 따로 계산 없이 해당 선지가 옳음을 짐작할 수 있다. 즉, 변경되는 부분(보상배율)에 집중하여 숫자 구조의 흐름을 보면 계산 없이 풀 수 있는 문제가 많으므로, 바로 계산에 돌입하지 않고 숫자 구조를 한번 확인해보는 습관을 지니는 것이 좋다.

보기 ㉡ 실제로 가장 많이 증가하는 곳을 찾지 않고, 보기에서 준 '대지'를 먼저 확인한다. 대지는 면적×면적당 지가가 가장 크고, 보상배율도 3배 증가하여 가장 크게 증가하였다.
따라서 굳이 다른 값들을 보지 않더라도 가장 많이 증가하였음을 쉽게 알 수 있다.

보기 ㉢ 해당 보기는 '주어진 공식의 원리'를 묻는 것으로 계산할 필요 없이 바로 틀린 선지이다. (용지 구입비 : 지장물 보상비=5 : 1)로 고정되어 있으므로, 보상 배율이 올라가 용지 구입비가 증가하면 지장물 보상비 역시 같은 배율로 당연히 증가한다.
따라서 어떠한 보상 배율을 기준으로 계산하는지와 무관하게 지목별 보상비에서 용지 구입비가 차지하는 비율은 모두 $\frac{5}{6}$로 일정하다. 앞서 '실전 풀이 순서 ①'과 같이 각주를 ('보상비=용지구입비×1.2')로 수정해 두었다면 이를 이용해 고민 없이 바로 해결할 수 있을 것이다.

보기 ㉣ 면적×면적당 지가가 '전'은 3, '공장'은 6으로 1 : 2이며, '전'의 실거래가 기준과 감정가 기준은 각각 2 : 1이므로 계산하지 않아도 동일하다.
동일한 수의 배수인 경우 숫자를 단순화하는 습관을 기르는 것이 중요하다.

071 정답 ③ 　　난이도 ●●○

ㄱ. (×) 2013년 전체 로봇 시장규모 대비 제조용 로봇 시장 규모의 비중은 ~~70% 이상이다.~~
➜ 2013년 전체 로봇 시장규모 대비 제조용 로봇 시장 규모의 비중은 $\frac{(2013\text{년 제조용 로봇 시장 규모})}{(2013\text{년 전체 로봇 시장 규모})}$이다.
〈표 1〉에서 전체 로봇 시장 규모는 15,000(백만 달러), 제조용 로봇 시장 규모는 9,719(백만 달러)이므로, $\frac{9,719(\text{백만 달러})}{15,000(\text{백만 달러})}\times100=$약 64.8%이다.
따라서 2013년 전체 로봇 시장규모 대비 제조용 로봇 시장 규모의 비중은 70% 이하이다.

ㄴ. (○) 2013년 전문 서비스용 로봇 평균단가는 제조용 로봇 평균단가의 3배 이하이다.
➜ 〈표 1〉에서 2013년 전문 서비스용 로봇 평균단가는 159.0(천 달러/개)이고, 제조용 로봇 평균단가는 54.6(천 달러/개)이다.
(제조용 로봇 평균단가)×3=54.6×3=163.8이므로 전문 서비스용 로봇 평균단가인 159.0보다 크다.
따라서 2013년 전문 서비스용 로봇 평균단가는 제조용 로봇 평균단가의 3배 이하이다.

ㄷ. (○) 2013년 전체 로봇 R&D 예산 대비 전문 서비스용 로봇 R&D 예산의 비중은 50%이다.
➜ 〈표 3〉에서 전체 로봇 R&D 예산 구성비는 100%이다.
〈표 2〉에서 전문 서비스용 로봇의 분야는 건설, 물류, 의료, 국방이므로, 전문 서비스용 로봇 R&D 예산 구성비는 〈표 3에서〉 건설, 물류, 의료, 국방 분야의 구성비를 모두 합한 값이다.
따라서 전문 서비스용 로봇 R&D 예산 구성비=13%+3%+22%+12%=50%이다.
따라서 옳은 선지이다.

ㄹ. (×) 개인 서비스용 로봇 시장규모는 각 분야에서 ~~매년 증가했다.~~
➜ 〈표 2〉에서 개인 서비스용 로봇의 분야는 가사, 여가, 교육이다.
- 가사 분야 로봇 시장규모의 경우
454→697→799(백만 달러)로 매년 증가했다.
- 여가 분야 로봇 시장규모의 경우
166→524→911(백만 달러)로 역시 매년 증가했다.

하지만 교육 분야 로봇 시장규모는 436→279→231(백만 달러)로 매년 감소했다.
그러므로 개인 서비스용 로봇 시장규모가 각 분야에서 매년 증가한 것은 아니다.

합격자의 실전 풀이 순서

❶ 〈표 1〉, 〈표 2〉, 〈표 3〉이 각각 어떤 내용을 나타내는 표인지 차이점을 파악한다.
〈표 2〉는 〈표 1〉의 시장규모를 로봇의 분야별로 좀 더 자세히 나눈 표이며, 〈표 3〉은 R&D 예산에 관한 정보를 담고 있다.

❷ 눈으로 확인할 수 있는 보기 ㉣을 먼저 확인하면, 틀린 보기이므로 답은 ①, ③번 중 하나이다.

❸ 다음으로 보기 ㉠을 확인하면, 틀린 보기이므로 답은 ③번이다.

합격자의 시간단축 Tip

보기 ㉠ 비중을 구하지 말고, 70%가 되기 위한 제조용 로봇의 시장규모를 구해서 비교하는 것이 빠르다. 즉 전체 시장규모에 70%를 곱하면 15,000×0.7=10,500으로 제조용보다 크다는 것을 쉽고 빠르게 확인할 수 있다.

보기 ㉡ 제조용 로봇 평균단가의 3배를 구체적으로 구하지 않아도 된다. 54.6은 곱셈하기 귀찮은 숫자이므로 소수점을 버림 하여 54×3을 하면 162로, 작은 수에 곱했음에도 전문 서비스용보다 3배 이상 크다는 것을 확인할 수 있다.

보기 ㉢ 〈표〉간 연결성을 빠르게 잡아낼 수 있는지 묻는 문제이다. 즉 문제 자체는 단순 덧셈하여 50을 넘는지 확인하는 것에 지나지 않으나, 만약 〈표 2〉에서 용도에 따른 분야가 어떤 식으로 구성되어 있는지 제대로 확인하지 않았다면 〈표 3〉에서 무엇이 전문 서비스용 로봇인지 몰라 파악하는 시간을 추가적으로 낭비할 수 있다. 따라서 언제나 표 사이에 어떤 '관계성'이 있는지 잘 확인해야 한다.

보기 ㉣ 반례를 찾으면 해결되는 문제 유형은 출제 의도상 수험생이 시간을 소모하도록 유도하기 위해 통상 뒷부분에 반례를 배치한다. 따라서 개인 서비스용 로봇 시장규모 중 아래부터 확인한다. 즉 교육을 먼저 확인하고, 여가를 확인한다. 교육 부문에서 시장규모가 매년 증가하지 않으므로 빠르게 틀린 보기임을 알 수 있다.

072 정답 ⑤ 난이도 ●●○

ㄱ. (×) PC 보유율이 네 번째로 높은 지역은 인터넷 이용률도 ~~네 번째로 높다.~~

➜ 〈표〉에 따르면 PC 보유율은 서울 > 울산 > 인천 > 경기 순서로, 네 번째로 높은 지역은 경기이다. 인터넷 이용률의 경우 울산 > 경기 순서로, 경기는 두 번째로 높다.

따라서 PC 보유율이 네 번째로 높은 지역은 인터넷 이용률도 네 번째로 높지 않다.

ㄴ. (○) 경남보다 PC 보유율이 낮은 지역의 인터넷 이용률은 모두 경남의 인터넷 이용률보다 낮다.

➜ 〈표〉에 따르면 경남의 PC 보유율은 72.0%로 경남보다 PC 보유율이 낮은 지역은 충남(69.6%), 전북(71.8%), 전남(66.7%), 경북(68.8%)이다. 경남의 인터넷 이용률은 72.5%로 충남(69.7%), 전북(72.2%), 전남(67.8%), 경북(68.4%)은 모두 경남의 인터넷 이용률보다 낮다.

따라서 경남보다 PC 보유율이 낮은 지역의 인터넷 이용률은 모두 경남의 인터넷 이용률보다 낮다.

ㄷ. (×) 울산의 인터넷 이용률은 인터넷 이용률이 가장 낮은 지역의 ~~1.3배 이상이다.~~

➜ 울산의 인터넷 이용률은 85.0%이다. 인터넷 이용률이 가장 낮은 지역은 전남으로 67.8%이다.

따라서 67.8×1.3=88.14(%) > 85.0%로 울산의 인터넷 이용률은 인터넷 이용률이 가장 낮은 지역의 1.3배 미만이다.

ㄹ. (○) PC 보유율보다 인터넷 이용률이 높은 지역은 전북, 전남, 경남이다.

➜ PC 보유율보다 인터넷 이용률이 높은 지역은 전북 71.8 < 72.2, 전남 66.7 < 67.8, 경남 72.0 < 72.5로 총 세 곳이다.

합격자의 실전 풀이 순서

❶ 〈표〉의 구조를 파악한다.

❷ 눈으로 빠르게 확인할 수 있는 보기 ㉣ 먼저 확인하면, 옳은 보기이므로 답은 ③, ⑤번 중 하나이다.

❸ 다음으로 보기 ㉠을 확인하면, 틀린 보기이므로 답은 ⑤번이다.

합격자의 시간단축 Tip

보기 ㉠ '~ 번째' 식의 질문은 난이도는 낮으나 시간이 오래 걸리는 문제 유형이므로 최대한 낭비되는 시간을 줄이는 전략이 필요하다.

PC 보유율이 네 번째로 높은 지역을 찾고, 그 지역보다 인터넷 이용률이 높은 지역이 3개인지 확인한다. 또는 인터넷 이용률이 네 번째로 높은 지역을 찾고, 그 지역보다 PC 보유율이 높은 지역이 3개인지 확인한다. 즉 어떤 것을 기준으로 하는지와 상관없이, 기준을 잡은 후 다른 하나보다 큰 곳이 몇 개인지 보는 것이 더욱 빠른 방법이다.

보기 ㉢ 인터넷 이용률이 가장 낮은 지역은 전남으로 전남의 인터넷 이용률의 30%는 약 20이다. 따라서 전남의 인터넷 이용률에 20을 더하면 87.8로 울산의 인터넷 이용률은 이것보다 적으므로 틀린 보기이다.

073 정답 ① 난이도 ●●○

ㄱ. (○) 2007년 이후 우리나라 기초·원천기술연구 투자규모 현황

➜ 〈보고서〉의 '이는 2007년 이후 기초·원천기술 연구에 대한 투자규모의 지속적인 확대로 SCI 과학기술 논문 발표수가 꾸준히 증가하고 있는 것으로 분석된다.'는 내용을 뒷받침하기 위해서는 (2007년 이후 우리나라 기초·원천기술연구 투자규모 현황)에 대한 자료가 추가로 필요하다.

ㄴ. (○) 2009 ~ 2013년 연도별 SCI 과학기술 논문 발표수 상위 50개 국가의 논문 1편당 평균 피인용횟수

➜ 〈보고서〉 8번째 줄을 보면 2013년의 논문 1편당 평균 피인용횟수는 4.55회로 SCI 과학기술 논문 발표수 상위 50개 국가 중 32위를 기록했다는 말이 있다.

우리나라의 2013년 논문 1편당 평균 피인용 횟수가 4.55회라는 자료가 필요하며, 상위 50개 국가 중 32위를 기록하였는지 확인하려면 50개국의 자료가 필요하다. 따라서 2009 ~ 2013년 연도별 SCI 과학기술 논문 발표수 상위 50개 국가의 논문 1편당 평균 피인용 횟수가 필요하다.

ㄷ. (×) 2007년 이후 세계 총 SCI 과학기술 학술지 수

➜ 〈보고서〉에는 과학기술 학술지 수에 관한 내용이 없다.

따라서 2007년 이후 세계 총 SCI 과학기술 학술지 수의 자료는 추가로 필요하지 않다.

ㄹ. (×) 2009 ~ 2013년 우리나라 SCI 과학기술 논문 발표수의 전년대비 증가율

➜ 〈보고서〉 2 ~ 3번째 줄에 2013년도 SCI 과학기술 논문 발표수의 전년 대비 증가율에 관하여 서술되어 있지만 이는 〈표〉에서 확인할 수 있는 내용이다. 따라서 2009 ~ 2013년 우리나라 SCI 과학기술 논문 발표수의 전년 대비 증가율 자료는 추가로 필요하지 않다.

합격자의 실전 풀이 순서

❶ 발문을 읽고, 추가로 필요한 자료를 찾는 문제임을 파악한다. 〈표〉에 나타난 정보들 (우리나라 SCI 과학기술 논문 수와 세계 점유율)과 연도를 파악한다.

❷ 〈보고서〉를 읽으면서 〈표〉에 나타나지 않은 수치 정보들을 표시한다. 투자 규모, 논문 1편당 평균 피인용 횟수 등의 단어를 표시한다.

❸ 〈보기〉에서 〈보고서〉에 표시해 놓은 단어들에 대응되는 것들을 고르면, 보기 ㉠, 보기 ㉡이므로 답은 ① 번이다.

합격자의 시간단축 Tip

'추가로 필요한 자료' 유형은 난이도가 낮은 만큼 수험생들이 잘 처리하고 있는 유형이다.

다만 주의해야 할 점 중 하나는 '주어진 자료를 응용하면 도출 가능한 정보'이다.

예를 들어 보기 ㉣은 〈표〉를 이용하여 도출 가능한 정보이나, 빠르게 풀기 위해 단순히 자료의 이름 위주로 답을 찾다 보면 필요한 자료라고 착각할 수 있다.

따라서 주어진 자료를 이용하여 도출할 수 있는지 여부를 잘 생각해보고 문제를 풀어야 한다.

074 정답 ④ 난이도 ●●○

〈표〉 아래 1), 2)를 참고하여 〈표〉 내부 빈칸을 채우면 그 수치는 아래와 같다. 단위는 % 이다.

- A 국가의 사회보장부담률: 38.9－23.0＝15.9
- B 국가의 잠재적부담률: 34.7＋9.9＝44.6
- C 국가의 조세부담률: 49.3－10.8＝38.5
- D 국가의 국민부담률: 22.9＋29.1＝52.0
- E 국가의 잠재적부담률: 62.4＋5.1＝67.5

ㄱ. (×) 잠재적부담률이 가장 높은 국가의 조세부담률이 가장 높다.

➜ 잠재적부담률이 가장 높은 국가는 잠재적 부담률이 62.4＋5.1＝67.5%인 E이다.

그러나 조세부담률은 C가 49.3－10.8＝38.5%로 가장 높다.

ㄴ. (○) 공채의존도가 가장 낮은 국가의 국민부담률이 두 번째로 높다.

➜ 국민부담률은 사회보장부담률과 조세부담률의 합과 같다.

공채의존도가 가장 낮은 국가는 국가 D이다.

국가 D의 사회보장부담률은 22.9%, 조세부담률은 29.1%로 국민부담률은 22.9＋29.1＝52.0%이다.

따라서 E 다음으로 두 번째로 높다.

ㄷ. (×) 사회보장부담률이 가장 높은 국가의 공채의존도가 가장 높다.

➜ 사회보장부담률이 가장 높은 국가는 E국가이다. 〈그림〉에 따르면 E국가의 공채의존도는 세 번째(A국가, B국가 다음)로 높다. 따라서 잘못된 선지이다.

ㄹ. (○) 잠재적부담률이 가장 낮은 국가는 B이다.

➜ 잠재적부담률은 국민부담률과 재정적자 비율의 합과 같다. 국가 B의 국민부담률은 34.7%, 재정적자 비율은 9.9%로 잠재적부담률은 34.7＋9.9＝44.6%로 A ~ E국 중 가장 낮다.

따라서 옳은 선지이다.

합격자의 실전 풀이 순서

❶ 〈표〉의 각주를 통해 국민부담률과 잠재적 부담률을 구하는 방식을 이해한다.
이는 〈표〉의 빈칸을 채울 때 사용될 것이다.

❷ 한 가지 정보만 확인해도 되는 보기 ㉣ 먼저 확인한다. 보기 ㉣은 옳은 보기이므로 답은 ④, ⑤번 중 하나이다.

❸ 다음으로 보기 ㉡을 확인하면 옳은 보기이므로 답은 ④번이다.

합격자의 시간단축 Tip

보기 ㉠ "A가 가장 높은 B의 C가 가장 높다." 식의 질문은 출제자가 수험생의 시간 소모를 유도하기 위해 뒷부분인 C에서 오답을 만들어낼 개연성이 크므로, C부터 확인하는 것이 좋다.
보기 ㉠의 경우 후문부터 확인하여 조세부담률이 가장 높은 C국가를 도출 후 C의 잠재적부담률이 가장 높은지 역으로 확인해 본다.

보기 ㉢ 보기 ㉠과 마찬가지로 뒤에서부터 확인한다. 공채의존도가 가장 높은 A 국이 사회보장 부담률이 가장 높은지 확인한다. 사회보장부담률은 국민부담률－조세부담률이므로 15.9이다.
따라서 D, E 국의 사회보장부담률이 더 높으므로 틀린 선지이다.

보기 ㉣ B의 잠재적 부담률을 구하면, 34.7+9.9=34.6+10=44.6이다.
A, C, D의 잠재적 부담률보다 작고, E는 잠재적 부담률을 구하지 않더라도 국민부담률 자체가 62.4이므로 B의 잠재적 부담률보다 클 것이다. 따라서 옳은 선지이다.

075 정답 ❶ 난이도 ●●○

① 건설업 재해자 수는 매년 증가한다.
→ (○) 〈표〉에서 2016년, 2018년을 제외한 나머지 연도별 건설업 재해자 수는 매년 증가하는 것을 알 수 있다. 2016년, 2018년의 재해자 수는 〈그림 1〉에 주어진 재해율 식을 이용해 구할 수 있다. '건설업 재해자수'=(건설업 근로자 수×건설업 재해율)이므로 〈표〉에서 건설업 근로자 수를, 〈그림 1〉에서 건설업 재해율을 이용하여 계산한다.

2016년 재해율: $0.91=\frac{\text{재해자 수}}{2,586,832}\times100$이므로
→ $0.91\times25,868.32 \fallingdotseq 91\times259=23,569$(명)

2018년 재해율: $0.75=\frac{\text{재해자 수}}{3,358,813}\times100$이므로
→ $0.75\times33,588.13 \fallingdotseq 75\times336=25,200$(명)
따라서 건설업 재해자 수는 매년 증가한다.

② (×) 전체 산업 재해율과 건설업 재해율의 차이가 가장 큰 해는 ~~2016년이다.~~
→ 전체 산업 재해율과 건설업 재해율의 차이는 〈그림 1〉에서 두 그래프의 간격과 같다.
2016년과 2019년에 그래프 간격이 가장 크다는 것을 알 수 있는데, 이 두 해에 재해율 차이를 각각 구해보면 2016년에는 「0.91%－0.59%=0.32%p」이고 2019년에는 「0.84% － 0.49%=0.35%p」이다.

③ (×) 2020년 건설업 재해자 수가 전년 대비 10% 증가한다면, 건설업 재해율은 전년 대비 ~~0.1%p 증가할 것이다.~~
→ $\text{2020년 건설업 재해율}=\frac{\text{2020년 건설업 재해자 수}}{\text{2020년 근로자수}}$
인데, 2020년 건설업 재해율은 해당 연도의 '근로자 수'가 주어지지 않았기 때문에 정확히 구할 수 없다. 근로자 수가 전년도와 같고 재해자 수만 10% 증가한다고 가정하더라도, (2020년 건설업 재해자 수)=26,484+26,484×0.1=29,132이고
$(\text{2020년 건설업 재해율})=\frac{29,132}{3,152,859}\times100 \fallingdotseq$
$\frac{291}{315}=0.92$ (%)이므로 전년 대비 0.08%p 증가하는 것이다.
따라서 선택지의 내용은 옳지 않다.

④ (×) 2013년 건설업 근로자 수가 전체 산업 근로자 수의 20 %라면, 전체 산업 재해자 수는 건설업 재해자 수의 ~~4배이다.~~
→ 2013년 '건설업 근로자 수'가 전체 산업 근로자 수의 20%이면 '전체 근로자 수'는 건설업 근로자 수의 5배이다. 또한 2013년의 전체 산업 '재해자 수'를 구하지 않더라도 아래와 같이 비교할 수 있다.
→ 건설업 '재해자 수' vs 전체 산업 '재해자 수'
→ 건설업 '근로자 수'×건설업 '재해율' vs 전체 '근로자 수' ×전체 산업 '재해율'
→ 건설업 '근로자 수'×건설업 '재해율' vs 건설업 '근로자 수' ×5×전체 산업 '재해율'
→ 건설업 '재해율' vs 5×전체 산업 '재해율' → 0.7 vs 5×0.7
따라서 전체 산업 재해자 수는 건설업 재해자 수의 4배가 아닌 5배이다.

⑤ (×) 건설업 사망자 수가 가장 많은 해는 건설업 환산강도율도 ~~가장 높다.~~

→ <표>에서 건설업 사망자 수가 가장 많은 해는 2016년이다. <그림 2>를 보면 건설업 환산강도율이 가장 높은 해는 2014년이다. 따라서 서로 다르다.

합격자의 실전 풀이 순서

❶ <표>, <그림 1>, <그림 2>의 구조, 내용, 단위를 확인한 후 표와 그림 간 연결될 수 있는 부분이 있는지 확인한다. 이를 통해 <표>의 근로자 수와 재해자 수의 수치와 <그림 1>의 건설업 재해율이 관련되어 있음을 인지한다.

❷ ①~⑤번 중 하나를 고르는 5지선다형의 경우 자료해석 문제 분석을 통해 주로 답이 되는 선지유형을 분석해보고 풀 순서를 정해 놓는 것이 좋다. 따로 정하지 않았을 때 또는 복수의 표 관계가 복잡하여 선지의 의미 파악이 어려울 것 같은 경우에는 ①번부터 푸는 것이 좋다.
특히 이러한 문제의 경우, 선지 ①번은 문제의 이해를 돕기 위한 선지로써 주어지는 경우가 많으므로, 문제를 이해하고자 더 시간을 소모하지 않고 즉각 선지로 넘어가서 이해를 도모하는 것 역시 좋은 전략이다.

❸ ①번의 경우 <표>와 <그림 1>의 관계를 통해 빈칸의 수치를 대략 구할 수 있고 이를 통해 증가 여부를 판단한다. 18년도의 경우 근로자 수와 건설업 재해율이 모두 증가하여 재해자 수가 증가하는 것이 확실하므로 16년도만 대략적으로 계산하면 된다.
16년도 재해자 수=2,586,832×0.91%로 15년도 재해자 수은 23,323보다 크다.
따라서 답이 ①번이므로 다른 선지는 확인하지 않고 넘어간다.
[5지선다형의 경우 답이 확실하면 바로 넘어가야 시간 내에 풀 수 있다.]

합격자의 시간단축 Tip

선지 ① 곱셈 과정이 다소 복잡하기 때문에 어림산을 하는 것이 좋다.
예 2,586,832명×0.0091→260×91→약 23,660명
위 예시처럼 각각 두 자리 정도를 남겨서 계산하는 것이 좋다. 앞 수는 올림을 했으므로 실제보다는 조금 큰 값이 나올 것이다. 하지만 정답에 영향을 미칠 정도로 오차가 크지는 않으니 너무 압박감을 받지 않아도 좋다.
또한 90% 이상의 자료 해석 문제는 이처럼 어림산으로 충분히 비교할 수 있게 나온다는 것도 명심하자.
이때 두 분수의 비교는 여러 분수 비교 방법 중 '통분' 방법이 가장 적절하다.
예를 들어 분모를 통분하여 최대한 비슷하게 만들면 $\frac{17}{260}$ vs $\frac{7}{84}=\frac{7\times3}{84\times3}=\frac{21}{252}$로 우측이 분모는 더 작은 반면 분자는 더 크므로 당연히 $\frac{17}{260}<\frac{7}{84}$ 임을 알 수 있다.
이처럼 '통분' 방법은 적절히 활용할 경우 대부분의 분수 비교 방법보다 훨씬 빠르고 간단하다. 숫자 구조가 보인다면 반드시 활용하자.
또한, 2018년은 근로자 수도 증가하였고 건설업 재해율도 증가하였기 때문에 [근로자 수×건설업 재해율=재해자 수]는 계산 없이도 증가했다는 것을 알 수 있다.

선지 ④ 2013년은 전체 산업재해율과 건설업 재해율이 같으므로 재해율의 분모에 해당하는 건설업 근로자 수가 전체 산업 근로자 수의 20%라는 것은 전체 산업 근로자 수가 건설업 근로자 수의 5배라는 것이다. 따라서 재해율이 같기 위해서는 분자에 해당하는 재해자 수 역시 전체 산업 재해자 수가 건설업 재해자 수의 5배여야 한다.

076 정답 ④ 난이도 ●●○

재해 건수와 재해손실일수는 <그림 2> 아래에 표기된 환산도수율과 환산강도율 식에 각각 포함되어 있다. 재해 건당 재해손실일수 값은 $\frac{\text{재해손실일수}}{\text{재해건수}}=\frac{\frac{\text{재해손실일수}}{\text{총근로시간}}}{\frac{\text{재해건수}}{\text{총근로시간}}}$

이므로 결국 $\frac{\text{환산강도율}}{\text{환산도수율}}$로 나타낼 수 있다.

한편 $\frac{\text{환산강도율}}{\text{환산도수율}}$의 값은 <그림 2>에서 원점과 해당연도의 좌표를 이은 기울기와 같다.
이때, <그림 2>는 가로축의 일부가 생략되어 있으므로 이 점을 주의해야 한다.
따라서 직접 계산을 하거나 생략된 만큼 평행이동 해서 기울기를 예측해야 한다.
가로축 세 칸이 생략되어 있으므로 오른쪽으로 세 칸을 이동시킨 후 기울기를 그려보면, 평행이동을 해도 최대인 경우는 2014년, 최소인 경우는 2016년이다.

합격자의 실전 풀이 순서

❶ 건설업의 재해 건수와 재해손실일수가 나오는 부분을 〈표〉와 〈그림〉에서 찾아보고, 〈그림 2〉의 각주를 통해 재해 건당 재해손실일수는 $\frac{\text{환산강도율}}{\text{환산도수율}}$라는 것을 파악한다.

❷ $\frac{\text{환산강도율}}{\text{환산도수율}}$은 〈그림 2〉 의 그래프의 $\frac{\text{Y축 값}}{\text{X축 값}}$이므로, 값이 크기 위해서는 x축 값이 작고 y축 값이 큰 연도를 찾아야 한다. 이를 활용하여 2013년, 2014년, 2016년을 비교해보면 2014년이 가장 크다는 것을 알 수 있다.

❸ 가장 작은 연도를 찾기 위해서는 위와 반대로 x축 값이 크고 y축 값이 작아야 할 것이다.
③, ④번의 2013년과 2016년을 비교하면 y축 값은 비슷하지만 x축 값이 2016년이 더 크므로 2016년의 재해 건당 재해손실일수가 더 작은 것을 알 수 있다.
따라서 답은 ④번이다.

합격자의 시간단축 Tip

Tip ❶ $\frac{\text{환산강도율}}{\text{환산도수율}}$값은 (환산도수율)이 작을수록, (환산강도율)이 클수록 그 값이 커지게 되므로, 그래프를 십자로 4등분했을 때 좌상향 할수록 커지고 반대로 우하향 할수록 작아진다는 것을 알 수 있다. 4등분에서 좌측 상단에 들어가는 점은 2014년, 2017년, 2018년이므로 이 중에서 2014년만 선택지에 해당한다는 것을 바로 파악할 수 있고, 같은 방법으로 우측 하단을 보면 2016년도 값이 가장 작다는 것도 쉽게 확인된다.

그래프의 기울기 개념을 아는 경우라면 $\frac{\text{환산강도율}}{\text{환산도수율}}$값이 '원점에서 해당 점을 이은 직선의 기울기'를 나타내는 것이므로 각 점에 직선을 그어서 기울기가 가장 높은 것과 낮은 것을 찾으면 더 쉽게 해결된다.
단, 〈그림 2〉는 가로축의 일부가 생략된 자료이므로 이 점을 유의하고 직접 계산하거나 아니면 생략된 만큼 평행이동 해서 기울기를 예측하는 것이 좋다.

예 가로측 세 칸이 생략되어 있으므로 오른쪽으로 세 칸씩 이동시킨 후 기울기를 그려본다.

Tip ❷ 이와 같은 그래프 문제를 푸는 경우 습관적으로 '기준선'을 찾아 긋는 것이 도움된다.
가령 '~보다 큰 경우'와 같은 기준이 나오는 경우 이를 표시하는 점들을 모은 선을 긋거나, 기울기가 1인 선(혹은 그래프의 절반을 지나는 우상향 곡선)을 표시할 경우 비교에 도움이 된다.
다만 주의해야 할 점은 〈그림 2〉의 x축과 같이 생략된 부분이 있을 경우 '선을 그어 푸는 방법'에 왜곡이 생길 수 있다. 그나마 한 축만 생략된 경우 왜곡의 정도가 적어 그대로 풀어도 큰 문제 없으나, x와 y축 모두 생략된 부분이 있는 경우 그림을 통해 푸는 방법은 지양하는 것이 좋다. 어떤 경우에 생략을 주의해야 하는지는 [Part 1. 시간단축비법]을 반드시 확인하자.

077 정답 ③ 난이도 ●●○

〈표〉에서 외사국 총무과+외사국 번역과+외사국 외사과=7이므로
→ C+3+3=7
→ ∴ C=1 ········· ㉠

〈조건 1〉 본청 경비국 직원 수(A)는 법전조사국 서무와 직원 수(E)의 1.5배이다.
→ A=1.5E ········· ①

〈조건 2〉 법전조사국 경비와 직원 수(D)는 본청 경비국 직원 수(A)에 본청 법제국 기록과 직원 수(B)를 합한 것과 같다.
→ D=A+B ········· ②

〈조건 3〉 법전조사국 경비과 직원 수(D)는 본청 법제국 기록과 직원 수(B)의 3배와 본청 외사국 총무과 직원 수(C)를 합한 것과 같다.
→ D=3B+C ········· ③

〈조건 4〉 법전조사국 서무과 직원 수(E)는 본청 외사국 총무과 직원 수(C)의 2배와 본청 법제국 기록과 직원 수(B)를 합한 것과 같다.
→ E=2C+B ········· ④
④를 ①에 대입하면 A=1.5(2C+B)=1.5B+3C
C=1(∵ ㉠) 이므로 A−1.5B=3 ········· ⑤
②과 ③을 같이 보면 A+B=3B+C
C=1(∵ ㉠) 이므로 A−2B=1 ········· ⑥
⑤와 ⑥을 연립하면 0.5B=2이므로
$B=\frac{2}{0.5}=\frac{20}{5}=4$ ········· ㉡
B=4 (∵ ㉡)를 ⑥에 대입하면 A−8=1 이므로
A=9 ········· ㉢
A=9 (∵ ㉢), B=4 (∵ ㉡)를 ②에 대입하면
D=9+4=13 ········· ㉣
B=4 (∵ ㉡), C=1 (∵ ㉠)을 ④에 대입하면
E=2+4=6 ········· ㉤
따라서, A=9, B=4, C=1, D=13, E=6이다.

ㄱ. (O) 표훈원 직원 수는 내각 전체 직원 수의 $\frac{1}{9}$이다.

➜ 표훈원 직원 수=1+6+4=11명
내각 전체 직원 수=99명이다.
따라서 내각 전체 직원 수(99명) 대비 표훈원 직원 수는 $\frac{11(명)}{99(명)}=\frac{1}{9}$이다.

ㄴ. (×) 법전조사국 서무과 직원 수와 표훈원 서무과 직원 수의 합은 법전조사국 조사과 직원 수보다 ~~크다.~~
➜ 법전조사국 서무과 직원 수는 6명, 표훈원 서무과 직원 수는 4명이므로 합은 6+4=10명이다. 이때 법전조사국 조사과 직원은 12명이므로, 법전조사국 서무과 직원 수와 표훈원 서무과 직원 수의 합은 법전조사국 조사과 직원 수보다 작다.

ㄷ. (×) 법전조사국 직원 수는 내각 전체 직원 수의 ~~30% 미만이다.~~
➜ 법전조사국 직원 수는 (경비과+서무과+회계과+조사과)직원 수의 합이므로, (13+6+5+12)=36명 이고, 내각 전체 직원 수는 99명이다. 따라서 내각 전체 직원 수 대비 법전조사국 직원 수는 $\frac{36}{99}$이고, 이는 0.3 ~ 0.4 사이이므로 30% 이상이다.

ㄹ. (O) A+B+C+D의 값은 27이다.
➜ A=9(∵ ㉢), B=4(∵ ㉡), C=1(∵ ㉠), D=13(∵ ㉣)이므로
A+B+C+D=9+4+1+13=27이다.

합격자의 실전 풀이 순서

❶ 〈표〉의 '소계' 및 '전체'에 표시하고, 각주를 확인한다.
❷ 이미 주어진 자료를 통해 도출 가능한 C=1을 찾는다.
❸ 〈조건〉을 수식화한다.
A=1.5E, D=A+B, D=3B+C, E=2C+B
❹ 주어진 자료만으로 해결 가능한 ㉠을 해결하고, 도출 가능한 C=1을 찾는다.
❺ D=3B+1, D=A+B
A=2B+1=1.5E,
E=2+B→A=2B+1=3+1.5B
0.5B=2
B=4, A=9, B=4, C=1, D=13, E=6

합격자의 시간단축 Tip

Tip ❶ 연립방정식은 우리에게 익숙하기 때문에 접근하기 쉬우나, 실제 시험장에서는 식 간의 관계가 한 번에 파악되지 않을 경우 오히려 시간이 오래 걸릴 수 있다. 따라서 시험장에서는 되도록 연립방정식을 풀지 않거나 마지막에 푸는 것이 좋으며, 풀더라도 가능한 수를 대입해서 맞는지 확인하는 '소극적인 방어 형태'의 풀이 방식을 사용하도록 한다.
참고로 PSAT의 경우 한 문제를 빠르고 정확하게 푸는 능력도 중요하지만, 다른 객관식 시험과는 달리 어떤 문제를 풀고, 어떤 문제를 안 풀지 판단하는 능력도 매우 중요하다. 따라서 본인만의 문제 풀이 전략을 세우는 것이 좋다.

Tip ❷ 가능한 수를 대입해 푸는 방법은 '가능성이 높아 보이는 순'으로 대입하여 처리하는 방식이다.
가령 해당 문제의 경우, A=2B+C=2B+1로 A는 무조건 홀수이며, 첫 번째 조건에 의해 A=1.5E이다. 즉, 어떠한 수의 1.5배 한 수가 홀수여야 하는데, 이러한 수로는 2, 6, 10 등이 있다(1.5E=E+0.5E이므로, E가 홀수의 두 배일 때에만 1.5E도 홀수가 된다.). 이때 2는 너무 작은 수이므로 6부터 순서대로 주어진 조건에 대입하여 나머지 수가 모순 없이 도출되는지 확인해보면 A~E가 모두 정수로 나오며, 이때 합이 99인지까지는 확인하지 않고 대략 해당 수가 맞다고 가정한 다음 문제를 푸는 것이 현실적인 풀이 방법이다.

Tip ❸ 연립방정식은 특정 값으로 다른 모든 값을 표시할 수 있도록 하는 방향성을 가지는 것이 좋다. 만약 이러한 방향성 없이 문제를 접근할 경우, 나사가 헛돌듯이 답이 나오지 않고 식만 늘어날 수 있다. 따라서 A를 기준으로 할 때 B, C, D, E를 표현하는 형태로 정리하는 것이 좋다.

보기 ㉢ D+E+12 < 99×0.3인지 확인한다.
31 > 10+10+10이고, 99×0.3=9.9+9.9+9.9 < 10+10+10

078 정답 ③ 난이도 ●●○

ㄱ. (O) '기타'를 제외한 직업별 2010년 정부창업지원금 신청자 수의 전년대비 증가율이 두 번째로 높은 직업은 대학생이다.
➜ 직업별 신청자 수의 전년대비 증가율은
$\frac{2010년\ 정부창업지원금\ 신청자\ 수}{2009년\ 정부창업지원금\ 신청자\ 수}-\frac{2009년\ 정부창업지원금\ 신청자\ 수}{2009년\ 정부창업지원금\ 신청자\ 수}$이고,
이 식은 $\frac{2010년\ 정부창업지원금\ 신청자\ 수}{2009년\ 정부창업지원금\ 신청자\ 수}-1$로 변형할 수 있다.

따라서 직업별 2010년 정부창업지원금 신청자 수의 전년대비 증가율의 대소관계는

$\frac{\text{2010년 정부창업지원금 신청자 수}}{\text{2009년 정부창업지원금 신청자 수}}$ 값만 비교해도 된다.

예를 들어 2009년에 10명이었던 신청자 수가 2010년에 20명이 되었다면 $\frac{20}{10}=2$로 값이 구해진다.

즉, 2배 증가하였다는 뜻이고 백분율로 표시하면 100%의 증가율에 해당한다.

이 방식으로 각 직업별 신청자 수의 증가율을 계산하여 그 값을 어림산해보면

• 교수: $\frac{183}{34} < 6$

• 연구원: $\frac{118}{73} < 2$

• 대학생: $\frac{74}{17} > 4$

• 대학원생: $\frac{93}{31} = 3$

• 회사원: $\frac{567}{297} < 2$

위와 같이 구해진다. 따라서 전년대비 가장 높은 증가율을 보이는 직업은 교수이고 그다음은 대학생임을 확인할 수 있다.

ㄴ. (○) 기술개발단계에 있는 신청자수 비중의 연도별 차이는 시장진입단계에 있는 신청자수 비중의 연도별 차이보다 크다.

→ 〈표 2〉에 따르면 기술개발단계에 있는 신청자 수 비중의 연도별 차이를 계산해보면,

→ (45.8%−36.3%)=9.5% 이고, 시장진입단계에 있는 신청자 수 비중의 연도별 차이는

→ (36.4%−29.1%)=7.3%이므로, 기술개발단계에 있는 신청자 수 비중의 연도별 차이가 더 크다.

ㄷ. (×) 2010년 조사에서 전년보다 신청자수는 증가하고 신청자수 비중은 감소한 창업단계는 시장진입단계~~뿐이다.~~

→ 〈표 2〉에서 2009년과 2010년의 창업단계별 정부창업지원금 신청자 인원수를 비교하면, 2010년 조사에서는 네 가지 창업단계 모두에서 전년보다 신청자 수가 증가하였다.

반면 신청자 수 비중은 아래와 같이,

• 시제품 제작: (17.5% → 14.3%)

• 시장진입: (36.4% → 29.1%)

두 단계에서 감소하였다. 따라서 틀린 선택지이다.

합격자의 실전 풀이 순서

❶ 〈표 1〉과 〈표 2〉의 '합계'와 '계' 자료를 구별하는 구분선을 긋고, 인원 및 비율의 세로 합이 계(100%)임을 확인한다. 그리고 표 아래의 각주를 확인한다.

❷ 증가율의 계산을 요하는 보기 ㉠, 비중의 차이를 계산해야 하는 ㉡보다 자료의 단순 확인을 요하는 ㉢을 먼저 해결한다.

❸ 보기 ㉢이 틀린 보기이므로 선지 ①, ②, ③이 남는다. 보다 계산이 단순한 ㉡을 먼저 해결한다.

❹ 보기 ㉡이 옳으므로, 선지 ②, ③이 남는다. 남은 보기 ㉠을 해결한다.

합격자의 시간단축 Tip

보기 ㉠ '기타, 합계' 등은 문제를 푸는 과정에서 자칫 포함시켜 틀린 판단을 내리기 쉬우므로 '기타' 자료가 구별되게 구분선을 긋는다. 그리고 "74−17=57이 3배 초과"한다는 것처럼 정확한 증가율을 구할 필요가 없다. 그냥 17 대비 74를 확인하면 된다.

증가율은 불필요하게 뺄셈을 추가적으로 해야 되기에 비효율적이다.

예를 들어 보기 ㉠에서 제시한 '대학생' 17→74로 4배 초과이다. 그리고 4배를 기준으로 이를 넘는 값이 있는지 확인하면, '교수'만 4배를 초과하며, 5배에 가까운 값이다. 따라서 '대학생'이 두번째로 높은 직업에 해당한다.

* 변화율, 배율, 지수는 같은 값을 다르게 표현하는 방식인만큼 유동적으로 활용하면 된다.

가장 많이 접하게될 변화율과 배율의 경우 정확하게 변화율이 얼마인지 묻는 경우가 아니라면(물론 그런 문제는 기출을 통틀어 거의 없다), 어떤 값을 질문하더라도 '배율'로 처리하는 것이 좋다.

왜냐하면 변화율은 변화분을 도출 후 다시 나눠야 하지만, 배율은 주어진 값을 그대로 활용하기 때문이다.

딱 한 가지 예외는 변화분을 〈표〉에서 준 경우이다. 그 외에는 배율로 검토하자.

→ 보다 구체적인 내용은 'Part 1. 시간단축비법'의 비율 파트를 확인하자.

보기 ㉡ 통상 뺄셈보다는 덧셈이 더 빠르고 쉬운 연산 방법이다. 따라서 뺄셈을 가급적 덧셈으로 전환시키는 것이 좋다.

예를 들어 '연도별 차이'의 경우 기술개발이나 시장진입 중 하나만 계산한 후, 이를 다른 값에 더해 모순이 발생하는지 확인하면 최대한 덧셈 위주의 풀이를 할 수 있다.

즉, '기술개발'을 기준으로 할 경우 45.8−36.3=약 9로, 이를 '시장진입'에 대입 시 14.3+9는 17.5보다 한참 크므로 '기술개발'의 차이가 더 큼을 쉽게 알 수 있다.

보기 ⓒ 단순 확인 선지로 뒷부분에 반례가 배치될 개연성이 높기 때문에 선지의 역순으로 확인하는 것이 좋다. 즉 시제품 제작단계 → 예비창업단계, 2010년 → 2009년으로 역순 확인하면 된다.
문제 1번의 경우 비교대상이 몇 개 없어 큰 차이가 없으나, 비교 대상이 많은 긴 표의 경우 시간을 많이 단축시킬 수 있다. 예를 들어 〈표 2〉의 경우 비중이 감소한 것은 '시장진입'을 제외하면 '시제품' 밖에 없으므로, 시제품의 인원이 증가하였는지 여부만 확인하면 된다.

079 정답 ①

난이도 ●●●

ㄱ. (○) '석'을 '두'로 환산하면 1석은 15두이다.

➜ 계약량 or 수취량의 합을 이용하면 '두'의 값 중 얼마가 '석' 단위로 변화되었는지 예상할 수 있다. 표에 제시된 계약량의 총합은 35석 20두 인데, 이때 이 수치와 계약량의 합계인 36석 5두는 일치해야 한다. 따라서 (35석 20두=36석 5두)이므로 이 식을 이항하여 정리하면 1석=15두이다.

ㄴ. (×) 계약량 대비 수취량의 비율이 가장 높은 토지의 위치는 '도장동', 가장 낮은 토지의 위치는 ~~'불근보'이다.~~

➜ 계약량 대비 수취량의 비율은 $\frac{\text{수취량}}{\text{계약량}}$ 으로 구할 수 있으며, 1석은 15두 이므로 '석'과 '두'가 섞여 있는 경우 '석'을 '두'로 환산해서 계산한다. 이러한 점을 고려하여 각 위치의 비율을 구해보면,

- '도장동': $\frac{4(\text{석})}{4(\text{석})}=1$
- '불근보': $\frac{18(\text{두})}{35(\text{두})}=0.5 \sim 0.6$
- '율포': $\frac{25(\text{두})}{60(\text{두})}=0.4 \sim 0.5$

이며, 다른 지역들의 비율도 모두 0.5~1사이의 값이 나온다.
따라서 계약량 대비 수취량의 비율이 가장 높은 토지의 위치는 '도장동'이 지만, 가장 낮은 토지는 '불근보'가 아니라 '율포'이다.

ㄷ. (×) 작인이 '동이', '명이', '수양'인 토지 중 두락당 계약량이 가장 큰 토지의 작인은 '수양'이고, 가장 작은 토지의 작인은 ~~'동이'이다.~~

➜ 두락당 계약량은 $\frac{\text{계약량}}{\text{면적(두락)}}$ 으로 구하며 계약량이 같을 경우 두락이 작을수록 두락당 계약량이 크고, 두락이 같을 경우 계약량이 클수록 두락당 계약량이 크다. 각각의 값을 구해보면

- 동이: $\frac{115(\text{두})}{12(\text{두락})}=9 \sim 10$
- 명이: $\frac{60(\text{두})}{7(\text{두락})}=8 \sim 9$
- 수양: $\frac{105(\text{두})}{10(\text{두락})}=10.5$

이다. 따라서 계약량이 가장 큰 토지는 작인이 '수양'인 경우이고, 가장 작은 토지는 '명이'인 경우이다.

합격자의 실전 풀이 순서

❶ '계' 자료를 구분하는 선을 표시한다.
❷ 계약량 대비 수취량, 두락 당 계약량의 계산을 요하는 보기 ㉡, ㉢보다 간단한 보기 ㉠을 해결한다.
❸ 보기 ㉡이 옳으면, 바로 답이 도출되므로 ㉡을 해결한다.
❹ 보기 ㉢을 해결한다.

합격자의 시간단축 Tip

특이한 단위가 나온 경우, '단위 환산 방법'을 먼저 확인해야 한다.
예를 들어 1석이 몇 두인지를 먼저 파악해야, 이후의 문제를 풀 수 있다. 통상 이런 유형은 문제 이해를 돕기 위해 친절하게 보기 ㉠과 같이 첫 번째 선지로 제공되기에 먼저 푸는 것이 좋다.
다만 간혹 선지로 제공되지 않은 경우, 반드시 이를 풀이에 앞서 확인하는 것이 좋다.

보기 ㉠ '대입－모순 확인법'을 이용하여 보기에서 준 값을 옳은 것으로 보고, 모순이 발생하는지 확인한다.
수취량의 총합은 24석 34두이다. 보기 ㉠과 같이 1석=15두라면, 34두 = 2석 4두이고, 24석 34두=26석 4두로, 수취량의 '계' 자료와 일치한다. 즉 모순이 없으므로, 옳은 선지이다.

보기 ㉡

[방법 1]
전문과 후문이 병렬적으로 제시된 선지이므로, 역으로 후문 → 전문 순으로 확인한다.
즉 계약량 대비 수취량의 비율이 가장 낮은 토지가 '불근보'인지 확인한 후, 가장 높은 토지가 '도장동'인지 확인한다.
'불근보'의 계약량은 2석 5두, 수취량은 1석 3두로, 수취량은 계약량의 50%를 초과한다.
따라서 50%를 기준으로 다른 값들과 비교하면, '율포'의 계약량은 4석, 수취량은 1석 10두로, 수취량은 계약량의 50%에 크게 못 미친다. 따라서 틀린 선지이다.

[방법 2]
조금 더 빠른 풀이를 위해서 근삿값으로 푸는 방법도 있다. 구체적인 값 도출이 필요 없으므로 일반적인 숫자비교 때 1의 자리를 버림하고 비교하는 것처럼, '석' 단위만 비교해도 충분히 문제를 해결할 수 있다. 예를 들어 '불근보'는 계약량 2석에 수취량 1석으로 보고 비교한다.

보기 ㉢ 두락 당 계약량이 가장 작은 토지의 작인이 '동이'인지 확인한 후, 가장 큰 토지의 작인이 '수양'인지 확인한다. 또한 모든 값을 구체적으로 계산하기보다는 기준값을 두고 비교하는 것이 효율적이다.
예를 들어 '두락당 계약량이 9'을 기준으로 두면,
두락 당 계약량이 '동이'는
$\frac{7석\ 10두}{12}=\frac{(15\times7+10)두}{12}=\frac{115}{12}>9$이고,
'명이'는 $\frac{4석}{7}=\frac{60두}{7}<9$이다.
따라서 두락당 계약량이 가장 작은 토지의 작인은 '동이'가 아니다.

080 정답 ③ 난이도 ●○○

ㄱ. (○) 2011년 전국 무인도서 면적
→ 보고서 3번째 줄에 '도서 면적을 기준으로 보면 유인도서가 전국 총 도서 면적의 96.9%로 대부분을 차지하고 있다'는 문장이 나온다. 주어진 자료에는 유인도서나 무인도서의 개수만 나와 있을 뿐 유인도서나 무인도서의 도서면적은 나와 있지 않다. 따라서 보기 ㉠의 2011년 전국무인도서 면적자료가 제공되어야 한다. 보기 ㉠이 제공될 경우 전국도서면적에서 전국 무인도서 면적을 제외하여 전국 유인도서 면적을 구할 수 있으므로 위에 밑줄 친 보고서의 내용을 작성할 수 있다.

ㄴ. (×) 2011년 전국 도서인구 수
→ 주어진 표에 도서인구 밀도와 도서면적이 나와 있으므로 (도서인구밀도×도서면적)을 통하여 각 지역별 도서인구수를 구할 수 있고 전체 합을 통해 전국 도서 인구수를 구할 수 있으므로 보기 ㉡은 반드시 필요한 자료가 아니다.

ㄷ. (○) 2011년 지역별 인구 수
→ 〈보고서 3문단〉에서 '지역별 인구대비 도서인구 비율은 전남이 10.2%로 가장 많다.'는 문장이 나온다. 이 문장에 필요한 정보는 지역별 인구 수와 지역별 도서인구 수이다. 지역별 도서인구 수는 주어진 자료의 (도서인구밀도×도서면적)을 통하여 구할 수 있지만 지역별 인구수는 주어진 자료만으로는 구할 수 없는 정보이다.
따라서 보기 ㉢의 2011년 지역별 인구수 자료는 꼭 필요한 자료이다.

ㄹ. (○) 2009 ~ 2011년 도서 지역 여객선 수송인원 중 도서 지역 거주민 비율
→ 〈보고서 4문단〉에서 '관광객, 귀성객 등 도서 지역 거주민이 아닌 수송인원은 같은 기간 연평균 15% 증가한 것으로 나타났다.'는 문장이 나온다. 주어진 자료에는 연도별 수송인원과 전년대비 증가율뿐이므로 위의 문장을 뒷받침해주기 위해서는 보기 ㉣의 자료가 필요하다.
보기 ㉣의 자료를 통해서 도서지역 여객선 수송인원 중 도서지역 거주민 비율을 알게 되면 전체 수송인원에서 도서지역 거주민이 아닌 수송인원의 비율과 수를 구할 수 있고 이를 통해 위에 밑줄 친 보고서의 내용을 작성할 수 있다.

ㅁ. (×) 2009 ~ 2011년 도서 지역 관광객 수
→ 〈보고서 4문단〉에서 거주민과 비거주민 수송인원을 구별하고 있지만, 비거주민은 관광객, 귀성객 등 다양하게 구성되어 있으므로 도서 지역 관광객 수가 비거주민 수송인원의 전부가 되는 것은 아니다. 따라서 도서 지역 관광객 수 자료는 거주민과 비거주민 수송인원을 구별하는 근거가 될 수 없다.

합격자의 실전 풀이 순서

❶ '추가로 필요한 자료 유형'이므로 값이 아닌 〈표〉 이름 위주로 확인한다. 도서 수의 '합'에 표시하고, 〈표 1〉 하단의 '전국' 자료를 구분하는 선을 표시한다. 각주를 확인하고, 〈표 2〉의 단위 및 전년대비 증가율 자료가 주어져 있음을 확인한다.
❷ 〈보고서〉의 4문단부터 1문단까지 아래에서 위 순서로 확인한다.

합격자의 시간단축 Tip

'추가로 필요한 자료' 유형은 난이도가 낮은 유형이다. 다만 비교적 난이도를 높이는 요소가 몇 가지 있으므로 기출이나 모의고사 간 어려운 함정들을 정리해두는 것이 좋다.
① 〈표〉의 이름이나 변수, 연도 위주로 확인하고 푸는 경우가 많은데, "전년 대비"나 "이전"과 같은 단어로 묻는 경우 〈보고서〉를 훑는 과정에서 놓치기 쉽다. 따라서 '연도' 숫자만 보지 않고, 앞뒤의 단어 정도는 확인하는 것이 좋다.

② '자료를 연결시켜 도출 가능한 변수'이다. 각각으로는 마치 도출할 수 없는 변수 같아 보이지만, 〈표〉의 값들을 서로 곱하고 나누면 구할 수 있는 경우가 종종 있다. 이는 놓치기 좋으니, 처음 보는 변수를 〈보고서〉에서 제시하더라도 기존의 변수로 만들 수 있는지 확인해보는 것이 좋다.

081 정답 ③ 난이도 ●●○

① (×) '가' 지역의 12월 아파트 실거래 가격은 '다' 지역의 12월 아파트 실거래 가격보다 높다.
→ (1, 2번 동일) 〈표〉는 '가' ~ '다' 지역의 아파트 실거래 가격 '지수'를 보여주고 있다.
아파트 실거래 가격지수는 '해당 지역'의 1월달 기준 아파트 실거래 가격에 비해, N 월달에 아파트 실거래 가격이 얼마나 증가 또는 감소하였는지 나타내는 '비율'이다.
즉 아파트 실거래 가격지수는 같은 지역 내에서 아파트 실거래 가격의 변동을 나타내는 수치이다.
만약 다른 지역과 아파트 실거래 가격을 비교하려고 하면, 먼저 기준이 되는 고정 값인 '가격'이 얼마인지 알아야 한다.
그런데 문제에서 각 지역의 1월, N 월 아파트 실거래 가격을 명시하지 않았으므로 서로 다른 지역의 아파트 실거래 가격은 비교할 수 없다.

② (×) '나' 지역의 아파트 실거래 가격은 다른 두 지역의 아파트 실거래 가격보다 매월 높다.
→ 선지 ①번과 마찬가지로 아파트 실거래 가격을 알 수 없어 비교할 수 없다.

③ (○) '다' 지역의 1월 아파트 실거래 가격과 3월 아파트 실거래 가격은 같다.
→ 다' 지역의 1월 아파트 실거래 가격지수와 3월 아파트 실거래 가격지수가 같다.
〈표〉 아래 공식에 따르면, $\frac{\text{1월 아파트 실거래 가격}}{\text{1월 아파트 실거래 가격}} \times 100 = \frac{\text{3월 아파트 실거래 가격}}{\text{1월 아파트 실거래 가격}} \times 100$이다.
따라서 1월 아파트 실거래 가격과 3월 아파트 실거래 가격은 같다.

④ (×) '가' 지역의 1월 아파트 실거래 가격이 1억원이면 '가' 지역의 7월 아파트 실거래 가격은 1억 4천만 원이다.
→ '가' 지역의 7월 아파트 실거래 가격지수의 값은 $\frac{\text{7월 아파트 실거래 가격}}{\text{1월 아파트 실거래 가격}} \times 100 = 104.0$이다.
1월 아파트 실거래 가격이 1억원, 즉 10,000만원이라면 7월 아파트 실거래 가격은 10000 만원 $\times 1.04 = 10,400$만원,
즉 1억 4백만 원이다. 따라서 틀린 선지이다.

⑤ (×) 2013년 7 ~ 12월 동안 아파트 실거래 가격이 각 지역에서 매월 상승하였다.
→ 같은 지역에서 전월 대비 아파트 실거래 가격지수가 상승하면 아파트 실거래 가격 또한 상승한다. 그러나 '다' 지역의 11월 ~ 12월 아파트 실거래 가격지수는 감소하였다. 따라서 2013년 7월 ~ 12월 동안 모든 지역의 아파트 실거래 가격이 매월 상승한 것은 아니다.

합격자의 실전 풀이 순서

❶ 〈표〉와 각주를 이해한다. 특히, 아파트 실거래 가격지수가 해당 지역의 1월 아파트 실거래 가격을 기준으로 하므로 지역별 아파트 실거래 가격을 절대적으로 비교할 수는 없다는 것을 유의한다. 즉, 지역의 월별 가격 비교만 가능하다.

❷ ①번부터 순서대로 확인하면, ①, ②번은 틀린 선지이다.

❸ ③번을 확인하면, 옳은 선지이므로 답을 표시하고 넘어간다.

합격자의 시간단축 Tip

'지수' 문제는 비교 가능한 것과 비교 불가능한 것을 잘 구분만 해도 빠르게 답을 찾아낼 수 있다. 주로 틀린 선지는 '비교 불가능한 것을 비교 가능한 것처럼 구성'하는 함정이 많아, 보자마자 계산 없이 '비교 못 하는 선지'로 오답 처리할 수 있기 때문이다.
이때 비교 가능 여부는 '분모'에 집중하면 된다. 분모가 동일할 때만 비교할 수 있다는 대원칙을 가지고 있으면 실수할 일이 적으므로, 지수 문제는 가장 먼저 분모를 확인해야 한다.

선지 ① 선지 ② 지역이 달라지면 분모가 달라진다. 따라서 ①, ②번 모두 비교 불가능하므로 고민 없이 바로 틀린 선지로 처리한다.

선지 ④ '가' 지역의 1월 아파트 실거래 가격이 1억 원일 때, '가' 지역의 7월 아파트 실거래 가격이 1억 4천만 원이면 7월 아파트 실거래 가격지수는 1.4여야 한다. 그러나 '가' 지역의 7월 아파트 실거래 가격지수는 1.04이므로 틀린 선지이다.

선지 ⑤ 반례를 요구하는 문제 형태는 출제 의도 상 수험생이 시간을 소모하도록 유도하기 위해 뒷부분에 반례를 배치하는 경우가 많다. 따라서 2012년 7 ~ 12월에 가격지수가 지속해서 상승했는지를 확인할 때 C 지역의 12월부터 확인한다. 즉, C 지역의 12월부터 7월까지 가격지수가 지속해서 감소했는지 확인하면 12 → 11월에 증가했으므로 틀린 선지이다.

082 정답 ②

난이도 ●●○

ㄱ. (○) 에탄올 주입량이 0.0g일 때 쥐 A ~ E 램수면시간 평균은 에탄올 주입량이 4.0g일 때 쥐 A ~ E 램수면시간 평균의 2배 이상이다.

➜ 쥐 A ~ E 렘수면시간 평균은 각 쥐의 렘수면시간의 합을 쥐의 마릿수만큼 나눈 값이다.
에탄올 주입량이 0.0g일 때와 4.0g일 때의 평균을 비교하면,

- 0.0g일 때의 평균: $\frac{88+73+91+68+75}{5}=79$(분)
- 4.0g일 때의 평균: $\frac{31+40+46+24+24}{5}=33$(분)

이다.
4.0g 평균의 2배는 33(분)×2=66(분)이므로, 에탄올 주입량에 따른 렘수면시간 평균은 주입량이 0.0g일 때가 4.0g일 때의 2배 이상이다.

ㄴ. (×) 에탄올 주입량이 2.0g일 때 쥐 B와 쥐 E의 램수면시간 차이는 ~~20분 이하이다.~~

➜ 주입량이 2.0g일 때 쥐 B의 렘수면시간은 60(분)이고 쥐 E의 렘수면시간은 39(분)이다.
두 시간의 차이는 60−39=21(분)이므로, 두 쥐의 렘수면시간 차이는 20분 이상이다.

ㄷ. (○) 에탄올 주입량이 0.0g일 때와 에탄올 주입량이 1.0g일 때의 램수면시간 차이가 가장 큰 쥐는 A이다.

➜ 에탄올 주입량이 0.0g일 때의 렘수면시간과 1.0g일 때의 렘수면시간의 차이를 쥐 A ~ E에 대해 각각 계산해보면 다음과 같다.

- A: 88 − 64 = 24(분)
- B: 73 − 54 = 19(분)
- C: 91 − 70 = 21(분)
- D: 68 − 50 = 18(분)
- E: 75 − 72 = 3(분)이다.

값을 비교하면 쥐 A가 24(분)로 가장 크다.
따라서 에탄올 주입량이 0.0g일 때와 1.0g일 때의 렘수면시간 차이가 가장 큰 쥐는 A이다.

ㄹ. (×) 쥐 A ~ E는 각각 에탄올 주입량이 많을수록 램수면시간이 ~~감소한다.~~

➜ 쥐 B는 1.0g에서 2.0g으로 주입량을 늘렸을 때 54분에서 60분으로, 쥐 C는 2.0g에서 4.0g으로 주입량을 늘렸을 때 40분에서 46분으로, 쥐 D는 1.0g에서 2.0g으로 주입량을 늘렸을 때 50분에서 56분으로 렘수면 시간이 오히려 증가하였다. 따라서 틀린 선지이다.

합격자의 실전 풀이 순서

❶ 〈표〉의 구조를 파악한다.
❷ 눈으로 빠르게 확인할 수 있는 보기 ㉡ 먼저 확인하면, 틀린 보기이므로 답은 ②, ⑤번 중 하나이다.
❸ 다음으로 눈으로 확인할 수 있는 보기 ㉣을 확인하면, 틀린 보기이므로 답은 ②번이다.

합격자의 시간단축 Tip

보기 ㉠ 평균을 비교하거나 총점을 비교하지 않아도 된다. 각각의 값에서 2배 이상이면 당연히 그 값을 합산하여 구한 평균도 2배 이상이라는 점을 이용하면 쉽게 해결 가능하다.
에탄올 주입량 4.0인 경우와 0.0인 경우를 비교 시 A, D, E는 2배를 한참 넘는 값을 가지며, B는 2배보다 7, C는 1 부족하지만 이는 A, D, E가 한참 넘는 값을 가져 충분히 빈 공간을 메꿔줄 수 있으므로 2배 이상임을 쉽게 알 수 있다.
실전에서 문제를 풀 때는 B와 C가 7, 1 부족하다는 것조차 계산하지 않고, 충분히 각 값이 2배가 된다 보고 옳은 선지로 판단하면 더 빠르게 처리 가능하다.

보기 ㉡ 통상 뺄셈보다는 덧셈이 더 빠르고 실수 없이 계산할 수 있기에, 차잇값처럼 뺄셈 구조로 질문한 경우에도 덧셈으로 전환하여 푸는 것이 좋다. 따라서 렘수면 시간의 차이를 확인하지 않고, 에탄올 주입량이 2.0g일 때 렘수면 시간이 적은 쥐 E의 렘수면 시간에 20을 더한 값이 쥐 B의 렘수면 시간보다 큰지 확인하는 것이 좋다. 쥐 E의 렘수면 시간에 20을 더한 값이 59이며, 쥐 B의 렘수면 시간보다 작으므로 둘의 렘수면 시간 차이는 20분 이상이다.

보기 ㉢ 보기에서 주어진 쥐 A의 에탄올 주입량이 0.0g일 때와 에탄올 주입량이 1.0g일 때의 렘수면 시간 차이를 구한 후, 이를 기준으로 다른 쥐들의 에탄올 주입량이 1.0g일 때의 렘수면 시간에 쥐 A의 차잇값을 더한 값이 에탄올 주입량이 0.0g일 때의 렘수면 시간 값보다 작으면 반례가 존재하는 것이다. 그러나, 이 문제에서는 반례가 없으므로 옳은 보기이다.

보기 ㉣ 반례를 요구하는 문제는 출제 의도가 수험생이 시간을 소모하도록 하는 것에 있으므로 통상 반례가 뒷부분에 존재한다.
따라서 쥐 E부터 확인하면, 쥐 D에 반례가 존재하므로 빠르게 반례를 찾을 수 있다.

083 정답 ④

난이도 ●●○

ㄱ. (○) 2004 ~ 2013년 강풍 피해금액 합계는 풍량 피해금액 합계보다 작다.

→ 2004 ~ 2013년까지 강풍 피해금액 및 풍랑 피해 금액의 합계액을 각각 구해보면:

- 강풍 피해금액:
  0 + 93 + 140 + 69 + 11 + 70 + 2 + 0 + 267 + 9 = 661(억 원)
- 풍랑 피해금액:
  0 + 0 + 57 + 331 + 0 + 241 + 70 + 3 + 0 + 0 = 702(억 원)이므로,

2004 ~ 2013년 강풍 피해금액 합계는 풍량 피해금액 합계보다 작다. 따라서 옳은 선지이다.

ㄴ. (○) 2012년 태풍 피해금액은 2012년 5개 자연재해 유형 전체 피해금액의 90% 이상이다.

→ 2012년 태풍 피해 금액은 8,765(억원)이고, 2012년 5개 자연재해 유형 전체(태풍, 호우, 대설, 강풍, 풍량) 피해 금액은 9,620(억원)이다.
2012년 5개 자연재해 유형 전체 피해금액의 90%를 구해 보면 $9,620(억원) \times \frac{90}{100} = 8,658(억원)$이다.
따라서 2012년 태풍 피해금액(8,765억원)이 2012년 5개 자연재해 유형 전체 피해금액(8,658억원)보다 크기 때문에 옳은 보기이다.

ㄷ. (×) 피해금액이 매년 10억원보다 큰 자연재해 유형은 ~~호우뿐이다.~~

→ 먼저 호우의 피해금액을 년도 별로 살펴보면 2004년부터 2013년까지 모두 10억원 이상의 피해금액을 기록했다.
태풍의 경우 2008년과 2009년에 10억원 이상의 피해금액을 기록하지 못하였고, 강풍의 경우 2004, 2010, 2011년에 10억원 이상의 피해금액을 기록하지 못하였다.
또한 풍량의 경우 2004, 2005, 2008, 2011, 2013년에 10억원 이상의 피해금액을 기록하지 못하였다.
하지만 대설의 경우 호우와 마찬가지로 2004년부터 2013년까지 모두 10억원 이상의 피해금액을 기록했다. 호우뿐만 아니라 대설도 매년 10억원보다 큰 자연재해 유형이기 때문에 틀린 선지이다.

ㄹ. (○) 피해금액이 큰 자연재해 유형부터 순서대로 나열하면 2010년과 2011년의 순서는 동일하다.

→ 2010년의 자연재해 중 피해금액이 큰 순서는, 호우(1,808) > 태풍(1,725) > 대설(663) > 풍랑(70) > 강풍(2)이다.
2011년의 자연재해 중 피해금액이 큰 순서는, 호우(5,276) > 태풍(2,183) > 대설(480) > 풍랑(3) > 강풍(0)이다.
따라서 2010년과 2011년의 피해금액이 큰 자연재해 유형순서는 동일하다.

합격자의 실전 풀이 순서

1. 〈표〉의 구조를 파악한다. 특히, 전체 값이 주어져 있으므로 유형을 셀 때 전체를 포함하지 않도록 유의한다.
2. 눈으로 빠르게 확인할 수 있는 보기 ㉢ 먼저 확인하면, 틀린 보기이므로 답은 ①, ④번 중 하나이다.
3. 다음으로 보기 ㉣을 확인하면, 옳은 보기이므로 답은 ④번이다.

합격자의 시간단축 Tip

보기 ㉠ 강풍과 풍랑의 피해 금액 합계를 구해서 비교하지 말고, 차잇값을 활용하면 시간을 줄일 수 있다. 예를 들어, 강풍과 풍랑 모두 존재하는 70은 지우고, 강풍의 267과 69로 풍랑의 331을 지우는 식으로 해서 강풍과 풍랑의 크기를 비교한다.

보기 ㉡ 90%는 주로 반대 해석으로 그 외의 값들이 10%인지 확인하는 방식으로 처리하는 것이 좋다. 태풍을 제외한 4개 자연재해 유형의 피해 금액 합이 전체 피해 금액의 10% 이하인지 확인한다. 즉, 어림산 하여 400+200+260으로 하면 860으로 962보다 작으므로 옳은 보기이다.

보기 ㉢ 10억은 매우 〈표〉의 경향상 매우 작은 값이다. 즉 웬만하면 10은 넘을 것이므로 피해 금액이 0인 년도를 빠르게 제거하는 방식으로 확인하면 더 빨리 풀 수 있다.

084 정답 ❸ 난이도 ●●○

① (O) 건축 공종의 수주액

→ 해당 보기는 '건축' 공종의 수주액을 나타내므로, 〈표〉에서 '토목'과 '건축' 중에 해당되는 열인 '건축' 라인에 있는 숫자와 〈보기〉의 숫자를 연도별로 매칭하면 같다는 것을 알 수 있다.

② (O) 토목 공종의 수주액 및 전년대비 증감률

→ 해당 보기는 '토목' 공종을 나타내므로, 〈표〉에서 '토목' 공종의 열에 있는 숫자와 '토목' 공종의 전년대비 증감률 열에 해당되는 숫자들을 〈보기〉의 각 숫자와 매칭시키면 같다는 것을 알 수 있다.

③ (×) 건설공사 전체 수주액의 공종별 구성비

→ 해당 보기는 건설공사 전체에서 '토목'과 '건축' 각각에 해당되는 비율을 구하는 보기이다.

2009년부터 2014년까지 토목 및 건축에 해당되는 비율을 각각 구해보면 다음과 같다.

- 2009년 토목 비율=54.1 / 118.7=45.6%
  건축 비율=1−45.6%=54.4%, 틀림
  (토목과 건축 비율이 바뀜. 토목=흰색막대, 건축 = 검은 막대)
- 2010년 토목 비율=41.4 / 103.2=40.1%
  건축 비율=1−40.1%=59.9%, 틀림 (상동)
- 2011년 토목 비율=38.8 / 110.7=35.0%
  건축 비율=1−35.0%=65.0%, 틀림 (상동)
- 2012년 토목 비율=34.0 / 99.8=34.1%
  건축 비율=1−34.1%=65.9%, 틀림 (상동)
- 2013년 토목 비율=29.9 / 90.4=33.1%
  건축 비율=1−33.1%=66.9%, 틀림 (상동)
- 2014년 토목 비율=32.7 / 107.4=30.4 %
  건축 비율=1−30.4%=69.6%, 틀림 (상동)

④ (O) 건축 공종 중 주거용 및 비주거용 수주액

→ 해당 보기는 건축 공정 중 주거용 및 비주거용 수주액의 숫자를 비교하는 표이다. 문제의 〈표〉에서 오른쪽 편에 있는 주거용 및 비주거용 열에 해당되는 숫자들을 〈보기〉에 있는 각 숫자들과 매칭시키면 같다는 것을 알 수 있다.

⑤ (O) 건설공사 전체 및 건축 공종 수주액의 전년대비 증감률

→ 건설공사 전체 및 건축 공종 수주액의 전년 대비 증감률을 표현한 그래프이기 때문에 표에서 전체 전년 대비 증감률과 건축 전년 대비 증감률의 수치를 찾은 후 그래프와 비교해본다. 〈표〉와 그래프의 수치가 정확히 일치한다.

합격자의 실전 풀이 순서

❶ 〈표〉의 구조를 파악한다. 특히, 건축의 경우만 주거용, 비주거용이라는 세부 분류가 있음을 유의한다.

❷ 계산이 필요한 선지인 ③번을 제외하고 순서대로 확인한다.

❸ ①, ②번은 눈으로 확인하면 옳은 선지이고, ③번은 연도가 거꾸로 표시되어 있어 틀린 선지이다. 따라서 답을 표시하고 넘어간다.

합격자의 시간단축 Tip

다른 분야와 달리 특정 분야만 세부 분류가 나누어져 있을 때는 그 부분을 활용한 선지가 답이 될 가능성이 크다. 따라서 〈표〉의 건축만 주거용, 비주거용으로 분류되어 있다는 점을 활용하여 ④번부터 확인하면 시간을 더 줄일 수 있다.

선지 ③ 구성비를 직접 구하지 않고 〈표〉를 이용하여 푼다. 2009 ~ 2014년 기간 동안 전체 값은 모두 100 전후로 구성되어 있다.

따라서 토목과 건축의 수주액 값은 사실상 100%를 기준으로 도출한 구성비와 유사하므로, ③의 그래프가 〈표〉의 값과 유사한 경향성이 있는지 위주로 확인하면 별도의 계산 없이 풀 수 있다. 2009년의 경우 토목 54.1, 건축 64.6이나 ③의 경우 토목 54.4, 건축 45.6으로 틀린 선지임을 바로 알 수 있다.

* 참고로 위의 풀이는 %의 특성을 이용한 것이다. %는 기본적으로 전체 값(분모)을 100으로 가정하고 구한 비율이기 때문에, 만약 전체 값이 100이라면 비율을 구하지 않더라도, 분자 값 그 자체가 비율 값과 동일해진다. 자주 활용하는 특성이므로 기억해두자.

선지 ④ 연도를 거꾸로 표시한 문제로 생각보다 실제 시험장에서는 쉽게 속을 수 있는 유형이다. 왜냐하면 ④번의 그림 내부의 값의 순서가 〈표〉의 순서와 동일하기 때문에 문제를 푸는 과정에서 매우 자연스럽게 읽혀 연도 순서가 바뀌었다는 것을 인지 못 할 가능성이 높기 때문이다.

따라서 항상 너무 '값 내지 숫자'에 매몰되지 않고 '범례나 연도' 등을 확인하는 습관을 지녀야 한다.

085 정답 ①　　난이도 ●●○

ㄱ. (○) 전체 신고상담 건수는 전체 신고접수 건수의 3배 이상이다.

→ 〈표 1〉에서 전체 신고상담 건수는 2,558건, 전체 신고접수 건수는 729건이므로 전체 신고상담 건수÷전체 신고접수 건수, 즉, 2,558÷729=3.51이다.

따라서 전체 신고상담 건수는 전체 신고접수 건수의 3배 이상이다.

ㄴ. (○) 전체 신고접수 건수 대비 분야별 신고접수 건수의 비율이 가장 높은 분야는 기타를 제외하면 보건복지 분야이다.

→ 전체 신고접수 건수 대비 분야별 신고접수 건수의 비율은 $\frac{\text{분야별 신고접수 건수}}{\text{전체 신고접수 건수}}$로 구할 수 있다.

이때 전체 신고접수 건수는 729건으로 모든 분야가 동일하므로 〈표 1〉의 분야별 신고접수 건수만 비교해도 된다.

값을 구해보면,

- 보건복지: $\frac{239}{729}=0.328$
- 고용노동: $\frac{61}{729}=0.084$
- 여성가족: $\frac{7}{729}=0.010$
- 교육: $\frac{6}{729}=0.008$
- 보훈: $\frac{5}{729}=0.006$
- 산업: $\frac{2}{729}=0.003$

따라서 전체 신고접수 건수 대비 분야별 신고접수 건수의 비율이 가장 높은 분야는 기타를 제외하면 보건복지 분야이다.

ㄷ. (×) 분야별 전체 신고접수 건수 중 '이첩' 건수의 비중이 가장 큰 분야는 ~~여성가족 분야이다.~~

→ 분야별 전체 신고접수 건수 중 '이첩' 건수의 비중은 $\frac{\text{분야별 이첩 건수}}{\text{분야별 전체 신고접수 건수}}$로 구할 수 있다.

〈표 2〉의 수치를 대입해 비중을 계산해보면,

- 보건복지: $\frac{58}{239}\approx0.243$
- 고용노동: $\frac{18}{61}\approx0.295$
- 여성가족: $\frac{2}{7}\approx0.286$
- 교육: $\frac{3}{6}=0.5$
- 보훈: $\frac{0}{5}=0$
- 산업: $\frac{1}{2}=0.5$
- 기타: $\frac{123}{409}\approx0.300$

따라서 분야별 전체 신고접수 건수 중 '이첩' 건수의 비중이 가장 큰 분야는 교육과 산업 분야이므로 옳지 않다.

ㄹ. (×) '내부처리' 건수는 전체 신고상담 건수의 15% ~~이상이다.~~

→ 전체 신고상담 건수 대비 '내부처리' 건수의 비중은 $\frac{\text{내부처리 건수}}{\text{전체 신고상담 건수}}$값으로 구할 수 있다.

〈표 2〉에서 '내부처리' 건수는 357건, 〈표 1〉에서 전체 신고상담 건수는 2,558건이다.

따라서 $\frac{357}{2,558}\times100=13.96(\%)$이므로 '내부처리' 건수는 전체 신고상담 건수의 15% 이하이다.

합격자의 실전 풀이 순서

❶ 〈표 1〉의 신고'상담', 신고'접수'에 표시하고, '기타'와 '합'을 분야별 자료와 구별하는 구분선을 표시한다. 〈표 2〉 역시 '기타', '합', '전체' 자료에 대해 구분선을 표시한다. 그리고 〈표 1〉의 신고접수 건수가 〈표 2〉의 '전체' 자료임을 확인한다.

❷ '전체' 자료를 활용하여 비교적 계산이 간단한 보기 ㉠, ㉣ 먼저 해결한다.
㉣이 옳을 경우, 선지 ④, ⑤만이 남으므로 ㉣ 먼저 해결한다.

❸ 계산을 요하는 보기 ㉢보다, 단순 확인만을 요하는 보기 ㉡을 먼저 해결한다.

합격자의 시간단축 Tip

보기 ㉠ 근삿값으로 비교하는 것이 좋다. 이때 근삿값은 2단계로 나누어 접근하면 효율적이다.
먼저 1단계로 매우 대략적인 근삿값으로 확인을 해보고, 그 값으로는 확인이 안 될 때만 2단계로 조금 더 구체적인 근삿값을 잡는다. 이를 통해 불필요한 계산은 최대한 줄이고, 숫자 왜곡은 막을 수 있다.
예를 들어 보기 ㉠의 경우 1단계에서 해결되는 대표적인 케이스로, 729를 800으로 넓게 대체하더라도 $800\times3<2,558$이므로 3배 이상임을 쉽게 알 수 있다.

보기 ㉡ 전체 신고접수 건수 대비 분야별 신고접수 건수의 비율은 '분모'인 '전체 신고접수 건수'가 모든 분야에 동일하게 적용되므로, 분자인 '분야별 신고접수 건수'만 비교하면 된다.

보기 ㉢ 분야별 전체 신고접수 건수 중 '이첩' 건수의 비중은 여성가족 분야가 $\frac{2}{7}$이다.
바로 옆의 교육 분야는 $\frac{3}{6}$으로, 여성가족 분야보다 분자는 크고 분모는 작아 비중이 크다.

보기 ㉣ 단어에 주의해야 한다. 〈표 2〉의 처리 결과인 '내부처리'를 묻는 것이지만, 분모는 〈표 1〉의 '전체 상담 건수'를 묻고 있다. 따라서 제대로 읽지 않은 경우, 〈표 2〉 전체값의 15%인지 확인하여 옳은 선지라 잘못 판단할 가능성이 크므로 변수는 항상 정확히 읽는 습관을 지녀야 한다.
이때 15%를 처리하는 방법은 크게 3가지이다.

[방법 1] 추천 방법 1: '30%의 절반'
15%는 10+5로 처리하기도 하지만, 30%의 절반으로 해결하기도 한다. 신고상담 건수의 30%는 2,558×30%=약 2,500×30%=750으로, 그 절반은 375이다.
따라서 375 > 357이므로 틀린 선지임을 쉽게 알 수 있다.

[방법 2] 추천 방법 2: '15의 제곱수'
15×15=225라는 것을 이용하는 것도 좋은 방법이다.
2,558×15%=약 2,500×15%=(1,500+1000)×15%= 225+150=375이다.
따라서 375 > 357이므로 틀린 선지임을 쉽게 알 수 있다.

[방법 3] 정석적인 방법: '10%+5%'
내부처리 건수는 357건이다. 전체 신고상담 건수는 2,558건이고, 2,558의 15%는 10%인 255.8+5%인 127.9를 더하면 383.xx > 357이다.
따라서 내부처리 건수는 전체의 15% 미만이다.

086 정답 ❹ 난이도 ●●○

ㄱ. (○) 수냉식 제빙기 중 저장량 대비 1일 생산량이 가장 큰 것은 H이다.
➜ 저장량 대비 1일 생산량은 $\frac{\text{1일 생산량}}{\text{저장량}}$이다. 또한 수냉식 제빙기는 B, C, D, E, G, H라는 것을 알 수 있다. 그리고 각 수냉식 제빙기의 저장량 대비 1일 생산량을 비교해보면 다음과 같다.

- B: $\frac{375}{225}$=1.67
- C: $\frac{100}{55}$=1.81
- D: $\frac{620}{405}$=1.53
- E: $\frac{240}{135}$=1.78
- G: $\frac{225}{130}$=1.73
- H: $\frac{61}{26}$=2.35

따라서 수냉식 제빙기 중 저장량 대비 1일 생산량이 가장 큰 것은 H라는 것을 알 수 있다.

ㄴ. (×) 모든 제빙기는 1일 ~~생산량이 클수록 저장량도 크다.~~
➜ 1일 생산량이 큰 제빙기부터 작은 제빙기 순으로 나열하면 D > B > E > G > F > C > H > A 순이다.
저장량이 큰 제빙기부터 작은 제빙기 순으로 나열하면 D > B > E > G > C > F=H > A 순이다.
따라서 보기의 '모든 제빙기는 1일 생산량이 클수록 저장량이 크다.'라는 말이 성립하려면 위의 1인 생산량과 저장량 순서가 일치해야 하는데 일치하지 않으므로 보기 ㉡은 옳지 않다.

ㄷ. (○) 높이가 1.7m 이하인 제빙기 중 반달형태의 얼음을 생산할 수 있는 제빙기는 없다.
➜ 높이가 1.7m 이하인 제빙기는 A, C, F, H이다. 그리고 반달 형태의 얼음을 생산할 수 있는 제빙기는 D, G이다. 따라서 높이가 1.7m 이하인 제빙기와 반달 형태의 얼음을 생산하는 제빙기 사이에 공통인 제빙기가 없으므로 높이 1.7m 이하인 제빙기 중 반달 형태 얼음을 생산할 수 있는 제빙기는 없다.

ㄹ. (○) 부피가 가장 작은 제빙기의 바닥면적보다 더 작은 바닥면적을 가진 제빙기는 없다.
➜ 부피는 (가로×세로×높이)의 값이다.
각 제빙기별 부피를 계산해보면 다음과 같다.

- <u>A: 633×506×690=221,005,620</u>
- B: 560×830×1,785=829,668,000
- C: 704×520×1,200=439,296,000
- D: 1,320×830×2,223=2,435,518,800
- E: 560×830×2,040=948,192,000
- F: 640×600×800=307,200,000
- G: 560×830×1,936=899,852,800
- H: 633×506×850=272,253,300

따라서 부피가 가장 작은 제빙기는 A이다. 그리고 각 제빙기별 바닥면적을 계산해보면 다음과 같다.

- A: 633×506=320,298
- B: 560×830=464,800
- C: 704×520=366,080
- D: 1,320×830=1,095,600
- E: 560×830=464,800
- F: 640×600=384,000
- G: 560×830=464,800
- H: 633×506=320,298

따라서 바닥면적이 가장 작은 제빙기는 A, H이다. 그러므로 부피가 가장 작은 제빙기(제빙기 A)의 바닥면적(320,298)보다 더 작은 바닥면적을 가진 제빙기는 없다.

합격자의 실전 풀이 순서

❶ 저장량 대비 1일 생산량, 부피의 계산을 요하는 보기 ㉠, ㉣보다 보기 ㉡, ㉢을 먼저 해결한다. 모든 제빙기를 살펴야 하는 보기 ㉡보다는 생산 가능 얼음 형태가 반달인 제빙기만 살피는 ㉢을 먼저 해결한다.

❷ ㉢은 옳고, ㉡은 옳지 않으므로, 선지 ②, ④가 남는다. 따라서 보기 ㉣을 해결한다.

합격자의 시간단축 Tip

보기 ㉠ 공냉식 제빙기의 자료를 지우는 ~~취소선~~을 긋는다(보기 ㉠을 제외하면 '냉각방식'을 활용하지 않으므로 취소선을 긋는 것이 좋으나, 만약 다른 보기에서도 사용해야 하는 경우 긋지 않는 것이 좋다. 다른 선지에서 실수가 생길 수 있기 때문이다).

H의 저장량 대비 1일 생산량은 $\frac{61}{26}$이다. 즉, 1일 생산량이 저장량의 2배를 초과한다. 따라서 이를 기준점으로 잡고, 다른 제빙기 중 1일 생산량이 저장량의 2배를 초과하는 것이 있는지 확인한다.

보기 ㉡ 단순 반례 확인 유형이므로 반례가 주로 뒷부분에 배치되는 경향을 고려하여 역순으로 확인한다. 이때 H의 저장량은 그 주변에 있는 F의 저장량과 26으로 동일하나, 1일 생산량은 다르므로 틀린 선지임을 쉽게 확인할 수 있다.

보기 ㉢ 높이가 1.7m 이하인 제빙기를 찾는 것보다는 반달형태의 얼음을 생산할 수 있는 제빙기를 찾는 것이 더 간단하므로 얼음 형태를 먼저 파악한다. 즉 반달 형태의 얼음을 생산할 수 있는 제빙기 D, G의 높이가 1,700mm 이하인지 확인하면 된다.

보기 ㉣ 역순으로 파악한다. 즉 바닥면적이 가장 작은 제빙기를 먼저 구한다. 이때 구체적으로 면적을 구하기보다는, 가로와 세로가 각각 가장 작은 제빙기를 찾는 것이 좋다.
즉 〈표〉의 가로, 세로는 모든 값이 한 번에 작은 경우가 없고 어느 하나는 크고 다른 하나는 작은 형태로 구성되어 있으므로, '상대적으로 큰 값 중에 가장 작은 값', '상대적으로 작은 값 중 가장 작은 값'을 찾으면 더 쉽게 처리할 수 있다.

① 먼저 '가로'가 가장 작은 값은 B, E이고 '세로'가 가장 작은 제빙기는 A와 H이다. 이때 B, E끼리 가로, 세로 값이 같고 A, H끼리 가로, 세로 값이 같으므로 이 두 집합을 비교한다.
633×506 vs 830×560의 경우 506→560은 5×12=60임을 고려할 때 대략 12% 가량 증가했으나, 633×12% = 약 600×12%=72로 830에 한참 모자른 값이므로 좌변이 더 작다는 것을 알 수 있다. 따라서 A, H 제빙기가 가장 바닥 면적이 작다.

② 다음으로 '부피'를 확인할 때 바닥면적이 동일한 H는 A보다 높이가 높고, 그 외 제빙기들은 바닥면적과 높이 모두 A보다 크다. 따라서 부피가 가장 작은 제빙기는 A이다.

③ 그러므로 부피가 가장 작은 A보다 바닥면적이 작은 제빙기는 없으므로 옳은 선지이다.

087 정답 ⑤ 난이도 ●●○

① (O) 2011년 국제회계기준을 적용한 비상장기업의 80% 이상이 자산규모 5천억원 미만이다.
➜ 국제회계기준을 적용한 비상장기업 중 자산규모가 5천억 원 미만인 기업의 비중은

$$\frac{\text{자산규모 1천억 미만}+\text{1천억 원 이상 5천억 원 미만}}{\text{국제회계 기준을 적용한 비상장기업}}$$

의 값으로 구할 수 있다. 값을 대입해보면,
5천억 원 미만의 기업은 (285+739)=1,024개의 기업이고, 총 기업은 1,142개 이므로 $\frac{1,024}{1,142}$ = 0.896이다.
따라서 국제회계기준을 적용한 비상장기업 중 자산규모가 5천억 원 미만인 기업의 비중은 80% 이상이다.

② (O) 2011년 자산규모가 2조원 이상인 비상장기업 중, 일반회계기준을 적용한 기업 수보다 국제회계기준을 적용한 기업 수가 더 많다.
➜ 2011년 자산규모가 2조원 이상인 비상장 기업 중, 일반회계 기준을 적용한 기업은 14개이고, 국제

회계기준을 적용한 기업 수는 38개로 국제회계기준을 적용한 기업 수가 더 많다.

③ (O) 2012년 전체 기업 대비 국제회계기준을 적용한 기업의 비율은 2011년에 비해 증가하였다.

➜ 〈표 1〉을 통해 2011년에는 전체 기업에서 국제회계기준을 적용한 기업이 15.1%이고, 2012년에는 전체 기업에서 국제회계기준을 적용한 기업이 15.9%으로 2011년의 비율인 15.1%에 비해 증가한 것을 알 수 있다.

④ (O) 2012년 비상장기업의 수는 2011년에 비해 증가하였다.

➜ 〈표 1〉을 통해 2012년 비상장 기업의 수는 국제회계기준을 적용하는 1,403개의 기업과 일반회계기준을 적용하는 16,366개의 기업이 있다. 이 둘의 총합은 17,769개의 기업이다. 2011년의 경우 국제회계기준을 적용하는 1,142개의 기업과 일반회계기준을 적용하는 16,027개의 기업이 있다.
이들의 총합은 17,169개로 2012년의 비상장기업의 수가 더 많은 것을 알 수 있다.

⑤ (×) 2012년 비상장기업 중 국제회계기준을 적용한 비상장기업이 차지하는 비율은 전년에 비해 2%p 이상 증가하였다.

➜ 비상장기업 중 국제회계기준을 적용한 비상장기업이 차지하는 비율은

$$\frac{\text{국제회계기준을 적용한 비상장 기업의 수 또는 비율}}{\text{비상장기업의 기업수 또는 비율의 합}}$$

로 구할 수 있다. 〈표 1〉의 수치를 대입하면,

- 2011년: $\frac{6\%}{90.9\%} \fallingdotseq 6.6$
- 2012년: $\frac{7.2\%}{91.3\%} \fallingdotseq 7.9$이므로

2012년에는 전년대비 약 1.3%p 증가하였다.
따라서 틀린 보기이다.

합격자의 실전 풀이 순서

❶ 〈표 1〉의 구조(의무+선택=국제, 국제+일반=전체)를 파악하고, '전체'를 구분하는 선을 긋는다.

❷ 각주를 확인한다. 〈표 2〉의 경우 가로 합 비율이 100%임을 확인하고, '합'과 '계'를 구분하는 선을 긋는다. 〈표 1〉의 2011년 선택, 일반과 〈표 2〉의 국제, 일반을 각각 연결시킨다.

❸ 〈표 2〉를 활용하는 선지 ①, ②를 먼저 해결한다.

❹ 〈표 1〉을 활용하는 선지 ③, ④, ⑤ 중 자료의 단순 확인을 요하는 선지 ③, ④를 해결한다.

합격자의 시간단축 Tip

선지 ① 반대 해석을 통해 '여집합'으로 확인한다. 즉 "비상장기업의 20% 미만이 자산규모 5천억 원 이상이다"로 해석한다. 2011년 국제회계기준을 적용한 비상장기업은 1,142개이고, 그중 자산규모 5천억 원 이상은 38+80=118개이다.
이때 20%의 계산은 구체적으로 구할 필요 없이 근삿값으로 확인하면 된다.
1,142의 20%는 1,000으로 보더라도 1,000×20%=200으로 118보다 한참 크다. 따라서 옳은 선지이다.

선지 ② 선지 자체는 단순한 형태로, 〈표〉 간의 관계를 얼마나 잘 파악했는지 테스트하는 문제이다. 따라서 처음 문제를 읽을 때 표, 그림 등의 관계를 잘 파악하는 습관을 지니는 것이 좋다.

선지 ③ 전체 기업 대비 국제회계기준을 적용한 기업의 비율은 〈표 1〉에 주어져 있으므로 단순 확인한다. 15.1→15.9로 증가하였으므로 옳은 선지이다.

선지 ④ 일반적인 경우라면 직접 합하지 않고 구성 요소 값끼리 비교하는 것이 효율적이지만, ④번의 경우 합하는 것이 더 편하다. 왜냐하면 차잇값을 보지 않더라도 이미 더해야하는 값이 모두 2012년에 더 크기 때문에 (1,142 < 1,403, 16,027 < 16,366) 덧셈 구조만으로도 계산 없이 확인 가능하기 때문이다.

선지 ⑤ '기업수'로 비교하지 않고, 숫자가 더 작은 '비율'로 비교하는 것이 더 효율적이다.
%p의 처리는 많은 수험생들이 %를 구체적으로 도출해야 하는 유형이라 생각하여, 계산이 많은 문제라고 생각한다. 그러나 이는 매우 큰 착각이다. 원리를 생각하면 큰 계산 없이 간단하게 처리할 수 있다. 이해를 돕기 위해 ⑤번을 식으로 보면, $\frac{6.0}{6.0+84.9}+\frac{2}{100}<\frac{7.2}{7.2+84.1}$이어야 2%p 이상 증가가 된다.

따라서 이를 '통분'한다고 생각해보면 $\frac{6.0}{6.0+84.9}$의 분자에 분모의 2%를 더해서 비교하는 것과 같다.
즉 6.0+84.9=약 90이므로 90의 2%인 1.8을 분자에 더하여 비교하면,
$\frac{6.0+1.8}{90}=\frac{7.8}{90}>\frac{7.2}{7.2+84.1}=\frac{7.2}{91}$이므로 틀린 선지임을 구체적 % 도출 없이 알 수 있다.
이와 같은 %p 처리 방식은 매우 편리한 방식이다. 이해를 위해 설명은 길었으나,
수험적으론 "%p만큼을 분모에 곱해 분자에 더한다"만 기억하면 빠르게 풀 수 있을 것이다.

만약 이 방법이 어색하다면 [Part 1. 시간단축비법]을 통해 한 번 더 공부하길 바란다.

088 정답 ② 난이도 ●●○

ㄱ. (○) 상수도 보급률이 가장 낮은 지역이 하수도 보급률도 가장 낮다.

➜ 하수도 보급률이 나오지 않은 지역의 하수도 보급률을 구해보면,

- 강원의 경우 1,175÷1,526×100=77
- 충남의 경우 1,319÷2,075×100=63.6
- 전남의 경우 1,320÷1,934×100=68.3이다.

따라서 상수도 보급률이 71.5로 가장 낮은 지역인 충남이 하수도 보급률도 63.6으로 가장 낮다.

ㄴ. (×) 하수도 보급률이 ~~가장 높은 지역~~이 하수도요금 현실화율은 가장 낮다.

➜ 〈표 1〉을 보면 하수도 보급률이 가장 높은 지역은 제주로 84.7%이다.

〈표 2〉를 보면 하수도요금 현시화률이 가장 낮은 곳은 전남으로 22%이다.

따라서 하수도 보급률이 가장 높은 지역과 하수도 요금 현실화율이 가장 낮은 지역은 다르다.

ㄷ. (○) 하수도요금 부과량당 평균요금이 가장 높은 지역이 하수도요금 현실화율도 가장 높다.

➜ 하수도요금 현실화율이 나와 있지 않은 지역의 하수도요금 현실화율을 구해보면,

- 강원의 경우 195.9÷658.5×100=29.7
- 충남의 경우 270.8÷1,166.3×100=23.2
- 전남의 경우 144.8÷650.6×100=22.3이다.

따라서 하수도요금 부과량당 평균요금이 가장 높은 지역은 충북으로 324.5이며 하수도요금 현실화율도 42.6으로 가장 높은 것을 알 수 있다.

ㄹ. (×) 상수도 급수인구당 1일급수량이 ~~가장 많은 지역이~~ 상수도 급수인구는 ~~가장 적다.~~

➜ 〈표 1〉에서 상수도 급수인구당 1일급수량을 $\frac{\text{해당지역 1일급수량}}{\text{해당지역 급수인구}}$으로 구할 수 있다.

상수도 급수인구당 1일급수량을 구해보면,

- 강원의 경우 579÷1,313=0.44
- 충북의 경우 477÷1,319=0.36
- 충남의 경우 526÷1,483=0.35
- 전북의 경우 722÷1,677=0.43
- 전남의 경우 497÷1,426=0.35
- 경북의 경우 966÷2,260=0.43
- 경남의 경우 1,010÷2,879=0.35
- 제주의 경우 196÷568=0.35 이다.

따라서 상수도 급수인구당 1일급수량이 가장 많은 지역은 강원으로 0.44이며 상수도 급수인구가 가장 적은 지역은 568(천명)인 제주로 일치하지 않는 것을 알 수 있다.

합격자의 실전 풀이 순서

❶ 〈표 1〉, 〈표 2〉의 '전국'에 표시하고, 각주를 확인한다.

❷ 어떤 괄호도 채울 필요 없는 보기 ㉣ 먼저 해결한다.

❸ ㉣이 옳지 않으므로 선지 ①, ②가 남는다. 하수도 보급률과 하수도요금 현실화율 모두 괄호를 포함한 자료로, 이 중 하수도요금 현실화율의 괄호만 채우면 되는 보기 ㉢을 해결한다.

합격자의 시간단축 Tip

문제를 보면 '8개 지역'임을 명시하고 있다. 많은 수험생들이 놓칠 수 있으나, 이 부분을 확인하는 것이 매우 중요하다. 즉 "전국과 8개 지역, 전 세계와 OECE국가" 등과 같이 전체 값과 특정 값이 함께 주어지는 경우, 위와 같이 '8개 지역' 등으로 한정하지 않으면 "가장 ~한" 등의 보기가 모두 함정이 된다. 다시 말해, <u>특정 값을 제외한 나머지 값들에 반례가 있을 수 있다는 점을 항상 주의해야 한다.</u>

따라서 전체와 부분이 함께 제시되면,

① 8개 지역과 같이 한정해주는 단어가 있는지

② 없다면 반례가 있을 가능성이 있는지 확인하는 습관을 지녀야 한다.

보기 ㉠ 일반적으로는 'A인 것이 B이다' 유형은 B부터 확인하나, 보기 ㉠의 경우 A의 값은 빈칸 없이 이미 주어져 있으므로 A인 상수도 보급률을 먼저 확인한다. 상수도 보급률이 가장 낮은 지역은 '충남'이다.

'충남'의 하수도 보급률은 $\frac{1,319}{2,075}$이다.

이때 인구 2,075를 근삿값 화하여 2,000으로, 처리인구를 1,300으로 보면 하수도 보급률은 약 65%임을 쉽게 알 수 있다. 따라서 다른 값들을 구하지 않고, 65% (또는 $\frac{2}{3}$)를 '빈칸'에 대입하여 모순이 생기는지 확인한다.

'강원'의 하수도 미보급률은 $\frac{1,526-1,175}{1,526} \approx \frac{350}{1,526} < 0.3$이므로, 하수도 보급률은 70%를 초과한다.

'전남'의 하수도 미보급률은 $\frac{1,934-1,320}{1,934} = \frac{612}{1,934}$이다. 1,934의 10%는 193.4이고, 30%는 600−6.6×3≈580이며, 32(=612−580)는 1,934의 약

1.5%이므로, 하수도 미보급률은 약 31.5%이고, 보급률은 약 68.5%이다.

보기 ㉡ 보기 ㉠과 동일한 형태이다. 근삿값을 통해 가볍게 확인하는 것으로 충분하다.

보기 ㉢ 하수도요금 부과량당 평균요금이 가장 높은 지역은 '충북'이다.
이때 빈칸 값을 구체적으로 도출하지 않고, 충북의 42.6%와 유사한 40%를 대입하여 모순이 발생하는지 확인한다. 예를 들어 강원은 658.5×40%=약 600×40%=240 > 195.9, 충남은 1,166.3×40%=약 1,100×40%=440 > 270.8, 전남은 650.6×40%=약 600×40%=240 > 144.8이므로 옳은 선지임을 간단하게 확인할 수 있다.

보기 ㉣ 상수도 급수인구가 가장 적은 지역은 '제주'이다.
'제주'의 상수도 급수인구당 1일 급수량은 $\frac{196}{568}$으로, 500의 40%가 200이므로 196은 568의 40%에 못 미친다.
따라서 40%를 기준점으로 다른 지역에 대입 시 모순이 생기는지 확인한다.
'강원'의 상수도 급수인구당 1일 급수량은 $\frac{579}{1,313}$으로, 579는 1,313의 40%를 크게 초과한다.

089 정답 ①

난이도 ●●○

보기 1 초가 수가 와가 수의 2배 이상인 곳은 '아산외암', '성읍민속', '고성왕곡'이다.
→ 와가 수의 2배보다 초가 수가 큰 마을을 구해보면 B, D이다.
→ 따라서 B와 D는 '아산외암', '성읍민속' 중 하나에 해당한다.
→ 〈선택지〉 ③이 답에서 제외된다.

보기 2 성인 15명, 청소년 2명, 아동 8명의 입장료 총합이 56,000원인 곳은 '안동하회'이다.
→ 성인 15명, 청소년 2명, 아동 8명의 입장료를 구해보면,
- A의 경우 (3,000×15+1,500×2+1,000×8) =56,000
- C의 경우 (4,000×15+2,000×2+1,500×8) =76,000
- D의 경우 (2,000×15+1,000×2+1,000×8) =40,000이다.

따라서 입장료 총합이 56,000원인 A가 '안동하회'에 해당한다.
→ 〈선택지〉 ⑤가 제외된다.

보기 3 〈보기 3〉 지정면적 천m^2당 총 건물수가 가장 많은 곳은 '아산외암'이다.
→ 〈보기 2〉를 통해 아산외암이 가능한 곳은 B, C, D이므로 이 세 마을만 계산하면 된다.
- B의 경우 675÷794=0.85
- C의 경우 478÷969=0.49
- D의 경우 236÷197=1.2

따라서 가장 높은 D가 '아산외암'에 해당한다.
→ 남은 〈선택지〉는 ①, ②이다.

보기 4 '경주양동'의 지정면적은 '성주한개'와 '영주무섬'의 지정면적을 합한 것보다 크다.
→ 다른 보기들을 통해 A마을은 '안동하회', B마을은 '성읍민속', D마을은 '아산외암'이므로, C, E마을만 살펴보면 된다.
영주무섬의 지정면적은 669(천m^2)이고 〈보기 4〉를 통해 '경주양동'의 지정면적은 '영주무섬'보다 커야하므로 E마을은 지정면적이 201(천m^2)이므로 '경주양동'이 될 수 없다.
따라서 정답은 ①이다.

합격자의 실전 풀이 순서

❶ '매칭형' 유형이므로 선지를 적극 이용한다. ②, ③번의 E는 '경주양동'이므로 E가 경주양동일 수 있는지 확인하면, E는 201로 매우 작아 다른 두 곳의 합보다 클 수 없으므로 4번째 〈보기〉에 따라 틀린 선지가 된다.
따라서 ②, ③번은 제외된다.

❷ 남은 선지 상 '성읍민속'과 '아산외암'은 B또는 D이다. 따라서 3번째 〈보기〉를 확인하면, B나 D 중 하나가 '가장 면적당 건물수가 많은 곳'이므로, 둘 중 더 큰 곳을 찾으면 1보다 큰 D가 '아산외암'이다.
따라서 답은 ①번이다.

합격자의 시간단축 Tip

'매칭형'의 풀이 방법은 크게 두 가지 방향성을 가진다.
첫째, '확정 조건'을 이용하는 방법이다. 예를 들어 2, 3번째 〈보기〉와 같이 특정 값을 확정해주는 〈보기〉가 확정 조건이다. 이를 통해 경우의 수를 확실하게 줄여나갈 수 있다는 점에서 장점이 있다.
둘째, '선지'를 이용하는 방법이다. 선지에 특정 값을 옳다고 가정하고 모순이 발생하는지 확인하는 방법이다. 예를 들어, ②, ③번의 E는 '경주양동'인 만큼, 이를 옳다고 가정하고 4번째 〈보기〉를 확인하는 형태이다. 이

는 잘 이용하면 큰 계산 없이 매우 빠르고 편하게 문제를 해결할 수 있는 만큼 연습해두는 것이 좋다.

보기 3 D의 지정면적 당 건물 수는 $\frac{236}{197}$ > 1이다.
E 역시 지정면적 당 건물 수가 1보다 크지만, D보다 지정면적은 넓고 건물 수는 적기 때문에 지정면적 당 건물 수가 적다. 따라서 D는 '아산외암'이다.
단, 만약 위의 "실전 풀이 순서"에 따른다면 B와 D를 비교하는 상황에 해당한다. 즉 둘 중 무엇이 더 큰 지만 판단하면 된다. 구체적인 값을 도출하지 않더라도, '1'을 기준으로 볼 때 B는 1보다 작고 D는 1보다 크므로 D가 더 크다는 것을 쉽게 알 수 있다.

보기 4 ('경주양동' 지정면적) > ('성주한개' 지정면적 +669)이므로, '경주양동' 지정면적 > 669이다.
따라서 E는 '경주양동'이 될 수 없다.

090 정답 ⑤ 난이도 ●●○

보기 1 시내버스와 농어촌버스의 종사자수는 각각 매년 증가한 반면, 시외일반버스와 시외고속버스 종사자수는 각각 매년 감소하였다.
➜ 〈표〉를 통해 국내 버스운송업의 종사자수가 매년 증가한 유형은 B, D이고, 종사자수가 매년 감소한 유형은 A, C이다.
따라서 시내버스와 농어촌버스는 B 또는 D 이고, 시외버스와 시외고속버스는 A 또는 C 이다.
➜ 그러므로 〈선택지〉 ①, ②는 정답이 될 수 없다.

보기 2 2010년 업체당 종사자수가 2006년에 비해 감소한 유형은 시외고속버스이다.
➜ 〈보기 1〉에 의해 시외고속버스가 될 수 있는 유형은 A, C이다. 따라서 두 유형만 계산하면 된다.

- A의 2010년 업체당 종사자수: $\frac{4,191\text{명}}{8\text{개}} ≒ 523$
- A의 2006년 업체당 종사자수: $\frac{5,944\text{명}}{10\text{개}} ≒ 594$

이므로 감소한 것을 알 수 있다.
반면 C는 증가하였다. 따라서 A는 시외고속버스이고, C는 시외일반버스이다.
➜ 그러므로 〈선택지〉 ③은 정답이 아니다.

보기 3 농어촌버스의 업체당 보유대수는 매년 감소하였다.

➜ 업체당 보유대수$=\frac{\text{보유대수}}{\text{업체수}}$이므로 B와의 업체당 보유대수를 계산해보면,

- B: $\frac{2,041}{99} \rightarrow \frac{1,910}{98} \rightarrow \frac{1,830}{96} \rightarrow \frac{1,730}{92} \rightarrow \frac{1,650}{90} = 20.3 \rightarrow 19.5 \rightarrow 19.1 \rightarrow 18.8 \rightarrow 18.3$
- D: $\frac{29,239}{325} \rightarrow \frac{30,036}{339} \rightarrow \frac{30,538}{334} \rightarrow \frac{30,732}{336} \rightarrow \frac{32,457}{347} = 90 \rightarrow 88.6 \rightarrow 91.4 \rightarrow 91.5 \rightarrow 93.5$

이므로 B의 업체당 보유대수가 매년 감소한 것을 알 수 있다.
따라서 B가 농어촌버스에 해당한다.
➜ 그러므로 〈선택지〉 ⑤가 정답이다.

합격자의 실전 풀이 순서

❶ 주어진 선지를 적극 활용한다. 1번째 〈보기〉를 따를 때 반반 나뉜다. 따라서 선지를 이용하여 A를 확인하면 시외일반 또는 시외고속이다. 따라서 ①, ②번은 제외된다.
❷ B와 D는 '시내버스' 또는 '농어촌버스'이므로, 3번째 〈보기〉를 보면 둘 중 한 곳의 업체당 보유대수가 매년 감소하는 것이므로, 반례가 어느 한 곳에만 있으면 확정된다. 따라서 B가 농어촌이다.
❸ A와 C 중 하나가 '시외고속버스'이므로 2번째 〈보기〉를 볼 때, 둘 중 확인하기 쉬운 A를 보면 확실하게 감소하였으므로 A가 시외고속버스이다. 따라서 ⑤번이다.

합격자의 시간단축 Tip

보기 1 총 4가지 버스가 2 : 2로 나뉘어 하나는 매년 증가, 다른 하나는 매년 감소한다. 즉 예외 없이 4가지 모두 '매년 일정한 경향성'을 보이므로, 여러 연도를 확인하지 않고 2006−2007년만 확인하면 된다. 왜냐하면 이때 증가하면 쭉 증가, 이때 감소하면 쭉 감소할 수밖에 없기 때문이다. 만약 본인이 '매년' 형태처럼 모든 연도를 일일이 확인하였다면, 조금 더 효율적인 풀이를 연습해야 한다.

보기 2 구체적 계산을 요구하진 않는다.

A를 먼저 보면 2006년은 $\frac{5,944}{10}$ =약 600보다 조금 작다.
따라서 이를 기준점으로 보고 600을 2010년에 대입해 보면, 8×600=4,800 >4,191이므로 감소한 것을 쉽게 알 수 있다.

보기 3 상기의 실제 풀이처럼 B와 D만 남은 경우라면, 둘 중 하나만 확인하면 되므로 큰 문제가 없다. 다만 보기 3번만 따로 처음부터 확인해야 하는 경우라면, 모두

를 매년 확인하기엔 부담이 크므로 '반례' 위주로 빠르게 훑는 것이 중요하다. 따라서 의심스러운 값 위주로 반례를 검토하고 소거해 나가는 것이 좋다.

〈표〉의 우측부터 확인한다. B는 2009년에 비해 2010년 업체 수는 92에서 2(2% 초과) 감소하고, 보유대수는 1,730에서 80(4% 초과) 감소하여, 업체당 보유대수는 감소한다.

2008년에 비해 2009년 업체 수는 96에서 4(5% 미만) 감소하고, 보유대수는 1,830에서 100(5% 초과) 감소하여, 업체당 보유대수는 감소한다. 2007년에 비해 2008년 업체 수는 98에서 2(2% 초과) 감소하고, 보유대수는 1,910에서 80(4% 초과) 감소하여, 업체당 보유대수는 감소한다.

2006년에 비해 2007년 업체 수는 99에서 1(1% 초과) 감소하고, 보유대수는 2,041에서 약 130(5% 초과) 감소하여, 업체당 보유대수는 감소한다.

[참고 A]

2008~2010년 업체 수는 일정하고, 보유대수는 매년 감소하므로 업체당 보유대수는 2009~2010년 동안 전년대비 감소한다. 2006년과 2007년의 업체 수는 동일하고, 보유대수는 감소하므로 2007년의 업체당 보유대수는 전년대비 감소한다. 그러나 2008년의 경우 2007년에 비해 업체 수는 10에서 2(20%) 감소하고, 보유대수는 2,159에서 117(10% 미만) 감소하므로, 업체당 보유대수는 증가한다.

[참고 D]

2007년 → 2008년을 보면, 업체 수는 339 → 334로 감소하였으나 보유대수는 30,036 → 30,538로 증가하였다. 즉 분모는 감소하고 분자는 증가하였으므로 업체당 보유대수는 증가하여 반례에 해당한다.

독끝 심화 11일차 (091~120)

정답

091	⑤	092	④	093	⑤	094	④	095	①
096	②	097	①	098	①	099	③	100	⑤
101	⑤	102	③	103	④	104	②	105	⑤
106	⑤	107	④	108	①	109	②	110	④
111	④	112	②	113	④	114	②	115	⑤
116	③	117	②	118	③	119	②	120	⑤

091 정답 ⑤ 난이도 ●●●

① (O) 2012년 조례발의 건수 중 단체장발의 건수가 50% 이상이다.

➜ 2012년 조례발의 건수는 751(건)+626(건)+39(건)=1,416(건)이고, 총 합의 50%는 1,416(건)$\times\frac{50}{100}$=708(건)이다.

이때, 단체장발의 건수가 751(건)이므로 총합의 50%(708건)보다 많으므로 옳은 보기이다.

② (O) 2011년 단체장발의 건수는 2013년 의원발의 건수보다 적다.

➜ 2011년과 2013년의 단체장발의 건수를 비교해야 하므로, 2011년의 단체장발의 빈칸을 구해야 답을 구할 수 있다.

2011년의 단체장발의 건수=(1,149−486−35)=628(건)이다.

따라서 2011년의 단체장발의 수 628명은 2013년의 단체장발의 건수 828명보다 작으므로, 옳은 보기이다.

③ (O) 주민발의 건수는 매년 증가하였다.

➜ 주민발의 매년 건수를 구해야 비교 가능하므로, 2014년의 주민발의 건수를 먼저 구한다.

2014년 주민발의 건수=1,824−905−865=54(건)

그러므로, 주민발의 건수는 23 < 35 < 39 < 51 < 54 건수로써 매년 증가해왔다는 것을 알 수 있다.

④ (O) 2014년 의원발의 건수는 2010년과 2011년 의원발의 건수의 합보다 많다.

➜ 2010년의 의원발의 건수=924−527−23=374(건)

2014년의 의원발의 건수=865(건)

2010년의 의원발의 건수와 2011년의 의원발의 건수 합계액= 374+486=860(건)

따라서 2014년 의원발의 건수 > 2010년 및 2011년 의원발의 건수 합계액이므로, 옳은 문장이다.

⑤ (×) 2014년 조례발의 건수는 2012년 조례발의 건수의 ~~1.5배 이상이다.~~

➜ 2012년의 조례발의 건수 합계액을 구해야 풀 수 있는 보기이다.

2012년의 조례발의 건수 합계액=751+626+39=1,416(건)

2014년의 조례발의 건수 합계액=1,824(건)

따라서 1,824 건수는 1,416의 1.5배인 2,124 건수보다 작으므로(1,416×1.5=2,124) 틀린 보기이다.

합격자의 실전 풀이 순서

❶ 〈표〉의 구조를 파악한다.

❷ 선지 플레이를 통해 답일 가능성이 큰 선지부터 확인한다. 구체적 수치(1.5배)가 주어진 ⑤번을 가장 먼저 확인하고, 그 이후에는 선지 구조가 비슷하므로 순서대로 확인한다.

❸ ⑤번을 확인하면, 틀린 선지이므로 답을 표시하고 넘어간다.

합격자의 시간단축 Tip

선지 ① 전체 값을 구하지 않고 50%의 특성을 이용하여 해결한다. 전체에 소속된 어떤 값이 전체값의 50% 이상이라는 것은 다른 모든 값의 합보다 크다는 의미이다. 따라서 2012년에 단체장발의(751) > 의원발의(626)+주민발의(39)인지 확인하여 해결한다.

선지 ② 통상 뺄셈보다는 덧셈이 더 빠르고 실수가 적은 연산 방법이다. 따라서 2011년 단체장발의 건수를 구하기 위해 2011년 전체에서 의원, 주민 발의를 빼지 않고, 2013년 의원발의 건수를 2011년 단체장발의 건수로 보고 그 합이 1,149보다 큰지 확인하는 것이 좋다. 또한 그 합을 구할 때도 구체적으로 계산하지 않아야 한다. 2013년 의원발의 건수인 804와 2011년 의원 발의 건수인 486만 보아도 1,200이 넘으므로 당연히 옳은 선지임을 알 수 있다.

선지 ③ 2014년 주민발의 건수를 구하여 51과 비교하지 말고 빈칸에 51을 대입하면, 2014년 단체장, 의원, 주민의 조례발의 건수의 합이 1,824보다 작은지 확인한다. 2014년 단체장발의, 의원발의 건수의 합은

1,770건이고 51건을 더하면 1,821건이므로 1,824보다 작다.
따라서 주민발의 건수는 매년 증가하였다.

선지 ④ 2010년과 2011년 의원발의 건수의 합을 더 간단히 구할 수 있다. 2010년 단체장과 주민 발의건수의 합은 550이고, 2011년 의원발의 건수인 486과 64만큼 크다.
따라서 2010년 조례발의 건수인 924에서 64를 뺀 것이 2010년과 2011년 의원발의 건수의 합으로 924−64=860이다. 따라서 2014년 의원발의 건수인 865보다 작다.
혹 위 해설을 읽었을 때 바로 그 의미가 이해되지 않았다면 그 원리를 먼저 알아야 한다.
식으로 보면, 2010년 단체장, 주민발의 수는 527+23=550
=2011년 의원발의 수+64이다.
이를 통해 2010년 의원발의 수를 도출하면 조례발의 합계(924)−2011년 의원발의 수−64이다.
따라서 2010년 의원발의 수+2011년 의원 발의수=924−2011년 의원발의 수−64+2011년 의원발의 수=924−64가 된다.
즉 실제 문제 풀이에선 이 과정을 생략하고 '결론'만 기억한다면 빠르게 문제를 풀 수 있을 것이다.

선지 ⑤ 2014년 조례발의 건수가 2012년 조례발의 건수의 1.5배 이상이라면, 2012년 조례발의 건수는 2014년 조례발의 건수의 $\frac{2}{3}$ 이하일 것이다.
즉, 2012년 조례발의 건수가 1,216건 이하여야 한다. 그러나 2012년의 단체장과 의원의 조례발의 건수만 1,300건을 초과하므로 틀린 선지이다.

092 정답 ④ 난이도 ●●○

ㄱ. (○) 2010년 한국과 인도의 섬유수출액 차이는 100억달러 이상이다.
→ 2010년 국가별 섬유 수출액은 〈표〉에 주어져 있고, 인도와 한국 국가별 값을 살펴보면 인도 241억 달러, 한국 126억 달러로 두 국가 간 섬유 수출액의 차이는 115억 달러다.
따라서 2010년 한국과 인도의 섬유 수출액 차이는 100억 달러 이상이다.

ㄴ. (○) 2010년 세계 전체의 섬유수출액은 2006년의 2배 이하이다.
→ 〈표 1〉의 2010년 세계 전체의 섬유 수출액은 6,085억 달러이다. 2006년 세계 전체의 섬유 수출액은 〈표 2〉 한국의 섬유 수출액 현황(2006~2010)의 2006년 섬유 수출액 값으로 구할 수 있다. 2006년 한국의 섬유 수출액은 177억 달러로 세계 전체의 약 5.0%를 차지한다.
이 자료를 토대로 2006년의 세계 전체 섬유 수출액을 구해보면 177억 달러×20=3,540억 달러이고, 그 2배는 7,080억 달러이다.
따라서 2010년 세계 전체 섬유 수출액인 6,085억 달러는 2006년 세계 섬유 수출액의 2배 이하이다.

ㄷ. (×) 2010년 한국 원단수출액의 전년대비 증가율과 의류수출액의 전년대비 증가율의 차이는 ~~10%p 이상이다.~~
→ 2009년과 2010년 한국 원단 수출액과 의류 수출액은 〈표〉에 주어져 있고, 계산을 통해 각각의 증가율을 구해서 확인할 수 있다.
- 전년 대비 증가율=(해당 연도 수출액−전년도 수출액)÷해당연도 수출액×100
- 2010년 한국 원단 수출액 전년 대비 증가율 = (110억 달러−90억 달러)÷90억 달러×100=약 22%
- 2010년 한국 의류 수출액 전년 대비 증가율 = (16억 달러−14억 달러)÷14억 달러×100=약 14%

따라서 한국의 원단 수출액의 전년 대비 증가율인 약 22%와 한국의 의류 수출액의 전년 대비 증가율인 약 14% 사이의 차이는 약 8%p로 10%p 이하이다.

ㄹ. (○) 2010년 중국의 의류수출액은 세계 전체 의류수출액의 50% 이하이다.
→ 2010년 중국의 의류 수출액과 세계 전체 의류 수출액은 모두 〈표 1〉에 주어져 있다.
세계 전체 의류 수출액인 3,515억 달러이고, 그 값의 50%는 1,757.5억 달러이다.
따라서 2010년 중국의 의류 수출액인 1,542억 달러는 세계 전체 의류 수출액의 50%이하이다.

합격자의 실전 풀이 순서

❶ 〈표 1〉과 〈표 2〉의 구조를 파악한다.
❷ 눈으로 확인할 수 있는 보기 ㉣ 먼저 확인하면, 옳은 보기이므로 ①, ②번을 소거한다.
❸ 다음으로 쉬운 보기인 보기 ㉠을 확인하면, 옳은 보기이므로 ③, ⑤번을 소거하고 답은 ④번이다.

합격자의 시간단축 Tip

보기 ㉠ 2010년 한국의 섬유 수출액에 100억달러를 더하여 인도의 섬유 수출액보다 작으면 한국과 인도의 섬유 수출액 차이는 100억달러 이상인 것이므로 옳다.

보기 ⓒ 2006년의 세계 전체 수출액 값은 〈표 2〉의 한국 수출액 비중을 통해 도출 가능하다.
이때 2006년의 경우 전체의 5%가 177이므로 20을 곱하면 전체 값이 도출되며, 이를 실제로 구할 필요 없이 170으로 보고 3,400이라고만 도출해도 그 2배가 한참 넘는 것을 볼 수 있다.
따라서 옳은 보기이다.

보기 ⓒ 증가율 간 차잇값(= 비율의 변화분)이 무엇인지 묻는 문제는 구체적인 계산이 필요한 선지로 가급적 풀지 않는 것이 좋다. 다만 풀게 된다면 최대한 간단한 계산으로 해결해야 한다.
가령 보기 ⓒ의 경우, 유명한 분수 값을 이용하여 풀 수 있다.

2010년 원단 수출액 전년 대비 증가율은 $\frac{20}{90}=\frac{2}{9}$로 $\frac{1}{9}$=11.1%임을 이용하여 22.2%임을 알 수 있다. 마찬가지로 2010년 의류 수출액 전년 대비 증가율은 $\frac{2}{14}=\frac{1}{7}$로 14.3%임을 알 수 있다.
따라서 14.3%에 10%를 더하면 22.2%보다 높으므로 틀린 보기가 된다.

보기 ⓔ 2010년 중국의 의류 수출액의 2배가 세계 전체 의류 수출액보다 작으면, 중국의 의류 수출액 비중이 50% 이하인 것이므로 옳다.

093 정답 ⑤ 난이도 ●●○

ㄱ. (×) 출석의무자 수는 B지방법원이 ~~A지방법원보다 많다.~~
→ 먼저, A 지방법원의 출석의무자 수를 각주의 공식 1) '출석의무자 수=(소환 인원−송달불능자 수−출석 취소 통지자 수')를 이용하여 구한다.
- A 지방법원 출석의무자 수=1,880−533−573 =774명
- B 지방법원 출석의무자 수=1,740−495−508 =737명

따라서 출석 의무자 수는 B 지방법원이 A 지방법원보다 적다.

ㄴ. (×) 실질출석률은 E지방법원이 ~~C지방법원보다 낮다.~~
→ 각주의 공식 3) '실질 출석률(%)=$\frac{\text{출석자 수}}{\text{출석의무자 수}}$×100'을 이용하여 구한다.
- E 지방법원 실질 출석률(%)=$\frac{115}{174}$×100 =65.7%
- C 지방법원 실질 출석률(%)=$\frac{189}{343}$×100 =55.1%이다.

따라서 실질 출석률은 E 지방법원이 C 지방법원보다 높다.

ㄷ. (○) D지방법원의 출석률은 25% 이상이다.
→ 각주의 공식 2) '출석률(%)=$\frac{\text{출석자 수}}{\text{소환 인원}}$×100'을 이용하여 구한다.
- D 지방법원 출석률(%)=$\frac{57}{191}$×100=29.8%이다.

따라서 D 지방법원 출석률은 29.8%로 25% 이상이다.

ㄹ. (○) A ~ E지방법원 전체 소환인원에서 A지방법원의 소환인원이 차지하는 비율은 35% 이상이다.
→ A ~ E 지방법원 전체 소환 인원을 구한 후, A 지방법원의 소환 인원이 차지하는 비율이 35% 이상인지 확인한다.
- A ~ E 지방법원 전체 소환 인원 = 1,880+1,740+716+191+420=4,947명
- A 지방법원의 소환 인원이 차지하는 비율(%) = $\frac{1,880\text{명}}{4,947\text{명}}$×100=38%이다.

따라서 A ~ E 지방법원 전체 소환 인원에서 A 지방법원의 소환 인원이 차지하는 비율은 35% 이상이다.

합격자의 실전 풀이 순서

❶ 〈표〉의 구조를 파악한다. 특히, 각주가 많으므로 각각 어떻게 구하는지 확인한다.
❷ 가장 쉽게 확인할 수 있는 보기 ⓒ 먼저 확인하면, 옳은 보기이므로 ①, ④번을 소거한다. [〈표〉가 어렵지 않을 때는 보기 ⓒ, 보기 ⓔ 중 쉬워 보이는 보기부터 해결하는 경향이 있으나, 실전에서 당황하지 않고 풀기 위해서 일관된 보기 확인 순서를 설정해두는 것을 추천한다]
❸ 다음으로 보기 ㉠을 확인하면 틀린 보기이므로 ②번을 소거한다.
❹ 다음으로 보기 ㉡을 확인하면, 틀린 보기이므로 ③번을 소거하고 답은 ⑤번이다.

합격자의 시간단축 Tip

보기 ㉠ 출석의무자를 직접 구하지 않고 '차잇값'으로 해결한다. 소환 인원의 경우 140명 차이나지만, 송달불능자와 출석 취소 통지자는 근삿값으로 계산하면 각각 530−490=40, 570−510=60으로 더해도 100 정도밖에 되지 않으므로 A가 더 크다는 것을 쉽게 알 수 있다.

보기 ㉡ '분자−분모 증가율' 비교법을 활용하기 좋은 형태이다. E 지방법원의 실질 출석률$\left(\frac{115}{174}\right)$과 C 지방법원의 실질 출석률$\left(\frac{189}{343}\right)$를 분수 비교하면, 분모는 약 2배 증가했지만, 분자는 2배에 훨씬 못 미치므로 E 지방법원의 실질 출석률이 더 크다고 판단할 수 있다.

보기 ㉢ '25% 이상'은 분자의 4배가 분모보다 큰지 여부로 처리한다. 따라서 D 지방법원의 출석자 수의 4배(57×4)가 D 지방법원의 소환 인원(191)보다 큰지 확인한다.
이때 57×4에서 57을 50으로 보더라도 50×4=200으로 191보다 크므로 25%이상임을 알 수 있다.

보기 ㉣ 35% 이상은 실제로 35%를 구해서 문제를 푸는 경우보다는 $\frac{1}{3}$=33%와 가까운 값이라는 것을 이용하여 $\frac{1}{3}$로 처리하는 경우가 더 많다.
즉, A 지방법원 소환인원×2가 나머지 값들의 합보다 크다면 $\frac{1}{3}$보다 큰 것이므로 옳은 선지가 된다.

094 정답 ④ 난이도 ●●●

ㄱ. (O) 주택수는 매년 증가하였다.
➜ 주택 수를 직접적으로 구하는 제공되지 나와 있지 않지만, 〈표〉 아래의 공식 '1) 주택 보급률(%)=주택 수÷가구 수×100'로 주택 수를 구하는 공식을 만들 수 있다.
주택 수=주택 보급률×가구 수÷100
이 공식을 활용해서 2000년부터 2004년의 주택 수를 구하면 아래와 같다.
- 2000년 주택 수: 72.4×10,167(천 가구)÷100 =7,361(천 가구)
- 2001년 주택 수: 86×11,133(천 가구)÷100 =9,574(천 가구)
- 2002년 주택 수: 96.2×11,928(천 가구)÷100 =11,475(천 가구)
- 2003년 주택 수: 105.9×12,491(천 가구)÷100 =13,228(천 가구)
- 2004년 주택 수: 112.9×12,995(천 가구)÷100 =14,671(천 가구)

따라서 주택 수는 매년 증가했다.

ㄴ. (×) 2003년 주택을 두 채 이상 소유한 가구수는 ~~2002년보다 증가하였다.~~
➜ 〈표〉와 표 아래의 공식들로는 '1) 주택 보급률(%)'을 통해서 주택을 소유한 가구 수는 구할 수 있지만, 주택을 두 채 이상 소유한 가구 수를 구할 수 없다. 따라서 틀린 보기이다.

ㄷ. (O) 2001 ~ 2004년 동안 1인당 주거공간의 전년대비 증가율이 가장 큰 해는 2001년이다.
➜ 2001 ~ 2004년 동안 1인당 주거공간의 선녀 대비 증가율을 연도별로 비교해 답을 구한다.
1인당 주거공간의 전년 대비 증가율=(해당연도 1인당 주거공간−전년도 1인당 주거공간)÷전년도 1인당 주거공간×100
- 2001년: (17.2−13.8)÷13.8×100=약 24%
- 2002년: (20.2−17.2)÷17.2×100=약 17%
- 2003년: (22.9−20.2)÷20.2×100=약 13%
- 2004년: (24.9−22.9)÷22.9×100=약 9%

따라서 2001 ~ 2004년 동안 1인당 주거공간의 전년 대비 증가율이 가장 큰 해는 2001년이다.

ㄹ. (O) 2004년 주거공간 총면적은 2000년 주거공간 총면적의 2배 이상이다.
➜ 주거공간의 총면적을 직접적으로 구하는 공식은 제공되지 않았지만, 표 아래의 공식 '2) 가구당 주거공간=주거공간 총면적÷가구 수'로 주거공간 총면적을 구하는 공식을 구할 수 있다.
주거공간 총면적=가구당 주거공간×가구 수
- 2000년 주거공간 총면적: 58.5×10,167(천 가구)=594,769.5m^2
- 2004년 주거공간 총면적: 94.2×12,995(천 가구)=1,224,129m^2

2000년 주거공간×2=594,769.5×2 =1,189,539m^{2}이다.
따라서 2004년 주거공간 총면적은 2000년 주거공간 총면적의 2배 이상이다.

합격자의 실전 풀이 순서

❶ 〈표〉의 구조를 파악한다. 각주에서 〈표〉에 없는 부분을 구할 수 있는지 확인한다.
각주 1)에서는 주택 수=가구 수×주택 보급률이며, 각주 2)에서는 주거공간 총면적=가구당 주거공간×가구 수이다.
각주 3)에서는 각주 2)에서 구한 주거공간 총면적을 활용하여 인구수$=\frac{\text{주거공간 총면적}}{\text{1인당 주거공간}}$이다.

❷ 보기 ㉡은 계산이 필요 없는 선지이므로 먼저 확인하면, 알 수 없는 정보에 대한 보기이므로 옳지 않은 보기이다.
따라서 답은 ②, ④번 중 하나이다.

❸ 보기 ㉣을 확인하면, 옳은 보기이므로 답은 ④번이다.

합격자의 시간단축 Tip

보기 ㉠ 주택 수=가구 수×주택보급률인데, 매년 가구 수와 주택 보급률이 둘 다 증가하므로 그 곱에 해당하는 주택 수는 계산하지 않아도 매년 증가한다.

보기 ㉡ '알 수 없는 정보'이다. 알 수 있는지, 없는지를 파악하는 가장 좋은 방법은 '극단적인 값을 설정' 해보는 것이다.
보기 ㉡의 경우 자칫 주택 보급률의 구조상 보급률이 100%가 넘으면 두 채 이상 소유한 가구 수가 증가한 것처럼 보일 수 있으나, 한 가구가 전체를 보유하는 등의 극단값이 충분히 설정 가능하므로 이는 '도출할 수 없는 정보'에 해당한다.
알 수 없는 정보는 잘 파악하면 계산 없이 손쉽게 처리할 수 있어 매우 빠르게 해결할 수 있지만 안 보이는 경우 시간만 엄청나게 소모되는 선지로, 본인이 이를 잘 파악할 수만 있다면 좋은 무기가 되므로 연습하는 것이 좋다.

보기 ㉢ 1인당 주거공간의 전년 대비 증가율의 분모인 전년도 1인당 주거공간(13.8)이 가장 작고 분자인 증가폭은 3.4로 가장 큰 2001년이 1인당 주거공간의 전년 대비 증가율이 가장 큰 해이다.

보기 ㉣ 어림산 하여 간단히 계산할 수 있다. 2000년 주거공간 총면적의 2배는 $2\times10\times59=20\times59$, 2004년 주거공간 총면적은 13×94로 놓고 곱셈 비교한다. 이때, 13 → 20은 약 50% 미만 증가했지만 59 → 94는 50% 이상 증가했으므로 13×94가 더 큰 값임을 알 수 있다.

095 정답 ① 난이도 ●●●

ㄱ. (○) 2011~2014년 육군의 A소총 신규 배치량이 매년 600정 더 많다면, 해당기간 육, 해, 공군 전체의 A소총 연평균 신규 배치량은 3,100정이다.

➜ 육, 해, 공군 전체의 A소총 연평균 신규 배치량 $=\frac{\text{A소총의 신규 배치량 전체의 합}}{\text{4년(2011~2014년)}}$이다.

보기 ㉠에 따라 육군의 배치량이 매년 600정이 더 많을 경우 2,400정이 추가되므로 연평균 배치량은 다음과 같다.

$$=\frac{4,200+3,600+3,400+1,200}{4}$$

$$=\frac{12,400(\text{정})}{4}\rightarrow 3,100\text{정}$$

따라서 옳은 보기이다.

ㄴ. (×) 연도별 육, 해, 공군 전체의 A소총 신규 배치량 중 해군의 A소총 신규 배치량이 차지하는 비중이 ~~가장 작은 해는 2011년이다.~~

➜ 육, 해, 공군 전체의 A소총 연평균 신규 배치량 중 해군의 A소총 신규 배치량이 차지하는 비중 $=\frac{\text{해군의 A소총 신규 배치량}}{\text{A소총의 신규 배치량 전체}}$이다.

이 값을 연도별로 계산해보면,

- 2011년: $\frac{600}{3,600}=0.167$
- 2012년: $\frac{520}{3,000}=0.173$
- 2013년: $\frac{450}{2,800}=0.16$
- 2014년: $\frac{450}{600}=0.75$

따라서 연도별 육, 해, 공군 전체의 A소총 신규 배치량 중 해군의 A소총 신규 배치량이 차지하는 비중이 가장 작은 해는 2013년이다.

ㄷ. (×) A소총 1정당 육군은 590만원, 해군은 560만원, 공군은 640만원으로 매입하여 배치했다면, 육, 해, 공군 전체의 A소총 1정당 매입가격은 2011년이 2014년보다 ~~낮다.~~

➜ 육, 해, 공군 전체 A소총 1정당 매입가격

$$=\frac{(\text{육군의 배치량}\times590\text{만원})}{\text{A소총의 신규 배치량 전체}}+\frac{(\text{해군의 배치량}\times560\text{만원})}{\text{A소총의 신규 배치량 전체}}+\frac{(\text{공군의 배치량}\times640\text{만원})}{\text{A소총의 신규 배치량 전체}}$$

• 2011년

$\frac{(3,000\times590만원)+(600\times560만원)+(0\times640만원)}{3,600}$

= 585만원

• 2014년

$\frac{(0\times590만원)+(450\times560만원)+(150\times640만원)}{600}$

= 580만원

따라서 육, 해, 공군 전체의 A소총 1정당 매입가격은 2011년이 2014년보다 높다.

합격자의 실전 풀이 순서

❶ '전체'와 '공군'의 경계선에 구분선을 긋는다.

❷ 상대적으로 계산이 간단한 보기 ㉠을 먼저 해결한다(보기 ㉡과 ㉢ 모두 나눗셈 계산을 요함).

❸ ㉠이 옳으므로, 선지 ①, ③, ④번이 남는다. 주어진 자료만을 활용하는 보기 ㉡을 해결한다.

❹ 보기 ㉢을 해결한다.

합격자의 시간단축 Tip

보기 ㉠

[방법 1] 추천 방법: '종합 비교'

육군의 신규 배치량이 매년 600 증가한다면, 전체 신규 배치량 역시 매년 600 증가하고, 전체 연평균 신규 배치량 역시 600 증가한다. 따라서 주어진 3,100정이 옳으려면 현재의 '평균 신규 배치량'이 2,500이어야 한다. 따라서 전체 값은 2,500×4=10,000이어야 하므로 그 합이 10,000인지 확인하면 된다.

[방법 2] 정석적 방법: '가평균'

육군의 신규 배치량이 매년 600 증가한다면, 전체 신규 배치량 역시 매년 600 증가하고, 전체 연평균 신규 배치량 역시 600 증가한다. 따라서 현재 〈표〉에 주어진 자료 상 전체 연평균 신규 배치량이 2,500인지 확인한다. 2011년은 가평균 2,500보다 1,100 크고, 2012년은 500 크고, 2013년은 300크고, 2014년은 1,900 작다. 1,100+500+300−1,900=0이므로, 현재 연평균 신규 배치량은 2,500이다.

* 방법 1)이 추천 방법인 이유는 뺄셈보다는 덧셈이 더 빠르고 편한 연산 방법이므로 가평균을 위해 차잇값을 구하는 것보다는 단순 합산이 더 빠를 것이기 때문이다.

보기 ㉡ 전체 중 해군의 비중은 2011년에 $\frac{600}{3,600}=\frac{1}{6}$이다. 즉, '해군×6=전체'이다. 2012년, 2014년에는 '해군×6 >전체'이나, 2013년에는 '해군×6 < 전체'로, 전체 중 해군의 비중이 $\frac{1}{6}$ 미만이다.

앞선 풀이를 일반화하면, '반대 해석'에 해당한다. 즉 "해군 대비 전체가 가장 큰 해"를 찾으면 된다. 2011년에 600 → 3,600은 6배이므로 이를 기준점으로 두고 모순이 발생하는지 확인하면, 2013년은 450×6 < 2,800이므로 반례가 된다. 따라서 틀린 선지이다.

보기 ㉢ '가중 평균' 문제이며 정석적인 풀이는 해설에 수록해 놓았다.

이를 좀 더 간단하게 생각하면, '가중 평균'은 결국 평균 사이의 '거리'를 구하는 것이므로 이를 이용한다. 즉 2011년을 보면 육군 : 해군=5 : 1이므로, 둘 사이의 거리인 590−560=30을 6으로 나눈 5를 육군에서 빼면 된다.

즉 590−5=585이다.

마찬가지로 2014년은 해군 : 공군=3 : 1이므로 둘 사이의 거리인 640−560=80을 4로 나눈 20을 해군에서 더하면 560+20=580이다. 따라서 2011년이 더 크다. 이러한 접근은 분명 처음에는 어려울 수 있으나 꾸준한 반복을 통해 숙달한다면 실전에서 매우 효율적인 방법이다.

096 정답 ② 난이도 ●●●

① (O) 전체길이가 짧은 총통일수록 사용되는 화약무게가 가볍다.

➜ 보기에서 전체 길이가 짧은 총통일수록이라고 하였으므로 총통을 전체 길이순으로 나열하면 '천자총통', '지자총통', '현자총통', '황자총통' 순이다. 사용되는 화약 무게는 '천자총통'이 가장 무겁고, '지자총통', '현자총통', '황자총통' 순이다.
따라서 전체 길이가 짧은 총통일수록 사용되는 화약 무게가 가볍다.

② (×) 황자총통의 총통무게는 21.0 kg ~~이하이다.~~

➜ 표에서 36근을 주었으므로 36근이 몇 kg인지 구하면 된다. 현자총통에서 주어진 무게를 이용해보면, 89근은 53.4kg과 같으므로 비례식을 이용하면 (89근 : 53.4kg=36근 : 총통 무게)이다.
따라서 총통 무게는 53.4÷89×36=21.6kg 이다.
따라서 옳지 않은 보기이다.

③ (O) 제조년도가 가장 늦은 총통이 내경과 외경의 차이가 가장 크다.

➜ 제조년도가 가장 늦은 총통은 1596년으로 '현자총통'이다.

이때 내경과 외경의 차이는 (13.2cm−7.5cm)=5.7cm이다. 이 값이 가장 큰지 확인하기 위해 다른 총통의 내경과 외경의 차이를 모두 구해보면
→ 천자총통=4.9cm, 지자총통=5cm, 황자총통=5.4cm이다.
따라서 제조년도가 가장 늦은 총통이 내경과 외경의 차이가 가장 크다.

④ (O) 전체길이 대비 약통길이의 비율이 가장 큰 총통은 지자총통이다.
➜ 전체 길이 대비 약통 길이의 비율을 구하는 식은 $\frac{\text{약통길이}}{\text{전체길이}}$이다.
이 식에 각 총통의 양통길이를 대입하여 값을 구해보면,
- 천자총통=0.271,
- 지자총통=0.280,
- 현자총통=0.256,
- 황자총통=0.267

이므로 옳은 보기이다.

⑤ (O) 천자총통의 사정거리는 1.10 km 이상이다.
➜ 표에서 900보라고 주어졌으므로 900보가 몇 km인지 구하면 된다. 이는 다른 총통의 자료값을 사용하면 된다. 지자총통에서 800보는 1.01.km와 같으므로 비례식을 사용하면
(800보 : 1.01km=900보 : x km)이고
$x=\frac{900(\text{보})\times 1.01\text{km}}{800(\text{보})}$=1.13km 이므로 옳은 보기이다.

합격자의 실전 풀이 순서

4가지 총통의 비교를 요하는 선지 ①, ②, ④는 뒷순위로 미루고, 특정 총통에 대한 자료만을 확인하는 선지 ②, ⑤를 먼저 해결한다.

합격자의 시간단축 Tip

선지 ① 완전한 경향성을 요구하는 문제는 '반례'를 찾기 이전에, '흐름'이 있는지 먼저 확인하면 좋다. 왜냐하면 흐름이 있는 경우 굳이 반례를 찾지 않아도 바로 해결이 가능하므로, 한 번 훑는 습관을 지니는 것이 좋다. 예를 들어 선지 ①번의 경우 전형적인 흐름이 있는 형태로, '전체 길이'는 우→좌로 갈수록 커지는 경향을 보인다. 따라서 '화약 무게'도 동일한 흐름을 보이는지만 확인하면 된다.

선지 ② 생소한 단위가 나오는 경우, 주변 값과의 '비례 관계'를 이용하는 것이 좋다.
비례 관계를 이용하면 구체적인 계산 없이 비교 가능하다.
예를 들어 '현자총통'은 약 90근이므로 '황자총통'과 '현자총통'을 모두 9근으로 만들어 비교하면 된다. 주어진 21kg가 옳은 것으로 가정할 때 4로 나누면 9근이 된다. 즉 21을 4로 나누면 5.25이고, '현자총통'을 10으로 나누면 5.34이다. 따라서 5.25 < 5.34이므로 21kg 이상임을 알 수 있다.
반대로 '현자총통'은 약 90근이므로 '황자총통'으로 90근을 만든다는 생각으로 접근해도 된다.

선지 ③ 제조년도가 가장 늦은 현자총통의 내경과 외경의 차이는 13.2−7.5=5.7이다. 이때 다른 값을 구해서 비교하지 않고, 5.7을 기준점으로 두고 대입하여 모순이 발생하는지 확인한다.
대입해보면 나머지 총통의 경우 모두 내경+5.7 > 외경이므로 옳은 선지이다.

선지 ④

[방법 1]
지자총통의 전체길이 대비 약통길이 비율은
$\frac{25.1}{89.5}\approx\frac{25}{90}\approx\frac{5}{18}=\frac{1}{3.6}$이다.
전체 길이 < 약통길이×3.6인 총통이 있는지 확인한다.
1) 천자총통: 35×3.6=(30×3.6)+(5×3.6)
= 108+18=126 < 129
2) 현자총통: 20.3×3.6=(20×3.6)+(0.3×3.6)
= 72+1.08=73.08 < 79
3) 황자총통: 13.5×3.6=(13×3)+(0.5×3)+(13×0.6)+(0.5×0.6)=39+1.5+7.8+0.3=48.6 < 50.4

[방법 2]
반대해석으로 '역수'를 통해 도출해도 된다. 즉 "약통길이 대비 전체 길이가 가장 작은 총통"으로 본다. 이와 같은 방식으로 하면 '배수' 구조가 되기 때문에 더 직관적이다.
예를 들어 ④번에서 준 '지자총통'을 기준으로 보면,
$\frac{89.5}{25.1}$=약 3.5배이다.
따라서 이를 다른 값에 대입해 더 작은 경우가 있는지 확인하면 된다.

선지 ⑤ 지자총통을 보면 800보=1.01km이다. 만약 여기서 10% 증가된다면 880보=약 1.01+0.1=1.11km이다. 따라서 900보는 당연히 1.10km 이상이다.

097 정답 ① 난이도 ●●●

ㄱ. (○) 2010년 보건업 취업자 중 상용근로자의 비율은 2010년 보건복지산업 취업자 중 상용근로자의 비율보다 높다.

→ 보건업 취업자 중 상용근로자의 비율은

$\frac{\text{보건업 취업자 중 상용근로자}}{\text{보건업 취업자}}$이다.

이 식에 〈표 2〉의 수치를 대입하여 값을 구하면,

$\frac{632(\text{천 명})}{759(\text{천 명})}=0.8\sim0.9$이다.

한편, 보건복지산업 취업자 중 상용근로자의 비율은 $\frac{\text{보건업 취업자 중 상용근로자}}{\text{보건복지산업 취업자}}$이고, 〈표 2〉의 수치를 대입하면, $\frac{1,393(\text{천 명})}{2,127(\text{천 명})}=0.6\sim0.7$이다. 따라서 옳은 보기이다.

ㄴ. (×) 보건복지산업의 상용근로자 수 대비 임시 및 일용근로자 수의 비율은 2008 ~ 2010년 동안 매년 ~~상승하였다.~~

→ 보건복지산업의 상용근로자 수 대비 임시 및 일용근로자 수의 비율은

$\frac{\text{보건복지산업 임시 및 일용근로자 수}}{\text{보건복지산업 상용근로자 수}}$이고,

〈표 3〉의 수치를 대입하면

- 2008년: $\frac{160(\text{천 명})}{1,207(\text{천 명})}=0.1325$
- 2009년: $\frac{169(\text{천 명})}{1,231(\text{천 명})}=0.137$
- 2010년: $\frac{184(\text{천 명})}{1,393(\text{천명})}=0.1320$

따라서 매년 상승하는 것은 아니다.

ㄷ. (○) 2009년 대비 2010년 취업자 수의 증가율은 전체 산업이 보건복지산업보다 낮다.

→ 2009년 대비 2010년 취업자 수의 증가율을 전체 산업에 대해 구하면,

$\frac{\text{2010년 전체 산업 취업자 수}-\text{2009년 보건복지산업 취업자 수}}{\text{2009년 전체 산업 취업자 수}}$

이고, 〈표 1〉의 수치를 대입하면,

$\frac{2,127(\text{천 명})-1,971(\text{천 명})}{1,971(\text{천 명})}=\frac{156(\text{천 명})}{1,971(\text{천 명})}=$

$0.07\sim0.08$이다. 따라서 옳은 보기이다.

ㄹ. (×) 보건업 및 사회복지서비스업 취업자 중 상용근로자의 비율이 2009년과 2010년에 동일하다고 가정하면 2009년 보건업 및 사회복지서비스업에 종사하는 상용근로자는 ~~100만명 이상이다.~~

→ 보건업 및 사회복지서비스업 취업자 중 상용근로자의 비율은

$\frac{\text{보건업 및 사회복지서비스업 취업자 중 상용근로자}}{\text{보건업 및 사회복지서비스업 취업자}}$

이다.

이 값을 2010년의 경우 〈표 2〉의 수치를 이용하여 대입하면, $\frac{1,046(\text{천 명})}{1,286(\text{천 명})}$이다.

한편, 2009년에 보건업 및 사회복지서비스업에 종사하는 상용근로자를 100만(= 1,000천명)이라고 가정하고 보건업 및 사회복지서비스업 취업자 중 상용근로자의 비율을 구하면, $\frac{1,000(\text{천 명})}{1,153(\text{천 명})}$이다.

이때, $\frac{1,046}{1,286}\geq\frac{1,000}{1,153}$인지 확인한다. 전자는 후자에 비해 분자는 46(5% 미만) 크고, 분모는 약 130(10% 초과) 크므로, 전자가 후자보다 더 작다.

합격자의 실전 풀이 순서

❶ 〈표 1 ~ 3〉의 단위를 확인하고, 〈표 1〉의 '전체', 〈표 2〉의 '전체', '합'에 표시한다. 그리고 〈표 1〉의 2010년과 〈표 2〉의 '합'을, 〈표 3〉의 2010년과 〈표 2〉의 '보건복지산업'과 연결시킨다.

❷ 보기 ㉠~㉣ 모두 비율 계산을 요하므로, 특정 항목에 대한 비율 비교를 요하는 보기 ㉠, ㉢을 먼저 해결한다.

❸ ㉠이 옳으므로 선지 ①, ②, ④가 남는다. ㉡이 옳을 경우 바로 답이 도출되므로 ㉡을 해결한다.

❹ 보기 ㉡이 옳지 않으므로, 선지 ①, ②가 남는다. 당초 계획한 대로 보기 ㉢을 해결한다.

합격자의 시간단축 Tip

보기 ㉠

[방법 1]

$\frac{632}{759}$ vs $\frac{1,393}{2,127}\rightarrow\frac{63}{75}$ vs $\frac{14}{21}\rightarrow\frac{21}{25}$ vs $\frac{2}{3}\rightarrow$

$\frac{84}{100}$ vs $\frac{2}{3}\rightarrow84\%$ vs $66.7\%\rightarrow$ 전자가 높다.

[방법 2]

값의 차이가 많이 나기 때문에 눈으로 확인해도 괜찮은 선지이다.

반대해석 방식 중 하나로 '여집합'을 많이 사용하는데, 이를 다시 역이용하면 '분자와 분모의 거리가 가까울수록 분수 값이 크다'라는 결론을 내릴 수 있다.

즉 보건복지산업과 달리 보건업은 759 ~ 632로 거리가 가까우므로 당연히 보건업이 더 크다.

보기 ㉡ 2008년에 비해 2009년 상용근로자는 1,207에서 24 (약 2%) 증가하고, 임시 및 일용근로자는 160에서 9(5% 초과) 증가하므로, 상용근로자 수 대비 임시 및 일용근로자 수 비율은 상승한다.
2009년에 비해 2010년 임시 및 일용근로자는 184 − 169 = 15 증가하였으나, 상용근로자는 앞 3자리를 기준으로 할 때 139 − 123 = 16 증가하였다.
즉 139 < 184로 기준값은 임시 및 일용자가 훨씬 크지만, 증가분은 오히려 상용근로자가 16 > 15로 크므로, 비율을 계산하지 않더라도 감소했음을 쉽게 알 수 있다.

보기 ㉢ 전체 산업 취업자 수는 23,684에서 약 1,100 (23,684 × 5% = 약 1,180 → 5% 미만) 증가하고, 보건복지산업은 1,971 에서 약 150(1,971 × 5% = 약 100 → 5% 초과) 증가한다.
따라서 전자의 증가율이 더 낮다.

보기 ㉣ $\frac{1,046}{1,286} \geq \frac{1,000}{1,153}$ 인지 확인한다.
전자는 후자에 비해 분자는 46(5% 미만) 크고, 분모는 약 130 (10% 초과) 크므로, 전자가 후자보다 더 작다.

098 정답 ①

난이도 ●●●

ㄱ. (○) 2010년 보건복지산업 남성 취업자 수
→ 〈보고서〉에선 남성 취업자는 61만 6천 명이라고 나와 있으나 〈표 1, 2, 3〉에는 성별과 관련된 자료가 주어지지 않아 이 내용을 알 수 없다. 따라서 〈보고서〉를 작성하기 위해서는 2010년 보건복지산업 남성 취업자 수의 자료가 필요하다.

ㄴ. (×) 2009년 기타 보건복지산업 종사형태별 취업자 수
→ 〈보고서〉에선 종사형태별 취업자에 대한 내용은 언급하지 않고 있다.
따라서 추가로 필요한 자료가 아니다.

ㄷ. (×) 2009년 보건업 및 사회복지서비스업 취업자 수
→ 2009년 보건업 및 사회복지서비스업 취업자 수는 〈표 1〉에서 구할 수 있는 값이다.
따라서 추가로 필요한 자료가 아니다.

ㄹ. (○) 2009년 ~ 2010년 보건복지산업 세부 업종별 취업자 수
→ 〈보고서〉에선 세부 업종별 취업자 수의 증가에 대해 언급하고 있다. 하지만 〈표 1, 2, 3〉에선 보육시설업, 병·의원 등의 세부 업종별 취업자 수에 관한 내용을 알 수 없으므로 추가 자료가 필요하다.

ㅁ. (×) 2010년 보건업 및 사회복지서비스업 종사형태별 취업자수
→ 2010년 보건업 및 사회복지서비스업 종사형태별 취업자수는 〈표 2〉에 나와 있다.
따라서 추가로 필요한 자료가 아니다.

합격자의 실전 풀이 순서

〈보고서〉의 가장 마지막 문장부터 아래에서 위로 추가로 필요한 자료가 있는지 확인한다.

Tip 이 문제처럼 두 문제가 하나의 자료를 토대로 출제된 경우, 어떤 문제를 먼저 풀지 고려하고 접근하는 것이 좋다. 예를 들어 문제 앞선 문제의 경우 자료의 내용을 묻고 있으며, 지금 문제는 추가로 필요한 자료가 무엇인지 묻고 있는만큼, 앞선 문제를 먼저 푸는 것이 좋다. 왜냐하면 앞 문제를 푸는 과정에서 〈표〉의 변수, 항목들을 충분히 이용하였으므로 이후 이 문제를 풀 때 더 빠르게 소거할 개연성이 높기 때문이다. 따라서 세트형 문제가 나온다면 무엇이 더 유리할지 고려해보고 접근하자.

099 정답 ③

난이도 ●●●

① (○) 업종별 종사자
→ 〈표〉에 업종별 종사자 수가 연도별로 나타나 있고, 그래프의 세로축 단위가 '명'이므로 한식 − 서양식 − 중식 순으로 값을 비교한다.
- 2015년: 468,351명, 17,748명, 80,193명
- 2016년: 473,878명, 13,433명, 68,968명
- 2017년: 466,685명, 72,324명, 552,461명
- 2018년: 335,882명, 46,494명, 106,472명
- 2019년: 501,056명, 14,174명, 68,360명

② (○) 업종별 사업체 구성비
→ 〈표〉에 제시된 업종별 사업체 수를 해당 연도의 총 사업체 수로 나눠 업종별 사업체 구성비를 계산할 수 있다. 이 값을 구해보면,
- 2015년
  - 한식 $\frac{157,295}{171,579} \times 100 \approx \frac{157,000}{172,000} \times 100$
    $= 91.3(\%)$
  - 서양식 $\frac{1,182}{171,579} \times 100 \approx \frac{1,000}{172,000} \times 100$
    $= 0.6(\%)$
  - 중식 $\frac{13,102}{171,579} \times 100 \approx \frac{13,000}{172,000} \times 100$
    $= 7.6(\%)$

• 2016년

– 한식 $\frac{156,707}{168,003}\times100\approx\frac{157,000}{168,000}\times100$ $=93.4(\%)$

– 서양식 $\frac{1,356}{168,003}\times100\approx\frac{1,000}{168,000}\times100$ $=0.6(\%)$

– 중식 $\frac{9,940}{168,003}\times100\approx\frac{10,000}{168,000}\times100$ $=6.0(\%)$

• 2017년

– 한식 $\frac{155,555}{166,746}\times100\approx\frac{156,000}{167,000}\times100$ $=93.4(\%)$

– 서양식 $\frac{1,306}{166,746}\times100\approx\frac{1,000}{167,000}\times100$ $=0.6(\%)$

– 중식 $\frac{9,885}{166,746}\times100\approx\frac{10,000}{167,000}\times100$ $=6.0(\%)$

• 2018년

– 한식 $\frac{158,398}{173,445}\times100\approx\frac{158,000}{173,000}\times100$ $=91.3(\%)$

– 서양식 $\frac{4,604}{173,445}\times100\approx\frac{5,000}{173,000}\times100$ $=2.9(\%)$

– 중식 $\frac{10,443}{173,445}\times100\approx\frac{10,000}{173,000}\times100$ $=5.8(\%)$

• 2019년

– 한식 $\frac{159,852}{171,198}\times100\approx\frac{160,000}{171,000}\times100$ $=93.6(\%)$

– 서양식 $\frac{1,247}{171,198}\times100\approx\frac{1,000}{171,000}\times100$ $=0.6(\%)$

– 중식 $\frac{10,099}{171,198}\times100\approx\frac{10,000}{171,000}\times100$ $=5.8(\%)$이다.

근삿값을 사용하여 계산하였기 때문에 그래프의 숫자와 완전히 똑같지는 않지만, 유사한 값을 보임을 알 수 있다.

③ (×) 업종별 사업체당 종사자

➜ 사업체당 종사자는 동일 업종의 종사자 수를 사업체 수로 나눠 계산할 수 있다. 이를 구해보면,

• 2015년

– 한식 $\frac{468,351}{157,295}\approx\frac{468,000}{157,000}=3.0$(명)

– 서양식 $\frac{17,748}{1,182}\approx\frac{17,700}{1,200}=14.8$(명)

– 중식 $\frac{80,193}{13,102}\approx\frac{80,200}{13,100}=6.1$(명)

• 2016년

– 한식 $\frac{473,878}{156,707}\approx\frac{474,000}{157,000}=3.0$(명)

– 서양식 $\frac{13,433}{1,356}\approx\frac{13,400}{1,400}=9.6$(명)

– 중식 $\frac{68,968}{9,940}\approx\frac{68,900}{9,900}=7.0$(명)

• 2017년

– 한식 $\frac{466,685}{155,555}\approx\frac{467,000}{156,000}=3.0$(명)

– 서양식 $\frac{13,452}{1,306}\approx\frac{13,500}{1,300}=10.4$(명)

– 중식 $\frac{72,324}{9,885}\approx\frac{72,300}{9,900}=7.3$(명)

• 2018년

– 한식 $\frac{335,882}{158,398}\approx\frac{336,000}{158,000}=2.1$(명)

– 서양식 $\frac{46,494}{4,604}\approx\frac{46,500}{4,600}=10.1$(명)

– 중식 $\frac{106,472}{10,443}\approx\frac{106,000}{10,000}=10.6$(명)

• 2019년

– 한식 $\frac{501,056}{159,852}\approx\frac{501,000}{160,000}=3.1$(명)

– 서양식 $\frac{14,174}{1,247}\approx\frac{14,200}{1,200}=11.8$(명)

– 중식 $\frac{68,360}{10,099}\approx\frac{68,400}{10,000}=6.8$(명)이다.

이때 세 업종 중 중식의 사업체당 종사자 수가 그래프의 값과 다른 것을 확인할 수 있다.

④ (○) 한식, 중식 종사자의 전년 대비 증가율

➜ 종사자의 전년 대비 증가율은

$\frac{\text{해당 연도 종사자 수}-\text{전년도 종사자 수}}{\text{전년도 종사자 수}}$로 계산한다.

• 2016년

– 한식 $\frac{473,878-468,351}{468,351}\times100\approx$

$\frac{474,000-468,000}{468,000}\times100=1.2(\%)$

– 중식 $\frac{68,968-80,193}{80,193}\times100\approx$

$\frac{69,000-80,200}{80,200}\times100=-14.0(\%)$

• 2017년

– 한식 $\frac{466,685-473,878}{473,878}\times100\approx$

$\frac{467,000-474,000}{474,000}\times100=-1.5(\%)$

– 중식 $\frac{72,324-68,968}{68,968}\times100\approx$

$\frac{72,300-69,000}{69,000}\times100=4.8(\%)$

• 2018년

– 한식 $\frac{335,882-466,685}{466,685}\times100\approx$

$\frac{336,000-467,000}{467,000}\times100=-28.1(\%)$

– 중식 $\frac{106,472-72,324}{72,324}\times100\approx$

$\frac{106,000-72,300}{72,300}\times100=46.6(\%)$

• 2019년

– 한식 $\frac{501,056-335,882}{335,882}\times100\approx$

$\frac{501,000-336,000}{336,000}\times100=49.2(\%)$

– 중식 $\frac{68,360-106,472}{106,472}\times100\approx$

$\frac{68,400-106,000}{106,000}\times100=-35.5(\%)$이다.

⑤ (O) 매출액 대비 부가가치액 비율

→ 매출액 대비 부가가치액은 동일 연도의 부가가치액을 매출액으로 나눠 계산한다. 이를 구해보면,

• 2015년: $\frac{28,041}{67,704}\times100\approx\frac{28,000}{67,700}\times100$ $=41.4(\%)$

• 2016년: $\frac{31,317}{90,600}\times100\approx\frac{31,300}{90,600}\times100$ $=34.5(\%)$

• 2017년: $\frac{23,529}{75,071}\times100\approx\frac{23,500}{75,100}\times100$ $=31.3(\%)$

• 2018년: $\frac{23,529}{137,451}\times100\approx\frac{23,500}{137,000}\times100$ $=17.2(\%)$

• 2019년: $\frac{31,410}{105,603}\times100\approx\frac{31,400}{106,000}\times100$ $=29.6(\%)$

합격자의 실전 풀이 순서

❶ 선지 ①번의 경우 단순확인용 선지이므로 확인하지 않고 넘어간다. ②에서 18년도를 제외한 모든 연도의 대략적 구성비가 유사하므로 우선 18년도를 확인해 본다. 서양식이 약 3%이므로 전체 사업체 개수인 173,445에서 소수점을 두 개 당긴 1,734의 3배와 4,604를 비교한다.
1,734의 3배는 대량 5,100이므로 그보다 작은 2.7%은 대략 4,600정도 될 것임을 알 수 있다. 나머지 연도 역시 하나의 연도를 잡고 어림산을 해보면 옳다는 것을 알 수 있다.

❷ 사업체당 종사자이므로 한식, 서양식, 중식 중 하나를 정해 해당 업종의 사업체 개수에 곱해본다. 가장 계산하기 쉬운 10배를 중심으로 비교해보면, 19년도 중식의 치수가 틀렸음을 알 수 있다. 따라서 답은 ③이다.

합격자의 시간단축 Tip

선지 ① 단순 확인용 선지는 '범례'를 바꿔주는 함정이 종종 있다. 예를 들어 한식–서양식–중식 순으로 〈표〉가 주어져 있고, ①의 그림에 동일한 숫자가 같은 순서로 놓여져 있으면 범례 확인 없이 옳다고 생각할 수 있다는 점을 고려하여 범례를 한식–중식–서양식 순으로 두는 경우이다. 따라서 단순 확인용 선지를 볼 때 '범례'는 확인하고 넘어가는 것이 좋다.

선지 ②

[방법 1]
2.7%는 3%–0.3%이다. 따라서 보다 자세한 어림산을 하고 싶은 경우 앞서 설명한 방식대로 3%를 구한 후 해당 값에서 소수점을 하나 당겨 이를 빼주면 된다. 어림산을 할 때는 보통 유효숫자 두 자리, 혹은 최대 세 자리까지 계산한다.
1,734의 3배는 약 5,100 ~ 5,200 사이이며 이 값에서 소수점을 하나 당기면 510 ~ 520 사이이므로 173,445의 2.7%는 4,600 ~ 4,680 사이로 4,604와 유사하다. 실전에서 계산하는 경우 아주 적은 차이로 숫자를 틀리게 내지 않는다. 따라서 이 정도의 오차범위 내에서 유사한 숫자가 나오는 경우보다 정확한 계산을 하기보다 다음 선지를 확인하는 것이 좋다.

[방법 2]
2.7%를 처리하는 또 다른 방법은 2.5%를 이용하는 방법이다. 2.5%는 25%를 10으로 나누면 되므로, 25%를 처리하듯이 합계를 4로 나누면 된다.
173,445를 173,000이라 볼 때 4로 나누면 대략 43,000으로 10으로 나누면 2.5%는 4,300이다. 이때 2.5%가 4,300이기 때문에 2%는 대략 3,000대

일 것이므로 0.2%는 300대이다.
따라서 2.7%는 4,300+300=약 4,600임을 쉽게 알 수 있다.

선지 ③ 한식, 서양식, 중식 순서 중에 중식, 2015년 ~ 2019년 중 2019년부터 뒤부터 확인하는 것이 시간 단축에 좋다. 위 문제는 중식의 경우 2018년, 2019년 모두 사업체당 종사자 수가 10명을 넘지 않으므로 틀린 선지이다. (중식의 경우 2018 ~ 2019년의 10을 기준으로 판단하는 것이 앞의 연도의 5, 9, 7을 기준으로 하는 것보다 계산이 쉽고 빠르다)

선지 ④ 해당 선지의 경우에도 17년도 중식 증가율은 약 5%, 18년도 한식 감소율은 약 −30%, 중식은 약 50%, 19년도 한식 증가율은 약 50%, 중식은 약 $-\frac{1}{3}$ (−33%)와 같이 근삿값으로 환산하여 계산한다.

선지 ⑤ 해당 선지의 경우에도 15년은 40% 이상, 2016년은 $\frac{1}{3}$(33%) 이상, 2017년은 $\frac{1}{3}$(33%) 이하, 2018년은 20% 이하, 2019년은 30%로 환산하여 계산한다.

100 정답 ⑤ 난이도 ●●○

ㄱ. (×) 항목별 직무스트레스 수준이 '상위'에 해당하는 근로자의 비율은 ~~각 항목~~에서 사무직이 생산직보다 높다.
→ '상위'에 해당하는 항목은 '매우 높음'과 '높음'항목의 비율 합으로 구한다.
생산직 근로자의 직무스트레스 수준이 '상위'에 해당하는 근로자의 비율을 각 항목별로 구해보면
- 업무과다: 9.77+67.67=77.44%
- 직위불안: 10.53+64.66=75.19%
- 관계갈등: 10.53+67.67=78.2%
- 보상부적절: 10.53+60.15=70.68%이고

사무직 근로자의 직무스트레스 수준이 '상위'에 해당하는 근로자의 비율을 각 항목별로 구해보면
- 업무과다: 10.34+67.82=78.16%
- 직위불안: 12.64+58.62=71.26%
- 관계갈등: 10.34+64.37=71.71%
- 보상부적절: 10.34+64.37=71.71%이다.

따라서 사무직이 생산직보다 낮은 항목도 있다.

ㄴ. (○) '직위불안' 항목에서 '낮음'으로 응답한 근로자는 생산직이 사무직보다 많다.
→ '직위불안' 항목에서 '낮음'으로 응답한 생산직 근로자의 비율은 24.06%이므로 그 수는 $133\times\frac{24.06}{100}=32$(명)이고, '직위불안' 항목에서 '낮음'으로 응답한 사무직 근로자의 비율은 27.59%이므로 그 수는 $87\times\frac{27.59}{100}=24$(명)이다.
따라서 '직위불안' 항목에서 '낮음'으로 응답한 근로자는 생산직(32명)이 사무직(24명)보다 많다.

ㄷ. (×) '관계갈등' 항목에서 '매우 높음'으로 응답한 생산직 근로자는 '매우 낮음'으로 응답한 생산직 근로자보다 ~~11명~~ 많다.
→ '관계갈등' 항목에서 '매우 높음'으로 응답한 생산직 근로자의 비율은 10.53%이므로 그 수는 $133\times\frac{10.53}{100}=14$(명)이고, '관계갈등' 항목에서 '매우 낮음'으로 응답한 생산직 근로자의 비율은 1.50(%)이므로 그 수는 $133\times\frac{1.50}{100}=2$(명)이다.
따라서 '관계갈등' 항목에서 '매우 높음'으로 응답한 생산직 근로자는 '매우 낮음'으로 응답한 생산직 근로자보다 12명 많다.

ㄹ. (○) '보상부적절' 항목에서 '높음'으로 응답한 근로자는 사무직이 생산직보다 적다.
→ '보상부적절' 항목에서 '높음'으로 응답한 생산직 근로자의 비율은 60.15%이므로 그 수는 $133\times\frac{60.15}{100}=80$(명)이고 '보상부적절' 항목에서 '높음'으로 응답한 사무직 근로자의 비율은 64.37%이므로 그 수는 $87\times\frac{64.37}{100}=56$(명)이다.
따라서 '보상부적절' 항목에서 '높음'으로 응답한 근로자는 사무직이 생산직보다 적다.

합격자의 실전 풀이 순서

❶ 발문을 잘 읽는다. 〈표〉는 구성비이지만, 발문에 생산직 근로자와 사무직 근로자가 각각 133명, 87명으로 제시되어 있으므로 구체적 수치를 계산할 수 있는 문제임을 확인한다.
특히 많은 수험생들이 문제 부분을 제대로 읽지 않아 생산직 근로자 133명과 사무직 근로자 87명의 정보를 놓치는 경우가 많다. 따라서 "옳다 / 옳지 않다"만 확인하고 바로 〈표〉로 넘어가지 않고 문제를 잘 읽는 습관을 지녀야 한다.

❷ 보기 ㉡과 보기 ㉣은 하나의 항목에서 생산직과 사무직의 곱셈 비교만으로 해결할 수 있는 선지이므로 보기 ㉣을 먼저 해결한다.

❸ 보기 ㉣은 옳은 보기이므로 답은 ②, ⑤ 중 하나이다. 보기 ㉡을 확인하면 역시 옳은 보기이므로 답은 ⑤번이다.

합격자의 시간단축 Tip

보기 ㉠

[방법 1]

상위는 매우 높음과 높음으로 구성되어 있는데, 숫자 단위가 크므로 하위인 낮음과 매우 낮음으로 비교하는 것이 빠르다. 보기 ㉠이 옳은 선지이려면, 직무 스트레스 수준이 '하위'에 해당하는 근로자의 비율은 각 항목에서 사무직이 생산직보다 낮아야 한다.

그러나 직위불안과 관계갈등의 경우 직무 스트레스 수준이 '하위'에 해당하는 근로자의 비율이 사무직이 생산직보다 높으므로 틀린 선지이다. 이처럼 보기나 선지를 반대로 해석할 수 있으면 계산이 간단해져 눈으로만 확인하는 방법으로도 해결할 수 있다.

[방법 2]

반례를 찾는 방법도 사용 가능하다. 즉 반례를 찾으면 되는 만큼 '의심스러운 항목'부터 확인하면 된다. 가령 '높음' 수준의 구성비가 확연히 차이 나는 직위불안 항목부터 확인하는 경우 곧바로 반례를 찾을 수 있다.

보기 ㉡

[방법 1]

직위불안 항목에서 낮음으로 응답한 생산직 근로자수는 133×24.06%이고, 사무직 근로자수는 87×27.59%이다.

계산 편의성을 위해 %를 제거하고 곱셈 비교를 하면 다음과 같다. 133×24.06 vs 87×27.59에서 24.06→27.59는 3.5가 증가했고, 87→133은 46이 증가했다.

이때, 3.5는 24.06의 $\frac{1}{8}$이 조금 넘는 반면 46은 87의 $\frac{1}{2}$이 훌쩍 넘으므로 전자가 더 크다.

[방법 2]

이를 다르게 '비율'로 보는 방법도 있다. 24.06을 24, 27.59를 28로 보면 둘은 4의 배수로, 24 : 28=6 : 7이 된다.

그러나 87 vs 133은 절대 6 : 7의 구조가 될 수 없다. 따라서 당연히 133×24 > 87×28이 된다.

보기 ㉢ 문제를 푸는 과정에서 ㉣ 또는 ㉡을 풀었다면 같은 방법으로 풀 수 있는 ㉡ 또는 ㉣로 넘어가는 것이 바람직하며, 보기 ㉢을 먼저 푸는 것은 바람직하지 않다.

[방법 1]

만일 보기 ㉢을 계산한다면, 생산직 근로자 중 관계갈등 항목에서 매우 높음과 매우 낮음으로 응답한 비율의 차가 약 9%p이다. 각 응답에 대한 인원수의 차이는 133×9%이다.

9%=10%−1%이므로 9%를 계산하는 대신 13.3에서 1.33을 빼서 계산하며, 이는 약 12명이다. 따라서 ㉢은 틀린 보기이다.

[방법 2]

생산직 근로자 중 관계갈등 항목에서 매우 높음과 매우 낮음으로 응답한 비율의 차는 약 9%p이다. 이때 두 자릿수×한 자릿수는 다들 쉽게 할 것이라 생각한다. 즉 133의 1%를 1.3으로 보고 9를 곱하면 1.3×9=11.7로 약 12명이다.

따라서 틀린 보기이다.

참고로 10%는 일의 자리를 버리고, 1%는 십의 자리까지 버리면 된다.

보기 ㉣

[방법 1]

보기 ㉡과 동일한 방법으로 비교하면, 보상부적절 항목에서 높음으로 응답한 생산직 근로자 수는 133×60.15%이며 사무직 근로자 수는 87×64.37%이다.

위와 같은 방식으로 비교하면 60.15에서 64.37로는 약 4 증가하여 $\frac{1}{15}$ 정도의 증가를 보이지만 87에서 133로는 50% 넘게 증가하므로 역시 전자가 더 크다.

[방법 2] 추천방법

정석적인 방식은 위와 같으나, 실전의 경우 133 vs 87은 큰 차이가 나나, 60.15%와 64.37%는 큰 차이가 없어 당연히 133×60.15 > 87×64.37이라고 판단하면 된다.

연습은 정석으로 하되, 연습이 익숙해지면 실전 풀이처럼 간단하게 확인하자.

101 정답 ⑤ 난이도 ●●●

〈정보〉 자료를 해석하면 다음과 같다.

- 각 기업의 기본생산능력(개 / 월)은 변하지 않는다.
  ➔ A ~ E 기업의 기본생산능력을 미지수로 설정할 수 있다. 예 A 기업의 기본생산능력: A
- A 기업의 기본생산능력은 15,000개/월이고 C기업과 E기업의 기본생산능력은 동일하다.
  ➔ A=15,000이고 C=E이다.
- B, C, D 기업의 경우 2014년 1 ~ 3월 동안 초과생산량이 발생하지 않았다.

• 생산 참여기업의 월 생산량
= 기본생산능력에 해당하는 월 생산량+월 초과생산량
→ 〈표〉에서 B, C, D의 월 생산량=기본생산능력이다.

• E 기업의 경우 2014년 3월에 기본생산능력에 해당하는 생산량 이외에 기본생산능력의 20%에 해당하는 초과생산량이 발생하였다.
→ 〈표〉에서 3월 E 기업의 월 생산량은 1.2 E이다. (E+E×0.2=1.2E)
'각주'에 따라 해당월 총생산량=해당월 '생산 참여기업의 월 생산량'의 합×(1−손실비) 이다.
A ~ E 기업의 기본생산능력을 각각 A, B, C, D, E 라고 설정하고 총생산량을 기준으로 식을 세운다.

• 1월
B, C 기업의 경우 1월에 초과생산량이 발생하지 않았으므로 월 생산량은 각각 B, C이다.
그리고 손실비는 0.0 이므로 23,000=(B+C)×(1−0.0)이다.
따라서 B+C=23,000

• 2월
B, D 기업의 경우 2월에 초과생산량이 발생하지 않았으므로 월 생산량은 각각 B, D이다.
그리고 손실비는 0.5 이므로 17,000=(B+D)×(1−0.5)이다.
따라서 B+D=17,000÷0.5=34,000

• 3월
C 기업의 경우 3월에 초과생산량이 발생하지 않지만 E 기업의 경우 〈정보〉의 자료를 참고하면 기본생산능력의 20%에 해당하는 초과생산량이 발생하였다. 따라서 월 생산량은 각각 C, 1.2E이다. 그리고 손실비는 0.0 이므로 22,000=(C+1.2E)×(1−0.0)이다.
〈정보〉에서 C 기업과 E 기업의 기본생산능력은 동일하다고 했으므로 C=E이다. 식을 정리하면
2.2C=22,000 이므로 따라서 C=10,000 이다.
〈정보〉와 〈표〉의 자료를 통해 다음과 같은 식을 구하였다.
• B+C=23,000
• B+D=34,000
• C=10,000
따라서 A=15,000, B=13,000, C=E=10,000, D=21,000이다.
따라서 기본생산능력이 가장 큰 기업은 D이고 세 번째로 큰 기업은 B이다.

합격자의 실전 풀이 순서

❶ 〈정보〉에 여러 가지 정보들을 이해한다. 필요한 경우 〈표〉에 표시해 놓는다. 예를 들어, 4번째, 5번째 정보를 통해 E 기업은 3월에 기본생산능력×1.2만큼 생산했다는 것을 〈표〉의 3월 부분에 표시해 놓는다. 또한, 각주를 이해한다.

❷ 2번째 정보와 4번째 정보를 통해, 3월에서 C, E의 기본생산능력을 구할 수 있다.
C+1.2E=22,000이고 C와 E의 기본생산능력은 같으므로 C= E=10,000이다.

❸ 3번째 정보를 통해, 1월에서 B의 기본생산능력을 구할 수 있다.
C=10,000이므로 B=13,000이다.

❹ 3번째 정보와 각주를 통해 2월에서 D의 기본생산능력을 구할 수 있다.
2월 총생산량은 34,000이고 B의 기본생산능력은 13,000이므로 D=21,000이다.
따라서 기본생산능력이 가장 큰 기업은 D이고 3번째로 큰 기업은 B이다. 답은 ⑤번이다.

합격자의 시간단축 Tip

연립방정식 형태의 문제는 어느 정도 시간 투자가 필요하지만 침착하게 풀기만 한다면 반드시 답을 도출할 수 있기 때문에 연습을 잘해 두어야 한다.
연립방정식 문제는 크게 두 가지 방향성을 가진다.
첫 번째는 '확정 정보가 있는 유형'이다. 이 문제처럼 확정 정보가 있는 형태로, 확정 정보가 도출되면 연립방정식 대부분의 과정을 한 번에 해결해 주기에 중요하다.

두 번째는 '기준값을 잡는 유형'이다. 이 유형은 확정 정보가 주어져 있지 않고 모든 연립 방정식이 유기적으로 연결된 문제이다. 이를 기준값 없이 풀 경우 나사가 헛돌듯이 답은 나오지 않고 식만 반복될 수 있기에, 모든 미지수를 다른 한 미지수로 정리하는 것이 중요하다. 예를 들어 A, B, C, D라는 미지수가 주어지면 A로 B, C, D를 표현하겠다는 목표를 갖고 문제를 정리하면 된다.

102 정답 ③ 난이도 ●●●

① (O) 2016년 신설법인의 업종별 구성비
→ 2016년도 신설법인의 업종별 구성비는
$\frac{\text{해당 업종 신설법인}}{\text{신설법인 전체}}\times 100$이다. 값을 구해보면,

- 농림수산업의 구성비: $\frac{2,391}{96,155}\times 100\%\approx 2.5\%$
- 제조업의 구성비: $\frac{19,037}{96,155}\times 100\%\approx 19.8\%$
- 에너지 공급업의 구성비: $\frac{1,488}{96,155}\times 100\%\approx 1.5\%$
- 건설업의 구성비: $\frac{9,825}{96,155}\times 100\%\approx 10.2\%$
- 서비스업의 구성비: 100%−2.5%−19.8%−1.5%−10.2%=66%

따라서 〈표〉와 〈그림〉의 내용이 모두 일치한다는 사실을 알 수 있다.

② (○) 2011 ~ 2016년 제조업 및 서비스업 신설법인 수 추이

➜ 2011년도 ~ 2016년도 제조업의 신설법인 현황을 나열하면 다음과 같다.

- 2011년: 40,893개
- 2012년: 46,975개
- 2013년: 47,436개
- 2014년: 53,087개
- 2015년: 59,743개
- 2016년: 63,414개

동일한 방법으로 서비스업의 신설법인 현황을 나열하면 다음과 같다.

- 2011년: 15,557개
- 2012년: 17,733개
- 2013년: 18,721개
- 2014년: 19,509개
- 2015년: 20,155개
- 2016년: 19,037개

따라서 선택지에 제시된 수치가 주어진 〈표〉와 일치함을 알 수 있다.

③ (×) 2011 ~ 2016년 건설업 신설법인 수의 전년대비 증가율 추이

➜ 2011년도 ~ 2016년도 건설업의 신설법인 수의 전년대비 증가율의 식은

$\frac{\text{당해년도 신설법인 수}-\text{전년도 신설법인 수}}{\text{전년도 신설법인 수}}\times 100$

을 통해 구한다.

- 2011년: $\frac{6,593-6,790}{6,790}\times 100\%\approx -2.9\%$
- 2012년: $\frac{6,996-6,593}{6,593}\times 100\%\approx 6.1\%$
- 2013년: $\frac{7,069-6,996}{6,996}\times 100\%\approx 1.0\%$
- 2014년: $\frac{8,145-7,069}{7,069}\times 100\%\approx 15.2\%$
- 2015년: $\frac{9,742-8,145}{8,145}\times 100\%\approx 19.6\%$
- 2016년: $\frac{9,825-9,742}{9,742}\times 100\%\approx 0.85\%$

2016년만 보더라도 〈그림〉과 실제 값이 다르다.

④ (○) 2011 ~ 2016년 신설법인 중 서비스업 신설법인 비율

➜ 2011년도 ~ 2016년도 서비스업의 신설법인 비율은 $\frac{\text{당해년도 서비스업 신설법인}}{\text{당해년도 전체 신설법인}}$이다.

이 값을 연도별로 살펴보면,

- 2011년: $\frac{40,893}{65,110}\times 100\%\approx 62.8\%$
- 2012년: $\frac{46,975}{74,162}\times 100\%\approx 63.3\%$
- 2013년: $\frac{47,736}{75,574}\times 100\%\approx 62.8\%$
- 2014년: $\frac{53,087}{84,697}\times 100\%\approx 62.7\%$
- 2015년: $\frac{59,743}{93,768}\times 100\%\approx 63.7\%$
- 2016년: $\frac{63,414}{96,155}\times 100\%\approx 65.9\%$

이므로 〈그림〉과 전부 일치한다.

⑤ (○) 2011 ~ 2016년 전체 신설법인 수의 전년대비 증가율 추이

➜ 2011년도 ~ 2016년도 전체 신설법인 수의 전년대비 증가율의 식은

$\frac{\text{당해년도 전체 신설법인 수}-\text{전년도 전체 신설법인 수}}{\text{전년도 전체 신설법인 수}}$

×100%을 통해 구한다. 이 값을 연도별로 살펴보면,

- 2011년: $\frac{65,110-60,312}{60,312}\times 100\%\approx 8.0\%$
- 2012년: $\frac{74,162-65,110}{65,110}\times 100\%\approx 13.9\%$
- 2013년: $\frac{75,574-74,162}{74,162}\times 100\%\approx 1.9\%$
- 2014년: $\frac{84,697-75,574}{75,574}\times 100\%\approx 12.1\%$
- 2015년: $\frac{93,768-84,697}{84,697}\times 100\%\approx 10.7\%$
- 2016년: $\frac{96,155-93,768}{93,768}\times 100\%\approx 2.5\%$

이므로 〈표〉와 〈그림〉의 내용이 모두 일치한다는 사실을 알 수 있다.

합격자의 실전 풀이 순서

❶ 선지에서 요구하는 것이 무엇인지 확인하면 모든 선지가 계산을 요구하고 있다. 즉 단순 확인 선지가 없는 상황이다. 따라서 답이 될 것으로 의심되는 선지를 먼저 검토하는 것이 좋다.

❷ ①번 선지는 '원그래프'로 비중 그래프이므로 그 합이 100 %로 제한되어 있어 인위적인 숫자 왜곡이 있으면 쉽게 반례를 찾을 수 있다. 따라서 가장 먼저 확인하면 옳은 선지이다.

❸ 남은 선지 중 ②, ④번은 일정한 경향성을 가지고 안정적인 추세를 보이고 있으므로 틀린 값이 있을 가능성이 낮다. 따라서 '변곡점'이 많아 답이 될 가능성이 높은 ③, ⑤번을 순차적으로 확인한다. ③번을 확인 시 틀린 선지이므로, 정답은 ③번이다.

합격자의 시간단축 Tip

표-그래프 전환형 문제의 경우 흔히 2가지 접근 방향성을 가진다.

① 쉬운 선지를 먼저 빠르게 처리하는 접근법의 경우 단순 확인 선지가 섞인 문제에서 활용하기 좋다. 간단한 선지를 가볍게 소거한 후, 남은 선지에 집중하는 형태이다.

② 의심스러운 선지를 선정하여 확인하는 접근법의 경우 이 문제와 같이 모두 계산을 요구하는 형태일 때 활용하기 좋다. 꺾은선 그래프나 막대 그래프에서 변곡점, 극단값이 있는 경우 등 그래프 형태 별로 정답으로 만드는 형태가 어느정도 정형화 되어 있다. 따라서 구체적으로 어떤 상황이 의심스러운 것인지는 [Part 1. 시간단축비법]을 확인하여 반드시 암기해두기 바란다.

선지 ① 〈표〉에 따르면 2016년의 전체 값은 96,155로 100,000과 가깝다. 즉 10, 100, 1,000 등의 숫자 형태는 그 자체가 % 구조를 가지고 있으므로, '원그래프의 비율'이 '각 업종의 도수 값'보다 살짝 큰 값을 가지고 있으면 옳은 것이 된다.
예를 들어 농림수산업은 2,391로 2.4%보다 살짝 크면 옳은 것이며, 제조업은 19,037로 19%보다 살짝 크면 옳은 것이 된다. 따라서 그 어떤 계산도 하지 않고 매우 빠르게 확인할 수 있다.

선지 ③ 선지 ⑤ 전년대비 증가율 관련 문제는 주어진 식을 기반으로 계산 하는 것 보다 분자의 차이 값이 음수인지 양수인지를 먼저 판별하고, 분모의 크기를 생각하여 대략 몇 %가 될 것인지 빠르게 예상하도록 한다. 직접 계산을 하게 된다면 전년대비 증가율을 묻는 문제가 시간이 가장 오래 걸리는 부분이므로 주로 정답이 될 가능성이 높음을 인지한다.

103 정답 ④ 난이도 ●●○

ㄱ. (○) 논 가뭄 피해면적이 가장 큰 지역은 밭 가뭄 피해면적도 가장 크다.
→ 〈표 1〉을 보면 논 가뭄 피해면적이 가장 큰 지역은 전남이 59,953ha로 가장 크다.
〈표 2〉를 보면 밭 가뭄 피해면적이 가장 큰 지역은 전남이 33,787ha로 가장 크다.
즉, 논 가뭄 피해면적이 가장 큰 지역인 전남이 밭 가뭄 피해면적도 가장 큰 지역임을 알 수 있으므로 옳은 보기이다.

ㄴ. (×) 논 가뭄 피해 발생기간이 가장 긴 지역과 밭 가뭄 피해 발생기간이 가장 긴 지역은 ~~같다.~~
→ 〈표 1〉을 보면 논 가뭄 피해 발생기간이 가장 긴 지역은 전남이 7.11. ~ 8.9.(31일)로[양끝포함] 가장 긴 지역이다.
〈표 2〉를 보면 밭 가뭄 피해 발생기간이 가장 긴 지역은 경남이 7.12. ~ 7.31. (21일)[양끝포함]으로 가장 긴 지역이다.
즉, 논 가뭄 피해 발생기간이 가장 긴 지역과 밭 가뭄 피해 발생기간이 가장 긴 지역은 다르므로 틀린 보기이다.

ㄷ. (○) 전체 논 재배면적 대비 전체 논 가뭄 피해면적 비율은 15% 이하이다.
→ 전체 논 재배면적 대비 전체 논 가뭄 피해면적의 비율을 구하는 식은
$\frac{\text{전체 논 가뭄 피해면적}}{\text{전체 논 재배면적}}\times 100$을 통해 구할 수 있다.
〈표 1〉을 보면 전체 논 재배면적은 1,145,095ha임을 알 수 있고 전체 논 가뭄 피해면적은 147,890ha임을 알 수 있으므로 공식에 대입하면
$\frac{147,890(\text{ha})}{1,145,095(\text{ha})}\times 100=12.9(\%)$이므로 15% 이하이다.
따라서 옳은 보기이다.

ㄹ. (○) 밭 재배면적 대비 밭 가뭄 피해면적 비율은 경북이 경남보다 크다.
→ 밭 재배면적 대비 밭 가뭄 피해면적의 비율을 구하려면 $\frac{\text{밭 가뭄 피해면적}}{\text{밭 재배면적}}\times 100$의 공식을 활용하면 된다.
식을 활용하여 지역별 값을 구하면,
- 경북: $\frac{16,702(\text{ha})}{152,137(\text{ha})}\times 100=10.9\%$
- 경남: $\frac{6,756(\text{ha})}{72,686(\text{ha})}\times 100=9.3\%$

이므로 밭 재배면적 대비 밭 가뭄 피해면적 비율은 경북이 경남보다 크다.
따라서 옳은 보기이다.

합격자의 실전 풀이 순서

❶ 〈표 1〉, 〈표 2〉가 각각 논, 밭의 가뭄 피해 현황에 대한 자료라는 것과 논과 밭의 지역 순서가 같지 않음을 파악하고 빠르게 넘어간다.

❷ 〈표 2〉만 활용되는 보기 ㉣ 먼저 확인한다. 옳은 보기이므로 ①, ②번을 소거한다.

❸ 다음으로 보기 ㉠을 확인하면, 옳은 보기이므로 답은 ④번이다.

합격자의 시간단축 Tip

보기 ㉠ 논 가뭄 피해면적이 가장 큰 지역이나 밭 가뭄 피해면적이 가장 큰 지역 중 하나를 먼저 찾고 그 지역이 다른 가뭄 피해면적도 가장 큰지를 빠르게 눈으로 확인한다. 이 문제에서는 답이 아닌 선지였기에 논, 밭 중 무엇을 먼저 봐도 큰 차이가 없으나, 만약 틀린 선지로 출제되었다면 출제 의도 상 체감 난이도를 높이기 위해 앞 부분은 빠르게 확인하기 어렵게 주는 경우가 많으므로 뒤에서부터 보는 것이 더 빠르다.
따라서 뒷부분부터 먼저 확인하기를 추천한다.

보기 ㉡ 전체 가뭄 피해 발생 기간과 같은 피해 발생 기간이 있다면 그 지역이 피해 발생 기간이 가장 긴 지역일 것이므로 이를 활용하면, 빠르게 〈표 1〉 에서는 전남이, 〈표 2〉 에서는 경남이 가장 긴 지역임을 알 수 있다.

보기 ㉢

[방법 1] 해당 문제 추천 방법
15%를 계산할 필요가 전혀 없다. 편의상 전체 재배면적인 1,145,095가 아닌 1,000,000으로 보고 15%를 보면 바로 150,000임은 쉽게 알 수 있다. 전체 값을 작게 설정하였음에도 더 작으므로 15% 이하이다.

[방법 2] 일반적인 처리 방법
15%를 계산할 때는 150%의 10%로 보는 방법, 즉 그 숫자(100%)에 절반을 더한 숫자의 10%를 구하면 빠르게 구할 수 있다.
전체 논 재배면적을 약 1145로 놓고, 그것의 절반인 572를 더하면 1727이므로 15%는 172.7이다.

보기 ㉣

[방법 1]
경북의 밭 재배면적 대비 밭 가뭄 피해면적 비율은 10% 이상이지만 경남은 10% 미만이므로 옳은 보기이다.

[방법 2]
재배면적은 경북이 경남의 2배보다 살짝 크지만, 피해면적은 3배보다 살짝 작으므로 옳은 보기이다.

104 정답 ❷ 난이도 ●●●

〈조건〉을 만족시키면서 〈수행순서〉에 따라 풀이해보면

1단계: '15L 항아리'의 물을 '4L 항아리'에 붓는다.
→ 〈조건〉에 따르면 받는 항아리가 가득 차야 한다. 왜냐하면 주는 15L 항아리가 받는 4L 항아리보다 용량이 크기 때문에 주는 항아리인 15L 항아리를 완전히 비우도록 하면 물 손실이 발생한다.
그러므로 적은 용량을 가진 받는 항아리인 4L 항아리가 가득 차야 〈조건〉에 부합한다.
4L 항아리가 가득 차기 위해서는 15L 항아리에서 받는 4L 항아리에 4L를 부어야 한다.
<u>실행 후 결과</u>: 15L 항아리는 11L가 남고 10L 항아리는 처음 그대로 5L가 있으며 4L는 가득 차 있는 상태이다.

2단계: '15L 항아리'의 물을 '10L 항아리'에 붓는다.
→ 2단계 역시 주는 15L 항아리의 용량이 받는 10L 항아리보다 크기 때문에 받는 항아리인 10L 항아리가 가득 차도록 수행한다.
<u>실행 후 결과</u>: 15L 항아리는 6L가 남고 10L 항아리는 10L로 가득 찬 상태, 4L 항아리도 4L로 가득 찬 상태이다.

3단계: '4L 항아리'의 물을 '15L 항아리'에 붓는다.
→ 주는 항아리인 4L 항아리의 용량이 받는 항아리인 15L 항아리보다 작다.
그러므로 이때 〈조건〉을 만족시키기 위해서는 주는 항아리가 완전히 비어야 한다.
따라서 가득 차 있는 4L 항아리의 내용물 4L 전부를 15L 항아리에 붓는다.
<u>실행 후 결과</u>: 15L 항아리는 10L가 있고, 10L 항아리는 그대로 10L, 4L 항아리는 0L로 완전히 비워진 상태이다.

4단계: '10L 항아리'의 물을 '4L 항아리'에 붓는다.
→ 주는 항아리인 10L 항아리의 용량이 받는 항아리인 4L 항아리보다 크므로 〈조건〉을 만족시키기 위해서는 받는 항아리가 가득 차야 한다. 따라서, 10L의 항아리에서 4L의 항아리가 가득 채우도록 물을 붓는다.
<u>실행 후 결과</u>: 15L의 항아리에는 10L, 10L 항아리에는 6L, 4L 항아리는 4L로 가득 차 있는 상태가 된다.

5단계: '4L 항아리'의 물을 '15L 항아리'에 붓는다.
→ 주는 항아리인 4L 항아리의 용량이 받는 항아리인 15L 항아리보다 작으므로 〈조건〉을 만족시키기 위해서는 주는 항아리가 완전히 비도록 한다. 따라서 4L 항아리의 4L 전부를 15L 항아리에 붓는다.

<u>실행 후 결과</u>: 15L 항아리에는 14L, 10L 항아리에는 6L, 4L 항아리는 0L로 완전 비워진 상태가 된다.

6단계: '10L 항아리'의 물을 '15L 항아리'에 붓는다.
→ 주는 항아리인 10L 항아리가 받는 항아리인 15L 항아리보다 용량이 작지만 이때 이미 15L 항아리는 14L까지 차 있는 상태이므로 10L 항아리가 가진 6L를 전부 부으면 물 손실이 일어난다. 따라서 〈조건〉을 만족시키기 위해서는 받는 항아리인 15L 항아리가 가득 차도록 한다. 따라서 10L 항아리에서 15L 항아리로 1L를 부어주어 받는 항아리인 15L 항아리가 가득 차도록 한다.

<u>실행 후 결과</u>: 15L 항아리에는 15L, 10L 항아리에는 5L, 4L 항아리는 0L로 완전 비워진 상태이다.
따라서, 위의 6단계를 순서에 따라 수행한 결과, 최종적으로 '10L 항아리'에는 5L의 물이 남아있다. 이에 답은 ②번이다.

합격자의 실전 풀이 순서

❶ 발문을 읽고 주어진 수행순서를 완료한 이후의 10L 항아리에 남아있는 물의 양을 구하면 되는 문제임을 파악한다. 그리고 〈조건〉을 이해한다.

❷ 항아리의 초기 단계의 물을 (15,5,0)으로 표시하고, 수행순서 단계별로 물의 변화를 같은 형식으로 옆에 적어가며 수행한다.

❸ 단계별로 (11,5,4) → (6,10,4) → (10,10,0) → (10,6,4) → (14,6,0) → (15,5,0)이므로 답은 5L로 ②번이다.

합격자의 시간단축 Tip

Tip ❶ 이처럼 단계별로 확인해야 하는 문제는 난이도 자체는 낮지만, 시간 소모나 실수 유도 경향이 있다. 따라서 빠르게 풀기 위해 과정을 머리로만 계산하면 뒤에서 까먹어서 처음부터 다시 보거나 실수할 개연성이 높으므로 침착하게 단계별로 적어가면서 따라가는 것이 좋다.

Tip ❷ 문제를 풀 때 〈수행순서〉 옆에다가 조그맣게 표를 그려서 풀어나가면 신속하고 정확하게 문제를 해결할 수 있다. 예를 들면 다음과 같은 표이다. 실제로는 (15, 5, 4)와 같이 표시한다.

	15L 항아리	10L 항아리	4L 항아리
처음 주어진 조건	15L	5L	4L
1단계 수행 후	11L	5L	4L
2단계 수행 후	6L	10L	4L
3단계 수행 후	10L	10L	0L
4단계 수행 후	10L	6L	4L
5단계 수행 후	14L	6L	0L
6단계 수행 후	15L	5L	0L

105 정답 ⑤ 난이도 ●●●

<u>〈기준 4〉, 〈기준 3〉을 정리하면, 예상운반비(천원)</u>
= 벌채예정량(톤) × 예상운반거리(m) × 운반비 단가(천원/(톤·m))
= 벌채예정량(톤) × 예상운반거리(m) × 1(천원/(톤·m))

<u>〈기준 2〉를 정리하면, 예상이익금(천원)</u>
= 벌채예정량(톤) × 단위 판매가격(천원/톤) − 예상운반비(천원)
= 벌채예정량(톤) × 단위 판매가격 − (벌채예정량) × 예상운반 거리 × 1
= 벌채예정량(톤) × {단위 판매가격 − (예상운반거리 × 1)}
= 벌채예정량(톤) × (단위 판매가격 − 예상운반거리)

<u>〈기준 1〉을 정리하면, 예상이익금이 0원을 초과하면 벌채가 가능하므로</u>
예상이익금 = 벌채예정량 × (단위 판매가격 − 예상운반거리) > 0이면 벌채가 가능하다.

이때, 벌채예정량은 양수이므로,
(단위 판매가격 − 예상운반거리) > → (단위 판매가격 > 예상운반거리)이면 벌채가 가능하다.

ㄱ. (○) 벌채 가능한 수종은 잣나무, 낙엽송뿐이다.
→ 벌채가 가능하다는 것은 단위 판매가격(y) > 예상운반거리(x)를 만족한다는 뜻과 같다.
$y > x$의 영역에 있는 수종은 잣나무와 낙엽송뿐이므로, 벌채 가능한 수종은 잣나무, 낙엽송뿐이다.
따라서 옳은 보기이다.

ㄴ. (×) 소나무의 경우 벌채예정량이 2배가 되면 ~~벌채 가능하다.~~
→ 벌채가 가능하다는 것은 단위 판매가격(y) > 예상운반거리 (x)를 만족한다는 뜻과 같다.
그러나 벌채예정량은 단위 판매가격이나 예상운반거리와는 관련이 없다. 따라서 벌채 가능 여부는 벌채예정량이 영향을 전혀 받지 않는다.

즉 소나무의 벌채예정량이 2배가 되어도 단위 판매가격(y) > 예상운반거리(x)를 만족하지 않기 때문에 벌채가 불가능하다.

ㄷ. (O) 운반비 단가가 2천원/(톤·m)이라면 벌채 가능한 수종은 잣나무뿐이다.

➔ 위의 자료를 통해 운반비 단가가 2천원/(톤·m)이라고 가정하면,

예상이익금=벌채예정량×(단위 판매가격-예상운반거리×2)가 된다.

이때, 벌채가 가능하려면 (단위 판매가격-예상운반거리×2) > 0이고, 단위 판매가격 > (예상운반거리×2)이어야 한다.

즉 〈그림〉에서 가로축인 예상운반거리를 x, 세로축인 단위 판매가격을 y라고 하면, y > 2x이므로, y=2x 위쪽에 해당하는 수종만 벌채가 가능하다. 따라서 y > 2x 영역에 있는 수종은 잣나무뿐이므로 옳은 보기이다.

ㄹ. (O) 전나무의 경우 단위 판매가격이 30만원/톤을 초과하면 벌채 가능하다.

➔ 벌채가 가능하려면 단위 판매가격(y) > 예상운반거리(x)를 만족해야한다.

전나무를 살펴보면, 단위 판매가격이 30만원/톤(300천원/톤)을 초과하면 〈그림〉상에서 세로축으로 현재보다 한 칸 넘게 위로 이동한다.

따라서 y > x 위 영역에 포함되므로 벌채가 가능하다. 그러므로 옳은 보기이다.

합격자의 실전 풀이 순서

❶ 〈그림〉과 〈판단기준〉을 확인하고, '예상이익금'식을 〈그림〉에 맞추어 정리한다.

❷ 보기 ㄱ, ㄴ, ㄹ은 사실상 동일한 선지이므로 한 번에 해결하면, ㄱ과 ㄹ은 옳고 ㄴ은 틀린 선지이다.

❸ 따라서 정답은 ⑤번이다.

기본적으로 그래프형 문제를 푸는 방법은 [Part 1. 시간단축비법]을 반드시 확인하자.

합격자의 시간단축 Tip

Tip ❶ '분산형 그래프'가 주어지면, 기본적으로 '그림을 꼭 활용해야겠다'라는 마음가짐으로 접근하는 것이 좋다. 특히 분산형 그래프와 식이 접목되는 형태라면, (억지로라도) 식을 최대한 그래프의 x, y 축 변수값에 맞춰 정리하는 것이 필요하다.

예를 들어 이 문제의 경우 예상운반거리(x)와 단위판매가격(y)으로 '예상이익금'을 정리하는 것이 가장 우선되는 작업이다.

Tip ❷ '가장 의심되는 부분'에 집중하여 접근하는 것이 중요하다.

필자는 문제를 보았을 때, '0원을 초과'라는 부분이 가장 의심스러웠다. 주로 '이상, 이하'로 주어지지 '초과, 미만'으로 주어지는 일은 잘 없기 때문이다.

실제로 **Tip 1**에 따라 식을 정리하고, 0원 초과의 의미를 살펴보면 x=y축 상방 구간에 있는 값이어야 하며, x=y선 상에 놓여지면 안 된다는 것을 의미한다.

이 부분은 다음 **Tip 3**에서 자세히 활용법을 설명하겠다.

Tip ❸ '원리 응용' 문제의 경우 동일한 것을 다른 표현으로 포장하여 선지를 구성하는 경향이 있다.

이를 잘 인식만 할 수 있으면 한 번의 풀이로 여러 선지를 한 번에 처리할 수 있다는 장점이 있으므로 문제가 이해됐다면 같은 선지가 있는지 찾아보는 것도 좋다.

이 문제의 경우 **Tip 2**에서 'x=y 상방에 있되 선 상에 놓여지면 안 된다는 부분'을 통해 같은 선지를 찾을 수 있다. 기본적으로 보기 ㄱ, ㄴ, ㄹ 모두 x=y 상방에 있는지 묻고 있는 것으로 동일한 선지이다. 따라서 x=y 기준으로 〈그림〉을 통해 한 번에 확인하면 된다.

보기 ㄱ의 경우 잣나무, 낙엽송만 상방에 있어 옳은 선지이며, 보기 ㄴ은 벌채예정량은 위치 변화에 영향을 못 주는 반면, 소나무가 x=y 상에 있어 틀린 선지이고, 보기 ㄹ은 주어진 300만원이 정확히 x=y 상의 값이므로 초과 시 옳은 선지가 된다.

➔ 이 선지들은 한 번에 〈그림〉에서 처리되므로 실제로는 매우 빠르게 해결될 것이다.

106 정답 ⑤ 난이도 ●●○

① (×) 2011년 12월 중국 EEZ 내 한국어선 조업일수는 전월대비 ~~감소하였다.~~

➔ 2011년 12월 중국 EEZ 내 한국어선 조업일수는 1,122일,

2011년 11월 중국 EEZ 내 한국어선 조업일수는 789일로 전월대비 증가하였다.

② (×) 2011년 11월 한국어선의 일본 EEZ 입어척수는 전년 동월 대비 ~~감소하였다.~~

➔ 2011년 11월 한국어선의 일본 EEZ 입어척수는 242척이다. 하지만 2011년 11월 한국어선의 일본 EEZ 입어척수가 전년 동월 대비 감소하였는지를 알기 위해서는 2010년 11월 한국어선의 EEZ 입어척수를 알 수 있는 자료가 필요하다. 하지만 전년 동월인 2010년 11월 한국어선의 일본 EEZ 입어척수는 표에 나와 있지 않기 때문에 비교할 수 없다.

③ (×) 2011년 12월 일본 EEZ 내 한국어선의 조업일수는 같은 기간 중국 EEZ 내 한국어선 조업일수의 3배 ~~이상이다.~~

➜ 2011년 12월 일본 EEZ 내 한국어선의 조업일수는 3,236 일이고, 같은 기간 중국 EEZ 내 한국어선 조업일수는 1,122일이다.

3,236일은 1,122일의 3배인 1,122일×3=3,366일보다 작으므로, 2011년 12월 일본 EEZ 내 한국어선의 조업일수는 같은 기간 중국 EEZ 내 한국어선 조업일수의 3배 미만이다.

④ (×) 2011년 12월 일본어선의 한국 EEZ 내 입어척수당 조업일수는 전년 동월 대비 ~~증가하였다.~~

➜ 일본어선의 한국 EEZ 내 입어척수당 조업일수는 $\frac{\text{한국 EEZ 내 일본어선의 조업일수}}{\text{한국 EEZ 내 일본어선의 입어척수}}$이다.

2011년 12월 일본어선의 한국 EEZ 내 입어척수당 조업일수는 $\frac{277(\text{일})}{57(\text{척})} \approx 4.86$이며, 전년 동월의 입어척수당 조업일수는 $\frac{166(\text{일})}{30(\text{척})} \approx 5.53$이므로 해당 선지는 옳지 않다.

⑤ (○) 2011년 11월 일본어선과 중국어선의 한국 EEZ 내 어획량 합은 같은 기간 중국 EEZ와 일본 EEZ 내 한국어선 어획량 합의 20배 이상이다.

➜ 2011년 11월 일본어선과 중국어선의 한국 EEZ 내 어획량은 각각 2,176t, 9,445t으로 합은 (2,176톤+9,445톤) = 11,621t이다. 같은 기간 중국EEZ와 일본 EEZ 내 한국어선 어획량은 각각 64t, 500t으로 합은 (64톤+500톤)=564t이다. 564t의 20배는 (564톤×20)=11,280t이므로 2011년 11월 일본어선과 중국어선의 한국 EEZ 내 어획량 합은 같은 기간 중국 EEZ와 일본 EEZ 내 한국어선 어획량의 합의 20배 이상이다.

합격자의 실전 풀이 순서

❶ 〈표〉의 단위를 확인하고, 한국 EEZ 해역에서는 어선 국적(일본 / 중국)을 구별하고, 외국 해역에서는 한국 국적 어선 자료가 주어져 있음을 확인한다. 2011년 12월을 기준으로 전년 동월 대비, 전월 대비 비교가 가능함을 확인한다.

❷ 선지 ④는 나눗셈 계산을 요하므로 뒷순위로 미루고, 주어진 자료의 단순 확인 또는 단순 계산만을 요하는 나머지 선지들을 먼저 해결한다.

합격자의 시간단축 Tip

선지 ① 선지 ② '전월 대비, 전년 대비'를 잘 구분해야 한다. 특히 '연도+월'로 주어진 자료일수록 이를 헷갈려서 실수할 가능성이 높으므로 잘 확인해야 한다.

선지 ③ 중국 EEZ 내 한국어선의 조업일수는 1,122로 그 3배는 1,100의 3배인 3,300보다 크다.
일본 EEZ 내 한국어선의 조업일수는 3,300보다 작으므로, 1,122의 3배보다 당연히 작다.

선지 ④ 2010년 12월은 30→166로 5배가 조금 넘는 값이지만 2011년 12월은 57→277로 5배가 채 되지 않는다. 따라서 전년 동월 대비 감소하였다.

선지 ⑤ 한국어선의 어획량 합은 564로 그 20배는 564×20=11,280이다. 이때 일본, 중국의 어획량 합은 2,176+9,445=약 2,000+9,400=11,400 > 11,280이므로 20배 이상이다.

[실수 방지 Tip]
이 문제는 실제로 계산하는 부분은 아주 어렵지 않지만 보기의 문장 구조에 함정이 있다.
아래 문장을 보면,
보기 ①번은 2011년 12월 중국 EEZ 내 한국어선 조업일수 ~ > 에서 '해역'을 먼저 알려주고 '어선 국적'을 알려주는데,
보기 ②번은 2011년 11월 한국어선의 일본 EEZ 입어척수 ~ > 에서는 '어선 국적'을 먼저 알려주고 뒤에 '해역'을 배치하여 실수를 유발하게 한다. 문제를 풀 때 이런 부분을 신경 쓰면서 풀어주는것이 좋다.

[계산 팁]
〈④ 2011년 12월 일본어선의 한국 EEZ 내 입어척수당 조업일수〉
여기서 자주 나오는 문장 형태는 외워 두면 좋다.
[A 당 B]=〈$\frac{B}{A}$〉 or 〈앞에는 분모, 뒤에는 분자〉

분수를 나타내는 다양한 문장 형태는 'Part 1. 시간단축비법'의 분수 파트를 참조하자.

107 정답 ❹ 난이도 ●●●

ㄱ. (×) 소작쟁의 발생 건당 참여인원이 가장 적은 해는 ~~1936년이다.~~

➜ 연도별 소작쟁의 발생 건당 참여인원은 $\frac{\text{해당연도 참여인원}}{\text{해당연도 소작쟁의 발생 건수}}$이다. 위 식에 값을 대입하면,

• 1930: $\frac{13,011}{726}$=17.92...

• 1931: $\frac{10,282}{697}=14.75...$

• 1932: $\frac{4,686}{305}=15.36...$

• 1933: $\frac{10,337}{1,977}=5.22...$

• 1934: $\frac{22,454}{7,544}=2.97...$

• 1935: $\frac{59,019}{25,834}=2.28...$

• 1936: $\frac{72,453}{29,948}=2.41...$

따라서 소작쟁의 발생 건당 참여 인원이 가장 적은 해는 1935년이다.

ㄴ. (×) 1932년 이후 소작쟁의 발생건수가 매년 증가한 지역은 ~~5곳이다.~~

→ 〈표 2〉에서 1932년부터 1936년까지 소작쟁의 발생 건수가 매년 증가한 지역만 찾아주면 된다. 매년 증가한 지역은 [경상도, 충청도, 평안도, 함경도] 총 4곳이다.

ㄷ. (×) 전체 소작쟁의 참여인원 중 지주가 차지하는 비중은 ~~매년 증가~~하였다.

→ $\frac{\text{소작쟁의 참여한 지주인원}}{\text{전체 소작쟁의 참여인원}}$의 값을 구해주면 된다.

〈표 1〉에서 해당 수치들을 대입하여 구하면,

• 1930: $\frac{860}{13,011}=0.06...,$

• 1931: $\frac{1,045}{10,282}=0.10..,$

• 1932: $\frac{359}{4,686}=0.07...,$

• 1933: $\frac{1,693}{10,337}=0.16...$

• 1934: $\frac{6,090}{22,454}=0.27...,$

• 1935: $\frac{22,842}{59,019}=0.38...,$

• 1936: $\frac{29,673}{72,453}=0.40...$

1931년에서 1932년이 될 때 비중이 감소하였으므로 매년 증가하는 것은 아니다.

ㄹ. (○) 1930년에 비해 1936년에 전국 소작쟁의 발생건수에서 지역별 소작쟁의 발생건수가 차지하는 비중이 증가한 지역은 5곳이다.

→ 전국 소작쟁의 발생건수에서 지역별 소작쟁의 발생건수가 차지하는 비중은 $\frac{\text{해당지역별 소작쟁의 발생 건수}}{\text{전국 소작쟁의 발생 건수}}$의 값이고 〈표 2〉에서 해당 수치를 대입하여 계산하면 된다.

• 강원도: 1930년 비중≈0.005
• 1936년 비중≈0.089
• 경기도: 1930년 비중≈0.13
• 1936년 비중≈0.04
• 경상도: 1930년 비중≈0.31
• 1936년 비중≈0.23
• 전라도: 1930년 비중≈0.33
• 1936년 비중≈0.24
• 충청도: 1930년 비중≈0.19
• 1936년 비중≈0.27
• 평안도: 1930년 비중≈0.006
• 1936년 비중≈0.057
• 함경도: 1930년 비중≈0
• 1936년 비중≈0.13
• 황해도: 1930년 비중≈0.017
• 1936년 비중≈0.031이다.

따라서 비중이 증가한 지역은 [강원도, 충청도, 평안도, 함경도, 황해도]로 총 5곳이다.

합격자의 실전 풀이 순서

❶ 〈표 1〉, 〈표 2〉의 단위를 확인하고, 실수를 방지하기 위해 '전체', '전국'에 구분선을 표시한다.

❷ 〈표 1〉, 〈표 2〉를 결합해야 하는 보기 ㉠은 뒷순위로 미룬다. 계산이 필요 없는 보기 ㉡ 먼저 해결한다.

❸ 보기 ㉡이 옳지 않으므로, 선지 ②, ③을 지운다. 그리고 〈표 1〉만 활용하는 보기 ㉢을 해결한다. 다음으로 보기 ㉠, 보기 ㉣중 스스로 판단하기에 더 빠르게 풀 수 있는 보기를 푼다.

합격자의 시간단축 Tip

보기 ㉠ 1936년의 29,948→72,453은 29,948을 30,000으로 볼 때 2.4배를 약간 초과하는 값이다. 이때 1935년의 값을 구해 비교하지 않고 2.4배를 주어진 것으로 보고 모순이 발생하는지 확인하는 것이 좋다. $25,834\times2.4=$약 $25,000\times2.5-25,000\times0.1=62,500-2,500=60,000>59,019$이다. 즉 더 작은 값으로 근삿값을 잡았음에도 크므로 2.4배 이하임을 쉽게 알 수 있다. 따라서 틀린 선지이다.
참고로 위 풀이에서 2.4배를 그냥 곱하지 않고 세분화 한 것은 $25\times25=625$를 이용하기 위한 것이다.

보기 ㉡ 단순 확인 문제로 기출 문제 경향상 처음과 끝에 배치되는 경향이 있으므로,
① 앞과 뒤를 먼저 확인 후

② 반례가 나오지 않을 경우 그 이후에 중간을 검토하는 것이 효율적이다.

가장 앞인 1933년을 확인 시 강원도가 소거되며, 1936년을 확인 시 경기도, 전라도, 황해도가 소거되어 총 4곳이 남으므로 틀린 선지가 된다.

참고로 '5곳'인지만 물었으므로 각 지역이 어디인지 파악하는 일은 없어야 한다. 개수만 알면 충분하다.

보기 © 소작쟁의 참여 지주 수는 1932년을 제외하고 매년 전년대비 증가하고, 전체 참여인원은 1931년, 1932년을 제외하고 매년 전년대비 증가한다.

이때 1931년의 경우 10,282 → 1,045로 10% 이상이지만, 1932년의 경우 4,686 → 359는 10%가 채 되지 않으므로 1932년에는 감소하였음을 쉽게 알 수 있다. 따라서 틀린 선지이다.

보기 ⓔ '비중의 증감' 하나만 찾는 것이 아니라 다수 찾아야 할 경우 빠른 풀이를 위해 '전체의 증가율'과 '구성요소의 증가율'을 비교하는 형태로 푸는 것이 좋다.

1930년에 비해 1936년에 전국 소작쟁의 발생 건수는 726에서 29,948로 약 40배($700 \times 40 = 28,000$, $20 \times 40 = 800$) 증가했다.

따라서 40배를 기준으로 40배보다 크게 증가한 곳을 찾으면 된다.

- 강원도: $4 \times 40 < 2,677$이므로 40배 이상
- 경기도는 $95 \times 40 > 1,299$이므로 40배 이하
- 경상도: $230 \times 40 > 7,040$이므로 40배 이하
- 전라도는 $240 \times 40 > 7,712$로 40배 이하
- 충청도: $139 \times 40 < 8,136$이므로 40배 이상
- 평안도는 $5 \times 40 < 1,733$으로 40배 이상
- 함경도: 1930년이 0이므로 당연히 40배 이상
- 황해도는 $13 \times 40 < 947$이므로 40배 이상이다.

따라서 40배 이상인 지역인 강원도, 충청도, 평안도, 함경도, 황해도의 비중이 증가한다.

108 정답 ①

난이도 ●●●

〈2문단〉 1문장: 경복궁과 창덕궁의 유료 관람객 수는 매년 무료 관람객 수의 2배 이상이었다.

➜ 〈표 1〉에서 보면 B와 C의 2008년 유료 관광객의 수가 무료 관광객의 수의 2배가 안 되는 것을 알 수 있다. 반면 A와 D의 경우 2008년부터 2012년까지 모두 유료 관광객의 수가 무료 관광객의 수의 2배가 넘는 것을 알 수 있다.

➜ 따라서 A와 D유적지는 경복궁과 창덕궁 중 하나이다.

➜ 결국 〈선택지〉 ⑤는 정답이 아니다.

→ [남은 선택지: ①, ②, ③, ④]

〈2문단〉 2문장: 유료 관람객을 내국인과 외국인으로 나누어 분석해 보면, 창덕궁의 내국인 유료 관람객 수는 매년 증가하였다.

➜ 〈표 1〉에서 주어진 유료 관람객 수는 외국인 유료 관람객 수와 내국인 유료 관람객 수의 합이다. 반면에 〈표 2〉에서 주어진 수는 외국인 유료 관람객 수이다. 그렇기 때문에 내국인 유료 관람객 수를 구하기 위해선 〈표 1〉의 유료 관광객 수에서 〈표 2〉의 외국인 유료 관람객 수를 빼야 한다. A에서 유료 내국인 관람객은 다음과 같다.

- 2008년: $673 - 299 = 374$
- 2009년: $739 - 352 = 387$
- 2010년: $1,001 - 327 = 674$
- 2011년: $1,120 - 443 = 677$
- 2012년: $1,287 - 587 = 700$

그러므로 A가 창덕궁이다. 따라서 남은 D는 경복궁이다.

➜ 결국 〈선택지〉 ③, ④는 정답이 아니다.

→ [남은 선택지: ①, ②]

〈3문단〉 2문장: 특히 종묘는 전체 관람객 수가 매년 감소하여 국내외 홍보가 필요한 것으로 분석되었다.

➜ 전체 관람객 수는 유료 관람객 수와 무료 관람객 수의 합이다.

B의 경우 2010년과 2011년을 비교하면 2010년은 1,097명, 2011년은 1,183명으로 증가하였다.

반면에 C의 경우 매년 전체 관람객의 수가 감소하는 것을 알 수 있다.

그러므로 B는 덕수궁이고, C는 종묘이다.

➜ 따라서 정답은 ①이다.

합격자의 실전 풀이 순서

❶ 〈표 1〉, 〈표 2〉의 연도, 단위를 확인하고, 〈표 1〉 아래의 각주를 확인한다.

❷ 〈보고서〉의 3문단부터 해결한다.

❸ B=덕수궁, C=종묘이므로, 선지 ①, ③이 남는다. 따라서 〈보고서〉에서 경복궁과 창덕궁에 대해 언급하고 있는 2문단을 해결한다.

합격자의 시간단축 Tip

〈보고서〉 3문단 유료, 무료 관람객 수가 2008년보다 2012년에 감소한 문화유적지는 B, C이다.

이때 '전체'를 계산해서 비교하는 것은 시간이 크게 소모되므로, 유료와 무료로 나눠 각각을 살펴보는 것이 좋다. 특히 전체 관람객 수가 매년 감소한 것은 B의 경우 2011년에 유료, 무료 관람객 수가 모두 증가하여 종묘가 아니다. 따라서 B는 덕수궁, C는 종묘이다.

〈보고서〉 2문단 경복궁과 창덕궁 모두에 대해 설명하는 첫 문장은 건너뛰고, A와 D 중 내국인 유료 관람객 수가 매년 증가하는 것이 무엇인지 확인한다. 이 역시 3문단과 마찬가지로 '차잇값'을 구해 비교하지 않고 유료와 외국인 유료를 각각 나눠 살펴보는 것이 좋다.
유료 관람객 수의 증가 폭은 작고, 외국인 유료 관람객 수의 증가 폭은 큰 연도에 집중해야 한다.
A의 경우 외국인 유료 관람객 수의 증가 폭이 미미한 반면, D는 2008년에 비해 2009년 외국인 유료 관람객 수가 400 초과 증가한다. 해당 기간 유료 관람객 수는 약 300 증가했으므로 내국인 유료 관람객 수는 감소한다. 따라서 D는 창덕궁이 아니다. 즉, A는 창덕궁, D는 경복궁이다.

109 정답 ②

난이도 ●●○

ㄱ. (×) 1992년 노동시간당 산출은 ~~매 분기 증가하였다.~~

➜ 〈표〉의 '노동시간당 산출 비율'은→

$\frac{\text{해당연도 해당분기 노동시간당 산출}}{\text{1992년 해당분기 노동시간당 산출}}$이므로,

1992년 해당분기 노동시간당 산출은→

$\frac{\text{해당연도 해당분기 노동시간당 산출}}{\text{해당연도 해당분기 노동시간당 산출비율}}$이다.

하지만 2006년이나 2007년의 분기별 노동시간당 산출 값이 주어져 있지 않으므로 1992년 노동시간당 산출을 구할 수 없다. 따라서 틀린 보기이다.

ㄴ. (×) 2007년 2분기의 1인당 인건비는 2007년 1분기에 ~~비해 감소하였다.~~

➜ 해당연도 해당분기의 '1인당 인건비 비율'은→

$\frac{\text{해당연도 해당분기 1인당 인건비}}{\text{1992년 해당분기 1인당 인건비}}$이다.

즉 (해당연도 해당분기 1인당 인건비)=(해당분기의 '1인당 인건비 비율')×(1992년 해당분기 1인당 인건비)이다.

주어진 〈표〉는 1992년 각 동일 분기 대비 제조업의 노동시간, 산출, 인건비의 비율이다. 표에서 보면 감소하였다고 착각할 수 있으나, 표에서 나타낸 것은 비율이므로 1992년 1분기, 2분기의 1인당 인건비를 알 수 없다. 따라서 틀린 보기이다.

ㄷ. (○) 2007년 각 분기별 노동시간당 산출은 2006년 동기에 비해 모두 증가하였다.

➜ 2007년 해당분기 '노동시간당 산출 비율' vs 2006년 해당분기 '노동시간당 산출 비율'은 아래와 같다.

→ $\frac{\text{2007년 해당분기 노동시간당 산출}}{\text{1992년 해당분기 노동시간당 산출}}$ vs $\frac{\text{2006년 해당분기 노동시간당 산출}}{\text{1992년 해당분기 노동시간당 산출}}$

→ 2007년 해당분기 노동시간당 산출 vs 2006년 해당분기 노동시간당 산출

〈표〉를 보면 2007년의 각 분기별 '노동시간당 산출 비율'이 2006년 동기에 비해 모두 증가하였으므로 옳은 보기이다.

ㄹ. (×) 2007년 3분기의 노동시간당 인건비는 2006년 동기에 비해 ~~6.1 % 증가하였다.~~

➜ 위에서 풀었던 보기 ㉢과 마찬가지로, 2007년 3분기의 노동시간당 인건비를 2006년 동기 인건비와 비교할 때, '노동시간당 인건비 비율'을 활용하면 된다.

→ $\frac{\text{2007년 3분기의 노동시간당 인건비}}{\text{2006년 3분기의 노동시간당 인건비}}$

$=\frac{\text{2007년 3분기의 노동시간당 인건비 비율}}{\text{2006년 3분기의 노동시간당 인건비 비율}}$

$=\frac{176.4\%}{170.3\%}=1.036$이다.

따라서 6.1%가 아닌 약 3.1%가 증가하였으므로 틀린 보기이다.

합격자의 실전 풀이 순서

❶ 〈표〉가 1992년 각 동일분기 대비 비율임을 확인하고, 연도별 같은 분기 간의 비교만이 가능함을 인지한다.

❷ 비율 자료만으로 알 수 없는 보기 ㉠을 바로 제거한다. 따라서 선지 ②, ④, ⑤가 남는다.

❸ 마찬가지로 서로 다른 분기(2분기와 1분기)를 비교하는 보기 ㉡ 역시 알 수 없는 것으로 제거한다. 따라서 선지 ②, ⑤가 남으므로, 보기 ㉣을 해결한다.

❹ 보기 ㉣은 자주 출제되는 %p의 함정(176.4%는 170.3%에 비해 6.1%p증가, 170.3%에 비해 $\frac{176.4-170.3}{170.3}\times100\approx3.58\%$ 증가)으로, 옳지 않은 보기이다.

합격자의 시간단축 Tip

보기㉠ 보기㉡ '지수' 문제는 기준값(내지 분모)을 잘 확인하여야 한다. 〈표〉의 이름을 보면 '동일 분기 대비'이므로 동 분기 간 지수 비교는 가능하지만, 다른 분기 간 지수 비교는 불가하다는 것을 알 수 있다. 따라서 보기 ㉠, ㉡ 모두 알 수 없는 정보이다.

보기 ⓒ 각각을 비교하지 않아도 된다. 2006년의 경우 가장 큰 값은 4분기 175.4이지만 2007년의 경우 가장 작은 값이 1분기의 177.0이다.
따라서 굳이 각각을 확인하지 않더라도 모두 증가하였음을 쉽게 알 수 있다.

보기 ⓓ 6.1%는 100%를 기준으로 한 값이다. 즉 170%를 기준으로 할 경우 6.1%의 값은 더 커야 한다. 그러나 두 연도의 차이는 176.4%−170.3%=6.1%이므로 당연히 틀린 선지가 된다.
주의할 것은 "%p가 아니므로 틀렸다"라고 바로 처리하면 안 된다.
이 문제와 달리 100%를 기준으로 값을 줄 경우 %p와 %가 일치하기 때문에 맞는 선지가 될 수도 있기 때문이다. 따라서 % 차잇값을 질문할 경우 위와 같이 100%를 가운데 두고 이보다 큰지 작은지를 통해 가볍게 확인하는 것이 좋다.

110 정답 ④ 난이도 ●●○

ㄱ. (×) 커피 수입금액은 2008년부터 2011년까지 ~~매년 증가하다가~~ 2012년에 감소

→ 2008년 총 커피 수입금액은:
252.1(천 달러)+37.1(천 달러)+42.1(천 달러)=331.3(천 달러)이고,
2009년 총 커피 수입금액은:
234.0(천 달러)+42.2(천 달러)+34.6(천 달러)=310.8(천 달러)이다.
따라서 2008년에서 2009년으로 넘어갈 때 감소하였음을 알 수 있으므로 매년 증가한 것은 아니다.

ㄴ. (○) 2012년 원두 수입중량 대비 생두 수입중량 비율은 2008년에 비해 감소

→ 원두 수입중량 대비 생수 수입중량 비율은 $\frac{\text{생두 수입중량}}{\text{원두 수입중량}}$의 값으로 구할 수 있다. 값을 구해보면,

- 2012년 원두 수입중량 대비 생두 수입중량: $\frac{100.2}{5.4}=18.56$
- 2008년 원두 수입중량 대비 생두 수입중량: $\frac{97.8}{3.1}=31.55$

그러므로 2008년에 비해 2012년에는 감소하였다.

ㄷ. (○) 생두 수입단가는 2011년에 전년대비 50% 이상 상승한 후 2012년에 전년대비 하락

→ 생두 수입단가는 $\frac{\text{생두 수입금액}}{\text{생두 수입중량}}$이고, 〈표〉에서 해당 수치를 대입하여 구할 수 있다.

- 2010년 생두 수입 단가: $\frac{316.1}{107.2}=2.95$
- 2011년 생두 수입 단가: $\frac{528.1}{116.4}=4.54$
- 2012년 생두 수입 단가: $\frac{365.4}{100.2}=3.65$이다.

2010년과 2011년을 비교해보면 50% 이상 증가하였고, 2011년과 2012년을 비교하면 하락하였다.

ㄹ. (○) 2009 ~ 2012년 동안 원두 수입금액의 전년대비 증가율은 2011년에 최대

→ 전년대비 증가율은 $\frac{\text{올해 양}-\text{전년도 양}}{\text{전년도 양}}\times100$의 값이다. 각 연도별로 증가율을 구해보면,

- 2009년: (42.2−37.1)÷37.1×100=13.7%
- 2010년: (55.5−42.2)÷42.2×100=31.5 %
- 2011년: (90.5−55.5)÷55.5×100=63.1%
- 2012년: (109.8−90.5)÷90.5×100=21.3%

이므로 2011년에 가장 증가율이 높다. 따라서 옳은 보기이다.

ㅁ. (×) 2012년 커피 조제품 수입단가는 2008년 대비 200% ~~이상의 증가율을~~ 보임

→ 2012년 커피 조제품 수입단가: $\frac{122.4(\text{천 달러})}{8.9(\text{톤})}$

2008년 커피 조제품 수입단가: $\frac{42.1(\text{천 달러})}{6.3(\text{톤})}$이다.

2008년 대비 200% 증가는 즉 3배 크다는 뜻과 같다.
따라서 식을 세워보면,

$\frac{42.1(\text{천 달러})}{6.3(\text{톤})}\times3=\frac{126.3(\text{천 달러})}{6.3(\text{톤})}$이다.

이때 $\frac{122.4(\text{천 달러})}{8.9(\text{톤})}<\frac{126.3(\text{천 달러})}{6.3(\text{톤})}$이므로 2012년 커피 조제품 수입단가는 2008년 대비 200% 미만 증가하였다. 따라서 틀린 보기이다.

합격자의 실전 풀이 순서

❶ 〈표〉의 단위를 확인하고 각주를 확인한다.
❷ 〈보고서〉의 가장 하단에 있는 ⓜ부터 해결한다. 단, ⓜ은 수입단가의 계산을 요하므로, 다음으로 보고서 아래에 있는 ⓓ부터 해결한다.
❸ ⓓ이 옳으므로 선지 ②, ④, ⑤가 남는다. ⓒ 역시 수입단가의 계산을 요하므로 뒷순위로 미루고, ⓑ을 해결한다.

❹ ㉡이 옳으므로 선지 ④, ⑤가 남는다. 따라서 2개 연도의 수입단가를 비교하는 ㉤을 3개 연도의 수입단가를 비교하는 ㉢보다 먼저 해결한다.

합격자의 시간단축 Tip

보기 ㉠ 전체 커피 수입금액을 더해서 비교하지 않고, 각 구성요소의 '차잇값'의 비교를 통해 처리하는 것이 좋다. 2012년에 생두 수입금액은 약 160 감소하고, 원두는 약 20, 커피조제품은 약 24 증가하므로 전년대비 수입금액이 감소한다.
2011년, 2010년에는 전년대비 생두, 원두, 커피조제품 모두 수입금액이 증가하고, 2009년에는 생두 수입금액이 약 18 감소하고, 원두는 약 5 증가하며, 커피조제품은 약 8 감소하므로 전년대비 수입금액이 감소한다. 이때 실전에서는 위처럼 구체적으로 각 값을 확인할 필요는 없고, 단순히 "감소가 더 크다", "증가가 더 크다" 정도만 확인하면 된다.

보기 ㉡ 근삿값으로 판단하되, 어느 한 값만 계산 후 다른 값에 대입하여 모순이 생기는지 확인하는 것이 좋다. 2008년의 경우 3.1→97.8로 약 33배이지만, 2012년의 경우 5.4
→100.2로 33배에 한참 모자란 값이다. 따라서 2008년에 비해 감소하였다.

보기 ㉢ 2010년의 경우, 107.2→316.1은 3배가 약간 안 되는 값이다. 따라서 50% 이상이라는 것은 2011년에 3× 1.5=4.5배 가량 되어야 한다는 것을 의미한다. 이때 나눗셈보다는 곱셈이 더 빠르고 쉬운 연산 방법이므로 나눗셈으로 2011년 값을 도출하지 않고, 앞선 4.5배를 2011년에 대입 후 모순이 발생하는지 확인하는 형태로 처리하는 것이 더 효율적이다.
116.4×4.5=약 (120−4)×4.5=약 540−16=524 < 528.1이므로 4.5배 이상이므로 옳은 선지이다.

보기 ㉣ 값들 간의 차이가 큰 만큼 매우 간략한 수준으로 확인해도 충분하다.
보기 ㉣에서 언급한 2011년은 55.5→90.5는 2배가 조금 안 되는 값이다. 이를 기준으로 다른 연도를 확인할 때 2009, 2010, 2012년 모두 2배에 한참 못 미치는 값이므로 2011년이 가장 크다는 것을 알 수 있다.

보기 ㉤ 200% 이상의 증가율이란 3배 이상임을 의미한다. 2008년 커피 조제품 수입단가는 $\frac{42.1}{6.3}$ ≈7(6×7=42)이다. 이때 2012년의 값을 구해서 3배인지 확인하지 않고, 7×3=21배 이상인지 확인하는 것이 효율적이다. 8.9×21=약 9×20으로 굳이 계산하지 않더라도 122.4보다는 한참 큰 숫자이므로 틀린 선지임을 쉽게 알 수 있다.

111 정답 ④ 난이도 ●●○

ㄱ. (×) 수도권 인구밀도는 전국 인구밀도의 2배 이상이고,
➜ 인구밀도는 '단위 면적당 인구'를 의미하며 (인구수)÷(단위면적)=(인구밀도)이다.
따라서 수도권의 인구밀도와 전국의 인구밀도를 구하기 위해서는 수도권과 전국의 인구 수와 수도권의 면적, 그리고 전국의 면적을 알아야 한다.
위의 〈표〉에는 수도권의 인구 수와 전국의 인구수는 나와 있지만, 수도권과 전국의 면적이 모두 나오지 않았기 때문에 인구밀도는 알 수 없다. 또한 〈표〉에 나온 인구수 항목에서 $\frac{B}{A}$×100이 48.9%인 것은 인구수만 고려한 것으로 인구밀도를 나타낸 것이 아니다.

ㄴ. (×) 수도권 1인당 주택면적은 전국 1인당 주택면적보다 작다.
➜ (주택면적)÷(인구 수)=(1인당 주택면적)이므로 1인당 주택면적을 구하기 위해서는 인구수와 주택의 면적을 알아야 한다. 위의 〈표〉에는 수도권과 전국의 인구 수가 나와 있지만, 주택의 면적이 나와 있지 않고 주택의 호 수가 나와 있기 때문에 1인당 주택 면적을 구할 수 없다.

ㄷ. (×) 수도권 제조업과 서비스업 생산액이 전국 제조업과 서비스업 생산액에서 차지하는 비중은 각각 50% 이상이다.
➜ 위의 〈표〉에 나온 항목은 '지역 총생산액'으로 '지역 총생산액'은 '제조업과 서비스업 생산액'과 다르다. 또한 그 아래 항목인 '제조업체 수'와 '서비스업체 수'는 단순히 업체의 수를 나타낸 것으로 업체의 수와 생산액은 다르기 때문에 위의 〈표〉에 나온 자료로는 수도권과 전국의 '제조업과 서비스업 생산액'을 알 수 없다.

ㄹ. (○) 수도권 1인당 금융대출액은 전국 1인당 금융대출액보다 많다.
➜ (1인당 금융대출액)=(총 금융대출액)÷(인구수)이다.
수도권의 1인당 금융대출액은 $\frac{469,374}{24,472}$ ≈19(단위: 십억 원)이고 전국 1인당 금융대출액은 $\frac{699,430}{50,034}$ ≈14(단위: 십억 원)이므로 수도권 1인당 금융대출

액이 전국 1인당 금융대출액보다 크다. 이는 위의 〈표〉에서 도출할 수 있는 정보이다.

ㅁ. (×) 4년제 대학 재학생 수는 수도권이 비수도권보다 적다.
➜ 위의 〈표〉에는 4년제 대학 수만 나와 있을 뿐, 4년제 대학 재학생 수는 나와 있지 않기 때문에 도출할 수 없는 자료이다.

합격자의 실전 풀이 순서

❶ 발문을 통해 〈표〉의 자료에서 도출할 수 있는 정보를 찾는 문제임을 파악한다.
즉, 구체적인 수치의 정오판단이 중요하지 않은 문제임을 인식한다.

❷ 〈보고서〉의 선지별로 필요한 정보가 무엇인지 파악한다. 보기 ㉠은 인구밀도, 보기 ㉡은 1인당 주택면적, 보기 ㉢은 제조업, 서비스업 생산액의 비중, 보기 ㉣은 1인당 금융대출액, 보기 ㉤은 4년제 대학 재학생 수이다.

❸ 〈표〉에 주어진 정보로 도출할 수 있는 것은 수도권과 전국의 인구, 금융대출액을 통해 도출할 수 있는 1인당 금융대출액으로 보기 ㉣, ④번이 답이다.

합격자의 시간단축 Tip

'자료에서 도출 가능한 값 찾기' 문제는 모든 선지가 '〈표〉의 구분'만 확인하면 되는 간단한 문제이다. 최근 선지 플레이가 적극 장려되지는 않지만, 적어도 이 유형은 '단순 확인'에 불과하여 출제 의도상 시간 소모를 유도하기 위해 정답이 뒷부분에 배치될 개연성이 높으므로 뒤에서부터 확인할 것을 추천한다. 이 문제 역시 정답이 ④번이다.

112 정답 ② 난이도 ●●○

ㄱ. (○) 2012년 11월에 비해 2013년 11월 7개 도시 모두에서 아파트 평균 전세가격이 상승하였다.
➜ 〈표〉를 보면 값이 100 이하인 것이 하나도 없다. 이는 모든 면적별 전세가격 지수가 모든 지역에서 상승했다는 것을 의미한다.
따라서 2013년 11월 7개 도시 모두에서 아파트 평균 전세가격이 상승하였다.

ㄴ. (×) 중형 아파트의 2012년 11월 대비 2013년 11월 평균 전세가격 상승액이 ~~가장 큰 도시는 대구이다.~~
➜ 2012년 11월 대비 2013년 11월 평균 전세가격 상승액은 2012년 11월 평균 전세가격을 알아야 구할 수 있다.
따라서 틀린 보기이다.

ㄷ. (○) 각 도시에서 아파트 전세공급 상황에 대해 '부족'이라고 응답한 공인중개사는 '충분'이라고 응답한 공인중개사보다 많다.
➜ 전세 수급 동향지수=부족−충분+100이다.
따라서 부족−충분=전세수급동향지수−100이므로, 전세수급동향지수−100 > 0이면, 부족 > 충분이다.
이때, 모든 지역에서 전세수급 동향 지수가 100보다 높으므로 '충분'이라고 응답한 비율보다 '부족'이라고 응답한 비율이 더 높다.

ㄹ. (×) 광주의 공인중개사 중 ~~60% 이상~~이 광주의 아파트 전세공급 상황에 대해 '부족'이라고 응답하였다.
➜ 광주의 공인중개사 중 '부족'이라고 응답한 비율이 '충분'이라고 응답한 비율보다 1.3%p 더 많았다.
그러나 '부족' 응답비율+'적당' 응답비율+'충분' 응답비율 =100%이므로, '부족'이라고 응답한 공인중개사의 비율은 정확히 알 수 없다.

합격자의 실전 풀이 순서

❶ 〈표〉의 내용과 각주를 확인한다. 특히 '지수' 문제인 만큼 각주를 주의하여 읽는다.

❷ '지수' 문제는 원리만으로도 계산 없이 바로 풀 수 있는 '알 수 없는 정보' 선지가 자주 출제되므로 이를 먼저 확인하는 것이 좋다. 보기 ㉡이 전형적인 알 수 없는 정보로 틀린 선지이다.
따라서 ①, ③, ④번을 소거한다.

❸ 남은 보기 ㉠과 ㉣ 중 각주만으로 해결할 수 있는 ㉣을 확인하면 틀린 선지이다.
따라서 정답은 ②번이다.

합격자의 시간단축 Tip

보기 ㉠ 각주 1)에 따라 '전세가격의 상승'은 "전세 가격 지수가 100 초과인지" 묻는 것과 같다.
모든 값이 100을 넘으므로 옳은 선지이다.

보기 ㉡ '지수' 문제는 분모가 가장 중요하다. 분모에 해당하는 '2012년 11월 평균 전세가격'을 모르는 한, 지수만 가지고는 '상승률'을 알 수 있을 뿐 '상승액'은 알 수 없다.
따라서 알 수 없는 정보에 해당한다.

보기 ㉢ 전세수급 동향 지수=(부족−충분)+100이므로 부족 > 충분이라는 것은 동향지수가 100이 넘는다는 의미이다.
100이 모두 넘으므로 옳은 선지이다.

보기 ㉣ 주어진 60%가 옳다고 가정하고 모순이 생기는지 확인한다.
광주의 전세수급 동향 지수는 101.3으로 (부족−충분) =1.3이라는 의미이다.
만약 부족이 60%라면 충분이 58%를 넘는 값이어야 하지만, $60\% + 58\% > 100\%$이므로 모순이 발생한다.
따라서 틀린 선지이다.

113 정답 ④ 난이도 ●●●

문제를 해결하기 위해 먼저 제시되어 있는 〈표〉와 〈정보〉에서 파악할 수 있는 사실들을 확인한다.

〈표〉에서 파악한 사실 1.
2013년 가족상담 총건수는 일반상담가 건수 120에 전문상담가 건수 60을 더한 180이다.
가족상담 총건수=120 (일반상담가 건수)+60 (전문상담가 건수)=180

〈정보〉 첫 번째 항목에서 알 수 있는 사실 2.
상반기에 가족 상담의 30%가 실시되었다고 하였으므로 건수를 파악하기 위해서는 사실 1.에서 확인한 가족상담 총건수 180에 백분율 30%, 즉 0.3을 곱하면 된다.
상반기에 실시한 가족 상담 30%의 건수=가족상담 총건수×0.3=180×0.3=54
마찬가지로 하반기에 실시한 가족 상담이 70%였기 때문에 하반기 실시 가족 상담 총건수는 가족 상담 총건수 180에 백분율 70%, 즉 0.7을 곱하면 된다.
하반기에 실시한 가족 상담 70%의 건수=가족상담 총건수×0.7=180×0.7=126

〈정보〉 두 번째 항목에서 알 수 있는 사실 3.
2013년 일반상담가가 실시한 가족 상담의 40%는 상반기에 이루어졌다고 하였으므로, 건수는 일반상담 실시 가족상담 총건수 120에 백분율 40%, 즉 0.4를 곱하면 된다.
상반기 일반상담가에 의해 실시된 가족상담 40%의 건수=일반상담가 상담건수×0.4=120×0.4=48
마찬가지로 하반기에 실시한 일반상담 건수는 일반상담 실시 가족 상담 총건수 120에 백분율 60%, 즉 0.6을 곱하면 구할 수 있다.
하반기 일반상담가에 의해 실시된 가족상담 60%의 건수 =일반상담가 상담건수×0.6=120×0.6=72
파악한 정보를 바탕으로 문제에서 요구하고 있는 하반기 전문상담가 실시한 상담 건수를 알고자 한다면, 하반기 가족상담 총건수 126에 하반기 일반상담가가 실시한 가족상담 건수 72를 빼면 된다.
하반기 전문상담가에 의한 상담 건수=하반기 가족상담 총건수 126 (사실 2)−하반기 일반상담가 가족상담 건수 72 (사실 3)=54
따라서 54건이 정답이다.

합격자의 실전 풀이 순서

❶ 발문을 통해 2013년 "하반기 전문상담가"에 의한 가족상담 건수를 찾는 문제임을 파악한다.
❷ 〈표〉와 각주를 통해 2013년 가족상담 건수는 총 180건임을 파악한다.
❸ 1번째 〈정보〉를 통해 2013년 가족상담은 상반기에 54건, 하반기에 126건 실시되었음을 파악한다.
❹ 2번째 〈정보〉를 통해 2013년 일반 상담가에 의한 가족상담은 상반기에 48건, 하반기에 72건 실시되었음을 파악한다.
❺ 따라서 2013년 하반기 전문 상담가에 의한 가족상담 건수는 126−72=54건이므로 답은 ④번이다.

합격자의 시간단축 Tip

가족상담=일반 상담가에 의한 가족상담+전문 상담가에 의한 가족상담이며, 발문은 '하반기 전문 상담가에 의한 가족상담 건수'이므로 하반기에 대한 정보만 처리하면 더 빠르게 문제를 해결할 수 있을 것이다.
따라서 첫 번째 〈정보〉에서는 하반기 전체 값만, 두 번째 〈정보〉에서는 하반기 일반상담가 상담 수만 도출하여 전후 자를 빼 바로 정답을 도출한다.
즉 상반기에 관련된 정보는 일체 고려하지 않고 해결한다.
[항상 목표하는 값이 무엇인지 방향성을 잡고 풀어야 한다]

114 정답 ② 난이도 ●●●

① (×) 전체 응답자 중 20 ~ 25세 응답자가 차지하는 비율은 ~~50% 이상이다.~~
➜ 〈표 1〉에서 전체 응답자는 113명이고 그중 20 ~ 25세 응답자는 53명이다. 비율을 구하는 식은 $\frac{20\sim25\text{세 응답자 수}}{\text{전체 응답자 수}}\times 100\ \%$ 이다. 비율을 구할 때는 항상 $\frac{\text{부분}}{\text{전체}}$을 생각하면 된다.
따라서 전체 응답자 중 20 ~ 25세 응답자가 차지하는 비율은 $\frac{53}{113}\times 100\ \% = 47\ \%$이므로 틀린 보기이다.

② (○) 26 ~ 30세 응답자 중 4회 이상 방문한 응답자 비율은 15% 미만이다.

➜ 〈표 1〉에서 26 ~ 30세 응답자는 51명이고 그중 4회 이상 방문한 응답자는 (5+2)=7명이다.

비율은 $\frac{\text{부분}}{\text{전체}}$ 즉, 전체에 해당하는 값은 26 ~ 30세 응답자 수에 해당하는 51이고, 부분에 해당하는 값은 26 ~ 30세 응답자 중 4회 이상 방문한 응답자 수이므로 7이다. ○중 △가 차지하는 비율은 $\frac{\triangle}{\bigcirc}$이라는 의미이다. 따라서 다음 보기에서 구하고자 하는 값은 $\frac{7}{51} \times 100\ \% = 14\%$이므로 15% 미만이다.

③ (×) 31~35세 응답자의 1인당 평균 방문횟수는 ~~2회 미만이다.~~

➜ "미만"이라는 표현은 최댓값을 묻는 경우에 사용된다. 따라서

- (31 ~ 35세 응답자의 1인당 평균 방문횟수): $\frac{\text{31~35세 응답자 방문횟수 총합}}{\text{31~35세 응답자 수}}$이므로
- (31 ~ 35세 응답자의 1인당 평균 방문횟수): $\frac{1\times3+3\times4+5\times2}{9} = 2.8$로 2회 이상이다.

④ (×) 전체 응답자 중 직업이 학생 또는 공무원인 응답자 비율은 ~~50% 이상이다.~~

➜ 〈표 2〉에서 직업이 학생인 응답자 수는 49명이고, 공무원인 응답자 수는 2명이다.

따라서 전체 응답자 중 직업이 학생 또는 공무원인 응답자 비율은 $\frac{49+2}{113} = 45\ \%$로 50 % 미만이다.

여기서 '또는'은 더하라는 의미이다.

⑤ (×) 전체 응답자 중 20 ~ 25세인 전문직 응답자 비율은 ~~5% 미만이다.~~

➜ "미만"이라는 표현은 최댓값을 묻는 경우에 사용된다.

따라서 전체 응답자(113명)중 20 ~ 25세인 전문직 응답자 비율의 최댓값을 알기 위해서는 20 ~ 25세이면서 전문직인 응답자의 최댓값을 구해야 한다. 이때, 20 ~ 25세는 53명, 전문직은 7명이므로 비율은: $\frac{7}{113} \times 100 = 6.2\%$이다.

합격자의 실전 풀이 순서

❶ 〈표 1〉은 응답자의 연령대와 방문 횟수에 대한 정보를, 〈표 2〉는 응답자의 직업에 대한 정보를 포함하고 있음을 파악한다.

❷ 선지 플레이를 통해 구체적 수치(50보다는 정밀한 수치인 15 or 5)가 언급된 선지를 먼저 확인한다. 따라서 ②, ⑤번을 먼저 확인한다.

❸ ②번을 확인하면, 26~30세 응답자 중 4회 이상 방문한 응답자는 5+2=7명으로 51의 15%인 5.1+2.55=7.65명보다 작으므로 옳은 선지이다. 답을 표시하고 넘어간다.

합격자의 시간단축 Tip

선지 ① 선지 ④ 전체의 50%를 구해서 비교하지 않고 분자에 2배 하여 처리한다. 즉 ①번은 20~25세 응답자 수(53)에 2배가 전체(113)보다 큰지 확인하고, ④번은 학생+공무원=49 ++2=51에 2배를 곱하여 전체(113)보다 큰지 확인하면 된다. 이 경우 두 선지 모두 2배 값이 더 작아 틀린 선지가 된다.

선지 ② 15%를 계산할 때 큰 단위부터 보고 넘어가는 습관을 들이면 좋다. 예를 들어, 51의 15%는 5.1+2.55인데 이를 더한 구체적인 값과 7을 비교하지 않고, 5+2가 7인데 소수점에 숫자가 더 존재하므로 7보다는 당연히 크다고 인식하는 것이다. 따라서 15%가 7보다 커 선지는 옳은 선지이므로 판단을 마무리한다. 이러한 큰 단위부터 계산하며 비교하는 습관은 숫자가 클 때 더 유용하게 쓰인다.

$\frac{7}{51}$은 15% 계산 없이도 매우 쉽게 처리할 수 있다.

즉 분자, 분모에 2를 곱하면 $\frac{7\times2}{51\times2} = \frac{14}{102}$로 분모가 100이라도 15%가 안 된다는 것을 알 수 있다.

따라서 당연히 15% 미만이다.

선지 ③

[방법 1]

"미만"은 최댓값을 구하는 것이다. 원래는 '6회 이상'과 같은 개구간이 주어진다면 최댓값을 구할 수 없지만, 선지의 31~35세는 6회 이상이 0명이므로 최댓값을 구하는 것이 가능하다. 31~35세의 평균 방문 횟수의 최댓값은 (1×3)+(3×4)+(5×2)=25를 9로 나눈 값이므로 2를 초과한다.

따라서 틀린 선지이다.

[방법 2]

직접 1인당 평균 방문 횟수를 구할 필요가 없다. 선지의 평균 방문 횟수 '2회'를 주어진 것으로 보고, 전체 값

(9)×2=18을 도출한다. 이후 큰 값부터 더해 18과 같거나 넘는 순간 계산을 그만두어 최대한 효율적인 문제 해결이 가능하다.
즉 4~5회부터 더하기 시작하면 (5×2)+(3×4)=22로 1회를 더하지 않아도 이미 18을 초과하므로 틀린 선지임을 알 수 있다.

선지 ⑤ '최댓값 문제'와 '5% 확인 문제'를 섞은 유형으로, 차근차근 순서대로 풀어내면 해결할 수 있다. 먼저 최댓값을 살펴보면, 20~25세 수가 전문직 수보다 많기 때문에 전문직 모두가 20~25세인 경우(=7)가 최댓값이다. 다음으로 5%는 주로 20배 하여 전체 값과 비교하는 것이 편하므로,
(7×20)=140 > 전체(113)이므로 5% 이상임을 쉽게 알 수 있다.

115 정답 ⑤ 난이도 ●●●

ㄱ. (×) E 전공분야 과목 수는 이 대학 전체 과목 수의 25% ~~이상이다.~~
➜ 〈그림〉에서 전체 과목 수는 A~G의 전공 분야별 과목 수를 합산한 것이므로 130개이다.
따라서 E 전공분야의 과목 수는 전체 과목 수의 $\frac{31(개)}{130(개)}$×100=24(%)이므로 E 전공분야의 과목 수는 이 대학 전체 과목 수의 25% 미만이다.

ㄴ. (○) 영어강의 과목 수가 두 번째로 적은 전공분야는 A이다.
➜ 영어강의 과목 수는 〈그림 1〉의 전공분야 별 과목 수와 〈그림 2〉 의 전공분야 별 영어강의 과목 비율을 곱해서 구할 수 있다. 이 값을 구해 보면,
- A 전공: 15×46.7%=7개
- B 전공: 11×90.9%=10개
- C 전공: 12×91.7%=11개
- D 전공: 13×61.5%=8개
- E 전공: 31×80.6%=25개
- F 전공: 12×66.7%=8개
- G 전공: 36×11.1%=4개

따라서 G에 이어 A가 두 번째로 영어 과목 수가 적은 전공 분야이다.

ㄷ. (○) D 전공분야의 영어강의 과목 수는 G 전공분야 영어강의 과목 수의 2배이다.
➜ 보기 ㉡에서 구한 바에 의해 D 전공분야의 영어 과목 수는 8개이고 G 전공분야 영어강의 과목 수는 4개이다.
따라서 D 전공분야의 영어강의 과목 수는 G 전공분야 영어강의 과목 수의 2배 이상이다.

ㄹ. (○) 영어강의 과목 수는 이 대학 전체 과목 수의 50% 이상이다.
➜ 보기 ㉡의 해설에서 구한 전공분야별 영어강의 과목 수를 합하면 총 영어강의 과목 수를 구할 수 있다. ㉡에서 구한 바에 의해 A~G의 영어강의 과목 수의 합은 73개이다.
따라서 영어강의 과목 수가 이 대학 전체 과목 수에서 차지하는 비율을 구해보면, $\frac{73(개)}{130(개)}$×100=56(%)이다.
따라서 영어강의 과목 수는 이 대학 전체 과목 수의 50% 이상이다.

합격자의 실전 풀이 순서

1. 〈그림 1〉의 단위, 〈그림 2〉의 축, 그림 아래의 각주를 확인한다.
2. 〈그림 1〉만 활용하는 보기 ㉠을 먼저 해결한다.
3. ㉠이 옳지 않으므로 선지 ②, ③, ⑤가 남는다. 영어강의 과목 비율을 활용할 수 있는 보기 ㉣을 보기 ㉡보다 먼저 해결한다.
4. ㉣이 옳으므로, 선지 ③, ⑤가 남는다. 따라서 보기 ㉡을 해결한다.

합격자의 시간단축 Tip

'과목 수'와 같이 소수점이 없는 자연수일 수밖에 없는 경우, 그 비율을 곱한 값 역시 자연수일 수밖에 없으므로 근삿값으로 해결하기 매우 편하다. 즉 <u>'가장 가까운 자연수'를 찾으면 된다.</u>
예를 들어 A의 영어강의 과목 수를 도출하면 46.7%는 50%보다 살짝 작은 값일 것이므로 15의 절반인 7.5보다 작은 자연수인 7개 일 것이다. 이처럼 자연수라는 가정만 있으면 처리가 쉬우니 빠르게 구할 수 있다.

보기 ㉠ (E 전공분야 과목 수×4 ≥ 대학 전체 과목 수)인지 확인한다. 참고로 〈그림 1〉의 시각적 특성상 E가 25%로 보기엔 '원그래프를 4 등분 한 크기'보다 작아 보이므로, 틀린 선지일 가능성이 매우 높다는 판단하에 가볍게 확인하는 것으로 충분하다.

보기 ㉡ 영어 강의 과목 수가 적기 위해서는 전공분야 과목 수가 적고, 영어강의 과목 비율이 낮아야 한다. 보기 ㉣을 해결하는 과정에서 A, B, C, E, G의 영어강의 과목 수는 구했고, 그중 A가 7개로 두 번째로 영어강의 과목 수가 적었다. D의 영어강의 과목 수는 13×0.615

$> 13 \times 0.6 = 7.8 > 7$이므로, A보다 많고, F의 영어강의 과목 수는 $12 \times 0.667 = 12 \times \frac{2}{3} = 8 > 7$로, A보다 많다.

보기 ⓒ 두 가지 방식이 있다.

① 첫 번째는 '곱셈 비교' 방식이다. D는 13×61.5이고 G는 36×11.1이므로, $(13 \times 61.5) > (36 \times 11.1 \times 2)$인지 확인하면 된다.

② 두 번째는 '실수 비교'이다. 위의 **Tip**에서 보듯 실수 도출이 쉽게 가능하다.

D의 경우 $13 \times 60\% = 7.8$이므로 8개이고, G의 경우 $36 \times 11.1\% = 4$개이다. 따라서 $4 \times 2 = 8$로 두 배이다. 개인적으로는 단위가 '자연수'인 경우 '두 번째 방법'이 좋다고 생각한다.

보기 ⓓ '가평균' 개념을 이용해서, '차잇값을 상쇄'할 수 있는지 확인하는 형태로 처리하면 된다.

전공분야별 영어강의 과목 비율이 50% 미만인 과목은 A, G뿐이다. A의 전공분야 과목 수는 15개로, 그 50%는 7.5개이며, 영어강의 과목 비율이 46.7%인 것을 토대로 A 전공분야 영어강의 과목 수는 7개일 것이라 추측할 수 있다. G의 전공분야 과목 수는 36개이고, 영어강의 과목 비율 $11.1\% = \frac{1}{9}$이므로, G 전공분야 영어강의 과목 수는 4개이다.

A 전공분야 영어강의 과목 수는 50%에 비해서 0.5개(=7.5개−7개) 적고, G 전공분야 영어강의 과목 수는 50%에 비해서 14개(=18개−4개) 적다.

과목 수가 많은 E의 경우 전공분야 영어강의 과목 수가 약 25개(=31×0.806)로, 50%에 비해 9.5개 많다. 영어강의 과목 비율이 높은 B, C의 경우 전공분야 영어강의 과목 수가 각각 10개(=11−1.1 미만), 11개(=12−12의 10% 미만)로 50%에 비해 각각 4.5개, 5개씩 많다. 따라서 영어강의 과목 수가 전체 과목 수의 50% 미만인 요인(A, G)들이 B, C, D, E, F에 의해 상쇄되고도 남는다.

116 정답 ③ 난이도 ●●○

① (○) 2010년 '비공개기록물 공개 재분류 사업' 대상 전체 기록물 중 절반 이상이 다시 비공개로 재분류되었다.

➜ 〈표 1〉을 참고하여 전체 기록물 중 다시 비공개로 재분류된 비율을 계산하면 된다.

전체 기록물은 2,702,653건이고, 비공개로 분류된 건은 1,404,083건 이므로

$1,404,083 \div 2,702,653 \times 100 = 51(\%)$이다.

따라서 절반 이상이 다시 비공개로 재분류되었다.

② (○) 30년 경과 비공개기록물 중 전부공개로 재분류된 기록물 건수가 30년 경과 비공개기록물 중 '개인 사생활 침해' 사유에 해당하여 비공개로 재분류된 기록물 건수보다 적다.

➜ 30년 경과 비공개기록물 중 전부공개로 재분류된 기록물 건수는 〈표 1〉에 의해 33,012건이다.

30년 경과 비공개기록물 중 "개인 사생활 침해" 사유에 해당하여 비공개로 재분류된 기록물 건수는 〈표 2〉에 의하여 46,298건이다. 따라서 옳은 선지이다.

③ (×) 30년 경과 비공개기록물 중 공개로 재분류된 기록물의 비율이 30년 미경과 비공개기록물 중 비공개로 재분류된 기록물의 비율보다 ~~낮다~~.

➜ 30년 경과 비공개기록물 중 공개로 재분류된 기록물의 비율은

$\rightarrow \frac{\text{30년 경과 비공개기록물 중 공개로 재분류된 기록물}}{\text{30년 경과 비공개기록물}} \times 100 = \frac{1,079,690(\text{건})}{1,199,421(\text{건})} \times 100 \approx 90(\%)$이다.

30년 미경과 비공개기록물 중 비공개로 재분류된 기록물의 비율은

$\rightarrow \frac{\text{30년 미경과 비공개기록물 중 비공개로 재분류된 기록물}}{\text{30년 미경과 비공개기록물}} \times 100 = \frac{1,283,352(\text{건})}{1,503,232(\text{건})} \times 100 \approx 85(\%)$이다.

따라서 30년 경과 비공개기록물 중 공개로 재분류된 기록물의 비율이 30년 미경과 비공개기록물 중 비공개로 재분류된 기록물의 비율보다 높다.

④ (○) 재분류 건수가 많은 것부터 순서대로 나열하면, 30년 경과 비공개기록물은 부분공개, 비공개, 전부공개 순이고 30년 미경과 비공개기록물은 비공개, 전부공개, 부분공개 순이다.

➜ 〈표 1〉을 참고하면 30년 경과 비공개기록물은 부분공개(1,046,678), 비공개(119,731), 전부공개(33,012) 순이다.

30년 미경과 비공개기록물은 비공개(1,284,352), 전부공개(136,634), 부분공개(82,246) 순이다.

따라서 옳은 선지이다.

⑤ (○) 30년 경과 비공개기록물 중 '국민의 생명 등 공익침해'와 '개인 사생활 침해' 사유에 해당하여 비공개로 재분류된 기록물 건수의 합은 2010년 '비공개기록물 공개 재분류 사업' 대상 전체 기록물의 5% 이하이다.

→ 〈표 2〉를 참고하면 30년 경과 비공개기록물 중 '국민의 생명 등 공익 침해'와 '개인 사생활 침해' 사유에 해당하는 건수는 (54,329+46,298)=100,627건이다.
한편 2010년 '비공개기록물 공개 재분류 사업' 대상 전체 기록물은 〈표 1〉을 참고하면 2,702,653건이고 이 값의 5%는 약 135,000건이다. 따라서 옳은 보기이다.

합격자의 실전 풀이 순서

❶ 〈표 1〉, 〈표 2〉의 단위를 확인하고, 합, 계, 소계에 표시한다. 〈표 1〉의 30년 경과 비공개기록물과 〈표 2〉의 제목을 연결시킨다.

❷ 비율 계산을 요하는 선지 ③, ⑤를 뒷순위로 미룬다. 선지 ①, ②, ④ 모두 옳으므로, 계산이 쉬운(5%) 선지 ⑤를 해결한다.

합격자의 시간단축 Tip

선지 ① '계'를 활용한다. 1,404,083×2 ≥ 2,702,653는 '어림산을 통해 140×2=280 > 270이므로 옳다.

선지 ② 단순 확인 선지이다. 사소하지만 시간을 아낄 수 있는 방법은 ②번의 구조가 'A 중 B인 건수'로 적혀있는데, 선지 마지막에 '건수'라는 단어를 보기 전까지는 이것이 'A 중 B'라는 분수(비율) 문제인지, 단순 숫자 대소 비교인지 알 수가 없다는 문제가 있다. 즉 비율이라 생각하고 읽으면 구체적으로 읽어야 하기 때문에 시간이 낭비되므로 착각을 방지할 필요가 있다.
따라서 문제를 읽을 때 'A 중 B'라는 단어가 보이면 바로 가장 마지막 부분을 확인하여 비율인지, 실수인지 확정하는 것이 시간을 아낄 수 있는 방법이다.

선지 ③

[방법 1]

$\frac{1,079,690}{1,199,421}$ vs $\frac{1,284,352}{1,503,232}$ → $\frac{107}{119}$ vs $\frac{128}{150}$ →
후자는 전자에 비해 분자는 21(약 20%) 크고, 분모는 31(20% 초과) 크다. 따라서 후자가 전자보다 작다.

[방법 2]

반대 해석하여 '여집합'으로 풀면 더 빠르게 처리할 수 있다. 앞 3자리를 근삿값으로 잡아 여집합을 만들면 $\left(1-\frac{107}{119}\right)=\frac{12}{119}$ vs $\left(1-\frac{128}{150}\right)=\frac{22}{150}$ 이다.
이때 분자는 2배 가까이 차이 나지만, 분모는 2배에 한참 못 미친다. 따라서 틀린 선지이다.

선지 ④ 순서를 병렬적으로 두 가지 확인해야 하는 선지이다. 순서 확인 선지는 가장 대표적인 시간 소모 유도용 문제인 만큼, 뒷부분에 반례가 배치될 개연성이 높으므로 미경과→경과 순으로 확인하는 것이 좋다.

선지 ⑤ 먼저 전체 기록물의 5%를 구하면, 2,702,653×5%=약 27,000×5=135,000이다.
그러나 국민생명 및 개인 사생활 침해를 더하면 54,329+46,298은 100,000이 겨우 넘는 값이므로 5% 이하이다.

117 정답 ❷ 난이도 ●●○

㉠ (○) 2010년 IT산업의 생산규모는 전년대비 15% 이상 증가한 385.4조원을 기록하였다.
→ 첫 번째 문장에서 IT산업은 정보통신 서비스, 정보통신기기, 소프트웨어 부문으로 구분된다고 하였으므로 표 마지막 부분에 위치한 합계 부분의 데이터를 활용하면 된다.
2010년 IT산업의 생산규모의 전년대비 증가율은 구하는 공식은 아래와 같다.

$$\frac{\text{2010년 IT 산업 생산규모}-\text{2009년 IT 산업 생산규모}}{\text{2009년 IT 산업의 생산규모}}$$

증가율 공식을 사용해 당해년도인 2010년도 데이터인 385.4, 비교년도인 2019년도 데이터 322.0을 대입하면,

$$\frac{385.4(\text{조원})-322.0(\text{조원})}{322(\text{조원})}\approx 0.1968=19.68\%$$

이므로 2010년 IT산업의 생산규모는 전년대비 약 19.68% 정도 증가했다. 따라서, ㉠은 옳은 문장이다.

㉡ (×) 2010년 융합서비스는 전년대비 생산규모 증가율이 정보통신서비스 중 가장 높았고, 정보통신 서비스에서 차지하는 생산규모 비중도 가장 ~~컸다~~.
→ 2010년 융합서비스의 전년대비 생산규모 증가율이 정보통신서비스 중 가장 높은지를 알아보기 위해서는 먼저 전년대비 정보통신서비스의 2010년 생산규모 증가율을 모두 구해야 한다.

$$\text{증가율}=\frac{(\text{당해년도 데이터})-(\text{비교년도 데이터})}{\text{비교년도 데이터}}$$

공식을 사용하면,

→ 2010년 통신서비스 증가율=$\frac{(44.3)-(43.7)}{43.7}$ ≈0.014

→ 2010년 융합서비스 증가율=$\frac{(8.8)-(7.4)}{7.4}$ ≈0.18

→ 방송서비스 증가율=$\frac{(10.3)-(9.5)}{9.5}$ ≈0.08이다.

따라서 2010년 융합서비스의 전년대비 생산규모 증가율이 가장 높은 것을 확인할 수 있다.
하지만 〈표〉를 보면 2010년 정보통신서비스에서 차지하는 생산 비중은 통신 서비스가 가장 컸다. 따라서 틀린 보기이다.

ⓒ (O) 2006 ~ 2010년 동안 정보통신기기 생산규모에서 통신기기, 정보기기, 음향기기, 전자부품, 응용기기가 차지하는 비중의 순위는 매년 변화가 없었다.
➜ 정보통신기기 생산규모에서 각 항목이 차지하는 비중의 순위를 비교하면
- 2006년: 전자부품(95.0) > 통신기기(43.3) > 응용기기(29.2) > 음향기기(15.3) > 정보기기(13.1)
- 2007년: 전자부품(103.6) > 통신기기(47.4) > 응용기기(29.2) > 음향기기(13.6) > 정보기기(10.1)
- 2008년: 전자부품(109.0) > 통신기기(61.2) > 응용기기(32.2) > 음향기기(14.3) > 정보기기(9.8)
- 2009년: 전자부품(122.4) > 통신기기(59.7) > 응용기기(31.0) > 음향기기(13.7) > 정보기기(8.6)
- 2010년: 전자부품(174.4) > 통신기기(58.2) > 응용기기(37.8) > 음향기기(15.4) > 정보기기(9.9)이다.

2006 ~ 2010년 동안 매년 변화가 없었으므로 옳은 보기이다.

ⓔ (×) 2005 ~ 2010년 동안 정보통신기기 부문에서 전자부품과 응용기기 각각의 생산규모는 ~~매년 증가하였다.~~
➜ 전자부품의 생산규모는 2005년 85.1조원, 2006년 95.0조원, 2007년 103.6조원, 2008년109.0조원, 2009년 122.4조원, 2010년 174.4조원으로 매년 증가하였다.
반면 응용기기는 2005년부터 2008년까지는 증가하였지만, 2008년 32.2조원에서 2009년31.0조원으로 감소하였고 2010 년에 37.8조원으로 다시 증가하였다. 따라서 틀린 보기이다.

합격자의 실전 풀이 순서

❶ 〈표〉에서 소계, 합계에 표시하고, 〈보고서〉의 가장 아래 ⓔ부터 해결한다.

❷ ⓔ이 옳지 않으므로, 선지 ①, ②가 남는다. 생산규모 증가율을 계산해야 하는 ⓛ보다 자료의 단순 확인을 요하는 ⓒ을 해결한다.

합격자의 시간단축 Tip

보기 ㉠ 많은 수험생들이 15%를 10%+5%로 처리하는 방법에 매몰되는 경향이 있으나, 이를 벗어나 근삿값을 이용 시 더 빠른 풀이를 할 수 있다는 점을 반드시 기억해야 한다.
322×15%=약 300×15%=45로 쉽게 도출할 수 있다.
322+45 < 385.4이므로 옳은 선지이다.

보기 ⓛ 융합서비스가 정보통신서비스에서 차지하는 생산규모 비중이 큰지 확인한 후, 전년대비 생산규모 증가율이 가장 높았는지 확인한다(<u>2가지 이상에 대해 묻는 경우, 가장 뒤에서부터 앞으로 확인한다</u>).
먼저 '비중'을 보면, 분모가 동일하므로 값의 크기만 확인하면 된다. 융합서비스는 생산규모가 가장 크지 않으므로, 비중 역시 크지 않아 틀린 선지이다.
다만, 만약 앞에서부터 뒤로 확인한다면, 생산규모의 증가율을 확인할 때 증가율을 먼저 계산하지 않고 '차잇값'을 먼저 보는 것이 좋다. 2009년의 생산규모는 융합서비스가 가장 작은데, 차잇값은 1.4로 가장 크다. 따라서 증가율을 직접 구하지 않더라도 융합서비스의 증가율이 가장 높다는 것을 쉽게 알 수 있다.

보기 ⓒ 2006 ~ 2010년 총 5개년의 순위를 확인하는 것은 필연적으로 시간을 크게 소모할 수 밖에 없다. 따라서 가급적 시간 소모를 줄일 수 있는 전략을 가지고 있는 것이 좋다.
보기 ⓒ의 경우 각 정보통신기기 별로 <u>일정한 패턴을 가지고 있다는 점을 이용</u>하는 것이 효율적이다. 예를 들어 통신기기의 경우 40~60, 정보기기는 8~14, 음향기기는 13~15, 전자부품은 85~174, 응용기기는 27~38이다. 즉 범위가 살짝 겹치는 정보기기와 음향기기를 제외한 나머지 통신기기, 전자부품, 응용기기는 순위가 바뀔 수 없기 때문에 별도로 고려할 필요가 없다.
따라서 정보기기와 음향기기만 확인할 때 2006~2010년 동안 정보기기 < 음향기기이므로 옳다는 것을 간단하게 알 수 있다.

보기 ⓔ 단순확인 선지로 반례가 뒷부분에 배치될 개연성이 크므로 응용기기 → 전자부품, 2010년 → 2005년 순으로 확인한다. 응용기기를 먼저 확인할 때 뒷부분인 2009년에 바로 반례가 나오는 것을 확인할 수 있다.

118 정답 ③ 난이도 ●●○

㉠ (O) 응시생 I의 '풀지않은 문항수'는 3이다.

→ 정답 문항수를 x, 오답 문항수를 y, 풀지 않은 문항 수를 z라고 할 때, 표에 대한 식을 두가지 세울 수 있다.

① **x + y + z = 20**

② **5x − 2y = (점수)**

이때 5×15−2y=71 이므로 y=2이다.

따라서, ㉠은 옳은 문장이다.

㉡ (×) '풀지않은 문항수'의 합은 ~~20이다.~~

→ 풀지않은 문항수의 합을 모두 구하기 위해서는 자료에 모두 주어져 있는 '점수' 데이터를 활용하여 응시생 각각의 오답문항수를 먼저 구한 뒤에 풀지않은 문항 수를 구해주어야 한다.

우선, 정답문항수가 주어져 있는 G의 오답문항수를 먼저 구해보자.

<u>1) G의 오답문항수 구하기</u>

5×16−2y=76 이므로 y=2 이다.

그 다음, 정답 문항수가 주어져 있지 않은 H, J의 오답문항수를 구해보자.

<u>2) H의 오답문항수 구하기</u>

x+y+z=20, 5x−2y=75

여기서 우리가 생각해보아야 할 부분은 x는 자연수(문항 수이므로)이고, 정답문항수가 내림차순으로 되어있기 때문에 16, 15중 한 숫자가 들어간다고 가정할 수 있다.

x=16을 대입하면 2점씩 감점했을 때 식이 성립하지 않으므로 x=15, y=0임을 알 수 있다.

<u>3) J의 오답문항수 구하기</u>

x+y+z=20, 5x−2y=64

H에서의 풀이와 동일하게, 정답문항수가 내림차순으로 되어있기 때문에 x 에는 15, 14중 한 숫자가 들어간다고 가정할 수 있다. x=15를 대입하면 2점씩 감점했을 때 식이 성립하지 않으므로 x=14, y=3임을 알 수 있다.

식 **x + y + z = 20**을 사용하여 빈칸을 모두 채우면 다음과 같은 표가 만들어지는데, 여기서 z를 모두 합하면 18이므로 ㉡은 틀린 문장이다.

응시생	정답 문항수	오답 문항수	풀지않은 문항 수	점수(점)
A	19	1	0	93
B	18	2	0	86
C	17	1	2	83
D	(17)	2	1	(81)
E	(17)	3	0	(79)
F	16	1	3	78
G	16	(2)	(2)	76
H	(15)	(0)	(5)	75
I	15	(2)	(3)	71
J	(14)	(3)	(3)	64

㉢ (×) 80점 이상인 응시생은 ~~5명이다.~~

→ **x + y + z = 20** 식을 이용하여 D와 E의 정답문항수 빈칸을 채우면 모두 17이고 **5x − 2y = (점수)**식을 이용하여 D의 점수를 구해보면 (5×17)−2(2)=81이고, E의 점수를 구해보면 (5×17)−2(3)=79 이다.

따라서, 80점 이상인 응시생은 4명이므로 ㉢은 틀린 문장이다.

㉣ (O) 응시생 J의 '오답 문항수'와 '풀지않은 문항수'는 동일하다.

→ ㉡번의 풀이에서 상세설명하였다. 표를 참고하면 J응시생의 오답문항수와 풀지 않은 문항수는 3으로 동일하므로 ㉣은 옳은 문장이다.

합격자의 실전 풀이 순서

❶ '정답', '오답', '풀지 않은'에 표시하고, 각주를 확인한다. '정답' 위에 ++5, '오답' 위에 −2, '풀지 않은' 위에 0을 표시한다. 정답 문항과 풀지 않은 문항만으로는 점수의 일의 자리 수가 0 또는 5가 됨을 인지한다.

❷ 특정 응시생에 대해 묻는 보기 ㉠, ㉣ 먼저 해결한다.

합격자의 시간단축 Tip

보기㉠ I의 값을 직접 도출하지 않고, 보기 ㉠에서 준 '풀지 않은 문항수'를 옳은 것으로 가정하고 모순이 생기는지 확인한다. 풀지 않은 문항 수가 3이라면, 오답 문항 수는 2이고,

이때 점수는 15×5−2×2+3×0=71이다.

보기㉡ 기본적으로 가장 많은 빈칸에 걸쳐진 선지이므로 가급적 안 푸는 것이 좋은 선지이다.

불가피하게 풀게 되더라도 다른 선지에서 빈칸을 어느 정도 채운 후에 확인해야 한다.

보기 ㉠, ㉣을 해결하는 과정에서 I, J의 풀지 않은 문항 수는 각각 3임을 확인했다.

풀지 않은 문항 수의 합이 20이라면, G, H의 풀지 않은 문항 수의 합이 8이어야 한다.

G의 정답 문항 수는 16이고, 점수의 일의 자리수는 6이므로, 오답 문항 수가 2인 상황을 예측해볼 수 있다.

이때 G의 점수는 16×5−2×2+2×0=76이다. 따라서 H의 풀지 않은 문항 수는 6이어야 한다.

H보다 점수가 높은 G의 정답 문항 수는 16이고, I의 정답 문항 수는 15이며, H의 점수의 일의 자리수가 5이므로, 오답 문항 수는 0이거나 5의 배수인 상황을 가정할 수 있다.
만약 H의 정답 문항 수가 15라면, $15\times5-0\times2+5\times0=75$이므로, H의 풀지 않은 문항 수는 5이다. 이는 H의 풀지 않은 문항 수가 6이어야 한다는 전제에 부합하지 않는다.

보기 ㉢ 빈칸이 아닌 값 중에 몇 명이 해당하는지 우선 확인한다. 부족한 인원은 총 2명으로 빈칸인 D, E의 점수가 80점 이상인지 확인한다.
이때 D, E를 확인하기 전에 C를 보면 정답 17개, 오답 1개일 경우 83점이다. 즉 정답이 17개일 때, 2개가 더 틀리면 80이하로 떨어지게 된다. E를 보면 오답+풀지 않은 문항 수=3으로 C와 동일한 상황이다. 따라서 굳이 계산하지 않더라도 E는 80미만임을 쉽게 알 수 있다.

보기 ㉣ 오답 문항 수와 풀지 않은 문항 수가 동일하다면, 점수의 일의 자리수가 4가 되기 위해 오답 문항 수가 3개, 풀지 않은 문항 수가 3개인 상황을 가정할 수 있다.
이때 점수는 $14\times5-3\times2+3\times0=64$이다.

119 정답 ❷ 난이도 ●○○

① (○) 국회의원의 여야별 SNS 이용자 수
→ 여당 국회의원의 SNS 이용자 수는 남자가 123명, 여자가 22명이므로 합하면 총 145명이다.
야당 국회의원의 SNS 이용자 수는 남자가 (59+10)=69명, 여자가 (14+2)=16명이므로 합하면 총 85명이다.
따라서 문제의 〈표〉에서 구한 수치는 〈그림〉과 같다.

② (×) 남녀 국회의원의 여야별 SNS 이용자 구성비
→ 여당 국회의원의 SNS 이용자 수는 남자가 123명, 여자가 22명이고, 야당 국회의원의 SNS 이용자 수는 남자가 (59+10)=69명, 여자가 (14+2)=16명이다.
이를 표로 나타내면 다음과 같다.

	여당	야당	합계
남자	123	69	192
여자	22	16	38

남자 국회의원에서 여야별 구성비를 계산하면
- 여당: $\frac{123}{123+69}\times100=\frac{123}{192}\times100\approx64.1\%$
- 야당: $\frac{69}{123+69}\times100=\frac{69}{192}\times100\approx35.9\%$

여자 국회의원에서 여야별 구성비를 계산하면
- 여당: $\frac{22}{22+16}\times100=\frac{22}{38}\times100\approx57.9\%$
- 야당: $\frac{16}{22+16}\times100=\frac{16}{38}\times100\approx42.1\%$

이때 〈그림〉에서 SNS를 사용하는 여자 국회의원 중 여당의 구성비는 61.4%이므로 일치하지 않는다.

③ (○) 여당 국회의원의 당선 유형별 SNS 이용자 구성비
→ 여당에서 지역구 국회의원은 126명, 비례대표 국회의원은 19명이다. 당선 유형별 구성비는,
- 지역구: $\frac{126}{126+19}\times100=\frac{126}{145}\times100\approx86.9\%$
- 비례대표: $\frac{19}{126+19}\times100=\frac{19}{145}\times100\approx13.1\%$

따라서 〈그림〉과 수치가 부합하므로 옳은 보기이다.

④ (○) 야당 국회의원의 당선 횟수별 SNS 이용자 구성비
→ 야당에서 초선 국회의원은 29+7=36명, 2선 국회의원은 25+3=28명, 3선 국회의원은 13+1=14명, 4선 이상 국회의원은 6+1=7명이다. 당선 횟수별 구성비를 계산하면
- 초선: $\frac{36}{36+28+14+7}\times100=\frac{36}{85}\times100\approx42.4\%$
- 2선: $\frac{28}{36+28+14+7}\times100=\frac{28}{85}\times100\approx32.9\%$
- 3선: $\frac{14}{36+28+14+7}\times100=\frac{14}{85}\times100\approx16.5\%$
- 4선 이상: $\frac{7}{36+28+14+7}\times100=\frac{7}{85}\times100\approx8.2\%$

따라서 모두 〈표〉의 내용과 부합하므로 옳은 보기이다.

⑤ (○) 2선 이상 국회의원의 정당별 SNS 이용자 수
→ A정당의 2선 이상 국회의원은 29+22+12=63명, B정당의 2선 이상 국회의원은 25+13+6=44명, C정당의 2선 이상 국회의원은 3+1+1=5명 이므로 선택지의 〈그림〉과 부합한다.

합격자의 실전 풀이 순서

❶ 〈표〉의 횟수, 유형, 성별, 합계에 표시하고 선지 ①로 내려간다.
❷ 여야별 성별 합계를 통해 선지 ①을 간단히 확인하고, 선지 ②를 해결한다.

합격자의 시간단축 Tip

선지 ① 단순 덧셈형 문제의 경우, '가장 편한 덧셈 값'을 더하면 된다. 예를 들어 여당의 값을 구할 때, '당선 횟수'를 더하면 총 4번을 더해야 하지만, '유형'이나 '성별'을 이용할 경우 두 개만 더하면 된다. 그래야 '성별'이 자릿수가 바뀌지 않아 더하기 더 편하다.
따라서 성별을 더해 확인하는 것이 가장 효율적이다. 이처럼 같은 합계를 다양한 구성요소의 합으로 보여주는 자료가 주어지면 더욱 편한 계산 값을 찾는 습관을 지니면 좋다.

선지 ② 여자 국회의원을 먼저 확인할 때 66.6%와 33.3%는 2배 관계임을 이용하면 61.4%와 38.6%는 약 2배 정도되는 관계이다. 그러나 〈표〉의 값은 16 vs 22로 2배가 한참 안되는 구조이므로 당연히 틀린 선지이다.

선지 ③

[방법 1] 13%를 계산하는 방법
145의 10%=14.5이고 1%=1.45이므로
3%=1.45×3≈4.5이므로, 13%≈19이다.

[방법 2] 제곱수를 이용하는 방법
13×13=169임을 이용하는 방법이다.
145=130+15이므로, 169를 이용하기 위해 130+13으로 대체해보자.
145×13%≈(130+13)×13%=16.9+1.69≈17+1.7 = 18.7로 19와 비슷한 값이 되었으므로 옳은 선지가 된다.
이처럼 적절히 값의 변형을 가해 기존에 외워둔 값을 활용하면 더 편하게 풀 수 있다.

＊ 참고로 '표－그래프 전환형' 문제의 경우 매우 구체적인 값을 요구하지 않는다.
즉 극소한 차이로 수험생을 함정에 빠뜨리는 유형이 아니므로 가볍게 처리하는 것으로 족하다.

선지 ④ 야당 국회의원 중 4선 이상 : 3선 : 2선 : 초선 ≈1 : 2 : 4 : 5인지 확인한다.

120 정답 ⑤ 난이도 ●●○

ㄱ. (×) 특수학급 설치율은 국공립초등학교가 사립초등학교보다 4배 ~~이상 높다.~~
➜ 〈각주〉에 따라 특수학급 설치율은
$\frac{\text{특수학급 설치학교 수}}{\text{장애학생 배치학교 수}}$이다. 이 식을 활용하여 국공립 초등학교와 사립초등학교의 특수학급 설치율을 계산해보면,

학교급	구분	학교 수	장애학생 배치학교수	특수학급 설치학교 수
초등학교	국공립	5868	4,596	3,668
	사립	76	16	4

• 국공립: $\frac{3,668(\text{개교})}{4,596(\text{개교})}\times100\approx79.81\%$

• 사립: $\frac{4(\text{개소})}{16(\text{개소})}\times100\approx25\%$

국공립 초등학교의 특수학교 설치율을 사립 초등학교의 특수학교 설치율로 나누면 79.81÷25=3.1914 이므로 보기 ㉠은 틀린 선지이다.

ㄴ. (O) 모든 학교급에서 국공립학교의 특수학급 설치율은 50% 이상이다.
➜ 특수학급 설치율은 $\frac{\text{특수학급 설치학교 수}}{\text{장애학생 배치학교 수}}$이다.
각 학교급 국공립학교의 특수학급 설치율을 계산하면,

학교급	구분	학교 수	장애학생 배치학교수	특수학급 설치학교 수
초등학교	국공립	5,868	4,596	3,668
중학교		2,581	1,903	1,360
고등학교		1,335	1,013	691

• 초등학교: $\frac{3,668(\text{개교})}{4,596(\text{개교})}\times100\approx79.81\%$

• 중학교: $\frac{1,360(\text{개교})}{1,903(\text{개교})}\times100\approx71.47\%$

• 고등학교: $\frac{691(\text{개교})}{1,013(\text{개교})}\times100\approx68.21\%$이다.

따라서 모든 학교급에서 국공립학교의 특수학급 설치율은 50% 이상이다.

ㄷ. (O) 전체 사립학교와 전체 국공립학교의 특수학급 설치율 차이는 50% 이상이다.
➜ 이번에는 전체 항목을 고려하여 국공립/사립별로 특수학교 설치율을 계산한다.

학교급	구분	학교 수	장애학생 배치학교수	특수학급 설치학교 수
전체	국공립	9,784	7,512	5,719
	사립	1,595	819	112

• 국공립: $\frac{5,719(\text{개교})}{7,512(\text{개교})}\times100\approx76.13\%$

• 사립: $\frac{112(\text{개교})}{819(\text{개교})}\times100\approx13.68\%$

이 둘의 차이는 76.13−13.68=62.45이므로 50% 이상이다. 따라서 ㉢은 참이다.

ㄹ. (O) 학교 수에서 장애학교 배치학교 수가 차지하는 비율은 사립초등학교가 사립고등학교보다 낮다.

→ 학교 수에서 장애학생 배치학교 수가 차지하는 비율은 $\frac{\text{장애학생 배치학교 수}}{\text{학교 수}}$이다.

이 식을 활용하여 비율을 계산해보면,

학교급	구분	학교 수	장애학생 배치학교수
초등학교	사립	76	16
고등학교		948	494

- 사립 초등학교: 16(개교)÷76(개교)≈0.21
- 사립 고등학교: 494(개교)÷948(개교)≈0.52

따라서 학교 수에서 장애학생 배치학교 수가 차지하는 비율은 사립초등학교가 사립고등학교보다 낮다.

합격자의 실전 풀이 순서

❶ 〈표〉의 '전체'를 학교급별 자료와 구별되게 가로선을 표시하고 각주를 확인한다.

❷ 특정 학교급에 대해 비교하는 보기 ㉠과 ㉣을 먼저 해결한다.

❸ ㉠은 옳지 않으므로 선지 ①, ②, ⑤번이 남고, ㉣은 옳으므로 선지 ②, ⑤번이 남는다. 따라서 보기 ㉡을 해결한다.

합격자의 시간단축 Tip

보기 ㉠ $\frac{3,668}{4,596}$ vs $\frac{4}{16}\times4\rightarrow\frac{3,668}{4,596}$ vs $1\rightarrow$ 후자가 더 크다.

보기 ㉡ 국공립 고등학교부터 국공립 초등학교까지 아래에서 위로 '장애학생 배치학교 수 ≤ 2×특수학급 설치학교 수'인지 확인한다.

보기 ㉢ 전체 사립학교 특수학급 설치율은 $\frac{112}{819}\times100$이다.

따라서 국공립학교의 특수학급 설치율이 65%(=약 $\frac{2}{3}\times100$)를 초과하는지 확인한다.

국공립학교는 $\frac{5,719}{7,512}\approx\frac{57}{75}=\frac{19}{25}=\frac{76}{100}>\frac{2}{3}$이다.

보기 ㉣ $\frac{16}{76}$ vs $\frac{494}{948}\rightarrow\frac{16}{76}\approx\frac{1}{5}$ vs $\frac{494}{948}\approx\frac{1}{2}$

→ 후자가 더 크다. 다만 실전에서는 양자 모두를 구하지 않는다. 즉 50%는 직관적으로 확인되므로 사립 초등학교가 50%가 되는지만 확인하면 된다.

독끝 심화 12일차 (121~150)

정답

121	①	122	③	123	④	124	①	125	③
126	⑤	127	③	128	②	129	⑤	130	④
131	②	132	③	133	①	134	①	135	⑤
136	①	137	④	138	③	139	②	140	⑤
141	①	142	①	143	⑤	144	⑤	145	①
146	④	147	⑤	148	④	149	⑤	150	⑤

121 정답 ❶ 난이도 ●●○

① (×) 전국 월별 영상회의 개최건수의 전월대비 증가율은 ~~5월이 가장 높다.~~

→ 〈그림 2〉를 보면 3월의 전월 대비 전국 월별 영상회의 개최건수 증가 폭이 46건으로 5월의 35건보다 크나, 분모인 2월과 4월의 전국 월별 영상회의는 7건 정도밖에 차이가 나지 않으므로 3월의 전월 대비 전국 월별 영상회의 개최건수 증가율이 가장 크다.

② (○) 전국 월별 영상회의 개최건수를 분기별로 비교하면 3/4분기에 가장 많다.

→ 전국 월별 영상회의 개최건수를 분기별로 비교하면 다음과 같다.

- 1/4분기(1 ~ 3월): 77+68+114=259건
- 2/4분기(4 ~ 6월): 61+96+97=254건
- 3/4분기(7 ~ 9월): 92+102+120=314건
- 4/4분기(10 ~ 12월): 88+68+99=255건

따라서 전국 월별 영상회의 개최건수는 3/4분기에 가장 많다.

③ (○) 영상회의 개최건수가 가장 많은 지역은 전남이다.

→ 영상회의 개최건수를 비교하면 다음과 같다. (괄호 안의 숫자의 단위는 건이다.)

전남(442) > 기타(193) > 경기(159) > 전북(93) > 강원(76) > 충남(65) > 인천(54)

따라서 영상회의 개최건수가 가장 많은 지역은 전남이다.

④ (○) 인천과 충남이 모든 영상회의를 9월에 개최했다면 9월에 영상회의를 개최한 지역은 모두 3개이다.

→ 〈그림 2〉에서 9월에 영상회의를 개최한 건수는 120건이다.

그리고, 선지에서 인천과 충남이 모든 영상회의를 9월에 개최했다고 하였으니 인천과 충남의 영상회의 개최건수를 더하면 다음과 같다.

54(인천)+65(충남)=119

따라서 9월에 인천과 충남이 모든 영상회의를 개최하였다면 119건이 인천과 충남에서 개최된 것이고, 9월에 개최된 영상회의 건수는 총 120건 이므로 인천과 충남 이외의 지역에서 영상회의가 1건 개최된 것임을 알 수 있다.

즉, 인천과 충남이 모든 영상회의를 9월에 개최했다면 9월에 영상회의를 개최한 지역은 모두 3개이다.

⑤ (○) 강원, 전북, 전남의 영상회의 개최건수의 합은 전국 영상회의 개최건수의 50% 이상이다.

→ 〈그림 1〉을 보면 강원, 전북, 전남의 영상회 개최 건수의 합과 전국 영상회의 개최 건수의 절반에 해당하는 수치를 서로 비교하면 된다.

강원, 전북, 전남의 영상회의 개최 건수의 합은 76+93+442=611건이며, 이는 전국 영상회의 개최 건수의 50%에 해당하는 수치인 1082×0.5=541건과 비교했을 때 더 큰 수치임을 알 수 있다. 따라서 이 선지는 참이다.

합격자의 실전 풀이 순서

❶ 〈그림 1〉은 지역별, 〈그림 2〉는 월별 영상회의 개최 건수에 대한 자료임을 파악한다.
또한 합계가 주어져 있음을 인식한다.

❷ 선지 플레이를 통해 답이 될 가능성이 큰 선지부터 확인한다. 단순 확인을 요구하는 선지보다는 증가율에 대한 선지(①번)와 조건문을 활용한 선지(④번)를 먼저 확인한다.

❸ ①번을 확인하면, 영상회의 개최 건수의 전월 대비 증가율이 가장 높은 달은 5월이 아닌 3월이므로 틀린 선지이다. 답을 표시하고 넘어간다.

합격자의 시간단축 Tip

선지 ①

[방법 1]

5월의 증가율은 $\frac{35}{61}$ 인데, 3월은 증가액(증가율의 분자)이 46으로 가장 크므로 증가율이 높을 가능성이 가장 큰 달이다. 따라서 5월과 3월의 전월 대비 증가율만 비교하면 $\frac{35}{61}$ vs $\frac{46}{68}$ 으로 분모의 증가율은 약 10%이고 분자의 증가율은 약 30%이므로 후자가 더 크다.

[방법 2]

꺾은 선 그래프는 증가율, 감소율 등을 해결하기 가장

좋은 형태로, 증가율의 '기준값(전 달)'이 비슷하다면 '그래프의 시각적 효과'만으로 풀 수 있다.
꺾은 선 그래프의 시각적 효과를 이용할 때, 기울기(높이 변화)가 가장 큰 지점이 '증가분'이 가장 큰 값이다. 높이 변화가 큰 3월과 5월을 비교할 때 전 달(2월, 4월)은 비슷하나, 3월이 5월보다 기울기가 훨씬 더 크다. 따라서 3월의 증가율이 더 높음을 계산 없이 쉽게 알 수 있다.

> * 주의할 점은 '기울기'는 변화'분'이지 변화'율'이 아니라는 점이다. 기울기는 기울기 그 자체의 정의 상 '율'일 것이라 착각하기 쉽다. 그러나 〈그림 2〉와 같이 대부분의 선지는 "전년대비, 전월대비, 전분기대비" 등 기간이 주어지는 경우가 대부분이므로 x축은 필연적으로 동일한 길이 변화 값(1년, 1달, 1분기 등)을 가진다는 것을 주의해야 한다.
> 즉 x축은 모두 동일해지므로, **기울기 비교=y축의 변화분 비교**가 된다. 따라서 '변화율'을 비교하기 위해서는 기울기(=변화분)와 함께 기준점(전년, 전월 값) 값을 고려해야 한다.

선지 ② 값을 더하지 않고 꺾은 선 그래프의 '시각적 효과'를 이용하여 쉽게 해결할 수 있다.
즉 3분기의 92→102→120 각각을 3등→2등→1등으로 보면, 다른 분기의 3등→2등→1등과 비교할 때 모두 그래프상 위에 있는 경향 내지 추세를 눈으로도 확인할 수 있다.

선지 ③ 이러한 유형은 항상 '기타'를 주의해야 한다. ③번의 경우 전남(442) > 기타(193)이므로 문제가 없으나, 만약 기타 > 전남이었다면 '알 수 없는 정보'에 해당하여 틀린 선지가 된다.

선지 ④ 인천과 충남의 영상회의 건수는 119건으로 9월에 모두 개최했다면 9월에 남는 개최 건수는 1건이다. 따라서 인천과 충남 외에 1 지역이 더 있음을 확정할 수 있어 옳은 선지이다.
만약 남는 개최 건수가 2 이상이었다면, 인천과 충남 외의 지역이 1개일 수도 있고 여러 개일 수도 있는 경우의 수가 존재하게 되어 '알 수 없는 정보'이므로 틀린 선지가 된다.

선지 ⑤ 50%를 도출하지 않고 원그래프의 시각적 효과를 이용하여 '원의 절반 이상인지 여부'로 해결한다. 전남은 그 크기가 매우 커 전북과 강원을 더하면 해당 원의 반 이상이 될 것임을 눈으로도 쉽게 알 수 있으므로 옳은 선지이다.

122 정답 ③ 난이도 ●●●

① (×) B의 연간유지비가 D의 연간유지비의 ~~2배 이상이다.~~
➜ 〈그림〉을 통해 B와 D의 연간 유지비를 알 수 있다. B의 연간유지비는 450(만원)이고, D의 연간유지비는 255(만원)이다. D의 연간유지비의 2배는 $255 \times 2 = 510$ 이므로 510만원이다.
따라서 B의 연간유지비(450만원)는 D의 연간유지비의 2배(510만 원) 이상이 아니다.

② (×) 가격이 가장 높은 전산장비는 ~~A이다.~~
➜ 〈표〉는 전산장비 가격 대비 연간유지비 비율을 나타낸 것이므로 〈표〉를 해석하면 다음과 같다.
$\frac{\text{연간유지비}}{\text{가격}} = \text{비율}$, $\text{가격} = \frac{\text{연간유지비}}{\text{비율}}$
이에 따라 A ~ F의 가격을 구해보면 다음과 같다.
$\frac{322}{\text{A의 가격}} = 8.0$, A의 가격=322÷8이므로
A의 가격은 약 40.2이다.
$\frac{450}{\text{B의 가격}} = 7.5$, B의 가격=450÷7.5이므로
B의 가격은 60이다.
$\frac{281}{\text{C의 가격}} = 7.0$, C의 가격=281÷7이므로
C의 가격은 약 40.1이다.
$\frac{255}{\text{D의 가격}} = 5.0$, D의 가격=255÷5이므로
D의 가격은 51이다.
$\frac{208}{\text{E의 가격}} = 4.0$, E의 가격=208÷4이므로
E의 가격은 52 이다.
$\frac{100}{\text{F의 가격}} = 3.0$, F의 가격=100÷3이므로
F의 가격은 약 33.3 이다.
구한 모든 전산장비의 가격을 비교하면,
B(60) > E(52) > D(51) > A(약 40.2) > C(약 40.1) > F(약 33.3)이다.
따라서 가격이 가장 높은 전산장비는 A가 아니다.

③ (○) 가격이 가장 낮은 전산장비는 F이다.
➜ ②에서 구한 모든 전산장비의 가격을 비교하면 다음과 같다.
B(60) > E(52) > D(51) > A(약 40.2) > C(약 40.1) > F(약 33.3)
따라서 가격이 가장 낮은 전산장비는 F이다.

④ (×) C의 가격은 E의 가격보다 ~~높다.~~
➜ C의 가격은 약 40.1만 원이고, E의 가격은 52만 원이다. 따라서 C의 가격은 E의 가격보다 낮다.

⑤ (×) A를 제외한 전산장비는 가격이 높을수록 ~~연간유지비도 더 높다.~~

→ A를 제외한 전산장비의 가격을 비교하면: B(60) > E(52) > D(51) > C(약 40.1) > F(약 33.3)

A를 제외한 연간유지비를 비교하면: B(450) > C(281) > D(255) > E(208) > F(100)이다.

따라서 A를 제외한 전산장비는 가격이 높을수록 연간유지비도 더 높지 않다.

합격자의 실전 풀이 순서

❶ 〈그림〉과 〈표〉의 정보를 통해 전산장비 가격을 구할 수 있음을 파악한다.

즉, 전산장비 가격 $= \dfrac{\text{연간유지비}}{\text{전산장비 가격 대비 연간유지비}}$ 임을 파악한다.

❷ 〈그림〉과 〈표〉를 통해 구할 수 있는 정보인 전산장비 가격에 대한 선지가 답이 될 가능성이 크다. 따라서 ②, ③, ④번을 먼저 확인한다.

❸ ②번을 확인하면, 분모인 전산장비 가격 대비 연간유지비는 작고 분자인 연간유지비는 큰 B가 존재하므로 가격이 가장 높은 전산장비가 A라는 선지는 틀린 선지이다.

❹ ③번을 확인하면, 옳은 보기이므로 답은 ③번이다. 답을 표시하고 넘어간다.

합격자의 시간단축 Tip

선지 ① 간단한 계산이지만 이러한 선지에서도 시간을 최대한 아껴야 더 어려운 문제에 투자할 수 있다. 255×2를 계산하는 것보다는 ① 450을 2로 나누거나, ② 255를 250으로 보고 250×2=500 > 450로 계산하는 것이 더 빠를 것이다.

선지 ③

[방법 1]

전산장비 가격 식의 분모에 해당하는 전산장비 가격 대비 연간유지비의 수치가 간단하므로 이를 기준으로 F와 다른 전산장비들의 증가율과 분자에 해당하는 연간유지비의 증가율을 비교하여 분모의 증가율이 더 크다면 F보다 가격이 낮은 전산장비가 있는 것이다.

예를 들어, D와 F를 비교하면 분모의 증가율은 100%(2배) 미만이지만 분자의 증가율은 100% 초과이므로 D가 F보다 가격이 높다. 같은 방식으로 다른 전산장비들도 F로부터의 증가율을 비교하면 분자의 증가율이 더 큼으로 가격이 가장 낮은 전산장비는 F이다.

[방법 2]

가격 $= \dfrac{\text{전산장비 연간유지비}}{\text{전산장비 가격 대비 연간유지비 비율}}$ 으로 선지에서 준 F의 가격 $= \dfrac{100}{3}$ =약 33임을 알 수 있다. 이때 나눗셈보다는 곱셈이 일반적으로 더 빠르고 실수가 적은 연산 방법이므로, 각 장비의 가격을 도출하지 않고 앞서 구한 33을 다른 전산장비의 '장비 가격 대비 연간유지비 비율'에 곱한 값이 '전산장비 연간유지비'보다 작은지 확인하는 것이 좋다.

예를 들어 바로 옆의 E를 보면 4×33 < 208로 F가 더 작음을 쉽게 알 수 있다.

조금 더 욕심 내보면 33을 곱하는 시간조차 아깝기에 '2단계 구조 풀이법'을 가지는 것을 추천한다. 우선 30을 곱해 비교 후 30을 곱한 값이 비슷한 경우에만 33을 곱해 구체적 값을 확인한다면, 대부분은 30으로 처리되어 더 빠르게 풀 수 있다.

이처럼 ① 계산 쉬운 근삿값을 설정하고 계산하되 ② 애매한 경우에만 구체적으로 계산하는 '2단계 구조'를 가지고 문제를 접근하면 항상 더 빠른 풀이가 가능하므로 익혀 두기를 추천한다.

선지 ④ 선지 ⑤ 하나의 가격만 구한 후, 나머지 장비는 앞서 구한 가격을 기준으로 비교하는 방법이 효율적이다. ④번의 경우 C의 가격은 $\dfrac{281}{7}$ =약 40이다. 따라서 E에 40을 곱하면 4×40=160 < 208이므로 틀린 선지임을 쉽게 알 수 있다. ⑤번 역시 마찬가지로, C의 가격 40을 다른 장비에 곱해보면 D, E가 더 가격이 높다는 것을 빠르게 확인할 수 있기에 틀린 선지이다.

123 정답 ❹ 난이도 ●●○

① (O) 연도별 국내 자동차 등록현황

→ 〈보고서〉의 첫 번째 문단의 두 번째 문장에 '국내 자동차 등록대수는 ~' 라고 하며 국내 자동차 등록대수에 관한 정보를 제시하고 있다. 따라서 연도별 국내 자동차 등록현황 자료가 활용되었음을 알 수 있다.

② (O) 2007년 국내 주요 대기오염물질 배출량

→ 〈보고서〉의 세번째 문단의 두번째 문장에 '2007년 기준으로 국내 대기오염물질 배출량 중 ~' 라고 하며 2007년 국내 주요 대기오염물질 배출량에 대한 정보를 제시하고 있다. 따라서 2007년 국내 주요 대기오염물질 배출량 자료가 활용되었음을 알 수 있다.

③ (O) 2008년 국내 운송수단별 수송분담률
→ 〈보고서〉의 첫 번째 문단의 세 번째 문장에 '운송수단별 수송 분담률에서도~' 라고 하여 2008년 국내 운송 수단별 수송 분담률에 대한 정보를 제시하고 있다. 따라서 2008년 국내 운송수단별 수송 분담률 자료가 활용되었음을 알 수 있다.

④ (×) 2008년 OECD 국가의 자동차 연료별 상대가격
→ 〈보고서〉의 두 번째 문단 네 번째 문장에서 OECD 국가에 대한 언급이 있으나, OECD국가의 자동차 연료 별 상대가격에 대한 정보를 제시하고 있지 않다. 따라서 2008년 OECD국가의 자동차 연료 별 상대가격 자료는 활용되지 않았다.

⑤ (O) 2008년 국가별 자동차 1대당 인구
→ 첫 번째 문단 네 번째 문장에서 '한편 2008년 자동차 1대당 인구는 ~'라고 하며 2008년 국가별 자동차 1대당 인구에 대한 정보를 제시하고 있다. 따라서 2008년 국가별 자동차 1대당 인구 자료가 활용되었음을 알 수 있다.

합격자의 실전 풀이 순서

❶ 발문을 읽고 〈보고서〉 작성에 활용되지 않은 자료를 찾는 문제이므로 구체적 수치를 비교하지 않아도 된다는 것을 인지한다.

❷ 선지의 제목과 관련된 정보가 〈보고서〉에 나오는지 확인한다.

❸ ①, ②, ③, ⑤번과 관련된 정보들은 〈보고서〉에 언급되어 있지만 ④번의 OECD국가의 자동차 연료별 상대가격에 대한 정보는 〈보고서〉에 언급되어 있지 않으므로 답은 ④번이다.

합격자의 시간단축 Tip

선지 ④번은 '활용되지 않은 자료' 유형에서 빠르게 확인하기 좋은 대표적 유형이다.
즉 'OECD'와 같이 영어로 된 제목의 자료는 〈보고서〉 상에서 쉽게 눈에 띄므로 보고서 순서대로 보지 않고, 눈에 띄는 자료를 먼저 해결하는 것도 좋은 방법이다.

선지 ④ 자료해석보다는 언어논리에 가까운 문제이다. 2번째 단락의 전반부는 연료별 상대가격을 이야기하고 있고 이후 바로 OECD가 나와, 순간 OECD의 연료별 상대가격을 묻는 것으로 착각할 수 있다. 그러나 제대로 읽어보면 OECD는 차량 비율에 관련된 논의로 제시되었다.
따라서 '활용되지 않은 자료' 유형이 '선지 제목'만 보면 되는 유형이라 하더라도 함정에 빠지지 않기 위해 어느 정도 맥락은 읽어야 한다.

124 정답 ❶

난이도 ●●○

① (×) 수도권 출발 지역별 경기 도착 화물 유동량
→ 〈표〉에서 서울에서 출발해 경기로 도착한 화물 유동량은 0.6톤이다.
하지만 〈그림〉의 화살표는 78.4톤으로 나타나 있으므로 틀린 선지이다.

② (O) 수도권 3개 지역별 도착 화물 유동량
→ 〈표〉의 가장 아래쪽에 제시된 각 도착 지역별 화물 유동량 계와 일치한다.

③ (O) 수도권 3개 지역의 상호 간 화물 유동량
→ 서울에서 출발해 인천으로 도착하는 화물 8.5백만 톤과 인천에서 출발해 서울로 도착하는 화물 30.3백만 톤을 합하면 38.8백만 톤으로 서울 〈-〉 인천에 기재된 값과 같다. 또한 나머지 화살표의 값도 〈표〉와 동일하다.

④ (O) 수도권 3개 지역별 출발 화물 유동량
→ 〈표〉의 가장 오른쪽에 제시된 각 출발 지역별 화물 유동량 계와 일치한다.

⑤ (O) 인천 도착 화물 유동량의 수도권 출발 지역별 비중
→ 인천으로 도착하는 화물 유동량의 계는 86.8백만 톤인데

- 서울 출발은 이의 약 9.8%$\left(\frac{8.5}{86.8}\times 100\right)$
- 인천 출발은 이의 약 63.7%$\left(\frac{55.3}{86.8}\times 100\right)$
- 경기 출발은 이의 약 26.5%$\left(\frac{23.0}{86.8}\times 100\right)$

로 〈그림〉과 일치한다.

합격자의 실전 풀이 순서

❶ 〈표〉의 구조를 파악한다. 〈표〉에서 가로줄은 출발 지역별 화물 유동량을 나타내고, 세로줄은 도착 지역별 화물 유동량을 나타낸다는 것을 파악한다. 또한, 비중이 아닌 화물 유동량이 주어져 있으므로 비중을 알기 위해서는 계산이 필요하다는 것을 인식한다.

❷ ⑤번 빼고는 복잡한 계산이 필요하지 않으므로 ⑤번을 제외하고 나머지 4개 선지의 정오판단을 통해 답을 찾는다.

❸ ①번을 확인하면, 경기 도착 화물 유동량에 대한 선지이므로 경기 지역의 세로줄의 정보들에 대한 그림이어야 한다. 하지만 경기 출발 지역 화물 유동량에 대한 수치가 그림에 주어져 있으므로 틀린 선지이다. 따라서 답은 ①번을 표시하고 넘어간다.

합격자의 시간단축 Tip

표 차트 변환 문제에서는 선지의 제목을 유의해서 봐야 한다. 〈표〉에 존재하는 수치 값들이 적혀 있으나, 선지의 제목과 매칭이 되지 않는 경우가 종종 존재하기 때문이다.

선지 ⑤ 계산 없는 나머지 선지를 통해 해결하는 것이 좋지만, 혹 ⑤을 반드시 해결해야 하는 경우 다음과 같이 해결한다.
'표-차트 변환 문제'는 틀린 선지일 경우 '잘못된 값이 제대로 된 값과 매우 큰 차이'로 틀리게 주어지므로(매우 구체적인 값을 요구하지 않는다는 뜻이다), 가장 가까운 10의 배수 내지 공식으로 가볍게 처리하는 것으로 충분하다.
즉, 서울의 경우 9.8%를 10%로 보고 10%보다 작은지, 인천은 63.7%를 60%로 보고 60%보다 큰지, 경기는 25%로 보고 4배 한 값이 전체보다 큰지 확인하면 된다.

125 정답 ③ 난이도 ●●○

[알아두기] 특정 항목의 전년대비 증가율이 주어진 경우 전년도의 값은 아래와 같이 구할 수 있다.

$$\text{증가율} = \frac{\text{해당연도 값} - \text{전년도의 값}}{\text{전년도의 값}} = \frac{\text{해당연도 값}}{\text{전년도의 값}} - 1$$

$$\rightarrow \text{증가율} + 1 = \frac{\text{해당연도 값}}{\text{전년도의 값}}$$

$$\rightarrow \text{전년도의 값} = \frac{\text{해당연도 값}}{1 + \text{증가율}}$$

ㄱ. (○) 2010년 전에 등록 장애인 수의 전년대비 증가율은 4% 미만이다.
➜ 2010년 전체 등록 장애인 수의 전년대비 증가율은

$$\frac{\text{2010년 전체 등록 장애인 수} - \text{2009년 전체 등록 장애인 수}}{\text{2009년 전체 등록 장애인 수}}$$

이다. 따라서 〈표〉에서 구할 수 없는 2009년 전체 등록 장애인 수를 여성, 남성으로 나누어 계산한다.

- 2009년 여성 등록 장애인 수:
$\frac{1,048,979(\text{명})}{1+0.005} \rightarrow \frac{1,040,000(\text{명})}{1,005}$
≒1,040,000(명)
- 2009년 남성 등록 장애인 수:
$\frac{1,468,333(\text{명})}{1+0.055} \rightarrow \frac{1,460,000(\text{명})}{1.05}$
≒1,400,000(명)

이므로 2009년 전체 등록 장애인 수는 (1,040,000+1,400,000)=2,440,000(명)이다.

이 값을 활용하여 2010년 전체 등록 장애인 수의 전년대비 증가율을 구하면,
$\frac{2,517,312(\text{명})-2,440,000(\text{명})}{2,440,000(\text{명})} \rightarrow \frac{77}{2,440}$
≒0.03이므로, 4% 미만이다.

ㄴ. (×) 전년대비 2010년 등록 장애인 수가 ~~가장 많이 증가한 장애등급은 6급이다.~~
➜ 〈표〉에서 2010년 성별 등록 장애인의 전년대비 증가율에 대해서 알 수 있지만 등급에 따른 등록 장애인 수와 관련해서는 알 수 없다. 따라서 2009년의 등급별 등록 장애인 수를 구할 수 없으므로 전년대비 2010년 등급별 장애인 수의 증가량은 알 수 없다.

ㄷ. (×) 장애등급 5급과 6급의 등록 장애인 수의 합은 전체 등록 장애인 수의 ~~50% 이상이다.~~
➜ 〈그림〉에서 장애등급 5급 등록 장애인 수는 여성이 248,059명, 남성이 278,586명으로 총 526,645명이다.
그리고 장애등급 6급 등록 장애인 수는 여성이 203,810명, 남성이 389,601명으로 총 593,411명이다. 따라서 장애등급 5급과 6급의 등록 장애인 수의 합은 526,645+593,411=1,120,056명이다.
〈표〉에서 전체 등록 장애인 수는 2,517,312명이므로 전체 등록 장애인 수의 50%는 1,258,656명이다. 즉, 장애등급 5급과 6급의 등록 장애인 수의 합은 전체 등록 장애인 수의 50% 미만이다.

ㄹ. (○) 등록 장애인 수가 가장 많은 장애등급의 남성 장애인 수는 등록 장애인 수가 가장 적은 장애등급의 남성 장애인 수의 3배 이상이다.
➜ 〈그림〉에서 등록 장애인 수가 가장 많은 장애등급은 여성과 남성 등록 장애인 수를 나타내는 두 막대의 길이 합이 가장 긴 6급이다. 반면, 등록 장애인 수가 가장 적은 장애등급은 두 막대의 길이 합이 가장 짧은 1급이다.
따라서 등록 장애인 수가 가장 많은 장애등급의 남성 장애인 수는 389,601명이고, 등록 장애인 수가 가장 적은 장애등급의 남성 장애인 수는 124,623명이다.
등록 장애인 수가 가장 적은 장애등급의 남성 장애인 수의 3배는 124,623×3=373,869명이므로 등록 장애인 수가 가장 많은 장애등급의 남성 장애인 수(389,601명)는 등록 장애인 수가 가장 적은 장애등급의 남성 장애인 수의 3배(373,869명) 이상이다.

ㅁ. (○) 성별 등록 장애인 수 차이가 가장 작은 장애등급과 가장 큰 장애등급의 여성 장애인 수의 합은 여성 전체 등록 장애인 수의 40% 미만이다.

➔ 〈그림〉에서 성별 등록 장애인 수 차이가 가장 작은 장애등급은 두 막대의 길이 차가 가장 적은 것으로 4급에 해당하며 성별 등록 장애인 수 차이가 가장 큰 장애등급은 두 막대의 길이 차가 가장 큰 것으로 6급에 해당한다.

따라서 성별 등록 장애인 수 차이가 가장 작은 4급과 가장 큰 6급의 여성 장애인 수의 합은 (190,772+203,810)=394,582 명이다.

이는 여성 전체 등록 장애인 수(1,048,979명)의 40%인 419,592명보다 적다.

합격자의 실전 풀이 순서

❶ 〈표〉의 '전체'에 표시하고, 단위를 확인한다. 〈그림〉의 각 축을 확인하고 〈그림〉 아래 각주를 확인한다.

❷ 보기 ㉤부터 보기 ㉠까지 아래에서 위 순서로 풀이한다. 구체적인 가중평균 계산을 요하는 보기 ㉠은 가장 뒷순위로 미룬다.

❸ ㉤, ㉣이 옳고, ㉢이 옳지 않으므로 답은 ③이다.

합격자의 시간단축 Tip

보기 ㉠ 가중평균을 구하는 유형으로, '가중치와 거리 간 교차 관계 활용법'을 활용하기 좋은 형태이다. 거리비와 가중치는 교차 관계를 가지므로, 전체 등록 장애인 수의 전년대비 증가율이 4%이기 위해서는 여성과 남성 등록 장애인 수의 비가 1.5(=5.5−4):3.5(=4−0.5), 즉 3:7이어야 한다.

따라서 남성 등록 장애인 수가 여성의 2배를 초과해야 한다. 그러나 〈표〉에 따르면, 남성 등록 장애인 수는 여성의 1.5배에 못 미치므로 4% 미만이므로 옳은 선지이다.

보기 ㉡ '전년대비'를 묻고 있으므로, 2009년 자료가 무엇이 주어졌는지 확인하면 〈표〉에서 '성별' 관련 자료만 주어졌다. 따라서 알 수 없는 정보이다. 만약 본인이 알 수 없는 정보 유형에 취약하다면, 항상 '묻는 변수가 어디에 있는지' 위주로 확인하는 습관을 지니는 것이 좋다.

보기 ㉢ 합을 구한 후 전체의 절반인지 확인하기보다는, 남녀 각각이 절반인지부터 확인하는 것이 좋다. 이때 남녀의 합을 각각 구하지 않고, 〈표〉의 전체 값을 절반으로 나눠 확인한다.

즉 앞 네 자리만 볼 때 여성의 경우 절반은 대략 500, 남성은 700이므로 〈그림〉의 합이 이보다 작을 것이라는 사실만 확인하면 된다.

보기 ㉣ 등록 장애인 수가 가장 많은 등급은 직접 그 값을 도출하기보다는, '시각적 특성'을 활용하는 것이 좋다. 예를 들어 남녀 각각 값이 모두 작은 1~4급을 제외하면 5급과 6급만 비교하면 된다. 여성이 5급보다 6급이 짧은 정도는 약 '한 칸' 정도 되지만, 남성이 6급보다 5급이 긴 정도는 '두 칸'이 넘으므로 6급이 가장 크다는 것을 쉽게 알 수 있다.

등록 장애인 수가 가장 적은 장애등급은 여성과 남성 등록 장애인 수 모두 가장 적은 1급으로, 1급 남성 장애인 수는 약 124(천), 그 3배는 약 372(천)이다. 6급 남성 장애인 수는 약 389(천)으로, 3배보다 크다.

보기 ㉤ 가장 작은 등급과 가장 큰 등급은 〈그림〉의 시각적 특성을 이용해 두 막대가 가깝고 먼 곳을 찾으면 된다. 이는 각각 4급과 6급으로, 4급과 6급 여성 장애인 수의 합은 190,772+203,810이다.

전체 여성 등록 장애인 수는 1,048,979로, 1,048,979×0.4 >1,000,000×0.4=400,000 >190,772+203,810으로 40% 미만이다.

126 정답 ⑤ 난이도 ●●○

① (○) 2010년 12월 태국지사 수출 상담실적은 100건 이상이다.

➔ A 무역회사 해외지사의 수출 상담실적에 관한 표의 단위는 전년동기 대비증감률(%)의 자료를 제외한 건수이다. 2010년 태국지사의 상담실적은 1,526건이다. 이 중에서 12월 태국지사 수출 상담실적을 구하려면 〈표〉에서 2011년 1~11월 수출 상담실적 건수인 2,520건과 전년동기 대비 증감률 80.0%를 이용해야 한다. 2011년 1 ~ 11월 수출 상담실적 건수인 2,520건과 전년동기 대비증감률 80.0%를 이용하면 2010년 1 ~ 11월 수출 상담실적 건수를 구할 수 있기 때문이다.

전년동기 대비 증감률은 (전년대비 증감값)÷(전년의 값)×100이다. 이 값을 구해보면, 2010년 1 ~ 11월 수출 상담실적 건수를 A라고 했을 때 (2,520−A)÷(A)×100=80.0이고

이 식을 풀어보면 (2,520−A)÷(A)=0.8→ 2,520−A=0.8A→1.8A=2,520→A=1,400이고 2010년 1 ~ 11월 수출 상담실적 건수는 1,400건이 된다.

따라서 2010년 12월 수출 상담실적 건수는 1,526−1,400 =126(건)으로 100건 이상이 된다.

② (O) 전년대비 2010년 수출 상담실적 건수가 가장 많이 늘어난 해외지사는 인도지사이다.

→ 전년대비 2010년 수출 상담실적 건수는 (2010년 수출 상담실적)－(2009년 수출 상담실적)으로 구할 수 있다. 이 값을 구해보면,

- 칠레: 472－284＝188(건)
- 싱가포르: 319－196＝123(건)
- 독일: 724－458＝266(건)
- 태국: 1,526－1,995＝－469(건)
- 미국: 273－120＝153(건)
- 인도: 3,530－2,333＝1,197(건)
- 영국: 786－237＝549(건)이다.

따라서 전년 대비 2010년 수출 상담실적 건수가 가장 많이 늘어난 해외지사는 인도지사이다.

③ (O) 2009 ~ 2011년 동안 A무역회사 해외지사의 수출 상담실적 건수 합계는 매년 증가하였다.

→ 2009~2011년 해외지사의 수출 상담실적 건수 합계는 2009년에는 5,623건, 2010년에는 7,630건, 2011년에는 20,227건으로 매년 증가하였다. 자료에는 2011년 12월의 상담실적은 포함되어 있지 않으나 이미 2010년 상담실적인 7,630건을 넘었으므로 A무역회사 해외지사의 수출 상담실적 건수 합계는 매년 증가하였다는 것을 파악할 수 있다.

④ (O) 2008 ~ 2010년 동안 매년 싱가포르지사와 미국지사의 수출 상담실적 건수의 합은 독일지사의 수출 상담실적 건수보다 적다.

→ 2008 ~ 2010년 동안 싱가포르지사와 미국지사의 수출 상담실적 건수의 합을 구해보면,

- 2008년의 경우 136＋307＝443(건)
- 2009년의 경우 196＋120＝316(건)
- 2010년의 경우 319＋273＝592(건)이다.

이 값들을 독일지사의 수출 상담실적 건수와 비교해보면,

- 2008년의 경우 650(독일) ＞ 443(싱가포르지사와 미국지사)
- 2009년의 경우 458(독일) ＞ 316(싱가포르지사와 미국지사)
- 2010년의 경우 724(독일) ＞ 592(싱가포르지사와 미국지사)이다.

따라서 2008 ~ 2010년 동안 매년 싱가포르지사와 미국지사의 수출 상담실적 건수의 합은 독일지사의 수출 상담실적 건수보다 적다.

⑤ (×) 2011년 12월 칠레지사 수출 상담실적이 256건이라면, 2011년 연간 칠레지사 수출 상담실적 건수는 전년대비 ~~100% 이상 증가한다.~~

→ 2011년 연간 칠레지사 수출 상담실적 건수를 구하려면 1~11월 칠레지사 수출 상담실적과 12월 칠레지사 수출 상담실적을 더하면 된다.
이 값을 구하면 644＋256＝900(건)이 된다.
2011년 상담실적 전년대비 증가율은 (2011년 건수－2010년 건수)÷(2010년 건수)×100 으로 구할 수 있다.
이 값을 구하면 (900－472)÷472×100＝90.7% ＜ 100이다.
따라서 2011년 연간 칠레지사 수출 상담실적 건수는 전년대비 90.7% 증가하였으므로 선택지의 내용은 정확하지 않다.

합격자의 실전 풀이 순서

❶ 〈표〉의 2011년, 전년 동기 대비 증감률, 합계에 표시한다.

❷ 2011년의 정보는 1 ~ 11월까지만 주어져 있고, 전년 동기 대비 증감률을 제시한 특수한 자료로, 2011년과 2010년 12월에 대해 묻는 선지가 답이 될 확률이 높다. 따라서 선지 ①, ⑤를 먼저 해결한다.

＊ 구체적 내용은 아래 **Tip**을 확인하자.

합격자의 시간단축 Tip

Tip 〈표〉의 "전년동기(1~11월) 대비 증감률"과 같은 값이 주어지는 경우, 거의 확정적으로 묻는 선지 유형이 존재한다. 선지 ①, ⑤번이 해당 유형으로, 해당 기간 외의 값을 비교할 것을 요구하는 문제이다. 따라서 반드시 해당 유형을 정리해야 하며, 사실상 문제를 출제한 의도에 해당하는 선지이므로 가장 먼저 확인하는 것이 좋다.

선지 ① 보기에서 준 값을 주어진 것으로 보고, 대입하였을 때 모순이 발생하는지 확인한다.
2010년 12월 태국 수출 상담실적이 100건이 맞다면, 2010년 1~11월 실적은 1,426이다. 증감률은 80%이므로 1,426＋1,426×80%＝약 1,426＋140×8＝2,546이다. 즉 2,520보다 크므로 옳은 선지이다.

선지 ② 인도지사는 2010년 전년에 비해 약 1,200건 상담실적이 증가했다. 따라서 1,200건을 기준으로 다른 해외지사를 확인할 때, 그 외 해외지사 중 2009년에 비해 2010년 상담실적이 1,000건 이상 증가한 지사는 없다.

선지 ③ 2010년의 합계는 2009년보다 크다.
2011년의 합계 ≥ 2011년 1~11월 합계 ＞ 2010년 합계이다.

선지 ④ 합을 비교할 때는 '큰 자릿수'끼리 먼저 비교하는 것이 좋다. 이때 참고하면 좋은 것은 큰 자릿수를 합쳤을 때 'a+2=b라면 반드시 b > a'이다.
왜냐하면 뒷자리 수를 다 합치더라도 절대 2를 넘을 수 없기 때문이다. 이를 적용하면, 2008년은 1+3 < 6, 2009년은 1+1 < 4, 2010년 3+2 < 7이므로 굳이 뒷자리를 고려하지 않더라도 옳은 선지임을 알 수 있다.

선지 ⑤ '대입－모순 확인법'을 활용하면 좋다. 2011년 12월 칠레지사 수출 상담실적이 256건이라면, 2011년 칠레지사 수출 상담실적은 644+256=900이다. 472×2 > 450×2=900이므로, 2011년 칠레지사 수출 상담실적은 2010년의 2배에 못 미치므로, 증가율은 100% 미만이다.

127 정답 ③ 난이도 ●●●

ㄱ. (○) C 마을의 경지면적은 D 마을과 E 마을 경지면적의 합보다 크다.
➔ (경지면적)=(가구당 면적)×(가구 수) 이므로 C, D, E 마을의 경지면적을 구해보면
- (C 마을의 경지면적): 1.95×58=113.1(ha)
- (D 마을의 경지면적): 2.61×23=60.03(ha)
- (E 마을의 경지면적): 2.75×16=44(ha)

D 마을과 E 마을의 경지면적의 합은 104.03(ha)이므로 C 마을의 경지 면적이 더 크다.

ㄴ. (×) 가구당 주민 수가 가장 많은 마을은 ~~가구당 돼지 수도 가장 많다.~~
➔ (가구당 주민 수)=(주민 수)÷(가구 수) 이므로 각 마을의 가구당 주민 수를 구해보면
- A 마을: 1,243÷244≈5.09
- B 마을: 572÷130≈4.4
- C 마을: 248÷58≈4.28
- D 마을: 111÷23≈4.83
- E 마을: 60÷16≈3.75 이다.

가구당 주민 수는 A 마을이 5.09명으로 가장 많다. 〈표〉를 보면 A 마을의 가구당 돼지 수는 1.68 마리로, C마을의 1.86마리, D마을의 2.00마리보다 작으므로 가장 많지 않다.

ㄷ. (×) A 마을의 젖소 수가 80% 감소한다면, A ~ E 마을 전체 젖소 수는 A ~ E 마을 전체 돼지 수의 10% ~~이하가 된다.~~
➔ A 마을의 젖소 수는 90마리이므로 80%가 감소한다면 $90 \times \frac{80}{100}=72$ 마리가 감소하게 된다.
〈표〉에서 A ~ E 마을 전체 젖소 수는 150마리 였으므로 (A ~ E 마을에 남은 젖소 수)=150－72=78 마리 이다.
〈표〉에서 (A ~ E 마을 전체 돼지 수)=769 마리 이므로, 전체 돼지 수의 10% 는 76.9 마리가 되고, 전체 젖소 수는 78마리 이므로 〈보기〉 ㉢의 내용은 옳지 않다.

ㄹ. (○) 젖소 1마리당 경지면적과 돼지 1마리당 경지면적은 모두 D 마을이 E 마을보다 좁다.
➔ (젖소 1마리당 경지면적)=(경지면적)÷(젖소 수)
(돼지 1마리당 경지면적)=(경지면적)÷(돼지 수)
D 마을과 E 마을의 면적은 〈보기〉 ㉠을 풀 때 계산한 것을 참고하면
- D 마을의 면적=60.03 (ha), 그리고 E 마을의 면적=44 (ha)
- D 마을의 젖소 1마리당 경지면적=60.03÷12 ≈5.00
- E 마을의 젖소 1마리당 경지면적=44÷8=5.5
- D 마을의 돼지 1마리당 경지면적=60.03÷46 ≈1.31
- E 마을의 돼지 1마리당 경지면적=44÷20 =2.2

따라서 5.00 < 5.5 이고 1.31 < 2.2이므로 젖소 1마리당 경지면적과 돼지 1마리당 경지면적은 모두 D 마을이 E 마을보다 좁다.

합격자의 실전 풀이 순서

❶ 〈표〉의 단위를 확인하고, '전체'에 표시한다.
❷ 특정 마을에 대한 자료만을 필요로 하는 보기 ㉠, ㉣을 우선적으로 해결한다.

합격자의 시간단축 Tip

보기 ㉠ 근삿값으로 처리하는 방법 중 하나는 '큰 값으로 통일하여 더 큰지 확인하는 방법'이다.
예를 들어 '가구당 면적'이 더 큰 E를 기준으로 보면, D+E=(23+16)×2.75=39×2+약 40×0.75=78+30=108이다.
이때 C는 58×1.95=약 58×2=116이므로 C > D+E임을 쉽게 알 수 있다.

보기 ㉡ 'A이면서 B이다' 유형은 난이도가 동일할 경우 B ➔ A로 보는 것이 좋으나, 만약 난이도 차이가 있을 경우 더 간단한 선지를 기준으로 확인한다. '가구당 주민수'와는 달리 '가구당 돼지 수'는 이미 〈표〉에 주어져 있으므로 이를 먼저 살펴보면, 가구당 돼지 수가 가장 많은 마을은 D이다.

D의 가구당 주민 수는 $\frac{111}{23}$로, 주민 수가 가구 수의 5배에 조금 못 미친다. 이때 다른 값들을 직접 구해 비교하지 않고, D의 5배를 기준으로 보고 대입 후 모순이 발생하는지 확인하는 것이 좋다.
주민 수가 가구수의 약 5배에 달하는 마을은 A이다. 다만 D가 5배 미만인 만큼, 만약 A가 5배 이상일 경우 굳이 분수 비교를 하지 않더라도 A > D가 됨을 확인할 수 있다.
따라서 효율적인 풀이를 위해 이를 먼저 확인 시 $244\times5 = 1,220 < 1,243$로 5배 이상이므로 D는 가장 큰 마을이 아니다. 따라서 틀린 선지이다.

보기 ⓒ 통상 뺄셈보다는 덧셈이 더 편하고 빠른 연산 방법이므로 뺄셈을 덧셈 형태로 전환하는 습관을 지니는 것이 좋다. 즉 A의 80%=90×80%=72를 전체 돼지 수의 10%인 76.9에 더하면 72+76.9=약 72+77=149 < 전체 젖소 수(150)이므로 10% 초과임을 알 수 있다.

보기 ⓡ <표>에서는 일부 마을의 경지면적이 주어져 있지 않으므로 아래와 같은 방식으로 계산하는 것이 더 효율적이다.

$$\frac{\text{경지면적}}{\text{젖소 개체 수}}=\frac{\text{가구 수}\times\text{가구당 면적}}{\text{젖소 개체 수}}$$

$$=\frac{\text{가구당 면적}}{\frac{\text{젖소 개체 수}}{\text{가구 수}}}=\frac{\text{가구당 면적)}}{\text{가구당 젖소 개체 수}}\text{이다.}$$

이 식을 활용하여 젖소 1마리당 경지 면적을 구하면,

- D 마을: $\frac{2.61(\text{ha})}{0.52(\text{마리})}\approx5\text{ha}$
- E 마을: $\frac{2.75(\text{ha})}{0.50(\text{마리})}\approx5.5\text{ha}$이다.

이때 D마을의 분자가 작고 분모가 더 크므로 D 마을이 젖소 1마리당 경지면적이 좁다.
같은 방법으로 돼지 1마리당 경지면적은
$\frac{\text{가구당 면적}}{\text{가구당 돼지 개체 수}}$으로 구하면 된다. 값을 구해보면,

- D마을: $\frac{2.61(\text{ha})}{2.00(\text{마리})}\approx1.3\text{ha}$
- E마을: $\frac{2.75(\text{ha})}{1.25(\text{마리})}\approx2\sim3\text{ha}$

이므로 젖소 1마리당 경지면적과 돼지 1마리당 경지면적은 모두 D 마을이 E 마을보다 좁다. 이때, D 마을이 E마을에 비해서 분자는 거의 비슷하지만 분모는 1.6배가량 증가하였으므로 D 마을이 좁다는 것을 바로 알 수 있다.

＊참고로 분수 비교는 2단계 구조를 가진다. 1단계에서는 위에서처럼 분자, 분모의 대소 비교로 빠르게 처리하고, 만약 1단계에서 비교가 안 되는 경우 2단계로 분수 비교 방법들을 활용하는 것이 좋다. 무조건 2단계부터 접근 시 쉽게 처리할 수 있는 분수를 계산하는 등의 시간 낭비가 이루어질 수 있기 때문이다.

128 정답 ② 난이도 ●●●

ㄱ. (○) 트위터와 블로그의 성별 이용자 수
→ 트위터와 블로그의 성별 이용자 수는 (각각의 응답자 수)×(성별 비율)로 구할 수 있다.
- 남자 트위터 이용자 수:
  2,000명×53.2%=2,000×0.532=2×532 =1,064명이다.
- 여자 트위터 이용자 수:
  2,000명×46.8%=2,000×0.468=2×468 =936명이다.
- 남자 블로그 이용자 수:
  1,000명×53.4%=1,000×0.534=1×534 =534명이다.
- 여자 블로그 이용자 수:
  1,000명×46.6%=1,000×0.466=1×466 =466명이다.

따라서 옳은 보기이다.

ㄴ. (×) 교육수준별 트위터 이용자 수 대비 블로그 이용자 수
→ $\frac{\text{교육수준별 블로그 이용자 수}}{\text{교육수준별 트위터 이용자 수}}=$ $\frac{\text{교육수준별 블로그 이용자 비율}\times1,000}{\text{교육수준별 트위터 이용자 비율}\times2,000}$으로 계산한다.
<표>에서 중졸 이하에 대해 계산해 보면,
$\frac{1,000(\text{명})\times0.02}{2,000(\text{명})\times0.016}=0.625$이므로 <그림>의 수치와 다르다.
<그림>의 수치들은 교육수준별 트위터 이용자 수 대비 블로그 이용자 수 비율이 아니라 이용자 수를 고려하지 않고 단순히 교육수준별 트위터 이용자 비율 대비 블로그 이용자 비율에 해당하는 내용이다. 따라서 틀린 보기이다.

ㄷ. (○) 블로그 이용자와 트위터 이용자의 소득수준별 구성비
→ 블로그 이용자와 트위터 이용자의 소득수준별 구성비는 <표>의 소득수준에서 그대로 확인할 수

있다. 블로그 이용자는 상(5.5), 중(74.2), 하(20.3)이고, 트위터 이용자는 상(3.6), 중(75.0), 하(21.4)이므로 〈표〉의 자료가 〈그림〉과 일치한다.

ㄹ. (×) 연령별 블로그 이용자와 트위터 이용자의 구성비
→ 연령별 블로그 이용자와 트위터 이용자의 구성비는

$$\frac{\text{연령별 트위터 이용자 수}+\text{연령별 블로그 이용자 수}}{\text{전체 연령별 트위터와 블로그 이용자 수}}$$

이다.

이는 $\frac{(1{,}000(\text{명})\times\text{연령별 블로그 이용자 비율})+(2{,}000(\text{명})\times\text{연령별 트위터 이용자 비율})}{3{,}000(\text{명})}$와 같다.

이식을 활용하여 50 ~ 59세를 계산해보면,

$\frac{(1{,}000(\text{명})\times 0.127)+(2{,}000(\text{명})\times 0.011)}{3{,}000(\text{명})}\fallingdotseq$ 0.05이므로 약 5%이다.

하지만 이는 〈그림〉의 수치와 다르므로 틀린 보기이다.

합격자의 실전 풀이 순서

❶ 〈표〉의 단위를 통해 비율 자료임을 파악하고, 각주를 통해 전체 블로그 이용자와 트위터 이용자 수를 파악한다.

❷ 보기 ㉠은 단순 곱셈 계산으로 간단히 확인한다.

❸ 보기 ㉠이 옳으므로 선지 ①, ②가 남는다. 계산을 요하는 보기 ㉡ 대신 자료의 단순 확인을 요하는 보기 ㉢을 해결한다.

합격자의 시간단축 Tip

비율 자료가 여러 개 주어지는 경우, 가장 많이 출제되는 유형이 '실수 비교'이다. 즉 모수 값이 달라 동일한 비율 값이여도 실수는 다를 수 있는데, 이러한 부분을 수험생이 착각하도록 유도하는 문제이다. 이 문제 역시 이를 활용하고 있는데, 보기 ㉡과 보기 ㉣이 그 예이다.
따라서 비율 자료가 나온 경우,

① 모수값이 주어졌는지 확인하고

② 주어졌다면 '실수'를 비교하는 문제가 있을 것을 예상하고 실수하지 않도록 주의하면서 접근해야 한다.

참고로 이를 조금 더 응용해보면, 매우 빠르게 해결할 수 있다. 출제자의 입장에서 생각할 때, '가중 평균'으로 구성된 자료를 그림으로 전환할 때, 임의의 가중치를 적용할 수도 있음에도 불구하고 가장 활용하기 쉬운 방법은 '산술 평균' 값을 주는 것이다.
따라서 처음 확인할 때 시간이 걸리는 '가중 평균'을 구해 옳고 그름을 확인하지 않고, 일부러 함정에 걸린다는 생각으로 '산술 평균' 값을 구하여 확인하는 것도 좋은 방법이 된다.
만약 산술 평균에 해당하지 않으면, 그 이후에 구체적인 계산을 해도 늦지 않다.
예를 들어 보기 ㉡과 ㉣은 이를 통해 빠르게 해결할 수 있다. 각각을 모수가 동일하다고 가정하고 확인 시 그림과 일치한다. 따라서 바로 틀린 선지라 판단하면 된다.

보기 ㉠ 블로그 이용자(아래) 먼저 확인하고 트위터 이용자(위)를 확인한다.
전체 블로그 이용자 1,000명 중 여성은 46.6%이므로, 여성 이용자 수는 466명이다.
전체 트위터 이용자 2,000명 중 여성은 46.8%로, 여성 이용자 수는 936명이다.
이때 실전에서는 1,000명은 숫자가 동일한지, 2,000명은× 2 인지만 확인해 처리한다.

보기 ㉡ '가중치를 무시하는 방법(Tip의 방법) – 추천 방법
모수를 고려하지 않고 주어진 값을 그대로 계산하면, 중졸 이하 $1.25=\frac{2.0}{1.6}=\frac{5}{4}$이다. 이는 트위터와 블로그의 이용자 수가 다르다는 것을 고려하지 않은 값으로 당연히 옳지 않다는 것을 알 수 있다.

보기 ㉢ 트위터 이용자(오른쪽) 먼저 확인하고 블로그 이용자(왼쪽)를 확인한다.
트위터 이용자의 소득수준별 구성비는 보기 ㉢과 일치한다. 블로그 이용자 역시 마찬가지이다.

보기 ㉣
[방법 1] '가중치를 무시하는 방법(Tip의 방법) – 추천 방법
가중치를 무시하고 1 : 1 관계, 즉 '산술평균'으로 가정하고 계산해보자.
이때 산술평균을 직접 구하지 않고, 보기 ㉣의 〈그림〉의 값을 기준으로 거리가 1 : 1 관계인지 확인하면 더 빠르게 처리할 수 있다.
예를 들어 값의 범위가 좁아 가장 값을 확인하기 쉬운 30 ~ 39세를 보면, 28.5 − 27.4 = 1.1, 29.5 − 28.5 = 1로 거의 1 : 1 가중치로 구성되어 있음을 알 수 있다. 따라서 당연히 틀린 선지이다.

[방법 2] 정석적인 풀이 방법
가중평균을 직접 구하지 않고, '거리'를 확인한다. 이때 모수가 1:2의 비율을 가졌음에 이를 기준으로 모순이 있는지 확인하면 된다.
예를 들어 15 ~ 19세의 경우 보기 ㉣은 12.4라 하였으므로 11.6과는 0.8, 13.1과는 0.7의 거리를 가진다. 즉 거의 비슷한 가중치로 곱해졌지만 1 : 2 비율이 아니므로 틀린 선지임을 바로 알 수 있다.

129 정답 ⑤ 난이도 ●●○

① (○) 2010년 시도별 기초노령연금 수급률
→ 〈보고서〉에 따르면 2번째 문단에서 시도별 기초노령연금 수급률이 설명되어 있다. 전남 85.5%, 경북 80.4%, 전북 79.3%, 경남 77.8%, 서울 51.3%로 〈그림〉의 수치가 〈보고서〉에 주어진 시도별 기초노령연금 수급률 수치와 일치하므로 옳은 선지이다.

② (○) 2010년 기초노령연금 수급자의 연령대별 구성비율
→ 〈보고서〉의 3번째 문단을 확인하면 기초노령연금을 받는 노인 중 70대가 수급자의 49.7% 이므로 보기 ②번 자료와 일치한다. 그래프의 내용은 확인할 수가 없다. 그러나 〈보고서〉의 내용과 부합하지 않는 점은 찾을 수 없으므로 옳은 선지이다.

③ (○) 2010년 시군구별 기초노령연금 수급률(상위 5개 및 하위 5개)
→ 〈보고서〉의 2번째 문단에서 전남 완도군이 94.1%로 수급률이 가장 높고, 서울 서초구가 26.5%로 가장 수급률이 낮다는 자료에서 보기 ③번이 옳은 선지임을 알 수 있다.

④ (○) 2010년 연령대별 기초노령연금 수급자 비율
→ 〈보고서〉의 3번째 문단에서 연령대별 기초노령연금 수급자 비율의 순위는 80대, 90대, 70대 순이라고 하고 있다.
그리고 〈그림〉에서는 80대가 82.3%, 90대가 81.9%, 70대가 7.7%로, 이는 〈보고서〉에 나타난 순위와 일치한다.
따라서 옳은 선지이다.

⑤ (×) 2010년 기초노령연금 수급률별, 도시규모별 지역 수
→ 〈보고서〉 2번째 문단의 마지막 줄에서, 농어촌의 57개 지역과 대도시의 14개 지역은 기초노령 연금 수급률이 80%를 넘었다는 자료를 보자.
5번의 기초노령연금 수급률별, 도시규모별 지역 수라는 자료와 대응되는 문장이다.
80%이상인 항목은 '80% 이상 90% 미만'과 '90% 이상'의 그래프를 더해주어야 한다. 그래프에 따르면 대도시는 0곳이 80%이상의 수급률을 보인다. 〈보고서〉에 대도시가 총 14개 지역이 80% 이상의 수급률을 보인다는 것과 상반된다. 따라서 틀린 선지이다.

합격자의 실전 풀이 순서

〈보고서〉의 아래 → 위 순서로 확인한다. 즉 가장 아래에 위치한 3문단부터 부합 여부를 확인한다.

합격자의 시간단축 Tip

선지 ⑤ 동일한 수치에 의한 착각을 유도하는 문제이다. 〈보고서〉는 농어촌 57개, 대도시 14개 지역을 언급하고 있는데, 이때 14개라는 수치는 ⑤번의 그림에서 주어진 수치이다. 이에 숫자 위주로 확인하는 수험생들은 실수할 개연성이 있다. 따라서 이와 같은 유형은 '숫자'를 기준으로 탐색하지 않고, '범례'를 기준으로 탐색하는 것이 실수를 방지하는 방법이다.

130 정답 ④ 난이도 ●●●

→ 총 광고효과를 구하기 위한 식을 〈조건〉에 따라 정리하면 다음과 같다.
총 광고효과=(1회당 광고효과)×(1년 광고 횟수)
=(1회당 수익 증대 효과+1회당 브랜드 가치 증대 효과)×[(1년 광고비)÷1회당 광고비]
=(1회당 수익 증대 효과+1회당 브랜드 가치 증대 효과)×[(3,000−1년 계약금)÷20]

- **지후**의 총 광고효과 =
  → (100+100)×[(3,000−1,000)÷20]
  =(200)×(100)=20,000만 원
- **문희**의 총 광고효과 =
  → (60+100)×[(3,000−600)÷20]
  =(160)×(120)=19,200만 원
- **석이**의 총 광고효과 =
  → (60+110)×[(3,000−700)÷20]
  =(170)×(115)=19,550만 원
- **서현**의 총 광고효과 =
  → (50+140)×[(3,000−800)÷20]
  =(190)×(110)=20,900만 원
- **슬이**의 총 광고효과 =
  → (110+110)×[(3,000−1,200)÷20]
  =(220)×(90)=19,800만 원

서현의 총 광고효과가 제일 크므로 정답은 보기 ④번이다.

합격자의 실전 풀이 순서

❶ 〈표〉의 단위를 확인하고, 〈조건〉의 식을 정리한다.
➜ 총 광고효과=(1회당 수익 증대 효과+1회당 브랜드 가치 증대 효과)×$\frac{3{,}000-1\text{년 계약금}}{20}$
하지만 실전에서 풀 때는 20은 공통되는 값이므로 불필요하게 나눗셈을 할 필요가 없다.
따라서 아예 삭제하고, '1회당 광고효과×(3,000−1년 계약금)'으로만 처리하는 것이 좋다.

❷ 1회당 광고효과를 계산하여 광고모델별로 〈표〉의 우측에 표시한다.
지후: 200, 문희: 160, 석이: 170, 서현: 190, 슬이: 220
이때 한 값을 기준으로 비교하되, 그보다 큰 값이 나오면 그 값을 기준으로 비교하는 형태로 전개한다.

❸ 1회당 광고효과가 가장 큰 '슬이'와 다음으로 큰 '지후'의 총 광고효과를 비교한다.
- 슬이: $220\times\frac{3{,}000-1{,}200}{20}=220\times90$ vs
- 지후: $200\times\frac{3{,}000-1{,}000}{20}=200\times100$

→ 220은 200보다 20(10%) 크고, 100은 90보다 10(10% 초과) 크므로, 후자가 더 크다.

❹ '지후'와 1회당 광고효과가 다음으로 큰 '서현'을 비교한다.
- 지후: $200\times\frac{3{,}000-1{,}000}{20}=200\times100$ vs
- 서현: $190\times\frac{3{,}000-800}{20}=190\times110$

→ 200은 190보다 10(10% 미만) 크고, 110은 100보다 10(10%) 크므로, 후자가 더 크다.

❺ '서현'과 1회당 광고효과가 다음으로 큰 '석이', '문희'를 비교한다.
1) 서현: $190\times\frac{3{,}000-800}{20}=190\times110$ vs
석이: $170\times\frac{3{,}000-700}{20}=170\times115$
→ 190은 170보다 20(10% 초과) 크고, 115은 110보다 5(10% 미만) 크므로, 전자가 더 크다.
2) 서현: $190\times\frac{3{,}000-800}{20}=190\times110$ vs
문희: $160\times\frac{3{,}000-600}{20}=160\times120$
→190은 160보다 30(20% 초과) 크고, 120은 110보다 10(10% 미만) 크므로, 전자가 더 크다.

합격자의 시간단축 Tip

'1회당 광고효과×(3000−1년 계약금)'으로 처리하는 경우, 한 번에 총 광고 효과를 도출하는 것이 큰 부담이 되지 않는다. 또한, 각각 비교하더라도 결과적으로는 모든 값을 도출해야 하므로 한 번에 값들을 도출 후 비교하는 것이 효율적이라 생각한다. 따라서 한 번에 도출 후 공통되는 '0'을 빼면, 다음과 같다.

- 지후=200×2,000 → 20×20
- 문희=160×2,400 →16×24
- 석이=170×2,300 → 17×23
- 서현=190×2,200 → 19×22
- 슬이=220×1,800 → 22×18=18×22

① '문희'와 '석이'의 경우, '지후'와 비교할 때 좌변과 우변의 증감량이 동일하다. 예를 들어 문희는 지후에 비해 좌변이 4 작으나, 우변은 4 크다. 이때 좌변은 더 작은 값에서 4 차이 나고, 우변은 더 큰 값에서 4 차이 나는 것이므로 좌변 변화율이 더 커 '지후'가 더 크다.
따라서 문희, 석이는 바로 소거한다.

② '서현'과 '슬이'의 경우 우변은 동일하되 좌변만 '서현'이 더 크므로 '슬이'를 소거한다.

③ 마지막으로 '지후'와 '서현' 비교 시 '지후'를 기준으로 좌변은 1 크지만, 우변은 2가 작다. 당연히 19와 20은 2배 차이가 아니므로 '서현'이 가장 크다.

131 정답 ❷ 난이도 ●●○

ㄱ. (○) 11개 전통 건축물을 공포양식별로 구분하면 다포양식 6개, 주심포양식 2개, 익공양식 3개이다.
➜ 다포양식: 숭례문, 문묘 대성전, 창덕궁 인정전, 화엄사 각황전, 무량사 극락전, 덕수궁 중화전=6개
주심포양식: 봉정사 화엄강당, 장곡사 상대웅전=2개
익공양식: 관덕정, 남원 광한루, 창의문=3개

ㄴ. (×) 11개 전통 건축물의 기둥 지름은 최소 1.40척, ~~최대 2.00척이고,~~ 처마서까래 지름은 최소 0.50척, 최대 0.80척이다.
➜ 11개 전통 건축물의 기둥 지름은 최소 1.40척, 최대 2.20척이고, 처마서까래 지름은 최소 0.50척, 최대 0.80척이다.

ㄷ. (×) 11개 전통 건축물의 부연은 폭이 최소 0.25척, 최대 0.55척이고 높이는 최소 0.30척, 최대 0.60척으로, 모든 건축물의 부연은 높이가 폭보다 ~~크다.~~
➜ 11개 전통 건축물의 부연은 폭이 최소 0.25척, 최대 0.55 척이고 높이는 최소 0.30척, 최대 0.60척이나, '남원 광한루'의 경우 부연의 폭과 높이가 동일하다.

ㄹ. (○) 기둥 지름 대비 부연 폭의 비율은 0.15보다 크고 0.40보다 작다.
➜ 기둥 지름 대비 부연 폭은 최댓값인 남원 광한루

가 $\frac{0.55}{1.40}$ ≒ 0.39(척)으로 0.4보다 작고, 최솟값이 무량사 극락전이 $\frac{0.35}{2.20}$ ≒ 0.16(척)으로 0.15보다 크다.

합격자의 실전 풀이 순서

❶ 〈표〉에 전통 건축물별로 공포양식, 기둥 지름, 처마 서까래 지름, 부연에 대한 정보가 나열되어 있음을 확인한다. 옳은 것을 고르는 문제이므로 〈보고서〉의 상자 왼쪽에 동그라미 표시를 해놓고 헷갈리지 않도록 유의한다.

❷ 눈으로 확인할 수 있는 선지 보기 ㉢ 먼저 해결한다. 틀린 보기이므로 답은 ①, ②번 중 하나이다.

❸ 다음으로 보기 ㉡을 확인하면, 틀린 보기이므로 답은 ②번이다.

합격자의 시간단축 Tip

보기 ㉡ 보기 ㉢ 'A이고 B이다'처럼 전혀 관계없는 정보를 묶어서 질문하는 유형은 통상 난이도는 낮으나, 출제 의도 상 수험생의 시간 소모를 유도하기 위한 문제 유형이다.
따라서 틀린 선지로 문제를 구성하는 경우 A는 옳으나 B는 틀리게 구성하는 경우가 많으므로 뒷부분부터 확인하는 것이 좋은 접근 방법이다.
보기 ㉡의 경우 맞은 선지이므로 큰 의미가 없으나, 보기 ㉢의 경우 틀린 선지이므로 적용 가능하다. 보기 ㉢은 11개 전통 건축물의 ①폭, ②높이, ③모든 건축물의 높이와 폭을 확인할 것을 요구한다.
이 중 뒤의 정보(③)부터 확인한다. "모든 건축물의 부연은 높이가 폭보다 크다"의 반례에 해당하는 남원 광한루가 존재하므로 틀린 선지이다.

보기 ㉣ 모든 건축물에 관해 확인하지 않고 기둥 지름 대비 부연 폭의 비율이 '가장 작은 건축물'이 0.15보다 큰지, '가장 큰 건축물'이 0.4보다 작은지 확인한다.
또한 비율을 확인할 때 각 건축물의 지름 대비 부연 폭의 비율을 직접 구하지 않고, 작은 건축물은 지름의 15%를 도출해 그 값이 폭보다 작은지 확인하고 큰 건축물은 지름의 40%를 도출해 그 값이 폭보다 큰지 확인하는 것이 더 빠를 것이다.

132 정답 ③ 난이도 ●●●

① (×) 승인 품목이 하나 이상인 국가는 모두 ~~120개이다.~~
→ 승인 국가 수를 모두 합하면
21+22+14+11+13+8+8+13+2+1+1+4+3+2=120개이다.
그러나 승인 품목에 대한 승인 국가 수가 중복되지 않는다는 전제가 없다.
즉 콩의 유전자 변형을 승인한 국가 21개가 옥수수, 면화 등 다른 품목도 승인했을 가능성이 있으므로 승인 품목이 하나 이상인 국가는 승인 국가 수를 모두 합한 120개보다 적다.

② (×) 국내에서 ~~92개~~, 국외에서 ~~108개~~ 품목이 각각 승인되었다.
→ 국내 승인 품목을 모두 합하면 (11+51+18+6+1+4+1)=92개이다.
전 세계 승인 품목은 국내 승인 품목을 포함한다는 전제가 있으므로 국외 승인 품목은 최소 200−92=108개이다. 그러나 국내에서 승인한 품목이 국외에서도 동일하게 승인한 품목일 경우가 있으므로 국외에서 승인한 품목은 108개에서 200개 사이이다.

③ (○) 전세계 승인 품목 중 국내에서 승인되지 않은 품목의 비율은 50% 이상이다.
→ 보기 2에서 보았듯이 국내 승인 품목을 모두 합하면 92개이다. 전 세계에서 승인받은 품목이 200개라고 하였으므로 국내에서 승인되지 않은 품목의 수는 200−92=108개이다.
그러므로 전 세계 승인 품목 중 국내에서 승인되지 않은 품목의 비율은 $\frac{108개}{200개}\times100=54\%$이므로 50% 이상이다.

④ (×) 옥수수, 면화의 국내 승인 품목은 각각 B유형이 A유형보다 ~~많다.~~
→ 옥수수의 국내 승인 품목은 A유형이 19개, B유형이 32개로 B유형이 A유형보다 많다.
그러나 면화의 경우, A유형과 B유형이 각각 9개로 동일하다.

⑤ (×) 옥수수, 면화, 감자의 전세계 승인 품목은 각각 B유형이 ~~20개 이상이다.~~
→ 전 세계 승인 품목 중 B유형을 살펴보면, 옥수수의 경우 40개, 면화의 경우 10개, 감자의 경우 0개이다. 따라서 틀린 선지이다.

합격자의 실전 풀이 순서

❶ 발문에 전 세계에서 승인받은 200개 품목이라는 전체 값이 주어져 있으므로 이를 확인한다. 또한, 〈표〉에 승인 국가 수와 전 세계 승인 품목 및 국내 승인 품목이 주어져 있음을 파악한다. 콩의 전 세계 승인 품목은 20개이고 승인 국가 수는 21개이므로 같은 품목이더라도 다양한 국가가 승인받을 수 있음을 이해한다.

❷ 선지 플레이를 통해 ④, ⑤번(단순 확인) 보다는 ①, ②, ③번을 먼저 해결한다. ①번을 확인하면, 승인 품목이 하나 이상인 국가는 최소 22개에서 최대 120개이므로 틀린 선지이므로 소거한다.

❸ ②번을 확인하면, 국내에서 92개 품목이 승인된 것은 맞지만 국외에서 최소 108개, 최대 200개 품목이 승인되었을 가능성이 있으므로 틀린 선지이다.

❹ ③번을 확인하면, 옳은 보기이므로 답은 ③번이다.

합격자의 시간단축 Tip

Tip ①번, ②번과 같이 '범위'로 구해지는 선지는 함정에 빠지기 쉬운 난이도가 있는 선지이나, 방법을 명확히 익히면 짧은 시간에 해결할 수 있어 남들과 점수 차를 내기 좋은 선지이다. 따라서 반드시 잘 정리해 두도록 하자. 예를 들어 ①번, ②번 모두 원리만 알고 있으면 값을 도출할 필요 없이 '범위 값을 확정값으로 제시하여 틀린 선지'라고 바로 판단할 수 있다.

선지 ② 국내에서 승인된 품목이 국외에서도 승인되었을 가능성이 있다는 것을 유의한다. 하나의 승인 품목이 여러 국가에서 승인되었을 가능성을 콩의 예시(승인 품목 수 < 승인 국가 수)를 통해 이해할 수 있어야 한다. 이때 '단정적 선지'에서 다른 경우의 수(또는 가능성)를 상상할 수 있다면, "확정할 수 없는 것을 확정한 것"이 되어 틀린 선지가 된다. 즉, "국외에서 108개 품목이 승인되었다"는 단정적 선지로, 국내 승인과 국외 승인이 겹치는 경우를 상정할 수 있다는 점에서, 바로 틀린 선지라 판단할 수 있다.

선지 ③ 반대 해석(여집합)을 이용하여 해결하는 것이 좋다. 전체가 200으로 주어져 있으므로 더해야 하는 개수가 적은 국내 승인 품목의 합을 빠르게 구한다. 국내 승인 품목의 합은 92이고 국내에서 승인된 품목의 비율이 50% 미만이므로 국내에서 승인되지 않은 품목의 비율은 50% 이상이다.

133 정답 ❶ 난이도 ●●●

ㄱ. (○) 2012년에 비해 2013년 평균연봉 순위가 상승한 기업은 7개이다.
→ 순위가 높다는 것은 숫자가 작다는 것을 의미한다. 따라서 2012년에 비해 2013년 평균연봉 순위가 상승하였다는 것은 2013년 순위의 숫자가 작다는 것을 의미한다. 즉 대각선 아래의 기업을 구하면 되므로, 2012년에 비해 2013년 평균연봉 순위가 상승한 기업은 B, C, G, H, I, K, N으로 총 7개이다.

ㄴ. (○) 2012년 대비 2013년 평균연봉 순위 하락폭이 가장 큰 기업은 평균연봉 감소율도 가장 크다.
→ 2012년 대비 2013년 평균연봉 순위 하락폭이 가장 큰 기업은 대각선에서 위쪽으로 가장 멀리 있는 M이다.

$\text{평균연봉비} = \frac{\text{2013년 연봉}}{\text{2012년 연봉}}$ 이므로, 13년 연봉이 12년 연봉보다 작은 경우, 평균연봉비는 12년 대비 13년 연봉의 잔존율을 뜻한다. 따라서 감소율이 클수록 잔존율이 작은데, 잔존율이 가장 작은 기업은 M이다. 그러므로 2012년 대비 2013년 평균연봉 순위 하락폭이 가장 큰 기업 M이 평균연봉 감소율도 가장 크다.

ㄷ. (×) 2012년 대비 2013년 평균연봉 순위 상승폭이 가장 큰 기업은 평균연봉 ~~증가율도 가장 크다.~~
→ 2012년 대비 2013년 평균연봉 순위 상승폭이 가장 큰 기업은 대각선에서 아래쪽으로 가장 멀리 떨어진 B기업이고, 평균연봉 증가율이 가장 큰 기업은 평균연봉비가 가장 큰 N기업이다.

ㄹ. (×) 2012년에 비해 2013년 평균연봉이 감소한 기업은 모두 평균연봉 순위도 ~~하락하였다.~~
→ 2012년에 비해 2013년 평균연봉이 감소한 기업은 A, M, J이지만, A와 J는 12년과 13년의 순위가 동일하다.

ㅁ. (×) 2012년 평균연봉 순위 10위 이내 기업은 모두 2013년에도 ~~10위 이내에 있다.~~
→ 2012년 평균연봉 순위 10위 지점으로부터 세로 선을 그어 왼쪽 점들을 모두 보면 된다.
왼쪽에 있는 M 기업은 2013년 13위로 하락하였다.

합격자의 실전 풀이 순서

❶ 〈그림〉의 제목, 범례와 연도의 순서가 x 축→y축 순서임을 확인하고, 각주를 파악한다.

❷ 단순 확인 선지인 보기 ㉠부터 확인하면, 옳은 선지이므로 ④, ⑤번은 소거한다.

❸ 마찬가지로 단순 확인 선지인 보기 ㉤을 확인하면 틀린 선지이므로 ③번을 소거한다.

❹ 남은 ㉡, ㉢ 중 비교적 간단한 ㉡을 확인하면 옳은 선지이므로 정답은 ①번이다.

합격자의 시간단축 Tip

보기㉠ 순위가 상승했다는 것은 x=y선을 기준으로 우하방 영역에 있다는 의미이다.
따라서 x=y선을 그은 후, 그 아래에 존재하는 기업을 세면 B, C, G, H, I, K, N으로 총 7개이다.

* 참고로 일반적인 경우와 달리 '순위'는 숫자의 크기가 작을수록 큰 값이다. 일반적인 경우라면 y축 값이 더 큰 경우는 x=y의 좌상방 영역이지만, 순위 자료이기에 x=y의 우하방 영역이 더 크게 된다. 따라서 순위 자료가 나온 경우, 언제나 다시 한번 생각해보는 습관을 가지는 것이 좋다. 이를 통해 자잘한 실수를 방지할 수 있다.

보기㉡ 보기㉢ "A이면 B이다" 구조이므로 역순으로 B→A 순으로 확인한다.
이때 중요한 점은 '평균연봉 증가율/감소율'의 의미이다. **'Part 1. 시간단축비법'**에서 보듯, 변화율=$\frac{\text{비교값}-\text{기준값}}{\text{기준값}}=\frac{\text{비교값}}{\text{기준값}}-1$이므로, 결국 $\frac{\text{비교값}}{\text{기준값}}$으로 단순화하여 비교해도 무관하다.
따라서 '평균연봉비'의 공식은 $\frac{\text{비교값}}{\text{기준값}}$의 구조와 완전히 일치하므로, 그 자체로 확인하면 된다.

보기㉡ '평균연봉 감소율'은 비교값인 '2013년 평균연봉 순위'가 낮아져야 2012년보다 감소한 것이 되어 감소율로 측정될 것이므로, **평균연봉 감소율이 가장 큰 기업 = 평균연봉비가 가장 작은 기업**이 된다.
따라서 당연히 0.79로 평균연봉비가 가장 작은 기업인 M의 감소율이 가장 크다.

보기㉢ ㉡과 마찬가지로 **평균연봉 증가율이 가장 큰 기업 = 평균연봉비가 가장 큰 기업**이 된다.
따라서 1.33으로 평균연봉비가 가장 큰 기업 N의 증가율이 가장 크다.
이처럼 각주의 공식과 선지에서 요구한 값의 관계를 찾아내면 매우 간단하게 처리할 수 있게 된다.

보기㉣ 보기 ㉠과 보기 ㉡의 원리를 합쳐 풀면 된다.
먼저 보기 ㉡에 따라 '평균연봉이 감소'했다는 것은 곧 '평균연봉비 < 1'라는 것과 같다.
또한 보기 ㉠에 따라 '평균연봉 순위가 하락'했다는 것은 x =y선 좌상방 영역에 있다는 의미이다.
따라서 보기 ㉣은 곧 "평균연봉비가 1보다 작은 기업이 모두 x=y선 좌상방에 있는지" 확인하면 간단히 해결할 수 있다.

보기㉤ 2012년, 2013년의 10위에 각각 수직, 수평선을 긋는다.
보기 ㉤은 곧 2012년의 10위 수직선 좌측에 있는 모든 값들이 2013년 10위 수평선 아래 영역에 있는지 질문하는 것과 같다. 이처럼 시각적 효과를 적극 이용하여 처리한다.

134 정답 ①

난이도 ●●●

ㄱ. (O) 임업소득률이 50% 이상인 연도는 2008년뿐이다.

➜ 〈그림〉에서 임업소득률은 꺾은 선 그래프로 표현돼 있다. 이때 2008년의 경우 임업소득률이 50% 이상이란 것은 한눈에 파악이 가능하지만 다른 연도에 대해서는 판단이 불가능하기 때문에 직접 계산으로 확인해 봐야 한다.
〈그림〉의 〈각주〉에서 임업소득률은

$$\frac{\text{임업소득}}{\text{임업총수입}}\times100=\frac{\text{임업소득}}{\text{임업소득}+\text{임업경영비}}\times100$$

이다.
즉 임업소득이 임업경영비보다 크면 임업소득률이 50% 이상이고, 임업소득이 임업경영비보다 작으면 50% 미만이다.
따라서 임업소득률이 50% 이상인 연도는 2008년도뿐이다. 실제로 값을 구해보면 아래와 같다.

- 2008년: $\frac{8,203}{7,498+8,203}=0.52$
- 2009년: $\frac{7,655}{8,170+7,655}=0.48$
- 2010년: $\frac{7,699}{8,442+7,699}=0.48$
- 2011년: $\frac{8,055}{8,573+8,055}=0.48$
- 2012년: $\frac{8,487}{9,123+8,487}=0.48$

따라서 임업소득률이 50% 이상인 연도는 2008년뿐이다.

ㄴ. (○) 임업의존도는 2008년부터 2010년까지 매년 감소하다가 이후 매년 증가한다.

➜ 2008 ~ 2010년 임업의존도는 〈표〉에 주어져 있으므로 점점 감소하고 있음을 알 수 있다.
반면 2011년과 2012년의 임업의존도가 주어져 있지 않기 때문에 계산을 통해 직접 확인해야 한다.

- 2008년: $\frac{8,203}{27,288}=0.300$
- 2009년: $\frac{7,655}{27,391}=0.279$
- 2010년: $\frac{7,699}{27,678}=0.278$
- 2011년: $\frac{8,055}{28,471}=0.283$
- 2012년: $\frac{8,487}{29,609}=0.287$

이므로 임업의존도는 2010년까지 감소하다가 이후 증가한다.

ㄷ. (×) 2012년 임업총수입의 전년대비 증가율은 5% ~~이하이다.~~

➜ 〈그림〉과 〈각주〉를 통해 임업총수입은 임업소득+임업경영비임을 알 수 있다.
2011년 임업총수입=8,573+8,055=16,628(천원)
2012년 임업총수입=9,123+8,487=17,610(천원)
이고, 이를 활용하여 2012년 임업총수입 증가율을 구해보면

$\frac{\text{2012년 임업총수입}-\text{2011년 임업총수입}}{\text{2011년 임업총수입}}=$

$\frac{17,610-16,628}{16,628}=\frac{982}{16,628}=0.059$이다.

따라서 2012년 임업총수입의 전년대비 증가율은 5% 이상이다.

ㄹ. (×) 경상소득은 2008년부터 2012년까지 ~~매년 증가한다.~~

➜ 〈표〉를 보면 경상소득은 =
(임업소득+임업외 소득+이전소득)으로 구성되어 있다.
위 식을 통해 경상소득을 모두 구해보면 아래와 같다.

- 2008년: 8,203+11,786+4,447=24,436(천원)
- 2009년: 7,655+11,876+4,348=23,879(천원)
- 2010년: 7,699+12,424+4,903=25,026(천원)
- 2011년: 8,055+12,317+5,431 =25,803(천원)
- 2012년: 8,487+13,185+5,226=26,898(천원)

2009년에는 경상소득이 감소하는 것을 확인할 수 있으므로 틀린 보기이다

합격자의 실전 풀이 순서

❶ 〈표〉의 단위를 확인하고, 각주를 통해 〈표〉의 구조(임가 =(임업+임업외+이전)+비경상)를 파악한다.
비율 자료인 '임업의존도' 자료는 구별하기 쉽게 가로로 구분선을 표시한다.
〈그림〉의 각 축을 확인하고, 각주를 확인한다. 각주를 통해 '임업소득+임업경영비=임업총수입'임을 확인한다.

❷ 확인이 쉬운 보기 ㉠ 먼저 해결한다.

❸ ㄱ이 옳으므로 선지 ①, ②, ④가 남는다. 덧셈/뺄셈 비교를 요하는 보기 ㉣을 나눗셈(곱셈) 비교를 요하는 보기 ㉡보다 먼저 해결한다.

합격자의 시간단축 Tip

보기 ㉠ 〈그림〉의 꺾은 선으로는 50%를 확인하기 어렵다. 따라서 각주에 따라 '임업소득 ≥ 임업경영비'인 연도가 2008년뿐인지 확인한다.

보기 ㉡

[방법 1]
값을 일일이 계산할 필요 없이 각 연도별로 어림산을 통해 분수 비교만 하면 된다.

- 2010년 VS 2011년 → $\frac{7,699}{27,678}$ vs $\frac{8,055}{28,471}$ →

$\frac{769}{276}$ vs $\frac{805}{284}$ → $\frac{769}{276}$ vs $\frac{769+36}{276+8}$ → $\frac{769}{276}<\frac{36}{8}$

- 2011년 VS 2012년 → $\frac{8,055}{28,471}$ vs $\frac{8,487}{29,609}$ →

$\frac{805}{284}$ vs $\frac{848}{296}$ → $\frac{805}{284}$ vs $\frac{805+43}{284+12}$ → $\frac{805}{284}<\frac{43}{12}$

따라서, 임업의존도가 2010 ~ 2012년까지 증가하는 것을 알 수 있다.

[방법 2]
2011년에는 전년에 비해 임가소득은 27,678에서 약 800 (3% 미만) 증가하고, 임업소득은 7,699에서 약 350(약 5%) 증가하므로, 임업의존도가 증가한다.
2012년에는 전년에 비해 임가소득은 28,471에서 약 1,100 (5% 미만) 증가하고, 임업소득은 8,055에서 약 430(5% 초과) 증가하므로, 임업의존도가 증가한다.

[방법 3]
같은 값을 다른 형태로 비교할 수도 있다. 분자, 분모 각각의 증가율을 비교하는 방법이다.

예를 들어 2011년의 경우 '증가분'은 350→800으로 2배가 조금 넘는 반면, 임가소득과 임업소득은 7,699→27,678로 4배가 조금 안 된다.
따라서 분모의 증가율 < 분자의 증가율이므로 임업의존도는 증가한다.

보기 ⓒ

[방법 1]

$\frac{982}{16,628}$ 를 $\frac{10}{166}$ 으로 어림산한다.
2011년 임업총수입은=8,573+8,055, 2012년 임업총수입은=9,123+8,487 이므로 9,123은 8,573 대비 5% 이상 증가하였고 8,487 역시 8,055 대비 5% 이상 증가하였으므로 전체적으로 5% 증가하였음을 빠르게 파악할 수 있다.

[방법 2]

5%가 가능한 값과 비교하는 방법도 있다.
9,123−8,573=약 500, 8,487−8,055=약 400이라 보면, 증가분은 900이다.
이때 900이 5%가 되려면 임업총수입은 18,000이 되어야 한다.
그러나 9,123+8,487 < 18,000이므로 5% 이상이다.

보기 ⓔ 합을 구해 경상소득을 비교하지 않고, 구성 요소인 임업소득, 임업외소득, 이전소득 각각의 차잇값을 비교하는 것이 좋다.
2011년에는 전년에 비해 임업소득은 증가하고, 임업외소득은 약 100 감소하는 반면, 이전소득이 약 500 증가하므로 전년 대비 경상소득이 증가한다.
2010년에는 전년에 비해 임업소득, 임업외소득, 이전소득 모두 증가하므로 전년 대비 경상소득이 증가한다.
2009년에는 전년에 비해 임업소득은 약 600 감소하고, 임업외소득은 약 100 증가하고, 이전소득은 감소하므로 전년 대비 경상소득이 감소한다.

135 정답 ⑤ 난이도 ●●○

ㄱ. (×) 1770년 대비 1908년의 시장 수 증가율이 가장 큰 지역은 ~~경상도이다.~~
➜ 1770년 대비 1908년의 시장 수 증가율을 계산하는 방법은 $\frac{\text{1908년의 시장 수}-\text{1770년의 시장 수}}{\text{1770년의 시장 수}}$ ×100이다.
공식에 맞추어 각 지역의 증가율을 계산하면 아래와 같다.
- 경기도: $\frac{102-101}{101}\times100\approx0.99(\%)$
- 충청도: $\frac{162-157}{157}\times100\approx3.2\ (\%)$
- 전라도: $\frac{216-216}{216}\times100=0(\%)$
- 경상도: $\frac{283-276}{276}\times100\approx2.5\ (\%)$
- 황해도: $\frac{82-82}{82}\times100=0(\%)$
- 평안도: $\frac{134-134}{134}\times100=0(\%)$
- 강원도: $\frac{68-68}{68}\times100=0(\%)$
- 함경도: $\frac{28-28}{28}\times100=0(\%)$

따라서 1770년 대비 1908년의 시장 수 증가율이 가장 큰 지역은 경상도가 아니라 충청도이다.

ㄴ. (○) 각 지역별로 시장 수를 살펴보면 3개 이상의 시기에서 시장 수가 같은 지역은 4곳이다.
➜ 지역별로 시장 수가 같은 시기를 살펴보자.
- 경기도: 1809년, 1908년 2개
- 충청도: 1770년, 1809년 2개
- 전라도: 1770년, 1908년 2개
- 경상도: 1770년, 1809년 2개
- 황해도: 1770년, 1809년, 1908년 3개
- 평안도: 1770년, 1809년, 1908년 3개
- 강원도: 1770년, 1809년, 1908년 3개
- 함경도: 1770년, 1809년, 1908년 3개

3개의 시기에서 시장 수가 같은 지역은 (황해도, 평안도, 강원도, 함경도)로 총 4곳이므로 선지는 옳다.

ㄷ. (○) 시기별 시장 수 하위 5개 지역의 시장 수 합은 해당 시기 전체 시장 수의 50% 미만이다.
➜ 모든 시기별에 시장 수 하위 5개 지역은 경기도, 황해도, 평안도, 강원도, 함경도이다.
5개 지역의 시장 수를 합산하여 전국 시장 수로 나누면 다음과 같다.
- 1770년: 413÷1,062×100=38(%)
- 1809년: 414÷1,061×100=39(%)
- 1830년: 438÷1,052×100=41(%)
- 1908년: 414÷1,075×100=38(%)

따라서 전체 시장 수의 50% 미만이다.

ㄹ. (○) 1830년 각 지역의 읍당 시장 수를 살펴보면 함경도의 읍당 시장 수는 다섯 번째로 많다.
➜ 1830년 각 지역의 읍당 시장 수를 계산하는 방법은 $\frac{\text{1830년 시장 수}}{\text{읍 수}}$ 이다. 이를 계산하면,

- 충청도: 158÷53≈2.98
- 전라도: 188÷53≈3.55
- 경상도: 268÷71≈3.77
- 황해도: 109÷23≈4.74
- 평안도: 143÷42≈3.40
- 강원도: 51÷26≈1.96
- 함경도: 42÷14≈3.00
- 경기도: 93÷34≈2.70

따라서 함경도가 전체에서 다섯 번째로 많다.

합격자의 실전 풀이 순서

❶ 〈표〉의 시기, 단위를 확인하고 '전국'에 표시하며, 각주를 확인한다. 또한 연도의 단위가 '매년'이 아님을 주의한다.

❷ 선지 4개에 포함된 보기 ㉡은 뒷순위로 미루고, 증가율 계산을 요하는 보기 ㉠도 뒷순위로 미룬다. 읍당 시장 수를 계산해야 하는 보기 ㉣보다 계산이 간단한 보기 ㉢을 먼저 해결한다.

❸ 보기 ㉢이 옳으므로 선지 ②, ④, ⑤번이 남는다. 보기 ㉣이 옳을 경우 바로 답이 도출되므로 ㉣을 해결한다.

합격자의 시간단축 Tip

이 문제의 〈표〉는 전형적인 여러 값 한 번에 확인하는 유형이다. 이러한 유형에서 하기 쉬운 실수는 합계, 소계 등을 항목 중 하나로 착각하여 항목을 셀 때 같이 세거나, 반례로 착각하는 실수이다.
예를 들어 〈표〉의 경우에도 '전국'이 합계와 유사한 역할을 담당하므로 착각하기 매우 좋다.
따라서 합계, 소계는 물론 '전국'처럼 놓치기 좋은 값 역시 굵게 '구분선'을 그려 실수를 방지해야 한다.

보기 ㉠ 비교할 대상이 많은 경우 바로 증가율을 비교하는 것은 분수 비교인만큼 부담이 크므로, 먼저 '증가분'을 확인한 후 의심스러운 값 위주로 확인하는 것이 좋다.
경상도의 시장 수는 276에서 7개(2.76×3 > 8.1 → 3% 미만) 증가한다.
전라도, 황해도, 평안도, 강원도, 함경도는 모두 1770년과 1908년의 시장 수가 같다. 경기도는 101개에서 1개(1% 미만) 증가하고, 충청도는 157에서 5개(1.57×3 =4.5+0.21 < 5 →3% 초과) 증가한다.

보기 ㉡ 이 문제에서는 함정으로 활용하지 않았으나, 다른 문제에서는 함정이 될 만한 부분이 있다. 〈표〉를 살펴보면 3개 이상의 시기에서 동일한 지역은 모두 1770, 1809, 1908년에 동일한 것을 볼 수 있다. 여러 자료를 살피는 과정에서 동일한 형태로 반복되게 되면, 수험생의 입장에서 해당 시기만 확인하여 베리에이션이 있는 값을 놓칠 개연성이 커진다.
예를 들어 〈표〉 값 중 한 곳만 1809, 1830, 1908년에 동일하게 제공하더라도 1770년과 1809년이 다른 것만 보고 스킵하여 개수를 잘못 셀 수 있다. 따라서 동일한 형태로 반복되더라도 항상 모두를 훑는 습관을 지녀야 한다.

보기 ㉢ 총 8개의 시장에서 하위 5개를 보는 것은 비효율적이므로, 반대해석으로 상위 3개가 50% 이상인지 확인한다. 이때 각 시장의 수는 모두 1,000대의 값이므로 가장 큰 1908년의 1,075을 기준으로 540을 넘는지 확인한다.
먼저 1770년의 경우, 276+216+157로 백의 자리만 더해도 이미 500이므로 굳이 십의 자리를 더하지 않더라도 더 크다는 것을 알 수 있다.
- 1809년도: 276+214+157,
- 1830년도: 268+188+158,
- 1908년도: 283+216+162로 비슷한 구조이므로 당연히 절반 이상이다. 따라서 옳은 선지이다.

참고로 선지 ㄴ에서 보듯, 전반적으로 시장의 수가 시기에 따라 크게 변하지 않고 비슷한 경향이 있다. 즉 한 시기에 절반을 넘었다면 다른 시기에도 같은 경향이 있을 가능성이 매우 높다. 따라서 실제 시험장에서는 한 시기를 확인 후, 나머지 시기는 맞을 가능성이 높으므로 가볍게 확인한다.

보기 ㉣ 함경도의 읍당 시장 수는 $\frac{42}{14}=3$이다.
따라서 이를 3을 기준으로 '읍 수×3 < 시장 수'인 지역이 4개인지 확인한다.
- 경기도: 34×3=(30×3)+(4×3) > 100(또는 33×3=99이므로 당연히 100보다는 크다는 식으로 처리해도 된다. 수험생의 입장에서 33×3은 비교적 자주 처리하는 숫자인 만큼 즉각적으로 떠오른다)
- 충청도: 53×3=(50×3)+(3×3)=159 > 158,
- 전라도: 53×3=159 < 188,
- 경상도: 71×3=70×3+3 < 268,
- 황해도: 23×3=69 < 109,
- 평안도: 42×3=(40×3)+6=126 < 143,
- 강원도: 26×2=52 > 51

이므로, 전라도, 경상도, 황해도, 평안도가 함경도보다 읍당 시장 수가 더 많다.

136 정답 ❶ 난이도 ●●○

ㄱ. (O) A(A+, A0)를 받은 학생 수가 가장 많은 강좌는 전공심화 분야에 속한다.

➜ A를 받은 학생 수는 전공기초 분야에서 A(A+, A0)를 받은 학생 수를 더하면 된다.

DBA-01은 3+6=9명, DBA-02은 16+2=18명, DBA-03은 9+9=18명, DEA-01은 8+6=14명이다.

➜ 전공 심화 분야에서 A(A+, A0)를 받은 학생 수를 계산해보면 다음과 같다.

- MIC-01: 4+2=6명,
- MIG-01: 13+0=13명,
- MH-01: 4+4=8명,
- MIO-01: 14+0=14명,
- MIP-01: 14+5=19명,
- MIZ-01: 8+8=16명,
- MSB-01: 2+1=3명,
- MSD-01: 3+3=6명,
- MSX-01: 9+7=16명이다.

따라서 MIP-01 강좌에서 A(A+, A0)를 받은 학생 수가 가장 많다는 것을 알 수 있다.

그리고 MIP-01 강좌는 전공 심화 분야에 속하므로 맞는 보기이다.

ㄴ. (O) 전공기초 분야의 강좌 당 수강인원은 전공심화 분야의 강좌 당 수강인원보다 많다.

➜ 강좌당 수강인원은 $\frac{\text{수강인원 합}}{\text{강좌의 수}}$으로 구할 수 있다.

전공 기초 분야의 강좌 당 수강인원을 계산해보면

$\rightarrow \frac{(27+62+66+49)}{4} = \frac{204}{4}$ =51명이다.

전공 심화 분야의 강좌 당 수강인원을 계산해보면

$\rightarrow \frac{(25+46+29+49+42+42+14+19+55)}{9}$

$= \frac{321}{9}$ =대략 35명이다.

따라서 전공 기초 분야의 강좌 당 수강인원은 전공 심화 분야의 강좌 당 수강인원보다 많다.

ㄷ. (×) 각 강좌별 수강인원 중 A+를 받은 학생의 비율이 가장 낮은 강좌는 ~~황욱태 교수의 강좌이다.~~

➜ 황욱태 교수의 강좌는 회계학원론과 IT거버넌스 2개이다. 이때 수강인원 중 A+를 받은 학생의 비율을 구하면

회계학원론: $\frac{8\text{명}}{49\text{명}}$, IT거버넌스: $\frac{4\text{명}}{29\text{명}}$이다.

두 값을 비교해 보면 회계학원론: $\frac{8\text{명}}{49\text{명}}$ > IT거버넌스: $\frac{4\text{명}}{29\text{명}}$이므로 황욱태 교수의 강좌 수강인원 중 A+를 받은 학생의 비율이 가장 낮은 강좌는 IT거버넌스이다.

이성재 교수의 강좌 중 경영정보론의 경우 수강인원 중 A+를 받은 학생의 비율이 $\frac{3\text{명}}{27\text{명}}$인데, 이는 황욱태 교수의 IT거버넌스 강좌 A+학생 비율인 $\frac{4\text{명}}{29\text{명}}$보다 낮은 수치이다.

따라서 각 강좌별 수강인원 중 A+를 받은 학생의 비율이 가장 낮은 강좌는 황욱태 교수의 강좌가 아니다.

ㄹ. (×) 전공기초 분야에 속하는 각 강좌에서는 A(A+, A0)를 받은 학생 수가 C(C+, C0)를 받은 학생 수보다 ~~많다.~~

➜ 전공 기초 분야에 속하는 강좌에서 A(A+, A0)를 받은 학생 수가 C(C+, C0)를 받은 학생 수보다 같거나 적은 경우가 있는지를 살펴본다.

정상훈 교수의 경영정보론의 경우 A(A+, A0)를 받은 학생 수와 C(C+, C0)를 받은 학생 수가 18명으로 같다.

황욱태 교수의 회계학원론은 (A+, A0)를 받은 학생 수가 C (C+, C0)를 받은 학생 수보다 적다.

따라서 틀린 보기이다.

합격자의 실전 풀이 순서

❶ 〈표〉의 전공'기초'와 전공'심화'에 표시하고, 우측의 '수강인원'에 표시하고 보기로 내려간다.

❷ 학생 수의 단순 합을 구하는 보기 ㉠, ㉣을 먼저 해결한다. 단, 모든 과목에 대해 계산해야 하는 보기 ㉠보다 전공 기초 분야만 확인하는 ㉣을 먼저 해결한다.

❸ 보기 ㉣이 옳지 않으므로, 선지 ①, ②가 남는다. 모든 강좌의 자료를 확인해야 하는 보기 ㉢보다는 계산이 간단한 보기 ㉡을 해결한다.

합격자의 시간단축 Tip

보기㉠ '전공 심화' 중 하나를 질문하였으나, 전공 심화 중 하나가 제일 크다는 것을 알기 위해서는 반대로 전공 기초의 확인이 필수적이다. 왜냐하면 전공 심화 중에서 가장 크다는 사실만으로는 전체에서 가장 큰 값이 전공 심화에 해당한다는 것을 보장하지 못하기 때문이다.

이때 어떤 것을 먼저 확인하는지는 어떤 값이 더 편한지에 달려 있다. 즉 더 편한 값을 빠르게 확인 후 해당 값을 옳은 것으로 보고, 반대 부분에 대입하여 모순이 생기는지 확인하는 '대입-모순 확인법'을 활용하기에 최

적인 형태이다.
예를 들어 〈표〉의 경우 전공심화는 그 개수가 많아 확인하기 복잡하므로 '전공 기초'를 먼저 확인하는 것이 효율적이다. 따라서 '전공 기초'에서 가장 큰 값을 기준으로 '전공심화'에 더 큰 값이 있는지 확인할 때 가장 큰 값은 '이민부, 정상훈'의 18로, '전공 심화'에 18보다 큰 값이 있는지 확인하면,
'이민부'가 14+5=19로 더 크므로 옳은 선지가 된다.

보기 ㉡

[방법 1] 추천 방법: '평균의 범위'
이보다 더 계산을 줄이기 위해서 '평균의 범위'를 이용해도 된다.
예를 들어 '전공 기초'에서 값이 가장 큰 '정상훈'의 66에서 20을 떼어 '이성재'에 주면, 평균은 46~62 사이의 값이 된다.
그러나 '전공 심화'에서 앞선 범위의 '최솟값'인 46보다 큰 것은 두 개(CRM, 소셜네트워크서비스)밖에 없으므로 당연히 이보다 작을 수밖에 없다.

[방법 2] 정석적인 방법: '산술평균의 차잇값 원리'
개수가 적어 확인하기 용이한 '전공 기초'를 기준으로 '대입-모순 확인법'을 활용한다.
전공기초 분야의 강좌당 수강인원은
$\frac{27+62+66+49}{4}=\frac{204}{4}=51$이다.
전공심화 분야의 강좌당 수강인원이 51이기 위해서는 평균의 '차잇값 원리'에 따라 51과 강좌별 수강인원의 차이의 합이 0이 돼야 한다. 그러나 전공 심화 분야의 강좌별 수강인원 중 51보다 큰 강의는 '소셜네트워크 서비스' 뿐이다. 나머지 강좌별 수강인원은 51에 크게 못 미친다.
따라서 51보다 작다는 것을 알 수 있다.

보기 ㉢

[방법 1]
'황욱태' 교수의 강좌의 수강인원 중 A+받은 학생 비율은 IT거버넌스가 $\frac{4}{29}<\frac{1}{7}$이고, 회계학원론이 $\frac{8}{49}>\frac{1}{7}$이다. 다른 강좌 중 수강인원이 A+받은 학생 수의 7배보다 큰 강좌는 '이성재' 교수의 경영정보론과 '정상훈' 교수의 경영정보론이다.
'이성재' 교수 경영정보론의 수강인원 중 A+받은 학생 비율은 $\frac{3}{27}=\frac{1}{9}$로, IT거버넌스보다 낮다.

[방법 2]
분수 비교는 직관적이지 않다. 따라서 빠른 분수 비교를 위해서는 '반대 해석'을 이용하면 좋다. 즉 "A+대비 수강인원이 가장 높은 강좌"를 찾으면 분수 비교 없이 해결할 수 있다.
먼저 기준값으로 보기 ㉢에서 준 '황욱태'를 보면, 회계학원론은 6배 이상, IT 거버넌스는 7배 이상이므로 7배를 기준으로 더 높은 곳이 있는지 찾으면 된다.
이때 이성재의 '경영정보론'은 $3\times7<27$로 반례가 되므로, 틀린 선지임을 간단하게 알 수 있다.

보기 ㉣ 단순 반례 문제의 경우, 출제 의도상 수험생이 시간을 소모하도록 유도하기 위해 뒷부분에 반례를 배치하는 경향이 있다. 따라서 뒷부분인 '회계학원론'부터 '경영정보론'까지 아래에서 위로 확인한다.

137 정답 ④ 난이도 ●●○

① (O) 전국 노인돌봄종합서비스의 이용자수 대비 이용 횟수가 가장 높은 연도는 2009년이다.
➜ 전국 노인돌봄종합서비스의 이용자수 대비 이용 횟수는 $\frac{\text{전국 노인돌봄종합서비스 이용횟수}}{\text{전국 노인돌봄종합서비스 이용자수}}$로 구할 수 있다.
- 2008년: 104,712÷11,159=약 9,384회
- 2009년: 88,794÷8,421=약 10,544회
- 2010년: 229,100÷25,482=약 8,991회
- 2011년: 253,211÷28,108=약 9,009회이므로

이용자 수 대비 이용 횟수가 가장 높은 연도는 2009년이다.

② (O) 전국 노인돌봄종합서비스 매출액에서 본인부담금이 차지하는 비중은 매년 감소하였다.
➜ 매출액에서 본임 부담금의 비중을 구하는 것이다. 그 비중을 Y라고 두었을 때,
(매출액×Y)=본인부담금이다.
그러므로 $Y=\frac{\text{본인부담금}}{\text{매출액}}$의 값이다. 연도별로 계산해보면,
- 2008년: 332÷2,435=약 0.136
- 2009년: 253÷2,748=약 0.092,
- 2010년: 366÷6,494=약 0.0564,
- 2011년: 375÷7,800=약 0.0481

으로 매년 감소하고 있다. 따라서 옳은 보기이다.

③ (O) 2008년 서울과 부산의 노인돌봄종합서비스 이용자수 합은 2008년 7대 도시 노인돌봄종합서비스 이용자수 합의 절반 이상이다.
➜ 2008년 서울의 이용자 수는 1,570명이고 2008년 부산의 이용자 수는 1,010명이다.
이 둘을 합하면 (1,570+1,010)=2,580명이다.

2008년도 7대 도시의 이용자 수는 그래프를 통해 4,379명임을 확인할 수 있다.

이 절반은 2,189.5명이다. 따라서 부산과 서울의 이용자 수의 합인 2,580명은 7대 도시 이용자수의 절반인 2189.5명 이상이다.

④ (×) 전국 노인돌봄종합서비스의 이용시간당 매출액은 ~~매년 증가하였다.~~

➜ 이용 시간 당 매출액은 매출액 ÷ 이용 시간으로 구할 수 있다. 연도별로 값을 구하면,

- 2008년: 2,435÷313,989=약 0.0078
- 2009년: 2,748÷272,423=약 0.01,
- 2010년: 6,494÷775,986=약 0.0084,
- 2011년: 7,800÷777,718=약 0.01이다.

이를 통해 이용 시간당 매출액은 2008년증가, 감소, 증가를 하였으므로 매년 증가하였다고 할 수 없다.

⑤ (○) 2010년 7대 도시 중 노인돌봄종합서비스 이용자수의 전년대비 증가율이 가장 큰 도시는 울산이다.

➜ 2010년 노인돌봄종합서비스 이용자수의 전년대비 증가율은 $\frac{\text{2010년의 이용자수}-\text{2009년의 이용자수}}{\text{2009년의 이용자수}}$의 값이다.

각 연도별 값을 구해보면, 울산의 전년대비 증가율만 2 이상이며 나머지는 전부 1 미만이다.

합격자의 실전 풀이 순서

❶ 〈표 1〉의 '이용횟수', '이용자수', '이용시간'에 표시하고, 〈표 1〉과 〈그림〉, 〈표 2〉의 연도 범위를 확인한다. 그리고 〈그림〉의 y축 단위를 확인하고, 〈그림〉 아래의 각주를 확인한다.
그 다음 〈표 2〉의 '계'에 구분선을 표시한다.

❷ 선지들의 난이도가 전반적으로 유사하고 평이하므로, ①번부터 순서대로 해결한다.
물론 평이하기 때문에 반대로 뒷번호부터 ⑤번→①번 순으로 확인하는 것도 좋다.

합격자의 시간단축 Tip

선지 ① 보기에서 준 2009년을 기준으로 두고, 이를 대입하여 모순이 있는지 확인하는 것이 좋다. 이용자수 대비 이용횟수는 2009년에 $\frac{88,794}{8,421}$으로, 이용횟수가 이용자수의 10배를 초과한다. 따라서 10배를 기준으로 다른 연도를 확인하면, 그 외 연도에서는 이용횟수가 모두 이용자수의 10배 미만이다.

선지 ②

[방법 1] '분자-분모 증가율 비교법'

이하의 풀이 방법들은 모두 같은 원리이지만, 수험생의 숙련도에 따라 달리 처리됨을 표현한 것이다. 읽어본 후 이해가 안 된다면 아래 단계부터 읽어오면서 확인해 보자.

① **숙련자의 풀이 방법**: 분자인 '본인부담금'의 경우 253 ~ 375로 비슷비슷한 숫자이지만, 분모인 '매출액'의 경우 2,435 ~ 7,800으로 매우 급격한 증가율을 보이고 있다. 따라서 분모 증가율 > 분자 증가율로 당연히 매년 감소했음을 알 수 있다.

② **풀어 쓴 풀이 방법**

- 먼저 계산할 필요 없는 값들을 소거한다. 2009년의 경우 분자인 본인부담금은 감소하되, 분모인 매출액은 증가하였으므로 당연히 감소했다. 또한 2010년의 경우에도 분자는 2배가 채 되지 않게 증가했지만, 분모는 2배 넘게 증가하였으므로 마찬가지로 당연히 감소했다.
- 2011년의 경우에도 앞 3자리만 잘라 확인할 때, 기준값은 366과 650으로 2배가 채 안되지만 증가분은 9와 130으로 매우 큰 차이가 나므로 당연히 감소했다. 따라서 틀린 선지임을 쉽게 알 수 있다.

→ 위 문장의 표현이 이해가 되지 않는다면, 위 문장을 분수로 생각해보자. 쉽게 생각해 위 문장은 분수를 줄글로 풀어쓴 것과 같다. 즉 분모 증가율 > 분자 증가율이므로 감소했다는 의미이다. 이처럼 사고를 분수의 형태로 하지 않고 줄 글의 형태로 처리하게 되면 훨씬 빠르게 처리할 수 있다.

* 숙련자의 풀이 방법과 풀어 쓴 풀이 방법의 차이는 '숫자 처리 감각'이다. 숫자 구조에 숙련될 수록 '당연히 작다, 크다'라는 판단할 수 있는 범위가 넓어진다. 이를 위해서는 "이정도면 걱정 안해도 될 정도로 값의 차이가 정말 크구나"라는 것을 체감하면서 문제를 푸는 연습을 하는 것이 좋다.

[방법 2] '배율 비교법'

'배율 비교법'은 분수보다 배율이 더 직관적이라는 점을 고려하여 활용하는 방법이다.

기존 구조는 분수 구조이므로 배율 구조로의 전환을 위해 '역수' 처리하여 비교한다.

① **숙련자의 풀이 방법**: 역수 처리하여 '배율'로 비교하면, 분모인 '본인부담금'은 253 ~ 375로 비슷하므로, 분자인 '매출액'이 충분히 큰 증가율을 보인다면, 분모를 무시하고 분자 값만 비교해도 된다.
실제로 매출액의 증가 추세가 훨씬 크므로 당연히 역수 값이 매년 증가하여 옳은 선지이다.

② 풀어 쓴 풀이 방법

- 2009년은 분모는 감소, 분자는 증가하여 배수가 증가하였고, 2010년의 경우 2009년은 10배가 조금 넘는 값이지만, 2010년은 10배를 한참 넘는 값이므로 당연히 배수가 증가했다.
- 2011년의 경우, 2010년과 2011년 모두 본인부담금이 366, 375로 비슷하므로 동일하게 400을 근삿값으로 하면, 400의 16배가 2010년의 6,400으로 2011년의 7,800은 한참 먼 숫자임을 쉽게 알 수 있다. 따라서 2011년이 증가했다고 바로 처리할 수 있다.

선지 ③ 절반인지 여부는 2배 하여 전체보다 큰지로 확인하면 된다.
2008년 서울과 부산의 이용자수 합은 1,570+1,010=2,580 이고, 2,580×2 > 5,000이다. 7대 도시 이용자수 합은 4,379 으로, 5,000보다 작으므로, 서울과 부산의 합은 7대 도시 합의 절반 이상이다.

선지 ④ ②번과 마찬가지로 '역수'로 해결하면 편하다. 즉 "매출액 당 이용시간이 매년 감소하는지" 확인하면 된다. 구하기 쉬운 2009년을 기준으로 보면, 2009년은 100배가량 되지만 2008년은 100배보다 크고, 2010년도 100배보다 크다. 따라서 매년 감소하고 있지 않아 틀린 선지임을 쉽게 알 수 있다.

선지 ⑤ '울산'의 이용자수는 2009년 162에서 2010년 327로 2배 초과 증가하였다. 따라서 2배를 기준으로 다른 도시를 살펴본 후 모순이 생기는지 확인한다. 나머지 6개 도시 중 2010년 이용자 수가 2009년의 2배를 초과하는 도시는 없다.

138 정답 ③ 난이도 ●●○

① (O) 연령대별 기혼여성 중 경제활동인구
→ 경제활동 인구는 취업자+실업자의 수로 전체 기혼 여성에서 비경제활동인구를 제외한 것이다.
차례대로 연령대별로 구해보면

- 25 ~ 29세 전체 기혼여성은 570명이고, 그중 경제활동 인구는 570－295=275명이다.
- 30 ~ 34세 전체 기혼여성은 1,403명이고 그중 경제활동 인구는 1,403－743=660명이다.
- 35 ~ 39세 전체 기혼여성은 1,818명이고, 그중 경제활동 인구는 1,818－839=979명이다.
- 40 ~ 44세 전체기혼 여성은 1,989명이고, 그중 경제활동 인구는 1,989－659=1,330명이다.
- 45 ~ 49세 전체 기혼여성은 2,010명이고, 그중 경제활동 인구는 2,010－648=1,362명이다.
- 50 ~ 54세 기혼여성은 1,983명이고, 그중 경제활동 인구는 1,983－707=1,276명이다.

이를 ①의 그래프와 비교해보면 옳은 것을 알 수 있다.

② (O) 연령대별 기혼여성 중 비취업여성과 경력단절여성
→ 연령대별 기혼여성 중 비취업여성은 〈표 1〉을 통해서 그 값을 알 수 있다. 그리고 경력단절 여성은 〈표 2〉의 합을 통해서 연령대별로 나와 있다.

- 25 ~ 29세 중 비취업여성은 306명, 경력단절여성은 246명이다.
- 30 ~ 34세 중 비취업여성은 763명, 경력단절여성은 640명이다.
- 35 ~ 39세 중 비취업여성은 862명, 경력단절여성은 680명이다.
- 40 ~ 44세 중 비취업여성은 687명, 경력단절여성은 484명이다.
- 45 ~ 49세 중 비취업여성은 673명, 경력단절여성은 434명이다.
- • 50 ~ 54세 중 비취업여성은 727명, 경력단절여성은 421명

으로 그래프와 표가 일치하는 것을 알 수 있다.

③ (×) 25 ~ 54세 기혼 취업여성의 연령대 구성비
→ 기혼 취업여성의 연령대별 구성비는

$$\frac{\text{연령대의 기혼여성}-\text{연령대의 기혼비취업여성}}{\text{기혼여성}-\text{기혼비취업여성}}\times 100$$

로 구할 수 있다.
이때, 25 ~ 29세의 기혼 취업여성의 구성비를 구해보면

$$\frac{570(\text{천 명})-306(\text{천 명})}{9{,}773(\text{천 명})-4{,}018(\text{천 명})}\times 100=\frac{264}{5{,}755}\times 100=$$

약 4.6%이므로 〈그림〉에서의 11.8%와 수치가 서로 다르다.

④ (O) 30 ~ 39세 기혼 경력단절여성의 경력단절 사유 분포
→ 〈표 2〉를 통해 30 ~ 39세 여성의 경력단절 사유 분포를 알 수 있다.
'가사'의 경우 30세 ~ 34세의 여성 21명+35세 ~ 39세의 여성 55명으로 총 76명임을 확인할 수 있다. 나머지 경우도 계산해 보면,

- '육아': 189+168=357명,
- '결혼': 220+221=444명,
- '임신출산': 137+107=244명,
- '자녀교육': 10+29=39명,
- '기타': 63+97=160명

으로 개인 가족 관련 이유가 결혼+임신출산+자녀교육+기타로서 444+244+39+160=887이므로 그래프가 옳다는 것을 알 수 있다.

⑤ (O) 25 ~ 54세 기혼 경력단절여성의 연령대 구성비
→ <표 2>을 연령대별 기혼 경력단절여성의 수와 그 수의 전체 합을 알 수 있다.
25 ~ 54세 기혼 경력단절 여성 전체의 합은 2,905명으로 각 연령대별 기혼 경력단절여성의 수÷2,905명을 하면 각 연령대별 구성비를 구할 수 있다.
25 ~ 29세의 경우 246÷2,905=약 0.0847로 백분율로 고치면 약 8.5%이다.
다른 연령도 이와 같은 방식으로 구하면
- 30 ~ 34세는 640÷2,905=약 0.2203으로 약 22.0%,
- 35 ~ 39세: 680÷2,905=약 0.2341로 약 23.4%,
- 40 ~ 44세: 484÷2,905=약 0.1666으로 약 16.7%,
- 45 ~ 49세: 434÷2,905=약 0.1494로 약 14.9%,
- 50 ~ 54세: 421÷2,905=약 0.1449로 약 14.5%

이므로 보기의 그래프와 일치함을 알 수 있다.

합격자의 실전 풀이 순서

❶ 각 표의 단위를 확인하고, '계'와 '합' 자료에 표시한다. 표 아래의 각주를 확인하고, <표 1>의 '비취업여성'을 <표 2> 제목의 '경력단절여성'과 연결시킨다.
❷ 선지 ①의 기혼 여성 중 경제활동 인구를 "기혼여성 - 비경제활동인구"로 줄인 후 계산하기 전에 선지 ②로 넘어간다.
❸ 선지 ②는 주어진 자료의 단순 확인으로, 답이 될 확률이 낮다고 생각해 선지 ③으로 넘어간다.
❹ 선지 ③에서 비교적 계산이 쉬운 45 ~ 49세의 기혼 취업 여성의 비율이 약 20%인지, 30 ~ 34세의 비율이 약 15%인지 확인한다.
❺ 다른 문제들을 풀고도 시간이 남을 경우, 선지 ③의 비율 계산이 정확했는지 다시 확인한다.

합격자의 시간단축 Tip

표 → 그래프 전환형 문제에서 '원그래프'는 매우 확인하기 좋은 형태이다.
원그래프는 '비중' 그래프로 그 특성상 총합이 100%일 수밖에 없다. 따라서 출제자가 틀린 선지로 만들기 위해 어느 한 값을 인위적으로 조정하였다면, 총합이 100%인 특성 상 다른 값들도 왜곡될 수밖에 없다. 따라서
① 틀린 선지라면 1 ~ 2개만 확인해도 반례를 쉽게 찾을 수 있으며,
② 옳은 선지라면 모두 확인할 필요 없이 2 ~ 3개 확인 후 반례가 없으면 옳다고 처리하면 된다.

출제자 입장에선 답으로 만들기도 좋고, 수험생 입장에선 확인하기 편하므로 먼저 확인하는 것이 좋다.

선지 ① <표 1>과 ①번의 그림이 서로 역순임을 확인한다. 또한 경제활동인구는 식의 구조상 "경제활동인구=취업자+실업자=기혼여성-비경제활동인구"가 됨을 확인 후 이용한다.

선지 ③ '원그래프'이므로 **Tip**과 같이 몇 가지만 뽑아 반례가 있는지 가볍게 확인한다.
예를 들어 25~29세의 경우 570-306=약 570-300=270이다. 이때 그림은 11.8%라 되어 있으나, 5,700의 10%는 570으로 이미 초과된다. 따라서 바로 반례가 되어 틀린 선지이다.

* 참고로 **Tip**에서 설명한 것처럼, 각각을 실제로 도출해 보면 모두 틀린 값(=반례)이다. 즉 그 어떤 값을 수험생이 뽑아 확인했어도 반례가 된다.

선지 ⑤ 보기 ③번과 마찬가지로 많은 값을 계산할 필요 없이 몇 가지만 뽑아 확인하는 것으로 충분하다. 예를 들어 전체 기혼 경력단절 여성 중 40 ~ 44세의 비율이 16.7%로 주어져 있으므로 $\frac{1}{6}$인지 확인한다. 즉, 40 ~ 44세 기혼 경력단절 여성 수(=484×6)와 전체 기혼 경력단절 여성 수(=2,905)가 동일한지 확인한다 (484×6=2,400+480+24=2,904).
30~34세(2,905의 20%+2%가 640인지), 45~49세(2,905의 10%+5%가 약 434인지) 역시 비교적 확인하기 쉬운 연령대이다.

139 정답 ❷ 난이도 ●●●

① (O) 2012년 친환경인증 농산물 종류 중 전년대비 생산 감소량이 세 번째로 큰 농산물은 곡류이다.
→ 전년 대비 생산감소량은 (2011년 총생산량) - (2012년 총생산량)으로 구할 수 있다.
<표>에 주어진 농산물들에 대해 감소량을 계산해보면,
- 곡류: (371,055-343,380)=27,675(톤)
- 과실류: (457,794-341,054)=116,740(톤)
- 채소류: (753,524-585,004)=168,520(톤)
- 서류: (59,407-41,782)=17,625(톤)
- 특용작물: (190,069-163,762)=26,307(톤)

따라서 생산감소량이 첫 번째로 큰 농산물은 채소류, 두 번째는 과실류, **세 번째는 곡류**, 네 번째는 특용작물, 다섯 번째는 서류이다.

② (×) 2012년 친환경인증 농산물의 종류별 생산량에서 무농약 농산물 생산량이 차지하는 비중은 서류가 곡류보다 크다.

➜ 종류별 생산량에서 무농약 농산물 생산량이 차지하는 비중은 $\frac{\text{무농약 농산물 생산량}}{\text{농산물 총생산량}} \times 100$으로 구할 수 있다.

- (서류 무농약 농산물 생산량): $\frac{30,157}{41,782} \times 100 \approx 72\%$
- (곡류 무농약 농산물 생산량): $\frac{269,280}{343,380} \times 100 \approx 78\%$

이므로 무농약 농산물 생산량이 차지하는 비중은 곡류가 서류보다 크다.

③ (○) 2012년 전라도와 경상도에서 생산된 친환경인증 채소류 생산량의 합은 적어도 16만 톤 이상이다.

➜ 지역별 채소류 생산량은 (지역 총생산량)×(총생산량 대비 채소류가 차지하는 비율)로 구할 수 있으며, (총 생산량 대비 채소류가 차지하는 비율)은 $\frac{\text{채소류 농산물 생산량}}{\text{전체 농산물의 총생산량}} \times 100$으로 구할 수 있다.

- (총 생산량 대비 채소류가 차지하는 비율) $= \frac{585,004}{1,498,235} \times 100 \approx 39\%$
- (전라도 채소류 생산량)=(전라도 총생산량)×39% $= 611,468 \times 39\% \approx 238,472$(톤)
- (경상도 채소류 생산량)=(경상도 총생산량)×39% $= 467,259 \times 39\% \approx 182,231$(톤)

이므로 전라도와 경상도에서 생산된 친환경 인증 채소류 생산량의 합은 적어도 16만(톤) 이상이다.

④ (○) 2012년 각 지역 내에서 인증형태별 생산량 순위가 서울과 같은 지역은 인천과 강원도 뿐이다.

➜ 서울의 인증형태별 생산량 순위는 무농약 농산물이 1위, 유기 농산물이 2위, 저농약 농산물이 3위이다. 각 지역별로 생산량 순위를 비교해보면

	인증형태		
	유기 농산물	무농약 농산물	저농약 농산물
서울	2	1	3
부산	3	2	1
대구	3	2	1
인천	2	1	3
광주	3	1	2
대전	3	1	2
울산	3	2	1
세종	3	1	2
경기도	3	1	2
강원도	2	1	3
충청도	3	2	1
전라도	3	1	2
경상도	3	1	2
제주도	1	2	3

이므로 서울과 같은 지역은 인천과 강원도이다.

⑤ (○) 2012년 친환경인증 농산물의 생산량이 전년대비 30% 이상 감소한 지역은 총 2곳이다.

➜ 2012년 친환경인증 농산물 생산량의 전년 대비 감소율은 $\frac{\text{2011년 총생산량} - \text{2012년 총생산량}}{\text{2011년 총생산량}} \times 100$으로 구할 수 있다. 값을 구해보면,

- 서울: $\frac{1,938-1,746}{1,938} \times 100 \approx 9.9\%$
- 부산: $\frac{6,913-4,040}{6,913} \times 100 \approx 41\%$
- 대구: $\frac{13,852-13,835}{13,852} \times 100 \approx 0.12\%$
- 인천: $\frac{7,282-7,663}{7,282} \times 100 \rightarrow$ 증가
- 광주: $\frac{7,474-5,946}{7,474} \times 100 \approx 20\%$
- 대전: $\frac{1,550-1,521}{1,550} \times 100 \approx 1.87\%$
- 울산: $\frac{13,792-10,859}{13,792} \times 100 \approx 21\%$
- 세종: $\frac{0-1,377}{0} \times 100 \rightarrow$ 증가
- 경기도: $\frac{126,209-109,294}{126,209} \times 100 \approx 13\%$
- 강원도: $\frac{68,300-83,584}{68,300} \times 100 \rightarrow$ 증가
- 충청도: $\frac{207,753-159,495}{207,753} \times 100 \approx 23\%$
- 전라도: $\frac{922,641-611,468}{922,641} \times 100 \approx 33\%$
- 경상도: $\frac{457,598-467,259}{457,598} \times 100 \rightarrow$ 증가
- 제주도: $\frac{16,939-20,148}{16,939} \times 100 \rightarrow$ 증가

→ 전년 대비 30% 이상 감소한 지역은 부산과 전라도로 총 2곳이다.

합격자의 실전 풀이 순서

❶ 〈표〉의 연도 범위를 확인하고, 2012년의 '합', '종류'의 '기타'와 '계', '지역'의 '계'에 표시하고 선지로 내려간다. 또한 연도 순서가 역순으로 되어 있음을 확인하고, 합계와 기타에 구분선을 그어 실수를 방지한다.

❷ 자료의 단순 확인을 요하는 선지 ④를 먼저 해결한다. '종류' 자료와 '지역' 자료를 결합해야 하는 선지 ③을 가장 마지막에 해결한다.

합격자의 시간단축 Tip

선지 ①

①번에서 주어진 곡류를 기준으로 대입－모순 확인법을 활용한다.
기준값인 곡류의 전년대비 생산 감소량≈371－343(천 톤) = 28(천 톤)으로 이보다 생산 감소량이 큰 친환경 인증 농산물 종류가 2개라면 옳은 선지가 된다.
확인해보면 채소류는 585+28(천 톤) < 754(천 톤), 과실류는 341+28(천 톤) < 457(천 톤)로 두 농산물만 28(천 톤)보다 크므로 옳은 선지이다.

선지 ② 친환경 인증 대비 무농약 비중은 서류가 $\frac{30,157}{41,782}$ $\approx\frac{301}{417}$이고, 곡류는 $\frac{269,280}{343,380}\approx\frac{269}{343}$이다.
301은 269에 비해 32(10% 초과) 크고, 417은 343에 비해 74(20% 초과) 크므로, 후자가 전자보다 더 크다.

선지 ③

[방법 1] 공식의 활용
'적어도' 유형의 문제로, 채소류, 전라도+경상도의 친환경인증 농산물 생산량의 최소 교집합이 16만 이상인지 확인한다. 최소 교집합=585,004+(611,468+467,259)－1,498,235
→585,004+(611,468+467,259) ≥ 1,498,235+160,000

[방법 2] 원리의 활용
'적어도' 유형의 원리는 최대한 목표의 반대로 했음에도 얼마가 남는지 확인하는 것이다. 이에 '청개구리 풀이법'을 이용해 전라도와 경상도를 제외한 모든 지역이 채소류만 생산한다고 가정해보자.
즉 1,498,235－611,648－467,259+160,000 ≤ 585,004인지 가볍게 확인하면 된다.

참고로 대략적으로만 확인하면 되므로 1,000의 자리 이하를 버림하여 비교하면,
1,498－611－467+160=약 400+160 < 585로 옳은 선지임을 쉽게 알 수 있다.

선지 ④ 'A한 것은 a, b이다' 유형은 크게 2단계로 접근한다.
첫번째 단계는 "a와 b 확인"이다. 만약 a, b 중 하나가 반례라면 바로 틀린 선지로 처리할 수 있기 때문에 이를 먼저 해야 한다.
두번째 단계는 "a, b 외의 A 찾기"이다. 만약 앞선 단계에서 반례가 없었다면 나머지를 다 확인해야 한다. 이 과정은 시간이 필연적으로 소모될 수밖에 없기 때문에, 가급적 시간 소모를 줄이기 위해 구체적으로 확인하지 않고 빠르게 훑는 정도로 마무리하면 된다.

선지 ⑤ 30%를 계산하여 차잇값과 비교할 수도 있지만 곱셈과 뺄셈을 각각 계산 해야 하기 때문에, "2011년 생산량×0.7 > 2012년 생산량"인지 확인하는 것이 더 효율적이라 생각한다. 예를 들어 '부산'의 경우 6,913×0.7=약 700×7=4,900 > 4,040이므로 30% 이상 감소하였음을 간단히 알 수 있다.
이때 비교 대상이 많은 만큼, 구체적으로 계산하지 말고 근삿값으로 간단하게 훑으면 된다.

140 정답 ⑤ 난이도 ●●○

① (O) '목적 외 이용 및 제3자 제공' 건수는 2012년이 2013년의 2배 이하이다.
➜ (목적 외 이용 및 제3자 제공 건수)는 (각 접수 유형 구성비)×(당년도의 총 분쟁 사건 건수)÷100으로 구할 수 있다.
- (2012년 목적 외 이용 및 제3자 제공 건수) = (2012년 목적 외 이용 및 제3자 제공 구성비)×(2012년 총 분쟁 사건 건수)÷100=49.65×143÷100≈71(건)
- (2013년 목적 외 이용 및 제3자 제공 건수) = (2013년 목적 외 이용 및 제3자 제공 구성비)×(2013년 총 분쟁 사건 건수)÷100=24.86×173÷100≈43(건)

→ 2013년 건수의 2배는 86(건) 이므로 2012년 건수인 71(건)은 2013년의 2배 이하이다.

② (O) '기타'를 제외한 접수유형 중 '이용자 동의 없는 개인정보수집' 건수는 매년 세 번째로 많다.
➜ '기타'를 제외한 접수유형 중 '이용자 동의 없는 개인정보수집' 건수의 순위는 따로 계산할 필요 없이 〈표 1〉의 접수유형 비율의 순위로 판단이 가능하다.
'기타'를 제외한 접수유형 중 '이용자 동의 없는 개인정보수집'의 순위를 각 연도별로 살펴보면
- 2011년: 9.52%→세 번째
- 2012년: 11.89%→세 번째

• 2013년: 12.14% → 세 번째
따라서 옳은 보기이다.

③ (○) '위원회 분쟁조정' 대비 '인용결정' 건수의 비율은 매년 하락하였다.

➜ (위원회 분쟁 조정 대비 인용 결정 건수의 비율)은 $\frac{\text{인용결정(건)}}{\text{인용결정(건)}+\text{기각결정(건)}+\text{각하결정(건)}}\times 100$ 이다.

• (2011년의 위원회 분쟁조정 대비 인용결정 건수의 비율) $=\frac{49}{105}\times 100\approx 47\%$

• (2012년의 위원회 분쟁조정 대비 인용결정 건수의 비율) $=\frac{44}{111}\times 100\approx 40\%$

• (2013년의 위원회 분쟁조정 대비 인용결정 건수의 비율) $=\frac{24}{133}\times 100\approx 18\%$

이므로 47%, 40%, 18%로 매년 감소하였다.

④ (○) 2011년 '인용결정' 대비 '조정불성립' 건수의 비율은 2012년 '위원회 분쟁조정' 대비 '각하결정' 건수의 비율보다 낮다.

➜ (2011년 인용결정 대비 조정 불성립 건수의 비율)은 $\frac{\text{2011 조정 불성립 건수}}{\text{2011 인용결정 총 건수}}\times 100$으로 구할 수 있으므로, $\frac{19}{49}\times 100\approx 39\%$이다.

(2012년 위원회 분쟁조정 대비 각하 결정 건수의 비율)은 $\frac{\text{2012 각하결정 건수}}{\text{2012 위원회 분쟁조정총 건수}}\times 100$으로 구할 수 있으므로, $\frac{47}{111}\times 100\approx 42\%$ 이다.

따라서 39% < 42% 이므로 2011년 '인용결정' 대비 '조정 불성립' 건수의 비율은 2012년 '위원회 분쟁조정' 대비 '각하 결정' 건수의 비율보다 낮다.

⑤ (×) '조정 전 합의' 건수가 분쟁사건 조정결정에서 차지하는 비율은 '목적 외 이용 및 제3자 제공'이 접수유형에서 차지하는 비율보다 ~~매년 낮다.~~

➜ (조정 전 합의 건수가 분쟁사건 조정결정에서 차지하는 비율)은 $\frac{\text{조정 전 합의 건수}}{\text{조정결정 총 건수}}\times 100$이다.

• 2011년 조정 전 합의 건수가 분쟁사건 조정결정에서 차지하는 비율: $\frac{21}{126}\times 100\approx 16.7\%$

• 2011년 목적 외 이용 및 제3자 제공이 접수유형에서 차지하는 비율: 15.08% → 16.7% > 15.08%

• 2012년 조정 전 합의 건수가 분쟁사건 조정결정에서 차지하는 비율: $\frac{32}{143}\times 100\approx 22.3\%$

• 2012년 목적 외 이용 및 제3자 제공이 접수유형에서 차지하는 비율: 49.65% → 22.3% < 49.65%

• 2013년 조정 전 합의 건수가 분쟁사건 조정결정에서 차지하는 비율: $\frac{40}{173}\times 100\approx 23.1\%$

• 2013년 목적 외 이용 및 제3자 제공이 접수유형에서 차지하는 비율: 24.86% → 23.1% < 24.86%

따라서 2011년은 '조정 전 합의' 건수가 분쟁사건 조정결정에서 차지하는 비율이 '목적 외 이용 및 제3자 제공'이 접수유형에서 차지하는 비율보다 크므로 틀린 보기이다.

합격자의 실전 풀이 순서

❶ 각 표의 단위 및 연도 범위를 확인하고, 〈표 1〉의 '기타', 〈표 2〉의 '계'에 구분선을 표시한다.
그리고 각 표 아래의 각주를 확인한다. 〈각주 2〉를 토대로, 〈표 2〉의 연도별 '계' 자료가 〈표 1〉의 연도별 세로 합(100%)임을 확인한다.

❷ 비율 계산을 필요로 하지 않는 선지 ①, ② 먼저 해결한다.

❸ 매년의 비율을 구해야 하는 선지 ③, ⑤보다 선지 ④를 먼저 해결한다.

합격자의 시간단축 Tip

선지 ① '목적 외 이용 건수'는 다른 연도 간 비교이므로 〈표1〉의 구성비와 〈표 2〉의 계의 곱으로 도출한다. 이때 이를 직접 곱해서 비교하지 않고 각각의 '상대 비율'을 고려하여 해결할 수 있다.
예를 들어 <u>〈표 1〉의 구성비</u>의 경우 2012년 49.65 < 2013년 24.86×2=약 24.85×2=49.7으로 13년의 2배가 더 크다. 마찬가지로 <u>〈표 2〉의 계</u> 역시 2012년 143 < 2013년 173으로 13년이 더 크다. 따라서 각각이 크므로, 곱 역시 13년이 더 클 수밖에 없다. 따라서 옳은 선지이다.

선지 ② 보기 ①번과 달리 동일 연도 간 비교이므로, 전체값이 동일하여 '구성비'만 비교하면 된다. 따라서 '이용자 동의 없는 개인정보수집' 보다 접수유형 구성비가 큰 접수유형이 2개인지 확인한다. '기타'를 범위에 포함시키는 실수를 하지 않는 것이 중요하므로, 선지 해결에 들어가기에 앞서 '기타'를 다른 접수유형과 구별하는 구분선을 그어두는 것이 좋다.

선지 ③ '매년 ~ 한다' 유형은 구체적 계산을 하지 않더라도, '흐름'을 보고 풀 수 있는 경우가 많다. 위원회 분쟁조정 대비 인용결정 건수의 비율은 다음과 같이 비교할 수 있다.

2011년 $\frac{30+19}{55+1}$ vs 2012년 $\frac{29+15}{20+47}$ vs 2013년 $\frac{14+10}{8+101}$을 비교하면, 2011년 → 2013년으로 갈수록, 분자는 작아지고 분모는 커지는 '흐름'을 확인할 수 있으므로 비율은 매년 하락한다는 것을 쉽게 알 수 있다.

선지 ④

[방법 1] 분자-분모 증가율 비교법

2011년 인용결정 대비 조정 불성립 건수의 비율은 $\frac{19}{30+19}=\frac{19}{49}$이고, 2012년 위원회 분쟁조정 대비 각하결정 건수의 비율은 $\frac{47}{143-32}=\frac{47}{111}>0.4$이다.

$\frac{19}{49}$ vs $\frac{20}{50}$ → 20은 19보다 1 크고, 50은 49보다 1 크므로, 분자의 증가율이 분모의 증가율보다 크기 때문에 $\frac{20}{50}$이 더 크다. 따라서 $\frac{19}{49}<0.4$이다.

[방법 2] 분자-분모 차이 비교법-추천 방식

동일한 원리를 이용하여 다르게 생각해보자. 기본서의 분수 비교법 중 '분자 분모 차이법'에 따르면 '어떤 분수의 분자, 분모에 해당 분수보다 큰 분수를 더하면 더 큰 분수'가 된다.

선지 ④번을 보면 전자의 분자, 분모에 1씩 더하면 후자가 되는 형태로, 분수에 1을 더한 것과 같으므로 전자는 1보다 작기에 당연히 후자가 더 큰 분수일 수밖에 없다. 이해를 위해 길게 설명하였으나, 실전에서 풀 때는 "분수, 분모에 ++1이므로 당연히 후자가 크다"라고 처리하면 된다. 적응되면 증가율 계산이 불필요하므로 연습하면 좋다.

선지 ⑤ 직접 계산하기보다는 '목적 외 이용 및 제3자 제공'을 옳은 것으로 가정하고 모순이 발생하는지 확인하는 것이 좋다. 이때 2011년을 먼저 살펴보자.

[방법 1] 추천 풀이: 15×15=225 활용법

15×15=225를 활용하면 계산이 간단해진다.
126×15%=약 130×15%=(150−20)×15%=22.5−3=19.5로 조정 전 합의인 21보다 작다.
따라서 반례가 되므로 틀린 선지임을 바로 알 수 있다.

[방법 2] 정석적 풀이: 15%=10%+5% 활용법

2011년 조정 전 합의 건수가 계에서 차지하는 비율은 $\frac{21}{126}$이고, 목적 외 이용 및 제3자 제공이 접수유형에서 차지하는 비율은 15.08%이다. 이때 126의 15%는 12.6+6.3=18.9이고, 1.5%는 1.89이다.

즉 21 > 18.9+1.89이므로, $\frac{21}{126}$ > 16.5% > 15.08%이다. 따라서 반례가 되므로 틀린 선지이다.

* 참고로 연습을 위해 다른 연도의 확인법을 살펴보면 2012년의 경우 49.65%이므로 50%로 보아 2배 한 값이 143이 되는지, 2013년은 24.86%이므로 25%로 보아 4배 한 값이 173이 되는지 확인하면 된다.

141 정답 ① 난이도 ●●●

① (○) 외국기업 국내 투자건수는 2010년이 2009년보다 적다.

→ 외국기업 국내 투자건수는 〈그림 1〉의 국내 투자건수의 서비스업 비율과 〈그림 2〉의 국내 서비스업 투자건수를 통해 알 수 있다.

예 2009년 서비스업이 차지하는 비율을 65.9%이고 그 투자건수는 680건이다.

- 2009년 국내 투자건수 $=\frac{680}{65.9}\times100\approx1{,}032$건이고,
- 2010년 국내 투자건수 $=\frac{687}{68.7}\times100=1{,}000$건이다.

따라서 국내 투자건수는 2010년이 2009년보다 적다.

② (×) 2008년 외국기업의 국내 농·축·수산·광업에 대한 투자건수는 ~~60건 이상이다.~~

→ 2008년 외국기업의 국내 서비스업 투자건수는 572건이며 이는 전체 비율의 67.8%에 해당한다.

따라서 국내 전체 투자건수는 $\frac{572}{67.8}\times100\approx844$건이다.

그중 농·축·수산·광업에대한 투자비율은 5.9%이므로 투자건수 844×0.059≈50건이다.

③ (×) 외국기업 국내 투자건수 중 제조업이 차지하는 비율은 ~~매년 증가하였다.~~

→ 제조업이 차지하는 비율은 2010년에 감소하였다. 따라서 틀린 보기이다.

④ (×) 외국기업 국내 투자건수 중 각 산업이 차지하는 비율의 순위는 ~~매년 동일하다.~~

→ 매년 각 산업이 차지하는 비율은 〈그림 1〉에서 확인할 수 있다.

2008년, 2010년, 2011년은 서비스업 > 제조업 > 전기·가스·수도·건설업 > 농·축·수산·광업

순으로 동일하지만,
2009년은 서비스업 > 제조업 > 농·축·수산·광업 > 전기·가스 ·수도·건설업 순이다.

⑤ (×) 외국기업의 국내 서비스업 투자건당 투자금액은 ~~매년 증가하였다.~~

→ 국내 서비스업 투자건당 투자금액은 $\frac{\text{총투자금액}}{\text{투자건수}}$로 구할 수 있다. 연도별 값을 구하면,

- 2008년: $\frac{823}{572}\approx 1.44$(백만 달러)
- 2009년: $\frac{1,448}{680}\approx 2.13$(백만 달러)
- 2010년: $\frac{1,264}{687}\approx 1.84$(백만 달러)
- 2011년: $\frac{2,766}{553}\approx 5$(백만 달러)이다.

따라서 외국기업의 국내 서비스업 투자건당 투자금액은 증가 → 감소 → 증가하였다.

합격자의 실전 풀이 순서

❶ 〈그림 1〉은 외국기업의 국내 투자건수의 산업별 비율을, 〈그림 2〉는 〈그림 1〉의 산업 중 서비스업에 관한 투자건수와 투자금액을 나타낸 것임을 파악한다. 〈그림 2〉에 구체적인 서비스업 투자건수가 나와 있으므로 〈그림 1〉의 다른 산업의 투자건수의 수치도 구할 수 있음을 인지한다.

❷ 눈으로 확인할 수 있는 ③, ④번을 빠르게 확인하면 틀린 선지이므로 소거한다.

❸ 다음으로 〈그림 1〉과 〈그림 2〉를 모두 활용하는 투자건수에 관한 선지인 ①, ②번은 답이 될 가능성이 크므로 먼저 확인한다. ①번을 확인하면, 옳은 선지이므로 답을 표시하고 넘어간다.

합격자의 시간단축 Tip

선지 ①

[방법 1]
외국기업의 국내 투자건수의 산업별 비율은
$\frac{\text{외국기업의 산업별 국내 투자건수}}{\text{외국기업의 국내 투자건수}}$이므로
외국기업의 국내 투자건수=
$\frac{\text{외국기업의 산업별 국내 투자건수}}{\text{외국기업의 국내 투자건수의 산업별 비율}}$이다.
따라서 서비스업으로 외국기업의 국내 투자건수를 구하면 2009년은 $\frac{680}{65.9}$이고, 2010년은 $\frac{687}{68.7}$이다. 분모의 증가율이 분자의 증가율보다 크므로 2009년의 국내 투자건수가 2010년보다 크다. 즉, 2010년이 2009년보다 외국기업 국내 투자건수가 적다.

[방법 2]
2010년 외국기업의 국내 서비스업 투자건수는 687건으로 그 비율도 68.7%이다.
따라서 전체 투자건수는 당연히 1,000건이다. 2009년도 2010년과 마찬가지로 전체 값이 1,000건임을 가정할 때 65.9% (659)는 2009년의 서비스업 투자건수인 680보다 작으므로, 2009년의 전체 값은 이보다 크다는 것을 쉽게 알 수 있다. 따라서 옳은 선지이다.
※ 문제에서 주어진 값이 687→68.7%와 같이 예쁘게 구성되어 있으면 이를 활용하자

선지 ②

[방법 1]
2008년 국내 투자건수 중 서비스업 비율은 67.8%이며, 투자건수는 572건이다.
한편, 2008년 농·축·수산·광업 비율은 5.9%이므로 서비스업의 10%보다 작다. 따라서 농·축·수산·광업의 투자건수는 57건보다 적을 것이므로 60건보다 무조건 적다. 따라서 틀린 선지이다.

[방법 2]
주어진 선지가 맞다고 가정할 때, 농-축-수산-광업은 60건 이상으로 5.9%를 차지해야 한다. 약 6%로 60건이려면 전체 값은 1,000건이 되어야 하므로, 이를 기준으로 서비스업을 보면 서비스업은 67.8%로 678 수준이 되어야 하나 실제로는 572로 한참 작다. 따라서 틀린 선지라는 것을 쉽게 알 수 있다.
[문제에서 주어진 값이 60→5.9%와 같이 예쁘게 구성되어 있으면 이를 활용하자]

선지 ③ 선지 ④ 〈그림 1〉의 연도 순서가 역순(아래에서 위로 커지는 방식)으로 되어 있음을 주의한다.

선지 ⑤ 외국기업의 국내 서비스업 투자건당 투자금액은 2010년에 전년 대비 분모인 투자건수는 약 1% 증가하였지만, 분자인 투자금액은 10% 이상 감소하였으므로 투자건당 투자금액은 전년 대비 감소하였다. 따라서 틀린 선지이다.
분수 비교는 경향만 잘 본다면 굳이 계산하지 않아도 비교할 수 있다. 2010년의 경우 분모인 투자건수는 증가했으나, 분자인 투자금액은 감소하였다. 따라서 얼마나 증가, 감소하였는지 계산하지 않아도 감소했음을 알 수 있다.

142 정답 ① 난이도 ●●●

ㄱ. (O) 1993년 폭-수심비 최댓값은 500보다 크다.

➜ 폭 수심비의 최댓값은 〈그래프〉에서 해당 연도의 가장 높게 찍혀있는 점의 값이다.

주어진 〈그래프〉에서 1993년에 해당하는 실선의 그래프를 보면 측정지점 5.5km 지점에서 가장 높게 관찰되는 것을 알 수 있다.

그리고 측정지점 5.5km 지점에서 폭 수심비가 약 550이므로 1993년 폭 수심비 최댓값은 500보다 크다는 것을 알 수 있다.

ㄴ. (×) 1983년과 1993년의 폭-수심비 차이가 가장 큰 측정 지점은 ~~6.5km 지점이다.~~

➜ 폭 수심비가 차이가 가장 큰 지점은 같은 측정지점에서 두 연도의 폭 수심비의 값이 차이가 가장 많이 나는 지점이다. 측정지점 5.5km에서 1983년과 1993년의 폭 수심비가 가장 많이 차이 나는 것을 알 수 있다. 따라서 1983년과 1993년의 폭 수심비 차이가 가장 큰 측정지점은 5.5km 지점이다.

ㄷ. (×) 1983년 폭-수심비 최댓값과 최솟값의 차이는 300보다 ~~크다.~~

➜ 〈그래프〉에서 1983년에 해당하는 점선의 그래프를 보면 가장 높게 찍혀있는 점이 폭 수심비의 최댓값이고 가장 낮게 찍혀있는 점이 폭 수심비의 최솟값이다.

따라서 측정지점 9km에서 최댓값을 가지며 그 값은 약 290임을 알 수 있다.

측정지점 4km에서 최솟값을 가지며 그 값은 약 90임을 알 수 있다.

따라서 최댓값과 최솟값의 차이는 약 200이므로 300보다 작음을 알 수 있다.

합격자의 실전 풀이 순서

❶ 〈그림〉의 x축과 y축을 확인하고, 1993년과 1983년이 각각 어떤 모양인지 확인한다.

❷ 보기들이 모두 눈으로 확인할 수 있는 것이므로 보기 ㉢부터 확인한다.
틀린 보기이므로 답은 ①, ②번 중 하나이다.

❸ 다음으로 보기 ㉠을 확인하면, 옳은 보기이므로 답은 ①번이다.

합격자의 시간단축 Tip

보기 ㉠ 최댓값이 500보다 큰지 물었으므로, 폭-수심비 500에서 가상의 수평선을 생각하고 그 위에 값이 있는지 확인한다. 측정지점 등을 전혀 확인할 필요 없으니 불필요한 시간을 소모하지 않아야 한다

보기 ㉡ 〈그림〉이 꺾은 선 그래프인 만큼 시각적 효과를 적극 이용하는 것이 좋다.
두 연도 간 폭-수심비 차이는 꺾은 선 간 거리와 같다.
따라서 한눈에 보아도 5.5km 지점에서 두 꺾은 선 간 거리가 적어도 6.5km보다는 멀다는 것을 알 수 있다.
따라서 6.5km는 가장 큰지점이 아니다.

보기 ㉢ 1983년 폭-수심비 최댓값이 300 미만이므로 최댓값과 최솟값의 차이는 당연히 300보다 작다.

143 정답 ⑤ 난이도 ●●●

① (×) 2006 ~ 2010년 동안 동남권의 마늘 생산량은 ~~매년 증가하였다.~~

➜ 그래프를 보면 2009년 동남권의 마늘 생산량은 79,812톤이지만, 2010년 생산량은 60,000톤으로 감소하였으므로, 2006 ~ 2010년 동안의 마늘 생산량은 매년 증가하지 않았음을 알 수 있다.

② (×) 2006 ~ 2010년 동안 동남권의 단위 재배면적당 양파 생산량은 ~~매년 증가하였다.~~

➜ 단순 양파 생산량과 다르게 단위 재배면적당 양파생산량은 재배면적과 생산량을 같이 계산해야 한다.

단위 재배면적당 양파 생산량 $=\frac{\text{양파 생산량}}{\text{양파 재배면적}}$ 이다.

- 2006년 $\frac{169,434}{2,747}\approx 61.6$
- 2007년 $\frac{208,626}{2,961}\approx 70.45$
- 2008년 $\frac{199,684}{2,864}\approx 69.72$
- 2009년 $\frac{274,336}{3,289}\approx 83.41$
- 2010년 $\frac{309,538}{4,500}\approx 68.78$

이므로 단위 재배면적당 양파 생산량은 매년 증가하였다는 보기 내용은 옳지 않다.

③ (×) 2011년 울산의 양파 재배면적은 전년에 비해 증가~~하였다.~~

➜ 〈표〉에는 수치를 알지 못하는 ( )부분이 세 군데 있는데 2011년의 울산 양파 재배면적의 ( )속의 수치는 쉽게 계산이 된다. 40+( )+4,900=5,100이므로, ( )=5,100−40−4,900=160ha이다.
그리고 〈그림〉에서 동남권의 2010년의 양파 재배면적은 막대그래프에 4,500이라고 나타나 있으므

로 〈표〉의 울산의 2010년도 양파 재배면적은 344ha이다.
따라서 울산의 양파 재배면적은 전년에 비해 344ha에서 160ha으로 감소했다.

④ (×) 2006 ~ 2011년 동안 동남권의 마늘 재배면적은 양파 재배면적보다 ~~매년 크다.~~
➜ 그래프에 따라, 2006 ~ 2009년까지는 마늘 재배면적이 더 크지만, 2010년 양파 재배면적이 4,500ha, 마늘 재배면적이 4,000 ha로 더 작으므로 틀린 보기다.

⑤ (○) 2011년 동남권의 단위 재배면적당 마늘 생산량이 2010년과 동일하다면 2011년 동남권의 마늘 생산량은 75,000톤이다.
➜ 이 보기는 〈그림〉과 〈표〉를 같이 비교해서 보아야 한다. 마늘 재배면적에 대해서는 〈표〉에 2010년, 2011년의 자료가 주어져 있고, 마늘 생산량에 대해서는 〈그림〉에 2010년의 자료만 있다.

	2010년	2011년
마늘 재배면적	4,000(ha)	5,000(ha)
마늘 생산량	60,000(톤)	(　　)

단위 재배면적당 마늘 생산량=$\frac{\text{마늘 생산량}}{\text{마늘 재배면적}}$이므로

$\frac{\text{2010년 마늘 생산량}}{\text{2010년 마늘 재배면적}} = \frac{\text{2011년 마늘 생산량}}{\text{2011년 마늘 재배면적}}$으로 계산한다.

따라서 $\frac{60,000}{4,000} = \frac{(\quad)}{5,000}$으로 놓고 계산하면 (　)의 값은 2011년 마늘 생산량이 되고 그 값은 75,000톤이다.

합격자의 실전 풀이 순서

❶ 〈그림〉을 보면서 2010년의 경우 마늘 생산량이 증가하다가 감소하였음에 유의하고, 양파 재배면적이 처음으로 마늘 재배면적보다 커졌음에 주의한다. 〈표〉를 보면서 빈칸과 관련된 질문을 예상해 볼 수 있다. 따라서 ③번부터 본다.

❷ ③번:

[방법 1]
2011년 울산의 양파 재배면적은 5,100－4,900－40이므로 200보다 조금 작다. 반면, 2010년 울산의 양파 재배면적은 〈그림〉을 통해 4,500－4,100－56으로 계산하지 않더라도 200보다는 한참 큰 값임을 알 수 있다. 따라서 전년에 비해 감소하였으므로 옳지 않다. 구체적 계산보다 대소 비교가 중요하다고 생각한다.

[방법 2]
2011년 울산의 양파 재배면적은 5,100－4,900－40＝약 200이다. 통상 뺄셈보다는 덧셈이 더 쉽고 빠른 연산 방법이므로 2010년의 재배면적을 직접 구하지 않고, 2011년의 값을 더해 확인한다. 따라서 2010년의 4,100＋56＋200 ＜ 4,500이므로 전년에 비해 오히려 감소한 것으로 틀린 선지이다.

❸ ④번: 〈그림〉 이용 방법) 발문에서 예상한 것과 같이 2010 년에 양파 재배면적이 마늘 재배면적보다 커져 보기의 반례가 되어 옳지 않다.
〈표〉 이용 방법) '매년'과 같이 완전한 경향성을 요구하는 경우, 수험생의 시간 소모를 유도하기 위해 뒷부분에 반례를 배치하는 경향이 있다. 따라서 뒤에서부터 확인을 하면 가장 마지막 연도인 2011년 양파(5,100) ＞ 마늘(5,000)으로 반례가 된다. 따라서 옳지 않다.

❹ ⑤번: 2010년의 동남권의 단위 재배면적당 마늘 생산량은 $\frac{60,000}{4,000}$으로 15이다. 그리고 2011년의 동남권의 마늘 재배면적은 5,000이다.

[방법 1]
따라서 2011년의 동남권의 단위 재배면적당 마늘 생산량이 2010년과 동일하게 15이며, 여기에 마늘 재배면적을 곱하면 마늘 생산량이 75,000톤으로 도출된다. 즉, 동남권의 단위 재배면적당 마늘 생산량×마늘 재배면적을 활용한다. 따라서 정답은 ⑤번이다.

[방법 2]
선지의 75,000을 주어진 것으로 보고, 2011년을 값을 $\frac{75,000}{5,000}$ =15로 도출해도 좋다.
이 문제의 경우 곱셈(방법 1), 나눗셈(방법 2) 모두 값이 간단하여 어떤 방법을 써도 무관하지만, 숫자가 복잡하다면 주어진 숫자에 따라 곱셈, 나눗셈 중 편한 방법을 선택해서 풀어내면 된다.

합격자의 시간단축 Tip

선지 ① 처음 예측과 같이 동남권의 마늘생산량은 2010년에 60,000톤으로 2009년 대비 감소하여 옳지 않다. 출제자들은 응시자들의 시간 소모를 유도하기 위해 반례를 우측 하단에 위치하는 경우가 많다. 따라서 이러한 원리를 역이용하여 2006년부터 찾기보다 2010년 쪽으로 눈이 가는 습관을 들이면 시간 단축에 유리하다고 생각한다.
또한 '꺾은 선 그래프'는 그 특성 상 '추세'를 보여주기 위해 만들어진 그래프이다. 따라서 그래프의 시각적 특성을 적극 이용하여, 추세선을 눈으로 훑어 상승추세가

끊긴 '변곡점'이 있는지 확인한다. 굳이 숫자를 볼 필요가 전혀 없다.

선지 ② 2010년의 단위재배 면적당 양파 생산량은 $\frac{309,583}{4,500}$으로 2009년의 $\frac{274,336}{3,289}$보다 커져야 할 것이다.
그러나, 분모는 약 50%보다 적게 커진 반면, 분자는 약 10% 정도 밖에 증가하지 않아 분수는 감소하였다. 따라서 매년 증가한 것이 아니어서 옳지 않다.
다만 계산 편의상 근삿값(=유효 숫자)을 이용하여 풀면 조금 더 간단하다.
근삿값은 아래와 같이 앞 두 자리만으로 간단히 잡아도 된다.

- 274,336 → 27
- 309,538 → 31
- 3,289 → 33
- 4,500 → 45

이를 바탕으로 위의 비교를 하면 더욱 간단할 것이다.

144 정답 ⑤ 난이도 ●●○

〈보고서〉 내용을 주의 깊게 읽어보며 객관식에서 사용되지 않은 자료를 찾아본다.

① (○) 〈보고서〉 내용 중 2011년 2월 외국인 입국자 수
→ 객관식 ①번 자료 사용

② (○) 〈보고서〉 내용 중 '외국인의 입국 현황을 국가별로 살펴보면 태국, 말레이시아, 베트남 등으로부터의 입국자 수는 전년 동월 대비 증가하였으나'
→ 객관식 ②번 자료 사용

③ (○) 〈보고서〉 내용 중 '목적별로 살펴보면 승무원, 유학 연수, 기타 목적이 전년 동월 대비 각각 13.5%, 19.6%, 38.3% 증가하였으나'
→ 객관식 ③번 자료 사용

④ (○) 〈보고서〉 내용 중 '또한 성별로는 남성이 335,215명, 여성은 331,874명이 입국하여 남녀 입국자 수는 비슷한 수준이었다.'
→ 객관식 ④번 자료 사용

⑤ (×) 따라서 보고서 내용과 객관식 자료들을 비교해보았을 때 사용되지 않은 자료는 객관식 ⑤번이다.

합격자의 실전 풀이 순서

❶ 발문을 읽고, 〈보고서〉의 작성에 사용되지 않은 자료를 묻고 있으므로 구체적인 수치가 아닌 보고서에 언급되었는지를 빠르게 판단해야 하는 문제임을 인지한다.

❷ 선지의 제목에 관한 내용이 〈보고서〉에 있는지 눈으로 빠르게 확인한다.

❸ 〈보고서〉는 외국인 입국자들에 관한 보고서이지만 ⑤번은 내국인의 출국 현황이므로 틀린 선지이다. 답을 표시하고 넘어간다.

합격자의 시간단축 Tip

'보고서-표 전환형' 문제는 본인만의 전략을 가지고 순차적으로 매뉴얼을 따르듯 풀어내는 것이 좋다.
예를 들어
① 제목이 문제인 선지가 있는지
② 없다면 단순 확인선지를 빠르게 훑어 소거하고
③ 단순 확인 선지 중 답이 없는 경우, 소거되고 남은 선지를 확인하는 방법이 있다.

반대로 본인이 계산에 자신 있다면
① 제목이 문제인 선지가 있는지
② 없다면 답이 될 만한 어려운 선지를 먼저 푸는 방법도 있다.
이는 어느 하나가 옳은 것은 아니고 본인의 실력이나 문제의 성향에 따라 유동적으로 처리하면 된다.

145 정답 ① 난이도 ●●●

① (○) 2013년 인문계열의 입학정원은 2003년 대비 5% 이상 감소하였다.
→ 인문계열 입학정원은
(대학 전체 입학정원)×(전체 대비 계열별 비율)이다.
2003년 인문계열의 입학정원:
327,000×0.144=47,088(명)이고,
341,000×0.131=44,671(명)이다.
따라서 2003년 대비 2013년 인문계열의 입학정원의 증감율은

$$\frac{\text{2013년 인문계열의 입학정원}-\text{2003년 인문계열의 입학정원}}{\text{2003년 인문계열의 입학정원}}\times 100=\frac{44,671-47,088}{47,088}\times 100=-5.13(\%)$$

이므로 5% 이상 감소하였다.

② (×) 계열별 입학정원 순위는 2003년과 2013년에 ~~동일하다.~~

➜ 2003년 계열별 입학정원 순위를 큰 것부터 나열해보면
공학 → 사회 → 인문 → 자연 → 예체능 → 교육 → 의약 순이고,
2013년 계열별 입학정원 순위를 큰 것부터 나열해 보면
사회 → 공학 → 인문 → 자연 → 예체능 → 의약 → 교육 순이므로 동일하지 않다.

③ (×) 2003년 대비 2013년 학과수의 증가율이 ~~가장 높은 계열은 예체능이다.~~

➜ 〈그림 1〉을 통해 학과 수 증가율은:
$\frac{(11{,}000\text{명}\times 2013\text{년 계열비율})-(9{,}500\text{명}\times 2003\text{년 계열비율})}{9{,}500\text{명}\times(2003\text{년 계열비율})}$
이다. 이 식을 조금 변형하면
$\frac{11{,}000\text{명}\times 2013\text{년 계열비율}}{9{,}500\text{명}\times 2003\text{년 계열비율}}-1$ 이 된다.
이때 -1과 $\frac{11{,}000}{9{,}500}$은 상수이므로
$\frac{(2013\text{년 계열비율})}{(2003\text{년 계열비율})}$값만 비교하면 증가율을 빠르게 파악할 수 있다.
계열별로 $\frac{(2013\text{년 계열비율})}{(2003\text{년 계열비율})}$의 값을 계산해보면,

- 예체능: $\frac{14.6}{12.0}=1.21$,
- 의약: $\frac{5.6}{3.4}=1.64$이므로 의약이 예체능보다 더 큰 값을 갖는다.

④ (×) 2013년 예체능, 의약, 교육 계열의 학과수는 2003년에 비해 각각 증가하였으나, 나머지 계열의 학과수의 합계는 ~~감소하였다.~~

➜ 계열별 학과 수는 (대학 전체 학과 수)×(전체 대비 계열별 비율)이다.
2003년에 비해 2013년에 예체능, 의약, 교육 계열의 학과 수 비율도 늘고, 전체 학과 수도 늘었기 때문에, 예체능, 의약, 교육계열의 학과 수는 증가하였다. 하지만 나머지 학과 수의 비율은 2003년에 79%, 2013년에 74%로, 학과 수를 각각 계산하여 보면, 2003년은 9,500×0.79=7,505(개)이고, 2013년은 11,000×0.74=8,140(개)이므로 증가하였다.

⑤ (×) 2003년과 2013년을 비교할 때, 계열별 학과수 비율의 증감방향과 계열별 입학정원 비율의 ~~증감방향은 일치하지 않는다.~~

➜ 학과 수 비율의 증감을 살펴보면, 예체능, 의약, 교육은 증가하였고, 자연, 공학, 사회, 인문은 감소하였다. 마찬가지로 계열별 입학정원 비율의 증감 또한 예체능, 의약, 교육은 증가하였고, 자연, 공학, 사회, 인문은 감소하였기 때문에 증감방향은 일치한다.

합격자의 실전 풀이 순서

❶ 그림 아래의 각주를 확인한다.
❷ 계산이 필요 없는 선지 ②, ⑤를 먼저 해결한다.
❸ 특정 계열의 자료만 확인하면 되는 선지 ①, ④를 먼저 해결한다.

합격자의 시간단축 Tip

이 문제는 자료해석 문제 중 역대급으로 구체적인 계산을 요구한 문제이다. 통상 자료해석은
① 실제 계산을 하지 않아도 처리할 수 있도록 주어지거나
② 계산하더라도 근삿값으로 처리할 수 있도록 주어지는 것이 일반적이나, 정말 가끔 이와 같이 직접 계산을 해야하는 문제도 출제되고 있다.

실제 시험장이라면 조금 풀어본 후 '안 풀고 패스'하는 것이 우월 전략이다.
피셋은 특정 문제를 빨리 푸는 것도 실력이지만, 어떤 문제는 풀고 어떤 문제를 풀지 않을지 얼마나 잘 판단하는가 역시 실력이다.

선지 ①

[방법 1] 인문계열의 입학정원 비교:
2003년 $(327\times 0.144)\approx(327\times 0.143)\approx(327\times\frac{1}{7})$
≈ 46.71 vs 2013년 $(341\times 0.131)\approx(341\times 0.1+341\times 0.03)=(34.1+10.23)=44.33$
→ 44.33+46.71의 5%인 약 2.33=46.66 < 46.71
→ 입학정원이 5% 이상 감소했다.

[방법 2]
처음부터 2003년 값 중 하나에 5%를 빼고 계산하는 방법도 있다. 예를 들어 입학정원에 5%를 빼면 327−327×0.05=약 327−3×5=312이다.
따라서 312×14.4 > 341×13.1인지 확인하면 된다.

선지 ② 계열별 입학정원 비율이 작은 계열부터 비교한다. 특히 '비중' 그림인 만큼 그 합이 100%로 정해져 있어, 시각적인 '칸의 넓이'로 순위가 달라진 것을 쉽게 확인할 수 있으므로 적극 이용한다.

선지 ③ 전체 학과 수의 증가율은 모든 계열에 동일하게 적용되므로, 계열별 학과 수 비율의 증가율이 '예체능'이 가장 높은지 확인한다.
먼저 비교 대상을 확정할 때 예체능, 의약, 교육을 제외

한 학과는 모두 감소하였으므로 비교 대상에서 제외되며, 교육은 그 차이가 너무 적으므로 확인할 필요가 없다.
따라서 '예체능'과 '의약'만을 비교할 때 의약의 값을 동일하게 3배 하면 $3.4\times3=$약 10이고 $5.6\times3=$약 15이다.
그러나 예체능은 12 → 14.6으로 의약인 10 → 15의 사이에 존재하는 변화에 불과하므로 굳이 계산하지 않더라도 증가율이 낮을 수밖에 없다.

선지 ④

[방법 1]
전체 학과 수가 증가하고, 예체능, 의약, 교육 계열은 비율도 증가했으므로, 계열별 학과수도 증가한다. 세 계열의 학과 수 비율의 합은

- 2003년 → $12.0+3.4+5.6=21$이고,
- 2013년 → $14.6+5.6+5.8=26$이다.

따라서 세 계열의 학과 수는

- 2003년 → $9,500\times0.21=9,500\times0.2+9,500\times0.01=950+950+95=1,995$이고,
- 2013년 → $11,000\times0.26=11,000\times\frac{1}{4}+11,000\times0.01=2,750+110=2,860$이다.

전체 학과 수는 1,500개 증가했고, 세 계열의 학과 수는 1,000 개 미만 증가했으므로, 나머지 계열의 학과수의 합계는 증가했다.

[방법 2]
학과 수 증가량을 보면 $11,000-9,500=1,500$개로, ④번이 옳은 선지이기 위해서는 예체능, 의약, 교육의 증가량이 1,500 이상이어야 한다. 이때 먼저 계산하지 않고, 식을 정리해서 모양을 만들면 편하다.
즉, $11,000\times26\%-9,500\times21\%=(11,000-9,500)\times26\%+9,500\times(26-21)\%=1,500\times26\%+1,900\times25\%=$약 $3,400\times25\%=850<1,500$이므로 틀린 선지이다.

[방법 3]
식의 구조를 보자. $9,500\times0.21$ vs $11,000\times0.26$일 때 우변에서 $9,500\times0.21$을 빼내면 $11,000\times0.26=9,500\times0.21+1,500\times0.21+11,000\times0.05$가 된다.
즉 $1,500\times0.21+11,000\times0.05$는 학과수의 증가분으로 이 값이 1,500보다 커야 옳은 선지가 된다.
그러나 $1,500\times0.21=$약 300이며 $11,000\times0.05=550$으로 그 합은 850에 불과하므로 틀린 선지이다.

선지 ⑤ 증감방향을 확인할 때는 각 방향을 모두 확인 후 대조하거나, 하나하나 대조하는 방법을 사용하는 것은 시간상 매우 비효율적이다. 증감 방향은 암기하기 어려운 내용이 아닌 만큼, 기준점으로 어느 하나를 잡고 한 번에 암기 후 다른 것들에 대입하여 모순이 발생하는지 확인하면 된다.
예를 들어, 학과 수를 기준점으로 잡으면 위에서부터 아래 순으로 (+, ++, ++, −, −, −, −)이다.
즉 입학정원도 교육까지만 증가하고 그 이하는 감소하는지 확인하면 빠르게 해결할 수 있다.

146 정답 ④ 난이도 ●●○

① (×) 2007년 ~ 2010년 '전체 교육비'의 전년대비 증가율은 ~~매년 상승하였다.~~
➜ '전체 교육비'의 전년대비 증가율 =
$$\frac{\text{해당연도 전체 교육비}-\text{전년의 전체 교육비}}{\text{전년의 전체교육비}}\times100$$
이다.

- 2007년: $\frac{240,662-222,342}{222,342}\times100=8.24\%$,
- 2008년: $\frac{271,122-240,662}{240,662}\times100=12.66\%$
- 2009년: $\frac{289,818-271,122}{271,122}\times100=6.9\%$,
- 2010년: $\frac{296,802-289,818}{289,818}\times100=2.41\%$

이다.
따라서 2007 ~ 2010년 '전체 교육비'의 전년대비 증가율이 매년 상승하는 것은 아니다.

② (×) '전체 교육비'에서 '기타 교육비'가 차지하는 비중이 ~~가장 큰 해는 2009년이다.~~
➜ '전체 교육비'에서 '기타 교육비'가 차지하는 비중 $=\frac{\text{기타교육비}}{\text{전체 교육비}}$이다.

- 2006년: $\frac{7,203}{222,342}=0.0324$
- 2007년: $\frac{9,031}{240,662}=0.0375$
- 2008년: $\frac{9,960}{271,122}=0.0367$
- 2009년: $\frac{10,839}{289,818}=0.0374$
- 2010년: $\frac{13,574}{296,802}=0.0457$이다.

따라서 비중이 가장 큰 해는 2010년이므로 틀린 보기이다.

③ (×) 2008 ~ 2010년 '초등교육비', '중등교육비', '고등교육비'는 각각 ~~매년 증가하였다.~~
➜ 2008년, 2009년, 2010년 초등교육비는 각각

16,256원, 17,483원, 17,592원으로 매년 증가하였다.
2008년, 2009년, 2010년 중등교육비는 각각 22,809원, 22,880원, 22,627원으로 2010년 때 2009년에 비하여 감소하였음을 알 수 있다.
2008년, 2009년, 2010년 고등교육비는 각각 52,003원, 61,430원, 66,519원으로 매년 증가하였다.
따라서 '초등교육비'와 '고등교육비'만 매년 증가하였음을 알 수 있다.

④ (○) '학원교육비'의 전년대비 증가율은 2009년이 2008년보다 작다.
→ '학원교육비'의 전년대비 증가율 = $\frac{\text{구하려는 해의 학원교육비}-\text{전년도의 학원 교육비}}{\text{전년도의 학원교육비}}$ ×100이다.

• 2008년 $=\frac{170,094-146,129}{146,129}\times100=16.4\%$ 이고,

• 2009년 $=\frac{177,186-170,094}{170,094}\times100=4.17\%$ 이다.

따라서 '학원교육비'의 전년대비 증가율은 2009년이 2008년보다 작다.

⑤ (×) '고등교육비'는 매년 '정규교육비'의 ~~60% 이상이다.~~
→ '정규교육비'에 대한 '고등교육비의 비율은 $\frac{\text{고등교육비}}{\text{정규교육비}}$로 나타낼 수 있다.

• 2006년: $\frac{47,841}{78,970}=0.6058$

• 2007년: $\frac{52,060}{85,502}=0.6089$

• 2008년: $\frac{52,003}{91,068}=0.5710$

• 2009년: $\frac{61,430}{101,793}=0.6035$

• 2010년: $\frac{66,519}{106,738}=0.6232$이다.

따라서 2008년에는 비율이 60%가 넘지 않는 것을 알 수 있다.

합격자의 실전 풀이 순서

❶ '소계', '기타' 교육비, '전체'교육비에 표시하고 선지로 내려간다.

❷ 매년의 전년대비 증가율 계산을 요하는 선지 ①, 매년의 전체 교육비 대비 기타 교육비 비중의 계산을 요하는 선지 ②를 미룬다. 선지 ③→⑤ 순서로 해결한다.

합격자의 시간단축 Tip

선지 ① 전체 교육비는 2006년 약 222(천원)→2007년 약 240(천원)→2008년 약 271(천원)→2009년 약 289(천원)→2010년 약 296(천원)이므로, 전년대비 증가 폭은 18(천원), 31(천원), 18(천원), 7(천원)이다. 전체 교육비는 지속적으로 증가하나, 2009년부터 전년대비 증가 폭이 감소하므로, 2009년부터 전년대비 증가율은 감소한다.
<u>실제로 풀 때는 정방향으로 본 경우 18, 31, 18임을 확인한 후 판단을 마무리하고, 역방향으로 본 경우 7, 18임을 확인한 후 판단을 마무리하면 된다.</u> 모두를 확인할 필요는 없다.

선지 ②

[방법 1]

2009년 $\approx\frac{108}{289}$ vs 2010년 $\approx\frac{135}{296}$ vs 2008년 $\approx\frac{99}{271}$ vs 2007년 $\approx\frac{90}{240}$ vs 2006년 $\approx\frac{72}{222}$

1) 2009년 $\approx\frac{108}{289}$ vs 2010년 $\approx\frac{135}{296}$
후자가 분자는 27(20% 초과) 크고, 분모는 7(10% 미만) 크므로, 후자가 크다.

2) 2009년 $\approx\frac{108}{289}$ vs 2008년 $\approx\frac{99}{271}$
전자가 분자는 9(약 10%) 크고,
분모는 $18\left(\frac{18}{271}\approx\frac{18}{270}=\frac{2}{30},\ \text{약 }6.6\%\right)$ 크므로,
전자가 크다.

3) 2009년 $\approx\frac{108}{289}$ vs 2007년 $\approx\frac{90}{240}$
전자가 분자는 18(20%) 크고, 분모는 49(20% 초과) 크므로, 후자가 크다.

4) 2009년 $\approx\frac{108}{289}$ vs 2006년 $\approx\frac{72}{222}$
전자가 분자는 36(50%) 크고, 분모는 67(약 30%) 크므로, 전자가 크다.

[방법 2]

반대 해석을 이용하여 '역수'로 확인한다. 즉 "기타 대비 전체가 가장 작은 해"를 확인하면 된다. 먼저 선지에서 준 2009년을 보면 10,839→289,818은 약 28배이다. 따라서 28배를 기준으로 더 낮은 곳이 있는지 보면, 2007년이나 2010년은 28배 이하라는 것을 복잡한 계산없이 빠르게 알 수 있다.

선지 ③ 표현에 주의해야 한다. "각각 매년 증가하였다"는 것은 2008 < 2009 < 2010이면 되는 것이지, 2007 < 2008 < 2009 < 2010을 의미하는 것이 아니다.

후자처럼 되려면 "각각 매년 전년대비 증가하였다"가 되어야 한다. 표현을 정확히 확인하자.

선지 ④

2007년→2009년 동안 학원교육비는 '증가 추세'이다. 따라서 차잇값을 비교할 때,

- 2007년→2008년은 170−146=24,
- 2008년→2009년은 177−170=7로,

2008년의 차잇값이 더 크므로 당연히 2009년의 증가율이 더 작다.

선지 ⑤ 정규교육비의 60% 이상인지, 2010년부터 2006년까지 오른쪽에서 왼쪽 순서로 확인한다.

1) 2010년: 106,738×0.6≈107(천원)×0.6 =60(천원)+4.2(천원) < 66,519(원)
2) 2009년: 101,693×0.6≈101(천원)×0.6 =60.6(천원) < 61,430(원)
3) 2008년: 91,068×0.6≈91(천원)×0.6 =54(천원)+0.6(천원) > 52,003(원)
4) 2007년: 85,520×0.6≈86(천원)×0.6 =48(천원)+3.6(천원)=51.6(천원) < 52,060(원)
5) 2006년: 78,970×0.6≈79(천원)×0.6 =48(천원)−0.6(천원)=47.4(천원) < 47,891(원)

실전에서는 위의 계산을 구체적으로 하지 않고, 6을 가볍게 곱하여 앞자리 위주로 확인한다.

특히 반례인 2009년과 2008년 중 2009년의 경우 어느 정도 구체적인 계산을 요구한다.

따라서 2009년은 반례로 보지 않고, 2008년과 같이 명확한 반례로 판단해야 한다.

2008년의 경우 91,068을 90,000으로 보더라도 60% 이하이므로 앞자리 위주 확인만으로도 찾아낼 수 있다.

147 정답 ⑤ 난이도 ●●○

ㄱ. 면적 대비 총생산액

➜ 각 권역의 면접 대비 총생산액 순위는 총생산액 비중을 면적의 비중으로 나눈 값$\left(\frac{c}{a}\right)$로 구할 수 있다.

각 지역 중 면적 대비 총생산액의 값이 가장 큰 권역은 수도권으로 소수점 셋째 자리에서 반올림하여 나타내어 구해보면 $\frac{47.8(\%)}{11.8(\%)}\approx4.05$이다.

두 번째로 큰 권역은 동남권으로 $\frac{17.1(\%)}{12.4(\%)}\approx1.38$이다.

한편 그 이외의 권역들은 모두 1 미만이다. 따라서 면적대비 생산액 순위는 수도권 다음으로 동남권이 두 번째로 큰 권역이다. 그러므로 선택지 ①, ②는 정답이 아니다.

ㄴ. 면적 대비 농·임·어업 생산액

➜ 면적 대비 농·임·어업 생산액의 식은 $\frac{\text{농·임·어업 생산액}}{\text{면적}}=\frac{d}{a}$로 나타낼 수 있다.

면적 대비 농·임·어업 생산액이 가장 큰 권역은 제주권으로 $\frac{6.6(\%)}{1.8(\%)}\approx3.67$이며, 나머지 권역들은 모두 1.5미만이다. 따라서 면적 대비 농·임·어업 생산액이 가장 큰 권역은 제주권이고, 두 번째로 큰 권역은 〈보기〉 ㄱ의 결과에 의하여 남은 〈선택지〉 ③, ④, ⑤에서 'ㄴ'에 해당하는 동남권이나 호남권 중 $\frac{\text{농·임·어업 생산액}}{\text{면적}}=\frac{d}{a}$값이 더 큰 권역이다.

이를 계산하면

동남권은 $\frac{14.9\%}{12.4\%}\approx1.2$, 호남권은 $\frac{26.4(\%)}{20.7(\%)}\approx$ 1.28이다.

따라서 면적 대비 농·임·어업 생산액 값이 제주권에 이어 두 번째로 큰 권역은 호남권이다.

ㄷ. 인구 대비 제조업 생산액

➜ 인구 대비 제조업 생산액의 식을 $\frac{\text{제조업 생산액}}{\text{인구}}=\frac{e}{b}$로 나타낼 수 있다. 인구 대비 제조업 생산액이 가장 큰 권역은 충청권으로 $\frac{17.3(\%)}{10.2(\%)}\approx1.7$이고, 두 번째로 큰 권역은 동남권으로 $\frac{24.6(\%)}{15.8(\%)}\approx$ 1.56이다.

한편 나머지 권역들은 모두 2 미만이다.

따라서, 인구 대비 제조업 생산액이 두 번째로 큰 권역은 충청권과 동남권 중 하나인데, 〈보기〉 ㉠, ㉡에 의해 남은 〈선택지〉 ④, ⑤를 보면 〈선택지〉 ⑤에만 '동남권'이 있으므로 ⑤가 정답이다.

합격자의 실전 풀이 순서

❶ 발문이 각 항목의 값이 '두 번째'로 큰 권역을 묻는 것임을 확인하고, 〈그림〉 바로 아래에서 a～e의 의미를 파악하고, 각주를 확인한다.

❷ 보기 ㉢부터 해결한다. 가장 큰 권역은 충청권, 두 번째로 큰 권역은 동남권이므로 ㉢은 동남권이다.

❸ 선지 ①, ⑤가 남는다. 따라서 보기 ㉠ 또는 ㉡ 중 하나를 해결한다. 보기 ㉠에서 가장 큰 권역은 수도권, 두 번째로 큰 권역은 동남권이다. 따라서 답은 ⑤이다.

합격자의 시간단축 Tip

Tip 이 문제는 '선지'를 적극 활용해야 하는 선지이다. ㉠, ㉡, ㉢별로 각각 두 권역만이 제시되어 있으므로, 제시된 두 가지를 더 중점적으로 확인하여 계산의 경중을 둔다면 더욱 효율적으로 풀 수 있을 것이다. 보다 구체적으로는 다음과 같이 풀면 된다.
발문에 따르면 '두 번째로 큰 권역'을 찾아야 되고 ㉠, ㉡, ㉢별로 2개의 권역만 제시되어 있는 상황이라면, 출제자가 제시한 2개의 권역은 (1등, 2등) 조합이거나 (2등, 3등) 조합일 것이다.
왜냐하면 그 외의 값과 묶으면 정답에서 지나치게 동 떨어지기 때문이다.
따라서 1, 2, 3등 중 일부에 해당할 것이라 가정하고 두 권역 위주로 빠르게 처리하면 된다.

* 한 가지 주의할 점은 수험생의 입장에서 두 가지가 (1등, 2등) 조합일 것이라 단정하기 쉽다는 점이다. 즉 둘 중 작은 값을 고르면 될 것이라 착각하기 좋은 형태이기 때문에 언제나 (2등, 3등) 조합처럼 주어질 수 있음에 주의하며 해결해야 한다.

보기 ㉠ 면적 대비 총생산액이 1 이상인 값을 가지는 권역은 수도권과 동남권뿐이다.
이때 **Tip**에서 보듯 주어진 2개의 권역 중 하나는 2등이어야 하는 상황에서, 1 이상인 값이 수도권과 동남권 뿐이라는 것은 당연히 동남권이 2번째로 높은 값이라는 의미이다.
→ (2등, 3등) 조합으로 주어진 경우이다.

보기 ㉡ 시각적 효과를 활용하기 위해 반대해석을 통해 $\frac{a}{d}$가 두 번째로 작은 권역을 구하면 된다.

먼저 $\frac{a}{d}$가 1보다 작은 곳은 수도권, 충청권, 호남권, 동남권, 제주권이다.
이때 계산하지 않더라도 다른 지역은 모두 1에 가까운 값인 반면, 제주권은 유일하게 50%도 되지 않아 가장 작음을 알 수 있다. 따라서 주어진 두 권역(동남권, 호남권) 중 더 작은 값인 호남권이 두 번째로 작은 권역이다.
→ (2등, 3등) 조합으로 주어진 경우이다.

보기 ㉢ 보기 ㉡과 마찬가지로 〈그림〉의 시각적 특성을 활용하기 위해 $\frac{\text{인구(b)}}{\text{제조업 생산액(e)}}$로 역수를 취해 2번째로 작은 값을 찾는 것이 좋다. 먼저 값이 1보다 작은 권역은 충청권, 호남권, 동남권, 대경권이다.
이 중 호남권은 유일하게 1에 가까운 값이므로 제외하며, 충청권과 대경권은 b는 유사하나 e는 충청권이 더 크므로 충청권 < 대경권이 된다.
이때 대경권과 동남권을 비교할 때 b는 동남권이 대경권보다 50% 가량 크지만, e는 50%보다 한참 크므로 동남권 < 대경권이다.
따라서 3가지 값 중 대경권이 가장 크므로, 남은 동남권은 당연히 2번째로 작은 값이 된다.
→ (2등, 3등) 조합으로 주어진 경우이다.

[분수 계산] 모든 보기의 식을 세운 후 그림을 보면 분모의 비중이 분자보다 위에 있다.

예를 들어 ㉠의 식은 $\frac{c}{a}$이지만, 〈그림〉에는 a가 위, c가 아래에 있다. 따라서 눈으로 계산할 때 실수할 수 있으므로 이 경우에는 반대로 생각한다.
문제에서 묻는 것은 두 번째로 큰 권역이지만, 분수의 분모와 분자를 바꿔서 두 번째로 작은 권역을 찾는다.

㉠의 경우 $\frac{c}{a}$를 $\frac{a}{c}$로 바꾸고 수도권과 동남권을 제외한 권역들은 1 이상으로 수도권과 동남권 중 하나가 두 번째로 작은 권역인 것을 알 수 있다.

수도권은 $\frac{11.8(\%)}{47.8(\%)}\approx0.25$로 제일 작은 권역인 것을 알 수 있고 호남권은 수도권보다 큰 $\frac{12.4(\%)}{17.1(\%)}\approx0.73$으로 두 번째로 작은 권역이 된다.

148 정답 ④ 난이도 ●●●

ㄱ. (○) 배포된 설문지 중 제출된 설문지 비율은 85% 이상이다.
→ 〈조건 4〉를 보면 배포된 150부의 설문지 중 제출된 130부로 문항별 응답 결과를 정리하였다.
이 값을 구해보면 $\frac{130}{150}\times100\approx86.6\%$ 으로, 제출된 설문지 비율은 85% 이상이다.

ㄴ. (×) 전체 설문조사 대상자의 학력 분포에서 '고졸 이하'의 비율이 ~~가장 낮다.~~
→ 전체 설문조사 대상자는 150명, 학력 문항에 응답한 응답자 수는 총 6+100+18=124명이다.
즉 150−124=26명의 학력 분포를 정확히 알 수 없음을 알 수 있다.
만약 이들 중 13명 이상이 고졸일 경우 '대학원 재학 이상'의 비율이 가장 낮게 된다.
따라서 전체 설문조사 대상자의 학력 분포에서 '고졸 이하'의 비율이 가장 낮음을 정확히 알 수 없다.

ㄷ. (O) 제출된 설문지의 문항별 응답률은 '직무유형'이 '소속기관'보다 높다.

→ 제출된 설문지의 문항별 응답률은 $\frac{\text{문항별 응답자 수}}{\text{제출된 설문지 수}}$이다.

- '직무유형'의 응답률: $\frac{124}{130}\times100\approx95.4\%$
- '소속기관'의 응답률: $\frac{115}{130}\times100\approx88.5\%$이므로

직무유형이 95.4%로 소속기관의 응답률 88.5% 보다 높다.

ㄹ. (O) '직급' 문항 응답자 중 '8 ~ 9급' 비율은 '근무기간' 문항 응답자 중 5년 이상이라고 응답한 비율보다 높다.

→ '직급' 문항 응답자 중 '8 ~ 9급'의 비율은 $\frac{\text{8\textasciitilde9급 응답자 수}}{\text{직급 문항 응답자 수}}$이다.

따라서 '직급'문항 응답자 중 '8 ~ 9급'의 비율은: $\frac{44\text{명}}{76\text{명}}\times100\approx57.9\%$이고,

'근무기간' 문항 응답자 중 '5년 이상'이라고 응답한 비율: $\frac{44}{87}\times100\approx50.6\%$이다.

즉, '직급' 문항 응답자 중 '8 ~ 9급' 비율은 '근무기간' 문항 응답자 중 '5년 이상' 이라 응답한 비율보다 높다.

합격자의 실전 풀이 순서

1. 발문에서 설문 대상이 150명임을 확인하고, 〈표〉의 단위를 확인한 후, 〈조건〉을 통해 총 130부가 제출되었음을 파악한다. 또한 〈조건〉에 따라 문항별로 '응답 거부'가 가능하므로, 문항별 응답 수의 합이 130 이하임을 알 수 있다.
2. 〈조건 4〉의 정보만 확인하면 되는 보기 ㉠을 먼저 해결한다. $\frac{130}{150}>85\%$ 이므로 ㉠은 옳다.
3. 보기 ㉠이 옳으므로, 선지 ①, ②, ④번이 남는다. 보기 ㉡ 또는 보기 ㉢이 옳을 경우 바로 답이 도출된다. 그 중 계산이 거의 필요하지 않은 보기 ㉡을 우선 해결한다. 현재 응답 결과는 응답한 자들만의 통계라는 것을 고려할 때, '고졸 이하'의 수는 최대 32명일 수 있으며 이는 학력 분포 중 '대학원 재학 이상'인 자가 더 적을 수 있다는 것을 의미한다. 따라서 해당 보기는 옳지 않다.
4. 보기 ㉢을 해결한다. 해당 선지는 옳으며, 따라서 답은 ④이다.

합격자의 시간단축 Tip

'설문조사'가 나오는 경우, 설문 '대상자'와 '응답자 또는 제출자'를 잘 구별해야 한다. 응답하지 않은 대상자의 값은 불확정 정보이므로, 주어진 응답자만 보고 판단할 경우 함정에 빠질 개연성이 높다. 따라서 설문조사가 나오면 ① 응답 거부가 허용되는지 ② 허용된다면 〈보기〉나 선지에서 어떤 단어를 쓰는지 반드시 확인하면서 풀어야 한다.

보기 ㉠

85%를 처리하는 방법은 크게 2가지이다.

[방법 1] 반대해석 방법-'15%로 처리하기'

배포된 설문지 150부 중 제출된 설문지는 130부로 제출되지 않은 설문지는 20부이다. 제출되지 않은 설문지의 비율은 150부의 15%(=10%인 15부+5%인 7.5부=22.5부)미만이다.

따라서 제출된 설문지의 비율은 85% 이상이다.

[방법 2] 85%=50%+35%로 처리하는 방법

85%는 일반적으로 (100%−15%)로 처리하지만, '85%=50%+35%=50%+약 33%'로 처리하는 방법 역시 활용하기 좋은 방법이다.

크게 숫자 왜곡도 없으면서, 빠르고 쉬운 풀이 방법이므로 익혀 두면 도움될 것이라 생각한다.

예를 들어 보기 ㉠의 경우 150의 50%=75, 33%=50이므로 85%는 약 125이다. 따라서 85% 이상임을 매우 간단하게 처리할 수 있다.

* 방법 2)의 경우 33%를 구해야하기 때문에 3의 배수인 값이 주어졌을 때 활용하는 것이 가장 좋다.

보기 ㉡ '어휘'를 가장 주의해야 하는 문제이다. 즉 '대상자'와 '응답자'를 잘 구별해야 한다. 네 번째 조건에 따르면 제출된 설문지는 130부이며, 학력 항목에 응답한 수를 더해보면 124명으로 제출한 자들 중에 6명이 추가적으로 응답을 거부한 것을 알 수 있다.

그러나 실전에서는 응답을 거부한 자를 구체적으로 계산해 고려하지 않고 우선 제출되지 않은 설문지 20부만을 고려하는 것이 좋다. 만일 해당 20부가 전부 고졸 이하인 자의 것이라면 이미 설문조사 대상자 중 고졸 이하인 자는 26명이 되어 해당 보기가 틀리기 때문이다. 즉 간단하게 생각하면 문제에서 질문한 반대 상황을 최대한 만들면 된다. 보기 ㉡은 '고졸 이하'가 가장 높다 하였으므로, 고졸 이하 외에 높은 곳이 있도록 미응답자를 최대한 활용한다.

보기 ㉢ 구하기 쉬운 '소속 기관'부터 확인하면 71+3+41=115이다. '직무 유형'을 10의 단위부터 더하면 (3

+2+2+1)×10=80으로 115−80=35만 넘으면 더 큰 것이 된다.
1의 자리를 큰 것 위주로 몇 가지만 더해도 35를 넘으므로 '직무 유형'이 더 크다는 것을 쉽게 알 수 있다.
이처럼 계산을 끝까지 하지 않고, 대소 비교가 된 시점에서 판단을 마무리하는 것이 효율적이다.

보기 ㉣ 직급 문항 응답자 중 8 ~ 9급 비율은 $\frac{44}{4+28+44}=\frac{44}{76}$이고, 근무 기간 문항 응답자 중 5년 이상 응답자 비율은 $\frac{21+23}{19+24+21+23}=\frac{44}{87}$이다. 분자는 같고 전자보다 분자의 분모가 크기 때문에, 전자가 후자보다 크다.
8 ~ 9급 응답 수는 44이고, 5년 이상 응답자 역시 21+23 =44로 동일하다. 따라서 비율(분수) 비교를 할 필요 없이, '해당 문항 응답자 수의 대소'만 비교하면 된다.
조금 더 응용하면, '응답자 수'가 아닌, '8 ~ 9급 및 5년 이상 응답자를 제외한 나머지 합'의 대소만 비교해도 된다. 왜냐하면 분수 비교 시, "전체=x+y"인 경우 x의 비중 대신 y 대비 x의 비율로 처리해도 되기 때문이다.

149 정답 ⑤ 난이도 ●●○

① (×) 거세우 각 등급에서의 2015년 10월 평균가격이 비거세우 같은 등급의 2015년 10월 평균가격보다 ~~모두 높다.~~
→ 거세우와 비거세우의 2015년 10월 평균가격을 등급별로 비교해본다.
'1등급'의 경우 거세우는 17,895(원/kg), 비거세우는 18,022(원/kg)이므로 거세우의 평균가격이 더 높다. 이와 같은 방법으로 '2등급'을 비교해보면 거세우의 2015년 10월 평균가격이 더 높다.
'3등급'의 경우 거세우는 14,166(원/kg), 비거세우는 14,560원 (원/kg)이므로 비거세우의 평균가격이 더 높다. 따라서 선택지의 설명은 정확하지 않다.

② (×) ~~모든~~ 품목에서 전월 평균가격은 2015년 10월 평균가격보다 ~~높다.~~
→ 품목별로 전월 평균가격과 2015년 10월 평균가격을 비교해본다.
'거세우 1등급'의 경우 전월 평균가격은 18,922(원/kg), 2015년 10월 평균가격은 17,895(원/kg)이므로 전월 평균가격이 더 높다.
이와 같은 방법으로 비교해보면 '거세우 2등급', '거세우 3등급', '비거세우 1등급', '비거세우 2등급'은 전월 평균가격이 2015년 10월 평균가격보다 높다.
그러나 '비거세우 3등급'의 경우 전월 평균가격은 14,344(원/kg)로 2015년 10월 평균가격인 14,560(원/kg)보다 더 낮다.
따라서 모든 품목에서 전월 평균가격이 2015년 10월 평균가격보다 높은 것은 아니다.

③ (×) 2015년 10월 평균가격, 전월 평균가격, 전년 동월 평균가격, 직전 3개년 동월 평균가격은 비거세우 1등급이 다른 모든 품목에 비해 ~~높다.~~
→ 품목별로 2015년 10월 평균가격을 비교하면 비거세우 1등급이 18,022(원/kg)로 가장 높음을 알 수 있다. 마찬가지로 전년 동월 평균가격과 직전 3개년 동월 평균가격에서도 비거세우 1등급이 가장 높다. 그러나 전월 평균가격을 비교하면, 거세우 1등급이 18,922(원/kg), 비거세우 1등급이 18,917(원/kg)이므로 거세우 1등급이 가장 높다.

④ (×) 직전 3개년 동월 평균가격 대비 전년 동월 평균가격의 증가폭이 ~~가장 큰 품목은 거세우 2등급이다.~~
→ 직전 3개년 동월 평균가격 대비 전년 동월 평균가격의 증가폭은 (전년 동월 평균가격)−(직전 3개년 동월 평균가격)으로
구할 수 있다. 이 값을 구해보면,
- 거세우 1등급: 14,683−14,199=484(원/kg)
- 거세우 2등급: 13,612−12,647=965(원/kg)
- 거세우 3등급: 12,034−10,350=1,684(원/kg)
- 비거세우 1등급: 15,059−15,022=37(원/kg)
- 비거세우 2등급: 13,222−12,879=343(원/kg)
- 비거세우 3등급: 11,693−10,528=1,165(원/kg)

이다.
따라서 직전 3개년 동월 평균가격 대비 전년 동월 평균가격의 증가폭이 가장 큰 품목은 거세우 3등급이다.

⑤ (○) 전년 동월 평균가격 대비 2015년 10월 평균가격 증감률이 가장 큰 품목은 비거세우 2등급이다.
→ 전년 동월 평균가격 대비 2015년 10월 평균가격 증감률은
$\left(\frac{(2015년\ 10월\ 평균가격)-(전년\ 동월\ 평균가격)}{(전년\ 동월\ 평균가격)}\right)$×100으로 구할 수 있다. 이 값을 구해보면,
- 거세우 1등급: $\left(\frac{17,895-14,683}{14,683}\right)\times100$ ≈21.9%
- 거세우 2등급: $\left(\frac{16,534-13,612}{13,612}\right)\times100$ ≈21.5%

- 거세우 3등급: $\left(\frac{14,166-12,034}{12,034}\right)\times100$

  17.7%
- 비거세우 1등급: $\left(\frac{18,022-15,059}{15,059}\right)\times100$

  $\approx$19.7%
- 비거세우 2등급: $\left(\frac{16,957-13,222}{13,222}\right)\times100$

  $\approx$28.2%
- 비거세우 3등급: $\left(\frac{14,560-11,693}{11,693}\right)\times100$

  $\approx$24.5%이다.

따라서 전월 동월 평균가격 대비 2015년 10월 평균 가격 증감률이 가장 큰 품목은 비거세우 2등급이다.

합격자의 실전 풀이 순서

❶ 〈표〉의 2015년 10월, 전월, 전년 동월, 직전 3개년 동월에 표시하고, 각주를 확인한다. 헷갈리지 않기 위해 거세우와 비거세우 사이에 가로 선을 긋는다.

❷ 계산을 필요로 하지 않는 선지 ①, ②, ③을 해결한다. 세 선지 모두 단순 확인을 통해 옳지 않음을 알 수 있다.

❸ 보다 계산이 간단한 선지 ④를 해결한다. 증가폭을 비교하는 선지로 계산해보면 해당 선지는 옳지 않다. 따라서 답은 ⑤이다.

합격자의 시간단축 Tip

선지 ① 반례를 찾으면 되는 단순 확인 문제로, 시간 소모를 유도하는 문제인 만큼 뒷부분에 반례가 배치되는 경향이 있다. 따라서 거세우와 비거세우를 3등급 → 1등급 순서로 비교한다.

선지 ② ①번과 마찬가지로 단순 확인 문제인 만큼 뒷부분부터 확인하는 것이 좋다.
즉 표의 아랫부분(비거세우 3등급) → 윗부분(거세우 1등급) 순서로 비교한다.

선지 ③ 표의 우측(직전 3개년 동월 평균가격)부터 좌측(2015년 10월 평균가격) 순서로 비교한다.
비교할 때에는 천의 자릿수 확인에 집중한다.

선지 ④ 거세우 2등급의 증가 폭은 13,612−12,647 $\approx$1,000이다.
이때 ④번은 쉬운 문제라 새로 구하는 것과 큰 차이가 안 날 수 있으나, 최대한 새로운 계산은 안 하는 것 더 빠른 풀이이다. 즉 구한 값을 대입하는 것이 좋다
따라서 1,000을 기준점으로 보고, 다른 직전 3개년 평균가격에 더하여 더 큰 값이 있는지 확인한다. 바로 밑의 거세우 3등급의 경우 10,350+1,000 < 12,034이므로 쉽게 반례를 찾을 수 있다.

선지 ⑤ 비거세우 2등급의 전년 동월 평균가격 대비 2015년 10월 평균가격은 $\frac{16,957}{13,222}$이다.
이때 각 항목들을 반올림하여 백의 자리까지 잘라 증가율을 나타내면 비거세우 2등급은 $\frac{167}{132}$, 비거세우 3등급은 $\frac{146}{117}$이므로, 옳은 선지가 되기 위해서는 $\frac{146}{117} < \frac{167}{132}$가 되어야 한다.
다만 두 값이 매우 유사한 숫자 구조를 가지고 있어 값이 비슷할 것으로 예상되므로, 디테일한 비교를 위해 '차잇값 비교'를 활용한다.
즉 $\frac{146}{117} < \frac{167-146}{132-117} = \frac{21}{15} = \frac{21\times7}{15\times7} = \frac{147}{105}$이므로 분자는 더 크고, 분모는 더 작아 옳은 선지임을 쉽게 알 수 있다. 이처럼 차잇값 비교는 '정교한 분수 비교'를 간단하게 할 수 있도록 하는 방식이므로 숫자가 비슷할 때 활용하면 좋다.

> * 참고로 '분자−분모 차잇값 비교'의 원리는 다음과 같다.
> $\frac{b}{a} < \frac{b+d}{a+c}$일 때, 분모를 없애기 위해 a(a+c)를 곱하면 (a+c)b < a(b+d)가 되고, 다시 공통되는 ab를 제하고 정리하면 bc < ad가 된다. 즉 $\frac{b}{a} < \frac{d}{c}$이다.
> 따라서 이를 공식처럼 생각하면 값의 크기가 작은 분수와 증가분을 비교하면 대소 비교를 할 수 있다. 자주 활용되는 만큼 암기해 두자.

150 정답 ⑤ 난이도 ●●●

① (×) '있음'으로 응답한 비율이 큰 침해유형부터 순서대로 나열하면 2013년과 2014년의 ~~순서는 동일하다.~~
→ 〈그림〉에서, '있음'으로 응답한 비율이 큰 침해유형을 연도별로 순서대로 나타내면
- 2013년의 경우: 1. '개인정보 무단수집' 2. '개인정보 유출' 3. '제3자에게 제공' 순이다.
- 2014년의 경우: 1. '개인정보유출' 2. '개인정보 무단수집' 3. '제3자에게 제공' 순이다.

2013년과 2014년의 순위를 살펴보면 1위부터 순서가 다르므로 틀린 보기이다.

② (×) 2014년 '개인정보 무단수집'을 '있음'으로 응답한 비율은 '개인정보 미파기'를 '있음'으로 응답한 비율의 2배 ~~이상이다.~~

➜ 2014년 '개인정보 무단수집'을 '있음'으로 응답한 비율은 44.4(%)이고, '개인정보 미파기'를 '있음'으로 응답한 비율은 22.7%이다.
22.7(%)×2=45.4(%)로 44.4(%)보다 작기 때문에 2배 이상이 아니므로 해당 보기는 틀렸다.

③ (×) 2014년 '있음'으로 응답한 비율의 전년대비 감소폭이 ~~가장 큰 침해유형은 '과도한 개인정보 수집'이다.~~

➜ 전년대비 감소율이 아닌 감소폭이므로 비율의 계산이 아닌 단순 비율의 차이를 구하면 된다.

- 개인정보 무단수집: 59.7(%)−44.4(%)=15.3(%)
- 과도한 개인정보 수집: 44.6(%)−31.3(%) =13.3(%)
- 목적 외 이용: 26.6(%)−20.5(%)=6.1(%)
- 제3자에게 제공: 47.0(%)−36.1(%)=10.9(%)
- 개인정보 미파기: 33.1(%)−22.7(%)=10.4(%)
- 주민등록번호 도용: 28.8(%)−17.1(%)=11.7(%)
- 개인정보 유출: 49.9(%)−46.7(%)=3.2(%)

따라서 전년대비 감소폭이 가장 큰 침해유형은 '개인정보 무단수집'으로 해당 보기는 틀렸다.

④ (×) 2014년 '모름'으로 응답한 비율은 모든 침해유형에서 전년대비 ~~증가하였다.~~

➜ 2013년과 2014년의 '모름'으로 응답한 비율을 각각의 침해유형에서 증가하였는지 여부를 빠르게 비교해본다.

- 개인정보 무단수집: 19.3(%)→28.7(%)=증가
- 과도한 개인정보 수집: 22.3(%)→30.5(%)=증가
- 목적 외 이용: 29.0(%)→36.0(%)=증가
- 제3자에게 제공: 28.5(%)→34.7(%)=증가
- 개인정보 미파기: 39.6(%)→43.3(%)=증가
- 주민등록번호 도용: 32.5(%)→37.9(%)=증가
- 개인정보 유출: 29.0(%)→27.7(%)=감소

개인정보 유출 항목에서 전년대비 '모름'으로 응답한 비율이 감소하였으므로 해당 보기는 틀렸다.

⑤ (○) 2014년 '있음'으로 응답한 비율의 전년대비 감소율이 가장 큰 침해유형은 '주민등록번호 도용'이다.

➜ 2014년 '있음'으로 응답한 비율의 전년대비 감소율은

$$\frac{\text{2013년 있음으로 응답한 비율} - \text{2014년 있음으로 응답한 비율}}{\text{2013 있음으로 응답한 비율}}$$

로 구할 수 있다. 이를 구해보면,

- 개인정보 무단수집:
$$\frac{59.7(\%)-44.4(\%)}{59.7(\%)}=\frac{15.3(\%)}{59.7(\%)}\approx 0.26$$
- 과도한 개인정보수집:
$$\frac{44.6(\%)-31.3(\%)}{44.6(\%)}=\frac{13.3(\%)}{44.6(\%)}\approx 0.30$$
- 목적 외 이용:
$$\frac{26.6(\%)-20.5(\%)}{26.6(\%)}=\frac{6.1(\%)}{26.6(\%)}\approx 0.23$$
- 제3자에게 제공:
$$\frac{47.0(\%)-36.1(\%)}{47.0(\%)}=\frac{10.9(\%)}{47.0(\%)}\approx 0.23$$
- 개인정보 미파기:
$$\frac{33.1(\%)-22.7(\%)}{33.1(\%)}=\frac{10.4(\%)}{33.1(\%)}\approx 0.31$$
- 주민등록번호 도용:
$$\frac{28.8(\%)-17.1(\%)}{28.8(\%)}=\frac{11.7(\%)}{28.8(\%)}\approx 0.41$$
- 개인정보 유출:
$$\frac{49.9(\%)-46.7(\%)}{49.9(\%)}=\frac{3.2(\%)}{49.9(\%)}\approx 0.06$$

따라서 전년대비 감소율이 가장 큰 침해유형은 '주민등록번호 도용' 이므로 해당 보기는 옳다.

합격자의 실전 풀이 순서

❶ 2013년과 2014년에 표시하고 선지로 내려간다.

❷ 전년대비 감소율의 계산을 요하는 선지 ⑤번은 가장 후순위로 미룬다. 전년대비 감소폭의 계산을 요하는 선지 ③번 역시 미룬다. 단순 확인을 요하는 선지 ④번부터 해결하고, 특정 침해유형 하나만 확인하는 선지 ②번→모든 침해유형을 확인해야 하는 선지 ①번 순서로 해결한다.
* 만일 ①번부터 읽어 내려갔다면 모든 침해유형을 확인해야 하는 ①번은 후순위로 미루고, 쉽게 해결 가능한 ②번→④번 순서대로 푼다. ③번은 계산이 다소 복잡하므로 그 후에 보도록 한다.

❸ 선지 ①, ②, ④번 모두 옳지 않으므로, 선지 ③번을 해결한다. '있음'으로 응답한 비율의 전년대비 감소폭이 가장 큰 침해유형은 '개인정보 무단수집' 유형이므로 해당 선지는 옳지 않다.
따라서 답은 ⑤이다.

합격자의 시간단축 Tip

선지 ① '있음'으로 응답한 비율이 작은 침해유형부터 순서대로 나열한다. 2013년 '있음' 응답 비율이 가장 작은 침해 유형은 '목적 외 이용'이고, 2014년에는 '주민등록번호 도용'이다.

선지 ② '개인정보 미파기'를 '있음'으로 응답한 비율은 22.7%이고, '개인정보 무단수집'을 '있음'으로 응답한 비율은 44.4%이다.

[방법 1]
소수점 앞까지는 정확히 두 배인 반면 소수점 이하는 오히려 '개인정보 미파기'를 '있음'으로 응답한 비율이 더 크다. 따라서 끝까지 계산해보지 않아도 옳지 않음을 알 수 있다.

[방법 2]
'개인정보 무단수집' 숫자가 계산하기 좋은 숫자로 주어졌으므로, 역으로 이를 2로 나눠 비교하는 것도 좋다.
$\frac{44.4}{2}=22.2<22.7$이므로 옳지 않음을 쉽게 알 수 있다.

선지 ③ 감소폭이 가장 큰지 항목이 무엇인지 확인하지 않고, ③번에서 준 '과도한 개인정보 수집'을 기준으로, 이보다 감소폭이 더 큰 유형이 있는지만 확인하는 것이 효율적이다.
'과도한 개인정보 수집'의 '있음' 응답 비율의 전년대비 감소폭은 $44.6-31.3\approx13$이다.
이때 2014년 '있음' 응답 비율에 13을 더해도 2013년 '있음' 응답 비율보다 작은 침해 유형이 있다면 전년대비 감소폭이 더 큰 항목이 있다는 의미이다. 따라서 13을 더해보면 첫 번째 침해유형인 개인정보 무단수집은 $44.4+13<59.7$이므로 반례가 되어 틀린 선지이다.

선지 ④ 단순확인 유형이므로 반례가 뒷부분에 배치되어 있을 가능성이 높다. 따라서 〈그림〉의 아래에 위치한 침해유형(개인정보 유출)부터 윗부분(개인정보 무단수집) 순서로 '모름'으로 응답한 비율의 전년대비 증가 여부를 확인한다.

선지 ⑤ 보기 ③번과 같이 주어진 값을 기준으로 대입하여 확인하는 것이 효율적이다. ⑤번에서 준 '주민등록번호 도용'의 '있음' 응답 비율은 2013년 28.8 대비 40% 가까이 감소한 반면, 나머지 침해 유형은 30%도 채 안 되게 감소했으므로 옳은 선지이다.

독끝 심화 13일차 (151~180)

정답

151	④	152	①	153	③	154	⑤	155	①
156	④	157	④	158	②	159	②	160	⑤
161	⑤	162	②	163	⑤	164	③	165	⑤
166	⑤	167	③	168	②	169	⑤	170	③
171	⑤	172	③	173	①	174	①	175	⑤
176	⑤	177	④	178	③	179	⑤	180	④

151 정답 ④ 난이도 ●●○

① (×) 원목 벌채량 중 목재로 이용된 양이 목재로 미이용된 양보다 ~~많았다.~~

➜ 〈그림〉에 따르면 원목 벌채량 중 목재로 이용된 양은 399만m^3고 미이용된 목재의 양은 447만m^3다. 따라서 원목 벌채량 중 목재로 이용된 양이 목재로 미이용된 양보다 적으므로 선택지의 내용은 옳지 않다.

② (×) '숲가꾸기 벌채'로 얻은 원목이 목재로 이용된 원목에서 차지하는 비율이 ~~가장 높았다.~~

➜ 목재로 이용된 원목에서 '수확 벌채', '숲가꾸기 벌채', '피해목 벌채'로 이용된 각각의 값을 구한 후 비교하면 된다. 먼저, '수확 벌채' 212만m^3의 96%가 목재로 이용된 원목이다.
구하고자 하는 걸 x로 표현해 식으로 나타낸다면

$\frac{x}{212만m^3} \times 100 = 96\%$이므로,

$x = 96 \times 212 \div 100 = 203.5$이다.
따라서 목재로 이용된 원목 339만m^3에서 203.5만m^3은 '수확벌채'로 얻은 원목이다.
두 번째, '숲가꾸기 벌채' 583만m^3의 27%가 목재로 이용된 원목이다. 구하고자 하는 걸 x 로 표현해 식으로 나타낸다면 $\frac{x}{583만m^3} \times 100 = 27\%$이므로,

$x = 27 \times 583 \div 100 = 157.4$이다.
그러므로 목재로 이용된 원목 339만m^3에서 157.4만m^3은 '숲가꾸기 벌채'로 얻은 원목이다.
세 번째, '피해목 벌채' 51만m^3의 75%가 목재로 이용된 원목이다. 구하고자 하는 걸 x로 표현해 식으로 나타낸다면

$\frac{x}{51만m^3} \times 100 = 75\%$이므로, $x = 75 \times 51 \div 100 = 38.25$이다. 따라서 목재로 이용된 원목 339만$m^3$에서 38.25만$m^3$은 '피해목 벌채'로 얻은 원목이다. 이에 목재로 이용된 원목에서 '수확 벌채'로 얻은 원목이 차지하는 비율이 가장 높으므로 옳지 않은 보기이다.

③ (×) 보드용으로 이용된 원목의 양은 200만m^3보다 ~~적었다.~~

➜ 보드용으로 이용된 원목의 양을 구하기 위해서는 목재로 이용된 399만m^3에서 55%를 차지한다는 사실을 이용하면 된다. 구하고자 하는 것을 'x' 로 표현해 식으로 나타낸다면 $\frac{x}{399만m^3} \times 100 = 55\%$이므로, $x = 55 \times 399 \div 100 = 219.45$이다.
따라서 보드용으로 이용된 원목의 양은 219.45만m^3으로 200만m^3보다 크므로 옳지 않은 보기이다.

④ (○) '수확 벌채'로 얻은 원목 중 적어도 일부는 보드용으로 이용되었다.

➜ 〈그림〉에 따르면 '수확 벌채'로 얻은 원목 중 일부는 보드용으로 이용되었음을 알 수 있다.
왜냐하면 '수확 벌채'로 얻은 원목은 212만m^3으로 그중 96%가 목재로 이용되었으며,

'수확 벌채'로 만든 목재의 양은 $96(\%) \times \frac{212m^3}{100(\%)} = 203.52m^3$로 목재로 이용된 전체 399만$m^3$ 중 $\frac{203.53m^3}{399m^3} \times 100(\%) = 51.01(\%)$을 차지하기 때문이다.
또한, 보드용으로 사용되지 않은 목재들이 399만m^3(전체 목재로 이용된 양)$-$219.45만m^3(보드용으로 사용된 목재의 양)$=$179.55만m^3로 '수확 벌채'의 목재의 양인 203.52만m^3보다 작다.
따라서 보드용으로 이용되지 않은 목재들이 모두 '수확 벌채'로 생성된 목재를 사용했다 하더라도, 203.52만m^3(수확 벌채로 얻은 목재의 양)$-$179.55만m^3(보드용으로 이용되지 않은 목재의 양)$=$23.97만m^3만큼 '수확 벌채'로 얻은 목재의 양이 남으므로 보드용으로 적어도 23.97만m^3은 이용하였다.
따라서 '수확 벌채'로 얻은 원목 중 적어도 일부는 보드용으로 이용되었음을 알 수 있다.

⑤ (×) '피해목 벌채'로 얻은 원목 중 목재로 미이용된 양은 ~~10만m^3보다 적었다.~~

➜ '피해목 벌채'로 얻은 원목은 총 51만m^3으로, '피해목 벌채'의 25%가 목재로 미이용되었다. 구하고

해설편 | 13일차 • 수리능력 · 자료해석

자 하는 것을 'x'로 표현해 식으로 나타낸다면

$\frac{x}{51만m^3} \times 100 = 25\%$이므로,

$x = 25 \times 51 \div 100 = 12.75$이다.

따라서 x는 12.75만m^3이다. 그러므로 10만m^3보다 크므로 옳지 않은 보기이다.

합격자의 실전 풀이 순서

❶ 〈그림〉을 통해 2011년 국내 원목 벌채와 이용의 흐름 구조가 중요함을 알 수 있다.
따라서 ①, ②번과 같은 단순하게 확인하는 보기보다 하위 구조를 나타내는 ③번, 적어도 개념을 활용한 ④, ⑤번을 먼저 볼 것이다.

❷ 선지 ③번:

[방법 1]

보도용으로 이용된 원목의 양은 399만 m^3의 55%로 200만 m^3보다 크다. 따라서 옳지 않다. 목재로 이용된 양이 400m^3보다 약간 작은 값에 50%+5%를 곱한 값이므로 220m^3보다는 약간 작지만 200m^3보다 클 것임을 알 수 있다.

[방법 2]

반대로 주어진 값을 이용하는 것도 좋다. 선지에서 준 200을 맞는 것으로 보고 2배를 하면 총 목재 이용값인 399와 거의 동일하다. 즉 보드용을 2배 하면 110%임에도 400과 399로 유사하다는 것을 통해 바로 틀린 선지임을 알 수 있다.

❸ 선지 ④번:

[방법 1]

수확벌채로 얻은 원목은 212만 m^3의 96%로 200만 m^3보다 크다. 그리고 3번을 활용하여 보드로 이용된 원목의 양은 역시 200만 m^3보다 크다. 따라서 목재로 이용된 양이 399만 m^3이므로 두 부분의 교집합이 생길 수밖에 없다. 따라서 교집합 개념을 활용하면 참임을 알 수 있다. 이러한 유형을 '적어도' 라 분류하고 동일한 유형의 보기를 여러 개 풀어봐서 익숙해질 필요가 있다고 생각한다. 정답은 ④번이다.

[방법 2]

앞에서 ③번을 보지 않고 왔더라도 '반대 해석'을 통해 쉽게 해결할 수 있다. 목재로 이용량을 근삿값화하여 400으로 볼 때 보드용을 제외한 나머지는 45%로 $400 \times 0.45 = 180$임을 쉽게 알 수 있다. 즉 수확 벌채 212의 96%는 적어도 200보다는 크므로 나머지 45%의 180을 다 먹인다 하더라도 남는 값이 있어 당연히 일부는 보드용으로 활용되었음을 알 수 있다.

합격자의 시간단축 Tip

선지 ① 원목 벌채량 중 목재로 이용된 양(399)이 목재로 미이용된 양(447)보다 적어 옳지 않다.

선지 ② '숲가꾸기 벌채'로 얻은 원목(583×27%)이 목재로 이용된 원목에서 차지하는 비율이 가장 높다고 할 수 없다. 이미 ③번을 통해 알 수 있듯이 '수확벌채'가 200이상으로 목재로 이용된 원목에서 과반을 차지하여 가장 큰 비율임을 알 수 있다. 즉, 비율의 합은 100%이므로 50% 넘는 유형이 존재한다면 그 유형이 가장 큰 비율이 된다.

선지 ⑤ '피해목 벌채'로 얻은 원목 중 목재로 미이용된 양은 $51 \times 25\% > 10$이므로 옳지 않다.
51을 4로 나누어 10보다 크다고 판단하는 방식도 가능하다.
그러나 통상 나눗셈보다는 곱셈이 쉽고 빠르므로, 10에 4배를 하여 51보다 큰지, 작은지 비교해도 된다.
$10 \times 4 < 51$이므로 틀린 선지이다.

152 정답 ❶ 난이도 ●●●

ㄱ. (○) 2011년과 2012년 모두 이용률이 가장 높은 소셜미디어는 페이스북이다.
→ 페이스북의 경우 2011년과 2012년 모두 막대그래프 길이가 가장 길다. 따라서 이용률이 가장 높은 소셜미디어는 페이스북이 맞다.

ㄴ. (○) 2012년 소셜미디어 이용률 상위 5개 순위는 2011년과 다르다.
→ 2011년 소셜미디어 이용률 상위 5개는, 페이스북 > 유튜브 > 트위터 > 링크트인 > 구글플러스 순이지만, 2012년 소셜미디어 이용률 상위 5개는, 페이스북 > 유튜브 > 트위터 > 구글플러스 > 링크트인 순이다.

ㄷ. (×) 2011년에 비해 2012년 이용률이 가장 큰 폭으로 증가한 소셜미디어는 ~~구글플러스이다.~~
→ 2011년에 비해 2012년 이용률이 가장 큰 폭으로 증가한 소셜미디어는 유튜브 (17%p)이다.

ㄹ. (○) 2011년에 비해 2012년 이용률이 감소한 소셜미디어는 1개이다.
→ 2011년에 비해 2012년 이용률이 감소한 소셜미디어는 페이스북으로 1개이다.

ㅁ. (×) 2011년 이용률이 50% 이상인 소셜미디어는 ~~유튜브와 페이스북이다.~~
→ 2011년 이용률이 50% 이상인 소셜미디어는 페이스북뿐이다.

합격자의 실전 풀이 순서

❶ 〈그림〉에서 색이 없는 위의 막대기가 2012년, 아래의 막대기가 2011년 이용률임을 파악한다. 즉 연도 순서가 뒤집어져 있어 실수가 발생하기 좋으니 따로 체크해두는 것이 좋다.

❷ 눈으로 확인할 수 있는 보기 ⓓ 먼저 확인하면, 2011년 이용률이 50% 이상인 소셜미디어는 페이스북뿐이므로 틀린 선지이다. 따라서 답은 ①, ③번 중 하나이다.

❸ 다음으로 보기 ⓒ을 확인하면, 틀린 보기이므로 답은 ①번이다.

합격자의 시간단축 Tip

보기 ⓒ

[방법 1]

구글플러스의 이용률 증가 폭(30－17＝13)을 기준으로 다른 소셜미디어의 증가 폭을 빠르게 확인한다. 유튜브의 이용률 증가 폭이 17로 더 크므로 틀린 선지이다. 즉, 기준점을 잡고 반례를 찾는다. 이때 '가장 큰 폭'으로 증가한 것이 무엇인지는 찾지 않아야 효율적 풀이가 된다.

[방법 2]

통상 뺄셈보다는 덧셈이 더 쉽고 빠른 연산 방법이다. 따라서 보기 ⓒ의 '구글플러스' 이용률 증가 폭인 13을 다른 소셜미디어 값에 더해 비교하는 것이 증가 폭을 각각 구하는 것보다 더욱 빠를 것이다. 예를 들어 유튜브의 경우 45＋13 < 62로 유튜브가 더 크게 증가했음을 알 수 있다.

153 정답 ❸ 난이도 ●●●

① (×) 연구개발비의 공공부담 비중은 ~~매년 증가하였다.~~
➜ 2006년부터 2009년까지는 (24.3 → 26.1 → 26.8 → 28.7)로 매년 증가하였지만 2009년에서 2010년으로 갈 때에는 (28.7 → 28.0)으로 0.7% 감소하였기 때문에 틀린 보기이다.

② (×) 전년에 비해 인구 만명당 연구개발비가 가장 많이 증가한 ~~해는 2010년이다.~~
➜ 전년에 비해 인구 만명당 연구개발비의 증가량은 (당해 인구 만명당 연구 개발비)－(전년도 인구 만명당 연구 개발비)이다.
각 연도별 값을 구하면,
• 2007년: 6,460(백만 원)－5,662(백만 원) ＝798(백만 원)
• 2008년: 7,097(백만 원)－6,460(백만 원) ＝637(백만 원)
• 2009년: 7,781(백만 원)－7,097(백만 원) ＝684(백만 원)
• 2010년: 8,452(백만 원)－7,781(백만 원) ＝671(백만 원)
이므로 전년에 비해 인구 만명당 연구개발비가 가장 많이 증가한 해는 2007년이다. 따라서 틀린 보기이다.

③ (○) 2009년에 비해 2010년 '갑'국 인구는 증가하였다.
➜ 인구 만명당 연구개발비$=\frac{\text{연구개발비}}{\text{인구}}\times 10{,}000$(명)이므로, 인구$=\frac{\text{연구개발비}}{\text{인구 만명당 연구개발비}}$이다.
각 연도별 값을 구하면,
• 2009년 인구: $\frac{37{,}929}{7{,}781}\times 10{,}000$(명)$=48{,}746$명
• 2010년 인구: $\frac{43{,}855}{8{,}452}\times 10{,}000$(명)$=51{,}887$명
이므로 2009년에 비해 2010년 갑국 인구는 증가하였다.

④ (×) 전년대비 연구개발비 증가액이 가장 작은 해는 ~~2009년이다.~~
➜ 전년대비 연구개발비 증가액은 현년도 연구개발비에서 전년도 연구개발비를 빼면 구할 수 있다.
• 2007년: 31,301(십억 원)－27,346(십억 원) ＝3,955(십억 원)
• 2008년: 34,498(십억 원)－31,301(십억 원) ＝3,197(십억 원)
• 2009년: 37,929(십억 원)－34,498(십억 원) ＝3,431(십억 원)
• 2010년: 43,855(십억 원)－37,929(십억 원) ＝5,926(십억 원)
이므로 증가액이 가장 작은 해는 2008년이다.

⑤ (×) 연구개발비의 전년대비 증가율이 가장 작은 해와 연구개발비의 민간부담 비중이 가장 큰 해는 ~~같다.~~
➜ 연구개발비는 공공부담 비용과 민간부담 비용의 합으로 이루어져 있으므로, 민간부담 비중은 전체 100%에서 공공부담 비중의 퍼센티지를 뺀 값이다. 연구개발비의 전년대비 증가율이 가장 작은 해는 9.9%인 2009년이고 연구 개발비의 민간부담 비중이 가장 큰 해는 75.7%의 2006년이므로 서로 다르다.

합격자의 실전 풀이 순서

❶ 〈표〉에 연구개발비와 인구 만 명당 연구개발비가 주어져 있으므로 연구개발비를 인구 만 명당 연구개발비로 나누면 인구를 구할 수 있음을 파악한다. 또한, 연구개발비는 공공부담 혹은 민간부담으로 구성되므로 '100%－공공부담 비중 = 민간부담 비중'임을 이해한다.

❷ 선지 플레이를 하면, 단순 확인용 선지보다는 〈표〉의 주된 장치가 사용되거나 비율에 대한 선지가 답이 될 가능성이 크다. 따라서 ③, ⑤번을 먼저 확인한다.

❸ ③번을 확인하면, 옳은 보기이므로 답이다. 답을 표시하고 넘어간다.

합격자의 시간단축 Tip

선지 ① 단순 확인형 문제이므로 시간 소모를 유도하는 출제 의도 상 뒷부분에 반례가 배치될 개연성이 높다. 따라서 뒷부분인 2010년부터 확인하면, 2010년엔 전년대비 공공부담 비중이 감소하였으므로 바로 반례가 된다.

선지 ② '가장 많이 증가한 해'를 도출할 필요가 없다. 즉 선지에서 제시한 값보다 큰 값이 있는지만 확인하면 된다. 주어진 2010년을 계산하면 700보다 살짝 작은 값이 나오므로, 다른 연도에 700을 더해 같거나 더 큰 해가 있는지 확인한다.
가령 2007년의 경우 5,662+700=약 6,300 < 6,460이므로 적어도 2010년이 더 작아 틀린 선지임을 알 수 있다. 이때 중요한 점은 가장 많이 증가한 해가 어디인지 찾지 않고 바로 마무리해야 한다.

선지 ③ 2009년과 2010년의 인구는 $\frac{\text{연구개발비}}{\text{인구 만명당 연구개발비}}$의 분수 비교를 통해 확인할 수 있다.

[방법 1] 분자-분모 증가율 비교법

2009년 인구 $\frac{37,929}{7,781}$ vs 2010년 인구 $\frac{43,855}{8,452}$

2009년에서 2010년 방향으로 분모의 증가율은 10% 미만이지만 분자의 증가율은 10% 초과이므로 인구는 증가했다.

[방법 2] 분자-분모 증가율 비교법의 변형

편의상 앞 두 자리로 근삿값을 설정하면 37,929 → 38 / 43,855 → 44/7,781 → 77/8,452 → 84이다. 이때 분자와 분모 증가율의 기준값인 2009년 값이 38, 77로 서로 약 두 배 차이임에도 불구하고, 증가분은 44－38=6과 84－77=7로 큰 차이가 없다.
따라서 분자 증가율이 더 크므로 인구는 증가했다.
이해를 위해 설명이 길었으나, 나중에 익숙해지면 다른 계산 없이 증가분이 6, 7임을 확인하고 바로 옳은 선지로 처리할 수 있는 만큼 이 방법을 익혀 두면 좋다.

[방법 3] 배율 비교 방법

2009년 인구 $\frac{37,929}{7,781}$ vs 2010년 인구 $\frac{43,855}{8,452}$는 가분수 형태로 배율 값을 가진다.
이에 각각을 살펴보면, 2009년은 7,700으로 내림하여 보더라도 7,700×5=38,500 > 37,929로 5배 미만의 값이지만 2010년의 경우 8,500으로 올림하더라도 8,500×5=42,500으로 43,855보다 한참 작으므로 5배 초과이다.
따라서 2010년 인구가 더 많다는 것을 쉽게 알 수 있다.

* 주의할 점은 문제 질문의 반례가 되기 쉬운 형태로 변형시켜야 한다는 점이다.
가령 위와 반대로 2009년은 올림, 2010년은 내림한다면, 2009년 값은 작아지고 2010년 값은 커져 "인구가 증가"하도록 의도적 변형을 시킨 것이 되므로 숫자 구조의 왜곡이 될 개연성이 높아진다.

선지 ④

[방법 1] 추천 방법

〈표〉에서 주어진 '전년대비 증가율'을 이용하는 방법이다. 〈표〉에 따르면 매년 증가율이 양수이므로 빠른 연도일수록 더 연구개발비가 작다.
따라서 2009년 이전의 증가율이 2009년과 유사하다면 증가액은 더 작을 수밖에 없다.
2008년은 증가율이 2009년과 유사하게 10.2%이므로 더 작을 가능성이 높다.
따라서 2008년만 확인하면 충분하다.

[방법 2] 일반적 풀이 방법

2009년의 전년 대비 연구개발비 증가액을 대략 3,400으로 정하고, 이를 기준으로 더 작은 연도가 있는지를 빠르게 판단한다. 이때 2008년이 더 작게 증가하였으므로 틀린 선지이다.
단, 실제로 가장 작은 해가 언제인지 찾지 않아야 한다.
반례만 확인한 것으로 충분하다.
[평소 기준점을 잡아 놓고 반례 찾는 연습을 해야 한다]

선지 ⑤ '반대 해석'을 이용한다. 연구개발비의 민간부담 비중이 가장 큰 해는 반대로 공공부담 비중이 가장 작은 해이므로 이를 먼저 구하면 2006년이다.
2006년이 연구개발비의 전년 대비 증가율이 가장 작은 해인지 확인하면, 2008년과 2009년이 더 작으므로 틀린 선지이다.

2가지 정보를 묻고 각각에 해당하는 연도가 같은 지 묻는다면, 하나를 먼저 구하고 그것을 기준으로 다른 정보도 같은지를 빠르게 눈으로 확인하면 시간을 줄일 수 있다.

* 한가지 **Tip**은 반대 해석 시 '가장 크다', '가장 작다' 등을 반대로 적용해 실수할 수 있다.
이에 반대 해석을 적용할 때 선지의 "민간부담 비중이 가장 큰 해"라는 글자 위에 "공공 민간부담 비중이 가장 작은 해" 라고 표시하고 푸는 것이 좋다.

154 정답 ⑤ 난이도 ●●●

먼저 〈조건〉에 주어진 것들을 정리한다. 〈표〉와 1, 2번째 조건으로 각 배낭 물품 가격을 나타내면

- 갑=(가)+(나)+(다)
- 을=24,000+(나)
- 병=(가)+(다)+16,000이다.

4번째 조건으로 병=(가)+(다)+16,000=44,000이므로 (가)+(다)=28,000 인 것을 알 수 있다.
따라서 〈선택지〉 ①이 제외된다.

3번째 조건으로 갑 > 을 > 병이며, 가격으로 부등식을 나타낸다면 (가)+(나)+(다) > (나)+24,000 > (가)+(다)+16,000 임을 알 수 있고, 4번째 조건에서 찾은 (가)+(다)의 가격을 넣을 시 부등식이 (나)+28,000 > (나)+24,000 > 44,000 임을 알 수 있다.

이 때 (나)+24,000 > 44,000에서 양변에 24,000을 빼준다면 (나) > 20,000 임을 유추해낼 수 있다. (나)의 가격에 적절한 답은 ① 또는 ⑤ 이므로 〈선택지〉 ②, ③, ④는 답에서 제외시킨다.

또한 4번째 조건이 (가)+(다)=28,000 이었기에 ①은 (가)+(다)=11,000+14,000=25,000으로 조건과 틀리고,
⑤은 (가)+(다)=13,000+15,000=28,000으로 4번째 조건을 충족하므로 답은 ⑤가 된다.

합격자의 실전 풀이 순서

❶ 〈조건 1〉과 〈조건 4〉를 조합하면, B+D=28,000원이다.
따라서 이를 충족하지 않는 ①번을 소거한다.

❷ 〈조건 3〉을 보면, '을'의 배낭에 담긴 물품 가격의 합이 '병'보다 높으므로 A+C는 44,000보다 커야 한다. 즉 (나)는 20,000보다 커야 한다. 이를 만족시키는 선지는 ⑤번이다.

합격자의 시간단축 Tip

주관식으로 (가), (나), (다)를 채우려고 하지 않고, 선지의 수치를 최대한 활용해야 시간을 줄일 수 있다. 더욱이 이 문제의 경우 "〈조건〉에 부합하는 (가), (나), (다)로 가능한 것은?"이라고 질문한 만큼, 값이 명확히 정해지는 것이 아니다. 즉, 답이 될 수 있는 숫자 조합이 하나만 존재하는 것이 아니므로, 위의 실전 풀이처럼 〈조건〉을 이용하여 소거하는 방식으로 풀어내야 한다. 따라서 자칫 문제를 제대로 읽지 않아 '빈칸 도출형 문제'로 착각할 경우 정확한 답이 도출되지 않고 범위로 도출되기에 시간 낭비가 클 수 있으니 문제를 잘 읽어야 한다.

155 정답 ① 난이도 ●●○

ㄱ. (O) 2012년 A국 전체 의원 중 여성 의원의 비율은 15% 이하이다.
→ 2012년 A국 비례대표 의원 중 전체 여성 의원 비율이 42.2% 이므로 전체 여성 의원의 수는 $\frac{42.2\times185}{100}\approx78$명이다.
2012년 A국 지역구 의원 중 전체 여성의원 비율이 8.0% 이므로 지역구 인원은 $\frac{8.0\times926}{100}\approx74$명이다.
따라서 총 여성 의원은 78명+74명=152명이다.
한편, 2012년 A국 전체 의원의 수는 185명+926명=1,111명 이므로 2012년 A국 전체 의원 중 여성 의원의 비율은
$\rightarrow \frac{78+74}{185+926}=\frac{152}{1,111}\times100\approx13.7\%$

ㄴ. (O) 2008년 정당별 지역구의원 중 여성 의원 비율은 '기타'를 제외하고 '라' 정당이 가장 높다.
→ 2008년 정당별 지역구의원 중 여성 의원 비율은 $\frac{\text{정당별 지역구 여성 의원 수}}{\text{정당별 지역구 전체 의원 수}}$이다.
이 값을 구해보면,
- 가 정당: $\frac{16}{230}\times100\approx7\%$
- 나 정당: $\frac{21}{209}\times100\approx10\%$
- 다 정당: $\frac{2}{50}\times100=4\%$
- 라 정당: $\frac{7}{51}\times100\approx13.7\%$

• 기타 정당: $\frac{17}{362}\times100\approx4.7\%$

따라서 2008년 정당별 지역구의원 중 여성 의원 비율은 '기타'를 제외하고 '라' 정당이 가장 높다.

ㄷ. (×) 2008년 대비 2012년의 '가' 정당 여성 의원 비율은 비례대표의원 유형과 지역구의원 유형에서 ~~모두~~ 감소하였다.

→ 2008년 가 정당 비례대표의원 여성 의원 비율: $\frac{21}{44}\times100\approx47.7\%$이다.

2008년 가 정당 지역구의원 여성 의원 비율: $\frac{16}{230}\times100\approx7\%$이다.

2012년 가 정당 비례대표의원 여성 의원 비율: 41.2%이다.

2012년 가 정당 지역구의원 여성 의원 비율: 7.2%이다.

이때, 비례대표의 경우 여성의원의 비율은 감소했지만 지역구의원의 경우 오히려 비율이 증가했으므로 틀린 선택지이다.

ㄹ. (×) 2008년 대비 2012년에 여성 지역구의원 수는 ~~'가' ~ '라' 정당에서 모두~~ 증가하였다.

→ 2012년 가 정당 여성 지역구의원 수: $\frac{7.2\times222}{100}\approx16$명

2012년 나 정당 여성 지역구의원 수: $\frac{12.4\times242}{100}\approx30$명

2012년 다 정당 여성 지역구의원 수: $\frac{10\times60}{100}=6$명

2012년 라 정당 여성 지역구의원 수: $\frac{13.8\times58}{100}\approx8$명이다.

이때, '가' 정당의 경우 2008년과 2012년의 여성 지역구의원 수에 변화가 없으므로, '가' ~ '라' 모든 정당에서 여성 지역구의원 수가 증가한 것은 아니다.

합격자의 실전 풀이 순서

❶ 〈표 1〉, 〈표 2〉의 2008년, 2012년에 표시하고, 여성 의원 '수'와 '비율'에 표시한다.
그리고 '비례대표'의원과 '지역구'의원에 표시하며, '기타' 자료와 '전체' 자료를 다른 정당 자료와 구별되게 표시한다.
이후, 표 아래의 각주를 확인한다.

❷ '가' 정당만을 계산하는 보기 ㉢을 먼저 해결한다.

❸ ㉢이 옳지 않으므로, 선지 ①, ④, ⑤가 남는다. 가~라 정당의 값을 모두 계산해야 하는 ㉡, ㉣보다 '전체' 자료를 활용하는 ㉠을 먼저 해결한다.

❹ 2012년의 비례대표 여성 의원 비율과 지역구 여성 의원 비율 간의 가중평균을 구해보면 약 14%로 ㉠이 옳으므로, ㉣을 해결한다. 계산해보면 가 정당에서 여성 지역구의원 수가 감소했음을 알 수 있다.
따라서 ㉣은 옳지 않으며, 답은 ①이다.

합격자의 시간단축 Tip

보기 ㉠ A국 비례대표 의원은 185명이고, 지역구 의원은 926명으로, 185 : 926은 약 1 : 5의 관계를 갖는다. 따라서 직접적으로 가중평균을 이용하는 것보다 거리 비를 활용하는 것이 좋다. 가중치의 비중인 1 : 5의 역수는 5 : 1이므로, 가중평균은 42.2로부터 8 간의 거리를 5 : 1로 나누는 지점에 위치하게 된다.
이때 실제로 가중평균을 도출하지 않고, 보기 ㉠에서 준 15%가 옳다고 가정한 후, 모순이 발생하는지 확인하는 것이 좋다. 예를 들어 보기 ㉠의 경우 거리 '1'을 구해, 15%에 거리 '5'를 더 하였을 때 42.2%보다 큰지 확인하면 된다.
즉 거리 '1'에 해당하는 15%−8%=7%를 기준으로 거리 '5'를 곱해 더하면 15%+7%×5 > 42.2%이므로 15%보다 작은 값임을 쉽게 알 수 있다.

보기 ㉡ '가' ~ '라' 정당의 지역구 의원 중 여성 의원 비율은 $\frac{16}{230}$ vs $\frac{21}{209}$ vs $\frac{2}{50}$ vs $\frac{7}{51}$이다.

1) $\frac{2}{50}$ vs $\frac{7}{51}$: 분모는 거의 같고 분자는 후자가 3배 이상 크므로, 후자가 더 크다.

2) $\frac{21}{209}$ vs $\frac{7}{51}=\frac{21}{153}$: 분자는 같고, 분모는 전자가 더 크므로, 후자가 더 크다.

3) $\frac{16}{230}$ vs $\frac{7}{51}=\frac{21}{153}$: 후자가 분자는 더 큰 반면 분모는 작으므로 계산하지 않더라도 당연히 후자의 크기가 더 크다는 것을 알 수 있다.

보기 ㉢ 지역구 의원의 여성 의원 비율 감소 여부를 먼저 확인한다. 2008년에는 $\frac{16}{230}\times100$이고, 2012년에는 7.2%이다. 이때 2008년의 지역구 여성 의원 비율을 도출해서 비교하지 않고 2012년의 비율인 7.2%를 2008년에 적용하여 모순이 발생하는지 여부를 통해 옳고 그름을 확인한다.
만일 230(2008년 지역구 전체 의원 수)×7.2% > 16(2008년 지역구 여성 의원 수)라면 2008년의 여성

의원 비율은 7.2% 미만인 것이다. 계산의 용이성을 위해 7%를 적용해 계산해보면, 230×7%=2.3×7=16.1 > 16이므로 7% 미만 임을 간단하게 알 수 있다.

보기 ㉣ 확인하는 방법은 총 두 가지로
① 〈표 1〉을 여성 의원 비율로 전환해 비교하는 방법
② 〈표 2〉를 여성 의원 수로 전환해 비교하는 방법이 있다.

이때 중요한 것은 어느 하나만 사용하지 않고, '정당'별로 더 편한 방법을 유동적으로 활용하는 것이다. 예를 들어 '가' 정당의 경우, ②번 방법이 더 적절하다.
이때, 230×7.2%= 약 2.3×7=16.1 > 16이므로 증가하였다.
'나' 정당의 경우 ①번 방법이 더 적절하다. 〈표 1〉에 따를 때 21은 209의 약 10%이다.
그러나 〈표 2〉는 242 > 209로 수가 더 크고, 의원 비율도 12.4% > 10%이므로 당연히 더 크다는 것을 알 수 있다.

156 정답 ④ 난이도 ●○○

ㄱ. (○) 1992 ~ 2012년 연도별 '갑'국의 연간 맥주 수출 총액
→ 〈보고서〉의 1문단에서 "2015년 '갑'국의 맥주 수출액이 맥주 수출을 시작한 1992년 이래 역대 최고치를 기록하였다."라는 내용을 확인하기 위해서는 1992 ~ 2012년 연도별 '갑'국의 연간 맥주 수출 총액이 필요하다. 2013 ~ 2015년의 연간 맥주 수출 총액은 주어진 〈표〉를 통해 확인할 수 있으므로 이를 제외한 연도별 연간 맥주 수출 총액 자료가 추가로 필요하다.

ㄴ. (○) 1992 ~ 2015년 연도별 '갑'국의 상반기 맥주 수출액
→ 〈보고서〉의 1문단 중 "2016년 상반기도 역대 동기간 대비 최고치를 기록하고 있다."라는 내용을 뒷받침하기 위해서는 앞서 나온 1992년 이래로 2015년까지의 '갑'국의 상반기 맥주 수출액이 있어야 한다. 이 내용과 주어진 〈표〉의 2016년 상반기 맥주 수출액을 바탕으로 역대 동기간 대비 최고치를 비교할 수 있을 것이다.

ㄷ. (×) 2015년 상반기 '갑'국의 국가별 맥주 수출액
→ 2015년 상반기 '갑'국의 국가별 맥주 수출액은 2016년 상반기 국가별 수출액과 전년 동기간 대비 증가율을 통해 알 수 있으므로 필요한 자료가 아니다.

ㄹ. (○) 2013 ~ 2015년 연도별 '갑'국의 전체 수출액
→ 〈보고서〉 1문단의 "2013년 대비 2014년 맥주 수출 총액은 16.9% 증가하여, 같은 기간 '갑'국 전체 수출액이 5.9% 감소한 것에 비하면 주목할 만한 성과이다."의 내용을 뒷받침하기 위해서는 2013~2015년 연도별 '갑'국의 전체 수출액의 수치가 필요하다.

합격자의 실전 풀이 순서

❶ 〈표〉의 제목('주요' 국가임에 주의, 갑국이 맥주를 수출하는 모든 국가가 제시되지 않았음을 의미) 및 단위를 확인하고, 2016년의 경우 '상반기' 자료 및 '전년 동기간' 대비 증가율이 주어져 있음을 확인한다. 또한 '맥주 수출 총액'과 이하의 주요 국가를 구분하는 가로 구분선을 긋는다.
❷ 〈보기〉를 보기 이전에 〈표〉와 〈보고서〉를 대조하며 〈표〉에서 알 수 없는 정보들을 표기해 나간다. 첫 문단에서 1992년, 2013년 대비 2015년 전체 수출액은 나와 있지 않으므로 이를 〈보기〉에서 우선 고르면 ㉠, ㉣이 필요하고 따라서 답은 ④이다.

합격자의 시간단축 Tip

'추가로 필요한 자료' 유형의 경우 대부분 난이도가 낮지만, 종종 어렵게 응용되는 경우가 있다. 특히 난이도를 높이는 함정 중 하나가 '전년 대비'이다. 즉 전년 대비로 인해 2012년과 2015년 상반기를 직접적으로 알 수 있게 되며, 이를 조금 더 응용하면 2015년 후반기(=2015년−2015년 상반기)도 알 수 있다. 특히 2015년 후반기와 같은 정보는 놓치기 좋으니 주의해야 한다. 위와 같은 정보를 자연스럽게 도출하지 못하면 구할 수 있는 정보를 '필요한 자료'로 착각할 수 있으므로 주의해야 한다.

157 정답 ④ 난이도 ●○○

① (×) 2010년과 2012년의 전체 사망자 수는 ~~같다.~~
→ 2010년의 전체 사망자=(2010년의 남성 사망자 수+2010년의 여성 사망자 수)이므로
=4,111+424=4,535명이고,
2012년의 전체 사망자 수=(2012년의 남성 사망자 수+2012년의 여성 사망자 수)이므로,
=4,075+474=4,549명 으로 2010년과 2012년의 전체 사망자 수는 같지 않다.

② (×) 여성 사망자 수는 ~~매년 증가한다.~~

→ 여성 사망자 수는 대부분 매년 증가하는 듯 보이나, 2005년도에서 2006년도 사이 387명에서 383명으로 감소하였으며 2011년에서 2012년도에도 497명에서 474명으로 감소하였다.

③ (×) 매년 남성 인구 10만명당 사망자 수는 여성 인구 10만명당 사망자 수의 ~~8배 이상이다.~~

→ 각 연도의 인구 10만 명당 사망자 수를 $\frac{남자}{여자}$로 계산하여 확인한다.

남성 인구 10만 명당 사망자 수가 여성 인구 10만 명당 사망자 수의 격차가 가장 작아 보이는 2013년을 계산하여 보면 $\frac{15.6}{2.1}=7.4$로 8배가 되지 않는다.

④ (○) 남성 인구 10만명당 사망자 수가 가장 많은 해의 전년대비 남성 사망자 수 증가율은 5% 이상이다.

→ 남성 인구 10만 명당 사망자 수가 가장 많은 해는 2004년으로 19.2명을 기록했다. 2004년의 전년대비 남성 사망자 수의 증가율을 구해보면,

$\frac{4,674명-4,400명}{4,400명}=\frac{274명}{4,400명}\times100>5\%$이므로 옳은 선지이다.

⑤ (×) 전체 사망자 수의 전년대비 증가율은 2001년이 2003년보다 ~~높다.~~

→ 2001년의 전체 사망자 수는 3,069명, 2000년의 전체 사망자 수는 2,698명이므로

2001년 전체 사망자 수의 전년 대비 증가율:

$\frac{3,069명-2,698명}{2,698명}\times100(\%)\approx14(\%)$이다.

마찬가지로,

2003년 전체 사망자 수의 전년 대비 증가율:

$\frac{4,740명-4,106명}{4,106명}\times100(\%)\approx15(\%)$임을 알 수 있다.

따라서 전체 사망자 수의 전년 대비 증가율은 2001년이 2003년보다 작다.

합격자의 실전 풀이 순서

❶ 〈표〉의 구조(남성+여성=전체, 사망자 수와 인구 10만 명 당 사망자 수를 통해 인구 수를 도출할 수 있음 등)를 파악하고, 각주를 확인한다.

❷ 전년대비 증가율을 구해야 하는 ④, ⑤번과 괄호를 채워야 하는 ①번은 후순위로 넘기고,
자료의 단순 확인을 요하는 ②, ③번을 먼저 해결한다.
이때 ②, ③번 중에는 여성 자료만 확인하면 되는 ②번을 먼저 해결한다.

❸ 선지 ①~③이 모두 옳지 않으므로, 선지 ④, ⑤ 중 하나를 해결해야 한다. 전년대비 증가율을 하나만 계산하면 되는 선지 ④를 해결한다. 해당 선지가 옳으므로 답은 ④이다.

합격자의 시간단축 Tip

선지 ① 숫자의 합이 동일한지 묻는 경우, 단계 구조를 가지고 비교하는 것이 좋다.

① **1단계:** 가장 간단하게는 1의 자리만 더해 동일한지,

② **2단계:** 만약 동일하다면 보다 구체적인 값을 도출하면 된다.

보기 ①번의 경우 1단계로 1의 자리를 더할 때 2010년은 1 ++4=5, 2012년은 5+4=9로 다르다.

따라서 굳이 계산하지 않아도 그 합이 다름을 쉽게 알 수 있다.

선지 ② 반대해석을 이용하여 2013년부터 2000년까지 매년 여성 사망자 수가 감소하는지 확인한다.

(PSAT은 수험생이 시간을 소모하도록 유도하기 위해 표의 시작 부분보다 끝 부분에 선지에 부합하지 않는 자료를 제시한다.)

선지 ③ 선지 ②번과 마찬가지로 반례가 뒷부분에 있을 가능성이 높으므로, 2013년부터 2000년까지 매년 남성 인구 10만 명 당 사망자 수가 여성 인구 10만 명 당 사망자 수의 8배 이상인지 확인한다. 또한 해당 문제의 경우 남성은 10 ~ 19, 여성은 0.7 ~ 2.1로 유사한 범위 내에서 값이 구성되어 있다. 따라서 단순히 훑기만 할 경우 일정한 추세를 확인할 뿐 반례는 놓칠 개연성이 높으므로, 뒤에서부터 볼 때 반례가 발생할 것으로 예상되는 연도에 선택과 집중하는 것이 좋다.

예를 들어 여성의 인구 10만 명당 사망자 수가 높은 연도, 그리고 남성의 인구 10만 명당 사망자 수가 낮은 연도에서 예외가 발생할 가능성이 높으므로, 그러한 값을 뒷부분부터 찾아보면 13년이나 11년이 반례가 되므로 틀린 선지임을 알 수 있다.

단 실전의 경우 두 연도 모두를 찾는 것이 아니라, 둘 중 하나만 찾은 순간 문제 풀이를 마무리한다.

선지 ④ 남성 인구 10만 명 당 사망자 수가 가장 많은 해는 2004년이다. 2003년 남성 사망자 수는 4,400명이고, 2004년에는 4,674명이다. 4,400명의 10%는 440명, 5%는 220명이다. 4,400+220 < 4,674이므로, 전년대비 증가율은 5% 이상이다.

참고로 5%를 처리하는 방법은 크게 2가지이다.

① 첫 번째는 위와 같이 10%를 반으로 나누는 방식이다. 10%는 일의 자리를 버림하면 되어 간단한 만큼, 반으로 나누는 방법은 자주 활용된다.

② 두 번째는 십의 자리까지 버림한 후 5를 곱하는 방식이다. 개인적으로는 제일 애용하는 방법으로 통상 나눗셈보다는 곱셈이 더 빠르고 실수가 적은 연산 방법이어서 더 좋은 방식이라 생각한다. 예를 들어 4,400의 5%의 경우 44×5가 되어 매우 간단한 연산이 된다.

선지 ⑤ 전체 사망자 수의 전년대비 증가율은 아래와 같이 계산한다.

[방법 1] 정석적인 방법

• 2001년: 2000년 2,698(약 2,700)명에서 2001년 3,069(약 3,070)명으로 약 370명(15% 미만) 증가
• 2003년: 2002년 4,106명에서 2003년 4,740명으로 636명(15% 이상) 증가

[방법 2] 추천 방법: '차잇값 비교'

증가율을 따로 계산하지 않고 '차잇값'으로 비교하면 구체적인 계산이 불필요하다.
2001년의 경우 약 370, 2003년의 경우 약 630가량 증가하였는데, 분모인 2,698 → 4,106은 2배가 전혀 안되는 반면, 분자인 370 → 630은 2배가 약간 안되는 정도이므로 2003년의 증가율이 더 크다.

158 정답 ② 난이도 ●●○

ㄱ. (×) 계절별 전력단가의 평균은 여름이 가을보다 매년 높다.

➜ 계절별 전력단가의 평균은 〈표 1〉을 활용하여 구할 수 있다. 여름 전력단가의 평균은 여름에 해당하는 6, 7, 8월 전력단가 합을 3으로 나누어 구하며, 가을 전력단가의 평균은 가을에 해당하는 9, 10, 11월 전력단가 합을 3으로 나누어 구한다. 이때, 여름과 가을에 해당하는 달의 가짓수가 3가지로 동일하므로 평균을 직접 구하지 않고 해당 계절의 전력단가끼리 비교하여 선지의 옳고 그름을 판단할 수 있다.

• 2014년:
여름(136.35+142.72+128.60=407.67) >
가을(131.44+132.22+133.78=397.44)
• 2015년:
여름(84.54+81.99+88.59=255.12) <
가을(90.98+98.34+94.93=284.25)
• 2016년:
여름(65.31+67.06+71.73=204.1) <
가을(71.55+73.48+75.04=220.07)
• 2017년:
여름(82.71+76.79+76.40=235.9) >
가을(73.21+72.84+81.48=227.53)
• 2018년:
여름(89.79+87.27+91.02=268.08) <
가을(92.87+102.36+105.11=300.34)

여름의 계절별 전력단가 평균이 가을보다 높은 해는 2014, 2017년만 해당되므로 여름이 가을보다 매년 높지 않다.

ㄴ. (○) 2017년 대비 2018년 평균정산단가 증가율이 가장 높은 에너지원은 '양수'이다.

➜ 평균정산단가 증가율은 〈표 2〉의 자료로 구할 수 있다.
평균정산단가 증가율은

$\frac{\text{2018 평균정산단가}-\text{2017 평균정산단가}}{\text{2017 평균정산단가}}$ 로 구한다.

• '원자력': $\frac{62.10(원/kWh)-60.68(원/kWh)}{60.68(원/kWh)}$
=0.02
• '유연탄': $\frac{81.81(원/kWh)-78.79(원/kWh)}{78.79(원/kWh)}$
=0.04
• 'LNG': $\frac{121.03(원/kWh)-111.60(원/kWh)}{111.60(원/kWh)}$
=0.08
• '유류': $\frac{179.43(원/kWh)-165.45(원/kWh)}{165.45(원/kWh)}$
=0.08
• '양수': $\frac{125.37(원/kWh)-107.60(원/kWh)}{107.60(원/kWh)}$
=0.17

따라서 2017년 대비 2018년 평균정산단가 증가율이 가장 높은 에너지원은 '양수'이다.

ㄷ. (○) 전력단가 평균과 '유류' 평균정산단가의 연도별 증감방향은 같다.

➜ 전력단가 평균은 〈표 1〉의 마지막 행에서 확인 가능하며 2014년부터 2016년까지 감소하여 최저점을 찍고 2018년까지 다시 증가하는 경향을 보인다.
「감소 → 감소 → 증가 → 증가」
'유류' 평균정산단가는 〈표 2〉에서 확인 가능하며 전력단가 평균과 동일하게 2014년부터 2016년까지 감소하여 최저점을 찍고 2018년까지 다시 증가하는 경향을 보인다.
「감소 → 감소 → 증가 → 증가」
따라서 전력단가 평균과 '유류' 평균정산단가의 연도별 증감방향은 같다.

ㄹ. (×) 에너지원별 평균정산단가 순위는 ~~매년~~ 동일하다.

→ 에너지원별 평균정산단가 순위는 <표 2>를 통해 확인 가능하다. 순위를 비교해 보면,

- 2017년 순위: '유류 > LNG > 양수 > 유연탄 > 원자력'
- 2018년 순위: '유류 > 양수 > LNG > 유연탄 > 원자력'

따라서 에너지원별 평균정산단가 순위는 매년 동일하지 않다.

합격자의 실전 풀이 순서

❶ 보기 ㉢, ㉣은 눈으로 확인할 수 있는 보기이므로 우선 해결한다.

❷ ㉣ 보기를 확인할 때 2018년을 기준으로 에너지원별 평균정산단가 순위를 확인한다. 2018년과 2017년은 LNG와 양수의 순위가 바뀌었으므로 보기 ㉣은 틀린 보기이다. 보기 ㉣을 소거하면 답은 ①, ②번 중 하나이다.

❸ ㉢ 보기를 확인하면 옳은 선지이므로 답은 ②번이다.

합격자의 시간단축 Tip

보기 ㉠ 크게 두 가지 원칙만 신경 쓰면 된다.

① 비교를 할 때는 합해서 비교하지 않고, 계절 별로 묶어서 흐름으로 비교한다.

② 반례는 수험생의 시간을 소모하도록 유도하고자 하는 출제 의도상 뒷부분에 배치되는 경우가 많으므로 뒤에서부터 확인한다.

이 두 가지에 따라 확인하면, 맨 뒤인 2018년부터 볼 때, 6 ~ 8월은 89, 87, 91이나, 9 ~ 11월은 92, 102, 105로 굳이 더하지 않더라도 각 숫자가 모두 가을이 크다.

보기 ㉡

[방법 1]

'양수'를 기준으로 증가율이 더 높은 에너지원이 있는지 찾는다. 양수의 경우 증가율이 10% 이상인데 다른 에너지원은 모두 증가율이 10% 미만이므로 옳은 선지이다.

[방법 2]

2017년도의 평균정산단가가 양수보다 낮으나 증가분은 양수보다 높은 경우 양수보다 증가율이 높은 에너지원이 된다. 왜냐하면 17년도에서 18년도의 평균정산단가 증가율을 계산하고자 할 때에는 17년도의 평균정산단가가 분모이고 증가분이 분자이기 때문이다.

이와 같이 기준이 되는 숫자가 작을수록 증가율이 클 가능성이 있기 때문에 증가율이 큰 것/작은 것을 찾고자 할 때에는 보통 숫자가 작은 것/큰 것 순서대로 검토한다.

예를 들어 설명의 편의를 위해 아래와 같은 <표>가 주어져 있다고 가정하자.

(문제의 <표 2>와 무관하게 새로 값을 설정하였다)

	2017년	2018년
양수	107.60	125.37
원자력	60.68	81.10
유연탄	78.79	81.81
유류	165.45	183.35

먼저 양수의 경우 107.60→125.37로 125.37−107.60= 약 18 정도 증가하였다.

이때 비교 가치가 없는 유연탄은 제외하자. 먼저 원자력의 경우 기준값은 양수보다 작으나 증가분은 20 가량되어 양수보다 크다. 따라서 계산하지 않더라도 증가율이 더 높다는 것을 알 수 있다.

반면 유류의 경우, 기준값은 양수보다 크지만 증가분은 약 18로 양수와 비슷하다. 그러므로 계산하지 않더라도 증가율이 더 낮다는 것을 쉽게 확인할 수 있다.

보기 ㉢ 증감방향은 두 개만 비교하는 경우와 N개를 비교하는 경우로 나눠 접근하는 것이 좋다.

① 보기 ㉢과 같이 두 개만 비교하는 경우, 어느 한 곳의 증감을 외우고 빠르게 확인하면 빠르다.
예를 들어 전력단가를 기준으로 잡으면, 전력단가는 (감소, 감소, 증가, 증가)이다.
이에 평균정산단가에 (감소, 감소, 증가, 증가)를 대입해 반례가 없는지 확인한다.

② 반면 N개를 비교하는 경우 각각을 이런 식으로 비교하는 것이 비효율적일 수 있다. 이때는 흐름이 바뀐 것으로 의심되는 부분 위주로 확인하는 것이 좋다.

보기 ㉣ 한 연도를 기준점으로 한다.(이 문제의 경우 2018년)

2018년의 순위를 기준으로 같은 순서(유류→양수→LNG→유연탄→원자력)로 다른 연도를 눈으로 확인하면서 순위가 달라진 경우를 찾는다.

159 정답 ❷ 난이도 ●●○

① (×) 연도별 국외반출 허가 문화재 수량 중 지정문화재 수량의 비중이 가장 큰 해는 ~~2011년이다.~~

→ 국외반출 허가 문화재 수량 중 지정문화재 수량의 비중은 $\frac{\text{지정문화재 수량}}{\text{국외반출 허가 문화재 수량}}$으로 계산할 수 있고,

2011년의 지정문화재 안의 세부내용을 더하면 지정 문화재의 수량은 4+12=16으로,

비중을 계산하면 $\frac{4개+12개}{749개}=\frac{16개}{749개}=0.02\sim0.03$이다.

반면 2008년의 경우 $\frac{5개+10개}{330개}=\frac{15개}{330개}=0.04\sim0.05$이므로 2011년보다 크다.

② (○) 2007년 이후, 연도별 전시건수 중 미국 전시건수 비중이 가장 작은 해에는 프랑스에서도 전시가 있었다.

➜ 2007년 이후 연도별 전시 건수 중 미국 전시 건수 비중을 계산해보면 차례대로 0.3, 0.24, 0.20, 0.33, 0.28로, 그 비중이 가장 작은 해는 2010년이다. 이 해에는 프랑스에서도 1건의 전시가 있었으므로 옳은 선택지이다.

③ (×) 국가별 전시건수의 합이 10건 이상인 국가는 일본, 미국, ~~영국~~이다.

➜ 국가별 전시 건수의 합은 〈표〉에서 연도별 해당 국가의 전시 건수를 모두 합하면 된다.
선택지에 주어진 일본, 미국, 영국부터 살펴보면, 일본과 미국은 10건을 넘지만, 영국은 2006년부터 2012년까지 전시 건수를 모두 더해도 10건을 넘지 못하기 때문에 틀린 선택지이다.

④ (×) 보물인 국외반출 허가 지정문화재의 수량이 가장 많은 해는 전시건 당 국외반출 허가 문화재 수량이 가장 많은 해와 ~~동일하다.~~

➜ 보물인 국외반출 허가 지정문화재의 수량이 가장 많은 해는 13개로, 2009년이다.
한편 전시건당 국외반출 허가 문화재 수량은 $\frac{국외반출 허가 문화재 수}{전시건수}$이다. 이를 계산해보면

- 2009년: $\frac{1,414개}{33건}=40\sim50$
- 2011년: $\frac{749건}{9건}=80\sim90$ 이므로,

2011년이 2009년보다 많다. 따라서 틀린 선택지이다.

⑤ (×) 2009년 이후, 연도별 전시건수가 ~~많을수록~~ 국외반출 허가 문화재 ~~수량도 많다.~~

➜ 2009년 이후 연도별 전시 건수가 많은 순은 2009년, 2010년, 2012년, 2011년 순이다.
하지만, 국외반출 허가 문화재 수량이 많은 순서대로 나열하면 2012년, 2010년, 2011년으로, 연도별 전시 건수가 많을수록 국외반출 허가 문화재 수량이 많다는 설명은 적절하지 않다.

합격자의 실전 풀이 순서

❶ 〈표〉의 구조(예: 국외반출 허가 문화재 수량 계=지정문화재+비지정문화재)를 파악하고, 전시건수와 국외반출 허가 문화재 수량의 '계'에 ○ 등 표시한다. 〈표〉 아래의 각주를 확인한다.

❷ 비중을 구하는 선지 ①, ②, 전시건당 국외반출 허가 문화재 수량의 나눗셈 계산을 요하는 선지 ④를 후순위로 미루고, 선지 ③, ⑤를 먼저 해결한다.

❸ 선지 ③, ⑤ 모두 옳지 않으므로, '프랑스에서도 전시가 있었던 해', '보물인 국외반출 허가 지정문화재의 수량이 가장 많은 해'가 특정되는 선지 ②, ④를 ①보다 먼저 해결한다.

❹ ②에서 연도별 전시건수 중 미국 전시건수 비중이 가장 작은 해는 2010년이며, 이 때 프랑스에서도 전시가 있었다. 따라서 이는 옳은 선지이므로 답은 ②이다.

합격자의 시간단축 Tip

선지 ① '차잇값(전체−비지정문화재)'이 지정문화재 개수이다. 차잇값을 보면, ①번의 2011년은 749−733=16인 반면 2008년의 경우 330−315=15이다.
이때 비중의 분모는 749 > 330로 크게 차이 나지만, 분자인 차잇값은 16, 15로 비슷하므로 2008년이 더 크다.
따라서 적어도 2011년은 가장 큰 해가 아니다.
참고로 언제나 "가장 큰, 가장 작은" 유형은 가장 큰 곳이나 작은 곳을 찾을 필요가 없다. 이보다 크거나 작은 반례가 있는 지만 확인하고 넘어간다.

선지 ② 2009년을 기준으로 비교할 때, 2009 ~ 2010년 중 하나가 가장 작은 해일 가능성이 높다.
이때 어디가 작은 지 전혀 알 필요가 없으므로, 혹 본인이 09년, 10년을 비교했다면 문제가 원하는 것이 무엇인지 확실히 파악하는 연습을 더 해야 한다.
왜냐하면 문제는 "가장 작은 해에 프랑스 전시가 있는지"이므로 2009 ~ 2010년 모두 프랑스가 참가한 이상 더 자세하게 검토할 필요가 없기 때문이다. 따라서 두 연도가 대상이 된 상태에서 판단을 마무리하면 된다.

선지 ③ "A인 것은 a, b, c가 있다" 와 같은 유형은 총 두 가지 단계로 나누어 접근해야 한다.

① **1단계**: a, b, c가 A인지 확인해야 한다. 만약 a, b, c 중 A가 아닌 곳이 있으면 바로 반례가 되어 틀린 선지가 되므로 가장 먼저 검토해야 한다.

② **2단계**: a, b, c를 제외한 나머지 중에 A인 것이 있는지 확인해야 한다. 많은 수험생이 2단계를 놓치는 경향이 있다. 그러나 a, b, c가 아닌 다른 값이 있는 경우 틀린 선지가 되므로 a, b, c가 모두 A인 경우 그 다음 단계로 반드시 이를 검토해야 한다.

선지 ④ 보물인 국외반출 허가 지정문화재 수량이 가장 많은 해는 2009년이다.
이때 전시 건 당 국외반출 허가 문화재 수량은 40 ~ 50개 사이이다. 2009년에 비해 전시건수는 적고 국외반출 허가 문화재 수량은 많은 해(2012년)를 찾는다.
(전시건수와 국외반출 허가 문화재 수량 모두 2009년보다 적더라도 전시 건 당 문화재 수량은 2009년보다 많을 수 있지만, 가장 쉽게 찾을 수 있는 경우가 앞서 언급한 경우이다)
참고로 '전시 건 당 국외반출 문화재 수량'을 살펴볼 때는 기준점을 잡으면 좋다.
예를 들어 분모가 가장 작은 2011년을 보면 80이 초과하는 값이다. 이를 기준값으로 보고, 다른 해에 대입하면 모두 그 이하임에 2011년이 가장 크다는 것을 쉽게 알 수 있다.
다만 본 문제의 경우 단순히 2009년보다 큰 곳이 있다는 것만 발견하면 되므로, 반례를 하나만 찾는 것으로 족하다.

선지 ⑤ 전시건수의 순위와 국외반출 허가 문화재 수량의 순위를 각각 매겨 비교해도 되지만, 이에 앞서 '~가 많(적)을수록~가 많(적)다'와 같은 선지의 경우 전반적인 경향을 파악하는 것이 좋다.
해당 문제에서도 빠르게 숫자를 훑어보면 전시건수가 가장 많은 연도는 2009년인데 반해 국외반출 허가 문화재 수량이 가장 많은 연도는 2012년이므로 굳이 각 순위를 따져보지 않아도 해당 선지는 틀렸음을 알 수 있다.

160 정답 ⑤ 난이도 ●●●

① (O) 인구 10만 명당 4대 범죄 발생건수는 매년 증가한다.
→ 인구 10만 명당 4대 범죄 발생건수는 $\frac{(\text{범죄 발생 건수})}{(\text{인구 10만명})}$로 빈칸으로 되어 있는 2010년을 제외하면, 매년 증가하고 있음을 알 수 있다. 따라서 2010년의 인구 10만 명당 4대 범죄 발생 건수만 따로 계산해줘야 하는데, 〈표 1〉의 단위가 천 명 당 건수임을 주의하여 해당 값을 계산하면 $\frac{18,258\text{건}}{49,346\text{천명}} \times 100 \approx 37$이다. 따라서 〈표 1〉의 인구 10만명당 발생 건수를 보면, 2009년부터 2013년 동안 매년 증가한다.

② (O) 2010년 이후, 전년대비 4대 범죄 발생건수 증가율이 가장 낮은 연도와 전년대비 4대 범죄 검거건수 증가율이 가장 낮은 연도는 동일하다.
→ 전년 대비 4대 범죄 발생 건수 증가율은 $\frac{(\text{올해 범죄 발생 건수})-(\text{전년 범죄 발생 건수})}{(\text{전년 범죄 발생 건수})} \times 100(\%)$이다.
2010년 이후, 전년 대비 4대 범죄 발생 건수 증가율을 순서대로 계산해보면, 약 16(%), 7(%), 1(%), 13(%)으로, 그 값이 가장 낮은 연도는 2012년이다.
전년 대비 4대 범죄 검거 건수 증가율은 $\frac{(\text{올해 범죄 검거 건수})-(\text{전년 범죄 검거 건수})}{(\text{전년 범죄 검거 건수 })} \times 100(\%)$이다.
2010년 이후, 전년 대비 4대 범죄 검거 건수 증가율을 순서대로 계산해보면, 약 11(%), 2(%), 1(%), 19(%)로, 그 값이 가장 낮은 연도는 2012년이다.
따라서 해당 선택지는 적절하다.

③ (O) 2013년 발생건수 대비 검거건수 비율이 가장 낮은 범죄 유형의 발생건수는 해당 연도 4대 범죄 발생건수의 60% 이상이다.
→ 2013년 각 범죄 유형별 발생 건수 대비 검거 건수 비율을 계산해보면,

- 강도: $\frac{5,481\text{건}}{5,753\text{건}} \approx 0.95$
- 살인: $\frac{122\text{건}}{132\text{건}} \approx 0.93$
- 절도: $\frac{12,525\text{건}}{14,778\text{건}} \approx 0.85$
- 방화: $\frac{1,646\text{건}}{1,647\text{건}} \approx 1$로

그 비율이 가장 낮은 범죄 유형은 절도이다. 절도의 발생 건수는 14,778건이고, 2013년 범죄 발생 건수는 22,310건 이므로 $\frac{14,778\text{건}}{22,310\text{건}} \times 100(\%) \approx 66(\%)$이다.
따라서 2013년 발생건수 대비 검거건수 비율이 가장 낮은 범죄 유형은 절도이고, 절도의 발생건수는 해당 연도 4대 범죄 발생건수의 60% 이상이다.

④ (O) 4대 범죄 발생건수 대비 검거건수 비율은 매년 80% 이상이다.
4대 범죄 발생 건수 대비 검거 건수 비율은 $\frac{\text{4대 범죄 검거건수}}{\text{4대 범죄 발생건수}}$이다. 연도별로 값을 구해보면,

- 2009년: $\frac{14,492\text{건}}{15,693\text{건}} \times 100(\%) \approx 92(\%)$,
- 2010년: $\frac{16,125\text{건}}{18,258\text{건}} \times 100(\%) \approx 88(\%)$,

• 2011년: $\frac{16,404건}{19,498건} \times 100(\%) \approx 84(\%)$,

• 2012년: $\frac{16,630건}{19,670건} \times 100(\%) \approx 85(\%)$,

• 2013년: $\frac{19,774건}{22,310건} \times 100(\%) \approx 89(\%)$로,

그 비율은 모두 80(%) 이상이다.

⑤ (×) 2013년 강도와 살인 발생건수의 합이 4대 범죄 발생건수에서 차지하는 비율은 2013년 강도와 살인 검거건수의 합이 4대 범죄 검거건수에서 차지하는 비율보다 ~~높다.~~

→ 2013년 강도와 살인 발생 건수의 합은 5,753건 +132건=5,885건이고,
4대 범죄 발생 건수에서 차지하는 비율은
$\frac{5,885건}{22,310건} \approx 0.26$이다.
2013년 강도와 살인 검거 건수의 합은
5,481건+122건=5,603건으로
4대 범죄 검거 건수에서 차지하는 비율은
$\frac{5,603건}{19,774건} \approx 0.28$이다.
따라서 해당 선택지는 적절하지 않다.

합격자의 실전 풀이 순서

❶ 〈표 1〉의 구조(예: 발생건수와 총인구를 통해 인구 10만 명 당 발생건수를 도출할 수 있음)와 단위를 파악하고, 〈표 2〉의 '계' 와 범죄 유형을 구분하는 가로 선을 긋는다.

❷ 우선 2010년부터 2013년의 전년대비 발생건수와 검거건수 증가율을 계산해야 하는 선지 ②는 후순위로 미룬다.
〈표 1〉의 괄호 하나를 구하는 선지 ①을 가장 먼저 해결한 다음, 비율을 계산하는 선지 ③, ④, ⑤를 해결한다.
또한 선지 ③~⑤번 중에는 80% 이상인지 여부만을 확인하는 ④를 먼저 해결하고, 비율 2개를 계산하는 ⑤를 비율 4개를 계산하는 ③보다 먼저 해결한다.
*다만 ③~⑤번은 유사한 유형, 난이도의 문제로 수험생이 어떤 유형에 조금 더 강한지에 따라 선호하는 순서가 다를 수 있다. 따라서 위 ④→⑤→③의 순서를 굳이 고집할 필요는 없다.

❸ 발생건수와 총인구 각각의 증가율을 구해서 비교해 보면 선지 ①이 옳기 때문에 선지 ③으로 넘어간다. 검거건수 비율이 가장 낮은 범죄 유형은 절도인데, 해당 연도 4대 범죄 발생건수는 60% 이상이므로 옳은 선지이다.

❹ 선지 ④에서 매년 80% 이상인지 알기 위해서는 발생건수와 검거건수의 차이가 발생건수의 20% 미만인지 확인하면 된다. 이를 기준으로 확인해보면 옳다는 것을 알 수 있다. 선지 ⑤에서 강도 및 살인의 검거건수와 발생건수의 차이와 전체 검거건수와 발생건수 간의 차이를 비교해보면 해당 선지가 틀렸음을 알 수 있다. 따라서 답은 ⑤이다.

합격자의 시간단축 Tip

선지 ①

[방법 1] 실전 풀이 방법
분모인 '총인구'는 49,194 ~ 49,740으로 비슷하여 거의 불변에 가깝다. 반면 분자인 '발생건수'는 2010년, 2011년 모두 전년대비 1,000단위 대의 증가를 하였으므로 당연히 매년 '인구 10만명당 발생건수'는 증가했을 수밖에 없다. 따라서 옳은 선지이다.

[방법 2] 풀어쓴 풀이 방법
2010년의 인구 10만 명 당 발생건수가 2009년보다 크고 2011년보다 작은 지 확인한다.
2010년의 총 인구는 2009년 49,194(천명)에서 약 150(천명) 증가했는데, 발생건수는 15,693(건)에서 약 2,600(건) 증가하여, 전자의 증가율이 후자보다 훨씬 작다.
따라서 2010년에는 인구 10만 명 당 발생건수가 2009년보다 증가한다. 2011년의 총 인구는 2010년 49,346(천명)에서 약 400(천명) 증가했는데, 발생건수는 2010년 18,258(건)에 비해 약 1,250(건) 증가하여, 전자의 증가율이 후자의 증가율보다 훨씬 작다.
즉 2011년에는 인구 10만 명 당 발생건수가 2010년보다 증가한다. 각 숫자의 증가율을 따질 때 정확한 증가분을 구하는 대신 큰 자릿수부터 어림산하여 대략적으로 비교하는 것이 중요하다.
특히 이 문제의 경우 발생건수의 증가는 1,000단위로 증가하는 반면 총인구는 100단위로 증가하여 발생건수의 증가분이 더 큰 반면 09년도의 총인구는 09년도의 발생건수보다 이미 세 배 이상 크다.
이러한 경우에는 굳이 계산해보지 않아도 발생건수의 증가율이 훨씬 큰 것을 바로 알 수 있다.

선지 ② "A일 때 B이다" 유형은 A와 B의 난이도가 비슷하다면, 역순으로 확인하는 것이 더 좋다.
예를 들어 B에 해당하는 전년대비 검거건수 증가율이 가장 낮은 연도는 2012년임을 쉽게 파악할 수 있다 (2011년에 비해 검거건수는 많고, 증가 폭은 작으며, 2010년과 2013년에는 검거건수가 크게 증가했기 때문). 전년대비 발생건수 증가율 역시 2012년의 전년대

비 증가 폭이 현저히 작기 때문에 증가율이 가장 낮다. 위 해결 과정은 자주 활용되는 방법으로, 〈표 1〉과 같이 값들이 비슷한 경향이 있는 경우 증가율, 변화율, 감소율 등은 각각 증가분, 변화분, 감소분으로 대체해서 생각해도 된다.
즉 곱셈, 나눗셈이 아닌 덧셈, 뺄셈만으로 풀면 되므로 적극 활용하자.

선지 ③ 보기 ②번과 마찬가지로 '차잇값'으로 해결할 수 있다. 앞 3자리를 근삿값으로 잡을 때 ③번에서 준 '절도'는 147－125＝22이며, 다른 값들은 순서대로 27, 10, 0이다.
유일하게 차잇값이 더 큰 '강도'와 비교할 때, 분모에 해당하는 575는 절도의 147보다 한참 크지만 분자인 27, 22는 큰 차이가 없으므로 굳이 계산을 하지 않더라도 '절도'가 가장 낮음을 알 수 있다.

선지 ④ 80%는 (100%－20%)로 처리해도 되지만, 근삿값의 80%를 직접 구하는 것이 빠른 방법이다.
예를 들어 2009년의 경우
$15,693\times0.8=$약 $1,500\times8=12,000<14,492$이므로 80% 이상임을 쉽게 알 수 있다. 이처럼 매우 효율적인 풀이가 가능한 방법이니, 근삿값으로 직접 도출하는 방법도 알아두자.

선지 ⑤ $\frac{5,753+132}{22,310}$와 $\frac{5,481+122}{19,774}$를 비교해보면, 분자는 약 270+10=약 280가량 차이가 나는 반면 분모는 약 2,500 ~ 2,600 정도 차이가 난다. 280과 2,500은 약 9 ~ 10배 차이가 나는 반면 19,774와 (5,481+122)는 3 ~ 4배 차이 나므로 $\frac{5,481+122}{19,774}>\frac{280}{2,500\sim2,600}$이고, 이는 $\frac{5,481+122}{19,774}>\frac{5,753+132}{22,310}$임을 의미한다.

161 정답 ⑤ 난이도 ●●○

ㄱ. (×) 2012년 제조업 생산액은 2001년 제조업 생산액의 ~~4배 이상이다.~~
→ 제조업 생산액 대비 식품산업 생산액 비중은 $\frac{\text{식품산업 생산액}}{\text{제조업 생산액}}$이다.
제조업 생산액은
$$\frac{\text{식품산업 생산액}}{\text{제조업 생산액 대비 식품산업 생산액 비중}}$$이다.
값을 구하면,
- 2001년 제조업 생산액: $\frac{27,685}{17.98\%}\fallingdotseq153,976.6$
- 2012년 제조업 생산액은: $\frac{43,478}{12.22\%}\fallingdotseq355,793.8$

이므로,
2012년 제조업 생산액은 2001년 제조업 생산액의 4배 이하이다.

ㄴ. (×) 2005년 이후 식품산업 매출액의 전년대비 증가율이 가장 큰 해는 ~~2009년이다.~~
→ 전년대비 증가율 =
$$\frac{\text{현 년도 식품산업 매출액}-\text{전 년도 식품산업 매출액}}{\text{전년도 식품산업 매출액}}$$
이다.
2011년 식품산업 매출액이 2009년보다 많고, 2010년 식품산업 매출액이 2008년보다 적으므로 2011년 식품산업 매출액의 전년 대비 증가율은 2009년보다 크다.

ㄷ. (○) GDP 대비 제조업 생산액 비중은 2012년이 2007년보다 크다.
→ GDP대비 제조업 생산액 비중$=\frac{\text{제조업 생산액}}{\text{GDP}}$
$=\frac{B}{A}$이다.
따라서 2007년의 GDP 대비 제조업 생산액의 비중은 $\frac{3.40\%}{13.89\%}=24.5\%$이고, 2012년의 GDP 대비 제조업 생산액의 비중은 $\frac{3.42\%}{12.22\%}=28\%$이므로 2012년이 2007년보다 크다.

ㄹ. (○) 2008년 '갑'국 GDP는 1000조원 이상이다.
→ GDP대비 식품산업 생산액 비중은
$\frac{\text{식품산업 생산액}}{\text{GDP}}$이므로,
$\text{GDP}=\frac{\text{식품산업 생산액}}{\text{GDP 대비 식품산업 생산액 비중}}$이다.
따라서, 2008년 갑국의 GDP는 $\frac{36,650}{3.57\%}$
$=1,026,610.6$이므로, 1,000조 원 이상이다.
따라서 옳은 보기이다.

합격자의 실전 풀이 순서

❶ 〈표〉에서 식품산업 생산액과 제조업 생산액 대비 식품산업 생산액 비중, GDP 대비 식품산업 생산액 비중이 주어져 있으므로 $\frac{\text{식품산업 생산액}}{\text{제조업 생산액 대비 식품산업 생산액 비중}}$ = 제조업 생산액, $\frac{\text{식품산업 생산액}}{\text{GDP 대비 식품산업 생산액 비중}}$ = GDP를 구할 수 있음을 파악한다.

❷ 가장 간단한 보기 ㉡ 먼저 확인하면, 틀린 보기이므로 ①, ④번을 소거한다.

❸ 다음으로 보기 ㉠을 확인하면, 틀린 보기이므로 답은 ⑤번이다.

합격자의 시간단축 Tip

보기 ㉠ 2012년 제조업 생산액과 2001년 제조업 생산액의 4배를 분수 비교한다.

[방법 1] 분자-분모 증가율 비교법

$\frac{43,478}{12.22}$ vs $\frac{27,685\times4}{17.98}$ → $\frac{435}{12}$ vs $\frac{1,100}{18}$:

전자에서 후자 방향으로 분자의 증가율은 100% 이상이고 분모의 증가율은 50%이므로 후자가 더 크다. 따라서 틀린 보기이다.

[방법 2] 4배를 분자-분모에 분리하는 방법

4배를 이용하면 방법 1)과 달리 증가율 비교 없이도 쉽게 답을 도출할 수 있다.

분수에 4배를 하는 방법은 크게 두 가지로, 분자에 4배를 해도 되지만 분모에 0.25를 곱해도 된다.

이를 응용하여 분자에 2배, 분모에 0.5배를 하면

$\frac{43,478}{12.22}$ vs $\frac{27,685\times2}{17.98\times0.5}$ → $\frac{43,500}{12}$ vs $\frac{54,000}{9}$

이다.

이 경우 계산이나 증가율 비교를 하지 않아도, 분모는 더 작고 분자는 더 커 당연히 후자가 더 크다는 것을 알 수 있다.

[방법 3] 배율 비교법

가분수의 형태이므로 배율 비교법을 적용하기 좋다. 편의를 위해 컴마(,) 부분 이하를 소수점으로 보고 생각해보자.

$\frac{43.478}{12.22}$은 12×4=48이므로 4배가 채 안되는 값인

반면, 4배를 기준으로 할 때 $\frac{27.685\times4}{17.98}$ = 약 $\frac{100}{18}$으로 4배를 한참 넘는 값이다. 따라서 후자가 더 크다는 것을 쉽게 알 수 있다.

보기 ㉡ 통상 뺄셈보다는 덧셈이 더 빠르고 쉬운 연산 방법이다. 따라서 증가율 비교 간 증가분을 직접 도출하지 않고, 선지에서 제시한 2009년 증가분을 바탕으로 다른 연도에 더해 비교하는 것이 일반적인 방식이다. 다만, 2010년→2011년의 경우 2010년 값은 2008년보다 작고, 2011년 값은 2009년보다 커 굳이 증가분을 계산하지 않고 바로 틀린 선지라 판단하는 것이 가능하다.

보기 ㉢ GDP 대비 제조업 생산액 비중은

$\frac{\text{GDP 대비 식품산업 생산액 비중}}{\text{제조업 생산액 대비 식품산업 생산액 비중}}$ (번분수 형태)

계산을 통해 구할 수 있다. 즉, 분자가 같은 분수끼리 나눌 때(번분수)는 만들고자 하는 값$\left(\frac{\text{제조업 생산액}}{\text{GDP}}\right)$의 분모가 포함된 분수(GDP 대비 식품산업 생산액 비중)를 분자로 놓아야 한다.

이때 분모가 분자보다 큰 분수보다, 분모가 분자보다 작은 분수(가분수)가 '배수' 형태로 나타나 더 비교하기 쉬우므로 '반대 해석'을 통해 '역수'로 구하는 것이 더 쉽다.

즉 분모인 '제조업 생산액 대비 식품산업 생산액 비중'이 분자보다 큰 숫자이므로, 질문과 달리 '제조업 생산액 대비 GDP'로 역수화 한 후 비교하면 2007년은 4배가 조금 넘으나 2012년은 4배가 안 되므로 2007년이 더 커 옳은 선지임을 매우 간단하게 알 수 있다.

보기 ㉣

[방법 1]

2008년 '갑'국 GDP를 구하지 말고, 보기에 주어진 1,000조 원을 대입한다.

1,000조 원을 대입하면 2008년 GDP 대비 제조업 생산액 비중은 3.66인데, 〈표〉에서 2008년 GDP 대비 제조업 생산액 비중은 3.57이므로 이 값이 되기 위해서는 분모인 GDP가 더 큰 값이어야 한다.

즉, 2008년 '갑'국 GDP는 1,000조 원 이상이어야 한다.

따라서 옳은 보기이다.

[방법 2]

보기 ㉣의 경우 단위가 '조'와 '십억'으로 다르기에 이를 맞추고 나서 문제를 푸는 것이 단위 실수를 줄이기 좋은 방법이다. 숫자를 세 자리씩(1,000배) 끊으면 순서대로 일→천→백만→십억→조이므로 조와 십억은 1,000배 차이이다.

이때 1,000조를 〈표〉에 맞게 1,000,000십억으로 변환 시 숫자가 지나치게 커지므로,
반대로 〈표〉를 조 단위로 바꿔 36.650 내지 근삿값으로 36이라 보는 것이 더 편하다.
이에 굳이 계산하지 않아도 $\frac{36}{1,000}$은 3.6%이므로 옳은 선지임을 쉽게 알 수 있다.

162 정답 ② 난이도 ●●●

① '가', '나', '다'가 쓰여 있지 않은 나머지 빈칸들에 알파벳을 부여하면, 왼쪽 아래 빈칸은 A, 왼쪽 위 빈칸은 B, 오른쪽 아래 빈칸은 C, 오른쪽 위 빈칸은 D라고 놓을 수 있다.
② '다'에 들어갈 수는 2에서 10까지의 자연수 중에 어느 수의 배수도 약수도 아닌 즉, 소수인 7이다. 남은 수는 2, 3, 4, 6, 8, 9이다.
③ 10의 약수는 2와 5가 있으므로, A에 들어갈 수는 2이다. 남은 수는 남은 수는 3, 4, 6, 8, 9이다.
④ '가', B, '나'에 들어갈 수는 2를 약수로 가지고 있으므로 짝수인 4, 6, 8 중 하나가 들어갈 것이다. 그러면 3과 9가 남고, C가 D의 약수라고 하였으므로 C에는 3이 들어가고 D에는 9가 들어갈 것이다. 남은 수는 4, 6, 8이다.
⑤ '나'는 4, 6, 8 중에서 2와 3을 약수로 가지는 수이므로 '나'에는 6이 들어간다. 남은 수는 4, 8이다.
⑥ B는 '가'의 약수이므로 B에는 4가 들어갈 것이고, '가'에는 8이 들어갈 것이다.
⑦ '가', '나', '다'에 해당하는 수의 합을 구하라고 하였으므로 8+6+7=21이다.

합격자의 실전 풀이 순서

❶ 〈그림〉과 〈규칙〉을 읽고 원을 채우는 방식을 이해한다. 만약 이해가 잘 되지 않는다면 한 두 값을 대입해 확인해보는 것이 좋다. 이를 통해 빠른 이해를 도모할 수 있다.
❷ '다'는 다른 자연수의 약수나 배수가 아닌 수이므로 7임을 파악한다.
❸ '가'는 2의 배수이자 4의 배수이기도 하므로 8임을 파악한다.
❹ '나'는 2의 배수이자 3의 배수이기도 한 6임을 파악한다. 따라서 가+나+다=21이고 답은 ②번이다.

합격자의 시간단축 Tip

Tip ❶ '가'와 '나'는 2의 배수이면서 다른 자연수의 배수이므로 6 또는 8일 것이다. 가+나+다의 값을 구하는 문제이므로 반드시 구체적인 '가'와 '나'의 수치를 구하지 않아도 빠르게 해결할 수 있다.

Tip ❷ 약수, 배수 문제는 자료해석 뿐만 아니라 상황판단에도 빈출 되는 유형이다. 혹 약수, 배수의 개념이나 응용 방법에 있어 헷갈리거나 자신 있지 않다면 반드시 한번 정리해야 한다.

163 정답 ⑤ 난이도 ●●●

문제를 해결하기 위해서는 우선 〈표〉에 나와 있는 빈칸에 들어갈 수치들을 계산해서 빈칸에 기록해둔 다음, 각 항목들을 비교한다.

- 2009년 서류검증 비용:
  2009년 전체 비용 1,134−2009년 현장검증 비용 1,074=60
- 2010년 서류검증 건수:
  2010년 전체 건수 1,395−2010년 현장검증 건수 630=765
- 2011년 현장검증 비용:
  2011년 전체비용 1,745−2011년 서류검증 비용 41 =1,704
- 2012년 현장검증 건수:
  2012년 전체 건수 1,577−서류검증 건수 725=852
- 2013년 전체비용:
  2013년 서류검증 비용 68+현장검증 비용 1,609=1,677

		2008	2009	2010	2011	2012	2013
서류검증	건수	755	691	765	767	725	812
	서류검증 비용	54	60	57	41	102	68
현장검증	건수	576	650	630	691	852	760
	현장검증 비용	824	1,074	1,091	1,704	2,546	1,609
전체	건수	1,331	1,341	1,395	1,458	1,577	1,572
	전체비용	878	1,134	1,148	1,745	2,648	1,677

① (×) 산업 신기술검증 전체비용은 ~~매년 증가하였다.~~
➜ 2009년 전체비용이 1,134에서 2010년 1,148로, 2012년 2,648에서 2013년 1,677로 감소하였으므로 서술된 내용은 옳지 않다.

② (×) 서류검증 건수는 매년 현장검증 건수보다 ~~많다.~~
➜ 실제 표에서 서류검증 건수와 현장검증 건수를 비교해 본다.
- 2008년 서류검증 건수 755 > 2008년 현장검증 건수 576건

- 2009년 서류검증 건수 691 > 2009년 현장검증 건수 650건
- 2010년 서류검증 건수 765 > 2010년 현장검증 건수 630건
- 2011년 서류검증 건수 767 > 2011년 현장검증 건수 691건
- 2012년 서류검증 건수 725 < 2012년 현장검증 건수 852건
- 2013년 서류검증 건수 812 > 2013년 현장검증 건수 760건

2012년에는 서류검증 건수 725보다 현장검증 건수가 852로 더 많기 때문에 진술된 내용은 옳지 않다.

③ (×) 서류검증 건당 비용은 2008년에 ~~가장 크다.~~

	2008	2009	2010	2011	2012	2013
건수	755	691	765	767	725	812
비용	54	60	57	41	102	68
$\frac{비용}{건수}$	0.072	0.087	0.075	0.053	0.141	0.084

서류검증 건당 비용은 2012년에 가장 크다. 따라서 틀린 보기이다.

④ (×) 전년에 비해 현장검증 비용이 감소한 연도는 ~~2개이다.~~

➜ 실제 표에서 매년 현장검증 비용을 전년도와 비교해본다.

- 2009년 현장검증 비용 1,074(천만 원) > 2008년 현장검증 비용 824(천만 원)
- 2010년 현장검증 비용 1,091(천만 원) > 2009년 현장검증 비용 1,074(천만 원)
- 2011년 현장검증 비용 1,704(천만 원) > 2010년 현장검증 비용 1,091(천만 원)
- 2012년 현장검증 비용 2,546(천만 원) > 2011년 현장검증 비용 1,704(천만 원)
- 2013년 현장검증 비용 1,572(천만 원) < 2012년 현장검증 비용 2,546(천만 원)이다.

이때, 비용이 감소한 연도는 2013년으로 1개이다. 따라서 틀린 보기이다.

⑤ (○) 전년에 비해 현장검증 건수가 감소한 해에는 전년에 비해 서류검증 건수가 증가하였다.

➜ 실제 표에서 매년 현장검증 비용을 전년도와 비교해본다.

- 2009년 현장검증 건수 650 > 2008년 현장검증 건수 576
- 2010년 현장검증 건수 630 < 2009년 현장검증 건수 650
- 2011년 현장검증 건수 691 > 2010년 현장검증 건수 630
- 2012년 현장검증 건수 852 > 2011년 현장검증 건수 691
- 2013년 현장검증 건수 760 < 2012년 현장검증 건수 852

표를 통해 비교해 보면 전년에 비해 현장검증 건수가 감소한 해는 2010년과 2013년으로, 두 해 모두 전년에 비해 서류검증 건수가 증가하였다.

합격자의 실전 풀이 순서

❶ 〈표〉의 구조를 파악하고 빈칸을 구할 수 있는 구조(서류검증+현장검증=신기술검증)이지만 구체적인 값을 구하지 않고 최대한 문제를 해결할 수 있음을 인식한다.

❷ 선지 플레이를 한다면, 단순히 눈으로 확인할 수 있는 선지가 아닌 계산이 필요하거나 빈칸을 활용하는 선지가 답이 될 가능성이 크다.
따라서 ④(빈칸) → ⑤(빈칸) → ③번(계산)의 순서대로 확인한다.

❸ ④번을 확인하면, 전년보다 현장검증 비용이 감소한 연도는 2013년뿐이므로 틀린 선지이다.

❹ ⑤번을 확인하면, 전년보다 현장검증 건수가 감소한 2010년과 2013년은 모두 전년에 비해 서류검증 건수가 증가하였으므로 옳은 선지이다. 따라서 정답은 ⑤번이다.

합격자의 시간단축 Tip

선지 ① 2008~2012년까지 눈으로 확인 후, 2012년과 2013년만 비교하면 된다. 2013년이 2012년에 비해 지나치게 작아 그냥 더해서 비교해도 되지만, 일반적인 경우라면 더하지 않고 서류검증과 현장검증 각각의 '차잇값'으로 비교하는 것이 좋다.

선지 ② 빈칸을 몰라도 풀 수 있는 선지이다. 전체가 두 가지 구성요소로 양분되는 경우 어느 하나가 크다는 것은 50% 이상이라는 의미이다. 따라서 전체=서류검증+현장검증인 것을 이용하여,
값이 주어진 경우 서류검증 > 현장검증을 눈으로 확인하되 **빈칸이 있는 경우** 빈칸 아닌 값×2가 전체보다 큰지 작은지를 통해 확인하면 된다.
예를 들어 2010년은 서류검증이 빈칸이기 때문에 현장검증(630)×2=1,260 < 1,395임을 이용하면 서류 > 현장임을 쉽게 알 수 있다.

해설편 13일차 · 수리능력 · 자료해석

선지 ③ '가장 크다'와 같은 유형은 반례를 하나라도 찾으면 틀린 선지로 처리할 수 있다.
이 유형은 출제 의도 상 수험생이 시간을 소모하도록 유도하기 위해 뒷부분에 반례가 배치되는 경우가 많으므로 뒤에서부터 확인하는 것이 좋다.
선지 ③번 역시 뒷부분인 2012년을 먼저 확인하면 분모인 '건수'가 2008년보다 작고, 분자인 '비용'은 더 커 쉽게 반례임을 알 수 있다.

선지 ④

[방법 1] 추천 방법-'경향성의 활용'
〈표〉의 경향성을 알고 있다면 계산을 아예 할 필요가 없다. 〈표〉를 보면 서류검증 비용이 현장검증 비용보다 많이 작은 경향이 있음을 알 수 있다. 그러므로 현장검증 비용을 비교할 때 (전체 값이 비슷한 2009, 2010년 간 비교만 제외하면) '전체 값'으로 비교해도 전혀 문제없다.
따라서 빈칸인 2011년을 도출하지 않고 주어진 전체 값을 기준으로 2010, 2012년과 비교하면 된다.

[방법 2] 대입 비교법
2011년의 현장검증 비용을 구하지 않고, 2010년의 현장 비용 값을 대입하면 1,091+41은 1,745에 미치지 못하므로 1,091보다 큰 값임을 알 수 있다.
또한, 2012년의 현장 비용 값(2,546)을 대입하면 1,745에 넘치므로 이보다 작은 값임을 알 수 있다.
따라서, 2011년과 2012년 모두 전년에 비해 현장검증 비용이 증가한 연도이다.

선지 ⑤ 현장검증 건수 역시 빈칸을 채우지 않고 2011년의 현장검증 건수(691)와 2013년의 현장검증 건수(760)를 대입해보면 모두 서류검증 건수(725)와 합쳐도 1,577에 미치지 못하므로 두 숫자보다 클 것이다.
따라서 2013년은 전년보다 현장검증 건수가 감소한 해이다.
따라서 2010년과 2013년의 서류검증 건수가 전년보다 증가하였으므로 옳은 선지이다. 이때 2010년의 서류검증 건수의 빈칸 역시 채우지 않고 691(2009년 서류검증 건수)을 대입하면 630(2010년 현장검증 건수)을 더해도 1,395(전체 건수)에 미치지 못하므로 전년보다 서류검증 건수가 증가한 것이 맞다.

164 정답 ❸ 난이도 ●●○

① (○) 2016~2017년 국내 드론 활용 분야별 사업체수 현황
→ 〈보고서〉의 두 번째 단락에서 "2017년 국내 드론 활용 분야별 사업체수를 살펴보면, 농업과 콘텐츠 제작 분야의 사업체수가 전체의 80% 이상을 차지하였고" 부분에 해당한다.

$$\frac{\text{2017년 국내 드론 활용 농업, 콘텐츠 제작 분야 사업체수}}{\text{2017년 국내 드론 활용 전체 사업체수}}$$

$=\frac{1,043}{1,235}\approx 0.84$이므로 농업과 콘텐츠 제작 분야의 사업체수가 전체의 80% 이상을 차지하였다.

② (○) 2013년과 2018년 세계 드론 시장 점유율 현황
→ 〈보고서〉의 첫 번째 단락에 해당하는 부분이다. 2013년에는 미국과 유럽이 81%의 점유율을 차지하였으며 2018년에는 유럽이 21%, 아시아와 태평양이 34%의 점유율을 차지하였다.

③ (×) 2015~2017년 국내 드론 산업 관련 민간 R&D 기업규모별 투자 현황
→ 〈보고서〉의 마지막 단락에서 기술 분야별 정부 R&D 예산 비중에 관해 설명하고 있다.
이는 국내 드론 산업 관련 민간 R&D 기업규모별 투자 현황과는 관계가 없는 내용이다.

④ (○) 2015~2017년 국내 드론 산업 관련 기술 분야별 정부 R&D 예산 비중 현황
→ 〈보고서〉의 마지막 단락에 해당하는 부분이다. 기반기술과 응용서비스기술의 예산 비중의 합은 2015년도 70.4%, 2016년도 73.1%, 2017년도 67.9%로 매년 65% 이상이다.

⑤ (○) 2013~2017년 국내 드론 활용 산업의 주요 관리 항목별 현황
→ 〈보고서〉의 두 번째 단락에서 "2017년 국내 드론 활용 산업의 주요 관리 항목을 2013년 대비 증가율이 높은 항목부터 순서대로 나열하면, 조종자격 취득자 수, 장치신고 대수, 드론 활용 사업체수 순이다." 부분에 해당한다. 이는 〈그림〉을 통해 파악할 수 있다.

합격자의 실전 풀이 순서

❶ 사용하지 않은 자료 찾기 문제임을 파악한 후, 선지의 자료 제목과 내용을 확인한다.
❷ ①번부터 제목이나 표의 내용의 주요한 단어를 설정하고 이를 〈보고서〉에 있는지 찾는다.
구체적 수치는 확인하지 않는다.
❸ ③번의 기업 규모별 R&D 투자 현황은 〈보고서〉에 언급되지 않았으므로 답이다.

165 정답 ⑤ 난이도 ●●○

① (×) 2013년 9월 C 자동차의 월매출액은 200억 원 ~~이상이다.~~

➜ 〈표〉에서, 2013년 10월 C 자동차의 월 매출액은 285억이고, 전월(9월) 대비 증가율은 50%이다.

전월 대비 증가율은 $\frac{10\text{월 매출액}-9\text{월 매출액}}{9\text{월 매출액}}$ ×100(%)로 구할 수 있다.

10월 매출액에 285억을 대입하여, 식을 세우면 다음과 같다.

$\frac{285\text{억}-9\text{월 매출액}}{9\text{월 매출액}}\times100(\%)=50(\%)$

이 식에 따라 9월 매출액을 구하면

$\frac{285\text{억}-9\text{월 매출액}}{9\text{월 매출액}}=0.5\rightarrow9\text{월 매출액}\times1.5=$ 285억원

$\rightarrow9\text{월 매출액}=\frac{285\text{억원}}{1.5}=190\text{억원이다.}$

② (×) 2013년 10월 월매출액 상위 5개 자동차의 순위는 전월과 ~~동일하다.~~

➜ 2013년 9월 자동차 월 매출액은

(2013년 9월 자동차 월 매출액)×

$\frac{2013\text{년 10월 자동차 월 매출액}}{1+\frac{\text{전월 대비 증가율}}{100}}$ 이다.

〈표〉를 이용해 2013년 10월 월 매출액 상위 5개 자동차의 2013년 9월 월 매출액을 계산하면,

- A 자동차: 1,139÷1.6=712억 원
- B 자동차: 1,097÷1.4=784억 원
- C 자동차: 285÷1.5=190억 원
- D 자동차: 196÷1.5=131억 원
- E 자동차: 154÷1.4=110억 원이다.

즉 2013년 9월에는 A 자동차보다 B 자동차의 월 매출액이 더 높았음을 알 수 있다.

따라서 2013년 10월 월 매출액 상위 5개 자동차의 순위는 전월과 동일하지 않다.

③ (×) 2013년 6월부터 2013년 9월 중 I 자동차의 월매출액이 ~~가장 큰 달은 9월이다.~~

➜ 〈그림〉에서 I 자동차 누적 매출액을 찾을 수 있다. 월 매출액은 해당 월말에 집계된다고 했으므로, 당월 매출액은 (당월 매출액)−(전월 매출액)을 통해 구할 수 있다.

- 6월 매출액=5억 원
- 7월 매출액=9억−5억=4억 원
- 8월 매출액=24억−9억=15억 원
- 9월 매출액=36억−24억=12억 원

따라서 2013년 6월부터 2013년 9월 중 I 자동차의 월매출액이 가장 큰 달은 9월이 아니라 8월이다.

④ (×) 2013년 10월 월매출액 상위 5개 자동차의 10월 월매출액 기준 시장점유율은 80% ~~이하이다.~~

➜ 2013년 10월 상위 5개 자동차는 A, B, C, D, E이다. 시장점유율은 %단위이므로 위 5개 자동차의 점유율을 모두 합하면, 34.3%+33.0%+8.6%+5.9%+4.6%=86.4(%)이므로 80%이상이다.

⑤ (○) 2013년 10월 '갑'국의 전체 자동차 매출액 총액은 4,000억원 이하이다.

➜ 〈표〉에서 각각의 자동차 매출액을 찾을 수 있다. 2013년 10월 전체 자동차 매출액=1,139+1,097+285+196+154+149+138+40+30+27=3,255억원이다.

합격자의 실전 풀이 순서

❶ 〈표〉의 구조(순위 자료, 월매출액과 시장점유율을 통해 전체 자동차 월매출 총액을 구할 수 있고, 전월 대비 증가율을 통해 자동차별 2013년 9월 월매출액을 구할 수 있음) 및 단위를 파악한다.
그리고 〈표〉의 I를 〈그림〉과 연결시키는 표시를 하고, 〈그림〉의 제목에서 '누적'에 표시한다.

❷ C 자동차, I 자동차만을 묻는 선지 ①, ③을 먼저 해결한다. 다음으로 시장점유율의 합을 구하는 선지 ④, 전체 자동차 매출액 총액을 계산하는 ⑤를 해결한다.

❸ ①부터 해결하면, 선지에 주어진 것을 토대로 확인해보면 13년 9월 C자동차의 월매출액은 200억원 미만이므로 틀린 선지이고, ③에서는 〈그림〉을 통해 확인해보면 가장 큰 달은 10월이므로 두 선지 모두 틀린 선지이다.

❹ ④에서 숫자끼리 묶어서 빠르게 계산해보면 85% 이상이라는 것을 알 수 있으므로 틀린 선지이며, ⑤에서 4,000억 원을 기준으로 계산하기 쉬운 I나 J 자동차의 시장점유율을 통해 계산해보면 4,000억원 이하라는 것을 알 수 있어 옳은 선지이다. ⑤를 체크하고 넘어간다.

합격자의 시간단축 Tip

선지 ① 13년 9월 C 자동차의 월매출액을 도출하기보다 보기에서 준 200억원 이상이 옳은 것으로 보고 모순이 발생하는지 확인하는 방향으로 가야 한다. C 자동차의 9월 매출액이 200억 원이고, 10월의 전월 대비 증가율이 50%라면 10월의 매출액은 300억 원이다. 10월 매출액이 300억 원 미만이므로, 9월 매출액 역시 200억 원 미만이다.

선지 ② 먼저 선지의 의미를 제대로 파악하여야 한다. "10월 상위 5개 자동차 순위는 전월과 동일하다"는 것은 상위 5개 간의 순위가 동일하다는 의미이지, "9월 상위 5개 순위와 동일하다"는 것이 아니다. 따라서 9월의 1~5위 순위는 도출할 필요가 없다.

A ~ E의 경향을 우선 보면, A와 B는 월매출액이 네 자릿수인 반면 C, D, E는 세 자릿수이다(단위는 제외하고 생각한다). 즉 두 그룹의 순위가 뒤집힐 일은 없으므로 각 그룹 내에서의 순위를 비교하도록 한다. 따라서 그룹 별로 나누어 비교하면 된다. 우선 A와 B를 비교하기 위해 기준을 세워야 한다.

750을 기준으로 살펴보면 $750\times1.6>1{,}139$ 이고 $750\times 1.4<1{,}097$이다. 즉, A는 9월의 월매출액이 750 미만인 반면 B의 9월 월매출액은 750을 초과함을 알 수 있다.

따라서 이 둘의 9월 월매출액 순위는 지금과 다를 것이므로 반례가 되어 틀린 선지임을 알 수 있다.

> * 실전에서는 계산하지 않을 것이지만 그래도 계산해 본다면, C, D, E 안에서는 C와 D의 증가율이 동일하므로 이 둘의 순서는 9월에도 동일했을 것을 알 수 있다. D와 E 중에서는 계산하기 쉬운 50%를 기준으로 생각해보면 D가 50% 증가하여 196이 되기 위해서는 최소 130 이상이어야 하는 반면, 130에서 40%가 증가하면 154보다 훨씬 크기 때문에 E는 9월에 130 미만이었음을 알 수 있다. 따라서 이 둘 간의 순서는 바뀌지 않는다.

선지 ③ 〈그림〉은 '누적 값'이므로 해당 월의 값은 '차잇값'을 의미한다. 이때 '차잇값'을 직접 계산하기보다 〈그림〉에서 시각적 효과를 활용해서 비교한다.

6월의 막대그래프에서 7월의 막대그래프로, 7월의 막대그래프에서 8월의 막대그래프로 각각 수평선을 그어 그 차이, 즉 몇 칸 증가하였는지를 비교해보면 9월과 10월 간의 차이가 가장 크게 나타나고 있음을 쉽게 알 수 있다.

선지 ④

[방법 1]

계산을 용이하기 하기 위해서 대략 10을 맞추어 계산해 보면, D와 E 자동차의 시장점유율을 합하면 대략 10 이상이며, A와 B 자동차의 시장점유율은 각각 30 이상이므로 이들만 합해도 70이 넘는다. 여기까지만 계산해도 남은 1의 자리들을 합하면 80이 훌쩍 넘을 것이 예상되므로 계산을 멈추고 틀렸다고 체크한다.

[방법 2]

'각산법'을 활용하여 '큰 단위' 순으로 계산하는 것도 좋다. 먼저 10의 자리를 보면 $30+30=60$이기에, 1의 자리의 합이 20만 넘으면 된다. 순서대로 보더라도 $4+3+8+5=20$이므로 굳이 더 계산하지 않아도 80은 넘음을 알 수 있다.

> * 위 두 방법보다 구체적인 내용은 [Part 1. 시간단축비법]을 확인하자.

선지 ⑤ 이러한 유형은 선지에서 준 값을 옳은 것으로 보고 모순이 생기는지 보는 것이 가장 효율적이다. ⑤번의 4,000이 맞다고 가정하고 B를 보면 $4{,}000\times33\%$ $=$약 1,333으로 1,097보다 크다.

따라서 4,000 이하여야 한다.

이처럼 옳은 것으로 보고 확인하면 매우 편하고 빠르게 도출할 수 있으므로 적극 활용하자.

166 정답 ⑤ 난이도 ●●○

ㄱ. (×) 매년 선정 업체 중 디자인 업체가 차지하는 비중은 ~~증가하였다.~~

➜ 선정 업체 중 디자인 업체가 차지하는 비중은 $\frac{\text{선정된 디자인 업체}}{\text{산업별 선정 업체 수의 합}}$로 계산할 수 있다.

- 2013년: $\frac{\text{디자인 업체 수}}{\text{전체 업체 수}}=\frac{3}{3+2+3+6}=\frac{3}{14}$ $=0.2143$
- 2014년: $\frac{\text{디자인 업체 수}}{\text{전체 업체 수}}=\frac{2}{2+2+2+6}=\frac{2}{12}$ $=0.1667$
- 2015년: $\frac{\text{디자인 업체 수}}{\text{전체 업체 수}}=\frac{5}{2+5+5+3}=\frac{5}{15}$ $=0.3333$

이므로, 디자인 업체 비중은 2015년 > 2013년 > 2014년 순이다.

ㄴ. (○) 2013년 선정 업체 중 당해 연도 과제 이행 실적이 한 건도 없는 업체는 3개 이상이다.

➜ 〈표 1〉과 〈표 2〉, 〈표 3〉을 모두 참고해서 푼다. 〈표 1〉에서, 2013년 선정업체는 총 14개라는 것을 알 수 있다. 〈표 2〉에서, 2013년도 과제 이행 실적은 총 12개이다. 따라서 2013년도에 총 14개의 기업이 수행한 과제가 12건이 된다. 이때 주의할 점은 14개 기업 중 12개의 기업이 1건씩 과제를 이행한다고 가정하는 것이다. 이렇게 가정할 경우 12개의 기업이 과제를 수행하며, 2개의 기업은 과제 이행 실적이 한 건도 없게 된다.

〈표 3〉에서, 이행실적이 1건인 업체의 개수는 11개이다. 10개의 업체가 각각 1건의 과제 이행 실적이 있다면, 2건의 과제를 이행한 업체가 1개 있을 것

이다. 이 경우 총 11개의 업체가 과제 이행 실적이 있다. 나머지 3개의 업체는 과제 이행 실적이 없다고 할 수 있다. 이 경우가 최대한 많은 업체가 과제를 이행한 경우이기 때문에, 과제 이행 실적이 없는 업체는 3개 이상이다.

ㄷ. (○) 산업별 선정 업체 수의 3년 간 합이 많은 산업부터 순서대로 나열하면 미디어, 디자인, 바이오, 엔지니어링 순이다.

→ 〈표 1〉만 이용하여 푼다. 중복 선정된 업체는 없다고 하였으므로, 단순 덧셈을 통해 풀 수 있다.

- 3년간 엔지니어링 업체 수: 3+2+2=7개
- 3년간 바이오 업체 수: 2+2+5=9개
- 3년간 디자인 업체 수: 3+2+5=10개
- 3년간 미디어 업체 수: 6+6+3=15개

따라서 3년간 합이 많은 순서대로 나열하면 미디어 > 디자인 > 바이오 > 엔지니어링 순이다.

ㄹ. (○) 전체 선정 업체 중 3년 간 과제 이행 실적 건수 상위 15개 업체의 과제 이행 실적 건수는 전체 과제 이행 실적 건수의 80%를 차지하였다.

→ 〈표 3〉과 〈표 2〉를 이용하여 푼다. 상위 15개 업체의 과제 이행 실적 건수는 다음과 같이 계산한다.

- 5건: 1개 업체
- 4건: 1개 업체=누적 2개 업체
- 3건: 9개 업체=누적 11개 업체
- 2건: 4개 업체=누적 15개 업체

전체 과제 이행 실적 건수는 〈표 2〉에 나와 있듯 55개이다.

$$=\frac{\text{상위 15개 업체의 과제 이행 실적 건수}}{\text{전체 과제 이행 실적 건수}}\times 100$$

$$=\frac{(5\times 1)+(4\times 1)+(3\times 9)+(2\times 4)}{55}\times 100$$

$$=\frac{5+4+27+8}{55}\times 100=\frac{44}{55}\times 100=80(\%)$$

합격자의 실전 풀이 순서

❶ 각 표의 제목 및 단위를 확인하고, 〈표 2〉, 〈표 3〉의 '전체' 자료 좌측에는 세로로 구분선을 긋는다. 각 표 아래의 각주를 확인한다.

❷ 선지 4개에 포함되어 있는 보기 ⓒ은 가장 후순위로 미룬다. 〈표 1〉만 확인하면 되는 보기 ㉠, 〈표 3〉만 확인하면 되는 보기 ㉣을 먼저 확인한다.

❸ 보기 ㉠은 옳지 않고, ㉣은 옳기 때문에 선지 ④, ⑤가 남는다. 따라서 보기 ㉡을 해결한다. ㉡이 옳으므로 답은 ⑤이다.

합격자의 시간단축 Tip

보기 ㉠

[방법 1]

선정 업체 중 디자인 업체가 차지하는 비중은

- 2013년: $\frac{3}{14}$
- 2014년: $\frac{2}{12}=\frac{1}{6}=\frac{3}{18}$
- 2015년: $\frac{5}{15}=\frac{1}{3}=\frac{3}{9}$이다.

2013~2015년 분자는 모두 3으로 같지만, 2013년에 비해 2014년의 분모가 크기 때문에 비중은 감소한다.

선정 업체 중 디자인 업체를 제외한 나머지와 디자인 업체의 비율을 비교해도 결과는 같다. 2014년에 각 산업의 선정 업체 수를 디자인 업체 수인 2로 나누면 엔지니어링 1, 바이오 1, 미디어 3으로 (엔지니어링+바이오+미디어) : 디자인=5 : 1이다.

그러나 2013년에는 각 산업 선정 업체 수를 디자인 업체 수인 3으로 나누면 엔지니어링 1, 바이오 1 미만, 미디어 2로 전체 5가 안되므로 비율이 더 작으며, 이는 전체에서 차지하는 디자인의 비중이 13년도에 14년도보다 크다는 것을 의미한다. 따라서 ㉠은 틀린 보기이다.

[방법 2]

반대로 분수의 '수학적 원리'를 고려해도 된다.

[Part 1. 시간단축비법]의 분수 비교 방법 중 '분자, 분모의 차잇값 비교' 방법에 따르면, 원래의 분수보다 큰 분수 값이 분자, 분모에서 빠지는 경우 분수 값이 작아진다. 즉 2013년→2014년의 경우 분모에서 2, 분자에서 1이 빠져 0.5와 같으나 2013년의 디자인 업체 비중은 0.5보다 당연히 작으므로 14년에는 감소할 수밖에 없다.

보기 ㉡ '적어도' 유형은 시키는 것의 반대만 하면 쉽게 해결할 수 있다. 즉 보기 ㉡의 경우 최대한 많은 업체가 과제 이행 실적이 있도록 구성해 보면 된다.

13년 선정 업체는 총 14개이고, 과제 이행 실적은 12개이다. 〈표 3〉에서 과제 이행 실적이 1건인 업체 수는 11개이므로, 최대 10개의 업체가 1건씩, 나머지 4업체 중 한 업체가 2건을 이행한 경우 과제 이행 실적은 총 12개를 만족하며 이때 나머지 세 업체는 과제 이행 실적이 한 건도 없게 된다.

해당 경우는 최대한 많은 업체가 과제를 이행한 경우에 해당하기 때문에, 과제 이행 실적이 한 건도 없는 업체는 무조건 3개 이상이다.

보기 ⓒ 직접 합을 구하지 않고, 구성 요소의 차잇값 비교만으로 해결한다. 먼저 네 산업 중 미디어만 선정 업체 수가 6개인 연도가 두 개나 있으므로 미디어는 계산할 필요 없이 선정 업체의 합이 가장 많은 산업이다. 나머지 중에선, 디자인과 바이오를 비교할 때 2, 5가 공통으로 있으나 디자인은 나머지 하나가 3, 바이오는 2이므로 디자인 > 바이오이다.

바이오와 엔지니어링을 비교할 때, 2가 두 개 있는 것은 동일하나 바이오는 나머지 하나가 5, 엔지니어링은 3이므로 바이오 > 엔지니어링이다. 따라서 해당 보기는 옳다.

보기 ⓔ

[방법 1]

반대해석을 통해 하위 업체가 전체 과제 이행 실적 건수의 20%를 차지하는지 확인하는 것이 유리하다. 그 이유는 〈표 3〉에서 과제 이행 실적이 없거나 1건인 회사 수가 압도적으로 많은데, 이들의 총 과제 이행 실적을 구하는 것이 과제 이행 실적이 많은 업체들의 합을 구하는 것보다 용이하기 때문이다. 따라서 하위 26개 업체의 과제 이행 실적을 구해보면 '없음'이 15개, '1건'이 11개이므로 정확히 26개이며 이들은 총 11개의 과제 이행 실적을 보유한다.

이때 총합을 계산을 통해 도출하면 안 된다. 표 간의 관계를 제대로 확인하였다면 〈표 2〉에 전체값이 주어져 있음을 알아야 한다. 즉 〈표 2〉에서 전체 과제 이행 실적은 55이므로 $\frac{11}{55}$=20%이며 보기 ⓔ은 옳은 보기이다.

[방법 2]

상위 15개 업체의 과제 이행 실적은 〈표 2, 3〉을 함께 활용하면 쉽게 도출할 수 있다.

〈표 2〉의 55건에서 〈표 3〉의 1×11을 빼면 상위 15개 업체의 실적은 44건임을 알 수 있으며, 55×80%=44이므로 80%를 차지하는 것이 옳음을 간단히 알 수 있다.

167 정답 ③ 난이도 ●●○

① (×) 2013년 이후 전년보다 참여직원수가 가장 많이 증가한 해와 시행기업수가 가장 많이 증가한 해는 동~~일하다.~~

→ 참여직원수 증가 비교

- 2013년: 5,517−3,197=2,320명
- 2014년: 10,869−5,517=5,352명
- 2015년: 21,530−10,869=**10,661명**

즉 2015년이 가장 많다.

시행기업수 증가 비교

- 2013년: 2,802−2,079=723곳
- 2014년: 5,764−2,802=**2,962곳**
- 2015년: 7,686−5,764=1,922곳으로 즉 2014년이 가장 많다. 따라서 틀린 보기이다.

② (×) 2015년 남성육아휴직제 참여직원수는 2012년의 7배 ~~이상이다.~~

→ 〈그림〉에 따르면 2015년 남성 육아 휴직제 참여직원수는 21,530명, 2012년 남성 육아 휴직제 참여직원수는 3,197명이다. 따라서 2012년 인원수에 7을 곱하면,

3,197×7=22,379 > 21,530 이므로 7배 미만이다.

③ (○) 시행기업당 참여직원수가 가장 많은 해는 2015년이다.

→ 시행기업당 참여직원 수는 $\frac{\text{참여직원수}}{\text{시행기업수}}$이다.

〈그림〉에서 꺾은선 그래프의 수치를 대입하면,

- 2012년: 3,197÷2,079≈1.538명
- 2013년: 5,517÷2,802≈1.969명,
- 2014년: 10,869÷5,764≈1.886명
- 2015년: 21,530÷7,686≈**2.801명**

따라서 2015년이 시행기업당 참여직원수가 가장 많다.

④ (×) 2013년 대비 2015년 시행기업수의 증가율은 참여직원수의 증가율보다 ~~높다.~~

→ 시행기업수 증가율: 7,686−2,802÷2,802≈1.743, 약 174% 증가율

참여직원수 증가율: 21,530−5,517÷5,517≈2.902, 약 290% 증가율이다.

따라서 시행기업수의 증가율이 참여직원수의 증가율보다 더 낮다.

⑤ (×) 2012~2015년 참여직원수 연간 증가인원의 평균은 6,000명 ~~이하이다.~~

→ 전년대비 증가인원을 구하는 법은 다음과 같다.

→ $\frac{\text{2013년, 2014년, 2015년 연간 참여직원수 증가인원의 합}}{3}$

- 2013년: 5,517−3,197=2,320명
- 2014년: 10,869−5,517=5,352명,
- 2015년: 21,530−10,869=10,661명,

평균을 구해보면 (2,320+5,352+10,661)÷3=**6,111명**

연간 증가인원의 평균은 6,111명이므로 6,000명 이상이다. 따라서 옳지 않다.

합격자의 실전 풀이 순서

❶ 〈그림〉에서 막대 그래프와 꺾은선 그래프가 무엇을 나타내는지 확인하고 각각의 y축을 확인한다(y축 눈금이 0이 되는 지점, 단위 확인).

❷ 합격생 별로 풀이 순서가 달랐다. 어느 순서가 더 우월한 것이 아니므로, 두 방법을 모두 시도해 본 후 본인에게 더 와닿은 순서를 선택해 연습하면 된다.

[순서 1]
시행기업 당 참여 직원 수, 시행기업 수와 참여 직원 수의 증가율을 구해야 하는 선지 ③, ④보다 2012년과 2015년의 자료만 확인하면 되는 선지 ②, ⑤를 먼저 해결하고, 다음으로는 증가 폭을 계산하는 선지 ①을 해결한다.

[순서 2]
이 문제와 같이 꺾은선, 막대 혼합 그래프가 주어지는 경우 증가율을 구하는 문제가 시각적으로 쉽게 해결되기 때문에 오히려 선지 ①, ④번이 풀기 쉬울 수 있다. 따라서 별도의 난이도를 따지는 과정을 거치기보다는 선지 순서대로 접근하는 것이 보다 효율적일 수 있다. 다만 선지 ③의 경우 계산이 다소 복잡하므로 사람에 따라 해당 선지는 마지막에 푸는 것이 좋을 수도 있다.

❸ 선지 ①에서 그래프 기울기를 통해 증가율을 비교해 보면, 참여직원수가 가장 많이 증가한 해는 2015년인 반면 시행기업수가 가장 많이 증가한 해는 2014년으로 일치하지 않는다.

❹ 선지 ②에서 2012년의 남성 육아휴직제 참여 직원 수는 2,197명, 2015년의 참여 직원 수는 21,530명으로 7배 미만이어서 틀린 선지이다.

❺ 선지 ③에서 그래프의 시각적 효과를 사용하면 시행기업당 참여 직원 수가 가장 많은 해가 2015년이라는 것을 쉽게 알 수 있다. 따라서 ③번이 답이므로 이를 체크하고 넘어간다.

합격자의 시간단축 Tip

선지 ① x축이 '연도'인 막대 그래프에서 '기울기'는 증가율이 아닌 y축 변화량을 의미한다.
즉 '연도'는 1년 단위이기 때문에 x축의 길이는 1로 동일하므로, 기울기는 y축의 변화량을 의미하게 되는 것이다. 종종 이를 기울기로 착각하는 수험생이 많으므로 주의해야 한다.
즉 기울기를 이용하여 직원수나 시행기업수의 증가량을 비교하면 가장 가파른 기울기를 보이는 연도는 2013년에서 2014년이다. 따라서 2014년에 전년 대비 시행기업 수 증가가 가장 크다.
참여 직원 수는 2015년도에 기울기가 가장 가파르다는 것을 쉽게 알 수 있다.

선지 ②
[방법 1]
남성 육아 휴직제 참여 직원 수는 2012년 3,197명이고, 2015년 21,530명이다. 2012년의 참여 직원을 3,100명이라고 가정하더라도 7배는 21,700명으로 2015년의 참여 직원 수보다 많다.

[방법 2]
가장 큰 자릿수부터 비교하는 방법도 있다. 12년도 천의 자릿수인 3에 7을 곱하면 21로 15년도의 앞 두자리와 같다. 그러나 나머지 수인 197의 7배는 최소한 700 이상인 반면 15년도의 나머지 수는 530명이므로 15년의 참여 직원 수는 12년도의 7배일 수 없다.

[방법 3]
3,197은 3,200과 크게 다르지 않으므로 3,200으로 가정하더라도 숫자의 왜곡이 거의 없다.
따라서 $3,200\times7=22,400>21,530$임에 7배 미만임을 쉽게 알 수 있다.

* 원칙적으로 근삿값은 선지와는 반대 방향으로 설정해야 한다. 즉 선지 ②번의 경우 7배 이상인지 물었으므로 2012년 값을 원래보다 작게 설정 후, "그럼에도 불구하고 7배보다 작다"로 푸는 것이 정석적인 방법이다.
그렇다면 "더 큰 값을 잡은 방법 3은 틀린 풀이인지" 궁금한 수험생이 있을 것이라 생각한다. 여기서 3,200으로 더 큰 대체 값을 잡은 것은 매우 가까운 숫자(=단 3차이)이기 때문이며, 따라서 큰 숫자 왜곡이 없었던 것이다.
이처럼 원칙적으로는 반대로 설정하되, 적절한 가까운 숫자가 있다면 동일한 방향으로 설정해도 무관함을 알아두자.

선지 ③ 시행기업 당 참여 직원 수를 어림산하면,

- 2012년은 $\frac{31}{20}\approx1.5$, 2013년는 $\frac{55}{28}<2$,
- 2014년은 $\frac{108}{57}<2$, 2015년은 $\frac{215}{76}\approx3$(2보다 큼)이다.

그래프가 주어지는 경우 그래프만 보고 판단하는 경우가 있지만 이는 조심해야 한다. 시행기업수의 단위는 1,000단위로 올라가지만 참여직원수의 단위는 5,000단위이기 때문에, 단순히 막대 그래프의 끝부분과 꺾은선 그래프의 점이 가깝다는 이유로 비중을 크다고 보기에는 왜곡이 발생하기 쉽다.
예를 들어 끝부분과 점 간 거리가 매우 먼 2014년은 실제 계산 시 1.88이지만 그보다 가까운 2012년은 1.52로 한참 작으며, 훨씬 가까워 보이는 2013년은 1.96으로 '시각적 특성'과 달리 2014년과 크게 차이 나지 않는다.

따라서 시각적 특성을 통해 풀지 않고, 보기에서 준 값을 기준 값으로 다른 값에 대입 시 모순이 발생하는지 확인하는 것이 좋은 풀이이다. 보기의 2015년을 확인 시 2배는 넘으나 3배보다는 작은 값이므로, 2배를 기준으로 확인한다. 2012 ~2014년을 보면 2배가 모두 채되지 않으므로 쉽게 옳은 선지임을 알 수 있다.

선지 ④ 구체적인 값을 도출하려 하지 않아도 된다. 기준 값을 두고 확인하는 형태로 처리하면 된다. 시행기업수는 2013년 2,802에서 7,686으로 3배 미만 증가했다. 이에 3배를 기준으로 보면, 참여 직원 수는 2013년 5,517명에서 2015년 21,530으로 3배를 초과하여 증가했다.
따라서 후자의 증가율이 더 높다.

선지 ⑤ 참여직원 수 '증가인원의 평균'이 6,000명 이하라는 것은 3년 동안 총 증가인원이
6,000×3=18,000명 이하라는 의미이다. 즉 2015년의 참여직원 수가 2012년에 18,000을 더한 값보다 작아야 된다는 의미로, 계산해보면 3,197+18,000=21,197 < 21,530으로 증가 폭이 18,000보다 크므로 틀린 선지임을 쉽게 알 수 있다.

168 정답 ② 난이도 ●●○

- 민감도: $\frac{\text{질병이 있고 양성 판정된 피실험자}}{\text{질병이 있는 피실험자}}$
- 특이도: $\frac{\text{질병이 없고 음성 판정된 피실험자}}{\text{질병이 없는 피실험자}}$
- 양성 예측도: $\frac{\text{질병이 있고 양성 판정된 피실험자}}{\text{양성 판정된 피실험자}}$
- 음성 예측도: $\frac{\text{질병이 없고 음성 판정된 피실험자}}{\text{음성 판정된 피실험자}}$

	A	B	C	D
민감도	100명/120명	80명/120명	80명/110명	80명/100명
특이도	100명/120명	80명/120명	100명/130명	120명/140명
양성 예측도	100명/120명	80명/120명	80명/110명	80명/100명
음성 예측도	100명/120명	80명/120명	100명/130명	120명/140명

ㄱ. (O) 민감도가 가장 높은 질병진단키트는 A이다.
→ 질병 있음의 세로 방향으로 도표를 이용한다. A의 경우 (양성, 있음)에 해당하는 100을 (양성, 있음) 100과 (음성, 있음) 20을 합한 것으로 나누어 주면 된다.
예 100÷120, 같은 방식으로 B, C, D도 구할 수 있다.
각 질병진단키트의 민감도를 구해보면
- A: 100÷120≈**0.833**
- B: 80÷120≈0.667
- C: 80÷110≈0.727
- D: 80÷100=0.8

따라서 A의 민감도가 가장 높다.

ㄴ. (×) 특이도가 가장 높은 질병진단키트는 ~~B이다.~~
→ 질병 없음의 세로 방향으로 도표를 이용한다. A의 경우 (음성, 없음)에 해당하는 100을 (양성, 없음) 20과 (음성, 없음) 100을 합한 것으로 나누어 주면 된다.
예 100÷120, 같은 방식으로 B, C, D도 구할 수 있다.
각 질병진단키트의 특이도를 구해보면
- A: 100÷120≈0.833
- B: 80÷120≈0.667
- C: 100÷130≈0.769
- D: 120÷140≈**0.857**,

따라서 D의 특이도가 가장 높다.

ㄷ. (O) 질병진단키트 C의 민감도와 양성 예측도는 동일하다.
→ 보기 ㉠에서 C의 민감도는 0.727로 구했고 양성 예측도만 구하면 된다.
판정 양성의 가로 방향으로 도표를 이용한다. C의 경우 (양성, 있음)에 해당하는 80을 (양성, 있음)에 해당하는 80과 (양성, 없음)에 해당하는 30을 합한 것으로 나누어 주면 된다.
80÷110≈**0.727**, 따라서 C의 민감도와 양성 예측도는 동일함을 알 수 있다.

ㄹ. (×) 질병진단키트 D의 양성 예측도와 음성 예측도는 ~~동일하다.~~
→ 양성 예측도는 보기 ㉢과 동일한 방식으로 구해보면 80÷100=**0.8**이고, 음성 예측도는 판정 음성의 가로 방향으로 도표를 이용한다.
D의 경우 (음성, 없음)에 해당하는 120을 (음성, 있음)에 해당하는 20과 (음성, 없음)에 해당하는 120을 합한 것으로 나누어 주면 된다.
120÷140≈**0.857**
따라서 D의 양성 예측도와 음성 예측도는 동일하지 않다.

합격자의 실전 풀이 순서

❶ 〈표〉의 제목 및 단위, 〈표〉아래의 각주를 확인한다. 〈정의〉에 따르면 민감도 ~ 음성 예측도는 모두 비율을 계산하는 것임을 확인한다.

❷ 보기 ㉢은 선지 4개에 포함되어 있으므로 가장 후순위로 미룬다. A ~ D의 민감도, 특이도를 모두 비교해야 하는 보기 ㉠, ㉡ 역시 뒤로 미루고, D에 대해 2개만 계산하면 되는 ㉣을 먼저 해결한다.

❸ 보기 ㉣이 옳지 않으므로, 선지 ①~③이 남는다. 보기 ㉠과 ㉢ 모두 '민감도'에 대해 묻고 있으므로, 민감도를 계산하는 보기 ㉠을 해결한다.

❹ 각 키트에서 질병 있음에 해당하는 카테고리를 동그라미 쳐서 비교해보면 민감도가 가장 높은 질병진단 키트는 A가 맞다. 따라서 보기 ㉠이 옳으므로, 선지 ①, ②가 남는다. 보기 ㉢은 C의 양성 예측도만 계산하면 정오 여부를 판단할 수 있다. ㉢은 옳지 않으므로 답은 ②번이다.

합격자의 시간단축 Tip

〈정의〉가 주어지는 문제의 경우, 빠른 계산을 통해서 해결하기보다는 주어진 '개념'을 적극 활용하여 해결하는 것이 좋다. 이를 더욱 쉽게 할 수 있도록, 불필요하게 긴 개념 중 변수에 해당하는 부분만 동그라미 쳐서 눈에 띄게 하면 좋다.
예를 들어 '양성 예측도가 높은 키트는?'이라고 묻는다면, 양성 예측도의 개념을 볼 때 변수는 '양성' 과 '있음' 이므로 이를 동그라미 친 후, 한 단어로 만들어보면 '양성 중 있음의 비율' 이 된다.
따라서 '양성 중 있음' 에 해당하는 사람은 많되, '양성 중 없음' 에 해당하는 사람은 적은 키트가 가장 높을 것임을 알 수 있다.
이와 같은 접근을 하게 되면, 분수 비교를 하지 않더라도 그 값만 놓고 비교할 수 있게 된다.

보기 ㉠ 민감도의 정의에 의해 민감도가 높기 위해서는 질병이 있고 양성 판정을 받은 자가 많을수록, 질병이 있고 음성 판정을 받은 자가 적을수록 유리하다. A는 해당 조건을 만족하므로 A의 민감도가 가장 높은 것을 알 수 있다.

보기 ㉡ 계산을 해보기 이전에 특이도의 정의에 따라 질병이 없는 사람 중 음성인 사람이 많을수록, 양성인 사람이 적을수록 특이도가 높을 것임을 예측할 수 있다. 네 가지 질병진단키트에서 질병이 없는 사람의 구성을 살펴보면, D에서 질병이 없고 양성으로 판정된 사람은 20으로 가장 적은 반면 질병이 있고 음성으로 판정된 사람은 120으로 가장 많은 것을 알 수 있다. 따라서 보기 ㉡은 옳지 않다.

보기 ㉢ 민감도를 계산하기 위해 분모가 되는 것은 질병이 있는 자이므로 이를 동그라미 쳐보면
양성 80/음성 30으로 구성되어 있다. 양성 예측도를 계산하기 위해 분모가 되는 것은 양성 판정된 자이므로 이를 동그라미 쳐보면 (질병)있음 80/없음 30으로 구성되어 있다. 구성이 같으며 분자에는 모두 질병이 있고 양성 판정된 자(80명)가 들어가므로 계산하지 않아도 둘은 동일하다는 것을 알 수 있다.

보기 ㉣ D에서 모든 수를 20을 기준으로 나누어 보면, 80은 4로, 20은 1로, 120은 6으로 표현할 수 있다. 따라서 양성에서 질병 있음 : 질병 없음=4 : 1인 반면 음성에서 질병 있음 : 질병 없음=1 : 5이기 때문에 양성 예측도와 음성 예측도는 같을 수 없다.

169 정답 ⑤ 난이도 ●●○

① (O) A국의 종합웰빙지수는 7 이상이다.
➜ 〈각주〉를 통해 종합웰빙지수는 각 항목 웰빙지수의 평균값임을 알 수 있다.
전체 항목 수는 11이고, A국의 각 항목 웰빙지수는
- 소득: 5.5
- 노동시장: 8
- 주거: 7
- 일가정 양립: 9
- 건강: 8
- 교육: 7.5
- 사회관계: 8
- 시민참여: 6.5
- 환경: 9
- 안전: 9
- 주관적 만족도: 9이다.

각 항목 웰빙지수의 합은 대략 86.5이다.

따라서 종합웰빙지수는 $\frac{86.5}{11}\approx 7.8$이므로 옳은 보기이다.

② (O) B국과 D국의 종합웰빙지수 차이는 1 미만이다.
➜ B국과 D국의 종합웰빙지수 차이는

$$\left|\frac{\text{B국의 각 항목웰빙지수의 합}}{\text{전체 항목 수}}-\frac{\text{D국의 각 항목웰빙지수의 합}}{\text{전체 항목 수}}\right|$$

$$=\left|\frac{\text{B국의 각 항목웰빙지수의 합}-\text{D국의 각 항목웰빙지수의 합}}{\text{전체 항목 수}}\right|$$

전체 항목 수가 11이므로

$$\frac{\text{B국 각 항목 웰빙지수의 합}-\text{D국 각 항목 웰빙지수의 합}}{11}$$

이다.

〈그림〉에서 B국과 D국의 각 항목별 웰빙지수의 차이를 보면 '일가정 양립'을 제외한 나머지 항목 모두 1 미만임을 확인할 수 있다.
즉, (B국 각 항목 웰빙지수의 합－D국 항목별 웰빙지수의 합)은 11보다 작으므로 B국과 D국의 종합웰빙지수 차이는 1 미만이다.

③ (O) D국의 웰빙지수가 B국보다 높은 항목의 수는 전체 항목 수의 50% 미만이다.
➜ 〈그림〉에서 D국의 웰빙지수가 B국보다 높은 항목은 노동시장, 교육, 시민참여, 주관적 만족도로 총 4개이다.
전체 웰빙지수 항목의 수는 11개이므로 $\frac{4}{11}\times100$ $\approx36.3\%$이다.

④ (O) A국과 C국에서 웰빙지수가 가장 낮은 항목은 동일하다.
➜ 〈그림〉에서 각 항목의 웰빙지수 그래프가 원점에 가까울수록 지수가 낮다고 판단할 수 있다.
따라서 A국과 C국에서 웰빙지수가 가장 낮은 항목은 모두 '소득' 항목이 가장 낮은 항목이다.

⑤ (×) A국과 C국의 웰빙지수 차이가 가장 작은 항목과 B국과 D국의 웰빙지수 차이가 가장 작은 항목은 동일하다.
➜ A국과 C국의 웰빙지수 차이가 가장 작은 항목은 '안전'이다. B국와 D국의 웰빙지수 차이가 가장 작은 항목은 명확하게 파악할 수 없으나 '안전' 항목에서 B와 D국의 웰빙지수 차이가 다른 항목에서보다 많이 나는 것을 확인할 수 있다. 그러므로 A국과 C국의 웰빙지수 차이가 가장 작은 항목과 B국과 D국의 웰빙지수 차이가 가장 작은 항목은 동일하지 않다.

합격자의 실전 풀이 순서

❶ 〈그림〉에서 각 국을 표시하는 선을 확인하고, 각주를 확인한다.
❷ 종합웰빙지수를 계산해야 하는 선지 ①, ②는 후순위로 미룬다.
선지 ③~⑤에서 A국은 C국과, B국은 D국과 비교한다는 점을 통해 점선은 점선끼리, 실선은 실선끼리 비교함을 파악하고, '가장 낮은 항목' 하나를 구하는 선지 ④부터 해결한다.
A와 C국에서 웰빙지수가 가장 낮은 항목은 소득으로 동일하므로 해당 선지는 옳다.
❸ ③에서 D국의 웰빙지수가 더 높은 항목은 주관적 만족도, 시민참여, 교육, 노동시장 네 개이므로 해당 선지는 옳다.
❹ ⑤에서 전자는 안전, 후자는 건강 또는 교육이므로 옳지 않다. 답은 ⑤이다.

합격자의 시간단축 Tip

'거미줄 그래프'는 선의 모양이나 색으로 구별해야 한다. 그러나 이는 직관적이지 않아 '범례'를 한 번 읽는다고 하여 암기가 잘 되지 않는다. 따라서 문제를 푸는 과정에서 A, B, C, D국이 어떤 선인지 지속적으로 확인하면서 시간을 낭비할 개연성이 매우 높다.
오히려 처음 문제를 읽을 때, 〈그림〉을 읽으면서 '범례'의 값들을 선 위에 작게 적어두면 향후 문제를 풀 때 시간 낭비를 줄일 수 있을 것이다.

선지 ① 종합웰빙지수는 개념적으로 '산술평균'과 동일하므로 '가평균'의 개념을 이용하여 차잇값으로 푸는 것이 좋다. 따라서 항목별 웰빙지수가 7인 선을 따라 긋고, A국의 웰빙지수가 그 안쪽에 있는 항목을 파악한다. 웰빙지수가 7 미만인 항목은 소득, 주거, 시민참여뿐이고, 세 지수 모두 5~7 사이이다. 나머지 8개 항목은 모두 웰빙지수가 7 이상이고, 특히 주관적 만족도, 안전, 환경, 일가정 양립은 웰빙지수가 9에 달한다.

따라서 7을 기준으로 편차가 음인 세 항목의 편차의 합의 절댓값은 편차가 양인 항목들의 편차의 합보다 작을 것이라 판단할 수 있다.

선지 ② ①번과 마찬가지로 '가평균' 개념을 활용한다. B국과 D국의 웰빙지수가 가장 크게 차이 나는 항목은 일가정 양립으로 웰빙지수가 약 1 차이 난다. 그러나 나머지 항목은 웰빙지수의 차이는 1 미만이므로 앞선 1 차이로는 이를 상쇄할 수 없어 종합웰빙지수의 차이 역시 1 미만일 것이다.

선지 ③ 'A한 항목의 개수' 유형은 난이도는 낮다. 그러나 많은 수험생들이 개수를 세다가 헷갈려서 처음부터 다시 세는 일이 많아, 시간 소모가 큰 유형이다. 따라서 급하게 개수를 세기보다는 시간이 조금 더 소모되더라도 'B국보다 높은 항목'에 체크, 동그라미 등을 그려 누락 없이, 다시 세는 일 없도록 하는 것이 우월 전략이다.

선지 ④ 현재 그래프의 경향을 보면 C국이 다른 국가들에 비해 모든 웰빙지수가 대체적으로 낮으며, 그로 인해 나머지 국가들의 그래프와 분리되어 있다. 따라서 ④에서도 A국보다는 C국에서 웰빙지수가 가장 낮은 항목을 빠르게 구별한 다음, 해당 항목의 A국가 웰빙지수 역시 가장 낮은지 확인하는 순서로 해결하는 게 효율적이다.

선지 ⑤ A국과 C국은 차이가 가장 작은 항목이 명확하여 실제 문제를 푸는 것 자체는 큰 문제가 없다. 다만 실제 시험장에서 잠시 당황한 경험이 있어 이와 관련된 Tip을 드리고자 한다.

＊ 문제를 풀 때 "후자를 먼저 보는 것이 좋다"라는 생각으로 뒷부분인 B국과 D국을 먼저 보면, 가장 작은 곳을 명확히 알기 힘들 정도로 시각적으로 비슷비슷한 모습을 보이고 있다.
필자는 이로 인해 잠시 당황했었다.
그러나 '출제자'의 입장에서 생각해보면 명확하지 않은 값은 '정답 논란'이 발생할 수 있기 때문에 반드시 명확한 값을 답으로 만들 수밖에 없다. 따라서 조금 더 생각해보면 B국과 D국의 차이가 명확하게 큰 항목(또는 '가장 큰 항목')에서 A국-C국이 '가장 작을 것' 이라는 발상이 가능하다.
즉, 반례가 명확한 틀린 선지일 가능성이 매우 높다는 의미이다.
그러므로 실제 시험장에서 이처럼 애매한 선지를 마주한다면, "이것은 틀린 선지일 것이다"라는 생각과 함께 '명확한 반례'가 있을 것이라 생각하고, 빠르게 반례가 되는 값을 찾으면 된다. 당황하지 말자!

170 정답 ③ 난이도 ●●○

① (×) 2008 ~ 2013년 동안 엔젤계수의 연간 상승폭은 ~~매년~~ 증가한다.
→ 연간 상승폭은 〈그림〉에서 엔젤계수 세로축의 값 차이에 해당한다. 따라서 세로축의 값 차이가 클수록 기울기가 커지므로 결국 상승할 때 기울기가 크면 상승폭도 크다고 할 수 있다.
그런데, 2012 ~ 2013년의 엔젤계수 기울기가 2011 ~ 2012년보다 작기때문에 상승폭이 매년 증가한것은 아니다. 값으로 계산해보면,
- 2008 ~ 2009년의 상승폭: 0.9
- 2009 ~ 2010년의 상승폭: 1.6
- 2010 ~ 2011년의 상승폭: 0.6
- 2011 ~ 2012년의 상승폭: 1.8
- 2012 ~ 2013년의 상승폭: 0.4

인 것을 알 수 있고, 2008 ~ 2013년 동안 매년 증가하지 않는다는 것을 알 수 있다.

② (×) 2004년 대비 2014년, 엥겔계수 하락폭은 엔젤계수 상승폭보다 ~~크다.~~
→ 2004년 대비 2014년의 엥겔지수의 하락폭은 (2004년 엥겔지수)−(2014년 엥겔지수)이다.
따라서 하락폭은 (16.6%−12.2%)=4.4%p이다.
2004년 대비 2014년 엔젤지수의 상승폭=(2014년 엔젤지수)−(2004년 엔젤지수)이고, (20.1%−14.4%)=5.7%p이므로 상승폭은 5.7이다.
따라서 엥겔계수 하락폭이 엔젤계수 상승폭보다 크지 않은 것을 알 수 있다.

③ (○) 2006년 이후 매년 18세 미만 자녀에 대한 보육·교육비는 식료품비를 초과한다.
→ 〈각주〉의 식에 따라, 식료품비=(가계지출액×엥겔계수)이고,
18세 미만 자녀에 대한 보육·교육비=(가계지출액×엔젤계수)이다.
위의 두 식에서 가계지출액이 공통으로 들어있기 때문에 18세 미만 자녀에 대한 보육·교육비와 식료품비의 대소관계는 엔젤계수와 엥겔계수의 값으로 비교가 가능하다.
〈그림〉을 보면 2006년 이후부터 엔젤계수가 엥겔계수보다 항상 높은 것을 알 수 있으므로 2006년 이후 매년 18세 미만 자녀에 대한 보육·교육비는 식료품비를 초과한다.

④ (×) 2008년 ~ 2012년 동안 매년 18세 미만 자녀에 대한 보육·교육비 대비 식료품비의 비율은 ~~증가한다.~~
→ 〈각주〉의 두 계수에 대한 식을 이용하여 "18세 미만 자녀에 대한 보육·교육비 대비 식료품의 비율"을 정리하면 다음과 같다.

$$\frac{\text{식료품비}}{\text{18세 미만 자녀에 대한 보육·교육비}}=$$

$$\frac{\text{가계지출액}\times\frac{\text{엥겔계수}}{100}}{\text{가계지출액}\times\frac{\text{엔젤계수}}{100}}=\frac{\text{엥겔계수}}{\text{엔젤계수}}$$

따라서 '18세 미만 자녀에 대한 보육·교육비 대비 식료품의 비율'은 엔젤계수 대비 엥겔계수와 같다.
각 년도 별로 값을 계산해보면,
- 2008년 보육·교육비 대비 식료품비 비율: $\frac{14.1}{15.2}\approx0.93$
- 2009년 보육·교육비 대비 식료품비 비율: $\frac{13.7}{16.1}\approx0.85$
- 2010년 보육·교육비 대비 식료품비 비율: $\frac{13.2}{17.7}\approx0.75$
- 2011년 보육·교육비 대비 식료품비 비율: $\frac{12.1}{18.3}\approx0.66$
- 2012년 보육·교육비 대비 식료품비 비율: $\frac{12.5}{20.1}\approx0.62$이다.

2008년 ~ 2012년 동안 매년 18세 미만 자녀에 대한 보육·교육비 대비 식료품비의 비율이 증가하지 않는다.

⑤ (×) 엔젤계수는 가장 높은 해가 가장 낮은 해에 비해 7.0%p 이상 ~~크다.~~

➜ 엔젤계수가 가장 높은 해는 2013년으로 그 값은 20.5%p이다.

엔젤계수가 가장 낮은 해는 2004년으로 그 값은 14.4%p이다. 두 해의 엔젤계수의 차이는 20.5%p −14.4%p=6.1%p이므로 틀린 선택지이다.

합격자의 실전 풀이 순서

❶ 엥겔계수는 우하향의 경향을, 엔젤계수는 우상향→우하향하는 경향을 가지고 있음을 파악하고, 〈그림〉 아래의 각주를 확인한다.
헷갈리지 않기 위해서는 〈그림〉 속 각각 그래프가 어떤 계수를 나타내는 것인지 바로 옆에 적어 두는 것이 좋다. 특히 여러 지표가 동시에 주어지는 경우일수록 유용하다.
혹 이러한 표시를 하지 않으면 문제를 푸는 과정에서 '범례'를 지속적으로 재확인하면서 시간의 낭비가 있게 된다. 따라서 꺾은 선 그래프와 같이 색상이나 모형으로 구분을 하는 그림의 경우 표시하는 습관을 지니는 것이 좋다.
또한, 선지 ①~⑤의 연도 범위가 모두 다르므로, 연도 범위를 잘못 확인하는 실수를 범하지 않겠다는 생각을 하고 문제 풀이를 시작한다.

❷ 만약 선지 ⑤부터 선지 ① 순으로 해결한다는 원칙을 가지고 있다면, 선지 ⑤는 엔젤계수의 단순 비교이고, 선지 ④는 엥겔계수와 엔젤계수를 모두 활용해야 해결할 수 있다. 따라서 선지 ⑤를 먼저 해결한다.
선지 ④는 엔젤계수 대비 엥겔계수의 값을 계산해야 하고, 선지 ③은 엔젤계수가 엥겔계수보다 큰지를 확인해야 한다.
따라서 보다 간단한 선지 ③을 먼저 해결한다.

❸ 만약 선지 ①부터 선지 ⑤ 순으로 해결한다는 원칙을 가지고 있다면, 선지 ①은 엔젤계수의 상승폭 5개를, 선지 ②는 엥겔계수와 엔젤계수의 변화폭 2개를 확인하는 것이므로 보다 간단한 선지 ②를 먼저 해결한다. 선지 ①은 상승폭을 구체적으로 계산해야 하는 반면, 선지 ③은 그래프의 경향(우상향/우하향)만을 살펴 해결할 수 있으므로, 선지 ②를 해결한 후에는 선지 ③을 먼저 해결한다. 선지 ③이 맞다는 것을 확인한 후에 곧바로 넘어간다.

합격자의 시간단축 Tip

선지 ① 꺾은선 그래프가 주어지는 경우, 시각적 특성을 적극 이용하여 그래프의 기울기를 중점적으로 살핀다. 수평축은 '연도'로 같은 폭(단위: 연도)임에 기울기는 곧 '수직축 상승폭'을 의미한다(상승율이 아님을 주의하자). 즉 연간 상승폭이 매년 증가하기 위해서는 〈그림〉의 엔젤계수 그래프 기울기가 매년 더 가팔라져야 한다. 그러나 10년에서 11년 사이, 12년에서 13년 사이 그래프가 눈에 띄게 둔화되는 것을 볼 수 있으며 따라서 매년 증가하지 않는다.

＊〈그림〉과 같은 그래프를 주고 증가율 또는 증가폭을 묻는 경우, 기울기가 동일하게 상승하면 증가폭은 동일한 것이지만 증가율은 감소하고 있음을 유의해야 한다. 반대로, 기울기가 동일하게 하강하고 있는 경우 감소폭은 동일하지만 반대로 감소율은 증가하고 있는 것이다.
가령 10년도부터 20년도까지 특정 지수가 1, 2, 3, 4, …, 11로 증가한 경우 증가폭은 1로 동일하다.
하지만 증가율은 전년도 지수를 분모로, 증가폭을 분자로 보기 때문에 $\frac{1}{1}$, $\frac{1}{2}$, $\frac{1}{3}$과 같이 감소하게 된다. 증가폭은 유지되는 반면 기준값이 되는 전년도 값이 꾸준히 증가하기 때문에 그러하다.

선지 ②

[방법 1]
2004년 대비 2014년의 엔젤계수 상승폭은 20.1−14.4이고, 엥겔계수 하락폭은 16.6−12.2이다. 정확한 계산보다는, 전자는 5보다 크고 후자는 5보다 작다는 것을 확인하는 것에서 멈춘다.

[방법 2]
선지 ①번과 마찬가지로 〈그림〉의 시각적 효과를 적극 이용해도 된다. '엔젤계수'의 경우 수직축 상 '한 칸' 정도 상승하였다. 반면 '엥겔계수'의 경우 한 칸이 채 안되게 감소하였으므로 틀린 선지임을 쉽게 알 수 있다.

선지 ③ 주석에 따르면, 엥겔계수와 엔젤계수는 분모가 같다. 즉 ③번의 질문을 간단하게 바꾸면, "엥겔계수 < 엔젤계수인가?"와 같은 질문이 된다. 따라서 2006년은 엥겔계수와 엔젤계수가 교차하는 지점으로, 2006년부터 매년 엔젤계수가 엥겔계수의 그래프가 위에 있다는 점을 확인한다.

선지 ④ 각주를 보면, '보육 교육비 대비 식료품비'는 곧 '엔젤계수 대비 엥겔계수'와 같다.
2008년부터 2012년까지 엔젤계수 대비 엥겔계수가 증가하기 위해서는
1) 엔젤계수는 감소하고 엥겔계수는 증가하거나,
2) 엔젤계수는 감소하고 엥겔계수는 일정하거나,
3) 엔젤계수는 일정하고 엥겔계수는 증가하거나,
4) 엔젤계수는 증가하고 엥겔계수는 더 큰 증가율로 증가하거나
5) 엔젤계수는 더 크게 감소하고 엥겔계수는 감소해야 한다.

가장 쉽게 생각할 수 있는 경우는 경우 1)인데, 〈그림〉에서 해당 기간 동안 엔젤계수는 '증가'하고 엥겔계수는

‘감소’하므로 틀린 보기임을 확인할 수 있다.
위의 5가지 경우의 수는 사실 다 같은 말에 해당한다. 결국 원리적으로는 ‘분자 증가율 > 분모 증가율’ 이기만 하면 된다(왜냐하면 감소한 경우에도 음의 증가율로 비교가 되기 때문이다).
반대로 감소하는지 묻는다면 ‘분자 증가율 < 분모 증가율’인 경우를 따지면 된다.
자주 활용되는 개념인 만큼 익숙해지도록 하자.

선지 ⑤ 엔젤계수가 가장 높은 해는 2013년(20.5%)이고, 가장 낮은 해는 2007년(14.4%)이다. 먼저 생각해야 할 것은 %와 %p의 함정에 빠지지 않는 것이고, 두 번째는 14.4에 7.0을 더하면 21보다는 크다는 것을 확인하는 것에서 계산을 멈추는 것이다.

171 정답 ⑤ 난이도 ●●○

① (O) 대학 졸업생의 보유도와 중요도 간의 차이가 가장 큰 학습성과 항목과 산업체 고용주의 보유도와 중요도 간의 차이가 가장 큰 학습성과 항목은 모두 ‘국제적 감각’이다.
➜ 대학 졸업생의 보유도와 중요도, 산업체 고용주의 보유도와 중요도는 〈표〉에서 주어져 있고, 대학 졸업생의 보유도와 중요도 간의 차이는 대학 졸업생의 보유도, 중요도 값 중에 큰 값에서 작은 값을 빼면 구할 수 있다. 대학 졸업생의 학습성과 항목 중 기본지식의 보유도는 3.7, 중요도는 3.7로 두 값이 같으므로 보유도와 중요도 간의 차이는 3.7−3.7=0이다.
따라서 위의 〈표〉로 대학 졸업생과 산업체 고용주의 보유도, 중요도 간의 차이를 구한 값은 다음과 같다.

학습성과 항목	대학 졸업생			산업체 고용주		
	보유도	중요도	차이	보유도	중요도	차이
기본지식	3.7	3.7	0	4.1	4.2	0.1
실험능력	3.7	4.1	0.4	3.7	4	0.3
설계능력	3.2	3.9	0.7	3.5	4	0.5
문제해결능력	3.3	3	0.3	3.3	3.8	0.5
실무능력	3.6	3.9	0.3	4.1	4	0.1
협업능력	3.3	3.9	0.6	3.7	4	0.3
의사전달능력	3.3	3.9	0.6	3.8	3.8	0
평생교육능력	3.5	3.4	0.1	3.3	3.3	0
사회적 영향	3.1	3.6	0.5	3.2	3.3	0.1
시사지식	2.6	3.1	0.5	3	2.5	0.5
직업윤리	3.1	3.3	0.2	4	4.1	0.1
국제적 감각	2.8	3.7	0.9	2.8	4	1.2

그러므로 대학 졸업생의 보유도와 중요도 간의 차이가 가장 큰 학습성과 항목은 국제적 감각으로 차이 값은 0.9이고, 산업체 고용주의 보유도와 중요도 간의 차이가 가장 큰 학습성과 항목 또한 국제적 감각으로 차이 값은 1.2이다.

② (O) 대학 졸업생 설문결과에서 중요도가 가장 높은 학습성과 항목은 ‘실험능력’이다.
➜ 〈표〉에서 값이 클수록 중요도가 높다. 그러므로 대학 졸업생의 중요도가 가장 큰 값은 4.1이고, 이 값에 해당하는 학습성과 항목은 ‘실험능력’이다.

③ (O) 산업체 고용주 설문결과에서 중요도가 가장 높은 학습성과 항목은 ‘기본지식’이다.
➜ 〈표〉에서 값이 클수록 중요도가 높다. 그러므로 산업체 고용주의 중요도가 가장 큰 값은 4.2이고, 이 값에 해당하는 학습성과 항목은 ‘기본지식’이다.

④ (O) 대학 졸업생 설문결과에서 보유도가 가장 낮은 학습성과 항목은 ‘시사지식’이다.
➜ 〈표〉에서 값이 작을수록 보유도가 낮다. 그러므로 대학 졸업생의 보유도가 가장 작은 값은 2.6이고, 이 값에 해당하는 학습성과 항목은 ‘시사 지식’이다.

⑤ (×) 학습성과 항목 각각에 대해 대학 졸업생 보유도와 산업체 고용주 보유도 차이를 구하면, 그 값이 가장 큰 학습성과 항목은 ~~‘실무능력’이다.~~
➜ 대학 졸업생의 보유도와 산업체 고용주 보유도의 값은 〈표〉에 주어져 있다. 학습성과 항목 각각에 대하여 대학 졸업생의 보유도, 산업체 고용주의 보유도 두 값 중 큰 값에서 작은 값을 빼면 대학 졸업생의 보유도와 산업체 고용주의 보유도의 차이를 구할 수 있다. 학습성과 항목 각각에 대해 이 값을 구해보면 다음과 같다.

학습성과 항목	대학 졸업생 보유도	산업체 고용주 보유도	차이
기본지식	3.7	4.1	0.4
실험능력	3.7	3.7	0
설계능력	3.2	3.5	0.3
문제해결능력	3.3	3.3	0
실무능력	3.6	4.1	0.5
협업능력	3.3	3.7	0.4
의사전달능력	3.3	3.8	0.5
평생교육능력	3.5	3.3	0.2
사회적 영향	3.1	3.2	0.1
시사지식	2.6	3	0.4
직업윤리	3.1	4	0.9
국제적 감각	2.8	2.8	0

따라서 대학 졸업생의 보유도와 산업체 고용주의 보유도의 차이가 가장 큰 값은 0.9로 이에 해당하는 학습성과 항목은 '직업윤리' 이므로 선택지 내용은 옳지 않다.

합격자의 실전 풀이 순서

❶ 〈표〉와 각주를 읽고 표의 구조와 보유도와 중요도의 의미를 파악한다.

❷ 선지 플레이를 통해 단순히 확인을 요구하는 선지(②번, ③번, ④번)보다 차이 값에 관해 묻는 선지(①번, ⑤번)를 먼저 확인한다.

❸ ①번을 확인하면, 옳은 선지이므로 소거한다.

❹ ⑤번을 확인하면, 대학 졸업생과 산업체 고용주의 보유도 차이가 가장 큰 학습성과 항목은 '직업윤리' 이다.
따라서 틀린 보기이므로 답은 ⑤번이다.

합격자의 시간단축 Tip

선지 ① 각각을 구해서 비교하지 않고, 선지에서 준 값을 기준으로 비교한다. 즉 '국제적 감각'의 값은 대학졸업생은 3.7 − 2.8=0.9이고 산업체 고용주는 4.0−2.8=1.2이므로, 각각을 다른 학습성과 항목에 더하여 차이가 더 큰 항목이 있는지 확인하면 된다.
또한 'A이며 B이다' 구조이므로 수험생이 시간을 소모하도록 유도하기 위해 B에 반례를 배치할 가능성이 높으므로 뒷부분인 산업체 고용주의 차이부터 확인하는 것이 좋다.

선지 ② 선지 ③ 선지 ④ 가장 높거나 낮은 값을 실제로 찾을 필요가 없다. 선지에서 지정한 '실험능력, 기본지식, 시사지식'의 값을 기준으로, 이보다 높거나 작은 값이 있는지 확인하고 없으면 옳은 선지, 있으면 틀린 선지라 판단하는 '대입−모순 확인법'을 활용하면 된다.

선지 ⑤ '실무능력'의 대학 졸업생 보유도와 산업체 고용주 보유도 차이가 0.5이므로 이를 기준으로 다른 학습성과 항목의 보유도 차이를 빠르게 눈으로 비교한다. 이때 작은 보유도 값(주로 대학 졸업생의 보유도)에 0.5를 더해도 큰 보유도 값(산업체 고용주의 보유도)보다 작다면 반례에 해당할 것이다. 또한 반례를 찾을 때 뒤에서부터 확인하면 '직업윤리'가 반례임을 금방 찾을 수 있을 것이다.

172 정답 ❸ 난이도 ●●○

① (O) 2013년 12월에 1인당 월지급액이 모두 동일한 액수만큼 증가한다면, 전월대비 1인당 월지급액 증가율은 해병대가 가장 높다.

→ $\text{증가율} = \dfrac{\text{11월 대비 12월의 1인당 월 지급액 증가액}}{\text{2013년 11월 1인당 월지급액}}$

이다. 이때, 모두 동일한 액수만큼 증가한다면, 분자가 동일하므로 11월 1인당 월지급액이 가장 작은 해병대가 증가율이 가장 높다.

② (O) 2013년 12월에 1인당 월지급액이 해군 10%, 해병대 12% 증가한다면, 해군의 전월대비 월지급액 증가분은 해병대의 전월대비 월지급액 증가분과 같다.

→ 1인당 월지급액이 해군 10% 증가할 경우 증가분은 120,000(원)×0.1=12,000(원), 해병대 12% 증가할 경우 증가분은 100,000(원)×0.12=12,000(원)으로 그 값이 동일함을 확인할 수 있다.
그러므로 1인당 월지급액이 해군 10%, 해병대 12% 증가한다면, 해군과 해병대의 월지급액 증가분은 같다.

③ (×) 2013년 11월 '갑'국 전체 군인의 1인당 월지급액은 ~~115,000원이다.~~

→ 2013년 11월 '갑'국 전체 군인의 1인당 월지급액을 구하기 위해서는 평균값을 구하면 된다. 여기서 군인의 비중에 대해 확률로 계산하여 가중평균을 구하면 된다.
2013년 11월 갑국의 전체 군인의 1인당 월지급액 =(105,000×0.3)+(120,000×0.2)+(125,000×0.3)+(100,000×0.2)=113,000이다.
그러므로 2013년 11월 '갑'국 전체 군인의 1인당 월지급액은 113,000원이므로 선택지는 옳지 않다.

④ (O) 2013년 11월 육군, 해군, 공군의 월지급액을 모두 합하면 해병대 월지급액의 4배 이상이다.

→ 육군, 해군, 공군의 월지급액을 모두 합하기 위해서는 군인 수 비중을 곱해서 계산해줘야 한다.
여기서 군인 수 비중을 %로 보지 않고 인원수로 생각하고 계산하면 된다.
월 지급액 총합=(105,000×30)+(120,000×20)+(125,000×30)=9,300,000
해병대의 월지급액은 100,000×20=2,000,000이다.
그러므로 9,300,000÷2,000,000=4.65로 육군, 해군, 공군의 월지급액은 해병대 월지급액의 4배 이상이다.

⑤ (O) 2013년 11월 공군과 해병대의 월지급액 차이는 육군과 해군의 월지급액 차이의 2배 이상이다.
→ 공군과 해병대의 월지급액 차이는
(125,000×30)−(100,000×20)=(3,750,000−2,000,000)=1,750,000이고,
육군과 해군의 월지급액 차이는
(105,000×30)−(120,000×20)=(3,150,000−2,400,000) =750,000이다.
두 차이의 배수를 구하면 1,750,000÷750,000≈2.3으로 공군과 해병대의 월지급액 차이는 육군과 해군의 월지급액 차이의 2배 이상이다.

합격자의 실전 풀이 순서

❶ 〈표〉에 군인 소속별 1인당 월지급액과 군인 수 비중이 주어져 있으므로 군인 수 비중을 활용하여 가중평균을 활용할 수 있는 문제임을 파악한다.
❷ 선지 플레이를 통해 조건문을 활용한 선지(①번, ②번)와 가중평균을 활용한 선지(③번)를 먼저 확인한다.
❸ 선지 ①을 확인하면, 2013년 12월의 전월 대비 1인당 월지급액 증가액이 모두 같으므로 분모인 11월 1인당 월지급액이 가장 적은 해병대가 전월 대비 1인당 월지급액 증가율 $\left(\frac{\text{11월 대비 12월의 1인당 월지급액 증가액}}{\text{2013년 11월 1인당 월지급액}}\right)$ 이 가장 크다.
옳은 선지이므로 소거한다.
❹ 선지 ②를 확인하면, 옳은 보기이므로 소거한다.
❺ 선지 ③를 확인하면, 틀린 보기이므로 답을 표시하고 넘어간다.

합격자의 시간단축 Tip

선지 ① 증가율$=\frac{\text{1인당 월지급액 증가분}}{\text{11월 소속별 1인당 지급액}}$이므로 분자가 ①번의 가정에 따라 모두 동일하다면 영향을 주는 것은 분모인 11월 소속별 1인당 지급액뿐이다. 따라서 11월 소속별 1인당 지급액이 가장 작은 소속의 증가율이 가장 높을 것이므로 '해병대'가 가장 높다.

선지 ② 직접 계산하지 않고 숫자 구조만 확인한다. 이때 해군, 해병대 모두 동일한 자릿수를 가지고 있으므로 "○○○"부분을 제외하고 앞 두자리만 따서 확인한다. 즉 해군: 12×10 vs 해병대: 10×12로 동일하므로 옳은 선지이다.

선지 ③ 가중평균을 이용하여 구한다. 해군과 해병대의 군인 수 비중이 같으므로 이들을 합치면 1인당 월지급액은 둘의 단순평균값인 110,000이고 군인 수 비중은 40%이다.
같은 방식으로 육군과 공군의 군인 수 비중이 같으므로 이들을 합치면 1인당 월지급액은 115,000원으로 비중은 60%이다.
즉 가중평균은 110,000원 ~ 115,000원의 범위 안에서 2 : 3의 비율로 형성될 것이므로 115,000원이라는 ③번은 틀린 선지가 된다.
참고로 실제로 계산할 경우 2013년 11월 '갑'국 전체 군인의 1인당 월지급액을 구하려면 육군+공군(60%)과 해군+해병대(40%)를 가중평균하여 113,000원이다.

선지 ④
[방법 1]
계산을 할 때 큰 단위부터 확인한다. 어림산 하기 위해 1인당 월지급액은 3자리에서 끊고, 군인 수 비중은 3 : 2 : 3 : 2로 놓는다. 해병대 월지급액은 100×2=200이며 이것의 4배 이상이려면 800 이상이어야 한다.
육군, 해군, 공군의 월지급액을 구하면 315, 240, 375인데 백의 자리(큰 단위)만 더해도 800이므로 800 이상인 것을 알 수 있다.

[방법 2]
이 방법은 '비중'이나 '가중평균' 문제 등에서 풀이 시간을 정말 많이 단축시킬 수 있어 자주 활용되는 방식이다. 다만 이는 응용력이 필요하므로 '왜 그런 방식을 취하게 됐는지' 명확히 이해해야 향후 다른 문제에 적용할 수 있을 것이다. 방법은 다음과 같다.
① 군인 수 비중이 모두 20%라고 가정하고, 육군과 공군의 남은 10%를 공군도 육군처럼 105,000이라 가정하고 합치면 1인당 월지급액이 105,000이고 군인 수 비중은 20%인 제3의 군을 만들 수 있다. 말로 표현하면 장황하나 이를 〈표〉로 생각하면 단순하다.

구분	육군	해군	공군	제3의 군	해병대
1인당 월지급액	105,000	120,000	125,000	105,000	100,000
군인 수 비중	20	20	20	20	20

② 이렇게 되면 모두 20%가 되므로 1인당 월지급액만으로 비교가 가능하다. 해병대 1인당 월지급액인 100,000보다 육군, 해군, 공군, 제3의 군의 1인당 지급액이 모두 크므로 당연히 해병대의 4배 이상이다.
③ 이해를 위해 설명을 길게 하였으나, 실제로 문제 풀이를 할 때는 **'제3의 군 월급 값은 최소값은 105,000원으로, 육-해-공-제3의 군 총 4가지 각각이 100,000원보다 크므로 당연히 4배 이상이다'** 라고 생각하여 곧바로 해결하면 된다. 매우 빠른 풀이 방식이므로 본인이 여유만 된다면 꼭 익혀 두자.

173 정답 ① 난이도 ●●○

ㄱ. (○) 공급의무량은 매년 증가한다.

➜ 공급의무율(%) $= \frac{\text{공급의무량}}{\text{발전량}} \times 100$ 식을 변형하여 공급의무량의 변화를 확인한다.

→ 공급의무율 ÷ 100 $= \frac{\text{공급의무량}}{\text{발전량}}$

→ 공급의무율 ÷ 100 = 공급의무량 ÷ 발전량

→ 공급의무율 × 발전량 ÷ 100 = 공급의무량이다.

각 연도의 공급의무량을 구하면,

- 2012년: 1.4×55,000(GWh)÷100 =7,70(GWh)
- 2013년: 2.0×51,000(GWh)÷100 =1,020(GWh)
- 2014년: 3.0×52,000(GWh)÷100 =1,560(GWh)이다.

따라서 공급의무량은 매년 증가한다.

ㄴ. (○) 2012년 대비 2014년 자체공급량의 증가율은 2012년 대비 2014년 인증서구입량의 증가율보다 작다.

➜ 증가율은 [(변화값－기준값)÷기준값]×100(%)의 식을 활용하여 구한다. 값을 구해보면,

- 자체공급량의 증가율: $\frac{690(\text{GWh})-75(\text{GWh})}{75(\text{GWh})} \times 100 = 820\%$
- 인증서구입량의 증가율: $\frac{160(\text{GWh})-15(\text{GWh})}{15(\text{GWh})} \times 100 = 966\%$이다.

따라서 2012년 대비 2014년 자체공급량의 증가율은 2012년 대비 2014년 인증서구입량의 증가율보다 작다.

ㄷ. (×) 공급의무량과 이행량의 차이는 ~~매년 증가한다.~~

➜ 매년 공급의무량은 2012년 770(GWh), 2013년 1,020(GWh), 2014년 1,560(GWh)이며,

- 이행량의 값
  - 2012년: 75(GWh)+15(GWh)=90(GWh)
  - 2013년: 380(GWh)+70(GWh)=450(GWh)
  - 2014년: 690(GWh)+160(GWh)=850(GWh)
- 매년 공급의무량과 이행량의 차이
  - 2012년: 770(GWh)－90(GWh)=680(GWh)
  - 2013년: 1,020(GWh)－450(GWh)=570(GWh)
  - 2014년: 1,560(GWh)－850(GWh)=710(GWh)

따라서 공급의무량과 이행량의 차이는 매년 증가하지 않는다.

ㄹ. (×) 이행량에서 자체공급량이 차지하는 비중은 ~~매년 감소한다.~~

➜ 이행량에서 자체공급량이 차지하는 비율을 구하면

- 2012년: 75(GWh)÷90(GWh)≈0.83
- 2013년: 380(GWh)÷450(GWh)≈0.84
- 2016년: 690(GWh)÷850(GWh)≈0.81이다.

2013년의 경우 2012년에 비해 비중이 증가하였기 때문에 이행량에서 자체공급량이 차지하는 비중은 매년 감소하지 않는다.

합격자의 실전 풀이 순서

❶ 〈표〉와 각주를 읽고, 공급의무량을 공급의무율에 발전량을 곱하여 구할 수 있음을 파악한다. 또한, 이행량은 〈표〉에 주어진 자체공급량과 인증서구입량의 합임을 인지한다.

❷ 보기 ㉣ 먼저 확인하면, 틀린 선지이므로 답은 ①, ② 번 중 하나이다.

❸ 다음으로 보기 ㉡과 보기 ㉢중 계산이 간단한 보기 ㉡을 확인한다. 보기 ㉢은 공급의무량과 이행량을 따로 구해야 하므로 복잡하기 때문이다. 보기 ㉡을 확인하면, 옳은 보기이므로 답은 ①번이다.

합격자의 시간단축 Tip

보기 ㉠ 공급의무량의 비교는 곱셈 비교이다. 2012년에서 2013년 발전량은 10% 미만 감소했지만, 공급의무율은 40% 이상 증가했으므로 2013년 공급의무량은 전년 대비 증가하였다.
2014년은 전년 대비 발전량과 공급의무율 모두 증가하였으므로 당연히 공급의무량이 증가한다.

보기 ㉡

[방법 1]
2012년 대비 2014년 인증서구입량은 10배 이상 증가했지만, 동기간 자체공급량은 10배 미만 증가했으므로 옳은 보기이다.

[방법 2]
'증가율의 비교'는 증가율 간 비교를 하는 방법 1)이 일반적이지만, 반대로 증가 전후의 값 비교를 통해 도출하는 방법도 있다. 즉 '증가 전' 두 값의 상호간 배율이 A배였다고 할 때, '증가 후' 배율이 B배로 바뀌었다면 A배와 B배 중 무엇이 더 큰지에 따라 증가율 차이를 확인할 수 있다.
예를 들어 ㉡에 적용하면, 2012년에는 인증서구입량(15)의 5배가 자체공급량(75)이었으나 2014년에는 인증서구입량(160)의 5배가 800이기 때문에 자체공급량(690)보다 커 자체공급량의 증가율이 더 작았음을

쉽게 확인할 수 있다.

보기 ⓒ 이 유형은 필연적으로 계산을 어느 정도 해야 하는 유형이다. 즉 시간을 소모할 수밖에 없으므로 가급적 풀지 않는 것이 좋다. 그러나 풀게 된다면, 계산을 최대한 줄이기 위해 의심스러운 부분 위주로 확인하여 해결하는 것이 좋다.
보기 ⓒ의 경우, 2013년은 2012년보다 '발전량'은 줄고 '공급의무율'은 조금 증가하였으나 '이행량'은 5배 증가하였다. 따라서 차이가 줄었을 가능성이 가장 높은 연도이므로 이를 확인하면 계산을 최소화하여 처리할 수 있을 것이다.

보기 ⓔ 2012년에 자체공급량이 인증서구입량의 5배였지만, 2013년 자체공급량이 인증서구입량의 5배를 초과하므로 이행량에서 자체공급량이 차지하는 비중은 증가했다는 것을 알 수 있다.
즉, 이행량에서 자체공급량이 차지하는 비중을 구체적으로 구하지 않고, '이행량'이 자체공급량과 인증서구입량으로만 구성되어 있다는 것을 이용하여 두 개의 상대적인 크기를 비교하는 것이 더 빠르게 계산하는 방법이다.
전체를 구성하는 요소가 두 가지만 있는 경우 비중 처리는 대부분 위의 방법을 활용한다. 중요한 만큼 원리를 살펴보자. 전체가 x와 y로 구성되어 있을 때 x의 비중을 묻는다고 가정하자.

이를 식으로 표현하면 $\frac{x}{x+y}$이다.

이때 분자 분모를 질문한 x로 나누면 $\frac{x}{x+y} = \frac{1}{1+\frac{y}{x}}$ 이다.

따라서 $\frac{y}{x}$의 역수인 $\frac{x}{y}$가 클수록 x의 비중이 커진다.
따라서 앞으로 비중을 물어보면 다른 구성요소로 질문한 요소를 나눠 비교하면 비중을 비교할 수 있다.
이는 정말 자주 활용되는 만큼 반드시 숙지하자.

174 정답 ① 난이도 ●●○

① (○) 2013년 10월 전체 설문조사 대상 스마트폰 기반 웹 브라우저는 10종 이상이다.
➜ 〈표 2〉를 보면, 2013년 10월 상위 5종 전체의 비율이 94.39%이다. 그렇다는 것은 6위부터 나머지 항목을 다 더한 값이 5.61%이라는 뜻이고 각 항목은 5위인 1.3%를 넘을 수 없다.
6위부터 모든 항목이 가능한 최대치인 1.3%라고 가정하여도 5.61%를 만족하기 위해서는 5종류 이상이 더 존재해야 한다. (4종류라면 최대 5.2%밖에 만족하지 못한다)
따라서 전체 설문조사 대상은 10종 이상이라고 판단할 수 있다.

② (×) 2014년 1월 이용률 상위 5종 웹 브라우저 중 PC 기반 이용률 순위와 스마트폰 기반 이용률 순위가 일치하는 웹 브라우저는 ~~없다.~~
➜ 2014년 1월 PC 기반 웹 브라우저와 스마트폰 기반 웹 브라우저 이용률 순위는 다음과 같다.
- PC 기반 웹 브라우저 이용률 순위:
(인터넷 익스플로러 > 파이어폭스 > 크롬 > 사파리 > 오페라)
- 스마트폰 기반 웹 브라우저 이용률 순위:
(사파리 > 안드로이드 기본 브라우저 > 크롬 > 오페라 > 인터넷 익스플로러)순이다.

〈표 1〉와 〈표 2〉를 이용해 순위를 작성하고 비교해 보면 크롬이 PC와 스마트폰 기반 웹 브라우저에서 모두 3위의 이용률임을 확인할 수 있다.

③ (×) PC 기반 이용률 상위 5종 웹 브라우저의 이용률 순위는 ~~매월 동일하다.~~
➜ 〈표 1〉을 이용해 조사시기에 따른 상위 5종 웹 브라우저의 이용률 순위는 다음과 같다.
- 2013년 10월: (인터넷 익스플로러 > 파이어폭스 > 크롬 > 사파리 > 오페라)
- 2013년 11월: (인터넷 익스플로러 > 파이어폭스 > 크롬 > 사파리 > 오페라)
- 2013년 12월: (인터넷 익스플로러 > 크롬 > 파이어폭스 > 사파리 > 오페라)
- 2014년 1월: (인터넷 익스플로러 > 파이어폭스 > 크롬 > 사파리 > 오페라)

PC 기반 이용률 상위 5종 웹 브라우저의 이용률 순위는 2013년 12월에 다름을 확인할 수 있다.

④ (×) 스마트폰 기반 이용률 상위 5종 웹 브라우저 중 2013년 10월과 2014년 1월 이용률의 차이가 2%p 이상인 것은 ~~크롬뿐이다.~~
➜ %p는 퍼센트 값의 차이를 나타낸다. 스마트폰 기반 웹 브라우저의 2013년 10월과 2014년 1월 이용률 차이(%p)를 계산하면 다음과 같다.
2013년 10월 이용률(%) − 2014년 1월 이용률(%) = 이용률 차이(%p)
- 사파리: |55.88% − 54.97%| = 0.91%p
- 안드로이드 기본 브라우저: |23.45% − 23.49%| = 0.04%p
- 크롬: |6.85% − 10.87%| = 4.02%p
- 오페라: |6.91% − 4.51%| = 2.4%p
- 인터넷 익스플로러: |1.30% − 1.63%| = 0.33%p

따라서 스마트폰 기반 이용률 상위 5종 웹 브라우저 중 2013년 10월과 2014년 1월 이용률의 차이가 2%p 이상인 것은 크롬과 오페라이다.

⑤ (×) 스마트폰 기반 이용률 상위 3종 웹 브라우저 이용률의 합은 매월 90% ~~이상이다.~~

➜ 〈표 2〉를 이용해 해당 월의 스마트폰 기반 이용률 상위 3종 웹 브라우저 이용률의 합을 구하면 다음과 같다.

- 2013년 10월: 55.88%+23.45%+6.91% =86.24%
- 2013년 11월: 55.61%+25.22%+8.33% =89.16%
- 2013년 12월: 54.82%+25.43%+9.70% =89.95%
- 2014년 1월: 54.97%+23.49%+10.87% =89.33%

따라서 스마트폰 기반 이용률 상위 3종 웹 브라우저 이용률의 합은 매월 90% 미만이다.

합격자의 실전 풀이 순서

❶ 〈표〉의 구조를 파악한다. 순위에 대한 〈표〉임과 상위 5종 전체 값이 주어져 있음을 확인한다.

❷ 선지 플레이를 통해 ④, ⑤번을 먼저 확인한다. ④, ⑤번은 모두 옳은 보기이므로 소거한다.

❸ 다시 ①번부터 확인하면, ①번이 옳은 보기이므로 답을 표시하고 넘어간다.

합격자의 시간단축 Tip

선지 ① '최소 도출형 문제'이다. 최소 도출형 문제는 가능한 값 중 가장 큰 값을 기준으로 빈 공간을 최대 몇 개까지 확보 가능한지 확인하면 된다.
선지 ①의 경우 〈표 2〉에서 2013년 10월 스마트폰 기반 웹 브라우저 상위 5위가 1.3%이므로 순위가 더 낮은 웹 브라우저들은 모두 이용률이 1.3% 미만일 것이다. 1.3%×4=5.2%이며, 이를 상위 5종 전체인 94.39에 더해도 99.59%로 100%를 넘지 못한다.
따라서 스마트폰 기반 웹 브라우저는 9종일 수 없고 최소 10종으로 10종 이상이 옳다.

선지 ③ 순위 자료에서 대표적으로 나타날 수 있는 함정이다. 순위 자료는 언제나 무엇, 언제를 기준으로 순위를 세운 것인지 잘 확인해야 한다.
〈표 1, 2〉의 경우 명확히 나타나 있지 않으므로 더욱 주의를 기울여야 한다. 만약 모든 달이 같은 방향성을 가질 것으로 착각하면 옳은 선지로 오판할 수 있으므로, 간단하게 동일한 흐름인지 정도는 파악하고 답을 판단하여야 한다.

선지 ④ 실제 차잇값을 도출하지 않고, 2%p를 기준으로 더하고 빼는 것을 빠르게 해주면 된다. 특히 차잇값인 만큼 양수, 음수 모두가 가능하므로, 크롬처럼 +2인 경우만 확인하지 않고 −2인 경우도 있다는 것을 놓치면 안 된다.

선지 ⑤ 상위 3종 전체 스마트폰 기반 웹 브라우저 이용률의 합을 상위 5종 전체 이용률 값에서 4위, 5위의 값을 빼도 90%인지 확인하는 방식으로 확인하면, 시간을 줄일 수 있다. 2013년 10월 기준 상위 5종 전체 이용률은 94.39인데 4위인 오페라 이용률이 6.91이므로 상위 3종의 이용률의 합은 90% 미만이다.

175 정답 ⑤ 난이도 ●●●

표의 빈칸을 채우면 아래와 같다.

선수	시기	심사위원				평균 점수	최종 점수
		A	B	C	D		
갑	1차	88	90	89	92	89.5	183.5
	2차	48	55	60	45	51.5	
	3차	95	96	92	(93)	(94)	
을	1차	84	87	87	88	(87)	(166)
	2차	28	40	41	39	39.5	
	3차	81	77	79	79	(79)	
병	1차	74	73	85	89	79.5	167.5
	2차	89	88	88	87	88.0	
	3차	68	69	73	74	(71)	
정	1차	79	82	80	85	81.0	(175.5)
	2차	94	95	93	96	94.5	
	3차	37	45	39	41	40.0	

ㄱ. (×) 최종점수는 '정'이 '을'보다 ~~낮다.~~

➜ 〈각주 2〉에 따르면 최종점수는 1 ~ 3차 시기 평균점수 중 최저점을 제외하고 나머지 2개 점수를 합하여 계산할 수 있다. 우선 을의 1, 3차 시기의 평균점수를 먼저 알아야 하는데, 각 시기의 평균점수는 심사위원 A ~ D의 점수 중에서 최고점과 최저점을 제외하고 그 사이에 있는 2개 점수의 평균을 의미한다. '을'의 1, 3차 시기의 평균점수를 구해보면, '을' 1차 평균점수 → 최고점이 88점, 최저점이 84점이고 나머지 점수가 각각 87점, 87점이므로 이를 평균 내면

$\frac{87+87}{2}$ =87, '을' 3차 평균점수 → 최고점이 81

점, 최저점이 77점이고 나머지 점수가 각각 79점, 79점이므로 이를 평균 내면 $\frac{79+79}{2}=79$이다.

'을'의 각 시기 평균 점수는 모두 87, 39.5, 79이므로 여기서 최저점을 제외하면 87점, 79점이 남는다.

따라서 최종점수는 이 두 점수의 합이므로 87+79=166점이다.

한편, '정'의 각 시기 평균점수는 모두 명시되어 있으며, 이 세 점수에서 최저점인 40점을 제외하면 81점과 94.5점이 남는다. 따라서 81+94.5=175.5점이다.

그러므로 '정'의 최종점수가 '을'의 최종점수보다 높다.

ㄴ. (×) 3차 시기의 평균점수는 '갑'이 '병'보다 ~~낮다.~~

➜ '갑'의 3차 시기 평균점수는 최종 점수 계산법을 거꾸로 이용하여 계산할 수 있다. 먼저 '갑'의 최종점수는 각 시기 평균점수 중 최저점을 제외하는 것부터 시작해야 한다.

그런데 그 중에서 '갑'의 3차 시기 평균점수는 최저점이 될 수가 없다. 왜냐하면 '갑'의 2차 시기 평균점수인 51.5점이 최종 점수 계산의 한 부분으로 된다면 나머지 한 시기의 점수가 183.5−51.5=132점이 되어 100점을 넘겨 버리기 때문이다.

따라서 2차 시기 평균점수인 51.5점이 최저점이 되고 '갑'의 1차 및 3차 시기 평균점수를 더하여 최종점수가 결정된다.

이 때, '갑'의 3차 시기 평균점수는 183.5점에서 1차 시기 평균점수 89.5점을 뺀 값으로, →183.5−89.5=94점이 된다.

한편 '병'의 3차 시기 평균점수는 심사위원 A ~ D의 점수 중 최고점인 74점과 최저점인 68점을 제외하면 각각 73점과 69점이 남고, 이 두 점수를 평균 낸 것으로 $\frac{73+69}{2}=71$점이다.

따라서 3차 시기의 평균점수는 '갑'이 '병'보다 높다.

ㄷ. (○) '정'이 1차 시기에서 심사위원 A ~ D에게 10점씩 더 높은 점수를 받는다면, 최종 점수가 가장 높다.

➜ '정'이 1차 시기에서 심사위원들에게 10점씩 더 높은 점수를 받는다면 심사위원 A ~ D의 점수는 원래의 점수에서 각각 10을 더한 89점, 92점, 90점, 95점이 되고, 이 중 최고점인 95점과 최저점인 89점을 제외하면 92점과 90점이 남는다.

이를 평균 내서 '정'의 1차 시기 평균 점수를 구하면 $\frac{92+90}{2}=91$점이다.

이때, '정'의 각 시기 평균점수가 각각 91점, 94.5점, 40점이 되므로 최종점수를 계산할 때는 91점과 94.5점만 서로 더하여 91+94.5=185.5점이 된다.

이 때, '갑'의 최종점수는 183.5점, '을'의 최종점수는 보기 ㉠에서 구한 결과와 같이 166점, '병'의 최종점수는 167.5점이므로 정의 최종 점수가 가장 높다.

ㄹ. (○) 1차 시기에서 심사위원 C는 4명의 선수 모두에게 심사위원 A보다 높은 점수를 부여했다.

➜ 각 선수의 1차 시기에서의 심사위원 A, C의 점수에만 주목하면 된다. 이를 자세히 보면

- 갑의 1차 시기에서는 심사위원 A가 88점, 심사위원 C가 89점,
- 을의 1차 시기에서는 심사위원 A가 84점, 심사위원 C가 87점,
- 병의 1차 시기에서는 심사위원 A가 74점, 심사위원 C가 85점,
- 정의 1차 시기에서는 심사위원 A가 79점, 심사위원 C가 80점을 부여한 것을 각각 확인할 수 있다.

따라서 심사위원 C는 모든 선수의 1차 시기에서 심사위원 A보다 선수들에게 더 높은 점수를 부여했다.

합격자의 실전 풀이 순서

❶ 〈표〉의 괄호는 최대한 채우지 않겠다는 마음가짐으로 임한다. 괄호의 값을 정확히 알지 못하더라도, 각 보기의 정오만 판단하면 충분하다. 또한 〈표〉 하단의 각주를 확인한다.

❷ 〈표〉에 괄호가 있는 문제는 대체로 보기 ㉢, ㉣에서 보기 ㉠, ㉡을 해결하는 과정에서 채워진 괄호를 활용하는 경향이 있다. 따라서 보기 ㉠부터 보기 ㉣순으로 해결하겠다는 원칙을 갖는 것이 유리하다.

❸ 보기 ㉠에서 을의 1차와 3차 최고점과 최저점을 제외하고 나머지 점수들을 비교해보면 정보다 최종점수가 높을 수 없다. 따라서 ㉠을 소거한다. ㉡은 확인할 필요가 없으므로 ㉢으로 넘어가면, 1차 시기에서 모든 심사위원에게 10점씩 더 높은 점수를 받는 경우 평균 점수가 10점 높아진다.
보기 ㉠에서 이미 을이 정보다 낮다는 것을 확인했기 때문에 갑과 비교하면 되고, 이 때 정이 갑보다 높기 때문에 ㉢은 옳은 보기이다.

❹ 보기 ㉣은 단순비교이다. 옳기 때문에 답은 ⑤이다.

합격자의 시간단축 Tip

보기 ㉠ 값을 도출하지 않고 비교할 수 있다. 최종점수는 가장 낮은 점수를 뺀 평균점수의 합이므로, '정'은 81과 94.5를 더하게 된다. 반대로 을은 빈칸 두개를 더하게 된다.

이때 값을 구하지 않고, '정'의 값을 '을'에 대입하여 모순이 있는지 확인하면 편하다.
즉 첫 번째 빈칸에 94.5를 넣으면 모든 값이 94.5보다 낮으므로 당연히 낮을 것이며,
두 번째 빈칸에 81을 넣으면 같거나 작으므로 당연히 낮을 것이다.
따라서 계산하지 않더라도 '정'이 더 높다는 것은 바로 알 수 있다.

보기 ㉡ 최고, 최저점을 제외한 점수의 평균이 '평균 점수'이다. 따라서 갑의 3차 D 값이 무엇인지와 무관하게 90점대 일 것이나 병은 최고점 조차 74이다. 따라서 갑 > 병이다.

보기 ㉢ '정'이 1차 시기에서 모든 심사위원에게 10점씩 더 받는다면, '정'의 1차 시기 평균점수가 91.0점으로 증가하고, '정'의 최종점수는 91.0점+94.5점이다. 이는 '갑'과 '병'의 최종점수보다 높다.

보기 ㉣ 반례를 찾으면 되는 문제 유형이다. 출제 의도상 수험생이 시간을 소모하도록 유도하기 위해 뒷부분에 반례를 배치하는 경향이 있다. 따라서 정→갑 순으로 확인하는 것이 좋다.

176 정답 ⑤ 난이도 ●○○

ㄱ. (×) 2016년 방한 외국인 관광객의 국적별 1인당 관광 지출액
➜ 〈보고서〉 1문단은 중국인 관광객에 대해서, 2문단은 전체 방한 외국인에 대해 언급하고 있다.
하지만 〈보고서〉는 중국을 제외한 국가의 1인당 관광 지출액에 대해서는 언급하고 있지 않다.
따라서 불필요한 자료이다.

ㄴ. (○) 2016년 전체 방한 외국인 관광객수 및 지출액 현황
➜ 〈보고서〉 2문단에는 2017년 전년대비 연간 추정 방한 중국인 관광객 감소 규모가 2016년 연간 전체 방한 외국인 관광객 수의 46.3%이고, 2017년 추정 지출 감소액이 2016년 중국인을 제외한 방한 외국인 관광객 총 지출액의 55.8%라고 명시되어 있다.
그러나 문제에서 제시한 표 자료는 2016 ~ 2017년 월별 방한 중국인 관광객 수, 2016년 방한 중국인 관광객 1인당 관광 지출액만 나타나 있고, 2016년 연간 전체 방한 외국인 관광객 수와 동년의 중국인을 제외한 방한 외국인 관광객 총 지출액은 나타나 있지 않다.
그러므로 제시된 46.3%와 55.8%라는 비율의 사실 확인을 위해서는 비교 대상의 현황도 구체적으로 명시되어야 한다. 따라서 보고서에 이러한 내용을 적기 위해서는 이 자료가 꼭 필요하다.

ㄷ. (○) 2016년 산업부문별 매출액 규모 및 구성비
➜ 〈보고서〉 3문단에서는 2016년 대비 2017년 산업 부문별 추정 매출 감소액을 설명하고 있다. 따라서 2016년 산업 부문별 매출액 규모 및 구성비를 알 수 있는 자료가 필요하다.

ㄹ. (○) 2017년 산업부문별 추정 매출액 규모 및 구성비
➜ 〈보고서〉 3문단에서는 2016년 대비 2017년 산업 부문별 추정 매출 감소액을 설명하고 있다. 하지만 〈표 1〉과 〈표 2〉를 통해 직·간접적으로 알 수 없으므로 필요한 자료이다.

합격자의 실전 풀이 순서

❶ 〈표 1〉, 〈표 2〉의 단위를 확인하고, 〈표 1〉의 우측에는 합계 자료가 주어져 있음을 확인하고, 〈표 2〉 아래의 각주에서 '전체'의 의미를 파악한다.

❷ 〈보고서〉에 부합하는 자료를 찾거나, 〈보고서〉 작성을 위해 추가로 필요한 자료를 찾는 문제 유형의 경우 〈보고서〉의 가장 아래 문단부터 위쪽 문단 순서로 해결한다. 왜냐하면 〈보고서〉 앞 내용부터 순차적으로 자료를 이해할 필요가 없기 때문이다.
예를 들어 이 문제의 경우, 〈보고서〉 3문단을 작성하기 위해 보기 ㉢, ㉣의 자료가 필요하다는 것을 바로 확인할 수 있다.

177 정답 ④ 난이도 ●●○

ㄱ. (○) 2014년 상업용 무인기의 국내 시장 판매량 대비 수입량의 비율은 3.0% 이하이다.
➜ 2014년 상업용 무인기의 국내 시장 판매량과 수입량은 각각 〈그림〉과 〈표 1〉 에 주어져 있는 것과 같이 202천 대와 5천 대이다. 둘은 기준 단위가 1,000으로 같아 판매량 대비 수입량의 비율을 $\frac{5(\text{천 대})}{202(\text{천 대})}$과 같이 구할 수 있으며, 이 값은 약 2.5%이다. 따라서 3.0% 이하이다.

ㄴ. (○) 2011 ~ 2014년 동안 상업용 무인기 국내 시장 판매량의 전년대비 증가율이 가장 큰 해는 2012년이다.
➜ 국내 시장 판매량의 전년 대비 증가율을 구할 때는 $\frac{\text{기준연도 판매량}-\text{전년도 판매량}}{\text{전년도 판매량}}$과 같이 계산하

여 구할 수 있다. 〈그림〉에서 연도별 판매량 증가율을 살펴보면,

- 2011년: $\frac{72-53}{53}$=약 35.8%
- 2012년: $\frac{116-72}{72}$=약 61.1%
- 2013년: $\frac{154-116}{116}$=약 32.8%
- 2014년: $\frac{202-154}{154}$=약 31.2%이다.

따라서 상업용 무인기 국내 시장 판매량의 전년 대비 증가율이 가장 큰 해는 2012년이다.

ㄷ. (×) 2011~2014년 동안 상업용 무인기 수입량의 전년대비 증가율이 ~~가장 작은 해에는~~ 상업용 무인기 수출량의 전년대비 증가율이 ~~가장 크다.~~

➜ 상업용 무인기 수입량의 전년 대비 증가율은 $\frac{\text{기준연도 수입량}-\text{전년도 수입량}}{\text{전년도 수입량}}$과 같이 계산하여 구할 수 있다.

〈표 1〉 에서 연도별 수입량의 증가율을 구해보면,

- 2011년: $\frac{2.0-1.1}{1.1}$=약 81.8%
- 2012년: $\frac{3.5-2.0}{2.0}$=75%
- 2013년: $\frac{4.2-3.5}{3.5}$=20%
- 2014년: $\frac{5.0-4.2}{4.2}$=약 19%이다.

따라서 전년 대비 수입량의 증가율이 가장 작은 해는 2014년 임을 알 수 있다.

마찬가지로 〈표 1〉에서 상업용 무인기 수출량의 전년대비 증가율을 $\frac{\text{기준연도 수출량}-\text{전년도 수출량}}{\text{전년도 수출량}}$에 대입하여 구해보면,

- 2011년: $\frac{2.5-1.2}{1.2}$=약 108.3%
- 2012년: $\frac{18.0-2.5}{2.5}$=620%
- 2013년: $\frac{67.0-18.0}{18.0}$=약 272.2%
- 2014년: $\frac{240.0-67.0}{67.0}$=약 258.2%이다.

따라서 상업용 무인기 수출량의 전년 대비 증가율이 가장 큰 해는 2012년이다.

결국 2011~2014년 동안 상업용 무인기 수입량의 전년대비 증가율이 가장 작은 해와 수출량의 전년 대비 증가율이 가장 큰 해는 일치하지 않는다.

ㄹ. (○) 2012년 '갑'국 상업용 무인기 수출량의 전년대비 증가율과 2012년 '갑'국 A사의 상업용 무인기 매출액의 전년대비 증가율의 차이는 30%p 이하이다.

➜ 〈표 1〉에서 2012년 '갑'국 상업용 무인기 수출량의 전년 대비 증가율은

→ $\frac{\text{2012년 수출량}-\text{2011년 수출량}}{\text{2011년 수출량}}=\frac{\text{15.5천 대}}{\text{2.5천 대}}$

=620%이다.

〈표 2〉 에서 2012년 '갑'국 A사의 상업용 무인기 매출액의 전년 대비 증가율은

→ $\frac{\text{2012년 매출액}-\text{2011년 매출액}}{\text{2011년 매출액}}$

$=\frac{\text{261.4(백만 달러)}}{\text{43(백만 달러)}}$=약 607.9%이다.

2012년의 '갑'국 상업용 무인기 수출량의 증가율과 '갑'국 A사의 상업용 무인기 매출액의 증가율의 차이는 620%p−607.9%p≈12.1%p이므로 증가율의 차이는 30%p 이하이다.

합격자의 실전 풀이 순서

❶ 〈그림〉에서 x축의 연도가 〈표 1〉과 〈표 2〉의 연도 순서와 일치함을 확인하고, 〈그림〉에서 y축의 단위 '천 대'와 〈표 1〉의 단위가 일치함을 확인한 후, 〈표 2〉의 단위를 확인한다.

❷ 〈표 1〉 아래의 각주를 통해 〈표 2〉의 '수출량'은 〈표 1〉의 '국내 시장 판매량'에 포함되지 않고, '수입량'은 '국내 시장 판매량'에 포함됨을 확인한다.

❸ 보기 ㉡이 선지에 포함된 개수가 가장 많기 때문에 보기 ㉡을 먼저 확인하는 것은 지양한다. 또한 보기 ㉢은 매년 수출량과 수입량의 전년대비 증가율을 계산해야 하므로, 보기 ㉠ 또는 ㉣을 먼저 확인한다.

❹ 보기 ㉠에서 주어진 3%가 맞는지 여부를 확인한다. 14년도 국내 시장 판매량 대비 수입량의 비율은 약 2.5%이므로 3% 이하이다. 따라서 ②와 ⑤가 소거되며, ㉡은 맞는 보기이다.

❺ 보기 ㉣의 경우 구해야 하는 증가율이 두 개라는 점에서 보다 간단해 보일 수 있으나, 단순한 크기 비교가 아니라 대략 어느 정도 차이 나는지를 계산해야 하므로 보기 ㉢을 우선 살핀다. 상업용 무인기 수입량의 전년대비 증가율이 가장 작은 해는 14년도이나 상업용 무인기 수출량의 전년대비 증가율이 가장 큰 해는 12년도이므로 틀린 보기이다.
①과 ④가 남아 결국 보기 ㉣을 검토해야 한다. 이는 맞는 보기로 답은 ④이다.

합격자의 시간단축 Tip

보기 ㉠ 여러 〈표〉, 〈그림〉 등을 섞어서 확인해야 하는 경우 언제나 '단위'를 먼저 봐야 한다. 단위를 달리 두는 함정이 잦게 나타나기 때문이다. 다행히 보기 ㉠의 경우 〈그림〉과 〈표 1〉 모두 '천대'로 동일하여 바로 비교해도 된다. 202의 1%는 소수점을 두 개 당긴 값으로 2이고, 3%는 그 3배로 2×3 > 5이므로 3% 이하이다.

보기 ㉡ 2012년의 전년대비 증가율은 72(천 대)에서 116(천 대)로 44(천 대)증가했다.
72(천 대)의 50%는 36(천 대)로 증가율이 50% 이상임(72에 1.5를 곱해도 116보다 작음)을 확인한다. 나머지 연도에는 전년도 판매량에 1.5를 곱하면 해당 연도 판매량보다 큼을 확인한다.
2010년의 판매량이 50(천 대)라고 해도 2011년의 판매량이 75(천 대)보다 많아야 한다.
2013년의 전년대비 증가율이 50% 이상이기 위해서는 2012년의 판매량이 약 100(천 대)여야 한다. 2014년 역시 전년대비 증가율이 50%에 훨씬 미치지 못한다.

> * 참고로 '기울기'는 x증가분 대비 y증가분으로, 〈그림〉에서 x축은 연도로 모든 값들이 '1년 단위'이므로 '기울기'는 곧 'y축 증가분'을 의미한다. 따라서 기울기를 나타내는 값이 아니므로, 기울기를 통해 증가율 비교를 하는 것은 옳지 않다. 다만 증가분이 큰 지역을 추리는 데는 괜찮은 방법이다.

보기 ㉢ 'A일 때, B이기도 하다' 유형은 역순으로 볼 때 답을 더 쉽게 찾을 수 있는 경향이 있다. 따라서 수출량의 증가율을 먼저 비교하면 좋다.

[방법 1]
2011년의 수출량은 2010년의 수출량의 약 2배(전년대비 증가율이 약 200%)이다. 2012년의 수출량은 2011년의 7배를 초과한다. 2013년의 수출량은 2012년의 4배에 미치지 못한다.
따라서 수출량의 전년대비 증가율이 가장 큰 해는 2012년이다. 다음으로 수입량의 증가율을 확인하면 증가율을 직접 구하지 않더라도 대소 비교를 할 수 있다. 즉 2012년의 경우 2.0에서 1.5만큼 증가하였는데, 바로 옆인 2013년의 경우 3.5에서 0.7만큼 증가하여 "더 큰 값에서 더 작은 증가분"을 보이고 있으므로 당연히 더 작은 증가율일 수 밖에 없다.
따라서 2012년 수입량의 전년대비 증가율이 가장 작지는 않다. 수입량의 전년대비 증가율이 가장 작은 해를 찾을 필요 없이, 2012년 수입량의 전년대비 증가율이 가장 작은 해가 아니라는 사실만을 확인한다.

[방법 2]
수입량의 전년대비 증가율을 먼저 비교한 경우도 마찬가지이다. 가장 작은 해를 구해야 하므로 상대적으로 분모(전년도 수입량)는 크고 증가량은 작은 해를 기준으로 삼아야 한다. 이때 13년도와 14년도의 증가량은 0.7과 0.8로 13년도가 더 작은 반면, 각각의 증가율 계산 시 분모가 되는 12년과 13년의 수입량 중 13년이 수입량이 더 작기 때문에 결국 가장 작은 해는 14년도이다.
수입량의 증가율이 가장 작은 해를 구한 후에는 수출량의 증가율을 비교해야 한다. 가장 큰지 여부만 확인하면 되므로 반례를 찾아야 하며, 가장 유력한 반례를 찾는 기준은 전년도 수가 상대적으로 작고 증가 정도가 큰 경우이다. 수출량이 작은 10년도와 11년도를 보면, 10년도에서 11년도는 약 두 배밖에 늘어나지 않으므로 고려할 필요가 없다.
따라서 11년도에서 12년도의 증가율을 살펴야 하며, 13년도에서 14년도 간에 수출량이 4배 미만으로 증가하는 반면에 11년도에서 12년도에는 4배 이상 증가함이 쉽게 확인되므로 14년도는 상업용 무인기 수출량의 전년대비 증가율이 가장 큰 연도가 아님을 알 수 있다.

보기 ㉣ 본래 %로 증가율을 계산할 때에는 x배에서 1을 빼서 (x−1)×100%로 나타내나, 해당 보기는 차이만 구하면 되기 때문에 이러한 과정을 모두 무시한 채 몇 배인지만 파악해도 충분하다. 11년도 갑국 상업용 무인기 수출량은 2.5로, 2.5×7=17.5이다.
이를 기준으로 매출액을 고려해보면, 43×7=301로 12년도의 매출액인 304.4와 유사하다는 것을 알 수 있다. 수출량의 경우 12년도의 실제 수출량과의 차이가 0.5이고 매출액의 경우 3.4인데, 두 경우 모두 11년도의 수출량 또는 매출액의 30%는 넘지 않는다. (이는 두 경우의 증가율이 모두 600 ~ 630% 사이에 있음을 의미한다.) 따라서 두 배수의 차이 역시 30%p를 넘을 수 없다.

178 정답 ③ 난이도 ●●○

① (×) 산업기사 전체 합격률은 기능사 전체 합격률보다 ~~높다~~.
→ 〈표〉에서 산업기사 전체 응시자는 151명이며, 합격자 수는 61명이므로, 산업기사 전체 합격률은 $\frac{61명}{151명}$=약 40.4%이다.
기능사의 전체 응시자는 252명이고, 합격은 146명이므로, 기능사 전체 합격률은 $\frac{146명}{252명}$=약 57.9%이다.
따라서 틀린 선지이다.

② (×) 산업기사 종목을 합격률이 높은 것부터 순서대로 나열하면 ~~치공구설계, 컴퓨터응용가공, 기계설계, 용접 순이다.~~

➔ 〈표〉와 〈각주 2〉를 활용하여 산업기사 종목의 합격률을 각각 계산하면,

- 치공구설계 합격률: $\frac{14\text{명}}{22\text{명}}$ = 약 63.6%
- 컴퓨터응용가공 합격률: $\frac{14\text{명}}{42\text{명}}$ = 약 33.3%
- 기계설계 합격률: $\frac{31\text{명}}{76\text{명}}$ = 약 40.8%
- 용접 합격률: $\frac{2\text{명}}{11\text{명}}$ = 약 18.2%이다.

합격률이 높은 것부터 순서대로 나열하면 치공구설계, 기계설계, 컴퓨터응용가공, 용접 순이다.

③ (○) 산업기사 전체 응시율은 기능사 전체 응시율보다 낮다.

➔ 〈각주 1〉에 따르면 산업기사 전체 응시율은 $\frac{151\text{명}}{186\text{명}}$ = 약 81.2%이고, 기능사 전체 응시율은 $\frac{252\text{명}}{294\text{명}}$ = 약 85.7%이므로 산업기사 전체 응시율이 기능사 전체 응시율보다 낮다.

④ (×) 산업기사 종목 중 응시율이 가장 낮은 것은 ~~컴퓨터응용가공이다.~~

➔ 〈표〉에서 산업기사 종목에 대한 응시율을 계산해 보면,

- 치공구설계 응시율: $\frac{22\text{명}}{28\text{명}}$ = 약 78.6%
- 컴퓨터응용가공 응시율: $\frac{42\text{명}}{48\text{명}}$ = 87.5%
- 기계설계 응시율: $\frac{76\text{명}}{86\text{명}}$ = 약 88.4%
- 용접 응시율: $\frac{11\text{명}}{24\text{명}}$ = 약 45.8%이다.

따라서 산업기사 종목 중 응시율이 가장 낮은 것은 용접 분야이다.

⑤ (×) 기능사 종목 중 응시율이 높은 종목일수록 합격률도 ~~높다.~~

➔ 〈표〉에서 기능사 종목의 응시율을 계산해보면,

- 기계가공조립 응시율: $\frac{17\text{명}}{17\text{명}}$ = 100%
- 컴퓨터응용선반 응시율: $\frac{34\text{명}}{41\text{명}}$ = 약 82.9%
- 웹디자인 응시율: $\frac{8\text{명}}{9\text{명}}$ = 약 88.9%
- 귀금속가공 응시율: $\frac{22\text{명}}{22\text{명}}$ = 100%
- 컴퓨터응용밀링 응시율: $\frac{15\text{명}}{17\text{명}}$ = 약 88.2%
- 전산응용기계제도 응시율: $\frac{156\text{명}}{188\text{명}}$ = 약 83.0%

기능사 종목 중 응시율이 높은 순서대로 나열하면, 기계가공조립 = 귀금속가공 > 웹디자인 > 컴퓨터응용밀링 > 전산응용기계제도 > 컴퓨터응용선반 순이다.

〈표〉에서 기능사 종목의 합격률을 계산해보면,

- 기계가공조립 합격률: $\frac{17\text{명}}{17\text{명}}$ = 100%
- 컴퓨터응용선반 합격률: $\frac{29\text{명}}{34\text{명}}$ = 약 85.3%
- 웹디자인 합격률: $\frac{6\text{명}}{8\text{명}}$ = 75.0%
- 귀금속가공 합격률: $\frac{16\text{명}}{22\text{명}}$ = 72.7%
- 컴퓨터응용밀링 합격률: $\frac{12\text{명}}{15\text{명}}$ = 80.0%
- 전산응용기계제도 합격률: $\frac{66\text{명}}{156\text{명}}$ = 약 42.3%

기능사 종목 중 합격률이 높은 순서대로 나열하면, 기계가공조립 > 컴퓨터응용선반 > 컴퓨터응용밀링 > 웹디자인 > 귀금속가공 > 전산응용기계제도 순이며 이는 응시율이 높은 순서와 같지 않다.

합격자의 실전 풀이 순서

❶ 〈표〉에 '산업기사'와 '기능사'의 종목별 합계 '전체'가 주어져 있는 구조임을 확인하고,
각주의 응시율과 합격률 정의를 확인한다. 이 때 각 항목을 대응해서 보는 것이 어려울 경우, 접수, 응시, 합격을 각각 A, B, C 등으로 환산하는 등의 방법을 통해 보다 효율적으로 파악이 가능하다.

❷ 선지 ⑤는 '기능사'의 종목별 응시율과 합격률을 모두 구해야 하므로, 선지 ④로 넘어간다. 선지 ④는 '산업기사'의 종목별 응시율을 모두 구해야 하므로, 전체 응시율 두 가지만 구하면 되는 선지 ③을 먼저 해결한다.

❸ 시간이 남는 경우, 선지 ③의 계산이 정확한지를 다시 확인한다.

합격자의 시간단축 Tip

① 〈표〉의 종목을 보면, 컴퓨터응용가공, 컴퓨터응용선반, 컴퓨터응용밀링 등 유사한 항목이 매우 많다. 이처럼 유사한 항목이 많은 경우, 문제를 풀 때 전혀

다른 항목을 활용해 문제를 푸는 등의 실수가 잦게 나타나므로 차이가 나는 부분(가공, 선반, 밀링) 등에 동그라미를 치면서 확인한다.

② '전체'와 같은 값은 자칫 단일 항목으로 착각하기 좋으므로, 구분선을 그려둔다.

선지 ①

[방법 1]

반대 해석을 통해 '역수'로 확인하면 매우 간단하게 해결할 수 있다.

즉 "산업기사 전체 합격률 > 기능사 전체 합격률"이라는 것은 반대 해석하면 "기사의 합격 대비 응시 < 기능사의 합격 대비 응시"임을 의미한다. 산업기사의 경우 61→151은 2배 초과이나, 기능사의 경우 146→252로 2배 미만이므로 틀린 선지임을 쉽게 알 수 있다.

[방법 2]

(산업기사 전체 합격률)$=\frac{61}{151}$이고 (기능사 전체 합격률)$=\frac{146}{252}$이다. 전자에서는 분자인 61을 두 배 해도 151 미만인 반면, 후자에서는 분자인 146을 두 배 하는 경우 280 이상으로 252보다 크다. 따라서 기능사 전체 합격률이 산업기사 전체 합격률보다 높다.

선지 ②

[방법 1] 추천방법

선지 ①과 마찬가지로 반대 해석하면 매우 빠르게 해결할 수 있다.

선지 ②를 반대 해석하면 "합격 대비 응시가 낮은 순서"이므로 치공구설계→용접 순으로 확인한다.

치공구설계는 2배가 채 안되며 컴퓨터는 3배이다. 반면 기계설계는 3배가 채 안되므로 틀린 선지이다.

반대해석의 장점은 분수 비교, % 비교를 매우 간단한 곱셈 비교로 바꿀 수 있다는 점이다. 활용성이 정말 높으니 익혀 두는 것이 좋다.

[방법 2]

순서를 확인해야 하는 문제의 경우 실제로 순서를 구하기보다는 해당 순서가 맞는지를 확인하는 방향으로 가야 한다.

수를 살펴보면, 선지에 두 번째로 높은 것으로 되어 있는 컴퓨터응용가공 종목의 경우 응시자는 많은 반면 합격자 수는 상대적으로 적다는 것을 알 수 있다.

따라서 이를 기준으로 반례를 찾아보면, 컴퓨터응용가공 종목에서 분자가 되는 합격자수가 14이며 분모인 응시자 수는 42로 세 배인 반면 바로 그 아래 있는 기계설계의 경우 31에 세 배를 하면 76을 훌쩍 넘는다.

그러므로 $\frac{14}{42}$보다 $\frac{31}{76}$이 더 크다는 것을 알 수 있으며, 해당 선지는 틀린 선지이다.

선지 ③

[방법 1] 추천방법

반대 해석을 통해 비교하면, "산업기사의 (1−응시율)이 더 높다"는 의미다.

먼저 분자→분모의 차잇값을 살펴보면,

산업기사 186−151=35, 기능사 294−252=42이다.

분모인 186, 294는 매우 큰 차이가 나는데, 분자 분모의 차잇값은 35, 42로 매우 유사하여 산업기사의 (1−응시율)이 더 높으므로, 옳은 선지임을 매우 쉽게 알 수 있다.

[방법 2]

분수의 대소 비교이다$\left(\frac{151}{186} \text{ vs } \frac{252}{294}\right)$.

분자는 약 100만큼(약 66.6%만큼) 증가한다.

분모는 186에서 108만큼 증가한다.

어림 산하면 180에서 100만큼, 약 55.5%$\left(\frac{5}{9}\right)$만큼 증가한다.

분자의 증가율이 더 크기 때문에 산업기사 전체 응시율이 더 낮다.

선지 ④ 앞선 선지들과 마찬가지로 반대 해석을 통해 비교하면, "산업기사 종목 중 응시 대비 접수가 가장 높은 것"을 묻는 것과 같다. ④번의 컴퓨터응용가공은 1이 조금 넘는 값이나, 용접은 2배가 넘는다. 따라서 틀린 선지이다.

선지 ⑤ 모든 값을 비교하는 것은 부담스러우므로, 의심스러운 값부터 보는 것이 좋은 전략이다. 예를 들어 응시율은 기계가공조립과 귀금속가공은 100%로 동일하기 때문에, ⑤번이 옳은 선지가 되기 위해서는 합격률도 같은 값이어야 한다.

그러나 기계는 100%이나 귀금속은 100%가 아니므로 틀린 선지임을 바로 알 수 있다.

179 정답 ⑤ 난이도 ●●○

① (O) 2012년 이후 군 장병 1인당 급식비의 전년대비 증가율이 가장 큰 해는 2014년이다.

→ 군 장병 1인당 1일 급식비의 전년대비 증가율은

$=\frac{\text{올해 1인당 1인 급식비(원)} - \text{전년도 1인당 1일 급식비(원)}}{\text{전년도 1인당 1일 급식비(원)}}$

×100이므로,

• 2012년 증가율: $\frac{6,155(원)-5,820(원)}{5,820(원)} \times 100$

$\approx 5.76(\%)$

• 2013년 증가율: $\frac{6,432(원)-6,155(원)}{6,155(원)} \times 100$

$\approx 4.5(\%)$

• 2014년 증가율: $\frac{6,848(원)-6,432(원)}{6,432(원)} \times 100$

$\approx 6.47(\%)$

• 2015년 증가율: $\frac{6,984(원)-6,848(원)}{6,848(원)} \times 100$

$\approx 1.98(\%)$

따라서 2012년 이후 군 장병 1인당 1인 급식비의 전년대비 증가율이 가장 큰 해는 2014년이다.

② (O) 2012년의 조리원 충원인원이 목표 충원인원의 88%라고 할 때, 2012년의 조리원 목표 충원인원은 2,100명보다 많다.

→ 목표인원을 x라고 할 때, $x \times \frac{88}{100} = 1,924(명)$ 이므로 $x = 1,924 \times \frac{88}{100} \approx 2,186(명)$이다.

따라서 2,100명보다 많다.

③ (O) 2012년 이후 조리원 충원인원의 전년대비 증가율은 매년 감소한다.

→ 조리원 충원인원의 전년대비 증가율은 = $\frac{올해\ 조리원\ 충원인원-전년도\ 조리원\ 충원인원}{전년도\ 조리원\ 충원인원}$ ×100이므로,

• 2012년 증가율: $\frac{1,924(명)-1,767(명)}{1,767(명)} \times 100$

≈ 8.89

• 2013년 증가율: $\frac{2,024(명)-1,924(명)}{1,924(명)} \times 100$

≈ 5.2

• 2014년 증가율: $\frac{2,123(명)-2,024(명)}{2,024(명)} \times 100$

≈ 4.89

• 2015년 증가율: $\frac{2,195(명)-2,123(명)}{2,123(명)} \times 100$

≈ 3.39

따라서 2012년 이후 조리원 충원인원의 전년대비 증가율은 매년 감소한다.

④ (O) 2011년 대비 2015년의 군 장병 1인당 1일 급식비의 증가율은 2011년 대비 2015년의 물가 상승률보다 낮다.

→ 2011년 대비 2015년의 군 장병 1인당 1일 급식비의 비율은 $\frac{6,984}{5,820} \times 100 = 20(\%)$이므로 증가율은 20%이다.

한편, 2011년의 물가를 x라고 하면 2015년의 물가는 x×1.054이다.

따라서 2015년의 물가는 2011년의 1.054배이다.

이때, 1.052=1.1025 > 1.1이므로, 1.054 > 1.21이다.

즉 2011년 대비 2015년 물가 상승률은 21%를 초과한다

따라서 옳은 선지이다.

⑤ (×) 군 장병 1인당 1일 급식비의 5년(2011 ~ 2015년) 평균은 2013년 군 장병 1인당 1일 급식비보다 ~~작다.~~

→ 5년 평균은 $\frac{5,820+6,155+6,435+6,848+6,984}{5}$ = 6,447.8(원)이고, 2013년 군 장병 1인당 1일 급식비는 6,432(원)이므로 급식비가 더 높다.

합격자의 실전 풀이 순서

❶ 〈표〉 아래의 각주를 확인한다.

❷ 선지 ⑤부터 ①까지 가볍게 훑은 결과 선지별 난이도 차이가 크지 않다고 판단하여, 선지 ⑤부터 거꾸로 푼다.

❸ 선지 ⑤에 가평균의 개념을 적용해 구해보면 틀린 선지이므로 답을 체크하고 넘어간다.

합격자의 시간단축 Tip

선지 ① 2014년도의 증가율이 가장 큰지 확인해야 한다. 증가율은 분모가 작을수록, 증가분이 클수록 커진다. 따라서 분모(즉 기준년도의 1인당 1일 급식비)가 작거나 증가분이 큰 연도를 중점적으로 살피는 것이 좋다.

첫째로, 비교 대상을 최소한으로 확정하는 것이 좋다. 14년에서 15년으로 갈 때에는 13년도보다 분모도 큰데 증가분은 작으므로 비교할 필요가 없다. 12년도와 13년도의 전년도 증가율 중에서 11년 1인당 1일 급식비가 12년 1인당 1일 급식비보다 작으며 전년대비 증가분은 대략 300으로 유사하므로 12년도 증가율이 당연히 더 크다. 따라서 12년도의 전년도 증가율과 14년도의 전년도 증가율을 비교해보면 된다.

두 번째로 '반대 해석'을 적용하면 더 편하게 비교할 수 있다. 즉 전년대비 증가율의 역수를 비교하는 방식으로, 이를 적용하여 선지를 해석하면 "증가율의 역수가 가장 작은 해는 2014년이다"가 된다.

계산의 편의를 위해 앞 두 자리로 근삿값을 설정하면,

12년은 $\frac{58}{61-58} = \frac{58}{3}$ =약 19이며,

마찬가지로 14년은 $\frac{64}{68-64} = \frac{64}{4}$ =16이므로

12년 > 14년으로 옳은 선지이다.
이러한 방법은 비율 비교 대신 단순한 곱셈, 나눗셈 비교만으로 할 수 있어 난이도가 훨씬 낮아지므로 적극 활용하는 것이 좋다.

선지 ② 2012년 조리원 목표 충원인원을 역산해서 도출하는 것이 아니라, 2012년의 조리원 목표 충원인원이 2,100명인 경우 해당 선지가 옳은지를 확인하면 된다.
이러한 계산을 요구하는 선지는 '2단계 접근법'을 가지는 것이 좋다. 이는
① **1단계:** 계산이 쉬운 근삿값으로 비교해 본 후
② **2단계:** 1단계에서 마무리가 안될 경우 조금 더 구체적인 계산을 해보는 것이다.
먼저 1단계를 적용해 보자. 2,100×88%=약 2,100×90%=1,890으로 더 큰 값으로 대체하였음에도 불구하고 1,924보다 작다. 즉 1단계에서 충분히 해결되므로 2단계로 가지 않고 마무리한다. 이처럼 처리하면 불필요한 큰 계산 없이 쉽고 빠르게 해결할 수 있다.

선지 ③ 조리원 충원인원은 2011년 1,767에서 2012년 1,924로 157 증가하고,
2012년 1,924에서 2013년 2,024로 100 증가하고,
2013년 2,024에서 2014년 2,123으로 99 증가하고,
2014년 2,123에서 2015년 2,195로 72 증가한다.
매년 조리원 충원인원이 증가하는 상태에서 증가폭이 감소하고 있으므로, 증가율은 매년 감소한다.
이렇게 매년 증가하고 있는 경우에는 대부분의 문제가 증가폭만으로 해결되므로, 증가폭의 변화를 우선 확인하는 것이 좋다.

선지 ④ 2011년 대비 2015년의 물가상승률은 각 년도의 물가상승률을 합한 것이 아니라는 점에 유의해야 한다. 2011년 물가가 1이라고 할 때, 2012년은 1.05, 2013년의 그로부터 5%가 증가한 1.1025처럼 그 배수로 때문이다. 따라서 (2011년 대비 2015년 물가상승률)=$(1.05)^4$이며, 이는 제곱의 특성상 5%를 네 번 더한 20%의 증가, 즉 1.2보다 크다.
이를 1인당 1일 급식비와 비교할때, 보통 이러한 문제에서 출제자는 5%를 네 번 더한 20%의 증가율과의 비교를 의도하는 경우가 많다. 따라서 먼저 20% 증가 여부를 검증해보아야 하며, 5,820×1.2=5,820+582+582=6,984이다.
따라서 11년 대비 15년의 1인당 1일 급식비 증가율은 물가상승률보다 낮으며, 이때 급식비 증가율이 정확히 20%인 것은 우연이 아닌 출제자의 의도이다.
참고로 위와 같은 풀이가 가능한 이유를 모르는 수험생들은 '근삿값 공식'을 외워두는 것이 좋다.

＊ 근삿값 공식에 따르면, (1+a)(1+b)=약 1+a+b이다. 왜냐하면 원래는 (1+a)(1+b)=1+a+b+ab이나, a와 b가 1 이하 값인 만큼 ab가 매우 작기에 이를 0으로 보고 근삿값을 설정하는 것이다.
당연히 (1+a)(1+b)(1+c)=약 1+a+b+c이며, 그 숫자가 늘어나도 마찬가지로 적용하면 된다.

선지 ⑤ 선지 ⑤가 옳다면, 2013년의 1인당 1일 급식비와 나머지 연도의 급식비의 편차의 합이 0보다 작아야 한다.
- 2011년의 편차는 −612
- 2012년의 편차는 −277
- 2014년의 편차는 +416
- 2015년의 편차는 +552이다.

따라서 편차의 합은 0보다 크다.

Tip 이 문제에서는 묻지 않았으나, '군의 1일 총급식비'는 비교할 수 있는 값인가? 정답은 '그렇다'이다. 이는 '각주'를 잘 확인하였는지 여부에 따른 것으로, 문제를 처음 읽을 때 "5년 동안 장병 수가 동일하다"는 매우 특이한 각주가 주어진 경우, 필자는 이와 관련된 선지가 있는지 먼저 확인하는 편이다. 만약 있다면 주로 답이 되는 선지인 경우가 많다. 언제나 각주를 잘 확인하자. 특히 문제를 푸는 과정에서 각주를 잊는 경우가 많으므로, 실수를 방지한다는 측면에서도 도움이 된다.

180 정답 ④ 난이도 ●●○

회원요금을 묻는 보기가 많으므로 주어진 식을 먼저 변형한다.

$$\text{"회원요금"}=\text{일반요금}-\text{일반요금}\times\frac{\text{회원할인율}}{100}=\text{일반요금}\times\left(1-\frac{\text{회원할인율}}{100}\right)$$

ㄱ. (O) 리조트 1박 기준, 성수기 일반요금이 낮은 리조트일수록 성수기 무기명 회원요금이 낮다.
→ A리조트: $500\times\frac{70}{100}=350$(천 원)
B리조트: $350\times\frac{75}{100}=262.5$(천 원)
C리조트: $300\times\frac{80}{100}=240$(천 원)
D리조트: $250\times\frac{85}{100}=212.5$(천 원)
E리조트: $200\times\frac{90}{100}=180$(천 원)

따라서 성수기 일반요금이 낮은 리조트일수록 성수기 무기명 회원요금이 낮다.

ㄴ. (○) 리조트 1박 기준, B 리조트의 회원요금 중 가장 높은 값과 가장 낮은 값의 차이는 125,000원이다.
➜ 가장 높은 값은 요금이 비싸고 할인율이 낮은 성수기 무기명 회원요금이다.

$\rightarrow 350\times\frac{75}{100}=262.5$(천원) 즉, 262,500원이다.

가장 낮은 값은 요금이 저렴하고 할인율이 높은 비수기 기명 회원요금이다.

$\rightarrow 250\times\frac{55}{100}=137.5$(천 원) 즉 137,500원이다.

따라서 262,500−137,500=125,000(원)이다.

ㄷ. (×) 리조트 1박 기준, 각 리조트의 기명 회원요금은 성수기가 비수기의 2배를 넘지 않는다.
➜ 성수기 요금이 더 높은 데 비해 할인율은 성수기가 더 낮으므로 2배를 넘길 가능성이 충분히 있다. 쉽게 비교하기 위해 비수기와 성수기의 요금이 2배인 E리조트를 비교해본다.

• 성수기: $200\times\frac{85}{100}=170$(천 원)

• 비수기: $100\times\frac{80}{100}=80$(천 원)

따라서 성수기 기명회원요금이 비수기의 2배가 넘는 곳이 있다.

ㄹ. (○) 리조트 1박 기준, 비수기 기명 회원요금과 비수기 무기명 회원요금 차이가 가장 작은 리조트는 성수기 기명 회원 요금과 성수기 무기명 회원요금 차이도 가장 작다.
➜ 요금의 차이는 요금이 낮고, 할인율 차이가 적을수록 적게 난다. 비수기 기명 회원요금과 비수기 무기명 회원요금 차이가 가장 작은 곳은 할인율이 5% 차이 나는 E리조트이다.
성수기 기명 회원요금과 성수기 무기명 회원요금의 차이가 가장 작은 곳도 할인율이 5% 차이 나는 E 리조트이다. 따라서 비수기에 가장 차이가 작은 리조트가 성수기 요금차이도 가장 작다.

합격자의 실전 풀이 순서

❶ 〈표 1〉과 〈표 2〉의 일반요금과 회원할인율이 1박 기준임을 확인하고, 각각의 단위를 확인한 후, 〈표 2〉 아래의 각주를 확인한다. 각주에 의해 〈표 2〉의 회원할인율을 100%에서 뺀 것이 일반요금에서 회원요금이 차지하는 비중이라는 것을 파악할 수 있다. 따라서 이후 문제를 풀 때에는 이를 염두에 두고 회원요금을 곧바로 일반요금×(100−회원할인율)로 생각하도록 한다.

❷ 보기 ㉠, ㉢, ㉣은 모든 리조트에 대한 정보를 확인해야 하는 반면, 보기 ㉡은 B리조트만을 확인하면 되므로 보기 ㉡부터 해결한다.

❸ 보기 ㉡이 옳기 때문에 선지 ②, ③이 지워진다. 보기 ㉢이 옳은 경우 선지 ①, ④가 제거되므로 보기 ㉢을 확인한다. E에서 비수기 일반요금과 성수기 일반요금이 이미 두 배 차이가 나는데 비수기 회원요금은 80%, 성수기 회원요금은 85%이다. 따라서 두 배 이상 차이가 나며 해당 보기는 옳지 않다.

❹ 보기 ㉣에서 비수기 기명 회원요금과 비수기 무기명 회원요금 차이가 가장 작은 리조트는 E이고, 성수기 기명 회원 요금과 성수기 무기명 회원 요금 차이가 가장 적은 것 역시 E이다. 따라서 옳은 보기이며 답은 ④이다.

합격자의 시간단축 Tip

보기 ㉠ 성수기 일반요금이 높은 리조트일수록 성수기 무기명 회원요금이 높은지 확인한다.
또한 리조트별 성수기 무기명 회원요금의 정확한 값을 구하는 것이 아니라, 대소 관계를 확인하는 것에서 그친다.

① A의 성수기 무기명 회원요금은 $500\times(1-0.3)=350$(천 원)이다.

B는 $350\times(1-0.25)=350\times\frac{1}{2}+350\times\frac{1}{2}\times\frac{1}{2}$ $=175+87.5$(천 원)으로, 300(천 원)보다는 작고 250(천 원)보다는 크다.

② 곱셈 비교로 확인하는 방법도 있다.
500×0.7 vs 350×0.75는 0.7과 0.75를 각각 700, 750으로 볼 경우 350→500은 150만큼, 700→750은 50만큼 증가한다. 더 작은 350에서 700보다 더 큰 값이 증가한 만큼 A가 더 크다는 것을 쉽게 알 수 있다.

C는 $300\times(1-0.2)=240$(천 원)이다.
D는 $250\times(1-0.15)=250-250\times0.1-250\times0.1\times\frac{1}{2}=250-25-12.5$로 240(천 원)보다는 작고 200(천 원)보다는 크다.
E는 $200\times(1-0.1)=180$(천 원)이다. 이 역시 마찬가지로 300×0.8 vs 250×0.85에서 0.8과 0.85를 각각 800과 850으로 생각한다면, 250에서 300으로 50이 증가했고 800에서 850도 50이 증가한 것이다. 그러나 250에서 50 증가한 것이 800에서 50 증가한 것보다 크기 때문에 이 역시 300×0.8가 더 크다. 이때 숫자를 이렇게 비교하기 쉽게 낸 것은 출제자의 의도라고도 할 수 있으며, 직접 계산하기보다 대소 비교를 통해 시간을 단축하기를 바란 것을 알 수 있다.

보기 ㉡

[방법 1]

B리조트 회원요금의 최댓값인 성수기 무기명 회원요금은 $350\times(1-0.25)=350\times\frac{1}{2}+350\times\frac{1}{2}\times\frac{1}{2}=175+87.5$(천 원)이다.

최솟값인 비수기 기명 회원요금은 $250\times(1-0.45)=250\times\frac{1}{2}+250\times\frac{1}{2}\times0.1=125+12.5$(천 원)이다.

따라서 양자의 차이는 $(175-125)+(87.5-12.5)=50+75=125$(천 원)이다. 최댓값과 최솟값을 각각 구한 후에 양자의 차이를 구하기보다는 계산 과정에서 상쇄시키는 것이 더 빠를 수 있다.

[방법 2]

공통되는 부분과 차이나는 부분을 나눠 보는 방법도 좋다. 100%를 기준으로 볼 때 성수기와 비수기의 차이는 350 − 250=100이다. 이때 가장 할인율 높은 비수기 (100%−45%)=55%와 가장 낮은 성수기 (100%−25%)=75%에서 '공통되는 부분'은 55%로 100×55%=55이다.

반대로 '구분되는 부분'은 비수기의 75−55=20%이며, 350×20%=70이다.

따라서 55+70=125이므로 옳다.

보기 ㉢ 리조트 E부터 A순서로 기명 회원요금의 성수기, 비수기를 비교한다(이때 기출은 출제 의도상 수험생이 시간을 소모하도록 유도하기 위해 표의 왼쪽 자료보다는 오른쪽 자료에서 보기에 부합하지 않는 자료를 출제하는 경우가 많기 때문).

E는 성수기 일반요금이 비수기 일반요금의 2배이고, 성수기 기명 회원할인율이 비수기 기명 회원할인율보다 작기 때문에 성수기 기명 회원요금이 비수기 기명 회원요금의 2배를 초과한다.

보기 ㉣ 이러한 유형의 가장 기본적인 원칙은 '모수가 작고 %가 작은 곳 찾기'이다.

즉 E와 같이 모수가 작아 비슷한 %라면 작을 수밖에 없어야 하며, 그 %도 작으면 더욱 확실하게 작게 된다. 따라서 비수기 기명 회원요금과 비수기 무기명 회원요금의 차이가 작기 위해서는 비수기 일반요금이 작고, 기명/무기명 회원할인율 간의 차이가 작아야 한다.

B, E 모두 기명/무기명 회원할인율 간의 차이가 5%p로 가장 작지만, E의 비수기 일반요금이 더 적기 때문에 E의 비수기 기명/무기명 회원요금 차이가 가장 작다. 성수기 기명/무기명 회원할인율 간의 차이가 가장 작은 것은 A, B, E이고(5%p), 성수기 일반요금이 가장 적은 것은 E이므로 성수기 기명/무기명 회원요금 차이가 가장 작은 것 역시 E이다.

독끝 심화 14일차 (181~200)

정답

181	①	182	③	183	⑤	184	⑤	185	②
186	②	187	①	188	①	189	④	190	③
191	①	192	①	193	③	194	⑤	195	④
196	①	197	④	198	①	199	②	200	⑤

181 정답 ① 난이도 ●●○

ㄱ. (○) 1인당 GDP가 2만달러 이상인 국가의 1인당 의료비지출액은 1천달러 이상이다.

➜ 〈표〉를 보면 1인당 GDP가 2만 달러 이상인 국가들은 A, B, C, D, E, F 6개국이며, 1인당 의료비 지출액이 1천 달러 이상인 국가들도 A, B, C, D, E, F이다.

따라서 1인당 GDP가 2만 달러 이상인 국가의 1인당 의료비 지출액은 1천 달러 이상이다.

ㄴ. (○) 1인당 의료비지출액이 가장 많은 국가와 가장 적은 국가의 1인당 의료지출비 차이는 3천달러 이상이다.

➜ 1인당 의료비 지출액의 차이는 (두 국가 중 1인당 의료비 지출액이 큰 국가의 지출액)−(두 국가 중 1인당 의료비 지출액이 작은 국가의 지출액)이다.

1인당 의료비지출액이 가장 많은 국가는 A(3,500달러)이고, 가장 적은 국가는 J(250달러)이다.

이를 통해 1인 의료비 지출액의 차이를 계산해 보면 3,500달러−250달러=3,250달러이다.

따라서 1인당 의료비 지출액이 가장 많은 국가와 가장 적은 국가의 1인당 의료지출비 차이는 3천 GDP달러 이상이다.

ㄷ. (×) 1인당 GDP가 가장 높은 국가와 가장 낮은 국가의 1인당 의료비지출액의 차이는 ~~2천달러 이상이다.~~

➜ 1인당 의료비 지출액의 차이는 (두 국가 중 1인당 의료비 지출액이 큰 국가의 지출액)−(두 국가 중 1인당 의료비 지출액이 작은 국가의 지출액)이다.

〈표〉를 보면, 1인당 GDP가 가장 높은 국가는 E이고 지출액은 1,500 ~ 2,000달러 사이이다,

1인당 GDP가 가장 낮은 국가는 J이며 0 ~ 500달러 사이이다.

이때, E의 1인당 의료비 지출액은 약 1,750달러이고, J의 1인당 의료비 지출액은 약 250달러이다.

그러므로 1인당 의료비 지출액의 차이를 계산해 보면 1,750달러−250달러=약 1,500달러이다.

따라서 1인당 GDP가 가장 높은 국가와 가장 낮은 국가의 1인당 의료비지출액의 차이는 2천달러 이하이다.

ㄹ. (×) 1인당 GDP 상위 5개 국가의 1인당 의료비지출액 합은 1인당 GDP 하위 5개 국가의 1인당 의료비 지출액 합의 ~~5배 이상이다.~~

➜ 1인당 GDP 상위 5개 국가와 하위 5개 국가는 그래프에서 x축 기준으로 오른쪽에 있는 국가와 왼쪽에 있는 국가 5개를 나누면 된다.

따라서 상위 국가 5개는 A, B, C, E, F 이며 하위 국가 5개는 D, G, H, I, J이다.

이들의 1인당 의료비지출액은 그래프의 y축에 해당하는 값을 더하면 된다.

그래프 상의 점 위치에 따라 대략적인 값(가운데 중간값)으로 계산해보면

- 상위 5개 국가:
  A(3,500)+B(2,750)+C(2,500)+E(1,750)+F(1,250)=약 11,750달러
- 하위 5개 국가:
  D(1,750)+G(750)+H(500)+I(250)+J(250)=약 3,500달러

따라서 11,750달러는 3,500달러의 5배인 17,500달러보다 작으므로 5배 이상이라고 할 수 없다.

따라서 1인당 GDP 상위 5개 국가의 의료비 지출액 합은 1인당 GDP 하위 5개 국가의 1인당 의료비 지출액의 합의 5배 미만이다.

합격자의 실전 풀이 순서

❶ 〈그림〉의 x축과 y축의 내용과 단위를 파악한다.

❷ 눈으로 확인할 수 있는 선지 보기 ㉠ 먼저 해결한다. 옳은 보기이므로 답은 ①, ②, ④번 중 하나이다.

❸ 다음으로 보기 ㉡을 확인하면, 1인당 의료비지출액이 가장 많은 국가는 3,500달러이고 가장 적은 국가는 500달러 미만이므로 둘의 차이는 3천 달러 이상이다. 따라서 옳은 보기이므로 답은 ①, ④번 중 하나이다.

❹ 보기 ㉣을 확인하면, 틀린 보기이므로 답은 ①번이다.

합격자의 시간단축 Tip

보기 ㉠ 〈표〉를 작성하는 것보다 〈그림〉으로부터 판단하는 것이 빠르다.

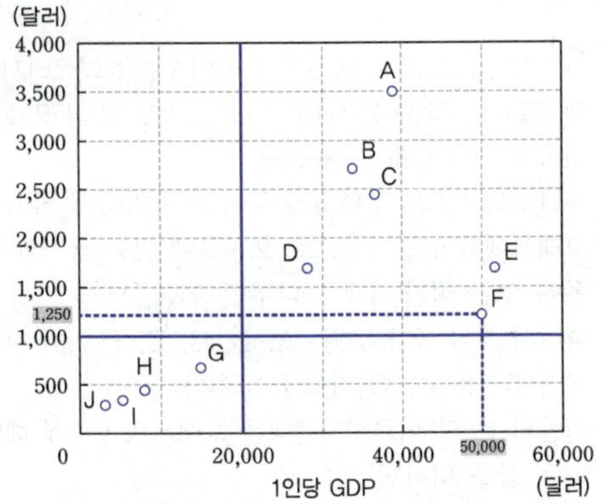

위 그림과 같이 1인당 GDP 20,000달러 선과 1인당 의료비 지출액 1,000달러 선을 그어준다.
1인당 GDP 20,000달러 선을 기준으로 오른쪽에 있는 국가들은 1인당 GDP가 20,000달러보다 크고, 1인당 의료비 지출액 1,000달러 선을 기준으로 위로 있는 국가들은 1인당 의료비 지출액이 1,000달러보다 크다.
즉 보기 ㉠은 곧 위에서 그은 두 선을 기준으로 1사분면과 3사분면에만 값이 있는지 묻는 것과 같다. 이에 확인해보면 산포도 값은 모두 1, 3사분면에만 존재한다.
따라서 1인당 GDP가 20,000달러 이상인 국가들의 1인당 의료비지출액은 1,000달러 이상이다.

보기 ㉡ 〈그림〉에서 위쪽에 있을수록 1인당 의료비지출액이 많고, 아래쪽에 있을수록 1인당 의료비지출액이 적음을 알 수 있다. 따라서 가장 위쪽에 있는 국가, 가장 아래쪽에 있는 국가가 각각 1인당 의료비지출액이 가장 많은 국가, 적은 국가이다.
이때 직접 계산하지 않고, 어느 한 국가를 기준으로 3,000달러를 더하거나 빼서 처리하는 것이 편하다. 예를 들어 '가장 큰 국가'를 기준으로 할 경우 가장 위에 있는 A국은 3,500달러로 3,000을 빼면 500달러이다. 500달러 아래에 여러 국가가 있으므로 굳이 어떤 국가가 가장 작은지 모르더라도 3,000달러 이상 차이 남을 알 수 있다.

보기 ㉢ 1인당 GDP가 가장 높은 국가를 찾아보면 E로, E의 1인당 의료비 지출액은 2,000달러가 채 되지 않으므로 E보다 1인당 의료비 지출액이 작은 국가에서는 당연히 그 차이가 2,000달러가 될 수 없고, 보기 ㉠이나 ㉡을 앞서 확인했다면 위로도 3,500 ~ 4,000달러를 넘는 국가가 없는 것을 알고 있으므로 별도로 찾아보지 않고 바로 틀린 보기라 판단한다.

보기 ㉣
1인당 GDP 상위 5개 국가는 E, F, A, C, B이며, 1인당 GDP 하위 5개 국가는 J, I, H, G, D이다.
상위 5개 국가의 1인당 의료비지출액은 대략
- A: 3,500달러
- B: 2,800달러
- C: 2,400달러
- E: 1,700달러
- F: 1,200달러

이므로 총합은 11,600달러이다.
즉, 보기 ㉣이 옳기 위해선 하위 5개 국가의 1인당 의료비지출액의 합이 대략 11,600을 5로 나눈 2,320달러 수준보다 작아야한다.
하지만 D: 1,700달러, G: 600 ~ 700달러로 D와 G의 합만으로도 2,320달러에 근접한다.
따라서 틀린 보기라 바로 판단할 수 있다.

182 정답 ③ 난이도 ●●○

① (×) 2010년 A 성씨의 전체 가구는 1980년의 ~~3배 이상이다.~~
→ 〈표 2〉를 통해 2010년 A 성씨의 전체가구는 228가구임을 알 수 있다.
1980년 A 성씨의 전체 가구는 80가구이며, 3배는 240가구이다.
이를 통해 2010년 가구 수가 1980년 가구의 3배 이상이라는 말은 잘못되었다는 것을 알 수 있다.
(2010년 가구 수 228가구 < 1980년 가구 수의 3배 240가구)

② (×) 2010년 경기의 A 성씨 가구는 1980년의 ~~3배 이상이다.~~
→ 〈표 1〉에서 2010년 경기의 A 성씨 가구는
228−(73+11+2+18+9+8+2+7+2+6+4+4+6+8+4)=64가구이고,
1980년 경기의 A 성씨 가구는
80−(28+5+1+11+1+1+1+1)=31가구이므로,
2010년 경기의 A 성씨 가구(64)는 1980년(31)의 3배 이하이다.

③ (○) 2010년 A 성씨의 동 지역 인구는 2010년 A 성씨의 면 지역 인구의 10배 이상이다.
→ 〈표 2〉를 보면 2010년 A 성씨의 동 지역 인구는 556명이다.
2010년의 면 지역 인구는 53명이다. 둘을 비교했을 때 2010년 동 지역 인구인 556명은 면 지역 인구의 10배인 530명 이상이므로 옳은 설명이다.
(동 지역 556명 > 면 지역 10배 530명)

④ (×) 1980년 A 성씨의 인구가 부산보다 많은 광역자치단체는 ~~4곳 이상이다.~~

➜ 〈표 1〉을 통해 1980년 A 성씨의 인구가 부산(12명)보다 많은 광역자치단체는 서울(122명), 인천(40명), 경기(124명)이다.

그리고 전북, 경북, 경남, 제주의 경우 A 성씨의 인구를 정확히 알 수 없으므로 직접적인 비교가 불가하다. 하지만 도 단위 광역자치단체에 거주하는 A 성씨 인구의 합이 140명이고, 경기와 충남의 A 성씨 인구의 합이 129명이므로, 전북, 경북, 경남, 제주의 A성씨 인구가 가질 수 있는 최댓값은 11명이다. 그러므로 4개 광역자치 단체의 A성씨의 인구는 어떤 경우에도 부산(12명)보다 작다.

따라서 부산보다 A 성씨의 인구가 많은 광역자치단체는 3곳(서울, 인천, 경기)이다.

⑤ (×) 1980년 대비 2010년의 A 성씨 인구 증가 폭이 ~~서울보다 큰 광역자치단체는 없다.~~

➜ 〈표 1〉에서

1980년 대비 2010년의 A 성씨 인구 증가 폭을 비교하면

- 서울: 183－122＝61
- 부산: 34－12＝22
- 대구: 7－2＝5
- 인천: 51－40＝11
- 광주: 23－0＝23
- 대전: 23－0＝23
- 울산: 7－0＝7
- 경기: 216－124＝92
- 강원: 16－0＝16
- 충북: 10－0＝10
- 충남: 8－5＝3
- 전북: 13－(　)＝(　)
- 전남: 10－0＝10
- 경북: 17－(　)＝(　)
- 경남: 25－(　)＝(　)
- 제주: 12－(　)＝(　)이다.

앞의 〈선택지〉 ④에서 살펴보았듯이, 1980년 A 성씨의 인구 중 괄호에 해당하는 부분은 그 수치를 정확히 알 수는 없어도 적어도 11보다는 작음을 알 수 있다.

따라서 1980년 대비 2010년의 A 성씨 인구 증가 폭이 서울의 61보다 클 수 없다.

1980년 A 성씨의 인구 수치를 알 수 있는 광역자치단체 중에는 경기 지역만 92로 서울(61)보다 증가 폭이 크다. 그러므로 1980년 대비 2010년의 A 성씨 인구 증가 폭이 서울보다 큰 광역자치단체는 경기 한 곳뿐이다.

합격자의 실전 풀이 순서

❶ 〈표 1〉과 〈표 2〉의 전체 인구, 가구는 같은 표임을 파악한다. 또한, 가구와 인구를 유의하여 선지를 해결해야 함을 인지한다.

❷ 〈표 1〉의 빈칸을 채우지 않아도 되는 선지부터 해결한다.
그리고 ①→③→⑤번의 순서로 확인한다.

❸ ①번은 〈표 2〉에 주어진 전체 값을 이용하여 간단히 확인하면 틀린 선지이다.

❹ ③번 역시 〈표 2〉에 주어진 동 지역 인구와 면 지역 인구를 비교하면 옳은 선지이므로 정답이다.

합격자의 시간단축 Tip

선지 ② 비교적 도출이 간단한 1980년의 경기도의 가구 수(31)를 구한 후, 31의 3배인 93을 2010년의 빈칸에 대입하여 모순이 발생하는지 확인하는 것이 계산을 최대한 줄일 수 있는 방법이다.
2010년 경기도 가구 수 93을 대입할 때, 주변 도의 가구 수를 몇 개만 더해도 도의 소계인 105보다 커질 것이므로 3배 미만이라는 것을 확인할 수 있다.
이처럼 구체적인 경기도의 2010년 가구 수를 구하지 않고 정오판단을 할 수 있다.

선지 ④ 부산의 인구수인 12보다 큰 광역자치단체는 괄호 부분을 제외하면 서울, 인천, 경기 세 곳이다. 결국 옳은 선지인지 여부는 괄호 부분 중 인구수가 12보다 큰 광역자치단체가 1곳이라도 있는지 여부에 따른다.
괄호가 없는 부분의 합은 124＋5＝129이므로 소계에서 이를 제외 시 140－129＝11이다.
즉 어떤 광역자치단체가 나머지를 모두 가지고 있다 해도 11에 불과하므로 틀린 선지이다.

선지 ⑤ 〈표 1〉에서 서울보다 A 성씨 인구 증가 폭이 큰 광역자치단체를 찾을 때, 광역시나 도의 '소계'를 포함하지 않도록 주의한다. 소목차(특별시, 광역시, 도)의 소계가 따로 주어졌을 때, 헷갈리지 않기 위해 미리 구분하기 위한 표시를 해 두는 것이 좋다.
필자의 경우 〈표〉 구조를 처음 파악할 때 기계적으로 전체 부분과 소계 부분은 항상 펜으로 굵은 구분 선을 그리고 문제를 풀기 시작한다.
또한, 서울의 1980년 대비 2010년 A 성씨 인구 증가 폭인 61을 광역자치단체 중 클 것으로 의심되는 경기의 1980년의 인구에 더하여 2010년 인구와 비교한다. 뺄셈보다 덧셈이 간단하기 때문이다.

183 정답 ⑤ 난이도 ●●○

① (O) 연도별 기업 및 대학 R&D 과제 건수

→ 가로축은 연도, 세로축은 건수를 기준으로 한 막대 그래프이다. 〈표〉에서 인용한 자료는 기업과 대학의 자료이고 2013 - 2016까지의 자료를 나타낸다. 〈표〉에서 제시된 기업과 대학의 연도별 과제 건수 자료를 그래프에서 나타난 수치와 비교해보면 일치한다.

② (O) 연도별 정부 및 전체 R&D 과제 건수

→ 가로축은 연도, 세로축은 건수를 기준으로 한 꺾은선 그래프이다. 〈표〉에서 인용한 자료는 정부와 전체의 자료이고 2013 ~ 2016까지의 자료를 나타낸다. 〈표〉에서 제시된 정부와 전체의 연도별 과제 건수 자료와 그래프로 표현한 정부와 전체의 연도별 과제 건수 자료를 비교해보면 일치한다.

③ (O) 2016년 기관별 R&D 과제 건수 구성비

→ 4개의 기관의 자료를 모두 이용한 원 그래프이다. 〈표〉에서 2016년에 해당하는 각 기관의 R&D 비율을 원 그래프로 나타냈고 〈표〉에서 제시된 비율 자료와 그래프에서 나타난 수치를 비교해보면 일치한다.

④ (O) 전체 R&D 과제 건수의 전년대비 증가율(2014 ~2016년)

→ 가로축은 연도, 세로축은 증가율(%)을 기준으로 한 꺾은 선 그래프이다. 〈표〉에서 인용한 자료는 2014 - 2016까지의 기관 전체 과제 건수이다. 이 그래프는 전체 R&D 과제 건수의 전년대비 증가율을 나타내고 있으므로 연도별 과제 건수의 증감을 파악하여 〈표〉의 자료와 그래프에서 나타나는 증가율의 일치 여부를 결정해야 한다.

증가율을 구하기 위해서는 계산식을 알고 있어야 한다. 어떤 값이 다른 값으로 변동되면 이에 대한 증가율은 $\frac{(\text{변동 값})-(\text{기존 값})}{(\text{기존 값})}\times 100(\%)$의 식을 통해 계산한다.

이를 적용하여 2014 - 2016년의 증가율을 계산해보면

- 2014년: $\frac{851-230}{230}\times 100=270(\%)$
- 2015년: $\frac{1,218-851}{851}\times 100=$약 $43.1(\%)$
- 2016년: $\frac{1,068-1,218}{1,218}\times 100=$약 $-12.3(\%)$

즉, 주어진 꺾은 선 그래프는 〈표〉에서 인용한 자료와 일치한다.

⑤ (×) 연도별 기업 및 정부 R&D 과제 건수의 전년대비 증가율 (2014 ~ 2016년)

가로축은 증가율(%), 세로축은 연도를 기준으로 한 막대 그래프이다. 〈표〉에서 인용한 자료는 2014 - 2016까지의 기업과 정부의 과제 건수 자료이다. 이 그래프는 기업 및 정부 R&D 과제 건수의 전년대비 증가율을 나타내고 있으므로 연도별 과제 건수의 증감을 파악하여 〈표〉의 자료와 그래프에서 나타나는 증가율의 일치 여부를 결정해야 한다.

증가율을 구하기 위해서는 계산식을 알고 있어야 한다. 어떤 값이 다른 값으로 변동되면 이에 대한 증가율은 $\frac{(\text{변동 값})-(\text{기존 값})}{(\text{기존 값})}\times 100(\%)$의 식을 통해 계산한다.

먼저 기업의 연도별 R&D 과제 건수의 전년대비 증가율을 구해보자.

- 2014년: $\frac{80-31}{31}\times 100=$약 $158.1(\%)$
- 2015년: $\frac{93-80}{80}\times 100=16.25(\%)$
- 2016년: $\frac{91-93}{93}\times 100=$약 $-2.2(\%)$

이제 정부의 연도별 R&D 과제 건수의 전년대비 증가율을 구해보자.

- 2014년: $\frac{330-141}{141}\times 100=$약 $134(\%)$
- 2015년: $\frac{486-330}{330}\times 100=$약 $47.3(\%)$
- 2016년: $\frac{419-486}{486}\times 100=$약 $-13.8(\%)$

제시된 그래프는 연도별 전년대비 증가율에 대한 그래프가 아닌 연도별 전체에 대한 기업과 정부의 과제 건수 비율에 대한 그래프이므로 〈표〉를 이용하여 옳게 작성한 그래프가 아니다.

합격자의 실전 풀이 순서

❶ 발문을 읽고, 〈표〉의 정보와 선지의 그래프의 수치가 맞는지 확인하는 문제임을 파악한다.

❷ 단순확인용 선지보다는 계산을 요구하는 ④, ⑤번이 답일 확률이 높으므로 먼저 확인한다.
[계산을 요구하는 선지의 계산이 지나치게 복잡하거나, 본인이 계산에 자신 없는 타입이라면 단순확인용 선지부터 해결하여 소거법으로 접근하는 것이 낫다]

❸ ④번은 옳은 선지이고, ⑤번은 과제 건수의 증가율이 아닌 기업과 정부의 비율을 옮겨 놓은 것이므로 틀린 선지이다. 따라서 답은 ⑤번이다.

합격자의 시간단축 Tip

선지 ④ 그래프의 2014년 수치는 270%의 증가율을 보였다는 것으로 3.7배 증가와 같다.
종종 100%가 넘어가는 수치의 경우 배수와의 착각을 유도하기 위해 370%로 적는 경우가 있으니 주의해야 한다.

선지 ⑤ 선지의 제목은 기업과 정부의 R&D 과제 건수의 전년 대비 증가율이지만, 〈표〉의 전체 기관에서 기업과 정부의 R&D 과제 건수가 차지하는 비율에 대한 정보를 단순히 옮긴 경우이다. 이처럼 선지의 제목과 다른 내용을 〈표〉에서 단순히 옮긴 경우에는 구체적 계산을 하지 않고도 틀릴 확률이 높다는 것을 인식해야 한다. 이를 통해 빠르게 하나의 수치만 확인해보고 답을 표시하고 넘어갈 수 있다.

184 정답 ⑤ 난이도 ●○○

① (○) 연도별 A～F 항공사 전체의 공급석 및 탑승객 수

→ 2016년 전체 공급석 수는 1,710만 명이고, 2017년 전체 공급석 수는 2,390만 명이다.
2016년 탑승객 수는 1,430만 명이고, 2017년 탑승객 수는 2,000만 명이다.

② (○) 항공사별 탑승객 수

→ A항공사의 2016년 탑승객 수는 220만 명이고, 2017년 탑승객 수는 300만 명이다.
B항공사의 2016년 탑승객 수는 10만 명이고, 2017년 탑승객 수는 70만 명이다.
C항공사의 2016년 탑승객 수는 210만 명이고, 2017년 탑승객 수는 250만 명이다.
D항공사의 2016년 탑승객 수는 410만 명이고, 2017년 탑승객 수는 580만 명이다.
E항공사의 2016년 탑승객 수는 380만 명이고, 2017년 탑승객 수는 480만 명이다.
F항공사의 2016년 탑승객 수는 200만 명이고, 2017년 탑승객 수는 320만 명이다.

③ (○) 2017년 탑승객 수의 항공사별 구성비

→ 2017년 전체 탑승객 수인 2,000(만 명) 중 각 항공사의 탑승객 수의 비율을 구하면 된다.

이를 식으로 표현하면 $\frac{\text{항공사별 탑승객 수}}{2{,}000(\text{만 명})}\times 100$ 이다.

- 항공사 A: $\frac{300(\text{만 명})}{2{,}000(\text{만 명})}\times 100 = 15.0\%$
- 항공사 B: $\frac{70(\text{만 명})}{2{,}000(\text{만 명})}\times 100 = 3.5\%$
- 항공사 C: $\frac{250(\text{만 명})}{2{,}000(\text{만 명})}\times 100 = 12.5\%$
- 항공사 D: $\frac{580(\text{만 명})}{2{,}000(\text{만 명})}\times 100 = 29.0\%$
- 항공사 E: $\frac{480(\text{만 명})}{2{,}000(\text{만 명})}\times 100 = 24.0\%$
- 항공사 F: $\frac{320(\text{만 명})}{2{,}000(\text{만 명})}\times 100 = 16.0\%$이다.

따라서, 항공사별 구성비가 그래프에 올바르게 표기되어 있다.

④ (○) 2016년 대비 2017년 항공사별 공급석 수 증가량

→ 2016년보다 2017년에 얼마나 공급석 수가 증가했는지 묻고 있으므로, (2017년 공급석 수)－(2016년 공급석 수)를 계산한 값이 그래프에 올바르게 표기되었는지 확인하면 된다.

- 항공사 A: 360(만 개)－260(만 개)＝100(만 개)
- 항공사 B: 110(만 개)－20(만 개)＝90(만 개)
- 항공사 C: 300(만 개)－240(만 개)＝60(만 개)
- 항공사 D: 660(만 개)－490(만 개)＝170(만 개)
- 항공사 E: 570(만 개)－450(만 개)＝120(만 개)
- 항공사 F: 390(만 개)－250(만 개)＝140(만 개)

따라서, 공급석 수 증가량이 그래프에 올바르게 표기되어 있다.

⑤ (×) 2017년 항공사별 잔여석 수

→ 잔여석 수를 구하기 위해서는 2017년 (공급석 수)에서 2017년 (탑승객 수)를 빼면 된다.

- 항공사 A: 360(만 개)－300(만 명)＝60(만 개)
- 항공사 B: 110(만 개)－70(만 개)＝40(만 개)
- 항공사 C: 300(만 개)－250(만 개)＝50(만 개)
- 항공사 D: 660(만 개)－580(만 개)＝80(만 개)
- 항공사 E: 570(만 개)－480(만 개)＝90(만 개)
- 항공사 F: 390(만 개)－320(만 개)＝70(만 개)

그런데, 그래프에는 2016년 공급석 수에서 2016년 탑승객 수를 뺀 값이 나와 있으므로 틀린 설명이다.

합격자의 실전 풀이 순서

❶ 〈표〉와 선지의 그래프상 수치가 일치하는지 확인하는 문제임을 인식한다.

❷ 선지별로 단순한 계산으로 확인 가능한 ①, ②, ④, ⑤번을 먼저 확인한다.
[합계나 %를 새로 구해야 하는 선지는 나중에 확인한다.]

❸ ⑤번의 경우 2017년이 아닌 2016년의 잔여석 수를 구한 것이므로 틀린 선지이다.
답을 표시하고 넘어간다.

합격자의 시간단축 Tip

〈표〉를 그래프로 전환하는 문제의 접근 방법은 크게 두 가지로 나뉜다.

첫째, 3번 문제처럼 계산이 요구되는 선지와 요구되지 않는 선지가 확실히 구분되는 경우는 계산이 필요 없는 선지부터 빠르게 처리해서 답이 아닌 것을 소거해 나가는 것이 좋다.

둘째, 선지 대부분이 계산이 요구되는 고난도 문제의 경우 의심스러운 선지를 우선적으로 확인하는 것이 좋다. 예를 들어 꺾은 선 그래프 중 변곡점이 존재하여 경향성에 반하는 값이 존재하거나, 지나치게 작거나 큰 값, 유형 간 값의 차이가 큰 경우 등이 자주 활용된다.

선지 ③ '원그래프'는 계산을 요구하는 그래프 중에서 난이도가 낮은 그래프에 해당한다. 왜냐하면 원그래프는 특성상 그 합이 100%일 수밖에 없어서, 어느 한 값이 인위적으로 조정된 경우 다른 값들도 전부 왜곡될 수밖에 없기 때문이다. 따라서 모든 값을 확인할 필요 없이 2개 정도의 값을 무작위로 뽑아 간단히 확인하는 것으로 충분히 해결할 수 있다.

③번의 경우 전체 값이 2,000이므로 10,000으로 만들기 위해 모든 값에 5를 곱하면, 각각의 값이 %값에 대응한다는 점을 이용해 확인하면 된다. 예를 들어 D와 F를 뽑아 확인하면 D는 580×5=2,900, F는 320×5=1,600으로 29%, 16%에 대응되는 것을 볼 수 있다. 참고로 전체 값이 2, 20, 200, 2,000과 같이 주어진 경우 5를 곱하면 10, 100, 1,000, 10,000이 되므로 구성 카테고리의 값들 역시 5를 곱하면 바로 % 와 같은 형태가 되어 쉽게 비율을 도출해 낼 수 있다.

선지 ④ 증가량은 증가한 경우의 '차잇값'이다. 통상 뺄셈보다는 덧셈이 더 편하고 쉬운 연산 방법임을 고려할 때, 증가량 각각을 도출하는 것은 뺄셈이 반복된다는 점에서 부담이 된다.

따라서 ④번 그림에서 주어진 값을 옳은 것으로 가정하고 〈표〉에 대입하여 모순이 발생하는지 확인한다. 이를 통해 뺄셈을 덧셈으로 전환할 수 있으므로, 매우 효율적인 풀이이다.

선지 ⑤ 2017년이 아닌 2016년 잔여석을 준 것처럼, 다른 연도나 다른 기업 등의 정보로 그래프를 도해하는 오답 선지가 자주 출제된다. 이러한 유형은 집중해서 문제를 풀다 보면 '그래프에 주어진 숫자와 유사한 숫자를 자료에서 찾으려고 하는 행태'가 나오기 쉽다는 점을 이용하여 오답을 유도하는 문제 형태이다. 따라서 문제를 풀 때 비슷한 숫자를 찾는 방식으로 접근하지 않고, 언제나 '그래프의 이름'에 기반하여 범례를 찾아 문제를 푸는 습관을 만들어야 한다.

185 정답 ② 난이도 ●●●

ㄱ. (○) '갑'의 필요 기능을 모두 제공하는 소프트웨어 중 가격이 가장 낮은 것은 E이다.

→ 〈표 2〉를 보면 갑이 필요로 하는 기능은 3, 5, 7, 8번의 기능이다. 그리고 〈표 1〉을 보면 다섯 개의 소프트웨어 중 이 4가지의 기능을 제공하는 것은 A, E의 두 가지이다. 둘의 가격을 비교해 보면 A는 79,000원이고, E는 68,000원이기 때문에 '갑'의 필요 기능을 모두 제공하는 소프트웨어 중 가격이 가장 낮은 것은 E라는 설명은 옳다.

ㄴ. (○) 기능 1, 5, 8의 가격 합과 기능 10의 가격 차이는 3,000원 이상이다.

구분 \ 소프트웨어	기능 1	2	3	4	5	6	7	8	9	10	가격
A	○		○		○		○	○		○	79,000
B		○	○	○		○			○	○	62,000
C	○	○	○	○	○	○		○	○		58,000
D		○				○	○		○		54,000
E	○		○	○	○	○	○	○			68,000

→ 1, 5, 8과 10의 가격 차이를 구하려면 1, 5, 8을 포함한 소프트웨어와 10을 포함한 소프트웨어를 먼저 구분해야 한다. 여기에서 1, 5, 8과 10의 차이를 구하려면 1, 5, 8의 기능에 기타 다른 기능이 추가된 소프트웨어(=★이라 두었을 때)에서 10의 기능에 기타 다른 기능이 추가된 소프트웨어(=★)를 빼야 한다.

따라서 이 표에서 먼저 찾아내야 할 소프트웨어는 1, 5, 8을 포함하고 10을 포함하지 않는 C와 E이고, 이 둘 중 10을 포함하고 1, 5, 8을 포함하지 않는 B와 다른 기능이 모두 겹치는 C를 최종적으로 찾아내면 된다.

C−B=(1, 2, 3, 4, 5, 6, 8, 9)−(2, 3, 4, 6, 9, 10)

=(1, 5, 8, ★)−(10, ★)=(1, 5, 8)−(10)

=(58,000−62,000)=−4,000원

가격 차가 4,000원이므로 기능 1, 5, 8의 가격 합과 기능 10의 가격 차이는 3,000원 이상이다.

ㄷ. (×) '을'의 보유 소프트웨어와 '병'의 보유 소프트웨어로 기능 1~10을 모두 제공하려면, '병'이 보유할 수 있는 소프트웨어는 ~~E뿐이다.~~

→ 먼저 '을'의 보유 소프트웨어는 B이다. B가 제공하는 기능은 2, 3, 4, 6, 9, 10이고, B가 제공하지 못하는 기능은 1, 5, 7, 8의 4가지이다. 따라서 1,

5, 7, 8의 4가지를 모두 포함하는 소프트웨어를 찾으면 A, E 2가지라는 것을 알 수 있다. 따라서 '을'의 보유 소프트웨어와 병의 보유 소프트웨어로 기능 1~10을 모두 제공하려면, '병'이 보유할 수 있는 소프트웨어는 E뿐이라는 보기 ⓒ은 틀린 보기이다.

합격자의 실전 풀이 순서

❶ 〈표 1〉의 단위 및 〈표 1〉, 〈표 2〉 아래의 각주를 확인한다.

❷ 보기 ⓛ은 기능별 가격을 계산해야 하는 반면, 보기 ⓒ은 소프트웨어의 기능을 확인하는 것이라고 판단하여 보기 ⓒ 먼저 해결한다. 보기 ㉠은 4개의 선지에 포함돼 있기 때문에 먼저 해결하지 않는다.

❸ 보기 ⓒ에서 1, 3, 8의 기능을 제공하는 소프트웨어로는 A, C, E가 있다. 이 중 B가 제공하지 못하는 1, 5, 7, 8 기능을 제공할 수 있는 소프트웨어는 A와 E이다. 따라서 ⓒ은 틀린 보기이므로 선지 3, 4, 5가 제거되고, 보기 ⓛ을 해결한다.

❹ 보기 ⓛ에서 1, 5, 8, 10을 각각 구하는 것은 불가능하다. 1~10까지 기능 전체의 합을 U라고 할 때, B=U−1−5−7−8이고 C=U−7−10이다.
따라서 B−C=(U−1−5−7−8)−(U−7−10)=10−(1+5+8)=62,000−58,000=4,000이므로 가격 차이는 3,000원 이상이다.
이와 같은 문제를 푸는 경우 각각을 구하기 어려울 때 '여집합'의 개념을 떠올리는 것이 가장 중요하며, 만일 이러한 아이디어가 떠오르지 않는 경우 주어진 각각의 소프트웨어들을 다른 방식으로 표현해보는 것이 좋다.

합격자의 시간단축 Tip

이 문제와 같이 특정 기능과 가격을 연관시키는 문제는 몇 년에 한 번씩은 자료 해석이나 상황판단에서 번갈아 출제되는 단골 유형이므로 정리해두는 것이 좋다.
이러한 문제의 핵심은 '몇 유형에서만 존재하는 기능 찾기'이다. 예를 들어 다른 기능들은 3~4 유형에 겹쳐져 있으나, 유일하게 10번 기능은 A, B 두 유형에서만 존재한다.
따라서 1~10번 기능을 모두 제공할 수 있는 최저 가격은 얼마인가 등을 질문하면 가장 먼저 A, B 중 무엇을 넣을지를 고민하는 것이 최우선이 된다.
이와 같은 방향성을 가지고 접근한다면 실수 없이 빠르게 해결할 수 있을 것이다.

보기 ㉠ 먼저 필요한 기능을 보면 3, 5, 7, 8로 보기 ㉠에 따라 E가 가장 낮기 위해서는 가격이 더 낮은 B, C, D 중 반례가 없어야 한다. 따라서 B, C, D 중 3, 5, 7, 8 모두를 지원하는 것이 있는지 확인할 때 3, 5, 7, 8 모두 지원하는 값이 없으므로 옳은 선지가 된다.

＊ 참고로 기능 지원 여부를 확인할 때 자세하게 확인할 필요는 없다. 순서대로 기능 당 지원하지 않는 소프트웨어를 소거해 나가면 된다. 예를 들어 3은 D가 소거, 5는 B가 소거, 7은 C가 소거되므로 더 확인을 하지 않더라도 모두 해당하지 않음을 알 수 있다.
이때 주의해야 할 점은 한 유형을 소거했으면 그 다음 검토 때는 해당 유형은 검토하지 않아야 한다. 가령 위와 같이 3에서 D가 소거 되었으면, 5를 볼 때는 B와 C만 봐야 효율적이다.

보기 ⓛ 기능 1, 5, 8과 기능 10의 가격 차이를 직관적으로 찾기는 매우 어렵다. 따라서 제일 처음에는 1, 5, 8의 기능을 모두 가진 소프트웨어와 10의 기능을 가진 소프트웨어를 체크한다.

구분 \ 소프트웨어	기능										가격
	1	2	3	4	5	6	7	8	9	10	
A	O		O		O		O	O		O	79,000
B		O	O	O		O			O	O	62,000
C	O	O	O	O	O	O		O	O		58,000
D		O				O	O		O		54,000
E	O		O	O	O	O	O	O			68,000

다음으로, ⓛ 보기를 수식화 하는 과정이 필요한데, (1, 5, 8의 기능의 합)과 (10의 기능)의 차를 구하는 과정이다. 그러나 1, 5, 8의 기능과 10의 기능을 단독으로 비교할 수는 없기 때문에 (1, 5, 8, $+\alpha$)와 (10, $+\alpha$)의 차를 구하는 방법으로 해결해야 한다.

구분 \ 소프트웨어	기능										가격
	1	2	3	4	5	6	7	8	9	10	
A	O		O		O		O	O		O	79,000
B		O	O	O		O			O	O	62,000
C	O	O	O	O	O	O		O	O		58,000
D		O				O	O		O		54,000
E	O		O	O	O	O	O	O			68,000

따라서 소프트웨어 B와 C의 가격 차이를 통해 기능 1, 5, 8의 가격 합과 기능 10의 차이가 4,000원이라는 것을 알 수 있다.

186 정답 ② 난이도 ●●○

① (×) 2016년 10월과 2017년 10월에 순위가 모두 상위 10위 이내인 국가 수는 ~~9개이다.~~

→ '10위 이내'의 의미는 10위까지를 포함한다. 따라서 2016년 10월과 2017년 10월에 모두 상위 10위 이내인 국가는

- 아르헨티나: (1위, 4위)
- 독일: (2위, 1위)
- 브라질: (3위, 2위)
- 벨기에: (4위, 5위)
- 콜롬비아: (5위, 10위)
- 칠레: (6위, 9위)
- 프랑스: (7위, 8위)
- 포르투갈: (8위, 3위)이므로 8개이다.

② (○) 2017년 10월 상위 10개 국가 중, 2017년 9월 순위가 2016년 10월 순위보다 낮은 국가는 높은 국가보다 많다.

→ 2017년 10월 상위 10개 국가는 독일, 브라질, 포르투갈, 아르헨티나, 벨기에, 폴란드, 스위스, 프랑스, 칠레, 콜롬비아이고, 2017년 9월 순위는 독일(2위), 브라질(1위), 포르투갈(6위), 아르헨티나(3위), 벨기에(9위), 폴란드(5위), 스위스(4위), 프랑스(10위), 칠레(7위), 콜롬비아(8위)이다.

	17년 9월	16년 10월	순위 비교
독일	2	2	-
브라질	1	3	↑
포르투갈	6	8	↑
아르헨티나	3	1	↓
벨기에	9	4	↓
폴란드	5	순위 밖	↑
스위스	4	순위 밖	↑
프랑스	10	7	↓
칠레	7	6	↓
콜롬비아	8	5	↓

2017년 9월 순위가 2016년 10월 순위보다 낮은 국가는 아르헨티나, 벨기에, 프랑스, 칠레, 콜롬비아로 5개이고 높은 국가는 브라질, 포르투갈, 폴란드, 스위스로 4개이다.

③ (×) ~~2017년 10월~~ 상위 5개 국가의 점수 평균이 2016년 10월 상위 5개 국가의 점수 평균보다 높다.

→ 2017년 상위 5개 국가의 점수 평균은

$$\frac{1,606+1,590+1,386+1,325+1,265}{5}=1434.4$$

이고,

2016년 상위 5개 국가의 점수 평균은

$$\frac{1,621+1,465+1,410+1,382+1,361}{5}=1447.8$$

이다.

$1,434.4 < 1,447.8$ 이므로 2017년 10월 상위 5개 국가의 점수 평균이 2016년 10월 상위 5개 국가의 점수 평균보다 높다는 설명은 틀린 설명이다.

④ (×) 2017년 10월 상위 11개 국가 중 전년 동월 대비 점수가 상승한 국가는 전년 동월 대비 ~~순위도 상승하였다.~~

→ 2017년 1월 상위 11개 국가 중 전년 동월 대비 점수가 상승한 국가는

- 독일: (1,465 → 1,606)
- 브라질: (1,410 → 1,590)
- 포르투갈: (1,231 → 1,386)
- 폴란드: (1,113 미만 → 1,250)
- 스위스: (1,113 미만 → 1,210)
- 스페인: (1,168 → 1,184)이다.

이 중,

- 독일: (2위 → 1위)
- 브라질: (3위 → 2위)
- 포르투갈: (7위 → 3위)
- 폴란드: (순위 밖 → 6위)
- 스위스: (순위 밖 → 7위)

의 국가는 전년 동월 대비 순위가 상승하였지만, 스페인은 순위가 10위에서 11위로 하락하였다.

⑤ (×) 2017년 10월 상위 11개 국가 중 2017년 10월 순위가 전월 대비 상승한 국가는 전년 동월 대비 상승한 국가보다 ~~많다.~~

→ 2017년 10월 상위 11개 국가 중 2017년 10월 순위가 전월 대비 상승한 국가는 등락 표에서 ↑표시가 된 국가이므로 독일, 포르투갈, 벨기에, 프랑스로 4개이다.

2017년 10월 상위 11개 국가 중 2017년 10월 순위가 전년 동월 대비 상승한 국가는 독일(2위 → 1위), 브라질(3위 → 2위), 포르투갈(7위 → 3위), 폴란드(순위 밖 → 6위), 스위스(순위 밖 → 7위)로 5개이다.

따라서 2017년 10월 상위 11개국 중 2017년 10월 순위가 전월 대비 상승한 국가는 4개국으로 전년 동월 대비 상승한 5개국보다 적다.

합격자의 실전 풀이 순서

❶ 〈표〉의 구조 및 각주를 파악한다. 〈표〉는 2016년 10월과 2017년 10월의 전년 동월 대비 순위 변동을 포함하는 동시에, 각주에 따르면 '등락'은 전월 대비 순위 변동을 의미함을 파악한다.

❷ 선지 ③, ④만이 순위 외에 점수까지 파악하기를 요구하므로, 나머지 선지를 먼저 해결한다. 이 때 상위 10위인지 상위 11위인지를 주의해서 파악하고, 상위 10위 내에서 판단하는 선지를 해결할 때에는 10위와 11위 사이에 굵은 선을 그어 헷갈리지 않도록 한다.

❸ ①에서 16년도 1순위부터 순차적으로 확인하다 보면 8위까지 했을 때 17년도 폴란드와 스위스 빼고 전부 표시되며, 이 때 폴란드와 스위스가 16년도에 없으므로 ①은 틀린 선지이다.

❹ ②를 확인해보면 옳은 선지이다. 답을 체크하고 넘어간다.

합격자의 시간단축 Tip

선지 ① 상위 10위 이내인 국가 수가 9개라는 것은 달리 해석하면 어느 한 해에 10위 안에 든 국가 중 "두 개 이상의 국가가 10위 외에 있으면 바로 틀린 선지"가 된다는 의미이다.
이때 출제 의도상 수험생이 시간을 소모하도록 유도하기 위해 반례는 뒤에 배치되는 경향이 있으므로 뒤에서부터 확인하면, 16년 10위인 스페인은 17년에 11위로 첫 번째 반례가 된다.
다음으로 9위인 우루과이 역시 17년엔 순위 밖에 있다. 이미 두 국가가 나왔으므로 곧장 틀린 선지임을 알 수 있다.

선지 ② '낮은 국가', '많다'에 동그라미를 쳐 헷갈리지 않도록 한다. 또한, 17년 9월이 16년 10월보다 낮거나 낮지 않거나 둘 중 하나이기 때문에 아무거나 하나 정하여 한 가지 경우에만 표시하는 것도 방법이다. 즉 상위 10개 국가 중 낮은 국가 > 높은 국가라는 것은 낮은 국가가 6개 국 이상이라는 의미이므로 어느 하나를 정해 6개국 이상인지, 혹은 4개국 이하인지 고려하면 된다.
낮은 경우에 표시한다고 가정하고 몇 개의 국가를 살펴보면, 독일은 쉽게 비교 가능하고 브라질은 9월에 1등이므로 확인하지 않고 넘어간다. 포르투갈은 3등 아래인데, 16년 10월에 더 아래에 있으므로 넘어간다. 벨기에의 경우 화살표가 상승인데 이미 16년 10월의 등수가 17년 10월보다도 높다. 따라서 9월에 몇 등인지 계산할 필요 없이 체크한다. 프랑스와 콜롬비아도 마찬가지 방법으로 체크한다. 폴란드와 스위스는 반대로 16년 표에 없으므로 아예 확인하지 않고 넘긴다.

선지 ③ 평균이 높다는 것은 총점이 높다는 것을 의미하며, 평균을 내야 하는 수량이 5개로 같으므로, 평균을 내지 않고 총점을 비교하는 방법으로 문제를 푸는 것이 더 좋다. 그러나 네 자릿수 5개를 더하기도 쉽지 않은 일이므로 더 쉬운 방법으로 풀도록 한다.

1,621	1,606	+15
1,465	1,590	−125
1,410	1,386	+24
1,382	1,325	+57
1,361	1,265	+96
		+

실제로 문제를 풀 때는 문제에 있는 표의 오른쪽에 회색 음영 부분만 기록한다. 16년 점수에서 17년 점수를 뺀 값이 양수이면 +로 값을 쓰고, 음수이면 −로 값을 기록한 뒤, 기록한 값의 합이 +가 나오는지 −가 나오는지만 알면 된다.
값은 중요하지 않으므로 정확한 값을 구하기 위해 노력하지 않아도 된다. 합이 +가 나왔으므로 16년 점수의 총점이 17년 점수의 총점보다 더 크다는 것을 알 수 있다. 참고로 가평균 개념을 활용할 때는 구체적으로 계산하지 않고, 차잇값이 큰 것 위주로 먼저 해결한다. 즉 차잇값이 큰 것 위주로 가볍게 더하면 빠르게 반례 등을 확인할 수 있다.

선지 ④ 2017년 10월 1위 국가인 '독일'부터 확인하지 않고, 11위 국가인 '스페인'부터 확인한다(기출은 수험생이 시간을 소모하도록 유도하기 위해 표의 윗부분보다는 아랫부분에 선지에 부합하지 않는 정보를 준다).

선지 ⑤ 2017년 10월 순위가 전월 대비 상승한 국가에는 ↑에 동그라미 표시를 한다. 2016년 10월에 비해 2017년 10월 순위가 상승한 국가에는 국가명에 동그라미 표시를 한다. 이때, 2016년 10월에는 11위 이내에 속하지 않은 국가가 2017년 10월 상위 11개 국가에는 포함될 수 있음에 주의한다.

187 정답 ❶ 난이도 ●●○

ㄱ. (O) 청년통장 사업에 참여한 근로자의 70% 이상이 정규직 근로자이다.
➜ 〈자료 1〉에서 1) 고용형태를 보면 청년통장 사업에 참여한 근로자의 수는 6,500명이고, 정규직 근로자는 4,591명인 것을 확인할 수 있다. 청년통장 사업에 참여한 근로자 대비 정규직 근로자의 비율을 구하면 $\frac{4,591명}{6,500명}\times 100 = 70.6\%$이므로, 청

해설편 · 14일차 · 수리능력 · 자료해석

년통장 사업에 참여한 근로자의 70% 이상이 정규직 근로자이다.

ㄴ. (○) 청년통장 사업에 참여한 정규직 근로자 중 근무연수가 2년 이상인 근로자의 비율은 2% 이상이다.

→ 〈자료〉에서 1) 고용형태를 보면 정규직은 4,591명, 비정규직은 1,909명이다.

〈자료〉에서 3) 근무연수를 보면 2년 이상의 경우 2,044명으로 모든 비정규직이 근무연수가 2년 이상이라고 가정할 때, 근무연수가 2년 이상인 정규직은 2,044−1,909=135명이 되므로 정규직은 최소 135명 이상이다. 이를 비율로 나타내어 보면 $\frac{135명}{4,591명}$이×100=2.9이므로, 청년통장 사업에 참여한 정규직 근로자 중 근무연수가 2년 이상인 근로자의 비율은 2% 이상이다.

ㄷ. (×) 청년통장 사업에 참여한 정규직 근로자 중 제조업과 서비스업을 제외한 직종의 근로자는 450명보다 ~~적다.~~

→ 〈자료〉에서 2) 직종을 보면 제조업은 1,280명, 서비스업은 2,847명이다. 따라서 청년통장 사업에 참여한 근로자 중 제조업과 서비스업 직종에 근무하는 인원은 (1,280+2,847) =4,127명이다.

〈자료〉에서 1) 고용형태를 보면 정규직은 4,591명, 비정규직은 1,909명인데, 제조업과 서비스업 직종에 근무하는 4,127명의 모든 인원이 정규직이라고 가정하면 (4,591− 4,127) = 464명이 제조업과 서비스업을 제외한 직종에서 근무하는 정규직 근로자의 수이다. 이것은 제조업과 서비스업 직종의 근로자 중에 정규직 근로자는 최소한 464명이라는 의미로, 450명보다 많다.

ㄹ. (×) 참여인원 대비 유지인원 비율은 ~~청년통장Ⅰ이 가장 높고~~ 다음으로 청년통장Ⅱ, 청년통장Ⅲ 순이다.

→ 〈표〉에서 청년통장Ⅰ, 청년통장 Ⅱ, 청년통장 Ⅲ 각각에 대해서 참여인원 대비 유지인원 비율은 $\frac{유지인원}{참여인원}$이므로 이 식에 대입하여 값을 구해보면,

- 청년통장Ⅰ: $\frac{476}{500}$×100=95.2%
- 청년통장Ⅱ: $\frac{984}{1,000}$×100=98.4%
- 청년통장Ⅲ: $\frac{4,984}{5,000}$×100=99.7%이다.

따라서 참여인원 대비 유지인원 비율은 청년통장Ⅲ이 가장 높고 다음으로 청년통장Ⅱ, 청년통장Ⅰ 순이다.

합격자의 실전 풀이 순서

❶ 〈자료〉에 주어진 표들의 단위를 확인하고, 각 표에 '전체' 자료를 구분하여 표시한다.
〈표〉 하단의 '전체' 자료 역시 청년통장 자료들과 구분되게 가로로 구분선을 긋는다.

❷ 참여인원 대비 유지인원 비율들을 계산해야 하는 보기 ㉣을 지양하고, 선지 3개에 포함된 보기 ㉠보다는 보기 ㉡, ㉢을 먼저 해결한다. 보기 ㉡, ㉢모두 '적어도' 유형이지만, ㉢은 제조업과 서비스업을 '제외한' 직종과의 최소 교집합을 구해야 하므로 보기 ㉡이 보다 간단하다.

❸ 보기 ㉡이 옳기 때문에 선지 ①, ④만이 남는다.
따라서 〈자료〉의 1)표만 확인하면 되는 ㉠을 해결한다.

합격자의 시간단축 Tip

보기 ㉠

[방법 1] 반대 해석 방법: (100%−70%)=30%

청년통장 사업에 참여한 근로자의 30% 이하가 비정규직 근로자인지 확인한다.

6,500의 10%는 650이고, 30%는 1,950으로 보기 ㉠은 옳다.

[방법 2] 70%를 그대로 처리하는 방법

반대로 보기 ㉠에서 물은 대로 70%를 계산해도 매우 간단하다.

6,500×70%=4,550 < 4,591이므로 70% 이상에 해당한다.

＊10%, 20%, 30%, 60% 등을 직접 계산할 때 필자 개인적으로 다음과 같은 방법을 애용한다.

① 기본적인 방법은 대상이 되는 값과 %의 1의 자리를 버림하여 곱하는 방식이다.
② 위 과정을 한 번에 처리하면 대상이 되는 값의 십의 자리에 바로 % 십의 자리 값을 곱하면 된다. 예를 들어 6,500 ×70%의 경우 650×7로 바로 대체하면 된다.
실전에서는 문제지에 아래와 같이 표시한다.

```
 6 5 0 0̸
   × 7
 ───────
 4 5 5 0
```

이처럼 처리하게 되면 매우 단순한 곱셈 형태로 풀 수 있으므로 연습해보는 것을 추천한다.

보기 ㉡

[방법 1]

'적어도' 유형은 공식을 이용해도 좋으나, 원리를 이용하면 더 간단하게 해결할 수 있다.

원리는 쉽게 생각하면 시키는 것의 반대로만 하는 '청개

구리 원리'이다.
예를 들어 "정규직 중 2년 이상"을 질문하였으므로 "비정규직 중 2년 이상"을 고려하면 된다.
즉 2년 이상(2,044) − 비정규직(1,909) = 135로 4,591 × 2% = 약 90보다는 크므로 옳은 선지이다.

[방법 2]
방법 1과는 반대로 2% 이상이 맞다고 보고 이를 대입하여 모순이 있는지 확인하는 방식이다. 정규직의 2%는 4,591 × 2% = 약 90으로, 이를 역으로 비정규직에 더해 2년 이상 근로자의 잔류값이 있는지 확인하면 된다. 즉, 잔류값이 있을 경우 당연히 그 이상의 정규직이 2년 이상 근로자임을 의미한다.
따라서 90 + 비정규직(1,909) < 2,044이므로 옳은 선지이다.

보기 ㉢ 만약 본인이 보기 ㉡처럼 '적어도' 문제로 보고 풀었다면 아예 잘못된 풀이이니 다시 기본기부터 점검해야 한다. '적어도' 유형은 "~ 이상", "적어도 ~"와 같이 '최솟값'을 묻는 유형이다. 그러나 보기 ㉢의 경우 "~보다 적다" 이므로 '최댓값'을 묻는 유형이기에 전혀 다른 유형임을 주의하자.

[방법 1]
제조업, 서비스업 제외 직종 근로자의 최댓값을 도출하면 되므로, 정규직 전체가 제조업, 서비스업을 제외한 직종에 근로한다고 가정하자. 그냥 보더라도 제조업, 서비스업을 제외한 직종의 총 값은 정규직의 4,591보다 작다. 따라서 최댓값은 제외 직종 전체이므로 450보다 크다.

[방법 2]
방법 1과는 반대로, 비정규직이 모두 제조업, 서비스업에 근로한다고 가정하자. 비정규직은 1,909로 제조업, 서비스업 근로자 수보다 작다. 따라서 정규직 전체가 제외 직종에 종사하게 된다. 따라서 450보다 크다.

[방법 3]
최댓값 유형은 쉽게 접근하면, 450보다 큰 반례가 하나라도 있는지 확인하면 된다. 극단적으로 정규직 전체가 제조업, 서비스업 제외 직종에 근로할 수 있는지 확인하면 값이 충분히 커 제외 직종 전체를 정규직이 담당할 수 있다. 즉 반례가 있으므로 틀린 선지이다.

보기 ㉣
[방법 1] 추천방법
반례를 하나만 발견해도 충분하다. 청년통장 Ⅰ과 Ⅲ는 구조가 동일하다.
Ⅰ에 10을 곱하면 참여인원 5,000에 유지인원 4,760으로 Ⅲ과 구조가 같아지며, 4,760 < 4,984임에 반례가 된다. 따라서 틀린 선지이다.

[방법 2]
중도해지인원과 유지인원의 합은 배타적으로 참여인원을 구성하므로 둘은 서로에 대한 여집합이다. 따라서 참여인원 대비 중도해지인원 비율이 청년통장 Ⅲ > Ⅱ > Ⅰ인지 확인한다.

청년통장 Ⅲ은 $\frac{16}{5,000}$이고, 청년통장 Ⅱ은 $\frac{16}{1,000}$이고, 청년통장 Ⅰ은 $\frac{24}{500}$이다.

그런데 청년통장 Ⅰ이 나머지보다 분모는 작고 분자는 크고, 이에 따라 계산을 하지 않아도 곧바로 청년통장 Ⅲ > Ⅱ > Ⅰ이 아니라는 것을 알 수 있다.

188 정답 ① 난이도 ●●○

ㄱ. (O) 해외연수 경험이 있는 지원자가 해외연수 경험이 없는 지원자보다 합격률이 높다.
➜ 해외연수 경험이 있는 지원자는 인턴 경험 유무에 따라 산재하므로 각각을 도출해 합하면 된다.
① 인턴 경험이 있는 경우의 해외연수 경험자: 합격자와 불합격자를 더한 53 + 414 = 467명,
② 인턴 경험이 없는 경우의 해외연수 경험자: 합격자와 불합격자를 더한 0 + 16 = 16명이므로, 해외연수 경험이 있는 지원자 수는 위 두 값을 더한 (467 + 16) = 483명이다.
이 중 합격자 수는 53 + 0 = 53명으로 합격률은 $\frac{53명}{483명} \times 100 = 11.0\%$이다.
➜ 해외연수 경험이 없는 지원자 역시 앞서와 마찬가지 방식으로 도출하면 된다.
① 인턴 경험이 있는 경우의 해외연수 무경험자: 합격자와 불합격자를 더한 11 + 37 = 48명
② 인턴 경험이 없는 경우의 해외연수 무경험자: 합격자와 불합격자를 더한 4 + 139 = 143명이므로, 해외연수 경험이 없는 지원자는 위 두 값을 더한 48 + 143 = 191명이다.
이 중 합격자 수는 11 + 4 = 15명이므로 합격률은 $\frac{15명}{191명} \times 100 = 7.85\%$이다.
따라서 해외연수 경험이 있는 지원자(11.0%)가 해외연수 경험이 없는 지원자(7.85%)보다 합격률이 높다.

ㄴ. (O) 인턴 경험이 있는 지원자가 인턴 경험이 없는 지원자보다 합격률이 높다.
➜ 인턴 경험이 있는 지원자 중 합격자는 해외연수 경험이 있는 경우와 없는 경우를 합산하여 53 + 11

=64명, 불합격자는 해외연수 경험이 있는 경우와 없는 경우를 합산하여 414 ++37=451명이다.

따라서 합격률은 $\frac{64}{(64+451)}\times100=12.42\%$이다.

➜ 인턴 경험이 없는 지원자 중 합격자는 해외연수 경험이 있는 경우와 없는 경우를 합산하여 0+4=4명, 불합격자는 해외연수 경험이 있는 경우와 없는 경우를 합산하여 16+139=155명이다.

따라서 합격률은 $\frac{4}{(4+155)}\times100=2.51\%$이다.

그러므로 인턴 경험이 있는 지원자(12.5%)가 인턴 경험이 없는 지원자(2.5%)보다 합격률이 높다.

ㄷ. (×) 인턴 경험과 해외연수 경험이 모두 있는 지원자 합격률은 인턴 경험만 있는 지원자 합격률의 2배 이상이다.

➜ 인턴 경험이 '있음'으로 표시된 행에서 해외연수 경험 역시 '있음'으로 표시된 행의 가장 오른 쪽에 합격률이 11.3으로 표시되어 있는 것을 확인할 수 있다.

따라서 인턴 경험과 해외연수 경험이 모두 있는 지원자 합격률은 11.3%이다.

➜ 인턴 경험이 '있음'으로 표시된 행에서 해외연수 경험은 '없음'으로 표시된 행의 가장 오른쪽에 합격률이 22.9로 표시되어 있는 것을 확인할 수 있다.

그러므로 인턴 경험만 있는 지원자의 합격률은 22.9%이고, 그 2배는 45.8%이다.

따라서 인턴, 해외연수 경험이 모두 있는 지원자의 합격률은 인턴 경험만 있는 지원자 합격률의 2배 미만이다.

ㄹ. (×) 인턴 경험과 해외연수 경험이 모두 없는 지원자와 인턴 경험만 있는 지원자 간 합격률 차이는 30%p보다 크다.

➜ <표>에 따라 인턴 경험과 해외연수 경험이 모두 없는 지원자의 합격률은 2.8%이다.

마찬가지로 인턴 경험만 있는 지원자의 합격률은 22.9%이다. 따라서 인턴 경험과 해외연수 경험이 모두 없는 지원자와 인턴 경험만 있는 지원자 간 합격률 차이는 (22.9−2.8)=20.1%p로 30%p보다 작다.

합격자의 실전 풀이 순서

❶ <표>의 구조를 확인하고 각주를 확인한다.

❷ 보기 ㉠~㉣ 모두 합격률을 묻고 있기 때문에 선지에 포함된 개수가 가장 적은 ㉣ 먼저 해결한다. ㉣이 옳다면 ㉠ 또는 ㉢ 중 하나만 해결하면 답을 찾을 수 있기 때문이다.

❸ 보기 ㉣이 옳지 않으므로 선지 ④, ⑤가 제거된다. 보기 ㉡은 선지 5개 중 4개에 포함되어 있기 때문에 보기 ㉠ 또는 ㉢ 중 하나를 해결한다. 보기 ㉠은 해외연수 경험 여부에 따른 합격률을 계산해야 하는 반면, 보기 ㉢은 주어진 합격률 자료를 그대로 활용할 수 있으므로, ㉢을 해결한다.

합격자의 시간단축 Tip

보기 ㉠

① 해외연수 경험이 있는 지원자의 합격률:
가중평균을 도출하기 위해 먼저 가중치가 되는 인원수를 구해야 한다. 우선 해외연수 경험이 있는 지원자 중 인턴 경험이 있는 자는 467명으로 대략 470명이고, 인턴 경험이 없는 자는 16명이므로 가중치는 470 : 16≈30 : 1이 된다.
이때 가중평균의 원리 중 '가중치와 거리 간 교차 관계'를 활용하면 좋다. 즉 가중치의 상대비와 거리의 상대비는 교차 관계를 가지고 있으므로 가중치의 상대비가 A : B이면, 거리의 상대비는 B : A가 된다. 따라서 앞서 구한 가중치를 바탕으로 가중평균을 도출할 수 있다.
11.3%와 0.0%의 차이인 11.3을 가중치의 역수인 1 : 30으로 나누어야 하며, 쉬운 계산을 위해 차이를 12로 보고 이를 30(가중치의 총합인 1+30=31과 유사한 숫자로 어림산)으로 나누면 0.4이다. 따라서 둘의 가중평균은 11.3%에서 0.4%(=거리비 1)를 뺀 10.9% 정도이다.

② 해외연수 경험이 없는 지원자의 합격률:
해외연수 경험이 없으며 인턴 경험이 있는 자는 총 48명, 인턴 경험이 없는 자는 143명으로 가중치의 상대비는 48 : 143≈1 : 3이다.
마찬가지로 각각의 합격률인 22.9%와 2.8%의 차이인 약 20을 4(1+3, 가중치의 총합)로 나누면 5이다. 이를 가중치의 역수, 즉 거리 비인 3 : 1의 비율로 각 합격률에 빼주거나 더해주면 약 7.8%가 나온다.

③ 따라서 10.9% > 7.8%이므로 해외연수 경험이 있는 지원자의 합격률이 더 높다.

실제로 문제를 풀 때는 위의 계산보다는 더 간략하게 처리해도 괜찮다. 즉 약간의 어림산으로 인한 오차를 감안하더라도 해외연수 경험이 없는 지원자의 합격률이 훨씬 낮으므로 해당 보기는 옳다.

보기 ㉡ 보기 ㉠에서와 같이 '가중치와 거리 간 교차 관계'를 이용하면 된다. 이때 충분한 차이가 있으므로 보기 ㉠과는 달리 구체적 값을 도출하지 않고 범위로만 도출한다.

① 인턴 경험이 있는 지원자의 합격률은 인턴 경험과 해외연수 경험이 모두 있는 지원자의 합격률과 인턴 경험만 있는 지원자의 합격률을 가중평균한 값이다. 각각은 11.3%, 22.9%이므로 원리 상 가중평균은 11.3% ≤ 가중평균 ≤ 22.9%의 범위 내에 있다.

② 인턴 경험이 없는 지원자의 합격률은 해외연수 경험만 있는 지원자의 합격률과 모든 경험이 없는 지원자의 합격률을 가중평균한 값이다.
각각은 0%, 2.8%이므로 원리 상 가중평균은 0.0% ≤ 가중평균 ≤ 2.8%의 범위 내에 있다.

③ 두 가중평균의 범위는 겹치지 않아 대소 비교가 가능하므로, 인턴 경험 있는 지원자의 합격률이 더 높다.
이처럼 가중평균의 개념에 익숙하다면, 모든 값이 작으므로 바로 옳은 선지임을 확인 가능하다.

189 정답 ④ 난이도 ●●○

<선정절차>에서 1단계 조건을 정리하면 아래와 같다.

- 교실조건: $\frac{\text{원아수}}{\text{교실수}} \le 25$명
- 교사조건: $\frac{\text{원아수}}{\text{교실수}} \le 15$명
- 차량조건: $\frac{\text{원아수}}{\text{차량대수}} \le 100$명

여유면적=유치원 총면적−교실 총면적−놀이터면적 ≥ 650m²

<표>의 A ~ E 유치원 현황을 <선정절차>에 맞게 계산하여 표로 나타내면 아래와 같다.

	교실 조건	교사 조건	차량 조건	여유 면적	교사 평균경력
A	26.4 (×)	11.0 (○)	44.0 (○)	950 (○)	2.1
B	22.9 (○)	32.0 (×)	80.0 (○)	680 (○)	4.5
C	24.0 (○)	17.1 (×)	120.0 (×)	140 (×)	3.1
D	24.3 (○)	14.2 (○)	85.0 (○)	650 (○)	4.0
E	22.5 (○)	15.0 (○)	67.5 (○)	950 (○)	2.9

ㄱ. (○) A 유치원은 교사조건, 차량조건, 여유면적조건을 충족한다.

➜ $\frac{\text{원아수}}{\text{교사수}} \le 15$일 때 교사조건에 충족한다.
A 유치원의 원아수는 132명이고, 교사 수는 정교사 10명과 준교사 2명을 합해 총 12명이다. 교사 1인당 원아수를 계산하면 $\frac{132(\text{명})}{12(\text{명})}=11(\text{명})$로 15명 이하이므로 교사조건에 충족한다.

➜ $\frac{\text{원아수}}{\text{통학 차량대수}} \le 100$일 때 차량조건에 충족한다.
A 유치원의 통학 차량대수는 3대이다. 통학 차량 1대당 원아수를 계산하면 $\frac{132(\text{명})}{3(\text{대})}=44(\text{명})$으로 100명 이하이므로 차량조건에도 충족한다.

➜ 여유면적이 650㎡ 이상이어야 여유면적조건에 충족하므로 A 유치원의 여유면적을 계산한다.
여유면적=유치원 총면적−교실 총면적−놀이터 면적이므로,
A 유치원의 여유면적은 3,800m²−450m²−2,400m²=950m²이다.
따라서 A 유치원은 교사조건, 차량조건 그리고 여유면적조건을 모두 충족한다.

ㄴ. (○) '갑'사업에 최종 선정되는 유치원은 D다.

➜ D 유치원 교실 1개당 원아수는 $\frac{170(\text{명})}{7(\text{개})}\approx24(\text{명})$로 25명 이하, 교사 1인당 원아수는 $\frac{170(\text{명})}{12(\text{명})}\approx14(\text{명})$로 15명 이하이고 통학 차량 1대당 원아수는 $\frac{170(\text{명})}{2(\text{대})}\approx85(\text{명})$로 100명 이하이므로 교실조건, 교사조건 그리고 차량조건을 충족한다.
또한 D 유치원의 여유면적은 (1,500m²−550m²−300m²) = 650㎡로 여유면적조건을 충족하여 예비 선정될 수 있다.
D 유치원은 '갑'사업에 지원한 다른 유치원들 중 B 유치원을 제외하고 교사평균경력이 가장 길다. 하지만 B 유치원은 교사 1인당 원아수가 $\frac{160(\text{명})}{5(\text{명})}=32(\text{명})$으로 교사조건인 15명을 초과하므로 예비 선정되지 못한다.
따라서 D 유치원은 '갑'사업에 최종 선정된다.

ㄷ. (×) C 유치원은 원아수를 15% 줄이면 차량조건을 ~~충족하게 된다.~~

➜ <선정절차> 1단계 차량조건에 따르면 $\frac{\text{원아수}}{\text{차량대수}} \le 100$명을 만족해야 한다.
C 유치원의 원아수를 15% 줄이면 100%−15%=85%만 남게 되는 것이므로 120명×0.85=102명이 된다. 이 때 C 유치원의 통학 차량은 1대이므로 통학 차량 1대당 원아수는 102명이다. 따라서 차량조건을 충족하지 못한다.

ㄹ. (○) B 유치원이 교사경력 4.0년 이상인 준교사 6명을 증원한다면 B 유치원이 '갑'사업에 최종 선정된다.

→ B 유치원이 교사경력 4.0년 이상인 준교사 6명을 증원한다면 B 유치원의 교사 수는 총 11명이 되고, 증원 전에는 $\frac{160(명)}{5(명)}=32(명)$였던 교사 1인당 원아수가 $\frac{160(명)}{11(명)}\approx14.5$ (명)로 감소해 교사조건을 충족하게 된다.

또한 B 유치원은 교실조건$\left(\frac{160(명)}{7(명)}\approx23\right)$,

차량조건$\left(\frac{160(명)}{2(명)}=80\right)$,

여유면적조건($1,300m^2-420m^2-200m^2=680m^2$)을 모두 충족한다.

교사 평균 경력은 $\frac{5(명)\times4.5(년)+6(명)\times4.0(년)}{5(명)+6(명)}$ ≈4.2이상으로 준교사 증원 전과 마찬가지로 '갑'사업에 지원한 다른 유치원들의 교사 평균 경력이 가장 길다.

따라서 B 유치원은 증원 후 1단계와 2단계를 모두 통과해 최종 선정된다.

합격자의 실전 풀이 순서

❶ 〈표〉 아래의 각주를 확인하고, 〈선정절차〉에 단계가 있으며, 1단계에서는 4개 조건 모두를 충족해야 함을 확인한다.

❷ 〈보기〉 ㉡, ㉣이 최종 선정되는 유치원을 구해야 하는 반면, ㉢은 C유치원의 차량조건 충족 여부만을 확인하므로 가장 먼저 해결한다. ㉢이 옳지 않은 보기이므로, 선지 ①, ④만이 남는다. 따라서 보기 ㉣을 해결한다.

❸ 조건 중에는 계산이 쉬운 차량조건과 여유면적조건을 먼저 확인하고, 이미 주어져 있는 교실 수를 통해 확인할 수 있는 교실조건을 확인한 후 마지막으로 교사조건을 확인한다.

합격자의 시간단축 Tip

- **여유면적조건**: 650+교실 총 면적+놀이터 면적 ≤ 유치원 총 면적인지 확인한다. → A, B, D, E
- **교실조건**: 원아 수 ≤ 교실 수×25인지 확인한다. → B, C, D, E
- **교사조건**: 원아 수 ≤ 교사 수×15인지 확인한다. → A, D, E
- **차량조건**: 원아 수 ≤ 통학 차량 수×100인지 확인한다. → A, B, D, E

보기 ㉠ 각각을 확인할 때 정확하게 구하지 않고, 조건이 충족 되었는지만 확인한다.
예를 들어 '교사조건'을 볼 때 '교사 1인당 원아수'를 실제로 구하지 않고, 15명을 교사수에 곱했을 때 132보다 큰 값을 갖는지만 보면 된다.
즉 정교사만 곱해도 15×10=150 > 132이므로 더 계산하지 않고 마무리한다.

보기 ㉡ 만일 보기 ㉡을 확인하게 될 경우, 모든 유치원을 확인할 필요 없다. 2단계에서 교사평균경력이 가장 긴 유치원을 최종 선정한다고 했으므로, 1단계를 통과하기만 한다면 B, D, C, E, A 순서대로 우선순위가 있다. B는 교사조건을 만족하지 못하므로 1단계를 통과하지 못한다.
따라서 D가 만일 1단계를 통과한다면 다른 유치원들의 1단계 통과 여부와 무관하게 유치원 D가 최종 선정될 것이므로, D의 1단계 통과 여부만을 확인해보면 된다. 또한 출제 의도상 수험생이 시간을 소모하도록 유도하기 위해 틀린 부분을 뒷부분에 둘 가능성이 높으므로, 통과 여부를 확인할 때는 뒤 조건인 '여유면적조건'부터 확인하는 것이 좋다.

보기 ㉢ 차량조건을 충족하기 위해서는 15% 줄어든 원아 수 ≤ 차량 수×100인지 확인해야 한다. 원아 수 120의 10%는 12, 5%는 6이므로 15% 줄어든 원아수는 102명이다.
이때, 102 > 1×100이므로 틀린 보기이다.

보기 ㉣ 2단계에서는 B, D, E 중 교사평균경력이 가장 긴 유치원을 구해야 하는데, 현재 B의 교사평균경력은 4.5년이며 이에 경력이 4.0년인 교사 6명이 더해질 경우 B 유치원의 교사평균경력은 4.0 ~ 4.5 사이에서 형성될 것이다. 따라서 D, E보다 길 수밖에 없기 때문에 별도의 계산 없이도 B가 최종 선정된다는 것을 알 수 있다.

190 정답 ③ 　　　난이도 ●○○

① (×) '등록 문화재'를 보유한 시는 ~~6개이다.~~
→ 〈표〉에서 가로축이 의미하는 유형 중에서 '등록 문화재'에 해당하는 세로줄을 보면 시마다 건수가 기재되어 있다. 등록 문화재를 보유하고 있는 시의 수는 0건을 보유한 안성시, 화성시, 양주시를 제외하고 용인시, 여주시, 고양시, 남양주시, 파주시, 성남시, 수원시가 해당하여 7개이다.

② (×) 유형별 전체 보유건수가 가장 많은 문화유산은 ~~'국가 지정 문화재'~~이다.

→ 〈표〉에서 세로축이 의미하는 시 중에서 마지막 항을 보면 전체 보유 건수가 기재되어 있다. 전체 보유 건수가 많은 순서대로 나열해보면 지방 지정 문화재(293건) > 국가 지정 문화재(224건) > 문화재 자료(100건) > 등록 문화재(35건) 순이다.
따라서 유형별 전체 보유 건수가 가장 많은 문화유산은 "지방" 국가 지정 문화재이다.

③ (○) 파주시 문화유산 보유건수 합은 전체 문화유산 보유건수 합의 10% 이하이다.
→ 퍼센트(%)를 파악하기 위해서는 먼저 전체 문화유산 보유 건수의 총합을 알아야 한다.
경기도 10개 시 각각의 문화유산 보유 건수의 합을 보면 용인시 120건, 여주시 70건, 고양시 69건, 안성시 68건, 남양주시 67건, 파주시 63건, 성남시 59건, 화성시 49건, 수원시 48건, 양주시 39건이다.
따라서 (전체 문화유산 보유 건수의 총합)=120+70+69+68+67+63+59+49+48+39=652(건)이다.
다음 식에 대입해보면
$\frac{\text{파주시 문화유산 보유 건수의 총합}}{\text{전체 문화유산 보유 건수의 총합}}\times 100=\frac{63}{652}\times 100=9.662\cdots(\%)$이므로 파주시 문화유산 보유건수 합은 전체 문화유산 보유 건수 합의 10% 이하이다.

④ (×) '문화재 자료' 보유건수가 가장 많은 시는 ~~안성시다.~~
→ 〈표〉에서 가로축의 유형 중에서 '문화재 자료'에 해당하는 세로줄을 보면 시마다 건수가 기재되어 있다. 문화재 자료 보유 건수가 많은 순서대로 나열해보면 용인시(16건) > 안성시(13건) > 여주시(11건)=고양시(11건)=남양주시(11건) > 파주시(9건)=화성시(9건)=양주시(9건) > 수원시(8건) > 성남시(3건) 이므로 '문화재 자료' 보유 건수가 가장 많은 시는 용인시다.
따라서 '문화재 자료' 보유 건수가 가장 많은 시는 안성시가 아니다.

⑤ (×) '국가 지정 문화재'의 시별 보유건수 순위는 '문화재 자료'와 ~~동일하다.~~
→ 〈표〉의 가로축 유형 중에서 '국가 지정 문화재'에 해당하는 세로줄을 보면 시마다 건수가 기재되어 있다. 국가 지정 문화재 보유 건수가 많은 순서대로 나열해보면 용인시(64건) > 성남시(36건) > 여주시(24건) > 남양주시(18건) > 고양시(16건) > 파주시(14건)=화성시(14건)=수원시(14건) > 안성시(13건) > 양주시(11건)이다.
〈표〉의 가로축 유형 중에서 '문화재 자료'에 해당하는 세로줄을 보면 시마다 건수가 기재되어 있다. 문화재 자료 보유 건수가 많은 순서대로 나열해보면 용인시(16건) > 안성시(13건) > 여주시(11건)=고양시(11건)=남양주시(11건) > 파주시(9건)=화성시(9건)=양주시(9건) > 수원시(8건) > 성남시(3건)이다. 따라서 '국가 지정 문화재'의 시별 보유 건수 순위는 '문화재 자료'와 같지 않다.

합격자의 실전 풀이 순서

❶ '전체, 합'은 개수를 세는 과정에서 구성 요소의 하나로 착각하기 쉬우므로 구분선을 긋는다.

❷ 쉬운 형태의 〈표〉인 만큼, 쉬운 선지를 빠르게 처리하여 소거하는 방식이 더 빠를 것이라 생각된다. 따라서 ①번부터 차례대로 확인하되, 괄호의 값을 구해야 하는 선지 ③은 후순위로 미룬다.

합격자의 시간단축 Tip

선지 ① '등록 문화재'를 보유한 시의 수를 물었다. 개수를 질문한 경우 해당하는 구성 요소가 무엇인지 기억해야 할 이유가 없으므로 일일이 셀 필요가 없다.

[방법 1]
10개의 시를 대상으로 조사했다는 정보가 이미 주어져 있으므로 등록 문화재 수에서 0건의 도시 수가 3개라는 것을 파악하여 10−3=7(개)을 바로 구할 수 있다.

[방법 2]
'반대 해석' 방법을 이용하여 여집합으로 해결한다. 즉 10개 시 중 보유 도시가 6개라는 것은 곧 여집합으로 보면 4개 시의 등록 문화재 보유건수가 0이라는 의미이다. 따라서 0건인 곳을 찾아보면 3곳이므로 틀린 선지임을 바로 알 수 있다.

선지 ②

[방법 1] 추천방법
직접 가장 큰 값을 찾지 않고, ②번에서 준 '국가 지정 문화재'가 가장 크다고 가정 후 모순이 발생하는지 확인하는 방법이 보다 효율적이다.
국가 지정 문화재의 경우 전체 값이 224로 바로 옆의 값이 293이므로 가장 크지 않다는 것을 바로 알 수 있다. 이때 293건이 어떤 유형인지 확인하지 않는다. 반례를 확인한 것으로 충분하다.

[방법 2]
유형별 전체 보유 건수는 〈표〉 최하단의 '전체' 값에 해당하므로, 전체 값 중 가장 큰 수를 찾은 후 그 유형이 어떤 유형인지 확인하는 것이 빠르다.
즉 293이 가장 큰 수이므로 '지방 지정 문화재'의 보유 건수가 가장 많은 문화유산이 된다.

선지 ③ 총합을 도출하기에 앞서 '각주'의 "문화유산은 ~로만 구성됨"이라는 말을 반드시 확인하여야 한다. 많은 수험생이 당연하다 여기고 이를 잘 안 읽는 경향이 있는데, 종종 주어지지 않은 제 3의 유형이 숨겨져 있는 함정 선지를 두는 고난도 문제가 출제되므로 총합을 구할 때 반드시 이러한 각주가 있는지 확인해야 한다.

[방법 1]
'전체 문화유산 보유 건수의 총합'을 구할 때 시간을 줄일 수 있다. 각 시의 문화유산 보유 건수의 합을 이용하여 구하려면 10개의 수를 더해야 하지만 유형별 합을 이용하여 구하려면 4개의 수를 더하면 된다.
따라서 (전체문화유산 보유 건수의 총합)=224+293+100+35=652(건) 방법으로 더 빠르게 구할 수 있다.

[방법 2]
혹은 역으로 파주시의 문화유산 보유건수가 63으로 도출되어 있으므로, 전체 문화유산이 630건 이상인지를 파악하는 방법으로 확인하는 방법도 가능하다.
224+293+100+35 > 220+290+100+30=510+100+30 ≥ 630인지만 확인한다.
즉 전체 문화유산 보유건수의 합을 정확히 구하지 않고, 보기의 정오만을 판단하는 것이 시간 단축에 기여한다.

선지 ④ 가장 큰 값이 어느 곳인지 찾을 필요가 전혀 없다. 다만 반례가 있는지 여부만 확인하면 된다. 따라서 안성시의 문화재 자료 보유건수가 13건임을 확인하고, 다른 시의 문화재 자료 보유건수 중 13보다 더 큰 숫자가 있는지 확인한다.

선지 ⑤ 출제 의도 상 수험생이 시간을 소모하도록 유도하기 위해 반례를 뒷부분에 배치하는 경향이 있으므로 뒤에서부터 확인하는 것이 좋다. 따라서 '국가 지정 문화재'와 '문화재 자료'의 보유건수가 적은 시부터 순위별로 비교한다. '국가 지정 문화재' 보유건수가 가장 적은 시는 양주시, '문화재 자료' 보유건수가 가장 적은 시는 성남시이다.
그러므로 순위가 같지 않음을 바로 확인할 수 있다.

191 정답 ❶ 난이도 ●●○

① (×) '서울' 지역 소규모 가맹점 결제건수는 137,000건 ~~이하이다.~~
➜ 〈표 2〉를 확인해보면 소규모 가맹점에서의 결제건수는 143,565건인 것을 알 수 있다.
소규모 가맹점에서의 결제 건수는 143,565건으로 '서울'지역 소규모 가맹점의 결제건수는 최소 (142,248+143,565−148,323=137,490)이상이다.

② (O) 6대 광역시 가맹점의 결제건수 합은 6,000건 이상이다.
➜ 〈표 1〉을 통해 6대 광역시인 부산, 대구, 인천, 광주, 대전, 울산의 결제건수를 모두 더하면, (3,082건+291건+1,317건+306건+874건+205건) =6,075건이다.
따라서 6대 광역시 가맹점의 결제건수 합은 6,000건 이상임을 확인할 수 있다.
전체 결제건수인 148,323건에서 서울의 결제건수인 142,248건을 빼도 같은 결과가 나온다.

③ (O) 결제건수 대비 결제금액을 가맹점 규모별로 비교할 때 가장 작은 가맹점 규모는 중규모이다.
➜ 결제건수 대비 결제금액은: $\frac{\text{결제금액}}{\text{결제건수}}\times 100(\%)$의 식으로 구할 수 있다. 값을 구하면,

- 소규모: $\frac{250,390}{143,565} \fallingdotseq 1,744$
- 중규모: $\frac{4,426}{3,476} \fallingdotseq 1.273$
- 대규모: $\frac{2,483}{1,282} \fallingdotseq 1.937$ 이다.

따라서 결제건수 대비 결제금액을 가맹점 규모별로 비교할 때 중규모가 가장 작다.

④ (O) 가맹점수 대비 결제금액이 가장 큰 지역은 '대구'이다.
➜ 가맹점수 대비 결제금액을 $\frac{\text{결제금액}}{\text{가맹점수}}\times 100(\%)$의 식으로 구할 수 있다. 값을 구해보면,

- 서울: $\frac{241,442}{1,269}\times 100 \approx 19,026\%$
- 부산: $\frac{7,639}{34}\times 100 \approx 22,468\%$
- 대구: $\frac{2,431}{8}\times 100 \approx 30,388\%$
- 인천: $\frac{2,548}{20}\times 100 \approx 12,740\%$ 이다.
- 광주: $\frac{793}{8}\times 100 \approx 9,913\%$
- 대전: $\frac{1,811}{13}\times 100 \approx 13,931\%$
- 울산: $\frac{635}{11}\times 100 \approx 5,773\%$이다.

따라서 '대구'가 가맹점 수 대비 결제금액이 가장 많다.

⑤ (O) 전체 가맹점수에서 '서울' 지역 가맹점수 비중은 90% 이상이다.
➜ 〈표 1〉에서 전체 가맹점 수는 1,363개이라는 것

을 알 수 있다. 서울의 가맹점 수를 전체 가맹점으로 나눈 후 백분율이므로 100을 곱해주면 서울 지역 가맹점수의 비중이 나오게 된다.

서울 지역 가맹점수의 비중은 $\frac{1,269}{1,363}\times100=93\%$ 이므로 옳은 보기이다.

합격자의 실전 풀이 순서

❶ 발문을 읽으면서 옳지 않은 것을 고르는 것임을 주의한다.
〈표 1〉을 보면서 만 원 단위인 점을 체크한다. 〈표 1〉과 〈표 2〉를 보면서 전체 결제건수와 전체 결제금액이 지역 또는 규모에 따라 구분된 점 정도를 체크하고 보기를 본다.

❷ ①번이 옳지 않으므로 바로 정답을 체크하고 넘어간다.

합격자의 시간단축 Tip

선지 ① 정석적인 풀이는 n(A)+n(B)−n(U)와 같은 공식을 활용하는 방법이겠으나, 응용성이 떨어질 뿐더러 확정적으로 시간이 걸리는 방법이라는 단점이 있다. 따라서 최소의 교집합은 원리적으로 접근하여, 한쪽 극단으로 밀어 넣는 사고가 중요하다.
예를 들어 서울지역 소규모 가맹점을 최소로 만들기 위해 서울지역의 결제건수를 모두 중규모와 대규모에 넣는다고 생각해본다.
그러면 142,248−3,476−1,282=137,490으로 동일한 결론이 나온다.

선지 ② 6대 광역시 가맹점의 결제건수 합은 전체에서 서울 지역 결제건수를 뺀 값과 동일하다. 이때 두 값을 빼서 6대 광역시 결제건수 합을 도출하지 않고, 선지에서 준 6,000건을 활용하여 도출한다.
즉 142,248+6,000=148,248 < 148,323 이므로 6대 광역시 가맹점의 결제건수 합은 6,000건 이상이 되어야 한다. 그러므로 옳다.

선지 ③ 결제건수 대비 결제금액은

- 소규모: $\frac{250,390}{143,565}=1.74$,
- 중규모: $\frac{4,426}{3,476}=1.27$,
- 대규모: $\frac{2,483}{1,282}=1.93$이다.

따라서 중규모가 가장 작아 옳다. 시간 단축을 위해 분수 비교에서는 어림산을 활용해 주는 것이 좋다. 소규모의 경우 2보다는 작지만 2에 가까운 값임을 알 수 있으며, 대규모 역시 2보다 작지만 거의 2에 근접한 값이다.
그러나 중규모의 경우 1.5보다 작은 값임을 알 수 있다. 이러한 기준점을 잡고 어림산을 통해 선지를 판별하는 사고가 중요하다.

선지 ④ 가맹점수 대비 결제금액이 가장 큰 지역은 $\frac{2,431}{8}=303.88$인 대구이다.

따라서 옳지만 시간 단축을 위해 어림산이 필요하다. 가맹점수에 300을 곱해 결제금액보다 작다면 대구보다 크다고 볼 수 있다. 그러나
- 서울의 경우: 1,269×300 > 241,442,
- 부산의 경우: 34×300 > 7,639,
- 인천의 경우: 20×300 > 2,548 이다.

이런 식으로 모든 도시를 빠르게 비교를 하면 대구가 가장 크다는 것을 쉽게 확인할 수 있다.

선지 ⑤
[방법 1]
전체 가맹점수에서 서울 지역이 차지하는 비중은 $\frac{1,269}{1,363}\times100=93.1\%$로 옳다. 그러나 이러한 계산보다 기준을 세우는 풀이 방식이 시간 단축에 유리하다고 생각한다. 전체의 90%가 1,363−136.3이므로 1,230보다 작다.
그러나 서울의 경우 1,269 > 1,230이므로 90% 이상임을 알 수 있다.

[방법 2]
통상 뺄셈보다는 덧셈이 더 빠르고 실수가 적은 연산 방법이다. 따라서 전체에 10%를 빼서 값을 확인하는 것보다는 전체의 10%를 서울에 더했을 때 전체보다 값이 커지는지 확인하는 것이 더 좋다. 따라서 1,269에 10%인 136을 더하면, 계산의 편의를 위해 그 일부인 100만 더하더라도 1,363은 넘는 것을 확인할 수 있으므로 (136을 실제로 더하지 않고도) 바로 옳은 선지임을 확인할 수 있다.

[방법 3]
7번 문제에서는 앞의 방법 1, 2에 비해 더 느린 해결 방법이지만, '90%'를 질문한 경우 자주 활용되는 방법이므로 알고 있어야 하는 방법이다. 이는 '반대 해석'을 이용한 것으로 90% 이상이라는 것은 그 값을 제외한 나머지 값들의 합이 10% 이하라는 의미와 같다. 즉 6대 광역시 값을 모두 더했을 때 전체의 10%인 136.3보다 작다는 것을 확인하여 옳은 선지라 판단할 수 있다.

192 정답 ① 난이도 ●●●

ㄱ. (O) 각 지상파 방송사는 전체 시간대와 주시청 시간대 모두 만족도지수가 질평가지수보다 높다.

➜ 먼저 〈표〉의 주시청 시간대의 만족도지수와 질평가지수, 〈그림〉의 시청자평가지수를 이용하여 괄호를 구해보면

$\text{시청자평가지수}=\frac{\text{만족도지수}+\text{질평가지수}}{2}$ 이므로

- A: $\frac{\text{만족도지수}+7.20}{2}=7.23$에서
  만족도지수=7.23×2−7.20=7.26
- B: $\frac{7.23+\text{질평가지수}}{2}=7.12$에서
  질평가지수=7.12×2−7.23=7.01
- D: $\frac{\text{만족도지수}+7.23}{2}=7.32$에서
  만족도지수=7.32×2−7.23=7.41
- F: $\frac{\text{만족도지수}+7.88}{2}=7.91$에서
  만족도지수=7.91×2−7.88=7.94
- G: $\frac{7.20+\text{질평가지수}}{2}=7.13$에서
  질평가지수=7.13×2−7.20=7.06라 할 때

〈표 1〉 방송사별 전체 및 주시청 시간대의 만족도 지수

	A	B	C	D	E	F	G	H
전체 시간대	7.37	7.22	7.14	7.32	6.94	7.75	7.14	7.03
주시청 시간대	7.26	7.23	7.11	7.41	7.10	7.94	7.20	7.08

표를 완성하면 모든 방송사에서 만족도지수가 질평가지수보다 높게 나온 것을 알 수 있다.

ㄴ. (O) 각 종합편성 방송사의 질평가지수는 주시청 시간대가 전체 시간대보다 높다.

➜ 종합편성 방송사인 E, F, G, H의 전체 시간대와 주시청 시간대의 질평가지수를 비교한다.
우선 E, F, H는 〈표〉를 통해 확인할 수 있다.
G의 주시청시간대 질평가지수는 7.13×2−7.2=7.06이고, 전체 시간대 질평가지수는 7.04이다.
따라서 각 종합편성 방송사의 질평가지수는 주시청 시간대가 전체 시간대보다 높다.

ㄷ. (×) 각 지상파 방송사의 시청자평가지수는 ~~전체 시간대가 주시청 시간대보다 높다.~~

➜ 시청자 평가지수 식을 이용해서 시청자평가 지수를 구해보면, 지상파 방송사인 D방송사의 전체 시간대의 시청자 평가지수는 (7.32+7.16)÷2=7.24이고, 주시청 시간대 시청자 평가지수는 (7.41+7.23)÷2=7.32인 것을 확인할 수 있다.
따라서 D방송사의 시청자 평가지수는 주시청 시간대가 전체 시간대보다 크므로 틀린 보기가 된다.

ㄹ. (×) 만족도지수는 주시청 시간대가 전체 시간대보다 높으면서 시청자평가지수는 주시청 시간대가 전체 시간대보다 낮은 방송사는 ~~2개이다.~~

➜ 먼저 만족도 지수가 주시청 시간대가 전체 시간대보다 높은 방송사는 B, D, E, F, G, H 방송사이다.
이 방송사들의 전체 시간대와 주시청 시간대의 시청자평가지수를 각각 구해서 비교해보면 유일하게 B방송사의 전체시간대 시청자 평가가 더 큰 것을 알 수 있다.

합격자의 실전 풀이 순서

❶ 〈표〉를 읽으면서 빈칸과 관련된 보기를 예상할 수 있다. 그리고 〈그림〉과 각주를 보면서 평균 개념을 활용하여 빈칸을 채울 수 있을 것임을 체크하며 〈보기〉를 본다.

❷ 보기 ㉠은 옳은 보기이므로 선지 ③, ⑤번을 지운다.

❸ 보기 ㉡, ㉢ 중 더 간단히 해결할 수 있는 ㉡을 확인하면, 옳은 보기이므로 정답은 ①번이다.

합격자의 시간단축 Tip

보기 ㉠ 빈칸을 채우기 위해 구체적인 값을 구하기보다 산술평균의 도출 원리상 평균값이 주어진 값보다 크다면 빈칸 값이 더 크고, 평균값이 더 작으면 빈칸 값이 더 작다는 것을 이용해야 한다는 점이다. 왜냐하면 평균값 > 구성값이면 다른 구성값이 평균값보다 커야 해당 산술평균이 나올 것이고, 평균값 < 구성값이면 그 반대가 될 것이기 때문이다.
즉 A의 평균인 7.23과 구성 값인 7.2를 통해 빈칸이 평균보다 크며, 7.23과 7.12를 보고 B의 빈칸이 평균보다 작을 것이며, 7.32와 7.23을 보고 D의 빈칸이 7.23보다 클 것임을 알 수 있다면 매우 빠르게 처리할 수 있다.

보기 ㉡ E는 6.90 < 7.02, F는 7.67 < 7.88, H는 6.95 <7.00임을 눈으로 확인하면 된다.

[방법 1] 빈칸을 직접 구해서 푸는 방법
G의 빈칸은 7.2×2−7.13=7.06이므로 7.04보다 크므로 옳다.

[방법 2] 빈칸을 구하지 않고 푸는 방법-'대입-모순 확인법'
빈칸에 비교 대상 값을 대입한다. 즉 빈칸이 전체시간대의 질평가지수와 같은 7.04라고 가정하면, 7.2와 7.04의 평균은 7.12이므로 7.13보다 작다. 따라서 빈칸은 7.04보다 크므로 옳다고 할 수 있다.

[방법 3] 빈칸을 구하지 않고 푸는 방법-'거리 확인법'
산술 평균은 거리가 1:1인 가중 평균과 같으므로 가중 평균을 풀 듯 거리를 이용해 풀 수 있다.
즉 '평균과 질평가지수의 거리'='만족도지수와 평균의 거리'이므로 그 거리는 7.2−7.13=0.07이다.
이때 두 가지 방식으로 나뉘는데, 평균(7.13)−거리(0.07) = 7.06으로 구하는 방법과 전체 시간대 질평가지수(7.04)+거리(0.07)=7.11 < 7.13이므로 더 크다는 것을 확인하는 방법이 있다.
기본적으로 뺄셈보다는 덧셈이 더욱 쉽고 빠른 연산 방법이기에 후자가 더 빠른 방법이라 할 수 있다.

보기 ⓒ 반례가 하나라도 있으면 틀리게 되는 형태의 선지이다. 이때 출제 의도 상 수험생이 시간을 소모하도록 유도하기 위해 반례를 통상 뒷부분에 배치하므로 뒤에서부터 확인하는 것이 좋다.
각 지상파 방송사는 A ~ D이며, 가장 뒷부분인 D부터 확인하면 D의 전체 시간대 시청자평가지수는 7.32와 7.16의 평균으로 7.32보다 작은 반면, 주시청 시간대 시청자 평가지수는 〈그림〉을 통해 7.32임을 확인할 수 있다. 따라서 옳지 않다. 7.32와 7.16의 평균인 7.24를 직접 계산하기보다 7.32보다 작아진다 정도로 계산을 최소화하는 것이 시간 단축에 효과적이다.

보기 ⓔ
[방법 1]
주시청 시간대 만족도 지수가 전체 시간대 만족도 지수보다 높은 방송사는 B(7.22 < 7.23), D(7.32 < 7.32보다 큰 값), E(6.94 < 7.10), F(7.75 < 7.91보다 큰 값), G(7.14 < 7.2), H(7.03 < 7.08)이다.
이 중 주시청 시간대 시청자평가지수가 전체 시간대 시청자평가지수보다 낮은 방송사는
$B\left(\frac{7.22+7.05}{2}=7.135>7.12\right)$ 하나뿐이므로 옳지 않다.

[방법 2]
보기 ⓔ의 질문 형태는 'A면서 B인 곳'이므로 쉽게 생각해 A와 B가 모두 해당하는 곳을 찾아야 된다. 이때 많은 문제가 뒤에서부터 확인 시 시간이 단축되는 경향이 존재하므로 B를 먼저 확인해보자.
B는 구체적으로 계산하지 않고, 산술 평균의 원리를 이용하여 〈그림〉의 주시청 시간대 시청자평가지수보다 전체 시간대 지수가 높을지 여부만 간단히 확인한다.
예를 들어 A의 경우 주시청 시간대는 7.23으로 전체 시간대의 가장 낮은 값인 7.33보다 낮으므로 계산 없이도 당연히 전체 시간대가 지수가 더 높다는 것을 알 수 있다.
이처럼 확인 시 매우 쉽고 빠르게 A, B, C만 주시청 시간대가 더 낮은 방송사임을 알 수 있다. 따라서 A, B, C의 만족도 지수를 확인하면 답을 도출 가능하다.

193 정답 ③ 난이도 ●●○

① (×) 미국의 참전인원은 다른 모든 국가의 참전인원의 합보다 15배 ~~이상 많다.~~
→ 미국을 제외한 다른 모든 국가의 '참전인원'의 합은 (모든 국가의 참전인원)−(미국의 참전인원)=(다른 모든 국가의 참전인원)으로 나타낼 수 있다.
'미국의 참전인원'은 1,789,000명이고, 이를 통해 다른 모든 국가의 '참전인원'의 합을 구해본다면 1,938,300−1,789,000=149,300명이다.
149,330명의 15배는 149,330×15=2,239,950이므로 미국의 참전인원인 1,789,000명보다 많다.
따라서 미국의 참전인원은 다른 모든 국가의 참전인원의 합의 15배 미만이다.

② (×) 참전인원 대비 전체 피해인원 비율이 가장 큰 국가는 ~~터키이다.~~
→ '참전인원 대비 전체 피해인원 비율'은
$\frac{\text{전체 피해인원}}{\text{참전인원}}\times100$이다.
- 미국: 137,250÷1,789,000×100≈7.67%,
- 영국: 4,908÷56,000×100≈8.76%,
- 캐나다: 1,557÷25,687×100≈6.06%,
- **터키: 3,216÷16,936×100≈18.99%,**
- 호주: 1,584÷8,407×100≈18.84%,
- 필리핀: 398÷7,420×100≈5.36%,
- 태국: 1,273÷6,326×100≈20.12%,
- 네덜란드: 768÷5,322×100≈14.43%,
- 콜롬비아: 639÷5,100×100≈12.53%,
- 그리스: 738÷4,992×100≈14.78%,
- 뉴질랜드: 103÷3,794×100≈2.71%,
- 에티오피아: 657÷3,518×100≈18.67%,
- 벨기에: 440÷3,498×100≈12.58%,
- **프랑스: 1,289÷3,421×100≈37.68%,**
- 남아공: 43÷826×100≈5.21%,
- 룩셈부르크: 15÷83×100≈18.07%이므로,

'비율이 가장 큰 국가'는 프랑스이다.

해설편 14일차 • 수리능력 · 자료해석

③ (○) 공군이 참전한 국가 중 해당 국가의 전체 피해인원 대비 '부상' 인원의 비율이 가장 큰 국가는 태국이다.

➜ '공군이 참전한 국가'는 미국, 캐나다, 호주, 태국, 그리스, 남아공이다. '해당 국가의 전체 피해인원 대비 '부상' 인원의 비율'은 $\frac{\text{해당 국가 부상인원}}{\text{해당 국가 전체 피해인원}}$ ×100이다.

이 공식을 사용하여 값을 구하면,

- 미국: 92,134÷137,250×100≈67.13,
- 캐나다: 1,212÷1,557×100≈77.84,
- 호주: 1,216÷1,584×100≈76.77,
- 태국: 1,139÷1,273×100≈89.47,
- 그리스: 543÷738×100≈73.58,
- 남아공: 0÷43×100=0

으로 '비율이 가장 큰 국가'는 태국이다.

④ (×) '전사, 사망' 인원은 육군만 참전한 모든 국가의 합이 공군만 참전한 모든 국가의 합의 30배 ~~이하이다.~~

➜ '육군만 참전한 모든 국가'는 터키, 필리핀, 에티오피아, 벨기에, 룩셈부르크이다. '전사, 사망' 인원의 합은, 터키 741명, 필리핀 112명, 에티오피아 121명, 벨기에 99명, 룩셈부르크 2명을 더해 (741+112+121+99+2)=1,075명이다. '공군만 참전한 모든 국가'는 남아공 한 국가뿐이며, "전사, 사망' 인원의 합'은 34명이다. (남아공 '전사, 사망' 인원)의 30배를 하면 34×30=1,020명으로, 육군만 참전한 모든 국가의 합이 공군만 참전한 모든 국가의 합의 30배보다 더 많다.

⑤ (×) '실종' 인원이 '포로' 인원보다 많은 국가는 ~~4개국이다.~~

➜ '실종' 인원이 '포로' 인원 보다 많은 국가는

- 태국: 실종 5명, 포로 0명,
- 뉴질랜드: 실종 1명, 포로 0명,
- 벨기에: 실종 4명, 포로 1명으로 3개국이다.

합격자의 실전 풀이 순서

❶ 〈표〉의 '전체', '계'에 표시하고, 선지 ⑤부터 ①까지 아래에서부터 위 순서로 풀이함에 따라 선지 ⑤로 내려간다. 단, 비율 계산을 요하는 선지 ③, ②는 후순위로 미루고 선지 ① 먼저 해결한다.

❷ 선지 ⑤-④-① 순서로 해결한 후, 공군이 참전한 국가들을 따로 추려야 하는 선지 ③보다 전체 국가들 간 비교를 요하는 선지 ②를 먼저 해결한다.

합격자의 시간단축 Tip

선지 ① ①이 옳다면, 미국 ≥ 그 외 국가×15 → 미국 ≥ (계 − 미국) × 15 → 16 × 미국 ≥ 15 × 계 → 16×1789(천) ≥ 15×1938(천) → 간략히 계산을 해 보아도 16×17 < 15×19 이므로 후자가 더 크다.

선지 ② 터키의 참전인원 대비 전체 피해 인원 비율은 $\frac{3,216}{14,995} > \frac{3,000}{15,000} = 0.2$이다.

그 외 국가 중 전체 피해인원이 참전인원의 20%를 초과하는 것은 태국, 프랑스뿐이다.

태국은 $\frac{1,273}{6,325}$이고, 프랑스는 $\frac{1,289}{3,421} < \frac{1,200}{3,000} =$ 0.4이다.

조금 더 직관적으로 해결하고 싶다면, '반대 해석'하여 '전체 피해인원 대비 참전인원이 가장 작은 국가는 터키이다'로 보고 풀어도 된다. 이 경우 분수보다는 배수의 형태로 바뀌기 때문에 더 잘 보일 것이다. 터키는 약 5배 정도 되므로 5배보다 작은 국가가 있는지 보면 된다.

선지 ③ 태국의 전체 피해인원 대비 부상 인원 비율은 $\frac{1,139}{1,273} \approx \frac{11}{12}$이다. 공군이 참전한 국가는 〈표〉의 아래에서부터 위 순서로 남아공, 그리스, 호주, 캐나다, 미국이다.

남아공은 부상 인원이 0명이다.

그리스의 전체 피해인원 대비 부상 인원 비율은 $\frac{543}{738} \approx \frac{5}{7}$이다.

캐나다의 전체 피해인원 대비 부상 인원 비율은 $\frac{1,212}{1,557} \approx \frac{12}{15} = \frac{4}{5}$이다.

미국의 전체 피해인원 대비 부상 인원 비율은 $\frac{92,134}{137,250} \approx \frac{9}{13}$이다.

따라서 전체 피해인원 대비 부상 인원 비율은 태국이 가장 크다.

참고로 "분모가 크면 클수록, '분모−1=분자'인 분수의 크기는 커진다." 그 이유는 여집합으로 보면 바로 알 수 있을 것이다. 이와 같은 속성을 이용하면 태국의 값을 보고 큰 고민 없이 다른 국가들이 더 작다는 것을 알 수 있을 것이다.

선지 ④ 보기의 '만'에 집중할 것. '참전군'에서 글자 수 제일 작은 것들만 보고 공군과 육군 나누면 빠르게 파악이 가능하다.

육군만 참전한 국가의 합: 741+112+121+99+2

공군만 참전한 국가의 합: 34×30=1,020 vs

(741+112+121+99+2) → (700+41+100+12+100+21+99+2) → (1,000+40+12+21+2)

→1,020 < (1,000+40+12+21+2)

실제로는 후항을 처리할 때, '각산법'을 이용하여 741+112+121+99+2에서 큰 자릿수부터 합하면 된다. 먼저 100의 자리는 700+100+100+100=1,000이다. 굳이 작은 자릿수를 더하지 않더라도 20 이상은 당연히 될 것이므로 30배 이상임을 쉽게 알 수 있다.

194 정답 ⑤ 난이도 ●●●

① (O) 2017 ~ 2019년 B와 D 지역의 1인 1일당 동물성 단백질 섭취량

➜ 제시된 〈표 1〉의 참고를 통해 1인 1일당 동물성 단백질 섭취량은 (1인 1일당 단백질 섭취량)－(1인 1일당 식물성 단백질 섭취량)임을 알 수 있다.

예 B 지역의 2017년 1인 1일당 동물성 단백질 섭취량은 (1인 1일당 단백질 섭취량 100)－(1인 1일당 식물성 단백질 섭취량 10)=90(g)이다.

이와 같은 방법으로 B와 D 지역의 1인 1일당 동물성 단백질 섭취량을 연도별로 각각 구해보면,

- B 지역
  2017년 100－10=90(g), 2018년 100－30=70(g), 2019년 110－50=60(g)
- D 지역
  2017년 50－10=40(g), 2018년 50－5=45(g), 2019년 50－5=45(g)이다.

따라서 〈그림〉과 일치한다.

② (O) 2019년 지역별 1일 단백질 총섭취량

➜ 2019년 지역별 1일 단백질 총섭취량은 (2019년 1인 1일당 단백질 섭취량)×(2019년 지역별 전체 인구)를 통해 구할 수 있다.

예 A 지역의 2019년 1일 단백질 총섭취량은 (2019년 A지역의 1인 1일당 단백질 섭취량 75)×(2019년 A 지역 전체 인구 1,100)=82,500(g)이다.

이와 같은 방법으로 나머지 지역의 2019년 1일 단백질 총섭취량을 각각 구해보면,

- B 지역 110×1,000=110,000(g)
- C 지역 80×600=48,000(g)
- D 지역 50×100=5,000(g)이 나온다.

따라서 〈그림〉과 일치한다.

③ (O) 2017년 지역별 1인 1일당 단백질 섭취량 구성비

➜ 단백질 섭취량 구성비는

$\frac{\text{동물성 단백질 섭취량}}{\text{단백질 섭취량}}\times 1{,}100$: $\frac{\text{식물성 단백질 섭취량}}{\text{단백질 섭취량}}\times 100$이다.

여기서 동물성 단백질 섭취량은 (단백질 섭취량)－(식물성 단백질 섭취량)으로 구할 수 있으므로

지역별 1인 1일당 단백질 섭취량 구성비는

$\frac{(\text{단백질 섭취량})-(\text{식물성 단백질 섭취량})}{\text{단백질 섭취량}}\times 100$: $\frac{\text{식물성 단백질 섭취량}}{\text{단백질 섭취량}}\times 100$이 된다.

예 2017년 A 지역의 1인 1일당 단백질 섭취량 구성비는 $\left(\frac{(\text{2017년 A지역 단백질 섭취량 50})}{\text{2017년 A지역 단백질 섭취량 50}}-\frac{(\text{2017년 A지역 식물성 단백질 섭취량 25})}{\text{2017년 A지역 단백질 섭취량 50}}\right)\times 100$: $\frac{\text{2017년 A지역 식물성 단백질 섭취량 25}}{\text{2017년 A지역 단백질 섭취량 50}}\times 100$ → $\frac{25}{50}\times 100$: $\frac{25}{50}\times 100=50:50$이다.

이와 같은 방법으로 나머지 지역의 2017년 1인 1일당 단백질 섭취량 구성비를 각각 구해보면,

- B 지역
  $\frac{90(100-10)}{100}\times 100:\frac{10}{100}\times 100=90:10$,
- C 지역
  $\frac{80(100-20)}{100}\times 100:\frac{20}{100}\times 100=80:20$,
- D 지역
  $\frac{40(50-10)}{50}\times 100:\frac{10}{50}\times 100=80:20$이다.

따라서 〈그림〉과 일치한다.

④ (O) 2017 ~ 2019년 A와 C지역의 1인 1일당 동물성 단백질 섭취량과 1인 1일당 식물성 단백질 섭취량의 차이

➜ 동물성 단백질 섭취량과 식물성 단백질 섭취량의 차이는 (동물성 단백질 섭취량)－(식물성 단백질 섭취량)이다.

여기서 동물성 단백질 섭취량은 (단백질 섭취량)－(식물성 단백질 섭취량)으로 구할 수 있으므로 결국 (단백질 섭취량)－(식물성 단백질 섭취량×2)가 동물성 단백질 섭취량과 식물성 단백질 섭취량의 차이가 된다.

예 2017년 A 지역의 1인 1일당 동물성 단백질 섭취량과 1인 1일당 식물성 단백질 섭취량의 차이는 (2017년 A 지역의 단백질 섭취량 50)－(2017년 A 지역의 식물성 단백질 섭취량 25×2)=0g이 된다.

이와 같은 방법으로 A와 C지역의 1인 1일당 동물성 단백질 섭취량과 1인 1일당 식물성 단백질 섭취량의 차이를 연도별로 각각 구해보면,

- A 지역=2017년 50−(25×2)=0(g),
  2018년 60−(25×2)=10(g),
  2019년 75−(25×2)=25(g)
- C 지역=2017년 100−(20×2)=60(g),
  2018년 90−(20× 2)=50(g),
  2019년 80−(20×2)=40(g)이 나온다.

따라서 〈그림〉과 일치한다.

⑤ (×) 지역별 2017년 대비 2018년 1인 1일당 식물성 단백질 섭취량 증감률

➜ 2017년 대비 2018년 1인 1일당 식물성 단백질 섭취량 증감률은

$$\frac{(\text{2018년 식물성 단백질 섭취량})-(\text{2017년 식물성 단백질 섭취량})}{\text{2017년 식물성 단백질 섭취량}}$$

×100을 통해 구할 수 있다.

예 A 지역의 2017년 대비 2018년 1인 1일당 식물성 단백질 섭취량 증감률은

$$\left(\frac{(\text{2018년 A 지역 식물성 단백질 섭취량 25})}{\text{2017년 A 지역 식물성 단백질 섭취량 25}}-\frac{(\text{2017년 A 지역 식물성 단백질 섭취량 25})}{\text{2017년 A 지역 식물성 단백질 섭취량 25}}\right)$$

$\times 100 \rightarrow \frac{0}{25}=0(\%)$가 나온다.

이와 같은 방법으로 나머지 지역의 2017년 대비 2018년 1인 1일당 식물성 단백질 섭취량 증감률을 각각 구해보면,

- B 지역: $\frac{(30-10)}{10}\times 100=200(\%)$
- C 지역: $\frac{(20-20)}{20}\times 100=0(\%)$
- D 지역: $\frac{(5-10)}{10}\times 100=-50(\%)$가 나온다.

이는 〈그림〉과 일치하지 않는다.

합격자의 실전 풀이 순서

❶ 〈표 1〉, 〈표 2〉, 〈표 3〉의 관계를 파악한다. 〈표 1〉−〈표 2〉=지역별 1인 1일당 동물성 단백질임을 파악한다. 또한, 〈표 3〉의 지역별 전체인구를 지역별 1인 1일당 단백질 섭취량에 곱하면 지역별 1일 단백질 총섭취량을 구할 수 있는 구조임을 인지한다.

❷ 〈표〉들의 관계를 활용하여 선지 ①~④번을 구할 수 있다. 하지만, 선지 ⑤번은 〈표 2〉만을 활용하여 확인할 수 있으므로 먼저 확인한다.

❸ 선지 ⑤번의 B의 증감률은 300%가 아닌 200%이므로 틀린 선지이며 답이다.

합격자의 시간단축 Tip

이 문제처럼 유일하게 〈표 2〉만을 활용하여 풀 수 있는 선지가 아니더라도, ⑤번부터 푸는 것이 좋다. 이는 〈표〉를 그래프로 전환하는 문제는 모든 값을 순서대로 보기엔 지나치게 시간 소모가 큰 만큼 '의심스러운 부분' 위주로 확인하는 것이 좋기 때문이다.
즉, ⑤번의 경우 0, 300, 0, 50으로 항목 간 차이가 지나치게 커 의심스러운 그래프에 해당한다. 이외에도 꺾은 선 그래프의 경우 변곡점 부분, 유난히 한 값이 낮거나 높은 경우 등이 대표적인 의심스러운 부분에 해당한다.

선지 ⑤ 2배는 증가율 100%, 3배는 증가율 200% 관계라는 것을 암기해두면 좋다.

195 정답 ❹ 난이도 ●●●

① (×) 이병 월급은 2020년이 2012년보다 ~~500% 이상 증액되었다.~~

➜ 이병 월급은 〈그림〉에서 확인할 수 있는데, 2020년에는 이병 월급이 408,100원이고 2012년에는 81,700원인 것을 알 수 있다.
500 % 이상 증액되었다는 말은 5배 넘게 증가했다는 뜻으로, 계산을 해보면, 81,700(원)×5=408,500(원)이다.
하지만 2020년의 이병 월급은 408,100원으로 408,500원보다 적다.
따라서 이병 월급은 2020년이 2012년보다 500% 이상 증액된 것은 아니다.

② (×) 2012년 대비 2016년 상병 월급 증가율은 2016년 대비 2020년 상병 월급 증가율보다 ~~더 높다.~~

➜ 2012년 대비 2016년 상병 월급 증가율을 〈그림〉에서 찾아 계산해보면,

$$\frac{178,000(\text{원})-97,800(\text{원})}{97,800(\text{원})}=\frac{401(\text{원})}{489(\text{원})}\approx 0.82$$

이고, 2016년 대비 2020년 상병 월급 증가율을 계산해보면,

$$\frac{488,200(\text{원})-178,000(\text{원})}{178,000(\text{원})}=\frac{1,551(\text{원})}{890(\text{원})}\approx 1.74$$

이다.
따라서 2012년 대비 2016년 상병 월급 증가율(82%)은 2016년 대비 2020년 상병 월급 증가율(174%)보다 더 낮다.

③ (×) 군내매점 주요품목 각각의 2012년 대비 2016년 가격인상률은 2016년 대비 2020년 ~~가격인상률보다 낮다.~~

→ 군내매점 주요품목 각각의 연도별 가격인상률은 〈표〉에서 확인할 수 있다.

캔커피의 2012년 대비 2016년 가격인상률은

$\frac{300(원/개)-250(원/개)}{250(원/개)}=\frac{1(원/개)}{5(원/개)}=0.2$이고,

2016년 대비 2020년 가격인상률은

$\frac{500(원/개)-300(원/개)}{300(원/개)}=\frac{2(원/개)}{3(원/개)}\approx 0.67$이므로 캔커피의 2012년 대비 2016년 가격인상률은 2016년 대비 2020년 가격인상률보다 낮다.

단팥빵의 2012년 대비 2016년 가격인상률은

$\frac{1,000(원/개)-600(원/개)}{600(원/개)}=\frac{2(원/개)}{3(원/개)}\approx 0.67$

이고, 2016년 대비 2020년 가격인상률은

$\frac{1,400(원/개)-1,000(원/개)}{1,000(원/개)}=\frac{2(원/개)}{5(원/개)}=0.4$

이므로 단팥빵의 2012년 대비 2016년 가격인상률은 2016년 대비 2020년 가격인상률보다 높다.

따라서 군내매점 주요품목 각각의 2012년 대비 2016년 가격인상률은 2016년 대비 2020년 가격인상률보다 낮지 않다.

④ (○) 일병이 한 달 월급만을 사용하여 군내매점에서 해당 연도 가격으로 140개의 단팥빵을 구매하고 남은 금액은 2016년이 2012년보다 15,000원 이상 더 많다.

→ 일병의 한 달 월급은 〈그림〉에서 알 수 있고, 군내매점에서의 단팥빵 해당 연도 가격은 〈표〉에서 알 수 있다.

일병이 한 달 월급만을 사용하여 군내매점에서 해당 연도 가격으로 140개의 단팥빵을 구매하고 남은 금액은 (일병의 한 달 월급)−140×(단팥빵의 해당 연도 가격)으로 구할 수 있다.

2016년일 때의 단팥빵을 구매하고 남은 금액을 구해보면,

161,000(원)−140×1,000(원/개)=21,000(원)이고,

2012년일 때의 단팥빵을 구매하고 남은 금액을 구하면,

88,300(원)−140×600(원/개)=4,300(원) 이므로 2016년이 2012년보다 21,000(원)−4,300(원)=16,700(원) 더 많다.

따라서 일병이 한 달 월급만을 사용하여 군내매점에서 해당 연도 가격으로 140개의 단팥빵을 구매하고 남은 금액은 2016년이 2012년보다 15,000원 이상 더 많다.

⑤ (×) 병장이 한 달 월급만을 사용하여 군내매점에서 해당 연도 가격으로 구매할 수 있는 햄버거의 최대 개수는 2020년이 2012년의 ~~3배 이하이다.~~

→ 병장의 한 달 월급은 〈그림〉에서 알 수 있고, 군내매점에서 구매할 수 있는 햄버거의 해당 연도 가격은 〈표〉에서 알 수 있다.

병장이 한 달 월급만을 사용하여 군내매점에서 해당 연도 가격으로 구매할 수 있는 햄버거의 최대 개수는 (병장의 한 달 월급)÷(햄버거의 해당 연도 가격)에서 소수점을 버린 값이다.

2020년에 병장이 한 달 월급만을 사용하여 군내매점에서 구매할 수 있는 햄버거의 최대 개수는 540,900(원)÷3,500(원/개)≈154.54(개)로 154개이다.

2012년에 병장이 한 달 월급만을 사용하여 군내매점에서 구매할 수 있는 햄버거의 최대 개수는 108,300(원)÷2,400(원/개)=45.125(개)로 45개이다.

2012년에 병장의 한 달 월급만으로 구매할 수 있는 햄버거의 최대 개수의 3 배는 45(개)×3=135(개)이다.

따라서 병장이 한 달 월급만을 사용하여 군내매점에서 해당 연도 가격으로 구매할 수 있는 햄버거의 최대 개수는 2020년이 2012년의 3배 이상이다.

합격자의 실전 풀이 순서

❶ 〈그림〉과 〈표〉의 구조와 내용을 파악한다.

❷ 선지 ①~③이 비교적 쉬운 선지이므로 ①번부터 순서대로 해결한다.

❸ ①, ②, ③번은 틀린 선지이고 ④번은 옳은 선지이다. 따라서 답을 표시하고 넘어간다.

합격자의 시간단축 Tip

선지 ① 500% 이상 증액되었다는 것은 6배라는 것과 같은 의미이므로 틀린 선지이다.

선지 ② 2012년 대비 2016년 상병 월급은 2배 미만 증가했지만, 2016년 대비 2020년 상병 월급은 2배 이상 증가했다.

선지 ③ 단팥빵의 2012년 대비 2016년 증가 폭과 2016년 대비 2020년 증가 폭은 400으로 같으므로, 증가율은 기준이 되는 단팥빵 가격이 2016년에 더 높으므로 당연히 감소한다.

선지 ⑤ 최대로 구매할 수 있는 햄버거 수는 $\frac{\text{월급}}{\text{햄버거 가격}}$ 로 도출된다.

2012년과 2020년의 월급과 햄버거 가격의 상승률을 통해 개수를 비교하면, 월급은 108,300→540,900으로 약 5배 증가하였으며 햄버거 가격은 2400→3500으로 1.5배 살짝 안 되게 증가하였다.

따라서 월급의 변화 정도인 5배를 햄버거 가격의 변화 정도인 1.5배로 나누면 $\frac{5}{1.5}$=약 3.3배 정도가 나온다.

다만 이 값은 실제로는 분모 변화 정도가 1.5배보다 작은 값임에도 더 큰 값으로 나눈 결과물이므로 실제로는 3.3배보다 크게 증가했음(실제로 계산해보면 3.4배 이상 나온다)을 의미한다.

이를 통해 실제로 계산을 안 하고도 빠르게 ⑤번이 틀린 선지임을 알 수 있다.

196 정답 ❶ 난이도 ●●●

① (×) 전체 커피전문점의 전년대비 매출액과 점포수 증가폭 추이

→ 〈표〉와 〈그림〉의 매출액 증가 폭은 일치한다는 점을 유념하고 전체 커피전문점의 점포 수와 매출액의 증가 폭을 계산한다. 매출액의 증가 폭은 (현재 매출액)−(전년 매출액)으로 계산할 수 있으며, 점포 수 증가 폭은 (현재 점포 수)−(전년 점포 수)로 구할 수 있다.

매출액과 점포 수의 증가 폭을 2014년도부터 2018년까지 차례로 계산하였을 때, 2016년 점포 수의 증가 폭이 983−743=240인 것과 반해 그래프는 350으로 잘못 그려진 것을 확인할 수 있다.

② (○) 2018년 커피전문점 브랜드별 점포당 매출액

→ 브랜드별 점포당 매출액은

$\frac{\text{해당브랜드의 2018년 매출액}}{\text{해당 브랜드의 2018년 점포 수}}$ 으로 구할 수 있다.

A브랜드를 예로 들면 $\frac{2{,}982(\text{억 원})}{395(\text{개})} \fallingdotseq 7.55$억 원으로 〈그림〉의 수치와 일치한다.

다른 브랜드의 경우도 B에서 F 점포까지 해당 식을 적용하였을 때 〈표〉의 수치로 계산한 값과 〈그림〉의 수치가 일치한다는 것을 알 수 있다.

③ (○) 2017년 매출액 기준 커피전문점 브랜드별 점유율

→ 2017년 매출액 기준 커피 브랜드별 점유율은

$\frac{\text{2017년 해당 브랜드 매출액}}{\text{2017년 전체 매출액}} \times 100$이다.

A브랜드의 경우 위 식에 대입하여 구하면

$\frac{2{,}400(\text{억 원})}{6{,}483(\text{억 원})} \times 100 \fallingdotseq 37.02$인데, 이는 〈그림〉의 수치와 일치한다. 다른 브랜드의 경우다 같은 방법으로 계산하면 〈그림〉의 수치와 일치한다.

④ (○) 2017년 대비 2018년 커피전문점 브랜드별 매출액의 증가량

→ 2017년 대비 2018년 커피전문점 브랜드별 매출액의 증가량은 브랜드별로 (2018년 브랜드별 매출액)−(2017년 브랜드별 매출액)을 계산하는 것으로 구할 수 있다. 브랜드별로 브랜드별 매출액의 증가량을 계산하면 해당 그래프가 올바르게 작성된 것을 확인할 수 있다.

⑤ (○) 전체 커피전문점의 연도별 점포당 매출액

→ 전체 커피전문점의 연도별 점포당 매출액은 연도별로 $\frac{\text{전체 매출액}}{\text{전체 점포 수}}$를 계산하여 구할 수 있다.

2013년을 예로 들면 $\frac{1{,}586(\text{억 원})}{269(\text{개})} \fallingdotseq 5.9$억원으로, 〈그림〉의 수치와 일치한다.

다른 연도별 전체 커피전문점의 점포당 매출액 역시 계산하면 전부 그래프가 올바르게 작성된 것을 확인할 수 있다.

합격자의 실전 풀이 순서

❶ 〈표〉의 단위를 확인하고, 매출액과 점포 수의 '전체'에 표시한다.

❷ 선지 ①부터 ⑤까지 특징적인 몇 개의 값들을 계산하고 다음 선지로 넘어간다. 일반적으로 '특징적'인 것은 변곡점, 유일한 양/음 값, 극단값 등이다.

합격자의 시간단축 Tip

'표−그래프 전환형' 문제의 경우 구체적인 계산을 요구하지 않는다. 즉 틀린 숫자라면 확실하게 틀린 값으로 주어지므로, 계산에 시간을 낭비할 필요가 없다. 따라서 어려운 숫자는 편안한 값으로 대체 후 가볍게 확인하는 형태로 처리하면 된다.

선지 ① ①번 그림의 값을 옳은 것으로 보고, 〈표〉의 값에 더하여 모순이 발생하는지 확인한다. 이때 반례는 출제 의도 상 수험생이 시간을 소모하도록 유도하기 위해 뒷부분에 배치하는 경향이 있으므로, 2018년부터 2014년까지 오른쪽에서 왼쪽 순서로 확인한다.

2018년 점포 수의 전년대비 증가폭이 그림과 같이 732(개)라면, 1,507+732=2,168이어야 한다.

그러나 1,507+732 > 2,200 > 2,168이므로 증가폭 값이 잘못되었음을 알 수 있다.

선지 ② 먼저 y축의 단위를 확인한다.

점포당 매출액$=\frac{\text{해당 브랜드의 2018년 매출액}}{\text{해당 브랜드의 2018년 점포 수}}$의 공식에 일일이 대입하여 구하기 보다는 그림의 값을 옳은 것으로 보고 (2018년도 매출액)=(점포당 매출액)×(2018년 점포 수)와 같이 곱셈의 식으로 변형하여 빠르게 계산하는 것이 효율적이다. 선지 ③, ⑤도 해당) 이때 값을 구체적으로 곱하기보다는 근삿값화하여 확인한다.

브랜드 D의 경우, 매출액이 점포 수의 약 2배인지 (625 ≒ 314×2), 브랜드 C의 경우 매출액이 점포 수의 5배를 초과하는지

(1,338 > 252×5=250×5+2×5=1,260), 브랜드 A의 경우 매출액이 점포 수의 7.5배를 초과하는지 확인하면 된다.

> * 참고로 A 점포 수의 7.5배는 그 자체로는 까다로워 보이지만, 대체 값을 잘 설정하면 매우 간단하다. 395×7.5=약 400×7.5=3,000으로 매출액인 2,982와 유사하므로 옳다.

선지 ③ '원그래프'는 확인하기 매우 좋은 그래프 형태이다. 원그래프는 특성상 그 합이 100%일 수밖에 없다. 따라서 출제자가 어느 한 값을 인위적으로 왜곡할 경우, 다른 값들도 당연히 왜곡될 수밖에 없다. 그러므로 반례를 찾기 매우 쉬우므로 1 ~ 2개의 값만 확인해도 반례 존재 여부를 판단할 수 있다. 브랜드 E의 경우

매출액이 전체의 약 $\frac{1}{6}$인지

($\frac{1}{6}$ ≒ 0.167이므로),

즉 전체 매출액이 E 매출액의 약 6배인지 확인한다 (1,082 ×6 ≒ 1,000×6+80×6=6,000+480=6,480 ≒ 6,483).

C의 매출액이 전체의 약 20%인지, 즉, 전체가 C의 5배를 초과하는지 확인한다(1,267×5=1,200×5+67×5=6,000+335=6,335 < 6,483).

선지 ④ F부터 A까지 아래에서 위 순서로 풀이한다. 이때 직접 값을 도출하지 않고, ④번 그림의 값이 맞다고 가정 후 대입하여 모순이 있는지 확인하는 것이 좋다.

F의 매출액의 증가량이 47(억 원)이라면, 184+47=231이다.

E의 매출액 증가량이 −505(억 원)이라면, 1,082=505+577이다(통상 뺄셈보다는 덧셈이 편하고 빠른 연산 방법이므로 1,082에서 505를 빼지 않고, 577에서 더하는 형태로 처리한다).

매출액 증가량이 가장 큰 B의 매출액 증가량이 665(억 원)이라면 1,010+665=1,675이다.

선지 ⑤ 2018년부터 2013년까지 아래에서 위 순서로 풀이한다. 또한 앞서와 마찬가지로 ⑤번 그림의 값이 맞다고 보고, 대입하여 모순이 있는지 확인한다. 이때 **Tip**에서 보듯 실제로 정확한 값을 도출할 필요는 없으며, 그 가까운 값(=유사한 수치)이 나오기만 하면 옳은 것으로 간주하면 된다.

예를 들어 2013년의 경우 5.9×269 ≒ 6×270 ≒ 1,600으로 1,586과 유사하고, 2015년의 경우 743×4.14 ≒ 740×4=2,960으로 3,074와 유사하며, 2017년의 경우 1,507×4.3 ≒ 1,500×4=6,000으로 고려하지 않은 0.3배를 고려할 때 6,483과 유사하므로 옳다고 판단하면 된다.

197 정답 ③

난이도 ●●○

ㄱ. (×) A 기업 지원자 중, 남성 지원자의 비율은 관련 업무 경력이 ~~10년 이상인 지원자의 비율보다 높다.~~

→ A 기업의 지원자 중 '남성 지원자의 비율'은 $\frac{\text{A 기업의 남성 지원자}}{\text{A 기업에 지원한 전체 사람의 수}}$이며,

'경력이 10년 이상인 지원자의 비율'은 $\frac{\text{A 기업의 관련 업무 경력 10년 이상 지원자}}{\text{A 기업에 지원한 전체 사람의 수}}$이다.

이때 주어진 <표>에서 (A 기업에 지원한 전체 사람의 수)는 (A 기업에 지원한 남성의 수)+(A 기업에 지원한 여성의 수)로 계산할 수 있으며 (경력이 10년 이상인 지원자의 수)는 (경력이 10년 이상 15년 미만인 지원자의 수)+(경력이 15년 이상 20년 미만인 지원자의 수)+(경력이 20년 이상인 지원자의 수)로 계산할 수 있다.

이때 각 비율을 계산하면, A 기업의 지원자 중 남성 지원자의 비율: 53÷(53+21)=53÷74≈0.716

경력이 10년 이상인 지원자의 비율:

(18+16+19)÷74=53÷74≈0.716이므로 틀린 보기이다.

ㄴ. (○) 최종학력이 석사 또는 박사인 B 기업 지원자 중 관련 업무 경력이 20년 이상인 지원자는 7명 이상이다.

→ 최종학력이 석사 또는 박사인 B 기업지원자는 21+42=63명이다.

이때 관련 업무 경력이 20년 이상인 지원자의 수는 전체 지원자 중에서 25명이다.

B 기업의 전체 지원자의 수는 (남성 지원자 수)+(여성 지원자 수)=57+24=81명이므로 경력이 20년 이하인 지원자의 수는 81−25=56명이다. 즉 경력이 20년 이하인 지원자가 56명인데, 석사 또는 박사인 지원자는 63명이므로, 석사 또는 박사 지원자 중 적어도 7명은 경력이 20년 이상이어야 한다.

ㄷ. (×) 기업별 여성 지원자의 비율은 A 기업이 B 기업보다 ~~높다.~~

➜ 여성 지원자의 비율은 $\frac{\text{여성 지원자}}{\text{남성 지원자+여성 지원자}}$로 구할 수 있다. A 기업에 지원한 여성의 수는 21명이며 지원한 전체 사람의 수는 74명이다. B 기업에 지원한 여성의 수는 24명이며, 지원한 전체 사람의 수는 81명이다. 각 기업의 여성 지원자 비율을 계산하면 다음과 같다.

- A 기업의 지원자 중 여성 지원자의 비율: $21 \div 74 \approx 0.284$
- B 기업의 지원자 중 여성 지원자의 비율: $24 \div 81 \approx 0.296$

따라서 기업별 여성 지원자의 비율은 B 기업이 A 기업보다 더 높으므로 옳지 않다.

ㄹ. (○) A, B 기업 전체 지원자 중 40대 지원자의 비율은 35% 미만이다.

➜ A, B 기업 전체 지원자 중 40대 지원자의 비율은 $\frac{\text{A와 B기업에 지원한 40대 지원자 수}}{\text{A와 B기업에 지원한 전체 지원자 수}}$이다.

해당 비율을 계산하면 $(25+26) \div (74+81) = \frac{51\text{명}}{155\text{명}} = 0.329 < \frac{1}{3}$로 35% 미만임을 확인할 수 있다.

합격자의 실전 풀이 순서

❶ 〈표〉의 단위를 확인한다.

❷ 보기 ㉣부터 ㉠까지 아래에서 위 순서로 풀이한다. 단, 위의 보기가 더 간단하다고 판단하는 경우 아래에 있는 보기를 후순위로 미룬다.

❸ 보기 ㉣은 A, B기업 모두에 대해 40대 지원자의 비율이 35% 미만인지 계산해야 하는 반면, 보기 ㉢은 남성과 여성 수를 통해 보다 간단히 계산할 수 있다. 따라서 ㉣보다 ㉢을 먼저 해결한다.

❹ 보기 ㉢이 옳지 않으므로 선지 ①, ④가 남는다. 이미 보기 ㉣의 계산은 단순하지 않다고 판단했고, 보기 ㉠은 자료의 단순 확인만을 요하므로, ㉠을 해결한다.

합격자의 시간단축 Tip

보기를 빠르게 읽고 내용을 파악하는 훈련을 하면 시간 단축이 효과적으로 가능하다.
예를 들어 "보기 ㉠ A 기업 지원자 중, 남성 지원자의 비율은 관련 업무 경력이 10년 이상인 지원자의 비율보다 높다."의 경우에는 "A 기업, 남성, 10년 이상"과 같이 키워드만 추출해 읽으면 더 빠르게 내용을 파악할 수 있다.
그리고 실제로 문제를 풀 때, 〈보기〉를 다 읽은 후 〈표〉를 보는 것 보다는 한 손으로 〈보기〉를 읽으면서 다른 한 손으로 키워드를 동그라미 표시를 하는 것이 좋다. 보기를 먼저 읽고 표를 보는 경우 기억나지 않아 〈표〉를 볼 때 다시 〈보기〉를 보면서 시간을 낭비할 가능성이 높다.
따라서 보기를 읽을 때는 함께 표를 보는 습관을 지니는 것이 좋다.

보기 ㉠ B 기업이 아닌 A 기업 지원자 중에서만 남성 지원자의 비율과 경력이 10년 이상인 지원자의 비율을 비교하였기 때문에, 남성 지원자의 수와 10년 이상인 지원자의 수의 크기만을 비교하는 것으로 문제를 해결할 수 있다. (즉, A 기업의 전체 지원자의 수로 남성 지원자의 수와 10년 이상 지원자의 수를 나눌 필요가 없다)

보기 ㉡ '최솟값을 묻는 유형'은 정말 많이 출제되는 유형으로 갓 진입한 수험생들이 많이 헷갈려하는 유형이기도 하다. 한 번 익혀 두면 매우 쉬운 유형이되니 반드시 익혀 두자.
이 유형의 기본은 '청개구리처럼 반대로만 하기'이다.
즉 물은 것의 정반대의 대답을 구해보는 것이다.
예를 들어 보기 ㉡의 경우 '석사 또는 박사'로 질문하였으므로, 그 반대는 "최종학력이 학사인 B기업 지원자 중 업무 경력이 20년 이상인 지원자"를 구하는 것이다.
즉 B기업 20년 이상 지원자(25명)−학사 지원자(18)=7이 남으므로 최솟값은 7이다.
참고로 정반대는 다양하게 할 수 있다. 가령 최종학력은 그대로 두고, 20년 미만으로 볼 수도 있다. 다만 이 경우 계산이 길어지므로, 계산이 짧은 케이스를 찾아내는 실력을 갖추어야 한다.

보기 ㉢ '분자−분모 차이법'을 사용하여 빠르게 값을 도출할 수 있다.

$$\frac{21(\text{명})}{74(\text{명})} \text{ vs } \frac{24(\text{명})}{81(\text{명})} \rightarrow \frac{21}{74} \text{ vs } \frac{21+3}{74+7} \rightarrow \frac{21}{74} < \frac{3}{7}$$

전체 지원자 중 여성 지원자의 비율 비교는 남성 지원자 대비 여성 지원자의 비율 비교와 같다. 따라서 $\frac{21}{53} >$

$\frac{24}{57}$ 인지 확인한다. 후자는 전자에 비해 분자는 3(10% 초과) 크고, 분모는 4(10% 미만) 크므로, 후자가 전자보다 더 크다.

* 참고로, 위와 같이 풀 수 있는 이유는 다음과 같다.
'전체=A+B+C'일 때, $\frac{A}{A+B+C}$의 분자, 분모를 A로 나누면 $\frac{1}{1+\frac{B+C}{A}}$ 이다. 이때 대소 비교는 정확한 값이 필요는 없으므로, 비교를 위해 "1+"를 없애고 생각하면, $\frac{A}{B+C}$가 된다. 마찬가지 방식으로 $\frac{A}{A+B}$도 $\frac{A}{B}$가 된다.
분수 비교 간 정말 많이 활용하는 방법이므로 공식처럼 외워 두자

보기 ㉣

[방법 1]
〈표〉의 경우 A기업, B기업 지원자라는 동일한 대상을 여러 특성(성별, 학력, 연령, 경력)등으로 구분하였다. 이 경우 보기 ㉣처럼 가중평균을 물어보기가 매우 용이하다.
A기업의 경우 전체 지원자는 74명이고 40대 지원자는 25명으로 33.3%보다 약간 크므로, 약 33.3%로, 35% 미만임을 알 수 있다. 참고로 33.3%가 되려면 25에 3을 곱한 값이 74와 일치해야 한다. 75보다 74가 작으므로 33.3%보다 큰 것이다.
한편, B 기업의 경우 전체 지원자는 81명 40대 지원자는 26명으로 33.3%이기 위해서는 전체 지원자가 26×3=78명이어야 하나 81은 78보다 크며, 두 집단 모두 약 33%로, A, B기업 전체 지원자로 가중평균할 시 그 값 역시 33.3%보다 작다는 것을 알 수 있다.

[방법 2] 추천방법
위 방법을 조금 더 응용해 보자. 이 방법은 전체 값을 고려하지 않고 푸는 방법으로, 어느 하나가 33%라면 다른 둘의 합은 2배(66%)임을 알 수 있다.
즉 전체 값 대신 구성요소 간 비교를 하는 방법이다. 이때 〈표〉는 숫자가 매우 이쁘게 주어져 있어 굳이 2배를 할 필요도 없다. 먼저 B기업을 보면 30대는 27, 50대 이상은 28로 40대인 26보다 크다. 즉 굳이 2배를 하지 않아도 각각이 더 크므로 2배 이상임을 알 수 있다. 마찬가지로 A기업을 보면 30대는 26, 50대 이상은 23으로 각각이 40대인 25보다 크고 작으므로 대략 2배 정도됨을 알 수 있다.
따라서 35% 미만이다.

198 정답 ① 난이도 ●●○

생명공학기술의 기술분야별 한국 점유율은 $\frac{\text{한국 특허건수}}{\text{전 세계 특허건수}}$이고, 이를 각 기술분야별로 계산해 보면 아래와 같다.

- A: $\frac{1,880(건)}{27,252(건)}=6.9\%$
- B: $\frac{7,518(건)}{170,855(건)}=4.4\%$
- C: $\frac{4,295(건)}{20,849(건)}=20.6\%$
- D: $\frac{7,127(건)}{26,495(건)}=26.9\%$

〈조건 2〉 '동식물세포배양기술'에 대한 미국 점유율은 '생물농약개발기술'에 대한 미국점유율 보다 높다.
→ '생물농약개발기술'에 대한 미국 점유율은 42.8%이므로, '동식물세포배양기술'은 A 또는 B만 가능하다.
→ 그러므로 C와 '동식물세포배양기술'이 매칭되어 있는 〈선택지〉 ③은 정답에서 제외된다.

〈조건 4〉 '환경생물공학기술'에 대한 한국의 점유율은 25%이상이다.
→ '환경생물공학기술'에 대한 한국의 점유율은 $\frac{\text{한국 특허건수}}{\text{전 세계 특허건수}}$이다.
→ $\frac{\text{한국 특허건수}}{\text{전 세계 특허건수}}$를 계산하면 D기술분야만 26.9%로 25% 이상이다.
따라서 기술분야 D가 '환경생물공학기술' 임을 알 수 있다.

〈조건 3〉 '유전체기술'에 대한 한국 점유율과 미국 점유율의 차이는 41%p 이상이다.
→ 위 2개의 조건에 의해 남은 〈선택지〉 ①, ④에서 '유전체기술'은 A 또는 B임을 알 수 있다.
따라서 기술분야 A와 B에 대해서만 한국 점유율과 미국 점유율의 차이를 살펴보면 된다.

→ 한국의 A 기술분야 점유율은 $\frac{1,880(건)}{27,252(건)}=6.9\%$이고 미국의 점유율은 47,6%이므로 그 차이는 41%p 미만이다.

→ 한국의 B 기술분야 점유율은 $\frac{7,518(건)}{170,855(건)}=$ 4.4% 이고, 미국의 점유율은 45.6% 이므로 그 차이는 41%p 이상이다.
→ 따라서 〈조건 3〉에 의해 B는 '유전체기술'이 된다.
그러므로 정답은 ①번이다.

〈조건 1〉 '발효식품개발기술'과 '환경생물공학기술'은 미국보다 한국의 점유율이 높다.

→ 미국보다 한국이 점유율이 높은 기술분야는 C와 D이므로 C='발효식품개발기술', D='환경생물공학기술'이다.

합격자의 실전 풀이 순서

❶ 〈표〉에 특허건수(수량) 및 점유율(비율) 자료가 주어져 있음을 확인하고, 각주를 확인한다.
선지에서 3:1:1의 구성을 찾는다. 예컨대, A에 대해 2개 선지는 동식물세포배양기술, 2개 선지는 유전체기술, 1개 선지는 발효식품 개발기술이라고 하고 있으므로, 2:2:1의 구성이고, 이 문제의 경우 3:1:1의 선지 구성에 해당하지 않는다. 따라서 특정 기술분야가 A~D 중 어느 하나일 것이라 가정하지 않고, 〈조건〉으로 간다.

❷ 〈조건 1~4〉까지 나열되어 있는데 대체로 〈조건 4〉부터 푸는 것이 유리한 경우가 많다. 〈조건 4〉는 25%, 〈조건 3〉은 41%p의 계산을 요하므로, 〈조건 4〉의 계산이 더 간단하기 때문에 원칙대로 〈조건 4〉 먼저 해결하면 D가 '환경생물공학기술'임을 알 수 있다. 따라서 ②, ⑤번을 소거한다.

❸ 남은 ①, ③, ④번을 보면 A는 단 하나도 겹치지 않고 다른 반면 B, C는 2:1 구조이므로 B와 C는 각각 2에 해당하는 유전체기술, 발효식품개발기술이라 가정하고 풀어보자.
즉 ①번이 답이라 가정하고 확인하면, 〈조건 1, 2, 3〉 모두 모순되지 않음을 쉽게 알 수 있다.
따라서 정답은 ①번이다.

* 이처럼 확정 정보 활용법과 선지 활용법을 혼용할 경우, 더 빠른 풀이가 가능하다. 왜냐하면 직접 조건에 해당하는 값을 찾는 것과 달리, 이미 결정된 값을 확인만 하는 것은 훨씬 쉬운 작업이기 때문이다. 예를 들어 〈조건 2〉와 같은 조건은 확정되지 않고 경우가 나뉘는 값으로 처리가 어려운 선지이지만, 선지 활용법을 이용시 한 번에 처리할 수 있다.

** ③에서 2:1 구조를 잡은 것은 선지 구성상 정답으로 구성될 가능성을 고려한 방법이다.
먼저 출제자의 입장에서 한 조건으로 너무 많은 경우의 수가 소거되면 안되기 때문에, 비교적 다수의 값이 겹치는 선지가 답이 될 가능성이 높다.
또한 반대로 정답이 아니더라도 많은 값이 겹치는 값이 아니라는 것을 확인하게 되면 곧바로 2:1의 1부분이 답이 되므로 모든 경우의 수를 한 번에 해결할 수 있는 좋은 방법이 된다.

합격자의 시간단축 Tip

한국의 점유율을 직접 구하지 않고 푸는 것이 가장 좋은 방법이다. 예를 들어 '세 번째 〈조건〉'의 경우 직접 구하지 않고, '미국 점유율−41%p'를 전 세계 특허건수에 곱해 한국 특허 건수와 비교하는 방식으로 처리하면 된다.
'네 번째 〈조건〉'도 마찬가지이다. 주어진 25%를 옳은 것으로 보고 '한국 특허건수×4 > 전 세계 특허건수'인 곳을 찾으면 된다.

〈조건 1〉: 비교할 대상을 확정한다. A와 B는 미국 점유율이 47.6%, 45.6%이므로 한국이 이보다 크려면 적어도 50% 가까이 되어야 하나, 한국 특허건수는 50%에 전혀 못 미친다. 따라서 A, B는 고려 대상이 아니므로, 굳이 계산을 하지 않아도 발효식품개발기술, 환경생물공학기술은 C와 D 중 하나이다. (참고로 50% 여부는 한국 특허건수×2=전 세계 특허건수인지를 기준으로 확인한다)

〈조건 4〉: '환경생물공학기술'에 대한 한국의 점유율이 25% 이상에 해당되는지는 아래와 같은 방법으로 빠르게 판단이 가능하다.

$\frac{\text{한국 특허건수}}{\text{전 세계 특허건수}} > \frac{1}{4}$ → 한국 특허건수×4 > 전 세계 특허건수

한국의 D 기술분야는 7,127(건)×4 > 26,495(건)이므로 점유율은 25% 이상이다.
선지에 따르면 '환경생물공학기술'일 수 있는 것은 C 또는 D이다. 따라서 C, D만 계산하고, 계산을 할 때는 큰 자리 수 위주로 한다.
D: 7,127×4 > 7,000×4=28,000 > 26,495
C: 4,295×4 < 5,000×4=20,000 < 20,849

〈조건 3〉: 차이가 41%p려면 미국 점유율이 41%보다 커야 한다. 이러한 조건에 부합하는 것은 A와 B 밖에 없다. 이때 한국 점유율을 구해 그 차이를 확인하지 않고, '미국 점유율 − 41%p'를 전체 특허건수에 곱해 한국 특허건수와 비교한다.
즉 A의 경우 47.6−41=6.6%이므로, 27,252×0.066=약 270×6.6=1,620+162=1,780이다.
그러나 1,780 < 1,880이므로 A는 '유전체기술'이 아니다.
또는 더 간단히 하면 27,252×0.066=약 270×7=1,890으로 6.6%를 7%로 크게 본 만큼, 1,880보다는 작을 것임을 확인할 수 있다.
따라서 B가 '유전체기술'이다.

* 혹시 B를 다시 확인하려고 하였다면, 매우 잘못된 풀이이다. 대상이 A와 B만 있으므로 A가 아니면 당연히 B이다.

199 정답 ② 난이도 ●●●

① (×) 인구수 대비 정보탐색 성공자수의 비율은 B 지역이 D 지역보다 ~~높다.~~

➜ 인구수 대비 정보탐색 성공자수 비율은 $\frac{\text{정보탐색 성공자수}}{\text{인구수}}$ 인데, 이는 〈각주 1〉과 〈각주 2〉의 식을 연결하여 다음과 같이 구할 수 있다.

$\text{정보탐색 시도율} \times \text{정보탐색 성공률} = \frac{\text{정보탐색 시도자수}}{\text{인구수}} \times \frac{\text{정보탐색 성공자수}}{\text{정보탐색 시도자수}} = \frac{\text{정보탐색 성공자수}}{\text{인구수}}$ 이다.

이는 〈그림〉에서 각 점의 $\frac{\text{x좌표} \times \text{y좌표}}{10{,}000}$ 와 같다.

따라서 B와 D 사이의 크기만 비교하면 되므로 분모 10,000은 무시하여도 상관없다. B는 약 29×94, D는 약 38×92로 D가 더 크다.

② (○) 인구수 대비 정보탐색 성공자수의 비율이 가장 낮은 지역은 H 지역이다.

➜ 선지 ①의 해설과 마찬가지로 접근하면, 점 H는 약 15%×90%=0.1350으로 가장 작다.

반면 같은 방법으로 다른 지역도 계산해보면 모두 0.1350보다 크다.

따라서 인구수 대비 정보탐색 성공자수의 비율이 가장 낮은 지역은 H지역이다.

③ (×) 정보탐색 시도율이 ~~높은 지역일수록~~ 정보탐색 성공률도 ~~높다.~~

➜ 정보탐색 시도율은 그림에서 x축, 정보탐색 성공률은 y축이다. 즉, 정보탐색 시도율이 높을수록(=우측에 있는 점일수록), 정보탐색 성공률이 높다(=위쪽에 있다)의 의미이다.

E는 가장 우측에 있으나 가장 아래쪽에 있다. A와 B를 비교했을 때에도 A는 B보다 우측에 있지만 B보다 위쪽에 있는 것은 아니다.

또 〈그림〉을 보면 D는 B보다 정보탐색 시도율이 높지만 정보탐색 성공률은 낮다. 따라서 정보탐색 시도율이 높은 지역이 정보탐색 성공률도 높은 것은 아니다.

④ (×) 인구수가 가장 작은 지역과 남성 정보탐색 성공자수가 가장 작은 지역은 ~~동일하다.~~

➜ 인구수는 표에서 남자 인구수+여자 인구수로 구할 수 있다. 남성 정보탐색 성공자수를 구하는 방법은 앞서 선지 ①의 해설에서의 식에서 힌트를 구할 수 있다.

$\text{정보탐색성공자수} = \frac{\text{정보탐색성공자수}}{\text{인구수}} \times \text{인구수}$ 이고 $\frac{\text{정보탐색 성공자수}}{\text{인구수}} = \frac{\text{정보탐색 시도자수}}{\text{인구수}} \times \frac{\text{정보탐색 성공자수}}{\text{정보탐색 시도자수}}$ 이므로,

$\text{남성정보탐색성공자수} = \frac{\text{남성 정보탐색성공자수}}{\text{남성 인구수}} \times \text{남성인구수} = \frac{\text{남성정보탐색 시도자수}}{\text{남성인구수}} \times \frac{\text{남성정보탐색 성공자수}}{\text{남성정보탐색 시도자수}} \times \text{남성인구수}$

$= \frac{\text{남성 정보탐색 시도율}}{100} \times \frac{\text{남성 정보탐색성공률}}{100} \times$ 남성인구수이다.

이때 A ~ H 중 인구수가 가장 작은 지역은 남 1,000+여 800=1,800인 B 지역이다.

한편 남성 정보탐색 성공자수는 (남성 인구수×남성의 정보탐색 시도율×남성의 정보 탐색 성공률)이고, 이 값을 지역별로 계산해보면,

B지역: 1,000명×0.28×0.929≈260명

H지역: 1,400명×0.16×0.893≈200명이다.

즉 남성 정보탐색 성공자수는 H 지역이 B 지역보다 작으므로 가장 작은 지역은 B 지역이 아니다.

따라서 인구수가 가장 작은 지역과 남성 정보탐색 성공자수가 가장 작은 지역은 동일하지 않다.

⑤ (×) D 지역의 여성 정보탐색 성공자수는 C 지역의 여성 정보탐색 성공자수의 ~~2배 이상이다.~~

➜ 선지 ④와 같은 방식으로 푼다.

- D의 여성 정보탐색 성공자수 $= 3{,}500 \times \frac{40.0}{100} \times \frac{92.9}{100} \approx 1{,}300$

- C의 여성 정보탐색 성공자수 $= 3{,}000 \times \frac{25.0}{100} \times \frac{92.0}{100} = 690$

690의 2배는 1,300보다 크므로 선지⑤는 옳지 않다.

합격자의 실전 풀이 순서

❶ 〈그림〉에서 각 점의 x좌표와 y좌표의 곱(0점 ~ 각 점의 x좌표를 가로, 0점 ~ 각 점의 y좌표를 세로로 하는 직사각형의 넓이)을 통해 바로 해결 가능한 선지 ①, ②를 먼저 해결한다.

❷ 이때 ①, ②번 중 극단값만 찾으면 되는 ②번을 먼저 확인하면 옳은 선지이다.
따라서 정답은 ②번이다.

합격자의 시간단축 Tip

양자 간 크기를 판단할 때 꼭 식을 정밀하게 써야만 하는 것은 아니다. 핵심 부분만 계산하면 되는 것이지, 양자에 공통으로 들어가는 것으로서 부차적인 부분은 굳이 고려하지 않아도 된다. 예를 들어 선지 ①, ②번에서 10,000을 고려하지 않은 것이 그러하다. 마찬가지로 선지 ④, ⑤에서도 분모에 들어간 100은 아예 처음부터 생략했더라도 무방하다.

선지 ① 인구수 대비 정보탐색 성공자수의 비율은 시도율×성공률로, 〈그림〉에서 0점 ~ 각 점의 x좌표를 가로, 0점 ~ 각 점의 y좌표를 세로로 하는 직사각형의 넓이를 통해 비교할 수 있다.
B지역의 x좌표는 약 29, D지역의 x좌표는 약 37로 D가 B보다 8(20% 초과) 큰 반면, B지역의 y좌표는 약 95, D지역의 y좌표는 92로, B가 D보다 약 3(10% 미만) 크다. 따라서 D가 B보다 크다.
참고로 〈그림〉의 시각적 특성을 이용해 푸는 경우, y축처럼 '생략된 부분'이 있으면 주의해야 한다. 그나마 선지 ①번은 '넓이'로 푸는 것이기 때문에 왜곡 정도가 적어 괜찮으나, '기울기'로 푸는 경우 왜곡이 있는 경우가 많다. 따라서 생략된 부분이 있는지 확인한 후, 있다면 왜곡 여부를 주의하면서 풀어야 한다.

선지 ② 〈그림〉에서 0점 ~ 각 점의 x좌표를 가로, 0점 ~ 각 점의 y좌표를 세로로 하는 직사각형의 넓이가 H가 가장 작은 지 확인한다. H보다 오른쪽 위에 위치한 C, B, G, D, A는 H보다 직사각형 넓이가 넓다.
F는 H와 y좌표는 거의 같지만 x좌표는 H의 15보다 약 12(80%) 더 크므로, H보다 넓이가 넓다.
E의 x좌표는 약 43으로 H의 x좌표 15보다 28(약 200%) 더 크고, H의 y좌표는 약 90으로, E의 y좌표 86보다 4(10% 미만) 더 크므로, E의 넓이가 H보다 넓다.
사실 위와 같이 구체적으로 보지 않아도 된다. F와 E가 그냥 보기에는 H와 비교 대상이 될 만해 보이지만, 실제로는 y축의 생략된 80만큼의 높이를 고려하면 정보탐색 시도율 15%의 우측 공간이 보기보다 엄청 넓다. 즉 F와 E는 H보다 한참 크기 때문에 굳이 비교하지 않아도 H가 가장 작은 것을 알 수 있다.

선지 ③ 정보탐색 시도율이 '낮은' 지역일수록 정보탐색 성공률도 '낮은 지' 확인한다. 이때 수치로 비교하지 않고, 〈그림〉의 시각적 특성을 이용하여 풀면 된다. 만약 이것이 옳다면, 〈그림〉에서 각 점들은 우상향의 분포를 보여야 한다. 즉, 정비례 관계(정의 상관관계)를 보여야 한다.
그러나 점들의 분포가 그렇지 않고, 정보탐색 시도율이 가장 낮은 H지역보다 아래에 위치한 점들이 있어, H의 정보탐색 성공률이 가장 낮지 않으므로, 옳지 않다.

선지 ④ A와 B가 동일한지 확인할 때에는 A와 B 중 무엇이 찾기 쉬운지를 먼저 확인한다.
인구수는 이미 주어져 있는 반면, 남성 정보탐색 성공자수는 계산을 필요로 하므로, 인구수가 가장 작은 지역(B)을 먼저 찾는다. B의 남성 정보탐색 성공자수가 가장 적은 지 확인한다.
남성 정보탐색 성공자수가 적기 위해서는 남성 인구수가 적어야 하고, 정보탐색 시도율과 성공률이 낮아야 한다. 따라서, 남성 인구수가 적은 B, G, H를 중심으로 비교한다.
B: (1,000×28%×92.9%) vs G: (1,200×35%×95.2%) vs H: (1,400×16%×89.3%)
→ G는 B보다 인구수는 200(1,000의 20%) 많고, 시도율도 7(28의 25%) 높으며, 성공률은 2.3(92.9의 10% 미만) 높다. 따라서 B가 G보다 남성 정보탐색 성공자수가 적다.
H는 B보다 인구수는 400(1,000의 40% 많으나, B는 H보다 시도율이 12(16의 75%) 높고, 성공률이 3.6(89.3의 5% 미만) 높다. 따라서 B가 H보다 남성 정보탐색 성공자수가 많다.
<u>조금 더 간단하게 생각하면, 인구수와 정보탐색 성공률은 비슷한 수준으로 차이 나지만, 정보탐색 시도율은 거의 2배 가량 차이 나므로 B가 더 클 수 밖에 없다.</u>
따라서 B는 남성 정보탐색 성공자수가 가장 적은 지역이 아니다.

선지 ⑤ D 지역 성공자수는 3,500×40×(92.9)이며 C 지역의 성공자수는 3,000×25×(92)이다.
이때 ( )안의 성공률은 차이가 미미하므로 계산에서 배제한다면 3,500×40<3,000×25×2이므로 틀린 선지임을 알 수 있다.
40에서 50(25×2)이는 약 25% 상승한 반면 3,500에서 3,000은 감소율이 20%에 못 미치기 때문이다.

200 정답 ⑤ 난이도 ●●○

① (×) 2015년 이후 처리 인원이 전년대비 증가한 연도에는 기소 인원도 전년대비 ~~증가한다.~~
→ 〈표〉에서 처리 인원이 전년대비 증가한 연도는 2016년, 2017년, 2018년이므로 이때 기소 인원도 전년대비 증가했는지 살펴보면 된다. 한편 기소 인원의 경우도 같은 방법으로 〈표〉를 보면, 2017년도의 기소 인원은 전년인 2016년 대비 12,287명에서 12,057명으로 감소하였다.

따라서 2018년의 값을 조사하지 않아도 보기는 틀린 보기임을 알 수 있다.

② (×) 2018년 기소 인원과 기소율은 2014년보다 모두 ~~증가~~하였다.

→ 2018년 기소 인원은 기소 유형에서 정식재판기소 인원과 약식재판기소 인원을 더하면 되므로 「3,513명+10,750명=14,263명」이다. 따라서 2014년 기소 인원 14,205명보다 증가한 것이 맞다.

기소율은 〈각주〉를 참고하여 $\frac{\text{기소 인원}}{\text{처리 인원}}$으로 구할 수 있으며

- 2014년의 경우: $\frac{14,205}{33,654}\times100=42.20(\%)$
- 2018년의 경우: $\frac{14,263}{38,152}\times100=37.38(\%)$

이다.

이때, 두 값의 분자는 비슷한데 2018년 기소율의 분모가 더 크므로 그 값은 더 작다는 것을 알 수 있다.

③ (×) 2017년 불기소 인원은 2018년보다 ~~많다.~~

→ 2017년 불기소 인원은 19,039명이고, 2018년 불기소 인원은 (전체 처리 인원−기소 인원) 이므로 38,152−(3,513+10,750)=23,889명이다. 따라서 2017년의 불기소 인원은 2018년보다 작다.

④ (×) 2014년 불기소 인원은 정식재판기소 인원의 10배 ~~이상이다.~~

→ 2014년 불기소 인원은 (처리 인원−기소인원) 이므로

33,654−14,205=19,449명이다.

또한, 정식재판기소 인원은 (기소 인원−약식재판기소 인원)이므로 14,205−12,239=1,966명이다. 따라서 2014년 불기소 인원은 정식재판기소 인원의 10배가 되지 않음을 알 수 있다.

⑤ (○) 처리 인원 중 정식재판기소 인원과 약식재판기소 인원의 합이 차지하는 비율은 매년 50% 미만이다.

→ 처리 인원 중 정식재판기소 인원과 약식재판기소 인원의 합이 차지하는 비율은

$$\frac{\text{정식재판기소 인원+약식재판기소 인원}}{\text{처리 인원}}=\frac{\text{기소 인원}}{\text{처리 인원}}$$

이다.

2014년의 경우 $\frac{14,205(\text{명})}{33,654(\text{명})}\rightarrow\frac{142}{336}<0.5$이므로 50% 이하이며, 다른 연도에서도 이와 같은 방법으로 모두 계산해 보면 $\frac{\text{기소 인원}}{\text{처리 인원}}$의 값이 0.5보다 작으므로 옳은 보기이다.

합격자의 실전 풀이 순서

❶ 표를 통해 처리 인원이 증가하고 있다는 사실을 파악한다.

❷ '처리 인원=기소 인원+불기소 인원=(정식재판기소 인원+약식재판 기소 인원)+불기소 인원' 임을 빨리 파악한 후 문제에서 물어보는 빈칸을 채운다.

❸ 기소율을 계산하는 데 시간이 오래 걸리므로 ②번 선지를 가장 마지막에 처리한다.

❹ ①, ③, ④번을 순서대로 지우고 ⑤번 선지 판단을 통해 답을 도출할 수 있다.

합격자의 시간단축 Tip

선지 ① 2016년에 비해 2017년 처리 인원은 증가했으나, 기소 인원은 감소한다.

가능한 한 괄호를 채우지 않으면서, 이미 주어진 값을 통해 보기의 정오를 판단한다.

선지 ② '기소 인원'과 '기소율'이 모두 증가하는지 물을 때에는, 출제 의도 상 수험생이 시간을 소모하도록 유도하기 위해 틀린 부분을 뒷부분에 배치하는 경향이 있음을 고려한다. 따라서 뒤에 위치한 '기소율'이 증가하는지 먼저 확인한 후에 앞에 위치한 '기소 인원'이 증가하는지 확인하는 것이 원칙이다. 단, 이 경우에는 '기소 인원'의 증가 여부를 파악하는 것이 '기소율'의 증가 여부를 파악하는 것보다 훨씬 간단하기 때문에 앞에서부터 해결한다.

2014년 기소 인원은 14,205, 2018년 기소 인원은 3,513+10,750≈약 3,500+10,750=14,250 이므로, 기소 인원은 증가한다.

- 2014년 기소율은 $\frac{14,205}{33,654}$(×100 생략)이고,
- 2018년 기소율은 $\frac{14,263}{38,152}$이다.

후자는 전자에 비해 분자는 61(1% 미만) 크고, 분모는 약 4,500(10% 초과) 크므로, 후자는 전자에 비해 작다. 즉, 기소율은 감소한다. 단, 실전의 경우 굳이 분수 형태로 만들지 않아도 된다.

분자가 비슷하므로 그냥 분모 간 크기 비교만 해도 충분하다.

선지 ③

[방법 1]

2018년 불기소 인원=38,152−(3,513+10,750)이고, 2017년 불기소 인원=19,039(명)이다.

38,152 vs (3,513+10,750+19,039)→38,152 vs 32,000+513+750+39→38,152 vs 32,000+

1,200+13+50+39→38,152 vs 약 33,300→ 불기소 인원은 2018년이 더 많다.

[방법 2]
직접 구하지 않고, 2017년 불기소인원이 2018년 불기소 인원과 같다고 가정하고 푼 후, 모순이 생기는지 확인한다. 계산해보면 19,039+3,513+10,750=약 19,000 +3,000+10,000=32,000 < 38,152이 되어 모순되므로 2017년 불기소인원이 더 작다.

선지 ④ 먼저 2014년 불기소인원은 33,654−14,205 =약 33,600−14,200=19,400이다.
정식재판기소인원은 14,205−12,239=약 14,200 −12,240 =1,960이다.
따라서 19,400 < 19,600이므로 틀린 선지이다.
참고로 선지 ④번의 경우 그 값이 비슷하여 근삿값을 함부로 사용하면 안 된다.
"언제 근삿값을 넉넉히 사용하고, 언제 조심히 사용해야 하는지"는 처음 가볍게 근삿값으로 값을 비교했을 때 "비슷하다"라는 생각이 드는지 여부를 기준으로 하면 된다.
예를 들어, 선지 ④번의 경우 33,654−14,205='대략 19,000 이상'이라고 가볍게 본 후, 정식재판기소인원을 보면 14,205−12,239='대략 2,000 이하'라는 결과가 나온다.
즉 2,000 이하일 경우 19,000 이상인 값보다 클 수도 있다는 생각을 가지고 구체적 계산으로 나아가면 된다.

선지 ⑤ 50%를 처리하는 방법은 크게 3가지가 있다.
[방법 1]
처리 인원 중 기소 인원의 비율이 50% 미만이라는 것은, '처리 인원 > 기소 인원×2'임을 의미한다.
이를 2018년부터 2014년까지 아래에서 위 순서로 확인한다.

- 2018년: 3,513+10,750 < 15,000, 15,000×2=30,000 < 38,152
- 2017년: 12,057×2 < 25,000 < 31,096
- 2016년: 12,287×2≈25,000 < 28,593
- 2015년: 10,962×2 < 11,000×2=22,000 < 26,397
- 2014년: 14,206×2≈28,000 < 33,654

[방법 2]
정식재판기소 인원과 약식재판기소 인원의 합은 기소 인원과 같다. 기소 인원의 비율이 50% 미만이라는 것은 처리 인원의 반 보다 더 적은 명수가 기소 인원 명수라는 것이다.

- 2014년: 33,654×0.5=16,827 > 14,205
- 2015년: 26,397×0.5=13,198.5 > 10,962
- 2016년: 28,593×0.5=14,296.5 > 12,287
- 2017년: 31,096×0.5=15,548 > 12,057
- 2018년: 38,152×0.5=19,076 > 14,263

[추천 방법]
위 방법 1, 2를 결합한 형태로, 실전에서는 이처럼 어느 하나만 사용하는 것이 아니라 둘을 유동적으로 자유롭게 구사할 수 있어야 한다.
2014 ~ 2017년과 같이 이미 기소값이 주어진 경우, 〈방법 1〉처럼×2로 처리하는 것이 더 좋다.
이때의 계산은 차이가 큰 만큼 대략적인 수준으로 충분하다.
반면 2018년과 같이 기소가 빈칸인 경우, 정식+약식을 다시×2하는 것은 비효율적이다.
즉 38,152를 38,000으로 보면 50%는 19,000으로 이것과 정식+약식을 비교하는 〈방법 2〉가 더 효율적이다.

MEMO

공기업 NCS & 대기업 인적성 대비

독끝 NCS

수리능력·자료해석 PSAT

400제 + 시간단축비법

* 정오표 확인은 애드투(www.addto.co.kr) 사이트 내 [교재정보]메뉴에서 확인 가능합니다.

초판 발행 : 2024년 3월 4일

2판 2쇄 발행 : 2025년 10월 1일

발행인 : 박경식

저자 : 길잡이연구소, 애드투북스 공저

편집자 : 조재필, 심재훈, 한단비

발행처 : (주)애드투

등록번호 : 제 2022-000008호

이메일 : books@addto.co.kr

교재정오표 : addto.co.kr

저자와 협의하에 인지를 생략함

ISBN 979-11-93369-08-1

정가 33,000원